市场监管

常用法律政策全典

精装珍藏版

中国法制出版社

CHINA LEGAL PUBLISHING HOUSE

出 版 说 明

　　市场监督管理部门是政府主管市场监管和有关行政执法工作的部门，其工作职能涉及经济社会管理的方方面面，是社会主义市场经济正常有序发展不可或缺的政府部门。从行政法的角度，市场监督管理部门具有行政许可、行政处罚、行政复议等多种职权；从经济法的角度，市场监督管理部门进行三个层次的工作，即监管市场经济主体、稳定市场经济关系、维护市场经济秩序；从民商法的角度，市场监督管理部门运用国家公权力通过监管各类商事主体，规范各类商事行为，进而保护商事自由与商事平等。因而，市场监督管理部门做到有法必依、执法必严，是关系社会经济发展的重要保障。本书正是基于这样的理念，根据市场监督管理部门的法定职能等要素，进行分章并收录各类规范性文件，希望能够为市场监督管理部门工作人员的日常工作提供方便。本书主要由以下几个部分构成：

一、综合

　　落实统一实行市场监管执法要求、明确市场监管综合行政执法职能。本部分收录市场监督管理综合行政执法工作相关规范，一是基础的行政法律法规及文件，二是市场监督管理方面的基础规范。

二、登记注册

　　企业是市场经济的主体，企业的设立、变更、注销等重要事项，都需要到市场监督管理部门进行登记。市场监督管理部门面向社会提供更加便利、规范的市场主体登记服务，进一步激发市场主体活力。本部分收录与企业注册各类事项相关的法律法规。

三、信用监管

社会信用体系建设是推进国家治理体系和治理能力现代化的重要内容。信用监管已成为规范市场秩序、优化营商环境的重要手段。本部分收录信用分类管理、信息公示工作、经营异常名录和"黑名单"管理等方面的法律法规。

四、反不正当竞争管理与反垄断管理

反垄断、反不正当竞争，是完善社会主义市场经济体制、推动高质量发展的内在要求。反不正当竞争与反垄断是维护正常的市场竞争秩序、促进市场经济健康发展所不可缺少的。本部分收录关于反不正当竞争和反垄断两个方面的规范性文件。

五、网络交易监管与广告监管

加强网络交易监管与广告活动监管，对完善网络交易监管制度体系、促进广告业的健康发展、维护公平竞争的交易秩序、保护消费者的合法权益具有重要现实意义。本部分收录关于网络交易监督管理和广告监督管理相关法律法规。

六、产品质量安全监管

产品质量关乎消费者利益，加强对产品质量的监督管理，提高产品质量水平，明确产品质量责任，对保护消费者的合法权益，维护社会经济秩序具有重要意义。本部分收录《中华人民共和国产品质量法》等相关产品质量安全监督管理工作方面的法律法规。

七、食品与药品安全监管

食品与药品安全直接关系人民群众的身体健康和生命安全，体现了人民群众最关心、最直接、最现实的利益，与每一个人的切身利益息息相关。本部分收录食品与药品安全监管方面的法律法规。

八、医疗器械安全监管

医疗器械直接关系人民群众生命健康，关系国家经济社会发展大局。保证医疗器械安全、有效，对于维护人体健康和生命安全、改善生活质量、促进产业升级，具有重要意义。本部分收录医疗器械的研制、生产、经营、使用活动及其监督管理方面的法律法规。

九、特种设备安全监管

特种设备安全关乎人的生命，产品质量关乎企业的生命。必须规范特种设备安全监督检查工作，落实特种设备生产、经营、使用单位和检验、检测机构安全责任。本部分收录特种设备的生产、经营、使用、检验检测，特种设备检验检测机构和检验检测人员、作业人员的监督管理方面的法律法规。

十、计量管理与标准管理

加强计量监督管理，保障国家计量单位制的统一和量值的准确可靠，有利于生产、贸易和科学技术的发展。加强标准化工作，有利于提升产品和服务质量，促进科学技术进步。本部分收录国家计量基准、计量标准、标准物质和计量技术机构及人员相关方面法律法规。

十一、认证认可监管与检验检测监管

规范认证认可活动，有利于提高产品、服务的质量和管理水平，促进经济和社会的发展。检验检测认证是现代服务业的重要组成部分，对于加强质量安全、促进产业发展、维护群众利益等具有重要作用。本部分收录认证认可、合格评定监督管理和检验检测监督管理方面的法律法规。

十二、消费者维权

消费是最终需求，是经济增长的持久动力。国家保护消费者的合法权益不受侵害，国家采取措施，保障消费者依法行使权利，维护消费者的合法权益。本部分收录消费者权益保护方面的法律法规。

十三、文书范本

制定文书格式范本，有利于健全执法制度、完善执法程序、加强执法监督、提高执法效能，有效推进严格规范公正文明执法，不断提升市场监管科学化规范化水平。本部分收录市场监管行政处罚、行政强制流程图，市场监督管理行政处罚文书格式范本，市场监督管理部门处理投诉举报文书式样等文书范本，方便读者查阅。

2024 年 2 月

目 录 *

一、综 合

---

* 目录中的时间为法律文件的公布、实施时间或最后一次修正、修订公布、实施时间。

二、登记注册

三、信用监管

四、反不正当竞争管理与反垄断管理

（一）反不正当竞争管理

（二）反垄断管理

五、网络交易监管与广告监管

(一) 网络交易监管

(二) 广告监管

六、产品质量安全监管

七、食品与药品安全监管

（一）食品安全监管

（二）药品安全监管

八、医疗器械安全监管

九、特种设备安全监管

十、计量管理与标准管理

（一）计量管理

（二）标准管理

十一、认证认可监管与检验检测监管

（一）认证认可监管

（二）检验检测监管

十二、消费者维权

十三、文书范本

（一）市场监管行政处罚、行政强制流程图

（二）市场监督管理行政处罚文书格式范本（2021 年修订版）

(三) 市场监督管理部门处理投诉举报文书式样

(四) 反垄断案件专用文书格式范本

（五）药品、医疗器械、保健食品、特殊医学用途配方
食品广告审查文书格式范本

一、综　合

中华人民共和国行政复议法

（1999 年 4 月 29 日第九届全国人民代表大会常务委员会第九次会议通过　根据 2009 年 8 月 27 日第十一届全国人民代表大会常务委员会第十次会议《关于修改部分法律的决定》第一次修正　根据 2017 年 9 月 1 日第十二届全国人民代表大会常务委员会第二十九次会议《关于修改〈中华人民共和国法官法〉等八部法律的决定》第二次修正　2023 年 9 月 1 日第十四届全国人民代表大会常务委员会第五次会议修订　2023 年 9 月 1 日中华人民共和国主席令第 9 号公布　自 2024 年 1 月 1 日起施行）

目　　录

第一章　总　　则

第一条　为了防止和纠正违法的或者不当的行政行为，保护公民、法人和其他组织的合法权益，监督和保障行政机关依法行使职权，发挥行政复议化解行政争议的主渠道作用，推进法治政府建设，根据宪法，制定本法。

第二条　公民、法人或者其他组织认为行政机关的行政行为侵犯其合法权益，向行政复议机关提出行政复议申请，行政复议机关办理行政复议案件，适用本法。

前款所称行政行为，包括法律、法规、规章授权的组织的行政行为。

第三条　行政复议工作坚持中国共产党的领导。

行政复议机关履行行政复议职责，应当遵循合法、公正、公开、高效、便民、为民的原则，坚持有错必纠，保障法律、法规的正确实施。

第四条 县级以上各级人民政府以及其他依照本法履行行政复议职责的行政机关是行政复议机关。

行政复议机关办理行政复议事项的机构是行政复议机构。行政复议机构同时组织办理行政复议机关的行政应诉事项。

行政复议机关应当加强行政复议工作，支持和保障行政复议机构依法履行职责。上级行政复议机构对下级行政复议机构的行政复议工作进行指导、监督。

国务院行政复议机构可以发布行政复议指导性案例。

第五条 行政复议机关办理行政复议案件，可以进行调解。

调解应当遵循合法、自愿的原则，不得损害国家利益、社会公共利益和他人合法权益，不得违反法律、法规的强制性规定。

第六条 国家建立专业化、职业化行政复议人员队伍。

行政复议机构中初次从事行政复议工作的人员，应当通过国家统一法律职业资格考试取得法律职业资格，并参加统一职前培训。

国务院行政复议机构应当会同有关部门制定行政复议人员工作规范，加强对行政复议人员的业务考核和管理。

第七条 行政复议机关应当确保行政复议机构的人员配备与所承担的工作任务相适应，提高行政复议人员专业素质，根据工作需要保障办案场所、装备等设施。县级以上各级人民政府应当将行政复议工作经费列入本级预算。

第八条 行政复议机关应当加强信息化建设，运用现代信息技术，方便公民、法人或者其他组织申请、参加行政复议，提高工作质量和效率。

第九条 对在行政复议工作中做出显著成绩的单位和个人，按照国家有关规定给予表彰和奖励。

第十条 公民、法人或者其他组织对行政复议决定不服的，可以依照《中华人民共和国行政诉讼法》的规定向人民法院提起行政诉讼，但是法律规定行政复议决定为最终裁决的除外。

第二章 行政复议申请

第一节 行政复议范围

第十一条 有下列情形之一的，公民、法人或者其他组织可以依照本法申请行政复议：

（一）对行政机关作出的行政处罚决定不服；

（二）对行政机关作出的行政强制措施、行政强制执行决定不服；

（三）申请行政许可，行政机关拒绝或者在法定期限内不予答复，或者对行政机关作出的有关行政许可的其他决定不服；

（四）对行政机关作出的确认自然资源的所有权或者使用权的决定不服；

（五）对行政机关作出的征收征用决定及其补偿决定不服；

（六）对行政机关作出的赔偿决定或者不予赔偿决定不服；

（七）对行政机关作出的不予受理工伤认定申请的决定或者工伤认定结论不服；

（八）认为行政机关侵犯其经营自主权或者农村土地承包经营权、农村土地经营权；

（九）认为行政机关滥用行政权力排除或者限制竞争；

（十）认为行政机关违法集资、摊派费用或者违法要求履行其他义务；

（十一）申请行政机关履行保护人身权利、财产权利、受教育权利等合法权益的法定职责，行政机关拒绝履行、未依法履行或者不予答复；

（十二）申请行政机关依法给付抚恤金、社会保险待遇或者最低生活保障等社会保障，行政机关没有依法给付；

（十三）认为行政机关不依法订立、不依法履行、未按照约定履行或者违法变更、解除政府特许经营协议、土地房屋征收补偿协议等行政协议；

（十四）认为行政机关在政府信息公开工作中侵犯其合法权益；

（十五）认为行政机关的其他行政行为侵犯其合法权益。

第十二条　下列事项不属于行政复议范围：

（一）国防、外交等国家行为；

（二）行政法规、规章或者行政机关制定、发布的具有普遍约束力的决定、命令等规范性文件；

（三）行政机关对行政机关工作人员的奖惩、任免等决定；

（四）行政机关对民事纠纷作出的调解。

第十三条　公民、法人或者其他组织认为行政机关的行政行为所依据的下列规范性文件不合法，在对行政行为申请行政复议时，可以一并向行政复议机关提出对该规范性文件的附带审查申请：

（一）国务院部门的规范性文件；

（二）县级以上地方各级人民政府及其工作部门的规范性文件；

（三）乡、镇人民政府的规范性文件；

（四）法律、法规、规章授权的组织的规范性文件。

前款所列规范性文件不含规章。规章的审查依照法律、行政法规办理。

第二节　行政复议参加人

第十四条　依照本法申请行政复议的公民、法人或者其他组织是申请人。

有权申请行政复议的公民死亡的，其近亲属可以申请行政复议。有权申请行政复议的法人或者其他组织终止的，其权利义务承受人可以申请行政复议。

有权申请行政复议的公民为无民事行为能力人或者限制民事行为能力人的，其法定代理人可以代为申请行政复议。

第十五条　同一行政复议案件申请人人数众多的，可以由申请人推选代表人参加行政复议。

代表人参加行政复议的行为对其所代表的申请人发生效力，但是代表人变更行政复议请求、撤回行政复议申请、承认第三人请求的，应当经被代表的申请人同意。

第十六条　申请人以外的同被申请行政复议的行政行为或者行政复议案件处理结果有利害关系的公民、法人或者其他组织，可以作为第三人申请参加行政复议，或者由行政复议机构通知其作为第三人参加行政复议。

第三人不参加行政复议，不影响行政复议案件的审理。

第十七条　申请人、第三人可以委托一至二名律师、基层法律服务工作者或者其他代理人代为参加行政复议。

申请人、第三人委托代理人的，应当向行政复议机构提交授权委托书、委托人及被委托人的身份证明文件。授权委托书应当载明委托事项、权限和期限。申请人、第三人变更或者解除代理人权限的，应当书面告知行政复议机构。

第十八条　符合法律援助条件的行政复议申请人申请法律援助的，法律援助机构应当依法为其提供法律援助。

第十九条 公民、法人或者其他组织对行政行为不服申请行政复议的，作出行政行为的行政机关或者法律、法规、规章授权的组织是被申请人。

两个以上行政机关以共同的名义作出同一行政行为的，共同作出行政行为的行政机关是被申请人。

行政机关委托的组织作出行政行为的，委托的行政机关是被申请人。

作出行政行为的行政机关被撤销或者职权变更的，继续行使其职权的行政机关是被申请人。

第三节 申请的提出

第二十条 公民、法人或者其他组织认为行政行为侵犯其合法权益的，可以自知道或者应当知道该行政行为之日起六十日内提出行政复议申请；但是法律规定的申请期限超过六十日的除外。

因不可抗力或者其他正当理由耽误法定申请期限的，申请期限自障碍消除之日起继续计算。

行政机关作出行政行为时，未告知公民、法人或者其他组织申请行政复议的权利、行政复议机关和申请期限的，申请期限自公民、法人或者其他组织知道或者应当知道申请行政复议的权利、行政复议机关和申请期限之日起计算，但是自知道或者应当知道行政行为内容之日起最长不得超过一年。

第二十一条 因不动产提出的行政复议申请自行政行为作出之日起超过二十年，其他行政复议申请自行政行为作出之日起超过五年的，行政复议机关不予受理。

第二十二条 申请人申请行政复议，可以书面申请；书面申请有困难的，也可以口头申请。

书面申请的，可以通过邮寄或者行政复议机关指定的互联网渠道等方式提交行政复议申请书，也可以当面提交行政复议申请书。行政机关通过互联网渠道送达行政行为决定书的，应当同时提供提交行政复议申请书的互联网渠道。

口头申请的，行政复议机关应当当场记录申请人的基本情况、行政复议请求、申请行政复议的主要事实、理由和时间。

申请人对两个以上行政行为不服的，应当分别申请行政复议。

第二十三条 有下列情形之一的，申请人应当先向行政复议机关申请行政复议，对行政复议决定不服的，可以再依法向人民法院提起行政诉讼：

（一）对当场作出的行政处罚决定不服；

（二）对行政机关作出的侵犯其已经依法取得的自然资源的所有权或者使用权的决定不服；

（三）认为行政机关存在本法第十一条规定的未履行法定职责情形；

（四）申请政府信息公开，行政机关不予公开；

（五）法律、行政法规规定应当先向行政复议机关申请行政复议的其他情形。

对前款规定的情形，行政机关在作出行政行为时应当告知公民、法人或者其他组织先向行政复议机关申请行政复议。

第四节 行政复议管辖

第二十四条 县级以上地方各级人民政府管辖下列行政复议案件：

（一）对本级人民政府工作部门作出的行政行为不服的；

（二）对下一级人民政府作出的行政行为不服的；

（三）对本级人民政府依法设立的派出机关作出的行政行为不服的；

（四）对本级人民政府或者其工作部门管理的法律、法规、规章授权的组织作出的行政行为不服的。

除前款规定外，省、自治区、直辖市人民政府同时管辖对本机关作出的行政行为不服的行政复议案件。

省、自治区人民政府依法设立的派出机关参照设区的市级人民政府的职责权限，管辖相关行政复议案件。

对县级以上地方各级人民政府工作部门依法设立的派出机构依照法律、法规、规章规定，以派出机构的名义作出的行政行为不服的行政复议案件，由本级人民政府管辖；其中，对直辖市、设区的市人民政府工作部门按照行政区划设立的派出机构作出的行政行为不服的，也可以由其所在地的人民政府管辖。

第二十五条　国务院部门管辖下列行政复议案件：

（一）对本部门作出的行政行为不服的；

（二）对本部门依法设立的派出机构依照法律、行政法规、部门规章规定，以派出机构的名义作出的行政行为不服的；

（三）对本部门管理的法律、行政法规、部门规章授权的组织作出的行政行为不服的。

第二十六条　对省、自治区、直辖市人民政府依照本法第二十四条第二款的规定、国务院部门依照本法第二十五条第一项的规定作出的行政复议决定不服的，可以向人民法院提起行政诉讼；也可以向国务院申请裁决，国务院依照本法的规定作出最终裁决。

第二十七条　对海关、金融、外汇管理等实行垂直领导的行政机关、税务和国家安全机关的行政行为不服的，向上一级主管部门申请行政复议。

第二十八条　对履行行政复议机构职责的地方人民政府司法行政部门的行政行为不服的，可以向本级人民政府申请行政复议，也可以向上一级司法行政部门申请行政复议。

第二十九条　公民、法人或者其他组织申请行政复议，行政复议机关已经依法受理的，在行政复议期间不得向人民法院提起行政诉讼。

公民、法人或者其他组织向人民法院提起行政诉讼，人民法院已经依法受理的，不得申请行政复议。

第三章　行政复议受理

第三十条　行政复议机关收到行政复议申请后，应当在五日内进行审查。对符合下列规定的，行政复议机关应当予以受理：

（一）有明确的申请人和符合本法规定的被申请人；

（二）申请人与被申请行政复议的行政行为有利害关系；

（三）有具体的行政复议请求和理由；

（四）在法定申请期限内提出；

（五）属于本法规定的行政复议范围；

（六）属于本机关的管辖范围；

（七）行政复议机关未受理过该申请人就同一行政行为提出的行政复议申请，并且人民法院未受理过该申请人就同一行政行为提起的行政诉讼。

对不符合前款规定的行政复议申请，行政复议机关应当在审查期限内决定不予受理并说明理由；不属于本机关管辖的，还应当在不予受理决定中告知申请人有管辖权的行政复议机关。

行政复议申请的审查期限届满，行政复议机关未作出不予受理决定的，审查期限满之日起视为受理。

第三十一条　行政复议申请材料不齐全或者表述不清楚，无法判断行政复议申请是否符合本法第三十条第一款规定的，行政复议机关应当自收到申请之日起五日内书面通知申请人补正。补正通知应当一次性载明需要补正的事项。

申请人应当自收到补正通知之日起十日内提交补正材料。有正当理由不能按期补正的，行政复议机关可以延长合理的补正期限。无正当理由逾期不补正的，视为申请人放弃行政复议申请，并记录在案。

行政复议机关收到补正材料后，依照本法第三十条的规定处理。

第三十二条 对当场作出或者依据电子技术监控设备记录的违法事实作出的行政处罚决定不服申请行政复议的，可以通过作出行政处罚决定的行政机关提交行政复议申请。

行政机关收到行政复议申请后，应当及时处理；认为需要维持行政处罚决定的，应当自收到行政复议申请之日起五日内转送行政复议机关。

第三十三条 行政复议机关受理行政复议申请后，发现该行政复议申请不符合本法第三十条第一款规定的，应当决定驳回申请并说明理由。

第三十四条 法律、行政法规规定应当先向行政复议机关申请行政复议、对行政复议决定不服再向人民法院提起行政诉讼的，行政复议机关决定不予受理、驳回申请或者受理后超过行政复议期限不作答复的，公民、法人或者其他组织可以自收到决定书之日起或者行政复议期限届满之日起十五日内，依法向人民法院提起行政诉讼。

第三十五条 公民、法人或者其他组织依法提出行政复议申请，行政复议机关无正当理由不予受理、驳回申请或者受理后超过行政复议期限不作答复的，申请人有权向上级行政机关反映，上级行政机关应当责令其纠正；必要时，上级行政复议机关可以直接受理。

第四章 行政复议审理

第一节 一般规定

第三十六条 行政复议机关受理行政复议申请后，依照本法适用普通程序或者简易程序进行审理。行政复议机构应当指定行政复议人员负责办理行政复议案件。

行政复议人员对办理行政复议案件过程中知悉的国家秘密、商业秘密和个人隐私，应当予以保密。

第三十七条 行政复议机关依照法律、法规、规章审理行政复议案件。

行政复议机关审理民族自治地方的行政复议案件，同时依照该民族自治地方的自治条例和单行条例。

第三十八条 上级行政复议机关根据需要，可以审理下级行政复议机关管辖的行政复议案件。

下级行政复议机关对其管辖的行政复议案件，认为需要由上级行政复议机关审理的，可以报请上级行政复议机关决定。

第三十九条 行政复议期间有下列情形之一的，行政复议中止：

（一）作为申请人的公民死亡，其近亲属尚未确定是否参加行政复议；

（二）作为申请人的公民丧失参加行政复议的行为能力，尚未确定法定代理人参加行政复议；

（三）作为申请人的公民下落不明；

（四）作为申请人的法人或者其他组织终止，尚未确定权利义务承受人；

（五）申请人、被申请人因不可抗力或者其他正当理由，不能参加行政复议；

（六）依照本法规定进行调解、和解，申请人和被申请人同意中止；

（七）行政复议案件涉及的法律适用问题需要有权机关作出解释或者确认；

（八）行政复议案件审理需要以其他案件的审理结果为依据，而其他案件尚未审结；

（九）有本法第五十六条或者第五十七条规定的情形；

（十）需要中止行政复议的其他情形。

行政复议中止的原因消除后，应当及时恢复行政复议案件的审理。

行政复议机关中止、恢复行政复议案件的审理，应当书面告知当事人。

第四十条　行政复议期间，行政复议机关无正当理由中止行政复议的，上级行政机关应当责令其恢复审理。

第四十一条　行政复议期间有下列情形之一的，行政复议机关决定终止行政复议：

（一）申请人撤回行政复议申请，行政复议机构准予撤回；

（二）作为申请人的公民死亡，没有近亲属或者其近亲属放弃行政复议权利；

（三）作为申请人的法人或者其他组织终止，没有权利义务承受人或者其权利义务承受人放弃行政复议权利；

（四）申请人对行政拘留或者限制人身自由的行政强制措施不服申请行政复议后，因同一违法行为涉嫌犯罪，被采取刑事强制措施；

（五）依照本法第三十九条第一款第一项、第二项、第四项的规定中止行政复议满六十日，行政复议中止的原因仍未消除。

第四十二条　行政复议期间行政行为不停止执行；但是有下列情形之一的，应当停止执行：

（一）被申请人认为需要停止执行；

（二）行政复议机关认为需要停止执行；

（三）申请人、第三人申请停止执行，行政复议机关认为其要求合理，决定停止执行；

（四）法律、法规、规章规定停止执行的其他情形。

第二节　行政复议证据

第四十三条　行政复议证据包括：

（一）书证；

（二）物证；

（三）视听资料；

（四）电子数据；

（五）证人证言；

（六）当事人的陈述；

（七）鉴定意见；

（八）勘验笔录、现场笔录。

以上证据经行政复议机构审查属实，才能作为认定行政复议案件事实的根据。

第四十四条　被申请人对其作出的行政行为的合法性、适当性负有举证责任。

有下列情形之一的，申请人应当提供证据：

（一）认为被申请人不履行法定职责的，提供曾经要求被申请人履行法定职责的证据，但是被申请人应当依职权主动履行法定职责或者申请人因正当理由不能提供的除外；

（二）提出行政赔偿请求的，提供受行政行为侵害而造成损害的证据，但是因被申请人原因导致申请人无法举证的，由被申请人承担举证责任；

（三）法律、法规规定需要申请人提供证据的其他情形。

第四十五条　行政复议机关有权向有关单位和个人调查取证，查阅、复制、调取有关文件和资料，向有关人员进行询问。

调查取证时，行政复议人员不得少于两人，并应当出示行政复议工作证件。

被调查取证的单位和个人应当积极配合行政复议人员的工作，不得拒绝或者阻挠。

第四十六条 行政复议期间，被申请人不得自行向申请人和其他有关单位或者个人收集证据；自行收集的证据不作为认定行政行为合法性、适当性的依据。

行政复议期间，申请人或者第三人提出被申请行政复议的行政行为作出时没有提出的理由或者证据的，经行政复议机构同意，被申请人可以补充证据。

第四十七条 行政复议期间，申请人、第三人及其委托代理人可以按照规定查阅、复制被申请人提出的书面答复、作出行政行为的证据、依据和其他有关材料，除涉及国家秘密、商业秘密、个人隐私或者可能危及国家安全、公共安全、社会稳定的情形外，行政复议机构应当同意。

第三节 普通程序

第四十八条 行政复议机构应当自行政复议申请受理之日起七日内，将行政复议申请书副本或者行政复议申请笔录复印件发送被申请人。被申请人应当自收到行政复议申请书副本或者行政复议申请笔录复印件之日起十日内，提出书面答复，并提交作出行政行为的证据、依据和其他有关材料。

第四十九条 适用普通程序审理的行政复议案件，行政复议机构应当当面或者通过互联网、电话等方式听取当事人的意见，并将听取的意见记录在案。因当事人原因不能听取意见的，可以书面审理。

第五十条 审理重大、疑难、复杂的行政复议案件，行政复议机构应当组织听证。

行政复议机构认为有必要听证，或者申请人请求听证的，行政复议机构可以组织听证。

听证由一名行政复议人员任主持人，两名以上行政复议人员任听证员，一名记录员制作听证笔录。

第五十一条 行政复议机构组织听证的，应当于举行听证的五日前将听证的时间、地点和拟听证事项书面通知当事人。

申请人无正当理由拒不参加听证的，视为放弃听证权利。

被申请人的负责人应当参加听证。不能参加的，应当说明理由并委托相应的工作人员参加听证。

第五十二条 县级以上各级人民政府应当建立相关政府部门、专家、学者等参与的行政复议委员会，为办理行政复议案件提供咨询意见，并就行政复议工作中的重大事项和共性问题研究提出意见。行政复议委员会的组成和开展工作的具体办法，由国务院行政复议机构制定。

审理行政复议案件涉及下列情形之一的，行政复议机构应当提请行政复议委员会提出咨询意见：

（一）案情重大、疑难、复杂；

（二）专业性、技术性较强；

（三）本法第二十四条第二款规定的行政复议案件；

（四）行政复议机构认为有必要。

行政复议机构应当记录行政复议委员会的咨询意见。

第四节 简易程序

第五十三条 行政复议机关审理下列行政复议案件，认为事实清楚、权利义务关系明确、争议不大的，可以适用简易程序：

（一）被申请行政复议的行政行为是当场作出的；

（二）被申请行政复议的行政行为是警告或者通报批评；

（三）案件涉及款额三千元以下；

（四）属于政府信息公开案件。

除前款规定以外的行政复议案件，当事人各方同意适用简易程序的，可以适用简易程序。

第五十四条　适用简易程序审理的行政复议案件，行政复议机关应当自受理行政复议申请之日起三日内，将行政复议申请书副本或者行政复议申请笔录复印件发送被申请人。被申请人应当自收到行政复议申请书副本或者行政复议申请笔录复印件之日起五日内，提出书面答复，并提交作出行政行为的证据、依据和其他有关材料。

适用简易程序审理的行政复议案件，可以书面审理。

第五十五条　适用简易程序审理的行政复议案件，行政复议机构认为不宜适用简易程序的，经行政复议机构的负责人批准，可以转为普通程序审理。

第五节　行政复议附带审查

第五十六条　申请人依照本法第十三条的规定提出对有关规范性文件的附带审查申请，行政复议机关有权处理的，应当在三十日内依法处理；无权处理的，应当在七日内转送有权处理的行政机关依法处理。

第五十七条　行政复议机关在对被申请人作出的行政行为进行审查时，认为其依据不合法，本机关有权处理的，应当在三十日内依法处理；无权处理的，应当在七日内转送有权处理的国家机关依法处理。

第五十八条　行政复议机关依照本法第五十六条、第五十七条的规定有权处理有关规范性文件或者依据的，行政复议机构应当自行政复议中止之日起三日内，书面通知规范性文件或者依据的制定机关就相关条款的合法性提出书面答复。制定机关应当自收到书面通知之日起十日内提交书面答复及相关材料。

行政复议机构认为必要时，可以要求规范性文件或者依据的制定机关当面说明理由，制定机关应当配合。

第五十九条　行政复议机关依照本法第五十六条、第五十七条的规定有权处理有关规范性文件或者依据，认为相关条款合法的，在行政复议决定书中一并告知；认为相关条款超越权限或者违反上位法的，决定停止该条款的执行，并责令制定机关予以纠正。

第六十条　依照本法第五十六条、第五十七条的规定接受转送的行政机关、国家机关应当自收到转送之日起六十日内，将处理意见回复转送的行政复议机关。

第五章　行政复议决定

第六十一条　行政复议机关依照本法审理行政复议案件，由行政复议机构对行政行为进行审查，提出意见，经行政复议机关的负责人同意或者集体讨论通过后，以行政复议机关的名义作出行政复议决定。

经过听证的行政复议案件，行政复议机关应当根据听证笔录、审查认定的事实和证据，依照本法作出行政复议决定。

提请行政复议委员会提出咨询意见的行政复议案件，行政复议机关应当将咨询意见作为作出行政复议决定的重要参考依据。

第六十二条　适用普通程序审理的行政复议案件，行政复议机关应当自受理申请之日起六十日内作出行政复议决定；但是法律规定的行政复议期限少于六十日的除外。情况复杂，不能在规定期限内作出行政复议决定的，经行政复议机构的负责人批准，可以适当延长，并书面告知当事人；但是延长期限最多不得超过三十日。

适用简易程序审理的行政复议案件，行政复议机关应当自受理申请之日起三十日内作出行政复议决定。

第六十三条 行政行为有下列情形之一的，行政复议机关决定变更该行政行为：

（一）事实清楚，证据确凿，适用依据正确，程序合法，但是内容不适当；

（二）事实清楚，证据确凿，程序合法，但是未正确适用依据；

（三）事实不清，证据不足，经行政复议机关查清事实和证据。

行政复议机关不得作出对申请人更为不利的变更决定，但是第三人提出相反请求的除外。

第六十四条 行政行为有下列情形之一的，行政复议机关决定撤销或者部分撤销该行政行为，并可以责令被申请人在一定期限内重新作出行政行为：

（一）主要事实不清、证据不足；

（二）违反法定程序；

（三）适用的依据不合法；

（四）超越职权或者滥用职权。

行政复议机关责令被申请人重新作出行政行为的，被申请人不得以同一事实和理由作出与被申请行政复议的行政行为相同或者基本相同的行政行为，但是行政复议机关以违反法定程序为由决定撤销或者部分撤销的除外。

第六十五条 行政行为有下列情形之一的，行政复议机关不撤销该行政行为，但是确认该行政行为违法：

（一）依法应予撤销，但是撤销会给国家利益、社会公共利益造成重大损害；

（二）程序轻微违法，但是对申请人权利不产生实际影响。

行政行为有下列情形之一，不需要撤销或者责令履行的，行政复议机关确认该行政行为违法：

（一）行政行为违法，但是不具有可撤销内容；

（二）被申请人改变原违法行政行为，申请人仍要求撤销或者确认该行政行为违法；

（三）被申请人不履行或者拖延履行法定职责，责令履行没有意义。

第六十六条 被申请人不履行法定职责的，行政复议机关决定被申请人在一定期限内履行。

第六十七条 行政行为有实施主体不具有行政主体资格或者没有依据等重大且明显违法情形，申请人申请确认行政行为无效的，行政复议机关确认该行政行为无效。

第六十八条 行政行为认定事实清楚，证据确凿，适用依据正确，程序合法，内容适当的，行政复议机关决定维持该行政行为。

第六十九条 行政复议机关受理申请人认为被申请人不履行法定职责的行政复议申请后，发现被申请人没有相应法定职责或者在受理前已经履行法定职责的，决定驳回申请人的行政复议请求。

第七十条 被申请人不按照本法第四十八条、第五十四条的规定提出书面答复、提交作出行政行为的证据、依据和其他有关材料的，视为该行政行为没有证据、依据，行政复议机关决定撤销、部分撤销该行政行为，确认该行政行为违法、无效或者决定被申请人在一定期限内履行，但是行政行为涉及第三人合法权益，第三人提供证据的除外。

第七十一条 被申请人不依法订立、不依法履行、未按照约定履行或者违法变更、解除行政协议的，行政复议机关决定被申请人承担依法订立、继续履行、采取补救措施或者赔偿损失等责任。

被申请人变更、解除行政协议合法，但是未依法给予补偿或者补偿不合理的，行政复议机关决定被申请人依法给予合理补偿。

第七十二条　申请人在申请行政复议时一并提出行政赔偿请求，行政复议机关对依照《中华人民共和国国家赔偿法》的有关规定应当不予赔偿的，在作出行政复议决定时，应当同时决定驳回行政赔偿请求；对符合《中华人民共和国国家赔偿法》的有关规定应当给予赔偿的，在决定撤销或者部分撤销、变更行政行为或者确认行政行为违法、无效时，应当同时决定被申请人依法给予赔偿；确认行政行为违法的，还可以同时责令被申请人采取补救措施。

申请人在申请行政复议时没有提出行政赔偿请求的，行政复议机关在依法决定撤销或者部分撤销、变更罚款，撤销或者部分撤销违法集资、没收财物、征收征用、摊派费用以及对财产的查封、扣押、冻结等行政行为时，应当同时责令被申请人返还财产，解除对财产的查封、扣押、冻结措施，或者赔偿相应的价款。

第七十三条　当事人经调解达成协议的，行政复议机关应当制作行政复议调解书，经各方当事人签字或者签章，并加盖行政复议机关印章，即具有法律效力。

调解未达成协议或者调解书生效前一方反悔的，行政复议机关应当依法审查或者及时作出行政复议决定。

第七十四条　当事人在行政复议决定作出前可以自愿达成和解，和解内容不得损害国家利益、社会公共利益和他人合法权益，不得违反法律、法规的强制性规定。

当事人达成和解后，由申请人向行政复议机构撤回行政复议申请。行政复议机构准予撤回行政复议申请、行政复议机关决定终止行政复议的，申请人不得再以同一事实和理由提出行政复议申请。但是，申请人能够证明撤回行政复议申请违背其真实意愿的除外。

第七十五条　行政复议机关作出行政复议决定，应当制作行政复议决定书，并加盖行政复议机关印章。

行政复议决定书一经送达，即发生法律效力。

第七十六条　行政复议机关在办理行政复议案件过程中，发现被申请人或者其他下级行政机关的有关行政行为违法或者不当的，可以向其制发行政复议意见书。有关机关应当自收到行政复议意见书之日起六十日内，将纠正相关违法或者不当行政行为的情况报送行政复议机关。

第七十七条　被申请人应当履行行政复议决定书、调解书、意见书。

被申请人不履行或者无正当理由拖延履行行政复议决定书、调解书、意见书的，行政复议机关或者有关上级行政机关应当责令其限期履行，并可以约谈被申请人的有关负责人或者予以通报批评。

第七十八条　申请人、第三人逾期不起诉又不履行行政复议决定书、调解书的，或者不履行最终裁决的行政复议决定的，按照下列规定分别处理：

（一）维持行政行为的行政复议决定书，由作出行政行为的行政机关依法强制执行，或者申请人民法院强制执行；

（二）变更行政行为的行政复议决定书，由行政复议机关依法强制执行，或者申请人民法院强制执行；

（三）行政复议调解书，由行政复议机关依法强制执行，或者申请人民法院强制执行。

第七十九条　行政复议机关根据被申请行政复议的行政行为的公开情况，按照国家有关规定将行政复议决定书向社会公开。

县级以上地方各级人民政府办理以本级人民政府工作部门为被申请人的行政复议案件，应当将发生法律效力的行政复议决定书、意见书同时抄告被申请人的上一级主管部门。

第六章　法律责任

第八十条　行政复议机关不依照本法规定履行行政复议职责，对负有责任的领导人员和直接责任人员依法给予警告、记过、记大过的处分；经有权监督的机关督促仍不改正或者造成严重后果的，依法给予降级、撤职、开除的处分。

第八十一条　行政复议机关工作人员在行政复议活动中，徇私舞弊或者有其他渎职、失职行为的，依法给予警告、记过、记大过的处分；情节严重的，依法给予降级、撤职、开除的处分；构成犯罪的，依法追究刑事责任。

第八十二条　被申请人违反本法规定，不提出书面答复或者不提交作出行政行为的证据、依据和其他有关材料，或者阻挠、变相阻挠公民、法人或者其他组织依法申请行政复议的，对负有责任的领导人员和直接责任人员依法给予警告、记过、记大过的处分；进行报复陷害的，依法给予降级、撤职、开除的处分；构成犯罪的，依法追究刑事责任。

第八十三条　被申请人不履行或者无正当理由拖延履行行政复议决定书、调解书、意见书的，对负有责任的领导人员和直接责任人员依法给予警告、记过、记大过的处分；经责令履行仍拒不履行的，依法给予降级、撤职、开除的处分。

第八十四条　拒绝、阻挠行政复议人员调查取证，故意扰乱行政复议工作秩序的，依法给予处分、治安管理处罚；构成犯罪的，依法追究刑事责任。

第八十五条　行政机关及其工作人员违反本法规定的，行政复议机关可以向监察机关或者公职人员任免机关、单位移送有关人员违法的事实材料，接受移送的监察机关或者公职人员任免机关、单位应当依法处理。

第八十六条　行政复议机关在办理行政复议案件过程中，发现公职人员涉嫌贪污贿赂、失职渎职等职务违法或者职务犯罪的问题线索，应当依照有关规定移送监察机关，由监察机关依法调查处置。

第七章　附　　则

第八十七条　行政复议机关受理行政复议申请，不得向申请人收取任何费用。

第八十八条　行政复议期间的计算和行政复议文书的送达，本法没有规定的，依照《中华人民共和国民事诉讼法》关于期间、送达的规定执行。

本法关于行政复议期间有关"三日"、"五日"、"七日"、"十日"的规定是指工作日，不含法定休假日。

第八十九条　外国人、无国籍人、外国组织在中华人民共和国境内申请行政复议，适用本法。

第九十条　本法自 2024 年 1 月 1 日起施行。

中华人民共和国行政处罚法

（1996 年 3 月 17 日第八届全国人民代表大会第四次会议通过　根据 2009 年 8 月 27 日第十一届全国人民代表大会常务委员会第十次会议《关于修改部分法律的决定》第一次修正　根据 2017 年 9 月 1 日第十二届全国人民代表大会常务委员会第二十九次会议《关于修改〈中华人民共和国法官法〉等八部法律的决定》第二次修正　2021 年 1 月 22 日第十三届全国人民代表大会常务委员会第二十五次会议修订　2021 年 1 月 22 日中华人民共和国主席令第 70 号公布　自 2021 年 7 月 15 日起施行）

目　录

第一章　总　　则

第一条　为了规范行政处罚的设定和实施，保障和监督行政机关有效实施行政管理，维护公共利益和社会秩序，保护公民、法人或者其他组织的合法权益，根据宪法，制定本法。

第二条　行政处罚是指行政机关依法对违反行政管理秩序的公民、法人或者其他组织，以减损权益或者增加义务的方式予以惩戒的行为。

第三条　行政处罚的设定和实施，适用本法。

第四条　公民、法人或者其他组织违反行政管理秩序的行为，应当给予行政处罚的，依照本法由法律、法规、规章规定，并由行政机关依照本法规定的程序实施。

第五条　行政处罚遵循公正、公开的原则。

设定和实施行政处罚必须以事实为依据，与违法行为的事实、性质、情节以及社会危害程度相当。

对违法行为给予行政处罚的规定必须公布；未经公布的，不得作为行政处罚的依据。

第六条　实施行政处罚，纠正违法行为，应当坚持处罚与教育相结合，教育公民、法人或者其他组织自觉守法。

第七条　公民、法人或者其他组织对行政机关所给予的行政处罚，享有陈述权、申辩权；对行政处罚不服的，有权依法申请行政复议或者提起行政诉讼。

公民、法人或者其他组织因行政机关违法给予行政处罚受到损害的，有权依法提出赔偿要求。

第八条 公民、法人或者其他组织因违法行为受到行政处罚，其违法行为对他人造成损害的，应当依法承担民事责任。

违法行为构成犯罪，应当依法追究刑事责任的，不得以行政处罚代替刑事处罚。

第二章 行政处罚的种类和设定

第九条 行政处罚的种类：

（一）警告、通报批评；

（二）罚款、没收违法所得、没收非法财物；

（三）暂扣许可证件、降低资质等级、吊销许可证件；

（四）限制开展生产经营活动、责令停产停业、责令关闭、限制从业；

（五）行政拘留；

（六）法律、行政法规规定的其他行政处罚。

第十条 法律可以设定各种行政处罚。

限制人身自由的行政处罚，只能由法律设定。

第十一条 行政法规可以设定除限制人身自由以外的行政处罚。

法律对违法行为已经作出行政处罚规定，行政法规需要作出具体规定的，必须在法律规定的给予行政处罚的行为、种类和幅度的范围内规定。

法律对违法行为未作出行政处罚规定，行政法规为实施法律，可以补充设定行政处罚。拟补充设定行政处罚的，应当通过听证会、论证会等形式广泛听取意见，并向制定机关作出书面说明。行政法规报送备案时，应当说明补充设定行政处罚的情况。

第十二条 地方性法规可以设定除限制人身自由、吊销营业执照以外的行政处罚。

法律、行政法规对违法行为已经作出行政处罚规定，地方性法规需要作出具体规定的，必须在法律、行政法规规定的给予行政处罚的行为、种类和幅度的范围内规定。

法律、行政法规对违法行为未作出行政处罚规定，地方性法规为实施法律、行政法规，可以补充设定行政处罚。拟补充设定行政处罚的，应当通过听证会、论证会等形式广泛听取意见，并向制定机关作出书面说明。地方性法规报送备案时，应当说明补充设定行政处罚的情况。

第十三条 国务院部门规章可以在法律、行政法规规定的给予行政处罚的行为、种类和幅度的范围内作出具体规定。

尚未制定法律、行政法规的，国务院部门规章对违反行政管理秩序的行为，可以设定警告、通报批评或者一定数额罚款的行政处罚。罚款的限额由国务院规定。

第十四条 地方政府规章可以在法律、法规规定的给予行政处罚的行为、种类和幅度的范围内作出具体规定。

尚未制定法律、法规的，地方政府规章对违反行政管理秩序的行为，可以设定警告、通报批评或者一定数额罚款的行政处罚。罚款的限额由省、自治区、直辖市人民代表大会常务委员会规定。

第十五条 国务院部门和省、自治区、直辖市人民政府及其有关部门应当定期组织评估行政处罚的实施情况和必要性，对不适当的行政处罚事项及种类、罚款数额等，应当提出修改或者废止的建议。

第十六条 除法律、法规、规章外，其他规范性文件不得设定行政处罚。

第三章　行政处罚的实施机关

第十七条　行政处罚由具有行政处罚权的行政机关在法定职权范围内实施。

第十八条　国家在城市管理、市场监管、生态环境、文化市场、交通运输、应急管理、农业等领域推行建立综合行政执法制度，相对集中行政处罚权。

国务院或者省、自治区、直辖市人民政府可以决定一个行政机关行使有关行政机关的行政处罚权。

限制人身自由的行政处罚权只能由公安机关和法律规定的其他机关行使。

第十九条　法律、法规授权的具有管理公共事务职能的组织可以在法定授权范围内实施行政处罚。

第二十条　行政机关依照法律、法规、规章的规定，可以在其法定权限内书面委托符合本法第二十一条规定条件的组织实施行政处罚。行政机关不得委托其他组织或者个人实施行政处罚。

委托书应当载明委托的具体事项、权限、期限等内容。委托行政机关和受委托组织应当将委托书向社会公布。

委托行政机关对受委托组织实施行政处罚的行为应当负责监督，并对该行为的后果承担法律责任。

受委托组织在委托范围内，以委托行政机关名义实施行政处罚；不得再委托其他组织或者个人实施行政处罚。

第二十一条　受委托组织必须符合以下条件：

（一）依法成立并具有管理公共事务职能；

（二）有熟悉有关法律、法规、规章和业务并取得行政执法资格的工作人员；

（三）需要进行技术检查或者技术鉴定的，应当有条件组织进行相应的技术检查或者技术鉴定。

第四章　行政处罚的管辖和适用

第二十二条　行政处罚由违法行为发生地的行政机关管辖。法律、行政法规、部门规章另有规定的，从其规定。

第二十三条　行政处罚由县级以上地方人民政府具有行政处罚权的行政机关管辖。法律、行政法规另有规定的，从其规定。

第二十四条　省、自治区、直辖市根据当地实际情况，可以决定将基层管理迫切需要的县级人民政府部门的行政处罚权交由能够有效承接的乡镇人民政府、街道办事处行使，并定期组织评估。决定应当公布。

承接行政处罚权的乡镇人民政府、街道办事处应当加强执法能力建设，按照规定范围、依照法定程序实施行政处罚。

有关地方人民政府及其部门应当加强组织协调、业务指导、执法监督，建立健全行政处罚协调配合机制，完善评议、考核制度。

第二十五条　两个以上行政机关都有管辖权的，由最先立案的行政机关管辖。

对管辖发生争议的，应当协商解决，协商不成的，报请共同的上一级行政机关指定管辖；也可以直接由共同的上一级行政机关指定管辖。

第二十六条　行政机关因实施行政处罚的需要，可以向有关机关提出协助请求。协助事项属于被请求机关职权范围内的，应当依法予以协助。

第二十七条　违法行为涉嫌犯罪的，行政机关应当及时将案件移送司法机关，依法追究刑事责任。对依法不需要追究刑事责任或者免予刑事处罚，但应当给予行政处罚的，司法机关应当及时将案件移送有关行政机关。

行政处罚实施机关与司法机关之间应当加强协调配合，建立健全案件移送制度，加强证据材料移交、接收衔接，完善案件处理信息通报机制。

第二十八条 行政机关实施行政处罚时，应当责令当事人改正或者限期改正违法行为。

当事人有违法所得，除依法应当退赔的外，应当予以没收。违法所得是指实施违法行为所取得的款项。法律、行政法规、部门规章对违法所得的计算另有规定的，从其规定。

第二十九条 对当事人的同一个违法行为，不得给予两次以上罚款的行政处罚。同一个违法行为违反多个法律规范应当给予罚款处罚的，按照罚款数额高的规定处罚。

第三十条 不满十四周岁的未成年人有违法行为的，不予行政处罚，责令监护人加以管教；已满十四周岁不满十八周岁的未成年人有违法行为的，应当从轻或者减轻行政处罚。

第三十一条 精神病人、智力残疾人在不能辨认或者不能控制自己行为时有违法行为的，不予行政处罚，但应当责令其监护人严加看管和治疗。间歇性精神病人在精神正常时有违法行为的，应当给予行政处罚。尚未完全丧失辨认或者控制自己行为能力的精神病人、智力残疾人有违法行为的，可以从轻或者减轻行政处罚。

第三十二条 当事人有下列情形之一，应当从轻或者减轻行政处罚：

（一）主动消除或者减轻违法行为危害后果的；

（二）受他人胁迫或者诱骗实施违法行为的；

（三）主动供述行政机关尚未掌握的违法行为的；

（四）配合行政机关查处违法行为有立功表现的；

（五）法律、法规、规章规定其他应当从轻或者减轻行政处罚的。

第三十三条 违法行为轻微并及时改正，没有造成危害后果的，不予行政处罚。初次违法且危害后果轻微并及时改正的，可以不予行政处罚。

当事人有证据足以证明没有主观过错的，不予行政处罚。法律、行政法规另有规定的，从其规定。

对当事人的违法行为依法不予行政处罚的，行政机关应当对当事人进行教育。

第三十四条 行政机关可以依法制定行政处罚裁量基准，规范行使行政处罚裁量权。行政处罚裁量基准应当向社会公布。

第三十五条 违法行为构成犯罪，人民法院判处拘役或者有期徒刑时，行政机关已经给予当事人行政拘留的，应当依法折抵相应刑期。

违法行为构成犯罪，人民法院判处罚金时，行政机关已经给予当事人罚款的，应当折抵相应罚金；行政机关尚未给予当事人罚款的，不再给予罚款。

第三十六条 违法行为在二年内未被发现的，不再给予行政处罚；涉及公民生命健康安全、金融安全且有危害后果的，上述期限延长至五年。法律另有规定的除外。

前款规定的期限，从违法行为发生之日起计算；违法行为有连续或者继续状态的，从行为终了之日起计算。

第三十七条 实施行政处罚，适用违法行为发生时的法律、法规、规章的规定。但是，作出行政处罚决定时，法律、法规、规章已被修改或者废止，且新的规定处罚较轻或者不认为是违法的，适用新的规定。

第三十八条 行政处罚没有依据或者实施主体不具有行政主体资格的，行政处罚无效。

违反法定程序构成重大且明显违法的，行政处罚无效。

第五章　行政处罚的决定

第一节　一般规定

第三十九条　行政处罚的实施机关、立案依据、实施程序和救济渠道等信息应当公示。

第四十条　公民、法人或者其他组织违反行政管理秩序的行为，依法应当给予行政处罚的，行政机关必须查明事实；违法事实不清、证据不足的，不得给予行政处罚。

第四十一条　行政机关依照法律、行政法规规定利用电子技术监控设备收集、固定违法事实的，应当经过法制和技术审核，确保电子技术监控设备符合标准、设置合理、标志明显，设置地点应当向社会公布。

电子技术监控设备记录违法事实应当真实、清晰、完整、准确。行政机关应当审核记录内容是否符合要求；未经审核或者经审核不符合要求的，不得作为行政处罚的证据。

行政机关应当及时告知当事人违法事实，并采取信息化手段或者其他措施，为当事人查询、陈述和申辩提供便利。不得限制或者变相限制当事人享有的陈述权、申辩权。

第四十二条　行政处罚应当由具有行政执法资格的执法人员实施。执法人员不得少于两人，法律另有规定的除外。

执法人员应当文明执法，尊重和保护当事人合法权益。

第四十三条　执法人员与案件有直接利害关系或者有其他关系可能影响公正执法的，应当回避。

当事人认为执法人员与案件有直接利害关系或者有其他关系可能影响公正执法的，有权申请回避。

当事人提出回避申请的，行政机关应当依法审查，由行政机关负责人决定。决定作出之前，不停止调查。

第四十四条　行政机关在作出行政处罚决定之前，应当告知当事人拟作出的行政处罚内容及事实、理由、依据，并告知当事人依法享有的陈述、申辩、要求听证等权利。

第四十五条　当事人有权进行陈述和申辩。行政机关必须充分听取当事人的意见，对当事人提出的事实、理由和证据，应当进行复核；当事人提出的事实、理由或者证据成立的，行政机关应当采纳。

行政机关不得因当事人陈述、申辩而给予更重的处罚。

第四十六条　证据包括：

（一）书证；

（二）物证；

（三）视听资料；

（四）电子数据；

（五）证人证言；

（六）当事人的陈述；

（七）鉴定意见；

（八）勘验笔录、现场笔录。

证据必须经查证属实，方可作为认定案件事实的根据。

以非法手段取得的证据，不得作为认定案件事实的根据。

第四十七条　行政机关应当依法以文字、音像等形式，对行政处罚的启动、调查取证、审核、决定、送达、执行等进行全过程记录，归档保存。

第四十八条 具有一定社会影响的行政处罚决定应当依法公开。

公开的行政处罚决定被依法变更、撤销、确认违法或者确认无效的，行政机关应当在三日内撤回行政处罚决定信息并公开说明理由。

第四十九条 发生重大传染病疫情等突发事件，为了控制、减轻和消除突发事件引起的社会危害，行政机关对违反突发事件应对措施的行为，依法快速、从重处罚。

第五十条 行政机关及其工作人员对实施行政处罚过程中知悉的国家秘密、商业秘密或者个人隐私，应当依法予以保密。

第二节　简　易　程　序

第五十一条 违法事实确凿并有法定依据，对公民处以二百元以下、对法人或者其他组织处以三千元以下罚款或者警告的行政处罚的，可以当场作出行政处罚决定。法律另有规定的，从其规定。

第五十二条 执法人员当场作出行政处罚决定的，应当向当事人出示执法证件，填写预定格式、编有号码的行政处罚决定书，并当场交付当事人。当事人拒绝签收的，应当在行政处罚决定书上注明。

前款规定的行政处罚决定书应当载明当事人的违法行为，行政处罚的种类和依据、罚款数额、时间、地点，申请行政复议、提起行政诉讼的途径和期限以及行政机关名称，并由执法人员签名或者盖章。

执法人员当场作出的行政处罚决定，应当报所属行政机关备案。

第五十三条 对当场作出的行政处罚决定，当事人应当依照本法第六十七条至第六十九条的规定履行。

第三节　普　通　程　序

第五十四条 除本法第五十一条规定的可以当场作出的行政处罚外，行政机关发现公民、法人或者其他组织有依法应当给予行政处罚的行为的，必须全面、客观、公正地调查，收集有关证据；必要时，依照法律、法规的规定，可以进行检查。

符合立案标准的，行政机关应当及时立案。

第五十五条 执法人员在调查或者进行检查时，应当主动向当事人或者有关人员出示执法证件。当事人或者有关人员有权要求执法人员出示执法证件。执法人员不出示执法证件的，当事人或者有关人员有权拒绝接受调查或者检查。

当事人或者有关人员应当如实回答询问，并协助调查或者检查，不得拒绝或者阻挠。询问或者检查应当制作笔录。

第五十六条 行政机关在收集证据时，可以采取抽样取证的方法；在证据可能灭失或者以后难以取得的情况下，经行政机关负责人批准，可以先行登记保存，并应当在七日内及时作出处理决定，在此期间，当事人或者有关人员不得销毁或者转移证据。

第五十七条 调查终结，行政机关负责人应当对调查结果进行审查，根据不同情况，分别作出如下决定：

（一）确有应受行政处罚的违法行为的，根据情节轻重及具体情况，作出行政处罚决定；

（二）违法行为轻微，依法可以不予行政处罚的，不予行政处罚；

（三）违法事实不能成立的，不予行政处罚；

（四）违法行为涉嫌犯罪的，移送司法机关。

对情节复杂或者重大违法行为给予行政处罚，行政机关负责人应当集体讨论决定。

第五十八条　有下列情形之一，在行政机关负责人作出行政处罚的决定之前，应当由从事行政处罚决定法制审核的人员进行法制审核；未经法制审核或者审核未通过的，不得作出决定：

（一）涉及重大公共利益的；

（二）直接关系当事人或者第三人重大权益，经过听证程序的；

（三）案件情况疑难复杂、涉及多个法律关系的；

（四）法律、法规规定应当进行法制审核的其他情形。

行政机关中初次从事行政处罚决定法制审核的人员，应当通过国家统一法律职业资格考试取得法律职业资格。

第五十九条　行政机关依照本法第五十七条的规定给予行政处罚，应当制作行政处罚决定书。行政处罚决定书应当载明下列事项：

（一）当事人的姓名或者名称、地址；

（二）违反法律、法规、规章的事实和证据；

（三）行政处罚的种类和依据；

（四）行政处罚的履行方式和期限；

（五）申请行政复议、提起行政诉讼的途径和期限；

（六）作出行政处罚决定的行政机关名称和作出决定的日期。

行政处罚决定书必须盖有作出行政处罚决定的行政机关的印章。

第六十条　行政机关应当自行政处罚案件立案之日起九十日内作出行政处罚决定。法律、法规、规章另有规定的，从其规定。

第六十一条　行政处罚决定书应当在宣告后当场交付当事人；当事人不在场的，行政机关应当在七日内依照《中华人民共和国民事诉讼法》的有关规定，将行政处罚决定书送达当事人。

当事人同意并签订确认书的，行政机关可以采用传真、电子邮件等方式，将行政处罚决定书等送达当事人。

第六十二条　行政机关及其执法人员在作出行政处罚决定之前，未依照本法第四十四条、第四十五条的规定向当事人告知拟作出的行政处罚内容及事实、理由、依据，或者拒绝听取当事人的陈述、申辩，不得作出行政处罚决定；当事人明确放弃陈述或者申辩权利的除外。

第四节　听证程序

第六十三条　行政机关拟作出下列行政处罚决定，应当告知当事人有要求听证的权利，当事人要求听证的，行政机关应当组织听证：

（一）较大数额罚款；

（二）没收较大数额违法所得、没收较大价值非法财物；

（三）降低资质等级、吊销许可证件；

（四）责令停产停业、责令关闭、限制从业；

（五）其他较重的行政处罚；

（六）法律、法规、规章规定的其他情形。

当事人不承担行政机关组织听证的费用。

第六十四条　听证应当依照以下程序组织：

（一）当事人要求听证的，应当在行政机关告知后五日内提出；

（二）行政机关应当在举行听证的七日前，通知当事人及有关人员听证的时间、地点；

（三）除涉及国家秘密、商业秘密或者个人隐私依法予以保密外，听证公开举行；

（四）听证由行政机关指定的非本案调查人员主持；当事人认为主持人与本案有直接利害关

系的，有权申请回避；

（五）当事人可以亲自参加听证，也可以委托一至二人代理；

（六）当事人及其代理人无正当理由拒不出席听证或者未经许可中途退出听证的，视为放弃听证权利，行政机关终止听证；

（七）举行听证时，调查人员提出当事人违法的事实、证据和行政处罚建议，当事人进行申辩和质证；

（八）听证应当制作笔录。笔录应当交当事人或者其代理人核对无误后签字或者盖章。当事人或者其代理人拒绝签字或者盖章的，由听证主持人在笔录中注明。

第六十五条 听证结束后，行政机关应当根据听证笔录，依照本法第五十七条的规定，作出决定。

第六章 行政处罚的执行

第六十六条 行政处罚决定依法作出后，当事人应当在行政处罚决定书载明的期限内，予以履行。

当事人确有经济困难，需要延期或者分期缴纳罚款的，经当事人申请和行政机关批准，可以暂缓或者分期缴纳。

第六十七条 作出罚款决定的行政机关应当与收缴罚款的机构分离。

除依照本法第六十八条、第六十九条的规定当场收缴的罚款外，作出行政处罚决定的行政机关及其执法人员不得自行收缴罚款。

当事人应当自收到行政处罚决定书之日起十五日内，到指定的银行或者通过电子支付系统缴纳罚款。银行应当收受罚款，并将罚款直接上缴国库。

第六十八条 依照本法第五十一条的规定当场作出行政处罚决定，有下列情形之一，执法人员可以当场收缴罚款：

（一）依法给予一百元以下罚款的；

（二）不当场收缴事后难以执行的。

第六十九条 在边远、水上、交通不便地区，行政机关及其执法人员依照本法第五十一条、第五十七条的规定作出罚款决定后，当事人到指定的银行或者通过电子支付系统缴纳罚款确有困难，经当事人提出，行政机关及其执法人员可以当场收缴罚款。

第七十条 行政机关及其执法人员当场收缴罚款的，必须向当事人出具国务院财政部门或者省、自治区、直辖市人民政府财政部门统一制发的专用票据；不出具财政部门统一制发的专用票据的，当事人有权拒绝缴纳罚款。

第七十一条 执法人员当场收缴的罚款，应当自收缴罚款之日起二日内，交至行政机关；在水上当场收缴的罚款，应当自抵岸之日起二日内交至行政机关；行政机关应当在二日内将罚款缴付指定的银行。

第七十二条 当事人逾期不履行行政处罚决定的，作出行政处罚决定的行政机关可以采取下列措施：

（一）到期不缴纳罚款的，每日按罚款数额的百分之三加处罚款，加处罚款的数额不得超出罚款的数额；

（二）根据法律规定，将查封、扣押的财物拍卖、依法处理或者将冻结的存款、汇款划拨抵缴罚款；

（三）根据法律规定，采取其他行政强制执行方式；

（四）依照《中华人民共和国行政强制法》的规定申请人民法院强制执行。

行政机关批准延期、分期缴纳罚款的，申请人民法院强制执行的期限，自暂缓或者分期缴纳罚款期限结束之日起计算。

第七十三条 当事人对行政处罚决定不服，申请行政复议或者提起行政诉讼的，行政处罚不停止执行，法律另有规定的除外。

当事人对限制人身自由的行政处罚决定不服，申请行政复议或者提起行政诉讼的，可以向作出决定的机关提出暂缓执行申请。符合法律规定情形的，应当暂缓执行。

当事人申请行政复议或者提起行政诉讼的，加处罚款的数额在行政复议或者行政诉讼期间不予计算。

第七十四条 除依法应当予以销毁的物品外，依法没收的非法财物必须按照国家规定公开拍卖或者按照国家有关规定处理。

罚款、没收的违法所得或者没收非法财物拍卖的款项，必须全部上缴国库，任何行政机关或者个人不得以任何形式截留、私分或者变相私分。

罚款、没收的违法所得或者没收非法财物拍卖的款项，不得同作出行政处罚决定的行政机关及其工作人员的考核、考评直接或者变相挂钩。除依法应当退还、退赔的外，财政部门不得以任何形式向作出行政处罚决定的行政机关返还罚款、没收的违法所得或者没收非法财物拍卖的款项。

第七十五条 行政机关应当建立健全对行政处罚的监督制度。县级以上人民政府应当定期组织开展行政执法评议、考核，加强对行政处罚的监督检查，规范和保障行政处罚的实施。

行政机关实施行政处罚应当接受社会监督。公民、法人或者其他组织对行政机关实施行政处罚的行为，有权申诉或者检举；行政机关应当认真审查，发现有错误的，应当主动改正。

第七章　法律责任

第七十六条 行政机关实施行政处罚，有下列情形之一，由上级行政机关或者有关机关责令改正，对直接负责的主管人员和其他直接责任人员依法给予处分：

（一）没有法定的行政处罚依据的；

（二）擅自改变行政处罚种类、幅度的；

（三）违反法定的行政处罚程序的；

（四）违反本法第二十条关于委托处罚的规定的；

（五）执法人员未取得执法证件的。

行政机关对符合立案标准的案件不及时立案的，依照前款规定予以处理。

第七十七条 行政机关对当事人进行处罚不使用罚款、没收财物单据或者使用非法定部门制发的罚款、没收财物单据的，当事人有权拒绝，并有权予以检举，由上级行政机关或者有关机关对使用的非法单据予以收缴销毁，对直接负责的主管人员和其他直接责任人员依法给予处分。

第七十八条 行政机关违反本法第六十七条的规定自行收缴罚款的，财政部门违反本法第七十四条的规定向行政机关返还罚款、没收的违法所得或者拍卖款项的，由上级行政机关或者有关机关责令改正，对直接负责的主管人员和其他直接责任人员依法给予处分。

第七十九条 行政机关截留、私分或者变相私分罚款、没收的违法所得或者财物的，由财政部门或者有关机关予以追缴，对直接负责的主管人员和其他直接责任人员依法给予处分；情节严重构成犯罪的，依法追究刑事责任。

执法人员利用职务上的便利，索取或者收受他人财物、将收缴罚款据为己有，构成犯罪的，依法追究刑事责任；情节轻微不构成犯罪的，依法给予处分。

第八十条 行政机关使用或者损毁查封、扣押的财物，对当事人造成损失的，应当依法予以赔偿，对直接负责的主管人员和其他直接责任人员依法给予处分。

第八十一条 行政机关违法实施检查措施或者执行措施，给公民人身或者财产造成损害、给法人或者其他组织造成损失的，应当依法予以赔偿，对直接负责的主管人员和其他直接责任人员依法给予处分；情节严重构成犯罪的，依法追究刑事责任。

第八十二条 行政机关对应当依法移交司法机关追究刑事责任的案件不移交，以行政处罚代替刑事处罚，由上级行政机关或者有关机关责令改正，对直接负责的主管人员和其他直接责任人员依法给予处分；情节严重构成犯罪的，依法追究刑事责任。

第八十三条 行政机关对应当予以制止和处罚的违法行为不予制止、处罚，致使公民、法人或者其他组织的合法权益、公共利益和社会秩序遭受损害的，对直接负责的主管人员和其他直接责任人员依法给予处分；情节严重构成犯罪的，依法追究刑事责任。

第八章 附 则

第八十四条 外国人、无国籍人、外国组织在中华人民共和国领域内有违法行为，应当给予行政处罚的，适用本法，法律另有规定的除外。

第八十五条 本法中"二日""三日""五日""七日"的规定是指工作日，不含法定节假日。

第八十六条 本法自 2021 年 7 月 15 日起施行。

中华人民共和国行政许可法

（2003 年 8 月 27 日第十届全国人民代表大会常务委员会第四次会议通过 根据 2019 年 4 月 23 日第十三届全国人民代表大会常务委员会第十次会议《关于修改〈中华人民共和国建筑法〉等八部法律的决定》修正）

目 录

第一章 总 则

第一条 为了规范行政许可的设定和实施，保护公民、法人和其他组织的合法权益，维护公共利益和社会秩序，保障和监督行政机关有效实施行政管理，根据宪法，制定本法。

第二条 本法所称行政许可，是指行政机关根据公民、法人或者其他组织的申请，经依法审查，准予其从事特定活动的行为。

第三条 行政许可的设定和实施，适用本法。

有关行政机关对其他机关或者对其直接管理的事业单位的人事、财务、外事等事项的审批，不适用本法。

第四条 设定和实施行政许可，应当依照法定的权限、范围、条件和程序。

第五条 设定和实施行政许可，应当遵循公开、公平、公正、非歧视的原则。

有关行政许可的规定应当公布；未经公布的，不得作为实施行政许可的依据。行政许可的实施和结果，除涉及国家秘密、商业秘密或者个人隐私的外，应当公开。未经申请人同意，行政机关及其工作人员、参与专家评审等的人员不得披露申请人提交的商业秘密、未披露信息或者保密商务信息，法律另有规定或者涉及国家安全、重大社会公共利益的除外；行政机关依法公开申请人前述信息的，允许申请人在合理期限内提出异议。

符合法定条件、标准的，申请人有依法取得行政许可的平等权利，行政机关不得歧视任何人。

第六条 实施行政许可，应当遵循便民的原则，提高办事效率，提供优质服务。

第七条 公民、法人或者其他组织对行政机关实施行政许可，享有陈述权、申辩权；有权依法申请行政复议或者提起行政诉讼；其合法权益因行政机关违法实施行政许可受到损害的，有权依法要求赔偿。

第八条 公民、法人或者其他组织依法取得的行政许可受法律保护，行政机关不得擅自改变已经生效的行政许可。

行政许可所依据的法律、法规、规章修改或者废止，或者准予行政许可所依据的客观情况发生重大变化的，为了公共利益的需要，行政机关可以依法变更或者撤回已经生效的行政许可。由此给公民、法人或者其他组织造成财产损失的，行政机关应当依法给予补偿。

第九条 依法取得的行政许可，除法律、法规规定依照法定条件和程序可以转让的外，不得转让。

第十条 县级以上人民政府应当建立健全对行政机关实施行政许可的监督制度，加强对行政机关实施行政许可的监督检查。

行政机关应当对公民、法人或者其他组织从事行政许可事项的活动实施有效监督。

第二章 行政许可的设定

第十一条 设定行政许可，应当遵循经济和社会发展规律，有利于发挥公民、法人或者其他组织的积极性、主动性，维护公共利益和社会秩序，促进经济、社会和生态环境协调发展。

第十二条 下列事项可以设定行政许可：

（一）直接涉及国家安全、公共安全、经济宏观调控、生态环境保护以及直接关系人身健康、生命财产安全等特定活动，需要按照法定条件予以批准的事项；

（二）有限自然资源开发利用、公共资源配置以及直接关系公共利益的特定行业的市场准入等，需要赋予特定权利的事项；

（三）提供公众服务并且直接关系公共利益的职业、行业，需要确定具备特殊信誉、特殊条件或者特殊技能等资格、资质的事项；

（四）直接关系公共安全、人身健康、生命财产安全的重要设备、设施、产品、物品，需要按照技术标准、技术规范，通过检验、检测、检疫等方式进行审定的事项；

（五）企业或者其他组织的设立等，需要确定主体资格的事项；

（六）法律、行政法规规定可以设定行政许可的其他事项。

第十三条 本法第十二条所列事项，通过下列方式能够予以规范的，可以不设行政许可：

（一）公民、法人或者其他组织能够自主决定的；

（二）市场竞争机制能够有效调节的；

（三）行业组织或者中介机构能够自律管理的；

（四）行政机关采用事后监督等其他行政管理方式能够解决的。

第十四条 本法第十二条所列事项，法律可以设定行政许可。尚未制定法律的，行政法规可以设定行政许可。

必要时，国务院可以采用发布决定的方式设定行政许可。实施后，除临时性行政许可事项外，国务院应当及时提请全国人民代表大会及其常务委员会制定法律，或者自行制定行政法规。

第十五条 本法第十二条所列事项，尚未制定法律、行政法规的，地方性法规可以设定行政许可；尚未制定法律、行政法规和地方性法规的，因行政管理的需要，确需立即实施行政许可的，省、自治区、直辖市人民政府规章可以设定临时性的行政许可。临时性的行政许可实施满一年需要继续实施的，应当提请本级人民代表大会及其常务委员会制定地方性法规。

地方性法规和省、自治区、直辖市人民政府规章，不得设定应当由国家统一确定的公民、法人或者其他组织的资格、资质的行政许可；不得设定企业或者其他组织的设立登记及其前置性行政许可。其设定的行政许可，不得限制其他地区的个人或者企业到本地区从事生产经营和提供服务，不得限制其他地区的商品进入本地区市场。

第十六条 行政法规可以在法律设定的行政许可事项范围内，对实施该行政许可作出具体规定。

地方性法规可以在法律、行政法规设定的行政许可事项范围内，对实施该行政许可作出具体规定。

规章可以在上位法设定的行政许可事项范围内，对实施该行政许可作出具体规定。

法规、规章对实施上位法设定的行政许可作出的具体规定，不得增设行政许可；对行政许可条件作出的具体规定，不得增设违反上位法的其他条件。

第十七条 除本法第十四条、第十五条规定的外，其他规范性文件一律不得设定行政许可。

第十八条 设定行政许可，应当规定行政许可的实施机关、条件、程序、期限。

第十九条 起草法律草案、法规草案和省、自治区、直辖市人民政府规章草案，拟设定行政许可的，起草单位应当采取听证会、论证会等形式听取意见，并向制定机关说明设定该行政许可的必要性、对经济和社会可能产生的影响以及听取和采纳意见的情况。

第二十条 行政许可的设定机关应当定期对其设定的行政许可进行评价；对已设定的行政许可，认为通过本法第十三条所列方式能够解决的，应当对设定该行政许可的规定及时予以修改或者废止。

行政许可的实施机关可以对已设定的行政许可的实施情况及存在的必要性适时进行评价，并将意见报告该行政许可的设定机关。

公民、法人或者其他组织可以向行政许可的设定机关和实施机关就行政许可的设定和实施提出意见和建议。

第二十一条 省、自治区、直辖市人民政府对行政法规设定的有关经济事务的行政许可，根据本行政区域经济和社会发展情况，认为通过本法第十三条所列方式能够解决的，报国务院批准后，可以在本行政区域内停止实施该行政许可。

第三章 行政许可的实施机关

第二十二条 行政许可由具有行政许可权的行政机关在其法定职权范围内实施。

第二十三条 法律、法规授权的具有管理公共事务职能的组织，在法定授权范围内，以自己的名义实施行政许可。被授权的组织适用本法有关行政机关的规定。

第二十四条 行政机关在其法定职权范围内，依照法律、法规、规章的规定，可以委托其他行政机关实施行政许可。委托机关应当将受委托行政机关和受委托实施行政许可的内容予以公告。

委托行政机关对受委托行政机关实施行政许可的行为应当负责监督，并对该行为的后果承担法律责任。

受委托行政机关在委托范围内，以委托行政机关名义实施行政许可；不得再委托其他组织或者个人实施行政许可。

第二十五条 经国务院批准，省、自治区、直辖市人民政府根据精简、统一、效能的原则，可以决定一个行政机关行使有关行政机关的行政许可权。

第二十六条 行政许可需要行政机关内设的多个机构办理的，该行政机关应当确定一个机构统一受理行政许可申请，统一送达行政许可决定。

行政许可依法由地方人民政府两个以上部门分别实施的，本级人民政府可以确定一个部门受理行政许可申请并转告有关部门分别提出意见后统一办理，或者组织有关部门联合办理、集中办理。

第二十七条 行政机关实施行政许可，不得向申请人提出购买指定商品、接受有偿服务等不正当要求。

行政机关工作人员办理行政许可，不得索取或者收受申请人的财物，不得谋取其他利益。

第二十八条 对直接关系公共安全、人身健康、生命财产安全的设备、设施、产品、物品的检验、检测、检疫，除法律、行政法规定由行政机关实施的外，应当逐步由符合法定条件的专业技术组织实施。专业技术组织及其有关人员对所实施的检验、检测、检疫结论承担法律责任。

第四章 行政许可的实施程序

第一节 申请与受理

第二十九条 公民、法人或者其他组织从事特定活动，依法需要取得行政许可的，应当向行政机关提出申请。申请书需要采用格式文本的，行政机关应当向申请人提供行政许可申请书格式文本。申请书格式文本中不得包含与申请行政许可事项没有直接关系的内容。

申请人可以委托代理人提出行政许可申请。但是，依法应当由申请人到行政机关办公场所提出行政许可申请的除外。

行政许可申请可以通过信函、电报、电传、传真、电子数据交换和电子邮件等方式提出。

第三十条 行政机关应当将法律、法规、规章规定的有关行政许可的事项、依据、条件、数量、程序、期限以及需要提交的全部材料的目录和申请书示范文本等在办公场所公示。

申请人要求行政机关对公示内容予以说明、解释的，行政机关应当说明、解释，提供准确、可靠的信息。

第三十一条 申请人申请行政许可，应当如实向行政机关提交有关材料和反映真实情况，并对其申请材料实质内容的真实性负责。行政机关不得要求申请人提交与其申请的行政许可事项无关的技术资料和其他材料。

行政机关及其工作人员不得以转让技术作为取得行政许可的条件；不得在实施行政许可的过程中，直接或者间接地要求转让技术。

第三十二条 行政机关对申请人提出的行政许可申请，应当根据下列情况分别作出处理：

（一）申请事项依法不需要取得行政许可的，应当即时告知申请人不受理；

（二）申请事项依法不属于本行政机关职权范围的，应当即时作出不予受理的决定，并告知申请人向有关行政机关申请；

（三）申请材料存在可以当场更正的错误的，应当允许申请人当场更正；

（四）申请材料不齐全或者不符合法定形式的，应当当场或者在五日内一次告知申请人需要补正的全部内容，逾期不告知的，自收到申请材料之日起即为受理；

（五）申请事项属于本行政机关职权范围，申请材料齐全、符合法定形式，或者申请人按照本行政机关的要求提交全部补正申请材料的，应当受理行政许可申请。

行政机关受理或者不予受理行政许可申请，应当出具加盖本行政机关专用印章和注明日期的书面凭证。

第三十三条 行政机关应当建立和完善有关制度，推行电子政务，在行政机关的网站上公布行政许可事项，方便申请人采取数据电文等方式提出行政许可申请；应当与其他行政机关共享有关行政许可信息，提高办事效率。

第二节　审查与决定

第三十四条 行政机关应当对申请人提交的申请材料进行审查。

申请人提交的申请材料齐全、符合法定形式，行政机关能够当场作出决定的，应当当场作出书面的行政许可决定。

根据法定条件和程序，需要对申请材料的实质内容进行核实的，行政机关应当指派两名以上工作人员进行核查。

第三十五条 依法应当先经下级行政机关审查后报上级行政机关决定的行政许可，下级行政机关应当在法定期限内将初步审查意见和全部申请材料直接报送上级行政机关。上级行政机关不得要求申请人重复提供申请材料。

第三十六条 行政机关对行政许可申请进行审查时，发现行政许可事项直接关系他人重大利益的，应当告知该利害关系人。申请人、利害关系人有权进行陈述和申辩。行政机关应当听取申请人、利害关系人的意见。

第三十七条 行政机关对行政许可申请进行审查后，除当场作出行政许可决定的外，应当在法定期限内按照规定程序作出行政许可决定。

第三十八条 申请人的申请符合法定条件、标准的，行政机关应当依法作出准予行政许可的书面决定。

行政机关依法作出不予行政许可的书面决定的，应当说明理由，并告知申请人享有依法申请行政复议或者提起行政诉讼的权利。

第三十九条 行政机关作出准予行政许可的决定，需要颁发行政许可证件的，应当向申请人颁发加盖本行政机关印章的下列行政许可证件：

（一）许可证、执照或者其他许可证书；

（二）资格证、资质证或者其他合格证书；

（三）行政机关的批准文件或者证明文件；

（四）法律、法规规定的其他行政许可证件。

行政机关实施检验、检测、检疫的，可以在检验、检测、检疫合格的设备、设施、产品、物品上加贴标签或者加盖检验、检测、检疫印章。

第四十条　行政机关作出的准予行政许可决定，应当予以公开，公众有权查阅。

第四十一条　法律、行政法规设定的行政许可，其适用范围没有地域限制的，申请人取得的行政许可在全国范围内有效。

第三节　期　限

第四十二条　除可以当场作出行政许可决定的外，行政机关应当自受理行政许可申请之日起二十日内作出行政许可决定。二十日内不能作出决定的，经本行政机关负责人批准，可以延长十日，并应当将延长期限的理由告知申请人。但是，法律、法规另有规定的，依照其规定。

依照本法第二十六条的规定，行政许可采取统一办理或者联合办理、集中办理的，办理的时间不得超过四十五日；四十五日内不能办结的，经本级人民政府负责人批准，可以延长十五日，并应当将延长期限的理由告知申请人。

第四十三条　依法应当先经下级行政机关审查后报上级行政机关决定的行政许可，下级行政机关应当自其受理行政许可申请之日起二十日内审查完毕。但是，法律、法规另有规定的，依照其规定。

第四十四条　行政机关作出准予行政许可的决定，应当自作出决定之日起十日内向申请人颁发、送达行政许可证件，或者加贴标签、加盖检验、检测、检疫印章。

第四十五条　行政机关作出行政许可决定，依法需要听证、招标、拍卖、检验、检测、检疫、鉴定和专家评审的，所需时间不计算在本节规定的期限内。行政机关应当将所需时间书面告知申请人。

第四节　听　证

第四十六条　法律、法规、规章规定实施行政许可应当听证的事项，或者行政机关认为需要听证的其他涉及公共利益的重大行政许可事项，行政机关应当向社会公告，并举行听证。

第四十七条　行政许可直接涉及申请人与他人之间重大利益关系的，行政机关在作出行政许可决定前，应当告知申请人、利害关系人享有要求听证的权利；申请人、利害关系人在被告知听证权利之日起五日内提出听证申请的，行政机关应当在二十日内组织听证。

申请人、利害关系人不承担行政机关组织听证的费用。

第四十八条　听证按照下列程序进行：

（一）行政机关应当于举行听证的七日前将举行听证的时间、地点通知申请人、利害关系人，必要时予以公告；

（二）听证应当公开举行；

（三）行政机关应当指定审查该行政许可申请的工作人员以外的人员为听证主持人，申请人、利害关系人认为主持人与该行政许可事项有直接利害关系的，有权申请回避；

（四）举行听证时，审查该行政许可申请的工作人员应当提供审查意见的证据、理由，申请人、利害关系人可以提出证据，并进行申辩和质证；

（五）听证应当制作笔录，听证笔录应当交听证参加人确认无误后签字或者盖章。

行政机关应当根据听证笔录，作出行政许可决定。

第五节　变更与延续

第四十九条　被许可人要求变更行政许可事项的，应当向作出行政许可决定的行政机关提出申请；符合法定条件、标准的，行政机关应当依法办理变更手续。

第五十条 被许可人需要延续依法取得的行政许可的有效期的，应当在该行政许可有效期届满三十日前向作出行政许可决定的行政机关提出申请。但是，法律、法规、规章另有规定的，依照其规定。

行政机关应当根据被许可人的申请，在该行政许可有效期届满前作出是否准予延续的决定；逾期未作决定的，视为准予延续。

第六节　特　别　规　定

第五十一条 实施行政许可的程序，本节有规定的，适用本节规定；本节没有规定的，适用本章其他有关规定。

第五十二条 国务院实施行政许可的程序，适用有关法律、行政法规的规定。

第五十三条 实施本法第十二条第二项所列事项的行政许可的，行政机关应当通过招标、拍卖等公平竞争的方式作出决定。但是，法律、行政法规另有规定的，依照其规定。

行政机关通过招标、拍卖等方式作出行政许可决定的具体程序，依照有关法律、行政法规的规定。

行政机关按照招标、拍卖程序确定中标人、买受人后，应当作出准予行政许可的决定，并依法向中标人、买受人颁发行政许可证件。

行政机关违反本条规定，不采用招标、拍卖方式，或者违反招标、拍卖程序，损害申请人合法权益的，申请人可以依法申请行政复议或者提起行政诉讼。

第五十四条 实施本法第十二条第三项所列事项的行政许可，赋予公民特定资格，依法应当举行国家考试的，行政机关根据考试成绩和其他法定条件作出行政许可决定；赋予法人或者其他组织特定的资格、资质的，行政机关根据申请人的专业人员构成、技术条件、经营业绩和管理水平等的考核结果作出行政许可决定。但是，法律、行政法规另有规定的，依照其规定。

公民特定资格的考试依法由行政机关或者行业组织实施，公开举行。行政机关或者行业组织应当事先公布资格考试的报名条件、报考办法、考试科目以及考试大纲。但是，不得组织强制性的资格考试的考前培训，不得指定教材或者其他助考材料。

第五十五条 实施本法第十二条第四项所列事项的行政许可的，应当按照技术标准、技术规范依法进行检验、检测、检疫，行政机关根据检验、检测、检疫的结果作出行政许可决定。

行政机关实施检验、检测、检疫，应当自受理申请之日起五日内指派两名以上工作人员按照技术标准、技术规范进行检验、检测、检疫。不需要对检验、检测、检疫结果作进一步技术分析即可认定设备、设施、产品、物品是否符合技术标准、技术规范的，行政机关应当当场作出行政许可决定。

行政机关根据检验、检测、检疫结果，作出不予行政许可决定的，应当书面说明不予行政许可所依据的技术标准、技术规范。

第五十六条 实施本法第十二条第五项所列事项的行政许可，申请人提交的申请材料齐全、符合法定形式的，行政机关应当当场予以登记。需要对申请材料的实质内容进行核实的，行政机关依照本法第三十四条第三款的规定办理。

第五十七条 有数量限制的行政许可，两个或者两个以上申请人的申请均符合法定条件、标准的，行政机关应当根据受理行政许可申请的先后顺序作出准予行政许可的决定。但是，法律、行政法规另有规定的，依照其规定。

第五章　行政许可的费用

第五十八条 行政机关实施行政许可和对行政许可事项进行监督检查，不得收取任何费用。

但是，法律、行政法规另有规定的，依照其规定。

行政机关提供行政许可申请书格式文本，不得收费。

行政机关实施行政许可所需经费应当列入本行政机关的预算，由本级财政予以保障，按照批准的预算予以核拨。

第五十九条　行政机关实施行政许可，依照法律、行政法规收取费用的，应当按照公布的法定项目和标准收费；所收取的费用必须全部上缴国库，任何机关或者个人不得以任何形式截留、挪用、私分或者变相私分。财政部门不得以任何形式向行政机关返还或者变相返还实施行政许可所收取的费用。

第六章　监　督　检　查

第六十条　上级行政机关应当加强对下级行政机关实施行政许可的监督检查，及时纠正行政许可实施中的违法行为。

第六十一条　行政机关应当建立健全监督制度，通过核查反映被许可人从事行政许可事项活动情况的有关材料，履行监督责任。

行政机关依法对被许可人从事行政许可事项的活动进行监督检查时，应当将监督检查的情况和处理结果予以记录，由监督检查人员签字后归档。公众有权查阅行政机关监督检查记录。

行政机关应当创造条件，实现与被许可人、其他有关行政机关的计算机档案系统互联，核查被许可人从事行政许可事项活动情况。

第六十二条　行政机关可以对被许可人生产经营的产品依法进行抽样检查、检验、检测，对其生产经营场所依法进行实地检查。检查时，行政机关可以依法查阅或者要求被许可人报送有关材料；被许可人应当如实提供有关情况和材料。

行政机关根据法律、行政法规的规定，对直接关系公共安全、人身健康、生命财产安全的重要设备、设施进行定期检验。对检验合格的，行政机关应当发给相应的证明文件。

第六十三条　行政机关实施监督检查，不得妨碍被许可人正常的生产经营活动，不得索取或者收受被许可人的财物，不得谋取其他利益。

第六十四条　被许可人在作出行政许可决定的行政机关管辖区域外违法从事行政许可事项活动的，违法行为发生地的行政机关应当依法将被许可人的违法事实、处理结果抄告作出行政许可决定的行政机关。

第六十五条　个人和组织发现违法从事行政许可事项的活动，有权向行政机关举报，行政机关应当及时核实、处理。

第六十六条　被许可人未依法履行开发利用自然资源义务或者未依法履行利用公共资源义务的，行政机关应当责令限期改正；被许可人在规定期限内不改正的，行政机关应当依照有关法律、行政法规的规定予以处理。

第六十七条　取得直接关系公共利益的特定行业的市场准入行政许可的被许可人，应当按照国家规定的服务标准、资费标准和行政机关依法规定的条件，向用户提供安全、方便、稳定和价格合理的服务，并履行普遍服务的义务；未经作出行政许可决定的行政机关批准，不得擅自停业、歇业。

被许可人不履行前款规定的义务的，行政机关应当责令限期改正，或者依法采取有效措施督促其履行义务。

第六十八条　对直接关系公共安全、人身健康、生命财产安全的重要设备、设施，行政机关应当督促设计、建造、安装和使用单位建立相应的自检制度。

行政机关在监督检查时，发现直接关系公共安全、人身健康、生命财产安全的重要设备、设施存在安全隐患的，应当责令停止建造、安装和使用，并责令设计、建造、安装和使用单位立即改正。

第六十九条　有下列情形之一的，作出行政许可决定的行政机关或者其上级行政机关，根据利害关系人的请求或者依据职权，可以撤销行政许可：

（一）行政机关工作人员滥用职权、玩忽职守作出准予行政许可决定的；

（二）超越法定职权作出准予行政许可决定的；

（三）违反法定程序作出准予行政许可决定的；

（四）对不具备申请资格或者不符合法定条件的申请人准予行政许可的；

（五）依法可以撤销行政许可的其他情形。

被许可人以欺骗、贿赂等不正当手段取得行政许可的，应当予以撤销。

依照前两款的规定撤销行政许可，可能对公共利益造成重大损害的，不予撤销。

依照本条第一款的规定撤销行政许可，被许可人的合法权益受到损害的，行政机关应当依法给予赔偿。依照本条第二款的规定撤销行政许可的，被许可人基于行政许可取得的利益不受保护。

第七十条　有下列情形之一的，行政机关应当依法办理有关行政许可的注销手续：

（一）行政许可有效期届满未延续的；

（二）赋予公民特定资格的行政许可，该公民死亡或者丧失行为能力的；

（三）法人或者其他组织依法终止的；

（四）行政许可依法被撤销、撤回，或者行政许可证件依法被吊销的；

（五）因不可抗力导致行政许可事项无法实施的；

（六）法律、法规规定的应当注销行政许可的其他情形。

第七章　法律责任

第七十一条　违反本法第十七条规定设定的行政许可，有关机关应当责令设定该行政许可的机关改正，或者依法予以撤销。

第七十二条　行政机关及其工作人员违反本法的规定，有下列情形之一的，由其上级行政机关或者监察机关责令改正；情节严重的，对直接负责的主管人员和其他直接责任人员依法给予行政处分：

（一）对符合法定条件的行政许可申请不予受理的；

（二）不在办公场所公示依法应当公示的材料的；

（三）在受理、审查、决定行政许可过程中，未向申请人、利害关系人履行法定告知义务的；

（四）申请人提交的申请材料不齐全、不符合法定形式，不一次告知申请人必须补正的全部内容的；

（五）违法披露申请人提交的商业秘密、未披露信息或者保密商务信息的；

（六）以转让技术作为取得行政许可的条件，或者在实施行政许可的过程中直接或者间接地要求转让技术的；

（七）未依法说明不受理行政许可申请或者不予行政许可的理由的；

（八）依法应当举行听证而不举行听证的。

第七十三条　行政机关工作人员办理行政许可、实施监督检查，索取或者收受他人财物或者谋取其他利益，构成犯罪的，依法追究刑事责任；尚不构成犯罪的，依法给予行政处分。

第七十四条　行政机关实施行政许可，有下列情形之一的，由其上级行政机关或者监察机关责令改正，对直接负责的主管人员和其他直接责任人员依法给予行政处分；构成犯罪的，依法追究刑事责任：

（一）对不符合法定条件的申请人准予行政许可或者超越法定职权作出准予行政许可决定的；

（二）对符合法定条件的申请人不予行政许可或者不在法定期限内作出准予行政许可决定的；

（三）依法应当根据招标、拍卖结果或者考试成绩择优作出准予行政许可决定，未经招标、拍卖或者考试，或者不根据招标、拍卖结果或者考试成绩择优作出准予行政许可决定的。

第七十五条　行政机关实施行政许可，擅自收费或者不按照法定项目和标准收费的，由其上级行政机关或者监察机关责令退还非法收取的费用；对直接负责的主管人员和其他直接责任人员依法给予行政处分。

截留、挪用、私分或者变相私分实施行政许可依法收取的费用的，予以追缴；对直接负责的主管人员和其他直接责任人员依法给予行政处分；构成犯罪的，依法追究刑事责任。

第七十六条　行政机关违法实施行政许可，给当事人的合法权益造成损害的，应当依照国家赔偿法的规定给予赔偿。

第七十七条　行政机关不依法履行监督职责或者监督不力，造成严重后果的，由其上级行政机关或者监察机关责令改正，对直接负责的主管人员和其他直接责任人员依法给予行政处分；构成犯罪的，依法追究刑事责任。

第七十八条　行政许可申请人隐瞒有关情况或者提供虚假材料申请行政许可的，行政机关不予受理或者不予行政许可，并给予警告；行政许可申请属于直接关系公共安全、人身健康、生命财产安全事项的，申请人在一年内不得再次申请该行政许可。

第七十九条　被许可人以欺骗、贿赂等不正当手段取得行政许可的，行政机关应当依法给予行政处罚；取得的行政许可属于直接关系公共安全、人身健康、生命财产安全事项的，申请人在三年内不得再次申请该行政许可；构成犯罪的，依法追究刑事责任。

第八十条　被许可人有下列行为之一的，行政机关应当依法给予行政处罚；构成犯罪的，依法追究刑事责任：

（一）涂改、倒卖、出租、出借行政许可证件，或者以其他形式非法转让行政许可的；

（二）超越行政许可范围进行活动的；

（三）向负责监督检查的行政机关隐瞒有关情况、提供虚假材料或者拒绝提供反映其活动情况的真实材料的；

（四）法律、法规、规章规定的其他违法行为。

第八十一条　公民、法人或者其他组织未经行政许可，擅自从事依法应当取得行政许可的活动的，行政机关应当依法采取措施予以制止，并依法给予行政处罚；构成犯罪的，依法追究刑事责任。

第八章　附　　则

第八十二条　本法规定的行政机关实施行政许可的期限以工作日计算，不含法定节假日。

第八十三条　本法自 2004 年 7 月 1 日起施行。

本法施行前有关行政许可的规定，制定机关应当依照本法规定予以清理；不符合本法规定的，自本法施行之日起停止执行。

中华人民共和国外商投资法

(2019 年 3 月 15 日第十三届全国人民代表大会第二次会议通过　2019 年 3 月 15 日中华人民共和国主席令第 26 号公布　自 2020 年 1 月 1 日起施行)

目　　录

第一章　总　　则

第一条　为了进一步扩大对外开放，积极促进外商投资，保护外商投资合法权益，规范外商投资管理，推动形成全面开放新格局，促进社会主义市场经济健康发展，根据宪法，制定本法。

第二条　在中华人民共和国境内（以下简称中国境内）的外商投资，适用本法。

本法所称外商投资，是指外国的自然人、企业或者其他组织（以下称外国投资者）直接或者间接在中国境内进行的投资活动，包括下列情形：

（一）外国投资者单独或者与其他投资者共同在中国境内设立外商投资企业；

（二）外国投资者取得中国境内企业的股份、股权、财产份额或者其他类似权益；

（三）外国投资者单独或者与其他投资者共同在中国境内投资新建项目；

（四）法律、行政法规或者国务院规定的其他方式的投资。

本法所称外商投资企业，是指全部或者部分由外国投资者投资，依照中国法律在中国境内经登记注册设立的企业。

第三条　国家坚持对外开放的基本国策，鼓励外国投资者依法在中国境内投资。

国家实行高水平投资自由化便利化政策，建立和完善外商投资促进机制，营造稳定、透明、可预期和公平竞争的市场环境。

第四条　国家对外商投资实行准入前国民待遇加负面清单管理制度。

前款所称准入前国民待遇，是指在投资准入阶段给予外国投资者及其投资不低于本国投资者及其投资的待遇；所称负面清单，是指国家规定在特定领域对外商投资实施的准入特别管理措施。国家对负面清单之外的外商投资，给予国民待遇。

负面清单由国务院发布或者批准发布。

中华人民共和国缔结或者参加的国际条约、协定对外国投资者准入待遇有更优惠规定的，可以按照相关规定执行。

第五条　国家依法保护外国投资者在中国境内的投资、收益和其他合法权益。

第六条　在中国境内进行投资活动的外国投资者、外商投资企业，应当遵守中国法律法规，不得危害中国国家安全、损害社会公共利益。

第七条　国务院商务主管部门、投资主管部门按照职责分工，开展外商投资促进、保护和管理工作；国务院其他有关部门在各自职责范围内，负责外商投资促进、保护和管理的相关工作。

县级以上地方人民政府有关部门依照法律法规和本级人民政府确定的职责分工，开展外商投资促进、保护和管理工作。

第八条　外商投资企业职工依法建立工会组织，开展工会活动，维护职工的合法权益。外商投资企业应当为本企业工会提供必要的活动条件。

第二章　投　资　促　进

第九条　外商投资企业依法平等适用国家支持企业发展的各项政策。

第十条　制定与外商投资有关的法律、法规、规章，应当采取适当方式征求外商投资企业的意见和建议。

与外商投资有关的规范性文件、裁判文书等，应当依法及时公布。

第十一条　国家建立健全外商投资服务体系，为外国投资者和外商投资企业提供法律法规、政策措施、投资项目信息等方面的咨询和服务。

第十二条　国家与其他国家和地区、国际组织建立多边、双边投资促进合作机制，加强投资领域的国际交流与合作。

第十三条　国家根据需要，设立特殊经济区域，或者在部分地区实行外商投资试验性政策措施，促进外商投资，扩大对外开放。

第十四条　国家根据国民经济和社会发展需要，鼓励和引导外国投资者在特定行业、领域、地区投资。外国投资者、外商投资企业可以依照法律、行政法规或者国务院的规定享受优惠待遇。

第十五条　国家保障外商投资企业依法平等参与标准制定工作，强化标准制定的信息公开和社会监督。

国家制定的强制性标准平等适用于外商投资企业。

第十六条　国家保障外商投资企业依法通过公平竞争参与政府采购活动。政府采购依法对外商投资企业在中国境内生产的产品、提供的服务平等对待。

第十七条　外商投资企业可以依法通过公开发行股票、公司债券等证券和其他方式进行融资。

第十八条　县级以上地方人民政府可以根据法律、行政法规、地方性法规的规定，在法定权限内制定外商投资促进和便利化政策措施。

第十九条　各级人民政府及其有关部门应当按照便利、高效、透明的原则，简化办事程序，提高办事效率，优化政务服务，进一步提高外商投资服务水平。

有关主管部门应当编制和公布外商投资指引，为外国投资者和外商投资企业提供服务和便利。

第三章　投　资　保　护

第二十条　国家对外国投资者的投资不实行征收。

在特殊情况下，国家为了公共利益的需要，可以依照法律规定对外国投资者的投资实行征收或者征用。征收、征用应当依照法定程序进行，并及时给予公平、合理的补偿。

第二十一条　外国投资者在中国境内的出资、利润、资本收益、资产处置所得、知识产权许可使用费、依法获得的补偿或者赔偿、清算所得等，可以依法以人民币或者外汇自由汇入、汇出。

第二十二条　国家保护外国投资者和外商投资企业的知识产权，保护知识产权权利人和相关权利人的合法权益；对知识产权侵权行为，严格依法追究法律责任。

国家鼓励在外商投资过程中基于自愿原则和商业规则开展技术合作。技术合作的条件由投资各方遵循公平原则平等协商确定。行政机关及其工作人员不得利用行政手段强制转让技术。

第二十三条 行政机关及其工作人员对于履行职责过程中知悉的外国投资者、外商投资企业的商业秘密，应当依法予以保密，不得泄露或者非法向他人提供。

第二十四条 各级人民政府及其有关部门制定涉及外商投资的规范性文件，应当符合法律法规的规定；没有法律、行政法规依据的，不得减损外商投资企业的合法权益或者增加其义务，不得设置市场准入和退出条件，不得干预外商投资企业的正常生产经营活动。

第二十五条 地方各级人民政府及其有关部门应当履行向外国投资者、外商投资企业依法作出的政策承诺以及依法订立的各类合同。

因国家利益、社会公共利益需要改变政策承诺、合同约定的，应当依照法定权限和程序进行，并依法对外国投资者、外商投资企业因此受到的损失予以补偿。

第二十六条 国家建立外商投资企业投诉工作机制，及时处理外商投资企业或者其投资者反映的问题，协调完善相关政策措施。

外商投资企业或者其投资者认为行政机关及其工作人员的行政行为侵犯其合法权益的，可以通过外商投资企业投诉工作机制申请协调解决。

外商投资企业或者其投资者认为行政机关及其工作人员的行政行为侵犯其合法权益的，除依照前款规定通过外商投资企业投诉工作机制申请协调解决外，还可以依法申请行政复议、提起行政诉讼。

第二十七条 外商投资企业可以依法成立和自愿参加商会、协会。商会、协会依照法律法规和章程的规定开展相关活动，维护会员的合法权益。

第四章 投 资 管 理

第二十八条 外商投资准入负面清单规定禁止投资的领域，外国投资者不得投资。

外商投资准入负面清单规定限制投资的领域，外国投资者进行投资应当符合负面清单规定的条件。

外商投资准入负面清单以外的领域，按照内外资一致的原则实施管理。

第二十九条 外商投资需要办理投资项目核准、备案的，按照国家有关规定执行。

第三十条 外国投资者在依法需要取得许可的行业、领域进行投资的，应当依法办理相关许可手续。

有关主管部门应当按照与内资一致的条件和程序，审核外国投资者的许可申请，法律、行政法规另有规定的除外。

第三十一条 外商投资企业的组织形式、组织机构及其活动准则，适用《中华人民共和国公司法》、《中华人民共和国合伙企业法》等法律的规定。

第三十二条 外商投资企业开展生产经营活动，应当遵守法律、行政法规有关劳动保护、社会保险的规定，依照法律、行政法规和国家有关规定办理税收、会计、外汇等事宜，并接受相关主管部门依法实施的监督检查。

第三十三条 外国投资者并购中国境内企业或者以其他方式参与经营者集中的，应当依照《中华人民共和国反垄断法》的规定接受经营者集中审查。

第三十四条 国家建立外商投资信息报告制度。外国投资者或者外商投资企业应当通过企业登记系统以及企业信用信息公示系统向商务主管部门报送投资信息。

外商投资信息报告的内容和范围按照确有必要的原则确定；通过部门信息共享能够获得的投资信息，不得再行要求报送。

第三十五条　国家建立外商投资安全审查制度，对影响或者可能影响国家安全的外商投资进行安全审查。

依法作出的安全审查决定为最终决定。

第五章　法律责任

第三十六条　外国投资者投资外商投资准入负面清单规定禁止投资的领域的，由有关主管部门责令停止投资活动，限期处分股份、资产或者采取其他必要措施，恢复到实施投资前的状态；有违法所得的，没收违法所得。

外国投资者的投资活动违反外商投资准入负面清单规定的限制性准入特别管理措施的，由有关主管部门责令限期改正，采取必要措施满足准入特别管理措施的要求；逾期不改正的，依照前款规定处理。

外国投资者的投资活动违反外商投资准入负面清单规定的，除依照前两款规定处理外，还应当依法承担相应的法律责任。

第三十七条　外国投资者、外商投资企业违反本法规定，未按照外商投资信息报告制度的要求报送投资信息的，由商务主管部门责令限期改正；逾期不改正的，处十万元以上五十万元以下的罚款。

第三十八条　对外国投资者、外商投资企业违反法律、法规的行为，由有关部门依法查处，并按照国家有关规定纳入信用信息系统。

第三十九条　行政机关工作人员在外商投资促进、保护和管理工作中滥用职权、玩忽职守、徇私舞弊的，或者泄露、非法向他人提供履行职责过程中知悉的商业秘密的，依法给予处分；构成犯罪的，依法追究刑事责任。

第六章　附　　则

第四十条　任何国家或者地区在投资方面对中华人民共和国采取歧视性的禁止、限制或者其他类似措施的，中华人民共和国可以根据实际情况对该国家或者该地区采取相应的措施。

第四十一条　对外国投资者在中国境内投资银行业、证券业、保险业等金融行业，或者在证券市场、外汇市场等金融市场进行投资的管理，国家另有规定的，依照其规定。

第四十二条　本法自 2020 年 1 月 1 日起施行。《中华人民共和国中外合资经营企业法》、《中华人民共和国外资企业法》、《中华人民共和国中外合作经营企业法》同时废止。

本法施行前依照《中华人民共和国中外合资经营企业法》、《中华人民共和国外资企业法》、《中华人民共和国中外合作经营企业法》设立的外商投资企业，在本法施行后五年内可以继续保留原企业组织形式等。具体实施办法由国务院规定。

中华人民共和国行政强制法

(2011年6月30日第十一届全国人民代表大会常务委员会第二十一次会议通过
2011年6月30日中华人民共和国主席令第49号公布 自2012年1月1日起施行)

目 录

第一章 总 则

第一条 为了规范行政强制的设定和实施,保障和监督行政机关依法履行职责,维护公共利益和社会秩序,保护公民、法人和其他组织的合法权益,根据宪法,制定本法。

第二条 本法所称行政强制,包括行政强制措施和行政强制执行。

行政强制措施,是指行政机关在行政管理过程中,为制止违法行为、防止证据损毁、避免危害发生、控制危险扩大等情形,依法对公民的人身自由实施暂时性限制,或者对公民、法人或者其他组织的财物实施暂时性控制的行为。

行政强制执行,是指行政机关或者行政机关申请人民法院,对不履行行政决定的公民、法人或者其他组织,依法强制履行义务的行为。

第三条 行政强制的设定和实施,适用本法。

发生或者即将发生自然灾害、事故灾难、公共卫生事件或者社会安全事件等突发事件,行政机关采取应急措施或者临时措施,依照有关法律、行政法规的规定执行。

行政机关采取金融业审慎监管措施、进出境货物强制性技术监控措施,依照有关法律、行政法规的规定执行。

第四条 行政强制的设定和实施,应当依照法定的权限、范围、条件和程序。

第五条 行政强制的设定和实施,应当适当。采用非强制手段可以达到行政管理目的的,不得设定和实施行政强制。

第六条 实施行政强制,应当坚持教育与强制相结合。

第七条 行政机关及其工作人员不得利用行政强制权为单位或者个人谋取利益。

第八条 公民、法人或者其他组织对行政机关实施行政强制,享有陈述权、申辩权;有权依法申请行政复议或者提起行政诉讼；因行政机关违法实施行政强制受到损害的，有权依法要求赔偿。

公民、法人或者其他组织因人民法院在强制执行中有违法行为或者扩大强制执行范围受到损害的，有权依法要求赔偿。

第二章　行政强制的种类和设定

第九条　行政强制措施的种类：

（一）限制公民人身自由；

（二）查封场所、设施或者财物；

（三）扣押财物；

（四）冻结存款、汇款；

（五）其他行政强制措施。

第十条　行政强制措施由法律设定。

尚未制定法律，且属于国务院行政管理职权事项的，行政法规可以设定除本法第九条第一项、第四项和应当由法律规定的行政强制措施以外的其他行政强制措施。

尚未制定法律、行政法规，且属于地方性事务的，地方性法规可以设定本法第九条第二项、第三项的行政强制措施。

法律、法规以外的其他规范性文件不得设定行政强制措施。

第十一条　法律对行政强制措施的对象、条件、种类作了规定的，行政法规、地方性法规不得作出扩大规定。

法律中未设定行政强制措施的，行政法规、地方性法规不得设定行政强制措施。但是，法律规定特定事项由行政法规规定具体管理措施的，行政法规可以设定除本法第九条第一项、第四项和应当由法律规定的行政强制措施以外的其他行政强制措施。

第十二条　行政强制执行的方式：

（一）加处罚款或者滞纳金；

（二）划拨存款、汇款；

（三）拍卖或者依法处理查封、扣押的场所、设施或者财物；

（四）排除妨碍、恢复原状；

（五）代履行；

（六）其他强制执行方式。

第十三条　行政强制执行由法律设定。

法律没有规定行政机关强制执行的，作出行政决定的行政机关应当申请人民法院强制执行。

第十四条　起草法律草案、法规草案，拟设定行政强制的，起草单位应当采取听证会、论证会等形式听取意见，并向制定机关说明设定该行政强制的必要性、可能产生的影响以及听取和采纳意见的情况。

第十五条　行政强制的设定机关应当定期对其设定的行政强制进行评价，并对不适当的行政强制及时予以修改或者废止。

行政强制的实施机关可以对已设定的行政强制的实施情况及存在的必要性适时进行评价，并将意见报告该行政强制的设定机关。

公民、法人或者其他组织可以向行政强制的设定机关和实施机关就行政强制的设定和实施提出意见和建议。有关机关应当认真研究论证，并以适当方式予以反馈。

第三章　行政强制措施实施程序

第一节　一般规定

第十六条　行政机关履行行政管理职责，依照法律、法规的规定，实施行政强制措施。

违法行为情节显著轻微或者没有明显社会危害的，可以不采取行政强制措施。

第十七条　行政强制措施由法律、法规规定的行政机关在法定职权范围内实施。行政强制措施权不得委托。

依据《中华人民共和国行政处罚法》的规定行使相对集中行政处罚权的行政机关，可以实施法律、法规规定的与行政处罚权有关的行政强制措施。

行政强制措施应当由行政机关具备资格的行政执法人员实施，其他人员不得实施。

第十八条　行政机关实施行政强制措施应当遵守下列规定：

（一）实施前须向行政机关负责人报告并经批准；

（二）由两名以上行政执法人员实施；

（三）出示执法身份证件；

（四）通知当事人到场；

（五）当场告知当事人采取行政强制措施的理由、依据以及当事人依法享有的权利、救济途径；

（六）听取当事人的陈述和申辩；

（七）制作现场笔录；

（八）现场笔录由当事人和行政执法人员签名或者盖章，当事人拒绝的，在笔录中予以注明；

（九）当事人不到场的，邀请见证人到场，由见证人和行政执法人员在现场笔录上签名或者盖章；

（十）法律、法规规定的其他程序。

第十九条　情况紧急，需要当场实施行政强制措施的，行政执法人员应当在二十四小时内向行政机关负责人报告，并补办批准手续。行政机关负责人认为不应当采取行政强制措施的，应当立即解除。

第二十条　依照法律规定实施限制公民人身自由的行政强制措施，除应当履行本法第十八条规定的程序外，还应当遵守下列规定：

（一）当场告知或者实施行政强制措施后立即通知当事人家属实施行政强制措施的行政机关、地点和期限；

（二）在紧急情况下当场实施行政强制措施的，在返回行政机关后，立即向行政机关负责人报告并补办批准手续；

（三）法律规定的其他程序。

实施限制人身自由的行政强制措施不得超过法定期限。实施行政强制措施的目的已经达到或者条件已经消失，应当立即解除。

第二十一条　违法行为涉嫌犯罪应当移送司法机关的，行政机关应当将查封、扣押、冻结的财物一并移送，并书面告知当事人。

第二节　查封、扣押

第二十二条　查封、扣押应当由法律、法规规定的行政机关实施，其他任何行政机关或者组织不得实施。

第二十三条　查封、扣押限于涉案的场所、设施或者财物，不得查封、扣押与违法行为无关的场所、设施或者财物；不得查封、扣押公民个人及其所扶养家属的生活必需品。

当事人的场所、设施或者财物已被其他国家机关依法查封的，不得重复查封。

第二十四条　行政机关决定实施查封、扣押的，应当履行本法第十八条规定的程序，制作并当场交付查封、扣押决定书和清单。

查封、扣押决定书应当载明下列事项：

（一）当事人的姓名或者名称、地址；

（二）查封、扣押的理由、依据和期限；

（三）查封、扣押场所、设施或者财物的名称、数量等；

（四）申请行政复议或者提起行政诉讼的途径和期限；

（五）行政机关的名称、印章和日期。

查封、扣押清单一式二份，由当事人和行政机关分别保存。

第二十五条　查封、扣押的期限不得超过三十日；情况复杂的，经行政机关负责人批准，可以延长，但是延长期限不得超过三十日。法律、行政法规另有规定的除外。

延长查封、扣押的决定应当及时书面告知当事人，并说明理由。

对物品需要进行检测、检验、检疫或者技术鉴定的，查封、扣押的期间不包括检测、检验、检疫或者技术鉴定的期间。检测、检验、检疫或者技术鉴定的期间应当明确，并书面告知当事人。检测、检验、检疫或者技术鉴定的费用由行政机关承担。

第二十六条　对查封、扣押的场所、设施或者财物，行政机关应当妥善保管，不得使用或者损毁；造成损失的，应当承担赔偿责任。

对查封的场所、设施或者财物，行政机关可以委托第三人保管，第三人不得损毁或者擅自转移、处置。因第三人的原因造成的损失，行政机关先行赔付后，有权向第三人追偿。

因查封、扣押发生的保管费用由行政机关承担。

第二十七条　行政机关采取查封、扣押措施后，应当及时查清事实，在本法第二十五条规定的期限内作出处理决定。对违法事实清楚，依法应当没收的非法财物予以没收；法律、行政法规规定应当销毁的，依法销毁；应当解除查封、扣押的，作出解除查封、扣押的决定。

第二十八条　有下列情形之一的，行政机关应当及时作出解除查封、扣押决定：

（一）当事人没有违法行为；

（二）查封、扣押的场所、设施或者财物与违法行为无关；

（三）行政机关对违法行为已经作出处理决定，不再需要查封、扣押；

（四）查封、扣押期限已经届满；

（五）其他不再需要采取查封、扣押措施的情形。

解除查封、扣押应当立即退还财物；已将鲜活物品或者其他不易保管的财物拍卖或者变卖的，退还拍卖或者变卖所得款项。变卖价格明显低于市场价格，给当事人造成损失的，应当给予补偿。

第三节　冻　结

第二十九条　冻结存款、汇款应当由法律规定的行政机关实施，不得委托给其他行政机关或者组织；其他任何行政机关或者组织不得冻结存款、汇款。

冻结存款、汇款的数额应当与违法行为涉及的金额相当；已被其他国家机关依法冻结的，不得重复冻结。

第三十条　行政机关依照法律规定决定实施冻结存款、汇款的,应当履行本法第十八条第一项、第二项、第三项、第七项规定的程序,并向金融机构交付冻结通知书。

金融机构接到行政机关依法作出的冻结通知书后,应当立即予以冻结,不得拖延,不得在冻结前向当事人泄露信息。

法律规定以外的行政机关或者组织要求冻结当事人存款、汇款的,金融机构应当拒绝。

第三十一条　依照法律规定冻结存款、汇款的,作出决定的行政机关应当在三日内向当事人交付冻结决定书。冻结决定书应当载明下列事项:

(一) 当事人的姓名或者名称、地址;

(二) 冻结的理由、依据和期限;

(三) 冻结的账号和数额;

(四) 申请行政复议或者提起行政诉讼的途径和期限;

(五) 行政机关的名称、印章和日期。

第三十二条　自冻结存款、汇款之日起三十日内,行政机关应当作出处理决定或者作出解除冻结决定;情况复杂的,经行政机关负责人批准,可以延长,但是延长期限不得超过三十日。法律另有规定的除外。

延长冻结的决定应当及时书面告知当事人,并说明理由。

第三十三条　有下列情形之一的,行政机关应当及时作出解除冻结决定:

(一) 当事人没有违法行为;

(二) 冻结的存款、汇款与违法行为无关;

(三) 行政机关对违法行为已经作出处理决定,不再需要冻结;

(四) 冻结期限已经届满;

(五) 其他不再需要采取冻结措施的情形。

行政机关作出解除冻结决定的,应当及时通知金融机构和当事人。金融机构接到通知后,应当立即解除冻结。

行政机关逾期未作出处理决定或者解除冻结决定的,金融机构应当自冻结期满之日起解除冻结。

第四章　行政机关强制执行程序

第一节　一般规定

第三十四条　行政机关依法作出行政决定后,当事人在行政机关决定的期限内不履行义务的,具有行政强制执行权的行政机关依照本章规定强制执行。

第三十五条　行政机关作出强制执行决定前,应当事先催告当事人履行义务。催告应当以书面形式作出,并载明下列事项:

(一) 履行义务的期限;

(二) 履行义务的方式;

(三) 涉及金钱给付的,应当有明确的金额和给付方式;

(四) 当事人依法享有的陈述权和申辩权。

第三十六条　当事人收到催告书后有权进行陈述和申辩。行政机关应当充分听取当事人的意见,对当事人提出的事实、理由和证据,应当进行记录、复核。当事人提出的事实、理由或者证据成立的,行政机关应当采纳。

第三十七条　经催告,当事人逾期仍不履行行政决定,且无正当理由的,行政机关可以作出强制执行决定。

强制执行决定应当以书面形式作出，并载明下列事项：

（一）当事人的姓名或者名称、地址；

（二）强制执行的理由和依据；

（三）强制执行的方式和时间；

（四）申请行政复议或者提起行政诉讼的途径和期限；

（五）行政机关的名称、印章和日期。

在催告期间，对有证据证明有转移或者隐匿财物迹象的，行政机关可以作出立即强制执行决定。

第三十八条　催告书、行政强制执行决定书应当直接送达当事人。当事人拒绝接收或者无法直接送达当事人的，应当依照《中华人民共和国民事诉讼法》的有关规定送达。

第三十九条　有下列情形之一的，中止执行：

（一）当事人履行行政决定确有困难或者暂无履行能力的；

（二）第三人对执行标的主张权利，确有理由的；

（三）执行可能造成难以弥补的损失，且中止执行不损害公共利益的；

（四）行政机关认为需要中止执行的其他情形。

中止执行的情形消失后，行政机关应当恢复执行。对没有明显社会危害，当事人确无能力履行，中止执行满三年未恢复执行的，行政机关不再执行。

第四十条　有下列情形之一的，终结执行：

（一）公民死亡，无遗产可供执行，又无义务承受人的；

（二）法人或者其他组织终止，无财产可供执行，又无义务承受人的；

（三）执行标的灭失的；

（四）据以执行的行政决定被撤销的；

（五）行政机关认为需要终结执行的其他情形。

第四十一条　在执行中或者执行完毕后，据以执行的行政决定被撤销、变更，或者执行错误的，应当恢复原状或者退还财物；不能恢复原状或者退还财物的，依法给予赔偿。

第四十二条　实施行政强制执行，行政机关可以在不损害公共利益和他人合法权益的情况下，与当事人达成执行协议。执行协议可以约定分阶段履行；当事人采取补救措施的，可以减免加处的罚款或者滞纳金。

执行协议应当履行。当事人不履行执行协议的，行政机关应当恢复强制执行。

第四十三条　行政机关不得在夜间或者法定节假日实施行政强制执行。但是，情况紧急的除外。

行政机关不得对居民生活采取停止供水、供电、供热、供燃气等方式迫使当事人履行相关行政决定。

第四十四条　对违法的建筑物、构筑物、设施等需要强制拆除的，应当由行政机关予以公告，限期当事人自行拆除。当事人在法定期限内不申请行政复议或者提起行政诉讼，又不拆除的，行政机关可以依法强制拆除。

第二节　金钱给付义务的执行

第四十五条　行政机关依法作出金钱给付义务的行政决定，当事人逾期不履行的，行政机关可以依法加处罚款或者滞纳金。加处罚款或者滞纳金的标准应当告知当事人。

加处罚款或者滞纳金的数额不得超出金钱给付义务的数额。

第四十六条 行政机关依照本法第四十五条规定实施加处罚款或者滞纳金超过三十日，经催告当事人仍不履行的，具有行政强制执行权的行政机关可以强制执行。

行政机关实施强制执行前，需要采取查封、扣押、冻结措施的，依照本法第三章规定办理。

没有行政强制执行权的行政机关应当申请人民法院强制执行。但是，当事人在法定期限内不申请行政复议或者提起行政诉讼，经催告仍不履行的，在实施行政管理过程中已经采取查封、扣押措施的行政机关，可以将查封、扣押的财物依法拍卖抵缴罚款。

第四十七条 划拨存款、汇款应当由法律规定的行政机关决定，并书面通知金融机构。金融机构接到行政机关依法作出划拨存款、汇款的决定后，应当立即划拨。

法律规定以外的行政机关或者组织要求划拨当事人存款、汇款的，金融机构应当拒绝。

第四十八条 依法拍卖财物，由行政机关委托拍卖机构依照《中华人民共和国拍卖法》的规定办理。

第四十九条 划拨的存款、汇款以及拍卖和依法处理所得的款项应当上缴国库或者划入财政专户。任何行政机关或者个人不得以任何形式截留、私分或者变相私分。

第三节 代 履 行

第五十条 行政机关依法作出要求当事人履行排除妨碍、恢复原状等义务的行政决定，当事人逾期不履行，经催告仍不履行，其后果已经或者将危害交通安全、造成环境污染或者破坏自然资源的，行政机关可以代履行，或者委托没有利害关系的第三人代履行。

第五十一条 代履行应当遵守下列规定：

（一）代履行前送达决定书，代履行决定书应当载明当事人的姓名或者名称、地址，代履行的理由和依据、方式和时间、标的、费用预算以及代履行人；

（二）代履行三日前，催告当事人履行，当事人履行的，停止代履行；

（三）代履行时，作出决定的行政机关应当派员到场监督；

（四）代履行完毕，行政机关到场监督的工作人员、代履行人和当事人或者见证人应当在执行文书上签名或者盖章。

代履行的费用按照成本合理确定，由当事人承担。但是，法律另有规定的除外。

代履行不得采用暴力、胁迫以及其他非法方式。

第五十二条 需要立即清除道路、河道、航道或者公共场所的遗洒物、障碍物或者污染物，当事人不能清除的，行政机关可以决定立即实施代履行；当事人不在场的，行政机关应当在事后立即通知当事人，并依法作出处理。

第五章 申请人民法院强制执行

第五十三条 当事人在法定期限内不申请行政复议或者提起行政诉讼，又不履行行政决定的，没有行政强制执行权的行政机关可以自期限届满之日起三个月内，依照本章规定申请人民法院强制执行。

第五十四条 行政机关申请人民法院强制执行前，应当催告当事人履行义务。催告书送达十日后当事人仍未履行义务的，行政机关可以向所在地有管辖权的人民法院申请强制执行；执行对象是不动产的，向不动产所在地有管辖权的人民法院申请强制执行。

第五十五条 行政机关向人民法院申请强制执行，应当提供下列材料：

（一）强制执行申请书；

（二）行政决定书及作出决定的事实、理由和依据；

（三）当事人的意见及行政机关催告情况；

（四）申请强制执行标的情况；

（五）法律、行政法规规定的其他材料。

强制执行申请书应当由行政机关负责人签名，加盖行政机关的印章，并注明日期。

第五十六条　人民法院接到行政机关强制执行的申请，应当在五日内受理。

行政机关对人民法院不予受理的裁定有异议的，可以在十五日内向上一级人民法院申请复议，上一级人民法院应当自收到复议申请之日起十五日内作出是否受理的裁定。

第五十七条　人民法院对行政机关强制执行的申请进行书面审查，对符合本法第五十五条规定，且行政决定具备法定执行效力的，除本法第五十八条规定的情形外，人民法院应当自受理之日起七日内作出执行裁定。

第五十八条　人民法院发现有下列情形之一的，在作出裁定前可以听取被执行人和行政机关的意见：

（一）明显缺乏事实根据的；

（二）明显缺乏法律、法规依据的；

（三）其他明显违法并损害被执行人合法权益的。

人民法院应当自受理之日起三十日内作出是否执行的裁定。裁定不予执行的，应当说明理由，并在五日内将不予执行的裁定送达行政机关。

行政机关对人民法院不予执行的裁定有异议的，可以自收到裁定之日起十五日内向上一级人民法院申请复议，上一级人民法院应当自收到复议申请之日起三十日内作出是否执行的裁定。

第五十九条　因情况紧急，为保障公共安全，行政机关可以申请人民法院立即执行。经人民法院院长批准，人民法院应当自作出执行裁定之日起五日内执行。

第六十条　行政机关申请人民法院强制执行，不缴纳申请费。强制执行的费用由被执行人承担。

人民法院以划拨、拍卖方式强制执行的，可以在划拨、拍卖后将强制执行的费用扣除。

依法拍卖财物，由人民法院委托拍卖机构依照《中华人民共和国拍卖法》的规定办理。

划拨的存款、汇款以及拍卖和依法处理所得的款项应当上缴国库或者划入财政专户，不得以任何形式截留、私分或者变相私分。

第六章　法　律　责　任

第六十一条　行政机关实施行政强制，有下列情形之一的，由上级行政机关或者有关部门责令改正，对直接负责的主管人员和其他直接责任人员依法给予处分：

（一）没有法律、法规依据的；

（二）改变行政强制对象、条件、方式的；

（三）违反法定程序实施行政强制的；

（四）违反本法规定，在夜间或者法定节假日实施行政强制执行的；

（五）对居民生活采取停止供水、供电、供热、供燃气等方式迫使当事人履行相关行政决定的；

（六）有其他违法实施行政强制情形的。

第六十二条　违反本法规定，行政机关有下列情形之一的，由上级行政机关或者有关部门责令改正，对直接负责的主管人员和其他直接责任人员依法给予处分：

（一）扩大查封、扣押、冻结范围的；

（二）使用或者损毁查封、扣押场所、设施或者财物的；

（三）在查封、扣押法定期间不作出处理决定或者未依法及时解除查封、扣押的；

（四）在冻结存款、汇款法定期间不作出处理决定或者未依法及时解除冻结的。

第六十三条 行政机关将查封、扣押的财物或者划拨的存款、汇款以及拍卖和依法处理所得的款项，截留、私分或者变相私分的，由财政部门或者有关部门予以追缴；对直接负责的主管人员和其他直接责任人员依法给予记大过、降级、撤职或者开除的处分。

行政机关工作人员利用职务上的便利，将查封、扣押的场所、设施或者财物据为己有的，由上级行政机关或者有关部门责令改正，依法给予记大过、降级、撤职或者开除的处分。

第六十四条 行政机关及其工作人员利用行政强制权为单位或者个人谋取利益的，由上级行政机关或者有关部门责令改正，对直接负责的主管人员和其他直接责任人员依法给予处分。

第六十五条 违反本法规定，金融机构有下列行为之一的，由金融业监督管理机构责令改正，对直接负责的主管人员和其他直接责任人员依法给予处分：

（一）在冻结前向当事人泄露信息的；

（二）对应当立即冻结、划拨的存款、汇款不冻结或者不划拨，致使存款、汇款转移的；

（三）将不应当冻结、划拨的存款、汇款予以冻结或者划拨的；

（四）未及时解除冻结存款、汇款的。

第六十六条 违反本法规定，金融机构将款项划入国库或者财政专户以外的其他账户的，由金融业监督管理机构责令改正，并处以违法划拨款项二倍的罚款；对直接负责的主管人员和其他直接责任人员依法给予处分。

违反本法规定，行政机关、人民法院指令金融机构将款项划入国库或者财政专户以外的其他账户的，对直接负责的主管人员和其他直接责任人员依法给予处分。

第六十七条 人民法院及其工作人员在强制执行中有违法行为或者扩大强制执行范围的，对直接负责的主管人员和其他直接责任人员依法给予处分。

第六十八条 违反本法规定，给公民、法人或者其他组织造成损失的，依法给予赔偿。

违反本法规定，构成犯罪的，依法追究刑事责任。

第七章 附 则

第六十九条 本法中十日以内期限的规定是指工作日，不含法定节假日。

第七十条 法律、行政法规授权的具有管理公共事务职能的组织在法定授权范围内，以自己的名义实施行政强制，适用本法有关行政机关的规定。

第七十一条 本法自 2012 年 1 月 1 日起施行。

中华人民共和国外商投资法实施条例

（2019 年 12 月 12 日国务院第 74 次常务会议通过　2019 年 12 月 26 日中华人民共和国国务院令第 723 号公布　自 2020 年 1 月 1 日起施行）

第一章 总 则

第一条 根据《中华人民共和国外商投资法》（以下简称外商投资法），制定本条例。

第二条 国家鼓励和促进外商投资，保护外商投资合法权益，规范外商投资管理，持续优化外商投资环境，推进更高水平对外开放。

第三条 外商投资法第二条第二款第一项、第三项所称其他投资者，包括中国的自然人在内。

第四条　外商投资准入负面清单（以下简称负面清单）由国务院投资主管部门会同国务院商务主管部门等有关部门提出，报国务院发布或者报国务院批准后由国务院投资主管部门、商务主管部门发布。

国家根据进一步扩大对外开放和经济社会发展需要，适时调整负面清单。调整负面清单的程序，适用前款规定。

第五条　国务院商务主管部门、投资主管部门以及其他有关部门按照职责分工，密切配合、相互协作，共同做好外商投资促进、保护和管理工作。

县级以上地方人民政府应当加强对外商投资促进、保护和管理工作的组织领导，支持、督促有关部门依照法律法规和职责分工开展外商投资促进、保护和管理工作，及时协调、解决外商投资促进、保护和管理工作中的重大问题。

第二章　投 资 促 进

第六条　政府及其有关部门在政府资金安排、土地供应、税费减免、资质许可、标准制定、项目申报、人力资源政策等方面，应当依法平等对待外商投资企业和内资企业。

政府及其有关部门制定的支持企业发展的政策应当依法公开；对政策实施中需要由企业申请办理的事项，政府及其有关部门应当公开申请办理的条件、流程、时限等，并在审核中依法平等对待外商投资企业和内资企业。

第七条　制定与外商投资有关的行政法规、规章、规范性文件，或者政府及其有关部门起草与外商投资有关的法律、地方性法规，应当根据实际情况，采取书面征求意见以及召开座谈会、论证会、听证会等多种形式，听取外商投资企业和有关商会、协会等方面的意见和建议；对反映集中或者涉及外商投资企业重大权利义务问题的意见和建议，应当通过适当方式反馈采纳的情况。

与外商投资有关的规范性文件应当依法及时公布，未经公布的不得作为行政管理依据。与外商投资企业生产经营活动密切相关的规范性文件，应当结合实际，合理确定公布到施行之间的时间。

第八条　各级人民政府应当按照政府主导、多方参与的原则，建立健全外商投资服务体系，不断提升外商投资服务能力和水平。

第九条　政府及其有关部门应当通过政府网站、全国一体化在线政务服务平台集中列明有关外商投资的法律、法规、规章、规范性文件、政策措施和投资项目信息，并通过多种途径和方式加强宣传、解读，为外国投资者和外商投资企业提供咨询、指导等服务。

第十条　外商投资法第十三条所称特殊经济区域，是指经国家批准设立、实行更大力度的对外开放政策措施的特定区域。

国家在部分地区实行的外商投资试验性政策措施，经实践证明可行的，根据实际情况在其他地区或者全国范围内推广。

第十一条　国家根据国民经济和社会发展需要，制定鼓励外商投资产业目录，列明鼓励和引导外国投资者投资的特定行业、领域、地区。鼓励外商投资产业目录由国务院投资主管部门会同国务院商务主管部门等有关部门拟订，报国务院批准后由国务院投资主管部门、商务主管部门发布。

第十二条　外国投资者、外商投资企业可以依照法律、行政法规或者国务院的规定，享受财政、税收、金融、用地等方面的优惠待遇。

外国投资者以其在中国境内的投资收益在中国境内扩大投资的，依法享受相应的优惠待遇。

第十三条　外商投资企业依法和内资企业平等参与国家标准、行业标准、地方标准和团体标准的制定、修订工作。外商投资企业可以根据需要自行制定或者与其他企业联合制定企业标准。

外商投资企业可以向标准化行政主管部门和有关行政主管部门提出标准的立项建议，在标准立项、起草、技术审查以及标准实施信息反馈、评估等过程中提出意见和建议，并按照规定承担标准起草、技术审查的相关工作以及标准的外文翻译工作。

标准化行政主管部门和有关行政主管部门应当建立健全相关工作机制，提高标准制定、修订的透明度，推进标准制定、修订全过程信息公开。

第十四条 国家制定的强制性标准对外商投资企业和内资企业平等适用，不得专门针对外商投资企业适用高于强制性标准的技术要求。

第十五条 政府及其有关部门不得阻挠和限制外商投资企业自由进入本地区和本行业的政府采购市场。

政府采购的采购人、采购代理机构不得在政府采购信息发布、供应商条件确定和资格审查、评标标准等方面，对外商投资企业实行差别待遇或者歧视待遇，不得以所有制形式、组织形式、股权结构、投资者国别、产品或者服务品牌以及其他不合理的条件对供应商予以限定，不得对外商投资企业在中国境内生产的产品、提供的服务和内资企业区别对待。

第十六条 外商投资企业可以依照《中华人民共和国政府采购法》（以下简称政府采购法）及其实施条例的规定，就政府采购活动事项向采购人、采购代理机构提出询问、质疑，向政府采购监督管理部门投诉。采购人、采购代理机构、政府采购监督管理部门应当在规定的时限内作出答复或者处理决定。

第十七条 政府采购监督管理部门和其他有关部门应当加强对政府采购活动的监督检查，依法纠正和查处对外商投资企业实行差别待遇或者歧视待遇等违法违规行为。

第十八条 外商投资企业可以依法在中国境内或者境外通过公开发行股票、公司债券等证券，以及公开或者非公开发行其他融资工具、借用外债等方式进行融资。

第十九条 县级以上地方人民政府可以根据法律、行政法规、地方性法规的规定，在法定权限内制定费用减免、用地指标保障、公共服务提供等方面的外商投资促进和便利化政策措施。

县级以上地方人民政府制定外商投资促进和便利化政策措施，应当以推动高质量发展为导向，有利于提高经济效益、社会效益、生态效益，有利于持续优化外商投资环境。

第二十条 有关主管部门应当编制和公布外商投资指引，为外国投资者和外商投资企业提供服务和便利。外商投资指引应当包括投资环境介绍、外商投资办事指南、投资项目信息以及相关数据信息等内容，并及时更新。

第三章 投资保护

第二十一条 国家对外国投资者的投资不实行征收。

在特殊情况下，国家为了公共利益的需要依照法律规定对外国投资者的投资实行征收的，应当依照法定程序、以非歧视性的方式进行，并按照被征收投资的市场价值及时给予补偿。

外国投资者对征收决定不服的，可以依法申请行政复议或者提起行政诉讼。

第二十二条 外国投资者在中国境内的出资、利润、资本收益、资产处置所得、取得的知识产权许可使用费、依法获得的补偿或者赔偿、清算所得等，可以依法以人民币或者外汇自由汇入、汇出，任何单位和个人不得违法对币种、数额以及汇入、汇出的频次等进行限制。

外商投资企业的外籍职工和香港、澳门、台湾职工的工资收入和其他合法收入，可以依法自由汇出。

第二十三条 国家加大对知识产权侵权行为的惩处力度，持续强化知识产权执法，推动建立知识产权快速协同保护机制，健全知识产权纠纷多元化解决机制，平等保护外国投资者和外商投资企业的知识产权。

标准制定中涉及外国投资者和外商投资企业专利的，应当按照标准涉及专利的有关管理规定办理。

第二十四条　行政机关（包括法律、法规授权的具有管理公共事务职能的组织，下同）及其工作人员不得利用实施行政许可、行政检查、行政处罚、行政强制以及其他行政手段，强制或者变相强制外国投资者、外商投资企业转让技术。

第二十五条　行政机关依法履行职责，确需外国投资者、外商投资企业提供涉及商业秘密的材料、信息的，应当限定在履行职责所必需的范围内，并严格控制知悉范围，与履行职责无关的人员不得接触有关材料、信息。

行政机关应当建立健全内部管理制度，采取有效措施保护履行职责过程中知悉的外国投资者、外商投资企业的商业秘密；依法需要与其他行政机关共享信息的，应当对信息中含有的商业秘密进行保密处理，防止泄露。

第二十六条　政府及其有关部门制定涉及外商投资的规范性文件，应当按照国务院的规定进行合法性审核。

外国投资者、外商投资企业认为行政行为所依据的国务院部门和地方人民政府及其部门制定的规范性文件不合法，在依法对行政行为申请行政复议或者提起行政诉讼时，可以一并请求对该规范性文件进行审查。

第二十七条　外商投资法第二十五条所称政策承诺，是指地方各级人民政府及其有关部门在法定权限内，就外国投资者、外商投资企业在本地区投资所适用的支持政策、享受的优惠待遇和便利条件等作出的书面承诺。政策承诺的内容应当符合法律、法规规定。

第二十八条　地方各级人民政府及其有关部门应当履行向外国投资者、外商投资企业依法作出的政策承诺以及依法订立的各类合同，不得以行政区划调整、政府换届、机构或者职能调整以及相关责任人更替等为由违约毁约。因国家利益、社会公共利益需要改变政策承诺、合同约定的，应当依照法定权限和程序进行，并依法对外国投资者、外商投资企业因此受到的损失及时予以公平、合理的补偿。

第二十九条　县级以上人民政府及其有关部门应当按照公开透明、高效便利的原则，建立健全外商投资企业投诉工作机制，及时处理外商投资企业或者其投资者反映的问题，协调完善相关政策措施。

国务院商务主管部门会同国务院有关部门建立外商投资企业投诉工作部际联席会议制度，协调、推动中央层面的外商投资企业投诉工作，对地方的外商投资企业投诉工作进行指导和监督。县级以上地方人民政府应当指定部门或者机构负责受理本地区外商投资企业或者其投资者的投诉。

国务院商务主管部门、县级以上地方人民政府指定的部门或者机构应当完善投诉工作规则、健全投诉方式、明确投诉处理时限。投诉工作规则、投诉方式、投诉处理时限应当对外公布。

第三十条　外商投资企业或者其投资者认为行政机关及其工作人员的行政行为侵犯其合法权益，通过外商投资企业投诉工作机制申请协调解决的，有关方面进行协调时可以向被申请的行政机关及其工作人员了解情况，被申请的行政机关及其工作人员应当予以配合。协调结果应当以书面形式及时告知申请人。

外商投资企业或者其投资者依照前款规定申请协调解决有关问题的，不影响其依法申请行政复议、提起行政诉讼。

第三十一条　对外商投资企业或者其投资者通过外商投资企业投诉工作机制反映或者申请协调解决问题，任何单位和个人不得压制或者打击报复。

除外商投资企业投诉工作机制外，外商投资企业或者其投资者还可以通过其他合法途径向政府及其有关部门反映问题。

第三十二条　外商投资企业可以依法成立商会、协会。除法律、法规另有规定外，外商投资企业有权自主决定参加或者退出商会、协会，任何单位和个人不得干预。

商会、协会应当依照法律法规和章程的规定，加强行业自律，及时反映行业诉求，为会员提供信息咨询、宣传培训、市场拓展、经贸交流、权益保护、纠纷处理等方面的服务。

国家支持商会、协会依照法律法规和章程的规定开展相关活动。

第四章　投资管理

第三十三条　负面清单规定禁止投资的领域，外国投资者不得投资。负面清单规定限制投资的领域，外国投资者进行投资应当符合负面清单规定的股权要求、高级管理人员要求等限制性准入特别管理措施。

第三十四条　有关主管部门在依法履行职责过程中，对外国投资者拟投资负面清单内领域，但不符合负面清单规定的，不予办理许可、企业登记注册等相关事项；涉及固定资产投资项目核准的，不予办理相关核准事项。

有关主管部门应当对负面清单规定执行情况加强监督检查，发现外国投资者投资负面清单规定禁止投资的领域，或者外国投资者的投资活动违反负面清单规定的限制性准入特别管理措施的，依照外商投资法第三十六条的规定予以处理。

第三十五条　外国投资者在依法需要取得许可的行业、领域进行投资的，除法律、行政法规另有规定外，负责实施许可的有关主管部门应当按照与内资一致的条件和程序，审核外国投资者的许可申请，不得在许可条件、申请材料、审核环节、审核时限等方面对外国投资者设置歧视性要求。

负责实施许可的有关主管部门应当通过多种方式，优化审批服务，提高审批效率。对符合相关条件和要求的许可事项，可以按照有关规定采取告知承诺的方式办理。

第三十六条　外商投资需要办理投资项目核准、备案的，按照国家有关规定执行。

第三十七条　外商投资企业的登记注册，由国务院市场监督管理部门或者其授权的地方人民政府市场监督管理部门依法办理。国务院市场监督管理部门应当公布其授权的市场监督管理部门名单。

外商投资企业的注册资本可以用人民币表示，也可以用可自由兑换货币表示。

第三十八条　外国投资者或者外商投资企业应当通过企业登记系统以及企业信用信息公示系统向商务主管部门报送投资信息。国务院商务主管部门、市场监督管理部门应当做好相关业务系统的对接和工作衔接，并为外国投资者或者外商投资企业报送投资信息提供指导。

第三十九条　外商投资信息报告的内容、范围、频次和具体流程，由国务院商务主管部门会同国务院市场监督管理部门等有关部门按照确有必要、高效便利的原则确定并公布。商务主管部门、其他有关部门应当加强信息共享，通过部门信息共享能够获得的投资信息，不得再行要求外国投资者或者外商投资企业报送。

外国投资者或者外商投资企业报送的投资信息应当真实、准确、完整。

第四十条　国家建立外商投资安全审查制度，对影响或者可能影响国家安全的外商投资进行安全审查。

第五章　法律责任

第四十一条　政府和有关部门及其工作人员有下列情形之一的，依法依规追究责任：

（一）制定或者实施有关政策不依法平等对待外商投资企业和内资企业；

（二）违法限制外商投资企业平等参与标准制定、修订工作，或者专门针对外商投资企业适用高于强制性标准的技术要求；

（三）违法限制外国投资者汇入、汇出资金；

（四）不履行向外国投资者、外商投资企业依法作出的政策承诺以及依法订立的各类合同，超出法定权限作出政策承诺，或者政策承诺的内容不符合法律、法规规定。

第四十二条 政府采购的采购人、采购代理机构以不合理的条件对外商投资企业实行差别待遇或者歧视待遇的，依照政府采购法及其实施条例的规定追究其法律责任；影响或者可能影响中标、成交结果的，依照政府采购法及其实施条例的规定处理。

政府采购监督管理部门对外商投资企业的投诉逾期未作处理的，对直接负责的主管人员和其他直接责任人员依法给予处分。

第四十三条 行政机关及其工作人员利用行政手段强制或者变相强制外国投资者、外商投资企业转让技术的，对直接负责的主管人员和其他直接责任人员依法给予处分。

第六章 附 则

第四十四条 外商投资法施行前依照《中华人民共和国中外合资经营企业法》、《中华人民共和国外资企业法》、《中华人民共和国中外合作经营企业法》设立的外商投资企业（以下称现有外商投资企业），在外商投资法施行后5年内，可以依照《中华人民共和国公司法》、《中华人民共和国合伙企业法》等法律的规定调整其组织形式、组织机构等，并依法办理变更登记，也可以继续保留原企业组织形式、组织机构等。

自2025年1月1日起，对未依法调整组织形式、组织机构等并办理变更登记的现有外商投资企业，市场监督管理部门不予办理其申请的其他登记事项，并将相关情形予以公示。

第四十五条 现有外商投资企业办理组织形式、组织机构等变更登记的具体事宜，由国务院市场监督管理部门规定并公布。国务院市场监督管理部门应当加强对变更登记工作的指导，负责办理变更登记的市场监督管理部门应当通过多种方式优化服务，为企业办理变更登记提供便利。

第四十六条 现有外商投资企业的组织形式、组织机构等依法调整后，原合营、合作各方在合同中约定的股权或者权益转让办法、收益分配办法、剩余财产分配办法等，可以继续按照约定办理。

第四十七条 外商投资企业在中国境内投资，适用外商投资法和本条例的有关规定。

第四十八条 香港特别行政区、澳门特别行政区投资者在内地投资，参照外商投资法和本条例执行；法律、行政法规或者国务院另有规定的，从其规定。

台湾地区投资者在大陆投资，适用《中华人民共和国台湾同胞投资保护法》（以下简称台湾同胞投资保护法）及其实施细则的规定，台湾同胞投资保护法及其实施细则未规定的事项，参照外商投资法和本条例执行。

定居在国外的中国公民在中国境内投资，参照外商投资法和本条例执行；法律、行政法规或者国务院另有规定的，从其规定。

第四十九条 本条例自2020年1月1日起施行。《中华人民共和国中外合资经营企业法实施条例》、《中外合资经营企业合营期限暂行规定》、《中华人民共和国外资企业法实施细则》、《中华人民共和国中外合作经营企业法实施细则》同时废止。

2020年1月1日前制定的有关外商投资的规定与外商投资法和本条例不一致的，以外商投资法和本条例的规定为准。

优化营商环境条例

(2019 年 10 月 8 日国务院第 66 次常务会议通过 2019 年 10 月 22 日中华人民共和国国务院令第 722 号公布 自 2020 年 1 月 1 日起施行)

第一章 总 则

第一条 为了持续优化营商环境,不断解放和发展社会生产力,加快建设现代化经济体系,推动高质量发展,制定本条例。

第二条 本条例所称营商环境,是指企业等市场主体在市场经济活动中所涉及的体制机制性因素和条件。

第三条 国家持续深化简政放权、放管结合、优化服务改革,最大限度减少政府对市场资源的直接配置,最大限度减少政府对市场活动的直接干预,加强和规范事中事后监管,着力提升政务服务能力和水平,切实降低制度性交易成本,更大激发市场活力和社会创造力,增强发展动力。

各级人民政府及其部门应当坚持政务公开透明,以公开为常态、不公开为例外,全面推进决策、执行、管理、服务、结果公开。

第四条 优化营商环境应当坚持市场化、法治化、国际化原则,以市场主体需求为导向,以深刻转变政府职能为核心,创新体制机制、强化协同联动、完善法治保障,对标国际先进水平,为各类市场主体投资兴业营造稳定、公平、透明、可预期的良好环境。

第五条 国家加快建立统一开放、竞争有序的现代市场体系,依法促进各类生产要素自由流动,保障各类市场主体公平参与市场竞争。

第六条 国家鼓励、支持、引导非公有制经济发展,激发非公有制经济活力和创造力。

国家进一步扩大对外开放,积极促进外商投资,平等对待内资企业、外商投资企业等各类市场主体。

第七条 各级人民政府应当加强对优化营商环境工作的组织领导,完善优化营商环境的政策措施,建立健全统筹推进、督促落实优化营商环境工作的相关机制,及时协调、解决优化营商环境工作中的重大问题。

县级以上人民政府有关部门应当按照职责分工,做好优化营商环境的相关工作。县级以上地方人民政府根据实际情况,可以明确优化营商环境工作的主管部门。

国家鼓励和支持各地区、各部门结合实际情况,在法治框架内积极探索原创性、差异化的优化营商环境具体措施;对探索中出现失误或者偏差,符合规定条件的,可以予以免责或者减轻责任。

第八条 国家建立和完善以市场主体和社会公众满意度为导向的营商环境评价体系,发挥营商环境评价对优化营商环境的引领和督促作用。

开展营商环境评价,不得影响各地区、各部门正常工作,不得影响市场主体正常生产经营活动或者增加市场主体负担。

任何单位不得利用营商环境评价谋取利益。

第九条 市场主体应当遵守法律法规,恪守社会公德和商业道德,诚实守信、公平竞争,履行安全、质量、劳动者权益保护、消费者权益保护等方面的法定义务,在国际经贸活动中遵循国际通行规则。

第二章　市场主体保护

第十条　国家坚持权利平等、机会平等、规则平等，保障各种所有制经济平等受到法律保护。

第十一条　市场主体依法享有经营自主权。对依法应当由市场主体自主决策的各类事项，任何单位和个人不得干预。

第十二条　国家保障各类市场主体依法平等使用资金、技术、人力资源、土地使用权及其他自然资源等各类生产要素和公共服务资源。

各类市场主体依法平等适用国家支持发展的政策。政府及其有关部门在政府资金安排、土地供应、税费减免、资质许可、标准制定、项目申报、职称评定、人力资源政策等方面，应当依法平等对待各类市场主体，不得制定或者实施歧视性政策措施。

第十三条　招标投标和政府采购应当公开透明、公平公正，依法平等对待各类所有制和不同地区的市场主体，不得以不合理条件或者产品产地来源等进行限制或者排斥。

政府有关部门应当加强招标投标和政府采购监管，依法纠正和查处违法违规行为。

第十四条　国家依法保护市场主体的财产权和其他合法权益，保护企业经营者人身和财产安全。

严禁违反法定权限、条件、程序对市场主体的财产和企业经营者个人财产实施查封、冻结和扣押等行政强制措施；依法确需实施前述行政强制措施的，应当限定在所必需的范围内。

禁止在法律、法规规定之外要求市场主体提供财力、物力或者人力的摊派行为。市场主体有权拒绝任何形式的摊派。

第十五条　国家建立知识产权侵权惩罚性赔偿制度，推动建立知识产权快速协同保护机制，健全知识产权纠纷多元化解决机制和知识产权维权援助机制，加大对知识产权的保护力度。

国家持续深化商标注册、专利申请便利化改革，提高商标注册、专利申请审查效率。

第十六条　国家加大中小投资者权益保护力度，完善中小投资者权益保护机制，保障中小投资者的知情权、参与权，提升中小投资者维护合法权益的便利度。

第十七条　除法律、法规另有规定外，市场主体有权自主决定加入或者退出行业协会商会等社会组织，任何单位和个人不得干预。

除法律、法规另有规定外，任何单位和个人不得强制或者变相强制市场主体参加评比、达标、表彰、培训、考核、考试以及类似活动，不得借前述活动向市场主体收费或者变相收费。

第十八条　国家推动建立全国统一的市场主体维权服务平台，为市场主体提供高效、便捷的维权服务。

第三章　市场环境

第十九条　国家持续深化商事制度改革，统一企业登记业务规范，统一数据标准和平台服务接口，采用统一社会信用代码进行登记管理。

国家推进"证照分离"改革，持续精简涉企经营许可事项，依法采取直接取消审批、审批改为备案、实行告知承诺、优化审批服务等方式，对所有涉企经营许可事项进行分类管理，为企业取得营业执照后开展相关经营活动提供便利。除法律、行政法规规定的特定领域外，涉企经营许可事项不得作为企业登记的前置条件。

政府有关部门应当按照国家有关规定，简化企业从申请设立到具备一般性经营条件所需办理的手续。在国家规定的企业开办时限内，各地区应当确定并公开具体办理时间。

企业申请办理住所等相关变更登记的，有关部门应当依法及时办理，不得限制。除法律、法规、规章另有规定外，企业迁移后其持有的有效许可证件不再重复办理。

第二十条 国家持续放宽市场准入，并实行全国统一的市场准入负面清单制度。市场准入负面清单以外的领域，各类市场主体均可以依法平等进入。

各地区、各部门不得另行制定市场准入性质的负面清单。

第二十一条 政府有关部门应当加大反垄断和反不正当竞争执法力度，有效预防和制止市场经济活动中的垄断行为、不正当竞争行为以及滥用行政权力排除、限制竞争的行为，营造公平竞争的市场环境。

第二十二条 国家建立健全统一开放、竞争有序的人力资源市场体系，打破城乡、地区、行业分割和身份、性别等歧视，促进人力资源有序社会性流动和合理配置。

第二十三条 政府及其有关部门应当完善政策措施、强化创新服务，鼓励和支持市场主体拓展创新空间，持续推进产品、技术、商业模式、管理等创新，充分发挥市场主体在推动科技成果转化中的作用。

第二十四条 政府及其有关部门应当严格落实国家各项减税降费政策，及时研究解决政策落实中的具体问题，确保减税降费政策全面、及时惠及市场主体。

第二十五条 设立政府性基金、涉企行政事业性收费、涉企保证金，应当有法律、行政法规依据或者经国务院批准。对政府性基金、涉企行政事业性收费、涉企保证金以及实行政府定价的经营服务性收费，实行目录清单管理并向社会公开，目录清单之外的前述收费和保证金一律不得执行。推广以金融机构保函替代现金缴纳涉企保证金。

第二十六条 国家鼓励和支持金融机构加大对民营企业、中小企业的支持力度，降低民营企业、中小企业综合融资成本。

金融监督管理部门应当完善对商业银行等金融机构的监管考核和激励机制，鼓励、引导其增加对民营企业、中小企业的信贷投放，并合理增加中长期贷款和信用贷款支持，提高贷款审批效率。

商业银行等金融机构在授信中不得设置不合理条件，不得对民营企业、中小企业设置歧视性要求。商业银行等金融机构应当按照国家有关规定规范收费行为，不得违规向服务对象收取不合理费用。商业银行应当向社会公开开设企业账户的服务标准、资费标准和办理时限。

第二十七条 国家促进多层次资本市场规范健康发展，拓宽市场主体融资渠道，支持符合条件的民营企业、中小企业依法发行股票、债券以及其他融资工具，扩大直接融资规模。

第二十八条 供水、供电、供气、供热等公用企事业单位应当向社会公开服务标准、资费标准等信息，为市场主体提供安全、便捷、稳定和价格合理的服务，不得强迫市场主体接受不合理的服务条件，不得以任何名义收取不合理费用。各地区应当优化报装流程，在国家规定的报装办理时限内确定并公开具体办理时间。

政府有关部门应当加强对公用企事业单位运营的监督管理。

第二十九条 行业协会商会应当依照法律、法规和章程，加强行业自律，及时反映行业诉求，为市场主体提供信息咨询、宣传培训、市场拓展、权益保护、纠纷处理等方面的服务。

国家依法严格规范行业协会商会的收费、评比、认证等行为。

第三十条 国家加强社会信用体系建设，持续推进政务诚信、商务诚信、社会诚信和司法公信建设，提高全社会诚信意识和信用水平，维护信用信息安全，严格保护商业秘密和个人隐私。

第三十一条 地方各级人民政府及其有关部门应当履行向市场主体依法作出的政策承诺以及依法订立的各类合同，不得以行政区划调整、政府换届、机构或者职能调整以及相关责任人更替等为由违约毁约。因国家利益、社会公共利益需要改变政策承诺、合同约定的，应当依照法定权限和程序进行，并依法对市场主体因此受到的损失予以补偿。

第三十二条　国家机关、事业单位不得违约拖欠市场主体的货物、工程、服务等账款，大型企业不得利用优势地位拖欠中小企业账款。

县级以上人民政府及其有关部门应当加大对国家机关、事业单位拖欠市场主体账款的清理力度，并通过加强预算管理、严格责任追究等措施，建立防范和治理国家机关、事业单位拖欠市场主体账款的长效机制。

第三十三条　政府有关部门应当优化市场主体注销办理流程，精简申请材料、压缩办理时间、降低注销成本。对设立后未开展生产经营活动或者无债权债务的市场主体，可以按照简易程序办理注销。对有债权债务的市场主体，在债权债务依法解决后及时办理注销。

县级以上地方人民政府应当根据需要建立企业破产工作协调机制，协调解决企业破产过程中涉及的有关问题。

第四章　政 务 服 务

第三十四条　政府及其有关部门应当进一步增强服务意识，切实转变工作作风，为市场主体提供规范、便利、高效的政务服务。

第三十五条　政府及其有关部门应当推进政务服务标准化，按照减环节、减材料、减时限的要求，编制并向社会公开政务服务事项（包括行政权力事项和公共服务事项，下同）标准化工作流程和办事指南，细化量化政务服务标准，压缩自由裁量权，推进同一事项实行无差别受理、同标准办理。没有法律、法规、规章依据，不得增设政务服务事项的办理条件和环节。

第三十六条　政府及其有关部门办理政务服务事项，应当根据实际情况，推行当场办结、一次办结、限时办结等制度，实现集中办理、就近办理、网上办理、异地可办。需要市场主体补正有关材料、手续的，应当一次性告知需要补正的内容；需要进行现场踏勘、现场核查、技术审查、听证论证的，应当及时安排、限时办结。

法律、法规、规章以及国家有关规定对政务服务事项办理时限有规定的，应当在规定的时限内尽快办结；没有规定的，应当按照合理、高效的原则确定办理时限并按时办结。各地区可以在国家规定的政务服务事项办理时限内进一步压减时间，并应当向社会公开；超过办理时间的，办理单位应当公开说明理由。

地方各级人民政府已设立政务服务大厅的，本行政区域内各类政务服务事项一般应当进驻政务服务大厅统一办理。对政务服务大厅中部门分设的服务窗口，应当创造条件整合为综合窗口，提供一站式服务。

第三十七条　国家加快建设全国一体化在线政务服务平台（以下称一体化在线平台），推动政务服务事项在全国范围内实现"一网通办"。除法律、法规另有规定或者涉及国家秘密等情形外，政务服务事项应当按照国务院确定的步骤，纳入一体化在线平台办理。

国家依托一体化在线平台，推动政务信息系统整合，优化政务流程，促进政务服务跨地区、跨部门、跨层级数据共享和业务协同。政府及其有关部门应当按照国家有关规定，提供数据共享服务，及时将有关政务服务数据上传至一体化在线平台，加强共享数据使用全过程管理，确保共享数据安全。

国家建立电子证照共享服务系统，实现电子证照跨地区、跨部门共享和全国范围内互信互认。各地区、各部门应当加强电子证照的推广应用。

各地区、各部门应当推动政务服务大厅与政务服务平台全面对接融合。市场主体有权自主选择政务服务办理渠道，行政机关不得限定办理渠道。

第三十八条　政府及其有关部门应当通过政府网站、一体化在线平台，集中公布涉及市场主体的法律、法规、规章、行政规范性文件和各类政策措施，并通过多种途径和方式加强宣传解读。

第三十九条　国家严格控制新设行政许可。新设行政许可应当按照行政许可法和国务院的规定严格设定标准，并进行合法性、必要性和合理性审查论证。对通过事中事后监管或者市场机制能够解决以及行政许可法和国务院规定不得设立行政许可的事项，一律不得设立行政许可，严禁以备案、登记、注册、目录、规划、年检、年报、监制、认定、认证、审定以及其他任何形式变相设定或者实施行政许可。

法律、行政法规和国务院决定对相关管理事项已作出规定，但未采取行政许可管理方式的，地方不得就该事项设定行政许可。对相关管理事项尚未制定法律、行政法规的，地方可以依法就该事项设定行政许可。

第四十条　国家实行行政许可清单管理制度，适时调整行政许可清单并向社会公布，清单之外不得违法实施行政许可。

国家大力精简已有行政许可。对已取消的行政许可，行政机关不得继续实施或者变相实施，不得转由行业协会商会或者其他组织实施。

对实行行政许可管理的事项，行政机关应当通过整合实施、下放审批层级等多种方式，优化审批服务，提高审批效率，减轻市场主体负担。符合相关条件和要求的，可以按照有关规定采取告知承诺的方式办理。

第四十一条　县级以上地方人民政府应当深化投资审批制度改革，根据项目性质、投资规模等分类规范投资审批程序，精简审批要件，简化技术审查事项，强化项目决策与用地、规划等建设条件落实的协同，实行与相关审批在线并联办理。

第四十二条　设区的市级以上地方人民政府应当按照国家有关规定，优化工程建设项目（不包括特殊工程和交通、水利、能源等领域的重大工程）审批流程，推行并联审批、多图联审、联合竣工验收等方式，简化审批手续，提高审批效能。

在依法设立的开发区、新区和其他有条件的区域，按照国家有关规定推行区域评估，由设区的市级以上地方人民政府组织对一定区域内压覆重要矿产资源、地质灾害危险性等事项进行统一评估，不再对区域内的市场主体单独提出评估要求。区域评估的费用不得由市场主体承担。

第四十三条　作为办理行政审批条件的中介服务事项（以下称法定行政审批中介服务）应当有法律、法规或者国务院决定依据；没有依据的，不得作为办理行政审批的条件。中介服务机构应当明确办理法定行政审批中介服务的条件、流程、时限、收费标准，并向社会公开。

国家加快推进中介服务机构与行政机关脱钩。行政机关不得为市场主体指定或者变相指定中介服务机构；除法定行政审批中介服务外，不得强制或者变相强制市场主体接受中介服务。行政机关所属事业单位、主管的社会组织及其举办的企业不得开展与本机关所负责行政审批相关的中介服务，法律、行政法规另有规定的除外。

行政机关在行政审批过程中需要委托中介服务机构开展技术性服务的，应当通过竞争性方式选择中介服务机构，并自行承担服务费用，不得转嫁给市场主体承担。

第四十四条　证明事项应当有法律、法规或者国务院决定依据。

设定证明事项，应当坚持确有必要、从严控制的原则。对通过法定证照、法定文书、书面告知承诺、政府部门内部核查和部门间核查、网络核验、合同凭证等能够办理，能够被其他材料涵盖或者替代，以及开具单位无法调查核实的，不得设定证明事项。

政府有关部门应当公布证明事项清单，逐项列明设定依据、索要单位、开具单位、办理指南等。清单之外，政府部门、公用企事业单位和服务机构不得索要证明。各地区、各部门之间应当加强证明的互认共享，避免重复索要证明。

第四十五条　政府及其有关部门应当按照国家促进跨境贸易便利化的有关要求，依法削减进出口环节审批事项，取消不必要的监管要求，优化简化通关流程，提高通关效率，清理规范口岸收费，降低通关成本，推动口岸和国际贸易领域相关业务统一通过国际贸易"单一窗口"办理。

第四十六条　税务机关应当精简办税资料和流程，简并申报缴税次数，公开涉税事项办理时限，压减办税时间，加大推广使用电子发票的力度，逐步实现全程网上办税，持续优化纳税服务。

第四十七条　不动产登记机构应当按照国家有关规定，加强部门协作，实行不动产登记、交易和缴税一窗受理、并行办理，压缩办理时间，降低办理成本。在国家规定的不动产登记时限内，各地区应当确定并公开具体办理时间。

国家推动建立统一的动产和权利担保登记公示系统，逐步实现市场主体在一个平台上办理动产和权利担保登记。纳入统一登记公示系统的动产和权利范围另行规定。

第四十八条　政府及其有关部门应当按照构建亲清新型政商关系的要求，建立畅通有效的政企沟通机制，采取多种方式及时听取市场主体的反映和诉求，了解市场主体生产经营中遇到的困难和问题，并依法帮助其解决。

建立政企沟通机制，应当充分尊重市场主体意愿，增强针对性和有效性，不得干扰市场主体正常生产经营活动，不得增加市场主体负担。

第四十九条　政府及其有关部门应当建立便利、畅通的渠道，受理有关营商环境的投诉和举报。

第五十条　新闻媒体应当及时、准确宣传优化营商环境的措施和成效，为优化营商环境创造良好舆论氛围。

国家鼓励对营商环境进行舆论监督，但禁止捏造虚假信息或者歪曲事实进行不实报道。

第五章　监管执法

第五十一条　政府有关部门应当严格按照法律法规和职责，落实监管责任，明确监管对象和范围、厘清监管事权，依法对市场主体进行监管，实现监管全覆盖。

第五十二条　国家健全公开透明的监管规则和标准体系。国务院有关部门应当分领域制定全国统一、简明易行的监管规则和标准，并向社会公开。

第五十三条　政府及其有关部门应当按照国家关于加快构建以信用为基础的新型监管机制的要求，创新和完善信用监管，强化信用监管的支撑保障，加强信用监管的组织实施，不断提升信用监管效能。

第五十四条　国家推行"双随机、一公开"监管，除直接涉及公共安全和人民群众生命健康等特殊行业、重点领域外，市场监管领域的行政检查应当通过随机抽取检查对象、随机选派执法检查人员、抽查事项及查处结果及时向社会公开的方式进行。针对同一检查对象的多个检查事项，应当尽可能合并或者纳入跨部门联合抽查范围。

对直接涉及公共安全和人民群众生命健康等特殊行业、重点领域，依法依规实行全覆盖的重点监管，并严格规范重点监管的程序；对通过投诉举报、转办交办、数据监测等发现的问题，应当有针对性地进行检查并依法依规处理。

第五十五条　政府及其有关部门应当按照鼓励创新的原则，对新技术、新产业、新业态、新模式等实行包容审慎监管，针对其性质、特点分类制定和实行相应的监管规则和标准，留足发展空间，同时确保质量和安全，不得简单化予以禁止或者不予监管。

第五十六条　政府及其有关部门应当充分运用互联网、大数据等技术手段，依托国家统一建立的在线监管系统，加强监管信息归集共享和关联整合，推行以远程监管、移动监管、预警防控为特征的非现场监管，提升监管的精准化、智能化水平。

第五十七条 国家建立健全跨部门、跨区域行政执法联动响应和协作机制，实现违法线索互联、监管标准互通、处理结果互认。

国家统筹配置行政执法职能和执法资源，在相关领域推行综合行政执法，整合精简执法队伍，减少执法主体和执法层级，提高基层执法能力。

第五十八条 行政执法机关应当按照国家有关规定，全面落实行政执法公示、行政执法全过程记录和重大行政执法决定法制审核制度，实现行政执法信息及时准确公示、行政执法全过程留痕和可回溯管理、重大行政执法决定法制审核全覆盖。

第五十九条 行政执法中应当推广运用说服教育、劝导示范、行政指导等非强制性手段，依法慎重实施行政强制。采用非强制性手段能够达到行政管理目的的，不得实施行政强制；违法行为情节轻微或者社会危害较小的，可以不实施行政强制；确需实施行政强制的，应当尽可能减少对市场主体正常生产经营活动的影响。

开展清理整顿、专项整治等活动，应当严格依法进行，除涉及人民群众生命安全、发生重特大事故或者举办国家重大活动，并报经有权机关批准外，不得在相关区域采取要求相关行业、领域的市场主体普遍停产、停业的措施。

禁止将罚没收入与行政执法机关利益挂钩。

第六十条 国家健全行政执法自由裁量基准制度，合理确定裁量范围、种类和幅度，规范行政执法自由裁量权的行使。

第六章 法 治 保 障

第六十一条 国家根据优化营商环境需要，依照法定权限和程序及时制定或者修改、废止有关法律、法规、规章、行政规范性文件。

优化营商环境的改革措施涉及调整实施现行法律、行政法规等有关规定的，依照法定程序经有权机关授权后，可以先行先试。

第六十二条 制定与市场主体生产经营活动密切相关的行政法规、规章、行政规范性文件，应当按照国务院的规定，充分听取市场主体、行业协会商会的意见。

除依法需要保密外，制定与市场主体生产经营活动密切相关的行政法规、规章、行政规范性文件，应当通过报纸、网络等向社会公开征求意见，并建立健全意见采纳情况反馈机制。向社会公开征求意见的期限一般不少于 30 日。

第六十三条 制定与市场主体生产经营活动密切相关的行政法规、规章、行政规范性文件，应当按照国务院的规定进行公平竞争审查。

制定涉及市场主体权利义务的行政规范性文件，应当按照国务院的规定进行合法性审核。

市场主体认为地方性法规同行政法规相抵触，或者认为规章同法律、行政法规相抵触的，可以向国务院书面提出审查建议，由有关机关按照规定程序处理。

第六十四条 没有法律、法规或者国务院决定和命令依据的，行政规范性文件不得减损市场主体合法权益或者增加其义务，不得设置市场准入和退出条件，不得干预市场主体正常生产经营活动。

涉及市场主体权利义务的行政规范性文件应当按照法定要求和程序予以公布，未经公布的不得作为行政管理依据。

第六十五条 制定与市场主体生产经营活动密切相关的行政法规、规章、行政规范性文件，应当结合实际，确定是否为市场主体留出必要的适应调整期。

政府及其有关部门应当统筹协调、合理把握规章、行政规范性文件等的出台节奏，全面评估政策效果，避免因政策叠加或者相互不协调对市场主体正常生产经营活动造成不利影响。

第六十六条　国家完善调解、仲裁、行政裁决、行政复议、诉讼等有机衔接、相互协调的多元化纠纷解决机制，为市场主体提供高效、便捷的纠纷解决途径。

第六十七条　国家加强法治宣传教育，落实国家机关普法责任制，提高国家工作人员依法履职能力，引导市场主体合法经营、依法维护自身合法权益，不断增强全社会的法治意识，为营造法治化营商环境提供基础性支撑。

第六十八条　政府及其有关部门应当整合律师、公证、司法鉴定、调解、仲裁等公共法律服务资源，加快推进公共法律服务体系建设，全面提升公共法律服务能力和水平，为优化营商环境提供全方位法律服务。

第六十九条　政府和有关部门及其工作人员有下列情形之一的，依法依规追究责任：

（一）违法干预应当由市场主体自主决策的事项；

（二）制定或者实施政策措施不依法平等对待各类市场主体；

（三）违反法定权限、条件、程序对市场主体的财产和企业经营者个人财产实施查封、冻结和扣押等行政强制措施；

（四）在法律、法规规定之外要求市场主体提供财力、物力或者人力；

（五）没有法律、法规依据，强制或者变相强制市场主体参加评比、达标、表彰、培训、考核、考试以及类似活动，或者借前述活动向市场主体收费或者变相收费；

（六）违法设立或者在目录清单之外执行政府性基金、涉企行政事业性收费、涉企保证金；

（七）不履行向市场主体依法作出的政策承诺以及依法订立的各类合同，或者违约拖欠市场主体的货物、工程、服务等账款；

（八）变相设定或者实施行政许可，继续实施或者变相实施已取消的行政许可，或者转由行业协会商会或者其他组织实施已取消的行政许可；

（九）为市场主体指定或者变相指定中介服务机构，或者违法强制市场主体接受中介服务；

（十）制定与市场主体生产经营活动密切相关的行政法规、规章、行政规范性文件时，不按照规定听取市场主体、行业协会商会的意见；

（十一）其他不履行优化营商环境职责或者损害营商环境的情形。

第七十条　公用企事业单位有下列情形之一的，由有关部门责令改正，依法追究法律责任：

（一）不向社会公开服务标准、资费标准、办理时限等信息；

（二）强迫市场主体接受不合理的服务条件；

（三）向市场主体收取不合理费用。

第七十一条　行业协会商会、中介服务机构有下列情形之一的，由有关部门责令改正，依法追究法律责任：

（一）违法开展收费、评比、认证等行为；

（二）违法干预市场主体加入或者退出行业协会商会等社会组织；

（三）没有法律、法规依据，强制或者变相强制市场主体参加评比、达标、表彰、培训、考核、考试以及类似活动，或者借前述活动向市场主体收费或者变相收费；

（四）不向社会公开办理法定行政审批中介服务的条件、流程、时限、收费标准；

（五）违法强制或者变相强制市场主体接受中介服务。

第七章　附　　则

第七十二条　本条例自 2020 年 1 月 1 日起施行。

市场监督管理投诉举报处理暂行办法

（2019 年 11 月 30 日国家市场监督管理总局令第 20 号公布　根据 2022 年 3 月 24 日国家市场监督管理总局令第 55 号第一次修正　根据 2022 年 9 月 29 日国家市场监督管理总局令第 61 号第二次修正）

第一条　为规范市场监督管理投诉举报处理工作，保护自然人、法人或者其他组织合法权益，根据《中华人民共和国消费者权益保护法》等法律、行政法规，制定本办法。

第二条　市场监督管理部门处理投诉举报，适用本办法。

第三条　本办法所称的投诉，是指消费者为生活消费需要购买、使用商品或者接受服务，与经营者发生消费者权益争议，请求市场监督管理部门解决该争议的行为。

本办法所称的举报，是指自然人、法人或者其他组织向市场监督管理部门反映经营者涉嫌违反市场监督管理法律、法规、规章线索的行为。

第四条　国家市场监督管理总局主管全国投诉举报处理工作，指导地方市场监督管理部门投诉举报处理工作。

县级以上地方市场监督管理部门负责本行政区域内的投诉举报处理工作。

第五条　市场监督管理部门处理投诉举报，应当遵循公正、高效的原则，做到适用依据正确、程序合法。

第六条　鼓励社会公众和新闻媒体对涉嫌违反市场监督管理法律、法规、规章的行为依法进行社会监督和舆论监督。

鼓励消费者通过在线消费纠纷解决机制、消费维权服务站、消费维权绿色通道、第三方争议解决机制等方式与经营者协商解决消费者权益争议。

第七条　向市场监督管理部门同时提出投诉和举报，或者提供的材料同时包含投诉和举报内容的，市场监督管理部门应当按照本办法规定的程序对投诉和举报予以分别处理。

第八条　向市场监督管理部门提出投诉举报的，应当通过市场监督管理部门公布的接收投诉举报的互联网、电话、传真、邮寄地址、窗口等渠道进行。

第九条　投诉应当提供下列材料：

（一）投诉人的姓名、电话号码、通讯地址；

（二）被投诉人的名称（姓名）、地址；

（三）具体的投诉请求以及消费者权益争议事实。

投诉人采取非书面方式进行投诉的，市场监督管理部门工作人员应当记录前款规定信息。

第十条　委托他人代为投诉的，除提供本办法第九条第一款规定的材料外，还应当提供授权委托书原件以及受托人身份证明。

授权委托书应当载明委托事项、权限和期限，由委托人签名。

第十一条　投诉人为两人以上，基于同一消费者权益争议投诉同一经营者的，经投诉人同意，市场监督管理部门可以按共同投诉处理。

共同投诉可以由投诉人书面推选两名代表人进行投诉。代表人的投诉行为对其代表的投诉人发生效力，但代表人变更、放弃投诉请求或者达成调解协议的，应当经被代表的投诉人同意。

第十二条　投诉由被投诉人实际经营地或者住所地县级市场监督管理部门处理。

对电子商务平台经营者以及通过自建网站、其他网络服务销售商品或者提供服务的电子商务经营者的投诉，由其住所地县级市场监督管理部门处理。对平台内经营者的投诉，由其实际经营地或者平台经营者住所地县级市场监督管理部门处理。

上级市场监督管理部门认为有必要的，可以处理下级市场监督管理部门收到的投诉。下级市场监督管理部门认为需要由上级市场监督管理部门处理本行政机关收到的投诉的，可以报请上级市场监督管理部门决定。

第十三条　对同一消费者权益争议的投诉，两个以上市场监督管理部门均有处理权限的，由先收到投诉的市场监督管理部门处理。

第十四条　具有本办法规定的处理权限的市场监督管理部门，应当自收到投诉之日起七个工作日内作出受理或者不予受理的决定，并告知投诉人。

第十五条　投诉有下列情形之一的，市场监督管理部门不予受理：

（一）投诉事项不属于市场监督管理部门职责，或者本行政机关不具有处理权限的；

（二）法院、仲裁机构、市场监督管理部门或者其他行政机关、消费者协会或者依法成立的其他调解组织已经受理或者处理过同一消费者权益争议的；

（三）不是为生活消费需要购买、使用商品或者接受服务，或者不能证明与被投诉人之间存在消费者权益争议的；

（四）除法律另有规定外，投诉人知道或者应当知道自己的权益受到被投诉人侵害之日起超过三年的；

（五）未提供本办法第九条第一款和第十条规定的材料的；

（六）法律、法规、规章规定不予受理的其他情形。

第十六条　市场监督管理部门经投诉人和被投诉人同意，采用调解的方式处理投诉，但法律、法规另有规定的，依照其规定。

鼓励投诉人和被投诉人平等协商，自行和解。

第十七条　市场监督管理部门可以委托消费者协会或者依法成立的其他调解组织等单位代为调解。

受委托单位在委托范围内以委托的市场监督管理部门名义进行调解，不得再委托其他组织或者个人。

第十八条　调解可以采取现场调解方式，也可以采取互联网、电话、音频、视频等非现场调解方式。

采取现场调解方式的，市场监督管理部门或者其委托单位应当提前告知投诉人和被投诉人调解的时间、地点、调解人员等。

第十九条　调解由市场监督管理部门或者其委托单位工作人员主持，并可以根据需要邀请有关人员协助。

调解人员是投诉人或者被投诉人的近亲属或者有其他利害关系，可能影响公正处理投诉的，应当回避。投诉人或者被投诉人对调解人员提出回避申请的，市场监督管理部门应当中止调解，并作出是否回避的决定。

第二十条　需要进行检定、检验、检测、鉴定的，由投诉人和被投诉人协商一致，共同委托具备相应条件的技术机构承担。

除法律、法规另有规定的外，检定、检验、检测、鉴定所需费用由投诉人和被投诉人协商一致承担。

检定、检验、检测、鉴定所需时间不计算在调解期限内。

第二十一条　有下列情形之一的，终止调解：

（一）投诉人撤回投诉或者双方自行和解的；

（二）投诉人与被投诉人对委托承担检定、检验、检测、鉴定工作的技术机构或者费用承担无法协商一致的；

（三）投诉人或者被投诉人无正当理由不参加调解，或者被投诉人明确拒绝调解的；

（四）经组织调解，投诉人或者被投诉人明确表示无法达成调解协议的；

（五）自投诉受理之日起四十五个工作日内投诉人和被投诉人未能达成调解协议的；

（六）市场监督管理部门受理投诉后，发现存在本办法第十五条规定情形的；

（七）法律、法规、规章规定的应当终止调解的其他情形。

终止调解的，市场监督管理部门应当自作出终止调解决定之日起七个工作日内告知投诉人和被投诉人。

第二十二条　经现场调解达成调解协议的，市场监督管理部门应当制作调解书，但调解协议已经即时履行或者双方同意不制作调解书的除外。调解书由投诉人和被投诉人双方签字或者盖章，并加盖市场监督管理部门印章，交投诉人和被投诉人各执一份，市场监督管理部门留存一份归档。

未制作调解书的，市场监督管理部门应当做好调解记录备查。

第二十三条　市场监督管理部门在调解中发现涉嫌违反市场监督管理法律、法规、规章线索的，应当自发现之日起十五个工作日内予以核查，并按照市场监督管理行政处罚有关规定予以处理。特殊情况下，核查时限可以延长十五个工作日。法律、法规、规章另有规定的，依照其规定。

对消费者权益争议的调解不免除经营者依法应当承担的其他法律责任。

第二十四条　举报人应当提供涉嫌违反市场监督管理法律、法规、规章的具体线索，对举报内容的真实性负责。举报人采取非书面方式进行举报的，市场监督管理部门工作人员应当记录。

鼓励经营者内部人员依法举报经营者涉嫌违反市场监督管理法律、法规、规章的行为。

第二十五条　举报由被举报行为发生地的县级以上市场监督管理部门处理。法律、行政法规、部门规章另有规定的，从其规定。

第二十六条　县级市场监督管理部门派出机构在县级市场监督管理部门确定的权限范围内以县级市场监督管理部门的名义处理举报，法律、法规、规章授权以派出机构名义处理举报的除外。

第二十七条　对电子商务平台经营者和通过自建网站、其他网络服务销售商品或者提供服务的电子商务经营者的举报，由其住所地县级以上市场监督管理部门处理。

对平台内经营者的举报，由其实际经营地县级以上市场监督管理部门处理。电子商务平台经营者住所地县级以上市场监督管理部门先行收到举报的，也可以予以处理。

第二十八条　对利用广播、电影、电视、报纸、期刊、互联网等大众传播媒介发布违法广告的举报，由广告发布者所在地市场监督管理部门处理。广告发布者所在地市场监督管理部门处理对异地广告主、广告经营者的举报有困难的，可以将对广告主、广告经营者的举报移送广告主、广告经营者所在地市场监督管理部门处理。

对互联网广告的举报，广告主所在地、广告经营者所在地市场监督管理部门先行收到举报的，也可以予以处理。

对广告主自行发布违法互联网广告的举报，由广告主所在地市场监督管理部门处理。

第二十九条　收到举报的市场监督管理部门不具备处理权限的，应当告知举报人直接向有处理权限的市场监督管理部门提出。

第三十条　两个以上市场监督管理部门因处理权限发生争议的，应当自发生争议之日起七个工作日内协商解决，协商不成的，报请共同的上一级市场监督管理部门指定处理机关；也可以直接由共同的上一级市场监督管理部门指定处理机关。

第三十一条　市场监督管理部门应当按照市场监督管理行政处罚等有关规定处理举报。

举报人实名举报的，有处理权限的市场监督管理部门还应当自作出是否立案决定之日起五个工作日内告知举报人。

第三十二条　法律、法规、规章规定市场监督管理部门应当将举报处理结果告知举报人或者对举报人实行奖励的，市场监督管理部门应当予以告知或者奖励。

第三十三条　市场监督管理部门应当对举报人的信息予以保密，不得将举报人个人信息、举报办理情况等泄露给被举报人或者与办理举报工作无关的人员，但提供的材料同时包含投诉和举报内容，并且需要向被举报人提供组织调解所必需信息的除外。

第三十四条　市场监督管理部门应当加强对本行政区域投诉举报信息的统计、分析、应用，定期公布投诉举报统计分析报告，依法公示消费投诉信息。

第三十五条　对投诉举报处理工作中获悉的国家秘密以及公开后可能危及国家安全、公共安全、经济安全、社会稳定的信息，市场监督管理部门应当严格保密。

涉及商业秘密、个人隐私等信息，确需公开的，依照《中华人民共和国政府信息公开条例》等有关规定执行。

第三十六条　市场监督管理部门应当畅通全国 12315 平台、12315 专用电话等投诉举报接收渠道，实行统一的投诉举报数据标准和用户规则，实现全国投诉举报信息一体化。

第三十七条　县级以上地方市场监督管理部门统一接收投诉举报的工作机构，应当及时将投诉举报分送有处理权限的下级市场监督管理部门或者同级市场监督管理部门相关机构处理。

同级市场监督管理部门相关机构收到分送的投诉举报的，应当按照本办法有关规定及时处理。不具备处理权限的，应当及时反馈统一接收投诉举报的工作机构，不得自行移送。

第三十八条　市场监督管理部门处理依法提起的除本办法第三条规定以外的其他投诉的，可以参照本办法执行。

举报涉嫌违反《中华人民共和国反垄断法》的行为的，按照国家市场监督管理总局专项规定执行。专项规定未作规定的，可以参照本办法执行。

药品监督管理部门、知识产权行政部门处理投诉举报，适用本办法，但法律、法规另有规定的，依照其规定。

第三十九条　自然人、法人或者其他组织反映国家机关、事业单位、代行政府职能的社会团体及其他组织的行政事业性收费问题的，按照《信访工作条例》有关规定处理。

以投诉举报形式进行咨询、政府信息公开申请、行政复议申请、信访、纪检监察检举控告等活动的，不适用本办法，市场监督管理部门可以告知通过相应途径提出。

第四十条　本办法自 2020 年 1 月 1 日起施行。1998 年 3 月 12 日原国家质量技术监督局令第 51 号公布的《产品质量申诉处理办法》、2014 年 2 月 14 日原国家工商行政管理总局令第 62 号公布的《工商行政管理部门处理消费者投诉办法》、2016 年 1 月 12 日原国家食品药品监督管理总局令第 21 号公布的《食品药品投诉举报管理办法》同时废止。

市场监督管理行政处罚程序规定

(2018 年 12 月 21 日国家市场监督管理总局令第 2 号公布 根据 2021 年 7 月 2 日国家市场监督管理总局令第 42 号第一次修正 根据 2022 年 9 月 29 日国家市场监督管理总局令第 61 号第二次修正)

第一章 总 则

第一条 为了规范市场监督管理行政处罚程序,保障市场监督管理部门依法实施行政处罚,保护自然人、法人和其他组织的合法权益,根据《中华人民共和国行政处罚法》《中华人民共和国行政强制法》等法律、行政法规,制定本规定。

第二条 市场监督管理部门实施行政处罚,适用本规定。

第三条 市场监督管理部门实施行政处罚,应当遵循公正、公开的原则,坚持处罚与教育相结合,做到事实清楚、证据确凿、适用依据正确、程序合法、处罚适当。

第四条 市场监督管理部门实施行政处罚实行回避制度。参与案件办理的有关人员与案件有直接利害关系或者有其他关系可能影响公正执法的,应当回避。市场监督管理部门主要负责人的回避,由市场监督管理部门负责人集体讨论决定;市场监督管理部门其他负责人的回避,由市场监督管理部门主要负责人决定;其他有关人员的回避,由市场监督管理部门负责人决定。

回避决定作出之前,不停止案件调查。

第五条 市场监督管理部门及参与案件办理的有关人员对实施行政处罚过程中知悉的国家秘密、商业秘密和个人隐私应当依法予以保密。

第六条 上级市场监督管理部门对下级市场监督管理部门实施行政处罚,应当加强监督。

各级市场监督管理部门对本部门内设机构及其派出机构、受委托组织实施行政处罚,应当加强监督。

第二章 管 辖

第七条 行政处罚由违法行为发生地的县级以上市场监督管理部门管辖。法律、行政法规、部门规章另有规定的,从其规定。

第八条 县级、设区的市级市场监督管理部门依职权管辖本辖区内发生的行政处罚案件。法律、法规、规章规定由省级以上市场监督管理部门管辖的,从其规定。

第九条 市场监督管理部门派出机构在本部门确定的权限范围内以本部门的名义实施行政处罚,法律、法规授权以派出机构名义实施行政处罚的除外。

县级以上市场监督管理部门可以在法定权限内书面委托符合《中华人民共和国行政处罚法》规定条件的组织实施行政处罚。受委托组织在委托范围内,以委托行政机关名义实施行政处罚;不得再委托其他任何组织或者个人实施行政处罚。

委托书应当载明委托的具体事项、权限、期限等内容。委托行政机关和受委托组织应当将委托书向社会公布。

第十条 网络交易平台经营者和通过自建网站、其他网络服务销售商品或者提供服务的网络交易经营者的违法行为由其住所地县级以上市场监督管理部门管辖。

平台内经营者的违法行为由其实际经营地县级以上市场监督管理部门管辖。网络交易平台经营者住所地县级以上市场监督管理部门先行发现违法线索或者收到投诉、举报的,也可以进行管辖。

第十一条　对利用广播、电影、电视、报纸、期刊、互联网等大众传播媒介发布违法广告的行为实施行政处罚，由广告发布者所在地市场监督管理部门管辖。广告发布者所在地市场监督管理部门管辖异地广告主、广告经营者有困难的，可以将广告主、广告经营者的违法情况移送广告主、广告经营者所在地市场监督管理部门处理。

对于互联网广告违法行为，广告主所在地、广告经营者所在地市场监督管理部门先行发现违法线索或者收到投诉、举报的，也可以进行管辖。

对广告主自行发布违法互联网广告的行为实施行政处罚，由广告主所在地市场监督管理部门管辖。

第十二条　对当事人的同一违法行为，两个以上市场监督管理部门都有管辖权的，由最先立案的市场监督管理部门管辖。

第十三条　两个以上市场监督管理部门因管辖权发生争议的，应当自发生争议之日起七个工作日内协商解决，协商不成的，报请共同的上一级市场监督管理部门指定管辖；也可以直接由共同的上一级市场监督管理部门指定管辖。

第十四条　市场监督管理部门发现立案查处的案件不属于本部门管辖的，应当将案件移送有管辖权的市场监督管理部门。受移送的市场监督管理部门对管辖权有异议的，应当报请共同的上一级市场监督管理部门指定管辖，不得再自行移送。

第十五条　上级市场监督管理部门认为必要时，可以将本部门管辖的案件交由下级市场监督管理部门管辖。法律、法规、规章明确规定案件应当由上级市场监督管理部门管辖的，上级市场监督管理部门不得将案件交由下级市场监督管理部门管辖。

上级市场监督管理部门认为必要时，可以直接查处下级市场监督管理部门管辖的案件，也可以将下级市场监督管理部门管辖的案件指定其他下级市场监督管理部门管辖。

下级市场监督管理部门认为依法由其管辖的案件存在特殊原因，难以办理的，可以报请上一级市场监督管理部门管辖或者指定管辖。

第十六条　报请上一级市场监督管理部门管辖或者指定管辖的，上一级市场监督管理部门应当在收到报送材料之日起七个工作日内确定案件的管辖部门。

第十七条　市场监督管理部门发现立案查处的案件属于其他行政管理部门管辖的，应当及时依法移送其他有关部门。

市场监督管理部门发现违法行为涉嫌犯罪的，应当及时将案件移送司法机关，并对涉案物品以及与案件有关的其他材料依照有关规定办理交接手续。

第三章　行政处罚的普通程序

第十八条　市场监督管理部门对依据监督检查职权或者通过投诉、举报、其他部门移送、上级交办等途径发现的违法行为线索，应当自发现线索或者收到材料之日起十五个工作日内予以核查，由市场监督管理部门负责人决定是否立案；特殊情况下，经市场监督管理部门负责人批准，可以延长十五个工作日。法律、法规、规章另有规定的除外。

检测、检验、检疫、鉴定以及权利人辨认或者鉴别等所需时间，不计入前款规定期限。

第十九条　经核查，符合下列条件的，应当立案：

（一）有证据初步证明存在违反市场监督管理法律、法规、规章的行为；

（二）依据市场监督管理法律、法规、规章应当给予行政处罚；

（三）属于本部门管辖；

（四）在给予行政处罚的法定期限内。

决定立案的，应当填写立案审批表，由办案机构负责人指定两名以上具有行政执法资格的办案人员负责调查处理。

第二十条　经核查，有下列情形之一的，可以不予立案：

（一）违法行为轻微并及时改正，没有造成危害后果；

（二）初次违法且危害后果轻微并及时改正；

（三）当事人有证据足以证明没有主观过错，但法律、行政法规另有规定的除外；

（四）依法可以不予立案的其他情形。

决定不予立案的，应当填写不予立案审批表。

第二十一条　办案人员应当全面、客观、公正、及时进行案件调查，收集、调取证据，并依照法律、法规、规章的规定进行检查。

首次向当事人收集、调取证据的，应当告知其享有陈述权、申辩权以及申请回避的权利。

第二十二条　办案人员调查或者进行检查时不得少于两人，并应当主动向当事人或者有关人员出示执法证件。

第二十三条　办案人员应当依法收集证据。证据包括：

（一）书证；

（二）物证；

（三）视听资料；

（四）电子数据；

（五）证人证言；

（六）当事人的陈述；

（七）鉴定意见；

（八）勘验笔录、现场笔录。

立案前核查或者监督检查过程中依法取得的证据材料，可以作为案件的证据使用。

对于移送的案件，移送机关依职权调查收集的证据材料，可以作为案件的证据使用。

上述证据，应当符合法律、法规、规章关于证据的规定，并经查证属实，才能作为认定案件事实的根据。以非法手段取得的证据，不得作为认定案件事实的根据。

第二十四条　收集、调取的书证、物证应当是原件、原物。调取原件、原物有困难的，可以提取复制件、影印件或者抄录件，也可以拍摄或者制作足以反映原件、原物外形或者内容的照片、录像。复制件、影印件、抄录件和照片、录像由证据提供人核对无误后注明与原件、原物一致，并注明出证日期、证据出处，同时签名或者盖章。

第二十五条　收集、调取的视听资料应当是有关资料的原始载体。调取视听资料原始载体有困难的，可以提取复制件，并注明制作方法、制作时间、制作人等。声音资料应当附有该声音内容的文字记录。

第二十六条　收集、调取的电子数据应当是有关数据的原始载体。收集电子数据原始载体有困难的，可以采用拷贝复制、委托分析、书式固定、拍照录像等方式取证，并注明制作方法、制作时间、制作人等。

市场监督管理部门可以利用互联网信息系统或者设备收集、固定违法行为证据。用来收集、固定违法行为证据的互联网信息系统或者设备应当符合相关规定，保证所收集、固定电子数据的真实性、完整性。

市场监督管理部门可以指派或者聘请具有专门知识的人员，辅助办案人员对案件关联的电子数据进行调查取证。

市场监督管理部门依照法律、行政法规规定利用电子技术监控设备收集、固定违法事实的，

一、综 合 65

依照《中华人民共和国行政处罚法》有关规定执行。

  第二十七条 在中华人民共和国领域外形成的公文书证，应当经所在国公证机关证明，或者履行中华人民共和国与该所在国订立的有关条约中规定的证明手续。涉及身份关系的证据，应当经所在国公证机关证明，并经中华人民共和国驻该所在国使领馆认证，或者履行中华人民共和国与该所在国订立的有关条约中规定的证明手续。

  在中华人民共和国香港特别行政区、澳门特别行政区和台湾地区形成的证据，应当履行相关的证明手续。

  外文书证或者外国语视听资料等证据应当附有由具有翻译资质的机构翻译的或者其他翻译准确的中文译本，由翻译机构盖章或者翻译人员签名。

  第二十八条 对有违法嫌疑的物品或者场所进行检查时，应当通知当事人到场。办案人员应当制作现场笔录，载明时间、地点、事件等内容，由办案人员、当事人签名或者盖章。

  第二十九条 办案人员可以询问当事人及其他有关单位和个人。询问应当个别进行。询问应当制作笔录，询问笔录应当交被询问人核对；对阅读有困难的，应当向其宣读。笔录如有差错、遗漏，应当允许其更正或者补充。涂改部分应当由被询问人签名、盖章或者以其他方式确认。经核对无误后，由被询问人在笔录上逐页签名、盖章或以其他方式确认。办案人员应当在笔录上签名。

  第三十条 办案人员可以要求当事人及其他有关单位和个人在一定期限内提供证明材料或者与涉嫌违法行为有关的其他材料，并由材料提供人在有关材料上签名或者盖章。

  市场监督管理部门在查处侵权假冒等案件过程中，可以要求权利人对涉案产品是否为权利人生产或者其许可生产的产品进行辨认，也可以要求其对有关事项进行鉴别。

  第三十一条 市场监督管理部门抽样取证时，应当通知当事人到场。办案人员应当制作抽样记录，对样品加贴封条，开具清单，由办案人员、当事人在封条和相关记录上签名或者盖章。

  通过网络、电话购买等方式抽样取证的，应当采取拍照、截屏、录音、录像等方式对交易过程、商品拆包查验及封样等过程进行记录。

  法律、法规、规章或者国家有关规定对实施抽样机构的资质或者抽样方式有明确要求的，市场监督管理部门应当委托相关机构或者按照规定方式抽取样品。

  第三十二条 为查明案情，需要对案件中专门事项进行检测、检验、检疫、鉴定的，市场监督管理部门应当委托具有法定资质的机构进行；没有法定资质机构的，可以委托其他具备条件的机构进行。检测、检验、检疫、鉴定结果应当告知当事人。

  第三十三条 在证据可能灭失或者以后难以取得的情况下，市场监督管理部门可以对与涉嫌违法行为有关的证据采取先行登记保存措施。采取或者解除先行登记保存措施，应当经市场监督管理部门负责人批准。

  情况紧急，需要当场采取先行登记保存措施的，办案人员应当在二十四小时内向市场监督管理部门负责人报告，并补办批准手续。市场监督管理部门负责人认为不应当采取先行登记保存措施的，应当立即解除。

  第三十四条 先行登记保存有关证据，应当当场清点，开具清单，由当事人和办案人员签名或者盖章，交当事人一份，并当场交付先行登记保存证据通知书。

  先行登记保存期间，当事人或者有关人员不得损毁、销毁或者转移证据。

  第三十五条 对于先行登记保存的证据，应当在七个工作日内采取以下措施：

  （一）根据情况及时采取记录、复制、拍照、录像等证据保全措施；

  （二）需要检测、检验、检疫、鉴定的，送交检测、检验、检疫、鉴定；

  （三）依据有关法律、法规规定可以采取查封、扣押等行政强制措施的，决定采取行政强制措施；

（四）违法事实成立，应当予以没收的，作出行政处罚决定，没收违法物品；

（五）违法事实不成立，或者违法事实成立但依法不应当予以查封、扣押或者没收的，决定解除先行登记保存措施。

逾期未采取相关措施的，先行登记保存措施自动解除。

第三十六条 市场监督管理部门可以依据法律、法规的规定采取查封、扣押等行政强制措施。采取或者解除行政强制措施，应当经市场监督管理部门负责人批准。

情况紧急，需要当场采取行政强制措施的，办案人员应当在二十四小时内向市场监督管理部门负责人报告，并补办批准手续。市场监督管理部门负责人认为不应当采取行政强制措施的，应当立即解除。

第三十七条 市场监督管理部门实施行政强制措施应当依照《中华人民共和国行政强制法》规定的程序进行，并当场交付实施行政强制措施决定书和清单。

第三十八条 查封、扣押的期限不得超过三十日；情况复杂的，经市场监督管理部门负责人批准，可以延长，但是延长期限不得超过三十日。法律、行政法规另有规定的除外。

延长查封、扣押的决定应当及时书面告知当事人，并说明理由。

对物品需要进行检测、检验、检疫、鉴定的，查封、扣押的期间不包括检测、检验、检疫、鉴定的期间。检测、检验、检疫、鉴定的期间应当明确，并书面告知当事人。

第三十九条 扣押当事人托运的物品，应当制作协助扣押通知书，通知有关单位协助办理，并书面通知当事人。

第四十条 对当事人家存或者寄存的涉嫌违法物品，需要扣押的，责令当事人取出；当事人拒绝取出的，应当会同当地有关部门或者单位将其取出，并办理扣押手续。

第四十一条 查封、扣押的场所、设施或者财物应当妥善保管，不得使用或者损毁；市场监督管理部门可以委托第三人保管，第三人不得损毁或者擅自转移、处置。

查封的场所、设施或者财物，应当加贴市场监督管理部门封条，任何人不得随意动用。

除法律、法规另有规定外，容易损毁、灭失、变质、保管困难或者保管费用过高、季节性商品等不宜长期保存的物品，在确定为罚没财物前，经权利人同意或者申请，并经市场监督管理部门负责人批准，在采取相关措施留存证据后，可以依法先行处置；权利人不明确的，可以依法公告，公告期满后仍没有权利人同意或者申请的，可以依法先行处置。先行处置所得款项按照涉案现金管理。

第四十二条 有下列情形之一的，市场监督管理部门应当及时作出解除查封、扣押决定：

（一）当事人没有违法行为；

（二）查封、扣押的场所、设施或者财物与违法行为无关；

（三）对违法行为已经作出处理决定，不再需要查封、扣押；

（四）查封、扣押期限已经届满；

（五）其他不再需要采取查封、扣押措施的情形。

解除查封、扣押应当立即退还财物，并由办案人员和当事人在财物清单上签名或者盖章。市场监督管理部门已将财物依法先行处置并有所得款项的，应当退还所得款项。先行处置明显不当，给当事人造成损失的，应当给予补偿。

当事人下落不明或者无法确定涉案物品所有人的，应当按照本规定第八十二条第五项规定的公告送达方式告知领取。公告期满仍无人领取的，经市场监督管理部门负责人批准，将涉案物品上缴或者依法拍卖后将所得款项上缴国库。

第四十三条 办案人员在调查取证过程中，无法通知当事人，当事人不到场或者拒绝接受调查，当事人拒绝签名、盖章或者以其他方式确认的，办案人员应当在笔录或者其他材料上注明情况，并采取录音、录像等方式记录，必要时可以邀请有关人员作为见证人。

第四十四条　进行现场检查、询问当事人及其他有关单位和个人、抽样取证、采取先行登记保存措施、实施查封或者扣押等行政强制措施时，按照有关规定采取拍照、录音、录像等方式记录现场情况。

第四十五条　市场监督管理部门在办理行政处罚案件时，确需有关机关或者其他市场监督管理部门协助调查取证的，应当出具协助调查函。

收到协助调查函的市场监督管理部门对属于本部门职权范围的协助事项应当予以协助，在接到协助调查函之日起十五个工作日内完成相关工作。需要延期完成的，应当在期限届满前告知提出协查请求的市场监督管理部门。

第四十六条　有下列情形之一的，经市场监督管理部门负责人批准，中止案件调查：

（一）行政处罚决定须以相关案件的裁判结果或者其他行政决定为依据，而相关案件尚未审结或者其他行政决定尚未作出的；

（二）涉及法律适用等问题，需要送请有权机关作出解释或者确认的；

（三）因不可抗力致使案件暂时无法调查的；

（四）因当事人下落不明致使案件暂时无法调查的；

（五）其他应当中止调查的情形。

中止调查的原因消除后，应当立即恢复案件调查。

第四十七条　因涉嫌违法的自然人死亡或者法人、其他组织终止，并且无权利义务承受人等原因，致使案件调查无法继续进行的，经市场监督管理部门负责人批准，案件终止调查。

第四十八条　案件调查终结，办案机构应当撰写调查终结报告。案件调查终结报告包括以下内容：

（一）当事人的基本情况；

（二）案件来源、调查经过及采取行政强制措施的情况；

（三）调查认定的事实及主要证据；

（四）违法行为性质；

（五）处理意见及依据；

（六）自由裁量的理由等其他需要说明的事项。

第四十九条　办案机构应当将调查终结报告连同案件材料，交由市场监督管理部门审核机构进行审核。

审核分为法制审核和案件审核。

办案人员不得作为审核人员。

第五十条　对情节复杂或者重大违法行为给予行政处罚的下列案件，在市场监督管理部门负责人作出行政处罚的决定之前，应当由从事行政处罚决定法制审核的人员进行法制审核；未经法制审核或者审核未通过的，不得作出决定：

（一）涉及重大公共利益的；

（二）直接关系当事人或者第三人重大权益，经过听证程序的；

（三）案件情况疑难复杂、涉及多个法律关系的；

（四）法律、法规规定应当进行法制审核的其他情形。

前款第二项规定的案件，在听证程序结束后进行法制审核。

县级以上市场监督管理部门可以对第一款的法制审核案件范围作出具体规定。

第五十一条　法制审核由市场监督管理部门法制机构或者其他机构负责实施。

市场监督管理部门中初次从事行政处罚决定法制审核的人员，应当通过国家统一法律职业资格考试取得法律职业资格。

第五十二条 除本规定第五十条第一款规定以外适用普通程序的案件，应当进行案件审核。案件审核由市场监督管理部门办案机构或者其他机构负责实施。

市场监督管理部门派出机构以自己的名义实施行政处罚的案件，由派出机构负责案件审核。

第五十三条 审核的主要内容包括：

（一）是否具有管辖权；

（二）当事人的基本情况是否清楚；

（三）案件事实是否清楚、证据是否充分；

（四）定性是否准确；

（五）适用依据是否正确；

（六）程序是否合法；

（七）处理是否适当。

第五十四条 审核机构对案件进行审核，区别不同情况提出书面意见和建议：

（一）对事实清楚、证据充分、定性准确、适用依据正确、程序合法、处理适当的案件，同意案件处理意见；

（二）对定性不准、适用依据错误、程序不合法、处理不当的案件，建议纠正；

（三）对事实不清、证据不足的案件，建议补充调查；

（四）认为有必要提出的其他意见和建议。

第五十五条 审核机构应当自接到审核材料之日起十个工作日内完成审核。特殊情况下，经市场监督管理部门负责人批准可以延长。

第五十六条 审核机构完成审核并退回案件材料后，对于拟给予行政处罚的案件，办案机构应当将案件材料、行政处罚建议及审核意见报市场监督管理部门负责人批准，并依法履行告知等程序；对于建议给予其他行政处理的案件，办案机构应当将案件材料、审核意见报市场监督管理部门负责人审查决定。

第五十七条 拟给予行政处罚的案件，市场监督管理部门在作出行政处罚决定之前，应当书面告知当事人拟作出的行政处罚内容及事实、理由、依据，并告知当事人依法享有陈述权、申辩权。拟作出的行政处罚属于听证范围的，还应当告知当事人有要求听证的权利。法律、法规规定在行政处罚决定作出前需责令当事人退还多收价款的，一并告知拟责令退还的数额。

当事人自告知书送达之日起五个工作日内，未行使陈述、申辩权，未要求听证的，视为放弃此权利。

第五十八条 市场监督管理部门在告知当事人拟作出的行政处罚决定后，应当充分听取当事人的意见，对当事人提出的事实、理由和证据进行复核。当事人提出的事实、理由或者证据成立的，市场监督管理部门应当予以采纳，不得因当事人陈述、申辩或者要求听证而给予更重的行政处罚。

第五十九条 法律、法规要求责令当事人退还多收价款的，市场监督管理部门应当在听取当事人意见后作出行政处罚决定前，向当事人发出责令退款通知书，责令当事人限期退还。难以查找多付价款的消费者或者其他经营者的，责令公告查找。

第六十条 市场监督管理部门负责人经对案件调查终结报告、审核意见、当事人陈述和申辩意见或者听证报告等进行审查，根据不同情况，分别作出以下决定：

（一）确有依法应当给予行政处罚的违法行为的，根据情节轻重及具体情况，作出行政处罚决定；

（二）确有违法行为，但有依法不予行政处罚情形的，不予行政处罚；

（三）违法事实不能成立的，不予行政处罚；

（四）不属于市场监督管理部门管辖的，移送其他行政管理部门处理；

（五）违法行为涉嫌犯罪的，移送司法机关。

对本规定第五十条第一款规定的案件，拟给予行政处罚的，应当由市场监督管理部门负责人集体讨论决定。

第六十一条　对当事人的违法行为依法不予行政处罚的，市场监督管理部门应当对当事人进行教育。

第六十二条　市场监督管理部门作出行政处罚决定，应当制作行政处罚决定书，并加盖本部门印章。行政处罚决定书的内容包括：

（一）当事人的姓名或者名称、地址等基本情况；

（二）违反法律、法规、规章的事实和证据；

（三）当事人陈述、申辩的采纳情况及理由；

（四）行政处罚的内容和依据；

（五）行政处罚的履行方式和期限；

（六）申请行政复议、提起行政诉讼的途径和期限；

（七）作出行政处罚决定的市场监督管理部门的名称和作出决定的日期。

第六十三条　市场监督管理部门作出的具有一定社会影响的行政处罚决定应当按照有关规定向社会公开。

公开的行政处罚决定被依法变更、撤销、确认违法或者确认无效的，市场监督管理部门应当在三个工作日内撤回行政处罚决定信息并公开说明理由。

第六十四条　适用普通程序办理的案件应当自立案之日起九十日内作出处理决定。因案情复杂或者其他原因，不能在规定期限内作出处理决定的，经市场监督管理部门负责人批准，可以延长三十日。案情特别复杂或者有其他特殊情况，经延期仍不能作出处理决定的，应当由市场监督管理部门负责人集体讨论决定是否继续延期，决定继续延期的，应当同时确定延长的合理期限。

案件处理过程中，中止、听证、公告和检测、检验、检疫、鉴定、权利人辨认或者鉴别、责令退还多收价款等时间不计入前款所指的案件办理期限。

第六十五条　发生重大传染病疫情等突发事件，为了控制、减轻和消除突发事件引起的社会危害，市场监督管理部门对违反突发事件应对措施的行为，依法快速、从重处罚。

第四章　行政处罚的简易程序

第六十六条　违法事实确凿并有法定依据，对自然人处以二百元以下、对法人或者其他组织处以三千元以下罚款或者警告的行政处罚的，可以当场作出行政处罚决定。法律另有规定的，从其规定。

第六十七条　适用简易程序当场查处违法行为，办案人员应当向当事人出示执法证件，当场调查违法事实，收集必要的证据，填写预定格式、编有号码的行政处罚决定书。

行政处罚决定书应当由办案人员签名或者盖章，并当场交付当事人。当事人拒绝签收的，应当在行政处罚决定书上注明。

第六十八条　当场制作的行政处罚决定书应当载明当事人的基本情况、违法行为、行政处罚依据、处罚种类、罚款数额、缴款途径和期限、救济途径和期限、部门名称、时间、地点，并加盖市场监督管理部门印章。

第六十九条　办案人员在行政处罚决定作出前，应当告知当事人拟作出的行政处罚内容及事实、理由、依据，并告知当事人有权进行陈述和申辩。当事人进行陈述和申辩的，办案人员应当记入笔录。

第七十条 适用简易程序查处案件的有关材料，办案人员应当在作出行政处罚决定之日起七个工作日内交至所在的市场监督管理部门归档保存。

第五章 执行与结案

第七十一条 行政处罚决定依法作出后，当事人应当在行政处罚决定书载明的期限内予以履行。

当事人对行政处罚决定不服申请行政复议或者提起行政诉讼的，行政处罚不停止执行，法律另有规定的除外。

第七十二条 市场监督管理部门对当事人作出罚款、没收违法所得行政处罚的，当事人应当自收到行政处罚决定书之日起十五日内，通过指定银行或者电子支付系统缴纳罚没款。有下列情形之一的，可以由办案人员当场收缴罚款：

（一）当场处以一百元以下罚款的；

（二）当场对自然人处以二百元以下、对法人或者其他组织处以三千元以下罚款，不当场收缴事后难以执行的；

（三）在边远、水上、交通不便地区，当事人向指定银行或者通过电子支付系统缴纳罚款确有困难，经当事人提出的。

办案人员当场收缴罚款的，必须向当事人出具国务院财政部门或者省、自治区、直辖市财政部门统一制发的专用票据。

第七十三条 办案人员当场收缴的罚款，应当自收缴罚款之日起二个工作日内交至所在市场监督管理部门。在水上当场收缴的罚款，应当自抵岸之日起二个工作日内交至所在市场监督管理部门。市场监督管理部门应当在二个工作日内将罚款缴付指定银行。

第七十四条 当事人确有经济困难，需要延期或者分期缴纳罚款的，应当提出书面申请。经市场监督管理部门负责人批准，同意当事人暂缓或者分期缴纳罚款的，市场监督管理部门应当书面告知当事人暂缓或者分期的期限。

第七十五条 当事人逾期不缴纳罚款的，市场监督管理部门可以每日按罚款数额的百分之三加处罚款，加处罚款的数额不得超出罚款的数额。

第七十六条 当事人在法定期限内不申请行政复议或者提起行政诉讼，又不履行行政处罚决定，且在收到催告书十个工作日后仍不履行行政处罚决定的，市场监督管理部门可以在期限届满之日起三个月内依法申请人民法院强制执行。

市场监督管理部门批准延期、分期缴纳罚款的，申请人民法院强制执行的期限，自暂缓或者分期缴纳罚款期限结束之日起计算。

第七十七条 适用普通程序的案件有以下情形之一的，办案机构应当在十五个工作日内填写结案审批表，经市场监督管理部门负责人批准后，予以结案：

（一）行政处罚决定执行完毕的；

（二）人民法院裁定终结执行的；

（三）案件终止调查的；

（四）作出本规定第六十条第一款第二项至五项决定的；

（五）其他应予结案的情形。

第七十八条 结案后，办案人员应当将案件材料按照档案管理的有关规定立卷归档。案卷归档应当一案一卷、材料齐全、规范有序。

案卷可以分正卷、副卷。正卷按照下列顺序归档：

（一）立案审批表；

（二）行政处罚决定书及送达回证；

（三）对当事人制发的其他法律文书及送达回证；

（四）证据材料；

（五）听证笔录；

（六）财物处理单据；

（七）其他有关材料。

副卷按照下列顺序归档：

（一）案源材料；

（二）调查终结报告；

（三）审核意见；

（四）听证报告；

（五）结案审批表；

（六）其他有关材料。

案卷的保管和查阅，按照档案管理的有关规定执行。

第七十九条　市场监督管理部门应当依法以文字、音像等形式，对行政处罚的启动、调查取证、审核、决定、送达、执行等进行全过程记录，依照本规定第七十八条的规定归档保存。

第六章　期间、送达

第八十条　期间以时、日、月计算，期间开始的时或者日不计算在内。期间不包括在途时间。期间届满的最后一日为法定节假日的，以法定节假日后的第一日为期间届满的日期。

第八十一条　市场监督管理部门送达行政处罚决定书，应当在宣告后当场交付当事人。当事人不在场的，应当在七个工作日内按照本规定第八十二条、第八十三条的规定，将行政处罚决定书送达当事人。

第八十二条　市场监督管理部门送达执法文书，应当按照下列方式进行：

（一）直接送达的，由受送达人在送达回证上注明签收日期，并签名或者盖章，受送达人在送达回证上注明的签收日期为送达日期。受送达人是自然人的，本人不在时交其同住成年家属签收；受送达人是法人或者其他组织的，应当由法人的法定代表人、其他组织的主要负责人或者该法人、其他组织负责收件的人签收；受送达人有代理人的，可以送交其代理人签收；受送达人已向市场监督管理部门指定代收人的，送交代收人签收。受送达人的同住成年家属，法人或者其他组织负责收件的人，代理人或者代收人在送达回证上签收的日期为送达日期。

（二）受送达人或者其同住成年家属拒绝签收的，市场监督管理部门可以邀请有关基层组织或者所在单位的代表到场，说明情况，在送达回证上载明拒收事由和日期，由送达人、见证人签名或者以其他方式确认，将执法文书留在受送达人的住所；也可以将执法文书留在受送达人的住所，并采取拍照、录像等方式记录送达过程，即视为送达。

（三）经受送达人同意并签订送达地址确认书，可以采用手机短信、传真、电子邮件、即时通讯账号等能够确认其收悉的电子方式送达执法文书，市场监督管理部门应当通过拍照、截屏、录音、录像等方式予以记录，手机短信、传真、电子邮件、即时通讯信息等到达受送达人特定系统的日期为送达日期。

（四）直接送达有困难的，可以邮寄送达或者委托当地市场监督管理部门、转交其他部门代为送达。邮寄送达的，以回执上注明的收件日期为送达日期；委托、转交送达的，受送达人的签收日期为送达日期。

（五）受送达人下落不明或者采取上述方式无法送达的，可以在市场监督管理部门公告栏和受送达人住所地张贴公告，也可以在报纸或者市场监督管理部门门户网站等刊登公告。自公告发布之日起经过三十日，即视为送达。公告送达，应当在案件材料中载明原因和经过。在市场监督管理部门公告栏和受送达人住所地张贴公告的，应当采取拍照、录像等方式记录张贴过程。

第八十三条 市场监督管理部门可以要求受送达人签署送达地址确认书，送达至受送达人确认的地址，即视为送达。受送达人送达地址发生变更的，应当及时书面告知市场监督管理部门；未及时告知的，市场监督管理部门按原地址送达，视为依法送达。

因受送达人提供的送达地址不准确、送达地址变更未书面告知市场监督管理部门，导致执法文书未能被受送达人实际接收的，直接送达的，执法文书留在该地址之日为送达之日；邮寄送达的，执法文书被退回之日为送达之日。

第七章 附 则

第八十四条 本规定中的"以上""以下""内"均包括本数。

第八十五条 国务院药品监督管理部门和省级药品监督管理部门实施行政处罚，适用本规定。

法律、法规授权的履行市场监督管理职能的组织实施行政处罚，适用本规定。

对违反《中华人民共和国反垄断法》规定的行为实施行政处罚的程序，按照国务院市场监督管理部门专项规定执行。专项规定未作规定的，参照本规定执行。

第八十六条 行政处罚文书格式范本，由国务院市场监督管理部门统一制定。各省级市场监督管理部门可以参照文书格式范本，制定本行政区域适用的行政处罚文书格式并自行印制。

第八十七条 本规定自 2019 年 4 月 1 日起施行。1996 年 9 月 18 日原国家技术监督局令第 45 号公布的《技术监督行政处罚委托实施办法》、2001 年 4 月 9 日原国家质量技术监督局令第 16 号公布的《质量技术监督罚没物品管理和处置办法》、2007 年 9 月 4 日原国家工商行政管理总局令第 28 号公布的《工商行政管理机关行政处罚程序规定》、2011 年 3 月 2 日原国家质量监督检验检疫总局令第 137 号公布的《质量技术监督行政处罚程序规定》、2011 年 3 月 2 日原国家质量监督检验检疫总局令第 138 号公布的《质量技术监督行政处罚案件审理规定》、2014 年 4 月 28 日原国家食品药品监督管理总局令第 3 号公布的《食品药品行政处罚程序规定》同时废止。

市场监督管理行政许可程序暂行规定

（2019 年 8 月 21 日国家市场监督管理总局令第 16 号公布 根据 2022 年 3 月 24 日《国家市场监督管理总局关于修改和废止有关规章的决定》修改）

第一章 总 则

第一条 为了规范市场监督管理行政许可程序，根据《中华人民共和国行政许可法》等法律、行政法规，制定本规定。

第二条 市场监督管理部门实施行政许可，适用本规定。

第三条 市场监督管理部门应当遵循公开、公平、公正、非歧视和便民原则，依照法定的权限、范围、条件和程序实施行政许可。

第四条 市场监督管理部门应当按照规定公示行政许可的事项、依据、条件、数量、实施主体、程序、期限（包括检验、检测、检疫、鉴定、专家评审期限）、收费依据（包括收费项目及标准）以及申请书示范文本、申请材料目录等内容。

第五条　符合法定要求的电子申请材料、电子证照、电子印章、电子签名、电子档案与纸质申请材料、纸质证照、实物印章、手写签名或者盖章、纸质档案具有同等法律效力。

第二章　实　施　机　关

第六条　市场监督管理部门应当在法律、法规、规章规定的职权范围内实施行政许可。

第七条　上级市场监督管理部门可以将其法定职权范围内的行政许可，依照法律、法规、规章的规定，委托下级市场监督管理部门实施。

委托机关对受委托机关实施行政许可的后果承担法律责任。

受委托机关应当在委托权限范围内以委托机关的名义实施行政许可，不得再委托其他组织或者个人实施。

第八条　委托实施行政许可的，委托机关可以将行政许可的受理、审查、决定、变更、延续、撤回、撤销、注销等权限全部或者部分委托给受委托机关。

委托实施行政许可，委托机关和受委托机关应当签订委托书。委托书应当包含以下内容：

（一）委托机关名称；

（二）受委托机关名称；

（三）委托实施行政许可的事项以及委托权限；

（四）委托机关与受委托机关的权利和义务；

（五）委托期限。

需要延续委托期限的，委托机关应当在委托期限届满十五日前与受委托机关重新签订委托书。不再延续委托期限的，期限届满前已经受理或者启动撤回、撤销程序的行政许可，按照原委托权限实施。

第九条　委托机关应当向社会公告受委托机关和委托实施行政许可的事项、委托依据、委托权限、委托期限等内容。受委托机关应当按照本规定第四条规定公示委托实施的行政许可有关内容。

委托机关变更、中止或者终止行政许可委托的，应当在变更、中止或者终止行政许可委托十日前向社会公告。

第十条　市场监督管理部门实施行政许可，依法需要对设备、设施、产品、物品等进行检验、检测、检疫或者鉴定、专家评审的，可以委托专业技术组织实施。法律、法规、规章对专业技术组织的条件有要求的，应当委托符合法定条件的专业技术组织。

专业技术组织接受委托实施检验、检测、检疫或者鉴定、专家评审的费用由市场监督管理部门承担。法律、法规另有规定的，依照其规定。

专业技术组织及其有关人员对所实施的检验、检测、检疫或者鉴定、评审结论承担法律责任。

第三章　准　入　程　序

第一节　申请与受理

第十一条　自然人、法人或者其他组织申请行政许可需要采用申请书格式文本的，市场监督管理部门应当向申请人提供格式文本。申请书格式文本不得包含与申请行政许可事项没有直接关系的内容。

第十二条 申请人可以委托代理人提出行政许可申请。但是，依法应当由申请人本人到市场监督管理部门行政许可受理窗口提出行政许可申请的除外。

委托他人代为提出行政许可申请的，应当向市场监督管理部门提交由委托人签字或者盖章的授权委托书以及委托人、委托代理人的身份证明文件。

第十三条 申请人可以到市场监督管理部门行政许可受理窗口提出申请，也可以通过信函、传真、电子邮件或者电子政务平台提出申请，并对其提交的申请材料真实性负责。

第十四条 申请人到市场监督管理部门行政许可受理窗口提出申请的，以申请人提交申请材料的时间为收到申请材料的时间。

申请人通过信函提出申请的，以市场监督管理部门收讫信函的时间为收到申请材料的时间。

申请人通过传真、电子邮件或者电子政务平台提出申请的，以申请材料到达市场监督管理部门指定的传真号码、电子邮件地址或者电子政务平台的时间为收到申请材料的时间。

第十五条 市场监督管理部门对申请人提出的行政许可申请，应当根据下列情况分别作出处理：

（一）申请事项依法不需要取得行政许可的，应当即时作出不予受理的决定，并说明理由。

（二）申请事项依法不属于本行政机关职权范围的，应当即时作出不予受理的决定，并告知申请人向有关行政机关申请。

（三）申请材料存在可以当场更正的错误的，应当允许申请人当场更正，由申请人在更正处签字或者盖章，并注明更正日期。更正后申请材料齐全、符合法定形式的，应当予以受理。

（四）申请材料不齐全或者不符合法定形式的，应当即时或者自收到申请材料之日起五日内一次告知申请人需要补正的全部内容和合理的补正期限。按照规定需要在告知时一并退回申请材料的，应当予以退回。申请人无正当理由逾期不予补正的，视为放弃行政许可申请，市场监督管理部门无需作出不予受理的决定。市场监督管理部门逾期未告知申请人补正的，自收到申请材料之日起即为受理。

（五）申请事项属于本行政机关职权范围，申请材料齐全、符合法定形式，或者申请人按照本行政机关的要求提交全部补正申请材料的，应当受理行政许可申请。

第十六条 市场监督管理部门受理或者不予受理行政许可申请，或者告知申请人补正申请材料的，应当出具加盖本行政机关行政许可专用印章并注明日期的纸质或者电子凭证。

第十七条 能够即时作出行政许可决定的，可以不出具受理凭证。

第二节　审查与决定

第十八条 市场监督管理部门应当对申请人提交的申请材料进行审查。

申请人提交的申请材料齐全、符合法定形式，能够即时作出行政许可决定的，市场监督管理部门应当即时作出行政许可决定。

按照法律、法规、规章规定，需要核对申请材料原件的，市场监督管理部门应当核对原件并注明核对情况。申请人不能提供申请材料原件或者核对发现申请材料与原件不符，属于行政许可申请不符合法定条件、标准的，市场监督管理部门应当直接作出不予行政许可的决定。

根据法定条件和程序，需要对申请材料的实质内容进行核实的，市场监督管理部门应当指派两名以上工作人员进行核查。

法律、法规、规章对经营者集中、药品经营等行政许可审查程序另有规定的，依照其规定。

第十九条 市场监督管理部门对行政许可申请进行审查时，发现行政许可事项直接关系他人重大利益的，应当告知该利害关系人，并告知申请人、利害关系人依法享有陈述、申辩和要求举行听证的权利。

申请人、利害关系人陈述、申辩的，市场监督管理部门应当记录。申请人、利害关系人申请听证的，市场监督管理部门应当按照本规定第五章规定组织听证。

第二十条　实施检验、检测、检疫或者鉴定、专家评审的组织及其有关人员应当按照法律、法规、规章以及有关技术要求的规定开展工作。

法律、法规、规章以及有关技术要求对检验、检测、检疫或者鉴定、专家评审的时限有规定的，应当遵守其规定；没有规定的，实施行政许可的市场监督管理部门应当确定合理时限。

第二十一条　经审查需要整改的，申请人应当按照规定的时限和要求予以整改。除法律、法规、规章另有规定外，逾期未予整改或者整改不合格的，市场监督管理部门应当认定行政许可申请不符合法定条件、标准。

第二十二条　行政许可申请符合法定条件、标准的，市场监督管理部门应当作出准予行政许可的决定。

行政许可申请不符合法定条件、标准的，市场监督管理部门应当作出不予行政许可的决定，说明理由并告知申请人享有申请行政复议或者提起行政诉讼的权利。

市场监督管理部门作出准予或者不予行政许可决定的，应当出具加盖本行政机关印章并注明日期的纸质或者电子凭证。

第二十三条　法律、法规、规章和国务院文件规定市场监督管理部门作出不实施进一步审查决定，以及逾期未作出进一步审查决定或者不予行政许可决定，视为准予行政许可的，依照其规定。

第二十四条　行政许可的实施和结果，除涉及国家秘密、商业秘密或者个人隐私的外，应当公开。

第三节　变更与延续

第二十五条　被许可人要求变更行政许可事项的，应当向作出行政许可决定的市场监督管理部门提出变更申请。变更申请符合法定条件、标准的，市场监督管理部门应当予以变更。

法律、法规、规章对变更跨辖区住所登记的市场监督管理部门、变更或者解除经营者集中限制性条件的程序另有规定的，依照其规定。

第二十六条　行政许可所依据的法律、法规、规章修改或者废止，或者准予行政许可所依据的客观情况发生重大变化的，为了公共利益的需要，市场监督管理部门可以依法变更已经生效的行政许可。由此给自然人、法人或者其他组织造成财产损失的，作出变更行政许可决定的市场监督管理部门应当依法给予补偿。

依据前款规定实施的行政许可变更，参照行政许可撤回程序执行。

第二十七条　被许可人需要延续行政许可有效期的，应当在行政许可有效期届满三十日前向作出行政许可决定的市场监督管理部门提出延续申请。法律、法规、规章对被许可人的延续方式或者提出延续申请的期限等另有规定的，依照其规定。

市场监督管理部门应当根据被许可人的申请，在该行政许可有效期届满前作出是否准予延续的决定；逾期未作决定的，视为准予延续。

延续后的行政许可有效期自原行政许可有效期届满次日起算。

第二十八条　因纸质行政许可证件遗失或者损毁，被许可人申请补办的，作出行政许可决定的市场监督管理部门应当予以补办。法律、法规、规章对补办工业产品生产许可证等行政许可证件的市场监督管理部门另有规定的，依照其规定。

补办的行政许可证件实质内容与原行政许可证件一致。

第二十九条　行政许可证件记载的事项存在文字错误，被许可人向作出行政许可决定的市场监督管理部门申请更正的，市场监督管理部门应当予以更正。

作出行政许可决定的市场监督管理部门发现行政许可证件记载的事项存在文字错误的，应当予以更正。

除更正事项外，更正后的行政许可证件实质内容与原行政许可证件一致。

市场监督管理部门应当收回原行政许可证件或者公告原行政许可证件作废，并将更正后的行政许可证件依法送达被许可人。

第四节　终止与期限

第三十条　行政许可申请受理后行政许可决定作出前，有下列情形之一的，市场监督管理部门应当终止实施行政许可：

（一）申请人申请终止实施行政许可的；

（二）赋予自然人、法人或者其他组织特定资格的行政许可，该自然人死亡或者丧失行为能力，法人或者其他组织依法终止的；

（三）因法律、法规、规章修改或者废止，或者根据有关改革决定，申请事项不再需要取得行政许可的；

（四）按照法律、行政法规规定需要缴纳费用，但申请人未在规定期限内予以缴纳的；

（五）因不可抗力需要终止实施行政许可的；

（六）法律、法规、规章规定的应当终止实施行政许可的其他情形。

第三十一条　市场监督管理部门终止实施行政许可的，应当出具加盖本行政机关行政许可专用印章并注明日期的纸质或者电子凭证。

第三十二条　市场监督管理部门终止实施行政许可，申请人已经缴纳费用的，应当将费用退还申请人，但收费项目涉及的行政许可环节已经完成的除外。

第三十三条　除即时作出行政许可决定外，市场监督管理部门应当在《中华人民共和国行政许可法》规定期限内作出行政许可决定。但是，法律、法规另有规定的，依照其规定。

第三十四条　市场监督管理部门作出行政许可决定，依法需要听证、检验、检测、检疫、鉴定、专家评审的，所需时间不计算在本节规定的期限内。市场监督管理部门应当将所需时间书面告知申请人。

第三十五条　市场监督管理部门作出准予行政许可决定，需要颁发行政许可证件或者加贴标签、加盖检验、检测、检疫印章的，应当自作出决定之日起十日内向申请人颁发、送达行政许可证件或者加贴标签、加盖检验、检测、检疫印章。

第四章　退出程序

第一节　撤　回

第三十六条　有下列情形之一的，市场监督管理部门为了公共利益的需要，可以依法撤回已经生效的行政许可：

（一）行政许可依据的法律、法规、规章修改或者废止的；

（二）准予行政许可所依据的客观情况发生重大变化的。

第三十七条　行政许可所依据的法律、行政法规修改或者废止的，国家市场监督管理总局认为需要撤回行政许可的，应当向社会公告撤回行政许可的事实、理由和依据。

行政许可所依据的地方性法规、地方政府规章修改或者废止的，地方性法规、地方政府规章制定机关所在地市场监督管理部门认为需要撤回行政许可的，参照前款执行。

作出行政许可决定的市场监督管理部门应当按照公告要求撤回行政许可，向被许可人出具加盖本行政机关印章并注明日期的纸质或者电子凭证，或者向社会统一公告撤回行政许可的决定。

第三十八条 准予行政许可所依据的客观情况发生重大变化的，作出行政许可决定的市场监督管理部门可以根据被许可人、利害关系人的申请或者依据职权，对可能需要撤回的行政许可进行审查。

作出行政许可撤回决定前，市场监督管理部门应当将拟撤回行政许可的事实、理由和依据书面告知被许可人，并告知被许可人依法享有陈述、申辩和要求举行听证的权利。市场监督管理部门发现行政许可事项直接关系他人重大利益的，还应当同时告知该利害关系人。

被许可人、利害关系人陈述、申辩的，市场监督管理部门应当记录。被许可人、利害关系人自被告知之日起五日内未行使陈述权、申辩权的，视为放弃此权利。被许可人、利害关系人申请听证的，市场监督管理部门应当按照本规定第五章规定组织听证。

市场监督管理部门作出撤回行政许可决定的，应当出具加盖本行政机关印章并注明日期的纸质或者电子凭证。

第三十九条 撤回行政许可给自然人、法人或者其他组织造成财产损失的，作出撤回行政许可决定的市场监督管理部门应当依法给予补偿。

第二节 撤 销

第四十条 有下列情形之一的，作出行政许可决定的市场监督管理部门或者其上级市场监督管理部门，根据利害关系人的申请或者依据职权，可以撤销行政许可：

（一）滥用职权、玩忽职守作出准予行政许可决定的；

（二）超越法定职权作出准予行政许可决定的；

（三）违反法定程序作出准予行政许可决定的；

（四）对不具备申请资格或者不符合法定条件的申请人准予行政许可的；

（五）依法可以撤销行政许可的其他情形。

第四十一条 被许可人以欺骗、贿赂等不正当手段取得行政许可的，作出行政许可决定的市场监督管理部门或者其上级市场监督管理部门应当予以撤销。

第四十二条 市场监督管理部门发现其作出的行政许可决定可能存在本规定第四十条、第四十一条规定情形的，参照《市场监督管理行政处罚程序规定》有关规定进行调查核实。

发现其他市场监督管理部门作出的行政许可决定可能存在本规定第四十条、第四十一条规定情形的，应当将有关材料和证据移送作出行政许可决定的市场监督管理部门。

上级市场监督管理部门发现下级市场监督管理部门作出的行政许可决定可能存在本规定第四十条、第四十一条规定情形的，可以自行调查核实，也可以责令作出行政许可决定的市场监督管理部门调查核实。

第四十三条 作出撤销行政许可决定前，市场监督管理部门应当将拟撤销行政许可的事实、理由和依据书面告知被许可人，并告知被许可人依法享有陈述、申辩和要求举行听证的权利。市场监督管理部门发现行政许可事项直接关系他人重大利益的，还应当同时告知该利害关系人。

第四十四条 被许可人、利害关系人陈述、申辩的，市场监督管理部门应当记录。被许可人、利害关系人自被告知之日起五日内未行使陈述权、申辩权的，视为放弃此权利。

被许可人、利害关系人申请听证的，市场监督管理部门应当按照本规定第五章规定组织听证。

第四十五条 市场监督管理部门应当自本行政机关发现行政许可决定存在本规定第四十条、第四十一条规定情形之日起六十日内作出是否撤销的决定。不能在规定期限内作出决定的，经本行政机关负责人批准，可以延长二十日。

需要听证、检验、检测、检疫、鉴定、专家评审的，所需时间不计算在前款规定的期限内。

第四十六条　市场监督管理部门作出撤销行政许可决定的，应当出具加盖本行政机关印章并注明日期的纸质或者电子凭证。

第四十七条　撤销行政许可，可能对公共利益造成重大损害的，不予撤销。

依照本规定第四十条规定撤销行政许可，被许可人的合法权益受到损害的，作出被撤销的行政许可决定的市场监督管理部门应当依法给予赔偿。依照本规定第四十一条规定撤销行政许可的，被许可人基于行政许可取得的利益不受保护。

第三节　注　销

第四十八条　有下列情形之一的，作出行政许可决定的市场监督管理部门依据申请办理行政许可注销手续：

（一）被许可人不再从事行政许可活动，并且不存在因涉嫌违法正在被市场监督管理部门或者司法机关调查的情形，申请办理注销手续的；

（二）被许可人或者清算人申请办理涉及主体资格的行政许可注销手续的；

（三）赋予自然人特定资格的行政许可，该自然人死亡或者丧失行为能力，其近亲属申请办理注销手续的；

（四）因不可抗力导致行政许可事项无法实施，被许可人申请办理注销手续的；

（五）法律、法规规定的依据申请办理行政许可注销手续的其他情形。

第四十九条　有下列情形之一的，作出行政许可决定的市场监督管理部门依据职权办理行政许可注销手续：

（一）行政许可有效期届满未延续的，但涉及主体资格的行政许可除外；

（二）赋予自然人特定资格的行政许可，市场监督管理部门发现该自然人死亡或者丧失行为能力，并且其近亲属未在其死亡或者丧失行为能力之日起六十日内申请办理注销手续的；

（三）法人或者其他组织依法终止的；

（四）行政许可依法被撤销、撤回，或者行政许可证件依法被吊销的，但涉及主体资格的行政许可除外；

（五）法律、法规规定的依据职权办理行政许可注销手续的其他情形。

第五十条　法律、法规、规章对办理食品生产、食品经营等行政许可注销手续另有规定的，依照其规定。

第五十一条　市场监督管理部门发现本行政区域内存在有本规定第四十九条规定的情形但尚未被注销的行政许可的，应当逐级上报或者通报作出行政许可决定的市场监督管理部门。收到报告或者通报的市场监督管理部门依法办理注销手续。

第五十二条　注销行政许可的，作出行政许可决定的市场监督管理部门应当收回行政许可证件或者公告行政许可证件作废。

第五章　听证程序

第五十三条　法律、法规、规章规定实施行政许可应当听证的事项，或者市场监督管理部门认为需要听证的其他涉及公共利益的重大行政许可事项，市场监督管理部门应当向社会公告，并举行听证。

行政许可直接涉及行政许可申请人与他人之间重大利益关系，行政许可申请人、利害关系人申请听证的，应当自被告知听证权利之日起五日内提出听证申请。市场监督管理部门应当自收到听证申请之日起二十日内组织听证。行政许可申请人、利害关系人未在被告知听证权利之日起五日内提出听证申请的，视为放弃此权利。

行政许可因存在本规定第三十六条第二项、第四十条、第四十一条规定情形可能被撤回、撤销，被许可人、利害关系人申请听证的，参照本条第二款规定执行。

第五十四条　市场监督管理部门应当自依据职权决定组织听证之日起三日内或者自收到听证申请之日起三日内确定听证主持人。必要时，可以设一至二名听证员，协助听证主持人进行听证。记录员由听证主持人指定，具体承担听证准备和听证记录工作。

与听证的行政许可相关的工作人员不得担任听证主持人、听证员和记录员。

第五十五条　行政许可申请人或者被许可人、申请听证的利害关系人是听证当事人。

与行政许可有利害关系的其他组织或者个人，可以作为第三人申请参加听证，或者由听证主持人通知其参加听证。

与行政许可有关的证人、鉴定人等经听证主持人同意，可以参加听证。

听证当事人、第三人以及与行政许可有关的证人、鉴定人等，不承担市场监督管理部门组织听证的费用。

第五十六条　听证当事人、第三人可以委托一至二人代为参加听证。

委托他人代为参加听证的，应当向市场监督管理部门提交由委托人签字或者盖章的授权委托书以及委托人、委托代理人的身份证明文件。

授权委托书应当载明委托事项及权限。委托代理人代为撤回听证申请或者明确放弃听证权利的，应当具有委托人的明确授权。

第五十七条　听证准备及听证参照《市场监督管理行政处罚听证办法》有关规定执行。

第五十八条　记录员应当如实记录听证情况。听证当事人、第三人以及与行政许可有关的证人、鉴定人等应当在听证会结束后核对听证笔录，经核对无误后当场签字或者盖章。听证当事人、第三人拒绝签字或者盖章的，应当予以记录。

第五十九条　市场监督管理部门应当根据听证笔录，作出有关行政许可决定。

第六章　送达程序

第六十条　市场监督管理部门按照本规定作出的行政许可相关凭证或者行政许可证件，应当依法送达行政许可申请人或者被许可人。

第六十一条　行政许可申请人、被许可人应当提供有效的联系电话和通讯地址，配合市场监督管理部门送达行政许可相关凭证或者行政许可证件。

第六十二条　市场监督管理部门参照《市场监督管理行政处罚程序规定》有关规定进行送达。

第七章　监督管理

第六十三条　国家市场监督管理总局以及地方性法规、地方政府规章制定机关所在地市场监督管理部门可以根据工作需要对本行政机关以及下级市场监督管理部门行政许可的实施情况及其必要性进行评价。

自然人、法人或者其他组织可以向市场监督管理部门就行政许可的实施提出意见和建议。

第六十四条　市场监督管理部门可以自行评价，也可以委托第三方机构进行评价。评价可以采取问卷调查、听证会、论证会、座谈会等方式进行。

第六十五条　行政许可评价的内容应当包括：

（一）实施行政许可的总体状况；

（二）实施行政许可的社会效益和社会成本；

（三）实施行政许可是否达到预期的管理目标；

（四）行政许可在实施过程中遇到的问题和原因；

（五）行政许可继续实施的必要性和合理性；

（六）其他需要评价的内容。

第六十六条　国家市场监督管理总局完成评价后，应当对法律、行政法规设定的行政许可提出取消、保留、合并或者调整行政许可实施层级等意见建议，并形成评价报告，报送行政许可设定机关。

地方性法规、地方政府规章制定机关所在地市场监督管理部门完成评价后，对法律、行政法规设定的行政许可，应当将评价报告报送国家市场监督管理总局；对地方性法规、地方政府规章设定的行政许可，应当将评价报告报送行政许可设定机关。

第六十七条　市场监督管理部门发现本行政机关实施的行政许可存在违法或者不当的，应当及时予以纠正。

上级市场监督管理部门应当加强对下级市场监督管理部门实施行政许可的监督检查，及时发现和纠正行政许可实施中的违法或者不当行为。

第六十八条　委托实施行政许可的，委托机关应当通过定期或者不定期检查等方式，加强对受委托机关实施行政许可的监督检查，及时发现和纠正行政许可实施中的违法或者不当行为。

第六十九条　行政许可依法需要实施检验、检测、检疫或者鉴定、专家评审的，市场监督管理部门应当加强对有关组织和人员的监督检查，及时发现和纠正检验、检测、检疫或者鉴定、专家评审活动中的违法或者不当行为。

第八章　法律责任

第七十条　行政许可申请人隐瞒有关情况或者提供虚假材料申请行政许可的，市场监督管理部门不予受理或者不予行政许可，并给予警告；行政许可申请属于直接关系公共安全、人身健康、生命财产安全事项的，行政许可申请人在一年内不得再次申请该行政许可。

第七十一条　被许可人以欺骗、贿赂等不正当手段取得行政许可的，市场监督管理部门应当依法给予行政处罚；取得的行政许可属于直接关系公共安全、人身健康、生命财产安全事项的，被许可人在三年内不得再次申请该行政许可；涉嫌构成犯罪，依法需要追究刑事责任的，按照有关规定移送公安机关。

第七十二条　受委托机关超越委托权限或者再委托其他组织和个人实施行政许可的，由委托机关责令改正，予以通报。

第七十三条　市场监督管理部门及其工作人员有下列情形之一的，由其上级市场监督管理部门责令改正；情节严重的，对直接负责的主管人员和其他直接责任人员依法给予行政处分：

（一）对符合法定条件的行政许可申请不予受理的；

（二）未按照规定公示依法应当公示的内容的；

（三）未向行政许可申请人、利害关系人履行法定告知义务的；

（四）申请人提交的申请材料不齐全或者不符合法定形式，未一次告知申请人需要补正的全部内容的；

（五）未依法说明不予受理行政许可申请或者不予行政许可的理由的；

（六）依法应当举行听证而未举行的。

第九章　附　　则

第七十四条　本规定下列用语的含义：

行政许可撤回，指因存在法定事由，为了公共利益的需要，市场监督管理部门依法确认已经生效的行政许可失效的行为。

行政许可撤销，指因市场监督管理部门与被许可人一方或者双方在作出行政许可决定前存在法定过错，由市场监督管理部门对已经生效的行政许可依法确认无效的行为。

行政许可注销，指因存在导致行政许可效力终结的法定事由，市场监督管理部门依据法定程序收回行政许可证件或者确认行政许可证件作废的行为。

第七十五条　市场监督管理部门在履行职责过程中产生的行政许可准予、变更、延续、撤回、撤销、注销等信息，按照有关规定予以公示。

第七十六条　除法律、行政法规另有规定外，市场监督管理部门实施行政许可，不得收取费用。

第七十七条　本规定规定的期限以工作日计算，不含法定节假日。按照日计算期限的，开始的当日不计入，自下一日开始计算。

本规定所称"以上"，包含本数。

第七十八条　药品监督管理部门和知识产权行政部门实施行政许可，适用本规定。

第七十九条　本规定自 2019 年 10 月 1 日起施行。2012 年 10 月 26 日原国家质量监督检验检疫总局令第 149 号公布的《质量监督检验检疫行政许可实施办法》同时废止。

国家市场监督管理总局规章制定程序规定

（2019 年 4 月 23 日国家市场监督管理总局令第 8 号公布　根据 2022 年 3 月 24 日《国家市场监督管理总局关于修改和废止有关规章的决定》修改）

第一章　总　　则

第一条　为了规范国家市场监督管理总局（以下简称市场监管总局）规章制定程序，保证规章质量，根据《中华人民共和国立法法》《规章制定程序条例》《法规规章备案条例》等法律、行政法规，制定本规定。

第二条　市场监管总局可以根据法律、行政法规和国务院的决定、命令，在职责和权限范围内制定规章。市场监管总局规章的立项、起草、审查、决定、公布、备案、解释和翻译等，适用本规定。

第三条　制定市场监管总局规章应当坚持党的领导，贯彻落实党中央的路线方针政策和决策部署，遵循立法法确定的立法原则，符合宪法、法律、行政法规的规定。

制定市场监管总局规章应当切实保障公民、法人和其他组织的合法权益，在规定其应当履行的义务的同时，应当规定其相应的权利和保障权利实现的途径。

制定市场监管总局规章应当体现行政机关的职权与责任相统一的原则，在赋予有关行政机关必要职权的同时，应当规定其行使职权的条件、程序和应承担的责任。

制定与企业生产经营密切相关的规章，在制定前、制定过程中和立法后评估中要听取企业和行业协会商会意见。

第四条　没有法律或者国务院的行政法规、决定、命令的依据，规章不得设定减损公民、法人和其他组织权利或者增加其义务的规范，不得增加市场监督管理部门的权力或者减少市场监督管理部门的法定职责。

第五条 规章的名称一般称"规定"、"办法"、"实施细则"，但不得称"条例"、"通知"。

第六条 市场监管总局规章规定的事项应当属于执行法律或者国务院行政法规、决定、命令的事项。

在上位法设定的行政许可、行政处罚、行政收费、行政强制措施等事项范围内，对实施上述事项作出具体规定的，一般应当制定规章。

尚未制定法律、行政法规，需要对违反市场监督管理秩序的行为设定警告、通报批评或者一定数额罚款的，应当制定规章。

第七条 制定规章应当做到备而不繁，形式严谨规范，内容具体明确，逻辑清晰严密，文字准确简洁，具有可操作性。

第二章 立 项

第八条 市场监管总局各司局认为需要制定、修改、废止规章的，应当在每年 12 月 1 日前，向总局报送立项申请。立项申请应当列明项目名称、立项必要性和可行性、需要解决的主要问题、拟订立或者完善的主要制度、起草机构、项目负责人、项目承办人、进度安排及完成时间等内容。

第九条 市场监管总局法制机构（以下简称总局法制机构）对各司局提出的立项申请进行研究论证，拟订市场监管总局年度立法工作计划，于每年第一季度提请市场监管总局局务会议审议通过后印发执行，并向社会公布。

制定立法工作计划应当突出重点、统筹兼顾、充分论证、审慎选项，对社会关注度高、监管急需的项目应当予以优先安排。

总局法制机构应当及时跟踪了解立法项目进展，加强组织协调和督促指导，并向总局报告年度立法工作计划执行情况。

第十条 年度立法工作计划应当严格执行。起草机构应当抓紧推进起草工作，按照年度立法工作计划规定的时限要求，提交规章草案送审稿（以下简称规章送审稿）。

未按照年度立法工作计划规定时限完成的立法项目，起草机构应当说明原因并报请总局分管负责同志同意后，将有关情况书面通报总局法制机构。

未按照年度立法工作计划规定时限完成的立法项目，原则上不再列入下一年度立法工作计划。

第十一条 根据市场监管工作实际，确有必要增加立法项目的，由相关司局提出立项申请并说明理由，报请总局主要负责同志同意后纳入当年立法工作任务。

第三章 起 草

第十二条 列入年度立法工作计划的规章，由提出立项申请的司局负责起草；涉及多个司局职责的，由一个司局牵头起草，相关司局配合。

起草机构应当确定一名司局级同志为负责人，并指定专人承办具体工作。

第十三条 起草过程中，起草机构应当深入开展调查研究，了解实践中存在的问题，考察研究国内外的先进经验，提出切实可行的规章草案。起草机构应当向总局法制机构通报起草工作进展情况。

起草专业性较强的规章，可以吸收相关领域的专家参与起草工作，也可以委托有关专家、教学科研单位、社会组织承担起草任务。

　　第十四条　起草机构应当广泛听取有关机关、组织和公民的意见。听取意见可以采取书面征求意见、座谈会、论证会、听证会等多种形式，并将意见收集和采纳情况形成书面报告。

　　除依法需要保密的外，起草机构应当按照有关规定将规章草案及其说明在中国政府法制信息网、市场监管总局官方网站上向社会公布，征求意见。向社会公布征求意见的期限一般不少于三十日。

　　第十五条　起草规章，涉及社会公众普遍关注的热点难点问题和经济社会发展遇到的突出矛盾，减损公民、法人和其他组织权利或者增加其义务，对社会公众有重要影响等重大利益调整事项的，起草机构应当进行论证咨询，广泛听取有关方面的意见。选择参加论证咨询的机构和人员，应当注重专业性、代表性、均衡性。

　　起草的规章涉及重大利益调整或者存在重大意见分歧，对公民、法人或者其他组织的权利义务有较大影响，人民群众普遍关注，需要进行听证的，起草机构应当举行听证会，听取利益相关方的意见和建议。

　　第十六条　规章内容涉及重大制度调整，或者对公共利益、公众切身利益可能产生重大影响的，起草机构应当自行或者委托高等院校、科研机构和社会组织等在起草阶段对有关措施的预期效果和可能产生的影响进行评估，并形成评估报告。

　　第十七条　规章内容涉及市场监管总局其他司局职责或者与国务院其他部门等关系密切的，起草机构应当充分征求意见，并主动协调一致；经充分协调，与总局其他司局无法达成一致的，应当报请总局有关负责同志决定。

　　规章内容涉及地方市场监督管理部门或者其他单位职责的，起草机构应当充分征求其意见。

　　第十八条　起草机构起草影响市场主体经济活动的规章，应当按照规定进行公平竞争审查。

　　第十九条　起草机构认真研究采纳各方面意见对规章草案进行修改，形成规章送审稿及其说明后，由起草机构或者相关业务领域的公职律师出具法律意见。经起草机构主要负责人签署并报请总局分管负责同志审批后，送总局法制机构审查。

　　第二十条　报送规章送审稿时，起草机构应当提交下列文件和材料：

　　（一）规章送审稿正文及电子文本；

　　（二）规章送审稿的说明及电子文本；

　　（三）依照本规定第十六条形成的制度实施效果评估报告；

　　（四）公平竞争审查情况或者报告；

　　（五）对规章送审稿主要问题的不同意见；

　　（六）其他有关材料，包括总局负责同志的批示、所规范领域的实际情况和相关数据、实践中存在的主要问题、汇总的意见、调研报告、座谈会、论证会、听证会笔录和报告、国内外有关立法资料、公职律师的法律意见、修改稿的新旧条文对照表、意见采纳情况对照表等。

　　第二十一条　规章送审稿一般包括如下内容：

　　（一）制定目的和依据；

　　（二）适用范围；

　　（三）主管机关或者部门；

　　（四）适用原则；

　　（五）具体管理措施和程序；

　　（六）行政机关与相对人的权利和义务关系；

　　（七）法律责任；

　　（八）施行日期；

　　（九）其他需要规定的内容。

第二十二条　规章送审稿说明一般包括以下内容：

（一）制定规章的必要性；

（二）立法思路与立法原则；

（三）立法过程；

（四）拟确立的主要制度、措施及其法律法规依据；

（五）征求有关机关、组织和公民意见的情况以及意见采纳和协调处理情况；

（六）需要说明的其他问题。

第二十三条　报送材料不符合本规定第二十条、第二十一条、第二十二条要求的，总局法制机构可以要求起草机构补充相关材料，起草机构应当在十五日内将补充材料送总局法制机构。

第四章　审　　查

第二十四条　规章送审稿由总局法制机构负责统一审查，审查内容包括：

（一）是否符合本规定第三条、第四条的原则和要求；

（二）是否符合社会主义核心价值观的要求；

（三）是否符合规章制定的法定权限和程序；

（四）是否与有关规章协调、衔接；

（五）是否正确处理有关机关、组织和公民对规章送审稿主要问题的意见；

（六）是否符合立法技术要求；

（七）需要审查的其他内容。

第二十五条　总局法制机构应当将规章送审稿或者规章送审稿涉及的主要问题发送有关机关、组织和专家征求意见。

总局法制机构可以将规章送审稿或者修改稿及其说明等向社会公布，征求意见。向社会公布征求意见的期限一般不少于三十日。

第二十六条　对于专业性较强的规章，总局法制机构可以吸收相关领域的专家参与审查工作；起草机构应当委派公职律师或者熟悉相关专业的人员参与审查工作。

第二十七条　总局法制机构应当就规章送审稿涉及的主要问题，深入基层进行实地调查研究，听取基层有关机关、组织和公民的意见。

第二十八条　规章送审稿涉及重大利益调整的，总局法制机构应当进行论证咨询，广泛听取有关方面的意见。论证咨询可以采取座谈会、论证会、听证会、委托研究等多种形式。

规章送审稿涉及重大利益调整或者存在重大意见分歧，对公民、法人或者其他组织的权利义务有较大影响，人民群众普遍关注，起草机构在起草过程中未举行听证会的，总局法制机构可以举行听证会。

第二十九条　规章送审稿中涉及重大疑难问题，专业性、技术性较强问题和社会生活中新出现问题的，可以委托高等院校、科研机构等开展专项研究。受委托的单位应当具备下列条件：

（一）在相关领域具有代表性和权威性，社会信誉良好；

（二）组织机构健全，内部管理规范；

（三）有具备相关专业知识和技能的研究力量，有较强的数据采集分析、决策咨询和政策评估的经验和能力；

（四）具备开展专项研究所需的其他条件。

接受委托的单位应当按照委托约定提交专项研究报告。接受委托的单位不得将专项研究工作转委托给其他机构或者个人。

第三十条　有关机构对规章送审稿涉及的主要措施、管理体制、权限分工等问题有不同意见的，总局法制机构应当进行协调，力求达成一致意见。对有较大争议的重要立法事项，总局法制机构可以委托有关专家、教学科研单位、社会组织进行评估。

经过充分协调不能达成一致意见的，总局法制机构应当将争议的主要问题、有关机构的意见以及总局法制机构的意见及时报请总局负责同志协调或者提请总局局务会议决定。

第三十一条　规章送审稿有下列情形之一的，总局法制机构可以予以缓办或者退回起草机构：

（一）不符合起草规章的基本原则的；

（二）制定规章条件尚不成熟或者发生重大变化的；

（三）有关机构或者部门对规章送审稿规定的主要制度存在较大争议，起草单位未与有关机构或者部门充分协商的或者缺乏实践基础的；

（四）规章内容涉及有关部门职责，起草机构未与其进行协商或者协商未达成一致的；

（五）规章的结构、内容或者立法技术上存在较大缺陷，需要作全面调整和修改的；

（六）未在规定时限内按要求补充相关材料的；

（七）未按规定程序办理的；

（八）其他不宜提请市场监管总局局务会议审议的情况。

被退回的规章送审稿经起草机构修改，符合规定条件的，可以于退回之日起四十五日内重新送总局法制机构审查。未在规定时限内重新送审，或者送审稿及其说明仍不符合要求的，一般不再按照本年度立法工作计划执行。

第三十二条　总局法制机构应当认真研究各方面的意见，对规章送审稿提出审查意见。起草机构应当根据总局法制机构的审查意见，对规章送审稿进行修改完善，经总局法制机构审查后形成规章草案和对草案的说明。说明应当包括制定规章拟解决的主要问题、确立的主要措施以及与有关部门的协调情况等。

第三十三条　规章草案及其说明经总局法制机构集体研究，由总局法制机构主要负责人签署，按程序提出提请总局局务会议审议的建议。

第五章　审议、公布和备案

第三十四条　市场监管总局规章应当由市场监管总局局务会议决定。

市场监管总局局务会议审议规章草案时，由总局法制机构作提请审议的报告，起草机构根据需要作补充说明。

第三十五条　规章草案经市场监管总局局务会议审议通过后，总局法制机构会同起草机构根据审议中提出的修改意见对草案进行修改，形成草案修改稿，报请市场监管总局局长签署命令，予以公布。

对审议未予通过，要求进一步修改的草案，起草机构应当根据总局局务会议要求，会同总局法制机构、相关司局再次协调、讨论，提出修改稿，经总局法制机构审查后，提请总局局务会议审议。

第三十六条　由市场监管总局主办并与国务院其他部门联合制定的规章，应当经市场监管总局局务会议决定，由市场监管总局局长签发后，送联合制定的其他部门签发。

由国务院其他部门主办并与市场监管总局联合制定的规章，由总局法制机构会同相关司局提出审查意见后，经总局局务会议审议通过，由市场监管总局局长以及联合制定部门的行政首长共同署名公布，使用主办机关的命令序号。

第三十七条　公布规章的命令应当载明该规章的制定机关、序号、规章名称、通过日期、施行日期、市场监管总局局长署名及公布日期。

第三十八条 规章应当自公布之日起三十日后施行，但公布后不立即施行将有碍规章施行的，可以自公布之日起施行。

第三十九条 规章应当自公布之日起三十日内，由总局法制机构依照立法法和《法规规章备案条例》的规定向国务院备案。

第四十条 规章公布后，起草机构、总局法制机构应当根据需要对涉及重大政策的决策背景、主要内容、落实措施等进行解读，也可以邀请专家学者、研究机构等，用通俗易懂的语言和易于接受的方式解读，便于社会公众遵照执行。

第六章 解释、修改、废止和翻译

第四十一条 规章解释权属于市场监管总局。规章有下列情况之一的，由市场监管总局解释：

（一）规章的规定需要进一步明确具体含义的；

（二）规章制定后出现新的情况，需要明确适用规章依据的。

规章解释参照规章送审稿审查程序，由规章起草机构提出解释草案，总局法制机构提出审查意见，按程序提请总局公布。

规章解释与规章具有同等效力。

第四十二条 规章有下列情形之一的，应当予以修改：

（一）因有关法律、行政法规、国务院决定等依据修改或者废止，应当作相应修改的；

（二）基于政策或者实践需要，有必要增减内容的；

（三）规定的主管机关或者执行机关发生变更，不修改将有碍规章施行的；

（四）其他需要修改的情形。

第四十三条 规章有下列情形之一的，应当予以废止：

（一）因有关法律、行政法规、国务院决定等依据废止或者修改，失去依据的；

（二）规定的事项已执行完毕，或者因实际情况变化，无继续施行必要的；

（三）规章主要内容被上位法或者其他规章替代的；

（四）其他情形。

第四十四条 规章的修改、废止，一般由规章的起草机构提出，并参照规章制定的有关程序办理。

规章修改后，应当及时公布新的规章文本。

第四十五条 除法律、行政法规、国务院决定公布后需要对规章进行清理外，总局法制机构应当定期组织相关司局对规章进行清理。

第四十六条 规章需要翻译正式英文译本的，由起草机构负责组织翻译、审定，总局法制机构和外事机构予以协助，必要时可以聘请相关专业组织或者人员协助。

第七章 市场监管总局管理的国家局立法程序

第四十七条 国家药品监督管理局（以下简称药监局）、国家知识产权局（以下简称知识产权局）需要制定、修改、废止规章的，应当按照本规定向市场监管总局报送立项申请，列入市场监管总局年度立法工作计划。

药监局、知识产权局应当按照本规定要求和年度立法工作计划，开展规章的起草工作，并在规定时限内，将规章送审稿报送市场监管总局。未按照年度立法工作计划规定的时限完成的立法项目，药监局、知识产权局应当向总局主要负责同志报告情况、说明原因，并将有关情况书面通报总局法制机构。

第四十八条　药监局、知识产权局起草规章送审稿时，作为起草机构应当向社会公开征求意见，并征求市场监管总局意见。

第四十九条　药监局、知识产权局起草的规章送审稿，应当分别经药监局、知识产权局局务会议审议通过后，报送市场监管总局。

第五十条　对药监局、知识产权局报送的涉及市场监管部门职责或者基层执法职能的规章送审稿，由市场监管总局法制机构按照本规定进行审查；对于专业技术性较强，不涉及市场监管部门职责与基层执法职能的规章送审稿，总局法制机构仅对是否符合宪法、法律、行政法规和其他上位法的规定、是否与有关部门规章协调、衔接进行审查。

第五十一条　市场监管总局法制机构对药监局和知识产权局报送的规章送审稿进行审查后，提请市场监管总局局务会议审议。

总局局务会议审议规章草案时，由药监局和知识产权局在会上作说明，总局法制机构作审查报告。

第五十二条　药监局和知识产权局报送的规章草案经市场监管总局局务会议审议通过后，由市场监管总局局长签署总局令予以公布。

第五十三条　药监局和知识产权局起草的部门规章，本章没有规定的，适用本规章其他规定。

第八章　附　则

第五十四条　起草规章应当参照全国人大常委会法制工作委员会制定的《立法技术规范（试行）》。

第五十五条　市场监管总局报送国务院审议的法律、行政法规草案送审稿的起草等有关程序，参照本规定执行。

第五十六条　市场监管总局可以组织对公布的规章或者规章中的有关规定进行立法后评估，并把评估结果作为修改或者废止有关规章的重要参考。

起草机构负责立法后评估工作的具体实施。必要时，总局法制机构可以自行或者会同起草机构共同开展立法后评估工作。

立法后评估可以采用问卷调查、实地调研、座谈会、论证会等方式，广泛听取社会各界意见；也可以委托高等院校、研究咨询机构、社会组织等承担。

第五十七条　规章内容按照世界贸易组织有关规则需要通报的，起草机构应当在规章草案报送总局法制机构审查前，按照有关规定进行通报。

第五十八条　本规定自 2019 年 6 月 1 日起施行。2001 年 12 月 31 日国家知识产权局令第 21 号公布的《国家知识产权局规章制定程序的规定》、2008 年 9 月 1 日原国家工商行政管理总局令第 34 号公布的《工商行政管理规章制定程序规定》、2013 年 10 月 24 日原国家食品药品监督管理总局令第 1 号公布的《国家食品药品监督管理总局立法程序规定》、2017 年 10 月 11 日原国家质量监督检验检疫总局令第 190 号公布的《国家质量监督检验检疫总局规章制定程序规定》同时废止。

市场监督管理行政处罚信息公示规定

（2021 年 7 月 30 日国家市场监督管理总局令第 45 号公布　自 2021 年 9 月 1 日起施行）

第一条　为了加快构建以信用为基础的新型市场监管机制，强化市场主体信用监管，促进社会共治，维护公平竞争的市场秩序，根据相关法律、行政法规以及国务院有关规定，制定本规定。

第二条　市场监督管理部门对适用普通程序作出行政处罚决定的相关信息，应当记录于国家企业信用信息公示系统，并向社会公示。

仅受到警告行政处罚的不予公示。法律、行政法规另有规定的除外。

依法登记的市场主体的行政处罚公示信息应当记于市场主体名下。

第三条　市场监督管理部门公示行政处罚信息，应当遵循合法、客观、及时、规范的原则。

第四条　依照本规定第二条公示的行政处罚信息主要包括行政处罚决定书和行政处罚信息摘要。

市场监督管理部门应当严格依照国家市场监督管理总局的有关规定制作行政处罚决定书，并制作行政处罚信息摘要附于行政处罚决定书之前。

行政处罚信息摘要的内容包括：行政处罚决定书文号、行政处罚当事人基本情况、违法行为类型、行政处罚内容、作出行政处罚决定的行政机关名称和日期。

第五条　市场监督管理部门应当依照《中华人民共和国保守国家秘密法》以及其他法律法规的有关规定，建立健全行政处罚信息保密审查机制。公示的行政处罚信息不得泄露国家秘密，不得危及国家安全、公共安全、经济安全和社会稳定。

第六条　市场监督管理部门公示行政处罚信息，应当遵守法律法规关于商业秘密和个人信息保护的有关规定，对信息进行必要的处理。

第七条　市场监督管理部门公示的行政处罚决定书，除依照本规定第六条的要求进行处理的以外，内容应当与送达行政处罚当事人的行政处罚决定书一致。

第八条　对于应当公示的行政处罚决定，在送达行政处罚决定书时，市场监督管理部门应当书面告知行政处罚当事人行政处罚信息将向社会进行公示。

第九条　作出行政处罚决定的市场监督管理部门和行政处罚当事人登记地（住所地）在同一省、自治区、直辖市的，作出行政处罚决定的市场监督管理部门应当自作出行政处罚决定之日起二十个工作日内将行政处罚信息通过国家企业信用信息公示系统进行公示。

第十条　作出行政处罚决定的市场监督管理部门和行政处罚当事人登记地（住所地）不在同一省、自治区、直辖市的，作出行政处罚决定的市场监督管理部门应当自作出行政处罚决定之日起十个工作日内通过本省、自治区、直辖市市场监督管理部门将行政处罚信息推送至当事人登记地（住所地）市场监督管理部门，由其协助在收到行政处罚信息之日起十个工作日内将行政处罚信息通过国家企业信用信息公示系统进行公示。

第十一条　行政处罚决定被依法变更、撤销、确认违法或者确认无效的，市场监督管理部门应当在三个工作日内撤回行政处罚公示信息并说明理由。

第十二条　市场监督管理部门发现其公示的行政处罚信息不准确的，应当及时更正。公民、法人或者其他组织有证据证明市场监督管理部门公示的行政处罚信息不准确的，有权要求该市场监督管理部门予以更正。

第十三条　仅受到通报批评或者较低数额罚款的行政处罚信息自公示之日起届满三个月的，停止公示。其他行政处罚信息自公示之日起届满三年的，停止公示。

前款所称较低数额罚款由省级以上市场监督管理部门结合工作实际规定。

依照法律法规被限制开展生产经营活动、限制从业超过三年的，公示期按照实际限制期限执行。

第十四条　行政处罚信息公示达到规定时限要求，且同时符合以下条件的，可以向作出行政处罚决定的市场监督管理部门申请提前停止公示：

（一）已经自觉履行行政处罚决定中规定的义务；

（二）已经主动消除危害后果和不良影响；

（三）未因同一类违法行为再次受到市场监督管理部门行政处罚；

（四）未在经营异常名录和严重违法失信名单中。

前款所称时限要求和提前停止公示的具体实施办法由国家市场监督管理总局另行规定。

当事人受到责令停产停业、限制开展生产经营活动、限制从业、降低资质等级、吊销许可证件、吊销营业执照以及国家市场监督管理总局规定的其他较为严重行政处罚的，不得提前停止公示。

第十五条　各省、自治区、直辖市市场监督管理部门应当按照本规定及时完善国家企业信用信息公示系统，提供操作便捷的检索、查阅方式，方便公众检索、查阅行政处罚信息。

第十六条　市场监督管理部门应当严格履行行政处罚信息公示职责，按照"谁办案、谁录入、谁负责"的原则建立健全行政处罚信息公示内部审核和管理制度。办案机构应当及时准确录入行政处罚信息。负责企业信用信息公示工作的机构应当加强行政处罚信息公示的日常管理。

第十七条　国家市场监督管理总局负责指导和监督地方市场监督管理部门行政处罚信息公示工作，制定国家企业信用信息公示系统公示行政处罚信息的有关标准规范和技术要求。

各省、自治区、直辖市市场监督管理部门负责组织、指导、监督辖区内各级市场监督管理部门行政处罚信息公示工作，并可以根据本规定结合工作实际制定实施细则。

第十八条　国务院药品监督管理部门和省级药品监督管理部门实施行政处罚信息公示，适用本规定。

第十九条　本规定自2021年9月1日起施行。2014年8月19日原国家工商行政管理总局令第71号公布的《工商行政管理行政处罚信息公示暂行规定》同时废止。

市场监管领域重大违法行为举报奖励暂行办法

（2021年7月30日　国市监稽规〔2021〕4号）

第一章　总　则

第一条　为了鼓励社会公众积极举报市场监管领域重大违法行为，推动社会共治，根据市场监管领域相关法律法规和国家有关规定，制定本办法。

第二条　各级市场监督管理部门受理社会公众（以下统称举报人，应当为自然人）举报属于其职责范围内的重大违法行为，经查证属实结案后给予相应奖励，适用本办法。

本办法所称重大违法行为是指涉嫌犯罪或者依法被处以责令停产停业、责令关闭、吊销（撤销）许可证件、较大数额罚没款等行政处罚的违法行为。地方性法规或者地方政府规章对重大违法行为有具体规定的，可以从其规定。较大数额罚没款由省级以上市场监督管理部门商本级政府财政部门结合实际确定。

第三条　举报下列重大违法行为，经查证属实结案后，给予相应奖励：

（一）违反食品、药品、特种设备、工业产品质量安全相关法律法规规定的重大违法行为；

（二）具有区域性、系统性风险的重大违法行为；

（三）市场监管领域具有较大社会影响，严重危害人民群众人身、财产安全的重大违法行为；

（四）涉嫌犯罪移送司法机关被追究刑事责任的违法行为。

经市场监督管理部门依法认定，需要给予举报奖励的，按照本办法规定执行。

第四条　举报人可以通过市场监督管理部门公布的接收投诉举报的互联网、电话、传真、邮寄地址、窗口等渠道，向各级市场监督管理部门举报市场监管领域重大违法行为。

第五条　举报人可以实名或者匿名举报。实名举报应当提供真实身份证明和有效联系方式，匿名举报人有举报奖励诉求的，应当承诺不属于第十条规定的情形，提供能够辨别其举报身份的信息作为身份代码，并与市场监督管理部门专人约定举报密码、举报处理结果和奖励权利的告知方式。

匿名举报人接到奖励领取告知，并决定领取奖励的，应当主动提供身份代码、举报密码等信息，便于市场监督管理部门验明身份。

省级市场监督管理部门可以结合实际制定匿名举报奖励发放的特别程序规定。

第六条　各级市场监督管理部门应当建立健全举报奖励管理制度。做好举报奖励资金的计算、核审、发放工作。

第七条　举报奖励资金按照国家有关规定由各级人民政府纳入本级预算管理，并接受财政、审计部门的监督。

第二章　奖励条件

第八条　获得举报奖励应当同时符合下列条件：

（一）有明确的被举报对象和具体违法事实或者违法犯罪线索，并提供了关键证据；

（二）举报内容事先未被市场监督管理部门掌握；

（三）举报内容经市场监督管理部门查处结案并被行政处罚，或者依法移送司法机关被追究刑事责任。

第九条　举报奖励的实施应当遵循以下原则：

（一）同一案件由两个及以上举报人分别以同一线索举报的，奖励第一时间举报人；

（二）两个及以上举报人联名举报同一案件的，按同一案件进行举报奖励分配；

（三）举报人举报同一事项，不重复奖励；同一案件由两个及以上举报人分别举报的，奖励总金额不得超过第十二条规定的对应奖励等级中最高标准；

（四）最终认定的违法事实与举报事项完全一致的，不予奖励；最终认定的违法事实与举报事项部分一致的，只计算一致部分的奖励金额；除举报事项外，还认定其他违法事实的，其他违法事实部分不计算奖励金额；

（五）上级市场监督管理部门受理的跨区域的举报，最终由两个或者两个以上市场监督管理部门分别调查处理的，负责调查处理的市场监督管理部门分别就本行政区域内的举报查实部分进行奖励。

第十条　有下列情形之一的，不予奖励：

（一）市场监督管理部门工作人员或者具有法定监督、报告义务人员的举报；

（二）侵权行为的被侵权方及其委托代理人或者利害关系人的举报；

（三）实施违法行为人的举报（内部举报人除外）；

（四）有任何证据证明举报人因举报行为获得其他市场主体给予的任何形式的报酬、奖励的；

（五）其他不符合法律、法规规定的奖励情形。

第三章 奖 励 标 准

第十一条 举报奖励分为三个等级：

（一）一级举报奖励。该等级认定标准是提供被举报方的详细违法事实及直接证据，举报内容与违法事实完全相符，举报事项经查证属于特别重大违法行为或者涉嫌犯罪；

（二）二级举报奖励。该等级认定标准是提供被举报方的违法事实及直接证据，举报内容与违法事实完全相符；

（三）三级举报奖励。该等级认定标准是提供被举报方的基本违法事实及相关证据，举报内容与违法事实基本相符。

第十二条 对于有罚没款的案件，市场监督管理部门按照下列标准计算奖励金额，并综合考虑涉案货值、社会影响程度等因素，确定最终奖励金额：

（一）属于一级举报奖励的，按罚没款的5%给予奖励。按此计算不足5000元的，给予5000元奖励；

（二）属于二级举报奖励的，按罚没款的3%给予奖励。按此计算不足3000元的，给予3000元奖励；

（三）属于三级举报奖励的，按罚没款的1%给予奖励。按此计算不足1000元的，给予1000元奖励。

无罚没款的案件，一级举报奖励至二级举报奖励的奖励金额应当分别不低于5000元、3000元、1000元。

违法主体内部人员举报的，在征得本级政府财政部门同意的情况下，适当提高前款规定的奖励标准。

第十三条 每起案件的举报奖励金额上限为100万元，根据本办法第十二条规定确定的奖励金额不得突破该上限。单笔奖励金额达到50万元以上（含50万元）的，由发放举报奖励资金的市场监督管理部门商本级政府财政部门确定。

第十四条 市场监督管理部门已经实施行政处罚或者未实施行政处罚移送司法机关追究刑事责任的，分别不同情况依据本办法第十二条的规定给予奖励。

第四章 奖 励 程 序

第十五条 负责举报调查办理、作出最终处理决定的市场监督管理部门在举报查处结案或者移送追究刑事责任后，对于符合本办法规定奖励条件的，应当在15个工作日内告知举报人。举报奖励由举报人申请启动奖励程序。

第十六条 举报奖励实施部门应当对举报奖励等级、奖励标准等予以认定，确定奖励金额，并将奖励决定告知举报人。

第十七条 奖励资金的支付，按照国库集中支付制度有关规定执行。

第十八条 举报人应当在被告知奖励决定之日起30个工作日内，由本人凭有效身份证明领取奖励。委托他人代领的，受托人须同时持有举报人授权委托书、举报人和受托人的有效身份证明。

特殊情况可适当延长举报奖励领取期限，最长不得超过 10 个工作日。举报人无正当理由逾期未领取奖金的，视为主动放弃。

第十九条　举报人对奖励金额有异议的，可以在奖励决定告知之日起 10 个工作日内，向实施举报奖励的市场监督管理部门提出复核申请。

第五章　监督管理

第二十条　市场监督管理部门应当加强对奖励资金的申报和发放管理，建立健全举报奖励责任制度，严肃财经纪律。设立举报档案，做好汇总统计工作。

第二十一条　市场监督管理部门应当依法保护举报人的合法权益，严格为举报人保密，不得泄露举报人的相关信息。

第二十二条　市场监督管理部门工作人员在实施举报奖励过程中，有下列情形的，视情节轻重给予政务处分；涉嫌犯罪的，依法追究刑事责任：

（一）伪造或者教唆、伙同他人伪造举报材料，冒领举报奖励资金的；

（二）泄露举报人信息的；

（三）向被举报人通风报信，帮助其逃避查处的；

（四）其他应当依法承担法律责任的行为。

第二十三条　举报人伪造材料、隐瞒事实，取得举报奖励，或者经市场监督管理部门查实不符合奖励条件的，市场监督管理部门有权收回奖励奖金。举报人故意捏造事实诬告他人，或者弄虚作假骗取奖励资金，依法承担相应责任；涉嫌犯罪的，依法追究刑事责任。

第六章　附　　则

第二十四条　国务院药品监督管理部门和省级药品监督管理部门实施举报奖励，适用本办法。

第二十五条　各省、自治区、直辖市和计划单列市、新疆生产建设兵团市场监督管理部门可以会同本级政府财政部门依据本办法制定本行政区域的实施细则，并报国家市场监督管理总局和财政部备案。

第二十六条　本办法由国家市场监督管理总局会同财政部解释。

第二十七条　本办法自 2021 年 12 月 1 日起施行。《财政部 工商总局 质检总局关于印发〈举报制售假冒伪劣产品违法犯罪活动有功人员奖励办法〉的通知》（财行〔2001〕175 号）、《食品药品监管总局 财政部关于印发〈食品药品违法行为举报奖励办法〉的通知》（食药监稽〔2017〕67 号）同时废止。

市场监督管理行政处罚听证办法

（2018 年 12 月 21 日国家市场监督管理总局令第 3 号公布　根据 2021 年 7 月 2 日国家市场监督管理总局令第 42 号《国家市场监督管理总局关于修改〈市场监督管理行政处罚程序暂行规定〉等二部规章的决定》修正）

第一章　总　　则

第一条　为了规范市场监督管理行政处罚听证程序，保障市场监督管理部门依法实施行政处罚，保护自然人、法人和其他组织的合法权益，根据《中华人民共和国行政处罚法》的有关规定，制定本办法。

第二条　市场监督管理部门组织行政处罚听证，适用本办法。

第三条　市场监督管理部门组织行政处罚听证，应当遵循公开、公正、效率的原则，保障和便利当事人依法行使陈述权和申辩权。

第四条　市场监督管理部门行政处罚案件听证实行回避制度。听证主持人、听证员、记录员、翻译人员与案件有直接利害关系或者有其他关系可能影响公正执法的，应当回避。

听证员、记录员、翻译人员的回避，由听证主持人决定；听证主持人的回避，由市场监督管理部门负责人决定。

第二章　申请和受理

第五条　市场监督管理部门拟作出下列行政处罚决定，应当告知当事人有要求听证的权利：

（一）责令停产停业、责令关闭、限制从业；

（二）降低资质等级、吊销许可证件或者营业执照；

（三）对自然人处以一万元以上、对法人或者其他组织处以十万元以上罚款；

（四）对自然人、法人或者其他组织作出没收违法所得和非法财物价值总额达到第三项所列数额的行政处罚；

（五）其他较重的行政处罚；

（六）法律、法规、规章规定的其他情形。

各省、自治区、直辖市人大常委会或者人民政府对前款第三项、第四项所列罚没数额有具体规定的，可以从其规定。

第六条　向当事人告知听证权利时，应当书面告知当事人拟作出的行政处罚内容及事实、理由、依据。

第七条　当事人要求听证的，可以在告知书送达回证上签署意见，也可以自收到告知书之日起五个工作日内提出。当事人以口头形式提出的，办案人员应当将情况记入笔录，并由当事人在笔录上签名或者盖章。

当事人自告知书送达之日起五个工作日内，未要求听证的，视为放弃其权利。

当事人在规定期限内要求听证的，市场监督管理部门应当依照本办法的规定组织听证。

第三章　听证组织机构、听证人员和听证参加人

第八条　听证由市场监督管理部门法制机构或者其他机构负责组织。

第九条　听证人员包括听证主持人、听证员和记录员。

第十条　听证参加人包括当事人及其代理人、第三人、办案人员、证人、翻译人员、鉴定人以及其他有关人员。

第十一条　听证主持人由市场监督管理部门负责人指定。必要时，可以设一至二名听证员，协助听证主持人进行听证。

记录员由听证主持人指定，具体承担听证准备和听证记录工作。

办案人员不得担任听证主持人、听证员和记录员。

第十二条　听证主持人在听证程序中行使下列职责：

（一）决定举行听证的时间、地点；

（二）审查听证参加人资格；

（三）主持听证；

（四）维持听证秩序；

（五）决定听证的中止或者终止，宣布听证结束；

（六）本办法赋予的其他职责。

听证主持人应当公开、公正地履行主持听证的职责，不得妨碍当事人、第三人行使陈述权、申辩权。

第十三条　要求听证的自然人、法人或者其他组织是听证的当事人。

第十四条　与听证案件有利害关系的其他自然人、法人或者其他组织，可以作为第三人申请参加听证，或者由听证主持人通知其参加听证。

第十五条　当事人、第三人可以委托一至二人代为参加听证。

委托他人代为参加听证的，应当向市场监督管理部门提交由委托人签名或者盖章的授权委托书以及委托代理人的身份证明文件。

授权委托书应当载明委托事项及权限。委托代理人代为撤回听证申请或者明确放弃听证权利的，必须有委托人的明确授权。

第十六条　办案人员应当参加听证。

第十七条　与听证案件有关的证人、鉴定人等经听证主持人同意，可以到场参加听证。

第四章　听 证 准 备

第十八条　市场监督管理部门应当自收到当事人要求听证的申请之日起三个工作日内，确定听证主持人。

第十九条　办案人员应当自确定听证主持人之日起三个工作日内，将案件材料移交听证主持人，由听证主持人审阅案件材料，准备听证提纲。

第二十条　听证主持人应当自接到办案人员移交的案件材料之日起五个工作日内确定听证的时间、地点，并应当于举行听证的七个工作日前将听证通知书送达当事人。

听证通知书中应当载明听证时间、听证地点及听证主持人、听证员、记录员、翻译人员的姓名，并告知当事人有申请回避的权利。

第三人参加听证的，听证主持人应当在举行听证的七个工作日前将听证的时间、地点通知第三人。

第二十一条　听证主持人应当于举行听证的七个工作日前将听证的时间、地点通知办案人员，并退回案件材料。

第二十二条　除涉及国家秘密、商业秘密或者个人隐私依法予以保密外，听证应当公开举行。

公开举行听证的，市场监督管理部门应当于举行听证的三个工作日前公告当事人的姓名或者名称、案由以及举行听证的时间、地点。

第五章　举 行 听 证

第二十三条　听证开始前，记录员应当查明听证参加人是否到场，并向到场人员宣布以下听证纪律：

（一）服从听证主持人的指挥，未经听证主持人允许不得发言、提问；

（二）未经听证主持人允许不得录音、录像和摄影；

（三）听证参加人未经听证主持人允许不得退场；

（四）不得大声喧哗，不得鼓掌、哄闹或者进行其他妨碍听证秩序的活动。

第二十四条　听证主持人核对听证参加人，说明案由，宣布听证主持人、听证员、记录员、翻译人员名单，告知听证参加人在听证中的权利义务，询问当事人是否提出回避申请。

第二十五条　听证按下列程序进行：

（一）办案人员提出当事人违法的事实、证据、行政处罚建议及依据；

（二）当事人及其委托代理人进行陈述和申辩；

（三）第三人及其委托代理人进行陈述；

（四）质证；

（五）辩论；

（六）听证主持人按照第三人、办案人员、当事人的先后顺序征询各方最后意见。

当事人可以当场提出证明自己主张的证据，听证主持人应当接收。

第二十六条　有下列情形之一的，可以中止听证：

（一）当事人因不可抗力无法参加听证的；

（二）当事人死亡或者终止，需要确定相关权利义务承受人的；

（三）当事人临时提出回避申请，无法当场作出决定的；

（四）需要通知新的证人到场或者需要重新鉴定的；

（五）其他需要中止听证的情形。

中止听证的情形消失后，听证主持人应当恢复听证。

第二十七条　有下列情形之一的，可以终止听证：

（一）当事人撤回听证申请或者明确放弃听证权利的；

（二）当事人无正当理由拒不到场参加听证的；

（三）当事人未经听证主持人允许中途退场的；

（四）当事人死亡或者终止，并且无权利义务承受人的；

（五）其他需要终止听证的情形。

第二十八条　记录员应当如实记录，制作听证笔录。听证笔录应当载明听证时间、地点、案由，听证人员、听证参加人姓名，各方意见以及其他需要载明的事项。

听证会结束后，听证笔录应当经听证参加人核对无误后，由听证参加人当场签名或者盖章。当事人、第三人拒绝签名或者盖章的，由听证主持人在听证笔录中注明。

第二十九条　听证结束后，听证主持人应当在五个工作日内撰写听证报告，由听证主持人、听证员签名，连同听证笔录送办案机构，由其连同其他案件材料一并上报市场监督管理部门负责人。

市场监督管理部门应当根据听证笔录，结合听证报告提出的意见建议，依照《市场监督管理行政处罚程序规定》的有关规定，作出决定。

第三十条　听证报告应当包括以下内容：

（一）听证案由；

（二）听证人员、听证参加人；

（三）听证的时间、地点；

（四）听证的基本情况；

（五）处理意见和建议；

（六）需要报告的其他事项。

第六章　附　　则

第三十一条　本办法中的"以上""内"均包括本数。

第三十二条　国务院药品监督管理部门和省级药品监督管理部门组织行政处罚听证，适用本办法。

法律、法规授权的履行市场监督管理职能的组织组织行政处罚听证，适用本办法。

第三十三条　本办法中有关执法文书的送达适用《市场监督管理行政处罚程序规定》的有关规定。

第三十四条　市场监督管理部门应当保障听证经费，提供组织听证所必需的场地、设备以及其他便利条件。

市场监督管理部门举行听证，不得向当事人收取费用。

第三十五条　本办法自 2019 年 4 月 1 日施行。2005 年 12 月 30 日原国家食品药品监督管理局令第 23 号公布的《国家食品药品监督管理局听证规则（试行）》、2007 年 9 月 4 日原国家工商行政管理总局令第 29 号公布的《工商行政管理机关行政处罚案件听证规则》同时废止。

市场监督管理行政执法责任制规定

（2021 年 5 月 26 日国家市场监督管理总局令第 41 号公布　自 2021 年 7 月 15 日起施行）

第一条　为了落实行政执法责任制，监督和保障市场监督管理部门工作人员依法履行职责，激励新时代新担当新作为，结合市场监督管理工作实际，制定本规定。

第二条　市场监督管理部门实施行政执法责任制，适用本规定。

第三条　实施行政执法责任制，应当坚持党的领导，遵循职权法定、权责一致、过罚相当、约束与激励并重、惩戒与教育相结合的原则，做到失职追责、尽职免责。

第四条　市场监督管理部门应当加强领导，组织、协调和推动实施行政执法责任制，各所属机构在职责范围内做好相关工作。

上级市场监督管理部门依法指导和监督下级市场监督管理部门实施行政执法责任制。

第五条　市场监督管理部门应当按照本级人民政府的部署，梳理行政执法依据，编制权责清单，以适当形式向社会公众公开，并根据法律、法规、规章的制修订情况及时调整。

第六条　市场监督管理部门应当以权责清单为基础，将本单位依法承担的行政执法职责分解落实到所属执法机构和执法岗位。

分解落实所属执法机构、执法岗位的执法职责，不得擅自增加或者减少本单位的行政执法权限。

第七条　市场监督管理部门应当对照权责清单，对直接影响行政相对人权利义务的重要权责事项，按照不同权力类型制定办事指南和运行流程图，并以适当形式向社会公众公开。

第八条　市场监督管理部门工作人员应当在法定权限范围内依照法定程序行使职权，做到严格规范公正文明执法，不得玩忽职守、超越职权、滥用职权。

第九条　市场监督管理部门工作人员因故意或者重大过失，违法履行行政执法职责，造成危害后果或者不良影响的，构成行政执法过错行为，应当依法承担行政执法责任。法律、法规对具体行政执法过错行为的构成要件另有规定的，依照其规定。

第十条　有下列情形之一的，应当依法追究有关工作人员的行政执法责任：

（一）超越法定职权作出准予行政许可决定的；

（二）对符合法定条件的行政许可申请不予受理且情节严重的，或者未依照法定条件作出准予或者不予行政许可决定的；

（三）无法定依据实施行政处罚、行政强制，或者变相实施行政强制的；

（四）对符合行政处罚立案标准的案件不及时立案，或者实施行政处罚的办案人员未取得行政执法证件的；

（五）擅自改变行政处罚种类、幅度，或者改变行政强制对象、条件、方式的；

（六）违反相关法定程序实施行政许可且情节严重的，或者违反法定程序实施行政处罚、行政强制的；

（七）违法扩大查封、扣押范围的；

（八）使用或者损毁查封、扣押场所、设施或者财物的；

（九）在查封、扣押法定期间不作出处理决定或者未依法及时解除查封、扣押的；

（十）截留、私分、变相私分罚款、没收的违法所得或者财物、查封或者扣押的财物以及拍卖和依法处理所得款项的；

（十一）违法实行检查措施或者执行措施，给公民人身或者财产造成损害、给法人或者其他组织造成损失的；

（十二）对应当依法移交司法机关追究刑事责任的案件不移交，以行政处罚代替刑事处罚的；

（十三）对属于市场监督管理职权范围的举报不依法处理，造成严重后果的；

（十四）对应当予以制止和处罚的违法行为不予制止、处罚，致使公民、法人或者其他组织的合法权益、公共利益和社会秩序遭受损害的；

（十五）不履行或者无正当理由拖延履行行政复议决定的；

（十六）对被许可人从事行政许可事项的活动，不依法履行监督职责或者监督不力，造成严重后果的；

（十七）泄露国家秘密、工作秘密，或者泄露因履行职责掌握的商业秘密、个人隐私，造成不良后果或者影响的；

（十八）法律、法规、规章规定的其他应当追究行政执法责任的情形。

第十一条　下列情形不构成行政执法过错行为，不应追究有关工作人员的行政执法责任：

（一）因行政执法依据不明确或者对有关事实和依据的理解认识不一致，致使行政执法行为出现偏差的，但故意违法的除外；

（二）因行政相对人隐瞒有关情况或者提供虚假材料导致作出错误判断，且已按规定履行审查职责的；

（三）依据检验、检测、鉴定报告或者专家评审意见等作出行政执法决定，且已按规定履行审查职责的；

（四）行政相对人未依法申请行政许可或者登记备案，在其违法行为造成不良影响前，市场监督管理部门未接到举报或者由于客观原因未能发现的，但未按规定履行监督检查职责的除外；

（五）因出现新的证据，致使原认定事实或者案件性质发生变化的，但故意隐瞒或者因重大过失遗漏证据的除外；

（六）按照年度监督检查、"双随机、一公开"监管等检查计划已经认真履行监督检查职责，或者虽尚未进行监督检查，但未超过法定或者规定时限，行政相对人违法的；

（七）因科学技术、监管手段等客观条件的限制，未能发现存在问题或者无法定性的；

（八）发生事故或者其他突发事件，非由市场监督管理部门不履行或者不正确履行法定职责行为直接引起的；

（九）对发现的违法行为或者事故隐患已经依法查处、责令改正或者采取行政强制措施，因行政相对人拒不改正、逃避检查、擅自违法生产经营或者违法启用查封、扣押的设备设施等行为造成危害后果或者不良影响的；

（十）在集体决策中对错误决策提出明确反对意见或者保留意见的；

（十一）发现上级的决定、命令或者文件有错误，已向上级提出改正或者撤销的意见，上级不予改变或者要求继续执行的，但执行明显违法的决定、命令或者文件的除外；

（十二）因不可抗力或其他难以克服的因素，导致未能依法履行职责的；

（十三）其他依法不应追究行政执法责任的情形。

第十二条　在推进行政执法改革创新中因缺乏经验、先行先试出现的失误，尚无明确限制的探索性试验中的失误，为推动发展的无意过失，免予或者不予追究行政执法责任。但是，应当依法予以纠正。

第十三条　市场监督管理部门对发现的行政执法过错行为线索，依照《行政机关公务员处分条例》等规定的程序予以调查和处理。

第十四条　追究行政执法责任，应当以法律、法规、规章的规定为依据，综合考虑行政执法过错行为的性质、情节、危害程度以及工作人员的主观过错等因素，做到事实清楚、证据确凿、定性准确、处理恰当、程序合法、手续完备。

第十五条　市场监督管理部门对存在行政执法过错行为的工作人员，可以依规依纪依法给予组织处理或者处分。

行政执法过错行为情节轻微，且具有法定从轻或者减轻情形的，可以对有关工作人员进行谈话提醒、批评教育、责令检查或者予以诫勉，并可以作出调离行政执法岗位、取消行政执法资格等处理，免予或者不予处分。

从轻、减轻以及从重追究行政执法责任的情形，依照有关法律、法规、规章的规定执行。

第十六条　市场监督管理部门发现有关工作人员涉嫌违犯党纪或者涉嫌职务违法、职务犯罪的，应当依照有关规定及时移送纪检监察机关处理。

对同一行政执法过错行为，监察机关已经给予政务处分的，市场监督管理部门不再给予处分。

第十七条　纪检监察等有权机关、单位介入调查的，市场监督管理部门可以按照要求对有关工作人员是否依法履职、是否存在行政执法过错行为等问题，组织相关专业人员进行论证并出具书面论证意见，作为有权机关、单位认定责任的参考。

第十八条　市场监督管理部门工作人员依法履行职责受法律保护，非因法定事由、非经法定程序，不受处分。

第十九条　市场监督管理部门工作人员依法履行职责时，有权拒绝任何单位和个人违反法定职责、法定程序或者有碍执法公正的要求。

第二十条　市场监督管理部门应当为工作人员依法履行职责提供必要的办公用房、执法装备、后勤保障等条件，并采取措施保障其人身健康和生命安全。

第二十一条　市场监督管理部门工作人员因依法履职遭受不实举报、诬告以及诽谤、侮辱的，市场监督管理部门应当以适当形式及时澄清事实，消除不良影响，维护其合法权益。

第二十二条　市场监督管理部门应当建立健全行政执法激励机制，对行政执法工作成效突出的工作人员予以表彰和奖励。

第二十三条　本规定所称行政执法，是指市场监督管理部门依法行使行政职权的行为，包括行政许可、行政处罚、行政强制、行政检查、行政确认等行政行为。

第二十四条　药品监督管理部门和知识产权行政部门实施行政执法责任制，适用本规定。

法律、法规授权履行市场监督管理职能的组织实施行政执法责任制，适用本规定。

第二十五条　本规定自 2021 年 7 月 15 日起施行。

市场监督管理执法监督暂行规定

（2019 年 12 月 31 日国家市场监督管理总局令第 22 号公布 自 2020 年 4 月 1 日起施行）

第一条 为了督促市场监督管理部门依法履行职责，规范行政执法行为，保护自然人、法人和其他组织的合法权益，根据有关法律、行政法规，制定本规定。

第二条 本规定所称执法监督，是指上级市场监督管理部门对下级市场监督管理部门，各级市场监督管理部门对本部门所属机构、派出机构和执法人员的行政执法及其相关行为进行的检查、审核、评议、纠正等活动。

市场监督管理部门开展执法监督，适用本规定；法律、法规、规章另有规定的，依照其规定。

第三条 执法监督应当坚持监督执法与促进执法相结合、纠正错误与改进工作相结合的原则，保证法律、法规、规章的正确实施。

第四条 各级市场监督管理部门应当加强对执法监督工作的领导，建立健全执法监督工作机制，统筹解决执法监督工作中的重大问题。

第五条 各级市场监督管理部门内设的各业务机构根据职责分工和相关规定，负责实施本业务领域的执法监督工作。

各级市场监督管理部门法制机构在本级市场监督管理部门领导下，具体负责组织、协调、指导和实施执法监督工作。

第六条 执法监督主要包括下列内容：

（一）依法履行市场监督管理执法职责情况；

（二）行政规范性文件的合法性；

（三）公平竞争审查情况；

（四）行政处罚、行政许可、行政强制等具体行政行为的合法性和适当性；

（五）行政处罚裁量基准制度实施情况；

（六）行政执法公示、执法全过程记录、重大执法决定法制审核制度实施情况；

（七）行政复议、行政诉讼、行政执法与刑事司法衔接等制度落实情况；

（八）行政执法责任制的落实情况；

（九）其他需要监督的内容。

第七条 执法监督主要采取下列方式：

（一）行政规范性文件合法性审核；

（二）公平竞争审查；

（三）行政处罚案件审核、听证；

（四）重大执法决定法制审核；

（五）行政复议；

（六）专项执法检查；

（七）执法评议考核；

（八）执法案卷评查；

（九）法治建设评价；

（十）依法可以采取的其他监督方式。

第八条　本规定第七条第（一）项至第（五）项所规定的执法监督方式，依照法律、法规、规章和有关规定执行。

本规定第七条第（六）项至第（八）项所规定的执法监督方式，由市场监督管理部门内设的各业务机构和法制机构单独或者共同实施。

本规定第七条第（九）项所规定的执法监督方式，由市场监督管理部门法制机构实施。

第九条　市场监督管理部门主要针对下列事项开展专项执法检查：

（一）法律、法规、规章、行政规范性文件的执行情况；

（二）重要执法制度的实施情况；

（三）行政执法中具有普遍性的热点、难点、重点问题；

（四）上级机关和有关部门交办、转办、移送的执法事项；

（五）社会公众反映强烈的执法事项；

（六）其他需要开展专项执法检查的事项。

市场监督管理部门应当加强对专项执法检查的统筹安排，统一制定专项执法检查计划，合理确定专项执法检查事项。

第十条　市场监督管理部门主要针对下列事项开展执法评议考核：

（一）执法主体是否合法；

（二）执法行为是否规范；

（三）执法制度是否健全；

（四）执法效果是否良好；

（五）其他需要评议的事项。

市场监督管理部门开展执法评议考核，应当确定执法评议考核的范围和重点，加强评议考核结果运用，落实评议考核奖惩措施。

第十一条　市场监督管理部门主要针对下列事项开展行政处罚案卷评查：

（一）实施行政处罚的主体是否合法；

（二）认定的事实是否清楚，证据是否确凿；

（三）适用法律依据是否准确；

（四）程序是否合法；

（五）自由裁量权运用是否适当；

（六）涉嫌犯罪的案件是否移送司法机关；

（七）案卷的制作、管理是否规范；

（八）需要评查的其他事项。

市场监督管理部门主要针对下列事项开展行政许可案卷评查：

（一）实施行政许可的主体是否合法；

（二）行政许可项目是否有法律、法规、规章依据；

（三）申请材料是否齐全、是否符合法定形式；

（四）实质审查是否符合法定要求；

（五）适用法律依据是否准确；

（六）程序是否合法；

（七）案卷的制作、管理是否规范；

（八）需要评查的其他事项。

市场监督管理部门对其他行政执法案卷的评查事项，参照前款规定执行。

第十二条　市场监督管理部门应当根据法治政府建设的部署和要求，对本级和下级市场监督管理部门法治建设情况进行评价。

法治市场监督管理建设评价办法、指标体系和评分标准由国家市场监督管理总局另行制定。

第十三条　市场监督管理部门在开展执法监督时，可以采取下列措施：

（一）查阅、复制、调取行政执法案卷和其他有关材料；

（二）询问行政执法人员、行政相对人和其他相关人员；

（三）召开座谈会、论证会，开展问卷调查，组织第三方评估；

（四）现场检查、网上检查、查看执法业务管理系统；

（五）走访、回访、暗访；

（六）依法可以采取的其他措施。

第十四条　下级市场监督管理部门应当及时向上级市场监督管理部门报送开展执法监督工作的情况及相关数据。

上级市场监督管理部门可以根据工作需要，要求下级市场监督管理部门报送开展执法监督工作的情况及相关数据。

各级市场监督管理部门应当加强执法监督的信息化建设，实现执法监督信息的互通和共享。

第十五条　市场监督管理部门应当对开展执法监督的情况及时进行汇总、分析。相关执法监督情况经本级市场监督管理部门负责人批准后，可以在适当范围内通报。

第十六条　上级市场监督管理部门在执法监督工作中发现下级市场监督管理部门在履行法定执法职责中存在突出问题的，经本级市场监督管理部门负责人批准，可以约谈下级市场监督管理部门负责人。

第十七条　市场监督管理部门发现本部门所属机构、派出机构和执法人员存在不履行、违法履行或者不当履行法定职责情形的，应当及时予以纠正。

第十八条　上级市场监督管理部门发现下级市场监督管理部门及其执法人员可能存在不履行、违法履行或者不当履行法定职责情形的，经本级市场监督管理部门负责人批准，可以发出执法监督通知书，要求提供相关材料或者情况说明。

下级市场监督管理部门收到执法监督通知书后，应当于十个工作日内提供相关材料或者情况说明。

第十九条　上级市场监督管理部门发出执法监督通知书后，经过调查核实，认为下级市场监督管理部门及其执法人员存在不履行、违法履行或者不当履行法定职责情形的，经本级市场监督管理部门负责人批准，可以发出执法监督决定书，要求下级市场监督管理部门限期纠正；必要时可以直接纠正。

下级市场监督管理部门应当在执法监督决定书规定的期限内纠正相关行为，并于纠正后十个工作日内向上级市场监督管理部门报告纠正情况。

第二十条　下级市场监督管理部门对执法监督决定有异议的，可以在五个工作日内申请复查，上级市场监督管理部门应当自收到申请之日起十个工作日内予以复查并答复。

第二十一条　上级市场监督管理部门发现下级市场监督管理部门行政执法工作中存在普遍性问题或者区域性风险，经本级市场监督管理部门负责人批准，可以向下级市场监督管理部门发出执法监督意见书，提出完善制度或者改进工作的要求。

下级市场监督管理部门应当在规定期限内将有关情况报告上级市场监督管理部门。

第二十二条　下级市场监督管理部门不执行执法监督通知书、决定书或者意见书的，上级市场监督管理部门可以责令改正、通报批评，并可以建议有权机关对负有责任的主管人员和相关责任人员予以批评教育、调离执法岗位或者处分。

第二十三条　市场监督管理部门在执法监督中，发现存在不履行、违法履行或者不当履行法定职责情形需要追责问责的，应当根据有关规定处理。

第二十四条　市场监督管理部门应当建立执法容错机制，明确履职标准，完善尽职免责办法。

第二十五条　药品监督管理部门和知识产权行政部门实施执法监督，适用本规定。

第二十六条　本规定自 2020 年 4 月 1 日起施行。2004 年 1 月 18 日原国家质量监督检验检疫总局令第 59 号公布的《质量监督检验检疫行政执法监督与行政执法过错责任追究办法》和 2015 年 9 月 15 日原国家工商行政管理总局令第 78 号公布的《工商行政管理机关执法监督规定》同时废止。

外商投资创业投资企业管理规定

（2003 年 1 月 30 日对外贸易经济合作部、科学技术部、国家工商行政管理总局、国家税务总局、国家外汇管理局令 2003 年第 2 号公布　自 2003 年 3 月 1 日起施行　2015 年 10 月 28 日根据商务部令 2015 年第 2 号修订）

第一章　总　则

第一条　为鼓励外国公司、企业和其他经济组织或个人（以下简称外国投资者）来华从事创业投资，建立和完善中国的创业投资机制，根据《中华人民共和国中外合作经营企业法》、《中华人民共和国中外合资经营企业法》、《中华人民共和国外资企业法》、《公司法》及其他相关的法律法规，制定本规定。

第二条　本规定所称外商投资创业投资企业（以下简称创投企业）是指外国投资者或外国投资者与根据中国法律注册成立的公司、企业或其他经济组织（以下简称中国投资者），根据本规定在中国境内设立的以创业投资为经营活动的外商投资企业。

第三条　本规定所称创业投资是指主要向未上市高新技术企业（以下简称所投资企业）进行股权投资，并为之提供创业管理服务，以期获取资本增值收益的投资方式。

第四条　创投企业可以采取非法人制组织形式，也可以采取公司制组织形式。

采取非法人制组织形式的创投企业（以下简称非法人制创投企业）的投资者对创投企业的债务承担连带责任。非法人制创投企业的投资者也可以在创投企业合同中约定在非法人制创投企业资产不足以清偿该债务时由第七条所述的必备投资者承担连带责任，其他投资者以其认缴的出资额为限承担责任。

采用公司制组织形式的创投企业（以下简称公司制创投企业）的投资者以其各自认缴的出资额为限对创投企业承担责任。

第五条　创投企业应遵守中国有关法律法规，符合外商投资产业政策，不得损害中国的社会公共利益。创投企业在中国境内的正当经营活动及合法权益受中国法律的保护。

第二章　设立与登记

第六条　设立创投企业应具备下列条件：

（一）投资者人数在 2 人以上 50 人以下；且应至少拥有一个第七条所述的必备投资者；

（二）外国投资者以可自由兑换的货币出资，中国投资者以人民币出资；

（三）有明确的组织形式；

（四）有明确合法的投资方向；

（五）除了将本企业经营活动授予一家创业投资管理公司进行管理的情形外，创投企业应有三名以上具备创业投资从业经验的专业人员；

（六）法律、行政法规规定的其他条件。

第七条　必备投资者应当具备下列条件：

（一）以创业投资为主营业务；

（二）在申请前三年其管理的资本累计不低于1亿美元，且其中至少5000万美元已经用于进行创业投资。在必备投资者为中国投资者的情形下，本款业绩要求为：在申请前三年其管理的资本累计不低于1亿元人民币，且其中至少5000万元人民币已经用于进行创业投资；

（三）拥有3名以上具有3年以上创业投资从业经验的专业管理人员；

（四）如果某一投资者的关联实体满足上述条件，则该投资者可以申请成为必备投资者。本款所称关联实体是指该投资者控制的某一实体、或控制该投资者的某一实体、或与该投资者共同受控于某一实体的另一实体。本款所称控制是指控制方拥有被控制方超过50%的表决权；

（五）必备投资者及其上述关联实体均应未被所在国司法机关和其他相关监管机构禁止从事创业投资或投资咨询业务或以欺诈等原因进行处罚；

（六）非法人制创投企业的必备投资者，对创投企业的认缴出资及实际出资分别不低于投资者认缴出资总额及实际出资总额的1%，且应对创投企业的债务承担连带责任；公司制创投企业的必备投资者，对创投企业的认缴出资及实际出资分别不低于投资者认缴出资总额及实际出资总额的30%。

第八条　设立创投企业按以下程序办理：

（一）投资者须向拟设立创投企业所在地省级外经贸主管部门报送设立申请书及有关文件。

（二）省级外经贸主管部门应在收到全部上报材料后15天内完成初审并上报对外贸易经济合作部（以下简称审批机构）。

（三）审批机构在收到全部上报材料之日起45天内，经商科学技术部同意后，做出批准或不批准的书面决定。予以批准的，发给《外商投资企业批准证书》。

（四）获得批准设立的创投企业应自收到审批机构颁发的《外商投资企业批准证书》之日起一个月内，持此证书向国家工商行政管理部门或所在地具有外商投资企业登记管理权的省级工商行政管理部门（以下简称登记机关）申请办理注册登记手续。

第九条　申请设立创投企业应当向审批机构报送以下文件：

（一）必备投资者签署的设立申请书；

（二）投资各方签署的创投企业合同及章程；

（三）必备投资者书面声明（声明内容包括：投资者符合第七条规定的资格条件；所有提供的材料真实性；投资者将严格遵循本规定及中国其他有关法律法规的要求）；

（四）律师事务所出具的对必备投资者合法存在及其上述声明已获得有效授权和签署的法律意见书；

（五）必备投资者的创业投资业务说明、申请前三年其管理资本的说明、其已投资资本的说明，及其拥有的创业投资专业管理人员简历；

（六）投资者的注册登记证明（复印件）、法定代表人证明（复印件）；

（七）名称登记机关出具的创投企业名称预先核准通知书；

（八）如果必备投资者的资格条件是依据第七条第（四）款的规定，则还应报送其符合条件的关联实体的相关材料；

（九）审批机构要求的其他与申请设立有关的文件。

第十条 创投企业应当在名称中加注创业投资字样。除创投企业外，其他外商投资企业不得在名称中使用创业投资字样。

第十一条 申请设立创投企业应当向登记机关报送下列文件，并对其真实性、有效性负责：

（一）创投企业董事长或联合管理委员会负责人签署的设立登记申请书；

（二）合同、章程以及审批机构的批准文件和批准证书；

（三）投资者的合法开业证明或身份证明；

（四）投资者的资信证明；

（五）法定代表人的任职文件、身份证明和企业董事、经理等人员的备案文件；

（六）企业名称预先核准通知书；

（七）企业住所或营业场所证明。

申请设立非法人制创投企业，还应当提交境外必备投资者的章程或合伙协议。企业投资者中含本规定第七条第四款规定的投资者的，还应当提交关联实体为其出具的承担出资连带责任的担保函。

以上文件应使用中文。使用外文的，应提供规范的中文译本。

创投企业登记事项变更应依法向原登记机关申请办理变更登记。

第十二条 经登记机关核准的公司制创投企业，领取《企业法人营业执照》；经登记机关核准的非法人制创投企业，领取《营业执照》。

《营业执照》应载明非法人制创投企业投资者认缴的出资总额和必备投资者名称。

第三章　出资及相关变更

第十三条 非法人制创投企业的投资者的出资及相关变更应符合如下规定：

（一）投资者可以根据创业投资进度分期向创投企业注入认缴出资。各期投入资本额由创投企业根据创投企业合同及其与所投资企业签定的协议自主制定。投资者应在创投企业合同中约定投资者不如期出资的责任和相关措施；

（二）必备投资者在创投企业存续期内不得从创投企业撤出。特殊情况下确需撤出的，应获得占总出资额超过50%的其他投资者同意，并应将其权益转让给符合第七条要求的新投资者，且应当相应修改创投企业的合同和章程，并报审批机构批准。

其他投资者如转让其认缴资本额或已投入资本额，须按创投企业合同的约定进行，且受让人应符合本规定第六条的有关要求。投资各方应相应修改创投企业合同和章程，并报审批机构备案；

（三）创投企业设立后，如果有新的投资者申请加入，须符合本规定和创投企业合同的约定，经必备投资者同意，相应修改创投企业合同和章程，并报审批机构备案；

（四）创投企业出售或以其他方式处置其在所投资企业的利益而获得的收入中相当于其原出资额的部分，可以直接分配给投资各方。此类分配构成投资者减少其已投资的资本额。创投企业应当在创投企业合同中约定此类分配的具体办法，并在向其投资者作出该等分配之前至少30天内向审批机构和所在地外汇局提交一份要求相应减少投资者已投入资本额的备案说明，同时证明创投企业投资者未到位的认缴出资额及创投企业当时拥有的其他资金至少相当于创投企业当时承担的投资义务的要求。但该分配不应成为创投企业对因其违反任何投资义务所产生的诉讼请求的抗辩理由。

第十四条 非法人制创投企业向登记机关申请变更登记时，上述规定中审批机关出具的相关备案证明可替代相应的审批文件。

第十五条 非法人制创投企业投资者根据创业投资进度缴付出资后，应持相关验资报告向原登记机关申请办理出资备案手续。登记机关根据其实际出资状况在其《营业执照》出资额栏目后加注实缴出资额数目。

非法人制创投企业超过最长投资期限仍未缴付或缴清出资的，登记机关根据现行规定予以处罚。

第十六条　公司制创投企业投资者的出资及相关变更按现行规定办理。

第四章　组 织 机 构

第十七条　非法人制创投企业设联合管理委员会。公司制创投企业设董事会。联合管理委员会或董事会的组成由投资者在创投企业合同及章程中予以约定。联合管理委员会或董事会代表投资者管理创投企业。

第十八条　联合管理委员会或董事会下设经营管理机构，根据创投企业的合同及章程中规定的权限，负责日常经营管理工作，执行联合管理委员会或董事会的投资决策。

第十九条　经营管理机构的负责人应当符合下列条件：

（一）具有完全的民事行为能力；

（二）无犯罪记录；

（三）无不良经营记录；

（四）应具有创业投资业的从业经验，且无违规操作记录；

（五）审批机构要求的与经营管理资格有关的其他条件。

第二十条　经营管理机构应定期向联合管理委员会或董事会报告以下事项：

（一）经授权的重大投资活动；

（二）中期、年度业绩报告和财务报告；

（三）法律、法规规定的其他事项；

（四）创投企业合同及章程中规定的有关事项。

第二十一条　联合管理委员会或董事会可以不设经营管理机构，而将该创投企业的日常经营权授予一家创业投资管理企业或另一家创投企业进行管理。该创业投资管理企业可以是内资创业投资管理企业，也可以是外商投资创业投资管理企业，或境外创业投资管理企业。在此情形下，该创投企业与该创业投资管理企业应签订管理合同，约定创投企业和创业投资管理企业的权利义务。该管理合同应经全体投资者同意并报审批机构批准后方可生效。

第二十二条　创投企业的投资者可以在创业投资合同中依据国际惯例约定内部收益分配机制和奖励机制。

第五章　创业投资管理企业

第二十三条　受托管理创投企业的创业投资管理企业应具备下列条件：

（一）以受托管理创投企业的投资业务为主营业务；

（二）拥有三名以上具有三年以上创业投资从业经验的专业管理人员；

（三）有完善的内部控制制度。

第二十四条　创业投资管理企业可以采取公司制组织形式，也可以采取合伙制组织形式。

第二十五条　同一创业投资管理企业可以受托管理不同的创投企业。

第二十六条　创业投资管理企业应定期向委托方的联合管理委员会或董事会报告第二十条所列事项。

第二十七条　设立外商投资创业投资管理企业应符合本规定第二十三条的条件，经拟设立外商投资创业投资管理公司所在地省级外经贸主管部门报审批机构批准。审批机构在收到全部上报材料之日起 45 天内，做出批准或不批准的书面决定。予以批准的，发给《外商投资企业批准证书》。获得批准设立的外商投资创业投资管理企业应自收到审批机构颁发的《外商投资企业批准证书》之日起一个月内，持此证书向登记机关申请办理注册登记手续。

第二十八条 申请设立外商投资创业投资管理公司应当向审批机构报送以下文件：

（一）设立申请书；

（二）外商投资创业投资管理公司合同及章程；

（三）投资者的注册登记证明（复印件）、法定代表人证明（复印件）；

（四）审批机构要求的其他与申请设立有关的文件。

第二十九条 外商投资创业投资管理企业名称应当加注创业投资管理字样。除外商投资创业投资管理企业外，其他外商投资企业不得在名称中使用创业投资管理字样。

第三十条 获得批准接受创投企业委托在华从事创业投资管理业务的境外创业投资管理企业，应当自管理合同获得批准之日起 30 日内，向登记机关申请办理营业登记手续。

申请营业登记应报送下列文件，并对其真实性、有效性负责：

（一）境外创业投资管理企业董事长或有权签字人签署的登记申请书；

（二）经营管理合同及审批机构的批准文件；

（三）境外创业投资管理企业的章程或合伙协议；

（四）境外创业投资管理企业的合法开业证明；

（五）境外创业投资管理企业的资信证明；

（六）境外创业投资管理企业委派的中国项目负责人的授权书、简历及身份证明；

（七）境外创业投资管理企业在华营业场所证明。

以上文件应使用中文。使用外文的，应提供规范的中文译本。

第六章 经 营 管 理

第三十一条 创投企业可以经营以下业务：

（一）以全部自有资金进行股权投资，具体投资方式包括新设企业、向已设立企业投资、接受已设立企业投资者股权转让以及国家法律法规允许的其他方式；

（二）提供创业投资咨询；

（三）为所投资企业提供管理咨询；

（四）审批机构批准的其他业务。

创投企业资金应主要用于向所投资企业进行股权投资。

第三十二条 创投企业不得从事下列活动：

（一）在国家禁止外商投资的领域投资；

（二）直接或间接投资于上市交易的股票和企业债券，但所投资企业上市后，创投企业所持股份不在此列；

（三）直接或间接投资于非自用不动产；

（四）贷款进行投资；

（五）挪用非自有资金进行投资；

（六）向他人提供贷款或担保，但创投企业对所投资企业 1 年以上的企业债券和可以转换为所投资企业股权的债券性质的投资不在此列（本款规定并不涉及所投资企业能否发行该等债券）；

（七）法律、法规以及创投企业合同禁止从事的其他事项。

第三十三条 投资者应在创投企业合同中约定对外投资期限。

第三十四条 创投企业主要从出售或以其他方式处置其在所投资企业的股权获得收益。创投企业出售或以其他方式处置其在所投资企业的股权时,可以依法选择适用的退出机制,包括:

(一)将其持有的所投资企业的部分股权或全部股权转让给其他投资者;

(二)与所投资企业签订股权回购协议,由所投资企业在一定条件下依法回购其所持有的股权;

(三)所投资企业在符合法律、行政法规规定的上市条件时可以申请到境内外证券市场上市。创投企业可以依法通过证券市场转让其拥有的所投资企业的股份;

(四)中国法律、行政法规允许的其他方式。

所投资企业向创投企业回购该创投企业所持股权的具体办法由审批机构会同登记机关另行制订。

第三十五条 创投企业应当依照国家税法的规定依法申报纳税。对非法人制创投企业,可以由投资各方依照国家税法的有关规定,分别申报缴纳企业所得税;也可以由非法人制创投企业提出申请,经批准后,依照税法规定统一计算缴纳企业所得税。

非法人制创投企业企业所得税的具体征收管理办法由国家税务总局另行颁布。

第三十六条 创投企业中属于外国投资者的利润等收益汇出境外的,应当凭管理委员会或董事会的分配决议,由会计师事务所出具的审计报告、外方投资者投资资金流入证明和验资报告、完税证明和税务申报单(享受减免税优惠的,应提供税务部门出具的减免税证明文件),从其外汇账户中支付或者到外汇指定银行购汇汇出。

外国投资者回收的对创投企业的出资可依法申购外汇汇出。公司制创投企业开立和使用外汇账户、资本变动及其他外汇收支事项,按照现行外汇管理规定办理。非法人制创投企业外汇管理规定由国家外汇管理局另行制定。

第三十七条 投资者应在合同、章程中约定创投企业的经营期限,一般不得超过 12 年。经营期满,经审批机构批准,可以延期。

经审批机构批准,创投企业可以提前解散,终止合同和章程。但是,如果非法人制创投企业的所有投资均已被出售或通过其他方式变卖,其债务亦已全部清偿,且其剩余财产均已被分配给投资者,则毋需上述批准即可进入解散和终止程序,但该非法人制创业投资企业应在该等解散生效前至少 30 天内向审批机构提交一份书面备案说明。

创投企业解散,应按有关规定进行清算。

第三十八条 创投企业应当自清算结束之日起 30 日内向原登记机关申请注销登记。

申请注销登记,应当提交下列文件,并对其真实性、有效性负责:

(一)董事长或联合管理委员会负责人或清算组织负责人签署的注销登记申请书;

(二)董事会或联合管理委员会的决议;

(三)清算报告;

(四)税务机关、海关出具的注销登记证明;

(五)审批机构的批准文件或备案文件;

(六)法律、行政法规规定应当提交的其他文件。

经登记机关核准注销登记,创投企业终止。

非法人制创投企业必备投资者承担的连带责任不因非法人制创投企业的终止而豁免。

第七章 审核与监管

第三十九条 创投企业境内投资比照执行《指导外商投资方向规定》和《外商投资产业指导目录》的规定。

第四十条 创投企业投资于任何鼓励类和允许类的所投资企业，应向所投资企业当地授权的外经贸部门备案。当地授权的外经贸部门应在收到备案材料后 15 天内完成备案审核手续并向所投资企业颁发外商投资企业批准证书。所投资企业持外商投资企业批准证书向登记机关申请办理注册登记手续。登记机关依照有关法律和行政法规规定决定准予登记或不予登记。准予登记的，颁发外商投资企业法人营业执照。

第四十一条 创投企业投资于限制类的所投资企业，应向所投资企业所在地省级外经贸主管部门提出申请，并提供下列材料：

（一）创投企业关于投资资金充足的声明；

（二）创投企业的批准证书和营业执照（复印件）；

（三）创投企业（与所投资企业其他投资者）签定的所投资企业合同与章程。

省级外经贸主管部门接到上述申请之日起 45 日内作出同意或不同意的书面批复。作出同意批复的，颁发外商投资企业批准证书。所投资企业持该批复文件和外商投资企业批准证书向登记机关申请登记。登记机关依照有关法律和行政法规规定决定准予登记或不予登记。准予登记的，颁发外商投资企业法人营业执照。

第四十二条 创投企业投资属于服务贸易领域逐步开放的外商投资项目，按国家有关规定审批。

第四十三条 创投企业增加或转让其在所投资企业投资等行为，按照第四十条、第四十一条和第四十二条规定的程序办理。

第四十四条 创投企业应在履行完第四十条、第四十一条、第四十二条和第四十三条规定的程序之日起一个月内向审批机构备案。

第四十五条 创投企业还应在每年 3 月份将上一年度的资金筹集和使用情况报审批机构备案。

审批机构在接到该备案材料起 5 个工作日内应出具备案登记证明。凡未按上述规定备案的，审批机构将商国务院有关部门后予以相应处罚。

第四十六条 创投企业的所投资企业注册资本中，如果创投企业投资的比例中外国投资者的实际出资比例或与其他外国投资者联合投资的比例总和不低于 25%，则该所投资企业将享受外商投资企业有关优惠待遇；如果创投企业投资的比例中外国投资者的实际出资比例或与其他外国投资者联合投资的比例总和低于该所投资企业注册资本的 25%，则该所投资企业将不享受外商投资企业有关优惠待遇。

第四十七条 已成立的含有境内自然人投资者的内资企业在接受创业投资企业投资变更为外商投资企业后，可以继续保留其原有境内自然人投资者的股东地位。

第四十八条 创投企业经营管理机构的负责人和创业投资管理企业的负责人如有违法操作行为，除依法追究责任外，情节严重的，不得继续从事创业投资及相关的投资管理活动。

第八章 附　则

第四十九条 香港特别行政区、澳门特别行政区、台湾地区的投资者在大陆投资设立创投企业，参照本规定执行。

第五十条 本规定由对外贸易经济合作部、科学技术部、国家工商行政管理总局、国家税务总局和国家外汇管理局负责解释。

第五十一条 本规定自 2003 年 3 月 1 日起施行。对外贸易经济合作部、科学技术部和国家工商行政管理总局于 2001 年 8 月 28 日发布的《关于设立外商投资创业投资企业的暂行规定》同日废止。

工商行政管理机关行政处罚案件违法所得认定办法

(2008年11月21日国家工商行政管理总局令第37号公布　自2009年1月1日起施行)

第一条　为了规范和保障工商行政管理机关依法、公正、有效行使职权，正确实施行政处罚，保障公民、法人和其他组织的合法权益，根据有关法律法规的规定，制定本办法。

第二条　工商行政管理机关认定违法所得的基本原则是：以当事人违法生产、销售商品或者提供服务所获得的全部收入扣除当事人直接用于经营活动的适当的合理支出，为违法所得。

本办法有特殊规定的除外。

第三条　违法生产商品的违法所得按违法生产商品的全部销售收入扣除生产商品的原材料购进价款计算。

第四条　违法销售商品的违法所得按违法销售商品的销售收入扣除所售商品的购进价款计算。

第五条　违法提供服务的违法所得按违法提供服务的全部收入扣除该项服务中所使用商品的购进价款计算。

第六条　违反法律、法规的规定，为违法行为提供便利条件的违法所得按当事人的全部收入计算。

第七条　违法承揽的案件，承揽人提供材料的，按照本办法第三条计算违法所得；定做人提供材料的，违法所得按本办法第五条计算。

第八条　在传销违法活动中，拉人头、骗取入门费式传销的违法所得按当事人的全部收入计算。团队计酬式传销的违法所得，销售自产商品的，按违法销售商品的收入扣除生产商品的原材料购进价款计算；销售非自产商品的，按违法销售商品的收入扣除所售商品的购进价款计算。

第九条　在违法所得认定时，对当事人在工商行政管理机关作出行政处罚前依据法律、法规和省级以上人民政府的规定已经支出的税费，应予扣除。

第十条　本办法适用于工商行政管理机关行政处罚案件"非法所得"的认定。法律、行政法规对"违法所得"、"非法所得"的认定另有规定的，从其规定。政府规章对"违法所得"、"非法所得"的认定另有规定的，可以从其规定。

第十一条　本办法自2009年1月1日起施行。

附：

废止的部分工商行政管理规范性文件目录

1. 关于广告经营违法案件非法所得计算方法问题的通知
工商广字〔1991〕第337号
2. 对《关于境外杂志社在国内非法承揽广告情况报告》的批复
广字〔1992〕第24号
3. 关于查处委托加工经营中违法经济案件违法所得计算问题的答复
工商公字〔1997〕第4号
4. 关于违法广告处罚中非法所得的计算问题的答复
工商广字〔1998〕第24号
5. 关于违法所得是否等同非法所得有关问题的答复
工商广字〔2000〕第74号

二、登记注册

中华人民共和国公司法

（1993 年 12 月 29 日第八届全国人民代表大会常务委员会第五次会议通过　根据 1999 年 12 月 25 日第九届全国人民代表大会常务委员会第十三次会议《关于修改〈中华人民共和国公司法〉的决定》第一次修正　根据 2004 年 8 月 28 日第十届全国人民代表大会常务委员会第十一次会议《关于修改〈中华人民共和国公司法〉的决定》第二次修正　2005 年 10 月 27 日第十届全国人民代表大会常务委员会第十八次会议第一次修订　根据 2013 年 12 月 28 日第十二届全国人民代表大会常务委员会第六次会议《关于修改〈中华人民共和国海洋环境保护法〉等七部法律的决定》第三次修正　根据 2018 年 10 月 26 日第十三届全国人民代表大会常务委员会第六次会议《关于修改〈中华人民共和国公司法〉的决定》第四次修正　2023 年 12 月 29 日第十四届全国人民代表大会常务委员会第七次会议第二次修订　2023 年 12 月 29 日中华人民共和国主席令第 15 号公布　自 2024 年 7 月 1 日起施行）

目　　录

第一章　总　　则

第一条　为了规范公司的组织和行为，保护公司、股东、职工和债权人的合法权益，完善中国特色现代企业制度，弘扬企业家精神，维护社会经济秩序，促进社会主义市场经济的发展，根据宪法，制定本法。

第二条　本法所称公司，是指依照本法在中华人民共和国境内设立的有限责任公司和股份有限公司。

第三条　公司是企业法人，有独立的法人财产，享有法人财产权。公司以其全部财产对公司的债务承担责任。

公司的合法权益受法律保护，不受侵犯。

第四条　有限责任公司的股东以其认缴的出资额为限对公司承担责任；股份有限公司的股东以其认购的股份为限对公司承担责任。

公司股东对公司依法享有资产收益、参与重大决策和选择管理者等权利。

第五条　设立公司应当依法制定公司章程。公司章程对公司、股东、董事、监事、高级管理人员具有约束力。

第六条　公司应当有自己的名称。公司名称应当符合国家有关规定。

公司的名称权受法律保护。

第七条　依照本法设立的有限责任公司，应当在公司名称中标明有限责任公司或者有限公司字样。

依照本法设立的股份有限公司，应当在公司名称中标明股份有限公司或者股份公司字样。

第八条　公司以其主要办事机构所在地为住所。

第九条　公司的经营范围由公司章程规定。公司可以修改公司章程，变更经营范围。

公司的经营范围中属于法律、行政法规规定须经批准的项目，应当依法经过批准。

第十条　公司的法定代表人按照公司章程的规定，由代表公司执行公司事务的董事或者经理担任。

担任法定代表人的董事或者经理辞任的，视为同时辞去法定代表人。

法定代表人辞任的，公司应当在法定代表人辞任之日起三十日内确定新的法定代表人。

第十一条　法定代表人以公司名义从事的民事活动，其法律后果由公司承受。

公司章程或者股东会对法定代表人职权的限制，不得对抗善意相对人。

法定代表人因执行职务造成他人损害的，由公司承担民事责任。公司承担民事责任后，依照法律或者公司章程的规定，可以向有过错的法定代表人追偿。

第十二条　有限责任公司变更为股份有限公司，应当符合本法规定的股份有限公司的条件。股份有限公司变更为有限责任公司，应当符合本法规定的有限责任公司的条件。

有限责任公司变更为股份有限公司的，或者股份有限公司变更为有限责任公司的，公司变更前的债权、债务由变更后的公司承继。

第十三条　公司可以设立子公司。子公司具有法人资格，依法独立承担民事责任。

公司可以设立分公司。分公司不具有法人资格，其民事责任由公司承担。

第十四条　公司可以向其他企业投资。

法律规定公司不得成为对所投资企业的债务承担连带责任的出资人的，从其规定。

第十五条　公司向其他企业投资或者为他人提供担保，按照公司章程的规定，由董事会或者股东会决议；公司章程对投资或者担保的总额及单项投资或者担保的数额有限额规定的，不得超过规定的限额。

公司为公司股东或者实际控制人提供担保的，应当经股东会决议。

前款规定的股东或者受前款规定的实际控制人支配的股东，不得参加前款规定事项的表决。该项表决由出席会议的其他股东所持表决权的过半数通过。

第十六条　公司应当保护职工的合法权益，依法与职工签订劳动合同，参加社会保险，加强劳动保护，实现安全生产。

公司应当采用多种形式，加强公司职工的职业教育和岗位培训，提高职工素质。

第十七条　公司职工依照《中华人民共和国工会法》组织工会，开展工会活动，维护职工合法权益。公司应当为本公司工会提供必要的活动条件。公司工会代表职工就职工的劳动报酬、工作时间、休息休假、劳动安全卫生和保险福利等事项依法与公司签订集体合同。

公司依照宪法和有关法律的规定，建立健全以职工代表大会为基本形式的民主管理制度，通过职工代表大会或者其他形式，实行民主管理。

公司研究决定改制、解散、申请破产以及经营方面的重大问题、制定重要的规章制度时，应当听取公司工会的意见，并通过职工代表大会或者其他形式听取职工的意见和建议。

第十八条　在公司中，根据中国共产党章程的规定，设立中国共产党的组织，开展党的活动。公司应当为党组织的活动提供必要条件。

第十九条　公司从事经营活动，应当遵守法律法规，遵守社会公德、商业道德，诚实守信，接受政府和社会公众的监督。

第二十条　公司从事经营活动，应当充分考虑公司职工、消费者等利益相关者的利益以及生态环境保护等社会公共利益，承担社会责任。

国家鼓励公司参与社会公益活动，公布社会责任报告。

第二十一条　公司股东应当遵守法律、行政法规和公司章程，依法行使股东权利，不得滥用股东权利损害公司或者其他股东的利益。

公司股东滥用股东权利给公司或者其他股东造成损失的，应当承担赔偿责任。

第二十二条　公司的控股股东、实际控制人、董事、监事、高级管理人员不得利用关联关系损害公司利益。

违反前款规定，给公司造成损失的，应当承担赔偿责任。

第二十三条　公司股东滥用公司法人独立地位和股东有限责任，逃避债务，严重损害公司债权人利益的，应当对公司债务承担连带责任。

股东利用其控制的两个以上公司实施前款规定行为的，各公司应当对任一公司的债务承担连带责任。

只有一个股东的公司，股东不能证明公司财产独立于股东自己的财产的，应当对公司债务承担连带责任。

第二十四条　公司股东会、董事会、监事会召开会议和表决可以采用电子通信方式，公司章程另有规定的除外。

第二十五条　公司股东会、董事会的决议内容违反法律、行政法规的无效。

第二十六条　公司股东会、董事会的会议召集程序、表决方式违反法律、行政法规或者公司章程，或者决议内容违反公司章程的，股东自决议作出之日起六十日内，可以请求人民法院撤销。但是，股东会、董事会的会议召集程序或者表决方式仅有轻微瑕疵，对决议未产生实质影响的除外。

未被通知参加股东会会议的股东自知道或者应当知道股东会决议作出之日起六十日内，可以请求人民法院撤销；自决议作出之日起一年内没有行使撤销权的，撤销权消灭。

第二十七条　有下列情形之一的，公司股东会、董事会的决议不成立：

（一）未召开股东会、董事会会议作出决议；

（二）股东会、董事会会议未对决议事项进行表决；

（三）出席会议的人数或者所持表决权数未达到本法或者公司章程规定的人数或者所持表决权数；

（四）同意决议事项的人数或者所持表决权数未达到本法或者公司章程规定的人数或者所持表决权数。

第二十八条　公司股东会、董事会决议被人民法院宣告无效、撤销或者确认不成立的，公司应当向公司登记机关申请撤销根据该决议已办理的登记。

股东会、董事会决议被人民法院宣告无效、撤销或者确认不成立的，公司根据该决议与善意相对人形成的民事法律关系不受影响。

第二章　公司登记

第二十九条　设立公司，应当依法向公司登记机关申请设立登记。

法律、行政法规规定设立公司必须报经批准的，应当在公司登记前依法办理批准手续。

第三十条　申请设立公司，应当提交设立登记申请书、公司章程等文件，提交的相关材料应当真实、合法和有效。

申请材料不齐全或者不符合法定形式的，公司登记机关应当一次性告知需要补正的材料。

第三十一条　申请设立公司，符合本法规定的设立条件的，由公司登记机关分别登记为有限责任公司或者股份有限公司；不符合本法规定的设立条件的，不得登记为有限责任公司或者股份有限公司。

第三十二条　公司登记事项包括：

（一）名称；

（二）住所；

（三）注册资本；

（四）经营范围；

（五）法定代表人的姓名；

（六）有限责任公司股东、股份有限公司发起人的姓名或者名称。

公司登记机关应当将前款规定的公司登记事项通过国家企业信用信息公示系统向社会公示。

第三十三条　依法设立的公司，由公司登记机关发给公司营业执照。公司营业执照签发日期为公司成立日期。

公司营业执照应当载明公司的名称、住所、注册资本、经营范围、法定代表人姓名等事项。

公司登记机关可以发给电子营业执照。电子营业执照与纸质营业执照具有同等法律效力。

第三十四条　公司登记事项发生变更的，应当依法办理变更登记。

公司登记事项未经登记或者未经变更登记，不得对抗善意相对人。

第三十五条　公司申请变更登记，应当向公司登记机关提交公司法定代表人签署的变更登记申请书、依法作出的变更决议或者决定等文件。

公司变更登记事项涉及修改公司章程的，应当提交修改后的公司章程。

公司变更法定代表人的，变更登记申请书由变更后的法定代表人签署。

第三十六条　公司营业执照记载的事项发生变更的，公司办理变更登记后，由公司登记机关换发营业执照。

第三十七条 公司因解散、被宣告破产或者其他法定事由需要终止的，应当依法向公司登记机关申请注销登记，由公司登记机关公告公司终止。

第三十八条 公司设立分公司，应当向公司登记机关申请登记，领取营业执照。

第三十九条 虚报注册资本、提交虚假材料或者采取其他欺诈手段隐瞒重要事实取得公司设立登记的，公司登记机关应当依照法律、行政法规的规定予以撤销。

第四十条 公司应当按照规定通过国家企业信用信息公示系统公示下列事项：

（一）有限责任公司股东认缴和实缴的出资额、出资方式和出资日期，股份有限公司发起人认购的股份数；

（二）有限责任公司股东、股份有限公司发起人的股权、股份变更信息；

（三）行政许可取得、变更、注销等信息；

（四）法律、行政法规规定的其他信息。

公司应当确保前款公示信息真实、准确、完整。

第四十一条 公司登记机关应当优化公司登记办理流程，提高公司登记效率，加强信息化建设，推行网上办理等便捷方式，提升公司登记便利化水平。

国务院市场监督管理部门根据本法和有关法律、行政法规的规定，制定公司登记注册的具体办法。

第三章　有限责任公司的设立和组织机构

第一节　设　立

第四十二条 有限责任公司由一个以上五十个以下股东出资设立。

第四十三条 有限责任公司设立时的股东可以签订设立协议，明确各自在公司设立过程中的权利和义务。

第四十四条 有限责任公司设立时的股东为设立公司从事的民事活动，其法律后果由公司承受。

公司未成立的，其法律后果由公司设立时的股东承受；设立时的股东为二人以上的，享有连带债权，承担连带债务。

设立时的股东为设立公司以自己的名义从事民事活动产生的民事责任，第三人有权选择请求公司或者公司设立时的股东承担。

设立时的股东因履行公司设立职责造成他人损害的，公司或者无过错的股东承担赔偿责任后，可以向有过错的股东追偿。

第四十五条 设立有限责任公司，应当由股东共同制定公司章程。

第四十六条 有限责任公司章程应当载明下列事项：

（一）公司名称和住所；

（二）公司经营范围；

（三）公司注册资本；

（四）股东的姓名或者名称；

（五）股东的出资额、出资方式和出资日期；

（六）公司的机构及其产生办法、职权、议事规则；

（七）公司法定代表人的产生、变更办法；

（八）股东会认为需要规定的其他事项。

股东应当在公司章程上签名或者盖章。

第四十七条　有限责任公司的注册资本为在公司登记机关登记的全体股东认缴的出资额。全体股东认缴的出资额由股东按照公司章程的规定自公司成立之日起五年内缴足。

法律、行政法规以及国务院决定对有限责任公司注册资本实缴、注册资本最低限额、股东出资期限另有规定的，从其规定。

第四十八条　股东可以用货币出资，也可以用实物、知识产权、土地使用权、股权、债权等可以用货币估价并可以依法转让的非货币财产作价出资；但是，法律、行政法规规定不得作为出资的财产除外。

对作为出资的非货币财产应当评估作价，核实财产，不得高估或者低估作价。法律、行政法规对评估作价有规定的，从其规定。

第四十九条　股东应当按期足额缴纳公司章程规定的各自所认缴的出资额。

股东以货币出资的，应当将货币出资足额存入有限责任公司在银行开设的账户；以非货币财产出资的，应当依法办理其财产权的转移手续。

股东未按期足额缴纳出资的，除应当向公司足额缴纳外，还应当对给公司造成的损失承担赔偿责任。

第五十条　有限责任公司设立时，股东未按照公司章程规定实际缴纳出资，或者实际出资的非货币财产的实际价额显著低于所认缴的出资额的，设立时的其他股东与该股东在出资不足的范围内承担连带责任。

第五十一条　有限责任公司成立后，董事会应当对股东的出资情况进行核查，发现股东未按期足额缴纳公司章程规定的出资的，应当由公司向该股东发出书面催缴书，催缴出资。

未及时履行前款规定的义务，给公司造成损失的，负有责任的董事应当承担赔偿责任。

第五十二条　股东未按照公司章程规定的出资日期缴纳出资，公司依照前条第一款规定发出书面催缴书催缴出资的，可以载明缴纳出资的宽限期；宽限期自公司发出催缴书之日起，不得少于六十日。宽限期届满，股东仍未履行出资义务的，公司经董事会决议可以向该股东发出失权通知，通知应当以书面形式发出。自通知发出之日起，该股东丧失其未缴纳出资的股权。

依照前款规定丧失的股权应当依法转让，或者相应减少注册资本并注销该股权；六个月内未转让或者注销的，由公司其他股东按照其出资比例足额缴纳相应出资。

股东对失权有异议的，应当自接到失权通知之日起三十日内，向人民法院提起诉讼。

第五十三条　公司成立后，股东不得抽逃出资。

违反前款规定的，股东应当返还抽逃的出资；给公司造成损失的，负有责任的董事、监事、高级管理人员应当与该股东承担连带赔偿责任。

第五十四条　公司不能清偿到期债务的，公司或者已到期债权的债权人有权要求已认缴出资但未届出资期限的股东提前缴纳出资。

第五十五条　有限责任公司成立后，应当向股东签发出资证明书，记载下列事项：

（一）公司名称；

（二）公司成立日期；

（三）公司注册资本；

（四）股东的姓名或者名称、认缴和实缴的出资额、出资方式和出资日期；

（五）出资证明书的编号和核发日期。

出资证明书由法定代表人签名，并由公司盖章。

第五十六条　有限责任公司应当置备股东名册，记载下列事项：

（一）股东的姓名或者名称及住所；

（二）股东认缴和实缴的出资额、出资方式和出资日期；

（三）出资证明书编号；

（四）取得和丧失股东资格的日期。

记载于股东名册的股东，可以依股东名册主张行使股东权利。

第五十七条　股东有权查阅、复制公司章程、股东名册、股东会会议记录、董事会会议决议、监事会会议决议和财务会计报告。

股东可以要求查阅公司会计账簿、会计凭证。股东要求查阅公司会计账簿、会计凭证的，应当向公司提出书面请求，说明目的。公司有合理根据认为股东查阅会计账簿、会计凭证有不正当目的，可能损害公司合法利益的，可以拒绝提供查阅，并应当自股东提出书面请求之日起十五日内书面答复股东并说明理由。公司拒绝提供查阅的，股东可以向人民法院提起诉讼。

股东查阅前款规定的材料，可以委托会计师事务所、律师事务所等中介机构进行。

股东及其委托的会计师事务所、律师事务所等中介机构查阅、复制有关材料，应当遵守有关保护国家秘密、商业秘密、个人隐私、个人信息等法律、行政法规的规定。

股东要求查阅、复制公司全资子公司相关材料的，适用前四款的规定。

第二节　组织机构

第五十八条　有限责任公司股东会由全体股东组成。股东会是公司的权力机构，依照本法行使职权。

第五十九条　股东会行使下列职权：

（一）选举和更换董事、监事，决定有关董事、监事的报酬事项；

（二）审议批准董事会的报告；

（三）审议批准监事会的报告；

（四）审议批准公司的利润分配方案和弥补亏损方案；

（五）对公司增加或者减少注册资本作出决议；

（六）对发行公司债券作出决议；

（七）对公司合并、分立、解散、清算或者变更公司形式作出决议；

（八）修改公司章程；

（九）公司章程规定的其他职权。

股东会可以授权董事会对发行公司债券作出决议。

对本条第一款所列事项股东以书面形式一致表示同意的，可以不召开股东会会议，直接作出决定，并由全体股东在决定文件上签名或者盖章。

第六十条　只有一个股东的有限责任公司不设股东会。股东作出前条第一款所列事项的决定时，应当采用书面形式，并由股东签名或者盖章后置备于公司。

第六十一条　首次股东会会议由出资最多的股东召集和主持，依照本法规定行使职权。

第六十二条　股东会会议分为定期会议和临时会议。

定期会议应当按照公司章程的规定按时召开。代表十分之一以上表决权的股东、三分之一以上的董事或者监事会提议召开临时会议的，应当召开临时会议。

第六十三条　股东会会议由董事会召集，董事长主持；董事长不能履行职务或者不履行职务的，由副董事长主持；副董事长不能履行职务或者不履行职务的，由过半数的董事共同推举一名董事主持。

董事会不能履行或者不履行召集股东会会议职责的，由监事会召集和主持；监事会不召集和主持的，代表十分之一以上表决权的股东可以自行召集和主持。

第六十四条 召开股东会会议，应当于会议召开十五日前通知全体股东；但是，公司章程另有规定或者全体股东另有约定的除外。

股东会应当对所议事项的决定作成会议记录，出席会议的股东应当在会议记录上签名或者盖章。

第六十五条 股东会会议由股东按照出资比例行使表决权；但是，公司章程另有规定的除外。

第六十六条 股东会的议事方式和表决程序，除本法有规定的外，由公司章程规定。

股东会作出决议，应当经代表过半数表决权的股东通过。

股东会作出修改公司章程、增加或者减少注册资本的决议，以及公司合并、分立、解散或者变更公司形式的决议，应当经代表三分之二以上表决权的股东通过。

第六十七条 有限责任公司设董事会，本法第七十五条另有规定的除外。

董事会行使下列职权：

（一）召集股东会会议，并向股东会报告工作；

（二）执行股东会的决议；

（三）决定公司的经营计划和投资方案；

（四）制订公司的利润分配方案和弥补亏损方案；

（五）制订公司增加或者减少注册资本以及发行公司债券的方案；

（六）制订公司合并、分立、解散或者变更公司形式的方案；

（七）决定公司内部管理机构的设置；

（八）决定聘任或者解聘公司经理及其报酬事项，并根据经理的提名决定聘任或者解聘公司副经理、财务负责人及其报酬事项；

（九）制定公司的基本管理制度；

（十）公司章程规定或者股东会授予的其他职权。

公司章程对董事会职权的限制不得对抗善意相对人。

第六十八条 有限责任公司董事会成员为三人以上，其成员中可以有公司职工代表。职工人数三百人以上的有限责任公司，除依法设监事会并有公司职工代表的外，其董事会成员中应当有公司职工代表。董事会中的职工代表由公司职工通过职工代表大会、职工大会或者其他形式民主选举产生。

董事会设董事长一人，可以设副董事长。董事长、副董事长的产生办法由公司章程规定。

第六十九条 有限责任公司可以按照公司章程的规定在董事会中设置由董事组成的审计委员会，行使本法规定的监事会的职权，不设监事会或者监事。公司董事会成员中的职工代表可以成为审计委员会成员。

第七十条 董事任期由公司章程规定，但每届任期不得超过三年。董事任期届满，连选可以连任。

董事任期届满未及时改选，或者董事在任期内辞任导致董事会成员低于法定人数的，在改选出的董事就任前，原董事仍应当依照法律、行政法规和公司章程的规定，履行董事职务。

董事辞任的，应当以书面形式通知公司，公司收到通知之日辞任生效，但存在前款规定情形的，董事应当继续履行职务。

第七十一条 股东会可以决议解任董事，决议作出之日解任生效。

无正当理由，在任期届满前解任董事的，该董事可以要求公司予以赔偿。

第七十二条 董事会会议由董事长召集和主持；董事长不能履行职务或者不履行职务的，由副董事长召集和主持；副董事长不能履行职务或者不履行职务的，由过半数的董事共同推举一名董事召集和主持。

第七十三条 董事会的议事方式和表决程序，除本法有规定的外，由公司章程规定。

董事会会议应当有过半数的董事出席方可举行。董事会作出决议，应当经全体董事的过半数通过。

董事会决议的表决，应当一人一票。

董事会应当对所议事项的决定作成会议记录，出席会议的董事应当在会议记录上签名。

第七十四条 有限责任公司可以设经理，由董事会决定聘任或者解聘。

经理对董事会负责，根据公司章程的规定或者董事会的授权行使职权。经理列席董事会会议。

第七十五条 规模较小或者股东人数较少的有限责任公司，可以不设董事会，设一名董事，行使本法规定的董事会的职权。该董事可以兼任公司经理。

第七十六条 有限责任公司设监事会，本法第六十九条、第八十三条另有规定的除外。

监事会成员为三人以上。监事会成员应当包括股东代表和适当比例的公司职工代表，其中职工代表的比例不得低于三分之一，具体比例由公司章程规定。监事会中的职工代表由公司职工通过职工代表大会、职工大会或者其他形式民主选举产生。

监事会设主席一人，由全体监事过半数选举产生。监事会主席召集和主持监事会会议；监事会主席不能履行职务或者不履行职务的，由过半数的监事共同推举一名监事召集和主持监事会会议。

董事、高级管理人员不得兼任监事。

第七十七条 监事的任期每届为三年。监事任期届满，连选可以连任。

监事任期届满未及时改选，或者监事在任期内辞任导致监事会成员低于法定人数的，在改选出的监事就任前，原监事仍应当依照法律、行政法规和公司章程的规定，履行监事职务。

第七十八条 监事会行使下列职权：

（一）检查公司财务；

（二）对董事、高级管理人员执行职务的行为进行监督，对违反法律、行政法规、公司章程或者股东会决议的董事、高级管理人员提出解任的建议；

（三）当董事、高级管理人员的行为损害公司的利益时，要求董事、高级管理人员予以纠正；

（四）提议召开临时股东会会议，在董事会不履行本法规定的召集和主持股东会会议职责时召集和主持股东会会议；

（五）向股东会会议提出提案；

（六）依照本法第一百八十九条的规定，对董事、高级管理人员提起诉讼；

（七）公司章程规定的其他职权。

第七十九条 监事可以列席董事会会议，并对董事会决议事项提出质询或者建议。

监事会发现公司经营情况异常，可以进行调查；必要时，可以聘请会计师事务所等协助其工作，费用由公司承担。

第八十条 监事会可以要求董事、高级管理人员提交执行职务的报告。

董事、高级管理人员应当如实向监事会提供有关情况和资料，不得妨碍监事会或者监事行使职权。

第八十一条 监事会每年度至少召开一次会议，监事可以提议召开临时监事会会议。

监事会的议事方式和表决程序，除本法有规定的外，由公司章程规定。

监事会决议应当经全体监事的过半数通过。

监事会决议的表决，应当一人一票。

监事会应当对所议事项的决定作成会议记录，出席会议的监事应当在会议记录上签名。

第八十二条 监事会行使职权所必需的费用，由公司承担。

第八十三条 规模较小或者股东人数较少的有限责任公司，可以不设监事会，设一名监事，行使本法规定的监事会的职权；经全体股东一致同意，也可以不设监事。

第四章 有限责任公司的股权转让

第八十四条 有限责任公司的股东之间可以相互转让其全部或者部分股权。

股东向股东以外的人转让股权的，应当将股权转让的数量、价格、支付方式和期限等事项书面通知其他股东，其他股东在同等条件下有优先购买权。股东自接到书面通知之日起三十日内未答复的，视为放弃优先购买权。两个以上股东行使优先购买权的，协商确定各自的购买比例；协商不成的，按照转让时各自的出资比例行使优先购买权。

公司章程对股权转让另有规定的，从其规定。

第八十五条 人民法院依照法律规定的强制执行程序转让股东的股权时，应当通知公司及全体股东，其他股东在同等条件下有优先购买权。其他股东自人民法院通知之日起满二十日不行使优先购买权的，视为放弃优先购买权。

第八十六条 股东转让股权的，应当书面通知公司，请求变更股东名册；需要办理变更登记的，并请求公司向公司登记机关办理变更登记。公司拒绝或者在合理期限内不予答复的，转让人、受让人可以依法向人民法院提起诉讼。

股权转让的，受让人自记载于股东名册时起可以向公司主张行使股东权利。

第八十七条 依照本法转让股权后，公司应当及时注销原股东的出资证明书，向新股东签发出资证明书，并相应修改公司章程和股东名册中有关股东及其出资额的记载。对公司章程的该项修改不需再由股东会表决。

第八十八条 股东转让已认缴出资但未届出资期限的股权的，由受让人承担缴纳该出资的义务；受让人未按期足额缴纳出资的，转让人对受让人未按期缴纳的出资承担补充责任。

未按照公司章程规定的出资日期缴纳出资或者作为出资的非货币财产的实际价额显著低于所认缴的出资额的股东转让股权的，转让人与受让人在出资不足的范围内承担连带责任；受让人不知道且不应当知道存在上述情形的，由转让人承担责任。

第八十九条 有下列情形之一的，对股东会该项决议投反对票的股东可以请求公司按照合理的价格收购其股权：

（一）公司连续五年不向股东分配利润，而公司该五年连续盈利，并且符合本法规定的分配利润条件；

（二）公司合并、分立、转让主要财产；

（三）公司章程规定的营业期限届满或者章程规定的其他解散事由出现，股东会通过决议修改章程使公司存续。

自股东会决议作出之日起六十日内，股东与公司不能达成股权收购协议的，股东可以自股东会决议作出之日起九十日内向人民法院提起诉讼。

公司的控股股东滥用股东权利，严重损害公司或者其他股东利益的，其他股东有权请求公司按照合理的价格收购其股权。

公司因本条第一款、第三款规定的情形收购的本公司股权，应当在六个月内依法转让或者注销。

第九十条 自然人股东死亡后，其合法继承人可以继承股东资格；但是，公司章程另有规定的除外。

第五章 股份有限公司的设立和组织机构

第一节 设 立

第九十一条 设立股份有限公司，可以采取发起设立或者募集设立的方式。

发起设立，是指由发起人认购设立公司时应发行的全部股份而设立公司。

募集设立，是指由发起人认购设立公司时应发行股份的一部分，其余股份向特定对象募集或者向社会公开募集而设立公司。

第九十二条 设立股份有限公司，应当有一人以上二百人以下为发起人，其中应当有半数以上的发起人在中华人民共和国境内有住所。

第九十三条 股份有限公司发起人承担公司筹办事务。

发起人应当签订发起人协议，明确各自在公司设立过程中的权利和义务。

第九十四条 设立股份有限公司，应当由发起人共同制订公司章程。

第九十五条 股份有限公司章程应当载明下列事项：

（一）公司名称和住所；

（二）公司经营范围；

（三）公司设立方式；

（四）公司注册资本、已发行的股份数和设立时发行的股份数，面额股的每股金额；

（五）发行类别股的，每一类别股的股份数及其权利和义务；

（六）发起人的姓名或者名称、认购的股份数、出资方式；

（七）董事会的组成、职权和议事规则；

（八）公司法定代表人的产生、变更办法；

（九）监事会的组成、职权和议事规则；

（十）公司利润分配办法；

（十一）公司的解散事由与清算办法；

（十二）公司的通知和公告办法；

（十三）股东会认为需要规定的其他事项。

第九十六条 股份有限公司的注册资本为在公司登记机关登记的已发行股份的股本总额。在发起人认购的股份缴足前，不得向他人募集股份。

法律、行政法规以及国务院决定对股份有限公司注册资本最低限额另有规定的，从其规定。

第九十七条 以发起设立方式设立股份有限公司的，发起人应当认足公司章程规定的公司设立时应发行的股份。

以募集设立方式设立股份有限公司的，发起人认购的股份不得少于公司章程规定的公司设立时应发行股份总数的百分之三十五；但是，法律、行政法规另有规定的，从其规定。

第九十八条 发起人应当在公司成立前按照其认购的股份全额缴纳股款。

发起人的出资，适用本法第四十八条、第四十九条第二款关于有限责任公司股东出资的规定。

第九十九条 发起人不按照其认购的股份缴纳股款，或者作为出资的非货币财产的实际价额显著低于所认购的股份的，其他发起人与该发起人在出资不足的范围内承担连带责任。

第一百条 发起人向社会公开募集股份，应当公告招股说明书，并制作认股书。认股书应当载明本法第一百五十四条第二款、第三款所列事项，由认股人填写认购的股份数、金额、住所，并签名或者盖章。认股人应当按照所认购股份足额缴纳股款。

第一百零一条 向社会公开募集股份的股款缴足后，应当经依法设立的验资机构验资并出具证明。

第一百零二条 股份有限公司应当制作股东名册并置备于公司。股东名册应当记载下列事项：

（一）股东的姓名或者名称及住所；

（二）各股东所认购的股份种类及股份数；

（三）发行纸面形式的股票的，股票的编号；

（四）各股东取得股份的日期。

第一百零三条 募集设立股份有限公司的发起人应当自公司设立时应发行股份的股款缴足之日起三十日内召开公司成立大会。发起人应当在成立大会召开十五日前将会议日期通知各认股人或者予以公告。成立大会应当有持有表决权过半数的认股人出席，方可举行。

以发起设立方式设立股份有限公司成立大会的召开和表决程序由公司章程或者发起人协议规定。

第一百零四条 公司成立大会行使下列职权：

（一）审议发起人关于公司筹办情况的报告；

（二）通过公司章程；

（三）选举董事、监事；

（四）对公司的设立费用进行审核；

（五）对发起人非货币财产出资的作价进行审核；

（六）发生不可抗力或者经营条件发生重大变化直接影响公司设立的，可以作出不设立公司的决议。

成立大会对前款所列事项作出决议，应当经出席会议的认股人所持表决权过半数通过。

第一百零五条 公司设立时应发行的股份未募足，或者发行股份的股款缴足后，发起人在三十日内未召开成立大会的，认股人可以按照所缴股款并加算银行同期存款利息，要求发起人返还。

发起人、认股人缴纳股款或者交付非货币财产出资后，除未按期募足股份、发起人未按期召开成立大会或者成立大会决议不设立公司的情形外，不得抽回其股本。

第一百零六条 董事会应当授权代表，于公司成立大会结束后三十日内向公司登记机关申请设立登记。

第一百零七条 本法第四十四条、第四十九条第三款、第五十一条、第五十二条、第五十三条的规定，适用于股份有限公司。

第一百零八条 有限责任公司变更为股份有限公司时，折合的实收股本总额不得高于公司净资产额。有限责任公司变更为股份有限公司，为增加注册资本公开发行股份时，应当依法办理。

第一百零九条 股份有限公司应当将公司章程、股东名册、股东会会议记录、董事会会议记录、监事会会议记录、财务会计报告、债券持有人名册置备于本公司。

第一百一十条 股东有权查阅、复制公司章程、股东名册、股东会会议记录、董事会会议决议、监事会会议决议、财务会计报告，对公司的经营提出建议或者质询。

连续一百八十日以上单独或者合计持有公司百分之三以上股份的股东要求查阅公司的会计账簿、会计凭证的，适用本法第五十七条第二款、第三款、第四款的规定。公司章程对持股比例有较低规定的，从其规定。

股东要求查阅、复制公司全资子公司相关材料的，适用前两款的规定。

上市公司股东查阅、复制相关材料的，应当遵守《中华人民共和国证券法》等法律、行政法规的规定。

第二节　股　东　会

第一百一十一条　股份有限公司股东会由全体股东组成。股东会是公司的权力机构，依照本法行使职权。

第一百一十二条　本法第五十九条第一款、第二款关于有限责任公司股东会职权的规定，适用于股份有限公司股东会。

本法第六十条关于只有一个股东的有限责任公司不设股东会的规定，适用于只有一个股东的股份有限公司。

第一百一十三条　股东会应当每年召开一次年会。有下列情形之一的，应当在两个月内召开临时股东会会议：

（一）董事人数不足本法规定人数或者公司章程所定人数的三分之二时；

（二）公司未弥补的亏损达股本总额三分之一时；

（三）单独或者合计持有公司百分之十以上股份的股东请求时；

（四）董事会认为必要时；

（五）监事会提议召开时；

（六）公司章程规定的其他情形。

第一百一十四条　股东会会议由董事会召集，董事长主持；董事长不能履行职务或者不履行职务的，由副董事长主持；副董事长不能履行职务或者不履行职务的，由过半数的董事共同推举一名董事主持。

董事会不能履行或者不履行召集股东会会议职责的，监事会应当及时召集和主持；监事会不召集和主持的，连续九十日以上单独或者合计持有公司百分之十以上股份的股东可以自行召集和主持。

单独或者合计持有公司百分之十以上股份的股东请求召开临时股东会会议的，董事会、监事会应当在收到请求之日起十日内作出是否召开临时股东会会议的决定，并书面答复股东。

第一百一十五条　召开股东会会议，应当将会议召开的时间、地点和审议的事项于会议召开二十日前通知各股东；临时股东会会议应当于会议召开十五日前通知各股东。

单独或者合计持有公司百分之一以上股份的股东，可以在股东会会议召开十日前提出临时提案并书面提交董事会。临时提案应当有明确议题和具体决议事项。董事会应当在收到提案后二日内通知其他股东，并将该临时提案提交股东会审议；但临时提案违反法律、行政法规或者公司章程的规定，或者不属于股东会职权范围的除外。公司不得提高提出临时提案股东的持股比例。

公开发行股份的公司，应当以公告方式作出前两款规定的通知。

股东会不得对通知中未列明的事项作出决议。

第一百一十六条　股东出席股东会会议，所持每一股份有一表决权，类别股股东除外。公司持有的本公司股份没有表决权。

股东会作出决议，应当经出席会议的股东所持表决权过半数通过。

股东会作出修改公司章程、增加或者减少注册资本的决议，以及公司合并、分立、解散或者变更公司形式的决议，应当经出席会议的股东所持表决权的三分之二以上通过。

第一百一十七条　股东会选举董事、监事，可以按照公司章程的规定或者股东会的决议，实行累积投票制。

本法所称累积投票制，是指股东会选举董事或者监事时，每一股份拥有与应选董事或者监事人数相同的表决权，股东拥有的表决权可以集中使用。

第一百一十八条 股东委托代理人出席股东会会议的，应当明确代理人代理的事项、权限和期限；代理人应当向公司提交股东授权委托书，并在授权范围内行使表决权。

第一百一十九条 股东会应当对所议事项的决定作成会议记录，主持人、出席会议的董事应当在会议记录上签名。会议记录应当与出席股东的签名册及代理出席的委托书一并保存。

第三节 董事会、经理

第一百二十条 股份有限公司设置董事会，本法第一百二十八条另有规定的除外。

本法第六十七条、第六十八条第一款、第七十条、第七十一条的规定，适用于股份有限公司。

第一百二十一条 股份有限公司可以按照公司章程的规定在董事会中设置由董事组成的审计委员会，行使本法规定的监事会的职权，不设监事会或者监事。

审计委员会成员为三名以上，过半数成员不得在公司担任除董事以外的其他职务，且不得与公司存在任何可能影响其独立客观判断的关系。公司董事会成员中的职工代表可以成为审计委员会成员。

审计委员会作出决议，应当经审计委员会成员的过半数通过。

审计委员会决议的表决，应当一人一票。

审计委员会的议事方式和表决程序，除本法有规定的外，由公司章程规定。

公司可以按照公司章程的规定在董事会中设置其他委员会。

第一百二十二条 董事会设董事长一人，可以设副董事长。董事长和副董事长由董事会以全体董事的过半数选举产生。

董事长召集和主持董事会会议，检查董事会决议的实施情况。副董事长协助董事长工作，董事长不能履行职务或者不履行职务的，由副董事长履行职务；副董事长不能履行职务或者不履行职务的，由过半数的董事共同推举一名董事履行职务。

第一百二十三条 董事会每年度至少召开两次会议，每次会议应当于会议召开十日前通知全体董事和监事。

代表十分之一以上表决权的股东、三分之一以上董事或者监事会，可以提议召开临时董事会会议。董事长应当自接到提议后十日内，召集和主持董事会会议。

董事会召开临时会议，可以另定召集董事会的通知方式和通知时限。

第一百二十四条 董事会会议应当有过半数的董事出席方可举行。董事会作出决议，应当经全体董事的过半数通过。

董事会决议的表决，应当一人一票。

董事会应当对所议事项的决定作成会议记录，出席会议的董事应当在会议记录上签名。

第一百二十五条 董事会会议，应当由董事本人出席；董事因故不能出席，可以书面委托其他董事代为出席，委托书应当载明授权范围。

董事应当对董事会的决议承担责任。董事会的决议违反法律、行政法规或者公司章程、股东会决议，给公司造成严重损失的，参与决议的董事对公司负赔偿责任；经证明在表决时曾表明异议并记载于会议记录的，该董事可以免除责任。

第一百二十六条 股份有限公司设经理，由董事会决定聘任或者解聘。

经理对董事会负责，根据公司章程的规定或者董事会的授权行使职权。经理列席董事会会议。

第一百二十七条 公司董事会可以决定由董事会成员兼任经理。

第一百二十八条 规模较小或者股东人数较少的股份有限公司，可以不设董事会，设一名董事，行使本法规定的董事会的职权。该董事可以兼任公司经理。

第一百二十九条 公司应当定期向股东披露董事、监事、高级管理人员从公司获得报酬的情况。

第四节 监 事 会

第一百三十条 股份有限公司设监事会，本法第一百二十一条第一款、第一百三十三条另有规定的除外。

监事会成员为三人以上。监事会成员应当包括股东代表和适当比例的公司职工代表，其中职工代表的比例不得低于三分之一，具体比例由公司章程规定。监事会中的职工代表由公司职工通过职工代表大会、职工大会或者其他形式民主选举产生。

监事会设主席一人，可以设副主席。监事会主席和副主席由全体监事过半数选举产生。监事会主席召集和主持监事会会议；监事会主席不能履行职务或者不履行职务的，由监事会副主席召集和主持监事会会议；监事会副主席不能履行职务或者不履行职务的，由过半数的监事共同推举一名监事召集和主持监事会会议。

董事、高级管理人员不得兼任监事。

本法第七十七条关于有限责任公司监事任期的规定，适用于股份有限公司监事。

第一百三十一条 本法第七十八条至第八十条的规定，适用于股份有限公司监事会。

监事会行使职权所必需的费用，由公司承担。

第一百三十二条 监事会每六个月至少召开一次会议。监事可以提议召开临时监事会会议。

监事会的议事方式和表决程序，除本法有规定的外，由公司章程规定。

监事会决议应当经全体监事的过半数通过。

监事会决议的表决，应当一人一票。

监事会应当对所议事项的决定作成会议记录，出席会议的监事应当在会议记录上签名。

第一百三十三条 规模较小或者股东人数较少的股份有限公司，可以不设监事会，设一名监事，行使本法规定的监事会的职权。

第五节 上市公司组织机构的特别规定

第一百三十四条 本法所称上市公司，是指其股票在证券交易所上市交易的股份有限公司。

第一百三十五条 上市公司在一年内购买、出售重大资产或者向他人提供担保的金额超过公司资产总额百分之三十的，应当由股东会作出决议，并经出席会议的股东所持表决权的三分之二以上通过。

第一百三十六条 上市公司设独立董事，具体管理办法由国务院证券监督管理机构规定。

上市公司的公司章程除载明本法第九十五条规定的事项外，还应当依照法律、行政法规的规定载明董事会专门委员会的组成、职权以及董事、监事、高级管理人员薪酬考核机制等事项。

第一百三十七条 上市公司在董事会中设置审计委员会的，董事会对下列事项作出决议前应当经审计委员会全体成员过半数通过：

（一）聘用、解聘承办公司审计业务的会计师事务所；

（二）聘任、解聘财务负责人；

（三）披露财务会计报告；

（四）国务院证券监督管理机构规定的其他事项。

第一百三十八条 上市公司设董事会秘书，负责公司股东会和董事会会议的筹备、文件保管以及公司股东资料的管理，办理信息披露事务等事宜。

第一百三十九条 上市公司董事与董事会会议决议事项所涉及的企业或者个人有关联关系的，该董事应当及时向董事会书面报告。有关联关系的董事不得对该项决议行使表决权，也不得代理其他董事行使表决权。该董事会会议由过半数的无关联关系董事出席即可举行，董事会会议所作决议须经无关联关系董事过半数通过。出席董事会会议的无关联关系董事人数不足三人的，应当将该事项提交上市公司股东会审议。

第一百四十条 上市公司应当依法披露股东、实际控制人的信息，相关信息应当真实、准确、完整。

禁止违反法律、行政法规的规定代持上市公司股票。

第一百四十一条 上市公司控股子公司不得取得该上市公司的股份。

上市公司控股子公司因公司合并、质权行使等原因持有上市公司股份的，不得行使所持股份对应的表决权，并应当及时处分相关上市公司股份。

第六章　股份有限公司的股份发行和转让

第一节　股份发行

第一百四十二条 公司的资本划分为股份。公司的全部股份，根据公司章程的规定择一采用面额股或者无面额股。采用面额股的，每一股的金额相等。

公司可以根据公司章程的规定将已发行的面额股全部转换为无面额股或者将无面额股全部转换为面额股。

采用无面额股的，应当将发行股份所得股款的二分之一以上计入注册资本。

第一百四十三条 股份的发行，实行公平、公正的原则，同类别的每一股份应当具有同等权利。

同次发行的同类别股份，每股的发行条件和价格应当相同；认购人所认购的股份，每股应当支付相同价额。

第一百四十四条 公司可以按照公司章程的规定发行下列与普通股权利不同的类别股：

（一）优先或者劣后分配利润或者剩余财产的股份；

（二）每一股的表决权数多于或者少于普通股的股份；

（三）转让须经公司同意等转让受限的股份；

（四）国务院规定的其他类别股。

公开发行股份的公司不得发行前款第二项、第三项规定的类别股；公开发行前已发行的除外。

公司发行本条第一款第二项规定的类别股的，对于监事或者审计委员会成员的选举和更换，类别股与普通股每一股的表决权数相同。

第一百四十五条 发行类别股的公司，应当在公司章程中载明以下事项：

（一）类别股分配利润或者剩余财产的顺序；

（二）类别股的表决权数；

（三）类别股的转让限制；

（四）保护中小股东权益的措施；

（五）股东会认为需要规定的其他事项。

第一百四十六条 发行类别股的公司，有本法第一百一十六条第三款规定的事项等可能影响类别股股东权利的，除应当依照第一百一十六条第三款的规定经股东会决议外，还应当经出席类别股股东会议的股东所持表决权的三分之二以上通过。

公司章程可以对需经类别股股东会议决议的其他事项作出规定。

第一百四十七条　公司的股份采取股票的形式。股票是公司签发的证明股东所持股份的凭证。

公司发行的股票,应当为记名股票。

第一百四十八条　面额股股票的发行价格可以按票面金额,也可以超过票面金额,但不得低于票面金额。

第一百四十九条　股票采用纸面形式或者国务院证券监督管理机构规定的其他形式。

股票采用纸面形式的,应当载明下列主要事项:

(一)公司名称;

(二)公司成立日期或者股票发行的时间;

(三)股票种类、票面金额及代表的股份数,发行无面额股的,股票代表的股份数。

股票采用纸面形式的,还应当载明股票的编号,由法定代表人签名,公司盖章。

发起人股票采用纸面形式的,应当标明发起人股票字样。

第一百五十条　股份有限公司成立后,即向股东正式交付股票。公司成立前不得向股东交付股票。

第一百五十一条　公司发行新股,股东会应当对下列事项作出决议:

(一)新股种类及数额;

(二)新股发行价格;

(三)新股发行的起止日期;

(四)向原有股东发行新股的种类及数额;

(五)发行无面额股的,新股发行所得股款计入注册资本的金额。

公司发行新股,可以根据公司经营情况和财务状况,确定其作价方案。

第一百五十二条　公司章程或者股东会可以授权董事会在三年内决定发行不超过已发行股份百分之五十的股份。但以非货币财产作价出资的应当经股东会决议。

董事会依照前款规定决定发行股份导致公司注册资本、已发行股份数发生变化的,对公司章程该项记载事项的修改不需再由股东会表决。

第一百五十三条　公司章程或者股东会授权董事会决定发行新股的,董事会决议应当经全体董事三分之二以上通过。

第一百五十四条　公司向社会公开募集股份,应当经国务院证券监督管理机构注册,公告招股说明书。

招股说明书应当附有公司章程,并载明下列事项:

(一)发行的股份总数;

(二)面额股的票面金额和发行价格或者无面额股的发行价格;

(三)募集资金的用途;

(四)认股人的权利和义务;

(五)股份种类及其权利和义务;

(六)本次募股的起止日期及逾期未募足时认股人可以撤回所认股份的说明。

公司设立时发行股份的,还应当载明发起人认购的股份数。

第一百五十五条　公司向社会公开募集股份,应当由依法设立的证券公司承销,签订承销协议。

第一百五十六条　公司向社会公开募集股份,应当同银行签订代收股款协议。

代收股款的银行应当按照协议代收和保存股款，向缴纳股款的认股人出具收款单据，并负有向有关部门出具收款证明的义务。

公司发行股份募足股款后，应予公告。

第二节　股份转让

第一百五十七条　股份有限公司的股东持有的股份可以向其他股东转让，也可以向股东以外的人转让；公司章程对股份转让有限制的，其转让按照公司章程的规定进行。

第一百五十八条　股东转让其股份，应当在依法设立的证券交易场所进行或者按照国务院规定的其他方式进行。

第一百五十九条　股票的转让，由股东以背书方式或者法律、行政法规规定的其他方式进行；转让后由公司将受让人的姓名或者名称及住所记载于股东名册。

股东会会议召开前二十日内或者公司决定分配股利的基准日前五日内，不得变更股东名册。法律、行政法规或者国务院证券监督管理机构对上市公司股东名册变更另有规定的，从其规定。

第一百六十条　公司公开发行股份前已发行的股份，自公司股票在证券交易所上市交易之日起一年内不得转让。法律、行政法规或者国务院证券监督管理机构对上市公司的股东、实际控制人转让其所持有的本公司股份另有规定的，从其规定。

公司董事、监事、高级管理人员应当向公司申报所持有的本公司的股份及其变动情况，在就任时确定的任职期间每年转让的股份不得超过其所持有本公司股份总数的百分之二十五；所持本公司股份自公司股票上市交易之日起一年内不得转让。上述人员离职后半年内，不得转让其所持有的本公司股份。公司章程可以对公司董事、监事、高级管理人员转让其所持有的本公司股份作出其他限制性规定。

股份在法律、行政法规规定的限制转让期限内出质的，质权人不得在限制转让期限内行使质权。

第一百六十一条　有下列情形之一的，对股东会该项决议投反对票的股东可以请求公司按照合理的价格收购其股份，公开发行股份的公司除外：

（一）公司连续五年不向股东分配利润，而公司该五年连续盈利，并且符合本法规定的分配利润条件；

（二）公司转让主要财产；

（三）公司章程规定的营业期限届满或者章程规定的其他解散事由出现，股东会通过决议修改章程使公司存续。

自股东会决议作出之日起六十日内，股东与公司不能达成股份收购协议的，股东可以自股东会决议作出之日起九十日内向人民法院提起诉讼。

公司因本条第一款规定的情形收购的本公司股份，应当在六个月内依法转让或者注销。

第一百六十二条　公司不得收购本公司股份。但是，有下列情形之一的除外：

（一）减少公司注册资本；

（二）与持有本公司股份的其他公司合并；

（三）将股份用于员工持股计划或者股权激励；

（四）股东因对股东会作出的公司合并、分立决议持异议，要求公司收购其股份；

（五）将股份用于转换公司发行的可转换为股票的公司债券；

（六）上市公司为维护公司价值及股东权益所必需。

公司因前款第一项、第二项规定的情形收购本公司股份的，应当经股东会决议；公司因前款第三项、第五项、第六项规定的情形收购本公司股份的，可以按照公司章程或者股东会的授权，经三分之二以上董事出席的董事会会议决议。

公司依照本条第一款规定收购本公司股份后，属于第一项情形的，应当自收购之日起十日内注销；属于第二项、第四项情形的，应当在六个月内转让或者注销；属于第三项、第五项、第六项情形的，公司合计持有的本公司股份数不得超过本公司已发行股份总数的百分之十，并应当在三年内转让或者注销。

上市公司收购本公司股份的，应当依照《中华人民共和国证券法》的规定履行信息披露义务。上市公司因本条第一款第三项、第五项、第六项规定的情形收购本公司股份的，应当通过公开的集中交易方式进行。

公司不得接受本公司的股份作为质权的标的。

第一百六十三条　公司不得为他人取得本公司或者其母公司的股份提供赠与、借款、担保以及其他财务资助，公司实施员工持股计划的除外。

为公司利益，经股东会决议，或者董事会按照公司章程或者股东会的授权作出决议，公司可以为他人取得本公司或者其母公司的股份提供财务资助，但财务资助的累计总额不得超过已发行股本总额的百分之十。董事会作出决议应当经全体董事的三分之二以上通过。

违反前两款规定，给公司造成损失的，负有责任的董事、监事、高级管理人员应当承担赔偿责任。

第一百六十四条　股票被盗、遗失或者灭失，股东可以依照《中华人民共和国民事诉讼法》规定的公示催告程序，请求人民法院宣告该股票失效。人民法院宣告该股票失效后，股东可以向公司申请补发股票。

第一百六十五条　上市公司的股票，依照有关法律、行政法规及证券交易所交易规则上市交易。

第一百六十六条　上市公司应当依照法律、行政法规的规定披露相关信息。

第一百六十七条　自然人股东死亡后，其合法继承人可以继承股东资格；但是，股份转让受限的股份有限公司的章程另有规定的除外。

第七章　国家出资公司组织机构的特别规定

第一百六十八条　国家出资公司的组织机构，适用本章规定；本章没有规定的，适用本法其他规定。

本法所称国家出资公司，是指国家出资的国有独资公司、国有资本控股公司，包括国家出资的有限责任公司、股份有限公司。

第一百六十九条　国家出资公司，由国务院或者地方人民政府分别代表国家依法履行出资人职责，享有出资人权益。国务院或者地方人民政府可以授权国有资产监督管理机构或者其他部门、机构代表本级人民政府对国家出资公司履行出资人职责。

代表本级人民政府履行出资人职责的机构、部门，以下统称为履行出资人职责的机构。

第一百七十条　国家出资公司中中国共产党的组织，按照中国共产党章程的规定发挥领导作用，研究讨论公司重大经营管理事项，支持公司的组织机构依法行使职权。

第一百七十一条　国有独资公司章程由履行出资人职责的机构制定。

第一百七十二条　国有独资公司不设股东会，由履行出资人职责的机构行使股东会职权。履行出资人职责的机构可以授权公司董事会行使股东会的部分职权，但公司章程的制定和修改，公司的合并、分立、解散、申请破产，增加或者减少注册资本，分配利润，应当由履行出资人职责的机构决定。

第一百七十三条　国有独资公司的董事会依照本法规定行使职权。

国有独资公司的董事会成员中，应当过半数为外部董事，并应当有公司职工代表。

董事会成员由履行出资人职责的机构委派；但是，董事会成员中的职工代表由公司职工代表大会选举产生。

董事会设董事长一人，可以设副董事长。董事长、副董事长由履行出资人职责的机构从董事会成员中指定。

第一百七十四条 国有独资公司的经理由董事会聘任或者解聘。

经履行出资人职责的机构同意，董事会成员可以兼任经理。

第一百七十五条 国有独资公司的董事、高级管理人员，未经履行出资人职责的机构同意，不得在其他有限责任公司、股份有限公司或者其他经济组织兼职。

第一百七十六条 国有独资公司在董事会中设置由董事组成的审计委员会行使本法规定的监事会职权的，不设监事会或者监事。

第一百七十七条 国家出资公司应当依法建立健全内部监督管理和风险控制制度，加强内部合规管理。

第八章 公司董事、监事、高级
管理人员的资格和义务

第一百七十八条 有下列情形之一的，不得担任公司的董事、监事、高级管理人员：

（一）无民事行为能力或者限制民事行为能力；

（二）因贪污、贿赂、侵占财产、挪用财产或者破坏社会主义市场经济秩序，被判处刑罚，或者因犯罪被剥夺政治权利，执行期满未逾五年，被宣告缓刑的，自缓刑考验期满之日起未逾二年；

（三）担任破产清算的公司、企业的董事或者厂长、经理，对该公司、企业的破产负有个人责任的，自该公司、企业破产清算完结之日起未逾三年；

（四）担任因违法被吊销营业执照、责令关闭的公司、企业的法定代表人，并负有个人责任的，自该公司、企业被吊销营业执照、责令关闭之日起未逾三年；

（五）个人因所负数额较大债务到期未清偿被人民法院列为失信被执行人。

违反前款规定选举、委派董事、监事或者聘任高级管理人员的，该选举、委派或者聘任无效。

董事、监事、高级管理人员在任职期间出现本条第一款所列情形的，公司应当解除其职务。

第一百七十九条 董事、监事、高级管理人员应当遵守法律、行政法规和公司章程。

第一百八十条 董事、监事、高级管理人员对公司负有忠实义务，应当采取措施避免自身利益与公司利益冲突，不得利用职权牟取不正当利益。

董事、监事、高级管理人员对公司负有勤勉义务，执行职务应当为公司的最大利益尽到管理者通常应有的合理注意。

公司的控股股东、实际控制人不担任公司董事但实际执行公司事务的，适用前两款规定。

第一百八十一条 董事、监事、高级管理人员不得有下列行为：

（一）侵占公司财产、挪用公司资金；

（二）将公司资金以其个人名义或者以其他个人名义开立账户存储；

（三）利用职权贿赂或者收受其他非法收入；

（四）接受他人与公司交易的佣金归为己有；

（五）擅自披露公司秘密；

（六）违反对公司忠实义务的其他行为。

第一百八十二条 董事、监事、高级管理人员,直接或者间接与本公司订立合同或者进行交易,应当就与订立合同或者进行交易有关的事项向董事会或者股东会报告,并按照公司章程的规定经董事会或者股东会决议通过。

董事、监事、高级管理人员的近亲属,董事、监事、高级管理人员或者其近亲属直接或者间接控制的企业,以及与董事、监事、高级管理人员有其他关联关系的关联人,与公司订立合同或者进行交易,适用前款规定。

第一百八十三条 董事、监事、高级管理人员,不得利用职务便利为自己或者他人谋取属于公司的商业机会。但是,有下列情形之一的除外:

(一)向董事会或者股东会报告,并按照公司章程的规定经董事会或者股东会决议通过;

(二)根据法律、行政法规或者公司章程的规定,公司不能利用该商业机会。

第一百八十四条 董事、监事、高级管理人员未向董事会或者股东会报告,并按照公司章程的规定经董事会或者股东会决议通过,不得自营或者为他人经营与其任职公司同类的业务。

第一百八十五条 董事会对本法第一百八十二条至第一百八十四条规定的事项决议时,关联董事不得参与表决,其表决权不计入表决权总数。出席董事会会议的无关联关系董事人数不足三人的,应当将该事项提交股东会审议。

第一百八十六条 董事、监事、高级管理人员违反本法第一百八十一条至第一百八十四条规定所得的收入应当归公司所有。

第一百八十七条 股东会要求董事、监事、高级管理人员列席会议的,董事、监事、高级管理人员应当列席并接受股东的质询。

第一百八十八条 董事、监事、高级管理人员执行职务违反法律、行政法规或者公司章程的规定,给公司造成损失的,应当承担赔偿责任。

第一百八十九条 董事、高级管理人员有前条规定的情形的,有限责任公司的股东、股份有限公司连续一百八十日以上单独或者合计持有公司百分之一以上股份的股东,可以书面请求监事会向人民法院提起诉讼;监事有前条规定的情形的,前述股东可以书面请求董事会向人民法院提起诉讼。

监事会或者董事会收到前款规定的股东书面请求后拒绝提起诉讼,或者自收到请求之日起三十日内未提起诉讼,或者情况紧急、不立即提起诉讼将会使公司利益受到难以弥补的损害的,前款规定的股东有权为公司利益以自己的名义直接向人民法院提起诉讼。

他人侵犯公司合法权益,给公司造成损失的,本条第一款规定的股东可以依照前两款的规定向人民法院提起诉讼。

公司全资子公司的董事、监事、高级管理人员有前条规定情形,或者他人侵犯公司全资子公司合法权益造成损失的,有限责任公司的股东、股份有限公司连续一百八十日以上单独或者合计持有公司百分之一以上股份的股东,可以依照前三款规定书面请求全资子公司的监事会、董事会向人民法院提起诉讼或者以自己的名义直接向人民法院提起诉讼。

第一百九十条 董事、高级管理人员违反法律、行政法规或者公司章程的规定,损害股东利益的,股东可以向人民法院提起诉讼。

第一百九十一条 董事、高级管理人员执行职务,给他人造成损害的,公司应当承担赔偿责任;董事、高级管理人员存在故意或者重大过失的,也应当承担赔偿责任。

第一百九十二条 公司的控股股东、实际控制人指示董事、高级管理人员从事损害公司或者股东利益的行为的,与该董事、高级管理人员承担连带责任。

第一百九十三条 公司可以在董事任职期间为董事因执行公司职务承担的赔偿责任投保责任保险。

公司为董事投保责任保险或者续保后，董事会应当向股东会报告责任保险的投保金额、承保范围及保险费率等内容。

第九章　公司债券

第一百九十四条　本法所称公司债券，是指公司发行的约定按期还本付息的有价证券。

公司债券可以公开发行，也可以非公开发行。

公司债券的发行和交易应当符合《中华人民共和国证券法》等法律、行政法规的规定。

第一百九十五条　公开发行公司债券，应当经国务院证券监督管理机构注册，公告公司债券募集办法。

公司债券募集办法应当载明下列主要事项：

（一）公司名称；

（二）债券募集资金的用途；

（三）债券总额和债券的票面金额；

（四）债券利率的确定方式；

（五）还本付息的期限和方式；

（六）债券担保情况；

（七）债券的发行价格、发行的起止日期；

（八）公司净资产额；

（九）已发行的尚未到期的公司债券总额；

（十）公司债券的承销机构。

第一百九十六条　公司以纸面形式发行公司债券的，应当在债券上载明公司名称、债券票面金额、利率、偿还期限等事项，并由法定代表人签名，公司盖章。

第一百九十七条　公司债券应当为记名债券。

第一百九十八条　公司发行公司债券应当置备公司债券持有人名册。

发行公司债券的，应当在公司债券持有人名册上载明下列事项：

（一）债券持有人的姓名或者名称及住所；

（二）债券持有人取得债券的日期及债券的编号；

（三）债券总额，债券的票面金额、利率、还本付息的期限和方式；

（四）债券的发行日期。

第一百九十九条　公司债券的登记结算机构应当建立债券登记、存管、付息、兑付等相关制度。

第二百条　公司债券可以转让，转让价格由转让人与受让人约定。

公司债券的转让应当符合法律、行政法规的规定。

第二百零一条　公司债券由债券持有人以背书方式或者法律、行政法规规定的其他方式转让；转让后由公司将受让人的姓名或者名称及住所记载于公司债券持有人名册。

第二百零二条　股份有限公司经股东会决议，或者经公司章程、股东会授权由董事会决议，可以发行可转换为股票的公司债券，并规定具体的转换办法。上市公司发行转换为股票的公司债券，应当经国务院证券监督管理机构注册。

发行可转换为股票的公司债券，应当在债券上标明可转换公司债券字样，并在公司债券持有人名册上载明可转换公司债券的数额。

第二百零三条　发行可转换为股票的公司债券的，公司应当按照其转换办法向债券持有人换发股票，但债券持有人对转换股票或者不转换股票有选择权。法律、行政法规另有规定的除外。

第二百零四条 公开发行公司债券的，应当为同期债券持有人设立债券持有人会议，并在债券募集办法中对债券持有人会议的召集程序、会议规则和其他重要事项作出规定。债券持有人会议可以对与债券持有人有利害关系的事项作出决议。

除公司债券募集办法另有约定外，债券持有人会议决议对同期全体债券持有人发生效力。

第二百零五条 公开发行公司债券的，发行人应当为债券持有人聘请债券受托管理人，由其为债券持有人办理受领清偿、债权保全、与债券相关的诉讼以及参与债务人破产程序等事项。

第二百零六条 债券受托管理人应当勤勉尽责，公正履行受托管理职责，不得损害债券持有人利益。

受托管理人与债券持有人存在利益冲突可能损害债券持有人利益的，债券持有人会议可以决议变更债券受托管理人。

债券受托管理人违反法律、行政法规或者债券持有人会议决议，损害债券持有人利益的，应当承担赔偿责任。

第十章 公司财务、会计

第二百零七条 公司应当依照法律、行政法规和国务院财政部门的规定建立本公司的财务、会计制度。

第二百零八条 公司应当在每一会计年度终了时编制财务会计报告，并依法经会计师事务所审计。

财务会计报告应当依照法律、行政法规和国务院财政部门的规定制作。

第二百零九条 有限责任公司应当按照公司章程规定的期限将财务会计报告送交各股东。

股份有限公司的财务会计报告应当在召开股东会年会的二十日前置备于本公司，供股东查阅；公开发行股份的股份有限公司应当公告其财务会计报告。

第二百一十条 公司分配当年税后利润时，应当提取利润的百分之十列入公司法定公积金。公司法定公积金累计额为公司注册资本的百分之五十以上的，可以不再提取。

公司的法定公积金不足以弥补以前年度亏损的，在依照前款规定提取法定公积金之前，应当先用当年利润弥补亏损。

公司从税后利润中提取法定公积金后，经股东会决议，还可以从税后利润中提取任意公积金。

公司弥补亏损和提取公积金后所余税后利润，有限责任公司按照股东实缴的出资比例分配利润，全体股东约定不按出资比例分配利润的除外；股份有限公司按照股东所持有的股份比例分配利润，公司章程另有规定的除外。

公司持有的本公司股份不得分配利润。

第二百一十一条 公司违反本法规定向股东分配利润的，股东应当将违反规定分配的利润退还公司；给公司造成损失的，股东及负有责任的董事、监事、高级管理人员应当承担赔偿责任。

第二百一十二条 股东会作出分配利润的决议的，董事会应当在股东会决议作出之日起六个月内进行分配。

第二百一十三条 公司以超过股票票面金额的发行价格发行股份所得的溢价款、发行无面额股所得股款未计入注册资本的金额以及国务院财政部门规定列入资本公积金的其他项目，应当列为公司资本公积金。

第二百一十四条 公司的公积金用于弥补公司的亏损、扩大公司生产经营或者转为增加公司注册资本。

公积金弥补公司亏损，应当先使用任意公积金和法定公积金；仍不能弥补的，可以按照规定使用资本公积金。

法定公积金转为增加注册资本时，所留存的该项公积金不得少于转增前公司注册资本的百分之二十五。

第二百一十五条 公司聘用、解聘承办公司审计业务的会计师事务所，按照公司章程的规定，由股东会、董事会或者监事会决定。

公司股东会、董事会或者监事会就解聘会计师事务所进行表决时，应当允许会计师事务所陈述意见。

第二百一十六条 公司应当向聘用的会计师事务所提供真实、完整的会计凭证、会计账簿、财务会计报告及其他会计资料，不得拒绝、隐匿、谎报。

第二百一十七条 公司除法定的会计账簿外，不得另立会计账簿。

对公司资金，不得以任何个人名义开立账户存储。

第十一章　公司合并、分立、增资、减资

第二百一十八条 公司合并可以采取吸收合并或者新设合并。

一个公司吸收其他公司为吸收合并，被吸收的公司解散。两个以上公司合并设立一个新的公司为新设合并，合并各方解散。

第二百一十九条 公司与其持股百分之九十以上的公司合并，被合并的公司不需经股东会决议，但应当通知其他股东，其他股东有权请求公司按照合理的价格收购其股权或者股份。

公司合并支付的价款不超过本公司净资产百分之十的，可以不经股东会决议；但是，公司章程另有规定的除外。

公司依照前两款规定合并不经股东会决议的，应当经董事会决议。

第二百二十条 公司合并，应当由合并各方签订合并协议，并编制资产负债表及财产清单。公司应当自作出合并决议之日起十日内通知债权人，并于三十日内在报纸上或者国家企业信用信息公示系统公告。债权人自接到通知之日起三十日内，未接到通知的自公告之日起四十五日内，可以要求公司清偿债务或者提供相应的担保。

第二百二十一条 公司合并时，合并各方的债权、债务，应当由合并后存续的公司或者新设的公司承继。

第二百二十二条 公司分立，其财产作相应的分割。

公司分立，应当编制资产负债表及财产清单。公司应当自作出分立决议之日起十日内通知债权人，并于三十日内在报纸上或者国家企业信用信息公示系统公告。

第二百二十三条 公司分立前的债务由分立后的公司承担连带责任。但是，公司在分立前与债权人就债务清偿达成的书面协议另有约定的除外。

第二百二十四条 公司减少注册资本，应当编制资产负债表及财产清单。

公司应当自股东会作出减少注册资本决议之日起十日内通知债权人，并于三十日内在报纸上或者国家企业信用信息公示系统公告。债权人自接到通知之日起三十日内，未接到通知的自公告之日起四十五日内，有权要求公司清偿债务或者提供相应的担保。

公司减少注册资本，应当按照股东出资或者持有股份的比例相应减少出资额或者股份，法律另有规定、有限责任公司全体股东另有约定或者股份有限公司章程另有规定的除外。

第二百二十五条 公司依照本法第二百一十四条第二款的规定弥补亏损后，仍有亏损的，可以减少注册资本弥补亏损。减少注册资本弥补亏损的，公司不得向股东分配，也不得免除股东缴纳出资或者股款的义务。

依照前款规定减少注册资本的，不适用前条第二款的规定，但应当自股东会作出减少注册资

本决议之日起三十日内在报纸上或者国家企业信用信息公示系统公告。

公司依照前两款的规定减少注册资本后，在法定公积金和任意公积金累计额达到公司注册资本百分之五十前，不得分配利润。

第二百二十六条 违反本法规定减少注册资本的，股东应当退还其收到的资金，减免股东出资的应当恢复原状；给公司造成损失的，股东及负有责任的董事、监事、高级管理人员应当承担赔偿责任。

第二百二十七条 有限责任公司增加注册资本时，股东在同等条件下有权优先按照实缴的出资比例认缴出资。但是，全体股东约定不按照出资比例优先认缴出资的除外。

股份有限公司为增加注册资本发行新股时，股东不享有优先认购权，公司章程另有规定或者股东会决议决定股东享有优先认购权的除外。

第二百二十八条 有限责任公司增加注册资本时，股东认缴新增资本的出资，依照本法设立有限责任公司缴纳出资的有关规定执行。

股份有限公司为增加注册资本发行新股时，股东认购新股，依照本法设立股份有限公司缴纳股款的有关规定执行。

第十二章 公司解散和清算

第二百二十九条 公司因下列原因解散：

（一）公司章程规定的营业期限届满或者公司章程规定的其他解散事由出现；

（二）股东会决议解散；

（三）因公司合并或者分立需要解散；

（四）依法被吊销营业执照、责令关闭或者被撤销；

（五）人民法院依照本法第二百三十一条的规定予以解散。

公司出现前款规定的解散事由，应当在十日内将解散事由通过国家企业信用信息公示系统予以公示。

第二百三十条 公司有前条第一款第一项、第二项情形，且尚未向股东分配财产的，可以通过修改公司章程或者经股东会决议而存续。

依照前款规定修改公司章程或者经股东会决议，有限责任公司须经持有三分之二以上表决权的股东通过，股份有限公司须经出席股东会会议的股东所持表决权的三分之二以上通过。

第二百三十一条 公司经营管理发生严重困难，继续存续会使股东利益受到重大损失，通过其他途径不能解决的，持有公司百分之十以上表决权的股东，可以请求人民法院解散公司。

第二百三十二条 公司因本法第二百二十九条第一款第一项、第二项、第四项、第五项规定而解散的，应当清算。董事为公司清算义务人，应当在解散事由出现之日起十五日内组成清算组进行清算。

清算组由董事组成，但是公司章程另有规定或者股东会决议另选他人的除外。

清算义务人未及时履行清算义务，给公司或者债权人造成损失的，应当承担赔偿责任。

第二百三十三条 公司依照前条第一款的规定应当清算，逾期不成立清算组进行清算或者成立清算组后不清算的，利害关系人可以申请人民法院指定有关人员组成清算组进行清算。人民法院应当受理该申请，并及时组织清算组进行清算。

公司因本法第二百二十九条第一款第四项的规定而解散的，作出吊销营业执照、责令关闭或者撤销决定的部门或者公司登记机关，可以申请人民法院指定有关人员组成清算组进行清算。

第二百三十四条 清算组在清算期间行使下列职权：

（一）清理公司财产，分别编制资产负债表和财产清单；

（二）通知、公告债权人；

（三）处理与清算有关的公司未了结的业务；

（四）清缴所欠税款以及清算过程中产生的税款；

（五）清理债权、债务；

（六）分配公司清偿债务后的剩余财产；

（七）代表公司参与民事诉讼活动。

第二百三十五条　清算组应当自成立之日起十日内通知债权人，并于六十日内在报纸上或者国家企业信用信息公示系统公告。债权人应当自接到通知之日起三十日内，未接到通知的自公告之日起四十五日内，向清算组申报其债权。

债权人申报债权，应当说明债权的有关事项，并提供证明材料。清算组应当对债权进行登记。

在申报债权期间，清算组不得对债权人进行清偿。

第二百三十六条　清算组在清理公司财产、编制资产负债表和财产清单后，应当制订清算方案，并报股东会或者人民法院确认。

公司财产在分别支付清算费用、职工的工资、社会保险费用和法定补偿金，缴纳所欠税款，清偿公司债务后的剩余财产，有限责任公司按照股东的出资比例分配，股份有限公司按照股东持有的股份比例分配。

清算期间，公司存续，但不得开展与清算无关的经营活动。公司财产在未依照前款规定清偿前，不得分配给股东。

第二百三十七条　清算组在清理公司财产、编制资产负债表和财产清单后，发现公司财产不足清偿债务的，应当依法向人民法院申请破产清算。

人民法院受理破产申请后，清算组应当将清算事务移交给人民法院指定的破产管理人。

第二百三十八条　清算组成员履行清算职责，负有忠实义务和勤勉义务。

清算组成员怠于履行清算职责，给公司造成损失的，应当承担赔偿责任；因故意或者重大过失给债权人造成损失的，应当承担赔偿责任。

第二百三十九条　公司清算结束后，清算组应当制作清算报告，报股东会或者人民法院确认，并报送公司登记机关，申请注销公司登记。

第二百四十条　公司在存续期间未产生债务，或者已清偿全部债务的，经全体股东承诺，可以按照规定通过简易程序注销公司登记。

通过简易程序注销公司登记，应当通过国家企业信用信息公示系统予以公告，公告期限不少于二十日。公告期限届满后，未有异议的，公司可以在二十日内向公司登记机关申请注销公司登记。

公司通过简易程序注销公司登记，股东对本条第一款规定的内容承诺不实的，应当对注销登记前的债务承担连带责任。

第二百四十一条　公司被吊销营业执照、责令关闭或者被撤销，满三年未向公司登记机关申请注销公司登记的，公司登记机关可以通过国家企业信用信息公示系统予以公告，公告期限不少于六十日。公告期限届满后，未有异议的，公司登记机关可以注销公司登记。

依照前款规定注销公司登记的，原公司股东、清算义务人的责任不受影响。

第二百四十二条　公司被依法宣告破产的，依照有关企业破产的法律实施破产清算。

第十三章　外国公司的分支机构

第二百四十三条　本法所称外国公司，是指依照外国法律在中华人民共和国境外设立的公司。

第二百四十四条 外国公司在中华人民共和国境内设立分支机构，应当向中国主管机关提出申请，并提交其公司章程、所属国的公司登记证书等有关文件，经批准后，向公司登记机关依法办理登记，领取营业执照。

外国公司分支机构的审批办法由国务院另行规定。

第二百四十五条 外国公司在中华人民共和国境内设立分支机构，应当在中华人民共和国境内指定负责该分支机构的代表人或者代理人，并向该分支机构拨付与其所从事的经营活动相适应的资金。

对外国公司分支机构的经营资金需要规定最低限额的，由国务院另行规定。

第二百四十六条 外国公司的分支机构应当在其名称中标明该外国公司的国籍及责任形式。

外国公司的分支机构应当在本机构中置备该外国公司章程。

第二百四十七条 外国公司在中华人民共和国境内设立的分支机构不具有中国法人资格。

外国公司对其分支机构在中华人民共和国境内进行经营活动承担民事责任。

第二百四十八条 经批准设立的外国公司分支机构，在中华人民共和国境内从事业务活动，应当遵守中国的法律，不得损害中国的社会公共利益，其合法权益受中国法律保护。

第二百四十九条 外国公司撤销其在中华人民共和国境内的分支机构时，应当依法清偿债务，依照本法有关公司清算程序的规定进行清算。未清偿债务之前，不得将其分支机构的财产转移至中华人民共和国境外。

第十四章 法 律 责 任

第二百五十条 违反本法规定，虚报注册资本、提交虚假材料或者采取其他欺诈手段隐瞒重要事实取得公司登记的，由公司登记机关责令改正，对虚报注册资本的公司，处以虚报注册资本金额百分之五以上百分之十五以下的罚款；对提交虚假材料或者采取其他欺诈手段隐瞒重要事实的公司，处以五万元以上二百万元以下的罚款；情节严重的，吊销营业执照；对直接负责的主管人员和其他直接责任人员处以三万元以上三十万元以下的罚款。

第二百五十一条 公司未依照本法第四十条规定公示有关信息或者不如实公示有关信息的，由公司登记机关责令改正，可以处以一万元以上五万元以下的罚款。情节严重的，处以五万元以上二十万元以下的罚款；对直接负责的主管人员和其他直接责任人员处以一万元以上十万元以下的罚款。

第二百五十二条 公司的发起人、股东虚假出资，未交付或者未按期交付作为出资的货币或者非货币财产的，由公司登记机关责令改正，可以处以五万元以上二十万元以下的罚款；情节严重的，处以虚假出资或者未出资金额百分之五以上百分之十五以下的罚款；对直接负责的主管人员和其他直接责任人员处以一万元以上十万元以下的罚款。

第二百五十三条 公司的发起人、股东在公司成立后，抽逃其出资的，由公司登记机关责令改正，处以所抽逃出资金额百分之五以上百分之十五以下的罚款；对直接负责的主管人员和其他直接责任人员处以三万元以上三十万元以下的罚款。

第二百五十四条 有下列行为之一的，由县级以上人民政府财政部门依照《中华人民共和国会计法》等法律、行政法规的规定处罚：

（一）在法定的会计账簿以外另立会计账簿；

（二）提供存在虚假记载或者隐瞒重要事实的财务会计报告。

第二百五十五条 公司在合并、分立、减少注册资本或者进行清算时，不依照本法规定通知或者公告债权人的，由公司登记机关责令改正，对公司处以一万元以上十万元以下的罚款。

第二百五十六条 公司在进行清算时，隐匿财产，对资产负债表或者财产清单作虚假记载，或者在未清偿债务前分配公司财产的，由公司登记机关责令改正，对公司处以隐匿财产或者未清偿债务前分配公司财产金额百分之五以上百分之十以下的罚款；对直接负责的主管人员和其他直接责任人员处以一万元以上十万元以下的罚款。

第二百五十七条 承担资产评估、验资或者验证的机构提供虚假材料或者提供有重大遗漏的报告的，由有关部门依照《中华人民共和国资产评估法》、《中华人民共和国注册会计师法》等法律、行政法规的规定处罚。

承担资产评估、验资或者验证的机构因其出具的评估结果、验资或者验证证明不实，给公司债权人造成损失的，除能够证明自己没有过错的外，在其评估或者证明不实的金额范围内承担赔偿责任。

第二百五十八条 公司登记机关违反法律、行政法规规定未履行职责或者履行职责不当的，对负有责任的领导人员和直接责任人员依法给予政务处分。

第二百五十九条 未依法登记为有限责任公司或者股份有限公司，而冒用有限责任公司或者股份有限公司名义的，或者未依法登记为有限责任公司或者股份有限公司的分公司，而冒用有限责任公司或者股份有限公司的分公司名义的，由公司登记机关责令改正或者予以取缔，可以并处十万元以下的罚款。

第二百六十条 公司成立后无正当理由超过六个月未开业的，或者开业后自行停业连续六个月以上的，公司登记机关可以吊销营业执照，但公司依法办理歇业的除外。

公司登记事项发生变更时，未依照本法规定办理有关变更登记的，由公司登记机关责令限期登记；逾期不登记的，处以一万元以上十万元以下的罚款。

第二百六十一条 外国公司违反本法规定，擅自在中华人民共和国境内设立分支机构的，由公司登记机关责令改正或者关闭，可以并处五万元以上二十万元以下的罚款。

第二百六十二条 利用公司名义从事危害国家安全、社会公共利益的严重违法行为的，吊销营业执照。

第二百六十三条 公司违反本法规定，应当承担民事赔偿责任和缴纳罚款、罚金的，其财产不足以支付时，先承担民事赔偿责任。

第二百六十四条 违反本法规定，构成犯罪的，依法追究刑事责任。

第十五章 附 则

第二百六十五条 本法下列用语的含义：

（一）高级管理人员，是指公司的经理、副经理、财务负责人，上市公司董事会秘书和公司章程规定的其他人员。

（二）控股股东，是指其出资额占有限责任公司资本总额超过百分之五十或者其持有的股份占股份有限公司股本总额超过百分之五十的股东；出资额或者持有股份的比例虽然低于百分之五十，但依其出资额或者持有的股份所享有的表决权已足以对股东会的决议产生重大影响的股东。

（三）实际控制人，是指通过投资关系、协议或者其他安排，能够实际支配公司行为的人。

（四）关联关系，是指公司控股股东、实际控制人、董事、监事、高级管理人员与其直接或者间接控制的企业之间的关系，以及可能导致公司利益转移的其他关系。但是，国家控股的企业之间不仅因为同受国家控股而具有关联关系。

第二百六十六条 本法自 2024 年 7 月 1 日起施行。

本法施行前已登记设立的公司，出资期限超过本法规定的期限的，除法律、行政法规或者国务院另有规定外，应当逐步调整至本法规定的期限以内；对于出资期限、出资额明显异常的，公司登记机关可以依法要求其及时调整。具体实施办法由国务院规定。

中华人民共和国
市场主体登记管理条例

(2021 年 4 月 14 日国务院第 131 次常务会议通过　2021 年 7 月 27 日中华人民共和国国务院令第 746 号公布　自 2022 年 3 月 1 日起施行)

第一章　总　　则

第一条　为了规范市场主体登记管理行为，推进法治化市场建设，维护良好市场秩序和市场主体合法权益，优化营商环境，制定本条例。

第二条　本条例所称市场主体，是指在中华人民共和国境内以营利为目的从事经营活动的下列自然人、法人及非法人组织：

（一）公司、非公司企业法人及其分支机构；

（二）个人独资企业、合伙企业及其分支机构；

（三）农民专业合作社（联合社）及其分支机构；

（四）个体工商户；

（五）外国公司分支机构；

（六）法律、行政法规规定的其他市场主体。

第三条　市场主体应当依照本条例办理登记。未经登记，不得以市场主体名义从事经营活动。法律、行政法规规定无需办理登记的除外。

市场主体登记包括设立登记、变更登记和注销登记。

第四条　市场主体登记管理应当遵循依法合规、规范统一、公开透明、便捷高效的原则。

第五条　国务院市场监督管理部门主管全国市场主体登记管理工作。

县级以上地方人民政府市场监督管理部门主管本辖区市场主体登记管理工作，加强统筹指导和监督管理。

第六条　国务院市场监督管理部门应当加强信息化建设，制定统一的市场主体登记数据和系统建设规范。

县级以上地方人民政府承担市场主体登记工作的部门（以下称登记机关）应当优化市场主体登记办理流程，提高市场主体登记效率，推行当场办结、一次办结、限时办结等制度，实现集中办理、就近办理、网上办理、异地可办，提升市场主体登记便利化程度。

第七条　国务院市场监督管理部门和国务院有关部门应当推动市场主体登记信息与其他政府信息的共享和运用，提升政府服务效能。

第二章　登 记 事 项

第八条　市场主体的一般登记事项包括：

（一）名称；

（二）主体类型；

（三）经营范围；

（四）住所或者主要经营场所；

（五）注册资本或者出资额；

（六）法定代表人、执行事务合伙人或者负责人姓名。

除前款规定外，还应当根据市场主体类型登记下列事项：

（一）有限责任公司股东、股份有限公司发起人、非公司企业法人出资人的姓名或者名称；

（二）个人独资企业的投资人姓名及居所；

（三）合伙企业的合伙人名称或者姓名、住所、承担责任方式；

（四）个体工商户的经营者姓名、住所、经营场所；

（五）法律、行政法规规定的其他事项。

第九条 市场主体的下列事项应当向登记机关办理备案：

（一）章程或者合伙协议；

（二）经营期限或者合伙期限；

（三）有限责任公司股东或者股份有限公司发起人认缴的出资数额，合伙企业合伙人认缴或者实际缴付的出资数额、缴付期限和出资方式；

（四）公司董事、监事、高级管理人员；

（五）农民专业合作社（联合社）成员；

（六）参加经营的个体工商户家庭成员姓名；

（七）市场主体登记联络员、外商投资企业法律文件送达接受人；

（八）公司、合伙企业等市场主体受益所有人相关信息；

（九）法律、行政法规规定的其他事项。

第十条 市场主体只能登记一个名称，经登记的市场主体名称受法律保护。

市场主体名称由申请人依法自主申报。

第十一条 市场主体只能登记一个住所或者主要经营场所。

电子商务平台内的自然人经营者可以根据国家有关规定，将电子商务平台提供的网络经营场所作为经营场所。

省、自治区、直辖市人民政府可以根据有关法律、行政法规的规定和本地区实际情况，自行或者授权下级人民政府对住所或者主要经营场所作出更加便利市场主体从事经营活动的具体规定。

第十二条 有下列情形之一的，不得担任公司、非公司企业法人的法定代表人：

（一）无民事行为能力或者限制民事行为能力；

（二）因贪污、贿赂、侵占财产、挪用财产或者破坏社会主义市场经济秩序被判处刑罚，执行期满未逾 5 年，或者因犯罪被剥夺政治权利，执行期满未逾 5 年；

（三）担任破产清算的公司、非公司企业法人的法定代表人、董事或者厂长、经理，对破产负有个人责任的，自破产清算完结之日起未逾 3 年；

（四）担任因违法被吊销营业执照、责令关闭的公司、非公司企业法人的法定代表人，并负有个人责任的，自被吊销营业执照之日起未逾 3 年；

（五）个人所负数额较大的债务到期未清偿；

（六）法律、行政法规规定的其他情形。

第十三条 除法律、行政法规或者国务院决定另有规定外，市场主体的注册资本或者出资额实行认缴登记制，以人民币表示。

出资方式应当符合法律、行政法规的规定。公司股东、非公司企业法人出资人、农民专业合作社（联合社）成员不得以劳务、信用、自然人姓名、商誉、特许经营权或者设定担保的财产等作价出资。

第十四条 市场主体的经营范围包括一般经营项目和许可经营项目。经营范围中属于在登记前依法须经批准的许可经营项目，市场主体应当在申请登记时提交有关批准文件。

市场主体应当按照登记机关公布的经营项目分类标准办理经营范围登记。

第三章 登记规范

第十五条 市场主体实行实名登记。申请人应当配合登记机关核验身份信息。

第十六条 申请办理市场主体登记，应当提交下列材料：

（一）申请书；

（二）申请人资格文件、自然人身份证明；

（三）住所或者主要经营场所相关文件；

（四）公司、非公司企业法人、农民专业合作社（联合社）章程或者合伙企业合伙协议；

（五）法律、行政法规和国务院市场监督管理部门规定提交的其他材料。

国务院市场监督管理部门应当根据市场主体类型分别制定登记材料清单和文书格式样本，通过政府网站、登记机关服务窗口等向社会公开。

登记机关能够通过政务信息共享平台获取的市场主体登记相关信息，不得要求申请人重复提供。

第十七条 申请人应当对提交材料的真实性、合法性和有效性负责。

第十八条 申请人可以委托其他自然人或者中介机构代其办理市场主体登记。受委托的自然人或者中介机构代为办理登记事宜应当遵守有关规定，不得提供虚假信息和材料。

第十九条 登记机关应当对申请材料进行形式审查。对申请材料齐全、符合法定形式的予以确认并当场登记。不能当场登记的，应当在3个工作日内予以登记；情形复杂的，经登记机关负责人批准，可以再延长3个工作日。

申请材料不齐全或者不符合法定形式的，登记机关应当一次性告知申请人需要补正的材料。

第二十条 登记申请不符合法律、行政法规规定，或者可能危害国家安全、社会公共利益的，登记机关不予登记并说明理由。

第二十一条 申请人申请市场主体设立登记，登记机关依法予以登记的，签发营业执照。营业执照签发日期为市场主体的成立日期。

法律、行政法规或者国务院决定规定设立市场主体须经批准的，应当在批准文件有效期内向登记机关申请登记。

第二十二条 营业执照分为正本和副本，具有同等法律效力。

电子营业执照与纸质营业执照具有同等法律效力。

营业执照样式、电子营业执照标准由国务院市场监督管理部门统一制定。

第二十三条 市场主体设立分支机构，应当向分支机构所在地的登记机关申请登记。

第二十四条 市场主体变更登记事项，应当自作出变更决议、决定或者法定变更事项发生之日起30日内向登记机关申请变更登记。

市场主体变更登记事项属于依法须经批准的，申请人应当在批准文件有效期内向登记机关申请变更登记。

第二十五条 公司、非公司企业法人的法定代表人在任职期间发生本条例第十二条所列情形之一的，应当向登记机关申请变更登记。

第二十六条 市场主体变更经营范围，属于依法须经批准的项目的，应当自批准之日起30日内申请变更登记。许可证或者批准文件被吊销、撤销或者有效期届满的，应当自许可证或者批准文件被吊销、撤销或者有效期届满之日起30日内向登记机关申请变更登记或者办理注销登记。

第二十七条 市场主体变更住所或者主要经营场所跨登记机关辖区的，应当在迁入新的住所或者主要经营场所前，向迁入地登记机关申请变更登记。迁出地登记机关无正当理由不得拒绝移交市场主体档案等相关材料。

第二十八条 市场主体变更登记涉及营业执照记载事项的，登记机关应当及时为市场主体换发营业执照。

第二十九条 市场主体变更本条例第九条规定的备案事项的，应当自作出变更决议、决定或者法定变更事项发生之日起30日内向登记机关办理备案。农民专业合作社（联合社）成员发生变更的，应当自本会计年度终了之日起90日内向登记机关办理备案。

第三十条 因自然灾害、事故灾难、公共卫生事件、社会安全事件等原因造成经营困难的，市场主体可以自主决定在一定时期内歇业。法律、行政法规另有规定的除外。

市场主体应当在歇业前与职工依法协商劳动关系处理等有关事项。

市场主体应当在歇业前向登记机关办理备案。登记机关通过国家企业信用信息公示系统向社会公示歇业期限、法律文书送达地址等信息。

市场主体歇业的期限最长不得超过3年。市场主体在歇业期间开展经营活动的，视为恢复营业，市场主体应当通过国家企业信用信息公示系统向社会公示。

市场主体歇业期间，可以以法律文书送达地址代替住所或者主要经营场所。

第三十一条 市场主体因解散、被宣告破产或者其他法定事由需要终止的，应当依法向登记机关申请注销登记。经登记机关注销登记，市场主体终止。

市场主体注销依法须经批准的，应当经批准后向登记机关申请注销登记。

第三十二条 市场主体注销登记前依法应当清算的，清算组应当自成立之日起10日内将清算组成员、清算组负责人名单通过国家企业信用信息公示系统公告。清算组可以通过国家企业信用信息公示系统发布债权人公告。

清算组应当自清算结束之日起30日内向登记机关申请注销登记。市场主体申请注销登记前，应当依法办理分支机构注销登记。

第三十三条 市场主体未发生债权债务或者已将债权债务清偿完结，未发生或者已结清清偿费用、职工工资、社会保险费用、法定补偿金、应缴纳税款（滞纳金、罚款），并由全体投资人书面承诺对上述情况的真实性承担法律责任的，可以按照简易程序办理注销登记。

市场主体应当将承诺书及注销登记申请通过国家企业信用信息公示系统公示，公示期为20日。在公示期内无相关部门、债权人及其他利害关系人提出异议的，市场主体可以于公示期届满之日起20日内向登记机关申请注销登记。

个体工商户按照简易程序办理注销登记的，无需公示，由登记机关将个体工商户的注销登记申请推送至税务等有关部门，有关部门在10日内没有提出异议的，可以直接办理注销登记。

市场主体注销依法须经批准的，或者市场主体被吊销营业执照、责令关闭、撤销，或者被列入经营异常名录的，不适用简易注销程序。

第三十四条 人民法院裁定强制清算或者裁定宣告破产的，有关清算组、破产管理人可以持人民法院终结强制清算程序的裁定或者终结破产程序的裁定，直接向登记机关申请办理注销登记。

第四章 监督管理

第三十五条 市场主体应当按照国家有关规定公示年度报告和登记相关信息。

第三十六条 市场主体应当将营业执照置于住所或者主要经营场所的醒目位置。从事电子商务经营的市场主体应当在其首页显著位置持续公示营业执照信息或者相关链接标识。

第三十七条 任何单位和个人不得伪造、涂改、出租、出借、转让营业执照。

营业执照遗失或者毁坏的，市场主体应当通过国家企业信用信息公示系统声明作废，申请补领。

登记机关依法作出变更登记、注销登记和撤销登记决定的，市场主体应当缴回营业执照。拒不缴回或者无法缴回营业执照的，由登记机关通过国家企业信用信息公示系统公告营业执照作废。

第三十八条 登记机关应当根据市场主体的信用风险状况实施分级分类监管。

登记机关应当采取随机抽取检查对象、随机选派执法检查人员的方式，对市场主体登记事项进行监督检查，并及时向社会公开监督检查结果。

第三十九条 登记机关对市场主体涉嫌违反本条例规定的行为进行查处，可以行使下列职权：

（一）进入市场主体的经营场所实施现场检查；

（二）查阅、复制、收集与市场主体经营活动有关的合同、票据、账簿以及其他资料；

（三）向与市场主体经营活动有关的单位和个人调查了解情况；

（四）依法责令市场主体停止相关经营活动；

（五）依法查询涉嫌违法的市场主体的银行账户；

（六）法律、行政法规规定的其他职权。

登记机关行使前款第四项、第五项规定的职权的，应当经登记机关主要负责人批准。

第四十条 提交虚假材料或者采取其他欺诈手段隐瞒重要事实取得市场主体登记的，受虚假市场主体登记影响的自然人、法人和其他组织可以向登记机关提出撤销市场主体登记的申请。

登记机关受理申请后，应当及时开展调查。经调查认定存在虚假市场主体登记情形的，登记机关应当撤销市场主体登记。相关市场主体和人员无法联系或者拒不配合的，登记机关可以将相关市场主体的登记时间、登记事项通过国家企业信用信息公示系统向社会公示，公示期为45日。相关市场主体及其利害关系人在公示期内没有提出异议的，登记机关可以撤销市场主体登记。

因虚假市场主体登记被撤销的市场主体，其直接责任人自市场主体登记被撤销之日起3年内不得再次申请市场主体登记。登记机关应当通过国家企业信用信息公示系统予以公示。

第四十一条 有下列情形之一的，登记机关可以不予撤销市场主体登记：

（一）撤销市场主体登记可能对社会公共利益造成重大损害；

（二）撤销市场主体登记后无法恢复到登记前的状态；

（三）法律、行政法规规定的其他情形。

第四十二条 登记机关或者其上级机关认定撤销市场主体登记决定错误的，可以撤销该决定，恢复原登记状态，并通过国家企业信用信息公示系统公示。

第五章 法 律 责 任

第四十三条 未经设立登记从事经营活动的，由登记机关责令改正，没收违法所得；拒不改正的，处1万元以上10万元以下的罚款；情节严重的，依法责令关闭停业，并处10万元以上50万元以下的罚款。

第四十四条 提交虚假材料或者采取其他欺诈手段隐瞒重要事实取得市场主体登记的，由登记机关责令改正，没收违法所得，并处5万元以上20万元以下的罚款；情节严重的，处20万元以上100万元以下的罚款，吊销营业执照。

第四十五条 实行注册资本实缴登记制的市场主体虚报注册资本取得市场主体登记的，由登记机关责令改正，处虚报注册资本金额5%以上15%以下的罚款；情节严重的，吊销营业执照。

实行注册资本实缴登记制的市场主体的发起人、股东虚假出资，未交付或者未按期交付作为出资的货币或者非货币财产的，或者在市场主体成立后抽逃出资的，由登记机关责令改正，处虚假出资金额 5% 以上 15% 以下的罚款。

第四十六条　市场主体未依照本条例办理变更登记的，由登记机关责令改正；拒不改正的，处 1 万元以上 10 万元以下的罚款；情节严重的，吊销营业执照。

第四十七条　市场主体未依照本条例办理备案的，由登记机关责令改正；拒不改正的，处 5 万元以下的罚款。

第四十八条　市场主体未依照本条例将营业执照置于住所或者主要经营场所醒目位置的，由登记机关责令改正；拒不改正的，处 3 万元以下的罚款。

从事电子商务经营的市场主体未在其首页显著位置持续公示营业执照信息或者相关链接标识的，由登记机关依照《中华人民共和国电子商务法》处罚。

市场主体伪造、涂改、出租、出借、转让营业执照的，由登记机关没收违法所得，处 10 万元以下的罚款；情节严重的，处 10 万元以上 50 万元以下的罚款，吊销营业执照。

第四十九条　违反本条例规定的，登记机关确定罚款金额时，应当综合考虑市场主体的类型、规模、违法情节等因素。

第五十条　登记机关及其工作人员违反本条例规定未履行职责或者履行职责不当的，对直接负责的主管人员和其他直接责任人员依法给予处分。

第五十一条　违反本条例规定，构成犯罪的，依法追究刑事责任。

第五十二条　法律、行政法规对市场主体登记管理违法行为处罚另有规定的，从其规定。

第六章　附　　则

第五十三条　国务院市场监督管理部门可以依照本条例制定市场主体登记和监督管理的具体办法。

第五十四条　无固定经营场所摊贩的管理办法，由省、自治区、直辖市人民政府根据当地实际情况另行规定。

第五十五条　本条例自 2022 年 3 月 1 日起施行。《中华人民共和国公司登记管理条例》、《中华人民共和国企业法人登记管理条例》、《中华人民共和国合伙企业登记管理办法》、《农民专业合作社登记管理条例》、《企业法人法定代表人登记管理规定》同时废止。

企业名称登记管理规定

（1991 年 5 月 6 日中华人民共和国国家工商行政管理局令第 7 号发布　根据 2012 年 11 月 9 日《国务院关于修改和废止部分行政法规的决定》第一次修订　2020 年 12 月 14 日国务院第 118 次常务会议修订通过　2020 年 12 月 28 日中华人民共和国国务院令第 734 号公布　自 2021 年 3 月 1 日起施行）

第一条　为了规范企业名称登记管理，保护企业的合法权益，维护社会经济秩序，优化营商环境，制定本规定。

第二条　县级以上人民政府市场监督管理部门（以下统称企业登记机关）负责中国境内设立企业的企业名称登记管理。

国务院市场监督管理部门主管全国企业名称登记管理工作，负责制定企业名称登记管理的具体规范。

省、自治区、直辖市人民政府市场监督管理部门负责建立本行政区域统一的企业名称申报系统和企业名称数据库，并向社会开放。

第三条 企业登记机关应当不断提升企业名称登记管理规范化、便利化水平，为企业和群众提供高效、便捷的服务。

第四条 企业只能登记一个企业名称，企业名称受法律保护。

第五条 企业名称应当使用规范汉字。民族自治地方的企业名称可以同时使用本民族自治地方通用的民族文字。

第六条 企业名称由行政区划名称、字号、行业或者经营特点、组织形式组成。跨省、自治区、直辖市经营的企业，其名称可以不含行政区划名称；跨行业综合经营的企业，其名称可以不含行业或者经营特点。

第七条 企业名称中的行政区划名称应当是企业所在地的县级以上地方行政区划名称。市辖区名称在企业名称中使用时应当同时冠以其所属的设区的市的行政区划名称。开发区、垦区等区域名称在企业名称中使用时应当与行政区划名称连用，不得单独使用。

第八条 企业名称中的字号应当由两个以上汉字组成。

县级以上地方行政区划名称、行业或者经营特点不得作为字号，另有含义的除外。

第九条 企业名称中的行业或者经营特点应当根据企业的主营业务和国民经济行业分类标准标明。国民经济行业分类标准中没有规定的，可以参照行业习惯或者专业文献等表述。

第十条 企业应当根据其组织结构或者责任形式，依法在企业名称中标明组织形式。

第十一条 企业名称不得有下列情形：

（一）损害国家尊严或者利益；

（二）损害社会公共利益或者妨碍社会公共秩序；

（三）使用或者变相使用政党、党政军机关、群团组织名称及其简称、特定称谓和部队番号；

（四）使用外国国家（地区）、国际组织名称及其通用简称、特定称谓；

（五）含有淫秽、色情、赌博、迷信、恐怖、暴力的内容；

（六）含有民族、种族、宗教、性别歧视的内容；

（七）违背公序良俗或者可能有其他不良影响；

（八）可能使公众受骗或者产生误解；

（九）法律、行政法规以及国家规定禁止的其他情形。

第十二条 企业名称冠以"中国"、"中华"、"中央"、"全国"、"国家"等字词，应当按照有关规定从严审核，并报国务院批准。国务院市场监督管理部门负责制定具体管理办法。

企业名称中间含有"中国"、"中华"、"全国"、"国家"等字词的，该字词应当是行业限定语。

使用外国投资者字号的外商独资或者控股的外商投资企业，企业名称中可以含有"（中国）"字样。

第十三条 企业分支机构名称应当冠以其所从属企业的名称，并缀以"分公司"、"分厂"、"分店"等字词。境外企业分支机构还应当在名称中标明该企业的国籍及责任形式。

第十四条 企业集团名称应当与控股企业名称的行政区划名称、字号、行业或者经营特点一致。控股企业可以在其名称的组织形式之前使用"集团"或者"（集团）"字样。

第十五条 有投资关系或者经过授权的企业，其名称中可以含有另一个企业的名称或者其他法人、非法人组织的名称。

第十六条 企业名称由申请人自主申报。

申请人可以通过企业名称申报系统或者在企业登记机关服务窗口提交有关信息和材料，对拟定的企业名称进行查询、比对和筛选，选取符合本规定要求的企业名称。

申请人提交的信息和材料应当真实、准确、完整，并承诺因其企业名称与他人企业名称近似侵犯他人合法权益的，依法承担法律责任。

第十七条 在同一企业登记机关，申请人拟定的企业名称中的字号不得与下列同行业或者不使用行业、经营特点表述的企业名称中的字号相同：

（一）已经登记或者在保留期内的企业名称，有投资关系的除外；

（二）已经注销或者变更登记未满 1 年的原企业名称，有投资关系或者受让企业名称的除外；

（三）被撤销设立登记或者被撤销变更登记未满 1 年的原企业名称，有投资关系的除外。

第十八条 企业登记机关对通过企业名称申报系统提交完成的企业名称予以保留，保留期为 2 个月。设立企业依法应当报经批准或者企业经营范围中有在登记前须经批准的项目，保留期为 1 年。

申请人应当在保留期届满前办理企业登记。

第十九条 企业名称转让或者授权他人使用的，相关企业应当依法通过国家企业信用信息公示系统向社会公示。

第二十条 企业登记机关在办理企业登记时，发现企业名称不符合本规定的，不予登记并书面说明理由。

企业登记机关发现已经登记的企业名称不符合本规定的，应当及时纠正。其他单位或者个人认为已经登记的企业名称不符合本规定的，可以请求企业登记机关予以纠正。

第二十一条 企业认为其他企业名称侵犯本企业名称合法权益的，可以向人民法院起诉或者请求为涉嫌侵权企业办理登记的企业登记机关处理。

企业登记机关受理申请后，可以进行调解；调解不成的，企业登记机关应当自受理之日起 3 个月内作出行政裁决。

第二十二条 利用企业名称实施不正当竞争等行为的，依照有关法律、行政法规的规定处理。

第二十三条 使用企业名称应当遵守法律法规，诚实守信，不得损害他人合法权益。

人民法院或者企业登记机关依法认定企业名称应当停止使用的，企业应当自收到人民法院生效的法律文书或者企业登记机关的处理决定之日起 30 日内办理企业名称变更登记。名称变更前，由企业登记机关以统一社会信用代码代替其名称。企业逾期未办理变更登记的，企业登记机关将其列入经营异常名录；完成变更登记后，企业登记机关将其移出经营异常名录。

第二十四条 申请人登记或者使用企业名称违反本规定的，依照企业登记相关法律、行政法规的规定予以处罚。

企业登记机关对不符合本规定的企业名称予以登记，或者对符合本规定的企业名称不予登记的，对直接负责的主管人员和其他直接责任人员，依法给予行政处分。

第二十五条 农民专业合作社和个体工商户的名称登记管理，参照本规定执行。

第二十六条 本规定自 2021 年 3 月 1 日起施行。

外国企业常驻代表机构登记管理条例

(2010 年 11 月 19 日中华人民共和国国务院令第 584 号公布　根据 2013 年 7 月 18 日《国务院关于废止和修改部分行政法规的决定》第一次修订　根据 2018 年 9 月 18 日《国务院关于修改部分行政法规的决定》第二次修订)

第一章　总　则

第一条　为了规范外国企业常驻代表机构的设立及其业务活动,制定本条例。

第二条　本条例所称外国企业常驻代表机构(以下简称代表机构),是指外国企业依照本条例规定,在中国境内设立的从事与该外国企业业务有关的非营利性活动的办事机构。代表机构不具有法人资格。

第三条　代表机构应当遵守中国法律,不得损害中国国家安全和社会公共利益。

第四条　代表机构设立、变更、终止,应当依照本条例规定办理登记。

外国企业申请办理代表机构登记,应当对申请文件、材料的真实性负责。

第五条　省、自治区、直辖市人民政府市场监督管理部门是代表机构的登记和管理机关(以下简称登记机关)。

登记机关应当与其他有关部门建立信息共享机制,相互提供有关代表机构的信息。

第六条　代表机构应当于每年 3 月 1 日至 6 月 30 日向登记机关提交年度报告。年度报告的内容包括外国企业的合法存续情况、代表机构的业务活动开展情况及其经会计师事务所审计的费用收支情况等相关情况。

第七条　代表机构应当依法设置会计账簿,真实记载外国企业经费拨付和代表机构费用收支情况,并置于代表机构驻在场所。

代表机构不得使用其他企业、组织或者个人的账户。

第八条　外国企业委派的首席代表、代表以及代表机构的工作人员应当遵守法律、行政法规关于出入境、居留、就业、纳税、外汇登记等规定;违反规定的,由有关部门依照法律、行政法规的相关规定予以处理。

第二章　登 记 事 项

第九条　代表机构的登记事项包括:代表机构名称、首席代表姓名、业务范围、驻在场所、驻在期限、外国企业名称及其住所。

第十条　代表机构名称应当由以下部分依次组成:外国企业国籍、外国企业中文名称、驻在城市名称以及"代表处"字样,并不得含有下列内容和文字:

(一)有损于中国国家安全或者社会公共利益的;

(二)国际组织名称;

(三)法律、行政法规或者国务院规定禁止的。

代表机构应当以登记机关登记的名称从事业务活动。

第十一条　外国企业应当委派一名首席代表。首席代表在外国企业书面授权范围内,可以代表外国企业签署代表机构登记申请文件。

外国企业可以根据业务需要,委派 1 至 3 名代表。

第十二条　有下列情形之一的,不得担任首席代表、代表:

（一）因损害中国国家安全或者社会公共利益，被判处刑罚的；

（二）因从事损害中国国家安全或者社会公共利益等违法活动，依法被撤销设立登记、吊销登记证或者被有关部门依法责令关闭的代表机构的首席代表、代表，自被撤销、吊销或者责令关闭之日起未逾5年的；

（三）国务院市场监督管理部门规定的其他情形。

第十三条 代表机构不得从事营利性活动。

中国缔结或者参加的国际条约、协定另有规定的，从其规定，但是中国声明保留的条款除外。

第十四条 代表机构可以从事与外国企业业务有关的下列活动：

（一）与外国企业产品或者服务有关的市场调查、展示、宣传活动；

（二）与外国企业产品销售、服务提供、境内采购、境内投资有关的联络活动。

法律、行政法规或者国务院规定代表机构从事前款规定的业务活动须经批准的，应当取得批准。

第十五条 代表机构的驻在场所由外国企业自行选择。

根据国家安全和社会公共利益需要，有关部门可以要求代表机构调整驻在场所，并及时通知登记机关。

第十六条 代表机构的驻在期限不得超过外国企业的存续期限。

第十七条 登记机关应当将代表机构登记事项记载于代表机构登记簿，供社会公众查阅、复制。

第十八条 代表机构应当将登记机关颁发的外国企业常驻代表机构登记证（以下简称登记证）置于代表机构驻在场所的显著位置。

第十九条 任何单位和个人不得伪造、涂改、出租、出借、转让登记证和首席代表、代表的代表证（以下简称代表证）。

登记证和代表证遗失或者毁坏的，代表机构应当在指定的媒体上声明作废，申请补领。

登记机关依法作出准予变更登记、准予注销登记、撤销变更登记、吊销登记证决定的，代表机构原登记证和原首席代表、代表的代表证自动失效。

第二十条 代表机构设立、变更，外国企业应当在登记机关指定的媒体上向社会公告。

代表机构注销或者被依法撤销设立登记、吊销登记证的，由登记机关进行公告。

第二十一条 登记机关对代表机构涉嫌违反本条例的行为进行查处，可以依法行使下列职权：

（一）向有关的单位和个人调查、了解情况；

（二）查阅、复制、查封、扣押与违法行为有关的合同、票据、账簿以及其他资料；

（三）查封、扣押专门用于从事违法行为的工具、设备、原材料、产品（商品）等财物；

（四）查询从事违法行为的代表机构的账户以及与存款有关的会计凭证、账簿、对账单等。

第三章　设　立　登　记

第二十二条 设立代表机构应当向登记机关申请设立登记。

第二十三条 外国企业申请设立代表机构，应当向登记机关提交下列文件、材料：

（一）代表机构设立登记申请书；

（二）外国企业住所证明和存续2年以上的合法营业证明；

（三）外国企业章程或者组织协议；

（四）外国企业对首席代表、代表的任命文件；

（五）首席代表、代表的身份证明和简历；

（六）同外国企业有业务往来的金融机构出具的资金信用证明；

（七）代表机构驻在场所的合法使用证明。

法律、行政法规或者国务院规定设立代表机构须经批准的，外国企业应当自批准之日起90日内向登记机关申请设立登记，并提交有关批准文件。

中国缔结或者参加的国际条约、协定规定可以设立从事营利性活动的代表机构的，还应当依照法律、行政法规或者国务院规定提交相应文件。

第二十四条 登记机关应当自受理申请之日起15日内作出是否准予登记的决定，作出决定前可以根据需要征求有关部门的意见。作出准予登记决定的，应当自作出决定之日起5日内向申请人颁发登记证和代表证；作出不予登记决定的，应当自作出决定之日起5日内向申请人出具登记驳回通知书，说明不予登记的理由。

登记证签发日期为代表机构成立日期。

第二十五条 代表机构、首席代表和代表凭登记证、代表证申请办理居留、就业、纳税、外汇登记等有关手续。

第四章 变更登记

第二十六条 代表机构登记事项发生变更，外国企业应当向登记机关申请变更登记。

第二十七条 变更登记事项的，应当自登记事项发生变更之日起60日内申请变更登记。

变更登记事项依照法律、行政法规或者国务院规定在登记前须经批准的，应当自批准之日起30日内申请变更登记。

第二十八条 代表机构驻在期限届满后继续从事业务活动的，外国企业应当在驻在期限届满前60日内向登记机关申请变更登记。

第二十九条 申请代表机构变更登记，应当提交代表机构变更登记申请书以及国务院市场监督管理部门规定提交的相关文件。

变更登记事项依照法律、行政法规或者国务院规定在登记前须经批准的，还应当提交有关批准文件。

第三十条 登记机关应当自受理申请之日起10日内作出是否准予变更登记的决定。作出准予变更登记决定的，应当自作出决定之日起5日内换发登记证和代表证；作出不予变更登记决定的，应当自作出决定之日起5日内向申请人出具变更登记驳回通知书，说明不予变更登记的理由。

第三十一条 外国企业的有权签字人、企业责任形式、资本（资产）、经营范围以及代表发生变更的，外国企业应当自上述事项发生变更之日起60日内向登记机关备案。

第五章 注销登记

第三十二条 有下列情形之一的，外国企业应当在下列事项发生之日起60日内向登记机关申请注销登记：

（一）外国企业撤销代表机构；

（二）代表机构驻在期限届满不再继续从事业务活动；

（三）外国企业终止；

（四）代表机构依法被撤销批准或者责令关闭。

第三十三条 外国企业申请代表机构注销登记，应当向登记机关提交下列文件：

（一）代表机构注销登记申请书；

（二）代表机构税务登记注销证明；

（三）海关、外汇部门出具的相关事宜已清理完结或者该代表机构未办理相关手续的证明；

（四）国务院市场监督管理部门规定提交的其他文件。

法律、行政法规或者国务院规定代表机构终止活动须经批准的，还应当提交有关批准文件。

第三十四条 登记机关应当自受理申请之日起 10 日内作出是否准予注销登记的决定。作出准予注销决定的，应当自作出决定之日起 5 日内出具准予注销通知书，收缴登记证和代表证；作出不予注销登记决定的，应当自作出决定之日起 5 日内向申请人出具注销登记驳回通知书，说明不予注销登记的理由。

第六章　法律责任

第三十五条 未经登记，擅自设立代表机构或者从事代表机构业务活动的，由登记机关责令停止活动，处以 5 万元以上 20 万元以下的罚款。

代表机构违反本条例规定从事营利性活动的，由登记机关责令改正，没收违法所得，没收专门用于从事营利性活动的工具、设备、原材料、产品（商品）等财物，处以 5 万元以上 50 万元以下罚款；情节严重的，吊销登记证。

第三十六条 提交虚假材料或者采取其他欺诈手段隐瞒真实情况，取得代表机构登记或者备案的，由登记机关责令改正，对代表机构处以 2 万元以上 20 万元以下的罚款，对直接负责的主管人员和其他直接责任人员处以 1000 元以上 1 万元以下的罚款；情节严重的，由登记机关撤销登记或者吊销登记证，缴销代表证。

代表机构提交的年度报告隐瞒真实情况、弄虚作假的，由登记机关责令改正，对代表机构处以 2 万元以上 20 万元以下的罚款；情节严重的，吊销登记证。

伪造、涂改、出租、出借、转让登记证、代表证的，由登记机关对代表机构处以 1 万元以上 10 万元以下的罚款；对直接负责的主管人员和其他直接责任人员处以 1000 元以上 1 万元以下的罚款；情节严重的，吊销登记证，缴销代表证。

第三十七条 代表机构违反本条例第十四条规定从事业务活动以外活动的，由登记机关责令限期改正；逾期未改正的，处以 1 万元以上 10 万元以下的罚款；情节严重的，吊销登记证。

第三十八条 有下列情形之一的，由登记机关责令限期改正，处以 1 万元以上 3 万元以下的罚款；逾期未改正的，吊销登记证：

（一）未依照本条例规定提交年度报告的；

（二）未按照登记机关登记的名称从事业务活动的；

（三）未按照中国政府有关部门要求调整驻在场所的；

（四）未按照本条例规定公告其设立、变更情况的；

（五）未依照本条例规定办理有关变更登记、注销登记或者备案的。

第三十九条 代表机构从事危害中国国家安全或者社会公共利益等严重违法活动的，由登记机关吊销登记证。

代表机构违反本条例规定被撤销设立登记、吊销登记证，或者被中国政府有关部门依法责令关闭的，自被撤销、吊销或者责令关闭之日起 5 年内，设立该代表机构的外国企业不得在中国境内设立代表机构。

第四十条 登记机关及其工作人员滥用职权、玩忽职守、徇私舞弊，未依照本条例规定办理登记、查处违法行为，或者支持、包庇、纵容违法行为的，依法给予处分。

第四十一条 违反本条例规定，构成违反治安管理行为的，依照《中华人民共和国治安管理处罚法》的规定予以处罚；构成犯罪的，依法追究刑事责任。

第七章 附 则

第四十二条 本条例所称外国企业，是指依照外国法律在中国境外设立的营利性组织。

第四十三条 代表机构登记的收费项目依照国务院财政部门、价格主管部门的有关规定执行，代表机构登记的收费标准依照国务院价格主管部门、财政部门的有关规定执行。

第四十四条 香港特别行政区、澳门特别行政区和台湾地区企业在中国境内设立代表机构的，参照本条例规定进行登记管理。

第四十五条 本条例自 2011 年 3 月 1 日起施行。1983 年 3 月 5 日经国务院批准，1983 年 3 月 15 日原国家工商行政管理局发布的《关于外国企业常驻代表机构登记管理办法》同时废止。

无证无照经营查处办法

（2017 年 8 月 6 日中华人民共和国国务院令第 684 号公布 自 2017 年 10 月 1 日起施行）

第一条 为了维护社会主义市场经济秩序，促进公平竞争，保护经营者和消费者的合法权益，制定本办法。

第二条 任何单位或者个人不得违反法律、法规、国务院决定的规定，从事无证无照经营。

第三条 下列经营活动，不属于无证无照经营：

（一）在县级以上地方人民政府指定的场所和时间，销售农副产品、日常生活用品，或者个人利用自己的技能从事依法无须取得许可的便民劳务活动；

（二）依照法律、行政法规、国务院决定的规定，从事无须取得许可或者办理注册登记的经营活动。

第四条 县级以上地方人民政府负责组织、协调本行政区域的无证无照经营查处工作，建立有关部门分工负责、协调配合的无证无照经营查处工作机制。

第五条 经营者未依法取得许可从事经营活动的，由法律、法规、国务院决定规定的部门予以查处；法律、法规、国务院决定没有规定或者规定不明确的，由省、自治区、直辖市人民政府确定的部门予以查处。

第六条 经营者未依法取得营业执照从事经营活动的，由履行工商行政管理职责的部门（以下称工商行政管理部门）予以查处。

第七条 经营者未依法取得许可且未依法取得营业执照从事经营活动的，依照本办法第五条的规定予以查处。

第八条 工商行政管理部门以及法律、法规、国务院决定规定的部门和省、自治区、直辖市人民政府确定的部门（以下统称查处部门）应当依法履行职责，密切协同配合，利用信息网络平台加强信息共享；发现不属于本部门查处职责的无证无照经营，应当及时通报有关部门。

第九条 任何单位或者个人有权向查处部门举报无证无照经营。

查处部门应当向社会公开受理举报的电话、信箱或者电子邮件地址，并安排人员受理举报，依法予以处理。对实名举报的，查处部门应当告知处理结果，并为举报人保密。

第十条 查处部门依法查处无证无照经营，应当坚持查处与引导相结合、处罚与教育相结合的原则，对具备办理证照的法定条件、经营者有继续经营意愿的，应当督促、引导其依法办理相应证照。

第十一条 县级以上人民政府工商行政管理部门对涉嫌无照经营进行查处，可以行使下列职权：

（一）责令停止相关经营活动；

（二）向与涉嫌无照经营有关的单位和个人调查了解有关情况；

（三）进入涉嫌从事无照经营的场所实施现场检查；

（四）查阅、复制与涉嫌无照经营有关的合同、票据、账簿以及其他有关资料。

对涉嫌从事无照经营的场所，可以予以查封；对涉嫌用于无照经营的工具、设备、原材料、产品（商品）等物品，可以予以查封、扣押。

对涉嫌无证经营进行查处，依照相关法律、法规的规定采取措施。

第十二条 从事无证经营的，由查处部门依照相关法律、法规的规定予以处罚。

第十三条 从事无照经营的，由工商行政管理部门依照相关法律、行政法规的规定予以处罚。法律、行政法规对无照经营的处罚没有明确规定的，由工商行政管理部门责令停止违法行为，没收违法所得，并处1万元以下的罚款。

第十四条 明知属于无照经营而为经营者提供经营场所，或者提供运输、保管、仓储等条件的，由工商行政管理部门责令停止违法行为，没收违法所得，可以处5000元以下的罚款。

第十五条 任何单位或者个人从事无证无照经营的，由查处部门记入信用记录，并依照相关法律、法规的规定予以公示。

第十六条 妨害查处部门查处无证无照经营，构成违反治安管理行为的，由公安机关依照《中华人民共和国治安管理处罚法》的规定予以处罚。

第十七条 查处部门及其工作人员滥用职权、玩忽职守、徇私舞弊的，对负有责任的领导人员和直接责任人员依法给予处分。

第十八条 违反本办法规定，构成犯罪的，依法追究刑事责任。

第十九条 本办法自2017年10月1日起施行。2003年1月6日国务院公布的《无照经营查处取缔办法》同时废止。

企业名称登记管理规定实施办法

（2023年8月29日国家市场监督管理总局令第82号公布 自2023年10月1日起施行）

第一章 总 则

第一条 为了规范企业名称登记管理，保护企业的合法权益，维护社会经济秩序，优化营商环境，根据《企业名称登记管理规定》《中华人民共和国市场主体登记管理条例》等有关法律、行政法规，制定本办法。

第二条 本办法适用于在中国境内依法需要办理登记的企业，包括公司、非公司企业法人、合伙企业、个人独资企业和上述企业分支机构，以及外国公司分支机构等。

第三条 企业名称登记管理应当遵循依法合规、规范统一、公开透明、便捷高效的原则。

企业名称的申报和使用应当坚持诚实信用，尊重在先合法权利，避免混淆。

第四条 国家市场监督管理总局主管全国企业名称登记管理工作，负责制定企业名称禁限用规则、相同相近比对规则等企业名称登记管理的具体规范；负责建立、管理和维护全国企业名称规范管理系统和国家市场监督管理总局企业名称申报系统。

第五条 各省、自治区、直辖市人民政府市场监督管理部门（以下统称省级企业登记机关）负责建立、管理和维护本行政区域内的企业名称申报系统，并与全国企业名称规范管理系统、国家市场监督管理总局企业名称申报系统对接。

县级以上地方企业登记机关负责本行政区域内的企业名称登记管理工作，处理企业名称争议，规范企业名称登记管理秩序。

第六条 国家市场监督管理总局可以根据工作需要，授权省级企业登记机关从事不含行政区划名称的企业名称登记管理工作，提供高质量的企业名称申报服务。

国家市场监督管理总局建立抽查制度，加强对前款工作的监督检查。

第二章　企业名称规范

第七条 企业名称应当使用规范汉字。

企业需将企业名称译成外文使用的，应当依据相关外文翻译原则进行翻译使用，不得违反法律法规规定。

第八条 企业名称一般应当由行政区划名称、字号、行业或者经营特点、组织形式组成，并依次排列。法律、行政法规和本办法另有规定的除外。

第九条 企业名称中的行政区划名称应当是企业所在地的县级以上地方行政区划名称。

根据商业惯例等实际需要，企业名称中的行政区划名称置于字号之后、组织形式之前的，应当加注括号。

第十条 企业名称中的字号应当具有显著性，由两个以上汉字组成，可以是字、词或者其组合。

县级以上地方行政区划名称、行业或者经营特点用语具有其他含义，且社会公众可以明确识别，不会认为与地名、行业或者经营特点有特定联系的，可以作为字号或者字号的组成部分。

自然人投资人的姓名可以作为字号。

第十一条 企业名称中的行业或者经营特点用语应当根据企业的主营业务和国民经济行业分类标准确定。国民经济行业分类标准中没有规定的，可以参照行业习惯或者专业文献等表述。

企业为表明主营业务的具体特性，将县级以上地方行政区划名称作为企业名称中的行业或者经营特点的组成部分的，应当参照行业习惯或者有专业文献依据。

第十二条 企业应当依法在名称中标明与组织结构或者责任形式一致的组织形式用语，不得使用可能使公众误以为是其他组织形式的字样。

（一）公司应当在名称中标明"有限责任公司"、"有限公司"或者"股份有限公司"、"股份公司"字样；

（二）合伙企业应当在名称中标明"（普通合伙）"、"（特殊普通合伙）"、"（有限合伙）"字样；

（三）个人独资企业应当在名称中标明"（个人独资）"字样。

第十三条 企业分支机构名称应当冠以其所从属企业的名称，缀以"分公司"、"分厂"、"分店"等字词，并在名称中标明该分支机构的行业和所在地行政区划名称或者地名等，其行业或者所在地行政区划名称与所属企业一致的，可以不再标明。

第十四条 企业名称冠以"中国"、"中华"、"中央"、"全国"、"国家"等字词的，国家市场监督管理总局应当按照法律法规相关规定从严审核，提出审核意见并报国务院批准。

企业名称中间含有"中国"、"中华"、"全国"、"国家"等字词的，该字词应当是行业限定语。

第十五条 外商投资企业名称中含有"（中国）"字样的，其字号应当与企业的外国投资者名称或者字号翻译内容保持一致，并符合法律法规规定。

第十六条 企业名称应当符合《企业名称登记管理规定》第十一条规定，不得存在下列情形：

（一）使用与国家重大战略政策相关的文字，使公众误认为与国家出资、政府信用等有关联关系；

（二）使用"国家级"、"最高级"、"最佳"等带有误导性的文字；

（三）使用与同行业在先有一定影响的他人名称（包括简称、字号等）相同或者近似的文字；

（四）使用明示或者暗示为非营利性组织的文字；

（五）法律、行政法规和本办法禁止的其他情形。

第十七条 已经登记的企业法人控股3家以上企业法人的，可以在企业名称的组织形式之前使用"集团"或者"（集团）"字样。

企业集团名称应当在企业集团母公司办理变更登记时一并提出。

第十八条 企业集团名称应当与企业集团母公司名称的行政区划名称、字号、行业或者经营特点保持一致。

经企业集团母公司授权的子公司、参股公司，其名称可以冠以企业集团名称。

企业集团母公司应当将企业集团名称以及集团成员信息通过国家企业信用信息公示系统向社会公示。

第十九条 已经登记的企业法人，在3个以上省级行政区域内投资设立字号与本企业字号相同且经营1年以上的公司，或者符合法律、行政法规、国家市场监督管理总局规定的其他情形，其名称可以不含行政区划名称。

除有投资关系外，前款企业名称应当同时与企业所在地设区的市级行政区域内已经登记的或者在保留期内的同行业企业名称字号不相同。

第二十条 已经登记的跨5个以上国民经济行业门类综合经营的企业法人，投资设立3个以上与本企业字号相同且经营1年以上的公司，同时各公司的行业或者经营特点分别属于国民经济行业不同门类，其名称可以不含行业或者经营特点。除有投资关系外，该企业名称应当同时与企业所在地同一行政区域内已经登记的或者在保留期内的企业名称字号不相同。

前款企业名称不含行政区划名称的，除有投资关系外，还应当同时与企业所在地省级行政区域内已经登记的或者在保留期内的企业名称字号不相同。

第三章　企业名称自主申报服务

第二十一条 企业名称由申请人自主申报。

申请人可以通过企业名称申报系统或者在企业登记机关服务窗口提交有关信息和材料，包括全体投资人确认的企业名称、住所、投资人名称或者姓名等。申请人应当对提交材料的真实性、合法性和有效性负责。

企业名称申报系统对申请人提交的企业名称进行自动比对，依据企业名称禁限用规则、相同相近比对规则等作出禁限用说明或者风险提示。企业名称不含行政区划名称以及属于《企业名称登记管理规定》第十二条规定情形的，申请人应当同时在国家市场监督管理总局企业名称申报系统和企业名称数据库中进行查询、比对和筛选。

第二十二条 申请人根据查询、比对和筛选的结果，选取符合要求的企业名称，并承诺因其企业名称与他人企业名称近似侵犯他人合法权益的，依法承担法律责任。

第二十三条 申报企业名称，不得有下列行为：

（一）不以自行使用为目的，恶意囤积企业名称，占用名称资源等，损害社会公共利益或者妨碍社会公共秩序；

（二）提交虚假材料或者采取其他欺诈手段进行企业名称自主申报；

（三）故意申报与他人在先具有一定影响的名称（包括简称、字号等）近似的企业名称；

（四）故意申报法律、行政法规和本办法禁止的企业名称。

第二十四条 《企业名称登记管理规定》第十七条所称申请人拟定的企业名称中的字号与同行业或者不使用行业、经营特点表述的企业名称中的字号相同的情形包括：

（一）企业名称中的字号相同，行政区划名称、字号、行业或者经营特点、组织形式的排列顺序不同但文字相同；

（二）企业名称中的字号相同，行政区划名称或者组织形式不同，但行业或者经营特点相同；

（三）企业名称中的字号相同，行业或者经营特点表述不同但实质内容相同。

第二十五条 企业登记机关对通过企业名称申报系统提交完成的企业名称予以保留，保留期为2个月。设立企业依法应当报经批准或者企业经营范围中有在登记前须经批准的项目的，保留期为1年。

企业登记机关可以依申请向申请人出具名称保留告知书。

申请人应当在保留期届满前办理企业登记。保留期内的企业名称不得用于经营活动。

第二十六条 企业登记机关在办理企业登记时，发现保留期内的名称不符合企业名称登记管理相关规定的，不予登记并书面说明理由。

第四章　企业名称使用和监督管理

第二十七条 使用企业名称应当遵守法律法规规定，不得以模仿、混淆等方式侵犯他人在先合法权益。

第二十八条 企业的印章、银行账户等所使用的企业名称，应当与其营业执照上的企业名称相同。

法律文书使用企业名称，应当与该企业营业执照上的企业名称相同。

第二十九条 企业名称可以依法转让。企业名称的转让方与受让方应当签订书面合同，依法向企业登记机关办理企业名称变更登记，并由企业登记机关通过国家企业信用信息公示系统向社会公示企业名称转让信息。

第三十条 企业授权使用企业名称的，不得损害他人合法权益。

企业名称的授权方与使用方应当分别将企业名称授权使用信息通过国家企业信用信息公示系统向社会公示。

第三十一条 企业登记机关发现已经登记的企业名称不符合企业名称登记管理相关规定的，应当依法及时纠正，责令企业变更名称。对不立即变更可能严重损害社会公共利益或者产生不良社会影响的企业名称，经企业登记机关主要负责人批准，可以用统一社会信用代码代替。

上级企业登记机关可以纠正下级企业登记机关已经登记的不符合企业名称登记管理相关规定的企业名称。

其他单位或者个人认为已经登记的企业名称不符合企业名称登记管理相关规定的，可以请求企业登记机关予以纠正。

第三十二条 企业应当自收到企业登记机关的纠正决定之日起30日内办理企业名称变更登记。企业名称变更前，由企业登记机关在国家企业信用信息公示系统和电子营业执照中以统一社会信用代码代替其企业名称。

　　企业逾期未办理变更登记的，企业登记机关将其列入经营异常名录；完成变更登记后，企业可以依法向企业登记机关申请将其移出经营异常名录。

　　第三十三条　省级企业登记机关在企业名称登记管理工作中发现下列情形，应当及时向国家市场监督管理总局报告，国家市场监督管理总局根据具体情况进行处理：

　　（一）发现将损害国家利益、社会公共利益，妨害社会公共秩序，或者有其他不良影响的文字作为名称字号申报，需要将相关字词纳入企业名称禁限用管理的；

　　（二）发现在全国范围内有一定影响的企业名称（包括简称、字号等）被他人擅自使用，误导公众，需要将该企业名称纳入企业名称禁限用管理的；

　　（三）发现将其他属于《企业名称登记管理规定》第十一条规定禁止情形的文字作为名称字号申报，需要将相关字词纳入企业名称禁限用管理的；

　　（四）需要在全国范围内统一争议裁决标准的企业名称争议；

　　（五）在全国范围内产生重大影响的企业名称登记管理工作；

　　（六）其他应当报告的情形。

第五章　企业名称争议裁决

　　第三十四条　企业认为其他企业名称侵犯本企业名称合法权益的，可以向人民法院起诉或者请求为涉嫌侵权企业办理登记的企业登记机关处理。

　　第三十五条　企业登记机关负责企业名称争议裁决工作，应当根据工作需要依法配备符合条件的裁决人员，为企业名称争议裁决提供保障。

　　第三十六条　提出企业名称争议申请，应当有具体的请求、事实、理由、法律依据和证据，并提交以下材料：

　　（一）企业名称争议裁决申请书；

　　（二）被申请人企业名称侵犯申请人企业名称合法权益的证据材料；

　　（三）申请人主体资格文件，委托代理的，还应当提交委托书和被委托人主体资格文件或者自然人身份证件；

　　（四）其他与企业名称争议有关的材料。

　　第三十七条　企业登记机关应当自收到申请之日起5个工作日内对申请材料进行审查，作出是否受理的决定，并书面通知申请人；对申请材料不符合要求的，应当一次性告知申请人需要补正的全部内容。申请人应当自收到补正通知之日起5个工作日内补正。

　　第三十八条　有下列情形之一的，企业登记机关依法不予受理并说明理由：

　　（一）争议不属于本机关管辖；

　　（二）无明确的争议事实、理由、法律依据和证据；

　　（三）申请人未在规定时限内补正，或者申请材料经补正后仍不符合要求；

　　（四）人民法院已经受理申请人的企业名称争议诉讼请求或者作出裁判；

　　（五）申请人经调解达成协议后，再以相同的理由提出企业名称争议申请；

　　（六）企业登记机关已经作出不予受理申请决定或者已经作出行政裁决后，同一申请人以相同的事实、理由、法律依据针对同一个企业名称再次提出争议申请；

　　（七）企业名称争议一方或者双方已经注销；

　　（八）依法不予受理的其他情形。

　　第三十九条　企业登记机关应当自决定受理之日起5个工作日内将申请书和相关证据材料副本随同答辩告知书发送被申请人。

　　被申请人应当自收到上述材料之日起10个工作日内提交答辩书和相关证据材料。

企业登记机关应当自收到被申请人提交的材料之日起 5 个工作日内将其发送给申请人。

被申请人逾期未提交答辩书和相关证据材料的，不影响企业登记机关的裁决。

第四十条 经双方当事人同意，企业登记机关可以对企业名称争议进行调解。

调解达成协议的，企业登记机关应当制作调解书，当事人应当履行。调解不成的，企业登记机关应当自受理之日起 3 个月内作出行政裁决。

第四十一条 企业登记机关对企业名称争议进行审查时，依法综合考虑以下因素：

（一）争议双方企业的主营业务；

（二）争议双方企业名称的显著性、独创性；

（三）争议双方企业名称的持续使用时间以及相关公众知悉程度；

（四）争议双方在进行企业名称申报时作出的依法承担法律责任的承诺；

（五）争议企业名称是否造成相关公众的混淆误认；

（六）争议企业名称是否利用或者损害他人商誉；

（七）企业登记机关认为应当考虑的其他因素。

企业登记机关必要时可以向有关组织和人员调查了解情况。

第四十二条 企业登记机关经审查，认为当事人构成侵犯他人企业名称合法权益的，应当制作企业名称争议行政裁决书，送达双方当事人，并责令侵权人停止使用被争议企业名称；争议理由不成立的，依法驳回争议申请。

第四十三条 企业被裁决停止使用企业名称的，应当自收到争议裁决之日起 30 日内办理企业名称变更登记。企业名称变更前，由企业登记机关在国家企业信用信息公示系统和电子营业执照中以统一社会信用代码代替其企业名称。

企业逾期未办理变更登记的，企业登记机关将其列入经营异常名录；完成变更登记后，企业可以依法向企业登记机关申请将其移出经营异常名录。

第四十四条 争议企业名称权利的确定必须以人民法院正在审理或者行政机关正在处理的其他案件结果为依据的，应当中止审查，并告知争议双方。

在企业名称争议裁决期间，就争议企业名称发生诉讼的，当事人应当及时告知企业登记机关。

在企业名称争议裁决期间，企业名称争议一方或者双方注销，或者存在法律法规规定的其他情形的，企业登记机关应当作出终止裁决的决定。

第四十五条 争议裁决作出前，申请人可以书面向企业登记机关要求撤回申请并说明理由。企业登记机关认为可以撤回的，终止争议审查程序，并告知争议双方。

第四十六条 对于事实清楚、争议不大、案情简单的企业名称争议，企业登记机关可以依照有关规定适用简易裁决程序。

第四十七条 当事人对企业名称争议裁决不服的，可以依法申请行政复议或者向人民法院提起诉讼。

第六章　法　律　责　任

第四十八条 申报企业名称，违反本办法第二十三条第（一）、（二）项规定的，由企业登记机关责令改正；拒不改正的，处 1 万元以上 10 万元以下的罚款。法律、行政法规另有规定的，依照其规定。

申报企业名称，违反本办法第二十三条第（三）、（四）项规定，严重扰乱企业名称登记管理秩序，产生不良社会影响的，由企业登记机关处 1 万元以上 10 万元以下的罚款。

第四十九条 利用企业名称实施不正当竞争等行为的，依照有关法律、行政法规的规定处理。

违反本办法规定，使用企业名称，损害他人合法权益，企业逾期未依法办理变更登记的，由企业登记机关依照《中华人民共和国市场主体登记管理条例》第四十六条规定予以处罚。

第五十条 企业登记机关应当健全内部监督制度，对从事企业名称登记管理工作的人员执行法律法规和遵守纪律的情况加强监督。

从事企业名称登记管理工作的人员应当依法履职，廉洁自律，不得从事相关代理业务或者违反规定从事、参与营利性活动。

企业登记机关对不符合规定的企业名称予以登记，或者对符合规定的企业名称不予登记的，对直接负责的主管人员和其他直接责任人员，依法给予行政处分。

第五十一条 从事企业名称登记管理工作的人员滥用职权、玩忽职守、徇私舞弊，牟取不正当利益的，应当依照有关规定将相关线索移送纪检监察机关处理；构成犯罪的，依法追究刑事责任。

第七章 附 则

第五十二条 本办法所称的企业集团，由其母公司、子公司、参股公司以及其他成员单位组成。母公司是依法登记注册，取得企业法人资格的控股企业；子公司是母公司拥有全部股权或者控股权的企业法人；参股公司是母公司拥有部分股权但是没有控股权的企业法人。

第五十三条 个体工商户和农民专业合作社的名称登记管理，参照本办法执行。

个体工商户使用名称的，应当在名称中标明"（个体工商户）"字样，其名称中的行政区划名称应当是其所在地县级行政区划名称，可以缀以个体工商户所在地的乡镇、街道或者行政村、社区、市场等名称。

农民专业合作社（联合社）应当在名称中标明"专业合作社"或者"专业合作社联合社"字样。

第五十四条 省级企业登记机关可以根据本行政区域实际情况，按照本办法对本行政区域内企业、个体工商户、农民专业合作社的违规名称纠正、名称争议裁决等名称登记管理工作制定实施细则。

第五十五条 本办法自 2023 年 10 月 1 日起施行。2004 年 6 月 14 日原国家工商行政管理总局令第 10 号公布的《企业名称登记管理实施办法》、2008 年 12 月 31 日原国家工商行政管理总局令第 38 号公布的《个体工商户名称登记管理办法》同时废止。

外商投资企业授权登记管理办法

（2022 年 3 月 1 日国家市场监督管理总局令第 51 号公布 自 2022 年 4 月 1 日起施行）

第一条 为了规范外商投资企业登记管理工作，明确各级市场监督管理部门职责，根据《中华人民共和国外商投资法》《中华人民共和国外商投资法实施条例》等法律法规制定本办法。

第二条 外商投资企业及其分支机构登记管理授权和规范，适用本办法。

外国公司分支机构以及其他依照国家规定应当执行外资产业政策的企业、香港特别行政区和澳门特别行政区投资者在内地、台湾地区投资者在大陆投资设立的企业及其分支机构登记管理授权和规范，参照本办法执行。

　　第三条　国家市场监督管理总局负责全国的外商投资企业登记管理，并可以根据本办法规定的条件授权地方人民政府市场监督管理部门承担外商投资企业登记管理工作。

　　被授权的地方人民政府市场监督管理部门（以下简称被授权局）以自己的名义在被授权范围内承担外商投资企业登记管理工作。

　　未经国家市场监督管理总局授权，不得开展或者变相开展外商投资企业登记管理工作。

　　第四条　具备下列条件的市场监督管理部门可以申请外商投资企业登记管理授权：

　　（一）辖区内外商投资达到一定规模，或者已经设立的外商投资企业达 50 户以上；

　　（二）能够正确执行国家企业登记管理法律法规和外商投资管理政策；

　　（三）有从事企业登记注册的专职机构和编制，有稳定的工作人员，其数量与能力应当与开展被授权工作的要求相适应；

　　（四）有较好的办公条件，包括必要的硬件设备、畅通的网络环境和统一数据标准、业务规范、平台数据接口的登记注册系统等，能及时将企业登记注册信息和外商投资信息报告信息上传至国家市场监督管理总局；

　　（五）有健全的外商投资企业登记管理工作制度。

　　第五条　申请外商投资企业登记管理授权，应当提交下列文件：

　　（一）申请局签署的授权申请书，申请书应当列明具备本办法第四条所规定授权条件的情况以及申请授权的范围；

　　（二）负责外商投资企业登记管理工作的人员名单，名单应当载明职务、参加业务培训情况；

　　（三）有关外商投资企业登记管理工作制度的文件。

　　第六条　省级以下市场监督管理部门申请授权的，应当向省级市场监督管理部门提出书面报告。省级市场监督管理部门经审查，认为符合本办法规定条件的，应当出具审查报告，与申请局提交的申请文件一并报国家市场监督管理总局。

　　第七条　国家市场监督管理总局经审查，对申请局符合本办法规定条件的，应当作出授权决定，授权其承担外商投资企业登记管理工作。

　　国家市场监督管理总局应当在官网公布并及时更新其授权的市场监督管理部门名单。

　　第八条　被授权局的登记管辖范围由国家市场监督管理总局根据有关法律法规，结合实际情况确定，并在授权文件中列明。

　　被授权局负责其登记管辖范围内外商投资企业的设立、变更、注销登记、备案及其监督管理。

　　第九条　被授权局应当严格按照下列要求开展外商投资企业登记管理工作：

　　（一）以自己的名义在被授权范围内依法作出具体行政行为；

　　（二）严格遵守国家法律法规规章，严格执行外商投资准入前国民待遇加负面清单管理制度，强化登记管理秩序，维护国家经济安全；

　　（三）严格执行授权局的工作部署和要求，认真接受授权局指导和监督；

　　（四）被授权局执行涉及外商投资企业登记管理的地方性法规、地方政府规章和政策文件，应当事先报告授权局，征求授权局意见。

　　被授权局为省级以下市场监督管理部门的，应当接受省级被授权局的指导和监督，认真执行其工作部署和工作要求。

　　被授权局名称等情况发生变化或者不再履行外商投资企业登记管理职能的，应当由省级市场监督管理部门及时向国家市场监督管理总局申请变更或者撤销授权。

　　第十条　被授权局在外商投资企业登记管理工作中不得存在下列情形：

（一）超越被授权范围开展工作；

（二）转授权给其他行政管理部门；

（三）拒不接受授权局指导或者执行授权局的规定；

（四）在工作中弄虚作假或者存在其他严重失职行为；

（五）其他违反法律法规以及本办法规定的情形。

第十一条 国家市场监督管理总局对被授权局存在第十条所列情形以及不再符合授权条件的，可以作出以下处理：

（一）责令被授权局撤销或者改正其违法或者不适当的行政行为；

（二）直接撤销被授权局违法或者不适当的行政行为；

（三）通报批评；

（四）建议有关机关对直接责任人员按规定给予处分，构成犯罪的，依法追究刑事责任；

（五）撤销部分或者全部授权。

第十二条 上级市场监督管理部门对下级被授权局在外商投资企业登记管理工作中存在第十条所列情形的，可以作出以下处理：

（一）责令被授权局撤销、变更或者改正其不适当的行政行为；

（二）建议国家市场监督管理总局撤销被授权局的不适当行政行为；

（三）在辖区内通报批评；

（四）建议有关机关对直接责任人员给予处分，构成犯罪的，依法追究刑事责任；

（五）建议国家市场监督管理总局撤销部分或者全部授权。

第十三条 本办法自 2022 年 4 月 1 日起施行。2002 年 12 月 10 日原国家工商行政管理总局令第 4 号公布的《外商投资企业授权登记管理办法》同时废止。

中华人民共和国市场主体登记管理条例实施细则

（2022 年 3 月 1 日国家市场监督管理总局令第 52 号公布　自公布之日起施行）

第一章 总 则

第一条 根据《中华人民共和国市场主体登记管理条例》（以下简称《条例》）等有关法律法规，制定本实施细则。

第二条 市场主体登记管理应当遵循依法合规、规范统一、公开透明、便捷高效的原则。

第三条 国家市场监督管理总局主管全国市场主体统一登记管理工作，制定市场主体登记管理的制度措施，推进登记全程电子化，规范登记行为，指导地方登记机关依法有序开展登记管理工作。

县级以上地方市场监督管理部门主管本辖区市场主体登记管理工作，加强对辖区内市场主体登记管理工作的统筹指导和监督管理，提升登记管理水平。

县级市场监督管理部门的派出机构可以依法承担个体工商户等市场主体的登记管理职责。

各级登记机关依法履行登记管理职责，执行全国统一的登记管理政策文件和规范要求，使用统一的登记材料、文书格式，以及省级统一的市场主体登记管理系统，优化登记办理流程，推行网上办理等便捷方式，健全数据安全管理制度，提供规范化、标准化登记管理服务。

第四条 省级以上人民政府或者其授权的国有资产监督管理机构履行出资人职责的公司，以及该公司投资设立并持有 50% 以上股权或者股份的公司的登记管理由省级登记机关负责；股份有限公司的登记管理由地市级以上地方登记机关负责。

除前款规定的情形外，省级市场监督管理部门依法对本辖区登记管辖作出统一规定；上级登记机关在特定情形下，可以依法将部分市场主体登记管理工作交由下级登记机关承担，或者承担下级登记机关的部分登记管理工作。

外商投资企业登记管理由国家市场监督管理总局或者其授权的地方市场监督管理部门负责。

第五条 国家市场监督管理总局应当加强信息化建设，统一登记管理业务规范、数据标准和平台服务接口，归集全国市场主体登记管理信息。

省级市场监督管理部门主管本辖区登记管理信息化建设，建立统一的市场主体登记管理系统，归集市场主体登记管理信息，规范市场主体登记注册流程，提升政务服务水平，强化部门间信息共享和业务协同，提升市场主体登记管理便利化程度。

第二章 登 记 事 项

第六条 市场主体应当按照类型依法登记下列事项：

（一）公司：名称、类型、经营范围、住所、注册资本、法定代表人姓名、有限责任公司股东或者股份有限公司发起人姓名或者名称。

（二）非公司企业法人：名称、类型、经营范围、住所、出资额、法定代表人姓名、出资人（主管部门）名称。

（三）个人独资企业：名称、类型、经营范围、住所、出资额、投资人姓名及居所。

（四）合伙企业：名称、类型、经营范围、主要经营所、出资额、执行事务合伙人名称或者姓名，合伙人名称或者姓名、住所、承担责任方式。执行事务合伙人是法人或者其他组织的，登记事项还应当包括其委派的代表姓名。

（五）农民专业合作社（联合社）：名称、类型、经营范围、住所、出资额、法定代表人姓名。

（六）分支机构：名称、类型、经营范围、经营场所、负责人姓名。

（七）个体工商户：组成形式、经营范围、经营场所，经营者姓名、住所。个体工商户使用名称的，登记事项还应当包括名称。

（八）法律、行政法规规定的其他事项。

第七条 市场主体应当按照类型依法备案下列事项：

（一）公司：章程、经营期限、有限责任公司股东或者股份有限公司发起人认缴的出资数额、董事、监事、高级管理人员、登记联络员、外商投资公司法律文件送达接受人。

（二）非公司企业法人：章程、经营期限、登记联络员。

（三）个人独资企业：登记联络员。

（四）合伙企业：合伙协议、合伙期限、合伙人认缴或者实际缴付的出资数额、缴付期限和出资方式、登记联络员、外商投资合伙企业法律文件送达接受人。

（五）农民专业合作社（联合社）：章程、成员、登记联络员。

（六）分支机构：登记联络员。

（七）个体工商户：家庭参加经营的家庭成员姓名、登记联络员。

（八）公司、合伙企业等市场主体受益所有人相关信息。

（九）法律、行政法规规定的其他事项。

上述备案事项由登记机关在设立登记时一并进行信息采集。

受益所有人信息管理制度由中国人民银行会同国家市场监督管理总局另行制定。

第八条 市场主体名称由申请人依法自主申报。

第九条 申请人应当依法申请登记下列市场主体类型：

（一）有限责任公司、股份有限公司；

（二）全民所有制企业、集体所有制企业、联营企业；

（三）个人独资企业；

（四）普通合伙（含特殊普通合伙）企业、有限合伙企业；

（五）农民专业合作社、农民专业合作社联合社；

（六）个人经营的个体工商户、家庭经营的个体工商户。

分支机构应当按所属市场主体类型注明分公司或者相应的分支机构。

第十条 申请人应当根据市场主体类型依法向其住所（主要经营场所、经营场所）所在地具有登记管辖权的登记机关办理登记。

第十一条 申请人申请登记市场主体法定代表人、执行事务合伙人（含委派代表），应当符合章程或者协议约定。

合伙协议未约定或者全体合伙人未决定委托执行事务合伙人的，除有限合伙人外，申请人应当将其他合伙人均登记为执行事务合伙人。

第十二条 申请人应当按照国家市场监督管理总局发布的经营范围规范目录，根据市场主体主要行业或者经营特征自主选择一般经营项目和许可经营项目，申请办理经营范围登记。

第十三条 申请人申请登记的市场主体注册资本（出资额）应当符合章程或者协议约定。

市场主体注册资本（出资额）以人民币表示。外商投资企业的注册资本（出资额）可以用可自由兑换的货币表示。

依法以境内公司股权或者债权出资的，应当权属清楚、权能完整，依法可以评估、转让，符合公司章程规定。

第三章 登记规范

第十四条 申请人可以自行或者指定代表人、委托代理人办理市场主体登记、备案事项。

第十五条 申请人应当在申请材料上签名或者盖章。

申请人可以通过全国统一电子营业执照系统等电子签名工具和途径进行电子签名或者电子签章。符合法律规定的可靠电子签名、电子签章与手写签名或者盖章具有同等法律效力。

第十六条 在办理登记、备案事项时，申请人应当配合登记机关通过实名认证系统，采用人脸识别等方式对下列人员进行实名验证：

（一）法定代表人、执行事务合伙人（含委派代表）、负责人；

（二）有限责任公司股东、股份有限公司发起人、公司董事、监事及高级管理人员；

（三）个人独资企业投资人、合伙企业合伙人、农民专业合作社（联合社）成员、个体工商户经营者；

（四）市场主体登记联络员、外商投资企业法律文件送达接受人；

（五）指定的代表人或者委托代理人。

因特殊原因，当事人无法通过实名认证系统核验身份信息的，可以提交经依法公证的自然人身份证明文件，或者由本人持身份证件到现场办理。

第十七条 办理市场主体登记、备案事项，申请人可以到登记机关现场提交申请，也可以通过市场主体登记注册系统提出申请。

申请人对申请材料的真实性、合法性、有效性负责。

办理市场主体登记、备案事项，应当遵守法律法规，诚实守信，不得利用市场主体登记，牟取非法利益，扰乱市场秩序，危害国家安全、社会公共利益。

第十八条 申请材料齐全、符合法定形式的，登记机关予以确认，并当场登记，出具登记通知书，及时制发营业执照。

不予当场登记的，登记机关应当向申请人出具接收申请材料凭证，并在 3 个工作日内对申请材料进行审查；情形复杂的，经登记机关负责人批准，可以延长 3 个工作日，并书面告知申请人。

申请材料不齐全或者不符合法定形式的，登记机关应当将申请材料退还申请人，并一次性告知申请人需要补正的材料。申请人补正后，应当重新提交申请材料。

不属于市场主体登记范畴或者不属于本登记机关登记管辖范围的事项，登记机关应当告知申请人向有关行政机关申请。

第十九条 市场主体登记申请不符合法律、行政法规或者国务院决定规定，或者可能危害国家安全、社会公共利益的，登记机关不予登记，并出具不予登记通知书。

利害关系人就市场主体申请材料的真实性、合法性、有效性或者其他有关实体权利提起诉讼或者仲裁，对登记机关依法登记造成影响的，申请人应当在诉讼或者仲裁终结后，向登记机关申请办理登记。

第二十条 市场主体法定代表人依法受到任职资格限制的，在申请办理其他变更登记时，应当依法及时申请办理法定代表人变更登记。

市场主体因通过登记的住所（主要经营场所、经营场所）无法取得联系被列入经营异常名录的，在申请办理其他变更登记时，应当依法及时申请办理住所（主要经营场所、经营场所）变更登记。

第二十一条 公司或者农民专业合作社（联合社）合并、分立的，可以通过国家企业信用信息公示系统公告，公告期 45 日，应当于公告期届满后申请办理登记。

非公司企业法人合并、分立的，应当经出资人（主管部门）批准，自批准之日起 30 日内申请办理登记。

市场主体设立分支机构的，应当自决定作出之日起 30 日内向分支机构所在地登记机关申请办理登记。

第二十二条 法律、行政法规或者国务院决定规定市场主体申请登记、备案事项前需要审批的，在办理登记、备案时，应当在有效期内提交有关批准文件或者许可证书。有关批准文件或者许可证书未规定有效期限，自批准之日起超过 90 日的，申请人应当报审批机关确认其效力或者另行报批。

市场主体设立后，前款规定批准文件或者许可证书内容有变化、被吊销、撤销或者有效期届满的，应当自批准文件、许可证书重新批准之日或者被吊销、撤销、有效期届满之日起 30 日内申请办理变更登记或者注销登记。

第二十三条 市场主体营业执照应当载明名称、法定代表人（执行事务合伙人、个人独资企业投资人、经营者或者负责人）姓名、类型（组成形式）、注册资本（出资额）、住所（主要经营场所、经营场所）、经营范围、登记机关、成立日期、统一社会信用代码。

电子营业执照与纸质营业执照具有同等法律效力，市场主体可以凭电子营业执照开展经营活动。

市场主体在办理涉及营业执照记载事项变更登记或者申请注销登记时，需要在提交申请时一并缴回纸质营业执照正、副本。对于市场主体营业执照拒不缴回或者无法缴回的，登记机关在完成变更登记或者注销登记后，通过国家企业信用信息公示系统公告营业执照作废。

第二十四条 外国投资者在中国境内设立外商投资企业，其主体资格文件或者自然人身份证明应当经所在国家公证机关公证并经中国驻该国使（领）馆认证。中国与有关国家缔结或者共同参加的国际条约对认证另有规定的除外。

香港特别行政区、澳门特别行政区和台湾地区投资者的主体资格文件或者自然人身份证明应当按照专项规定或者协议,依法提供当地公证机构的公证文件。按照国家有关规定,无需提供公证文件的除外。

第四章 设立登记

第二十五条 申请办理设立登记,应当提交下列材料:

(一)申请书;

(二)申请人主体资格文件或者自然人身份证明;

(三)住所(主要经营场所、经营场所)相关文件;

(四)公司、非公司企业法人、农民专业合作社(联合社)章程或者合伙企业合伙协议。

第二十六条 申请办理公司设立登记,还应当提交法定代表人、董事、监事和高级管理人员的任职文件和自然人身份证明。

除前款规定的材料外,募集设立股份有限公司还应当提交依法设立的验资机构出具的验资证明;公开发行股票的,还应当提交国务院证券监督管理机构的核准或者注册文件。涉及发起人首次出资属于非货币财产的,还应当提交已办理财产权转移手续的证明文件。

第二十七条 申请设立非公司企业法人,还应当提交法定代表人的任职文件和自然人身份证明。

第二十八条 申请设立合伙企业,还应当提交下列材料:

(一)法律、行政法规规定设立特殊的普通合伙企业需要提交合伙人的职业资格文件的,提交相应材料;

(二)全体合伙人决定委托执行事务合伙人的,应当提交全体合伙人的委托书和执行事务合伙人的主体资格文件或者自然人身份证明。执行事务合伙人是法人或者其他组织的,还应当提交其委派代表的委托书和自然人身份证明。

第二十九条 申请设立农民专业合作社(联合社),还应当提交下列材料:

(一)全体设立人签名或者盖章的设立大会纪要;

(二)法定代表人、理事的任职文件和自然人身份证明;

(三)成员名册和出资清单,以及成员主体资格文件或者自然人身份证明。

第三十条 申请办理分支机构设立登记,还应当提交负责人的任职文件和自然人身份证明。

第五章 变 更 登 记

第三十一条 市场主体变更登记事项,应当自作出变更决议、决定或者法定变更事项发生之日起 30 日内申请办理变更登记。

市场主体登记事项变更涉及分支机构登记事项变更的,应当自市场主体登记事项变更登记之日起 30 日内申请办理分支机构变更登记。

第三十二条 申请办理变更登记,应当提交申请书,并根据市场主体类型及具体变更事项分别提交下列材料:

(一)公司变更事项涉及章程修改的,应当提交修改后的章程或者章程修正案;需要对修改章程作出决议决定的,还应当提交相关决议决定;

(二)合伙企业应提交全体合伙人或者合伙协议约定的人员签署的变更决定书;变更事项涉及修改合伙协议的,应当提交由全体合伙人签署或者合伙协议约定的人员签署修改或者补充的合伙协议;

（三）农民专业合作社（联合社）应当提交成员大会或者成员代表大会作出的变更决议；变更事项涉及章程修改的应当提交修改后的章程或者章程修正案。

第三十三条 市场主体更换法定代表人、执行事务合伙人（含委派代表）、负责人的变更登记申请由新任法定代表人、执行事务合伙人（含委派代表）、负责人签署。

第三十四条 市场主体变更名称，可以自主申报名称并在保留期届满前申请变更登记，也可以直接申请变更登记。

第三十五条 市场主体变更住所（主要经营场所、经营场所），应当在迁入新住所（主要经营场所、经营场所）前向迁入地登记机关申请变更登记，并提交新的住所（主要经营场所、经营场所）使用相关文件。

第三十六条 市场主体变更注册资本或者出资额的，应当办理变更登记。

公司增加注册资本，有限责任公司股东认缴新增资本的出资和股份有限公司的股东认购新股的，应当按照设立时缴纳出资和缴纳股款的规定执行。股份有限公司以公开发行新股方式或者上市公司以非公开发行新股方式增加注册资本，还应当提交国务院证券监督管理机构的核准或者注册文件。

公司减少注册资本，可以通过国家企业信用信息公示系统公告，公告期45日，应当于公告期届满后申请变更登记。法律、行政法规或者国务院决定对公司注册资本有最低限额规定的，减少后的注册资本应当不少于最低限额。

外商投资企业注册资本（出资额）币种发生变更，应当向登记机关申请变更登记。

第三十七条 公司变更类型，应当按照拟变更公司类型的设立条件，在规定的期限内申请变更登记，并提交有关材料。

非公司企业法人申请改制为公司，应当按照拟变更的公司类型设立条件，在规定期限内申请变更登记，并提交有关材料。

个体工商户申请转变为企业组织形式，应当按照拟变更的企业类型设立条件申请登记。

第三十八条 个体工商户变更经营者，应当在办理注销登记后，由新的经营者重新申请办理登记。双方经营者同时申请办理的，登记机关可以合并办理。

第三十九条 市场主体变更备案事项的，应当按照《条例》第二十九条规定办理备案。

农民专业合作社因成员发生变更，农民成员低于法定比例的，应当自事由发生之日起6个月内采取吸收新的农民成员入社等方式使农民成员达到法定比例。农民专业合作社联合社成员退社，成员数低于联合社设立法定条件的，应当自事由发生之日起6个月内采取吸收新的成员入社等方式使农民专业合作社联合社成员达到法定条件。

第六章 歇 业

第四十条 因自然灾害、事故灾难、公共卫生事件、社会安全事件等原因造成经营困难的，市场主体可以自主决定在一定时期内歇业。法律、行政法规另有规定的除外。

第四十一条 市场主体决定歇业，应当在歇业前向登记机关办理备案。登记机关通过国家企业信用信息公示系统向社会公示歇业期限、法律文书送达地址等信息。

以法律文书送达地址代替住所（主要经营场所、经营场所）的，应当提交法律文书送达地址确认书。

市场主体延长歇业期限，应当于期限届满前30日内按规定办理。

第四十二条 市场主体办理歇业备案后，自主决定开展或者已实际开展经营活动的，应当于30日内在国家企业信用信息公示系统上公示终止歇业。

市场主体恢复营业时，登记、备案事项发生变化的，应当及时办理变更登记或者备案。以法律文书送达地址代替住所（主要经营场所、经营场所）的，应当及时办理住所（主要经营场所、经营场所）变更登记。

市场主体备案的歇业期限届满，或者累计歇业满 3 年，视为自动恢复经营，决定不再经营的，应当及时办理注销登记。

第四十三条 歇业期间，市场主体以法律文书送达地址代替原登记的住所（主要经营场所、经营场所）的，不改变歇业市场主体的登记管辖。

第七章 注销登记

第四十四条 市场主体因解散、被宣告破产或者其他法定事由需要终止的，应当依法向登记机关申请注销登记。依法需要清算的，应当自清算结束之日起 30 日内申请注销登记。依法不需要清算的，应当自决定作出之日起 30 日内申请注销登记。市场主体申请注销后，不得从事与注销无关的生产经营活动。自登记机关予以注销登记之日起，市场主体终止。

第四十五条 市场主体注销登记前依法应当清算的，清算组应当自成立之日起 10 日内将清算组成员、清算组负责人名单通过国家企业信用信息公示系统公告。清算组可以通过国家企业信用信息公示系统发布债权人公告。

第四十六条 申请办理注销登记，应当提交下列材料：

（一）申请书；

（二）依法作出解散、注销的决议或者决定，或者被行政机关吊销营业执照、责令关闭、撤销的文件；

（三）清算报告、负责清理债权债务的文件或者清理债务完结的证明；

（四）税务部门出具的清税证明。

除前款规定外，人民法院指定清算人、破产管理人进行清算的，应当提交人民法院指定证明；合伙企业分支机构申请注销登记，还应当提交全体合伙人签署的注销分支机构决定书。

个体工商户申请注销登记的，无需提交第二项、第三项材料；因合并、分立而申请市场主体注销登记的，无需提交第三项材料。

第四十七条 申请办理简易注销登记，应当提交申请书和全体投资人承诺书。

第四十八条 有下列情形之一的，市场主体不得申请办理简易注销登记：

（一）在经营异常名录或者市场监督管理严重违法失信名单中的；

（二）存在股权（财产份额）被冻结、出质或者动产抵押，或者对其他市场主体存在投资的；

（三）正在被立案调查或者采取行政强制措施，正在诉讼或者仲裁程序中的；

（四）被吊销营业执照、责令关闭、撤销的；

（五）受到罚款等行政处罚尚未执行完毕的；

（六）不符合《条例》第三十三条规定的其他情形。

第四十九条 申请办理简易注销登记，市场主体应当将承诺书及注销登记申请通过国家企业信用信息公示系统公示，公示期为 20 日。

在公示期内无相关部门、债权人及其他利害关系人提出异议的，市场主体可以于公示期届满之日起 20 日内向登记机关申请注销登记。

第八章 撤销登记

第五十条 对涉嫌提交虚假材料或者采取其他欺诈手段隐瞒重要事实取得市场主体登记的行为，登记机关可以根据当事人申请或者依职权主动进行调查。

第五十一条 受虚假登记影响的自然人、法人和其他组织，可以向登记机关提出撤销市场主体登记申请。涉嫌冒用自然人身份的虚假登记，被冒用人应当配合登记机关通过线上或者线下途径核验身份信息。

涉嫌虚假登记市场主体的登记机关发生变更的，由现登记机关负责处理撤销登记，原登记机关应当协助进行调查。

第五十二条 登记机关收到申请后，应当在3个工作日内作出是否受理的决定，并书面通知申请人。

有下列情形之一的，登记机关可以不予受理：

（一）涉嫌冒用自然人身份的虚假登记，被冒用人未能通过身份信息核验的；

（二）涉嫌虚假登记的市场主体已注销的，申请撤销注销登记的除外；

（三）其他依法不予受理的情形。

第五十三条 登记机关受理申请后，应当于3个月内完成调查，并及时作出撤销或者不予撤销市场主体登记的决定。情形复杂的，经登记机关负责人批准，可以延长3个月。

在调查期间，相关市场主体和人员无法联系或者拒不配合的，登记机关可以将涉嫌虚假登记市场主体的登记时间、登记事项，以及登记机关联系方式等信息通过国家企业信用信息公示系统向社会公示，公示期45日。相关市场主体及其利害关系人在公示期内没有提出异议的，登记机关可以撤销市场主体登记。

第五十四条 有下列情形之一的，经当事人或者其他利害关系人申请，登记机关可以中止调查：

（一）有证据证明与涉嫌虚假登记相关的民事权利存在争议的；

（二）涉嫌虚假登记的市场主体正在诉讼或者仲裁程序中的；

（三）登记机关收到有关部门出具的书面意见，证明涉嫌虚假登记的市场主体或者其法定代表人、负责人存在违法案件尚未结案，或者尚未履行相关法定义务的。

第五十五条 有下列情形之一的，登记机关可以不予撤销市场主体登记：

（一）撤销市场主体登记可能对社会公共利益造成重大损害；

（二）撤销市场主体登记后无法恢复到登记前的状态；

（三）法律、行政法规规定的其他情形。

第五十六条 登记机关作出撤销登记决定后，应当通过国家企业信用信息公示系统向社会公示。

第五十七条 同一登记包含多个登记事项，其中部分登记事项被认定为虚假，撤销虚假的登记事项不影响市场主体存续的，登记机关可以仅撤销虚假的登记事项。

第五十八条 撤销市场主体备案事项的，参照本章规定执行。

第九章 档案管理

第五十九条 登记机关应当负责建立市场主体登记管理档案，对在登记、备案过程中形成的具有保存价值的文件依法分类，有序收集管理，推动档案电子化、影像化，提供市场主体登记管理档案查询服务。

第六十条 申请查询市场主体登记管理档案，应当按照下列要求提交材料：

（一）公安机关、国家安全机关、检察机关、审判机关、纪检监察机关、审计机关等国家机关进行查询，应当出具本部门公函及查询人员的有效证件；

（二）市场主体查询自身登记管理档案，应当出具授权委托书及查询人员的有效证件；

（三）律师查询与承办法律事务有关市场主体登记管理档案，应当出具执业证书、律师事务所证明以及相关承诺书。

除前款规定情形外，省级以上市场监督管理部门可以结合工作实际，依法对档案查询范围以及提交材料作出规定。

第六十一条 登记管理档案查询内容涉及国家秘密、商业秘密、个人信息的，应当按照有关法律法规规定办理。

第六十二条 市场主体发生住所（主要经营场所、经营场所）迁移的，登记机关应当于3个月内将所有登记管理档案移交迁入地登记机关管理。档案迁出、迁入应当记录备案。

第十章 监督管理

第六十三条 市场主体应当于每年1月1日至6月30日，通过国家企业信用信息公示系统报送上一年度年度报告，并向社会公示。

个体工商户可以通过纸质方式报送年度报告，并自主选择年度报告内容是否向社会公示。

歇业的市场主体应当按时公示年度报告。

第六十四条 市场主体应当将营业执照（含电子营业执照）置于住所（主要经营场所、经营场所）的醒目位置。

从事电子商务经营的市场主体应当在其首页显著位置持续公示营业执照信息或者其链接标识。

营业执照记载的信息发生变更时，市场主体应当于15日内完成对应信息的更新公示。市场主体被吊销营业执照的，登记机关应当将吊销情况标注于电子营业执照中。

第六十五条 登记机关应当对登记注册、行政许可、日常监管、行政执法中的相关信息进行归集，根据市场主体的信用风险状况实施分级分类监管，并强化信用风险分类结果的综合应用。

第六十六条 登记机关应当随机抽取检查对象，随机选派执法检查人员，对市场主体的登记备案事项、公示信息情况等进行抽查，并将抽查检查结果通过国家企业信用信息公示系统向社会公示。必要时可以委托会计师事务所、税务师事务所、律师事务所等专业机构开展审计、验资、咨询等相关工作，依法使用其他政府部门作出的检查、核查结果或者专业机构作出的专业结论。

第六十七条 市场主体被撤销设立登记、吊销营业执照、责令关闭，6个月内未办理清算组公告或者未申请注销登记的，登记机关可以在国家企业信用信息公示系统上对其作出特别标注并予以公示。

第十一章 法律责任

第六十八条 未经设立登记从事一般经营活动的，由登记机关责令改正，没收违法所得；拒不改正的，处1万元以上10万元以下的罚款；情节严重的，依法责令关闭停业，并处10万元以上50万元以下的罚款。

第六十九条 未经设立登记从事许可经营活动或者未依法取得许可从事经营活动的，由法律、法规或者国务院决定规定的部门予以查处；法律、法规或者国务院决定没有规定或者规定不明确的，由省、自治区、直辖市人民政府确定的部门予以查处。

第七十条 市场主体未按照法律、行政法规规定的期限公示或者报送年度报告的，由登记机关列入经营异常名录，可以处1万元以下的罚款。

第七十一条 提交虚假材料或者采取其他欺诈手段隐瞒重要事实取得市场主体登记的，由登记机关依法责令改正，没收违法所得，并处5万元以上20万元以下的罚款；情节严重的，处20万元以上100万元以下的罚款，吊销营业执照。

明知或者应当知道申请人提交虚假材料或者采取其他欺诈手段隐瞒重要事实进行市场主体登

记，仍接受委托代为办理，或者协助其进行虚假登记的，由登记机关没收违法所得，处 10 万元以下的罚款。

虚假市场主体登记的直接责任人自市场主体登记被撤销之日起 3 年内不得再次申请市场主体登记。登记机关应当通过国家企业信用信息公示系统予以公示。

第七十二条 市场主体未按规定办理变更登记的，由登记机关责令改正；拒不改正的，处 1 万元以上 10 万元以下的罚款；情节严重的，吊销营业执照。

第七十三条 市场主体未按规定办理备案的，由登记机关责令改正；拒不改正的，处 5 万元以下的罚款。

依法应当办理受益所有人信息备案的市场主体，未办理备案的，按照前款规定处理。

第七十四条 市场主体未按照本实施细则第四十二条规定公示终止歇业的，由登记机关责令改正；拒不改正的，处 3 万元以下的罚款。

第七十五条 市场主体未按规定将营业执照置于住所（主要经营场所、经营场所）醒目位置的，由登记机关责令改正；拒不改正的，处 3 万元以下的罚款。

电子商务经营者未在首页显著位置持续公示营业执照信息或者相关链接标识的，由登记机关依照《中华人民共和国电子商务法》处罚。

市场主体伪造、涂改、出租、出借、转让营业执照的，由登记机关没收违法所得，处 10 万元以下的罚款；情节严重的，处 10 万元以上 50 万元以下的罚款，吊销营业执照。

第七十六条 利用市场主体登记，牟取非法利益，扰乱市场秩序，危害国家安全、社会公共利益的，法律、行政法规有规定的，依照其规定；法律、行政法规没有规定的，由登记机关处 10 万元以下的罚款。

第七十七条 违反本实施细则规定，登记机关确定罚款幅度时，应当综合考虑市场主体的类型、规模、违法情节等因素。

情节轻微并及时改正，没有造成危害后果的，依法不予行政处罚。初次违法且危害后果轻微并及时改正的，可以不予行政处罚。当事人有证据足以证明没有主观过错的，不予行政处罚。

第十二章 附 则

第七十八条 本实施细则所指申请人，包括设立登记时的申请人、依法设立后的市场主体。

第七十九条 人民法院办理案件需要登记机关协助执行的，登记机关应当按照人民法院的生效法律文书和协助执行通知书，在法定职责范围内办理协助执行事项。

第八十条 国家市场监督管理总局根据法律、行政法规、国务院决定及本实施细则，制定登记注册前置审批目录、登记材料和文书格式。

第八十一条 法律、行政法规或者国务院决定对登记管理另有规定的，从其规定。

第八十二条 本实施细则自公布之日起施行。1988 年 11 月 3 日原国家工商行政管理局令第 1 号公布的《中华人民共和国企业法人登记管理条例施行细则》，2000 年 1 月 13 日原国家工商行政管理局令第 94 号公布的《个人独资企业登记管理办法》，2011 年 9 月 30 日原国家工商行政管理总局令第 56 号公布的《个体工商户登记管理办法》，2014 年 2 月 20 日原国家工商行政管理总局令第 64 号公布的《公司注册资本登记管理规定》，2015 年 8 月 27 日原国家工商行政管理总局令第 76 号公布的《企业经营范围登记管理规定》同时废止。

外商投资准入特别管理措施（负面清单）（2021年版）

（2021年12月27日国家发展改革委、商务部令第47号公布 自2022年1月1日起施行）

说 明

一、《外商投资准入特别管理措施（负面清单）》（以下简称《外商投资准入负面清单》）统一列出股权要求、高管要求等外商投资准入方面的特别管理措施。《外商投资准入负面清单》之外的领域，按照内外资一致原则实施管理。境内外投资者统一适用《市场准入负面清单》的有关规定。

二、境外投资者不得作为个体工商户、个人独资企业投资人、农民专业合作社成员，从事投资经营活动。

三、外商投资企业在中国境内投资，应符合《外商投资准入负面清单》的有关规定。

四、有关主管部门在依法履行职责过程中，对境外投资者拟投资《外商投资准入负面清单》内领域，但不符合《外商投资准入负面清单》规定的，不予办理许可、企业登记注册等相关事项；涉及固定资产投资项目核准的，不予办理相关核准事项。投资有股权要求的领域，不得设立外商投资合伙企业。

五、经国务院有关主管部门审核并报国务院批准，特定外商投资可以不适用《外商投资准入负面清单》中相关领域的规定。

六、从事《外商投资准入负面清单》禁止投资领域业务的境内企业到境外发行股份并上市交易的，应当经国家有关主管部门审核同意，境外投资者不得参与企业经营管理，其持股比例参照境外投资者境内证券投资管理有关规定执行。

七、境内公司、企业或自然人以其在境外合法设立或控制的公司并购与其有关联关系的境内公司，按照外商投资、境外投资、外汇管理等有关规定办理。

八、《外商投资准入负面清单》中未列出的文化、金融等领域与行政审批、资质条件、国家安全等相关措施，按照现行规定执行。

九、《内地与香港关于建立更紧密经贸关系的安排》及其后续协议、《内地与澳门关于建立更紧密经贸关系的安排》及其后续协议、《海峡两岸经济合作框架协议》及其后续协议、我国缔结或者参加的国际条约、协定对境外投资者准入待遇有更优惠规定的，可以按照相关规定执行。在自由贸易试验区等特殊经济区域对符合条件的投资者实施更优惠开放措施的，按照相关规定执行。

十、《外商投资准入负面清单》由国家发展改革委、商务部会同有关部门负责解释。

十一、2020年6月23日国家发展改革委、商务部发布的2020年版《外商投资准入负面清单》自2022年1月1日起废止。

外商投资准入特别管理措施（负面清单）（2021年版）

序号	特别管理措施
	一、农、林、牧、渔业
1	小麦新品种选育和种子生产的中方股比不低于34%、玉米新品种选育和种子生产须由中方控股。
2	禁止投资中国稀有和特有的珍贵优良品种的研发、养殖、种植以及相关繁殖材料的生产（包括种植业、畜牧业、水产业的优良基因）。
3	禁止投资农作物、种畜禽、水产苗种转基因品种选育及其转基因种子（苗）生产。
4	禁止投资中国管辖海域及内陆水域水产品捕捞。
	二、采矿业
5	禁止投资稀土、放射性矿产、钨勘查、开采及选矿。
	三、制造业
6	出版物印刷须由中方控股。
7	禁止投资中药饮片的蒸、炒、炙、煅等炮制技术的应用及中成药保密处方产品的生产。
	四、电力、热力、燃气及水生产和供应业
8	核电站的建设、经营须由中方控股。
	五、批发和零售业
9	禁止投资烟叶、卷烟、复烤烟叶及其他烟草制品的批发、零售。
	六、交通运输、仓储和邮政业
10	国内水上运输公司须由中方控股。
11	公共航空运输公司须由中方控股，且一家外商及其关联企业投资比例不得超过25%，法定代表人须由中国籍公民担任。通用航空公司的法定代表人须由中国籍公民担任，其中农、林、渔业通用航空公司限于合资，其他通用航空公司限于中方控股。
12	民用机场的建设、经营须由中方相对控股。外方不得参与建设、运营机场塔台。
13	禁止投资邮政公司、信件的国内快递业务。

序号	特别管理措施
七、信息传输、软件和信息技术服务业	
14	电信公司：限于中国入世承诺开放的电信业务，增值电信业务的外资股比不超过50%（电子商务、国内多方通信、存储转发类、呼叫中心除外），基础电信业务须由中方控股。
15	禁止投资互联网新闻信息服务、网络出版服务、网络视听节目服务、互联网文化经营（音乐除外）、互联网公众发布信息服务（上述服务中，中国入世承诺中已开放的内容除外）。
八、租赁和商务服务业	
16	禁止投资中国法律事务（提供有关中国法律环境影响的信息除外），不得成为国内律师事务所合伙人。
17	市场调查限于合资，其中广播电视收听、收视调查须由中方控股。
18	禁止投资社会调查。
九、科学研究和技术服务业	
19	禁止投资人体干细胞、基因诊断与治疗技术开发和应用。
20	禁止投资人文社会科学研究机构。
21	禁止投资大地测量、海洋测绘、测绘航空摄影、地面移动测量、行政区域界线测绘，地形图、世界政区地图、全国政区地图、省级及以下政区地图、全国性教学地图、地方性教学地图、真三维地图和导航电子地图编制，区域性的地质填图、矿产地质、地球物理、地球化学、水文地质、环境地质、地质灾害、遥感地质等调查（矿业权人在其矿业权范围内开展工作不受此特别管理措施限制）。
十、教育	
22	学前、普通高中和高等教育机构限于中外合作办学，须由中方主导（校长或者主要行政负责人应当具有中国国籍，理事会、董事会或者联合管理委员会的中方组成人员不得少于1/2）。
23	禁止投资义务教育机构、宗教教育机构。
十一、卫生和社会工作	
24	医疗机构限于合资。

续表

序号	特别管理措施
十二、文化、体育和娱乐业	
25	禁止投资新闻机构（包括但不限于通讯社）。
26	禁止投资图书、报纸、期刊、音像制品和电子出版物的编辑、出版、制作业务。
27	禁止投资各级广播电台（站）、电视台（站）、广播电视频道（率）、广播电视传输覆盖网（发射台、转播台、广播电视卫星、卫星上行站、卫星收转站、微波站、监测台及有线广播电视传输覆盖网等），禁止从事广播电视视频点播业务和卫星电视广播地面接收设施安装服务。
28	禁止投资广播电视节目制作经营（含引进业务）公司。
29	禁止投资电影制作公司、发行公司、院线公司以及电影引进业务。
30	禁止投资文物拍卖的拍卖公司、文物商店和国有文物博物馆。
31	禁止投资文艺表演团体。

股权出质登记办法

（2008 年 9 月 1 日国家工商行政管理总局令第 32 号公布　根据 2016 年 4 月 29 日国家工商行政管理总局令第 86 号第一次修订　根据 2020 年 12 月 31 日《国家市场监督管理总局关于修改和废止部分规章的决定》第二次修订）

第一条　为规范股权出质登记行为，根据《中华人民共和国民法典》等法律的规定，制定本办法。

第二条　以持有的有限责任公司和股份有限公司股权出质，办理出质登记的，适用本办法。已在证券登记结算机构登记的股份有限公司的股权除外。

第三条　负责出质股权所在公司登记的市场监督管理部门是股权出质登记机关（以下简称登记机关）。

各级市场监督管理部门的企业登记机构是股权出质登记机构。

第四条　股权出质登记事项包括：

（一）出质人和质权人的姓名或名称；

（二）出质股权所在的公司名称；

（三）出质股权的数额。

第五条　申请出质登记的股权应当是依法可以转让和出质的股权。对于已经被依法冻结的股权，在解除冻结之前，不得申请办理股权出质登记。

第六条　申请股权出质设立登记、变更登记和注销登记，应当由出质人和质权人共同提出。

申请股权出质撤销登记，可以由出质人或者质权人单方提出。

申请人应当对申请材料的真实性、质押合同的合法性有效性、出质股权权能的完整性承担法律责任。

第七条 申请股权出质设立登记，应当提交下列材料：

（一）申请人签字或者盖章的《股权出质设立登记申请书》；

（二）记载有出质人姓名（名称）及其出资额的有限责任公司股东名册复印件或者出质人持有的股份公司股票复印件（均需加盖公司印章）；

（三）质押合同；

（四）出质人、质权人的主体资格证明或者自然人身份证明复印件（出质人、质权人属于自然人的由本人签名，属于法人的加盖法人印章，下同）；

（五）国家市场监督管理总局要求提交的其他材料。

指定代表或者共同委托代理人办理的，还应当提交申请人指定代表或者共同委托代理人的证明。

第八条 出质股权数额变更，以及出质人、质权人姓名（名称）或者出质股权所在公司名称更改的，应当申请办理变更登记。

第九条 申请股权出质变更登记，应当提交下列材料：

（一）申请人签字或者盖章的《股权出质变更登记申请书》；

（二）有关登记事项变更的证明文件。属于出质股权数额变更的，提交质押合同修正案或者补充合同；属于出质人、质权人姓名（名称）或者出质股权所在公司名称更改的，提交姓名或者名称更改的证明文件和更改后的主体资格证明或者自然人身份证明复印件；

（三）国家市场监督管理总局要求提交的其他材料。

指定代表或者共同委托代理人办理的，还应当提交申请人指定代表或者共同委托代理人的证明。

第十条 出现主债权消灭、质权实现、质权人放弃质权或法律规定的其他情形导致质权消灭的，应当申请办理注销登记。

第十一条 申请股权出质注销登记，应当提交申请人签字或者盖章的《股权出质注销登记申请书》。

指定代表或者共同委托代理人办理的，还应当提交申请人指定代表或者共同委托代理人的证明。

第十二条 质押合同被依法确认无效或者被撤销的，应当申请办理撤销登记。

第十三条 申请股权出质撤销登记，应当提交下列材料：

（一）申请人签字或者盖章的《股权出质撤销登记申请书》；

（二）质押合同被依法确认无效或者被撤销的法律文件；

指定代表或者委托代理人办理的，还应当提交申请人指定代表或者委托代理人的证明。

第十四条 登记机关对登记申请应当当场办理登记手续并发给登记通知书。通知书加盖登记机关的股权出质登记专用章。

对于不属于股权出质登记范围或者不属于本机关登记管辖范围以及不符合本办法规定的，登记机关应当当场告知申请人，并退回申请材料。

第十五条 登记机关应当将股权出质登记事项在企业信用信息公示系统公示，供社会公众查询。

因自身原因导致股权出质登记事项记载错误的，登记机关应当及时予以更正。

第十六条 股权出质登记的有关文书格式文本，由国家市场监督管理总局统一制定。

第十七条 本办法自 2008 年 10 月 1 日起施行。

外国（地区）企业在中国境内
从事生产经营活动登记管理办法

（1992年8月15日国家工商行政管理局令第10号公布　根据2016年4月29日《国家工商行政管理总局关于废止和修改部分规章的决定》第一次修订　根据2017年10月27日《国家工商行政管理总局关于修改部分规章的决定》第二次修订　根据2020年10月23日《国家市场监督管理总局关于修改部分规章的决定》第三次修订）

第一条　为促进对外经济合作，加强对在中国境内从事生产经营活动的外国（地区）企业（以下简称外国企业）的管理，保护其合法权益，维护正常的经济秩序，根据国家有关法律、法规的规定，制定本办法。

第二条　根据国家有关法律、法规的规定，经国务院及国务院授权的主管机关（以下简称审批机关）批准，在中国境内从事生产经营活动的外国企业，应向省级市场监督管理部门（以下简称登记主管机关）申请登记注册。外国企业经登记主管机关核准登记注册，领取营业执照后，方可开展生产经营活动。未经审批机关批准和登记主管机关核准登记注册，外国企业不得在中国境内从事生产经营活动。

第三条　根据国家现行法律、法规的规定，外国企业从事下列生产经营活动应办理登记注册：

（一）陆上、海洋的石油及其它矿产资源勘探开发；

（二）房屋、土木工程的建造、装饰或线路、管道、设备的安装等工程承包；

（三）承包或接受委托经营管理外商投资企业；

（四）外国银行在中国设立分行；

（五）国家允许从事的其它生产经营活动。

第四条　外国企业从事生产经营的项目经审批机关批准后，应在批准之日起三十日内向登记主管机关申请办理登记注册。

第五条　外国企业申请办理登记注册时应提交下列文件或证件：

（一）外国企业董事长或总经理签署的申请书。

（二）审批机关的批准文件或证件。

（三）从事生产经营活动所签订的合同（外国银行在中国设立分行不适用此项）。

（四）外国企业所属国（地区）政府有关部门出具的企业合法开业证明。

（五）外国企业的资金信用证明。

（六）外国企业董事长或总经理委派的中国项目负责人的授权书、简历及身份证明。

（七）其它有关文件。

第六条　外国企业登记注册的主要事项有：企业名称、企业类型、地址、负责人、资金数额、经营范围、经营期限。

企业名称是指外国企业在国外合法开业证明载明的名称，应与所签订生产经营合同的外国企业名称一致。外国银行在中国设立分行，应冠以总行的名称，标明所在地地名，并缀以分行。

企业类型是指按外国企业从事生产经营活动的不同内容划分的类型，其类型分别为：矿产资源勘探开发、承包工程、外资银行、承包经营管理等。

企业地址是指外国企业在中国境内从事生产经营活动的场所。外国企业在中国境内的住址与经营场所不在一处的，需同时申报。

企业负责人是指外国企业董事长或总经理委派的项目负责人。

资金数额是指外国企业用以从事生产经营活动的总费用，如承包工程的承包合同额，承包或受委托经营管理外商投资企业的外国企业在管理期限内的累计管理费用，从事合作开发石油所需的勘探、开发和生产费，外国银行分行的营运资金等。

经营范围是指外国企业在中国境内从事生产经营活动的范围。

经营期限是指外国企业在中国境内从事生产经营活动的期限。

第七条 登记主管机关受理外国企业的申请后，应在三十日内作出核准登记注册或不予核准登记注册的决定。登记主管机关核准外国企业登记注册后，向其核发《营业执照》。

第八条 根据外国企业从事生产经营活动的不同类型，《营业执照》的有效期分别按以下期限核定：

（一）从事矿产资源勘探开发的外国企业，其《营业执照》有效期根据勘探（查）、开发和生产三个阶段的期限核定。

（二）外国银行设立的分行，其《营业执照》有效期为三十年，每三十年换发一次《营业执照》。

（三）从事其它生产经营活动的外国企业，其《营业执照》有效期按合同规定的经营期限核定。

第九条 外国企业应在登记主管机关核准的生产经营范围内开展经营活动，其合法权益和经营活动受中国法律保护。外国企业不得超越登记主管机关核准的生产经营范围从事生产经营活动。

第十条 外国企业登记注册事项发生变化的，应在三十日内向原登记主管机关申请办理变更登记。办理变更登记的程序和应当提交的文件或证件，参照本办法第五条的规定执行。

第十一条 外国企业《营业执照》有效期届满不再申请延期登记或提前中止合同、协议的，应向原登记主管机关申请注销登记。

第十二条 外国企业申请注销登记应提交以下文件或证件：

（一）外国企业董事长或总经理签署的注销登记申请书；

（二）《营业执照》及其副本、印章；

（三）海关、税务部门出具的完税证明；

（四）项目主管部门对外国企业申请注销登记的批准文件。

登记主管机关在核准外国企业的注销登记时，应收缴《营业执照》及其副本、印章，撤销注册号，并通知银行、税务、海关等部门。

第十三条 外国企业应当于每年1月1日至6月30日，通过企业信用信息公示系统向原登记主管机关报送上一年度年度报告，并向社会公示。

第十四条 与外国企业签订生产经营合同的中国企业，应及时将合作的项目、内容和时间通知登记主管机关并协助外国企业办理营业登记、变更登记、注销登记。如中国企业未尽责任的，要负相应的责任。

第十五条 登记主管机关对外国企业监督管理的主要内容是：

（一）监督外国企业是否按本办法办理营业登记、变更登记和注销登记；

（二）监督外国企业是否按登记主管机关核准的经营范围从事生产经营活动；

（三）督促外国企业报送年度报告并向社会公示；

（四）监督外国企业是否遵守中国的法律、法规。

第十六条 对外国企业违反本办法的行为，由登记主管机关参照《中华人民共和国企业法人登记管理条例》及其施行细则的处罚条款进行查处。

第十七条 香港、澳门、台湾地区企业从事上述生产经营活动的，参照本办法执行。

外国企业承包经营中国内资企业的，参照本办法执行。

第十八条 本办法由国家市场监督管理总局负责解释。

第十九条 本办法自一九九二年十月一日起施行。

外商投资职业介绍机构设立管理暂行规定

（2001 年 10 月 9 日劳动和社会保障部、国家工商行政管理总局令第 14 号公布　根据 2015 年 4 月 30 日《人力资源社会保障部关于修改部分规章的决定》第一次修订　根据 2019 年 12 月 31 日《人力资源社会保障部关于修改部分规章的决定》第二次修订）

第一条 为规范外商投资职业介绍机构的设立，保障求职者和用人单位的合法权益，根据有关法律、法规，制定本规定。

第二条 本规定所称外商投资职业介绍机构，是指全部或者部分由外国投资者投资，依照中国法律在中国境内经登记、许可设立的职业介绍机构。

第三条 劳动保障行政部门、外经贸行政部门和工商行政管理部门在各自职权范围内负责外商投资职业介绍机构的审批、登记、管理和监督检查工作。

设立外商投资职业介绍机构应当到企业住所地国家工商行政管理总局授权的地方工商行政管理局进行登记注册后，由县级以上人民政府劳动保障行政部门（以下简称县级以上劳动保障行政部门）批准。

外国企业常驻中国代表机构和在中国成立的外国商会不得在中国从事职业介绍服务。

第四条 外商投资职业介绍机构应当依法开展经营活动，其依法开展的经营活动受中国法律保护。

第五条 外商投资职业介绍机构可以从事下列业务：

（一）为中外求职者和用人单位、居民家庭提供职业介绍服务；

（二）提供职业指导、咨询服务；

（三）收集和发布劳动力市场信息；

（四）举办职业招聘洽谈会；

（五）根据国家有关规定从事互联网职业信息服务；

（六）经县级以上劳动保障行政部门核准的其他服务项目。

外商投资职业介绍机构介绍中国公民出境就业和外国企业常驻中国代表机构聘用中方雇员按照国家有关规定执行。

第六条 拟设立的外商投资职业介绍机构应当具有一定数量具备职业介绍资格的专职工作人员，有明确的业务范围、机构章程、管理制度，有与开展业务相适应的固定场所、办公设施。

第七条 设立外商投资职业介绍机构，应当依法到拟设立企业住所所在地国家工商行政管理总局授权的地方工商行政管理局申请登记注册，领取营业执照。

第八条 外商投资职业介绍机构应当到县级以上劳动保障行政部门提出申请，并提交下列材料：

（一）设立申请书；

（二）机构章程和管理制度草案；

（三）拟任专职工作人员的简历和职业资格证明；

（四）住所使用证明；

（五）拟任负责人的基本情况、身份证明；

（六）工商营业执照（副本）；

（七）法律、法规规定的其他文件。

第九条 县级以上劳动保障行政部门应当在接到申请之日起 20 个工作日内审核完毕。批准同意的，发给职业介绍许可；不予批准的，应当通知申请者。

第十条 外商投资职业介绍机构设立分支机构，应当自工商登记办理完毕之日起 15 日内，书面报告劳动保障行政部门。

第十一条 外商投资职业介绍机构的管理适用《就业服务与就业管理规定》和外商投资企业的有关管理规定。

第十二条 香港特别行政区、澳门特别行政区投资者在内地以及台湾地区投资者在大陆投资设立职业介绍机构，参照本规定执行。法律法规另有规定的，依照其规定执行。

第十三条 本规定自 2001 年 12 月 1 日起施行。

电子营业执照管理办法（试行）

（2018 年 12 月 17 日　国市监注〔2018〕249 号）

第一条 为规范电子营业执照的应用与管理，维护市场主体的合法权益，依据《公司法》《电子签名法》《网络安全法》等法律法规和国务院有关文件规定，制定本办法。

第二条 本办法适用于市场监管部门发放和管理电子营业执照的行为，市场主体领取、下载及使用电子营业执照的行为，以及电子营业执照的政务和商务应用的行为。

本办法所称电子营业执照，是指由市场监管部门依据国家有关法律法规、按照统一标准规范核发的载有市场主体登记信息的法律电子证件。电子营业执照与纸质营业执照具有同等法律效力，是市场主体取得主体资格的合法凭证。

本办法所称电子营业执照文件，是指按照全国统一版式和格式记载市场主体登记事项，并经市场监管部门依法加签数字签名的电子文档。

本规定所称电子营业执照应用程序，是指由市场监管总局提供的，安装并运行在手机等智能移动终端上，支撑电子营业执照应用的软件。

本办法所称电子营业执照系统，是指由市场监管总局统一建设、部署和管理的，用于电子营业执照签发、存储、管理、验证和应用的相关数据文件、标准规范、软件系统及硬件设备的总称。

本办法所称市场主体，是指各类企业、个体工商户和农民专业合作社。

第三条 电子营业执照系统是全国统一的市场主体身份验证系统，支持市场主体身份全国范围内的通用验证和识别。电子营业执照具备防伪、防篡改、防抵赖等信息安全保障特性。

第四条 市场监管部门是发放和管理电子营业执照的法定部门。市场监管部门发放电子营业执照不向市场主体收取费用。

第五条 市场监管总局负责全国电子营业执照工作的总体部署和统筹推进；负责电子营业执照系统的规划、建设和管理；负责电子营业执照管理规范、技术方案和标准的制定；负责全国统一的电子营业执照库和市场主体身份验证系统的建设和管理；负责推进电子营业执照在全国范围内跨区域、跨层级和跨行业的应用。

各省（自治区、直辖市）市场监管部门负责本地区电子营业执照的发放和管理；负责推进电子营业执照在本地区的应用；负责本地区电子营业执照系统相关建设、运行、维护和安全管理。

各市（县、区）市场监管部门依法负责本辖区电子营业执照的发放、管理和应用。

第六条 市场主体设立登记后，即时生成电子营业执照并存储于电子营业执照库。电子营业执照通过手机等装载有电子营业执照应用程序的智能移动终端进行领取、下载和使用。

电子营业执照的下载、使用，采用真实身份信息登记制度。在确认持照人身份和市场主体身份之间关系时，持照人须出示有效的身份证明或需对持照人进行基于个人身份等真实信息的认证或登记。

第七条 市场主体设立登记后首次领取和下载电子营业执照，以及办理变更登记后重新领取和下载电子营业执照，应由经市场监管部门登记的公司的法定代表人、合伙企业的执行事务合伙人、个人独资企业的投资人、个体工商户的经营者、农民专业合作社的法定代表人以及各类企业分支机构的负责人（下称法定代表人）领取和下载。

合伙企业有数个合伙人执行合伙事务的，应当协商决定由一名执行事务合伙人领取和下载合伙企业电子营业执照。

第八条 法定代表人领取电子营业执照后，可自行或授权其他证照管理人员保管、持有、使用电子营业执照。市场主体对其电子营业执照的管理和授权使用行为的合法性、真实性、合理性等负责。

第九条 市场主体办理涉及营业执照记载事项变更登记的，原下载至移动终端的电子营业执照需重新下载。变更法定代表人登记的，原法定代表人下载的电子营业执照将无法继续使用，新任法定代表人需要重新下载电子营业执照。

载有电子营业执照的移动终端丢失或损坏的，法定代表人可使用其他移动终端重新下载电子营业执照，原移动终端存储的电子营业执照将无法继续使用。

第十条 电子营业执照适用于需要提供市场主体身份凭证的场合，包括但不限于下列情形：

（一）出示营业执照以表明市场主体身份，或使用营业执照进行市场主体身份认证和证明的；

（二）办理市场主体登记注册业务的；

（三）以市场主体身份登录网上系统或平台，办理各项业务、开展经营活动的；

（四）登录国家企业信用信息公示系统报送年度报告、自主公示信息的；

（五）以市场主体身份对电子文件、表单或数据等进行电子签名的；

（六）在互联网上公开营业执照信息和链接标识的；

（七）授权相关个人或单位共享、传输或获取其市场主体数据信息的；

（八）按照法律、法规和相关规定需要使用和提供营业执照的。

第十一条 社会公众、相关单位和机构使用电子营业执照应用程序或接入电子营业执照系统，可实时联网验证市场主体电子营业执照真伪、查询市场主体身份信息及状态，并可同步比对查验电子营业执照持照人相关信息。

电子营业执照应用程序中加载的电子营业执照验证二维码和条形码，为电子营业执照验证专用码。

第十二条 电子营业执照文件存储于市场监管总局电子营业执照库，市场主体可自行下载、存储或打印电子营业执照文件。打印的电子营业执照文件可用于信息展示和需要提交纸质营业执照复印件的情形，按规定需要加盖市场主体印章的，遵其规定。市场主体对使用其自行下载或打印的电子营业执照文件行为的真实性、合法性和合理性负责。

只领取电子营业执照的市场主体，应下载并打印电子营业执照文件，置于住所或营业场所的醒目位置，或通过电子显示屏等方式亮明电子营业执照。

第十三条 电子营业执照文件的内容和版式与纸质营业执照基本相同。电子营业执照文件中标注"电子营业执照"水印和数字签名值，不显示登记机关印章。按照本办法第十一条规定的方式，可比对查验电子营业执照文件真伪。

电子营业执照文件中加载的二维码为电子营业执照文件专用二维码。

第十四条 电子营业执照系统为国家政务服务平台提供市场主体统一身份认证服务和电子营业执照文件数据，各级市场监管部门应做好相关保障工作，并应积极支持各相关单位充分应用电子营业执照，提高服务效能、降低市场主体办事成本。

第十五条 市场主体使用电子营业执照可以对数据电文进行电子签名，符合《电子签名法》第十三条规定条件的，电子签名与手写签名或者盖章具有同等的法律效力。

第十六条 市场监管总局负责全国市场主体电子营业执照应用接入的统一管理，授权省级市场监管部门管理所辖范围内电子营业执照的接入工作。省级区域内电子营业执照的应用接入，应向省级市场监管部门提出接入申请，由省级市场监管部门批准后报市场监管总局登记注册局备案。跨省级区域的电子营业执照应用接入，由省级市场监管部门向市场监管总局登记注册局提出接入申请，经批准后实施。

电子营业执照系统接入的流程规范和技术标准由市场监管总局统一制定。

第十七条 接入电子营业执照系统，核验电子营业执照、存储或使用市场主体电子营业执照文件及信息的相关单位和团体，应当依法履行以下义务：

（一）应当保证电子营业执照系统和电子营业执照应用程序的完整性和统一性；

（二）应当建立健全用户信息安全保护机制，依法严格履行信息安全保护义务，严格落实信息安全管理责任；

（三）应当符合电子营业执照有关实人、实名、实照的使用原则，保障市场主体电子身份凭证安全；

（四）应当遵循合法、正当、必要的原则，并应当控制在自身业务体系中应用；对于电子营业执照的下载、出示、核验、身份认证、电子签名等基本应用功能，不允许额外收取市场主体使用费用；

（五）通过电子营业执照共享、传输市场主体登记信息的，应明示收集使用信息的目的、方式和范围，并经市场主体授权同意；

（六）应当支持市场主体通过手机等智能移动终端使用电子营业执照，为市场主体使用电子营业执照提供方便。

第十八条 任何单位和个人不得伪造、篡改和非法使用电子营业执照，不得攻击、侵入、干扰、破坏电子营业执照系统。如有违反规定，根据有关法律法规进行处理。

第十九条 本办法由市场监管总局负责解释，自印发之日起施行。

外国航空运输企业常驻
代表机构审批管理办法

(2018 年 5 月 22 日交通运输部令 2018 年第 9 号公布　自 2018 年 9 月 1 日起施行)

第一章　总　　则

第一条　为了规范对外国航空运输企业常驻代表机构的管理，根据《中华人民共和国国务院关于管理外国企业常驻代表机构的暂行规定》，制定本办法。

第二条　本办法适用于外国航空运输企业在中华人民共和国境内设立常驻代表机构（以下简称代表机构）的管理。

第三条　本办法所称代表机构是指外国航空运输企业在中华人民共和国境内设立并从事经营性活动的代表处。

本办法所称代表机构首席代表，是指代表机构的主要负责人；本办法所称代表机构代表，是指代表机构的其他主要工作人员。

第四条　外国航空运输企业申请在中华人民共和国境内设立代表机构，应当在中华人民共和国工商行政管理部门（以下简称登记机关）办理登记手续，并经中国民用航空局（以下简称民航局）批准。

第五条　民航局受理代表机构设立、延期、变更、撤销的申请或者备案，并作出相应决定。中国民用航空地区管理局（以下简称地区管理局）负责本辖区内代表机构的监督管理。

第六条　外国航空运输企业未经登记和批准不得在中华人民共和国境内设立代表机构。

第七条　代表机构应当遵守中华人民共和国法律、法规和涉及民航管理的规章，不得损害中华人民共和国安全和社会公共利益。

代表机构的合法权益受中国法律保护。

第八条　对代表机构的批准实行互惠对等的原则，外国政府民用航空主管部门对中华人民共和国航空运输企业根据政府间航空运输协定或者有关协议申请设立常驻代表机构进行不合理限制的，民航局可以采取对等措施。

第二章　代表机构的设立、延期、变更和终止

第九条　外国航空运输企业设立代表机构，应当符合下列条件：

（一）根据该外国航空运输企业所在国政府与中华人民共和国政府签署的航空运输协定或者有关协议，该外国航空运输企业获得从事两国间航空运输服务的指定资格（以下简称指定的外国航空运输企业）。

（二）获得民航局颁发的经营许可或者批准文件。

（三）首席代表和代表的资格和数量应当符合该外国航空运输企业所在国政府与中华人民共和国政府签署的航空运输协定或者有关协议的相关规定。其中代表机构应当指定一名首席代表。外国航空运输企业聘请中国公民（不含在境外已经获得外国长期居住资格的中国公民）担任其代表机构的首席代表或者代表的，应当根据中华人民共和国有关法律和法规办理。

未获得从事两国间航空运输服务指定资格的外国航空运输企业（以下简称非指定的外国航空运输企业）设立代表机构，应当经过民航局的特别批准。

第十条　申请设立代表机构的外国航空运输企业（以下简称申请人），应当根据不同情况向

民航局提交申请材料：

（一）指定的外国航空运输企业应当提交下列材料：

1. 法定代表人或者授权签字人签署的申请书原件，内容包括：设立代表机构的目的、代表机构的名称、首席代表和代表、业务范围、办公地址、联系方式等；

2. 民航局颁发的经营许可复印件或者其他形式的批准文件复印件；

3. 代表机构工商登记证复印件；

4. 法定代表人或者授权签字人签署的代表机构首席代表和代表的任命书原件或者经公证的复印件；

5. 首席代表和代表的有效身份证件复印件；

6. 首席代表和代表填写并经本人确认签字的《外国航空运输企业常驻代表机构代表登记表》（附件1）。

（二）非指定的外国航空运输企业应当提交下列材料：

1. 法定代表人或者授权签字人签署的申请书原件，内容包括：企业简况、设立代表机构的目的、代表机构的名称、首席代表和代表、业务范围、办公地址、联系方式等；

2. 所在国的有关当局与民航局达成的有关协议复印件；

3. 代表机构工商登记证复印件；

4. 所在国的有关当局颁发的注册证明和航空运营人许可证复印件；

5. 法定代表人或者授权签字人签署的代表机构首席代表和代表的任命书原件或者经公证的复印件；

6. 首席代表和代表的有效身份证件复印件；

7. 首席代表和代表填写并经本人确认签字的《外国航空运输企业常驻代表机构代表登记表》。

第十一条 民航局对申请人提出的申请，根据下列情况分别作出处理：

（一）申请材料存在可以当场更正的错误的，允许申请人当场更正；

（二）申请材料不齐全或者不符合法定形式的，当场或者在五日内出具材料补正通知书，一次告知申请人需要补正的全部内容，逾期未告知的，自收到申请材料之日起即为受理；

（三）申请材料齐全、符合法定形式，或者申请人按要求提交全部补正申请材料的，应当予以受理。

第十二条 民航局应当自受理之日起二十日内作出批准或者不予批准设立代表机构的决定。二十日内不能作出决定的，经民航局负责人批准，可以延长十日，并应当将延长期限的理由告知申请人。民航局作出批准设立代表机构决定的，应当自作出决定之日起十日内向申请人颁发代表机构批准证书（附件2）；对不予批准设立代表机构的，应当出具不予行政许可决定书，并说明不予批准的理由。

第十三条 指定的外国航空运输企业代表机构批准证书有效期限应当与民航局向其颁发的经营许可有效期一致。非指定的外国航空运输企业代表机构批准证书有效期不超过三年。代表机构批准证书有效期自民航局颁发该批准证书之日起计算。

第十四条 申请代表机构批准证书延期的，代表机构应当在该批准证书有效期满四十五日前提出延期申请，并根据不同情况提交申请材料：

（一）指定的外国航空运输企业应当提交下列材料：

1. 法定代表人或者授权签字人签署的延期申请书原件；

2. 民航局颁发的经营许可复印件或者其他形式的批准文件复印件；

3. 代表机构批准证书原件；

4. 代表机构工商登记证复印件。

（二）指定的外国航空运输企业在暂停或者终止航线经营后，需继续保留代表机构的，应当提交下列材料：

1. 法定代表人或者授权签字人签署的延期申请书原件，并对保留代表机构的理由予以充分说明；

2. 代表机构批准证书原件；

3. 代表机构工商登记证复印件。

（三）非指定的外国航空运输企业应当提交下列材料：

1. 法定代表人或者授权签字人签署的延期申请书原件；

2. 所在国的有关当局与民航局达成的有关协议复印件；

3. 代表机构批准证书原件；

4. 代表机构工商登记证复印件。

第十五条 民航局按照本办法第十一条、第十二条规定的程序办理延期，在该批准证书有效期届满前作出是否准予延期的决定。

第十六条 指定的外国航空运输企业代表机构批准证书的有效延展期应当与民航局向其颁发的经营许可的有效延展期一致。非指定的外国航空运输企业代表机构批准证书的有效延展期为三年。指定的外国航空运输企业在暂停或者终止航线经营后，需继续保留代表机构的，代表机构批准证书的有效延展期由民航局根据实际情况确定。

第十七条 外国航空运输企业变更代表机构的名称、首席代表或者代表、代表机构办公地址，应当向民航局申请变更登记。

（一）申请变更代表机构名称应当提交下列材料：

1. 法定代表人或者授权签字人签署的申请书原件；

2. 民航局颁发的经营许可复印件或者其他形式的批准文件复印件；

3. 代表机构批准证书原件；

4. 代表机构工商登记证复印件。

（二）申请变更代表机构首席代表或者代表应当提交下列材料：

1. 法定代表人或者授权签字人签署的申请书原件；

2. 法定代表人或者授权签字人签署的首席代表或者代表的任命书原件或者经公证的复印件；

3. 拟任人填写并经本人确认签字的《外国航空运输企业常驻代表机构代表登记表》；

4. 拟任人有效身份证件复印件；

5. 代表机构批准证书原件；

6. 代表机构工商登记证复印件。

（三）申请变更代表机构办公地址应当提交下列材料：

1. 法定代表人或者授权签字人签署的申请书原件，在同一城市变更代表机构办公地址的申请书可由代表机构首席代表签署并加盖代表机构公章；

2. 新办公地址房屋租赁合同或者相关证明材料；

3. 代表机构批准证书原件；

4. 代表机构工商登记证复印件。

第十八条 民航局按照本办法第十一条、第十二条规定的程序办理变更。

第十九条 外国航空运输企业在其代表机构批准证书有效期满前未提出延期申请的，原批准证书有效期满后失效。民航局依法予以注销。

外国航空运输企业在其代表机构批准证书有效期满前撤销其代表机构的，应当在撤销的三十日前由该航空运输企业法定代表人签署撤销代表机构通知书，并提供代表机构批准证书原件报民航局备案。民航局依法予以注销。

第二十条　代表机构的名称应当与其工商登记证名称一致。

第二十一条　代表机构设立、延期、变更和撤销的申请书或者通知书应当用中文书写；如用其他文字书写，应当附中文译本。其他申请材料如用中文以外的文字书写，应当附中文译本。

申请材料是复印件的，应当经申请人核对无误。

第三章　监督管理

第二十二条　民航局和地区管理局（以下统称民航行政机关）会同有关部门对代表机构的业务活动进行管理和监督检查。

第二十三条　民航行政机关实施监督检查可以采取查阅文件或者要求代表机构报送材料的方式，也可以进行现场检查。

第二十四条　被检查单位应当对民航行政机关实施的监督检查积极配合，如实提供所需文件和材料。

第二十五条　外国航空运输企业对其设立的代表机构在中华人民共和国境内的业务活动承担相关法律责任。

第四章　法律责任

第二十六条　外国航空运输企业未取得代表机构批准证书，在中华人民共和国境内设立代表机构的，由民航行政机关责令改正，处三万元以下的罚款。

第二十七条　代表机构未按照本办法第十七条的规定办理代表机构的名称、首席代表或者代表、办公地址变更的，由民航行政机关责令改正，给予警告；情节严重的，处一万元以上三万元以下的罚款。

第二十八条　外国航空运输企业隐瞒有关情况或者提供虚假材料申请代表机构批准证书的，民航行政机关不予受理或者不予批准，并给予警告。

第二十九条　外国航空运输企业以欺骗、贿赂等不正当手段取得代表机构批准证书的，民航行政机关应当撤销该批准证书，给予警告，并处三万元以下的罚款。

第三十条　代表机构涂改、倒卖、出租、出借代表机构批准证书，或者以其他形式非法转让代表机构批准证书的，由民航行政机关责令改正，给予警告；情节严重的，处一万元以上三万元以下的罚款。构成犯罪的，按照国家有关规定向代表机构所在地公安机关移送。

第三十一条　代表机构拒绝、阻碍民航行政机关实施监督检查的，由民航行政机关责令改正；拒不改正的，处三万元以下的罚款。

第五章　附　　则

第三十二条　对代表机构的撤销许可、行政处罚、行政强制等处理措施及其执行情况记入守法信用信息记录，并按照有关规定进行公示。

第三十三条　本办法规定的期限以工作日计算，不含法定节假日。

第三十四条　本办法自 2018 年 9 月 1 日起施行。原民航总局于 2006 年 4 月 3 日公布的《外国航空运输企业常驻代表机构审批管理办法》（民航总局令第 165 号）同时废止。

附件 1

外国航空运输企业常驻代表机构代表登记表
REGISTRATION FORM FOR REPRASENTATIVE
OF FOREIGN AIRLINES IN CHINA

姓名（中文）_____

Name in full（surname）_____（first name）_____（middle name）_____

国籍　　　　　　　　　　来华日期

Nationality _____　　　Date of arrival _____

性别　　　　　出生日期和地点

Sex _____　　　Date & Place of brith _____

护照号码

Passport No. _____

签发日期　　　　　　　　有效期

Date of issue _____　　Date of expiry _____

工作地点　　　　　　　　职务

Place of work _____　　Occupation _____

现在地址

Current address _____

电话　　　　　　　　　　传真

Tel _____　　Fax _____

曾否来过中国（如曾，请说明时间及事由）

Ever been in China?（if so, state time & purpose of stay）

_____

_____

_____

_____

_____

简历

Biographical notes

_____

_____

_____

_____

_____

_____

_____

_____

随行家属
Accompanying family member

姓名 Name	国籍 Nationality	出生日期 Date of birth	护照号码 Passport No.	与申请人关系 Relationship to Applicant

申请人签名（盖章）   申请日期
Signature（Stamp）_____ Date of application _____

注：本表格请用中文填写，字迹清楚，申请人本人签字。申请人须保证本表格中所有信息真实准确。

附件2

外国航空运输企业常驻代表机构

批准证书

编号：民航际字第　　　号

根据中华人民共和国政府和_____政府民用航空运输协定或者有关协议，一九八〇年十月三十日发布的《中华人民共和国国务院关于管理外国企业常驻代表机构的暂行规定》和二〇一八年九月一日起施行的《外国航空运输企业常驻代表机构审批管理办法》（交通运输部令 2018 年第 9 号）的相关规定，兹批准_____在_____设立代表机构，开展两国政府间航空运输协定或者有关协议规定的经营性业务活动。

代表机构名称：_____

代表机构首席代表姓名：（中）_____（英）_____

代表机构办公地址：_____

代表机构代表名单：（另附）。

本批准证书有效期至_____年____月____日止，原民航际字第_____号批准证书自本证书签发之日起失效。

中国民用航空局
年 月 日

代表机构代表名单：

（中）_____ （英）_____

（中）_____ （英）_____

（中）_____ （英）_____

（中）_____ （英）_____

（中）_____ （英）_____

（中）_____ （英）_____

（中）_____ （英）_____

（中）_____ （英）_____

（中）_____ （英）_____

（中）_____ （英）_____

（中）_____ （英）_____

个体工商户年度报告暂行办法

（2014 年 8 月 19 日国家工商行政管理总局令第 69 号公布　自 2014 年 10 月 1 日起施行）

第一条　为规范个体工商户年度报告，依据《个体工商户条例》、《企业信息公示暂行条例》、《注册资本登记制度改革方案》等行政法规和国务院有关规定，制定本办法。

第二条　个体工商户年度报告的报送、公示适用本办法。

第三条　个体工商户应当于每年 1 月 1 日至 6 月 30 日，通过企业信用信息公示系统或者直接向负责其登记的工商行政管理部门报送上一年度年度报告。

当年开业登记的个体工商户，自下一年起报送。

第四条　县、自治县、不设区的市、市辖区工商行政管理部门负责其登记的个体工商户的年度报告相关工作。

县、自治县、不设区的市、市辖区工商行政管理部门可以委托个体工商户经营场所所在地的工商行政管理所开展其登记的个体工商户的年度报告相关工作。

第五条 个体工商户可以通过企业信用信息公示系统或者以纸质方式报送年度报告。

通过企业信用信息公示系统报送的电子报告与向工商行政管理部门直接报送的纸质报告具有同等法律效力。

第六条 个体工商户的年度报告包括下列内容：

（一）行政许可取得和变动信息；

（二）生产经营信息；

（三）开设的网站或者从事网络经营的网店的名称、网址等信息；

（四）联系方式等信息；

（五）国家工商行政管理总局要求报送的其他信息。

第七条 个体工商户对其年度报告内容的真实性、及时性负责。

第八条 个体工商户可以自主选择其年度报告内容是否公示。个体工商户选择公示年度报告的，应当通过企业信用信息公示系统报送年度报告并公示。

第九条 个体工商户发现其公示的年度报告内容不准确的，应当及时更正，更正应当在每年6月30日之前完成。更正前后内容同时公示。

第十条 个体工商户决定不公示年度报告内容的，应当向负责其登记的工商行政管理部门报送纸质年度报告。工商行政管理部门应当自收到纸质年度报告之日起10个工作日内通过企业信用信息公示系统公示该个体工商户已经报送年度报告。

第十一条 省、自治区、直辖市工商行政管理局应当组织对个体工商户年度报告内容进行随机抽查。

抽查的个体工商户名单和抽查结果应当通过企业信用信息公示系统公示。

个体工商户年度报告的抽查比例、抽查方式和抽查程序参照《企业公示信息抽查暂行办法》有关规定执行。

第十二条 公民、法人或者其他组织发现个体工商户公示的信息隐瞒真实情况、弄虚作假的，可以向工商行政管理部门举报。工商行政管理部门应当自收到举报材料之日起20个工作日内进行核查，予以处理，处理结果应当书面告知举报人。

第十三条 个体工商户未按照本办法规定报送年度报告的，工商行政管理部门应当在当年年度报告结束之日起10个工作日内将其标记为经营异常状态，并于本年度7月1日至下一年度6月30日通过企业信用信息公示系统向社会公示。

第十四条 个体工商户年度报告隐瞒真实情况、弄虚作假的，工商行政管理部门应当自查实之日起10个工作日内将其标记为经营异常状态，并通过企业信用信息公示系统向社会公示。

第十五条 工商行政管理部门在依法履职过程中通过登记的经营场所或者经营者住所无法与个体工商户取得联系的，应当自查实之日起10个工作日内将其标记为经营异常状态，并通过企业信用信息公示系统向社会公示。

第十六条 依照本办法第十三条规定被标记为经营异常状态的个体工商户，可以向工商行政管理部门补报纸质年度报告并申请恢复正常记载状态。工商行政管理部门应当自收到申请之日起5个工作日内恢复其正常记载状态。

第十七条 依照本办法第十四条规定被标记为经营异常状态的个体工商户，可以向工商行政管理部门报送更正后的纸质年度报告并申请恢复正常记载状态。工商行政管理部门应当自查实之日起5个工作日内恢复其正常记载状态。

第十八条 依照本办法第十五条规定被标记为经营异常状态的个体工商户，依法办理经营场所、经营者住所变更登记，或者提出通过登记的经营场所或者经营者住所可以重新取得联系，申请恢复正常记载状态的，工商行政管理部门自查实之日起 5 个工作日内恢复其正常记载状态。

第十九条 个体工商户对其被标记为经营异常状态有异议的，可以自公示之日起 30 日内向作出决定的工商行政管理部门提出书面申请并提交相关证明材料，工商行政管理部门应当在 5 个工作日内决定是否受理。予以受理的，应当在 20 个工作日内核实，并将核实结果书面告知申请人；不予受理的，将不予受理的理由书面告知申请人。

工商行政管理部门通过核实发现将个体工商户标记为经营异常状态存在错误的，应当自查实之日起 5 个工作日内予以更正。

第二十条 个体工商户对被标记为经营异常状态可以依法申请行政复议或者提起行政诉讼。

第二十一条 工商行政管理部门未依照本办法的有关规定履行职责的，由上一级工商行政管理部门责令改正；情节严重的，对负有责任的主管人员和其他直接责任人员依照有关规定予以处理。

第二十二条 个体工商户年度报告相关文书样式，由国家工商行政管理总局统一制定。

第二十三条 本办法由国家工商行政管理总局负责解释。

第二十四条 本办法自 2014 年 10 月 1 日起施行。2008 年 9 月 1 日国家工商行政管理总局令第 33 号公布的《个体工商户验照办法》同时废止。

三、信用监管

促进个体工商户发展条例

（2022 年 9 月 26 日国务院第 190 次常务会议通过　2022 年 10 月 1 日中华人民共和国国务院令第 755 号公布　自 2022 年 11 月 1 日起施行）

第一条　为了鼓励、支持和引导个体经济健康发展，维护个体工商户合法权益，稳定和扩大城乡就业，充分发挥个体工商户在国民经济和社会发展中的重要作用，制定本条例。

第二条　有经营能力的公民在中华人民共和国境内从事工商业经营，依法登记为个体工商户的，适用本条例。

第三条　促进个体工商户发展工作坚持中国共产党的领导，发挥党组织在个体工商户发展中的引领作用和党员先锋模范作用。

个体工商户中的党组织和党员按照中国共产党章程的规定开展党的活动。

第四条　个体经济是社会主义市场经济的重要组成部分，个体工商户是重要的市场主体，在繁荣经济、增加就业、推动创业创新、方便群众生活等方面发挥着重要作用。

国家持续深化简政放权、放管结合、优化服务改革，优化营商环境，积极扶持、加强引导、依法规范，为个体工商户健康发展创造有利条件。

第五条　国家对个体工商户实行市场平等准入、公平待遇的原则。

第六条　个体工商户可以个人经营，也可以家庭经营。个体工商户的财产权、经营自主权等合法权益受法律保护，任何单位和个人不得侵害或者非法干预。

第七条　国务院建立促进个体工商户发展部际联席会议制度，研究并推进实施促进个体工商户发展的重大政策措施，统筹协调促进个体工商户发展工作中的重大事项。

国务院市场监督管理部门会同有关部门加强对促进个体工商户发展工作的宏观指导、综合协调和监督检查。

第八条　国务院发展改革、财政、人力资源社会保障、住房城乡建设、商务、金融、税务、市场监督管理等有关部门在各自职责范围内研究制定税费支持、创业扶持、职业技能培训、社会保障、金融服务、登记注册、权益保护等方面的政策措施，做好促进个体工商户发展工作。

第九条　县级以上地方人民政府应当将促进个体工商户发展纳入本级国民经济和社会发展规划，结合本行政区域个体工商户发展情况制定具体措施并组织实施，为个体工商户发展提供支持。

第十条　国家加强个体工商户发展状况监测分析，定期开展抽样调查、监测统计和活跃度分析，强化个体工商户发展信息的归集、共享和运用。

第十一条　市场主体登记机关应当为个体工商户提供依法合规、规范统一、公开透明、便捷高效的登记服务。

第十二条　国务院市场监督管理部门应当根据个体工商户发展特点，改革完善个体工商户年度报告制度，简化内容、优化流程，提供简易便捷的年度报告服务。

第十三条　个体工商户可以自愿变更经营者或者转型为企业。变更经营者的，可以直接向市场主体登记机关申请办理变更登记。涉及有关行政许可的，行政许可部门应当简化手续，依法为个体工商户提供便利。

个体工商户变更经营者或者转型为企业的，应当结清依法应当缴纳的税款等，对原有债权债务作出妥善处理，不得损害他人的合法权益。

第十四条 国家加强个体工商户公共服务平台体系建设，为个体工商户提供法律政策、市场供求、招聘用工、创业培训、金融支持等信息服务。

第十五条 依法成立的个体劳动者协会在市场监督管理部门指导下，充分发挥桥梁纽带作用，推动个体工商户党的建设，为个体工商户提供服务，维护个体工商户合法权益，引导个体工商户诚信自律。

个体工商户自愿加入个体劳动者协会。

第十六条 政府及其有关部门在制定相关政策措施时，应当充分听取个体工商户以及相关行业组织的意见，不得违反规定在资质许可、项目申报、政府采购、招标投标等方面对个体工商户制定或者实施歧视性政策措施。

第十七条 县级以上地方人民政府应当结合本行政区域实际情况，根据个体工商户的行业类型、经营规模、经营特点等，对个体工商户实施分型分类培育和精准帮扶。

第十八条 县级以上地方人民政府应当采取有效措施，为个体工商户增加经营场所供给，降低经营场所使用成本。

第十九条 国家鼓励和引导创业投资机构和社会资金支持个体工商户发展。

县级以上地方人民政府应当充分发挥各类资金作用，为个体工商户在创业创新、贷款融资、职业技能培训等方面提供资金支持。

第二十条 国家实行有利于个体工商户发展的财税政策。

县级以上地方人民政府及其有关部门应当严格落实相关财税支持政策，确保精准、及时惠及个体工商户。

第二十一条 国家推动建立和完善个体工商户信用评价体系，鼓励金融机构开发和提供适合个体工商户发展特点的金融产品和服务，扩大个体工商户贷款规模和覆盖面，提高贷款精准性和便利度。

第二十二条 县级以上地方人民政府应当支持个体工商户参加社会保险，对符合条件的个体工商户给予相应的支持。

第二十三条 县级以上地方人民政府应当完善创业扶持政策，支持个体工商户参加职业技能培训，鼓励各类公共就业服务机构为个体工商户提供招聘用工服务。

第二十四条 县级以上地方人民政府应当结合城乡社区服务体系建设，支持个体工商户在社区从事与居民日常生活密切相关的经营活动，满足居民日常生活消费需求。

第二十五条 国家引导和支持个体工商户加快数字化发展、实现线上线下一体化经营。

平台经营者应当在入驻条件、服务规则、收费标准等方面，为个体工商户线上经营提供支持，不得利用服务协议、平台规则、数据算法、技术等手段，对平台内个体工商户进行不合理限制、附加不合理条件或者收取不合理费用。

第二十六条 国家加大对个体工商户的字号、商标、专利、商业秘密等权利的保护力度。

国家鼓励和支持个体工商户提升知识产权的创造运用水平、增强市场竞争力。

第二十七条 县级以上地方人民政府制定实施城乡建设规划以及城市和交通管理、市容环境治理、产业升级等相关政策措施，应当充分考虑个体工商户经营需要和实际困难，实施引导帮扶。

第二十八条 各级人民政府对因自然灾害、事故灾难、公共卫生事件、社会安全事件等原因造成经营困难的个体工商户，结合实际情况及时采取纾困帮扶措施。

第二十九条 政府及其有关部门按照国家有关规定，对个体工商户先进典型进行表彰奖励，不断提升个体工商户经营者的荣誉感。

第三十条 任何单位和个人不得违反法律法规和国家有关规定向个体工商户收费或者变相收费，不得擅自扩大收费范围或者提高收费标准，不得向个体工商户集资、摊派，不得强行要求个体工商户提供赞助或者接受有偿服务。

任何单位和个人不得诱导、强迫劳动者登记注册为个体工商户。

第三十一条 机关、企业事业单位不得要求个体工商户接受不合理的付款期限、方式、条件和违约责任等交易条件，不得违约拖欠个体工商户账款，不得通过强制个体工商户接受商业汇票等非现金支付方式变相拖欠账款。

第三十二条 县级以上地方人民政府应当提升个体工商户发展质量，不得将个体工商户数量增长率、年度报告率等作为绩效考核评价指标。

第三十三条 个体工商户对违反本条例规定、侵害自身合法权益的行为，有权向有关部门投诉、举报。

县级以上地方人民政府及其有关部门应当畅通投诉、举报途径，并依法及时处理。

第三十四条 个体工商户应当依法经营、诚实守信，自觉履行劳动用工、安全生产、食品安全、职业卫生、环境保护、公平竞争等方面的法定义务。

对涉及公共安全和人民群众生命健康等重点领域，有关行政部门应当加强监督管理，维护良好市场秩序。

第三十五条 个体工商户开展经营活动违反有关法律规定的，有关行政部门应当按照教育和惩戒相结合、过罚相当的原则，依法予以处理。

第三十六条 政府及其有关部门的工作人员在促进个体工商户发展工作中不履行或者不正确履行职责，损害个体工商户合法权益，造成严重后果的，依法依规给予处分；构成犯罪的，依法追究刑事责任。

第三十七条 香港特别行政区、澳门特别行政区永久性居民中的中国公民，台湾地区居民可以按照国家有关规定，申请登记为个体工商户。

第三十八条 省、自治区、直辖市可以结合本行政区域实际情况，制定促进个体工商户发展的具体办法。

第三十九条 本条例自 2022 年 11 月 1 日起施行。《个体工商户条例》同时废止。

企业信息公示暂行条例

(2014 年 7 月 23 日国务院第 57 次常务会议通过　2014 年 8 月 7 日中华人民共和国国务院令第 654 号公布　自 2014 年 10 月 1 日起施行)

第一条 为了保障公平竞争，促进企业诚信自律，规范企业信息公示，强化企业信用约束，维护交易安全，提高政府监管效能，扩大社会监督，制定本条例。

第二条 本条例所称企业信息，是指在工商行政管理部门登记的企业从事生产经营活动过程中形成的信息，以及政府部门在履行职责过程中产生的能够反映企业状况的信息。

第三条 企业信息公示应当真实、及时。公示的企业信息涉及国家秘密、国家安全或者社会公共利益的，应当报请主管的保密行政管理部门或者国家安全机关批准。县级以上地方人民政府有关部门公示的企业信息涉及企业商业秘密或者个人隐私的，应当报请上级主管部门批准。

第四条 省、自治区、直辖市人民政府领导本行政区域的企业信息公示工作，按照国家社会信用信息平台建设的总体要求，推动本行政区域企业信用信息公示系统的建设。

第五条 国务院工商行政管理部门推进、监督企业信息公示工作，组织企业信用信息公示系统的建设。国务院其他有关部门依照本条例规定做好企业信息公示相关工作。

县级以上地方人民政府有关部门依照本条例规定做好企业信息公示工作。

第六条 工商行政管理部门应当通过企业信用信息公示系统，公示其在履行职责过程中产生的下列企业信息：

（一）注册登记、备案信息；

（二）动产抵押登记信息；

（三）股权出质登记信息；

（四）行政处罚信息；

（五）其他依法应当公示的信息。

前款规定的企业信息应当自产生之日起 20 个工作日内予以公示。

第七条 工商行政管理部门以外的其他政府部门（以下简称其他政府部门）应当公示其在履行职责过程中产生的下列企业信息：

（一）行政许可准予、变更、延续信息；

（二）行政处罚信息；

（三）其他依法应当公示的信息。

其他政府部门可以通过企业信用信息公示系统，也可以通过其他系统公示前款规定的企业信息。工商行政管理部门和其他政府部门应当按照国家社会信用信息平台建设的总体要求，实现企业信息的互联共享。

第八条 企业应当于每年 1 月 1 日至 6 月 30 日，通过企业信用信息公示系统向工商行政管理部门报送上一年度年度报告，并向社会公示。

当年设立登记的企业，自下一年起报送并公示年度报告。

第九条 企业年度报告内容包括：

（一）企业通信地址、邮政编码、联系电话、电子邮箱等信息；

（二）企业开业、歇业、清算等存续状态信息；

（三）企业投资设立企业、购买股权信息；

（四）企业为有限责任公司或者股份有限公司的，其股东或者发起人认缴和实缴的出资额、出资时间、出资方式等信息；

（五）有限责任公司股东股权转让等股权变更信息；

（六）企业网站以及从事网络经营的网店的名称、网址等信息；

（七）企业从业人数、资产总额、负债总额、对外提供保证担保、所有者权益合计、营业总收入、主营业务收入、利润总额、净利润、纳税总额信息。

前款第一项至第六项规定的信息应当向社会公示，第七项规定的信息由企业选择是否向社会公示。

经企业同意，公民、法人或者其他组织可以查询企业选择不公示的信息。

第十条 企业应当自下列信息形成之日起 20 个工作日内通过企业信用信息公示系统向社会公示：

（一）有限责任公司股东或者股份有限公司发起人认缴和实缴的出资额、出资时间、出资方式等信息；

（二）有限责任公司股东股权转让等股权变更信息；

（三）行政许可取得、变更、延续信息；

（四）知识产权出质登记信息；

（五）受到行政处罚的信息；

（六）其他依法应当公示的信息。

工商行政管理部门发现企业未依照前款规定履行公示义务的，应当责令其限期履行。

第十一条 政府部门和企业分别对其公示信息的真实性、及时性负责。

第十二条 政府部门发现其公示的信息不准确的，应当及时更正。公民、法人或者其他组织有证据证明政府部门公示的信息不准确的，有权要求该政府部门予以更正。

企业发现其公示的信息不准确的，应当及时更正；但是，企业年度报告公示信息的更正应当在每年 6 月 30 日之前完成。更正前后的信息应当同时公示。

第十三条 公民、法人或者其他组织发现企业公示的信息虚假的，可以向工商行政管理部门举报，接到举报的工商行政管理部门应当自接到举报材料之日起 20 个工作日内进行核查，予以处理，并将处理情况书面告知举报人。

公民、法人或者其他组织对依照本条例规定公示的企业信息有疑问的，可以向政府部门申请查询，收到查询申请的政府部门应当自收到申请之日起 20 个工作日内书面答复申请人。

第十四条 国务院工商行政管理部门和省、自治区、直辖市人民政府工商行政管理部门应当按照公平规范的要求，根据企业注册号等随机摇号，确定抽查的企业，组织对企业公示信息的情况进行检查。

工商行政管理部门抽查企业公示的信息，可以采取书面检查、实地核查、网络监测等方式。工商行政管理部门抽查企业公示的信息，可以委托会计师事务所、税务师事务所、律师事务所等专业机构开展相关工作，并依法利用其他政府部门作出的检查、核查结果或者专业机构作出的专业结论。

抽查结果由工商行政管理部门通过企业信用信息公示系统向社会公布。

第十五条 工商行政管理部门对企业公示的信息依法开展抽查或者根据举报进行核查，企业应当配合，接受询问调查，如实反映情况，提供相关材料。

对不予配合情节严重的企业，工商行政管理部门应当通过企业信用信息公示系统公示。

第十六条 任何公民、法人或者其他组织不得非法修改公示的企业信息，不得非法获取企业信息。

第十七条 有下列情形之一的，由县级以上工商行政管理部门列入经营异常名录，通过企业信用信息公示系统向社会公示，提醒其履行公示义务；情节严重的，由有关主管部门依照有关法律、行政法规规定给予行政处罚；造成他人损失的，依法承担赔偿责任；构成犯罪的，依法追究刑事责任：

（一）企业未按照本条例规定的期限公示年度报告或者未按照工商行政管理部门责令的期限公示有关企业信息的；

（二）企业公示信息隐瞒真实情况、弄虚作假的。

被列入经营异常名录的企业依照本条例规定履行公示义务的，由县级以上工商行政管理部门移出经营异常名录；满 3 年未依照本条例规定履行公示义务的，由国务院工商行政管理部门或者省、自治区、直辖市人民政府工商行政管理部门列入严重违法企业名单，并通过企业信用信息公示系统向社会公示。被列入严重违法企业名单的企业的法定代表人、负责人，3 年内不得担任其他企业的法定代表人、负责人。

企业自被列入严重违法企业名单之日起满 5 年未再发生第一款规定情形的，由国务院工商行政管理部门或者省、自治区、直辖市人民政府工商行政管理部门移出严重违法企业名单。

第十八条　县级以上地方人民政府及其有关部门应当建立健全信用约束机制，在政府采购、工程招投标、国有土地出让、授予荣誉称号等工作中，将企业信息作为重要考量因素，对被列入经营异常名录或者严重违法企业名单的企业依法予以限制或者禁入。

第十九条　政府部门未依照本条例规定履行职责的，由监察机关、上一级政府部门责令改正；情节严重的，对负有责任的主管人员和其他直接责任人员依法给予处分；构成犯罪的，依法追究刑事责任。

第二十条　非法修改公示的企业信息，或者非法获取企业信息的，依照有关法律、行政法规规定追究法律责任。

第二十一条　公民、法人或者其他组织认为政府部门在企业信息公示工作中的具体行政行为侵犯其合法权益的，可以依法申请行政复议或者提起行政诉讼。

第二十二条　企业依照本条例规定公示信息，不免除其依照其他有关法律、行政法规规定公示信息的义务。

第二十三条　法律、法规授权的具有管理公共事务职能的组织公示企业信息适用本条例关于政府部门公示企业信息的规定。

第二十四条　国务院工商行政管理部门负责制定企业信用信息公示系统的技术规范。

个体工商户、农民专业合作社信息公示的具体办法由国务院工商行政管理部门另行制定。

第二十五条　本条例自 2014 年 10 月 1 日起施行。

市场监管总局信用修复指南

（2023 年 6 月 8 日）

一、市场监管总局受理信用修复的范围

由市场监管总局负责列入的严重违法失信名单、公示的行政处罚信息，当事人可依据《市场监督管理信用修复管理办法》向市场监管总局申请信用修复。

二、申请严重违法失信名单信用修复需要符合的情形

依据《市场监督管理信用修复管理办法》第七条的规定，当事人被列入严重违法失信名单满一年，且符合下列情形的，可以申请信用修复：

（一）已经自觉履行行政处罚决定中规定的义务；

（二）已经主动消除危害后果和不良影响；

（三）未再受到市场监管部门较重行政处罚。

依据法律、行政法规规定，实施相应管理措施期限尚未届满的，不得申请信用修复。

三、向市场监管总局申请严重违法失信名单信用修复需要提交的材料

（一）信用修复申请书；

（二）守信承诺书；

（三）送达地址确认书（可选）；

（四）履行法定义务、纠正违法行为的相关材料；

（五）营业执照等身份证明材料；

（六）市场监管总局要求提交的其它材料。

四、申请行政处罚公示信息信用修复需要符合的情形

依据《市场监督管理信用修复管理办法》第六条的规定，除《市场监督管理行政处罚信息公示规定》第十四条第三款规定的行政处罚，或者仅受到警告、通报批评和较低数额罚款外，其他行政处罚信息公示期满六个月，其中食品、药品、特种设备领域行政处罚信息公示期满一年，且符合下列情形的当事人，可以申请信用修复：

（一）已经自觉履行行政处罚决定中规定的义务；

（二）已经主动消除危害后果和不良影响；

（三）未因同一类违法行为再次受到市场监管部门行政处罚；

（四）未在经营异常名录和严重违法失信名单中。

五、向市场监管总局申请行政处罚公示信息信用修复需要提交的材料

（一）信用修复申请书；

（二）守信承诺书；

（三）送达地址确认书（可选）；

（四）履行法定义务、纠正违法行为的相关材料；

（五）营业执照等身份证明材料；

（六）行政处罚决定书；

（七）市场监管总局要求提交的其它材料。

六、信用修复不收取费用

依据《市场监督管理信用修复管理办法》第十七条的规定，市场监管总局办理信用修复工作不收取任何费用。

附件：信用修复申请书（样式）

送达地址确认书（样式）

守信承诺书（样式）

信用修复申请书

基本情况	当事人	
	统一社会信用代码	
	法定代表人（负责人、经营者）姓名	
	身份证件号码	
	住所（经营场所）	
	联系电话	
	登记/发证机关	
申请信用修复的事项	□行政处罚公示信息 □严重违法失信名单	

续表

决定文书号		决定日期	
申请事实和理由			
申请单位签字盖章	法定代表人（负责人、经营者）签字： 单位（公章）： 申请日期：　　年　　月　　日		

填表须知：1. 本申请书仅限向市场监管部门申请信用修复时使用。

2. 申请人对本申请书所填内容的真实性、合法性负责。

3. 本申请书所有内容均为必填项，其中，"申请信用修复的事项"为可选项，可视情况单选或者多选。

4. "申请事实和理由"应当详细说明履行法定义务、纠正违法行为、已经主动消除危害后果和不良影响的相关情况，如表格不够，可另附页。

5. 申请单位为法人或者其他组织的，应当由法定代表人（负责人）签字，并加盖单位公章。申请单位为自然人或者个体工商户的，签字即可。

送达地址确认书

受送达人	
告知事项	一、为便于及时收到市场监督管理部门的相关文书，市场监督管理部门可以要求受送达人签署送达地址确认书，送达至受送达人确认的地址，即视为送达。 二、受送达人送达地址发生变更的，应当及时书面告知市场监督管理部门；未及时告知的，市场监督管理部门按原地址送达，视为依法送达。 三、因受送达人提供的送达地址不准确、送达地址变更未书面告知市场监督管理部门，导致文书未能被受送达人实际接收的，直接送达的，文书留在该地址之日为送达之日；邮寄送达的，文书被退回之日为送达之日。 四、市场监督管理部门可以采用手机短信、传真、电子邮件、即时通讯账号等能够确认其收悉的电子方式送达执法文书，手机短信、传真、电子邮件、即时通讯信息等到达受送达人特定系统的日期为送达日期。

续表

送达地址及送达方式	电子送达方式	☐手机号码：_____ ☐传真号码：_____ ☐电子邮件地址：_____ ☐即时通讯账号：_____ 以传真、电子邮件等到达本人特定系统的日期为送达日期。
	送达地址	
	收件人	
	收件人联系电话	
	邮政编码	
受送达人确认	本人已经阅读（已向本人宣读）上述告知事项，保证以上送达地址及送达方式准确、有效，清楚了解并同意本确认书内容及法律意义。 受送达人： 　　　　　　　　　　　　　　　　　　　年　　　月　　　日	
备注		

守信承诺书

_____郑重承诺：

将严格遵守国家法律、法规及相关规定，守法经营，加强诚信自律，强化内部管理。自觉履行社会责任，自觉遵守社会公德，自觉接受政府、行业组织、社会公众、新闻媒体监督。

同意通过国家企业信用信息公示系统公示本承诺书。

承诺单位（公章）

法定代表人（负责人、经营者、自然人）签字：

年　　　月　　　日

市场监督管理严重违法失信名单管理办法

(2021年7月30日国家市场监督管理总局令第44号公布 自2021年9月1日起施行)

第一条 为了规范市场监督管理部门严重违法失信名单管理，强化信用监管，扩大社会监督，促进诚信自律，依照有关法律、行政法规，制定本办法。

第二条 当事人违反法律、行政法规，性质恶劣、情节严重、社会危害较大，受到市场监督管理部门较重行政处罚的，由市场监督管理部门依照本办法规定列入严重违法失信名单，通过国家企业信用信息公示系统公示，并实施相应管理措施。

前款所称较重行政处罚包括：

（一）依照行政处罚裁量基准，按照从重处罚原则处以罚款；

（二）降低资质等级，吊销许可证件、营业执照；

（三）限制开展生产经营活动、责令停产停业、责令关闭、限制从业；

（四）法律、行政法规和部门规章规定的其他较重行政处罚。

第三条 国家市场监督管理总局负责组织、指导全国的严重违法失信名单管理工作。

县级以上地方市场监督管理部门依照本办法规定负责严重违法失信名单管理工作。

第四条 市场监督管理部门应当按照规定将严重违法失信名单信息与其他有关部门共享，依照法律、行政法规和党中央、国务院政策文件实施联合惩戒。

第五条 实施下列食品安全领域违法行为，且属于本办法第二条规定情形的，列入严重违法失信名单（食品安全严重违法生产经营者黑名单）：

（一）未依法取得食品生产经营许可从事食品生产经营活动；

（二）用非食品原料生产食品；在食品中添加食品添加剂以外的化学物质和其他可能危害人体健康的物质；生产经营营养成分不符合食品安全标准的专供婴幼儿和其他特定人群的主辅食品；生产经营添加药品的食品；生产经营病死、毒死或者死因不明的禽、畜、兽、水产动物肉类及其制品；生产经营未按规定进行检疫或者检疫不合格的肉类；生产经营国家为防病等特殊需要明令禁止生产经营的食品；

（三）生产经营致病性微生物，农药残留、兽药残留、生物毒素、重金属等污染物质以及其他危害人体健康的物质含量超过食品安全标准限量的食品、食品添加剂；生产经营用超过保质期的食品原料、食品添加剂生产的食品、食品添加剂；生产经营未按规定注册的保健食品、特殊医学用途配方食品、婴幼儿配方乳粉，或者未按注册的产品配方、生产工艺等技术要求组织生产；生产经营的食品标签、说明书含有虚假内容，涉及疾病预防、治疗功能，或者生产经营保健食品之外的食品的标签、说明书声称具有保健功能；

（四）其他违反食品安全法律、行政法规规定，严重危害人民群众身体健康和生命安全的违法行为。

第六条 实施下列药品、医疗器械、化妆品领域违法行为，且属于本办法第二条规定情形的，列入严重违法失信名单：

（一）生产销售假药、劣药；违法生产、销售国家有特殊管理要求的药品（含疫苗）；生产、进口、销售未取得药品批准证明文件的药品（含疫苗）；

（二）生产、销售未经注册的第二、三类医疗器械；

（三）生产、销售非法添加可能危害人体健康物质的化妆品；

（四）其他违反药品、医疗器械、化妆品法律、行政法规规定，严重危害人民群众身体健康和生命安全的违法行为。

第七条 实施下列质量安全领域违法行为，且属于本办法第二条规定情形的，列入严重违法失信名单：

（一）生产、销售、出租、使用未取得生产许可、国家明令淘汰、已经报废、未经检验或者检验不合格的特种设备；对不符合安全技术规范要求的移动式压力容器和气瓶进行充装；

（二）生产销售不符合保障身体健康和生命安全的国家标准的产品，在产品中掺杂、掺假，以假充真、以次充好，或者以不合格产品冒充合格产品，生产销售国家明令淘汰的产品；

（三）产品质量监督抽查不合格，受到省级以上人民政府市场监督管理部门公告，经公告后复查仍不合格；

（四）出具虚假或者严重失实的检验、检测、认证、认可结论，严重危害质量安全；

（五）伪造、冒用、买卖认证标志或者认证证书；未经认证擅自出厂、销售、进口或者在其他经营性活动中使用被列入强制性产品认证目录内的产品；

（六）其他违反质量安全领域法律、行政法规规定，严重危害人民群众身体健康和生命安全的违法行为。

第八条 实施下列侵害消费者权益的违法行为，且属于本办法第二条规定情形的，列入严重违法失信名单：

（一）侵害消费者人格尊严、个人信息依法得到保护等权利；

（二）预收费用后为逃避或者拒绝履行义务，关门停业或者迁移服务场所，未按照约定提供商品或者服务，且被市场监督管理部门确认为无法取得联系；

（三）制造、销售、使用以欺骗消费者为目的的计量器具，抄袭、串通、篡改计量比对数据，伪造数据、出具虚假计量校准证书或者报告，侵害消费者权益；

（四）经责令召回仍拒绝或者拖延实施缺陷产品召回；

（五）其他违反法律、行政法规规定，严重侵害消费者权益的违法行为。

第九条 实施下列破坏公平竞争秩序和扰乱市场秩序的违法行为，且属于本办法第二条规定情形的，列入严重违法失信名单：

（一）侵犯商业秘密、商业诋毁、组织虚假交易等严重破坏公平竞争秩序的不正当竞争行为；

（二）故意侵犯知识产权；提交非正常专利申请、恶意商标注册申请损害社会公共利益；从事严重违法专利、商标代理行为；

（三）价格串通、低价倾销、哄抬价格；对关系国计民生的商品或者服务不执行政府定价、政府指导价，不执行为应对突发事件采取的价格干预措施、紧急措施；

（四）组织、策划传销或者为传销提供便利条件；

（五）发布关系消费者生命健康的商品或者服务的虚假广告；

（六）其他违反法律、行政法规规定，严重破坏公平竞争秩序和扰乱市场秩序的违法行为。

第十条 实施下列违法行为，且属于本办法第二条规定情形的，列入严重违法失信名单：

（一）未依法取得其他许可从事经营活动；

（二）提交虚假材料或者采取其他手段隐瞒重要事实，取得行政许可，取得、变更或者注销市场主体登记，或者涂改、倒卖、出租、出售许可证件、营业执照；

（三）拒绝、阻碍、干扰市场监督管理部门依法开展监督检查和事故调查。

第十一条 当事人在市场监督管理部门作出行政处罚、行政裁决等行政决定后，有履行能力但拒不履行、逃避执行等，严重影响市场监督管理部门公信力的，列入严重违法失信名单。

法律、行政法规和党中央、国务院政策文件对市场主体相关责任人员列入严重违法失信名单有规定的，依照其规定。

第十二条 市场监督管理部门判断违法行为是否属于性质恶劣、情节严重、社会危害较大的情形，应当综合考虑主观恶意、违法频次、持续时间、处罚类型、罚没款数额、产品货值金额、对人民群众生命健康的危害、财产损失和社会影响等因素。

当事人有证据足以证明没有主观故意的，不列入严重违法失信名单。

第十三条 市场监督管理部门在作出行政处罚决定时应当对是否列入严重违法失信名单作出决定。列入决定书应当载明事由、依据、惩戒措施提示、移出条件和程序以及救济措施等。在作出列入决定前，应当告知当事人作出决定的事由、依据和当事人依法享有的权利。告知、听证、送达、异议处理等程序应当与行政处罚程序一并实施。

依照前款规定作出列入严重违法失信名单决定的，严重违法失信名单管理工作由作出行政处罚的市场监督管理部门负责。

因本办法第十一条规定的情形列入严重违法失信名单的，可以单独作出列入决定。告知、听证、送达、异议处理等程序应当参照行政处罚程序实施。

第十四条 作出列入决定的市场监督管理部门和当事人登记地（住所地）在同一省、自治区、直辖市的，作出列入决定的市场监督管理部门应当自作出决定之日起二十个工作日内将相关信息通过国家企业信用信息公示系统进行公示。

作出列入决定的市场监督管理部门和当事人登记地（住所地）不在同一省、自治区、直辖市的，作出列入决定的市场监督管理部门应当自作出决定之日起十个工作日内将列入严重违法失信名单信息推送至当事人登记地（住所地）市场监督管理部门，由其协助在收到信息之日起十个工作日内通过国家企业信用信息公示系统进行公示。

第十五条 市场监督管理部门对被列入严重违法失信名单的当事人实施下列管理措施：

（一）依据法律、行政法规和党中央、国务院政策文件，在审查行政许可、资质、资格、委托承担政府采购项目、工程招投标时作为重要考量因素；

（二）列为重点监管对象，提高检查频次，依法严格监管；

（三）不适用告知承诺制；

（四）不予授予市场监督管理部门荣誉称号等表彰奖励；

（五）法律、行政法规和党中央、国务院政策文件规定的其他管理措施。

第十六条 当事人被列入严重违法失信名单满一年，且符合下列条件的，可以依照本办法规定向市场监督管理部门申请提前移出：

（一）已经自觉履行行政处罚决定中规定的义务；

（二）已经主动消除危害后果和不良影响；

（三）未再受到市场监督管理部门较重行政处罚。

依照法律、行政法规规定，实施相应管理措施期限尚未届满的，不得申请提前移出。

第十七条 当事人申请提前移出的，应当提交申请书，守信承诺书，履行本办法第十六条第一款第一项、第二项规定义务的相关材料，说明事实、理由。

市场监督管理部门应当自收到申请之日起二个工作日内作出是否受理的决定。申请材料齐全、符合法定形式的，应当予以受理。

市场监督管理部门应当自受理之日起十五个工作日内对申请进行核实，并决定是否予以移出。

第十八条 市场监督管理部门决定移出的，应当于三个工作日内停止公示相关信息，并解除相关管理措施。

第十九条 列入严重违法失信名单所依据的行政处罚被撤销、确认违法或者无效的,市场监督管理部门应当撤销对当事人的列入决定,于三个工作日内停止公示相关信息,并解除相关管理措施。

第二十条 申请移出的当事人故意隐瞒真实情况、提供虚假资料,情节严重的,由市场监督管理部门撤销移出决定,恢复列入状态。公示期重新计算。

第二十一条 当事人被列入严重违法失信名单之日起满三年的,由列入严重违法失信名单的市场监督管理部门移出,停止公示相关信息,并解除相关管理措施。依照法律法规实施限制开展生产经营活动、限制从业等措施超过三年的,按照实际限制期限执行。

第二十二条 县级、设区的市级市场监督管理部门作出列入严重违法失信名单决定的,应当报经上一级市场监督管理部门同意。

第二十三条 当事人对被列入、移出严重违法失信名单的决定不服的,可以依法申请行政复议或者提起行政诉讼。

第二十四条 市场监督管理部门对收到的人民法院生效法律文书,根据法律、行政法规和党中央、国务院政策文件需要实施严重违法失信名单管理的,参照本办法执行。

第二十五条 药品监督管理部门、知识产权管理部门严重违法失信名单管理适用本办法。

第二十六条 本办法自2021年9月1日起施行。2015年12月30日原国家工商行政管理总局令第83号公布的《严重违法失信企业名单管理暂行办法》同时废止。

市场监督管理信用修复管理办法

(2021年7月30日 国市监信规〔2021〕3号)

第一条 为了规范市场监督管理部门信用修复管理工作,鼓励违法失信当事人(以下简称当事人)主动纠正违法失信行为、消除不良影响、重塑良好信用,保障当事人合法权益,优化营商环境,依据《国务院办公厅关于进一步完善失信约束制度 构建诚信建设长效机制的指导意见》(国办发〔2020〕49号)、《市场监督管理严重违法失信名单管理办法》《市场监督管理行政处罚信息公示规定》等,制定本办法。

第二条 本办法所称信用修复管理,是指市场监督管理部门按照规定的程序,将符合条件的当事人依法移出经营异常名录、恢复个体工商户正常记载状态、提前移出严重违法失信名单、提前停止通过国家企业信用信息公示系统(以下简称公示系统)公示行政处罚等相关信息,并依法解除相关管理措施,按照规定及时将信用修复信息与有关部门共享。

第三条 国家市场监督管理总局负责组织、指导全国的信用修复管理工作。

县级以上地方市场监督管理部门依据本办法规定负责信用修复管理工作。

第四条 经营异常名录、严重违法失信名单信用修复管理工作由作出列入决定的市场监督管理部门负责。

个体工商户经营异常状态信用修复管理工作由作出标记的市场监督管理部门负责。

行政处罚信息信用修复管理工作由作出行政处罚决定的市场监督管理部门负责。

作出决定或者标记的市场监督管理部门和当事人登记地(住所地)不属于同一省、自治区、直辖市的,应当自作出决定之日起三个工作日内,将相关信息交换至登记地(住所地)市场监督管理部门,由其协助停止公示相关信息。

第五条 被列入经营异常名录或者被标记为经营异常状态的当事人，符合下列情形之一的，可以依照本办法规定申请信用修复：

（一）补报未报年份年度报告并公示；

（二）已经履行即时信息公示义务；

（三）已经更正其隐瞒真实情况、弄虚作假的公示信息；

（四）依法办理住所或者经营场所变更登记，或者当事人提出通过登记的住所或者经营场所可以重新取得联系。

第六条 除《市场监督管理行政处罚信息公示规定》第十四条第三款规定的行政处罚，或者仅受到警告、通报批评和较低数额罚款外，其他行政处罚信息公示期满六个月，其中食品、药品、特种设备领域行政处罚信息公示期满一年，且符合下列情形的当事人，可以申请信用修复：

（一）已经自觉履行行政处罚决定中规定的义务；

（二）已经主动消除危害后果和不良影响；

（三）未因同一类违法行为再次受到市场监督管理部门行政处罚；

（四）未在经营异常名录和严重违法失信名单中。

第七条 当事人被列入严重违法失信名单满一年，且符合下列情形的，可以依照本办法规定申请信用修复：

（一）已经自觉履行行政处罚决定中规定的义务；

（二）已经主动消除危害后果和不良影响；

（三）未再受到市场监督管理部门较重行政处罚。

依照法律、行政法规规定，实施相应管理措施期限尚未届满的，不得申请提前移出。

第八条 当事人申请信用修复，应当提交以下材料：

（一）信用修复申请书；

（二）守信承诺书；

（三）履行法定义务、纠正违法行为的相关材料；

（四）国家市场监督管理总局要求提交的其他材料。

当事人可以到市场监督管理部门，或者通过公示系统向市场监督管理部门提出申请。

市场监督管理部门应当自收到申请之日起二个工作日内作出是否受理的决定。申请材料齐全、符合法定形式的，应当予以受理，并告知当事人。不予受理的，应当告知当事人，并说明理由。

第九条 市场监督管理部门可以采取网上核实、书面核实、实地核实等方式，对当事人履行法定义务、纠正违法行为等情况进行核实。

第十条 当事人按照本办法第五条（一）（二）项规定申请移出经营异常名录或者申请恢复个体工商户正常记载状态的，市场监督管理部门应当自收到申请之日起五个工作日内作出决定，移出经营异常名录，或者恢复个体工商户正常记载状态。

当事人按照本办法第五条（三）（四）项规定申请移出经营异常名录或者申请恢复个体工商户正常记载状态的，市场监督管理部门应当自查实之日起五个工作日内作出决定，移出经营异常名录，或者恢复个体工商户正常记载状态。

当事人按照本办法第六条、第七条规定申请信用修复的，市场监督管理部门应当自受理之日起十五个工作日内作出决定。准予提前停止公示行政处罚信息或者移出严重违法失信名单的，应当自作出决定之日起三个工作日内，停止公示相关信息，并依法解除相关管理措施。不予提前停止公示行政处罚信息或者移出严重违法失信名单的，应当告知当事人，并说明理由。

依照法律、行政法规规定，实施相应管理措施期限尚未届满的除外。

第十一条　市场监督管理部门应当自移出经营异常名录、严重违法失信名单，恢复个体工商户正常记载状态，或者停止公示行政处罚等相关信息后三个工作日内，将相关信息推送至其他部门。

第十二条　按照"谁认定、谁修复"原则，登记地（住所地）市场监督管理部门应当自收到其他部门提供的信用修复信息之日起五个工作日内，配合在公示系统中停止公示、标注失信信息。

第十三条　当事人故意隐瞒真实情况、弄虚作假，情节严重的，由市场监督管理部门撤销准予信用修复的决定，恢复之前状态。市场监督管理部门行政处罚信息、严重违法失信名单公示期重新计算。

第十四条　市场监督管理部门可以通过书面、电子邮件、手机短信、网络等方式告知当事人。

第十五条　法律、法规和党中央、国务院政策文件明确规定不可信用修复的，市场监督管理部门不予信用修复。

第十六条　当事人对市场监督管理部门信用修复的决定，可以依法申请行政复议或者提起行政诉讼。

第十七条　市场监督管理部门未依照本办法规定履行职责的，上级市场监督管理部门应当责令改正。对负有责任的主管人员和其他直接责任人员依照《市场监督管理行政执法责任制规定》等予以处理。

严禁在信用修复管理中收取任何费用。

第十八条　药品监督管理部门、知识产权管理部门实施信用修复管理，适用本办法。

第十九条　市场监督管理部门信用修复管理文书格式范本由国家市场监督管理总局统一制定。

第二十条　本办法自 2021 年 9 月 1 日起施行。

市场监管总局关于加强重点领域信用监管的实施意见

（2021 年 6 月 8 日　国市监信发〔2021〕28 号）

各省、自治区、直辖市和新疆生产建设兵团市场监管局（厅、委），总局各司局、各直属单位：

为切实做好直接涉及公共安全和人民群众生命健康等重点领域的市场监管工作，以信用赋能市场监管，提升重点领域监管效能，构建长效治本监管机制，现就加强重点领域信用监管有关事项提出以下意见。

一、总体要求

（一）指导思想

坚持以习近平新时代中国特色社会主义思想为指导，深入贯彻党的十九大和十九届二中、三中、四中、五中全会精神，围绕建设高标准市场体系目标，将信用监管作为贯穿各业务领域和业务环节的基础性工作、系统性工程和重要着力点，聚焦市场监管重点领域，组织实施示范工程，提高监管的精准性、协同性和规范化水平，切实保障公共安全和人民群众生命健康，守住社会安全底线，营造良好发展环境，增强人民群众幸福感、获得感和安全感。

（二）基本原则

聚焦重点，精准发力。坚持问题导向，聚焦当前市场监管的重点领域，通过信用监管有效举措，推动形成企业自治、行业自律、社会监督、政府监管的共治格局，着力解决重点领域监管的突出问题。

信用赋能，协同监管。坚持"管行业就要管信用、管业务就要管信用"，充分发挥信用基础性作用，推动信用与重点领域监管深度融合，加强协同联动，形成监管合力，提升监管效能。

依法依规，公正规范。严格依照法律法规和政策规定推进重点领域事前事中事后全流程信用监管，健全完善工作程序，规范实施企业信息公示、失信惩戒、信用修复等，促进公平公正监管。

数字赋能，智慧监管。综合运用大数据、人工智能等信息技术手段，依托国家企业信用信息公示系统，建立完善重点领域信用记录、信用档案，推进企业信用风险分类管理，全面提升智慧监管水平。

（三）工作目标

以食品、特种设备等生产企业监管为切入点，推进直接涉及公共安全和人民群众生命健康的市场监管重点领域信用监管，不断完善企业信息公示、信用承诺、"双随机、一公开"监管、信用风险分类管理、失信惩戒、信用修复等制度举措，形成行之有效的重点领域信用监管工作机制和模式，提升监管效能。在此基础上，稳步推进市场监管其他领域信用监管工作。

二、实施清单管理，强化重点领域企业信息归集公示

（四）建立重点领域企业清单。对重点领域企业实施清单管理，理清监管对象底数。省级市场监管部门根据行政许可情况梳理重点领域企业清单（企业类型见附件1），根据清单对国家企业信用信息公示系统（以下简称公示系统）的相关企业进行分类标注；总局本级实施行政许可的，由总局建立清单并进行标注。建立公示系统和重点领域审批、监管、执法办案等系统对接机制，实现重点领域企业及时标注、动态调整。

（五）全面归集重点领域企业信息。立足当前企业信息归集工作基础，推动重点领域企业信息全面归集，制定重点归集事项清单（见附件2），明确信息归集的重点。总局和省级市场监管部门可视情况拓展信息归集范围。各级市场监管部门按照"谁产生、谁提供、谁负责"的原则，将重点领域企业行政许可、行政处罚、抽查检查（含监督检查、监督抽检等，下同）结果等信息，依法依规及时归集到公示系统，记于企业名下。

（六）依法公示重点领域企业信息。树立"公示即监管"的理念，坚持"公示为原则、不公示为例外"，除涉及个人隐私、国家安全、国家秘密或者社会公共利益的信息外，市场监管部门在履职过程中产生的涉企信息应当依法向社会公示。在公示系统设置重点领域信息公示模块，全面公示重点领域企业行政许可、行政处罚、抽查检查结果等信息，充分运用社会力量约束企业违法失信行为。

三、强化事前防范和事中监管，提升重点领域监管效能

（七）积极推进信用承诺。推动在企业登记注册、行政审批等环节开展信用承诺，强化企业信用意识。依法依规推进重点领域证明事项和涉企经营许可事项告知承诺，核查发现企业承诺不实的，依法终止办理、责令限期整改、撤销行政决定或者予以行政处罚，纳入信用记录并通过公示系统公示。根据重点领域监管需要，总局将适时建立工作机制，制定格式文本，引导企业通过公示系统主动公示信用承诺，支持省级市场监管部门先行先试，强化信用约束、社会监督。

（八）大力推进信用风险分类管理。总局牵头建立通用型企业信用风险分类管理模型，不断优化完善指标体系，提高分类的科学性，共享信用风险分类结果。食品、特种设备等重点领域监管机构可以结合本领域特点，参考通用型企业信用风险分类管理模型建立专业模型，针对不同信用风险类别的企业，采取差异化监管措施。

（九）统筹推进重点监管和"双随机、一公开"监管。根据区域和行业风险特点，探索建立重点监管事项清单制度，全面梳理职责范围内的重点监管事项，明确监管主体、监管对象、监管措施等内容，依法依规实行重点监管。在重点监管事项清单之外，推进"双随机、一公开"监管全覆盖，与企业信用风险分类结果相结合，提高问题发现能力。

四、加大事后失信惩戒力度，提高重点领域违法成本

（十）加强严重违法失信名单管理。总局建立统一的严重违法失信名单管理制度，推进重点领域严重违法失信名单管理工作。重点领域监管机构、执法办案机构、信用监管机构建立协同管理工作机制，依法做好严重违法失信名单列入、移出、公示和信用修复工作。

（十一）加大对违法失信企业的约束惩戒。明确市场监管部门失信惩戒措施，依法依规对违法失信企业实施约束惩戒。完善共享应用机制，将经营异常名录、严重违法失信名单等信息嵌入重点领域审批、监管业务系统，并主动向其他监管部门推送，依法依规实施联合惩戒。加大信用信息公示力度，依托公示系统，对重点领域屡禁不止、屡罚不改以及严重违法失信的企业，实施集中公示、重点曝光。

（十二）依法依规实施信用修复。完善重点领域企业信用修复机制，明确信用修复程序，引导企业主动纠正失信行为，承担主体责任。对存在违法情节较重、多次违法失信等情形的企业，严格适用信用修复条件，提高信用修复门槛，加大失信约束力度。

五、运用市场力量助推监管，发挥信用导向作用

（十三）加强信息共享应用。加大重点领域企业信息的开放共享力度，探索公示系统相关数据向省级市场监管部门开放。探索重点领域数据产品和数据服务市场化应用，不断拓展应用场景。加强信用信息深度开发利用，引导消费者和企业合作方根据企业信用程度评估消费风险、商业合作风险，切实运用市场力量约束企业违法行为。

（十四）发挥市场和社会力量。在重点领域弘扬诚信理念，充分应用新媒体等多种方式，加强诚信理念的宣传和推广。适时发布严重失信典型案例，加大违法失信行为的曝光力度，引导公众加强对相关企业的社会监督。加强对行业组织的指导，发挥行业信用管理作用。

六、组织保障

（十五）加强组织领导。各级市场监管部门要深刻认识推进重点领域信用监管的重要意义，健全领导和协调工作机制，加强组织保障。要制定具体工作方案，精心组织，周密实施，以业务职能的有机融合促进重点领域信用监管工作。

（十六）严格落实责任。市场监管部门各相关机构要各司其职，把重点领域信用监管作为当前工作重点，扎实推进各项工作任务落地落实。信用监管机构要做好统筹协调工作，完善相关制度规范；重点领域监管机构要切实履行主体责任，加快推进主管行业、领域的信用监管工作；信息化管理机构要为企业信息归集、公示、应用和系统建设等提供技术支撑，制定统一技术标准和规范。

（十七）加强信息化建设。做好公示系统改造工作，支撑重点领域企业信息的归集、公示和应用。公示系统改造技术方案将由总局信息化管理机构、信用监管机构另行印发。加强公示系统上下贯通，实现各类数据的有序归集和传输。推动重点领域各业务系统与公示系统的互联互通，实现重点领域行政许可、监管执法等信息及时归集并记于企业名下。

附件：1. 市场监管重点领域企业类型清单（第一版）（略）

2. 市场监管重点领域企业信息归集公示事项清单（第一版）（略）

国家企业信用信息公示系统使用运行管理办法（试行）

（2017 年 6 月 27 日　工商办字〔2017〕104 号）

第一章　总　　则

第一条　为规范国家企业信用信息公示系统（以下简称"公示系统"）使用、运行和管理，充分发挥其在服务社会公众和加强事中事后监管中的作用，促进社会信用体系建设，根据《企业信息公示暂行条例》《政府部门涉企信息统一归集公示工作实施方案》等有关规定，制定本办法。

第二条　公示系统的使用、运行和管理，适用本办法。

第三条　公示系统是国家的企业信息归集公示平台，是企业报送并公示年度报告和即时信息的法定平台，是工商、市场监管部门（以下简称工商部门）实施网上监管的操作平台，是政府部门开展协同监管的重要工作平台。

公示系统部署于中央和各省（区、市，以下简称省级），各省级公示系统是公示系统的组成部分。

第四条　公示系统的使用、运行和管理，应当遵循科学合理、依法履职、安全高效的原则，保障公示系统的正常运行。

第五条　国家工商行政管理总局（以下简称工商总局）负责公示系统运行管理的组织协调、制度制定和具体实施工作。各省级工商部门负责本辖区公示系统运行管理的组织协调、制度制定和具体实施工作。

第六条　工商总局和各省级工商部门企业监管机构负责公示系统使用、运行、管理的统筹协调，研究制定信息归集公示、共享应用、运行保障等相关管理制度和业务规范并督促落实；信息化管理机构负责公示系统数据管理、安全保障及运行维护的技术实施工作及相关技术规范的制定。

第二章　信息归集与公示

第七条　工商部门应当将在履行职责过程中产生的依法应当公示的涉企信息在规定时间内归集到公示系统。

第八条　工商部门应在公示系统中通过在线录入、批量导入、数据接口等方式，为其他政府部门在规定时间内将依法应当公示的涉企信息归集至公示系统提供保障。

各级工商部门企业监管机构负责组织协调其他政府部门依法提供相关涉企信息；信息化管理机构负责归集其他政府部门相关涉企信息的技术实现。

第九条　各级工商部门负责将涉及本部门登记企业的信息记于相对应企业名下。

第十条　工商总局负责定期公布《政府部门涉企信息归集资源目录》，制定《政府部门涉企信息归集格式规范》，各级工商部门按照标准归集信息。

省级工商部门应当将其归集的信息，按规定时间要求及时汇总到工商总局。汇总的信息应与其在本辖区公示系统公示的信息保持一致。

第十一条　工商部门应当将本部门履行职责过程中产生的依法应当公示的涉企信息，以及归集并记于企业名下的其他政府部门涉企信息，在规定时间内通过公示系统进行公示。

公示的企业信息涉及国家秘密、国家安全或者社会公共利益的，应当经主管的保密行政管理部门或者国家安全机关批准。公示的县级以上地方人民政府有关部门企业信息涉及企业商业秘密或者个人隐私的，应当经其上级主管部门批准。

第十二条　在公示系统上归集公示涉企信息，应当按照"谁产生、谁提供、谁负责"的原则，由信息提供方对所提供信息的合法性、真实性、完整性、及时性负责。

第三章　信息共享与应用

第十三条　工商部门应当在公示系统中通过在线查询、数据接口、批量导出等方式，为网络市场监管信息化系统提供数据支持，为其他政府部门获取信息提供服务。

第十四条　工商部门依法有序开放公示系统企业信息资源，鼓励社会各方合法运用企业公示信息，促进社会共治。

各级工商部门开放公示系统归集公示的本辖区内企业信用信息，应当履行审批程序；开放超出本辖区范围企业信息资源的，应当取得相应上级工商部门的批准。

第十五条　各级工商部门在履行职责过程中，应当使用公示系统开展信用监管、大数据分析应用等工作。

第十六条　各级工商部门应当使用公示系统，与其他政府部门交换案件线索、市场监管风险预警等信息，并开展"双随机、一公开"等协同监管工作。

第十七条　工商部门应当依法依规或经申请，将记于企业名下的不良信息交换至相关政府部门和其他组织，为其在政府采购、工程招投标、国有土地出让、授予荣誉称号等工作中实施信用约束提供数据支持。

第十八条　工商部门应当为社会各方广泛使用公示系统提供相应的技术条件，扩大企业信息在公共服务领域中的应用。

第四章　系统运行与保障

第十九条　工商总局负责中央本级公示系统建设工作。各省级工商部门应当按照工商总局制定的技术规范统一建设本辖区公示系统。

各省级工商部门按照"统一性与开放性相结合的原则"，可以在本辖区公示系统的协同监管平台中增加功能模块或在规定的功能模块中增加相应功能。

第二十条　工商总局及省级工商部门负责本级公示系统日常运行维护，保障公示系统的正常运行。

第二十一条　工商总局负责公示系统在国务院各部门及各省级工商部门的使用授权，各省级工商部门负责本辖区公示系统在辖区内政府部门及各级工商部门的使用授权。

第二十二条　工商总局及省级工商部门应当按照信息系统安全等级保护基本要求（GB/T 22239-2008）中关于第三级信息系统的技术要求和管理要求，建立公示系统安全管理制度，落实安全保障措施，加强日常运行监控，做好安全防护。

第二十三条　工商总局负责制定公示系统数据相关制度、标准和规范，开展数据质量监测、检查及考核，定期通报数据质量考核情况；各省级工商部门负责本辖区公示系统数据质量监测、问题数据追溯、校核、纠错、反馈等工作，对工商总局发现的公示系统中的问题数据，应当及时处理、更新。

第二十四条　归集于企业名下并公示的其他政府部门涉企信息发生异议的，由负责记于企业名下的工商部门协调相关信息提供部门进行处理，并将处理后的信息及时推送到公示系统。

其他信息的异议处理按照《企业信息公示暂行条例》的规定执行。

第二十五条　工商总局负责制定公示系统使用运行管理考核办法及标准，组织对省级工商门落实相关职责的考核工作。

省级工商部门负责组织对辖区内各级工商部门使用公示系统情况的考核工作。

第五章 责 任 追 究

第二十六条 各级工商部门及其工作人员在使用、管理公示系统过程中，因违反本办法导致提供信息不真实、不准确、不及时，或利用工作之便违法使用公示系统信息侵犯企业合法权益，情节严重或造成不良后果的，依法追究责任。

第二十七条 公民、法人或者其他组织非法获取或者修改公示系统信息的，依法追究责任。

第六章 附 则

第二十八条 依托公示系统归集公示、共享应用个体工商户、农民专业合作社信息等工作，参照本办法执行。

第二十九条 本办法由工商总局负责解释。

第三十条 本办法自印发之日起施行。

企业公示信息抽查暂行办法

（2014 年 8 月 19 日国家工商行政管理总局令第 67 号公布 自 2014 年 10 月 1 日起施行）

第一条 为加强对企业信息公示的监督管理，规范企业公示信息抽查工作，依据《企业信息公示暂行条例》、《注册资本登记制度改革方案》等行政法规和国务院有关规定，制定本办法。

第二条 本办法所称企业公示信息抽查，是指工商行政管理部门随机抽取一定比例的企业，对其通过企业信用信息公示系统公示信息的情况进行检查的活动。

第三条 国家工商行政管理总局负责指导全国的企业公示信息抽查工作，根据需要开展或者组织地方工商行政管理部门开展企业公示信息抽查工作。

省、自治区、直辖市工商行政管理局负责组织或者开展本辖区的企业公示信息抽查工作。

第四条 国家工商行政管理总局和省、自治区、直辖市工商行政管理局应当按照公平规范的要求，根据企业注册号等随机摇号，抽取辖区内不少于 3%的企业，确定检查名单。

第五条 抽查分为不定向抽查和定向抽查。

不定向抽查是指工商行政管理部门随机摇号抽取确定检查企业名单，对其通过企业信用信息公示系统公示信息的情况进行检查。

定向抽查是指工商行政管理部门按照企业类型、经营规模、所属行业、地理区域等特定条件随机摇号抽取确定检查企业名单，对其通过企业信用信息公示系统公示信息的情况进行检查。

第六条 各级工商行政管理部门根据国家工商行政管理总局和省、自治区、直辖市工商行政管理局依照本办法第四条规定确定的检查名单，对其登记企业进行检查。

工商行政管理部门在监管中发现或者根据举报发现企业公示信息可能隐瞒真实情况、弄虚作假的，也可以对企业进行检查。

上级工商行政管理部门可以委托下级工商行政管理部门进行检查。

第七条 工商行政管理部门应当于每年年度报告公示结束后，对企业通过企业信用信息公示系统公示信息的情况进行一次不定向抽查。

第八条 工商行政管理部门抽查企业公示的信息，可以采取书面检查、实地核查、网络监测等方式。抽查中可以委托会计师事务所、税务师事务所、律师事务所等专业机构开展审计、验资、咨询等相关工作，依法利用其他政府部门作出的检查、核查结果或者专业机构作出的专业结论。

第九条 工商行政管理部门对被抽查企业实施实地核查时，检查人员不得少于两人，并应当出示执法证件。

检查人员应当填写实地核查记录表，如实记录核查情况，并由企业法定代表人（负责人）签字或者企业盖章确认。无法取得签字或者盖章的，检查人员应当注明原因，必要时可邀请有关人员作为见证人。

第十条 工商行政管理部门依法开展检查，企业应当配合，接受询问调查，如实反映情况，并根据检查需要，提供会计资料、审计报告、行政许可证明、行政处罚决定书、场所使用证明等相关材料。

企业不予配合情节严重的，工商行政管理部门应当通过企业信用信息公示系统公示。

第十一条 工商行政管理部门经检查未发现企业存在不符合规定情形的，应当自检查结束之日起 20 个工作日内将检查结果记录在该企业的公示信息中。

第十二条 工商行政管理部门在检查中发现企业未按照《企业信息公示暂行条例》规定的期限公示年度报告，或者未按照工商行政管理部门责令的期限公示有关企业信息，或者公示信息隐瞒真实情况、弄虚作假的，依照《企业经营异常名录管理暂行办法》的规定处理。

第十三条 工商行政管理部门应当将检查结果通过企业信用信息公示系统统一公示。

第十四条 工商行政管理部门未依照本办法的有关规定履行职责的，由上一级工商行政管理部门责令改正；情节严重的，对负有责任的主管人员和其他直接责任人员依照有关规定予以处理。

第十五条 企业公示信息抽查相关文书样式由国家工商行政管理总局统一制定。

第十六条 个体工商户、农民专业合作社年度报告信息抽查参照本办法执行。

第十七条 本办法由国家工商行政管理总局负责解释。

第十八条 本办法自 2014 年 10 月 1 日起施行。

企业经营异常名录管理暂行办法

（2014 年 8 月 19 日国家工商行政管理总局令第 68 号公布　自 2014 年 10 月 1 日起施行）

第一条 为规范企业经营异常名录管理，保障公平竞争，促进企业诚信自律，强化企业信用约束，维护交易安全，扩大社会监督，依据《中华人民共和国公司登记管理条例》、《企业信息公示暂行条例》、《注册资本登记制度改革方案》等行政法规和国务院有关规定，制定本办法。

第二条 工商行政管理部门将有经营异常情形的企业列入经营异常名录，通过企业信用信息公示系统公示，提醒其履行公示义务。

第三条 国家工商行政管理总局负责指导全国的经营异常名录管理工作。

县级以上工商行政管理部门负责其登记的企业的经营异常名录管理工作。

第四条 县级以上工商行政管理部门应当将有下列情形之一的企业列入经营异常名录：

（一）未按照《企业信息公示暂行条例》第八条规定的期限公示年度报告的；

（二）未在工商行政管理部门依照《企业信息公示暂行条例》第十条规定责令的期限内公示有关企业信息的；

（三）公示企业信息隐瞒真实情况、弄虚作假的；

（四）通过登记的住所或者经营场所无法联系的。

第五条 工商行政管理部门将企业列入经营异常名录的，应当作出列入决定，将列入经营异常名录的信息记录在该企业的公示信息中，并通过企业信用信息公示系统统一公示。列入决定应当包括企业名称、注册号、列入日期、列入事由、作出决定机关。

第六条 企业未依照《企业信息公示暂行条例》第八条规定通过企业信用信息公示系统报送上一年度年度报告并向社会公示的，工商行政管理部门应当在当年年度报告公示结束之日起10个工作日内作出将其列入经营异常名录的决定，并予以公示。

第七条 企业未依照《企业信息公示暂行条例》第十条规定履行公示义务的，工商行政管理部门应当书面责令其在10日内履行公示义务。企业未在责令的期限内公示信息的，工商行政管理部门应当在责令的期限届满之日起10个工作日内作出将其列入经营异常名录的决定，并予以公示。

第八条 工商行政管理部门依法开展抽查或者根据举报进行核查查实企业公示信息隐瞒真实情况、弄虚作假的，应当自查实之日起10个工作日内作出将其列入经营异常名录的决定，并予以公示。

第九条 工商行政管理部门在依法履职过程中通过登记的住所或者经营场所无法与企业取得联系，应当自查实之日起10个工作日内作出将其列入经营异常名录的决定，并予以公示。

工商行政管理部门可以通过邮寄专用信函的方式与企业联系。经向企业登记的住所或者经营场所两次邮寄无人签收的，视为通过登记的住所或者经营场所无法取得联系。两次邮寄间隔时间不得少于15日，不得超过30日。

第十条 被列入经营异常名录的企业自列入之日起3年内依照《企业信息公示暂行条例》规定履行公示义务的，可以向作出列入决定的工商行政管理部门申请移出经营异常名录。

工商行政管理部门依照前款规定将企业移出经营异常名录的，应当作出移出决定，并通过企业信用信息公示系统公示。移出决定应当包括企业名称、注册号、移出日期、移出事由、作出决定机关。

第十一条 依照本办法第六条规定被列入经营异常名录的企业，可以在补报未报年份的年度报告并公示后，申请移出经营异常名录，工商行政管理部门应当自收到申请之日起5个工作日内作出移出决定。

第十二条 依照本办法第七条规定被列入经营异常名录的企业履行公示义务后，申请移出经营异常名录的，工商行政管理部门应当自收到申请之日起5个工作日内作出移出决定。

第十三条 依照本办法第八条规定被列入经营异常名录的企业更正其公示的信息后，可以向工商行政管理部门申请移出经营异常名录，工商行政管理部门应当自查实之日起5个工作日内作出移出决定。

第十四条 依照本办法第九条规定被列入经营异常名录的企业，依法办理住所或者经营场所变更登记，或者企业提出通过登记的住所或者经营场所可以重新取得联系，申请移出经营异常名录的，工商行政管理部门应当自查实之日起5个工作日内作出移出决定。

第十五条 工商行政管理部门应当在企业被列入经营异常名录届满3年前60日内，通过企业信用信息公示系统以公告方式提示其履行相关义务；届满3年仍未履行公示义务的，将其列入严重违法企业名单，并通过企业信用信息公示系统向社会公示。

第十六条 企业对被列入经营异常名录有异议的，可以自公示之日起30日内向作出决定的工商行政管理部门提出书面申请并提交相关证明材料，工商行政管理部门应当在5个工作日内决定是否受理。予以受理的，应当在20个工作日内核实，并将核实结果书面告知申请人；不予受理的，将不予受理的理由书面告知申请人。

工商行政管理部门通过核实发现将企业列入经营异常名录存在错误的，应当自查实之日起5个工作日内予以更正。

第十七条 对企业被列入、移出经营异常名录的决定，可以依法申请行政复议或者提起行政诉讼。

第十八条 工商行政管理部门未依照本办法的有关规定履行职责的，由上一级工商行政管理部门责令改正；情节严重的，对负有责任的主管人员和其他直接责任人员依照有关规定予以处理。

第十九条 经营异常名录管理相关文书样式由国家工商行政管理总局统一制定。

第二十条 本办法由国家工商行政管理总局负责解释。

第二十一条 本办法自2014年10月1日起施行。2006年2月24日国家工商行政管理总局令第23号公布的《企业年度检验办法》同时废止。

四、反不正当竞争管理与反垄断管理

（一）反不正当竞争管理

中华人民共和国专利法

（1984 年 3 月 12 日第六届全国人民代表大会常务委员会第四次会议通过　根据 1992 年 9 月 4 日第七届全国人民代表大会常务委员会第二十七次会议《关于修改〈中华人民共和国专利法〉的决定》第一次修正　根据 2000 年 8 月 25 日第九届全国人民代表大会常务委员会第十七次会议《关于修改〈中华人民共和国专利法〉的决定》第二次修正　根据 2008 年 12 月 27 日第十一届全国人民代表大会常务委员会第六次会议《关于修改〈中华人民共和国专利法〉的决定》第三次修正　根据 2020 年 10 月 17 日第十三届全国人民代表大会常务委员会第二十二次会议《关于修改〈中华人民共和国专利法〉的决定》第四次修正）

目　　录

第一章　总　　则

第一条　为了保护专利权人的合法权益，鼓励发明创造，推动发明创造的应用，提高创新能力，促进科学技术进步和经济社会发展，制定本法。

第二条　本法所称的发明创造是指发明、实用新型和外观设计。

发明，是指对产品、方法或者其改进所提出的新的技术方案。

实用新型，是指对产品的形状、构造或者其结合所提出的适于实用的新的技术方案。

外观设计，是指对产品的整体或者局部的形状、图案或者其结合以及色彩与形状、图案的结合所作出的富有美感并适于工业应用的新设计。

第三条　国务院专利行政部门负责管理全国的专利工作；统一受理和审查专利申请，依法授予专利权。

省、自治区、直辖市人民政府管理专利工作的部门负责本行政区域内的专利管理工作。

第四条 申请专利的发明创造涉及国家安全或者重大利益需要保密的，按照国家有关规定办理。

第五条 对违反法律、社会公德或者妨害公共利益的发明创造，不授予专利权。

对违反法律、行政法规的规定获取或者利用遗传资源，并依赖该遗传资源完成的发明创造，不授予专利权。

第六条 执行本单位的任务或者主要是利用本单位的物质技术条件所完成的发明创造为职务发明创造。职务发明创造申请专利的权利属于该单位，申请被批准后，该单位为专利权人。该单位可以依法处置其职务发明创造申请专利的权利和专利权，促进相关发明创造的实施和运用。

非职务发明创造，申请专利的权利属于发明人或者设计人；申请被批准后，该发明人或者设计人为专利权人。

利用本单位的物质技术条件所完成的发明创造，单位与发明人或者设计人订有合同，对申请专利的权利和专利权的归属作出约定的，从其约定。

第七条 对发明人或者设计人的非职务发明创造专利申请，任何单位或者个人不得压制。

第八条 两个以上单位或者个人合作完成的发明创造、一个单位或者个人接受其他单位或者个人委托所完成的发明创造，除另有协议的以外，申请专利的权利属于完成或者共同完成的单位或者个人；申请被批准后，申请的单位或者个人为专利权人。

第九条 同样的发明创造只能授予一项专利权。但是，同一申请人同日对同样的发明创造既申请实用新型专利又申请发明专利，先获得的实用新型专利权尚未终止，且申请人声明放弃该实用新型专利权的，可以授予发明专利权。

两个以上的申请人分别就同样的发明创造申请专利的，专利权授予最先申请的人。

第十条 专利申请权和专利权可以转让。

中国单位或者个人向外国人、外国企业或者外国其他组织转让专利申请权或者专利权的，应当依照有关法律、行政法规的规定办理手续。

转让专利申请权或者专利权的，当事人应当订立书面合同，并向国务院专利行政部门登记，由国务院专利行政部门予以公告。专利申请权或者专利权的转让自登记之日起生效。

第十一条 发明和实用新型专利权被授予后，除本法另有规定的以外，任何单位或者个人未经专利权人许可，都不得实施其专利，即不得为生产经营目的制造、使用、许诺销售、销售、进口其专利产品，或者使用其专利方法以及使用、许诺销售、销售、进口依照该专利方法直接获得的产品。

外观设计专利权被授予后，任何单位或者个人未经专利权人许可，都不得实施其专利，即不得为生产经营目的制造、许诺销售、销售、进口其外观设计专利产品。

第十二条 任何单位或者个人实施他人专利的，应当与专利权人订立实施许可合同，向专利权人支付专利使用费。被许可人无权允许合同规定以外的任何单位或者个人实施该专利。

第十三条 发明专利申请公布后，申请人可以要求实施其发明的单位或者个人支付适当的费用。

第十四条 专利申请权或者专利权的共有人对权利的行使有约定的，从其约定。没有约定的，共有人可以单独实施或者以普通许可方式许可他人实施该专利；许可他人实施该专利的，收取的使用费应当在共有人之间分配。

除前款规定的情形外，行使共有的专利申请权或者专利权应当取得全体共有人的同意。

第十五条 被授予专利权的单位应当对职务发明创造的发明人或者设计人给予奖励；发明创造专利实施后，根据其推广应用的范围和取得的经济效益，对发明人或者设计人给予合理的报酬。

国家鼓励被授予专利权的单位实行产权激励，采取股权、期权、分红等方式，使发明人或者设计人合理分享创新收益。

第十六条 发明人或者设计人有权在专利文件中写明自己是发明人或者设计人。

专利权人有权在其专利产品或者该产品的包装上标明专利标识。

第十七条 在中国没有经常居所或者营业所的外国人、外国企业或者外国其他组织在中国申请专利的，依照其所属国同中国签订的协议或者共同参加的国际条约，或者依照互惠原则，根据本法办理。

第十八条 在中国没有经常居所或者营业所的外国人、外国企业或者外国其他组织在中国申请专利和办理其他专利事务的，应当委托依法设立的专利代理机构办理。

中国单位或者个人在国内申请专利和办理其他专利事务的，可以委托依法设立的专利代理机构办理。

专利代理机构应当遵守法律、行政法规，按照被代理人的委托办理专利申请或者其他专利事务；对被代理人发明创造的内容，除专利申请已经公布或者公告的以外，负有保密责任。专利代理机构的具体管理办法由国务院规定。

第十九条 任何单位或者个人将在中国完成的发明或者实用新型向外国申请专利的，应当事先报经国务院专利行政部门进行保密审查。保密审查的程序、期限等按照国务院的规定执行。

中国单位或者个人可以根据中华人民共和国参加的有关国际条约提出专利国际申请。申请人提出专利国际申请的，应当遵守前款规定。

国务院专利行政部门依照中华人民共和国参加的有关国际条约、本法和国务院有关规定处理专利国际申请。

对违反本条第一款规定向外国申请专利的发明或者实用新型，在中国申请专利的，不授予专利权。

第二十条 申请专利和行使专利权应当遵循诚实信用原则。不得滥用专利权损害公共利益或者他人合法权益。

滥用专利权，排除或者限制竞争，构成垄断行为的，依照《中华人民共和国反垄断法》处理。

第二十一条 国务院专利行政部门应当按照客观、公正、准确、及时的要求，依法处理有关专利的申请和请求。

国务院专利行政部门应当加强专利信息公共服务体系建设，完整、准确、及时发布专利信息，提供专利基础数据，定期出版专利公报，促进专利信息传播与利用。

在专利申请公布或者公告前，国务院专利行政部门的工作人员及有关人员对其内容负有保密责任。

第二章 授予专利权的条件

第二十二条 授予专利权的发明和实用新型，应当具备新颖性、创造性和实用性。

新颖性，是指该发明或者实用新型不属于现有技术；也没有任何单位或者个人就同样的发明或者实用新型在申请日以前向国务院专利行政部门提出过申请，并记载在申请日以后公布的专利申请文件或者公告的专利文件中。

创造性，是指与现有技术相比，该发明具有突出的实质性特点和显著的进步，该实用新型具有实质性特点和进步。

实用性，是指该发明或者实用新型能够制造或者使用，并且能够产生积极效果。

本法所称现有技术，是指申请日以前在国内外为公众所知的技术。

第二十三条　授予专利权的外观设计，应当不属于现有设计；也没有任何单位或者个人就同样的外观设计在申请日以前向国务院专利行政部门提出过申请，并记载在申请日以后公告的专利文件中。

授予专利权的外观设计与现有设计或者现有设计特征的组合相比，应当具有明显区别。

授予专利权的外观设计不得与他人在申请日以前已经取得的合法权利相冲突。

本法所称现有设计，是指申请日以前在国内外为公众所知的设计。

第二十四条　申请专利的发明创造在申请日以前六个月内，有下列情形之一的，不丧失新颖性：

（一）在国家出现紧急状态或者非常情况时，为公共利益目的首次公开的；

（二）在中国政府主办或者承认的国际展览会上首次展出的；

（三）在规定的学术会议或者技术会议上首次发表的；

（四）他人未经申请人同意而泄露其内容的。

第二十五条　对下列各项，不授予专利权：

（一）科学发现；

（二）智力活动的规则和方法；

（三）疾病的诊断和治疗方法；

（四）动物和植物品种；

（五）原子核变换方法以及用原子核变换方法获得的物质；

（六）对平面印刷品的图案、色彩或者二者的结合作出的主要起标识作用的设计。

对前款第（四）项所列产品的生产方法，可以依照本法规定授予专利权。

第三章　专利的申请

第二十六条　申请发明或者实用新型专利的，应当提交请求书、说明书及其摘要和权利要求书等文件。

请求书应当写明发明或者实用新型的名称，发明人的姓名，申请人姓名或者名称、地址，以及其他事项。

说明书应当对发明或者实用新型作出清楚、完整的说明，以所属技术领域的技术人员能够实现为准；必要的时候，应当有附图。摘要应当简要说明发明或者实用新型的技术要点。

权利要求书应当以说明书为依据，清楚、简要地限定要求专利保护的范围。

依赖遗传资源完成的发明创造，申请人应当在专利申请文件中说明该遗传资源的直接来源和原始来源；申请人无法说明原始来源的，应当陈述理由。

第二十七条　申请外观设计专利的，应当提交请求书、该外观设计的图片或者照片以及对该外观设计的简要说明等文件。

申请人提交的有关图片或者照片应当清楚地显示要求专利保护的产品的外观设计。

第二十八条　国务院专利行政部门收到专利申请文件之日为申请日。如果申请文件是邮寄的，以寄出的邮戳日为申请日。

第二十九条　申请人自发明或者实用新型在外国第一次提出专利申请之日起十二个月内，或者自外观设计在外国第一次提出专利申请之日起六个月内，又在中国就相同主题提出专利申请的，依照该外国同中国签订的协议或者共同参加的国际条约，或者依照相互承认优先权的原则，可以享有优先权。

申请人自发明或者实用新型在中国第一次提出专利申请之日起十二个月内，或者自外观设计在中国第一次提出专利申请之日起六个月内，又向国务院专利行政部门就相同主题提出专利申请的，可以享有优先权。

第三十条 申请人要求发明、实用新型专利优先权的，应当在申请的时候提出书面声明，并且在第一次提出申请之日起十六个月内，提交第一次提出的专利申请文件的副本。

申请人要求外观设计专利优先权的，应当在申请的时候提出书面声明，并且在三个月内提交第一次提出的专利申请文件的副本。

申请人未提出书面声明或者逾期未提交专利申请文件副本的，视为未要求优先权。

第三十一条 一件发明或者实用新型专利申请应当限于一项发明或者实用新型。属于一个总的发明构思的两项以上的发明或者实用新型，可以作为一件申请提出。

一件外观设计专利申请应当限于一项外观设计。同一产品两项以上的相似外观设计，或者用于同一类别并且成套出售或者使用的产品的两项以上外观设计，可以作为一件申请提出。

第三十二条 申请人可以在被授予专利权之前随时撤回其专利申请。

第三十三条 申请人可以对其专利申请文件进行修改，但是，对发明和实用新型专利申请文件的修改不得超出原说明书和权利要求书记载的范围，对外观设计专利申请文件的修改不得超出原图片或者照片表示的范围。

第四章 专利申请的审查和批准

第三十四条 国务院专利行政部门收到发明专利申请后，经初步审查认为符合本法要求的，自申请日起满十八个月，即行公布。国务院专利行政部门可以根据申请人的请求早日公布其申请。

第三十五条 发明专利申请自申请日起三年内，国务院专利行政部门可以根据申请人随时提出的请求，对其申请进行实质审查；申请人无正当理由逾期不请求实质审查的，该申请即被视为撤回。

国务院专利行政部门认为必要的时候，可以自行对发明专利申请进行实质审查。

第三十六条 发明专利的申请人请求实质审查的时候，应当提交在申请日前与其发明有关的参考资料。

发明专利已经在外国提出过申请的，国务院专利行政部门可以要求申请人在指定期限内提交该国为审查其申请进行检索的资料或者审查结果的资料；无正当理由逾期不提交的，该申请即被视为撤回。

第三十七条 国务院专利行政部门对发明专利申请进行实质审查后，认为不符合本法规定的，应当通知申请人，要求其在指定的期限内陈述意见，或者对其申请进行修改；无正当理由逾期不答复的，该申请即被视为撤回。

第三十八条 发明专利申请经申请人陈述意见或者进行修改后，国务院专利行政部门仍然认为不符合本法规定的，应当予以驳回。

第三十九条 发明专利申请经实质审查没有发现驳回理由的，由国务院专利行政部门作出授予发明专利权的决定，发给发明专利证书，同时予以登记和公告。发明专利权自公告之日起生效。

第四十条 实用新型和外观设计专利申请经初步审查没有发现驳回理由的，由国务院专利行政部门作出授予实用新型专利权或者外观设计专利权的决定，发给相应的专利证书，同时予以登记和公告。实用新型专利权和外观设计专利权自公告之日起生效。

第四十一条 专利申请人对国务院专利行政部门驳回申请的决定不服的，可以自收到通知之日起三个月内向国务院专利行政部门请求复审。国务院专利行政部门复审后，作出决定，并通知专利申请人。

专利申请人对国务院专利行政部门的复审决定不服的，可以自收到通知之日起三个月内向人民法院起诉。

第五章 专利权的期限、终止和无效

第四十二条 发明专利权的期限为二十年，实用新型专利权的期限为十年，外观设计专利权的期限为十五年，均自申请日起计算。

自发明专利申请日起满四年，且自实质审查请求之日起满三年后授予发明专利权的，国务院专利行政部门应专利权人的请求，就发明专利在授权过程中的不合理延迟给予专利权期限补偿，但由申请人引起的不合理延迟除外。

为补偿新药上市审评审批占用的时间，对在中国获得上市许可的新药相关发明专利，国务院专利行政部门应专利权人的请求给予专利权期限补偿。补偿期限不超过五年，新药批准上市后总有效专利权期限不超过十四年。

第四十三条 专利权人应当自被授予专利权的当年开始缴纳年费。

第四十四条 有下列情形之一的，专利权在期限届满前终止：

（一）没有按照规定缴纳年费的；

（二）专利权人以书面声明放弃其专利权的。

专利权在期限届满前终止的，由国务院专利行政部门登记和公告。

第四十五条 自国务院专利行政部门公告授予专利权之日起，任何单位或者个人认为该专利权的授予不符合本法有关规定的，可以请求国务院专利行政部门宣告该专利权无效。

第四十六条 国务院专利行政部门对宣告专利权无效的请求应当及时审查和作出决定，并通知请求人和专利权人。宣告专利权无效的决定，由国务院专利行政部门登记和公告。

对国务院专利行政部门宣告专利权无效或者维持专利权的决定不服的，可以自收到通知之日起三个月内向人民法院起诉。人民法院应当通知无效宣告请求程序的对方当事人作为第三人参加诉讼。

第四十七条 宣告无效的专利权视为自始即不存在。

宣告专利权无效的决定，对在宣告专利权无效前人民法院作出并已执行的专利侵权的判决、调解书，已经履行或者强制执行的专利侵权纠纷处理决定，以及已经履行的专利实施许可合同和专利权转让合同，不具有追溯力。但是因专利权人的恶意给他人造成的损失，应当给予赔偿。

依照前款规定不返还专利侵权赔偿金、专利使用费、专利权转让费，明显违反公平原则的，应当全部或者部分返还。

第六章 专利实施的特别许可

第四十八条 国务院专利行政部门、地方人民政府管理专利工作的部门应当会同同级相关部门采取措施，加强专利公共服务，促进专利实施和运用。

第四十九条 国有企业事业单位的发明专利，对国家利益或者公共利益具有重大意义的，国务院有关主管部门和省、自治区、直辖市人民政府报经国务院批准，可以决定在批准的范围内推广应用，允许指定的单位实施，由实施单位按照国家规定向专利权人支付使用费。

第五十条 专利权人自愿以书面方式向国务院专利行政部门声明愿意许可任何单位或者个人实施其专利，并明确许可使用费支付方式、标准的，由国务院专利行政部门予以公告，实行开放许可。就实用新型、外观设计专利提出开放许可声明的，应当提供专利权评价报告。

专利权人撤回开放许可声明的，应当以书面方式提出，并由国务院专利行政部门予以公告。开放许可声明被公告撤回的，不影响在先给予的开放许可的效力。

第五十一条　任何单位或者个人有意愿实施开放许可的专利的，以书面方式通知专利权人，并依照公告的许可使用费支付方式、标准支付许可使用费后，即获得专利实施许可。

开放许可实施期间，对专利权人缴纳专利年费相应给予减免。

实行开放许可的专利权人可以与被许可人就许可使用费进行协商后给予普通许可，但不得就该专利给予独占或者排他许可。

第五十二条　当事人就实施开放许可发生纠纷的，由当事人协商解决；不愿协商或者协商不成的，可以请求国务院专利行政部门进行调解，也可以向人民法院起诉。

第五十三条　有下列情形之一的，国务院专利行政部门根据具备实施条件的单位或者个人的申请，可以给予实施发明专利或者实用新型专利的强制许可：

（一）专利权人自专利权被授予之日起满三年，且自提出专利申请之日起满四年，无正当理由未实施或者未充分实施其专利的；

（二）专利权人行使专利权的行为被依法认定为垄断行为，为消除或者减少该行为对竞争产生的不利影响的。

第五十四条　在国家出现紧急状态或者非常情况时，或者为了公共利益的目的，国务院专利行政部门可以给予实施发明专利或者实用新型专利的强制许可。

第五十五条　为了公共健康目的，对取得专利权的药品，国务院专利行政部门可以给予制造并将其出口到符合中华人民共和国参加的有关国际条约规定的国家或者地区的强制许可。

第五十六条　一项取得专利权的发明或者实用新型比前已经取得专利权的发明或者实用新型具有显著经济意义的重大技术进步，其实施又有赖于前一发明或者实用新型的实施的，国务院专利行政部门根据后一专利权人的申请，可以给予实施前一发明或者实用新型的强制许可。

在依照前款规定给予实施强制许可的情形下，国务院专利行政部门根据前一专利权人的申请，也可以给予实施后一发明或者实用新型的强制许可。

第五十七条　强制许可涉及的发明创造为半导体技术的，其实施限于公共利益的目的和本法第五十三条第（二）项规定的情形。

第五十八条　除依照本法第五十三条第（二）项、第五十五条规定给予的强制许可外，强制许可的实施应当主要为了供应国内市场。

第五十九条　依照本法第五十三条第（一）项、第五十六条规定申请强制许可的单位或者个人应当提供证据，证明其以合理的条件请求专利权人许可其实施专利，但未能在合理的时间内获得许可。

第六十条　国务院专利行政部门作出的给予实施强制许可的决定，应当及时通知专利权人，并予以登记和公告。

给予实施强制许可的决定，应当根据强制许可的理由规定实施的范围和时间。强制许可的理由消除并不再发生时，国务院专利行政部门应当根据专利权人的请求，经审查后作出终止实施强制许可的决定。

第六十一条　取得实施强制许可的单位或者个人不享有独占的实施权，并且无权允许他人实施。

第六十二条　取得实施强制许可的单位或者个人应当付给专利权人合理的使用费，或者依照中华人民共和国参加的有关国际条约的规定处理使用费问题。付给使用费的，其数额由双方协商；双方不能达成协议的，由国务院专利行政部门裁决。

第六十三条　专利权人对国务院专利行政部门关于实施强制许可的决定不服的，专利权人和取得实施强制许可的单位或者个人对国务院专利行政部门关于实施强制许可的使用费的裁决不服的，可以自收到通知之日起三个月内向人民法院起诉。

第七章　专利权的保护

第六十四条　发明或者实用新型专利权的保护范围以其权利要求的内容为准，说明书及附图可以用于解释权利要求的内容。

外观设计专利权的保护范围以表示在图片或者照片中的该产品的外观设计为准，简要说明可以用于解释图片或者照片所表示的该产品的外观设计。

第六十五条　未经专利权人许可，实施其专利，即侵犯其专利权，引起纠纷的，由当事人协商解决；不愿协商或者协商不成的，专利权人或者利害关系人可以向人民法院起诉，也可以请求管理专利工作的部门处理。管理专利工作的部门处理时，认定侵权行为成立的，可以责令侵权人立即停止侵权行为，当事人不服的，可以自收到处理通知之日起十五日内依照《中华人民共和国行政诉讼法》向人民法院起诉；侵权人期满不起诉又不停止侵权行为的，管理专利工作的部门可以申请人民法院强制执行。进行处理的管理专利工作的部门应当事人的请求，可以就侵犯专利权的赔偿数额进行调解；调解不成的，当事人可以依照《中华人民共和国民事诉讼法》向人民法院起诉。

第六十六条　专利侵权纠纷涉及新产品制造方法的发明专利的，制造同样产品的单位或者个人应当提供其产品制造方法不同于专利方法的证明。

专利侵权纠纷涉及实用新型专利或者外观设计专利的，人民法院或者管理专利工作的部门可以要求专利权人或者利害关系人出具由国务院专利行政部门对相关实用新型或者外观设计进行检索、分析和评价后作出的专利权评价报告，作为审理、处理专利侵权纠纷的证据；专利权人、利害关系人或者被控侵权人也可以主动出具专利权评价报告。

第六十七条　在专利侵权纠纷中，被控侵权人有证据证明其实施的技术或者设计属于现有技术或者现有设计的，不构成侵犯专利权。

第六十八条　假冒专利的，除依法承担民事责任外，由负责专利执法的部门责令改正并予公告，没收违法所得，可以处违法所得五倍以下的罚款；没有违法所得或者违法所得在五万元以下的，可以处二十五万元以下的罚款；构成犯罪的，依法追究刑事责任。

第六十九条　负责专利执法的部门根据已经取得的证据，对涉嫌假冒专利行为进行查处时，有权采取下列措施：

（一）询问有关当事人，调查与涉嫌违法行为有关的情况；

（二）对当事人涉嫌违法行为的场所实施现场检查；

（三）查阅、复制与涉嫌违法行为有关的合同、发票、账簿以及其他有关资料；

（四）检查与涉嫌违法行为有关的产品；

（五）对有证据证明是假冒专利的产品，可以查封或者扣押。

管理专利工作的部门应专利权人或者利害关系人的请求处理专利侵权纠纷时，可以采取前款第（一）项、第（二）项、第（四）项所列措施。

负责专利执法的部门、管理专利工作的部门依法行使前两款规定的职权时，当事人应当予以协助、配合，不得拒绝、阻挠。

第七十条　国务院专利行政部门可以应专利权人或者利害关系人的请求处理在全国有重大影响的专利侵权纠纷。

地方人民政府管理专利工作的部门应专利权人或者利害关系人请求处理专利侵权纠纷，对在本行政区域内侵犯其同一专利权的案件可以合并处理；对跨区域侵犯其同一专利权的案件可以请求上级地方人民政府管理专利工作的部门处理。

第七十一条　侵犯专利权的赔偿数额按照权利人因被侵权所受到的实际损失或者侵权人因侵

权所获得的利益确定；权利人的损失或者侵权人获得的利益难以确定的，参照该专利许可使用费的倍数合理确定。对故意侵犯专利权，情节严重的，可以在按照上述方法确定数额的一倍以上五倍以下确定赔偿数额。

权利人的损失、侵权人获得的利益和专利许可使用费均难以确定的，人民法院可以根据专利权的类型、侵权行为的性质和情节等因素，确定给予三万元以上五百万元以下的赔偿。

赔偿数额还应当包括权利人为制止侵权行为所支付的合理开支。

人民法院为确定赔偿数额，在权利人已经尽力举证，而与侵权行为相关的账簿、资料主要由侵权人掌握的情况下，可以责令侵权人提供与侵权行为相关的账簿、资料；侵权人不提供或者提供虚假的账簿、资料的，人民法院可以参考权利人的主张和提供的证据判定赔偿数额。

第七十二条 专利权人或者利害关系人有证据证明他人正在实施或者即将实施侵犯专利权、妨碍其实现权利的行为，如不及时制止将会使其合法权益受到难以弥补的损害的，可以在起诉前依法向人民法院申请采取财产保全、责令作出一定行为或者禁止作出一定行为的措施。

第七十三条 为了制止专利侵权行为，在证据可能灭失或者以后难以取得的情况下，专利权人或者利害关系人可以在起诉前依法向人民法院申请保全证据。

第七十四条 侵犯专利权的诉讼时效为三年，自专利权人或者利害关系人知道或者应当知道侵权行为以及侵权人之日起计算。

发明专利申请公布后至专利权授予前使用该发明未支付适当使用费的，专利权人要求支付使用费的诉讼时效为三年，自专利权人知道或者应当知道他人使用其发明之日起计算，但是，专利权人于专利权授予之日前即已知道或者应当知道的，自专利权授予之日起计算。

第七十五条 有下列情形之一的，不视为侵犯专利权：

（一）专利产品或者依照专利方法直接获得的产品，由专利权人或者经其许可的单位、个人售出后，使用、许诺销售、销售、进口该产品的；

（二）在专利申请日前已经制造相同产品、使用相同方法或者已经作好制造、使用的必要准备，并且仅在原有范围内继续制造、使用的；

（三）临时通过中国领陆、领水、领空的外国运输工具，依照其所属国同中国签订的协议或者共同参加的国际条约，或者依照互惠原则，为运输工具自身需要而在其装置和设备中使用有关专利的；

（四）专为科学研究和实验而使用有关专利的；

（五）为提供行政审批所需要的信息，制造、使用、进口专利药品或者专利医疗器械的，以及专门为其制造、进口专利药品或者专利医疗器械的。

第七十六条 药品上市审评审批过程中，药品上市许可申请人与有关专利权人或者利害关系人，因申请注册的药品相关的专利权产生纠纷的，相关当事人可以向人民法院起诉，请求就申请注册的药品相关技术方案是否落入他人药品专利权保护范围作出判决。国务院药品监督管理部门在规定的期限内，可以根据人民法院生效裁判作出是否暂停批准相关药品上市的决定。

药品上市许可申请人与有关专利权人或者利害关系人也可以就申请注册的药品相关的专利权纠纷，向国务院专利行政部门请求行政裁决。

国务院药品监督管理部门会同国务院专利行政部门制定药品上市许可审批与药品上市许可申请阶段专利权纠纷解决的具体衔接办法，报国务院同意后实施。

第七十七条 为生产经营目的的使用、许诺销售或者销售不知道是未经专利权人许可而制造并售出的专利侵权产品，能证明该产品合法来源的，不承担赔偿责任。

第七十八条 违反本法第十九条规定向外国申请专利，泄露国家秘密的，由所在单位或者上级主管机关给予行政处分；构成犯罪的，依法追究刑事责任。

第七十九条 管理专利工作的部门不得参与向社会推荐专利产品等经营活动。

管理专利工作的部门违反前款规定的，由其上级机关或者监察机关责令改正，消除影响，有违法收入的予以没收；情节严重的，对直接负责的主管人员和其他直接责任人员依法给予处分。

第八十条 从事专利管理工作的国家机关工作人员以及其他有关国家机关工作人员玩忽职守、滥用职权、徇私舞弊，构成犯罪的，依法追究刑事责任；尚不构成犯罪的，依法给予处分。

第八章 附 则

第八十一条 向国务院专利行政部门申请专利和办理其他手续，应当按照规定缴纳费用。

第八十二条 本法自 1985 年 4 月 1 日起施行。

中华人民共和国反不正当竞争法

（1993 年 9 月 2 日第八届全国人民代表大会常务委员会第三次会议通过 2017 年 11 月 4 日第十二届全国人民代表大会常务委员会第三十次会议修订 根据 2019 年 4 月 23 日第十三届全国人民代表大会常务委员会第十次会议《关于修改〈中华人民共和国建筑法〉等八部法律的决定》修正）

目 录

第一章 总 则

第一条 为了促进社会主义市场经济健康发展，鼓励和保护公平竞争，制止不正当竞争行为，保护经营者和消费者的合法权益，制定本法。

第二条 经营者在生产经营活动中，应当遵循自愿、平等、公平、诚信的原则，遵守法律和商业道德。

本法所称的不正当竞争行为，是指经营者在生产经营活动中，违反本法规定，扰乱市场竞争秩序，损害其他经营者或者消费者的合法权益的行为。

本法所称的经营者，是指从事商品生产、经营或者提供服务（以下所称商品包括服务）的自然人、法人和非法人组织。

第三条 各级人民政府应当采取措施，制止不正当竞争行为，为公平竞争创造良好的环境和条件。

国务院建立反不正当竞争工作协调机制，研究决定反不正当竞争重大政策，协调处理维护市场竞争秩序的重大问题。

第四条 县级以上人民政府履行工商行政管理职责的部门对不正当竞争行为进行查处；法律、行政法规规定由其他部门查处的，依照其规定。

第五条 国家鼓励、支持和保护一切组织和个人对不正当竞争行为进行社会监督。

国家机关及其工作人员不得支持、包庇不正当竞争行为。

行业组织应当加强行业自律，引导、规范会员依法竞争，维护市场竞争秩序。

第二章　不正当竞争行为

第六条　经营者不得实施下列混淆行为，引人误认为是他人商品或者与他人存在特定联系：

（一）擅自使用与他人有一定影响的商品名称、包装、装潢等相同或者近似的标识；

（二）擅自使用他人有一定影响的企业名称（包括简称、字号等）、社会组织名称（包括简称等）、姓名（包括笔名、艺名、译名等）；

（三）擅自使用他人有一定影响的域名主体部分、网站名称、网页等；

（四）其他足以引人误认为是他人商品或者与他人存在特定联系的混淆行为。

第七条　经营者不得采用财物或者其他手段贿赂下列单位或者个人，以谋取交易机会或者竞争优势：

（一）交易相对方的工作人员；

（二）受交易相对方委托办理相关事务的单位或者个人；

（三）利用职权或者影响力影响交易的单位或者个人。

经营者在交易活动中，可以以明示方式向交易相对方支付折扣，或者向中间人支付佣金。经营者向交易相对方支付折扣、向中间人支付佣金，应当如实入账。接受折扣、佣金的经营者也应当如实入账。

经营者的工作人员进行贿赂的，应当认定为经营者的行为；但是，经营者有证据证明该工作人员的行为与为经营者谋取交易机会或者竞争优势无关的除外。

第八条　经营者不得对其商品的性能、功能、质量、销售状况、用户评价、曾获荣誉等作虚假或者引人误解的商业宣传，欺骗、误导消费者。

经营者不得通过组织虚假交易等方式，帮助其他经营者进行虚假或者引人误解的商业宣传。

第九条　经营者不得实施下列侵犯商业秘密的行为：

（一）以盗窃、贿赂、欺诈、胁迫、电子侵入或者其他不正当手段获取权利人的商业秘密；

（二）披露、使用或者允许他人使用以前项手段获取的权利人的商业秘密；

（三）违反保密义务或者违反权利人有关保守商业秘密的要求，披露、使用或者允许他人使用其所掌握的商业秘密；

（四）教唆、引诱、帮助他人违反保密义务或者违反权利人有关保守商业秘密的要求，获取、披露、使用或者允许他人使用权利人的商业秘密。

经营者以外的其他自然人、法人和非法人组织实施前款所列违法行为的，视为侵犯商业秘密。

第三人明知或者应知商业秘密权利人的员工、前员工或者其他单位、个人实施本条第一款所列违法行为，仍获取、披露、使用或者允许他人使用该商业秘密的，视为侵犯商业秘密。

本法所称的商业秘密，是指不为公众所知悉、具有商业价值并经权利人采取相应保密措施的技术信息、经营信息等商业信息。

第十条　经营者进行有奖销售不得存在下列情形：

（一）所设奖的种类、兑奖条件、奖金金额或者奖品等有奖销售信息不明确，影响兑奖；

（二）采用谎称有奖或者故意让内定人员中奖的欺骗方式进行有奖销售；

（三）抽奖式的有奖销售，最高奖的金额超过五万元。

第十一条　经营者不得编造、传播虚假信息或者误导性信息，损害竞争对手的商业信誉、商品声誉。

第十二条　经营者利用网络从事生产经营活动，应当遵守本法的各项规定。

经营者不得利用技术手段，通过影响用户选择或者其他方式，实施下列妨碍、破坏其他经营者合法提供的网络产品或者服务正常运行的行为：

（一）未经其他经营者同意，在其合法提供的网络产品或者服务中，插入链接、强制进行目标跳转；

（二）误导、欺骗、强迫用户修改、关闭、卸载其他经营者合法提供的网络产品或者服务；

（三）恶意对其他经营者合法提供的网络产品或者服务实施不兼容；

（四）其他妨碍、破坏其他经营者合法提供的网络产品或者服务正常运行的行为。

第三章 对涉嫌不正当竞争行为的调查

第十三条 监督检查部门调查涉嫌不正当竞争行为，可以采取下列措施：

（一）进入涉嫌不正当竞争行为的经营场所进行检查；

（二）询问被调查的经营者、利害关系人及其他有关单位、个人，要求其说明有关情况或者提供与被调查行为有关的其他资料；

（三）查询、复制与涉嫌不正当竞争行为有关的协议、账簿、单据、文件、记录、业务函电和其他资料；

（四）查封、扣押与涉嫌不正当竞争行为有关的财物；

（五）查询涉嫌不正当竞争行为的经营者的银行账户。

采取前款规定的措施，应当向监督检查部门主要负责人书面报告，并经批准。采取前款第四项、第五项规定的措施，应当向设区的市级以上人民政府监督检查部门主要负责人书面报告，并经批准。

监督检查部门调查涉嫌不正当竞争行为，应当遵守《中华人民共和国行政强制法》和其他有关法律、行政法规的规定，并应当将查处结果及时向社会公开。

第十四条 监督检查部门调查涉嫌不正当竞争行为，被调查的经营者、利害关系人及其他有关单位、个人应当如实提供有关资料或者情况。

第十五条 监督检查部门及其工作人员对调查过程中知悉的商业秘密负有保密义务。

第十六条 对涉嫌不正当竞争行为，任何单位和个人有权向监督检查部门举报，监督检查部门接到举报后应当依法及时处理。

监督检查部门应当向社会公开受理举报的电话、信箱或者电子邮件地址，并为举报人保密。对实名举报并提供相关事实和证据的，监督检查部门应当将处理结果告知举报人。

第四章 法 律 责 任

第十七条 经营者违反本法规定，给他人造成损害的，应当依法承担民事责任。

经营者的合法权益受到不正当竞争行为损害的，可以向人民法院提起诉讼。

因不正当竞争行为受到损害的经营者的赔偿数额，按照其因被侵权所受到的实际损失确定；实际损失难以计算的，按照侵权人因侵权所获得的利益确定。经营者恶意实施侵犯商业秘密行为，情节严重的，可以在按照上述方法确定数额的一倍以上五倍以下确定赔偿数额。赔偿数额还应当包括经营者为制止侵权行为所支付的合理开支。

经营者违反本法第六条、第九条规定，权利人因被侵权所受到的实际损失、侵权人因侵权所获得的利益难以确定的，由人民法院根据侵权行为的情节判决给予权利人五百万元以下的赔偿。

第十八条 经营者违反本法第六条规定实施混淆行为的，由监督检查部门责令停止违法行为，没收违法商品。违法经营额五万元以上的，可以并处违法经营额五倍以下的罚款；没有违法经营额或者违法经营额不足五万元的，可以并处二十五万元以下的罚款。情节严重的，吊销营业执照。

经营者登记的企业名称违反本法第六条规定的，应当及时办理名称变更登记；名称变更前，由原企业登记机关以统一社会信用代码代替其名称。

第十九条 经营者违反本法第七条规定贿赂他人的，由监督检查部门没收违法所得，处十万元以上三百万元以下的罚款。情节严重的，吊销营业执照。

第二十条 经营者违反本法第八条规定对其商品作虚假或者引人误解的商业宣传，或者通过组织虚假交易等方式帮助其他经营者进行虚假或者引人误解的商业宣传的，由监督检查部门责令停止违法行为，处二十万元以上一百万元以下的罚款；情节严重的，处一百万元以上二百万元以下的罚款，可以吊销营业执照。

经营者违反本法第八条规定，属于发布虚假广告的，依照《中华人民共和国广告法》的规定处罚。

第二十一条 经营者以及其他自然人、法人和非法人组织违反本法第九条规定侵犯商业秘密的，由监督检查部门责令停止违法行为，没收违法所得，处十万元以上一百万元以下的罚款；情节严重的，处五十万元以上五百万元以下的罚款。

第二十二条 经营者违反本法第十条规定进行有奖销售的，由监督检查部门责令停止违法行为，处五万元以上五十万元以下的罚款。

第二十三条 经营者违反本法第十一条规定损害竞争对手商业信誉、商品声誉的，由监督检查部门责令停止违法行为、消除影响，处十万元以上五十万元以下的罚款；情节严重的，处五十万元以上三百万元以下的罚款。

第二十四条 经营者违反本法第十二条规定妨碍、破坏其他经营者合法提供的网络产品或者服务正常运行的，由监督检查部门责令停止违法行为，处十万元以上五十万元以下的罚款；情节严重的，处五十万元以上三百万元以下的罚款。

第二十五条 经营者违反本法规定从事不正当竞争，有主动消除或者减轻违法行为危害后果等法定情形的，依法从轻或者减轻行政处罚；违法行为轻微并及时纠正，没有造成危害后果的，不予行政处罚。

第二十六条 经营者违反本法规定从事不正当竞争，受到行政处罚的，由监督检查部门记入信用记录，并依照有关法律、行政法规的规定予以公示。

第二十七条 经营者违反本法规定，应当承担民事责任、行政责任和刑事责任，其财产不足以支付的，优先用于承担民事责任。

第二十八条 妨害监督检查部门依照本法履行职责，拒绝、阻碍调查的，由监督检查部门责令改正，对个人可以处五千元以下的罚款，对单位可以处五万元以下的罚款，并可以由公安机关依法给予治安管理处罚。

第二十九条 当事人对监督检查部门作出的决定不服的，可以依法申请行政复议或者提起行政诉讼。

第三十条 监督检查部门的工作人员滥用职权、玩忽职守、徇私舞弊或者泄露调查过程中知悉的商业秘密的，依法给予处分。

第三十一条 违反本法规定，构成犯罪的，依法追究刑事责任。

第三十二条 在侵犯商业秘密的民事审判程序中，商业秘密权利人提供初步证据，证明其已经对所主张的商业秘密采取保密措施，且合理表明商业秘密被侵犯，涉嫌侵权人应当证明权利人所主张的商业秘密不属于本法规定的商业秘密。

商业秘密权利人提供初步证据合理表明商业秘密被侵犯，且提供以下证据之一的，涉嫌侵权人应当证明其不存在侵犯商业秘密的行为：

（一）有证据表明涉嫌侵权人有渠道或者机会获取商业秘密，且其使用的信息与该商业秘密实质上相同；

（二）有证据表明商业秘密已经被涉嫌侵权人披露、使用或者有被披露、使用的风险；

（三）有其他证据表明商业秘密被涉嫌侵权人侵犯。

第五章 附　则

第三十三条　本法自 2018 年 1 月 1 日起施行。

中华人民共和国商标法

（1982 年 8 月 23 日第五届全国人民代表大会常务委员会第二十四次会议通过　根据 1993 年 2 月 22 日第七届全国人民代表大会常务委员会第三十次会议《关于修改〈中华人民共和国商标法〉的决定》第一次修正　根据 2001 年 10 月 27 日第九届全国人民代表大会常务委员会第二十四次会议《关于修改〈中华人民共和国商标法〉的决定》第二次修正　根据 2013 年 8 月 30 日第十二届全国人民代表大会常务委员会第四次会议《关于修改〈中华人民共和国商标法〉的决定》第三次修正　根据 2019 年 4 月 23 日第十三届全国人民代表大会常务委员会第十次会议《关于修改〈中华人民共和国建筑法〉等八部法律的决定》第四次修正）

目　录

第一章 总　则

第一条　为了加强商标管理，保护商标专用权，促使生产、经营者保证商品和服务质量，维护商标信誉，以保障消费者和生产、经营者的利益，促进社会主义市场经济的发展，特制定本法。

第二条　国务院工商行政管理部门商标局主管全国商标注册和管理的工作。

国务院工商行政管理部门设立商标评审委员会，负责处理商标争议事宜。

第三条　经商标局核准注册的商标为注册商标，包括商品商标、服务商标和集体商标、证明商标；商标注册人享有商标专用权，受法律保护。

本法所称集体商标，是指以团体、协会或者其他组织名义注册，供该组织成员在商事活动中使用，以表明使用者在该组织中的成员资格的标志。

本法所称证明商标，是指由对某种商品或者服务具有监督能力的组织所控制，而由该组织以外的单位或者个人使用于其商品或者服务，用以证明该商品或者服务的原产地、原料、制造方法、质量或者其他特定品质的标志。

集体商标、证明商标注册和管理的特殊事项，由国务院工商行政管理部门规定。

第四条 自然人、法人或者其他组织在生产经营活动中，对其商品或者服务需要取得商标专用权的，应当向商标局申请商标注册。不以使用为目的的恶意商标注册申请，应当予以驳回。

本法有关商品商标的规定，适用于服务商标。

第五条 两个以上的自然人、法人或者其他组织可以共同向商标局申请注册同一商标，共同享有和行使该商标专用权。

第六条 法律、行政法规规定必须使用注册商标的商品，必须申请商标注册，未经核准注册的，不得在市场销售。

第七条 申请注册和使用商标，应当遵循诚实信用原则。

商标使用人应当对其使用商标的商品质量负责。各级工商行政管理部门应当通过商标管理，制止欺骗消费者的行为。

第八条 任何能够将自然人、法人或者其他组织的商品与他人的商品区别开的标志，包括文字、图形、字母、数字、三维标志、颜色组合和声音等，以及上述要素的组合，均可以作为商标申请注册。

第九条 申请注册的商标，应当有显著特征，便于识别，并不得与他人在先取得的合法权利相冲突。

商标注册人有权标明"注册商标"或者注册标记。

第十条 下列标志不得作为商标使用：

（一）同中华人民共和国的国家名称、国旗、国徽、国歌、军旗、军徽、军歌、勋章等相同或者近似的，以及同中央国家机关的名称、标志、所在地特定地点的名称或者标志性建筑物的名称、图形相同的；

（二）同外国的国家名称、国旗、国徽、军旗等相同或者近似的，但经该国政府同意的除外；

（三）同政府间国际组织的名称、旗帜、徽记等相同或者近似的，但经该组织同意或者不易误导公众的除外；

（四）与表明实施控制、予以保证的官方标志、检验印记相同或者近似的，但经授权的除外；

（五）同"红十字"、"红新月"的名称、标志相同或者近似的；

（六）带有民族歧视性的；

（七）带有欺骗性，容易使公众对商品的质量等特点或者产地产生误认的；

（八）有害于社会主义道德风尚或者有其他不良影响的。

县级以上行政区划的地名或者公众知晓的外国地名，不得作为商标。但是，地名具有其他含义或者作为集体商标、证明商标组成部分的除外；已经注册的使用地名的商标继续有效。

第十一条 下列标志不得作为商标注册：

（一）仅有本商品的通用名称、图形、型号的；

（二）仅直接表示商品的质量、主要原料、功能、用途、重量、数量及其他特点的；

（三）其他缺乏显著特征的。

前款所列标志经过使用取得显著特征，并便于识别的，可以作为商标注册。

第十二条 以三维标志申请注册商标的，仅由商品自身的性质产生的形状、为获得技术效果而需有的商品形状或者使商品具有实质性价值的形状，不得注册。

第十三条 为相关公众所熟知的商标，持有人认为其权利受到侵害时，可以依照本法规定请求驰名商标保护。

就相同或者类似商品申请注册的商标是复制、摹仿或者翻译他人未在中国注册的驰名商标，容易导致混淆的，不予注册并禁止使用。

就不相同或者不相类似商品申请注册的商标是复制、摹仿或者翻译他人已经在中国注册的驰名商标，误导公众，致使该驰名商标注册人的利益可能受到损害的，不予注册并禁止使用。

第十四条 驰名商标应当根据当事人的请求，作为处理涉及商标案件需要认定的事实进行认定。认定驰名商标应当考虑下列因素：

（一）相关公众对该商标的知晓程度；

（二）该商标使用的持续时间；

（三）该商标的任何宣传工作的持续时间、程度和地理范围；

（四）该商标作为驰名商标受保护的记录；

（五）该商标驰名的其他因素。

在商标注册审查、工商行政管理部门查处商标违法案件过程中，当事人依照本法第十三条规定主张权利的，商标局根据审查、处理案件的需要，可以对商标驰名情况作出认定。

在商标争议处理过程中，当事人依照本法第十三条规定主张权利的，商标评审委员会根据处理案件的需要，可以对商标驰名情况作出认定。

在商标民事、行政案件审理过程中，当事人依照本法第十三条规定主张权利的，最高人民法院指定的人民法院根据审理案件的需要，可以对商标驰名情况作出认定。

生产、经营者不得将"驰名商标"字样用于商品、商品包装或者容器上，或者用于广告宣传、展览以及其他商业活动中。

第十五条 未经授权，代理人或者代表人以自己的名义将被代理人或者被代表人的商标进行注册，被代理人或者被代表人提出异议的，不予注册并禁止使用。

就同一种商品或者类似商品申请注册的商标与他人在先使用的未注册商标相同或者近似，申请人与该他人具有前款规定以外的合同、业务往来关系或者其他关系而明知该他人商标存在，该他人提出异议的，不予注册。

第十六条 商标中有商品的地理标志，而该商品并非来源于该标志所标示的地区，误导公众的，不予注册并禁止使用；但是，已经善意取得注册的继续有效。

前款所称地理标志，是指标示某商品来源于某地区，该商品的特定质量、信誉或者其他特征，主要由该地区的自然因素或者人文因素所决定的标志。

第十七条 外国人或者外国企业在中国申请商标注册的，应当按其所属国和中华人民共和国签订的协议或者共同参加的国际条约办理，或者按对等原则办理。

第十八条 申请商标注册或者办理其他商标事宜，可以自行办理，也可以委托依法设立的商标代理机构办理。

外国人或者外国企业在中国申请商标注册和办理其他商标事宜的，应当委托依法设立的商标代理机构办理。

第十九条 商标代理机构应当遵循诚实信用原则，遵守法律、行政法规，按照被代理人的委托办理商标注册申请或者其他商标事宜；对在代理过程中知悉的被代理人的商业秘密，负有保密义务。

委托人申请注册的商标可能存在本法规定不得注册情形的，商标代理机构应当明确告知委托人。

商标代理机构知道或者应当知道委托人申请注册的商标属于本法第四条、第十五条和第三十二条规定情形的，不得接受其委托。

商标代理机构除对其代理服务申请商标注册外，不得申请注册其他商标。

第二十条 商标代理行业组织应当按照章程规定，严格执行吸纳会员的条件，对违反行业自律规范的会员实行惩戒。商标代理行业组织对其吸纳的会员和对会员的惩戒情况，应当及时向社会公布。

第二十一条 商标国际注册遵循中华人民共和国缔结或者参加的有关国际条约确立的制度，具体办法由国务院规定。

第二章 商标注册的申请

第二十二条 商标注册申请人应当按规定的商品分类表填报使用商标的商品类别和商品名称，提出注册申请。

商标注册申请人可以通过一份申请就多个类别的商品申请注册同一商标。

商标注册申请等有关文件，可以以书面方式或者数据电文方式提出。

第二十三条 注册商标需要在核定使用范围之外的商品上取得商标专用权的，应当另行提出注册申请。

第二十四条 注册商标需要改变其标志的，应当重新提出注册申请。

第二十五条 商标注册申请人自其商标在外国第一次提出商标注册申请之日起六个月内，又在中国就相同商品以同一商标提出商标注册申请的，依照该外国同中国签订的协议或者共同参加的国际条约，或者按照相互承认优先权的原则，可以享有优先权。

依照前款要求优先权的，应当在提出商标注册申请的时候提出书面声明，并且在三个月内提交第一次提出的商标注册申请文件的副本；未提出书面声明或者逾期未提交商标注册申请文件副本的，视为未要求优先权。

第二十六条 商标在中国政府主办的或者承认的国际展览会展出的商品上首次使用的，自该商品展出之日起六个月内，该商标的注册申请人可以享有优先权。

依照前款要求优先权的，应当在提出商标注册申请的时候提出书面声明，并且在三个月内提交展出其商品的展览会名称、在展出商品上使用该商标的证据、展出日期等证明文件；未提出书面声明或者逾期未提交证明文件的，视为未要求优先权。

第二十七条 为申请商标注册所申报的事项和所提供的材料应当真实、准确、完整。

第三章 商标注册的审查和核准

第二十八条 对申请注册的商标，商标局应当自收到商标注册申请文件之日起九个月内审查完毕，符合本法有关规定的，予以初步审定公告。

第二十九条 在审查过程中，商标局认为商标注册申请内容需要说明或者修正的，可以要求申请人做出说明或者修正。申请人未做出说明或者修正的，不影响商标局做出审查决定。

第三十条 申请注册的商标，凡不符合本法有关规定或者同他人在同一种商品或者类似商品上已经注册的或者初步审定的商标相同或者近似的，由商标局驳回申请，不予公告。

第三十一条 两个或者两个以上的商标注册申请人，在同一种商品或者类似商品上，以相同或者近似的商标申请注册的，初步审定并公告申请在先的商标；同一天申请的，初步审定并公告使用在先的商标，驳回其他人的申请，不予公告。

第三十二条 申请商标注册不得损害他人现有的在先权利，也不得以不正当手段抢先注册他人已经使用并有一定影响的商标。

第三十三条 对初步审定公告的商标，自公告之日起三个月内，在先权利人、利害关系人认为违反本法第十三条第二款和第三款、第十五条、第十六条第一款、第三十条、第三十一条、第三十二条规定的，或者任何人认为违反本法第四条、第十条、第十一条、第十二条、第十九条第四款规定的，可以向商标局提出异议。公告期满无异议的，予以核准注册，发给商标注册证，并予公告。

第三十四条 对驳回申请、不予公告的商标，商标局应当书面通知商标注册申请人。商标注册申请人不服的，可以自收到通知之日起十五日内向商标评审委员会申请复审。商标评审委员会应当自收到申请之日起九个月内做出决定，并书面通知申请人。有特殊情况需要延长的，经国务院工商行政管理部门批准，可以延长三个月。当事人对商标评审委员会的决定不服的，可以自收到通知之日起三十日内向人民法院起诉。

第三十五条 对初步审定公告的商标提出异议的，商标局应当听取异议人和被异议人陈述事实和理由，经调查核实后，自公告期满之日起十二个月内做出是否准予注册的决定，并书面通知异议人和被异议人。有特殊情况需要延长的，经国务院工商行政管理部门批准，可以延长六个月。

商标局做出准予注册决定的，发给商标注册证，并予公告。异议人不服的，可以依照本法第四十四条、第四十五条的规定向商标评审委员会请求宣告该注册商标无效。

商标局做出不予注册决定，被异议人不服的，可以自收到通知之日起十五日内向商标评审委员会申请复审。商标评审委员会应当自收到申请之日起十二个月内做出复审决定，并书面通知异议人和被异议人。有特殊情况需要延长的，经国务院工商行政管理部门批准，可以延长六个月。被异议人对商标评审委员会的决定不服的，可以自收到通知之日起三十日内向人民法院起诉。人民法院应当通知异议人作为第三人参加诉讼。

商标评审委员会在依照前款规定进行复审的过程中，所涉及的在先权利的确定必须以人民法院正在审理或者行政机关正在处理的另一案件的结果为依据的，可以中止审查。中止原因消除后，应当恢复审查程序。

第三十六条 法定期限届满，当事人对商标局做出的驳回申请决定、不予注册决定不申请复审或者对商标评审委员会做出的复审决定不向人民法院起诉的，驳回申请决定、不予注册决定或者复审决定生效。

经审查异议不成立而准予注册的商标，商标注册申请人取得商标专用权的时间自初步审定公告三个月期满之日起计算。自该商标公告期满之日起至准予注册决定做出前，对他人在同一种或者类似商品上使用与该商标相同或者近似的标志的行为不具有追溯力；但是，因该使用人的恶意给商标注册人造成的损失，应当给予赔偿。

第三十七条 对商标注册申请和商标复审申请应当及时进行审查。

第三十八条 商标注册申请人或者注册人发现商标申请文件或者注册文件有明显错误的，可以申请更正。商标局依法在其职权范围内作出更正，并通知当事人。

前款所称更正错误不涉及商标申请文件或者注册文件的实质性内容。

第四章　注册商标的续展、变更、
转让和使用许可

第三十九条 注册商标的有效期为十年，自核准注册之日起计算。

第四十条 注册商标有效期满，需要继续使用的，商标注册人应当在期满前十二个月内按照规定办理续展手续；在此期间未能办理的，可以给予六个月的宽展期。每次续展注册的有效期为十年，自该商标上一届有效期满次日起计算。期满未办理续展手续的，注销其注册商标。

商标局应当对续展注册的商标予以公告。

第四十一条 注册商标需要变更注册人的名义、地址或者其他注册事项的，应当提出变更申请。

第四十二条 转让注册商标的，转让人和受让人应当签订转让协议，并共同向商标局提出申请。受让人应当保证使用该注册商标的商品质量。

转让注册商标的，商标注册人对其在同一种商品上注册的近似的商标，或者在类似商品上注册的相同或者近似的商标，应当一并转让。

对容易导致混淆或者有其他不良影响的转让，商标局不予核准，书面通知申请人并说明理由。

转让注册商标经核准后，予以公告。受让人自公告之日起享有商标专用权。

第四十三条　商标注册人可以通过签订商标使用许可合同，许可他人使用其注册商标。许可人应当监督被许可人使用其注册商标的商品质量。被许可人应当保证使用该注册商标的商品质量。

经许可使用他人注册商标的，必须在使用该注册商标的商品上标明被许可人的名称和商品产地。

许可他人使用其注册商标的，许可人应当将其商标使用许可报商标局备案，由商标局公告。商标使用许可未经备案不得对抗善意第三人。

第五章　注册商标的无效宣告

第四十四条　已经注册的商标，违反本法第四条、第十条、第十一条、第十二条、第十九条第四款规定的，或者是以欺骗手段或者其他不正当手段取得注册的，由商标局宣告该注册商标无效；其他单位或者个人可以请求商标评审委员会宣告该注册商标无效。

商标局做出宣告注册商标无效的决定，应当书面通知当事人。当事人对商标局的决定不服的，可以自收到通知之日起十五日内向商标评审委员会申请复审。商标评审委员会应当自收到申请之日起九个月内做出决定，并书面通知当事人。有特殊情况需要延长的，经国务院工商行政管理部门批准，可以延长三个月。当事人对商标评审委员会的决定不服的，可以自收到通知之日起三十日内向人民法院起诉。

其他单位或者个人请求商标评审委员会宣告注册商标无效的，商标评审委员会收到申请后，应当书面通知有关当事人，并限期提出答辩。商标评审委员会应当自收到申请之日起九个月内做出维持注册商标或者宣告注册商标无效的裁定，并书面通知当事人。有特殊情况需要延长的，经国务院工商行政管理部门批准，可以延长三个月。当事人对商标评审委员会的裁定不服的，可以自收到通知之日起三十日内向人民法院起诉。人民法院应当通知商标裁定程序的对方当事人作为第三人参加诉讼。

第四十五条　已经注册的商标，违反本法第十三条第二款和第三款、第十五条、第十六条第一款、第三十条、第三十一条、第三十二条规定的，自商标注册之日起五年内，在先权利人或者利害关系人可以请求商标评审委员会宣告该注册商标无效。对恶意注册的，驰名商标所有人不受五年的时间限制。

商标评审委员会收到宣告注册商标无效的申请后，应当书面通知有关当事人，并限期提出答辩。商标评审委员会应当自收到申请之日起十二个月内做出维持注册商标或者宣告注册商标无效的裁定，并书面通知当事人。有特殊情况需要延长的，经国务院工商行政管理部门批准，可以延长六个月。当事人对商标评审委员会的裁定不服的，可以自收到通知之日起三十日内向人民法院起诉。人民法院应当通知商标裁定程序的对方当事人作为第三人参加诉讼。

商标评审委员会在依照前款规定对无效宣告请求进行审查的过程中，所涉及的在先权利的确定必须以人民法院正在审理或者行政机关正在处理的另一案件的结果为依据的，可以中止审查。中止原因消除后，应当恢复审查程序。

第四十六条　法定期限届满，当事人对商标局宣告注册商标无效的决定不申请复审或者对商标评审委员会的复审决定、维持注册商标或者宣告注册商标无效的裁定不向人民法院起诉的，商标局的决定或者商标评审委员会的复审决定、裁定生效。

第四十七条 依照本法第四十四条、第四十五条的规定宣告无效的注册商标，由商标局予以公告，该注册商标专用权视为自始即不存在。

宣告注册商标无效的决定或者裁定，对宣告无效前人民法院做出并已执行的商标侵权案件的判决、裁定、调解书和工商行政管理部门做出并已执行的商标侵权案件的处理决定以及已经履行的商标转让或者使用许可合同不具有追溯力。但是，因商标注册人的恶意给他人造成的损失，应当给予赔偿。

依照前款规定不返还商标侵权赔偿金、商标转让费、商标使用费，明显违反公平原则的，应当全部或者部分返还。

第六章 商标使用的管理

第四十八条 本法所称商标的使用，是指将商标用于商品、商品包装或者容器以及商品交易文书上，或者将商标用于广告宣传、展览以及其他商业活动中，用于识别商品来源的行为。

第四十九条 商标注册人在使用注册商标的过程中，自行改变注册商标、注册人名义、地址或者其他注册事项的，由地方工商行政管理部门责令限期改正；期满不改正的，由商标局撤销其注册商标。

注册商标成为其核定使用的商品的通用名称或者没有正当理由连续三年不使用的，任何单位或者个人可以向商标局申请撤销该注册商标。商标局应当自收到申请之日起九个月内做出决定。有特殊情况需要延长的，经国务院工商行政管理部门批准，可以延长三个月。

第五十条 注册商标被撤销、被宣告无效或者期满不再续展的，自撤销、宣告无效或者注销之日起一年内，商标局对与该商标相同或者近似的商标注册申请，不予核准。

第五十一条 违反本法第六条规定的，由地方工商行政管理部门责令限期申请注册，违法经营额五万元以上的，可以处违法经营额百分之二十以下的罚款，没有违法经营额或者违法经营额不足五万元的，可以处一万元以下的罚款。

第五十二条 将未注册商标冒充注册商标使用的，或者使用未注册商标违反本法第十条规定的，由地方工商行政管理部门予以制止，限期改正，并可以予以通报，违法经营额五万元以上的，可以处违法经营额百分之二十以下的罚款，没有违法经营额或者违法经营额不足五万元的，可以处一万元以下的罚款。

第五十三条 违反本法第十四条第五款规定的，由地方工商行政管理部门责令改正，处十万元罚款。

第五十四条 对商标局撤销或者不予撤销注册商标的决定，当事人不服的，可以自收到通知之日起十五日内向商标评审委员会申请复审。商标评审委员会应当自收到申请之日起九个月内做出决定，并书面通知当事人。有特殊情况需要延长的，经国务院工商行政管理部门批准，可以延长三个月。当事人对商标评审委员会的决定不服的，可以自收到通知之日起三十日内向人民法院起诉。

第五十五条 法定期限届满，当事人对商标局做出的撤销注册商标的决定不申请复审或者对商标评审委员会做出的复审决定不向人民法院起诉的，撤销注册商标的决定、复审决定生效。

被撤销的注册商标，由商标局予以公告，该注册商标专用权自公告之日起终止。

第七章 注册商标专用权的保护

第五十六条 注册商标的专用权，以核准注册的商标和核定使用的商品为限。

第五十七条　有下列行为之一的，均属侵犯注册商标专用权：

（一）未经商标注册人的许可，在同一种商品上使用与其注册商标相同的商标的；

（二）未经商标注册人的许可，在同一种商品上使用与其注册商标近似的商标，或者在类似商品上使用与其注册商标相同或者近似的商标，容易导致混淆的；

（三）销售侵犯注册商标专用权的商品的；

（四）伪造、擅自制造他人注册商标标识或者销售伪造、擅自制造的注册商标标识的；

（五）未经商标注册人同意，更换其注册商标并将该更换商标的商品又投入市场的；

（六）故意为侵犯他人商标专用权行为提供便利条件，帮助他人实施侵犯商标专用权行为的；

（七）给他人的注册商标专用权造成其他损害的。

第五十八条　将他人注册商标、未注册的驰名商标作为企业名称中的字号使用，误导公众，构成不正当竞争行为的，依照《中华人民共和国反不正当竞争法》处理。

第五十九条　注册商标中含有的本商品的通用名称、图形、型号，或者直接表示商品的质量、主要原料、功能、用途、重量、数量及其他特点，或者含有的地名，注册商标专用权人无权禁止他人正当使用。

三维标志注册商标中含有的商品自身的性质产生的形状、为获得技术效果而需有的商品形状或者使商品具有实质性价值的形状，注册商标专用权人无权禁止他人正当使用。

商标注册人申请商标注册前，他人已经在同一种商品或者类似商品上先于商标注册人使用与注册商标相同或者近似并有一定影响的商标的，注册商标专用权人无权禁止该使用人在原使用范围内继续使用该商标，但可以要求其附加适当区别标识。

第六十条　有本法第五十七条所列侵犯注册商标专用权行为之一，引起纠纷的，由当事人协商解决；不愿协商或者协商不成的，商标注册人或者利害关系人可以向人民法院起诉，也可以请求工商行政管理部门处理。

工商行政管理部门处理时，认定侵权行为成立的，责令立即停止侵权行为，没收、销毁侵权商品和主要用于制造侵权商品、伪造注册商标标识的工具，违法经营额五万元以上的，可以处违法经营额五倍以下的罚款，没有违法经营额或者违法经营额不足五万元的，可以处二十五万元以下的罚款。对五年内实施两次以上商标侵权行为或者有其他严重情节的，应当从重处罚。销售不知道是侵犯注册商标专用权的商品，能证明该商品是自己合法取得并说明提供者的，由工商行政管理部门责令停止销售。

对侵犯商标专用权的赔偿数额的争议，当事人可以请求进行处理的工商行政管理部门调解，也可以依照《中华人民共和国民事诉讼法》向人民法院起诉。经工商行政管理部门调解，当事人未达成协议或者调解书生效后不履行的，当事人可以依照《中华人民共和国民事诉讼法》向人民法院起诉。

第六十一条　对侵犯注册商标专用权的行为，工商行政管理部门有权依法查处；涉嫌犯罪的，应当及时移送司法机关依法处理。

第六十二条　县级以上工商行政管理部门根据已经取得的违法嫌疑证据或者举报，对涉嫌侵犯他人注册商标专用权的行为进行查处时，可以行使下列职权：

（一）询问有关当事人，调查与侵犯他人注册商标专用权有关的情况；

（二）查阅、复制当事人与侵权活动有关的合同、发票、账簿以及其他有关资料；

（三）对当事人涉嫌从事侵犯他人注册商标专用权活动的场所实施现场检查；

（四）检查与侵权活动有关的物品；对有证据证明是侵犯他人注册商标专用权的物品，可以查封或者扣押。

　　工商行政管理部门依法行使前款规定的职权时，当事人应当予以协助、配合，不得拒绝、阻挠。

　　在查处商标侵权案件过程中，对商标权属存在争议或者权利人同时向人民法院提起商标侵权诉讼的，工商行政管理部门可以中止案件的查处。中止原因消除后，应当恢复或者终结案件查处程序。

　　第六十三条　侵犯商标专用权的赔偿数额，按照权利人因被侵权所受到的实际损失确定；实际损失难以确定的，可以按照侵权人因侵权所获得的利益确定；权利人的损失或者侵权人获得的利益难以确定的，参照该商标许可使用费的倍数合理确定。对恶意侵犯商标专用权，情节严重的，可以在按照上述方法确定数额的一倍以上五倍以下确定赔偿数额。赔偿数额应当包括权利人为制止侵权行为所支付的合理开支。

　　人民法院为确定赔偿数额，在权利人已经尽力举证，而与侵权行为相关的账簿、资料主要由侵权人掌握的情况下，可以责令侵权人提供与侵权行为相关的账簿、资料；侵权人不提供或者提供虚假的账簿、资料的，人民法院可以参考权利人的主张和提供的证据判定赔偿数额。

　　权利人因被侵权所受到的实际损失、侵权人因侵权所获得的利益、注册商标许可使用费难以确定的，由人民法院根据侵权行为的情节判决给予五百万元以下的赔偿。

　　人民法院审理商标纠纷案件，应权利人请求，对属于假冒注册商标的商品，除特殊情况外，责令销毁；对主要用于制造假冒注册商标的商品的材料、工具，责令销毁，且不予补偿；或者在特殊情况下，责令禁止前述材料、工具进入商业渠道，且不予补偿。

　　假冒注册商标的商品不得在仅去除假冒注册商标后进入商业渠道。

　　第六十四条　注册商标专用权人请求赔偿，被控侵权人以注册商标专用权人未使用注册商标提出抗辩的，人民法院可以要求注册商标专用权人提供此前三年内实际使用该注册商标的证据。注册商标专用权人不能证明此前三年内实际使用过该注册商标，也不能证明因侵权行为受到其他损失的，被控侵权人不承担赔偿责任。

　　销售不知道是侵犯注册商标专用权的商品，能证明该商品是自己合法取得并说明提供者的，不承担赔偿责任。

　　第六十五条　商标注册人或者利害关系人有证据证明他人正在实施或者即将实施侵犯其注册商标专用权的行为，如不及时制止将会使其合法权益受到难以弥补的损害的，可以依法在起诉前向人民法院申请采取责令停止有关行为和财产保全的措施。

　　第六十六条　为制止侵权行为，在证据可能灭失或者以后难以取得的情况下，商标注册人或者利害关系人可以依法在起诉前向人民法院申请保全证据。

　　第六十七条　未经商标注册人许可，在同一种商品上使用与其注册商标相同的商标，构成犯罪的，除赔偿被侵权人的损失外，依法追究刑事责任。

　　伪造、擅自制造他人注册商标标识或者销售伪造、擅自制造的注册商标标识，构成犯罪的，除赔偿被侵权人的损失外，依法追究刑事责任。

　　销售明知是假冒注册商标的商品，构成犯罪的，除赔偿被侵权人的损失外，依法追究刑事责任。

　　第六十八条　商标代理机构有下列行为之一的，由工商行政管理部门责令限期改正，给予警告，处一万元以上十万元以下的罚款；对直接负责的主管人员和其他直接责任人员给予警告，处五千元以上五万元以下的罚款；构成犯罪的，依法追究刑事责任：

　　（一）办理商标事宜过程中，伪造、变造或者使用伪造、变造的法律文件、印章、签名的；

　　（二）以诋毁其他商标代理机构等手段招徕商标代理业务或者以其他不正当手段扰乱商标代理市场秩序的；

（三）违反本法第四条、第十九条第三款和第四款规定的。

商标代理机构有前款规定行为的，由工商行政管理部门记入信用档案；情节严重的，商标局、商标评审委员会并可以决定停止受理其办理商标代理业务，予以公告。

商标代理机构违反诚实信用原则，侵害委托人合法利益的，应当依法承担民事责任，并由商标代理行业组织按照章程规定予以惩戒。

对恶意申请商标注册的，根据情节给予警告、罚款等行政处罚；对恶意提起商标诉讼的，由人民法院依法给予处罚。

第六十九条　从事商标注册、管理和复审工作的国家机关工作人员必须秉公执法，廉洁自律，忠于职守，文明服务。

商标局、商标评审委员会以及从事商标注册、管理和复审工作的国家机关工作人员不得从事商标代理业务和商品生产经营活动。

第七十条　工商行政管理部门应当建立健全内部监督制度，对负责商标注册、管理和复审工作的国家机关工作人员执行法律、行政法规和遵守纪律的情况，进行监督检查。

第七十一条　从事商标注册、管理和复审工作的国家机关工作人员玩忽职守、滥用职权、徇私舞弊，违法办理商标注册、管理和复审事项，收受当事人财物，牟取不正当利益，构成犯罪的，依法追究刑事责任；尚不构成犯罪的，依法给予处分。

第八章　附　则

第七十二条　申请商标注册和办理其他商标事宜的，应当缴纳费用，具体收费标准另定。

第七十三条　本法自1983年3月1日起施行。1963年4月10日国务院公布的《商标管理条例》同时废止；其他有关商标管理的规定，凡与本法抵触的，同时失效。

本法施行前已经注册的商标继续有效。

中华人民共和国价格法

（1997年12月29日第八届全国人民代表大会常务委员会第二十九次会议通过　1997年12月29日中华人民共和国主席令第92号公布　自1998年5月1日起施行）

目　　录

第一章　总　　则

第一条　为了规范价格行为，发挥价格合理配置资源的作用，稳定市场价格总水平，保护消费者和经营者的合法权益，促进社会主义市场经济健康发展，制定本法。

第二条　在中华人民共和国境内发生的价格行为，适用本法。

本法所称价格包括商品价格和服务价格。

商品价格是指各类有形产品和无形资产的价格。

服务价格是指各类有偿服务的收费。

第三条 国家实行并逐步完善宏观经济调控下主要由市场形成价格的机制。价格的制定应当符合价值规律，大多数商品和服务价格实行市场调节价，极少数商品和服务价格实行政府指导价或者政府定价。

市场调节价，是指由经营者自主制定，通过市场竞争形成的价格。

本法所称经营者是指从事生产、经营商品或者提供有偿服务的法人、其他组织和个人。

政府指导价，是指依照本法规定，由政府价格主管部门或者其他有关部门，按照定价权限和范围规定基准价及其浮动幅度，指导经营者制定的价格。

政府定价，是指依照本法规定，由政府价格主管部门或者其他有关部门，按照定价权限和范围制定的价格。

第四条 国家支持和促进公平、公开、合法的市场竞争，维护正常的价格秩序，对价格活动实行管理、监督和必要的调控。

第五条 国务院价格主管部门统一负责全国的价格工作。国务院其他有关部门在各自的职责范围内，负责有关的价格工作。

县级以上地方各级人民政府价格主管部门负责本行政区域内的价格工作。县级以上地方各级人民政府其他有关部门在各自的职责范围内，负责有关的价格工作。

第二章 经营者的价格行为

第六条 商品价格和服务价格，除依照本法第十八条规定适用政府指导价或者政府定价外，实行市场调节价，由经营者依照本法自主制定。

第七条 经营者定价，应当遵循公平、合法和诚实信用的原则。

第八条 经营者定价的基本依据是生产经营成本和市场供求状况。

第九条 经营者应当努力改进生产经营管理，降低生产经营成本，为消费者提供价格合理的商品和服务，并在市场竞争中获取合法利润。

第十条 经营者应当根据其经营条件建立、健全内部价格管理制度，准确记录与核定商品和服务的生产经营成本，不得弄虚作假。

第十一条 经营者进行价格活动，享有下列权利：

（一）自主制定属于市场调节的价格；

（二）在政府指导价规定的幅度内制定价格；

（三）制定属于政府指导价、政府定价产品范围内的新产品的试销价格，特定产品除外；

（四）检举、控告侵犯其依法自主定价权利的行为。

第十二条 经营者进行价格活动，应当遵守法律、法规，执行依法制定的政府指导价、政府定价和法定的价格干预措施、紧急措施。

第十三条 经营者销售、收购商品和提供服务，应当按照政府价格主管部门的规定明码标价，注明商品的品名、产地、规格、等级、计价单位、价格或者服务的项目、收费标准等有关情况。

经营者不得在标价之外加价出售商品，不得收取任何未予标明的费用。

第十四条 经营者不得有下列不正当价格行为：

（一）相互串通，操纵市场价格，损害其他经营者或者消费者的合法权益；

（二）在依法降价处理鲜活商品、季节性商品、积压商品等商品外，为了排挤竞争对手或者独占市场，以低于成本的价格倾销，扰乱正常的生产经营秩序，损害国家利益或者其他经营者的合法权益；

（三）捏造、散布涨价信息，哄抬价格，推动商品价格过高上涨的；

（四）利用虚假的或者使人误解的价格手段，诱骗消费者或者其他经营者与其进行交易；

（五）提供相同商品或者服务，对具有同等交易条件的其他经营者实行价格歧视；

（六）采取抬高等级或者压低等级等手段收购、销售商品或者提供服务，变相提高或者压低价格；

（七）违反法律、法规的规定牟取暴利；

（八）法律、行政法规禁止的其他不正当价格行为。

第十五条 各类中介机构提供有偿服务收取费用，应当遵守本法的规定。法律另有规定的，按照有关规定执行。

第十六条 经营者销售进口商品、收购出口商品，应当遵守本章的有关规定，维护国内市场秩序。

第十七条 行业组织应当遵守价格法律、法规，加强价格自律，接受政府价格主管部门的工作指导。

第三章　政府的定价行为

第十八条 下列商品和服务价格，政府在必要时可以实行政府指导价或者政府定价：

（一）与国民经济发展和人民生活关系重大的极少数商品价格；

（二）资源稀缺的少数商品价格；

（三）自然垄断经营的商品价格；

（四）重要的公用事业价格；

（五）重要的公益性服务价格。

第十九条 政府指导价、政府定价的定价权限和具体适用范围，以中央的和地方的定价目录为依据。

中央定价目录由国务院价格主管部门制定、修订，报国务院批准后公布。

地方定价目录由省、自治区、直辖市人民政府价格主管部门按照中央定价目录规定的定价权限和具体适用范围制定，经本级人民政府审核同意，报国务院价格主管部门审定后公布。

省、自治区、直辖市人民政府以下各级地方人民政府不得制定定价目录。

第二十条 国务院价格主管部门和其他有关部门，按照中央定价目录规定的定价权限和具体适用范围制定政府指导价、政府定价；其中重要的商品和服务价格的政府指导价、政府定价，应当按照规定经国务院批准。

省、自治区、直辖市人民政府价格主管部门和其他有关部门，应当按照地方定价目录规定的定价权限和具体适用范围制定在本地区执行的政府指导价、政府定价。

市、县人民政府可以根据省、自治区、直辖市人民政府的授权，按照地方定价目录规定的定价权限和具体适用范围制定在本地区执行的政府指导价、政府定价。

第二十一条 制定政府指导价、政府定价，应当依据有关商品或者服务的社会平均成本和市场供求状况、国民经济与社会发展要求以及社会承受能力，实行合理的购销差价、批零差价、地区差价和季节差价。

第二十二条 政府价格主管部门和其他有关部门制定政府指导价、政府定价，应当开展价格、成本调查，听取消费者、经营者和有关方面的意见。

政府价格主管部门开展对政府指导价、政府定价的价格、成本调查时，有关单位应当如实反映情况，提供必需的帐簿、文件以及其他资料。

第二十三条 制定关系群众切身利益的公用事业价格、公益性服务价格、自然垄断经营的商品价格等政府指导价、政府定价，应当建立听证会制度，由政府价格主管部门主持，征求消费者、经营者和有关方面的意见，论证其必要性、可行性。

第二十四条 政府指导价、政府定价制定后，由制定价格的部门向消费者、经营者公布。

第二十五条 政府指导价、政府定价的具体适用范围、价格水平，应当根据经济运行情况，按照规定的定价权限和程序适时调整。

消费者、经营者可以对政府指导价、政府定价提出调整建议。

第四章　价格总水平调控

第二十六条 稳定市场价格总水平是国家重要的宏观经济政策目标。国家根据国民经济发展的需要和社会承受能力，确定市场价格总水平调控目标，列入国民经济和社会发展计划，并综合运用货币、财政、投资、进出口等方面的政策和措施，予以实现。

第二十七条 政府可以建立重要商品储备制度，设立价格调节基金，调控价格，稳定市场。

第二十八条 为适应价格调控和管理的需要，政府价格主管部门应当建立价格监测制度，对重要商品、服务价格的变动进行监测。

第二十九条 政府在粮食等重要农产品的市场购买价格过低时，可以在收购中实行保护价格，并采取相应的经济措施保证其实现。

第三十条 当重要商品和服务价格显著上涨或者有可能显著上涨，国务院和省、自治区、直辖市人民政府可以对部分价格采取限定差价率或者利润率、规定限价、实行提价申报制度和调价备案制度等干预措施。

省、自治区、直辖市人民政府采取前款规定的干预措施，应当报国务院备案。

第三十一条 当市场价格总水平出现剧烈波动等异常状态时，国务院可以在全国范围内或者部分区域内采取临时集中定价权限、部分或者全面冻结价格的紧急措施。

第三十二条 依照本法第三十条、第三十一条的规定实行干预措施、紧急措施的情形消除后，应当及时解除干预措施、紧急措施。

第五章　价格监督检查

第三十三条 县级以上各级人民政府价格主管部门，依法对价格活动进行监督检查，并依照本法的规定对价格违法行为实施行政处罚。

第三十四条 政府价格主管部门进行价格监督检查时，可以行使下列职权：

（一）询问当事人或者有关人员，并要求其提供证明材料与价格违法行为有关的其他资料；

（二）查询、复制与价格违法行为有关的帐簿、单据、凭证、文件及其他资料，核对与价格违法行为有关的银行资料；

（三）检查与价格违法行为有关的财物，必要时可以责令当事人暂停相关营业；

（四）在证据可能灭失或者以后难以取得的情况下，可以依法先行登记保存，当事人或者有关人员不得转移、隐匿或者销毁。

第三十五条 经营者接受政府价格主管部门的监督检查时，应当如实提供价格监督检查所必需的帐簿、单据、凭证、文件以及其他资料。

第三十六条 政府部门价格工作人员不得将依法取得的资料或者了解的情况用于依法进行价格管理以外的任何其他目的，不得泄露当事人的商业秘密。

第三十七条 消费者组织、职工价格监督组织、居民委员会、村民委员会等组织以及消费者，有权对价格行为进行社会监督。政府价格主管部门应当充分发挥群众的价格监督作用。

新闻单位有权进行价格舆论监督。

第三十八条 政府价格主管部门应当建立对价格违法行为的举报制度。

任何单位和个人均有权对价格违法行为进行举报。政府价格主管部门应当对举报者给予鼓励，并负责为举报者保密。

第六章 法 律 责 任

第三十九条 经营者不执行政府指导价、政府定价以及法定的价格干预措施、紧急措施的，责令改正，没收违法所得，可以并处违法所得五倍以下的罚款；没有违法所得的，可以处以罚款；情节严重的，责令停业整顿。

第四十条 经营者有本法第十四条所列行为之一的，责令改正，没收违法所得，可以并处违法所得五倍以下的罚款；没有违法所得的，予以警告，可以并处罚款；情节严重的，责令停业整顿，或者由工商行政管理机关吊销营业执照。有关法律对本法第十四条所列行为的处罚及处罚机关另有规定的，可以依照有关法律的规定执行。

有本法第十四条第（一）项、第（二）项所列行为，属于是全国性的，由国务院价格主管部门认定；属于是省及省以下区域性的，由省、自治区、直辖市人民政府价格主管部门认定。

第四十一条 经营者因价格违法行为致使消费者或者其他经营者多付价款的，应当退还多付部分；造成损害的，应当依法承担赔偿责任。

第四十二条 经营者违反明码标价规定的，责令改正，没收违法所得，可以并处五千元以下的罚款。

第四十三条 经营者被责令暂停相关营业而不停止的，或者转移、隐匿、销毁依法登记保存的财物的，处相关营业所得或者转移、隐匿、销毁的财物价值一倍以上三倍以下的罚款。

第四十四条 拒绝按照规定提供监督检查所需资料或者提供虚假资料的，责令改正，予以警告；逾期不改正的，可以处以罚款。

第四十五条 地方各级人民政府或者各级人民政府有关部门违反本法规定，超越定价权限和范围擅自制定、调整价格或者不执行法定的价格干预措施、紧急措施的，责令改正，并可以通报批评；对直接负责的主管人员和其他直接责任人员，依法给予行政处分。

第四十六条 价格工作人员泄露国家秘密、商业秘密以及滥用职权、徇私舞弊、玩忽职守、索贿受贿，构成犯罪的，依法追究刑事责任；尚不构成犯罪的，依法给予处分。

第七章 附 则

第四十七条 国家行政机关的收费，应当依法进行，严格控制收费项目，限定收费范围、标准。收费的具体管理办法由国务院另行制定。

利率、汇率、保险费率、证券及期货价格，适用有关法律、行政法规的规定，不适用本法。

第四十八条 本法自 1998 年 5 月 1 日起施行。

中华人民共和国专利法实施细则

（2001 年 6 月 15 日中华人民共和国国务院令第 306 号公布 根据 2002 年 12 月 28 日《国务院关于修改〈中华人民共和国专利法实施细则〉的决定》第一次修订 根据 2010 年 1 月 9 日《国务院关于修改〈中华人民共和国专利法实施细则〉的决定》第二次修订 根据 2023 年 12 月 11 日《国务院关于修改〈中华人民共和国专利法实施细则〉的决定》第三次修订）

第一章 总 则

第一条 根据《中华人民共和国专利法》（以下简称专利法），制定本细则。

第二条 专利法和本细则规定的各种手续，应当以书面形式或者国务院专利行政部门规定的其他形式办理。以电子数据交换等方式能够有形地表现所载内容，并且可以随时调取查用的数据电文（以下统称电子形式），视为书面形式。

第三条 依照专利法和本细则规定提交的各种文件应当使用中文；国家有统一规定的科技术语的，应当采用规范词；外国人名、地名和科技术语没有统一中文译文的，应当注明原文。

依照专利法和本细则规定提交的各种证件和证明文件是外文的，国务院专利行政部门认为必要时，可以要求当事人在指定期限内附送中文译文；期满未附送的，视为未提交该证件和证明文件。

第四条 向国务院专利行政部门邮寄的各种文件，以寄出的邮戳日为递交日；邮戳日不清晰的，除当事人能够提出证明外，以国务院专利行政部门收到日为递交日。

以电子形式向国务院专利行政部门提交各种文件的，以进入国务院专利行政部门指定的特定电子系统的日期为递交日。

国务院专利行政部门的各种文件，可以通过电子形式、邮寄、直接送交或者其他方式送达当事人。当事人委托专利代理机构的，文件送交专利代理机构；未委托专利代理机构的，文件送交请求书中指明的联系人。

国务院专利行政部门邮寄的各种文件，自文件发出之日起满 15 日，推定为当事人收到文件之日。当事人提供证据能够证明实际收到文件的日期的，以实际收到日为准。

根据国务院专利行政部门规定应当直接送交的文件，以交付日为送达日。

文件送交地址不清，无法邮寄的，可以通过公告的方式送达当事人。自公告之日起满 1 个月，该文件视为已经送达。

国务院专利行政部门以电子形式送达的各种文件，以进入当事人认可的电子系统的日期为送达日。

第五条 专利法和本细则规定的各种期限开始的当日不计算在期限内，自下一日开始计算。期限以年或者月计算的，以其最后一月的相应日为期限届满日；该月无相应日的，以该月最后一日为期限届满日；期限届满日是法定休假日的，以休假日后的第一个工作日为期限届满日。

第六条 当事人因不可抗拒的事由而延误专利法或者本细则规定的期限或者国务院专利行政部门指定的期限，导致其权利丧失的，自障碍消除之日起 2 个月内且自期限届满之日起 2 年内，可以向国务院专利行政部门请求恢复权利。

除前款规定的情形外，当事人因其他正当理由延误专利法或者本细则规定的期限或者国务院专利行政部门指定的期限，导致其权利丧失的，可以自收到国务院专利行政部门的通知之日起 2

个月内向国务院专利行政部门请求恢复权利；但是，延误复审请求期限的，可以自复审请求期限届满之日起2个月内向国务院专利行政部门请求恢复权利。

当事人依照本条第一款或者第二款的规定请求恢复权利的，应当提交恢复权利请求书，说明理由，必要时附具有关证明文件，并办理权利丧失前应当办理的相应手续；依照本条第二款的规定请求恢复权利的，还应当缴纳恢复权利请求费。

当事人请求延长国务院专利行政部门指定的期限的，应当在期限届满前，向国务院专利行政部门提交延长期限请求书，说明理由，并办理有关手续。

本条第一款和第二款的规定不适用专利法第二十四条、第二十九条、第四十二条、第七十四条规定的期限。

第七条 专利申请涉及国防利益需要保密的，由国防专利机构受理并进行审查；国务院专利行政部门受理的专利申请涉及国防利益需要保密的，应当及时移交国防专利机构进行审查。经国防专利机构审查没有发现驳回理由的，由国务院专利行政部门作出授予国防专利权的决定。

国务院专利行政部门认为其受理的发明或者实用新型专利申请涉及国防利益以外的国家安全或者重大利益需要保密的，应当及时作出按照保密专利申请处理的决定，并通知申请人。保密专利申请的审查、复审以及保密专利权无效宣告的特殊程序，由国务院专利行政部门规定。

第八条 专利法第十九条所称在中国完成的发明或者实用新型，是指技术方案的实质性内容在中国境内完成的发明或者实用新型。

任何单位或者个人将在中国完成的发明或者实用新型向外国申请专利的，应当按照下列方式之一请求国务院专利行政部门进行保密审查：

（一）直接向外国申请专利或者向有关国外机构提交专利国际申请的，应当事先向国务院专利行政部门提出请求，并详细说明其技术方案；

（二）向国务院专利行政部门申请专利后拟向外国申请专利或者向有关国外机构提交专利国际申请的，应当在向外国申请专利或者向有关国外机构提交专利国际申请前向国务院专利行政部门提出请求。

向国务院专利行政部门提交专利国际申请的，视为同时提出了保密审查请求。

第九条 国务院专利行政部门收到依照本细则第八条规定递交的请求后，经过审查认为该发明或者实用新型可能涉及国家安全或者重大利益需要保密的，应当在请求递交日起2个月内向申请人发出保密审查通知；情况复杂的，可以延长2个月。

国务院专利行政部门依照前款规定通知进行保密审查的，应当在请求递交日起4个月内作出是否需要保密的决定，并通知申请人；情况复杂的，可以延长2个月。

第十条 专利法第五条所称违反法律的发明创造，不包括仅其实施为法律所禁止的发明创造。

第十一条 申请专利应当遵循诚实信用原则。提出各类专利申请应当以真实发明创造活动为基础，不得弄虚作假。

第十二条 除专利法第二十八条和第四十二条规定的情形外，专利法所称申请日，有优先权的，指优先权日。

本细则所称申请日，除另有规定的外，是指专利法第二十八条规定的申请日。

第十三条 专利法第六条所称执行本单位的任务所完成的职务发明创造，是指：

（一）在本职工作中作出的发明创造；

（二）履行本单位交付的本职工作之外的任务所作出的发明创造；

（三）退休、调离原单位后或者劳动、人事关系终止后1年内作出的，与其在原单位承担的本职工作或者原单位分配的任务有关的发明创造。

专利法第六条所称本单位，包括临时工作单位；专利法第六条所称本单位的物质技术条件，是指本单位的资金、设备、零部件、原材料或者不对外公开的技术信息和资料等。

第十四条 专利法所称发明人或者设计人，是指对发明创造的实质性特点作出创造性贡献的人。在完成发明创造过程中，只负责组织工作的人、为物质技术条件的利用提供方便的人或者从事其他辅助工作的人，不是发明人或者设计人。

第十五条 除依照专利法第十条规定转让专利权外，专利权因其他事由发生转移的，当事人应当凭有关证明文件或者法律文书向国务院专利行政部门办理专利权转移手续。

专利权人与他人订立的专利实施许可合同，应当自合同生效之日起 3 个月内向国务院专利行政部门备案。

以专利权出质的，由出质人和质权人共同向国务院专利行政部门办理出质登记。

第十六条 专利工作应当贯彻党和国家知识产权战略部署，提升我国专利创造、运用、保护、管理和服务水平，支持全面创新，促进创新型国家建设。

国务院专利行政部门应当提升专利信息公共服务能力，完整、准确、及时发布专利信息，提供专利基础数据，促进专利相关数据资源的开放共享、互联互通。

第二章 专利的申请

第十七条 申请专利的，应当向国务院专利行政部门提交申请文件。申请文件应当符合规定的要求。

申请人委托专利代理机构向国务院专利行政部门申请专利和办理其他专利事务的，应当同时提交委托书，写明委托权限。

申请人有 2 人以上且未委托专利代理机构的，除请求书中另有声明的外，以请求书中指明的第 申请人为代表人。

第十八条 依照专利法第十八条第一款的规定委托专利代理机构在中国申请专利和办理其他专利事务的，涉及下列事务，申请人或者专利权人可以自行办理：

（一）申请要求优先权的，提交第一次提出的专利申请（以下简称在先申请）文件副本；

（二）缴纳费用；

（三）国务院专利行政部门规定的其他事务。

第十九条 发明、实用新型或者外观设计专利申请的请求书应当写明下列事项：

（一）发明、实用新型或者外观设计的名称；

（二）申请人是中国单位或者个人的，其名称或者姓名、地址、邮政编码、统一社会信用代码或者身份证件号码；申请人是外国人、外国企业或者外国其他组织的，其姓名或者名称、国籍或者注册的国家或者地区；

（三）发明人或者设计人的姓名；

（四）申请人委托专利代理机构的，受托机构的名称、机构代码以及该机构指定的专利代理师的姓名、专利代理师资格证号码、联系电话；

（五）要求优先权的，在先申请的申请日、申请号以及原受理机构的名称；

（六）申请人或者专利代理机构的签字或者盖章；

（七）申请文件清单；

（八）附加文件清单；

（九）其他需要写明的有关事项。

第二十条 发明或者实用新型专利申请的说明书应当写明发明或者实用新型的名称，该名称应当与请求书中的名称一致。说明书应当包括下列内容：

（一）技术领域：写明要求保护的技术方案所属的技术领域；

（二）背景技术：写明对发明或者实用新型的理解、检索、审查有用的背景技术；有可能的，并引证反映这些背景技术的文件；

（三）发明内容：写明发明或者实用新型所要解决的技术问题以及解决其技术问题采用的技术方案，并对照现有技术写明发明或者实用新型的有益效果；

（四）附图说明：说明书有附图的，对各幅附图作简略说明；

（五）具体实施方式：详细写明申请人认为实现发明或者实用新型的优选方式；必要时，举例说明；有附图的，对照附图。

发明或者实用新型专利申请人应当按照前款规定的方式和顺序撰写说明书，并在说明书每一部分前面写明标题，除非其发明或者实用新型的性质用其他方式或者顺序撰写能节约说明书的篇幅并使他人能够准确理解其发明或者实用新型。

发明或者实用新型说明书应当用词规范、语句清楚，并不得使用"如权利要求……所述的……"一类的引用语，也不得使用商业性宣传用语。

发明专利申请包含一个或者多个核苷酸或者氨基酸序列的，说明书应当包括符合国务院专利行政部门规定的序列表。

实用新型专利申请说明书应当有表示要求保护的产品的形状、构造或者其结合的附图。

第二十一条 发明或者实用新型的几幅附图应当按照"图1，图2，……"顺序编号排列。

发明或者实用新型说明书文字部分中未提及的附图标记不得在附图中出现，附图中未出现的附图标记不得在说明书文字部分中提及。申请文件中表示同一组成部分的附图标记应当一致。

附图中除必需的词语外，不应当含有其他注释。

第二十二条 权利要求书应当记载发明或者实用新型的技术特征。

权利要求书有几项权利要求的，应当用阿拉伯数字顺序编号。

权利要求书中使用的科技术语应当与说明书中使用的科技术语一致，可以有化学式或者数学式，但是不得有插图。除绝对必要的外，不得使用"如说明书……部分所述"或者"如图……所示"的用语。

权利要求中的技术特征可以引用说明书附图中相应的标记，该标记应当放在相应的技术特征后并置于括号内，便于理解权利要求。附图标记不得解释为对权利要求的限制。

第二十三条 权利要求书应当有独立权利要求，也可以有从属权利要求。

独立权利要求应当从整体上反映发明或者实用新型的技术方案，记载解决技术问题的必要技术特征。

从属权利要求应当用附加的技术特征，对引用的权利要求作进一步限定。

第二十四条 发明或者实用新型的独立权利要求应当包括前序部分和特征部分，按照下列规定撰写：

（一）前序部分：写明要求保护的发明或者实用新型技术方案的主题名称和发明或者实用新型主题与最接近的现有技术共有的必要技术特征；

（二）特征部分：使用"其特征是……"或者类似的用语，写明发明或者实用新型区别于最接近的现有技术的技术特征。这些特征和前序部分写明的特征合在一起，限定发明或者实用新型要求保护的范围。

发明或者实用新型的性质不适于用前款方式表达的，独立权利要求可以用其他方式撰写。

一项发明或者实用新型应当只有一个独立权利要求，并写在同一发明或者实用新型的从属权利要求之前。

第二十五条 发明或者实用新型的从属权利要求应当包括引用部分和限定部分，按照下列规定撰写：

（一）引用部分：写明引用的权利要求的编号及其主题名称；

（二）限定部分：写明发明或者实用新型附加的技术特征。

从属权利要求只能引用在前的权利要求。引用两项以上权利要求的多项从属权利要求，只能以择一方式引用在前的权利要求，并不得作为另一项多项从属权利要求的基础。

第二十六条 说明书摘要应当写明发明或者实用新型专利申请所公开内容的概要，即写明发明或者实用新型的名称和所属技术领域，并清楚地反映所要解决的技术问题、解决该问题的技术方案的要点以及主要用途。

说明书摘要可以包含最能说明发明的化学式；有附图的专利申请，还应当在请求书中指定一幅最能说明该发明或者实用新型技术特征的说明书附图作为摘要附图。摘要中不得使用商业性宣传用语。

第二十七条 申请专利的发明涉及新的生物材料，该生物材料公众不能得到，并且对该生物材料的说明不足以使所属领域的技术人员实施其发明的，除应当符合专利法和本细则的有关规定外，申请人还应当办理下列手续：

（一）在申请日前或者最迟在申请日（有优先权的，指优先权日），将该生物材料的样品提交国务院专利行政部门认可的保藏单位保藏，并在申请时或者最迟自申请日起4个月内提交保藏单位出具的保藏证明和存活证明；期满未提交证明的，该样品视为未提交保藏；

（二）在申请文件中，提供有关该生物材料特征的资料；

（三）涉及生物材料样品保藏的专利申请应当在请求书和说明书中写明该生物材料的分类命名（注明拉丁文名称）、保藏该生物材料样品的单位名称、地址、保藏日期和保藏编号；申请时未写明的，应当自申请日起4个月内补正；期满未补正的，视为未提交保藏。

第二十八条 发明专利申请人依照本细则第二十七条的规定保藏生物材料样品的，在发明专利申请公布后，任何单位或者个人需要将该专利申请所涉及的生物材料作为实验目的使用的，应当向国务院专利行政部门提出请求，并写明下列事项：

（一）请求人的姓名或者名称和地址；

（二）不向其他任何人提供该生物材料的保证；

（三）在授予专利权前，只作为实验目的使用的保证。

第二十九条 专利法所称遗传资源，是指取自人体、动物、植物或者微生物等含有遗传功能单位并具有实际或者潜在价值的材料和利用此类材料产生的遗传信息；专利法所称依赖遗传资源完成的发明创造，是指利用了遗传资源的遗传功能完成的发明创造。

就依赖遗传资源完成的发明创造申请专利的，申请人应当在请求书中予以说明，并填写国务院专利行政部门制定的表格。

第三十条 申请人应当就每件外观设计产品所需要保护的内容提交有关图片或者照片。

申请局部外观设计专利的，应当提交整体产品的视图，并用虚线与实线相结合或者其他方式表明所需要保护部分的内容。

申请人请求保护色彩的，应当提交彩色图片或者照片。

第三十一条 外观设计的简要说明应当写明外观设计产品的名称、用途，外观设计的设计要点，并指定一幅最能表明设计要点的图片或者照片。省略视图或者请求保护色彩的，应当在简要说明中写明。

对同一产品的多项相似外观设计提出一件外观设计专利申请的，应当在简要说明中指定其中一项作为基本设计。

申请局部外观设计专利的，应当在简要说明中写明请求保护的部分，已在整体产品的视图中用虚线与实线相结合方式表明的除外。

简要说明不得使用商业性宣传用语，也不得说明产品的性能。

第三十二条 国务院专利行政部门认为必要时，可以要求外观设计专利申请人提交使用外观设计的产品样品或者模型。样品或者模型的体积不得超过 30 厘米×30 厘米×30 厘米，重量不得超过 15 公斤。易腐、易损或者危险品不得作为样品或者模型提交。

第三十三条 专利法第二十四条第（二）项所称中国政府承认的国际展览会，是指国际展览会公约规定的在国际展览局注册或者由其认可的国际展览会。

专利法第二十四条第（三）项所称学术会议或者技术会议，是指国务院有关主管部门或者全国性学术团体组织召开的学术会议或者技术会议，以及国务院有关主管部门认可的由国际组织召开的学术会议或者技术会议。

申请专利的发明创造有专利法第二十四条第（二）项或者第（三）项所列情形的，申请人应当在提出专利申请时声明，并自申请日起 2 个月内提交有关发明创造已经展出或者发表，以及展出或者发表日期的证明文件。

申请专利的发明创造有专利法第二十四条第（一）项或者第（四）项所列情形的，国务院专利行政部门认为必要时，可以要求申请人在指定期限内提交证明文件。

申请人未依照本条第三款的规定提出声明和提交证明文件的，或者未依照本条第四款的规定在指定期限内提交证明文件的，其申请不适用专利法第二十四条的规定。

第三十四条 申请人依照专利法第三十条的规定要求外国优先权的，申请人提交的在先申请文件副本应当经原受理机构证明。依照国务院专利行政部门与该受理机构签订的协议，国务院专利行政部门通过电子交换等途径获得在先申请文件副本的，视为申请人提交了经该受理机构证明的在先申请文件副本。要求本国优先权，申请人在请求书中写明在先申请的申请日和申请号的，视为提交了在先申请文件副本。

要求优先权，但请求书中漏写或者错写在先申请的申请日、申请号和原受理机构名称中的一项或者两项内容的，国务院专利行政部门应当通知申请人在指定期限内补正；期满未补正的，视为未要求优先权。

要求优先权的申请人的姓名或者名称与在先申请文件副本中记载的申请人姓名或者名称不一致的，应当提交优先权转让证明材料，未提交该证明材料的，视为未要求优先权。

外观设计专利申请人要求外国优先权，其在先申请未包括对外观设计的简要说明，申请人按照本细则第三十一条规定提交的简要说明未超出在先申请文件的图片或者照片表示的范围的，不影响其享有优先权。

第三十五条 申请人在一件专利申请中，可以要求一项或者多项优先权；要求多项优先权的，该申请的优先权期限从最早的优先权日起计算。

发明或者实用新型专利申请人要求本国优先权，在先申请是发明专利申请的，可以就相同主题提出发明或者实用新型专利申请；在先申请是实用新型专利申请的，可以就相同主题提出实用新型或者发明专利申请。外观设计专利申请人要求本国优先权，在先申请是发明或者实用新型专利申请的，可以就附图显示的设计提出相同主题的外观设计专利申请；在先申请是外观设计专利申请的，可以就相同主题提出外观设计专利申请。但是，提出后一申请时，在先申请的主题有下列情形之一的，不得作为要求本国优先权的基础：

（一）已经要求外国优先权或者本国优先权的；

（二）已经被授予专利权的；

（三）属于按照规定提出的分案申请的。

申请人要求本国优先权的，其在先申请自后一申请提出之日起即视为撤回，但外观设计专利申请人要求以发明或者实用新型专利申请作为本国优先权基础的除外。

第三十六条　申请人超出专利法第二十九条规定的期限，向国务院专利行政部门就相同主题提出发明或者实用新型专利申请，有正当理由的，可以在期限届满之日起2个月内请求恢复优先权。

第三十七条　发明或者实用新型专利申请人要求了优先权的，可以自优先权日起16个月内或者自申请日起4个月内，请求在请求书中增加或者改正优先权要求。

第三十八条　在中国没有经常居所或者营业所的申请人，申请专利或者要求外国优先权的，国务院专利行政部门认为必要时，可以要求其提供下列文件：

（一）申请人是个人的，其国籍证明；

（二）申请人是企业或者其他组织的，其注册的国家或者地区的证明文件；

（三）申请人的所属国，承认中国单位和个人可以按照该国国民的同等条件，在该国享有专利权、优先权和其他与专利有关的权利的证明文件。

第三十九条　依照专利法第三十一条第一款规定，可以作为一件专利申请提出的属于一个总的发明构思的两项以上的发明或者实用新型，应当在技术上相互关联，包含一个或者多个相同或者相应的特定技术特征，其中特定技术特征是指每一项发明或者实用新型作为整体，对现有技术作出贡献的技术特征。

第四十条　依照专利法第三十一条第二款规定，将同一产品的多项相似外观设计作为一件申请提出的，对该产品的其他设计应当与简要说明中指定的基本设计相似。一件外观设计专利申请中的相似外观设计不得超过10项。

专利法第三十一条第二款所称同一类别并且成套出售或者使用的产品的两项以上外观设计，是指各产品属于分类表中同一大类，习惯上同时出售或者同时使用，而且各产品的外观设计具有相同的设计构思。

将两项以上外观设计作为一件申请提出的，应当将各项外观设计的顺序编号标注在每件外观设计产品各幅图片或者照片的名称之前。

第四十一条　申请人撤回专利申请的，应当向国务院专利行政部门提出声明，写明发明创造的名称、申请号和申请日。

撤回专利申请的声明在国务院专利行政部门做好公布专利申请文件的印刷准备工作后提出的，申请文件仍予公布；但是，撤回专利申请的声明应当在以后出版的专利公报上予以公告。

第三章　专利申请的审查和批准

第四十二条　在初步审查、实质审查、复审和无效宣告程序中，实施审查和审理的人员有下列情形之一的，应当自行回避，当事人或者其他利害关系人可以要求其回避：

（一）是当事人或者其代理人的近亲属的；

（二）与专利申请或者专利权有利害关系的；

（三）与当事人或者其代理人有其他关系，可能影响公正审查和审理的；

（四）复审或者无效宣告程序中，曾参与原申请的审查。

第四十三条　国务院专利行政部门收到发明或者实用新型专利申请的请求书、说明书（实用新型必须包括附图）和权利要求书，或者外观设计专利申请的请求书、外观设计的图片或者照片和简要说明后，应当明确申请日、给予申请号，并通知申请人。

第四十四条　专利申请文件有下列情形之一的，国务院专利行政部门不予受理，并通知申请人：

（一）发明或者实用新型专利申请缺少请求书、说明书（实用新型无附图）或者权利要求书的，或者外观设计专利申请缺少请求书、图片或者照片、简要说明的；

（二）未使用中文的；

（三）申请文件的格式不符合规定的；

（四）请求书中缺少申请人姓名或者名称，或者缺少地址的；

（五）明显不符合专利法第十七条或者第十八条第一款的规定的；

（六）专利申请类别（发明、实用新型或者外观设计）不明确或者难以确定的。

第四十五条 发明或者实用新型专利申请缺少或者错误提交权利要求书、说明书或者权利要求书、说明书的部分内容，但申请人在递交日要求了优先权的，可以自递交日起2个月内或者在国务院专利行政部门指定的期限内以援引在先申请文件的方式补交。补交的文件符合有关规定的，以首次提交文件的递交日为申请日。

第四十六条 说明书中写有对附图的说明但无附图或者缺少部分附图的，申请人应当在国务院专利行政部门指定的期限内补交附图或者声明取消对附图的说明。申请人补交附图的，以向国务院专利行政部门提交或者邮寄附图之日为申请日；取消对附图的说明的，保留原申请日。

第四十七条 两个以上的申请人同日（指申请日；有优先权的，指优先权日）分别就同样的发明创造申请专利的，应当在收到国务院专利行政部门的通知后自行协商确定申请人。

同一申请人在同日（指申请日）对同样的发明创造既申请实用新型专利又申请发明专利的，应当在申请时分别说明对同样的发明创造已申请了另一专利；未作说明的，依照专利法第九条第一款关于同样的发明创造只能授予一项专利权的规定处理。

国务院专利行政部门公告授予实用新型专利权，应当公告申请人已依照本条第二款的规定同时申请了发明专利的说明。

发明专利申请经审查没有发现驳回理由，国务院专利行政部门应当通知申请人在规定期限内声明放弃实用新型专利权。申请人声明放弃的，国务院专利行政部门应当作出授予发明专利权的决定，并在公告授予发明专利权时一并公告申请人放弃实用新型专利权声明。申请人不同意放弃的，国务院专利行政部门应当驳回该发明专利申请；申请人期满未答复的，视为撤回该发明专利申请。

实用新型专利权自公告授予发明专利权之日起终止。

第四十八条 一件专利申请包括两项以上发明、实用新型或者外观设计的，申请人可以在本细则第六十条第一款规定的期限届满前，向国务院专利行政部门提出分案申请；但是，专利申请已经被驳回、撤回或者视为撤回的，不能提出分案申请。

国务院专利行政部门认为一件专利申请不符合专利法第三十一条和本细则第三十九条或者第四十条的规定的，应当通知申请人在指定期限内对其申请进行修改；申请人期满未答复的，该申请视为撤回。

分案的申请不得改变原申请的类别。

第四十九条 依照本细则第四十八条规定提出的分案申请，可以保留原申请日，享有优先权的，可以保留优先权日，但是不得超出原申请记载的范围。

分案申请应当依照专利法及本细则的规定办理有关手续。

分案申请的请求书中应当写明原申请的申请号和申请日。

第五十条 专利法第三十四条和第四十条所称初步审查，是指审查专利申请是否具备专利法第二十六条或者第二十七条规定的文件和其他必要的文件，这些文件是否符合规定的格式，并审查下列各项：

（一）发明专利申请是否明显属于专利法第五条、第二十五条规定的情形，是否不符合专利法第十七条、第十八条第一款、第十九条第一款或者本细则第十一条、第十九条、第二十九条第二款的规定，是否明显不符合专利法第二条第二款、第二十六条第五款、第三十一条第一款、第三十三条或者本细则第二十条至第二十四条的规定；

（二）实用新型专利申请是否明显属于专利法第五条、第二十五条规定的情形，是否不符合专利法第十七条、第十八条第一款、第十九条第一款或者本细则第十一条、第十九条至第二十二条、第二十四条至第二十六条的规定，是否明显不符合专利法第二条第三款、第二十六条第三款、第二十六条第四款、第三十一条第一款、第三十三条或者本细则第二十三条、第四十九条第一款的规定，是否依照专利法第九条规定不能取得专利权；

（三）外观设计专利申请是否明显属于专利法第五条、第二十五条第一款第（六）项规定的情形，是否不符合专利法第十七条、第十八条第一款或者本细则第十一条、第十九条、第三十条、第三十一条的规定，是否明显不符合专利法第二条第四款、第二十三条第一款、第二十三条第二款、第二十七条第二款、第三十一条第二款、第三十三条或者本细则第四十九条第一款的规定，是否依照专利法第九条规定不能取得专利权；

（四）申请文件是否符合本细则第二条、第三条第一款的规定。

国务院专利行政部门应当将审查意见通知申请人，要求其在指定期限内陈述意见或者补正；申请人期满未答复的，其申请视为撤回。申请人陈述意见或者补正后，国务院专利行政部门仍然认为不符合前款所列各项规定的，应当予以驳回。

第五十一条　除专利申请文件外，申请人向国务院专利行政部门提交的与专利申请有关的其他文件有下列情形之一的，视为未提交：

（一）未使用规定的格式或者填写不符合规定的；

（二）未按照规定提交证明材料的。

国务院专利行政部门应当将视为未提交的审查意见通知申请人。

第五十二条　申请人请求早日公布其发明专利申请的，应当向国务院专利行政部门声明。国务院专利行政部门对该申请进行初步审查后，除予以驳回的外，应当立即将申请予以公布。

第五十三条　申请人写明使用外观设计的产品及其所属类别的，应当使用国务院专利行政部门公布的外观设计产品分类表。未写明使用外观设计的产品所属类别或者所写的类别不确切的，国务院专利行政部门可以予以补充或者修改。

第五十四条　自发明专利申请公布之日起至公告授予专利权之日止，任何人均可以对不符合专利法规定的专利申请向国务院专利行政部门提出意见，并说明理由。

第五十五条　发明专利申请人因有正当理由无法提交专利法第三十六条规定的检索资料或者审查结果资料的，应当向国务院专利行政部门声明，并在得到有关资料后补交。

第五十六条　国务院专利行政部门依照专利法第三十五条第二款的规定对专利申请自行进行审查时，应当通知申请人。

申请人可以对专利申请提出延迟审查请求。

第五十七条　发明专利申请人在提出实质审查请求时以及在收到国务院专利行政部门发出的发明专利申请进入实质审查阶段通知书之日起的 3 个月内，可以对发明专利申请主动提出修改。

实用新型或者外观设计专利申请人自申请日起 2 个月内，可以对实用新型或者外观设计专利申请主动提出修改。

申请人在收到国务院专利行政部门发出的审查意见通知书后对专利申请文件进行修改的，应当针对通知书指出的缺陷进行修改。

国务院专利行政部门可以自行修改专利申请文件中文字和符号的明显错误。国务院专利行政部门自行修改的，应当通知申请人。

第五十八条　发明或者实用新型专利申请的说明书或者权利要求书的修改部分，除个别文字修改或者增删外，应当按照规定格式提交替换页。外观设计专利申请的图片或者照片的修改，应当按照规定提交替换页。

第五十九条 依照专利法第三十八条的规定，发明专利申请经实质审查应当予以驳回的情形是指：

（一）申请属于专利法第五条、第二十五条规定的情形，或者依照专利法第九条规定不能取得专利权的；

（二）申请不符合专利法第二条第二款、第十九条第一款、第二十二条、第二十六条第三款、第二十六条第四款、第二十六条第五款、第三十一条第一款或者本细则第十一条、第二十三条第二款规定的；

（三）申请的修改不符合专利法第三十三条规定，或者分案的申请不符合本细则第四十九条第一款的规定的。

第六十条 国务院专利行政部门发出授予专利权的通知后，申请人应当自收到通知之日起2个月内办理登记手续。申请人按期办理登记手续的，国务院专利行政部门应当授予专利权，颁发专利证书，并予以公告。

期满未办理登记手续的，视为放弃取得专利权的权利。

第六十一条 保密专利申请经审查没有发现驳回理由的，国务院专利行政部门应当作出授予保密专利权的决定，颁发保密专利证书，登记保密专利权的有关事项。

第六十二条 授予实用新型或者外观设计专利权的决定公告后，专利法第六十六条规定的专利权人、利害关系人、被控侵权人可以请求国务院专利行政部门作出专利权评价报告。申请人可以在办理专利权登记手续时请求国务院专利行政部门作出专利权评价报告。

请求作出专利权评价报告的，应当提交专利权评价报告请求书，写明专利申请号或者专利号。每项请求应当限于一项专利申请或者专利权。

专利权评价报告请求书不符合规定的，国务院专利行政部门应当通知请求人在指定期限内补正；请求人期满未补正的，视为未提出请求。

第六十三条 国务院专利行政部门应当自收到专利权评价报告请求书后2个月内作出专利权评价报告，但申请人在办理专利权登记手续时请求作出专利权评价报告的，国务院专利行政部门应当自公告授予专利权之日起2个月内作出专利权评价报告。

对同一项实用新型或者外观设计专利权，有多个请求人请求作出专利权评价报告的，国务院专利行政部门仅作出一份专利权评价报告。任何单位或者个人可以查阅或者复制该专利权评价报告。

第六十四条 国务院专利行政部门对专利公告、专利单行本中出现的错误，一经发现，应当及时更正，并对所作更正予以公告。

第四章 专利申请的复审与专利权的无效宣告

第六十五条 依照专利法第四十一条的规定向国务院专利行政部门请求复审的，应当提交复审请求书，说明理由，必要时还应当附具有关证据。

复审请求不符合专利法第十八条第一款或者第四十一条第一款规定的，国务院专利行政部门不予受理，书面通知复审请求人并说明理由。

复审请求书不符合规定格式的，复审请求人应当在国务院专利行政部门指定的期限内补正；期满未补正的，该复审请求视为未提出。

第六十六条 请求人在提出复审请求或者在对国务院专利行政部门的复审通知书作出答复时，可以修改专利申请文件；但是，修改应当仅限于消除驳回决定或者复审通知书指出的缺陷。

第六十七条 国务院专利行政部门进行复审后，认为复审请求不符合专利法和本细则有关规定或者专利申请存在其他明显违反专利法和本细则有关规定情形的，应当通知复审请求人，要求其在指定期限内陈述意见。期满未答复的，该复审请求视为撤回；经陈述意见或者进行修改后，国务院专利行政部门认为仍不符合专利法和本细则有关规定的，应当作出驳回复审请求的复审决定。

国务院专利行政部门进行复审后，认为原驳回决定不符合专利法和本细则有关规定的，或者认为经过修改的专利申请文件消除了原驳回决定和复审通知书指出的缺陷的，应当撤销原驳回决定，继续进行审查程序。

第六十八条 复审请求人在国务院专利行政部门作出决定前，可以撤回其复审请求。

复审请求人在国务院专利行政部门作出决定前撤回其复审请求的，复审程序终止。

第六十九条 依照专利法第四十五条的规定，请求宣告专利权无效或者部分无效的，应当向国务院专利行政部门提交专利权无效宣告请求书和必要的证据一式两份。无效宣告请求书应当结合提交的所有证据，具体说明无效宣告请求的理由，并指明每项理由所依据的证据。

前款所称无效宣告请求的理由，是指被授予专利的发明创造不符合专利法第二条、第十九条第一款、第二十二条、第二十三条、第二十六条第三款、第二十六条第四款、第二十七条第二款、第三十三条或者本细则第十一条、第二十三条第二款、第四十九条第一款的规定，或者属于专利法第五条、第二十五条规定的情形，或者依照专利法第九条规定不能取得专利权。

第七十条 专利权无效宣告请求不符合专利法第十八条第一款或者本细则第六十九条规定的，国务院专利行政部门不予受理。

在国务院专利行政部门就无效宣告请求作出决定之后，又以同样的理由和证据请求无效宣告的，国务院专利行政部门不予受理。

以不符合专利法第二十三条第三款的规定为理由请求宣告外观设计专利权无效，但是未提交证明权利冲突的证据的，国务院专利行政部门不予受理。

专利权无效宣告请求书不符合规定格式的，无效宣告请求人应当在国务院专利行政部门指定的期限内补正；期满未补正的，该无效宣告请求视为未提出。

第七十一条 在国务院专利行政部门受理无效宣告请求后，请求人可以在提出无效宣告请求之日起1个月内增加理由或者补充证据。逾期增加理由或者补充证据的，国务院专利行政部门可以不予考虑。

第七十二条 国务院专利行政部门应当将专利权无效宣告请求书和有关文件的副本送交专利权人，要求其在指定的期限内陈述意见。

专利权人和无效宣告请求人应当在指定期限内答复国务院专利行政部门发出的转送文件通知书或者无效宣告请求审查通知书；期满未答复的，不影响国务院专利行政部门审理。

第七十三条 在无效宣告请求的审查过程中，发明或者实用新型专利的专利权人可以修改其权利要求书，但是不得扩大原专利的保护范围。国务院专利行政部门在修改后的权利要求基础上作出维持专利权有效或者宣告专利权部分无效的决定的，应当公告修改后的权利要求。

发明或者实用新型专利的专利权人不得修改专利说明书和附图，外观设计专利的专利权人不得修改图片、照片和简要说明。

第七十四条 国务院专利行政部门根据当事人的请求或者案情需要，可以决定对无效宣告请求进行口头审理。

国务院专利行政部门决定对无效宣告请求进行口头审理的，应当向当事人发出口头审理通知书，告知举行口头审理的日期和地点。当事人应当在通知书指定的期限内作出答复。

无效宣告请求人对国务院专利行政部门发出的口头审理通知书在指定的期限内未作答复，并且不参加口头审理的，其无效宣告请求视为撤回；专利权人不参加口头审理的，可以缺席审理。

第七十五条 在无效宣告请求审查程序中，国务院专利行政部门指定的期限不得延长。

第七十六条 国务院专利行政部门对无效宣告的请求作出决定前，无效宣告请求人可以撤回其请求。

国务院专利行政部门作出决定之前，无效宣告请求人撤回其请求或者其无效宣告请求被视为撤回的，无效宣告请求审查程序终止。但是，国务院专利行政部门认为根据已进行的审查工作能够作出宣告专利权无效或者部分无效的决定的，不终止审查程序。

第五章 专利权期限补偿

第七十七条 依照专利法第四十二条第二款的规定请求给予专利权期限补偿的，专利权人应当自公告授予专利权之日起 3 个月内向国务院专利行政部门提出。

第七十八条 依照专利法第四十二条第二款的规定给予专利权期限补偿的，补偿期限按照发明专利在授权过程中不合理延迟的实际天数计算。

前款所称发明专利在授权过程中不合理延迟的实际天数，是指自发明专利申请日起满 4 年且自实质审查请求之日起满 3 年之日至公告授予专利权之日的间隔天数，减去合理延迟的天数和由申请人引起的不合理延迟的天数。

下列情形属于合理延迟：

（一）依照本细则第六十六条的规定修改专利申请文件后被授予专利权的，因复审程序引起的延迟；

（二）因本细则第一百零三条、第一百零四条规定情形引起的延迟；

（三）其他合理情形引起的延迟。

同一申请人同日对同样的发明创造既申请实用新型专利又申请发明专利，依照本细则第四十七条第四款的规定取得发明专利权的，该发明专利权的期限不适用专利法第四十二条第二款的规定。

第七十九条 专利法第四十二条第二款规定的由申请人引起的不合理延迟包括以下情形：

（一）未在指定期限内答复国务院专利行政部门发出的通知；

（二）申请延迟审查；

（三）因本细则第四十五条规定情形引起的延迟；

（四）其他由申请人引起的不合理延迟。

第八十条 专利法第四十二条第三款所称新药相关发明专利是指符合规定的新药产品专利、制备方法专利、医药用途专利。

第八十一条 依照专利法第四十二条第三款的规定请求给予新药相关发明专利权期限补偿的，应当符合下列要求，自该新药在中国获得上市许可之日起 3 个月内向国务院专利行政部门提出：

（一）该新药同时存在多项专利的，专利权人只能请求对其中一项专利给予专利权期限补偿；

（二）一项专利同时涉及多个新药的，只能对一个新药就该专利提出专利权期限补偿请求；

（三）该专利在有效期内，且尚未获得过新药相关发明专利权期限补偿。

第八十二条 依照专利法第四十二条第三款的规定给予专利权期限补偿的，补偿期限按该专利申请日至该新药在中国获得上市许可之日的间隔天数减去 5 年，在符合专利法第四十二条第三款规定的基础上确定。

第八十三条 新药相关发明专利在专利权期限补偿期间，该专利的保护范围限于该新药及其经批准的适应症相关技术方案；在保护范围内，专利权人享有的权利和承担的义务与专利权期限补偿前相同。

第八十四条 国务院专利行政部门对依照专利法第四十二条第二款、第三款的规定提出的专利权期限补偿请求进行审查后，认为符合补偿条件的，作出给予期限补偿的决定，并予以登记和公告；不符合补偿条件的，作出不予期限补偿的决定，并通知提出请求的专利权人。

第六章 专利实施的特别许可

第八十五条 专利权人自愿声明对其专利实行开放许可的，应当在公告授予专利权后提出。开放许可声明应当写明以下事项：

（一）专利号；

（二）专利权人的姓名或者名称；

（三）专利许可使用费支付方式、标准；

（四）专利许可期限；

（五）其他需要明确的事项。

开放许可声明内容应当准确、清楚，不得出现商业性宣传用语。

第八十六条 专利权有下列情形之一的，专利权人不得对其实行开放许可：

（一）专利权处于独占或者排他许可有效期限内的；

（二）属于本细则第一百零三条、第一百零四条规定的中止情形的；

（三）没有按照规定缴纳年费的；

（四）专利权被质押，未经质权人同意的；

（五）其他妨碍专利权有效实施的情形。

第八十七条 通过开放许可达成专利实施许可的，专利权人或者被许可人应当凭能够证明达成许可的书面文件向国务院专利行政部门备案。

第八十八条 专利权人不得通过提供虚假材料、隐瞒事实等手段，作出开放许可声明或者在开放许可实施期间获得专利年费减免。

第八十九条 专利法第五十三条第（一）项所称未充分实施其专利，是指专利权人及其被许可人实施其专利的方式或者规模不能满足国内对专利产品或者专利方法的需求。

专利法第五十五条所称取得专利权的药品，是指解决公共健康问题所需的医药领域中的任何专利产品或者依照专利方法直接获得的产品，包括取得专利权的制造该产品所需的活性成分以及使用该产品所需的诊断用品。

第九十条 请求给予强制许可的，应当向国务院专利行政部门提交强制许可请求书，说明理由并附具有关证明文件。

国务院专利行政部门应当将强制许可请求书的副本送交专利权人，专利权人应当在国务院专利行政部门指定的期限内陈述意见；期满未答复的，不影响国务院专利行政部门作出决定。

国务院专利行政部门在作出驳回强制许可请求的决定或者给予强制许可的决定前，应当通知请求人和专利权人拟作出的决定及其理由。

国务院专利行政部门依照专利法第五十五条的规定作出给予强制许可的决定，应当同时符合中国缔结或者参加的有关国际条约关于为了解决公共健康问题而给予强制许可的规定，但中国作出保留的除外。

第九十一条 依照专利法第六十二条的规定，请求国务院专利行政部门裁决使用费数额的，当事人应当提出裁决请求书，并附具双方不能达成协议的证明文件。国务院专利行政部门应当自收到请求书之日起3个月内作出裁决，并通知当事人。

第七章　对职务发明创造的发明人
或者设计人的奖励和报酬

第九十二条　被授予专利权的单位可以与发明人、设计人约定或者在其依法制定的规章制度中规定专利法第十五条规定的奖励、报酬的方式和数额。鼓励被授予专利权的单位实行产权激励，采取股权、期权、分红等方式，使发明人或者设计人合理分享创新收益。

企业、事业单位给予发明人或者设计人的奖励、报酬，按照国家有关财务、会计制度的规定进行处理。

第九十三条　被授予专利权的单位未与发明人、设计人约定也未在其依法制定的规章制度中规定专利法第十五条规定的奖励的方式和数额的，应当自公告授予专利权之日起 3 个月内发给发明人或者设计人奖金。一项发明专利的奖金最低不少于 4000 元；一项实用新型专利或者外观设计专利的奖金最低不少于 1500 元。

由于发明人或者设计人的建议被其所属单位采纳而完成的发明创造，被授予专利权的单位应当从优发给奖金。

第九十四条　被授予专利权的单位未与发明人、设计人约定也未在其依法制定的规章制度中规定专利法第十五条规定的报酬的方式和数额的，应当依照《中华人民共和国促进科技成果转化法》的规定，给予发明人或者设计人合理的报酬。

第八章　专利权的保护

第九十五条　省、自治区、直辖市人民政府管理专利工作的部门以及专利管理工作量大又有实际处理能力的地级市、自治州、盟、地区和直辖市的区人民政府管理专利工作的部门，可以处理和调解专利纠纷。

第九十六条　有下列情形之一的，属于专利法第七十条所称的在全国有重大影响的专利侵权纠纷：

（一）涉及重大公共利益的；

（二）对行业发展有重大影响的；

（三）跨省、自治区、直辖市区域的重大案件；

（四）国务院专利行政部门认为可能有重大影响的其他情形。

专利权人或者利害关系人请求国务院专利行政部门处理专利侵权纠纷，相关案件不属于在全国有重大影响的专利侵权纠纷的，国务院专利行政部门可以指定有管辖权的地方人民政府管理专利工作的部门处理。

第九十七条　当事人请求处理专利侵权纠纷或者调解专利纠纷的，由被请求人所在地或者侵权行为地的管理专利工作的部门管辖。

两个以上管理专利工作的部门都有管辖权的专利纠纷，当事人可以向其中一个管理专利工作的部门提出请求；当事人向两个以上有管辖权的管理专利工作的部门提出请求的，由最先受理的管理专利工作的部门管辖。

管理专利工作的部门对管辖权发生争议的，由其共同的上级人民政府管理专利工作的部门指定管辖；无共同上级人民政府管理专利工作的部门的，由国务院专利行政部门指定管辖。

第九十八条　在处理专利侵权纠纷过程中，被请求人提出无效宣告请求并被国务院专利行政部门受理的，可以请求管理专利工作的部门中止处理。

管理专利工作的部门认为被请求人提出的中止理由明显不能成立的，可以不中止处理。

第九十九条　专利权人依照专利法第十六条的规定，在其专利产品或者该产品的包装上标明专利标识的，应当按照国务院专利行政部门规定的方式予以标明。

专利标识不符合前款规定的，由县级以上负责专利执法的部门责令改正。

第一百条 申请人或者专利权人违反本细则第十一条、第八十八条规定的，由县级以上负责专利执法的部门予以警告，可以处 10 万元以下的罚款。

第一百零一条 下列行为属于专利法第六十八条规定的假冒专利的行为：

（一）在未被授予专利权的产品或者其包装上标注专利标识，专利权被宣告无效后或者终止后继续在产品或者其包装上标注专利标识，或者未经许可在产品或者产品包装上标注他人的专利号；

（二）销售第（一）项所述产品；

（三）在产品说明书等材料中将未被授予专利权的技术或者设计称为专利技术或者专利设计，将专利申请称为专利，或者未经许可使用他人的专利号，使公众将所涉及的技术或者设计误认为是专利技术或者专利设计；

（四）伪造或者变造专利证书、专利文件或者专利申请文件；

（五）其他使公众混淆，将未被授予专利权的技术或者设计误认为是专利技术或者专利设计的行为。

专利权终止前依法在专利产品、依照专利方法直接获得的产品或者其包装上标注专利标识，在专利权终止后许诺销售、销售该产品的，不属于假冒专利行为。

销售不知道是假冒专利的产品，并且能够证明该产品合法来源的，由县级以上负责专利执法的部门责令停止销售。

第一百零二条 除专利法第六十五条规定的外，管理专利工作的部门应当事人请求，可以对下列专利纠纷进行调解：

（一）专利申请权和专利权归属纠纷；

（二）发明人、设计人资格纠纷；

（三）职务发明创造的发明人、设计人的奖励和报酬纠纷；

（四）在发明专利申请公布后专利权授予前使用发明而未支付适当费用的纠纷；

（五）其他专利纠纷。

对于前款第（四）项所列的纠纷，当事人请求管理专利工作的部门调解的，应当在专利权被授予之后提出。

第一百零三条 当事人因专利申请权或者专利权的归属发生纠纷，已请求管理专利工作的部门调解或者向人民法院起诉的，可以请求国务院专利行政部门中止有关程序。

依照前款规定请求中止有关程序的，应当向国务院专利行政部门提交请求书，说明理由，并附具管理专利工作的部门或者人民法院的写明申请号或者专利号的有关受理文件副本。国务院专利行政部门认为当事人提出的中止理由明显不能成立的，可以不中止有关程序。

管理专利工作的部门作出的调解书或者人民法院作出的判决生效后，当事人应当向国务院专利行政部门办理恢复有关程序的手续。自请求中止之日起 1 年内，有关专利申请权或者专利权归属的纠纷未能结案，需要继续中止有关程序的，请求人应当在该期限内请求延长中止。期满未请求延长的，国务院专利行政部门自行恢复有关程序。

第一百零四条 人民法院在审理民事案件中裁定对专利申请权或者专利权采取保全措施的，国务院专利行政部门应当在收到写明申请号或者专利号的裁定书和协助执行通知书之日中止被保全的专利申请权或者专利权的有关程序。保全期限届满，人民法院没有裁定继续采取保全措施的，国务院专利行政部门自行恢复有关程序。

第一百零五条 国务院专利行政部门根据本细则第一百零三条和第一百零四条规定中止有关

程序，是指暂停专利申请的初步审查、实质审查、复审程序，授予专利权程序和专利权无效宣告程序；暂停办理放弃、变更、转移专利权或者专利申请权手续，专利权质押手续以及专利权期限届满前的终止手续等。

第九章　专利登记和专利公报

第一百零六条　国务院专利行政部门设置专利登记簿，登记下列与专利申请和专利权有关的事项：

（一）专利权的授予；

（二）专利申请权、专利权的转移；

（三）专利权的质押、保全及其解除；

（四）专利实施许可合同的备案；

（五）国防专利、保密专利的解密；

（六）专利权的无效宣告；

（七）专利权的终止；

（八）专利权的恢复；

（九）专利权期限的补偿；

（十）专利实施的开放许可；

（十一）专利实施的强制许可；

（十二）专利权人的姓名或者名称、国籍和地址的变更。

第一百零七条　国务院专利行政部门定期出版专利公报，公布或者公告下列内容：

（一）发明专利申请的著录事项和说明书摘要；

（二）发明专利申请的实质审查请求和国务院专利行政部门对发明专利申请自行进行实质审查的决定；

（三）发明专利申请公布后的驳回、撤回、视为撤回、视为放弃、恢复和转移；

（四）专利权的授予以及专利权的著录事项；

（五）实用新型专利的说明书摘要，外观设计专利的一幅图片或者照片；

（六）国防专利、保密专利的解密；

（七）专利权的无效宣告；

（八）专利权的终止、恢复；

（九）专利权期限的补偿；

（十）专利权的转移；

（十一）专利实施许可合同的备案；

（十二）专利权的质押、保全及其解除；

（十三）专利实施的开放许可事项；

（十四）专利实施的强制许可的给予；

（十五）专利权人的姓名或者名称、国籍和地址的变更；

（十六）文件的公告送达；

（十七）国务院专利行政部门作出的更正；

（十八）其他有关事项。

第一百零八条　国务院专利行政部门应当提供专利公报、发明专利申请单行本以及发明专利、实用新型专利、外观设计专利单行本，供公众免费查阅。

第一百零九条　国务院专利行政部门负责按照互惠原则与其他国家、地区的专利机关或者区域性专利组织交换专利文献。

第十章　费　用

第一百一十条　向国务院专利行政部门申请专利和办理其他手续时，应当缴纳下列费用：

（一）申请费、申请附加费、公布印刷费、优先权要求费；

（二）发明专利申请实质审查费、复审费；

（三）年费；

（四）恢复权利请求费、延长期限请求费；

（五）著录事项变更费、专利权评价报告请求费、无效宣告请求费、专利文件副本证明费。

前款所列各种费用的缴纳标准，由国务院发展改革部门、财政部门会同国务院专利行政部门按照职责分工规定。国务院财政部门、发展改革部门可以会同国务院专利行政部门根据实际情况对申请专利和办理其他手续应当缴纳的费用种类和标准进行调整。

第一百一十一条　专利法和本细则规定的各种费用，应当严格按照规定缴纳。

直接向国务院专利行政部门缴纳费用的，以缴纳当日为缴费日；以邮局汇付方式缴纳费用的，以邮局汇出的邮戳日为缴费日；以银行汇付方式缴纳费用的，以银行实际汇出日为缴费日。

多缴、重缴、错缴专利费用的，当事人可以自缴费日起 3 年内，向国务院专利行政部门提出退款请求，国务院专利行政部门应当予以退还。

第一百一十二条　申请人应当自申请日起 2 个月内或者在收到受理通知书之日起 15 日内缴纳申请费、公布印刷费和必要的申请附加费；期满未缴纳或者未缴足的，其申请视为撤回。

申请人要求优先权的，应当在缴纳申请费的同时缴纳优先权要求费；期满未缴纳或者未缴足的，视为未要求优先权。

第一百一十三条　当事人请求实质审查或者复审的，应当在专利法及本细则规定的相关期限内缴纳费用；期满未缴纳或者未缴足的，视为未提出请求。

第一百一十四条　申请人办理登记手续时，应当缴纳授予专利权当年的年费；期满未缴纳或者未缴足的，视为未办理登记手续。

第一百一十五条　授予专利权当年以后的年费应当在上一年度期满前缴纳。专利权人未缴纳或者未缴足的，国务院专利行政部门应当通知专利权人自应当缴纳年费期满之日起 6 个月内补缴，同时缴纳滞纳金；滞纳金的金额按照每超过规定的缴费时间 1 个月，加收当年全额年费的5%计算；期满未缴纳的，专利权自应当缴纳年费期满之日起终止。

第一百一十六条　恢复权利请求费应当在本细则规定的相关期限内缴纳；期满未缴纳或者未缴足的，视为未提出请求。

延长期限请求费应当在相应期限届满之日前缴纳；期满未缴纳或者未缴足的，视为未提出请求。

著录事项变更费、专利权评价报告请求费、无效宣告请求费应当自提出请求之日起 1 个月内缴纳；期满未缴纳或者未缴足的，视为未提出请求。

第一百一十七条　申请人或者专利权人缴纳本细则规定的各种费用有困难的，可以按照规定向国务院专利行政部门提出减缴的请求。减缴的办法由国务院财政部门会同国务院发展改革部门、国务院专利行政部门规定。

第十一章　关于发明、实用新型
国际申请的特别规定

第一百一十八条　国务院专利行政部门根据专利法第十九条规定，受理按照专利合作条约提出的专利国际申请。

按照专利合作条约提出并指定中国的专利国际申请（以下简称国际申请）进入国务院专利行政部门处理阶段（以下称进入中国国家阶段）的条件和程序适用本章的规定；本章没有规定的，适用专利法及本细则其他各章的有关规定。

第一百一十九条　按照专利合作条约已确定国际申请日并指定中国的国际申请，视为向国务院专利行政部门提出的专利申请，该国际申请日视为专利法第二十八条所称的申请日。

第一百二十条　国际申请的申请人应当在专利合作条约第二条所称的优先权日（本章简称优先权日）起30个月内，向国务院专利行政部门办理进入中国国家阶段的手续；申请人未在该期限内办理该手续的，在缴纳宽限费后，可以在自优先权日起32个月内办理进入中国国家阶段的手续。

第一百二十一条　申请人依照本细则第一百二十条的规定办理进入中国国家阶段的手续的，应当符合下列要求：

（一）以中文提交进入中国国家阶段的书面声明，写明国际申请号和要求获得的专利权类型；

（二）缴纳本细则第一百一十条第一款规定的申请费、公布印刷费，必要时缴纳本细则第一百二十条规定的宽限费；

（三）国际申请以外文提出的，提交原始国际申请的说明书和权利要求书的中文译文；

（四）在进入中国国家阶段的书面声明中写明发明创造的名称、申请人姓名或者名称、地址和发明人的姓名，上述内容应当与世界知识产权组织国际局（以下简称国际局）的记录一致；国际申请中未写明发明人的，在上述声明中写明发明人的姓名；

（五）国际申请以外文提出的，提交摘要的中文译文，有附图和摘要附图的，提交附图副本并指定摘要附图，附图中有文字的，将其替换为对应的中文文字；

（六）在国际阶段向国际局已办理申请人变更手续的，必要时提供变更后的申请人享有申请权的证明材料；

（七）必要时缴纳本细则第一百一十条第一款规定的申请附加费。

符合本条第一款第（一）项至第（三）项要求的，国务院专利行政部门应当给予申请号，明确国际申请进入中国国家阶段的日期（以下简称进入日），并通知申请人其国际申请已进入中国国家阶段。

国际申请已进入中国国家阶段，但不符合本条第一款第（四）项至第（七）项要求的，国务院专利行政部门应当通知申请人在指定期限内补正；期满未补正的，其申请视为撤回。

第一百二十二条　国际申请有下列情形之一的，其在中国的效力终止：

（一）在国际阶段，国际申请被撤回或者被视为撤回，或者国际申请对中国的指定被撤回的；

（二）申请人未在优先权日起32个月内按照本细则第一百二十条规定办理进入中国国家阶段手续的；

（三）申请人办理进入中国国家阶段的手续，但自优先权日起32个月期限届满仍不符合本细则第一百二十一条第（一）项至第（三）项要求的。

依照前款第（一）项的规定，国际申请在中国的效力终止的，不适用本细则第六条的规定；依照前款第（二）项、第（三）项的规定，国际申请在中国的效力终止的，不适用本细则第六条第二款的规定。

第一百二十三条　国际申请在国际阶段作过修改，申请人要求以经修改的申请文件为基础进行审查的，应当自进入日起2个月内提交修改部分的中文译文。在该期间内未提交中文译文的，对申请人在国际阶段提出的修改，国务院专利行政部门不予考虑。

第一百二十四条 国际申请涉及的发明创造有专利法第二十四条第（二）项或者第（三）项所列情形之一，在提出国际申请时作过声明的，申请人应当在进入中国国家阶段的书面声明中予以说明，并自进入日起 2 个月内提交本细则第三十三条第三款规定的有关证明文件；未予说明或者期满未提交证明文件的，其申请不适用专利法第二十四条的规定。

第一百二十五条 申请人按照专利合作条约的规定，对生物材料样品的保藏已作出说明的，视为已经满足了本细则第二十七条第（三）项的要求。申请人应当在进入中国国家阶段声明中指明记载生物材料样品保藏事项的文件以及在该文件中的具体记载位置。

申请人在原始提交的国际申请的说明书中已记载生物材料样品保藏事项，但是没有在进入中国国家阶段声明中指明的，应当自进入日起 4 个月内补正。期满未补正的，该生物材料视为未提交保藏。

申请人自进入日起 4 个月内向国务院专利行政部门提交生物材料样品保藏证明和存活证明的，视为在本细则第二十七条第（一）项规定的期限内提交。

第一百二十六条 国际申请涉及的发明创造依赖遗传资源完成的，申请人应当在国际申请进入中国国家阶段的书面声明中予以说明，并填写国务院专利行政部门制定的表格。

第一百二十七条 申请人在国际阶段已要求一项或者多项优先权，在进入中国国家阶段时该优先权要求继续有效的，视为已经依照专利法第三十条的规定提出了书面声明。

申请人应当自进入日起 2 个月内缴纳优先权要求费；期满未缴纳或者未缴足的，视为未要求该优先权。

申请人在国际阶段已依照专利合作条约的规定，提交过在先申请文件副本的，办理进入中国国家阶段手续时不需要向国务院专利行政部门提交在先申请文件副本。申请人在国际阶段未提交在先申请文件副本的，国务院专利行政部门认为必要时，可以通知申请人在指定期限内补交；申请人期满未补交的，其优先权要求视为未提出。

第一百二十八条 国际申请的申请日在优先权期限届满之后 2 个月内，在国际阶段受理局已经批准恢复优先权的，视为已经依照本细则第三十六条的规定提出了恢复优先权请求；在国际阶段申请人未请求恢复优先权，或者提出了恢复优先权请求但受理局未批准，申请人有正当理由的，可以自进入日起 2 个月内向国务院专利行政部门请求恢复优先权。

第一百二十九条 在优先权日起 30 个月期满前要求国务院专利行政部门提前处理和审查国际申请的，申请人除应当办理进入中国国家阶段手续外，还应当依照专利合作条约第二十三条第二款规定提出请求。国际局尚未向国务院专利行政部门传送国际申请的，申请人应当提交经确认的国际申请副本。

第一百三十条 要求获得实用新型专利权的国际申请，申请人可以自进入日起 2 个月内对专利申请文件主动提出修改。

要求获得发明专利权的国际申请，适用本细则第五十七条第一款的规定。

第一百三十一条 申请人发现提交的说明书、权利要求书或者附图中的文字的中文译文存在错误的，可以在下列规定期限内依照原始国际申请文本提出改正：

（一）在国务院专利行政部门做好公布发明专利申请或者公告实用新型专利权的准备工作之前；

（二）在收到国务院专利行政部门发出的发明专利申请进入实质审查阶段通知书之日起 3 个月内。

申请人改正译文错误的，应当提出书面请求并缴纳规定的译文改正费。

申请人按照国务院专利行政部门的通知书的要求改正译文的，应当在指定期限内办理本条第二款规定的手续；期满未办理规定手续的，该申请视为撤回。

第一百三十二条 对要求获得发明专利权的国际申请，国务院专利行政部门经初步审查认为符合专利法和本细则有关规定的，应当在专利公报上予以公布；国际申请以中文以外的文字提出的，应当公布申请文件的中文译文。

要求获得发明专利权的国际申请，由国际局以中文进行国际公布的，自国际公布日或者国务院专利行政部门公布之日起适用专利法第十三条的规定；由国际局以中文以外的文字进行国际公布的，自国务院专利行政部门公布之日起适用专利法第十三条的规定。

对国际申请，专利法第二十一条和第二十二条中所称的公布是指本条第一款所规定的公布。

第一百三十三条 国际申请包含两项以上发明或者实用新型的，申请人可以自进入日起，依照本细则第四十八条第一款的规定提出分案申请。

在国际阶段，国际检索单位或者国际初步审查单位认为国际申请不符合专利合作条约规定的单一性要求时，申请人未按照规定缴纳附加费，导致国际申请某些部分未经国际检索或者未经国际初步审查，在进入中国国家阶段时，申请人要求将所述部分作为审查基础，国务院专利行政部门认为国际检索单位或者国际初步审查单位对发明单一性的判断正确的，应当通知申请人在指定期限内缴纳单一性恢复费。期满未缴纳或者未足额缴纳的，国际申请中未经检索或者未经国际初步审查的部分视为撤回。

第一百三十四条 国际申请在国际阶段被有关国际单位拒绝给予国际申请日或者宣布视为撤回的，申请人在收到通知之日起 2 个月内，可以请求国际局将国际申请档案中任何文件的副本转交国务院专利行政部门，并在该期限内向国务院专利行政部门办理本细则第一百二十条规定的手续，国务院专利行政部门应当在接到国际局传送的文件后，对国际单位作出的决定是否正确进行复查。

第一百三十五条 基于国际申请授予的专利权，由于译文错误，致使依照专利法第六十四条规定确定的保护范围超出国际申请的原文所表达的范围的，以依据原文限制后的保护范围为准；致使保护范围小于国际申请的原文所表达的范围的，以授权时的保护范围为准。

第十二章　关于外观设计国际申请的特别规定

第一百三十六条 国务院专利行政部门根据专利法第十九条第二款、第三款规定，处理按照工业品外观设计国际注册海牙协定（1999 年文本）（以下简称海牙协定）提出的外观设计国际注册申请。

国务院专利行政部门处理按照海牙协定提出并指定中国的外观设计国际注册申请（简称外观设计国际申请）的条件和程序适用本章的规定；本章没有规定的，适用专利法及本细则其他各章的有关规定。

第一百三十七条 按照海牙协定已确定国际注册日并指定中国的外观设计国际申请，视为向国务院专利行政部门提出的外观设计专利申请，该国际注册日视为专利法第二十八条所称的申请日。

第一百三十八条 国际局公布外观设计国际申请后，国务院专利行政部门对外观设计国际申请进行审查，并将审查结果通知国际局。

第一百三十九条 国际局公布的外观设计国际申请中包括一项或者多项优先权的，视为已经依照专利法第三十条的规定提出了书面声明。

外观设计国际申请的申请人要求优先权的，应当自外观设计国际申请公布之日起 3 个月内提交在先申请文件副本。

第一百四十条 外观设计国际申请涉及的外观设计有专利法第二十四条第（二）项或者第

（三）项所列情形的，应当在提出外观设计国际申请时声明，并自外观设计国际申请公布之日起2个月内提交本细则第三十三条第三款规定的有关证明文件。

第一百四十一条 一件外观设计国际申请包括两项以上外观设计的，申请人可以自外观设计国际申请公布之日起2个月内，向国务院专利行政部门提出分案申请，并缴纳费用。

第一百四十二条 国际局公布的外观设计国际申请中包括含设计要点的说明书的，视为已经依照本细则第三十一条的规定提交了简要说明。

第一百四十三条 外观设计国际申请经国务院专利行政部门审查后没有发现驳回理由的，由国务院专利行政部门作出给予保护的决定，通知国际局。

国务院专利行政部门作出给予保护的决定后，予以公告，该外观设计专利权自公告之日起生效。

第一百四十四条 已在国际局办理权利变更手续的，申请人应当向国务院专利行政部门提供有关证明材料。

第十三章　附　　则

第一百四十五条 经国务院专利行政部门同意，任何人均可以查阅或者复制已经公布或者公告的专利申请的案卷和专利登记簿，并可以请求国务院专利行政部门出具专利登记簿副本。

已视为撤回、驳回和主动撤回的专利申请的案卷，自该专利申请失效之日起满2年后不予保存。

已放弃、宣告全部无效和终止的专利权的案卷，自该专利权失效之日起满3年后不予保存。

第一百四十六条 向国务院专利行政部门提交申请文件或者办理各种手续，应当由申请人、专利权人、其他利害关系人或者其代表人签字或者盖章；委托专利代理机构的，由专利代理机构盖章。

请求变更发明人姓名、专利申请人和专利权人的姓名或者名称、国籍和地址、专利代理机构的名称、地址和专利代理师姓名的，应当向国务院专利行政部门办理著录事项变更手续，必要时应当提交变更理由的证明材料。

第一百四十七条 向国务院专利行政部门邮寄有关申请或者专利权的文件，应当使用挂号信函，不得使用包裹。

除首次提交专利申请文件外，向国务院专利行政部门提交各种文件、办理各种手续的，应当标明申请号或者专利号、发明创造名称和申请人或者专利权人姓名或者名称。

一件信函中应当只包含同一申请的文件。

第一百四十八条 国务院专利行政部门根据专利法和本细则制定专利审查指南。

第一百四十九条 本细则自2001年7月1日起施行。1992年12月12日国务院批准修订、1992年12月21日中国专利局发布的《中华人民共和国专利法实施细则》同时废止。

中华人民共和国商标法实施条例

（2002年8月3日中华人民共和国国务院令第358号公布　2014年4月29日中华人民共和国国务院令第651号修订）

第一章　总　　则

第一条 根据《中华人民共和国商标法》（以下简称商标法），制定本条例。

第二条 本条例有关商品商标的规定，适用于服务商标。

第三条 商标持有人依照商标法第十三条规定请求驰名商标保护的，应当提交其商标构成驰名商标的证据材料。商标局、商标评审委员会应当依照商标法第十四条的规定，根据审查、处理案件的需要以及当事人提交的证据材料，对其商标驰名情况作出认定。

第四条 商标法第十六条规定的地理标志，可以依照商标法和本条例的规定，作为证明商标或者集体商标申请注册。

以地理标志作为证明商标注册的，其商品符合使用该地理标志条件的自然人、法人或者其他组织可以要求使用该证明商标，控制该证明商标的组织应当允许。以地理标志作为集体商标注册的，其商品符合使用该地理标志条件的自然人、法人或者其他组织，可以要求参加以该地理标志作为集体商标注册的团体、协会或者其他组织，该团体、协会或者其他组织应当依据其章程接纳为会员；不要求参加以该地理标志作为集体商标注册的团体、协会或者其他组织的，也可以正当使用该地理标志，该团体、协会或者其他组织无权禁止。

第五条 当事人委托商标代理机构申请商标注册或者办理其他商标事宜，应当提交代理委托书。代理委托书应当载明代理内容及权限；外国人或者外国企业的代理委托书还应当载明委托人的国籍。

外国人或者外国企业的代理委托书及与其有关的证明文件的公证、认证手续，按照对等原则办理。

申请商标注册或者转让商标，商标注册申请人或者商标转让受让人为外国人或者外国企业的，应当在申请书中指定中国境内接收人负责接收商标局、商标评审委员会后继商标业务的法律文件。商标局、商标评审委员会后继商标业务的法律文件向中国境内接收人送达。

商标法第十八条所称外国人或者外国企业，是指在中国没有经常居所或者营业所的外国人或者外国企业。

第六条 申请商标注册或者办理其他商标事宜，应当使用中文。

依照商标法和本条例规定提交的各种证件、证明文件和证据材料是外文的，应当附送中文译文；未附送的，视为未提交该证件、证明文件或者证据材料。

第七条 商标局、商标评审委员会工作人员有下列情形之一的，应当回避，当事人或者利害关系人可以要求其回避：

（一）是当事人或者当事人、代理人的近亲属的；

（二）与当事人、代理人有其他关系，可能影响公正的；

（三）与申请商标注册或者办理其他商标事宜有利害关系的。

第八条 以商标法第二十二条规定的数据电文方式提交商标注册申请等有关文件，应当按照商标局或者商标评审委员会的规定通过互联网提交。

第九条 除本条例第十八条规定的情形外，当事人向商标局或者商标评审委员会提交文件或者材料的日期，直接递交的，以递交日为准；邮寄的，以寄出的邮戳日为准；邮戳日不清晰或者没有邮戳的，以商标局或者商标评审委员会实际收到日为准，但是当事人能够提出实际邮戳日证据的除外。通过邮政企业以外的快递企业递交的，以快递企业收寄日为准；收寄日不明确的，以商标局或者商标评审委员会实际收到日为准，但是当事人能够提出实际收寄日证据的除外。以数据电文方式提交的，以进入商标局或者商标评审委员会电子系统的日期为准。

当事人向商标局或者商标评审委员会邮寄文件，应当使用给据邮件。

当事人向商标局或者商标评审委员会提交文件，以书面方式提交的，以商标局或者商标评审委员会所存档案记录为准；以数据电文方式提交的，以商标局或者商标评审委员会数据库记录为准，但是当事人确有证据证明商标局或者商标评审委员会档案、数据库记录有错误的除外。

第十条 商标局或者商标评审委员会的各种文件，可以通过邮寄、直接递交、数据电文或者其他方式送达当事人；以数据电文方式送达当事人的，应当经当事人同意。当事人委托商标代理机构的，文件送达商标代理机构视为送达当事人。

商标局或者商标评审委员会向当事人送达各种文件的日期，邮寄的，以当事人收到的邮戳日为准；邮戳日不清晰或者没有邮戳的，自文件发出之日起满 15 日视为送达当事人，但是当事人能够证明实际收到日的除外；直接递交的，以递交日为准；以数据电文方式送达的，自文件发出之日起满 15 日视为送达当事人，但是当事人能够证明文件进入其电子系统日期的除外。文件通过上述方式无法送达的，可以通过公告方式送达，自公告发布之日起满 30 日，该文件视为送达当事人。

第十一条 下列期间不计入商标审查、审理期限：

（一）商标局、商标评审委员会文件公告送达的期间；

（二）当事人需要补充证据或者补正文件的期间以及因当事人更换需要重新答辩的期间；

（三）同日申请提交使用证据及协商、抽签需要的期间；

（四）需要等待优先权确定的期间；

（五）审查、审理过程中，依案件申请人的请求等待在先权利案件审理结果的期间。

第十二条 除本条第二款规定的情形外，商标法和本条例规定的各种期限开始的当日不计算在期限内。期限以年或者月计算的，以期限最后一月的相应日为期限届满日；该月无相应日的，以该月最后一日为期限届满日；期限届满日是节假日的，以节假日后的第一个工作日为期限届满日。

商标法第三十九条、第四十条规定的注册商标有效期从法定日开始起算，期限最后一月相应日的前一日为期限届满日，该月无相应日的，以该月最后一日为期限届满日。

第二章 商标注册的申请

第十三条 申请商标注册，应当按照公布的商品和服务分类表填报。每一件商标注册申请应当向商标局提交《商标注册申请书》1 份、商标图样 1 份；以颜色组合或者着色图样申请商标注册的，应当提交着色图样，并提交黑白稿 1 份；不指定颜色的，应当提交黑白图样。

商标图样应当清晰，便于粘贴，用光洁耐用的纸张印制或者用照片代替，长和宽应当不大于 10 厘米，不小于 5 厘米。

以三维标志申请商标注册的，应当在申请书中予以声明，说明商标的使用方式，并提交能够确定三维形状的图样，提交的商标图样应当至少包含三面视图。

以颜色组合申请商标注册的，应当在申请书中予以声明，说明商标的使用方式。

以声音标志申请商标注册的，应当在申请书中予以声明，提交符合要求的声音样本，对申请注册的声音商标进行描述，说明商标的使用方式。对声音商标进行描述，应当以五线谱或者简谱对申请用作商标的声音加以描述并附加文字说明；无法以五线谱或者简谱描述的，应当以文字加以描述；商标描述与声音样本应当一致。

申请注册集体商标、证明商标的，应当在申请书中予以声明，并提交主体资格证明文件和使用管理规则。

商标为外文或者包含外文的，应当说明含义。

第十四条 申请商标注册的，申请人应当提交其身份证明文件。商标注册申请人的名义与所提交的证明文件应当一致。

前款关于申请人提交其身份证明文件的规定适用于向商标局提出的办理变更、转让、续展、异议、撤销等其他商标事宜。

第十五条 商品或者服务项目名称应当按照商品和服务分类表中的类别号、名称填写；商品或者服务项目名称未列入商品和服务分类表的，应当附送对该商品或者服务的说明。

商标注册申请等有关文件以纸质方式提出的，应当打字或者印刷。

本条第二款规定适用于办理其他商标事宜。

第十六条 共同申请注册同一商标或者办理其他共有商标事宜的，应当在申请书中指定一个代表人；没有指定代表人的，以申请书中顺序排列的第一人为代表人。

商标局和商标评审委员会的文件应当送达代表人。

第十七条 申请人变更其名义、地址、代理人、文件接收人或者删减指定的商品的，应当向商标局办理变更手续。

申请人转让其商标注册申请的，应当向商标局办理转让手续。

第十八条 商标注册的申请日期以商标局收到申请文件的日期为准。

商标注册申请手续齐备、按照规定填写申请文件并缴纳费用的，商标局予以受理并书面通知申请人；申请手续不齐备、未按照规定填写申请文件或者未缴纳费用的，商标局不予受理，书面通知申请人并说明理由。申请手续基本齐备或者申请文件基本符合规定，但是需要补正的，商标局通知申请人予以补正，限其自收到通知之日起 30 日内，按照指定内容补正并交回商标局。在规定期限内补正并交回商标局的，保留申请日期；期满未补正的或者不按照要求进行补正的，商标局不予受理并书面通知申请人。

本条第二款关于受理条件的规定适用于办理其他商标事宜。

第十九条 两个或者两个以上的申请人，在同一种商品或者类似商品上，分别以相同或者近似的商标在同一天申请注册的，各申请人应当自收到商标局通知之日起 30 日内提交其申请注册前在先使用该商标的证据。同日使用或者均未使用的，各申请人可以自收到商标局通知之日起 30 日内自行协商，并将书面协议报送商标局；不愿协商或者协商不成的，商标局通知各申请人以抽签的方式确定一个申请人，驳回其他人的注册申请。商标局已经通知但申请人未参加抽签的，视为放弃申请，商标局应当书面通知未参加抽签的申请人。

第二十条 依照商标法第二十五条规定要求优先权的，申请人提交的第一次提出商标注册申请文件的副本应当经受理该申请的商标主管机关证明，并注明申请日期和申请号。

第三章　商标注册申请的审查

第二十一条 商标局对受理的商标注册申请，依照商标法及本条例的有关规定进行审查，对符合规定或者在部分指定商品上使用商标的注册申请符合规定的，予以初步审定，并予以公告；对不符合规定或者在部分指定商品上使用商标的注册申请不符合规定的，予以驳回或者驳回在部分指定商品上使用商标的注册申请，书面通知申请人并说明理由。

第二十二条 商标局对一件商标注册申请在部分指定商品上予以驳回的，申请人可以将该申请中初步审定的部分申请分割成另一件申请，分割后的申请保留原申请的申请日期。

需要分割的，申请人应当自收到商标局《商标注册申请部分驳回通知书》之日起 15 日内，向商标局提出分割申请。

商标局收到分割申请后，应当将原申请分割为两件，对分割出来的初步审定申请生成新的申请号，并予以公告。

第二十三条 依照商标法第二十九条规定，商标局认为对商标注册申请内容需要说明或者修正的，申请人应当自收到商标局通知之日起 15 日内作出说明或者修正。

第二十四条 对商标局初步审定予以公告的商标提出异议的，异议人应当向商标局提交下列商标异议材料一式两份并标明正、副本：

（一）商标异议申请书；

（二）异议人的身份证明；

（三）以违反商标法第十三条第二款和第三款、第十五条、第十六条第一款、第三十条、第三十一条、第三十二条规定为由提出异议的，异议人作为在先权利人或者利害关系人的证明。

商标异议申请书应当有明确的请求和事实依据，并附送有关证据材料。

第二十五条 商标局收到商标异议申请书后，经审查，符合受理条件的，予以受理，向申请人发出受理通知书。

第二十六条 商标异议申请有下列情形的，商标局不予受理，书面通知申请人并说明理由：

（一）未在法定期限内提出的；

（二）申请人主体资格、异议理由不符合商标法第三十三条规定的；

（三）无明确的异议理由、事实和法律依据的；

（四）同一异议人以相同的理由、事实和法律依据针对同一商标再次提出异议申请的。

第二十七条 商标局应当将商标异议材料副本及时送交被异议人，限其自收到商标异议材料副本之日起 30 日内答辩。被异议人不答辩的，不影响商标局作出决定。

当事人需要在提出异议申请或者答辩后补充有关证据材料的，应当在商标异议申请书或者答辩书中声明，并自提交商标异议申请书或者答辩书之日起 3 个月内提交；期满未提交的，视为当事人放弃补充有关证据材料。但是，在期满后生成或者当事人有其他正当理由未能在期满前提交的证据，在期满后提交的，商标局将证据交对方当事人质证后可以采信。

第二十八条 商标法第三十五条第三款和第三十六条第一款所称不予注册决定，包括在部分指定商品上不予注册决定。

被异议商标在商标局作出准予注册决定或者不予注册决定前已经刊发注册公告的，撤销该注册公告。经审查异议不成立而准予注册的，在准予注册决定生效后重新公告。

第二十九条 商标注册申请人或者商标注册人依照商标法第三十八条规定提出更正申请的，应当向商标局提交更正申请书。符合更正条件的，商标局核准后更正相关内容；不符合更正条件的，商标局不予核准，书面通知申请人并说明理由。

已经刊发初步审定公告或者注册公告的商标经更正的，刊发更正公告。

第四章　注册商标的变更、转让、续展

第三十条 变更商标注册人名义、地址或者其他注册事项的，应当向商标局提交变更申请书。变更商标注册人名义的，还应当提交有关登记机关出具的变更证明文件。商标局核准的，发给商标注册人相应证明，并予以公告；不予核准的，应当书面通知申请人并说明理由。

变更商标注册人名义或者地址的，商标注册人应当将其全部注册商标一并变更；未一并变更的，由商标局通知其限期改正；期满未改正的，视为放弃变更申请，商标局应当书面通知申请人。

第三十一条 转让注册商标的，转让人和受让人应当向商标局提交转让注册商标申请书。转让注册商标申请手续应当由转让人和受让人共同办理。商标局核准转让注册商标申请的，发给受让人相应证明，并予以公告。

转让注册商标，商标注册人对其在同一种或者类似商品上注册的相同或者近似的商标未一并转让的，由商标局通知其限期改正；期满未改正的，视为放弃转让该注册商标的申请，商标局应当书面通知申请人。

第三十二条 注册商标专用权因转让以外的继承等其他事由发生移转的，接受该注册商标专用权的当事人应当凭有关证明文件或者法律文书到商标局办理注册商标专用权移转手续。

注册商标专用权移转的，注册商标专用权人在同一种或者类似商品上注册的相同或者近似的商标，应当一并移转；未一并移转的，由商标局通知其限期改正；期满未改正的，视为放弃该移转注册商标的申请，商标局应当书面通知申请人。

商标移转申请经核准的，予以公告。接受该注册商标专用权移转的当事人自公告之日起享有商标专用权。

第三十三条 注册商标需要续展注册的，应当向商标局提交商标续展注册申请书。商标局核准商标注册续展申请的，发给相应证明并予以公告。

第五章 商标国际注册

第三十四条 商标法第二十一条规定的商标国际注册，是指根据《商标国际注册马德里协定》（以下简称马德里协定）、《商标国际注册马德里协定有关议定书》（以下简称马德里议定书）及《商标国际注册马德里协定及该协定有关议定书的共同实施细则》的规定办理的马德里商标国际注册。

马德里商标国际注册申请包括以中国为原属国的商标国际注册申请、指定中国的领土延伸申请及其他有关的申请。

第三十五条 以中国为原属国申请商标国际注册的，应当在中国设有真实有效的营业所，或者在中国有住所，或者拥有中国国籍。

第三十六条 符合本条例第三十五条规定的申请人，其商标已在商标局获得注册的，可以根据马德里协定申请办理该商标的国际注册。

符合本条例第三十五条规定的申请人，其商标已在商标局获得注册，或者已向商标局提出商标注册申请并被受理的，可以根据马德里议定书申请办理该商标的国际注册。

第三十七条 以中国为原属国申请商标国际注册的，应当通过商标局向世界知识产权组织国际局（以下简称国际局）申请办理。

以中国为原属国的，与马德里协定有关的商标国际注册的后期指定、放弃、注销，应当通过商标局向国际局申请办理；与马德里协定有关的商标国际注册的转让、删减、变更、续展，可以通过商标局向国际局申请办理，也可以直接向国际局申请办理。

以中国为原属国的，与马德里议定书有关的商标国际注册的后期指定、转让、删减、放弃、注销、变更、续展，可以通过商标局向国际局申请办理，也可以直接向国际局申请办理。

第三十八条 通过商标局向国际局申请商标国际注册及办理其他有关申请的，应当提交符合国际局和商标局要求的申请书和相关材料。

第三十九条 商标国际注册申请指定的商品或者服务不得超出国内基础申请或者基础注册的商品或者服务的范围。

第四十条 商标国际注册申请手续不齐备或者未按照规定填写申请书的，商标局不予受理，申请日不予保留。

申请手续基本齐备或者申请书基本符合规定，但需要补正的，申请人应当自收到补正通知书之日起 30 日内予以补正，逾期未补正的，商标局不予受理，书面通知申请人。

第四十一条 通过商标局向国际局申请商标国际注册及办理其他有关申请的，应当按照规定缴纳费用。

申请人应当自收到商标局缴费通知单之日起 15 日内，向商标局缴纳费用。期满未缴纳的，商标局不受理其申请，书面通知申请人。

第四十二条 商标局在马德里协定或者马德里议定书规定的驳回期限（以下简称驳回期限）内，依照商标法和本条例的有关规定对指定中国的领土延伸申请进行审查，作出决定，并通知国际局。商标局在驳回期限内未发出驳回或者部分驳回通知的，该领土延伸申请视为核准。

第四十三条 指定中国的领土延伸申请人，要求将三维标志、颜色组合、声音标志作为商标保护或者要求保护集体商标、证明商标的，自该商标在国际局国际注册簿登记之日起 3 个月内，应当通过依法设立的商标代理机构，向商标局提交本条例第十三条规定的相关材料。未在上述期限内提交相关材料的，商标局驳回该领土延伸申请。

第四十四条 世界知识产权组织对商标国际注册有关事项进行公告，商标局不再另行公告。

第四十五条 对指定中国的领土延伸申请，自世界知识产权组织《国际商标公告》出版的次月 1 日起 3 个月内，符合商标法第三十三条规定条件的异议人可以向商标局提出异议申请。

商标局在驳回期限内将异议申请的有关情况以驳回决定的形式通知国际局。

被异议人可以自收到国际局转发的驳回通知书之日起 30 日内进行答辩，答辩书及相关证据材料应当通过依法设立的商标代理机构向商标局提交。

第四十六条 在中国获得保护的国际注册商标，有效期自国际注册日或者后期指定日起算。在有效期届满前，注册人可以向国际局申请续展，在有效期内未申请续展的，可以给予 6 个月的宽展期。商标局收到国际局的续展通知后，依法进行审查。国际局通知未续展的，注销该国际注册商标。

第四十七条 指定中国的领土延伸申请办理转让的，受让人应当在缔约方境内有真实有效的营业所，或者在缔约境内有住所，或者是缔约方国民。

转让人未将其在相同或者类似商品或者服务上的相同或者近似商标一并转让的，商标局通知注册人自发出通知之日起 3 个月内改正；期满未改正或者转让容易引起混淆或者有其他不良影响的，商标局作出该转让在中国无效的决定，并向国际局作出声明。

第四十八条 指定中国的领土延伸申请办理删减，删减后的商品或者服务不符合中国有关商品或者服务分类要求或者超出原指定商品或者服务范围的，商标局作出该删减在中国无效的决定，并向国际局作出声明。

第四十九条 依照商标法第四十九条第二款规定申请撤销国际注册商标，应当自该商标国际注册申请的驳回期限届满之日起满 3 年后向商标局提出申请；驳回期限届满时仍处在驳回复审或者异议相关程序的，应当自商标局或者商标评审委员会作出的准予注册决定生效之日起满 3 年后向商标局提出申请。

依照商标法第四十四条第一款规定申请宣告国际注册商标无效的，应当自该商标国际注册申请的驳回期限届满后向商标评审委员会提出申请；驳回期限届满时仍处在驳回复审或者异议相关程序的，应当自商标局或者商标评审委员会作出的准予注册决定生效后向商标评审委员会提出申请。

依照商标法第四十五条第一款规定申请宣告国际注册商标无效的，应当自该商标国际注册申请的驳回期限届满之日起 5 年内向商标评审委员会提出申请；驳回期限届满时仍处在驳回复审或者异议相关程序的，应当自商标局或者商标评审委员会作出的准予注册决定生效之日起 5 年内向商标评审委员会提出申请。对恶意注册的，驰名商标所有人不受 5 年的时间限制。

第五十条 商标法和本条例下列条款的规定不适用于办理商标国际注册相关事宜：

（一）商标法第二十八条、第三十五条第一款关于审查和审理期限的规定；

（二）本条例第二十二条、第三十条第二款；

（三）商标法第四十二条及本条例第三十一条关于商标转让由转让人和受让人共同申请并办理手续的规定。

第六章 商 标 评 审

第五十一条 商标评审是指商标评审委员会依照商标法第三十四条、第三十五条、第四十四条、第四十五条、第五十四条的规定审理有关商标争议事宜。当事人向商标评审委员会提出商标评审申请，应当有明确的请求、事实、理由和法律依据，并提供相应证据。

商标评审委员会根据事实，依法进行评审。

第五十二条 商标评审委员会审理不服商标局驳回商标注册申请决定的复审案件，应当针对商标局的驳回决定和申请人申请复审的事实、理由、请求及评审时的事实状态进行审理。

商标评审委员会审理不服商标局驳回商标注册申请决定的复审案件，发现申请注册的商标有违反商标法第十条、第十一条、第十二条和第十六条第一款规定情形，商标局并未依据上述条款作出驳回决定的，可以依据上述条款作出驳回申请的复审决定。商标评审委员会作出复审决定前应当听取申请人的意见。

第五十三条 商标评审委员会审理不服商标局不予注册决定的复审案件，应当针对商标局的不予注册决定和申请人申请复审的事实、理由、请求及原异议人提出的意见进行审理。

商标评审委员会审理不服商标局不予注册决定的复审案件，应当通知原异议人参加并提出意见。原异议人的意见对案件审理结果有实质影响的，可以作为评审的依据；原异议人不参加或者不提出意见的，不影响案件的审理。

第五十四条 商标评审委员会审理依照商标法第四十四条、第四十五条规定请求宣告注册商标无效的案件，应当针对当事人申请和答辩的事实、理由及请求进行审理。

第五十五条 商标评审委员会审理不服商标局依照商标法第四十四条第一款规定作出宣告注册商标无效决定的复审案件，应当针对商标局的决定和申请人申请复审的事实、理由及请求进行审理。

第五十六条 商标评审委员会审理不服商标局依照商标法第四十九条规定作出撤销或者维持注册商标决定的复审案件，应当针对商标局作出撤销或者维持注册商标决定和当事人申请复审时所依据的事实、理由及请求进行审理。

第五十七条 申请商标评审，应当向商标评审委员会提交申请书，并按照对方当事人的数量提交相应份数的副本；基于商标局的决定书申请复审的，还应当同时附送商标局的决定书副本。

商标评审委员会收到申请书后，经审查，符合受理条件的，予以受理；不符合受理条件的，不予受理，书面通知申请人并说明理由；需要补正的，通知申请人自收到通知之日起 30 日内补正。经补正仍不符合规定的，商标评审委员会不予受理，书面通知申请人并说明理由；期满未补正的，视为撤回申请，商标评审委员会应当书面通知申请人。

商标评审委员会受理商标评审申请后，发现不符合受理条件的，予以驳回，书面通知申请人并说明理由。

第五十八条 商标评审委员会受理商标评审申请后应当及时将申请书副本送交对方当事人，限其自收到申请书副本之日起 30 日内答辩；期满未答辩的，不影响商标评审委员会的评审。

第五十九条 当事人需要在提出评审申请或者答辩后补充有关证据材料的，应当在申请书或者答辩书中声明，并自提交申请书或者答辩书之日起 3 个月内提交；期满未提交的，视为放弃补充有关证据材料。但是，在期满后生成或者当事人有其他正当理由未能在期满前提交的证据，在期满后提交的，商标评审委员会将证据交对方当事人并质证后可以采信。

第六十条 商标评审委员会根据当事人的请求或者实际需要，可以决定对评审申请进行口头审理。

商标评审委员会决定对评审申请进行口头审理的，应当在口头审理 15 日前书面通知当事人，告知口头审理的日期、地点和评审人员。当事人应当在通知书指定的期限内作出答复。

申请人不答复也不参加口头审理的，其评审申请视为撤回，商标评审委员会应当书面通知申请人；被申请人不答复也不参加口头审理的，商标评审委员会可以缺席评审。

第六十一条　申请人在商标评审委员会作出决定、裁定前，可以书面向商标评审委员会要求撤回申请并说明理由，商标评审委员会认为可以撤回的，评审程序终止。

第六十二条　申请人撤回商标评审申请的，不得以相同的事实和理由再次提出评审申请。商标评审委员会对商标评审申请已经作出裁定或者决定的，任何人不得以相同的事实和理由再次提出评审申请。但是，经不予注册复审程序予以核准注册后向商标评审委员会提起宣告注册商标无效的除外。

第七章　商标使用的管理

第六十三条　使用注册商标，可以在商品、商品包装、说明书或者其他附着物上标明"注册商标"或者注册标记。

注册标记包括⊕和®。使用注册标记，应当标注在商标的右上角或者右下角。

第六十四条　《商标注册证》遗失或者破损的，应当向商标局提交补发《商标注册证》申请书。《商标注册证》遗失的，应当在《商标公告》上刊登遗失声明。破损的《商标注册证》，应当在提交补发申请时交回商标局。

商标注册人需要商标局补发商标变更、转让、续展证明，出具商标注册证明，或者商标申请人需要商标局出具优先权证明文件的，应当向商标局提交相应申请书。符合要求的，商标局发给相应证明；不符合要求的，商标局不予办理，通知申请人并告知理由。

伪造或者变造《商标注册证》或者其他商标证明文件的，依照刑法关于伪造、变造国家机关证件罪或者其他罪的规定，依法追究刑事责任。

第六十五条　有商标法第四十九条规定的注册商标成为其核定使用的商品通用名称情形的，任何单位或者个人可以向商标局申请撤销该注册商标，提交申请时应当附送证据材料。商标局受理后应当通知商标注册人，限其自收到通知之日起2个月内答辩；期满未答辩的，不影响商标局作出决定。

第六十六条　有商标法第四十九条规定的注册商标无正当理由连续3年不使用情形的，任何单位或者个人可以向商标局申请撤销该注册商标，提交申请时应当说明有关情况。商标局受理后应当通知商标注册人，限其自收到通知之日起2个月内提交该商标在撤销申请提出前使用的证据材料或者说明不使用的正当理由；期满未提供使用的证据材料或者证据材料无效并没有正当理由的，由商标局撤销其注册商标。

前款所称使用的证据材料，包括商标注册人使用注册商标的证据材料和商标注册人许可他人使用注册商标的证据材料。

以无正当理由连续3年不使用为由申请撤销注册商标的，应当自该注册商标注册公告之日起满3年后提出申请。

第六十七条　下列情形属于商标法第四十九条规定的正当理由：

（一）不可抗力；

（二）政府政策性限制；

（三）破产清算；

（四）其他不可归责于商标注册人的正当事由。

第六十八条　商标局、商标评审委员会撤销注册商标或者宣告注册商标无效，撤销或者宣告无效的理由仅及于部分指定商品的，对在该部分指定商品上使用的商标注册予以撤销或者宣告无效。

第六十九条 许可他人使用其注册商标的，许可人应当在许可合同有效期内向商标局备案并报送备案材料。备案材料应当说明注册商标使用许可人、被许可人、许可期限、许可使用的商品或者服务范围等事项。

第七十条 以注册商标专用权出质的，出质人与质权人应当签订书面质权合同，并共同向商标局提出质权登记申请，由商标局公告。

第七十一条 违反商标法第四十三条第二款规定的，由工商行政管理部门责令限期改正；逾期不改正的，责令停止销售，拒不停止销售的，处10万元以下的罚款。

第七十二条 商标持有人依照商标法第十三条规定请求驰名商标保护的，可以向工商行政管理部门提出请求。经商标局依照商标法第十四条规定认定为驰名商标的，由工商行政管理部门责令停止违反商标法第十三条规定使用商标的行为，收缴、销毁违法使用的商标标识；商标标识与商品难以分离的，一并收缴、销毁。

第七十三条 商标注册人申请注销其注册商标或者注销其商标在部分指定商品上的注册的，应当向商标局提交商标注销申请书，并交回原《商标注册证》。

商标注册人申请注销其注册商标或者注销其商标在部分指定商品上的注册，经商标局核准注销的，该注册商标专用权或者该注册商标专用权在该部分指定商品上的效力自商标局收到其注销申请之日起终止。

第七十四条 注册商标被撤销或者依照本条例第七十三条的规定被注销的，原《商标注册证》作废，并予以公告；撤销该商标在部分指定商品上的注册的，或者商标注册人申请注销其商标在部分指定商品上的注册的，重新核发《商标注册证》，并予以公告。

第八章　注册商标专用权的保护

第七十五条 为侵犯他人商标专用权提供仓储、运输、邮寄、印制、隐匿、经营场所、网络商品交易平台等，属于商标法第五十七条第六项规定的提供便利条件。

第七十六条 在同一种商品或者类似商品上将与他人注册商标相同或者近似的标志作为商品名称或者商品装潢使用，误导公众的，属于商标法第五十七条第二项规定的侵犯注册商标专用权的行为。

第七十七条 对侵犯注册商标专用权的行为，任何人可以向工商行政管理部门投诉或者举报。

第七十八条 计算商标法第六十条规定的违法经营额，可以考虑下列因素：

（一）侵权商品的销售价格；

（二）未销售侵权商品的标价；

（三）已查清侵权商品实际销售的平均价格；

（四）被侵权商品的市场中间价格；

（五）侵权人因侵权所产生的营业收入；

（六）其他能够合理计算侵权商品价值的因素。

第七十九条 下列情形属于商标法第六十条规定的能证明该商品是自己合法取得的情形：

（一）有供货单位合法签章的供货清单和货款收据且经查证属实或者供货单位认可的；

（二）有供销双方签订的进货合同且经查证已真实履行的；

（三）有合法进货发票且发票记载事项与涉案商品对应的；

（四）其他能够证明合法取得涉案商品的情形。

第八十条　销售不知道是侵犯注册商标专用权的商品，能证明该商品是自己合法取得并说明提供者的，由工商行政管理部门责令停止销售，并将案件情况通报侵权商品提供者所在地工商行政管理部门。

第八十一条　涉案注册商标权属正在商标局、商标评审委员会审理或者人民法院诉讼中，案件结果可能影响案件定性的，属于商标法第六十二条第三款规定的商标权属存在争议。

第八十二条　在查处商标侵权案件过程中，工商行政管理部门可以要求权利人对涉案商品是否为权利人生产或者其许可生产的产品进行辨认。

第九章　商标代理

第八十三条　商标法所称商标代理，是指接受委托人的委托，以委托人的名义办理商标注册申请、商标评审或者其他商标事宜。

第八十四条　商标法所称商标代理机构，包括经工商行政管理部门登记从事商标代理业务的服务机构和从事商标代理业务的律师事务所。

商标代理机构从事商标局、商标评审委员会主管的商标事宜代理业务的，应当按照下列规定向商标局备案：

（一）交验工商行政管理部门的登记证明文件或者司法行政部门批准设立律师事务所的证明文件并留存复印件；

（二）报送商标代理机构的名称、住所、负责人、联系方式等基本信息；

（三）报送商标代理从业人员名单及联系方式。

工商行政管理部门应当建立商标代理机构信用档案。商标代理机构违反商标法或者本条例规定的，由商标局或者商标评审委员会予以公开通报，并记入其信用档案。

第八十五条　商标法所称商标代理从业人员，是指在商标代理机构中从事商标代理业务的工作人员。

商标代理从业人员不得以个人名义自行接受委托。

第八十六条　商标代理机构向商标局、商标评审委员会提交的有关申请文件，应当加盖该代理机构公章并由相关商标代理从业人员签字。

第八十七条　商标代理机构申请注册或者受让其代理服务以外的其他商标，商标局不予受理。

第八十八条　下列行为属于商标法第六十八条第一款第二项规定的以其他不正当手段扰乱商标代理市场秩序的行为：

（一）以欺诈、虚假宣传、引人误解或者商业贿赂等方式招徕业务的；

（二）隐瞒事实，提供虚假证据，或者威胁、诱导他人隐瞒事实，提供虚假证据的；

（三）在同一商标案件中接受有利益冲突的双方当事人委托的。

第八十九条　商标代理机构有商标法第六十八条规定行为的，由行为人所在地或者违法行为发生地县级以上工商行政管理部门进行查处并将查处情况通报商标局。

第九十条　商标局、商标评审委员会依照商标法第六十八条规定停止受理商标代理机构办理商标代理业务的，可以作出停止受理该商标代理机构商标代理业务6个月以上直至永久停止受理的决定。停止受理商标代理业务的期间届满，商标局、商标评审委员会应当恢复受理。

商标局、商标评审委员会作出停止受理或者恢复受理商标代理的决定应当在其网站予以公告。

第九十一条　工商行政管理部门应当加强对商标代理行业组织的监督和指导。

第十章 附 则

第九十二条 连续使用至 1993 年 7 月 1 日的服务商标，与他人在相同或者类似的服务上已注册的服务商标相同或者近似的，可以继续使用；但是，1993 年 7 月 1 日后中断使用 3 年以上的，不得继续使用。

已连续使用至商标局首次受理新放开商品或者服务项目之日的商标，与他人在新放开商品或者服务项目相同或者类似的商品或者服务上已注册的商标相同或者近似的，可以继续使用；但是，首次受理之日后中断使用 3 年以上的，不得继续使用。

第九十三条 商标注册用商品和服务分类表，由商标局制定并公布。

申请商标注册或者办理其他商标事宜的文件格式，由商标局、商标评审委员会制定并公布。

商标评审委员会的评审规则由国务院工商行政管理部门制定并公布。

第九十四条 商标局设置《商标注册簿》，记载注册商标及有关注册事项。

第九十五条 《商标注册证》及相关证明是权利人享有注册商标专用权的凭证。《商标注册证》记载的注册事项，应当与《商标注册簿》一致；记载不一致的，除有证据证明《商标注册簿》确有错误外，以《商标注册簿》为准。

第九十六条 商标局发布《商标公告》，刊发商标注册及其他有关事项。

《商标公告》采用纸质或者电子形式发布。

除送达公告外，公告内容自发布之日起视为社会公众已经知道或者应当知道。

第九十七条 申请商标注册或者办理其他商标事宜，应当缴纳费用。缴纳费用的项目和标准，由国务院财政部门、国务院价格主管部门分别制定。

第九十八条 本条例自 2014 年 5 月 1 日起施行。

国务院关于禁止在市场经济活动中实行地区封锁的规定

（2001 年 4 月 21 日中华人民共和国国务院令第 303 号公布 根据 2011 年 1 月 8 日《国务院关于废止和修改部分行政法规的决定》修订）

第一条 为了建立和完善全国统一、公平竞争、规范有序的市场体系，禁止市场经济活动中的地区封锁行为，破除地方保护，维护社会主义市场经济秩序，制定本规定。

第二条 各级人民政府及其所属部门负有消除地区封锁、保护公平竞争的责任，应当为建立和完善全国统一、公平竞争、规范有序的市场体系创造良好的环境和条件。

第三条 禁止各种形式的地区封锁行为。

禁止任何单位或者个人违反法律、行政法规和国务院的规定，以任何方式阻挠、干预外地产品或者工程建设类服务（以下简称服务）进入本地市场，或者对阻挠、干预外地产品或者服务进入本地市场的行为纵容、包庇，限制公平竞争。

第四条 地方各级人民政府及其所属部门（包括被授权或者委托行使行政权的组织，下同）不得违反法律、行政法规和国务院的规定，实行下列地区封锁行为：

（一）以任何方式限定、变相限定单位或者个人只能经营、购买、使用本地生产的产品或者只能接受本地企业、指定企业、其他经济组织或者个人提供的服务；

（二）在道路、车站、港口、航空港或者本行政区域边界设置关卡，阻碍外地产品进入或者本地产品运出；

（三）对外地产品或者服务设定歧视性收费项目、规定歧视性价格，或者实行歧视性收费标准；

（四）对外地产品或者服务采取与本地同类产品或者服务不同的技术要求、检验标准，或者对外地产品或者服务采取重复检验、重复认证等歧视性技术措施，限制外地产品或者服务进入本地市场；

（五）采取专门针对外地产品或者服务的专营、专卖、审批、许可等手段，实行歧视性待遇，限制外地产品或者服务进入本地市场；

（六）通过设定歧视性资质要求、评审标准或者不依法发布信息等方式限制或者排斥外地企业、其他经济组织或者个人参加本地的招投标活动；

（七）以采取同本地企业、其他经济组织或者个人不平等的待遇等方式，限制或者排斥外地企业、其他经济组织或者个人在本地投资或者设立分支机构，或者对外地企业、其他经济组织或者个人在本地的投资或者设立的分支机构实行歧视性待遇，侵害其合法权益；

（八）实行地区封锁的其他行为。

第五条　任何地方不得制定实行地区封锁或者含有地区封锁内容的规定，妨碍建立和完善全国统一、公平竞争、规范有序的市场体系，损害公平竞争环境。

第六条　地方各级人民政府所属部门的规定属于实行地区封锁或者含有地区封锁内容的，由本级人民政府改变或者撤销；本级人民政府不予改变或者撤销的，由上一级人民政府改变或者撤销。

第七条　省、自治区、直辖市以下地方各级人民政府的规定属于实行地区封锁或者含有地区封锁内容的，由上一级人民政府改变或者撤销；上一级人民政府不予改变或者撤销的，由省、自治区、直辖市人民政府改变或者撤销。

第八条　省、自治区、直辖市人民政府的规定属于实行地区封锁或者含有地区封锁内容的，由国务院改变或者撤销。

第九条　地方各级人民政府或者其所属部门设置地区封锁的规定或者含有地区封锁内容的规定，是以国务院所属部门不适当的规定为依据的，由国务院改变或者撤销该部门不适当的规定。

第十条　以任何方式限定、变相限定单位或者个人只能经营、购买、使用本地生产的产品或者只能接受本地企业、指定企业、其他经济组织或者个人提供的服务的，由省、自治区、直辖市人民政府组织经济贸易管理部门、工商行政管理部门查处，撤销限定措施。

第十一条　在道路、车站、港口、航空港或者在本行政区域边界设置关卡，阻碍外地产品进入和本地产品运出的，由省、自治区、直辖市人民政府组织经济贸易管理部门、公安部门和交通部门查处，撤销关卡。

第十二条　对外地产品或者服务设定歧视性收费项目、规定歧视性价格，或者实行歧视性收费标准的，由省、自治区、直辖市人民政府组织财政部门和价格部门查处，撤销歧视性收费项目、价格或者收费标准。

第十三条　对外地产品或者服务采取和本地同类产品或者服务不同的技术要求、检验标准，或者对外地产品或者服务采取重复检验、重复认证等歧视性技术措施，限制外地产品或者服务进入本地市场的，由省、自治区、直辖市人民政府组织质量技术监督部门查处，撤销歧视性技术措施。

第十四条　采取专门针对外地产品或者服务的专营、专卖、审批、许可等手段，实行歧视性待遇，限制外地产品或者服务进入本地市场的，由省、自治区、直辖市人民政府组织经济贸易管理部门、工商行政管理部门、质量技术监督部门和其他有关主管部门查处，撤销歧视性待遇。

第十五条　通过设定歧视性资质要求、评审标准或者不依法发布信息等方式，限制或者排斥外地企业、其他经济组织或者个人参加本地的招投标活动的，由省、自治区、直辖市人民政府组织有关主管部门查处，消除障碍。

  第十六条 以采取同本地企业、其他经济组织或者个人不平等的待遇等方式，限制或者排斥外地企业、其他经济组织或者个人在本地投资或者设立分支机构，或者对外地企业、其他经济组织或者个人在本地的投资或者设立的分支机构实行歧视性待遇的，由省、自治区、直辖市人民政府组织经济贸易管理部门、工商行政管理部门查处，消除障碍。

  第十七条 实行本规定第四条第（一）项至第（七）项所列行为以外的其他地区封锁行为的，由省、自治区、直辖市人民政府组织经济贸易管理部门、工商行政管理部门、质量技术监督部门和其他有关主管部门查处，消除地区封锁。

  第十八条 省、自治区、直辖市人民政府依照本规定第十条至第十七条的规定组织所属有关部门对地区封锁行为进行查处，处理决定由省、自治区、直辖市人民政府作出；必要时，国务院经济贸易管理部门、国务院工商行政管理部门、国务院质量监督检验检疫部门或者国务院其他有关部门可以对涉及省、自治区、直辖市人民政府的地区封锁行为进行查处。

  地方各级人民政府及其所属部门不得以任何名义、方式阻挠、干预依照本规定对地区封锁行为进行的查处工作。

  第十九条 地区封锁行为属于根据地方人民政府或者其所属部门的规定实行的，除依照本规定第十条至第十七条的规定查处、消除地区封锁外，并应当依照本规定第六条至第九条的规定，对有关规定予以改变或者撤销。

  第二十条 任何单位和个人均有权对地区封锁行为进行抵制，并向有关省、自治区、直辖市人民政府或者其经济贸易管理部门、工商行政管理部门、质量技术监督部门或者其他有关部门直至国务院经济贸易管理部门、国务院工商行政管理部门、国务院质量监督检验检疫部门或者国务院其他有关部门检举。

  有关省、自治区、直辖市人民政府或者其经济贸易管理部门、工商行政管理部门、质量技术监督部门或者其他有关部门接到检举后，应当自接到检举之日起5个工作日内，由省、自治区、直辖市人民政府责成有关地方人民政府在30个工作日内调查、处理完毕，或者由省、自治区、直辖市人民政府在30个工作日内依照本规定直接调查、处理完毕；特殊情况下，调查、处理时间可以适当延长，但延长的时间不得超过30个工作日。

  国务院经济贸易管理部门、国务院工商行政管理部门、国务院质量监督检验检疫部门或者国务院其他有关部门接到检举后，应当在5个工作日内，将检举材料转送有关省、自治区、直辖市人民政府。

  接受检举的政府、部门应当为检举人保密。对检举有功的单位和个人，应当给予奖励。

  第二十一条 对地方人民政府或者其所属部门违反本规定，实行地区封锁的，纵容、包庇地区封锁的，或者阻挠、干预查处地区封锁的，由省、自治区、直辖市人民政府给予通报批评；省、自治区、直辖市人民政府违反本规定，实行地区封锁的，纵容、包庇地区封锁的，或者阻挠、干预查处地区封锁的，由国务院给予通报批评。对直接负责的主管人员和其他直接责任人员，按照法定程序，根据情节轻重，给予降级或者撤职的行政处分；构成犯罪的，依法追究刑事责任。

  第二十二条 地方人民政府或者其所属部门违反本规定，制定实行地区封锁或者含有地区封锁内容的规定的，除依照本规定第六条至第九条的规定对有关规定予以改变或者撤销外，对该地方人民政府或者其所属部门的主要负责人和签署该规定的负责人，按照法定程序，根据情节轻重，给予降级或者撤职的行政处分。

  第二十三条 接到检举地区封锁行为的政府或者有关部门，不在规定期限内进行调查、处理或者泄露检举人情况的，对直接负责的主管人员和其他直接责任人员，按照法定程序，根据情节轻重，给予降级、撤职直至开除公职的行政处分。

第二十四条 采取暴力、威胁等手段，欺行霸市、强买强卖，阻碍外地产品或者服务进入本地市场，构成违反治安管理行为的，由公安机关依照《中华人民共和国治安管理处罚法》的规定予以处罚；构成犯罪的，依法追究刑事责任。

经营单位有前款规定行为的，并由工商行政管理部门依法对该经营单位予以处罚，直至责令停产停业、予以查封并吊销其营业执照。

第二十五条 地方人民政府或者其所属部门滥用行政权力，实行地区封锁所收取的费用及其他不正当收入，应当返还有关企业、其他经济组织或者个人；无法返还的，由上一级人民政府财政部门予以收缴。

第二十六条 地方人民政府或者其所属部门的工作人员对检举地区封锁行为的单位或者个人进行报复陷害的，按照法定程序，根据情节轻重，给予降级、撤职直至开除公职的行政处分；构成犯罪的，依法追究刑事责任。

第二十七条 监察机关依照行政监察法的规定，对行政机关及其工作人员的地区封锁行为实施监察。

第二十八条 本规定自公布之日起施行。

自本规定施行之日起，地方各级人民政府及其所属部门的规定与本规定相抵触或者部分相抵触的，全部或者相抵触的部分自行失效。

依据宪法和有关法律关于地方性法规不得同宪法、法律和行政法规相抵触的规定，自本规定施行之日起，地方性法规同本规定相抵触的，应当执行本规定。

价格违法行为行政处罚规定

(1999 年 7 月 10 日国务院批准　1999 年 8 月 1 日国家发展计划委员会发布　根据 2006 年 2 月 21 日《国务院关于修改〈价格违法行为行政处罚规定〉的决定》第一次修订　根据 2008 年 1 月 13 日《国务院关于修改〈价格违法行为行政处罚规定〉的决定》第二次修订　根据 2010 年 12 月 4 日《国务院关于修改〈价格违法行为行政处罚规定〉的决定》第三次修订)

第一条 为了依法惩处价格违法行为，维护正常的价格秩序，保护消费者和经营者的合法权益，根据《中华人民共和国价格法》（以下简称价格法）的有关规定，制定本规定。

第二条 县级以上各级人民政府价格主管部门依法对价格活动进行监督检查，并决定对价格违法行为的行政处罚。

第三条 价格违法行为的行政处罚由价格违法行为发生地的地方人民政府价格主管部门决定；国务院价格主管部门规定由其上级价格主管部门决定的，从其规定。

第四条 经营者违反价格法第十四条的规定，有下列行为之一的，责令改正，没收违法所得，并处违法所得 5 倍以下的罚款；没有违法所得的，处 10 万元以上 100 万元以下的罚款；情节严重的，责令停业整顿，或者由工商行政管理机关吊销营业执照：

（一）除依法降价处理鲜活商品、季节性商品、积压商品等商品外，为了排挤竞争对手或者独占市场，以低于成本的价格倾销，扰乱正常的生产经营秩序，损害国家利益或者其他经营者的合法权益的；

（二）提供相同商品或者服务，对具有同等交易条件的其他经营者实行价格歧视的。

第五条 经营者违反价格法第十四条的规定，相互串通，操纵市场价格，造成商品价格较大幅度上涨的，责令改正，没收违法所得，并处违法所得 5 倍以下的罚款；没有违法所得的，处 10 万元以上 100 万元以下的罚款，情节较重的处 100 万元以上 500 万元以下的罚款；情节严重的，责令停业整顿，或者由工商行政管理机关吊销营业执照。

除前款规定情形外，经营者相互串通，操纵市场价格，损害其他经营者或者消费者合法权益的，依照本规定第四条的规定处罚。

行业协会或者其他单位组织经营者相互串通，操纵市场价格的，对经营者依照前两款的规定处罚；对行业协会或者其他单位，可以处 50 万元以下的罚款，情节严重的，由登记管理机关依法撤销登记、吊销执照。

第六条 经营者违反价格法第十四条的规定，有下列推动商品价格过快、过高上涨行为之一的，责令改正，没收违法所得，并处违法所得 5 倍以下的罚款；没有违法所得的，处 5 万元以上 50 万元以下的罚款，情节较重的处 50 万元以上 300 万元以下的罚款；情节严重的，责令停业整顿，或者由工商行政管理机关吊销营业执照：

（一）捏造、散布涨价信息，扰乱市场价格秩序的；

（二）除生产自用外，超出正常的存储数量或者存储周期，大量囤积市场供应紧张、价格发生异常波动的商品，经价格主管部门告诫仍继续囤积的；

（三）利用其他手段哄抬价格，推动商品价格过快、过高上涨的。

行业协会或者为商品交易提供服务的单位有前款规定的违法行为的，可以处 50 万元以下的罚款；情节严重的，由登记管理机关依法撤销登记、吊销执照。

前两款规定以外的其他单位散布虚假涨价信息，扰乱市场价格秩序，依法应当由其他主管机关查处的，价格主管部门可以提出依法处罚的建议，有关主管机关应当依法处罚。

第七条 经营者违反价格法第十四条的规定，利用虚假的或者使人误解的价格手段，诱骗消费者或者其他经营者与其进行交易的，责令改正，没收违法所得，并处违法所得 5 倍以下的罚款；没有违法所得的，处 5 万元以上 50 万元以下的罚款；情节严重的，责令停业整顿，或者由工商行政管理机关吊销营业执照。

第八条 经营者违反价格法第十四条的规定，采取抬高等级或者压低等级等手段销售、收购商品或者提供服务，变相提高或者压低价格的，责令改正，没收违法所得，并处违法所得 5 倍以下的罚款；没有违法所得的，处 2 万元以上 20 万元以下的罚款；情节严重的，责令停业整顿，或者由工商行政管理机关吊销营业执照。

第九条 经营者不执行政府指导价、政府定价，有下列行为之一的，责令改正，没收违法所得，并处违法所得 5 倍以下的罚款；没有违法所得的，处 5 万元以上 50 万元以下的罚款，情节较重的处 50 万元以上 200 万元以下的罚款；情节严重的，责令停业整顿：

（一）超出政府指导价浮动幅度制定价格的；

（二）高于或者低于政府定价制定价格的；

（三）擅自制定属于政府指导价、政府定价范围内的商品或者服务价格的；

（四）提前或者推迟执行政府指导价、政府定价的；

（五）自立收费项目或者自定标准收费的；

（六）采取分解收费项目、重复收费、扩大收费范围等方式变相提高收费标准的；

（七）对政府明令取消的收费项目继续收费的；

（八）违反规定以保证金、抵押金等形式变相收费的；

（九）强制或者变相强制服务并收费的；

（十）不按照规定提供服务而收取费用的；

（十一）不执行政府指导价、政府定价的其他行为。

第十条　经营者不执行法定的价格干预措施、紧急措施，有下列行为之一的，责令改正，没收违法所得，并处违法所得 5 倍以下的罚款；没有违法所得的，处 10 万元以上 100 万元以下的罚款，情节较重的处 100 万元以上 500 万元以下的罚款；情节严重的，责令停业整顿：

（一）不执行提价申报或者调价备案制度的；

（二）超过规定的差价率、利润率幅度的；

（三）不执行规定的限价、最低保护价的；

（四）不执行集中定价权限措施的；

（五）不执行冻结价格措施的；

（六）不执行法定的价格干预措施、紧急措施的其他行为。

第十一条　本规定第四条、第七条至第九条规定中经营者为个人的，对其没有违法所得的价格违法行为，可以处 10 万元以下的罚款。

本规定第五条、第六条、第十条规定中经营者为个人的，对其没有违法所得的价格违法行为，按照前款规定处罚；情节严重的，处 10 万元以上 50 万元以下的罚款。

第十二条　经营者违反法律、法规的规定牟取暴利的，责令改正，没收违法所得，可以并处违法所得 5 倍以下的罚款；情节严重的，责令停业整顿，或者由工商行政管理机关吊销营业执照。

第十三条　经营者违反明码标价规定，有下列行为之一的，责令改正，没收违法所得，可以并处 5000 元以下的罚款：

（一）不标明价格的；

（二）不按照规定的内容和方式明码标价的；

（三）在标价之外加价出售商品或者收取未标明的费用的；

（四）违反明码标价规定的其他行为。

第十四条　拒绝提供价格监督检查所需资料或者提供虚假资料的，责令改正，给予警告；逾期不改正的，可以处 10 万元以下的罚款，对直接负责的主管人员和其他直接责任人员给予纪律处分。

第十五条　政府价格主管部门进行价格监督检查时，发现经营者的违法行为同时具有下列三种情形的，可以依照价格法第三十四条第（三）项的规定责令其暂停相关营业：

（一）违法行为情节复杂或者情节严重，经查明后可能给予较重处罚的；

（二）不暂停相关营业，违法行为将继续的；

（三）不暂停相关营业，可能影响违法事实的认定，采取其他措施又不足以保证查明的。

政府价格主管部门进行价格监督检查时，执法人员不得少于 2 人，并应当向经营者或者有关人员出示证件。

第十六条　本规定第四条至第十三条规定中的违法所得，属于价格法第四十一条规定的消费者或者其他经营者多付价款的，责令经营者限期退还。难以查找多付价款的消费者或者其他经营者的，责令公告查找。

经营者拒不按照前款规定退还消费者或者其他经营者多付的价款，以及期限届满没有退还消费者或者其他经营者多付的价款，由政府价格主管部门予以没收，消费者或者其他经营者要求退还时，由经营者依法承担民事责任。

第十七条　经营者有《中华人民共和国行政处罚法》第二十七条所列情形的，应当依法从轻或者减轻处罚。

经营者有下列情形之一的，应当从重处罚：

（一）价格违法行为严重或者社会影响较大的；

（二）屡查屡犯的；

（三）伪造、涂改或者转移、销毁证据的；

（四）转移与价格违法行为有关的资金或者商品的；

（五）经营者拒不按照本规定第十六条第一款规定退还消费者或者其他经营者多付价款的；

（六）应予从重处罚的其他价格违法行为。

第十八条 本规定中以违法所得计算罚款数额的，违法所得无法确定时，按照没有违法所得的规定处罚。

第十九条 有本规定所列价格违法行为严重扰乱市场秩序，构成犯罪的，依法追究刑事责任。

第二十条 经营者对政府价格主管部门作出的处罚决定不服的，应当先依法申请行政复议；对行政复议决定不服的，可以依法向人民法院提起诉讼。

第二十一条 逾期不缴纳罚款的，每日按罚款数额的3%加处罚款；逾期不缴纳违法所得的，每日按违法所得数额的2%加处罚款。

第二十二条 任何单位和个人有本规定所列价格违法行为，情节严重，拒不改正的，政府价格主管部门除依照本规定给予处罚外，可以公告其价格违法行为，直至其改正。

第二十三条 有关法律对价格法第十四条所列行为的处罚及处罚机关另有规定的，可以依照有关法律的规定执行。

第二十四条 价格执法人员泄露国家秘密、经营者的商业秘密或者滥用职权、玩忽职守、徇私舞弊，构成犯罪的，依法追究刑事责任；尚不构成犯罪的，依法给予处分。

第二十五条 本规定自公布之日起施行。

制止滥用行政权力排除、限制竞争行为规定

（2023年3月10日国家市场监督管理总局令第64号公布　自2023年4月15日起施行）

第一条 为了预防和制止滥用行政权力排除、限制竞争行为，根据《中华人民共和国反垄断法》（以下简称反垄断法），制定本规定。

第二条 国家市场监督管理总局（以下简称市场监管总局）负责滥用行政权力排除、限制竞争行为的反垄断统一执法工作。

市场监管总局根据反垄断法第十三条第二款规定，授权各省、自治区、直辖市人民政府市场监督管理部门（以下称省级市场监管部门）负责本行政区域内滥用行政权力排除、限制竞争行为的反垄断执法工作。

本规定所称反垄断执法机构包括市场监管总局和省级市场监管部门。

第三条 市场监管总局负责对下列滥用行政权力排除、限制竞争行为进行调查，提出依法处理的建议（以下简称查处）：

（一）在全国范围内有影响的；

（二）省级人民政府实施的；

（三）案情较为复杂或者市场监管总局认为有必要直接查处的。

前款所列的滥用行政权力排除、限制竞争行为，市场监管总局可以指定省级市场监管部门

查处。

省级市场监管部门查处滥用行政权力排除、限制竞争行为时，发现不属于本部门查处范围，或者虽属于本部门查处范围，但有必要由市场监管总局查处的，应当及时报告市场监管总局。

第四条 行政机关和法律、法规授权的具有管理公共事务职能的组织不得滥用行政权力，实施下列行为，限定或者变相限定单位或者个人经营、购买、使用其指定的经营者提供的商品或者服务（以下统称商品）：

（一）以明确要求、暗示、拒绝或者拖延行政审批、备案、重复检查、不予接入平台或者网络等方式，限定或者变相限定经营、购买、使用特定经营者提供的商品；

（二）通过限制投标人所在地、所有制形式、组织形式等方式，限定或者变相限定经营、购买、使用特定经营者提供的商品；

（三）通过设置不合理的项目库、名录库、备选库、资格库等方式，限定或者变相限定经营、购买、使用特定经营者提供的商品；

（四）限定或者变相限定单位或者个人经营、购买、使用其指定的经营者提供的商品的其他行为。

第五条 行政机关和法律、法规授权的具有管理公共事务职能的组织不得滥用行政权力，通过与经营者签订合作协议、备忘录等方式，妨碍其他经营者进入相关市场或者对其他经营者实行不平等待遇，排除、限制竞争。

第六条 行政机关和法律、法规授权的具有管理公共事务职能的组织不得滥用行政权力，实施下列行为，妨碍商品在地区之间的自由流通：

（一）对外地商品设定歧视性收费项目、实行歧视性收费标准，或者规定歧视性价格、实行歧视性补贴政策；

（二）对外地商品规定与本地同类商品不同的技术要求、检验标准，或者对外地商品采取重复检验、重复认证等歧视性技术措施，阻碍、限制外地商品进入本地市场；

（三）采取专门针对外地商品的行政许可，或者对外地商品实施行政许可时，设定不同的许可条件、程序、期限等，阻碍、限制外地商品进入本地市场；

（四）设置关卡、通过软件或者互联网设置屏蔽等手段，阻碍、限制外地商品进入或者本地商品运出；

（五）妨碍商品在地区之间自由流通的其他行为。

第七条 行政机关和法律、法规授权的具有管理公共事务职能的组织不得滥用行政权力，实施下列行为，排斥或者限制经营者参加招标投标以及其他经营活动：

（一）不依法发布招标投标等信息；

（二）排斥或者限制外地经营者参与本地特定的招标投标活动和其他经营活动；

（三）设定歧视性的资质要求或者评审标准；

（四）设定与实际需要不相适应或者与合同履行无关的资格、技术和商务条件；

（五）排斥或者限制经营者参加招标投标以及其他经营活动的其他行为。

第八条 行政机关和法律、法规授权的具有管理公共事务职能的组织不得滥用行政权力，实施下列行为，排斥、限制、强制或者变相强制外地经营者在本地投资或者设立分支机构：

（一）拒绝、强制或者变相强制外地经营者在本地投资或者设立分支机构；

（二）对外地经营者在本地投资的规模、方式以及设立分支机构的地址、商业模式等进行限制或者提出不合理要求；

（三）对外地经营者在本地的投资或者设立的分支机构在投资、经营规模、经营方式、税费缴纳等方面规定与本地经营者不同的要求，在安全生产、节能环保、质量标准、行政审批、备案等方面实行歧视性待遇；

（四）排斥、限制、强制或者变相强制外地经营者在本地投资或者设立分支机构的其他行为。

第九条 行政机关和法律、法规授权的具有管理公共事务职能的组织不得滥用行政权力，强制或者变相强制经营者从事反垄断法规定的垄断行为。

第十条 行政机关和法律、法规授权的具有管理公共事务职能的组织不得滥用行政权力，以办法、决定、公告、通知、意见、会议纪要、函件等形式，制定、发布含有排除、限制竞争内容的规定。

第十一条 反垄断执法机构依据职权，或者通过举报、上级机关交办、其他机关移送、下级机关报告等途径，发现涉嫌滥用行政权力排除、限制竞争行为。

第十二条 对涉嫌滥用行政权力排除、限制竞争行为，任何单位和个人有权向反垄断执法机构举报。反垄断执法机构应当为举报人保密。

第十三条 举报采用书面形式并提供相关事实和证据的，有关反垄断执法机构应当进行必要的调查。书面举报一般包括下列内容：

（一）举报人的基本情况；

（二）被举报人的基本情况；

（三）涉嫌滥用行政权力排除、限制竞争行为的相关事实和证据；

（四）是否就同一事实已向其他行政机关举报、申请行政复议或者向人民法院提起诉讼。

第十四条 反垄断执法机构负责所管辖案件的受理。省级以下市场监管部门收到举报材料或者发现案件线索的，应当在七个工作日内将相关材料报送省级市场监管部门。

对于被举报人信息不完整、相关事实不清晰的举报，受理机关可以通知举报人及时补正。

对于采用书面形式的实名举报，反垄断执法机构在案件调查处理完毕后，可以根据举报人的书面请求依法向其反馈举报处理结果。

第十五条 反垄断执法机构经过对涉嫌滥用行政权力排除、限制竞争行为的必要调查，决定是否立案。

被调查单位在上述调查期间已经采取措施停止相关行为，消除相关竞争限制的，可以不予立案。

省级市场监管部门应当自立案之日起七个工作日内向市场监管总局备案。

第十六条 立案后，反垄断执法机构应当及时进行调查，依法向有关单位和个人了解情况，收集、调取证据。有关单位或者个人应当配合调查。

第十七条 市场监管总局在查处涉嫌滥用行政权力排除、限制竞争行为时，可以委托省级市场监管部门进行调查。

省级市场监管部门在查处涉嫌滥用行政权力排除、限制竞争行为时，可以委托下级市场监管部门进行调查。

受委托的市场监管部门在委托范围内，以委托机关的名义进行调查，不得再委托其他行政机关、组织或者个人进行调查。

第十八条 省级市场监管部门查处涉嫌滥用行政权力排除、限制竞争行为时，可以根据需要商请相关省级市场监管部门协助调查，相关省级市场监管部门应当予以协助。

第十九条 被调查单位和个人有权陈述意见，提出事实、理由和相关证据。反垄断执法机构应当进行核实。

第二十条 经调查，反垄断执法机构认为构成滥用行政权力排除、限制竞争行为的，可以向有关上级机关提出依法处理的建议。

　　在调查期间，被调查单位主动采取措施停止相关行为，消除相关竞争限制的，反垄断执法机构可以结束调查。

　　经调查，反垄断执法机构认为不构成滥用行政权力排除、限制竞争行为的，应当结束调查。

　　第二十一条　反垄断执法机构向有关上级机关提出依法处理建议的，应当制作行政建议书，同时抄送被调查单位。行政建议书应当载明以下事项：

　　（一）主送单位名称；

　　（二）被调查单位名称；

　　（三）违法事实；

　　（四）被调查单位的陈述意见及采纳情况；

　　（五）处理建议及依据；

　　（六）被调查单位改正的时限及要求；

　　（七）反垄断执法机构名称、公章及日期。

　　前款第五项规定的处理建议应当能够消除相关竞争限制，并且具体、明确，可以包括停止实施有关行为、解除有关协议、停止执行有关备忘录、废止或者修改有关文件并向社会公开文件的废止或者修改情况等。

　　被调查单位应当按照行政建议书载明的处理建议，积极落实改正措施，并按照反垄断执法机构的要求，限期将有关改正情况书面报告上级机关和反垄断执法机构。

　　第二十二条　省级市场监管部门在提出依法处理的建议或者结束调查前，应当向市场监管总局报告。提出依法处理的建议后七个工作日内，向市场监管总局备案。

　　反垄断执法机构认为构成滥用行政权力排除、限制竞争行为的，依法向社会公布。

　　第二十三条　市场监管总局应当加强对省级市场监管部门查处滥用行政权力排除、限制竞争行为的指导和监督，统一执法标准。

　　省级市场监管部门应当严格按照市场监管总局相关规定查处滥用行政权力排除、限制竞争行为。

　　第二十四条　行政机关和法律、法规授权的具有管理公共事务职能的组织涉嫌违反反垄断法规定，滥用行政权力排除、限制竞争的，反垄断执法机构可以对其法定代表人或者负责人进行约谈。

　　约谈可以指出涉嫌滥用行政权力排除、限制竞争的问题，听取情况说明，要求其提出改进措施消除相关竞争限制。

　　约谈结束后，反垄断执法机构可以将约谈情况通报被约谈单位的有关上级机关。省级市场监管部门应当在七个工作日内将约谈情况向市场监管总局备案。

　　第二十五条　约谈应当经反垄断执法机构主要负责人批准。反垄断执法机构可以根据需要，邀请被约谈单位的有关上级机关共同实施约谈。

　　反垄断执法机构可以公开约谈情况，也可以邀请媒体、行业协会、专家学者、相关经营者、社会公众代表列席约谈。

　　第二十六条　对反垄断执法机构依法实施的调查，有关单位或者个人拒绝提供有关材料、信息，或者提供虚假材料、信息，或者隐匿、销毁、转移证据，或者有其他拒绝、阻碍调查行为的，反垄断执法机构依法作出处理，并可以向其有关上级机关、监察机关等反映情况。

　　第二十七条　反垄断执法机构工作人员滥用职权、玩忽职守、徇私舞弊或者泄露执法过程中知悉的商业秘密、个人隐私和个人信息的，依照有关规定处理。

　　第二十八条　反垄断执法机构在调查期间发现的公职人员涉嫌职务违法、职务犯罪问题线索，应当及时移交纪检监察机关。

第二十九条　行政机关和法律、法规授权的具有管理公共事务职能的组织，在制定涉及市场主体经济活动的规章、规范性文件和其他政策措施时，应当按照有关规定进行公平竞争审查，评估对市场竞争的影响，防止排除、限制市场竞争。涉嫌构成滥用行政权力排除、限制竞争行为的，由反垄断执法机构依法调查。

第三十条　各级市场监管部门可以通过以下方式，积极支持、促进行政机关和法律、法规授权的具有管理公共事务职能的组织强化公平竞争理念，改进有关政策措施，维护公平竞争市场环境：

（一）宣传公平竞争法律法规和政策；

（二）在政策措施制定过程中提供公平竞争咨询；

（三）组织开展有关政策措施实施的竞争影响评估，发布评估报告；

（四）组织开展培训交流；

（五）提供工作指导建议；

（六）其他有利于改进政策措施的竞争宣传倡导活动。

鼓励行政机关和法律、法规授权的具有管理公共事务职能的组织主动增强公平竞争意识，培育和弘扬公平竞争文化，提升公平竞争政策实施能力。

第三十一条　本规定自 2023 年 4 月 15 日起施行。2019 年 6 月 26 日国家市场监督管理总局令第 12 号公布的《制止滥用行政权力排除、限制竞争行为暂行规定》同时废止。

商标代理监督管理规定

（2022 年 10 月 27 日国家市场监督管理总局令第 63 号公布　自 2022 年 12 月 1 日起施行）

第一章　总　则

第一条　为了规范商标代理行为，提升商标代理服务质量，维护商标代理市场的正常秩序，促进商标代理行业健康发展，根据《中华人民共和国商标法》（以下简称商标法）、《中华人民共和国商标法实施条例》（以下简称商标法实施条例）以及其他有关法律法规，制定本规定。

第二条　商标代理机构接受委托人的委托，可以以委托人的名义在代理权限范围内依法办理以下事宜：

（一）商标注册申请；

（二）商标变更、续展、转让、注销；

（三）商标异议；

（四）商标撤销、无效宣告；

（五）商标复审、商标纠纷的处理；

（六）其他商标事宜。

本规定所称商标代理机构，包括经市场主体登记机关依法登记从事商标代理业务的服务机构和从事商标代理业务的律师事务所。

第三条　商标代理机构和商标代理从业人员应当遵守法律法规和国家有关规定，遵循诚实信用原则，恪守职业道德，规范从业行为，提升商标代理服务质量，维护委托人的合法权益和商标代理市场正常秩序。

本规定所称商标代理从业人员包括商标代理机构的负责人，以及受商标代理机构指派承办商标代理业务的本机构工作人员。

商标代理从业人员应当遵纪守法，有良好的信用状况，品行良好，熟悉商标法律法规，具备依法从事商标代理业务的能力。

第四条 商标代理行业组织是商标代理行业的自律性组织。

商标代理行业组织应当严格行业自律，依照章程规定，制定行业自律规范和惩戒规则，加强业务培训和职业道德、职业纪律教育，组织引导商标代理机构和商标代理从业人员依法规范从事代理业务，不断提高行业服务水平。

知识产权管理部门依法加强对商标代理行业组织的监督和指导，支持商标代理行业组织加强行业自律和规范。

鼓励商标代理机构、商标代理从业人员依法参加商标代理行业组织。

第二章　商标代理机构备案

第五条 商标代理机构从事国家知识产权局主管的商标事宜代理业务的，应当依法及时向国家知识产权局备案。

商标代理机构备案的有效期为三年。有效期届满需要继续从事代理业务的，商标代理机构可以在有效期届满前六个月内办理延续备案。每次延续备案的有效期为三年，自原备案有效期满次日起计算。

第六条 商标代理机构的备案信息包括：

（一）营业执照或者律师事务所执业许可证；

（二）商标代理机构的名称、住所、联系方式、统一社会信用代码，负责人、非上市公司的股东、合伙人姓名；

（三）商标代理从业人员姓名、身份证件号码、联系方式；

（四）法律法规以及国家知识产权局规定应当提供的其他信息。

国家知识产权局能够通过政务信息共享平台获取的相关信息，不得要求商标代理机构重复提供。

第七条 商标代理机构备案信息发生变化的，应当自实际发生变化或者有关主管部门登记、批准之日起三十日内向国家知识产权局办理变更备案，并提交相应材料。

第八条 商标代理机构申请市场主体注销登记，备案有效期届满未办理延续或者自行决定不再从事商标代理业务，被撤销或者被吊销营业执照、律师事务所执业许可证，或者国家知识产权局决定永久停止受理其办理商标代理业务的，应当在妥善处理未办结的商标代理业务后，向国家知识产权局办理注销备案。

商标代理机构存在前款规定情形的，国家知识产权局应当在商标网上服务系统、商标代理系统中进行标注，并不再受理其提交的商标代理业务申请，但处理未办结商标代理业务的除外。

商标代理机构应当在申请市场主体注销登记或者自行决定不再从事商标代理业务前，或者自接到撤销、吊销决定书、永久停止受理其办理商标代理业务决定之日起三十日内，按照法律法规规定和合同约定妥善处理未办结的商标代理业务，通知委托人办理商标代理变更，或者经委托人同意与其他已经备案的商标代理机构签订业务移转协议。

第九条 商标代理机构提交的备案、变更备案、延续备案或者注销备案材料符合规定的，国家知识产权局应当及时予以办理，通知商标代理机构并依法向社会公示。

第三章　商标代理行为规范

第十条 商标代理机构从事商标代理业务不得采取欺诈、诱骗等不正当手段，不得损害国家利益、社会公共利益和他人合法权益。

商标代理机构不得以其法定代表人、股东、合伙人、实际控制人、高级管理人员、员工等的名义变相申请注册或者受让其代理服务以外的其他商标，也不得通过另行设立市场主体或者通过与其存在关联关系的市场主体等其他方式变相从事上述行为。

第十一条 商标代理机构应当积极履行管理职责，规范本机构商标代理从业人员职业行为，建立健全质量管理、利益冲突审查、恶意申请筛查、投诉处理、保密管理、人员管理、财务管理、档案管理等管理制度，对本机构商标代理从业人员遵守法律法规、行业规范等情况进行监督，发现问题及时予以纠正。

商标代理机构应当加强对本机构商标代理从业人员的职业道德和职业纪律教育，组织开展业务学习，为其参加业务培训和继续教育提供条件。

第十二条 商标代理机构应当在其住所或者经营场所醒目位置悬挂营业执照或者律师事务所执业许可证。

商标代理机构通过网络从事商标代理业务的，应当在其网站首页或者从事经营活动的主页面显著位置持续公示机构名称、经营场所、经营范围等营业执照或者律师事务所执业许可证记载的信息，以及其他商标代理业务备案信息等。

第十三条 商标代理机构从事商标代理业务，应当与委托人以书面形式签订商标代理委托合同，依法约定双方的权利义务以及其他事项。商标代理委托合同不得违反法律法规以及国家有关规定。

第十四条 商标代理机构接受委托办理商标代理业务，应当进行利益冲突审查，不得在同一案件中接受有利益冲突的双方当事人委托。

第十五条 商标代理机构应当按照委托人的要求依法办理商标注册申请或者其他商标事宜；在代理过程中应当遵守关于商业秘密和个人信息保护的有关规定。

委托人申请注册的商标可能存在商标法规定不得注册情形的，商标代理机构应当以书面通知等方式明确告知委托人。

商标代理机构知道或者应当知道委托人申请注册的商标属于商标法第四条、第十五条和第三十二条规定情形的，不得接受其委托。

商标代理机构应当严格履行代理职责，依据商标法第二十七条，对委托人所申报的事项和提供的商标注册申请或者办理其他商标事宜的材料进行核对，及时向委托人通报委托事项办理进展情况、送交法律文书和材料，无正当理由不得拖延。

第十六条 商标代理从业人员应当根据商标代理机构的指派承办商标代理业务，不得以个人名义自行接受委托。

商标代理从业人员不得同时在两个以上商标代理机构从事商标代理业务。

第十七条 商标代理机构向国家知识产权局提交的有关文件，应当加盖本代理机构公章并由相关商标代理从业人员签字。

商标代理机构和商标代理从业人员对其盖章和签字办理的商标代理业务负责。

第十八条 商标代理机构应当对所承办业务的案卷和有关材料及时立卷归档，妥善保管。

商标代理机构的记录应当真实、准确、完整。

第十九条 商标代理机构收费应当遵守相关法律法规，遵循自愿、公平、合理和诚实信用原则，兼顾经济效益和社会效益。

第四章 商标代理监管

第二十条 知识产权管理部门建立商标代理机构和商标代理从业人员信用档案。

国家知识产权局对信用档案信息进行归集整理，开展商标代理行业分级分类评价。地方知识产权管理部门、市场监督管理部门、商标代理行业组织应当协助做好信用档案信息的归集整理工作。

第二十一条 以下信息应当记入商标代理机构和商标代理从业人员信用档案：

（一）商标代理机构和商标代理从业人员受到行政处罚的信息；

（二）商标代理机构接受监督检查的信息；

（三）商标代理机构和商标代理从业人员加入商标代理行业组织信息，受到商标代理行业组织惩戒的信息；

（四）商标代理机构被列入经营异常名录或者严重违法失信名单的信息；

（五）其他可以反映商标代理机构信用状况的信息。

第二十二条 商标代理机构应当按照国家有关规定报送年度报告。

第二十三条 商标代理机构故意侵犯知识产权，提交恶意商标注册申请，损害社会公共利益，从事严重违法商标代理行为，性质恶劣、情节严重、社会危害较大，受到较重行政处罚的，按照《市场监督管理严重违法失信名单管理办法》等有关规定列入严重违法失信名单。

第二十四条 知识产权管理部门依法对商标代理机构和商标代理从业人员代理行为进行监督检查，可以依法查阅、复制有关材料，询问当事人或者其他与案件有关的单位和个人，要求当事人或者有关人员在一定期限内如实提供有关材料，以及采取其他合法必要合理的措施。商标代理机构和商标代理从业人员应当予以协助配合。

第二十五条 知识产权管理部门应当引导商标代理机构合法从事商标代理业务，提升服务质量。

对存在商标代理违法违规行为的商标代理机构或者商标代理从业人员，知识产权管理部门可以依职责对其进行约谈、提出意见，督促其及时整改。

第二十六条 知识产权管理部门负责商标代理等信息的发布和公示工作，健全与市场监督管理部门之间的信息共享、查处情况通报、业务指导等协同配合机制。

第五章　商标代理违法行为的处理

第二十七条 有下列情形之一的，属于商标法第六十八条第一款第一项规定的办理商标事宜过程中，伪造、变造或者使用伪造、变造的法律文件、印章、签名的行为：

（一）伪造、变造国家机关公文、印章的；

（二）伪造、变造国家机关之外其他单位的法律文件、印章的；

（三）伪造、变造签名的；

（四）知道或者应当知道属于伪造、变造的公文、法律文件、印章、签名，仍然使用的；

（五）其他伪造、变造或者使用伪造、变造的法律文件、印章、签名的情形。

第二十八条 有下列情形之一的，属于以诋毁其他商标代理机构等手段招徕商标代理业务的行为：

（一）编造、传播虚假信息或者误导性信息，损害其他商标代理机构商业声誉的；

（二）教唆、帮助他人编造、传播虚假信息或者误导性信息，损害其他商标代理机构商业声誉的；

（三）其他以诋毁其他商标代理机构等手段招徕商标代理业务的情形。

第二十九条 有下列情形之一的，属于商标法第六十八条第一款第二项规定的以其他不正当手段扰乱商标代理市场秩序的行为：

（一）知道或者应当知道委托人以欺骗手段或者其他不正当手段申请注册，或者利用突发事件、公众人物、舆论热点等信息，恶意申请注册有害于社会主义道德风尚或者有其他不良影响的商标，仍接受委托的；

（二）向从事商标注册和管理工作的人员进行贿赂或者利益输送，或者违反规定获取尚未公开的商标注册相关信息、请托转递涉案材料等，牟取不正当利益的；

（三）违反法律法规和国家有关从业限制的规定，聘用曾从事商标注册和管理工作的人员，经知识产权管理部门告知后，拖延或者拒绝纠正其聘用行为的；

（四）代理不同的委托人申请注册相同或者类似商品或者服务上的相同商标的，申请时在先商标已经无效的除外；

（五）知道或者应当知道转让商标属于恶意申请的注册商标，仍帮助恶意注册人办理转让的；

（六）假冒国家机关官方网站、邮箱、电话等或者以国家机关工作人员的名义提供虚假信息误导公众，或者向委托人提供商标业务相关材料或者收取费用牟取不正当利益的；

（七）知道或者应当知道委托人滥用商标权仍接受委托，或者指使商标权利人滥用商标权牟取不正当利益的；

（八）知道或者应当知道委托人使用的是伪造、变造、编造的虚假商标材料，仍帮助委托人提交，或者与委托人恶意串通制作、提交虚假商标申请等材料的；

（九）虚构事实向主管部门举报其他商标代理机构的；

（十）为排挤竞争对手，以低于成本的价格提供服务的；

（十一）其他以不正当手段扰乱商标代理市场秩序的情形。

第三十条 有下列情形之一的，属于商标法第十九条第三款、第四款规定的行为：

（一）曾经代理委托人申请注册商标或者办理异议、无效宣告以及复审事宜，委托人商标因违反商标法第四条、第十五条或者第三十二条规定，被国家知识产权局生效的决定或者裁定驳回申请、不予核准注册或者宣告无效，仍代理其在同一种或者类似商品上再次提交相同或者近似商标注册申请的；

（二）曾经代理委托人办理其他商标业务，知悉委托人商标存在违反商标法第四条、第十五条或者第三十二条规定的情形，仍接受委托的；

（三）违反本规定第十条第二款规定的；

（四）其他属于商标法第十九条第三款、第四款规定的情形。

第三十一条 有下列情形之一的，属于以欺诈、虚假宣传、引人误解或者商业贿赂等方式招徕业务的行为：

（一）与他人恶意串通或者虚构事实，诱骗委托人委托其办理商标事宜的；

（二）以承诺结果、夸大自身代理业务成功率等形式误导委托人的；

（三）伪造或者变造荣誉、资质资格，欺骗、误导公众的；

（四）以盗窃、贿赂、欺诈、胁迫或者其他不正当手段获取商标信息，或者披露、使用、允许他人使用以前述手段获取的商标信息，以谋取交易机会的；

（五）明示或者暗示可以通过非正常方式加速办理商标事宜，或者提高办理商标事宜成功率，误导委托人的；

（六）以给予财物或者其他手段贿赂单位或者个人，以谋取交易机会的；

（七）其他以不正当手段招徕商标代理业务的情形。

第三十二条 有下列情形之一的，属于商标法实施条例第八十八条第三项规定的在同一商标案件中接受有利益冲突的双方当事人委托的行为：

（一）在商标异议、撤销、宣告无效案件或者复审、诉讼程序中接受双方当事人委托的；

（二）曾代理委托人申请商标注册，又代理其他人对同一商标提出商标异议、撤销、宣告无效申请的；

（三）其他在同一案件中接受有利益冲突的双方当事人委托的情形。

第三十三条 商标代理机构通过网络从事商标代理业务，有下列行为之一的，《中华人民共和国反垄断法》《中华人民共和国反不正当竞争法》《中华人民共和国价格法》《中华人民共和国广告法》等法律法规有规定的，从其规定；没有规定的，由市场监督管理部门给予警告，可以处五万元以下罚款；情节严重的，处五万元以上十万元以下罚款：

（一）利用其客户资源、平台数据以及其他经营者对其在商标代理服务上的依赖程度等因素，恶意排挤竞争对手的；

（二）通过编造用户评价、伪造业务量等方式进行虚假或者引人误解的商业宣传，欺骗、误导委托人的；

（三）通过电子侵入、擅自外挂插件等方式，影响商标网上服务系统、商标代理系统等正常运行的；

（四）通过网络展示具有重大不良影响商标的；

（五）其他通过网络实施的违法商标代理行为。

第三十四条 市场监督管理部门依据商标法第六十八条规定对商标代理机构的违法行为进行查处后，依照有关规定将查处情况通报国家知识产权局。国家知识产权局收到通报，或者发现商标代理机构存在商标法第六十八条第一款行为，情节严重的，可以依法作出停止受理其办理商标代理业务六个月以上直至永久停止受理的决定，并予公告。

因商标代理违法行为，两年内受到三次以上行政处罚的，属于前款规定情节严重的情形。

商标代理机构被停止受理商标代理业务的，在停止受理业务期间，或者未按照本规定第八条第三款规定妥善处理未办结商标代理业务的，该商标代理机构负责人、直接责任人员以及负有管理责任的股东、合伙人不得在商标代理机构新任负责人、股东、合伙人。

第三十五条 国家知识产权局作出的停止受理商标代理机构办理商标代理业务决定有期限的，期限届满并且已改正违法行为的，恢复受理该商标代理机构业务，并予公告。

第三十六条 从事商标代理业务的商标代理机构，未依法办理备案、变更备案、延续备案或者注销备案，未妥善处理未办结的商标代理业务，或者违反本规定第十五条第四款规定，损害委托人利益或者扰乱商标代理市场秩序的，由国家知识产权局予以通报，并记入商标代理机构信用档案。

商标代理机构有前款所述情形的，由市场监督管理部门责令限期改正；期满不改正的，给予警告，情节严重的，处十万元以下罚款。

第三十七条 知识产权管理部门应当健全内部监督制度，对从事商标注册和管理工作的人员执行法律法规和遵守纪律的情况加强监督检查。

从事商标注册和管理工作的人员必须秉公执法，廉洁自律，忠于职守，文明服务，不得从事商标代理业务或者违反规定从事、参与营利性活动。从事商标注册和管理工作的人员离职后的从业限制，依照或者参照《中华人民共和国公务员法》等法律法规和国家有关规定执行。

第三十八条 从事商标注册和管理工作的人员玩忽职守、滥用职权、徇私舞弊，违法办理商标注册事项和其他商标事宜，收受商标代理机构或者商标代理从业人员财物，牟取不正当利益的，应当依法进行处理；构成犯罪的，依法追究刑事责任。

第三十九条 知识产权管理部门对违法违纪行为涉及的商标，应当依据商标法以及相关法律法规严格审查和监督管理，并及时处理。

第四十条 法律法规对商标代理机构经营活动违法行为的处理另有规定的，从其规定。

第四十一条 律师事务所和律师从事商标代理业务除遵守法律法规和本规定外，还应当遵守国家其他有关规定。

第四十二条 除本规定第二条规定的商标代理机构外，其他机构或者个人违反本规定从事商标代理业务或者与商标代理业务有关的其他活动，参照本规定处理。

第四十三条 本规定自 2022 年 12 月 1 日起施行。

市场监管总局关于查处哄抬价格违法行为的指导意见

（2022 年 6 月 2 日　国市监竞争发〔2022〕60 号）

各省、自治区、直辖市和新疆生产建设兵团市场监管局（厅、委）：

当前，受国际局势和疫情影响，部分领域出现价格异常波动。为维护市场价格基本稳定，规范市场监管部门执法行为，现就市场监管部门查处哄抬价格违法行为时如何适用《中华人民共和国价格法》《价格违法行为行政处罚规定》等法律法规，提出以下指导意见：

一、哄抬价格违法行为认定

（一）经营者有下列推动或者可能推动商品价格过快、过高上涨行为之一的，市场监管部门可以认定构成《价格违法行为行政处罚规定》第六条第一项规定的哄抬价格违法行为：

1. 捏造生产、进货成本信息并散布的；

2. 捏造货源紧张或者市场需求激增信息并散布的；

3. 捏造其他经营者已经或者准备提价信息并散布的；

4. 散布信息含有"即将全面提价""涨价潮"等紧迫性用语或者诱导性用语，推高价格预期的；

5. 散布信息，诱导其他经营者提高价格的；

6. 捏造、散布推动或者可能推动商品价格过快、过高上涨的其他信息的。

（二）经营者有下列推动或者可能推动商品价格过快、过高上涨行为之一的，市场监管部门可以认定构成《价格违法行为行政处罚规定》第六条第二项规定的哄抬价格违法行为：

1. 生产环节经营者，无正当理由不及时将已生产的产品对外销售，超出正常的存储数量或者存储周期，大量囤积市场供应紧张、价格发生异常波动的商品，经市场监管部门告诫仍继续囤积的；

2. 生产环节经营者，除生产自用外，超出正常的存储数量或者存储周期，大量囤积市场供应紧张、价格发生异常波动的原材料，经市场监管部门告诫仍继续囤积的；

3. 流通环节经营者，无正当理由不及时将商品对外销售，超出正常的存储数量或者存储周期，大量囤积市场供应紧张、价格发生异常波动的商品，经市场监管部门告诫仍继续囤积的。

经营者存在前款规定情形，但能够证明其行为属于按照政府或者政府有关部门要求进行物资储备或者调拨的，不构成哄抬价格违法行为。

市场监管部门已经通过公告、会议、约谈、书面提醒等形式，公开告诫不得囤积的，视为已依法履行告诫程序，可以不再单独告诫。

（三）经营者有下列推动商品价格过快、过高上涨行为之一的，市场监管部门可以认定构成《价格违法行为行政处罚规定》第六条第三项规定的哄抬价格违法行为：

1. 在销售商品过程中，强制搭售商品，变相大幅度提高商品价格的；

2. 未提高商品价格，但不合理大幅度提高运输费用或者收取其他不合理费用的；

3. 在成本未明显增加时大幅度提高商品价格，或者成本虽有增加但商品价格上涨幅度明显

高于成本增长幅度的;

4. 利用其他手段哄抬价格，推动商品价格过快、过高上涨的。

前款"大幅度提高""明显高于"等，由市场监管部门综合考虑经营者的实际经营状况、主观恶意、商品种类和违法行为社会危害程度等因素，在案件查办过程中结合实际具体认定。

二、法律适用

经营者构成哄抬价格违法行为的，依据《中华人民共和国价格法》第十四条、第四十条和《价格违法行为行政处罚规定》第六条规定处罚。经营者有下列情形之一的，可以依法从重处罚：

（一）捏造、散布商品供求关系紧张的虚假信息，引发市场恐慌，推高价格预期的；

（二）同时使用多种手段哄抬价格的；

（三）哄抬价格行为持续时间长、影响范围广的；

（四）一年内有两次以上哄抬价格违法行为被查处的；

（五）伪造、隐匿、毁灭相关证据材料的；

（六）阻碍或者拒不配合依法开展的价格监督检查的；

（七）其他可以被认定为依法从重的情形。

行业协会或者为商品交易提供服务的单位构成哄抬价格违法行为的，依据《价格违法行为行政处罚规定》第六条规定处罚。

经营者不执行法定的价格干预措施、紧急措施的，依照《中华人民共和国价格法》第三十九条和《价格违法行为行政处罚规定》第十条规定处罚。经营者相互串通，操纵市场价格，造成商品价格较大幅度上涨的，依照《中华人民共和国价格法》第十四条、第四十条和《价格违法行为行政处罚规定》第五条规定处罚。

三、工作要求

（一）坚持依法行政。在自然灾害、公共卫生事件等突发事件期间，应急、涉疫物资以及重要民生商品服务价格会出现或者可能出现异常波动。国际国内市场供求失衡，也会导致大宗商品价格大幅上涨。在上述条件下，市场监管部门要充分运用市场化、法治化手段，依法查处哄抬价格等违法行为，切实维护市场价格秩序。

（二）提高价格异常波动处置能力。各级市场监管部门要健全市场价格异常波动应急机制，完善应急处置预案，强化监测预警，密切掌握价格动态，研判分析价格走势，提高价格异常波动的敏锐性，增强监管的预见性、有效性、针对性。

（三）加大监管执法力度。各级市场监管部门要加大市场巡查力度，及时梳理投诉举报线索，密切关注群众反映问题，加强对重点区域、重点环节、重点商品的价格监管，依法查处哄抬价格等价格违法行为。对性质严重、社会影响大的典型案例要公开曝光，发挥震慑和警示作用。

（四）充分发挥行政指导作用。各级市场监管部门要通过行政指导、行政约谈等形式进行提醒告诫，做好价格监管政策解读，督促指导经营者依法合规经营，形成良好社会预期。密切关注价格舆情，及时回应社会关切，发布权威信息，维护市场价格秩序。

（五）做好相关政策衔接。市场监管部门查处经营者哄抬服务价格违法行为，可以参照本意见。各省、自治区、直辖市和新疆生产建设兵团市场监管部门可以根据本意见，制定具体实施意见。市场监管部门发现经营者哄抬价格违法行为构成犯罪的，应当依法移送公安机关。《市场监管总局关于新型冠状病毒感染肺炎疫情防控期间查处哄抬价格违法行为的指导意见》（国市监竞争〔2020〕21号）同时废止。

本意见自发布之日起施行。

明码标价和禁止价格欺诈规定

（2022 年 4 月 14 日国家市场监督管理总局令第 56 号公布　自 2022 年 7 月 1 日起施行）

第一条　为了规范经营者明码标价行为，预防和制止价格欺诈，维护市场价格秩序，保护消费者、经营者合法权益和社会公共利益，根据《中华人民共和国价格法》《价格违法行为行政处罚规定》等法律、行政法规，制定本规定。

第二条　本规定适用于市场监督管理部门对经营者违反明码标价规定行为和价格欺诈行为的监督管理和查处。

本规定所称明码标价，是指经营者在销售、收购商品和提供服务过程中，依法公开标示价格等信息的行为。

本规定所称价格欺诈，是指经营者利用虚假的或者使人误解的价格手段，诱骗消费者或者其他经营者与其进行交易的行为。

第三条　经营者应当遵循公开、公平、诚实信用的原则，不得利用价格手段侵犯消费者和其他经营者的合法权益、扰乱市场价格秩序。

第四条　卖场、商场、市场、网络交易平台经营者等交易场所提供者（以下简称交易场所提供者）应当依法配合市场监督管理部门对场所内（平台内）经营者开展价格监督管理工作。

交易场所提供者发现场所内（平台内）经营者有违反本规定行为的，应当依法采取必要处置措施，保存有关信息记录，依法承担相应义务和责任。

交易场所提供者应当尊重场所内（平台内）经营者的经营自主权，不得强制或者变相强制场所内（平台内）经营者参与价格促销活动。

第五条　经营者销售、收购商品和提供服务时，应当按照市场监督管理部门的规定明码标价。

明码标价应当根据商品和服务、行业、区域等特点，做到真实准确、货签对位、标识醒目。

设区的市级以上市场监督管理部门可以根据特定行业、特定区域的交易习惯等特点，结合价格监督管理实际，规定可以不实行明码标价的商品和服务、行业、交易场所。

第六条　经营者应当以显著方式进行明码标价，明确标示价格所对应的商品或者服务。经营者根据不同交易条件实行不同价格的，应当标明交易条件以及与其对应的价格。

商品或者服务的价格发生变动时，经营者应当及时调整相应标价。

第七条　经营者销售商品应当标示商品的品名、价格和计价单位。同一品牌或者种类的商品，因颜色、形状、规格、产地、等级等特征不同而实行不同价格的，经营者应当针对不同的价格分别标示品名，以示区别。

经营者提供服务应当标示服务项目、服务内容和价格或者计价方法。

经营者可以根据实际经营情况，自行增加标示与价格有关的质地、服务标准、结算方法等其他信息。

设区的市级以上市场监督管理部门对于特定商品和服务，可以增加规定明码标价应当标示的内容。

第八条　经营者在销售商品或者提供服务时，不得在标价之外加价出售商品或者提供服务，不得收取任何未予标明的费用。

第九条 经营者标示价格，一般应当使用阿拉伯数字标明人民币金额。

经营者标示其他价格信息，一般应当使用规范汉字；可以根据自身经营需要，同时使用外国文字。民族自治地方的经营者，可以依法自主决定增加使用当地通用的一种或者几种文字。

第十条 经营者收购粮食等农产品，应当将品种、规格、等级和收购价格等信息告知农产品出售者或者在收购场所公示。

第十一条 经营者销售商品，同时有偿提供配送、搬运、安装、调试等附带服务的，应当按照本规定第七条的规定，对附带服务进行明码标价。

附带服务不由销售商品的经营者提供的，应当以显著方式区分标记或者说明。

第十二条 经营者可以选择采用标价签（含电子标价签）、标价牌、价目表（册）、展示板、电子屏幕、商品实物或者模型展示、图片展示以及其他有效形式进行明码标价。金融、交通运输、医疗卫生等同时提供多项服务的行业，可以同时采用电子查询系统的方式进行明码标价。

县级以上市场监督管理部门可以发布标价签、标价牌、价目表（册）等的参考样式。

法律、行政法规对经营者的标价形式有规定的，应当依照其规定。

第十三条 经营者通过网络等方式销售商品或者提供服务的，应当通过网络页面，以文字、图像等方式进行明码标价。

第十四条 交易场所提供者为场所内（平台内）经营者提供标价模板的，应当符合本规定的要求。

第十五条 经营者提供服务，实行先消费后结算的，除按照本规定进行明码标价外，还应当在结算前向消费者出具结算清单，列明所消费的服务项目、价格以及总收费金额等信息。

第十六条 经营者在销售商品或者提供服务时进行价格比较的，标明的被比较价格信息应当真实准确。

经营者未标明被比较价格的详细信息的，被比较价格应当不高于该经营者在同一经营场所进行价格比较前七日内的最低成交价格；前七日内没有交易，应当不高于本次价格比较前最后一次交易价格。

与厂商建议零售价进行价格比较的，应当明确标示被比较价格为厂商建议零售价。厂商建议零售价发生变动时，应当立即更新。

第十七条 经营者没有合理理由，不得在折价、减价前临时显著提高标示价格并作为折价、减价计算基准。

经营者不得采用无依据或者无从比较的价格，作为折价、减价的计算基准或者被比较价格。

第十八条 经营者赠送物品或者服务（以下简称赠品）的，应当标示赠品的品名、数量。赠品标示价格或者价值的，应当标示赠品在同一经营场所当前销售价格。

第十九条 经营者不得实施下列价格欺诈行为：

（一）谎称商品和服务价格为政府定价或者政府指导价；

（二）以低价诱骗消费者或者其他经营者，以高价进行结算；

（三）通过虚假折价、减价或者价格比较等方式销售商品或者提供服务；

（四）销售商品或者提供服务时，使用欺骗性、误导性的语言、文字、数字、图片或者视频等标示价格以及其他价格信息；

（五）无正当理由拒绝履行或者不完全履行价格承诺；

（六）不标示或者显著弱化标示对消费者或者其他经营者不利的价格条件，诱骗消费者或者其他经营者与其进行交易；

（七）通过积分、礼券、兑换券、代金券等折抵价款时，拒不按约定折抵价款；

（八）其他价格欺诈行为。

第二十条 网络交易经营者不得实施下列行为：

（一）在首页或者其他显著位置标示的商品或者服务价格低于在详情页面标示的价格；

（二）公布的促销活动范围、规则与实际促销活动范围、规则不一致；

（三）其他虚假的或者使人误解的价格标示和价格促销行为。

网络交易平台经营者不得利用技术手段等强制平台内经营者进行虚假的或者使人误解的价格标示。

第二十一条 有下列情形之一的，不属于第十九条规定的价格欺诈行为：

（一）经营者有证据足以证明没有主观故意；

（二）实际成交价格能够使消费者或者与其进行交易的其他经营者获得更大价格优惠；

（三）成交结算后，实际折价、减价幅度与标示幅度不完全一致，但符合舍零取整等交易习惯。

第二十二条 经营者违反本规定有关明码标价规定的，由县级以上市场监督管理部门依照《中华人民共和国价格法》《价格违法行为行政处罚规定》有关规定进行处罚。

第二十三条 经营者违反本规定第十六条至第二十条规定的，由县级以上市场监督管理部门依照《中华人民共和国价格法》《中华人民共和国反不正当竞争法》《中华人民共和国电子商务法》《价格违法行为行政处罚规定》等法律、行政法规进行处罚。

第二十四条 交易场所提供者违反本规定第四条第二款、第三款，法律、行政法规有规定的，依照其规定；法律、行政法规没有规定的，由县级以上市场监督管理部门责令改正，可以处三万元以下罚款；情节严重的，处三万元以上十万元以下罚款。

第二十五条 交易场所提供者提供的标价模板不符合本规定的，由县级以上市场监督管理部门责令改正，可以处三万元以下罚款；情节严重的，处三万元以上十万元以下罚款。

第二十六条 经营者违反本规定，但能够主动消除或者减轻危害后果，及时退还消费者或者其他经营者多付价款的，依法从轻或者减轻处罚。

经营者违反本规定，但未实际损害消费者或者其他经营者合法权益，违法行为轻微并及时改正，没有造成危害后果的，依法不予处罚；初次违法且危害后果轻微并及时改正的，可以依法不予处罚。

第二十七条 本规定自 2022 年 7 月 1 日起施行。2000 年 10 月 31 日原中华人民共和国国家发展计划委员会令第 8 号发布的《关于商品和服务实行明码标价的规定》、2001 年 11 月 7 日原中华人民共和国国家发展计划委员会令第 15 号发布的《禁止价格欺诈行为的规定》同时废止。

公平竞争审查制度实施细则

（2021 年 6 月 29 日　国市监反垄规〔2021〕2 号）

第一章　总　　则

第一条 为全面落实公平竞争审查制度，健全公平竞争审查机制，规范有效开展审查工作，根据《中华人民共和国反垄断法》、《国务院关于在市场体系建设中建立公平竞争审查制度的意见》（国发〔2016〕34 号，以下简称《意见》），制定本细则。

第二条 行政机关以及法律、法规授权的具有管理公共事务职能的组织（以下统称政策制定机关），在制定市场准入和退出、产业发展、招商引资、招标投标、政府采购、经营行为规范、资质标准等涉及市场主体经济活动的规章、规范性文件、其他政策性文件以及"一事一议"

形式的具体政策措施（以下统称政策措施）时，应当进行公平竞争审查，评估对市场竞争的影响，防止排除、限制市场竞争。

经公平竞争审查认为不具有排除、限制竞争效果或者符合例外规定的，可以实施；具有排除、限制竞争效果且不符合例外规定的，应当不予出台或者调整至符合相关要求后出台；未经公平竞争审查的，不得出台。

第三条 涉及市场主体经济活动的行政法规、国务院制定的政策措施，以及政府部门负责起草的地方性法规、自治条例和单行条例，由起草部门在起草过程中按照本细则规定进行公平竞争审查。未经公平竞争审查的，不得提交审议。

以县级以上地方各级人民政府名义出台的政策措施，由起草部门或者本级人民政府指定的相关部门进行公平竞争审查。起草部门在审查过程中，可以会同本级市场监管部门进行公平竞争审查。未经审查的，不得提交审议。

以多个部门名义联合制定出台的政策措施，由牵头部门负责公平竞争审查，其他部门在各自职责范围内参与公平竞争审查。政策措施涉及其他部门职权的，政策制定机关在公平竞争审查中应当充分征求其意见。

第四条 市场监管总局、发展改革委、财政部、商务部会同有关部门，建立健全公平竞争审查工作部际联席会议制度，统筹协调和监督指导全国公平竞争审查工作。

县级以上地方各级人民政府负责建立健全本地区公平竞争审查工作联席会议制度（以下简称联席会议），统筹协调和监督指导本地区公平竞争审查工作，原则上由本级人民政府分管负责同志担任联席会议召集人。联席会议办公室设在市场监管部门，承担联席会议日常工作。

地方各级联席会议应当每年向本级人民政府和上一级联席会议报告本地区公平竞争审查制度实施情况，接受其指导和监督。

第二章 审查机制和程序

第五条 政策制定机关应当建立健全公平竞争内部审查机制，明确审查机构和程序，可以由政策制定机关的具体业务机构负责，也可以采取内部特定机构统一审查或者由具体业务机构初审后提交特定机构复核等方式。

第六条 政策制定机关开展公平竞争审查应当遵循审查基本流程（可参考附件1），识别相关政策措施是否属于审查对象、判断是否违反审查标准、分析是否适用例外规定。属于审查对象的，经审查后应当形成明确的书面审查结论。审查结论应当包括政策措施名称、涉及行业领域、性质类别、起草机构、审查机构、征求意见情况、审查结论、适用例外规定情况、审查机构主要负责人意见等内容（可参考附件2）。政策措施出台后，审查结论由政策制定机关存档备查。

未形成书面审查结论出台政策措施的，视为未进行公平竞争审查。

第七条 政策制定机关开展公平竞争审查，应当以适当方式征求利害关系人意见，或者通过政府部门网站、政务新媒体等便于社会公众知晓的方式公开征求意见，并在书面审查结论中说明征求意见情况。

在起草政策措施的其他环节已征求过利害关系人意见或者向社会公开征求意见的，可以不再专门就公平竞争审查问题征求意见。对出台前需要保密或者有正当理由需要限定知悉范围的政策措施，由政策制定机关按照相关法律法规处理。

利害关系人指参与相关市场竞争的经营者、上下游经营者、行业协会商会、消费者以及政策措施可能影响其公平参与市场竞争的其他市场主体。

第八条 政策制定机关进行公平竞争审查，可以咨询专家学者、法律顾问、专业机构的意见。征求上述方面意见的，应当在书面审查结论中说明有关情况。

各级联席会议办公室可以根据实际工作需要，建立公平竞争审查工作专家库，便于政策制定机关进行咨询。

第九条　政策制定机关可以就公平竞争审查中遇到的具体问题，向本级联席会议办公室提出咨询。提出咨询请求的政策制定机关，应当提供书面咨询函、政策措施文稿、起草说明、相关法律法规依据及其他相关材料。联席会议办公室应当在收到书面咨询函后及时研究回复。

对涉及重大公共利益，且在制定过程中被多个单位或者个人反映或者举报涉嫌排除、限制竞争的政策措施，本级联席会议办公室可以主动向政策制定机关提出公平竞争审查意见。

第十条　对多个部门联合制定或者涉及多个部门职责的政策措施，在公平竞争审查中出现较大争议或者部门意见难以协调一致时，政策制定机关可以提请本级联席会议协调。联席会议办公室认为确有必要的，可以根据相关工作规则召开会议进行协调。仍无法协调一致的，由政策制定机关提交上级机关决定。

第十一条　政策制定机关应当对本年度公平竞争审查工作进行总结，于次年1月15日前将书面总结报告报送本级联席会议办公室。

地方各级联席会议办公室汇总形成本级公平竞争审查工作总体情况，于次年1月20日前报送本级人民政府和上一级联席会议办公室，并以适当方式向社会公开。

第十二条　对经公平竞争审查后出台的政策措施，政策制定机关应当对其影响统一市场和公平竞争的情况进行定期评估。评估报告应当向社会公开征求意见，评估结果应当向社会公开。经评估认为妨碍统一市场和公平竞争的，应当及时废止或者修改完善。定期评估可以每三年进行一次，或者在定期清理规章、规范性文件时一并评估。

第三章　审查标准

第十三条　市场准入和退出标准。

（一）不得设置不合理或者歧视性的准入和退出条件，包括但不限于：

1. 设置明显不必要或者超出实际需要的准入和退出条件，排斥或者限制经营者参与市场竞争；

2. 没有法律、行政法规或者国务院规定依据，对不同所有制、地区、组织形式的经营者实施不合理的差别化待遇，设置不平等的市场准入和退出条件；

3. 没有法律、行政法规或者国务院规定依据，以备案、登记、注册、目录、年检、年报、监制、认定、认证、认可、检验、监测、审定、指定、配号、复检、复审、换证、要求设立分支机构以及其他任何形式，设定或者变相设定市场准入障碍；

4. 没有法律、行政法规或者国务院规定依据，对企业注销、破产、挂牌转让、搬迁转移等设定或者变相设定市场退出障碍；

5. 以行政许可、行政检查、行政处罚、行政强制等方式，强制或者变相强制企业转让技术，设定或者变相设定市场准入和退出障碍。

（二）未经公平竞争不得授予经营者特许经营权，包括但不限于：

1. 在一般竞争性领域实施特许经营或以特许经营为名增设行政许可；

2. 未明确特许经营权期限或者未经法定程序延长特许经营权期限；

3. 未依法采取招标、竞争性谈判等竞争方式，直接将特许经营权授予特定经营者；

4. 设置歧视性条件，使经营者无法公平参与特许经营权竞争。

（三）不得限定经营、购买、使用特定经营者提供的商品和服务，包括但不限于：

1. 以明确要求、暗示、拒绝或者拖延行政审批、重复检查、不予接入平台或者网络、违法违规给予奖励补贴等方式，限定或者变相限定经营、购买、使用特定经营者提供的商品和服务；

2. 在招标投标、政府采购中限定投标人所在地、所有制形式、组织形式，或者设定其他不合理的条件排斥或者限制经营者参与招标投标、政府采购活动；

3. 没有法律、行政法规或者国务院规定依据，通过设置不合理的项目库、名录库、备选库、资格库等条件，排斥或限制潜在经营者提供商品和服务。

（四）不得设置没有法律、行政法规或者国务院规定依据的审批或者具有行政审批性质的事前备案程序，包括但不限于：

1. 没有法律、行政法规或者国务院规定依据，增设行政审批事项，增加行政审批环节、条件和程序；

2. 没有法律、行政法规或者国务院规定依据，设置具有行政审批性质的前置性备案程序。

（五）不得对市场准入负面清单以外的行业、领域、业务等设置审批程序，主要指没有法律、行政法规或者国务院规定依据，采取禁止进入、限制市场主体资质、限制股权比例、限制经营范围和商业模式等方式，限制或者变相限制市场准入。

第十四条 商品和要素自由流动标准。

（一）不得对外地和进口商品、服务实行歧视性价格和歧视性补贴政策，包括但不限于：

1. 制定政府定价或者政府指导价时，对外地和进口同类商品、服务制定歧视性价格；

2. 对相关商品、服务进行补贴时，对外地同类商品、服务，国际经贸协定允许外的进口同类商品以及我国作出国际承诺的进口同类服务不予补贴或者给予较低补贴。

（二）不得限制外地和进口商品、服务进入本地市场或者阻碍本地商品运出、服务输出，包括但不限于：

1. 对外地商品、服务规定与本地同类商品、服务不同的技术要求、检验标准，或者采取重复检验、重复认证等歧视性技术措施；

2. 刈进口商品规定与本地同类商品不同的技术要求、检验标准，或者采取重复检验、重复认证等歧视性技术措施；

3. 没有法律、行政法规或者国务院规定依据，对进口服务规定与本地同类服务不同的技术要求、检验标准，或者采取重复检验、重复认证等歧视性技术措施；

4. 设置专门针对外地和进口商品、服务的专营、专卖、审批、许可、备案，或者规定不同的条件、程序和期限等；

5. 在道路、车站、港口、航空港或者本行政区域边界设置关卡，阻碍外地和进口商品、服务进入本地市场或者本地商品运出和服务输出；

6. 通过软件或者互联网设置屏蔽以及采取其他手段，阻碍外地和进口商品、服务进入本地市场或者本地商品运出和服务输出。

（三）不得排斥或者限制外地经营者参加本地招标投标活动，包括但不限于：

1. 不依法及时、有效、完整地发布招标信息；

2. 直接规定外地经营者不能参与本地特定的招标投标活动；

3. 对外地经营者设定歧视性的资质资格要求或者评标评审标准；

4. 将经营者在本地区的业绩、所获得的奖项荣誉作为投标条件、加分条件、中标条件或者用于评价企业信用等级，限制或者变相限制外地经营者参加本地招标投标活动；

5. 没有法律、行政法规或者国务院规定依据，要求经营者在本地注册设立分支机构，在本地拥有一定办公面积，在本地缴纳社会保险等，限制或者变相限制外地经营者参加本地招标投标活动；

6. 通过设定与招标项目的具体特点和实际需要不相适应或者与合同履行无关的资格、技术和商务条件，限制或者变相限制外地经营者参加本地招标投标活动。

（四）不得排斥、限制或者强制外地经营者在本地投资或者设立分支机构，包括但不限于：

1. 直接拒绝外地经营者在本地投资或者设立分支机构；

2. 没有法律、行政法规或者国务院规定依据，对外地经营者在本地投资的规模、方式以及设立分支机构的地址、模式等进行限制；

3. 没有法律、行政法规或者国务院规定依据，直接强制外地经营者在本地投资或者设立分支机构；

4. 没有法律、行政法规或者国务院规定依据，将在本地投资或者设立分支机构作为参与本地招标投标、享受补贴和优惠政策等的必要条件，变相强制外地经营者在本地投资或者设立分支机构。

（五）不得对外地经营者在本地的投资或者设立的分支机构实行歧视性待遇，侵害其合法权益，包括但不限于：

1. 对外地经营者在本地的投资不给予与本地经营者同等的政策待遇；

2. 对外地经营者在本地设立的分支机构在经营规模、经营方式、税费缴纳等方面规定与本地经营者不同的要求；

3. 在节能环保、安全生产、健康卫生、工程质量、市场监管等方面，对外地经营者在本地设立的分支机构规定歧视性监管标准和要求。

第十五条 影响生产经营成本标准。

（一）不得违法给予特定经营者优惠政策，包括但不限于：

1. 没有法律、行政法规或者国务院规定依据，给予特定经营者财政奖励和补贴；

2. 没有专门的税收法律、法规和国务院规定依据，给予特定经营者税收优惠政策；

3. 没有法律、行政法规或者国务院规定依据，在土地、劳动力、资本、技术、数据等要素获取方面，给予特定经营者优惠政策；

4. 没有法律、行政法规或者国务院规定依据，在环保标准、排污权限等方面给予特定经营者特殊待遇；

5. 没有法律、行政法规或者国务院规定依据，对特定经营者减免、缓征或停征行政事业性收费、政府性基金、住房公积金等。

给予特定经营者的优惠政策应当依法公开。

（二）安排财政支出一般不得与特定经营者缴纳的税收或非税收入挂钩，主要指根据特定经营者缴纳的税收或者非税收入情况，采取列收列支或者违法违规采取先征后返、即征即退等形式，对特定经营者进行返还，或者给予特定经营者财政奖励或补贴、减免土地等自然资源有偿使用收入等优惠政策。

（三）不得违法违规减免或者缓征特定经营者应当缴纳的社会保险费用，主要指没有法律、行政法规或者国务院规定依据，根据经营者规模、所有制形式、组织形式、地区等因素，减免或者缓征特定经营者需要缴纳的基本养老保险费、基本医疗保险费、失业保险费、工伤保险费、生育保险费等。

（四）不得在法律规定之外要求经营者提供或扣留经营者各类保证金，包括但不限于：

1. 没有法律、行政法规依据或者经国务院批准，要求经营者交纳各类保证金；

2. 限定只能以现金形式交纳投标保证金或履约保证金；

3. 在经营者履行相关程序或者完成相关事项后，不依法退还经营者交纳的保证金及银行同期存款利息。

第十六条 影响生产经营行为标准。

（一）不得强制经营者从事《中华人民共和国反垄断法》禁止的垄断行为，主要指以行政命令、行政授权、行政指导等方式或者通过行业协会商会，强制、组织或者引导经营者达成垄断协议、滥用市场支配地位，以及实施具有或者可能具有排除、限制竞争效果的经营者集中等行为。

（二）不得违法披露或者违法要求经营者披露生产经营敏感信息，为经营者实施垄断行为提供便利条件。生产经营敏感信息是指除依据法律、行政法规或者国务院规定需要公开之外，生产经营者未主动公开，通过公开渠道无法采集的生产经营数据。主要包括：拟定价格、成本、营业收入、利润、生产数量、销售数量、生产销售计划、进出口数量、经销商信息、终端客户信息等。

（三）不得超越定价权限进行政府定价，包括但不限于：

1. 对实行政府指导价的商品、服务进行政府定价；

2. 对不属于本级政府定价目录范围内的商品、服务制定政府定价或者政府指导价；

3. 违反《中华人民共和国价格法》等法律法规采取价格干预措施。

（四）不得违法干预实行市场调节价的商品和服务的价格水平，包括但不限于：

1. 制定公布商品和服务的统一执行价、参考价；

2. 规定商品和服务的最高或者最低限价；

3. 干预影响商品和服务价格水平的手续费、折扣或者其他费用。

第四章　例外规定

第十七条　属于下列情形之一的政策措施，虽然在一定程度上具有限制竞争的效果，但在符合规定的情况下可以出台实施：

（一）维护国家经济安全、文化安全、科技安全或者涉及国防建设的；

（二）为实现扶贫开发、救灾救助等社会保障目的；

（三）为实现节约能源资源、保护生态环境、维护公共卫生健康安全等社会公共利益的；

（四）法律、行政法规规定的其他情形。

属于前款第一项至第三项情形的，政策制定机关应当说明相关政策措施对实现政策目的不可或缺，且不会严重限制市场竞争，并明确实施期限。

第十八条　政策制定机关应当在书面审查结论中说明政策措施是否适用例外规定。认为适用例外规定的，应当对符合适用例外规定的情形和条件进行详细说明。

第十九条　政策制定机关应当逐年评估适用例外规定的政策措施的实施效果，形成书面评估报告。实施期限到期或者未达到预期效果的政策措施，应当及时停止执行或者进行调整。

第五章　第三方评估

第二十条　政策制定机关可以根据工作实际，委托具备相应评估能力的高等院校、科研院所、专业咨询公司等第三方机构，对有关政策措施进行公平竞争评估，或者对公平竞争审查有关工作进行评估。

各级联席会议办公室可以委托第三方机构，对本地公平竞争审查制度总体实施情况开展评估。

第二十一条　政策制定机关在开展公平竞争审查工作的以下阶段和环节，均可以采取第三方评估方式进行：

（一）对拟出台的政策措施进行公平竞争审查；

（二）对经公平竞争审查出台的政策措施进行定期评估；

（三）对适用例外规定出台的政策措施进行逐年评估；

（四）对公平竞争审查制度实施情况进行综合评价；

（五）与公平竞争审查工作相关的其他阶段和环节。

第二十二条 对拟出台的政策措施进行公平竞争审查时，存在以下情形之一的，应当引入第三方评估：

（一）政策制定机关拟适用例外规定的；

（二）被多个单位或者个人反映或者举报涉嫌违反公平竞争审查标准的。

第二十三条 第三方评估结果作为政策制定机关开展公平竞争审查、评价制度实施成效、制定工作推进方案的重要参考。对拟出台的政策措施进行第三方评估的，政策制定机关应当在书面审查结论中说明评估情况。最终做出的审查结论与第三方评估结果不一致的，应当在书面审查结论中说明理由。

第二十四条 第三方评估经费纳入预算管理。政策制定机关依法依规做好第三方评估经费保障。

第六章　监督与责任追究

第二十五条 政策制定机关涉嫌未进行公平竞争审查或者违反审查标准出台政策措施的，任何单位和个人可以向政策制定机关反映，也可以向政策制定机关的上级机关或者本级及以上市场监管部门举报。反映或者举报采用书面形式并提供相关事实依据的，有关部门要及时予以处理。涉嫌违反《中华人民共和国反垄断法》的，由反垄断执法机构依法调查。

第二十六条 政策制定机关未进行公平竞争审查出台政策措施的，应当及时补做审查。发现存在违反公平竞争审查标准问题的，应当按照相关程序停止执行或者调整相关政策措施。停止执行或者调整相关政策措施的，应当依照《中华人民共和国政府信息公开条例》要求向社会公开。

第二十七条 政策制定机关的上级机关经核实认定政策制定机关未进行公平竞争审查或者违反审查标准出台政策措施的，应当责令其改正；拒不改正或者不及时改正的，对直接负责的主管人员和其他直接责任人员依据《中华人民共和国公务员法》、《中华人民共和国公职人员政务处分法》、《行政机关公务员处分条例》等法律法规给予处分。本级及以上市场监管部门可以向政策制定机关或者其上级机关提出整改建议；整改情况要及时向有关方面反馈。违反《中华人民共和国反垄断法》的，反垄断执法机构可以向有关上级机关提出依法处理的建议。相关处理决定和建议依法向社会公开。

第二十八条 市场监管总局负责牵头组织政策措施抽查，检查有关政策措施是否履行审查程序、审查流程是否规范、审查结论是否准确等。对市场主体反映比较强烈、问题比较集中、滥用行政权力排除限制竞争行为多发的行业和地区，进行重点抽查。抽查结果及时反馈被抽查单位，并以适当方式向社会公开。对抽查发现的排除、限制竞争问题，被抽查单位应当及时整改。

各地应当结合实际，建立本地区政策措施抽查机制。

第二十九条 县级以上地方各级人民政府建立健全公平竞争审查考核制度，对落实公平竞争审查制度成效显著的单位予以表扬激励，对工作推进不力的进行督促整改，对工作中出现问题并造成不良后果的依法依规严肃处理。

第七章　附　　则

第三十条 各地区、各部门在遵循《意见》和本细则规定的基础上，可以根据本地区、本行业实际情况，制定公平竞争审查工作办法和具体措施。

第三十一条 本细则自公布之日起实施。《公平竞争审查制度实施细则（暂行）》（发改价监〔2017〕1849号）同时废止。

附件：1. 公平竞争审查基本流程

2. 公平竞争审查表

附件 1

公平竞争审查基本流程

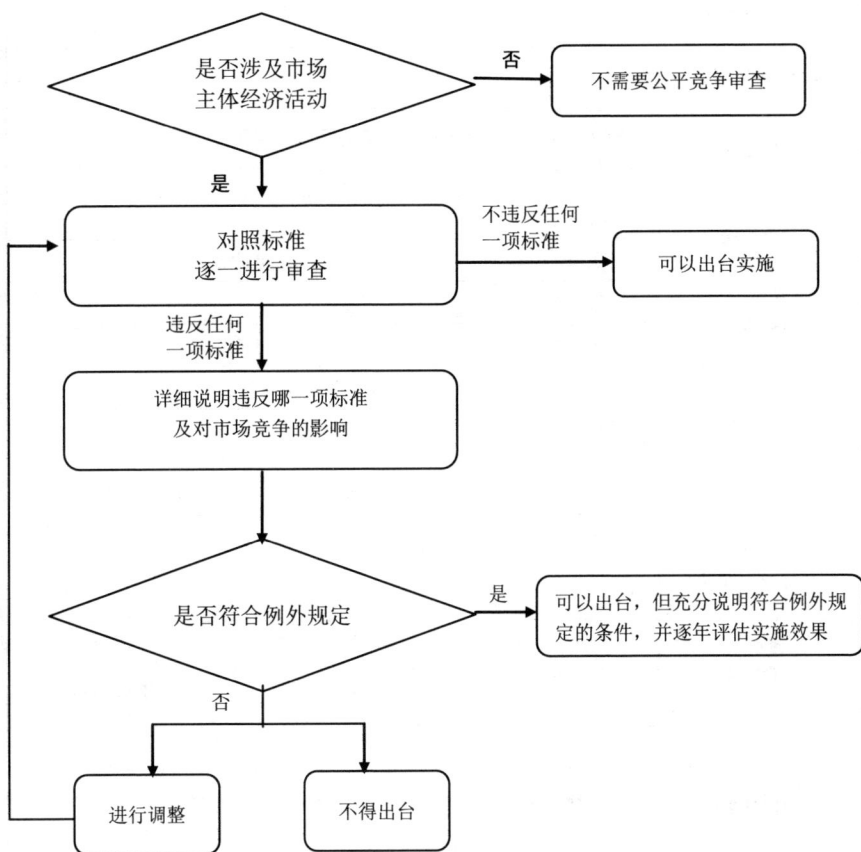

```
        ┌─────────────┐
        │ 是否涉及市场 │──否──→ ┌──────────────┐
        │ 主体经济活动 │        │ 不需要公平竞争审查 │
        └─────────────┘        └──────────────┘
              │
              是
              ↓
        ┌─────────────┐  不违反任何
        │  对照标准    │──一项标准──→ ┌──────────┐
        │ 逐一进行审查  │             │ 可以出台实施 │
        └─────────────┘             └──────────┘
           违反任何
           一项标准
              ↓
        ┌─────────────────┐
        │ 详细说明违反哪一项标准 │
        │  及对市场竞争的影响   │
        └─────────────────┘
              ↓
        ┌─────────────┐   是    ┌──────────────────────┐
        │ 是否符合例外规定 │──────→ │ 可以出台,但充分说明符合例外规 │
        └─────────────┘         │ 定的条件,并逐年评估实施效果  │
              │                 └──────────────────────┘
              否
        ┌─────┴─────┐
        ↓           ↓
   ┌────────┐  ┌────────┐
   │ 进行调整 │  │ 不得出台 │
   └────────┘  └────────┘
```

附件 2

公平竞争审查表

年　　月　　日

政策措施名称				
涉及行业领域				
性质	行政法规草案□　地方性法规草案□　规章□ 规范性文件□　其他政策措施□			
起草机构	名　称			
	联系人		电话	
审查机构	名　称			
	联系人		电话	
征求意见情况	征求利害关系人意见□　向社会公开征求意见□			
	具体情况（时间、对象、意见反馈和采纳情况）： （可附相关报告）			
咨询及第三方 评估情况（可选）	 （可附相关报告）			
审查结论	 （可附相关报告）			
适用例外规定	是□　　否□			
	选择"是" 时详细 说明理由			
其他需要 说明的情况				
审查机构主要 负责人意见	签字：　　　　　　　盖章：			

规范促销行为暂行规定

（2020 年 10 月 29 日国家市场监督管理总局令第 32 号公布　自 2020 年 12 月 1 日起施行）

第一章　总　则

第一条　为了规范经营者的促销行为，维护公平竞争的市场秩序，保护消费者、经营者合法权益，根据《中华人民共和国反不正当竞争法》（以下简称反不正当竞争法）、《中华人民共和国价格法》（以下简称价格法）、《中华人民共和国消费者权益保护法》（以下简称消费者权益保护法）等法律和行政法规，制定本规定。

第二条　经营者在中华人民共和国境内以销售商品、提供服务（以下所称商品包括提供服务）或者获取竞争优势为目的，通过有奖销售、价格、免费试用等方式开展促销，应当遵守本规定。

第三条　县级以上市场监督管理部门依法对经营者的促销行为进行监督检查，对违反本规定的行为实施行政处罚。

第四条　鼓励、支持和保护一切组织和个人对促销活动中的违法行为进行社会监督。

第二章　促销行为一般规范

第五条　经营者开展促销活动，应当真实准确，清晰醒目标示活动信息，不得利用虚假商业信息、虚构交易或者评价等方式作虚假或者引人误解的商业宣传，欺骗、误导消费者或者相关公众（以下简称消费者）。

第六条　经营者通过商业广告、产品说明、销售推介、实物样品或者通知、声明、店堂告示等方式作出优惠承诺的，应当履行承诺。

第七条　卖场、商场、市场、电子商务平台经营者等交易场所提供者（以下简称交易场所提供者）统一组织场所内（平台内）经营者开展促销的，应当制定相应方案，公示促销规则、促销期限以及对消费者不利的限制性条件，向场所内（平台内）经营者提示促销行为注意事项。

第八条　交易场所提供者发现场所内（平台内）经营者在统一组织的促销中出现违法行为的，应当依法采取必要处置措施，保存有关信息记录，依法承担相应义务和责任，并协助市场监督管理部门查处违法行为。

第九条　经营者不得假借促销等名义，通过财物或者其他手段贿赂他人，以谋取交易机会或者竞争优势。

第十条　经营者在促销活动中提供的奖品或者赠品必须符合国家有关规定，不得以侵权或者不合格产品、国家明令淘汰并停止销售的商品等作为奖品或者赠品。

国家对禁止用于促销活动的商品有规定的，依照其规定。

第三章　有奖销售行为规范

第十一条　本规定所称有奖销售，是指经营者以销售商品或者获取竞争优势为目的，向消费者提供奖金、物品或者其他利益的行为，包括抽奖式和附赠式等有奖销售。

抽奖式有奖销售是指经营者以抽签、摇号、游戏等带有偶然性或者不确定性的方法，决定消费者是否中奖的有奖销售行为。

附赠式有奖销售是指经营者向满足一定条件的消费者提供奖金、物品或者其他利益的有奖销售行为。

经政府或者政府有关部门依法批准的有奖募捐及其他彩票发售活动，不适用本规定。

第十二条 经营者为了推广移动客户端、招揽客户、提高知名度、获取流量、提高点击率等，附带性地提供物品、奖金或者其他利益的行为，属于本规定所称的有奖销售。

第十三条 经营者在有奖销售前，应当明确公布奖项种类、参与条件、参与方式、开奖时间、开奖方式、奖金金额或者奖品价格、奖品品名、奖品种类、奖品数量或者中奖概率、兑奖时间、兑奖条件、兑奖方式、奖品交付方式、弃奖条件、主办方及其联系方式等信息，不得变更，不得附加条件，不得影响兑奖，但有利于消费者的除外。

在现场即时开奖的有奖销售活动中，对超过五百元奖项的兑奖情况，应当随时公示。

第十四条 奖品为积分、礼券、兑换券、代金券等形式的，应当公布兑换规则、使用范围、有效期限以及其他限制性条件等详细内容；需要向其他经营者兑换的，应当公布其他经营者的名称、兑换地点或者兑换途径。

第十五条 经营者进行有奖销售，不得采用以下谎称有奖的方式：

（一）虚构奖项、奖品、奖金金额等；

（二）仅在活动范围中的特定区域投放奖品；

（三）在活动期间将带有中奖标志的商品、奖券不投放、未全部投放市场；

（四）将带有不同奖金金额或者奖品标志的商品、奖券按不同时间投放市场；

（五）未按照向消费者明示的信息兑奖；

（六）其他谎称有奖的方式。

第十六条 经营者进行有奖销售，不得采用让内部员工、指定单位或者个人中奖等故意让内定人员中奖的欺骗方式。

第十七条 抽奖式有奖销售最高奖的金额不得超过五万元。有下列情形之一的，认定为最高奖的金额超过五万元：

（一）最高奖设置多个中奖者的，其中任意一个中奖者的最高奖金额超过五万元；

（二）同一奖券或者购买一次商品具有两次或者两次以上获奖机会的，累计金额超过五万元；

（三）以物品使用权、服务等形式作为奖品的，该物品使用权、服务等的市场价格超过五万元；

（四）以游戏装备、账户等网络虚拟物品作为奖品的，该物品市场价格超过五万元；

（五）以降价、优惠、打折等方式作为奖品的，降价、优惠、打折等利益折算价格超过五万元；

（六）以彩票、抽奖券等作为奖品的，该彩票、抽奖券可能的最高奖金额超过五万元；

（七）以提供就业机会、聘为顾问等名义，并以给付薪金等方式设置奖励，最高奖的金额超过五万元；

（八）以其他形式进行抽奖式有奖销售，最高奖金额超过五万元。

第十八条 经营者以非现金形式的物品或者其他利益作为奖品的，按照同期市场同类商品的价格计算其金额。

第十九条 经营者应当建立档案，如实、准确、完整地记录设奖规则、公示信息、兑奖结果、获奖人员等内容，妥善保存两年并依法接受监督检查。

第四章　价格促销行为规范

第二十条　经营者开展价格促销活动有附加条件的，应当显著标明条件。经营者开展限时减价、折价等价格促销活动的，应当显著标明期限。

第二十一条　经营者折价、减价，应当标明或者通过其他方便消费者认知的方式表明折价、减价的基准。

未标明或者表明基准的，其折价、减价应当以同一经营者在同一经营场所内，在本次促销活动前七日内最低成交价格为基准。如果前七日内没有交易的，折价、减价应当以本次促销活动前最后一次交易价格为基准。

第二十二条　经营者通过积分、礼券、兑换券、代金券等折抵价款的，应当以显著方式标明或者通过店堂告示等方式公开折价计算的具体办法。

未标明或者公开折价计算具体办法的，应当以经营者接受兑换时的标价作为折价计算基准。

第五章　法　律　责　任

第二十三条　违反本规定第五条，构成虚假宣传的，由市场监督管理部门依据反不正当竞争法第二十条的规定进行处罚。

第二十四条　违反本规定第六条、第八条、第十条，法律法规有规定的，从其规定；法律法规没有规定的，由县级以上市场监督管理部门责令改正，可处违法所得三倍以下罚款，但最高不超过三万元；没有违法所得的，可处一万元以下罚款。

第二十五条　违反本规定第七条，未公示促销规则、促销期限以及对消费者不利的限制性条件，法律法规有规定的，从其规定；法律法规没有规定的，由县级以上市场监督管理部门责令改正，可以处一万元以下罚款。

第二十六条　违反本规定第九条，构成商业贿赂的，由市场监督管理部门依据反不正当竞争法第十九条的规定进行处罚。

第二十七条　违反本规定第十三条第一款、第十四条、第十五条、第十六条、第十七条，由市场监督管理部门依据反不正当竞争法第二十二条的规定进行处罚。

第二十八条　违反本规定第十三条第二款、第十九条，由县级以上市场监督管理部门责令改正，可以处一万元以下罚款。

第二十九条　违反本规定第二十条、第二十一条、第二十二条，构成价格违法行为的，由市场监督管理部门依据价格监管法律法规进行处罚。

第三十条　市场监督管理部门作出行政处罚决定后，应当依法通过国家企业信用信息公示系统向社会公示。

第六章　附　　则

第三十一条　本规定自 2020 年 12 月 1 日起施行。1993 年 12 月 24 日原国家工商行政管理局令第 19 号发布的《关于禁止有奖销售活动中不正当竞争行为的若干规定》同时废止。

规范商标申请注册行为若干规定

（2019 年 10 月 11 日国家市场监督管理总局令第 17 号公布　自 2019 年 12 月 1 日起施行）

第一条　为了规范商标申请注册行为，规制恶意商标申请，维护商标注册管理秩序，保护社会公共利益，根据《中华人民共和国商标法》（以下简称商标法）和《中华人民共和国商标法实施条例》（以下简称商标法实施条例），制定本规定。

第二条　申请商标注册，应当遵守法律、行政法规和部门规章的规定，具有取得商标专用权的实际需要。

第三条　申请商标注册应当遵循诚实信用原则。不得有下列行为：

（一）属于商标法第四条规定的不以使用为目的恶意申请商标注册的；

（二）属于商标法第十三条规定，复制、摹仿或者翻译他人驰名商标的；

（三）属于商标法第十五条规定，代理人、代表人未经授权申请注册被代理人或者被代表人商标的；基于合同、业务往来关系或者其他关系明知他人在先使用的商标存在而申请注册该商标的；

（四）属于商标法第三十二条规定，损害他人现有的在先权利或者以不正当手段抢先注册他人已经使用并有一定影响的商标的；

（五）以欺骗或者其他不正当手段申请商标注册的；

（六）其他违反诚实信用原则，违背公序良俗，或者有其他不良影响的。

第四条　商标代理机构应当遵循诚实信用原则。知道或者应当知道委托人申请商标注册属于下列情形之一的，不得接受其委托：

（一）属于商标法第四条规定的不以使用为目的恶意申请商标注册的；

（二）属于商标法第十五条规定的；

（三）属于商标法第三十二条规定的。

商标代理机构除对其代理服务申请商标注册外，不得申请注册其他商标，不得以不正当手段扰乱商标代理市场秩序。

第五条　对申请注册的商标，商标注册部门发现属于违反商标法第四条规定的不以使用为目的的恶意商标注册申请，应当依法驳回，不予公告。

具体审查规程由商标注册部门根据商标法和商标法实施条例另行制定。

第六条　对初步审定公告的商标，在公告期内，因违反本规定的理由被提出异议的，商标注册部门经审查认为异议理由成立，应当依法作出不予注册决定。

对申请驳回复审和不予注册复审的商标，商标注册部门经审理认为属于违反本规定情形的，应当依法作出驳回或者不予注册的决定。

第七条　对已注册的商标，因违反本规定的理由，在法定期限内被提出宣告注册商标无效申请的，商标注册部门经审理认为宣告无效理由成立，应当依法作出宣告注册商标无效的裁定。

对已注册的商标，商标注册部门发现属于违反本规定情形的，应当依据商标法第四十四条规定，宣告该注册商标无效。

第八条　商标注册部门在判断商标注册申请是否属于违反商标法第四条规定时，可以综合考虑以下因素：

（一）申请人或者与其存在关联关系的自然人、法人、其他组织申请注册商标数量、指定使用的类别、商标交易情况等；

（二）申请人所在行业、经营状况等；

（三）申请人被已生效的行政决定或者裁定、司法判决认定曾从事商标恶意注册行为、侵犯他人注册商标专用权行为的情况；

（四）申请注册的商标与他人有一定知名度的商标相同或者近似的情况；

（五）申请注册的商标与知名人物姓名、企业字号、企业名称简称或者其他商业标识等相同或者近似的情况；

（六）商标注册部门认为应当考虑的其他因素。

第九条 商标转让情况不影响商标注册部门对违反本规定第三条情形的认定。

第十条 注册商标没有正当理由连续三年不使用的，任何单位或者个人可以向商标注册部门申请撤销该注册商标。商标注册部门受理后应当通知商标注册人，限其自收到通知之日起两个月内提交该商标在撤销申请提出前使用的证据材料或者说明不使用的正当理由；期满未提供使用的证据材料或证据材料无效并没有正当理由的，由商标注册部门撤销其注册商标。

第十一条 商标注册部门作出本规定第五条、第六条、第七条所述决定或者裁定后，予以公布。

第十二条 对违反本规定第三条恶意申请商标注册的申请人，依据商标法第六十八条第四款的规定，由申请人所在地或者违法行为发生地县级以上市场监督管理部门根据情节给予警告、罚款等行政处罚。有违法所得的，可以处违法所得三倍最高不超过三万元的罚款；没有违法所得的，可以处一万元以下的罚款。

第十三条 对违反本规定第四条的商标代理机构，依据商标法第六十八条的规定，由行为人所在地或者违法行为发生地县级以上市场监督管理部门责令限期改正，给予警告，处一万元以上十万元以下的罚款；对直接负责的主管人员和其他直接责任人员给予警告，处五千元以上五万元以下的罚款；构成犯罪的，依法追究刑事责任。情节严重的，知识产权管理部门可以决定停止受理该商标代理机构办理商标代理业务，予以公告。

第十四条 作出行政处罚决定的政府部门应当依法将处罚信息通过国家企业信用信息公示系统向社会公示。

第十五条 对违反本规定第四条的商标代理机构，由知识产权管理部门对其负责人进行整改约谈。

第十六条 知识产权管理部门、市场监督管理部门应当积极引导申请人依法申请商标注册、商标代理机构依法从事商标代理业务，规范生产经营活动中使用注册商标的行为。

知识产权管理部门应当进一步畅通商标申请渠道、优化商标注册流程，提升商标公共服务水平，为申请人直接申请注册商标提供便利化服务。

第十七条 知识产权管理部门应当健全内部监督制度，对从事商标注册工作的国家机关工作人员执行法律、行政法规和遵守纪律的情况加强监督检查。

从事商标注册工作的国家机关工作人员玩忽职守、滥用职权、徇私舞弊，违法办理商标注册事项，收受当事人财物，牟取不正当利益的，应当依法给予处分；构成犯罪的，依法追究刑事责任。

第十八条 商标代理行业组织应当完善行业自律规范，加强行业自律，对违反行业自律规范的会员实行惩戒，并及时向社会公布。

第十九条 本规定自 2019 年 12 月 1 日起施行。

价格认定规定

（2015 年 10 月 8 日　发改价格〔2015〕2251 号）

第一条　为了规范价格认定工作，有效提供公共服务，维护公共利益，保障纪检监察、司法和行政工作的顺利进行，根据《中华人民共和国价格法》，制定本规定。

第二条　本规定所称价格认定，是指经有关国家机关提出，价格认定机构对纪检监察、司法、行政工作中所涉及的，价格不明或者价格有争议的，实行市场调节价的有形产品、无形资产和各类有偿服务进行价格确认的行为。

第三条　对下列情形中涉及的作为定案依据或者关键证据的有形产品、无形资产和各类有偿服务价格不明或者价格有争议的，经有关国家机关提出后，价格认定机构应当进行价格认定：

（一）涉嫌违纪案件；

（二）涉嫌刑事案件；

（三）行政诉讼、复议及处罚案件；

（四）行政征收、征用及执法活动；

（五）国家赔偿、补偿事项；

（六）法律、法规规定的其他情形。

第四条　价格认定应遵循依法、公正、科学、效率的原则。

第五条　县级以上各级人民政府价格主管部门负责本行政区域内价格认定工作的指导、协调和监督管理。

第六条　县级以上各级政府价格主管部门的价格认定机构承担价格认定工作。

第七条　国务院价格主管部门的价格认定机构办理中央纪律检查委员会、最高人民法院、最高人民检察院、国务院各部门以及直属机构提出的价格认定事项和价格认定最终复核事项。

第八条　省、自治区、直辖市人民政府价格主管部门的价格认定机构办理本省、自治区、直辖市纪律检查委员会、高级人民法院、人民检察院、人民政府各部门以及国务院垂直管理部门所属机构，直辖市中级人民法院、人民检察院分院提出的价格认定事项和本行政区域内的价格认定复核事项。

第九条　地市级人民政府价格主管部门的价格认定机构办理本级纪律检查委员会、中级人民法院或者直辖市辖区人民法院，本级或者直辖市辖区人民检察院，本级人民政府各部门以及国务院垂直管理部门所属机构提出的价格认定事项和本行政区域内的价格认定复核事项。

第十条　县级人民政府价格主管部门的价格认定机构办理本级纪律检查委员会、基层人民法院、人民检察院、人民政府各部门以及国务院垂直管理部门所属机构提出的价格认定事项。

第十一条　价格认定人员实行岗位管理。

第十二条　价格认定机构办理价格认定事项，应当具有价格认定提出机关出具的价格认定协助书。

第十三条　价格认定机构办理价格认定事项时，价格认定人员不得少于 2 人。

第十四条　价格认定人员应当根据价格认定对象和目的，按照价格认定工作制度、规则、程序、方法进行价格认定。

第十五条　价格认定人员应当全面、客观、公正地收集资料作为价格认定依据，并对其真实性、合法性和关联性进行审查。

第十六条　价格认定机构应当对价格认定结论进行内部审核，对重大、疑难的价格认定事项应当进行集体审议。

第十七条　价格认定机构应当在接受价格认定提出机关提出价格认定事项之日起7个工作日内作出价格认定结论；另有约定的，在约定期限内作出。

第十八条　价格认定机构作出的价格认定结论，经提出机关确认后，作为纪检监察、司法和行政工作的依据。

第十九条　价格认定提出机关对价格认定结论有异议的，可在收到价格认定结论之日起60日内，向上一级价格认定机构提出复核。提出复核不得超过两次。

必要时，国务院价格主管部门的价格认定机构可对省、自治区、直辖市人民政府价格主管部门的价格认定机构作出的二次复核进行最终复核。

第二十条　对重大、疑难的复核事项，价格认定机构认为必要或者价格认定提出机关提出申请，价格认定机构可通过听证、座谈等方式，听取价格认定提出机关、相关当事人、专家的意见。

第二十一条　价格认定机构应当在接受价格认定提出机关提出复核事项之日起60日内作出复核决定；另有约定的，在约定期限内作出。

第二十二条　价格认定机构应当建立价格认定档案管理制度。

第二十三条　价格认定机构或者价格认定人员，有下列情形之一的，由任免机关或者监察机关对负有责任的领导人员和直接责任人员给予处分；构成犯罪的，依法追究刑事责任：

（一）将依法取得的价格认定资料或者了解的情况用于其他目的的；

（二）因主观故意或者过失，出具虚假价格认定结论或者价格认定结论有重大差错的；

（三）违反法律、法规规定的其他行为。

第二十四条　价格认定机构办理价格认定事项不得收取任何费用。

第二十五条　价格认定工作所需经费纳入同级财政预算管理。

第二十六条　本规定自2016年1月1日起施行。

专利行政执法办法

（2010年12月29日国家知识产权局令第60号公布　根据2015年5月29日《国家知识产权局关于修改〈专利行政执法办法〉的决定》修订）

第一章　总　　则

第一条　为深入推进依法行政，规范专利行政执法行为，保护专利权人和社会公众的合法权益，维护社会主义市场经济秩序，根据《中华人民共和国专利法》、《中华人民共和国专利法实施细则》以及其他有关法律法规，制定本办法。

第二条　管理专利工作的部门开展专利行政执法，即处理专利侵权纠纷、调解专利纠纷以及查处假冒专利行为，适用本办法。

第三条　管理专利工作的部门处理专利侵权纠纷应当以事实为依据、以法律为准绳，遵循公正、及时的原则。

管理专利工作的部门调解专利纠纷，应当遵循自愿、合法的原则，在查明事实、分清是非的基础上，促使当事人相互谅解，达成调解协议。

管理专利工作的部门查处假冒专利行为，应当以事实为依据、以法律为准绳，遵循公正、公开的原则，给予的行政处罚应当与违法行为的事实、性质、情节以及社会危害程度相当。

第四条 管理专利工作的部门应当加强专利行政执法力量建设，严格行政执法人员资格管理，落实行政执法责任制，规范开展专利行政执法。

专利行政执法人员（以下简称"执法人员"）应当持有国家知识产权局或者省、自治区、直辖市人民政府颁发的行政执法证件。执法人员执行公务时应当严肃着装。

第五条 对有重大影响的专利侵权纠纷案件、假冒专利案件，国家知识产权局在必要时可以组织有关管理专利工作的部门处理、查处。

对于行为发生地涉及两个以上省、自治区、直辖市的重大案件，有关省、自治区、直辖市管理专利工作的部门可以报请国家知识产权局协调处理或者查处。

管理专利工作的部门开展专利行政执法遇到疑难问题的，国家知识产权局应当给予必要的指导和支持。

第六条 管理专利工作的部门可以依据本地实际，委托有实际处理能力的市、县级人民政府设立的专利管理部门查处假冒专利行为、调解专利纠纷。

委托方应当对受托方查处假冒专利和调解专利纠纷的行为进行监督和指导，并承担法律责任。

第七条 管理专利工作的部门指派的执法人员与当事人有直接利害关系的，应当回避，当事人有权申请其回避。当事人申请回避的，应当说明理由。

执法人员的回避，由管理专利工作部门的负责人决定。是否回避的决定作出前，被申请回避的人员应当暂停参与本案的工作。

第八条 管理专利工作的部门应当加强展会和电子商务领域的行政执法，快速调解、处理展会期间和电子商务平台上的专利侵权纠纷，及时查处假冒专利行为。

第九条 管理专利工作的部门应当加强行政执法信息化建设和信息共享。

第二章 专利侵权纠纷的处理

第十条 请求管理专利工作的部门处理专利侵权纠纷的，应当符合下列条件：

（一）请求人是专利权人或者利害关系人；

（二）有明确的被请求人；

（三）有明确的请求事项和具体事实、理由；

（四）属于受案管理专利工作的部门的受案和管辖范围；

（五）当事人没有就该专利侵权纠纷向人民法院起诉。

第一项所称利害关系人包括专利实施许可合同的被许可人、专利权人的合法继承人。专利实施许可合同的被许可人中，独占实施许可合同的被许可人可以单独提出请求；排他实施许可合同的被许可人在专利权人不请求的情况下，可以单独提出请求；除合同另有约定外，普通实施许可合同的被许可人不能单独提出请求。

第十一条 请求管理专利工作的部门处理专利侵权纠纷的，应当提交请求书及下列证明材料：

（一）主体资格证明，即个人应当提交居民身份证或者其他有效身份证件，单位应当提交有效的营业执照或者其他主体资格证明文件副本及法定代表人或者主要负责人的身份证明；

（二）专利权有效的证明，即专利登记簿副本，或者专利证书和当年缴纳专利年费的收据。

专利侵权纠纷涉及实用新型或者外观设计专利的，管理专利工作的部门可以要求请求人出具由国家知识产权局作出的专利权评价报告（实用新型专利检索报告）。

请求人应当按照被请求人的数量提供请求书副本及有关证据。

第十二条　请求书应当记载以下内容：

（一）请求人的姓名或者名称、地址，法定代表人或者主要负责人的姓名、职务，委托代理人的，代理人的姓名和代理机构的名称、地址；

（二）被请求人的姓名或者名称、地址；

（三）请求处理的事项以及事实和理由。

有关证据和证明材料可以以请求书附件的形式提交。

请求书应当由请求人签名或者盖章。

第十三条　请求符合本办法第十条规定条件的，管理专利工作的部门应当在收到请求书之日起5个工作日内立案并通知请求人，同时指定3名或者3名以上单数执法人员处理该专利侵权纠纷；请求不符合本办法第十条规定条件的，管理专利工作的部门应当在收到请求书之日起5个工作日内通知请求人不予受理，并说明理由。

第十四条　管理专利工作的部门应当在立案之日起5个工作日内将请求书及其附件的副本送达被请求人，要求其在收到之日起15日内提交答辩书并按照请求人的数量提供答辩书副本。被请求人逾期不提交答辩书的，不影响管理专利工作的部门进行处理。

被请求人提交答辩书的，管理专利工作的部门应当在收到之日起5个工作日内将答辩书副本送达请求人。

第十五条　管理专利工作的部门处理专利侵权纠纷案件时，可以根据当事人的意愿进行调解。双方当事人达成一致的，由管理专利工作的部门制作调解协议书，加盖其公章，并由双方当事人签名或者盖章。调解不成的，应当及时作出处理决定。

第十六条　管理专利工作的部门处理专利侵权纠纷，可以根据案情需要决定是否进行口头审理。管理专利工作的部门决定进行口头审理的，应当至少在口头审理3个工作日前将口头审理的时间、地点通知当事人。当事人无正当理由拒不参加的，或者未经允许中途退出的，对请求人按撤回请求处理，对被请求人按缺席处理。

第十七条　管理专利工作的部门举行口头审理的，应当将口头审理的参加人和审理要点记入笔录，经核对无误后，由执法人员和参加人签名或者盖章。

第十八条　专利法第五十九条第一款所称的"发明或者实用新型专利权的保护范围以其权利要求的内容为准"，是指专利权的保护范围应当以其权利要求记载的技术特征所确定的范围为准，也包括与记载的技术特征相等同的特征所确定的范围。等同特征是指与记载的技术特征以基本相同的手段，实现基本相同的功能，达到基本相同的效果，并且所属领域的普通技术人员无需经过创造性劳动就能够联想到的特征。

第十九条　除达成调解协议或者请求人撤回请求之外，管理专利工作的部门处理专利侵权纠纷应当制作处理决定书，写明以下内容：

（一）当事人的姓名或者名称、地址；

（二）当事人陈述的事实和理由；

（三）认定侵权行为是否成立的理由和依据；

（四）处理决定认定侵权行为成立并需要责令侵权人立即停止侵权行为的，应当明确写明责令被请求人立即停止的侵权行为的类型、对象和范围；认定侵权行为不成立的，应当驳回请求人的请求；

（五）不服处理决定提起行政诉讼的途径和期限。

处理决定书应当加盖管理专利工作的部门的公章。

第二十条　管理专利工作的部门或者人民法院作出认定侵权成立并责令侵权人立即停止侵权行为的处理决定或者判决之后，被请求人就同一专利权再次作出相同类型的侵权行为，专利权人或者利害关系人请求处理的，管理专利工作的部门可以直接作出责令立即停止侵权行为的处理决定。

第二十一条 管理专利工作的部门处理专利侵权纠纷，应当自立案之日起 3 个月内结案。案件特别复杂需要延长期限的，应当由管理专利工作的部门负责人批准。经批准延长的期限，最多不超过 1 个月。

案件处理过程中的公告、鉴定、中止等时间不计入前款所述案件办理期限。

第三章 专利纠纷的调解

第二十二条 请求管理专利工作的部门调解专利纠纷的，应当提交请求书。

请求书应当记载以下内容：

（一）请求人的姓名或者名称、地址，法定代表人或者主要负责人的姓名、职务，委托代理人的，代理人的姓名和代理机构的名称、地址；

（二）被请求人的姓名或者名称、地址；

（三）请求调解的具体事项和理由。

单独请求调解侵犯专利权赔偿数额的，应当提交有关管理专利工作的部门作出的认定侵权行为成立的处理决定书副本。

第二十三条 管理专利工作的部门收到调解请求书后，应当及时将请求书副本通过寄交、直接送交或者其他方式送达被请求人，要求其在收到之日起 15 日内提交意见陈述书。

第二十四条 被请求人提交意见陈述书并同意进行调解的，管理专利工作的部门应当在收到意见陈述书之日起 5 个工作日内立案，并通知请求人和被请求人进行调解的时间和地点。

被请求人逾期未提交意见陈述书，或者在意见陈述书中表示不接受调解的，管理专利工作的部门不予立案，并通知请求人。

第二十五条 管理专利工作的部门调解专利纠纷可以邀请有关单位或者个人协助，被邀请的单位或者个人应当协助进行调解。

第二十六条 当事人经调解达成协议的，由管理专利工作的部门制作调解协议书，加盖其公章，并由双方当事人签名或者盖章；未能达成协议的，管理专利工作的部门以撤销案件的方式结案，并通知双方当事人。

第二十七条 因专利申请权或者专利权的归属纠纷请求调解的，当事人可以持管理专利工作的部门的受理通知书请求国家知识产权局中止该专利申请或者专利权的有关程序。

经调解达成协议的，当事人应当持调解协议书向国家知识产权局办理恢复手续；达不成协议的，当事人应当持管理专利工作的部门出具的撤销案件通知书向国家知识产权局办理恢复手续。自请求中止之日起满 1 年未请求延长中止的，国家知识产权局自行恢复有关程序。

第四章 假冒专利行为的查处

第二十八条 管理专利工作的部门发现或者接受举报、投诉发现涉嫌假冒专利行为的，应当自发现之日 5 个工作日内或者收到举报、投诉之日起 10 个工作日内立案，并指定两名或者两名以上执法人员进行调查。

第二十九条 查处假冒专利行为由行为发生地的管理专利工作的部门管辖。

管理专利工作的部门对管辖权发生争议的，由其共同的上级人民政府管理专利工作的部门指定管辖；无共同上级人民政府管理专利工作的部门的，由国家知识产权局指定管辖。

第三十条 管理专利工作的部门查封、扣押涉嫌假冒专利产品的，应当经其负责人批准。查封、扣押时，应当向当事人出具有关通知书。

管理专利工作的部门查封、扣押涉嫌假冒专利产品，应当当场清点，制作笔录和清单，由当事人和执法人员签名或者盖章。当事人拒绝签名或者盖章的，由执法人员在笔录上注明。清单应当交当事人一份。

第三十一条 案件调查终结，经管理专利工作的部门负责人批准，根据案件情况分别作如下处理：

（一）假冒专利行为成立应当予以处罚的，依法给予行政处罚；

（二）假冒专利行为轻微并已及时改正的，免予处罚；

（三）假冒专利行为不成立的，依法撤销案件；

（四）涉嫌犯罪的，依法移送公安机关。

第三十二条 管理专利工作的部门作出行政处罚决定前，应当告知当事人作出处罚决定的事实、理由和依据，并告知当事人依法享有的权利。

管理专利工作的部门作出较大数额罚款的决定之前，应当告知当事人有要求举行听证的权利。当事人提出听证要求的，应当依法组织听证。

第三十三条 当事人有权进行陈述和申辩，管理专利工作的部门不得因当事人申辩而加重行政处罚。

管理专利工作的部门对当事人提出的事实、理由和证据应当进行核实。当事人提出的事实属实、理由成立的，管理专利工作的部门应当予以采纳。

第三十四条 对情节复杂或者重大违法行为给予较重的行政处罚的，应当由管理专利工作的部门负责人集体讨论决定。

第三十五条 经调查，假冒专利行为成立应当予以处罚的，管理专利工作的部门应当制作处罚决定书，写明以下内容：

（一）当事人的姓名或者名称、地址；

（二）认定假冒专利行为成立的证据、理由和依据；

（三）处罚的内容以及履行方式；

（四）不服处罚决定申请行政复议和提起行政诉讼的途径和期限。

处罚决定书应当加盖管理专利工作的部门的公章。

第三十六条 管理专利工作的部门查处假冒专利案件，应当自立案之日起1个月内结案。案件特别复杂需要延长期限的，应当由管理专利工作的部门负责人批准。经批准延长的期限，最多不超过15日。

案件处理过程中听证、公告等时间不计入前款所述案件办理期限。

第五章 调 查 取 证

第三十七条 在专利侵权纠纷处理过程中，当事人因客观原因不能自行收集部分证据的，可以书面请求管理专利工作的部门调查取证。管理专利工作的部门根据情况决定是否调查收集有关证据。

在处理专利侵权纠纷、查处假冒专利行为过程中，管理专利工作的部门可以根据需要依职权调查收集有关证据。

执法人员调查收集有关证据时，应当向当事人或者有关人员出示其行政执法证件。当事人和有关人员应当协助、配合，如实反映情况，不得拒绝、阻挠。

第三十八条 管理专利工作的部门调查收集证据可以查阅、复制与案件有关的合同、账册等有关文件；询问当事人和证人；采用测量、拍照、摄像等方式进行现场勘验。涉嫌侵犯制造方法专利权的，管理专利工作的部门可以要求被调查人进行现场演示。

管理专利工作的部门调查收集证据应当制作笔录。笔录应当由执法人员、被调查的单位或者个人签名或者盖章。被调查的单位或者个人拒绝签名或者盖章的，由执法人员在笔录上注明。

第三十九条 管理专利工作的部门调查收集证据可以采取抽样取证的方式。

涉及产品专利的，可以从涉嫌侵权的产品中抽取一部分作为样品；涉及方法专利的，可以从涉嫌依照该方法直接获得的产品中抽取一部分作为样品。被抽取样品的数量应当以能够证明事实为限。

管理专利工作的部门进行抽样取证应当制作笔录和清单，写明被抽取样品的名称、特征、数量以及保存地点，由执法人员、被调查的单位或者个人签字或者盖章。被调查的单位或者个人拒绝签名或者盖章的，由执法人员在笔录上注明。清单应当交被调查人一份。

第四十条 在证据可能灭失或者以后难以取得，又无法进行抽样取证的情况下，管理专利工作的部门可以进行登记保存，并在 7 日内作出决定。

经登记保存的证据，被调查的单位或者个人不得销毁或者转移。

管理专利工作的部门进行登记保存应当制作笔录和清单，写明被登记保存证据的名称、特征、数量以及保存地点，由执法人员、被调查的单位或者个人签名或者盖章。被调查的单位或者个人拒绝签名或者盖章的，由执法人员在笔录上注明。清单应当交被调查人一份。

第四十一条 管理专利工作的部门需要委托其他管理专利工作的部门协助调查收集证据的，应当提出明确的要求。接受委托的部门应当及时、认真地协助调查收集证据，并尽快回复。

第四十二条 海关对被扣留的侵权嫌疑货物进行调查，请求管理专利工作的部门提供协助的，管理专利工作的部门应当依法予以协助。

管理专利工作的部门处理涉及进出口货物的专利案件的，可以请求海关提供协助。

第六章 法 律 责 任

第四十三条 管理专利工作的部门认定专利侵权行为成立，作出处理决定，责令侵权人立即停止侵权行为的，应当采取下列制止侵权行为的措施：

（一）侵权人制造专利侵权产品的，责令其立即停止制造行为，销毁制造侵权产品的专用设备、模具，并且不得销售、使用尚未售出的侵权产品或者以任何其他形式将其投放市场；侵权产品难以保存的，责令侵权人销毁该产品；

（二）侵权人未经专利权人许可使用专利方法的，责令侵权人立即停止使用行为，销毁实施专利方法的专用设备、模具，并且不得销售、使用尚未售出的依照专利方法所直接获得的侵权产品或者以任何其他形式将其投放市场；侵权产品难以保存的，责令侵权人销毁该产品；

（三）侵权人销售专利侵权产品或者依照专利方法直接获得的侵权产品的，责令其立即停止销售行为，并且不得使用尚未售出的侵权产品或者以任何其他形式将其投放市场；尚未售出的侵权产品难以保存的，责令侵权人销毁该产品；

（四）侵权人许诺销售专利侵权产品或者依照专利方法直接获得的侵权产品的，责令其立即停止许诺销售行为，消除影响，并且不得进行任何实际销售行为；

（五）侵权人进口专利侵权产品或者依照专利方法直接获得的侵权产品的，责令侵权人立即停止进口行为；侵权产品已经入境的，不得销售、使用该侵权产品或者以任何其他形式将其投放市场；侵权产品难以保存的，责令侵权人销毁该产品；侵权产品尚未入境的，可以将处理决定通知有关海关；

（六）责令侵权的参展方采取从展会上撤出侵权展品、销毁或者封存相应的宣传材料、更换或者遮盖相应的展板等撤展措施；

（七）停止侵权行为的其他必要措施。

管理专利工作的部门认定电子商务平台上的专利侵权行为成立，作出处理决定的，应当通知电子商务平台提供者及时对专利侵权产品或者依照专利方法直接获得的侵权产品相关网页采取删除、屏蔽或者断开链接等措施。

第四十四条 管理专利工作的部门作出认定专利侵权行为成立并责令侵权人立即停止侵权行为的处理决定后，被请求人向人民法院提起行政诉讼的，在诉讼期间不停止决定的执行。

侵权人对管理专利工作的部门作出的认定侵权行为成立的处理决定期满不起诉又不停止侵权行为的，管理专利工作的部门可以申请人民法院强制执行。

第四十五条 管理专利工作的部门认定假冒专利行为成立的，应当责令行为人采取下列改正措施：

（一）在未被授予专利权的产品或者其包装上标注专利标识、专利权被宣告无效后或者终止后继续在产品或者其包装上标注专利标识或者未经许可在产品或者产品包装上标注他人的专利号的，立即停止标注行为，消除尚未售出的产品或者其包装上的专利标识；产品上的专利标识难以消除的，销毁该产品或者包装；

（二）销售第（一）项所述产品的，立即停止销售行为；

（三）在产品说明书等材料中将未被授予专利权的技术或者设计称为专利技术或者专利设计，将专利申请称为专利，或者未经许可使用他人的专利号，使公众将所涉及的技术或者设计误认为是他人的专利技术或者专利设计的，立即停止发放该材料，销毁尚未发出的材料，并消除影响；

（四）伪造或者变造专利证书、专利文件或者专利申请文件的，立即停止伪造或者变造行为，销毁伪造或者变造的专利证书、专利文件或者专利申请文件，并消除影响；

（五）责令假冒专利的参展方采取从展会上撤出假冒专利展品、销毁或者封存相应的宣传材料、更换或者遮盖相应的展板等撤展措施；

（六）其他必要的改正措施。

管理专利工作的部门认定电子商务平台上的假冒专利行为成立的，应当通知电子商务平台提供者及时对假冒专利产品相关网页采取删除、屏蔽或者断开链接等措施。

第四十六条 管理专利工作的部门作出认定专利侵权行为成立并责令侵权人立即停止侵权行为的决定，或者认定假冒专利行为成立并作出处罚决定的，应当自作出决定之日起20个工作日内予以公开，通过政府网站等途径及时发布执法信息。

第四十七条 管理专利工作的部门认定假冒专利行为成立的，可以按照下列方式确定行为人的违法所得：

（一）销售假冒专利的产品的，以产品销售价格乘以所销售产品的数量作为其违法所得；

（二）订立假冒专利的合同的，以收取的费用作为其违法所得。

第四十八条 管理专利工作的部门作出处罚决定后，当事人申请行政复议或者向人民法院提起行政诉讼的，在行政复议或者诉讼期间不停止决定的执行。

第四十九条 假冒专利行为的行为人应当自收到处罚决定书之日起15日内，到指定的银行缴纳处罚决定书写明的罚款；逾期不缴纳的，每日按罚款数额的百分之三加处罚款。

第五十条 拒绝、阻碍管理专利工作的部门依法执行公务的，由公安机关根据《中华人民共和国治安管理处罚法》的规定给予处罚；情节严重构成犯罪的，由司法机关依法追究刑事责任。

第七章　附　　则

第五十一条 管理专利工作的部门可以通过寄交、直接送交、留置送达、公告送达或者其他方式送达有关法律文书和材料。

第五十二条 本办法由国家知识产权局负责解释。

第五十三条 本办法自 2011 年 2 月 1 日起施行。2001 年 12 月 17 日国家知识产权局令第十九号发布的《专利行政执法办法》同时废止。

驰名商标认定和保护规定

(2014 年 7 月 3 日国家工商行政管理总局令第 66 号公布 自公布之日起 30 日后实施)

第一条 为规范驰名商标认定工作,保护驰名商标持有人的合法权益,根据《中华人民共和国商标法》(以下简称商标法)、《中华人民共和国商标法实施条例》(以下简称实施条例),制定本规定。

第二条 驰名商标是在中国为相关公众所熟知的商标。

相关公众包括与使用商标所标示的某类商品或者服务有关的消费者,生产前述商品或者提供服务的其他经营者以及经销渠道中所涉及的销售者和相关人员等。

第三条 商标局、商标评审委员会根据当事人请求和审查、处理案件的需要,负责在商标注册审查、商标争议处理和工商行政管理部门查处商标违法案件过程中认定和保护驰名商标。

第四条 驰名商标认定遵循个案认定、被动保护的原则。

第五条 当事人依照商标法第三十三条规定向商标局提出异议,并依照商标法第十三条规定请求驰名商标保护的,可以向商标局提出驰名商标保护的书面请求并提交其商标构成驰名商标的证据材料。

第六条 当事人在商标不予注册复审案件和请求无效宣告案件中,依照商标法第十三条规定请求驰名商标保护的,可以向商标评审委员会提出驰名商标保护的书面请求并提交其商标构成驰名商标的证据材料。

第七条 涉及驰名商标保护的商标违法案件由市(地、州)级以上工商行政管理部门管辖。当事人请求工商行政管理部门查处商标违法行为,并依照商标法第十三条规定请求驰名商标保护的,可以向违法行为发生地的市(地、州)级以上工商行政管理部门进行投诉,并提出驰名商标保护的书面请求,提交证明其商标构成驰名商标的证据材料。

第八条 当事人请求驰名商标保护应当遵循诚实信用原则,并对事实及所提交的证据材料的真实性负责。

第九条 以下材料可以作为证明符合商标法第十四条第一款规定的证据材料:

(一)证明相关公众对该商标知晓程度的材料。

(二)证明该商标使用持续时间的材料,如该商标使用、注册的历史和范围的材料。该商标为未注册商标的,应当提供证明其使用持续时间不少于五年的材料。该商标为注册商标的,应当提供证明其注册时间不少于三年或者持续使用时间不少于五年的材料。

(三)证明该商标的任何宣传工作的持续时间、程度和地理范围的材料,如近三年广告宣传和促销活动的方式、地域范围、宣传媒体的种类以及广告投放量等材料。

(四)证明该商标曾在中国或者其他国家和地区作为驰名商标受保护的材料。

(五)证明该商标驰名的其他证据材料,如使用该商标的主要商品在近三年的销售收入、市场占有率、净利润、纳税额、销售区域等材料。

前款所称"三年"、"五年",是指被提出异议的商标注册申请日期、被提出无效宣告请求的商标注册申请日期之前的三年、五年,以及在查处商标违法案件中提出驰名商标保护请求日期之前的三年、五年。

第十条 当事人依照本规定第五条、第六条规定提出驰名商标保护请求的,商标局、商标评审委员会应当在商标法第三十五条、第三十七条、第四十五条规定的期限内及时作出处理。

第十一条 当事人依照本规定第七条规定请求工商行政管理部门查处商标违法行为的,工商行政管理部门应当对投诉材料予以核查,依照《工商行政管理机关行政处罚程序规定》的有关规定决定是否立案。决定立案的,工商行政管理部门应当对当事人提交的驰名商标保护请求及相关证据材料是否符合商标法第十三条、第十四条、实施条例第三条和本规定第九条规定进行初步核实和审查。经初步核查符合规定的,应当自立案之日起三十日内将驰名商标认定请示、案件材料副本一并报送上级工商行政管理部门。经审查不符合规定的,应当依照《工商行政管理机关行政处罚程序规定》的规定及时作出处理。

第十二条 省(自治区、直辖市)工商行政管理部门应当对本辖区内市(地、州)级工商行政管理部门报送的驰名商标认定相关材料是否符合商标法第十三条、第十四条、实施条例第三条和本规定第九条规定进行核实和审查。经核查符合规定的,应当自收到驰名商标认定相关材料之日起三十日内,将驰名商标认定请示、案件材料副本一并报送商标局。经审查不符合规定的,应当将有关材料退回原立案机关,由其依照《工商行政管理机关行政处罚程序规定》的规定及时作出处理。

第十三条 商标局、商标评审委员会在认定驰名商标时,应当综合考虑商标法第十四条第一款和本规定第九条所列各项因素,但不以满足全部因素为前提。

商标局、商标评审委员会在认定驰名商标时,需要地方工商行政管理部门核实有关情况的,相关地方工商行政管理部门应当予以协助。

第十四条 商标局经对省(自治区、直辖市)工商行政管理部门报送的驰名商标认定相关材料进行审查,认定构成驰名商标的,应当向报送请示的省(自治区、直辖市)工商行政管理部门作出批复。

立案的工商行政管理部门应当自商标局作出认定批复后六十日内依法予以处理,并将行政处罚决定书抄报所在省(自治区、直辖市)工商行政管理部门。省(自治区、直辖市)工商行政管理部门应当自收到抄报的行政处罚决定书之日起三十日内将案件处理情况及行政处罚决定书副本报送商标局。

第十五条 各级工商行政管理部门在商标注册和管理工作中应当加强对驰名商标的保护,维护权利人和消费者合法权益。商标违法行为涉嫌犯罪的,应当将案件及时移送司法机关。

第十六条 商标注册审查、商标争议处理和工商行政管理部门查处商标违法案件过程中,当事人依照商标法第十三条规定请求驰名商标保护时,可以提供该商标曾在我国作为驰名商标受保护的记录。

当事人请求驰名商标保护的范围与已被作为驰名商标予以保护的范围基本相同,且对方当事人对该商标驰名无异议,或者虽有异议,但异议理由和提供的证据明显不足以支持该异议的,商标局、商标评审委员会、商标违法案件立案部门可以根据该保护记录,结合相关证据,给予该商标驰名商标保护。

第十七条 在商标违法案件中,当事人通过弄虚作假或者提供虚假证据材料等不正当手段骗取驰名商标保护的,由商标局撤销对涉案商标已作出的认定,并通知报送驰名商标认定请示的省(自治区、直辖市)工商行政管理部门。

第十八条 地方工商行政管理部门违反本规定第十一条、第十二条规定未履行对驰名商标认定相关材料进行核实和审查职责，或者违反本规定第十三条第二款规定未予以协助或者未履行核实职责，或者违反本规定第十四条第二款规定逾期未对商标违法案件作出处理或者逾期未报送处理情况的，由上一级工商行政管理部门予以通报，并责令其整改。

第十九条　各级工商行政管理部门应当建立健全驰名商标认定工作监督检查制度。

第二十条　参与驰名商标认定与保护相关工作的人员，玩忽职守、滥用职权、徇私舞弊，违法办理驰名商标认定有关事项，收受当事人财物，牟取不正当利益的，依照有关规定予以处理。

第二十一条　本规定自公布之日起 30 日后施行。2003 年 4 月 17 日国家工商行政管理总局公布的《驰名商标认定和保护规定》同时废止。

专利实施强制许可办法

（2012 年 3 月 15 日国家知识产权局令第 64 号公布　自 2012 年 5 月 1 日起施行）

第一章　总　　则

第一条　为了规范实施发明专利或者实用新型专利的强制许可（以下简称强制许可）的给予、费用裁决和终止程序，根据《中华人民共和国专利法》（以下简称专利法）、《中华人民共和国专利法实施细则》及有关法律法规，制定本办法。

第二条　国家知识产权局负责受理和审查强制许可请求、强制许可使用费裁决请求和终止强制许可请求并作出决定。

第三条　请求给予强制许可、请求裁决强制许可使用费和请求终止强制许可，应当使用中文以书面形式办理。

依照本办法提交的各种证件、证明文件是外文的，国家知识产权局认为必要时，可以要求当事人在指定期限内附送中文译文；期满未附送的，视为未提交该证件、证明文件。

第四条　在中国没有经常居所或者营业所的外国人、外国企业或者外国其他组织办理强制许可事务的，应当委托依法设立的专利代理机构办理。

当事人委托专利代理机构办理强制许可事务的，应当提交委托书，写明委托权限。一方当事人有两个以上且未委托专利代理机构的，除另有声明外，以提交的书面文件中指明的第一当事人为该方代表人。

第二章　强制许可请求的提出与受理

第五条　专利权人自专利权被授予之日起满 3 年，且自提出专利申请之日起满 4 年，无正当理由未实施或者未充分实施其专利的，具备实施条件的单位或者个人可以根据专利法第四十八条第一项的规定，请求给予强制许可。

专利权人行使专利权的行为被依法认定为垄断行为的，为消除或者减少该行为对竞争产生的不利影响，具备实施条件的单位或者个人可以根据专利法第四十八条第二项的规定，请求给予强制许可。

第六条　在国家出现紧急状态或者非常情况时，或者为了公共利益的目的，国务院有关主管部门可以根据专利法第四十九条的规定，建议国家知识产权局给予其指定的具备实施条件的单位强制许可。

第七条　为了公共健康目的，具备实施条件的单位可以根据专利法第五十条的规定，请求给予制造取得专利权的药品并将其出口到下列国家或者地区的强制许可：

（一）最不发达国家或者地区；

（二）依照有关国际条约通知世界贸易组织表明希望作为进口方的该组织的发达成员或者发展中成员。

第八条　一项取得专利权的发明或者实用新型比前已经取得专利权的发明或者实用新型具有显著经济意义的重大技术进步，其实施又有赖于前一发明或者实用新型的实施的，该专利权人可以根据专利法第五十一条的规定请求给予实施前一专利的强制许可。国家知识产权局给予实施前一专利的强制许可的，前一专利权人也可以请求给予实施后一专利的强制许可。

第九条　请求给予强制许可的，应当提交强制许可请求书，写明下列各项：

（一）请求人的姓名或者名称、地址、邮政编码、联系人及电话；

（二）请求人的国籍或者注册的国家或者地区；

（三）请求给予强制许可的发明专利或者实用新型专利的名称、专利号、申请日、授权公告日，以及专利权人的姓名或者名称；

（四）请求给予强制许可的理由和事实、期限；

（五）请求人委托专利代理机构的，受托机构的名称、机构代码以及该机构指定的代理人的姓名、执业证号码、联系电话；

（六）请求人的签字或者盖章；委托专利代理机构的，还应当有该机构的盖章；

（七）附加文件清单；

（八）其他需要注明的事项。

请求书及其附加文件应当一式两份。

第十条　强制许可请求涉及两个或者两个以上的专利权人的，请求人应当按专利权人的数量提交请求书及其附加文件副本。

第十一条　根据专利法第四十八条第一项或者第五十一条的规定请求给予强制许可的，请求人应当提供证据，证明其以合理的条件请求专利权人许可其实施专利，但未能在合理的时间内获得许可。

根据专利法第四十八条第二项的规定请求给予强制许可的，请求人应当提交已经生效的司法机关或者反垄断执法机构依法将专利权人行使专利权的行为认定为垄断行为的判决或者决定。

第十二条　国务院有关主管部门根据专利法第四十九条建议给予强制许可的，应当指明下列各项：

（一）国家出现紧急状态或者非常情况，或者为了公共利益目的的需要给予强制许可；

（二）建议给予强制许可的发明专利或者实用新型专利的名称、专利号、申请日、授权公告日，以及专利权人的姓名或者名称；

（三）建议给予强制许可的期限；

（四）指定的具备实施条件的单位名称、地址、邮政编码、联系人及电话；

（五）其他需要注明的事项。

第十三条　根据专利法第五十条的规定请求给予强制许可的，请求人应当提供进口方及其所需药品和给予强制许可的有关信息。

第十四条　强制许可请求有下列情形之一的，不予受理并通知请求人：

（一）请求给予强制许可的发明专利或者实用新型专利的专利号不明确或者难以确定；

（二）请求文件未使用中文；

（三）明显不具备请求强制许可的理由；

（四）请求给予强制许可的专利权已经终止或者被宣告无效。

第十五条　请求文件不符合本办法第四条、第九条、第十条规定的，请求人应当自收到通知之日起 15 日内进行补正。期满未补正的，该请求视为未提出。

第十六条　国家知识产权局受理强制许可请求的，应当及时将请求书副本送交专利权人。除另有指定的外，专利权人应当自收到通知之日起 15 日内陈述意见；期满未答复的，不影响国家知识产权局作出决定。

第三章　强制许可请求的审查和决定

第十七条　国家知识产权局应当对请求人陈述的理由、提供的信息和提交的有关证明文件以及专利权人陈述的意见进行审查；需要实地核查的，应当指派两名以上工作人员实地核查。

第十八条　请求人或者专利权人要求听证的，由国家知识产权局组织听证。

国家知识产权局应当在举行听证 7 日前通知请求人、专利权人和其他利害关系人。

除涉及国家秘密、商业秘密或者个人隐私外，听证公开进行。

举行听证时，请求人、专利权人和其他利害关系人可以进行申辩和质证。

举行听证时应当制作听证笔录，交听证参加人员确认无误后签字或者盖章。

根据专利法第四十九条或者第五十条的规定建议或者请求给予强制许可的，不适用听证程序。

第十九条　请求人在国家知识产权局作出决定前撤回其请求的，强制许可请求的审查程序终止。

在国家知识产权局作出决定前，请求人与专利权人订立了专利实施许可合同的，应当及时通知国家知识产权局，并撤回其强制许可请求。

第二十条　经审查认为强制许可请求有下列情形之一的，国家知识产权局应当作出驳回强制许可请求的决定：

（一）请求人不符合本办法第四条、第五条、第七条或者第八条的规定；

（二）请求给予强制许可的理由不符合专利法第四十八条、第五十条或者第五十一条的规定；

（三）强制许可请求涉及的发明创造是半导体技术的，其理由不符合专利法第五十二条的规定；

（四）强制许可请求不符合本办法第十一条或者第十三条的规定；

（五）请求人陈述的理由、提供的信息或者提交的有关证明文件不充分或者不真实。

国家知识产权局在作出驳回强制许可请求的决定前，应当通知请求人拟作出的决定及其理由。除另有指定的外，请求人可以自收到通知之日起 15 日内陈述意见。

第二十一条　经审查认为请求给予强制许可的理由成立的，国家知识产权局应当作出给予强制许可的决定。在作出给予强制许可的决定前，应当通知请求人和专利权人拟作出的决定及其理由。除另有指定的外，双方当事人可以自收到通知之日起 15 日内陈述意见。

国家知识产权局根据专利法第四十九条作出给予强制许可的决定前，应当通知专利权人拟作出的决定及其理由。

第二十二条　给予强制许可的决定应当写明下列各项：

（一）取得强制许可的单位或者个人的名称或者姓名、地址；

（二）被给予强制许可的发明专利或者实用新型专利的名称、专利号、申请日及授权公告日；

（三）给予强制许可的范围和期限；

（四）决定的理由、事实和法律依据；

（五）国家知识产权局的印章及负责人签字；

（六）决定的日期；

（七）其他有关事项。

给予强制许可的决定应当自作出之日起 5 日内通知请求人和专利权人。

第二十三条 国家知识产权局根据专利法第五十条作出给予强制许可的决定的，还应当在该决定中明确下列要求：

（一）依据强制许可制造的药品数量不得超过进口方所需的数量，并且必须全部出口到该进口方；

（二）依据强制许可制造的药品应当采用特定的标签或者标记明确注明该药品是依据强制许可而制造的；在可行并且不会对药品价格产生显著影响的情况下，应当对药品本身采用特殊的颜色或者形状，或者对药品采用特殊的包装；

（三）药品装运前，取得强制许可的单位应当在其网站或者世界贸易组织的有关网站上发布运往进口方的药品数量以及本条第二项所述的药品识别特征等信息。

第二十四条 国家知识产权局根据专利法第五十条作出给予强制许可的决定的，由国务院有关主管部门将下列信息通报世界贸易组织：

（一）取得强制许可的单位的名称和地址；

（二）出口药品的名称和数量；

（三）进口方；

（四）强制许可的期限；

（五）本办法第二十三条第三项所述网址。

第四章 强制许可使用费裁决请求的审查和裁决

第二十五条 请求裁决强制许可使用费的，应当提交强制许可使用费裁决请求书，写明下列各项：

（一）请求人的姓名或者名称、地址；

（二）请求人的国籍或者注册的国家或者地区；

（三）给予强制许可的决定的文号；

（四）被请求人的姓名或者名称、地址；

（五）请求裁决强制许可使用费的理由；

（六）请求人委托专利代理机构的，受托机构的名称、机构代码以及该机构指定的代理人的姓名、执业证号码、联系电话；

（七）请求人的签字或者盖章；委托专利代理机构的，还应当有该机构的盖章；

（八）附加文件清单；

（九）其他需要注明的事项。

请求书及其附加文件应当一式两份。

第二十六条 强制许可使用费裁决请求有下列情形之一的，不予受理并通知请求人：

（一）给予强制许可的决定尚未作出；

（二）请求人不是专利权人或者取得强制许可的单位或者个人；

（三）双方尚未进行协商或者经协商已经达成协议。

第二十七条 国家知识产权局受理强制许可使用费裁决请求的，应当及时将请求书副本送交对方当事人。除另有指定的外，对方当事人应当自收到通知之日起 15 日内陈述意见；期满未答复的，不影响国家知识产权局作出决定。

强制许可使用费裁决过程中，双方当事人可以提交书面意见。国家知识产权局可以根据案情需要听取双方当事人的口头意见。

第二十八条 请求人在国家知识产权局作出决定前撤回其裁决请求的，裁决程序终止。

第二十九条 国家知识产权局应当自收到请求书之日起3个月内作出强制许可使用费的裁决决定。

第三十条 强制许可使用费裁决决定应当写明下列各项：

（一）取得强制许可的单位或者个人的名称或者姓名、地址；

（二）被给予强制许可的发明专利或者实用新型专利的名称、专利号、申请日及授权公告日；

（三）裁决的内容及其理由；

（四）国家知识产权局的印章及负责人签字；

（五）决定的日期；

（六）其他有关事项。

强制许可使用费裁决决定应当自作出之日起5日内通知双方当事人。

第五章　终止强制许可请求的审查和决定

第三十一条 有下列情形之一的，强制许可自动终止：

（一）给予强制许可的决定规定的强制许可期限届满；

（二）被给予强制许可的发明专利或者实用新型专利终止或者被宣告无效。

第三十二条 给予强制许可的决定中规定的强制许可期限届满前，强制许可的理由消除并不再发生的，专利权人可以请求国家知识产权局作出终止强制许可的决定。

请求终止强制许可的，应当提交终止强制许可请求书，写明下列各项：

（一）专利权人的姓名或者名称、地址；

（二）专利权人的国籍或者注册的国家或者地区；

（三）请求终止的给予强制许可决定的文号；

（四）请求终止强制许可的理由和事实；

（五）专利权人委托专利代理机构的，受托机构的名称、机构代码以及该机构指定的代理人的姓名、执业证号码、联系电话；

（六）专利权人的签字或者盖章；委托专利代理机构的，还应当有该机构的盖章；

（七）附加文件清单；

（八）其他需要注明的事项。

请求书及其附加文件应当一式两份。

第三十三条 终止强制许可的请求有下列情形之一的，不予受理并通知请求人：

（一）请求人不是被给予强制许可的发明专利或者实用新型专利的专利权人；

（二）未写明请求终止的给予强制许可决定的文号；

（三）请求文件未使用中文；

（四）明显不具备终止强制许可的理由。

第三十四条 请求文件不符合本办法第三十二条规定的，请求人应当自收到通知之日起15日内进行补正。期满未补正的，该请求视为未提出。

第三十五条 国家知识产权局受理终止强制许可请求的，应当及时将请求书副本送交取得强制许可的单位或者个人。除另有指定的外，取得强制许可的单位或者个人应当自收到通知之日起15日内陈述意见；期满未答复的，不影响国家知识产权局作出决定。

第三十六条 国家知识产权局应当对专利权人陈述的理由和提交的有关证明文件以及取得强

制许可的单位或者个人陈述的意见进行审查；需要实地核查的，应当指派两名以上工作人员实地核查。

第三十七条 专利权人在国家知识产权局作出决定前撤回其请求的，相关程序终止。

第三十八条 经审查认为请求终止强制许可的理由不成立的，国家知识产权局应当作出驳回终止强制许可请求的决定。在作出驳回终止强制许可请求的决定前，应当通知专利权人拟作出的决定及其理由。除另有指定的外，专利权人可以自收到通知之日起 15 日内陈述意见。

第三十九条 经审查认为请求终止强制许可的理由成立的，国家知识产权局应当作出终止强制许可的决定。在作出终止强制许可的决定前，应当通知取得强制许可的单位或者个人拟作出的决定及其理由。除另有指定的外，取得强制许可的单位或者个人可以自收到通知之日起 15 日内陈述意见。

终止强制许可的决定应当写明下列各项：

（一）专利权人的姓名或者名称、地址；

（二）取得强制许可的单位或者个人的名称或者姓名、地址；

（三）被给予强制许可的发明专利或者实用新型专利的名称、专利号、申请日及授权公告日；

（四）给予强制许可的决定的文号；

（五）决定的事实和法律依据；

（六）国家知识产权局的印章及负责人签字；

（七）决定的日期；

（八）其他有关事项。

终止强制许可的决定应当自作出之日起 5 日内通知专利权人和取得强制许可的单位或者个人。

第六章 附 则

第四十条 已经生效的给予强制许可的决定和终止强制许可的决定，以及强制许可自动终止的，应当在专利登记簿上登记并在专利公报上公告。

第四十一条 当事人对国家知识产权局关于强制许可的决定不服的，可以依法申请行政复议或者提起行政诉讼。

第四十二条 本办法由国家知识产权局负责解释。

第四十三条 本办法自 2012 年 5 月 1 日起施行。2003 年 6 月 13 日国家知识产权局令第三十一号发布的《专利实施强制许可办法》和 2005 年 11 月 29 日国家知识产权局令第三十七号发布的《涉及公共健康问题的专利实施强制许可办法》同时废止。

专利实施许可合同备案办法

（2011 年 6 月 27 日国家知识产权局令第 62 号公布 自 2011 年 8 月 1 日起施行）

第一条 为了切实保护专利权，规范专利实施许可行为，促进专利权的运用，根据《中华人民共和国专利法》、《中华人民共和国合同法》和相关法律法规，制定本办法。

第二条 国家知识产权局负责全国专利实施许可合同的备案工作。

第三条 专利实施许可的许可人应当是合法的专利权人或者其他权利人。

以共有的专利权订立专利实施许可合同的,除全体共有人另有约定或者《中华人民共和国专利法》另有规定的外,应当取得其他共有人的同意。

第四条 申请备案的专利实施许可合同应当以书面形式订立。

订立专利实施许可合同可以使用国家知识产权局统一制订的合同范本;采用其他合同文本的,应当符合《中华人民共和国合同法》的规定。

第五条 当事人应当自专利实施许可合同生效之日起3个月内办理备案手续。

第六条 在中国没有经常居所或者营业所的外国人、外国企业或者外国其他组织办理备案相关手续的,应当委托依法设立的专利代理机构办理。

中国单位或者个人办理备案相关手续的,可以委托依法设立的专利代理机构办理。

第七条 当事人可以通过邮寄、直接送交或者国家知识产权局规定的其他方式办理专利实施许可合同备案相关手续。

第八条 申请专利实施许可合同备案的,应当提交下列文件:

(一)许可人或其委托的专利代理机构签字或者盖章的专利实施许可合同备案申请表;

(二)专利实施许可合同;

(三)双方当事人的身份证明;

(四)委托专利代理机构的,注明委托权限的委托书;

(五)其他需要提供的材料。

第九条 当事人提交的专利实施许可合同应当包括以下内容:

(一)当事人的姓名或者名称、地址;

(二)专利权项数以及每项专利权的名称、专利号、申请日、授权公告日;

(三)实施许可的种类和期限。

第十条 除身份证明外,当事人提交的其他各种文件应当使用中文。身份证明是外文的,当事人应当附送中文译文;未附送的,视为未提交。

第十一条 国家知识产权局自收到备案申请之日起7个工作日内进行审查并决定是否予以备案。

第十二条 备案申请经审查合格的,国家知识产权局应当向当事人出具《专利实施许可合同备案证明》。

备案申请有下列情形之一的,不予备案,并向当事人发送《专利实施许可合同不予备案通知书》:

(一)专利权已经终止或者被宣告无效的;

(二)许可人不是专利登记簿记载的专利权人或者有权授予许可的其他权利人的;

(三)专利实施许可合同不符合本办法第九条规定的;

(四)实施许可的期限超过专利权有效期的;

(五)共有专利权人违反法律规定或者约定订立专利实施许可合同的;

(六)专利权处于年费缴纳滞纳期的;

(七)因专利权的归属发生纠纷或者人民法院裁定对专利权采取保全措施,专利权的有关程序被中止的;

(八)同一专利实施许可合同重复申请备案的;

(九)专利权被质押的,但经质权人同意的除外;

(十)与已经备案的专利实施许可合同冲突的;

(十一)其他不应当予以备案的情形。

第十三条 专利实施许可合同备案后,国家知识产权局发现备案申请存在本办法第十二条第二款所列情形并且尚未消除的，应当撤销专利实施许可合同备案，并向当事人发出《撤销专利实施许可合同备案通知书》。

第十四条 专利实施许可合同备案的有关内容由国家知识产权局在专利登记簿上登记，并在专利公报上公告以下内容：许可人、被许可人、主分类号、专利号、申请日、授权公告日、实施许可的种类和期限、备案日期。

专利实施许可合同备案后变更、注销以及撤销的，国家知识产权局予以相应登记和公告。

第十五条 国家知识产权局建立专利实施许可合同备案数据库。公众可以查询专利实施许可合同备案的法律状态。

第十六条 当事人延长实施许可的期限的，应当在原实施许可的期限届满前2个月内，持变更协议、备案证明和其他有关文件向国家知识产权局办理备案变更手续。

变更专利实施许可合同其他内容的，参照前款规定办理。

第十七条 实施许可的期限届满或者提前解除专利实施许可合同的，当事人应当在期限届满或者订立解除协议后30日内持备案证明、解除协议和其他有关文件向国家知识产权局办理备案注销手续。

第十八条 经备案的专利实施许可合同涉及的专利权被宣告无效或者在期限届满前终止的，当事人应当及时办理备案注销手续。

第十九条 经备案的专利实施许可合同的种类、期限、许可使用费计算方法或者数额等，可以作为管理专利工作的部门对侵权赔偿数额进行调解的参照。

第二十条 当事人以专利申请实施许可合同申请备案的，参照本办法执行。

申请备案时，专利申请被驳回、撤回或者视为撤回的，不予备案。

第二十一条 当事人以专利申请实施许可合同申请备案的，专利申请被批准授予专利权后，当事人应当及时将专利申请实施许可合同名称及有关条款作相应变更；专利申请被驳回、撤回或者视为撤回的，当事人应当及时办理备案注销手续。

第二十二条 本办法自2011年8月1日起施行。2001年12月17日国家知识产权局令第十八号发布的《专利实施许可合同备案管理办法》同时废止。

商品房销售明码标价规定

（2011年3月16日　发改价检〔2011〕548号）

第一条 为了规范商品房销售价格行为，建立和维护公开、公正、透明的市场价格秩序，保护消费者和经营者合法权益，根据《中华人民共和国价格法》、原国家发展计划委员会《关于商品和服务实行明码标价的规定》，制定本规定。

第二条 中华人民共和国境内的房地产开发企业和中介服务机构（以下统称商品房经营者）销售新建商品房，应当按照本规定实行明码标价。

中介服务机构销售二手房的明码标价参照本规定执行。

第三条 本规定所称明码标价，是指商品房经营者在销售商品房时按照本规定的要求公开标示商品房价格、相关收费以及影响商品房价格的其他因素。

第四条 各级政府价格主管部门是商品房明码标价的管理机关，依法对商品房经营者执行明码标价和收费公示规定的情况进行监督检查。

第五条 已取得预售许可和销售现房的房地产经营者，要在公开房源时，按照本规定实行明码标价。

第六条 商品房经营者应当在商品房交易场所的醒目位置放置标价牌、价目表或者价格手册，有条件的可同时采取电子信息屏、多媒体终端或电脑查询等方式。采取上述多种方式明码标价的，标价内容应当保持一致。

第七条 商品房销售明码标价应当做到价目齐全，标价内容真实明确、字迹清晰、标示醒目，并标示价格主管部门投诉举报电话。

第八条 商品房销售明码标价实行一套一标。商品房经营者应当对每套商品房进行明码标价。按照建筑面积或者套内建筑面积计价的，还应当标示建筑面积单价或者套内建筑面积单价。

第九条 对取得预售许可或者办理现房销售备案的房地产开发项目，商品房经营者要在规定时间内一次性公开全部销售房源，并严格按照申报价格明码标价对外销售。

第十条 商品房经营者应当明确标示以下与商品房价格密切相关的因素：

（一）开发企业名称、预售许可证、土地性质、土地使用起止年限、楼盘名称、坐落位置、容积率、绿化率、车位配比率。

（二）楼盘的建筑结构、装修状况以及水、电、燃气、供暖、通讯等基础设施配套情况。

（三）当期销售的房源情况以及每套商品房的销售状态、房号、楼层、户型、层高、建筑面积、套内建筑面积和分摊的共有建筑面积。

（四）优惠折扣及享受优惠折扣的条件。

（五）商品房所在地省级价格主管部门规定的其他内容。

第十一条 商品房销售应当公示以下收费：

（一）商品房交易及产权转移等代收代办的收费项目、收费标准。代收代办收费应当标明由消费者自愿选择。

（二）商品房销售时选聘了物业管理企业的，商品房经营者应当同时公示前期物业服务内容、服务标准及收费依据、收费标准。

（三）商品房所在地省级价格主管部门规定的其他内容。

第十二条 对已销售的房源，商品房经营者应当予以明确标示。如果同时标示价格的，应当标示所有已销售房源的实际成交价格。

第十三条 商品房经营者不得在标价之外加价销售商品房，不得收取任何未予标明的费用。

第十四条 商品房经营者在广告宣传中涉及的价格信息，必须真实、准确、严谨。

第十五条 商品房经营者不得使用虚假或者不规范的价格标示误导购房者，不得利用虚假或者使人误解的标价方式进行价格欺诈。

第十六条 商品房经营者不按照本规定明码标价和公示收费，或者利用标价形式和价格手段进行价格欺诈的，由县级以上各级人民政府价格主管部门依据《中华人民共和国价格法》、《价格违法行为行政处罚规定》、《关于商品和服务实行明码标价的规定》、《禁止价格欺诈行为的规定》等法律、法规和规章实施行政处罚。

第十七条 价格主管部门发现商品房经营者明码标价的内容不符合国家相关政策的，要及时移送相关部门处理。

第十八条 省、自治区、直辖市价格主管部门可根据本规定制定商品房销售明码标价实施细则。

第十九条 本规定自 2011 年 5 月 1 日起施行。

价格违法行为行政处罚实施办法

（2004 年 7 月 29 日中华人民共和国国家发展和改革委员会令第 14 号公布 自 2004 年 9 月 1 日起施行）

第一条 为有效实施价格行政处罚，及时平抑市场价格异常波动，维护公共利益和社会稳定，根据《价格法》、《行政处罚法》、《价格违法行为行政处罚规定》等，制定本办法。

第二条 经营者违反《价格法》第十四条规定哄抬价格，有下列情形之一的，政府价格主管部门依据《价格违法行为行政处罚规定》第五条的规定予以行政处罚：

（一）捏造、散布涨价信息，大幅度提高价格的；

（二）生产成本或进货成本没有发生明显变化，以牟取暴利为目的，大幅度提高价格的；

（三）在一些地区或行业率先大幅度提高价格的；

（四）囤积居奇，导致商品供不应求而出现价格大幅度上涨的。

构成哄抬价格行为的具体提价或涨价幅度，由省级价格主管部门根据当地具体情况提出，并报请省级人民政府批准确定。

第三条 经营者违反《价格法》第十四条规定变相提高价格，采用下列手段之一的，政府价格主管部门依据《价格违法行为行政处罚规定》第六条的规定予以行政处罚：

（一）抬高等级销售商品或者收取费用的；

（二）以假充真，以次充好，降低质量的；

（三）偷工减料，短尺少秤，减少数量的；

（四）变相提高价格的其他行为。

第四条 地方政府及政府部门违反《价格法》规定，超越定价权限和范围擅自制定、调整价格或不执行法定的价格干预措施、紧急措施的，由上级政府或者政府价格主管部门责令改正，并可以通报批评；对直接负责的主管人员和其他直接责任人员，由上级政府价格主管部门提请有权机关依法给予行政处分。

第五条 行业组织应当接受政府价格主管部门的指导，有价格违法行为且情节严重的，价格主管部门可以提请登记管理机关撤销登记。

第六条 当国务院依法采取价格干预措施或者紧急措施，省、自治区、直辖市人民政府依法采取价格干预措施时，政府价格主管部门进行监督检查，适用本办法第七条、第八条、第九条和第十条。

第七条 对纳入价格干预措施或紧急措施范围的商品和服务，以及可能波及的相关商品和服务的价格违法行为，应当依据《价格违法行为行政处罚规定》第十五条的规定予以从重处罚，在法定罚款幅度内应当从高适用，行政处罚种类在 2 个以上的应当从重适用，可以并处的应当并处罚款。

第八条 价格行政执法人员可以适用以下程序，从快制止价格违法行为：

（一）执法人员进行调查或者检查前，可以不向当事人送达《检查通知书》，但要出示执法证件；

（二）在调查或者检查中发现应当给予行政处罚的行为的，可以当场决定立案，立案、询问或检查应当制作笔录；

（三）作出行政处罚决定前，可以不向当事人送达《行政处罚事先告知书》、《行政处罚听证告知书》，而以口头告知的方式履行行政处罚事先告知程序、听证告知程序；

（四）调查终结，价格主管部门负责人应当立即对调查结果进行审查，及时作出行政处罚决定；对情节复杂或者重大违法行为给予较重的行政处罚，可以不召开案件审理委员会会议，而由价格主管部门负责人集体讨论决定。

（五）对依法可以当场作出行政处罚决定的，不当场收缴事后难以执行的，可以当场收缴罚款。

第九条 经营者有下列情形之一的，可以按没有违法所得论处：

（一）无合法销售或收费票据的；

（二）隐匿、销毁销售或收费票据的；

（三）隐瞒销售或收费票据数量，账簿与票据金额不符导致计算违法所得金额无依据的；

（四）多收价款全部退还的；

（五）应当按没有违法所得论处的其他情形。

第十条 因价格违法行为致使消费者或者其他经营者多付价款的，责令限期退还；期限届满后逾期不退或者难以退还的价款，以违法所得论处。

第十一条 价格行政执法人员对应当予以及时制止和从重处罚的价格违法行为不予及时制止、从重处罚；因处罚失当，致使公民、法人或者其他组织的合法权益、公共利益和社会秩序遭受损害的，应当依法追究直接负责的主管人员和其他直接责任人员的责任。

第十二条 本办法由国家发展和改革委员会负责解释。

第十三条 本办法自 2004 年 9 月 1 日起施行。

集体商标、证明商标注册和管理办法

（2003 年 4 月 17 日国家工商行政管理总局令第 6 号　自 2003 年 6 月 1 日起施行）

第一条 根据《中华人民共和国商标法》（以下简称《商标法》）第三条的规定，制定本办法。

第二条 集体商标、证明商标的注册和管理，依照商标法、《中华人民共和国商标法实施条例》（以下简称实施条例）和本办法的有关规定进行。

第三条 本办法有关商品的规定，适用于服务。

第四条 申请集体商标注册的，应当附送主体资格证明文件并应当详细说明该集体组织成员的名称和地址；以地理标志作为集体商标申请注册的，应当附送主体资格证明文件并应当详细说明其所具有的或者其委托的机构具有的专业技术人员、专业检测设备等情况，以表明其具有监督使用该地理标志商品的特定品质的能力。

申请以地理标志作为集体商标注册的团体、协会或者其他组织，应当由来自该地理标志标示的地区范围内的成员组成。

第五条 申请证明商标注册的，应当附送主体资格证明文件并应当详细说明其所具有的或者其委托的机构具有的专业技术人员、专业检测设备等情况，以表明其具有监督该证明商标所证明的特定商品品质的能力。

第六条 申请以地理标志作为集体商标、证明商标注册的，还应当附送管辖该地理标志所标示地区的人民政府或者行业主管部门的批准文件。

外国人或者外国企业申请以地理标志作为集体商标、证明商标注册的，申请人应当提供该地理标志以其名义在其原属国受法律保护的证明。

第七条 以地理标志作为集体商标、证明商标注册的，应当在申请书件中说明下列内容：

（一）该地理标志所标示的商品的特定质量、信誉或者其他特征；

（二）该商品的特定质量、信誉或者其他特征与该地理标志所标示的地区的自然因素和人文因素的关系；

（三）该地理标志所标示的地区的范围。

第八条 作为集体商标、证明商标申请注册的地理标志，可以是该地理标志标示地区的名称，也可以是能够标示某商品来源于该地区的其他可视性标志。

前款所称地区无需与该地区的现行行政区划名称、范围完全一致。

第九条 多个葡萄酒地理标志构成同音字或者同形字的，在这些地理标志能够彼此区分且不误导公众的情况下，每个地理标志都可以作为集体商标或者证明商标申请注册。

第十条 集体商标的使用管理规则应当包括：

（一）使用集体商标的宗旨；

（二）使用该集体商标的商品的品质；

（三）使用该集体商标的手续；

（四）使用该集体商标的权利、义务；

（五）成员违反其使用管理规则应当承担的责任；

（六）注册人对使用该集体商标商品的检验监督制度。

第十一条 证明商标的使用管理规则应当包括：

（一）使用证明商标的宗旨；

（二）该证明商标证明的商品的特定品质；

（三）使用该证明商标的条件；

（四）使用该证明商标的手续；

（五）使用该证明商标的权利、义务；

（六）使用人违反该使用管理规则应当承担的责任；

（七）注册人对使用该证明商标商品的检验监督制度。

第十二条 使用他人作为集体商标、证明商标注册的葡萄酒、烈性酒地理标志标示并非来源于该地理标志所标示地区的葡萄酒、烈性酒，即使同时标出了商品的真正来源地，或者使用的是翻译文字，或者伴有诸如某某"种"、某某"型"、某某"式"、某某"类"等表述的，适用《商标法》第十六条的规定。

第十三条 集体商标、证明商标的初步审定公告的内容，应当包括该商标的使用管理规则的全文或者摘要。

集体商标、证明商标注册人对使用管理规则的任何修改，应报经商标局审查核准，并自公告之日起生效。

第十四条 集体商标注册人的成员发生变化的，注册人应当向商标局申请变更注册事项，由商标局公告。

第十五条 证明商标注册人准许他人使用其商标的，注册人应当在一年内报商标局备案，由商标局公告。

第十六条 申请转让集体商标、证明商标的，受让人应当具备相应的主体资格，并符合商标法、实施条例和本办法的规定。

集体商标、证明商标发生移转的，权利继受人应当具备相应的主体资格，并符合商标法、实施条例和本办法的规定。

第十七条 集体商标注册人的集体成员，在履行该集体商标使用管理规则规定的手续后，可以使用该集体商标。

集体商标不得许可非集体成员使用。

第十八条 凡符合证明商标使用管理规则规定条件的，在履行该证明商标使用管理规则规定的手续后，可以使用该证明商标，注册人不得拒绝办理手续。

《实施条例》第六条第二款中的正当使用该地理标志是指正当使用该地理标志中的地名。

第十九条 使用集体商标的，注册人应发给使用人《集体商标使用证》；使用证明商标的，注册人应发给使用人《证明商标使用证》。

第二十条 证明商标的注册人不得在自己提供的商品上使用该证明商标。

第二十一条 集体商标、证明商标注册人没有对该商标的使用进行有效管理或者控制，致使该商标使用的商品达不到其使用管理规则的要求，对消费者造成损害的，由工商行政管理部门责令限期改正；拒不改正的，处以违法所得 3 倍以下的罚款，但最高不超过 3 万元；没有违法所得的，处以 1 万元以下的罚款。

第二十二条 违反《实施条例》第六条、本办法第十四条、第十五条、第十七条、第十八条、第二十条规定的，由工商行政管理部门责令限期改正；拒不改正的，处以违法所得 3 倍以下的罚款，但最高不超过 3 万元；没有违法所得的，处以 1 万元以下的罚款。

第二十三条 本办法自 2003 年 6 月 1 日起施行。国家工商行政管理局 1994 年 12 月 30 日发布的《集体商标、证明商标注册和管理办法》同时废止。

（二）反垄断管理

中华人民共和国反垄断法

（2007 年 8 月 30 日第十届全国人民代表大会常务委员会第二十九次会议通过　根据 2022 年 6 月 24 日第十三届全国人民代表大会常务委员会第三十五次会议《关于修改〈中华人民共和国反垄断法〉的决定》修正）

目　　录

第一章　总　　则

第一条 为了预防和制止垄断行为，保护市场公平竞争，鼓励创新，提高经济运行效率，维护消费者利益和社会公共利益，促进社会主义市场经济健康发展，制定本法。

第二条 中华人民共和国境内经济活动中的垄断行为，适用本法；中华人民共和国境外的垄断行为，对境内市场竞争产生排除、限制影响的，适用本法。

第三条 本法规定的垄断行为包括：

（一）经营者达成垄断协议；

（二）经营者滥用市场支配地位；

（三）具有或者可能具有排除、限制竞争效果的经营者集中。

第四条 反垄断工作坚持中国共产党的领导。

国家坚持市场化、法治化原则，强化竞争政策基础地位，制定和实施与社会主义市场经济相适应的竞争规则，完善宏观调控，健全统一、开放、竞争、有序的市场体系。

第五条 国家建立健全公平竞争审查制度。

行政机关和法律、法规授权的具有管理公共事务职能的组织在制定涉及市场主体经济活动的规定时，应当进行公平竞争审查。

第六条 经营者可以通过公平竞争、自愿联合，依法实施集中，扩大经营规模，提高市场竞争能力。

第七条 具有市场支配地位的经营者，不得滥用市场支配地位，排除、限制竞争。

第八条 国有经济占控制地位的关系国民经济命脉和国家安全的行业以及依法实行专营专卖的行业，国家对其经营者的合法经营活动予以保护，并对经营者的经营行为及其商品和服务的价格依法实施监管和调控，维护消费者利益，促进技术进步。

前款规定行业的经营者应当依法经营，诚实守信，严格自律，接受社会公众的监督，不得利用其控制地位或者专营专卖地位损害消费者利益。

第九条 经营者不得利用数据和算法、技术、资本优势以及平台规则等从事本法禁止的垄断行为。

第十条 行政机关和法律、法规授权的具有管理公共事务职能的组织不得滥用行政权力，排除、限制竞争。

第十一条 国家健全完善反垄断规则制度，强化反垄断监管力量，提高监管能力和监管体系现代化水平，加强反垄断执法司法，依法公正高效审理垄断案件，健全行政执法和司法衔接机制，维护公平竞争秩序。

第十二条 国务院设立反垄断委员会，负责组织、协调、指导反垄断工作，履行下列职责：

（一）研究拟订有关竞争政策；

（二）组织调查、评估市场总体竞争状况，发布评估报告；

（三）制定、发布反垄断指南；

（四）协调反垄断行政执法工作；

（五）国务院规定的其他职责。

国务院反垄断委员会的组成和工作规则由国务院规定。

第十三条 国务院反垄断执法机构负责反垄断统一执法工作。

国务院反垄断执法机构根据工作需要，可以授权省、自治区、直辖市人民政府相应的机构，依照本法规定负责有关反垄断执法工作。

第十四条 行业协会应当加强行业自律，引导本行业的经营者依法竞争，合规经营，维护市场竞争秩序。

第十五条 本法所称经营者，是指从事商品生产、经营或者提供服务的自然人、法人和非法人组织。

本法所称相关市场，是指经营者在一定时期内就特定商品或者服务（以下统称商品）进行竞争的商品范围和地域范围。

第二章 垄断协议

第十六条 本法所称垄断协议，是指排除、限制竞争的协议、决定或者其他协同行为。

第十七条 禁止具有竞争关系的经营者达成下列垄断协议：

（一）固定或者变更商品价格；

（二）限制商品的生产数量或者销售数量；

（三）分割销售市场或者原材料采购市场；

（四）限制购买新技术、新设备或者限制开发新技术、新产品；

（五）联合抵制交易；

（六）国务院反垄断执法机构认定的其他垄断协议。

第十八条 禁止经营者与交易相对人达成下列垄断协议：

（一）固定向第三人转售商品的价格；

（二）限定向第三人转售商品的最低价格；

（三）国务院反垄断执法机构认定的其他垄断协议。

对前款第一项和第二项规定的协议，经营者能够证明其不具有排除、限制竞争效果的，不予禁止。

经营者能够证明其在相关市场的市场份额低于国务院反垄断执法机构规定的标准，并符合国务院反垄断执法机构规定的其他条件的，不予禁止。

第十九条 经营者不得组织其他经营者达成垄断协议或者为其他经营者达成垄断协议提供实质性帮助。

第二十条 经营者能够证明所达成的协议属于下列情形之一的，不适用本法第十七条、第十八条第一款、第十九条的规定：

（一）为改进技术、研究开发新产品的；

（二）为提高产品质量、降低成本、增进效率，统一产品规格、标准或者实行专业化分工的；

（三）为提高中小经营者经营效率，增强中小经营者竞争力的；

（四）为实现节约能源、保护环境、救灾救助等社会公共利益的；

（五）因经济不景气，为缓解销售量严重下降或者生产明显过剩的；

（六）为保障对外贸易和对外经济合作中的正当利益的；

（七）法律和国务院规定的其他情形。

属于前款第一项至第五项情形，不适用本法第十七条、第十八条第一款、第十九条规定的，经营者还应当证明所达成的协议不会严重限制相关市场的竞争，并且能够使消费者分享由此产生的利益。

第二十一条 行业协会不得组织本行业的经营者从事本章禁止的垄断行为。

第三章 滥用市场支配地位

第二十二条 禁止具有市场支配地位的经营者从事下列滥用市场支配地位的行为：

（一）以不公平的高价销售商品或者以不公平的低价购买商品；

（二）没有正当理由，以低于成本的价格销售商品；

（三）没有正当理由，拒绝与交易相对人进行交易；

（四）没有正当理由，限定交易相对人只能与其进行交易或者只能与其指定的经营者进行交易；

（五）没有正当理由搭售商品，或者在交易时附加其他不合理的交易条件；

（六）没有正当理由，对条件相同的交易相对人在交易价格等交易条件上实行差别待遇；

（七）国务院反垄断执法机构认定的其他滥用市场支配地位的行为。

具有市场支配地位的经营者不得利用数据和算法、技术以及平台规则等从事前款规定的滥用市场支配地位的行为。

本法所称市场支配地位，是指经营者在相关市场内具有能够控制商品价格、数量或者其他交易条件，或者能够阻碍、影响其他经营者进入相关市场能力的市场地位。

第二十三条 认定经营者具有市场支配地位，应当依据下列因素：

（一）该经营者在相关市场的市场份额，以及相关市场的竞争状况；

（二）该经营者控制销售市场或者原材料采购市场的能力；

（三）该经营者的财力和技术条件；

（四）其他经营者对该经营者在交易上的依赖程度；

（五）其他经营者进入相关市场的难易程度；

（六）与认定该经营者市场支配地位有关的其他因素。

第二十四条 有下列情形之一的，可以推定经营者具有市场支配地位：

（一）一个经营者在相关市场的市场份额达到二分之一的；

（二）两个经营者在相关市场的市场份额合计达到三分之二的；

（三）三个经营者在相关市场的市场份额合计达到四分之三的。

有前款第二项、第三项规定的情形，其中有的经营者市场份额不足十分之一的，不应当推定该经营者具有市场支配地位。

被推定具有市场支配地位的经营者，有证据证明不具有市场支配地位的，不应当认定其具有市场支配地位。

第四章　经营者集中

第二十五条 经营者集中是指下列情形：

（一）经营者合并；

（二）经营者通过取得股权或者资产的方式取得对其他经营者的控制权；

（三）经营者通过合同等方式取得对其他经营者的控制权或者能够对其他经营者施加决定性影响。

第二十六条 经营者集中达到国务院规定的申报标准的，经营者应当事先向国务院反垄断执法机构申报，未申报的不得实施集中。

经营者集中未达到国务院规定的申报标准，但有证据证明该经营者集中具有或者可能具有排除、限制竞争效果的，国务院反垄断执法机构可以要求经营者申报。

经营者未依照前两款规定进行申报的，国务院反垄断执法机构应当依法进行调查。

第二十七条 经营者集中有下列情形之一的，可以不向国务院反垄断执法机构申报：

（一）参与集中的一个经营者拥有其他每个经营者百分之五十以上有表决权的股份或者资产的；

（二）参与集中的每个经营者百分之五十以上有表决权的股份或者资产被同一个未参与集中的经营者拥有的。

第二十八条 经营者向国务院反垄断执法机构申报集中，应当提交下列文件、资料：

（一）申报书；

（二）集中对相关市场竞争状况影响的说明；

（三）集中协议；

（四）参与集中的经营者经会计师事务所审计的上一会计年度财务会计报告；

（五）国务院反垄断执法机构规定的其他文件、资料。

申报书应当载明参与集中的经营者的名称、住所、经营范围、预定实施集中的日期和国务院反垄断执法机构规定的其他事项。

第二十九条 经营者提交的文件、资料不完备的，应当在国务院反垄断执法机构规定的期限内补交文件、资料。经营者逾期未补交文件、资料的，视为未申报。

第三十条 国务院反垄断执法机构应当自收到经营者提交的符合本法第二十八条规定的文件、资料之日起三十日内，对申报的经营者集中进行初步审查，作出是否实施进一步审查的决定，并书面通知经营者。国务院反垄断执法机构作出决定前，经营者不得实施集中。

国务院反垄断执法机构作出不实施进一步审查的决定或者逾期未作出决定的，经营者可以实施集中。

第三十一条 国务院反垄断执法机构决定实施进一步审查的，应当自决定之日起九十日内审查完毕，作出是否禁止经营者集中的决定，并书面通知经营者。作出禁止经营者集中的决定，应当说明理由。审查期间，经营者不得实施集中。

有下列情形之一的，国务院反垄断执法机构经书面通知经营者，可以延长前款规定的审查期限，但最长不得超过六十日：

（一）经营者同意延长审查期限的；

（二）经营者提交的文件、资料不准确，需要进一步核实的；

（三）经营者申报后有关情况发生重大变化的。

国务院反垄断执法机构逾期未作出决定的，经营者可以实施集中。

第三十二条 有下列情形之一的，国务院反垄断执法机构可以决定中止计算经营者集中的审查期限，并书面通知经营者：

（一）经营者未按照规定提交文件、资料，导致审查工作无法进行；

（二）出现对经营者集中审查具有重大影响的新情况、新事实，不经核实将导致审查工作无法进行；

（三）需要对经营者集中附加的限制性条件进一步评估，且经营者提出中止请求。

自中止计算审查期限的情形消除之日起，审查期限继续计算，国务院反垄断执法机构应当书面通知经营者。

第三十三条 审查经营者集中，应当考虑下列因素：

（一）参与集中的经营者在相关市场的市场份额及其对市场的控制力；

（二）相关市场的市场集中度；

（三）经营者集中对市场进入、技术进步的影响；

（四）经营者集中对消费者和其他有关经营者的影响；

（五）经营者集中对国民经济发展的影响；

（六）国务院反垄断执法机构认为应当考虑的影响市场竞争的其他因素。

第三十四条 经营者集中具有或者可能具有排除、限制竞争效果的，国务院反垄断执法机构应当作出禁止经营者集中的决定。但是，经营者能够证明该集中对竞争产生的有利影响明显大于不利影响，或者符合社会公共利益的，国务院反垄断执法机构可以作出对经营者集中不予禁止的决定。

第三十五条 对不予禁止的经营者集中，国务院反垄断执法机构可以决定附加减少集中对竞争产生不利影响的限制性条件。

第三十六条 国务院反垄断执法机构应当将禁止经营者集中的决定或者对经营者集中附加限制性条件的决定，及时向社会公布。

第三十七条 国务院反垄断执法机构应当健全经营者集中分类分级审查制度，依法加强对涉及国计民生等重要领域的经营者集中的审查，提高审查质量和效率。

第三十八条 对外资并购境内企业或者以其他方式参与经营者集中，涉及国家安全的，除依照本法规定进行经营者集中审查外，还应当按照国家有关规定进行国家安全审查。

第五章 滥用行政权力排除、限制竞争

第三十九条 行政机关和法律、法规授权的具有管理公共事务职能的组织不得滥用行政权力，限定或者变相限定单位或者个人经营、购买、使用其指定的经营者提供的商品。

第四十条 行政机关和法律、法规授权的具有管理公共事务职能的组织不得滥用行政权力，通过与经营者签订合作协议、备忘录等方式，妨碍其他经营者进入相关市场或者对其他经营者实行不平等待遇，排除、限制竞争。

第四十一条 行政机关和法律、法规授权的具有管理公共事务职能的组织不得滥用行政权力，实施下列行为，妨碍商品在地区之间的自由流通：

（一）对外地商品设定歧视性收费项目、实行歧视性收费标准，或者规定歧视性价格；

（二）对外地商品规定与本地同类商品不同的技术要求、检验标准，或者对外地商品采取重复检验、重复认证等歧视性技术措施，限制外地商品进入本地市场；

（三）采取专门针对外地商品的行政许可，限制外地商品进入本地市场；

（四）设置关卡或者采取其他手段，阻碍外地商品进入或者本地商品运出；

（五）妨碍商品在地区之间自由流通的其他行为。

第四十二条 行政机关和法律、法规授权的具有管理公共事务职能的组织不得滥用行政权力，以设定歧视性资质要求、评审标准或者不依法发布信息等方式，排斥或限制经营者参加招标投标以及其他经营活动。

第四十三条 行政机关和法律、法规授权的具有管理公共事务职能的组织不得滥用行政权力，采取与本地经营者不平等待遇等方式，排斥、限制、强制或者变相强制外地经营者在本地投资或者设立分支机构。

第四十四条 行政机关和法律、法规授权的具有管理公共事务职能的组织不得滥用行政权力，强制或者变相强制经营者从事本法规定的垄断行为。

第四十五条 行政机关和法律、法规授权的具有管理公共事务职能的组织不得滥用行政权力，制定含有排除、限制竞争内容的规定。

第六章 对涉嫌垄断行为的调查

第四十六条 反垄断执法机构依法对涉嫌垄断行为进行调查。

对涉嫌垄断行为，任何单位和个人有权向反垄断执法机构举报。反垄断执法机构应当为举报人保密。

举报采用书面形式并提供相关事实和证据的，反垄断执法机构应当进行必要的调查。

第四十七条 反垄断执法机构调查涉嫌垄断行为，可以采取下列措施：

（一）进入被调查的经营者的营业场所或者其他有关场所进行检查；

（二）询问被调查的经营者、利害关系人或者其他有关单位或者个人，要求其说明有关

情况；

（三）查阅、复制被调查的经营者、利害关系人或者其他有关单位或者个人的有关单证、协议、会计账簿、业务函电、电子数据等文件、资料；

（四）查封、扣押相关证据；

（五）查询经营者的银行账户。

采取前款规定的措施，应当向反垄断执法机构主要负责人书面报告，并经批准。

第四十八条 反垄断执法机构调查涉嫌垄断行为，执法人员不得少于二人，并应当出示执法证件。

执法人员进行询问和调查，应当制作笔录，并由被询问人或者被调查人签字。

第四十九条 反垄断执法机构及其工作人员对执法过程中知悉的商业秘密、个人隐私和个人信息依法负有保密义务。

第五十条 被调查的经营者、利害关系人或者其他有关单位或者个人应当配合反垄断执法机构依法履行职责，不得拒绝、阻碍反垄断执法机构的调查。

第五十一条 被调查的经营者、利害关系人有权陈述意见。反垄断执法机构应当对被调查的经营者、利害关系人提出的事实、理由和证据进行核实。

第五十二条 反垄断执法机构对涉嫌垄断行为调查核实后，认为构成垄断行为的，应当依法作出处理决定，并可以向社会公布。

第五十三条 对反垄断执法机构调查的涉嫌垄断行为，被调查的经营者承诺在反垄断执法机构认可的期限内采取具体措施消除该行为后果的，反垄断执法机构可以决定中止调查。中止调查的决定应当载明被调查的经营者承诺的具体内容。

反垄断执法机构决定中止调查的，应当对经营者履行承诺的情况进行监督。经营者履行承诺的，反垄断执法机构可以决定终止调查。

有下列情形之一的，反垄断执法机构应当恢复调查：

（一）经营者未履行承诺的；

（二）作出中止调查决定所依据的事实发生重大变化的；

（三）中止调查的决定是基于经营者提供的不完整或者不真实的信息作出的。

第五十四条 反垄断执法机构依法对涉嫌滥用行政权力排除、限制竞争的行为进行调查，有关单位或者个人应当配合。

第五十五条 经营者、行政机关和法律、法规授权的具有管理公共事务职能的组织，涉嫌违反本法规定的，反垄断执法机构可以对其法定代表人或者负责人进行约谈，要求其提出改进措施。

第七章 法律责任

第五十六条 经营者违反本法规定，达成并实施垄断协议的，由反垄断执法机构责令停止违法行为，没收违法所得，并处上一年度销售额百分之一以上百分之十以下的罚款，上一年度没有销售额的，处五百万元以下的罚款；尚未实施所达成的垄断协议的，可以处三百万元以下的罚款。经营者的法定代表人、主要负责人和直接责任人员对达成垄断协议负有个人责任的，可以处一百万元以下的罚款。

经营者组织其他经营者达成垄断协议或者为其他经营者达成垄断协议提供实质性帮助的，适用前款规定。

经营者主动向反垄断执法机构报告达成垄断协议的有关情况并提供重要证据的，反垄断执法机构可以酌情减轻或者免除对该经营者的处罚。

　　行业协会违反本法规定，组织本行业的经营者达成垄断协议的，由反垄断执法机构责令改正，可以处三百万元以下的罚款；情节严重的，社会团体登记管理机关可以依法撤销登记。

　　第五十七条　经营者违反本法规定，滥用市场支配地位的，由反垄断执法机构责令停止违法行为，没收违法所得，并处上一年度销售额百分之一以上百分之十以下的罚款。

　　第五十八条　经营者违反本法规定实施集中，且具有或者可能具有排除、限制竞争效果的，由国务院反垄断执法机构责令停止实施集中、限期处分股份或者资产、限期转让营业以及采取其他必要措施恢复到集中前的状态，处上一年度销售额百分之十以下的罚款；不具有排除、限制竞争效果的，处五百万元以下的罚款。

　　第五十九条　对本法第五十六条、第五十七条、第五十八条规定的罚款，反垄断执法机构确定具体罚款数额时，应当考虑违法行为的性质、程度、持续时间和消除违法行为后果的情况等因素。

　　第六十条　经营者实施垄断行为，给他人造成损失的，依法承担民事责任。

　　经营者实施垄断行为，损害社会公共利益的，设区的市级以上人民检察院可以依法向人民法院提起民事公益诉讼。

　　第六十一条　行政机关和法律、法规授权的具有管理公共事务职能的组织滥用行政权力，实施排除、限制竞争行为的，由上级机关责令改正；对直接负责的主管人员和其他直接责任人员依法给予处分。反垄断执法机构可以向有关上级机关提出依法处理的建议。行政机关和法律、法规授权的具有管理公共事务职能的组织应当将有关改正情况书面报告上级机关和反垄断执法机构。

　　法律、行政法规对行政机关和法律、法规授权的具有管理公共事务职能的组织滥用行政权力实施排除、限制竞争行为的处理另有规定的，依照其规定。

　　第六十二条　对反垄断执法机构依法实施的审查和调查，拒绝提供有关材料、信息，或者提供虚假材料、信息，或者隐匿、销毁、转移证据，或者有其他拒绝、阻碍调查行为的，由反垄断执法机构责令改正，对单位处上一年度销售额百分之一以下的罚款，上一年度没有销售额或者销售额难以计算的，处五百万元以下的罚款；对个人处五十万元以下的罚款。

　　第六十三条　违反本法规定，情节特别严重、影响特别恶劣、造成特别严重后果的，国务院反垄断执法机构可以在本法第五十六条、第五十七条、第五十八条、第六十二条规定的罚款数额的二倍以上五倍以下确定具体罚款数额。

　　第六十四条　经营者因违反本法规定受到行政处罚的，按照国家有关规定记入信用记录，并向社会公示。

　　第六十五条　对反垄断执法机构依据本法第三十四条、第三十五条作出的决定不服的，可以先依法申请行政复议；对行政复议决定不服的，可以依法提起行政诉讼。

　　对反垄断执法机构作出的前款规定以外的决定不服的，可以依法申请行政复议或者提起行政诉讼。

　　第六十六条　反垄断执法机构工作人员滥用职权、玩忽职守、徇私舞弊或者泄露执法过程中知悉的商业秘密、个人隐私和个人信息的，依法给予处分。

　　第六十七条　违反本法规定，构成犯罪的，依法追究刑事责任。

第八章　附　则

　　第六十八条　经营者依照有关知识产权的法律、行政法规规定行使知识产权的行为，不适用本法；但是，经营者滥用知识产权，排除、限制竞争的行为，适用本法。

　　第六十九条　农业生产者及农村经济组织在农产品生产、加工、销售、运输、储存等经营活动中实施的联合或者协同行为，不适用本法。

　　第七十条　本法自 2008 年 8 月 1 日起施行。

国务院关于经营者集中申报标准的规定

（2008 年 8 月 3 日中华人民共和国国务院令第 529 号公布　根据 2018 年 9 月 18 日《国务院关于修改部分行政法规的决定》第一次修订　2024 年 1 月 22 日中华人民共和国国务院令第 773 号第二次修订）

第一条　为了明确经营者集中的申报标准，根据《中华人民共和国反垄断法》，制定本规定。

第二条　经营者集中是指下列情形：

（一）经营者合并；

（二）经营者通过取得股权或者资产的方式取得对其他经营者的控制权；

（三）经营者通过合同等方式取得对其他经营者的控制权或者能够对其他经营者施加决定性影响。

第三条　经营者集中达到下列标准之一的，经营者应当事先向国务院反垄断执法机构申报，未申报的不得实施集中：

（一）参与集中的所有经营者上一会计年度在全球范围内的营业额合计超过 120 亿元人民币，并且其中至少两个经营者上一会计年度在中国境内的营业额均超过 8 亿元人民币；

（二）参与集中的所有经营者上一会计年度在中国境内的营业额合计超过 40 亿元人民币，并且其中至少两个经营者上一会计年度在中国境内的营业额均超过 8 亿元人民币。

营业额的计算，应当考虑银行、保险、证券、期货等特殊行业、领域的实际情况，具体办法由国务院反垄断执法机构会同国务院有关部门制定。

第四条　经营者集中未达到本规定第三条规定的申报标准，但有证据证明该经营者集中具有或者可能具有排除、限制竞争效果的，国务院反垄断执法机构可以要求经营者申报。

第五条　经营者未依照本规定第三条和第四条规定进行申报的，国务院反垄断执法机构应当依法进行调查。

第六条　国务院反垄断执法机构应当根据经济发展情况，对本规定确定的申报标准的实施情况进行评估。

第七条　本规定自公布之日起施行。

国务院反垄断委员会关于相关市场界定的指南

（2009 年 5 月 24 日）

第一章　总　则

第一条　【指南的目的和依据】为了给相关市场界定提供指导，提高国务院反垄断执法机构执法工作的透明度，根据《中华人民共和国反垄断法》（以下称《反垄断法》），制定本指南。

第二条　【界定相关市场的作用】任何竞争行为（包括具有或可能具有排除、限制竞争效果的行为）均发生在一定的市场范围内。界定相关市场就是明确经营者竞争的市场范围。在禁止经营者达成垄断协议、禁止经营者滥用市场支配地位、控制具有或者可能具有排除、限制竞争效果的经营者集中等反垄断执法工作中，均可能涉及相关市场的界定问题。

科学合理地界定相关市场，对识别竞争者和潜在竞争者、判定经营者市场份额和市场集中度、认定经营者的市场地位、分析经营者的行为对市场竞争的影响、判断经营者行为是否违法以及在违法情况下需承担的法律责任等关键问题，具有重要的作用。因此，相关市场的界定通常是对竞争行为进行分析的起点，是反垄断执法工作的重要步骤。

第三条 【相关市场的含义】相关市场是指经营者在一定时期内就特定商品或者服务（以下统称商品）进行竞争的商品范围和地域范围。在反垄断执法实践中，通常需要界定相关商品市场和相关地域市场。

相关商品市场，是根据商品的特性、用途及价格等因素，由需求者认为具有较为紧密替代关系的一组或一类商品所构成的市场。这些商品表现出较强的竞争关系，在反垄断执法中可以作为经营者进行竞争的商品范围。

相关地域市场，是指需求者获取具有较为紧密替代关系的商品的地理区域。这些地域表现出较强的竞争关系，在反垄断执法中可以作为经营者进行竞争的地域范围。

当生产周期、使用期限、季节性、流行时尚性或知识产权保护期限等已构成商品不可忽视的特征时，界定相关市场还应考虑时间性。

在技术贸易、许可协议等涉及知识产权的反垄断执法工作中，可能还需要界定相关技术市场，考虑知识产权、创新等因素的影响。

第二章 界定相关市场的基本依据

第四条 【替代性分析】在反垄断执法实践中，相关市场范围的大小主要取决于商品（地域）的可替代程度。

在市场竞争中对经营者行为构成直接和有效竞争约束的，是市场里存在需求者认为具有较强替代关系的商品或能够提供这些商品的地域，因此，界定相关市场主要从需求者角度进行需求替代分析。当供给替代对经营者行为产生的竞争约束类似于需求替代时，也应考虑供给替代。

第五条 【需求替代】需求替代是根据需求者对商品功能用途的需求、质量的认可、价格的接受以及获取的难易程度等因素，从需求者的角度确定不同商品之间的替代程度。

原则上，从需求者角度来看，商品之间的替代程度越高，竞争关系就越强，就越可能属于同一相关市场。

第六条 【供给替代】供给替代是根据其他经营者改造生产设施的投入、承担的风险、进入目标市场的时间等因素，从经营者的角度确定不同商品之间的替代程度。

原则上，其他经营者生产设施改造的投入越少，承担的额外风险越小，提供紧密替代商品越迅速，则供给替代程度就越高，界定相关市场尤其在识别相关市场参与者时就应考虑供给替代。

第三章 界定相关市场的一般方法

第七条 【界定相关市场的方法概述】界定相关市场的方法不是唯一的。在反垄断执法实践中，根据实际情况，可能使用不同的方法。界定相关市场时，可以基于商品的特征、用途、价格等因素进行需求替代分析，必要时进行供给替代分析。在经营者竞争的市场范围不够清晰或不易确定时，可以按照"假定垄断者测试"的分析思路（具体见第十条）来界定相关市场。

反垄断执法机构鼓励经营者根据案件具体情况运用客观、真实的数据，借助经济学分析方法来界定相关市场。

无论采用何种方法界定相关市场，都要始终把握商品满足消费者需求的基本属性，并以此作为对相关市场界定中出现明显偏差时进行校正的依据。

第八条 【界定相关商品市场考虑的主要因素】从需求替代角度界定相关商品市场，可以考虑的因素包括但不限于以下各方面：

（一）需求者因商品价格或其他竞争因素变化，转向或考虑转向购买其他商品的证据。

（二）商品的外形、特性、质量和技术特点等总体特征和用途。商品可能在特征上表现出某些差异，但需求者仍可以基于商品相同或相似的用途将其视为紧密替代品。

（三）商品之间的价格差异。通常情况下，替代性较强的商品价格比较接近，而且在价格变化时表现出同向变化趋势。在分析价格时，应排除与竞争无关的因素引起价格变化的情况。

（四）商品的销售渠道。销售渠道不同的商品面对的需求者可能不同，相互之间难以构成竞争关系，则成为相关商品的可能性较小。

（五）其他重要因素。如，需求者偏好或需求者对商品的依赖程度；可能阻碍大量需求者转向某些紧密替代商品的障碍、风险和成本；是否存在区别定价等。

从供给角度界定相关商品市场，一般考虑的因素包括：其他经营者对商品价格等竞争因素的变化做出反应的证据；其他经营者的生产流程和工艺，转产的难易程度，转产需要的时间，转产的额外费用和风险，转产后所提供商品的市场竞争力，营销渠道等。

任何因素在界定相关商品市场时的作用都不是绝对的，可以根据案件的不同情况有所侧重。

第九条　【界定相关地域市场考虑的主要因素】 从需求替代角度界定相关地域市场，可以考虑的因素包括但不限于以下各方面：

（一）需求者因商品价格或其他竞争因素变化，转向或考虑转向其他地域购买商品的证据。

（二）商品的运输成本和运输特征。相对于商品价格来说，运输成本越高，相关地域市场的范围越小，如水泥等商品；商品的运输特征也决定了商品的销售地域，如需要管道运输的工业气体等商品。

（三）多数需求者选择商品的实际区域和主要经营者商品的销售分布。

（四）地域间的贸易壁垒，包括关税、地方性法规、环保因素、技术因素等。如关税相对商品的价格来说比较高时，则相关地域市场很可能是一个区域性市场。

（五）其他重要因素。如，特定区域需求者偏好；商品运进和运出该地域的数量。

从供给角度界定相关地域市场时，一般考虑的因素包括：其他地域的经营者对商品价格等竞争因素的变化做出反应的证据；其他地域的经营者供应或销售相关商品的即时性和可行性，如将订单转向其他地域经营者的转换成本等。

第四章　关于假定垄断者测试分析思路的说明

第十条　【假定垄断者测试的基本思路】 假定垄断者测试是界定相关市场的一种分析思路，可以帮助解决相关市场界定中可能出现的不确定性，目前为各国和地区制定反垄断指南时普遍采用。依据这种思路，人们可以借助经济学工具分析所获取的相关数据，确定假定垄断者可以将价格维持在高于竞争价格水平的最小商品集合和地域范围，从而界定相关市场。

假定垄断者测试一般先界定相关商品市场。首先从反垄断审查关注的经营者提供的商品（目标商品）开始考虑，假设该经营者是以利润最大化为经营目标的垄断者（假定垄断者），那么要分析的问题是，在其他商品的销售条件保持不变的情况下，假定垄断者能否持久地（一般为1年）小幅（一般为5%-10%）提高目标商品的价格。目标商品涨价会导致需求者转向购买具有紧密替代关系的其他商品，从而引起假定垄断者销售量下降。如果目标商品涨价后，即使假定垄断者销售量下降，但其仍然有利可图，则目标商品就构成相关商品市场。

如果涨价引起需求者转向具有紧密替代关系的其他商品，使假定垄断者的涨价行为无利可图，则需要把该替代商品增加到相关商品市场中，该替代商品与目标商品形成商品集合。接下来分析如果该商品集合涨价，假定垄断者是否仍有利可图。如果答案是肯定的，那么该商品集合就构成相关商品市场；否则还需要继续进行上述分析过程。

随着商品集合越来越大，集合内商品与集合外商品的替代性越来越小，最终会出现某一商品集合，假定垄断者可以通过涨价实现盈利，由此便界定出相关商品市场。

界定相关地域市场与界定相关商品市场的思路相同。首先从反垄断审查关注的经营者经营活动的地域（目标地域）开始，要分析的问题是，在其他地域的销售条件不变的情况下，假定垄断者对目标地域内的相关商品进行持久（一般为1年）小幅涨价（一般为5%－10%）是否有利可图。如果答案是肯定的，目标地域就构成相关地域市场；如果其他地域市场的强烈替代使得涨价无利可图，就需要扩大地域范围，直到涨价最终有利可图，该地域就是相关地域市场。

第十一条 　**【假定垄断者测试的几个实际问题】**原则上，在使用假定垄断者测试界定相关市场时，选取的基准价格应为充分竞争的当前市场价格。但在滥用市场支配地位、共谋行为和已经存在共谋行为的经营者集中案件中，当前价格明显偏离竞争价格，选择当前价格作为基准价格会使相关市场界定的结果不合理。在此情况下，应该对当前价格进行调整，使用更具有竞争性的价格。

此外，一般情况下，价格上涨幅度为5%－10%，但在执法实践中，可以根据案件涉及行业的不同情况，对价格小幅上涨的幅度进行分析确定。

在经营者小幅提价时，并不是所有需求者（或地域）的替代反应都是相同的。在替代反应不同的情况下，可以对不同需求者群体（或地域）进行不同幅度的测试。此时，相关市场界定还需要考虑需求者群体和特定地域的情况。

禁止滥用知识产权排除、限制竞争行为规定

（2023年6月25日国家市场监督管理总局令第79号公布　自2023年8月1日起施行）

第一条 　为了预防和制止滥用知识产权排除、限制竞争行为，根据《中华人民共和国反垄断法》（以下简称反垄断法），制定本规定。

第二条 　反垄断与保护知识产权具有共同的目标，即促进竞争和创新，提高经济运行效率，维护消费者利益和社会公共利益。

经营者依照有关知识产权的法律、行政法规规定行使知识产权，但不得滥用知识产权，排除、限制竞争。

第三条 　本规定所称滥用知识产权排除、限制竞争行为，是指经营者违反反垄断法的规定行使知识产权，达成垄断协议，滥用市场支配地位，实施具有或者可能具有排除、限制竞争效果的经营者集中等垄断行为。

第四条 　国家市场监督管理总局（以下简称市场监管总局）根据反垄断法第十三条第一款规定，负责滥用知识产权排除、限制竞争行为的反垄断统一执法工作。

市场监管总局根据反垄断法第十三条第二款规定，授权各省、自治区、直辖市市场监督管理部门（以下称省级市场监管部门）负责本行政区域内垄断协议、滥用市场支配地位等滥用知识产权排除、限制竞争行为的反垄断执法工作。

本规定所称反垄断执法机构包括市场监管总局和省级市场监管部门。

第五条 　本规定所称相关市场，包括相关商品市场和相关地域市场，根据反垄断法和《国务院反垄断委员会关于相关市场界定的指南》进行界定，并考虑知识产权、创新等因素的影响。

在涉及知识产权许可等反垄断执法工作中，相关商品市场可以是技术市场，也可以是含有特定知

识产权的产品市场。相关技术市场是指由行使知识产权所涉及的技术和可以相互替代的同类技术之间相互竞争所构成的市场。

第六条 经营者之间不得利用行使知识产权的方式，达成反垄断法第十七条、第十八条第一款所禁止的垄断协议。

经营者不得利用行使知识产权的方式，组织其他经营者达成垄断协议或者为其他经营者达成垄断协议提供实质性帮助。

经营者能够证明所达成的协议属于反垄断法第二十条规定情形的，不适用第一款和第二款的规定。

第七条 经营者利用行使知识产权的方式，与交易相对人达成反垄断法第十八条第一款第一项、第二项规定的协议，经营者能够证明其不具有排除、限制竞争效果的，不予禁止。

经营者利用行使知识产权的方式，与交易相对人达成协议，经营者能够证明参与协议的经营者在相关市场的市场份额低于市场监管总局规定的标准，并符合市场监管总局规定的其他条件的，不予禁止。具体标准可以参照《国务院反垄断委员会关于知识产权领域的反垄断指南》相关规定。

第八条 具有市场支配地位的经营者不得在行使知识产权的过程中滥用市场支配地位，排除、限制竞争。

市场支配地位根据反垄断法和《禁止滥用市场支配地位行为规定》的规定进行认定和推定。经营者拥有知识产权可以构成认定其具有市场支配地位的因素之一，但不能仅根据经营者拥有知识产权推定其在相关市场具有市场支配地位。

认定拥有知识产权的经营者在相关市场是否具有支配地位，还可以考虑在相关市场交易相对人转向具有替代关系的技术或者产品的可能性及转移成本、下游市场对利用知识产权所提供商品的依赖程度、交易相对人对经营者的制衡能力等因素。

第九条 具有市场支配地位的经营者不得在行使知识产权的过程中，以不公平的高价许可知识产权或者销售包含知识产权的产品，排除、限制竞争。

认定前款行为可以考虑以下因素：

（一）该项知识产权的研发成本和回收周期；

（二）该项知识产权的许可费计算方法和许可条件；

（三）该项知识产权可以比照的历史许可费或者许可费标准；

（四）经营者就该项知识产权许可所作的承诺；

（五）需要考虑的其他相关因素。

第十条 具有市场支配地位的经营者没有正当理由，不得在行使知识产权的过程中，拒绝许可其他经营者以合理条件使用该知识产权，排除、限制竞争。

认定前款行为应当同时考虑以下因素：

（一）该项知识产权在相关市场不能被合理替代，为其他经营者参与相关市场的竞争所必需；

（二）拒绝许可该知识产权将会导致相关市场的竞争或者创新受到不利影响，损害消费者利益或者社会公共利益；

（三）许可该知识产权对该经营者不会造成不合理的损害。

第十一条 具有市场支配地位的经营者没有正当理由，不得在行使知识产权的过程中，从事下列限定交易行为，排除、限制竞争：

（一）限定交易相对人只能与其进行交易；

（二）限定交易相对人只能与其指定的经营者进行交易；

（三）限定交易相对人不得与特定经营者进行交易。

第十二条 具有市场支配地位的经营者没有正当理由，不得在行使知识产权的过程中，违背所在行业或者领域交易惯例、消费习惯或者无视商品的功能，从事下列搭售行为，排除、限制竞争：

（一）在许可知识产权时强制或者变相强制被许可人购买其他不必要的产品；

（二）在许可知识产权时强制或者变相强制被许可人接受一揽子许可。

第十三条 具有市场支配地位的经营者没有正当理由，不得在行使知识产权的过程中，附加下列不合理的交易条件，排除、限制竞争：

（一）要求交易相对人将其改进的技术进行排他性或者独占性回授，或者在不提供合理对价时要求交易相对人进行相同技术领域的交叉许可；

（二）禁止交易相对人对其知识产权的有效性提出质疑；

（三）限制交易相对人在许可协议期限届满后，在不侵犯知识产权的情况下利用竞争性的技术或者产品；

（四）对交易相对人附加其他不合理的交易条件。

第十四条 具有市场支配地位的经营者没有正当理由，不得在行使知识产权的过程中，对条件相同的交易相对人实行差别待遇，排除、限制竞争。

第十五条 涉及知识产权的经营者集中达到国务院规定的申报标准的，经营者应当事先向市场监管总局申报，未申报或者申报后获得批准前不得实施集中。

第十六条 涉及知识产权的经营者集中审查应当考虑反垄断法第三十三条规定的因素和知识产权的特点。

根据涉及知识产权的经营者集中交易具体情况，附加的限制性条件可以包括以下情形：

（一）剥离知识产权或者知识产权所涉业务；

（二）保持知识产权相关业务的独立运营；

（三）以合理条件许可知识产权；

（四）其他限制性条件。

第十七条 经营者不得在行使知识产权的过程中，利用专利联营从事排除、限制竞争的行为。

专利联营的成员不得交换价格、产量、市场划分等有关竞争的敏感信息，达成反垄断法第十七条、第十八条第一款所禁止的垄断协议。但是，经营者能够证明所达成的协议符合反垄断法第十八条第二款、第三款和第二十条规定的除外。

具有市场支配地位的专利联营实体或者专利联营的成员不得利用专利联营从事下列滥用市场支配地位的行为：

（一）以不公平的高价许可联营专利；

（二）没有正当理由，限制联营成员或者被许可人的专利使用范围；

（三）没有正当理由，限制联营成员在联营之外作为独立许可人许可专利；

（四）没有正当理由，限制联营成员或者被许可人独立或者与第三方联合研发与联营专利相竞争的技术；

（五）没有正当理由，强制要求被许可人将其改进或者研发的技术排他性或者独占性地回授给专利联营实体或者专利联营的成员；

（六）没有正当理由，禁止被许可人质疑联营专利的有效性；

（七）没有正当理由，将竞争性专利强制组合许可，或者将非必要专利、已终止的专利与其他专利强制组合许可；

（八）没有正当理由，对条件相同的联营成员或者同一相关市场的被许可人在交易条件上实行差别待遇；

（九）市场监管总局认定的其他滥用市场支配地位的行为。

本规定所称专利联营，是指两个或者两个以上经营者将各自的专利共同许可给联营成员或者第三方。专利联营各方通常委托联营成员或者独立第三方对联营进行管理。联营具体方式包括达成协议、设立公司或者其他实体等。

第十八条 经营者没有正当理由，不得在行使知识产权的过程中，利用标准的制定和实施达成下列垄断协议：

（一）与具有竞争关系的经营者联合排斥特定经营者参与标准制定，或者排斥特定经营者的相关标准技术方案；

（二）与具有竞争关系的经营者联合排斥其他特定经营者实施相关标准；

（三）与具有竞争关系的经营者约定不实施其他竞争性标准；

（四）市场监管总局认定的其他垄断协议。

第十九条 具有市场支配地位的经营者不得在标准的制定和实施过程中从事下列行为，排除、限制竞争：

（一）在参与标准制定过程中，未按照标准制定组织规定及时充分披露其权利信息，或者明确放弃其权利，但是在标准涉及该专利后却向标准实施者主张该专利权；

（二）在其专利成为标准必要专利后，违反公平、合理、无歧视原则，以不公平的高价许可，没有正当理由拒绝许可、搭售商品或者附加其他不合理的交易条件、实行差别待遇等；

（三）在标准必要专利许可过程中，违反公平、合理、无歧视原则，未经善意谈判，请求法院或者其他相关部门作出禁止使用相关知识产权的判决、裁定或者决定等，迫使被许可方接受不公平的高价或者其他不合理的交易条件；

（四）市场监管总局认定的其他滥用市场支配地位的行为。

本规定所称标准必要专利，是指实施该项标准所必不可少的专利。

第二十条 认定本规定第十条至第十四条、第十七条至第十九条所称的"正当理由"，可以考虑以下因素：

（一）有利于鼓励创新和促进市场公平竞争；

（二）为行使或者保护知识产权所必需；

（三）为满足产品安全、技术效果、产品性能等所必需；

（四）为交易相对人实际需求且符合正当的行业惯例和交易习惯；

（五）其他能够证明行为具有正当性的因素。

第二十一条 经营者在行使著作权以及与著作权有关的权利时，不得从事反垄断法和本规定禁止的垄断行为。

第二十二条 分析认定经营者涉嫌滥用知识产权排除、限制竞争行为，可以采取以下步骤：

（一）确定经营者行使知识产权行为的性质和表现形式；

（二）确定行使知识产权的经营者之间相互关系的性质；

（三）界定行使知识产权所涉及的相关市场；

（四）认定行使知识产权的经营者的市场地位；

（五）分析经营者行使知识产权的行为对相关市场竞争的影响。

确定经营者之间相互关系的性质需要考虑行使知识产权行为本身的特点。在涉及知识产权许可的情况下，原本具有竞争关系的经营者之间在许可协议中是交易关系，而在许可人和被许可人都利用该知识产权生产产品的市场上则又是竞争关系。但是，如果经营者之间在订立许可协议时不存在竞争关系，在协议订立之后才产生竞争关系的，则仍然不视为竞争者之间的协议，除非原协议发生实质性的变更。

第二十三条 分析认定经营者行使知识产权的行为对相关市场竞争的影响，应当考虑下列因素：

（一）经营者与交易相对人的市场地位；

（二）相关市场的市场集中度；

（三）进入相关市场的难易程度；

（四）产业惯例与产业的发展阶段；

（五）在产量、区域、消费者等方面进行限制的时间和效力范围；

（六）对促进创新和技术推广的影响；

（七）经营者的创新能力和技术变化的速度；

（八）与认定行使知识产权的行为对相关市场竞争影响有关的其他因素。

第二十四条 反垄断执法机构对滥用知识产权排除、限制竞争行为进行调查、处罚时，依照反垄断法和《禁止垄断协议规定》《禁止滥用市场支配地位行为规定》《经营者集中审查规定》规定的程序执行。

第二十五条 经营者违反反垄断法和本规定，达成并实施垄断协议的，由反垄断执法机构责令停止违法行为，没收违法所得，并处上一年度销售额百分之一以上百分之十以下的罚款，上一年度没有销售额的，处五百万元以下的罚款；尚未实施所达成的垄断协议的，可以处三百万元以下的罚款。经营者的法定代表人、主要负责人和直接责任人员对达成垄断协议负有个人责任的，可以处一百万元以下的罚款。

经营者组织其他经营者达成垄断协议或者为其他经营者达成垄断协议提供实质性帮助的，适用前款规定。

第二十六条 经营者违反反垄断法和本规定，滥用市场支配地位的，由反垄断执法机构责令停止违法行为，没收违法所得，并处上一年度销售额百分之一以上百分之十以下的罚款。

第二十七条 经营者违法实施涉及知识产权的集中，且具有或者可能具有排除、限制竞争效果的，由市场监管总局责令停止实施集中、限期处分股份或者资产、限期转让营业以及采取其他必要措施恢复到集中前的状态，处上一年度销售额百分之十以下的罚款；不具有排除、限制竞争效果的，处五百万元以下的罚款。

第二十八条 对本规定第二十五条、第二十六条、第二十七条规定的罚款，反垄断执法机构确定具体罚款数额时，应当考虑违法行为的性质、程度、持续时间和消除违法行为后果的情况等因素。

第二十九条 违反反垄断法规定，情节特别严重、影响特别恶劣、造成特别严重后果的，市场监管总局可以在反垄断法第五十六条、第五十七条、第五十八条、第六十二条规定的罚款数额的二倍以上五倍以下确定具体罚款数额。

第三十条 反垄断执法机构工作人员滥用职权、玩忽职守、徇私舞弊或者泄露执法过程中知悉的商业秘密、个人隐私和个人信息的，依照有关规定处理。

第三十一条 反垄断执法机构在调查期间发现的公职人员涉嫌职务违法、职务犯罪问题线索，应当及时移交纪检监察机关。

第三十二条 本规定对滥用知识产权排除、限制竞争行为未作规定的，依照反垄断法和《禁止垄断协议规定》《禁止滥用市场支配地位行为规定》《经营者集中审查规定》处理。

第三十三条 本规定自 2023 年 8 月 1 日起施行。2015 年 4 月 7 日原国家工商行政管理总局令第 74 号公布的《关于禁止滥用知识产权排除、限制竞争行为的规定》同时废止。

经营者集中审查规定

（2023 年 3 月 10 日国家市场监督管理总局令第 67 号公布　自 2023 年 4 月 15 日起施行）

第一章　总　　则

第一条　为了规范经营者集中反垄断审查工作，根据《中华人民共和国反垄断法》（以下简称反垄断法）和《国务院关于经营者集中申报标准的规定》，制定本规定。

第二条　国家市场监督管理总局（以下简称市场监管总局）负责经营者集中反垄断审查工作，并对违法实施的经营者集中进行调查处理。

市场监管总局根据工作需要，可以委托省、自治区、直辖市市场监督管理部门（以下称省级市场监管部门）实施经营者集中审查。

市场监管总局加强对受委托的省级市场监管部门的指导和监督，健全审查人员培训管理制度，保障审查工作的科学性、规范性、一致性。

第三条　经营者可以通过公平竞争、自愿联合，依法实施集中，扩大经营规模，提高市场竞争能力。

市场监管总局开展经营者集中反垄断审查工作时，坚持公平公正，依法平等对待所有经营者。

第四条　本规定所称经营者集中，是指反垄断法第二十五条所规定的下列情形：

（一）经营者合并；

（二）经营者通过取得股权或者资产的方式取得对其他经营者的控制权；

（三）经营者通过合同等方式取得对其他经营者的控制权或者能够对其他经营者施加决定性影响。

第五条　判断经营者是否取得对其他经营者的控制权或者能够对其他经营者施加决定性影响，应当考虑下列因素：

（一）交易的目的和未来的计划；

（二）交易前后其他经营者的股权结构及其变化；

（三）其他经营者股东（大）会等权力机构的表决事项及其表决机制，以及其历史出席率和表决情况；

（四）其他经营者董事会等决策或者管理机构的组成及其表决机制，以及其历史出席率和表决情况；

（五）其他经营者高级管理人员的任免等；

（六）其他经营者股东、董事之间的关系，是否存在委托行使投票权、一致行动人等；

（七）该经营者与其他经营者是否存在重大商业关系、合作协议等；

（八）其他应当考虑的因素。

两个以上经营者均拥有对其他经营者的控制权或者能够对其他经营者施加决定性影响的，构成对其他经营者的共同控制。

第六条　市场监管总局健全经营者集中分类分级审查制度。

市场监管总局可以针对涉及国计民生等重要领域的经营者集中，制定具体的审查办法。

市场监管总局对经营者集中审查制度的实施效果进行评估，并根据评估结果改进审查工作。

第七条 市场监管总局强化经营者集中审查工作的信息化体系建设，充分运用技术手段，推进智慧监管，提升审查效能。

第二章 经营者集中申报

第八条 经营者集中达到国务院规定的申报标准（以下简称申报标准）的，经营者应当事先向市场监管总局申报，未申报或者申报后获得批准前不得实施集中。

经营者集中未达到申报标准，但有证据证明该经营者集中具有或者可能具有排除、限制竞争效果的，市场监管总局可以要求经营者申报并书面通知经营者。集中尚未实施的，经营者未申报或申报后获得批准前不得实施集中；集中已经实施的，经营者应当自收到书面通知之日起一百二十日内申报，并采取暂停实施集中等必要措施减少集中对竞争的不利影响。

是否实施集中的判断因素包括但不限于是否完成市场主体登记或者权利变更登记、委派高级管理人员、实际参与经营决策和管理、与其他经营者交换敏感信息、实质性整合业务等。

第九条 营业额包括相关经营者上一会计年度内销售产品和提供服务所获得的收入，扣除相关税金及附加。

前款所称上一会计年度，是指集中协议签署日的上一会计年度。

第十条 参与集中的经营者的营业额，应当为该经营者以及申报时与该经营者存在直接或者间接控制关系的所有经营者的营业额总和，但是不包括上述经营者之间的营业额。

经营者取得其他经营者的组成部分时，出让方不再对该组成部分拥有控制权或者不能施加决定性影响的，目标经营者的营业额仅包括该组成部分的营业额。

参与集中的经营者之间或者参与集中的经营者和未参与集中的经营者之间有共同控制的其他经营者时，参与集中的经营者的营业额应当包括被共同控制的经营者与第三方经营者之间的营业额，此营业额只计算一次，且在有共同控制权的参与集中的经营者之间平均分配。

金融业经营者营业额的计算，按照金融业经营者集中申报营业额计算相关规定执行。

第十一条 相同经营者之间在两年内多次实施的未达到申报标准的经营者集中，应当视为一次集中，集中时间从最后一次交易算起，参与集中的经营者的营业额应当将多次交易合并计算。经营者通过与其有控制关系的其他经营者实施上述行为，依照本规定处理。

前款所称两年内，是指从第一次交易完成之日起至最后一次交易签订协议之日止的期间。

第十二条 市场监管总局加强对经营者集中申报的指导。在正式申报前，经营者可以以书面方式就集中申报事宜提出商谈申请，并列明拟商谈的具体问题。

第十三条 通过合并方式实施的经营者集中，合并各方均为申报义务人；其他情形的经营者集中，取得控制权或者能够施加决定性影响的经营者为申报义务人，其他经营者予以配合。

同一项经营者集中有多个申报义务人的，可以委托一个申报义务人申报。被委托的申报义务人未申报的，其他申报义务人不能免除申报义务。申报义务人未申报的，其他参与集中的经营者可以提出申报。

申报人可以自行申报，也可以依法委托他人代理申报。申报人应当严格审慎选择代理人。申报代理人应当诚实守信、合规经营。

第十四条 申报文件、资料应当包括如下内容：

（一）申报书。申报书应当载明参与集中的经营者的名称、住所（经营场所）、经营范围、预定实施集中的日期，并附申报人身份证件或者登记注册文件，境外申报人还须提交当地公证机关的公证文件和相关的认证文件。委托代理人申报的，应当提交授权委托书。

（二）集中对相关市场竞争状况影响的说明。包括集中交易概况；相关市场界定；参与集中的经营者在相关市场的市场份额及其对市场的控制力；主要竞争者及其市场份额；市场集中度；

市场进入；行业发展现状；集中对市场竞争结构、行业发展、技术进步、创新、国民经济发展、消费者以及其他经营者的影响；集中对相关市场竞争影响的效果评估及依据。

（三）集中协议。包括各种形式的集中协议文件，如协议书、合同以及相应的补充文件等。

（四）参与集中的经营者经会计师事务所审计的上一会计年度财务会计报告。

（五）市场监管总局要求提交的其他文件、资料。

申报人应当对申报文件、资料的真实性、准确性、完整性负责。

申报代理人应当协助申报人对申报文件、资料的真实性、准确性、完整性进行审核。

第十五条 申报人应当对申报文件、资料中的商业秘密、未披露信息、保密商务信息、个人隐私或者个人信息进行标注，并且同时提交申报文件、资料的公开版本和保密版本。申报文件、资料应当使用中文。

第十六条 市场监管总局对申报人提交的文件、资料进行核查，发现申报文件、资料不完备的，可以要求申报人在规定期限内补交。申报人逾期未补交的，视为未申报。

第十七条 市场监管总局经核查认为申报文件、资料符合法定要求的，自收到完备的申报文件、资料之日予以受理并书面通知申报人。

第十八条 经营者集中未达到申报标准，参与集中的经营者自愿提出经营者集中申报，市场监管总局收到申报文件、资料后经核查认为有必要受理的，按照反垄断法予以审查并作出决定。

第十九条 符合下列情形之一的经营者集中，可以作为简易案件申报，市场监管总局按照简易案件程序进行审查：

（一）在同一相关市场，参与集中的经营者所占的市场份额之和小于百分之十五；在上下游市场，参与集中的经营者所占的市场份额均小于百分之二十五；不在同一相关市场也不存在上下游关系的参与集中的经营者，在与交易有关的每个市场所占的市场份额均小于百分之二十五；

（二）参与集中的经营者在中国境外设立合营企业，合营企业不在中国境内从事经济活动的；

（三）参与集中的经营者收购境外企业股权或者资产，该境外企业不在中国境内从事经济活动的；

（四）由两个以上经营者共同控制的合营企业，通过集中被其中一个或者一个以上经营者控制的。

第二十条 符合本规定第十九条但存在下列情形之一的经营者集中，不视为简易案件：

（一）由两个以上经营者共同控制的合营企业，通过集中被其中的一个经营者控制，该经营者与合营企业属于同一相关市场的竞争者，且市场份额之和大于百分之十五的；

（二）经营者集中涉及的相关市场难以界定的；

（三）经营者集中对市场进入、技术进步可能产生不利影响的；

（四）经营者集中对消费者和其他有关经营者可能产生不利影响的；

（五）经营者集中对国民经济发展可能产生不利影响的；

（六）市场监管总局认为可能对市场竞争产生不利影响的其他情形。

第二十一条 市场监管总局受理简易案件后，对案件基本信息予以公示，公示期为十日。公示的案件基本信息由申报人填报。

对于不符合简易案件标准的简易案件申报，市场监管总局予以退回，并要求申报人按非简易案件重新申报。

第三章　经营者集中审查

第二十二条 市场监管总局应当自受理之日起三十日内，对申报的经营者集中进行初步审查，作出是否实施进一步审查的决定，并书面通知申报人。

市场监管总局决定实施进一步审查的，应当自决定之日起九十日内审查完毕，作出是否禁止经营者集中的决定，并书面通知申报人。符合反垄断法第三十一条第二款规定情形的，市场监管总局可以延长本款规定的审查期限，最长不得超过六十日。

第二十三条 在审查过程中，出现反垄断法第三十二条规定情形的，市场监管总局可以决定中止计算经营者集中的审查期限并书面通知申报人，审查期限自决定作出之日起中止计算。

自中止计算审查期限的情形消除之日起，审查期限继续计算，市场监管总局应当书面通知申报人。

第二十四条 在审查过程中，申报人未按照规定提交文件、资料导致审查工作无法进行的，市场监管总局应当书面通知申报人在规定期限内补正。申报人未在规定期限内补正的，市场监管总局可以决定中止计算审查期限。

申报人按要求提交文件、资料后，审查期限继续计算。

第二十五条 在审查过程中，出现对经营者集中审查具有重大影响的新情况、新事实，不经核实将导致审查工作无法进行的，市场监管总局可以决定中止计算审查期限。

经核实，审查工作可以进行的，审查期限继续计算。

第二十六条 在市场监管总局对申报人提交的附加限制性条件承诺方案进行评估阶段，申报人提出中止计算审查期限请求，市场监管总局认为确有必要的，可以决定中止计算审查期限。

对附加限制性条件承诺方案评估完成后，审查期限继续计算。

第二十七条 在市场监管总局作出审查决定之前，申报人要求撤回经营者集中申报的，应当提交书面申请并说明理由。经市场监管总局同意，申报人可以撤回申报。

集中交易情况或者相关市场竞争状况发生重大变化，需要重新申报的，申报人应当申请撤回。

撤回经营者集中申报的，审查程序终止。市场监管总局同意撤回申报不视为对集中的批准。

第二十八条 在审查过程中，市场监管总局根据审查工作需要，可以要求申报人在规定期限内补充提供相关文件、资料，就申报有关事项与申报人及其代理人进行沟通。

申报人可以主动提供有助于对经营者集中进行审查和作出决定的有关文件、资料。

第二十九条 在审查过程中，参与集中的经营者可以通过信函、传真、电子邮件等方式向市场监管总局就有关申报事项进行书面陈述，市场监管总局应当听取。

第三十条 在审查过程中，市场监管总局根据审查工作需要，可以通过书面征求、座谈会、论证会、问卷调查、委托咨询、实地调研等方式听取有关政府部门、行业协会、经营者、消费者、专家学者等单位或者个人的意见。

第三十一条 审查经营者集中，应当考虑下列因素：

（一）参与集中的经营者在相关市场的市场份额及其对市场的控制力；

（二）相关市场的市场集中度；

（三）经营者集中对市场进入、技术进步的影响；

（四）经营者集中对消费者和其他有关经营者的影响；

（五）经营者集中对国民经济发展的影响；

（六）应当考虑的影响市场竞争的其他因素。

第三十二条 评估经营者集中的竞争影响，可以考察相关经营者单独或者共同排除、限制竞争的能力、动机及可能性。

集中涉及上下游市场或者关联市场的，可以考察相关经营者利用在一个或者多个市场的控制力，排除、限制其他市场竞争的能力、动机及可能性。

第三十三条 评估参与集中的经营者对市场的控制力，可以考虑参与集中的经营者在相关市场的市场份额、产品或者服务的替代程度、控制销售市场或者原材料采购市场的能力、财力和技术条件、掌握和处理数据的能力，以及相关市场的市场结构、其他经营者的生产能力、下游客户购买能力和转换供应商的能力、潜在竞争者进入的抵消效果等因素。

评估相关市场的市场集中度，可以考虑相关市场的经营者数量及市场份额等因素。

第三十四条 评估经营者集中对市场进入的影响，可以考虑经营者通过控制生产要素、销售和采购渠道、关键技术、关键设施、数据等方式影响市场进入的情况，并考虑进入的可能性、及时性和充分性。

评估经营者集中对技术进步的影响，可以考虑经营者集中对技术创新动力和能力、技术研发投入和利用、技术资源整合等方面的影响。

第三十五条 评估经营者集中对消费者的影响，可以考虑经营者集中对产品或者服务的数量、价格、质量、多样化等方面的影响。

评估经营者集中对其他有关经营者的影响，可以考虑经营者集中对同一相关市场、上下游市场或者关联市场经营者的市场进入、交易机会等竞争条件的影响。

第三十六条 评估经营者集中对国民经济发展的影响，可以考虑经营者集中对经济效率、经营规模及其对相关行业发展等方面的影响。

第三十七条 评估经营者集中的竞争影响，还可以综合考虑集中对公共利益的影响、参与集中的经营者是否为濒临破产的企业等因素。

第三十八条 市场监管总局认为经营者集中具有或者可能具有排除、限制竞争效果的，应当告知申报人，并设定一个允许参与集中的经营者提交书面意见的合理期限。

参与集中的经营者的书面意见应当包括相关事实和理由，并提供相应证据。参与集中的经营者逾期未提交书面意见的，视为无异议。

第三十九条 为减少集中具有或者可能具有的排除、限制竞争的效果，参与集中的经营者可以向市场监管总局提出附加限制性条件承诺方案。

市场监管总局应当对承诺方案的有效性、可行性和及时性进行评估，并及时将评估结果通知申报人。

市场监管总局认为承诺方案不足以减少集中对竞争的不利影响的，可以与参与集中的经营者就限制性条件进行磋商，要求其在合理期限内提出其他承诺方案。

第四十条 根据经营者集中交易具体情况，限制性条件可以包括如下种类：

（一）剥离有形资产，知识产权、数据等无形资产或者相关权益（以下简称剥离业务）等结构性条件；

（二）开放其网络或者平台等基础设施、许可关键技术（包括专利、专有技术或者其他知识产权）、终止排他性或者独占性协议、保持独立运营、修改平台规则或者算法、承诺兼容或者不降低互操作性水平等行为性条件；

（三）结构性条件和行为性条件相结合的综合性条件。

剥离业务一般应当具有在相关市场开展有效竞争所需要的所有要素，包括有形资产、无形资产、股权、关键人员以及客户协议或者供应协议等权益。剥离对象可以是参与集中经营者的子公司、分支机构或者业务部门等。

第四十一条 承诺方案存在不能实施的风险的，参与集中的经营者可以提出备选方案。备选方案应当在首选方案无法实施后生效，并且比首选方案的条件更为严格。

承诺方案为剥离，但存在下列情形之一的，参与集中的经营者可以在承诺方案中提出特定买方和剥离时间建议：

（一）剥离存在较大困难；

（二）剥离前维持剥离业务的竞争性和可销售性存在较大风险；

（三）买方身份对剥离业务能否恢复市场竞争具有重要影响；

（四）市场监管总局认为有必要的其他情形。

第四十二条 对于具有或者可能具有排除、限制竞争效果的经营者集中，参与集中的经营者提出的附加限制性条件承诺方案能够有效减少集中对竞争产生的不利影响的，市场监管总局可以作出附加限制性条件批准决定。

参与集中的经营者未能在规定期限内提出附加限制性条件承诺方案，或者所提出的承诺方案不能有效减少集中对竞争产生的不利影响的，市场监管总局应当作出禁止经营者集中的决定。

第四十三条 任何单位和个人发现未达申报标准但具有或者可能具有排除、限制竞争效果的经营者集中，可以向市场监管总局书面反映，并提供相关事实和证据。

市场监管总局经核查，对有证据证明未达申报标准的经营者集中具有或者可能具有排除、限制竞争效果的，依照本规定第八条进行处理。

第四章 限制性条件的监督和实施

第四十四条 对于附加限制性条件批准的经营者集中，义务人应当严格履行审查决定规定的义务，并按规定向市场监管总局报告限制性条件履行情况。

市场监管总局可以自行或者通过受托人对义务人履行限制性条件的行为进行监督检查。通过受托人监督检查的，市场监管总局应当在审查决定中予以明确。受托人包括监督受托人和剥离受托人。

义务人，是指附加限制性条件批准经营者集中的审查决定中要求履行相关义务的经营者。

监督受托人，是指义务人委托并经市场监管总局评估确定，负责对义务人实施限制性条件进行监督并向市场监管总局报告的自然人、法人或者非法人组织。

剥离受托人，是指义务人委托并经市场监管总局评估确定，在受托剥离阶段负责出售剥离业务并向市场监管总局报告的自然人、法人或者非法人组织。

第四十五条 通过受托人监督检查的，义务人应当在市场监管总局作出审查决定之日起十五日内向市场监管总局提交监督受托人人选。限制性条件为剥离的，义务人应当在进入受托剥离阶段三十日前向市场监管总局提交剥离受托人人选。义务人应当严格审慎选择受托人人选并对相关文件、资料的真实性、完整性、准确性负责。受托人人选应当符合下列具体要求：

（一）诚实守信、合规经营；

（二）有担任受托人的意愿；

（三）独立于义务人和剥离业务的买方；

（四）具有履行受托人职责的专业团队，团队成员应当具有对限制性条件进行监督所需的专业知识、技能及相关经验；

（五）能够提出可行的工作方案；

（六）过去五年未在担任受托人过程中受到处罚；

（七）市场监管总局提出的其他要求。

义务人正式提交受托人人选后，受托人人选无正当理由不得放弃参与受托人评估。

一般情况下，市场监管总局应当从义务人提交的人选中择优评估确定受托人。但义务人未在规定期限内提交受托人人选且经再次书面通知后仍未按时提交，或者两次提交的人选均不符合要求，导致监督执行工作难以正常进行的，市场监管总局可以指导义务人选择符合条件的受托人。

受托人确定后，义务人应当与受托人签订书面协议，明确各自权利和义务，并报市场监管总局同意。受托人应当勤勉、尽职地履行职责。义务人支付受托人报酬，并为受托人提供必要的支持和便利。

第四十六条 限制性条件为剥离的，剥离义务人应当在审查决定规定的期限内，自行找到合适的剥离业务买方、签订出售协议，并报经市场监管总局批准后完成剥离。剥离义务人未能在规定期限内完成剥离的，市场监管总局可以要求义务人委托剥离受托人在规定的期限内寻找合适的剥离业务买方。剥离业务买方应当符合下列要求：

（一）独立于参与集中的经营者；

（二）拥有必要的资源、能力并有意愿使用剥离业务参与市场竞争；

（三）取得其他监管机构的批准；

（四）不得向参与集中的经营者融资购买剥离业务；

（五）市场监管总局根据具体案件情况提出的其他要求。

买方已有或者能够从其他途径获得剥离业务中的部分资产或者权益时，可以向市场监管总局申请对剥离业务的范围进行必要调整。

第四十七条 义务人提交市场监管总局审查的监督受托人、剥离受托人、剥离业务买方人选原则上各不少于三家。在特殊情况下，经市场监管总局同意，上述人选可少于三家。

市场监管总局应当对义务人提交的受托人及委托协议、剥离业务买方人选及出售协议进行审查，以确保其符合审查决定要求。

限制性条件为剥离的，市场监管总局上述审查所用时间不计入剥离期限。

第四十八条 审查决定未规定自行剥离期限的，剥离义务人应当在审查决定作出之日起六个月内找到适当的买方并签订出售协议。经剥离义务人申请并说明理由，市场监管总局可以酌情延长自行剥离期限，但延期最长不得超过三个月。

审查决定未规定受托剥离期限的，剥离受托人应当在受托剥离开始之日起六个月内找到适当的买方并签订出售协议。

第四十九条 剥离义务人应当在市场监管总局审查批准买方和出售协议后，与买方签订出售协议，并自签订之日起三个月内将剥离业务转移给买方，完成所有权转移等相关法律程序。经剥离义务人申请并说明理由，市场监管总局可以酌情延长业务转移的期限。

第五十条 经市场监管总局批准的买方购买剥离业务达到申报标准的，取得控制权的经营者应当将其作为一项新的经营者集中向市场监管总局申报。市场监管总局作出审查决定之前，剥离义务人不得将剥离业务出售给买方。

第五十一条 在剥离完成之前，为确保剥离业务的存续性、竞争性和可销售性，剥离义务人应当履行下列义务：

（一）保持剥离业务与其保留的业务之间相互独立，并采取一切必要措施以最符合剥离业务发展的方式进行管理；

（二）不得实施任何可能对剥离业务有不利影响的行为，包括聘用被剥离业务的关键员工，获得剥离业务的商业秘密或者其他保密信息等；

（三）指定专门的管理人，负责管理剥离业务。管理人在监督受托人的监督下履行职责，其任免和更换应当得到监督受托人的同意；

（四）确保潜在买方能够以公平合理的方式获得有关剥离业务的充分信息，评估剥离业务的商业价值和发展潜力；

（五）根据买方的要求向其提供必要的支持和便利，确保剥离业务的顺利交接和稳定经营；

（六）向买方及时移交剥离业务并履行相关法律程序。

第五十二条 监督受托人应当在市场监管总局的监督下履行下列职责：

（一）监督义务人履行本规定、审查决定及相关协议规定的义务；

（二）对剥离义务人推荐的买方人选、拟签订的出售协议进行评估，并向市场监管总局提交评估报告；

（三）监督剥离业务出售协议的执行，并定期向市场监管总局提交监督报告；

（四）协调剥离义务人与潜在买方就剥离事项产生的争议；

（五）按照市场监管总局的要求提交其他与义务人履行限制性条件有关的报告。

未经市场监管总局同意，监督受托人不得披露其在履行职责过程中向市场监管总局提交的各种报告及相关信息。

第五十三条 在受托剥离阶段，剥离受托人负责为剥离业务找到买方并达成出售协议。

剥离受托人有权以无底价方式出售剥离业务。

第五十四条 审查决定应当规定附加限制性条件的期限。

根据审查决定，限制性条件到期自动解除的，经市场监管总局核查确认，义务人未违反审查决定的，限制性条件自动解除。义务人存在违反审查决定情形的，市场监管总局可以适当延长附加限制性条件的期限，并及时向社会公布。

根据审查决定，限制性条件到期后义务人需要申请解除的，义务人应当提交书面申请并说明理由。市场监管总局评估后决定解除限制性条件的，应当及时向社会公布。

限制性条件为剥离，经市场监管总局核查确认，义务人履行完成所有义务的，限制性条件自动解除。

第五十五条 审查决定生效期间，市场监管总局可以主动或者应义务人申请对限制性条件进行重新审查，变更或者解除限制性条件。市场监管总局决定变更或者解除限制性条件的，应当及时向社会公布。

市场监管总局变更或者解除限制性条件时，应当考虑下列因素：

（一）集中交易方是否发生重大变化；

（二）相关市场竞争状况是否发生实质性变化；

（三）实施限制性条件是否无必要或者不可能；

（四）应当考虑的其他因素。

第五章 对违法实施经营者集中的调查

第五十六条 经营者集中达到申报标准，经营者未申报实施集中、申报后未经批准实施集中或者违反审查决定的，依照本章规定进行调查。

未达申报标准的经营者集中，经营者未按照本规定第八条进行申报的，市场监管总局依照本章规定进行调查。

第五十七条 对涉嫌违法实施经营者集中，任何单位和个人有权向市场监管总局举报。市场监管总局应当为举报人保密。

举报采用书面形式，并提供举报人和被举报人基本情况、涉嫌违法实施经营者集中的相关事实和证据等内容的，市场监管总局应当进行必要的核查。

对于采用书面形式的实名举报，市场监管总局可以根据举报人的请求向其反馈举报处理结果。

对举报处理工作中获悉的国家秘密以及公开后可能危及国家安全、公共安全、经济安全、社会稳定的信息，市场监管总局应当严格保密。

第五十八条 对有初步事实和证据表明存在违法实施经营者集中嫌疑的，市场监管总局应当予以立案，并书面通知被调查的经营者。

第五十九条 被调查的经营者应当在立案通知送达之日起三十日内,向市场监管总局提交是否属于经营者集中、是否达到申报标准、是否申报、是否违法实施等有关的文件、资料。

第六十条 市场监管总局应当自收到被调查的经营者依照本规定第五十九条提交的文件、资料之日起三十日内,对被调查的交易是否属于违法实施经营者集中完成初步调查。

属于违法实施经营者集中的,市场监管总局应当作出实施进一步调查的决定,并书面通知被调查的经营者。经营者应当停止违法行为。

不属于违法实施经营者集中的,市场监管总局应当作出不实施进一步调查的决定,并书面通知被调查的经营者。

第六十一条 市场监管总局决定实施进一步调查的,被调查的经营者应当自收到市场监管总局书面通知之日起三十日内,依照本规定关于经营者集中申报文件、资料的规定向市场监管总局提交相关文件、资料。

市场监管总局应当自收到被调查的经营者提交的符合前款规定的文件、资料之日起一百二十日内,完成进一步调查。

在进一步调查阶段,市场监管总局应当按照反垄断法及本规定,对被调查的交易是否具有或者可能具有排除、限制竞争效果进行评估。

第六十二条 在调查过程中,被调查的经营者、利害关系人有权陈述意见。市场监管总局应当对被调查的经营者、利害关系人提出的事实、理由和证据进行核实。

第六十三条 市场监管总局在作出行政处罚决定前,应当告知被调查的经营者拟作出的行政处罚内容及事实、理由、依据,并告知被调查的经营者依法享有的陈述、申辩、要求听证等权利。

被调查的经营者自告知书送达之日起五个工作日内,未行使陈述、申辩权,未要求听证的,视为放弃此权利。

第六十四条 市场监管总局对违法实施经营者集中应当依法作出处理决定,并可以向社会公布。

第六十五条 市场监管总局责令经营者采取必要措施恢复到集中前状态的,相关措施的监督和实施参照本规定第四章执行。

第六章 法 律 责 任

第六十六条 经营者违反反垄断法规定实施集中的,依照反垄断法第五十八条规定予以处罚。

第六十七条 对市场监管总局依法实施的审查和调查,拒绝提供有关材料、信息,或者提供虚假材料、信息,或者隐匿、销毁、转移证据,或者有其他拒绝、阻碍调查行为的,由市场监管总局责令改正,对单位处上一年度销售额百分之一以下的罚款,上一年度没有销售额或者销售额难以计算的,处五百万元以下的罚款;对个人处五十万元以下的罚款。

第六十八条 市场监管总局在依据反垄断法和本规定对违法实施经营者集中进行调查处理时,应当考虑集中实施的时间,是否具有或者可能具有排除、限制竞争的效果及其持续时间,消除违法行为后果的情况等因素。

当事人主动报告市场监管总局尚未掌握的违法行为,主动消除或者减轻违法行为危害后果的,市场监管总局应当依据《中华人民共和国行政处罚法》第三十二条从轻或者减轻处罚。

第六十九条 市场监管总局依据反垄断法和本规定第六十六条、第六十七条对经营者予以行政处罚的,依照反垄断法第六十四条和国家有关规定记入信用记录,并向社会公示。

第七十条 申报人应当对代理行为加强管理并依法承担相应责任。

申报代理人故意隐瞒有关情况、提供虚假材料或者有其他行为阻碍经营者集中案件审查、调查工作的，市场监管总局依法调查处理并公开，可以向有关部门提出处理建议。

第七十一条 受托人不符合履职要求、无正当理由放弃履行职责、未按要求履行职责或者有其他行为阻碍经营者集中案件监督执行的，市场监管总局可以要求义务人更换受托人，并可以对受托人给予警告、通报批评，处十万元以下的罚款。

第七十二条 剥离业务的买方未按规定履行义务，影响限制性条件实施的，由市场监管总局责令改正，处十万元以下的罚款。

第七十三条 违反反垄断法第四章和本规定，情节特别严重、影响特别恶劣、造成特别严重后果的，市场监管总局可以在反垄断法第五十八条、第六十二条规定和本规定第六十六条、第六十七条规定的罚款数额的二倍以上五倍以下处以罚款。

第七十四条 反垄断执法机构工作人员滥用职权、玩忽职守、徇私舞弊或者泄露执法过程中知悉的商业秘密、个人隐私和个人信息的，依照有关规定处理。

反垄断执法机构在调查期间发现的公职人员涉嫌职务违法、职务犯罪问题线索，应当及时移交纪检监察机关。

第七章 附 则

第七十五条 市场监管总局以及其他单位和个人对于知悉的商业秘密、未披露信息、保密商务信息、个人隐私和个人信息承担保密义务，但根据法律法规规定应当披露的或者事先取得权利人同意的除外。

第七十六条 本规定对违法实施经营者集中的调查、处罚程序未作规定的，依照《市场监督管理行政处罚程序规定》执行，有关时限、立案、案件管辖的规定除外。

在审查或者调查过程中，市场监管总局可以组织听证。听证程序依照《市场监督管理行政许可程序暂行规定》《市场监督管理行政处罚听证办法》执行。

第七十七条 对于需要送达经营者的书面文件，送达方式参照《市场监督管理行政处罚程序规定》执行。

第七十八条 本规定自 2023 年 4 月 15 日起施行。2020 年 10 月 23 日国家市场监督管理总局令第 30 号公布的《经营者集中审查暂行规定》同时废止。

禁止垄断协议规定

(2023 年 3 月 10 日国家市场监督管理总局令第 65 号公布 自 2023 年 4 月 15 日起施行)

第一条 为了预防和制止垄断协议，根据《中华人民共和国反垄断法》（以下简称反垄断法），制定本规定。

第二条 国家市场监督管理总局（以下简称市场监管总局）负责垄断协议的反垄断统一执法工作。

市场监管总局根据反垄断法第十三条第二款规定，授权各省、自治区、直辖市市场监督管理部门（以下称省级市场监管部门）负责本行政区域内垄断协议的反垄断执法工作。

本规定所称反垄断执法机构包括市场监管总局和省级市场监管部门。

第三条 市场监管总局负责查处下列垄断协议：

（一）跨省、自治区、直辖市的；

（二）案情较为复杂或者在全国有重大影响的；

（三）市场监管总局认为有必要直接查处的。

前款所列垄断协议，市场监管总局可以指定省级市场监管部门查处。

省级市场监管部门根据授权查处垄断协议时，发现不属于本部门查处范围，或者虽属于本部门查处范围，但有必要由市场监管总局查处的，应当及时向市场监管总局报告。

第四条 反垄断执法机构查处垄断协议时，应当平等对待所有经营者。

第五条 垄断协议是指排除、限制竞争的协议、决定或者其他协同行为。

协议或者决定可以是书面、口头等形式。

其他协同行为是指经营者之间虽未明确订立协议或者决定，但实质上存在协调一致的行为。

第六条 认定其他协同行为，应当考虑下列因素：

（一）经营者的市场行为是否具有一致性；

（二）经营者之间是否进行过意思联络或者信息交流；

（三）经营者能否对行为的一致性作出合理解释；

（四）相关市场的市场结构、竞争状况、市场变化等情况。

第七条 相关市场是指经营者在一定时期内就特定商品或者服务（以下统称商品）进行竞争的商品范围和地域范围，包括相关商品市场和相关地域市场。

界定相关市场应当首先从需求者角度进行需求替代分析。当供给替代对经营者行为产生的竞争约束类似于需求替代时，也应当考虑供给替代。

界定相关商品市场，从需求替代角度，可以考虑需求者对商品价格等因素变化的反应、商品的特征与用途、销售渠道等因素。从供给替代角度，可以考虑其他经营者转产的难易程度、转产后所提供商品的市场竞争力等因素。

界定平台经济领域相关商品市场，可以根据平台一边的商品界定相关商品市场，也可以根据平台所涉及的多边商品，将平台整体界定为一个相关商品市场，或者分别界定多个相关商品市场，并考虑各相关商品市场之间的相互关系和影响。

界定相关地域市场，从需求替代角度，可以考虑商品的运输特征与成本、多数需求者选择商品的实际区域、地域间的贸易壁垒等因素。从供给替代角度，可以考虑其他地域经营者供应商品的及时性与可行性等因素。

第八条 禁止具有竞争关系的经营者就固定或者变更商品价格达成下列垄断协议：

（一）固定或者变更价格水平、价格变动幅度、利润水平或者折扣、手续费等其他费用；

（二）约定采用据以计算价格的标准公式、算法、平台规则等；

（三）限制参与协议的经营者的自主定价权；

（四）通过其他方式固定或者变更价格。

本规定所称具有竞争关系的经营者，包括处于同一相关市场进行竞争的实际经营者和可能进入相关市场进行竞争的潜在经营者。

第九条 禁止具有竞争关系的经营者就限制商品的生产数量或者销售数量达成下列垄断协议：

（一）以限制产量、固定产量、停止生产等方式限制商品的生产数量，或者限制特定品种、型号商品的生产数量；

（二）以限制商品投放量等方式限制商品的销售数量，或者限制特定品种、型号商品的销售数量；

（三）通过其他方式限制商品的生产数量或者销售数量。

第十条 禁止具有竞争关系的经营者就分割销售市场或者原材料采购市场达成下列垄断协议：

（一）划分商品销售地域、市场份额、销售对象、销售收入、销售利润或者销售商品的种类、数量、时间；

（二）划分原料、半成品、零部件、相关设备等原材料的采购区域、种类、数量、时间或者供应商；

（三）通过其他方式分割销售市场或者原材料采购市场。

前款关于分割销售市场或者原材料采购市场的规定适用于数据、技术和服务等。

第十一条 禁止具有竞争关系的经营者就限制购买新技术、新设备或者限制开发新技术、新产品达成下列垄断协议：

（一）限制购买、使用新技术、新工艺；

（二）限制购买、租赁、使用新设备、新产品；

（三）限制投资、研发新技术、新工艺、新产品；

（四）拒绝使用新技术、新工艺、新设备、新产品；

（五）通过其他方式限制购买新技术、新设备或者限制开发新技术、新产品。

第十二条 禁止具有竞争关系的经营者就联合抵制交易达成下列垄断协议：

（一）联合拒绝向特定经营者供应或者销售商品；

（二）联合拒绝采购或者销售特定经营者的商品；

（三）联合限定特定经营者不得与其具有竞争关系的经营者进行交易；

（四）通过其他方式联合抵制交易。

第十三条 具有竞争关系的经营者不得利用数据和算法、技术以及平台规则等，通过意思联络、交换敏感信息、行为协调一致等方式，达成本规定第八条至第十二条规定的垄断协议。

第十四条 禁止经营者与交易相对人就商品价格达成下列垄断协议：

（一）固定向第三人转售商品的价格水平、价格变动幅度、利润水平或者折扣、手续费等其他费用；

（二）限定向第三人转售商品的最低价格，或者通过限定价格变动幅度、利润水平或者折扣、手续费等其他费用限定向第三人转售商品的最低价格；

（三）通过其他方式固定转售商品价格或者限定转售商品最低价格。

对前款规定的协议，经营者能够证明其不具有排除、限制竞争效果的，不予禁止。

第十五条 经营者不得利用数据和算法、技术以及平台规则等，通过对价格进行统一、限定或者自动化设定转售商品价格等方式，达成本规定第十四条规定的垄断协议。

第十六条 不属于本规定第八条至第十五条所列情形的其他协议、决定或者协同行为，有证据证明排除、限制竞争的，应当认定为垄断协议并予以禁止。

前款规定的垄断协议由市场监管总局负责认定，认定时应当考虑下列因素：

（一）经营者达成、实施协议的事实；

（二）市场竞争状况；

（三）经营者在相关市场中的市场份额及其对市场的控制力；

（四）协议对商品价格、数量、质量等方面的影响；

（五）协议对市场进入、技术进步等方面的影响；

（六）协议对消费者、其他经营者的影响；

（七）与认定垄断协议有关的其他因素。

第十七条 经营者与交易相对人达成协议，经营者能够证明参与协议的经营者在相关市场的市场份额低于市场监管总局规定的标准，并符合市场监管总局规定的其他条件的，不予禁止。

第十八条 反垄断法第十九条规定的经营者组织其他经营者达成垄断协议，包括下列情形：

（一）经营者不属于垄断协议的协议方，在垄断协议达成或者实施过程中，对协议的主体范围、主要内容、履行条件等具有决定性或者主导作用；

（二）经营者与多个交易相对人签订协议，使具有竞争关系的交易相对人之间通过该经营者进行意思联络或者信息交流，达成本规定第八条至第十三条的垄断协议。

（三）通过其他方式组织其他经营者达成垄断协议。

反垄断法第十九条规定的经营者为其他经营者达成垄断协议提供实质性帮助，包括提供必要的支持、创造关键性的便利条件，或者其他重要帮助。

第十九条 经营者能够证明被调查的垄断协议属于反垄断法第二十条规定情形的，不适用本规定第八条至第十六条、第十八条的规定。

第二十条 反垄断执法机构认定被调查的垄断协议是否属于反垄断法第二十条规定的情形，应当考虑下列因素：

（一）协议实现该情形的具体形式和效果；

（二）协议与实现该情形之间的因果关系；

（三）协议是否是实现该情形的必要条件；

（四）其他可以证明协议属于相关情形的因素。

反垄断执法机构认定消费者能否分享协议产生的利益，应当考虑消费者是否因协议的达成、实施在商品价格、质量、种类等方面获得利益。

第二十一条 行业协会应当加强行业自律，引导本行业的经营者依法竞争，合规经营，维护市场竞争秩序。禁止行业协会从事下列行为：

（一）制定、发布含有排除、限制竞争内容的行业协会章程、规则、决定、通知、标准等；

（二）召集、组织或者推动本行业的经营者达成含有排除、限制竞争内容的协议、决议、纪要、备忘录等；

（三）其他组织本行业经营者达成或者实施垄断协议的行为。

本规定所称行业协会是指由同行业经济组织和个人组成，行使行业服务和自律管理职能的各种协会、学会、商会、联合会、促进会等社会团体法人。

第二十二条 反垄断执法机构依据职权，或者通过举报、上级机关交办、其他机关移送、下级机关报告、经营者主动报告等途径，发现涉嫌垄断协议。

第二十三条 举报采用书面形式并提供相关事实和证据的，反垄断执法机构应当进行必要的调查。书面举报一般包括下列内容：

（一）举报人的基本情况；

（二）被举报人的基本情况；

（三）涉嫌垄断协议的相关事实和证据；

（四）是否就同一事实已向其他行政机关举报或者向人民法院提起诉讼。

反垄断执法机构根据工作需要，可以要求举报人补充举报材料。

对于采用书面形式的实名举报，反垄断执法机构在案件调查处理完毕后，可以根据举报人的书面请求依法向其反馈举报处理结果。

第二十四条 反垄断执法机构经过对涉嫌垄断协议的必要调查，符合下列条件的，应当立案：

（一）有证据初步证明经营者达成垄断协议；

（二）属于本部门查处范围；

（三）在给予行政处罚的法定期限内。

省级市场监管部门应当自立案之日起七个工作日内向市场监管总局备案。

第二十五条 市场监管总局在查处垄断协议时，可以委托省级市场监管部门进行调查。

省级市场监管部门在查处垄断协议时，可以委托下级市场监管部门进行调查。

受委托的市场监管部门在委托范围内，以委托机关的名义实施调查，不得再委托其他行政机关、组织或者个人进行调查。

第二十六条 省级市场监管部门查处垄断协议时，可以根据需要商请相关省级市场监管部门协助调查，相关省级市场监管部门应当予以协助。

第二十七条 反垄断执法机构对垄断协议进行行政处罚的，应当在作出行政处罚决定之前，书面告知当事人拟作出的行政处罚内容及事实、理由、依据，并告知当事人依法享有的陈述权、申辩权和要求听证的权利。

第二十八条 反垄断执法机构在告知当事人拟作出的行政处罚决定后，应当充分听取当事人的意见，对当事人提出的事实、理由和证据进行复核。

第二十九条 反垄断执法机构对垄断协议作出行政处罚决定，应当依法制作行政处罚决定书，并加盖本部门印章。

行政处罚决定书的内容包括：

（一）当事人的姓名或者名称、地址等基本情况；

（二）案件来源及调查经过；

（三）违反法律、法规、规章的事实和证据；

（四）当事人陈述、申辩的采纳情况及理由；

（五）行政处罚的内容和依据；

（六）行政处罚的履行方式和期限；

（七）申请行政复议、提起行政诉讼的途径和期限；

（八）作出行政处罚决定的反垄断执法机构的名称和作出决定的日期。

第三十条 反垄断执法机构认定被调查的垄断协议属于反垄断法第二十条规定情形的，应当终止调查并制作终止调查决定书。终止调查决定书应当载明协议的基本情况、适用反垄断法第二十条的依据和理由等。

反垄断执法机构作出终止调查决定后，因情况发生重大变化，导致被调查的协议不再符合反垄断法第二十条规定情形的，反垄断执法机构应当依法开展调查。

第三十一条 涉嫌垄断协议的经营者在被调查期间，可以提出中止调查申请，承诺在反垄断执法机构认可的期限内采取具体措施消除行为影响。

中止调查申请应当以书面形式提出，并由经营者负责人签字并盖章。申请书应当载明下列事项：

（一）涉嫌垄断协议的事实；

（二）承诺采取消除行为后果的具体措施；

（三）履行承诺的时限；

（四）需要承诺的其他内容。

第三十二条 反垄断执法机构根据被调查经营者的中止调查申请，在考虑行为的性质、持续时间、后果、社会影响、经营者承诺的措施及其预期效果等具体情况后，决定是否中止调查。

反垄断执法机构对涉嫌垄断协议调查核实后，认为构成垄断协议的，不得中止调查，应当依法作出处理决定。

对于符合本规定第八条至第十条规定的涉嫌垄断协议，反垄断执法机构不得接受中止调查申请。

第三十三条 反垄断执法机构决定中止调查的,应当制作中止调查决定书。

中止调查决定书应当载明被调查经营者涉嫌达成垄断协议的事实、承诺的具体内容、消除影响的具体措施、履行承诺的时限以及未履行或者未完全履行承诺的法律后果等内容。

第三十四条 决定中止调查的,反垄断执法机构应当对经营者履行承诺的情况进行监督。

经营者应当在规定的时限内向反垄断执法机构书面报告承诺履行情况。

第三十五条 反垄断执法机构确定经营者已经履行承诺的,可以决定终止调查,并制作终止调查决定书。

终止调查决定书应当载明被调查经营者涉嫌垄断协议的事实、作出中止调查决定的情况、承诺的具体内容、履行承诺的情况、监督情况等内容。

有下列情形之一的,反垄断执法机构应当恢复调查:

(一)经营者未履行或者未完全履行承诺的;

(二)作出中止调查决定所依据的事实发生重大变化的;

(三)中止调查决定是基于经营者提供的不完整或者不真实的信息作出的。

第三十六条 经营者涉嫌违反本规定的,反垄断执法机构可以对其法定代表人或者负责人进行约谈。

约谈应当指出经营者涉嫌达成垄断协议的问题,听取情况说明,开展提醒谈话,并可以要求其提出改进措施,消除行为危害后果。

经营者应当按照反垄断执法机构要求进行改进,提出消除行为危害后果的具体措施、履行时限等,并提交书面报告。

第三十七条 经营者达成或者组织其他经营者达成垄断协议,或者为其他经营者达成垄断协议提供实质性帮助,主动向反垄断执法机构报告有关情况并提供重要证据的,可以申请依法减轻或者免除处罚。

经营者应当在反垄断执法机构行政处罚告知前,向反垄断执法机构提出申请。

申请材料应当包括以下内容:

(一)垄断协议有关情况的报告,包括但不限于参与垄断协议的经营者、涉及的商品范围、达成协议的内容和方式、协议的具体实施情况、是否向其他境外执法机构提出申请等;

(二)达成或者实施垄断协议的重要证据。重要证据是指反垄断执法机构尚未掌握的,能够对立案调查或者对认定垄断协议起到关键性作用的证据。

经营者的法定代表人、主要负责人和直接责任人员对达成垄断协议负有个人责任的,适用本条规定。

第三十八条 经营者根据本规定第三十七条提出申请的,反垄断执法机构应当根据经营者主动报告的时间顺序、提供证据的重要程度以及达成、实施垄断协议的有关情况,决定是否减轻或者免除处罚。

第三十九条 省级市场监管部门作出不予行政处罚决定、中止调查决定、恢复调查决定、终止调查决定或者行政处罚告知前,应当向市场监管总局报告,接受市场监管总局的指导和监督。

省级市场监管部门向被调查经营者送达不予行政处罚决定书、中止调查决定书、恢复调查决定书、终止调查决定书或者行政处罚决定书后,应当在七个工作日内向市场监管总局备案。

第四十条 反垄断执法机构作出行政处理决定后,依法向社会公布。行政处罚信息应当依法通过国家企业信用信息公示系统向社会公示。

第四十一条 市场监管总局应当加强对省级市场监管部门查处垄断协议的指导和监督,统一执法程序和标准。

省级市场监管部门应当严格按照市场监管总局相关规定查处垄断协议案件。

第四十二条 经营者违反本规定，达成并实施垄断协议的，由反垄断执法机构责令停止违法行为，没收违法所得，并处上一年度销售额百分之一以上百分之十以下的罚款，上一年度没有销售额的，处五百万元以下的罚款；尚未实施所达成的垄断协议的，可以处三百万元以下的罚款。

经营者的法定代表人、主要负责人和直接责任人员对达成垄断协议负有个人责任的，可以处一百万元以下的罚款。

第四十三条 经营者组织其他经营者达成垄断协议或者为其他经营者达成垄断协议提供实质性帮助的，适用本规定第四十二条规定。

第四十四条 行业协会违反本规定，组织本行业的经营者达成垄断协议的，由反垄断执法机构责令改正，可以处三百万元以下的罚款；情节严重的，反垄断执法机构可以提请社会团体登记管理机关依法撤销登记。

第四十五条 反垄断执法机构确定具体罚款数额时，应当考虑违法行为的性质、程度、持续时间和消除违法行为后果的情况等因素。

违反本规定，情节特别严重、影响特别恶劣、造成特别严重后果的，市场监管总局可以在本规定第四十二条、第四十三条、第四十四条规定的罚款数额的二倍以上五倍以下确定具体罚款数额。

第四十六条 经营者因行政机关和法律、法规授权的具有管理公共事务职能的组织滥用行政权力而达成垄断协议的，按照本规定第四十二条、第四十三条、第四十四条、第四十五条处理。经营者能够证明其受行政机关和法律、法规授权的具有管理公共事务职能的组织滥用行政权力强制或者变相强制达成垄断协议的，可以依法从轻或者减轻处罚。

第四十七条 经营者根据本规定第三十七条主动向反垄断执法机构报告达成垄断协议的有关情况并提供重要证据的，反垄断执法机构可以按照下列幅度减轻或者免除对其处罚：对于第一个申请者，反垄断执法机构可以免除处罚或者按照不低于百分之八十的幅度减轻处罚；对于第二个申请者，可以按照百分之三十至百分之五十的幅度减轻处罚；对于第三个申请者，可以按照百分之二十至百分之三十的幅度减轻处罚。

在垄断协议达成中起主要作用，或者胁迫其他经营者参与达成、实施垄断协议，或者妨碍其他经营者停止该违法行为的，反垄断执法机构不得免除对其处罚。

负有个人责任的经营者法定代表人、主要负责人和直接责任人员，根据本规定第三十七条主动向反垄断执法机构报告达成垄断协议的有关情况并提供重要证据的，反垄断执法机构可以对其减轻百分之五十的处罚或者免除处罚。

第四十八条 反垄断执法机构工作人员滥用职权、玩忽职守、徇私舞弊或者泄露执法过程中知悉的商业秘密、个人隐私和个人信息的，依照有关规定处理。

第四十九条 反垄断执法机构在调查期间发现的公职人员涉嫌职务违法、职务犯罪问题线索，应当及时移交纪检监察机关。

第五十条 本规定对垄断协议调查、处罚程序未作规定的，依照《市场监督管理行政处罚程序规定》执行，有关时限、立案、案件管辖的规定除外。

反垄断执法机构组织行政处罚听证的，依照《市场监督管理行政处罚听证办法》执行。

第五十一条 本规定自 2023 年 4 月 15 日起施行。2019 年 6 月 26 日国家市场监督管理总局令第 10 号公布的《禁止垄断协议暂行规定》同时废止。

禁止滥用市场支配地位行为规定

（2023 年 3 月 10 日国家市场监督管理总局令第 66 号公布　自 2023 年 4 月 15 日起施行）

第一条　为了预防和制止滥用市场支配地位行为，根据《中华人民共和国反垄断法》（以下简称反垄断法），制定本规定。

第二条　国家市场监督管理总局（以下简称市场监管总局）负责滥用市场支配地位行为的反垄断统一执法工作。

市场监管总局根据反垄断法第十三条第二款规定，授权各省、自治区、直辖市市场监督管理部门（以下称省级市场监管部门）负责本行政区域内滥用市场支配地位行为的反垄断执法工作。

本规定所称反垄断执法机构包括市场监管总局和省级市场监管部门。

第三条　市场监管总局负责查处下列滥用市场支配地位行为：

（一）跨省、自治区、直辖市的；

（二）案情较为复杂或者在全国有重大影响的；

（三）市场监管总局认为有必要直接查处的。

前款所列滥用市场支配地位行为，市场监管总局可以指定省级市场监管部门查处。

省级市场监管部门根据授权查处滥用市场支配地位行为时，发现不属于本部门查处范围，或者虽属于本部门查处范围，但有必要由市场监管总局查处的，应当及时向市场监管总局报告。

第四条　反垄断执法机构查处滥用市场支配地位行为时，应当平等对待所有经营者。

第五条　相关市场是指经营者在一定时期内就特定商品或者服务（以下统称商品）进行竞争的商品范围和地域范围，包括相关商品市场和相关地域市场。

界定相关市场应当从需求者角度进行需求替代分析。当供给替代对经营者行为产生的竞争约束类似于需求替代时，也应当考虑供给替代。

界定相关商品市场，从需求替代角度，可以考虑需求者对商品价格等因素变化的反应、商品的特征与用途、销售渠道等因素。从供给替代角度，可以考虑其他经营者转产的难易程度、转产后所提供商品的市场竞争力等因素。

界定平台经济领域相关商品市场，可以根据平台一边的商品界定相关商品市场，也可以根据平台所涉及的多边商品，将平台整体界定为一个相关商品市场，或者分别界定多个相关商品市场，并考虑各相关商品市场之间的相互关系和影响。

界定相关地域市场，从需求替代角度，可以考虑商品的运输特征与成本、多数需求者选择商品的实际区域、地域间的贸易壁垒等因素。从供给替代角度，可以考虑其他地域经营者供应商品的及时性与可行性等因素。

第六条　市场支配地位是指经营者在相关市场内具有能够控制商品价格、数量或者其他交易条件，或者能够阻碍、影响其他经营者进入相关市场能力的市场地位。

本条所称其他交易条件是指除商品价格、数量之外能够对市场交易产生实质影响的其他因素，包括商品品种、商品品质、付款条件、交付方式、售后服务、交易选择、技术约束等。

本条所称能够阻碍、影响其他经营者进入相关市场，包括排除其他经营者进入相关市场，或者延缓其他经营者在合理时间内进入相关市场，或者导致其他经营者虽能够进入该相关市场但进入成本大幅提高，无法与现有经营者开展有效竞争等情形。

第七条 根据反垄断法第二十三条第一项，确定经营者在相关市场的市场份额，可以考虑一定时期内经营者的特定商品销售金额、销售数量或者其他指标在相关市场所占的比重。

分析相关市场竞争状况，可以考虑相关市场的发展状况、现有竞争者的数量和市场份额、市场集中度、商品差异程度、创新和技术变化、销售和采购模式、潜在竞争者情况等因素。

第八条 根据反垄断法第二十三条第二项，确定经营者控制销售市场或者原材料采购市场的能力，可以考虑该经营者控制产业链上下游市场的能力，控制销售渠道或者采购渠道的能力，影响或者决定价格、数量、合同期限或者其他交易条件的能力，以及优先获得企业生产经营所必需的原料、半成品、零部件、相关设备以及需要投入的其他资源的能力等因素。

第九条 根据反垄断法第二十三条第三项，确定经营者的财力和技术条件，可以考虑该经营者的资产规模、盈利能力、融资能力、研发能力、技术装备、技术创新和应用能力、拥有的知识产权等，以及该财力和技术条件能够以何种方式和程度促进该经营者业务扩张或者巩固、维持市场地位等因素。

第十条 根据反垄断法第二十三条第四项，确定其他经营者对该经营者在交易上的依赖程度，可以考虑其他经营者与该经营者之间的交易关系、交易量、交易持续时间、在合理时间内转向其他交易相对人的难易程度等因素。

第十一条 根据反垄断法第二十三条第五项，确定其他经营者进入相关市场的难易程度，可以考虑市场准入、获取必要资源的难度、采购和销售渠道的控制情况、资金投入规模、技术壁垒、品牌依赖、用户转换成本、消费习惯等因素。

第十二条 根据反垄断法第二十三条和本规定第七条至第十一条规定认定平台经济领域经营者具有市场支配地位，还可以考虑相关行业竞争特点、经营模式、交易金额、交易数量、用户数量、网络效应、锁定效应、技术特性、市场创新、控制流量的能力、掌握和处理相关数据的能力及经营者在关联市场的市场力量等因素。

第十三条 认定两个以上的经营者具有市场支配地位，除考虑本规定第七条至第十二条规定的因素外，还应当考虑经营者行为一致性、市场结构、相关市场透明度、相关商品同质化程度等因素。

第十四条 禁止具有市场支配地位的经营者以不公平的高价销售商品或者以不公平的低价购买商品。

认定"不公平的高价"或者"不公平的低价"，可以考虑下列因素：

（一）销售价格或者购买价格是否明显高于或者明显低于其他经营者在相同或者相似市场条件下销售或者购买同种商品或者可比较商品的价格；

（二）销售价格或者购买价格是否明显高于或者明显低于同一经营者在其他相同或者相似市场条件区域销售或者购买同种商品或者可比较商品的价格；

（三）在成本基本稳定的情况下，是否超过正常幅度提高销售价格或者降低购买价格；

（四）销售商品的提价幅度是否明显高于成本增长幅度，或者购买商品的降价幅度是否明显高于交易相对人成本降低幅度；

（五）需要考虑的其他相关因素。

涉及平台经济领域，还可以考虑平台涉及多边市场中各相关市场之间的成本关联情况及其合理性。

认定市场条件相同或者相似，应当考虑经营模式、销售渠道、供求状况、监管环境、交易环节、成本结构、交易情况、平台类型等因素。

第十五条 禁止具有市场支配地位的经营者没有正当理由，以低于成本的价格销售商品。

认定以低于成本的价格销售商品，应当重点考虑价格是否低于平均可变成本。平均可变成本是指随着生产的商品数量变化而变动的每单位成本。涉及平台经济领域，还可以考虑平台涉及多边市场中各相关市场之间的成本关联情况及其合理性。

本条所称"正当理由"包括：

（一）降价处理鲜活商品、季节性商品、有效期限即将到期的商品或者积压商品的；

（二）因清偿债务、转产、歇业降价销售商品的；

（三）在合理期限内为推广新商品进行促销的；

（四）能够证明行为具有正当性的其他理由。

第十六条 禁止具有市场支配地位的经营者没有正当理由，通过下列方式拒绝与交易相对人进行交易：

（一）实质性削减与交易相对人的现有交易数量；

（二）拖延、中断与交易相对人的现有交易；

（三）拒绝与交易相对人进行新的交易；

（四）通过设置交易相对人难以接受的价格、向交易相对人回购商品、与交易相对人进行其他交易等限制性条件，使交易相对人难以与其进行交易；

（五）拒绝交易相对人在生产经营活动中，以合理条件使用其必需设施。

在依据前款第五项认定经营者滥用市场支配地位时，应当综合考虑以合理的投入另行投资建设或者另行开发建造该设施的可行性、交易相对人有效开展生产经营活动对该设施的依赖程度、该经营者提供该设施的可能性以及对自身生产经营活动造成的影响等因素。

本条所称"正当理由"包括：

（一）因不可抗力等客观原因无法进行交易；

（二）交易相对人有不良信用记录或者出现经营状况恶化等情况，影响交易安全；

（三）与交易相对人进行交易将使经营者利益发生不当减损；

（四）交易相对人明确表示或者实际不遵守公平、合理、无歧视的平台规则；

（五）能够证明行为具有正当性的其他理由。

第十七条 禁止具有市场支配地位的经营者没有正当理由，从事下列限定交易行为：

（一）限定交易相对人只能与其进行交易；

（二）限定交易相对人只能与其指定的经营者进行交易；

（三）限定交易相对人不得与特定经营者进行交易。

从事上述限定交易行为可以是直接限定，也可以是采取惩罚性或者激励性措施等方式变相限定。

本条所称"正当理由"包括：

（一）为满足产品安全要求所必需；

（二）为保护知识产权、商业秘密或者数据安全所必需；

（三）为保护针对交易进行的特定投资所必需；

（四）为维护平台合理的经营模式所必需；

（五）能够证明行为具有正当性的其他理由。

第十八条 禁止具有市场支配地位的经营者没有正当理由搭售商品，或者在交易时附加其他不合理的交易条件：

（一）违背交易惯例、消费习惯或者无视商品的功能，利用合同条款或者弹窗、操作必经步骤等交易相对人难以选择、更改、拒绝的方式，将不同商品捆绑销售或者组合销售；

（二）对合同期限、支付方式、商品的运送及交付方式或者服务的提供方式等附加不合理的限制；

（三）对商品的销售地域、销售对象、售后服务等附加不合理的限制；

（四）交易时在价格之外附加不合理费用；

（五）附加与交易标的无关的交易条件。

本条所称"正当理由"包括：

（一）符合正当的行业惯例和交易习惯；

（二）为满足产品安全要求所必需；

（三）为实现特定技术所必需；

（四）为保护交易相对人和消费者利益所必需；

（五）能够证明行为具有正当性的其他理由。

第十九条 禁止具有市场支配地位的经营者没有正当理由，对条件相同的交易相对人在交易条件上实行下列差别待遇：

（一）实行不同的交易价格、数量、品种、品质等级；

（二）实行不同的数量折扣等优惠条件；

（三）实行不同的付款条件、交付方式；

（四）实行不同的保修内容和期限、维修内容和时间、零配件供应、技术指导等售后服务条件。

条件相同是指交易相对人之间在交易安全、交易成本、规模和能力、信用状况、所处交易环节、交易持续时间等方面不存在实质性影响交易的差别。交易中依法获取的交易相对人的交易数据、个体偏好、消费习惯等方面存在的差异不影响认定交易相对人条件相同。

本条所称"正当理由"包括：

（一）根据交易相对人实际需求且符合正当的交易习惯和行业惯例，实行不同交易条件；

（二）针对新用户的首次交易在合理期限内开展的优惠活动；

（三）基于公平、合理、无歧视的平台规则实施的随机性交易；

（四）能够证明行为具有正当性的其他理由。

第二十条 市场监管总局认定其他滥用市场支配地位行为，应当同时符合下列条件：

（一）经营者具有市场支配地位；

（二）经营者实施了排除、限制竞争行为；

（三）经营者实施相关行为不具有正当理由；

（四）经营者相关行为对市场竞争具有排除、限制影响。

第二十一条 具有市场支配地位的经营者不得利用数据和算法、技术以及平台规则等从事本规定第十四条至第二十条规定的滥用市场支配地位行为。

第二十二条 反垄断执法机构认定本规定第十四条所称的"不公平"和第十五条至第二十条所称的"正当理由"，还应当考虑下列因素：

（一）有关行为是否为法律、法规所规定；

（二）有关行为对国家安全、网络安全等方面的影响；

（三）有关行为对经济运行效率、经济发展的影响；

（四）有关行为是否为经营者正常经营及实现正常效益所必需；

（五）有关行为对经营者业务发展、未来投资、创新方面的影响；

（六）有关行为是否能够使交易相对人或者消费者获益；

（七）有关行为对社会公共利益的影响。

第二十三条 供水、供电、供气、供热、电信、有线电视、邮政、交通运输等公用事业领域经营者应当依法经营，不得滥用其市场支配地位损害消费者利益和社会公共利益。

第二十四条 反垄断执法机构依据职权，或者通过举报、上级机关交办、其他机关移送、下级机关报告、经营者主动报告等途径，发现涉嫌滥用市场支配地位行为。

第二十五条 举报采用书面形式并提供相关事实和证据的，反垄断执法机构应当进行必要的调查。书面举报一般包括下列内容：

（一）举报人的基本情况；

（二）被举报人的基本情况；

（三）涉嫌滥用市场支配地位行为的相关事实和证据；

（四）是否就同一事实已向其他行政机关举报或者向人民法院提起诉讼。

反垄断执法机构根据工作需要，可以要求举报人补充举报材料。

对于采用书面形式的实名举报，反垄断执法机构在案件调查处理完毕后，可以根据举报人的书面请求依法向其反馈举报处理结果。

第二十六条 反垄断执法机构经过对涉嫌滥用市场支配地位行为的必要调查，符合下列条件的，应当立案：

（一）有证据初步证明存在滥用市场支配地位行为；

（二）属于本部门查处范围；

（三）在给予行政处罚的法定期限内。

省级市场监管部门应当自立案之日起七个工作日内向市场监管总局备案。

第二十七条 市场监管总局在查处滥用市场支配地位行为时，可以委托省级市场监管部门进行调查。

省级市场监管部门在查处滥用市场支配地位行为时，可以委托下级市场监管部门进行调查。

受委托的市场监管部门在委托范围内，以委托机关的名义实施调查，不得再委托其他行政机关、组织或者个人进行调查。

第二十八条 省级市场监管部门查处滥用市场支配地位行为时，可以根据需要商请相关省级市场监管部门协助调查，相关省级市场监管部门应当予以协助。

第二十九条 反垄断执法机构对滥用市场支配地位行为进行行政处罚的，应当在作出行政处罚决定之前，书面告知当事人拟作出的行政处罚内容及事实、理由、依据，并告知当事人依法享有的陈述权、申辩权和要求听证的权利。

第三十条 反垄断执法机构在告知当事人拟作出的行政处罚决定后，应当充分听取当事人的意见，对当事人提出的事实、理由和证据进行复核。

第三十一条 反垄断执法机构对滥用市场支配地位行为作出行政处罚决定，应当依法制作行政处罚决定书，并加盖本部门印章。

行政处罚决定书的内容包括：

（一）当事人的姓名或者名称、地址等基本情况；

（二）案件来源及调查经过；

（三）违反法律、法规、规章的事实和证据；

（四）当事人陈述、申辩的采纳情况及理由；

（五）行政处罚的内容和依据；

（六）行政处罚的履行方式和期限；

（七）申请行政复议、提起行政诉讼的途径和期限；

（八）作出行政处罚决定的反垄断执法机构的名称和作出决定的日期。

第三十二条 涉嫌滥用市场支配地位的经营者在被调查期间，可以提出中止调查申请，承诺在反垄断执法机构认可的期限内采取具体措施消除行为影响。

中止调查申请应当以书面形式提出，并由经营者负责人签字并盖章。申请书应当载明下列事项：

（一）涉嫌滥用市场支配地位行为的事实；

（二）承诺采取消除行为后果的具体措施；

（三）履行承诺的时限；

（四）需要承诺的其他内容。

第三十三条 反垄断执法机构根据被调查经营者的中止调查申请，在考虑行为的性质、持续时间、后果、社会影响、经营者承诺的措施及其预期效果等具体情况后，决定是否中止调查。

反垄断执法机构对涉嫌滥用市场支配地位行为调查核实后，认为构成滥用市场支配地位行为的，不得中止调查，应当依法作出处理决定。

第三十四条 反垄断执法机构决定中止调查的，应当制作中止调查决定书。

中止调查决定书应当载明被调查经营者涉嫌滥用市场支配地位行为的事实、承诺的具体内容、消除影响的具体措施、履行承诺的时限以及未履行或者未完全履行承诺的法律后果等内容。

第三十五条 决定中止调查的，反垄断执法机构应当对经营者履行承诺的情况进行监督。

经营者应当在规定的时限内向反垄断执法机构书面报告承诺履行情况。

第三十六条 反垄断执法机构确定经营者已经履行承诺的，可以决定终止调查，并制作终止调查决定书。

终止调查决定书应当载明被调查经营者涉嫌滥用市场支配地位行为的事实、作出中止调查决定的情况、承诺的具体内容、履行承诺的情况、监督情况等内容。

有下列情形之一的，反垄断执法机构应当恢复调查：

（一）经营者未履行或者未完全履行承诺的；

（二）作出中止调查决定所依据的事实发生重大变化的；

（三）中止调查决定是基于经营者提供的不完整或者不真实的信息作出的。

第三十七条 经营者涉嫌违反本规定的，反垄断执法机构可以对其法定代表人或者负责人进行约谈。

约谈应当指出经营者涉嫌滥用市场支配地位的问题，听取情况说明，开展提醒谈话，并可以要求其提出改进措施，消除行为危害后果。

经营者应当按照反垄断执法机构要求进行改进，提出消除行为危害后果的具体措施、履行时限等，并提交书面报告。

第三十八条 省级市场监管部门作出不予行政处罚决定、中止调查决定、恢复调查决定、终止调查决定或者行政处罚告知前，应当向市场监管总局报告，接受市场监管总局的指导和监督。

省级市场监管部门向被调查经营者送达不予行政处罚决定书、中止调查决定书、恢复调查决定书、终止调查决定书或者行政处罚决定书后，应当在七个工作日内向市场监管总局备案。

第三十九条 反垄断执法机构作出行政处理决定后，依法向社会公布。行政处罚信息应当依法通过国家企业信用信息公示系统向社会公示。

第四十条 市场监管总局应当加强对省级市场监管部门查处滥用市场支配地位行为的指导和监督，统一执法程序和标准。

省级市场监管部门应当严格按照市场监管总局相关规定查处滥用市场支配地位行为。

第四十一条 经营者滥用市场支配地位的，由反垄断执法机构责令停止违法行为，没收违法所得，并处上一年度销售额百分之一以上百分之十以下的罚款。

反垄断执法机构确定具体罚款数额时，应当考虑违法行为的性质、程度、持续时间和消除违法行为后果的情况等因素。

违反本规定，情节特别严重、影响特别恶劣、造成特别严重后果的，市场监管总局可以在第一款规定的罚款数额的二倍以上五倍以下确定具体罚款数额。

经营者因行政机关和法律、法规授权的具有管理公共事务职能的组织滥用行政权力而滥用市场支配地位的，按照第一款规定处理。经营者能够证明其受行政机关和法律、法规授权的具有管理公共事务职能的组织滥用行政权力强制或者变相强制滥用市场支配地位的，可以依法从轻或者减轻处罚。

第四十二条 反垄断执法机构工作人员滥用职权、玩忽职守、徇私舞弊或者泄露执法过程中知悉的商业秘密、个人隐私和个人信息的，依照有关规定处理。

第四十三条 反垄断执法机构在调查期间发现的公职人员涉嫌职务违法、职务犯罪问题线索，应当及时移交纪检监察机关。

第四十四条 本规定对滥用市场支配地位行为调查、处罚程序未作规定的，依照《市场监督管理行政处罚程序规定》执行，有关时限、立案、案件管辖的规定除外。

反垄断执法机构组织行政处罚听证的，依照《市场监督管理行政处罚听证办法》执行。

第四十五条 本规定自 2023 年 4 月 15 日起施行。2019 年 6 月 26 日国家市场监督管理总局令第 11 号公布的《禁止滥用市场支配地位行为暂行规定》同时废止。

企业境外反垄断合规指引

(2021 年 11 月 15 日 国市监反垄发〔2021〕72 号)

第一章 总 则

第一条 **【目的和依据】** 为了鼓励企业培育公平竞争的合规文化，引导企业建立和加强境外反垄断合规管理制度，增强企业境外经营反垄断合规管理意识，提升境外经营反垄断合规管理水平，防范境外反垄断法律风险，保障企业持续健康发展，根据工作实际，制定本指引。

第二条 **【反垄断合规的重要意义】** 反垄断法是市场经济国家调控经济的重要政策工具，制定并实施反垄断法是世界上大多数国家或者地区（以下称司法辖区）保护市场公平竞争、维护市场竞争秩序的普遍做法。不同司法辖区对反垄断法的表述有所不同，例如"反垄断法"、"竞争法"、"反托拉斯法"、"公平交易法"等，本指引以下统称反垄断法。

企业境外经营应当坚持诚信守法、公平竞争。企业违反反垄断法可能面临高额罚款、罚金、损害赔偿诉讼和其他法律责任，企业相关负责人也可能面临罚款、罚金甚至刑事责任等严重后果。加强境外反垄断合规建设，可以帮助企业识别、评估和管控各类反垄断法律风险。

第三条 **【适用范围】** 本指引适用于在境外从事经营业务的中国企业以及在境内从事经营业务但可能对境外市场产生影响的中国企业，包括从事进出口贸易、境外投资、并购、知识产权转让或者许可、招投标等涉及境外的经营活动。

多数司法辖区反垄断法规定域外管辖制度，对在本司法辖区以外发生但对本司法辖区内市场产生排除、限制竞争影响的垄断行为，同样适用其反垄断法。

第二章 境外反垄断合规管理制度

第四条 **【建立境外反垄断合规管理制度】** 企业可以根据业务规模、业务涉及的主要司法辖区、所处行业特性及市场状况、业务经营面临的法律风险等制定境外反垄断合规制度，或者将境外反垄断合规要求嵌入现有整体合规制度中。

部分司法辖区对企业建立健全反垄断合规体系提出了具体指引，企业可以以此为基础制定相应的反垄断合规制度。企业建立并有效实施良好的合规制度在部分司法辖区可以作为减轻反垄断处罚责任的依据。

第五条 【境外反垄断合规管理机构】鼓励企业尤其是大型企业设置境外反垄断合规管理部门或者岗位，或者依托现有合规管理制度开展境外反垄断合规管理专项工作。

反垄断合规管理部门和合规管理人员可以按照国务院反垄断委员会发布的《经营者反垄断合规指南》履行相应职责。

企业可以对境外反垄断合规管理制度进行定期评估，该评估可以由反垄断合规管理部门实施或者委托外部专业机构协助实施。

第六条 【境外反垄断合规管理职责】境外反垄断合规管理职责主要包括以下方面：

（一）持续关注企业业务所涉司法辖区反垄断立法、执法及司法的发展动态，及时为决策层、高级管理层和业务部门提供反垄断合规建议；

（二）根据所涉司法辖区要求，制定并更新企业反垄断合规政策，明确企业内部反垄断合规要求和流程，督促各部门贯彻落实，确保合规要求融入各项业务领域；

（三）审核、评估企业竞争行为和业务经营的合规性，及时制止、纠正不合规的经营行为，并制定针对潜在不合规行为的应对措施；

（四）组织或者协助业务、人事等部门开展境外反垄断合规培训，并向业务部门和员工提供境外反垄断合规咨询；

（五）建立境外反垄断合规报告制度，组织开展企业内部反垄断合规检查，对发现的合规风险向管理层提出处理建议；

（六）妥善应对反垄断合规风险事件，就潜在或者已发生的反垄断调查或者诉讼，组织制定应对和整改措施；

（七）其他与企业境外反垄断合规有关的工作。

第七条 【境外反垄断合规承诺机制】鼓励企业建立境外反垄断合规承诺机制。企业决策人员、在境外从事经营的高级管理人员和业务人员等可以作出反垄断合规承诺。

建立反垄断合规承诺机制，可以提高相关人员对反垄断法律风险的认识和重视程度，确保其对企业履行合规承诺负责。通常情况下，企业决策人员和相关高级管理人员对反垄断合规的承诺和参与是提升合规制度有效性的关键。

第三章　境外反垄断合规风险重点

第八条 【反垄断涉及的主要行为】各司法辖区反垄断法调整的行为类型类似，主要规制垄断协议、滥用市场支配地位和具有或者可能具有排除、限制竞争影响的经营者集中。各司法辖区对于相关行为的定义、具体类型和评估方法不尽相同，本章对此作简要阐释，具体合规要求应以各司法辖区反垄断法相关规定为准。

同时，企业应当根据相关司法辖区的情况，关注本章可能未涉及的特殊规制情形，例如有的司法辖区规定禁止滥用相对优势地位、禁止在竞争者中兼任董事等安排，规制行政性垄断行为等。

第九条 【垄断协议】垄断协议一般是指企业间订立的排除、限制竞争的协议或者采取的协同行为，也被称为"卡特尔"、"限制竞争协议"、"不正当交易限制"等，主要包括固定价格、限制产量或分割市场、联合抵制交易等横向垄断协议以及转售价格维持、限定销售区域和客户或者排他性安排等纵向垄断协议。部分司法辖区反垄断法也禁止交换价格、成本、市场计划等竞争性敏感信息，某些情况下被动接收竞争性敏感信息不能成为免于处罚的理由。横向垄断协议,尤其是与价格相关的横向垄断协议,通常被视为非常严重的限制竞争行为,各司法辖区均对此严格规制。多数司法辖区也对纵向垄断协议予以规制,例如转售价格维持(RPM)可能具有较大的违法风险。

垄断协议的形式并不限于企业之间签署的书面协议,还包括口头协议、协同行为等行为。垄断协议的评估因素较为复杂,企业可以根据各司法辖区的具体规定、指南、司法判例及执法实践进行评估和判断。比如,有的司法辖区对垄断协议的评估可能适用本身违法或者合理原则,有的司法辖区可能会考虑其是否构成目的违法或者需要进行效果分析。适用本身违法或者目的违法的行为通常推定为本质上存在损害、限制竞争性质,而适用合理原则与效果分析时,会对相关行为促进和损害竞争效果进行综合分析。部分司法辖区对垄断协议行为设有行业豁免、集体豁免以及安全港制度,企业在分析和评估时可以参照有关规定。

此外,大多数司法辖区均规定协会不得组织企业从事垄断协议行为,企业也不会因协会组织的垄断协议而免于处罚。

第十条 【滥用市场支配地位】市场支配地位一般是指企业能够控制某个相关市场,而在该市场内不再受到有效竞争约束的地位。一般来说,判断是否具有市场支配地位需要综合考虑业务规模、市场份额和其他相关因素,比如来自竞争者的竞争约束、客户的谈判能力、市场进入壁垒等。通常情况下,除非有相反证据,较低的市场份额不会被认定为具有市场支配地位。

企业具有市场支配地位本身并不违法,只有滥用市场支配地位才构成违法。滥用市场支配地位是指具有市场支配地位的企业没有正当理由,凭借该地位实施排除、限制竞争的行为,一般包括销售或采购活动中的不公平高价或者低价、低于成本价销售、附加不合理或者不公平的交易条款和条件、独家或者限定交易、拒绝交易、搭售、歧视性待遇等行为。企业在判断是否存在滥用市场支配地位时,可以根据有关司法辖区的规定,提出可能存在的正当理由及相关证据。

第十一条 【经营者集中】经营者集中一般是指企业合并、收购、合营等行为,有的司法辖区称之为并购控制。经营者集中本身并不违法,但对于具有或可能具有排除、限制竞争效果的,可能被禁止或者附加限制性条件批准。

不同司法辖区判断是否构成集中、是否应当申报的标准不同。有的司法辖区主要考察经营者控制权的持久变动,通过交易取得对其他经营者的单独或者共同控制即构成集中,同时依据营业额设定申报标准;有的司法辖区设置交易规模、交易方资产额、营业额等多元指标判断是否达到申报标准;有的司法辖区考察集中是否会或者可能会对本辖区产生实质性限制竞争效果,主要以市场份额作为是否申报或者鼓励申报的初步判断标准。此外,设立合营企业是否构成经营者集中在不同司法辖区的标准也存在差异,需要根据相关规定具体分析。

多数司法辖区要求符合规定标准的集中必须在实施前向反垄断执法机构申报,否则不得实施;有的司法辖区根据集中类型、企业规模和交易规模确定了不同的申报时点;有的司法辖区采取自愿申报制度;有的司法辖区要求企业不晚于集中实施后的一定期限内申报;有的司法辖区可以在一定情况下调查未达到申报标准的交易。对于采取强制事前申报的司法辖区,未依法申报或者未经批准实施的经营者集中,通常构成违法行为并可能产生严重的法律后果,比如罚款、暂停交易、恢复原状等;采取自愿申报或者事后申报的司法辖区,比如交易对竞争产生不利影响,反垄断执法机构可以要求企业暂停交易、恢复原状、附加限制性条件等。

第十二条 【境外反垄断调查方式】多数司法辖区反垄断执法机构都拥有强力而广泛的调查权。一般来说,反垄断执法机构可根据举报、投诉、违法公司的宽大申请或者依职权开展调查。

调查手段包括收集有关信息、复制文件资料、询问当事人及其他关系人(比如竞争对手和客户)、现场调查、采取强制措施等。部分司法辖区还可以开展"黎明突袭",即在不事先通知企业的情况下，突然对与实施涉嫌垄断行为相关或者与调查相关的必要场所进行现场搜查。在黎明突袭期间，企业不得拒绝持有搜查证、搜查授权或者决定的调查人员进入。调查人员可以检查搜查证、搜查授权或者决定范围内的一切物品，可以查阅、复制文件，根据检查需要可以暂时查封有关场所，询问员工等。此外，在有的司法辖区，反垄断执法机构可以与边境管理部门合作，扣留和调查入境的被调查企业员工。

第十三条　【配合境外反垄断调查】 各司法辖区对于配合反垄断调查和诉讼以及证据保存均有相关规定，一般要求相关方不得拒绝提供有关材料或信息，提供虚假或者误导性信息、隐匿或者销毁证据，开展其他阻挠调查和诉讼程序并带来不利后果的行为，对于不配合调查的行为规定了相应的法律责任。有的司法辖区规定，提供错误或者误导性信息等情形可面临最高为集团上一财年全球总营业额1%的罚款，还可以要求每日缴纳最高为集团上一财年全球日均营业额5%的滞纳金；如果最终判定存在违法行为，则拒绝合作可能成为加重罚款的因素。有的司法辖区规定，拒绝配合调查可能被判藐视法庭或者妨碍司法公正，并处以罚金，情节严重的甚至可能被判处刑事责任，比如通过向调查人员提供重大不实陈述的方式故意阻碍调查等情形。通常情况下，企业对反垄断调查的配合程度是执法机构作出处罚以及宽大处理决定时的重要考量因素之一。

企业可以根据需要，由法务部门、外部律师、信息技术部门事先制定应对现场检查的方案和配合调查的计划。在面临反垄断调查和诉讼时，企业可以制定员工出行指南，确保员工在出行期间发生海关盘问、搜查等突发情况时能够遵守企业合规政策，同时保护其合法权利。

第十四条　【企业在境外反垄断调查中的权利】 多数司法辖区对反垄断执法机构开展调查的程序等作出明确要求，以保障被调查企业的合法权利。反垄断执法机构开展调查时应当遵循法定程序并出具相关证明文件，比如执法机构的身份证明或者法院批准的搜查令等。被调查的企业依法享有陈述、说明和申辩的权利，反垄断执法机构对调查过程中获取的信息应当依法予以保密。

在境外反垄断调查中，企业可以依照相关司法辖区的规定维护自身合法权益，比如就有关事项进行陈述和申辩，要求调查人员出示证件，向执法机构询问企业享有的合法权利，在保密的基础上查阅执法机构的部分调查文件；聘请律师到场，在有的司法辖区，被调查对象有权在律师到达前保持缄默。部分司法辖区对受律师客户特权保护的文件有除外规定，企业在提交文件时可以对相关文件主张律师客户特权，防止执法人员拿走他们无权调阅的特权资料。有的司法辖区规定，应当听取被调查企业或行业协会的意见，并使其享有就争议事项提出答辩的机会。无论是法律或者事实情况，如果被调查对象没有机会表达自己的观点，就不能作为案件裁决的依据。

第十五条　【境外反垄断诉讼】 企业在境外也可能面临垄断诉讼。反垄断诉讼既可以由执法机构提起，也可以由民事主体提起。比如，在有的司法辖区，执法机构可以向法院提起刑事诉讼和民事诉讼；直接购买者、间接购买者也可以向法院提起诉讼，这些诉讼也有可能以集团诉讼的方式提起。在有的司法辖区，反垄断诉讼包括对反垄断执法机构决定的上诉，以及受损害主体提起的损害赔偿诉讼、停止垄断行为的禁令申请或者以合同包含违反竞争法律的限制性条款为由对该合同提起的合同无效之诉。

不同司法辖区的反垄断诉讼涉及程序复杂、耗时较长；有的司法辖区可能涉及范围极为宽泛的证据开示。企业在境外反垄断诉讼中一旦败诉，将面临巨额罚款或者赔偿、责令改变商业模式甚至承担刑事责任等严重不利后果。

第十六条　【应对境外反垄断风险】 企业可以建立对境外反垄断法律风险的应对和损害减轻机制。当发生重大境外反垄断法律风险时，可以立刻通知法务人员、反垄断合规管理人员、相关业务部门负责人开展内部联合调查，发现并及时终止不合规行为，制定内部应对流程以及诉讼或者辩护方案。

部分司法辖区设有豁免申请制度，在符合一定条件的情况下，企业可以针对可能存在损害竞争效果但也有一定效率提升、消费者福利提升或公平利益提升的相关行为，向反垄断执法机构事前提出豁免申请。获得批准后，企业从事相关行为将不会被反垄断执法机构调查或者被认定为违法。企业可以根据所在司法辖区的实际情况评估如何运用该豁免申请，提前防范反垄断法律风险。

企业可以聘请外部律师、法律或者经济学专家、其他专业机构协助企业应对反垄断法律风险，争取内部调查的结果在可适用的情况下可以受到律师客户特权的保护。

第十七条　【可能适用的补救措施】 出现境外反垄断法律风险时或者境外反垄断法律风险发生后，企业可以根据相关司法辖区的规定以及实际情况采取相应措施，包括运用相关司法辖区反垄断法中的宽大制度、承诺制度、和解程序等，最大程度降低风险和负面影响。

宽大制度，一般是指反垄断执法机构对于主动报告垄断协议行为并提供重要证据的企业，减轻或者免除处罚的制度。比如，有的司法辖区，宽大制度可能使申请企业减免罚款并豁免刑事责任；有的司法辖区，第一个申请宽大的企业可能被免除全部罚款，后续申请企业可能被免除部分罚款。申请适用宽大制度通常要求企业承认参与相关垄断协议，可能在后续民事诉讼中成为对企业的不利证据，同时要求企业承担更高的配合调查义务。

承诺制度，一般是指企业在反垄断调查过程中，主动承诺停止或者放弃被指控的垄断行为，并采取具体措施消除对竞争的不利影响，反垄断执法机构经评估后作出中止调查、接受承诺的决定。对于企业而言，承诺决定不会认定企业存在违法行为，也不会处以罚款；但企业后续如果未遵守承诺，可能面临重启调查和罚款的不利后果。

和解制度，一般是指企业在反垄断调查过程中与执法机构或者私人原告以和解的方式快速结案。有的司法辖区，涉案企业需主动承认其参与垄断协议的违法行为，以获得最多10%的额外罚款减免。有的司法辖区，和解包括在民事案件中与执法机构或者私人原告达成民事和解协议，或者在刑事案件中与执法机构达成刑事认罪协议。民事和解通常包括有约束力的同意调解书，其中包括纠正被诉损害竞争行为的承诺。执法机构也可能会要求被调查方退还通过损害竞争行为获得的非法所得。同意调解书同时要求企业对遵守承诺情况进行定期报告。不遵守同意调解书，企业可能被处以罚款，并且重新调查。在刑事程序中，企业可以和执法机构达成认罪协议，达到减轻罚款、更快结案的效果；企业可以综合考虑可能的罚款减免、效率、诉讼成本、确定性、胜诉可能性、对后续民事诉讼的影响等因素决定是否达成认罪协议。

第十八条　【反垄断法律责任】 垄断行为可能导致相关企业和个人被追究行政责任、民事责任和刑事责任。

行政责任主要包括被处以禁止令、罚款、拆分企业等。禁止令通常禁止继续实施垄断行为，也包括要求采取整改措施、定期报告、建立和实施有效的合规制度等。多数司法辖区对垄断行为规定大额罚款，有的司法辖区规定最高可以对企业处以集团上一年度全球总营业额10%的罚款。

民事责任主要有确认垄断协议无效和损害赔偿两种。有的司法辖区规定应当充分赔偿因垄断行为造成的损失，包括实际损失和利润损失，加上从损害发生之日起至支付赔偿金期间的利息；有的司法辖区规定企业最高承担三倍损害赔偿责任以及相关诉讼费用。

部分司法辖区还规定刑事责任，垄断行为涉及的高级管理人员、直接责任人等个人可能面临罚金甚至监禁，对公司违法者的罚金高达1亿美元，个人刑事罚金高达100万美元，最高监禁期为10年。如果违法所得或者受害者经济损失超过1亿美元，公司的最高罚金可以是违法所得或者经济损失的两倍。

有的司法辖区规定，如果母公司对子公司能够施加"决定性影响"，境外子公司违反反垄断法，母公司可能承担连带责任。同时，计算相关罚款的基础调整为整个集团营业额。

除法律责任外，企业受到反垄断调查或者诉讼还可能产生其他重大不利影响，对企业境外经营活动造成极大风险。反垄断执法机构的调查或者反垄断诉讼可能耗费公司大量的时间，产生高额法律费用，分散对核心业务活动的关注，影响企业正常经营。如果调查或者诉讼产生不利后果，企业财务状况和声誉会受到极大损害。

第四章　境外反垄断合规风险管理

第十九条　【境外反垄断风险识别】 企业可以根据境外业务规模、所处行业特点、市场情况、相关司法辖区反垄断法律法规以及执法环境等因素识别企业面临的主要反垄断风险。

（一）可能与垄断协议有关的风险。大多数司法辖区禁止企业与其他企业达成和实施垄断协议以及交换竞争性敏感信息。企业在境外开展业务时应当高度关注以下行为可能产生与垄断协议有关的风险：一是与竞争者接触相关的风险。比如，企业员工与竞争者员工之间在行业协会、会议以及其他场合的接触；竞争企业之间频繁的人员流动；通过同一个供应商或者客户交换敏感信息等。二是与竞争者之间合同、股权或其他合作相关的风险。比如，与竞争者达成合伙或者合作协议等可能排除、限制竞争的。三是在日常商业行为中与某些类型的协议或行为相关的风险。比如，与客户或供应商签订包含排他性条款的协议；对客户转售价格的限制等。

（二）可能与滥用市场支配地位有关的风险。企业应当对从事经营活动的市场、主要竞争者和自身市场力量做出评估和判断，并以此为基础评估和规范业务经营活动。当企业在某一市场中具有较高市场份额时，应当注意其市场行为的商业目的是否限制竞争、行为是否对竞争造成不利影响，避免出现滥用市场支配地位的风险。

（三）可能与经营者集中有关的风险。大多数司法辖区设有集中申报制度，企业在全球范围内开展合并、收购、设立合营企业等交易时，同一项交易（包括在中国境内发生的交易）可能需要在多个司法辖区进行申报。企业在开展相关交易前，应当全面了解相关司法辖区的申报要求，充分利用境外反垄断执法机构的事前商谈机制，评估申报义务并依法及时申报。企业收购境外目标公司还应当特别注意目标公司是否涉及垄断法律责任或者正在接受反垄断调查，评估该法律责任在收购后是否可能被附加至母公司或者买方。

第二十条　【境外反垄断风险评估】 企业可以根据实际情况，建立境外反垄断法律风险评估程序和标准，定期分析和评估境外反垄断法律风险的来源、发生的可能性以及后果的严重性等，明确风险等级，并按照不同风险等级设计和实施相应的风险防控制度。评估可以由企业反垄断合规管理部门组织实施或者委托外部专业机构协助实施。

鼓励企业对以下情形开展专项评估：（一）对业务收购、公司合并、新设合营企业等事项作出投资决策之前；（二）实施重大营销计划、签订重大供销协议之前；（三）受到境外反垄断调查或者诉讼之后。

第二十一条　【企业员工风险评级】 企业根据员工面临境外反垄断法律风险的不同程度开展风险评级，进行更有效的风险防控。对高级管理人员，业务部门的管理人员，经常与同行竞争者交往的人员，销售、市场及采购部门的人员，知晓企业商业计划、价格等敏感信息的人员，曾在具有竞争关系的企业工作并知晓敏感信息的人员，负责企业并购项目的人员等；企业可以优先进行风险管理，采取措施强化其反垄断合规意识。对其他人员，企业可以根据风险管理的优先级采取反垄断风险管理的适当措施。

第二十二条　【境外反垄断合规报告】 企业可以建立境外反垄断合规报告机制。反垄断合规管理部门可以定期向企业决策层和高级管理层汇报境外反垄断合规管理情况。当发生重大境外反垄断风险时，反垄断合规管理机构应当及时向企业决策层和高级管理层汇报，组织内部调查，提出风险评估意见和风险应对措施；同时，企业可以通过境外企业和对外投资联络服务平台等渠道向商务部、市场监管总局等政府部门和驻外使领馆报告。

第二十三条 **【境外反垄断合规咨询】**企业可以建立反垄断合规咨询机制。由于境外反垄断合规的高度复杂性，鼓励企业及员工尽早向反垄断合规管理部门咨询经营中遇到境外反垄断合规问题。企业反垄断合规管理部门可根据需要聘请外部律师或专家协助开展合规咨询，也可在相关司法辖区法律法规允许的情况下，在开展相关行为前向有关反垄断执法机构进行合规咨询。

第二十四条 **【境外反垄断合规审核】**企业可以建立境外反垄断合规审核机制。反垄断合规管理部门可以对企业在境外实施的战略性决定、商业合同、交易计划、经销协议模板、销售渠道管理政策等进行反垄断合规审核。反垄断合规管理部门可以根据需要聘请外部律师协助评估反垄断法律风险，提出审核意见。

第二十五条 **【境外反垄断合规培训】**企业可以对境外管理人员和员工进行定期反垄断合规培训。反垄断合规培训可以包括相关司法辖区反垄断法律法规、反垄断法律风险、可能导致反垄断法律风险的行为、日常合规行为准则、反垄断调查和诉讼的配合、反垄断宽大制度、承诺制度、和解制度、企业的反垄断合规政策和体系等相关内容。

企业可以定期审阅、更新反垄断合规培训内容；也可以通过员工行为准则、核查清单、反垄断合规手册等方式向员工提供书面指导。

第二十六条 **【其他防范反垄断风险的具体措施】**除本章第十九条至第二十五条规定之外，企业还可以采取以下措施，防范境外反垄断风险。

（一）在加入行业协会之前，对行业协会目标和运营情况进行尽职调查，特别是会籍条款是否可能用来排除限制竞争，该协会是否有反垄断合规制度等。保存并更新所参加的行业协会活动及相关员工的清单。

（二）在参加行业协会组织的或者有竞争者参加的会议前了解议题，根据需要可以安排反垄断法律顾问出席会议和进行反垄断合规提醒；参加行业协会会议活动时认真审阅会议议程和会议纪要。

（三）在与竞争者进行交流之前应当明确范围，避免讨论竞争敏感性话题；记录与竞争者之间的对话或其他形式的沟通，及时向上级或者反垄断合规管理部门报告。

（四）对与竞争者共同建立的合营企业和其他类型的合作，可以根据需要设立信息防火墙，避免通过合营企业或者其他类型的合作达成或者实施垄断协议。

（五）如果企业的部分产品或者服务在相关司法辖区可能具有较高的市场份额，可以对定价、营销、采购等部门进行专项培训，对可能存在风险的行为进行事前评估，及时防范潜在风险。

第五章 附　则

第二十七条 **【指引的效力】**本指引仅对企业境外反垄断合规作出一般性指引，供企业参考。指引中关于境外反垄断法律法规的阐释多为原则性、概括性说明，建议在具体适用时查询相关司法辖区反垄断法律法规的最新版本。企业应当结合各司法辖区关于合规制度以及经营行为是否违反反垄断法等方面的具体要求，有针对性地建设反垄断合规体系和开展合规工作。

本指引未涉及事项，可以参照国务院反垄断委员会发布的《经营者反垄断合规指南》。

经营者反垄断合规指南

（2020 年 9 月 11 日　国反垄发〔2020〕1 号）

第一章　总　　则

第一条　**【目的和依据】**为鼓励经营者培育公平竞争的合规文化，建立反垄断合规管理制度，提高对垄断行为的认识，防范反垄断合规风险，保障经营者持续健康发展，促进《中华人民共和国反垄断法》（以下简称《反垄断法》）的全面实施，根据《反垄断法》等法律规定，制定本指南。

第二条　**【适用范围】**本指南适用于《反垄断法》规定的经营者。

第三条　**【基本概念】**本指南所称合规，是指经营者及其员工的经营管理行为符合《反垄断法》等法律、法规、规章及其他规范性文件（以下统称反垄断法相关规定）的要求。

本指南所称合规风险，是指经营者及其员工因反垄断不合规行为，引发法律责任、造成经济或者声誉损失以及其他负面影响的可能性。

本指南所称合规管理，是指以预防和降低反垄断合规风险为目的，以经营者及其员工经营管理行为为对象，开展包括制度制定、风险识别、风险应对、考核评价、合规培训等管理活动。

第四条　**【合规文化倡导】**经营者应当诚实守信，公平竞争，倡导和培育良好的合规文化，在生产经营活动中严格守法，避免从事反垄断法相关规定禁止的垄断行为。

第二章　合规管理制度

第五条　**【建立合规制度】**经营者建立并有效执行反垄断合规管理制度，有助于提高经营管理水平，避免引发合规风险，树立依法经营的良好形象。

经营者可以根据业务状况、规模大小、行业特性等，建立反垄断合规管理制度，或者在现有合规管理制度中开展反垄断合规管理专项工作。

第六条　**【合规承诺】**鼓励经营者的高级管理人员作出并履行明确、公开的反垄断合规承诺。鼓励其他员工作出并履行相应的反垄断合规承诺。

经营者可以在相关管理制度中明确有关人员违反承诺的后果。

第七条　**【合规报告】**鼓励经营者全面、有效开展反垄断合规管理工作，防范合规风险。经营者可以向反垄断执法机构书面报告反垄断合规管理制度及实施效果。

第八条　**【合规管理机构】**鼓励具备条件的经营者建立反垄断合规管理部门，或者将反垄断合规管理纳入现有合规管理体系；明确合规工作职责和负责人，完善反垄断合规咨询、合规检查、合规汇报、合规培训、合规考核等内部机制，降低经营者及其员工的合规风险。反垄断合规管理部门及其负责人应当具备足够的独立性和权威性，可以有效实施反垄断合规管理。

第九条　**【合规管理负责人】**反垄断合规负责人领导合规管理部门执行决策管理层对反垄断合规管理的各项要求，协调反垄断合规管理与各项业务的关系，监督合规管理执行情况。

鼓励经营者高级管理人员领导或者分管反垄断合规管理部门，承担合规管理的组织实施和统筹协调工作。

第十条　**【合规管理职责】**反垄断合规管理部门和合规管理人员一般履行以下职责：

（一）加强对国内外反垄断法相关规定的研究，推动完善合规管理制度，明确经营者合规管理战略目标和规划等，保障经营者依法开展生产经营活动；

（二）制定经营者内部合规管理办法，明确合规管理要求和流程，督促各部门贯彻落实，确保合规要求融入各项业务领域；

（三）组织开展合规检查，监督、审核、评估经营者及员工经营活动和业务行为的合规性，及时制止并纠正不合规的经营行为，对违规人员进行责任追究或者提出处理建议；

（四）组织或者协助业务部门、人事部门开展反垄断合规教育培训，为业务部门和员工提供反垄断合规咨询；

（五）建立反垄断合规报告和记录台账，组织或者协助业务部门、人事部门将合规责任纳入岗位职责和员工绩效考评体系，建立合规绩效指标；

（六）妥善应对反垄断合规风险事件，组织协调资源配合反垄断执法机构进行调查并及时制定和推动实施整改措施；

（七）其他与经营者反垄断合规有关的工作。

鼓励经营者为反垄断合规管理部门和合规管理人员履行职责提供必要的资源和保障。

第三章　合规风险重点

第十一条　【禁止达成垄断协议】经营者不得与其他经营者达成或者组织其他经营者达成《反垄断法》第十三条和第十四条禁止的垄断协议。

是否构成垄断协议、垄断协议的具体表现形式，经营者可以依据《反垄断法》、《禁止垄断协议暂行规定》作出评估、判断。

经营者不得参与或者支持行业协会组织的垄断协议。

经营者因行政机关和法律、法规授权的具有管理公共事务职能的组织滥用行政权力而达成垄断协议的，仍应承担法律责任。

第十二条　【禁止滥用市场支配地位】经营者具有市场支配地位的，不得从事反垄断法相关规定所禁止的滥用市场支配地位行为。

经营者是否具有市场支配地位、是否构成滥用市场支配地位的行为，可以依据《反垄断法》、《禁止滥用市场支配地位行为暂行规定》作出评估、判断。

第十三条　【依法实施经营者集中】经营者实施《反垄断法》规定的经营者集中行为，达到《国务院关于经营者集中申报标准的规定》第三条所规定的申报标准的，应当依法事先向反垄断执法机构申报，未申报的不得实施集中。

经营者集中未达到《国务院关于经营者集中申报标准的规定》第三条规定的申报标准，参与集中的经营者可以自愿提出申报。对符合《关于经营者集中简易案件适用标准的暂行规定》的经营者集中，经营者可以申请作为简易案件申报。

经营者应当遵守反垄断执法机构依法作出的经营者集中审查决定。

第十四条　【经营者的法律责任】经营者违反《反垄断法》，应当依法承担相应的法律责任。

第十五条　【承诺制度】对反垄断执法机构调查的涉嫌垄断行为，被调查的经营者承诺在反垄断执法机构认可的期限内采取具体措施消除该行为后果的，反垄断执法机构可以决定中止调查。经营者申请承诺的具体适用标准和程序等可以参考《禁止垄断协议暂行规定》、《禁止滥用市场支配地位行为暂行规定》、《国务院反垄断委员会垄断案件经营者承诺指南》。

反垄断执法机构根据经营者履行承诺情况，依法决定终止调查或者恢复调查。

第十六条　【宽大制度】经营者主动向反垄断执法机构报告达成垄断协议的有关情况并提供重要证据的，反垄断执法机构可以酌情减轻或者免除对该经营者的处罚。经营者申请宽大的具体适用标准和程序等可以参考《禁止垄断协议暂行规定》、《国务院反垄断委员会横向垄断协案件宽大制度适用指南》。

第十七条 【配合调查义务】经营者及员工应当配合反垄断执法机构依法对涉嫌垄断行为进行调查，避免从事以下拒绝或者阻碍调查的行为：

（一）拒绝、阻碍执法人员进入经营场所；

（二）拒绝提供相关文件资料、信息或者获取文件资料、信息的权限；

（三）拒绝回答问题；

（四）隐匿、销毁、转移证据；

（五）提供误导性信息或者虚假信息；

（六）其他阻碍反垄断调查的行为。

经营者及员工在反垄断执法机构采取未预先通知的突击调查中应当全面配合执法人员。

第十八条 【境外风险提示】经营者在境外开展业务时，应当了解并遵守业务所在国家或者地区的反垄断相关法律规定，可以咨询反垄断专业律师的意见。经营者在境外遇到反垄断调查或者诉讼时，可以向反垄断执法机构报告有关情况。

第四章 合规风险管理

第十九条 【风险识别】经营者可以根据自身规模、所处行业特性、市场情况、反垄断法相关规定及执法环境识别面临的主要反垄断风险。有关合规风险重点可以参考本指南第三章。

第二十条 【风险评估】经营者可以依据反垄断法相关规定，分析和评估合规风险的来源、发生的可能性以及后果的严重性等，并对合规风险进行分级。

经营者可以根据实际情况，建立符合自身需要的合规风险评估程序和标准。

第二十一条 【风险提醒】经营者可以根据不同职位、级别和工作范围的员工面临的不同合规风险，对员工开展风险测评和风险提醒工作，提高风险防控的针对性和有效性，降低员工的违法风险。

第二十二条 【风险处置】鼓励经营者建立健全风险处置机制，对识别、提示和评估的各类合规风险采取恰当的控制和应对措施。

经营者可以在发现合规风险已经发生或者反垄断执法机构已经立案并启动调查程序时，立即停止实施相关行为，主动向反垄断执法机构报告并与反垄断执法机构合作。

第五章 合规管理保障

第二十三条 【合规奖惩】鼓励经营者建立健全对员工反垄断合规行为的考核及奖惩机制，将反垄断合规考核结果作为员工及其所属部门绩效考核的重要依据，对违规行为进行处罚，提高员工遵守反垄断法相关规定的激励。

第二十四条 【内部举报】经营者可以采取适当的形式明确内部反垄断合规举报政策，并承诺为举报人的信息保密以及不因员工举报行为而采取任何对其不利的措施。

第二十五条 【信息化建设】鼓励经营者强化合规管理信息化建设，通过信息化手段优化管理流程，依法运用大数据等工具，加强对经营管理行为合规情况的监控和分析。

第二十六条 【合规队伍建设】鼓励经营者建立专业化、高素质的合规管理队伍，根据业务规模、合规风险水平等因素配备合规管理人员，提升队伍能力水平。

第二十七条 【合规培训】经营者可以通过加强教育培训等方式，投入有效资源，帮助和督促员工了解并遵守反垄断法相关规定，增强员工的反垄断合规意识。

第六章 附 则

第二十八条 【指南的效力】本指南仅对经营者反垄断合规作出一般性指引，不具有强制性。法律法规对反垄断合规另有专门规定的，从其规定。

第二十九条 【参考制定】行业协会可以参考本指南，制定本行业的合规管理制度。

网络平台经营者可以参考本指南，制定本平台内经营者合规管理制度。

第三十条 【指南的解释】本指南由国务院反垄断委员会解释，自发布之日起实施。

国家市场监督管理总局关于反垄断执法授权的通知

(2018 年 12 月 28 日 国市监反垄断〔2018〕265 号)

各省、自治区、直辖市市场监督管理局（厅、委）：

为了加强和优化政府反垄断职能，充实反垄断执法力量，有效维护市场公平竞争，促进全国统一开放、竞争有序市场体系建设，根据工作需要，按照《中华人民共和国反垄断法》有关规定，现授权各省、自治区、直辖市人民政府市场监督管理部门（以下统称省级市场监管部门），负责本行政区域内有关反垄断执法工作，并就有关事宜通知如下：

一、建立科学高效反垄断执法机制

（一）市场监管总局负责反垄断统一执法，直接管辖或者授权有关省级市场监管部门管辖下列案件：

1. 跨省、自治区、直辖市的垄断协议、滥用市场支配地位和滥用行政权力排除限制竞争案件，以及省级人民政府实施的滥用行政权力排除限制竞争行为。

2. 案情较为复杂或者在全国有重大影响的垄断协议、滥用市场支配地位和滥用行政权力排除限制竞争案件。

3. 总局认为有必要直接管辖的垄断协议、滥用市场支配地位和滥用行政权力排除限制竞争案件。

（二）省级市场监管部门负责本行政区域内垄断协议、滥用市场支配地位、滥用行政权力排除限制竞争案件反垄断执法工作，以本机关名义依法作出处理。省级市场监管部门发现案件属于总局管辖范围的，要及时将案件移交总局。省级市场监管部门对属于本机关管辖范围的案件，认为有必要由总局管辖的，可以报请总局决定。

（三）总局在案件审查和调查过程中，可以委托省级市场监管部门开展相应的调查。省级市场监管部门应当积极配合总局做好反垄断执法工作。省级市场监管部门在反垄断执法过程中，可以委托其他省级市场监管部门或者下级市场监管部门开展调查。受委托的市场监管部门在委托范围内，以委托机关的名义实施调查，不得再委托其他行政机关、组织或者个人实施调查。

（四）省级市场监管部门对案件管辖产生异议的，报请总局决定。

二、严格依法履行法定职责

（一）积极开展反垄断执法。总局和省级市场监管部门要将执法作为推进反垄断工作的主要内容，切实加强反垄断案件查办，着力预防和制止垄断行为。省级市场监管部门要严格依法做好管辖范围内反垄断有关举报受理、线索核查、立案调查和案件处理等工作，做到有案必查、违法必究，坚决防止和克服地方保护主义和市场分割。对不依法行政、违反法律规定执法办案的，总局将视情况改变授权方式或者撤销授权。工作人员滥用职权、玩忽职守、徇私舞弊或者泄露执法过程中知悉的商业秘密的，要严肃追究法律责任。

（二）统一执法尺度和标准。总局要加强对全国反垄断工作的指导和协调。省级市场监管部门要严格依照法律规定和总局统一要求，按照事实清楚、证据确凿、定性准确、处理恰当、手续完备、程序合法的原则，开展反垄断执法工作。省级市场监管部门要在立案后 10 个工作日内，将立案情况向总局备案；立案前可以就相关事宜与总局沟通。在拟作出销案决定、行政处罚事先告知、行政处罚决定、中止调查、恢复调查和终止调查决定，以及拟对滥用行政权力排除限制竞争行为提出依法处理建议前，要将案件有关情况和文书草稿向总局报告，接受总局的指导和监督。案件调查和处理中的其他重大或者疑难事项，要及时向总局报告。

（三）加强案件信息公开。总局和省级市场监管部门要按照有关规定要求，通过国家企业信用信息公示系统，做好相关涉企信息的公示工作。总局建设和进一步完善反垄断执法信息发布平台。省级市场监管部门要在作出行政处罚决定、中止和终止调查决定以及对滥用行政权力排除限制竞争行为提出依法处理建议后 5 个工作日内，将有关文书报送总局。总局与省级市场监管部门同步向社会公布反垄断执法信息。

三、切实加强组织保障

（一）加强对反垄断工作的组织领导。反垄断工作是优化营商环境的重要内容，是市场在资源配置中起决定性作用的重要保障。省级市场监管部门要充分认识反垄断工作的重要意义，结合本地实际，研究采取切实有效的反垄断工作举措，当好市场公平竞争的维护者和消费者利益的保护者。每年年底前，省级市场监管部门要将当年反垄断工作总体情况及时上报总局。

（二）配备反垄断专业执法资源。反垄断执法任务繁重、专业性很强。省级市场监管部门要科学配置执法资源，明确专门负责反垄断执法的机构和人员，为有效开展反垄断执法工作提供有力的组织保障。建立健全反垄断执法人才选拔和培养机制，逐步建立省级反垄断执法人才库，形成一支高素质、专业化、相对稳定的反垄断执法队伍。

（三）不断增强反垄断执法能力。省级市场监管部门要在总局指导下，定期组织开展反垄断执法人员培训，通过专家授课、交流研讨、案例剖析等多种方式，学习反垄断有关法律规定、理论基础、典型案例和执法经验。加强与高等院校等科研机构的沟通交流，开展反垄断立法执法重点难点问题研究，提升反垄断执法能力和水平。

（四）深入开展竞争宣传倡导。省级市场监管部门要结合本地实际，切实做好本行政区域内的竞争宣传倡导工作。严格落实"谁执法谁普法"的普法责任制要求，大力宣传反垄断法律法规和要求。建立行政执法人员以案释法制度，充分发挥典型案例的引导、规范、预防与教育功能，增强市场主体和社会公众的竞争法律意识，营造有利于公平竞争的社会氛围。

国家市场监督管理总局反垄断局
关于经营者集中申报的指导意见

（2018 年 9 月 29 日修订）

依据《中华人民共和国反垄断法》（以下简称《反垄断法》）、《国务院关于经营者集中申报标准的规定》（以下简称《规定》）和《经营者集中申报办法》（以下简称《办法》）等相关法律法规，达到申报标准的经营者集中，经营者应当事先向国家市场监督管理总局申报，未申报的不得实施集中。为方便经营者申报，国家市场监督管理总局制订了相关指导意见，供经营者参考。

第一条 本指导意见所称经营者集中,是指《反垄断法》第20条所规定的下列情形:

(一)经营者合并;

(二)经营者通过取得股权或者资产的方式取得对其他经营者的控制权;

(三)经营者通过合同等方式取得对其他经营者的控制权或者能够对其他经营者施加决定性影响。

第二条 本指导意见所称申报标准,是指《规定》第三条所规定的下列标准:

(一)参与集中的所有经营者上一会计年度在全球范围内的营业额合计超过100亿元人民币,并且其中至少两个经营者上一会计年度在中国境内的营业额均超过4亿元人民币;

(二)参与集中的所有经营者上一会计年度在中国境内的营业额合计超过20亿元人民币,并且其中至少两个经营者上一会计年度在中国境内的营业额均超过4亿元人民币。

第三条 经营者集中所指的控制权,包括单独控制权和共同控制权。

判断经营者是否通过交易取得对其他经营者的控制权或者能够对其他经营者施加决定性影响(控制权和决定性影响以下统称为"控制权"),取决于大量法律和事实因素。集中协议和其他经营者的章程是重要判断依据,但不是唯一的依据。虽然从集中协议和章程中无法判断取得控制权,但由于其他股权分散等原因,实际上赋予了该经营者事实上的控制权,也属于经营者集中所指的控制权取得。判断经营者是否通过交易取得其他经营者的控制权,通常考虑包括但不限于下列因素:

(一)交易的目的和未来的计划;

(二)交易前后其他经营者的股权结构及其变化;

(三)其他经营者股东大会的表决事项及其表决机制,以及其历史出席率和表决情况;

(四)其他经营者董事会或监事会的组成及其表决机制;

(五)其他经营者高级管理人员的任免等;

(六)其他经营者股东、董事之间的关系,是否存在委托行使投票权、一致行动人等;

(七)该经营者与其他经营者是否存在重大商业关系、合作协议等。

控制权取得,可由经营者直接取得,也可通过其已控制的经营者间接取得。

第四条 对于新设合营企业,如果至少有两个经营者共同控制该合营企业,则构成经营者集中;如果仅有一个经营者单独控制该合营企业,其他的经营者没有控制权,则不构成经营者集中。

第五条 营业额包括相关经营者上一会计年度内销售产品和提供服务所获得的收入,扣除相关税金及其附加。

本指导意见第二条所称"在中国境内",是指经营者产品或服务的买方所在地在中国境内。包括经营者从中国之外的国家或地区向中国的出口,但不包括其从中国向中国之外的国家或地区出口的产品或服务。

本指导意见第二条所称"在全球范围内",包括在中国境内的营业额。

金融业营业额的计算,按照《金融业经营者集中申报营业额计算办法》执行。

第六条 参与集中的单个经营者的营业额应当为下述经营者的营业额总和:

(一)该单个经营者;

(二)第(一)项所指经营者直接或间接控制的其他经营者;

(三)直接或间接控制第(一)项所指经营者的其他经营者;

(四)第(三)项所指经营者直接或间接控制的其他经营者;

(五)第(一)至(四)项所指经营者中两个或两个以上经营者共同控制的其他经营者。

参与集中的单个经营者的营业额不包括上述(一)至(五)项所列经营者之间发生的营业

额，也不包括其在上一会计年度或之前已出售或不再具有控制权的经营者的营业额。

参与集中的单个经营者之间或者参与集中的经营者和未参与集中的经营者之间有共同控制的其他经营者，参与集中的单个经营者的营业额应当包括被共同控制的经营者与第三方经营者之间的营业额，且此营业额只计算一次。

如果参与集中的单个经营者之间有共同控制的其他经营者，则参与集中的所有经营者的合计营业额不应包括被共同控制的经营者与任何一个共同控制他的参与集中的经营者，或与后者有控制关系的经营者之间发生的营业额。

如果参与集中的经营者被两个或两个以上经营者共同控制，其营业额应包括所有控制方的营业额。

第七条 在一项经营者集中包括收购一个或多个经营者的一部分时，如果卖方在交易后对被出售部分不再拥有控制权时，则对于卖方而言，只计算集中涉及部分的营业额。

上述规定主要包括两种情形：一是在出售资产的情况下，卖方对被出售的资产不再拥有控制权，则只计算该资产所产生的营业额；二是在出售目标公司全部或部分股权的情况下，卖方在交易完成后对目标公司不再拥有控制权，则只计算该目标公司的营业额。

第八条 相同经营者之间在两年内多次实施的未达申报标准的经营者集中，应当视为一次集中交易，集中发生时间从最后一次交易算起，该经营者集中的营业额应当将多次交易合并计算。经营者通过与其有控制关系的其他经营者实施的上述行为，依照本条款处理。

第九条 在反垄断局决定立案审查前，经营者可就已申报或拟申报的经营者集中，向反垄断局申请商谈。反垄断局将根据商谈申请方提供的信息，就其关心的问题提供指导意见。

商谈不是经营者集中申报的必经程序，经营者自行决定是否申请商谈。

第十条 商谈申请应当以书面方式，通过传真、邮寄等方式提交反垄断局。商谈申请须包括如下内容：

（一）交易概况、交易各方的基本信息等文件和资料；

（二）拟商谈问题；

（三）参与商谈人员的姓名、国籍、单位及职务；

（四）建议的商谈时间；

（五）联系人及其联系方式等。

第十一条 商谈涉及的交易应是真实和相对确定的，且拟商谈的问题应与拟申报或已申报集中直接有关。商谈的问题可以包括：

（一）交易是否需要申报。包括相关交易是否属于经营者集中，是否达到申报标准等；

（二）需要提交的申报文件资料。包括申报文件资料的信息种类、形式、内容和详略程度等；

（三）具体法律和事实问题。包括如何界定相关商品市场和相关地域市场、是否符合《关于经营者集中简易案件适用标准的暂行规定》等；

（四）就申报和审查程序提供指导。包括申报的时间、申报义务人、申报和审查的时限、简易案件申报程序、非简易案件申报程序、审查程序等；

（五）其他相关问题。例如交易是否存在未依法申报问题等。

第十二条 反垄断局收到商谈申请后，根据案件具体情况及拟商谈问题确定是否以及如何安排商谈。

对于商谈申请内容不完整的，反垄断局可以要求经营者提交补充资料。经营者应当在反垄断局规定的时间内补交。

第十三条 通过合并方式实施的经营者集中，由参与合并的各方经营者申报；其他方式的经营者集中，由取得控制权的经营者申报，其他经营者予以配合。

在同一案件中，有申报义务的经营者是两个或两个以上时，可以约定由其中一个经营者负责申报，也可以共同申报。约定一个经营者申报而没有申报的，其他有申报义务的经营者不因上述约定而减免其未依法申报法律责任。

申报义务人未进行集中申报的，其他参与集中的经营者可以提出申报。

第十四条 申报人应当在集中协议签署后，集中实施前向国家市场监督管理总局申报。

以公开要约方式收购上市公司的，已公告的要约收购报告书可视同为已签署的集中协议。

第十五条 申报人应在能够提交符合《反垄断法》第23条规定的申报文件、资料后提出申报。

申报人将申报文件、资料提交反垄断局，反垄断局向申报人出具《国家市场监督管理总局经营者集中材料接收单》。接收单仅表示已收到申报材料，并不表示反垄断局已立案审查。

第十六条 反垄断局应对申报人提交的文件、资料进行审核。

申报人提交的文件、资料不完备、不完整或不准确的，应当在反垄断局规定的时限内补充、修改、澄清和说明。

反垄断局审核后，认为申报文件、资料（包括补充的文件、资料）符合《反垄断法》第23条规定的，应当立案审查，并向申报人递送立案通知。

第十七条 申报人应当通过《经营者集中反垄断审查申报表》客户端申报软件，选择填报《经营者集中反垄断审查申报表》或《经营者集中简易案件反垄断审查申报表》编辑申报文件材料，该客户端申报软件可以在国家市场监督管理总局反垄断局网站下载。

第十八条 在申报后发生申报人知悉或应当知悉的重大变化，或发生应披露的新情况的，申报人应及时书面通知反垄断局。

对于申报后发生实质性变化的交易，申报人应将该交易作为一次新的集中重新申报。

第十九条 符合下列情形之一的，申报人可以书面申请撤回申报：

（一）交易不属于经营者集中的；

（二）集中未达到申报标准的；

（三）集中符合本指导意见第二十五条规定的；

（四）集中发生实质性变化，需要重新申报的；

（五）集中各方放弃交易的。

对于符合上述情形的交易，反垄断局审核后应书面同意其撤回。

第二十条 申报的文件、资料应当包括如下内容：

（一）申报书。申报书应当载明参与集中的经营者的名称、住所、经营范围、预定实施集中的日期。申报人身份证明或注册登记证明，境外申报人须提交当地有关机构出具的公证和认证文件。委托代理人申报的，应当提交经申报人签字的授权委托书；

（二）集中对相关市场竞争状况影响的说明。包括：集中交易概况；集中的动机、目的和经济合理性分析；相关市场界定；参与集中的经营者在相关市场的市场份额及其对市场的控制力；主要竞争者及其市场份额；市场集中度；市场进入；行业发展现状；集中对市场竞争结构、行业发展、技术进步、国民经济发展、消费者以及其他经营者的影响等；

（三）集中协议。包括：各种形式的集中协议文件，如协议书、合同以及相应的补充文件等；

（四）参与集中的经营者经会计师事务所审计的上一会计年度财务会计报告；

（五）反垄断局要求提交的其他文件资料。

第二十一条 除本指导意见第二十条要求提供的文件、资料外，申报人可以自愿提供有助于反垄断局对该集中进行审查和做出决定的其他文件、资料，如地方政府和主管部门等有关方面的意见，支持集中协议的各类报告，包括集中交易的可行性研究报告、尽职调查报告、行业发展研究报告、集中策划报告以及交易后前景发展预测报告等。

第二十二条 申报人提交纸质申报文件、资料的同时，应当提交内容相同的光盘电子文档。纸质申报文件、资料应合理编辑装订，以附件形式提供的文件材料，应提供附件目录，并以易于查找的方式标明每一个附件的名称及位置。电子文档应合理组织以方便查阅。

第二十三条 申报人应当提交中文撰写的文件、资料。文件、资料的原件是外文书写的，应当提交中文翻译件和外文原件。文件、资料为副本、复印件或传真件的，应当根据反垄断局的要求出示原件供验证。

相关外文文件、资料较长的，申报人可以提交中文摘要和外文原件。反垄断局可以根据工作需要要求申报人补充提交全部文件的中文翻译件。

对于申报文件、资料中的外国公司等外文专有名词，须提交中文译名。

第二十四条 申报人应当同时提交申报文件、资料的书面保密版本和公开版本，以及包括上述全部内容的电子光盘各一套。申报人应当对申报文件、资料中的商业秘密和其他需要保密的信息进行标注。

第二十五条 经营者集中有下列情形之一的，可以不向国家市场监督管理总局申报：

（一）参与集中的一个经营者拥有其他每个经营者百分之五十以上有表决权的股份或者资产的；

（二）参与集中的每个经营者百分之五十以上有表决权的股份或者资产被同一个未参与集中的经营者拥有的。

第二十六条 简易案件申报参考《关于经营者集中简易案件申报的指导意见（试行）》。

第二十七条 申报人故意隐瞒重要情况，拒绝提供相关材料、信息，或者提供虚假材料、信息的，反垄断局可以不予立案，已立案的可以撤销相关立案决定，并根据《反垄断法》第52条规定追究相关经营者或个人的法律责任。

第二十八条 经营者可以自行商谈、申报，也可以依法委托其他人代理。

经营者委托其他人代理的，应出具授权委托书。

第二十九条 经营者集中未达申报标准，经营者自愿申报的，反垄断局收到申报文件、资料后经审核认为有必要立案的，应当按照《反垄断法》的规定进行立案审查并作出决定。

在前款所述申报和立案审查期间，参与集中的经营者可以自行决定是否暂停实施其交易，并承担相应的后果。

第三十条 反垄断局对在办理经营者集中商谈和申报工作中知悉的商业秘密和其他需要保密的信息承担保密义务。

国家市场监督管理总局反垄断局关于经营者集中申报文件资料的指导意见

（2018 年 9 月 29 日修订）

为方便经营者申报，依据《中华人民共和国反垄断法》第23条，规定如下申报文件资料，供经营者申报参考。申报人可参照申报表格式（附后）制作申报文件材料。

第一条 申报书应当载明参与集中的经营者的名称、住所、经营范围、集中的性质、集中的背景、预定实施集中的日期、集中将影响的市场、集中的商业考虑、经济合理性以及集中所符合的申报标准。

申报书内容应简明，并由申报人或其委托代理人签字。申报书应附一份不包含商业秘密和国家秘密的摘要。

第二条 集中各方的基本情况，包括但不限于：企业名称、注册地、经营范围、企业形式、联系人（姓名、职务、联系方式）、最近一个会计年度的营业额（包括全球和中国境内）、公司规模及业界地位、公司设立和重要变更的历史情况等。

集中申报人应提供其身份证明或注册登记证明。若申报人为境外企业或自然人，还应提交当地相关机构出具的公证认证文件。

申报人委托他人代理申报的，应出具授权委托书，并提供其联系方式及文件送达地址。境外申报人应委托在境内有住所的代理人或文件签收人，并提供联系方式。

第三条 与集中各方存在关联关系的企业和自然人名单及简介。可以使用组织系统图或其他图表来说明上述企业和个人之间的股权结构、实际控制等关联关系。

对于从事与所申报集中相关业务的公司，应做更详细的介绍。除参照本指导意见第二条介绍关联方情况外，还应详细介绍其产品（服务）的情况。

对于在中国境内成立的公司（包括外商投资企业及其境内投资企业）、常驻代表机构、分公司和其他在中国境内登记的实体机构，应提供营业执照（如系外商投资企业，还应提交批准证书）。

第四条 集中交易概况，包括：达成集中交易的背景情况；集中的性质和方式（如资产收购、股权收购、合并、组建合营企业等）；交易标的、交易金额（如经评估或有关部门认可，应提供相应文件）、预计完成日期；集中完成后相关公司的控制和关联关系（必要时可用图表表示公司结构）；集中所涉行业和主要产品（包括其产能、产量、销量、价格、成本等情况）；集中的动机、目的或经济合理性分析；集中后的市场发展前景和发展计划。

第五条 集中对相关市场竞争状况影响的说明，包括但不限于：

1. 相关市场界定及理由，包括对产品市场和地域市场的界定。界定相关产品市场可以从产品本身的特性、价格、用途、消费者需求和偏好、需求和供应替代性等角度进行分析。界定相关地域市场可以从行业特点、产品性质、运输、关税、保险、消费习惯等角度分析。界定相关市场必要时应提供相关数据进行相应的经济学分析。

2. 相关市场基本状况，包括但不限于从市场总体规模及发展现状、主要市场竞争者及其市场份额和联系方式、市场集中度、相关市场产品进出口状况及关税、运输成本、各国价格水平等方面分析，并提供数据来源和计算依据、证明文件等。

3. 集中对市场结构的影响，包括但不限于从集中各方最近两年营业额及市场份额、集中各方经营方式等方面分析，并提供数据来源和计算依据、证明文件等。

4. 相关市场的上、下游主要企业、联系人及联系方式，其中应列明与集中各方存在上、下游交易的主要企业，并介绍与上、下游企业开展交易的基本情况。

5. 相关市场的供应结构和需求结构。

第六条 市场进入分析，包括但不限于：

1. 进入相关市场在事实和法律等方面的障碍。

2. 因知识产权而产生的限制，并说明集中各方在相关市场中作为知识产权许可人或被许可人的情况。

3. 相关产品规模经济的重要性，相关市场上竞争者的数量和规模等。

4. 潜在市场竞争和可能的市场进入。迅速进入相关市场并展开有效竞争的可能性和难易程度。

5. 列举近几年相关市场上的重大市场进入或退出情况，如有可能请提交进入或退出企业名称、联系方式等详细情况。

第七条 相关市场内经营者横向或纵向合作协议情况，例如是否存在研发、专利使用权转让、联合生产、分销、长期供应以及信息交换等方面的协议。如有可能，应提交上述协议的进一步情况。

第八条 集中对市场结构、行业发展、竞争者、上下游经营者、消费者、技术进步、经济发展和公共利益的影响。

第九条 集中可能产生的效率及相应的支持文件，应分析效率如何实现、实现时间、量化方式、消费者受益程度、不通过集中是否无法实现该效率等情况。

第十条 集中各方在相关市场以外其他市场的规模和竞争能力情况。

第十一条 集中协议，应包括与集中相关的全部交易文件及其补充文件和附件。如果集中协议为外文，应同时报送中文译本或主要部分中文摘要。

第十二条 集中各方上一会计年度经审计的财务报表。如果会计报表为外文，应同时报送中文译本或主要部分中文摘要。

第十三条 集中各方内部或外部编制的有助于评估集中的分析和报告文件等，例如集中交易的可行性研究报告、尽职调查报告、行业发展研究报告、集中策划报告以及交易后前景发展预测报告等。上述报告应一并提供编制人员和日期。

第十四条 如果集中被禁止，可能对经营者及相关市场的影响。

第十五条 相关市场的行业协会信息，包括是否存在行业协会，协会的名称、负责人以及联系方式等。还可以提供相关行业内的专家信息。

第十六条 有关方面对本次集中的意见，如地方政府和主管部门的意见、社会各界对本集中的反映和社会影响预测。可以整理汇总各方面意见并附上相关文件资料。

第十七条 本集中在其他司法管辖区的申报审查情况。

第十八条 其他需要向主管机关说明的情况。如集中涉及破产企业、国家安全、产业政策、国有资产、其他部门职能、驰名商标等问题，应就以上问题作出特别说明。

第十九条 集中各方或（和）其授权代理人签署的就申报文件资料真实性和（或）来源准确性的声明。

国家市场监督管理总局反垄断局关于
经营者集中简易案件申报的指导意见

（2018 年 9 月 29 日修订）

为方便经营者申报，国家市场监督管理总局反垄断局依据《中华人民共和国反垄断法》和《关于经营者集中简易案件适用标准的暂行规定》（以下简称《规定》）等规定，制定本指导意见（试行），供经营者在申报经营者集中简易案件时参考。

第一条 在正式申报前，经营者可以就拟申报的交易是否符合简易案件标准等问题向反垄断局申请商谈。商谈申请应以书面方式，通过传真、邮寄或专人递送等方式提交。

商谈不是经营者集中简易案件申报的必经程序，经营者自行决定是否申请商谈。

第二条 对于符合简易案件标准的经营者集中，申报人可以申请作为简易案件申报；申报人未申请的,应作为非简易案件申报。

第三条 申报的文件、资料包括如下内容:

(一)申报书。申报书应当载明参与集中的经营者的名称、住所、经营范围、预定实施集中的日期。申报人身份证明或注册登记证明,境外申报人须提交当地有关机构出具的公证和认证文件。集中委托代理人申报的,应当提交经申报人签字的授权委托书。

(二)集中对相关市场竞争状况影响的说明。包括:集中交易概况;相关市场界定;参与集中的经营者在相关市场的市场份额;主要竞争者及其市场份额;集中对相关市场竞争状况影响的效果评估及依据等。

(三)集中协议。包括各种形式的集中协议文件,如协议书、合同以及相应的补充文件等。

(四)参与集中的经营者经会计师事务所审计的上一会计年度财务会计报告。

(五)反垄断局要求提交的其他文件资料。

第四条 申报人可以通过《经营者集中反垄断审查申报表》客户端申报软件,选择填报《经营者集中简易案件反垄断审查申报表》(见附件1)编辑申报文件材料,该客户端申报软件可在国家市场监督管理总局反垄断局网站下载。

第五条 反垄断局收到申报文件、资料后,出具《国家市场监督管理总局经营者集中材料接收单》,但接收单不表明申报文件、资料符合《反垄断法》第23条规定。

第六条 申报人应同时提交申报文件资料的公开版本和保密版本。申报人应对申报文件资料中的商业秘密进行标注。

第七条 经审核申报材料,符合简易案件标准的经营者集中,反垄断局按简易案件立案;不符合简易案件标准的经营者集中,申报人应按非简易案件重新申报。

申报人提交的文件、资料不齐备、不完整或不准确的,应在反垄断局规定的时限内补充、修改、澄清或说明。

第八条 申报人在申报时应填报《经营者集中简易案件公示表》(以下简称《公示表》,见附件2)。

简易案件立案后,反垄断局对申报人《公示表》在国家市场监督管理总局反垄断局网站(待总局三定方案明确后,由信息中心统一建设并确定网址)予以公示,公示期为10日。

第九条 在公示期内,任何单位和个人(第三方)均可对该案是否应被认定为简易案件向反垄断局提交书面意见。第三方认为公示案件不应被认定为简易案件的,应在公示期内向反垄断局提出异议,并提供相关证据和联系方法。

反垄断局应对第三方的意见和证据进行核实。对于没有提供联系方法,或提供虚假联系方法,致使无法核实意见和证据的,反垄断局不予采信。

反垄断局在审查时发现根据《规定》不应认定为简易案件的,应撤销简易案件认定,并要求申报人按非简易案件重新申报。

第十条 反垄断局在立案前拟退回简易案件申请,或立案后拟撤销简易案件认定时,应听取申报人的意见,并对其提出的事实、理由和证据进行核实。

第十一条 申报人隐瞒重要情况或者提供虚假材料、误导性信息的,反垄断局可以责令申报人按非简易案件重新申报,并依据《反垄断法》第52条规定追究相关经营者和个人的法律责任。

附件: 1. 经营者集中简易案件反垄断审查申报表(略)

2. 经营者集中简易案件公示表(略)

五、网络交易监管与广告监管

（一）网络交易监管

中华人民共和国个人信息保护法

（2021 年 8 月 20 日第十三届全国人民代表大会常务委员会第三十次会议通过　2021 年 8 月 20 日中华人民共和国主席令第 91 号公布　自 2021 年 11 月 1 日起施行）

目　录

第一章　总　则

第一条　为了保护个人信息权益，规范个人信息处理活动，促进个人信息合理利用，根据宪法，制定本法。

第二条　自然人的个人信息受法律保护，任何组织、个人不得侵害自然人的个人信息权益。

第三条　在中华人民共和国境内处理自然人个人信息的活动，适用本法。

在中华人民共和国境外处理中华人民共和国境内自然人个人信息的活动，有下列情形之一的，也适用本法：

（一）以向境内自然人提供产品或者服务为目的；

（二）分析、评估境内自然人的行为；

（三）法律、行政法规规定的其他情形。

第四条　个人信息是以电子或者其他方式记录的与已识别或者可识别的自然人有关的各种信息，不包括匿名化处理后的信息。

个人信息的处理包括个人信息的收集、存储、使用、加工、传输、提供、公开、删除等。

第五条　处理个人信息应当遵循合法、正当、必要和诚信原则，不得通过误导、欺诈、胁迫等方式处理个人信息。

第六条 处理个人信息应当具有明确、合理的目的,并应当与处理目的直接相关,采取对个人权益影响最小的方式。

收集个人信息,应当限于实现处理目的的最小范围,不得过度收集个人信息。

第七条 处理个人信息应当遵循公开、透明原则,公开个人信息处理规则,明示处理的目的、方式和范围。

第八条 处理个人信息应当保证个人信息的质量,避免因个人信息不准确、不完整对个人权益造成不利影响。

第九条 个人信息处理者应当对其个人信息处理活动负责,并采取必要措施保障所处理的个人信息的安全。

第十条 任何组织、个人不得非法收集、使用、加工、传输他人个人信息,不得非法买卖、提供或者公开他人个人信息;不得从事危害国家安全、公共利益的个人信息处理活动。

第十一条 国家建立健全个人信息保护制度,预防和惩治侵害个人信息权益的行为,加强个人信息保护宣传教育,推动形成政府、企业、相关社会组织、公众共同参与个人信息保护的良好环境。

第十二条 国家积极参与个人信息保护国际规则的制定,促进个人信息保护方面的国际交流与合作,推动与其他国家、地区、国际组织之间的个人信息保护规则、标准等互认。

第二章 个人信息处理规则

第一节 一般规定

第十三条 符合下列情形之一的,个人信息处理者方可处理个人信息:

(一) 取得个人的同意;

(二) 为订立、履行个人作为一方当事人的合同所必需,或者按照依法制定的劳动规章制度和依法签订的集体合同实施人力资源管理所必需;

(三) 为履行法定职责或者法定义务所必需;

(四) 为应对突发公共卫生事件,或者紧急情况下为保护自然人的生命健康和财产安全所必需;

(五) 为公共利益实施新闻报道、舆论监督等行为,在合理的范围内处理个人信息;

(六) 依照本法规定在合理的范围内处理个人自行公开或者其他已经合法公开的个人信息;

(七) 法律、行政法规规定的其他情形。

依照本法其他有关规定,处理个人信息应当取得个人同意,但是有前款第二项至第七项规定情形的,不需取得个人同意。

第十四条 基于个人同意处理个人信息的,该同意应当由个人在充分知情的前提下自愿、明确作出。法律、行政法规规定处理个人信息应当取得个人单独同意或者书面同意的,从其规定。

个人信息的处理目的、处理方式和处理的个人信息种类发生变更的,应当重新取得个人同意。

第十五条 基于个人同意处理个人信息的,个人有权撤回其同意。个人信息处理者应当提供便捷的撤回同意的方式。

个人撤回同意,不影响撤回前基于个人同意已进行的个人信息处理活动的效力。

第十六条 个人信息处理者不得以个人不同意处理其个人信息或者撤回同意为由,拒绝提供产品或者服务;处理个人信息属于提供产品或者服务所必需的除外。

第十七条 个人信息处理者在处理个人信息前,应当以显著方式、清晰易懂的语言真实、准确、完整地向个人告知下列事项:

(一)个人信息处理者的名称或者姓名和联系方式;

(二)个人信息的处理目的、处理方式,处理的个人信息种类、保存期限;

(三)个人行使本法规定权利的方式和程序;

(四)法律、行政法规规定应当告知的其他事项。

前款规定事项发生变更的,应当将变更部分告知个人。

个人信息处理者通过制定个人信息处理规则的方式告知第一款规定事项的,处理规则应当公开,并且便于查阅和保存。

第十八条 个人信息处理者处理个人信息,有法律、行政法规规定应当保密或者不需要告知的情形的,可以不向个人告知前条第一款规定的事项。

紧急情况下为保护自然人的生命健康和财产安全无法及时向个人告知的,个人信息处理者应当在紧急情况消除后及时告知。

第十九条 除法律、行政法规另有规定外,个人信息的保存期限应当为实现处理目的所必要的最短时间。

第二十条 两个以上的个人信息处理者共同决定个人信息的处理目的和处理方式的,应当约定各自的权利和义务。但是,该约定不影响个人向其中任何一个个人信息处理者要求行使本法规定的权利。

个人信息处理者共同处理个人信息,侵害个人信息权益造成损害的,应当依法承担连带责任。

第二十一条 个人信息处理者委托处理个人信息的,应当与受托人约定委托处理的目的、期限、处理方式、个人信息的种类、保护措施以及双方的权利和义务等,并对受托人的个人信息处理活动进行监督。

受托人应当按照约定处理个人信息,不得超出约定的处理目的、处理方式等处理个人信息;委托合同不生效、无效、被撤销或者终止的,受托人应当将个人信息返还个人信息处理者或者予以删除,不得保留。

未经个人信息处理者同意,受托人不得转委托他人处理个人信息。

第二十二条 个人信息处理者因合并、分立、解散、被宣告破产等原因需要转移个人信息的,应当向个人告知接收方的名称或者姓名和联系方式。接收方应当继续履行个人信息处理者的义务。接收方变更原先的处理目的、处理方式的,应当依照本法规定重新取得个人同意。

第二十三条 个人信息处理者向其他个人信息处理者提供其处理的个人信息的,应当向个人告知接收方的名称或者姓名、联系方式、处理目的、处理方式和个人信息的种类,并取得个人的单独同意。接收方应当在上述处理目的、处理方式和个人信息的种类等范围内处理个人信息。接收方变更原先的处理目的、处理方式的,应当依照本法规定重新取得个人同意。

第二十四条 个人信息处理者利用个人信息进行自动化决策,应当保证决策的透明度和结果公平、公正,不得对个人在交易价格等交易条件上实行不合理的差别待遇。

通过自动化决策方式向个人进行信息推送、商业营销,应当同时提供不针对其个人特征的选项,或者向个人提供便捷的拒绝方式。

通过自动化决策方式作出对个人权益有重大影响的决定,个人有权要求个人信息处理者予以说明,并有权拒绝个人信息处理者仅通过自动化决策的方式作出决定。

第二十五条 个人信息处理者不得公开其处理的个人信息,取得个人单独同意的除外。

第二十六条 在公共场所安装图像采集、个人身份识别设备,应当为维护公共安全所必需,遵守国家有关规定，并设置显著的提示标识。所收集的个人图像、身份识别信息只能用于维护公共安全的目的，不得用于其他目的；取得个人单独同意的除外。

第二十七条 个人信息处理者可以在合理的范围内处理个人自行公开或者其他已经合法公开的个人信息；个人明确拒绝的除外。个人信息处理者处理已公开的个人信息，对个人权益有重大影响的，应当依照本法规定取得个人同意。

第二节 敏感个人信息的处理规则

第二十八条 敏感个人信息是一旦泄露或者非法使用，容易导致自然人的人格尊严受到侵害或者人身、财产安全受到危害的个人信息，包括生物识别、宗教信仰、特定身份、医疗健康、金融账户、行踪轨迹等信息，以及不满十四周岁未成年人的个人信息。

只有在具有特定的目的和充分的必要性，并采取严格保护措施的情形下，个人信息处理者方可处理敏感个人信息。

第二十九条 处理敏感个人信息应当取得个人的单独同意；法律、行政法规规定处理敏感个人信息应当取得书面同意的，从其规定。

第三十条 个人信息处理者处理敏感个人信息的，除本法第十七条第一款规定的事项外，还应当向个人告知处理敏感个人信息的必要性以及对个人权益的影响；依照本法规定可以不向个人告知的除外。

第三十一条 个人信息处理者处理不满十四周岁未成年人个人信息的，应当取得未成年人的父母或者其他监护人的同意。

个人信息处理者处理不满十四周岁未成年人个人信息的，应当制定专门的个人信息处理规则。

第三十二条 法律、行政法规对处理敏感个人信息规定应当取得相关行政许可或者作出其他限制的，从其规定。

第三节 国家机关处理个人信息的特别规定

第三十三条 国家机关处理个人信息的活动，适用本法；本节有特别规定的，适用本节规定。

第三十四条 国家机关为履行法定职责处理个人信息，应当依照法律、行政法规规定的权限、程序进行，不得超出履行法定职责所必需的范围和限度。

第三十五条 国家机关为履行法定职责处理个人信息，应当依照本法规定履行告知义务；有本法第十八条第一款规定的情形，或者告知将妨碍国家机关履行法定职责的除外。

第三十六条 国家机关处理的个人信息应当在中华人民共和国境内存储；确需向境外提供的，应当进行安全评估。安全评估可以要求有关部门提供支持与协助。

第三十七条 法律、法规授权的具有管理公共事务职能的组织为履行法定职责处理个人信息，适用本法关于国家机关处理个人信息的规定。

第三章 个人信息跨境提供的规则

第三十八条 个人信息处理者因业务等需要，确需向中华人民共和国境外提供个人信息的，应当具备下列条件之一：

（一）依照本法第四十条的规定通过国家网信部门组织的安全评估；

（二）按照国家网信部门的规定经专业机构进行个人信息保护认证；

（三）按照国家网信部门制定的标准合同与境外接收方订立合同，约定双方的权利和义务；

（四）法律、行政法规或者国家网信部门规定的其他条件。

中华人民共和国缔结或者参加的国际条约、协定对向中华人民共和国境外提供个人信息的条件等有规定的，可以按照其规定执行。

个人信息处理者应当采取必要措施，保障境外接收方处理个人信息的活动达到本法规定的个人信息保护标准。

第三十九条 个人信息处理者向中华人民共和国境外提供个人信息的，应当向个人告知境外接收方的名称或者姓名、联系方式、处理目的、处理方式、个人信息的种类以及个人向境外接收方行使本法规定权利的方式和程序等事项，并取得个人的单独同意。

第四十条 关键信息基础设施运营者和处理个人信息达到国家网信部门规定数量的个人信息处理者，应当将在中华人民共和国境内收集和产生的个人信息存储在境内。确需向境外提供的，应当通过国家网信部门组织的安全评估；法律、行政法规和国家网信部门规定可以不进行安全评估的，从其规定。

第四十一条 中华人民共和国主管机关根据有关法律和中华人民共和国缔结或者参加的国际条约、协定，或者按照平等互惠原则，处理外国司法或者执法机构关于提供存储于境内个人信息的请求。非经中华人民共和国主管机关批准，个人信息处理者不得向外国司法或者执法机构提供存储于中华人民共和国境内的个人信息。

第四十二条 境外的组织、个人从事侵害中华人民共和国公民的个人信息权益，或者危害中华人民共和国国家安全、公共利益的个人信息处理活动的，国家网信部门可以将其列入限制或者禁止个人信息提供清单，予以公告，并采取限制或者禁止向其提供个人信息等措施。

第四十三条 任何国家或者地区在个人信息保护方面对中华人民共和国采取歧视性的禁止、限制或者其他类似措施的，中华人民共和国可以根据实际情况对该国家或者地区对等采取措施。

第四章　个人在个人信息处理
活动中的权利

第四十四条 个人对其个人信息的处理享有知情权、决定权，有权限制或者拒绝他人对其个人信息进行处理；法律、行政法规另有规定的除外。

第四十五条 个人有权向个人信息处理者查阅、复制其个人信息；有本法第十八条第一款、第三十五条规定情形的除外。

个人请求查阅、复制其个人信息的，个人信息处理者应当及时提供。

个人请求将个人信息转移至其指定的个人信息处理者，符合国家网信部门规定条件的，个人信息处理者应当提供转移的途径。

第四十六条 个人发现其个人信息不准确或者不完整的，有权请求个人信息处理者更正、补充。

个人请求更正、补充其个人信息的，个人信息处理者应当对其个人信息予以核实，并及时更正、补充。

第四十七条 有下列情形之一的，个人信息处理者应当主动删除个人信息；个人信息处理者未删除的，个人有权请求删除：

（一）处理目的已实现、无法实现或者为实现处理目的不再必要；

（二）个人信息处理者停止提供产品或者服务，或者保存期限已届满；

（三）个人撤回同意；

（四）个人信息处理者违反法律、行政法规或者违反约定处理个人信息；

（五）法律、行政法规规定的其他情形。

法律、行政法规规定的保存期限未届满，或者删除个人信息从技术上难以实现的，个人信息处理者应当停止除存储和采取必要的安全保护措施之外的处理。

第四十八条 个人有权要求个人信息处理者对其个人信息处理规则进行解释说明。

第四十九条 自然人死亡的，其近亲属为了自身的合法、正当利益，可以对死者的相关个人信息行使本章规定的查阅、复制、更正、删除等权利；死者生前另有安排的除外。

第五十条 个人信息处理者应当建立便捷的个人行使权利的申请受理和处理机制。拒绝个人行使权利的请求的，应当说明理由。

个人信息处理者拒绝个人行使权利的请求的，个人可以依法向人民法院提起诉讼。

第五章 个人信息处理者的义务

第五十一条 个人信息处理者应当根据个人信息的处理目的、处理方式、个人信息的种类以及对个人权益的影响、可能存在的安全风险等，采取下列措施确保个人信息处理活动符合法律、行政法规的规定，并防止未经授权的访问以及个人信息泄露、篡改、丢失：

（一）制定内部管理制度和操作规程；

（二）对个人信息实行分类管理；

（三）采取相应的加密、去标识化等安全技术措施；

（四）合理确定个人信息处理的操作权限，并定期对从业人员进行安全教育和培训；

（五）制定并组织实施个人信息安全事件应急预案；

（六）法律、行政法规规定的其他措施。

第五十二条 处理个人信息达到国家网信部门规定数量的个人信息处理者应当指定个人信息保护负责人，负责对个人信息处理活动以及采取的保护措施等进行监督。

个人信息处理者应当公开个人信息保护负责人的联系方式，并将个人信息保护负责人的姓名、联系方式等报送履行个人信息保护职责的部门。

第五十三条 本法第三条第二款规定的中华人民共和国境外的个人信息处理者，应当在中华人民共和国境内设立专门机构或者指定代表，负责处理个人信息保护相关事务，并将有关机构的名称或者代表的姓名、联系方式等报送履行个人信息保护职责的部门。

第五十四条 个人信息处理者应当定期对其处理个人信息遵守法律、行政法规的情况进行合规审计。

第五十五条 有下列情形之一的，个人信息处理者应当事前进行个人信息保护影响评估，并对处理情况进行记录：

（一）处理敏感个人信息；

（二）利用个人信息进行自动化决策；

（三）委托处理个人信息、向其他个人信息处理者提供个人信息、公开个人信息；

（四）向境外提供个人信息；

（五）其他对个人权益有重大影响的个人信息处理活动。

第五十六条 个人信息保护影响评估应当包括下列内容：

（一）个人信息的处理目的、处理方式等是否合法、正当、必要；

（二）对个人权益的影响及安全风险；

（三）所采取的保护措施是否合法、有效并与风险程度相适应。

个人信息保护影响评估报告和处理情况记录应当至少保存三年。

第五十七条 发生或者可能发生个人信息泄露、篡改、丢失的，个人信息处理者应当立即采取补救措施，并通知履行个人信息保护职责的部门和个人。通知应当包括下列事项：

（一）发生或者可能发生个人信息泄露、篡改、丢失的信息种类、原因和可能造成的危害；

（二）个人信息处理者采取的补救措施和个人可以采取的减轻危害的措施；

（三）个人信息处理者的联系方式。

个人信息处理者采取措施能够有效避免信息泄露、篡改、丢失造成危害的，个人信息处理者可以不通知个人；履行个人信息保护职责的部门认为可能造成危害的，有权要求个人信息处理者通知个人。

第五十八条 提供重要互联网平台服务、用户数量巨大、业务类型复杂的个人信息处理者，应当履行下列义务：

（一）按照国家规定建立健全个人信息保护合规制度体系，成立主要由外部成员组成的独立机构对个人信息保护情况进行监督；

（二）遵循公开、公平、公正的原则，制定平台规则，明确平台内产品或者服务提供者处理个人信息的规范和保护个人信息的义务；

（三）对严重违反法律、行政法规处理个人信息的平台内的产品或者服务提供者，停止提供服务；

（四）定期发布个人信息保护社会责任报告，接受社会监督。

第五十九条 接受委托处理个人信息的受托人，应当依照本法和有关法律、行政法规的规定，采取必要措施保障所处理的个人信息的安全，并协助个人信息处理者履行本法规定的义务。

第六章 履行个人信息保护
职责的部门

第六十条 国家网信部门负责统筹协调个人信息保护工作和相关监督管理工作。国务院有关部门依照本法和有关法律、行政法规的规定，在各自职责范围内负责个人信息保护和监督管理工作。

县级以上地方人民政府有关部门的个人信息保护和监督管理职责，按照国家有关规定确定。

前两款规定的部门统称为履行个人信息保护职责的部门。

第六十一条 履行个人信息保护职责的部门履行下列个人信息保护职责：

（一）开展个人信息保护宣传教育，指导、监督个人信息处理者开展个人信息保护工作；

（二）接受、处理与个人信息保护有关的投诉、举报；

（三）组织对应用程序等个人信息保护情况进行测评，并公布测评结果；

（四）调查、处理违法个人信息处理活动；

（五）法律、行政法规规定的其他职责。

第六十二条 国家网信部门统筹协调有关部门依据本法推进下列个人信息保护工作：

（一）制定个人信息保护具体规则、标准；

（二）针对小型个人信息处理者、处理敏感个人信息以及人脸识别、人工智能等新技术、新应用，制定专门的个人信息保护规则、标准；

（三）支持研究开发和推广应用安全、方便的电子身份认证技术，推进网络身份认证公共服务建设；

（四）推进个人信息保护社会化服务体系建设，支持有关机构开展个人信息保护评估、认证服务；

（五）完善个人信息保护投诉、举报工作机制。

第六十三条 履行个人信息保护职责的部门履行个人信息保护职责，可以采取下列措施：

（一）询问有关当事人，调查与个人信息处理活动有关的情况；

（二）查阅、复制当事人与个人信息处理活动有关的合同、记录、账簿以及其他有关资料；

（三）实施现场检查，对涉嫌违法的个人信息处理活动进行调查；

（四）检查与个人信息处理活动有关的设备、物品；对有证据证明是用于违法个人信息处理活动的设备、物品，向本部门主要负责人书面报告并经批准，可以查封或者扣押。

履行个人信息保护职责的部门依法履行职责，当事人应当予以协助、配合，不得拒绝、阻挠。

第六十四条　履行个人信息保护职责的部门在履行职责中，发现个人信息处理活动存在较大风险或者发生个人信息安全事件的，可以按照规定的权限和程序对该个人信息处理者的法定代表人或者主要负责人进行约谈，或者要求个人信息处理者委托专业机构对其个人信息处理活动进行合规审计。个人信息处理者应当按照要求采取措施，进行整改，消除隐患。

履行个人信息保护职责的部门在履行职责中，发现违法处理个人信息涉嫌犯罪的，应当及时移送公安机关依法处理。

第六十五条　任何组织、个人有权对违法个人信息处理活动向履行个人信息保护职责的部门进行投诉、举报。收到投诉、举报的部门应当依法及时处理，并将处理结果告知投诉、举报人。

履行个人信息保护职责的部门应当公布接受投诉、举报的联系方式。

第七章　法律责任

第六十六条　违反本法规定处理个人信息，或者处理个人信息未履行本法规定的个人信息保护义务的，由履行个人信息保护职责的部门责令改正，给予警告，没收违法所得，对违法处理个人信息的应用程序，责令暂停或者终止提供服务；拒不改正的，并处一百万元以下罚款；对直接负责的主管人员和其他直接责任人员处一万元以上十万元以下罚款。

有前款规定的违法行为，情节严重的，由省级以上履行个人信息保护职责的部门责令改正，没收违法所得，并处五千万元以下或者上一年度营业额百分之五以下罚款，并可以责令暂停相关业务或者停业整顿、通报有关主管部门吊销相关业务许可或者吊销营业执照；对直接负责的主管人员和其他直接责任人员处十万元以上一百万元以下罚款，并可以决定禁止其在一定期限内担任相关企业的董事、监事、高级管理人员和个人信息保护负责人。

第六十七条　有本法规定的违法行为的，依照有关法律、行政法规的规定记入信用档案，并予以公示。

第六十八条　国家机关不履行本法规定的个人信息保护义务的，由其上级机关或者履行个人信息保护职责的部门责令改正；对直接负责的主管人员和其他直接责任人员依法给予处分。

履行个人信息保护职责的部门的工作人员玩忽职守、滥用职权、徇私舞弊，尚不构成犯罪的，依法给予处分。

第六十九条　处理个人信息侵害个人信息权益造成损害，个人信息处理者不能证明自己没有过错的，应当承担损害赔偿等侵权责任。

前款规定的损害赔偿责任按照个人因此受到的损失或者个人信息处理者因此获得的利益确定；个人因此受到的损失和个人信息处理者因此获得的利益难以确定的，根据实际情况确定赔偿数额。

第七十条　个人信息处理者违反本法规定处理个人信息，侵害众多个人的权益的，人民检察院、法律规定的消费者组织和由国家网信部门确定的组织可以依法向人民法院提起诉讼。

第七十一条　违反本法规定，构成违反治安管理行为的，依法给予治安管理处罚；构成犯罪的，依法追究刑事责任。

第八章 附 则

第七十二条 自然人因个人或者家庭事务处理个人信息的，不适用本法。

法律对各级人民政府及其有关部门组织实施的统计、档案管理活动中的个人信息处理有规定的，适用其规定。

第七十三条 本法下列用语的含义：

（一）个人信息处理者，是指在个人信息处理活动中自主决定处理目的、处理方式的组织、个人。

（二）自动化决策，是指通过计算机程序自动分析、评估个人的行为习惯、兴趣爱好或者经济、健康、信用状况等，并进行决策的活动。

（三）去标识化，是指个人信息经过处理，使其在不借助额外信息的情况下无法识别特定自然人的过程。

（四）匿名化，是指个人信息经过处理无法识别特定自然人且不能复原的过程。

第七十四条 本法自 2021 年 11 月 1 日起施行。

中华人民共和国电子商务法

（2018 年 8 月 31 日第十三届全国人民代表大会常务委员会第五次会议通过 2018 年 8 月 31 日中华人民共和国主席令第 7 号公布 自 2019 年 1 月 1 日起施行）

目 录

第一章 总 则

第一条 为了保障电子商务各方主体的合法权益，规范电子商务行为，维护市场秩序，促进电子商务持续健康发展，制定本法。

第二条 中华人民共和国境内的电子商务活动，适用本法。

本法所称电子商务，是指通过互联网等信息网络销售商品或者提供服务的经营活动。

法律、行政法规对销售商品或者提供服务有规定的，适用其规定。金融类产品和服务，利用信息网络提供新闻信息、音视频节目、出版以及文化产品等内容方面的服务，不适用本法。

第三条 国家鼓励发展电子商务新业态，创新商业模式，促进电子商务技术研发和推广应用，推进电子商务诚信体系建设，营造有利于电子商务创新发展的市场环境，充分发挥电子商务在推动高质量发展、满足人民日益增长的美好生活需要、构建开放型经济方面的重要作用。

第四条 国家平等对待线上线下商务活动，促进线上线下融合发展，各级人民政府和有关部门不得采取歧视性的政策措施，不得滥用行政权力排除、限制市场竞争。

第五条 电子商务经营者从事经营活动，应当遵循自愿、平等、公平、诚信的原则，遵守法律和商业道德，公平参与市场竞争，履行消费者权益保护、环境保护、知识产权保护、网络安全与个人信息保护等方面的义务，承担产品和服务质量责任，接受政府和社会的监督。

第六条 国务院有关部门按照职责分工负责电子商务发展促进、监督管理等工作。县级以上地方各级人民政府可以根据本行政区域的实际情况，确定本行政区域内电子商务的部门职责划分。

第七条 国家建立符合电子商务特点的协同管理体系，推动形成有关部门、电子商务行业组织、电子商务经营者、消费者等共同参与的电子商务市场治理体系。

第八条 电子商务行业组织按照本组织章程开展行业自律，建立健全行业规范，推动行业诚信建设，监督、引导本行业经营者公平参与市场竞争。

第二章　电子商务经营者

第一节　一般规定

第九条 本法所称电子商务经营者，是指通过互联网等信息网络从事销售商品或者提供服务的经营活动的自然人、法人和非法人组织，包括电子商务平台经营者、平台内经营者以及通过自建网站、其他网络服务销售商品或者提供服务的电子商务经营者。

本法所称电子商务平台经营者，是指在电子商务中为交易双方或者多方提供网络经营场所、交易撮合、信息发布等服务，供交易双方或者多方独立开展交易活动的法人或者非法人组织。

本法所称平台内经营者，是指通过电子商务平台销售商品或者提供服务的电子商务经营者。

第十条 电子商务经营者应当依法办理市场主体登记。但是，个人销售自产农副产品、家庭手工业产品，个人利用自己的技能从事依法无须取得许可的便民劳务活动和零星小额交易活动，以及依照法律、行政法规不需要进行登记的除外。

第十一条 电子商务经营者应当依法履行纳税义务，并依法享受税收优惠。

依照前条规定不需要办理市场主体登记的电子商务经营者在首次纳税义务发生后，应当依照税收征收管理法律、行政法规的规定申请办理税务登记，并如实申报纳税。

第十二条 电子商务经营者从事经营活动，依法需要取得相关行政许可的，应当依法取得行政许可。

第十三条 电子商务经营者销售的商品或者提供的服务应当符合保障人身、财产安全的要求和环境保护要求，不得销售或者提供法律、行政法规禁止交易的商品或者服务。

第十四条 电子商务经营者销售商品或者提供服务应当依法出具纸质发票或者电子发票等购货凭证或者服务单据。电子发票与纸质发票具有同等法律效力。

第十五条 电子商务经营者应当在其首页显著位置，持续公示营业执照信息、与其经营业务有关的行政许可信息、属于依照本法第十条规定的不需要办理市场主体登记情形等信息，或者上述信息的链接标识。

前款规定的信息发生变更的，电子商务经营者应当及时更新公示信息。

第十六条 电子商务经营者自行终止从事电子商务的，应当提前三十日在首页显著位置持续公示有关信息。

第十七条 电子商务经营者应当全面、真实、准确、及时地披露商品或者服务信息，保障消费者的知情权和选择权。电子商务经营者不得以虚构交易、编造用户评价等方式进行虚假或者引人误解的商业宣传，欺骗、误导消费者。

第十八条 电子商务经营者根据消费者的兴趣爱好、消费习惯等特征向其提供商品或者服务的搜索结果的，应当同时向该消费者提供不针对其个人特征的选项，尊重和平等保护消费者合法权益。

电子商务经营者向消费者发送广告的，应当遵守《中华人民共和国广告法》的有关规定。

第十九条 电子商务经营者搭售商品或者服务，应当以显著方式提请消费者注意，不得将搭售商品或者服务作为默认同意的选项。

第二十条 电子商务经营者应当按照承诺或者与消费者约定的方式、时限向消费者交付商品或者服务，并承担商品运输中的风险和责任。但是，消费者另行选择快递物流服务提供者的除外。

第二十一条 电子商务经营者按照约定向消费者收取押金的，应当明示押金退还的方式、程序，不得对押金退还设置不合理条件。消费者申请退还押金，符合押金退还条件的，电子商务经营者应当及时退还。

第二十二条 电子商务经营者因其技术优势、用户数量、对相关行业的控制能力以及其他经营者对该电子商务经营者在交易上的依赖程度等因素而具有市场支配地位的，不得滥用市场支配地位，排除、限制竞争。

第二十三条 电子商务经营者收集、使用其用户的个人信息，应当遵守法律、行政法规有关个人信息保护的规定。

第二十四条 电子商务经营者应当明示用户信息查询、更正、删除以及用户注销的方式、程序，不得对用户信息查询、更正、删除以及用户注销设置不合理条件。

电子商务经营者收到用户信息查询或者更正、删除的申请的，应当在核实身份后及时提供查询或者更正、删除用户信息。用户注销的，电子商务经营者应当立即删除该用户的信息；依照法律、行政法规的规定或者双方约定保存的，依照其规定。

第二十五条 有关主管部门依照法律、行政法规的规定要求电子商务经营者提供有关电子商务数据信息的，电子商务经营者应当提供。有关主管部门应当采取必要措施保护电子商务经营者提供的数据信息的安全，并对其中的个人信息、隐私和商业秘密严格保密，不得泄露、出售或者非法向他人提供。

第二十六条 电子商务经营者从事跨境电子商务，应当遵守进出口监督管理的法律、行政法规和国家有关规定。

第二节 电子商务平台经营者

第二十七条 电子商务平台经营者应当要求申请进入平台销售商品或者提供服务的经营者提交其身份、地址、联系方式、行政许可等真实信息，进行核验、登记，建立登记档案，并定期核验更新。

电子商务平台经营者为进入平台销售商品或者提供服务的非经营用户提供服务，应当遵守本节有关规定。

第二十八条 电子商务平台经营者应当按照规定向市场监督管理部门报送平台内经营者的身份信息，提示未办理市场主体登记的经营者依法办理登记，并配合市场监督管理部门，针对电子商务的特点，为应当办理市场主体登记的经营者办理登记提供便利。

电子商务平台经营者应当依照税收征收管理法律、行政法规的规定，向税务部门报送平台内经营者的身份信息和与纳税有关的信息，并应当提示依照本法第十条规定不需要办理市场主体登记的电子商务经营者依照本法第十一条第二款的规定办理税务登记。

第二十九条 电子商务平台经营者发现平台内的商品或者服务信息存在违反本法第十二条、第十三条规定情形的,应当依法采取必要的处置措施,并向有关主管部门报告。

第三十条 电子商务平台经营者应当采取技术措施和其他必要措施保证其网络安全、稳定运行,防范网络违法犯罪活动,有效应对网络安全事件,保障电子商务交易安全。

电子商务平台经营者应当制定网络安全事件应急预案,发生网络安全事件时,应当立即启动应急预案,采取相应的补救措施,并向有关主管部门报告。

第三十一条 电子商务平台经营者应当记录、保存平台上发布的商品和服务信息、交易信息,并确保信息的完整性、保密性、可用性。商品和服务信息、交易信息保存时间自交易完成之日起不少于三年;法律、行政法规另有规定的,依照其规定。

第三十二条 电子商务平台经营者应当遵循公开、公平、公正的原则,制定平台服务协议和交易规则,明确进入和退出平台、商品和服务质量保障、消费者权益保护、个人信息保护等方面的权利和义务。

第三十三条 电子商务平台经营者应当在其首页显著位置持续公示平台服务协议和交易规则信息或者上述信息的链接标识,并保证经营者和消费者能够便利、完整地阅览和下载。

第三十四条 电子商务平台经营者修改平台服务协议和交易规则,应当在其首页显著位置公开征求意见,采取合理措施确保有关各方能够及时充分表达意见。修改内容应当至少在实施前七日予以公示。

平台内经营者不接受修改内容,要求退出平台的,电子商务平台经营者不得阻止,并按照修改前的服务协议和交易规则承担相关责任。

第三十五条 电子商务平台经营者不得利用服务协议、交易规则以及技术等手段,对平台内经营者在平台内的交易、交易价格以及与其他经营者的交易等进行不合理限制或者附加不合理条件,或者向平台内经营者收取不合理费用。

第三十六条 电子商务平台经营者依据平台服务协议和交易规则对平台内经营者违反法律、法规的行为实施警示、暂停或者终止服务等措施的,应当及时公示。

第三十七条 电子商务平台经营者在其平台上开展自营业务的,应当以显著方式区分标记自营业务和平台内经营者开展的业务,不得误导消费者。

电子商务平台经营者对其标记为自营的业务依法承担商品销售者或者服务提供者的民事责任。

第三十八条 电子商务平台经营者知道或者应当知道平台内经营者销售的商品或者提供的服务不符合保障人身、财产安全的要求,或者有其他侵害消费者合法权益行为,未采取必要措施的,依法与该平台内经营者承担连带责任。

对关系消费者生命健康的商品或者服务,电子商务平台经营者对平台内经营者的资质资格未尽到审核义务,或者对消费者未尽到安全保障义务,造成消费者损害的,依法承担相应的责任。

第三十九条 电子商务平台经营者应当建立健全信用评价制度,公示信用评价规则,为消费者提供对平台内销售的商品或者提供的服务进行评价的途径。

电子商务平台经营者不得删除消费者对其平台内销售的商品或者提供的服务的评价。

第四十条 电子商务平台经营者应当根据商品或者服务的价格、销量、信用等以多种方式向消费者显示商品或者服务的搜索结果;对于竞价排名的商品或者服务,应当显著标明"广告"。

第四十一条 电子商务平台经营者应当建立知识产权保护规则,与知识产权权利人加强合作,依法保护知识产权。

第四十二条 知识产权权利人认为其知识产权受到侵害的,有权通知电子商务平台经营者采取删除、屏蔽、断开链接、终止交易和服务等必要措施。通知应当包括构成侵权的初步证据。

电子商务平台经营者接到通知后，应当及时采取必要措施，并将该通知转送平台内经营者；未及时采取必要措施的，对损害的扩大部分与平台内经营者承担连带责任。

因通知错误造成平台内经营者损害的，依法承担民事责任。恶意发出错误通知，造成平台内经营者损失的，加倍承担赔偿责任。

第四十三条 平台内经营者接到转送的通知后，可以向电子商务平台经营者提交不存在侵权行为的声明。声明应当包括不存在侵权行为的初步证据。

电子商务平台经营者接到声明后，应当将该声明转送发出通知的知识产权权利人，并告知其可以向有关主管部门投诉或者向人民法院起诉。电子商务平台经营者在转送声明到达知识产权权利人后十五日内，未收到权利人已经投诉或者起诉通知的，应当及时终止所采取的措施。

第四十四条 电子商务平台经营者应当及时公示收到的本法第四十二条、第四十三条规定的通知、声明及处理结果。

第四十五条 电子商务平台经营者知道或者应当知道平台内经营者侵犯知识产权的，应当采取删除、屏蔽、断开链接、终止交易和服务等必要措施；未采取必要措施的，与侵权人承担连带责任。

第四十六条 除本法第九条第二款规定的服务外，电子商务平台经营者可以按照平台服务协议和交易规则，为经营者之间的电子商务提供仓储、物流、支付结算、交收等服务。电子商务平台经营者为经营者之间的电子商务提供服务，应当遵守法律、行政法规和国家有关规定，不得采取集中竞价、做市商等集中交易方式进行交易，不得进行标准化合约交易。

第三章 电子商务合同的订立与履行

第四十七条 电子商务当事人订立和履行合同，适用本章和《中华人民共和国民法总则》《中华人民共和国合同法》《中华人民共和国电子签名法》等法律的规定。

第四十八条 电子商务当事人使用自动信息系统订立或者履行合同的行为对使用该系统的当事人具有法律效力。

在电子商务中推定当事人具有相应的民事行为能力。但是，有相反证据足以推翻的除外。

第四十九条 电子商务经营者发布的商品或者服务信息符合要约条件的，用户选择该商品或者服务并提交订单成功，合同成立。当事人另有约定的，从其约定。

电子商务经营者不得以格式条款等方式约定消费者支付价款后合同不成立；格式条款等含有该内容的，其内容无效。

第五十条 电子商务经营者应当清晰、全面、明确地告知用户订立合同的步骤、注意事项、下载方法等事项，并保证用户能够便利、完整地阅览和下载。

电子商务经营者应当保证用户在提交订单前可以更正输入错误。

第五十一条 合同标的为交付商品并采用快递物流方式交付的，收货人签收时间为交付时间。合同标的为提供服务的，生成的电子凭证或者实物凭证中载明的时间为交付时间；前述凭证没有载明时间或者载明时间与实际提供服务时间不一致的，实际提供服务的时间为交付时间。

合同标的为采用在线传输方式交付的，合同标的进入对方当事人指定的特定系统并且能够检索识别的时间为交付时间。

合同当事人对交付方式、交付时间另有约定的，从其约定。

第五十二条 电子商务当事人可以约定采用快递物流方式交付商品。

快递物流服务提供者为电子商务提供快递物流服务，应当遵守法律、行政法规，并应当符合承诺的服务规范和时限。快递物流服务提供者在交付商品时，应当提示收货人当面查验；交由他人代收的，应当经收货人同意。

快递物流服务提供者应当按照规定使用环保包装材料，实现包装材料的减量化和再利用。

快递物流服务提供者在提供快递物流服务的同时，可以接受电子商务经营者的委托提供代收货款服务。

第五十三条 电子商务当事人可以约定采用电子支付方式支付价款。

电子支付服务提供者为电子商务提供电子支付服务，应当遵守国家规定，告知用户电子支付服务的功能、使用方法、注意事项、相关风险和收费标准等事项，不得附加不合理交易条件。电子支付服务提供者应当确保电子支付指令的完整性、一致性、可跟踪稽核和不可篡改。

电子支付服务提供者应当向用户免费提供对账服务以及最近三年的交易记录。

第五十四条 电子支付服务提供者提供电子支付服务不符合国家有关支付安全管理要求，造成用户损失的，应当承担赔偿责任。

第五十五条 用户在发出支付指令前，应当核对支付指令所包含的金额、收款人等完整信息。

支付指令发生错误的，电子支付服务提供者应当及时查找原因，并采取相关措施予以纠正。造成用户损失的，电子支付服务提供者应当承担赔偿责任，但能够证明支付错误非自身原因造成的除外。

第五十六条 电子支付服务提供者完成电子支付后，应当及时准确地向用户提供符合约定方式的确认支付的信息。

第五十七条 用户应当妥善保管交易密码、电子签名数据等安全工具。用户发现安全工具遗失、被盗用或者未经授权的支付，应当及时通知电子支付服务提供者。

未经授权的支付造成的损失，由电子支付服务提供者承担；电子支付服务提供者能够证明未经授权的支付是因用户的过错造成的，不承担责任。

电子支付服务提供者发现支付指令未经授权，或者收到用户支付指令未经授权的通知时，应当立即采取措施防止损失扩大。电子支付服务提供者未及时采取措施导致损失扩大的，对损失扩大部分承担责任。

第四章　电子商务争议解决

第五十八条 国家鼓励电子商务平台经营者建立有利于电子商务发展和消费者权益保护的商品、服务质量担保机制。

电子商务平台经营者与平台内经营者协议设立消费者权益保证金的，双方应当就消费者权益保证金的提取数额、管理、使用和退还办法等作出明确约定。

消费者要求电子商务平台经营者承担先行赔偿责任以及电子商务平台经营者赔偿后向平台内经营者的追偿，适用《中华人民共和国消费者权益保护法》的有关规定。

第五十九条 电子商务经营者应当建立便捷、有效的投诉、举报机制，公开投诉、举报方式等信息，及时受理并处理投诉、举报。

第六十条 电子商务争议可以通过协商和解，请求消费者组织、行业协会或者其他依法成立的调解组织调解，向有关部门投诉，提请仲裁，或者提起诉讼等方式解决。

第六十一条 消费者在电子商务平台购买商品或者接受服务，与平台内经营者发生争议时，电子商务平台经营者应当积极协助消费者维护合法权益。

第六十二条 在电子商务争议处理中，电子商务经营者应当提供原始合同和交易记录。因电子商务经营者丢失、伪造、篡改、销毁、隐匿或者拒绝提供前述资料，致使人民法院、仲裁机构或者有关机关无法查明事实的，电子商务经营者应当承担相应的法律责任。

第六十三条 电子商务平台经营者可以建立争议在线解决机制，制定并公示争议解决规则，根据自愿原则，公平、公正地解决当事人的争议。

第五章　电子商务促进

第六十四条　国务院和省、自治区、直辖市人民政府应当将电子商务发展纳入国民经济和社会发展规划，制定科学合理的产业政策，促进电子商务创新发展。

第六十五条　国务院和县级以上地方人民政府及其有关部门应当采取措施，支持、推动绿色包装、仓储、运输，促进电子商务绿色发展。

第六十六条　国家推动电子商务基础设施和物流网络建设，完善电子商务统计制度，加强电子商务标准体系建设。

第六十七条　国家推动电子商务在国民经济各个领域的应用，支持电子商务与各产业融合发展。

第六十八条　国家促进农业生产、加工、流通等环节的互联网技术应用，鼓励各类社会资源加强合作，促进农村电子商务发展，发挥电子商务在精准扶贫中的作用。

第六十九条　国家维护电子商务交易安全，保护电子商务用户信息，鼓励电子商务数据开发应用，保障电子商务数据依法有序自由流动。

国家采取措施推动建立公共数据共享机制，促进电子商务经营者依法利用公共数据。

第七十条　国家支持依法设立的信用评价机构开展电子商务信用评价，向社会提供电子商务信用评价服务。

第七十一条　国家促进跨境电子商务发展，建立健全适应跨境电子商务特点的海关、税收、进出境检验检疫、支付结算等管理制度，提高跨境电子商务各环节便利化水平，支持跨境电子商务平台经营者等为跨境电子商务提供仓储物流、报关、报检等服务。

国家支持小型微型企业从事跨境电子商务。

第七十二条　国家进出口管理部门应当推进跨境电子商务海关申报、纳税、检验检疫等环节的综合服务和监管体系建设，优化监管流程，推动实现信息共享、监管互认、执法互助，提高跨境电子商务服务和监管效率。跨境电子商务经营者可以凭电子单证向国家进出口管理部门办理有关手续。

第七十三条　国家推动建立与不同国家、地区之间跨境电子商务的交流合作，参与电子商务国际规则的制定，促进电子签名、电子身份等国际互认。

国家推动建立与不同国家、地区之间的跨境电子商务争议解决机制。

第六章　法　律　责　任

第七十四条　电子商务经营者销售商品或者提供服务，不履行合同义务或者履行合同义务不符合约定，或者造成他人损害的，依法承担民事责任。

第七十五条　电子商务经营者违反本法第十二条、第十三条规定，未取得相关行政许可从事经营活动，或者销售、提供法律、行政法规禁止交易的商品、服务，或者不履行本法第二十五条规定的信息提供义务，电子商务平台经营者违反本法第四十六条规定，采取集中交易方式进行交易，或者进行标准化合约交易的，依照有关法律、行政法规的规定处罚。

第七十六条　电子商务经营者违反本法规定，有下列行为之一的，由市场监督管理部门责令限期改正，可以处一万元以下的罚款，对其中的电子商务平台经营者，依照本法第八十一条第一款的规定处罚：

（一）未在首页显著位置公示营业执照信息、行政许可信息、属于不需要办理市场主体登记情形等信息，或者上述信息的链接标识的；

（二）未在首页显著位置持续公示终止电子商务的有关信息的；

（三）未明示用户信息查询、更正、删除以及用户注销的方式、程序，或者对用户信息查询、更正、删除以及用户注销设置不合理条件的。

电子商务平台经营者对违反前款规定的平台内经营者未采取必要措施的，由市场监督管理部门责令限期改正，可以处二万元以上十万元以下的罚款。

第七十七条 电子商务经营者违反本法第十八条第一款规定提供搜索结果，或者违反本法第十九条规定搭售商品、服务的，由市场监督管理部门责令限期改正，没收违法所得，可以并处五万元以上二十万元以下的罚款；情节严重的，并处二十万元以上五十万元以下的罚款。

第七十八条 电子商务经营者违反本法第二十一条规定，未向消费者明示押金退还的方式、程序，对押金退还设置不合理条件，或者不及时退还押金的，由有关主管部门责令限期改正，可以处五万元以上二十万元以下的罚款；情节严重的，处二十万元以上五十万元以下的罚款。

第七十九条 电子商务经营者违反法律、行政法规有关个人信息保护的规定，或者不履行本法第三十条和有关法律、行政法规规定的网络安全保障义务的，依照《中华人民共和国网络安全法》等法律、行政法规的规定处罚。

第八十条 电子商务平台经营者有下列行为之一的，由有关主管部门责令限期改正；逾期不改正的，处二万元以上十万元以下的罚款；情节严重的，责令停业整顿，并处十万元以上五十万元以下的罚款：

（一）不履行本法第二十七条规定的核验、登记义务的；

（二）不按照本法第二十八条规定向市场监督管理部门、税务部门报送有关信息的；

（三）不按照本法第二十九条规定对违法情形采取必要的处置措施，或者未向有关主管部门报告的；

（四）不履行本法第三十一条规定的商品和服务信息、交易信息保存义务的。

法律、行政法规对前款规定的违法行为的处罚另有规定的，依照其规定。

第八十一条 电子商务平台经营者违反本法规定，有下列行为之一的，由市场监督管理部门责令限期改正，可以处二万元以上十万元以下的罚款；情节严重的，处十万元以上五十万元以下的罚款：

（一）未在首页显著位置持续公示平台服务协议、交易规则信息或者上述信息的链接标识的；

（二）修改交易规则未在首页显著位置公开征求意见，未按照规定的时间提前公示修改内容，或者阻止平台内经营者退出的；

（三）未以显著方式区分标记自营业务和平台内经营者开展的业务的；

（四）未为消费者提供对平台内销售的商品或者提供的服务进行评价的途径，或者擅自删除消费者的评价的。

电子商务平台经营者违反本法第四十条规定，对竞价排名的商品或者服务未显著标明"广告"的，依照《中华人民共和国广告法》的规定处罚。

第八十二条 电子商务平台经营者违反本法第三十五条规定，对平台内经营者在平台内的交易、交易价格或者与其他经营者的交易等进行不合理限制或者附加不合理条件，或者向平台内经营者收取不合理费用的，由市场监督管理部门责令限期改正，可以处五万元以上五十万元以下的罚款；情节严重的，处五十万元以上二百万元以下的罚款。

第八十三条 电子商务平台经营者违反本法第三十八条规定，对平台内经营者侵害消费者合法权益行为未采取必要措施，或者对平台内经营者未尽到资质资格审核义务，或者对消费者未尽到安全保障义务的，由市场监督管理部门责令限期改正，可以处五万元以上五十万元以下的罚款；情节严重的，责令停业整顿，并处五十万元以上二百万元以下的罚款。

第八十四条 电子商务平台经营者违反本法第四十二条、第四十五条规定，对平台内经营者实施侵犯知识产权行为未依法采取必要措施的，由有关知识产权行政部门责令限期改正；逾期不改正的，处五万元以上五十万元以下的罚款；情节严重的，处五十万元以上二百万元以下的罚款。

第八十五条 电子商务经营者违反本法规定，销售的商品或者提供的服务不符合保障人身、财产安全的要求，实施虚假或者引人误解的商业宣传等不正当竞争行为，滥用市场支配地位，或者实施侵犯知识产权、侵害消费者权益等行为的，依照有关法律的规定处罚。

第八十六条 电子商务经营者有本法规定的违法行为的，依照有关法律、行政法规的规定记入信用档案，并予以公示。

第八十七条 依法负有电子商务监督管理职责的部门的工作人员，玩忽职守、滥用职权、徇私舞弊，或者泄露、出售或者非法向他人提供在履行职责中所知悉的个人信息、隐私和商业秘密的，依法追究法律责任。

第八十八条 违反本法规定，构成违反治安管理行为的，依法给予治安管理处罚；构成犯罪的，依法追究刑事责任。

第七章 附 则

第八十九条 本法自 2019 年 1 月 1 日起施行。

中华人民共和国网络安全法

(2016 年 11 月 7 日第十二届全国人民代表大会常务委员会第二十四次会议通过 2016 年 11 月 7 日中华人民共和国主席令第 53 号公布 自 2017 年 6 月 1 日起施行)

目 录

第一章 总 则

第一条 为了保障网络安全，维护网络空间主权和国家安全、社会公共利益，保护公民、法人和其他组织的合法权益，促进经济社会信息化健康发展，制定本法。

第二条 在中华人民共和国境内建设、运营、维护和使用网络，以及网络安全的监督管理，适用本法。

第三条 国家坚持网络安全与信息化发展并重，遵循积极利用、科学发展、依法管理、确保安全的方针，推进网络基础设施建设和互联互通，鼓励网络技术创新和应用，支持培养网络安全人才，建立健全网络安全保障体系，提高网络安全保护能力。

第四条 国家制定并不断完善网络安全战略，明确保障网络安全的基本要求和主要目标，提出重点领域的网络安全政策、工作任务和措施。

第五条 国家采取措施，监测、防御、处置来源于中华人民共和国境内外的网络安全风险和威胁，保护关键信息基础设施免受攻击、侵入、干扰和破坏，依法惩治网络违法犯罪活动，维护网络空间安全和秩序。

第六条 国家倡导诚实守信、健康文明的网络行为，推动传播社会主义核心价值观，采取措施提高全社会的网络安全意识和水平，形成全社会共同参与促进网络安全的良好环境。

第七条 国家积极开展网络空间治理、网络技术研发和标准制定、打击网络违法犯罪等方面的国际交流与合作，推动构建和平、安全、开放、合作的网络空间，建立多边、民主、透明的网络治理体系。

第八条 国家网信部门负责统筹协调网络安全工作和相关监督管理工作。国务院电信主管部门、公安部门和其他有关机关依照本法和有关法律、行政法规的规定，在各自职责范围内负责网络安全保护和监督管理工作。

县级以上地方人民政府有关部门的网络安全保护和监督管理职责，按照国家有关规定确定。

第九条 网络运营者开展经营和服务活动，必须遵守法律、行政法规，尊重社会公德，遵守商业道德，诚实信用，履行网络安全保护义务，接受政府和社会的监督，承担社会责任。

第十条 建设、运营网络或者通过网络提供服务，应当依照法律、行政法规的规定和国家标准的强制性要求，采取技术措施和其他必要措施，保障网络安全、稳定运行，有效应对网络安全事件，防范网络违法犯罪活动，维护网络数据的完整性、保密性和可用性。

第十一条 网络相关行业组织按照章程，加强行业自律，制定网络安全行为规范，指导会员加强网络安全保护，提高网络安全保护水平，促进行业健康发展。

第十二条 国家保护公民、法人和其他组织依法使用网络的权利，促进网络接入普及，提升网络服务水平，为社会提供安全、便利的网络服务，保障网络信息依法有序自由流动。

任何个人和组织使用网络应当遵守宪法法律，遵守公共秩序，尊重社会公德，不得危害网络安全，不得利用网络从事危害国家安全、荣誉和利益，煽动颠覆国家政权、推翻社会主义制度，煽动分裂国家、破坏国家统一，宣扬恐怖主义、极端主义，宣扬民族仇恨、民族歧视，传播暴力、淫秽色情信息，编造、传播虚假信息扰乱经济秩序和社会秩序，以及侵害他人名誉、隐私、知识产权和其他合法权益等活动。

第十三条 国家支持研究开发有利于未成年人健康成长的网络产品和服务，依法惩治利用网络从事危害未成年人身心健康的活动，为未成年人提供安全、健康的网络环境。

第十四条 任何个人和组织有权对危害网络安全的行为向网信、电信、公安等部门举报。收到举报的部门应当及时依法作出处理；不属于本部门职责的，应当及时移送有权处理的部门。

有关部门应当对举报人的相关信息予以保密，保护举报人的合法权益。

第二章 网络安全支持与促进

第十五条 国家建立和完善网络安全标准体系。国务院标准化行政主管部门和国务院其他有关部门根据各自的职责，组织制定并适时修订有关网络安全管理以及网络产品、服务和运行安全的国家标准、行业标准。

国家支持企业、研究机构、高等学校、网络相关行业组织参与网络安全国家标准、行业标准的制定。

第十六条　国务院和省、自治区、直辖市人民政府应当统筹规划，加大投入，扶持重点网络安全技术产业和项目，支持网络安全技术的研究开发和应用，推广安全可信的网络产品和服务，保护网络技术知识产权，支持企业、研究机构和高等学校等参与国家网络安全技术创新项目。

第十七条　国家推进网络安全社会化服务体系建设，鼓励有关企业、机构开展网络安全认证、检测和风险评估等安全服务。

第十八条　国家鼓励开发网络数据安全保护和利用技术，促进公共数据资源开放，推动技术创新和经济社会发展。

国家支持创新网络安全管理方式，运用网络新技术，提升网络安全保护水平。

第十九条　各级人民政府及其有关部门应当组织开展经常性的网络安全宣传教育，并指导、督促有关单位做好网络安全宣传教育工作。

大众传播媒介应当有针对性地面向社会进行网络安全宣传教育。

第二十条　国家支持企业和高等学校、职业学校等教育培训机构开展网络安全相关教育与培训，采取多种方式培养网络安全人才，促进网络安全人才交流。

第三章　网络运行安全

第一节　一般规定

第二十一条　国家实行网络安全等级保护制度。网络运营者应当按照网络安全等级保护制度的要求，履行下列安全保护义务，保障网络免受干扰、破坏或者未经授权的访问，防止网络数据泄露或者被窃取、篡改：

（一）制定内部安全管理制度和操作规程，确定网络安全负责人，落实网络安全保护责任；

（二）采取防范计算机病毒和网络攻击、网络侵入等危害网络安全行为的技术措施；

（三）采取监测、记录网络运行状态、网络安全事件的技术措施，并按照规定留存相关的网络日志不少于六个月；

（四）采取数据分类、重要数据备份和加密等措施；

（五）法律、行政法规规定的其他义务。

第二十二条　网络产品、服务应当符合相关国家标准的强制性要求。网络产品、服务的提供者不得设置恶意程序；发现其网络产品、服务存在安全缺陷、漏洞等风险时，应当立即采取补救措施，按照规定及时告知用户并向有关主管部门报告。

网络产品、服务的提供者应当为其产品、服务持续提供安全维护；在规定或者当事人约定的期限内，不得终止提供安全维护。

网络产品、服务具有收集用户信息功能的，其提供者应当向用户明示并取得同意；涉及用户个人信息的，还应当遵守本法和有关法律、行政法规关于个人信息保护的规定。

第二十三条　网络关键设备和网络安全专用产品应当按照相关国家标准的强制性要求，由具备资格的机构安全认证合格或者安全检测符合要求后，方可销售或者提供。国家网信部门会同国务院有关部门制定、公布网络关键设备和网络安全专用产品目录，并推动安全认证和安全检测结果互认，避免重复认证、检测。

第二十四条　网络运营者为用户办理网络接入、域名注册服务，办理固定电话、移动电话等入网手续，或者为用户提供信息发布、即时通讯等服务，在与用户签订协议或者确认提供服务时，应当要求用户提供真实身份信息。用户不提供真实身份信息的，网络运营者不得为其提供相关服务。

国家实施网络可信身份战略，支持研究开发安全、方便的电子身份认证技术，推动不同电子身份认证之间的互认。

第二十五条 网络运营者应当制定网络安全事件应急预案，及时处置系统漏洞、计算机病毒、网络攻击、网络侵入等安全风险；在发生危害网络安全的事件时，立即启动应急预案，采取相应的补救措施，并按照规定向有关主管部门报告。

第二十六条 开展网络安全认证、检测、风险评估等活动，向社会发布系统漏洞、计算机病毒、网络攻击、网络侵入等网络安全信息，应当遵守国家有关规定。

第二十七条 任何个人和组织不得从事非法侵入他人网络、干扰他人网络正常功能、窃取网络数据等危害网络安全的活动；不得提供专门用于从事侵入网络、干扰网络正常功能及防护措施、窃取网络数据等危害网络安全活动的程序、工具；明知他人从事危害网络安全的活动的，不得为其提供技术支持、广告推广、支付结算等帮助。

第二十八条 网络运营者应当为公安机关、国家安全机关依法维护国家安全和侦查犯罪的活动提供技术支持和协助。

第二十九条 国家支持网络运营者之间在网络安全信息收集、分析、通报和应急处置等方面进行合作，提高网络运营者的安全保障能力。

有关行业组织建立健全本行业的网络安全保护规范和协作机制，加强对网络安全风险的分析评估，定期向会员进行风险警示，支持、协助会员应对网络安全风险。

第三十条 网信部门和有关部门在履行网络安全保护职责中获取的信息，只能用于维护网络安全的需要，不得用于其他用途。

第二节 关键信息基础设施的运行安全

第三十一条 国家对公共通信和信息服务、能源、交通、水利、金融、公共服务、电子政务等重要行业和领域，以及其他一旦遭到破坏、丧失功能或者数据泄露，可能严重危害国家安全、国计民生、公共利益的关键信息基础设施，在网络安全等级保护制度的基础上，实行重点保护。关键信息基础设施的具体范围和安全保护办法由国务院制定。

国家鼓励关键信息基础设施以外的网络运营者自愿参与关键信息基础设施保护体系。

第三十二条 按照国务院规定的职责分工，负责关键信息基础设施安全保护工作的部门分别编制并组织实施本行业、本领域的关键信息基础设施安全规划，指导和监督关键信息基础设施运行安全保护工作。

第三十三条 建设关键信息基础设施应当确保其具有支持业务稳定、持续运行的性能，并保证安全技术措施同步规划、同步建设、同步使用。

第三十四条 除本法第二十一条的规定外，关键信息基础设施的运营者还应当履行下列安全保护义务：

（一）设置专门安全管理机构和安全管理负责人，并对该负责人和关键岗位的人员进行安全背景审查；

（二）定期对从业人员进行网络安全教育、技术培训和技能考核；

（三）对重要系统和数据库进行容灾备份；

（四）制定网络安全事件应急预案，并定期进行演练；

（五）法律、行政法规规定的其他义务。

第三十五条 关键信息基础设施的运营者采购网络产品和服务，可能影响国家安全的，应当通过国家网信部门会同国务院有关部门组织的国家安全审查。

第三十六条 关键信息基础设施的运营者采购网络产品和服务，应当按照规定与提供者签订安全保密协议，明确安全和保密义务与责任。

第三十七条　关键信息基础设施的运营者在中华人民共和国境内运营中收集和产生的个人信息和重要数据应当在境内存储。因业务需要,确需向境外提供的,应当按照国家网信部门会同国务院有关部门制定的办法进行安全评估;法律、行政法规另有规定的,依照其规定。

第三十八条　关键信息基础设施的运营者应当自行或者委托网络安全服务机构对其网络的安全性和可能存在的风险每年至少进行一次检测评估,并将检测评估情况和改进措施报送相关负责关键信息基础设施安全保护工作的部门。

第三十九条　国家网信部门应当统筹协调有关部门对关键信息基础设施的安全保护采取下列措施:

(一)对关键信息基础设施的安全风险进行抽查检测,提出改进措施,必要时可以委托网络安全服务机构对网络存在的安全风险进行检测评估;

(二)定期组织关键信息基础设施的运营者进行网络安全应急演练,提高应对网络安全事件的水平和协同配合能力;

(三)促进有关部门、关键信息基础设施的运营者以及有关研究机构、网络安全服务机构等之间的网络安全信息共享;

(四)对网络安全事件的应急处置与网络功能的恢复等,提供技术支持和协助。

第四章　网络信息安全

第四十条　网络运营者应当对其收集的用户信息严格保密,并建立健全用户信息保护制度。

第四十一条　网络运营者收集、使用个人信息,应当遵循合法、正当、必要的原则,公开收集、使用规则,明示收集、使用信息的目的、方式和范围,并经被收集者同意。

网络运营者不得收集与其提供的服务无关的个人信息,不得违反法律、行政法规的规定和双方的约定收集、使用个人信息,并应当依照法律、行政法规的规定和与用户的约定,处理其保存的个人信息。

第四十二条　网络运营者不得泄露、篡改、毁损其收集的个人信息;未经被收集者同意,不得向他人提供个人信息。但是,经过处理无法识别特定个人且不能复原的除外。

网络运营者应当采取技术措施和其他必要措施,确保其收集的个人信息安全,防止信息泄露、毁损、丢失。在发生或者可能发生个人信息泄露、毁损、丢失的情况时,应当立即采取补救措施,按照规定及时告知用户并向有关主管部门报告。

第四十三条　个人发现网络运营者违反法律、行政法规的规定或者双方的约定收集、使用其个人信息的,有权要求网络运营者删除其个人信息;发现网络运营者收集、存储的其个人信息有错误的,有权要求网络运营者予以更正。网络运营者应当采取措施予以删除或者更正。

第四十四条　任何个人和组织不得窃取或者以其他非法方式获取个人信息,不得非法出售或者非法向他人提供个人信息。

第四十五条　依法负有网络安全监督管理职责的部门及其工作人员,必须对在履行职责中知悉的个人信息、隐私和商业秘密严格保密,不得泄露、出售或者非法向他人提供。

第四十六条　任何个人和组织应当对其使用网络的行为负责,不得设立用于实施诈骗,传授犯罪方法,制作或者销售违禁物品、管制物品等违法犯罪活动的网站、通讯群组,不得利用网络发布涉及实施诈骗,制作或者销售违禁物品、管制物品以及其他违法犯罪活动的信息。

第四十七条　网络运营者应当加强对其用户发布的信息的管理,发现法律、行政法规禁止发布或者传输的信息的,应当立即停止传输该信息,采取消除等处置措施,防止信息扩散,保存有关记录,并向有关主管部门报告。

第四十八条　任何个人和组织发送的电子信息、提供的应用软件,不得设置恶意程序,不得含有法律、行政法规禁止发布或者传输的信息。

电子信息发送服务提供者和应用软件下载服务提供者，应当履行安全管理义务，知道其用户有前款规定行为的，应当停止提供服务，采取消除等处置措施，保存有关记录，并向有关主管部门报告。

第四十九条 网络运营者应当建立网络信息安全投诉、举报制度，公布投诉、举报方式等信息，及时受理并处理有关网络信息安全的投诉和举报。

网络运营者对网信部门和有关部门依法实施的监督检查，应当予以配合。

第五十条 国家网信部门和有关部门依法履行网络信息安全监督管理职责，发现法律、行政法规禁止发布或者传输的信息的，应当要求网络运营者停止传输，采取消除等处置措施，保存有关记录；对来源于中华人民共和国境外的上述信息，应当通知有关机构采取技术措施和其他必要措施阻断传播。

第五章　监测预警与应急处置

第五十一条 国家建立网络安全监测预警和信息通报制度。国家网信部门应当统筹协调有关部门加强网络安全信息收集、分析和通报工作，按照规定统一发布网络安全监测预警信息。

第五十二条 负责关键信息基础设施安全保护工作的部门，应当建立健全本行业、本领域的网络安全监测预警和信息通报制度，并按照规定报送网络安全监测预警信息。

第五十三条 国家网信部门协调有关部门建立健全网络安全风险评估和应急工作机制，制定网络安全事件应急预案，并定期组织演练。

负责关键信息基础设施安全保护工作的部门应当制定本行业、本领域的网络安全事件应急预案，并定期组织演练。

网络安全事件应急预案应当按照事件发生后的危害程度、影响范围等因素对网络安全事件进行分级，并规定相应的应急处置措施。

第五十四条 网络安全事件发生的风险增大时，省级以上人民政府有关部门应当按照规定的权限和程序，并根据网络安全风险的特点和可能造成的危害，采取下列措施：

（一）要求有关部门、机构和人员及时收集、报告有关信息，加强对网络安全风险的监测；

（二）组织有关部门、机构和专业人员，对网络安全风险信息进行分析评估，预测事件发生的可能性、影响范围和危害程度；

（三）向社会发布网络安全风险预警，发布避免、减轻危害的措施。

第五十五条 发生网络安全事件，应当立即启动网络安全事件应急预案，对网络安全事件进行调查和评估，要求网络运营者采取技术措施和其他必要措施，消除安全隐患，防止危害扩大，并及时向社会发布与公众有关的警示信息。

第五十六条 省级以上人民政府有关部门在履行网络安全监督管理职责中，发现网络存在较大安全风险或者发生安全事件的，可以按照规定的权限和程序对该网络的运营者的法定代表人或者主要负责人进行约谈。网络运营者应当按照要求采取措施，进行整改，消除隐患。

第五十七条 因网络安全事件，发生突发事件或者生产安全事故的，应当依照《中华人民共和国突发事件应对法》、《中华人民共和国安全生产法》等有关法律、行政法规的规定处置。

第五十八条 因维护国家安全和社会公共秩序，处置重大突发社会安全事件的需要，经国务院决定或者批准，可以在特定区域对网络通信采取限制等临时措施。

第六章　法　律　责　任

第五十九条 网络运营者不履行本法第二十一条、第二十五条规定的网络安全保护义务的，由有关主管部门责令改正，给予警告；拒不改正或者导致危害网络安全等后果的，处一万元以上十万元以下罚款，对直接负责的主管人员处五千元以上五万元以下罚款。

关键信息基础设施的运营者不履行本法第三十三条、第三十四条、第三十六条、第三十八条规定的网络安全保护义务的，由有关主管部门责令改正，给予警告；拒不改正或者导致危害网络安全等后果的，处十万元以上一百万元以下罚款，对直接负责的主管人员处一万元以上十万元以下罚款。

第六十条 违反本法第二十二条第一款、第二款和第四十八条第一款规定，有下列行为之一的，由有关主管部门责令改正，给予警告；拒不改正或者导致危害网络安全等后果的，处五万元以上五十万元以下罚款，对直接负责的主管人员处一万元以上十万元以下罚款：

（一）设置恶意程序的；

（二）对其产品、服务存在的安全缺陷、漏洞等风险未立即采取补救措施，或者未按照规定及时告知用户并向有关主管部门报告的；

（三）擅自终止为其产品、服务提供安全维护的。

第六十一条 网络运营者违反本法第二十四条第一款规定，未要求用户提供真实身份信息，或者对不提供真实身份信息的用户提供相关服务的，由有关主管部门责令改正；拒不改正或者情节严重的，处五万元以上五十万元以下罚款，并可以由有关主管部门责令暂停相关业务、停业整顿、关闭网站、吊销相关业务许可证或者吊销营业执照，对直接负责的主管人员和其他直接责任人员处一万元以上十万元以下罚款。

第六十二条 违反本法第二十六条规定，开展网络安全认证、检测、风险评估等活动，或者向社会发布系统漏洞、计算机病毒、网络攻击、网络侵入等网络安全信息的，由有关主管部门责令改正，给予警告；拒不改正或者情节严重的，处一万元以上十万元以下罚款，并可以由有关主管部门责令暂停相关业务、停业整顿、关闭网站、吊销相关业务许可证或者吊销营业执照，对直接负责的主管人员和其他直接责任人员处五千元以上五万元以下罚款。

第六十三条 违反本法第二十七条规定，从事危害网络安全的活动，或者提供专门用于从事危害网络安全活动的程序、工具，或者为他人从事危害网络安全的活动提供技术支持、广告推广、支付结算等帮助，尚不构成犯罪的，由公安机关没收违法所得，处五日以下拘留，可以并处五万元以上五十万元以下罚款；情节较重的，处五日以上十五日以下拘留，可以并处十万元以上一百万元以下罚款。

单位有前款行为的，由公安机关没收违法所得，处十万元以上一百万元以下罚款，并对直接负责的主管人员和其他直接责任人员依照前款规定处罚。

违反本法第二十七条规定，受到治安管理处罚的人员，五年内不得从事网络安全管理和网络运营关键岗位的工作；受到刑事处罚的人员，终身不得从事网络安全管理和网络运营关键岗位的工作。

第六十四条 网络运营者、网络产品或者服务的提供者违反本法第二十二条第三款、第四十一条至第四十三条规定，侵害个人信息依法得到保护的权利的，由有关主管部门责令改正，可以根据情节单处或者并处警告、没收违法所得、处违法所得一倍以上十倍以下罚款，没有违法所得的，处一百万元以下罚款，对直接负责的主管人员和其他直接责任人员处一万元以上十万元以下罚款；情节严重的，并可以责令暂停相关业务、停业整顿、关闭网站、吊销相关业务许可证或者吊销营业执照。

违反本法第四十四条规定，窃取或者以其他非法方式获取、非法出售或者非法向他人提供个人信息，尚不构成犯罪的，由公安机关没收违法所得，并处违法所得一倍以上十倍以下罚款，没有违法所得的，处一百万元以下罚款。

第六十五条 关键信息基础设施的运营者违反本法第三十五条规定，使用未经安全审查或者安全审查未通过的网络产品或者服务的，由有关主管部门责令停止使用，处采购金额一倍以上十倍以下罚款；对直接负责的主管人员和其他直接责任人员处一万元以上十万元以下罚款。

第六十六条 关键信息基础设施的运营者违反本法第三十七条规定，在境外存储网络数据，或者向境外提供网络数据的，由有关主管部门责令改正，给予警告，没收违法所得，处五万元以上五十万元以下罚款，并可以责令暂停相关业务、停业整顿、关闭网站、吊销相关业务许可证或者吊销营业执照；对直接负责的主管人员和其他直接责任人员处一万元以上十万元以下罚款。

第六十七条 违反本法第四十六条规定，设立用于实施违法犯罪活动的网站、通讯群组，或者利用网络发布涉及实施违法犯罪活动的信息，尚不构成犯罪的，由公安机关处五日以下拘留，可以并处一万元以上十万元以下罚款；情节较重的，处五日以上十五日以下拘留，可以并处五万元以上五十万元以下罚款。关闭用于实施违法犯罪活动的网站、通讯群组。

单位有前款行为的，由公安机关处十万元以上五十万元以下罚款，并对直接负责的主管人员和其他直接责任人员依照前款规定处罚。

第六十八条 网络运营者违反本法第四十七条规定，对法律、行政法规禁止发布或者传输的信息未停止传输、采取消除等处置措施、保存有关记录的，由有关主管部门责令改正，给予警告，没收违法所得；拒不改正或者情节严重的，处十万元以上五十万元以下罚款，并可以责令暂停相关业务、停业整顿、关闭网站、吊销相关业务许可证或者吊销营业执照，对直接负责的主管人员和其他直接责任人员处一万元以上十万元以下罚款。

电子信息发送服务提供者、应用软件下载服务提供者，不履行本法第四十八条第二款规定的安全管理义务的，依照前款规定处罚。

第六十九条 网络运营者违反本法规定，有下列行为之一的，由有关主管部门责令改正；拒不改正或者情节严重的，处五万元以上五十万元以下罚款，对直接负责的主管人员和其他直接责任人员，处一万元以上十万元以下罚款：

（一）不按照有关部门的要求对法律、行政法规禁止发布或者传输的信息，采取停止传输、消除等处置措施的；

（二）拒绝、阻碍有关部门依法实施的监督检查的；

（三）拒不向公安机关、国家安全机关提供技术支持和协助的。

第七十条 发布或者传输本法第十二条第二款和其他法律、行政法规禁止发布或者传输的信息的，依照有关法律、行政法规的规定处罚。

第七十一条 有本法规定的违法行为的，依照有关法律、行政法规的规定记入信用档案，并予以公示。

第七十二条 国家机关政务网络的运营者不履行本法规定的网络安全保护义务的，由其上级机关或者有关机关责令改正；对直接负责的主管人员和其他直接责任人员依法给予处分。

第七十三条 网信部门和有关部门违反本法第三十条规定，将在履行网络安全保护职责中获取的信息用于其他用途的，对直接负责的主管人员和其他直接责任人员依法给予处分。

网信部门和有关部门的工作人员玩忽职守、滥用职权、徇私舞弊，尚不构成犯罪的，依法给予处分。

第七十四条 违反本法规定，给他人造成损害的，依法承担民事责任。

违反本法规定，构成违反治安管理行为的，依法给予治安管理处罚；构成犯罪的，依法追究刑事责任。

第七十五条 境外的机构、组织、个人从事攻击、侵入、干扰、破坏等危害中华人民共和国的关键信息基础设施的活动，造成严重后果的，依法追究法律责任；国务院公安部门和有关部门并可以决定对该机构、组织、个人采取冻结财产或者其他必要的制裁措施。

第七章　附　则

第七十六条　本法下列用语的含义：

（一）网络，是指由计算机或者其他信息终端及相关设备组成的按照一定的规则和程序对信息进行收集、存储、传输、交换、处理的系统。

（二）网络安全，是指通过采取必要措施，防范对网络的攻击、侵入、干扰、破坏和非法使用以及意外事故，使网络处于稳定可靠运行的状态，以及保障网络数据的完整性、保密性、可用性的能力。

（三）网络运营者，是指网络的所有者、管理者和网络服务提供者。

（四）网络数据，是指通过网络收集、存储、传输、处理和产生的各种电子数据。

（五）个人信息，是指以电子或者其他方式记录的能够单独或者与其他信息结合识别自然人个人身份的各种信息，包括但不限于自然人的姓名、出生日期、身份证件号码、个人生物识别信息、住址、电话号码等。

第七十七条　存储、处理涉及国家秘密信息的网络的运行安全保护，除应当遵守本法外，还应当遵守保密法律、行政法规的规定。

第七十八条　军事网络的安全保护，由中央军事委员会另行规定。

第七十九条　本法自 2017 年 6 月 1 日起施行。

网络市场监管与服务示范区创建管理办法（试行）

（2022 年 4 月 26 日　国市监网监发〔2022〕49 号）

第一条　为了规范网络市场监管与服务示范区创建，推动提升网络市场监管与服务能力和水平，促进网络市场规范健康持续发展，制定本办法。

第二条　本办法所称网络市场监管与服务示范区（以下简称示范区）是指经市场监管总局认定，网络市场监管与服务制度健全、机制完善、管理规范、创新能力强，对全国网络市场监管与服务具有示范引领作用的特定区域。

第三条　市场监管总局负责全国示范区创建的认定和指导管理工作。

各省、自治区、直辖市市场监管部门（以下称省级市场监管部门）负责本行政区域内示范区的创建申请初审、评估初审，并协助市场监管总局对本行政区域内的示范区创建进行业务指导和日常管理。

第四条　示范区创建遵循自愿申报、自主创建，严格认定、动态管理，鼓励创新、示范引领的原则，坚持公开、公平、公正，依照规范的程序进行。

第五条　副省级城市、地级市、直辖市市辖区（县）人民政府是示范区的创建对象（以下简称创建对象）。

第六条　申请创建示范区应当符合下列条件：

（一）网络经济基础较好。有完整的网络经济建设和发展规划，有明确的支持政策和保障措施，有一定的网络经济产业规模，或者网络经济有鲜明产业特色和较大发展空间；

（二）网络市场监管与服务工作扎实。有良好的网络市场秩序和营商环境，有健全的网络市场监管体制机制，能提供优质高效便捷的网络市场服务；

（三）网络市场监管与服务创新能力较强。有较强的网络市场监管与服务创新意识，有创新的网络市场监管与服务理念模式、体制机制或者工作举措等。

第七条 创建对象填写《全国网络市场监管与服务示范区创建申报表》，并将创建方案和相关材料于每年 5 月底前通过国家网络交易监管平台报所在地省级市场监管部门。

各省级市场监管部门收到申报材料后，应当在 1 个月内按照本办法第六条规定的条件进行初步审查。符合条件的，每年 6 月底前通过国家网络交易监管平台报送市场监管总局。

第八条 经市场监管总局同意后，创建对象开始创建活动。创建活动周期一般不超过 2 年。

第九条 市场监管总局制定《全国网络市场监管与服务示范区创建评估指标体系》（以下简称评估指标体系），用于示范区创建的评估。评估指标体系可以根据实际需要进行调整。

第十条 条件成熟的，创建对象可以对照创建方案和评估指标体系进行自评。自评合格的，填写《全国网络市场监管与服务示范区创建评估申请表》，并将申请表、自评报告和相关材料通过国家网络交易监管平台报所在地省级市场监管部门。

第十一条 各省级市场监管部门收到创建对象的评估申请后，根据评估指标体系，通过资料审查、数据比对、实地检查等方式对创建对象进行评估初审。

评估申请材料齐全、初审合格的，省级市场监管部门将评估申请及相关材料通过国家网络交易监管平台报市场监管总局。

第十二条 市场监管总局收到评估申请后，组织相关单位和专家对创建对象进行评估。

评估工作采取资料审查、数据比对、实地核查、专家评估等多种方式，对照评估指标体系进行打分，得出评估分值，形成评估结果。

第十三条 评估合格的，市场监管总局将合格创建对象名单和其评估情况进行为期 15 天的公示，接受社会监督。

第十四条 公示期满，社会无异议或者经核实异议不成立的，经市场监管总局批准，认定为全国网络市场监管与服务示范区，并向社会公布。

第十五条 示范区应当遵循网络市场发展规律，加大政策支持力度，激发主体活力，鼓励发展新业态新模式，优化发展环境，促进网络经济高质量发展。

第十六条 示范区应当坚持发展与规范并重，推进智慧监管、强化信用监管，加强部门协同监管和跨区域协作监管，统筹线上线下一体化监管，严格规范执法，推动完善网络市场监管体系。

第十七条 示范区应当强化服务意识，增加服务供给，提升服务质效，引导平台企业提高服务水平，保护网络经营者、从业人员和消费者合法权益，构建政府、社会组织、平台企业、第三方机构等多方参与的协同化服务格局，推动优化网络市场服务机制。

第十八条 示范区应当持续提升网络市场监管与服务工作力度，每年 3 月底前将示范区年度工作情况报送市场监管总局和所在地省级市场监管部门。

第十九条 示范区应当立足特色、发挥优势，创新网络市场监管与服务理念模式、体制机制，探索具有地方特色的监管与服务创新举措，及时总结提炼先进制度经验，经所在地省级市场监管部门审核后报市场监管总局。

市场监管总局应当加强示范区工作资料收集、调查研究，宣传报道、交流推介典型经验，推动形成可复制可推广的网络市场监管与服务制度成果。

第二十条 市场监管总局在信息化建设、监管监测资源、执法协作、人才培训、推荐表扬表彰等方面支持示范区持续提升网络市场监管与服务能力。

市场监管总局支持示范区先行先试，在示范区探索开展与平台经济和数字经济发展相适应的监管与服务模式试点工作。

第二十一条　示范区所在地人民政府应当加强对示范区工作的组织领导和统筹协调，充分发挥政府部门和相关社会组织的职能作用，共同推进示范区建设和发展。

第二十二条　市场监管总局对示范区建立动态管理机制，不定期组织对示范区工作进行检查指导。

示范区有下列情形之一的，市场监管总局将根据情节轻重予以约谈、警示，直至取消其示范区资格：

（一）发生扰乱网络市场秩序的重大事件或者食品药品重大安全事故，社会影响特别恶劣的；

（二）提供虚假材料或者采取其他手段骗取示范区认定的；（三）检查指导中发现工作明显下滑、不再具备示范引领作用，或者存在其他突出问题的。

第二十三条　各省级市场监管部门在开展本行政区域内的示范区创建工作时，参照本办法制定相关管理办法。

第二十四条　本办法由市场监管总局负责解释。

第二十五条　本办法自公布之日起施行。

附件：1. 全国网络市场监管与服务示范区创建评估指标体系（略）

2. 全国网络市场监管与服务示范区创建申报表（略）

全国网络市场监管与服务示范区创建评估申请表（略）

网络安全审查办法

（2021年12月28日国家互联网信息办公室、国家发展和改革委员会、工业和信息化部、公安部、国家安全部、财政部、商务部、中国人民银行、国家市场监督管理总局、国家广播电视总局、中国证券监督管理委员会、国家保密局、国家密码管理局令第8号公布　自2022年2月15日起施行）

第一条　为了确保关键信息基础设施供应链安全，保障网络安全和数据安全，维护国家安全，根据《中华人民共和国国家安全法》、《中华人民共和国网络安全法》、《中华人民共和国数据安全法》、《关键信息基础设施安全保护条例》，制定本办法。

第二条　关键信息基础设施运营者采购网络产品和服务，网络平台运营者开展数据处理活动，影响或者可能影响国家安全的，应当按照本办法进行网络安全审查。

前款规定的关键信息基础设施运营者、网络平台运营者统称为当事人。

第三条　网络安全审查坚持防范网络安全风险与促进先进技术应用相结合、过程公正透明与知识产权保护相结合、事前审查与持续监管相结合、企业承诺与社会监督相结合，从产品和服务以及数据处理活动安全性、可能带来的国家安全风险等方面进行审查。

第四条　在中央网络安全和信息化委员会领导下，国家互联网信息办公室会同中华人民共和国国家发展和改革委员会、中华人民共和国工业和信息化部、中华人民共和国公安部、中华人民共和国国家安全部、中华人民共和国财政部、中华人民共和国商务部、中国人民银行、国家市场监督管理总局、国家广播电视总局、中国证券监督管理委员会、国家保密局、国家密码管理局建立国家网络安全审查工作机制。

网络安全审查办公室设在国家互联网信息办公室，负责制定网络安全审查相关制度规范，组织网络安全审查。

第五条 关键信息基础设施运营者采购网络产品和服务的，应当预判该产品和服务投入使用后可能带来的国家安全风险。影响或者可能影响国家安全的，应向网络安全审查办公室申报网络安全审查。

关键信息基础设施安全保护工作部门可以制定本行业、本领域预判指南。

第六条 对于申报网络安全审查的采购活动，关键信息基础设施运营者应当通过采购文件、协议等要求产品和服务提供者配合网络安全审查，包括承诺不利用提供产品和服务的便利条件非法获取用户数据、非法控制和操纵用户设备，无正当理由不中断产品供应或者必要的技术支持服务等。

第七条 掌握超过100万用户个人信息的网络平台运营者赴国外上市，必须向网络安全审查办公室申报网络安全审查。

第八条 当事人申报网络安全审查，应当提交以下材料：

（一）申报书；

（二）关于影响或者可能影响国家安全的分析报告；

（三）采购文件、协议、拟签订的合同或者拟提交的首次公开募股（IPO）等上市申请文件；

（四）网络安全审查工作需要的其他材料。

第九条 网络安全审查办公室应当自收到符合本办法第八条规定的审查申报材料起10个工作日内，确定是否需要审查并书面通知当事人。

第十条 网络安全审查重点评估相关对象或者情形的以下国家安全风险因素：

（一）产品和服务使用后带来的关键信息基础设施被非法控制、遭受干扰或者破坏的风险；

（二）产品和服务供应中断对关键信息基础设施业务连续性的危害；

（三）产品和服务的安全性、开放性、透明性、来源的多样性，供应渠道的可靠性以及因为政治、外交、贸易等因素导致供应中断的风险；

（四）产品和服务提供者遵守中国法律、行政法规、部门规章情况；

（五）核心数据、重要数据或者大量个人信息被窃取、泄露、毁损以及非法利用、非法出境的风险；

（六）上市存在关键信息基础设施、核心数据、重要数据或者大量个人信息被外国政府影响、控制、恶意利用的风险，以及网络信息安全风险；

（七）其他可能危害关键信息基础设施安全、网络安全和数据安全的因素。

第十一条 网络安全审查办公室认为需要开展网络安全审查的，应当自向当事人发出书面通知之日起30个工作日内完成初步审查，包括形成审查结论建议和将审查结论建议发送网络安全审查工作机制成员单位、相关部门征求意见；情况复杂的，可以延长15个工作日。

第十二条 网络安全审查工作机制成员单位和相关部门应当自收到审查结论建议之日起15个工作日内书面回复意见。

网络安全审查工作机制成员单位、相关部门意见一致的，网络安全审查办公室以书面形式将审查结论通知当事人；意见不一致的，按照特别审查程序处理，并通知当事人。

第十三条 按照特别审查程序处理的，网络安全审查办公室应当听取相关单位和部门意见，进行深入分析评估，再次形成审查结论建议，并征求网络安全审查工作机制成员单位和相关部门意见，按程序报中央网络安全和信息化委员会批准后，形成审查结论并书面通知当事人。

第十四条 特别审查程序一般应当在90个工作日内完成，情况复杂的可以延长。

第十五条 网络安全审查办公室要求提供补充材料的，当事人、产品和服务提供者应当予以配合。提交补充材料的时间不计入审查时间。

第十六条 网络安全审查工作机制成员单位认为影响或者可能影响国家安全的网络产品和服

务以及数据处理活动，由网络安全审查办公室按程序报中央网络安全和信息化委员会批准后，依照本办法的规定进行审查。

为了防范风险，当事人应当在审查期间按照网络安全审查要求采取预防和消减风险的措施。

第十七条 参与网络安全审查的相关机构和人员应当严格保护知识产权，对在审查工作中知悉的商业秘密、个人信息，当事人、产品和服务提供者提交的未公开材料，以及其他未公开信息承担保密义务；未经信息提供方同意，不得向无关方披露或者用于审查以外的目的。

第十八条 当事人或者网络产品和服务提供者认为审查人员有失客观公正，或者未能对审查工作中知悉的信息承担保密义务的，可以向网络安全审查办公室或者有关部门举报。

第十九条 当事人应当督促产品和服务提供者履行网络安全审查中作出的承诺。

网络安全审查办公室通过接受举报等形式加强事前事中事后监督。

第二十条 当事人违反本办法规定的，依照《中华人民共和国网络安全法》、《中华人民共和国数据安全法》的规定处理。

第二十一条 本办法所称网络产品和服务主要指核心网络设备、重要通信产品、高性能计算机和服务器、大容量存储设备、大型数据库和应用软件、网络安全设备、云计算服务，以及其他对关键信息基础设施安全、网络安全和数据安全有重要影响的网络产品和服务。

第二十二条 涉及国家秘密信息的，依照国家有关保密规定执行。

国家对数据安全审查、外商投资安全审查另有规定的，应当同时符合其规定。

第二十三条 本办法自2022年2月15日起施行。2020年4月13日公布的《网络安全审查办法》（国家互联网信息办公室、国家发展和改革委员会、工业和信息化部、公安部、国家安全部、财政部、商务部、中国人民银行、国家市场监督管理总局、国家广播电视总局、国家保密局、国家密码管理局令第6号）同时废止。

网络交易监督管理办法

（2021年3月15日国家市场监督管理总局令第37号公布 自2021年5月1日起施行）

第一章 总 则

第一条 为了规范网络交易活动，维护网络交易秩序，保障网络交易各方主体合法权益，促进数字经济持续健康发展，根据有关法律、行政法规，制定本办法。

第二条 在中华人民共和国境内，通过互联网等信息网络（以下简称通过网络）销售商品或者提供服务的经营活动以及市场监督管理部门对其进行监督管理，适用本办法。

在网络社交、网络直播等信息网络活动中销售商品或者提供服务的经营活动，适用本办法。

第三条 网络交易经营者从事经营活动，应当遵循自愿、平等、公平、诚信原则，遵守法律、法规、规章和商业道德、公序良俗，公平参与市场竞争，认真履行法定义务，积极承担主体责任，接受社会各界监督。

第四条 网络交易监督管理坚持鼓励创新、包容审慎、严守底线、线上线下一体化监管的原则。

第五条 国家市场监督管理总局负责组织指导全国网络交易监督管理工作。

县级以上地方市场监督管理部门负责本行政区域内的网络交易监督管理工作。

第六条 市场监督管理部门引导网络交易经营者、网络交易行业组织、消费者组织、消费者共同参与网络交易市场治理，推动完善多元参与、有效协同、规范有序的网络交易市场治理体系。

第二章　网络交易经营者

第一节　一般规定

第七条　本办法所称网络交易经营者，是指组织、开展网络交易活动的自然人、法人和非法人组织，包括网络交易平台经营者、平台内经营者、自建网站经营者以及通过其他网络服务开展网络交易活动的网络交易经营者。

本办法所称网络交易平台经营者，是指在网络交易活动中为交易双方或者多方提供网络经营场所、交易撮合、信息发布等服务，供交易双方或者多方独立开展网络交易活动的法人或者非法人组织。

本办法所称平台内经营者，是指通过网络交易平台开展网络交易活动的网络交易经营者。

网络社交、网络直播等网络服务提供者为经营者提供网络经营场所、商品浏览、订单生成、在线支付等网络交易平台服务的，应当依法履行网络交易平台经营者的义务。通过上述网络交易平台服务开展网络交易活动的经营者，应当依法履行平台内经营者的义务。

第八条　网络交易经营者不得违反法律、法规、国务院决定的规定，从事无证无照经营。除《中华人民共和国电子商务法》第十条规定的不需要进行登记的情形外，网络交易经营者应当依法办理市场主体登记。

个人通过网络从事保洁、洗涤、缝纫、理发、搬家、配制钥匙、管道疏通、家电家具修理修配等依法无须取得许可的便民劳务活动，依照《中华人民共和国电子商务法》第十条的规定不需要进行登记。

个人从事网络交易活动，年交易额累计不超过10万元的，依照《中华人民共和国电子商务法》第十条的规定不需要进行登记。同一经营者在同一平台或者不同平台开设多家网店的，各网店交易额合并计算。个人从事的零星小额交易须依法取得行政许可的，应当依法办理市场主体登记。

第九条　仅通过网络开展经营活动的平台内经营者申请登记为个体工商户的，可以将网络经营场所登记为经营场所，将经常居住地登记为住所，其住所所在地的县、自治县、不设区的市、市辖区市场监督管理部门为其登记机关。同一经营者有两个以上网络经营场所的，应当一并登记。

第十条　平台内经营者申请将网络经营场所登记为经营场所的，由其入驻的网络交易平台为其出具符合登记机关要求的网络经营场所相关材料。

第十一条　网络交易经营者销售的商品或者提供的服务应当符合保障人身、财产安全的要求和环境保护要求，不得销售或者提供法律、行政法规禁止交易，损害国家利益和社会公共利益，违背公序良俗的商品或者服务。

第十二条　网络交易经营者应当在其网站首页或者从事经营活动的主页面显著位置，持续公示经营者主体信息或者该信息的链接标识。鼓励网络交易经营者链接到国家市场监督管理总局电子营业执照亮照系统，公示其营业执照信息。

已经办理市场主体登记的网络交易经营者应当如实公示下列营业执照信息以及与其经营业务有关的行政许可等信息，或者该信息的链接标识：

（一）企业应当公示其营业执照登载的统一社会信用代码、名称、企业类型、法定代表人（负责人）、住所、注册资本（出资额）等信息；

（二）个体工商户应当公示其营业执照登载的统一社会信用代码、名称、经营者姓名、经营场所、组成形式等信息；

（三）农民专业合作社、农民专业合作社联合社应当公示其营业执照登载的统一社会信用代码、名称、法定代表人、住所、成员出资总额等信息。

依照《中华人民共和国电子商务法》第十条规定不需要进行登记的经营者应当根据自身实际经营活动类型，如实公示以下自我声明以及实际经营地址、联系方式等信息，或者该信息的链接标识：

（一）"个人销售自产农副产品，依法不需要办理市场主体登记"；

（二）"个人销售家庭手工业产品，依法不需要办理市场主体登记"；

（三）"个人利用自己的技能从事依法无须取得许可的便民劳务活动，依法不需要办理市场主体登记"；

（四）"个人从事零星小额交易活动，依法不需要办理市场主体登记"。

网络交易经营者公示的信息发生变更的，应当在十个工作日内完成更新公示。

第十三条 网络交易经营者收集、使用消费者个人信息，应当遵循合法、正当、必要的原则，明示收集、使用信息的目的、方式和范围，并经消费者同意。网络交易经营者收集、使用消费者个人信息，应当公开其收集、使用规则，不得违反法律、法规的规定和双方的约定收集、使用信息。

网络交易经营者不得采用一次概括授权、默认授权、与其他授权捆绑、停止安装使用等方式，强迫或者变相强迫消费者同意收集、使用与经营活动无直接关系的信息。收集、使用个人生物特征、医疗健康、金融账户、个人行踪等敏感信息的，应当逐项取得消费者同意。

网络交易经营者及其工作人员应当对收集的个人信息严格保密，除依法配合监管执法活动外，未经被收集者授权同意，不得向包括关联方在内的任何第三方提供。

第十四条 网络交易经营者不得违反《中华人民共和国反不正当竞争法》等规定，实施扰乱市场竞争秩序，损害其他经营者或者消费者合法权益的不正当竞争行为。

网络交易经营者不得以下列方式，作虚假或者引人误解的商业宣传，欺骗、误导消费者：

（一）虚构交易、编造用户评价；

（二）采用误导性展示等方式，将好评前置、差评后置，或者不显著区分不同商品或者服务的评价等；

（三）采用谎称现货、虚构预订、虚假抢购等方式进行虚假营销；

（四）虚构点击量、关注度等流量数据，以及虚构点赞、打赏等交易互动数据。

网络交易经营者不得实施混淆行为，引人误认为是他人商品、服务或者与他人存在特定联系。

网络交易经营者不得编造、传播虚假信息或者误导性信息，损害竞争对手的商业信誉、商品声誉。

第十五条 消费者评价中包含法律、行政法规、规章禁止发布或者传输的信息的，网络交易经营者可以依法予以技术处理。

第十六条 网络交易经营者未经消费者同意或者请求，不得向其发送商业性信息。

网络交易经营者发送商业性信息时，应当明示其真实身份和联系方式，并向消费者提供显著、简便、免费的拒绝继续接收的方式。消费者明确表示拒绝的，应当立即停止发送，不得更换名义后再次发送。

第十七条 网络交易经营者以直接捆绑或者提供多种可选项方式向消费者搭售商品或者服务的，应当以显著方式提醒消费者注意。提供多种可选项方式的，不得将搭售商品或者服务的任何选项设定为消费者默认同意，不得将消费者以往交易中选择的选项在后续独立交易中设定为消费者默认选择。

第十八条 网络交易经营者采取自动展期、自动续费等方式提供服务的，应当在消费者接受服务前和自动展期、自动续费等日期前五日，以显著方式提请消费者注意，由消费者自主选择；在服务期间内，应当为消费者提供显著、简便的随时取消或者变更的选项，并不得收取不合理费用。

第十九条 网络交易经营者应当全面、真实、准确、及时地披露商品或者服务信息，保障消费者的知情权和选择权。

第二十条 通过网络社交、网络直播等网络服务开展网络交易活动的网络交易经营者，应当以显著方式展示商品或者服务及其实际经营主体、售后服务等信息，或者上述信息的链接标识。

网络直播服务提供者对网络交易活动的直播视频保存时间自直播结束之日起不少于三年。

第二十一条 网络交易经营者向消费者提供商品或者服务使用格式条款、通知、声明等的，应当以显著方式提请消费者注意与消费者有重大利害关系的内容，并按照消费者的要求予以说明，不得作出含有下列内容的规定：

（一）免除或者部分免除网络交易经营者对其所提供的商品或者服务应当承担的修理、重作、更换、退货、补足商品数量、退还货款和服务费用、赔偿损失等责任；

（二）排除或者限制消费者提出修理、更换、退货、赔偿损失以及获得违约金和其他合理赔偿的权利；

（三）排除或者限制消费者依法投诉、举报、请求调解、申请仲裁、提起诉讼的权利；

（四）排除或者限制消费者依法变更或者解除合同的权利；

（五）规定网络交易经营者单方享有解释权或者最终解释权；

（六）其他对消费者不公平、不合理的规定。

第二十二条 网络交易经营者应当按照国家市场监督管理总局及其授权的省级市场监督管理部门的要求，提供特定时段、特定品类、特定区域的商品或者服务的价格、销量、销售额等数据信息。

第二十三条 网络交易经营者自行终止从事网络交易活动的，应当提前三十日在其网站首页或者从事经营活动的主页面显著位置，持续公示终止网络交易活动公告等有关信息，并采取合理、必要、及时的措施保障消费者和相关经营者的合法权益。

第二节 网络交易平台经营者

第二十四条 网络交易平台经营者应当要求申请进入平台销售商品或者提供服务的经营者提交其身份、地址、联系方式、行政许可等真实信息，进行核验、登记，建立登记档案，并至少每六个月核验更新一次。

网络交易平台经营者应当对未办理市场主体登记的平台内经营者进行动态监测，对超过本办法第八条第三款规定额度的，及时提醒其依法办理市场主体登记。

第二十五条 网络交易平台经营者应当依照法律、行政法规的规定，向市场监督管理部门报送有关信息。

网络交易平台经营者应当分别于每年1月和7月向住所地省级市场监督管理部门报送平台内经营者的下列身份信息：

（一）已办理市场主体登记的平台内经营者的名称（姓名）、统一社会信用代码、实际经营地址、联系方式、网店名称以及网址链接等信息；

（二）未办理市场主体登记的平台内经营者的姓名、身份证件号码、实际经营地址、联系方式、网店名称以及网址链接、属于依法不需要办理市场主体登记的具体情形的自我声明等信息；其中，对超过本办法第八条第三款规定额度的平台内经营者进行特别标示。

鼓励网络交易平台经营者与市场监督管理部门建立开放数据接口等形式的自动化信息报送机制。

第二十六条　网络交易平台经营者应当为平台内经营者依法履行信息公示义务提供技术支持。平台内经营者公示的信息发生变更的，应当在三个工作日内将变更情况报送平台，平台应当在七个工作日内进行核验，完成更新公示。

第二十七条　网络交易平台经营者应当以显著方式区分标记已办理市场主体登记的经营者和未办理市场主体登记的经营者，确保消费者能够清晰辨认。

第二十八条　网络交易平台经营者修改平台服务协议和交易规则的，应当完整保存修改后的版本生效之日前三年的全部历史版本，并保证经营者和消费者能够便利、完整地阅览和下载。

第二十九条　网络交易平台经营者应当对平台内经营者及其发布的商品或者服务信息建立检查监控制度。网络交易平台经营者发现平台内的商品或者服务信息有违反市场监督管理法律、法规、规章，损害国家利益和社会公共利益，违背公序良俗的，应当依法采取必要的处置措施，保存有关记录，并向平台住所地县级以上市场监督管理部门报告。

第三十条　网络交易平台经营者依据法律、法规、规章的规定或者平台服务协议和交易规则对平台内经营者违法行为采取警示、暂停或者终止服务等处理措施的，应当自决定作出处理措施之日起一个工作日内予以公示，载明平台内经营者的网店名称、违法行为、处理措施等信息。警示、暂停服务等短期处理措施的相关信息应当持续公示至处理措施实施期满之日止。

第三十一条　网络交易平台经营者对平台内经营者身份信息的保存时间自其退出平台之日起不少于三年；对商品或者服务信息，支付记录、物流快递、退换货以及售后等交易信息的保存时间自交易完成之日起不少于三年。法律、行政法规另有规定的，依照其规定。

第三十二条　网络交易平台经营者不得违反《中华人民共和国电子商务法》第三十五条的规定，对平台内经营者在平台内的交易、交易价格以及与其他经营者的交易等进行不合理限制或者附加不合理条件，干涉平台内经营者的自主经营。具体包括：

（一）通过搜索降权、下架商品、限制经营、屏蔽店铺、提高服务收费等方式，禁止或者限制平台内经营者自主选择在多个平台开展经营活动，或者利用不正当手段限制其仅在特定平台开展经营活动；

（二）禁止或者限制平台内经营者自主选择快递物流等交易辅助服务提供者；

（三）其他干涉平台内经营者自主经营的行为。

第三章　监　督　管　理

第三十三条　县级以上地方市场监督管理部门应当在日常管理和执法活动中加强协同配合。

网络交易平台经营者住所地省级市场监督管理部门应当根据工作需要，及时将掌握的平台内经营者身份信息与其实际经营地的省级市场监督管理部门共享。

第三十四条　市场监督管理部门在依法开展监督检查、案件调查、事故处置、缺陷消费品召回、消费争议处理等监管执法活动时，可以要求网络交易平台经营者提供有关的平台内经营者身份信息，商品或者服务信息，支付记录、物流快递、退换货以及售后等交易信息。网络交易平台经营者应当提供，并在技术方面积极配合市场监督管理部门开展网络交易违法行为监测工作。

为网络交易经营者提供宣传推广、支付结算、物流快递、网络接入、服务器托管、虚拟主机、云服务、网站网页设计制作等服务的经营者（以下简称其他服务提供者），应当及时协助市场监督管理部门依法查处网络交易违法行为，提供其掌握的有关数据信息。法律、行政法规另有规定的，依照其规定。

市场监督管理部门发现网络交易经营者有违法行为，依法要求网络交易平台经营者、其他服务提供者采取措施制止的，网络交易平台经营者、其他服务提供者应当予以配合。

第三十五条 市场监督管理部门对涉嫌违法的网络交易行为进行查处时，可以依法采取下列措施：

（一）对与涉嫌违法的网络交易行为有关的场所进行现场检查；

（二）查阅、复制与涉嫌违法的网络交易行为有关的合同、票据、账簿等有关资料；

（三）收集、调取、复制与涉嫌违法的网络交易行为有关的电子数据；

（四）询问涉嫌从事违法的网络交易行为的当事人；

（五）向与涉嫌违法的网络交易行为有关的自然人、法人和非法人组织调查了解有关情况；

（六）法律、法规规定可以采取的其他措施。

采取前款规定的措施，依法需要报经批准的，应当办理批准手续。

市场监督管理部门对网络交易违法行为的技术监测记录资料，可以作为实施行政处罚或者采取行政措施的电子数据证据。

第三十六条 市场监督管理部门应当采取必要措施保护网络交易经营者提供的数据信息的安全，并对其中的个人信息、隐私和商业秘密严格保密。

第三十七条 市场监督管理部门依法对网络交易经营者实施信用监管，将网络交易经营者的注册登记、备案、行政许可、抽查检查结果、行政处罚、列入经营异常名录和严重违法失信企业名单等信息，通过国家企业信用信息公示系统统一归集并公示。对存在严重违法失信行为的，依法实施联合惩戒。

前款规定的信息还可以通过市场监督管理部门官方网站、网络搜索引擎、经营者从事经营活动的主页面显著位置等途径公示。

第三十八条 网络交易经营者未依法履行法定责任和义务，扰乱或者可能扰乱网络交易秩序，影响消费者合法权益的，市场监督管理部门可以依职责对其法定代表人或者主要负责人进行约谈，要求其采取措施进行整改。

第四章 法律责任

第三十九条 法律、行政法规对网络交易违法行为的处罚已有规定的，依照其规定。

第四十条 网络交易平台经营者违反本办法第十条，拒不为入驻的平台内经营者出具网络经营场所相关材料的，由市场监督管理部门责令限期改正；逾期不改正的，处一万元以上三万元以下罚款。

第四十一条 网络交易经营者违反本办法第十一条、第十三条、第十六条、第十八条，法律、行政法规有规定的，依照其规定；法律、行政法规没有规定的，由市场监督管理部门依职责责令限期改正，可以处五千元以上三万元以下罚款。

第四十二条 网络交易经营者违反本办法第十二条、第二十三条，未履行法定信息公示义务的，依照《中华人民共和国电子商务法》第七十六条的规定进行处罚。对其中的网络交易平台经营者，依照《中华人民共和国电子商务法》第八十一条第一款的规定进行处罚。

第四十三条 网络交易经营者违反本办法第十四条的，依照《中华人民共和国反不正当竞争法》的相关规定进行处罚。

第四十四条 网络交易经营者违反本办法第十七条的，依照《中华人民共和国电子商务法》第七十七条的规定进行处罚。

第四十五条 网络交易经营者违反本办法第二十条，法律、行政法规有规定的，依照其规定；法律、行政法规没有规定的，由市场监督管理部门责令限期改正；逾期不改正的，处一万元以下罚款。

第四十六条 网络交易经营者违反本办法第二十二条的，由市场监督管理部门责令限期改正；逾期不改正的，处五千元以上三万元以下罚款。

第四十七条 网络交易平台经营者违反本办法第二十四条第一款、第二十五条第二款、第三十一条，不履行法定核验、登记义务，有关信息报送义务，商品和服务信息、交易信息保存义务的，依照《中华人民共和国电子商务法》第八十条的规定进行处罚。

第四十八条 网络交易平台经营者违反本办法第二十七条、第二十八条、第三十条的，由市场监督管理部门责令限期改正；逾期不改正的，处一万元以上三万元以下罚款。

第四十九条 网络交易平台经营者违反本办法第二十九条，法律、行政法规有规定的，依照其规定；法律、行政法规没有规定的，由市场监督管理部门依职责责令限期改正，可以处一万元以上三万元以下罚款。

第五十条 网络交易平台经营者违反本办法第三十二条的，依照《中华人民共和国电子商务法》第八十二条的规定进行处罚。

第五十一条 网络交易经营者销售商品或者提供服务，不履行合同义务或者履行合同义务不符合约定，或者造成他人损害的，依法承担民事责任。

第五十二条 网络交易平台经营者知道或者应当知道平台内经营者销售的商品或者提供的服务不符合保障人身、财产安全的要求，或者有其他侵害消费者合法权益行为，未采取必要措施的，依法与该平台内经营者承担连带责任。

对关系消费者生命健康的商品或者服务，网络交易平台经营者对平台内经营者的资质资格未尽到审核义务，或者对消费者未尽到安全保障义务，造成消费者损害的，依法承担相应的责任。

第五十三条 对市场监督管理部门依法开展的监管执法活动，拒绝依照本办法规定提供有关材料、信息，或者提供虚假材料、信息，或者隐匿、销毁、转移证据，或者有其他拒绝、阻碍监管执法行为，法律、行政法规、其他市场监督管理部门规章有规定的，依照其规定；法律、行政法规、其他市场监督管理部门规章没有规定的，由市场监督管理部门责令改正，可以处五千元以上三万元以下罚款。

第五十四条 市场监督管理部门的工作人员，玩忽职守、滥用职权、徇私舞弊，或者泄露、出售或者非法向他人提供在履行职责中所知悉的个人信息、隐私和商业秘密的，依法追究法律责任。

第五十五条 违反本办法规定，构成犯罪的，依法追究刑事责任。

第五章 附 则

第五十六条 本办法自 2021 年 5 月 1 日起施行。2014 年 1 月 26 日原国家工商行政管理总局令第 60 号公布的《网络交易管理办法》同时废止。

常见类型移动互联网应用程序必要个人信息范围规定

（2021 年 3 月 12 日　国信办秘字〔2021〕14 号）

第一条　为了规范移动互联网应用程序（App）收集个人信息行为，保障公民个人信息安全，根据《中华人民共和国网络安全法》，制定本规定。

第二条　移动智能终端上运行的 App 存在收集用户个人信息行为的，应当遵守本规定。法律、行政法规、部门规章和规范性文件另有规定的，依照其规定。

App 包括移动智能终端预置、下载安装的应用软件，基于应用软件开放平台接口开发的、用户无需安装即可使用的小程序。

第三条　本规定所称必要个人信息，是指保障 App 基本功能服务正常运行所必需的个人信息，缺少该信息 App 即无法实现基本功能服务。具体是指消费侧用户个人信息，不包括服务供给侧用户个人信息。

第四条　App 不得因为用户不同意提供非必要个人信息，而拒绝用户使用其基本功能服务。

第五条　常见类型 App 的必要个人信息范围：

（一）地图导航类，基本功能服务为"定位和导航"，必要个人信息为：位置信息、出发地、到达地。

（二）网络约车类，基本功能服务为"网络预约出租汽车服务、巡游出租汽车电召服务"，必要个人信息包括：

1. 注册用户移动电话号码；

2. 乘车人出发地、到达地、位置信息、行踪轨迹；

3. 支付时间、支付金额、支付渠道等支付信息（网络预约出租汽车服务）。

（三）即时通信类，基本功能服务为"提供文字、图片、语音、视频等网络即时通信服务"，必要个人信息包括：

1. 注册用户移动电话号码；

2. 账号信息：账号、即时通信联系人账号列表。

（四）网络社区类，基本功能服务为"博客、论坛、社区等话题讨论、信息分享和关注互动"，必要个人信息为：注册用户移动电话号码。

（五）网络支付类，基本功能服务为"网络支付、提现、转账等功能"，必要个人信息包括：

1. 注册用户移动电话号码；

2. 注册用户姓名、证件类型和号码、证件有效期限、银行卡号码。

（六）网上购物类，基本功能服务为"购买商品"，必要个人信息包括：

1. 注册用户移动电话号码；

2. 收货人姓名（名称）、地址、联系电话；

3. 支付时间、支付金额、支付渠道等支付信息。

（七）餐饮外卖类，基本功能服务为"餐饮购买及外送"，必要个人信息包括：

1. 注册用户移动电话号码；

2. 收货人姓名（名称）、地址、联系电话；

3. 支付时间、支付金额、支付渠道等支付信息。

（八）邮件快件寄递类，基本功能服务为"信件、包裹、印刷品等物品寄递服务"，必要个人信息包括：

1. 寄件人姓名、证件类型和号码等身份信息；

2. 寄件人地址、联系电话；

3. 收件人姓名（名称）、地址、联系电话；

4. 寄递物品的名称、性质、数量。

（九）交通票务类，基本功能服务为"交通相关的票务服务及行程管理（如票务购买、改签、退票、行程管理等）"，必要个人信息包括：

1. 注册用户移动电话号码；

2. 旅客姓名、证件类型和号码、旅客类型。旅客类型通常包括儿童、成人、学生等；

3. 旅客出发地、目的地、出发时间、车次/船次/航班号、席别/舱位等级、座位号（如有）、车牌号及车牌颜色（ETC服务）；

4. 支付时间、支付金额、支付渠道等支付信息。

（十）婚恋相亲类，基本功能服务为"婚恋相亲"，必要个人信息包括：

1. 注册用户移动电话号码；

2. 婚恋相亲人的性别、年龄、婚姻状况。

（十一）求职招聘类，基本功能服务为"求职招聘信息交换"，必要个人信息包括：

1. 注册用户移动电话号码；

2. 求职者提供的简历。

（十二）网络借贷类，基本功能服务为"通过互联网平台实现的用于消费、日常生产经营周转等的个人申贷服务"，必要个人信息包括：

1. 注册用户移动电话号码；

2. 借款人姓名、证件类型和号码、证件有效期限、银行卡号码。

（十三）房屋租售类，基本功能服务为"个人房源信息发布、房屋出租或买卖"，必要个人信息包括：

1. 注册用户移动电话号码；

2. 房源基本信息：房屋地址、面积/户型、期望售价或租金。

（十四）二手车交易类，基本功能服务为"二手车买卖信息交换"，必要个人信息包括：

1. 注册用户移动电话号码；

2. 购买方姓名、证件类型和号码；

3. 出售方姓名、证件类型和号码、车辆行驶证号、车辆识别号码。

（十五）问诊挂号类，基本功能服务为"在线咨询问诊、预约挂号"，必要个人信息包括：

1. 注册用户移动电话号码；

2. 挂号时需提供患者姓名、证件类型和号码、预约挂号的医院和科室；

3. 问诊时需提供病情描述。

（十六）旅游服务类，基本功能服务为"旅游服务产品信息的发布与订购"，必要个人信息包括：

1. 注册用户移动电话号码；

2. 出行人旅游目的地、旅游时间；

3. 出行人姓名、证件类型和号码、联系方式。

（十七）酒店服务类，基本功能服务为"酒店预订"，必要个人信息包括：

1. 注册用户移动电话号码；

2. 住宿人姓名和联系方式、入住和退房时间、入住酒店名称。

（十八）网络游戏类，基本功能服务为"提供网络游戏产品和服务"，必要个人信息为：注册用户移动电话号码。

（十九）学习教育类，基本功能服务为"在线辅导、网络课堂等"，必要个人信息为：注册用户移动电话号码。

（二十）本地生活类，基本功能服务为"家政维修、家居装修、二手闲置物品交易等日常生活服务"，必要个人信息为：注册用户移动电话号码。

（二十一）女性健康类，基本功能服务为"女性经期管理、备孕育儿、美容美体等健康管理服务"，无须个人信息，即可使用基本功能服务。

（二十二）用车服务类，基本功能服务为"共享单车、共享汽车、租赁汽车等服务"，必要个人信息包括：

1. 注册用户移动电话号码；

2. 使用共享汽车、租赁汽车服务用户的证件类型和号码，驾驶证件信息；

3. 支付时间、支付金额、支付渠道等支付信息；

4. 使用共享单车、分时租赁汽车服务用户的位置信息。

（二十三）投资理财类，基本功能服务为"股票、期货、基金、债券等相关投资理财服务"，必要个人信息包括：

1. 注册用户移动电话号码；

2. 投资理财用户姓名、证件类型和号码、证件有效期限、证件影印件；

3. 投资理财用户资金账户、银行卡号码或支付账号。

（二十四）手机银行类，基本功能服务为"通过手机等移动智能终端设备进行银行账户管理、信息查询、转账汇款等服务"，必要个人信息包括：

1. 注册用户移动电话号码；

2. 用户姓名、证件类型和号码、证件有效期限、证件影印件、银行卡号码、银行预留移动电话号码；

3. 转账时需提供收款人姓名、银行卡号码、开户银行信息。

（二十五）邮箱云盘类，基本功能服务为"邮箱、云盘等"，必要个人信息为：注册用户移动电话号码。

（二十六）远程会议类，基本功能服务为"通过网络提供音频或视频会议"，必要个人信息为：注册用户移动电话号码。

（二十七）网络直播类，基本功能服务为"向公众持续提供实时视频、音频、图文等形式信息浏览服务"，无须个人信息，即可使用基本功能服务。

（二十八）在线影音类，基本功能服务为"影视、音乐搜索和播放"，无须个人信息，即可使用基本功能服务。

（二十九）短视频类，基本功能服务为"不超过一定时长的视频搜索、播放"，无须个人信息，即可使用基本功能服务。

（三十）新闻资讯类，基本功能服务为"新闻资讯的浏览、搜索"，无须个人信息，即可使用基本功能服务。

（三十一）运动健身类，基本功能服务为"运动健身训练"，无须个人信息，即可使用基本功能服务。

（三十二）浏览器类，基本功能服务为"浏览互联网信息资源"，无须个人信息，即可使用基本功能服务。

（三十三）输入法类，基本功能服务为"文字、符号等输入"，无须个人信息，即可使用基本功能服务。

（三十四）安全管理类，基本功能服务为"查杀病毒、清理恶意插件、修复漏洞等"，无须个人信息，即可使用基本功能服务。

（三十五）电子图书类，基本功能服务为"电子图书搜索、阅读"，无须个人信息，即可使用基本功能服务。

（三十六）拍摄美化类，基本功能服务为"拍摄、美颜、滤镜等"，无须个人信息，即可使用基本功能服务。

（三十七）应用商店类，基本功能服务为"App搜索、下载"，无须个人信息，即可使用基本功能服务。

（三十八）实用工具类，基本功能服务为"日历、天气、词典翻译、计算器、遥控器、手电筒、指南针、时钟闹钟、文件传输、文件管理、壁纸铃声、截图录屏、录音、文档处理、智能家居助手、星座性格测试等"，无须个人信息，即可使用基本功能服务。

（三十九）演出票务类，基本功能服务为"演出购票"，必要个人信息包括：

1. 注册用户移动电话号码；

2. 观演场次、座位号（如有）；

3. 支付时间、支付金额、支付渠道等支付信息。

第六条 任何组织和个人发现违反本规定行为的，可以向相关部门举报。

相关部门收到举报后，应当依法予以处理。

第七条 本规定自 2021 年 5 月 1 日起施行。

市场监管总局关于加强
网络直播营销活动监管的指导意见

（2020 年 11 月 5 日　国市监广〔2020〕175 号）

各省、自治区、直辖市及新疆生产建设兵团市场监管局（厅、委）：

为加强网络直播营销活动监管，保护消费者合法权益，促进直播营销新业态健康发展，依据有关法律、行政法规和市场监管部门职责，现提出以下意见。

一、总体要求

以习近平新时代中国特色社会主义思想为指导，全面贯彻党的十九大和十九届二中、三中、四中、五中全会精神，认真落实党中央、国务院决策部署，坚持依法行政，坚持包容审慎，创新监管理念，积极探索适应新业态特点、有利于各类市场主体公平竞争的监管方式，依法查处网络直播营销活动中侵犯消费者合法权益、侵犯知识产权、破坏市场秩序等违法行为，促进网络直播营销健康发展，营造公平有序的竞争环境、安全放心的消费环境。

二、压实有关主体法律责任

（一）压实网络平台法律责任。网络平台为采用网络直播方式销售商品或提供服务的经营者提供网络经营场所、交易撮合、信息发布等服务，供交易双方或多方独立开展交易活动的，特别是网络平台开放网络直播推广服务经营者入驻功能、为采用网络直播方式推广商品或服务的经营者提供直播技术服务的，应按照《电子商务法》规定履行电子商务平台经营者的责任和义务。

网络平台为商品经营者（含服务提供者，下同）或网络直播者提供付费导流等服务，对网络直播营销活动进行宣传、推广，构成商业广告的，应按照《广告法》规定履行广告发布者或广告经营者的责任和义务。

网络平台以其他方式为其用户提供网络直播技术服务，应根据平台是否参与运营、分佣、平台对用户的控制力等具体情形，适用《电子商务法》关于电子商务平台经营者的相关责任和义务，或适用法律法规关于网络服务提供者的责任和义务。

（二）压实商品经营者法律责任。通过网络直播销售商品或提供服务，应按照《电子商务法》《消费者权益保护法》《反不正当竞争法》《产品质量法》《食品安全法》《广告法》《价格法》《商标法》《专利法》等相关法律规定，履行相应的责任和义务。

（三）压实网络直播者法律责任。自然人、法人或其他组织采用网络直播方式对商品或服务的性能、功能、质量、销售状况、用户评价、曾获荣誉等作宣传，应当真实、合法，符合《反不正当竞争法》有关规定。直播内容构成商业广告的，应按照《广告法》规定履行广告发布者、广告经营者或广告代言人的责任和义务。

三、严格规范网络直播营销行为

（四）规范商品或服务营销范围。商品经营者通过网络直播销售商品或提供服务，应遵守相关法律法规，建立并执行商品进货检查验收制度。不得通过网络直播销售法律、法规规定禁止生产、销售的商品或服务；不得通过网络直播发布法律、法规规定禁止在大众传播媒介发布的商业广告；不得通过网络直播销售禁止进行网络交易的商品或服务。

（五）规范广告审查发布。在网络直播营销活动中发布法律、行政法规规定应进行发布前审查的广告，应严格遵守广告审查有关规定。未经审查不得发布医疗、药品、医疗器械、农药、兽药、保健食品和特殊医学用途配方食品等法律、行政法规规定应当进行发布前审查的广告。

（六）保障消费者知情权和选择权。商品经营者通过网络直播销售商品或者服务的，应当在其网店首页显著位置，持续公示营业执照信息、与其经营业务有关的行政许可信息，并向消费者提供经营地址、联系方式、售后服务等信息。网络平台应当为公示上述信息提供技术支持等便利条件。

四、依法查处网络直播营销违法行为

（七）依法查处电子商务违法行为。针对网络直播营销中平台责任落实不到位等问题，依据《电子商务法》，重点查处擅自删除消费者评价、对平台内经营者侵害消费者合法权益行为未采取必要措施、未尽到资质资格审核义务、对消费者未尽到安全保障义务等违法行为。

（八）依法查处侵犯消费者合法权益违法行为。针对网络直播营销中售后服务保障不力等问题，依据《消费者权益保护法》，重点查处对消费者依法提出的修理、重作、更换、退货、补足商品数量、退还货款和服务费用或者赔偿损失的要求，故意拖延或者无理拒绝等违法行为。

（九）依法查处不正当竞争违法行为。针对网络直播营销中虚构交易或评价、网络直播者欺骗和误导消费者等不正当竞争问题，依据《反不正当竞争法》，重点查处实施虚假或者引人误解的商业宣传、帮助其他经营者进行虚假或者引人误解的商业宣传、仿冒混淆、商业诋毁和违法有奖销售等违法行为。

（十）依法查处产品质量违法行为。针对网络直播营销中售卖假冒伪劣产品等问题，依据《产品质量法》，重点查处在产品中掺杂掺假、以假充真、以次充好、以不合格产品冒充合格产品、伪造产品的产地和伪造或冒用他人厂名厂址等违法行为。

（十一）依法查处侵犯知识产权违法行为。针对网络直播营销中售卖侵犯知识产权产品等问题，依据《商标法》《专利法》，重点查处侵犯注册商标专用权、假冒专利等违法行为。

（十二）依法查处食品安全违法行为。针对网络直播营销中的食品安全问题，依据《食品安全法》，重点查处无经营资质销售食品、销售不符合食品安全标准的食品、销售标注虚假生产日期或超过保质期的食品等违法行为。

（十三）依法查处广告违法行为。针对网络直播营销中发布虚假违法广告问题，依据《广告法》，重点查处发布虚假广告、发布违背社会良好风尚的违法广告和违规广告代言等违法行为。

（十四）依法查处价格违法行为。针对网络直播营销中价格违法问题，依据《价格法》，重点查处哄抬价格、利用虚假的或者使人误解的价格手段诱骗消费者进行交易等违法行为。

各地市场监管部门要高度重视网络直播营销活动监管工作，加强组织领导，充分发挥综合执法优势，切实提升网络直播营销活动监管效能和水平。要加强与网信、公安、广电等部门的沟通协作，强化信息共享与协调配合，提升监管合力。要切实加大案件查办工作力度，做好行刑衔接工作，发现违法行为涉嫌犯罪的，应当及时将案件移送司法机关。

（二）广告监管

中华人民共和国广告法

（1994年10月27日第八届全国人民代表大会常务委员会第十次会议通过 2015年4月24日第十二届全国人民代表大会常务委员会第十四次会议修订 根据2018年10月26日第十三届全国人民代表大会常务委员会第六次会议《关于修改〈中华人民共和国野生动物保护法〉等十五部法律的决定》第一次修正 根据2021年4月29日第十三届全国人民代表大会常务委员会第二十八次会议《关于修改〈中华人民共和国道路交通安全法〉等八部法律的决定》第二次修正）

目 录

第一章 总 则

第一条 为了规范广告活动，保护消费者的合法权益，促进广告业的健康发展，维护社会经济秩序，制定本法。

第二条 在中华人民共和国境内，商品经营者或者服务提供者通过一定媒介和形式直接或者间接地介绍自己所推销的商品或者服务的商业广告活动，适用本法。

本法所称广告主，是指为推销商品或者服务，自行或者委托他人设计、制作、发布广告的自然人、法人或者其他组织。

本法所称广告经营者，是指接受委托提供广告设计、制作、代理服务的自然人、法人或者其他组织。

本法所称广告发布者，是指为广告主或者广告主委托的广告经营者发布广告的自然人、法人或者其他组织。

本法所称广告代言人，是指广告主以外的，在广告中以自己的名义或者形象对商品、服务作推荐、证明的自然人、法人或者其他组织。

第三条 广告应当真实、合法，以健康的表现形式表达广告内容，符合社会主义精神文明建设和弘扬中华民族优秀传统文化的要求。

第四条 广告不得含有虚假或者引人误解的内容，不得欺骗、误导消费者。

广告主应当对广告内容的真实性负责。

第五条 广告主、广告经营者、广告发布者从事广告活动，应当遵守法律、法规，诚实信用，公平竞争。

第六条 国务院市场监督管理部门主管全国的广告监督管理工作，国务院有关部门在各自的职责范围内负责广告管理相关工作。

县级以上地方市场监督管理部门主管本行政区域的广告监督管理工作，县级以上地方人民政府有关部门在各自的职责范围内负责广告管理相关工作。

第七条 广告行业组织依照法律、法规和章程的规定，制定行业规范，加强行业自律，促进行业发展，引导会员依法从事广告活动，推动广告行业诚信建设。

第二章　广告内容准则

第八条 广告中对商品的性能、功能、产地、用途、质量、成分、价格、生产者、有效期限、允诺等或者对服务的内容、提供者、形式、质量、价格、允诺等有表示的，应当准确、清楚、明白。

广告中表明推销的商品或者服务附带赠送的，应当明示所附带赠送商品或者服务的品种、规格、数量、期限和方式。

法律、行政法规规定广告中应当明示的内容，应当显著、清晰表示。

第九条 广告不得有下列情形：

（一）使用或者变相使用中华人民共和国的国旗、国歌、国徽，军旗、军歌、军徽；

（二）使用或者变相使用国家机关、国家机关工作人员的名义或者形象；

（三）使用"国家级"、"最高级"、"最佳"等用语；

（四）损害国家的尊严或者利益，泄露国家秘密；

（五）妨碍社会安定，损害社会公共利益；

（六）危害人身、财产安全，泄露个人隐私；

（七）妨碍社会公共秩序或者违背社会良好风尚；

（八）含有淫秽、色情、赌博、迷信、恐怖、暴力的内容；

（九）含有民族、种族、宗教、性别歧视的内容；

（十）妨碍环境、自然资源或者文化遗产保护；

（十一）法律、行政法规规定禁止的其他情形。

第十条 广告不得损害未成年人和残疾人的身心健康。

第十一条 广告内容涉及的事项需要取得行政许可的，应当与许可的内容相符合。

广告使用数据、统计资料、调查结果、文摘、引用语等引证内容的，应当真实、准确，并表明出处。引证内容有适用范围和有效期限的，应当明确表示。

第十二条 广告中涉及专利产品或者专利方法的，应当标明专利号和专利种类。

未取得专利权的，不得在广告中谎称取得专利权。

禁止使用未授予专利权的专利申请和已经终止、撤销、无效的专利作广告。

第十三条 广告不得贬低其他生产经营者的商品或者服务。

第十四条 广告应当具有可识别性，能够使消费者辨明其为广告。

大众传播媒介不得以新闻报道形式变相发布广告。通过大众传播媒介发布的广告应当显著标明"广告"，与其他非广告信息相区别，不得使消费者产生误解。

广播电台、电视台发布广告，应当遵守国务院有关部门关于时长、方式的规定，并应当对广告时长作出明显提示。

第十五条 麻醉药品、精神药品、医疗用毒性药品、放射性药品等特殊药品，药品类易制毒化学品，以及戒毒治疗的药品、医疗器械和治疗方法，不得作广告。

前款规定以外的处方药，只能在国务院卫生行政部门和国务院药品监督管理部门共同指定的医学、药学专业刊物上作广告。

第十六条 医疗、药品、医疗器械广告不得含有下列内容：

（一）表示功效、安全性的断言或者保证；

（二）说明治愈率或者有效率；

（三）与其他药品、医疗器械的功效和安全性或者其他医疗机构比较；

（四）利用广告代言人作推荐、证明；

（五）法律、行政法规规定禁止的其他内容。

药品广告的内容不得与国务院药品监督管理部门批准的说明书不一致，并应当显著标明禁忌、不良反应。处方药广告应当显著标明"本广告仅供医学药学专业人士阅读"，非处方药广告应当显著标明"请按药品说明书或者在药师指导下购买和使用"。

推荐给个人自用的医疗器械的广告，应当显著标明"请仔细阅读产品说明书或者在医务人员的指导下购买和使用"。医疗器械产品注册证明文件中有禁忌内容、注意事项的，广告中应当显著标明"禁忌内容或者注意事项详见说明书"。

第十七条 除医疗、药品、医疗器械广告外，禁止其他任何广告涉及疾病治疗功能，并不得使用医疗用语或者易使推销的商品与药品、医疗器械相混淆的用语。

第十八条 保健食品广告不得含有下列内容：

（一）表示功效、安全性的断言或者保证；

（二）涉及疾病预防、治疗功能；

（三）声称或者暗示广告商品为保障健康所必需；

（四）与药品、其他保健食品进行比较；

（五）利用广告代言人作推荐、证明；

（六）法律、行政法规规定禁止的其他内容。

保健食品广告应当显著标明"本品不能代替药物"。

第十九条 广播电台、电视台、报刊音像出版单位、互联网信息服务提供者不得以介绍健康、养生知识等形式变相发布医疗、药品、医疗器械、保健食品广告。

第二十条 禁止在大众传播媒介或者公共场所发布声称全部或者部分替代母乳的婴儿乳制品、饮料和其他食品广告。

第二十一条 农药、兽药、饲料和饲料添加剂广告不得含有下列内容：

（一）表示功效、安全性的断言或者保证；

（二）利用科研单位、学术机构、技术推广机构、行业协会或者专业人士、用户的名义或者形象作推荐、证明；

（三）说明有效率；

（四）违反安全使用规程的文字、语言或者画面；

（五）法律、行政法规规定禁止的其他内容。

第二十二条 禁止在大众传播媒介或者公共场所、公共交通工具、户外发布烟草广告。禁止向未成年人发送任何形式的烟草广告。

禁止利用其他商品或者服务的广告、公益广告，宣传烟草制品名称、商标、包装、装潢以及类似内容。

烟草制品生产者或者销售者发布的迁址、更名、招聘等启事中，不得含有烟草制品名称、商标、包装、装潢以及类似内容。

第二十三条 酒类广告不得含有下列内容：

（一）诱导、怂恿饮酒或者宣传无节制饮酒；

（二）出现饮酒的动作；

（三）表现驾驶车、船、飞机等活动；

（四）明示或者暗示饮酒有消除紧张和焦虑、增加体力等功效。

第二十四条 教育、培训广告不得含有下列内容：

（一）对升学、通过考试、获得学位学历或者合格证书，或者对教育、培训的效果作出明示或者暗示的保证性承诺；

（二）明示或者暗示有相关考试机构或者其工作人员、考试命题人员参与教育、培训；

（三）利用科研单位、学术机构、教育机构、行业协会、专业人士、受益者的名义或者形象作推荐、证明。

第二十五条 招商等有投资回报预期的商品或者服务广告，应当对可能存在的风险以及风险责任承担有合理提示或者警示，并不得含有下列内容：

（一）对未来效果、收益或者与其相关的情况作出保证性承诺，明示或者暗示保本、无风险或者保收益等，国家另有规定的除外；

（二）利用学术机构、行业协会、专业人士、受益者的名义或者形象作推荐、证明。

第二十六条 房地产广告，房源信息应当真实，面积应当表明为建筑面积或者套内建筑面积，并不得含有下列内容：

（一）升值或者投资回报的承诺；

（二）以项目到达某一具体参照物的所需时间表示项目位置；

（三）违反国家有关价格管理的规定；

（四）对规划或者建设中的交通、商业、文化教育设施以及其他市政条件作误导宣传。

第二十七条 农作物种子、林木种子、草种子、种畜禽、水产苗种和种养殖广告关于品种名称、生产性能、生长量或者产量、品质、抗性、特殊使用价值、经济价值、适宜种植或者养殖的范围和条件等方面的表述应当真实、清楚、明白，并不得含有下列内容：

（一）作科学上无法验证的断言；

（二）表示功效的断言或者保证；

（三）对经济效益进行分析、预测或者作保证性承诺；

（四）利用科研单位、学术机构、技术推广机构、行业协会或者专业人士、用户的名义或者形象作推荐、证明。

第二十八条 广告以虚假或者引人误解的内容欺骗、误导消费者的，构成虚假广告。

广告有下列情形之一的，为虚假广告：

（一）商品或者服务不存在的；

（二）商品的性能、功能、产地、用途、质量、规格、成分、生产者、有效期限、销售状况、曾获荣誉等信息，或者服务的内容、提供者、形式、质量、价格、销售状况、曾获荣誉等信息，以及与商品或者服务有关的允诺等信息与实际情况不符，对购买行为有实质性影响的；

（三）使用虚构、伪造或者无法验证的科研成果、统计资料、调查结果、文摘、引用语等信息作证明材料的；

（四）虚构使用商品或者接受服务的效果的；

（五）以虚假或者引人误解的内容欺骗、误导消费者的其他情形。

第三章 广告行为规范

第二十九条 广播电台、电视台、报刊出版单位从事广告发布业务的，应当设有专门从事广告业务的机构，配备必要的人员，具有与发布广告相适应的场所、设备。

第三十条 广告主、广告经营者、广告发布者之间在广告活动中应当依法订立书面合同。

第三十一条 广告主、广告经营者、广告发布者不得在广告活动中进行任何形式的不正当竞争。

第三十二条 广告主委托设计、制作、发布广告，应当委托具有合法经营资格的广告经营者、广告发布者。

第三十三条 广告主或者广告经营者在广告中使用他人名义或者形象的，应当事先取得其书面同意；使用无民事行为能力人、限制民事行为能力人的名义或者形象的，应当事先取得其监护人的书面同意。

第三十四条 广告经营者、广告发布者应当按照国家有关规定，建立、健全广告业务的承接登记、审核、档案管理制度。

广告经营者、广告发布者依据法律、行政法规查验有关证明文件，核对广告内容。对内容不符或者证明文件不全的广告，广告经营者不得提供设计、制作、代理服务，广告发布者不得发布。

第三十五条 广告经营者、广告发布者应当公布其收费标准和收费办法。

第三十六条 广告发布者向广告主、广告经营者提供的覆盖率、收视率、点击率、发行量等资料应当真实。

第三十七条 法律、行政法规规定禁止生产、销售的产品或者提供的服务，以及禁止发布广告的商品或者服务，任何单位或者个人不得设计、制作、代理、发布广告。

第三十八条 广告代言人在广告中对商品、服务作推荐、证明，应当依据事实，符合本法和有关法律、行政法规规定，并不得为其未使用过的商品或者未接受过的服务作推荐、证明。

不得利用不满十周岁的未成年人作为广告代言人。

对在虚假广告中作推荐、证明受到行政处罚未满三年的自然人、法人或者其他组织，不得利用其作为广告代言人。

第三十九条 不得在中小学校、幼儿园内开展广告活动，不得利用中小学生和幼儿的教材、教辅材料、练习册、文具、教具、校服、校车等发布或者变相发布广告，但公益广告除外。

第四十条 在针对未成年人的大众传播媒介上不得发布医疗、药品、保健食品、医疗器械、化妆品、酒类、美容广告，以及不利于未成年人身心健康的网络游戏广告。

针对不满十四周岁的未成年人的商品或者服务的广告不得含有下列内容：

（一）劝诱其要求家长购买广告商品或者服务的；

（二）可能引发其模仿不安全行为的。

第四十一条 县级以上地方人民政府应当组织有关部门加强对利用户外场所、空间、设施等发布户外广告的监督管理，制定户外广告设置规划和安全要求。

户外广告的管理办法，由地方性法规、地方政府规章规定。

第四十二条 有下列情形之一的，不得设置户外广告：

（一）利用交通安全设施、交通标志的；

（二）影响市政公共设施、交通安全设施、交通标志、消防设施、消防安全标志使用的；

（三）妨碍生产或者人民生活，损害市容市貌的；

（四）在国家机关、文物保护单位、风景名胜区等的建筑控制地带，或者县级以上地方人民政府禁止设置户外广告的区域设置的。

第四十三条 任何单位或者个人未经当事人同意或者请求，不得向其住宅、交通工具等发送广告，也不得以电子信息方式向其发送广告。

以电子信息方式发送广告的，应当明示发送者的真实身份和联系方式，并向接收者提供拒绝继续接收的方式。

第四十四条 利用互联网从事广告活动，适用本法的各项规定。

利用互联网发布、发送广告，不得影响用户正常使用网络。在互联网页面以弹出等形式发布的广告，应当显著标明关闭标志，确保一键关闭。

第四十五条 公共场所的管理者或者电信业务经营者、互联网信息服务提供者对其明知或者应知的利用其场所或者信息传输、发布平台发送、发布违法广告的，应当予以制止。

第四章 监督管理

第四十六条 发布医疗、药品、医疗器械、农药、兽药和保健食品广告，以及法律、行政法规规定应当进行审查的其他广告，应当在发布前由有关部门（以下称广告审查机关）对广告内容进行审查；未经审查，不得发布。

第四十七条 广告主申请广告审查，应当依照法律、行政法规向广告审查机关提交有关证明文件。

广告审查机关应当依照法律、行政法规规定作出审查决定，并应当将审查批准文件抄送同级市场监督管理部门。广告审查机关应当及时向社会公布批准的广告。

第四十八条 任何单位或者个人不得伪造、变造或者转让广告审查批准文件。

第四十九条 市场监督管理部门履行广告监督管理职责，可以行使下列职权：

（一）对涉嫌从事违法广告活动的场所实施现场检查；

（二）询问涉嫌违法当事人或者其法定代表人、主要负责人和其他有关人员，对有关单位或者个人进行调查；

（三）要求涉嫌违法当事人限期提供有关证明文件；

（四）查阅、复制与涉嫌违法广告有关的合同、票据、账簿、广告作品和其他有关资料；

（五）查封、扣押与涉嫌违法广告直接相关的广告物品、经营工具、设备等财物；

（六）责令暂停发布可能造成严重后果的涉嫌违法广告；

（七）法律、行政法规规定的其他职权。

市场监督管理部门应当建立健全广告监测制度，完善监测措施，及时发现和依法查处违法广告行为。

第五十条 国务院市场监督管理部门会同国务院有关部门，制定大众传播媒介广告发布行为规范。

第五十一条 市场监督管理部门依照本法规定行使职权，当事人应当协助、配合，不得拒绝、阻挠。

第五十二条 市场监督管理部门和有关部门及其工作人员对其在广告监督管理活动中知悉的商业秘密负有保密义务。

第五十三条　任何单位或者个人有权向市场监督管理部门和有关部门投诉、举报违反本法的行为。市场监督管理部门和有关部门应当向社会公开受理投诉、举报的电话、信箱或者电子邮件地址，接到投诉、举报的部门应当自收到投诉之日起七个工作日内，予以处理并告知投诉、举报人。

市场监督管理部门和有关部门不依法履行职责的，任何单位或者个人有权向其上级机关或者监察机关举报。接到举报的机关应当依法作出处理，并将处理结果及时告知举报人。

有关部门应当为投诉、举报人保密。

第五十四条　消费者协会和其他消费者组织对违反本法规定，发布虚假广告侵害消费者合法权益，以及其他损害社会公共利益的行为，依法进行社会监督。

第五章　法律责任

第五十五条　违反本法规定，发布虚假广告的，由市场监督管理部门责令停止发布广告，责令广告主在相应范围内消除影响，处广告费用三倍以上五倍以下的罚款，广告费用无法计算或者明显偏低的，处二十万元以上一百万元以下的罚款；两年内有三次以上违法行为或者有其他严重情节的，处广告费用五倍以上十倍以下的罚款，广告费用无法计算或者明显偏低的，处一百万元以上二百万元以下的罚款，可以吊销营业执照，并由广告审查机关撤销广告审查批准文件、一年内不受理其广告审查申请。

医疗机构有前款规定违法行为，情节严重的，除由市场监督管理部门依照本法处罚外，卫生行政部门可以吊销诊疗科目或者吊销医疗机构执业许可证。

广告经营者、广告发布者明知或者应知广告虚假仍设计、制作、代理、发布的，由市场监督管理部门没收广告费用，并处广告费用三倍以上五倍以下的罚款，广告费用无法计算或者明显偏低的，处二十万元以上一百万元以下的罚款；两年内有三次以上违法行为或者有其他严重情节的，处广告费用五倍以上十倍以下的罚款，广告费用无法计算或者明显偏低的，处一百万元以上二百万元以下的罚款，并可以由有关部门暂停广告发布业务、吊销营业执照。

广告主、广告经营者、广告发布者有本条第一款、第三款规定行为，构成犯罪的，依法追究刑事责任。

第五十六条　违反本法规定，发布虚假广告，欺骗、误导消费者，使购买商品或者接受服务的消费者的合法权益受到损害的，由广告主依法承担民事责任。广告经营者、广告发布者不能提供广告主的真实名称、地址和有效联系方式的，消费者可以要求广告经营者、广告发布者先行赔偿。

关系消费者生命健康的商品或者服务的虚假广告，造成消费者损害的，其广告经营者、广告发布者、广告代言人应当与广告主承担连带责任。

前款规定以外的商品或者服务的虚假广告，造成消费者损害的，其广告经营者、广告发布者、广告代言人，明知或者应知广告虚假仍设计、制作、代理、发布或者作推荐、证明的，应当与广告主承担连带责任。

第五十七条　有下列行为之一的，由市场监督管理部门责令停止发布广告，对广告主处二十万元以上一百万元以下的罚款，情节严重的，并可以吊销营业执照，由广告审查机关撤销广告审查批准文件、一年内不受理其广告审查申请；对广告经营者、广告发布者，由市场监督管理部门没收广告费用，处二十万元以上一百万元以下的罚款，情节严重的，并可以吊销营业执照：

（一）发布有本法第九条、第十条规定的禁止情形的广告的；

（二）违反本法第十五条规定发布处方药广告、药品类易制毒化学品广告、戒毒治疗的医疗器械和治疗方法广告的；

（三）违反本法第二十条规定，发布声称全部或者部分替代母乳的婴儿乳制品、饮料和其他食品广告的；

（四）违反本法第二十二条规定发布烟草广告的；

（五）违反本法第三十七条规定，利用广告推销禁止生产、销售的产品或者提供的服务，或者禁止发布广告的商品或者服务的；

（六）违反本法第四十条第一款规定，在针对未成年人的大众传播媒介上发布医疗、药品、保健食品、医疗器械、化妆品、酒类、美容广告，以及不利于未成年人身心健康的网络游戏广告的。

第五十八条 有下列行为之一的，由市场监督管理部门责令停止发布广告，责令广告主在相应范围内消除影响，处广告费用一倍以上三倍以下的罚款，广告费用无法计算或者明显偏低的，处十万元以上二十万元以下的罚款；情节严重的，处广告费用三倍以上五倍以下的罚款，广告费用无法计算或者明显偏低的，处二十万元以上一百万元以下的罚款，可以吊销营业执照，并由广告审查机关撤销广告审查批准文件、一年内不受理其广告审查申请：

（一）违反本法第十六条规定发布医疗、药品、医疗器械广告的；

（二）违反本法第十七条规定，在广告中涉及疾病治疗功能，以及使用医疗用语或者易使推销的商品与药品、医疗器械相混淆的用语的；

（三）违反本法第十八条规定发布保健食品广告的；

（四）违反本法第二十一条规定发布农药、兽药、饲料和饲料添加剂广告的；

（五）违反本法第二十三条规定发布酒类广告的；

（六）违反本法第二十四条规定发布教育、培训广告的；

（七）违反本法第二十五条规定发布招商等有投资回报预期的商品或者服务广告的；

（八）违反本法第二十六条规定发布房地产广告的；

（九）违反本法第二十七条规定发布农作物种子、林木种子、草种子、种畜禽、水产苗种和种养殖广告的；

（十）违反本法第三十八条第二款规定，利用不满十周岁的未成年人作为广告代言人的；

（十一）违反本法第三十八条第三款规定，利用自然人、法人或者其他组织作为广告代言人的；

（十二）违反本法第三十九条规定，在中小学校、幼儿园内或者利用与中小学生、幼儿有关的物品发布广告的；

（十三）违反本法第四十条第二款规定，发布针对不满十四周岁的未成年人的商品或者服务的广告的；

（十四）违反本法第四十六条规定，未经审查发布广告的。

医疗机构有前款规定违法行为，情节严重的，除由市场监督管理部门依照本法处罚外，卫生行政部门可以吊销诊疗科目或者吊销医疗机构执业许可证。

广告经营者、广告发布者明知或者应知有本条第一款规定违法行为仍设计、制作、代理、发布的，由市场监督管理部门没收广告费用，并处广告费用一倍以上三倍以下的罚款，广告费用无法计算或者明显偏低的，处十万元以上二十万元以下的罚款；情节严重的，处广告费用三倍以上五倍以下的罚款，广告费用无法计算或者明显偏低的，处二十万元以上一百万元以下的罚款，并可以由有关部门暂停广告发布业务、吊销营业执照。

第五十九条 有下列行为之一的，由市场监督管理部门责令停止发布广告，对广告主处十万元以下的罚款：

（一）广告内容违反本法第八条规定的；

（二）广告引证内容违反本法第十一条规定的；

（三）涉及专利的广告违反本法第十二条规定的；

（四）违反本法第十三条规定，广告贬低其他生产经营者的商品或者服务的。

广告经营者、广告发布者明知或者应知有前款规定违法行为仍设计、制作、代理、发布的，由市场监督管理部门处十万元以下的罚款。

广告违反本法第十四条规定，不具有可识别性的，或者违反本法第十九条规定，变相发布医疗、药品、医疗器械、保健食品广告的，由市场监督管理部门责令改正，对广告发布者处十万元以下的罚款。

第六十条 违反本法第三十四条规定，广告经营者、广告发布者未按照国家有关规定建立、健全广告业务管理制度的，或者未对广告内容进行核对的，由市场监督管理部门责令改正，可以处五万元以下的罚款。

违反本法第三十五条规定，广告经营者、广告发布者未公布其收费标准和收费办法的，由价格主管部门责令改正，可以处五万元以下的罚款。

第六十一条 广告代言人有下列情形之一的，由市场监督管理部门没收违法所得，并处违法所得一倍以上二倍以下的罚款：

（一）违反本法第十六条第一款第四项规定，在医疗、药品、医疗器械广告中作推荐、证明的；

（二）违反本法第十八条第一款第五项规定，在保健食品广告中作推荐、证明的；

（三）违反本法第三十八条第一款规定，为其未使用过的商品或者未接受过的服务作推荐、证明的；

（四）明知或者应知广告虚假仍在广告中对商品、服务作推荐、证明的。

第六十二条 违反本法第四十三条规定发送广告的，由有关部门责令停止违法行为，对广告主处五千元以上三万元以下的罚款。

违反本法第四十四条第二款规定，利用互联网发布广告，未显著标明关闭标志，确保一键关闭的，由市场监督管理部门责令改正，对广告主处五千元以上三万元以下的罚款。

第六十三条 违反本法第四十五条规定，公共场所的管理者和电信业务经营者、互联网信息服务提供者，明知或者应知广告活动违法不予制止的，由市场监督管理部门没收违法所得，违法所得五万元以上的，并处违法所得一倍以上三倍以下的罚款，违法所得不足五万元的，并处一万元以上五万元以下的罚款；情节严重的，由有关部门依法停止相关业务。

第六十四条 违反本法规定，隐瞒真实情况或者提供虚假材料申请广告审查的，广告审查机关不予受理或者不予批准，予以警告，一年内不受理该申请人的广告审查申请；以欺骗、贿赂等不正当手段取得广告审查批准的，广告审查机关予以撤销，处十万元以上二十万元以下的罚款，三年内不受理该申请人的广告审查申请。

第六十五条 违反本法规定，伪造、变造或者转让广告审查批准文件的，由市场监督管理部门没收违法所得，并处一万元以上十万元以下的罚款。

第六十六条 有本法规定的违法行为的，由市场监督管理部门记入信用档案，并依照有关法律、行政法规规定予以公示。

第六十七条 广播电台、电视台、报刊音像出版单位发布违法广告，或者以新闻报道形式变相发布广告，或者以介绍健康、养生知识等形式变相发布医疗、药品、医疗器械、保健食品广告，市场监督管理部门依照本法给予处罚的，应当通报新闻出版、广播电视主管部门以及其他有关部门。新闻出版、广播电视主管部门以及其他有关部门应当依法对负有责任的主管人员和直接责任人员给予处分；情节严重的，并可以暂停媒体的广告发布业务。

新闻出版、广播电视主管部门以及其他有关部门未依照前款规定对广播电台、电视台、报刊音像出版单位进行处理的，对负有责任的主管人员和直接责任人员，依法给予处分。

第六十八条 广告主、广告经营者、广告发布者违反本法规定，有下列侵权行为之一的，依法承担民事责任：

（一）在广告中损害未成年人或者残疾人的身心健康的；

（二）假冒他人专利的；

（三）贬低其他生产经营者的商品、服务的；

（四）在广告中未经同意使用他人名义或者形象的；

（五）其他侵犯他人合法民事权益的。

第六十九条 因发布虚假广告，或者有其他本法规定的违法行为，被吊销营业执照的公司、企业的法定代表人，对违法行为负有个人责任的，自该公司、企业被吊销营业执照之日起三年内不得担任公司、企业的董事、监事、高级管理人员。

第七十条 违反本法规定，拒绝、阻挠市场监督管理部门监督检查，或者有其他构成违反治安管理行为的，依法给予治安管理处罚；构成犯罪的，依法追究刑事责任。

第七十一条 广告审查机关对违法的广告内容作出审查批准决定的，对负有责任的主管人员和直接责任人员，由任免机关或者监察机关依法给予处分；构成犯罪的，依法追究刑事责任。

第七十二条 市场监督管理部门对在履行广告监测职责中发现的违法广告行为或者对经投诉、举报的违法广告行为，不依法予以查处的，对负有责任的主管人员和直接责任人员，依法给予处分。

市场监督管理部门和负责广告管理相关工作的有关部门的工作人员玩忽职守、滥用职权、徇私舞弊的，依法给予处分。

有前两款行为，构成犯罪的，依法追究刑事责任。

第六章 附 则

第七十三条 国家鼓励、支持开展公益广告宣传活动，传播社会主义核心价值观，倡导文明风尚。

大众传播媒介有义务发布公益广告。广播电台、电视台、报刊出版单位应当按照规定的版面、时段、时长发布公益广告。公益广告的管理办法，由国务院市场监督管理部门会同有关部门制定。

第七十四条 本法自 2015 年 9 月 1 日起施行。

广告管理条例*

（1987 年 10 月 26 日国务院发布）

第一条 为了加强广告管理，推动广告事业的发展，有效地利用广告媒介为社会主义建设服务，制定本条例。

第二条 凡通过报刊、广播、电视、电影、路牌、橱窗、印刷品、霓虹灯等媒介或者形式，在中华人民共和国境内刊播、设置、张贴广告，均属本条例管理范围。

---

* 本条例内容与《中华人民共和国广告法》的规定不一致的，以该法为准。

第三条 广告内容必须真实、健康、清晰、明白，不得以任何形式欺骗用户和消费者。

第四条 在广告经营活动中，禁止垄断和不正当竞争行为。

第五条 广告的管理机关是国家工商行政管理机关和地方各级工商行政管理机关。

第六条 经营广告业务的单位和个体工商户（以下简称广告经营者），应当按照本条例和有关法规的规定，向工商行政管理机关申请，分别情况办理审批登记手续：

（一）专营广告业务的企业，发给《企业法人营业执照》；

（二）兼营广告业务的事业单位，发给《广告经营许可证》；

（三）具备经营广告业务能力的个体工商户，发给《营业执照》；

（四）兼营广告业务的企业，应当办理经营范围变更登记。

第七条 广告客户申请刊播、设置、张贴的广告，其内容应当在广告客户的经营范围或者国家许可的范围内。

第八条 广告有下列内容之一的，不得刊播、设置、张贴：

（一）违反我国法律、法规的；

（二）损害我国民族尊严的；

（三）有中国国旗、国徽、国歌标志、国歌音响的；

（四）有反动、淫秽、迷信、荒诞内容的；

（五）弄虚作假的；

（六）贬低同类产品的。

第九条 新闻单位刊播广告，应当有明确的标志。新闻单位不得以新闻报道形式刊播广告，收取费用；新闻记者不得借采访名义招揽广告。

第十条 禁止利用广播、电视、报刊为卷烟做广告。

获得国家级、部级、省级各类奖的优质名酒，经工商行政管理机关批准，可以做广告。

第十一条 申请刊播、设置、张贴下列广告，应当提交有关证明：

（一）标明质量标准的商品广告，应当提交省辖市以上标准化管理部门或者经计量认证合格的质量检验机构的证明；

（二）标明获奖的商品广告，应当提交本届、本年度或者数届、数年度连续获奖的证书，并在广告中注明获奖级别和颁奖部门；

（三）标明优质产品称号的商品广告，应当提交政府颁发的优质产品证书，并在广告中标明授予优质产品称号的时间和部门；

（四）标明专利权的商品广告，应当提交专利证书；

（五）标明注册商标的商品广告，应当提交商标注册证；

（六）实施生产许可证的产品广告，应当提交生产许可证；

（七）文化、教育、卫生广告，应当提交上级行政主管部门的证明；

（八）其他各类广告，需要提交证明的，应当提交政府有关部门或者其授权单位的证明。

第十二条 广告经营者承办或者代理广告业务，应当查验证明，审查广告内容。对违反本条例规定的广告，不得刊播、设置、张贴。

第十三条 户外广告的设置、张贴，由当地人民政府组织工商行政管理、城建、环保、公安等有关部门制订规划，工商行政管理机关负责监督实施。

在政府机关和文物保护单位周围的建筑控制地带以及当地人民政府禁止设置、张贴广告的区域，不得设置、张贴广告。

第十四条 广告收费标准，由广告经营者制订，报当地工商行政管理机关和物价管理机关备案。

第十五条 广告业务代理费标准，由国家工商行政管理机关会同国家物价管理机关制定。

户外广告场地费、建筑物占用费的收费标准，由当地工商行政管理机关会同物价、城建部门协商制订，报当地人民政府批准。

第十六条 广告经营者必须按照国家规定设置广告会计账簿，依法纳税，并接受财政、审计、工商行政管理部门的监督检查。

第十七条 广告经营者承办或者代理广告业务，应当与客户或者被代理人签订书面合同，明确各方的责任。

第十八条 广告客户或者广告经营者违反本条例规定，由工商行政管理机关根据其情节轻重，分别给予下列处罚：

（一）停止发布广告；

（二）责令公开更正；

（三）通报批评；

（四）没收非法所得；

（五）罚款；

（六）停业整顿；

（七）吊销营业执照或者广告经营许可证。

违反本条例规定，情节严重，构成犯罪的，由司法机关依法追究刑事责任。

第十九条 广告客户和广告经营者对工商行政管理机关处罚决定不服的，可以在收到处罚通知之日起15日内，向上一级工商行政管理机关申请复议。对复议决定仍不服的，可以在收到复议决定之日起30日内，向人民法院起诉。

第二十条 广告客户和广告经营者违反本条例规定，使用户和消费者蒙受损失，或者有其他侵权行为的，应当承担赔偿责任。

损害赔偿，受害人可以请求县以上工商行政管理机关处理。当事人对工商行政管理机关处理不服的，可以向人民法院起诉。受害人也可以直接向人民法院起诉。

第二十一条 本条例由国家工商行政管理局负责解释；施行细则由国家工商行政管理局制定。

第二十二条 本条例自1987年12月1日起施行。1982年2月6日国务院发布的《广告管理暂行条例》同时废止。

互联网广告管理办法

（2023年2月25日国家市场监督管理总局令第72号公布　自2023年5月1日起施行）

第一条 为了规范互联网广告活动，保护消费者的合法权益，促进互联网广告业健康发展，维护公平竞争的市场经济秩序，根据《中华人民共和国广告法》（以下简称广告法）《中华人民共和国电子商务法》（以下简称电子商务法）等法律、行政法规，制定本办法。

第二条 在中华人民共和国境内，利用网站、网页、互联网应用程序等互联网媒介，以文字、图片、音频、视频或者其他形式，直接或者间接地推销商品或者服务的商业广告活动，适用广告法和本办法的规定。

法律、行政法规、部门规章、强制性国家标准以及国家其他有关规定要求应当展示、标示、告知的信息，依照其规定。

第三条 互联网广告应当真实、合法，坚持正确导向，以健康的表现形式表达广告内容，符合社会主义精神文明建设和弘扬中华优秀传统文化的要求。

利用互联网从事广告活动，应当遵守法律、法规，诚实信用，公平竞争。

国家鼓励、支持开展互联网公益广告宣传活动，传播社会主义核心价值观和中华优秀传统文化，倡导文明风尚。

第四条 利用互联网为广告主或者广告主委托的广告经营者发布广告的自然人、法人或者其他组织，适用广告法和本办法关于广告发布者的规定。

利用互联网提供信息服务的自然人、法人或者其他组织，适用广告法和本办法关于互联网信息服务提供者的规定；从事互联网广告设计、制作、代理、发布等活动的，应当适用广告法和本办法关于广告经营者、广告发布者等主体的规定。

第五条 广告行业组织依照法律、法规、部门规章和章程的规定，制定行业规范、自律公约和团体标准，加强行业自律，引导会员主动践行社会主义核心价值观、依法从事互联网广告活动，推动诚信建设，促进行业健康发展。

第六条 法律、行政法规规定禁止生产、销售的产品或者提供的服务，以及禁止发布广告的商品或者服务，任何单位或者个人不得利用互联网设计、制作、代理、发布广告。

禁止利用互联网发布烟草（含电子烟）广告。

禁止利用互联网发布处方药广告，法律、行政法规另有规定的，依照其规定。

第七条 发布医疗、药品、医疗器械、农药、兽药、保健食品、特殊医学用途配方食品广告等法律、行政法规规定应当进行审查的广告，应当在发布前由广告审查机关对广告内容进行审查；未经审查，不得发布。

对须经审查的互联网广告，应当严格按照审查通过的内容发布，不得剪辑、拼接、修改。已经审查通过的广告内容需要改动的，应当重新申请广告审查。

第八条 禁止以介绍健康、养生知识等形式，变相发布医疗、药品、医疗器械、保健食品、特殊医学用途配方食品广告。

介绍健康、养生知识的，不得在同一页面或者同时出现相关医疗、药品、医疗器械、保健食品、特殊医学用途配方食品的商品经营者或者服务提供者地址、联系方式、购物链接等内容。

第九条 互联网广告应当具有可识别性，能够使消费者辨明其为广告。

对于竞价排名的商品或者服务，广告发布者应当显著标明"广告"，与自然搜索结果明显区分。

除法律、行政法规禁止发布或者变相发布广告的情形外，通过知识介绍、体验分享、消费测评等形式推销商品或者服务，并附加购物链接等购买方式的，广告发布者应当显著标明"广告"。

第十条 以弹出等形式发布互联网广告，广告主、广告发布者应当显著标明关闭标志，确保一键关闭，不得有下列情形：

（一）没有关闭标志或者计时结束才能关闭广告；

（二）关闭标志虚假、不可清晰辨识或者难以定位等，为关闭广告设置障碍；

（三）关闭广告须经两次以上点击；

（四）在浏览同一页面、同一文档过程中，关闭后继续弹出广告，影响用户正常使用网络；

（五）其他影响一键关闭的行为。

启动互联网应用程序时展示、发布的开屏广告适用前款规定。

第十一条 不得以下列方式欺骗、误导用户点击、浏览广告：

（一）虚假的系统或者软件更新、报错、清理、通知等提示；

（二）虚假的播放、开始、暂停、停止、返回等标志；

（三）虚假的奖励承诺；

（四）其他欺骗、误导用户点击、浏览广告的方式。

第十二条 在针对未成年人的网站、网页、互联网应用程序、公众号等互联网媒介上不得发布医疗、药品、保健食品、特殊医学用途配方食品、医疗器械、化妆品、酒类、美容广告，以及不利于未成年人身心健康的网络游戏广告。

第十三条 广告主应当对互联网广告内容的真实性负责。

广告主发布互联网广告的，主体资格、行政许可、引证内容等应当符合法律法规的要求，相关证明文件应当真实、合法、有效。

广告主可以通过自建网站，以及自有的客户端、互联网应用程序、公众号、网络店铺页面等互联网媒介自行发布广告，也可以委托广告经营者、广告发布者发布广告。

广告主自行发布互联网广告的，广告发布行为应当符合法律法规的要求，建立广告档案并及时更新。相关档案保存时间自广告发布行为终了之日起不少于三年。

广告主委托发布互联网广告，修改广告内容时应当以书面形式或者其他可以被确认的方式，及时通知为其提供服务的广告经营者、广告发布者。

第十四条 广告经营者、广告发布者应当按照下列规定，建立、健全和实施互联网广告业务的承接登记、审核、档案管理制度：

（一）查验并登记广告主的真实身份、地址和有效联系方式等信息，建立广告档案并定期查验更新，记录、保存广告活动的有关电子数据；相关档案保存时间自广告发布行为终了之日起不少于三年；

（二）查验有关证明文件，核对广告内容，对内容不符或者证明文件不全的广告，广告经营者不得提供设计、制作、代理服务，广告发布者不得发布；

（三）配备熟悉广告法律法规的广告审核人员或者设立广告审核机构。

本办法所称身份信息包括名称（姓名）、统一社会信用代码（身份证件号码）等。

广告经营者、广告发布者应当依法配合市场监督管理部门开展的互联网广告行业调查，及时提供真实、准确、完整的资料。

第十五条 利用算法推荐等方式发布互联网广告的，应当将其算法推荐服务相关规则、广告投放记录等记入广告档案。

第十六条 互联网平台经营者在提供互联网信息服务过程中应当采取措施防范、制止违法广告，并遵守下列规定：

（一）记录、保存利用其信息服务发布广告的用户真实身份信息，信息记录保存时间自信息服务提供行为终了之日起不少于三年；

（二）对利用其信息服务发布的广告内容进行监测、排查，发现违法广告的，应当采取通知改正、删除、屏蔽、断开发布链接等必要措施予以制止，并保留相关记录；

（三）建立有效的投诉、举报受理和处置机制，设置便捷的投诉举报入口或者公布投诉举报方式，及时受理和处理投诉举报；

（四）不得以技术手段或者其他手段阻挠、妨碍市场监督管理部门开展广告监测；

（五）配合市场监督管理部门调查互联网广告违法行为，并根据市场监督管理部门的要求，及时采取技术手段保存涉嫌违法广告的证据材料，如实提供相关广告发布者的真实身份信息、广告修改记录以及相关商品或者服务的交易信息等；

（六）依据服务协议和平台规则对利用其信息服务发布违法广告的用户采取警示、暂停或者终止服务等措施。

第十七条 利用互联网发布、发送广告，不得影响用户正常使用网络，不得在搜索政务服务网站、网页、互联网应用程序、公众号等的结果中插入竞价排名广告。

未经用户同意、请求或者用户明确表示拒绝的，不得向其交通工具、导航设备、智能家电等发送互联网广告，不得在用户发送的电子邮件或者互联网即时通讯信息中附加广告或者广告链接。

第十八条 发布含有链接的互联网广告，广告主、广告经营者和广告发布者应当核对下一级链接中与前端广告相关的广告内容。

第十九条 商品销售者或者服务提供者通过互联网直播方式推销商品或者服务，构成商业广告的，应当依法承担广告主的责任和义务。

直播间运营者接受委托提供广告设计、制作、代理、发布服务的，应当依法承担广告经营者、广告发布者的责任和义务。

直播营销人员接受委托提供广告设计、制作、代理、发布服务的，应当依法承担广告经营者、广告发布者的责任和义务。

直播营销人员以自己的名义或者形象对商品、服务作推荐、证明，构成广告代言的，应当依法承担广告代言人的责任和义务。

第二十条 对违法互联网广告实施行政处罚，由广告发布者所在地市场监督管理部门管辖。广告发布者所在地市场监督管理部门管辖异地广告主、广告经营者、广告代言人以及互联网信息服务提供者有困难的，可以将违法情况移送其所在地市场监督管理部门处理。广告代言人为自然人的，为广告代言人提供经纪服务的机构所在地、广告代言人户籍地或者经常居住地为其所在地。

广告主所在地、广告经营者所在地市场监督管理部门先行发现违法线索或者收到投诉、举报的，也可以进行管辖。

对广告主自行发布违法广告的行为实施行政处罚，由广告主所在地市场监督管理部门管辖。

第二十一条 市场监督管理部门在查处违法互联网广告时，可以依法行使下列职权：

（一）对涉嫌从事违法广告活动的场所实施现场检查；

（二）询问涉嫌违法当事人或者其法定代表人、主要负责人和其他有关人员，对有关单位或者个人进行调查；

（三）要求涉嫌违法当事人限期提供有关证明文件；

（四）查阅、复制与涉嫌违法广告有关的合同、票据、账簿、广告作品和互联网广告相关数据，包括采用截屏、录屏、网页留存、拍照、录音、录像等方式保存互联网广告内容；

（五）查封、扣押与涉嫌违法广告直接相关的广告物品、经营工具、设备等财物；

（六）责令暂停发布可能造成严重后果的涉嫌违法广告；

（七）法律、行政法规规定的其他职权。

市场监督管理部门依法行使前款规定的职权时，当事人应当协助、配合，不得拒绝、阻挠或者隐瞒真实情况。

第二十二条 市场监督管理部门对互联网广告的技术监测记录资料，可以作为对违法广告实施行政处罚或者采取行政措施的证据。

第二十三条 违反本办法第六条、第十二条规定的，依照广告法第五十七条规定予以处罚。

第二十四条 违反本办法第七条规定，未经审查或者未按广告审查通过的内容发布互联网广告的，依照广告法第五十八条规定予以处罚。

第二十五条 违反本办法第八条、第九条规定，变相发布医疗、药品、医疗器械、保健食品、特殊医学用途配方食品广告，或者互联网广告不具有可识别性的，依照广告法第五十九条第三款规定予以处罚。

第二十六条 违反本办法第十条规定，以弹出等形式发布互联网广告，未显著标明关闭标志，确保一键关闭的，依照广告法第六十二条第二款规定予以处罚。

广告发布者实施前款规定行为的，由县级以上市场监督管理部门责令改正，拒不改正的，处五千元以上三万元以下的罚款。

第二十七条 违反本办法第十一条规定，欺骗、误导用户点击、浏览广告的，法律、行政法规有规定的，依照其规定；法律、行政法规没有规定的，由县级以上市场监督管理部门责令改正，对广告主、广告经营者、广告发布者处五千元以上三万元以下的罚款。

第二十八条 违反本办法第十四条第一款、第十五条、第十八条规定，广告经营者、广告发布者未按规定建立、健全广告业务管理制度的，或者未对广告内容进行核对的，依据广告法第六十条第一款规定予以处罚。

违反本办法第十三条第四款、第十五条、第十八条规定，广告主未按规定建立广告档案，或者未对广告内容进行核对的，由县级以上市场监督管理部门责令改正，可以处五万元以下的罚款。

广告主、广告经营者、广告发布者能够证明其已履行相关责任、采取措施防止链接的广告内容被篡改，并提供违法广告活动主体的真实名称、地址和有效联系方式的，可以依法从轻、减轻或者不予行政处罚。

违反本办法第十四条第三款，广告经营者、广告发布者拒不配合市场监督管理部门开展的互联网广告行业调查，或者提供虚假资料的，由县级以上市场监督管理部门责令改正，可以处一万元以上三万元以下的罚款。

第二十九条 互联网平台经营者违反本办法第十六条第一项、第三项至第五项规定，法律、行政法规有规定的，依照其规定；法律、行政法规没有规定的，由县级以上市场监督管理部门责令改正，处一万元以上五万元以下的罚款。

互联网平台经营者违反本办法第十六条第二项规定，明知或者应知互联网广告活动违法不予制止的，依照广告法第六十三条规定予以处罚。

第三十条 违反本办法第十七条第一款规定，法律、行政法规有规定的，依照其规定；法律、行政法规没有规定的，由县级以上市场监督管理部门责令改正，对广告主、广告经营者、广告发布者处五千元以上三万元以下的罚款。

违反本办法第十七条第二款规定，未经用户同意、请求或者用户明确表示拒绝，向其交通工具、导航设备、智能家电等发送互联网广告的，依照广告法第六十二条第一款规定予以处罚；在用户发送的电子邮件或者互联网即时通讯信息中附加广告或者广告链接的，由县级以上市场监督管理部门责令改正，处五千元以上三万元以下的罚款。

第三十一条 市场监督管理部门依照广告法和本办法规定所作出的行政处罚决定，应当依法通过国家企业信用信息公示系统向社会公示；性质恶劣、情节严重、社会危害较大的，按照《市场监督管理严重违法失信名单管理办法》的有关规定列入严重违法失信名单。

第三十二条 本办法自2023年5月1日起施行。2016年7月4日原国家工商行政管理总局令第87号公布的《互联网广告管理暂行办法》同时废止。

广告绝对化用语执法指南

（2023 年 2 月 25 日　国家市场监督管理总局 2023 年第 6 号）

为规范和加强广告绝对化用语监管执法，有效维护广告市场秩序，保护自然人、法人和其他组织的合法权益，依据《中华人民共和国广告法》（以下简称《广告法》）《中华人民共和国行政处罚法》等法律、法规、规章和国家有关规定，制定本指南。

一、本指南旨在为市场监管部门开展广告绝对化用语监管执法提供指引，供各地市场监管部门在工作中参考适用。

二、本指南所称广告绝对化用语，是指《广告法》第九条第三项规定的情形，包括"国家级""最高级""最佳"以及与其含义相同或者近似的其他用语。

三、市场监管部门对含有绝对化用语的商业广告开展监管执法，应当坚持过罚相当、公平公正、处罚和教育相结合、综合裁量的原则，实现政治效果、社会效果、法律效果相统一。

四、商品经营者（包括服务提供者，下同）在其经营场所、自设网站或者拥有合法使用权的其他媒介发布有关自身名称（姓名）、简称、标识、成立时间、经营范围等信息，且未直接或者间接推销商品（包括服务，下同）的，一般不视为广告。

前款规定的信息中使用绝对化用语，商品经营者无法证明其真实性，可能影响消费者知情权或者损害其他经营者合法权益的，依据其他法律、法规进行查处。

五、有下列情形之一的，广告中使用绝对化用语未指向商品经营者所推销的商品，不适用《广告法》关于绝对化用语的规定：

（一）仅表明商品经营者的服务态度或者经营理念、企业文化、主观愿望的；

（二）仅表达商品经营者目标追求的；

（三）绝对化用语指向的内容，与广告中推销的商品性能、质量无直接关联，且不会对消费者产生误导的其他情形。

六、有下列情形之一的，广告中使用的绝对化用语指向商品经营者所推销的商品，但不具有误导消费者或者贬低其他经营者的客观后果的，不适用《广告法》关于绝对化用语的规定：

（一）仅用于对同一品牌或同一企业商品进行自我比较的；

（二）仅用于宣传商品的使用方法、使用时间、保存期限等消费提示的；

（三）依据国家标准、行业标准、地方标准等认定的商品分级用语中含有绝对化用语并能够说明依据的；

（四）商品名称、规格型号、注册商标或者专利中含有绝对化用语，广告中使用商品名称、规格型号、注册商标或者专利来指代商品，以区分其他商品的；

（五）依据国家有关规定评定的奖项、称号中含有绝对化用语的；

（六）在限定具体时间、地域等条件的情况下，表述时空顺序客观情况或者宣传产品销量、销售额、市场占有率等事实信息的。

七、广告绝对化用语属于本指南第五条、第六条规定情形，但广告主无法证明其真实性的，依照《广告法》有关规定予以查处。

八、市场监管部门对广告绝对化用语实施行政处罚，应当依据《广告法》等法律、法规，结合广告内容、具体语境以及违法行为的事实、性质、情节、社会危害程度及当事人主观过错等实际情况，准确把握执法尺度，合理行使行政处罚裁量权。

九、除本指南第五条、第六条规定情形外，初次在广告中使用绝对化用语，危害后果轻微并及时改正的，可以不予行政处罚。

十、商品经营者在其经营场所、自设网站或者拥有合法使用权的其他媒介发布的广告中使用绝对化用语，持续时间短或者浏览人数少，没有造成危害后果并及时改正的，应当依法不予行政处罚；危害后果轻微的，可以依法从轻、减轻行政处罚。

其他依法从轻、减轻或者不予行政处罚的，应当符合《中华人民共和国行政处罚法》等法律、法规以及市场监管总局《关于规范市场监督管理行政处罚裁量权的指导意见》的规定。

十一、有下列情形之一的，一般不认为属于违法行为轻微或者社会危害性较小：

（一）医疗、医疗美容、药品、医疗器械、保健食品、特殊医学用途配方食品广告中出现与疗效、治愈率、有效率等相关的绝对化用语的；

（二）招商等有投资回报预期的商品广告中出现与投资收益率、投资安全性等相关的绝对化用语的；

（三）教育、培训广告中出现与教育、培训机构或者教育、培训效果相关的绝对化用语的。

十二、市场监管部门可以依照有关规定，制定广告绝对化用语轻微违法行为依法予以处罚清单并进行动态调整。

房地产广告发布规定

（2015年12月24日国家工商行政管理总局令第80号公布　根据2021年4月2日《国家市场监督管理总局关于废止和修改部分规章的决定》修正）

第一条　发布房地产广告，应当遵守《中华人民共和国广告法》（以下简称《广告法》）、《中华人民共和国城市房地产管理法》、《中华人民共和国土地管理法》及国家有关规定。

第二条　本规定所称房地产广告，指房地产开发企业、房地产权利人、房地产中介服务机构发布的房地产项目预售、预租、出售、出租、项目转让以及其他房地产项目介绍的广告。

居民私人及非经营性售房、租房、换房广告，不适用本规定。

第三条　房地产广告必须真实、合法、科学、准确，不得欺骗、误导消费者。

第四条　房地产广告，房源信息应当真实，面积应当表明为建筑面积或者套内建筑面积，并不得含有下列内容：

（一）升值或者投资回报的承诺；

（二）以项目到达某一具体参照物的所需时间表示项目位置；

（三）违反国家有关价格管理的规定；

（四）对规划或者建设中的交通、商业、文化教育设施以及其他市政条件作误导宣传。

第五条　凡下列情况的房地产，不得发布广告：

（一）在未经依法取得国有土地使用权的土地上开发建设的；

（二）在未经国家征用的集体所有的土地上建设的；

（三）司法机关和行政机关依法裁定、决定查封或者以其他形式限制房地产权利的；

（四）预售房地产，但未取得该项目预售许可证的；

（五）权属有争议的；

（六）违反国家有关规定建设的；

（七）不符合工程质量标准，经验收不合格的；

（八）法律、行政法规规定禁止的其他情形。

第六条 发布房地产广告，应当具有或者提供下列相应真实、合法、有效的证明文件：

（一）房地产开发企业、房地产权利人、房地产中介服务机构的营业执照或者其他主体资格证明；

（二）房地产主管部门颁发的房地产开发企业资质证书；

（三）自然资源主管部门颁发的项目土地使用权证明；

（四）工程竣工验收合格证明；

（五）发布房地产项目预售、出售广告，应当具有地方政府建设主管部门颁发的预售、销售许可证证明；出租、项目转让广告，应当具有相应的产权证明；

（六）中介机构发布所代理的房地产项目广告，应当提供业主委托证明；

（七）确认广告内容真实性的其他证明文件。

第七条 房地产预售、销售广告，必须载明以下事项：

（一）开发企业名称；

（二）中介服务机构代理销售的，载明该机构名称；

（三）预售或者销售许可证书号。

广告中仅介绍房地产项目名称的，可以不必载明上述事项。

第八条 房地产广告不得含有风水、占卜等封建迷信内容，对项目情况进行的说明、渲染，不得有悖社会良好风尚。

第九条 房地产广告中涉及所有权或者使用权的，所有或者使用的基本单位应当是有实际意义的完整的生产、生活空间。

第十条 房地产广告中对价格有表示的，应当清楚表示为实际的销售价格，明示价格的有效期限。

第十一条 房地产广告中的项目位置示意图，应当准确、清楚，比例恰当。

第十二条 房地产广告中涉及的交通、商业、文化教育设施及其他市政条件等，如在规划或者建设中，应当在广告中注明。

第十三条 房地产广告涉及内部结构、装修装饰的，应当真实、准确。

第十四条 房地产广告中不得利用其他项目的形象、环境作为本项目的效果。

第十五条 房地产广告中使用建筑设计效果图或者模型照片的，应当在广告中注明。

第十六条 房地产广告中不得出现融资或者变相融资的内容。

第十七条 房地产广告中涉及贷款服务的，应当载明提供贷款的银行名称及贷款额度、年期。

第十八条 房地产广告中不得含有广告主能够为入住者办理户口、就业、升学等事项的承诺。

第十九条 房地产广告中涉及物业管理内容的，应当符合国家有关规定；涉及尚未实现的物业管理内容，应当在广告中注明。

第二十条 房地产广告中涉及房地产价格评估的，应当表明评估单位、估价师和评估时间；使用其他数据、统计资料、文摘、引用语的，应当真实、准确，表明出处。

第二十一条 违反本规定发布广告，《广告法》及其他法律法规有规定的，依照有关法律法规规定予以处罚。法律法规没有规定的，对负有责任的广告主、广告经营者、广告发布者，处以违法所得三倍以下但不超过三万元的罚款；没有违法所得的，处以一万元以下的罚款。

第二十二条 本规定自2016年2月1日起施行。1998年12月3日国家工商行政管理局令第86号公布的《房地产广告发布暂行规定》同时废止。

农药广告审查发布规定

（2015 年 12 月 24 日国家工商行政管理总局令第 81 号公布　根据 2020 年 10 月 23 日《国家市场监督管理总局关于修改部分规章的决定》修订）

第一条　为了保证农药广告的真实、合法、科学，制定本规定。

第二条　发布农药广告，应当遵守《中华人民共和国广告法》（以下简称《广告法》）及国家有关农药管理的规定。

第三条　未经国家批准登记的农药不得发布广告。

第四条　农药广告内容应当与《农药登记证》和《农药登记公告》的内容相符，不得任意扩大范围。

第五条　农药广告不得含有下列内容：

（一）表示功效、安全性的断言或者保证；

（二）利用科研单位、学术机构、技术推广机构、行业协会或者专业人士、用户的名义或者形象作推荐、证明；

（三）说明有效率；

（四）违反安全使用规程的文字、语言或者画面；

（五）法律、行政法规规定禁止的其他内容。

第六条　农药广告不得贬低同类产品，不得与其他农药进行功效和安全性对比。

第七条　农药广告中不得含有评比、排序、推荐、指定、选用、获奖等综合性评价内容。

第八条　农药广告中不得使用直接或者暗示的方法，以及模棱两可、言过其实的用语，使人在产品的安全性、适用性或者政府批准等方面产生误解。

第九条　农药广告中不得滥用未经国家认可的研究成果或者不科学的词句、术语。

第十条　农药广告中不得含有"无效退款"、"保险公司保险"等承诺。

第十一条　农药广告的批准文号应当列为广告内容同时发布。

第十二条　违反本规定的农药广告，广告经营者不得设计、制作，广告发布者不得发布。

第十三条　违反本规定发布广告，《广告法》及其他法律法规有规定的，依照有关法律法规规定予以处罚。法律法规没有规定的，对负有责任的广告主、广告经营者、广告发布者，处以违法所得三倍以下但不超过三万元的罚款；没有违法所得的，处以一万元以下的罚款。

第十四条　本规定自 2016 年 2 月 1 日起施行。1995 年 3 月 28 日国家工商行政管理局第 28 号令公布的《农药广告审查标准》同时废止。

兽药广告审查发布规定

（2015 年 12 月 24 日国家工商行政管理总局令第 82 号公布　根据 2020 年 10 月 23 日《国家市场监督管理总局关于修改部分规章的决定》修订）

第一条　为了保证兽药广告的真实、合法、科学，制定本规定。

第二条　发布兽药广告，应当遵守《中华人民共和国广告法》（以下简称《广告法》）及国家有关兽药管理的规定。

第三条 下列兽药不得发布广告：

（一）兽用麻醉药品、精神药品以及兽医医疗单位配制的兽药制剂；

（二）所含成分的种类、含量、名称与兽药国家标准不符的兽药；

（三）临床应用发现超出规定毒副作用的兽药；

（四）国务院农牧行政管理部门明令禁止使用的，未取得兽药产品批准文号或者未取得《进口兽药注册证书》的兽药。

第四条 兽药广告不得含有下列内容：

（一）表示功效、安全性的断言或者保证；

（二）利用科研单位、学术机构、技术推广机构、行业协会或者专业人士、用户的名义或者形象作推荐、证明；

（三）说明有效率；

（四）违反安全使用规程的文字、语言或者画面；

（五）法律、行政法规规定禁止的其他内容。

第五条 兽药广告不得贬低同类产品，不得与其他兽药进行功效和安全性对比。

第六条 兽药广告中不得含有"最高技术"、"最高科学"、"最进步制法"、"包治百病"等绝对化的表示。

第七条 兽药广告中不得含有评比、排序、推荐、指定、选用、获奖等综合性评价内容。

第八条 兽药广告不得含有直接显示疾病症状和病理的画面，也不得含有"无效退款"、"保险公司保险"等承诺。

第九条 兽药广告中兽药的使用范围不得超出国家兽药标准的规定。

第十条 兽药广告的批准文号应当列为广告内容同时发布。

第十一条 违反本规定的兽药广告，广告经营者不得设计、制作，广告发布者不得发布。

第十二条 违反本规定发布广告，《广告法》及其他法律法规有规定的，依照有关法律法规规定予以处罚。法律法规没有规定的，对负有责任的广告主、广告经营者、广告发布者，处以违法所得三倍以下但不超过三万元的罚款；没有违法所得的，处以一万元以下的罚款。

第十三条 本规定自2016年2月1日起施行。1995年3月28日国家工商行政管理局第26号令公布的《兽药广告审查标准》同时废止。

药品、医疗器械、保健食品、特殊医学用途配方食品广告审查管理暂行办法

（2019年12月24日国家市场监督管理总局令第21号公布 自2020年3月1日起施行）

第一条 为加强药品、医疗器械、保健食品和特殊医学用途配方食品广告监督管理，规范广告审查工作，维护广告市场秩序，保护消费者合法权益，根据《中华人民共和国广告法》等法律、行政法规，制定本办法。

第二条 药品、医疗器械、保健食品和特殊医学用途配方食品广告的审查适用本办法。

未经审查不得发布药品、医疗器械、保健食品和特殊医学用途配方食品广告。

第三条 药品、医疗器械、保健食品和特殊医学用途配方食品广告应当真实、合法，不得含

有虚假或者引人误解的内容。

广告主应当对药品、医疗器械、保健食品和特殊医学用途配方食品广告内容的真实性和合法性负责。

第四条 国家市场监督管理总局负责组织指导药品、医疗器械、保健食品和特殊医学用途配方食品广告审查工作。

各省、自治区、直辖市市场监督管理部门、药品监督管理部门（以下称广告审查机关）负责药品、医疗器械、保健食品和特殊医学用途配方食品广告审查，依法可以委托其他行政机关具体实施广告审查。

第五条 药品广告的内容应当以国务院药品监督管理部门核准的说明书为准。药品广告涉及药品名称、药品适应症或者功能主治、药理作用等内容的，不得超出说明书范围。

药品广告应当显著标明禁忌、不良反应，处方药广告还应当显著标明"本广告仅供医学药学专业人士阅读"，非处方药广告还应当显著标明非处方药标识（OTC）和"请按药品说明书或者在药师指导下购买和使用"。

第六条 医疗器械广告的内容应当以药品监督管理部门批准的注册证书或者备案凭证、注册或者备案的产品说明书内容为准。医疗器械广告涉及医疗器械名称、适用范围、作用机理或者结构及组成等内容的，不得超出注册证书或者备案凭证、注册或者备案的产品说明书范围。

推荐给个人自用的医疗器械的广告，应当显著标明"请仔细阅读产品说明书或者在医务人员的指导下购买和使用"。医疗器械产品注册证书中有禁忌内容、注意事项的，广告应当显著标明"禁忌内容或者注意事项详见说明书"。

第七条 保健食品广告的内容应当以市场监督管理部门批准的注册证书或者备案凭证、注册或者备案的产品说明书内容为准，不得涉及疾病预防、治疗功能。保健食品广告涉及保健功能、产品功效成分或者标志性成分及含量、适宜人群或者食用量等内容的，不得超出注册证书或者备案凭证、注册或者备案的产品说明书范围。

保健食品广告应当显著标明"保健食品不是药物，不能代替药物治疗疾病"，声明本品不能代替药物，并显著标明保健食品标志、适宜人群和不适宜人群。

第八条 特殊医学用途配方食品广告的内容应当以国家市场监督管理总局批准的注册证书和产品标签、说明书为准。特殊医学用途配方食品广告涉及产品名称、配方、营养学特征、适用人群等内容的，不得超出注册证书、产品标签、说明书范围。

特殊医学用途配方食品广告应当显著标明适用人群、"不适用于非目标人群使用""请在医生或者临床营养师指导下使用"。

第九条 药品、医疗器械、保健食品和特殊医学用途配方食品广告应当显著标明广告批准文号。

第十条 药品、医疗器械、保健食品和特殊医学用途配方食品广告中应当显著标明的内容，其字体和颜色必须清晰可见、易于辨认，在视频广告中应当持续显示。

第十一条 药品、医疗器械、保健食品和特殊医学用途配方食品广告不得违反《中华人民共和国广告法》第九条、第十六条、第十七条、第十八条、第十九条规定，不得包含下列情形：

（一）使用或者变相使用国家机关、国家机关工作人员、军队单位或者军队人员的名义或者形象，或者利用军队装备、设施等从事广告宣传；

（二）使用科研单位、学术机构、行业协会或者专家、学者、医师、药师、临床营养师、患者等的名义或者形象作推荐、证明；

（三）违反科学规律，明示或者暗示可以治疗所有疾病、适应所有症状、适应所有人群，或者正常生活和治疗病症所必需等内容；

（四）引起公众对所处健康状况和所患疾病产生不必要的担忧和恐惧，或者使公众误解不使用该产品会患某种疾病或者加重病情的内容；

（五）含有"安全""安全无毒副作用""毒副作用小"；明示或者暗示成分为"天然"，因而安全性有保证等内容；

（六）含有"热销、抢购、试用""家庭必备、免费治疗、免费赠送"等诱导性内容，"评比、排序、推荐、指定、选用、获奖"等综合性评价内容，"无效退款、保险公司保险"等保证性内容，怂恿消费者任意、过量使用药品、保健食品和特殊医学用途配方食品的内容；

（七）含有医疗机构的名称、地址、联系方式、诊疗项目、诊疗方法以及有关义诊、医疗咨询电话、开设特约门诊等医疗服务的内容；

（八）法律、行政法规规定不得含有的其他内容。

第十二条 药品、医疗器械、保健食品和特殊医学用途配方食品注册证明文件或者备案凭证持有人及其授权同意的生产、经营企业为广告申请人（以下简称申请人）。

申请人可以委托代理人办理药品、医疗器械、保健食品和特殊医学用途配方食品广告审查申请。

第十三条 药品、特殊医学用途配方食品广告审查申请应当依法向生产企业或者进口代理人等广告主所在地广告审查机关提出。

医疗器械、保健食品广告审查申请应当依法向生产企业或者进口代理人所在地广告审查机关提出。

第十四条 申请药品、医疗器械、保健食品、特殊医学用途配方食品广告审查，应当依法提交《广告审查表》、与发布内容一致的广告样件，以及下列合法有效的材料：

（一）申请人的主体资格相关材料，或者合法有效的登记文件；

（二）产品注册证明文件或者备案凭证、注册或者备案的产品标签和说明书，以及生产许可文件；

（三）广告中涉及的知识产权相关有效证明材料。

经授权同意作为申请人的生产、经营企业，还应当提交合法的授权文件；委托代理人进行申请的，还应当提交委托书和代理人的主体资格相关材料。

第十五条 申请人可以到广告审查机关受理窗口提出申请，也可以通过信函、传真、电子邮件或者电子政务平台提交药品、医疗器械、保健食品和特殊医学用途配方食品广告申请。

广告审查机关收到申请人提交的申请后，应当在五个工作日内作出受理或者不予受理决定。申请材料齐全、符合法定形式的，应当予以受理，出具《广告审查受理通知书》。申请材料不齐全、不符合法定形式的，应当一次性告知申请人需要补正的全部内容。

第十六条 广告审查机关应当对申请人提交的材料进行审查，自受理之日起十个工作日内完成审查工作。经审查，对符合法律、行政法规和本办法规定的广告，应当作出审查批准的决定，编发广告批准文号。

对不符合法律、行政法规和本办法规定的广告，应当作出不予批准的决定，送达申请人并说明理由，同时告知其享有依法申请行政复议或者提起行政诉讼的权利。

第十七条 经审查批准的药品、医疗器械、保健食品和特殊医学用途配方食品广告，广告审查机关应当通过本部门网站以及其他方便公众查询的方式，在十个工作日内向社会公开。公开的信息应当包括广告批准文号、申请人名称、广告发布内容、广告批准文号有效期、广告类别、产品名称、产品注册证明文件或者备案凭证编号等内容。

第十八条 药品、医疗器械、保健食品和特殊医学用途配方食品广告批准文号的有效期与产品注册证明文件、备案凭证或者生产许可文件最短的有效期一致。

产品注册证明文件、备案凭证或者生产许可文件未规定有效期的，广告批准文号有效期为两年。

第十九条 申请人有下列情形的，不得继续发布审查批准的广告，并应当主动申请注销药品、医疗器械、保健食品和特殊医学用途配方食品广告批准文号：

（一）主体资格证照被吊销、撤销、注销的；

（二）产品注册证明文件、备案凭证或者生产许可文件被撤销、注销的；

（三）法律、行政法规规定应当注销的其他情形。

广告审查机关发现申请人有前款情形的，应当依法注销其药品、医疗器械、保健食品和特殊医学用途配方食品广告批准文号。

第二十条 广告主、广告经营者、广告发布者应当严格按照审查通过的内容发布药品、医疗器械、保健食品和特殊医学用途配方食品广告，不得进行剪辑、拼接、修改。

已经审查通过的广告内容需要改动的，应当重新申请广告审查。

第二十一条 下列药品、医疗器械、保健食品和特殊医学用途配方食品不得发布广告：

（一）麻醉药品、精神药品、医疗用毒性药品、放射性药品、药品类易制毒化学品，以及戒毒治疗的药品、医疗器械；

（二）军队特需药品、军队医疗机构配制的制剂；

（三）医疗机构配制的制剂；

（四）依法停止或者禁止生产、销售或者使用的药品、医疗器械、保健食品和特殊医学用途配方食品；

（五）法律、行政法规禁止发布广告的情形。

第二十二条 本办法第二十一条规定以外的处方药和特殊医学用途配方食品中的特定全营养配方食品广告只能在国务院卫生行政部门和国务院药品监督管理部门共同指定的医学、药学专业刊物上发布。

不得利用处方药或者特定全营养配方食品的名称为各种活动冠名进行广告宣传。不得使用与处方药名称或者特定全营养配方食品名称相同的商标、企业字号在医学、药学专业刊物以外的媒介变相发布广告，也不得利用该商标、企业字号为各种活动冠名进行广告宣传。

特殊医学用途婴儿配方食品广告不得在大众传播媒介或者公共场所发布。

第二十三条 药品、医疗器械、保健食品和特殊医学用途配方食品广告中只宣传产品名称（含药品通用名称和药品商品名称）的，不再对其内容进行审查。

第二十四条 经广告审查机关审查通过并向社会公开的药品广告，可以依法在全国范围内发布。

第二十五条 违反本办法第十条规定，未显著、清晰表示广告中应当显著标明内容的，按照《中华人民共和国广告法》第五十九条处罚。

第二十六条 有下列情形之一的，按照《中华人民共和国广告法》第五十八条处罚：

（一）违反本办法第二条第二款规定，未经审查发布药品、医疗器械、保健食品和特殊医学用途配方食品广告；

（二）违反本办法第十九条规定或者广告批准文号已超过有效期，仍继续发布药品、医疗器械、保健食品和特殊医学用途配方食品广告；

（三）违反本办法第二十条规定，未按照审查通过的内容发布药品、医疗器械、保健食品和特殊医学用途配方食品广告。

第二十七条 违反本办法第十一条第二项至第五项规定，发布药品、医疗器械、保健食品和特殊医学用途配方食品广告的，依照《中华人民共和国广告法》第五十八条的规定处罚；构成虚假广告的，依照《中华人民共和国广告法》第五十五条的规定处罚。

第二十八条 违反本办法第十一条第六项至第八项规定，发布药品、医疗器械、保健食品和特殊医学用途配方食品广告的，《中华人民共和国广告法》及其他法律法规有规定的，依照相关规定处罚，没有规定的，由县级以上市场监督管理部门责令改正；对负有责任的广告主、广告经营者、广告发布者处以违法所得三倍以下罚款，但最高不超过三万元；没有违法所得的，可处一万元以下罚款。

第二十九条 违反本办法第十一条第一项、第二十一条、第二十二条规定的，按照《中华人民共和国广告法》第五十七条处罚。

第三十条 有下列情形之一的，按照《中华人民共和国广告法》第六十五条处罚：

（一）隐瞒真实情况或者提供虚假材料申请药品、医疗器械、保健食品和特殊医学用途配方食品广告审查的；

（二）以欺骗、贿赂等不正当手段取得药品、医疗器械、保健食品和特殊医学用途配方食品广告批准文号的。

第三十一条 市场监督管理部门对违反本办法规定的行为作出行政处罚决定后，应当依法通过国家企业信用信息公示系统向社会公示。

第三十二条 广告审查机关的工作人员玩忽职守、滥用职权、徇私舞弊的，依法给予处分。构成犯罪的，依法追究刑事责任。

第三十三条 本办法涉及的文书格式范本由国家市场监督管理总局统一制定。

第三十四条 本办法自 2020 年 3 月 1 日起施行。1996 年 12 月 30 日原国家工商行政管理局令第 72 号公布的《食品广告发布暂行规定》，2007 年 3 月 3 日原国家工商行政管理总局、原国家食品药品监督管理局令第 27 号公布的《药品广告审查发布标准》，2007 年 3 月 13 日原国家食品药品监督管理局、原国家工商行政管理总局令第 27 号发布的《药品广告审查办法》，2009 年 4 月 7 日原卫生部、原国家工商行政管理总局、原国家食品药品监督管理局令第 65 号发布的《医疗器械广告审查办法》，2009 年 4 月 28 日原国家工商行政管理总局、原卫生部、原国家食品药品监督管理局令第 40 号公布的《医疗器械广告审查发布标准》同时废止。

互联网直播服务管理规定

（2016 年 11 月 4 日国家互联网信息办公室公布　自 2016 年 12 月 1 日起施行）

第一条 为加强对互联网直播服务的管理，保护公民、法人和其他组织的合法权益，维护国家安全和公共利益，根据《全国人民代表大会常务委员会关于加强网络信息保护的决定》《国务院关于授权国家互联网信息办公室负责互联网信息内容管理工作的通知》《互联网信息服务管理办法》和《互联网新闻信息服务管理规定》，制定本规定。

第二条 在中华人民共和国境内提供、使用互联网直播服务，应当遵守本规定。

本规定所称互联网直播，是指基于互联网，以视频、音频、图文等形式向公众持续发布实时信息的活动；本规定所称互联网直播服务提供者，是指提供互联网直播平台服务的主体；本规定所称互联网直播服务使用者，包括互联网直播发布者和用户。

第三条 提供互联网直播服务，应当遵守法律法规，坚持正确导向，大力弘扬社会主义核心价值观，培育积极健康、向上向善的网络文化，维护良好网络生态，维护国家利益和公共利益，为广大网民特别是青少年成长营造风清气正的网络空间。

第四条 国家互联网信息办公室负责全国互联网直播服务信息内容的监督管理执法工作。地方互联网信息办公室依据职责负责本行政区域内的互联网直播服务信息内容的监督管理执法工作。国务院相关管理部门依据职责对互联网直播服务实施相应监督管理。

各级互联网信息办公室应当建立日常监督检查和定期检查相结合的监督管理制度,指导督促互联网直播服务提供者依据法律法规和服务协议规范互联网直播服务行为。

第五条 互联网直播服务提供者提供互联网新闻信息服务的,应当依法取得互联网新闻信息服务资质,并在许可范围内开展互联网新闻信息服务。

开展互联网新闻信息服务的互联网直播发布者,应当依法取得互联网新闻信息服务资质并在许可范围内提供服务。

第六条 通过网络表演、网络视听节目等提供互联网直播服务的,还应当依法取得法律法规规定的相关资质。

第七条 互联网直播服务提供者应当落实主体责任,配备与服务规模相适应的专业人员,健全信息审核、信息安全管理、值班巡查、应急处置、技术保障等制度。提供互联网新闻信息直播服务的,应当设立总编辑。

互联网直播服务提供者应当建立直播内容审核平台,根据互联网直播的内容类别、用户规模等实施分级分类管理,对图文、视频、音频等直播内容加注或播报平台标识信息,对互联网新闻信息直播及其互动内容实施先审后发管理。

第八条 互联网直播服务提供者应当具备与其服务相适应的技术条件,应当具备即时阻断互联网直播的技术能力,技术方案应符合国家相关标准。

第九条 互联网直播服务提供者以及互联网直播服务使用者不得利用互联网直播服务从事危害国家安全、破坏社会稳定、扰乱社会秩序、侵犯他人合法权益、传播淫秽色情等法律法规禁止的活动,不得利用互联网直播服务制作、复制、发布、传播法律法规禁止的信息内容。

第十条 互联网直播发布者发布新闻信息,应当真实准确、客观公正。转载新闻信息应当完整准确,不得歪曲新闻信息内容,并在显著位置注明来源,保证新闻信息来源可追溯。

第十一条 互联网直播服务提供者应当加强对评论、弹幕等直播互动环节的实时管理,配备相应管理人员。

互联网直播发布者在进行直播时,应当提供符合法律法规要求的直播内容,自觉维护直播活动秩序。

用户在参与直播互动时,应当遵守法律法规,文明互动,理性表达。

第十二条 互联网直播服务提供者应当按照"后台实名、前台自愿"的原则,对互联网直播用户进行基于移动电话号码等方式的真实身份信息认证,对互联网直播发布者进行基于身份证件、营业执照、组织机构代码证等的认证登记。互联网直播服务提供者应当对互联网直播发布者的真实身份信息进行审核,向所在地省、自治区、直辖市互联网信息办公室分类备案,并在相关执法部门依法查询时予以提供。

互联网直播服务提供者应当保护互联网直播服务使用者身份信息和隐私,不得泄露、篡改、毁损,不得出售或者非法向他人提供。

第十三条 互联网直播服务提供者应当与互联网直播服务使用者签订服务协议,明确双方权利义务,要求其承诺遵守法律法规和平台公约。

互联网直播服务协议和平台公约的必备条款由互联网直播服务提供者所在地省、自治区、直辖市互联网信息办公室指导制定。

第十四条 互联网直播服务提供者应当对违反法律法规和服务协议的互联网直播服务使用者,视情采取警示、暂停发布、关闭账号等处置措施,及时消除违法违规直播信息内容,保存记录并向有关主管部门报告。

第十五条 互联网直播服务提供者应当建立互联网直播发布者信用等级管理体系，提供与信用等级挂钩的管理和服务。

互联网直播服务提供者应当建立黑名单管理制度，对纳入黑名单的互联网直播服务使用者禁止重新注册账号，并及时向所在地省、自治区、直辖市互联网信息办公室报告。

省、自治区、直辖市互联网信息办公室应当建立黑名单通报制度，并向国家互联网信息办公室报告。

第十六条 互联网直播服务提供者应当记录互联网直播服务使用者发布内容和日志信息，保存六十日。

互联网直播服务提供者应当配合有关部门依法进行的监督检查，并提供必要的文件、资料和数据。

第十七条 互联网直播服务提供者和互联网直播发布者未经许可或者超出许可范围提供互联网新闻信息服务的，由国家和省、自治区、直辖市互联网信息办公室依据《互联网新闻信息服务管理规定》予以处罚。

对于违反本规定的其他违法行为，由国家和地方互联网信息办公室依据职责，依法予以处罚；构成犯罪的，依法追究刑事责任。通过网络表演、网络视听节目等提供网络直播服务，违反有关法律法规的，由相关部门依法予以处罚。

第十八条 鼓励支持相关行业组织制定行业公约，加强行业自律，建立健全行业信用评价体系和服务评议制度，促进行业规范发展。

第十九条 互联网直播服务提供者应当自觉接受社会监督，健全社会投诉举报渠道，设置便捷的投诉举报入口，及时处理公众投诉举报。

第二十条 本规定自 2016 年 12 月 1 日起施行。

互联网信息搜索服务管理规定

(2016 年 6 月 25 日国家互联网信息办公室公布　自 2016 年 8 月 1 日起施行)

第一条 为规范互联网信息搜索服务，促进互联网信息搜索行业健康有序发展，保护公民、法人和其他组织的合法权益，维护国家安全和公共利益，根据《全国人民代表大会常务委员会关于加强网络信息保护的决定》和《国务院关于授权国家互联网信息办公室负责互联网信息内容管理工作的通知》，制定本规定。

第二条 在中华人民共和国境内从事互联网信息搜索服务，适用本规定。

本规定所称互联网信息搜索服务，是指运用计算机技术从互联网上搜集、处理各类信息供用户检索的服务。

第三条 国家互联网信息办公室负责全国互联网信息搜索服务的监督管理执法工作。地方互联网信息办公室依据职责负责本行政区域内互联网信息搜索服务的监督管理执法工作。

第四条 互联网信息搜索服务行业组织应当建立健全行业自律制度和行业准则，指导互联网信息搜索服务提供者建立健全服务规范，督促互联网信息搜索服务提供者依法提供服务、接受社会监督，提高互联网信息搜索服务从业人员的职业素养。

第五条 互联网信息搜索服务提供者应当取得法律法规规定的相关资质。

第六条 互联网信息搜索服务提供者应当落实主体责任，建立健全信息审核、公共信息实时巡查、应急处置及个人信息保护等信息安全管理制度，具有安全可控的防范措施，为有关部门依法履行职责提供必要的技术支持。

第七条 互联网信息搜索服务提供者不得以链接、摘要、快照、联想词、相关搜索、相关推荐等形式提供含有法律法规禁止的信息内容。

第八条 互联网信息搜索服务提供者提供服务过程中发现搜索结果明显含有法律法规禁止内容的信息、网站及应用，应当停止提供相关搜索结果，保存有关记录，并及时向国家或者地方互联网信息办公室报告。

第九条 互联网信息搜索服务提供者及其从业人员，不得通过断开相关链接或者提供含有虚假信息的搜索结果等手段，牟取不正当利益。

第十条 互联网信息搜索服务提供者应当提供客观、公正、权威的搜索结果，不得损害国家利益、公共利益，以及公民、法人和其他组织的合法权益。

第十一条 互联网信息搜索服务提供者提供付费搜索信息服务，应当依法查验客户有关资质，明确付费搜索信息页面比例上限，醒目区分自然搜索结果与付费搜索信息，对付费搜索信息逐条加注显著标识。

互联网信息搜索服务提供者提供商业广告信息服务，应当遵守相关法律法规。

第十二条 互联网信息搜索服务提供者应当建立健全公众投诉、举报和用户权益保护制度，在显著位置公布投诉、举报方式，主动接受公众监督，及时处理公众投诉、举报，依法承担对用户权益造成损害的赔偿责任。

第十三条 本规定自 2016 年 8 月 1 日起施行。

公益广告促进和管理暂行办法

（2016 年 1 月 15 日国家工商行政管理总局、国家互联网信息办公室、工业和信息化部、住房城乡建设部、交通运输部、国家新闻出版广电总局令第 84 号公布 自 2016 年 3 月 1 日起施行）

第一条 为促进公益广告事业发展，规范公益广告管理，发挥公益广告在社会主义经济建设、政治建设、文化建设、社会建设、生态文明建设中的积极作用，根据《中华人民共和国广告法》和有关规定，制定本办法。

第二条 本办法所称公益广告，是指传播社会主义核心价值观，倡导良好道德风尚，促进公民文明素质和社会文明程度提高，维护国家和社会公共利益的非营利性广告。

政务信息、服务信息等各类公共信息以及专题宣传片等不属于本办法所称的公益广告。

第三条 国家鼓励、支持开展公益广告活动，鼓励、支持、引导单位和个人以提供资金、技术、劳动力、智力成果、媒介资源等方式参与公益广告宣传。

各类广告发布媒介均有义务刊播公益广告。

第四条 公益广告活动在中央和各级精神文明建设指导委员会指导协调下开展。

工商行政管理部门履行广告监管和指导广告业发展职责，负责公益广告工作的规划和有关管理工作。

新闻出版广电部门负责新闻出版和广播电视媒体公益广告制作、刊播活动的指导和管理。

通信主管部门负责电信业务经营者公益广告制作、刊播活动的指导和管理。

网信部门负责互联网企业公益广告制作、刊播活动的指导和管理。

铁路、公路、水路、民航等交通运输管理部门负责公共交通运载工具及相关场站公益广告刊播活动的指导和管理。

住房城乡建设部门负责城市户外广告设施设置、建筑工地围挡、风景名胜区公益广告刊播活动的指导和管理。

精神文明建设指导委员会其他成员单位应当积极做好公益广告有关工作，涉及本部门职责的，应当予以支持，并做好相关管理工作。

第五条 公益广告应当保证质量，内容符合下列规定：

（一）价值导向正确，符合国家法律法规和社会主义道德规范要求；

（二）体现国家和社会公共利益；

（三）语言文字使用规范；

（四）艺术表现形式得当，文化品位良好。

第六条 公益广告内容应当与商业广告内容相区别，商业广告中涉及社会责任内容的，不属于公益广告。

第七条 企业出资设计、制作、发布或者冠名的公益广告，可以标注企业名称和商标标识，但应当符合以下要求：

（一）不得标注商品或者服务的名称以及其他与宣传、推销商品或者服务有关的内容，包括单位地址、网址、电话号码、其他联系方式等；

（二）平面作品标注企业名称和商标标识的面积不得超过广告面积的1/5；

（三）音频、视频作品显示企业名称和商标标识的时间不得超过5秒或者总时长的1/5，使用标版形式标注企业名称和商标标识的时间不得超过3秒或者总时长的1/5；

（四）公益广告画面中出现的企业名称或者商标标识不得使社会公众在视觉程度上降低对公益广告内容的感受和认知；

（五）不得以公益广告名义变相设计、制作、发布商业广告。

违反前款规定的，视为商业广告。

第八条 公益广告稿源包括公益广告通稿、公益广告作品库稿件以及自行设计制作稿件。

各类广告发布媒介均有义务刊播精神文明建设指导委员会审定的公益广告通稿作品。

公益广告主管部门建立公益广告作品库，稿件供社会无偿选择使用。

单位和个人自行设计制作发布公益广告，公益广告主管部门应当无偿提供指导服务。

第九条 广播电台、电视台按照新闻出版广电部门规定的条（次），在每套节目每日播出公益广告。其中，广播电台在6：00至8：00之间、11：00至13：00之间，电视台在19：00至21：00之间，播出数量不得少于主管部门规定的条（次）。

中央主要报纸平均每日出版16版（含）以上的，平均每月刊登公益广告总量不少于8个整版；平均每日出版少于16版多于8版的，平均每月刊登公益广告总量不少于6个整版；平均每日出版8版（含）以下的，平均每月刊登公益广告总量不少于4个整版。省（自治区、直辖市）和省会、副省级城市党报平均每日出版12版（含）以上的，平均每月刊登公益广告总量不少于6个整版；平均每日出版12版（不含）以下的，平均每月刊登公益广告总量不少于4个整版。其他各级党报、晚报、都市报和行业报，平均每月刊登公益广告总量不少于2个整版。

中央主要时政类期刊以及各省（自治区、直辖市）和省会、副省级城市时政类期刊平均每期至少刊登公益广告1个页面；其他大众生活、文摘类期刊，平均每两期至少刊登公益广告1个页面。

政府网站、新闻网站、经营性网站等应当每天在网站、客户端以及核心产品的显著位置宣传展示公益广告。其中，刊播时间应当在6：00至24：00之间，数量不少于主管部门规定的条

（次）。鼓励网站结合自身特点原创公益广告，充分运用新技术新手段进行文字、图片、视频、游戏、动漫等多样化展示，论坛、博客、微博客、即时通讯工具等多渠道传播，网页、平板电脑、手机等多终端覆盖，长期宣传展示公益广告。

电信业务经营者要运用手机媒体及相关经营业务经常性刊播公益广告。

第十条 有关部门和单位应当运用各类社会媒介刊播公益广告。

机场、车站、码头、影剧院、商场、宾馆、商业街区、城市社区、广场、公园、风景名胜区等公共场所的广告设施或者其他适当位置，公交车、地铁、长途客车、火车、飞机等公共交通工具的广告刊播介质或者其他适当位置，适当地段的建筑工地围挡、景观灯杆等构筑物，均有义务刊播公益广告通稿作品或者经主管部门审定的其他公益广告。此类场所公益广告的设置发布应当整齐、安全，与环境相协调，美化周边环境。

工商行政管理、住房城乡建设等部门鼓励、支持有关单位和个人在商品包装或者装潢、企业名称、商标标识、建筑设计、家具设计、服装设计等日常生活事物中，合理融入社会主流价值，传播中华文化，弘扬中国精神。

第十一条 国家支持和鼓励在生产、生活领域增加公益广告设施和发布渠道，扩大社会影响。

住房城乡建设部门编制户外广告设施设置规划，应当规划一定比例公益广告空间设施。发布广告设施招标计划时，应当将发布一定数量公益广告作为前提条件。

第十二条 公益广告主管部门应当制定并公布年度公益广告活动规划。

公益广告发布者应当于每季度第一个月5日前，将上一季度发布公益广告的情况报当地工商行政管理部门备案。广播、电视、报纸、期刊以及电信业务经营者、互联网企业等还应当将发布公益广告的情况分别报当地新闻出版广电、通信主管部门、网信部门备案。

工商行政管理部门对广告媒介单位发布公益广告情况进行监测和检查，定期公布公益广告发布情况。

第十三条 发布公益广告情况纳入文明城市、文明单位、文明网站创建工作测评。

广告行业组织应当将会员单位发布公益广告情况纳入行业自律考评。

第十四条 公益广告设计制作者依法享有公益广告著作权，任何单位和个人应依法使用公益广告作品，未经著作权人同意，不得擅自使用或者更改使用。

第十五条 公益广告活动违反本办法规定，有关法律、法规、规章有规定的，由有关部门依法予以处罚；有关法律、法规、规章没有规定的，由有关部门予以批评、劝诫，责令改正。

第十六条 本办法自2016年3月1日起施行。

医疗广告管理办法

（2006年11月10日国家工商行政管理总局、卫生部令第26号公布　自2007年1月1日起施行）

第一条 为加强医疗广告管理，保障人民身体健康，根据《广告法》、《医疗机构管理条例》、《中医药条例》等法律法规的规定，制定本办法。

第二条 本办法所称医疗广告，是指利用各种媒介或者形式直接或间接介绍医疗机构或医疗服务的广告。

第三条 医疗机构发布医疗广告，应当在发布前申请医疗广告审查。未取得《医疗广告审查证明》，不得发布医疗广告。

第四条 工商行政管理机关负责医疗广告的监督管理。

卫生行政部门、中医药管理部门负责医疗广告的审查，并对医疗机构进行监督管理。

第五条 非医疗机构不得发布医疗广告，医疗机构不得以内部科室名义发布医疗广告。

第六条 医疗广告内容仅限于以下项目：

（一）医疗机构第一名称；

（二）医疗机构地址；

（三）所有制形式；

（四）医疗机构类别；

（五）诊疗科目；

（六）床位数；

（七）接诊时间；

（八）联系电话。

（一）至（六）项发布的内容必须与卫生行政部门、中医药管理部门核发的《医疗机构执业许可证》或其副本载明的内容一致。

第七条 医疗广告的表现形式不得含有以下情形：

（一）涉及医疗技术、诊疗方法、疾病名称、药物的；

（二）保证治愈或者隐含保证治愈的；

（三）宣传治愈率、有效率等诊疗效果的；

（四）淫秽、迷信、荒诞的；

（五）贬低他人的；

（六）利用患者、卫生技术人员、医学教育科研机构及人员以及其他社会社团、组织的名义、形象作证明的；

（七）使用解放军和武警部队名义的；

（八）法律、行政法规定禁止的其他情形。

第八条 医疗机构发布医疗广告，应当向其所在地省级卫生行政部门申请，并提交以下材料：

（一）《医疗广告审查申请表》；

（二）《医疗机构执业许可证》副本原件和复印件，复印件应当加盖核发其《医疗机构执业许可证》的卫生行政部门公章；

（三）医疗广告成品样件。电视、广播广告可以先提交镜头脚本和广播文稿。

中医、中西医结合、民族医疗机构发布医疗广告，应当向其所在地省级中医药管理部门申请。

第九条 省级卫生行政部门、中医药管理部门应当自受理之日起 20 日内对医疗广告成品样件内容进行审查。卫生行政部门、中医药管理部门需要请有关专家进行审查的，可延长 10 日。

对审查合格的医疗广告，省级卫生行政部门、中医药管理部门发给《医疗广告审查证明》，并将通过审查的医疗广告样件和核发的《医疗广告审查证明》予以公示；对审查不合格的医疗广告，应当书面通知医疗机构并告知理由。

第十条 省级卫生行政部门、中医药管理部门应对已审查的医疗广告成品样件和审查意见予以备案保存，保存时间自《医疗广告审查证明》生效之日起至少两年。

第十一条 《医疗广告审查申请表》、《医疗广告审查证明》的格式由卫生部、国家中医药管理局规定。

第十二条 省级卫生行政部门、中医药管理部门应在核发《医疗广告审查证明》之日起五个工作日内,将《医疗广告审查证明》抄送本地同级工商行政管理机关。

第十三条 《医疗广告审查证明》的有效期为一年。到期后仍需继续发布医疗广告的,应重新提出审查申请。

第十四条 发布医疗广告应当标注医疗机构第一名称和《医疗广告审查证明》文号。

第十五条 医疗机构发布户外医疗广告,应在取得《医疗广告审查证明》后,按照《户外广告登记管理规定》办理登记。

医疗机构在其法定控制地带标示仅含有医疗机构名称的户外广告,无需申请医疗广告审查和户外广告登记。

第十六条 禁止利用新闻形式、医疗资讯服务类专题节(栏)目发布或变相发布医疗广告。

有关医疗机构的人物专访、专题报道等宣传内容,可以出现医疗机构名称,但不得出现有关医疗机构的地址、联系方式等医疗广告内容;不得在同一媒介的同一时间段或者版面发布该医疗机构的广告。

第十七条 医疗机构应当按照《医疗广告审查证明》核准的广告成品样件内容与媒体类别发布医疗广告。

医疗广告内容需要改动或者医疗机构的执业情况发生变化,与经审查的医疗广告成品样件内容不符的,医疗机构应当重新提出审查申请。

第十八条 广告经营者、广告发布者发布医疗广告,应当由其广告审查员查验《医疗广告审查证明》,核实广告内容。

第十九条 有下列情况之一的,省级卫生行政部门、中医药管理部门应当收回《医疗广告审查证明》,并告知有关医疗机构:

(一)医疗机构受到停业整顿、吊销《医疗机构执业许可证》的;

(二)医疗机构停业、歇业或被注销的;

(三)其他应当收回《医疗广告审查证明》的情形。

第二十条 医疗机构违反本办法规定发布医疗广告,县级以上地方卫生行政部门、中医药管理部门应责令其限期改正,给予警告;情节严重的,核发《医疗机构执业许可证》的卫生行政部门、中医药管理部门可以责令其停业整顿、吊销有关诊疗科目,直至吊销《医疗机构执业许可证》。

未取得《医疗机构执业许可证》发布医疗广告的,按非法行医处罚。

第二十一条 医疗机构篡改《医疗广告审查证明》内容发布医疗广告的,省级卫生行政部门、中医药管理部门应当撤销《医疗广告审查证明》,并在一年内不受理该医疗机构的广告审查申请。

省级卫生行政部门、中医药管理部门撤销《医疗广告审查证明》后,应当自作出行政处理决定之日起5个工作日内通知同级工商行政管理机关,工商行政管理机关应当依法予以查处。

第二十二条 工商行政管理机关对违反本办法规定的广告主、广告经营者、广告发布者依据《广告法》、《反不正当竞争法》予以处罚,对情节严重,造成严重后果的,可以并处一至六个月暂停发布医疗广告、直至取消广告经营者、广告发布者的医疗广告经营和发布资格的处罚。法律法规没有规定的,工商行政管理机关应当对负有责任的广告主、广告经营者、广告发布者给予警告或者处一万元以上三万元以下的罚款;医疗广告内容涉嫌虚假的,工商行政管理机关可根据需要会同卫生行政部门、中医药管理部门作出认定。

第二十三条 本办法自2007年1月1日起施行。

六、产品质量安全监管

中华人民共和国产品质量法

（1993 年 2 月 22 日第七届全国人民代表大会常务委员会第三十次会议通过　根据 2000 年 7 月 8 日第九届全国人民代表大会常务委员会第十六次会议《关于修改〈中华人民共和国产品质量法〉的决定》第一次修正　根据 2009 年 8 月 27 日第十一届全国人民代表大会常务委员会第十次会议《关于修改部分法律的决定》第二次修正　根据 2018 年 12 月 29 日第十三届全国人民代表大会常务委员会第七次会议《关于修改〈中华人民共和国产品质量法〉等五部法律的决定》第三次修正）

目　录

第一章　总　则

第一条　为了加强对产品质量的监督管理，提高产品质量水平，明确产品质量责任，保护消费者的合法权益，维护社会经济秩序，制定本法。

第二条　在中华人民共和国境内从事产品生产、销售活动，必须遵守本法。

本法所称产品是指经过加工、制作，用于销售的产品。

建设工程不适用本法规定；但是，建设工程使用的建筑材料、建筑构配件和设备，属于前款规定的产品范围的，适用本法规定。

第三条　生产者、销售者应当建立健全内部产品质量管理制度，严格实施岗位质量规范、质量责任以及相应的考核办法。

第四条　生产者、销售者依照本法规定承担产品质量责任。

第五条　禁止伪造或者冒用认证标志等质量标志；禁止伪造产品的产地，伪造或者冒用他人的厂名、厂址；禁止在生产、销售的产品中掺杂、掺假，以假充真，以次充好。

第六条　国家鼓励推行科学的质量管理方法，采用先进的科学技术，鼓励企业产品质量达到并且超过行业标准、国家标准和国际标准。

对产品质量管理先进和产品质量达到国际先进水平、成绩显著的单位和个人，给予奖励。

第七条　各级人民政府应当把提高产品质量纳入国民经济和社会发展规划，加强对产品质量工作的统筹规划和组织领导，引导、督促生产者、销售者加强产品质量管理，提高产品质量，组织各有关部门依法采取措施，制止产品生产、销售中违反本法规定的行为，保障本法的施行。

第八条 国务院市场监督管理部门主管全国产品质量监督工作。国务院有关部门在各自的职责范围内负责产品质量监督工作。

县级以上地方市场监督管理部门主管本行政区域内的产品质量监督工作。县级以上地方人民政府有关部门在各自的职责范围内负责产品质量监督工作。

法律对产品质量的监督部门另有规定的，依照有关法律的规定执行。

第九条 各级人民政府工作人员和其他国家机关工作人员不得滥用职权、玩忽职守或者徇私舞弊，包庇、放纵本地区、本系统发生的产品生产、销售中违反本法规定的行为，或者阻挠、干预依法对产品生产、销售中违反本法规定的行为进行查处。

各级地方人民政府和其他国家机关有包庇、放纵产品生产、销售中违反本法规定的行为的，依法追究其主要负责人的法律责任。

第十条 任何单位和个人有权对违反本法规定的行为，向市场监督管理部门或者其他有关部门检举。

市场监督管理部门和有关部门应当为检举人保密，并按照省、自治区、直辖市人民政府的规定给予奖励。

第十一条 任何单位和个人不得排斥非本地区或者非本系统企业生产的质量合格产品进入本地区、本系统。

第二章 产品质量的监督

第十二条 产品质量应当检验合格，不得以不合格产品冒充合格产品。

第十三条 可能危及人体健康和人身、财产安全的工业产品，必须符合保障人体健康和人身、财产安全的国家标准、行业标准；未制定国家标准、行业标准的，必须符合保障人体健康和人身、财产安全的要求。

禁止生产、销售不符合保障人体健康和人身、财产安全的标准和要求的工业产品。具体管理办法由国务院规定。

第十四条 国家根据国际通用的质量管理标准，推行企业质量体系认证制度。企业根据自愿原则可以向国务院市场监督管理部门认可的或者国务院市场监督管理部门授权的部门认可的认证机构申请企业质量体系认证。经认证合格的，由认证机构颁发企业质量体系认证证书。

国家参照国际先进的产品标准和技术要求，推行产品质量认证制度。企业根据自愿原则可以向国务院市场监督管理部门认可的或者国务院市场监督管理部门授权的部门认可的认证机构申请产品质量认证。经认证合格的，由认证机构颁发产品质量认证证书，准许企业在产品或者其包装上使用产品质量认证标志。

第十五条 国家对产品质量实行以抽查为主要方式的监督检查制度，对可能危及人体健康和人身、财产安全的产品，影响国计民生的重要工业产品以及消费者、有关组织反映有质量问题的产品进行抽查。抽查的样品应当在市场上或者企业成品仓库内的待销产品中随机抽取。监督抽查工作由国务院市场监督管理部门规划和组织。县级以上地方市场监督管理部门在本行政区域内也可以组织监督抽查。法律对产品质量的监督检查另有规定的，依照有关法律的规定执行。

国家监督抽查的产品，地方不得另行重复抽查；上级监督抽查的产品，下级不得另行重复抽查。

根据监督抽查的需要，可以对产品进行检验。检验抽取样品的数量不得超过检验的合理需要，并不得向被检查人收取检验费用。监督抽查所需检验费用按照国务院规定列支。

生产者、销售者对抽查检验的结果有异议的，可以自收到检验结果之日起十五日内向实施监督抽查的市场监督管理部门或者其上级市场监督管理部门申请复检，由受理复检的市场监督管理部门作出复检结论。

第十六条 对依法进行的产品质量监督检查，生产者、销售者不得拒绝。

第十七条 依照本法规定进行监督抽查的产品质量不合格的，由实施监督抽查的市场监督管理部门责令其生产者、销售者限期改正。逾期不改正的，由省级以上人民政府市场监督管理部门予以公告；公告后经复查仍不合格的，责令停业，限期整顿；整顿期满后经复查产品质量仍不合格的，吊销营业执照。

监督抽查的产品有严重质量问题的，依照本法第五章的有关规定处罚。

第十八条 县级以上市场监督管理部门根据已经取得的违法嫌疑证据或者举报，对涉嫌违反本法规定的行为进行查处时，可以行使下列职权：

（一）对当事人涉嫌从事违反本法的生产、销售活动的场所实施现场检查；

（二）向当事人的法定代表人、主要负责人和其他有关人员调查、了解与涉嫌从事违反本法的生产、销售活动有关的情况；

（三）查阅、复制当事人有关的合同、发票、帐簿以及其他有关资料；

（四）对有根据认为不符合保障人体健康和人身、财产安全的国家标准、行业标准的产品或者有其他严重质量问题的产品，以及直接用于生产、销售该项产品的原辅材料、包装物、生产工具，予以查封或者扣押。

第十九条 产品质量检验机构必须具备相应的检测条件和能力，经省级以上人民政府市场监督管理部门或者其授权的部门考核合格后，方可承担产品质量检验工作。法律、行政法规对产品质量检验机构另有规定的，依照有关法律、行政法规的规定执行。

第二十条 从事产品质量检验、认证的社会中介机构必须依法设立，不得与行政机关和其他国家机关存在隶属关系或者其他利益关系。

第二十一条 产品质量检验机构、认证机构必须依法按照有关标准，客观、公正地出具检验结果或者认证证明。

产品质量认证机构应当依照国家规定对准许使用认证标志的产品进行认证后的跟踪检查；对不符合认证标准而使用认证标志的，要求其改正；情节严重的，取消其使用认证标志的资格。

第二十二条 消费者有权就产品质量问题，向产品的生产者、销售者查询；向市场监督管理部门及有关部门申诉，接受申诉的部门应当负责处理。

第二十三条 保护消费者权益的社会组织可以就消费者反映的产品质量问题建议有关部门负责处理，支持消费者对因产品质量造成的损害向人民法院起诉。

第二十四条 国务院和省、自治区、直辖市人民政府的市场监督管理部门应当定期发布其监督抽查的产品的质量状况公告。

第二十五条 市场监督管理部门或者其他国家机关以及产品质量检验机构不得向社会推荐生产者的产品；不得以对产品进行监制、监销等方式参与产品经营活动。

第三章 生产者、销售者的产品
质量责任和义务

第一节 生产者的产品质量责任和义务

第二十六条 生产者应当对其生产的产品质量负责。

产品质量应当符合下列要求：

（一）不存在危及人身、财产安全的不合理的危险，有保障人体健康和人身、财产安全的国家标准、行业标准的，应当符合该标准；

（二）具备产品应当具备的使用性能，但是，对产品存在使用性能的瑕疵作出说明的除外；

（三）符合在产品或者其包装上注明采用的产品标准，符合以产品说明、实物样品等方式表明的质量状况。

第二十七条　产品或者其包装上的标识必须真实，并符合下列要求：

（一）有产品质量检验合格证明；

（二）有中文标明的产品名称、生产厂厂名和厂址；

（三）根据产品的特点和使用要求，需要标明产品规格、等级、所含主要成份的名称和含量的，用中文相应予以标明；需要事先让消费者知晓的，应当在外包装上标明，或者预先向消费者提供有关资料；

（四）限期使用的产品，应当在显著位置清晰地标明生产日期和安全使用期或者失效日期；

（五）使用不当，容易造成产品本身损坏或者可能危及人身、财产安全的产品，应当有警示标志或者中文警示说明。

裸装的食品和其他根据产品的特点难以附加标识的裸装产品，可以不附加产品标识。

第二十八条　易碎、易燃、易爆、有毒、有腐蚀性、有放射性等危险物品以及储运中不能倒置和其他有特殊要求的产品，其包装质量必须符合相应要求，依照国家有关规定作出警示标志或者中文警示说明，标明储运注意事项。

第二十九条　生产者不得生产国家明令淘汰的产品。

第三十条　生产者不得伪造产地，不得伪造或者冒用他人的厂名、厂址。

第三十一条　生产者不得伪造或者冒用认证标志等质量标志。

第三十二条　生产者生产产品，不得掺杂、掺假，不得以假充真、以次充好，不得以不合格产品冒充合格产品。

第二节　销售者的产品质量责任和义务

第三十三条　销售者应当建立并执行进货检查验收制度，验明产品合格证明和其他标识。

第三十四条　销售者应当采取措施，保持销售产品的质量。

第三十五条　销售者不得销售国家明令淘汰并停止销售的产品和失效、变质的产品。

第三十六条　销售者销售的产品的标识应当符合本法第二十七条的规定。

第三十七条　销售者不得伪造产地，不得伪造或者冒用他人的厂名、厂址。

第三十八条　销售者不得伪造或者冒用认证标志等质量标志。

第三十九条　销售者销售产品，不得掺杂、掺假，不得以假充真、以次充好，不得以不合格产品冒充合格产品。

第四章　损害赔偿

第四十条　售出的产品有下列情形之一的，销售者应当负责修理、更换、退货；给购买产品的消费者造成损失的，销售者应当赔偿损失：

（一）不具备产品应当具备的使用性能而事先未作说明的；

（二）不符合在产品或者其包装上注明采用的产品标准的；

（三）不符合以产品说明、实物样品等方式表明的质量状况的。

销售者依照前款规定负责修理、更换、退货、赔偿损失后，属于生产者的责任或者属于向销售者提供产品的其他销售者（以下简称供货者）的责任的，销售者有权向生产者、供货者追偿。

销售者未按照第一款规定给予修理、更换、退货或者赔偿损失的，由市场监督管理部门责令改正。

生产者之间，销售者之间，生产者与销售者之间订立的买卖合同、承揽合同有不同约定的，合同当事人按照合同约定执行。

第四十一条 因产品存在缺陷造成人身、缺陷产品以外的其他财产（以下简称他人财产）损害的，生产者应当承担赔偿责任。

生产者能够证明有下列情形之一的，不承担赔偿责任：

（一）未将产品投入流通的；

（二）产品投入流通时，引起损害的缺陷尚不存在的；

（三）将产品投入流通时的科学技术水平尚不能发现缺陷的存在的。

第四十二条 由于销售者的过错使产品存在缺陷，造成人身、他人财产损害的，销售者应当承担赔偿责任。

销售者不能指明缺陷产品的生产者也不能指明缺陷产品的供货者的，销售者应当承担赔偿责任。

第四十三条 因产品存在缺陷造成人身、他人财产损害的，受害人可以向产品的生产者要求赔偿，也可以向产品的销售者要求赔偿。属于产品的生产者的责任，产品的销售者赔偿的，产品的销售者有权向产品的生产者追偿。属于产品的销售者的责任，产品的生产者赔偿的，产品的生产者有权向产品的销售者追偿。

第四十四条 因产品存在缺陷造成受害人人身伤害的，侵害人应当赔偿医疗费、治疗期间的护理费、因误工减少的收入等费用；造成残疾的，还应当支付残疾者生活自助具费、生活补助费、残疾赔偿金以及由其扶养的人所必需的生活费等费用；造成受害人死亡的，并应当支付丧葬费、死亡赔偿金以及由死者生前扶养的人所必需的生活费等费用。

因产品存在缺陷造成受害人财产损失的，侵害人应当恢复原状或者折价赔偿。受害人因此遭受其他重大损失的，侵害人应当赔偿损失。

第四十五条 因产品存在缺陷造成损害要求赔偿的诉讼时效期间为二年，自当事人知道或者应当知道其权益受到损害时起计算。

因产品存在缺陷造成损害要求赔偿的请求权，在造成损害的缺陷产品交付最初消费者满十年丧失；但是，尚未超过明示的安全使用期的除外。

第四十六条 本法所称缺陷，是指产品存在危及人身、他人财产安全的不合理的危险；产品有保障人体健康和人身、财产安全的国家标准、行业标准的，是指不符合该标准。

第四十七条 因产品质量发生民事纠纷时，当事人可以通过协商或者调解解决。当事人不愿通过协商、调解解决或者协商、调解不成的，可以根据当事人各方的协议向仲裁机构申请仲裁；当事人各方没有达成仲裁协议或者仲裁协议无效的，可以直接向人民法院起诉。

第四十八条 仲裁机构或者人民法院可以委托本法第十九条规定的产品质量检验机构，对有关产品质量进行检验。

第五章 罚 则

第四十九条 生产、销售不符合保障人体健康和人身、财产安全的国家标准、行业标准的产品的，责令停止生产、销售，没收违法生产、销售的产品，并处违法生产、销售产品（包括已售出和未售出的产品，下同）货值金额等值以上三倍以下的罚款；有违法所得的，并处没收违法所得；情节严重的，吊销营业执照；构成犯罪的，依法追究刑事责任。

第五十条 在产品中掺杂、掺假，以假充真，以次充好，或者以不合格产品冒充合格产品的，责令停止生产、销售，没收违法生产、销售的产品，并处违法生产、销售产品货值金额百分之五十以上三倍以下的罚款；有违法所得的，并处没收违法所得；情节严重的，吊销营业执照；构成犯罪的，依法追究刑事责任。

第五十一条 生产国家明令淘汰的产品的，销售国家明令淘汰并停止销售的产品的，责令停止生产、销售，没收违法生产、销售的产品，并处违法生产、销售产品货值金额等值以下的罚款；有违法所得的，并处没收违法所得；情节严重的，吊销营业执照。

第五十二条 销售失效、变质的产品的，责令停止销售，没收违法销售的产品，并处违法销售产品货值金额二倍以下的罚款；有违法所得的，并处没收违法所得；情节严重的，吊销营业执照；构成犯罪的，依法追究刑事责任。

第五十三条 伪造产品产地的，伪造或者冒用他人厂名、厂址的，伪造或者冒用认证标志等质量标志的，责令改正，没收违法生产、销售的产品，并处违法生产、销售产品货值金额等值以下的罚款；有违法所得的，并处没收违法所得；情节严重的，吊销营业执照。

第五十四条 产品标识不符合本法第二十七条规定的，责令改正；有包装的产品标识不符合本法第二十七条第（四）项、第（五）项规定，情节严重的，责令停止生产、销售，并处违法生产、销售产品货值金额百分之三十以下的罚款；有违法所得的，并处没收违法所得。

第五十五条 销售者销售本法第四十九条至第五十三条规定禁止销售的产品，有充分证据证明其不知道该产品为禁止销售的产品并如实说明其进货来源的，可以从轻或者减轻处罚。

第五十六条 拒绝接受依法进行的产品质量监督检查的，给予警告，责令改正；拒不改正的，责令停业整顿；情节特别严重的，吊销营业执照。

第五十七条 产品质量检验机构、认证机构伪造检验结果或者出具虚假证明的，责令改正，对单位处五万元以上十万元以下的罚款，对直接负责的主管人员和其他直接责任人员处一万元以上五万元以下的罚款；有违法所得的，并处没收违法所得；情节严重的，取消其检验资格、认证资格；构成犯罪的，依法追究刑事责任。

产品质量检验机构、认证机构出具的检验结果或者证明不实，造成损失的，应当承担相应的赔偿责任；造成重大损失的，撤销其检验资格、认证资格。

产品质量认证机构违反本法第二十一条第二款的规定，对不符合认证标准而使用认证标志的产品，未依法要求其改正或者取消其使用认证标志资格的，对因产品不符合认证标准给消费者造成的损失，与产品的生产者、销售者承担连带责任；情节严重的，撤销其认证资格。

第五十八条 社会团体、社会中介机构对产品质量作出承诺、保证，而该产品又不符合其承诺、保证的质量要求，给消费者造成损失的，与产品的生产者、销售者承担连带责任。

第五十九条 在广告中对产品质量作虚假宣传，欺骗和误导消费者的，依照《中华人民共和国广告法》的规定追究法律责任。

第六十条 对生产者专门用于生产本法第四十九条、第五十一条所列的产品或者以假充真的产品的原辅材料、包装物、生产工具，应当予以没收。

第六十一条 知道或者应当知道属于本法规定禁止生产、销售的产品而为其提供运输、保管、仓储等便利条件的，或者为以假充真的产品提供制假生产技术的，没收全部运输、保管、仓储或者提供制假生产技术的收入，并处违法收入百分之五十以上三倍以下的罚款；构成犯罪的，依法追究刑事责任。

第六十二条 服务业的经营者将本法第四十九条至第五十二条规定禁止销售的产品用于经营性服务的，责令停止使用；对知道或者应当知道所使用的产品属于本法规定禁止销售的产品的，按照违法使用的产品（包括已使用和尚未使用的产品）的货值金额，依照本法对销售者的处罚规定处罚。

第六十三条 隐匿、转移、变卖、损毁被市场监督管理部门查封、扣押的物品的，处被隐匿、转移、变卖、损毁物品货值金额等值以上三倍以下的罚款；有违法所得的，并处没收违法所得。

第六十四条 违反本法规定，应当承担民事赔偿责任和缴纳罚款、罚金，其财产不足以同时支付时，先承担民事赔偿责任。

第六十五条 各级人民政府工作人员和其他国家机关工作人员有下列情形之一的，依法给予行政处分；构成犯罪的，依法追究刑事责任：

（一）包庇、放纵产品生产、销售中违反本法规定行为的；

（二）向从事违反本法规定的生产、销售活动的当事人通风报信，帮助其逃避查处的；

（三）阻挠、干预市场监督管理部门依法对产品生产、销售中违反本法规定的行为进行查处，造成严重后果的。

第六十六条 市场监督管理部门在产品质量监督抽查中超过规定的数量索取样品或者向被检查人收取检验费用的，由上级市场监督管理部门或者监察机关责令退还；情节严重的，对直接负责的主管人员和其他直接责任人员依法给予行政处分。

第六十七条 市场监督管理部门或者其他国家机关违反本法第二十五条的规定，向社会推荐生产者的产品或者以监制、监销等方式参与产品经营活动的，由其上级机关或者监察机关责令改正，消除影响，有违法收入的予以没收；情节严重的，对直接负责的主管人员和其他直接责任人员依法给予行政处分。

产品质量检验机构有前款所列违法行为的，由市场监督管理部门责令改正，消除影响，有违法收入的予以没收，可以并处违法收入一倍以下的罚款；情节严重的，撤销其质量检验资格。

第六十八条 市场监督管理部门的工作人员滥用职权、玩忽职守、徇私舞弊，构成犯罪的，依法追究刑事责任；尚不构成犯罪的，依法给予行政处分。

第六十九条 以暴力、威胁方法阻碍市场监督管理部门的工作人员依法执行职务的，依法追究刑事责任；拒绝、阻碍未使用暴力、威胁方法的，由公安机关依照治安管理处罚法的规定处罚。

第七十条 本法第四十九条至第五十七条、第六十条至第六十三条规定的行政处罚由市场监督管理部门决定。法律、行政法规对行使行政处罚权的机关另有规定的，依照有关法律、行政法规的规定执行。

第七十一条 对依照本法规定没收的产品，依照国家有关规定进行销毁或者采取其他方式处理。

第七十二条 本法第四十九条至第五十四条、第六十二条、第六十三条所规定的货值金额以违法生产、销售产品的标价计算；没有标价的，按照同类产品的市场价格计算。

第六章 附 则

第七十三条 军工产品质量监督管理办法，由国务院、中央军事委员会另行制定。

因核设施、核产品造成损害的赔偿责任，法律、行政法规另有规定的，依照其规定。

第七十四条 本法自1993年9月1日起施行。

中华人民共和国
工业产品生产许可证管理条例

(2005 年 7 月 9 日中华人民共和国国务院令第 440 号公布　根据 2023 年 7 月 20 日
《国务院关于修改和废止部分行政法规的决定》修订)

第一章　总　　则

第一条　为了保证直接关系公共安全、人体健康、生命财产安全的重要工业产品的质量安全，贯彻国家产业政策，促进社会主义市场经济健康、协调发展，制定本条例。

第二条　国家对生产下列重要工业产品的企业实行生产许可证制度：

（一）乳制品、肉制品、饮料、米、面、食用油、酒类等直接关系人体健康的加工食品；

（二）电热毯、压力锅、燃气热水器等可能危及人身、财产安全的产品；

（三）税控收款机、防伪验钞仪、卫星电视广播地面接收设备、无线广播电视发射设备等关系金融安全和通信质量安全的产品；

（四）安全网、安全帽、建筑扣件等保障劳动安全的产品；

（五）电力铁塔、桥梁支座、铁路工业产品、水工金属结构、危险化学品及其包装物、容器等影响生产安全、公共安全的产品；

（六）法律、行政法规要求依照本条例的规定实行生产许可证管理的其他产品。

第三条　国家实行生产许可证制度的工业产品目录（以下简称目录）由国务院工业产品生产许可证主管部门会同国务院有关部门制定，并征求消费者协会和相关产品行业协会的意见，报国务院批准后向社会公布。

工业产品的质量安全通过消费者自我判断、企业自律和市场竞争能够有效保证的，不实行生产许可证制度。

工业产品的质量安全通过认证认可制度能够有效保证的，不实行生产许可证制度。

国务院工业产品生产许可证主管部门会同国务院有关部门适时对目录进行评价、调整和逐步缩减，报国务院批准后向社会公布。

第四条　在中华人民共和国境内生产、销售或者在经营活动中使用列入目录产品的，应当遵守本条例。

列入目录产品的进出口管理依照法律、行政法规和国家有关规定执行。

第五条　任何企业未取得生产许可证不得生产列入目录的产品。任何单位和个人不得销售或者在经营活动中使用未取得生产许可证的列入目录的产品。

第六条　国务院工业产品生产许可证主管部门依照本条例负责全国工业产品生产许可证统一管理工作，县级以上地方工业产品生产许可证主管部门负责本行政区域内的工业产品生产许可证管理工作。

国家对实行工业产品生产许可证制度的工业产品，统一目录，统一审查要求，统一证书标志，统一监督管理。

第七条　工业产品生产许可证管理，应当遵循科学公正、公开透明、程序合法、便民高效的原则。

第八条　县级以上工业产品生产许可证主管部门及其人员、检验机构和检验人员，对所知悉的国家秘密和商业秘密负有保密义务。

第二章 申请与受理

第九条 企业取得生产许可证，应当符合下列条件：

（一）有营业执照；

（二）有与所生产产品相适应的专业技术人员；

（三）有与所生产产品相适应的生产条件和检验检疫手段；

（四）有与所生产产品相适应的技术文件和工艺文件；

（五）有健全有效的质量管理制度和责任制度；

（六）产品符合有关国家标准、行业标准以及保障人体健康和人身、财产安全的要求；

（七）符合国家产业政策的规定，不存在国家明令淘汰和禁止投资建设的落后工艺、高耗能、污染环境、浪费资源的情况。

法律、行政法规有其他规定的，还应当符合其规定。

第十条 国务院工业产品生产许可证主管部门依照本条例第九条规定的条件，根据工业产品的不同特性，制定并发布取得列入目录产品生产许可证的具体要求；需要对列入目录产品生产许可证的具体要求作特殊规定的，应当会同国务院有关部门制定并发布。

制定列入目录产品生产许可证的具体要求，应当征求消费者协会和相关产品行业协会的意见。

第十一条 企业生产列入目录的产品，应当向企业所在地的省、自治区、直辖市工业产品生产许可证主管部门申请取得生产许可证。

企业正在生产的产品被列入目录的，应当在国务院工业产品生产许可证主管部门规定的时间内申请取得生产许可证。

企业的申请可以通过信函、电报、电传、传真、电子数据交换和电子邮件等方式提出。

第十二条 省、自治区、直辖市工业产品生产许可证主管部门收到企业的申请后，应当依照《中华人民共和国行政许可法》的有关规定办理。

第十三条 省、自治区、直辖市工业产品生产许可证主管部门以及其他任何单位不得另行附加任何条件，限制企业申请取得生产许可证。

第三章 审查与决定

第十四条 省、自治区、直辖市工业产品生产许可证主管部门受理企业申请后，应当组织对企业进行审查。依照列入目录产品生产许可证的具体要求，应当由国务院工业产品生产许可证主管部门组织对企业进行审查的，省、自治区、直辖市工业产品生产许可证主管部门应当自受理企业申请之日起5日内将全部申请材料报送国务院工业产品生产许可证主管部门。

对企业的审查包括对企业的实地核查和对产品的检验。

第十五条 对企业进行实地核查，国务院工业产品生产许可证主管部门或省、自治区、直辖市工业产品生产许可证主管部门应当指派2至4名核查人员，企业应当予以配合。

第十六条 核查人员经国务院工业产品生产许可证主管部门组织考核合格，取得核查人员证书，方可从事相应的核查工作。

第十七条 核查人员依照本条例第九条规定的条件和列入目录产品生产许可证的具体要求对企业进行实地核查。

核查人员对企业进行实地核查，不得刁难企业，不得索取、收受企业的财物，不得谋取其他不当利益。

第十八条 国务院工业产品生产许可证主管部门或者省、自治区、直辖市工业产品生产许可证主管部门应当自受理企业申请之日起30日内将对企业实地核查的结果书面告知企业。核查不合格的，应当说明理由。

第十九条 企业经实地核查合格的，应当及时进行产品检验。需要送样检验的，核查人员应当封存样品，并告知企业在7日内将该样品送达具有相应资质的检验机构。需要现场检验的，由核查人员通知检验机构进行现场检验。

第二十条 检验机构应当依照国家有关标准、要求进行产品检验，在规定时间内完成检验工作。

检验机构和检验人员应当客观、公正、及时地出具检验报告。检验报告经检验人员签字后，由检验机构负责人签署。检验机构和检验人员对检验报告负责。

第二十一条 检验机构和检验人员进行产品检验，应当遵循诚信原则和方便企业的原则，为企业提供可靠、便捷的检验服务，不得拖延，不得刁难企业。

第二十二条 检验机构和检验人员不得从事与其检验的列入目录产品相关的生产、销售活动，不得以其名义推荐或者监制、监销其检验的列入目录产品。

第二十三条 由省、自治区、直辖市工业产品生产许可证主管部门组织对企业进行审查的，省、自治区、直辖市工业产品生产许可证主管部门应当在完成审查后将审查意见和全部申请材料报送国务院工业产品生产许可证主管部门。

第二十四条 自受理企业申请之日起60日内，国务院工业产品生产许可证主管部门应当作出是否准予许可的决定，作出准予许可决定的，国务院工业产品生产许可证主管部门应当自作出决定之日起10日内向企业颁发工业产品生产许可证证书（以下简称许可证证书）；作出不准予许可决定的，国务院工业产品生产许可证主管部门应当书面通知企业，并说明理由。

检验机构进行产品检验所需时间不计入前款规定的期限。

国务院工业产品生产许可证主管部门应当将作出的相关产品准予许可的决定及时通报国务院发展改革部门、国务院卫生主管部门等有关部门。

第二十五条 生产许可证有效期为5年，但是，食品加工企业生产许可证的有效期为3年。生产许可证有效期届满，企业继续生产的，应当在生产许可证有效期届满6个月前向所在地省、自治区、直辖市工业产品生产许可证主管部门提出换证申请。国务院工业产品生产许可证主管部门或者省、自治区、直辖市工业产品生产许可证主管部门应当依照本条例规定的程序对企业进行审查。

第二十六条 在生产许可证有效期内，产品的有关标准、要求发生改变的，国务院工业产品生产许可证主管部门或者省、自治区、直辖市工业产品生产许可证主管部门可以依照本条例的规定重新组织核查和检验。

在生产许可证有效期内，企业生产条件、检验手段、生产技术或者工艺发生变化的，企业应当及时向所在地省、自治区、直辖市工业产品生产许可证主管部门提出申请，国务院工业产品生产许可证主管部门或者省、自治区、直辖市工业产品生产许可证主管部门应当依照本条例的规定重新组织核查和检验。

第二十七条 国务院工业产品生产许可证主管部门认为需要听证的涉及公共利益的重大许可事项，应当向社会公告，并举行听证。

国务院工业产品生产许可证主管部门作出的准予许可的决定应当向社会公布。

国务院工业产品生产许可证主管部门和省、自治区、直辖市工业产品生产许可证主管部门应当将办理生产许可证的有关材料及时归档，公众有权查阅。

第四章 证书和标志

第二十八条 许可证证书分为正本和副本。许可证证书应当载明企业名称和住所、生产地址、产品名称、证书编号、发证日期、有效期等相关内容。

许可证证书格式由国务院工业产品生产许可证主管部门规定。

第二十九条 企业名称发生变化的，企业应当及时向企业所在地的省、自治区、直辖市工业产品生产许可证主管部门提出申请，办理变更手续。

第三十条 企业应当妥善保管许可证证书，许可证证书遗失或者损毁，应当申请补领，企业所在地的省、自治区、直辖市工业产品生产许可证主管部门应当及时受理申请，办理补领手续。

第三十一条 在生产许可证有效期内，企业不再从事列入目录产品的生产活动的，应当办理生产许可证注销手续。企业不办理生产许可证注销手续的，国务院工业产品生产许可主管部门应当注销其生产许可证并向社会公告。

第三十二条 生产许可证的标志和式样由国务院工业产品生产许可证主管部门规定并公布。

第三十三条 企业必须在其产品或者包装、说明书上标注生产许可证标志和编号。

裸装食品和其他根据产品的特点难以标注标志的裸装产品，可以不标注生产许可证标志和编号。

第三十四条 销售和在经营活动中使用列入目录产品的企业，应当查验产品的生产许可证标志和编号。

第三十五条 任何单位和个人不得伪造、变造许可证证书、生产许可证标志和编号。取得生产许可证的企业不得出租、出借或者以其他形式转让许可证证书和生产许可证标志。

第五章 监督检查

第三十六条 国务院工业产品生产许可证主管部门和县级以上地方工业产品生产许可证主管部门依照本条例规定负责对生产列入目录产品的企业以及核查人员、检验机构及其检验人员的相关活动进行监督检查。

国务院工业产品生产许可证主管部门对县级以上地方工业产品生产许可证主管部门的生产许可证管理工作进行监督。

第三十七条 县级以上工业产品生产许可证主管部门根据已经取得的违法嫌疑证据或者举报，对涉嫌违反本条例的行为进行查处并可以行使下列职权：

（一）向有关生产、销售或者在经营活动中使用列入目录产品的单位和检验机构的法定代表人、主要负责人和其他有关人员调查、了解有关涉嫌从事违反本条例活动的情况；

（二）查阅、复制有关生产、销售或者在经营活动中使用列入目录产品的单位和检验机构的有关合同、发票、账簿以及其他有关资料；

（三）对有证据表明属于违反本条例生产、销售或者在经营活动中使用的列入目录产品予以查封或者扣押。

第三十八条 企业应当保证产品质量稳定合格，并定期向省、自治区、直辖市工业产品生产许可证主管部门提交报告。企业对报告的真实性负责。

第三十九条 国务院工业产品生产许可证主管部门和县级以上地方工业产品生产许可证主管部门应当对企业实施定期或者不定期的监督检查。需要对产品进行检验的，应当依照《中华人民共和国产品质量法》的有关规定进行。

实施监督检查或者对产品进行检验应当有2名以上工作人员参加并应当出示有效证件。

第四十条 国务院工业产品生产许可证主管部门和县级以上地方工业产品生产许可证主管部

门对企业实施监督检查，不得妨碍企业的正常生产经营活动，不得索取或者收受企业的财物或者谋取其他利益。

第四十一条 国务院工业产品生产许可证主管部门和县级以上地方工业产品生产许可证主管部门依法对企业进行监督检查时，应当对监督检查的情况和处理结果予以记录，由监督检查人员签字后归档。公众有权查阅监督检查记录。

第四十二条 国务院工业产品生产许可证主管部门应当通过查阅检验报告、检验结论对比方式，对检验机构的检验过程和检验报告是否客观、公正、及时进行监督检查。

第四十三条 核查人员、检验机构及其检验人员刁难企业的，企业有权向国务院工业产品生产许可证主管部门和县级以上地方工业产品生产许可证主管部门投诉。国务院工业产品生产许可证主管部门和县级以上地方工业产品生产许可证主管部门接到投诉，应当及时进行调查处理。

第四十四条 任何单位和个人对违反本条例的行为，有权向国务院工业产品生产许可证主管部门和县级以上地方工业产品生产许可证主管部门举报。国务院工业产品生产许可证主管部门和县级以上地方工业产品生产许可证主管部门接到举报，应当及时调查处理，并为举报人保密。

第六章　法　律　责　任

第四十五条 企业未依照本条例规定申请取得生产许可证而擅自生产列入目录产品的，由工业产品生产许可证主管部门责令停止生产，没收违法生产的产品，处违法生产产品货值金额等值以上3倍以下的罚款；有违法所得的，没收违法所得；构成犯罪的，依法追究刑事责任。

第四十六条 取得生产许可证的企业生产条件、检验手段、生产技术或者工艺发生变化，未依照本条例规定办理重新审查手续的，责令停止生产、销售，没收违法生产、销售的产品，并限期办理相关手续；逾期仍未办理的，处违法生产、销售产品（包括已售出和未售出的产品，下同）货值金额3倍以下的罚款；有违法所得的，没收违法所得；构成犯罪的，依法追究刑事责任。

取得生产许可证的企业名称发生变化，未依照本条例规定办理变更手续的，责令限期办理相关手续；逾期仍未办理的，责令停止生产、销售，没收违法生产、销售的产品，并处违法生产、销售产品货值金额等值以下的罚款；有违法所得的，没收违法所得。

第四十七条 取得生产许可证的企业未依照本条例规定在产品、包装或者说明书上标注生产许可证标志和编号的，责令限期改正；逾期仍未改正的，处违法生产、销售产品货值金额30%以下的罚款；有违法所得的，没收违法所得；情节严重的，吊销生产许可证。

第四十八条 销售或者在经营活动中使用未取得生产许可证的列入目录产品的，责令改正，处5万元以上20万元以下的罚款；有违法所得的，没收违法所得；构成犯罪的，依法追究刑事责任。

第四十九条 取得生产许可证的企业出租、出借或者转让许可证证书、生产许可证标志和编号的，责令限期改正，处20万元以下的罚款；情节严重的，吊销生产许可证。违法接受并使用他人提供的许可证证书、生产许可证标志和编号的，责令停止生产、销售，没收违法生产、销售的产品，处违法生产、销售产品货值金额等值以上3倍以下的罚款；有违法所得的，没收违法所得；构成犯罪的，依法追究刑事责任。

第五十条 擅自动用、调换、转移、损毁被查封、扣押财物的，责令改正，处被动用、调换、转移、损毁财物价值5%以上20%以下的罚款；拒不改正的，处被动用、调换、转移、损毁财物价值1倍以上3倍以下的罚款。

第五十一条 伪造、变造许可证证书、生产许可证标志和编号的，责令改正，没收违法生产、销售的产品，并处违法生产、销售产品货值金额等值以上3倍以下的罚款；有违法所得的，没收违法所得；构成犯罪的，依法追究刑事责任。

第五十二条 企业用欺骗、贿赂等不正当手段取得生产许可证的，由工业产品生产许可证主管部门处 20 万元以下的罚款，并依照《中华人民共和国行政许可法》的有关规定作出处理。

第五十三条 取得生产许可证的企业未依照本条例规定定期向省、自治区、直辖市工业产品生产许可证主管部门提交报告的，由省、自治区、直辖市工业产品生产许可证主管部门责令限期改正。

第五十四条 取得生产许可证的产品经产品质量国家监督抽查或者省级监督抽查不合格的，由工业产品生产许可证主管部门责令限期改正；到期复查仍不合格的，吊销生产许可证。

第五十五条 企业被吊销生产许可证的，在 3 年内不得再次申请同一列入目录产品的生产许可证。

第五十六条 承担发证产品检验工作的检验机构伪造检验结论或者出具虚假证明的，由工业产品生产许可证主管部门责令改正，对单位处 5 万元以上 20 万元以下的罚款，对直接负责的主管人员和其他直接责任人员处 1 万元以上 5 万元以下的罚款；有违法所得的，没收违法所得；情节严重的，撤销其检验资格；构成犯罪的，依法追究刑事责任。

第五十七条 检验机构和检验人员从事与其检验的列入目录产品相关的生产、销售活动，或者以其名义推荐或者监制、监销其检验的列入目录产品的，由工业产品生产许可证主管部门处 2 万元以上 10 万元以下的罚款；有违法所得的，没收违法所得；情节严重的，撤销其检验资格。

第五十八条 检验机构和检验人员利用检验工作刁难企业，由工业产品生产许可证主管部门责令改正；拒不改正的，撤销其检验资格。

第五十九条 县级以上地方工业产品生产许可证主管部门违反本条例规定，对列入目录产品以外的工业产品设定生产许可的，由国务院工业产品生产许可证主管部门责令改正，或者依法予以撤销。

第六十条 工业产品生产许可证主管部门及其工作人员违反本条例的规定，有下列情形之一的，由其上级行政机关或者监察机关责令改正；情节严重的，对直接负责的主管人员和其他直接责任人员依法给予行政处分：

（一）对符合本条例规定的条件的申请不予受理的；

（二）不在办公场所公示依法应当公示的材料的；

（三）在受理、审查、决定过程中，未向申请人、利害关系人履行法定告知义务的；

（四）申请人提交的申请材料不齐全、不符合法定形式，不一次告知申请人必须补正的全部内容的；

（五）未依法说明不受理申请或者不予许可的理由的；

（六）依照本条例和《中华人民共和国行政许可法》应当举行听证而不举行听证的。

第六十一条 工业产品生产许可证主管部门的工作人员办理工业产品生产许可证、实施监督检查，索取或者收受他人财物或者谋取其他利益，构成犯罪的，依法追究刑事责任；尚不构成犯罪的，依法给予行政处分。

第六十二条 工业产品生产许可证主管部门有下列情形之一的，由其上级行政机关、监察机关或者有关机关责令改正，依法处理；对直接负责的主管人员和其他直接责任人员依法给予降级或者撤职的行政处分；构成犯罪的，依法追究刑事责任：

（一）对不符合本条例规定条件的申请人准予许可或者超越法定职权作出准予许可决定的；

（二）对符合本条例规定条件的申请人不予许可或者不在法定期限内作出准予许可决定的；

（三）发现未依照本条例规定申请取得生产许可证擅自生产列入目录产品，不及时依法查处的；

（四）发现检验机构的检验报告、检验结论严重失实，不及时依法查处的；

（五）违反法律、行政法规或者本条例的规定，乱收费的。

第六十三条 工业产品生产许可证主管部门违法实施许可，给当事人的合法权益造成损害的，应当依照《中华人民共和国国家赔偿法》的规定给予赔偿。

第六十四条 工业产品生产许可证主管部门不依法履行监督职责或者监督不力，造成严重后果的，由其上级行政机关或者监察机关责令改正，对直接负责的主管人员和其他直接责任人员依法给予行政处分；构成犯罪的，依法追究刑事责任。

第六十五条 本条例规定的吊销生产许可证的行政处罚由工业产品生产许可证主管部门决定。工业产品生产许可证主管部门应当将作出的相关产品吊销生产许可证的行政处罚决定及时通报发展改革部门、卫生主管部门等有关部门。

法律、行政法规对行使行政处罚权的机关另有规定的，依照有关法律、行政法规的规定执行。

第七章 附 则

第六十六条 法律、行政法规对工业产品管理另有规定的，从其规定。

第六十七条 国务院工业产品生产许可证主管部门和省、自治区、直辖市工业产品生产许可证主管部门办理工业产品生产许可证的收费项目依照国务院财政部门、价格主管部门的有关规定执行，工业产品生产许可证的收费标准依照国务院价格主管部门、财政部门的有关规定执行，并应当公开透明；所收取的费用必须全部上缴国库，不得截留、挪用、私分或者变相私分。财政部门不得以任何形式向其返还或者变相返还所收取的费用。

第六十八条 根据需要，省、自治区、直辖市工业产品生产许可证主管部门可以负责部分列入目录产品的生产许可证审查发证工作，具体办法由国务院工业产品生产许可证主管部门另行制定。

第六十九条 个体工商户生产或者销售列入目录产品的，依照本条例的规定执行。

第七十条 本条例自 2005 年 9 月 1 日起施行。国务院 1984 年 4 月 7 日发布的《工业产品生产许可证试行条例》同时废止。

中华人民共和国
进出口货物原产地条例

（2004 年 9 月 3 日中华人民共和国国务院令第 416 号公布 根据 2019 年 3 月 2 日《国务院关于修改部分行政法规的决定》修订）

第一条 为了正确确定进出口货物的原产地，有效实施各项贸易措施，促进对外贸易发展，制定本条例。

第二条 本条例适用于实施最惠国待遇、反倾销和反补贴、保障措施、原产地标记管理、国别数量限制、关税配额等非优惠性贸易措施以及进行政府采购、贸易统计等活动对进出口货物原产地的确定。

实施优惠性贸易措施对进出口货物原产地的确定，不适用本条例。具体办法依照中华人民共和国缔结或者参加的国际条约、协定的有关规定另行制定。

第三条 完全在一个国家（地区）获得的货物，以该国（地区）为原产地；两个以上国家

（地区）参与生产的货物，以最后完成实质性改变的国家（地区）为原产地。

第四条 本条例第三条所称完全在一个国家（地区）获得的货物，是指：

（一）在该国（地区）出生并饲养的活的动物；

（二）在该国（地区）野外捕获、捕捞、搜集的动物；

（三）从该国（地区）的活的动物获得的未经加工的物品；

（四）在该国（地区）收获的植物和植物产品；

（五）在该国（地区）采掘的矿物；

（六）在该国（地区）获得的除本条（一）项至第（五）项范围之外的其他天然生成的物品；

（七）在该国（地区）生产过程中产生的只能弃置或者回收用作材料的废碎料；

（八）在该国（地区）收集的不能修复或者修理的物品，或者从该物品中回收的零件或者材料；

（九）由合法悬挂该国旗帜的船舶从其领海以外海域获得的海洋捕捞物和其他物品；

（十）在合法悬挂该国旗帜的加工船上加工本条第（九）项所列物品获得的产品；

（十一）从该国领海以外享有专有开采权的海床或者海床底土获得的物品；

（十二）在该国（地区）完全从本条第（一）项至第（十一）项所列物品中生产的产品。

第五条 在确定货物是否在一个国家（地区）完全获得时，不考虑下列微小加工或者处理：

（一）为运输、贮存期间保存货物而作的加工或者处理；

（二）为货物便于装卸而作的加工或者处理；

（三）为货物销售而作的包装等加工或者处理。

第六条 本条例第三条规定的实质性改变的确定标准，以税则归类改变为基本标准；税则归类改变不能反映实质性改变的，以从价百分比、制造或者加工工序等为补充标准。具体标准由海关总署会同商务部制定。

本条第一款所称税则归类改变，是指在某一国家（地区）对非该国（地区）原产材料进行制造、加工后，所得货物在《中华人民共和国进出口税则》中某一级的税目归类发生了变化。

本条第一款所称从价百分比，是指在某一国家（地区）对非该国（地区）原产材料进行制造、加工后的增值部分，超过所得货物价值一定的百分比。

本条第一款所称制造或者加工工序，是指在某一国家（地区）进行的赋予制造、加工后所得货物基本特征的主要工序。

世界贸易组织《协调非优惠原产地规则》实施前，确定进出口货物原产地实质性改变的具体标准，由海关总署会同商务部根据实际情况另行制定。

第七条 货物生产过程中使用的能源、厂房、设备、机器和工具的原产地，以及未构成货物物质成分或者组成部件的材料的原产地，不影响该货物原产地的确定。

第八条 随所装货物进出口的包装、包装材料和容器，在《中华人民共和国进出口税则》中与该货物一并归类的，该包装、包装材料和容器的原产地不影响所装货物原产地的确定；对该包装、包装材料和容器的原产地不再单独确定，所装货物的原产地即为该包装、包装材料和容器的原产地。

随所装货物进出口的包装、包装材料和容器，在《中华人民共和国进出口税则》中与该货物不一并归类的，依照本条例的规定确定该包装、包装材料和容器的原产地。

第九条 按正常配备的种类和数量随货物进出口的附件、备件、工具和介绍说明性资料，在《中华人民共和国进出口税则》中与该货物一并归类的，该附件、备件、工具和介绍说明性资料的原产地不影响该货物原产地的确定；对该附件、备件、工具和介绍说明性资料的原产地不再单独确定，该货物的原产地即为该附件、备件、工具和介绍说明性资料的原产地。

随货物进出口的附件、备件、工具和介绍说明性资料在《中华人民共和国进出口税则》中虽与该货物一并归类，但超出正常配备的种类和数量的，以及在《中华人民共和国进出口税则》中与该货物不一并归类的，依照本条例的规定确定该附件、备件、工具和介绍说明性资料的原产地。

第十条　对货物所进行的任何加工或者处理，是为了规避中华人民共和国关于反倾销、反补贴和保障措施等有关规定的，海关在确定该货物的原产地时可以不考虑这类加工和处理。

第十一条　进口货物的收货人按照《中华人民共和国海关法》及有关规定办理进口货物的海关申报手续时，应当依照本条例规定的原产地确定标准如实申报进口货物的原产地；同一批货物的原产地不同的，应当分别申报原产地。

第十二条　进口货物进口前，进口货物的收货人或者与进口货物直接相关的其他当事人，在有正当理由的情况下，可以书面申请海关对将要进口的货物的原产地作出预确定决定；申请人应当按照规定向海关提供作出原产地预确定决定所需的资料。

海关应当在收到原产地预确定书面申请及全部必要资料之日起150天内，依照本条例的规定对该进口货物作出原产地预确定决定，并对外公布。

第十三条　海关接受申报后，应当按照本条例的规定审核确定进口货物的原产地。

已作出原产地预确定决定的货物，自预确定决定作出之日起3年内实际进口时，经海关审核其实际进口的货物与预确定决定所述货物相符，且本条例规定的原产地确定标准未发生变化的，海关不再重新确定该进口货物的原产地；经海关审核其实际进口的货物与预确定决定所述货物不相符的，海关应当按照本条例的规定重新审核确定该进口货物的原产地。

第十四条　海关在审核确定进口货物原产地时，可以要求进口货物的收货人提交该进口货物的原产地证书，并予以审验；必要时，可以请求该货物出口国（地区）的有关机构对该货物的原产地进行核查。

第十五条　根据对外贸易经营者提出的书面申请，海关可以依照《中华人民共和国海关法》第四十三条的规定，对将要进口的货物的原产地预先作出确定原产地的行政裁定，并对外公布。

进口相同的货物，应当适用相同的行政裁定。

第十六条　国家对原产地标记实施管理。货物或者其包装上标有原产地标记的，其原产地标记所标明的原产地应当与依照本条例所确定的原产地相一致。

第十七条　出口货物发货人可以向海关、中国国际贸易促进委员会及其地方分会（以下简称签证机构），申请领取出口货物原产地证书。

第十八条　出口货物发货人申请领取出口货物原产地证书，应当在签证机构办理注册登记手续，按照规定如实申报出口货物的原产地，并向签证机构提供签发出口货物原产地证书所需的资料。

第十九条　签证机构接受出口货物发货人的申请后，应当按照规定审查确定出口货物的原产地，签发出口货物原产地证书；对不属于原产于中华人民共和国境内的出口货物，应当拒绝签发出口货物原产地证书。

出口货物原产地证书签发管理的具体办法，由海关总署会同国务院其他有关部门、机构另行制定。

第二十条　应出口货物进口国（地区）有关机构的请求，海关、签证机构可以对出口货物的原产地情况进行核查，并及时将核查情况反馈进口国（地区）有关机构。

第二十一条　用于确定货物原产地的资料和信息，除按有关规定可以提供或者经提供该资料和信息的单位、个人的允许，海关、签证机构应当对该资料和信息予以保密。

第二十二条　违反本条例规定申报进口货物原产地的，依照《中华人民共和国对外贸易法》、《中华人民共和国海关法》和《中华人民共和国海关行政处罚实施条例》的有关规定进行处罚。

第二十三条　提供虚假材料骗取出口货物原产地证书或者伪造、变造、买卖或者盗窃出口货物原产地证书的，由海关处 5000 元以上 10 万元以下的罚款；骗取、伪造、变造、买卖或者盗窃作为海关放行凭证的出口货物原产地证书的，处货值金额等值以下的罚款，但货值金额低于5000 元的，处 5000 元罚款。有违法所得的，由海关没收违法所得。构成犯罪的，依法追究刑事责任。

第二十四条　进出口货物的原产地标记与依照本条例所确定的原产地不一致的，由海关责令改正。

第二十五条　确定进出口货物原产地的工作人员违反本条例规定的程序确定原产地的，或者泄露所知悉的商业秘密的，或者滥用职权、玩忽职守、徇私舞弊的，依法给予行政处分；有违法所得的，没收违法所得；构成犯罪的，依法追究刑事责任。

第二十六条　本条例下列用语的含义：

获得，是指捕捉、捕捞、搜集、收获、采掘、加工或者生产等。

货物原产地，是指依照本条例确定的获得某一货物的国家（地区）。

原产地证书，是指出口国（地区）根据原产地规则和有关要求签发的，明确指出该证中所列货物原产于某一特定国家（地区）的书面文件。

原产地标记，是指在货物或者包装上用来表明该货物原产地的文字和图形。

第二十七条　本条例自 2005 年 1 月 1 日起施行。1992 年 3 月 8 日国务院发布的《中华人民共和国出口货物原产地规则》、1986 年 12 月 6 日海关总署发布的《中华人民共和国海关关于进口货物原产地的暂行规定》同时废止。

缺陷汽车产品召回管理条例

（2012 年 10 月 22 日中华人民共和国国务院令第 626 号公布　根据 2019 年 3 月 2 日《国务院关于修改部分行政法规的决定》修订）

第一条　为了规范缺陷汽车产品召回，加强监督管理，保障人身、财产安全，制定本条例。

第二条　在中国境内生产、销售的汽车和汽车挂车（以下统称汽车产品）的召回及其监督管理，适用本条例。

第三条　本条例所称缺陷，是指由于设计、制造、标识等原因导致的在同一批次、型号或者类别的汽车产品中普遍存在的不符合保障人身、财产安全的国家标准、行业标准的情形或者其他危及人身、财产安全的不合理的危险。

本条例所称召回，是指汽车产品生产者对其已售出的汽车产品采取措施消除缺陷的活动。

第四条　国务院产品质量监督部门负责全国缺陷汽车产品召回的监督管理工作。

国务院有关部门在各自职责范围内负责缺陷汽车产品召回的相关监督管理工作。

第五条　国务院产品质量监督部门根据工作需要，可以委托省、自治区、直辖市人民政府产品质量监督部门负责缺陷汽车产品召回监督管理的部分工作。

国务院产品质量监督部门缺陷产品召回技术机构按照国务院产品质量监督部门的规定，承担缺陷汽车产品召回的具体技术工作。

第六条 任何单位和个人有权向产品质量监督部门投诉汽车产品可能存在的缺陷，国务院产品质量监督部门应当以便于公众知晓的方式向社会公布受理投诉的电话、电子邮箱和通信地址。

国务院产品质量监督部门应当建立缺陷汽车产品召回信息管理系统，收集汇总、分析处理有关缺陷汽车产品信息。

产品质量监督部门、汽车产品主管部门、商务主管部门、海关、公安机关交通管理部门、交通运输主管部门等有关部门应当建立汽车产品的生产、销售、进口、登记检验、维修、消费者投诉、召回等信息的共享机制。

第七条 产品质量监督部门和有关部门、机构及其工作人员对履行本条例规定职责所知悉的商业秘密和个人信息，不得泄露。

第八条 对缺陷汽车产品，生产者应当依照本条例全部召回；生产者未实施召回的，国务院产品质量监督部门应当依照本条例责令其召回。

本条例所称生产者，是指在中国境内依法设立的生产汽车产品并以其名义颁发产品合格证的企业。

从中国境外进口汽车产品到境内销售的企业，视为前款所称的生产者。

第九条 生产者应当建立并保存汽车产品设计、制造、标识、检验等方面的信息记录以及汽车产品初次销售的车主信息记录，保存期不得少于 10 年。

第十条 生产者应当将下列信息报国务院产品质量监督部门备案：

（一）生产者基本信息；

（二）汽车产品技术参数和汽车产品初次销售的车主信息；

（三）因汽车产品存在危及人身、财产安全的故障而发生修理、更换、退货的信息；

（四）汽车产品在中国境外实施召回的信息；

（五）国务院产品质量监督部门要求备案的其他信息。

第十一条 销售、租赁、维修汽车产品的经营者（以下统称经营者）应当按照国务院产品质量监督部门的规定建立并保存汽车产品相关信息记录，保存期不得少于 5 年。

经营者获知汽车产品存在缺陷的，应当立即停止销售、租赁、使用缺陷汽车产品，并协助生产者实施召回。

经营者应当向国务院产品质量监督部门报告和向生产者通报所获知的汽车产品可能存在缺陷的相关信息。

第十二条 生产者获知汽车产品可能存在缺陷的，应当立即组织调查分析，并如实向国务院产品质量监督部门报告调查分析结果。

生产者确认汽车产品存在缺陷的，应当立即停止生产、销售、进口缺陷汽车产品，并实施召回。

第十三条 国务院产品质量监督部门获知汽车产品可能存在缺陷的，应当立即通知生产者开展调查分析；生产者未按照通知开展调查分析的，国务院产品质量监督部门应当开展缺陷调查。

国务院产品质量监督部门认为汽车产品可能存在会造成严重后果的缺陷的，可以直接开展缺陷调查。

第十四条 国务院产品质量监督部门开展缺陷调查，可以进入生产者、经营者的生产经营场所进行现场调查，查阅、复制相关资料和记录，向相关单位和个人了解汽车产品可能存在缺陷的情况。

生产者应当配合缺陷调查，提供调查需要的有关资料、产品和专用设备。经营者应当配合缺陷调查，提供调查需要的有关资料。

国务院产品质量监督部门不得将生产者、经营者提供的资料、产品和专用设备用于缺陷调查所需的技术检测和鉴定以外的用途。

第十五条 国务院产品质量监督部门调查认为汽车产品存在缺陷的，应当通知生产者实施召回。

生产者认为其汽车产品不存在缺陷的，可以自收到通知之日起 15 个工作日内向国务院产品质量监督部门提出异议，并提供证明材料。国务院产品质量监督部门应当组织与生产者无利害关系的专家对证明材料进行论证，必要时对汽车产品进行技术检测或者鉴定。

生产者既不按照通知实施召回又不在本条第二款规定期限内提出异议的，或者经国务院产品质量监督部门依照本条第二款规定组织论证、技术检测、鉴定确认汽车产品存在缺陷的，国务院产品质量监督部门应当责令生产者实施召回；生产者应当立即停止生产、销售、进口缺陷汽车产品，并实施召回。

第十六条 生产者实施召回，应当按照国务院产品质量监督部门的规定制定召回计划，并报国务院产品质量监督部门备案。修改已备案的召回计划应当重新备案。

生产者应当按照召回计划实施召回。

第十七条 生产者应当将报国务院产品质量监督部门备案的召回计划同时通报销售者，销售者应当停止销售缺陷汽车产品。

第十八条 生产者实施召回，应当以便于公众知晓的方式发布信息，告知车主汽车产品存在的缺陷、避免损害发生的应急处置方法和生产者消除缺陷的措施等事项。

国务院产品质量监督部门应当及时向社会公布已经确认的缺陷汽车产品信息以及生产者实施召回的相关信息。

车主应当配合生产者实施召回。

第十九条 对实施召回的缺陷汽车产品，生产者应当及时采取修正或者补充标识、修理、更换、退货等措施消除缺陷。

生产者应当承担消除缺陷的费用和必要的运送缺陷汽车产品的费用。

第二十条 生产者应当按照国务院产品质量监督部门的规定提交召回阶段性报告和召回总结报告。

第二十一条 国务院产品质量监督部门应当对召回实施情况进行监督，并组织与生产者无利害关系的专家对生产者消除缺陷的效果进行评估。

第二十二条 生产者违反本条例规定，有下列情形之一的，由产品质量监督部门责令改正；拒不改正的，处 5 万元以上 20 万元以下的罚款：

（一）未按照规定保存有关汽车产品、车主的信息记录；

（二）未按照规定备案有关信息、召回计划；

（三）未按照规定提交有关召回报告。

第二十三条 违反本条例规定，有下列情形之一的，由产品质量监督部门责令改正；拒不改正的，处 50 万元以上 100 万元以下的罚款；有违法所得的，并处没收违法所得；情节严重的，由许可机关吊销有关许可：

（一）生产者、经营者不配合产品质量监督部门缺陷调查；

（二）生产者未按照已备案的召回计划实施召回；

（三）生产者未将召回计划通报销售者。

第二十四条 生产者违反本条例规定，有下列情形之一的，由产品质量监督部门责令改正，处缺陷汽车产品货值金额 1% 以上 10% 以下的罚款；有违法所得的，并处没收违法所得；情节严重的，由许可机关吊销有关许可：

（一）未停止生产、销售或者进口缺陷汽车产品；

（二）隐瞒缺陷情况；

（三）经责令召回拒不召回。

第二十五条 违反本条例规定，从事缺陷汽车产品召回监督管理工作的人员有下列行为之一的，依法给予处分：

（一）将生产者、经营者提供的资料、产品和专用设备用于缺陷调查所需的技术检测和鉴定以外的用途；

（二）泄露当事人商业秘密或者个人信息；

（三）其他玩忽职守、徇私舞弊、滥用职权行为。

第二十六条 违反本条例规定，构成犯罪的，依法追究刑事责任。

第二十七条 汽车产品出厂时未随车装备的轮胎存在缺陷的，由轮胎的生产者负责召回。具体办法由国务院产品质量监督部门参照本条例制定。

第二十八条 生产者依照本条例召回缺陷汽车产品，不免除其依法应当承担的责任。

汽车产品存在本条例规定的缺陷以外的质量问题的，车主有权依照产品质量法、消费者权益保护法等法律、行政法规和国家有关规定以及合同约定，要求生产者、销售者承担修理、更换、退货、赔偿损失等相应的法律责任。

第二十九条 本条例自 2013 年 1 月 1 日起施行。

工业产品销售单位落实质量安全主体责任监督管理规定

（2023 年 4 月 4 日国家市场监督管理总局令第 76 号公布　自 2023 年 5 月 5 日起施行）

第一条 为了督促工业产品销售单位（以下简称销售单位）落实产品质量安全主体责任，强化销售单位主要负责人产品质量安全责任，规范质量安全管理人员行为，根据《中华人民共和国产品质量法》《中华人民共和国标准化法》《中华人民共和国认证认可条例》《中华人民共和国工业产品生产许可证管理条例》等法律法规，制定本规定。

第二条 在中华人民共和国境内，实施工业产品生产许可、强制性产品认证管理，以及涉及人身健康和生命财产安全并有强制性国家标准要求的产品销售单位主要负责人和质量安全总监、质量安全员，依法落实产品质量安全责任的行为及其监督管理，适用本规定。

第三条 销售单位应当建立健全产品质量安全管理制度，落实产品质量安全责任制，依法配备与单位规模、产品类别、风险等级相适应的质量安全总监和质量安全员，明确销售单位主要负责人、质量安全总监和质量安全员的岗位职责。

销售单位主要负责人对本单位的产品质量安全工作全面负责，建立并落实产品质量安全主体责任的长效机制。质量安全总监、质量安全员应当按照岗位职责协助销售单位主要负责人做好产品质量安全管理工作。

第四条 销售单位主要负责人应当支持和保障质量安全总监、质量安全员依法开展产品质量安全管理工作，在作出涉及产品质量安全的重大决策前，应当充分听取质量安全总监和质量安全员的意见和建议。

质量安全总监、质量安全员发现产品存在危及安全的缺陷时，应当提出停止相应产品销售等否决建议，销售单位主要负责人应当立即组织分析研判，采取处置措施，消除风险隐患；对已经销售的确认存在缺陷的产品，销售单位应当配合生产单位及时进行召回。

第五条 在依法配备质量安全员的基础上，下列销售单位应当配备质量安全总监：

（一）销售工业产品生产许可证管理产品的单位；

（二）销售强制性产品认证管理产品的单位；

（三）其他涉及人身健康和生命财产安全并有强制性国家标准要求的工业产品大中型销售单位。

县级以上地方市场监督管理部门应当结合本地区实际，指导本辖区具备条件的销售单位配备质量安全总监。

第六条 质量安全总监和质量安全员应当具备以下质量安全管理能力：

（一）熟悉工业产品质量安全相关法律法规、强制性国家标准和本单位质量管理制度；

（二）具备与所负责工作相关的专业教育背景和工作经验，熟悉任职岗位的工作任务和要求，具有识别和防控相应工业产品质量安全风险的专业知识和技能；

（三）参加本单位组织的质量安全管理人员培训并通过考核；

（四）其他应当具备的工业产品质量安全管理能力。

第七条 质量安全总监按照职责要求直接对本单位主要负责人负责，承担下列职责：

（一）组织本单位严格落实工业产品质量安全相关法律法规责任义务及标准要求；

（二）组织制定本单位质量管理制度，建立岗位质量安全规范、质量安全责任以及相应的考核办法并督促落实；

（三）督促指导质量安全员落实岗位职责，检查本单位各岗位质量安全责任制落实情况；

（四）组织制定并督促落实工业产品质量安全风险防控措施，定期开展质量安全自查，组织实施风险分析研判，评估质量安全状况，及时向本单位主要负责人报告质量安全工作情况并提出改进措施，行使质量安全一票否决权并采取处置措施，消除质量安全隐患；

（五）对员工组织开展质量安全教育、培训和考核；

（六）接受和配合市场监督管理部门开展的监督检查、缺陷产品召回、事故调查和质量安全追溯等工作，对检查发现的问题积极整改落实。

销售单位应当按照前款规定，结合实际细化制定《质量安全总监职责》。

第八条 质量安全员按照职责要求对质量安全总监或者销售单位主要负责人负责，承担下列职责：

（一）督促指导员工落实岗位质量安全规范；

（二）检查销售过程质量控制等制度落实情况；

（三）实施对不合格品的控制，督促员工采取有效措施整改质量问题并及时报告质量安全总监；

（四）管理维护本单位销售产品质量安全档案，按要求保存相关资料；

（五）接受和配合市场监督管理部门开展的监督检查、缺陷产品召回、事故调查和质量安全追溯等工作，如实提供有关材料。

销售单位应当按照前款规定，结合实际细化制定《质量安全员守则》。

第九条 销售单位应当建立基于工业产品质量安全风险防控的动态管理机制，结合本单位实际，落实自查要求，制定包括进货查验、索证索票、建立台账、核对产品质量信息等内容的《工业产品质量安全风险管控清单》，建立健全日管控、周排查、月调度工作制度。

第十条 销售单位应当建立工业产品质量安全日管控制度。质量安全员每日根据《工业产品质量安全风险管控清单》进行检查，形成《每日工业产品质量安全检查记录》，对发现的质量安全风险隐患，应当立即采取防范措施，及时上报质量安全总监或者销售单位主要负责人。未发现问题的，也应当予以记录，实行零风险报告。

第十一条 销售单位应当建立工业产品质量安全周排查制度。质量安全总监每周至少组织一次风险隐患排查，根据日管控中发现的问题，分析研判产品质量安全状况，形成《每周工业产品质量安全排查治理报告》。

第十二条 销售单位应当建立工业产品质量安全月调度制度。单位主要负责人每月至少听取一次质量安全总监管理工作情况汇报，对当月销售的工业产品质量安全日常管理、风险隐患排查治理等情况进行总结，对下个月重点工作作出调度安排，形成《每月工业产品质量安全调度会议纪要》。

第十三条 销售单位应当将主要负责人、质量安全总监、质量安全员的设立、调整和履职情况，《质量安全总监职责》《质量安全员守则》《工业产品质量安全风险管控清单》《每日工业产品质量安全检查记录》《每周工业产品质量安全排查治理报告》《每月工业产品质量安全调度会议纪要》以及质量安全总监、质量安全员提出的意见建议予以记录并存档备查。

第十四条 市场监督管理部门应当将销售单位建立并落实工业产品质量安全责任制等管理制度，销售单位在日管控、周排查、月调度中发现的工业产品质量安全风险隐患以及整改情况作为监督检查的重要内容。

第十五条 销售单位应当组织对质量安全总监和质量安全员进行法律法规、标准和专业知识培训、考核，同时对培训、考核情况予以记录并存档备查。未通过考核的人员不得担任相应岗位的质量安全管理人员。

县级以上地方市场监督管理部门按照国家市场监督管理总局制定的《工业产品销售单位质量安全管理人员考核指南》，组织对本辖区销售单位的质量安全总监、质量安全员随机进行监督抽查考核并公布结果。监督抽查考核不得收取费用。

抽查考核不合格的，销售单位应当立即采取整改措施。

第十六条 销售单位应当为质量安全总监和质量安全员提供必要的工作条件、教育培训和岗位待遇，充分保障其依法履行职责。

鼓励销售单位建立对质量安全总监和质量安全员的激励约束机制，对工作成效显著的给予表彰奖励，对履职不到位的予以惩戒。

市场监督管理部门在查处销售单位违法行为时，应当将销售单位落实产品质量安全主体责任情况作为判断其主观过错、违法情节、处罚幅度等考量的重要因素。

销售单位及其主要负责人无正当理由未采纳质量安全总监和质量安全员依照本规定第四条提出的意见或者建议的，应当认为质量安全总监和质量安全员已经依法履职尽责，对质量安全总监和质量安全员不予处罚。

第十七条 销售单位未按规定建立质量安全管理制度，或者未按规定配备、培训、考核质量安全总监、质量安全员，或者未按责任制要求落实质量安全责任的，由县级以上地方市场监督管理部门责令改正，给予警告；拒不改正的，处五千元以上五万元以下罚款。法律、行政法规另有规定的，从其规定。

第十八条 本规定下列用语的含义是：

（一）工业产品是指经过工业化过程加工、制作，且用于销售的产品，不包括食品、药品、特种设备以及有特殊法管理的产品。

（二）产品质量安全是指工业产品销售单位应当保证其销售的产品符合强制性国家标准以及工业产品生产许可、强制性产品认证管理规定的准入要求，且不存在危及人身健康和生命财产安全的不合理危险。

（三）工业产品大型销售单位是指从业人员二百人以上或者营业收入四亿元以上的批发单位，以及从业人员三百人以上或者营业收入二亿元以上的零售单位；工业产品中型销售单位是指从业人员二十人以上二百人以下或者营业收入五千万元以上四亿元以下的批发单位，以及从业人员五十人以上三百人以下或者营业收入五百万元以上二亿元以下的零售单位。

（四）工业产品销售单位主要负责人是指本单位的法定代表人、法定代表委托人或者实际控制人。

（五）质量安全总监是指本单位管理层中负责产品质量安全工作的管理人员。

（六）质量安全员是指本单位负责产品质量安全过程控制的检查人员。

第十九条　本规定自 2023 年 5 月 5 日起施行。

工业产品生产单位落实质量安全主体责任监督管理规定

（2023 年 4 月 4 日国家市场监督管理总局令第 75 号公布　自 2023 年 5 月 5 日起施行）

第一条　为了督促工业产品生产单位（以下简称生产单位）落实产品质量安全主体责任，强化生产单位主要负责人产品质量安全责任，规范质量安全管理人员行为，根据《中华人民共和国产品质量法》《中华人民共和国标准化法》《中华人民共和国认证认可条例》《中华人民共和国工业产品生产许可证管理条例》等法律法规，制定本规定。

第二条　在中华人民共和国境内，实施工业产品生产许可、强制性产品认证管理，以及涉及人身健康和生命财产安全并有强制性国家标准要求的产品生产单位主要负责人和质量安全总监、质量安全员，依法落实产品质量安全责任的行为及其监督管理，适用本规定。

第三条　生产单位应当建立健全产品质量安全管理制度，落实产品质量安全责任制，依法配备与单位规模、产品类别、风险等级相适应的质量安全总监和质量安全员，明确生产单位主要负责人、质量安全总监和质量安全员的岗位职责。

生产单位主要负责人对本单位的产品质量安全工作全面负责，建立并落实产品质量安全主体责任的长效机制。质量安全总监、质量安全员应当按照岗位职责协助生产单位主要负责人做好产品质量安全管理工作。

第四条　生产单位主要负责人应当支持和保障质量安全总监、质量安全员依法开展产品质量安全管理工作，在作出涉及产品质量安全的重大决策前，应当充分听取质量安全总监和质量安全员的意见和建议。

质量安全总监、质量安全员发现产品存在危及安全的缺陷，或者生产许可证、强制性产品认证证书失效时，应当提出停止相应产品生产、销售等否决建议，生产单位主要负责人应当立即组织分析研判，采取处置措施，消除风险隐患；经确认存在缺陷的，应当按照国家有关规定进行召回。

第五条　在依法配备质量安全员的基础上，下列生产单位应当配备质量安全总监：

（一）实施工业产品生产许可证管理的产品生产单位；

（二）实施强制性产品认证管理的产品生产单位；

（三）其他涉及人身健康和生命财产安全并有强制性国家标准要求的工业产品大中型生产单位。

县级以上地方市场监督管理部门应当结合本地区实际，指导本辖区具备条件的生产单位配备质量安全总监。

第六条　质量安全总监和质量安全员应当具备以下质量安全管理能力：

（一）熟悉工业产品质量安全相关法律法规、强制性国家标准和本单位质量管理制度；

（二）具备与所负责工作相关的专业教育背景和工作经验，熟悉任职岗位的工作任务和要求，具有识别和防控相应工业产品质量安全风险的专业知识和技能；

（三）熟悉与本单位工业产品质量安全相关的设施设备、工艺流程、操作规程等生产过程控制，以及原材料进货把关、产品出厂检验要求；

（四）参加本单位组织的质量安全管理人员培训并通过考核；

（五）其他应当具备的工业产品质量安全管理能力。

第七条 质量安全总监按照职责要求直接对本单位主要负责人负责，承担下列职责：

（一）组织本单位严格落实工业产品质量安全相关法律法规责任义务及标准要求；

（二）组织制定本单位质量管理制度，建立岗位质量安全规范、质量安全责任以及相应的考核办法并督促落实；

（三）督促指导质量安全员落实岗位职责，检查本单位各岗位质量安全责任制落实情况；

（四）组织制定并督促落实工业产品质量安全风险防控措施，定期开展质量安全自查，组织实施风险分析研判，评估质量安全状况，及时向本单位主要负责人报告质量安全工作情况并提出改进措施，行使质量安全一票否决权并采取处置措施，消除质量安全隐患；

（五）组织拟定质量安全事故处置方案，开展应急演练，发生质量安全事故时，立即采取措施，防止事故扩大；

（六）对员工组织开展质量安全教育、培训和考核；

（七）接受和配合市场监督管理部门开展的监督检查、缺陷产品召回、事故调查和质量安全追溯等工作，对检查发现的问题积极整改落实。

生产单位应当按照前款规定，结合实际细化制定《质量安全总监职责》。

第八条 质量安全员按照职责要求对质量安全总监或者生产单位主要负责人负责，承担下列职责：

（一）督促指导员工落实岗位质量安全规范；

（二）检查原材料进货把关、生产过程控制、产品出厂检验等制度落实情况；

（三）实施对不合格品的控制，督促员工采取有效措施整改质量问题并及时报告质量安全总监；

（四）管理维护本单位产品质量安全档案，按要求保存相关资料；

（五）接受和配合市场监督管理部门开展的监督检查、缺陷产品召回、事故调查和质量安全追溯等工作，如实提供有关材料。

生产单位应当按照前款规定，结合实际细化制定《质量安全员守则》。

第九条 生产单位应当建立基于工业产品质量安全风险防控的动态管理机制，结合本单位实际，落实自查要求，制定《工业产品质量安全风险管控清单》，建立健全日管控、周排查、月调度工作制度。

第十条 生产单位应当建立工业产品质量安全日管控制度。质量安全员每日根据《工业产品质量安全风险管控清单》进行检查，形成《每日工业产品质量安全检查记录》，对发现的质量安全风险隐患，应当立即采取防范措施，及时上报质量安全总监或者生产单位主要负责人。未发现问题的，也应当予以记录，实行零风险报告。

第十一条 生产单位应当建立工业产品质量安全周排查制度。质量安全总监每周至少组织一次风险隐患排查，根据日管控中发现的问题，分析研判产品质量安全状况，形成《每周工业产品质量安全排查治理报告》。

第十二条 生产单位应当建立工业产品质量安全月调度制度。单位主要负责人每月至少听取一次质量安全总监管理工作情况汇报，对当月工业产品质量安全日常管理、风险隐患排查治理等情况进行总结，对下个月重点工作作出调度安排，形成《每月工业产品质量安全调度会议纪要》。

第十三条 生产单位应当将主要负责人、质量安全总监、质量安全员的设立、调整和履职情况，《质量安全总监职责》《质量安全员守则》《工业产品质量安全风险管控清单》《每日工业产品质量安全检查记录》《每周工业产品质量安全排查治理报告》《每月工业产品质量安全调度会议纪要》以及质量安全总监、质量安全员提出的意见建议予以记录并存档备查。

第十四条 市场监督管理部门应当将生产单位建立并落实工业产品质量安全责任制等管理制度，生产单位在日管控、周排查、月调度中发现的工业产品质量安全风险隐患以及整改情况作为监督检查的重要内容。

第十五条 生产单位应当组织对质量安全总监和质量安全员进行法律法规、标准和专业知识培训、考核，同时对培训、考核情况予以记录并存档备查。未通过考核的人员不得担任相应岗位的质量安全管理人员。

县级以上地方市场监督管理部门按照国家市场监督管理总局制定的《工业产品生产单位质量安全管理人员考核指南》，组织对本辖区生产单位的质量安全总监、质量安全员随机进行监督抽查考核并公布结果。监督抽查考核不得收取费用。

抽查考核不合格的，生产单位应当立即采取整改措施。

第十六条 生产单位应当为质量安全总监和质量安全员提供必要的工作条件、教育培训和岗位待遇，充分保障其依法履行职责。

鼓励生产单位建立对质量安全总监和质量安全员的激励约束机制，对工作成效显著的给予表彰奖励，对履职不到位的予以惩戒。

市场监督管理部门在查处生产单位违法行为时，应当将生产单位落实产品质量安全主体责任情况作为判断其主观过错、违法情节、处罚幅度等考量的重要因素。

生产单位及其主要负责人无正当理由未采纳质量安全总监和质量安全员依照本规定第四条提出的意见或者建议的，应当认为质量安全总监和质量安全员已经依法履职尽责，对质量安全总监和质量安全员不予处罚。

第十七条 生产单位未按规定建立质量安全管理制度，或者未按规定配备、培训、考核质量安全总监、质量安全员，或者未按责任制要求落实质量安全责任的，由县级以上地方市场监督管理部门责令改正，给予警告；拒不改正的，处五千元以上五万元以下罚款。法律、行政法规另有规定的，从其规定。

第十八条 本规定下列用语的含义是：

（一）工业产品是指经过工业化过程加工、制作，且用于销售的产品，不包括食品、药品、特种设备以及有特殊法管理的产品。

（二）产品质量安全是指工业产品生产单位应当保证其产品符合强制性国家标准要求以及工业产品生产许可、强制性产品认证管理规定的准入要求，且不存在危及人身健康和生命财产安全的不合理危险。

（三）工业产品大型生产单位是指从业人员一千人以上或者营业收入四亿元以上的单位；工业产品中型生产单位是指从业人员三百人以上一千人以下或者营业收入二千万元以上四亿元以下的单位。

（四）工业产品生产单位主要负责人是指本单位的法定代表人、法定代表委托人或者实际控制人。

（五）质量安全总监是指本单位管理层中负责产品质量安全工作的管理人员。

（六）质量安全员是指本单位负责产品质量安全过程控制的检查人员。

第十九条　本规定自 2023 年 5 月 5 日起施行。

牙膏监督管理办法

（2023 年 3 月 16 日国家市场监督管理总局令第 71 号公布　自 2023 年 12 月 1 日起施行）

第一条　为了规范牙膏生产经营活动，加强牙膏监督管理，保证牙膏质量安全，保障消费者健康，促进牙膏产业健康发展，根据《化妆品监督管理条例》，制定本办法。

第二条　在中华人民共和国境内从事牙膏生产经营活动及其监督管理，适用本办法。

第三条　本办法所称牙膏，是指以摩擦的方式，施用于人体牙齿表面，以清洁为主要目的的膏状产品。

第四条　国家药品监督管理局负责全国牙膏监督管理工作。

县级以上地方人民政府负责药品监督管理的部门负责本行政区域的牙膏监督管理工作。

第五条　牙膏实行备案管理，牙膏备案人对牙膏的质量安全和功效宣称负责。

牙膏生产经营者应当依照法律、法规、强制性国家标准、技术规范从事生产经营活动，加强管理，诚信自律，保证牙膏产品质量安全。

第六条　境外牙膏备案人应当指定我境内的企业法人作为境内责任人办理备案，协助开展牙膏不良反应监测、实施产品召回，并配合药品监督管理部门的监督检查工作。

第七条　牙膏行业协会应当加强行业自律，督促引导生产经营者依法从事生产经营活动，推动行业诚信建设。

第八条　在中华人民共和国境内首次使用于牙膏的天然或者人工原料为牙膏新原料。

牙膏新原料应当遵守化妆品新原料管理的有关规定，具有防腐、着色等功能的牙膏新原料，经国家药品监督管理局注册后方可使用；其他牙膏新原料实行备案管理。

已经取得注册、完成备案的牙膏新原料实行安全监测制度，安全监测的期限为 3 年。安全监测期满未发生安全问题的牙膏新原料，纳入国家药品监督管理局制定的已使用的牙膏原料目录。

第九条　牙膏备案人应当选择符合法律、法规、强制性国家标准、技术规范要求的原料用于牙膏生产，对其使用的牙膏原料安全性负责。牙膏备案人进行备案时，应当通过备案信息服务平台明确原料来源和原料安全相关信息。

第十条　国产牙膏应当在上市销售前向备案人所在地省、自治区、直辖市药品监督管理部门备案。

进口牙膏应当在进口前向国家药品监督管理局备案。国家药品监督管理局可以依法委托具备相应能力的省、自治区、直辖市药品监督管理部门实施进口牙膏备案管理工作。

第十一条　备案人或者境内责任人进行牙膏备案，应当提交下列资料：

（一）备案人的名称、地址、联系方式；

（二）生产企业的名称、地址、联系方式；

（三）产品名称；

（四）产品配方；

（五）产品执行的标准；

（六）产品标签样稿；

（七）产品检验报告；

（八）产品安全评估资料。

进口牙膏备案，应当同时提交产品在生产国（地区）已经上市销售的证明文件以及境外生产企业符合化妆品生产质量管理规范的证明资料；专为向我国出口生产、无法提交产品在生产国（地区）已经上市销售的证明文件的，应当提交面向我国消费者开展的相关研究和试验的资料。

第十二条　牙膏备案前，备案人应当自行或者委托专业机构开展安全评估。

从事安全评估的人员应当具备牙膏或者化妆品质量安全相关专业知识，并具有 5 年以上相关专业从业经历。

第十三条　牙膏的功效宣称应当有充分的科学依据。牙膏备案人应当在备案信息服务平台公布功效宣称所依据的文献资料、研究数据或者产品功效评价资料的摘要，接受社会监督。

国家药品监督管理局根据牙膏的功效宣称、使用人群等因素，制定、公布并调整牙膏分类目录。牙膏的功效宣称范围和用语应当符合法律、法规、强制性国家标准、技术规范和国家药品监督管理局的规定。

第十四条　牙膏的功效宣称评价应当符合法律、法规、强制性国家标准、技术规范和国家药品监督管理局规定的质量安全和功效宣称评价有关要求，保证功效宣称评价结果的科学性、准确性和可靠性。

第十五条　从事牙膏生产活动，应当依法向所在地省、自治区、直辖市药品监督管理部门申请取得生产许可。牙膏备案人、受托生产企业应当建立生产质量管理体系，按照化妆品生产质量管理规范的要求组织生产。

第十六条　牙膏不良反应报告遵循可疑即报的原则。牙膏生产经营者、医疗机构应当按照国家药品监督管理局制定的化妆品不良反应监测制度的要求，开展牙膏不良反应监测工作。

第十七条　牙膏标签应当标注下列内容：

（一）产品名称；

（二）备案人、受托生产企业的名称、地址，备案人为境外的应当同时标注境内责任人的名称、地址；

（三）生产企业的名称、地址，国产牙膏应当同时标注生产企业生产许可证编号；

（四）产品执行的标准编号；

（五）全成分；

（六）净含量；

（七）使用期限；

（八）必要的安全警示用语；

（九）法律、行政法规、强制性国家标准规定应当标注的其他内容。

根据产品特点，需要特别标注产品使用方法的，应当在销售包装可视面进行标注。

第十八条　牙膏产品名称一般由商标名、通用名和属性名三部分组成。牙膏的属性名统一使用"牙膏"字样进行表述。

非牙膏产品不得通过标注"牙膏"字样等方式欺骗误导消费者。

第十九条　牙膏标签禁止标注下列内容：

（一）明示或者暗示具有医疗作用的内容；

（二）虚假或者引人误解的内容；

（三）违反社会公序良俗的内容；

（四）法律、行政法规、强制性国家标准、技术规范禁止标注的其他内容。

第二十条　宣称适用于儿童的牙膏产品应当符合法律、行政法规、强制性国家标准、技术规范等关于儿童牙膏的规定，并按照国家药品监督管理局的规定在产品标签上进行标注。

第二十一条 牙膏及其使用的原料不符合强制性国家标准、技术规范、备案资料载明的技术要求或者本办法规定的，依照化妆品监督管理条例相关规定处理。

第二十二条 牙膏备案人、受托生产企业、经营者和境内责任人，有下列违法行为的，依照化妆品监督管理条例相关规定处理：

（一）申请牙膏行政许可或者办理备案提供虚假资料，或者伪造、变造、出租、出借、转让牙膏许可证件；

（二）未经许可从事牙膏生产活动，或者未按照化妆品生产质量管理规范的要求组织生产；

（三）在牙膏中非法添加可能危害人体健康的物质；

（四）更改牙膏使用期限；

（五）未按照本办法规定公布功效宣称依据的摘要；

（六）未按照本办法规定监测、报告牙膏不良反应；

（七）拒不实施药品监督管理部门依法作出的责令召回、责令停止或者暂停生产经营的决定；

（八）境内责任人未履行本办法规定的义务，或者境外牙膏备案人拒不履行依法作出的行政处罚决定。

第二十三条 牙膏的监督管理，本办法未作规定的，参照适用《化妆品注册备案管理办法》《化妆品生产经营监督管理办法》等的规定。

第二十四条 牙膏、牙膏新原料取得注册或者进行备案后，按照下列规则进行编号：

（一）牙膏新原料：国牙膏原注/备字+四位年份数+本年度注册/备案牙膏原料顺序数；

（二）国产牙膏：省、自治区、直辖市简称+国牙膏网备字+四位年份数+本年度行政区域内的备案产品顺序数；

（三）进口牙膏：国牙膏网备进字（境内责任人所在省、自治区、直辖市简称）+四位年份数+本年度全国备案产品顺序数；

（四）中国台湾、香港、澳门牙膏：国牙膏网备制字（境内责任人所在省、自治区、直辖市简称）+四位年份数+本年度全国备案产品顺序数。

第二十五条 本办法自 2023 年 12 月 1 日起施行。

中华人民共和国工业产品生产许可证管理条例实施办法

（2014 年 4 月 21 日国家质量监督检验检疫总局令第 156 号公布 根据 2022 年 9 月 29 日国家市场监督管理总局令第 61 号修订）

第一章 总 则

第一条 根据《中华人民共和国行政许可法》和《中华人民共和国工业产品生产许可证管理条例》（以下简称《管理条例》）等法律、行政法规，制定本办法。

第二条 国家对生产重要工业产品的企业实行生产许可证制度。

第三条 实行生产许可证制度的工业产品目录（以下简称目录）由国家市场监督管理总局（以下简称市场监管总局）会同国务院有关部门制定，并征求消费者协会和相关产品行业协会以及社会公众的意见，报国务院批准后向社会公布。

市场监管总局会同国务院有关部门适时对目录进行评价、调整和逐步缩减，按前款规定征求意见后，报国务院批准后向社会公布。

第四条 在中华人民共和国境内生产、销售或者在经营活动中使用列入目录产品的，应当遵守本办法。

任何单位和个人未取得生产许可证不得生产列入目录产品。任何单位和个人不得销售或者在经营活动中使用未取得生产许可证的列入目录产品。

列入目录产品的进出口管理依照法律、行政法规和国家有关规定执行。

第五条 工业产品生产许可证管理，应当遵循科学公正、公开透明、程序合法、便民高效的原则。

第六条 市场监管总局负责全国工业产品生产许可证统一管理工作，对实行生产许可证制度管理的产品，统一产品目录，统一审查要求，统一证书标志，统一监督管理。

全国工业产品生产许可证办公室负责全国工业产品生产许可证管理的日常工作。

省级市场监督管理部门负责本行政区域内工业产品生产许可证监督管理工作，承担部分列入目录产品的生产许可证审查发证工作。

省级工业产品生产许可证办公室负责本行政区域内工业产品生产许可证管理的日常工作。

市、县级市场监督管理部门负责本行政区域内生产许可证监督检查工作。

第七条 市场监管总局统一确定并发布由省级市场监督管理部门负责审查发证的产品目录。

第八条 市场监管总局根据列入目录产品的不同特性，制定并发布产品生产许可证实施细则（以下简称实施细则），规定取得生产许可的具体要求；需要对列入目录产品生产许可的具体要求作特殊规定的，应当会同国务院有关部门制定并发布。

第九条 市场监管总局和省级市场监督管理部门统一规划生产许可证工作的信息化建设，公布生产许可事项，方便公众查阅和企业申请办证，逐步实现网上审批。

第二章　申请与受理

第十条 企业取得生产许可证，应当符合下列条件：

（一）有与拟从事的生产活动相适应的营业执照；

（二）有与所生产产品相适应的专业技术人员；

（三）有与所生产产品相适应的生产条件和检验检疫手段；

（四）有与所生产产品相适应的技术文件和工艺文件；

（五）有健全有效的质量管理制度和责任制度；

（六）产品符合有关国家标准、行业标准以及保障人体健康和人身、财产安全的要求；

（七）符合国家产业政策的规定，不存在国家明令淘汰和禁止投资建设的落后工艺、高耗能、污染环境、浪费资源的情况。

法律、行政法规有其他规定的，还应当符合其规定。

第十一条 企业生产列入目录产品，应当向企业所在地省级市场监督管理部门提出申请。

第十二条 申请材料符合实施细则要求的，省级市场监督管理部门应当作出受理决定。

申请材料不符合实施细则要求的，省级市场监督管理部门应当当场或者自收到申请之日起5日内一次性告知企业需要补正的全部内容。逾期不告知的，自收到申请材料之日即为受理。

第十三条 省级市场监督管理部门以及其他任何部门不得另行附加任何条件，限制企业申请取得生产许可证。

第三章 审查与决定

第十四条 对企业的审查包括对企业的实地核查和对产品的检验。

第十五条 市场监管总局组织审查的，省级市场监督管理部门应当自受理申请之日起 5 日内将全部申请材料报送市场监管总局。

第十六条 市场监管总局或者省级市场监督管理部门应当制定企业实地核查计划，提前 5 日通知企业。

市场监管总局组织审查的，还应当同时将企业实地核查计划书面告知企业所在地省级市场监督管理部门。

第十七条 对企业进行实地核查，市场监管总局或者省级市场监督管理部门应当指派 2 至 4 名核查人员组成审查组。审查组成员不得全部来自同一单位。

实地核查工作中，企业所在地省级市场监督管理部门或者其委托的市县级市场监督管理部门根据需要可以派 1 名观察员。

第十八条 审查组应当按照实施细则要求，对企业进行实地核查，核查时间一般为 1 至 3 天。审查组对企业实地核查结果负责，并实行组长负责制。

审查组应当自受理申请之日起 30 日内完成对企业的实地核查。

第十九条 市场监管总局或者省级市场监督管理部门应当自受理申请之日起 30 日内将实地核查结论书面告知被核查企业。

市场监管总局组织审查的，还应当将实地核查结论书面告知企业所在地省级市场监督管理部门。

第二十条 企业实地核查不合格的，不再进行产品检验，企业审查工作终止。

第二十一条 企业实地核查合格的，应当按照实施细则要求封存样品，并及时进行产品检验。审查组应当告知企业所有承担该产品生产许可证检验任务的检验机构名单及联系方式，由企业自主选择。

需要送样检验的，审查组应当告知企业自封存样品之日起 7 日内将该样品送达检验机构；需要现场检验的，由审查组通知企业自主选择的检验机构进行现场检验。审查组应当将检验所需时间告知企业。

第二十二条 检验机构应当在实施细则规定时间内完成检验工作，出具检验报告。

第二十三条 省级市场监督管理部门组织审查但应当由市场监管总局作出是否准予生产许可决定的，省级市场监督管理部门应当自受理申请之日起 30 日内将相关材料报送市场监管总局。

第二十四条 市场监管总局或者省级市场监督管理部门应当自受理企业申请之日起 60 日内作出是否准予生产许可决定。作出准予生产许可决定的，市场监管总局或者省级市场监督管理部门应当自决定之日起 10 日内颁发生产许可证证书；作出不予生产许可决定的，应当书面告知企业，并说明理由。

第二十五条 市场监管总局、省级市场监督管理部门应当以网络、报刊等方式向社会公布获证企业名单，并通报同级发展改革、卫生等部门。

第二十六条 市场监管总局、省级市场监督管理部门应当将企业办理生产许可证的有关资料及时归档，以便公众查阅。

第四章 延续与变更

第二十七条 生产许可证有效期为 5 年。有效期届满，企业需要继续生产的，应当在生产许可证期满 6 个月前向企业所在地省级市场监督管理部门提出延续申请。

市场监管总局、省级市场监督管理部门应当依照本办法规定的程序对企业进行审查。符合条件的，准予延续，但生产许可证编号不变。

第二十八条 在生产许可证有效期内，因国家有关法律法规、产品标准及技术要求发生改变而修订实施细则的，市场监管总局、省级市场监督管理部门可以根据需要组织必要的实地核查和产品检验。

第二十九条 在生产许可证有效期内，企业生产条件、检验手段、生产技术或者工艺发生变化（包括生产地址迁移、生产线新建或者重大技术改造）的，企业应当自变化事项发生后1个月内向企业所在地省级市场监督管理部门提出申请。市场监管总局、省级市场监督管理部门应当按照本办法规定的程序重新组织实地核查和产品检验。

第三十条 在生产许可证有效期内，企业名称、住所或者生产地址名称发生变化而企业生产条件、检验手段、生产技术或者工艺未发生变化的，企业应当自变化事项发生后1个月内向企业所在地省级市场监督管理部门提出变更申请。变更后的生产许可证有效期不变。

第三十一条 企业应当妥善保管生产许可证证书。生产许可证证书遗失或者毁损的，应当向企业所在地省级市场监督管理部门提出补领生产许可证申请。市场监管总局、省级市场监督管理部门应当予以补发。

第五章 终止与退出

第三十二条 有下列情形之一的，市场监管总局或者省级市场监督管理部门应当作出终止办理生产许可的决定：

（一）企业无正当理由拖延、拒绝或者不配合审查的；

（二）企业撤回生产许可申请的；

（三）企业依法终止的；

（四）依法需要缴纳费用，但企业未在规定期限内缴纳的；

（五）企业申请生产的产品列入国家淘汰或者禁止生产产品目录的；

（六）依法应当终止办理生产许可的其他情形。

第三十三条 有下列情形之一的，市场监管总局或者省级市场监督管理部门可以作出撤回已生效生产许可的决定：

（一）生产许可依据的法律、法规、规章修改或者废止的；

（二）准予生产许可所依据的客观情况发生重大变化的；

（三）依法可以撤回生产许可的其他情形。

撤回生产许可给企业造成财产损失的，市场监管总局或者省级市场监督管理部门应当按照国家有关规定给予补偿。

第三十四条 有下列情形之一的，市场监管总局或者省级市场监督管理部门应当作出撤销生产许可的决定：

（一）企业以欺骗、贿赂等不正当手段取得生产许可的；

（二）依法应当撤销生产许可的其他情形。

有下列情形之一的，市场监管总局或省级市场监督管理部门可以作出撤销生产许可的决定：

（一）滥用职权、玩忽职守作出准予生产许可决定的；

（二）超越法定职权作出准予生产许可决定的；

（三）违反法定程序作出准予生产许可决定的；

（四）对不具备申请资格或者不符合法定条件的企业准予生产许可的；

（五）依法可以撤销生产许可的其他情形。

市场监管总局根据利害关系人的请求或者依据职权，可以撤销省级市场监督管理部门作出的生产许可决定。

依照本条第一款、第二款规定撤销生产许可，可能对公共利益造成重大损害的，不予撤销。

第三十五条　有下列情形之一的，市场监管总局或者省级市场监督管理部门应当依法办理生产许可注销手续：

（一）生产许可有效期届满未延续的；

（二）企业依法终止的；

（三）生产许可被依法撤回、撤销，或者生产许可证被依法吊销的；

（四）因不可抗力导致生产许可事项无法实施的；

（五）企业不再从事列入目录产品的生产活动的；

（六）企业申请注销的；

（七）被许可生产的产品列入国家淘汰或者禁止生产产品目录的；

（八）依法应当注销生产许可的其他情形。

第六章　证书与标志

第三十六条　生产许可证证书分为正本和副本，具有同等法律效力。

第三十七条　生产许可证证书应当载明企业名称、住所、生产地址、产品名称、证书编号、发证日期、有效期。

第三十八条　生产许可证标志由"企业产品生产许可"汉语拼音 Qiyechanpin Shengchanxuke 的缩写"QS"和"生产许可"中文字样组成。标志主色调为蓝色，字母"Q"与"生产许可"四个中文字样为蓝色，字母"S"为白色。

生产许可证标志由企业自行印（贴）。可以按照规定放大或者缩小。

第三十九条　生产许可证编号采用大写汉语拼音"XK"加十位阿拉伯数字编码组成：XK×× -×××-×××××。

其中，"XK"代表许可，前两位（××）代表行业编号，中间三位（×××）代表产品编号，后五位（×××××）代表企业生产许可证编号。

省级市场监督管理部门颁发的生产许可证证书，可以在编号前加上相应省级行政区域简称。

第四十条　企业应当在产品或者其包装、说明书上标注生产许可证标志和编号。根据产品特点难以标注的裸装产品，可以不予标注。

采取委托方式加工生产列入目录产品的，企业应当在产品或者其包装、说明书上标注委托企业的名称、住所，以及被委托企业的名称、住所、生产许可证标志和编号。委托企业具有其委托加工的产品生产许可证的，还应当标注委托企业的生产许可证标志和编号。

第四十一条　取得生产许可证的企业应当自准予生产许可之日起 6 个月内完成在其产品或包装、说明书上标注生产许可证标志和编号。

第四十二条　任何单位和个人不得伪造、变造生产许可证证书、生产许可证标志和编号。

任何单位和个人不得冒用他人的生产许可证证书、生产许可证标志和编号。

取得生产许可证的企业不得出租、出借或者以其他形式转让生产许可证证书、生产许可证标志和编号。

第七章　监督检查

第四十三条　市场监管总局和县级以上地方市场监督管理部门依照《管理条例》和本办法对生产列入目录产品的企业、核查人员、检验机构及其检验人员进行监督检查。

第四十四条 根据举报或者已经取得的违法嫌疑证据，县级以上地方市场监督管理部门对涉嫌违法行为进行查处并可以行使下列职权：

（一）向有关生产、销售或者在经营活动中使用列入目录产品的企业和检验机构的法定代表人、主要负责人和其他有关人员调查、了解与涉嫌违法活动有关的情况；

（二）查阅、复制有关生产、销售或者在经营活动中使用列入目录产品的企业和检验机构的有关合同、发票、账簿以及其他有关资料；

（三）对有证据表明属于违反《管理条例》生产、销售或者在经营活动中使用的列入目录产品予以查封或者扣押。

第四十五条 企业可以自受理申请之日起试生产申请取证产品。

企业试生产的产品应当经出厂检验合格，并在产品或者其包装、说明书上标明"试制品"后，方可销售。

市场监管总局或者省级市场监督管理部门作出终止办理生产许可决定或者不予生产许可决定的，企业从即日起不得继续试生产该产品。

第四十六条 取得生产许可的企业应当保证产品质量稳定合格，并持续保持取得生产许可的规定条件。

第四十七条 采用委托加工方式生产列入目录产品的，被委托企业应当取得与委托加工产品相应的生产许可。

第四十八条 自取得生产许可之日起，企业应当按年度向省级市场监督管理部门或者其委托的市县级市场监督管理部门提交自查报告。获证未满一年的企业，可以于下一年度提交自查报告。

企业自查报告应当包括以下内容：

（一）取得生产许可规定条件的保持情况；

（二）企业名称、住所、生产地址等变化情况；

（三）企业生产状况及产品变化情况；

（四）生产许可证证书、生产许可证标志和编号使用情况；

（五）行政机关对产品质量的监督检查情况；

（六）企业应当说明的其他情况。

第八章 法律责任

第四十九条 违反本办法第四十六条规定，取得生产许可的企业未能持续保持取得生产许可的规定条件的，责令改正，处1万元以上3万元以下罚款。

第五十条 违反本办法第四十七条规定，企业委托未取得与委托加工产品相应的生产许可的企业生产列入目录产品的，责令改正，处3万元以下罚款。

第五十一条 违反本办法第四十八条规定，企业未向省级市场监督管理部门或者其委托的市县级市场监督管理部门提交自查报告的，责令改正。

第九章 附 则

第五十二条 个体工商户生产、销售或者在经营活动中使用列入目录产品的，依照本办法规定执行。

第五十三条 生产许可实地核查及核查人员、发证检验及检验机构的管理，以及生产许可证证书格式，由市场监管总局另行规定。

第五十四条 本办法规定的期限以工作日计算，不含法定节假日。

第五十五条 本办法由市场监管总局负责解释。

第五十六条 本办法自 2014 年 8 月 1 日起施行。质检总局 2005 年 9 月 15 日发布的《中华人民共和国工业产品生产许可证管理条例实施办法》、2006 年 12 月 31 日发布的《工业产品生产许可证注销程序管理规定》以及 2010 年 4 月 21 日发布的《国家质量监督检验检疫总局关于修改〈中华人民共和国工业产品生产许可证管理条例实施办法〉的决定》同时废止。

茧丝质量监督管理办法

（2003 年 1 月 14 日国家质量监督检验检疫总局令第 43 号公布 根据 2018 年 3 月 6 日国家质量监督检验检疫总局令第 196 号第一次修订 根据 2020 年 10 月 23 日国家市场监督管理总局令第 31 号第二次修订 根据 2022 年 9 月 29 日国家市场监督管理总局令第 61 号第三次修订）

第一章 总 则

第一条 为了加强对茧丝质量的监督管理，明确茧丝质量责任，促进茧丝质量的提高，维护茧丝市场秩序和茧丝交易各方的合法权益，根据《棉花质量监督管理条例》等有关规定，制定本办法。

第二条 茧丝经营者（含茧丝收购者、加工者、销售者、承储者，下同）从事茧丝经营活动，纤维质量监督机构对茧丝质量实施监督管理，必须遵守本办法。

本办法所称的茧丝是蚕茧和丝的统称。蚕茧主要包括桑蚕鲜茧、桑蚕干茧、柞蚕鲜茧、柞蚕干茧等。丝主要包括生丝、绢丝、紬丝等。

本办法所称的茧丝加工主要包括桑蚕干茧的加工、柞蚕干茧加工、生丝的生产、绢丝的生产、紬丝的生产等。

第三条 国家市场监督管理总局（以下简称市场监管总局）主管全国茧丝质量监督工作，其所属的中国纤维质量监测中心承担茧丝质量监督检查的技术支撑相关工作、茧丝质量公证检验的组织实施工作，并对公证检验实施监督抽验。

省、自治区、直辖市市场监督管理部门（以下简称省级市场监管部门）负责本行政区域内茧丝质量监督工作。地方市场监督管理部门和承担棉花等纤维质量监督职责的专业纤维检验机构统称纤维质量监督机构。地方专业纤维检验机构承担茧丝质量公证检验工作。

第二章 茧丝质量监督

第四条 国家推行茧丝质量公证检验制度。桑蚕干茧销售逐步实行质量公证检验；其他有必要进行质量公证检验的茧丝（含国家储备的茧丝），由国家确定实施公证检验的茧丝品种、类别和实施公证检验的环节。

上款所称茧丝质量公证检验，是指专业纤维检验机构按照国家标准和技术规范，对茧丝质量、数量进行检验并出具公证检验证书的活动。

茧丝质量公证检验证书是茧丝质量、数量的依据。

茧丝质量公证检验的具体实施办法，由中国纤维质量监测中心负责制定。

第五条 纤维质量监督机构可以在茧丝收购、加工、销售、承储活动所涉及的场所实施茧丝质量监督检查。

监督检查的内容包括：茧丝经营者收购桑蚕鲜茧是否按要求进行仪评；未经质量公证检验的

茧丝质量、数量和包装、标识是否符合国家标准、地方标准和国家的有关规定；茧丝的标识以及质量凭证是否与实物相符等。

纤维质量监督机构应当设置举报电话并向社会公布，积极受理有关茧丝质量违法行为的举报。

第六条 纤维质量监督机构进行茧丝质量监督检查，以及根据违法嫌疑证据或者举报，对涉嫌违反本办法规定的行为进行查处时，可以行使下列职权：

（一）对涉嫌从事违反本办法的茧丝经营活动所涉及的场所实施现场检查；

（二）向与茧丝经营活动有关的人员调查、了解涉嫌从事违反本办法的经营活动的有关情况；

（三）查阅、复制与茧丝经营活动有关的合同、单据、账簿以及其他资料；

（四）对涉嫌掺杂掺假、以次充好、以假充真或者其他有严重质量问题的茧丝以及直接用于生产掺杂掺假、以次充好、以假充真的茧丝的设备、工具予以查封或者扣押。

第七条 纤维质量监督机构根据监督检查的需要，可以对茧丝的质量进行检验；检验所需样品按照国家有关标准，从被检查的茧丝中抽取，并应当自抽到检验样品之日起15个工作日内作出检验结论。

第八条 茧丝经营者、使用者对依照本办法进行的茧丝质量公证检验或者茧丝质量监督检查中实施检验（以下统称原验）的结果有异议的，可以自收到检验结果之日起5个工作日内，按照有关规定向省级纤维质量监督机构或者中国纤维质量监测中心申请复检。

茧丝经营者、使用者应当在标准规定的复检项目范围内提出复检申请。

省级纤维质量监督机构或者中国纤维质量监测中心受理的复检申请，应当对原验的留样进行检验。复检结论应当自收到复检申请之日起10个工作日内作出，并告知申请人。

茧丝质量复检的具体实施办法由中国纤维质量监测中心制定。

第三章 茧丝经营者的质量义务

第九条 茧丝经营者收购蚕茧，必须符合下列要求：

（一）按照国家标准以及技术规范，保证收购蚕茧的质量；

（二）按照国家标准以及技术规范，对收购的桑蚕鲜茧进行仪评；

（三）根据仪评的结果真实确定所收购桑蚕鲜茧的类别、等级、数量，并在与交售者结算前以书面形式将仪评结果告知交售者；

（四）不得收购毛脚茧、过潮茧、统茧等有严重质量问题的蚕茧；

（五）不得伪造、变造仪评的数据或结论；

（六）分类别、分等级堆放所收购的蚕茧。

第十条 茧丝经营者加工茧丝，必须符合下列要求：

（一）按照国家标准以及技术规范，对茧丝进行加工，不得使用土灶加工等可能导致茧丝资源被破坏的方法加工茧丝；

（二）按照本办法第十一条对加工的茧丝进行包装；

（三）按照本办法第十二条规定对加工的茧丝标注标识；

（四）标注的标识与茧丝的质量、数量相符；

（五）对加工后的桑蚕干茧进行合理放置，保证放置在一起的桑蚕干茧的品种、类别、等级、蚕茧收购期（茧季）、养殖地域（庄口）一致；

（六）合理贮存，防止茧丝受潮、霉变、被污染、虫蛀鼠咬等质量损毁。

茧丝经营者不得使用按国家规定应当淘汰、报废的生产设备生产生丝。

第十一条 对加工的茧丝进行包装应当符合国家标准以及技术规范的规定，国家标准、技术规范中没有规定的，应当符合下列要求：

（一）包装物无毒、无害、清洁；

（二）有足够的牢固性，能够耐受正常的运输和贮存；

（三）能防止加工的茧丝受潮、霉变、被污染、被虫蛀鼠咬等质量损毁。

第十二条 对加工的茧丝标注标识应当符合下列要求：

（一）有中文标明的茧丝名称、原产地域、蚕茧收购期（茧季）；

（二）有中文标明的茧丝加工者的名称、地址、联系方法和加工日期；

（三）标明茧丝的类别、等级、重量、批号、包号或者件号；

（四）执行的标准编号；

（五）按国家规定附有产品合格证；

（六）国家有关标注标识的其他规定。

茧丝的标识应当标注在茧丝或者其外包装的显著位置上，标识的字迹应当清楚、牢固、便于识别。

第十三条 茧丝经营者销售茧丝，必须符合下列要求：

（一）建立并严格执行进货检查验收制度，验明茧丝的标识、质量凭证、质量、数量；

（二）每批茧丝附有有效的质量凭证，质量凭证有效期为 6 个月；在质量凭证有效期内，发生茧丝受潮、霉变、被污染、虫蛀鼠咬等非正常质量变异的，质量凭证自行失效；

（三）茧丝包装、标识符合本办法第十一条、第十二条的规定；

（四）茧丝的质量、数量与质量凭证、标识相符；

（五）经公证检验的茧丝，必须附有公证检验证书。有公证检验标记粘贴规定的，应当附有公证检验标记。

第十四条 茧丝经营者承储国家储备茧丝，应当符合下列要求：

（一）建立健全茧丝入库、出库质量检查验收制度，保证入库、出库的国家储备茧丝的质量、数量与标识、质量凭证相符；

（二）按照国家规定维护、保养承储设施，保证国家储备茧丝质量免受人为因素造成的质量变异；

（三）国家规定的其他有关质量义务。

第十五条 茧丝经营者收购、加工、销售、承储茧丝，不得伪造、变造、冒用茧丝质量凭证、标识、公证检验证书。

第十六条 严禁茧丝经营者在收购、加工、销售、承储等茧丝经营活动中掺杂掺假、以次充好、以假充真。

第四章 罚 则

第十七条 违反本办法第九条第（一）项、第（二）项、第（三）项、第（四）项、第（六）项中任何一项规定的，由纤维质量监督机构责令限期改正，可以处 3 万元以下罚款。

第十八条 违反本办法第十条第一款规定的，由纤维质量监督机构责令改正，并可以根据情节轻重，处 10 万元以下的罚款。

违反本办法第十条第二款规定的，由纤维质量监督机构没收并监督销毁按国家规定应当淘汰、报废的生产设备，并处非法设备实际价值 2 倍以上 10 倍以下的罚款。

第十九条 违反本办法第十三条第（二）项、第（三）项、第（四）项、第（五）项中任何一项规定的，由纤维质量监督机构责令改正，并可以根据情节轻重，处以 10 万元以下的罚款。

第二十条 违反本办法第十四条中任何一项规定的，由纤维质量监督机构责令改正，可以处10万元以下罚款；造成重大损失或有其他严重情节的，建议主管部门对负责人员和其他直接责任人员给予相应的处分。

第二十一条 违反本办法第十五条规定的，由纤维质量监督机构处5万元以上10万元以下的罚款；情节严重的，依法吊销营业执照；构成犯罪的，依法追究刑事责任。

第二十二条 违反本办法第十六条规定构成犯罪的，依法追究刑事责任；尚不构成犯罪的，由纤维质量监督机构没收掺杂掺假、以次充好、以假充真的茧丝和违法所得，并处货值金额2倍以上5倍以下的罚款；依法吊销营业执照。

茧丝经营者经营掺杂掺假、以次充好、以假充真的茧丝的，依照上款处理。

第二十三条 茧丝经营者隐匿、转移、毁损被纤维质量监督机构查封、扣押的物品的，由纤维质量监督机构处被隐匿、转移、毁损物品货值金额2倍以上5倍以下的罚款；构成犯罪的，依法追究刑事责任。

第二十四条 政府机关及其工作人员包庇、纵容茧丝质量违法行为，或者阻挠、干预纤维质量监督机构依法对茧丝收购、加工、销售、承储中违反本办法规定的行为进行查处的，建议其主管机关依法给予行政处分；构成犯罪的，依法追究刑事责任。

第二十五条 专业纤维检验机构在茧丝质量公证检验中不符合有关要求，出具的茧丝质量公证检验证书不真实、不客观的，由市场监管总局或者地方市场监督管理部门责令改正，对负责的主管人员和其他直接责任人员依法给予降级或者撤职的行政处分；构成犯罪的，依法追究刑事责任。

第二十六条 凡未按规定获得行政执法资格并取得行政执法证件的，不得从事本办法所规定的监督检查，不得依据本办法实施处罚。

第二十七条 纤维质量监督机构在茧丝质量监督行政执法活动中，由于主观故意或者过失，违反了法律、法规和规章的规定，导致行政处罚错误，并造成严重后果的，依据有关行政执法过错责任追究的规定，追究有关行政执法人员及其他相关人员的法律责任。

第二十八条 本办法第二十二条、第二十三条规定的茧丝货值金额按照违法经营的茧丝的牌价或者结算票据计算；没有牌价或者结算票据的，按照同类茧丝市场价格计算。

第二十九条 依照本办法规定实施罚款的行政处罚，应当依照有关法律、行政法规的规定，实行罚款决定与罚款收缴分离，收缴的罚款必须全部上缴国库。

第五章 附 则

第三十条 本办法所称"仪评"是指通过仪器检验的结果评定桑蚕鲜茧的质量、数量。

第三十一条 本办法由市场监管总局负责解释。

第三十二条 本办法自2003年3月1日起实施。

产品防伪监督管理办法

（2002 年 11 月 1 日国家质量监督检验检疫总局令第 27 号公布　根据 2016 年 10 月 18 日国家质量监督检验检疫总局令第 184 号第一次修订　根据 2018 年 3 月 6 日国家质量监督检验检疫总局令第 196 号第二次修订　根据 2022 年 9 月 29 日国家市场监督管理总局令第 61 号第三次修订）

第一条　为了加强对产品防伪的监督管理，预防和打击假冒违法活动，维护市场经济秩序，有效地保护产品生产者、使用者和消费者的合法权益，根据《中华人民共和国产品质量法》，制定本办法。

第二条　在中华人民共和国境内从事防伪技术、防伪技术产品及防伪鉴别装置的研制、生产、使用，应当遵守本办法。

法律、行政法规及国务院另有规定的除外。

第三条　国家市场监督管理总局负责对产品防伪实施统一监督管理，全国防伪技术产品管理办公室（以下简称全国防伪办）承担全国产品防伪监督管理的具体实施工作。

各省、自治区、直辖市市场监督管理部门（以下简称省级市场监督管理部门）负责本行政区内产品防伪的监督管理。

第四条　产品防伪的监督管理实行由国家市场监督管理总局统一管理，相关部门配合，中介机构参与，企业自律的原则。

第五条　产品防伪监督管理机构、中介机构、技术评审机构、检测机构及其工作人员必须坚持科学、公正、实事求是的原则，保守防伪技术秘密；不得滥用职权、徇私舞弊、泄露或扩散防伪技术秘密。

第六条　防伪技术产品生产企业应当遵守下列规定：

（一）严格执行防伪技术产品的国家标准、行业标准及企业标准；

（二）防伪技术产品的生产须签定有书面合同，明确双方的权利、义务和违约责任；禁止无合同非法生产、买卖防伪技术产品或者含有防伪技术产品的包装物、标签等；

（三）必须保证防伪技术产品供货的唯一性，不得为合同规定以外的第三方生产相同或者近似的防伪技术产品；

（四）不得生产或者接受他人委托生产假冒的防伪技术产品；

（五）严格执行保密制度，保守防伪技术秘密。

第七条　防伪技术产品生产企业在承接防伪技术产品生产任务时，必须查验委托方提供的有关证明材料，包括：

（一）营业执照等统一社会信用代码证书副本或者有关身份证明材料；

（二）使用防伪技术产品的产品名称、型号以及国家市场监督管理总局认定的质量检验机构对该产品的检验合格报告；

（三）印制带有防伪标识的商标、质量标志的，应当出具商标持有证明与质量标志认定证明；

（四）境外组织或个人委托生产时，还应当出示其所属国或者地区的合法身份证明和营业证明。

第八条　防伪技术产品生产企业对所生产的产品质量负责，其产品防伪功能或者防伪鉴别能力下降，不能满足用户要求时，应当立即停止生产并报全国防伪办；给用户造成损失的，应当依法承担经济赔偿责任。

第九条 国家市场监督管理总局对防伪技术产品质量实施国家监督抽查，地方监督抽查由县级以上地方市场监督管理部门在本行政区域内组织实施。

第十条 政府鼓励防伪中介机构发挥防伪技术产品推广应用的桥梁作用，鼓励企业采用防伪技术产品。

第十一条 国务院有关部门或者行业牵头单位应用防伪技术对某类产品实行统一防伪管理的，须会同国家市场监督管理总局向社会招标，择优选用防伪技术与防伪技术产品。

第十二条 防伪技术产品的使用者应当遵守下列规定：

（一）必须选用合格的防伪技术产品；

（二）使用防伪技术产品，应当专项专用，不得擅自扩大使用范围或者自行更换；

（三）保守防伪技术秘密。

第十三条 防伪技术产品使用者如发现所用防伪技术产品防伪功能不佳、防伪失效时，可向防伪技术产品生产企业反映，并报市场监督管理部门协助处理。

第十四条 生产不符合有关强制性标准的防伪技术产品的，按照《中华人民共和国产品质量法》有关规定予以处罚。

第十五条 产品防伪技术评审机构、检验机构出具与事实不符的结论与数据的，按照《中华人民共和国产品质量法》第五十七条的规定处罚。

第十六条 从事产品防伪管理的国家工作人员滥用职权、徇私舞弊或者泄露防伪技术机密的，给予行政处分；构成犯罪的，依法追究刑事责任。

第十七条 本办法所称产品防伪是指防伪技术的开发、防伪技术产品的生产、应用，并以防伪技术手段向社会明示产品真实性担保的全过程。

本办法所称防伪技术是指为了达到防伪的目的而采取的，在规定范围内能准确鉴别真伪并不易被仿制、复制的技术。所指防伪技术产品是以防伪为目的，采用了防伪技术制成的，具有防伪功能的产品。

第十八条 本办法由国家市场监督管理总局负责解释。

第十九条 本办法自2002年12月1日起施行，原国家技术监督局1996年1月公布的《防伪技术产品管理办法（试行）》（技监局综发〔1996〕22号）同时废止。

化妆品生产经营监督管理办法

（2021年8月2日国家市场监督管理总局令第46号公布　自2022年1月1日起施行）

第一章　总　　则

第一条 为了规范化妆品生产经营活动，加强化妆品监督管理，保证化妆品质量安全，根据《化妆品监督管理条例》，制定本办法。

第二条 在中华人民共和国境内从事化妆品生产经营活动及其监督管理，应当遵守本办法。

第三条 国家药品监督管理局负责全国化妆品监督管理工作。

县级以上地方人民政府负责药品监督管理的部门负责本行政区域的化妆品监督管理工作。

第四条 化妆品注册人、备案人应当依法建立化妆品生产质量管理体系，履行产品不良反应监测、风险控制、产品召回等义务，对化妆品的质量安全和功效宣称负责。化妆品生产经营者应当依照法律、法规、规章、强制性国家标准、技术规范从事生产经营活动，加强管理，诚信自律，保证化妆品质量安全。

第五条 国家对化妆品生产实行许可管理。从事化妆品生产活动，应当依法取得化妆品生产许可证。

第六条 化妆品生产经营者应当依法建立进货查验记录、产品销售记录等制度，确保产品可追溯。

鼓励化妆品生产经营者采用信息化手段采集、保存生产经营信息，建立化妆品质量安全追溯体系。

第七条 国家药品监督管理局加强信息化建设，为公众查询化妆品信息提供便利化服务。

负责药品监督管理的部门应当依法及时公布化妆品生产许可、监督检查、行政处罚等监督管理信息。

第八条 负责药品监督管理的部门应当充分发挥行业协会、消费者协会和其他消费者组织、新闻媒体等的作用，推进诚信体系建设，促进化妆品安全社会共治。

第二章　生产许可

第九条 申请化妆品生产许可，应当符合下列条件：

（一）是依法设立的企业；

（二）有与生产的化妆品品种、数量和生产许可项目等相适应的生产场地，且与有毒、有害场所以及其他污染源保持规定的距离；

（三）有与生产的化妆品品种、数量和生产许可项目等相适应的生产设施设备且布局合理，空气净化、水处理等设施设备符合规定要求；

（四）有与生产的化妆品品种、数量和生产许可项目等相适应的技术人员；

（五）有与生产的化妆品品种、数量相适应，能对生产的化妆品进行检验的检验人员和检验设备；

（六）有保证化妆品质量安全的管理制度。

第十条 化妆品生产许可申请人应当向所在地省、自治区、直辖市药品监督管理部门提出申请，提交其符合本办法第九条规定条件的证明资料，并对资料的真实性负责。

第十一条 省、自治区、直辖市药品监督管理部门对申请人提出的化妆品生产许可申请，应当根据下列情况分别作出处理：

（一）申请事项依法不需要取得许可的，应当作出不予受理的决定，出具不予受理通知书；

（二）申请事项依法不属于药品监督管理部门职权范围的，应当作出不予受理的决定，出具不予受理通知书，并告知申请人向有关行政机关申请；

（三）申请资料存在可以当场更正的错误的，应当允许申请人当场更正，由申请人在更正处签名或者盖章，注明更正日期；

（四）申请资料不齐全或者不符合法定形式的，应当当场或者在5个工作日内一次告知申请人需要补正的全部内容以及提交补正资料的时限。逾期不告知的，自收到申请资料之日起即为受理；

（五）申请资料齐全、符合法定形式，或者申请人按照要求提交全部补正资料的，应当受理化妆品生产许可申请。

省、自治区、直辖市药品监督管理部门受理或者不予受理化妆品生产许可申请的，应当出具受理或者不予受理通知书。决定不予受理的，应当说明不予受理的理由，并告知申请人依法享有申请行政复议或者提起行政诉讼的权利。

第十二条 省、自治区、直辖市药品监督管理部门应当对申请人提交的申请资料进行审核，对申请人的生产场所进行现场核查，并自受理化妆品生产许可申请之日起 30 个工作日内作出决定。

第十三条 省、自治区、直辖市药品监督管理部门应当根据申请资料审核和现场核查等情况，对符合规定条件的，作出准予许可的决定，并自作出决定之日起 5 个工作日内向申请人颁发化妆品生产许可证；对不符合规定条件的，及时作出不予许可的书面决定并说明理由，同时告知申请人依法享有申请行政复议或者提起行政诉讼的权利。

化妆品生产许可证发证日期为许可决定作出的日期，有效期为 5 年。

第十四条 化妆品生产许可证分为正本、副本。正本、副本具有同等法律效力。

国家药品监督管理局负责制定化妆品生产许可证式样。省、自治区、直辖市药品监督管理部门负责化妆品生产许可证的印制、发放等管理工作。

药品监督管理部门制作的化妆品生产许可电子证书与印制的化妆品生产许可证书具有同等法律效力。

第十五条 化妆品生产许可证应当载明许可证编号、生产企业名称、住所、生产地址、统一社会信用代码、法定代表人或者负责人、生产许可项目、有效期、发证机关、发证日期等。

化妆品生产许可证副本还应当载明化妆品生产许可变更情况。

第十六条 化妆品生产许可项目按照化妆品生产工艺、成品状态和用途等，划分为一般液态单元、膏霜乳液单元、粉单元、气雾剂及有机溶剂单元、蜡基单元、牙膏单元、皂基单元、其他单元。国家药品监督管理局可以根据化妆品质量安全监督管理实际需要调整生产许可项目划分单元。

具备儿童护肤类、眼部护肤类化妆品生产条件的，应当在生产许可项目中特别标注。

第十七条 化妆品生产许可证有效期内，申请人的许可条件发生变化，或者需要变更许可证载明事项的，应当向原发证的药品监督管理部门申请变更。

第十八条 生产许可项目发生变化，可能影响产品质量安全的生产设施设备发生变化，或者在化妆品生产场地原址新建、改建、扩建车间的，化妆品生产企业应当在投入生产前向原发证的药品监督管理部门申请变更，并依照本办法第十条的规定提交与变更有关的资料。原发证的药品监督管理部门应当进行审核，自受理变更申请之日起 30 个工作日内作出是否准予变更的决定，并在化妆品生产许可证副本上予以记录。需要现场核查的，依照本办法第十二条的规定办理。

因生产许可项目等的变更需要进行全面现场核查，经省、自治区、直辖市药品监督管理部门现场核查并符合要求的，颁发新的化妆品生产许可证，许可证编号不变，有效期自发证之日起重新计算。

同一个化妆品生产企业在同一个省、自治区、直辖市申请增加化妆品生产地址的，可以依照本办法的规定办理变更手续。

第十九条 生产企业名称、住所、法定代表人或者负责人等发生变化的，化妆品生产企业应当自发生变化之日起 30 个工作日内向原发证的药品监督管理部门申请变更，并提交与变更有关的资料。原发证的药品监督管理部门应当自受理申请之日起 3 个工作日内办理变更手续。

质量安全负责人、预留的联系方式等发生变化的，化妆品生产企业应当在变化后 10 个工作日内向原发证的药品监督管理部门报告。

第二十条 化妆品生产许可证有效期届满需要延续的，申请人应当在生产许可证有效期届满前 90 个工作日至 30 个工作日期间向所在地省、自治区、直辖市药品监督管理部门提出延续许可申请，并承诺其符合本办法规定的化妆品生产许可条件。申请人应当对提交资料和作出承诺的真实性、合法性负责。

逾期未提出延续许可申请的，不再受理其延续许可申请。

第二十一条　省、自治区、直辖市药品监督管理部门应当自收到延续许可申请后 5 个工作日内对申请资料进行形式审查，符合要求的予以受理，并自受理之日起 10 个工作日内向申请人换发新的化妆品生产许可证。许可证有效期自原许可证有效期届满之日的次日起重新计算。

第二十二条　省、自治区、直辖市药品监督管理部门应当对已延续许可的化妆品生产企业的申报资料和承诺进行监督，发现不符合本办法第九条规定的化妆品生产许可条件的，应当依法撤销化妆品生产许可。

第二十三条　化妆品生产企业有下列情形之一的，原发证的药品监督管理部门应当依法注销其化妆品生产许可证，并在政府网站上予以公布：

（一）企业主动申请注销的；

（二）企业主体资格被依法终止的；

（三）化妆品生产许可证有效期届满未申请延续的；

（四）化妆品生产许可依法被撤回、撤销或者化妆品生产许可证依法被吊销的；

（五）法律法规规定应当注销化妆品生产许可的其他情形。

化妆品生产企业申请注销生产许可时，原发证的药品监督管理部门发现注销可能影响案件查处的，可以暂停办理注销手续。

第三章　化妆品生产

第二十四条　国家药品监督管理局制定化妆品生产质量管理规范，明确质量管理机构与人员、质量保证与控制、厂房设施与设备管理、物料与产品管理、生产过程管理、产品销售管理等要求。

化妆品注册人、备案人、受托生产企业应当按照化妆品生产质量管理规范的要求组织生产化妆品，建立化妆品生产质量管理体系并保证持续有效运行。生产车间等场所不得贮存、生产对化妆品质量有不利影响的产品。

第二十五条　化妆品注册人、备案人、受托生产企业应当建立并执行供应商遴选、原料验收、生产过程及质量控制、设备管理、产品检验及留样等保证化妆品质量安全的管理制度。

第二十六条　化妆品注册人、备案人委托生产化妆品的，应当委托取得相应化妆品生产许可的生产企业生产，并对其生产活动全过程进行监督，对委托生产的化妆品的质量安全负责。受托生产企业应当具备相应的生产条件，并依照法律、法规、强制性国家标准、技术规范和合同约定组织生产，对生产活动负责，接受委托方的监督。

第二十七条　化妆品注册人、备案人、受托生产企业应当建立化妆品质量安全责任制，落实化妆品质量安全主体责任。

化妆品注册人、备案人、受托生产企业的法定代表人、主要负责人对化妆品质量安全工作全面负责。

第二十八条　质量安全负责人按照化妆品质量安全责任制的要求协助化妆品注册人、备案人、受托生产企业法定代表人、主要负责人承担下列相应的产品质量安全管理和产品放行职责：

（一）建立并组织实施本企业质量管理体系，落实质量安全管理责任；

（二）产品配方、生产工艺、物料供应商等的审核管理；

（三）物料放行管理和产品放行；

（四）化妆品不良反应监测管理；

（五）受托生产企业生产活动的监督管理。

质量安全负责人应当具备化妆品、化学、化工、生物、医学、药学、食品、公共卫生或者法学等化妆品质量安全相关专业知识和法律知识，熟悉相关法律、法规、规章、强制性国家标准、技术规范，并具有5年以上化妆品生产或者质量管理经验。

第二十九条 化妆品注册人、备案人、受托生产企业应当建立并执行从业人员健康管理制度，建立从业人员健康档案。健康档案至少保存3年。

直接从事化妆品生产活动的人员应当每年接受健康检查。患有国务院卫生行政主管部门规定的有碍化妆品质量安全疾病的人员不得直接从事化妆品生产活动。

第三十条 化妆品注册人、备案人、受托生产企业应当制定从业人员年度培训计划，开展化妆品法律、法规、规章、强制性国家标准、技术规范等知识培训，并建立培训档案。生产岗位操作人员、检验人员应当具有相应的知识和实际操作技能。

第三十一条 化妆品经出厂检验合格后方可上市销售。

化妆品注册人、备案人应当按照规定对出厂的化妆品留样并记录。留样应当保持原始销售包装且数量满足产品质量检验的要求。留样保存期限不得少于产品使用期限届满后6个月。

委托生产化妆品的，受托生产企业也应当按照前款的规定留样并记录。

第三十二条 化妆品注册人、备案人、受托生产企业应当建立并执行原料以及直接接触化妆品的包装材料进货查验记录制度、产品销售记录制度。进货查验记录和产品销售记录应当真实、完整，保证可追溯，保存期限不得少于产品使用期限期满后1年；产品使用期限不足1年的，记录保存期限不得少于2年。

委托生产化妆品的，原料以及直接接触化妆品的包装材料进货查验等记录可以由受托生产企业保存。

第三十三条 化妆品注册人、备案人、受托生产企业应当每年对化妆品生产质量管理规范的执行情况进行自查。自查报告应当包括发现的问题、产品质量安全评价、整改措施等，保存期限不得少于2年。

经自查发现生产条件发生变化，不再符合化妆品生产质量管理规范要求的，化妆品注册人、备案人、受托生产企业应当立即采取整改措施；发现可能影响化妆品质量安全的，应当立即停止生产，并向所在地省、自治区、直辖市药品监督管理部门报告。影响质量安全的风险因素消除后，方可恢复生产。省、自治区、直辖市药品监督管理部门可以根据实际情况组织现场检查。

第三十四条 化妆品注册人、备案人、受托生产企业连续停产1年以上，重新生产前，应当进行全面自查，确认符合要求后，方可恢复生产。自查和整改情况应当在恢复生产之日起10个工作日内向所在地省、自治区、直辖市药品监督管理部门报告。

第三十五条 化妆品的最小销售单元应当有中文标签。标签内容应当与化妆品注册或者备案资料中产品标签样稿一致。

化妆品的名称、成分、功效等标签标注的事项应当真实、合法，不得含有明示或者暗示具有医疗作用，以及虚假或者引人误解、违背社会公序良俗等违反法律法规的内容。化妆品名称使用商标的，还应当符合国家有关商标管理的法律法规规定。

第三十六条 供儿童使用的化妆品应当符合法律、法规、强制性国家标准、技术规范以及化妆品生产质量管理规范等关于儿童化妆品质量安全的要求，并按照国家药品监督管理局的规定在产品标签上进行标注。

第三十七条 化妆品的标签存在下列情节轻微，不影响产品质量安全且不会对消费者造成误导的情形，可以认定为化妆品监督管理条例第六十一条第二款规定的标签瑕疵：

（一）文字、符号、数字的字号不规范，或者出现多字、漏字、错别字、非规范汉字的；

（二）使用期限、净含量的标注方式和格式不规范等的；

（三）化妆品标签不清晰难以辨认、识读的，或者部分印字脱落或者粘贴不牢的；

（四）化妆品成分名称不规范或者成分未按照配方含量的降序列出的；

（五）其他违反标签管理规定但不影响产品质量安全且不会对消费者造成误导的情形。

第三十八条 化妆品注册人、备案人、受托生产企业应当采取措施避免产品性状、外观形态等与食品、药品等产品相混淆，防止误食、误用。

生产、销售用于未成年人的玩具、用具等，应当依法标明注意事项，并采取措施防止产品被误用为儿童化妆品。

普通化妆品不得宣称特殊化妆品相关功效。

第四章　化妆品经营

第三十九条 化妆品经营者应当建立并执行进货查验记录制度，查验直接供货者的市场主体登记证明、特殊化妆品注册证或者普通化妆品备案信息、化妆品的产品质量检验合格证明并保存相关凭证，如实记录化妆品名称、特殊化妆品注册证编号或者普通化妆品备案编号、使用期限、净含量、购进数量、供货者名称、地址、联系方式、购进日期等内容。

第四十条 实行统一配送的化妆品经营者，可以由经营者总部统一建立并执行进货查验记录制度，按照本办法的规定，统一进行查验记录并保存相关凭证。经营者总部应当保证所属分店能提供所经营化妆品的相关记录和凭证。

第四十一条 美容美发机构、宾馆等在经营服务中使用化妆品或为消费者提供化妆品的，应当依法履行化妆品监督管理条例以及本办法规定的化妆品经营者义务。

美容美发机构经营中使用的化妆品以及宾馆等为消费者提供的化妆品应当符合最小销售单元标签的规定。

美容美发机构应当在其服务场所内显著位置展示其经营使用的化妆品的销售包装，方便消费者查阅化妆品标签的全部信息，并按照化妆品标签或者说明书的要求，正确使用或者引导消费者正确使用化妆品。

第四十二条 化妆品集中交易市场开办者、展销会举办者应当建立保证化妆品质量安全的管理制度并有效实施，承担入场化妆品经营者管理责任，督促入场化妆品经营者依法履行义务，每年或者展销会期间至少组织开展一次化妆品质量安全知识培训。

化妆品集中交易市场开办者、展销会举办者应当建立入场化妆品经营者档案，审查入场化妆品经营者的市场主体登记证明，如实记录经营者名称或者姓名、联系方式、住所等信息。入场化妆品经营者档案信息应当及时核验更新，保证真实、准确、完整，保存期限不少于经营者在场内停止经营后2年。

化妆品展销会举办者应当在展销会举办前向所在地县级负责药品监督管理的部门报告展销会的时间、地点等基本信息。

第四十三条 化妆品集中交易市场开办者、展销会举办者应当建立化妆品检查制度，对经营者的经营条件以及化妆品质量安全状况进行检查。发现入场化妆品经营者有违反化妆品监督管理条例以及本办法规定行为的，应当及时制止，依照集中交易市场管理规定或者与经营者签订的协议进行处理，并向所在地县级负责药品监督管理的部门报告。

鼓励化妆品集中交易市场开办者、展销会举办者建立化妆品抽样检验、统一销售凭证格式等制度。

第四十四条 电子商务平台内化妆品经营者以及通过自建网站、其他网络服务经营化妆品的电子商务经营者应当在其经营活动主页面全面、真实、准确披露与化妆品注册或者备案资料一致的化妆品标签等信息。

第四十五条　化妆品电子商务平台经营者应当对申请入驻的平台内化妆品经营者进行实名登记，要求其提交身份、地址、联系方式等真实信息，进行核验、登记，建立登记档案，并至少每6个月核验更新一次。化妆品电子商务平台经营者对平台内化妆品经营者身份信息的保存时间自其退出平台之日起不少于3年。

第四十六条　化妆品电子商务平台经营者应当设置化妆品质量管理机构或者配备专兼职管理人员，建立平台内化妆品日常检查、违法行为制止及报告、投诉举报处理等化妆品质量安全管理制度并有效实施，加强对平台内化妆品经营者相关法规知识宣传。鼓励化妆品电子商务平台经营者开展抽样检验。

化妆品电子商务平台经营者应当依法承担平台内化妆品经营者管理责任，对平台内化妆品经营者的经营行为进行日常检查，督促平台内化妆品经营者依法履行化妆品监督管理条例以及本办法规定的义务。发现违法经营化妆品行为的，应当依法或者依据平台服务协议和交易规则采取删除、屏蔽、断开链接等必要措施及时制止，并报告所在地省、自治区、直辖市药品监督管理部门。

第四十七条　化妆品电子商务平台经营者收到化妆品不良反应信息、投诉举报信息的，应当记录并及时转交平台内化妆品经营者处理；涉及产品质量安全的重大信息，应当及时报告所在地省、自治区、直辖市药品监督管理部门。

负责药品监督管理的部门因监督检查、案件调查等工作需要，要求化妆品电子商务平台经营者依法提供相关信息的，化妆品电子商务平台经营者应当予以协助、配合。

第四十八条　化妆品电子商务平台经营者发现有下列严重违法行为的，应当立即停止向平台内化妆品经营者提供电子商务平台服务：

（一）因化妆品质量安全相关犯罪被人民法院判处刑罚的；

（二）因化妆品质量安全违法行为被公安机关拘留或者给予其他治安管理处罚的；

（三）被药品监督管理部门依法作出吊销许可证、责令停产停业等处罚的；

（四）其他严重违法行为。

因涉嫌化妆品质量安全犯罪被立案侦查或者提起公诉，且有证据证明可能危害人体健康的，化妆品电子商务平台经营者可以依法或者依据平台服务协议和交易规则暂停向平台内化妆品经营者提供电子商务平台服务。

化妆品电子商务平台经营者知道或者应当知道平台内化妆品经营者被依法禁止从事化妆品生产经营活动的，不得向其提供电子商务平台服务。

第四十九条　以免费试用、赠予、兑换等形式向消费者提供化妆品的，应当依法履行化妆品监督管理条例以及本办法规定的化妆品经营者义务。

第五章　监　督　管　理

第五十条　负责药品监督管理的部门应当按照风险管理的原则，确定监督检查的重点品种、重点环节、检查方式和检查频次等，加强对化妆品生产经营者的监督检查。

必要时，负责药品监督管理的部门可以对化妆品原料、直接接触化妆品的包装材料的供应商、生产企业开展延伸检查。

第五十一条　国家药品监督管理局根据法律、法规、规章、强制性国家标准、技术规范等有关规定，制定国化妆品生产质量管理规范检查要点等监督检查要点，明确监督检查的重点项目和一般项目，以及监督检查的判定原则。省、自治区、直辖市药品监督管理部门可以结合实际，细化、补充本行政区域化妆品监督检查要点。

第五十二条　国家药品监督管理局组织开展国家化妆品抽样检验。省、自治区、直辖市药品监督管理部门组织开展本行政区域内的化妆品抽样检验。设区的市级、县级人民政府负责药品监督的部门根据工作需要，可以组织开展本行政区域内的化妆品抽样检验。

对举报反映或者日常监督检查中发现问题较多的化妆品，以及通过不良反应监测、安全风险监测和评价等发现可能存在质量安全问题的化妆品，负责药品监督管理的部门可以进行专项抽样检验。

负责药品监督管理的部门应当按照规定及时公布化妆品抽样检验结果。

第五十三条 化妆品抽样检验结果不合格的，化妆品注册人、备案人应当依照化妆品监督管理条例第四十四条的规定，立即停止生产，召回已经上市销售的化妆品，通知相关经营者和消费者停止经营、使用，按照本办法第三十三条第二款的规定开展自查，并进行整改。

第五十四条 对抽样检验结论有异议申请复检的，申请人应当向复检机构先行支付复检费用。复检结论与初检结论一致的，复检费用由复检申请人承担。复检结论与初检结论不一致的，复检费用由实施抽样检验的药品监督管理部门承担。

第五十五条 化妆品不良反应报告遵循可疑即报的原则。国家药品监督管理局建立并完善化妆品不良反应监测制度和化妆品不良反应监测信息系统。

第五十六条 未经化妆品生产经营者同意，负责药品监督管理的部门、专业技术机构及其工作人员不得披露在监督检查中知悉的化妆品生产经营者的商业秘密，法律另有规定或者涉及国家安全、重大社会公共利益的除外。

第六章 法律责任

第五十七条 化妆品生产经营的违法行为，化妆品监督管理条例等法律法规已有规定的，依照其规定。

第五十八条 违反本办法第十七条、第十八条第一款、第十九条第一款，化妆品生产企业许可条件发生变化，或者需要变更许可证载明的事项，未按规定申请变更的，由原发证的药品监督管理部门责令改正，给予警告，并处 1 万元以上 3 万元以下罚款。

违反本办法第十九条第二款，质量安全负责人、预留的联系方式发生变化，未按规定报告的，由原发证的药品监督管理部门责令改正；拒不改正的，给予警告，并处 5000 元以下罚款。

化妆品生产企业生产的化妆品不属于化妆品生产许可证上载明的许可项目划分单元，未经许可擅自迁址，或者化妆品生产许可有效期届满且未获得延续许可的，视为未经许可从事化妆品生产活动。

第五十九条 监督检查中发现化妆品注册人、备案人、受托生产企业违反化妆品生产质量管理规范检查要点，未按照化妆品生产质量管理规范的要求组织生产的，由负责药品监督管理的部门依照化妆品监督管理条例第六十条第三项的规定处罚。

监督检查中发现化妆品注册人、备案人、受托生产企业违反国家化妆品生产质量管理规范检查要点中一般项目规定，违法行为轻微并及时改正，没有造成危害后果的，不予行政处罚。

第六十条 违反本办法第四十二条第三款，展销会举办者未按要求向所在地负责药品监督管理的部门报告展销会基本信息的，由负责药品监督管理的部门责令改正，给予警告；拒不改正的，处 5000 元以上 3 万元以下罚款。

第六十一条 有下列情形之一的，属于化妆品监督管理条例规定的情节严重情形：

（一）使用禁止用于化妆品生产的原料、应当注册但未经注册的新原料生产儿童化妆品，或者在儿童化妆品中非法添加可能危害人体健康的物质；

（二）故意提供虚假信息或者隐瞒真实情况；

（三）拒绝、逃避监督检查；

（四）因化妆品违法行为受到行政处罚后 1 年内又实施同一性质的违法行为，或者因违反化妆品质量安全法律、法规受到刑事处罚后又实施化妆品质量安全违法行为；

（五）其他情节严重的情形。

对情节严重的违法行为处以罚款时，应当依法从重从严。

第六十二条 化妆品生产经营者违反法律、法规、规章、强制性国家标准、技术规范，属于初次违法且危害后果轻微并及时改正的，可以不予行政处罚。

当事人有证据足以证明没有主观过错的，不予行政处罚。法律、行政法规另有规定的，从其规定。

第七章 附　　则

第六十三条 配制、填充、灌装化妆品内容物，应当取得化妆品生产许可证。标注标签的生产工序，应当在完成最后一道接触化妆品内容物生产工序的化妆品生产企业内完成。

第六十四条 化妆品监督管理条例第六十条第二项规定的化妆品注册、备案资料载明的技术要求，是指对化妆品质量安全有实质性影响的技术性要求。

第六十五条 化妆品生产许可证编号的编排方式为：X 妆 XXXXXXXX。其中，第一位 X 代表许可部门所在省、自治区、直辖市的简称，第二位到第五位 X 代表 4 位数许可年份，第六位到第九位 X 代表 4 位数许可流水号。

第六十六条 本办法自 2022 年 1 月 1 日起施行。

家用汽车产品修理更换退货责任规定

（2021 年 7 月 22 日国家市场监督管理总局令第 43 号公布　自 2022 年 1 月 1 日起施行）

第一章 总　　则

第一条 为了明确家用汽车产品修理、更换、退货（以下统称三包）责任，保护消费者合法权益，根据《中华人民共和国产品质量法》《中华人民共和国消费者权益保护法》等法律，制定本规定。

第二条 在中华人民共和国境内销售的家用汽车产品的三包，适用本规定。

第三条 三包责任由销售者依法承担。销售者依照本规定承担三包责任后，属于生产者责任或者其他经营者责任的，销售者有权向生产者、其他经营者追偿。

从中华人民共和国境外进口家用汽车产品到境内销售的企业，视为生产者。

第四条 家用汽车产品经营者之间可以订立合同约定三包责任的承担，但不得侵害消费者合法权益，不得免除或者减轻本规定所规定的质量义务和三包责任。

鼓励经营者作出严于本规定、更有利于保护消费者合法权益的三包承诺。承诺一经作出，应当依法履行。

第五条 家用汽车产品消费者、经营者行使权利、履行义务或者承担责任，应当遵循诚实信用原则。

家用汽车产品经营者不得故意拖延或者无正当理由拒绝消费者提出的符合本规定的三包要求。

第六条 国家市场监督管理总局（以下简称市场监管总局）负责指导协调、监督管理全国家用汽车产品三包工作，建立家用汽车产品三包信息公开制度，委托相关技术机构承担具体技术工作。

县级以上地方市场监督管理部门负责指导协调、监督管理本行政区域内家用汽车产品三包工作。

第二章　经营者义务

第七条　生产者生产的家用汽车产品应当符合法律、法规规定以及当事人约定的质量要求。未经检验合格，不得出厂销售。

第八条　生产者应当为家用汽车产品配备中文产品合格证或者相关证明、产品一致性证书、产品使用说明书、三包凭证、维修保养手册等随车文件。随车提供工具、附件等物品的，还应当附随车物品清单。

第九条　三包凭证应当包括下列内容：

（一）产品品牌、型号、车辆类型、车辆识别代号（VIN）、生产日期；

（二）生产者的名称、地址、邮政编码、客服电话；

（三）销售者的名称、地址、邮政编码、客服电话、开具购车发票的日期、交付车辆的日期；

（四）生产者或者销售者约定的修理者（以下简称修理者）网点信息的查询方式；

（五）家用汽车产品的三包条款、包修期、三包有效期、使用补偿系数；

（六）主要零部件、特殊零部件的种类范围，易损耗零部件的种类范围及其质量保证期；

（七）家用纯电动、插电式混合动力汽车产品的动力蓄电池在包修期、三包有效期内的容量衰减限值；

（八）按照规定需要明示的其他内容。

第十条　生产者应当向市场监管总局备案生产者基本信息、车型信息、约定的销售和修理网点资料、产品使用说明书、三包凭证、维修保养手册和退换车信息等，但生产者已经在缺陷汽车产品召回信息管理系统上备案的信息除外。

备案信息发生变化的，生产者应当自变化之日起20个工作日内更新备案。

第十一条　生产者应当积极配合销售者、修理者履行其义务，不得故意拖延或者无正当理由拒绝销售者、修理者按照本规定提出的协助、追偿等事项。

第十二条　销售者应当建立进货检查验收制度，验明家用汽车产品的随车文件。

第十三条　销售者应当向消费者交付合格的家用汽车产品，并履行下列规定：

（一）与消费者共同查验家用汽车产品的外观、内饰等可以现场查验的质量状况；

（二）向消费者交付随车文件以及购车发票；

（三）按照随车物品清单向消费者交付随车工具、附件等物品；

（四）对照随车文件，告知消费者家用汽车产品的三包条款、包修期、三包有效期、使用补偿系数、修理者网点信息的查询方式；

（五）提醒消费者阅读安全注意事项并按照产品使用说明书的要求使用、维护、保养家用汽车产品。

第十四条　消费者遗失三包凭证的，可以向销售者申请补办。销售者应当及时免费补办。

第十五条　包修期内家用汽车产品因质量问题不能安全行驶的，修理者应当提供免费修理咨询服务；咨询服务无法解决的，应当开展现场服务，并承担必要的车辆拖运费用。

第十六条　包修期内修理者用于修理的零部件应当是生产者提供或者认可的合格零部件，并且其质量不得低于原车配置的零部件质量。

第十七条　修理者应当建立修理记录存档制度。修理记录保存期限不得低于 6 年。

修理记录应当包括送修时间、行驶里程、消费者质量问题陈述、检查结果、修理项目、更换的零部件名称和编号、材料费、工时及工时费、车辆拖运费用、提供备用车或者交通费用补偿的情况、交车时间、修理者和消费者签名或者盖章等信息，并提供给消费者一份。

消费者因遗失修理记录或者其他原因需要查阅或者复印修理记录，修理者应当提供便利。

第三章　三包责任

第十八条　家用汽车产品的三包有效期不得低于 2 年或者行驶里程 50，000 公里，以先到者为准；包修期不得低于 3 年或者行驶里程 60，000 公里，以先到者为准。

三包有效期和包修期自销售者开具购车发票之日起计算；开具购车发票日期与交付家用汽车产品日期不一致的，自交付之日起计算。

第十九条　家用汽车产品在包修期内出现质量问题或者易损耗零部件在其质量保证期内出现质量问题的，消费者可以凭三包凭证选择修理者免费修理（包括免除工时费和材料费）。

修理者能够通过查询相关信息系统等方式核实购买信息的，应当免除消费者提供三包凭证的义务。

第二十条　家用汽车产品自三包有效期起算之日起 60 日内或者行驶里程 3000 公里之内（以先到者为准），因发动机、变速器、动力蓄电池、行驶驱动电机的主要零部件出现质量问题的，消费者可以凭三包凭证选择更换发动机、变速器、动力蓄电池、行驶驱动电机。修理者应当免费更换。

第二十一条　家用汽车产品在包修期内因质量问题单次修理时间超过 5 日（包括等待修理零部件时间）的，修理者应当自第 6 日起为消费者提供备用车，或者向消费者支付合理的交通费用补偿。经营者与消费者另有约定的，按照约定的方式予以补偿。

第二十二条　家用汽车产品自三包有效期起算之日起 7 日内，因质量问题需要更换发动机、变速器、动力蓄电池、行驶驱动电机或者其主要零部件的，消费者可以凭购车发票、三包凭证选择更换家用汽车产品或者退货。销售者应当免费更换或者退货。

第二十三条　家用汽车产品自三包有效期起算之日起 60 日内或者行驶里程 3000 公里之内（以先到者为准），因质量问题出现转向系统失效、制动系统失效、车身开裂、燃油泄漏或者动力蓄电池起火的，消费者可以凭购车发票、三包凭证选择更换家用汽车产品或者退货。销售者应当免费更换或者退货。

第二十四条　家用汽车产品在三包有效期内出现下列情形之一，消费者凭购车发票、三包凭证选择更换家用汽车产品或者退货的，销售者应当更换或者退货：

（一）因严重安全性能故障累计进行 2 次修理，但仍未排除该故障或者出现新的严重安全性能故障的；

（二）发动机、变速器、动力蓄电池、行驶驱动电机因其质量问题累计更换 2 次，仍不能正常使用的；

（三）发动机、变速器、动力蓄电池、行驶驱动电机、转向系统、制动系统、悬架系统、传动系统、污染控制装置、车身的同一主要零部件因其质量问题累计更换 2 次，仍不能正常使用的；

（四）因质量问题累计修理时间超过 30 日，或者因同一质量问题累计修理超过 4 次的。

发动机、变速器、动力蓄电池、行驶驱动电机的更换次数与其主要零部件的更换次数不重复计算。

需要根据车辆识别代号（VIN）等定制的防盗系统、全车主线束等特殊零部件和动力蓄电池的运输时间，以及外出救援路途所占用的时间，不计入本条第一款第（四）项规定的修理时间。

第二十五条 家用汽车产品符合本规定规定的更换条件，销售者无同品牌同型号家用汽车产品的，应当向消费者更换不低于原车配置的家用汽车产品。无不低于原车配置的家用汽车产品，消费者凭购车发票、三包凭证选择退货的，销售者应当退货。

第二十六条 销售者为消费者更换家用汽车产品或者退货，应当赔偿消费者下列损失：

（一）车辆登记费用；

（二）销售者收取的扣除相应折旧后的加装、装饰费用；

（三）销售者向消费者收取的相关服务费用。

相关税费、保险费按照国家有关规定执行。

第二十七条 消费者依照本规定第二十四条第一款规定更换家用汽车产品或者退货的，应当向销售者支付家用汽车产品使用补偿费。补偿费的计算方式为：

补偿费＝车价款（元）×行驶里程（公里）/1000（公里）×n。

使用补偿系数 n 由生产者确定并明示在三包凭证上。使用补偿系数 n 不得高于 0.5%。

第二十八条 三包有效期内销售者收到消费者提出的更换家用汽车产品或者退货要求的，应当自收到相关要求之日起 10 个工作日内向消费者作出答复。不符合更换或者退货条件的，应当在答复中说明理由。

符合更换或者退货条件的，销售者应当自消费者提出更换或者退货要求之日起 20 个工作日内为消费者完成更换或者退货，并出具换车证明或者退车证明；20 个工作日内不能完成家用汽车产品更换的，消费者可以要求退货，但因消费者原因造成的延迟除外。

第二十九条 按照本规定更换的家用汽车产品，其三包有效期和包修期自更换之日起重新计算。

第三十条 包修期内家用汽车产品所有权发生转移的，三包凭证应当随车转移。三包责任不因家用汽车产品所有权的转移而改变。

第三十一条 经营者合并、分立、变更、破产的，其三包责任按照有关法律、法规的规定执行。

第三十二条 包修期内家用汽车产品有下列情形之一的，可以免除经营者对下列质量问题承担的三包责任：

（一）消费者购买时已经被书面告知家用汽车产品存在不违反法律、法规或者强制性国家标准的瑕疵；

（二）消费者未按照使用说明书或者三包凭证要求，使用、维护、保养家用汽车产品而造成的损坏；

（三）使用说明书明示不得对家用汽车产品进行改装、调整、拆卸，但消费者仍然改装、调整、拆卸而造成的损坏；

（四）发生质量问题，消费者自行处置不当而造成的损坏；

（五）因不可抗力造成的损坏。

经营者不得限制消费者自主选择对家用汽车产品维护、保养的企业，并将其作为拒绝承担三包责任的理由。

第三十三条 销售者销售按照本规定更换、退货的家用汽车产品的，应当检验合格，并书面告知其属于"三包换退车"以及更换、退货的原因。

"三包换退车"的三包责任，按照当事人约定执行。

第四章　争议的处理

第三十四条　发生三包责任争议，可以通过下列途径解决：

（一）协商和解；

（二）请求消费者协会或者依法成立的其他调解组织调解；

（三）向市场监督管理部门等有关行政机关投诉；

（四）根据当事人达成的仲裁协议提请仲裁机构仲裁；

（五）向人民法院提起诉讼。

第三十五条　鼓励有关组织建立第三方家用汽车产品三包责任争议处理机制，为消费者免费提供公正、专业、便捷、高效的汽车三包责任争议处理服务。

第三十六条　市场监督管理部门处理三包责任争议投诉举报，按照市场监督管理部门有关投诉举报处理的规定执行。

省级市场监督管理部门可以建立家用汽车产品三包责任争议处理技术咨询人员库，为处理三包责任争议提供技术支持。

第五章　法　律　责　任

第三十七条　未按照本规定第二章规定履行经营者义务，法律、法规对违法行为处罚有规定的，依照法律、法规执行；法律、法规没有规定的，予以警告，责令限期改正，情节严重的，处一万元以上三万元以下罚款。

第三十八条　故意拖延或者无正当理由拒绝承担本规定第三章规定的三包责任的，依照《中华人民共和国消费者权益保护法》第五十六条执行。

第三十九条　本规定所规定的行政处罚，由县级以上地方市场监督管理部门依法实施。行政处罚信息记入国家企业信用信息公示系统，向社会公示。

第六章　附　　则

第四十条　本规定下列用语的含义：

家用汽车产品，指消费者为生活消费需要而购买和使用的乘用车和皮卡车。

乘用车，指按照有关国家标准规定的除专用乘用车以外的乘用车。

质量问题，指家用汽车产品质量不符合法律、法规、强制性国家标准以及企业明示采用的标准或者明示的质量状况，或者存在影响正常使用的其他情形。

严重安全性能故障，指家用汽车产品存在的危及人身、财产安全，致使无法安全使用的质量问题，包括安全装置不能起到应有的保护作用或者存在起火等危险的情形。

单次修理时间，指自消费者与修理者确定修理之时至完成修理之时。以小时计算，每满24小时，为1日；余下时间不足24小时的，以1日计。

累计修理时间，指单次修理时间累加之和。

第四十一条　家用汽车产品的主要零部件、特殊零部件、易损耗零部件的种类范围，按照有关国家标准确定。

第四十二条　本规定自2022年1月1日起施行。2012年12月29日原国家质量监督检验检疫总局令第150号公布的《家用汽车产品修理、更换、退货责任规定》同时废止。

缺陷汽车产品召回管理条例实施办法

(2015 年 11 月 27 日国家质量监督检验检疫总局令第 176 号公布　根据 2020 年 10 月 23 日《国家市场监督管理总局关于修改部分规章的决定》修订)

第一章　总　则

第一条　根据《缺陷汽车产品召回管理条例》,制定本办法。

第二条　在中国境内生产、销售的汽车和汽车挂车(以下统称汽车产品)的召回及其监督管理,适用本办法。

第三条　汽车产品生产者(以下简称生产者)是缺陷汽车产品的召回主体。汽车产品存在缺陷的,生产者应当依照本办法实施召回。

第四条　国家市场监督管理总局(以下简称市场监管总局)负责全国缺陷汽车产品召回的监督管理工作。

第五条　市场监管总局根据工作需要,可以委托省级市场监督管理部门在本行政区域内负责缺陷汽车产品召回监督管理的部分工作。

市场监管总局缺陷产品召回技术机构(以下简称召回技术机构)按照市场监管总局的规定承担缺陷汽车产品召回信息管理、缺陷调查、召回管理中的具体技术工作。

第二章　信息管理

第六条　任何单位和个人有权向市场监督管理部门投诉汽车产品可能存在的缺陷等有关问题。

第七条　市场监管总局负责组织建立缺陷汽车产品召回信息管理系统,收集汇总、分析处理有关缺陷汽车产品信息,备案生产者信息,发布缺陷汽车产品信息和召回相关信息。

市场监管总局负责与国务院有关部门共同建立汽车产品的生产、销售、进口、登记检验、维修、事故、消费者投诉、召回等信息的共享机制。

第八条　市场监督管理部门发现本行政区域内缺陷汽车产品信息的,应当将信息逐级上报。

第九条　生产者应当建立健全汽车产品可追溯信息管理制度,确保能够及时确定缺陷汽车产品的召回范围并通知车主。

第十条　生产者应当保存以下汽车产品设计、制造、标识、检验等方面的信息:

(一)汽车产品设计、制造、标识、检验的相关文件和质量控制信息;

(二)涉及安全的汽车产品零部件生产者及零部件的设计、制造、检验信息;

(三)汽车产品生产批次及技术变更信息;

(四)其他相关信息。

生产者还应当保存车主名称、有效证件号码、通信地址、联系电话、购买日期、车辆识别代码等汽车产品初次销售的车主信息。

第十一条　生产者应当向市场监管总局备案以下信息:

(一)生产者基本信息;

(二)汽车产品技术参数和汽车产品初次销售的车主信息;

(三)因汽车产品存在危及人身、财产安全的故障而发生修理、更换、退货的信息;

(四)汽车产品在中国境外实施召回的信息;

（五）技术服务通报、公告等信息；

（六）其他需要备案的信息。

生产者依法备案的信息发生变化的，应当在 20 个工作日内进行更新。

第十二条 销售、租赁、维修汽车产品的经营者（以下统称经营者）应当建立并保存其经营的汽车产品型号、规格、车辆识别代码、数量、流向、购买者信息、租赁、维修等信息。

第十三条 经营者、汽车产品零部件生产者应当向市场监管总局报告所获知的汽车产品可能存在缺陷的相关信息，并通报生产者。

第三章 缺陷调查

第十四条 生产者获知汽车产品可能存在缺陷的，应当立即组织调查分析，并将调查分析结果报告市场监管总局。

生产者经调查分析确认汽车产品存在缺陷的，应当立即停止生产、销售、进口缺陷汽车产品，并实施召回；生产者经调查分析认为汽车产品不存在缺陷的，应当在报送的调查分析结果中说明分析过程、方法、风险评估意见以及分析结论等。

第十五条 市场监管总局负责组织对缺陷汽车产品召回信息管理系统收集的信息、有关单位和个人的投诉信息以及通过其他方式获取的缺陷汽车产品相关信息进行分析，发现汽车产品可能存在缺陷的，应当立即通知生产者开展相关调查分析。

生产者应当按照市场监管总局通知要求，立即开展调查分析，并如实向市场监管总局报告调查分析结果。

第十六条 召回技术机构负责组织对生产者报送的调查分析结果进行评估，并将评估结果报告市场监管总局。

第十七条 存在下列情形之一的，市场监管总局应当组织开展缺陷调查：

（一）生产者未按照通知要求开展调查分析的；

（二）经评估生产者的调查分析结果不能证明汽车产品不存在缺陷的；

（三）汽车产品可能存在造成严重后果的缺陷的；

（四）经实验检测，同一批次、型号或者类别的汽车产品可能存在不符合保障人身、财产安全的国家标准、行业标准情形的；

（五）其他需要组织开展缺陷调查的情形。

第十八条 市场监管总局、受委托的省级市场监督管理部门开展缺陷调查，可以行使以下职权：

（一）进入生产者、经营者、零部件生产者的生产经营场所进行现场调查；

（二）查阅、复制相关资料和记录，收集相关证据；

（三）向有关单位和个人了解汽车产品可能存在缺陷的情况；

（四）其他依法可以采取的措施。

第十九条 与汽车产品缺陷有关的零部件生产者应当配合缺陷调查，提供调查需要的有关资料。

第二十条 市场监管总局、受委托的省级市场监督管理部门开展缺陷调查，应当对缺陷调查获得的相关信息、资料、实物、实验检测结果和相关证据等进行分析，形成缺陷调查报告。

省级市场监督管理部门应当及时将缺陷调查报告报送市场监管总局。

第二十一条 市场监管总局可以组织对汽车产品进行风险评估，必要时向社会发布风险预警信息。

第二十二条　市场监管总局根据缺陷调查报告认为汽车产品存在缺陷的，应当向生产者发出缺陷汽车产品召回通知书，通知生产者实施召回。

生产者认为其汽车产品不存在缺陷的，可以自收到缺陷汽车产品召回通知书之日起15个工作日内向市场监管总局提出书面异议，并提交相关证明材料。

生产者在15个工作日内提出异议的，市场监管总局应当组织与生产者无利害关系的专家对生产者提交的证明材料进行论证；必要时市场监管总局可以组织对汽车产品进行技术检测或者鉴定；生产者申请听证的或者市场监管总局根据工作需要认为有必要组织听证的，可以组织听证。

第二十三条　生产者既不按照缺陷汽车产品召回通知书要求实施召回，又不在15个工作日内向市场监管总局提出异议的，或者经组织论证、技术检测、鉴定，确认汽车产品存在缺陷的，市场监管总局应当责令生产者召回缺陷汽车产品。

第四章　召回实施与管理

第二十四条　生产者实施召回，应当按照市场监管总局的规定制定召回计划，并自确认汽车产品存在缺陷之日起5个工作日内或者被责令召回之日起5个工作日内向市场监管总局备案；同时以有效方式通报经营者。

生产者制定召回计划，应当内容全面，客观准确，并对其内容的真实性、准确性及召回措施的有效性负责。

生产者应当按照已备案的召回计划实施召回；生产者修改已备案的召回计划，应当重新向市场监管总局备案，并提交说明材料。

第二十五条　经营者获知汽车产品存在缺陷的，应当立即停止销售、租赁、使用缺陷汽车产品，并协助生产者实施召回。

第二十六条　生产者应当自召回计划备案之日起5个工作日内，通过报刊、网站、广播、电视等便于公众知晓的方式发布缺陷汽车产品信息和实施召回的相关信息，30个工作日内以挂号信等有效方式，告知车主汽车产品存在的缺陷、避免损害发生的应急处置方法和生产者消除缺陷的措施等事项。

生产者应当通过热线电话、网络平台等方式接受公众咨询。

第二十七条　车主应当积极配合生产者实施召回，消除缺陷。

第二十八条　市场监管总局应当向社会公布已经确认的缺陷汽车产品信息、生产者召回计划以及生产者实施召回的其他相关信息。

第二十九条　生产者应当保存已实施召回的汽车产品召回记录，保存期不得少于10年。

第三十条　生产者应当自召回实施之日起每3个月向市场监管总局提交一次召回阶段性报告。市场监管总局有特殊要求的，生产者应当按要求提交。

生产者应当在完成召回计划后15个工作日内，向市场监管总局提交召回总结报告。

第三十一条　生产者被责令召回的，应当立即停止生产、销售、进口缺陷汽车产品，并按照本办法的规定实施召回。

第三十二条　生产者完成召回计划后，仍有未召回的缺陷汽车产品的，应当继续实施召回。

第三十三条　对未消除缺陷的汽车产品，生产者和经营者不得销售或者交付使用。

第三十四条　市场监管总局对生产者召回实施情况进行监督或者委托省级市场监督管理部门进行监督，组织与生产者无利害关系的专家对消除缺陷的效果进行评估。

受委托对召回实施情况进行监督的省级市场监督管理部门，应当及时将有关情况报告市场监管总局。

市场监管总局通过召回实施情况监督和评估发现生产者的召回范围不准确、召回措施无法有效消除缺陷或者未能取得预期效果的，应当要求生产者再次实施召回或者采取其他相应补救措施。

第五章 法律责任

第三十五条 生产者违反本办法规定，有下列行为之一的，责令限期改正；逾期未改正的，处以 1 万元以上 3 万元以下罚款：

（一）未按规定更新备案信息的；

（二）未按规定提交调查分析结果的；

（三）未按规定保存汽车产品召回记录的；

（四）未按规定发布缺陷汽车产品信息和召回信息的。

第三十六条 零部件生产者违反本办法规定不配合缺陷调查的，责令限期改正；逾期未改正的，处以 1 万元以上 3 万元以下罚款。

第三十七条 违反本办法规定，构成《缺陷汽车产品召回管理条例》等有关法律法规规定的违法行为的，依法予以处理。

第三十八条 违反本办法规定，构成犯罪的，依法追究刑事责任。

第三十九条 本办法规定的行政处罚由违法行为发生地具有管辖权的市场监督管理部门在职责范围内依法实施；法律、行政法规另有规定的，依照法律、行政法规的规定执行。

第六章 附 则

第四十条 本办法所称汽车产品是指中华人民共和国国家标准《汽车和挂车类型的术语和定义》规定的汽车和挂车。

本办法所称生产者是指在中国境内依法设立的生产汽车产品并以其名义颁发产品合格证的企业。

从中国境外进口汽车产品到境内销售的企业视为前款所称的生产者。

第四十一条 汽车产品出厂时未随车装备的轮胎的召回及其监督管理由市场监管总局另行规定。

第四十二条 本办法由市场监管总局负责解释。

第四十三条 本办法自 2016 年 1 月 1 日起施行。

非医用口罩产品质量监督抽查实施细则

（2020 年 5 月 22 日）

1 抽样方法

以随机抽样的方式在被抽样生产者的待销产品中抽取。

随机数一般可使用随机数表等方法产生。

每种产品抽取样品数量见表 1。

表 1 抽取样品数量

序号	明示标准	产品品种	样品数量（个）	检验样品数量（个）	备用样品数量（个）
1	GB 2626-2006	无阀	24	12	12
		有阀	28	14	14
2	GB/T 32610-2016	——	44	22	22
3	GB/T 38880-2020	儿童防护口罩	24	12	12
		儿童卫生口罩	12	6	6

2 检验依据

表 2 执行 GB 2626-2006 标准产品检验项目

序号	检验项目	检验方法
1	过滤效率	GB 2626-2006/6.3
2	呼吸阻力	GB 2626-2006/6.5、6.6
3	呼气阀气密性	GB 2626-2006/6.7

注：不做预处理

表 3 执行 GB/T 32610-2016 标准产品检验项目

序号	检验项目	检验方法
1	吸气阻力	GB/T 32610-2016/6.7
2	呼气阻力	GB/T 32610-2016/6.8
3	过滤效率	GB/T 32610-2016/附录 A
4	防护效果	GB/T 32610-2016/附录 B

注：不做预处理

表 4 执行 GB/T 38880-2020 标准产品检验项目

序号	检验项目	检验方法	备注
1	颗粒物过滤效率	GB/T 32610-2016/附录 A YY 0469-2011/5.6.2	

续表

序号	检验项目	检验方法	备注
2	呼气阻力	GB/T 32610-2016/6.8	仅适用于儿童防护口罩
3	吸气阻力	GB/T 32610-2016/6.7	
4	防护效果	GB/T 32610-2016/附录 B	
5	通气阻力	GB/T 38880-2020/6.16	仅适用于儿童卫生口罩

注：不做预处理

执行企业标准、团体标准、地方标准的产品，检验项目参照上述内容执行。

凡是注日期的文件，其随后所有的修改单（不包括勘误的内容）或修订版不适用于本细则。凡是不注日期的文件，其最新版本适用于本细则。

3 判定规则

3.1 依据标准

GB 2626-2006《呼吸防护用品 自吸过滤式防颗粒物呼吸器》

GB/T 32610-2016《日常防护型口罩技术规范》

GB/T 38880-2020《儿童口罩技术规范》

现行有效的企业标准、团体标准、地方标准及产品明示质量要求

3.2 判定原则

经检验，检验项目全部合格，判定为被抽查产品所检项目未发现不合格；检验项目中任一项或一项以上不合格，判定为被抽查产品不合格。

若被检产品明示的质量要求高于本细则中检验项目依据的标准要求时，应按被检产品明示的质量要求判定。

若被检产品明示的质量要求低于本细则中检验项目依据的强制性标准要求时，应按照强制性标准要求判定。

若被检产品明示的质量要求低于或包含本细则中检验项目依据的推荐性标准要求时，应以被检产品明示的质量要求判定。

若被检产品明示的质量要求缺少本细则中检验项目依据的强制性标准要求时，应按照强制性标准要求判定。

若被检产品明示的质量要求缺少本细则中检验项目依据的推荐性标准要求时，该项目不参与判定。

产品质量监督抽查管理暂行办法

（2019 年 11 月 8 日国家市场监督管理总局 2019 年第 14 次局务会议审议通过　2019 年 11 月 21 日国家市场监督管理总局令第 18 号公布　自 2020 年 1 月 1 日起施行）

第一章　总　则

第一条　为了加强产品质量监督管理，规范产品质量监督抽查工作，保护消费者的合法权益，根据《中华人民共和国产品质量法》和《中华人民共和国消费者权益保护法》等法律、行政法规，制定本办法。

第二条　市场监督管理部门对本行政区域内生产、销售的产品实施监督抽查，适用本办法。法律、行政法规、部门规章对产品质量监督抽查另有规定的，依照其规定。

第三条　本办法所称监督抽查，是指市场监督管理部门为监督产品质量，依法组织对在中华人民共和国境内生产、销售的产品进行抽样、检验，并进行处理的活动。

第四条　监督抽查分为由国家市场监督管理总局组织的国家监督抽查和县级以上地方市场监督管理部门组织的地方监督抽查。

第五条　国家市场监督管理总局负责统筹管理、指导协调全国监督抽查工作，组织实施国家监督抽查，汇总、分析全国监督抽查信息。

省级市场监督管理部门负责统一管理本行政区域内地方监督抽查工作，组织实施本级监督抽查，汇总、分析本行政区域监督抽查信息。

市级、县级市场监督管理部门负责组织实施本级监督抽查，汇总、分析本行政区域监督抽查信息，配合上级市场监督管理部门在本行政区域内开展抽样工作，承担监督抽查结果处理工作。

第六条　监督抽查所需样品的抽取、购买、运输、检验、处置以及复查等工作费用，按照国家有关规定列入同级政府财政预算。

第七条　生产者、销售者应当配合监督抽查，如实提供监督抽查所需材料和信息，不得以任何方式阻碍、拒绝监督抽查。

第八条　同一市场监督管理部门不得在六个月内对同一生产者按照同一标准生产的同一商标、同一规格型号的产品（以下简称同一产品）进行两次以上监督抽查。

被抽样生产者、销售者在抽样时能够证明同一产品在六个月内经上级市场监督管理部门监督抽查的，下级市场监督管理部门不得重复抽查。

对监督抽查发现的不合格产品的跟踪抽查和为应对突发事件开展的监督抽查，不适用前两款规定。

第九条　监督抽查实行抽检分离制度。除现场检验外，抽样人员不得承担其抽样产品的检验工作。

第十条　组织监督抽查的市场监督管理部门应当按照法律、行政法规有关规定公开监督抽查结果。

未经组织监督抽查的市场监督管理部门同意，任何单位和个人不得擅自公开监督抽查结果。

第二章　监督抽查的组织

第十一条　国家市场监督管理总局负责制定国家监督抽查年度计划，并通报省级市场监督管理部门。

县级以上地方市场监督管理部门负责制定本级监督抽查年度计划，并报送上一级市场监督管理部门备案。

第十二条 组织监督抽查的市场监督管理部门应当根据本级监督抽查年度计划，制定监督抽查方案和监督抽查实施细则。

监督抽查方案应当包括抽查产品范围、工作分工、进度要求等内容。监督抽查实施细则应当包括抽样方法、检验项目、检验方法、判定规则等内容。

监督抽查实施细则应当在抽样前向社会公开。

第十三条 组织监督抽查的市场监督管理部门应当按照政府采购等有关要求，确定承担监督抽查抽样、检验工作的抽样机构、检验机构，并签订委托协议，明确权利、义务、违约责任等内容。

法律、行政法规对抽样机构、检验机构的资质有规定的，应当委托具备法定资质的机构。

第十四条 抽样机构、检验机构应当在委托范围内开展抽样、检验工作，保证抽样、检验工作及其结果的客观、公正、真实。

抽样机构、检验机构不得有下列行为：

（一）在实施抽样前以任何方式将监督抽查方案有关内容告知被抽样生产者、销售者；

（二）转包检验任务或者未经组织监督抽查的市场监督管理部门同意分包检验任务；

（三）出具虚假检验报告；

（四）在承担监督抽查相关工作期间，与被抽样生产者、销售者签订监督抽查同类产品的有偿服务协议或者接受被抽样生产者、销售者对同一产品的委托检验；

（五）利用监督抽查结果开展产品推荐、评比，出具监督抽查产品合格证书、牌匾等；

（六）利用承担监督抽查相关工作的便利，牟取非法或者不当利益；

（七）违反规定向被抽样生产者、销售者收取抽样、检验等与监督抽查有关的费用。

第三章 抽 样

第一节 现 场 抽 样

第十五条 市场监督管理部门应当自行抽样或者委托抽样机构抽样，并按照有关规定随机抽取被抽样生产者、销售者，随机选派抽样人员。

抽样人员应当熟悉相关法律、行政法规、部门规章以及标准等规定。

第十六条 抽样人员不得少于两人，并向被抽样生产者、销售者出示组织监督抽查的市场监督管理部门出具的监督抽查通知书、抽样人员身份证明。抽样机构执行抽样任务的，还应当出示组织监督抽查的市场监督管理部门出具的授权委托书复印件。

抽样人员应当告知被抽样生产者、销售者抽查产品范围、抽样方法等。

第十七条 样品应当由抽样人员在被抽样生产者、销售者的待销产品中随机抽取，不得由被抽样生产者、销售者自行抽样。

抽样人员发现被抽样生产者、销售者涉嫌存在无证无照等无需检验即可判定违法的情形的，应当终止抽样，立即报告组织监督抽查的市场监督管理部门，并同时报告涉嫌违法的被抽样生产者、销售者所在地县级市场监督管理部门。

第十八条 有下列情形之一的，抽样人员不得抽样：

（一）待销产品数量不符合监督抽查实施细则要求的；

（二）有充分证据表明拟抽样产品不用于销售，或者只用于出口并且出口合同对产品质量另有约定的；

（三）产品或者其包装上标注"试制"、"处理"、"样品"等字样的。

第十九条 抽样人员应当按照监督抽查实施细则所规定的抽样方法进行抽样。

抽样人员应当使用规定的抽样文书记录抽样信息，并对抽样场所、贮存环境、被抽样产品的标识、库存数量、抽样过程等通过拍照或者录像的方式留存证据。

抽样文书应当经抽样人员和被抽样生产者、销售者签字。被抽样生产者、销售者拒绝签字的，抽样人员应当在抽样文书上注明情况，必要时可以邀请有关人员作为见证人。

抽样文书确需更正或者补充的，应当由被抽样生产者、销售者在更正或者补充处以签名、盖章等方式予以确认。

第二十条 因被抽样生产者、销售者转产、停业等原因致使无法抽样的，抽样人员应当如实记录，报送组织监督抽查的市场监督管理部门。

第二十一条 被抽样生产者、销售者以明显不合理的样品价格等方式阻碍、拒绝或者不配合抽样的，抽样人员应当如实记录，立即报告组织监督抽查的市场监督管理部门，并同时报告被抽样生产者、销售者所在地县级市场监督管理部门。

第二十二条 样品分为检验样品和备用样品。

除不以破坏性试验方式进行检验，并且不会对样品质量造成实质性影响的外，抽样人员应当购买检验样品。购买检验样品的价格以生产、销售产品的标价为准；没有标价的，以同类产品的市场价格为准。

备用样品由被抽样生产者、销售者先行无偿提供。

法律、行政法规、部门规章对样品获取方式另有规定的，依照其规定。

第二十三条 抽样人员应当采取有效的防拆封措施，对检验样品和备用样品分别封样，并由抽样人员和被抽样生产者、销售者签字确认。

第二十四条 样品应当由抽样人员携带或者寄递至检验机构进行检验。对于易碎品、危险化学品等对运输、贮存过程有特殊要求的样品，应当采取有效措施，保证样品的运输、贮存过程符合国家有关规定，不发生影响检验结论的变化。

样品需要先行存放在被抽样生产者、销售者处的，应当予以封存，并加施封存标识。被抽样生产者、销售者应当妥善保管封存的样品，不得隐匿、转移、变卖、损毁。

第二节 网络抽样

第二十五条 市场监督管理部门对电子商务经营者销售的本行政区域内的生产者生产的产品和本行政区域内的电子商务经营者销售的产品进行抽样时，可以以消费者的名义买样。

第二十六条 市场监督管理部门进行网络抽样的，应当记录抽样人员以及付款账户、注册账号、收货地址、联系方式等信息。抽样人员应当通过截图、拍照或者录像的方式记录被抽样销售者信息、样品网页展示信息，以及订单信息、支付记录等。

第二十七条 抽样人员购买的样品应当包括检验样品和备用样品。

第二十八条 抽样人员收到样品后，应当通过拍照或者录像的方式记录拆封过程，对寄递包装、样品包装、样品标识、样品寄递情形等进行查验，对检验样品和备用样品分别封样，并将检验样品和备用样品携带或者寄递至检验机构进行检验。

抽样人员应当根据样品情况填写抽样文书。抽样文书经抽样人员签字并加盖抽样单位公章后，与监督抽查通知书一并寄送被抽样销售者。抽样机构执行买样任务的，还应当寄送组织监督抽查的市场监督管理部门出具的授权委托书复印件。

第四章 检 验

第二十九条 检验人员收到样品后，应当通过拍照或者录像的方式检查记录样品的外观、状态、封条有无破损以及其他可能对检验结论产生影响的情形，并核对样品与抽样文书的记录是否相符。

对于抽样不规范的样品，检验人员应当拒绝接收并书面说明理由，同时向组织监督抽查的市场监督管理部门报告。

对于网络抽样的检验样品和备用样品，应当分别加贴相应标识后，按照有关要求予以存放。

第三十条 被抽样产品实行生产许可、强制性产品认证等管理的，检验人员应当在检验前核实样品的生产者是否符合相应要求。

检验人员发现样品的生产者涉嫌存在无证无照等无需检验即可判定违法的情形，应当终止检验，立即报告组织监督抽查的市场监督管理部门，并同时报告涉嫌违法的样品的生产者所在地县级市场监督管理部门。

第三十一条 检验人员应当按照监督抽查实施细则所规定的检验项目、检验方法、判定规则等进行检验。

检验中发现因样品失效或者其他原因致使检验无法进行的，检验人员应当如实记录，并提供相关证明材料，报送组织监督抽查的市场监督管理部门。

第三十二条 检验机构出具检验报告，应当内容真实齐全、数据准确、结论明确，并按照有关规定签字、盖章。

检验机构和检验人员应当对其出具的检验报告负责。

第三十三条 检验机构应当在规定时间内将检验报告及有关材料报送组织监督抽查的市场监督管理部门。

第三十四条 检验结论为合格并且属于无偿提供的样品，组织监督抽查的市场监督管理部门应当在提出异议处理申请期限届满后及时退还。

前款规定以外的其他样品，组织监督抽查的市场监督管理部门应当在提出异议处理申请期限届满后按照有关规定处理。

第五章 异议处理

第三十五条 组织监督抽查的市场监督管理部门应当及时将检验结论书面告知被抽样生产者、销售者，并同时告知其依法享有的权利。

样品属于在销售者处现场抽取的，组织监督抽查的市场监督管理部门还应当同时书面告知样品标称的生产者。

样品属于通过网络抽样方式购买的，还应当同时书面告知电子商务平台经营者和样品标称的生产者。

第三十六条 被抽样生产者、销售者有异议的，应当自收到检验结论书面告知之日起十五日内向组织监督抽查的市场监督管理部门提出书面异议处理申请，并提交相关材料。

第三十七条 被抽样生产者、销售者对抽样过程、样品真实性等有异议的，收到异议处理申请的市场监督管理部门应当组织异议处理，并将处理结果书面告知申请人。

被抽样生产者、销售者对检验结论有异议，提出书面复检申请并阐明理由的，收到异议处理申请的市场监督管理部门应当组织研究。对需要复检并具备检验条件的，应当组织复检。

除不以破坏性试验方式进行检验，并且不会对样品质量造成实质性影响的外，组织复检的市场监督管理部门应当向被抽样生产者、销售者支付备用样品费用。

第三十八条 申请人应当自收到市场监督管理部门复检通知之日起七日内办理复检手续。逾期未办理的，视为放弃复检。

第三十九条 市场监督管理部门应当自申请人办理复检手续之日起十日内确定具备相应资质的检验机构进行复检。

复检机构与初检机构不得为同一机构，但组织监督抽查的省级以上市场监督管理部门行政区域内或者组织监督抽查的市级、县级市场监督管理部门所在省辖区内仅有一个检验机构具备相应资质的除外。

第四十条 被抽样生产者、销售者隐匿、转移、变卖、损毁备用样品的，应当终止复检，并以初检结论为最终结论。

第四十一条 复检机构应当通过拍照或者录像的方式检查记录备用样品的外观、状态、封条有无破损以及其他可能对检验结论产生影响的情形，并核对备用样品与抽样文书的记录是否相符。

第四十二条 复检机构应当在规定时间内按照监督抽查实施细则所规定的检验方法、判定规则等对与异议相关的检验项目进行复检，并将复检结论及时报送组织复检的市场监督管理部门，由组织复检的市场监督管理部门书面告知复检申请人。复检结论为最终结论。

第四十三条 复检费用由申请人向复检机构先行支付。复检结论与初检结论一致的，复检费用由申请人承担；与初检结论不一致的，复检费用由组织监督抽查的市场监督管理部门承担。

第六章 结 果 处 理

第四十四条 组织监督抽查的市场监督管理部门应当汇总分析、依法公开监督抽查结果，并向地方人民政府、上一级市场监督管理部门和同级有关部门通报监督抽查情况。

组织地方监督抽查的市场监督管理部门发现不合格产品为本行政区域以外的生产者生产的，应当及时通报生产者所在地同级市场监督管理部门。

第四十五条 对检验结论为不合格的产品，被抽样生产者、销售者应当立即停止生产、销售同一产品。

第四十六条 负责结果处理的市场监督管理部门应当责令不合格产品的被抽样生产者、销售者自责令之日起六十日内予以改正。

第四十七条 负责结果处理的市场监督管理部门应当自责令之日起七十五日内按照监督抽查实施细则组织复查。

被抽样生产者、销售者经复查不合格的，负责结果处理的市场监督管理部门应当逐级上报至省级市场监督管理部门，由其向社会公告。

第四十八条 负责结果处理的市场监督管理部门应当在公告之日起六十日后九十日前对被抽样生产者、销售者组织复查，经复查仍不合格的，按照《中华人民共和国产品质量法》第十七条规定，责令停业，限期整顿；整顿期满后经复查仍不合格的，吊销营业执照。

第四十九条 复查所需样品由被抽样生产者、销售者无偿提供。

除为提供复查所需样品外，被抽样生产者、销售者在经负责结果处理的市场监督管理部门认定复查合格前，不得恢复生产、销售同一产品。

第五十条 监督抽查发现产品存在区域性、行业性质量问题，市场监督管理部门可以会同其他有关部门、行业组织召开质量分析会，指导相关产品生产者、销售者加强质量管理。

第七章 法 律 责 任

第五十一条 被抽样生产者、销售者有下列情形之一的，由县级市场监督管理部门按照有关法律、行政法规规定处理；法律、行政法规未作规定的，处三万元以下罚款；涉嫌构成犯罪，依法需要追究刑事责任的，按照有关规定移送公安机关：

（一）被抽样产品存在严重质量问题的；

（二）阻碍、拒绝或者不配合依法进行的监督抽查的；

（三）未经负责结果处理的市场监督管理部门认定复查合格而恢复生产、销售同一产品的；

（四）隐匿、转移、变卖、损毁样品的。

第五十二条 抽样机构、检验机构及其工作人员违反本办法第九条、第十四条第二款规定的，由县级市场监督管理部门按照有关法律、行政法规处理；法律、行政法规未作规定的，处三万元以下罚款；涉嫌构成犯罪，依法需要追究刑事责任的，按照有关规定移送公安机关。

第五十三条 市场监督管理部门工作人员滥用职权、玩忽职守、徇私舞弊的，对直接负责的主管人员和其他直接责任人员依法给予行政处分。

第八章 附 则

第五十四条 市场监督管理部门应当妥善保存抽样文书等有关材料、证据，保存期限不得少于两年。

第五十五条 本办法中所称"日"为公历日。期间届满的最后一日为法定节假日的，以法定节假日后的第一日为期间届满的日期。

第五十六条 本办法自 2020 年 1 月 1 日起施行。2010 年 12 月 29 日原国家质量监督检验检疫总局令第 133 号公布的《产品质量监督抽查管理办法》、2014 年 2 月 14 日原国家工商行政管理总局令第 61 号公布的《流通领域商品质量抽查检验办法》、2016 年 3 月 17 日原国家工商行政管理总局令第 85 号公布的《流通领域商品质量监督管理办法》同时废止。

消费品召回管理暂行规定

（2019 年 11 月 8 日国家市场监督管理总局 2019 年第 14 次局务会议审议通过 2019 年 11 月 21 日国家市场监督管理总局令第 19 号公布 自 2020 年 1 月 1 日起施行）

第一条 为了规范缺陷消费品召回工作，保障人体健康和人身、财产安全，根据《中华人民共和国消费者权益保护法》等法律、行政法规，制定本规定。

第二条 中华人民共和国境内缺陷消费品的召回及其监督管理，适用本规定。

法律、行政法规、部门规章对消费品的监督管理部门或者召回程序等另有规定的，依照其规定。

第三条 本规定所称消费品，是指消费者为生活消费需要购买、使用的产品。

本规定所称缺陷，是指因设计、制造、警示等原因，致使同一批次、型号或者类别的消费品中普遍存在的危及人身、财产安全的不合理危险。

本规定所称召回，是指生产者对存在缺陷的消费品，通过补充或者修正警示标识、修理、更换、退货等补救措施，消除缺陷或者降低安全风险的活动。

第四条 生产者应当对其生产的消费品的安全负责。消费品存在缺陷的，生产者应当实施召回。

第五条 国家市场监督管理总局负责指导协调、监督管理全国缺陷消费品召回工作。

省级市场监督管理部门负责监督管理本行政区域内缺陷消费品召回工作。

省级以上市场监督管理部门可以委托相关技术机构承担缺陷消费品召回的具体技术工作。

第六条 任何单位或者个人有权向市场监督管理部门反映消费品可能存在缺陷的信息。

市场监督管理部门应当畅通信息反映渠道，收集汇总、分析处理消费品可能存在缺陷的信息。

第七条 生产者和从事消费品销售、租赁、修理等活动的其他经营者（以下简称其他经营者）应当建立消费品缺陷信息的收集核实和分析处理制度。

鼓励生产者和其他经营者建立消费品可追溯制度。

第八条 生产者和其他经营者发现其生产经营的消费品存在以下情形之一的，应当自发现之日起二个工作日内向所在地省级市场监督管理部门报告：

（一）已经造成或者可能造成死亡、严重人身伤害、重大财产损失的；

（二）在中华人民共和国境外实施召回的。

省级市场监督管理部门接到前款规定事项报告，发现消费品生产者不在本行政区域内的，应当自发现之日起二个工作日内通报生产者所在地省级市场监督管理部门。

第九条 生产者发现消费品可能存在缺陷的，应当立即组织调查分析。

省级市场监督管理部门发现本行政区域内生产者生产的消费品可能存在缺陷的，应当自发现之日起三个工作日内通知生产者开展调查分析。生产者应当按照通知要求开展调查分析，并将调查分析结果报告省级市场监督管理部门。

经调查分析认为消费品存在缺陷的，生产者应当立即实施召回，不得隐瞒缺陷。

第十条 生产者未按照通知要求开展调查分析，或者省级市场监督管理部门认为调查分析结果不足以证明消费品不存在缺陷的，省级市场监督管理部门应当组织缺陷调查。

省级以上市场监督管理部门认为消费品可能存在足以造成严重后果或者影响范围较大的缺陷的，可以直接组织缺陷调查。

第十一条 市场监督管理部门组织缺陷调查，可以进入生产者和其他经营者的生产经营场所进行现场调查，查阅、复制相关资料和记录，向相关单位和个人了解消费品可能存在缺陷的情况，组织相关技术机构和专家进行技术分析和风险评估，必要时可以约谈生产者。

生产者和其他经营者应当配合市场监督管理部门开展的缺陷调查，提供调查需要的资料、消费品和专用设备等。

第十二条 经缺陷调查认为消费品存在缺陷的，组织缺陷调查的市场监督管理部门应当通知生产者实施召回。

生产者接到召回通知，认为消费品存在缺陷的，应当立即实施召回。

第十三条 生产者认为消费品不存在缺陷的，可以自收到通知之日起十个工作日内向通知召回的市场监督管理部门提出异议，并提供相关材料。

接到异议的市场监督管理部门应当审查相关材料，必要时组织相关技术机构或者专家采用检验、检测、鉴定或者论证等方式进行缺陷认定，并将认定结果通知生产者。认定消费品存在缺陷的，生产者应当立即实施召回。

第十四条 生产者既不按照市场监督管理部门通知要求实施召回又未在规定期限内提出异议，或者经缺陷认定确认消费品存在缺陷但仍未实施召回的，由国家市场监督管理总局责令其实施召回。生产者应当立即实施召回。

第十五条 生产者认为消费品存在缺陷或者被责令实施召回的，应当立即停止生产、销售、进口缺陷消费品，通知其他经营者停止经营。

生产者应当承担消费者因消费品被召回支出的必要费用。

第十六条 其他经营者接到生产者通知的，应当立即停止经营存在缺陷的消费品，并协助生产者实施召回。

第十七条 生产者主动实施召回的，应当自调查分析认为消费品存在缺陷之日起十个工作日内向所在地省级市场监督管理部门报告召回计划。

生产者按照市场监督管理部门通知实施召回的，应当自接到通知之日起十个工作日内向通知其召回的市场监督管理部门报告召回计划。

生产者被责令实施召回的，应当自被责令召回之日起十个工作日内向国家市场监督管理总局报告召回计划。

第十八条 召回计划应当包括以下内容：

（一）需要召回的消费品范围、存在的缺陷以及避免损害发生的应急处置方式；

（二）具体的召回措施；

（三）召回的负责机构、联系方式、进度安排；

（四）其他需要报告的内容。

第十九条 接到召回计划报告的市场监督管理部门应当通过消费品召回管理信息系统向社会公示生产者报告的召回计划。

生产者应当自召回计划报告之日起三个工作日内以便于公众知晓的方式发布召回信息，并接受公众咨询。其他经营者应当在其门店、网站等经营场所公开生产者发布的召回信息。

第二十条 生产者应当按照召回计划实施召回。对采取更换、退货方式召回的缺陷消费品，生产者应当按照有关规定进行处理。未消除缺陷或者降低安全风险的，不得再次销售或者交付使用。

第二十一条 生产者应当自召回实施之日起每二个月向报告召回计划的市场监督管理部门提交召回阶段性总结，并在完成召回计划后十五个工作日内提交召回总结。

生产者应当制作并保存召回记录。召回记录的保存期不得少于五年。

第二十二条 生产者发现召回的消费品范围不准确、召回措施未能消除缺陷或者降低安全风险的，应当重新实施召回。

接到召回计划报告的市场监督管理部门应当对生产者召回实施情况进行监督。发现生产者召回的消费品范围不准确、召回措施未能消除缺陷或者降低安全风险的，应当通知生产者重新实施召回。

第二十三条 参与缺陷消费品召回监督管理相关工作的单位及其人员对工作中获悉的商业秘密、个人隐私，应当依法保密。

第二十四条 生产者经责令召回仍拒绝或者拖延实施召回的，按照《中华人民共和国消费者权益保护法》第五十六条规定处理。

第二十五条 生产者和其他经营者违反本规定第八条第一款、第十一条第二款、第十五条至第十七条、第十九条第二款、第二十条、第二十一条规定，由省级市场监督管理部门责令限期改正；逾期未改正的，处一万元以上三万元以下罚款；涉嫌构成犯罪，依法需要追究刑事责任的，按照有关规定移送公安机关。

第二十六条 从事缺陷消费品召回监督管理工作的人员滥用职权、玩忽职守、徇私舞弊的，对直接负责的主管人员和其他直接责任人员依法给予行政处分。

第二十七条 市场监督管理部门应当将责令召回情况及行政处罚信息记入信用档案，依法向社会公布。

第二十八条 生产者按照本规定召回缺陷消费品，不免除其依法应当承担的其他法律责任。

第二十九条 进口消费品的境外生产者指定的在中华人民共和国境内实施召回的机构，视为本规定所称生产者；境外生产者未指定的，进口商视为本规定所称生产者。

第三十条　根据需要，市级、县级市场监督管理部门可以负责省级市场监督管理部门缺陷消费品召回监督管理部分工作，具体职责分工由省级市场监督管理部门确定。

第三十一条　除消费品以外，法律、行政法规规定由市场监督管理部门负责监督管理召回活动的其他产品，可以参照本规定执行。

第三十二条　本规定自 2020 年 1 月 1 日起施行。2007 年 8 月 27 日原国家质量监督检验检疫总局令第 101 号公布的《儿童玩具召回管理规定》同时废止。

化妆品标识管理规定

（2007 年 8 月 27 日国家质量监督检验检疫总局令第 100 号公布　自 2008 年 9 月 1 日起施行）

第一章　总　则

第一条　为了加强对化妆品标识的监督管理，规范化妆品标识的标注，防止质量欺诈，保护消费者的人身健康和安全，根据《中华人民共和国产品质量法》、《中华人民共和国标准化法》、《中华人民共和国工业产品生产许可证管理条例》、《国务院关于加强食品等产品安全监督管理的特别规定》等法律法规，制定本规定。

第二条　在中华人民共和国境内生产（含分装）、销售的化妆品的标识标注和管理，适用本规定。

第三条　本规定所称化妆品是指以涂抹、喷、洒或者其他类似方法，施于人体（皮肤、毛发、指趾甲、口唇齿等），以达到清洁、保养、美化、修饰和改变外观，或者修正人体气味，保持良好状态为目的的产品。

本规定所称化妆品标识是指用以表示化妆品名称、品质、功效、使用方法、生产和销售者信息等有关文字、符号、数字、图案以及其他说明的总称。

第四条　国家质量监督检验检疫总局（以下简称国家质检总局）在其职权范围内负责组织全国化妆品标识的监督管理工作。

县级以上地方质量技术监督部门在其职权范围内负责本行政区域内化妆品标识的监督管理工作。

第二章　化妆品标识的标注内容

第五条　化妆品标识应当真实、准确、科学、合法。

第六条　化妆品标识应当标注化妆品名称。

化妆品名称一般由商标名、通用名和属性名三部分组成，并符合下列要求：

（一）商标名应当符合国家有关法律、行政法规的规定；

（二）通用名应当准确、科学，不得使用明示或者暗示医疗作用的文字，但可以使用表明主要原料、主要功效成分或者产品功能的文字；

（三）属性名应当表明产品的客观形态，不得使用抽象名称；约定俗成的产品名称，可省略其属性名。

国家标准、行业标准对产品名称有规定的，应当标注标准规定的名称。

第七条　化妆品标注"奇特名称"的，应当在相邻位置，以相同字号，按照本规定第六条规定标注产品名称；并不得违反国家相关规定和社会公序良俗。

同一名称的化妆品，适用不同人群，不同色系、香型的，应当在名称中或明显位置予以标明。

第八条 化妆品标识应当标注化妆品的实际生产加工地。

化妆品实际生产加工地应当按照行政区划至少标注到省级地域。

第九条 化妆品标识应当标注生产者的名称和地址。生产者名称和地址应当是依法登记注册、能承担产品质量责任的生产者的名称、地址。

有下列情形之一的，生产者的名称、地址按照下列规定予以标注：

（一）依法独立承担法律责任的集团公司或者其子公司，应当标注各自的名称和地址；

（二）依法不能独立承担法律责任的集团公司的分公司或者集团公司的生产基地，可以标注集团公司和分公司（生产基地）的名称、地址，也可以仅标注集团公司的名称、地址；

（三）实施委托生产加工的化妆品，委托企业具有其委托加工的化妆品生产许可证的，应当标注委托企业的名称、地址和被委托企业的名称，或者仅标注委托企业的名称和地址；委托企业不具有其委托加工化妆品生产许可证的，应当标注委托企业的名称、地址和被委托企业的名称；

（四）分装化妆品应当分别标注实际生产加工企业的名称和分装者的名称及地址，并注明分装字样。

第十条 化妆品标识应当清晰地标注化妆品的生产日期和保质期或者生产批号和限期使用日期。

第十一条 化妆品标识应当标注净含量。净含量的标注依照《定量包装商品计量监督管理办法》执行。液态化妆品以体积标明净含量；固态化妆品以质量标明净含量；半固态或者粘性化妆品，用质量或者体积标明净含量。

第十二条 化妆品标识应当标注全成分表。标注方法及要求应当符合相应的标准规定。

第十三条 化妆品标识应当标注企业所执行的国家标准、行业标准号或者经备案的企业标准号。

化妆品标识必须含有产品质量检验合格证明。

第十四条 化妆品标识应当标注生产许可证标志和编号。生产许可证标志和编号应当符合《中华人民共和国工业产品生产许可证管理条例实施办法》的有关规定。

第十五条 化妆品根据产品使用需要或者在标识中难以反映产品全部信息时，应当增加使用说明。使用说明应通俗易懂，需要附图时须有图例示。

凡使用或者保存不当容易造成化妆品本身损坏或者可能危及人体健康和人身安全的化妆品、适用于儿童等特殊人群的化妆品，必须标注注意事项、中文警示说明，以及满足保质期和安全性要求的储存条件等。

第十六条 化妆品标识不得标注下列内容：

（一）夸大功能、虚假宣传、贬低同类产品的内容；

（二）明示或者暗示具有医疗作用的内容；

（三）容易给消费者造成误解或者混淆的产品名称；

（四）其他法律、法规和国家标准禁止标注的内容。

第三章 化妆品标识的标注形式

第十七条 化妆品标识不得与化妆品包装物（容器）分离。

第十八条 化妆品标识应当直接标注在化妆品最小销售单元（包装）上。化妆品有说明书的应当随附于产品最小销售单元（包装）内。

第十九条 透明包装的化妆品，透过外包装物能清晰地识别内包装物或者容器上的所有或者部分标识内容的,可以不在外包装物上重复标注相应的内容。

第二十条 化妆品标识内容应清晰、醒目、持久,使消费者易于辨认、识读。

第二十一条 化妆品标识中除注册商标标识之外,其内容必须使用规范中文。使用拼音、少数民族文字或者外文的,应当与汉字有对应关系,并符合本规定第六条规定的要求。

第二十二条 化妆品包装物(容器)最大表面面积大于 20 平方厘米的,化妆品标识中强制标注内容字体高度不得小于 1.8 毫米。除注册商标之外,标识所使用的拼音、外文字体不得大于相应的汉字。

化妆品包装物(容器)的最大表面的面积小于 10 平方厘米且净含量不大于 15 克或者 15 毫升的,其标识可以仅标注化妆品名称,生产者名称和地址,净含量,生产日期和保质期或者生产批号和限期使用日期。产品有其他相关说明性资料的,其他应当标注的内容可以标注在说明性资料上。

第二十三条 化妆品标识不得采用以下标注形式:

(一)利用字体大小、色差或者暗示性的语言、图形、符号误导消费者;

(二)擅自涂改化妆品标识中的化妆品名称、生产日期和保质期或者生产批号和限期使用日期;

(三)法律、法规禁止的其他标注形式。

第四章 法 律 责 任

第二十四条 违反本规定第六条、第七条规定,化妆品标识未标注化妆品名称或者标注名称不符合规定要求的,责令限期改正;逾期未改正的,处以 1 万元以下罚款。

第二十五条 违反本规定第八条、第九条,化妆品标识未依法标注化妆品实际生产加工地或者生产者名称、地址的,责令限期改正;逾期未改正的,处以 1 万元以下罚款。

属于伪造产品产地、伪造或者冒用他人厂名、厂址的,按照《中华人民共和国产品质量法》第五十三条的规定处罚。

第二十六条 违反本规定第十条、第十五条的,按照《中华人民共和国产品质量法》第五十四条的规定处罚。

第二十七条 违反本规定第十一条,未按规定标注净含量的,按照《定量包装商品计量监督管理办法》的规定处罚。

第二十八条 违反本规定第十二条,化妆品标识未标注全成分表,标注方法和要求不符合相应标准规定的,责令限期改正;逾期未改正的,处以 1 万元以下罚款。

第二十九条 违反本规定第十三条,未标注产品标准号或者未标注质量检验合格证明的,责令限期改正;逾期未改正的,处以 1 万元以下罚款。

第三十条 违反本规定第十四条,未依法标注生产许可证标志和编号的,按照《中华人民共和国工业产品生产许可证管理条例》第四十七条的规定处罚。

第三十一条 违反本规定第十六条的,责令限期改正;逾期未改正的,处以 1 万元以下罚款;违反有关法律法规规定的,依照有关法律法规规定处理。

第三十二条 违反本规定第十七条、第十八条的,责令限期改正;逾期未改正的,处以 1 万元以下罚款。

第三十三条 违反本规定第二十一条、第二十二条,责令限期改正;逾期未改正的,处以 1 万元以下罚款。

第三十四条 违反本规定第二十三条规定的,责令限期改正,并处以 5000 元以下罚款;逾期未改正的,处以 1 万元以下罚款。

第三十五条 本章规定的行政处罚，由县级以上地方质量技术监督部门在职权范围内依法实施。

法律、行政法规对行政处罚另有规定的，从其规定。

第五章 附 则

第三十六条 进出口化妆品标识的管理，由出入境检验检疫机构按照国家质检总局有关规定执行。

第三十七条 本规定由国家质检总局负责解释。

第三十八条 本规定自 2008 年 9 月 1 日起施行。

原产地标记管理规定

(2001 年 3 月 5 日 国检法〔2001〕第 51 号)

第一章 总 则

第一条 为加强原产地标记管理工作，规范原产地标记的使用，保护生产者、经营者和消费者的合法权益，根据《中华人民共和国进出口商品检验法》及其实施条例、《中华人民共和国出口货物原产地规则》等有关法律法规和世界贸易组织《原产地规则协议》等国际条约、协议的规定，制定本规定。

第二条 本规定适用于对原产地标记的申请、评审、注册等原产地标记的认证和管理工作。

第三条 国家出入境检验检疫局（以下简称国家检验检疫局）统一管理全国原产地标记工作，负责原产地标记管理办法的制定、组织协调和监督管理。国家检验检疫局设在各地的出入境检验检疫局（以下简称检验检疫机构）负责其辖区内的原产地标记申请的受理、评审、报送注册和监督管理。

第四条 本规定所称原产地标记包括原产国标记和地理标志。原产地标记是原产地工作不可分割的组成部分。原产国标记是指用于指示一项产品或服务来源某个国家或地区的标识、标签、标示、文字、图案以及与产地有关的各种证书等。地理标志是指一个国家、地区或特定地方的地理名称，用于指示一项产品来源于该地，且该产品的质量特征完全或主要取决于该地的地理环境、自然条件、人文背景等因素。

第五条 原产地标记的使用范围包括：

（一）标有"中国制造/生产"等字样的产品；

（二）名、优、特产品和传统的手工艺品；

（三）申请原产地认证标记的产品；

（四）涉及安全、卫生、环境保护及反欺诈行为的货物；

（五）涉及原产地标记的服务贸易和政府采购的商品；

（六）根据国家规定须标明来源地的产品。

第六条 检验检疫机构对原产地标记实施注册认证制度。

第七条 原产地标记的注册坚持自愿申请原则，原产地标记经注册后方可获得保护。涉及安全、卫生、环境保护及反欺诈行为的入境产品，以及我国法律、法规、双边协议等规定须使用原产地标记的进出境产品或者服务，按有关规定办理。

第八条 经国家检验检疫局批准注册的原产地标记为原产地认证标记，国家检验检疫局定期公布《受保护的原产地标记产品目录》，对已列入保护的产品，在检验检疫、放行等方面给予方便。已经检验检疫机构施加的各种标志、标签，凡已标明原产地的可视作原产地标记，未标明原产地的，按本规定有关条款办理。

第九条 取得原产地标记认证注册的产品或服务可以使用原产地认证标记，原产地认证标记包括图案、证书或者经国家检验检疫局认可的其它形式。

第十条 原产地标记的评审认定工作应坚持公平、公正、公开的原则。

第二章　原产地标记的申请、评审、注册和使用

第十一条 原产地标记的申请人包括国内外的组织、团体、生产经营企业或者自然人。

第十二条 申请出境货物原产地标记注册，申请人应向所在地检验检疫机构提出申请，并提交相关的资料。申请入境货物原产地标记注册的，申请人应向国家检验检疫局提出申请，并提交相关的资料。

第十三条 检验检疫机构受理原产地标记注册申请后，按相关程序组织评审。经评审符合条件的，由国家检验检疫局批准注册并定期发布《受保护的原产地标记产品目录》。

第十四条 使用"中国制造"或"中国生产"原产地标记的出口货物须符合下列标准：

（一）在中国获得的完全原产品；

（二）含有进口成份的，须符合《中华人民共和国出口货物原产地规则》要求，并取得中国原产地资格。

第三章　原产地标记的保护与监督

第十五条 国家检验检疫局可根据有关地方人民政府和社会团体对原产地标记产品保护的建议，组织行业主管部门、行业协会、生产者代表以及有关专家进行评审，符合要求的，列入《受保护的原产地标记产品目录》。

第十六条 取得原产地认证标记的产品、服务及其生产经营企业，应接受检验检疫机构的监督检查。

第十七条 对违反本规定使用原产地标记的行为，依法追究其法律责任。

第十八条 从事原产地标记工作的人员滥用职权、徇私舞弊、泄露商业秘密的，给予行政处分；构成犯罪的，依法追究刑事责任。

第十九条 对原产地标记的申请受理、评审认证、注册、使用认定和管理工作有异议的，可以向所在地检验检疫机构或国家检验检疫局提出复审。

第四章　附　　则

第二十条 检验检疫机构办理原产地标记，按有关规定收取费用。

第二十一条 国家检验检疫局根据本规定制定实施办法。

第二十二条 本办法由国家检验检疫局负责解释。

第二十三条 本规定自 2001 年 4 月 1 日起施行。

原产地标记管理规定实施办法

(2001 年 3 月 5 日　国检法〔2001〕第 51 号)

第一章　总　　则

第一条　根据《原产地标记管理规定》，制定本办法。

第二条　国家出入境检验检疫局（以下简称国家检验检疫局）设立原产地标记工作小组及其办公室，主要职责是：

（一）原产地标记的有关管理办法的制、修订；

（二）受理入境原产地标记申请，办理原产地标记的注册审批；

（三）统一发布原产地标记认证的种类和形式；

（四）原产地标记管理工作的协调和监督管理。

第三条　各地出入境检验检疫局（以下简称检验检疫机构）按照相应的模式，负责其辖区内的原产地标记的申请受理、评审、报送注册和监督管理。

第四条　对已取得国家检验检疫局批准注册的原产地标记，由国家检验检疫局每半年一次公开发布《受保护的原产地标记产品目录》。

第二章　原产地标记的使用范围

第五条　使用原产国标记的产品包括：

（一）在生产国获得的完全原产品；

（二）含有进口成份，并获得原产资格的产品；

（三）标有原产国标记的涉及安全、卫生及环境保护的进口产品；

（四）国外生产商申请原产地标记保护的商品；

（五）涉及反倾销、反补贴的产品；

（六）服务贸易和政府采购中的原产地标记的产品。

第六条　使用地理标志的产品包括：

（一）用特定地区命名的产品，其原材料全部、部分或主要来自该地区，或来自其它特定地区，其产品的特殊品质、特色和声誉取决于当地的自然环境和人文因素，并在该地采用传统工艺生产。

（二）以非特定地区命名的产品，其主要原材料来自该地区或其它特定地区，但该产品的品质、品味、特征取决于该地的自然环境和人文因素以及采用传统工艺生产、加工、制造或形成的产品，也视为地理标志产品。

第三章　原产地标记的申请、评审和注册

第七条　申请地理标志注册的，申请人须填写《原产地标记注册申请书》，并提供以下资料：

（一）所适用的产地范围；

（二）生产或形成时所用的原材料、生产工艺、流程、主要质量特性；

（三）生产产品的质量情况与地理环境（自然因素、人文因素或者结合）的相关资料；

（四）检验检疫机构要求的其它相关资料。

第八条 检验检疫机构受理地理标志申请后，依据如下原则进行评审：

（一）产品名称应由其原产地地理名称和反映其真实属性的通用产品名称构成；

（二）产品的品质、品味、特征、特色和声誉能体现原产地的自然环境和人文因素，并具有稳定的质量、历史悠久、享有盛名；

（三）在生产中采用传统的工艺生产或特殊的传统的生产设备生产；

（四）其原产地是公认的，协商一致的并经确认的。

第九条 检验检疫机构评审的依据如下：

（一）历史渊源、当地自然条件和人文因素；

（二）标记产品原有的标准（包括工艺）；

（三）申请人提供的经确认的感官特性，理化、卫生指标和试验方法；

（四）涉及安全、卫生、环保的产品要求符合国家标准的规定；

（五）申请人提供的其它与审核有关的文件。

第十条 国家检验检疫局对所受理的入境货物原产地认证标记的申请，组织专家进行评审，评审合格的，予以注册。

第十一条 检验检疫机构受理出境货物地理标记认证申请后，由直属检验检疫局依据《原产地标记注册程序》进行评审，评审合格的，报国家检验检疫局审批。经审批合格的，国家检验检疫局批准注册并颁发证书。

出境货物原产国标记注册的申请，检验检疫机构按照《中华人民共和国出口货物原产地规则》签发原产地证书的要求进行审核。经审核符合要求的，生产制造厂商可在其产品上施加原产地标记"中国制造/生产"字样；不符合要求的，不得施加。

第十二条 服务贸易中的原产地标记，申请人应提供该项服务的权利证明和服务性的依据，由检验检疫机构组织验证，对符合标准的，签发《原产地标记证明书》。

第四章 原产地认证标记的使用

第十三条 经国家检验检疫局注册的原产地标记为原产地认证标记。标记使用人应按照原产地标记注册证书核准的产品及标示方法的范围使用相应的原产地标记。

第十四条 原产地认证标记的形式和种类：

（一）标记图案：CIQ-Origin

标记图案的图形为椭圆形，底色为瓷兰色，字体为白色。标记的材质为纸制，有耐热要求时为铝箔。

标记的规格分为5号，各种规格的外围尺寸见下表：

标记规格	1号	2号	3号	4号	5号
直径（mm）	60	45	30	20	10

标记图案的长、短半径比例为1.5：1。

（二）证书

1. 原产地标记注册证书

2. 原产地标记的书面证明

（三）经国家检验检疫局认可的其它形式

第十五条 原产地认证标记的标示方法有：

（一）直接加贴或吊挂在产品或包装物上；

（二）图案压模，适用于金属、塑料等产品或包装上；

（三）原产地标记证书；

（四）直接印刷在标签或包装物上；

（五）应申请人的要求或根据实际情况，采用相应的标志方法。

第十六条 对土特产品、传统手工艺品、名牌优质产品，申请人提出申请原产地标记后，检验检疫机构应组织评审，经注册后方可使用原产地认证标记。

第五章 监 督 管 理

第十七条 下列标记不受保护：

（一）不符合规定的原产国标记和地理标志；

（二）违反道德或公共秩序的标记，特别是在商品的品质、来源、制造方法、质量特征或用途等方面容易引起误导的标记；

（三）已成为普通名称或公知公用的原产地标记；

（四）未经注册，自行施加或自我声明"中国制造"的标记。

第十八条 原产地标记的使用不得有下列情形：

（一）使用虚假的、欺骗性的或引起误解的原产地标记，使用虚假、欺骗性说明或者仿造原产地名称的；

（二）在原产地标记上加注了诸如"类"、"型"、"式"等类似用语以混淆原产地的；

（三）使用原产地标记与实际货物不符合的；

（四）未经许可使用、变更或伪造原产地标记的。

第十九条 检验检疫机构对已注册原产地标记的企业实行监督管理，发现不符合要求的，给予暂停使用或停止使用的处罚。对暂停使用的注册单位，改进后经审核合格的，可恢复使用；

对停止使用的注册单位，以公告形式予以公布。

第二十条 对违反本规定的行为，情节轻微的，由检验检疫机构依法予以行政处罚；情节严重构成犯罪的，依法追究其刑事责任。

第六章 附 则

第二十一条 检验检疫机构办理原产地标记注册、加贴认证标志，以及实施有关检验、鉴定、测试等应按规定收取费用。

第二十二条 政府采购中的原产地标记，国家检验检疫局将根据我国政府采购的法律和法规，对政府采购中的原产地标记进行认定。

第二十三条 国家规定的"西部地区"的产品，可标有特定的"西部地区"标记，该标记视为原产地标记。

本条所称的"西部地区"是指国家公开发布的省、市、自治区。

第二十四条 本办法由国家检验检疫局负责解释。

第二十五条 本办法自 2001 年 4 月 1 日起施行。

七、食品与药品安全监管

(一) 食品安全监管

中华人民共和国农产品质量安全法

(2006年4月29日第十届全国人民代表大会常务委员会第二十一次会议通过 根据2018年10月26日第十三届全国人民代表大会常务委员会第六次会议《关于修改〈中华人民共和国野生动物保护法〉等十五部法律的决定》修正 2022年9月2日第十三届全国人民代表大会常务委员会第三十六次会议修订 2022年9月2日中华人民共和国主席令第120号公布 自2023年1月1日起施行)

目　　录

第一章　总　　则

第一条　为了保障农产品质量安全,维护公众健康,促进农业和农村经济发展,制定本法。

第二条　本法所称农产品,是指来源于种植业、林业、畜牧业和渔业等的初级产品,即在农业活动中获得的植物、动物、微生物及其产品。

本法所称农产品质量安全,是指农产品质量达到农产品质量安全标准,符合保障人的健康、安全的要求。

第三条　与农产品质量安全有关的农产品生产经营及其监督管理活动,适用本法。

《中华人民共和国食品安全法》对食用农产品的市场销售、有关质量安全标准的制定、有关安全信息的公布和农业投入品已经作出规定的,应当遵守其规定。

第四条　国家加强农产品质量安全工作,实行源头治理、风险管理、全程控制,建立科学、严格的监督管理制度,构建协同、高效的社会共治体系。

第五条　国务院农业农村主管部门、市场监督管理部门依照本法和规定的职责,对农产品质量安全实施监督管理。

国务院其他有关部门依照本法和规定的职责承担农产品质量安全的有关工作。

第六条 县级以上地方人民政府对本行政区域的农产品质量安全工作负责，统一领导、组织、协调本行政区域的农产品质量安全工作，建立健全农产品质量安全工作机制，提高农产品质量安全水平。

县级以上地方人民政府应当依照本法和有关规定，确定本级农业农村主管部门、市场监督管理部门和其他有关部门的农产品质量安全监督管理工作职责。各有关部门在职责范围内负责本行政区域的农产品质量安全监督管理工作。

乡镇人民政府应当落实农产品质量安全监督管理责任，协助上级人民政府及其有关部门做好农产品质量安全监督管理工作。

第七条 农产品生产经营者应当对其生产经营的农产品质量安全负责。

农产品生产经营者应当依照法律、法规和农产品质量安全标准从事生产经营活动，诚信自律，接受社会监督，承担社会责任。

第八条 县级以上人民政府应当将农产品质量安全管理工作纳入本级国民经济和社会发展规划，所需经费列入本级预算，加强农产品质量安全监督管理能力建设。

第九条 国家引导、推广农产品标准化生产，鼓励和支持生产绿色优质农产品，禁止生产、销售不符合国家规定的农产品质量安全标准的农产品。

第十条 国家支持农产品质量安全科学技术研究，推行科学的质量安全管理方法，推广先进安全的生产技术。国家加强农产品质量安全科学技术国际交流与合作。

第十一条 各级人民政府及有关部门应当加强农产品质量安全知识的宣传，发挥基层群众性自治组织、农村集体经济组织的优势和作用，指导农产品生产经营者加强质量安全管理，保障农产品消费安全。

新闻媒体应当开展农产品质量安全法律、法规和农产品质量安全知识的公益宣传，对违法行为进行舆论监督。有关农产品质量安全的宣传报道应当真实、公正。

第十二条 农民专业合作社和农产品行业协会等应当及时为其成员提供生产技术服务，建立农产品质量安全管理制度，健全农产品质量安全控制体系，加强自律管理。

第二章　农产品质量安全风险
管理和标准制定

第十三条 国家建立农产品质量安全风险监测制度。

国务院农业农村主管部门应当制定国家农产品质量安全风险监测计划，并对重点区域、重点农产品品种进行质量安全风险监测。省、自治区、直辖市人民政府农业农村主管部门应当根据国家农产品质量安全风险监测计划，结合本行政区域农产品生产经营实际，制定本行政区域的农产品质量安全风险监测实施方案，并报国务院农业农村主管部门备案。县级以上地方人民政府农业农村主管部门负责组织实施本行政区域的农产品质量安全风险监测。

县级以上人民政府市场监督管理部门和其他有关部门获知有关农产品质量安全风险信息后，应当立即核实并向同级农业农村主管部门通报。接到通报的农业农村主管部门应当及时上报。制定农产品质量安全风险监测计划、实施方案的部门应当及时研究分析，必要时进行调整。

第十四条 国家建立农产品质量安全风险评估制度。

国务院农业农村主管部门应当设立农产品质量安全风险评估专家委员会，对可能影响农产品质量安全的潜在危害进行风险分析和评估。国务院卫生健康、市场监督管理等部门发现需要对农产品进行质量安全风险评估的，应当向国务院农业农村主管部门提出风险评估建议。

农产品质量安全风险评估专家委员会由农业、食品、营养、生物、环境、医学、化工等方面的专家组成。

第十五条 国务院农业农村主管部门应当根据农产品质量安全风险监测、风险评估结果采取相应的管理措施，并将农产品质量安全风险监测、风险评估结果及时通报国务院市场监督管理、卫生健康等部门和有关省、自治区、直辖市人民政府农业农村主管部门。

县级以上人民政府农业农村主管部门开展农产品质量安全风险监测和风险评估工作时，可以根据需要进入农产品产地、储存场所及批发、零售市场。采集样品应当按照市场价格支付费用。

第十六条 国家建立健全农产品质量安全标准体系，确保严格实施。农产品质量安全标准是强制执行的标准，包括以下与农产品质量安全有关的要求：

（一）农业投入品质量要求、使用范围、用法、用量、安全间隔期和休药期规定；

（二）农产品产地环境、生产过程管控、储存、运输要求；

（三）农产品关键成分指标等要求；

（四）与屠宰畜禽有关的检验规程；

（五）其他与农产品质量安全有关的强制性要求。

《中华人民共和国食品安全法》对食用农产品的有关质量安全标准作出规定的，依照其规定执行。

第十七条 农产品质量安全标准的制定和发布，依照法律、行政法规的规定执行。

制定农产品质量安全标准应当充分考虑农产品质量安全风险评估结果，并听取农产品生产经营者、消费者、有关部门、行业协会等的意见，保障农产品消费安全。

第十八条 农产品质量安全标准应当根据科学技术发展水平以及农产品质量安全的需要，及时修订。

第十九条 农产品质量安全标准由农业农村主管部门商有关部门推进实施。

第三章　农产品产地

第二十条 国家建立健全农产品产地监测制度。

县级以上地方人民政府农业农村主管部门应当会同同级生态环境、自然资源等部门制定农产品产地监测计划，加强农产品产地安全调查、监测和评价工作。

第二十一条 县级以上地方人民政府农业农村主管部门应当会同同级生态环境、自然资源等部门按照保障农产品质量安全的要求，根据农产品品种特性和产地安全调查、监测、评价结果，依照土壤污染防治等法律、法规的规定提出划定特定农产品禁止生产区域的建议，报本级人民政府批准后实施。

任何单位和个人不得在特定农产品禁止生产区域种植、养殖、捕捞、采集特定农产品和建立特定农产品生产基地。

特定农产品禁止生产区域划定和管理的具体办法由国务院农业农村主管部门商国务院生态环境、自然资源等部门制定。

第二十二条 任何单位和个人不得违反有关环境保护法律、法规的规定向农产品产地排放或者倾倒废水、废气、固体废物或者其他有毒有害物质。

农业生产用水和用作肥料的固体废物，应当符合法律、法规和国家有关强制性标准的要求。

第二十三条 农产品生产者应当科学合理使用农药、兽药、肥料、农用薄膜等农业投入品，防止对农产品产地造成污染。

农药、肥料、农用薄膜等农业投入品的生产者、经营者、使用者应当按照国家有关规定回收并妥善处置包装物和废弃物。

第二十四条 县级以上人民政府应当采取措施，加强农产品基地建设，推进农业标准化示范建设，改善农产品的生产条件。

第四章 农产品生产

第二十五条 县级以上地方人民政府农业农村主管部门应当根据本地区的实际情况，制定保障农产品质量安全的生产技术要求和操作规程，并加强对农产品生产经营者的培训和指导。

农业技术推广机构应当加强对农产品生产经营者质量安全知识和技能的培训。国家鼓励科研教育机构开展农产品质量安全培训。

第二十六条 农产品生产企业、农民专业合作社、农业社会化服务组织应当加强农产品质量安全管理。

农产品生产企业应当建立农产品质量安全管理制度，配备相应的技术人员；不具备配备条件的，应当委托具有专业技术知识的人员进行农产品质量安全指导。

国家鼓励和支持农产品生产企业、农民专业合作社、农业社会化服务组织建立和实施危害分析和关键控制点体系，实施良好农业规范，提高农产品质量安全管理水平。

第二十七条 农产品生产企业、农民专业合作社、农业社会化服务组织应当建立农产品生产记录，如实记载下列事项：

（一）使用农业投入品的名称、来源、用法、用量和使用、停用的日期；

（二）动物疫病、农作物病虫害的发生和防治情况；

（三）收获、屠宰或者捕捞的日期。

农产品生产记录应当至少保存二年。禁止伪造、变造农产品生产记录。

国家鼓励其他农产品生产者建立农产品生产记录。

第二十八条 对可能影响农产品质量安全的农药、兽药、饲料和饲料添加剂、肥料、兽医器械，依照有关法律、行政法规的规定实行许可制度。

省级以上人民政府农业农村主管部门应当定期或者不定期组织对可能危及农产品质量安全的农药、兽药、饲料和饲料添加剂、肥料等农业投入品进行监督抽查，并公布抽查结果。

农药、兽药经营者应当依照有关法律、行政法规的规定建立销售台账，记录购买者、销售日期和药品施用范围等内容。

第二十九条 农产品生产经营者应当依照有关法律、行政法规和国家有关强制性标准、国务院农业农村主管部门的规定，科学合理使用农药、兽药、饲料和饲料添加剂、肥料等农业投入品，严格执行农业投入品使用安全间隔期或者休药期的规定；不得超范围、超剂量使用农业投入品危及农产品质量安全。

禁止在农产品生产经营过程中使用国家禁止使用的农业投入品以及其他有毒有害物质。

第三十条 农产品生产场所以及生产活动中使用的设施、设备、消毒剂、洗涤剂等应当符合国家有关质量安全规定，防止污染农产品。

第三十一条 县级以上人民政府农业农村主管部门应当加强对农业投入品使用的监督管理和指导，建立健全农业投入品的安全使用制度，推广农业投入品科学使用技术，普及安全、环保农业投入品的使用。

第三十二条 国家鼓励和支持农产品生产经营者选用优质特色农产品品种，采用绿色生产技术和全程质量控制技术，生产绿色优质农产品，实施分等分级，提高农产品品质，打造农产品品牌。

第三十三条 国家支持农产品产地冷链物流基础设施建设，健全有关农产品冷链物流标准、服务规范和监管保障机制，保障冷链物流农产品畅通高效、安全便捷，扩大高品质市场供给。

从事农产品冷链物流的生产经营者应当依照法律、法规和有关农产品质量安全标准，加强冷链技术创新与应用、质量安全控制，执行对冷链物流农产品及其包装、运输工具、作业环境等的检验检测检疫要求，保证冷链农产品质量安全。

第五章　农产品销售

第三十四条　销售的农产品应当符合农产品质量安全标准。

农产品生产企业、农民专业合作社应当根据质量安全控制要求自行或者委托检测机构对农产品质量安全进行检测；经检测不符合农产品质量安全标准的农产品，应当及时采取管控措施，且不得销售。

农业技术推广等机构应当为农户等农产品生产经营者提供农产品检测技术服务。

第三十五条　农产品在包装、保鲜、储存、运输中所使用的保鲜剂、防腐剂、添加剂、包装材料等，应当符合国家有关强制性标准以及其他农产品质量安全规定。

储存、运输农产品的容器、工具和设备应当安全、无害。禁止将农产品与有毒有害物质一同储存、运输，防止污染农产品。

第三十六条　有下列情形之一的农产品，不得销售：

（一）含有国家禁止使用的农药、兽药或者其他化合物；

（二）农药、兽药等化学物质残留或者含有的重金属等有毒有害物质不符合农产品质量安全标准；

（三）含有的致病性寄生虫、微生物或者生物毒素不符合农产品质量安全标准；

（四）未按照国家有关强制性标准以及其他农产品质量安全规定使用保鲜剂、防腐剂、添加剂、包装材料等，或者使用的保鲜剂、防腐剂、添加剂、包装材料等不符合国家有关强制性标准以及其他质量安全规定；

（五）病死、毒死或者死因不明的动物及其产品；

（六）其他不符合农产品质量安全标准的情形。

对前款规定不得销售的农产品，应当依照法律、法规的规定进行处置。

第三十七条　农产品批发市场应当按照规定设立或者委托检测机构，对进场销售的农产品质量安全状况进行抽查检测；发现不符合农产品质量安全标准的，应当要求销售者立即停止销售，并向所在地市场监督管理、农业农村等部门报告。

农产品销售企业对其销售的农产品，应当建立健全进货检查验收制度；经查验不符合农产品质量安全标准的，不得销售。

食品生产者采购农产品等食品原料，应当依照《中华人民共和国食品安全法》的规定查验许可证和合格证明，对无法提供合格证明的，应当按照规定进行检验。

第三十八条　农产品生产企业、农民专业合作社以及从事农产品收购的单位或者个人销售的农产品，按照规定应当包装或者附加承诺达标合格证等标识的，须经包装或者附加标识后方可销售。包装物或者标识上应当按照规定标明产品的品名、产地、生产者、生产日期、保质期、产品质量等级等内容；使用添加剂的，还应当按照规定标明添加剂的名称。具体办法由国务院农业农村主管部门制定。

第三十九条　农产品生产企业、农民专业合作社应当执行法律、法规的规定和国家有关强制性标准，保证其销售的农产品符合农产品质量安全标准，并根据质量安全控制、检测结果等开具承诺达标合格证，承诺不使用禁用的农药、兽药及其他化合物且使用的常规农药、兽药残留不超标等。鼓励和支持农户销售农产品时开具承诺达标合格证。法律、行政法规对畜禽产品的质量安全合格证明有特别规定的，应当遵守其规定。

从事农产品收购的单位或者个人应当按照规定收取、保存承诺达标合格证或者其他质量安全合格证明，对其收购的农产品进行混装或者分装后销售的，应当按照规定开具承诺达标合格证。

农产品批发市场应当建立健全农产品承诺达标合格证查验等制度。

县级以上人民政府农业农村主管部门应当做好承诺达标合格证有关工作的指导服务，加强日常监督检查。

农产品质量安全承诺达标合格证管理办法由国务院农业农村主管部门会同国务院有关部门制定。

第四十条 农产品生产经营者通过网络平台销售农产品的，应当依照本法和《中华人民共和国电子商务法》、《中华人民共和国食品安全法》等法律、法规的规定，严格落实质量安全责任，保证其销售的农产品符合质量安全标准。网络平台经营者应当依法加强对农产品生产经营者的管理。

第四十一条 国家对列入农产品质量安全追溯目录的农产品实施追溯管理。国务院农业农村主管部门应当会同国务院市场监督管理等部门建立农产品质量安全追溯协作机制。农产品质量安全追溯管理办法和追溯目录由国务院农业农村主管部门会同国务院市场监督管理等部门制定。

国家鼓励具备信息化条件的农产品生产经营者采用现代信息技术手段采集、留存生产记录、购销记录等生产经营信息。

第四十二条 农产品质量符合国家规定的有关优质农产品标准的，农产品生产经营者可以申请使用农产品质量标志。禁止冒用农产品质量标志。

国家加强地理标志农产品保护和管理。

第四十三条 属于农业转基因生物的农产品，应当按照农业转基因生物安全管理的有关规定进行标识。

第四十四条 依法需要实施检疫的动植物及其产品，应当附具检疫标志、检疫证明。

第六章 监督管理

第四十五条 县级以上人民政府农业农村主管部门和市场监督管理等部门应当建立健全农产品质量安全全程监督管理协作机制，确保农产品从生产到消费各环节的质量安全。

县级以上人民政府农业农村主管部门和市场监督管理部门应当加强收购、储存、运输过程中农产品质量安全监督管理的协调配合和执法衔接，及时通报和共享农产品质量安全监督管理信息，并按照职责权限，发布有关农产品质量安全日常监督管理信息。

第四十六条 县级以上人民政府农业农村主管部门应当根据农产品质量安全风险监测、风险评估结果和农产品质量安全状况等，制定监督抽查计划，确定农产品质量安全监督抽查的重点、方式和频次，并实施农产品质量安全风险分级管理。

第四十七条 县级以上人民政府农业农村主管部门应当建立健全随机抽查机制，按照监督抽查计划，组织开展农产品质量安全监督抽查。

农产品质量安全监督抽查检测应当委托符合本法规定条件的农产品质量安全检测机构进行。监督抽查不得向被抽查人收取费用，抽取的样品应当按照市场价格支付费用，并不得超过国务院农业农村主管部门规定的数量。

上级农业农村主管部门监督抽查的同批次农产品，下级农业农村主管部门不得另行重复抽查。

第四十八条 农产品质量安全检测应当充分利用现有的符合条件的检测机构。

从事农产品质量安全检测的机构，应当具备相应的检测条件和能力，由省级以上人民政府农业农村主管部门或者其授权的部门考核合格。具体办法由国务院农业农村主管部门制定。

农产品质量安全检测机构应当依法经资质认定。

第四十九条 从事农产品质量安全检测工作的人员，应当具备相应的专业知识和实际操作技能，遵纪守法，恪守职业道德。

农产品质量安全检测机构对出具的检测报告负责。检测报告应当客观公正，检测数据应当真实可靠，禁止出具虚假检测报告。

第五十条 县级以上地方人民政府农业农村主管部门可以采用国务院农业农村主管部门会同国务院市场监督管理等部门认定的快速检测方法，开展农产品质量安全监督抽查检测。抽查检测结果确定有关农产品不符合农产品质量安全标准的，可以作为行政处罚的证据。

第五十一条 农产品生产经营者对监督抽查检测结果有异议的，可以自收到检测结果之日起五个工作日内，向实施农产品质量安全监督抽查的农业农村主管部门或者其上一级农业农村主管部门申请复检。复检机构与初检机构不得为同一机构。

采用快速检测方法进行农产品质量安全监督抽查检测，被抽查人对检测结果有异议的，可以自收到检测结果时起四小时内申请复检。复检不得采用快速检测方法。

复检机构应当自收到复检样品之日起七个工作日内出具检测报告。

因检测结果错误给当事人造成损害的，依法承担赔偿责任。

第五十二条 县级以上地方人民政府农业农村主管部门应当加强对农产品生产的监督管理，开展日常检查，重点检查农产品产地环境、农业投入品购买和使用、农产品生产记录、承诺达标合格证开具等情况。

国家鼓励和支持基层群众性自治组织建立农产品质量安全信息员工作制度，协助开展有关工作。

第五十三条 开展农产品质量安全监督检查，有权采取下列措施：

（一）进入生产经营场所进行现场检查，调查了解农产品质量安全的有关情况；

（二）查阅、复制农产品生产记录、购销台账等与农产品质量安全有关的资料；

（三）抽样检测生产经营的农产品和使用的农业投入品以及其他有关产品；

（四）查封、扣押有证据证明存在农产品质量安全隐患或者经检测不符合农产品质量安全标准的农产品；

（五）查封、扣押有证据证明可能危及农产品质量安全或者经检测不符合产品质量标准的农业投入品以及其他有毒有害物质；

（六）查封、扣押用于违法生产经营农产品的设施、设备、场所以及运输工具；

（七）收缴伪造的农产品质量标志。

农产品生产经营者应当协助、配合农产品质量安全监督检查，不得拒绝、阻挠。

第五十四条 县级以上人民政府农业农村等部门应当加强农产品质量安全信用体系建设，建立农产品生产经营者信用记录，记载行政处罚等信息，推进农产品质量安全信用信息的应用和管理。

第五十五条 农产品生产经营过程中存在质量安全隐患，未及时采取措施消除的，县级以上地方人民政府农业农村主管部门可以对农产品生产经营者的法定代表人或者主要负责人进行责任约谈。农产品生产经营者应当立即采取措施，进行整改，消除隐患。

第五十六条 国家鼓励消费者协会和其他单位或者个人对农产品质量安全进行社会监督，对农产品质量安全监督管理工作提出意见和建议。任何单位和个人有权对违反本法的行为进行检举控告、投诉举报。

县级以上人民政府农业农村主管部门应当建立农产品质量安全投诉举报制度，公开投诉举报渠道，收到投诉举报后，应当及时处理。对不属于本部门职责的，应当移交有权处理的部门并书面通知投诉举报人。

第五十七条 县级以上地方人民政府农业农村主管部门应当加强对农产品质量安全执法人员

的专业技术培训并组织考核。不具备相应知识和能力的，不得从事农产品质量安全执法工作。

第五十八条 上级人民政府应当督促下级人民政府履行农产品质量安全职责。对农产品质量安全责任落实不力、问题突出的地方人民政府，上级人民政府可以对其主要负责人进行责任约谈。被约谈的地方人民政府应当立即采取整改措施。

第五十九条 国务院农业农村主管部门应当会同国务院有关部门制定国家农产品质量安全突发事件应急预案，并与国家食品安全事故应急预案相衔接。

县级以上地方人民政府应当根据有关法律、行政法规的规定和上级人民政府的农产品质量安全突发事件应急预案，制定本行政区域的农产品质量安全突发事件应急预案。

发生农产品质量安全事故时，有关单位和个人应当采取控制措施，及时向所在地乡镇人民政府和县级人民政府农业农村等部门报告；收到报告的机关应当按照农产品质量安全突发事件应急预案及时处理并报本级人民政府、上级人民政府有关部门。发生重大农产品质量安全事故时，按照规定上报国务院及其有关部门。

任何单位和个人不得隐瞒、谎报、缓报农产品质量安全事故，不得隐匿、伪造、毁灭有关证据。

第六十条 县级以上地方人民政府市场监督管理部门依照本法和《中华人民共和国食品安全法》等法律、法规的规定，对农产品进入批发、零售市场或者生产加工企业后的生产经营活动进行监督检查。

第六十一条 县级以上人民政府农业农村、市场监督管理等部门发现农产品质量安全违法行为涉嫌犯罪的，应当及时将案件移送公安机关。对移送的案件，公安机关应当及时审查；认为有犯罪事实需要追究刑事责任的，应当立案侦查。

公安机关对依法不需要追究刑事责任但应当给予行政处罚的，应当及时将案件移送农业农村、市场监督管理等部门，有关部门应当依法处理。

公安机关商请农业农村、市场监督管理、生态环境等部门提供检验结论、认定意见以及对涉案农产品进行无害化处理等协助的，有关部门应当及时提供、予以协助。

第七章 法律责任

第六十二条 违反本法规定，地方各级人民政府有下列情形之一的，对直接负责的主管人员和其他直接责任人员给予警告、记过、记大过处分；造成严重后果的，给予降级或者撤职处分：

（一）未确定有关部门的农产品质量安全监督管理工作职责，未建立健全农产品质量安全工作机制，或者未落实农产品质量安全监督管理责任；

（二）未制定本行政区域的农产品质量安全突发事件应急预案，或者发生农产品质量安全事故后未按照规定启动应急预案。

第六十三条 违反本法规定，县级以上人民政府农业农村等部门有下列行为之一的，对直接负责的主管人员和其他直接责任人员给予记大过处分；情节较重的，给予降级或者撤职处分；情节严重的，给予开除处分；造成严重后果的，其主要负责人还应当引咎辞职：

（一）隐瞒、谎报、缓报农产品质量安全事故或者隐匿、伪造、毁灭有关证据；

（二）未按照规定查处农产品质量安全事故，或者接到农产品质量安全事故报告未及时处理，造成事故扩大或者蔓延；

（三）发现农产品质量安全重大风险隐患后，未及时采取相应措施，造成农产品质量安全事故或者不良社会影响；

（四）不履行农产品质量安全监督管理职责，导致发生农产品质量安全事故。

第六十四条 县级以上地方人民政府农业农村、市场监督管理等部门在履行农产品质量安全监督管理职责过程中，违法实施检查、强制等执法措施，给农产品生产经营者造成损失的，应当依法予以赔偿，对直接负责的主管人员和其他直接责任人员依法给予处分。

第六十五条 农产品质量安全检测机构、检测人员出具虚假检测报告的，由县级以上人民政府农业农村主管部门没收所收取的检测费用，检测费用不足一万元的，并处五万元以上十万元以下罚款，检测费用一万元以上的，并处检测费用五倍以上十倍以下罚款；对直接负责的主管人员和其他直接责任人员处一万元以上五万元以下罚款；使消费者的合法权益受到损害的，农产品质量安全检测机构应当与农产品生产经营者承担连带责任。

因农产品质量安全违法行为受到刑事处罚或者因出具虚假检测报告导致发生重大农产品质量安全事故的检测人员，终身不得从事农产品质量安全检测工作。农产品质量安全检测机构不得聘用上述人员。

农产品质量安全检测机构有前两款违法行为的，由授予其资质的主管部门或者机构吊销该农产品质量安全检测机构的资质证书。

第六十六条 违反本法规定，在特定农产品禁止生产区域种植、养殖、捕捞、采集特定农产品或者建立特定农产品生产基地的，由县级以上地方人民政府农业农村主管部门责令停止违法行为，没收农产品和违法所得，并处违法所得一倍以上三倍以下罚款。

违反法律、法规规定，向农产品产地排放或者倾倒废水、废气、固体废物或者其他有毒有害物质的，依照有关环境保护法律、法规的规定处理、处罚；造成损害的，依法承担赔偿责任。

第六十七条 农药、肥料、农用薄膜等农业投入品的生产者、经营者、使用者未按照规定回收并妥善处置包装物或者废弃物的，由县级以上地方人民政府农业农村主管部门依照有关法律、法规的规定处理、处罚。

第六十八条 违反本法规定，农产品生产企业有下列情形之一的，由县级以上地方人民政府农业农村主管部门责令限期改正；逾期不改正的，处五千元以上五万元以下罚款：

（一）未建立农产品质量安全管理制度；

（二）未配备相应的农产品质量安全管理技术人员，且未委托具有专业技术知识的人员进行农产品质量安全指导。

第六十九条 农产品生产企业、农民专业合作社、农业社会化服务组织未依照本法规定建立、保存农产品生产记录，或者伪造、变造农产品生产记录的，由县级以上地方人民政府农业农村主管部门责令限期改正；逾期不改正的，处二千元以上二万元以下罚款。

第七十条 违反本法规定，农产品生产经营者有下列行为之一，尚不构成犯罪的，由县级以上地方人民政府农业农村主管部门责令停止生产经营、追回已经销售的农产品，对违法生产经营的农产品进行无害化处理或者予以监督销毁，没收违法所得，并可以没收用于违法生产经营的工具、设备、原料等物品；违法生产经营的农产品货值金额不足一万元的，并处十万元以上十五万元以下罚款，货值金额一万元以上的，并处货值金额十五倍以上三十倍以下罚款；对农户，并处一千元以上一万元以下罚款；情节严重的，有许可证的吊销许可证，并可以由公安机关对其直接负责的主管人员和其他直接责任人员处五日以上十五日以下拘留：

（一）在农产品生产经营过程中使用国家禁止使用的农业投入品或者其他有毒有害物质；

（二）销售含有国家禁止使用的农药、兽药或者其他化合物的农产品；

（三）销售病死、毒死或者死因不明的动物及其产品。

明知农产品生产经营者从事前款规定的违法行为，仍为其提供生产经营场所或者其他条件的，由县级以上地方人民政府农业农村主管部门责令停止违法行为，没收违法所得，并处十万元以上二十万元以下罚款；使消费者的合法权益受到损害的，应当与农产品生产经营者承担连带责任。

第七十一条　违反本法规定，农产品生产经营者有下列行为之一，尚不构成犯罪的，由县级以上地方人民政府农业农村主管部门责令停止生产经营、追回已经销售的农产品，对违法生产经营的农产品进行无害化处理或者予以监督销毁，没收违法所得，并可以没收用于违法生产经营的工具、设备、原料等物品；违法生产经营的农产品货值金额不足一万元的，并处五万元以上十万元以下罚款，货值金额一万元以上的，并处货值金额十倍以上二十倍以下罚款；对农户，并处五百元以上五千元以下罚款：

（一）销售农药、兽药等化学物质残留或者含有的重金属等有毒有害物质不符合农产品质量安全标准的农产品；

（二）销售含有的致病性寄生虫、微生物或者生物毒素不符合农产品质量安全标准的农产品；

（三）销售其他不符合农产品质量安全标准的农产品。

第七十二条　违反本法规定，农产品生产经营者有下列行为之一的，由县级以上地方人民政府农业农村主管部门责令停止生产经营、追回已经销售的农产品，对违法生产经营的农产品进行无害化处理或者予以监督销毁，没收违法所得，并可以没收用于违法生产经营的工具、设备、原料等物品；违法生产经营的农产品货值金额不足一万元的，并处五千元以上五万元以下罚款，货值金额一万元以上的，并处货值金额五倍以上十倍以下罚款；对农户，并处三百元以上三千元以下罚款：

（一）在农产品生产场所以及生产活动中使用的设施、设备、消毒剂、洗涤剂等不符合国家有关质量安全规定；

（二）未按照国家有关强制性标准或者其他农产品质量安全规定使用保鲜剂、防腐剂、添加剂、包装材料等，或者使用的保鲜剂、防腐剂、添加剂、包装材料等不符合国家有关强制性标准或者其他质量安全规定；

（三）将农产品与有毒有害物质一同储存、运输。

第七十三条　违反本法规定，有下列行为之一的，由县级以上地方人民政府农业农村主管部门按照职责给予批评教育，责令限期改正；逾期不改正的，处一百元以上一千元以下罚款：

（一）农产品生产企业、农民专业合作社、从事农产品收购的单位或者个人未按照规定开具承诺达标合格证；

（二）从事农产品收购的单位或者个人未按照规定收取、保存承诺达标合格证或者其他合格证明。

第七十四条　农产品生产经营者冒用农产品质量标志，或者销售冒用农产品质量标志的农产品的，由县级以上地方人民政府农业农村主管部门按照职责责令改正，没收违法所得；违法生产经营的农产品货值金额不足五千元的，并处五千元以上五万元以下罚款，货值金额五千元以上的，并处货值金额十倍以上二十倍以下罚款。

第七十五条　违反本法关于农产品质量安全追溯规定的，由县级以上地方人民政府农业农村主管部门按照职责责令限期改正；逾期不改正的，可以处一万元以下罚款。

第七十六条　违反本法规定，拒绝、阻挠依法开展的农产品质量安全监督检查、事故调查处理、抽样检测和风险评估的，由有关主管部门按照职责责令停产停业，并处二千元以上五万元以下罚款；构成违反治安管理行为的，由公安机关依法给予治安管理处罚。

第七十七条　《中华人民共和国食品安全法》对食用农产品进入批发、零售市场或者生产加工企业后的违法行为和法律责任有规定的，由县级以上地方人民政府市场监督管理部门依照其规定进行处罚。

第七十八条　违反本法规定，构成犯罪的，依法追究刑事责任。

第七十九条 违反本法规定，给消费者造成人身、财产或者其他损害的，依法承担民事赔偿责任。生产经营者财产不足以同时承担民事赔偿责任和缴纳罚款、罚金时，先承担民事赔偿责任。

食用农产品生产经营者违反本法规定，污染环境、侵害众多消费者合法权益，损害社会公共利益的，人民检察院可以依照《中华人民共和国民事诉讼法》、《中华人民共和国行政诉讼法》等法律的规定向人民法院提起诉讼。

第八章 附　则

第八十条 粮食收购、储存、运输环节的质量安全管理，依照有关粮食管理的法律、行政法规执行。

第八十一条 本法自 2023 年 1 月 1 日起施行。

中华人民共和国食品安全法

（2009 年 2 月 28 日第十一届全国人民代表大会常务委员会第七次会议通过　2015 年 4 月 24 日第十二届全国人民代表大会常务委员会第十四次会议修订　根据 2018 年 12 月 29 日第十三届全国人民代表大会常务委员会第七次会议《关于修改〈中华人民共和国产品质量法〉等五部法律的决定》第一次修正　根据 2021 年 4 月 29 日第十三届全国人民代表大会常务委员会第二十八次会议《关于修改〈中华人民共和国道路交通安全法〉等八部法律的决定》第二次修正）

目　录

第一章 总　则

第一条 为了保证食品安全，保障公众身体健康和生命安全，制定本法。

第二条 在中华人民共和国境内从事下列活动，应当遵守本法：

（一）食品生产和加工（以下称食品生产），食品销售和餐饮服务（以下称食品经营）；

（二）食品添加剂的生产经营；

（三）用于食品的包装材料、容器、洗涤剂、消毒剂和用于食品生产经营的工具、设备（以下称食品相关产品）的生产经营；

（四）食品生产经营者使用食品添加剂、食品相关产品；

（五）食品的贮存和运输；

（六）对食品、食品添加剂、食品相关产品的安全管理。

供食用的源于农业的初级产品（以下称食用农产品）的质量安全管理，遵守《中华人民共和国农产品质量安全法》的规定。但是，食用农产品的市场销售、有关质量安全标准的制定、有关安全信息的公布和本法对农业投入品作出规定的，应当遵守本法的规定。

第三条 食品安全工作实行预防为主、风险管理、全程控制、社会共治，建立科学、严格的监督管理制度。

第四条 食品生产经营者对其生产经营食品的安全负责。

食品生产经营者应当依照法律、法规和食品安全标准从事生产经营活动，保证食品安全，诚信自律，对社会和公众负责，接受社会监督，承担社会责任。

第五条 国务院设立食品安全委员会，其职责由国务院规定。

国务院食品安全监督管理部门依照本法和国务院规定的职责，对食品生产经营活动实施监督管理。

国务院卫生行政部门依照本法和国务院规定的职责，组织开展食品安全风险监测和风险评估，会同国务院食品安全监督管理部门制定并公布食品安全国家标准。

国务院其他有关部门依照本法和国务院规定的职责，承担有关食品安全工作。

第六条 县级以上地方人民政府对本行政区域的食品安全监督管理工作负责，统一领导、组织、协调本行政区域的食品安全监督管理工作以及食品安全突发事件应对工作，建立健全食品安全全程监督管理工作机制和信息共享机制。

县级以上地方人民政府依照本法和国务院的规定，确定本级食品安全监督管理、卫生行政部门和其他有关部门的职责。有关部门在各自职责范围内负责本行政区域的食品安全监督管理工作。

县级人民政府食品安全监督管理部门可以在乡镇或者特定区域设立派出机构。

第七条 县级以上地方人民政府实行食品安全监督管理责任制。上级人民政府负责对下一级人民政府的食品安全监督管理工作进行评议、考核。县级以上地方人民政府负责对本级食品安全监督管理部门和其他有关部门的食品安全监督管理工作进行评议、考核。

第八条 县级以上人民政府应当将食品安全工作纳入本级国民经济和社会发展规划，将食品安全工作经费列入本级政府财政预算，加强食品安全监督管理能力建设，为食品安全工作提供保障。

县级以上人民政府食品安全监督管理部门和其他有关部门应当加强沟通、密切配合，按照各自职责分工，依法行使职权，承担责任。

第九条 食品行业协会应当加强行业自律，按照章程建立健全行业规范和奖惩机制，提供食品安全信息、技术等服务，引导和督促食品生产经营者依法生产经营，推动行业诚信建设，宣传、普及食品安全知识。

消费者协会和其他消费者组织对违反本法规定，损害消费者合法权益的行为，依法进行社会监督。

第十条 各级人民政府应当加强食品安全的宣传教育，普及食品安全知识，鼓励社会组织、基层群众性自治组织、食品生产经营者开展食品安全法律、法规以及食品安全标准和知识的普及工作，倡导健康的饮食方式，增强消费者食品安全意识和自我保护能力。

新闻媒体应当开展食品安全法律、法规以及食品安全标准和知识的公益宣传，并对食品安全违法行为进行舆论监督。有关食品安全的宣传报道应当真实、公正。

第十一条 国家鼓励和支持开展与食品安全有关的基础研究、应用研究，鼓励和支持食品生产经营者为提高食品安全水平采用先进技术和先进管理规范。

国家对农药的使用实行严格的管理制度，加快淘汰剧毒、高毒、高残留农药，推动替代产品的研发和应用，鼓励使用高效低毒低残留农药。

第十二条 任何组织或者个人有权举报食品安全违法行为，依法向有关部门了解食品安全信息，对食品安全监督管理工作提出意见和建议。

第十三条 对在食品安全工作中做出突出贡献的单位和个人，按照国家有关规定给予表彰、奖励。

第二章 食品安全风险监测和评估

第十四条 国家建立食品安全风险监测制度，对食源性疾病、食品污染以及食品中的有害因素进行监测。

国务院卫生行政部门会同国务院食品安全监督管理等部门，制定、实施国家食品安全风险监测计划。

国务院食品安全监督管理部门和其他有关部门获知有关食品安全风险信息后，应当立即核实并向国务院卫生行政部门通报。对有关部门通报的食品安全风险信息以及医疗机构报告的食源性疾病等有关疾病信息，国务院卫生行政部门应当会同国务院有关部门分析研究，认为必要的，及时调整国家食品安全风险监测计划。

省、自治区、直辖市人民政府卫生行政部门会同同级食品安全监督管理等部门，根据国家食品安全风险监测计划，结合本行政区域的具体情况，制定、调整本行政区域的食品安全风险监测方案，报国务院卫生行政部门备案并实施。

第十五条 承担食品安全风险监测工作的技术机构应当根据食品安全风险监测计划和监测方案开展监测工作，保证监测数据真实、准确，并按照食品安全风险监测计划和监测方案的要求报送监测数据和分析结果。

食品安全风险监测工作人员有权进入相关食用农产品种植养殖、食品生产经营场所采集样品、收集相关数据。采集样品应当按照市场价格支付费用。

第十六条 食品安全风险监测结果表明可能存在食品安全隐患的，县级以上人民政府卫生行政部门应当及时将相关信息通报同级食品安全监督管理等部门，并报告本级人民政府和上级人民政府卫生行政部门。食品安全监督管理等部门应当组织开展进一步调查。

第十七条 国家建立食品安全风险评估制度，运用科学方法，根据食品安全风险监测信息、科学数据以及有关信息，对食品、食品添加剂、食品相关产品中生物性、化学性和物理性危害因素进行风险评估。

国务院卫生行政部门负责组织食品安全风险评估工作，成立由医学、农业、食品、营养、生物、环境等方面的专家组成的食品安全风险评估专家委员会进行食品安全风险评估。食品安全风险评估结果由国务院卫生行政部门公布。

对农药、肥料、兽药、饲料和饲料添加剂等的安全性评估，应当有食品安全风险评估专家委员会的专家参加。

食品安全风险评估不得向生产经营者收取费用，采集样品应当按照市场价格支付费用。

第十八条 有下列情形之一的，应当进行食品安全风险评估：

（一）通过食品安全风险监测或者接到举报发现食品、食品添加剂、食品相关产品可能存在安全隐患的；

（二）为制定或者修订食品安全国家标准提供科学依据需要进行风险评估的；

（三）为确定监督管理的重点领域、重点品种需要进行风险评估的；

（四）发现新的可能危害食品安全因素的；

（五）需要判断某一因素是否构成食品安全隐患的；

（六）国务院卫生行政部门认为需要进行风险评估的其他情形。

第十九条 国务院食品安全监督管理、农业行政等部门在监督管理工作中发现需要进行食品安全风险评估的，应当向国务院卫生行政部门提出食品安全风险评估的建议，并提供风险来源、相关检验数据和结论等信息、资料。属于本法第十八条规定情形的，国务院卫生行政部门应当及时进行食品安全风险评估，并向国务院有关部门通报评估结果。

第二十条 省级以上人民政府卫生行政、农业行政部门应当及时相互通报食品、食用农产品安全风险监测信息。

国务院卫生行政、农业行政部门应当及时相互通报食品、食用农产品安全风险评估结果等信息。

第二十一条 食品安全风险评估结果是制定、修订食品安全标准和实施食品安全监督管理的科学依据。

经食品安全风险评估，得出食品、食品添加剂、食品相关产品不安全结论的，国务院食品安全监督管理等部门应当依据各自职责立即向社会公告，告知消费者停止食用或者使用，并采取相应措施，确保该食品、食品添加剂、食品相关产品停止生产经营；需要制定、修订相关食品安全国家标准的，国务院卫生行政部门应当会同国务院食品安全监督管理部门立即制定、修订。

第二十二条 国务院食品安全监督管理部门应当会同国务院有关部门，根据食品安全风险评估结果、食品安全监督管理信息，对食品安全状况进行综合分析。对经综合分析表明可能具有较高程度安全风险的食品，国务院食品安全监督管理部门应当及时提出食品安全风险警示，并向社会公布。

第二十三条 县级以上人民政府食品安全监督管理部门和其他有关部门、食品安全风险评估专家委员会及其技术机构，应当按照科学、客观、及时、公开的原则，组织食品生产经营者、食品检验机构、认证机构、食品行业协会、消费者协会以及新闻媒体等，就食品安全风险评估信息和食品安全监督管理信息进行交流沟通。

第三章 食品安全标准

第二十四条 制定食品安全标准，应当以保障公众身体健康为宗旨，做到科学合理、安全可靠。

第二十五条 食品安全标准是强制执行的标准。除食品安全标准外，不得制定其他食品强制性标准。

第二十六条 食品安全标准应当包括下列内容：

（一）食品、食品添加剂、食品相关产品中的致病性微生物，农药残留、兽药残留、生物毒素、重金属等污染物质以及其他危害人体健康物质的限量规定；

（二）食品添加剂的品种、使用范围、用量；

（三）专供婴幼儿和其他特定人群的主辅食品的营养成分要求；

（四）对与卫生、营养等食品安全要求有关的标签、标志、说明书的要求；

（五）食品生产经营过程的卫生要求；

（六）与食品安全有关的质量要求；

（七）与食品安全有关的食品检验方法与规程；

（八）其他需要制定为食品安全标准的内容。

第二十七条　食品安全国家标准由国务院卫生行政部门会同国务院食品安全监督管理部门制定、公布，国务院标准化行政部门提供国家标准编号。

食品中农药残留、兽药残留的限量规定及其检验方法与规程由国务院卫生行政部门、国务院农业行政部门会同国务院食品安全监督管理部门制定。

屠宰畜、禽的检验规程由国务院农业行政部门会同国务院卫生行政部门制定。

第二十八条　制定食品安全国家标准，应当依据食品安全风险评估结果并充分考虑食用农产品安全风险评估结果，参照相关的国际标准和国际食品安全风险评估结果，并将食品安全国家标准草案向社会公布，广泛听取食品生产经营者、消费者、有关部门等方面的意见。

食品安全国家标准应当经国务院卫生行政部门组织的食品安全国家标准审评委员会审查通过。食品安全国家标准审评委员会由医学、农业、食品、营养、生物、环境等方面的专家以及国务院有关部门、食品行业协会、消费者协会的代表组成，对食品安全国家标准草案的科学性和实用性等进行审查。

第二十九条　对地方特色食品，没有食品安全国家标准的，省、自治区、直辖市人民政府卫生行政部门可以制定并公布食品安全地方标准，报国务院卫生行政部门备案。食品安全国家标准制定后，该地方标准即行废止。

第三十条　国家鼓励食品生产企业制定严于食品安全国家标准或者地方标准的企业标准，在本企业适用，并报省、自治区、直辖市人民政府卫生行政部门备案。

第三十一条　省级以上人民政府卫生行政部门应当在其网站上公布制定和备案的食品安全国家标准、地方标准和企业标准，供公众免费查阅、下载。

对食品安全标准执行过程中的问题，县级以上人民政府卫生行政部门应当会同有关部门及时给予指导、解答。

第三十二条　省级以上人民政府卫生行政部门应当会同同级食品安全监督管理、农业行政等部门，分别对食品安全国家标准和地方标准的执行情况进行跟踪评价，并根据评价结果及时修订食品安全标准。

省级以上人民政府食品安全监督管理、农业行政等部门应当对食品安全标准执行中存在的问题进行收集、汇总，并及时向同级卫生行政部门通报。

食品生产经营者、食品行业协会发现食品安全标准在执行中存在问题的，应当立即向卫生行政部门报告。

第四章　食品生产经营

第一节　一般规定

第三十三条　食品生产经营应当符合食品安全标准，并符合下列要求：

（一）具有与生产经营的食品品种、数量相适应的食品原料处理和食品加工、包装、贮存等场所，保持该场所环境整洁，并与有毒、有害场所以及其他污染源保持规定的距离；

（二）具有与生产经营的食品品种、数量相适应的生产经营设备或者设施，有相应的消毒、更衣、盥洗、采光、照明、通风、防腐、防尘、防蝇、防鼠、防虫、洗涤以及处理废水、存放垃圾和废弃物的设备或者设施；

（三）有专职或者兼职的食品安全专业技术人员、食品安全管理人员和保证食品安全的规章制度；

（四）具有合理的设备布局和工艺流程，防止待加工食品与直接入口食品、原料与成品交叉污染，避免食品接触有毒物、不洁物；

（五）餐具、饮具和盛放直接入口食品的容器，使用前应当洗净、消毒，炊具、用具用后应当洗净，保持清洁；

（六）贮存、运输和装卸食品的容器、工具和设备应当安全、无害，保持清洁，防止食品污染，并符合保证食品安全所需的温度、湿度等特殊要求，不得将食品与有毒、有害物品一同贮存、运输；

（七）直接入口的食品应当使用无毒、清洁的包装材料、餐具、饮具和容器；

（八）食品生产经营人员应当保持个人卫生，生产经营食品时，应当将手洗净，穿戴清洁的工作衣、帽等；销售无包装的直接入口食品时，应当使用无毒、清洁的容器、售货工具和设备；

（九）用水应当符合国家规定的生活饮用水卫生标准；

（十）使用的洗涤剂、消毒剂应当对人体安全、无害；

（十一）法律、法规规定的其他要求。

非食品生产经营者从事食品贮存、运输和装卸的，应当符合前款第六项的规定。

第三十四条　禁止生产经营下列食品、食品添加剂、食品相关产品：

（一）用非食品原料生产的食品或者添加食品添加剂以外的化学物质和其他可能危害人体健康物质的食品，或者用回收食品作为原料生产的食品；

（二）致病性微生物，农药残留、兽药残留、生物毒素、重金属等污染物质以及其他危害人体健康的物质含量超过食品安全标准限量的食品、食品添加剂、食品相关产品；

（三）用超过保质期的食品原料、食品添加剂生产的食品、食品添加剂；

（四）超范围、超限量使用食品添加剂的食品；

（五）营养成分不符合食品安全标准的专供婴幼儿和其他特定人群的主辅食品；

（六）腐败变质、油脂酸败、霉变生虫、污秽不洁、混有异物、掺假掺杂或者感官性状异常的食品、食品添加剂；

（七）病死、毒死或者死因不明的禽、畜、兽、水产动物肉类及其制品；

（八）未按规定进行检疫或者检疫不合格的肉类，或者未经检验或者检验不合格的肉类制品；

（九）被包装材料、容器、运输工具等污染的食品、食品添加剂；

（十）标注虚假生产日期、保质期或者超过保质期的食品、食品添加剂；

（十一）无标签的预包装食品、食品添加剂；

（十二）国家为防病等特殊需要明令禁止生产经营的食品；

（十三）其他不符合法律、法规或者食品安全标准的食品、食品添加剂、食品相关产品。

第三十五条　国家对食品生产经营实行许可制度。从事食品生产、食品销售、餐饮服务，应当依法取得许可。但是，销售食用农产品和仅销售预包装食品的，不需要取得许可。仅销售预包装食品的，应当报所在地县级以上地方人民政府食品安全监督管理部门备案。

县级以上地方人民政府食品安全监督管理部门应当依照《中华人民共和国行政许可法》的规定，审核申请人提交的本法第三十三条第一款第一项至第四项规定要求的相关资料，必要时对申请人的生产经营场所进行现场核查；对符合规定条件的，准予许可；对不符合规定条件的，不予许可并书面说明理由。

第三十六条　食品生产加工小作坊和食品摊贩等从事食品生产经营活动，应当符合本法规定的与其生产经营规模、条件相适应的食品安全要求，保证所生产经营的食品卫生、无毒、无害，食品安全监督管理部门应当对其加强监督管理。

县级以上地方人民政府应当对食品生产加工小作坊、食品摊贩等进行综合治理，加强服务和统一规划，改善其生产经营环境，鼓励和支持其改进生产经营条件，进入集中交易市场、店铺等固定场所经营，或者在指定的临时经营区域、时段经营。

食品生产加工小作坊和食品摊贩等的具体管理办法由省、自治区、直辖市制定。

第三十七条 利用新的食品原料生产食品，或者生产食品添加剂新品种、食品相关产品新品种，应当向国务院卫生行政部门提交相关产品的安全性评估材料。国务院卫生行政部门应当自收到申请之日起六十日内组织审查；对符合食品安全要求的，准予许可并公布；对不符合食品安全要求的，不予许可并书面说明理由。

第三十八条 生产经营的食品中不得添加药品，但是可以添加按照传统既是食品又是中药材的物质。按照传统既是食品又是中药材的物质目录由国务院卫生行政部门会同国务院食品安全监督管理部门制定、公布。

第三十九条 国家对食品添加剂生产实行许可制度。从事食品添加剂生产，应当具有与所生产食品添加剂品种相适应的场所、生产设备或者设施、专业技术人员和管理制度，并依照本法第三十五条第二款规定的程序，取得食品添加剂生产许可。

生产食品添加剂应当符合法律、法规和食品安全国家标准。

第四十条 食品添加剂应当在技术上确有必要且经过风险评估证明安全可靠，方可列入允许使用的范围；有关食品安全国家标准应当根据技术必要性和食品安全风险评估结果及时修订。

食品生产经营者应当按照食品安全国家标准使用食品添加剂。

第四十一条 生产食品相关产品应当符合法律、法规和食品安全国家标准。对直接接触食品的包装材料等具有较高风险的食品相关产品，按照国家有关工业产品生产许可证管理的规定实施生产许可。食品安全监督管理部门应当加强对食品相关产品生产活动的监督管理。

第四十二条 国家建立食品安全全程追溯制度。

食品生产经营者应当依照本法的规定，建立食品安全追溯体系，保证食品可追溯。国家鼓励食品生产经营者采用信息化手段采集、留存生产经营信息，建立食品安全追溯体系。

国务院食品安全监督管理部门会同国务院农业行政等有关部门建立食品安全全程追溯协作机制。

第四十三条 地方各级人民政府应当采取措施鼓励食品规模化生产和连锁经营、配送。

国家鼓励食品生产经营企业参加食品安全责任保险。

第二节 生产经营过程控制

第四十四条 食品生产经营企业应当建立健全食品安全管理制度，对职工进行食品安全知识培训，加强食品检验工作，依法从事生产经营活动。

食品生产经营企业的主要负责人应当落实企业食品安全管理制度，对本企业的食品安全工作全面负责。

食品生产经营企业应当配备食品安全管理人员，加强对其培训和考核。经考核不具备食品安全管理能力的，不得上岗。食品安全监督管理部门应当对企业食品安全管理人员随机进行监督抽查考核并公布考核情况。监督抽查考核不得收取费用。

第四十五条 食品生产经营者应当建立并执行从业人员健康管理制度。患有国务院卫生行政部门规定的有碍食品安全疾病的人员，不得从事接触直接入口食品的工作。

从事接触直接入口食品工作的食品生产经营人员应当每年进行健康检查，取得健康证明后方可上岗工作。

第四十六条　食品生产企业应当就下列事项制定并实施控制要求，保证所生产的食品符合食品安全标准：

（一）原料采购、原料验收、投料等原料控制；

（二）生产工序、设备、贮存、包装等生产关键环节控制；

（三）原料检验、半成品检验、成品出厂检验等检验控制；

（四）运输和交付控制。

第四十七条　食品生产经营者应当建立食品安全自查制度，定期对食品安全状况进行检查评价。生产经营条件发生变化，不再符合食品安全要求的，食品生产经营者应当立即采取整改措施；有发生食品安全事故潜在风险的，应当立即停止食品生产经营活动，并向所在地县级人民政府食品安全监督管理部门报告。

第四十八条　国家鼓励食品生产经营企业符合良好生产规范要求，实施危害分析与关键控制点体系，提高食品安全管理水平。

对通过良好生产规范、危害分析与关键控制点体系认证的食品生产经营企业，认证机构应当依法实施跟踪调查；对不再符合认证要求的企业，应当依法撤销认证，及时向县级以上人民政府食品安全监督管理部门通报，并向社会公布。认证机构实施跟踪调查不得收取费用。

第四十九条　食用农产品生产者应当按照食品安全标准和国家有关规定使用农药、肥料、兽药、饲料和饲料添加剂等农业投入品，严格执行农业投入品使用安全间隔期或者休药期的规定，不得使用国家明令禁止的农业投入品。禁止将剧毒、高毒农药用于蔬菜、瓜果、茶叶和中草药材等国家规定的农作物。

食用农产品的生产企业和农民专业合作经济组织应当建立农业投入品使用记录制度。

县级以上人民政府农业行政部门应当加强对农业投入品使用的监督管理和指导，建立健全农业投入品安全使用制度。

第五十条　食品生产者采购食品原料、食品添加剂、食品相关产品，应当查验供货者的许可证和产品合格证明；对无法提供合格证明的食品原料，应当按照食品安全标准进行检验；不得采购或者使用不符合食品安全标准的食品原料、食品添加剂、食品相关产品。

食品生产企业应当建立食品原料、食品添加剂、食品相关产品进货查验记录制度，如实记录食品原料、食品添加剂、食品相关产品的名称、规格、数量、生产日期或者生产批号、保质期、进货日期以及供货者名称、地址、联系方式等内容，并保存相关凭证。记录和凭证保存期限不得少于产品保质期满后六个月；没有明确保质期的，保存期限不得少于二年。

第五十一条　食品生产企业应当建立食品出厂检验记录制度，查验出厂食品的检验合格证和安全状况，如实记录食品的名称、规格、数量、生产日期或者生产批号、保质期、检验合格证号、销售日期以及购货者名称、地址、联系方式等内容，并保存相关凭证。记录和凭证保存期限应当符合本法第五十条第二款的规定。

第五十二条　食品、食品添加剂、食品相关产品的生产者，应当按照食品安全标准对所生产的食品、食品添加剂、食品相关产品进行检验，检验合格后方可出厂或者销售。

第五十三条　食品经营者采购食品，应当查验供货者的许可证和食品出厂检验合格证或者其他合格证明（以下称合格证明文件）。

食品经营企业应当建立食品进货查验记录制度，如实记录食品的名称、规格、数量、生产日期或者生产批号、保质期、进货日期以及供货者名称、地址、联系方式等内容，并保存相关凭证。记录和凭证保存期限应当符合本法第五十条第二款的规定。

实行统一配送经营方式的食品经营企业，可以由企业总部统一查验供货者的许可证和食品合格证明文件，进行食品进货查验记录。

从事食品批发业务的经营企业应当建立食品销售记录制度,如实记录批发食品的名称、规格、数量、生产日期或者生产批号、保质期、销售日期以及购货者名称、地址、联系方式等内容,并保存相关凭证。记录和凭证保存期限应当符合本法第五十条第二款的规定。

第五十四条 食品经营者应当按照保证食品安全的要求贮存食品,定期检查库存食品,及时清理变质或者超过保质期的食品。

食品经营者贮存散装食品,应当在贮存位置标明食品的名称、生产日期或者生产批号、保质期、生产者名称及联系方式等内容。

第五十五条 餐饮服务提供者应当制定并实施原料控制要求,不得采购不符合食品安全标准的食品原料。倡导餐饮服务提供者公开加工过程,公示食品原料及其来源等信息。

餐饮服务提供者在加工过程中应当检查待加工的食品及原料,发现有本法第三十四条第六项规定情形的,不得加工或者使用。

第五十六条 餐饮服务提供者应当定期维护食品加工、贮存、陈列等设施、设备;定期清洗、校验保温设施及冷藏、冷冻设施。

餐饮服务提供者应当按照要求对餐具、饮具进行清洗消毒,不得使用未经清洗消毒的餐具、饮具;餐饮服务提供者委托清洗消毒餐具、饮具的,应当委托符合本法规定条件的餐具、饮具集中消毒服务单位。

第五十七条 学校、托幼机构、养老机构、建筑工地等集中用餐单位的食堂应当严格遵守法律、法规和食品安全标准;从供餐单位订餐的,应当从取得食品生产经营许可的企业订购,并按照要求对订购的食品进行查验。供餐单位应当严格遵守法律、法规和食品安全标准,当餐加工,确保食品安全。

学校、托幼机构、养老机构、建筑工地等集中用餐单位的主管部门应当加强对集中用餐单位的食品安全教育和日常管理,降低食品安全风险,及时消除食品安全隐患。

第五十八条 餐具、饮具集中消毒服务单位应当具备相应的作业场所、清洗消毒设备或者设施,用水和使用的洗涤剂、消毒剂应当符合相关食品安全国家标准和其他国家标准、卫生规范。

餐具、饮具集中消毒服务单位应当对消毒餐具、饮具进行逐批检验,检验合格后方可出厂,并应当随附消毒合格证明。消毒后的餐具、饮具应当在独立包装上标注单位名称、地址、联系方式、消毒日期以及使用期限等内容。

第五十九条 食品添加剂生产者应当建立食品添加剂出厂检验记录制度,查验出厂产品的检验合格证和安全状况,如实记录食品添加剂的名称、规格、数量、生产日期或者生产批号、保质期、检验合格证号、销售日期以及购货者名称、地址、联系方式等相关内容,并保存相关凭证。记录和凭证保存期限应当符合本法第五十条第二款的规定。

第六十条 食品添加剂经营者采购食品添加剂,应当依法查验供货者的许可证和产品合格证明文件,如实记录食品添加剂的名称、规格、数量、生产日期或者生产批号、保质期、进货日期以及供货者名称、地址、联系方式等内容,并保存相关凭证。记录和凭证保存期限应当符合本法第五十条第二款的规定。

第六十一条 集中交易市场的开办者、柜台出租者和展销会举办者,应当依法审查入场食品经营者的许可证,明确其食品安全管理责任,定期对其经营环境和条件进行检查,发现其有违反本法规定行为的,应当及时制止并立即报告所在地县级人民政府食品安全监督管理部门。

第六十二条 网络食品交易第三方平台提供者应当对入网食品经营者进行实名登记,明确其食品安全管理责任;依法应当取得许可证的,还应当审查其许可证。

网络食品交易第三方平台提供者发现入网食品经营者有违反本法规定行为的,应当及时制止并立即报告所在地县级人民政府食品安全监督管理部门;发现严重违法行为的,应当立即停止提供网络交易平台服务。

第六十三条 国家建立食品召回制度。食品生产者发现其生产的食品不符合食品安全标准或者有证据证明可能危害人体健康的，应当立即停止生产，召回已经上市销售的食品，通知相关生产经营者和消费者，并记录召回和通知情况。

食品经营者发现其经营的食品有前款规定情形的，应当立即停止经营，通知相关生产经营者和消费者，并记录停止经营和通知情况。食品生产者认为应当召回的，应当立即召回。由于食品经营者的原因造成其经营的食品有前款规定情形的，食品经营者应当召回。

食品生产经营者应当对召回的食品采取无害化处理、销毁等措施，防止其再次流入市场。但是，对因标签、标志或者说明书不符合食品安全标准而被召回的食品，食品生产者在采取补救措施且能保证食品安全的情况下可以继续销售；销售时应当向消费者明示补救措施。

食品生产经营者应当将食品召回和处理情况向所在地县级人民政府食品安全监督管理部门报告；需要对召回的食品进行无害化处理、销毁的，应当提前报告时间、地点。食品安全监督管理部门认为必要的，可以实施现场监督。

食品生产经营者未依照本条规定召回或者停止经营的，县级以上人民政府食品安全监督管理部门可以责令其召回或者停止经营。

第六十四条 食用农产品批发市场应当配备检验设备和检验人员或者委托符合本法规定的食品检验机构，对进入该批发市场销售的食用农产品进行抽样检验；发现不符合食品安全标准的，应当要求销售者立即停止销售，并向食品安全监督管理部门报告。

第六十五条 食用农产品销售者应当建立食用农产品进货查验记录制度，如实记录食用农产品的名称、数量、进货日期以及供货者名称、地址、联系方式等内容，并保存相关凭证。记录和凭证保存期限不得少于六个月。

第六十六条 进入市场销售的食用农产品在包装、保鲜、贮存、运输中使用保鲜剂、防腐剂等食品添加剂和包装材料等食品相关产品，应当符合食品安全国家标准。

第三节 标签、说明书和广告

第六十七条 预包装食品的包装上应当有标签。标签应当标明下列事项：

（一）名称、规格、净含量、生产日期；

（二）成分或者配料表；

（三）生产者的名称、地址、联系方式；

（四）保质期；

（五）产品标准代号；

（六）贮存条件；

（七）所使用的食品添加剂在国家标准中的通用名称；

（八）生产许可证编号；

（九）法律、法规或者食品安全标准规定应当标明的其他事项。

专供婴幼儿和其他特定人群的主辅食品，其标签还应当标明主要营养成分及其含量。

食品安全国家标准对标签标注事项另有规定的，从其规定。

第六十八条 食品经营者销售散装食品，应当在散装食品的容器、外包装上标明食品的名称、生产日期或者生产批号、保质期以及生产经营者名称、地址、联系方式等内容。

第六十九条 生产经营转基因食品应当按照规定显著标示。

第七十条 食品添加剂应当有标签、说明书和包装。标签、说明书应当载明本法第六十七条第一款第一项至第六项、第八项、第九项规定的事项，以及食品添加剂的使用范围、用量、使用方法，并在标签上载明"食品添加剂"字样。

第七十一条 食品和食品添加剂的标签、说明书，不得含有虚假内容，不得涉及疾病预防、治疗功能。生产经营者对其提供的标签、说明书的内容负责。

食品和食品添加剂的标签、说明书应当清楚、明显，生产日期、保质期等事项应当显著标注，容易辨识。

食品和食品添加剂与其标签、说明书的内容不符的，不得上市销售。

第七十二条 食品经营者应当按照食品标签标示的警示标志、警示说明或者注意事项的要求销售食品。

第七十三条 食品广告的内容应当真实合法，不得含有虚假内容，不得涉及疾病预防、治疗功能。食品生产经营者对食品广告内容的真实性、合法性负责。

县级以上人民政府食品安全监督管理部门和其他有关部门以及食品检验机构、食品行业协会不得以广告或者其他形式向消费者推荐食品。消费者组织不得以收取费用或者其他牟取利益的方式向消费者推荐食品。

第四节 特殊食品

第七十四条 国家对保健食品、特殊医学用途配方食品和婴幼儿配方食品等特殊食品实行严格监督管理。

第七十五条 保健食品声称保健功能，应当具有科学依据，不得对人体产生急性、亚急性或者慢性危害。

保健食品原料目录和允许保健食品声称的保健功能目录，由国务院食品安全监督管理部门会同国务院卫生行政部门、国家中医药管理部门制定、调整并公布。

保健食品原料目录应当包括原料名称、用量及其对应的功效；列入保健食品原料目录的原料只能用于保健食品生产，不得用于其他食品生产。

第七十六条 使用保健食品原料目录以外原料的保健食品和首次进口的保健食品应当经国务院食品安全监督管理部门注册。但是，首次进口的保健食品中属于补充维生素、矿物质等营养物质的，应当报国务院食品安全监督管理部门备案。其他保健食品应当报省、自治区、直辖市人民政府食品安全监督管理部门备案。

进口的保健食品应当是出口国（地区）主管部门准许上市销售的产品。

第七十七条 依法应当注册的保健食品，注册时应当提交保健食品的研发报告、产品配方、生产工艺、安全性和保健功能评价、标签、说明书等材料及样品，并提供相关证明文件。国务院食品安全监督管理部门经组织技术审评，对符合安全和功能声称要求的，准予注册；对不符合要求的，不予注册并书面说明理由。对使用保健食品原料目录以外原料的保健食品作出准予注册决定的，应当及时将该原料纳入保健食品原料目录。

依法应当备案的保健食品，备案时应当提交产品配方、生产工艺、标签、说明书以及表明产品安全性和保健功能的材料。

第七十八条 保健食品的标签、说明书不得涉及疾病预防、治疗功能，内容应当真实，与注册或者备案的内容相一致，载明适宜人群、不适宜人群、功效成分或者标志性成分及其含量等，并声明"本品不能代替药物"。保健食品的功能和成分应当与标签、说明书相一致。

第七十九条 保健食品广告除应当符合本法第七十三条第一款的规定外，还应当声明"本品不能代替药物"；其内容应当经生产企业所在地省、自治区、直辖市人民政府食品安全监督管理部门审查批准，取得保健食品广告批准文件。省、自治区、直辖市人民政府食品安全监督管理部门应当公布并及时更新已经批准的保健食品广告目录以及批准的广告内容。

第八十条 特殊医学用途配方食品应当经国务院食品安全监督管理部门注册。注册时，应当提交产品配方、生产工艺、标签、说明书以及表明产品安全性、营养充足性和特殊医学用途临床效果的材料。

特殊医学用途配方食品广告适用《中华人民共和国广告法》和其他法律、行政法规关于药品广告管理的规定。

第八十一条 婴幼儿配方食品生产企业应当实施从原料进厂到成品出厂的全过程质量控制，对出厂的婴幼儿配方食品实施逐批检验，保证食品安全。

生产婴幼儿配方食品使用的生鲜乳、辅料等食品原料、食品添加剂等，应当符合法律、行政法规的规定和食品安全国家标准，保证婴幼儿生长发育所需的营养成分。

婴幼儿配方食品生产企业应当将食品原料、食品添加剂、产品配方及标签等事项向省、自治区、直辖市人民政府食品安全监督管理部门备案。

婴幼儿配方乳粉的产品配方应当经国务院食品安全监督管理部门注册。注册时，应当提交配方研发报告和其他表明配方科学性、安全性的材料。

不得以分装方式生产婴幼儿配方乳粉，同一企业不得用同一配方生产不同品牌的婴幼儿配方乳粉。

第八十二条 保健食品、特殊医学用途配方食品、婴幼儿配方乳粉的注册人或者备案人应当对其提交材料的真实性负责。

省级以上人民政府食品安全监督管理部门应当及时公布注册或者备案的保健食品、特殊医学用途配方食品、婴幼儿配方乳粉目录，并对注册或者备案中获知的企业商业秘密予以保密。

保健食品、特殊医学用途配方食品、婴幼儿配方乳粉生产企业应当按照注册或者备案的产品配方、生产工艺等技术要求组织生产。

第八十三条 生产保健食品，特殊医学用途配方食品、婴幼儿配方食品和其他专供特定人群的主辅食品的企业，应当按照良好生产规范的要求建立与所生产食品相适应的生产质量管理体系，定期对该体系的运行情况进行自查，保证其有效运行，并向所在地县级人民政府食品安全监督管理部门提交自查报告。

第五章 食品检验

第八十四条 食品检验机构按照国家有关认证认可的规定取得资质认定后，方可从事食品检验活动。但是，法律另有规定的除外。

食品检验机构的资质认定条件和检验规范，由国务院食品安全监督管理部门规定。

符合本法规定的食品检验机构出具的检验报告具有同等效力。

县级以上人民政府应当整合食品检验资源，实现资源共享。

第八十五条 食品检验由食品检验机构指定的检验人独立进行。

检验人应当依照有关法律、法规的规定，并按照食品安全标准和检验规范对食品进行检验，尊重科学，恪守职业道德，保证出具的检验数据和结论客观、公正，不得出具虚假检验报告。

第八十六条 食品检验实行食品检验机构与检验人负责制。食品检验报告应当加盖食品检验机构公章，并有检验人的签名或者盖章。食品检验机构和检验人对出具的食品检验报告负责。

第八十七条 县级以上人民政府食品安全监督管理部门应当对食品进行定期或者不定期的抽样检验，并依据有关规定公布检验结果，不得免检。进行抽样检验，应当购买所抽取的样品，委托符合本法规定的食品检验机构进行检验，并支付相关费用；不得向食品生产经营者收取检验费和其他费用。

第八十八条 对依照本法规定实施的检验结论有异议的，食品生产经营者可以自收到检验结论之日起七个工作日内向实施抽样检验的食品安全监督管理部门或者其上一级食品安全监督管理部门提出复检申请，由受理复检申请的食品安全监督管理部门在公布的复检机构名录中随机确定复检机构进行复检。复检机构出具的复检结论为最终检验结论。复检机构与初检机构不得为同一机构。复检机构名录由国务院认证认可监督管理、食品安全监督管理、卫生行政、农业行政等部门共同公布。

采用国家规定的快速检测方法对食用农产品进行抽查检测，被抽查人对检测结果有异议的，可以自收到检测结果时起四小时内申请复检。复检不得采用快速检测方法。

第八十九条 食品生产企业可以自行对所生产的食品进行检验，也可以委托符合本法规定的食品检验机构进行检验。

食品行业协会和消费者协会等组织、消费者需要委托食品检验机构对食品进行检验的，应当委托符合本法规定的食品检验机构进行。

第九十条 食品添加剂的检验，适用本法有关食品检验的规定。

第六章　食品进出口

第九十一条 国家出入境检验检疫部门对进出口食品安全实施监督管理。

第九十二条 进口的食品、食品添加剂、食品相关产品应当符合我国食品安全国家标准。

进口的食品、食品添加剂应当经出入境检验检疫机构依照进出口商品检验相关法律、行政法规的规定检验合格。

进口的食品、食品添加剂应当按照国家出入境检验检疫部门的要求随附合格证明材料。

第九十三条 进口尚无食品安全国家标准的食品，由境外出口商、境外生产企业或者其委托的进口商向国务院卫生行政部门提交所执行的相关国家（地区）标准或者国际标准。国务院卫生行政部门对相关标准进行审查，认为符合食品安全要求的，决定暂予适用，并及时制定相应的食品安全国家标准。进口利用新的食品原料生产的食品或者进口食品添加剂新品种、食品相关产品新品种，依照本法第三十七条的规定办理。

出入境检验检疫机构按照国务院卫生行政部门的要求，对前款规定的食品、食品添加剂、食品相关产品进行检验。检验结果应当公开。

第九十四条 境外出口商、境外生产企业应当保证向我国出口的食品、食品添加剂、食品相关产品符合本法以及我国其他有关法律、行政法规的规定和食品安全国家标准的要求，并对标签、说明书的内容负责。

进口商应当建立境外出口商、境外生产企业审核制度，重点审核前款规定的内容；审核不合格的，不得进口。

发现进口食品不符合我国食品安全国家标准或者有证据证明可能危害人体健康的，进口商应当立即停止进口，并依照本法第六十三条的规定召回。

第九十五条 境外发生的食品安全事件可能对我国境内造成影响，或者在进口食品、食品添加剂、食品相关产品中发现严重食品安全问题的，国家出入境检验检疫部门应当及时采取风险预警或者控制措施，并向国务院食品安全监督管理、卫生行政、农业行政部门通报。接到通报的部门应当及时采取相应措施。

县级以上人民政府食品安全监督管理部门对国内市场上销售的进口食品、食品添加剂实施监督管理。发现存在严重食品安全问题的，国务院食品安全监督管理部门应当及时向国家出入境检验检疫部门通报。国家出入境检验检疫部门应当及时采取相应措施。

第九十六条 向我国境内出口食品的境外出口商或者代理商、进口食品的进口商应当向国家出入境检验检疫部门备案。向我国境内出口食品的境外食品生产企业应当经国家出入境检验检部门注册。已经注册的境外食品生产企业提供虚假材料，或者因其自身的原因致使进口食品发生重大食品安全事故的，国家出入境检验检疫部门应当撤销注册并公告。

国家出入境检验检疫部门应当定期公布已经备案的境外出口商、代理商、进口商和已经注册的境外食品生产企业名单。

第九十七条 进口的预包装食品、食品添加剂应当有中文标签；依法应当有说明书的，还应当有中文说明书。标签、说明书应当符合本法以及我国其他有关法律、行政法规的规定和食品安全国家标准的要求，并载明食品的原产地以及境内代理商的名称、地址、联系方式。预包装食品没有中文标签、中文说明书或者标签、说明书不符合本条规定的，不得进口。

第九十八条 进口商应当建立食品、食品添加剂进口和销售记录制度，如实记录食品、食品添加剂的名称、规格、数量、生产日期、生产或者进口批号、保质期、境外出口商和购货者名称、地址及联系方式、交货日期等内容，并保存相关凭证。记录和凭证保存期限应当符合本法第五十条第二款的规定。

第九十九条 出口食品生产企业应当保证其出口食品符合进口国（地区）的标准或者合同要求。

出口食品生产企业和出口食品原料种植、养殖场应当向国家出入境检验检疫部门备案。

第一百条 国家出入境检验检疫部门应当收集、汇总下列进出口食品安全信息，并及时通报相关部门、机构和企业：

（一）出入境检验检疫机构对进出口食品实施检验检疫发现的食品安全信息；

（二）食品行业协会和消费者协会等组织、消费者反映的进口食品安全信息；

（三）国际组织、境外政府机构发布的风险预警信息及其他食品安全信息，以及境外食品行业协会等组织、消费者反映的食品安全信息；

（四）其他食品安全信息。

国家出入境检验检疫部门应当对进出口食品的进口商、出口商和出口食品生产企业实施信用管理，建立信用记录，并依法向社会公布。对有不良记录的进口商、出口商和出口食品生产企业，应当加强对其进出口食品的检验检疫。

第一百零一条 国家出入境检验检疫部门可以对向我国境内出口食品的国家（地区）的食品安全管理体系和食品安全状况进行评估和审查，并根据评估和审查结果，确定相应检验检疫要求。

第七章　食品安全事故处置

第一百零二条 国务院组织制定国家食品安全事故应急预案。

县级以上地方人民政府应当根据有关法律、法规的规定和上级人民政府的食品安全事故应急预案以及本行政区域的实际情况，制定本行政区域的食品安全事故应急预案，并报上一级人民政府备案。

食品安全事故应急预案应当对食品安全事故分级、事故处置组织指挥体系与职责、预防预警机制、处置程序、应急保障措施等作出规定。

食品生产经营企业应当制定食品安全事故处置方案，定期检查本企业各项食品安全防范措施的落实情况，及时消除事故隐患。

第一百零三条 发生食品安全事故的单位应当立即采取措施，防止事故扩大。事故单位和接收病人进行治疗的单位应当及时向事故发生地县级人民政府食品安全监督管理、卫生行政部门报告。

县级以上人民政府农业行政等部门在日常监督管理中发现食品安全事故或者接到事故举报，

应当立即向同级食品安全监督管理部门通报。

发生食品安全事故，接到报告的县级人民政府食品安全监督管理部门应当按照应急预案的规定向本级人民政府和上级人民政府食品安全监督管理部门报告。县级人民政府和上级人民政府食品安全监督管理部门应当按照应急预案的规定上报。

任何单位和个人不得对食品安全事故隐瞒、谎报、缓报，不得隐匿、伪造、毁灭有关证据。

第一百零四条 医疗机构发现其接收的病人属于食源性疾病病人或者疑似病人的，应当按照规定及时将相关信息向所在地县级人民政府卫生行政部门报告。县级人民政府卫生行政部门认为与食品安全有关的，应当及时通报同级食品安全监督管理部门。

县级以上人民政府卫生行政部门在调查处理传染病或者其他突发公共卫生事件中发现与食品安全相关的信息，应当及时通报同级食品安全监督管理部门。

第一百零五条 县级以上人民政府食品安全监督管理部门接到食品安全事故的报告后，应当立即会同同级卫生行政、农业行政等部门进行调查处理，并采取下列措施，防止或者减轻社会危害：

（一）开展应急救援工作，组织救治因食品安全事故导致人身伤害的人员；

（二）封存可能导致食品安全事故的食品及其原料，并立即进行检验；对确认属于被污染的食品及其原料，责令食品生产经营者依照本法第六十三条的规定召回或者停止经营；

（三）封存被污染的食品相关产品，并责令进行清洗消毒；

（四）做好信息发布工作，依法对食品安全事故及其处理情况进行发布，并对可能产生的危害加以解释、说明。

发生食品安全事故需要启动应急预案的，县级以上人民政府应当立即成立事故处置指挥机构，启动应急预案，依照前款和应急预案的规定进行处置。

发生食品安全事故，县级以上疾病预防控制机构应当对事故现场进行卫生处理，并对与事故有关的因素开展流行病学调查，有关部门应当予以协助。县级以上疾病预防控制机构应当向同级食品安全监督管理、卫生行政部门提交流行病学调查报告。

第一百零六条 发生食品安全事故，设区的市级以上人民政府食品安全监督管理部门应当立即会同有关部门进行事故责任调查，督促有关部门履行职责，向本级人民政府和上一级人民政府食品安全监督管理部门提出事故责任调查处理报告。

涉及两个以上省、自治区、直辖市的重大食品安全事故由国务院食品安全监督管理部门依照前款规定组织事故责任调查。

第一百零七条 调查食品安全事故，应当坚持实事求是、尊重科学的原则，及时、准确查清事故性质和原因，认定事故责任，提出整改措施。

调查食品安全事故，除了查明事故单位的责任，还应当查明有关监督管理部门、食品检验机构、认证机构及其工作人员的责任。

第一百零八条 食品安全事故调查部门有权向有关单位和个人了解与事故有关的情况，并要求提供相关资料和样品。有关单位和个人应当予以配合，按照要求提供相关资料和样品，不得拒绝。

任何单位和个人不得阻挠、干涉食品安全事故的调查处理。

第八章 监 督 管 理

第一百零九条 县级以上人民政府食品安全监督管理部门根据食品安全风险监测、风险评估结果和食品安全状况等，确定监督管理的重点、方式和频次，实施风险分级管理。

县级以上地方人民政府组织本级食品安全监督管理、农业行政等部门制定本行政区域的食品安全年度监督管理计划,向社会公布并组织实施。

食品安全年度监督管理计划应当将下列事项作为监督管理的重点:

(一)专供婴幼儿和其他特定人群的主辅食品;

(二)保健食品生产过程中的添加行为和按照注册或者备案的技术要求组织生产的情况,保健食品标签、说明书以及宣传材料中有关功能宣传的情况;

(三)发生食品安全事故风险较高的食品生产经营者;

(四)食品安全风险监测结果表明可能存在食品安全隐患的事项。

第一百一十条 县级以上人民政府食品安全监督管理部门履行食品安全监督管理职责,有权采取下列措施,对生产经营者遵守本法的情况进行监督检查:

(一)进入生产经营场所实施现场检查;

(二)对生产经营的食品、食品添加剂、食品相关产品进行抽样检验;

(三)查阅、复制有关合同、票据、账簿以及其他有关资料;

(四)查封、扣押有证据证明不符合食品安全标准或者有证据证明存在安全隐患以及用于违法生产经营的食品、食品添加剂、食品相关产品;

(五)查封违法从事生产经营活动的场所。

第一百一十一条 对食品安全风险评估结果证明食品存在安全隐患,需要制定、修订食品安全标准的,在制定、修订食品安全标准前,国务院卫生行政部门应当及时会同国务院有关部门规定食品中有害物质的临时限量值和临时检验方法,作为生产经营和监督管理的依据。

第一百一十二条 县级以上人民政府食品安全监督管理部门在食品安全监督管理工作中可以采用国家规定的快速检测方法对食品进行抽查检测。

对抽查检测结果表明可能不符合食品安全标准的食品,应当依照本法第八十七条的规定进行检验。抽查检测结果确定有关食品不符合食品安全标准的,可以作为行政处罚的依据。

第一百一十三条 县级以上人民政府食品安全监督管理部门应当建立食品生产经营者食品安全信用档案,记录许可颁发、日常监督检查结果、违法行为查处等情况,依法向社会公布并实时更新;对有不良信用记录的食品生产经营者增加监督检查频次,对违法行为情节严重的食品生产经营者,可以通报投资主管部门、证券监督管理机构和有关的金融机构。

第一百一十四条 食品生产经营过程中存在食品安全隐患,未及时采取措施消除的,县级以上人民政府食品安全监督管理部门可以对食品生产经营者的法定代表人或者主要负责人进行责任约谈。食品生产经营者应当立即采取措施,进行整改,消除隐患。责任约谈情况和整改情况应当纳入食品生产经营者食品安全信用档案。

第一百一十五条 县级以上人民政府食品安全监督管理等部门应当公布本部门的电子邮件地址或者电话,接受咨询、投诉、举报。接到咨询、投诉、举报,对属于本部门职责的,应当受理并在法定期限内及时答复、核实、处理;对不属于本部门职责的,应当移交有权处理的部门并书面通知咨询、投诉、举报人。有权处理的部门应当在法定期限内及时处理,不得推诿。对查证属实的举报,给予举报人奖励。

有关部门应当对举报人的信息予以保密,保护举报人的合法权益。举报人举报所在企业的,该企业不得以解除、变更劳动合同或者其他方式对举报人进行打击报复。

第一百一十六条 县级以上人民政府食品安全监督管理等部门应当加强对执法人员食品安全法律、法规、标准和专业知识与执法能力等的培训,并组织考核。不具备相应知识和能力的,不得从事食品安全执法工作。

食品生产经营者、食品行业协会、消费者协会等发现食品安全执法人员在执法过程中有违反法律、法规规定的行为以及不规范执法行为的,可以向本级或者上级人民政府食品安全监督管理等部门或者监察机关投诉、举报。接到投诉、举报的部门或者机关应当进行核实，并将经核实的情况向食品安全执法人员所在部门通报；涉嫌违法违纪的，按照本法和有关规定处理。

第一百一十七条 县级以上人民政府食品安全监督管理等部门未及时发现食品安全系统性风险，未及时消除监督管理区域内的食品安全隐患的，本级人民政府可以对其主要负责人进行责任约谈。

地方人民政府未履行食品安全职责，未及时消除区域性重大食品安全隐患的，上级人民政府可以对其主要负责人进行责任约谈。

被约谈的食品安全监督管理等部门、地方人民政府应当立即采取措施，对食品安全监督管理工作进行整改。

责任约谈情况和整改情况应当纳入地方人民政府和有关部门食品安全监督管理工作评议、考核记录。

第一百一十八条 国家建立统一的食品安全信息平台，实行食品安全信息统一公布制度。国家食品安全总体情况、食品安全风险警示信息、重大食品安全事故及其调查处理信息和国务院确定需要统一公布的其他信息由国务院食品安全监督管理部门统一公布。食品安全风险警示信息和重大食品安全事故及其调查处理信息的影响限于特定区域的，也可以由有关省、自治区、直辖市人民政府食品安全监督管理部门公布。未经授权不得发布上述信息。

县级以上人民政府食品安全监督管理、农业行政部门依据各自职责公布食品安全日常监督管理信息。

公布食品安全信息，应当做到准确、及时，并进行必要的解释说明，避免误导消费者和社会舆论。

第一百一十九条 县级以上地方人民政府食品安全监督管理、卫生行政、农业行政部门获知本法规定需要统一公布的信息，应当向上级主管部门报告，由上级主管部门立即报告国务院食品安全监督管理部门；必要时，可以直接向国务院食品安全监督管理部门报告。

县级以上人民政府食品安全监督管理、卫生行政、农业行政部门应当相互通报获知的食品安全信息。

第一百二十条 任何单位和个人不得编造、散布虚假食品安全信息。

县级以上人民政府食品安全监督管理部门发现可能误导消费者和社会舆论的食品安全信息，应当立即组织有关部门、专业机构、相关食品生产经营者等进行核实、分析，并及时公布结果。

第一百二十一条 县级以上人民政府食品安全监督管理等部门发现涉嫌食品安全犯罪的，应当按照有关规定及时将案件移送公安机关。对移送的案件，公安机关应当及时审查；认为有犯罪事实需要追究刑事责任的，应当立案侦查。

公安机关在食品安全犯罪案件侦查过程中认为没有犯罪事实，或者犯罪事实显著轻微，不需要追究刑事责任的，但依法应当追究行政责任的，应当及时将案件移送食品安全监督管理等部门和监察机关，有关部门应当依法处理。

公安机关商请食品安全监督管理、生态环境等部门提供检验结论、认定意见以及对涉案物品进行无害化处理等协助的，有关部门应当及时提供，予以协助。

第九章 法律责任

第一百二十二条 违反本法规定，未取得食品生产经营许可从事食品生产经营活动，或者未取得食品添加剂生产许可从事食品添加剂生产活动的，由县级以上人民政府食品安全监督管理部门没收违法所得和违法生产经营的食品、食品添加剂以及用于违法生产经营的工具、设备、原料等物品；违法生产经营的食品、食品添加剂货值金额不足一万元的，并处五万元以上十万元以下罚款；货值金额一万元以上的，并处货值金额十倍以上二十倍以下罚款。

明知从事前款规定的违法行为，仍为其提供生产经营场所或者其他条件的，由县级以上人民政府食品安全监督管理部门责令停止违法行为，没收违法所得，并处五万元以上十万元以下罚款；使消费者的合法权益受到损害的，应当与食品、食品添加剂生产经营者承担连带责任。

第一百二十三条 违反本法规定，有下列情形之一，尚不构成犯罪的，由县级以上人民政府食品安全监督管理部门没收违法所得和违法生产经营的食品，并可以没收用于违法生产经营的工具、设备、原料等物品；违法生产经营的食品货值金额不足一万元的，并处十万元以上十五万元以下罚款；货值金额一万元以上的，并处货值金额十五倍以上三十倍以下罚款；情节严重的，吊销许可证，并可以由公安机关对其直接负责的主管人员和其他直接责任人员处五日以上十五日以下拘留：

（一）用非食品原料生产食品、在食品中添加食品添加剂以外的化学物质和其他可能危害人体健康的物质，或者用回收食品作为原料生产食品，或者经营上述食品；

（二）生产经营营养成分不符合食品安全标准的专供婴幼儿和其他特定人群的主辅食品；

（三）经营病死、毒死或者死因不明的禽、畜、兽、水产动物肉类，或者生产经营其制品；

（四）经营未按规定进行检疫或者检疫不合格的肉类，或者生产经营未经检验或者检验不合格的肉类制品；

（五）生产经营国家为防病等特殊需要明令禁止生产经营的食品；

（六）生产经营添加药品的食品。

明知从事前款规定的违法行为，仍为其提供生产经营场所或者其他条件的，由县级以上人民政府食品安全监督管理部门责令停止违法行为，没收违法所得，并处十万元以上二十万元以下罚款；使消费者的合法权益受到损害的，应当与食品生产经营者承担连带责任。

违法使用剧毒、高毒农药的，除依照有关法律、法规规定给予处罚外，可以由公安机关依照第一款规定给予拘留。

第一百二十四条 违反本法规定，有下列情形之一，尚不构成犯罪的，由县级以上人民政府食品安全监督管理部门没收违法所得和违法生产经营的食品、食品添加剂，并可以没收用于违法生产经营的工具、设备、原料等物品；违法生产经营的食品、食品添加剂货值金额不足一万元的，并处五万元以上十万元以下罚款；货值金额一万元以上的，并处货值金额十倍以上二十倍以下罚款；情节严重的，吊销许可证：

（一）生产经营致病性微生物，农药残留、兽药残留、生物毒素、重金属等污染物质以及其他危害人体健康的物质含量超过食品安全标准限量的食品、食品添加剂；

（二）用超过保质期的食品原料、食品添加剂生产食品、食品添加剂，或者经营上述食品、食品添加剂；

（三）生产经营超范围、超限量使用食品添加剂的食品；

（四）生产经营腐败变质、油脂酸败、霉变生虫、污秽不洁、混有异物、掺假掺杂或者感官性状异常的食品、食品添加剂；

（五）生产经营标注虚假生产日期、保质期或者超过保质期的食品、食品添加剂；

（六）生产经营未按规定注册的保健食品、特殊医学用途配方食品、婴幼儿配方乳粉，或者未按注册的产品配方、生产工艺等技术要求组织生产；

（七）以分装方式生产婴幼儿配方乳粉，或者同一企业以同一配方生产不同品牌的婴幼儿配方乳粉；

（八）利用新的食品原料生产食品，或者生产食品添加剂新品种，未通过安全性评估；

（九）食品生产经营者在食品安全监督管理部门责令其召回或者停止经营后，仍拒不召回或者停止经营。

除前款和本法第一百二十三条、第一百二十五条规定的情形外，生产经营不符合法律、法规或者食品安全标准的食品、食品添加剂的，依照前款规定给予处罚。

生产食品相关产品新品种，未通过安全性评估，或者生产不符合食品安全标准的食品相关产品的，由县级以上人民政府食品安全监督管理部门依照第一款规定给予处罚。

第一百二十五条 违反本法规定，有下列情形之一的，由县级以上人民政府食品安全监督管理部门没收违法所得和违法生产经营的食品、食品添加剂，并可以没收用于违法生产经营的工具、设备、原料等物品；违法生产经营的食品、食品添加剂货值金额不足一万元的，并处五千元以上五万元以下罚款；货值金额一万元以上的，并处货值金额五倍以上十倍以下罚款；情节严重的，责令停产停业，直至吊销许可证：

（一）生产经营被包装材料、容器、运输工具等污染的食品、食品添加剂；

（二）生产经营无标签的预包装食品、食品添加剂或者标签、说明书不符合本法规定的食品、食品添加剂；

（三）生产经营转基因食品未按规定进行标示；

（四）食品生产经营者采购或者使用不符合食品安全标准的食品原料、食品添加剂、食品相关产品。

生产经营的食品、食品添加剂的标签、说明书存在瑕疵但不影响食品安全且不会对消费者造成误导的，由县级以上人民政府食品安全监督管理部门责令改正；拒不改正的，处二千元以下罚款。

第一百二十六条 违反本法规定，有下列情形之一的，由县级以上人民政府食品安全监督管理部门责令改正，给予警告；拒不改正的，处五千元以上五万元以下罚款；情节严重的，责令停产停业，直至吊销许可证：

（一）食品、食品添加剂生产者未按规定对采购的食品原料和生产的食品、食品添加剂进行检验；

（二）食品生产经营企业未按规定建立食品安全管理制度，或者未按规定配备或者培训、考核食品安全管理人员；

（三）食品、食品添加剂生产经营者进货时未查验许可证和相关证明文件，或者未按规定建立并遵守进货查验记录、出厂检验记录和销售记录制度；

（四）食品生产经营企业未制定食品安全事故处置方案；

（五）餐具、饮具和盛放直接入口食品的容器，使用前未经洗净、消毒或者清洗消毒不合格，或者餐饮服务设施、设备未按规定定期维护、清洗、校验；

（六）食品生产经营者安排未取得健康证明或者患有国务院卫生行政部门规定的有碍食品安全疾病的人员从事接触直接入口食品的工作；

（七）食品经营者未按规定要求销售食品；

（八）保健食品生产企业未按规定向食品安全监督管理部门备案，或者未按备案的产品配方、生产工艺等技术要求组织生产；

（九）婴幼儿配方食品生产企业未将食品原料、食品添加剂、产品配方、标签等向食品安全监督管理部门备案；

（十）特殊食品生产企业未按规定建立生产质量管理体系并有效运行，或者未定期提交自查报告；

（十一）食品生产经营者未定期对食品安全状况进行检查评价，或者生产经营条件发生变化，未按规定处理；

（十二）学校、托幼机构、养老机构、建筑工地等集中用餐单位未按规定履行食品安全管理责任；

（十三）食品生产企业、餐饮服务提供者未按规定制定、实施生产经营过程控制要求。

餐具、饮具集中消毒服务单位违反本法规定用水，使用洗涤剂、消毒剂，或者出厂的餐具、饮具未按规定检验合格并随附消毒合格证明，或者未按规定在独立包装上标注相关内容的，由县级以上人民政府卫生行政部门依照前款规定给予处罚。

食品相关产品生产者未按规定对生产的食品相关产品进行检验的，由县级以上人民政府食品安全监督管理部门依照第一款规定给予处罚。

食用农产品销售者违反本法第六十五条规定的，由县级以上人民政府食品安全监督管理部门依照第一款规定给予处罚。

第一百二十七条 对食品生产加工小作坊、食品摊贩等的违法行为的处罚，依照省、自治区、直辖市制定的具体管理办法执行。

第一百二十八条 违反本法规定，事故单位在发生食品安全事故后未进行处置、报告的，由有关主管部门按照各自职责分工责令改正，给予警告；隐匿、伪造、毁灭有关证据的，责令停产停业，没收违法所得，并处十万元以上五十万元以下罚款；造成严重后果的，吊销许可证。

第一百二十九条 违反本法规定，有下列情形之一的，由出入境检验检疫机构依照本法第一百二十四条的规定给予处罚：

（一）提供虚假材料，进口不符合我国食品安全国家标准的食品、食品添加剂、食品相关产品；

（二）进口尚无食品安全国家标准的食品，未提交所执行的标准并经国务院卫生行政部门审查，或者进口利用新的食品原料生产的食品或者进口食品添加剂新品种、食品相关产品新品种，未通过安全性评估；

（三）未遵守本法的规定出口食品；

（四）进口商在有关主管部门责令其依照本法规定召回进口的食品后，仍拒不召回。

违反本法规定，进口商未建立并遵守食品、食品添加剂进口和销售记录制度、境外出口商或者生产企业审核制度的，由出入境检验检疫机构依照本法第一百二十六条的规定给予处罚。

第一百三十条 违反本法规定，集中交易市场的开办者、柜台出租者、展销会的举办者允许未依法取得许可的食品经营者进入市场销售食品，或者未履行检查、报告等义务的，由县级以上人民政府食品安全监督管理部门责令改正，没收违法所得，并处五万元以上二十万元以下罚款；造成严重后果的，责令停业，直至由原发证部门吊销许可证；使消费者的合法权益受到损害的，应当与食品经营者承担连带责任。

食用农产品批发市场违反本法第六十四条规定的，依照前款规定承担责任。

第一百三十一条 违反本法规定，网络食品交易第三方平台提供者未对入网食品经营者进行实名登记、审查许可证，或者未履行报告、停止提供网络交易平台服务等义务的，由县级以上人民政府食品安全监督管理部门责令改正，没收违法所得，并处五万元以上二十万元以下罚款；造成严重后果的，责令停业，直至由原发证部门吊销许可证；使消费者的合法权益受到损害的，应当与食品经营者承担连带责任。

消费者通过网络食品交易第三方平台购买食品，其合法权益受到损害的，可以向入网食品经营者或者食品生产者要求赔偿。网络食品交易第三方平台提供者不能提供入网食品经营者的真实名称、地址和有效联系方式的，由网络食品交易第三方平台提供者赔偿。网络食品交易第三方平台提供者赔偿后，有权向入网食品经营者或者食品生产者追偿。网络食品交易第三方平台提供者作出更有利于消费者承诺的，应当履行其承诺。

第一百三十二条 违反本法规定，未按要求进行食品贮存、运输和装卸的，由县级以上人民政府食品安全监督管理等部门按照各自职责分工责令改正，给予警告；拒不改正的，责令停产停业，并处一万元以上五万元以下罚款；情节严重的，吊销许可证。

第一百三十三条 违反本法规定，拒绝、阻挠、干涉有关部门、机构及其工作人员依法开展食品安全监督检查、事故调查处理、风险监测和风险评估的，由有关主管部门按照各自职责分工责令停产停业，并处二千元以上五万元以下罚款；情节严重的，吊销许可证；构成违反治安管理行为的，由公安机关依法给予治安管理处罚。

违反本法规定，对举报人以解除、变更劳动合同或者其他方式打击报复的，应当依照有关法律的规定承担责任。

第一百三十四条 食品生产经营者在一年内累计三次因违反本法规定受到责令停产停业、吊销许可证以外处罚的，由食品安全监督管理部门责令停产停业，直至吊销许可证。

第一百三十五条 被吊销许可证的食品生产经营者及其法定代表人、直接负责的主管人员和其他直接责任人员自处罚决定作出之日起五年内不得申请食品生产经营许可，或者从事食品生产经营管理工作、担任食品生产经营企业食品安全管理人员。

因食品安全犯罪被判处有期徒刑以上刑罚的，终身不得从事食品生产经营管理工作，也不得担任食品生产经营企业食品安全管理人员。

食品生产经营者聘用人员违反前两款规定的，由县级以上人民政府食品安全监督管理部门吊销许可证。

第一百三十六条 食品经营者履行了本法规定的进货查验等义务，有充分证据证明其不知道所采购的食品不符合食品安全标准，并能如实说明其进货来源的，可以免予处罚，但应当依法没收其不符合食品安全标准的食品；造成人身、财产或者其他损害的，依法承担赔偿责任。

第一百三十七条 违反本法规定，承担食品安全风险监测、风险评估工作的技术机构、技术人员提供虚假监测、评估信息的，依法对技术机构直接负责的主管人员和技术人员给予撤职、开除处分；有执业资格的，由授予其资格的主管部门吊销执业证书。

第一百三十八条 违反本法规定，食品检验机构、食品检验人员出具虚假检验报告的，由授予其资质的主管部门或者机构撤销该食品检验机构的检验资质，没收所收取的检验费用，并处检验费用五倍以上十倍以下罚款，检验费用不足一万元的，并处五万元以上十万元以下罚款；依法对食品检验机构直接负责的主管人员和食品检验人员给予撤职或者开除处分；导致发生重大食品安全事故的，对直接负责的主管人员和食品检验人员给予开除处分。

违反本法规定，受到开除处分的食品检验机构人员，自处罚决定作出之日起十年内不得从事食品检验工作；因食品安全违法行为受到刑事处罚或者因出具虚假检验报告导致发生重大食品安全事故受到开除处分的食品检验机构人员，终身不得从事食品检验工作。食品检验机构聘用不得从事食品检验工作的人员的，由授予其资质的主管部门或者机构撤销该食品检验机构的检验资质。

食品检验机构出具虚假检验报告，使消费者的合法权益受到损害的，应当与食品生产经营者承担连带责任。

第一百三十九条 违反本法规定，认证机构出具虚假认证结论，由认证认可监督管理部门没收所收取的认证费用，并处认证费用五倍以上十倍以下罚款，认证费用不足一万元的，并处五万元以上十万元以下罚款；情节严重的，责令停业，直至撤销认证机构批准文件，并向社会公布；对直接负责的主管人员和负有直接责任的认证人员，撤销其执业资格。

认证机构出具虚假认证结论，使消费者的合法权益受到损害的，应当与食品生产经营者承担连带责任。

第一百四十条 违反本法规定，在广告中对食品作虚假宣传，欺骗消费者，或者发布未取得批准文件、广告内容与批准文件不一致的保健食品广告的，依照《中华人民共和国广告法》的规定给予处罚。

广告经营者、发布者设计、制作、发布虚假食品广告，使消费者的合法权益受到损害的，应当与食品生产经营者承担连带责任。

社会团体或者其他组织、个人在虚假广告或者其他虚假宣传中向消费者推荐食品，使消费者的合法权益受到损害的，应当与食品生产经营者承担连带责任。

违反本法规定，食品安全监督管理等部门、食品检验机构、食品行业协会以广告或者其他形式向消费者推荐食品，消费者组织以收取费用或者其他牟取利益的方式向消费者推荐食品的，由有关主管部门没收违法所得，依法对直接负责的主管人员和其他直接责任人员给予记大过、降级或者撤职处分；情节严重的，给予开除处分。

对食品作虚假宣传且情节严重的，由省级以上人民政府食品安全监督管理部门决定暂停销售该食品，并向社会公布；仍然销售该食品的，由县级以上人民政府食品安全监督管理部门没收违法所得和违法销售的食品，并处二万元以上五万元以下罚款。

第一百四十一条 违反本法规定，编造、散布虚假食品安全信息，构成违反治安管理行为的，由公安机关依法给予治安管理处罚。

媒体编造、散布虚假食品安全信息的，由有关主管部门依法给予处罚，并对直接负责的主管人员和其他直接责任人员给予处分；使公民、法人或者其他组织的合法权益受到损害的，依法承担消除影响、恢复名誉、赔偿损失、赔礼道歉等民事责任。

第一百四十二条 违反本法规定，县级以上地方人民政府有下列行为之一的，对直接负责的主管人员和其他直接责任人员给予记大过处分；情节较重的，给予降级或者撤职处分；情节严重的，给予开除处分；造成严重后果的，其主要负责人还应当引咎辞职：

（一）对发生在本行政区域内的食品安全事故，未及时组织协调有关部门开展有效处置，造成不良影响或者损失；

（二）对本行政区域内涉及多环节的区域性食品安全问题，未及时组织整治，造成不良影响或者损失；

（三）隐瞒、谎报、缓报食品安全事故；

（四）本行政区域内发生特别重大食品安全事故，或者连续发生重大食品安全事故。

第一百四十三条 违反本法规定，县级以上地方人民政府有下列行为之一的，对直接负责的主管人员和其他直接责任人员给予警告、记过或者记大过处分；造成严重后果的，给予降级或者撤职处分：

（一）未确定有关部门的食品安全监督管理职责，未建立健全食品安全全程监督管理工作机制和信息共享机制，未落实食品安全监督管理责任制；

（二）未制定本行政区域的食品安全事故应急预案，或者发生食品安全事故后未按规定立即成立事故处置指挥机构、启动应急预案。

第一百四十四条 违反本法规定，县级以上人民政府食品安全监督管理、卫生行政、农业行政等部门有下列行为之一的，对直接负责的主管人员和其他直接责任人员给予记大过处分；情节较重的，给予降级或者撤职处分；情节严重的，给予开除处分；造成严重后果的，其主要负责人还应当引咎辞职：

（一）隐瞒、谎报、缓报食品安全事故；

（二）未按规定查处食品安全事故，或者接到食品安全事故报告未及时处理，造成事故扩大或者蔓延；

（三）经食品安全风险评估得出食品、食品添加剂、食品相关产品不安全结论后，未及时采取相应措施，造成食品安全事故或者不良社会影响；

（四）对不符合条件的申请人准予许可，或者超越法定职权准予许可；

（五）不履行食品安全监督管理职责，导致发生食品安全事故。

第一百四十五条 违反本法规定，县级以上人民政府食品安全监督管理、卫生行政、农业行政等部门有下列行为之一，造成不良后果的，对直接负责的主管人员和其他直接责任人员给予警告、记过或者记大过处分；情节较重的，给予降级或者撤职处分；情节严重的，给予开除处分：

（一）在获知有关食品安全信息后，未按规定向上级主管部门和本级人民政府报告，或者未按规定相互通报；

（二）未按规定公布食品安全信息；

（三）不履行法定职责，对查处食品安全违法行为不配合，或者滥用职权、玩忽职守、徇私舞弊。

第一百四十六条 食品安全监督管理等部门在履行食品安全监督管理职责过程中，违法实施检查、强制等执法措施，给生产经营者造成损失的，应当依法予以赔偿，对直接负责的主管人员和其他直接责任人员依法给予处分。

第一百四十七条 违反本法规定，造成人身、财产或者其他损害的，依法承担赔偿责任。生产经营者财产不足以同时承担民事赔偿责任和缴纳罚款、罚金时，先承担民事赔偿责任。

第一百四十八条 消费者因不符合食品安全标准的食品受到损害的，可以向经营者要求赔偿损失，也可以向生产者要求赔偿损失。接到消费者赔偿要求的生产经营者，应当实行首负责任制，先行赔付，不得推诿；属于生产者责任的，经营者赔偿后有权向生产者追偿；属于经营者责任的，生产者赔偿后有权向经营者追偿。

生产不符合食品安全标准的食品或者经营明知是不符合食品安全标准的食品，消费者除要求赔偿损失外，还可以向生产者或者经营者要求支付价款十倍或者损失三倍的赔偿金；增加赔偿的金额不足一千元的，为一千元。但是，食品的标签、说明书存在不影响食品安全且不会对消费者造成误导的瑕疵的除外。

第一百四十九条 违反本法规定，构成犯罪的，依法追究刑事责任。

第十章 附　　则

第一百五十条 本法下列用语的含义：

食品，指各种供人食用或者饮用的成品和原料以及按照传统既是食品又是中药材的物品，但是不包括以治疗为目的的物品。

食品安全，指食品无毒、无害，符合应当有的营养要求，对人体健康不造成任何急性、亚急性或者慢性危害。

预包装食品，指预先定量包装或者制作在包装材料、容器中的食品。

食品添加剂，指为改善食品品质和色、香、味以及为防腐、保鲜和加工工艺的需要而加入食品中的人工合成或者天然物质，包括营养强化剂。

用于食品的包装材料和容器，指包装、盛放食品或者食品添加剂用的纸、竹、木、金属、搪瓷、陶瓷、塑料、橡胶、天然纤维、化学纤维、玻璃等制品和直接接触食品或者食品添加剂的涂料。

用于食品生产经营的工具、设备，指食品或者食品添加剂生产、销售、使用过程中直接接触食品或者食品添加剂的机械、管道、传送带、容器、用具、餐具等。

用于食品的洗涤剂、消毒剂，指直接用于洗涤或者消毒食品、餐具、饮具以及直接接触食品的工具、设备或者食品包装材料和容器的物质。

食品保质期，指食品在标明的贮存条件下保持品质的期限。

食源性疾病，指食品中致病因素进入人体引起的感染性、中毒性等疾病，包括食物中毒。

食品安全事故，指食源性疾病、食品污染等源于食品，对人体健康有危害或者可能有危害的事故。

第一百五十一条 转基因食品和食盐的食品安全管理，本法未作规定的，适用其他法律、行政法规的规定。

第一百五十二条 铁路、民航运营中食品安全的管理办法由国务院食品安全监督管理部门会同国务院有关部门依照本法制定。

保健食品的具体管理办法由国务院食品安全监督管理部门依照本法制定。

食品相关产品生产活动的具体管理办法由国务院食品安全监督管理部门依照本法制定。

国境口岸食品的监督管理由出入境检验检疫机构依照本法以及有关法律、行政法规的规定实施。

军队专用食品和自供食品的食品安全管理办法由中央军事委员会依照本法制定。

第一百五十三条 国务院根据实际需要，可以对食品安全监督管理体制作出调整。

第一百五十四条 本法自 2015 年 10 月 1 日起施行。

中华人民共和国食品安全法实施条例

（2009 年 7 月 20 日中华人民共和国国务院令第 557 号公布 根据 2016 年 2 月 6 日《国务院关于修改部分行政法规的决定》修订 2019 年 3 月 26 日国务院第 42 次常务会议修订通过 2019 年 10 月 11 日中华人民共和国国务院令第 721 号公布 自 2019 年 12 月 1 日起施行）

第一章 总 则

第一条 根据《中华人民共和国食品安全法》（以下简称食品安全法），制定本条例。

第二条 食品生产经营者应当依照法律、法规和食品安全标准从事生产经营活动，建立健全食品安全管理制度，采取有效措施预防和控制食品安全风险，保证食品安全。

第三条 国务院食品安全委员会负责分析食品安全形势，研究部署、统筹指导食品安全工作，提出食品安全监督管理的重大政策措施，督促落实食品安全监督管理责任。县级以上地方人民政府食品安全委员会按照本级人民政府规定的职责开展工作。

第四条 县级以上人民政府建立统一权威的食品安全监督管理体制，加强食品安全监督管理能力建设。

县级以上人民政府食品安全监督管理部门和其他有关部门应当依法履行职责，加强协调配合，做好食品安全监督管理工作。

乡镇人民政府和街道办事处应当支持、协助县级人民政府食品安全监督管理部门及其派出机构依法开展食品安全监督管理工作。

第五条 国家将食品安全知识纳入国民素质教育内容，普及食品安全科学常识和法律知识，提高全社会的食品安全意识。

第二章 食品安全风险监测和评估

第六条 县级以上人民政府卫生行政部门会同同级食品安全监督管理等部门建立食品安全风

险监测会商机制，汇总、分析风险监测数据，研判食品安全风险，形成食品安全风险监测分析报告，报本级人民政府；县级以上地方人民政府卫生行政部门还应当将食品安全风险监测分析报告同时报上一级人民政府卫生行政部门。食品安全风险监测会商的具体办法由国务院卫生行政部门会同国务院食品安全监督管理等部门制定。

第七条 食品安全风险监测结果表明存在食品安全隐患，食品安全监督管理等部门经进一步调查确认有必要通知相关食品生产经营者的，应当及时通知。

接到通知的食品生产经营者应当立即进行自查，发现食品不符合食品安全标准或者有证据证明可能危害人体健康的，应当依照食品安全法第六十三条的规定停止生产、经营，实施食品召回，并报告相关情况。

第八条 国务院卫生行政、食品安全监督管理等部门发现需要对农药、肥料、兽药、饲料和饲料添加剂等进行安全性评估的，应当向国务院农业行政部门提出安全性评估建议。国务院农业行政部门应当及时组织评估，并向国务院有关部门通报评估结果。

第九条 国务院食品安全监督管理部门和其他有关部门建立食品安全风险信息交流机制，明确食品安全风险信息交流的内容、程序和要求。

第三章 食品安全标准

第十条 国务院卫生行政部门会同国务院食品安全监督管理、农业行政等部门制定食品安全国家标准规划及其年度实施计划。国务院卫生行政部门应当在其网站上公布食品安全国家标准规划及其年度实施计划的草案，公开征求意见。

第十一条 省、自治区、直辖市人民政府卫生行政部门依照食品安全法第二十九条的规定制定食品安全地方标准，应当公开征求意见。省、自治区、直辖市人民政府卫生行政部门应当自食品安全地方标准公布之日起 30 个工作日内，将地方标准报国务院卫生行政部门备案。国务院卫生行政部门发现备案的食品安全地方标准违反法律、法规或者食品安全国家标准的，应当及时予以纠正。

食品安全地方标准依法废止的，省、自治区、直辖市人民政府卫生行政部门应当及时在其网站上公布废止情况。

第十二条 保健食品、特殊医学用途配方食品、婴幼儿配方食品等特殊食品不属于地方特色食品，不得对其制定食品安全地方标准。

第十三条 食品安全标准公布后，食品生产经营者可以在食品安全标准规定的实施日期之前实施并公开提前实施情况。

第十四条 食品生产企业不得制定低于食品安全国家标准或者地方标准要求的企业标准。食品生产企业制定食品安全指标严于食品安全国家标准或者地方标准的企业标准的，应当报省、自治区、直辖市人民政府卫生行政部门备案。

食品生产企业制定企业标准的，应当公开，供公众免费查阅。

第四章 食品生产经营

第十五条 食品生产经营许可的有效期为 5 年。

食品生产经营者的生产经营条件发生变化，不再符合食品生产经营要求的，食品生产经营者应当立即采取整改措施；需要重新办理许可手续的，应当依法办理。

第十六条 国务院卫生行政部门应当及时公布新的食品原料、食品添加剂新品种和食品相关产品新品种目录以及所适用的食品安全国家标准。

对按照传统既是食品又是中药材的物质目录，国务院卫生行政部门会同国务院食品安全监督管理部门应当及时更新。

第十七条 国务院食品安全监督管理部门会同国务院农业行政等有关部门明确食品安全全程追溯基本要求，指导食品生产经营者通过信息化手段建立、完善食品安全追溯体系。

食品安全监督管理等部门应当将婴幼儿配方食品等针对特定人群的食品以及其他食品安全风险较高或者销售量大的食品的追溯体系建设作为监督检查的重点。

第十八条 食品生产经营者应当建立食品安全追溯体系，依照食品安全法的规定如实记录并保存进货查验、出厂检验、食品销售等信息，保证食品可追溯。

第十九条 食品生产经营企业的主要负责人对本企业的食品安全工作全面负责，建立并落实本企业的食品安全责任制，加强供货者管理、进货查验和出厂检验、生产经营过程控制、食品安全自查等工作。食品生产经营企业的食品安全管理人员应当协助企业主要负责人做好食品安全管理工作。

第二十条 食品生产经营企业应当加强对食品安全管理人员的培训和考核。食品安全管理人员应当掌握与其岗位相适应的食品安全法律、法规、标准和专业知识，具备食品安全管理能力。食品安全监督管理部门应当对企业食品安全管理人员进行随机监督抽查考核。考核指南由国务院食品安全监督管理部门制定、公布。

第二十一条 食品、食品添加剂生产经营者委托生产食品、食品添加剂的，应当委托取得食品生产许可、食品添加剂生产许可的生产者生产，并对其生产行为进行监督，对委托生产的食品、食品添加剂的安全负责。受托方应当依照法律、法规、食品安全标准以及合同约定进行生产，对生产行为负责，并接受委托方的监督。

第二十二条 食品生产经营者不得在食品生产、加工场所贮存依照本条例第六十三条规定制定的名录中的物质。

第二十三条 对食品进行辐照加工，应当遵守食品安全国家标准，并按照食品安全国家标准的要求对辐照加工食品进行检验和标注。

第二十四条 贮存、运输对温度、湿度等有特殊要求的食品，应当具备保温、冷藏或者冷冻等设备设施，并保持有效运行。

第二十五条 食品生产经营者委托贮存、运输食品的，应当对受托方的食品安全保障能力进行审核，并监督受托方按保证食品安全的要求贮存、运输食品。受托方应当保证食品贮存、运输条件符合食品安全的要求，加强食品贮存、运输过程管理。

接受食品生产经营者委托贮存、运输食品的，应当如实记录委托方和收货方的名称、地址、联系方式等内容。记录保存期限不得少于贮存、运输结束后2年。

非食品生产经营者从事对温度、湿度等有特殊要求的食品贮存业务的，应当自取得营业执照之日起30个工作日内向所在地县级人民政府食品安全监督管理部门备案。

第二十六条 餐饮服务提供者委托餐具饮具集中消毒服务单位提供清洗消毒服务的，应当查验、留存餐具饮具集中消毒服务单位的营业执照复印件和消毒合格证明。保存期限不得少于消毒餐具饮具使用期限到期后6个月。

第二十七条 餐具饮具集中消毒服务单位应当建立餐具饮具出厂检验记录制度，如实记录出厂餐具饮具的数量、消毒日期和批号、使用期限、出厂日期以及委托方名称、地址、联系方式等内容。出厂检验记录保存期限不得少于消毒餐具饮具使用期限到期后6个月。消毒后的餐具饮具应当在独立包装上标注单位名称、地址、联系方式、消毒日期和批号以及使用期限等内容。

第二十八条 学校、托幼机构、养老机构、建筑工地等集中用餐单位的食堂应当执行原料控制、餐具饮具清洗消毒、食品留样等制度，并依照食品安全法第四十七条的规定定期开展食堂食品安全自查。

承包经营集中用餐单位食堂的，应当依法取得食品经营许可，并对食堂的食品安全负责。集中用餐单位应当督促承包方落实食品安全管理制度，承担管理责任。

第二十九条 食品生产经营者应当对变质、超过保质期或者回收的食品进行显著标示或者单独存放在有明确标志的场所，及时采取无害化处理、销毁等措施并如实记录。

食品安全法所称回收食品，是指已经售出，因违反法律、法规、食品安全标准或者超过保质期等原因，被召回或者退回的食品，不包括依照食品安全法第六十三条第三款的规定可以继续销售的食品。

第三十条 县级以上地方人民政府根据需要建设必要的食品无害化处理和销毁设施。食品生产经营者可以按照规定使用政府建设的设施对食品进行无害化处理或者予以销毁。

第三十一条 食品集中交易市场的开办者、食品展销会的举办者应当在市场开业或者展销会举办前向所在地县级人民政府食品安全监督管理部门报告。

第三十二条 网络食品交易第三方平台提供者应当妥善保存入网食品经营者的登记信息和交易信息。县级以上人民政府食品安全监督管理部门开展食品安全监督检查、食品安全案件调查处理、食品安全事故处置确需了解有关信息的，经其负责人批准，可以要求网络食品交易第三方平台提供者提供，网络食品交易第三方平台提供者应当按照要求提供。县级以上人民政府食品安全监督管理部门及其工作人员对网络食品交易第三方平台提供者提供的信息依法负有保密义务。

第三十三条 生产经营转基因食品应当显著标示，标示办法由国务院食品安全监督管理部门会同国务院农业行政部门制定。

第三十四条 禁止利用包括会议、讲座、健康咨询在内的任何方式对食品进行虚假宣传。食品安全监督管理部门发现虚假宣传行为的，应当依法及时处理。

第三十五条 保健食品生产工艺有原料提取、纯化等前处理工序的，生产企业应当具备相应的原料前处理能力。

第三十六条 特殊医学用途配方食品生产企业应当按照食品安全国家标准规定的检验项目对出厂产品实施逐批检验。

特殊医学用途配方食品中的特定全营养配方食品应当通过医疗机构或者药品零售企业向消费者销售。医疗机构、药品零售企业销售特定全营养配方食品的，不需要取得食品经营许可，但是应当遵守食品安全法和本条例关于食品销售的规定。

第三十七条 特殊医学用途配方食品中的特定全营养配方食品广告按照处方药广告管理，其他类别的特殊医学用途配方食品广告按照非处方药广告管理。

第三十八条 对保健食品之外的其他食品，不得声称具有保健功能。

对添加食品安全国家标准规定的选择性添加物质的婴幼儿配方食品，不得以选择性添加物质命名。

第三十九条 特殊食品的标签、说明书内容应当与注册或者备案的标签、说明书一致。销售特殊食品，应当核对食品标签、说明书内容是否与注册或者备案的标签、说明书一致，不一致的不得销售。省级以上人民政府食品安全监督管理部门应当在其网站上公布注册或者备案的特殊食品的标签、说明书。

特殊食品不得与普通食品或者药品混放销售。

第五章 食品检验

第四十条 对食品进行抽样检验，应当按照食品安全标准、注册或者备案的特殊食品的产品技术要求以及国家有关规定确定的检验项目和检验方法进行。

第四十一条 对可能掺杂掺假的食品，按照现有食品安全标准规定的检验项目和检验方法以及依照食品安全法第一百一十一条和本条例第六十三条规定制定的检验项目和检验方法无法检验的，国务院食品安全监督管理部门可以制定补充检验项目和检验方法，用于对食品的抽样检验、食品安全案件调查处理和食品安全事故处置。

第四十二条 依照食品安全法第八十八条的规定申请复检的，申请人应当向复检机构先行支付复检费用。复检结论表明食品不合格的，复检费用由复检申请人承担；复检结论表明食品合格的，复检费用由实施抽样检验的食品安全监督管理部门承担。

复检机构无正当理由不得拒绝承担复检任务。

第四十三条 任何单位和个人不得发布未依法取得资质认定的食品检验机构出具的食品检验信息，不得利用上述检验信息对食品、食品生产经营者进行等级评定、欺骗、误导消费者。

第六章　食品进出口

第四十四条 进口商进口食品、食品添加剂，应当按照规定向出入境检验检疫机构报检，如实申报产品相关信息，并随附法律、行政法规规定的合格证明材料。

第四十五条 进口食品运达口岸后，应当存放在出入境检验检疫机构指定或者认可的场所；需要移动的，应当按照出入境检验检疫机构的要求采取必要的安全防护措施。大宗散装进口食品应当在卸货口岸进行检验。

第四十六条 国家出入境检验检疫部门根据风险管理需要，可以对部分食品实行指定口岸进口。

第四十七条 国务院卫生行政部门依照食品安全法第九十三条的规定对境外出口商、境外生产企业或者其委托的进口商提交的相关国家（地区）标准或者国际标准进行审查，认为符合食品安全要求的，决定暂予适用并予以公布；暂予适用的标准公布前，不得进口尚无食品安全国家标准的食品。

食品安全国家标准中通用标准已经涵盖的食品不属于食品安全法第九十三条规定的尚无食品安全国家标准的食品。

第四十八条 进口商应当建立境外出口商、境外生产企业审核制度，重点审核境外出口商、境外生产企业制定和执行食品安全风险控制措施的情况以及向我国出口的食品是否符合食品安全法、本条例和其他有关法律、行政法规的规定以及食品安全国家标准的要求。

第四十九条 进口商依照食品安全法第九十四条第三款的规定召回进口食品的，应当将食品召回和处理情况向所在地县级人民政府食品安全监督管理部门和所在地出入境检验检疫机构报告。

第五十条 国家出入境检验检疫部门发现已经注册的境外食品生产企业不再符合注册要求的，应当责令其在规定期限内整改，整改期间暂停进口其生产的食品；经整改仍不符合注册要求的，国家出入境检验检疫部门应当撤销境外食品生产企业注册并公告。

第五十一条 对通过我国良好生产规范、危害分析与关键控制点体系认证的境外生产企业，认证机构应当依法实施跟踪调查。对不再符合认证要求的企业，认证机构应当依法撤销认证并向社会公布。

第五十二条 境外发生的食品安全事件可能对我国境内造成影响，或者在进口食品、食品添加剂、食品相关产品中发现严重食品安全问题的，国家出入境检验检疫部门应当及时进行风险预警，并可以对相关的食品、食品添加剂、食品相关产品采取下列控制措施：

（一）退货或者销毁处理；

（二）有条件地限制进口；

（三）暂停或者禁止进口。

第五十三条 出口食品、食品添加剂的生产企业应当保证其出口食品、食品添加剂符合进口国家（地区）的标准或者合同要求；我国缔结或者参加的国际条约、协定有要求的，还应当符合国际条约、协定的要求。

第七章 食品安全事故处置

第五十四条 食品安全事故按照国家食品安全事故应急预案实行分级管理。县级以上人民政府食品安全监督管理部门会同同级有关部门负责食品安全事故调查处理。

县级以上人民政府应当根据实际情况及时修改、完善食品安全事故应急预案。

第五十五条 县级以上人民政府应当完善食品安全事故应急管理机制，改善应急装备，做好应急物资储备和应急队伍建设，加强应急培训、演练。

第五十六条 发生食品安全事故的单位应当对导致或者可能导致食品安全事故的食品及原料、工具、设备、设施等，立即采取封存等控制措施。

第五十七条 县级以上人民政府食品安全监督管理部门接到食品安全事故报告后，应当立即会同同级卫生行政、农业行政等部门依照食品安全法第一百零五条的规定进行调查处理。食品安全监督管理部门应当对事故单位封存的食品及原料、工具、设备、设施等予以保护，需要封存而事故单位尚未封存的应当直接封存或者责令事故单位立即封存，并通知疾病预防控制机构对与事故有关的因素开展流行病学调查。

疾病预防控制机构应当在调查结束后向同级食品安全监督管理、卫生行政部门同时提交流行病学调查报告。

任何单位和个人不得拒绝、阻挠疾病预防控制机构开展流行病学调查。有关部门应当对疾病预防控制机构开展流行病学调查予以协助。

第五十八条 国务院食品安全监督管理部门会同国务院卫生行政、农业行政等部门定期对全国食品安全事故情况进行分析，完善食品安全监督管理措施，预防和减少事故的发生。

第八章 监 督 管 理

第五十九条 设区的市级以上人民政府食品安全监督管理部门根据监督管理工作需要，可以对由下级人民政府食品安全监督管理部门负责日常监督管理的食品生产经营者实施随机监督检查，也可以组织下级人民政府食品安全监督管理部门对食品生产经营者实施异地监督检查。

设区的市级以上人民政府食品安全监督管理部门认为必要的，可以直接调查处理下级人民政府食品安全监督管理部门管辖的食品安全违法案件，也可以指定其他下级人民政府食品安全监督管理部门调查处理。

第六十条 国家建立食品安全检查员制度，依托现有资源加强职业化检查员队伍建设，强化考核培训，提高检查员专业化水平。

第六十一条 县级以上人民政府食品安全监督管理部门依照食品安全法第一百一十条的规定实施查封、扣押措施，查封、扣押的期限不得超过30日；情况复杂的，经实施查封、扣押措施的食品安全监督管理部门负责人批准，可以延长，延长期限不得超过45日。

第六十二条 网络食品交易第三方平台多次出现入网食品经营者违法经营或者入网食品经营者的违法经营行为造成严重后果的，县级以上人民政府食品安全监督管理部门可以对网络食品交易第三方平台提供者的法定代表人或者主要负责人进行责任约谈。

第六十三条 国务院食品安全监督管理部门会同国务院卫生行政等部门根据食源性疾病信息、食品安全风险监测信息和监督管理信息等，对发现的添加或者可能添加到食品中的非食品用化学物质和其他可能危害人体健康的物质，制定名录及检测方法并予以公布。

第六十四条 县级以上地方人民政府卫生行政部门应当对餐具饮具集中消毒服务单位进行监督检查，发现不符合法律、法规、国家相关标准以及相关卫生规范等要求的，应当及时调查处理。监督检查的结果应当向社会公布。

第六十五条 国家实行食品安全违法行为举报奖励制度，对查证属实的举报，给予举报人奖励。举报人举报所在企业食品安全重大违法犯罪行为的，应当加大奖励力度。有关部门应当对举报人的信息予以保密，保护举报人的合法权益。食品安全违法行为举报奖励办法由国务院食品安全监督管理部门会同国务院财政等有关部门制定。

食品安全违法行为举报奖励资金纳入各级人民政府预算。

第六十六条 国务院食品安全监督管理部门应当会同国务院有关部门建立守信联合激励和失信联合惩戒机制，结合食品生产经营者信用档案，建立严重违法生产经营者黑名单制度，将食品安全信用状况与准入、融资、信贷、征信等相衔接，及时向社会公布。

第九章 法 律 责 任

第六十七条 有下列情形之一的，属于食品安全法第一百二十三条至第一百二十六条、第一百三十二条以及本条例第七十二条、第七十三条规定的情节严重情形：

（一）违法行为涉及的产品货值金额 2 万元以上或者违法行为持续时间 3 个月以上；

（二）造成食源性疾病并出现死亡病例，或者造成 30 人以上食源性疾病但未出现死亡病例；

（三）故意提供虚假信息或者隐瞒真实情况；

（四）拒绝、逃避监督检查；

（五）因违反食品安全法律、法规受到行政处罚后 1 年内又实施同一性质的食品安全违法行为，或者因违反食品安全法律、法规受到刑事处罚后又实施食品安全违法行为；

（六）其他情节严重的情形。

对情节严重的违法行为处以罚款时，应当依法从重从严。

第六十八条 有下列情形之一的，依照食品安全法第一百二十五条第一款、本条例第七十五条的规定给予处罚：

（一）在食品生产、加工场所贮存依照本条例第六十三条规定制定的名录中的物质；

（二）生产经营的保健食品之外的食品的标签、说明书声称具有保健功能；

（三）以食品安全国家标准规定的选择性添加物质命名婴幼儿配方食品；

（四）生产经营的特殊食品的标签、说明书内容与注册或者备案的标签、说明书不一致。

第六十九条 有下列情形之一的，依照食品安全法第一百二十六条第一款、本条例第七十五条的规定给予处罚：

（一）接受食品生产经营者委托贮存、运输食品，未按照规定记录保存信息；

（二）餐饮服务提供者未查验、留存餐具饮具集中消毒服务单位的营业执照复印件和消毒合格证明；

（三）食品生产经营者未按照规定对变质、超过保质期或者回收的食品进行标示或者存放，或者未及时对上述食品采取无害化处理、销毁等措施并如实记录；

（四）医疗机构和药品零售企业之外的单位或者个人向消费者销售特殊医学用途配方食品中的特定全营养配方食品；

（五）将特殊食品与普通食品或者药品混放销售。

第七十条 除食品安全法第一百二十五条第一款、第一百二十六条规定的情形外，食品生产经营者的生产经营行为不符合食品安全法第三十三条第一款第五项、第七项至第十项的规定，或者不符合有关食品生产经营过程要求的食品安全国家标准的，依照食品安全法第一百二十六条第一款、本条例第七十五条的规定给予处罚。

第七十一条 餐具饮具集中消毒服务单位未按照规定建立并遵守出厂检验记录制度的，由县级以上人民政府卫生行政部门依照食品安全法第一百二十六条第一款、本条例第七十五条的规定给予处罚。

第七十二条 从事对温度、湿度等有特殊要求的食品贮存业务的非食品生产经营者，食品集中交易市场的开办者、食品展销会的举办者，未按照规定备案或者报告的，由县级以上人民政府食品安全监督管理部门责令改正，给予警告；拒不改正的，处 1 万元以上 5 万元以下罚款；情节严重的，责令停产停业，并处 5 万元以上 20 万元以下罚款。

第七十三条 利用会议、讲座、健康咨询等方式对食品进行虚假宣传的，由县级以上人民政府食品安全监督管理部门责令消除影响，有违法所得的，没收违法所得；情节严重的，依照食品安全法第一百四十条第五款的规定进行处罚；属于单位违法的，还应当依照本条例第七十五条的规定对单位的法定代表人、主要负责人、直接负责的主管人员和其他直接责任人员给予处罚。

第七十四条 食品生产经营者生产经营的食品符合食品安全标准但不符合食品所标注的企业标准规定的食品安全指标的，由县级以上人民政府食品安全监督管理部门给予警告，并责令食品经营者停止经营该食品，责令食品生产企业改正；拒不停止经营或者改正的，没收不符合企业标准规定的食品安全指标的食品，货值金额不足 1 万元的，并处 1 万元以上 5 万元以下罚款，货值金额 1 万元以上的，并处货值金额 5 倍以上 10 倍以下罚款。

第七十五条 食品生产经营企业等单位有食品安全法规定的违法情形，除依照食品安全法的规定给予处罚外，有下列情形之一的，对单位的法定代表人、主要负责人、直接负责的主管人员和其他直接责任人员处以其上一年度从本单位取得收入的 1 倍以上 10 倍以下罚款：

（一）故意实施违法行为；

（二）违法行为性质恶劣；

（三）违法行为造成严重后果。

属于食品安全法第一百二十五条第二款规定情形的，不适用前款规定。

第七十六条 食品生产经营者依照食品安全法第六十三条第一款、第二款的规定停止生产、经营，实施食品召回，或者采取其他有效措施减轻或者消除食品安全风险，未造成危害后果的，可以从轻或者减轻处罚。

第七十七条 县级以上地方人民政府食品安全监督管理等部门对有食品安全法第一百二十三条规定的违法情形且情节严重，可能需要行政拘留的，应当及时将案件及有关材料移送同级公安机关。公安机关认为需要补充材料的，食品安全监督管理等部门应当及时提供。公安机关经审查认为不符合行政拘留条件的，应当及时将案件及有关材料退回移送的食品安全监督管理等部门。

第七十八条 公安机关对发现的食品安全违法行为，经审查没有犯罪事实或者立案侦查后认为不需要追究刑事责任，但依法应当予以行政拘留的，应当及时作出行政拘留的处罚决定；不需要予以行政拘留但依法应当追究其他行政责任的，应当及时将案件及有关材料移送同级食品安全监督管理等部门。

第七十九条 复检机构无正当理由拒绝承担复检任务的，由县级以上人民政府食品安全监督管理部门给予警告，无正当理由 1 年内 2 次拒绝承担复检任务的，由国务院有关部门撤销其复检机构资质并向社会公布。

第八十条 发布未依法取得资质认定的食品检验机构出具的食品检验信息，或者利用上述检验信息对食品、食品生产经营者进行等级评定，欺骗、误导消费者的，由县级以上人民政府食品安全监督管理部门责令改正，有违法所得的，没收违法所得，并处 10 万元以上 50 万元以下罚款；拒不改正的，处 50 万元以上 100 万元以下罚款；构成违反治安管理行为的，由公安机关依法给予治安管理处罚。

　　第八十一条　食品安全监督管理部门依照食品安全法、本条例对违法单位或者个人处以 30 万元以上罚款的，由设区的市级以上人民政府食品安全监督管理部门决定。罚款具体处罚权限由国务院食品安全监督管理部门规定。

　　第八十二条　阻碍食品安全监督管理等部门工作人员依法执行职务，构成违反治安管理行为的，由公安机关依法给予治安管理处罚。

　　第八十三条　县级以上人民政府食品安全监督管理等部门发现单位或者个人违反食品安全法第一百二十条第一款规定，编造、散布虚假食品安全信息，涉嫌构成违反治安管理行为的，应当将相关情况通报同级公安机关。

　　第八十四条　县级以上人民政府食品安全监督管理部门及其工作人员违法向他人提供网络食品交易第三方平台提供者提供的信息的，依照食品安全法第一百四十五条的规定给予处分。

　　第八十五条　违反本条例规定，构成犯罪的，依法追究刑事责任。

第十章　附　　则

　　第八十六条　本条例自 2019 年 12 月 1 日起施行。

乳品质量安全监督管理条例

（2008 年 10 月 6 日国务院第 28 次常务会议通过　2008 年 10 月 9 日中华人民共和国国务院令第 536 号公布　自公布之日起施行）

第一章　总　　则

　　第一条　为了加强乳品质量安全监督管理，保证乳品质量安全，保障公众身体健康和生命安全，促进奶业健康发展，制定本条例。

　　第二条　本条例所称乳品，是指生鲜乳和乳制品。

　　乳品质量安全监督管理适用本条例；法律对乳品质量安全监督管理另有规定的，从其规定。

　　第三条　奶畜养殖者、生鲜乳收购者、乳制品生产企业和销售者对其生产、收购、运输、销售的乳品质量安全负责，是乳品质量安全的第一责任者。

　　第四条　县级以上地方人民政府对本行政区域内的乳品质量安全监督管理负总责。

　　县级以上人民政府畜牧兽医主管部门负责奶畜饲养以及生鲜乳生产环节、收购环节的监督管理。县级以上质量监督检验检疫部门负责乳制品生产环节和乳品进出口环节的监督管理。县级以上工商行政管理部门负责乳制品销售环节的监督管理。县级以上食品药品监督部门负责乳制品餐饮服务环节的监督管理。县级以上人民政府卫生主管部门依照职权负责乳品质量安全监督管理的综合协调、组织查处食品安全重大事故。县级以上人民政府其他有关部门在各自职责范围内负责乳品质量安全监督管理的其他工作。

　　第五条　发生乳品质量安全事故，应当依照有关法律、行政法规的规定及时报告、处理；造成严重后果或者恶劣影响的，对有关人民政府、有关部门负有领导责任的负责人依法追究责任。

　　第六条　生鲜乳和乳制品应当符合乳品质量安全国家标准。乳品质量安全国家标准由国务院卫生主管部门组织制定，并根据风险监测和风险评估的结果及时组织修订。

　　乳品质量安全国家标准应当包括乳品中的致病性微生物、农药残留、兽药残留、重金属以及其他危害人体健康物质的限量规定，乳品生产经营过程中的卫生要求，通用的乳品检验方法与规程，与乳品安全有关的质量要求，以及其他需要制定为乳品质量安全国家标准的内容。

制定婴幼儿奶粉的质量安全国家标准应当充分考虑婴幼儿身体特点和生长发育需要，保证婴幼儿生长发育所需的营养成分。

国务院卫生主管部门应当根据疾病信息和监督管理部门的监督管理信息等，对发现添加或者可能添加到乳品中的非食品用化学物质和其他可能危害人体健康的物质，立即组织进行风险评估，采取相应的监测、检测和监督措施。

第七条 禁止在生鲜乳生产、收购、贮存、运输、销售过程中添加任何物质。

禁止在乳制品生产过程中添加非食品用化学物质或者其他可能危害人体健康的物质。

第八条 国务院畜牧兽医主管部门会同国务院发展改革部门、工业和信息化部门、商务部门，制定全国奶业发展规划，加强奶源基地建设，完善服务体系，促进奶业健康发展。

县级以上地方人民政府应当根据全国奶业发展规划，合理确定本行政区域内奶畜养殖规模，科学安排生鲜乳的生产、收购布局。

第九条 有关行业协会应当加强行业自律，推动行业诚信建设，引导、规范奶畜养殖者、生鲜乳收购者、乳制品生产企业和销售者依法生产经营。

第二章 奶畜养殖

第十条 国家采取有效措施，鼓励、引导、扶持奶畜养殖者提高生鲜乳质量安全水平。省级以上人民政府应当在本级财政预算内安排支持奶业发展资金，并鼓励对奶畜养殖者、奶农专业生产合作社等给予信贷支持。

国家建立奶畜政策性保险制度，对参保奶畜养殖者给予保费补助。

第十一条 畜牧兽医技术推广机构应当向奶畜养殖者提供养殖技术培训、良种推广、疫病防治等服务。

国家鼓励乳制品生产企业和其他相关生产经营者为奶畜养殖者提供所需的服务。

第十二条 设立奶畜养殖场、养殖小区应当具备下列条件：

（一）符合所在地人民政府确定的本行政区域奶畜养殖规模；

（二）有与其养殖规模相适应的场所和配套设施；

（三）有为其服务的畜牧兽医技术人员；

（四）具备法律、行政法规和国务院畜牧兽医主管部门规定的防疫条件；

（五）有对奶畜粪便、废水和其他固体废物进行综合利用的沼气池等设施或者其他无害化处理设施；

（六）有生鲜乳生产、销售、运输管理制度；

（七）法律、行政法规规定的其他条件。

奶畜养殖场、养殖小区开办者应当将养殖场、养殖小区的名称、养殖地址、奶畜品种和养殖规模向养殖场、养殖小区所在地县级人民政府畜牧兽医主管部门备案。

第十三条 奶畜养殖场应当建立养殖档案，载明以下内容：

（一）奶畜的品种、数量、繁殖记录、标识情况、来源和进出场日期；

（二）饲料、饲料添加剂、兽药等投入品的来源、名称、使用对象、时间和用量；

（三）检疫、免疫、消毒情况；

（四）奶畜发病、死亡和无害化处理情况；

（五）生鲜乳生产、检测、销售情况；

（六）国务院畜牧兽医主管部门规定的其他内容。

奶畜养殖小区开办者应当逐步建立养殖档案。

第十四条 从事奶畜养殖,不得使用国家禁用的饲料、饲料添加剂、兽药以及其他对动物和人体具有直接或者潜在危害的物质。

禁止销售在规定用药期和休药期内的奶畜产的生鲜乳。

第十五条 奶畜养殖者应当确保奶畜符合国务院畜牧兽医主管部门规定的健康标准,并确保奶畜接受强制免疫。

动物疫病预防控制机构应当对奶畜的健康情况进行定期检测;经检测不符合健康标准的,应当立即隔离、治疗或者做无害化处理。

第十六条 奶畜养殖者应当做好奶畜和养殖场所的动物防疫工作,发现奶畜染疫或者疑似染疫的,应当立即报告,停止生鲜乳生产,并采取隔离等控制措施,防止疫病扩散。

奶畜养殖者对奶畜养殖过程中的排泄物、废弃物应当及时清运、处理。

第十七条 奶畜养殖者应当遵守国务院畜牧兽医主管部门制定的生鲜乳生产技术规程。直接从事挤奶工作的人员应当持有有效的健康证明。

奶畜养殖者对挤奶设施、生鲜乳贮存设施等应当及时清洗、消毒,避免对生鲜乳造成污染。

第十八条 生鲜乳应当冷藏。超过 2 小时未冷藏的生鲜乳,不得销售。

第三章 生鲜乳收购

第十九条 省、自治区、直辖市人民政府畜牧兽医主管部门应当根据当地奶源分布情况,按照方便奶畜养殖者、促进规模化养殖的原则,对生鲜乳收购站的建设进行科学规划和合理布局。必要时,可以实行生鲜乳集中定点收购。

国家鼓励乳制品生产企业按照规划布局,自行建设生鲜乳收购站或者收购原有生鲜乳收购站。

第二十条 生鲜乳收购站应当由取得工商登记的乳制品生产企业、奶畜养殖场、奶农专业生产合作社开办,并具备下列条件,取得所在地县级人民政府畜牧兽医主管部门颁发的生鲜乳收购许可证:

(一) 符合生鲜乳收购站建设规划布局;

(二) 有符合环保和卫生要求的收购场所;

(三) 有与收奶量相适应的冷却、冷藏、保鲜设施和低温运输设备;

(四) 有与检测项目相适应的化验、计量、检测仪器设备;

(五) 有经培训合格并持有有效健康证明的从业人员;

(六) 有卫生管理和质量安全保障制度。

生鲜乳收购许可证有效期 2 年;生鲜乳收购站不再办理工商登记。

禁止其他单位或者个人开办生鲜乳收购站。禁止其他单位或者个人收购生鲜乳。

国家对生鲜乳收购站给予扶持和补贴,提高其机械化挤奶和生鲜乳冷藏运输能力。

第二十一条 生鲜乳收购站应当及时对挤奶设施、生鲜乳贮存运输设施等进行清洗、消毒,避免对生鲜乳造成污染。

生鲜乳收购站应当按照乳品质量安全国家标准对收购的生鲜乳进行常规检测。检测费用不得向奶畜养殖者收取。

生鲜乳收购站应当保持生鲜乳的质量。

第二十二条 生鲜乳收购站应当建立生鲜乳收购、销售和检测记录。生鲜乳收购、销售和检测记录应当包括畜主姓名、单次收购量、生鲜乳检测结果、销售去向等内容,并保存 2 年。

第二十三条 县级以上地方人民政府价格主管部门应当加强对生鲜乳价格的监控和通报,及时发布市场供求信息和价格信息。必要时,县级以上地方人民政府建立由价格、畜牧兽医等部门以及行业协会、乳制品生产企业、生鲜乳收购者、奶畜养殖者代表组成的生鲜乳价格协调委员会，确定生鲜乳交易参考价格，供购销双方签订合同时参考。

生鲜乳购销双方应当签订书面合同。生鲜乳购销合同示范文本由国务院畜牧兽医主管部门会同国务院工商行政管理部门制定并公布。

第二十四条 禁止收购下列生鲜乳：

（一）经检测不符合健康标准或者未经检疫合格的奶畜产的；

（二）奶畜产犊 7 日内的初乳，但以初乳为原料从事乳制品生产的除外；

（三）在规定用药期和休药期内的奶畜产的；

（四）其他不符合乳品质量安全国家标准的。

对前款规定的生鲜乳，经检测无误后，应当予以销毁或者采取其他无害化处理措施。

第二十五条 贮存生鲜乳的容器，应当符合国家有关卫生标准，在挤奶后 2 小时内应当降温至 0-4℃。

生鲜乳运输车辆应当取得所在地县级人民政府畜牧兽医主管部门核发的生鲜乳准运证明，并随车携带生鲜乳交接单。交接单应当载明生鲜乳收购站的名称、生鲜乳数量、交接时间，并由生鲜乳收购站经手人、押运员、司机、收奶员签字。

生鲜乳交接单一式两份，分别由生鲜乳收购站和乳品生产者保存，保存时间 2 年。准运证明和交接单式样由省、自治区、直辖市人民政府畜牧兽医主管部门制定。

第二十六条 县级以上人民政府应当加强生鲜乳质量安全监测体系建设，配备相应的人员和设备，确保监测能力与监测任务相适应。

第二十七条 县级以上人民政府畜牧兽医主管部门应当加强生鲜乳质量安全监测工作，制定并组织实施生鲜乳质量安全监测计划，对生鲜乳进行监督抽查，并按照法定权限及时公布监督抽查结果。

监测抽查不得向被抽查人收取任何费用，所需费用由同级财政列支。

第四章　乳制品生产

第二十八条 从事乳制品生产活动，应当具备下列条件，取得所在地质量监督部门颁发的食品生产许可证：

（一）符合国家奶业产业政策；

（二）厂房的选址和设计符合国家有关规定；

（三）有与所生产的乳制品品种和数量相适应的生产、包装和检测设备；

（四）有相应的专业技术人员和质量检验人员；

（五）有符合环保要求的废水、废气、垃圾等污染物的处理设施；

（六）有经培训合格并持有有效健康证明的从业人员；

（七）法律、行政法规规定的其他条件。

质量监督部门对乳制品生产企业颁发食品生产许可证，应当征求所在地工业行业管理部门的意见。

未取得食品生产许可证的任何单位和个人，不得从事乳制品生产。

第二十九条 乳制品生产企业应当建立质量管理制度，采取质量安全管理措施，对乳制品生产实施从原料进厂到成品出厂的全过程质量控制，保证产品质量安全。

第三十条 乳制品生产企业应当符合良好生产规范要求。国家鼓励乳制品生产企业实施危害分析与关键控制点体系，提高乳制品安全管理水平。生产婴幼儿奶粉的企业应当实施危害分析与关键控制点体系。

对通过良好生产规范、危害分析与关键控制点体系认证的乳制品生产企业，认证机构应当依法实施跟踪调查；对不再符合认证要求的企业，应当依法撤销认证，并及时向有关主管部门报告。

第三十一条 乳制品生产企业应当建立生鲜乳进货查验制度，逐批检测收购的生鲜乳，如实记录质量检测情况、供货者的名称以及联系方式、进货日期等内容，并查验运输车辆生鲜乳交接单。查验记录和生鲜乳交接单应当保存2年。乳制品生产企业不得向未取得生鲜乳收购许可证的单位和个人购进生鲜乳。

乳制品生产企业不得购进兽药等化学物质残留超标，或者含有重金属等有毒有害物质、致病性的寄生虫和微生物、生物毒素以及其他不符合乳品质量安全国家标准的生鲜乳。

第三十二条 生产乳制品使用的生鲜乳、辅料、添加剂等，应当符合法律、行政法规的规定和乳品质量安全国家标准。

生产的乳制品应当经过巴氏杀菌、高温杀菌、超高温杀菌或者其他有效方式杀菌。

生产发酵乳制品的菌种应当纯良、无害，定期鉴定，防止杂菌污染。

生产婴幼儿奶粉应当保证婴幼儿生长发育所需的营养成分，不得添加任何可能危害婴幼儿身体健康和生长发育的物质。

第三十三条 乳制品的包装应当有标签。标签应当如实标明产品名称、规格、净含量、生产日期，成分或者配料表，生产企业的名称、地址、联系方式，保质期，产品标准代号，贮存条件，所使用的食品添加剂的化学通用名称，食品生产许可证编号，法律、行政法规或者乳品质量安全国家标准规定必须标明的其他事项。

使用奶粉、黄油、乳清粉等原料加工的液态奶，应当在包装上注明；使用复原乳作为原料生产液态奶的，应当标明"复原乳"字样，并在产品配料中如实标明复原乳所含原料及比例。

婴幼儿奶粉标签还应当标明主要营养成分及其含量，详细说明使用方法和注意事项。

第三十四条 出厂的乳制品应当符合乳品质量安全国家标准。

乳制品生产企业应当对出厂的乳制品逐批检验，并保存检验报告，留取样品。检验内容应当包括乳制品的感官指标、理化指标、卫生指标和乳制品中使用的添加剂、稳定剂以及酸奶中使用的菌种等；婴幼儿奶粉在出厂前还应当检测营养成分。对检验合格的乳制品应当标识检验合格证号；检验不合格的不得出厂。检验报告应当保存2年。

第三十五条 乳制品生产企业应当如实记录销售的乳制品名称、数量、生产日期、生产批号、检验合格证号、购货者名称及其联系方式、销售日期等。

第三十六条 乳制品生产企业发现其生产的乳制品不符合乳品质量安全国家标准、存在危害人体健康和生命安全危险或者可能危害婴幼儿身体健康或者生长发育的，应当立即停止生产，报告有关主管部门，告知销售者、消费者，召回已经出厂、上市销售的乳制品，并记录召回情况。

乳制品生产企业对召回的乳制品应当采取销毁、无害化处理等措施，防止其再次流入市场。

第五章 乳制品销售

第三十七条 从事乳制品销售应当按照食品安全监督管理的有关规定，依法向工商行政管理部门申请领取有关证照。

第三十八条 乳制品销售者应当建立并执行进货查验制度，审验供货商的经营资格，验明乳制品合格证明和产品标识，并建立乳制品进货台账，如实记录乳制品的名称、规格、数量、供货商及其联系方式、进货时间等内容。从事乳制品批发业务的销售企业应当建立乳制品销售台账，如实记录批发的乳制品的品种、规格、数量、流向等内容。进货台账和销售台账保存期限不得少于2年。

第三十九条 乳制品销售者应当采取措施，保持所销售乳制品的质量。

销售需要低温保存的乳制品的，应当配备冷藏设备或者采取冷藏措施。

第四十条 禁止购进、销售无质量合格证明、无标签或者标签残缺不清的乳制品。

禁止购进、销售过期、变质或者不符合乳品质量安全国家标准的乳制品。

第四十一条 乳制品销售者不得伪造产地，不得伪造或者冒用他人的厂名、厂址，不得伪造或者冒用认证标志等质量标志。

第四十二条 对不符合乳品质量安全国家标准、存在危害人体健康和生命安全或者可能危害婴幼儿身体健康和生长发育的乳制品，销售者应当立即停止销售，追回已经售出的乳制品，并记录追回情况。

乳制品销售者自行发现其销售的乳制品有前款规定情况的，还应当立即报告所在地工商行政管理等有关部门，通知乳制品生产企业。

第四十三条 乳制品销售者应当向消费者提供购货凭证，履行不合格乳制品的更换、退货等义务。

乳制品销售者依照前款规定履行更换、退货等义务后，属于乳制品生产企业或者供货商的责任的，销售者可以向乳制品生产企业或者供货商追偿。

第四十四条 进口的乳品应当按照乳品质量安全国家标准进行检验；尚未制定乳品质量安全国家标准的，可以参照国家有关部门指定的国外有关标准进行检验。

第四十五条 出口乳品的生产者、销售者应当保证其出口乳品符合乳品质量安全国家标准的同时还符合进口国家（地区）的标准或者合同要求。

第六章 监 督 检 查

第四十六条 县级以上人民政府畜牧兽医主管部门应当加强对奶畜饲养以及生鲜乳生产环节、收购环节的监督检查。县级以上质量监督检验检疫部门应当加强对乳制品生产环节和乳品进出口环节的监督检查。县级以上工商行政管理部门应当加强对乳制品销售环节的监督检查。县级以上食品药品监督部门应当加强对乳制品餐饮服务环节的监督管理。监督检查部门之间，监督检查部门与其他有关部门之间，应当及时通报乳品质量安全监督管理信息。

畜牧兽医、质量监督、工商行政管理等部门应当定期开展监督抽查，并记录监督抽查的情况和处理结果。需要对乳品进行抽样检查的，不得收取任何费用，所需费用由同级财政列支。

第四十七条 畜牧兽医、质量监督、工商行政管理等部门在依据各自职责进行监督检查时，行使下列职权：

（一）实施现场检查；

（二）向有关人员调查、了解有关情况；

（三）查阅、复制有关合同、票据、账簿、检验报告等资料；

（四）查封、扣押有证据证明不符合乳品质量安全国家标准的乳品以及违法使用的生鲜乳、辅料、添加剂；

（五）查封涉嫌违法从事乳品生产经营活动的场所，扣押用于违法生产经营的工具、设备；

（六）法律、行政法规规定的其他职权。

第四十八条 县级以上质量监督部门、工商行政管理部门在监督检查中，对不符合乳品质量安全国家标准、存在危害人体健康和生命安全危险或者可能危害婴幼儿身体健康和生长发育的乳制品，责令并监督生产企业召回、销售者停止销售。

第四十九条 县级以上人民政府价格主管部门应当加强对生鲜乳购销过程中压级压价、价格欺诈、价格串通等不正当价格行为的监督检查。

第五十条　畜牧兽医主管部门、质量监督部门、工商行政管理部门应当建立乳品生产经营者违法行为记录，及时提供给中国人民银行，由中国人民银行纳入企业信用信息基础数据库。

第五十一条　省级以上人民政府畜牧兽医主管部门、质量监督部门、工商行政管理部门依据各自职责，公布乳品质量安全监督管理信息。有关监督管理部门应当及时向同级卫生主管部门通报乳品质量安全事故信息；乳品质量安全重大事故信息由省级以上人民政府卫生主管部门公布。

第五十二条　有关监督管理部门发现奶畜养殖者、生鲜乳收购者、乳制品生产企业和销售者涉嫌犯罪的，应当及时移送公安机关立案侦查。

第五十三条　任何单位和个人有权向畜牧兽医、卫生、质量监督、工商行政管理、食品药品监督等部门举报乳品生产经营中的违法行为。畜牧兽医、卫生、质量监督、工商行政管理、食品药品监督等部门应当公布本单位的电子邮件地址和举报电话；对接到的举报，应当完整地记录、保存。

接到举报的部门对属于本部门职责范围内的事项，应当及时依法处理，对于实名举报，应当及时答复；对不属于本部门职责范围内的事项，应当及时移交有权处理的部门，有权处理的部门应当立即处理，不得推诿。

第七章　法　律　责　任

第五十四条　生鲜乳收购者、乳制品生产企业在生鲜乳收购、乳制品生产过程中，加入非食品用化学物质或者其他可能危害人体健康的物质，依照刑法第一百四十四条的规定，构成犯罪的，依法追究刑事责任，并由发证机关吊销许可证照；尚不构成犯罪的，由畜牧兽医主管部门、质量监督部门依据各自职责没收违法所得和违法生产的乳品，以及相关的工具、设备等物品，并处违法乳品货值金额15倍以上30倍以下罚款，由发证机关吊销许可证照。

第五十五条　生产、销售不符合乳品质量安全国家标准的乳品，依照刑法第一百四十三条的规定，构成犯罪的，依法追究刑事责任，并由发证机关吊销许可证照；尚不构成犯罪的，由畜牧兽医主管部门、质量监督部门、工商行政管理部门依据各自职责没收违法所得、违法乳品和相关的工具、设备等物品，并处违法乳品货值金额10倍以上20倍以下罚款，由发证机关吊销许可证照。

第五十六条　乳制品生产企业违反本条例第三十六条的规定，对不符合乳品质量安全国家标准、存在危害人体健康和生命安全或者可能危害婴幼儿身体健康和生长发育的乳制品，不停止生产、不召回的，由质量监督部门责令停止生产、召回；拒不停止生产、拒不召回的，没收其违法所得、违法乳品和相关的工具、设备等物品，并处违法乳制品货值金额15倍以上30倍以下罚款，由发证机关吊销许可证照。

第五十七条　乳制品销售者违反本条例第四十二条的规定，对不符合乳品质量安全国家标准、存在危害人体健康和生命安全或者可能危害婴幼儿身体健康和生长发育的乳制品，不停止销售、不追回的，由工商行政管理部门责令停止销售、追回；拒不停止销售、拒不追回的，没收其违法所得、违法乳品和相关的工具、设备等物品，并处违法乳制品货值金额15倍以上30倍以下罚款，由发证机关吊销许可证照。

第五十八条　违反本条例规定，在婴幼儿奶粉生产过程中，加入非食品用化学物质或其他可能危害人体健康的物质的，或者生产、销售的婴幼儿奶粉营养成分不足、不符合乳品质量安全国家标准的，依照本条例规定，从重处罚。

第五十九条　奶畜养殖者、生鲜乳收购者、乳制品生产企业和销售者在发生乳品质量安全事故后未报告、处置的，由畜牧兽医、质量监督、工商行政管理、食品药品监督等部门依据各自职责，责令改正，给予警告；毁灭有关证据的，责令停产停业，并处10万元以上20万元以下罚款；造成严重后果的，由发证机关吊销许可证照；构成犯罪的，依法追究刑事责任。

第六十条 有下列情形之一的，由县级以上地方人民政府畜牧兽医主管部门没收违法所得、违法收购的生鲜乳和相关的设备、设施等物品，并处违法乳品货值金额 5 倍以上 10 倍以下罚款；有许可证照的，由发证机关吊销许可证照：

（一）未取得生鲜乳收购许可证收购生鲜乳的；

（二）生鲜乳收购站取得生鲜乳收购许可证后，不再符合许可条件继续从事生鲜乳收购的；

（三）生鲜乳收购站收购本条例第二十四条规定禁止收购的生鲜乳的。

第六十一条 乳制品生产企业和销售者未取得许可证，或者取得许可证后不按照法定条件、法定要求从事生产销售活动的，由县级以上地方质量监督部门、工商行政管理部门依照《国务院关于加强食品等产品安全监督管理的特别规定》等法律、行政法规的规定处罚。

第六十二条 畜牧兽医、卫生、质量监督、工商行政管理等部门，不履行本条例规定职责、造成后果的，或者滥用职权、有其他渎职行为的，由监察机关或者任免机关对其主要负责人、直接负责的主管人员和其他直接责任人员给予记大过或者降级的处分；造成严重后果的，给予撤职或者开除的处分；构成犯罪的，依法追究刑事责任。

第八章 附 则

第六十三条 草原牧区放牧饲养的奶畜所产的生鲜乳收购办法，由所在省、自治区、直辖市人民政府参照本条例另行制定。

第六十四条 本条例自公布之日起施行。

食用农产品市场销售质量安全监督管理办法

（2023 年 6 月 30 日国家市场监督管理总局令第 81 号公布 自 2023 年 12 月 1 日起施行）

第一条 为了规范食用农产品市场销售行为，加强食用农产品市场销售质量安全监督管理，保障食用农产品质量安全，根据《中华人民共和国食品安全法》（以下简称食品安全法）、《中华人民共和国农产品质量安全法》、《中华人民共和国食品安全法实施条例》（以下简称食品安全法实施条例）等法律法规，制定本办法。

第二条 食用农产品市场销售质量安全及其监督管理适用本办法。

本办法所称食用农产品市场销售，是指通过食用农产品集中交易市场（以下简称集中交易市场）、商场、超市、便利店等固定场所销售食用农产品的活动，不包括食用农产品收购行为。

第三条 国家市场监督管理总局负责制定食用农产品市场销售质量安全监督管理制度，监督指导全国食用农产品市场销售质量安全的监督管理工作。

省、自治区、直辖市市场监督管理部门负责监督指导本行政区域食用农产品市场销售质量安全的监督管理工作。

市、县级市场监督管理部门负责本行政区域食用农产品市场销售质量安全的监督管理工作。

第四条 县级以上市场监督管理部门应当与同级农业农村等相关部门建立健全食用农产品市场销售质量安全监督管理协作机制，加强信息共享，推动产地准出与市场准入衔接，保证市场销售的食用农产品可追溯。

第五条 食用农产品市场销售相关行业组织应当加强行业自律，督促集中交易市场开办者和销售者履行法律义务，规范集中交易市场食品安全管理行为和销售者经营行为，提高食用农产品质量安全保障水平。

第六条 在严格执行食品安全标准的基础上，鼓励食用农产品销售企业通过应用推荐性国家标准、行业标准以及团体标准等促进食用农产品高质量发展。

第七条 食用农产品销售者（以下简称销售者）应当保持销售场所环境整洁，与有毒、有害场所以及其他污染源保持适当的距离，防止交叉污染。

销售生鲜食用农产品，不得使用对食用农产品的真实色泽等感官性状造成明显改变的照明等设施误导消费者对商品的感官认知。

鼓励采用净菜上市、冷鲜上市等方式销售食用农产品。

第八条 销售者采购食用农产品，应当依照食品安全法第六十五条的规定建立食用农产品进货查验记录制度，索取并留存食用农产品进货凭证，并核对供货者等有关信息。

采购按照规定应当检疫、检验的肉类，应当索取并留存动物检疫合格证明、肉品品质检验合格证等证明文件。采购进口食用农产品，应当索取并留存海关部门出具的入境货物检验检疫证明等证明文件。

供货者提供的销售凭证、食用农产品采购协议等凭证中含有食用农产品名称、数量、供货日期以及供货者名称、地址、联系方式等进货信息的，可以作为食用农产品的进货凭证。

第九条 从事连锁经营和批发业务的食用农产品销售企业应当主动加强对采购渠道的审核管理，优先采购附具承诺达标合格证或者其他产品质量合格凭证的食用农产品，不得采购不符合食品安全标准的食用农产品。对无法提供承诺达标合格证或者其他产品质量合格凭证的，鼓励销售企业进行抽样检验或者快速检测。

除生产者或者供货者出具的承诺达标合格证外，自检合格证明、有关部门出具的检验检疫合格证明等也可以作为食用农产品的产品质量合格凭证。

第十条 实行统一配送销售方式的食用农产品销售企业，对统一配送的食用农产品可以由企业总部统一建立进货查验记录制度并保存进货凭证和产品质量合格凭证；所属各销售门店应当保存总部的配送清单，提供可查验相应凭证的方式。配送清单保存期限不得少于六个月。

第十一条 从事批发业务的食用农产品销售企业应当建立食用农产品销售记录制度，如实记录批发食用农产品的名称、数量、进货日期、销售日期以及购货者名称、地址、联系方式等内容，并保存相关凭证。记录和凭证保存期限不得少于六个月。

第十二条 销售者销售食用农产品，应当在销售场所明显位置或者带包装产品的包装上如实标明食用农产品的名称、产地、生产者或者销售者的名称或者姓名等信息。产地应当具体到县（市、区），鼓励标注到乡镇、村等具体产地。对保质期有要求的，应当标注保质期；保质期与贮存条件有关的，应当予以标明；在包装、保鲜、贮存中使用保鲜剂、防腐剂等食品添加剂的，应当标明食品添加剂名称。

销售即食食用农产品还应当如实标明具体制作时间。

食用农产品标签所用文字应当使用规范的中文，标注的内容应当清楚、明显，不得含有虚假、错误或者其他误导性内容。

鼓励销售者在销售场所明显位置展示食用农产品的承诺达标合格证。带包装销售食用农产品的，鼓励在包装上标明生产日期或者包装日期、贮存条件以及最佳食用期限等内容。

第十三条 进口食用农产品的包装或者标签应当符合我国法律、行政法规的规定和食品安全标准的要求，并以中文载明原产国（地区），以及在中国境内依法登记注册的代理商、进口商或者经销者的名称、地址和联系方式，可以不标示生产者的名称、地址和联系方式。

进口鲜冻肉类产品的外包装上应当以中文标明规格、产地、目的地、生产日期、保质期、贮存条件等内容。

分装销售的进口食用农产品，应当在包装上保留原进口食用农产品全部信息以及分装企业、分装时间、地点、保质期等信息。

第十四条 销售者通过去皮、切割等方式简单加工、销售即食食用农产品的，应当采取有效措施做好食品安全防护，防止交叉污染。

第十五条 禁止销售者采购、销售食品安全法第三十四条规定情形的食用农产品。

可拣选的果蔬类食用农产品带泥、带沙、带虫、部分枯萎，以及可拣选的水产品带水、带泥、带沙等，不属于食品安全法第三十四条第六项规定的腐败变质、霉变生虫、污秽不洁、混有异物、掺假掺杂或者感官性状异常等情形。

第十六条 销售者贮存食用农产品，应当定期检查，及时清理腐败变质、油脂酸败、霉变生虫或者感官性状异常的食用农产品。贮存对温度、湿度等有特殊要求的食用农产品，应当具备保温、冷藏或者冷冻等设施设备，并保持有效运行。

销售者委托贮存食用农产品的，应当选择取得营业执照等合法主体资格、能够保障食品安全的贮存服务提供者，并监督受托方按照保证食品安全的要求贮存食用农产品。

第十七条 接受销售者委托贮存食用农产品的贮存服务提供者，应当按照保证食品安全的要求，加强贮存过程管理，履行下列义务：

（一）如实记录委托方名称或者姓名、地址、联系方式等内容，记录保存期限不得少于贮存结束后二年；

（二）非食品生产经营者从事对温度、湿度等有特殊要求的食用农产品贮存业务的，应当自取得营业执照之日起三十个工作日内向所在地县级市场监督管理部门备案，备案信息包括贮存场所名称、地址、贮存能力以及法定代表人或者负责人姓名、统一社会信用代码、联系方式等信息；

（三）保证贮存食用农产品的容器、工具和设备安全无害，保持清洁，防止污染，保证食品安全所需的温度、湿度和环境等特殊要求，不得将食用农产品与有毒、有害物品一同贮存；

（四）贮存肉类冻品应当查验并留存有关动物检疫合格证明、肉品品质检验合格证等证明文件；

（五）贮存进口食用农产品，应当查验并留存海关部门出具的入境货物检验检疫证明等证明文件；

（六）定期检查库存食用农产品，发现销售者有违法行为的，应当及时制止并立即报告所在地县级市场监督管理部门；

（七）法律、法规规定的其他义务。

第十八条 食用农产品的运输容器、工具和设备应当安全无害，保持清洁，防止污染，不得将食用农产品与有毒、有害物品一同运输。运输对温度、湿度等有特殊要求的食用农产品，应当具备保温、冷藏或者冷冻等设备设施，并保持有效运行。

销售者委托运输食用农产品的，应当对承运人的食品安全保障能力进行审核，并监督承运人加强运输过程管理，如实记录委托方和收货方的名称或者姓名、地址、联系方式等内容，记录保存期限不得少于运输结束后二年。

第十九条 集中交易市场开办者应当建立健全食品安全管理制度，履行入场销售者登记建档、签订协议、入场查验、场内检查、信息公示、食品安全违法行为制止及报告、食品安全事故处置、投诉举报处置等管理义务，食用农产品批发市场（以下简称批发市场）开办者还应当履行抽样检验、统一销售凭证格式以及监督入场销售者开具销售凭证等管理义务。

第二十条 集中交易市场开办者应当在市场开业前向所在地县级市场监督管理部门如实报告

市场名称、住所、类型、法定代表人或者负责人姓名、食用农产品主要种类等信息。

集中交易市场开办者应当建立入场销售者档案并及时更新，如实记录销售者名称或者姓名、统一社会信用代码或者身份证号码、联系方式，以及市场自查和抽检中发现的问题和处理信息。入场销售者档案信息保存期限不少于销售者停止销售后六个月。

第二十一条 集中交易市场开办者应当按照食用农产品类别实行分区销售，为入场销售者提供符合食品安全要求的环境、设施、设备等经营条件，定期检查和维护，并做好检查记录。

第二十二条 鼓励集中交易市场开办者改造升级，为入场销售者提供满足经营需要的冷藏、冷冻、保鲜等专业贮存场所，更新设施、设备，提高食品安全保障能力和水平。

鼓励集中交易市场开办者采用信息化手段统一采集食用农产品进货、贮存、运输、交易等数据信息，提高食品安全追溯能力和水平。

第二十三条 集中交易市场开办者应当查验入场食用农产品的进货凭证和产品质量合格凭证，与入场销售者签订食用农产品质量安全协议，列明违反食品安全法律法规规定的退市条款。未签订食用农产品质量安全协议的销售者和无法提供进货凭证的食用农产品不得进入市场销售。

集中交易市场开办者对声称销售自产食用农产品的，应当查验自产食用农产品的承诺达标合格证或者查验并留存销售者身份证号码、联系方式、住所以及食用农产品名称、数量、入场日期等信息。

对无法提供承诺达标合格证或者其他产品质量合格凭证的食用农产品，集中交易市场开办者应当进行抽样检验或者快速检测，结果合格的，方可允许进入市场销售。

鼓励和引导有条件的集中交易市场开办者对场内销售的食用农产品集中建立进货查验记录制度。

第二十四条 集中交易市场开办者应当配备食品安全员等食品安全管理人员，加强对食品安全管理人员的培训和考核；批发市场开办者还应当配备食品安全总监。

食品安全管理人员应当加强对入场销售者的食品安全宣传教育，对入场销售者的食用农产品经营行为进行检查。检查中发现存在违法行为的，集中交易市场开办者应当及时制止，并向所在地县级市场监督管理部门报告。

第二十五条 批发市场开办者应当依照食品安全法第六十四条的规定，对场内销售的食用农产品进行抽样检验。采取快速检测的，应当采用国家规定的快速检测方法。鼓励零售市场开办者配备检验设备和检验人员，或者委托具有资质的食品检验机构，进行食用农产品抽样检验。

集中交易市场开办者发现场内食用农产品不符合食品安全标准的，应当要求入场销售者立即停止销售，依照集中交易市场管理规定或者与入场销售者签订的协议进行销毁或者无害化处理，如实记录不合格食用农产品数量、产地、销售者、销毁方式等内容，留存不合格食用农产品销毁影像信息，并向所在地县级市场监督管理部门报告。记录保存期限不少于销售者停止销售后六个月。

第二十六条 集中交易市场开办者应当在醒目位置及时公布本市场食品安全管理制度、食品安全管理人员、投诉举报电话、市场自查结果、食用农产品抽样检验信息以及不合格食用农产品处理结果等信息。

公布的食用农产品抽样检验信息应当包括检验项目和检验结果。

第二十七条 批发市场开办者应当向入场销售者提供包括批发市场名称、食用农产品名称、产地、数量、销售日期以及销售者名称、摊位信息、联系方式等项目信息的统一销售凭证，或者指导入场销售者自行印制包括上述项目信息的销售凭证。

批发市场开办者印制或者按照批发市场要求印制的销售凭证，以及包括前款所列项目信息的电子凭证可以作为入场销售者的销售记录和相关购货者的进货凭证。销售凭证保存期限不得少于六个月。

第二十八条 与屠宰厂（场）、食用农产品种植养殖基地签订协议的批发市场开办者应当对屠宰厂（场）和食用农产品种植养殖基地进行实地考察，了解食用农产品生产过程以及相关信息。

第二十九条 县级以上市场监督管理部门按照本行政区域食品安全年度监督管理计划，对集中交易市场开办者、销售者及其委托的贮存服务提供者遵守本办法情况进行日常监督检查：

（一）对食用农产品销售、贮存等场所、设施、设备，以及信息公示情况等进行现场检查；

（二）向当事人和其他有关人员调查了解与食用农产品销售活动和质量安全有关的情况；

（三）检查食用农产品进货查验记录制度落实情况，查阅、复制与食用农产品质量安全有关的记录、协议、发票以及其他资料；

（四）检查集中交易市场抽样检验情况；

（五）对集中交易市场的食品安全总监、食品安全员随机进行监督抽查考核并公布考核结果；

（六）对食用农产品进行抽样，送有资质的食品检验机构进行检验；

（七）对有证据证明不符合食品安全标准或者有证据证明存在质量安全隐患以及用于违法生产经营的食用农产品，有权查封、扣押、监督销毁；

（八）依法查封违法从事食用农产品销售活动的场所。

集中交易市场开办者、销售者及其委托的贮存服务提供者对市场监督管理部门依法实施的监督检查应当予以配合，不得拒绝、阻挠、干涉。

第三十条 市、县级市场监督管理部门可以采用国家规定的快速检测方法对食用农产品质量安全进行抽查检测，抽查检测结果表明食用农产品可能存在质量安全隐患的，销售者应当暂停销售；抽查检测结果确定食用农产品不符合食品安全标准的，可以作为行政处罚的证据。

被抽查人对快速检测结果有异议的，可以自收到检测结果时起四小时内申请复检。复检结论仍不合格的，复检费用由申请人承担。复检不得采用快速检测方法。

第三十一条 市、县级市场监督管理部门应当依据职责公布食用农产品质量安全监督管理信息。

公布食用农产品质量安全监督管理信息，应当做到准确、及时、客观，并进行必要的解释说明，避免误导消费者和社会舆论。

第三十二条 县级以上市场监督管理部门应当加强信息化建设，汇总分析食用农产品质量安全信息，加强监督管理，防范食品安全风险。

第三十三条 县级以上地方市场监督管理部门应当将监督检查、违法行为查处等情况记入集中交易市场开办者、销售者食品安全信用档案，并依法通过国家企业信用信息公示系统向社会公示。

对于性质恶劣、情节严重、社会危害较大，受到市场监督管理部门较重行政处罚的，依法列入市场监督管理严重违法失信名单，采取提高检查频次等管理措施，并依法实施联合惩戒。

市、县级市场监督管理部门应当逐步建立销售者市场准入前信用承诺制度，要求销售者以规范格式向社会作出公开承诺，如存在违法失信销售行为自愿接受信用惩戒。信用承诺纳入销售者信用档案，接受社会监督，并作为事中事后监督管理的参考。

第三十四条 食用农产品在销售过程中存在质量安全隐患，未及时采取有效措施消除的，市、县级市场监督管理部门可以对集中交易市场开办者、销售企业负责人进行责任约谈。被约谈者无正当理由拒不按时参加约谈或者未按要求落实整改的，市场监督管理部门应当记入集中交易市场开办者、销售企业信用档案。

第三十五条 市、县级市场监督管理部门发现批发市场有国家法律法规及本办法禁止销售的食用农产品，在依法处理的同时，应当及时追查食用农产品来源和流向，查明原因、控制风险并报告上级市场监督管理部门，同时通报所涉地同级市场监督管理部门；涉及种植养殖和进出口环节的，还应当通报农业农村主管部门和海关部门。所涉地市场监督管理部门接到通报后应当积极配合开展调查，控制风险，并加强与事发地市场监督管理部门的信息通报和执法协作。

市、县级市场监督管理部门发现超出其管辖范围的食用农产品质量安全案件线索，应当及时移送有管辖权的市、县级市场监督管理部门。

第三十六条 市、县级市场监督管理部门发现下列情形之一的，应当及时通报所在地同级农业农村主管部门：

（一）农产品生产企业、农民专业合作社、从事农产品收购的单位或者个人未按照规定出具承诺达标合格证；

（二）承诺达标合格证存在虚假信息；

（三）附具承诺达标合格证的食用农产品不合格；

（四）其他有关承诺达标合格证违法违规行为。

农业农村主管部门发现附具承诺达标合格证的食用农产品不合格，向所在地市、县级市场监督管理部门通报的，市、县级市场监督管理部门应当根据农业农村主管部门提供的流向信息，及时追查不合格食用农产品并依法处理。

第三十七条 县级以上地方市场监督管理部门在监督管理中发现食用农产品质量安全事故，或者接到食用农产品质量安全事故的投诉举报，应当立即会同相关部门进行调查处理，采取措施防止或者减少社会危害。按照应急预案的规定报告当地人民政府和上级市场监督管理部门，并在当地人民政府统一领导下及时开展食用农产品质量安全事故调查处理。

第三十八条 销售者违反本办法第七条第一、二款、第十六条、第十八条规定，食用农产品贮存和运输受托方违反本办法第十七条、第十八条规定，有下列情形之一的，由县级以上市场监督管理部门责令改正，给予警告；拒不改正的，处五千元以上三万元以下罚款：

（一）销售和贮存场所环境、设施、设备等不符合食用农产品质量安全要求的；

（二）销售、贮存和运输对温度、湿度等有特殊要求的食用农产品，未配备必要的保温、冷藏或者冷冻等设施设备并保持有效运行的；

（三）贮存期间未定期检查，及时清理腐败变质、油脂酸败、霉变生虫或者感官性状异常的食用农产品的。

第三十九条 有下列情形之一的，由县级以上市场监督管理部门依照食品安全法第一百二十六条第一款的规定给予处罚：

（一）销售者违反本办法第八条第一款规定，未按要求建立食用农产品进货查验记录制度，或者未按要求索取进货凭证的；

（二）销售者违反本办法第八条第二款规定，采购、销售按规定应当检疫、检验的肉类或进口食用农产品，未索取或留存相关证明文件的；

（三）从事批发业务的食用农产品销售企业违反本办法第十一条规定，未按要求建立食用农产品销售记录制度的。

第四十条 销售者违反本办法第十二条、第十三条规定，未按要求标明食用农产品相关信息的，由县级以上市场监督管理部门责令改正；拒不改正的，处二千元以上一万元以下罚款。

第四十一条 销售者违反本办法第十四条规定，加工、销售即食食用农产品，未采取有效措施做好食品安全防护，造成污染的，由县级以上市场监督管理部门责令改正；拒不改正的，处五千元以上三万元以下罚款。

第四十二条 销售者违反本办法第十五条规定，采购、销售食品安全法第三十四条规定情形的食用农产品的，由县级以上市场监督管理部门依照食品安全法有关规定给予处罚。

第四十三条 集中交易市场开办者违反本办法第十九条、第二十四条规定，未按规定建立健全食品安全管理制度，或者未按规定配备、培训、考核食品安全总监、食品安全员等食品安全管理人员的，由县级以上市场监督管理部门依照食品安全法第一百二十六条第一款的规定给予处罚。

第四十四条 集中交易市场开办者违反本办法第二十条第一款规定，未按要求向所在地县级市场监督管理部门如实报告市场有关信息的，由县级以上市场监督管理部门依照食品安全法实施条例第七十二条的规定给予处罚。

第四十五条 集中交易市场开办者违反本办法第二十条第二款、第二十一条、第二十三条规定，有下列情形之一的，由县级以上市场监督管理部门责令改正；拒不改正的，处五千元以上三万元以下罚款：

（一）未按要求建立入场销售者档案并及时更新的；

（二）未按照食用农产品类别实施分区销售，经营条件不符合食品安全要求，或者未按规定对市场经营环境和条件进行定期检查和维护的；

（三）未按要求查验入场销售者和入场食用农产品的相关凭证信息，允许无法提供进货凭证的食用农产品入场销售，或者对无法提供食用农产品质量合格凭证的食用农产品未经抽样检验合格即允许入场销售的。

第四十六条 集中交易市场开办者违反本办法第二十五条第二款规定，抽检发现场内食用农产品不符合食品安全标准，未按要求处理并报告的，由县级以上市场监督管理部门责令改正；拒不改正的，处五千元以上三万元以下罚款。

集中交易市场开办者违反本办法第二十六条规定，未按要求公布食用农产品相关信息的，由县级以上市场监督管理部门责令改正；拒不改正的，处二千元以上一万元以下罚款。

第四十七条 批发市场开办者违反本办法第二十五条第一款规定，未依法对进入该批发市场销售的食用农产品进行抽样检验的，由县级以上市场监督管理部门依照食品安全法第一百三十条第二款的规定给予处罚。

批发市场开办者违反本办法第二十七条规定，未按要求向入场销售者提供统一格式的销售凭证或者指导入场销售者自行印制符合要求的销售凭证的，由县级以上市场监督管理部门责令改正；拒不改正的，处五千元以上三万元以下罚款。

第四十八条 销售者履行了本办法规定的食用农产品进货查验等义务，有充分证据证明其不知道所采购的食用农产品不符合食品安全标准，并能如实说明其进货来源的，可以免予处罚，但应当依法没收其不符合食品安全标准的食用农产品；造成人身、财产或者其他损害的，依法承担赔偿责任。

第四十九条 本办法下列用语的含义：

食用农产品，指来源于种植业、林业、畜牧业和渔业等供人食用的初级产品，即在农业活动中获得的供人食用的植物、动物、微生物及其产品，不包括法律法规禁止食用的野生动物产品及其制品。

即食食用农产品，指以生鲜食用农产品为原料，经过清洗、去皮、切割等简单加工后，可供人直接食用的食用农产品。

食用农产品集中交易市场，是指销售食用农产品的批发市场和零售市场（含农贸市场等集中零售市场）。

食用农产品集中交易市场开办者，指依法设立、为食用农产品批发、零售提供场地、设施、服务以及日常管理的企业法人或者其他组织。

食用农产品销售者，指通过固定场所销售食用农产品的个人或者企业，既包括通过集中交易市场销售食用农产品的入场销售者，也包括销售食用农产品的商场、超市、便利店等食品经营者。

第五十条 食品摊贩等销售食用农产品的具体管理规定由省、自治区、直辖市制定。

第五十一条 本办法自 2023 年 12 月 1 日起施行。2016 年 1 月 5 日原国家食品药品监督管理总局令第 20 号公布的《食用农产品市场销售质量安全监督管理办法》同时废止。

婴幼儿配方乳粉产品配方注册管理办法

（2023 年 6 月 26 日国家市场监督管理总局令第 80 号公布 自 2023 年 10 月 1 日起施行）

第一章 总 则

第一条 为了严格婴幼儿配方乳粉产品配方注册管理，保证婴幼儿配方乳粉质量安全，根据《中华人民共和国行政许可法》《中华人民共和国食品安全法》《中华人民共和国食品安全法实施条例》等法律法规，制定本办法。

第二条 在中华人民共和国境内生产销售和进口的婴幼儿配方乳粉产品配方注册管理，适用本办法。

第三条 婴幼儿配方乳粉产品配方注册，是指国家市场监督管理总局依据本办法规定的程序和要求，对申请注册的婴幼儿配方乳粉产品配方进行审评，并决定是否准予注册的活动。

第四条 婴幼儿配方乳粉产品配方注册管理，应当遵循科学、严格、公开、公平、公正的原则。

第五条 国家市场监督管理总局负责婴幼儿配方乳粉产品配方注册管理工作。

国家市场监督管理总局食品审评机构（食品审评中心，以下简称审评机构）负责婴幼儿配方乳粉产品配方注册申请的受理、技术审评、现场核查、制证送达等工作，并根据需要组织专家进行论证。

省、自治区、直辖市市场监督管理部门应当配合婴幼儿配方乳粉产品配方注册的现场核查等工作。

第六条 婴幼儿配方乳粉产品配方注册申请人（以下简称申请人）应当对提交材料的真实性、完整性、合法性负责，并承担法律责任。

申请人应当配合市场监督管理部门开展与注册相关的现场核查、抽样检验等工作，提供必要工作条件。

第七条 鼓励婴幼儿配方乳粉产品配方研发和创新，结合母乳研究成果优化配方，提升婴幼儿配方乳粉品质。

第二章 申请与注册

第八条 申请人应当为拟在中华人民共和国境内生产并销售婴幼儿配方乳粉的生产企业或者拟向中华人民共和国出口婴幼儿配方乳粉的境外生产企业。

申请人应当具备与所生产婴幼儿配方乳粉相适应的研发能力、生产能力、检验能力，符合粉状婴幼儿配方食品良好生产规范要求，实施危害分析与关键控制点体系，对出厂产品按照有关法律法规和婴幼儿配方乳粉食品安全国家标准规定的项目实施逐批检验。企业集团设有独立研发机构的，控股子公司作为申请人可以共享集团部分研发能力。

申请人使用已经符合婴幼儿配方食品安全国家标准营养成分要求的复合配料作为原料申请配方注册的，不予注册。

第九条 申请注册产品配方应当符合有关法律法规和食品安全国家标准的要求，并提供产品配方科学性、安全性的研发与论证报告和充足依据。

申请婴幼儿配方乳粉产品配方注册，应当向国家市场监督管理总局提交下列材料：

（一）婴幼儿配方乳粉产品配方注册申请书；

（二）申请人主体资质文件；

（三）原辅料的质量安全标准；

（四）产品配方；

（五）产品配方研发与论证报告；

（六）生产工艺说明；

（七）产品检验报告；

（八）研发能力、生产能力、检验能力的材料；

（九）其他表明配方科学性、安全性的材料。

申请人应当按照国家有关规定对申请材料中的商业秘密、未披露信息或者保密商务信息进行标注并注明依据。

第十条 同一企业申请注册两个以上同年龄段产品配方时，产品配方之间应当有明显差异，并经科学证实。每个企业原则上不得超过三个配方系列九种产品配方，每个配方系列包括婴儿配方乳粉（0—6月龄，1段）、较大婴儿配方乳粉（6—12月龄，2段）、幼儿配方乳粉（12—36月龄，3段）。

第十一条 已经取得婴幼儿配方乳粉产品配方注册证书及生产许可的企业集团母公司或者其控股子公司可以使用同一企业集团内其他控股子公司或者企业集团母公司已经注册的婴幼儿配方乳粉产品配方。组织生产前，企业集团母公司应当充分评估配方调用的可行性，确保产品质量安全，并向国家市场监督管理总局提交书面报告。

第十二条 对申请人提出的婴幼儿配方乳粉产品配方注册申请，应当根据下列情况分别作出处理：

（一）申请事项依法不需要进行注册的，应当即时告知申请人不受理；

（二）申请事项依法不属于国家市场监督管理总局职权范围的，应当即时作出不予受理的决定，并告知申请人向有关行政机关申请；

（三）申请材料存在可以当场更正的错误的，应当允许申请人当场更正；

（四）申请材料不齐全或者不符合法定形式的，应当当场或者在五个工作日内一次告知申请人需要补正的全部内容；逾期不告知的，自收到申请材料之日起即为受理；

（五）申请事项属于国家市场监督管理总局职权范围，申请材料齐全、符合法定形式，或者申请人按照要求提交全部补正申请材料的，应当受理注册申请。

受理或者不予受理注册申请，应当出具加盖国家市场监督管理总局行政许可专用章和注明日期的凭证。

第十三条 审评机构应当对申请配方的科学性和安全性以及产品配方声称与产品配方注册内容的一致性进行审查，自受理之日起六十个工作日内完成审评工作。

特殊情况下需要延长审评时限的，经审评机构负责人同意，可以延长二十个工作日，延长决定应当书面告知申请人。

第十四条 审评过程中认为需要申请人补正材料的，审评机构应当一次告知需要补正的全部内容。申请人应当在三个月内按照补正通知的要求一次补正材料。补正材料的时间不计算在审评时限内。

第十五条 审评机构根据实际需要组织开展现场核查和抽样检验，必要时对原料生产企业等开展延伸核查。

现场核查应当对申请人研发能力、生产能力、检验能力以及申请材料与实际情况的一致性等进行核实，并抽取动态生产的样品进行检验。抽样检验的动态生产样品品种基于风险确定。

第十六条 有下列情形之一的，应当开展现场核查：

（一）申请人首次申请注册的三个配方系列九种产品配方；

（二）产品配方组成发生重大变化的；

（三）生产工艺类型发生变化且申请人已注册尚在有效期内的配方无此工艺类型的；

（四）生产地址发生实际变化的；

（五）技术审评过程中发现需经现场核查核实问题的；

（六）既往注册申请存在隐瞒真实情况、提供虚假材料的；

（七）其他需要开展现场核查的情形。

婴幼儿配方食品安全国家标准发生重大变化，申请人申请产品配方注册或者变更的，审评机构应当开展现场核查。但是，申请人同一系列三个产品配方在标准变化后均已取得行政许可的，相同生产工艺类型的其他系列产品配方可以不再开展现场核查。

第十七条 需要开展现场核查的，审评机构应当通过书面或者电子等方式告知申请人核查事项，申请人三十个工作日内反馈接受现场核查的日期。因不可抗力等原因无法在规定时限内反馈的，申请人应当书面提出延期申请并说明理由。审评机构自申请人确认的现场核查日期起二十个工作日内完成现场核查。

审评机构通知申请人所在地省级市场监督管理部门参与现场核查的，省级市场监督管理部门应当派员参与。

第十八条 审评机构应当委托具有法定资质的食品检验机构开展检验。

检验机构应当自收到样品之日起二十个工作日内按照食品安全国家标准和申请人提交的测定方法完成检验工作，并向审评机构出具样品检验报告。

第十九条 审评机构应当根据申请人提交的申请材料、现场核查报告、样品检验报告开展审评，并作出审评结论。在技术审评、现场核查、产品检验等过程中，可以就重大、复杂问题听取食品安全、食品加工、营养和临床医学等领域专家的意见。

第二十条 申请人的申请符合法定条件、标准，产品配方科学、安全，现场核查报告结论、检验报告结论为符合注册要求的，审评机构应当作出建议准予注册的审评结论。

第二十一条 有下列情形之一的，审评机构应当作出拟不予注册的审评结论：

（一）申请材料弄虚作假，不真实的；

（二）产品配方科学性、安全性依据不充足的；

（三）申请人不具备与所申请注册的产品配方相适应的研发能力、生产能力或者检验能力的；

（四）申请人未在规定时限内提交补正材料，或者提交的补正材料不符合要求的；

（五）申请人逾期不能确认现场核查日期，拒绝或者不配合现场核查、抽样检验的；

（六）现场核查报告结论或者检验报告结论为不符合注册要求的；

（七）同一企业申请注册的产品配方与其同年龄段已申请产品配方之间没有明显差异的；

（八）其他不符合法律、法规、规章、食品安全国家标准等注册要求的情形。

审评机构作出不予注册审评结论的，应当向申请人发出拟不予注册通知并说明理由。申请人对审评结论有异议的，应当自收到通知之日起二十个工作日内向审评机构提出书面复审申请并说明复审理由。复审的内容仅限于原申请事项及申请材料。

审评机构应当自受理复审申请之日起三十个工作日内作出复审决定，并通知申请人。

第二十二条 国家市场监督管理总局在审评结束后，依法作出是否批准的决定。对准予注册的，颁发婴幼儿配方乳粉产品配方注册证书。对不予注册的，发给不予注册决定书，说明理由，并告知申请人享有依法申请行政复议或者提起行政诉讼的权利。

第二十三条 国家市场监督管理总局自受理之日起二十个工作日内作出决定。

审评机构应当自国家市场监督管理总局作出决定之日起十个工作日内向申请人送达婴幼儿配方乳粉产品配方注册证书或者不予注册决定书。

第二十四条 现场核查、抽样检验、复审所需时间不计算在审评时限内。

对境外生产企业现场核查、抽样检验的工作时限，根据实际情况确定。

第二十五条 婴幼儿配方乳粉产品配方注册证书及附件应当载明下列事项：

（一）产品名称；

（二）企业名称、生产地址；

（三）注册号、批准日期及有效期；

（四）生产工艺类型；

（五）产品配方。

婴幼儿配方乳粉产品配方注册号格式为：国食注字 YP+四位年代号+四位顺序号，其中 YP 代表婴幼儿配方乳粉产品配方。

婴幼儿配方乳粉产品配方注册证书有效期五年，电子证书与纸质证书具有同等法律效力。

第二十六条 婴幼儿配方乳粉产品配方注册有效期内，婴幼儿配方乳粉产品配方注册证书遗失或者损毁的，申请人应当向国家市场监督管理总局提出补发申请并说明理由。因遗失申请补发的，应当提交遗失声明；因损毁申请补发的，应当交回婴幼儿配方乳粉产品配方注册证书原件。

国家市场监督管理总局自受理之日起十个工作日内予以补发。补发的婴幼儿配方乳粉产品配方注册证书应当标注原批准日期，并注明"补发"字样。

第二十七条 婴幼儿配方乳粉产品配方注册证书有效期内，申请人需要变更注册证书或者附件载明事项的，应当向国家市场监督管理总局提出变更注册申请，并提交下列材料：

（一）婴幼儿配方乳粉产品配方变更注册申请书；

（二）产品配方变更论证报告；

（三）与变更事项有关的其他材料。

第二十八条 申请人申请产品配方变更等可能影响产品配方科学性、安全性的，审评机构应当按照本办法第十三条的规定组织开展审评，并作出审评结论。

申请人申请企业名称变更、生产地址名称变更、产品名称变更等不影响产品配方科学性、安全性的，审评机构应当进行核实并自受理之日起十个工作日内作出审评结论。申请人企业名称变更的，应当以变更后的名称申请。

国家市场监督管理总局自审评结论作出之日起十个工作日内作出准予变更或者不予变更的决定。对符合条件的，依法办理变更手续，注册证书发证日期以变更批准日期为准，原注册号不变，证书有效期不变；不予变更注册的，发给不予变更注册决定书，说明理由，并告知申请人享有依法申请行政复议或者提起行政诉讼的权利。

第二十九条 产品配方原料（含食品添加剂）品种不变、配料表顺序不变、营养成分表不变，使用量在一定范围内合理波动或者调整的，不需要申请变更。

产品配方原料（含食品添加剂）品种和营养成分表同时调整，实质上已经构成新的产品配方的，应当重新申请产品配方注册。

第三十条 婴幼儿配方乳粉产品配方注册证书有效期届满需要延续的，申请人应当在注册证书有效期届满六个月前向国家市场监督管理总局提出延续注册申请，并提交下列材料：

（一）婴幼儿配方乳粉产品配方延续注册申请书；

（二）申请人主体资质文件；

（三）企业研发能力、生产能力、检验能力情况；

（四）企业生产质量管理体系自查报告；

（五）产品营养、安全方面的跟踪评价情况；

（六）生产企业所在地省、自治区、直辖市市场监督管理部门延续注册意见书。

审评机构应当按照本办法第十三条的规定对延续注册申请组织开展审评，并作出审评结论。

国家市场监督管理总局自受理申请之日起二十个工作日内作出准予延续注册或者不予延续注册的决定。准予延续注册的，向申请人换发注册证书，原注册号不变，证书有效期自批准之日起重新计算；不予延续注册的，发给不予延续注册决定书，说明理由，并告知申请人享有依法申请行政复议或者提起行政诉讼的权利。逾期未作决定的，视为准予延续。

第三十一条 有下列情形之一的，不予延续注册：

（一）未在规定时限内提出延续注册申请的；

（二）申请人在产品配方注册后五年内未按照注册配方组织生产的；

（三）企业未能保持注册时研发能力、生产能力、检验能力的；

（四）其他不符合有关规定的情形。

第三十二条 婴幼儿配方乳粉产品配方变更注册与延续注册的程序未作规定的，适用本办法有关婴幼儿配方乳粉产品配方注册的相关规定。

第三章　标签与说明书

第三十三条 婴幼儿配方乳粉标签、说明书应当符合法律、法规、规章和食品安全国家标准，并按照国家市场监督管理总局的规定进行标识。

申请人申请婴幼儿配方乳粉产品配方注册，应当提交标签样稿及声称的说明材料；同时提交说明书的，说明书应当与标签内容一致。

标签、说明书涉及婴幼儿配方乳粉产品配方的，应当与产品配方注册内容一致，并标注注册号。

第三十四条 产品名称中有动物性来源字样的，其生乳、乳粉、乳清粉等乳蛋白来源应当全部来自该物种。

配料表应当将食用植物油具体的品种名称按照加入量的递减顺序标注。

营养成分表应当按婴幼儿配方乳粉食品安全国家标准规定的营养素顺序列出，并按照能量、蛋白质、脂肪、碳水化合物、维生素、矿物质、可选择成分等类别分类列出。

第三十五条 声称生乳、原料乳粉等原料来源的，应当如实标明来源国或者具体来源地。

第三十六条 标签应当注明婴幼儿配方乳粉适用月龄，可以同时使用"1 段""2 段""3 段"的方式标注。

第三十七条 标签不得含有下列内容：

（一）涉及疾病预防、治疗功能；

（二）明示或者暗示具有增强免疫力、调节肠道菌群等保健作用；

（三）明示或者暗示具有益智、增加抵抗力、保护肠道等功能性表述；

（四）对于按照法律法规和食品安全国家标准等不应当在产品配方中含有或者使用的物质，以"不添加""不含有""零添加"等字样强调未使用或者不含有；

（五）虚假、夸大、违反科学原则或者绝对化的内容；

（六）使用"进口奶源""源自国外牧场""生态牧场""进口原料""原生态奶源""无污染奶源"等模糊信息；

（七）与产品配方注册内容不一致的声称；

（八）使用婴儿和妇女的形象，"人乳化""母乳化"或者近似术语表述；

（九）其他不符合法律、法规、规章和食品安全国家标准规定的内容。

第四章 监 督 管 理

第三十八条 承担技术审评、现场核查、抽样检验的机构和人员应当对出具的审评结论、现场核查报告、产品检验报告等负责；参加论证的专家出具专家意见，应当恪守职业道德。

技术审评、现场核查、抽样检验、专家论证应当依照法律、法规、规章、食品安全国家标准、技术规范等开展，保证相关工作科学、客观和公正。

第三十九条 市场监督管理部门接到有关单位或者个人举报的婴幼儿配方乳粉产品配方注册工作中的违法违规行为，应当及时核实处理。

第四十条 国家市场监督管理总局自批准之日起二十个工作日内公布婴幼儿配方乳粉产品配方注册信息。

第四十一条 未经申请人同意，参与婴幼儿配方乳粉产品配方注册工作的机构和人员不得披露申请人提交的商业秘密、未披露信息或者保密商务信息，法律另有规定或者涉及国家安全、重大社会公共利益的除外。

第四十二条 婴幼儿配方乳粉产品配方注册申请受理后，申请人提出撤回婴幼儿配方乳粉产品配方注册申请的，应当提交书面申请并说明理由。同意撤回申请的，国家市场监督管理总局终止其注册程序。

技术审评、现场核查和抽样检验过程中发现涉嫌存在隐瞒真实情况或者提供虚假信息等违法行为的，应当依法处理，申请人不得撤回注册申请。

第四十三条 有下列情形之一的，国家市场监督管理总局根据利害关系人的请求或者依据职权，可以撤销婴幼儿配方乳粉产品配方注册：

（一）工作人员滥用职权、玩忽职守作出准予注册决定的；

（二）超越法定职权作出准予注册决定的；

（三）违反法定程序作出准予注册决定的；

（四）对不具备申请资格或者不符合法定条件的申请人准予注册的；

（五）依法可以撤销注册的其他情形。

第四十四条 有下列情形之一的，由国家市场监督管理总局注销婴幼儿配方乳粉产品配方注册：

（一）企业申请注销的；

（二）企业依法终止的；

（三）注册证书有效期届满未延续的；

（四）注册证书依法被撤销、撤回或者依法被吊销的；

（五）法律、法规规定应当注销的其他情形。

第五章　法律责任

第四十五条　食品安全法等法律法规对婴幼儿配方乳粉产品配方注册违法行为已有规定的，从其规定。

第四十六条　申请人隐瞒有关情况或者提供虚假材料申请婴幼儿配方乳粉产品配方注册的，国家市场监督管理总局不予受理或者不予注册，对申请人给予警告；申请人在一年内不得再次申请婴幼儿配方乳粉产品配方注册；涉嫌犯罪的，依法移送公安机关，追究刑事责任。

申请人以欺骗、贿赂等不正当手段取得婴幼儿配方乳粉产品配方注册证书的，国家市场监督管理总局依法予以撤销，被许可人三年内不得再次申请注册；处一万元以上三万元以下罚款；造成危害后果的，处三万元以上二十万元以下罚款；涉嫌犯罪的，依法移送公安机关，追究刑事责任。

第四十七条　申请人变更不影响产品配方科学性、安全性的事项，未依法申请变更的，由县级以上市场监督管理部门责令限期改正；逾期不改的，处一千元以上一万元以下罚款。

申请人变更可能影响产品配方科学性、安全性的事项，未依法申请变更的，由县级以上市场监督管理部门依照食品安全法第一百二十四条的规定处罚。

第四十八条　伪造、涂改、倒卖、出租、出借、转让婴幼儿配方乳粉产品配方注册证书的，由县级以上市场监督管理部门处三万元以上十万元以下罚款；造成危害后果的，处十万元以上二十万元以下罚款；涉嫌犯罪的，依法移送公安机关，追究刑事责任。

第四十九条　婴幼儿配方乳粉生产销售者违反本办法第三十三条至第三十七条规定，由县级以上地方市场监督管理部门责令限期改正，处一万元以上三万元以下罚款；情节严重的，处三万元以上十万元以下罚款；造成危害后果的，处十万元以上二十万元以下罚款。

第五十条　市场监督管理部门及其工作人员对不符合条件的申请人准予注册，或者超越法定职权准予注册的，依照食品安全法第一百四十四条的规定处理。

市场监督管理部门及其工作人员在注册审评过程中滥用职权、玩忽职守、徇私舞弊的，依照食品安全法第一百四十五条的规定处理。

第六章　附　则

第五十一条　本办法所称婴幼儿配方乳粉产品配方，是指生产婴幼儿配方乳粉使用的食品原料、食品添加剂及其使用量，以及产品中营养成分的含量。

第五十二条　本办法自2023年10月1日起施行，2016年6月6日原国家食品药品监督管理总局令第26号公布的《婴幼儿配方乳粉产品配方注册管理办法》同时废止。

食品经营许可和备案管理办法

（2023年6月15日国家市场监督管理总局令第78号公布　自2023年12月1日起施行）

第一章　总　则

第一条　为了规范食品经营许可和备案活动，加强食品经营安全监督管理，落实食品安全主体责任，保障食品安全，根据《中华人民共和国行政许可法》《中华人民共和国食品安全法》《中华人民共和国食品安全法实施条例》等法律法规，制定本办法。

第二条 食品经营许可的申请、受理、审查、决定，仅销售预包装食品（含保健食品、特殊医学用途配方食品、婴幼儿配方乳粉以及其他婴幼儿配方食品等特殊食品，下同）的备案，以及相关监督检查工作，适用本办法。

第三条 食品经营许可和备案应当遵循依法、公开、公平、公正、便民、高效的原则。

第四条 在中华人民共和国境内从事食品销售和餐饮服务活动，应当依法取得食品经营许可。

下列情形不需要取得食品经营许可：

（一）销售食用农产品；

（二）仅销售预包装食品；

（三）医疗机构、药品零售企业销售特殊医学用途配方食品中的特定全营养配方食品；

（四）已经取得食品生产许可的食品生产者，在其生产加工场所或者通过网络销售其生产的食品；

（五）法律、法规规定的其他不需要取得食品经营许可的情形。

除上述情形外，还开展其他食品经营项目的，应当依法取得食品经营许可。

第五条 仅销售预包装食品的，应当报所在地县级以上地方市场监督管理部门备案。

仅销售预包装食品的食品经营者在办理备案后，增加其他应当取得食品经营许可的食品经营项目的，应当依法取得食品经营许可；取得食品经营许可之日起备案自行失效。

食品经营者已经取得食品经营许可，增加预包装食品销售的，不需要另行备案。

已经取得食品生产许可的食品生产者在其生产加工场所或者通过网络销售其生产的预包装食品的，不需要另行备案。

医疗机构、药品零售企业销售特殊医学用途配方食品中的特定全营养配方食品不需要备案，但是向医疗机构、药品零售企业销售特定全营养配方食品的经营企业，应当取得食品经营许可或者进行备案。

第六条 食品展销会的举办者应当在展销会举办前十五个工作日内，向所在地县级市场监督管理部门报告食品经营区域布局、经营项目、经营期限、食品安全管理制度以及入场食品经营者主体信息核验情况等。法律、法规、规章或者县级以上地方人民政府有规定的，依照其规定。

食品展销会的举办者应当依法承担食品安全管理责任，核验并留存入场食品经营者的许可证或者备案情况等信息，明确入场食品经营者的食品安全义务和责任并督促落实，定期对其经营环境、条件进行检查，发现有食品安全违法行为的，应当及时制止并立即报告所在地县级市场监督管理部门。

本条规定的展销会包括交易会、博览会、庙会等。

第七条 食品经营者在不同经营场所从事食品经营活动的，应当依法分别取得食品经营许可或者进行备案。通过自动设备从事食品经营活动或者仅从事食品经营管理活动的，取得一个经营场所的食品经营许可或者进行备案后，即可在本省级行政区域内的其他经营场所开展已取得许可或者备案范围内的经营活动。

利用自动设备跨省经营的，应当分别向经营者所在地和自动设备放置地点所在地省级市场监督管理部门报告。

跨省从事食品经营管理活动的，应当分别向经营者所在地和从事经营管理活动所在地省级市场监督管理部门报告。

第八条 国家市场监督管理总局负责指导全国食品经营许可和备案管理工作。

县级以上地方市场监督管理部门负责本行政区域内的食品经营许可和备案管理工作。

省、自治区、直辖市市场监督管理部门可以根据食品经营主体业态、经营项目和食品安全风险状况等，结合食品安全风险管理实际，确定本行政区域内市场监督管理部门的食品经营许可和备案管理权限。

第九条 县级以上地方市场监督管理部门应当加强食品经营许可和备案信息化建设，在行政机关网站公开食品经营许可和备案管理权限、办事指南等事项。

县级以上地方市场监督管理部门应当通过食品经营许可和备案管理信息平台实施食品经营许可和备案全流程网上办理。

食品经营许可电子证书与纸质食品经营许可证书具有同等法律效力。

第二章 申请与受理

第十条 申请食品经营许可，应当先行取得营业执照等合法主体资格。

企业法人、合伙企业、个人独资企业、个体工商户等，以营业执照载明的主体作为申请人。

机关、事业单位、社会团体、民办非企业单位、企业等申办食堂，以机关或者事业单位法人登记证、社会团体登记证或者营业执照等载明的主体作为申请人。

第十一条 申请食品经营许可，应当按照食品经营主体业态和经营项目分类提出。

食品经营主体业态分为食品销售经营者、餐饮服务经营者、集中用餐单位食堂。食品经营者从事食品批发销售、中央厨房、集体用餐配送的，利用自动设备从事食品经营的，或者学校、托幼机构食堂，应当在主体业态后以括号标注。主体业态以主要经营项目确定，不可以复选。

食品经营项目分为食品销售、餐饮服务、食品经营管理三类。食品经营项目可以复选。

食品销售，包括散装食品销售、散装食品和预包装食品销售。

餐饮服务，包括热食类食品制售、冷食类食品制售、生食类食品制售、半成品制售、自制饮品制售等，其中半成品制售仅限中央厨房申请。

食品经营管理，包括食品销售连锁管理、餐饮服务连锁管理、餐饮服务管理等。

食品经营者从事散装食品销售中的散装熟食销售、冷食类食品制售中的冷加工糕点制售和冷荤类食品制售应当在经营项目后以括号标注。

具有热、冷、生、固态、液态等多种情形，难以明确归类的食品，可以按照食品安全风险等级最高的情形进行归类。

国家市场监督管理总局可以根据监督管理工作需要对食品经营项目进行调整。

第十二条 申请食品经营许可，应当符合与其主体业态、经营项目相适应的食品安全要求，具备下列条件：

（一）具有与经营的食品品种、数量相适应的食品原料处理和食品加工、销售、贮存等场所，保持该场所环境整洁，并与有毒、有害场所以及其他污染源保持规定的距离；

（二）具有与经营的食品品种、数量相适应的经营设备或者设施，有相应的消毒、更衣、盥洗、采光、照明、通风、防腐、防尘、防蝇、防鼠、防虫、洗涤以及处理废水、存放垃圾和废弃物的设备或者设施；

（三）有专职或者兼职的食品安全总监、食品安全员等食品安全管理人员和保证食品安全的规章制度；

（四）具有合理的设备布局和工艺流程，防止待加工食品与直接入口食品、原料与成品交叉污染，避免食品接触有毒物、不洁物；

（五）食品安全相关法律、法规规定的其他条件。

从事食品经营管理的，应当具备与其经营规模相适应的食品安全管理能力，建立健全食品安全管理制度，并按照规定配备食品安全管理人员，对其经营管理的食品安全负责。

第十三条 申请食品经营许可，应当提交下列材料：

（一）食品经营许可申请书；

（二）营业执照或者其他主体资格证明文件复印件；

（三）与食品经营相适应的主要设备设施、经营布局、操作流程等文件；

（四）食品安全自查、从业人员健康管理、进货查验记录、食品安全事故处置等保证食品安全的规章制度目录清单。

利用自动设备从事食品经营的，申请人应当提交每台设备的具体放置地点、食品经营许可证的展示方法、食品安全风险管控方案等材料。

营业执照或者其他主体资格证明文件能够实现网上核验的，申请人不需要提供本条第一款第二项规定的材料。从事食品经营管理的食品经营者，可以不提供主要设备设施、经营布局材料。仅从事食品销售类经营项目的不需要提供操作流程。

申请人委托代理人办理食品经营许可申请的，代理人应当提交授权委托书以及代理人的身份证明文件。

第十四条 食品经营者从事解冻、简单加热、冲调、组合、摆盘、洗切等食品安全风险较低的简单制售的，县级以上地方市场监督管理部门在保证食品安全的前提下，可以适当简化设备设施、专门区域等审查内容。

从事生食类食品、冷加工糕点、冷荤类食品等高风险食品制售的不适用前款规定。

第十五条 学校、托幼机构、养老机构、建筑工地等集中用餐单位的食堂应当依法取得食品经营许可，落实食品安全主体责任。

承包经营集中用餐单位食堂的，应当取得与承包内容相适应的食品经营许可，具有与所承包的食堂相适应的食品安全管理制度和能力，按照规定配备食品安全管理人员，并对食堂的食品安全负责。集中用餐单位应当落实食品安全管理责任，按照规定配备食品安全管理人员，对承包方的食品经营活动进行监督管理，督促承包方落实食品安全管理制度。

第十六条 食品经营者从事网络经营的，外设仓库（包括自有和租赁）的，或者集体用餐配送单位向学校、托幼机构供餐的，应当在开展相关经营活动之日起十个工作日内向所在地县级以上地方市场监督管理部门报告。所在地县级以上地方市场监督管理部门应当在食品经营许可和备案管理信息平台记录报告情况。

第十七条 申请人应当如实向县级以上地方市场监督管理部门提交有关材料并反映真实情况，对申请材料的真实性负责，并在申请书等材料上签名或者盖章。符合法律规定的可靠电子签名、电子印章与手写签名或者盖章具有同等法律效力。

第十八条 县级以上地方市场监督管理部门对申请人提出的食品经营许可申请，应当根据下列情况分别作出处理：

（一）申请事项依法不需要取得食品经营许可的，应当即时告知申请人不受理；

（二）申请事项依法不属于市场监督管理部门职权范围的，应当即时作出不予受理的决定，并告知申请人向有关行政机关申请；

（三）申请材料存在可以当场更正的错误的，应当允许申请人当场更正，由申请人在更正处签名或者盖章，注明更正日期；

（四）申请材料不齐全或者不符合法定形式的，应当当场或者自收到申请材料之日起五个工作日内一次告知申请人需要补正的全部内容和合理的补正期限。申请人无正当理由逾期不予补正的，视为放弃行政许可申请，市场监督管理部门不需要作出不予受理的决定。市场监督管理部门逾期未告知申请人补正的，自收到申请材料之日起即为受理；

（五）申请材料齐全、符合法定形式，或者申请人按照要求提交全部补正材料的，应当受理食品经营许可申请。

第十九条 县级以上地方市场监督管理部门对申请人提出的申请决定予以受理的，应当出具受理通知书；当场作出许可决定并颁发许可证的，不需要出具受理通知书；决定不予受理的，应当出具不予受理通知书，说明理由，并告知申请人依法享有申请行政复议或者提起行政诉讼的权利。

第三章 审查与决定

第二十条 县级以上地方市场监督管理部门应当对申请人提交的许可申请材料进行审查。需要对申请材料的实质内容进行核实的，应当进行现场核查。食品经营许可申请包含预包装食品销售的，对其中的预包装食品销售项目不需要进行现场核查。

现场核查应当由符合要求的核查人员进行。核查人员不得少于两人。核查人员应当出示有效证件，填写食品经营许可现场核查表，制作现场核查记录，经申请人核对无误后，由核查人员和申请人在核查表上签名或者盖章。申请人拒绝签名或者盖章的，核查人员应当注明情况。

上级地方市场监督管理部门可以委托下级地方市场监督管理部门，对受理的食品经营许可申请进行现场核查。

核查人员应当自接受现场核查任务之日起五个工作日内，完成对经营场所的现场核查。经核查，通过现场整改能够符合条件的，应当允许现场整改；需要通过一定时限整改的，应当明确整改要求和整改时限，并经市场监督管理部门负责人同意。

第二十一条 县级以上地方市场监督管理部门应当自受理申请之日起十个工作日内作出是否准予行政许可的决定。因特殊原因需要延长期限的，经市场监督管理部门负责人批准，可以延长五个工作日，并应当将延长期限的理由告知申请人。鼓励有条件的地方市场监督管理部门优化许可工作流程，压减现场核查、许可决定等工作时限。

第二十二条 县级以上地方市场监督管理部门应当根据申请材料审查和现场核查等情况，对符合条件的，作出准予行政许可的决定，并自作出决定之日起五个工作日内向申请人颁发食品经营许可证；对不符合条件的，应当作出不予许可的决定，说明理由，并告知申请人依法享有申请行政复议或者提起行政诉讼的权利。

第二十三条 食品经营许可证发证日期为许可决定作出的日期，有效期为五年。

第二十四条 县级以上地方市场监督管理部门认为食品经营许可申请涉及公共利益的重大事项，需要听证的，应当向社会公告并举行听证。

食品经营许可直接涉及申请人与他人之间重大利益关系的，县级以上地方市场监督管理部门在作出行政许可决定前，应当告知申请人、利害关系人享有要求听证的权利。申请人、利害关系人在被告知听证权利之日起五个工作日内提出听证申请的，市场监督管理部门应当在二十个工作日内组织听证。听证期限不计算在行政许可审查期限之内。

第四章 许可证管理

第二十五条 食品经营许可证分为正本、副本。正本、副本具有同等法律效力。

国家市场监督管理总局负责制定食品经营许可证正本、副本式样。省、自治区、直辖市市场监督管理部门负责本行政区域内食品经营许可证的印制和发放等管理工作。

第二十六条 食品经营许可证应当载明：经营者名称、统一社会信用代码、法定代表人（负责人）、住所、经营场所、主体业态、经营项目、许可证编号、有效期、投诉举报电话、发证机关、发证日期，并赋有二维码。其中，经营场所、主体业态、经营项目属于许可事项，其他事项不属于许可事项。

食品经营者取得餐饮服务、食品经营管理经营项目的，销售预包装食品不需要在许可证上标注食品销售类经营项目。

第二十七条 食品经营许可证编号由 JY（"经营"的汉语拼音首字母缩写）和十四位阿拉伯数字组成。数字从左至右依次为：一位主体业态代码、两位省（自治区、直辖市）代码、两位市（地）代码、两位县（区）代码、六位顺序码、一位校验码。

第二十八条 食品经营者应当妥善保管食品经营许可证，不得伪造、涂改、倒卖、出租、出借、转让。

食品经营者应当在经营场所的显著位置悬挂、摆放纸质食品经营许可证正本或者展示其电子证书。

利用自动设备从事食品经营的，应当在自动设备的显著位置展示食品经营者的联系方式、食品经营许可证复印件或者电子证书、备案编号。

第五章　变更、延续、补办与注销

第二十九条 食品经营许可证载明的事项发生变化的，食品经营者应当在变化后十个工作日内向原发证的市场监督管理部门申请变更食品经营许可。食品经营者地址迁移，不在原许可经营场所从事食品经营活动的，应当重新申请食品经营许可。

第三十条 发生下列情形的，食品经营者应当在变化后十个工作日内向原发证的市场监督管理部门报告：

（一）食品经营者的主要设备设施、经营布局、操作流程等发生较大变化，可能影响食品安全的；

（二）从事网络经营情况发生变化的；

（三）外设仓库（包括自有和租赁）地址发生变化的；

（四）集体用餐配送单位向学校、托幼机构供餐情况发生变化的；

（五）自动设备放置地点、数量发生变化的；

（六）增加预包装食品销售的。

符合前款第一项、第五项情形的，县级以上地方市场监督管理部门应当在收到食品经营者的报告后三十个工作日内对其实施监督检查，重点检查食品经营实际情况与报告内容是否相符、食品经营条件是否符合食品安全要求等。

第三十一条 食品经营者申请变更食品经营许可的，应当提交食品经营许可变更申请书，以及与变更食品经营许可事项有关的材料。食品经营者取得纸质食品经营许可证正本、副本的，应当同时提交。

第三十二条 食品经营者需要延续依法取得的食品经营许可有效期的，应当在该食品经营许可有效期届满前九十个工作日至十五个工作日期间，向原发证的市场监督管理部门提出申请。

县级以上地方市场监督管理部门应当根据被许可人的延续申请，在该食品经营许可有效期届满前作出是否准予延续的决定。

在食品经营许可有效期届满前十五个工作日内提出延续许可申请的，原食品经营许可有效期届满后，食品经营者应当暂停食品经营活动，原发证的市场监督管理部门作出准予延续的决定后，方可继续开展食品经营活动。

第三十三条 食品经营者申请延续食品经营许可的，应当提交食品经营许可延续申请书，以及与延续食品经营许可事项有关的其他材料。食品经营者取得纸质食品经营许可证正本、副本的，应当同时提交。

第三十四条 县级以上地方市场监督管理部门应当对变更或者延续食品经营许可的申请材料进行审查。

申请人的经营条件发生变化或者增加经营项目，可能影响食品安全的，市场监督管理部门应当就变化情况进行现场核查。

申请变更或者延续食品经营许可时，申请人声明经营条件未发生变化、经营项目减项或者未发生变化的，市场监督管理部门可以不进行现场核查，对申请材料齐全、符合法定形式的，当场作出准予变更或者延续食品经营许可决定。

未现场核查的，县级以上地方市场监督管理部门应当自申请人取得食品经营许可之日起三十个工作日内对其实施监督检查。现场核查发现实际情况与申请材料内容不相符的，食品经营者应当立即采取整改措施，经整改仍不相符的，依法撤销变更或者延续食品经营许可决定。

第三十五条　原发证的市场监督管理部门决定准予变更的，应当向申请人颁发新的食品经营许可证。食品经营许可证编号不变，发证日期为市场监督管理部门作出变更许可决定的日期，有效期与原证书一致。

不符合许可条件的，原发证的市场监督管理部门应当作出不予变更食品经营许可的书面决定，说明理由，并告知申请人依法享有申请行政复议或者提起行政诉讼的权利。

第三十六条　原发证的市场监督管理部门决定准予延续的，应当向申请人颁发新的食品经营许可证，许可证编号不变，有效期自作出延续许可决定之日起计算。

不符合许可条件的，原发证的市场监督管理部门应当作出不予延续食品经营许可的书面决定，说明理由，并告知申请人依法享有申请行政复议或者提起行政诉讼的权利。

第三十七条　食品经营许可证遗失、损坏，应当向原发证的市场监督管理部门申请补办，并提交下列材料：

（一）食品经营许可证补办申请书；

（二）书面遗失声明或者受损坏的食品经营许可证。

材料符合要求的，县级以上地方市场监督管理部门应当在受理后十个工作日内予以补发。

因遗失、损坏补发的食品经营许可证，许可证编号不变，发证日期和有效期与原证书保持一致。

第三十八条　食品经营者申请注销食品经营许可的，应当向原发证的市场监督管理部门提交食品经营许可注销申请书，以及与注销食品经营许可有关的其他材料。食品经营者取得纸质食品经营许可证正本、副本的，应当同时提交。

第三十九条　有下列情形之一，原发证的市场监督管理部门应当依法办理食品经营许可注销手续：

（一）食品经营许可有效期届满未申请延续的；

（二）食品经营者主体资格依法终止的；

（三）食品经营许可依法被撤回、撤销或者食品经营许可证依法被吊销的；

（四）因不可抗力导致食品经营许可事项无法实施的；

（五）法律、法规规定的应当注销食品经营许可的其他情形。

食品经营许可被注销的，许可证编号不得再次使用。

第四十条　食品经营许可证变更、延续、补办与注销的有关程序参照本办法第二章和第三章的有关规定执行。

第六章　仅销售预包装食品备案

第四十一条　备案人应当取得营业执照等合法主体资格，并具备与销售的食品品种、数量等相适应的经营条件。

第四十二条　拟从事仅销售预包装食品活动的，在办理市场主体登记注册时，可以一并进行仅销售预包装食品备案，并提交仅销售预包装食品备案信息采集表。已经取得合法主体资格的备案人从事仅销售预包装食品活动的，应当在开展销售活动之日起五个工作日内向县级以上地方市场监督管理部门提交备案信息材料。材料齐全的，获得备案编号。备案人对所提供的备案信息的真实性、完整性负责。

利用自动设备仅销售预包装食品的，备案人应当提交每台设备的具体放置地点、备案编号的展示方法、食品安全风险管控方案等材料。

第四十三条 县级以上地方市场监督管理部门应当在备案后五个工作日内将经营者名称、经营场所、经营种类、备案编号等相关备案信息向社会公开。

第四十四条 备案信息发生变化的，备案人应当自发生变化后十五个工作日内向原备案的市场监督管理部门进行备案信息更新。

第四十五条 备案实施唯一编号管理。备案编号由YB（"预""备"的汉语拼音首字母缩写）和十四位阿拉伯数字组成。数字从左至右依次为：一位业态类型代码（1为批发、2为零售）、两位省（自治区、直辖市）代码、两位市（地）代码、两位县（区）代码、六位顺序码、一位校验码。食品经营者主体资格依法终止的，备案编号自行失效。

第七章 监督检查

第四十六条 县级以上地方市场监督管理部门应当依据法律、法规规定的职责，对食品经营者的许可和备案事项进行监督检查。

第四十七条 县级以上地方市场监督管理部门应当建设完善食品经营许可和备案管理信息平台，便于公民、法人和其他社会组织查询。

县级以上地方市场监督管理部门应当将食品经营许可颁发、备案情况、监督检查、违法行为查处等情况记入食品经营者食品安全信用档案，并依法通过国家企业信用信息公示系统向社会公示；对有不良信用记录、信用风险高的食品经营者应当增加监督检查频次，并按照规定实施联合惩戒。

第四十八条 县级以上地方市场监督管理部门负责辖区内食品经营者许可和备案事项的监督检查，应当按照规定的频次对辖区内的食品经营者实施全覆盖检查。必要时，应当依法对相关食品贮存、运输服务提供者进行检查。

第四十九条 县级以上地方市场监督管理部门及其工作人员履行食品经营许可和备案管理职责，应当自觉接受食品经营者和社会监督。接到有关工作人员在食品经营许可和备案管理过程中存在违法行为的举报，市场监督管理部门应当及时进行调查核实，并依法处理。

第五十条 县级以上地方市场监督管理部门应当建立食品经营许可和备案档案管理制度，将办理食品经营许可和备案的有关材料、验证情况及时归档。

第五十一条 国家市场监督管理总局可以定期或者不定期组织对全国食品经营许可和备案管理工作进行监督检查；省、自治区、直辖市市场监督管理部门可以定期或者不定期组织对本行政区域内的食品经营许可和备案管理工作进行监督检查。

第八章 法律责任

第五十二条 未取得食品经营许可从事食品经营活动的，由县级以上地方市场监督管理部门依照《中华人民共和国食品安全法》第一百二十二条的规定给予处罚。

食品经营者地址迁移，不在原许可的经营场所从事食品经营活动，未按照规定重新申请食品经营许可的，或者食品经营许可有效期届满，未按照规定申请办理延续手续，仍继续从事食品经营活动的，由县级以上地方市场监督管理部门依照《中华人民共和国食品安全法》第一百二十二条的规定给予处罚。

食品经营许可证载明的主体业态、经营项目等许可事项发生变化，食品经营者未按照规定申请变更的，由县级以上地方市场监督管理部门依照《中华人民共和国食品安全法》第一百二十二条的规定给予处罚。但是，有下列情形之一，依照《中华人民共和国行政处罚法》第三十二条、第三十三条的规定从轻、减轻或者不予行政处罚：

（一）主体业态、经营项目发生变化，但食品安全风险等级未升高的；

（二）增加经营项目类型，但增加的经营项目所需的经营条件被已经取得许可的经营项目涵盖的；

（三）违法行为轻微，未对消费者人身健康和生命安全等造成危害后果的；

（四）法律、法规、规章规定的其他情形。

食品经营许可证载明的除许可事项以外的其他事项发生变化，食品经营者未按照规定申请变更的，由县级以上地方市场监督管理部门责令限期改正；逾期不改的，处一千元以上一万元以下罚款。

第五十三条 许可申请人隐瞒真实情况或者提供虚假材料申请食品经营许可的，由县级以上地方市场监督管理部门给予警告。申请人在一年内不得再次申请食品经营许可。

第五十四条 被许可人以欺骗、贿赂等不正当手段取得食品经营许可的，由原发证的市场监督管理部门撤销许可，处一万元以上三万元以下罚款；造成危害后果的，处三万元以上二十万元以下罚款。被许可人在三年内不得再次申请食品经营许可。

第五十五条 违反本办法第六条第一款规定，食品展销会举办者未按照规定在展销会举办前报告的，由县级以上地方市场监督管理部门依照《中华人民共和国食品安全法实施条例》第七十二条的规定给予处罚。

违反本办法第六条第二款规定，食品展销会举办者未履行检查、报告义务的，由县级以上地方市场监督管理部门依照《中华人民共和国食品安全法》第一百三十条的规定给予处罚。

第五十六条 违反本办法第七条第二款、第三款或者第十六条规定的，由县级以上地方市场监督管理部门责令限期改正；逾期不改的，处一千元以上一万元以下罚款。

第五十七条 违反本办法第二十八条第一款规定的，由县级以上地方市场监督管理部门责令改正，给予警告，并处一万元以上三万元以下罚款；情节严重的，处三万元以上十万元以下罚款；造成危害后果的，处十万元以上二十万元以下罚款。

违反本办法第二十八条第二款、第三款规定的，由县级以上地方市场监督管理部门责令限期改正；逾期不改的，给予警告。

第五十八条 违反本办法第三十条第一款第一项规定的，由县级以上地方市场监督管理部门责令限期改正；逾期不改的，处两千元以上一万元以下罚款；情节严重的，处一万元以上五万元以下罚款；造成危害后果的，处五万元以上二十万元以下罚款。

违反本办法第三十条第一款第二项至第六项规定的，由县级以上地方市场监督管理部门责令限期改正；逾期不改的，处一千元以上一万元以下罚款。

第五十九条 未按照规定提交备案信息或者备案信息发生变化未按照规定进行备案信息更新的，由县级以上地方市场监督管理部门责令限期改正；逾期不改的，处两千元以上一万元以下罚款。

备案时提供虚假信息的，由县级以上地方市场监督管理部门取消备案，处五千元以上三万元以下罚款。

第六十条 被吊销食品经营许可证的食品经营者及其法定代表人、直接负责的主管人员和其他直接责任人员自处罚决定作出之日起五年内不得申请食品生产经营许可，或者从事食品生产经营管理工作，担任食品生产经营企业食品安全管理人员。

第六十一条　市场监督管理部门对不符合条件的申请人准予许可，或者超越法定职权准予许可的，依照《中华人民共和国食品安全法》第一百四十四条的规定给予处分。

第九章　附　　则

第六十二条　本办法用语的含义：

（一）集中用餐单位食堂，指设于机关、事业单位、社会团体、民办非企业单位、企业等，供应内部职工、学生等集中就餐的餐饮服务提供者；

（二）中央厨房，指由食品经营企业建立，具有独立场所和设施设备，集中完成食品成品或者半成品加工制作并配送给本单位连锁门店，供其进一步加工制作后提供给消费者的经营主体；

（三）集体用餐配送单位，指主要服务于集体用餐单位，根据其订购要求，集中加工、分送食品但不提供就餐场所的餐饮服务提供者；

（四）食品销售连锁管理，指食品销售连锁企业总部对其管理的门店实施统一的采购配送、质量管理、经营指导，或者品牌管理等规范化管理的活动；

（五）餐饮服务连锁管理，指餐饮服务连锁企业总部对其管理的门店实施统一的采购配送、质量管理、经营指导，或者品牌管理等规范化管理的活动；

（六）餐饮服务管理，指为餐饮服务提供者提供人员、加工制作、经营或者食品安全管理等服务的第三方管理活动；

（七）散装食品，指在经营过程中无食品生产者预先制作的定量包装或者容器、需要称重或者计件销售的食品，包括无包装以及称重或者计件后添加包装的食品。在经营过程中，食品经营者进行的包装，不属于定量包装；

（八）热食类食品，指食品原料经过粗加工、切配并经过蒸、煮、烹、煎、炒、烤、炸、焙烤等烹饪工艺制作的即食食品，含热加工糕点、汉堡，以及火锅和烧烤等烹饪方式加工而成的食品等；

（九）冷食类食品，指最后一道工艺是在常温或者低温条件下进行的，包括解冻、切配、调制等过程，加工后在常温或者低温条件下即可食用的食品，含生食瓜果蔬菜、腌菜、冷加工糕点、冷荤类食品等；

（十）生食类食品，一般特指生食动物性水产品（主要是海产品）；

（十一）半成品，指原料经初步或者部分加工制作后，尚需进一步加工制作的非直接入口食品，不包括储存的已加工成成品的食品；

（十二）自制饮品，指经营者现场制作的各种饮料，含冰淇淋等；

（十三）冷加工糕点，指在各种加热熟制工序后，在常温或者低温条件下再进行二次加工的糕点。

第六十三条　省、自治区、直辖市市场监督管理部门可以根据本行政区域实际情况，制定有关食品经营许可和备案管理的具体实施办法。

第六十四条　省、自治区、直辖市依照《中华人民共和国食品安全法》第三十六条的规定对食品摊贩、小餐饮、小食品店等的监督管理作出规定的，依照其规定执行。其中，规定对用餐人数较少的小型食堂（学校、托幼机构、养老机构的食堂除外）参照小餐饮管理的，依照其规定；未作出规定的，省、自治区、直辖市市场监督管理部门可以制定具体管理办法，明确纳入食品经营活动管理的具体人数范围等监督管理要求。

第六十五条　从事对温度、湿度等有特殊要求食品贮存业务的非食品生产经营者备案参照仅销售预包装食品备案管理。

第六十六条 本办法自 2023 年 12 月 1 日起施行。2015 年 8 月 31 日原国家食品药品监督管理总局令第 17 号公布的《食品经营许可管理办法》同时废止。

食品相关产品质量安全监督管理暂行办法

（2022 年 10 月 8 日国家市场监督管理总局令第 62 号公布　自 2023 年 3 月 1 日起施行）

第一章　总　则

第一条 为了加强食品相关产品质量安全监督管理，保障公众身体健康和生命安全，根据《中华人民共和国食品安全法》《中华人民共和国产品质量法》等有关法律、法规，制定本办法。

第二条 在中华人民共和国境内生产、销售食品相关产品及其监督管理适用本办法。法律、法规、规章对食品相关产品质量安全监督管理另有规定的从其规定。

食品生产经营中使用食品相关产品的监督管理按照有关规定执行。

第三条 食品相关产品质量安全工作实行预防为主、风险管理、全程控制、社会共治，建立科学、严格的监督管理制度。

第四条 国家市场监督管理总局监督指导全国食品相关产品质量安全监督管理工作。

省级市场监督管理部门负责监督指导和组织本行政区域内食品相关产品质量安全监督管理工作。

市级及以下市场监督管理部门负责实施本行政区域内食品相关产品质量安全监督管理工作。

第二章　生产销售

第五条 生产者、销售者对其生产、销售的食品相关产品质量安全负责。

第六条 禁止生产、销售下列食品相关产品：

（一）使用不符合食品安全标准及相关公告的原辅料和添加剂，以及其他可能危害人体健康的物质生产的食品相关产品，或者超范围、超限量使用添加剂生产的食品相关产品；

（二）致病性微生物，农药残留、兽药残留、生物毒素、重金属等污染物质以及其他危害人体健康的物质含量和迁移量超过食品安全标准限量的食品相关产品；

（三）在食品相关产品中掺杂、掺假，以假充真，以次充好或者以不合格食品相关产品冒充合格食品相关产品；

（四）国家明令淘汰或者失效、变质的食品相关产品；

（五）伪造产地，伪造或者冒用他人厂名、厂址、质量标志的食品相关产品；

（六）其他不符合法律、法规、规章、食品安全标准及其他强制性规定的食品相关产品。

第七条 国家建立食品相关产品生产企业质量安全管理人员制度。食品相关产品生产者应当建立并落实食品相关产品质量安全责任制，配备与其企业规模、产品类别、风险等级、管理水平、安全状况等相适应的质量安全总监、质量安全员等质量管理人员，明确企业主要负责人、质量安全总监、质量安全员等不同层级管理人员的岗位职责。

企业主要负责人对食品相关产品质量安全工作全面负责，建立并落实质量安全主体责任的管理制度和长效机制。质量安全总监、质量安全员应当协助企业主要负责人做好食品相关产品质量安全管理工作。

第八条 在依法配备质量安全员的基础上，直接接触食品的包装材料等具有较高风险的食品相关产品生产者，应当配备质量安全总监。

食品相关产品质量安全总监和质量安全员具体管理要求，参照国家食品安全主体责任管理制度执行。

第九条 食品相关产品生产者应当建立并实施原辅料控制，生产、贮存、包装等生产关键环节控制，过程、出厂等检验控制，运输及交付控制等食品相关产品质量安全管理制度，保证生产全过程控制和所生产的食品相关产品符合食品安全标准及其他强制性规定的要求。

食品相关产品生产者应当制定食品相关产品质量安全事故处置方案，定期检查各项质量安全防范措施的落实情况，及时消除事故隐患。

第十条 食品相关产品生产者实施原辅料控制，应当包括采购、验收、贮存和使用等过程，形成并保存相关过程记录。

食品相关产品生产者应当对首次使用的原辅料、配方和生产工艺进行安全评估及验证，并保存相关记录。

第十一条 食品相关产品生产者应当通过自行检验，或者委托具备相应资质的检验机构对产品进行检验，形成并保存相应记录，检验合格后方可出厂或者销售。

食品相关产品生产者应当建立不合格产品管理制度，对检验结果不合格的产品进行相应处置。

第十二条 食品相关产品销售者应当建立并实施食品相关产品进货查验制度，验明供货者营业执照、相关许可证件、产品合格证明和产品标识，如实记录食品相关产品的名称、数量、进货日期以及供货者名称、地址、联系方式等内容，并保存相关凭证。

第十三条 本办法第十条、第十一条和第十二条要求形成的相关记录和凭证保存期限不得少于产品保质期，产品保质期不足二年的或者没有明确保质期的，保存期限不得少于二年。

第十四条 食品相关产品生产者应当建立食品相关产品质量安全追溯制度，保证从原辅料和添加剂采购到产品销售所有环节均可有效追溯。

鼓励食品相关产品生产者、销售者采用信息化手段采集、留存生产和销售信息，建立食品相关产品质量安全追溯体系。

第十五条 食品相关产品标识信息应当清晰、真实、准确，不得欺骗、误导消费者。标识信息应当标明下列事项：

（一）食品相关产品名称；

（二）生产者名称、地址、联系方式；

（三）生产日期和保质期（适用时）；

（四）执行标准；

（五）材质和类别；

（六）注意事项或者警示信息；

（七）法律、法规、规章、食品安全标准及其他强制性规定要求的应当标明的其他事项。

食品相关产品还应当按照有关标准要求在显著位置标注"食品接触用""食品包装用"等用语或者标志。

食品安全标准对食品相关产品标识信息另有其他要求的，从其规定。

第十六条 鼓励食品相关产品生产者将所生产的食品相关产品有关内容向社会公示。鼓励有条件的食品相关产品生产者以电子信息、追溯信息码等方式进行公示。

第十七条 食品相关产品需要召回的，按照国家召回管理的有关规定执行。

第十八条 鼓励食品相关产品生产者、销售者参加相关安全责任保险。

第三章 监督管理

第十九条 对直接接触食品的包装材料等具有较高风险的食品相关产品，按照国家有关工业产品生产许可证管理的规定实施生产许可。食品相关产品生产许可实行告知承诺审批和全覆盖例行检查。

省级市场监督管理部门负责组织实施本行政区域内食品相关产品生产许可和监督管理。根据需要，省级市场监督管理部门可以将食品相关产品生产许可委托下级市场监督管理部门实施。

第二十条 市场监督管理部门建立分层分级、精准防控、末端发力、终端见效工作机制，以"双随机、一公开"监管为主要方式，随机抽取检查对象，随机选派检查人员对食品相关产品生产者、销售者实施日常监督检查，及时向社会公开检查事项及检查结果。

市场监督管理部门实施日常监督检查主要包括书面审查和现场检查。必要时，可以邀请检验检测机构、科研院所等技术机构为日常监督检查提供技术支撑。

第二十一条 对食品相关产品生产者实施日常监督检查的事项包括：生产者资质、生产环境条件、设备设施管理、原辅料控制、生产关键环节控制、检验控制、运输及交付控制、标识信息、不合格品管理和产品召回、从业人员管理、信息记录和追溯、质量安全事故处置等情况。

第二十二条 对食品相关产品销售者实施日常监督检查的事项包括：销售者资质、进货查验结果、食品相关产品贮存、标识信息、质量安全事故处置等情况。

第二十三条 市场监督管理部门实施日常监督检查，可以要求食品相关产品生产者、销售者如实提供本办法第二十一条、第二十二条规定的相关材料。必要时，可以要求被检查单位作出说明或者提供补充材料。

日常监督检查发现食品相关产品可能存在质量安全问题的，市场监督管理部门可以组织技术机构对工艺控制参数、记录的数据参数或者食品相关产品进行抽样检验、测试、验证。

市场监督管理部门应当记录、汇总和分析食品相关产品日常监督检查信息。

第二十四条 市场监督管理部门对其他部门移送、上级交办、投诉、举报等途径和检验检测、风险监测等方式发现的食品相关产品质量安全问题线索，根据需要可以对食品相关产品生产者、销售者及其产品实施针对性监督检查。

第二十五条 县级以上地方市场监督管理部门对食品相关产品生产者、销售者进行监督检查时，有权采取下列措施：

（一）进入生产、销售场所实施现场检查；

（二）对生产、销售的食品相关产品进行抽样检验；

（三）查阅、复制有关合同、票据、账簿以及其他有关资料；

（四）查封、扣押有证据证明不符合食品安全标准或者有证据证明存在质量安全隐患以及用于违法生产经营的食品相关产品、工具、设备；

（五）查封违法从事食品相关产品生产经营活动的场所；

（六）法律法规规定的其他措施。

第二十六条 县级以上地方市场监督管理部门应当对监督检查中发现的问题，书面提出整改要求及期限。被检查企业应当按期整改，并将整改情况报告市场监督管理部门。

对监督检查中发现的违法行为，应当依法查处；不属于本部门职责或者超出监管范围的，应当及时移送有权处理的部门；涉嫌构成犯罪的，应当及时移送公安机关。

第二十七条 市场监督管理部门对可能危及人体健康和人身、财产安全的食品相关产品，影响国计民生以及消费者、有关组织反映有质量安全问题的食品相关产品，依据产品质量监督抽查有关规定进行监督抽查。法律、法规、规章对食品相关产品质量安全的监督抽查另有规定的，依照有关规定执行。

第二十八条 县级以上地方市场监督管理部门应当建立完善本行政区域内食品相关产品生产者名录数据库。鼓励运用信息化手段实现电子化管理。

县级以上地方市场监督管理部门可以根据食品相关产品质量安全风险监测、风险评估结果和质量安全状况等，结合企业信用风险分类结果，对食品相关产品生产者实施质量安全风险分级监督管理。

第二十九条 国家市场监督管理总局按照有关规定实施国家食品相关产品质量安全风险监测。省级市场监督管理部门按照本行政区域的食品相关产品质量安全风险监测方案，开展食品相关产品质量安全风险监测工作。风险监测结果表明可能存在质量安全隐患的，应当将相关信息通报同级卫生行政等部门。

承担食品相关产品质量安全风险监测工作的技术机构应当根据食品相关产品质量安全风险监测计划和监测方案开展监测工作，保证监测数据真实、准确，并按照要求报送监测数据和分析结果。

第三十条 国家市场监督管理总局按照国家有关规定向相关部门通报食品相关产品质量安全信息。

县级以上地方市场监督管理部门按照有关要求向上一级市场监督管理部门、同级相关部门通报食品相关产品质量安全信息。通报信息涉及其他地区的，应当及时向相关地区同级部门通报。

第三十一条 食品相关产品质量安全信息包括以下内容：

（一）食品相关产品生产许可、监督抽查、监督检查和风险监测中发现的食品相关产品质量安全信息；

（二）有关部门通报的，行业协会和消费者协会等组织、企业和消费者反映的食品相关产品质量安全信息；

（三）舆情反映的食品相关产品质量安全信息；

（四）其他与食品相关产品质量安全有关的信息。

第三十二条 市场监督管理部门对食品相关产品质量安全风险信息可以组织风险研判，进行食品相关产品质量安全状况综合分析，或者会同同级人民政府有关部门、行业组织、企业等共同研判。认为需要进行风险评估的，应当向同级卫生行政部门提出风险评估的建议。

第三十三条 市场监督管理部门实施食品相关产品生产许可、全覆盖例行检查、监督检查以及产品质量监督抽查中作出的行政处罚信息，依法记入国家企业信用信息公示系统，向社会公示。

第四章 法律责任

第三十四条 违反本办法规定，法律、法规对违法行为处罚已有规定的，依照其规定执行。

第三十五条 违反本办法第六条第一项规定，使用不符合食品安全标准及相关公告的原辅料和添加剂，以及其他可能危害人体健康的物质作为原辅料生产食品相关产品，或者超范围、超限量使用添加剂生产食品相关产品的，处十万元以下罚款；情节严重的，处二十万元以下罚款。

第三十六条 违反本办法规定，有下列情形之一的，责令限期改正；逾期不改或者改正后仍然不符合要求的，处三万元以下罚款；情节严重的，处五万元以下罚款：

（一）食品相关产品生产者未建立并实施本办法第九条第一款规定的食品相关产品质量安全管理制度的；

（二）食品相关产品生产者未按照本办法第九条第二款规定制定食品相关产品质量安全事故处置方案的；

（三）食品相关产品生产者未按照本办法第十条规定实施原辅料控制以及开展相关安全评估验证的；

（四）食品相关产品生产者未按照本办法第十一条第二款规定建立并实施不合格产品管理制度、对检验结果不合格的产品进行相应处置的；

（五）食品相关产品销售者未按照本办法第十二条建立并实施进货查验制度的。

第三十七条 市场监督管理部门工作人员，在食品相关产品质量安全监督管理工作中玩忽职守、滥用职权、徇私舞弊的，依法追究法律责任；涉嫌违纪违法的，移送纪检监察机关依纪依规依法给予党纪政务处分；涉嫌违法犯罪的，移送监察机关、司法机关依法处理。

第五章 附 则

第三十八条 本办法所称食品相关产品，是指用于食品的包装材料、容器、洗涤剂、消毒剂和用于食品生产经营的工具、设备。其中，消毒剂的质量安全监督管理按照有关规定执行。

第三十九条 本办法自 2023 年 3 月 1 日起施行。

食品安全抽样检验管理办法

（2019 年 8 月 8 日国家市场监督管理总局令第 15 号公布 根据 2022 年 9 月 29 日国家市场监督管理总局令第 61 号修正）

第一章 总 则

第一条 为规范食品安全抽样检验工作，加强食品安全监督管理，保障公众身体健康和生命安全，根据《中华人民共和国食品安全法》等法律法规，制定本办法。

第二条 市场监督管理部门组织实施的食品安全监督抽检和风险监测的抽样检验工作，适用本办法。

第三条 国家市场监督管理总局负责组织开展全国性食品安全抽样检验工作，监督指导地方市场监督管理部门组织实施食品安全抽样检验工作。

县级以上地方市场监督管理部门负责组织开展本级食品安全抽样检验工作，并按照规定实施上级市场监督管理部门组织的食品安全抽样检验工作。

第四条 市场监督管理部门应当按照科学、公开、公平、公正的原则，以发现和查处食品安全问题为导向，依法对食品生产经营活动全过程组织开展食品安全抽样检验工作。

食品生产经营者是食品安全第一责任人，应当依法配合市场监督管理部门组织实施的食品安全抽样检验工作。

第五条 市场监督管理部门应当与承担食品安全抽样、检验任务的技术机构（以下简称承检机构）签订委托协议，明确双方权利和义务。

承检机构应当依照有关法律、法规规定取得资质认定后方可从事检验活动。承检机构进行检验，应当尊重科学，恪守职业道德，保证出具的检验数据和结论客观、公正，不得出具虚假检验报告。

市场监督管理部门应当对承检机构的抽样检验工作进行监督检查，发现存在检验能力缺陷或者有重大检验质量问题等情形的，应当按照有关规定及时处理。

第六条 国家市场监督管理总局建立国家食品安全抽样检验信息系统，定期分析食品安全抽样检验数据，加强食品安全风险预警，完善并督促落实相关监督管理制度。

县级以上地方市场监督管理部门应当按照规定通过国家食品安全抽样检验信息系统，及时报送并汇总分析食品安全抽样检验数据。

第七条 国家市场监督管理总局负责组织制定食品安全抽样检验指导规范。

开展食品安全抽样检验工作应当遵守食品安全抽样检验指导规范。

第二章 计 划

第八条 国家市场监督管理总局根据食品安全监管工作的需要，制定全国性食品安全抽样检验年度计划。

县级以上地方市场监督管理部门应当根据上级市场监督管理部门制定的抽样检验年度计划并结合实际情况，制定本行政区域的食品安全抽样检验工作方案。

市场监督管理部门可以根据工作需要不定期开展食品安全抽样检验工作。

第九条 食品安全抽样检验工作计划和工作方案应当包括下列内容：

（一）抽样检验的食品品种；

（二）抽样环节、抽样方法、抽样数量等抽样工作要求；

（三）检验项目、检验方法、判定依据等检验工作要求；

（四）抽检结果及汇总分析的报送方式和时限；

（五）法律、法规、规章和食品安全标准规定的其他内容。

第十条 下列食品应当作为食品安全抽样检验工作计划的重点：

（一）风险程度高以及污染水平呈上升趋势的食品；

（二）流通范围广、消费量大、消费者投诉举报多的食品；

（三）风险监测、监督检查、专项整治、案件稽查、事故调查、应急处置等工作表明存在较大隐患的食品；

（四）专供婴幼儿和其他特定人群的主辅食品；

（五）学校和托幼机构食堂以及旅游景区餐饮服务单位、中央厨房、集体用餐配送单位经营的食品；

（六）有关部门公布的可能违法添加非食用物质的食品；

（七）已在境外造成健康危害并有证据表明可能在国内产生危害的食品；

（八）其他应当作为抽样检验工作重点的食品。

第三章 抽 样

第十一条 市场监督管理部门可以自行抽样或者委托承检机构抽样。食品安全抽样工作应当遵守随机选取抽样对象、随机确定抽样人员的要求。

县级以上地方市场监督管理部门应当按照上级市场监督管理部门的要求，配合做好食品安全抽样工作。

第十二条 食品安全抽样检验应当支付样品费用。

第十三条 抽样单位应当建立食品抽样管理制度，明确岗位职责、抽样流程和工作纪律，加强对抽样人员的培训和指导，保证抽样工作质量。

抽样人员应当熟悉食品安全法律、法规、规章和食品安全标准等的相关规定。

第十四条 抽样人员执行现场抽样任务时不得少于2人，并向被抽样食品生产经营者出示抽样检验告知书及有效身份证明文件。由承检机构执行抽样任务的，还应当出示任务委托书。

案件稽查、事故调查中的食品安全抽样活动，应当由食品安全行政执法人员进行或者陪同。

承担食品安全抽样检验任务的抽样单位和相关人员不得提前通知被抽样食品生产经营者。

第十五条 抽样人员现场抽样时，应当记录被抽样食品生产经营者的营业执照、许可证等可追溯信息。

抽样人员可以从食品经营者的经营场所、仓库以及食品生产者的成品库待销产品中随机抽取样品，不得由食品生产经营者自行提供样品。

抽样数量原则上应当满足检验和复检的要求。

第十六条 风险监测、案件稽查、事故调查、应急处置中的抽样，不受抽样数量、抽样地点、被抽样单位是否具备合法资质等限制。

第十七条 食品安全监督抽检中的样品分为检验样品和复检备份样品。

现场抽样的，抽样人员应当采取有效的防拆封措施，对检验样品和复检备份样品分别封样，并由抽样人员和被抽样食品生产经营者签字或者盖章确认。

抽样人员应当保存购物票据，并对抽样场所、贮存环境、样品信息等通过拍照或者录像等方式留存证据。

第十八条 市场监督管理部门开展网络食品安全抽样检验时，应当记录买样人员以及付款账户、注册账号、收货地址、联系方式等信息。买样人员应当通过截图、拍照或者录像等方式记录被抽样网络食品生产经营者信息、样品网页展示信息，以及订单信息、支付记录等。

抽样人员收到样品后，应当通过拍照或者录像等方式记录拆封过程，对递送包装、样品包装、样品储运条件等进行查验，并对检验样品和复检备份样品分别封样。

第十九条 抽样人员应当使用规范的抽样文书，详细记录抽样信息。记录保存期限不得少于2年。

现场抽样时，抽样人员应当书面告知被抽样食品生产经营者依法享有的权利和应当承担的义务。被抽样食品生产经营者应当在食品安全抽样文书上签字或者盖章，不得拒绝或者阻挠食品安全抽样工作。

第二十条 现场抽样时，样品、抽样文书以及相关资料应当由抽样人员于5个工作日内携带或者寄送至承检机构，不得由被抽样食品生产经营者自行送样和寄送文书。因客观原因需要延长送样期限的，应当经组织抽样检验的市场监督管理部门同意。

对有特殊贮存和运输要求的样品，抽样人员应当采取相应措施，保证样品贮存、运输过程符合国家相关规定和包装标示的要求，不发生影响检验结论的变化。

第二十一条 抽样人员发现食品生产经营者涉嫌违法、生产经营的食品及原料没有合法来源或者无正当理由拒绝接受食品安全抽样的，应当报告有管辖权的市场监督管理部门进行处理。

第四章　检验与结果报送

第二十二条 食品安全抽样检验的样品由承检机构保存。

承检机构接收样品时，应当查验、记录样品的外观、状态、封条有无破损以及其他可能对检验结论产生影响的情况，并核对样品与抽样文书信息，将检验样品和复检备份样品分别加贴相应标识后，按照要求入库存放。

对抽样不规范的样品，承检机构应当拒绝接收并书面说明理由，及时向组织或者实施食品安全抽样检验的市场监督管理部门报告。

第二十三条 食品安全监督抽检应当采用食品安全标准规定的检验项目和检验方法。没有食品安全标准的，应当采用依照法律法规制定的临时限量值、临时检验方法或者补充检验方法。

风险监测、案件稽查、事故调查、应急处置等工作中，在没有前款规定的检验方法的情况下，可以采用其他检验方法分析查找食品安全问题的原因。所采用的方法应当遵循技术手段先进的原则，并取得国家或者省级市场监督管理部门同意。

第二十四条 食品安全抽样检验实行承检机构与检验人负责制。承检机构出具的食品安全检验报告应当加盖机构公章，并有检验人的签名或者盖章。承检机构和检验人对出具的食品安全检验报告负责。

承检机构应当自收到样品之日起20个工作日内出具检验报告。市场监督管理部门与承检机构另有约定的，从其约定。

未经组织实施抽样检验任务的市场监督管理部门同意，承检机构不得分包或者转包检验任务。

第二十五条 食品安全监督抽检的检验结论合格的，承检机构应当自检验结论作出之日起3个月内妥善保存复检备份样品。复检备份样品剩余保质期不足3个月的，应当保存至保质期结束。合格备份样品能合理再利用、且符合省级以上市场监督管理部门有关要求的，可不受上述保存时间限制。

检验结论不合格的，承检机构应当自检验结论作出之日起6个月内妥善保存复检备份样品。复检备份样品剩余保质期不足6个月的，应当保存至保质期结束。

第二十六条 食品安全监督抽检的检验结论合格的，承检机构应当在检验结论作出后7个工作日内将检验结论报送组织或者委托实施抽样检验的市场监督管理部门。

抽样检验结论不合格的，承检机构应当在检验结论作出后2个工作日内报告组织或者委托实施抽样检验的市场监督管理部门。

第二十七条 国家市场监督管理总局组织的食品安全监督抽检的检验结论不合格的，承检机构除按照相关要求报告外，还应当通过国家食品安全抽样检验信息系统及时通报抽样地以及标称的食品生产者住所地市场监督管理部门。

地方市场监督管理部门组织或者实施食品安全监督抽检的检验结论不合格的，抽样地与标称食品生产者住所地不在同一省级行政区域的，抽样地市场监督管理部门应当在收到不合格检验结论后通过国家食品安全抽样检验信息系统及时通报标称的食品生产者住所地同级市场监督管理部门。同一省级行政区域内不合格检验结论的通报按照抽检地省级市场监督管理部门规定的程序和时限通报。

通过网络食品交易第三方平台抽样的，除按照前两款的规定通报外，还应当同时通报网络食品交易第三方平台提供者住所地市场监督管理部门。

第二十八条 食品安全监督抽检的抽样检验结论表明不合格食品可能对身体健康和生命安全造成严重危害的，市场监督管理部门和承检机构应当按照规定立即报告或者通报。

案件稽查、事故调查、应急处置中的检验结论的通报和报告，不受本办法规定时限制。

第二十九条 县级以上地方市场监督管理部门收到监督抽检不合格检验结论后，应当按照省级以上市场监督管理部门的规定，在5个工作日内将检验报告和抽样检验结果通知书送达被抽样食品生产经营者、食品集中交易市场开办者、网络食品交易第三方平台提供者，并告知其依法享有的权利和应当承担的义务。

第五章　复检和异议

第三十条 食品生产经营者对依照本办法规定实施的监督抽检检验结论有异议的，可以自收到检验结论之日起7个工作日内，向实施监督抽检的市场监督管理部门或者其上一级市场监督管理部门提出书面复检申请。向国家市场监督管理总局提出复检申请的，国家市场监督管理总局可以委托复检申请人住所地省级市场监督管理部门负责办理。逾期未提出的，不予受理。

第三十一条 有下列情形之一的，不予复检：

（一）检验结论为微生物指标不合格的；

（二）复检备份样品超过保质期的；

（三）逾期提出复检申请的；

（四）其他原因导致备份样品无法实现复检目的的；

（五）法律、法规、规章以及食品安全标准规定的不予复检的其他情形。

第三十二条 市场监督管理部门应当自收到复检申请材料之日起 5 个工作日内，出具受理或者不予受理通知书。不予受理的，应当书面说明理由。

市场监督管理部门应当自出具受理通知书之日起 5 个工作日内，在公布的复检机构名录中，遵循便捷高效原则，随机确定复检机构进行复检。复检机构不得与初检机构为同一机构。因客观原因不能及时确定复检机构的，可以延长 5 个工作日，并向申请人说明理由。

复检机构无正当理由不得拒绝复检任务，确实无法承担复检任务的，应当在 2 个工作日内向相关市场监督管理部门作出书面说明。

复检机构与复检申请人存在日常检验业务委托等利害关系的，不得接受复检申请。

第三十三条 初检机构应当自复检机构确定后 3 个工作日内，将备份样品移交至复检机构。因客观原因不能按时移交的，经受理复检的市场监督管理部门同意，可以延长 3 个工作日。复检样品的递送方式由初检机构和申请人协商确定。

复检机构接到备份样品后，应当通过拍照或者录像等方式对备份样品外包装、封条等完整性进行确认，并做好样品接收记录。复检备份样品封条、包装破坏，或者出现其他对结果判定产生影响的情况，复检机构应当及时书面报告市场监督管理部门。

第三十四条 复检机构实施复检，应当使用与初检机构一致的检验方法。实施复检时，食品安全标准对检验方法有新的规定的，从其规定。

初检机构可以派员观察复检机构的复检实施过程，复检机构应当予以配合。初检机构不得干扰复检工作。

第三十五条 复检机构应当自收到备份样品之日起 10 个工作日内，向市场监督管理部门提交复检结论。市场监督管理部门与复检机构对时限另有约定的，从其约定。复检机构出具的复检结论为最终检验结论。

市场监督管理部门应当自收到复检结论之日起 5 个工作日内，将复检结论通知申请人，并通报不合格食品生产经营者住所地市场监督管理部门。

第三十六条 复检申请人应当向复检机构先行支付复检费用。复检结论与初检结论一致的，复检费用由复检申请人承担。复检结论与初检结论不一致的，复检费用由实施监督抽检的市场监督管理部门承担。

复检费用包括检验费用和样品递送产生的相关费用。

第三十七条 在食品安全监督抽检工作中，食品生产经营者可以对其生产经营食品的抽样过程、样品真实性、检验方法、标准适用等事项依法提出异议处理申请。

对抽样过程有异议的，申请人应当在抽样完成后 7 个工作日内，向实施监督抽检的市场监督管理部门提出书面申请，并提交相关证明材料。

对样品真实性、检验方法、标准适用等事项有异议的，申请人应当自收到不合格结论通知之日起 7 个工作日内，向组织实施监督抽检的市场监督管理部门提出书面申请，并提交相关证明材料。

向国家市场监督管理总局提出异议申请的，国家市场监督管理总局可以委托申请人住所地省级市场监督管理部门负责办理。

第三十八条 异议申请材料不符合要求或者证明材料不齐全的，市场监督管理部门应当当场或者在 5 个工作日内一次告知申请人需要补正的全部内容。

市场监督管理部门应当自收到申请材料之日起 5 个工作日内，出具受理或者不予受理通知书。不予受理的，应当书面说明理由。

第三十九条 异议审核需要其他市场监督管理部门协助的，相关市场监督管理部门应当积极配合。

对抽样过程有异议的，市场监督管理部门应当自受理之日起 20 个工作日内，完成异议审核，并将审核结论书面告知申请人。

对样品真实性、检验方法、标准适用等事项有异议的，市场监督管理部门应当自受理之日起 30 个工作日内，完成异议审核，并将审核结论书面告知申请人。需商请有关部门明确检验以及判定依据相关要求的，所需时间不计算在内。

市场监督管理部门应当根据异议核查实际情况依法进行处理，并及时将异议处理申请受理情况及审核结论，通报不合格食品生产经营者住所地市场监督管理部门。

第六章 核查处置及信息发布

第四十条 食品生产经营者收到监督抽检不合格检验结论后，应当立即采取封存不合格食品，暂停生产、经营不合格食品，通知相关生产经营者和消费者，召回已上市销售的不合格食品等风险控制措施，排查不合格原因并进行整改，及时向住所地市场监督管理部门报告处理情况，积极配合市场监督管理部门的调查处理，不得拒绝、逃避。

在复检和异议期间，食品生产经营者不得停止履行前款规定的义务。食品生产经营者未主动履行的，市场监督管理部门应当责令其履行。

在国家利益、公共利益需要时，或者为处置重大食品安全突发事件，经省级以上市场监督管理部门同意，可以由省级以上市场监督管理部门组织调查分析或者再次抽样检验，查明不合格原因。

第四十一条 食品安全风险监测结果表明存在食品安全隐患的，省级以上市场监督管理部门应当组织相关领域专家进一步调查和分析研判，确认有必要通知相关食品生产经营者的，应当及时通知。

接到通知的食品生产经营者应当立即进行自查，发现食品不符合食品安全标准或者有证据证明可能危害人体健康的，应当依照食品安全法第六十三条的规定停止生产、经营，实施食品召回，并报告相关情况。

食品生产经营者未主动履行前款规定义务的，市场监督管理部门应当责令其履行，并可以对食品生产经营者的法定代表人或者主要负责人进行责任约谈。

第四十二条 食品经营者收到监督抽检不合格检验结论后，应当按照国家市场监督管理总局的规定在被抽检经营场所显著位置公示相关不合格产品信息。

第四十三条 市场监督管理部门收到监督抽检不合格检验结论后，应当及时启动核查处置工作，督促食品生产经营者履行法定义务，依法开展调查处理。必要时，上级市场监督管理部门可以直接组织调查处理。

县级以上地方市场监督管理部门组织的监督抽检，检验结论表明不合格食品含有违法添加的非食用物质，或者存在致病性微生物、农药残留、兽药残留、生物毒素、重金属以及其他危害人体健康的物质严重超出标准限量等情形的，应当依法及时处理并逐级报告至国家市场监督管理总局。

第四十四条 调查中发现涉及其他部门职责的，应当将有关信息通报相关职能部门。有委托生产情形的，受托方食品生产者住所地市场监督管理部门在开展核查处置的同时，还应当通报委托方食品生产经营者住所地市场监督管理部门。

第四十五条　市场监督管理部门应当在 90 日内完成不合格食品的核查处置工作。需要延长办理期限的，应当书面报请负责核查处置的市场监督管理部门负责人批准。

第四十六条　市场监督管理部门应当通过政府网站等媒体及时向社会公开监督抽检结果和不合格食品核查处置的相关信息，并按照要求将相关信息记入食品生产经营者信用档案。市场监督管理部门公布食品安全监督抽检不合格信息，包括被抽检食品名称、规格、商标、生产日期或者批号、不合格项目，标称的生产者名称、地址，以及被抽样单位名称、地址等。

可能对公共利益产生重大影响的食品安全监督抽检信息，市场监督管理部门应当在信息公布前加强分析研判，科学、准确公布信息，必要时，应当通报相关部门并报告同级人民政府或者上级市场监督管理部门。

任何单位和个人不得擅自发布、泄露市场监督管理部门组织的食品安全监督抽检信息。

第七章　法律责任

第四十七条　食品生产经营者违反本办法的规定，无正当理由拒绝、阻挠或者干涉食品安全抽样检验、风险监测和调查处理的，由县级以上人民政府市场监督管理部门依照食品安全法第一百三十三条第一款的规定处罚；违反治安管理处罚法有关规定的，由市场监督管理部门依法移交公安机关处理。

食品生产经营者违反本办法第三十七条的规定，提供虚假证明材料的，由市场监督管理部门给予警告，并处 1 万元以上 3 万元以下罚款。

违反本办法第四十二条的规定，食品经营者未按规定公示相关不合格产品信息的，由市场监督管理部门责令改正；拒不改正的，给予警告，并处 2000 元以上 3 万元以下罚款。

第四十八条　违反本办法第四十条、第四十一条的规定，经市场监督管理部门责令履行后，食品生产经营者仍拒不召回或者停止经营的，由县级以上人民政府市场监督管理部门依照食品安全法第一百二十四条第一款的规定处罚。

第四十九条　市场监督管理部门应当依法将食品生产经营者受到的行政处罚等信息归集至国家企业信用信息公示系统，记于食品生产经营者名下并向社会公示。对存在严重违法失信行为的，按照规定实施联合惩戒。

第五十条　有下列情形之一的，市场监督管理部门应当按照有关规定依法处理并向社会公布；构成犯罪的，依法移送司法机关处理。

（一）调换样品、伪造检验数据或者出具虚假检验报告的；

（二）利用抽样检验工作之便牟取不正当利益的；

（三）违反规定事先通知被抽检食品生产经营者的；

（四）擅自发布食品安全抽样检验信息的；

（五）未按照规定的时限和程序报告不合格检验结论，造成严重后果的；

（六）有其他违法行为的。

有前款规定的第（一）项情形的，市场监督管理部门终身不得委托其承担抽样检验任务；有前款规定的第（一）项以外其他情形的，市场监督管理部门五年内不得委托其承担抽样检验任务。

复检机构有第一款规定的情形，或者无正当理由拒绝承担复检任务的，由县级以上人民政府市场监督管理部门给予警告；无正当理由 1 年内 2 次拒绝承担复检任务的，由国务院市场监督管理部门商有关部门撤销其复检机构资质并向社会公布。

第五十一条　市场监督管理部门及其工作人员有违反法律、法规以及本办法规定和有关纪律要求的，应当依据食品安全法和相关规定，对直接负责的主管人员和其他直接责任人员，给予相应的处分；构成犯罪的，依法移送司法机关处理。

第八章 附 则

第五十二条 本办法所称监督抽检是指市场监督管理部门按照法定程序和食品安全标准等规定，以排查风险为目的，对食品组织的抽样、检验、复检、处理等活动。

本办法所称风险监测是指市场监督管理部门对没有食品安全标准的风险因素，开展监测、分析、处理的活动。

第五十三条 市场监督管理部门可以参照本办法的有关规定组织开展评价性抽检。

评价性抽检是指依据法定程序和食品安全标准等规定开展抽样检验，对市场上食品总体安全状况进行评估的活动。

第五十四条 食品添加剂的检验，适用本办法有关食品检验的规定。

餐饮食品、食用农产品进入食品生产经营环节的抽样检验以及保质期短的食品、节令性食品的抽样检验，参照本办法执行。

市场监督管理部门可以参照本办法关于网络食品安全监督抽检的规定对自动售卖机、无人超市等没有实际经营人员的食品经营者组织实施抽样检验。

第五十五条 承检机构制作的电子检验报告与出具的书面检验报告具有同等法律效力。

第五十六条 本办法自2019年10月1日起施行。

企业落实食品安全主体责任监督管理规定

（2022年9月22日国家市场监督管理总局令第60号公布 自2022年11月1日起施行）

第一条 为了督促企业落实食品安全主体责任，强化企业主要负责人食品安全责任，规范食品安全管理人员行为，根据《中华人民共和国食品安全法》及其实施条例等法律法规，制定本规定。

第二条 在中华人民共和国境内，食品生产经营企业主要负责人以及食品安全总监、食品安全员等食品安全管理人员，依法落实食品安全责任的行为及其监督管理，适用本规定。

第三条 食品生产经营企业应当建立健全食品安全管理制度，落实食品安全责任制，依法配备与企业规模、食品类别、风险等级、管理水平、安全状况等相适应的食品安全总监、食品安全员等食品安全管理人员，明确企业主要负责人、食品安全总监、食品安全员等的岗位职责。

企业主要负责人对本企业食品安全工作全面负责，建立并落实食品安全主体责任的长效机制。食品安全总监、食品安全员应当按照岗位职责协助企业主要负责人做好食品安全管理工作。

第四条 食品生产经营企业主要负责人应当支持和保障食品安全总监、食品安全员依法开展食品安全管理工作，在作出涉及食品安全的重大决策前，应当充分听取食品安全总监和食品安全员的意见和建议。

食品安全总监、食品安全员发现有食品安全事故潜在风险的，应当提出停止相关食品生产经营活动等否决建议，企业应当立即分析研判，采取处置措施，消除风险隐患。

第五条 在依法配备食品安全员的基础上，下列食品生产经营企业、集中用餐单位的食堂应当配备食品安全总监：

（一）特殊食品生产企业；

（二）大中型食品生产企业；

（三）大中型餐饮服务企业、连锁餐饮企业总部；

（四）大中型食品销售企业、连锁销售企业总部；

（五）用餐人数 300 人以上的托幼机构食堂、用餐人数 500 人以上的学校食堂，以及用餐人数或者供餐人数超过 1000 人的单位。

县级以上地方市场监督管理部门应当结合本地区实际，指导本辖区具备条件的企业配备食品安全总监。

第六条 食品安全总监、食品安全员应当具备下列食品安全管理能力：

（一）掌握相应的食品安全法律法规、食品安全标准；

（二）具备识别和防控相应食品安全风险的专业知识；

（三）熟悉本企业食品安全相关设施设备、工艺流程、操作规程等生产经营过程控制要求；

（四）参加企业组织的食品安全管理人员培训并通过考核；

（五）其他应当具备的食品安全管理能力。

食品生产经营企业可以将符合前款规定的企业负责人、食品安全管理人员明确为食品安全总监、食品安全员。

第七条 因食品安全违法被吊销许可证的企业，其法定代表人、直接负责的主管人员和其他直接责任人员，自处罚决定作出之日起五年内不得担任食品安全总监、食品安全员。

因食品安全犯罪被判处有期徒刑以上刑罚的人员，终身不得担任食品安全总监、食品安全员。

第八条 食品安全总监按照职责要求直接对本企业主要负责人负责，协助主要负责人做好食品安全管理工作，承担下列职责：

（一）组织拟定食品安全管理制度，督促落实食品安全责任制，明确从业人员健康管理、供货者管理、进货查验、生产经营过程控制、出厂检验、追溯体系建设、投诉举报处理等食品安全方面的责任要求；

（二）组织拟定并督促落实食品安全风险防控措施，定期组织食品安全自查，评估食品安全状况，及时向企业主要负责人报告食品安全工作情况并提出改进措施，阻止、纠正食品安全违法行为，按照规定组织实施食品召回；

（三）组织拟定食品安全事故处置方案，组织开展应急演练，落实食品安全事故报告义务，采取措施防止事故扩大；

（四）负责管理、督促、指导食品安全员按照职责做好相关工作，组织开展职工食品安全教育、培训、考核；

（五）接受和配合监督管理部门开展食品安全监督检查等工作，如实提供有关情况；

（六）其他食品安全管理责任。

食品生产经营企业应当按照前款规定，结合企业实际，细化制定《食品安全总监职责》。

第九条 食品安全员按照职责要求对食品安全总监或者企业主要负责人负责，从事食品安全管理具体工作，承担下列职责：

（一）督促落实食品生产经营过程控制要求；

（二）检查食品安全管理制度执行情况，管理维护食品安全生产经营过程记录材料，按照要求保存相关资料；

（三）对不符合食品安全标准的食品或者有证据证明可能危害人体健康的食品以及发现的食品安全风险隐患，及时采取有效措施整改并报告；

（四）记录和管理从业人员健康状况、卫生状况；

（五）配合有关部门调查处理食品安全事故；

（六）其他食品安全管理责任。

食品生产经营企业应当按照前款规定，结合企业实际，细化制定《食品安全员守则》。

第十条 食品生产经营企业应当建立基于食品安全风险防控的动态管理机制，结合企业实际，落实自查要求，制定食品安全风险管控清单，建立健全日管控、周排查、月调度工作制度和机制。

第十一条 企业应当建立食品安全日管控制度。食品安全员每日根据风险管控清单进行检查，形成《每日食品安全检查记录》，对发现的食品安全风险隐患，应当立即采取防范措施，按照程序及时上报食品安全总监或者企业主要负责人。未发现问题的，也应当予以记录，实行零风险报告。

第十二条 企业应当建立食品安全周排查制度。食品安全总监或者食品安全员每周至少组织1次风险隐患排查，分析研判食品安全管理情况，研究解决日管控中发现的问题，形成《每周食品安全排查治理报告》。

第十三条 企业应当建立食品安全月调度制度。企业主要负责人每月至少听取1次食品安全总监管理工作情况汇报，对当月食品安全日常管理、风险隐患排查治理等情况进行工作总结，对下个月重点工作作出调度安排，形成《每月食品安全调度会议纪要》。

第十四条 食品生产经营企业应当将主要负责人、食品安全总监、食品安全员等人员的设立、调整情况，《食品安全总监职责》《食品安全员守则》以及食品安全总监、食品安全员提出的意见建议和报告等履职情况予以记录并存档备查。

第十五条 市场监督管理部门应当将企业建立并落实食品安全责任制等管理制度，企业在日管控、周排查、月调度中发现的食品安全风险隐患以及整改情况，作为监督检查的重要内容。

第十六条 食品生产经营企业应当组织对本企业职工进行食品安全知识培训，对食品安全总监、食品安全员进行法律、法规、标准和专业知识培训、考核，并对培训、考核情况予以记录，存档备查。

县级以上地方市场监督管理部门按照国家市场监督管理总局制定的食品安全管理人员考核指南，组织对本辖区食品生产经营企业的食品安全总监、食品安全员随机进行监督抽查考核并公布考核结果。监督抽查考核不得收取费用。

抽查考核不合格，不再符合食品生产经营要求的，食品生产经营企业应当立即采取整改措施。

第十七条 食品生产经营企业应当为食品安全总监、食品安全员提供必要的工作条件、教育培训和岗位待遇，充分保障其依法履行职责。

鼓励企业建立对食品安全总监、食品安全员的激励机制，对工作成效显著的给予表彰和奖励。

第十八条 食品生产经营企业未按规定建立食品安全管理制度，或者未按规定配备、培训、考核食品安全总监、食品安全员等食品安全管理人员，或者未按责任制要求落实食品安全责任的，由县级以上地方市场监督管理部门依照食品安全法第一百二十六条第一款的规定责令改正，给予警告；拒不改正的，处5000元以上5万元以下罚款；情节严重的，责令停产停业，直至吊销许可证。法律、行政法规有规定的，依照其规定。

第十九条 食品生产经营企业等单位有食品安全法规定的违法情形，除依照食品安全法的规定给予处罚外，有下列情形之一的，对单位的法定代表人、主要负责人、直接负责的主管人员和其他直接责任人员处以其上一年度从本单位取得收入的1倍以上10倍以下罚款：

（一）故意实施违法行为；

（二）违法行为性质恶劣；

（三）违法行为造成严重后果。

食品生产经营企业及其主要负责人无正当理由未采纳食品安全总监、食品安全员依照本规定第四条第二款提出的否决建议的，属于前款规定的故意实施违法行为的情形。食品安全总监、食品安全员已经依法履职尽责的，不予处罚。

第二十条 食品生产经营企业主要负责人是指在本企业生产经营中承担全面领导责任的法定代表人、实际控制人等主要决策人。

直接负责的主管人员是指在违法行为中负有直接管理责任的人员，包括食品安全总监等。

其他直接责任人员是指具体实施违法行为并起较大作用的人员，既可以是单位的生产经营管理人员，也可以是单位的职工，包括食品安全员等。

第二十一条 网络食品交易第三方平台、大型食品仓储企业、食品集中交易市场开办者、食品展销会举办者可以参照本规定执行。

省、自治区、直辖市市场监督管理部门可以根据本地区实际，参照本规定制定其他食品生产经营者落实食品安全主体责任的管理办法。

第二十二条 本规定自 2022 年 11 月 1 日起施行。

食品生产经营监督检查管理办法

（2021 年 12 月 24 日国家市场监督管理总局令第 49 号公布 自 2022 年 3 月 15 日起施行）

第一章 总 则

第一条 为了加强和规范对食品生产经营活动的监督检查，督促食品生产经营者落实主体责任，保障食品安全，根据《中华人民共和国食品安全法》及其实施条例等法律法规，制定本办法。

第二条 市场监督管理部门对食品（含食品添加剂）生产经营者执行食品安全法律、法规、规章和食品安全标准等情况实施监督检查，适用本办法。

第三条 监督检查应当遵循属地负责、风险管理、程序合法、公正公开的原则。

第四条 食品生产经营者应当对其生产经营食品的安全负责，积极配合市场监督管理部门实施监督检查。

第五条 县级以上地方市场监督管理部门应当按照规定在覆盖所有食品生产经营者的基础上，结合食品生产经营者信用状况，随机选取食品生产经营者、随机选派监督检查人员实施监督检查。

第六条 市场监督管理部门应当加强监督检查信息化建设，记录、归集、分析监督检查信息，加强数据整合、共享和利用，完善监督检查措施，提升智慧监管水平。

第二章 监督检查事权

第七条 国家市场监督管理总局负责监督指导全国食品生产经营监督检查工作，可以根据需要组织开展监督检查。

第八条 省级市场监督管理部门负责监督指导本行政区域内食品生产经营监督检查工作，重点组织和协调对产品风险高、影响区域广的食品生产经营者的监督检查。

第九条　设区的市级（以下简称市级）、县级市场监督管理部门负责本行政区域内食品生产经营监督检查工作。

市级市场监督管理部门可以结合本行政区域食品生产经营者规模、风险、分布等实际情况，按照本级人民政府要求，划分本行政区域监督检查事权，确保监督检查覆盖本行政区域所有食品生产经营者。

第十条　市级以上市场监督管理部门根据监督管理工作需要，可以对由下级市场监督管理部门负责日常监督管理的食品生产经营者实施随机监督检查，也可以组织下级市场监督管理部门对食品生产经营者实施异地监督检查。

市场监督管理部门应当协助、配合上级市场监督管理部门在本行政区域内开展监督检查。

第十一条　市场监督管理部门之间涉及管辖争议的监督检查事项，应当报请共同上一级市场监督管理部门确定。

第十二条　上级市场监督管理部门可以定期或者不定期组织对下级市场监督管理部门的监督检查工作进行监督指导。

第三章　监督检查要点

第十三条　国家市场监督管理总局根据法律、法规、规章和食品安全标准等有关规定，制定国家食品生产经营监督检查要点表，明确监督检查的主要内容。按照风险管理的原则，检查要点表分为一般项目和重点项目。

第十四条　省级市场监督管理部门可以按照国家食品生产经营监督检查要点表，结合实际细化，制定本行政区域食品生产经营监督检查要点表。

省级市场监督管理部门针对食品生产经营新业态、新技术、新模式，补充制定相应的食品生产经营监督检查要点，并在出台后 30 日内向国家市场监督管理总局报告。

第十五条　食品生产环节监督检查要点应当包括食品生产者资质、生产环境条件、进货查验、生产过程控制、产品检验、贮存及交付控制、不合格食品管理和食品召回、标签和说明书、食品安全自查、从业人员管理、信息记录和追溯、食品安全事故处置等情况。

第十六条　委托生产食品、食品添加剂的，委托方、受托方应当遵守法律、法规、食品安全标准以及合同的约定，并将委托生产的食品品种、委托期限、委托方对受托方生产行为的监督等情况予以单独记录，留档备查。市场监督管理部门应当将上述委托生产情况作为监督检查的重点。

第十七条　食品销售环节监督检查要点应当包括食品销售者资质、一般规定执行、禁止性规定执行、经营场所环境卫生、经营过程控制、进货查验、食品贮存、食品召回、温度控制及记录、过期及其他不符合食品安全标准食品处置、标签和说明书、食品安全自查、从业人员管理、食品安全事故处置、进口食品销售、食用农产品销售、网络食品销售等情况。

第十八条　特殊食品生产环节监督检查要点，除应当包括本办法第十五条规定的内容，还应当包括注册备案要求执行、生产质量管理体系运行、原辅料管理等情况。保健食品生产环节的监督检查要点还应当包括原料前处理等情况。

特殊食品销售环节监督检查要点，除应当包括本办法第十七条规定的内容，还应当包括禁止混放要求落实、标签和说明书核对等情况。

第十九条　集中交易市场开办者、展销会举办者监督检查要点应当包括举办前报告、入场食品经营者的资质审查、食品安全管理责任明确、经营环境和条件检查等情况。

对温度、湿度有特殊要求的食品贮存业务的非食品生产经营者的监督检查要点应当包括备案、信息记录和追溯、食品安全要求落实等情况。

第二十条　餐饮服务环节监督检查要点应当包括餐饮服务提供者资质、从业人员健康管理、原料控制、加工制作过程、食品添加剂使用管理、场所和设备设施清洁维护、餐饮具清洗消毒、食品安全事故处置等情况。

餐饮服务环节的监督检查应当强化学校等集中用餐单位供餐的食品安全要求。

第四章　监督检查程序

第二十一条　县级以上地方市场监督管理部门应当按照本级人民政府食品安全年度监督管理计划，综合考虑食品类别、企业规模、管理水平、食品安全状况、风险等级、信用档案记录等因素，编制年度监督检查计划。

县级以上地方市场监督管理部门按照国家市场监督管理总局的规定，根据风险管理的原则，结合食品生产经营者的食品类别、业态规模、风险控制能力、信用状况、监督检查等情况，将食品生产经营者的风险等级从低到高分为A级风险、B级风险、C级风险、D级风险四个等级。

第二十二条　市场监督管理部门应当每两年对本行政区域内所有食品生产经营者至少进行一次覆盖全部检查要点的监督检查。

市场监督管理部门应当对特殊食品生产者，风险等级为C级、D级的食品生产者，风险等级为D级的食品经营者以及中央厨房、集体用餐配送单位等高风险食品生产经营者实施重点监督检查，并可以根据实际情况增加日常监督检查频次。

市场监督管理部门可以根据工作需要，对通过食品安全抽样检验等发现问题线索的食品生产经营者实施飞行检查，对特殊食品、高风险大宗消费食品生产企业和大型食品经营企业等的质量管理体系运行情况实施体系检查。

第二十三条　市场监督管理部门组织实施监督检查应当由2名以上（含2名）监督检查人员参加。检查人员较多的，可以组成检查组。市场监督管理部门根据需要可以聘请相关领域专业技术人员参加监督检查。

检查人员与检查对象之间存在直接利害关系或者其他可能影响检查公正情形的，应当回避。

第二十四条　检查人员应当当场出示有效执法证件或者市场监督管理部门出具的检查任务书。

第二十五条　市场监督管理部门实施监督检查，有权采取下列措施，被检查单位不得拒绝、阻挠、干涉：

（一）进入食品生产经营等场所实施现场检查；

（二）对被检查单位生产经营的食品进行抽样检验；

（三）查阅、复制有关合同、票据、账簿以及其他有关资料；

（四）查封、扣押有证据证明不符合食品安全标准或者有证据证明存在安全隐患以及用于违法生产经营的食品、工具和设备；

（五）查封违法从事食品生产经营活动的场所；

（六）法律法规规定的其他措施。

第二十六条　食品生产经营者应当配合监督检查工作，按照市场监督管理部门的要求，开放食品生产经营场所，回答相关询问，提供相关合同、票据、账簿以及前次监督检查结果和整改情况等其他有关资料，协助生产经营现场检查和抽样检验，并为检查人员提供必要的工作条件。

第二十七条　检查人员应当按照本办法规定和检查要点要求开展监督检查，并对监督检查情况如实记录。除飞行检查外，实施监督检查应当覆盖检查要点所有检查项目。

第二十八条　市场监督管理部门实施监督检查，可以根据需要，依照食品安全抽样检验管理有关规定，对被检查单位生产经营的原料、半成品、成品等进行抽样检验。

第二十九条　市场监督管理部门实施监督检查时，可以依法对企业食品安全管理人员随机进行监督抽查考核并公布考核情况。抽查考核不合格的，应当督促企业限期整改，并及时安排补考。

第三十条　检查人员在监督检查中应当对发现的问题进行记录，必要时可以拍摄现场情况，收集或者复印相关合同、票据、账簿以及其他有关资料。

检查人员认为食品生产经营者涉嫌违法违规的相关证据可能灭失或者以后难以取得的，可以依法采取证据保全或者行政强制措施，并执行市场监管行政处罚程序相关规定。

检查记录以及相关证据，可以作为行政处罚的依据。

第三十一条　检查人员应当综合监督检查情况进行判定，确定检查结果。

有发生食品安全事故潜在风险的，食品生产经营者应当立即停止生产经营活动。

第三十二条　发现食品生产经营者不符合监督检查要点表重点项目，影响食品安全的，市场监督管理部门应当依法进行调查处理。

第三十三条　发现食品生产经营者不符合监督检查要点表一般项目，但情节显著轻微不影响食品安全的，市场监督管理部门应当当场责令其整改。

可以当场整改的，检查人员应当对食品生产经营者采取的整改措施以及整改情况进行记录；需要限期整改的，市场监督管理部门应当书面提出整改要求和时限。被检查单位应当按期整改，并将整改情况报告市场监督管理部门。市场监督管理部门应当跟踪整改情况并记录整改结果。

不符合监督检查要点表一般项目，影响食品安全的，市场监督管理部门应当依法进行调查处理。

第三十四条　食品生产经营者应当按照检查人员要求，在现场检查、询问、抽样检验等文书以及收集、复印的有关资料上签字或者盖章。

被检查单位拒绝在相关文书、资料上签字或者盖章的，检查人员应当注明原因，并可以邀请有关人员作为见证人签字、盖章，或者采取录音、录像等方式进行记录，作为监督执法的依据。

第三十五条　检查人员应当将监督检查结果现场书面告知食品生产经营者。需要进行检验检测的，市场监督管理部门应当及时告知检验结论。

上级市场监督管理部门组织的监督检查，还应当将监督检查结果抄送食品生产经营者所在地市场监督管理部门。

第五章　监督管理

第三十六条　市场监督管理部门在监督检查中发现食品不符合食品安全法律、法规、规章和食品安全标准的，在依法调查处理的同时，应当及时督促食品生产经营者追查相关食品的来源和流向，查明原因、控制风险，并根据需要通报相关市场监督管理部门。

第三十七条　监督检查中发现生产经营的食品、食品添加剂的标签、说明书存在食品安全法第一百二十五条第二款规定的瑕疵的，市场监督管理部门应当责令当事人改正。经食品生产者采取补救措施且能保证食品安全的食品、食品添加剂可以继续销售；销售时应当向消费者明示补救措施。

认定标签、说明书瑕疵，应当综合考虑标注内容与食品安全的关联性、当事人的主观过错、消费者对食品安全的理解和选择等因素。有下列情形之一的，可以认定为食品安全法第一百二十五条第二款规定的标签、说明书瑕疵：

（一）文字、符号、数字的字号、字体、字高不规范，出现错别字、多字、漏字、繁体字，或者外文翻译不准确以及外文字号、字高大于中文等的；

（二）净含量、规格的标示方式和格式不规范，或者对没有特殊贮存条件要求的食品，未按照规定标注贮存条件的；

（三）食品、食品添加剂以及配料使用的俗称或者简称等不规范的；

（四）营养成分表、配料表顺序、数值、单位标示不规范，或者营养成分表数值修约间隔、"0"界限值、标示单位不规范的；

（五）对有证据证明未实际添加的成分，标注了"未添加"，但未按照规定标示具体含量的；

（六）国家市场监督管理总局认定的其他情节轻微，不影响食品安全，没有故意误导消费者的情形。

第三十八条 市场监督管理部门在监督检查中发现违法案件线索，对不属于本部门职责或者超出管辖范围的，应当及时移送有权处理的部门；涉嫌犯罪的，应当依法移送公安机关。

第三十九条 市场监督管理部门应当于检查结果信息形成后20个工作日内向社会公开。

检查结果对消费者有重要影响的，食品生产经营者应当按照规定在食品生产经营场所醒目位置张贴或者公开展示监督检查结果记录表，并保持至下次监督检查。有条件的可以通过电子屏幕等信息化方式向消费者展示监督检查结果记录表。

第四十条 监督检查中发现存在食品安全隐患，食品生产经营者未及时采取有效措施消除的，市场监督管理部门可以对食品生产经营者的法定代表人或者主要负责人进行责任约谈。

第四十一条 监督检查结果，以及市场监督管理部门约谈食品生产经营者情况和食品生产经营者整改情况应当记入食品生产经营者食品安全信用档案。对存在严重违法失信行为的，按照规定实施联合惩戒。

第四十二条 对同一食品生产经营者，上级市场监督管理部门已经开展监督检查的，下级市场监督管理部门原则上三个月内不再重复检查已检查的项目，但食品生产经营者涉嫌违法或者存在明显食品安全隐患等情形的除外。

第四十三条 上级市场监督管理部门发现下级市场监督管理部门的监督检查工作不符合法律法规和本办法规定要求的，应当根据需要督促其再次组织监督检查或者自行组织监督检查。

第四十四条 县级以上市场监督管理部门应当加强专业化职业化检查员队伍建设，定期对检查人员开展培训与考核，提升检查人员食品安全法律、法规、规章、标准和专业知识等方面的能力和水平。

第四十五条 县级以上市场监督管理部门应当按照规定安排充足的经费，配备满足监督检查工作需要的采样、检验检测、拍摄、移动办公、安全防护等工具、设备。

第四十六条 检查人员（含聘用制检查人员和相关领域专业技术人员）在实施监督检查过程中，应当严格遵守有关法律法规、廉政纪律和工作要求，不得违反规定泄露监督检查相关情况以及被检查单位的商业秘密、未披露信息或者保密商务信息。

实施飞行检查，检查人员不得事先告知被检查单位飞行检查内容、检查人员行程等检查相关信息。

第四十七条 鼓励食品生产经营者选择有相关资质的食品安全第三方专业机构及其专业化、职业化的专业技术人员对自身的食品安全状况进行评价，评价结果可以作为市场监督管理部门监督检查的参考。

第六章 法律责任

第四十八条 食品生产经营者未按照规定在显著位置张贴或者公开展示相关监督检查结果记录表，撕毁、涂改监督检查结果记录表，或者未保持日常监督检查结果记录表至下次日常监督检查的，由县级以上地方市场监督管理部门责令改正；拒不改正的，给予警告，可以并处5000元以上5万元以下罚款。

第四十九条 食品生产经营者有下列拒绝、阻挠、干涉市场监督管理部门进行监督检查情形之一的，由县级以上市场监督管理部门依照食品安全法第一百三十三条第一款的规定进行处理：

（一）拒绝、拖延、限制检查人员进入被检查场所或者区域的，或者限制检查时间的；

（二）拒绝或者限制抽取样品、录像、拍照和复印等调查取证工作的；

（三）无正当理由不提供或者延迟提供与检查相关的合同、记录、票据、账簿、电子数据等材料的；

（四）以主要负责人、主管人员或者相关工作人员不在岗为由，或者故意以停止生产经营方式欺骗、误导、逃避检查的；

（五）以暴力、威胁等方法阻碍检查人员依法履行职责的；

（六）隐藏、转移、变卖、损毁检查人员依法查封、扣押的财物的；

（七）伪造、隐匿、毁灭证据或者提供虚假情况的；

（八）其他妨碍检查人员履行职责的。

第五十条 食品生产经营者拒绝、阻挠、干涉监督检查，违反治安管理处罚相关规定的，由市场监督管理部门依法移交公安机关处理。

食品生产经营者以暴力、威胁等方法阻碍检查人员依法履行职责，涉嫌犯罪的，由市场监督管理部门依法移交公安机关处理。

第五十一条 发现食品生产经营者有食品安全法实施条例第六十七条第一款规定的情形，属于情节严重的，市场监督管理部门应当依法从严处理。对情节严重的违法行为处以罚款时，应当依法从重从严。

食品生产经营者违反食品安全法律、法规、规章和食品安全标准的规定，属于初次违法且危害后果轻微并及时改正的，可以不予行政处罚。

当事人有证据足以证明没有主观过错的，不予行政处罚。法律、行政法规另有规定的，从其规定。

第五十二条 市场监督管理部门及其工作人员有违反法律、法规以及本办法规定和有关纪律要求的，应当依据食品安全法和相关规定，对直接负责的主管人员和其他直接责任人员，给予相应的处分；涉嫌犯罪的，依法移交司法机关处理。

第七章 附 则

第五十三条 本办法所称日常监督检查是指市级、县级市场监督管理部门按照年度食品生产经营监督检查计划，对本行政区域内食品生产经营者开展的常规性检查。

本办法所称飞行检查是指市场监督管理部门根据监督管理工作需要以及问题线索等，对食品生产经营者依法开展的不预先告知的监督检查。

本办法所称体系检查是指市场监督管理部门以风险防控为导向，对特殊食品、高风险大宗食品生产企业和大型食品经营企业等的质量管理体系执行情况依法开展的系统性监督检查。

第五十四条 地方市场监督管理部门对食品生产加工小作坊、食品摊贩、小餐饮等的监督检查，省、自治区、直辖市没有规定的，可以参照本办法执行。

第五十五条 本办法自2022年3月15日起施行。原国家食品药品监督管理总局2016年3月4日发布的《食品生产经营日常监督检查管理办法》同时废止。

食品安全风险评估管理规定

（2021 年 11 月 4 日　国卫食品发〔2021〕34 号）

第一条　为规范食品安全风险评估工作，有效发挥风险评估对风险管理和风险交流的支持作用，根据《中华人民共和国食品安全法》（以下简称《食品安全法》）及其实施条例，制定本规定。

第二条　本规定适用于国家和省级卫生健康行政部门依据《食品安全法》和部门职责规定组织开展的食品安全风险评估（以下简称风险评估）工作。

第三条　风险评估是指对食品、食品添加剂、食品相关产品中的生物性、化学性和物理性危害对人体健康造成不良影响的可能性及其程度进行定性或定量估计的过程，包括危害识别、危害特征描述、暴露评估和风险特征描述等。

根据工作需要，可以参照风险评估技术指南有关要求开展应急风险评估和风险研判。应急风险评估是指在受时间等因素限制的特殊情形下，开展的紧急风险评估。风险研判是指在现有数据资料不能满足完成全部风险评估程序的情况下，就现有数据资料按照食品安全风险评估方法，对食品安全风险进行的综合描述。

第四条　食品安全风险评估结果是制定、修订食品安全国家和地方标准、规定食品中有害物质的临时限量值，以及实施食品安全监督管理的科学依据。

食品安全应急风险评估和风险研判主要为实施食品安全风险管理提供科学支持。

第五条　风险评估应当以食品安全风险监测和监督管理信息、科学数据以及其他有关信息为基础，遵循科学、透明和个案处理的原则进行。

第六条　国家卫生健康委负责组建管理国家食品安全风险评估专家委员会，制定委员会章程，完善风险评估工作制度，统筹风险评估体系能力建设，组织实施国家食品安全风险评估工作。

第七条　国家食品安全风险评估中心承担国家食品安全风险评估专家委员会秘书处工作，负责拟定风险评估计划和规划草案，研究建立完善风险评估技术和方法，收集国家食品安全风险评估科学信息数据，构建和管理信息数据库，对相关风险评估技术机构进行指导培训和技术支持。

第八条　国家食品安全风险评估项目应当列入风险评估计划。风险评估计划草案由国家食品安全风险评估中心组织起草，经国家食品安全风险评估专家委员会审议通过后，报国家卫生健康委审定后下达执行，同时将国家风险评估计划告知其他相关部门。

风险评估结果应当由国家食品安全风险评估专家委员会审议通过后，报送国家卫生健康委。国家食品安全风险评估中心每年向国家卫生健康委报告风险评估计划实施情况。

第九条　有下列情形需要开展风险评估的，可列入国家食品安全风险评估计划：

（一）通过食品安全风险监测或者接到举报发现食品、食品添加剂、食品相关产品可能存在安全隐患的；

（二）为制定或者修订食品安全国家标准的；

（三）为确定监督管理的重点领域、重点品种需要进行风险评估的；

（四）发现新的可能危害食品安全因素的；

（五）需要判断某一因素是否构成食品安全隐患的；

（六）国家卫生健康委认为需要进行风险评估的其他情形。

第十条 国务院食品安全监督管理、农业行政等部门结合本部门监管领域需要向国家卫生健康委提出风险评估建议时，需要填写《食品安全风险评估项目建议书》，并提供下列信息资料：

（一）开展风险评估的目的和必要性；

（二）风险的可能来源和性质（包括危害因素名称、可能的污染环节、涉及食品种类、食用人群、风险涉及的地域范围等）；

（三）相关检验数据、管理措施和结论等信息；

（四）其他有关信息和资料（包括信息来源、获得时间、核实情况等）。

国家卫生健康委可以根据风险评估工作需要，向相关部门提出补充或核实信息、资料的要求。

第十一条 国家卫生健康委委托国家食品安全风险评估中心对国务院食品安全监督管理、农业行政等部门依法提出的风险评估的建议进行研究。

第十二条 鼓励有条件的技术机构以接受国家食品安全风险评估中心委托等方式，积极参与国家食品安全风险评估工作。

承担风险评估项目的技术机构根据风险评估任务组建工作组，制定工作方案，组织开展评估工作。其工作方案应当报国家食品安全风险评估中心备案，按照规定的技术文件开展工作，接受国家食品安全风险评估专家委员会和国家食品安全风险评估中心的技术指导、监督以及对结果的审核。

第十三条 承担风险评估项目的技术机构应当在规定的时限内向国家食品安全风险评估中心提交风险评估报告草案及相关科学数据、技术信息、检验结果的收集、处理和分析的结果，保存与风险评估实施相关的档案资料备查。

第十四条 有下列情形之一的，不列入风险评估计划：

（一）违法添加或其他违反食品安全法律法规的行为导致食品安全隐患的；

（二）通过检验和产品安全性评估可以得出结论的；

（三）国际权威组织有明确资料对风险进行了科学描述且国家食品安全风险评估中心研判认为适于我国膳食暴露模式的；国内权威组织有明确资料对风险进行了科学描述且国家食品安全风险评估中心研判认为适于地方膳食暴露模式的；

（四）现有数据信息尚无法满足评估基本需求的；

（五）其他无法开展评估的情形。

第十五条 对作出不予评估决定和因缺乏数据信息难以做出评估结论的，卫生健康行政部门应当向有关方面说明原因和依据。

第十六条 国家食品安全风险评估专家委员会应当与农产品质量安全风险评估专家委员会建立沟通机制，对于涉及跨部门职责的食品安全问题，应当加强协同联合开展风险评估。

第十七条 国家食品安全风险评估结果由国家卫生健康委通报相关部门，委托国家食品安全风险评估中心分级分类有序向社会公布。风险评估结果涉及重大食品安全信息的按照《食品安全法》及相关规定处理。

第十八条 国家食品安全风险评估结果公布后，国家食品安全风险评估专家委员会、国家食品安全风险评估中心及承担风险评估项目的技术机构对风险评估结果进行解释和风险交流。

第十九条 需要开展应急风险评估的，由国家卫生健康委直接下达应急风险评估工作任务，国家食品安全风险评估中心应当立即组织开展应急风险评估，并在限定时间内提交应急风险评估报告。

应急风险评估报告应当经国家食品安全风险评估专家委员会临时专家组审核，并经专家委员会主任委员或副主任委员审核签字。

第二十条 省级卫生健康行政部门依照法律要求和部门职责规定，负责组建管理本级食品安全风险评估专家委员会，制定委员会章程，完善风险评估工作制度，统筹风险评估能力建设，组织实施辖区食品安全风险评估工作。

    第二十一条 省级按照危害识别、危害特征描述、暴露评估和风险特征描述等步骤组织开展的风险评估，主要为制定或修订食品安全地方标准提供科学依据。

    省级参照风险评估技术指南组织开展的风险研判，主要为地方实施食品安全风险管理措施提供科学支撑。

    第二十二条 省级以制定、修订食品安全地方标准为目的组织开展食品安全风险评估前，应当与国家食品安全风险评估中心沟通。对于国家或其他省份的风险评估已有结论的，国家食品安全风险评估中心应当提出相应的工作建议。

    第二十三条 省级风险评估、风险研判结果在本省级行政区域内适用，由省级卫生健康行政部门负责组织开展解读和风险交流。

    第二十四条 本规定自发布之日起实施。原卫生部、工业和信息化部、原农业部、商务部、原工商总局、原质检总局、原国家食品药品监管局印发的《食品安全风险评估管理规定（试行）》（卫监督发〔2010〕8号）同时废止。

    附表：食品安全风险评估项目建议书

    附表

食品安全风险评估项目建议书

名　称			
建议单位及地址		联系人及联系方式	
风险来源和性质	有害因素		
	可能的污染环节		
	涉及的食品		
	重点人群		
	风险涉及范围		
建议理由（目的、意义和必要性）			
国内外相关检验、评估结果和结论（尽可能提供）			
国内外已有的管理措施（尽可能提供）			
其他有关信息和资料	（包括信息来源、获得时间、核实情况以及其他重要信息）		

食品安全风险监测管理规定

（2021 年 11 月 4 日　国卫食品发〔2021〕35 号）

第一条　为有效实施食品安全风险监测制度，规范食品安全风险监测工作，根据《中华人民共和国食品安全法》（以下简称《食品安全法》）及其实施条例，制定本规定。

第二条　食品安全风险监测是系统持续收集食源性疾病、食品污染以及食品中有害因素的监测数据及相关信息，并综合分析、及时报告和通报的活动。其目的是为食品安全风险评估、食品安全标准制定修订、食品安全风险预警和交流、监督管理等提供科学支持。

第三条　国家卫生健康委会同工业和信息化部、商务部、海关总署、市场监管总局、国家粮食和物资储备局等部门，制定实施国家食品安全风险监测计划。

省级卫生健康行政部门会同同级食品安全监督管理等部门，根据国家食品安全风险监测计划，结合本行政区域的具体情况，制定本行政区域的食品安全风险监测方案，报国家卫生健康委备案并实施。

县级以上卫生健康行政部门会同同级食品安全监督管理等部门，落实风险监测工作任务，建立食品安全风险监测会商机制，及时收集、汇总、分析本辖区食品安全风险监测数据，研判食品安全风险，形成食品安全风险监测分析报告，报本级人民政府和上一级卫生健康行政部门。

第四条　卫生健康行政部门重点对食源性疾病、食品污染物和有害因素基线水平、标准制定修订和风险评估专项实施风险监测。海关、市场监督管理、粮食和储备部门根据各自职责，配合开展不同环节风险监测。各部门风险监测结果数据共享、共用。

第五条　食源性疾病监测报告工作实行属地管理、分级负责的原则。县级以上地方卫生健康行政部门负责辖区内食源性疾病监测报告的组织管理工作。

县级以上地方卫生健康行政部门负责制定本辖区食源性疾病监测报告工作制度，建立健全食源性疾病监测报告工作体系，组织协调疾病预防控制机构开展食品安全事故的流行病学调查。涉及食品安全的突发公共卫生事件相关信息，除按照突发公共卫生事件的报告要求报告突发公共卫生事件管理信息系统，还应当及时向同级食品安全监督管理部门通报，并向上级卫生健康行政部门报告，其中重大事件信息应当向国家卫生健康委报告。

第六条　接到食品安全事故报告后，县级以上食品安全监督管理部门应当立即会同同级卫生健康、农业行政等部门依法进行调查处理。食品安全监督管理部门应当对事故单位封存的食品及原料、工具、设备、设施等予以保护、封存，并通知疾病预防控制机构对与事故有关的因素开展流行病学调查。

疾病预防控制机构应当在调查结束后向同级食品安全监督管理、卫生健康行政部门同时提交流行病学调查报告。

第七条　国家食品安全风险监测计划应当征集国务院有关部门、国家食品安全风险评估专家委员会、农产品质量安全评估专家委员会、食品安全国家标准审评委员会、行业协会以及地方的意见建议，并对有关意见建议认真研究吸纳。

第八条　食品安全风险监测应当将以下情况作为优先监测内容：

（一）健康危害较大、风险程度较高以及风险水平呈上升趋势的；

（二）易于对婴幼儿、孕产妇等重点人群造成健康影响的；

（三）以往在国内导致食品安全事故或者受到消费者关注的；

（四）已在国外导致健康危害并有证据表明可能在国内存在的；

（五）新发现的可能影响食品安全的食品污染和有害因素；

（六）食品安全监督管理及风险监测相关部门认为需要优先监测的其他内容。

第九条 出现下列情况，有关部门应当及时调整国家食品安全风险监测计划和省级监测方案，组织开展应急监测：

（一）处置食品安全事故需要的；

（二）公众高度关注的食品安全风险需要解决的；

（三）发现食品、食品添加剂、食品相关产品可能存在安全隐患，开展风险评估需要新的监测数据支持的；

（四）其他有必要进行计划调整的情形。

第十条 国家食品安全风险监测计划应当规定监测的内容、任务分工、工作要求、组织保障、质量控制、考核评价措施等。

第十一条 国家食品安全风险监测计划由具备相关监测能力的技术机构承担。技术机构应当根据食品安全风险监测计划和监测方案开展监测工作，保证监测数据真实、准确，并按照食品安全风险监测计划和监测方案的要求及时报送监测数据和分析结果。国家食品安全风险评估中心负责汇总分析国家食品安全风险监测计划结果数据。

第十二条 县级以上疾病预防控制机构确定本单位负责食源性疾病监测报告工作的部门及人员，建立食源性疾病监测报告管理制度，对辖区内医疗机构食源性疾病监测报告工作进行培训和指导。

第十三条 县级以上卫生健康行政部门应当委托具备条件的技术机构，及时汇总分析和研判食品安全风险监测结果，发现可能存在食品安全隐患的，及时将已获悉的食品安全隐患相关信息和建议采取的措施等通报同级食品安全监督管理、相关行业主管等部门。食品安全监督管理等部门经进一步调查确认有必要通知相关食品生产经营者的，应当及时通知。

县级以上卫生健康行政部门、农业行政部门应当及时相互通报食品、食用农产品安全风险监测信息。

第十四条 县级以上卫生健康行政部门接到医疗机构或疾病预防控制机构报告的食源性疾病信息，应当组织研判，认为与食品安全有关的，应当及时通报同级食品安全监督管理部门，并向本级人民政府和上级卫生健康行政部门报告。

第十五条 县级以上卫生健康行政部门会同同级工业和信息化、农业农村、商务、海关、市场监管、粮食和储备等有关部门建立食品安全风险监测会商机制，根据工作需要，会商分析风险监测结果。会商内容主要包括：

（一）通报食品安全风险监测结果分析研判情况；

（二）通报新发现的食品安全风险信息；

（三）通报有关食品安全隐患核实处置情况；

（四）研究解决风险监测工作中的问题。

参与食品安全风险监测的各相关部门均可向卫生健康行政部门提出会商建议，并应在会商会前将本部门拟通报的风险监测或监管有关情况报送卫生健康行政部门。会商结束之后，卫生健康行政部门应整理会议纪要分送各相关部门，同时抄报本级人民政府和上级卫生健康行政部门。

会商结果供各有关部门食品安全监管工作参用。

第十六条 县级以上卫生健康行政部门根据食品安全风险监测工作的需要，将食品安全风险监测能力和食品安全事故流行病学调查能力统筹纳入本级食品安全整体建设规划，逐步建立食品安全风险监测数据信息平台，健全完善本级食品安全风险监测体系。

第十七条 对于拒绝、阻挠、干涉工作人员依法开展食品安全风险监测工作的，技术机构和人员提供虚假风险监测信息的，以及有关管理部门未按规定报告或通报食品安全隐患信息的，工作不力造成严重后果的，按照《食品安全法》等相关规定追究法律和行政责任。

第十八条 本规定自发布之日起实施。原卫生部、工业和信息化部、原工商总局、原质检总局、原国家食品药品监管局印发的《食品安全风险监测管理规定（试行）》（卫监督发〔2010〕17 号）同时废止。

中华人民共和国进出口食品安全管理办法

（2021 年 3 月 12 日经海关总署署务会议审议通过 2021 年 4 月 12 日海关总署第249 号令公布 自 2022 年 1 月 1 日起实施）

第一章 总 则

第一条 为了保障进出口食品安全，保护人类、动植物生命和健康，根据《中华人民共和国食品安全法》（以下简称《食品安全法》）及其实施条例、《中华人民共和国海关法》《中华人民共和国进出口商品检验法》及其实施条例、《中华人民共和国进出境动植物检疫法》及其实施条例、《中华人民共和国国境卫生检疫法》及其实施细则、《中华人民共和国农产品质量安全法》和《国务院关于加强食品等产品安全监督管理的特别规定》等法律、行政法规的规定，制定本办法。

第二条 从事下列活动，应当遵守本办法：

（一）进出口食品生产经营活动；

（二）海关对进出口食品生产经营者及其进出口食品安全实施监督管理。

进出口食品添加剂、食品相关产品的生产经营活动按照海关总署相关规定执行。

第三条 进出口食品安全工作坚持安全第一、预防为主、风险管理、全程控制、国际共治的原则。

第四条 进出口食品生产经营者对其生产经营的进出口食品安全负责。

进出口食品生产经营者应当依照中国缔结或者参加的国际条约、协定，中国法律法规和食品安全国家标准从事进出口食品生产经营活动，依法接受监督管理，保证进出口食品安全，对社会和公众负责，承担社会责任。

第五条 海关总署主管全国进出口食品安全监督管理工作。

各级海关负责所辖区域进出口食品安全监督管理工作。

第六条 海关运用信息化手段提升进出口食品安全监督管理水平。

第七条 海关加强进出口食品安全的宣传教育，开展食品安全法律、行政法规以及食品安全国家标准和知识的普及工作。

海关加强与食品安全国际组织、境外政府机构、境外食品行业协会、境外消费者协会等交流与合作，营造进出口食品安全国际共治格局。

第八条 海关从事进出口食品安全监督管理的人员应当具备相关专业知识。

第二章 食品进口

第九条 进口食品应当符合中国法律法规和食品安全国家标准，中国缔结或者参加的国际条约、协定有特殊要求的，还应当符合国际条约、协定的要求。

进口尚无食品安全国家标准的食品,应当符合国务院卫生行政部门公布的暂予适用的相关标准要求。

利用新的食品原料生产的食品,应当依照《食品安全法》第三十七条的规定,取得国务院卫生行政部门新食品原料卫生行政许可。

第十条 海关依据进出口商品检验相关法律、行政法规的规定对进口食品实施合格评定。

进口食品合格评定活动包括:向中国境内出口食品的境外国家(地区)〔以下简称境外国家(地区)〕食品安全管理体系评估和审查、境外生产企业注册、进出口商备案和合格保证、进境动植物检疫审批、随附合格证明检查、单证审核、现场查验、监督抽检、进口和销售记录检查以及各项的组合。

第十一条 海关总署可以对境外国家(地区)的食品安全管理体系和食品安全状况开展评估和审查,并根据评估和审查结果,确定相应的检验检疫要求。

第十二条 有下列情形之一的,海关总署可以对境外国家(地区)启动评估和审查:

(一)境外国家(地区)申请向中国首次输出某类(种)食品的;

(二)境外国家(地区)食品安全、动植物检疫法律法规、组织机构等发生重大调整的;

(三)境外国家(地区)主管部门申请对其输往中国某类(种)食品的检验检疫要求发生重大调整的;

(四)境外国家(地区)发生重大动植物疫情或者食品安全事件的;

(五)海关在输华食品中发现严重问题,认为存在动植物疫情或者食品安全隐患的;

(六)其他需要开展评估和审查的情形。

第十三条 境外国家(地区)食品安全管理体系评估和审查主要包括对以下内容的评估、确认:

(一)食品安全、动植物检疫相关法律法规;

(二)食品安全监督管理组织机构;

(三)动植物疫情流行情况及防控措施;

(四)致病微生物、农兽药和污染物等管理和控制;

(五)食品生产加工、运输仓储环节安全卫生控制;

(六)出口食品安全监督管理;

(七)食品安全防护、追溯和召回体系;

(八)预警和应急机制;

(九)技术支撑能力;

(十)其他涉及动植物疫情、食品安全的情况。

第十四条 海关总署可以组织专家通过资料审查、视频检查、现场检查等形式及其组合,实施评估和审查。

第十五条 海关总署组织专家对接受评估和审查的国家(地区)递交的申请资料、书面评估问卷等资料实施审查,审查内容包括资料的真实性、完整性和有效性。根据资料审查情况,海关总署可以要求相关国家(地区)的主管部门补充缺少的信息或者资料。

对已通过资料审查的国家(地区),海关总署可以组织专家对其食品安全管理体系实施视频检查或者现场检查。对发现的问题可以要求相关国家(地区)主管部门及相关企业实施整改。

相关国家(地区)应当为评估和审查提供必要的协助。

第十六条 接受评估和审查的国家(地区)有下列情形之一,海关总署可以终止评估和审查,并通知相关国家(地区)主管部门:

(一)收到书面评估问卷12个月内未反馈的;

（二）收到海关总署补充信息和材料的通知 3 个月内未按要求提供的；

（三）突发重大动植物疫情或者重大食品安全事件的；

（四）未能配合中方完成视频检查或者现场检查、未能有效完成整改的；

（五）主动申请终止评估和审查的。

前款第一、二项情形，相关国家（地区）主管部门因特殊原因可以申请延期，经海关总署同意，按照海关总署重新确定的期限递交相关材料。

第十七条 评估和审查完成后，海关总署向接受评估和审查的国家（地区）主管部门通报评估和审查结果。

第十八条 海关总署对向中国境内出口食品的境外生产企业实施注册管理，并公布获得注册的企业名单。

第十九条 向中国境内出口食品的境外出口商或者代理商（以下简称"境外出口商或者代理商"）应当向海关总署备案。

食品进口商应当向其住所地海关备案。

境外出口商或者代理商、食品进口商办理备案时，应当对其提供资料的真实性、有效性负责。

境外出口商或者代理商、食品进口商备案名单由海关总署公布。

第二十条 境外出口商或者代理商、食品进口商备案内容发生变更的，应当在变更发生之日起 60 日内，向备案机关办理变更手续。

海关发现境外出口商或者代理商、食品进口商备案信息错误或者备案内容未及时变更的，可以责令其在规定期限内更正。

第二十一条 食品进口商应当建立食品进口和销售记录制度，如实记录食品名称、净含量/规格、数量、生产日期、生产或者进口批号、保质期、境外出口商和购货者名称、地址及联系方式、交货日期等内容，并保存相关凭证。记录和凭证保存期限不得少于食品保质期满后 6 个月；没有明确保质期的，保存期限为销售后 2 年以上。

第二十二条 食品进口商应当建立境外出口商、境外生产企业审核制度，重点审核下列内容：

（一）制定和执行食品安全风险控制措施情况；

（二）保证食品符合中国法律法规和食品安全国家标准的情况。

第二十三条 海关依法对食品进口商实施审核活动的情况进行监督检查。食品进口商应当积极配合，如实提供相关情况和材料。

第二十四条 海关可以根据风险管理需要，对进口食品实施指定口岸进口，指定监管场地检查。指定口岸、指定监管场地名单由海关总署公布。

第二十五条 食品进口商或者其代理人进口食品时应当依法向海关如实申报。

第二十六条 海关依法对应当实施入境检疫的进口食品实施检疫。

第二十七条 海关依法对需要进境动植物检疫审批的进口食品实施检疫审批管理。食品进口商应当在签订贸易合同或者协议前取得进境动植物检疫许可。

第二十八条 海关根据监督管理需要，对进口食品实施现场查验，现场查验包括但不限于以下内容：

（一）运输工具、存放场所是否符合安全卫生要求；

（二）集装箱号、封识号、内外包装上的标识内容、货物的实际状况是否与申报信息及随附单证相符；

（三）动植物源性食品、包装物及铺垫材料是否存在《进出境动植物检疫法实施条例》第二十二条规定的情况；

（四）内外包装是否符合食品安全国家标准，是否存在污染、破损、湿浸、渗透；

（五）内外包装的标签、标识及说明书是否符合法律、行政法规、食品安全国家标准以及海关总署规定的要求；

（六）食品感官性状是否符合该食品应有性状；

（七）冷冻冷藏食品的新鲜程度、中心温度是否符合要求、是否有病变、冷冻冷藏环境温度是否符合相关标准要求、冷链控温设备设施运作是否正常、温度记录是否符合要求，必要时可以进行蒸煮试验。

第二十九条　海关制定年度国家进口食品安全监督抽检计划和专项进口食品安全监督抽检计划，并组织实施。

第三十条　进口食品的包装和标签、标识应当符合中国法律法规和食品安全国家标准；依法应当有说明书的，还应当有中文说明书。

对于进口鲜冻肉类产品，内外包装上应当有牢固、清晰、易辨的中英文或者中文和出口国家（地区）文字标识，标明以下内容：产地国家（地区）、品名、生产企业注册编号、生产批号；外包装上应当以中文标明规格、产地（具体到州/省/市）、目的地、生产日期、保质期限、储存温度等内容，必须标注目的地为中华人民共和国，加施出口国家（地区）官方检验检疫标识。

对于进口水产品，内外包装上应当有牢固、清晰、易辨的中英文或者中文和出口国家（地区）文字标识，标明以下内容：商品名和学名、规格、生产日期、批号、保质期限和保存条件、生产方式（海水捕捞、淡水捕捞、养殖）、生产地区（海洋捕捞海域、淡水捕捞国家或者地区、养殖产品所在国家或者地区）、涉及的所有生产加工企业（含捕捞船、加工船、运输船、独立冷库）名称、注册编号及地址（具体到州/省/市）、必须标注目的地为中华人民共和国。

进口保健食品、特殊膳食用食品的中文标签必须印制在最小销售包装上，不得加贴。

进口食品内外包装有特殊标识规定的，按照相关规定执行。

第三十一条　进口食品运达口岸后，应当存放在海关指定或者认可的场所；需要移动的，必须经海关允许，并按照海关要求采取必要的安全防护措施。

指定或者认可的场所应当符合法律、行政法规和食品安全国家标准规定的要求。

第三十二条　大宗散装进口食品应当按照海关要求在卸货口岸进行检验。

第三十三条　进口食品经海关合格评定合格的，准予进口。

进口食品经海关合格评定不合格的，由海关出具不合格证明；涉及安全、健康、环境保护项目不合格的，由海关书面通知食品进口商，责令其销毁或者退运；其他项目不合格的，经技术处理符合合格评定要求的，方准进口。相关进口食品不能在规定时间内完成技术处理或者经技术处理仍不合格的，由海关责令食品进口商销毁或者退运。

第三十四条　境外发生食品安全事件可能导致中国境内食品安全隐患，或者海关实施进口食品监督管理过程中发现不合格进口食品，或者发现其他食品安全问题，海关总署和经授权的直属海关可以依据风险评估结果对相关进口食品实施提高监督抽检比例等控制措施。

海关依照前款规定对进口食品采取提高监督抽检比例等控制措施后，再次发现不合格进口食品，或者有证据显示进口食品存在重大安全隐患的，海关总署和经授权的直属海关可以要求食品进口商逐批向海关提交有资质的检验机构出具的检验报告。海关应当对食品进口商提供的检验报告进行验核。

第三十五条　有下列情形之一的，海关总署依据风险评估结果，可以对相关食品采取暂停或者禁止进口的控制措施：

（一）出口国家（地区）发生重大动植物疫情，或者食品安全体系发生重大变化，无法有效保证输华食品安全的；

（二）进口食品被检疫传染病病原体污染，或者有证据表明能够成为检疫传染病传播媒介，且无法实施有效卫生处理的；

（三）海关实施本办法第三十四条第二款规定控制措施的进口食品，再次发现相关安全、健康、环境保护项目不合格的；

（四）境外生产企业违反中国相关法律法规，情节严重的；

（五）其他信息显示相关食品存在重大安全隐患的。

第三十六条 进口食品安全风险已降低到可控水平时，海关总署和经授权的直属海关可以按照以下方式解除相应控制措施：

（一）实施本办法第三十四条第一款控制措施的食品，在规定的时间、批次内未被发现不合格的，在风险评估基础上可以解除该控制措施；

（二）实施本办法第三十四条第二款控制措施的食品，出口国家（地区）已采取预防措施，经海关总署风险评估能够保障食品安全、控制动植物疫情风险，或者从实施该控制措施之日起在规定时间、批次内未发现不合格食品的，海关在风险评估基础上可以解除该控制措施；

（三）实施暂停或者禁止进口控制措施的食品，出口国家（地区）主管部门已采取风险控制措施，且经海关总署评估符合要求的，可以解除暂停或者禁止进口措施。恢复进口的食品，海关总署视评估情况可以采取本办法第三十四条规定的控制措施。

第三十七条 食品进口商发现进口食品不符合法律、行政法规和食品安全国家标准，或者有证据证明可能危害人体健康，应当按照《食品安全法》第六十三条和第九十四条第三款规定，立即停止进口、销售和使用，实施召回，通知相关生产经营者和消费者，记录召回和通知情况，并将食品召回、通知和处理情况向所在地海关报告。

第三章 食 品 出 口

第三十八条 出口食品生产企业应当保证其出口食品符合进口国家（地区）的标准或者合同要求；中国缔结或者参加的国际条约、协定有特殊要求的，还应当符合国际条约、协定的要求。

进口国家（地区）暂无标准，合同也未作要求，且中国缔结或者参加的国际条约、协定无相关要求的，出口食品生产企业应当保证其出口食品符合中国食品安全国家标准。

第三十九条 海关依法对出口食品实施监督管理。出口食品监督管理措施包括：出口食品原料种植养殖场备案、出口食品生产企业备案、企业核查、单证审核、现场查验、监督抽检、口岸抽查、境外通报核查以及各项的组合。

第四十条 出口食品原料种植、养殖场应当向所在地海关备案。

海关总署统一公布原料种植、养殖场备案名单，备案程序和要求由海关总署制定。

第四十一条 海关依法采取资料审查、现场检查、企业核查等方式，对备案原料种植、养殖场进行监督。

第四十二条 出口食品生产企业应当向住所地海关备案，备案程序和要求由海关总署制定。

第四十三条 境外国家（地区）对中国输往该国家（地区）的出口食品生产企业实施注册管理且要求海关总署推荐的，出口食品生产企业须向住所地海关提出申请，住所地海关进行初核后报海关总署。

海关总署结合企业信用、监督管理以及住所地海关初核情况组织开展对外推荐注册工作，对外推荐注册程序和要求由海关总署制定。

第四十四条 出口食品生产企业应当建立完善可追溯的食品安全卫生控制体系，保证食品安全卫生控制体系有效运行，确保出口食品生产、加工、贮存过程持续符合中国相关法律法规、出口食品生产企业安全卫生要求；进口国家（地区）相关法律法规和相关国际条约、协定有特殊要求的，还应当符合相关要求。

出口食品生产企业应当建立供应商评估制度、进货查验记录制度、生产记录档案制度、出厂检验记录制度、出口食品追溯制度和不合格食品处置制度。相关记录应当真实有效，保存期限不得少于食品保质期期满后 6 个月；没有明确保质期的，保存期限不得少于 2 年。

第四十五条 出口食品生产企业应当保证出口食品包装和运输方式符合食品安全要求。

第四十六条 出口食品生产企业应当在运输包装上标注生产企业备案号、产品品名、生产批号和生产日期。

进口国家（地区）或者合同有特殊要求的，在保证产品可追溯的前提下，经直属海关同意，出口食品生产企业可以调整前款规定的标注项目。

第四十七条 海关应当对辖区内出口食品生产企业的食品安全卫生控制体系运行情况进行监督检查。监督检查包括日常监督检查和年度监督检查。

监督检查可以采取资料审查、现场检查、企业核查等方式，并可以与出口食品境外通报核查、监督抽检、现场查验等工作结合开展。

第四十八条 出口食品应当依法由产地海关实施检验检疫。

海关总署根据便利对外贸易和出口食品检验检疫工作需要，可以指定其他地点实施检验检疫。

第四十九条 出口食品生产企业、出口商应当按照法律、行政法规和海关总署规定，向产地或者组货地海关提出出口申报前监管申请。

产地或者组货地海关受理食品出口申报前监管申请后，依法对需要实施检验检疫的出口食品实施现场检查和监督抽检。

第五十条 海关制定年度国家出口食品安全监督抽检计划并组织实施。

第五十一条 出口食品经海关现场检查和监督抽检符合要求的，由海关出具证书，准予出口。进口国家（地区）对证书形式和内容要求有变化的，经海关总署同意可以对证书形式和内容进行变更。

出口食品经海关现场检查和监督抽检不符合要求的，由海关书面通知出口商或者其代理人。相关出口食品可以进行技术处理的，经技术处理合格后方准出口；不能进行技术处理或者经技术处理仍不合格的，不准出口。

第五十二条 食品出口商或者其代理人出口食品时应当依法向海关如实申报。

第五十三条 海关对出口食品在口岸实施查验，查验不合格的，不准出口。

第五十四条 出口食品因安全问题被国际组织、境外政府机构通报的，海关总署应当组织开展核查，并根据需要实施调整监督抽检比例、要求食品出口商逐批向海关提交有资质的检验机构出具的检验报告、撤回向境外官方主管机构的注册推荐等控制措施。

第五十五条 出口食品存在安全问题，已经或者可能对人体健康和生命安全造成损害的，出口食品生产经营者应当立即采取相应措施，避免和减少损害发生，并向所在地海关报告。

第五十六条 海关在实施出口食品监督管理时发现安全问题的，应当向同级政府和上一级政府食品安全主管部门通报。

第四章 监督管理

第五十七条 海关总署依照《食品安全法》第一百条规定，收集、汇总进出口食品安全信息，建立进出口食品安全信息管理制度。

各级海关负责本辖区内以及上级海关指定的进出口食品安全信息的收集和整理工作，并按照有关规定通报本辖区地方政府、相关部门、机构和企业。通报信息涉及其他地区的，应当同时通报相关地区海关。

海关收集、汇总的进出口食品安全信息，除《食品安全法》第一百条规定内容外，还包括境外食品技术性贸易措施信息。

第五十八条 海关应当对收集到的进出口食品安全信息开展风险研判，依据风险研判结果，确定相应的控制措施。

第五十九条 境内外发生食品安全事件或者疫情疫病可能影响到进出口食品安全的，或者在进出口食品中发现严重食品安全问题的，直属海关应当及时上报海关总署；海关总署根据情况进行风险预警，在海关系统内发布风险警示通报，并向国务院食品安全监督管理、卫生行政、农业行政部门通报，必要时向消费者发布风险警示通告。

海关总署发布风险警示通报的，应当根据风险警示通报要求对进出口食品采取本办法第三十四条、第三十五条、第三十六条和第五十四条规定的控制措施。

第六十条 海关制定年度国家进出口食品安全风险监测计划，系统和持续收集进出口食品中食源性疾病、食品污染和有害因素的监测数据及相关信息。

第六十一条 境外发生的食品安全事件可能对中国境内造成影响，或者评估后认为存在不可控风险的，海关总署可以参照国际通行做法，直接在海关系统内发布风险预警通报或者向消费者发布风险预警通告，并采取本办法第三十四条、第三十五条和第三十六条规定的控制措施。

第六十二条 海关制定并组织实施进出口食品安全突发事件应急处置预案。

第六十三条 海关在依法履行进出口食品安全监督管理职责时，有权采取下列措施：

（一）进入生产经营场所实施现场检查；

（二）对生产经营的食品进行抽样检验；

（三）查阅、复制有关合同、票据、账簿以及其他有关资料；

（四）查封、扣押有证据证明不符合食品安全国家标准或者有证据证明存在安全隐患以及违法生产经营的食品。

第六十四条 海关依法对进出口企业实施信用管理。

第六十五条 海关依法对进出口食品生产经营者以及备案原料种植、养殖场开展稽查、核查。

第六十六条 过境食品应当符合海关总署对过境货物的监管要求。过境食品过境期间，未经海关批准，不得开拆包装或者卸离运输工具，并应当在规定期限内运输出境。

第六十七条 进出口食品生产经营者对海关的检验结果有异议的，可以按照进出口商品复验相关规定申请复验。

有下列情形之一的，海关不受理复验：

（一）检验结果显示微生物指标超标的；

（二）复验备份样品超过保质期的；

（三）其他原因导致备份样品无法实现复验目的的。

第五章 法 律 责 任

第六十八条 食品进口商备案内容发生变更，未按照规定向海关办理变更手续，情节严重的，海关处以警告。

食品进口商在备案中提供虚假备案信息的，海关处 1 万元以下罚款。

第六十九条 境内进出口食品生产经营者不配合海关进出口食品安全核查工作，拒绝接受询问、提供材料，或者答复内容和提供材料与实际情况不符的，海关处以警告或者 1 万元以下罚款。

第七十条 海关在进口预包装食品监管中，发现进口预包装食品未加贴中文标签或者中文标签不符合法律法规和食品安全国家标准，食品进口商拒不按照海关要求实施销毁、退运或者技术处理的，海关处以警告或者 1 万元以下罚款。

第七十一条 未经海关允许，将进口食品提离海关指定或者认可的场所的，海关责令改正，并处 1 万元以下罚款。

第七十二条 下列违法行为属于《食品安全法》第一百二十九条第一款第三项规定的"未遵守本法的规定出口食品"的，由海关依照《食品安全法》第一百二十四条的规定给予处罚：

（一）擅自调换经海关监督抽检并已出具证单的出口食品的；

（二）出口掺杂掺假、以假充真、以次充好的食品或者以不合格出口食品冒充合格出口食品的；

（三）出口未获得备案出口食品生产企业生产的食品的；

（四）向有注册要求的国家（地区）出口未获得注册出口食品生产企业生产食品的或者出口已获得注册出口食品生产企业生产的注册范围外食品的；

（五）出口食品生产企业生产的出口食品未按照规定使用备案种植、养殖场原料的；

（六）出口食品生产经营者有《食品安全法》第一百二十三条、第一百二十四条、第一百二十五条、第一百二十六条规定情形，且出口食品不符合进口国家（地区）要求的。

第七十三条 违反本办法规定，构成犯罪，依法追究刑事责任。

第六章 附 则

第七十四条 海关特殊监管区域、保税监管场所、市场采购、边境小额贸易和边民互市贸易进出口食品安全监督管理，按照海关总署有关规定执行。

第七十五条 邮寄、快件、跨境电子商务零售和旅客携带方式进出口食品安全监督管理，按照海关总署有关规定办理。

第七十六条 样品、礼品、赠品、展示品、援助等非贸易性的食品，免税经营的食品，外国驻中国使领馆及其人员进出境公用、自用的食品，驻外使领馆及其人员公用、自用的食品，中国企业驻外人员自用的食品的监督管理，按照海关总署有关规定办理。

第七十七条 本办法所称进出口食品生产经营者包括：向中国境内出口食品的境外生产企业、境外出口商或者代理商、食品进口商、出口食品生产企业、出口商以及相关人员等。

本办法所称进口食品的境外生产企业包括向中国出口食品的境外生产、加工、贮存企业等。

本办法所称进口食品的进口商包括向中国出口食品的境外出口商或者代理商、食品进口商。

第七十八条 本办法由海关总署负责解释。

第七十九条 本办法自 2022 年 1 月 1 日起施行。2011 年 9 月 13 日原国家质量监督检验检疫总局令第 144 号公布并根据 2016 年 10 月 18 日原国家质量监督检验检疫总局令第 184 号以及 2018 年 11 月 23 日海关总署令第 243 号修改的《进出口食品安全管理办法》、2000 年 2 月 22 日原国家检验检疫局令第 20 号公布并根据 2018 年 4 月 28 日海关总署令第 238 号修改的《出口蜂蜜检验检疫管理办法》、2011 年 1 月 4 日原国家质量监督检验检疫总局令第 135 号公布并根据 2018 年 11 月 23 日海关总署令第 243 号修改的《进出口水产品检验检疫监督管理办法》、2011 年 1 月 4 日原国家质量监督检验检疫总局令第 136 号公布并根据 2018 年 11 月 23 日海关总署令第 243 号修改的《进出口肉类产品检验检疫监督管理办法》、2013 年 1 月 24 日原国家质量监督检验检疫总局令第 152 号公布并根据 2018 年 11 月 23 日海关总署令第 243 号修改的《进出口乳品检验检疫监督管理办法》、2017 年 11 月 14 日原国家质量监督检验检疫总局令第 192 号公布并根据 2018 年 11 月 23 日海关总署令第 243 号修改的《出口食品生产企业备案管理规定》同时废止。

网络食品安全违法行为查处办法

(2016 年 7 月 13 日国家食品药品监督管理总局令第 27 号公布 根据 2021 年 4 月 2 日《国家市场监督管理总局关于废止和修改部分规章的决定》修正)

第一章 总 则

第一条 为依法查处网络食品安全违法行为，加强网络食品安全监督管理，保证食品安全，根据《中华人民共和国食品安全法》等法律法规，制定本办法。

第二条 在中华人民共和国境内网络食品交易第三方平台提供者以及通过第三方平台或者自建的网站进行交易的食品生产经营者（以下简称入网食品生产经营者）违反食品安全法律、法规、规章或者食品安全标准行为的查处，适用本办法。

第三条 国家市场监督管理总局负责监督指导全国网络食品安全违法行为查处工作。

县级以上地方市场监督管理部门负责本行政区域内网络食品安全违法行为查处工作。

第四条 网络食品交易第三方平台提供者和入网食品生产经营者应当履行法律、法规和规章规定的食品安全义务。

网络食品交易第三方平台提供者和入网食品生产经营者应当对网络食品安全信息的真实性负责。

第五条 网络食品交易第三方平台提供者和入网食品生产经营者应当配合市场监督管理部门对网络食品安全违法行为的查处，按照市场监督管理部门的要求提供网络食品交易相关数据和信息。

第六条 鼓励网络食品交易第三方平台提供者和入网食品生产经营者开展食品安全法律、法规以及食品安全标准和食品安全知识的普及工作。

第七条 任何组织或者个人均可向市场监督管理部门举报网络食品安全违法行为。

第二章 网络食品安全义务

第八条 网络食品交易第三方平台提供者应当在通信主管部门批准后 30 个工作日内，向所在地省级市场监督管理部门备案，取得备案号。

通过自建网站交易的食品生产经营者应当在通信主管部门批准后 30 个工作日内，向所在地市、县级市场监督管理部门备案，取得备案号。

省级和市、县级市场监督管理部门应当自完成备案后 7 个工作日内向社会公开相关备案信息。

备案信息包括域名、IP 地址、电信业务经营许可证、企业名称、法定代表人或者负责人姓名、备案号等。

第九条 网络食品交易第三方平台提供者和通过自建网站交易的食品生产经营者应当具备数据备份、故障恢复等技术条件，保障网络食品交易数据和资料的可靠性与安全性。

第十条 网络食品交易第三方平台提供者应当建立入网食品生产经营者审查登记、食品安全自查、食品安全违法行为制止及报告、严重违法行为平台服务停止、食品安全投诉举报处理等制度，并在网络平台上公开。

第十一条 网络食品交易第三方平台提供者应当对入网食品生产经营者食品生产经营许可证、入网食品添加剂生产企业生产许可证等材料进行审查，如实记录并及时更新。

网络食品交易第三方平台提供者应当对入网食用农产品生产经营者营业执照、入网食品添加剂经营者营业执照以及入网交易食用农产品的个人的身份证号码、住址、联系方式等信息进行登记，如实记录并及时更新。

第十二条 网络食品交易第三方平台提供者应当建立入网食品生产经营者档案，记录入网食品生产经营者的基本情况、食品安全管理人员等信息。

第十三条 网络食品交易第三方平台提供者和通过自建网站交易食品的生产经营者应当记录、保存食品交易信息，保存时间不得少于产品保质期满后6个月；没有明确保质期的，保存时间不得少于2年。

第十四条 网络食品交易第三方平台提供者应当设置专门的网络食品安全管理机构或者指定专职食品安全管理人员，对平台上的食品经营行为及信息进行检查。

网络食品交易第三方平台提供者发现存在食品安全违法行为的，应当及时制止，并向所在地县级市场监督管理部门报告。

第十五条 网络食品交易第三方平台提供者发现入网食品生产经营者有下列严重违法行为之一的，应当停止向其提供网络交易平台服务：

（一）入网食品生产经营者因涉嫌食品安全犯罪被立案侦查或者提起公诉的；

（二）入网食品生产经营者因食品安全相关犯罪被人民法院判处刑罚的；

（三）入网食品生产经营者因食品安全违法行为被公安机关拘留或者给予其他治安管理处罚的；

（四）入网食品生产经营者被市场监督管理部门依法作出吊销许可证、责令停产停业等处罚的。

第十六条 入网食品生产经营者应当依法取得许可，入网食品生产者应当按照许可的类别范围销售食品，入网食品经营者应当按照许可的经营项目范围从事食品经营。法律、法规规定不需要取得食品生产经营许可的除外。

取得食品生产许可的食品生产者，通过网络销售其生产的食品，不需要取得食品经营许可。取得食品经营许可的食品经营者通过网络销售其制作加工的食品，不需要取得食品生产许可。

第十七条 入网食品生产经营者不得从事下列行为：

（一）网上刊载的食品名称、成分或者配料表、产地、保质期、贮存条件，生产者名称、地址等信息与食品标签或者标识不一致。

（二）网上刊载的非保健食品信息明示或者暗示具有保健功能；网上刊载的保健食品的注册证书或者备案凭证等信息与注册或者备案信息不一致。

（三）网上刊载的婴幼儿配方乳粉产品信息明示或者暗示具有益智、增加抵抗力、提高免疫力、保护肠道等功能或者保健作用。

（四）对在贮存、运输、食用等方面有特殊要求的食品，未在网上刊载的食品信息中予以说明和提示。

（五）法律、法规规定禁止从事的其他行为。

第十八条 通过第三方平台进行交易的食品生产经营者应当在其经营活动主页面显著位置公示其食品生产经营许可证。通过自建网站交易的食品生产经营者应当在其网站首页显著位置公示营业执照、食品生产经营许可证。

餐饮服务提供者还应当同时公示其餐饮服务食品安全监督量化分级管理信息。相关信息应当画面清晰，容易辨识。

第十九条 入网销售保健食品、特殊医学用途配方食品、婴幼儿配方乳粉的食品生产经营者，除依照本办法第十八条的规定公示相关信息外，还应当依法公示产品注册证书或者备案凭证，持有广告审查批准文号的还应当公示广告审查批准文号，并链接至市场监督管理部门网站对应的数据查询页面。保健食品还应当显著标明"本品不能代替药物"。

特殊医学用途配方食品中特定全营养配方食品不得进行网络交易。

第二十条 网络交易的食品有保鲜、保温、冷藏或者冷冻等特殊贮存条件要求的，入网食品生产经营者应当采取能够保证食品安全的贮存、运输措施，或者委托具备相应贮存、运输能力的企业贮存、配送。

第三章　网络食品安全违法行为查处管理

第二十一条 对网络食品交易第三方平台提供者食品安全违法行为的查处，由网络食品交易第三方平台提供者所在地县级以上地方市场监督管理部门管辖。

对网络食品交易第三方平台提供者分支机构的食品安全违法行为的查处，由网络食品交易第三方平台提供者所在地或者分支机构所在地县级以上地方市场监督管理部门管辖。

对入网食品生产经营者食品安全违法行为的查处，由入网食品生产经营者所在地或者生产经营场所所在地县级以上地方市场监督管理部门管辖；对应当取得食品生产经营许可而没有取得许可的违法行为的查处，由入网食品生产经营者所在地、实际生产经营地县级以上地方市场监督管理部门管辖。

因网络食品交易引发食品安全事故或者其他严重危害后果的，也可以由网络食品安全违法行为发生地或者违法行为结果地的县级以上地方市场监督管理部门管辖。

第二十二条 两个以上市场监督管理部门都有管辖权的网络食品安全违法案件，由最先立案查处的市场监督管理部门管辖。对管辖有争议的，由双方协商解决。协商不成的，报请共同的上一级市场监督管理部门指定管辖。

第二十三条 消费者因网络食品安全违法问题进行投诉举报的，由网络食品交易第三方平台提供者所在地、入网食品生产经营者所在地或者生产经营场所所在地等县级以上地方市场监督管理部门处理。

第二十四条 县级以上地方市场监督管理部门，对网络食品安全违法行为进行调查处理时，可以行使下列职权：

（一）进入当事人网络食品交易场所实施现场检查；

（二）对网络交易的食品进行抽样检验；

（三）询问有关当事人，调查其从事网络食品交易行为的相关情况；

（四）查阅、复制当事人的交易数据、合同、票据、账簿以及其他相关资料；

（五）调取网络交易的技术监测、记录资料；

（六）法律、法规规定可以采取的其他措施。

第二十五条 县级以上市场监督管理部门通过网络购买样品进行检验的，应当按照相关规定填写抽样单，记录抽检样品的名称、类别以及数量，购买样品的人员以及付款账户、注册账号、收货地址、联系方式，并留存相关票据。买样人员应当对网络购买样品包装等进行查验，对样品和备份样品分别封样，并采取拍照或者录像等手段记录拆封过程。

第二十六条 检验结果不符合食品安全标准的，市场监督管理部门应当按照有关规定及时将检验结果通知被抽样的入网食品生产经营者。入网食品生产经营者应当采取停止生产经营、封存不合格食品等措施，控制食品安全风险。

通过网络食品交易第三方平台购买样品的，应当同时将检验结果通知网络食品交易第三方平台提供者。网络食品交易第三方平台提供者应当依法制止不合格食品的销售。

入网食品生产经营者联系方式不详的，网络食品交易第三方平台提供者应当协助通知。入网食品生产经营者无法联系的，网络食品交易第三方平台提供者应当停止向其提供网络食品交易平台服务。

第二十七条 网络食品交易第三方平台提供者和入网食品生产经营者有下列情形之一的，县级以上市场监督管理部门可以对其法定代表人或者主要负责人进行责任约谈：

（一）发生食品安全问题，可能引发食品安全风险蔓延的；

（二）未及时妥善处理投诉举报的食品安全问题，可能存在食品安全隐患的；

（三）未及时采取有效措施排查、消除食品安全隐患，落实食品安全责任的；

（四）县级以上市场监督管理部门认为需要进行责任约谈的其他情形。

责任约谈不影响市场监督管理部门依法对其进行行政处理，责任约谈情况及后续处理情况应当向社会公开。

被约谈者无正当理由未按照要求落实整改的，县级以上地方市场监督管理部门应当增加监督检查频次。

第四章 法 律 责 任

第二十八条 食品安全法等法律法规对网络食品安全违法行为已有规定的，从其规定。

第二十九条 违反本办法第八条规定，网络食品交易第三方平台提供者和通过自建网站交易的食品生产经营者未履行相应备案义务的，由县级以上地方市场监督管理部门责令改正，给予警告；拒不改正的，处 5000 元以上 3 万元以下罚款。

第三十条 违反本办法第九条规定，网络食品交易第三方平台提供者和通过自建网站交易的食品生产经营者不具备数据备份、故障恢复等技术条件，不能保障网络食品交易数据和资料的可靠性与安全性的，由县级以上地方市场监督管理部门责令改正，给予警告；拒不改正的，处 3 万元罚款。

第三十一条 违反本办法第十条规定，网络食品交易第三方平台提供者未按要求建立入网食品生产经营者审查登记、食品安全自查、食品安全违法行为制止及报告、严重违法行为平台服务停止、食品安全投诉举报处理等制度的或者未公开以上制度的，由县级以上地方市场监督管理部门责令改正，给予警告；拒不改正的，处 5000 元以上 3 万元以下罚款。

第三十二条 违反本办法第十一条规定，网络食品交易第三方平台提供者未对入网食品生产经营者的相关材料及信息进行审查登记、如实记录并更新的，由县级以上地方市场监督管理部门依照食品安全法第一百三十一条的规定处罚。

第三十三条 违反本办法第十二条规定，网络食品交易第三方平台提供者未建立入网食品生产经营者档案、记录入网食品生产经营者相关信息的，由县级以上地方市场监督管理部门责令改正，给予警告；拒不改正的，处 5000 元以上 3 万元以下罚款。

第三十四条 违反本办法第十三条规定，网络食品交易第三方平台提供者未按要求记录、保存食品交易信息的，由县级以上地方市场监督管理部门责令改正，给予警告；拒不改正的，处 5000 元以上 3 万元以下罚款。

第三十五条 违反本办法第十四条规定，网络食品交易第三方平台提供者未设置专门的网络食品安全管理机构或者指定专职食品安全管理人员对平台上的食品安全经营行为及信息进行检查的，由县级以上地方市场监督管理部门责令改正，给予警告；拒不改正的，处 5000 元以上 3 万元以下罚款。

第三十六条 违反本办法第十五条规定，网络食品交易第三方平台提供者发现入网食品生产经营者有严重违法行为未停止提供网络交易平台服务的，由县级以上地方市场监督管理部门依照食品安全法第一百三十一条的规定处罚。

第三十七条 网络食品交易第三方平台提供者未履行相关义务，导致发生下列严重后果之一的，由县级以上地方市场监督管理部门依照食品安全法第一百三十一条的规定责令停业，并将相关情况移送通信主管部门处理：

（一）致人死亡或者造成严重人身伤害的；

（二）发生较大级别以上食品安全事故的；

（三）发生较为严重的食源性疾病的；

（四）侵犯消费者合法权益，造成严重不良社会影响的；

（五）引发其他的严重后果的。

第三十八条 违反本办法第十六条规定，入网食品生产经营者未依法取得食品生产经营许可的，或者入网食品生产者超过许可的类别范围销售食品、入网食品经营者超过许可的经营项目范围从事食品经营的，依照食品安全法第一百二十二条的规定处罚。

第三十九条 入网食品生产经营者违反本办法第十七条禁止性规定的，由县级以上地方市场监督管理部门责令改正，给予警告；拒不改正的，处 5000 元以上 3 万元以下罚款。

第四十条 违反本办法第十八条规定，入网食品生产经营者未按要求进行信息公示的，由县级以上地方市场监督管理部门责令改正，给予警告；拒不改正的，处 5000 元以上 3 万元以下罚款。

第四十一条 违反本办法第十九条第一款规定，食品生产经营者未按要求公示特殊食品相关信息的，由县级以上地方市场监督管理部门责令改正，给予警告；拒不改正的，处 5000 元以上 3 万元以下罚款。

违反本办法第十九条第二款规定，食品生产经营者通过网络销售特定全营养配方食品的，由县级以上地方市场监督管理部门处 3 万元罚款。

第四十二条 违反本办法第二十条规定，入网食品生产经营者未按要求采取保证食品安全的贮存、运输措施，或者委托不具备相应贮存、运输能力的企业从事贮存、配送的，由县级以上地方市场监督管理部门依照食品安全法第一百三十二条的规定处罚。

第四十三条 违反本办法规定，网络食品交易第三方平台提供者、入网食品生产经营者提供虚假信息的，由县级以上地方市场监督管理部门责令改正，处 1 万元以上 3 万元以下罚款。

第四十四条 网络食品交易第三方平台提供者、入网食品生产经营者违反食品安全法规定，构成犯罪的，依法追究刑事责任。

第四十五条 市场监督管理部门工作人员不履行职责或者滥用职权、玩忽职守、徇私舞弊的，依法追究行政责任；构成犯罪的，移送司法机关，依法追究刑事责任。

第五章 附 则

第四十六条 对食品生产加工小作坊、食品摊贩等的网络食品安全违法行为的查处，可以参照本办法执行。

第四十七条 市场监督管理部门依法对网络食品安全违法行为进行查处的，应当自行政处罚决定书作出之日起 20 个工作日内，公开行政处罚决定书。

第四十八条 本办法自 2016 年 10 月 1 日起施行。

食用农产品抽样检验和核查处置规定

（2020 年 11 月 30 日　国市监食检〔2020〕184 号）

为进一步规范市场监管部门食用农产品抽样检验和核查处置工作，依据《中华人民共和国食品安全法》《食品安全抽样检验管理办法》《食用农产品市场销售质量安全监督管理办法》等法律、法规和规章，现就食用农产品抽样检验和核查处置作出以下规定：

第一条　市场监管部门可以自行抽样或委托承检机构抽样。委托抽样的，应当不少于 2 名监管人员参与现场抽样。

第二条　现场抽样时，应检查食用农产品销售者是否有进货查验记录、合法进货凭证等。食用农产品销售者无法提供进货查验记录、合法进货凭证或产品真实合法来源的，市场监管部门应当依法予以查处。

第三条　对易腐烂变质的蔬菜、水果等食用农产品样品，需进行均质备份样品的，应当在现场抽样时主动向食用农产品销售者告知确认，可采取拍照或摄像等方式对样品均质备份进行记录。

第四条　现场封样时，抽样人员应按规定要求采取有效防拆封措施。抽样人员（含监管人员）、食用农产品销售者，应当在样品封条上共同签字或者盖章确认。

第五条　抽样人员应当使用规范的抽样文书，详细记录被抽样食用农产品销售者的名称或者姓名、社会信用代码或者身份证号码、联系电话、住所，食用农产品名称（有俗称的应标明俗称）、产地（或生产者名称和地址）、是否具有合格证明文件，供货者名称和地址、进货日期，抽样批次等。在集中交易市场抽样的，应当记录销售者的摊位号码等信息。

现场抽样时，抽样人员（含监管人员）、食用农产品销售者，应当在抽样文书上共同签字或盖章。

第六条　带包装或附加标签的食用农产品，以标识的生产者、产品名称、生产日期等内容一致的产品为一个抽样批次；简易包装或散装的食用农产品，以同一产地、生产者或进货商，同一生产日期或进货日期的同一种产品为一个抽样批次。

第七条　检验机构在接收样品时，应当核对样品与抽样文书信息。对记录信息不完整、不规范的样品应当拒绝接收，并书面说明理由，及时向组织或者实施抽样检验的市场监管部门报告。

第八条　承检机构应按规范采取冷冻或冷藏等方式妥善保存备份样品。自检验结论作出之日起，合格样品的备份样品应继续保存 3 个月，不合格样品的备份样品应继续保存 6 个月。

第九条　食用农产品销售者对监督抽检结果有异议的，可按照规定申请复检。

第十条　食用农产品销售者收到不合格检验结论后，应当立即对不合格食用农产品依法采取停止销售、召回等措施，并及时通知相关生产经营者和消费者；对停止销售、召回的不合格食用农产品应依照有关法律规定要求采取处置措施，并及时向市场监管部门报告。

复检和异议期间，食用农产品销售者不得停止履行上述义务。未履行前款义务的，市场监管部门应当依法责令其履行。

第十一条　抽检发现的不合格食用农产品涉及种植、养殖环节的，由组织抽检的市场监管部门及时向产地同级农业农村部门通报；涉及进口环节的，及时向进口地海关通报。

第十二条　对食用农产品销售者、集中交易市场开办者经营不合格食用农产品等违法行为，市场监管部门应当依法予以查处，并开展跟踪抽检。

第十三条　市场监管部门应当依法依规、及时公布食用农产品监督抽检结果、核查处置信息。与不合格食用农产品核查处置有关的行政处罚信息，应当依法归集至国家企业信用信息公示系统。

第十四条　各级市场监管部门应当按要求将食用农产品抽样、检验和核查处置等信息，及时录入国家食品安全抽样检验信息系统。

第十五条　市场监管部门在集中交易市场、商场、超市、便利店、网络食品交易第三方平台等食用农产品销售场所开展抽样检验和核查处置工作，适用本规定。

第十六条　省级市场监管部门应当加强对食用农产品抽样检验和核查处置的指导，可结合地方实际制定本地区食用农产品抽样检验和核查处置实施细则。

食品召回管理办法

（2015 年 3 月 11 日国家食品药品监督管理总局令第 12 号公布　根据 2020 年 10 月 23 日《国家市场监督管理总局关于修改部分规章的决定》修订）

第一章　总　　则

第一条　为加强食品生产经营管理，减少和避免不安全食品的危害，保障公众身体健康和生命安全，根据《中华人民共和国食品安全法》及其实施条例等法律法规的规定，制定本办法。

第二条　在中华人民共和国境内，不安全食品的停止生产经营、召回和处置及其监督管理，适用本办法。

不安全食品是指食品安全法律法规规定禁止生产经营的食品以及其他有证据证明可能危害人体健康的食品。

第三条　食品生产经营者应当依法承担食品安全第一责任人的义务，建立健全相关管理制度，收集、分析食品安全信息，依法履行不安全食品的停止生产经营、召回和处置义务。

第四条　国家市场监督管理总局负责指导全国不安全食品停止生产经营、召回和处置的监督管理工作。

县级以上地方市场监督管理部门负责本行政区域的不安全食品停止生产经营、召回和处置的监督管理工作。

第五条　县级以上市场监督管理部门组织建立由医学、毒理、化学、食品、法律等相关领域专家组成的食品安全专家库，为不安全食品的停止生产经营、召回和处置提供专业支持。

第六条　国家市场监督管理总局负责汇总分析全国不安全食品的停止生产经营、召回和处置信息，根据食品安全风险因素，完善食品安全监督管理措施。

县级以上地方市场监督管理部门负责收集、分析和处理本行政区域不安全食品的停止生产经营、召回和处置信息，监督食品生产经营者落实主体责任。

第七条　鼓励和支持食品行业协会加强行业自律，制定行业规范，引导和促进食品生产经营者依法履行不安全食品的停止生产经营、召回和处置义务。

鼓励和支持公众对不安全食品的停止生产经营、召回和处置等活动进行社会监督。

第二章　停止生产经营

第八条　食品生产经营者发现其生产经营的食品属于不安全食品的，应当立即停止生产经营，采取通知或者公告的方式告知相关食品生产经营者停止生产经营、消费者停止食用，并采取必要的措施防控食品安全风险。

食品生产经营者未依法停止生产经营不安全食品的，县级以上市场监督管理部门可以责令其停止生产经营不安全食品。

第九条 食品集中交易市场的开办者、食品经营柜台的出租者、食品展销会的举办者发现食品经营者经营的食品属于不安全食品的，应当及时采取有效措施，确保相关经营者停止经营不安全食品。

第十条 网络食品交易第三方平台提供者发现网络食品经营者经营的食品属于不安全食品的，应当依法采取停止网络交易平台服务等措施，确保网络食品经营者停止经营不安全食品。

第十一条 食品生产经营者生产经营的不安全食品未销售给消费者，尚处于其他生产经营者控制中的，食品生产经营者应当立即追回不安全食品，并采取必要措施消除风险。

第三章 召　回

第十二条 食品生产者通过自检自查、公众投诉举报、经营者和监督管理部门告知等方式知悉其生产经营的食品属于不安全食品的，应当主动召回。

食品生产者应当主动召回不安全食品而没有主动召回的，县级以上市场监督管理部门可以责令其召回。

第十三条 根据食品安全风险的严重和紧急程度，食品召回分为三级：

（一）一级召回：食用后已经或者可能导致严重健康损害甚至死亡的，食品生产者应当在知悉食品安全风险后24小时内启动召回，并向县级以上地方市场监督管理部门报告召回计划。

（二）二级召回：食用后已经或者可能导致一般健康损害，食品生产者应当在知悉食品安全风险后48小时内启动召回，并向县级以上地方市场监督管理部门报告召回计划。

（三）三级召回：标签、标识存在虚假标注的食品，食品生产者应当在知悉食品安全风险后72小时内启动召回，并向县级以上地方市场监督管理部门报告召回计划。标签、标识存在瑕疵，食用后不会造成健康损害的食品，食品生产者应当改正，可以自愿召回。

第十四条 食品生产者应当按照召回计划召回不安全食品。

县级以上地方市场监督管理部门收到食品生产者的召回计划后，必要时可以组织专家对召回计划进行评估。评估结论认为召回计划应当修改的，食品生产者应当立即修改，并按照修改后的召回计划实施召回。

第十五条 食品召回计划应当包括下列内容：

（一）食品生产者的名称、住所、法定代表人、具体负责人、联系方式等基本情况；

（二）食品名称、商标、规格、生产日期、批次、数量以及召回的区域范围；

（三）召回原因及危害后果；

（四）召回等级、流程及时限；

（五）召回通知或者公告的内容及发布方式；

（六）相关食品生产经营者的义务和责任；

（七）召回食品的处置措施、费用承担情况；

（八）召回的预期效果。

第十六条 食品召回公告应当包括下列内容：

（一）食品生产者的名称、住所、法定代表人、具体负责人、联系电话、电子邮箱等；

（二）食品名称、商标、规格、生产日期、批次等；

（三）召回原因、等级、起止日期、区域范围；

（四）相关食品生产经营者的义务和消费者退货及赔偿的流程。

第十七条　不安全食品在本省、自治区、直辖市销售的，食品召回公告应当在省级市场监督管理部门网站和省级主要媒体上发布。省级市场监督管理部门网站发布的召回公告应当与国家市场监督管理总局网站链接。

不安全食品在两个以上省、自治区、直辖市销售的，食品召回公告应当在国家市场监督管理总局网站和中央主要媒体上发布。

第十八条　实施一级召回的，食品生产者应当自公告发布之日起 10 个工作日内完成召回工作。

实施二级召回的，食品生产者应当自公告发布之日起 20 个工作日内完成召回工作。

实施三级召回的，食品生产者应当自公告发布之日起 30 个工作日内完成召回工作。

情况复杂的，经县级以上地方市场监督管理部门同意，食品生产者可以适当延长召回时间并公布。

第十九条　食品经营者知悉食品生产者召回不安全食品后，应当立即采取停止购进、销售、封存不安全食品，在经营场所醒目位置张贴生产者发布的召回公告等措施，配合食品生产者开展召回工作。

第二十条　食品经营者对因自身原因所导致的不安全食品，应当根据法律法规的规定在其经营的范围内主动召回。

食品经营者召回不安全食品应当告知供货商。供货商应当及时告知生产者。

食品经营者在召回通知或者公告中应当特别注明系因其自身的原因导致食品出现不安全问题。

第二十一条　因生产者无法确定、破产等原因无法召回不安全食品的，食品经营者应当在其经营的范围内主动召回不安全食品。

第二十二条　食品经营者召回不安全食品的程序，参照食品生产者召回不安全食品的相关规定处理。

第四章　处　　置

第二十三条　食品生产经营者应当依据法律法规的规定，对因停止生产经营、召回等原因退出市场的不安全食品采取补救、无害化处理、销毁等处置措施。

食品生产经营者未依法处置不安全食品的，县级以上地方市场监督管理部门可以责令其依法处置不安全食品。

第二十四条　对违法添加非食用物质、腐败变质、病死畜禽等严重危害人体健康和生命安全的不安全食品，食品生产经营者应当立即就地销毁。

不具备就地销毁条件的，可由不安全食品生产经营者集中销毁处理。食品生产经营者在集中销毁处理前，应当向县级以上地方市场监督管理部门报告。

第二十五条　对因标签、标识等不符合食品安全标准而被召回的食品，食品生产者可以采取补救措施且能保证食品安全的情况下继续销售，销售时应当向消费者明示补救措施。

第二十六条　对不安全食品进行无害化处理，能够实现资源循环利用的，食品生产经营者可以按照国家有关规定进行处理。

第二十七条　食品生产经营者对不安全食品处置方式不能确定的，应当组织相关专家进行评估，并根据评估意见进行处置。

第二十八条　食品生产经营者应当如实记录停止生产经营、召回和处置不安全食品的名称、商标、规格、生产日期、批次、数量等内容。记录保存期限不得少于 2 年。

第五章 监督管理

第二十九条 县级以上地方市场监督管理部门发现不安全食品的，应当通知相关食品生产经营者停止生产经营或者召回，采取相关措施消除食品安全风险。

第三十条 县级以上地方市场监督管理部门发现食品生产经营者生产经营的食品可能属于不安全食品的，可以开展调查分析，相关食品生产经营者应当积极协助。

第三十一条 县级以上地方市场监督管理部门可以对食品生产经营者停止生产经营、召回和处置不安全食品情况进行现场监督检查。

第三十二条 食品生产经营者停止生产经营、召回和处置的不安全食品存在较大风险的，应当在停止生产经营、召回和处置不安全食品结束后5个工作日内向县级以上地方市场监督管理部门书面报告情况。

第三十三条 县级以上地方市场监督管理部门可以要求食品生产经营者定期或者不定期报告不安全食品停止生产经营、召回和处置情况。

第三十四条 县级以上地方市场监督管理部门可以对食品生产经营者提交的不安全食品停止生产经营、召回和处置报告进行评价。

评价结论认为食品生产经营者采取的措施不足以控制食品安全风险的，县级以上地方市场监督管理部门应当责令食品生产经营者采取更为有效的措施停止生产经营、召回和处置不安全食品。

第三十五条 为预防和控制食品安全风险，县级以上地方市场监督管理部门可以发布预警信息，要求相关食品生产经营者停止生产经营不安全食品，提示消费者停止食用不安全食品。

第三十六条 县级以上地方市场监督管理部门将不安全食品停止生产经营、召回和处置情况记入食品生产经营者信用档案。

第六章 法律责任

第三十七条 食品生产经营者违反本办法有关不安全食品停止生产经营、召回和处置的规定，食品安全法律法规有规定的，依照相关规定处理。

第三十八条 食品生产经营者违反本办法第八条第一款、第十二条第一款、第十三条、第十四条、第二十条第一款、第二十一条、第二十三条第一款、第二十四条第一款的规定，不立即停止生产经营、不主动召回、不按规定时限启动召回、不按照召回计划召回不安全食品或者不按照规定处置不安全食品的，由市场监督管理部门给予警告，并处1万元以上3万元以下罚款。

第三十九条 食品经营者违反本办法第十九条的规定，不配合食品生产者召回不安全食品的，由市场监督管理部门给予警告，并处5000元以上3万元以下罚款。

第四十条 食品生产经营者违反本办法第十三条、第二十四条第二款、第三十二条的规定，未按规定履行相关报告义务的，由市场监督管理部门责令改正，给予警告；拒不改正的，处2000元以上2万元以下罚款。

第四十一条 食品生产经营者违反本办法第二十三条第二款的规定，市场监督管理部门责令食品生产经营者依法处置不安全食品，食品生产经营者拒绝或者拖延履行的，由市场监督管理部门给予警告，并处2万元以上3万元以下罚款。

第四十二条 食品生产经营者违反本办法第二十八条的规定，未按规定记录保存不安全食品停止生产经营、召回和处置情况的，由市场监督管理部门责令改正，给予警告；拒不改正的，处2000元以上2万元以下罚款。

第四十三条 食品生产经营者停止生产经营、召回和处置不安全食品，不免除其依法应当承担的其他法律责任。

食品生产经营者主动采取停止生产经营、召回和处置不安全食品措施，消除或者减轻危害后果的，依法从轻或者减轻处罚；违法情节轻微并及时纠正，没有造成危害后果的，不予行政处罚。

第四十四条 县级以上地方市场监督管理部门不依法履行本办法规定的职责，造成不良后果的，依照《中华人民共和国食品安全法》的有关规定，对直接负责的主管人员和其他直接责任人员给予行政处分。

第七章 附 则

第四十五条 本办法适用于食品、食品添加剂和保健食品。

食品生产经营者对进入批发、零售市场或者生产加工企业后的食用农产品的停止经营、召回和处置，参照本办法执行。

第四十六条 本办法自 2015 年 9 月 1 日起施行。

保健食品注册与备案管理办法

（2016 年 2 月 26 日国家食品药品监督管理总局令第 22 号公布 根据 2020 年 10 月 23 日《国家市场监督管理总局关于修改部分规章的决定》修订）

第一章 总 则

第一条 为规范保健食品的注册与备案，根据《中华人民共和国食品安全法》，制定本办法。

第二条 在中华人民共和国境内保健食品的注册与备案及其监督管理适用本办法。

第三条 保健食品注册，是指市场监督管理部门根据注册申请人申请，依照法定程序、条件和要求，对申请注册的保健食品的安全性、保健功能和质量可控性等相关申请材料进行系统评价和审评，并决定是否准予其注册的审批过程。

保健食品备案，是指保健食品生产企业依照法定程序、条件和要求，将表明产品安全性、保健功能和质量可控性的材料提交市场监督管理部门进行存档、公开、备查的过程。

第四条 保健食品的注册与备案及其监督管理应当遵循科学、公开、公正、便民、高效的原则。

第五条 国家市场监督管理总局负责保健食品注册管理，以及首次进口的属于补充维生素、矿物质等营养物质的保健食品备案管理，并指导监督省、自治区、直辖市市场监督管理部门承担的保健食品注册与备案相关工作。

省、自治区、直辖市市场监督管理部门负责本行政区域内保健食品备案管理，并配合国家市场监督管理总局开展保健食品注册现场核查等工作。

市、县级市场监督管理部门负责本行政区域内注册和备案保健食品的监督管理，承担上级市场监督管理部门委托的其他工作。

第六条 国家市场监督管理总局行政受理机构（以下简称受理机构）负责受理保健食品注册和接收相关进口保健食品备案材料。

省、自治区、直辖市市场监督管理部门负责接收相关保健食品备案材料。

国家市场监督管理总局保健食品审评机构（以下简称审评机构）负责组织保健食品审评。

管理审评专家，并依法承担相关保健食品备案工作。

国家市场监督管理总局审核查验机构（以下简称查验机构）负责保健食品注册现场核查工作。

第七条 保健食品注册申请人或者备案人应当具有相应的专业知识，熟悉保健食品注册管理的法律、法规、规章和技术要求。

保健食品注册申请人或者备案人应当对所提交材料的真实性、完整性、可溯源性负责，并对提交材料的真实性承担法律责任。

保健食品注册申请人或者备案人应当协助市场监督管理部门开展与注册或者备案相关的现场核查、样品抽样、复核检验和监督管理等工作。

第八条 省级以上市场监督管理部门应当加强信息化建设，提高保健食品注册与备案管理信息化水平，逐步实现电子化注册与备案。

第二章 注 册

第九条 生产和进口下列产品应当申请保健食品注册：

（一）使用保健食品原料目录以外原料（以下简称目录外原料）的保健食品；

（二）首次进口的保健食品（属于补充维生素、矿物质等营养物质的保健食品除外）。

首次进口的保健食品，是指非同一国家、同一企业、同一配方申请中国境内上市销售的保健食品。

第十条 产品声称的保健功能应当已经列入保健食品功能目录。

第十一条 国产保健食品注册申请人应当是在中国境内登记的法人或者其他组织；进口保健食品注册申请人应当是上市保健食品的境外生产厂商。

申请进口保健食品注册的，应当由其常驻中国代表机构或者由其委托中国境内的代理机构办理。

境外生产厂商，是指产品符合所在国（地区）上市要求的法人或者其他组织。

第十二条 申请保健食品注册应当提交下列材料：

（一）保健食品注册申请表，以及申请人对申请材料真实性负责的法律责任承诺书；

（二）注册申请人主体登记证明文件复印件；

（三）产品研发报告，包括研发人、研发时间、研制过程、中试规模以上的验证数据，目录外原料及产品安全性、保健功能、质量可控性的论证报告和相关科学依据，以及根据研发结果综合确定的产品技术要求等；

（四）产品配方材料，包括原料和辅料的名称及用量、生产工艺、质量标准，必要时还应当按照规定提供原料使用依据、使用部位的说明、检验合格证明、品种鉴定报告等；

（五）产品生产工艺材料，包括生产工艺流程简图及说明，关键工艺控制点及说明；

（六）安全性和保健功能评价材料，包括目录外原料及产品的安全性、保健功能试验评价材料，人群食用评价材料；功效成分或者标志性成分、卫生学、稳定性、菌种鉴定、菌种毒力等试验报告，以及涉及兴奋剂、违禁药物成分等检测报告；

（七）直接接触保健食品的包装材料种类、名称、相关标准等；

（八）产品标签、说明书样稿；产品名称中的通用名与注册的药品名称不重名的检索材料；

（九）3个最小销售包装样品；

（十）其他与产品注册审评相关的材料。

第十三条 申请首次进口保健食品注册，除提交本办法第十二条规定的材料外，还应当提交下列材料：

（一）产品生产国（地区）政府主管部门或者法律服务机构出具的注册申请人为上市保健食品境外生产厂商的资质证明文件；

（二）产品生产国（地区）政府主管部门或者法律服务机构出具的保健食品上市销售一年以上的证明文件，或者产品境外销售以及人群食用情况的安全性报告；

（三）产品生产国（地区）或者国际组织与保健食品相关的技术法规或者标准；

（四）产品在生产国（地区）上市的包装、标签、说明书实样。

由境外注册申请人常驻中国代表机构办理注册事务的，应当提交《外国企业常驻中国代表机构登记证》及其复印件；境外注册申请人委托境内的代理机构办理注册事项的，应当提交经过公证的委托书原件以及受委托的代理机构营业执照复印件。

第十四条 受理机构收到申请材料后，应当根据下列情况分别作出处理：

（一）申请事项依法不需要取得注册的，应当即时告知注册申请人不受理；

（二）申请事项依法不属于国家市场监督管理总局职权范围的，应当即时作出不予受理的决定，并告知注册申请人向有关行政机关申请；

（三）申请材料存在可以当场更正的错误的，应当允许注册申请人当场更正；

（四）申请材料不齐全或者不符合法定形式的，应当当场或者在 5 个工作日内一次告知注册申请人需要补正的全部内容，逾期不告知的，自收到申请材料之日起即为受理；

（五）申请事项属于国家市场监督管理总局职权范围，申请材料齐全、符合法定形式，注册申请人按照要求提交全部补正申请材料的，应当受理注册申请。

受理或者不予受理注册申请，应当出具加盖国家市场监督管理总局行政许可受理专用章和注明日期的书面凭证。

第十五条 受理机构应当在受理后 3 个工作日内将申请材料一并送交审评机构。

第十六条 审评机构应当组织审评专家对申请材料进行审查，并根据实际需要组织查验机构开展现场核查，组织检验机构开展复核检验，在 60 个工作日内完成审评工作，并向国家市场监督管理总局提交综合审评结论和建议。

特殊情况下需要延长审评时间的，经审评机构负责人同意，可以延长 20 个工作日，延长决定应当及时书面告知申请人。

第十七条 审评机构应当组织对申请材料中的下列内容进行审评，并根据科学依据的充足程度明确产品保健功能声称的限定用语：

（一）产品研发报告的完整性、合理性和科学性；

（二）产品配方的科学性，及产品安全性和保健功能；

（三）目录外原料及产品的生产工艺合理性、可行性和质量可控性；

（四）产品技术要求和检验方法的科学性和复现性；

（五）标签、说明书样稿主要内容以及产品名称的规范性。

第十八条 审评机构在审评过程中可以调阅原始资料。

审评机构认为申请材料不真实、产品存在安全性或者质量可控性问题，或者不具备声称的保健功能的，应当终止审评，提出不予注册的建议。

第十九条 审评机构认为需要注册申请人补正材料的，应当一次告知需要补正的全部内容。注册申请人应当在 3 个月内按照补正通知的要求一次提供补充材料；审评机构收到补充材料后，审评时间重新计算。

注册申请人逾期未提交补充材料或者未完成补正，不足以证明产品安全性、保健功能和质量可控性的，审评机构应当终止审评，提出不予注册的建议。

第二十条 审评机构认为需要开展现场核查的，应当及时通知查验机构按照申请材料中的产品研发报告、配方、生产工艺等技术要求进行现场核查，并对下线产品封样送复核检验机构检验。

查验机构应当自接到通知之日起 30 个工作日内完成现场核查，并将核查报告送交审评机构。

核查报告认为申请材料不真实、无法溯源复现或者存在重大缺陷的，审评机构应当终止审评，提出不予注册的建议。

第二十一条 复核检验机构应当严格按照申请材料中的测定方法以及相关说明进行操作，对测定方法的科学性、复现性、适用性进行验证，对产品质量可控性进行复核检验，并应当自接受委托之日起 60 个工作日内完成复核检验，将复核检验报告送交审评机构。

复核检验结论认为测定方法不科学、无法复现、不适用或者产品质量不可控的，审评机构应当终止审评，提出不予注册的建议。

第二十二条 首次进口的保健食品境外现场核查和复核检验时限，根据境外生产厂商的实际情况确定。

第二十三条 保健食品审评涉及的试验和检验工作应当由国家市场监督管理总局选择的符合条件的食品检验机构承担。

第二十四条 审评机构认为申请材料真实，产品科学、安全、具有声称的保健功能，生产工艺合理、可行和质量可控，技术要求和检验方法科学、合理的，应当提出予以注册的建议。

审评机构提出不予注册建议的，应当同时向注册申请人发出拟不予注册的书面通知。注册申请人对通知有异议的，应当自收到通知之日起 20 个工作日内向审评机构提出书面复审申请并说明复审理由。复审的内容仅限于原申请事项及申请材料。

审评机构应当自受理复审申请之日起 30 个工作日内作出复审决定。改变不予注册建议的，应当书面通知注册申请人。

第二十五条 审评机构作出综合审评结论及建议后，应当在 5 个工作日内报送国家市场监督管理总局。

第二十六条 国家市场监督管理总局应当自受理之日起 20 个工作日内对审评程序和结论的合法性、规范性以及完整性进行审查，并作出准予注册或者不予注册的决定。

第二十七条 现场核查、复核检验、复审所需时间不计算在审评和注册决定的期限内。

第二十八条 国家市场监督管理总局作出准予注册或者不予注册的决定后，应当自作出决定之日起 10 个工作日内，由受理机构向注册申请人发出保健食品注册证书或者不予注册决定。

第二十九条 注册申请人对国家市场监督管理总局作出不予注册的决定有异议的，可以向国家市场监督管理总局提出书面行政复议申请或者向法院提出行政诉讼。

第三十条 保健食品注册人转让技术的，受让方应当在转让方的指导下重新提出产品注册申请，产品技术要求等应当与原申请材料一致。

审评机构按照相关规定简化审评程序。符合要求的，国家市场监督管理总局应当为受让方核发新的保健食品注册证书，并对转让方保健食品注册予以注销。

受让方除提交本办法规定的注册申请材料外，还应当提交经公证的转让合同。

第三十一条 保健食品注册证书及其附件所载明内容变更的，应当由保健食品注册人申请变更并提交书面变更的理由和依据。

注册人名称变更的，应当由变更后的注册申请人申请变更。

第三十二条 已经生产销售的保健食品注册证书有效期届满需要延续的，保健食品注册人应当在有效期届满 6 个月前申请延续。

获得注册的保健食品原料已经列入保健食品原料目录，并符合相关技术要求，保健食品注册人申请变更注册，或者期满申请延续注册的，应当按照备案程序办理。

第三十三条　申请变更国产保健食品注册的，除提交保健食品注册变更申请表（包括申请人对申请材料真实性负责的法律责任承诺书）、注册申请人主体登记证明文件复印件、保健食品注册证书及其附件的复印件外，还应当按照下列情形分别提交材料：

（一）改变注册人名称、地址的变更申请，还应当提供该注册人名称、地址变更的证明材料；

（二）改变产品名称的变更申请，还应当提供拟变更后的产品通用名与已经注册的药品名称不重名的检索材料；

（三）增加保健食品功能项目的变更申请，还应当提供所增加功能项目的功能学试验报告；

（四）改变产品规格、保质期、生产工艺等涉及产品技术要求的变更申请，还应当提供证明变更后产品的安全性、保健功能和质量可控性与原注册内容实质等同的材料、依据及变更后 3 批样品符合产品技术要求的全项目检验报告；

（五）改变产品标签、说明书的变更申请，还应当提供拟变更的保健食品标签、说明书样稿。

第三十四条　申请延续国产保健食品注册的，应当提交下列材料：

（一）保健食品延续注册申请表，以及申请人对申请材料真实性负责的法律责任承诺书；

（二）注册申请人主体登记证明文件复印件；

（三）保健食品注册证书及其附件的复印件；

（四）经省级市场监督管理部门核实的注册证书有效期内保健食品的生产销售情况；

（五）人群食用情况分析报告、生产质量管理体系运行情况的自查报告以及符合产品技术要求的检验报告。

第三十五条　申请进口保健食品变更注册或者延续注册的，除分别提交本办法第三十三条、第三十四条规定的材料外，还应当提交本办法第十三条第一款（一）、（二）、（三）、（四）项和第二款规定的相关材料。

第三十六条　变更申请的理由依据充分合理，不影响产品安全性、保健功能和质量可控性的，予以变更注册；变更申请的理由依据不充分、不合理，或者拟变更事项影响产品安全性、保健功能和质量可控性的，不予变更注册。

第三十七条　申请延续注册的保健食品的安全性、保健功能和质量可控性符合要求的，予以延续注册。

申请延续注册的保健食品的安全性、保健功能和质量可控性依据不足或者不再符合要求，在注册证书有效期内未进行生产销售的，以及注册人未在规定时限内提交延续申请的，不予延续注册。

第三十八条　接到保健食品延续注册申请的市场监督管理部门应当在保健食品注册证书有效期届满前作出是否准予延续的决定。逾期未作出决定的，视为准予延续注册。

第三十九条　准予变更注册或者延续注册的，颁发新的保健食品注册证书，同时注销原保健食品注册证书。

第四十条　保健食品变更注册与延续注册的程序未作规定的，可以适用本办法关于保健食品注册的相关规定。

第三章　注册证书管理

第四十一条　保健食品注册证书应当载明产品名称、注册人名称和地址、注册号、颁发日期及有效期、保健功能、功效成分或者标志性成分及含量、产品规格、保质期、适宜人群、不适宜人群、注意事项。

保健食品注册证书附件应当载明产品标签、说明书主要内容和产品技术要求等。

产品技术要求应当包括产品名称、配方、生产工艺、感官要求、鉴别、理化指标、微生物指标、功效成分或者标志性成分含量及检测方法、装量或者重量差异指标（净含量及允许负偏差指标）、原辅料质量要求等内容。

第四十二条 保健食品注册证书有效期为 5 年。变更注册的保健食品注册证书有效期与原保健食品注册证书有效期相同。

第四十三条 国产保健食品注册号格式为：国食健注 G+4 位年代号+4 位顺序号；进口保健食品注册号格式为：国食健注 J+4 位年代号+4 位顺序号。

第四十四条 保健食品注册有效期内，保健食品注册证书遗失或者损坏的，保健食品注册人应当向受理机构提出书面申请并说明理由。因遗失申请补发的，应当在省、自治区、直辖市市场监督管理部门网站上发布遗失声明；因损坏申请补发的，应当交回保健食品注册证书原件。

国家市场监督管理总局应当在受理后 20 个工作日内予以补发。补发的保健食品注册证书应当标注原批准日期，并注明"补发"字样。

第四章 备　　案

第四十五条 生产和进口下列保健食品应当依法备案：

（一）使用的原料已经列入保健食品原料目录的保健食品；

（二）首次进口的属于补充维生素、矿物质等营养物质的保健食品。

首次进口的属于补充维生素、矿物质等营养物质的保健食品，其营养物质应当是列入保健食品原料目录的物质。

第四十六条 国产保健食品的备案人应当是保健食品生产企业，原注册人可以作为备案人；进口保健食品的备案人，应当是上市保健食品境外生产厂商。

第四十七条 备案的产品配方、原辅料名称及用量、功效、生产工艺等应当符合法律、法规、规章、强制性标准以及保健食品原料目录技术要求的规定。

第四十八条 申请保健食品备案，除应当提交本办法第十二条第（四）、（五）、（六）、（七）、（八）项规定的材料外，还应当提交下列材料：

（一）保健食品备案登记表，以及备案人对提交材料真实性负责的法律责任承诺书；

（二）备案人主体登记证明文件复印件；

（三）产品技术要求材料；

（四）具有合法资质的检验机构出具的符合产品技术要求全项目检验报告；

（五）其他表明产品安全性和保健功能的材料。

第四十九条 申请进口保健食品备案的，除提交本办法第四十八条规定的材料外，还应当提交本办法第十三条第一款（一）、（二）、（三）、（四）项和第二款规定的相关材料。

第五十条 市场监督管理部门收到备案材料后，备案材料符合要求的，当场备案；不符合要求的，应当一次告知备案人补正相关材料。

第五十一条 市场监督管理部门应当完成备案信息的存档备查工作，并发放备案号。对备案的保健食品，市场监督管理部门应当按照相关要求的格式制作备案凭证，并将备案信息表中登载的信息在其网站上公布。

国产保健食品备案号格式为：食健备 G+4 位年代号+2 位省级行政区域代码+6 位顺序编号；进口保健食品备案号格式为：食健备 J+4 位年代号+00+6 位顺序编号。

第五十二条 已经备案的保健食品，需要变更备案材料的，备案人应当向原备案机关提交变更说明及相关证明文件。备案材料符合要求的，市场监督管理部门应当将变更情况登载于变更信息中，将备案材料存档备查。

　　第五十三条　保健食品备案信息应当包括产品名称、备案人名称和地址、备案登记号、登记日期以及产品标签、说明书和技术要求。

第五章　标签、说明书

　　第五十四条　申请保健食品注册或者备案的，产品标签、说明书样稿应当包括产品名称、原料、辅料、功效成分或者标志性成分及含量、适宜人群、不适宜人群、保健功能、食用量及食用方法、规格、贮藏方法、保质期、注意事项等内容及相关制定依据和说明等。

　　第五十五条　保健食品的标签、说明书主要内容不得涉及疾病预防、治疗功能，并声明"本品不能代替药物"。

　　第五十六条　保健食品的名称由商标名、通用名和属性名组成。

　　商标名，是指保健食品使用依法注册的商标名称或者符合《商标法》规定的未注册的商标名称，用以表明其产品是独有的、区别于其他同类产品。

　　通用名，是指表明产品主要原料等特性的名称。

　　属性名，是指表明产品剂型或者食品分类属性等的名称。

　　第五十七条　保健食品名称不得含有下列内容：

　　（一）虚假、夸大或者绝对化的词语；

　　（二）明示或者暗示预防、治疗功能的词语；

　　（三）庸俗或者带有封建迷信色彩的词语；

　　（四）人体组织器官等词语；

　　（五）除""之外的符号；

　　（六）其他误导消费者的词语。

　　保健食品名称不得含有人名、地名、汉语拼音、字母及数字等，但注册商标作为商标名、通用名中含有符合国家规定的含字母及数字的原料名除外。

　　第五十八条　通用名不得含有下列内容：

　　（一）已经注册的药品通用名，但以原料名称命名或者保健食品注册批准在先的除外；

　　（二）保健功能名称或者与表述产品保健功能相关的文字；

　　（三）易产生误导的原料简写名称；

　　（四）营养素补充剂产品配方中部分维生素或者矿物质；

　　（五）法律法规规定禁止使用的其他词语。

　　第五十九条　备案保健食品通用名应当以规范的原料名称命名。

　　第六十条　同一企业不得使用同一配方注册或者备案不同名称的保健食品；不得使用同一名称注册或者备案不同配方的保健食品。

第六章　监　督　管　理

　　第六十一条　国家市场监督管理总局应当及时制定并公布保健食品注册申请服务指南和审查细则，方便注册申请人申报。

　　第六十二条　承担保健食品审评、核查、检验的机构和人员应当对出具的审评意见、核查报告、检验报告负责。

　　保健食品审评、核查、检验机构和人员应当依照有关法律、法规、规章的规定，恪守职业道德，按照食品安全标准、技术规范等对保健食品进行审评、核查和检验，保证相关工作科学、客观和公正。

第六十三条 参与保健食品注册与备案管理工作的单位和个人，应当保守在注册或者备案中获知的商业秘密。

属于商业秘密的，注册申请人和备案人在申请注册或者备案时应当在提交的资料中明确相关内容和依据。

第六十四条 市场监督管理部门接到有关单位或者个人举报的保健食品注册受理、审评、核查、检验、审批等工作中的违法违规行为后，应当及时核实处理。

第六十五条 除涉及国家秘密、商业秘密外，市场监督管理部门应当自完成注册或者备案工作之日起20个工作日内根据相关职责在网站公布已经注册或者备案的保健食品目录及相关信息。

第六十六条 有下列情形之一的，国家市场监督管理总局根据利害关系人的请求或者依据职权，可以撤销保健食品注册证书：

（一）行政机关工作人员滥用职权、玩忽职守作出准予注册决定的；

（二）超越法定职权或者违反法定程序作出准予注册决定的；

（三）对不具备申请资格或者不符合法定条件的注册申请人准予注册的；

（四）依法可以撤销保健食品注册证书的其他情形。

注册人以欺骗、贿赂等不正当手段取得保健食品注册的，国家市场监督管理总局应当予以撤销。

第六十七条 有下列情形之一的，国家市场监督管理总局应当依法办理保健食品注册注销手续：

（一）保健食品注册有效期届满，注册人未申请延续或者国家食品药品监管总局不予延续的；

（二）保健食品注册人申请注销的；

（三）保健食品注册人依法终止的；

（四）保健食品注册依法被撤销，或者保健食品注册证书依法被吊销的；

（五）根据科学研究的发展，有证据表明保健食品可能存在安全隐患，依法被撤回的；

（六）法律、法规规定的应当注销保健食品注册的其他情形。

第六十八条 有下列情形之一的，市场监督管理部门取消保健食品备案：

（一）备案材料虚假的；

（二）备案产品生产工艺、产品配方等存在安全性问题的；

（三）保健食品生产企业的生产许可被依法吊销、注销的；

（四）备案人申请取消备案的；

（五）依法应当取消备案的其他情形。

第七章　法　律　责　任

第六十九条 保健食品注册与备案违法行为，食品安全法等法律法规已有规定的，依照其规定。

第七十条 注册申请人隐瞒真实情况或者提供虚假材料申请注册的，国家市场监督管理总局不予受理或者不予注册，并给予警告；申请人在1年内不得再次申请注册该保健食品；构成犯罪的，依法追究刑事责任。

第七十一条 注册申请人以欺骗、贿赂等不正当手段取得保健食品注册证书的，由国家市场监督管理总局撤销保健食品注册证书，并处1万元以上3万元以下罚款。被许可人在3年内不得再次申请注册；构成犯罪的，依法追究刑事责任。

第七十二条 有下列情形之一的，由县级以上人民政府市场监督管理部门处以1万元以上3

万元以下罚款；构成犯罪的，依法追究刑事责任。

（一）擅自转让保健食品注册证书的；

（二）伪造、涂改、倒卖、出租、出借保健食品注册证书的。

第七十三条 市场监督管理部门及其工作人员对不符合条件的申请人准予注册，或者超越法定职权准予注册的，依照食品安全法第一百四十四条的规定予以处理。

市场监督管理部门及其工作人员在注册审评过程中滥用职权、玩忽职守、徇私舞弊的，依照食品安全法第一百四十五条的规定予以处理。

第八章 附 则

第七十四条 申请首次进口保健食品注册和办理进口保健食品备案及其变更的，应当提交中文材料，外文材料附后。中文译本应当由境内公证机构进行公证，确保与原文内容一致；申请注册的产品质量标准（中文本），必须符合中国保健食品质量标准的格式。境外机构出具的证明文件应当经生产国（地区）的公证机构公证和中国驻所在国使领馆确认。

第七十五条 本办法自 2016 年 7 月 1 日起施行。2005 年 4 月 30 日公布的《保健食品注册管理办法（试行）》（原国家食品药品监督管理局令第 19 号）同时废止。

网络餐饮服务食品安全监督管理办法

（2017 年 11 月 6 日国家食品药品监督管理总局令第 36 号公布 根据 2020 年 10 月 23 日《国家市场监督管理总局关于修改部分规章的决定》修订）

第一条 为加强网络餐饮服务食品安全监督管理，规范网络餐饮服务经营行为，保证餐饮食品安全，保障公众身体健康，根据《中华人民共和国食品安全法》等法律法规，制定本办法。

第二条 在中华人民共和国境内，网络餐饮服务第三方平台提供者、通过第三方平台和自建网站提供餐饮服务的餐饮服务提供者（以下简称入网餐饮服务提供者），利用互联网提供餐饮服务及其监督管理，适用本办法。

第三条 国家市场监督管理总局负责指导全国网络餐饮服务食品安全监督管理工作，并组织开展网络餐饮服务食品安全监测。

县级以上地方市场监督管理部门负责本行政区域内网络餐饮服务食品安全监督管理工作。

第四条 入网餐饮服务提供者应当具有实体经营门店并依法取得食品经营许可证，并按照食品经营许可证载明的主体业态、经营项目从事经营活动，不得超范围经营。

第五条 网络餐饮服务第三方平台提供者应当在通信主管部门批准后 30 个工作日内，向所在地省级市场监督管理部门备案。自建网站餐饮服务提供者应当在通信主管部门备案后 30 个工作日内，向所在地县级市场监督管理部门备案。备案内容包括域名、IP 地址、电信业务经营许可证或者备案号、企业名称、地址、法定代表人或者负责人姓名等。

网络餐饮服务第三方平台提供者设立从事网络餐饮服务分支机构的，应当在设立后 30 个工作日内，向所在地县级市场监督管理部门备案。备案内容包括分支机构名称、地址、法定代表人或者负责人姓名等。

市场监督管理部门应当及时向社会公开相关备案信息。

第六条 网络餐饮服务第三方平台提供者应当建立并执行入网餐饮服务提供者审查登记、食品安全违法行为制止及报告、严重违法行为平台服务停止、食品安全事故处置等制度，并在网络平台上公开相关制度。

第七条 网络餐饮服务第三方平台提供者应当设置专门的食品安全管理机构，配备专职食品安全管理人员，每年对食品安全管理人员进行培训和考核。培训和考核记录保存期限不得少于2年。经考核不具备食品安全管理能力的，不得上岗。

第八条 网络餐饮服务第三方平台提供者应当对入网餐饮服务提供者的食品经营许可证进行审查，登记入网餐饮服务提供者的名称、地址、法定代表人或者负责人及联系方式等信息，保证入网餐饮服务提供者食品经营许可证载明的经营场所等许可信息真实。

网络餐饮服务第三方平台提供者应当与入网餐饮服务提供者签订食品安全协议，明确食品安全责任。

第九条 网络餐饮服务第三方平台提供者和入网餐饮服务提供者应当在餐饮服务经营活动主页面公示餐饮服务提供者的食品经营许可证。食品经营许可等信息发生变更的，应当及时更新。

第十条 网络餐饮服务第三方平台提供者和入网餐饮服务提供者应当在网上公示餐饮服务提供者的名称、地址、量化分级信息，公示的信息应当真实。

第十一条 入网餐饮服务提供者应当在网上公示菜品名称和主要原料名称，公示的信息应当真实。

第十二条 网络餐饮服务第三方平台提供者提供食品容器、餐具和包装材料的，所提供的食品容器、餐具和包装材料应当无毒、清洁。

鼓励网络餐饮服务第三方平台提供者提供可降解的食品容器、餐具和包装材料。

第十三条 网络餐饮服务第三方平台提供者和入网餐饮服务提供者应当加强对送餐人员的食品安全培训和管理。委托送餐单位送餐的，送餐单位应当加强对送餐人员的食品安全培训和管理。培训记录保存期限不得少于2年。

第十四条 送餐人员应当保持个人卫生，使用安全、无害的配送容器，保持容器清洁，并定期进行清洗消毒。送餐人员应当核对配送食品，保证配送过程食品不受污染。

第十五条 网络餐饮服务第三方平台提供者和自建网站餐饮服务提供者应当履行记录义务，如实记录网络订餐的订单信息，包括食品的名称、下单时间、送餐人员、送达时间以及收货地址，信息保存时间不得少于6个月。

第十六条 网络餐饮服务第三方平台提供者应当对入网餐饮服务提供者的经营行为进行抽查和监测。

网络餐饮服务第三方平台提供者发现入网餐饮服务提供者存在违法行为的，应当及时制止并立即报告入网餐饮服务提供者所在地县级市场监督管理部门；发现严重违法行为的，应当立即停止提供网络交易平台服务。

第十七条 网络餐饮服务第三方平台提供者应当建立投诉举报处理制度，公开投诉举报方式，对涉及消费者食品安全的投诉举报及时进行处理。

第十八条 入网餐饮服务提供者加工制作餐饮食品应当符合下列要求：

（一）制定并实施原料控制要求，选择资质合法、保证原料质量安全的供货商，或者从原料生产基地、超市采购原料，做好食品原料索证索票和进货查验记录，不得采购不符合食品安全标准的食品及原料；

（二）在加工过程中应当检查待加工的食品及原料，发现有腐败变质、油脂酸败、霉变生虫、污秽不洁、混有异物、掺假掺杂或者感官性状异常的，不得加工使用；

（三）定期维护食品贮存、加工、清洗消毒等设施、设备，定期清洗和校验保温、冷藏和冷冻等设施、设备，保证设施、设备运转正常；

（四）在自己的加工操作区内加工食品，不得将订单委托其他食品经营者加工制作；

（五）网络销售的餐饮食品应当与实体店销售的餐饮食品质量安全保持一致。

第十九条 入网餐饮服务提供者应当使用无毒、清洁的食品容器、餐具和包装材料，并对餐饮食品进行包装，避免送餐人员直接接触食品，确保送餐过程中食品不受污染。

第二十条 入网餐饮服务提供者配送有保鲜、保温、冷藏或者冷冻等特殊要求食品的，应当采取能保证食品安全的保存、配送措施。

第二十一条 国家市场监督管理总局组织监测发现网络餐饮服务第三方平台提供者和入网餐饮服务提供者存在违法行为的，通知有关省级市场监督管理部门依法组织查处。

第二十二条 县级以上地方市场监督管理部门接到网络餐饮服务第三方平台提供者报告入网餐饮服务提供者存在违法行为的，应当及时依法查处。

第二十三条 县级以上地方市场监督管理部门应当加强对网络餐饮服务食品安全的监督检查，发现网络餐饮服务第三方平台提供者和入网餐饮服务提供者存在违法行为的，依法进行查处。

第二十四条 县级以上地方市场监督管理部门对网络餐饮服务交易活动的技术监测记录资料，可以依法作为认定相关事实的依据。

第二十五条 县级以上地方市场监督管理部门对于消费者投诉举报反映的线索，应当及时进行核查，被投诉举报人涉嫌违法的，依法进行查处。

第二十六条 县级以上地方市场监督管理部门查处的入网餐饮服务提供者有严重违法行为的，应当通知网络餐饮服务第三方平台提供者，要求其立即停止对入网餐饮服务提供者提供网络交易平台服务。

第二十七条 违反本办法第四条规定，入网餐饮服务提供者不具备实体经营门店，未依法取得食品经营许可证的，由县级以上地方市场监督管理部门依照食品安全法第一百二十二条的规定处罚。

第二十八条 违反本办法第五条规定，网络餐饮服务第三方平台提供者以及分支机构或者自建网站餐饮服务提供者未履行相应备案义务的，由县级以上地方市场监督管理部门责令改正，给予警告；拒不改正的，处 5000 元以上 3 万元以下罚款。

第二十九条 违反本办法第六条规定，网络餐饮服务第三方平台提供者未按要求建立、执行并公开相关制度的，由县级以上地方市场监督管理部门责令改正，给予警告；拒不改正的，处 5000 元以上 3 万元以下罚款。

第三十条 违反本办法第七条规定，网络餐饮服务第三方平台提供者未设置专门的食品安全管理机构，配备专职食品安全管理人员，或者未按要求对食品安全管理人员进行培训、考核并保存记录的，由县级以上地方市场监督管理部门责令改正，给予警告；拒不改正的，处 5000 元以上 3 万元以下罚款。

第三十一条 违反本办法第八条第一款规定，网络餐饮服务第三方平台提供者未对入网餐饮服务提供者的食品经营许可证进行审查，未登记入网餐饮服务提供者的名称、地址、法定代表人或者负责人及联系方式等信息，或者入网餐饮服务提供者食品经营许可证载明的经营场所等许可信息不真实的，由县级以上地方市场监督管理部门依照食品安全法第一百三十一条的规定处罚。

违反本办法第八条第二款规定，网络餐饮服务第三方平台提供者未与入网餐饮服务提供者签订食品安全协议的，由县级以上地方市场监督管理部门责令改正，给予警告；拒不改正的，处 5000 元以上 3 万元以下罚款。

第三十二条 违反本办法第九条、第十条、第十一条规定，网络餐饮服务第三方平台提供者和入网餐饮服务提供者未按要求进行信息公示和更新的，由县级以上地方市场监督管理部门责令改正，给予警告；拒不改正的，处 5000 元以上 3 万元以下罚款。

第三十三条 违反本办法第十二条规定，网络餐饮服务第三方平台提供者提供的食品配送容器、餐具和包装材料不符合规定的，由县级以上地方市场监督管理部门按照食品安全法第一百三十二条的规定处罚。

第三十四条 违反本办法第十三条规定，网络餐饮服务第三方平台提供者和入网餐饮服务提供者未对送餐人员进行食品安全培训和管理，或者送餐单位未对送餐人员进行食品安全培训和管理，或者未按要求保存培训记录的，由县级以上地方市场监督管理部门责令改正，给予警告；拒不改正的，处 5000 元以上 3 万元以下罚款。

第三十五条 违反本办法第十四条规定，送餐人员未履行使用安全、无害的配送容器等义务的，由县级以上地方市场监督管理部门对送餐人员所在单位按照食品安全法第一百三十二条的规定处罚。

第三十六条 违反本办法第十五条规定，网络餐饮服务第三方平台提供者和自建网站餐饮服务提供者未按要求记录、保存网络订餐信息的，由县级以上地方市场监督管理部门责令改正，给予警告；拒不改正的，处 5000 元以上 3 万元以下罚款。

第三十七条 违反本办法第十六条第一款规定，网络餐饮服务第三方平台提供者未对入网餐饮服务提供者的经营行为进行抽查和监测的，由县级以上地方市场监督管理部门责令改正，给予警告；拒不改正的，处 5000 元以上 3 万元以下罚款。

违反本办法第十六条第二款规定，网络餐饮服务第三方平台提供者发现入网餐饮服务提供者存在违法行为，未及时制止并立即报告入网餐饮服务提供者所在地县级市场监督管理部门的，或者发现入网餐饮服务提供者存在严重违法行为，未立即停止提供网络交易平台服务的，由县级以上地方市场监督管理部门依照食品安全法第一百三十一条的规定处罚。

第三十八条 违反本办法第十七条规定，网络餐饮服务第三方平台提供者未按要求建立消费者投诉举报处理制度，公开投诉举报方式，或者未对涉及消费者食品安全的投诉举报及时进行处理的，由县级以上地方市场监督管理部门责令改正，给予警告；拒不改正的，处 5000 元以上 3 万元以下罚款。

第三十九条 违反本办法第十八条第（一）项规定，入网餐饮服务提供者未履行制定实施原料控制要求等义务的，由县级以上地方市场监督管理部门依照食品安全法第一百二十六条第一款的规定处罚。

违反本办法第十八条第（二）项规定，入网餐饮服务提供者使用腐败变质、油脂酸败、霉变生虫、污秽不洁、混有异物、掺假掺杂或者感官性状异常等原料加工食品的，由县级以上地方市场监督管理部门依照食品安全法第一百二十四条第一款的规定处罚。

违反本办法第十八条第（三）项规定，入网餐饮服务提供者未定期维护食品贮存、加工、清洗消毒等设施、设备，或者未定期清洗和校验保温、冷藏和冷冻等设施、设备的，由县级以上地方市场监督管理部门依照食品安全法第一百二十六条第一款的规定处罚。

违反本办法第十八条第（四）项、第（五）项规定，入网餐饮服务提供者将订单委托其他食品经营者加工制作，或者网络销售的餐饮食品未与实体店销售的餐饮食品质量安全保持一致的，由县级以上地方市场监督管理部门责令改正，给予警告；拒不改正的，处 5000 元以上 3 万元以下罚款。

第四十条 违反本办法第十九条规定，入网餐饮服务提供者未履行相应的包装义务的，由县级以上地方市场监督管理部门责令改正，给予警告；拒不改正的，处 5000 元以上 3 万元以下罚款。

第四十一条 违反本办法第二十条规定，入网餐饮服务提供者配送有保鲜、保温、冷藏或者冷冻等特殊要求食品，未采取能保证食品安全的保存、配送措施的，由县级以上地方市场监督管理部门依照食品安全法第一百三十二条的规定处罚。

第四十二条 县级以上地方市场监督管理部门应当自对网络餐饮服务第三方平台提供者和入网餐饮服务提供者违法行为作出处罚决定之日起20个工作日内在网上公开行政处罚决定书。

第四十三条 省、自治区、直辖市的地方性法规和政府规章对小餐饮网络经营作出规定的，按照其规定执行。

本办法对网络餐饮服务食品安全违法行为的查处未作规定的，按照《网络食品安全违法行为查处办法》执行。

第四十四条 网络餐饮服务第三方平台提供者和入网餐饮服务提供者违反食品安全法规定，构成犯罪的，依法追究刑事责任。

第四十五条 餐饮服务连锁公司总部建立网站为其门店提供网络交易服务的，参照本办法关于网络餐饮服务第三方平台提供者的规定执行。

第四十六条 本办法自2018年1月1日起施行。

食品生产许可管理办法

（2020年1月2日国家市场监督管理总局令第24号公布 自2020年3月1日起施行）

第一章 总 则

第一条 为规范食品、食品添加剂生产许可活动，加强食品生产监督管理，保障食品安全，根据《中华人民共和国行政许可法》《中华人民共和国食品安全法》《中华人民共和国食品安全法实施条例》等法律法规，制定本办法。

第二条 在中华人民共和国境内，从事食品生产活动，应当依法取得食品生产许可。

食品生产许可的申请、受理、审查、决定及其监督检查，适用本办法。

第三条 食品生产许可应当遵循依法、公开、公平、公正、便民、高效的原则。

第四条 食品生产许可实行一企一证原则，即同一个食品生产者从事食品生产活动，应当取得一个食品生产许可证。

第五条 市场监督管理部门按照食品的风险程度，结合食品原料、生产工艺等因素，对食品生产实施分类许可。

第六条 国家市场监督管理总局负责监督指导全国食品生产许可管理工作。

县级以上地方市场监督管理部门负责本行政区域内的食品生产许可监督管理工作。

第七条 省、自治区、直辖市市场监督管理部门可以根据食品类别和食品安全风险状况，确定市、县级市场监督管理部门的食品生产许可管理权限。

保健食品、特殊医学用途配方食品、婴幼儿配方食品、婴幼儿辅助食品、食盐等食品的生产许可，由省、自治区、直辖市市场监督管理部门负责。

第八条 国家市场监督管理总局负责制定食品生产许可审查通则和细则。

省、自治区、直辖市市场监督管理部门可以根据本行政区域食品生产许可审查工作的需要，对地方特色食品制定食品生产许可审查细则，在本行政区域内实施，并向国家市场监督管理总局报告。国家市场监督管理总局制定公布相关食品生产许可审查细则后，地方特色食品生产许可审查细则自行废止。

县级以上地方市场监督管理部门实施食品生产许可审查，应当遵守食品生产许可审查通则和细则。

第九条　县级以上地方市场监督管理部门应当加快信息化建设，推进许可申请、受理、审查、发证、查询等全流程网上办理，并在行政机关的网站上公布生产许可事项，提高办事效率。

第二章　申请与受理

第十条　申请食品生产许可，应当先行取得营业执照等合法主体资格。

企业法人、合伙企业、个人独资企业、个体工商户、农民专业合作组织等，以营业执照载明的主体作为申请人。

第十一条　申请食品生产许可，应当按照以下食品类别提出：粮食加工品，食用油、油脂及其制品，调味品，肉制品，乳制品，饮料，方便食品，饼干，罐头，冷冻饮品，速冻食品，薯类和膨化食品，糖果制品，茶叶及相关制品，酒类，蔬菜制品，水果制品，炒货食品及坚果制品，蛋制品，可可及焙烤咖啡产品，食糖，水产制品，淀粉及淀粉制品，糕点，豆制品，蜂产品，保健食品，特殊医学用途配方食品，婴幼儿配方食品，特殊膳食食品，其他食品等。

国家市场监督管理总局可以根据监督管理工作需要对食品类别进行调整。

第十二条　申请食品生产许可，应当符合下列条件：

（一）具有与生产的食品品种、数量相适应的食品原料处理和食品加工、包装、贮存等场所，保持该场所环境整洁，并与有毒、有害场所以及其他污染源保持规定的距离；

（二）具有与生产的食品品种、数量相适应的生产设备或者设施，有相应的消毒、更衣、盥洗、采光、照明、通风、防腐、防尘、防蝇、防鼠、防虫、洗涤以及处理废水、存放垃圾和废弃物的设备或者设施；保健食品生产工艺有原料提取、纯化等前处理工序的，需要具备与生产的品种、数量相适应的原料前处理设备或者设施；

（三）有专职或者兼职的食品安全专业技术人员、食品安全管理人员和保证食品安全的规章制度；

（四）具有合理的设备布局和工艺流程，防止待加工食品与直接入口食品、原料与成品交叉污染，避免食品接触有毒物、不洁物；

（五）法律、法规规定的其他条件。

第十三条　申请食品生产许可，应当向申请人所在地县级以上地方市场监督管理部门提交下列材料：

（一）食品生产许可申请书；

（二）食品生产设备布局图和食品生产工艺流程图；

（三）食品生产主要设备、设施清单；

（四）专职或者兼职的食品安全专业技术人员、食品安全管理人员信息和食品安全管理制度。

第十四条　申请保健食品、特殊医学用途配方食品、婴幼儿配方食品等特殊食品的生产许可，还应当提交与所生产食品相适应的生产质量管理体系文件以及相关注册和备案文件。

第十五条　从事食品添加剂生产活动，应当依法取得食品添加剂生产许可。

申请食品添加剂生产许可，应当具备与所生产食品添加剂品种相适应的场所、生产设备或者设施、食品安全管理人员、专业技术人员和管理制度。

第十六条　申请食品添加剂生产许可，应当向申请人所在地县级以上地方市场监督管理部门提交下列材料：

（一）食品添加剂生产许可申请书；

（二）食品添加剂生产设备布局图和生产工艺流程图；

（三）食品添加剂生产主要设备、设施清单；

（四）专职或者兼职的食品安全专业技术人员、食品安全管理人员信息和食品安全管理制度。

第十七条 申请人应当如实向市场监督管理部门提交有关材料和反映真实情况，对申请材料的真实性负责，并在申请书等材料上签名或者盖章。

第十八条 申请人申请生产多个类别食品的，由申请人按照省级市场监督管理部门确定的食品生产许可管理权限，自主选择其中一个受理部门提交申请材料。受理部门应当及时告知有相应审批权限的市场监督管理部门，组织联合审查。

第十九条 县级以上地方市场监督管理部门对申请人提出的食品生产许可申请，应当根据下列情况分别作出处理：

（一）申请事项依法不需要取得食品生产许可的，应当即时告知申请人不受理；

（二）申请事项依法不属于市场监督管理部门职权范围的，应当即时作出不予受理的决定，并告知申请人向有关行政机关申请；

（三）申请材料存在可以当场更正的错误的，应当允许申请人当场更正，由申请人在更正处签名或者盖章，注明更正日期；

（四）申请材料不齐全或者不符合法定形式的，应当当场或者在 5 个工作日内一次告知申请人需要补正的全部内容。当场告知的，应当将申请材料退回申请人；在 5 个工作日内告知的，应当收取申请材料并出具收到申请材料的凭据。逾期不告知的，自收到申请材料之日起即为受理；

（五）申请材料齐全、符合法定形式，或者申请人按照要求提交全部补正材料的，应当受理食品生产许可申请。

第二十条 县级以上地方市场监督管理部门对申请人提出的申请决定予以受理的，应当出具受理通知书；决定不予受理的，应当出具不予受理通知书，说明不予受理的理由，并告知申请人依法享有申请行政复议或者提起行政诉讼的权利。

第三章 审查与决定

第二十一条 县级以上地方市场监督管理部门应当对申请人提交的申请材料进行审查。需要对申请材料的实质内容进行核实的，应当进行现场核查。

市场监督管理部门开展食品生产许可现场核查时，应当按照申请材料进行核查。对首次申请许可或者增加食品类别的变更许可的，根据食品生产工艺流程等要求，核查试制食品的检验报告。开展食品添加剂生产许可现场核查时，可以根据食品添加剂品种特点，核查试制食品添加剂的检验报告和复配食品添加剂配方等。试制食品检验可以由生产者自行检验，或者委托有资质的食品检验机构检验。

现场核查应当由食品安全监管人员进行，根据需要可以聘请专业技术人员作为核查人员参加现场核查。核查人员不得少于 2 人。核查人员应当出示有效证件，填写食品生产许可现场核查表，制作现场核查记录，经申请人核对无误后，由核查人员和申请人在核查表和记录上签名或者盖章。申请人拒绝签名或者盖章的，核查人员应当注明情况。

申请保健食品、特殊医学用途配方食品、婴幼儿配方乳粉生产许可，在产品注册或者产品配方注册时经过现场核查的项目，可以不再重复进行现场核查。

市场监督管理部门可以委托下级市场监督管理部门，对受理的食品生产许可申请进行现场核查。特殊食品生产许可的现场核查原则上不得委托下级市场监督管理部门实施。

核查人员应当自接受现场核查任务之日起 5 个工作日内，完成对生产场所的现场核查。

第二十二条 除可以当场作出行政许可决定的外，县级以上地方市场监督管理部门应当自受理申请之日起 10 个工作日内作出是否准予行政许可的决定。因特殊原因需要延长期限的，经本行政机关负责人批准，可以延长 5 个工作日，并应当将延长期限的理由告知申请人。

第二十三条 县级以上地方市场监督管理部门应当根据申请材料审查和现场核查等情况，对符合条件的，作出准予生产许可的决定，并自作出决定之日起 5 个工作日内向申请人颁发食品生产许可证；对不符合条件的，应当及时作出不予许可的书面决定并说明理由，同时告知申请人依法享有申请行政复议或者提起行政诉讼的权利。

第二十四条 食品添加剂生产许可申请符合条件的，由申请人所在地县级以上地方市场监督管理部门依法颁发食品生产许可证，并标注食品添加剂。

第二十五条 食品生产许可证发证日期为许可决定作出的日期，有效期为 5 年。

第二十六条 县级以上地方市场监督管理部门认为食品生产许可申请涉及公共利益的重大事项，需要听证的，应当向社会公告并举行听证。

第二十七条 食品生产许可直接涉及申请人与他人之间重大利益关系的，县级以上地方市场监督管理部门在作出行政许可决定前，应当告知申请人、利害关系人享有要求听证的权利。

申请人、利害关系人在被告知听证权利之日起 5 个工作日内提出听证申请的，市场监督管理部门应当在 20 个工作日内组织听证。听证期限不计算在行政许可审查期限之内。

第四章 许可证管理

第二十八条 食品生产许可证分为正本、副本。正本、副本具有同等法律效力。

国家市场监督管理总局负责制定食品生产许可证式样。省、自治区、直辖市市场监督管理部门负责本行政区域食品生产许可证的印制、发放等管理工作。

第二十九条 食品生产许可证应当载明：生产者名称、社会信用代码、法定代表人（负责人）、住所、生产地址、食品类别、许可证编号、有效期、发证机关、发证日期和二维码。

副本还应当载明食品明细。生产保健食品、特殊医学用途配方食品、婴幼儿配方食品的，还应当载明产品或者产品配方的注册号或者备案登记号；接受委托生产保健食品的，还应当载明委托企业名称及住所等相关信息。

第三十条 食品生产许可证编号由 SC（"生产"的汉语拼音字母缩写）和 14 位阿拉伯数字组成。数字从左至右依次为：3 位食品类别编码、2 位省（自治区、直辖市）代码、2 位市（地）代码、2 位县（区）代码、4 位顺序码、1 位校验码。

第三十一条 食品生产者应当妥善保管食品生产许可证，不得伪造、涂改、倒卖、出租、出借、转让。

食品生产者应当在生产场所的显著位置悬挂或者摆放食品生产许可证正本。

第五章 变更、延续与注销

第三十二条 食品生产许可证有效期内，食品生产者名称、现有设备布局和工艺流程、主要生产设备设施、食品类别等事项发生变化，需要变更食品生产许可证载明的许可事项的，食品生产者应当在变化后 10 个工作日内向原发证的市场监督管理部门提出变更申请。

食品生产者的生产场所迁址的，应当重新申请食品生产许可。

食品生产许可证副本载明的同一食品类别内的事项发生变化的，食品生产者应当在变化后 10 个工作日内向原发证的市场监督管理部门报告。

食品生产者的生产条件发生变化，不再符合食品生产要求，需要重新办理许可手续的，应当依法办理。

第三十三条 申请变更食品生产许可的，应当提交下列申请材料：

（一）食品生产许可变更申请书；

（二）与变更食品生产许可事项有关的其他材料。

第三十四条 食品生产者需要延续依法取得的食品生产许可的有效期的，应当在该食品生产许可有效期届满30个工作日前，向原发证的市场监督管理部门提出申请。

第三十五条 食品生产者申请延续食品生产许可，应当提交下列材料：

（一）食品生产许可延续申请书；

（二）与延续食品生产许可事项有关的其他材料。

保健食品、特殊医学用途配方食品、婴幼儿配方食品的生产企业申请延续食品生产许可的，还应当提供生产质量管理体系运行情况的自查报告。

第三十六条 县级以上地方市场监督管理部门应当根据被许可人的延续申请，在该食品生产许可有效期届满前作出是否准予延续的决定。

第三十七条 县级以上地方市场监督管理部门应当对变更或者延续食品生产许可的申请材料进行审查，并按照本办法第二十一条的规定实施现场核查。

申请人声明生产条件未发生变化的，县级以上地方市场监督管理部门可以不再进行现场核查。

申请人的生产条件及周边环境发生变化，可能影响食品安全的，市场监督管理部门应当就变化情况进行现场核查。

保健食品、特殊医学用途配方食品、婴幼儿配方食品注册或者备案的生产工艺发生变化的，应当先办理注册或者备案变更手续。

第三十八条 市场监督管理部门决定准予变更的，应当向申请人颁发新的食品生产许可证。食品生产许可证编号不变，发证日期为市场监督管理部门作出变更许可决定的日期，有效期与原证书一致。但是，对因迁址等原因而进行全面现场核查的，其换发的食品生产许可证有效期自发证之日起计算。

因食品安全国家标准发生重大变化，国家和省级市场监督管理部门决定组织重新核查而换发的食品生产许可证，其发证日期以重新批准日期为准，有效期自重新发证之日起计算。

第三十九条 市场监督管理部门决定准予延续的，应当向申请人颁发新的食品生产许可证，许可证编号不变，有效期自市场监督管理部门作出延续许可决定之日起计算。

不符合许可条件的，市场监督管理部门应当作出不予延续食品生产许可的书面决定，并说明理由。

第四十条 食品生产者终止食品生产，食品生产许可被撤回、撤销，应当在20个工作日内向原发证的市场监督管理部门申请办理注销手续。

食品生产者申请注销食品生产许可的，应当向原发证的市场监督管理部门提交食品生产许可注销申请书。

食品生产许可被注销的，许可证编号不得再次使用。

第四十一条 有下列情形之一，食品生产者未按规定申请办理注销手续的，原发证的市场监督管理部门应当依法办理食品生产许可注销手续，并在网站进行公示：

（一）食品生产许可有效期届满未申请延续的；

（二）食品生产者主体资格依法终止的；

（三）食品生产许可依法被撤回、撤销或者食品生产许可证依法被吊销的；

（四）因不可抗力导致食品生产许可事项无法实施的；

（五）法律法规规定的应当注销食品生产许可的其他情形。

第四十二条 食品生产许可证变更、延续与注销的有关程序参照本办法第二章、第三章的有关规定执行。

第六章　监　督　检　查

第四十三条　县级以上地方市场监督管理部门应当依据法律法规规定的职责，对食品生产者的许可事项进行监督检查。

第四十四条　县级以上地方市场监督管理部门应当建立食品许可管理信息平台，便于公民、法人和其他社会组织查询。

县级以上地方市场监督管理部门应当将食品生产许可颁发、许可事项检查、日常监督检查、许可违法行为查处等情况记入食品生产者食品安全信用档案，并通过国家企业信用信息公示系统向社会公示；对有不良信用记录的食品生产者应当增加监督检查频次。

第四十五条　县级以上地方市场监督管理部门及其工作人员履行食品生产许可管理职责，应当自觉接受食品生产者和社会监督。

接到有关工作人员在食品生产许可管理过程中存在违法行为的举报，市场监督管理部门应当及时进行调查核实。情况属实的，应当立即纠正。

第四十六条　县级以上地方市场监督管理部门应当建立食品生产许可档案管理制度，将办理食品生产许可的有关材料、发证情况及时归档。

第四十七条　国家市场监督管理总局可以定期或者不定期组织对全国食品生产许可工作进行监督检查；省、自治区、直辖市市场监督管理部门可以定期或者不定期组织对本行政区域内的食品生产许可工作进行监督检查。

第四十八条　未经申请人同意，行政机关及其工作人员、参加现场核查的人员不得披露申请人提交的商业秘密、未披露信息或者保密商务信息，法律另有规定或者涉及国家安全、重大社会公共利益的除外。

第七章　法　律　责　任

第四十九条　未取得食品生产许可从事食品生产活动的，由县级以上地方市场监督管理部门依照《中华人民共和国食品安全法》第一百二十二条的规定给予处罚。

食品生产者生产的食品不属于食品生产许可证上载明的食品类别的，视为未取得食品生产许可从事食品生产活动。

第五十条　许可申请人隐瞒真实情况或者提供虚假材料申请食品生产许可的，由县级以上地方市场监督管理部门给予警告。申请人在1年内不得再次申请食品生产许可。

第五十一条　被许可人以欺骗、贿赂等不正当手段取得食品生产许可的，由原发证的市场监督管理部门撤销许可，并处1万元以上3万元以下罚款。被许可人在3年内不得再次申请食品生产许可。

第五十二条　违反本办法第三十一条第一款规定，食品生产者伪造、涂改、倒卖、出租、出借、转让食品生产许可证的，由县级以上地方市场监督管理部门责令改正，给予警告，并处1万元以下罚款；情节严重的，处1万元以上3万元以下罚款。

违反本办法第三十一条第二款规定，食品生产者未按规定在生产场所的显著位置悬挂或者摆放食品生产许可证的，由县级以上地方市场监督管理部门责令改正；拒不改正的，给予警告。

第五十三条　违反本办法第三十二条第一款规定，食品生产许可证有效期内，食品生产者名称、现有设备布局和工艺流程、主要生产设备设施等事项发生变化，需要变更食品生产许可证载明的许可事项，未按规定申请变更的，由原发证的市场监督管理部门责令改正，给予警告；拒不改正的，处1万元以上3万元以下罚款。

违反本办法第三十二条第二款规定，食品生产者的生产场所迁址后未重新申请取得食品生产许可从事食品生产活动的，由县级以上地方市场监督管理部门依照《中华人民共和国食品安全法》第一百二十二条的规定给予处罚。

违反本办法第三十二条第三款、第四十条第一款规定，食品生产许可证副本载明的同一食品类别内的事项发生变化，食品生产者未按规定报告的，食品生产者终止食品生产，食品生产许可被撤回、撤销或者食品生产许可证被吊销，未按规定申请办理注销手续的，由原发证的市场监督管理部门责令改正；拒不改正的，给予警告，并处 5000 元以下罚款。

第五十四条 食品生产者违反本办法规定，有《中华人民共和国食品安全法实施条例》第七十五条第一款规定的情形的，依法对单位的法定代表人、主要负责人、直接负责的主管人员和其他直接责任人员给予处罚。

被吊销生产许可证的食品生产者及其法定代表人、直接负责的主管人员和其他直接责任人员自处罚决定作出之日起 5 年内不得申请食品生产经营许可，或者从事食品生产经营管理工作、担任食品生产经营企业食品安全管理人员。

第五十五条 市场监督管理部门对不符合条件的申请人准予许可，或者超越法定职权准予许可的，依照《中华人民共和国食品安全法》第一百四十四条的规定给予处分。

第八章 附 则

第五十六条 取得食品经营许可的餐饮服务提供者在其餐饮服务场所制作加工食品，不需要取得本办法规定的食品生产许可。

第五十七条 食品添加剂的生产许可管理原则、程序、监督检查和法律责任，适用本办法有关食品生产许可的规定。

第五十八条 对食品生产加工小作坊的监督管理，按照省、自治区、直辖市制定的具体管理办法执行。

第五十九条 各省、自治区、直辖市市场监督管理部门可以根据本行政区域实际情况，制定有关食品生产许可管理的具体实施办法。

第六十条 市场监督管理部门制作的食品生产许可电子证书与印制的食品生产许可证书具有同等法律效力。

第六十一条 本办法自 2020 年 3 月 1 日起施行。原国家食品药品监督管理总局 2015 年 8 月 31 日公布，根据 2017 年 11 月 7 日原国家食品药品监督管理总局《关于修改部分规章的决定》修正的《食品生产许可管理办法》同时废止。

保健食品原料目录与保健功能目录管理办法

（2019 年 8 月 2 日国家市场监督管理总局令第 13 号公布 自 2019 年 10 月 1 日起施行）

第一章 总 则

第一条 为了规范保健食品原料目录和允许保健食品声称的保健功能目录的管理工作，根据《中华人民共和国食品安全法》，制定本办法。

第二条 中华人民共和国境内生产经营的保健食品的原料目录和允许保健食品声称的保健功能目录的制定、调整和公布适用本办法。

第三条 保健食品原料目录，是指依照本办法制定的保健食品原料的信息列表，包括原料名称、用量及其对应的功效。

允许保健食品声称的保健功能目录（以下简称保健功能目录），是指依照本办法制定的具有明确评价方法和判定标准的保健功能信息列表。

第四条 保健食品原料目录和保健功能目录的制定、调整和公布，应当以保障食品安全和促进公众健康为宗旨，遵循依法、科学、公开、公正的原则。

第五条 国家市场监督管理总局会同国家卫生健康委员会、国家中医药管理局制定、调整并公布保健食品原料目录和保健功能目录。

第六条 国家市场监督管理总局食品审评机构（以下简称审评机构）负责组织拟订保健食品原料目录和保健功能目录，接收纳入或者调整保健食品原料目录和保健功能目录的建议。

第二章 保健食品原料目录管理

第七条 除维生素、矿物质等营养物质外，纳入保健食品原料目录的原料应当符合下列要求：

（一）具有国内外食用历史，原料安全性确切，在批准注册的保健食品中已经使用；

（二）原料对应的功效已经纳入现行的保健功能目录；

（三）原料及其用量范围、对应的功效、生产工艺、检测方法等产品技术要求可以实现标准化管理，确保依据目录备案的产品质量一致性。

第八条 有下列情形之一的，不得列入保健食品原料目录：

（一）存在食用安全风险以及原料安全性不确切的；

（二）无法制定技术要求进行标准化管理和不具备工业化大生产条件的；

（三）法律法规以及国务院有关部门禁止食用，或者不符合生态环境和资源法律法规要求等其他禁止纳入的情形。

第九条 任何单位或者个人在开展相关研究的基础上，可以向审评机构提出拟纳入或者调整保健食品原料目录的建议。

第十条 国家市场监督管理总局可以根据保健食品注册和监督管理情况，选择具备能力的技术机构对已批准注册的保健食品中使用目录外原料情况进行研究分析。符合要求的，技术机构应当及时提出拟纳入或者调整保健食品原料目录的建议。

第十一条 提出拟纳入或者调整保健食品原料目录的建议应当包括下列材料：

（一）原料名称，必要时提供原料对应的拉丁学名、来源、使用部位以及规格等；

（二）用量范围及其对应的功效；

（三）工艺要求、质量标准、功效成分或者标志性成分及其含量范围和相应的检测方法、适宜人群和不适宜人群相关说明、注意事项等；

（四）人群食用不良反应情况；

（五）纳入目录的依据等其他相关材料。

建议调整保健食品原料目录的，还需要提供调整理由、依据和相关材料。

第十二条 审评机构对拟纳入或者调整保健食品原料目录的建议材料进行技术评价，结合批准注册保健食品中原料使用的情况，作出准予或者不予将原料纳入保健食品原料目录或者调整保健食品原料目录的技术评价结论，并报送国家市场监督管理总局。

第十三条 国家市场监督管理总局对审评机构报送的技术评价结论等相关材料的完整性、规范性进行初步审查，拟纳入或者调整保健食品原料目录的，应当公开征求意见，并修改完善。

第十四条 国家市场监督管理总局对审评机构报送的拟纳入或者调整保健食品原料目录的材

料进行审查，符合要求的，会同国家卫生健康委员会、国家中医药管理局及时公布纳入或者调整的保健食品原料目录。

第十五条 有下列情形之一的，国家市场监督管理总局组织对保健食品原料目录中的原料进行再评价，根据再评价结果，会同国家卫生健康委员会、国家中医药管理局对目录进行相应调整：

（一）新的研究发现原料存在食用安全性问题；

（二）食品安全风险监测或者保健食品安全监管中发现原料存在食用安全风险或者问题；

（三）新的研究证实原料每日用量范围与对应功效需要调整的或者功效声称不够科学、严谨；

（四）其他需要再评价的情形。

第三章　保健功能目录管理

第十六条 纳入保健功能目录的保健功能应当符合下列要求：

（一）以补充膳食营养物质、维持改善机体健康状态或者降低疾病发生风险因素为目的；

（二）具有明确的健康消费需求，能够被正确理解和认知；

（三）具有充足的科学依据，以及科学的评价方法和判定标准；

（四）以传统养生保健理论为指导的保健功能，符合传统中医养生保健理论；

（五）具有明确的适宜人群和不适宜人群。

第十七条 有下列情形之一的，不得列入保健功能目录：

（一）涉及疾病的预防、治疗、诊断作用；

（二）庸俗或者带有封建迷信色彩；

（三）可能误导消费者等其他情形。

第十八条 任何单位或者个人在开展相关研究的基础上，可以向审评机构提出拟纳入或者调整保健功能目录的建议。

第十九条 国家市场监督管理总局可以根据保健食品注册和监督管理情况，选择具备能力的技术机构开展保健功能相关研究。符合要求的，技术机构应当及时提出拟纳入或者调整保健功能目录的建议。

第二十条 提出拟纳入或者调整保健功能目录的建议应当提供下列材料：

（一）保健功能名称、解释、机理以及依据；

（二）保健功能研究报告，包括保健功能的人群健康需求分析，保健功能与机体健康效应的分析以及综述，保健功能试验的原理依据、适用范围，以及其他相关科学研究资料；

（三）保健功能评价方法以及判定标准，对应的样品动物实验或者人体试食试验等功能检验报告；

（四）相同或者类似功能在国内外的研究应用情况；

（五）有关科学文献依据以及其他材料。

建议调整保健功能目录的，还需要提供调整的理由、依据和相关材料。

第二十一条 审评机构对拟纳入或者调整保健功能目录的建议材料进行技术评价，综合作出技术评价结论，并报送国家市场监督管理总局：

（一）对保健功能科学、合理、必要性充足，保健功能评价方法和判定标准适用、稳定、可操作的，作出纳入或者调整保健功能目录的技术评价结论；

（二）对保健功能不科学、不合理、必要性不充足，保健功能评价方法和判定标准不适用、不稳定、没有可操作性的，作出不予纳入或者调整的技术评价建议。

第二十二条 国家市场监督管理总局对审评机构报送的技术评价结论等相关材料的完整性、规范性进行初步审查，拟纳入或者调整保健食品功能目录的，应当公开征求意见，并修改完善。

第二十三条 国家市场监督管理总局对审评机构报送的拟纳入或者调整保健功能目录的材料进行审查，符合要求的，会同国家卫生健康委员会、国家中医药管理局，及时公布纳入或者调整的保健功能目录。

第二十四条 有下列情形之一的，国家市场监督管理总局及时组织对保健功能目录中的保健功能进行再评价，根据再评价结果，会同国家卫生健康委员会、国家中医药管理局对目录进行相应调整：

（一）实际应用和新的科学共识发现保健功能评价方法与判定标准存在问题，需要重新进行评价和论证；

（二）列入保健功能目录中的保健功能缺乏实际健康消费需求；

（三）其他需要再评价的情形。

第四章 附 则

第二十五条 保健食品原料目录的制定、按照传统既是食品又是中药材物质目录的制定、新食品原料的审查等工作应当相互衔接。

第二十六条 本办法自 2019 年 10 月 1 日起施行。

保健食品标注警示用语指南

（2019 年 6 月 10 日）

保健食品适用于特定人群食用，但不以治疗疾病为目的。为指导保健食品警示用语标注，使消费者更易于区分保健食品与普通食品、药品，引导消费者理性消费，根据《中华人民共和国食品安全法》《保健食品注册与备案管理办法》等法律法规，研究制定了《保健食品标注警示用语指南》。

一、警示用语

保健食品标签设置警示用语区及警示用语。警示用语区位于最小销售包装包装物（容器）的主要展示版面，所占面积不应小于其所在面的 20%。警示用语区内文字与警示用语区背景有明显色差。警示用语使用黑体字印刷，包括以下内容：

保健食品不是药物，不能代替药物治疗疾病。

当主要展示版面的表面积大于或等于 100 平方厘米时，字体高度不小于 6.0 毫米。当主要展示版面的表面积小于 100 平方厘米时，警示用语字体最小高度按照上述规定等比例变化。

二、生产日期和保质期

保健食品在产品最小销售包装（容器）外明显位置清晰标注生产日期和保质期。如果日期标注采用"见包装物某部位"的形式，应当准确标注所在包装物的具体部位。

1. 日期标注应当与所在位置的背景颜色形成鲜明对比，易于识别，采用激光蚀刻方式进行标注的除外。日期标注不得另外加贴、补印或者篡改。

2. 多层包装的单件保健食品以与食品直接接触的内包装的完成时间为生产日期。

3. 当同一预包装内含有多个单件食品时，外包装上标注各单件食品的生产日期和保质期。

4. 按年、月、日的顺序标注日期。日期中年、月、日可用空格、斜线、连字符、句点等符号分隔，或者不用分隔符。年代号应当使用4位数字标注，月、日应当分别使用2位数字标注。

5. 保质期的标注使用"保质期至XXXX年XX月XX日"的方式描述。

三、投诉服务电话

保健食品标签标注投诉服务电话、服务时段等信息。投诉服务电话字体与"保健功能"的字体一致。

保健食品生产经营企业保证在承诺的服务时段内接听、处理消费者投诉、举报，并记录、保存相关服务信息至少2年。

四、消费提示

保健食品经营者在经营保健食品的场所、网络平台等显要位置标注"保健食品不是药物，不能代替药物治疗疾病"等消费提示信息，引导消费者理性消费。保健食品消费提示参考模板详见附件。

附件

保健食品消费提示

1. 保健食品是食品，不是药物，不能代替药物治疗疾病。

2. 选购保健食品要认清、认准产品包装上的保健食品标志及保健食品批准文号，依据其功能和适宜人群科学选用并按标签、说明书的要求食用。保健食品产品注册信息可在国家市场监督管理总局网站查询。

3. 选购保健食品要到正规的商场、超市、药店等经营单位购买，并索要发票或销售凭据。

4. 消费者如对所购买的保健食品质量安全有质疑，或发现存在虚假宣传等违法行为，请及时向当地市场监管部门举报，也可拨打投诉举报电话：12315。

学校食品安全与营养健康管理规定

（2019年2月20日教育部、国家市场监督管理总局、国家卫生健康委员会令第45号公布 自2019年4月1日起施行）

第一章 总 则

第一条 为保障学生和教职工在校集中用餐的食品安全与营养健康，加强监督管理，根据《中华人民共和国食品安全法》（以下简称食品安全法）、《中华人民共和国教育法》《中华人民共和国食品安全法实施条例》等法律法规，制定本规定。

第二条 实施学历教育的各级各类学校、幼儿园（以下统称学校）集中用餐的食品安全与营养健康管理，适用本规定。

本规定所称集中用餐是指学校通过食堂供餐或者外购食品（包括从供餐单位订餐）等形式，集中向学生和教职工提供食品的行为。

第三条 学校集中用餐实行预防为主、全程监控、属地管理、学校落实的原则，建立教育、食品安全监督管理、卫生健康等部门分工负责的工作机制。

第四条 学校集中用餐应当坚持公益便利的原则，围绕采购、贮存、加工、配送、供餐等关键环节，健全学校食品安全风险防控体系，保障食品安全，促进营养健康。

第五条 学校应当按照食品安全法律法规规定和健康中国战略要求，建立健全相关制度，落实校园食品安全责任，开展食品安全与营养健康的宣传教育。

第二章 管理体制

第六条 县级以上地方人民政府依法统一领导、组织、协调学校食品安全监督管理工作以及食品安全突发事故应对工作，将学校食品安全纳入本地区食品安全事故应急预案和学校安全风险防控体系建设。

第七条 教育部门应当指导和督促学校建立健全食品安全与营养健康相关管理制度，将学校食品安全与营养健康管理工作作为学校落实安全风险防控职责、推进健康教育的重要内容，加强评价考核；指导、监督学校加强食品安全教育和日常管理，降低食品安全风险，及时消除食品安全隐患，提升营养健康水平，积极协助相关部门开展工作。

第八条 食品安全监督管理部门应当加强学校集中用餐食品安全监督管理；依法查处涉及学校的食品安全违法行为；建立学校食堂食品安全信用档案，及时向教育部门通报学校食品安全相关信息；对学校食堂食品安全管理人员进行抽查考核，指导学校做好食品安全管理和宣传教育；依法会同有关部门开展学校食品安全事故调查处理。

第九条 卫生健康主管部门应当组织开展校园食品安全风险和营养健康监测，对学校提供营养指导，倡导健康饮食理念，开展适应学校需求的营养健康专业人员培训；指导学校开展食源性疾病预防和营养健康的知识教育，依法开展相关疫情防控处置工作；组织医疗机构救治因学校食品安全事故导致人身伤害的人员。

第十条 区域性的中小学卫生保健机构、妇幼保健机构、疾病预防控制机构，根据职责或者相关主管部门要求，组织开展区域内学校食品安全与营养健康的监测、技术培训和业务指导等工作。

鼓励有条件的地区成立学生营养健康专业指导机构，根据不同年龄阶段学生的膳食营养指南和健康教育的相关规定，指导学校开展学生营养健康相关活动，引导合理搭配饮食。

第十一条 食品安全监督管理部门应当将学校校园及周边地区作为监督检查的重点，定期对学校食堂、供餐单位和校园内以及周边食品经营者开展检查；每学期应当会同教育部门对本行政区域内学校开展食品安全专项检查，督促指导学校落实食品安全责任。

第三章 学校职责

第十二条 学校食品安全实行校长（园长）负责制。

学校应当将食品安全作为学校安全工作的重要内容，建立健全并落实有关食品安全管理制度和工作要求，定期组织开展食品安全隐患排查。

第十三条 中小学、幼儿园应当建立集中用餐陪餐制度，每餐均应当有学校相关负责人与学生共同用餐，做好陪餐记录，及时发现和解决集中用餐过程中存在的问题。

有条件的中小学、幼儿园应当建立家长陪餐制度，健全相应工作机制，对陪餐家长在学校食品安全与营养健康等方面提出的意见建议及时进行研究反馈。

第十四条 学校应当配备专（兼）职食品安全管理人员和营养健康管理人员，建立并落实集中用餐岗位责任制度，明确食品安全与营养健康管理相关责任。

有条件的地方应当为中小学、幼儿园配备营养专业人员或者支持学校聘请营养专业人员，对膳食营养均衡等进行咨询指导，推广科学配餐、膳食营养等理念。

第十五条 学校食品安全与营养健康管理相关工作人员应当按照有关要求，定期接受培训与考核，学习食品安全与营养健康相关法律、法规、规章、标准和其他相关专业知识。

第十六条　学校应当建立集中用餐信息公开制度，利用公共信息平台等方式及时向师生家长公开食品进货来源、供餐单位等信息，组织师生家长代表参与食品安全与营养健康的管理和监督。

第十七条　学校应当根据卫生健康主管部门发布的学生餐营养指南等标准，针对不同年龄段在校学生营养健康需求，因地制宜引导学生科学营养用餐。

有条件的中小学、幼儿园应当每周公布学生带量食谱和营养素供给量。

第十八条　学校应当加强食品安全与营养健康的宣传教育，在全国食品安全宣传周、全民营养周、中国学生营养日、全国碘缺乏病防治日等重要时间节点，开展相关科学知识普及和宣传教育活动。

学校应当将食品安全与营养健康相关知识纳入健康教育教学内容，通过主题班会、课外实践等形式开展经常性宣传教育活动。

第十九条　中小学、幼儿园应当培养学生健康的饮食习惯，加强对学生营养不良与超重、肥胖的监测、评价和干预，利用家长学校等方式对学生家长进行食品安全与营养健康相关知识的宣传教育。

第二十条　中小学、幼儿园一般不得在校内设置小卖部、超市等食品经营场所，确有需要设置的，应当依法取得许可，并避免售卖高盐、高糖及高脂食品。

第二十一条　学校在食品采购、食堂管理、供餐单位选择等涉及学校集中用餐的重大事项上，应当以适当方式听取家长委员会或者学生代表大会、教职工代表大会意见，保障师生家长的知情权、参与权、选择权、监督权。

学校应当畅通食品安全投诉渠道，听取师生家长对食堂、外购食品以及其他有关食品安全的意见、建议。

第二十二条　鼓励学校参加食品安全责任保险。

第四章　食堂管理

第二十三条　有条件的学校应当根据需要设置食堂，为学生和教职工提供服务。

学校自主经营的食堂应当坚持公益性原则，不以营利为目的。实施营养改善计划的农村义务教育学校食堂不得对外承包或者委托经营。

引入社会力量承包或者委托经营学校食堂的，应当以招投标等方式公开选择依法取得食品经营许可、能承担食品安全责任、社会信誉良好的餐饮服务单位或者符合条件的餐饮管理单位。

学校应当与承包方或者受委托经营方依法签订合同，明确双方在食品安全与营养健康方面的权利和义务，承担管理责任，督促其落实食品安全管理制度、履行食品安全与营养健康责任。承包方或者受委托经营方应当依照法律、法规、规章、食品安全标准以及合同约定进行经营，对食品安全负责，并接受委托方的监督。

第二十四条　学校食堂应当依法取得食品经营许可证，严格按照食品经营许可证载明的经营项目进行经营，并在食堂显著位置悬挂或者摆放许可证。

第二十五条　学校食堂应当建立食品安全与营养健康状况自查制度。经营条件发生变化，不再符合食品安全要求的，学校食堂应当立即整改；有发生食品安全事故潜在风险的，应当立即停止食品经营活动，并及时向所在地食品安全监督管理部门和教育部门报告。

第二十六条　学校食堂应当建立健全并落实食品安全管理制度，按照规定制定并执行场所及设施设备清洗消毒、维修保养校验、原料采购至供餐全过程控制管理、餐具饮具清洗消毒、食品添加剂使用管理等食品安全管理制度。

第二十七条　学校食堂应当建立并执行从业人员健康管理制度和培训制度。患有国家卫生健康委规定的有碍食品安全疾病的人员，不得从事接触直接入口食品的工作。从事接触直接入口食品工作的从业人员应当每年进行健康检查，取得健康证明后方可上岗工作，必要时应当进行临时健康检查。

学校食堂从业人员的健康证明应当在学校食堂显著位置进行统一公示。

学校食堂从业人员应当养成良好的个人卫生习惯，加工操作直接入口食品前应当洗手消毒，进入工作岗位前应当穿戴清洁的工作衣帽。

学校食堂从业人员不得有在食堂内吸烟等行为。

第二十八条 学校食堂应当建立食品安全追溯体系，如实、准确、完整记录并保存食品进货查验等信息，保证食品可追溯。鼓励食堂采用信息化手段采集、留存食品经营信息。

第二十九条 学校食堂应当具有与所经营的食品品种、数量、供餐人数相适应的场所并保持环境整洁，与有毒、有害场所以及其他污染源保持规定的距离。

第三十条 学校食堂应当根据所经营的食品品种、数量、供餐人数，配备相应的设施设备，并配备消毒、更衣、盥洗、采光、照明、通风、防腐、防尘、防蝇、防鼠、防虫、洗涤以及处理废水、存放垃圾和废弃物的设备或者设施。就餐区或者就餐区附近应当设置供用餐者清洗手部以及餐具、饮具的用水设施。

食品加工、贮存、陈列、转运等设施设备应当定期维护、清洗、消毒；保温设施及冷藏冷冻设施应当定期清洗、校验。

第三十一条 学校食堂应当具有合理的设备布局和工艺流程，防止待加工食品与直接入口食品、原料与成品或者半成品交叉污染，避免食品接触有毒物、不洁物。制售冷食类食品、生食类食品、裱花蛋糕、现榨果蔬汁等，应当按照有关要求设置专间或者专用操作区，专间应当在加工制作前进行消毒，并由专人加工操作。

第三十二条 学校食堂采购食品及原料应当遵循安全、健康、符合营养需要的原则。有条件的地方或者学校应当实行大宗食品公开招标、集中定点采购制度，签订采购合同时应当明确供货者食品安全责任和义务，保证食品安全。

第三十三条 学校食堂应当建立食品、食品添加剂和食品相关产品进货查验记录制度，如实准确记录名称、规格、数量、生产日期或者生产批号、保质期、进货日期以及供货者名称、地址、联系方式等内容，并保留载有上述信息的相关凭证。

进货查验记录和相关凭证保存期限不得少于产品保质期满后六个月；没有明确保质期的，保存期限不得少于二年。食用农产品的记录和凭证保存期限不得少于六个月。

第三十四条 学校食堂采购食品及原料，应当按照下列要求查验许可相关文件，并留存加盖公章（或者签字）的复印件或者其他凭证：

（一）从食品生产者采购食品的，应当查验其食品生产许可证和产品合格证明文件等；

（二）从食品经营者（商场、超市、便利店等）采购食品的，应当查验其食品经营许可证等；

（三）从食用农产品生产者直接采购的，应当查验并留存其社会信用代码或者身份证复印件；

（四）从集中交易市场采购食用农产品的，应当索取并留存由市场开办者或者经营者加盖公章（或者负责人签字）的购货凭证；

（五）采购肉类的应当查验肉类产品的检疫合格证明；采购肉类制品的应当查验肉类制品的检验合格证明。

第三十五条 学校食堂禁止采购、使用下列食品、食品添加剂、食品相关产品：

（一）超过保质期的食品、食品添加剂；

（二）腐败变质、油脂酸败、霉变生虫、污秽不洁、混有异物、掺假掺杂或者感官性状异常的食品、食品添加剂；

（三）未按规定进行检疫或者检疫不合格的肉类，或者未经检验或者检验不合格的肉类制品；

（四）不符合食品安全标准的食品原料、食品添加剂以及消毒剂、洗涤剂等食品相关产品；

（五）法律、法规、规章规定的其他禁止生产经营或者不符合食品安全标准的食品、食品添加剂、食品相关产品。

学校食堂在加工前应当检查待加工的食品及原料，发现有前款规定情形的，不得加工或者使用。

第三十六条 学校食堂提供蔬菜、水果以及按照国际惯例或者民族习惯需要提供的食品应当符合食品安全要求。

学校食堂不得采购、贮存、使用亚硝酸盐（包括亚硝酸钠、亚硝酸钾）。

中小学、幼儿园食堂不得制售冷荤类食品、生食类食品、裱花蛋糕，不得加工制作四季豆、鲜黄花菜、野生蘑菇、发芽土豆等高风险食品。省、自治区、直辖市食品安全监督管理部门可以结合实际制定本地区中小学、幼儿园集中用餐不得制售的高风险食品目录。

第三十七条 学校食堂应当按照保证食品安全的要求贮存食品，做到通风换气、分区分架分类、离墙离地存放、防蝇防鼠防虫设施完好，并定期检查库存，及时清理变质或者超过保质期的食品。

贮存散装食品，应当在贮存位置标明食品的名称、生产日期或者生产批号、保质期、生产者名称以及联系方式等内容。用于保存食品的冷藏冷冻设备，应当贴有标识，原料、半成品和成品应当分柜存放。

食品库房不得存放有毒、有害物品。

第三十八条 学校食堂应当设置专用的备餐间或者专用操作区，制定并在显著位置公示人员操作规范；备餐操作时应当避免食品受到污染。食品添加剂应当专人专柜（位）保管，按照有关规定做到标识清晰、计量使用、专册记录。

学校食堂制作的食品在烹饪后应当尽量当餐用完，需要熟制的食品应当烧熟煮透。需要再次利用的，应当按照相关规范采取热藏或者冷藏方式存放，并在确认没有腐败变质的情况下，对需要加热的食品经高温彻底加热后食用。

第三十九条 学校食堂用于加工动物性食品原料、植物性食品原料、水产品原料、半成品或者成品等的容器、工具应当从形状、材质、颜色、标识上明显区分，做到分开使用，固定存放，用后洗净并保持清洁。

学校食堂的餐具、饮具和盛放或者接触直接入口食品的容器、工具，使用前应当洗净、消毒。

第四十条 中小学、幼儿园食堂应当对每餐次加工制作的每种食品成品进行留样，每个品种留样量应当满足检验需要，不得少于125克，并记录留样食品名称、留样量、留样时间、留样人员等。留样食品应当由专柜冷藏保存48小时以上。

高等学校食堂加工制作的大型活动集体用餐，批量制售的热食、非即做即售的热食、冷食类食品、生食类食品、裱花蛋糕应当按照前款规定留样，其他加工食品根据相关规定留样。

第四十一条 学校食堂用水应当符合国家规定的生活饮用水卫生标准。

第四十二条 学校食堂产生的餐厨废弃物应当在餐后及时清除，并按照环保要求分类处理。

食堂应当设置专门的餐厨废弃物收集设施并明显标识，按照规定收集、存放餐厨废弃物，建立相关制度及台账，按照规定交由符合要求的生活垃圾运输单位或者餐厨垃圾处理单位处理。

第四十三条　学校食堂应当建立安全保卫制度，采取措施，禁止非食堂从业人员未经允许进入食品处理区。

学校在校园安全信息化建设中，应当优先在食堂食品库房、烹饪间、备餐间、专间、留样间、餐具饮具清洗消毒间等重点场所实现视频监控全覆盖。

第四十四条　有条件的学校食堂应当做到明厨亮灶，通过视频或者透明玻璃窗、玻璃墙等方式，公开食品加工过程。鼓励运用互联网等信息化手段，加强对食品来源、采购、加工制作全过程的监督。

第五章　外购食品管理

第四十五条　学校从供餐单位订餐的，应当建立健全校外供餐管理制度，选择取得食品经营许可、能承担食品安全责任、社会信誉良好的供餐单位。

学校应当与供餐单位签订供餐合同（或者协议），明确双方食品安全与营养健康的权利和义务，存档备查。

第四十六条　供餐单位应当严格遵守法律、法规和食品安全标准，当餐加工，并遵守本规定的要求，确保食品安全。

第四十七条　学校应当对供餐单位提供的食品随机进行外观查验和必要检验，并在供餐合同（或者协议）中明确约定不合格食品的处理方式。

第四十八条　学校需要现场分餐的，应当建立分餐管理制度。在教室分餐的，应当保障分餐环境卫生整洁。

第四十九条　学校外购食品的，应当索取相关凭证，查验产品包装标签，查看生产日期、保质期和保存条件。不能即时分发的，应当按照保证食品安全的要求贮存。

第六章　食品安全事故调查与应急处置

第五十条　学校应当建立集中用餐食品安全应急管理和突发事故报告制度，制定食品安全事故处置方案。发生集中用餐食品安全事故或者疑似食品安全事故时，应当立即采取下列措施：

（一）积极协助医疗机构进行救治；

（二）停止供餐，并按照规定向所在地教育、食品安全监督管理、卫生健康等部门报告；

（三）封存导致或者可能导致食品安全事故的食品及其原料、工具、用具、设备设施和现场，并按照食品安全监督管理部门要求采取控制措施；

（四）配合食品安全监管部门进行现场调查处理；

（五）配合相关部门对用餐师生进行调查，加强与师生家长联系，通报情况，做好沟通引导工作。

第五十一条　教育部门接到学校食品安全事故报告后，应当立即赶往现场协助相关部门进行调查处理，督促学校采取有效措施，防止事故扩大，并向上级人民政府教育部门报告。

学校发生食品安全事故需要启动应急预案的，教育部门应当立即向同级人民政府以及上一级教育部门报告，按照规定进行处置。

第五十二条　食品安全监督管理部门会同卫生健康、教育等部门依法对食品安全事故进行调查处理。

县级以上疾病预防控制机构接到报告后应当对事故现场进行卫生处理，并对与事故有关的因素开展流行病学调查，及时向同级食品安全监督管理、卫生健康等部门提交流行病学调查报告。

学校食品安全事故的性质、后果及其调查处理情况由食品安全监督管理部门会同卫生健康、教育等部门依法发布和解释。

第五十三条 教育部门和学校应当按照国家食品安全信息统一公布制度的规定建立健全学校食品安全信息公布机制，主动关注涉及本地本校食品安全舆情，除由相关部门统一公布的食品安全信息外，应当准确、及时、客观地向社会发布相关工作信息，回应社会关切。

第七章 责任追究

第五十四条 违反本规定第二十五条、第二十六条、第二十七条第一款、第三十三条，以及第三十四条第（一）项、第（二）项、第（五）项，学校食堂（或者供餐单位）未按规定建立食品安全管理制度，或者未按规定制定、实施餐饮服务经营过程控制要求的，由县级以上人民政府食品安全监督管理部门依照食品安全法第一百二十六条第一款的规定处罚。

违反本规定第三十四条第（三）项、第（四）项，学校食堂（或者供餐单位）未查验或者留存食用农产品生产者、集中交易市场开办者或者经营者的社会信用代码或者身份证复印件或者购货凭证、合格证明文件的，由县级以上人民政府食品安全监督管理部门责令改正；拒不改正的，给予警告，并处 5000 元以上 3 万元以下罚款。

第五十五条 违反本规定第三十六条第二款，学校食堂（或者供餐单位）采购、贮存亚硝酸盐（包括亚硝酸钠、亚硝酸钾）的，由县级以上人民政府食品安全监督管理部门责令改正，给予警告，并处 5000 元以上 3 万元以下罚款。

违反本规定第三十六条第三款，中小学、幼儿园食堂（或者供餐单位）制售冷荤类食品、生食类食品、裱花蛋糕，或者加工制作四季豆、鲜黄花菜、野生蘑菇、发芽土豆等高风险食品的，由县级以上人民政府食品安全监督管理部门责令改正；拒不改正的，给予警告，并处 5000 元以上 3 万元以下罚款。

第五十六条 违反本规定第四十条，学校食堂（或者供餐单位）未按要求留样的，由县级以上人民政府食品安全监督管理部门责令改正，给予警告；拒不改正的，处 5000 元以上 3 万元以下罚款。

第五十七条 有食品安全法以及本规定的违法情形，学校未履行食品安全管理责任，由县级以上人民政府食品安全管理部门会同教育部门对学校主要负责人进行约谈，由学校主管教育部门视情节对学校直接负责的主管人员和其他直接责任人员给予相应的处分。

实施营养改善计划的学校违反食品安全法律法规以及本规定的，应当从重处理。

第五十八条 学校食品安全的相关工作人员、相关负责人有下列行为之一的，由学校主管教育部门给予警告或者记过处分；情节较重的，应当给予降低岗位等级或者撤职处分；情节严重的，应当给予开除处分；构成犯罪的，依法移送司法机关处理：

（一）知道或者应当知道食品、食品原料劣质或者不合格而采购的，或者利用工作之便以其他方式谋取不正当利益的；

（二）在招投标和物资采购工作中违反有关规定，造成不良影响或者损失的；

（三）怠于履行职责或者工作不负责任、态度恶劣，造成不良影响的；

（四）违规操作致使师生人身遭受损害的；

（五）发生食品安全事故，擅离职守或者不按规定报告、不采取措施处置或者处置不力的；

（六）其他违反本规定要求的行为。

第五十九条 学校食品安全管理直接负责的主管人员和其他直接责任人员有下列情形之一的，由学校主管教育部门会同有关部门视情节给予相应的处分；构成犯罪的，依法移送司法机关处理：

（一）隐瞒、谎报、缓报食品安全事故的；

（二）隐匿、伪造、毁灭、转移不合格食品或者有关证据，逃避检查、使调查难以进行或者责任难以追究的；

（三）发生食品安全事故，未采取有效控制措施、组织抢救工作致使食物中毒事态扩大，或者未配合有关部门进行食物中毒调查、保留现场的；

（四）其他违反食品安全相关法律法规规定的行为。

第六十条 对于出现重大以上学校食品安全事故的地区，由国务院教育督导机构或者省级人民政府教育督导机构对县级以上地方人民政府相关负责人进行约谈，并依法提请有关部门予以追责。

第六十一条 县级以上人民政府食品安全监督管理、卫生健康、教育等部门未按照食品安全法等法律法规以及本规定要求履行监督管理职责，造成所辖区域内学校集中用餐发生食品安全事故的，应当依据食品安全法和相关规定，对直接负责的主管人员和其他直接责任人员，给予相应的处分；构成犯罪的，依法移送司法机关处理。

第八章 附   则

第六十二条 本规定下列用语的含义：

学校食堂，指学校为学生和教职工提供就餐服务，具有相对独立的原料存放、食品加工制作、食品供应及就餐空间的餐饮服务提供者。

供餐单位，指根据服务对象订购要求，集中加工、分送食品但不提供就餐场所的食品经营者。

学校食堂从业人员，指食堂中从事食品采购、加工制作、供餐、餐饮具清洗消毒等与餐饮服务有关的工作人员。

现榨果蔬汁，指以新鲜水果、蔬菜为主要原料，经压榨、粉碎等方法现场加工制作的供消费者直接饮用的果蔬汁饮品，不包括采用浓浆、浓缩汁、果蔬粉调配成的饮料。

冷食类食品、生食类食品、裱花蛋糕的定义适用《食品经营许可管理办法》的有关规定。

第六十三条 供餐人数较少，难以建立食堂的学校，以及以简单加工学生自带粮食、蔬菜或者以为学生热饭为主的小规模农村学校的食品安全，可以参照食品安全法第三十六条的规定实施管理。

对提供用餐服务的教育培训机构，可以参照本规定管理。

第六十四条 本规定自2019年4月1日起施行，2002年9月20日教育部、原卫生部发布的《学校食堂与学生集体用餐卫生管理规定》同时废止。

餐饮服务食品安全操作规范

（2018年6月22日 国家市场监督管理总局公告2018年第12号）

1 总则

1.1 为指导餐饮服务提供者按照食品安全法律、法规、规章、规范性文件要求，落实食品安全主体责任，规范餐饮经营行为，提升食品安全管理能力，保证餐饮食品安全，制定本规范。

1.2 本规范适用于餐饮服务提供者包括餐饮服务经营者和单位食堂等主体的餐饮服务经营活动。

1.3 鼓励和支持餐饮服务提供者采用先进的食品安全管理方法，建立餐饮服务食品安全管理体系，提高食品安全管理水平。

1.4 鼓励餐饮服务提供者明示餐食的主要原料信息、餐食的数量或重量，开展"减油、减盐、减糖"行动，为消费者提供健康营养的餐食。

1.5 鼓励餐饮服务提供者降低一次性餐饮具的使用量。

1.6 鼓励餐饮服务提供者提示消费者开展光盘行动、减少浪费。

2 术语与定义

2.1 原料

指供加工制作食品所用的一切可食用或者饮用的物质。

2.2 半成品

指原料经初步或部分加工制作后，尚需进一步加工制作的食品，不包括贮存的已加工制作成成品的食品。

2.3 成品

指已制成的可直接食用或饮用的食品。

2.4 餐饮服务场所

指与食品加工制作、供应直接或间接相关的区域，包括食品处理区、就餐区和辅助区。

2.5 食品处理区

指贮存、加工制作食品及清洗消毒保洁餐用具（包括餐饮具、容器、工具等）等的区域。根据清洁程度的不同，可分为清洁操作区、准清洁操作区、一般操作区。

2.6 清洁操作区

指为防止食品受到污染，清洁程度要求较高的加工制作区域，包括专间、专用操作区。

2.7 专间

指处理或短时间存放直接入口食品的专用加工制作间，包括冷食间、生食间、裱花间、中央厨房和集体用餐配送单位的分装或包装间等。

2.8 专用操作区

指处理或短时间存放直接入口食品的专用加工制作区域，包括现榨果蔬汁加工制作区、果蔬拼盘加工制作区、备餐区（指暂时放置、整理、分发成品的区域）等。

2.9 准清洁操作区

指清洁程度要求次于清洁操作区的加工制作区域，包括烹饪区、餐用具保洁区。

2.10 烹饪区

指对经过粗加工制作、切配的原料或半成品进行热加工制作的区域。

2.11 餐用具保洁区

指存放清洗消毒后的餐饮具和接触直接入口食品的容器、工具的区域。

2.12 一般操作区

指其他处理食品和餐用具的区域，包括粗加工制作区、切配区、餐用具清洗消毒区和食品库房等。

2.13 粗加工制作区

指对原料进行挑拣、整理、解冻、清洗、剔除不可食用部分等加工制作的区域。

2.14 切配区

指将粗加工制作后的原料，经过切割、称量、拼配等加工制作成为半成品的区域。

2.15 餐用具清洗消毒区

指清洗、消毒餐饮具和接触直接入口食品的容器、工具的区域。

2.16 就餐区

指供消费者就餐的区域。

2.17 辅助区

指办公室、更衣区、门厅、大堂休息厅、歌舞台、卫生间、非食品库房等非直接处理食品的区域。

2.18 中心温度

指块状食品或有容器存放的液态食品的中心部位的温度。

2.19 冷藏

指将原料、半成品、成品置于冰点以上较低温度下贮存的过程，冷藏环境温度的范围应在0℃~8℃。

2.20 冷冻

指将原料、半成品、成品置于冰点温度以下，以保持冰冻状态贮存的过程，冷冻温度的范围宜低于-12℃。

2.21 交叉污染

指食品、从业人员、工具、容器、设备、设施、环境之间生物性或化学性污染物的相互转移、扩散的过程。

2.22 分离

指通过在物品、设施、区域之间留有一定空间，而非通过设置物理阻断的方式进行隔离。

2.23 分隔

指通过设置物理阻断如墙壁、屏障、遮罩等方式进行隔离。

2.24 特定餐饮服务提供者

指学校（含托幼机构）食堂、养老机构食堂、医疗机构食堂、中央厨房、集体用餐配送单位、连锁餐饮企业等。

2.25 高危易腐食品

指蛋白质或碳水化合物含量较高（通常酸碱度（pH）大于4.6且水分活度（Aw）大于0.85），常温下容易腐败变质的食品。

2.26 现榨果蔬汁

指以新鲜水果、蔬菜为原料，经压榨、粉碎等方法现场加工制作的供消费者直接饮用的果蔬汁饮品，不包括采用浓浆、浓缩汁、果蔬粉调配而成的饮料。

2.27 现磨谷物类饮品

指以谷类、豆类等谷物为原料，经粉碎、研磨、煮制等方法现场加工制作的供消费者直接饮用的谷物饮品。

3 通用要求

3.1 场所及设施设备

3.1.1 具有与经营的食品品种、数量相适应的场所、设施、设备，且布局合理。

3.1.2 定期维护食品加工、贮存等设施、设备；定期清洗、校验保温设施及冷藏、冷冻设施。

3.2 原料控制

3.2.1 制定并实施食品、食品添加剂及食品相关产品控制要求，不得采购不符合食品安全标准的食品、食品添加剂及食品相关产品。

3.2.2 加工制作用水的水质符合 GB 5749《生活饮用水卫生标准》规定。

3.3 加工制作

3.3.1 对原料采购至成品供应的全过程实施食品安全管理，并采取有效措施，避免交叉污染。

3.3.2 从业人员具备食品安全和质量意识，加工制作行为符合食品安全法律法规要求。

4 建筑场所与布局

4.1 选址与环境

4.1.1 应选择与经营的餐食相适应的场所，保持该场所环境清洁。

4.1.2 不得选择易受到污染的区域。应距离粪坑、污水池、暴露垃圾场（站）、旱厕等污染源 25m 以上，并位于粉尘、有害气体、放射性物质和其他扩散性污染源的影响范围外。

4.1.3 宜选择地面干燥、有给排水条件和电力供应的区域。

4.2 设计与布局

4.2.1 食品处理区应设置在室内，并采取有效措施，防止食品在存放和加工制作过程中受到污染。

4.2.2 按照原料进入、原料加工制作、半成品加工制作、成品供应的流程合理布局。

4.2.3 分开设置原料通道及入口、成品通道及出口、使用后餐饮具的回收通道及入口。无法分设时，应在不同时段分别运送原料、成品、使用后的餐饮具，或者使用无污染的方式覆盖运送成品。

4.2.4 设置独立隔间、区域或设施，存放清洁工具。专用于清洗清洁工具的区域或设施，其位置不会污染食品，并有明显的区分标识。

4.2.5 食品处理区加工制作食品时，如使用燃煤或木炭等固体燃料，炉灶应为隔墙烧火的外扒灰式。

4.2.6 饲养和宰杀畜禽等动物的区域，应位于餐饮服务场所外，并与餐饮服务场所保持适当距离。

4.3 建筑结构

建筑结构应采用适当的耐用材料建造，坚固耐用，易于维修、清洁或消毒，地面、墙面、门窗、天花板等建筑围护结构的设置应能避免有害生物侵入和栖息。

4.3.1 天花板

4.3.1.1 天花板的涂覆或装修材料无毒、无异味、不吸水、易清洁。天花板无裂缝、无破损，无霉斑、无灰尘积聚、无有害生物隐匿。

4.3.1.2 天花板宜距离地面 2.5m 以上。

4.3.1.3 食品处理区天花板的涂覆或装修材料耐高温、耐腐蚀。天花板与横梁或墙壁结合处宜有一定弧度。水蒸汽较多区域的天花板有适当坡度。清洁操作区、准清洁操作区及其他半成品、成品暴露区域的天花板平整。

4.3.2 墙壁

4.3.2.1 食品处理区墙壁的涂覆或铺设材料无毒、无异味、不透水。墙壁平滑、无裂缝、无破损，无霉斑、无积垢。

4.3.2.2 需经常冲洗的场所（包括粗加工制作、切配、烹饪和餐用具清洗消毒等场所，下同），应铺设 1.5m 以上、浅色、不吸水、易清洗的墙裙。各类专间的墙裙应铺设到墙顶。

4.3.3 门窗

4.3.3.1 食品处理区的门、窗闭合严密、无变形、无破损。与外界直接相通的门和可开启的窗，应设置易拆洗、不易生锈的防蝇纱网或空气幕。与外界直接相通的门能自动关闭。

4.3.3.2 需经常冲洗的场所及各类专间的门应坚固、不吸水、易清洗。

4.3.3.3 专间的门、窗闭合严密、无变形、无破损。专间的门能自动关闭。专间的窗户为封闭式（用于传递食品的除外）。专间内外运送食品的窗口应专用、可开闭，大小以可通过运送食品的容器为准。

4.3.4 地面

4.3.4.1 食品处理区地面的铺设材料应无毒、无异味、不透水、耐腐蚀。地面平整、无裂缝、无破损、无积水积垢。

4.3.4.2 清洁操作区不得设置明沟，地漏应能防止废弃物流入与浊气逸出。

4.3.4.3 就餐区不宜铺设地毯。如铺设地毯，应定期清洁，保持卫生。

5 设施设备

5.1 供水设施

5.1.1 食品加工制作用水的管道系统应引自生活饮用水主管道，与非饮用水（如冷却水、污水或废水等）的管道系统完全分离，不得有逆流或相互交接现象。

5.1.2 供水设施中使用的涉及饮用水卫生安全产品应符合国家相关规定。

5.2 排水设施

5.2.1 排水设施应通畅，便于清洁、维护。

5.2.2 需经常冲洗的场所和排水沟要有一定的排水坡度。排水沟内不得设置其他管路，侧面和底面接合处宜有一定弧度，并设有可拆卸的装置。

5.2.3 排水的流向宜由高清洁操作区流向低清洁操作区，并能防止污水逆流。

5.2.4 排水沟出口设有符合12.2.3条款要求的防止有害生物侵入的装置。

5.3 清洗消毒保洁设施

5.3.1 清洗、消毒、保洁设施设备应放置在专用区域，容量和数量应能满足加工制作和供餐需要。

5.3.2 食品工用具的清洗水池应与食品原料、清洁用具的清洗水池分开。采用化学消毒方法的，应设置接触直接入口食品的工用具的专用消毒水池。

5.3.3 各类水池应使用不透水材料（如不锈钢、陶瓷等）制成，不易积垢，易于清洁，并以明显标识标明其用途。

5.3.4 应设置存放消毒后餐用具的专用保洁设施，标识明显，易于清洁。

5.4 个人卫生设施和卫生间

5.4.1 洗手设施

5.4.1.1 食品处理区应设置足够数量的洗手设施，就餐区宜设置洗手设施。

5.4.1.2 洗手池应不透水，易清洁。

5.4.1.3 水龙头宜采用脚踏式、肘动式、感应式等非手触动式开关。宜设置热水器，提供温水。

5.4.1.4 洗手设施附近配备洗手液（皂）、消毒液、擦手纸、干手器等。从业人员专用洗手设施附近应有洗手方法标识。

5.4.1.5 洗手设施的排水设有防止逆流、有害生物侵入及臭味产生的装置。

5.4.2 卫生间

5.4.2.1 卫生间不得设置在食品处理区内。卫生间出入口不应直对食品处理区，不宜直对就餐区。卫生间与外界直接相通的门能自动关闭。

5.4.2.2 设置独立的排风装置，有照明；与外界直接相通的窗户设有易拆洗、不易生锈的防蝇纱网；墙壁、地面等的材料不吸水、不易积垢、易清洁；应设置冲水式便池，配备便刷。

5.4.2.3 应在出口附近设置洗手设施，洗手设施符合5.4.1条款要求。

5.4.2.4 排污管道与食品处理区排水管道分设，且设置有防臭气水封。排污口位于餐饮服务场所外。

5.4.3 更衣区

5.4.3.1 与食品处理区处于同一建筑物内，宜为独立隔间且位于食品处理区入口处。

5.4.3.2 设有足够大的更衣空间、足够数量的更衣设施（如更衣柜、挂钩、衣架等）。

5.5 照明设施

5.5.1 食品处理区应有充足的自然采光或人工照明设施，工作面的光照强度不得低于220lux，光源不得改变食品的感官颜色。其他场所的光照强度不宜低于110lux。

5.5.2 安装在暴露食品正上方的照明灯应有防护装置，避免照明灯爆裂后污染食品。

5.5.3 冷冻（藏）库应使用防爆灯。

5.6 通风排烟设施

5.6.1 食品处理区（冷冻库、冷藏库除外）和就餐区应保持空气流通。专间应设立独立的空调设施。应定期清洁消毒空调及通风设施。

5.6.2 产生油烟的设备上方，设置机械排风及油烟过滤装置，过滤器便于清洁、更换。

5.6.3 产生大量蒸汽的设备上方，设置机械排风排汽装置，并做好凝结水的引泄。

5.6.4 排气口设有易清洗、耐腐蚀并符合12.2.4条款要求的防止有害生物侵入的网罩。

5.7 库房及冷冻（藏）设施

5.7.1 根据食品贮存条件，设置相应的食品库房或存放场所，必要时设置冷冻库、冷藏库。

5.7.2 冷冻柜、冷藏柜有明显的区分标识。冷冻、冷藏柜（库）设有可正确显示内部温度的温度计，宜设置外显式温度计。

5.7.3 库房应设有通风、防潮及防止有害生物侵入的装置。

5.7.4 同一库房内贮存不同类别食品和非食品（如食品包装材料等），应分设存放区域，不同区域有明显的区分标识。

5.7.5 库房内应设置足够数量的存放架，其结构及位置能使贮存的食品和物品离墙离地，距离地面应在10cm以上，距离墙壁宜在10cm以上。

5.7.6 设有存放清洗消毒工具和洗涤剂、消毒剂等物品的独立隔间或区域。

5.8 加工制作设备设施

5.8.1 根据加工制作食品的需要，配备相应的设施、设备、容器、工具等。不得将加工制作食品的设施、设备、容器、工具用于与加工制作食品无关的用途。

5.8.2 设备的摆放位置，应便于操作、清洁、维护和减少交叉污染。固定安装的设备设施应安装牢固，与地面、墙壁无缝隙，或保留足够的清洁、维护空间。

5.8.3 设备、容器和工具与食品的接触面应平滑、无凹陷或裂缝，内部角落部位避免有尖角，便于清洁，防止聚积食品碎屑、污垢等。

6 原料（含食品添加剂和食品相关产品）管理

6.1 原料采购

6.1.1 选择的供货者应具有相关合法资质。

6.1.2 特定餐饮服务提供者应建立供货者评价和退出机制，对供货者的食品安全状况等进行评价，将符合食品安全管理要求的列入供货者名录，及时更换不符合要求的供货者。鼓励其他餐饮服务提供者建立供货者评价和退出机制。

6.1.3 特定餐饮服务提供者应自行或委托第三方机构定期对供货者食品安全状况进行现场评价。

6.1.4 鼓励建立固定的供货渠道，与固定供货者签订供货协议，明确各自的食品安全责任和义务。鼓励根据每种原料的安全特性、风险高低及预期用途，确定对其供货者的管控力度。

6.2 原料运输

6.2.1 运输前，对运输车辆或容器进行清洁，防止食品受到污染。运输过程中，做好防尘、防水，食品与非食品、不同类型的食品原料（动物性食品、植物性食品、水产品，下同）应分隔，食品包装完整、清洁，防止食品受到污染。

6.2.2 运输食品的温度、湿度应符合相关食品安全要求。

6.2.3 不得将食品与有毒有害物品混装运输，运输食品和运输有毒有害物品的车辆不得混用。

6.3 进货查验

6.3.1 随货证明文件查验

6.3.1.1 从食品生产者采购食品的，查验其食品生产许可证和产品合格证明文件等；采购食品添加剂、食品相关产品的，查验其营业执照和产品合格证明文件等。

6.3.1.2 从食品销售者（商场、超市、便利店等）采购食品的，查验其食品经营许可证等；采购食品添加剂、食品相关产品的，查验其营业执照等。

6.3.1.3 从食用农产品个体生产者直接采购食用农产品的，查验其有效身份证明。

6.3.1.4 从食用农产品生产企业和农民专业合作经济组织采购食用农产品的，查验其社会信用代码和产品合格证明文件。

6.3.1.5 从集中交易市场采购食用农产品的，索取并留存市场管理部门或经营者加盖公章（或负责人签字）的购货凭证。

6.3.1.6 采购畜禽肉类的，还应查验动物产品检疫合格证明；采购猪肉的，还应查验肉品品质检验合格证明。

6.3.1.7 实行统一配送经营方式的，可由企业总部统一查验供货者的相关资质证明及产品合格证明文件，留存每笔购物或送货凭证。各门店能及时查询、获取相关证明文件复印件或凭证。

6.3.1.8 采购食品、食品添加剂、食品相关产品的，应留存每笔购物或送货凭证。

6.3.2 入库查验和记录

6.3.2.1 外观查验

6.3.2.1.1 预包装食品的包装完整、清洁、无破损，标识与内容物一致。

6.3.2.1:2 冷冻食品无解冻后再次冷冻情形。

6.3.2.1.3 具有正常的感官性状。

6.3.2.1.4 食品标签标识符合相关要求。

6.3.2.1.5 食品在保质期内。

6.3.2.2 温度查验

6.3.2.2.1 查验期间，尽可能减少食品的温度变化。冷藏食品表面温度与标签标识的温度要求不得超过+3℃，冷冻食品表面温度不宜高于-9℃。

6.3.2.2.2 无具体要求且需冷冻或冷藏的食品，其温度可参考本规范附录 M 的相关温度要求。

6.4 原料贮存

6.4.1 分区、分架、分类、离墙、离地存放食品。

6.4.2 分隔或分离贮存不同类型的食品原料。

6.4.3 在散装食品（食用农产品除外）贮存位置，应标明食品的名称、生产日期或者生产批号、使用期限等内容，宜使用密闭容器贮存。

6.4.4 按照食品安全要求贮存原料。有明确的保存条件和保质期的，应按照保存条件和保质期贮存。保存条件、保质期不明确的及开封后的，应根据食品品种、加工制作方式、包装形式等针对性的确定适宜的保存条件（需冷藏冷冻的食品原料建议可参照附录 M 确定保存温度）和保存期限，并应建立严格的记录制度来保证不存放和使用超期食品或原料，防止食品腐败变质。

6.4.5 及时冷冻（藏）贮存采购的冷冻（藏）食品，减少食品的温度变化。

6.4.6 冷冻贮存食品前，宜分割食品，避免使用时反复解冻、冷冻。

6.4.7 冷冻（藏）贮存食品时，不宜堆积、挤压食品。

6.4.8 遵循先进、先出、先用的原则，使用食品原料、食品添加剂、食品相关产品。及时清理腐败变质等感官性状异常、超过保质期等的食品原料、食品添加剂、食品相关产品。

7 加工制作

7.1 加工制作基本要求

7.1.1 加工制作的食品品种、数量与场所、设施、设备等条件相匹配。

7.1.2 加工制作食品过程中，应采取下列措施，避免食品受到交叉污染：

a）不同类型的食品原料、不同存在形式的食品（原料、半成品、成品，下同）分开存放，其盛放容器和加工制作工具分类管理、分开使用，定位存放；

b）接触食品的容器和工具不得直接放置在地面上或者接触不洁物；

c）食品处理区内不得从事可能污染食品的活动；

d）不得在辅助区（如卫生间、更衣区等）内加工制作食品、清洗消毒餐饮具；

e）餐饮服务场所内不得饲养和宰杀禽、畜等动物。

7.1.3 加工制作食品过程中，不得存在下列行为：

a）使用非食品原料加工制作食品；

b）在食品中添加食品添加剂以外的化学物质和其他可能危害人体健康的物质；

c）使用回收食品作为原料，再次加工制作食品；

d）使用超过保质期的食品、食品添加剂；

e）超范围、超限量使用食品添加剂；

f）使用腐败变质、油脂酸败、霉变生虫、污秽不洁、混有异物、掺假掺杂或者感官性状异常的食品、食品添加剂；

g）使用被包装材料、容器、运输工具等污染的食品、食品添加剂；

h）使用无标签的预包装食品、食品添加剂；

i）使用国家为防病等特殊需要明令禁止经营的食品（如织纹螺等）；

j）在食品中添加药品（按照传统既是食品又是中药材的物质除外）；

k）法律法规禁止的其他加工制作行为。

7.1.4 对国家法律法规明令禁止的食品及原料，应拒绝加工制作。

7.2 加工制作区域的使用

7.2.1 中央厨房和集体用餐配送单位的食品冷却、分装等应在专间内进行。

7.2.2 下列食品的加工制作应在专间内进行：

a）生食类食品；

b）裱花蛋糕；

c）冷食类食品（7.2.3除外）。

7.2.3 下列加工制作既可在专间也可在专用操作区内进行：

a）备餐；

b）现榨果蔬汁、果蔬拼盘等的加工制作；

c）仅加工制作植物性冷食类食品（不含非发酵豆制品）；对预包装食品进行拆封、装盘、调味等简单加工制作后即供应的；调制供消费者直接食用的调味料。

7.2.4 学校（含托幼机构）食堂和养老机构食堂的备餐宜在专间内进行。

7.2.5 各专间、专用操作区应有明显的标识，标明其用途。

7.3 粗加工制作与切配

7.3.1 冷冻（藏）食品出库后，应及时加工制作。冷冻食品原料不宜反复解冻、冷冻。

7.3.2 宜使用冷藏解冻或冷水解冻方法进行解冻，解冻时合理防护，避免受到污染。使用微波解冻方法的，解冻后的食品原料应被立即加工制作。

7.3.3 应缩短解冻后的高危易腐食品原料在常温下的存放时间，食品原料的表面温度不宜超过8℃。

7.3.4 食品原料应洗净后使用。盛放或加工制作不同类型食品原料的工具和容器应分开使用。盛放或加工制作畜肉类原料、禽肉类原料及蛋类原料的工具和容器宜分开使用。

7.3.5 使用禽蛋前，应清洗禽蛋的外壳，必要时消毒外壳。破蛋后应单独存放在暂存容器内，确认禽蛋未变质后再合并存放。

7.3.6 应及时使用或冷冻（藏）贮存切配好的半成品。

7.4 成品加工制作

7.4.1 专间内加工制作

7.4.1.1 专间内温度不得高于25℃。

7.4.1.2 每餐（或每次）使用专间前，应对专间空气进行消毒。消毒方法应遵循消毒设施使用说明书要求。使用紫外线灯消毒的，应在无人加工制作时开启紫外线灯30分钟以上并做好记录。

7.4.1.3 由专人加工制作，非专间加工制作人员不得擅自进入专间。进入专间前，加工制作人员应更换专用的工作衣帽并佩戴口罩。加工制作人员在加工制作前应严格清洗消毒手部，加工制作过程中适时清洗消毒手部。

7.4.1.4 应使用专用的工具、容器、设备，使用前使用专用清洗消毒设施进行清洗消毒并保持清洁。

7.4.1.5 及时关闭专间的门和食品传递窗口。

7.4.1.6 蔬菜、水果、生食的海产品等食品原料应清洗处理干净后，方可传递进专间。预包装食品和一次性餐饮具应去除外层包装并保持最小包装清洁后，方可传递进专间。

7.4.1.7 在专用冷冻或冷藏设备中存放食品时，宜将食品放置在密闭容器内或使用保鲜膜等进行无污染覆盖。

7.4.1.8 加工制作生食海产品，应在专间外剔除海产品的非食用部分，并将其洗净后，方可传递进专间。加工制作时，应避免海产品可食用部分受到污染。加工制作后，应将海产品放置在密闭容器内冷藏保存，或放置在食用冰中保存并保鲜膜分隔。放置在食用冰中保存的，加工制作后至食用前的间隔时间不得超过1小时。

7.4.1.9 加工制作裱花蛋糕，裱浆和经清洗消毒的新鲜水果应当天加工制作、当天使用。蛋糕胚应存放在专用冷冻或冷藏设备中。打发好的奶油应尽快使用完毕。

7.4.1.10 加工制作好的成品宜当餐供应。

7.4.1.11 不得在专间内从事非清洁操作区的加工制作活动。

7.4.2 专用操作区内加工制作

7.4.2.1 由专人加工制作。加工制作人员应穿戴专用的工作衣帽并佩戴口罩。加工制作人员在加工制作前应严格清洗消毒手部，加工制作过程中适时清洗消毒手部。

7.4.2.2 应使用专用的工具、容器、设备，使用前进行消毒，使用后洗净并保持清洁。

7.4.2.3 在专用冷冻或冷藏设备中存放食品时，宜将食品放置在密闭容器内或使用保鲜膜等进行无污染覆盖。

7.4.2.4 加工制作的水果、蔬菜等，应清洗干净后方可使用。

7.4.2.5 加工制作好的成品应当餐供应。

7.4.2.6 现调、冲泡、分装饮品可不在专用操作区内进行。

7.4.2.7 不得在专用操作区内从事非专用操作区的加工制作活动。

7.4.3 烹饪区内加工制作

7.4.3.1 一般要求

7.4.3.1.1 烹饪食品的温度和时间应能保证食品安全。

7.4.3.1.2 需要烧熟煮透的食品,加工制作时食品的中心温度应达到70℃以上。对特殊加工制作工艺,中心温度低于70℃的食品,餐饮服务提供者应严格控制原料质量安全状态,确保经过特殊加工制作工艺制作成品的食品安全。鼓励餐饮服务提供者在售卖时按照本规范相关要求进行消费提示。

7.4.3.1.3 盛放调味料的容器应保持清洁,使用后加盖存放,宜标注预包装调味料标签上标注的生产日期、保质期等内容及开封日期。

7.4.3.1.4 宜采用有效的设备或方法,避免或减少食品在烹饪过程中产生有害物质。

7.4.3.2 油炸类食品

7.4.3.2.1 选择热稳定性好、适合油炸的食用油脂。

7.4.3.2.2 与炸油直接接触的设备、工具内表面应为耐腐蚀、耐高温的材质(如不锈钢等),易清洁、维护。

7.4.3.2.3 油炸食品前,应尽可能减少食品表面的多余水分。油炸食品时,油温不宜超过190℃。油量不足时,应及时添加新油。定期过滤在用油,去除食物残渣。鼓励使用快速检测方法定时测试在用油的酸价、极性组分等指标。定期拆卸油炸设备,进行清洁维护。

7.4.3.3 烧烤类食品

7.4.3.3.1 烧烤场所应具有良好的排烟系统。

7.4.3.3.2 烤制食品的温度和时间应能使食品被烤熟。

7.4.3.3.3 烤制食品时,应避免食品直接接触火焰或烤制温度过高,减少有害物质产生。

7.4.3.4 火锅类食品

7.4.3.4.1 不得重复使用火锅底料。

7.4.3.4.2 使用醇基燃料(如酒精等)时,应在没有明火的情况下添加燃料。使用炭火或煤气时,应通风良好,防止一氧化碳中毒。

7.4.3.5 糕点类食品

7.4.3.5.1 使用烘焙包装用纸时,应考虑颜色可能对产品的迁移,并控制有害物质的迁移量,不应使用有荧光增白剂的烘烤纸。

7.4.3.5.2 使用自制蛋液的,应冷藏保存蛋液,防止蛋液变质。

7.4.3.6 自制饮品

7.4.3.6.1 加工制作现榨果蔬汁、食用冰等的用水,应为预包装饮用水、使用符合相关规定的水净化设备或设施处理后的直饮水、煮沸冷却后的生活饮用水。

7.4.3.6.2 自制饮品所用的原料乳,宜为预包装乳制品。

7.4.3.6.3 煮沸生豆浆时,应将上涌泡沫除净,煮沸后保持沸腾状态5分钟以上。

7.5 食品添加剂使用

7.5.1 使用食品添加剂的,应在技术上确有必要,并在达到预期效果的前提下尽可能降低使用量。

7.5.2 按照GB 2760《食品安全国家标准 食品添加剂使用标准》规定的食品添加剂品种、使用范围、使用量,使用食品添加剂。不得采购、贮存、使用亚硝酸盐(包括亚硝酸钠、亚硝酸钾）。

7.5.3 专柜（位）存放食品添加剂，并标注"食品添加剂"字样。使用容器盛放拆包后的食品添加剂的，应在盛放容器上标明食品添加剂名称，并保留原包装。

7.5.4 应专册记录使用的食品添加剂名称、生产日期或批号、添加的食品品种、添加量、添加时间、操作人员等信息，GB 2760《食品安全国家标准 食品添加剂使用标准》规定按生产需要适量使用的食品添加剂除外。使用有 GB 2760《食品安全国家标准 食品添加剂使用标准》"最大使用量"规定的食品添加剂，应精准称量使用。

7.6 食品相关产品使用

7.6.1 各类工具和容器应有明显的区分标识，可使用颜色、材料、形状、文字等方式进行区分。

7.6.2 工具、容器和设备，宜使用不锈钢材料，不宜使用木质材料。必须使用木质材料时，应避免对食品造成污染。盛放热食类食品的容器不宜使用塑料材料。

7.6.3 添加邻苯二甲酸酯类物质制成的塑料制品不得盛装、接触油脂类食品和乙醇含量高于20%的食品。

7.6.4 不得重复使用一次性用品。

7.7 高危易腐食品冷却

7.7.1 需要冷冻（藏）的熟制半成品或成品，应在熟制后立即冷却。

7.7.2 应在清洁操作区内进行熟制成品的冷却，并在盛放容器上标注加工制作时间等。

7.7.3 冷却时，可采用将食品切成小块、搅拌、冷水浴等措施或者使用专用速冷设备，使食品的中心温度在 2 小时内从 60℃降至 21℃，再经 2 小时或更短时间降至 8℃。

7.8 食品再加热

7.8.1 高危易腐食品熟制后，在 8℃~60℃条件下存放 2 小时以上且未发生感官性状变化的，食用前应进行再加热。

7.8.2 再加热时，食品的中心温度应达到 70℃以上。

7.9 食品留样

7.9.1 学校（含托幼机构）食堂、养老机构食堂、医疗机构食堂、中央厨房、集体用餐配送单位、建筑工地食堂（供餐人数超过 100 人）和餐饮服务提供者（集体聚餐人数超过 100 人或为重大活动供餐），每餐次的食品成品应留样。其他餐饮服务提供者宜根据供餐对象、供餐人数、食品品种、食品安全控制能力和有关规定，进行食品成品留样。

7.9.2 应将留样食品按照品种分别盛放于清洗消毒后的专用密闭容器内，在专用冷藏设备中冷藏存放 48 小时以上。每个品种的留样量应能满足检验检测需要，且不少于 125g。

7.9.3 在盛放留样食品的容器上应标注留样食品名称、留样时间（月、日、时），或者标注与留样记录相对应的标识。

7.9.4 应由专人管理留样食品、记录留样情况，记录内容包括留样食品名称、留样时间（月、日、时）、留样人员等。

8 供餐、用餐与配送

8.1 供餐

8.1.1 分派菜肴、整理造型的工具使用前应清洗消毒。

8.1.2 加工制作围边、盘花等的材料应符合食品安全要求，使用前应清洗消毒。

8.1.3 在烹饪后至食用前需要较长时间（超过 2 小时）存放的高危易腐食品，应在高于60℃或低于8℃的条件下存放。在 8℃~60℃条件下存放超过 2 小时，且未发生感官性状变化的，应按本规范要求再加热后方可供餐。

8.1.4 宜按照标签标注的温度等条件，供应预包装食品。食品的温度不得超过标签标注的温度+3℃。

8.1.5 供餐过程中，应对食品采取有效防护措施，避免食品受到污染。使用传递设施（如升降笼、食梯、滑道等）的，应保持传递设施清洁。

8.1.6 供餐过程中，应使用清洁的托盘等工具，避免从业人员的手部直接接触食品（预包装食品除外）。

8.2 用餐服务

8.2.1 垫纸、垫布、餐具托、口布等与餐饮具直接接触的物品应一客一换。撤换下的物品，应及时清洗消毒（一次性用品除外）。

8.2.2 消费者就餐时，就餐区应避免从事引起扬尘的活动（如扫地、施工等）。

8.3 食品配送

8.3.1 一般要求

8.3.1.1 不得将食品与有毒有害物品混装配送。

8.3.1.2 应使用专用的密闭容器和车辆配送食品，容器的内部结构应便于清洁。

8.3.1.3 配送前，应清洁运输车辆的车厢和配送容器，盛放成品的容器还应经过消毒。

8.3.1.4 配送过程中，食品与非食品、不同存在形式的食品应使用容器或独立包装等分隔，盛放容器和包装应严密，防止食品受到污染。

8.3.1.5 食品的温度和配送时间应符合食品安全要求。

8.3.2 中央厨房的食品配送

8.3.2.1 食品应有包装或使用密闭容器盛放。容器材料应符合食品安全国家标准或有关规定。

8.3.2.2 包装或容器上应标注中央厨房的名称、地址、许可证号、联系方式，以及食品名称、加工制作时间、保存条件、保存期限、加工制作要求等。

8.3.2.3 高危易腐食品应采用冷冻（藏）方式配送。

8.3.3 集体用餐配送单位的食品配送

8.3.3.1 食品应使用密闭容器盛放。容器材料应符合食品安全国家标准或有关规定。

8.3.3.2 容器上应标注食用时限和食用方法。

8.3.3.3 从烧熟至食用的间隔时间（食用时限）应符合以下要求：

a) 烧熟后 2 小时，食品的中心温度保持在 60℃以上（热藏）的，其食用时限为烧熟后 4 小时；

b) 烧熟后按照本规范高危易腐食品冷却要求，将食品的中心温度降至 8℃并冷藏保存的，其食用时限为烧熟后 24 小时。供餐前应按本规范要求对食品进行再加热。

8.3.4 餐饮外卖

8.3.4.1 送餐人员应保持个人卫生。外卖箱（包）应保持清洁，并定期消毒。

8.3.4.2 使用符合食品安全规定的容器、包装材料盛放食品，避免食品受到污染。

8.3.4.3 配送高危易腐食品应冷藏配送，并与热食类食品分开存放。

8.3.4.4 从烧熟至食用的间隔时间（食用时限）应符合以下要求：烧熟后 2 小时，食品的中心温度保持在 60℃以上（热藏）的，其食用时限为烧熟后 4 小时。

8.3.4.5 宜在食品盛放容器或者包装上，标注食品加工制作时间和食用时限，并提醒消费者收到后尽快食用。

8.3.4.6 宜对食品盛放容器或者包装进行封签。

8.3.5 使用一次性容器、餐饮具的，应选用符合食品安全要求的材料制成的容器、餐饮具，宜采用可降解材料制成的容器、餐饮具。

9 检验检测

9.1 检验检测计划

9.1.1 中央厨房和集体用餐配送单位应制定检验检测计划，定期对大宗食品原料、加工制作环境等自行或委托具有资质的第三方机构进行检验检测。其他的特定餐饮服务提供者宜定期开展食品检验检测。

9.1.2 鼓励其他餐饮服务提供者定期进行食品检验检测。

9.2 检验检测项目和人员

9.2.1 可根据自身的食品安全风险分析结果，确定检验检测项目，如农药残留、兽药残留、致病性微生物、餐用具清洗消毒效果等。

9.2.2 检验检测人员应经过培训与考核。

10 清洗消毒

10.1 餐用具清洗消毒

10.1.1 餐用具使用后应及时洗净，餐饮具、盛放或接触直接入口食品的容器和工具使用前应消毒。

10.1.2 清洗消毒方法参照《推荐的餐用具清洗消毒方法》（见附录J）。宜采用蒸汽等物理方法消毒，因材料、大小等原因无法采用的除外。

10.1.3 餐用具消毒设备（如自动消毒碗柜等）应连接电源，正常运转。定期检查餐用具消毒设备或设施的运行状态。采用化学消毒的，消毒液应现用现配，并定时测量消毒液的消毒浓度。

10.1.4 从业人员佩戴手套清洗消毒餐用具的，接触消毒后的餐用具前应更换手套。手套宜用颜色区分。

10.1.5 消毒后的餐饮具、盛放或接触直接入口食品的容器和工具，应符合 GB 14934《食品安全国家标准 消毒餐（饮）具》的规定。

10.1.6 宜沥干、烘干清洗消毒后的餐用具。使用抹布擦干的，抹布应专用，并经清洗消毒后方可使用。

10.1.7 不得重复使用一次性餐饮具。

10.2 餐用具保洁

10.2.1 消毒后的餐饮具、盛放或接触直接入口食品的容器和工具，应定位存放在专用的密闭保洁设施内，保持清洁。

10.2.2 保洁设施应正常运转，有明显的区分标识。

10.2.3 定期清洁保洁设施，防止清洗消毒后的餐用具受到污染。

10.3 洗涤剂消毒剂

10.3.1 使用的洗涤剂、消毒剂应分别符合 GB 14930.1《食品安全国家标准 洗涤剂》和 GB 14930.2《食品安全国家标准 消毒剂》等食品安全国家标准和有关规定。

10.3.2 严格按照洗涤剂、消毒剂的使用说明进行操作。

11 废弃物管理

11.1 废弃物存放容器与设施

11.1.1 食品处理区内可能产生废弃物的区域，应设置废弃物存放容器。废弃物存放容器与食品加工制作容器应有明显的区分标识。

11.1.2 废弃物存放容器应配有盖子，防止有害生物侵入、不良气味或污水溢出，防止污染食品、水源、地面、食品接触面（包括接触食品的工作台面、工具、容器、包装材料等）。废弃物存放容器的内壁光滑，易于清洁。

11.1.3 在餐饮服务场所外适宜地点，宜设置结构密闭的废弃物临时集中存放设施。

11.2 废弃物处置

11.2.1 餐厨废弃物应分类放置、及时清理，不得溢出存放容器。餐厨废弃物的存放容器应及时清洁，必要时进行消毒。

11.2.2 应索取并留存餐厨废弃物收运者的资质证明复印件（需加盖收运者公章或由收运者签字），并与其签订收运合同，明确各自的食品安全责任和义务。

11.2.3 应建立餐厨废弃物处置台账，详细记录餐厨废弃物的处置时间、种类、数量、收运者等信息。

12 有害生物防制

12.1 基本要求

12.1.1 有害生物防制应遵循物理防治（粘鼠板、灭蝇灯等）优先，化学防治（滞留喷洒等）有条件使用的原则，保障食品安全和人身安全。

12.1.2 餐饮服务场所的墙壁、地板无缝隙，天花板修葺完整。所有管道（供水、排水、供热、燃气、空调等）与外界或天花板连接处应封闭，所有管、线穿越而产生的孔洞，选用水泥、不锈钢隔板、钢丝封堵材料、防火泥等封堵，孔洞填充牢固，无缝隙。使用水封式地漏。

12.1.3 所有线槽、配电箱（柜）封闭良好。

12.1.4 人员、货物进出通道应设有防鼠板，门的缝隙应小于6mm。

12.2 设施设备的使用与维护

12.2.1 灭蝇灯

12.2.1.1 食品处理区、就餐区宜安装粘捕式灭蝇灯。使用电击式灭蝇灯的，灭蝇灯不得悬挂在食品加工制作或贮存区域的上方，防止电击后的虫害碎屑污染食品。

12.2.1.2 应根据餐饮服务场所的布局、面积及灭蝇灯使用技术要求，确定灭蝇灯的安装位置和数量。

12.2.2 鼠类诱捕设施

12.2.2.1 餐饮服务场所内应使用粘鼠板、捕鼠笼、机械式捕鼠器等装置，不得使用杀鼠剂。

12.2.2.2 餐饮服务场所外可使用抗干预型鼠饵站，鼠饵站和鼠饵必须固定安装。

12.2.3 排水管道出水口

排水管道出水口安装的箅子宜使用金属材料制成，箅子缝隙间距或网眼应小于10mm。

12.2.4 通风口

与外界直接相通的通风口、换气窗外，应加装不小于16目的防虫筛网。

12.2.5 防蝇帘及风幕机

12.2.5.1 使用防蝇胶帘的，防蝇胶帘应覆盖整个门框，底部离地距离小于2cm，相邻胶帘条的重叠部分不少于2cm。

12.2.5.2 使用风幕机的，风幕应完整覆盖出入通道。

12.3 防制过程要求

12.3.1 收取货物时，应检查运输工具和货物包装是否有有害生物活动迹象（如鼠粪、鼠咬痕等鼠迹，蟑尸、蟑粪、卵鞘等蟑迹），防止有害生物入侵。

12.3.2 定期检查食品库房或食品贮存区域、固定设施设备背面及其他阴暗、潮湿区域是否存在有害生物活动迹象。发现有害生物，应尽快将其杀灭，并查找和消除其来源途径。

12.3.3 防制过程中应采取有效措施，防止食品、食品接触面及包装材料等受到污染。

12.4 卫生杀虫剂和杀鼠剂的管理

12.4.1 卫生杀虫剂和杀鼠剂的选择

12.4.1.1 选择的卫生杀虫剂和杀鼠剂，应标签信息齐全（农药登记证、农药生产许可证、农药标准）并在有效期内。不得将不同的卫生杀虫剂制剂混配。

12.4.1.2 鼓励使用低毒或微毒的卫生杀虫剂和杀鼠剂。

12.4.2 卫生杀虫剂和杀鼠剂的使用要求

12.4.2.1 使用卫生杀虫剂和杀鼠剂的人员应经过有害生物防制专业培训。

12.4.2.2 应针对不同的作业环境，选择适宜的种类和剂型，并严格根据卫生杀虫剂和杀鼠剂的技术要求确定使用剂量和位置，设置警示标识。

12.4.3 卫生杀虫剂和杀鼠剂的存放要求

不得在食品处理区和就餐场所存放卫生杀虫剂和杀鼠剂产品。应设置单独、固定的卫生杀虫剂和杀鼠剂产品存放场所，存放场所具备防火防盗通风条件，由专人负责。

13 食品安全管理

13.1 设立食品安全管理机构和配备人员

13.1.1 餐饮服务企业应配备专职或兼职食品安全管理人员，宜设立食品安全管理机构。

13.1.2 中央厨房、集体用餐配送单位、连锁餐饮企业总部、网络餐饮服务第三方平台提供者应设立食品安全管理机构，配备专职食品安全管理人员。

13.1.3 其他特定餐饮服务提供者应配备专职食品安全管理人员，宜设立食品安全管理机构。

13.1.4 食品安全管理人员应按规定参加食品安全培训。

13.2 食品安全管理基本内容

13.2.1 餐饮服务企业应建立健全食品安全管理制度，明确各岗位的食品安全责任，强化过程管理。

13.2.2 根据《餐饮服务预防食物中毒注意事项》（见附录 G）和经营实际，确定高风险的食品品种和加工制作环节，实施食品安全风险重点防控。特定餐饮服务提供者应制定加工操作规程，其他餐饮服务提供者宜制定加工操作规程。

13.2.3 制订从业人员健康检查、食品安全培训考核及食品安全自查等计划。

13.2.4 落实各项食品安全管理制度、加工操作规程。

13.2.5 定期开展从业人员健康检查、食品安全培训考核及食品安全自查，及时消除食品安全隐患。

13.2.6 依法处置不合格食品、食品添加剂、食品相关产品。

13.2.7 依法报告、处置食品安全事故。

13.2.8 建立健全食品安全管理档案。

13.2.9 配合市场监督管理部门开展监督检查。

13.2.10 食品安全法律、法规、规章、规范性文件和食品安全标准规定的其他要求。

13.3 食品安全管理制度

13.3.1 餐饮服务企业应建立从业人员健康管理制度、食品安全自查制度、食品进货查验记录制度、原料控制要求、过程控制要求、食品安全事故处置方案等。

13.3.2 宜根据自身业态、经营项目、供餐对象、供餐数量等，建立如下食品安全管理制度：

a) 食品安全管理人员制度；

b) 从业人员培训考核制度；

c) 场所及设施设备（如卫生间、空调及通风设施、制冰机等）定期清洗消毒、维护、校验制度；

d) 食品添加剂使用制度；

e）餐厨废弃物处置制度；

f）有害生物防制制度。

13.3.3 定期修订完善各项食品安全管理制度，及时对从业人员进行培训考核，并督促其落实。

13.4 食品安全自查

13.4.1 结合经营实际，全面分析经营过程中的食品安全危害因素和风险点，确定食品安全自查项目和要求，建立自查清单，制定自查计划。

13.4.2 根据食品安全法律法规和本规范，自行或者委托第三方专业机构开展食品安全自查，及时发现并消除食品安全隐患，防止发生食品安全事故。

13.4.3 食品安全自查包括制度自查、定期自查和专项自查。

13.4.3.1 制度自查

对食品安全制度的适用性，每年至少开展一次自查。在国家食品安全法律、法规、规章、规范性文件和食品安全国家标准发生变化时，及时开展制度自查和修订。

13.4.3.2 定期自查

特定餐饮服务提供者对其经营过程，应每周至少开展一次自查；其他餐饮服务提供者对其经营过程，应每月至少开展一次自查。定期自查的内容，应根据食品安全法律、法规、规章和本规范确定。

13.4.3.3 专项自查

获知食品安全风险信息后，应立即开展专项自查。专项自查的重点内容应根据食品安全风险信息确定。

13.4.3.4 对自查中发现的问题食品，应立即停止使用，存放在加贴醒目、牢固标识的专门区域，避免被误用，并采取退货、销毁等处理措施。对自查中发现的其他食品安全风险，应根据具体情况采取有效措施，防止对消费者造成伤害。

13.5 投诉处置

13.5.1 对消费者提出的投诉，应立即核实，妥善处理，留存记录。

13.5.2 接到消费者投诉食品感官性状异常时，应及时核实。经核实确有异常的，应及时撤换，告知备餐人员做出相应处理，并对同类食品进行检查。

13.5.3 在就餐区公布投诉举报电话。

13.6 食品安全事故处置

13.6.1 发生食品安全事故的，应立即采取措施，防止事故扩大。

13.6.2 发现其经营的食品属于不安全食品的，应立即停止经营，采取公告或通知的方式告知消费者停止食用、相关供货者停止生产经营。

13.6.3 发现有食品安全事故潜在风险，及发生食品安全事故的，应按规定报告。

13.7 公示

13.7.1 将食品经营许可证、餐饮服务食品安全等级标识、日常监督检查结果记录表等公示在就餐区醒目位置。

13.7.2 网络餐饮服务第三方平台提供者和入网餐饮服务提供者应在网上公示餐饮服务提供者的名称、地址、餐饮服务食品安全等级信息、食品经营许可证。

13.7.3 入网餐饮服务提供者应在网上公示菜品名称和主要原料名称。

13.7.4 宜在食谱上或食品盛取区、展示区，公示食品的主要原料及其来源、加工制作中添加的食品添加剂等。

13.7.5 宜采用"明厨亮灶"方式，公开加工制作过程。

13.8 场所清洁

13.8.1 食品处理区清洁

13.8.1.1 定期清洁食品处理区设施、设备。

13.8.1.2 保持地面无垃圾、无积水、无油渍，墙壁和门窗无污渍、无灰尘，天花板无霉斑、无灰尘。

13.8.2 就餐区清洁

13.8.2.1 定期清洁就餐区的空调、排风扇、地毯等设施或物品，保持空调、排风扇洁净，地毯无污渍。

13.8.2.2 营业期间，应开启包间等就餐场所的排风装置，包间内无异味。

13.8.3 卫生间清洁

13.8.3.1 定时清洁卫生间的设施、设备，并做好记录和展示。

13.8.3.2 保持卫生间地面、洗手池及台面无积水、无污物、无垃圾，便池内外无污物、无积垢、冲水良好，卫生纸充足。

13.8.3.3 营业期间，应开启卫生间的排风装置，卫生间内无异味。

14 人员要求

14.1 健康管理

14.1.1 从事接触直接入口食品工作（清洁操作区内的加工制作及切菜、配菜、烹饪、传菜、餐饮具清洗消毒）的从业人员（包括新参加和临时参加工作的从业人员，下同）应取得健康证明后方可上岗，并每年进行健康检查取得健康证明，必要时应进行临时健康检查。

14.1.2 食品安全管理人员应每天对从业人员上岗前的健康状况进行检查。患有发热、腹泻、咽部炎症等病症及皮肤有伤口或感染的从业人员，应主动向食品安全管理人员等报告，暂停从事接触直接入口食品的工作，必要时进行临时健康检查，待查明原因并将有碍食品安全的疾病治愈后方可重新上岗。

14.1.3 手部有伤口的从业人员，使用的创可贴宜颜色鲜明，并及时更换。佩戴一次性手套后，可从事非接触直接入口食品的工作。

14.1.4 患有霍乱、细菌性和阿米巴性痢疾、伤寒和副伤寒、病毒性肝炎（甲型、戊型）、活动性肺结核、化脓性或者渗出性皮肤病等国务院卫生行政部门规定的有碍食品安全疾病的人员，不得从事接触直接入口食品的工作。

14.2 培训考核

餐饮服务企业应每年对其从业人员进行一次食品安全培训考核，特定餐饮服务提供者应每半年对其从业人员进行一次食品安全培训考核。

14.2.1 培训考核内容为有关餐饮食品安全的法律法规知识、基础知识及本单位的食品安全管理制度、加工制作规程等。

14.2.2 培训可采用专题讲座、实际操作、现场演示等方式。考核可采用询问、观察实际操作、答题等方式。

14.2.3 对培训考核及时评估效果、完善内容、改进方式。

14.2.4 从业人员应在食品安全培训考核合格后方可上岗。

14.3 人员卫生

14.3.1 个人卫生

14.3.1.1 从业人员应保持良好的个人卫生。

14.3.1.2 从业人员不得留长指甲、涂指甲油。工作时，应穿清洁的工作服，不得披散头发，佩戴的手表、手镯、手链、手串、戒指、耳环等饰物不得外露。

14.3.1.3 食品处理区内的从业人员不宜化妆, 应戴清洁的工作帽, 工作帽应能将头发全部遮盖住。

14.3.1.4 进入食品处理区的非加工制作人员, 应符合从业人员卫生要求。

14.3.2 口罩和手套

14.3.2.1 专间的从业人员应佩戴清洁的口罩。

14.3.2.2 专用操作区内从事下列活动的从业人员应佩戴清洁的口罩:

a) 现榨果蔬汁加工制作;

b) 果蔬拼盘加工制作;

c) 加工制作植物性冷食类食品 (不含非发酵豆制品);

d) 对预包装食品进行拆封、装盘、调味等简单加工制作后即供应的;

e) 调制供消费者直接食用的调味料;

f) 备餐。

14.3.2.3 专用操作区内从事其他加工制作的从业人员, 宜佩戴清洁的口罩。

14.3.2.4 其他接触直接入口食品的从业人员, 宜佩戴清洁的口罩。

14.3.2.5 如佩戴手套, 佩戴前应对手部进行清洗消毒。手套应清洁、无破损, 符合食品安全要求。手套使用过程中, 应定时更换手套, 出现 14.4.2 条款要求的重新洗手消毒的情形时, 应在重新洗手消毒后更换手套。手套应存放在清洁卫生的位置, 避免受到污染。

14.4 手部清洗消毒

14.4.1 从业人员在加工制作食品前, 应洗净手部, 手部清洗宜符合《餐饮服务从业人员洗手消毒方法》(见附录 I)。

14.4.2 加工制作过程中, 应保持手部清洁。出现下列情形时, 应重新洗净手部:

a) 加工制作不同存在形式的食品前;

b) 清理环境卫生、接触化学物品或不洁物品 (落地的食品、受到污染的工具容器和设备、餐厨废弃物、钱币、手机等) 后;

c) 咳嗽、打喷嚏及擤鼻涕后。

14.4.3 使用卫生间、用餐、饮水、吸烟等可能会污染手部的活动后, 应重新洗净手部。

14.4.4 加工制作不同类型的食品原料前, 宜重新洗净手部。

14.4.5 从事接触直接入口食品工作的从业人员, 加工制作食品前应洗净手部并进行手部消毒, 手部清洗消毒应符合《餐饮服务从业人员洗手消毒方法》(见附录 I)。加工制作过程中, 应保持手部清洁。出现下列情形时, 应重新洗净手部并消毒:

a) 接触非直接入口食品后;

b) 触摸头发、耳朵、鼻子、面部、口腔或身体其他部位后;

c) 14.4.2 条款要求的应重新洗净手部的情形。

14.5 工作服

14.5.1 工作服宜为白色或浅色, 应定点存放, 定期清洗更换。从事接触直接入口食品工作的从业人员, 其工作服宜每天清洗更换。

14.5.2 食品处理区内加工制作食品的从业人员使用卫生间前, 应更换工作服。

14.5.3 工作服受到污染后, 应及时更换。

14.5.4 待清洗的工作服不得存放在食品处理区。

14.5.5 清洁操作区与其他操作区从业人员的工作服应有明显的颜色或标识区分。

14.5.6 专间内从业人员离开专间时, 应脱去专间专用工作服。

15 文件和记录

15.1 记录内容

15.1.1 根据食品安全法律、法规、规章和本规范要求，结合经营实际，如实记录有关信息。

15.1.1.1 应记录以下信息：从业人员培训考核、进货查验、原料出库、食品安全自查、食品召回、消费者投诉处置、餐厨废弃物处置、卫生间清洁等。存在食品添加剂采购与使用、检验检测等行为时，也应记录相关信息。

15.1.1.2 餐饮服务企业应如实记录采购的食品、食品添加剂、食品相关产品的名称、规格、数量、生产日期或者生产批号、保质期、进货日期以及供货者名称、地址、联系方式等内容，并保存相关记录。宜采用电子方式记录和保存相关内容。

15.1.1.3 特定餐饮服务提供者还应记录以下信息：食品留样、设施设备清洗维护校验、卫生杀虫剂和杀鼠剂的使用。

15.1.1.4 实行统一配送经营方式的，各门店也应建立并保存收货记录。

15.1.2 制定各项记录表格，表格的项目齐全，可操作。填写的表格清晰完整，由执行操作人员和内部检查人员签字。

15.1.3 各岗位负责人应督促执行操作人员按要求填写记录表格，定期检查记录内容。食品安全管理人员应每周检查所有记录表格，发现异常情况时，立即督促有关人员采取整改措施。

15.2 记录保存时限

15.2.1 进货查验记录和相关凭证的保存期限不得少于产品保质期满后6个月；没有明确保质期的，保存期限不得少于2年。其他各项记录保存期限宜为2年。

15.2.2 网络餐饮服务第三方平台提供者和自建网站餐饮服务提供者应如实记录网络订餐的订单信息，包括食品的名称、下单时间、送餐人员、送达时间以及收货地址，信息保存时间不得少于6个月。

15.3 文件管理

特定餐饮服务提供者宜制定文件管理要求，对文件进行有效管理，确保所使用的文件均为有效版本。

16 其他

16.1 燃料管理

16.1.1 尽量采购使用乙醇作为菜品（如火锅等）加热燃料。使用甲醇、丙醇等作燃料，应加入颜色进行警示，并严格管理，防止作为白酒误饮。

16.1.2 应严格选择燃料供货者。应制定火灾防控制度和应急预案，明确防火职责，定期组织检查，定期检测设备，及时更换存在安全隐患的老旧设备。宜安装有效的通风及报警设备。

16.1.3 应加强从业人员培训，使其能正确使用煤气、液化气、电等加热设备，防止漏气、漏电；安全进行燃料更换（木炭、醇基燃料等），防止烫伤。

16.2 消费提示

16.2.1 鼓励对特殊加工制作方式（如煎制牛排、制作白切鸡、烹制禽蛋、自行烹饪火锅或烧烤等）及外卖、外带食品等进行消费提示。

16.2.2 可采用口头或书面等方式进行消费提示。

16.3 健康促进

16.3.1 鼓励实行科学营养配餐，对就餐人群进行健康营养知识宣传，更新饮食观念。

16.3.2 鼓励对成品的口味（甜、咸、油、辣等）进行差异化标示。

附录（略）

保健食品备案工作指南（试行）

（2017 年 5 月 2 日 食药监特食管〔2017〕37 号）

保健食品备案，是指保健食品生产企业依照法定程序、条件和要求，将表明产品安全性、保健功能和质量可控性的材料提交食品药品监督管理部门进行存档、公开、备查的过程。

1 适用范围

本指南适用于《保健食品注册与备案管理办法》规定的保健食品备案工作。

2 备案主体

2.1 国产保健食品

国产保健食品备案人应当是保健食品生产企业。保健食品原注册人（以下简称原注册人）可以作为备案人。

2.2 进口保健食品

进口保健食品备案人应当是上市保健食品境外生产厂商。境外生产厂商（备案人）是指符合其所在国（地区）上市要求的法人或其他组织。产品生产国（地区）是指进口保健食品上市销售的国家（地区）。

3 备案流程及要求

3.1 获取备案系统登录账号

3.1.1 国产保健食品

国产保健食品备案人应向所在地省、自治区、直辖市食品药品监督管理部门提出获取备案管理信息系统登录账号的申请。申请登录账号的具体方式由各省、自治区、直辖市食品药品监督管理部门自行发布。

3.1.2 进口保健食品

进口保健食品备案人携带产品生产国（地区）政府主管部门或法律服务机构出具的备案人为上市保健食品境外生产厂商的资质证明文件和联系人授权委托书等，向国家食品药品监督管理总局行政受理服务部门现场提出获取备案管理信息系统登录账号的申请，由受理部门审核通过后向备案人发放登录账号。

3.1.3 原注册人备案保健食品

原注册人产品转备案的，应当向总局技术审评机构提出申请。总局技术审评机构对转备案申请相关信息进行审核，符合要求的，将产品相关电子注册信息转送备案管理部门，同时书面告知申请人可向备案管理部门提交备案申请。

原注册人包括：（1）《保健食品原料目录》发布前受理的保健食品注册申请，其原料已列入《保健食品原料目录》，且符合备案相关技术要求的，申请该产品备案的原注册申请人；（2）获得注册的保健食品，其原料已列入《保健食品原料目录》，且符合备案相关技术要求的，申请该产品备案的原保健食品注册人。

《保健食品原料目录》发布前受理的保健食品注册申请，以及获得注册的保健食品，其部分原料或用量不符合《保健食品原料目录》以及备案技术要求的，注册申请人或证书持有人同意按照《保健食品原料目录》调整产品原料和产品技术要求，也可以作为原注册人。

《保健食品原料目录》发布后受理的注册申请保健食品，其原料已列入《保健食品原料目录》，且产品符合相关技术要求，原注册申请人不可以作为原注册人申请该产品备案。

3.2 产品备案信息填报、提交

3.2.1 国产保健食品

备案人获得备案管理信息系统登录账号后，通过 http：//bjba.zybh.gov.cn 网址进入系统，认真阅读并按照相关要求逐项填写备案人及申请备案产品相关信息，逐项打印系统自动生成的附带条形码、校验码的备案申请表、产品配方、标签说明书、产品技术要求等，连同其他备案材料，逐页在文字处加盖备案人公章（检验机构出具的检验报告、公证文书、证明文件除外）。

备案人将所有备案纸质材料清晰扫描成彩色电子版（PDF 格式）上传至保健食品备案管理信息系统，确认后提交。

原注册人已注册（或申请注册）产品转备案的，进入保健食品备案管理信息系统后，可依据《保健食品原料目录》及相关备案管理要求，修改和完善原注册产品相关信息，并注明修改的内容和理由。

3.2.2 进口保健食品

备案人获得备案管理信息系统登录账号后，通过 http：//bjba.zybh.gov.cn 网址进入系统，认真阅读并按照相关要求逐项填写备案人及申请备案产品相关信息，逐项打印系统自动生成的附带条形码、校验码的备案申请表、产品配方、标签说明书、产品技术要求等，连同其他备案材料（具体见6进口保健食品备案材料项目及要求），逐页在文字处加盖备案人公章（检验机构出具的检验报告、公证文书、证明文件除外）。备案人若无印章，可以法人代表签字或签名章代替。

备案人将所有备案纸质材料清晰扫描成彩色电子版（PDF 格式）上传至保健食品备案管理信息系统，确认后提交，并应当向国家食品药品监督管理总局行政受理服务部门提交全套备案材料原件 1 份。

3.3 发放备案号、存档和公开

备案材料符合要求的，备案管理部门当场备案，发放备案号，并按照相关格式要求制作备案凭证；不符合要求的，应当一次告知备案人补正相关材料。

食品药品监督管理部门应当按照《保健食品注册与备案管理办法》《保健食品原料目录》的要求开展保健食品备案和监督管理工作。备案人应当保留一份完整的备案材料存档备查。

备案管理部门对原注册产品发放备案号后，应当书面告知总局技术审评机构注销原注册证书和批准文号，或终止原注册申请。

4 备案材料形式要求

4.1 保健食品备案材料应符合《保健食品注册与备案管理办法》《保健食品原料目录》以及辅料、检验与评价等规章、规范性文件、强制性标准的规定。

4.2 保健食品备案材料应当严格按照备案管理信息系统的要求填报。

4.3 备案材料首页为申请材料项目目录和页码。每项材料应加隔页，隔页上注明材料名称及该材料在目录中的序号和页码。

4.4 备案材料中对应内容（如产品名称、备案人名称、地址等）应保持一致。不一致的应当提交书面说明、理由和依据。

4.5 备案材料使用 A4 规格纸张打印，中文不得小于宋体 4 号字，英文不得小于 12 号字，内容应完整、清晰。

5 国产保健食品备案材料项目及要求

5.1 保健食品备案登记表，以及备案人对提交材料真实性负责的法律责任承诺书

备案人通过保健食品备案管理信息系统完善备案人信息、产品信息后，备案登记表和法律责任承诺书将自动生成。备案人应当按照3.2项要求打印、盖章后上传。

5.2 备案人主体登记证明文件

应当提供营业执照、统一社会信用代码/组织机构代码等符合法律规定的法人组织证明文件扫描件，以及载有保健食品类别的生产许可证明文件扫描件。

原注册人还应当提供保健食品注册证明文件扫描件。原注册人没有载有保健食品类别的生产许可证明文件的，可免于提供。

5.3 产品配方材料

5.3.1 产品配方表根据备案人填报信息自动生成，包括原料和辅料的名称和用量。

原料应当符合《保健食品原料目录》的规定，辅料应符合保健食品备案产品可用辅料相关要求。

原料、辅料用量是指生产1000个最小制剂单位的用量。

5.3.2 使用经预处理原辅料的，预处理原辅料所用原料应当符合《保健食品原料目录》的规定，所用辅料应符合保健食品备案产品可用辅料相关要求。

备案信息填报时，应当分别列出预处理原辅料所使用的原料、辅料名称和用量，并明确标注该预处理原料的信息。如果预处理原辅料所用原料和辅料与备案产品中其他原辅料相同，则该原辅料不重复列出，其使用量应为累积用量，且不得超过可用辅料范围及允许的最大使用量。

5.3.3 原注册人申请产品备案时，如果原辅料不符合《保健食品原料目录》或相关技术要求的，备案人应调整产品配方和相关技术要求至符合要求，并予以说明，但不能增加原料种类。

5.4 产品生产工艺材料

5.4.1 应提供生产工艺流程简图及说明。工艺流程简图以图表符号形式标示出原料和辅料通过生产加工得到最终产品的过程，应包括主要工序、关键工艺控制点等。工艺流程图、工艺说明应当与产品技术要求中生产工艺描述内容相符。

使用预处理原辅料的，应在工艺流程简图及说明中进行标注。

5.4.2 不得通过提取、合成等工艺改变《保健食品原料目录》内原料的化学结构、成分等。

5.4.3 剂型选择应合理。备案产品剂型应根据产品的适宜人群等综合确定，避免因剂型选择不合理引发食用安全隐患。

5.5 安全性和保健功能评价材料

5.5.1 应提供经中试及以上规模的工艺生产的三批产品功效成分或标志性成分、卫生学、稳定性等检验报告。

备案人应确保检验用样品的来源清晰、可溯源。国产备案产品应为经中试及以上生产规模工艺生产的样品。

备案人具备自检能力的可以对产品进行自检；备案人不具备检验能力的，应当委托具有合法资质的检验机构进行检验。

5.5.2 提供产品原料、辅料合理使用的说明，及产品标签说明书、产品技术要求制定符合相关法规的说明。

5.5.3 原注册人调整产品配方或产品技术要求申请备案的，应按5.5.1提供相关资料；未调整产品配方和产品技术要求的，可以提供原申报时提交的检验报告，并予以说明。

5.6 直接接触产品的包装材料的种类、名称及标准

应提供直接接触产品的包装材料的种类、名称、标准号等使用依据。

5.7 产品标签、说明书样稿

产品标签应该符合相关法律、法规等有关规定，涉及说明书内容的，应当与说明书有关内容保持一致。

产品说明书样稿根据备案人填报信息自动生成，应符合以下要求：

【产品名称】应符合《保健食品注册与备案管理办法》等相关法律法规。

（1）产品名称由商标名、通用名和属性名组成。备案人输入商标名、原料名称及产品剂型后，可在备案系统自动生成的产品名称中自主选择。

（2）使用注册商标的，应提供商标注册证明文件或注册商标使用授权书。

（3）同一企业不得使用同一配方备案不同名称的保健食品。不得使用同一名称备案不同配方的保健食品。

同一配方，是指产品的原料、辅料的种类及用量均一致的情形。

同一名称，是指产品商标名、通用名、属性名（包括特定人群、口味等）均一致的情形。

【原料】按5.3产品配方材料列出全部原料。

【辅料】按5.3产品配方材料列出全部辅料。

【功效成分或标志性成分及含量】应包括功效成分或标志性成分名称及含量。功效成分或标志性成分名称应与产品技术要求中相应指标名称一致。

非营养素补充剂产品功效成分或标志性成分含量（标示值）与产品技术要求中指标最低值一致，并符合《保健食品原料目录》规定的适宜人群对应的每日摄入量。

营养素补充剂产品应标示功效成分名称及含量（标示值），其功效成分名称为所有原料对应的营养素，排列顺序与《保健食品原料目录》中营养素的排列顺序相同；功效成分标示值是根据配方、生产工艺等产品技术要求综合确定的最小食用单元中某种营养素含量的确定数值，标示值应符合产品技术要求的功效成分指标范围以及《保健食品原料目录》规定的适宜人群对应的每日摄入量。标注方式为"每片含""每粒含""每袋含""每瓶含"等。

【适宜人群】符合《保健食品原料目录》规定以及备案管理信息系统填报要求，食用安全、有明确保健功能需求且适合该备案产品的特定人群。营养素补充剂的适宜人群应符合《保健食品原料目录》中人群分类，标注为"需要补充XX，XX（营养素）的+年龄段+人群"或"需要补充XX，XX（营养素）的成人、孕妇、乳母"，并应当符合以下要求：

（1）当适宜人群选择两个或以上连续的年龄段时，应当将年龄段合并标注，如适宜人群同时适用于7—10岁（含7岁和10岁人群，下同）、11—13岁时，则标注为7—13岁。

（2）含有三种及以上维生素的产品可以标注为"需要补充多种维生素的XX人群"；含有三种及以上矿物质的产品可以标注为"需要补充多种矿物质的XX人群"；当维生素和矿物质的种类均超过三种（含三种）时，可以标注为"需要补充多种维生素矿物质的XX人群"。

（3）含有三种及以上B族维生素（维生素B1，维生素B2，维生素B6，维生素B12、烟酸、泛酸、叶酸等）的产品可标注为"需要补充多种B族维生素的XX人群"。

【不适宜人群】应符合《保健食品原料目录》中人群分类。包括：适宜人群中应当除外的特定人群，现有科学依据不足以支持该产品适宜的3岁以下人群、孕妇、乳母等特定人群，以及现行规定明确应当标注的特定人群。还应当符合以下要求：

（1）产品剂型选择了片剂、胶囊剂等的，应排除可能因食用方法会引起食用安全隐患的人群；

（2）根据产品使用的原料、辅料所对应的适用范围确定不适宜人群。如所选用的化合物使

用范围为"4岁以上人群（含4岁人群）"，不适宜人群应包括"3岁以下人群（含3岁人群）"。

（3）营养素补充剂的不适宜人群应当包括1岁以下人群（含1岁人群）；当不适宜人群选择两个或以上连续的年龄段时，应将年龄段合并标注。

【保健功能】应按《保健食品原料目录》的规定标注保健功能。

营养素补充剂应列出所有要补充的维生素和矿物质，表述为"补充XX，XX"。

含有三种及以上维生素的产品可以标注为"补充多种维生素"；含有三种及以上矿物质的产品可以标注为"补充多种矿物质"；含有维生素和矿物质的种类均超过三种（含三种）时，可以标注为"补充多种维生素矿物质"，但不得以"补充其中一种或几种原料名称+多种维生素矿物质"形式表述。

含有三种及以上B族维生素的产品可以表述为"补充多种B族维生素"。

【食用量及食用方法】应与产品配方配伍及用量的科学依据、安全性和保健功能评价材料等相符。食用量及食用方法的表述应规范、详细，描述顺序为：食用量（应标示每日食用次数和每次食用量），食用方法。如不同的适宜人群需按不同食用量摄入时，食用量应按适宜人群分别标示。

营养素补充剂产品中，固体形态产品每日食用总量不得超过20克，液体形态产品每日食用总量不得超过30毫升。

【规格】应为最小制剂单元（最小食用单元）的重量或者体积（不包括包装材料）。如：胶囊剂指内容物重量；糖衣片指包糖衣前的片芯重量；薄膜衣片应在包薄膜衣后检查重量。产品规格还应与产品食用方法、食用量相匹配。表示为：片剂为Xg/片，胶囊剂为Xg/粒；口服液为Xml/瓶（或支）；颗粒为Xg/袋。

一次备案申请仅可备案一种产品规格，如需要备案多个规格时，应按备案变更程序申请，符合变更要求后，在备案凭证的备注部分列出所要增加的规格。同一个产品不得以不同规格获得多个备案凭证。

原注册人产品备案，如果原批准证书或已申请注册的产品中有多个规格和食用量、食用方法的，备案时应填报一种规格，其他规格和食用量、食用方法在备案凭证中备注项下列出。

【贮藏方法】应根据产品特性、稳定性试验等综合确定。贮藏方法为冷藏等特殊条件的，应列出具体贮藏条件。

【保质期】应根据稳定性试验考察结果综合确定，以"XX月"表示，不足月的以"XX天"表示。采用加速稳定性试验的产品，保质期不超过24个月。

【注意事项】应注明"本品不能代替药物。适宜人群外的人群不推荐食用本产品"。营养素补充剂产品还应增加"不宜超过推荐量或与同类营养素同时食用"。必要时还应根据研发情况、科学共识以及产品特性增加相应内容。如：辅料中含有阿斯巴甜，应标明苯丙酮尿患者慎用；泡腾片不可咀嚼、含服或吞服等。

5.8 产品技术要求材料

备案人应确保产品技术要求内容完整，与检验报告检测结果相符，并符合现行法规、技术规范、食品安全国家标准、《保健食品原料目录》的规定。

备案人在保健食品备案管理信息系统中填报备案信息后自动生成产品技术要求。

【产品名称】备案人在保健食品备案管理信息系统中填报备案信息后自动生成

【原料】按照5.3产品配方材料列出全部原料及用量

【辅料】按照5.3产品配方材料列出全部辅料及用量。

【生产工艺】应根据实际工艺操作步骤依次选择主要工序、关键工艺参数；同一描述的主要工序可以根据实际生产操作规程重复选择。

【直接接触产品包装材料的种类、名称及标准】与5.6项下材料要求一致。

【感官要求】应描述产品的外观（色泽、状态等）和内容物的色泽、滋味、气味、状态等项目。不对直接接触产品的包装材料的外观、硬胶囊剂的囊壳色泽等进行描述。

【鉴别】根据产品配方及相关研究结果等可以确定产品鉴别方法的，应予以准确阐述。未制定鉴别项的，应提供未制定的理由。

【理化指标】应标明理化指标名称、指标值和检测方法。检测方法为国家标准、地方标准或规范性文件的，应列出标准号或规范性文件的文题文号；检测方法为备案人在国家标准、地方标准或规范性文件基础上进行修订的，应列出标准号或规范性文件的文题文号，同时详细列出修订内容；检测方法为备案人研究制定的，应列出检测方法全文，并提供该检测方法对本产品适用性相关资料。

【微生物指标】应标明微生物指标名称、指标值和检测方法。

【功效成分或标志性成分指标】应标明功效成分或标志性成分名称、指标范围和检测方法。

营养素补充剂产品功效成分应为产品食用最小单元（如每片、每粒、每袋、每瓶）的功效成分指标，包括补充的全部营养素。维生素含量范围应为标示值的80%—180%，矿物质含量范围应为标示值的75%—125%。功效成分指标范围应符合《保健食品原料目录》规定的产品适宜人群对应的每日摄入量。

功效成分或标志性成分的检测方法为国家标准、地方标准或规范性文件的，应列出标准号或规范性文件的文题文号；检测方法为备案人在国家标准、地方标准或规范性文件基础上进行修订的，应列出标准号或规范性文件的文题文号，同时详细列出修订内容；检测方法为备案人研究制定的，应列出检测方法全文，并提供该检测方法对本产品适用性相关资料。

【装量或重量差异指标（净含量及允许负偏差指标）】应以文字形式描述装量或重量差异指标（净含量及允许负偏差指标）。

【原辅料质量要求】逐项列明所用原辅料具体质量标准。

符合《保健食品原料目录》、保健食品备案产品可用辅料相关要求的，列出标准号。对预处理原料，还应该列出原料来源和执行标准、主要生产工序及关键工艺参数等。

5.9 具有合法资质的检验机构出具的符合产品技术要求全项目检验报告

5.9.1 检验机构应按照备案人拟定的产品技术要求规定的项目、方法等进行检测，出具三批产品技术要求全项目检验报告。

检验报告应包括检测结果是否符合现行法规、规范性文件、强制性国家标准和产品技术要求等的结论。

保健食品备案检验申请表、备案检验受理通知书与检验报告中的产品名称、检测指标等内容应保持一致。检验机构出具检验报告后，不得变更。

对于具有合法资质的检验机构未认证的感官要求、功效成分或标志性成分指标，检验机构应以文字说明其检测依据。

5.9.2 该项检验报告与5.5项的检验报告为同一检验机构出具，则应为不同的三个批次产品的检验报告。

5.9.3 原注册人调整产品配方或产品技术要求申请备案的，应按5.9.1提供相关资料；未调整产品配方和产品技术要求的，可以提供原申报时提交的检验报告。

5.10 产品名称相关检索材料

备案人应从国家食品药品监督管理总局政府网站数据库中检索并打印，提供产品名称（包括商标名、通用名和属性名）与已批准注册或备案的保健食品名称不重名的检索材料。

5.11 其他表明产品安全性和保健功能的材料

6 进口保健食品备案材料项目及要求

除应按国产产品提交相关材料外，还应提交：

6.1 备案人主体登记证明文件

产品生产国（地区）政府主管部门或者法律服务机构出具的备案人为上市保健食品境外生产厂商的资质证明文件。应载明出具文件机构名称、生产厂商名称地址、产品名称和出具文件的日期等。

6.2 备案产品上市销售一年以上证明文件

产品生产国（地区）政府主管部门或者法律服务机构出具的保健食品类似产品上市销售一年以上的证明文件，或者产品境外销售以及人群食用情况的安全性报告。

上市销售一年以上的证明文件，应为在产品生产国（地区）作为保健食品类似产品销售一年以上的证明文件，应载明文件出具机构的名称、备案人名称地址、生产企业名称地址、产品名称和出具文件的日期，应明确标明该产品符合产品生产国（地区）法律和相关技术法规、标准，允许在该国（地区）生产销售。同时提供产品功能作用、食用人群等与申请备案产品声称相对应，保证食用安全的相关材料。

产品出口国（地区）实施批准的，还应当出具出口国（地区）主管部门准许上市销售的证明文件。

6.3 产品生产国（地区）或者国际组织与备案保健食品相关的技术法规或者标准原文。境外生产厂商保证向我国出口的保健食品符合我国有关法律、行政法规的规定和食品安全国家标准的要求的说明，以及保证生产质量管理体系有效运行的自查报告。

申请材料涉及提交产品生产企业质量管理体系文件的，应当提交产品生产国（地区）政府主管部门或者政府主管部门指定的承担法律责任的有关部门出具的，符合良好生产质量管理规范的证明文件，应载明出具文件机构名称、产品名称、生产企业名称和出具文件的日期。

6.4 备案人应确保检验用样品的来源清晰、可溯源，进口备案产品应为产品生产国（地区）上市销售的产品。

6.5 产品在产品生产国（地区）上市的包装、标签说明书实样

应提供与产品生产国（地区）上市销售的产品一致的标签说明书实样及照片，以及经境内公证机构公证、与原文内容一致的中文译本。

6.6 由境外备案人常驻中国代表机构办理备案事务的，应当提交《外国企业常驻中国代表机构登记证》扫描件

境外备案人委托境内的代理机构办理备案事项的，应当提交经过公证的委托书原件以及受委托的代理机构营业执照扫描件。委托书应载明备案人、被委托单位名称、产品名称、委托事项及委托书出具日期。

6.7 备案材料应使用中文，外文材料附后。外文证明性文件、外文标签说明书等中文译本应当由中国境内公证机构进行公证，与原文内容一致。

6.8 境外机构出具的证明文件、委托书（协议）等应为原件，应使用产品生产国（地区）的官方文字，备案人盖章或法人代表（或其授权人）签字，需经所在国（地区）的公证机构公证和中国驻所在国使领馆确认。证明文件、委托书（协议）等载明有效期的，应在有效期内使用。

6.9 提供生产和销售证明文件、质量管理体系或良好生产规范的证明文件、委托加工协议等证明文件可以同时列明多个产品。这些产品同时备案时，允许一个产品使用原件，其他产品使

用复印件，并书面说明原件所在的备案产品名称；这些产品不同时备案时，一个产品使用原件，其他产品需使用经公证后的复印件，并书面说明原件所在的备案产品名称。

7 备案变更

对于已经备案的保健食品，需要变更备案凭证及附件中内容的，备案人应按申请备案的程序，向原备案机关按备案申请提交相关资料及证明文件。备案资料符合要求的，准予变更。食品药品监督管理部门应当将变更情况登载于变更信息中，将备案材料存档备查。

备案人的联系人、联系方式等发生变化的，应及时向备案受理机构提交加盖备案人公章的更改申请，受理机构及时对相关信息进行更新。

已备案的保健食品，因产品名称（商标名）不符合要求，被监管部门责令整改的，可以按照备案变更程序办理。

8 附 则

本指南为试行版，涉及《保健食品原料目录》以及备案工作程序调整的，将及时修订。

附件：1. 国产保健食品备案登记表（略）

2. 进口保健食品备案登记表（略）

3. 国产保健食品备案凭证（略）

4. 进口保健食品备案凭证（略）

5. 保健食品产品说明书（范本）（略）

6. 保健食品产品技术要求（范本）（略）

7. 保健食品备案检验申请表（略）

8. 保健食品备案检验受理通知书（略）

9. 功效成分或标志性成分检测/稳定性检验报告（略）

10. 卫生学检验报告（略）

保健食品生产许可审查细则

（2016 年 11 月 28 日 食药监食监三〔2016〕151 号）

1 总 则

1.1 制定目的

为规范保健食品生产许可审查工作，督促企业落实主体责任，保障保健食品质量安全，依据《中华人民共和国食品安全法》《食品生产许可管理办法》《保健食品注册与备案管理办法》《保健食品良好生产规范》《食品生产许可审查通则》等相关法律法规和技术标准的规定，制定本细则。

1.2 适用范围

本细则适用于中华人民共和国境内保健食品生产许可审查，包括书面审查、现场核查等技术审查和行政审批。

1.3 职责划分

1.3.1 国家食品药品监督管理总局负责制定保健食品生产许可审查标准和程序，指导各省级食品药品监督管理部门开展保健食品生产许可审查工作。

1.3.2　省级食品药品监督管理部门负责制定保健食品生产许可审查流程,组织实施本行政区域保健食品生产许可审查工作。

1.3.3　承担技术审查的部门负责组织保健食品生产许可的书面审查和现场核查等技术审查工作,负责审查员的遴选、培训、选派以及管理等工作,负责具体开展保健食品生产许可的书面审查。

1.3.4　审查组具体负责保健食品生产许可的现场核查。

1.4　审查原则

1.4.1　规范统一原则。统一颁发保健食品生产企业《食品生产许可证》,明确保健食品生产许可审查标准,规范审查工作流程,保障审查工作的规范有序。

1.4.2　科学高效原则。按照保健食品剂型形态进行产品分类,对申请增加同剂型产品以及生产条件未发生变化的,可以不再进行现场核查,提高审查工作效率。

1.4.3　公平公正原则。厘清技术审查与行政审批的关系,由技术审查部门组织审查组负责技术审查工作,日常监管部门负责选派观察员参与现场核查,确保审查工作的公平公正。

2　受　　理

2.1　材料申请

2.1.1　保健食品生产许可申请人应当是取得《营业执照》的合法主体,符合《食品生产许可管理办法》要求的相应条件。

2.1.2　申请人填报《食品生产许可申请书》,并按照《保健食品生产许可申请材料目录》(附件1)的要求,向其所在地省级食品药品监督管理部门提交申请材料。

2.1.3　保健食品生产许可,申请人应参照《保健食品生产许可分类目录》(附件2)的要求,填报申请生产的保健食品品种明细。

2.1.4　申请人新开办保健食品生产企业或新增生产剂型的,可以委托生产的方式,提交委托方的保健食品注册证明文件,或以"拟备案品种"获取保健食品生产许可资质。

2.1.5　申请人申请保健食品原料提取物和复配营养素生产许可的,应提交保健食品注册证明文件或备案证明,以及注册证明文件或备案证明载明的该原料提取物的生产工艺、质量标准,注册证明文件或备案证明载明的该复配营养素的产品配方、生产工艺和质量标准等材料。

2.2　受理

省级食品药品监督管理受理部门对申请人提出的保健食品生产许可申请,应当按照《食品生产许可管理办法》的要求,作出受理或不予受理的决定。

2.3　移送

保健食品生产许可申请材料受理后,受理部门应将受理材料移送至保健食品生产许可技术审查部门。

3　技术审查

3.1　书面审查

3.1.1　审查程序

3.1.1.1　技术审查部门按照《保健食品生产许可书面审查记录表》(附件3)的要求,对申请人的申请材料进行书面审查,并如实填写审查记录。

3.1.1.2　技术审查部门应当核对申请材料原件,需要补充技术性材料的,应一次性告知申请人予以补正。

3.1.1.3　申请材料基本符合要求,需要对许可事项开展现场核查的,可结合现场核查核对申请材料原件。

3.1.2 审查内容

3.1.2.1 主体资质审查

申请人的营业执照、保健食品注册证明文件或备案证明合法有效，产品配方和生产工艺等技术材料完整，标签说明书样稿与注册或备案的技术要求一致。备案保健食品符合保健食品原料目录技术要求。

3.1.2.2 生产条件审查

保健食品生产场所应当合理布局，洁净车间应符合保健食品良好生产规范要求。保健食品安全管理规章制度和体系文件健全完善，生产工艺流程清晰完整，生产设施设备与生产工艺相适应。

3.1.2.3 委托生产

保健食品委托生产的，委托方应是保健食品注册证书持有人，受托方应能够完成委托生产品种的全部生产过程。委托生产的保健食品，标签说明书应当标注委托双方的企业名称、地址以及受托许可证编号等内容。保健食品的原注册人可以对转备案保健食品进行委托生产。

3.1.3 做出审查结论

3.1.3.1 书面审查符合要求的，技术审查部门应做出书面审查合格的结论，组织审查组开展现场核查。

3.1.3.2 书面审查出现以下情形之一的，技术审查部门应做出书面审查不合格的结论：

（一）申请材料书面审查不符合要求的；

（二）申请人未按时补正申请材料的。

3.1.3.3 书面审查不合格的，技术审查部门应按照本细则的要求提出未通过生产许可的审查意见。

3.1.3.4 申请人具有以下情形之一，技术审查部门可以不再组织现场核查：

（一）申请增加同剂型产品，生产工艺实质等同的保健食品；

（二）申请保健食品生产许可变更或延续，申请人声明关键生产条件未发生变化，且不影响产品质量安全的。

3.1.3.5 申请人在生产许可有效期限内出现以下情形之一，技术审查部门不得免于现场核查：

（一）保健食品监督抽检不合格的；

（二）保健食品违法生产经营被立案查处的；

（三）保健食品生产条件发生变化，可能影响产品质量安全的；

（四）食品药品监管部门认为应当进行现场核查的。

3.2 现场核查

3.2.1 组织审查组

3.2.1.1 书面审查合格的，技术审查部门应组织审查组开展保健食品生产许可现场核查。

3.2.1.2 审查组一般由2名以上（含2名）熟悉保健食品管理、生产工艺流程、质量检验检测等方面的人员组成，其中至少有1名审查员参与该申请材料的书面审查。

3.2.1.3 审查组实行组长负责制，与申请人有利害关系的审查员应当回避。审查人员确定后，原则上不得随意变动。

3.2.1.4 审查组应当制定审查工作方案，明确审查人员分工、审查内容、审查纪律以及相应注意事项，并在规定时限内完成审查任务，做出审查结论。

3.2.1.5 负责日常监管的食品药品监管部门应当选派观察员，参加生产许可现场核查，负责现场核查的全程监督，但不参与审查意见。

3.2.2 审查程序

3.2.2.1 技术审查部门应及时与申请人进行沟通，现场核查前两个工作日告知申请人审查时间、审查内容以及需要配合事项。

3.2.2.2 申请人的法定代表人（负责人）或其代理人、相关食品安全管理人员、专业技术人员、核查组成员及观察员应当参加首、末次会议，并在《现场核查首末次会议签到表》（附件4）上签到。

3.2.2.3 审查组按照《保健食品生产许可现场核查记录表》（附件5）的要求组织现场核查，应如实填写核查记录，并当场做出审查结论。

3.2.2.4 《保健食品生产许可现场核查记录表》包括103项审查条款，其中关键项9项，重点项37项，一般项57项，审查组应对每项审查条款做出是否符合要求或不适用的审查意见。

3.2.2.5 审查组应在10个工作日内完成生产许可的现场核查。因不可抗力原因，或者供电、供水等客观原因导致现场核查无法正常开展的，申请人应当向许可机关书面提出许可中止申请。中止时间应当不超过10个工作日，中止时间不计入生产许可审批时限。

3.2.3 审查内容

3.2.3.1 生产条件审查

保健食品生产厂区整洁卫生，洁净车间布局合理，符合保健食品良好生产规范要求。空气净化系统、水处理系统运转正常，生产设施设备安置有序，与生产工艺相适应，便于保健食品的生产加工操作。计量器具和仪器仪表定期检定校验，生产厂房和设施设备定期保养维修。

3.2.3.2 品质管理审查

企业根据注册或备案的产品技术要求，制定保健食品企业标准，加强原辅料采购、生产过程控制、质量检验以及贮存管理。检验室的设置应与生产品种和规模相适应，每批保健食品按照企业标准要求进行出厂检验，并进行产品留样。

3.2.3.3 生产过程审查

企业制定保健食品生产工艺操作规程，建立生产批次管理制度，留存批生产记录。审查组根据注册批准或备案的生产工艺要求，查验保健食品检验合格报告和生产记录，动态审查关键生产工序，复核生产工艺的完整连续以及生产设备的合理布局。

3.2.4 做出审查结论

3.2.4.1 现场核查项目符合要求的，审查组应做出现场核查合格的结论。

3.2.4.2 现场核查出现以下情形之一的，审查组应做出现场核查不合格的结论，其中不适用的审查条款除外：

（一）现场核查有一项（含）以上关键项不符合要求的；

（二）现场核查有五项（含）以上重点项不符合要求的；

（三）现场核查有十项（含）以上一般项不符合要求的；

（四）现场核查有三项重点项不符合要求，五项（含）以上一般项不符合要求的；

（五）现场核查有四项重点项不符合要求，两项（含）以上一般项不符合要求的。

3.2.4.3 现场核查不合格的，审查组应按照本细则的要求提出未通过生产许可的审查意见。

3.2.4.4 申请人现场核查合格的，应在1个月内对现场核查中发现的问题进行整改，并向省级食品药品监督管理部门和实施日常监督管理的食品药品监督管理部门书面报告。

3.3 审查意见

3.3.1 申请人经书面审查和现场核查合格的，审查组应提出通过生产许可的审查意见。

3.3.2 申请人出现以下情形之一，审查组应提出未通过生产许可的审查意见：

（一）书面审查不合格的；

（二）书面审查合格，现场核查不合格的；

（三）因申请人自身原因导致现场核查无法按时开展的。

3.3.3 技术审查部门应根据审查意见，编写《保健食品生产许可技术审查报告》（附件6），并将审查材料和审查报告报送许可机关。

4 行政审批

4.1 复查

4.1.1 许可机关收到技术审查部门报送的审查材料和审查报告后，应当对审查程序和审查意见的合法性、规范性以及完整性进行复查。

4.1.2 许可机关认为技术审查环节在审查程序和审查意见方面存在问题的，应责令技术审查部门进行核实确认。

4.2 决定

许可机关对通过生产许可审查的申请人，应当做出准予保健食品生产许可的决定；对未通过生产许可审查的申请人，应当做出不予保健食品生产许可的决定。

4.3 制证

4.3.1 食品药品监管部门按照"一企一证"的原则，对通过生产许可审查的企业，颁发《食品生产许可证》，并标注保健食品生产许可事项。

4.3.2 《食品生产许可品种明细表》应载明保健食品类别编号、类别名称、品种明细以及其他备注事项。

4.3.3 保健食品注册号或备案号应在备注中载明，保健食品委托生产的，在备注中载明委托企业名称与住所等信息。

4.3.4 原取得生产许可的保健食品，应在备注中标注原生产许可证编号。

4.3.5 保健食品原料提取物生产许可，应在品种明细项目标注原料提取物名称，并在备注栏目载明该保健食品名称、注册号或备案号等信息；复配营养素生产许可，应在品种明细项目标注维生素或矿物质预混料，并在备注栏目载明该保健食品名称、注册号或备案号信息。

5 变更、延续、注销、补办

5.1 变更

5.1.1 申请人在生产许可证有效期内，变更生产许可证载明事项的以及变更工艺设备布局、主要生产设施设备，影响保健食品产品质量安全的，应当在变化后10个工作日内，按照《保健食品生产许可申请材料目录》（附件1）的要求，向原发证的食品药品监督管理部门提出变更申请。

5.1.2 食品药品监督管理部门应按照本细则的要求，根据申请人提出的许可变更事项，组织审查组、开展技术审查、复查审查结论，并做出行政许可决定。

5.1.3 申请增加或减少保健食品生产品种的，品种明细参照《保健食品生产许可分类目录》（附件2）。

5.1.4 保健食品注册或者备案的生产工艺发生变化的，申请人应当办理注册或者备案变更手续后，申请变更保健食品生产许可。

5.1.5 保健食品生产场所迁出原发证的食品药品监督管理部门管辖范围的，应当向其所在地省级食品药品监督管理部门重新申请保健食品生产许可。

5.1.6 保健食品外设仓库地址发生变化的，申请人应当在变化后10个工作日内向原发证的食品药品监督管理部门报告。

5.1.7 申请人生产条件未发生变化，需要变更以下许可事项的，省级食品药品监督管理部门经书面审查合格，可以直接变更许可证件：

（一）变更企业名称、法定代表人的；

（二）申请减少保健食品品种的；

（三）变更保健食品名称，产品的注册号或备案号未发生变化的；

（四）变更住所或生产地址名称，实际地址未发生变化的；

（五）委托生产的保健食品，变更委托生产企业名称或住所的。

5.2 延续

5.2.1 申请延续保健食品生产许可证有效期的，应在该生产许可有效期届满 30 个工作日前，按照《保健食品生产许可申请材料目录》（附件 1）的要求，向原发证的食品药品监督管理部门提出延续申请。

5.2.2 申请人声明保健食品关键生产条件未发生变化，且不影响产品质量安全的，省级食品药品监督管理部门可以不再组织现场核查。

5.2.3 申请人的生产条件发生变化，可能影响保健食品安全的，省级食品药品监督管理部门应当组织审查组，进行现场核查。

5.3 注销

申请注销保健食品生产许可的，申请人按照《保健食品生产许可申请材料目录》（附件 1）的要求，向原发证的食品药品监督管理部门提出注销申请。

5.4 补办

保健食品生产许可证件遗失、损坏的，申请人应按照《食品生产许可管理办法》的相关要求，向原发证的食品药品监督管理部门申请补办。

6 附　则

6.1 申请人为其他企业提供动植物提取物，作为保健食品生产原料的，应按照本细则的要求申请原料提取物生产许可；仅从事本企业所生产保健食品原料提取的，申请保健食品产品生产许可。

6.2 申请人为其他企业提供维生素、矿物质预混料的，应按照本细则的要求申请复配营养素生产许可；仅从事本企业所生产保健食品原料混合加工的，申请保健食品产品生产许可。

附件：1. 保健食品生产许可申请材料目录（略）

2. 保健食品生产许可分类目录（略）

3. 保健食品生产许可书面审查记录表（略）

4. 现场核查首末次会议签到表（略）

5. 保健食品生产许可现场核查记录表（略）

6. 保健食品生产许可技术审查报告（略）

食品生产经营风险分级管理办法（试行）

（2016 年 9 月 5 日　食药监食监一〔2016〕115 号）

第一章　总　　则

第一条　为了强化食品生产经营风险管理，科学有效实施监管，落实食品安全监管责任，保障食品安全，根据《中华人民共和国食品安全法》（以下简称《食品安全法》）及其实施条例等法律法规，制定本办法。

第二条　本办法所称风险分级管理，是指食品药品监督管理部门以风险分析为基础，结合食品生产经营者的食品类别、经营业态及生产经营规模、食品安全管理能力和监督管理记录情况，按照风险评价指标，划分食品生产经营者风险等级，并结合当地监管资源和监管能力，对食品生产经营者实施的不同程度的监督管理。

第三条　食品药品监督管理部门对食品生产经营者实施风险分级管理，适用本办法。

食品生产、食品销售和餐饮服务等食品生产经营，以及食品添加剂生产适用本办法。

第四条　国家食品药品监督管理总局负责制定食品生产经营风险分级管理制度，指导和检查全国食品生产经营风险分级管理工作。

省级食品药品监督管理部门负责制定本省食品生产经营风险分级管理工作规范，结合本行政区域内实际情况，组织实施本省食品生产经营风险分级管理工作，对本省食品生产经营风险分级管理工作进行指导和检查。

各市、县级食品药品监督管理部门负责开展本地区食品生产经营风险分级管理的具体工作。

第五条　食品生产经营风险分级管理工作应当遵循风险分析、量化评价、动态管理、客观公正的原则。

第六条　食品生产经营者应当配合食品药品监督管理部门的风险分级管理工作，不得拒绝、逃避或者阻碍。

第二章　风　险　分　级

第七条　食品药品监督管理部门对食品生产经营风险等级划分，应当结合食品生产经营企业风险特点，从生产经营食品类别、经营规模、消费对象等静态风险因素和生产经营条件保持、生产经营过程控制、管理制度建立及运行等动态风险因素，确定食品生产经营者风险等级，并根据对食品生产经营者监督检查、监督抽检、投诉举报、案件查处、产品召回等监督管理记录实施动态调整。

食品生产经营者风险等级从低到高分为 A 级风险、B 级风险、C 级风险、D 级风险四个等级。

第八条　食品药品监督管理部门确定食品生产经营者风险等级，采用评分方法进行，以百分制计算。其中，静态风险因素量化分值为 40 分，动态风险因素量化分值为 60 分。分值越高，风险等级越高。

第九条　食品生产经营静态风险因素按照量化分值划分为 I 档、II 档、III 档和 IV 档。

第十条　静态风险等级为 I 档的食品生产经营者包括：

（一）低风险食品的生产企业；

（二）普通预包装食品销售企业；

（三）从事自制饮品制售、其他类食品制售等餐饮服务企业。

第十一条 静态风险等级为Ⅱ档的食品生产经营者包括：

（一）较低风险食品的生产企业；

（二）散装食品销售企业；

（三）从事不含高危易腐食品的热食类食品制售、糕点类食品制售、冷食类食品制售等餐饮服务企业；

（四）复配食品添加剂之外的食品添加剂生产企业。

第十二条 静态风险等级为Ⅲ档的食品生产经营者包括：

（一）中等风险食品的生产企业，应当包括糕点生产企业、豆制品生产企业等；

（二）冷冻冷藏食品的销售企业；

（三）从事含高危易腐食品的热食类食品制售、糕点类食品制售、冷食类食品制售、生食类食品制售等餐饮服务企业；

（四）复配食品添加剂生产企业。

第十三条 静态风险等级为Ⅳ档的食品生产经营者包括：

（一）高风险食品的生产企业，应当包括乳制品生产企业、肉制品生产企业等；

（二）专供婴幼儿和其他特定人群的主辅食品生产企业；

（三）保健食品的生产企业；

（四）主要为特定人群（包括病人、老人、学生等）提供餐饮服务的餐饮服务企业；

（五）大规模或者为大量消费者提供就餐服务的中央厨房、用餐配送单位、单位食堂等餐饮服务企业。

第十四条 生产经营多类别食品的，应当选择风险较高的食品类别确定该食品生产经营者的静态风险等级。

第十五条 《食品生产经营静态风险因素量化分值表》（以下简称为《静态风险表》，见附件1）由国家食品药品监督管理总局制定。

省级食品药品监督管理部门可根据本行政区域实际情况，对《静态风险表》进行调整，并在本行政区域内组织实施。

第十六条 对食品生产企业动态风险因素进行评价应当考虑企业资质、进货查验、生产过程控制、出厂检验等情况；特殊食品还应当考虑产品配方注册、质量管理体系运行等情况；保健食品还应当考虑委托加工等情况；食品添加剂还应当考虑生产原料和工艺符合产品标准规定等情况。

对食品销售者动态风险因素进行评价应当考虑经营资质、经营过程控制、食品贮存等情况。

对餐饮服务提供者动态风险因素进行评价应考虑经营资质、从业人员管理、原料控制、加工制作过程控制等情况。

第十七条 省级食品药品监督管理部门可以参照《食品生产经营日常监督检查要点表》制定食品生产经营动态风险因素评价量化分值表（以下简称为动态风险评价表），并组织实施。

但是，制定食品销售环节动态风险因素量化分值，应参照《食品销售环节动态风险因素量化分值表》（见附件2）。

第十八条 食品药品监督管理部门应当通过量化打分，将食品生产经营者静态风险因素量化分值，加上生产经营动态风险因素量化分值之和，确定食品生产经营者风险等级。

风险分值之和为0—30（含）分的，为A级风险；风险分值之和为30—45（含）分的，为B级风险；风险分值之和为45—60（含）分的，为C级风险；风险分值之和为60分以上的，为D级风险。

第十九条 食品药品监督管理部门可以根据食品生产经营者年度监督管理记录，调整食品生产经营者风险等级。

第三章 程序要求

第二十条 食品药品监督管理部门评定食品生产经营者静态风险因素量化分值时应当调取食品生产经营者的许可档案，根据静态风险因素量化分值表所列的项目，逐项计分，累加确定食品生产经营者静态风险因素量化分值。

食品生产经营许可档案内容不全的，食品药品监督管理部门可以要求食品生产经营者补充提交相关的材料。

第二十一条 对食品生产经营动态风险因素量化分值的评定，可以结合对食品生产经营者日常监督检查结果确定，或者组织人员进入企业现场按照动态风险评价表进行打分评价确定。

食品药品监督管理部门利用日常监督检查结果对食品生产经营者实施动态风险分值评定，应当结合上一年度日常监督检查全项目检查结果，并根据动态风险评价表逐项计分，累加确定。

食品药品监督管理部门对食品生产经营者实施动态风险因素现场打分评价，按照《食品生产经营日常监督检查管理办法》确定，必要时，可以聘请专业技术人员参与现场打分评价工作。

第二十二条 现场打分评价人员应当按照本办法和动态风险评价表的内容要求，如实作出评价，并将食品生产经营者存在的主要风险及防范要求告知其负责人。

第二十三条 监管人员应当根据量化评价结果，填写《食品生产经营者风险等级确定表》（以下简称为《风险等级确定表》，见附件3）。

第二十四条 评定新开办食品生产经营者的风险等级，可以按照食品生产经营者的静态风险分值确定。

食品生产者风险等级的评定还可以按照《食品、食品添加剂生产许可现场核查评分记录表》确定。

第二十五条 餐饮服务提供者风险等级评定结果可以作为量化分级调整的依据，具体办法由省级食品药品监督管理部门制定。

第二十六条 食品药品监督管理部门应当及时将食品生产经营者风险等级评定结果记入食品安全信用档案，并根据风险等级合理确定日常监督检查频次，实施动态调整。

鼓励食品药品监督管理部门采用信息化方式开展风险分级管理工作。

第二十七条 食品药品监督管理部门根据当年食品生产经营者日常监督检查、监督抽检、违法行为查处、食品安全事故应对、不安全食品召回等食品安全监督管理记录情况，对行政区域内的食品生产经营者的下一年度风险等级进行动态调整。

第二十八条 存在下列情形之一的，下一年度生产经营者风险等级可视情况调高一个或者两个等级：

（一）故意违反食品安全法律法规，且受到罚款、没收违法所得（非法财物）、责令停产停业等行政处罚的；

（二）有1次及以上国家或者省级监督抽检不符合食品安全标准的；

（三）违反食品安全法律法规规定，造成不良社会影响的；

（四）发生食品安全事故的；

（五）不按规定进行产品召回或者停止生产经营的；

（六）拒绝、逃避、阻挠执法人员进行监督检查，或者拒不配合执法人员依法进行案件调查的；

（七）具有法律、法规、规章和省级食品药品监督管理部门规定的其他可以上调风险等级的情形。

第二十九条 食品生产经营者遵守食品安全法律法规，当年食品安全监督管理记录中未出现本办法第二十八条所列情形的，下一年度食品生产经营者风险等级可不作调整。

第三十条 食品生产经营者符合下列情形之一的，下一年度食品生产经营者风险等级可以调低一个等级：

（一）连续3年食品安全监督管理记录没有违反本办法第二十八条所列情形的；

（二）获得良好生产规范、危害分析与关键控制点体系认证（特殊医学用途配方食品、婴幼儿配方乳粉企业除外）的；

（三）获得地市级以上人民政府质量奖的；

（四）具有法律、法规、规章和省级食品药品监督管理部门规定的其他可以下调风险等级的情形。

第四章 结果运用

第三十一条 食品药品监督管理部门根据食品生产经营者风险等级，结合当地监管资源和监管水平，合理确定企业的监督检查频次、监督检查内容、监督检查方式以及其他管理措施，作为制订年度监督检查计划的依据。

第三十二条 食品药品监督管理部门应当根据食品生产经营者风险等级划分结果，对较高风险生产经营者的监管优先于较低风险生产经营者的监管，实现监管资源的科学配置和有效利用。

（一）对风险等级为A级风险的食品生产经营者，原则上每年至少监督检查1次；

（二）对风险等级为B级风险的食品生产经营者，原则上每年至少监督检查1—2次；

（三）对风险等级为C级风险的食品生产经营者，原则上每年至少监督检查2—3次；

（四）对风险等级为D级风险的食品生产经营者，原则上每年至少监督检查3—4次。

具体检查频次和监管重点由各省级食品药品监督管理部门确定。

第三十三条 市县级食品药品监督管理部门应当统计分析行政区域内食品生产经营者风险分级结果，确定监管重点区域、重点行业、重点企业。及时排查食品安全风险隐患，在监督检查、监督抽检和风险监测中确定重点企业及产品。

第三十四条 市县级食品药品监督管理部门应当根据风险等级对食品生产经营者进行分类，可以建立行政区域内食品生产经营者的分类系统及数据平台，记录、汇总、分析食品生产经营风险分级信息，实行信息化管理。

第三十五条 市县级食品药品监督管理部门应当根据食品生产经营者风险等级和检查频次，确定本行政区域内所需检查力量及设施配备等，并合理调整检查力量分配。

第三十六条 各级食品药品监督管理部门的相关工作人员在风险分级管理工作中不得滥用职权、玩忽职守、徇私舞弊。

第三十七条 食品生产经营者应当根据风险分级结果，改进和提高生产经营控制水平，加强落实食品安全主体责任。

第五章 附 则

第三十八条 省级食品药品监督管理部门可参照本办法制定食用农产品市场销售、小作坊、食品摊贩的风险分级管理制度。

第三十九条 本办法由国家食品药品监督管理总局负责解释。

第四十条 本办法自2016年12月1日起施行。

附件：1. 食品生产经营静态风险因素量化分值表（略）

2. 食品销售环节动态风险因素量化分值表（略）

3. 食品生产经营者风险等级确定表（略）

国家食品安全事故应急预案

(国务院 2011 年 10 月 5 日修订)

1 总 则

1.1 编制目的

建立健全应对食品安全事故运行机制,有效预防、积极应对食品安全事故,高效组织应急处置工作,最大限度地减少食品安全事故的危害,保障公众健康与生命安全,维护正常的社会经济秩序。

1.2 编制依据

依据《中华人民共和国突发事件应对法》、《中华人民共和国食品安全法》、《中华人民共和国农产品质量安全法》、《中华人民共和国食品安全法实施条例》、《突发公共卫生事件应急条例》和《国家突发公共事件总体应急预案》,制定本预案。

1.3 事故分级

食品安全事故,指食物中毒、食源性疾病、食品污染等源于食品,对人体健康有危害或者可能有危害的事故。食品安全事故共分四级,即特别重大食品安全事故、重大食品安全事故、较大食品安全事故和一般食品安全事故。事故等级的评估核定,由卫生行政部门会同有关部门依照有关规定进行。

1.4 事故处置原则

(1) 以人为本,减少危害。把保障公众健康和生命安全作为应急处置的首要任务,最大限度减少食品安全事故造成的人员伤亡和健康损害。

(2) 统一领导,分级负责。按照"统一领导、综合协调、分类管理、分级负责、属地管理为主"的应急管理体制,建立快速反应、协同应对的食品安全事故应急机制。

(3) 科学评估,依法处置。有效使用食品安全风险监测、评估和预警等科学手段;充分发挥专业队伍的作用,提高应对食品安全事故的水平和能力。

(4) 居安思危,预防为主。坚持预防与应急相结合,常态与非常态相结合,做好应急准备,落实各项防范措施,防患于未然。建立健全日常管理制度,加强食品安全风险监测、评估和预警;加强宣教培训,提高公众自我防范和应对食品安全事故的意识和能力。

2 组织机构及职责

2.1 应急机制启动

食品安全事故发生后,卫生行政部门依法组织对事故进行分析评估,核定事故级别。特别重大食品安全事故,由卫生部会同食品安全办向国务院提出启动 I 级响应的建议,经国务院批准后,成立国家特别重大食品安全事故应急处置指挥部(以下简称指挥部),统一领导和指挥事故应急处置工作;重大、较大、一般食品安全事故,分别由事故所在地省、市、县级人民政府组织成立相应应急处置指挥机构,统一组织开展本行政区域事故应急处置工作。

2.2 指挥部设置

指挥部成员单位根据事故的性质和应急处置工作的需要确定,主要包括卫生部、农业部、商务部、工商总局、质检总局、食品药品监管局、铁道部、粮食局、中央宣传部、教育部、工业和信息化部、公安部、监察部、民政部、财政部、环境保护部、交通运输部、海关总署、旅游局、新闻办、民航局和食品安全办等部门以及相关行业协会组织。当事故涉及国外、港澳台时，增加外交部、港澳办、台办等部门为成员单位。由卫生部、食品安全办等有关部门人员组成指挥部办公室。

2.3 指挥部职责

指挥部负责统一领导事故应急处置工作；研究重大应急决策和部署；组织发布事故的重要信息；审议批准指挥部办公室提交的应急处置工作报告；应急处置的其他工作。

2.4 指挥部办公室职责

指挥部办公室承担指挥部的日常工作，主要负责贯彻落实指挥部的各项部署，组织实施事故应急处置工作；检查督促相关地区和部门做好各项应急处置工作，及时有效地控制事故，防止事态蔓延扩大；研究协调解决事故应急处理工作中的具体问题；向国务院、指挥部及其成员单位报告、通报事故应急处置的工作情况；组织信息发布。指挥部办公室建立会商、发文、信息发布和督查等制度，确保快速反应、高效处置。

2.5 成员单位职责

各成员单位在指挥部统一领导下开展工作，加强对事故发生地人民政府有关部门工作的督促、指导，积极参与应急救援工作。

2.6 工作组设置及职责

根据事故处置需要，指挥部可下设若干工作组，分别开展相关工作。各工作组在指挥部的统一指挥下开展工作，并随时向指挥部办公室报告工作开展情况。

（1）事故调查组

由卫生部牵头，会同公安部、监察部及相关部门负责调查事故发生原因，评估事故影响，尽快查明致病原因，作出调查结论，提出事故防范意见；对涉嫌犯罪的，由公安部负责，督促、指导涉案地公安机关立案侦办，查清事实，依法追究刑事责任；对监管部门及其他机关工作人员的失职、渎职等行为进行调查。根据实际需要，事故调查组可以设置在事故发生地或派出部分人员赴现场开展事故调查（简称前方工作组）。

（2）危害控制组

由事故发生环节的具体监管职能部门牵头，会同相关监管部门监督、指导事故发生地政府职能部门召回、下架、封存有关食品、原料、食品添加剂及食品相关产品，严格控制流通渠道，防止危害蔓延扩大。

（3）医疗救治组

由卫生部负责，结合事故调查组的调查情况，制定最佳救治方案，指导事故发生地人民政府卫生部门对健康受到危害的人员进行医疗救治。

（4）检测评估组

由卫生部牵头，提出检测方案和要求，组织实施相关检测，综合分析各方检测数据，查找事故原因和评估事故发展趋势，预测事故后果，为制定现场抢救方案和采取控制措施提供参考。检测评估结果要及时报告指挥部办公室。

（5）维护稳定组

由公安部牵头，指导事故发生地人民政府公安机关加强治安管理，维护社会稳定。

（6）新闻宣传组

由中央宣传部牵头，会同新闻办、卫生部等部门组织事故处置宣传报道和舆论引导，并配合相关部门做好信息发布工作。

（7）专家组

指挥部成立由有关方面专家组成的专家组，负责对事故进行分析评估，为应急响应的调整和解除以及应急处置工作提供决策建议，必要时参与应急处置。

2.7 应急处置专业技术机构

医疗、疾病预防控制以及各有关部门的食品安全相关技术机构作为食品安全事故应急处置专业技术机构，应当在卫生行政部门及有关食品安全监管部门组织领导下开展应急处置相关工作。

3 应急保障

3.1 信息保障

卫生部会同国务院有关监管部门建立国家统一的食品安全信息网络体系，包含食品安全监测、事故报告与通报、食品安全事故隐患预警等内容；建立健全医疗救治信息网络，实现信息共享。卫生部负责食品安全信息网络体系的统一管理。

有关部门应当设立信息报告和举报电话，畅通信息报告渠道，确保食品安全事故的及时报告与相关信息的及时收集。

3.2 医疗保障

卫生行政部门建立功能完善、反应灵敏、运转协调、持续发展的医疗救治体系，在食品安全事故造成人员伤害时迅速开展医疗救治。

3.3 人员及技术保障

应急处置专业技术机构要结合本机构职责开展专业技术人员食品安全事故应急处置能力培训，加强应急处置力量建设，提高快速应对能力和技术水平。健全专家队伍，为事故核实、级别核定、事故隐患预警及应急响应等相关技术工作提供人才保障。国务院有关部门加强食品安全事故监测、预警、预防和应急处置等技术研发，促进国内外交流与合作，为食品安全事故应急处置提供技术保障。

3.4 物资与经费保障

食品安全事故应急处置所需设施、设备和物资的储备与调用应当得到保障；使用储备物资后须及时补充；食品安全事故应急处置、产品抽样及检验等所需经费应当列入年度财政预算，保障应急资金。

3.5 社会动员保障

根据食品安全事故应急处置的需要，动员和组织社会力量协助参与应急处置，必要时依法调用企业及个人物资。在动用社会力量或企业、个人物资进行应急处置后，应当及时归还或给予补偿。

3.6 宣教培训

国务院有关部门应当加强对食品安全专业人员、食品生产经营者及广大消费者的食品安全知识宣传、教育与培训，促进专业人员掌握食品安全相关工作技能，增强食品生产经营者的责任意识，提高消费者的风险意识和防范能力。

4 监测预警、报告与评估

4.1 监测预警

卫生部会同国务院有关部门根据国家食品安全风险监测工作需要，在综合利用现有监测机构能力的基础上，制定和实施加强国家食品安全风险监测能力建设规划，建立覆盖全国的食源性疾病、食品污染和食品中有害因素监测体系。卫生部根据食品安全风险监测结果，对食品安全状况进行综合分析，对可能具有较高程度安全风险的食品，提出并公布食品安全风险警示信息。

有关监管部门发现食品安全隐患或问题，应及时通报卫生行政部门和有关方面，依法及时采取有效控制措施。

4.2 事故报告

4.2.1 事故信息来源

(1) 食品安全事故发生单位与引发食品安全事故食品的生产经营单位报告的信息;

(2) 医疗机构报告的信息;

(3) 食品安全相关技术机构监测和分析结果;

(4) 经核实的公众举报信息;

(5) 经核实的媒体披露与报道信息;

(6) 世界卫生组织等国际机构、其他国家和地区通报我国信息。

4.2.2 报告主体和时限

(1) 食品生产经营者发现其生产经营的食品造成或者可能造成公众健康损害的情况和信息,应当在2小时内向所在地县级卫生行政部门和负责本单位食品安全监管工作的有关部门报告。

(2) 发生可能与食品有关的急性群体性健康损害的单位,应当在2小时内向所在地县级卫生行政部门和有关监管部门报告。

(3) 接收食品安全事故病人治疗的单位,应当按照卫生部有关规定及时向所在地县级卫生行政部门和有关监管部门报告。

(4) 食品安全相关技术机构、有关社会团体及个人发现食品安全事故相关情况,应当及时向县级卫生行政部门和有关监管部门报告或举报。

(5) 有关监管部门发现食品安全事故或接到食品安全事故报告或举报,应当立即通报同级卫生行政部门和其他有关部门,经初步核实后,要继续收集相关信息,并及时将有关情况进一步向卫生行政部门和其他有关监管部门通报。

(6) 经初步核实为食品安全事故且需要启动应急响应的,卫生行政部门应当按规定向本级人民政府及上级人民政府卫生行政部门报告;必要时,可直接向卫生部报告。

4.2.3 报告内容

食品生产经营者、医疗、技术机构和社会团体、个人向卫生行政部门和有关监管部门报告疑似食品安全事故信息时,应当包括事故发生时间、地点和人数等基本情况。

有关监管部门报告食品安全事故信息时,应当包括事故发生单位、时间、地点、危害程度、伤亡人数、事故报告单位信息(含报告时间、报告单位联系人员及联系方式)、已采取措施、事故简要经过等内容;并随时通报或者补报工作进展。

4.3 事故评估

4.3.1 有关监管部门应当按有关规定及时向卫生行政部门提供相关信息和资料,由卫生行政部门统一组织协调开展食品安全事故评估。

4.3.2 食品安全事故评估是为核定食品安全事故级别和确定应采取的措施而进行的评估。评估内容包括:

(1) 污染食品可能导致的健康损害及所涉及的范围,是否已造成健康损害后果及严重程度;

(2) 事故的影响范围及严重程度;

(3) 事故发展蔓延趋势。

5 应急响应

5.1 分级响应

根据食品安全事故分级情况,食品安全事故应急响应分为Ⅰ级、Ⅱ级、Ⅲ级和Ⅳ级响应。核定为特别重大食品安全事故,报经国务院批准并宣布启动Ⅰ级响应后,指挥部立即成立运行,组织开展应急处置。重大、较大、一般食品安全事故分别由事故发生地的省、市、县级人民政府启动相应级别响应，成立食品安全事故应急处置指挥机构进行处置。必要时上级人民政府派出工作组指导、协助事故应急处置工作。

启动食品安全事故 I 级响应期间，指挥部成员单位在指挥部的统一指挥与调度下，按相应职责做好事故应急处置相关工作。事发地省级人民政府按照指挥部的统一部署，组织协调地市级、县级人民政府全力开展应急处置，并及时报告相关工作进展情况。事故发生单位按照相应的处置方案开展先期处置，并配合卫生行政部门及有关部门做好食品安全事故的应急处置。

食源性疾病中涉及传染病疫情的，按照《中华人民共和国传染病防治法》和《国家突发公共卫生事件应急预案》等相关规定开展疫情防控和应急处置。

5.2 应急处置措施

事故发生后，根据事故性质、特点和危害程度，立即组织有关部门，依照有关规定采取下列应急处置措施，以最大限度减轻事故危害：

（1）卫生行政部门有效利用医疗资源，组织指导医疗机构开展食品安全事故患者的救治。

（2）卫生行政部门及时组织疾病预防控制机构开展流行病学调查与检测，相关部门及时组织检验机构开展抽样检验，尽快查找食品安全事故发生的原因。对涉嫌犯罪的，公安机关及时介入，开展相关违法犯罪行为侦破工作。

（3）农业行政、质量监督、检验检疫、工商行政管理、食品药品监管、商务等有关部门应当依法强制性就地或异地封存事故相关食品及原料和被污染的食品用工具及用具，待卫生行政部门查明导致食品安全事故的原因后，责令食品生产经营者彻底清洗消毒被污染的食品用工具及用具，消除污染。

（4）对确认受到有毒有害物质污染的相关食品及原料，农业行政、质量监督、工商行政管理、食品药品监管等有关监管部门应当依法责令生产经营者召回、停止经营及进出口并销毁。检验后确认未被污染的应当予以解封。

（5）及时组织研判事故发展态势，并向事故可能蔓延到的地方人民政府通报信息，提醒做好应对准备。事故可能影响到国（境）外时，及时协调有关涉外部门做好相关通报工作。

5.3 检测分析评估

应急处置专业技术机构应当对引发食品安全事故的相关危险因素及时进行检测，专家组对检测数据进行综合分析和评估，分析事故发展趋势、预测事故后果，为制定事故调查和现场处置方案提供参考。有关部门对食品安全事故相关危险因素消除或控制，事故中伤病人员救治，现场、受污染食品控制，食品与环境，次生、衍生事故隐患消除等情况进行分析评估。

5.4 响应级别调整及终止

在食品安全事故处置过程中，要遵循事故发生发展的客观规律，结合实际情况和防控工作需要，根据评估结果及时调整应急响应级别，直至响应终止。

5.4.1 响应级别调整及终止条件

（1）级别提升

当事故进一步加重，影响和危害扩大，并有蔓延趋势，情况复杂难以控制时，应当及时提升响应级别。

当学校或托幼机构、全国性或区域性重要活动期间发生食品安全事故时，可相应提高响应级别，加大应急处置力度，确保迅速、有效控制食品安全事故，维护社会稳定。

（2）级别降低

事故危害得到有效控制，且经研判认为事故危害降低到原级别评估标准以下或无进一步扩散趋势的，可降低应急响应级别。

（3）响应终止

当食品安全事故得到控制，并达到以下两项要求，经分析评估认为可解除响应的，应当及时终止响应：

——食品安全事故伤病员全部得到救治，原患者病情稳定 24 小时以上，且无新的急性病症患者出现，食源性感染性疾病在末例患者后经过最长潜伏期无新病例出现；

——现场、受污染食品得以有效控制，食品与环境污染得到有效清理并符合相关标准，次生、衍生事故隐患消除。

5.4.2 响应级别调整及终止程序

指挥部组织对事故进行分析评估论证。评估认为符合级别调整条件的，指挥部提出调整应急响应级别建议，报同级人民政府批准后实施。应急响应级别调整后，事故相关地区人民政府应当结合调整后级别采取相应措施。评估认为符合响应终止条件时，指挥部提出终止响应的建议，报同级人民政府批准后实施。

上级人民政府有关部门应当根据下级人民政府有关部门的请求，及时组织专家为食品安全事故响应级别调整和终止的分析论证提供技术支持与指导。

5.5 信息发布

事故信息发布由指挥部或其办公室统一组织，采取召开新闻发布会、发布新闻通稿等多种形式向社会发布，做好宣传报道和舆论引导。

6 后 期 处 置

6.1 善后处置

事发地人民政府及有关部门要积极稳妥、深入细致地做好善后处置工作，消除事故影响，恢复正常秩序。完善相关政策，促进行业健康发展。

食品安全事故发生后，保险机构应当及时开展应急救援人员保险受理和受灾人员保险理赔工作。

造成食品安全事故的责任单位和责任人应当按照有关规定对受害人给予赔偿，承担受害人后续治疗及保障等相关费用。

6.2 奖惩

6.2.1 奖励

对在食品安全事故应急管理和处置工作中作出突出贡献的先进集体和个人，应当给予表彰和奖励。

6.2.2 责任追究

对迟报、谎报、瞒报和漏报食品安全事故重要情况或者应急管理工作中有其他失职、渎职行为的，依法追究有关责任单位或责任人的责任；构成犯罪的，依法追究刑事责任。

6.3 总结

食品安全事故善后处置工作结束后，卫生行政部门应当组织有关部门及时对食品安全事故和应急处置工作进行总结，分析事故原因和影响因素，评估应急处置工作开展情况和效果，提出对类似事故的防范和处置建议，完成总结报告。

7 附 则

7.1 预案管理与更新

与食品安全事故处置有关的法律法规被修订，部门职责或应急资源发生变化，应急预案在实施过程中出现新情况或新问题时，要结合实际及时修订与完善本预案。

国务院有关食品安全监管部门、地方各级人民政府参照本预案，制定本部门和地方食品安全事故应急预案。

7.2 演习演练

国务院有关部门要开展食品安全事故应急演练，以检验和强化应急准备和应急响应能力，并通过对演习演练的总结评估，完善应急预案。

7.3 预案实施

本预案自发布之日起施行。

重大活动餐饮服务食品安全监督管理规范

(2011 年 2 月 15 日　国食药监食〔2011〕67 号)

第一章　总　　则

第一条　为规范重大活动餐饮服务食品安全管理，确保重大活动餐饮服务食品安全，根据《食品安全法》、《食品安全法实施条例》、《餐饮服务食品安全监督管理办法》等法律、法规及规章，制定本规范。

第二条　本规范适用于各级政府确定的具有特定规模和影响的政治、经济、文化、体育以及其他重大活动的餐饮服务食品安全监督管理。

第三条　国家食品药品监督管理局负责对重大活动餐饮服务食品安全管理工作进行指导、协调和监督。地方各级餐饮服务食品安全监管部门负责对本辖区内重大活动餐饮服务食品安全工作进行监督管理。

第四条　重大活动餐饮服务食品安全监督管理坚持预防为主、科学管理、属地负责、分级监督的原则。

第五条　餐饮服务食品安全监管部门、重大活动主办单位、餐饮服务提供者建立有效的食品安全信息沟通机制，共同做好重大活动餐饮服务食品安全保障工作。

第六条　鼓励餐饮服务提供者在重大活动中采用先进的科学技术和管理规范，配备先进的食品安全检验设备，提高科学管理水平。

第二章　主办单位责任

第七条　主办单位应当建立健全餐饮服务食品安全管理机构，负责重大活动餐饮服务食品安全管理，对重大活动餐饮服务食品安全负责。

第八条　主办单位应当选择符合下列条件的餐饮服务提供者承担重大活动餐饮服务保障：

（一）餐饮服务食品安全监督管理量化分级 A 级（或具备与 A 级标准相当的条件）；

（二）具备与重大活动供餐人数、供餐形式相适应的餐饮服务提供能力；

（三）配备专职食品安全管理人员；

（四）餐饮服务食品安全监管部门提出的其他要求。

第九条　主办单位应当于活动举办前 20 个工作日向餐饮服务食品安全监管部门通报重大活动相关信息，包括活动名称、时间、地点、人数、会议代表食宿安排；主办单位名称、联系人、联系方式；餐饮服务提供者名称、地址、联系人、联系方式；重要宴会、赞助食品等相关情况。

第十条　主办单位在重大活动期间要确保餐饮服务食品安全监管部门开展餐饮服务食品安

监督执法所必要的工作条件。

第十一条 主办单位应当协助餐饮服务食品安全监管部门加强餐饮服务食品安全监管，督促餐饮服务提供者落实餐饮服务食品安全责任，并根据餐饮服务食品安全监管部门的建议，调整餐饮服务提供者。

第三章 餐饮服务提供者责任

第十二条 餐饮服务提供者为重大活动提供餐饮服务，依法承担餐饮服务食品安全责任，保证食品安全。

第十三条 餐饮服务提供者应当积极配合餐饮服务食品安全监管部门及其派驻工作人员的监督管理，对监管部门及其工作人员所提出的意见认真整改。在重大活动开展前，餐饮服务提供者应与餐饮服务食品安全监管部门签订责任承诺书。

第十四条 餐饮服务提供者应当建立重大活动餐饮服务食品安全工作管理机构，制定重大活动餐饮服务食品安全实施方案和食品安全事故应急处置方案，并将方案及时报送餐饮服务食品安全监管部门和主办单位。

第十五条 餐饮服务提供者应当制定重大活动食谱，并经餐饮服务食品安全监管部门审核；实施原料采购控制要求，确定合格供应商，加强采购检验，落实索证索票、进货查验和台账登记制度，确保所购食品、食品添加剂和食品相关产品符合食品安全标准。

第十六条 餐饮服务提供者应当加强对食品加工、贮存、陈列等设施设备的定期维护，加强对保温设施及冷藏、冷冻设施的定期清洗、校验，加强对餐具、饮具的清洗、消毒。

第十七条 餐饮服务提供者应当依法加强从业人员的健康管理，确保从业人员的健康状况符合相关要求。

第十八条 餐饮服务提供者应当与主办单位共同做好餐饮服务从业人员的培训，满足重大活动的特殊需求。

第十九条 重大活动餐饮服务食品留样应当按品种分别存放于清洗消毒后的密闭专用容器内，在冷藏条件下存放48小时以上，每个品种留样量应满足检验需要，并做好记录。食品留样存放的冰箱应专用，并专人负责，上锁保管。

第二十条 有下列情形之一的，餐饮服务提供者应停止使用相关食品、食品添加剂和食品相关产品：

（一）法律法规禁止生产经营的食品、食品添加剂和食品相关产品；

（二）检验检测不合格的生活饮用水和食品；

（三）超过保质期的食品、食品添加剂；

（四）外购的散装直接入口熟食制品；

（五）监管部门在食谱审查时认定不适宜提供的食品。

第四章 监管部门责任

第二十一条 餐饮服务食品安全监管部门应当制定重大活动餐饮服务食品安全保障工作方案和食品安全事故应急预案。

第二十二条 餐饮服务食品安全监管部门应当按照重大活动的特点，确定餐饮服务食品安全监管方式和方法，并要求主办单位提供必要的条件。

第二十三条 餐饮服务食品安全监管部门应当制定重大活动餐饮服务食品安全信息报告和通报制度，明确报告和通报的主体、事项、时限及相关责任。

第二十四条 餐饮服务食品安全监管部门应当在活动期间加强对重大活动餐饮服务提供者的

事前监督检查。检查发现安全隐患，应当及时提出整改要求，并监督整改；对不能保证餐饮食品安全的餐饮服务提供者，及时提醒或要求主办单位予以更换。

第二十五条 餐饮服务食品安全监管部门应当对重大活动餐饮服务提供者提供的食谱进行审定。

第五章 监 督 程 序

第二十六条 餐饮服务食品安全监管部门应当根据重大活动餐饮服务食品安全工作需要，选派2名或2名以上的监督员，执行重大活动餐饮服务食品安全驻点监督工作，对食品加工制作重点环节进行动态监督，填写检查笔录和监督意见书。监督过程中如遇有重大食品安全问题，驻点监督人员不能现场解决的，应及时向有关部门报告。

第二十七条 餐饮服务食品安全监管部门对重大活动餐饮服务提供者进行资格审核，开展加工制作环境、冷菜制作、餐用具清洗消毒、食品留样等现场检查，对不能满足接待任务要求的、不能保证食品安全的餐饮服务提供者，应及时提醒或要求主办单位予以更换。

第二十八条 餐饮服务食品安全监管部门应当及时对重大活动采购的重点食品及其原料进行抽样检验。

第二十九条 餐饮服务食品安全监管部门应当及时对重大活动餐饮服务食品安全进行现场检查，并制作现场检查笔录和监督意见书等，对餐饮服务提供者不符合相关法律法规要求的情况责令限期整改，并及时通报主办单位。

第三十条 发生食物中毒或疑似食物中毒时，主办单位、餐饮服务提供者、驻点监管人员应当依法依规向有关部门报告，餐饮服务监管部门应当立即封存可能导致食品安全事故的食品及其原料、工具及用具、设备设施和现场，协助、配合有关部门开展食品安全事故调查。

第三十一条 重大活动餐饮服务食品安全保障工作结束之日起10个工作日，餐饮服务食品安全监管部门应当对重大活动食品安全监督工作做出书面总结，并将有关资料归档保存。

第六章 附 则

第三十二条 本规范由国家食品药品监督管理局负责解释。

第三十三条 各省、自治区、直辖市餐饮服务食品安全监管部门可结合本地实际，制定重大活动餐饮服务食品安全监督管理规范实施细则。

第三十四条 本规范自发布之日起施行。

餐饮服务食品安全监督抽检工作规范

（2010年8月23日 国食药监食〔2010〕342号）

第一章 总 则

第一条 为加强餐饮服务食品安全监管，规范餐饮服务食品安全监督抽检工作，根据《食品安全法》、《食品安全法实施条例》和《餐饮服务食品安全监督管理办法》等法律、法规和规章，制定本规范。

第二条 餐饮服务食品安全监督抽检是指餐饮服务食品安全监管部门对餐饮服务提供者所使用的食品（含原料、半成品和成品）、食品添加剂、食品相关产品、餐饮服务场所和环境等依法进行抽样和检验的活动。

第三条 食品药品监管部门开展餐饮服务食品安全监督抽检工作，应当坚持依法、科学、客观、公正的原则，严格遵守本规范。

第四条 餐饮服务食品安全监督抽检应当按成本价购买所抽取的样品，不得收取被抽检单位的检验费和其他任何费用。

第二章 计划和方案

第五条 餐饮服务食品安全监督抽检的重点是：

（一）餐饮服务提供者使用的主要食品原、辅料；

（二）餐饮服务提供者使用的食品添加剂和食品相关产品；

（三）餐饮服务食品加工经营的重点环节；

（四）食物中毒事件报告较多的业态和场所；

（五）对人体有潜在危害、对其安全性必须严格控制的物质。

第六条 国家食品药品监督管理局根据国家食品安全风险监测结果和食品安全监管部门食品安全风险通报、食品安全调查与评价结果以及餐饮服务食品安全监管工作需要，制定国家餐饮服务食品安全监督抽检工作计划。

第七条 省级食品药品监管部门应当根据国家餐饮服务食品安全监督抽检工作计划和本区域餐饮服务食品安全监管工作中发现的突出问题，有针对性地制定本区域餐饮服务食品安全监督抽检工作方案，开展餐饮服务食品安全监督抽检工作。

省级食品药品监管部门应当在规定时间内将本区域餐饮服务食品安全监督抽检方案报送国家食品药品监督管理局。

第八条 餐饮服务食品安全监督抽检工作方案至少应当包括下列内容：

（一）承担抽样任务的监管机构、负责人及其负责的抽样区域等；

（二）承担检验任务的技术机构、负责人及其负责的检验任务等；

（三）抽检样品的种类、来源、批次、频次和检验项目等；

（四）采样方法、抽样量、样品封装、传递和储运条件等；

（五）检验方法标准和检验依据或其他判定标准等；

（六）结果汇总和报送机构；

（七）完成时间和结果报送日期。

第九条 建立餐饮服务食品安全调查评价与监督抽检联动机制。国家食品药品监督管理局及时将食品安全调查与评价执行过程中发现的餐饮服务食品安全隐患通报省级食品药品监管部门。省级食品药品监管部门应当根据通报，确定重点地区、重点环节、重点产品和重点危害因素，及时开展监督抽检。

国家食品药品监督管理局根据餐饮服务食品安全监督抽检中发现的问题和隐患，结合社会经济发展需要，可适时调整食品安全调查与评价的区域、环节、品种、项目和频率等。

第十条 建立餐饮服务食品安全监督抽检与执法联动机制。对经确认不合格的样品或按程序进行复检后仍不合格的样品，食品药品监管部门应当及时依法查处。

第三章 抽 样

第十一条 监督抽检实行抽、检分离制度。抽样任务主要由当地食品药品监管部门或其执法机构负责。检验任务主要由依法取得资质认定的食品检验机构负责。根据需要，食品药品监管部门可以要求检验机构协助进行抽样和样品预处理等工作。

第十二条 抽样人员不得少于2名。抽样人员在抽样前应当向被抽检单位出示证件和监督抽检通知书，并告知监督抽检的性质和抽样内容等。

抽样人员应当准确、客观、完整填写《产品样品采样记录》或《非产品样品采样记录》，并分别加盖食品药品监管部门和被抽检单位公章，且由抽样人员和被抽检单位在场人员签字。被抽检单位无公章或无法现场盖章的，由被抽检单位负责人或者其授权的人员签字确认。

现场无法抽取到样品的，应当由被抽检单位出具抽样未果证明。

第十三条 抽取样品时，抽样量应当不少于检验需要量的 3 倍。对于均匀性较好的样品，应当现场分为三份，一份检验，两份留样；对于均匀性不好的样品，抽样量应当满足实验室处理分样的需要，检验前将抽取的样本分为三份，一份检验，两份留样，并做好分样操作记录。

食品安全国家标准对抽样量有特别规定的，依照其规定。

第十四条 被抽检单位遇有下列情况之一的，可以拒绝接受抽样：

（一）抽样人员少于 2 人；

（二）抽样人员应当携带的监督抽检通知书和证件等材料不齐全；

（三）被抽检单位或抽检品种等与监督抽检通知书不一致；

（四）抽样日期超过监督抽检通知书有效期限。

第十五条 被抽检单位无正当理由而拒绝抽样，抽样人员应当向被抽检单位告知拒绝抽样的后果和处理措施。如果被抽检单位仍拒绝抽样，抽样人员应当现场填写拒绝抽样说明书并签字，及时向当地食品药品监管部门报告，由当地食品药品监管部门按抽检不合格处理。

第十六条 抽取的样品应当严格按照样品的物理、化学和生物学等特性，或其标签标识上注明的储运条件储藏运输，以确保样品在检测前的完整性和原始性。在样品储运过程中，应当配备温、湿度测量仪表，建立温、湿度测量记录。

第四章 检 验

第十七条 承检机构应当具备食品检验机构资质，并由制定餐饮服务食品安全监督抽检工作方案的食品药品监管部门遴选和公告。

第十八条 食品检验机构接收样品时应当有专人负责检查、记录样品的外观、状态、封条有无破损及其他可能对检验结果或者综合判定产生影响的情况，并确认样品与采样记录是否相符，对检验样品和备份样品分别加贴相应标识后入库。必要时，在不影响样品检验结果的情况下，可以将样品进行分装或者重新包装编号。

第十九条 样品的前处理应当严格按照检验方法标准的要求进行，样品处理量应当能满足方法检测限的要求。

第二十条 食品检验机构应当遵循检验规程，按照监督抽检方案中规定的方法和依据进行检验和判定。检验方法应当采用食品安全国家标准中规定的方法或其他具有法律效力的检验方法。

第二十一条 承检的食品检验机构应当按照相关要求，对检测方法进行方法学验证，按照相应标准建立本实验室的标准操作程序，并经食品检验机构技术负责人审核发布。

第二十二条 在餐饮服务食品安全监督抽检工作中，可以采用国家食品药品监督管理局认定的快速检测方法进行初步筛查。

对初步筛查结果表明不符合相关食品安全标准的，可采取临时控制措施，并依照《食品安全法》第六十条第三款的规定进行检验。

快速检测方法的认定办法另行规定。经认定的快速检测方法，由国家食品药品监督管理局公告。

第二十三条 食品检验机构未经委托检验部门同意，不得分包、转包餐饮服务食品安全监督抽检任务。

第二十四条 检验过程中遇有样品失效或者其他致使检验无法进行的情况时，必须如实记录，经食品检验机构的质量负责人签字确认，并具有相应的证明材料。

第二十五条 检验数据处理应当遵循测量误差与数据处理技术规程。

第二十六条 检验结果接近限量标准的临界值时，承检的食品检验机构应当重新选择实验室备份样品安排复检，复检结果为最终结果。

第二十七条 食品检验机构应当将检验结果及时报送委托检验的食品药品监管部门。对检验结果不合格的，还应当附具检验报告。

第二十八条 被抽检单位对检验结果有异议的，应当自收到检验结果告知书之日起 10 日内，向委托检验的食品药品监管部门提出书面复检申请，逾期则视为认同结果。

复检依照《食品安全法实施条例》第三十四条、第三十五条的规定执行。

第五章 监督管理

第二十九条 省级食品药品监管部门执行国家食品药品监督管理局下达的监督抽检任务，应当按照相关要求向国家食品药品监督管理局提交样品登记汇总表、抽检结果汇总表、不合格样品汇总表和不合格被抽检单位名录等材料，并编制监督抽检年度总结报告。

第三十条 监督抽检的结果公开应当严格遵循《食品安全法》和《食品安全法实施条例》中关于食品安全信息管理的规定，并按照本规范规定的程序，对不合格样品进行确认后方可发布。

抽检不合格产品涉及其他监管环节的，应当按照法律法规要求，将抽检结果通报有关监管部门。

第三十一条 省级食品药品监管部门应当根据相关要求，对项目执行情况进行绩效自评，并在项目总结时，将自评报告报送国家食品药品监督管理局。

国家食品药品监督管理局在项目完成 3 个月内，组织开展项目绩效评价与考核。

第三十二条 参与监督抽检的工作人员应当严格遵守国家法律法规，恪守职业道德，秉公执法，廉洁公正，不得弄虚作假。检验人员应当独立按时完成任务，保证出具的检验数据和结论客观、公正，不得出具虚假的检验报告。

第三十三条 承担监督抽检任务的单位和人员应当严格遵守国家相关保密规定。监督抽检结果未经管理部门许可，不得向任何单位和个人泄露。

第三十四条 任何单位和个人对餐饮服务食品安全监督抽检工作中的违规违法行为，有权向食品药品监管部门举报，接受举报的部门应当及时组织调查处理，并将调查处理的情况告知举报人。

第三十五条 对违反抽样工作规定的，由抽样单位做出相应的处理，并报上级食品药品监管部门备案。如抽样单位明知有违纪行为而不做处理的，由上级食品药品监管部门责成其做出处理并给予通报批评。

对违反检验工作规定，伪造检验结果，或因出具检验结果不实而造成损失的，依照《食品安全法》及相关法律法规的规定做出处理。

第三十六条 地方食品药品监管部门无正当理由未按时间要求上报数据结果的，由上级食品药品监管部门责令整改。

第六章　附　　则

第三十七条　本规范由国家食品药品监督管理局负责解释。

第三十八条　食品药品监管部门开展其他相关监督抽检工作，参照本规范执行。

第三十九条　本规范自发布之日起施行。

附件：1. 食品分析方法学验证（略）

2. 监督抽检文书要求（略）

3. 项目绩效自评要求（略）

（二）药品安全监管

中华人民共和国药品管理法

（1984 年 9 月 20 日第六届全国人民代表大会常务委员会第七次会议通过　2001 年 2 月 28 日第九届全国人民代表大会常务委员会第二十次会议第一次修订　根据 2013 年 12 月 28 日第十二届全国人民代表大会常务委员会第六次会议《关于修改〈中华人民共和国海洋环境保护法〉等七部法律的决定》第一次修正　根据 2015 年 4 月 24 日第十二届全国人民代表大会常务委员会第十四次会议《关于修改〈中华人民共和国药品管理法〉的决定》第二次修正　2019 年 8 月 26 日第十三届全国人民代表大会常务委员会第十二次会议第二次修订　2019 年 8 月 26 日中华人民共和国主席令第 31 号公布　自 2019 年 12 月 1 日起施行）

目　　录

第一章　总　　则

第一条　为了加强药品管理，保证药品质量，保障公众用药安全和合法权益，保护和促进公众健康，制定本法。

第二条　在中华人民共和国境内从事药品研制、生产、经营、使用和监督管理活动，适用本法。

本法所称药品，是指用于预防、治疗、诊断人的疾病，有目的地调节人的生理机能并规定有适应症或者功能主治、用法和用量的物质，包括中药、化学药和生物制品等。

第三条　药品管理应当以人民健康为中心，坚持风险管理、全程管控、社会共治的原则，建立科学、严格的监督管理制度，全面提升药品质量，保障药品的安全、有效、可及。

第四条　国家发展现代药和传统药，充分发挥其在预防、医疗和保健中的作用。

国家保护野生药材资源和中药品种，鼓励培育道地中药材。

第五条　国家鼓励研究和创制新药，保护公民、法人和其他组织研究、开发新药的合法权益。

第六条　国家对药品管理实行药品上市许可持有人制度。药品上市许可持有人依法对药品研制、生产、经营、使用全过程中药品的安全性、有效性和质量可控性负责。

第七条　从事药品研制、生产、经营、使用活动，应当遵守法律、法规、规章、标准和规范，保证全过程信息真实、准确、完整和可追溯。

第八条　国务院药品监督管理部门主管全国药品监督管理工作。国务院有关部门在各自职责范围内负责与药品有关的监督管理工作。国务院药品监督管理部门配合国务院有关部门，执行国家药品行业发展规划和产业政策。

省、自治区、直辖市人民政府药品监督管理部门负责本行政区域内的药品监督管理工作。设区的市级、县级人民政府承担药品监督管理职责的部门（以下称药品监督管理部门）负责本行政区域内的药品监督管理工作。县级以上地方人民政府有关部门在各自职责范围内负责与药品有关的监督管理工作。

第九条　县级以上地方人民政府对本行政区域内的药品监督管理工作负责，统一领导、组织、协调本行政区域内的药品监督管理工作以及药品安全突发事件应对工作，建立健全药品监督管理工作机制和信息共享机制。

第十条　县级以上人民政府应当将药品安全工作纳入本级国民经济和社会发展规划，将药品安全工作经费列入本级政府预算，加强药品监督管理能力建设，为药品安全工作提供保障。

第十一条　药品监督管理部门设置或者指定的药品专业技术机构，承担依法实施药品监督管理所需的审评、检验、核查、监测与评价等工作。

第十二条　国家建立健全药品追溯制度。国务院药品监督管理部门应当制定统一的药品追溯标准和规范，推进药品追溯信息互通互享，实现药品可追溯。

国家建立药物警戒制度，对药品不良反应及其他与用药有关的有害反应进行监测、识别、评估和控制。

第十三条　各级人民政府及其有关部门、药品行业协会等应当加强药品安全宣传教育，开展药品安全法律法规等知识的普及工作。

新闻媒体应当开展药品安全法律法规等知识的公益宣传，并对药品违法行为进行舆论监督。有关药品的宣传报道应当全面、科学、客观、公正。

第十四条　药品行业协会应当加强行业自律，建立健全行业规范，推动行业诚信体系建设，引导和督促会员依法开展药品生产经营等活动。

第十五条　县级以上人民政府及其有关部门对在药品研制、生产、经营、使用和监督管理工作中做出突出贡献的单位和个人，按照国家有关规定给予表彰、奖励。

第二章　药品研制和注册

第十六条　国家支持以临床价值为导向、对人的疾病具有明确或者特殊疗效的药物创新，鼓励具有新的治疗机理、治疗严重危及生命的疾病或者罕见病、对人体具有多靶向系统性调节干预功能等的新药研制，推动药品技术进步。

国家鼓励运用现代科学技术和传统中药研究方法开展中药科学技术研究和药物开发，建立和完善符合中药特点的技术评价体系，促进中药传承创新。

国家采取有效措施，鼓励儿童用药品的研制和创新，支持开发符合儿童生理特征的儿童用药品新品种、剂型和规格，对儿童用药品予以优先审评审批。

第十七条　从事药品研制活动，应当遵守药物非临床研究质量管理规范、药物临床试验质量管理规范，保证药品研制全过程持续符合法定要求。

药物非临床研究质量管理规范、药物临床试验质量管理规范由国务院药品监督管理部门会同国务院有关部门制定。

第十八条　开展药物非临床研究，应当符合国家有关规定，有与研究项目相适应的人员、场地、设备、仪器和管理制度，保证有关数据、资料和样品的真实性。

第十九条　开展药物临床试验，应当按照国务院药品监督管理部门的规定如实报送研制方法、质量指标、药理及毒理试验结果等有关数据、资料和样品，经国务院药品监督管理部门批准。国务院药品监督管理部门应当自受理临床试验申请之日起六十个工作日内决定是否同意并通知临床试验申办者，逾期未通知的，视为同意。其中，开展生物等效性试验的，报国务院药品监督管理部门备案。

开展药物临床试验，应当在具备相应条件的临床试验机构进行。药物临床试验机构实行备案管理，具体办法由国务院药品监督管理部门、国务院卫生健康主管部门共同制定。

第二十条　开展药物临床试验，应当符合伦理原则，制定临床试验方案，经伦理委员会审查同意。

伦理委员会应当建立伦理审查工作制度，保证伦理审查过程独立、客观、公正，监督规范开展药物临床试验，保障受试者合法权益，维护社会公共利益。

第二十一条　实施药物临床试验，应当向受试者或者其监护人如实说明和解释临床试验的目的和风险等详细情况，取得受试者或者其监护人自愿签署的知情同意书，并采取有效措施保护受试者合法权益。

第二十二条　药物临床试验期间，发现存在安全性问题或者其他风险的，临床试验申办者应当及时调整临床试验方案、暂停或者终止临床试验，并向国务院药品监督管理部门报告。必要时，国务院药品监督管理部门可以责令调整临床试验方案、暂停或者终止临床试验。

第二十三条　对正在开展临床试验的用于治疗严重危及生命且尚无有效治疗手段的疾病的药物，经医学观察可能获益，并且符合伦理原则的，经审查、知情同意后可以在开展临床试验的机构内用于其他病情相同的患者。

第二十四条　在中国境内上市的药品，应当经国务院药品监督管理部门批准，取得药品注册证书；但是，未实施审批管理的中药材和中药饮片除外。实施审批管理的中药材、中药饮片品种目录由国务院药品监督管理部门会同国务院中医药主管部门制定。

申请药品注册，应当提供真实、充分、可靠的数据、资料和样品，证明药品的安全性、有效性和质量可控性。

第二十五条　对申请注册的药品，国务院药品监督管理部门应当组织药学、医学和其他技术人员进行审评，对药品的安全性、有效性和质量可控性以及申请人的质量管理、风险防控和责任赔偿等能力进行审查；符合条件的，颁发药品注册证书。

国务院药品监督管理部门在审批药品时，对化学原料药一并审评审批，对相关辅料、直接接触药品的包装材料和容器一并审评，对药品的质量标准、生产工艺、标签和说明书一并核准。

本法所称辅料，是指生产药品和调配处方时所用的赋形剂和附加剂。

第二十六条 对治疗严重危及生命且尚无有效治疗手段的疾病以及公共卫生方面急需的药品，药物临床试验已有数据显示疗效并能预测其临床价值的，可以附条件批准，并在药品注册证书中载明相关事项。

第二十七条 国务院药品监督管理部门应当完善药品审评审批工作制度，加强能力建设，建立健全沟通交流、专家咨询等机制，优化审评审批流程，提高审评审批效率。

批准上市药品的审评结论和依据应当依法公开，接受社会监督。对审评审批中知悉的商业秘密应当保密。

第二十八条 药品应当符合国家药品标准。经国务院药品监督管理部门核准的药品质量标准高于国家药品标准的，按照经核准的药品质量标准执行；没有国家药品标准的，应当符合经核准的药品质量标准。

国务院药品监督管理部门颁布的《中华人民共和国药典》和药品标准为国家药品标准。

国务院药品监督管理部门会同国务院卫生健康主管部门组织药典委员会，负责国家药品标准的制定和修订。

国务院药品监督管理部门设置或者指定的药品检验机构负责标定国家药品标准品、对照品。

第二十九条 列入国家药品标准的药品名称为药品通用名称。已经作为药品通用名称的，该名称不得作为药品商标使用。

第三章 药品上市许可持有人

第三十条 药品上市许可持有人是指取得药品注册证书的企业或者药品研制机构等。

药品上市许可持有人应当依照本法规定，对药品的非临床研究、临床试验、生产经营、上市后研究、不良反应监测及报告与处理等承担责任。其他从事药品研制、生产、经营、储存、运输、使用等活动的单位和个人依法承担相应责任。

药品上市许可持有人的法定代表人、主要负责人对药品质量全面负责。

第三十一条 药品上市许可持有人应当建立药品质量保证体系，配备专门人员独立负责药品质量管理。

药品上市许可持有人应当对受托药品生产企业、药品经营企业的质量管理体系进行定期审核，监督其持续具备质量保证和控制能力。

第三十二条 药品上市许可持有人可以自行生产药品，也可以委托药品生产企业生产。

药品上市许可持有人自行生产药品的，应当依照本法规定取得药品生产许可证；委托生产的，应当委托符合条件的药品生产企业。药品上市许可持有人和受托生产企业应当签订委托协议和质量协议，并严格履行协议约定的义务。

国务院药品监督管理部门制定药品委托生产质量协议指南，指导、监督药品上市许可持有人和受托生产企业履行药品质量保证义务。

血液制品、麻醉药品、精神药品、医疗用毒性药品、药品类易制毒化学品不得委托生产；但是，国务院药品监督管理部门另有规定的除外。

第三十三条 药品上市许可持有人应当建立药品上市放行规程，对药品生产企业出厂放行的药品进行审核，经质量受权人签字后方可放行。不符合国家药品标准的，不得放行。

第三十四条 药品上市许可持有人可以自行销售其取得药品注册证书的药品，也可以委托药品经营企业销售。药品上市许可持有人从事药品零售活动的，应当取得药品经营许可证。

药品上市许可持有人自行销售药品的，应当具备本法第五十二条规定的条件；委托销售的，应当委托符合条件的药品经营企业。药品上市许可持有人和受托经营企业应当签订委托协议，并严格履行协议约定的义务。

第三十五条 药品上市许可持有人、药品生产企业、药品经营企业委托储存、运输药品的，应当对受托方的质量保证能力和风险管理能力进行评估，与其签订委托协议，约定药品质量责任、操作规程等内容，并对受托方进行监督。

第三十六条 药品上市许可持有人、药品生产企业、药品经营企业和医疗机构应当建立并实施药品追溯制度，按照规定提供追溯信息，保证药品可追溯。

第三十七条 药品上市许可持有人应当建立年度报告制度，每年将药品生产销售、上市后研究、风险管理等情况按照规定向省、自治区、直辖市人民政府药品监督管理部门报告。

第三十八条 药品上市许可持有人为境外企业的，应当由其指定的在中国境内的企业法人履行药品上市许可持有人义务，与药品上市许可持有人承担连带责任。

第三十九条 中药饮片生产企业履行药品上市许可持有人的相关义务，对中药饮片生产、销售实行全过程管理，建立中药饮片追溯体系，保证中药饮片安全、有效、可追溯。

第四十条 经国务院药品监督管理部门批准，药品上市许可持有人可以转让药品上市许可。受让方应当具备保障药品安全性、有效性和质量可控性的质量管理、风险防控和责任赔偿等能力，履行药品上市许可持有人义务。

第四章 药 品 生 产

第四十一条 从事药品生产活动，应当经所在地省、自治区、直辖市人民政府药品监督管理部门批准，取得药品生产许可证。无药品生产许可证的，不得生产药品。

药品生产许可证应当标明有效期和生产范围，到期重新审查发证。

第四十二条 从事药品生产活动，应当具备以下条件：

（一）有依法经过资格认定的药学技术人员、工程技术人员及相应的技术工人；

（二）有与药品生产相适应的厂房、设施和卫生环境；

（三）有能对所生产药品进行质量管理和质量检验的机构、人员及必要的仪器设备；

（四）有保证药品质量的规章制度，并符合国务院药品监督管理部门依本法制定的药品生产质量管理规范要求。

第四十三条 从事药品生产活动，应当遵守药品生产质量管理规范，建立健全药品生产质量管理体系，保证药品生产全过程持续符合法定要求。

药品生产企业的法定代表人、主要负责人对本企业的药品生产活动全面负责。

第四十四条 药品应当按照国家药品标准和经药品监督管理部门核准的生产工艺进行生产。生产、检验记录应当完整准确，不得编造。

中药饮片应当按照国家药品标准炮制；国家药品标准没有规定的，应当按照省、自治区、直辖市人民政府药品监督管理部门制定的炮制规范炮制。省、自治区、直辖市人民政府药品监督管理部门制定的炮制规范应报国务院药品监督管理部门备案。不符合国家药品标准或者不按照省、自治区、直辖市人民政府药品监督管理部门制定的炮制规范炮制的，不得出厂、销售。

第四十五条 生产药品所需的原料、辅料，应当符合药用要求、药品生产质量管理规范的有关要求。

生产药品，应当按照规定对供应原料、辅料等的供应商进行审核，保证购进、使用的原料、辅料等符合前款规定要求。

第四十六条　直接接触药品的包装材料和容器，应当符合药用要求，符合保障人体健康、安全的标准。

对不合格的直接接触药品的包装材料和容器，由药品监督管理部门责令停止使用。

第四十七条　药品生产企业应当对药品进行质量检验。不符合国家药品标准的，不得出厂。

药品生产企业应当建立药品出厂放行规程，明确出厂放行的标准、条件。符合标准、条件的，经质量受权人签字后方可放行。

第四十八条　药品包装应当适合药品质量的要求，方便储存、运输和医疗使用。

发运中药材应当有包装。在每件包装上，应当注明品名、产地、日期、供货单位，并附有质量合格的标志。

第四十九条　药品包装应当按照规定印有或者贴有标签并附有说明书。

标签或者说明书应当注明药品的通用名称、成份、规格、上市许可持有人及其地址、生产企业及其地址、批准文号、产品批号、生产日期、有效期、适应症或者功能主治、用法、用量、禁忌、不良反应和注意事项。标签、说明书中的文字应当清晰，生产日期、有效期等事项应当显著标注，容易辨识。

麻醉药品、精神药品、医疗用毒性药品、放射性药品、外用药品和非处方药的标签、说明书，应当印有规定的标志。

第五十条　药品上市许可持有人、药品生产企业、药品经营企业和医疗机构中直接接触药品的工作人员，应当每年进行健康检查。患有传染病或者其他可能污染药品的疾病的，不得从事直接接触药品的工作。

第五章　药品经营

第五十一条　从事药品批发活动，应当经所在地省、自治区、直辖市人民政府药品监督管理部门批准，取得药品经营许可证。从事药品零售活动，应当经所在地县级以上地方人民政府药品监督管理部门批准，取得药品经营许可证。无药品经营许可证的，不得经营药品。

药品经营许可证应当标明有效期和经营范围，到期重新审查发证。

药品监督管理部门实施药品经营许可，除依据本法第五十二条规定的条件外，还应当遵循方便群众购药的原则。

第五十二条　从事药品经营活动应当具备以下条件：

（一）有依法经过资格认定的药师或者其他药学技术人员；

（二）有与所经营药品相适应的营业场所、设备、仓储设施和卫生环境；

（三）有与所经营药品相适应的质量管理机构或者人员；

（四）有保证药品质量的规章制度，并符合国务院药品监督管理部门依据本法制定的药品经营质量管理规范要求。

第五十三条　从事药品经营活动，应当遵守药品经营质量管理规范，建立健全药品经营质量管理体系，保证药品经营全过程持续符合法定要求。

国家鼓励、引导药品零售连锁经营。从事药品零售连锁经营活动的企业总部，应当建立统一的质量管理制度，对所属零售企业的经营活动履行管理责任。

药品经营企业的法定代表人、主要负责人对本企业的药品经营活动全面负责。

第五十四条　国家对药品实行处方药与非处方药分类管理制度。具体办法由国务院药品监督管理部门会同国务院卫生健康主管部门制定。

第五十五条　药品上市许可持有人、药品生产企业、药品经营企业和医疗机构应当从药品上市许可持有人或者具有药品生产、经营资格的企业购进药品；但是，购进未实施审批管理的中药材除外。

第五十六条 药品经营企业购进药品，应当建立并执行进货检查验收制度，验明药品合格证明和其他标识；不符合规定要求的，不得购进和销售。

第五十七条 药品经营企业购销药品，应当有真实、完整的购销记录。购销记录应当注明药品的通用名称、剂型、规格、产品批号、有效期、上市许可持有人、生产企业、购销单位、购销数量、购销价格、购销日期及国务院药品监督管理部门规定的其他内容。

第五十八条 药品经营企业零售药品应当准确无误，并正确说明用法、用量和注意事项；调配处方应当经过核对，对处方所列药品不得擅自更改或者代用。对有配伍禁忌或者超剂量的处方，应当拒绝调配；必要时，经处方医师更正或者重新签字，方可调配。

药品经营企业销售中药材，应当标明产地。

依法经过资格认定的药师或者其他药学技术人员负责本企业的药品管理、处方审核和调配、合理用药指导等工作。

第五十九条 药品经营企业应当制定和执行药品保管制度，采取必要的冷藏、防冻、防潮、防虫、防鼠等措施，保证药品质量。

药品入库和出库应当执行检查制度。

第六十条 城乡集市贸易市场可以出售中药材，国务院另有规定的除外。

第六十一条 药品上市许可持有人、药品经营企业通过网络销售药品，应当遵守本法药品经营的有关规定。具体管理办法由国务院药品监督管理部门会同国务院卫生健康主管部门等部门制定。

疫苗、血液制品、麻醉药品、精神药品、医疗用毒性药品、放射性药品、药品类易制毒化学品等国家实行特殊管理的药品不得在网络上销售。

第六十二条 药品网络交易第三方平台提供者应当按照国务院药品监督管理部门的规定，向所在地省、自治区、直辖市人民政府药品监督管理部门备案。

第三方平台提供者应当依法对申请进入平台经营的药品上市许可持有人、药品经营企业的资质等进行审核，保证其符合法定要求，并对发生在平台的药品经营行为进行管理。

第三方平台提供者发现进入平台经营的药品上市许可持有人、药品经营企业有违反本法规定行为的，应当及时制止并立即报告所在地县级人民政府药品监督管理部门；发现严重违法行为的，应当立即停止提供网络交易平台服务。

第六十三条 新发现和从境外引种的药材，经国务院药品监督管理部门批准后，方可销售。

第六十四条 药品应当从允许药品进口的口岸进口，并由进口药品的企业向口岸所在地药品监督管理部门备案。海关凭药品监督管理部门出具的进口药品通关单办理通关手续。无进口药品通关单的，海关不得放行。

口岸所在地药品监督管理部门应当通知药品检验机构按照国务院药品监督管理部门的规定对进口药品进行抽查检验。

允许药品进口的口岸由国务院药品监督管理部门会同海关总署提出，报国务院批准。

第六十五条 医疗机构因临床急需进口少量药品的，经国务院药品监督管理部门或者国务院授权的省、自治区、直辖市人民政府批准，可以进口。进口的药品应当在指定医疗机构内用于特定医疗目的。

个人自用携带入境少量药品，按照国家有关规定办理。

第六十六条 进口、出口麻醉药品和国家规定范围内的精神药品，应当持有国务院药品监督管理部门颁发的进口准许证、出口准许证。

第六十七条 禁止进口疗效不确切、不良反应大或者因其他原因危害人体健康的药品。

第六十八条 国务院药品监督管理部门对下列药品在销售前或者进口时，应当指定药品检验机构进行检验；未经检验或者检验不合格的，不得销售或者进口：

（一）首次在中国境内销售的药品；

（二）国务院药品监督管理部门规定的生物制品；

（三）国务院规定的其他药品。

第六章 医疗机构药事管理

第六十九条 医疗机构应当配备依法经过资格认定的药师或者其他药学技术人员，负责本单位的药品管理、处方审核和调配、合理用药指导等工作。非药学技术人员不得直接从事药剂技术工作。

第七十条 医疗机构购进药品，应当建立并执行进货检查验收制度，验明药品合格证明和其他标识；不符合规定要求的，不得购进和使用。

第七十一条 医疗机构应当有与所使用药品相适应的场所、设备、仓储设施和卫生环境，制定和执行药品保管制度，采取必要的冷藏、防冻、防潮、防虫、防鼠等措施，保证药品质量。

第七十二条 医疗机构应当坚持安全有效、经济合理的用药原则，遵循药品临床应用指导原则、临床诊疗指南和药品说明书等合理用药，对医师处方、用药医嘱的适宜性进行审核。

医疗机构以外的其他药品使用单位，应当遵守本法有关医疗机构使用药品的规定。

第七十三条 依法经过资格认定的药师或者其他药学技术人员调配处方，应当进行核对，对处方所列药品不得擅自更改或者代用。对有配伍禁忌或者超剂量的处方，应当拒绝调配；必要时，经处方医师更正或者重新签字，方可调配。

第七十四条 医疗机构配制制剂，应当经所在地省、自治区、直辖市人民政府药品监督管理部门批准，取得医疗机构制剂许可证。无医疗机构制剂许可证的，不得配制制剂。

医疗机构制剂许可证应当标明有效期，到期重新审查发证。

第七十五条 医疗机构配制制剂，应当有能够保证制剂质量的设施、管理制度、检验仪器和卫生环境。

医疗机构配制制剂，应当按照经核准的工艺进行，所需的原料、辅料和包装材料等应当符合药用要求。

第七十六条 医疗机构配制的制剂，应当是本单位临床需要而市场上没有供应的品种，并应当经所在地省、自治区、直辖市人民政府药品监督管理部门批准；但是，法律对配制中药制剂另有规定的除外。

医疗机构配制的制剂应当按照规定进行质量检验；合格的，凭医师处方在本单位使用。经国务院药品监督管理部门或者省、自治区、直辖市人民政府药品监督管理部门批准，医疗机构配制的制剂可以在指定的医疗机构之间调剂使用。

医疗机构配制的制剂不得在市场上销售。

第七章 药品上市后管理

第七十七条 药品上市许可持有人应当制定药品上市后风险管理计划，主动开展药品上市后研究，对药品的安全性、有效性和质量可控性进行进一步确证，加强对已上市药品的持续管理。

第七十八条 对附条件批准的药品，药品上市许可持有人应当采取相应风险管理措施，并在规定期限内按照要求完成相关研究；逾期未按照要求完成研究或者不能证明其获益大于风险的，国务院药品监督管理部门应当依法处理，直至注销药品注册证书。

第七十九条 对药品生产过程中的变更，按照其对药品安全性、有效性和质量可控性的风险和产生影响的程度，实行分类管理。属于重大变更的，应当经国务院药品监督管理部门批准，其他变更应当按照国务院药品监督管理部门的规定备案或者报告。

药品上市许可持有人应当按照国务院药品监督管理部门的规定，全面评估、验证变更事项对药品安全性、有效性和质量可控性的影响。

第八十条 药品上市许可持有人应当开展药品上市后不良反应监测，主动收集、跟踪分析疑似药品不良反应信息，对已识别风险的药品及时采取风险控制措施。

第八十一条 药品上市许可持有人、药品生产企业、药品经营企业和医疗机构应当经常考察本单位所生产、经营、使用的药品质量、疗效和不良反应。发现疑似不良反应的，应当及时向药品监督管理部门和卫生健康主管部门报告。具体办法由国务院药品监督管理部门会同国务院卫生健康主管部门制定。

对已确认发生严重不良反应的药品，由国务院药品监督管理部门或者省、自治区、直辖市人民政府药品监督管理部门根据实际情况采取停止生产、销售、使用等紧急控制措施，并应当在五日内组织鉴定，自鉴定结论作出之日起十五日内依法作出行政处理决定。

第八十二条 药品存在质量问题或者其他安全隐患的，药品上市许可持有人应当立即停止销售，告知相关药品经营企业和医疗机构停止销售和使用，召回已销售的药品，及时公开召回信息，必要时应当立即停止生产，并将药品召回和处理情况向省、自治区、直辖市人民政府药品监督管理部门和卫生健康主管部门报告。药品生产企业、药品经营企业和医疗机构应当配合。

药品上市许可持有人依法应当召回药品而未召回的，省、自治区、直辖市人民政府药品监督管理部门应当责令其召回。

第八十三条 药品上市许可持有人应当对已上市药品的安全性、有效性和质量可控性定期开展上市后评价。必要时，国务院药品监督管理部门可以责令药品上市许可持有人开展上市后评价或者直接组织开展上市后评价。

经评价，对疗效不确切、不良反应大或者因其他原因危害人体健康的药品，应当注销药品注册证书。

已被注销药品注册证书的药品，不得生产或者进口、销售和使用。

已被注销药品注册证书、超过有效期等的药品，应当由药品监督管理部门监督销毁或者依法采取其他无害化处理等措施。

第八章 药品价格和广告

第八十四条 国家完善药品采购管理制度，对药品价格进行监测，开展成本价格调查，加强药品价格监督检查，依法查处价格垄断、哄抬价格等药品价格违法行为，维护药品价格秩序。

第八十五条 依法实行市场调节价的药品，药品上市许可持有人、药品生产企业、药品经营企业和医疗机构应当按照公平、合理和诚实信用、质价相符的原则制定价格，为用药者提供价格合理的药品。

药品上市许可持有人、药品生产企业、药品经营企业和医疗机构应当遵守国务院药品价格主管部门关于药品价格管理的规定，制定和标明药品零售价格，禁止暴利、价格垄断和价格欺诈等行为。

第八十六条 药品上市许可持有人、药品生产企业、药品经营企业和医疗机构应当依法向药品价格主管部门提供其药品的实际购销价格和购销数量等资料。

第八十七条 医疗机构应当向患者提供所用药品的价格清单，按照规定如实公布其常用药品的价格，加强合理用药管理。具体办法由国务院卫生健康主管部门制定。

第八十八条 禁止药品上市许可持有人、药品生产企业、药品经营企业和医疗机构在药品购销中给予、收受回扣或者其他不正当利益。

禁止药品上市许可持有人、药品生产企业、药品经营企业或者代理人以任何名义给予使用其药品的医疗机构的负责人、药品采购人员、医师、药师等有关人员财物或者其他不正当利益。禁止医疗机构的负责人、药品采购人员、医师、药师等有关人员以任何名义收受药品上市许可持有人、药品生产企业、药品经营企业或者代理人给予的财物或者其他不正当利益。

第八十九条 药品广告应当经广告主所在地省、自治区、直辖市人民政府确定的广告审查机关批准；未经批准的，不得发布。

第九十条 药品广告的内容应当真实、合法，以国务院药品监督管理部门核准的药品说明书为准，不得含有虚假的内容。

药品广告不得含有表示功效、安全性的断言或者保证；不得利用国家机关、科研单位、学术机构、行业协会或者专家、学者、医师、药师、患者等的名义或者形象作推荐、证明。

非药品广告不得有涉及药品的宣传。

第九十一条 药品价格和广告，本法未作规定的，适用《中华人民共和国价格法》、《中华人民共和国反垄断法》、《中华人民共和国反不正当竞争法》、《中华人民共和国广告法》等的规定。

第九章　药品储备和供应

第九十二条 国家实行药品储备制度，建立中央和地方两级药品储备。

发生重大灾情、疫情或者其他突发事件时，依照《中华人民共和国突发事件应对法》的规定，可以紧急调用药品。

第九十三条 国家实行基本药物制度，遴选适当数量的基本药物品种，加强组织生产和储备，提高基本药物的供给能力，满足疾病防治基本用药需求。

第九十四条 国家建立药品供求监测体系，及时收集和汇总分析短缺药品供求信息，对短缺药品实行预警，采取应对措施。

第九十五条 国家实行短缺药品清单管理制度。具体办法由国务院卫生健康主管部门会同国务院药品监督管理部门等部门制定。

药品上市许可持有人停止生产短缺药品的，应当按照规定向国务院药品监督管理部门或者省、自治区、直辖市人民政府药品监督管理部门报告。

第九十六条 国家鼓励短缺药品的研制和生产，对临床急需的短缺药品、防治重大传染病和罕见病等疾病的新药予以优先审评审批。

第九十七条 对短缺药品，国务院可以限制或者禁止出口。必要时，国务院有关部门可以采取组织生产、价格干预和扩大进口等措施，保障药品供应。

药品上市许可持有人、药品生产企业、药品经营企业应当按照规定保障药品的生产和供应。

第十章　监督管理

第九十八条 禁止生产（包括配制，下同）、销售、使用假药、劣药。

有下列情形之一的，为假药：

（一）药品所含成份与国家药品标准规定的成份不符；

（二）以非药品冒充药品或者以他种药品冒充此种药品；

（三）变质的药品；

（四）药品所标明的适应症或者功能主治超出规定范围。

有下列情形之一的，为劣药：

（一）药品成份的含量不符合国家药品标准；

（二）被污染的药品；

（三）未标明或者更改有效期的药品；

（四）未注明或者更改产品批号的药品；

（五）超过有效期的药品；

（六）擅自添加防腐剂、辅料的药品；

（七）其他不符合药品标准的药品。

禁止未取得药品批准证明文件生产、进口药品；禁止使用未按照规定审评、审批的原料药、包装材料和容器生产药品。

第九十九条 药品监督管理部门应当依照法律、法规的规定对药品研制、生产、经营和药品使用单位使用药品等活动进行监督检查，必要时可以对为药品研制、生产、经营、使用提供产品或者服务的单位和个人进行延伸检查，有关单位和个人应当予以配合，不得拒绝和隐瞒。

药品监督管理部门应当对高风险的药品实施重点监督检查。

对有证据证明可能存在安全隐患的，药品监督管理部门根据监督检查情况，应当采取告诫、约谈、限期整改以及暂停生产、销售、使用、进口等措施，并及时公布检查处理结果。

药品监督管理部门进行监督检查时，应当出示证明文件，对监督检查中知悉的商业秘密应当保密。

第一百条 药品监督管理部门根据监督管理的需要，可以对药品质量进行抽查检验。抽查检验应当按照规定抽样，并不得收取任何费用；抽样应当购买样品。所需费用按照国务院规定列支。

对有证据证明可能危害人体健康的药品及其有关材料，药品监督管理部门可以查封、扣押，并在七日内作出行政处理决定；药品需要检验的，应当自检验报告书发出之日起十五日内作出行政处理决定。

第一百零一条 国务院和省、自治区、直辖市人民政府的药品监督管理部门应当定期公告药品质量抽查检验结果；公告不当的，应当在原公告范围内予以更正。

第一百零二条 当事人对药品检验结果有异议的，可以自收到药品检验结果之日起七日内向原药品检验机构或者上一级药品监督管理部门设置或者指定的药品检验机构申请复验，也可以直接向国务院药品监督管理部门设置或者指定的药品检验机构申请复验。受理复验的药品检验机构应当在国务院药品监督管理部门规定的时间内作出复验结论。

第一百零三条 药品监督管理部门应当对药品上市许可持有人、药品生产企业、药品经营企业和药物非临床安全性评价研究机构、药物临床试验机构等遵守药品生产质量管理规范、药品经营质量管理规范、药物非临床研究质量管理规范、药物临床试验质量管理规范等情况进行检查，监督其持续符合法定要求。

第一百零四条 国家建立职业化、专业化药品检查员队伍。检查员应当熟悉药品法律法规，具备药品专业知识。

第一百零五条 药品监督管理部门建立药品上市许可持有人、药品生产企业、药品经营企业、药物非临床安全性评价研究机构、药物临床试验机构和医疗机构药品安全信用档案，记录许可颁发、日常监督检查结果、违法行为查处等情况，依法向社会公布并及时更新；对有不良信用记录的，增加监督检查频次，并可以按照国家规定实施联合惩戒。

第一百零六条 药品监督管理部门应当公布本部门的电子邮件地址、电话，接受咨询、投诉、举报，并依法及时答复、核实、处理。对查证属实的举报，按照有关规定给予举报人奖励。

药品监督管理部门应当对举报人的信息予以保密，保护举报人的合法权益。举报人举报所在单位的,该单位不得以解除、变更劳动合同或者其他方式对举报人进行打击报复。

第一百零七条 国家实行药品安全信息统一公布制度。国家药品安全总体情况、药品安全风险警示信息、重大药品安全事件及其调查处理信息和国务院确定需要统一公布的其他信息由国务院药品监督管理部门统一公布。药品安全风险警示信息和重大药品安全事件及其调查处理信息的影响限于特定区域的,也可以由有关省、自治区、直辖市人民政府药品监督管理部门公布。未经授权不得发布上述信息。

公布药品安全信息,应当及时、准确、全面,并进行必要的说明,避免误导。

任何单位和个人不得编造、散布虚假药品安全信息。

第一百零八条 县级以上人民政府应当制定药品安全事件应急预案。药品上市许可持有人、药品生产企业、药品经营企业和医疗机构等应当制定本单位的药品安全事件处置方案,并组织开展培训和应急演练。

发生药品安全事件,县级以上人民政府应当按照应急预案立即组织开展应对工作;有关单位应当立即采取有效措施进行处置,防止危害扩大。

第一百零九条 药品监督管理部门未及时发现药品安全系统性风险,未及时消除监督管理区域内药品安全隐患的,本级人民政府或者上级人民政府药品监督管理部门应当对其主要负责人进行约谈。

地方人民政府未履行药品安全职责,未及时消除区域性重大药品安全隐患的,上级人民政府或者上级人民政府药品监督管理部门应当对其主要负责人进行约谈。

被约谈的部门和地方人民政府应当立即采取措施,对药品监督管理工作进行整改。

约谈情况和整改情况应当纳入有关部门和地方人民政府药品监督管理工作评议、考核记录。

第一百一十条 地方人民政府及其药品监督管理部门不得以要求实施药品检验、审批等手段限制或者排斥非本地区药品上市许可持有人、药品生产企业生产的药品进入本地区。

第一百一十一条 药品监督管理部门及其设置或者指定的药品专业技术机构不得参与药品生产经营活动,不得以其名义推荐或者监制、监销药品。

药品监督管理部门及其设置或者指定的药品专业技术机构的工作人员不得参与药品生产经营活动。

第一百一十二条 国务院对麻醉药品、精神药品、医疗用毒性药品、放射性药品、药品类易制毒化学品等有其他特殊管理规定的,依照其规定。

第一百一十三条 药品监督管理部门发现药品违法行为涉嫌犯罪的,应当及时将案件移送公安机关。

对依法不需要追究刑事责任或者免予刑事处罚,但应当追究行政责任的,公安机关、人民检察院、人民法院应当及时将案件移送药品监督管理部门。

公安机关、人民检察院、人民法院商请药品监督管理部门、生态环境主管部门等部门提供检验结论、认定意见以及对涉案药品进行无害化处理等协助的,有关部门应当及时提供,予以协助。

第十一章 法律责任

第一百一十四条 违反本法规定,构成犯罪的,依法追究刑事责任。

第一百一十五条 未取得药品生产许可证、药品经营许可证或者医疗机构制剂许可证生产、销售药品的,责令关闭,没收违法生产、销售的药品和违法所得,并处违法生产、销售的药品(包括已售出和未售出的药品,下同)货值金额十五倍以上三十倍以下的罚款;货值金额不足十万元的,按十万元计算。

第一百一十六条　生产、销售假药的，没收违法生产、销售的药品和违法所得，责令停产停业整顿，吊销药品批准证明文件，并处违法生产、销售的药品货值金额十五倍以上三十倍以下的罚款；货值金额不足十万元的，按十万元计算；情节严重的，吊销药品生产许可证、药品经营许可证或者医疗机构制剂许可证，十年内不受理其相应申请；药品上市许可持有人为境外企业的，十年内禁止其药品进口。

第一百一十七条　生产、销售劣药的，没收违法生产、销售的药品和违法所得，并处违法生产、销售的药品货值金额十倍以上二十倍以下的罚款；违法生产、批发的药品货值金额不足十万元的，按十万元计算，违法零售的药品货值金额不足一万元的，按一万元计算；情节严重的，责令停产停业整顿直至吊销药品批准证明文件、药品生产许可证、药品经营许可证或者医疗机构制剂许可证。

生产、销售的中药饮片不符合药品标准，尚不影响安全性、有效性的，责令限期改正，给予警告；可以处十万元以上五十万元以下的罚款。

第一百一十八条　生产、销售假药，或者生产、销售劣药且情节严重的，对法定代表人、主要负责人、直接负责的主管人员和其他责任人员，没收违法行为发生期间自本单位所获收入，并处所获收入百分之三十以上三倍以下的罚款，终身禁止从事药品生产经营活动，并可以由公安机关处五日以上十五日以下的拘留。

对生产者专门用于生产假药、劣药的原料、辅料、包装材料、生产设备予以没收。

第一百一十九条　药品使用单位使用假药、劣药的，按照销售假药、零售劣药的规定处罚；情节严重的，法定代表人、主要负责人、直接负责的主管人员和其他责任人员有医疗卫生人员执业证书的，还应当吊销执业证书。

第一百二十条　知道或者应当知道属于假药、劣药或者本法第一百二十四条第一款第一项至第五项规定的药品，而为其提供储存、运输等便利条件的，没收全部储存、运输收入，并处违法收入一倍以上五倍以下的罚款；情节严重的，并处违法收入五倍以上十五倍以下的罚款；违法收入不足五万元的，按五万元计算。

第一百二十一条　对假药、劣药的处罚决定，应当依法载明药品检验机构的质量检验结论。

第一百二十二条　伪造、变造、出租、出借、非法买卖许可证或者药品批准证明文件的，没收违法所得，并处违法所得一倍以上五倍以下的罚款；情节严重的，并处违法所得五倍以上十五倍以下的罚款，吊销药品生产许可证、药品经营许可证、医疗机构制剂许可证或者药品批准证明文件，对法定代表人、主要负责人、直接负责的主管人员和其他责任人员，处二万元以上二十万元以下的罚款，十年内禁止从事药品生产经营活动，并可以由公安机关处五日以上十五日以下的拘留；违法所得不足十万元的，按十万元计算。

第一百二十三条　提供虚假的证明、数据、资料、样品或者采取其他手段骗取临床试验许可、药品生产许可、药品经营许可、医疗机构制剂许可或者药品注册等许可的，撤销相关许可，十年内不受理其相应申请，并处五十万元以上五百万元以下的罚款；情节严重的，对法定代表人、主要负责人、直接负责的主管人员和其他责任人员，处二万元以上二十万元以下的罚款，十年内禁止从事药品生产经营活动，并可以由公安机关处五日以上十五日以下的拘留。

第一百二十四条　违反本法规定，有下列行为之一的，没收违法生产、进口、销售的药品和违法所得以及专门用于违法生产的原料、辅料、包装材料和生产设备，责令停产停业整顿，并处违法生产、进口、销售的药品货值金额十五倍以上三十倍以下的罚款；货值金额不足十万元的，按十万元计算；情节严重的，吊销药品批准证明文件直至吊销药品生产许可证、药品经营许可证或者医疗机构制剂许可证，对法定代表人、主要负责人、直接负责的主管人员和其他责任人员，没收违法行为发生期间自本单位所获收入，并处所获收入百分之三十以上三倍以下的罚款，十年直至终身禁止从事药品生产经营活动，并可以由公安机关处五日以上十五日以下的拘留：

（一）未取得药品批准证明文件生产、进口药品；

（二）使用采取欺骗手段取得的药品批准证明文件生产、进口药品；

（三）使用未经审评审批的原料药生产药品；

（四）应当检验而未经检验即销售药品；

（五）生产、销售国务院药品监督管理部门禁止使用的药品；

（六）编造生产、检验记录；

（七）未经批准在药品生产过程中进行重大变更。

销售前款第一项至第三项规定的药品，或者药品使用单位使用前款第一项至第五项规定的药品的，依照前款规定处罚；情节严重的，药品使用单位的法定代表人、主要负责人、直接负责的主管人员和其他责任人员有医疗卫生人员执业证书的，还应当吊销执业证书。

未经批准进口少量境外已合法上市的药品，情节较轻的，可以依法减轻或者免予处罚。

第一百二十五条 违反本法规定，有下列行为之一的，没收违法生产、销售的药品和违法所得以及包装材料、容器，责令停产停业整顿，并处五十万元以上五百万元以下的罚款；情节严重的，吊销药品批准证明文件、药品生产许可证、药品经营许可证，对法定代表人、主要负责人、直接负责的主管人员和其他责任人员处二万元以上二十万元以下的罚款，十年直至终身禁止从事药品生产经营活动：

（一）未经批准开展药物临床试验；

（二）使用未经审评的直接接触药品的包装材料或者容器生产药品，或者销售该类药品；

（三）使用未经核准的标签、说明书。

第一百二十六条 除本法另有规定的情形外，药品上市许可持有人、药品生产企业、药品经营企业、药物非临床安全性评价研究机构、药物临床试验机构等未遵守药品生产质量管理规范、药品经营质量管理规范、药物非临床研究质量管理规范、药物临床试验质量管理规范等的，责令限期改正，给予警告；逾期不改正的，处十万元以上五十万元以下的罚款；情节严重的，处五十万元以上二百万元以下的罚款，责令停产停业整顿直至吊销药品批准证明文件、药品生产许可证、药品经营许可证等，药物非临床安全性评价研究机构、药物临床试验机构等五年内不得开展药物非临床安全性评价研究、药物临床试验，对法定代表人、主要负责人、直接负责的主管人员和其他责任人员，没收违法行为发生期间自本单位所获收入，并处所获收入百分之十以上百分之五十以下的罚款，十年直至终身禁止从事药品生产经营等活动。

第一百二十七条 违反本法规定，有下列行为之一的，责令限期改正，给予警告；逾期不改正的，处十万元以上五十万元以下的罚款：

（一）开展生物等效性试验未备案；

（二）药物临床试验期间，发现存在安全性问题或者其他风险，临床试验申办者未及时调整临床试验方案、暂停或者终止临床试验，或者未向国务院药品监督管理部门报告；

（三）未按照规定建立并实施药品追溯制度；

（四）未按照规定提交年度报告；

（五）未按照规定对药品生产过程中的变更进行备案或者报告；

（六）未制定药品上市后风险管理计划；

（七）未按照规定开展药品上市后研究或者上市后评价。

第一百二十八条 除依法应当按照假药、劣药处罚的外，药品包装未按照规定印有、贴有标签或者附有说明书，标签、说明书未按照规定注明相关信息或者印有规定标志的，责令改正，给予警告；情节严重的，吊销药品注册证书。

第一百二十九条 违反本法规定，药品上市许可持有人、药品生产企业、药品经营企业或者医疗机构未从药品上市许可持有人或者具有药品生产、经营资格的企业购进药品的，责令改正，没收违法购进的药品和违法所得，并处违法购进药品货值金额二倍以上十倍以下的罚款；情节严重的，并处货值金额十倍以上三十倍以下的罚款，吊销药品批准证明文件、药品生产许可证、药品经营许可证或者医疗机构执业许可证；货值金额不足五万元的，按五万元计算。

第一百三十条 违反本法规定，药品经营企业购销药品未按照规定进行记录，零售药品未正确说明用法、用量等事项，或者未按照规定调配处方的，责令改正，给予警告；情节严重的，吊销药品经营许可证。

第一百三十一条 违反本法规定，药品网络交易第三方平台提供者未履行资质审核、报告、停止提供网络交易平台服务等义务的，责令改正，没收违法所得，并处二十万元以上二百万元以下的罚款；情节严重的，责令停业整顿，并处二百万元以上五百万元以下的罚款。

第一百三十二条 进口已获得药品注册证书的药品，未按照规定向允许药品进口的口岸所在地药品监督管理部门备案的，责令限期改正，给予警告；逾期不改正的，吊销药品注册证书。

第一百三十三条 违反本法规定，医疗机构将其配制的制剂在市场上销售的，责令改正，没收违法销售的制剂和违法所得，并处违法销售制剂货值金额二倍以上五倍以下的罚款；情节严重的，并处货值金额五倍以上十五倍以下的罚款；货值金额不足五万元的，按五万元计算。

第一百三十四条 药品上市许可持有人未按照规定开展药品不良反应监测或者报告疑似药品不良反应的，责令限期改正，给予警告；逾期不改正的，责令停产停业整顿，并处十万元以上一百万元以下的罚款。

药品经营企业未按照规定报告疑似药品不良反应的，责令限期改正，给予警告；逾期不改正的，责令停产停业整顿，并处五万元以上五十万元以下的罚款。

医疗机构未按照规定报告疑似药品不良反应的，责令限期改正，给予警告；逾期不改正的，处五万元以上五十万元以下的罚款。

第一百三十五条 药品上市许可持有人在省、自治区、直辖市人民政府药品监督管理部门责令其召回后，拒不召回的，处应召回药品货值金额五倍以上十倍以下的罚款；货值金额不足十万元的，按十万元计算；情节严重的，吊销药品批准证明文件、药品生产许可证、药品经营许可证，对法定代表人、主要负责人、直接负责的主管人员和其他责任人员，处二万元以上二十万元以下的罚款。药品生产企业、药品经营企业、医疗机构拒不配合召回的，处十万元以上五十万元以下的罚款。

第一百三十六条 药品上市许可持有人为境外企业的，其指定的在中国境内的企业法人未依照本法规定履行相关义务的，适用本法有关药品上市许可持有人法律责任的规定。

第一百三十七条 有下列行为之一的，在本法规定的处罚幅度内从重处罚：

（一）以麻醉药品、精神药品、医疗用毒性药品、放射性药品、药品类易制毒化学品冒充其他药品，或者以其他药品冒充上述药品；

（二）生产、销售以孕产妇、儿童为主要使用对象的假药、劣药；

（三）生产、销售的生物制品属于假药、劣药；

（四）生产、销售假药、劣药，造成人身伤害后果；

（五）生产、销售假药、劣药，经处理后再犯；

（六）拒绝、逃避监督检查，伪造、销毁、隐匿有关证据材料，或者擅自动用查封、扣押物品。

第一百三十八条 药品检验机构出具虚假检验报告的，责令改正，给予警告，对单位并处二十万元以上一百万元以下的罚款；对直接负责的主管人员和其他直接责任人员依法给予降级、撤职、开除处分，没收违法所得，并处五万元以下的罚款；情节严重的，撤销其检验资格。药品检验机构出具的检验结果不实，造成损失的，应当承担相应的赔偿责任。

第一百三十九条 本法第一百一十五条至第一百三十八条规定的行政处罚，由县级以上人民政府药品监督管理部门按照职责分工决定；撤销许可、吊销许可证件的，由原批准、发证的部门决定。

第一百四十条 药品上市许可持有人、药品生产企业、药品经营企业或者医疗机构违反本法规定聘用人员的，由药品监督管理部门或者卫生健康主管部门责令解聘，处五万元以上二十万元以下的罚款。

第一百四十一条 药品上市许可持有人、药品生产企业、药品经营企业或者医疗机构在药品购销中给予、收受回扣或者其他不正当利益的，药品上市许可持有人、药品生产企业、药品经营企业或者代理人给予使用其药品的医疗机构的负责人、药品采购人员、医师、药师等有关人员财物或者其他不正当利益的，由市场监督管理部门没收违法所得，并处三十万元以上三百万元以下的罚款；情节严重的，吊销药品上市许可持有人、药品生产企业、药品经营企业营业执照，并由药品监督管理部门吊销药品批准证明文件、药品生产许可证、药品经营许可证。

药品上市许可持有人、药品生产企业、药品经营企业在药品研制、生产、经营中向国家工作人员行贿的，对法定代表人、主要负责人、直接负责的主管人员和其他责任人员终身禁止从事药品生产经营活动。

第一百四十二条 药品上市许可持有人、药品生产企业、药品经营企业的负责人、采购人员等有关人员在药品购销中收受其他药品上市许可持有人、药品生产企业、药品经营企业或者代理人给予的财物或者其他不正当利益的，没收违法所得，依法给予处罚；情节严重的，五年内禁止从事药品生产经营活动。

医疗机构的负责人、药品采购人员、医师、药师等有关人员收受药品上市许可持有人、药品生产企业、药品经营企业或者代理人给予的财物或者其他不正当利益的，由卫生健康主管部门或者本单位给予处分，没收违法所得；情节严重的，还应当吊销其执业证书。

第一百四十三条 违反本法规定，编造、散布虚假药品安全信息，构成违反治安管理行为的，由公安机关依法给予治安管理处罚。

第一百四十四条 药品上市许可持有人、药品生产企业、药品经营企业或者医疗机构违反本法规定，给用药者造成损害的，依法承担赔偿责任。

因药品质量问题受到损害的，受害人可以向药品上市许可持有人、药品生产企业请求赔偿损失，也可以向药品经营企业、医疗机构请求赔偿损失。接到受害人赔偿请求的，应当实行首负责任制，先行赔付；先行赔付后，可以依法追偿。

生产假药、劣药或者明知是假药、劣药仍然销售、使用的，受害人或者其近亲属除请求赔偿损失外，还可以请求支付价款十倍或者损失三倍的赔偿金；增加赔偿的金额不足一千元的，为一千元。

第一百四十五条 药品监督管理部门或者其设置、指定的药品专业技术机构参与药品生产经营活动的，由其上级主管机关责令改正，没收违法收入；情节严重的，对直接负责的主管人员和其他直接责任人员依法给予处分。

药品监督管理部门或者其设置、指定的药品专业技术机构的工作人员参与药品生产经营活动的，依法给予处分。

第一百四十六条 药品监督管理部门或者其设置、指定的药品检验机构在药品监督检验中违法收取检验费用的，由政府有关部门责令退还，对直接负责的主管人员和其他直接责任人员依法给予处分；情节严重的，撤销其检验资格。

第一百四十七条 违反本法规定，药品监督管理部门有下列行为之一的，应当撤销相关许可，对直接负责的主管人员和其他直接责任人员依法给予处分：

（一）不符合条件而批准进行药物临床试验；

（二）对不符合条件的药品颁发药品注册证书；

（三）对不符合条件的单位颁发药品生产许可证、药品经营许可证或者医疗机构制剂许可证。

第一百四十八条 违反本法规定，县级以上地方人民政府有下列行为之一的，对直接负责的主管人员和其他直接责任人员给予记过或者记大过处分；情节严重的，给予降级、撤职或者开除处分：

（一）瞒报、谎报、缓报、漏报药品安全事件；

（二）未及时消除区域性重大药品安全隐患，造成本行政区域内发生特别重大药品安全事件，或者连续发生重大药品安全事件；

（三）履行职责不力，造成严重不良影响或者重大损失。

第一百四十九条 违反本法规定，药品监督管理等部门有下列行为之一的，对直接负责的主管人员和其他直接责任人员给予记过或者记大过处分；情节较重的，给予降级或者撤职处分；情节严重的，给予开除处分：

（一）瞒报、谎报、缓报、漏报药品安全事件；

（二）对发现的药品安全违法行为未及时查处；

（三）未及时发现药品安全系统性风险，或者未及时消除监督管理区域内药品安全隐患，造成严重影响；

（四）其他不履行药品监督管理职责，造成严重不良影响或者重大损失。

第一百五十条 药品监督管理人员滥用职权、徇私舞弊、玩忽职守的，依法给予处分。

查处假药、劣药违法行为有失职、渎职行为的，对药品监督管理部门直接负责的主管人员和其他直接责任人员依法从重给予处分。

第一百五十一条 本章规定的货值金额以违法生产、销售药品的标价计算；没有标价的，按照同类药品的市场价格计算。

第十二章 附　　则

第一百五十二条 中药材种植、采集和饲养的管理，依照有关法律、法规的规定执行。

第一百五十三条 地区性民间习用药材的管理办法，由国务院药品监督管理部门会同国务院中医药主管部门制定。

第一百五十四条 中国人民解放军和中国人民武装警察部队执行本法的具体办法，由国务院、中央军事委员会依据本法制定。

第一百五十五条 本法自 2019 年 12 月 1 日起施行。

中华人民共和国
药品管理法实施条例

（2002 年 8 月 4 日中华人民共和国国务院令第 360 号公布　根据 2016 年 2 月 6 日《国务院关于修改部分行政法规的决定》第一次修订　根据 2019 年 3 月 2 日《国务院关于修改部分行政法规的决定》第二次修订）

第一章　总　　则

第一条　根据《中华人民共和国药品管理法》（以下简称《药品管理法》），制定本条例。

第二条　国务院药品监督管理部门设置国家药品检验机构。

省、自治区、直辖市人民政府药品监督管理部门可以在本行政区域内设置药品检验机构。地方药品检验机构的设置规划由省、自治区、直辖市人民政府药品监督管理部门提出，报省、自治区、直辖市人民政府批准。

国务院和省、自治区、直辖市人民政府的药品监督管理部门可以根据需要，确定符合药品检验条件的检验机构承担药品检验工作。

第二章　药品生产企业管理

第三条　开办药品生产企业，申办人应当向拟办企业所在地省、自治区、直辖市人民政府药品监督管理部门提出申请。省、自治区、直辖市人民政府药品监督管理部门应当自收到申请之日起 30 个工作日内，依据《药品管理法》第八条规定的开办条件组织验收；验收合格的，发给《药品生产许可证》。

第四条　药品生产企业变更《药品生产许可证》许可事项的，应当在许可事项发生变更 30 日前，向原发证机关申请《药品生产许可证》变更登记；未经批准，不得变更许可事项。原发证机关应当自收到申请之日起 15 个工作日内作出决定。

第五条　省级以上人民政府药品监督管理部门应当按照《药品生产质量管理规范》和国务院药品监督管理部门规定的实施办法和实施步骤，组织对药品生产企业的认证工作；符合《药品生产质量管理规范》的，发给认证证书。其中，生产注射剂、放射性药品和国务院药品监督管理部门规定的生物制品的药品生产企业的认证工作，由国务院药品监督管理部门负责。

《药品生产质量管理规范》认证证书的格式由国务院药品监督管理部门统一规定。

第六条　新开办药品生产企业、药品生产企业新建药品生产车间或者新增生产剂型的，应当自取得药品生产证明文件或者经批准正式生产之日起 30 日内，按照规定向药品监督管理部门申请《药品生产质量管理规范》认证。受理申请的药品监督管理部门应当自收到企业申请之日起 6 个月内，组织对申请企业是否符合《药品生产质量管理规范》进行认证；认证合格的，发给认证证书。

第七条　国务院药品监督管理部门应当设立《药品生产质量管理规范》认证检查员库。《药品生产质量管理规范》认证检查员必须符合国务院药品监督管理部门规定的条件。进行《药品生产质量管理规范》认证，必须按照国务院药品监督管理部门的规定，从《药品生产质量管理规范》认证检查员库中随机抽取认证检查员组成认证检查组进行认证检查。

第八条　《药品生产许可证》有效期为 5 年。有效期届满，需要继续生产药品的，持证企业应当在许可证有效期届满前 6 个月，按照国务院药品监督管理部门的规定申请换发《药品生产许可证》。

药品生产企业终止生产药品或者关闭的，《药品生产许可证》由原发证部门缴销。

第九条 药品生产企业生产药品所使用的原料药，必须具有国务院药品监督管理部门核发的药品批准文号或者进口药品注册证书、医药产品注册证书；但是，未实施批准文号管理的中药材、中药饮片除外。

第十条 依据《药品管理法》第十三条规定，接受委托生产药品的，受托方必须是持有与其受托生产的药品相适应的《药品生产质量管理规范》认证证书的药品生产企业。

疫苗、血液制品和国务院药品监督管理部门规定的其他药品，不得委托生产。

第三章 药品经营企业管理

第十一条 开办药品批发企业，申办人应当向拟办企业所在地省、自治区、直辖市人民政府药品监督管理部门提出申请。省、自治区、直辖市人民政府药品监督管理部门应当自收到申请之日起30个工作日内，依据国务院药品监督管理部门规定的设置标准作出是否同意筹建的决定。申办人完成拟办企业筹建后，应当向原审批部门申请验收。原审批部门应当自收到申请之日起30个工作日内，依据《药品管理法》第十五条规定的开办条件组织验收；符合条件的，发给《药品经营许可证》。

第十二条 开办药品零售企业，申办人应当向拟办企业所在地设区的市级药品监督管理机构或者省、自治区、直辖市人民政府药品监督管理部门直接设置的县级药品监督管理机构提出申请。受理申请的药品监督管理机构应当自收到申请之日起30个工作日内，依据国务院药品监督管理部门的规定，结合当地常住人口数量、地域、交通状况和实际需要进行审查，作出是否同意筹建的决定。申办人完成拟办企业筹建后，应当向原审批机构申请验收。原审批机构应当自收到申请之日起15个工作日内，依据《药品管理法》第十五条规定的开办条件组织验收；符合条件的，发给《药品经营许可证》。

第十三条 省、自治区、直辖市人民政府药品监督管理部门和设区的市级药品监督管理机构负责组织药品经营企业的认证工作。药品经营企业应当按照国务院药品监督管理部门规定的实施办法和实施步骤，通过省、自治区、直辖市人民政府药品监督管理部门或者设区的市级药品监督管理机构组织的《药品经营质量管理规范》的认证，取得认证证书。《药品经营质量管理规范》认证证书的格式由国务院药品监督管理部门统一规定。

新开办药品批发企业和药品零售企业，应当自取得《药品经营许可证》之日起30日内，向发给其《药品经营许可证》的药品监督管理部门或者药品监督管理机构申请《药品经营质量管理规范》认证。受理申请的药品监督管理部门或者药品监督管理机构应当自收到申请之日起3个月内，按照国务院药品监督管理部门的规定，组织对申请认证的药品批发企业或者药品零售企业是否符合《药品经营质量管理规范》进行认证；认证合格的，发给认证证书。

第十四条 省、自治区、直辖市人民政府药品监督管理部门应当设立《药品经营质量管理规范》认证检查员库。《药品经营质量管理规范》认证检查员必须符合国务院药品监督管理部门规定的条件。进行《药品经营质量管理规范》认证，必须按照国务院药品监督管理部门的规定，从《药品经营质量管理规范》认证检查员库中随机抽取认证检查员组成认证检查组进行认证检查。

第十五条 国家实行处方药和非处方药分类管理制度。国家根据非处方药的安全性，将非处方药分为甲类非处方药和乙类非处方药。

经营处方药、甲类非处方药的药品零售企业，应当配备执业药师或者其他依法经资格认定的药学技术人员。经营乙类非处方药的药品零售企业，应当配备经设区的市级药品监督管理机构或者省、自治区、直辖市人民政府药品监督管理部门直接设置的县级药品监督管理机构组织考核合格的业务人员。

第十六条 药品经营企业变更《药品经营许可证》许可事项的，应当在许可事项发生变更30日前，向原发证机关申请《药品经营许可证》变更登记；未经批准，不得变更许可事项。原发证机关应当自收到企业申请之日起15个工作日内作出决定。

第十七条 《药品经营许可证》有效期为5年。有效期届满，需要继续经营药品的，持证企业应当在许可证有效期届满前6个月，按照国务院药品监督管理部门的规定申请换发《药品经营许可证》。

药品经营企业终止经营药品或者关闭的，《药品经营许可证》由原发证机关缴销。

第十八条 交通不便的边远地区城乡集市贸易市场没有药品零售企业的，当地药品零售企业经所在地县（市）药品监督管理机构批准并到工商行政管理部门办理登记注册后，可以在该城乡集市贸易市场内设点并在批准经营的药品范围内销售非处方药品。

第十九条 通过互联网进行药品交易的药品生产企业、药品经营企业、医疗机构及其交易的药品，必须符合《药品管理法》和本条例的规定。互联网药品交易服务的管理办法，由国务院药品监督管理部门会同国务院有关部门制定。

第四章　医疗机构的药剂管理

第二十条 医疗机构设立制剂室，应当向所在地省、自治区、直辖市人民政府卫生行政部门提出申请，经审核同意后，报同级人民政府药品监督管理部门审批；省、自治区、直辖市人民政府药品监督管理部门验收合格的，予以批准，发给《医疗机构制剂许可证》。

省、自治区、直辖市人民政府卫生行政部门和药品监督管理部门应当在各自收到申请之日起30个工作日内，作出是否同意或者批准的决定。

第二十一条 医疗机构变更《医疗机构制剂许可证》许可事项的，应当在许可事项发生变更30日前，依照本条例第二十条的规定向原审核、批准机关申请《医疗机构制剂许可证》变更登记；未经批准，不得变更许可事项。原审核、批准机关应当在各自收到申请之日起15个工作日内作出决定。

医疗机构新增配制剂型或者改变配制场所的，应当经所在地省、自治区、直辖市人民政府药品监督管理部门验收合格后，依照前款规定办理《医疗机构制剂许可证》变更登记。

第二十二条 《医疗机构制剂许可证》有效期为5年。有效期届满，需要继续配制制剂的，医疗机构应当在许可证有效期届满前6个月，按照国务院药品监督管理部门的规定申请换发《医疗机构制剂许可证》。

医疗机构终止配制制剂或者关闭的，《医疗机构制剂许可证》由原发证机关缴销。

第二十三条 医疗机构配制制剂，必须按照国务院药品监督管理部门的规定报送有关资料和样品，经所在地省、自治区、直辖市人民政府药品监督管理部门批准，并发给制剂批准文号后，方可配制。

第二十四条 医疗机构配制的制剂不得在市场上销售或者变相销售，不得发布医疗机构制剂广告。

发生灾情、疫情、突发事件或者临床急需而市场没有供应时，经国务院或者省、自治区、直辖市人民政府的药品监督管理部门批准，在规定期限内，医疗机构配制的制剂可以在指定的医疗机构之间调剂使用。

国务院药品监督管理部门规定的特殊制剂的调剂使用以及省、自治区、直辖市之间医疗机构制剂的调剂使用，必须经国务院药品监督管理部门批准。

第二十五条 医疗机构审核和调配处方的药剂人员必须是依法经资格认定的药学技术人员。

第二十六条 医疗机构购进药品，必须有真实、完整的药品购进记录。药品购进记录必须注明药品的通用名称、剂型、规格、批号、有效期、生产厂商、供货单位、购货数量、购进价格、购货日期以及国务院药品监督管理部门规定的其他内容。

第二十七条 医疗机构向患者提供的药品应当与诊疗范围相适应，并凭执业医师或者执业助理医师的处方调配。

计划生育技术服务机构采购和向患者提供药品，其范围应当与经批准的服务范围相一致，并凭执业医师或者执业助理医师的处方调配。

个人设置的门诊部、诊所等医疗机构不得配备常用药品和急救药品以外的其他药品。常用药品和急救药品的范围和品种，由所在地的省、自治区、直辖市人民政府卫生行政部门会同同级人民政府药品监督管理部门规定。

第五章 药品管理

第二十八条 药物非临床安全性评价研究机构必须执行《药物非临床研究质量管理规范》，药物临床试验机构必须执行《药物临床试验质量管理规范》。《药物非临床研究质量管理规范》、《药物临床试验质量管理规范》由国务院药品监督管理部门分别商国务院科学技术行政部门和国务院卫生行政部门制定。

第二十九条 药物临床试验、生产药品和进口药品，应当符合《药品管理法》及本条例的规定，经国务院药品监督管理部门审查批准；国务院药品监督管理部门可以委托省、自治区、直辖市人民政府药品监督管理部门对申报药物的研制情况及条件进行审查，对申报资料进行形式审查，并对试制的样品进行检验。具体办法由国务院药品监督管理部门制定。

第三十条 研制新药，需要进行临床试验的，应当依照《药品管理法》第二十九条的规定，经国务院药品监督管理部门批准。

药物临床试验申请经国务院药品监督管理部门批准后，申报人应当在经依法认定的具有药物临床试验资格的机构中选择承担药物临床试验的机构，并将该临床试验机构报国务院药品监督管理部门和国务院卫生行政部门备案。

药物临床试验机构进行药物临床试验，应当事先告知受试者或者其监护人真实情况，并取得其书面同意。

第三十一条 生产已有国家标准的药品，应当按照国务院药品监督管理部门的规定，向省、自治区、直辖市人民政府药品监督管理部门或者国务院药品监督管理部门提出申请，报送有关技术资料并提供相关证明文件。省、自治区、直辖市人民政府药品监督管理部门应当自受理申请之日起30个工作日内进行审查，提出意见后报送国务院药品监督管理部门审核，并同时将审查意见通知申报方。国务院药品监督管理部门经审核符合规定的，发给药品批准文号。

第三十二条 变更研制新药、生产药品和进口药品已获批准证明文件及其附件中载明事项的，应当向国务院药品监督管理部门提出补充申请；国务院药品监督管理部门经审核符合规定的，应当予以批准。其中，不改变药品内在质量的，应当向省、自治区、直辖市人民政府药品监督管理部门提出补充申请；省、自治区、直辖市人民政府药品监督管理部门经审核符合规定的，应当予以批准，并报国务院药品监督管理部门备案。不改变药品内在质量的补充申请事项由国务院药品监督管理部门制定。

第三十三条 国务院药品监督管理部门根据保护公众健康的要求，可以对药品生产企业生产的新药品种设立不超过5年的监测期；在监测期内，不得批准其他企业生产和进口。

第三十四条 国家对获得生产或者销售含有新型化学成份药品许可的生产者或者销售者提交

的自行取得且未披露的试验数据和其他数据实施保护，任何人不得对该未披露的试验数据和其他数据进行不正当的商业利用。

自药品生产者或者销售者获得生产、销售新型化学成份药品的许可证明文件之日起 6 年内，对其他申请人未经已获得许可的申请人同意，使用前款数据申请生产、销售新型化学成份药品许可的，药品监督管理部门不予许可；但是，其他申请人提交自行取得数据的除外。

除下列情形外，药品监督管理部门不得披露本条第一款规定的数据：

（一）公共利益需要；

（二）已采取措施确保该类数据不会被不正当地进行商业利用。

第三十五条　申请进口的药品，应当是在生产国家或者地区获得上市许可的药品；未在生产国家或者地区获得上市许可的，经国务院药品监督管理部门确认该药品品种安全、有效而且临床需要的，可以依照《药品管理法》及本条例的规定批准进口。

进口药品，应当按照国务院药品监督管理部门的规定申请注册。国外企业生产的药品取得《进口药品注册证》，中国香港、澳门和台湾地区企业生产的药品取得《医药产品注册证》后，方可进口。

第三十六条　医疗机构因临床急需进口少量药品的，应当持《医疗机构执业许可证》向国务院药品监督管理部门提出申请；经批准后，方可进口。进口的药品应当在指定医疗机构内用于特定医疗目的。

第三十七条　进口药品到岸后，进口单位应当持《进口药品注册证》或者《医药产品注册证》以及产地证明原件、购货合同副本、装箱单、运单、货运发票、出厂检验报告书、说明书等材料，向口岸所在地药品监督管理部门备案。口岸所在地药品监督管理部门经审查，提交的材料符合要求的，发给《进口药品通关单》。进口单位凭《进口药品通关单》向海关办理报关验放手续。

口岸所在地药品监督管理部门应当通知药品检验机构对进口药品逐批进行抽查检验；但是，有《药品管理法》第四十一条规定情形的除外。

第三十八条　疫苗类制品、血液制品、用于血源筛查的体外诊断试剂以及国务院药品监督管理部门规定的其他生物制品在销售前或者进口时，应当按照国务院药品监督管理部门的规定进行检验或者审核批准；检验不合格或者未获批准的，不得销售或者进口。

第三十九条　国家鼓励培育中药材。对集中规模化栽培养殖、质量可以控制并符合国务院药品监督管理部门规定条件的中药材品种，实行批准文号管理。

第四十条　国务院药品监督管理部门对已批准生产、销售的药品进行再评价，根据药品再评价结果，可以采取责令修改药品说明书，暂停生产、销售和使用的措施；对不良反应大或者其他原因危害人体健康的药品，应当撤销该药品批准证明文件。

第四十一条　国务院药品监督管理部门核发的药品批准文号、《进口药品注册证》、《医药产品注册证》的有效期为 5 年。有效期届满，需要继续生产或者进口的，应当在有效期届满前 6 个月申请再注册。药品再注册时，应当按照国务院药品监督管理部门的规定报送相关资料。有效期届满未申请再注册或者经审查不符合国务院药品监督管理部门关于再注册的规定的，注销其药品批准文号、《进口药品注册证》或者《医药产品注册证》。

药品批准文号的再注册由省、自治区、直辖市人民政府药品监督管理部门审批，并报国务院药品监督管理部门备案；《进口药品注册证》、《医药产品注册证》的再注册由国务院药品监督管理部门审批。

第四十二条　非药品不得在其包装、标签、说明书及有关宣传资料上进行含有预防、治疗、诊断人体疾病等有关内容的宣传；但是，法律、行政法规另有规定的除外。

第六章　药品包装的管理

第四十三条　药品生产企业使用的直接接触药品的包装材料和容器，必须符合药用要求和保障人体健康、安全的标准。

直接接触药品的包装材料和容器的管理办法、产品目录和药用要求与标准，由国务院药品监督管理部门组织制定并公布。

第四十四条　生产中药饮片，应当选用与药品性质相适应的包装材料和容器；包装不符合规定的中药饮片，不得销售。中药饮片包装必须印有或者贴有标签。

中药饮片的标签必须注明品名、规格、产地、生产企业、产品批号、生产日期，实施批准文号管理的中药饮片还必须注明药品批准文号。

第四十五条　药品包装、标签、说明书必须依照《药品管理法》第五十四条和国务院药品监督管理部门的规定印制。

药品商品名称应当符合国务院药品监督管理部门的规定。

第四十六条　医疗机构配制制剂所使用的直接接触药品的包装材料和容器、制剂的标签和说明书应当符合《药品管理法》第六章和本条例的有关规定，并经省、自治区、直辖市人民政府药品监督管理部门批准。

第七章　药品价格和广告的管理

第四十七条　政府价格主管部门依照《价格法》第二十八条的规定实行药品价格监测时，为掌握、分析药品价格变动和趋势，可以指定部分药品生产企业、药品经营企业和医疗机构作为价格监测定点单位；定点单位应当给予配合、支持，如实提供有关信息资料。

第四十八条　发布药品广告，应当向药品生产企业所在地省、自治区、直辖市人民政府药品监督管理部门报送有关材料。省、自治区、直辖市人民政府药品监督管理部门应当自收到有关材料之日起 10 个工作日内作出是否核发药品广告批准文号的决定；核发药品广告批准文号的，应当同时报国务院药品监督管理部门备案。具体办法由国务院药品监督管理部门制定。

发布进口药品广告，应当依照前款规定向进口药品代理机构所在地省、自治区、直辖市人民政府药品监督管理部门申请药品广告批准文号。

在药品生产企业所在地和进口药品代理机构所在地以外的省、自治区、直辖市发布药品广告的，发布广告的企业应当在发布前向发布地省、自治区、直辖市人民政府药品监督管理部门备案。接受备案的省、自治区、直辖市人民政府药品监督管理部门发现药品广告批准内容不符合药品广告管理规定的，应当交由原核发部门处理。

第四十九条　经国务院或者省、自治区、直辖市人民政府的药品监督管理部门决定，责令暂停生产、销售和使用的药品，在暂停期间不得发布该品种药品广告；已经发布广告的，必须立即停止。

第五十条　未经省、自治区、直辖市人民政府药品监督管理部门批准的药品广告，使用伪造、冒用、失效的药品广告批准文号的广告，或者因其他广告违法活动被撤销药品广告批准文号的广告，发布广告的企业、广告经营者、广告发布者必须立即停止该药品广告的发布。

对违法发布药品广告，情节严重的，省、自治区、直辖市人民政府药品监督管理部门可以予以公告。

第八章　药品监督

第五十一条　药品监督管理部门（含省级人民政府药品监督管理部门依法设立的药品监督

管理机构，下同）依法对药品的研制、生产、经营、使用实施监督检查。

第五十二条 药品抽样必须由两名以上药品监督检查人员实施，并按照国务院药品监督管理部门的规定进行抽样；被抽检方应当提供抽检样品，不得拒绝。

药品被抽检单位没有正当理由，拒绝抽查检验的，国务院药品监督管理部门和被抽检单位所在地省、自治区、直辖市人民政府药品监督管理部门可以宣布停止该单位拒绝抽检的药品上市销售和使用。

第五十三条 对有掺杂、掺假嫌疑的药品，在国家药品标准规定的检验方法和检验项目不能检验时，药品检验机构可以补充检验方法和检验项目进行药品检验；经国务院药品监督管理部门批准后，使用补充检验方法和检验项目所得出的检验结果，可以作为药品监督管理部门认定药品质量的依据。

第五十四条 国务院和省、自治区、直辖市人民政府的药品监督管理部门应当根据药品质量抽查检验结果，定期发布药品质量公告。药品质量公告应当包括抽验药品的品名、检品来源、生产企业、生产批号、药品规格、检验机构、检验依据、检验结果、不合格项目等内容。药品质量公告不当的，发布部门应当自确认公告不当之日起 5 日内，在原公告范围内予以更正。

当事人对药品检验机构的检验结果有异议，申请复验的，应当向负责复验的药品检验机构提交书面申请、原药品检验报告书。复验的样品从原药品检验机构留样中抽取。

第五十五条 药品监督管理部门依法对有证据证明可能危害人体健康的药品及其有关证据材料采取查封、扣押的行政强制措施的，应当自采取行政强制措施之日起 7 日内作出是否立案的决定；需要检验的，应当自检验报告书发出之日起 15 日内作出是否立案的决定；不符合立案条件的，应当解除行政强制措施；需要暂停销售和使用的，应当由国务院或者省、自治区、直辖市人民政府的药品监督管理部门作出决定。

第五十六条 药品抽查检验，不得收取任何费用。

当事人对药品检验结果有异议，申请复验的，应当按照国务院有关部门或者省、自治区、直辖市人民政府有关部门的规定，向复验机构预先支付药品检验费用。复验结论与原检验结论不一致的，复验检验费用由原药品检验机构承担。

第五十七条 依据《药品管理法》和本条例的规定核发证书、进行药品注册、药品认证和实施药品审批检验及其强制性检验，可以收取费用。具体收费标准由国务院财政部门、国务院价格主管部门制定。

第九章 法 律 责 任

第五十八条 药品生产企业、药品经营企业有下列情形之一的，由药品监督管理部门依照《药品管理法》第七十九条的规定给予处罚：

（一）开办药品生产企业、药品生产企业新建药品生产车间、新增生产剂型，在国务院药品监督管理部门规定的时间内未通过《药品生产质量管理规范》认证，仍进行药品生产的；

（二）开办药品经营企业，在国务院药品监督管理部门规定的时间内未通过《药品经营质量管理规范》认证，仍进行药品经营的。

第五十九条 违反《药品管理法》第十三条的规定，擅自委托或者接受委托生产药品的，对委托方和受托方均依照《药品管理法》第七十四条的规定给予处罚。

第六十条 未经批准，擅自在城乡集市贸易市场设点销售药品或者在城乡集市贸易市场设点销售的药品超出批准经营的药品范围的，依照《药品管理法》第七十三条的规定给予处罚。

第六十一条 未经批准，医疗机构擅自使用其他医疗机构配制的制剂的，依照《药品管理法》第八十条的规定给予处罚。

第六十二条 个人设置的门诊部、诊所等医疗机构向患者提供的药品超出规定的范围和品种的，依照《药品管理法》第七十三条的规定给予处罚。

第六十三条 医疗机构使用假药、劣药的，依照《药品管理法》第七十四条、第七十五条的规定给予处罚。

第六十四条 违反《药品管理法》第二十九条的规定，擅自进行临床试验的，对承担药物临床试验的机构，依照《药品管理法》第七十九条的规定给予处罚。

第六十五条 药品申报者在申报临床试验时，报送虚假研制方法、质量标准、药理及毒理试验结果等有关资料和样品的，国务院药品监督管理部门对该申报药品的临床试验不予批准，对药品申报者给予警告；情节严重的，3 年内不受理该药品申报者申报该品种的临床试验申请。

第六十六条 生产没有国家药品标准的中药饮片，不符合省、自治区、直辖市人民政府药品监督管理部门制定的炮制规范的；医疗机构不按照省、自治区、直辖市人民政府药品监督管理部门批准的标准配制剂的，依照《药品管理法》第七十五条的规定给予处罚。

第六十七条 药品监督管理部门及其工作人员违反规定，泄露生产者、销售者为获得生产、销售含有新型化学成份药品许可而提交的未披露试验数据或者其他数据，造成申请人损失的，由药品监督管理部门依法承担赔偿责任；药品监督管理部门赔偿损失后，应当责令故意或者有重大过失的工作人员承担部分或者全部赔偿费用，并对直接责任人员依法给予行政处分。

第六十八条 药品生产企业、药品经营企业生产、经营的药品及医疗机构配制的制剂，其包装、标签、说明书违反《药品管理法》及本条例规定的，依照《药品管理法》第八十六条的规定给予处罚。

第六十九条 药品生产企业、药品经营企业和医疗机构变更药品生产经营许可事项，应当办理变更登记手续而未办理的，由原发证部门给予警告，责令限期补办变更登记手续；逾期不补办的，宣布其《药品生产许可证》、《药品经营许可证》和《医疗机构制剂许可证》无效；仍从事药品生产经营活动的，依照《药品管理法》第七十三条的规定给予处罚。

第七十条 篡改经批准的药品广告内容的，由药品监督管理部门责令广告主立即停止该药品广告的发布，并由原审批的药品监督管理部门依照《药品管理法》第九十二条的规定给予处罚。

药品监督管理部门撤销药品广告批准文号后，应当自作出行政处理决定之日起 5 个工作日内通知广告监督管理机关。广告监督管理机关应当自收到药品监督管理部门通知之日起 15 个工作日内，依照《中华人民共和国广告法》的有关规定作出行政处理决定。

第七十一条 发布药品广告的企业在药品生产企业所在地或者进口药品代理机构所在地以外的省、自治区、直辖市发布药品广告，未按照规定向发布地省、自治区、直辖市人民政府药品监督管理部门备案的，由发布地的药品监督管理部门责令限期改正；逾期不改正的，停止该药品品种在发布地的广告发布活动。

第七十二条 未经省、自治区、直辖市人民政府药品监督管理部门批准，擅自发布药品广告的，药品监督管理部门发现后，应当通知广告监督管理部门依法查处。

第七十三条 违反《药品管理法》和本条例的规定，有下列行为之一的，由药品监督管理部门在《药品管理法》和本条例规定的处罚幅度内从重处罚：

（一）以麻醉药品、精神药品、医疗用毒性药品、放射性药品冒充其他药品，或者以其他药品冒充上述药品的；

（二）生产、销售以孕产妇、婴幼儿及儿童为主要使用对象的假药、劣药的；

（三）生产、销售的生物制品、血液制品属于假药、劣药的；

（四）生产、销售、使用假药、劣药，造成人员伤害后果的；

（五）生产、销售、使用假药、劣药，经处理后重犯的；

（六）拒绝、逃避监督检查，或者伪造、销毁、隐匿有关证据材料的，或者擅自动用查封、扣押物品的。

第七十四条 药品监督管理部门设置的派出机构，有权作出《药品管理法》和本条例规定的警告、罚款、没收违法生产、销售的药品和违法所得的行政处罚。

第七十五条 药品经营企业、医疗机构未违反《药品管理法》和本条例的有关规定，并有充分证据证明其不知道所销售或者使用的药品是假药、劣药的，应当没收其销售或者使用的假药、劣药和违法所得；但是，可以免除其他行政处罚。

第七十六条 依照《药品管理法》和本条例的规定没收的物品，由药品监督管理部门按照规定监督处理。

第十章 附 则

第七十七条 本条例下列用语的含义：

药品合格证明和其他标识，是指药品生产批准证明文件、药品检验报告书、药品的包装、标签和说明书。

新药，是指未曾在中国境内上市销售的药品。

处方药，是指凭执业医师和执业助理医师处方方可购买、调配和使用的药品。

非处方药，是指由国务院药品监督管理部门公布的，不需要凭执业医师和执业助理医师处方，消费者可以自行判断、购买和使用的药品。

医疗机构制剂，是指医疗机构根据本单位临床需要经批准而配制、自用的固定处方制剂。

药品认证，是指药品监督管理部门对药品研制、生产、经营、使用单位实施相应质量管理规范进行检查、评价并决定是否发给相应认证证书的过程。

药品经营方式，是指药品批发和药品零售。

药品经营范围，是指经药品监督管理部门核准经营药品的品种类别。

药品批发企业，是指将购进的药品销售给药品生产企业、药品经营企业、医疗机构的药品经营企业。

药品零售企业，是指将购进的药品直接销售给消费者的药品经营企业。

第七十八条 《药品管理法》第四十一条中"首次在中国销售的药品"，是指国内或者国外药品生产企业第一次在中国销售的药品，包括不同药品生产企业生产的相同品种。

第七十九条 《药品管理法》第五十九条第二款"禁止药品的生产企业、经营企业或者其代理人以任何名义给予使用其药品的医疗机构的负责人、药品采购人员、医师等有关人员以财物或者其他利益"中的"财物或者其他利益"，是指药品的生产企业、经营企业或者其代理人向医疗机构的负责人、药品采购人员、医师等有关人员提供的目的在于影响其药品采购或者药品处方行为的不正当利益。

第八十条 本条例自 2002 年 9 月 15 日起施行。

麻醉药品和精神药品管理条例

（2005年8月3日中华人民共和国国务院令第442号公布　根据2013年12月7日《国务院关于修改部分行政法规的决定》第一次修订　根据2016年2月6日《国务院关于修改部分行政法规的决定》第二次修订）

第一章　总　　则

第一条　为加强麻醉药品和精神药品的管理，保证麻醉药品和精神药品的合法、安全、合理使用，防止流入非法渠道，根据药品管理法和其他有关法律的规定，制定本条例。

第二条　麻醉药品药用原植物的种植，麻醉药品和精神药品的实验研究、生产、经营、使用、储存、运输等活动以及监督管理，适用本条例。

麻醉药品和精神药品的进出口依照有关法律的规定办理。

第三条　本条例所称麻醉药品和精神药品，是指列入麻醉药品目录、精神药品目录（以下称目录）的药品和其他物质。精神药品分为第一类精神药品和第二类精神药品。

目录由国务院药品监督管理部门会同国务院公安部门、国务院卫生主管部门制定、调整并公布。

上市销售但尚未列入目录的药品和其他物质或者第二类精神药品发生滥用，已经造成或者可能造成严重社会危害的，国务院药品监督管理部门会同国务院公安部门、国务院卫生主管部门应当及时将该药品和该物质列入目录或者将该第二类精神药品调整为第一类精神药品。

第四条　国家对麻醉药品药用原植物以及麻醉药品和精神药品实行管制。除本条例另有规定的外，任何单位、个人不得进行麻醉药品药用原植物的种植以及麻醉药品和精神药品的实验研究、生产、经营、使用、储存、运输等活动。

第五条　国务院药品监督管理部门负责全国麻醉药品和精神药品的监督管理工作，并会同国务院农业主管部门对麻醉药品药用原植物实施监督管理。国务院公安部门负责对造成麻醉药品药用原植物、麻醉药品和精神药品流入非法渠道的行为进行查处。国务院其他有关主管部门在各自的职责范围内负责与麻醉药品和精神药品有关的管理工作。

省、自治区、直辖市人民政府药品监督管理部门负责本行政区域内麻醉药品和精神药品的监督管理工作。县级以上地方公安机关负责对本行政区域内造成麻醉药品和精神药品流入非法渠道的行为进行查处。县级以上地方人民政府其他有关主管部门在各自的职责范围内负责与麻醉药品和精神药品有关的管理工作。

第六条　麻醉药品和精神药品生产、经营企业和使用单位可以依法参加行业协会。行业协会应当加强行业自律管理。

第二章　种植、实验研究和生产

第七条　国家根据麻醉药品和精神药品的医疗、国家储备和企业生产所需原料的需要确定需求总量，对麻醉药品药用原植物的种植、麻醉药品和精神药品的生产实行总量控制。

国务院药品监督管理部门根据麻醉药品和精神药品的需求总量制定年度生产计划。

国务院药品监督管理部门和国务院农业主管部门根据麻醉药品年度生产计划，制定麻醉药品药用原植物年度种植计划。

第八条　麻醉药品药用原植物种植企业应当根据年度种植计划，种植麻醉药品药用原植物。

麻醉药品药用原植物种植企业应当向国务院药品监督管理部门和国务院农业主管部门定期报告种植情况。

第九条 麻醉药品药用原植物种植企业由国务院药品监督管理部门和国务院农业主管部门共同确定，其他单位和个人不得种植麻醉药品药用原植物。

第十条 开展麻醉药品和精神药品实验研究活动应当具备下列条件，并经国务院药品监督管理部门批准：

（一）以医疗、科学研究或者教学为目的；

（二）有保证实验所需麻醉药品和精神药品安全的措施和管理制度；

（三）单位及其工作人员 2 年内没有违反有关禁毒的法律、行政法规规定的行为。

第十一条 麻醉药品和精神药品的实验研究单位申请相关药品批准证明文件，应当依照药品管理法的规定办理；需要转让研究成果的，应当经国务院药品监督管理部门批准。

第十二条 药品研究单位在普通药品的实验研究过程中，产生本条例规定的管制品种的，应当立即停止实验研究活动，并向国务院药品监督管理部门报告。国务院药品监督管理部门应当根据情况，及时作出是否同意其继续实验研究的决定。

第十三条 麻醉药品和第一类精神药品的临床试验，不得以健康人为受试对象。

第十四条 国家对麻醉药品和精神药品实行定点生产制度。

国务院药品监督管理部门应当根据麻醉药品和精神药品的需求总量，确定麻醉药品和精神药品定点生产企业的数量和布局，并根据年度需求总量对数量和布局进行调整、公布。

第十五条 麻醉药品和精神药品的定点生产企业应当具备下列条件：

（一）有药品生产许可证；

（二）有麻醉药品和精神药品实验研究批准文件；

（三）有符合规定的麻醉药品和精神药品生产设施、储存条件和相应的安全管理设施；

（四）有通过网络实施企业安全生产管理和向药品监督管理部门报告生产信息的能力；

（五）有保证麻醉药品和精神药品安全生产的管理制度；

（六）有与麻醉药品和精神药品安全生产要求相适应的管理水平和经营规模；

（七）麻醉药品和精神药品生产管理、质量管理部门的人员应当熟悉麻醉药品和精神药品管理以及有关禁毒的法律、行政法规；

（八）没有生产、销售假药、劣药或者违反有关禁毒的法律、行政法规规定的行为；

（九）符合国务院药品监督管理部门公布的麻醉药品和精神药品定点生产企业数量和布局的要求。

第十六条 从事麻醉药品、精神药品生产的企业，应当经所在地省、自治区、直辖市人民政府药品监督管理部门批准。

第十七条 定点生产企业生产麻醉药品和精神药品，应当依照药品管理法的规定取得药品批准文号。

国务院药品监督管理部门应当组织医学、药学、社会学、伦理学和禁毒等方面的专家成立专家组，由专家组对申请首次上市的麻醉药品和精神药品的社会危害性和被滥用的可能性进行评价，并提出是否批准的建议。

未取得药品批准文号的，不得生产麻醉药品和精神药品。

第十八条 发生重大突发事件，定点生产企业无法正常生产或者不能保证供应麻醉药品和精神药品时，国务院药品监督管理部门可以决定其他药品生产企业生产麻醉药品和精神药品。

重大突发事件结束后，国务院药品监督管理部门应当及时决定前款规定的企业停止麻醉药品和精神药品的生产。

第十九条　定点生产企业应当严格按照麻醉药品和精神药品年度生产计划安排生产，并依照规定向所在地省、自治区、直辖市人民政府药品监督管理部门报告生产情况。

第二十条　定点生产企业应当依照本条例的规定，将麻醉药品和精神药品销售给具有麻醉药品和精神药品经营资格的企业或者依照本条例规定批准的其他单位。

第二十一条　麻醉药品和精神药品的标签应当印有国务院药品监督管理部门规定的标志。

第三章　经　营

第二十二条　国家对麻醉药品和精神药品实行定点经营制度。

国务院药品监督管理部门应当根据麻醉药品和第一类精神药品的需求总量，确定麻醉药品和第一类精神药品的定点批发企业布局，并应当根据年度需求总量对布局进行调整、公布。

药品经营企业不得经营麻醉药品原料药和第一类精神药品原料药。但是，供医疗、科学研究、教学使用的小包装的上述药品可以由国务院药品监督管理部门规定的药品批发企业经营。

第二十三条　麻醉药品和精神药品定点批发企业除应当具备药品管理法第十五条规定的药品经营企业的开办条件外，还应当具备下列条件：

（一）有符合本条例规定的麻醉药品和精神药品储存条件；

（二）有通过网络实施企业安全管理和向药品监督管理部门报告经营信息的能力；

（三）单位及其工作人员2年内没有违反有关禁毒的法律、行政法规规定的行为；

（四）符合国务院药品监督管理部门公布的定点批发企业布局。

麻醉药品和第一类精神药品的定点批发企业，还应当具有保证供应责任区域内医疗机构所需麻醉药品和第一类精神药品的能力，并具有保证麻醉药品和第一类精神药品安全经营的管理制度。

第二十四条　跨省、自治区、直辖市从事麻醉药品和第一类精神药品批发业务的企业（以下称全国性批发企业），应当经国务院药品监督管理部门批准；在本省、自治区、直辖市行政区域内从事麻醉药品和第一类精神药品批发业务的企业（以下称区域性批发企业），应当经所在地省、自治区、直辖市人民政府药品监督管理部门批准。

专门从事第二类精神药品批发业务的企业，应当经所在地省、自治区、直辖市人民政府药品监督管理部门批准。

全国性批发企业和区域性批发企业可以从事第二类精神药品批发业务。

第二十五条　全国性批发企业可以向区域性批发企业，或者经批准可以向取得麻醉药品和第一类精神药品使用资格的医疗机构以及依照本条例规定批准的其他单位销售麻醉药品和第一类精神药品。

全国性批发企业向取得麻醉药品和第一类精神药品使用资格的医疗机构销售麻醉药品和第一类精神药品，应当经医疗机构所在地省、自治区、直辖市人民政府药品监督管理部门批准。

国务院药品监督管理部门在批准全国性批发企业时，应当明确其所承担供药责任的区域。

第二十六条　区域性批发企业可以向本省、自治区、直辖市行政区域内取得麻醉药品和第一类精神药品使用资格的医疗机构销售麻醉药品和第一类精神药品；由于特殊地理位置的原因，需要就近向其他省、自治区、直辖市行政区域内取得麻醉药品和第一类精神药品使用资格的医疗机构销售的，应当经企业所在地省、自治区、直辖市人民政府药品监督管理部门批准。审批情况由负责审批的药品监督管理部门在批准后5日内通报医疗机构所在地省、自治区、直辖市人民政府药品监督管理部门。

省、自治区、直辖市人民政府药品监督管理部门在批准区域性批发企业时，应当明确其所承担供药责任的区域。

区域性批发企业之间因医疗急需、运输困难等特殊情况需要调剂麻醉药品和第一类精神药品的,应当在调剂后 2 日内将调剂情况分别报所在地省、自治区、直辖市人民政府药品监督管理部门备案。

第二十七条 全国性批发企业应当从定点生产企业购进麻醉药品和第一类精神药品。

区域性批发企业可以从全国性批发企业购进麻醉药品和第一类精神药品;经所在地省、自治区、直辖市人民政府药品监督管理部门批准,也可以从定点生产企业购进麻醉药品和第一类精神药品。

第二十八条 全国性批发企业和区域性批发企业向医疗机构销售麻醉药品和第一类精神药品,应当将药品送至医疗机构。医疗机构不得自行提货。

第二十九条 第二类精神药品定点批发企业可以向医疗机构、定点批发企业和符合本条例第三十一条规定的药品零售企业以及依照本条例规定批准的其他单位销售第二类精神药品。

第三十条 麻醉药品和第一类精神药品不得零售。

禁止使用现金进行麻醉药品和精神药品交易,但是个人合法购买麻醉药品和精神药品的除外。

第三十一条 经所在地设区的市级药品监督管理部门批准,实行统一进货、统一配送、统一管理的药品零售连锁企业可以从事第二类精神药品零售业务。

第三十二条 第二类精神药品零售企业应当凭执业医师出具的处方,按规定剂量销售第二类精神药品,并将处方保存 2 年备查;禁止超剂量或者无处方销售第二类精神药品;不得向未成年人销售第二类精神药品。

第三十三条 麻醉药品和精神药品实行政府定价,在制定出厂和批发价格的基础上,逐步实行全国统一零售价格。具体办法由国务院价格主管部门制定。

第四章 使 用

第三十四条 药品生产企业需要以麻醉药品和第一类精神药品为原料生产普通药品的,应当向所在地省、自治区、直辖市人民政府药品监督管理部门报送年度需求计划,由省、自治区、直辖市人民政府药品监督管理部门汇总报国务院药品监督管理部门批准后,向定点生产企业购买。

药品生产企业需要以第二类精神药品为原料生产普通药品的,应当将年度需求计划报所在地省、自治区、直辖市人民政府药品监督管理部门,并向定点批发企业或者定点生产企业购买。

第三十五条 食品、食品添加剂、化妆品、油漆等非药品生产企业需要使用咖啡因作为原料的,应当经所在地省、自治区、直辖市人民政府药品监督管理部门批准,向定点批发企业或者定点生产企业购买。

科学研究、教学单位需要使用麻醉药品和精神药品开展实验、教学活动的,应当经所在地省、自治区、直辖市人民政府药品监督管理部门批准,向定点批发企业或者定点生产企业购买。

需要使用麻醉药品和精神药品的标准品、对照品的,应当经所在地省、自治区、直辖市人民政府药品监督管理部门批准,向国务院药品监督管理部门批准的单位购买。

第三十六条 医疗机构需要使用麻醉药品和第一类精神药品的,应当经所在地设区的市级人民政府卫生主管部门批准,取得麻醉药品、第一类精神药品购用印鉴卡(以下称印鉴卡)。医疗机构应当凭印鉴卡向本省、自治区、直辖市行政区域内的定点批发企业购买麻醉药品和第一类精神药品。

设区的市级人民政府卫生主管部门发给医疗机构印鉴卡时,应当将取得印鉴卡的医疗机构情况抄送所在地设区的市级药品监督管理部门,并报省、自治区、直辖市人民政府卫生主管部门备案。省、自治区、直辖市人民政府卫生主管部门应当将取得印鉴卡的医疗机构名单向本行政区域内的定点批发企业通报。

第三十七条 医疗机构取得印鉴卡应当具备下列条件:

(一) 有专职的麻醉药品和第一类精神药品管理人员;

(二) 有获得麻醉药品和第一类精神药品处方资格的执业医师;

(三) 有保证麻醉药品和第一类精神药品安全储存的设施和管理制度。

第三十八条 医疗机构应当按照国务院卫生主管部门的规定,对本单位执业医师进行有关麻醉药品和精神药品使用知识的培训、考核,经考核合格的,授予麻醉药品和第一类精神药品处方资格。执业医师取得麻醉药品和第一类精神药品的处方资格后,方可在本医疗机构开具麻醉药品和第一类精神药品处方,但不得为自己开具该种处方。

医疗机构应当将具有麻醉药品和第一类精神药品处方资格的执业医师名单及其变更情况,定期报送所在地设区的市级人民政府卫生主管部门,并抄送同级药品监督管理部门。

医务人员应当根据国务院卫生主管部门制定的临床应用指导原则,使用麻醉药品和精神药品。

第三十九条 具有麻醉药品和第一类精神药品处方资格的执业医师,根据临床应用指导原则,对确需使用麻醉药品或者第一类精神药品的患者,应当满足其合理用药需求。在医疗机构就诊的癌症疼痛患者和其他危重患者得不到麻醉药品或者第一类精神药品时,患者或者其亲属可以向执业医师提出申请。具有麻醉药品和第一类精神药品处方资格的执业医师认为要求合理的,应当及时为患者提供所需麻醉药品或者第一类精神药品。

第四十条 执业医师应当使用专用处方开具麻醉药品和精神药品,单张处方的最大用量应当符合国务院卫生主管部门的规定。

对麻醉药品和第一类精神药品处方,处方的调配人、核对人应当仔细核对,签署姓名,并予以登记;对不符合本条例规定的,处方的调配人、核对人应当拒绝发药。

麻醉药品和精神药品专用处方的格式由国务院卫生主管部门规定。

第四十一条 医疗机构应当对麻醉药品和精神药品处方进行专册登记,加强管理。麻醉药品处方至少保存3年,精神药品处方至少保存2年。

第四十二条 医疗机构抢救病人急需麻醉药品和第一类精神药品而本医疗机构无法提供时,可以从其他医疗机构或者定点批发企业紧急借用;抢救工作结束后,应当及时将借用情况报所在地设区的市级药品监督管理部门和卫生主管部门备案。

第四十三条 对临床需要而市场无供应的麻醉药品和精神药品,持有医疗机构制剂许可证和印鉴卡的医疗机构需要配制制剂的,应当经所在地省、自治区、直辖市人民政府药品监督管理部门批准。医疗机构配制的麻醉药品和精神药品制剂只能在本医疗机构使用,不得对外销售。

第四十四条 因治疗疾病需要,个人凭医疗机构出具的医疗诊断书、本人身份证明,可以携带单张处方最大用量以内的麻醉药品和第一类精神药品;携带麻醉药品和第一类精神药品出入境的,由海关根据自用、合理的原则放行。

医务人员为了医疗需要携带少量麻醉药品和精神药品出入境的,应当持有省级以上人民政府药品监督管理部门发放的携带麻醉药品和精神药品证明。海关凭携带麻醉药品和精神药品证明放行。

第四十五条 医疗机构、戒毒机构以开展戒毒治疗为目的,可以使用美沙酮或者国家确定的其他用于戒毒治疗的麻醉药品和精神药品。具体管理办法由国务院药品监督管理部门、国务院公安部门和国务院卫生主管部门制定。

第五章　储　　存

第四十六条　麻醉药品药用原植物种植企业、定点生产企业、全国性批发企业和区域性批发企业以及国家设立的麻醉药品储存单位，应当设置储麻醉药品和第一类精神药品的专库。该专库应当符合下列要求：

（一）安装专用防盗门，实行双人双锁管理；

（二）具有相应的防火设施；

（三）具有监控设施和报警装置，报警装置应当与公安机关报警系统联网。

全国性批发企业经国务院药品监督管理部门批准设立的药品储存点应当符合前款的规定。

麻醉药品定点生产企业应当将麻醉药品原料药和制剂分别存放。

第四十七条　麻醉药品和第一类精神药品的使用单位应当设立专库或者专柜储存麻醉药品和第一类精神药品。专库应当设有防盗设施并安装报警装置；专柜应当使用保险柜。专库和专柜应当实行双人双锁管理。

第四十八条　麻醉药品药用原植物种植企业、定点生产企业、全国性批发企业和区域性批发企业、国家设立的麻醉药品储存单位以及麻醉药品和第一类精神药品的使用单位，应当配备专人负责管理工作，并建立储存麻醉药品和第一类精神药品的专用账册。药品入库双人验收，出库双人复核，做到账物相符。专用账册的保存期限应当自药品有效期期满之日起不少于 5 年。

第四十九条　第二类精神药品经营企业应当在药品库房中设立独立的专库或者专柜储存第二类精神药品，并建立专用账册，实行专人管理。专用账册的保存期限应当自药品有效期期满之日起不少于 5 年。

第六章　运　　输

第五十条　托运、承运和自行运输麻醉药品和精神药品的，应当采取安全保障措施，防止麻醉药品和精神药品在运输过程中被盗、被抢、丢失。

第五十一条　通过铁路运输麻醉药品和第一类精神药品的，应当使用集装箱或者铁路行李车运输，具体办法由国务院药品监督管理部门会同国务院铁路主管部门制定。

没有铁路需要通过公路或者水路运输麻醉药品和第一类精神药品的，应当由专人负责押运。

第五十二条　托运或者自行运输麻醉药品和第一类精神药品的单位，应当向所在地设区的市级药品监督管理部门申请领取运输证明。运输证明有效期为 1 年。

运输证明应当由专人保管，不得涂改、转让、转借。

第五十三条　托运人办理麻醉药品和第一类精神药品运输手续，应当将运输证明副本交付承运人。承运人应当查验、收存运输证明副本，并检查货物包装。没有运输证明或者货物包装不符合规定的，承运人不得承运。

承运人在运输过程中应当携带运输证明副本，以备查验。

第五十四条　邮寄麻醉药品和精神药品，寄件人应当提交所在地设区的市级药品监督管理部门出具的准予邮寄证明。邮政营业机构应当查验、收存准予邮寄证明；没有准予邮寄证明的，邮政营业机构不得收寄。

省、自治区、直辖市邮政主管部门指定符合安全保障条件的邮政营业机构负责收寄麻醉药品和精神药品。邮政营业机构收寄麻醉药品和精神药品，应当依法对收寄的麻醉药品和精神药品予以查验。

邮寄麻醉药品和精神药品的具体管理办法，由国务院药品监督管理部门会同国务院邮政主管部门制定。

第五十五条 定点生产企业、全国性批发企业和区域性批发企业之间运输麻醉药品、第一类精神药品，发货人在发货前应当向所在地省、自治区、直辖市人民政府药品监督管理部门报送本次运输的相关信息。属于跨省、自治区、直辖市运输的，收到信息的药品监督管理部门应当向收货人所在地的同级药品监督管理部门通报；属于在本省、自治区、直辖市行政区域内运输的，收到信息的药品监督管理部门应当向收货人所在地设区的市级药品监督管理部门通报。

第七章　审批程序和监督管理

第五十六条 申请人提出本条例规定的审批事项申请，应当提交能够证明其符合本条例规定条件的相关资料。审批部门应当自收到申请之日起 40 日内作出是否批准的决定；作出批准决定的，发给许可证明文件或者在相关许可证明文件上加注许可事项；作出不予批准决定的，应当书面说明理由。

确定定点生产企业和定点批发企业，审批部门应当在经审查符合条件的企业中，根据布局的要求，通过公平竞争的方式初步确定定点生产企业和定点批发企业，并予公布。其他符合条件的企业可以自公布之日起 10 日内向审批部门提出异议。审批部门应当自收到异议之日起 20 日内对异议进行审查，并作出是否调整的决定。

第五十七条 药品监督管理部门应当根据规定的职责权限，对麻醉药品药用原植物的种植以及麻醉药品和精神药品的实验研究、生产、经营、使用、储存、运输活动进行监督检查。

第五十八条 省级以上人民政府药品监督管理部门根据实际情况建立监控信息网络，对定点生产企业、定点批发企业和使用单位的麻醉药品和精神药品生产、进货、销售、库存、使用的数量以及流向实行实时监控，并与同级公安机关做到信息共享。

第五十九条 尚未连接监控信息网络的麻醉药品和精神药品定点生产企业、定点批发企业和使用单位，应当每月通过电子信息、传真、书面等方式，将本单位麻醉药品和精神药品生产、进货、销售、库存、使用的数量以及流向，报所在地设区的市级药品监督管理部门和公安机关；医疗机构还应当报所在地设区的市级人民政府卫生主管部门。

设区的市级药品监督管理部门应当每 3 个月向上一级药品监督管理部门报告本地区麻醉药品和精神药品的相关情况。

第六十条 对已经发生滥用，造成严重社会危害的麻醉药品和精神药品品种，国务院药品监督管理部门应当采取在一定期限内中止生产、经营、使用或者限定其使用范围和用途等措施。对不再作为药品使用的麻醉药品和精神药品，国务院药品监督管理部门应当撤销其药品批准文号和药品标准，并予以公布。

药品监督管理部门、卫生主管部门发现生产、经营企业和使用单位的麻醉药品和精神药品管理存在安全隐患时，应当责令其立即排除或者限期排除；对有证据证明可能流入非法渠道的，应当及时采取查封、扣押的行政强制措施，在 7 日内作出行政处理决定，并通报同级公安机关。

药品监督管理部门发现取得印鉴卡的医疗机构未依照规定购买麻醉药品和第一类精神药品时，应当及时通报同级卫生主管部门。接到通报的卫生主管部门应当立即调查处理。必要时，药品监督管理部门可以责令定点批发企业中止向该医疗机构销售麻醉药品和第一类精神药品。

第六十一条 麻醉药品和精神药品的生产、经营企业和使用单位对过期、损坏的麻醉药品和精神药品应当登记造册，并向所在地县级药品监督管理部门申请销毁。药品监督管理部门应当自接到申请之日起 5 日内到现场监督销毁。医疗机构对存放在本单位的过期、损坏麻醉药品和精神药品，应当按照本条规定的程序向卫生主管部门提出申请，由卫生主管部门负责监督销毁。

对依法收缴的麻醉药品和精神药品，除经国务院药品监督管理部门或者国务院公安部门批准用于科学研究外，应当依照国家有关规定予以销毁。

第六十二条 县级以上人民政府卫生主管部门应当对执业医师开具麻醉药品和精神药品处方的情况进行监督检查。

第六十三条 药品监督管理部门、卫生主管部门和公安机关应当互相通报麻醉药品和精神药品生产、经营企业和使用单位的名单以及其他管理信息。

各级药品监督管理部门应当将在麻醉药品药用原植物的种植以及麻醉药品和精神药品的实验研究、生产、经营、使用、储存、运输等各环节的管理中的审批、撤销等事项通报同级公安机关。

麻醉药品和精神药品的经营企业、使用单位报送各级药品监督管理部门的备案事项，应当同时报送同级公安机关。

第六十四条 发生麻醉药品和精神药品被盗、被抢、丢失或者其他流入非法渠道的情形，案发单位应当立即采取必要的控制措施，同时报告所在地县级公安机关和药品监督管理部门。医疗机构发生上述情形的，还应当报告其主管部门。

公安机关接到报告、举报，或者有证据证明麻醉药品和精神药品可能流入非法渠道时，应当及时开展调查，并可以对相关单位采取必要的控制措施。

药品监督管理部门、卫生主管部门以及其他有关部门应当配合公安机关开展工作。

第八章 法律责任

第六十五条 药品监督管理部门、卫生主管部门违反本条例的规定，有下列情形之一的，由其上级行政机关或者监察机关责令改正；情节严重的，对直接负责的主管人员和其他直接责任人员依法给予行政处分；构成犯罪的，依法追究刑事责任：

（一）对不符合条件的申请人准予行政许可或者超越法定职权作出准予行政许可决定的；

（二）未到场监督销毁过期、损坏的麻醉药品和精神药品的；

（三）未依法履行监督检查职责，应当发现而未发现违法行为、发现违法行为不及时查处，或者未依照本条例规定的程序实施监督检查的；

（四）违反本条例规定的其他失职、渎职行为。

第六十六条 麻醉药品药用原植物种植企业违反本条例的规定，有下列情形之一的，由药品监督管理部门责令限期改正，给予警告；逾期不改正的，处 5 万元以上 10 万元以下的罚款；情节严重的，取消其种植资格：

（一）未依照麻醉药品药用原植物年度种植计划进行种植的；

（二）未依照规定报告种植情况的；

（三）未依照规定储存麻醉药品的。

第六十七条 定点生产企业违反本条例的规定，有下列情形之一的，由药品监督管理部门责令限期改正，给予警告，并没收违法所得和违法销售的药品；逾期不改正的，责令停产，并处 5 万元以上 10 万元以下的罚款；情节严重的，取消其定点生产资格：

（一）未按照麻醉药品和精神药品年度生产计划安排生产的；

（二）未依照规定向药品监督管理部门报告生产情况的；

（三）未依照规定储存麻醉药品和精神药品，或者未依照规定建立、保存专用账册的；

（四）未依照规定销售麻醉药品和精神药品的；

（五）未依照规定销毁麻醉药品和精神药品的。

第六十八条 定点批发企业违反本条例的规定销售麻醉药品和精神药品，或者违反本条例的规定经营麻醉药品原料药和第一类精神药品原料药的，由药品监督管理部门责令限期改正，给予警告，并没收违法所得和违法销售的药品；逾期不改正的，责令停业，并处违法销售药品货值金额 2 倍以上 5 倍以下的罚款；情节严重的，取消其定点批发资格。

第六十九条 定点批发企业违反本条例的规定，有下列情形之一的，由药品监督管理部门责令限期改正，给予警告；逾期不改正的，责令停业，并处 2 万元以上 5 万元以下的罚款；情节严重的，取消其定点批发资格：

（一）未依照规定购进麻醉药品和第一类精神药品的；

（二）未保证供药责任区域内的麻醉药品和第一类精神药品的供应的；

（三）未对医疗机构履行送货义务的；

（四）未依照规定报告麻醉药品和精神药品的进货、销售、库存数量以及流向的；

（五）未依照规定储存麻醉药品和精神药品，或者未依照规定建立、保存专用账册的；

（六）未依照规定销毁麻醉药品和精神药品的；

（七）区域性批发企业之间违反本条例的规定调剂麻醉药品和第一类精神药品，或者因特殊情况调剂麻醉药品和第一类精神药品后未依照规定备案的。

第七十条 第二类精神药品零售企业违反本条例的规定储存、销售或者销毁第二类精神药品的，由药品监督管理部门责令限期改正，给予警告，并没收违法所得和违法销售的药品；逾期不改正的，责令停业，并处 5000 元以上 2 万元以下的罚款；情节严重的，取消其第二类精神药品零售资格。

第七十一条 本条例第三十四条、第三十五条规定的单位违反本条例的规定，购买麻醉药品和精神药品的，由药品监督管理部门没收违法购买的麻醉药品和精神药品，责令限期改正，给予警告；逾期不改正的，责令停产或者停止相关活动，并处 2 万元以上 5 万元以下的罚款。

第七十二条 取得印鉴卡的医疗机构违反本条例的规定，有下列情形之一的，由设区的市级人民政府卫生主管部门责令限期改正，给予警告；逾期不改正的，处 5000 元以上 1 万元以下的罚款；情节严重的，吊销其印鉴卡；对直接负责的主管人员和其他直接责任人员，依法给予降级、撤职、开除的处分：

（一）未依照规定购买、储存麻醉药品和第一类精神药品的；

（二）未依照规定保存麻醉药品和精神药品专用处方，或者未依照规定进行处方专册登记的；

（三）未依照规定报告麻醉药品和精神药品的进货、库存、使用数量的；

（四）紧急借用麻醉药品和第一类精神药品后未备案的；

（五）未依照规定销毁麻醉药品和精神药品的。

第七十三条 具有麻醉药品和第一类精神药品处方资格的执业医师，违反本条例的规定开具麻醉药品和第一类精神药品处方，或者未按照临床应用指导原则的要求使用麻醉药品和第一类精神药品的，由其所在医疗机构取消其麻醉药品和第一类精神药品处方资格；造成严重后果的，由原发证部门吊销其执业证书。执业医师未按照临床应用指导原则的要求使用第二类精神药品或者未使用专用处方开具第二类精神药品，造成严重后果的，由原发证部门吊销其执业证书。

未取得麻醉药品和第一类精神药品处方资格的执业医师擅自开具麻醉药品和第一类精神药品处方，由县级以上人民政府卫生主管部门给予警告，暂停其执业活动；造成严重后果的，吊销其执业证书；构成犯罪的，依法追究刑事责任。

处方的调配人、核对人违反本条例的规定未对麻醉药品和第一类精神药品处方进行核对，造成严重后果的，由原发证部门吊销其执业证书。

第七十四条 违反本条例的规定运输麻醉药品和精神药品的，由药品监督管理部门和运输管理部门依照各自职责，责令改正，给予警告，处 2 万元以上 5 万元以下的罚款。

收寄麻醉药品、精神药品的邮政营业机构未依照本条例的规定办理邮寄手续的，由邮政主管部门责令改正，给予警告；造成麻醉药品、精神药品邮件丢失的，依照邮政法律、行政法规的规定处理。

第七十五条 提供虚假材料、隐瞒有关情况，或者采取其他欺骗手段取得麻醉药品和精神药品的实验研究、生产、经营、使用资格的，由原审批部门撤销其已取得的资格，5 年内不得提出有关麻醉药品和精神药品的申请；情节严重的，处 1 万元以上 3 万元以下的罚款，有药品生产许可证、药品经营许可证、医疗机构执业许可证的，依法吊销其许可证明文件。

第七十六条 药品研究单位在普通药品的实验研究和研制过程中，产生本条例规定管制的麻醉药品和精神药品，未依照本条例的规定报告的，由药品监督管理部门责令改正，给予警告，没收违法药品；拒不改正的，责令停止实验研究和研制活动。

第七十七条 药物临床试验机构以健康人为麻醉药品和第一类精神药品临床试验的受试对象的，由药品监督管理部门责令停止违法行为，给予警告；情节严重的，取消其药物临床试验机构的资格；构成犯罪的，依法追究刑事责任。对受试对象造成损害的，药物临床试验机构依法承担治疗和赔偿责任。

第七十八条 定点生产企业、定点批发企业和第二类精神药品零售企业生产、销售假劣麻醉药品和精神药品的，由药品监督管理部门取消其定点生产资格、定点批发资格或者第二类精神药品零售资格，并依照药品管理法的有关规定予以处罚。

第七十九条 定点生产企业、定点批发企业和其他单位使用现金进行麻醉药品和精神药品交易的，由药品监督管理部门责令改正，给予警告，没收违法交易的药品，并处 5 万元以上 10 万元以下的罚款。

第八十条 发生麻醉药品和精神药品被盗、被抢、丢失案件的单位，违反本条例的规定未采取必要的控制措施或者未依照本条例的规定报告的，由药品监督管理部门和卫生主管部门依照各自职责，责令改正，给予警告；情节严重的，处 5000 元以上 1 万元以下的罚款；有上级主管部门的，由其上级主管部门对直接负责的主管人员和其他直接责任人员，依法给予降级、撤职的处分。

第八十一条 依法取得麻醉药品药用原植物种植或者麻醉药品和精神药品实验研究、生产、经营、使用、运输等资格的单位，倒卖、转让、出租、出借、涂改其麻醉药品和精神药品许可证明文件的，由原审批部门吊销相应许可证明文件，没收违法所得；情节严重的，处违法所得 2 倍以上 5 倍以下的罚款；没有违法所得的，处 2 万元以上 5 万元以下的罚款；构成犯罪的，依法追究刑事责任。

第八十二条 违反本条例的规定，致使麻醉药品和精神药品流入非法渠道造成危害，构成犯罪的，依法追究刑事责任；尚不构成犯罪的，由县级以上公安机关处 5 万元以上 10 万元以下的罚款；有违法所得的，没收违法所得；情节严重的，处违法所得 2 倍以上 5 倍以下的罚款；由原发证部门吊销其药品生产、经营和使用许可证明文件。

药品监督管理部门、卫生主管部门在监督管理工作中发现前款规定情形的，应当立即通报所在地同级公安机关，并依照国家有关规定，将案件以及相关材料移送公安机关。

第八十三条 本章规定由药品监督管理部门作出的行政处罚，由县级以上药品监督管理部门按照国务院药品监督管理部门规定的职责分工决定。

第九章 附　则

第八十四条 本条例所称实验研究是指以医疗、科学研究或者教学为目的的临床前药物研究。

经批准可以开展与计划生育有关的临床医疗服务的计划生育技术服务机构需要使用麻醉药品

和精神药品的，依照本条例有关医疗机构使用麻醉药品和精神药品的规定执行。

第八十五条 麻醉药品目录中的罂粟壳只能用于中药饮片和中成药的生产以及医疗配方使用。具体管理办法由国务院药品监督管理部门另行制定。

第八十六条 生产含麻醉药品的复方制剂，需要购进、储存、使用麻醉药品原料药的，应当遵守本条例有关麻醉药品管理的规定。

第八十七条 军队医疗机构麻醉药品和精神药品的供应、使用，由国务院药品监督管理部门会同中国人民解放军总后勤部依据本条例制定具体管理办法。

第八十八条 对动物用麻醉药品和精神药品的管理，由国务院兽医主管部门会同国务院药品监督管理部门依据本条例制定具体管理办法。

第八十九条 本条例自 2005 年 11 月 1 日起施行。1987 年 11 月 28 日国务院发布的《麻醉药品管理办法》和 1988 年 12 月 27 日国务院发布的《精神药品管理办法》同时废止。

药品经营和使用质量监督管理办法

（2023 年 9 月 27 日国家市场监督管理总局令第 84 号公布 自 2024 年 1 月 1 日起施行）

第一章 总 则

第一条 为了加强药品经营和药品使用质量监督管理，规范药品经营和药品使用质量管理活动，根据《中华人民共和国药品管理法》（以下简称《药品管理法》）、《中华人民共和国疫苗管理法》、《中华人民共和国药品管理法实施条例》等法律、行政法规，制定本办法。

第二条 在中华人民共和国境内的药品经营、使用质量管理及其监督管理活动，应当遵守本办法。

第三条 从事药品批发或者零售活动的，应当经药品监督管理部门批准，依法取得药品经营许可证，严格遵守法律、法规、规章、标准和规范。

药品上市许可持有人可以自行销售其取得药品注册证书的药品，也可以委托药品经营企业销售。但是，药品上市许可持有人从事药品零售活动的，应当取得药品经营许可证。

其他单位从事药品储存、运输等相关活动的，应当遵守本办法相关规定。

第四条 医疗机构应当建立药品质量管理体系，对本单位药品购进、储存、使用全过程的药品质量管理负责。使用放射性药品等特殊管理的药品的，应当按规定取得相关的使用许可。

医疗机构以外的其他药品使用单位，应当遵守本办法关于医疗机构药品购进、储存、使用全过程的药品质量管理规定。

第五条 药品上市许可持有人、药品经营企业和医疗机构等应当遵守国家药品监督管理局制定的统一药品追溯标准和规范，建立并实施药品追溯制度，按照规定提供追溯信息，保证药品可追溯。

第六条 国家药品监督管理局主管全国药品经营和使用质量监督管理工作，对省、自治区、直辖市药品监督管理部门的药品经营和使用质量监督管理工作进行指导。

省、自治区、直辖市药品监督管理部门负责本行政区域内药品经营和使用质量监督管理，负责药品批发企业、药品零售连锁总部的许可、检查和处罚，以及药品上市许可持有人销售行为的检查和处罚；按职责指导设区的市级、县级人民政府承担药品监督管理职责的部门（以下简称市县级药品监督管理部门）的药品经营和使用质量监督管理工作。

市县级药品监督管理部门负责本行政区域内药品经营和使用质量监督管理，负责药品零售企业的许可、检查和处罚，以及药品使用环节质量的检查和处罚。

国家市场监督管理总局按照有关规定加强市场监管综合执法队伍的指导。

第七条 国家药品监督管理局制定药品经营质量管理规范及其现场检查指导原则。省、自治区、直辖市药品监督管理部门可以依据本办法、药品经营质量管理规范及其现场检查指导原则，结合本行政区域实际情况制定检查细则。

第二章 经营许可

第八条 从事药品批发活动的，应当具备以下条件：

（一）有与其经营范围相适应的质量管理机构和人员；企业法定代表人、主要负责人、质量负责人、质量管理部门负责人等符合规定的条件；

（二）有依法经过资格认定的药师或者其他药学技术人员；

（三）有与其经营品种和规模相适应的自营仓库、营业场所和设施设备，仓库具备实现药品入库、传送、分拣、上架、出库等操作的现代物流设施设备；

（四）有保证药品质量的质量管理制度以及覆盖药品经营、质量控制和追溯全过程的信息管理系统，并符合药品经营质量管理规范要求。

第九条 从事药品零售连锁经营活动的，应当设立药品零售连锁总部，对零售门店进行统一管理。药品零售连锁总部应当具备本办法第八条第一项、第二项、第四项规定的条件，并具备能够保证药品质量、与其经营品种和规模相适应的仓库、配送场所和设施设备。

第十条 从事药品零售活动的，应当具备以下条件：

（一）经营处方药、甲类非处方药的，应当按规定配备与经营范围和品种相适应的依法经过资格认定的药师或者其他药学技术人员。只经营乙类非处方药的，可以配备设区的市级药品监督管理部门组织考核合格的药品销售业务人员。

（二）有与所经营药品相适应的营业场所、设备、陈列、仓储设施以及卫生环境；同时经营其他商品（非药品）的，陈列、仓储设施应当与药品分开设置；在超市等其他场所从事药品零售活动的，应当具有独立的经营区域。

（三）有与所经营药品相适应的质量管理机构或者人员，企业法定代表人、主要负责人、质量负责人等符合规定的条件。

（四）有保证药品质量的质量管理制度、符合质量管理与追溯要求的信息管理系统，符合药品经营质量管理规范要求。

第十一条 开办药品经营企业，应当在取得营业执照后，向所在地县级以上药品监督管理部门申请药品经营许可证，提交下列材料：

（一）药品经营许可证申请表；

（二）质量管理机构情况以及主要负责人、质量负责人、质量管理部门负责人学历、工作经历相关材料；

（三）药师或者其他药学技术人员资格证书以及任职文件；

（四）经营药品的方式和范围相关材料；

（五）药品质量管理规章制度以及陈列、仓储等关键设施设备清单；

（六）营业场所、设备、仓储设施及周边卫生环境等情况，营业场所、仓库平面布置图及房屋产权或者使用权相关材料；

（七）法律、法规规定的其他材料。

申请人应当对其申请材料全部内容的真实性负责。

申请人应当按照国家有关规定对申请材料中的商业秘密、未披露信息或者保密商务信息进行标注，并注明依据。

第十二条 药品监督管理部门收到药品经营许可证申请后，应当根据下列情况分别作出处理：

（一）申请事项依法不需要取得药品经营许可的，应当即时告知申请人不受理；

（二）申请事项依法不属于本部门职权范围的，应当即时作出不予受理的决定，并告知申请人向有关行政机关申请；

（三）申请材料存在可以当场更正的错误的，应当允许申请人当场更正；

（四）申请材料不齐全或者不符合形式审查要求的，应当当场或者在五日内发给申请人补正材料通知书，一次告知申请人需要补正的全部内容，逾期不告知的，自收到申请材料之日起即为受理；

（五）申请材料齐全、符合形式审查要求，或者申请人按照要求提交全部补正材料的，应当受理药品经营许可证申请。

药品监督管理部门受理或者不予受理药品经营许可证申请的，应当出具加盖本部门专用印章和注明日期的受理通知书或者不予受理通知书。

第十三条 药品监督管理部门应当自受理申请之日起二十日内作出决定。

药品监督管理部门按照药品经营质量管理规范及其现场检查指导原则、检查细则等有关规定，组织开展申报资料技术审查和现场检查。

经技术审查和现场检查，符合条件的，准予许可，并自许可决定作出之日起五日内颁发药品经营许可证；不符合条件的，作出不予许可的书面决定，并说明理由。

仅从事乙类非处方药零售活动的，申请人提交申请材料和承诺书后，符合条件的，准予许可，当日颁发药品经营许可证。自许可决定作出之日起三个月内药品监督管理部门组织开展技术审查和现场检查，发现承诺不实的，责令限期整改，整改后仍不符合条件的，撤销药品经营许可证。

第十四条 药品监督管理部门应当在网站和办公场所公示申请药品经营许可证的条件、程序、期限、需要提交的全部材料目录和申请表格式文本等。

第十五条 药品监督管理部门应当公开药品经营许可证申请的许可结果，并提供条件便利申请人查询审批进程。

未经申请人同意，药品监督管理部门、专业技术机构及其工作人员不得披露申请人提交的商业秘密、未披露信息或者保密商务信息，法律另有规定或者涉及国家安全、重大社会公共利益的除外。

第十六条 药品监督管理部门认为药品经营许可涉及公共利益的，应当向社会公告，并举行听证。

药品经营许可直接涉及申请人与他人之间重大利益关系的，药品监督管理部门作出行政许可决定前，应当告知申请人、利害关系人享有要求听证的权利。

第十七条 药品经营许可证有效期为五年，分为正本和副本。药品经营许可证样式由国家药品监督管理局统一制定。药品经营许可证电子证书与纸质证书具有同等法律效力。

第十八条 药品经营许可证应当载明许可证编号、企业名称、统一社会信用代码、经营地址、法定代表人、主要负责人、质量负责人、经营范围、经营方式、仓库地址、发证机关、发证日期、有效期等项目。

企业名称、统一社会信用代码、法定代表人等项目应当与市场监督管理部门核发的营业执照中载明的相关内容一致。

第十九条 药品经营许可证载明事项分为许可事项和登记事项。

许可事项是指经营地址、经营范围、经营方式、仓库地址。

登记事项是指企业名称、统一社会信用代码、法定代表人、主要负责人、质量负责人等。

第二十条 药品批发企业经营范围包括中药饮片、中成药、化学药、生物制品、体外诊断试剂（药品）、麻醉药品、第一类精神药品、第二类精神药品、药品类易制毒化学品、医疗用毒性药品、蛋白同化制剂、肽类激素等。其中麻醉药品、第一类精神药品、第二类精神药品、药品类易制毒化学品、医疗用毒性药品、蛋白同化制剂、肽类激素等经营范围的核定，按照国家有关规定执行。

经营冷藏冷冻等有特殊管理要求的药品的，应当在经营范围中予以标注。

第二十一条 从事药品零售活动的，应当核定经营类别，并在经营范围中予以明确。经营类别分为处方药、甲类非处方药、乙类非处方药。

药品零售企业经营范围包括中药饮片、中成药、化学药、第二类精神药品、血液制品、细胞治疗类生物制品及其他生物制品等。其中第二类精神药品、血液制品、细胞治疗类生物制品经营范围的核定，按照国家有关规定执行。

经营冷藏冷冻药品的，应当在经营范围中予以标注。

药品零售连锁门店的经营范围不得超过药品零售连锁总部的经营范围。

第二十二条 从事放射性药品经营活动的，应当按照国家有关规定申领放射性药品经营许可证。

第二十三条 变更药品经营许可证载明的许可事项的，应当向发证机关提出药品经营许可证变更申请。未经批准，不得擅自变更许可事项。

发证机关应当自受理变更申请之日起十五日内作出准予变更或者不予变更的决定。

药品零售企业被其他药品零售连锁总部收购的，按照变更药品经营许可证程序办理。

第二十四条 药品经营许可证载明的登记事项发生变化的，应当在发生变化起三十日内，向发证机关申请办理药品经营许可证变更登记。发证机关应当在十日内完成变更登记。

第二十五条 药品经营许可证载明事项发生变更的，由发证机关在副本上记录变更的内容和时间，并按照变更后的内容重新核发药品经营许可证正本。

第二十六条 药品经营许可证有效期届满需要继续经营药品的，药品经营企业应当在有效期届满前六个月至两个月期间，向发证机关提出重新审查发证申请。

发证机关按照本办法关于申请办理药品经营许可证的程序和要求进行审查，必要时开展现场检查。药品经营许可证有效期届满前，应当作出是否许可的决定。

经审查符合规定条件的，准予许可，药品经营许可证编号不变。不符合规定条件的，责令限期整改；整改后仍不符合规定条件的，不予许可，并书面说明理由。逾期未作出决定的，视为准予许可。

在有效期届满前两个月内提出重新审查发证申请的，药品经营许可证有效期届满后不得继续经营；药品监督管理部门准予许可后，方可继续经营。

第二十七条 有下列情形之一的，由发证机关依法办理药品经营许可证注销手续，并予以公告：

（一）企业主动申请注销药品经营许可证的；

（二）药品经营许可证有效期届满未申请重新审查发证的；

（三）药品经营许可依法被撤销、撤回或者药品经营许可证依法被吊销的；

（四）企业依法终止的；

（五）法律、法规规定的应当注销行政许可的其他情形。

第二十八条 药品经营许可证遗失的，应当向原发证机关申请补发。原发证机关应当及时补发药品经营许可证，补发的药品经营许可证编号和有效期限与原许可证一致。

第二十九条 任何单位或者个人不得伪造、变造、出租、出借、买卖药品经营许可证。

第三十条 药品监督管理部门应当及时更新药品经营许可证核发、重新审查发证、变更、吊销、撤销、注销等信息,并在完成后十日内予以公开。

第三章 经营管理

第三十一条 从事药品经营活动的,应当遵守药品经营质量管理规范,按照药品经营许可证载明的经营方式和经营范围,在药品监督管理部门核准的地址销售、储存药品,保证药品经营全过程符合法定要求。

药品经营企业应当建立覆盖药品经营全过程的质量管理体系。购销记录以及储存条件、运输过程、质量控制等记录应当完整准确,不得编造和篡改。

第三十二条 药品经营企业应当开展评估、验证、审核等质量管理活动,对已识别的风险及时采取有效控制措施,保证药品质量。

第三十三条 药品经营企业的法定代表人、主要负责人对药品经营活动全面负责。

药品经营企业的主要负责人、质量负责人应当符合药品经营质量管理规范规定的条件。主要负责人全面负责企业日常管理,负责配备专门的质量负责人;质量负责人全面负责药品质量管理工作,保证药品质量。

第三十四条 药品上市许可持有人将其持有的品种委托销售的,接受委托的药品经营企业应当具有相应的经营范围。受托方不得再次委托销售。药品上市许可持有人应当与受托方签订委托协议,明确约定药品质量责任等内容,对受托方销售行为进行监督。

药品上市许可持有人委托销售的,应当向其所在地省、自治区、直辖市药品监督管理部门报告;跨省、自治区、直辖市委托销售的,应当同时报告药品经营企业所在地省、自治区、直辖市药品监督管理部门。

第三十五条 药品上市许可持有人应当建立质量管理体系,对药品经营过程中药品的安全性、有效性和质量可控性负责。药品存在质量问题或者其他安全隐患的,药品上市许可持有人应当立即停止销售,告知药品经营企业和医疗机构停止销售和使用,及时依法采取召回等风险控制措施。

第三十六条 药品经营企业不得经营疫苗、医疗机构制剂、中药配方颗粒等国家禁止药品经营企业经营的药品。

药品零售企业不得销售麻醉药品、第一类精神药品、放射性药品、药品类易制毒化学品、蛋白同化制剂、肽类激素(胰岛素除外)、终止妊娠药品等国家禁止零售的药品。

第三十七条 药品上市许可持有人、药品经营企业应当加强药品采购、销售人员的管理,对其进行法律、法规、规章、标准、规范和专业知识培训,并对其药品经营行为承担法律责任。

第三十八条 药品上市许可持有人、药品批发企业销售药品时,应当向购药单位提供以下材料:

(一)药品生产许可证、药品经营许可证复印件;

(二)所销售药品批准证明文件和检验报告书复印件;

(三)企业派出销售人员授权书原件和身份证复印件;

(四)标明供货单位名称、药品通用名称、药品上市许可持有人(中药饮片标明生产企业、产地)、批准文号、产品批号、剂型、规格、有效期、销售数量、销售价格、销售日期等内容的凭证;

(五)销售进口药品的,按照国家有关规定提供相关证明文件;

(六)法律、法规要求的其他材料。

上述资料应当加盖企业印章。符合法律规定的可靠电子签名、电子印章与手写签名或者盖章具有同等法律效力。

第三十九条 药品经营企业采购药品时，应当索取、查验、留存本办法第三十八条规定的有关材料、凭证。

第四十条 药品上市许可持有人、药品经营企业购销活动中的有关资质材料和购销凭证、记录保存不得少于五年，且不少于药品有效期满后一年。

第四十一条 药品储存、运输应当严格遵守药品经营质量管理规范的要求，根据药品包装、质量特性、温度控制等要求采取有效措施，保证储存、运输过程中的药品质量安全。冷藏冷冻药品储存、运输应当按要求配备冷藏冷冻设施设备，确保全过程处于规定的温度环境，按照规定做好监测记录。

第四十二条 药品零售企业应当遵守国家处方药与非处方药分类管理制度，按规定凭处方销售处方药，处方保留不少于五年。

药品零售企业不得以买药品赠药品或者买商品赠药品等方式向公众赠送处方药、甲类非处方药。处方药不得开架销售。

药品零售企业销售药品时，应当开具标明药品通用名称、药品上市许可持有人（中药饮片标明生产企业、产地）、产品批号、剂型、规格、销售数量、销售价格、销售日期、销售企业名称等内容的凭证。

药品零售企业配备依法经过资格认定的药师或者其他药学技术人员，负责药品质量管理、处方审核和调配、合理用药指导以及不良反应信息收集与报告等工作。

药品零售企业营业时间内，依法经过资格认定的药师或者其他药学技术人员不在岗时，应当挂牌告知。未经依法经过资格认定的药师或者其他药学技术人员审核，不得销售处方药。

第四十三条 药品零售连锁总部应当建立健全质量管理体系，统一企业标识、规章制度、计算机系统、人员培训、采购配送、票据管理、药学服务标准规范等，对所属零售门店的经营活动履行管理责任。

药品零售连锁总部所属零售门店应当按照总部统一质量管理体系要求开展药品零售活动。

第四十四条 药品零售连锁总部应当加强对所属零售门店的管理，保证其持续符合药品经营质量管理规范和统一的质量管理体系要求。发现所属零售门店经营的药品存在质量问题或者其他安全隐患的，应当及时采取风险控制措施，并依法向药品监督管理部门报告。

第四十五条 药品上市许可持有人、药品经营企业委托储存、运输药品的，应当对受托方质量保证能力和风险管理能力进行评估，与其签订委托协议，约定药品质量责任、操作规程等内容，对受托方进行监督，并开展定期检查。

药品上市许可持有人委托储存的，应当按规定向药品上市许可持有人、受托方所在地省、自治区、直辖市药品监督管理部门报告。药品经营企业委托储存药品的，按照变更仓库地址办理。

第四十六条 接受委托储存药品的单位应当符合药品经营质量管理规范有关要求，并具备以下条件：

（一）有符合资质的人员，相应的药品质量管理体系文件，包括收货、验收、入库、储存、养护、出库、运输等操作规程；

（二）有与委托单位实现数据对接的计算机系统，对药品入库、出库、储存、运输和药品质量信息进行记录并可追溯，为委托方药品召回等提供支持；

（三）有符合省级以上药品监督管理部门规定的现代物流要求的药品储存场所和设施设备。

第四十七条 接受委托储存、运输药品的单位应当按照药品经营质量管理规范要求开展药品储存、运输活动，履行委托协议约定的义务，并承担相应的法律责任。受托方不得再次委托储存。

受托方再次委托运输的，应当征得委托方同意，并签订质量保证协议，确保药品运输过程符合药品经营质量管理规范要求。疫苗、麻醉药品、精神药品、医疗用毒性药品、放射性药品、药品类易制毒化学品等特殊管理的药品不得再次委托运输。

受托方发现药品存在重大质量问题的，应当立即向委托方所在地和受托方所在地药品监督管理部门报告，并主动采取风险控制措施。

第四十八条 药品批发企业跨省、自治区、直辖市设置仓库的，药品批发企业所在地省、自治区、直辖市药品监督管理部门商仓库所在地省、自治区、直辖市药品监督管理部门后，符合要求的，按照变更仓库地址办理。

药品批发企业跨省、自治区、直辖市设置的仓库，应当符合本办法第8条有关药品批发企业仓库的条件。药品批发企业应当对异地仓库实施统一的质量管理。

药品批发企业所在地省、自治区、直辖市药品监督管理部门负责对跨省、自治区、直辖市设置仓库的监督管理，仓库所在地省、自治区、直辖市药品监督管理部门负责协助日常监管。

第四十九条 因科学研究、检验检测、慈善捐助、突发公共卫生事件等有特殊购药需求的单位，向所在地设区的市级以上地方药品监督管理部门报告后，可以到指定的药品上市许可持有人或者药品经营企业购买药品。供货单位应当索取购药单位有关资质材料并做好销售记录，存档备查。

突发公共卫生事件或者其他严重威胁公众健康的紧急事件发生时，药品经营企业应当按照县级以上人民政府的应急处置规定，采取相应措施。

第五十条 药品上市许可持有人、药品经营企业通过网络销售药品的，应当遵守《药品管理法》及药品网络销售监督管理有关规定。

第四章　药品使用质量管理

第五十一条 医疗机构应当建立健全药品质量管理体系，完善药品购进、验收、储存、养护及使用等环节的质量管理制度，明确各环节中工作人员的岗位责任。

医疗机构应当设置专门部门负责药品质量管理；未设专门部门的，应当指定专人负责药品质量管理。

第五十二条 医疗机构购进药品，应当核实供货单位的药品生产许可证或者药品经营许可证、授权委托书以及药品批准证明文件、药品合格证明等有效证明文件。首次购进药品的，应当妥善保存加盖供货单位印章的上述材料复印件，保存期限不得少于五年。

医疗机构购进药品时应当索取、留存合法凭据，包括税票及详细清单，清单上应当载明供货单位名称、药品通用名称、药品上市许可持有人（中药饮片标明生产企业、产地）、批准文号、产品批号、剂型、规格、销售数量、销售价格等内容。票据保存不得少于三年，且不少于药品有效期满后一年。

第五十三条 医疗机构应当建立和执行药品购进验收制度，购进药品应当逐批验收，并建立真实、完整的记录。

药品购进验收记录应当注明药品的通用名称、药品上市许可持有人（中药饮片标明生产企业、产地）、批准文号、产品批号、剂型、规格、有效期、供货单位、购进数量、购进价格、购进日期。药品购进验收记录保存不得少于三年，且不少于药品有效期满后一年。

医疗机构接受捐赠药品、从其他医疗机构调入急救药品应当遵守本条规定。

第五十四条 医疗机构应当制定并执行药品储存、养护制度，配备专用场所和设施设备储存药品，做好储存、养护记录，确保药品储存符合药品说明书标明的条件。

医疗机构应当按照有关规定，根据药品属性和类别分库、分区、分垛储存药品，并实行色标管理。药品与非药品分开存放；中药饮片、中成药、化学药、生物制品分类存放；过期、变质、被污染等的药品应当放置在不合格库（区）；麻醉药品、精神药品、医疗用毒性药品、放射性药品、药品类易制毒化学品以及易燃、易爆、强腐蚀等危险性药品应当按照相关规定存放，并采取必要的安全措施。

第五十五条 医疗机构应当制定和执行药品养护管理制度，并采取必要的控温、防潮、避光、通风、防火、防虫、防鼠、防污染等措施，保证药品质量。

医疗机构应当配备药品养护人员，定期对储存药品进行检查和养护，监测和记录储存区域的温湿度，维护储存设施设备，并建立相应的养护档案。

第五十六条 医疗机构发现使用的药品存在质量问题或者其他安全隐患的，应当立即停止使用，向供货单位反馈并及时向所在地市县级药品监督管理部门报告。市县级药品监督管理部门应当按照有关规定进行监督检查，必要时开展抽样检验。

第五十七条 医疗机构应当积极协助药品上市许可持有人、中药饮片生产企业、药品批发企业履行药品召回、追回义务。

第五十八条 医疗机构应当建立覆盖药品购进、储存、使用的全过程追溯体系，开展追溯数据校验和采集，按规定提供药品追溯信息。

第五章 监 督 检 查

第五十九条 药品监督管理部门应当根据药品经营使用单位的质量管理，所经营和使用药品品种，检查、检验、投诉、举报等药品安全风险和信用情况，制定年度检查计划、开展监督检查并建立监督检查档案。检查计划包括检查范围、检查内容、检查方式、检查重点、检查要求、检查时限、承担检查的单位等。

药品监督管理部门应当将上一年度新开办的药品经营企业纳入本年度的监督检查计划，对其实施药品经营质量管理规范符合性检查。

第六十条 县级以上地方药品监督管理部门应当根据药品经营和使用质量管理风险，确定监督检查频次：

（一）对麻醉药品和第一类精神药品、药品类易制毒化学品经营企业检查，每半年不少于一次；

（二）对冷藏冷冻药品、血液制品、细胞治疗类生物制品、第二类精神药品、医疗用毒性药品经营企业检查，每年不少于一次；

（三）对第一项、第二项以外的药品经营企业，每年确定一定比例开展药品经营质量管理规范符合性检查，三年内对本行政区域内药品经营企业全部进行检查；

（四）对接收、储存疫苗的疾病预防控制机构、接种单位执行疫苗储存和运输管理规范情况进行检查，原则上每年不少于一次；

（五）每年确定一定比例医疗机构，对其购进、验收、储存药品管理情况进行检查，三年内对行政区域内医疗机构全部进行检查。

药品监督管理部门可结合本行政区域内工作实际，增加检查频次。

第六十一条 药品上市许可持有人、药品经营企业与委托开展药品经营相关活动的受托方不在同一省、自治区、直辖市的，委托方所在地药品监督管理部门负责对跨省、自治区、直辖市委托开展的药品经营活动实施监督管理，受托方所在地药品监督管理部门负责协助日常监管。委托方和受托方所在地药品监督管理部门应当加强信息沟通，相互通报监督检查等情况，必要时可以开展联合检查。

第六十二条 药品监督管理部门在监督检查过程中发现可能存在质量问题的药品，可以按照有关规定进行抽样检验。

第六十三条 根据监督检查情况，有证据证明可能存在药品安全隐患的，药品监督管理部门可以依法采取以下行政措施：

（一）行政告诫；

（二）责任约谈；

（三）责令限期整改；

（四）责令暂停相关药品销售和使用；

（五）责令召回药品；

（六）其他风险控制措施。

第六十四条 药品监督管理部门在监督检查过程中，发现存在涉嫌违反药品法律、法规、规章行为的，应当及时采取措施，按照职责和权限依法查处；涉嫌犯罪的，移交公安机关处理。发现涉嫌违纪线索的，移送纪检监察部门。

第六十五条 药品上市许可持有人、药品生产企业、药品经营企业和医疗机构应当积极配合药品监督管理部门实施的监督检查，如实提供与被检查事项有关的物品和记录、凭证以及医学文书等资料，不得以任何理由拒绝、逃避监督检查，不得伪造、销毁、隐匿有关证据材料，不得擅自动用查封、扣押物品。

第六章 法 律 责 任

第六十六条 药品经营和使用质量管理的违法行为，法律、行政法规已有规定的，依照其规定。

违反本办法规定，主动消除或者减轻违法行为危害后果的；违法行为轻微并及时改正，没有造成危害后果的；初次违法且危害后果轻微并及时改正的，依据《中华人民共和国行政处罚法》第三十二条、第三十三条规定从轻、减轻或者不予处罚。有证据足以证明没有主观过错的，不予行政处罚。

第六十七条 药品经营企业未按规定办理药品经营许可证登记事项变更的，由药品监督管理部门责令限期改正；逾期不改正的，处五千元以上五万元以下罚款。

第六十八条 药品经营企业未经批准变更许可事项或者药品经营许可证超过有效期继续开展药品经营活动的，药品监督管理部门按照《药品管理法》第一百一十五条的规定给予处罚，但是，有下列情形之一，药品经营企业及时改正，不影响药品质量安全的，给予减轻处罚：

（一）药品经营企业超出许可的经营方式、经营地址从事药品经营活动的；

（二）超出经营范围经营的药品不属于疫苗、麻醉药品、精神药品、药品类易制毒化学品、医疗用毒性药品、血液制品、细胞治疗类生物制品的；

（三）药品经营许可证超过有效期但符合申请办理药品经营许可证要求的；

（四）依法可以减轻处罚的其他情形。

药品零售企业违反本办法第三十六条第二款规定，法律、行政法规已有规定的，依照法律、行政法规的规定处罚。法律、行政法规未作规定的，责令限期改正，处五万元以上十万元以下罚款；造成危害后果的，处十万元以上二十万元以下罚款。

第六十九条 有下列违反药品经营质量管理规范情形之一的，药品监督管理部门可以依据《药品管理法》第一百二十六条规定的情节严重的情形给予处罚：

（一）药品上市许可持有人委托不具备相应资质条件的企业销售药品的；

（二）药品上市许可持有人、药品批发企业将国家有专门管理要求的药品销售给个人或者不具备相应资质的单位，导致相关药品流入非法渠道或者去向不明，或者知道、应当知道购进单位将相关药品流入非法渠道仍销售药品的；

（三）药品经营质量管理和质量控制过程中，记录或者票据不真实，存在虚假欺骗行为的；

（四）对已识别的风险未及时采取有效的风险控制措施，造成严重后果的；

（五）知道或者应当知道他人从事非法药品生产、经营和使用活动，依然为其提供药品的；

（六）其他情节严重的情形。

第七十条 有下列情形之一的，由药品监督管理部门责令限期改正；逾期不改正的，处五千元以上三万元以下罚款：

（一）接受药品上市许可持有人委托销售的药品经营企业违反本办法第三十四条第一款规定再次委托销售的；

（二）药品上市许可持有人未按本办法第三十四条第一款、第三十五条规定对委托销售行为进行管理的；

（三）药品上市许可持有人、药品经营企业未按本办法第四十五条第一款规定对委托储存、运输行为进行管理的；

（四）药品上市许可持有人、药品经营企业未按本办法第三十四条第二款、第四十五条第二款规定报告委托销售、储存情况的；

（五）接受委托储存药品的受托方违反本办法第四十七条第一款规定再次委托储存药品的；

（六）接受委托运输药品的受托方违反本办法第四十七条第二款规定运输药品的；

（七）接受委托储存、运输的受托方未按本办法第四十七条第三款规定向委托方所在地和受托方所在地药品监督管理部门报告药品重大质量问题的。

第七十一条 药品上市许可持有人、药品经营企业未按本办法第三十八条、第三十九条、第四十条、第四十二条第三款规定履行购销查验义务或者开具销售凭证，违反药品经营质量管理规范的，药品监督管理部门按照《药品管理法》第一百二十六条给予处罚。

第七十二条 药品零售企业有以下情形之一的，由药品监督管理部门责令限期改正；逾期不改正的，处五千元以上五万元以下罚款；造成危害后果的，处五万元以上二十万元以下罚款：

（一）未按规定凭处方销售处方药的；

（二）以买药品赠药品或者买商品赠药品等方式向公众直接或者变相赠送处方药、甲类非处方药的；

（三）违反本办法第四十二条第五款规定的药师或者药学技术人员管理要求的。

第七十三条 医疗机构未按本办法第五十一条第二款规定设置专门质量管理部门或者人员、未按本办法第五十二条、第五十三条、第五十四条、第五十五条、第五十六条规定履行进货查验、药品储存和养护、停止使用、报告等义务的，由药品监督管理部门责令限期改正，并通报卫生健康主管部门；逾期不改正或者情节严重的，处五千元以上五万元以下罚款；造成严重后果的，处五万元以上二十万元以下罚款。

第七章 附 则

第七十四条 国家对疫苗、血液制品、麻醉药品、精神药品、医疗用毒性药品、放射性药品、药品类易制毒化学品等的经营、使用管理另有规定的，依照其规定。

第七十五条 本办法规定的期限以工作日计算。药品经营许可中技术审查、现场检查、企业整改等所需时间不计入期限。

第七十六条 药品经营许可证编号格式为"省份简称+两位分类代码+四位地区代码+五位顺序号"。

其中两位分类代码为大写英文字母，第一位 A 表示批发企业，B 表示药品零售连锁总部，C

表示零售连锁门店，D 表示单体药品零售企业；第二位 A 表示法人企业，B 表示非法人企业。

四位地区代码为阿拉伯数字，对应企业所在地区（市、州）代码，按照国内电话区号编写，区号为四位的去掉第一个 0，区号为三位的全部保留，第四位为调整码。

第七十七条 药品批发企业，是指将购进的药品销售给药品生产企业、药品经营企业、医疗机构的药品经营企业。

药品零售连锁企业由总部、配送中心和若干个门店构成，在总部的管理下，实施规模化、集团化管理经营。

药品零售企业，是指将购进的药品直接销售给消费者的药品经营企业。

药品使用单位包括医疗机构、疾病预防控制机构等。

第七十八条 各省、自治区、直辖市药品监督管理部门可以依据本办法制定实施细则。

第七十九条 本办法自 2024 年 1 月 1 日起实施。2004 年 2 月 4 日原国家食品药品监督管理局令第 6 号公布的《药品经营许可证管理办法》和 2007 年 1 月 31 日原国家食品药品监督管理局令第 26 号公布的《药品流通监督管理办法》同时废止。

药品检查管理办法（试行）

（2023 年 7 月 19 日　国药监药管〔2023〕26 号）

第一章　总　则

第一条 为规范药品检查行为，根据《中华人民共和国药品管理法》《中华人民共和国疫苗管理法》《药品生产监督管理办法》等有关法律法规规章，制定本办法。

第二条 本办法适用于药品监督管理部门对中华人民共和国境内上市药品的生产、经营、使用环节实施的检查、调查、取证、处置等行为。

境外生产现场的检查按照《药品医疗器械境外检查管理规定》执行。

第三条 本办法所指药品检查是药品监督管理部门对药品生产、经营、使用环节相关单位遵守法律法规、执行相关质量管理规范和药品标准等情况进行检查的行为。

第四条 药品检查应当遵循依法、科学、公正的原则，加强源头治理，严格过程管理，围绕上市后药品的安全、有效和质量可控开展。

涉及跨区域的药品检查，相关药品监督管理部门应当落实属地监管责任，加强衔接配合和检查信息互相通报，可以采取联合检查等方式，协同处理。

第五条 国家药监局主管全国药品检查管理工作，监督指导省、自治区、直辖市药品监督管理部门（以下简称省级药品监督管理部门）开展药品生产、经营现场检查。国家药品监督管理局食品药品审核查验中心负责承担疫苗、血液制品巡查，分析评估检查发现风险、作出检查结论并提出处置建议，负责各省、自治区、直辖市药品检查机构质量管理体系的指导和评估以及承办国家药监局交办的其他事项。

省级药品监督管理部门负责组织对本行政区域内药品上市许可持有人、药品生产企业、药品批发企业、药品零售连锁总部、药品网络交易第三方平台等相关检查；指导市级药品监督管理部门开展药品零售企业、使用单位的检查，组织查处区域内的重大违法违规行为。

市县级药品监督管理部门负责开展对本行政区域内药品零售企业、使用单位的检查，配合国家和省级药品监督管理部门组织的检查。

第六条 药品监督管理部门依法进行检查时，有关单位及个人应当接受检查，积极予以配合，并提供真实完整准确的记录、票据、数据、信息等相关资料，不得以任何理由拒绝、逃避、拖延或者阻碍检查。

第七条 根据检查性质和目的，药品检查分为许可检查、常规检查、有因检查、其他检查。

（一）许可检查是药品监督管理部门在开展药品生产经营许可申请审查过程中，对申请人是否具备从事药品生产经营活动条件开展的检查。

（二）常规检查是根据药品监督管理部门制定的年度检查计划，对药品上市许可持有人、药品生产企业、药品经营企业、药品使用单位遵守有关法律、法规、规章，执行相关质量管理规范以及有关标准情况开展的监督检查。

（三）有因检查是对药品上市许可持有人、药品生产企业、药品经营企业、药品使用单位可能存在的具体问题或者投诉举报等开展的针对性检查。

（四）其他检查是除许可检查、常规检查、有因检查外的检查。

第八条 上级药品监督管理部门组织实施的药品检查，必要时可以通知被检查单位所在地药品监督管理部门或省级药品监督管理部门的派出机构派出人员参加检查。

第二章　检查机构和人员

第九条 各级药品监督管理部门依法设置或者指定的药品检查机构，依据国家药品监管的法律法规等开展相关的检查工作并出具《药品检查综合评定报告书》，负责职业化专业化检查员队伍的日常管理以及检查计划和任务的具体实施。药品监督管理部门设立或者指定的药品检验、审评、评价、不良反应监测等其他机构为药品检查提供技术支撑。

药品监督管理部门负责制定年度监督检查计划、布置检查任务或者自行组织检查，以及根据《药品检查综合评定报告书》及相关证据材料作出处理。

第十条 药品检查机构应当建立质量管理体系，不断完善和持续改进药品检查工作，保证药品检查质量。

第十一条 药品监督管理部门应当建立职业化专业化药品检查员队伍，实行检查员分级分类管理制度，制定不同层级检查员的岗位职责标准以及综合素质、检查能力要求，确立严格的岗位准入和任职条件。

第十二条 药品监督管理部门或者药品检查机构负责建立检查员库和检查员信息平台，实现国家级和省级、市县级检查员信息共享和检查工作协调联动。

药品监督管理部门根据工作需要统筹调配检查员开展检查工作。上级药品监督管理部门可以调配使用下级药品监督管理部门或者药品检查机构的检查员；下级药品监督管理部门在工作中遇到复杂疑难问题，可以申请上级药品监督管理部门派出检查员现场指导。

第十三条 药品检查有关人员应当严格遵守法律法规、廉洁纪律和工作要求，不得向被检查单位提出与检查无关的要求，不得与被检查单位有利害关系。

第十四条 药品检查有关人员应当严格遵守保密规定，严格管理涉密资料，严防泄密事件发生。不得泄露检查相关信息及被检查单位技术或者商业秘密等信息。

第三章　检查程序

第十五条 派出检查单位负责组建检查组实施检查。检查组一般由2名以上检查员组成，检查员应当具备与被检查品种相应的专业知识、培训经历或者从业经验。检查组实行组长负责制。必要时可以选派相关领域专家参加检查工作。

检查组在现场检查过程中，需要当场开展固定相关证据等行为时，检查组中执法人员不足2名的，应当由负责该被检查单位监管工作的药品监督管理部门派出2名以上执法人员负责相关工作。

第十六条 派出检查单位在实施检查前，应当根据检查任务制定检查方案。制定方案时应当结合被检查单位既往接受检查情况，生产企业的生产场地情况、剂型品种特点及生产工艺等情况，经营企业的经营范围、经营规模、经营方式等情况，明确检查事项、时间和检查方式等。必要时，参加检查的检查员应当参与检查方案的制定。检查员应当提前熟悉检查资料等内容。

第十七条 检查组到达被检查单位后，应当向被检查单位出示执法证明文件或者药品监督管理部门授权开展检查的证明文件。

第十八条 现场检查开始时，检查组应当召开首次会议，确认检查范围，告知检查纪律、廉政纪律、注意事项以及被检查单位享有陈述申辩的权利和应履行的义务。采取不预先告知检查方式的除外。

第十九条 检查组应当严格按照检查方案实施检查，被检查单位在检查过程中应当及时提供检查所需的相关资料，检查员应当如实做好检查记录。检查方案如需变更的，应当报经派出检查单位同意。检查期间发现被检查单位存在检查任务以外问题的，应当结合该问题对药品整体质量安全风险情况进行综合评估。

第二十条 检查过程中，检查组认为有必要时，可以对被检查单位的产品、中间体、原辅包等按照《药品抽样原则及程序》等要求抽样、送检。

第二十一条 检查中发现被检查单位可能存在药品质量安全风险的，执法人员应当立即固定相关证据，检查组应当将发现的问题和处理建议立即通报负责该被检查单位监管工作的药品监督管理部门和派出检查单位，负责该被检查单位监管工作的药品监督管理部门应当在三日内进行风险评估，并根据评估结果作出是否暂停生产、销售、使用、进口等风险控制措施的决定，同时责令被检查单位对已上市药品的风险进行全面回顾分析，并依法依规采取召回等措施。

被检查单位是受托生产企业的，负责该被检查单位监管工作的药品监督管理部门应当责令该药品上市许可持有人对已上市药品采取相应措施。被检查单位是跨区域受托生产企业的，检查组应当将检查情况通报该药品上市许可持有人所在地省级药品监督管理部门，该药品上市许可持有人所在地省级药品监督管理部门应当在上述规定时限内进行风险评估，作出相关风险控制决定，并责令该药品上市许可持有人采取相应措施。

第二十二条 现场检查结束后，检查组应当对现场检查情况进行分析汇总，客观、公平、公正地对检查中发现的缺陷进行分级，并召开末次会议，向被检查单位通报现场检查情况。

第二十三条 被检查单位对现场检查通报的情况有异议的，可以陈述申辩，检查组应当如实记录，并结合陈述申辩内容确定缺陷项目。

检查组应当综合被检查单位质量管理体系运行情况以及品种特性、适应症或者功能主治、使用人群、市场销售状况等因素，评估缺陷造成危害的严重性及危害发生的可能性，提出采取相应风险控制措施的处理建议。

上述缺陷项目和处理建议应当以书面形式体现，并经检查组成员和被检查单位负责人签字确认，由双方各执一份。

第二十四条 检查组应当根据缺陷内容，按照相应的评定标准进行评定，提出现场检查结论，并将现场检查结论和处理建议列入现场检查报告，检查组应当及时将现场检查报告、检查员记录及相关资料报送派出检查单位。

第二十五条 缺陷分为严重缺陷、主要缺陷和一般缺陷，其风险等级依次降低。

对药品生产企业的检查，依据《药品生产现场检查风险评定指导原则》确定缺陷的风险等级。药品生产企业重复出现前次检查发现缺陷的，风险等级可以升级。

对药品经营企业的检查，依据《药品经营质量管理规范现场检查指导原则》确定缺陷的风险等级。药品经营企业重复出现前次检查发现缺陷的，风险等级可以升级。

第二十六条 现场检查结论分为符合要求、待整改后评定、不符合要求。综合评定结论分为符合要求、不符合要求。

第二十七条 药品生产企业现场检查结论的评定标准：

（一）未发现缺陷或者缺陷质量安全风险轻微、质量管理体系比较健全的，检查结论为符合要求。

（二）发现缺陷有一定质量安全风险，但质量管理体系基本健全，检查结论为待整改后评定，包含但不限于以下情形：

1. 与《药品生产质量管理规范》（以下简称 GMP）要求有偏离，可能给产品质量带来一定风险；

2. 发现主要缺陷或者多项关联一般缺陷，经综合分析表明质量管理体系中某一系统不完善。

（三）发现缺陷为严重质量安全风险，质量体系不能有效运行，检查结论为不符合要求，包含但不限于以下情形：

1. 对使用者造成危害或者存在健康风险；

2. 与 GMP 要求有严重偏离，给产品质量带来严重风险；

3. 有编造生产、检验记录，药品生产过程控制、质量控制的记录和数据不真实；

4. 发现严重缺陷或者多项关联主要缺陷，经综合分析表明质量管理体系中某一系统不能有效运行。

第二十八条 药品经营企业现场检查结论的评定标准：

（一）未发现缺陷或者缺陷质量安全风险轻微、质量管理体系比较健全的，检查结论为符合要求。

（二）发现一般缺陷、主要缺陷有一定质量安全风险，但质量管理体系基本健全，检查结论为待整改后评定，包含但不限于以下情形：

1. 与《药品经营质量管理规范》（以下简称 GSP）有偏离，会引发低等级质量安全风险，但不影响药品质量的行为；

2. 计算机系统、质量管理体系文件不完善，结合实际经综合分析判定只对药品质量管理体系运行产生一般影响。

（三）发现严重缺陷，或者发现的主要缺陷和一般缺陷涉及企业质量管理体系运行，可能引发较严重质量安全风险，检查结论为不符合要求，包含但不限于以下情形：

1. 储存、运输过程中存在对药品质量产生严重影响的行为；

2. 企业记录经营活动的数据不真实，经营活动过程不可核查；

3. 发现多项关联主要缺陷，分析表明质量管理体系不能有效运行。

第二十九条 综合评定结论的评定标准：

（一）未发现缺陷或者缺陷质量安全风险轻微、质量管理体系比较健全的，或者发现缺陷有一定质量安全风险经整改可以有效控制风险且质量管理体系能够有效运行的，评定结论为符合要求。

（二）发现缺陷有严重质量安全风险，质量管理体系不能有效运行的，评定结论为不符合要求。

发现缺陷有一定质量安全风险经整改仍未有效控制风险，或者质量管理体系仍不能有效运行的，评定结论为不符合要求。

第三十条 派出检查单位应当自收到现场检查报告后 15 个工作日内审核现场检查报告，并形成审核意见。必要时派出检查单位可对缺陷项目和检查结论进行重新调整和认定，并及时将调整后的缺陷项目书面提供给被检查单位。

现场检查结论审核后为待整改后评定的，派出检查单位应当自收到整改报告后 20 个工作日内，形成综合评定结论，出具《药品检查综合评定报告书》，并报送药品监督管理部门。根据整改报告审核情况，必要时派出检查单位可进行现场复核或者要求被检查单位补充提交整改材料，相关时间不计入工作时限。

现场检查结论审核后为符合要求或者不符合要求的，派出检查单位应当自结论认定之日起 10 个工作日内，形成综合评定结论，出具《药品检查综合评定报告书》，并报送药品监督管理部门。

药品监督管理部门应当及时将综合评定结论告知被检查单位。

第三十一条 《药品检查综合评定报告书》应当包括药品上市许可持有人信息、企业名称、地址、实施单位、检查范围、任务来源、检查依据、检查人员、检查时间、问题或者缺陷、综合评定结论等内容。

《药品检查综合评定报告书》的格式由药品检查机构制定。

第三十二条 药品检查机构组织的检查按照本程序执行。

药品监督管理部门自行开展的检查，除本办法第十五条、第十六条、第十七条、第十九条、第二十一条、第二十三条程序外，根据实际需要可以简化其他程序。

第三十三条 现场检查结束后，被检查单位应当针对缺陷项目进行整改，于 30 个工作日内向派出检查单位提交整改报告；缺陷项目经派出检查单位审核后作出调整重新发放的，整改时限可延长 10 个工作日；无法按期完成整改的，应当制定切实可行的整改计划，整改完成后，应当补充提交相应的整改报告。被检查单位在整改期间应当主动结合发现的缺陷和风险，采取必要的风险控制措施。

整改报告应当至少包含缺陷描述、缺陷调查分析、风险评估、风险控制、整改审核、整改效果评价等内容，针对缺陷成因及风险评估情况，逐项描述风险控制措施及实施结果。

被检查单位按照整改计划完成整改后，应当及时将整改情况形成补充整改报告报送派出检查单位，必要时，派出检查单位可以对被检查单位整改落实情况进行现场检查。

第四章 许可检查

第一节 药品生产许可相关检查

第三十四条 药品监督管理部门或者药品检查机构实施现场检查前，应当制定现场检查工作方案，并组织实施现场检查。制定工作方案及实施现场检查工作时限为 30 个工作日。

第三十五条 首次申请《药品生产许可证》的，按照 GMP 有关内容开展现场检查。

申请《药品生产许可证》重新发放的，结合企业遵守药品管理法律法规，GMP 和质量体系运行情况，根据风险管理原则进行审查，必要时可以开展 GMP 符合性检查。

原址或者异地新建、改建、扩建车间或者生产线的，应当开展 GMP 符合性检查。

申请药品上市的，按《药品生产监督管理办法》第五十二条的规定，根据需要开展上市前的 GMP 符合性检查。

第二节 药品经营许可相关检查

第三十六条 省级药品监督管理部门或者药品检查机构实施药品批发企业、药品零售连锁总部现场检查前，应当制定现场检查工作方案，并组织实施现场检查。制定工作方案及实施现场检查工作时限为 15 个工作日。

市县级药品监督管理部门实施药品零售企业现场检查前，应当制定现场检查工作方案，并组织实施现场检查。制定工作方案及实施现场检查工作时限为 10 个工作日。

第三十七条 首次申请《药品经营许可证》和申请《药品经营许可证》许可事项变更且需

进行现场检查的，依据 GSP 及其现场检查指导原则、许可检查细则等相关标准要求开展现场检查。

申请《药品经营许可证》重新发放的，结合企业遵守药品管理法律法规，GSP 和质量体系运行情况，根据风险管理原则进行审查，必要时可以开展 GSP 符合性检查。

第三十八条 药品零售连锁企业的许可检查，药品零售连锁企业门店数量小于或者等于 30 家的，按照 20% 的比例抽查，但不得少于 3 家；大于 30 家的，按 10% 比例抽查，但不得少于 6 家。门店所在地市县级药品监督管理部门应当配合组织许可检查的省级药品监督管理部门或者药品检查机构开展检查。被抽查的药品零售连锁企业门店如属于跨省（自治区、直辖市）设立的，必要时，组织许可检查的省级药品监督管理部门可以开展联合检查。

第五章 常 规 检 查

第三十九条 药品监督管理部门依据风险原则制定药品检查计划，确定被检查单位名单、检查内容、检查重点、检查方式、检查要求等，实施风险分级管理，年度检查计划中应当确定对一定比例的被检查单位开展质量管理规范符合性检查。

风险评估重点考虑以下因素：

（一）药品特性以及药品本身存在的固有风险；

（二）药品上市许可持有人、药品生产企业、药品经营企业、药品使用单位药品抽检情况；

（三）药品上市许可持有人、药品生产企业、药品经营企业、药品使用单位违法违规情况；

（四）药品不良反应监测、探索性研究、投诉举报或者其他线索提示可能存在质量安全风险的。

第四十条 常规检查包含以下内容：

（一）遵守药品管理法律法规的合法性；

（二）执行相关药品质量管理规范和技术标准的规范性；

（三）药品生产、经营、使用资料和数据的真实性、完整性；

（四）药品上市许可持有人质量管理、风险防控能力；

（五）药品监督管理部门认为需要检查的其他内容。

药品监督管理部门或者药品检查机构进行常规检查时可以采取不预先告知的检查方式，可以对某一环节或者依据检查方案规定的内容进行检查，必要时开展全面检查。

第四十一条 检查频次按照药品生产经营相关规章要求执行。

对麻醉药品、精神药品、药品类易制毒化学品、放射性药品和医疗用毒性药品生产经营企业，还应当对企业保障药品管理安全、防止流入非法渠道等有关规定的执行情况进行检查：

（1）麻醉药品、第一类精神药品和药品类易制毒化学品生产企业每季度检查不少于一次；

（2）第二类精神药品生产企业、麻醉药品和第一类精神药品全国性批发企业、麻醉药品和第一类精神药品区域性批发企业以及药品类易制毒化学品原料药批发企业每半年检查不少于一次；

（3）放射性药品、医疗用毒性药品生产经营企业每年检查不少于一次。

市县级药品监督管理部门结合本行政区域内实际情况制定使用单位的检查频次。

第六章 有 因 检 查

第四十二条 有下列情形之一的，药品监督管理部门经风险评估，可以开展有因检查：

（一）投诉举报或者其他来源的线索表明可能存在质量安全风险的；

（二）检验发现存在质量安全风险的；

（三）药品不良反应监测提示可能存在质量安全风险的；

（四）对申报资料真实性有疑问的；

（五）涉嫌严重违反相关质量管理规范要求的；

（六）企业有严重不守信记录的；

（七）企业频繁变更管理人员登记事项的；

（八）生物制品批签发中发现可能存在安全隐患的；

（九）检查发现存在特殊药品安全管理隐患的；

（十）特殊药品涉嫌流入非法渠道的；

（十一）其他需要开展有因检查的情形。

第四十三条 开展有因检查应当制定检查方案，明确检查事项、时间、人员构成和方式等。必要时，药品监督管理部门可以联合有关部门共同开展有因检查。

检查方案应当针对具体的问题或者线索明确检查内容，必要时开展全面检查。

第四十四条 检查组成员不得事先告知被检查单位检查行程和检查内容。

检查组在指定地点集中后，应当第一时间直接进入检查现场，直接针对可能存在的问题开展检查。

检查组成员不得向被检查单位透露检查过程中的进展情况、发现的违法违规线索等相关信息。

第四十五条 现场检查时间原则上按照检查方案要求执行。检查组根据检查情况，以能够查清查实问题为原则，认为有必要对检查时间进行调整的，报经组织有因检查的药品监督管理部门同意后予以调整。

第四十六条 上级药品监督管理部门组织实施有因检查的，可以适时通知被检查单位所在地药品监督管理部门。被检查单位所在地药品监督管理部门应当派员协助检查，协助检查的人员应当服从检查组的安排。

第四十七条 组织实施有因检查的药品监督管理部门应当加强对检查组的指挥，根据现场检查反馈的情况及时调整检查策略，必要时启动协调机制，并可以派相关人员赴现场协调和指挥。

第四十八条 检查结束后，检查组应当及时撰写现场检查报告，并于5个工作日内报送组织有因检查的药品监督管理部门。

现场检查报告的内容包括：检查过程、发现问题、相关证据、检查结论和处理建议等。

第七章 检查与稽查的衔接

第四十九条 在违法案件查处过程中，负责案件查办、药品检查、法制部门及检验检测等部门应当各司其职、各负其责，同时加强相互之间的协作衔接。

第五十条 检查中发现被检查单位涉嫌违法的，执法人员应当立即开展相关调查、取证工作，检查组应当将发现的违法线索和处理建议立即通报负责该被检查单位监管工作的药品监督管理部门和派出检查单位。负责被检查单位监管工作的药品监督管理部门应当立即派出案件查办人员到达检查现场，交接与违法行为相关的实物、资料、票据、数据存储介质等证据材料，全面负责后续案件查办工作；对需要检验的，应当立即组织监督抽检，并将样品及有关资料等寄送至相关药品检验机构检验或者进行补充检验方法和项目研究。

涉嫌违法行为可能存在药品质量安全风险的，负责被检查单位监管工作的药品监督管理部门应当在接收证据材料后，按照本办法第二十一条规定进行风险评估，作出风险控制决定，责令被检查单位或者药品上市许可持有人对已上市药品采取相应风险控制措施。

第五十一条 案件查办过程中发现被检查单位涉嫌犯罪的，药品监督管理部门应当按照相关规定，依法及时移送或通报公安机关。

第八章　跨区域检查的协作

第五十二条　药品上市许可持有人、批发企业、零售连锁总部（以下简称委托方）所在地省级药品监督管理部门对其跨区域委托生产、委托销售、委托储存、委托运输、药物警戒等质量管理责任落实情况可以开展联合检查或者延伸检查。

第五十三条　跨区域受托企业（以下简称受托方）所在地省级药品监督管理部门应当履行属地监管责任，对受托方遵守相关法律法规、规章，执行质量管理规范、技术标准情况开展检查，配合委托方所在地省级药品监督管理部门开展联合检查。

监督检查中发现可能属于委托方问题的，应当函告委托方所在地省级药品监督管理部门，委托方所在地省级药品监督管理部门决定是否开展检查。

第五十四条　委托方和受托方所在地省级药品监督管理部门应当建立工作协调、联合检查、行政执法等工作机制。

第五十五条　开展联合检查的，委托方所在地省级药品监督管理部门应当向受托方所在地省级药品监督管理部门发出书面联系函，成立联合检查组。联合检查组应当由双方各选派不少于2名检查人员组成，联合检查组的组长由委托方所在地省级药品监督管理部门选派。

第五十六条　检查过程中发现责任认定尚不清晰的，联合检查组应当立即先行共同开展调查、取证工作，受托方所在地省级药品监督管理部门应当就近提供行政执法和技术支撑，待责任认定清楚后移送相应省级药品监督管理部门组织处理。对存在管辖权争议的问题，报请国家药监局指定管辖。对跨省检查发现具有系统性、区域性风险等重大问题的，及时报国家药监局。

第五十七条　委托方和受托方所在地省级药品监督管理部门按照有关规定受理及办理药品相关投诉举报。

第五十八条　省级药品监督管理部门应当登录国家药监局建立的监管信息系统，依职责采集被检查单位基本信息和品种信息，以及药品上市许可持有人提交的年度报告信息、药品监督管理部门的监管信息，方便本行政区域内各级药品监督管理部门查询使用。

第五十九条　省级药品监督管理部门在依法查处委托方或者受托方的违法违规行为时，需要赴外省市进行调查、取证的，可以会同相关同级药品监督管理部门开展联合检查，也可出具协助调查函请相关同级药品监督管理部门协助调查、取证。协助调查取证时，协助单位应当在接到协助调查函之日起15个工作日内完成协查工作、函复调查结果；紧急情况下，承办单位应当在接到协助调查函之日起7个工作日或者根据办案期限要求，完成协查工作并复函；需要延期完成的，协助单位应当及时告知提出协查请求的部门并说明理由。

第六十条　市县级药品监督管理部门需要开展跨区域联合检查的，参照上述条款实施。发现重大问题的，及时报上一级药品监督管理部门。

第九章　检查结果的处理

第六十一条　药品监督管理部门根据《药品检查综合评定报告书》及相关证据材料，作出相应处理。

现场检查时发现缺陷有一定质量风险，经整改后综合评定结论为符合要求的，药品监督管理部门必要时依风险采取告诫、约谈等风险控制措施。

综合评定结论为不符合要求的，药品监督管理部门应当依法采取暂停生产、销售、使用、进口等风险控制措施，消除安全隐患。除首次申请相关许可证的情形外，药品监督管理部门应当按照《中华人民共和国药品管理法》第一百二十六条等相关规定进行处理。

药品监督管理部门应当将现场检查报告、整改报告、《药品检查综合评定报告书》及相关证据材料、风险控制措施相关资料等进行整理归档保存。

第六十二条 被检查单位拒绝、逃避监督检查，伪造、销毁、隐匿有关证据材料的，视为其产品可能存在安全隐患，药品监督管理部门应当按照《中华人民共和国药品管理法》第九十九条的规定进行处理。

被检查单位有下列情形之一的，应当视为拒绝、逃避监督检查，伪造、销毁、隐匿记录、数据、信息等相关资料：

（一）拒绝、限制检查员进入被检查场所或者区域，限制检查时间，或者检查结束时限制检查员离开的；

（二）无正当理由不如实提供或者延迟提供与检查相关的文件、记录、票据、凭证、电子数据等材料的；

（三）拒绝或者限制拍摄、复印、抽样等取证工作的；

（四）以声称工作人员不在或者冒名顶替应付检查、故意停止生产经营活动等方式欺骗、误导、逃避检查的；

（五）其他不配合检查的情形。

第六十三条 安全隐患排除后，被检查单位可以向作出风险控制措施决定的药品监督管理部门提出解除风险控制措施的申请，并提交整改报告，药品监督管理部门对整改情况组织评估，必要时可以开展现场检查，确认整改符合要求后解除相关风险控制措施，并向社会及时公布结果。

第六十四条 药品监督管理部门发现药品上市许可持有人、药品生产、经营企业和使用单位违反法律、法规情节严重，所生产、经营、使用的产品足以或者已经造成严重危害、或者造成重大影响的，及时向上一级药品监督管理部门和本级地方人民政府报告。上级药品监督管理部门应当监督指导下级药品监督管理部门开展相应的风险处置工作。

第六十五条 派出检查单位和检查人员有下列行为之一的，对直接负责的主管人员、其他直接责任人员、检查人员给予党纪、政纪处分：

（一）检查人员未及时上报发现的重大风险隐患的；

（二）派出检查单位未及时对检查人员上报的重大风险隐患作出相应处置措施的；

（三）检查人员未及时移交涉嫌违法案件线索的；

（四）派出检查单位未及时协调案件查办部门开展收集线索、固定证据、调查和处理相关工作的。

第六十六条 药品监督管理部门应当依法公开监督检查结果。

第六十七条 药品监督管理部门应当按照《国务院办公厅关于进一步完善失信约束制度构建诚信建设长效机制的指导意见》，依法依规做好失信行为的认定、记录、归集、共享、公开、惩戒和信用修复等工作。

第十章 附 则

第六十八条 各省级药品监督管理部门结合各地实际情况，依据本办法制定相应的实施细则。

第六十九条 本办法自发布之日起施行。原国家食品药品监督管理局 2003 年 4 月 24 日发布的《药品经营质量管理规范认证管理办法》和 2011 年 8 月 2 日发布的《药品生产质量管理规范认证管理办法》同时废止。

药品召回管理办法

(2022 年 10 月 24 日国家药品监督管理局公告 2022 年第 92 号　自 2022 年 11 月 1 日起施行)

第一章　总　　则

第一条　为加强药品质量监管，保障公众用药安全，根据《中华人民共和国药品管理法》《中华人民共和国疫苗管理法》《中华人民共和国药品管理法实施条例》等法律法规，制定本办法。

第二条　中华人民共和国境内生产和上市药品的召回及其监督管理，适用本办法。

第三条　本办法所称药品召回，是指药品上市许可持有人（以下称持有人）按照规定的程序收回已上市的存在质量问题或者其他安全隐患药品，并采取相应措施，及时控制风险、消除隐患的活动。

第四条　本办法所称质量问题或者其他安全隐患，是指由于研制、生产、储运、标识等原因导致药品不符合法定要求，或者其他可能使药品具有的危及人体健康和生命安全的不合理危险。

第五条　持有人是控制风险和消除隐患的责任主体，应当建立并完善药品召回制度，收集药品质量和安全的相关信息，对可能存在的质量问题或者其他安全隐患进行调查、评估，及时召回存在质量问题或者其他安全隐患的药品。

药品生产企业、药品经营企业、药品使用单位应当积极协助持有人对可能存在质量问题或者其他安全隐患的药品进行调查、评估，主动配合持有人履行召回义务，按照召回计划及时传达、反馈药品召回信息，控制和收回存在质量问题或者其他安全隐患的药品。

第六条　药品生产企业、药品经营企业、药品使用单位发现其生产、销售或者使用的药品可能存在质量问题或者其他安全隐患的，应当及时通知持有人，必要时应当暂停生产、放行、销售、使用，并向所在地省、自治区、直辖市人民政府药品监督管理部门报告，通知和报告的信息应当真实。

第七条　持有人、药品生产企业、药品经营企业、药品使用单位应当按规定建立并实施药品追溯制度，保存完整的购销记录，保证上市药品的可溯源。

第八条　省、自治区、直辖市人民政府药品监督管理部门负责本行政区域内药品召回的监督管理工作。

市县级地方人民政府药品监督管理部门负责配合、协助做好药品召回的有关工作，负责行政区域内药品经营企业、药品使用单位协助召回情况的监督管理工作。

国家药品监督管理局负责指导全国药品召回的管理工作。

第九条　国家药品监督管理局和省、自治区、直辖市人民政府药品监督管理部门应当按照药品信息公开有关制度，采取有效途径向社会公布存在质量问题或者其他安全隐患的药品信息和召回信息，必要时向同级卫生健康主管部门通报相关信息。

持有人应当制定药品召回信息公开制度，依法主动公布药品召回信息。

第二章　调查与评估

第十条　持有人应当主动收集、记录药品的质量问题、药品不良反应/事件、其他安全风险信息，对可能存在的质量问题或者其他安全隐患进行调查和评估。

药品生产企业、药品经营企业、药品使用单位应当配合持有人对有关药品质量问题或者其他安全隐患进行调查，并提供有关资料。

第十一条 对可能存在质量问题或者其他安全隐患的药品进行调查，应当根据实际情况确定调查内容，可以包括：

（一）已发生药品不良反应/事件的种类、范围及原因；

（二）药品处方、生产工艺等是否符合相应药品标准、核准的生产工艺要求。

（三）药品生产过程是否符合药品生产质量管理规范；生产过程中的变更是否符合药品注册管理和相关变更技术指导原则等规定；

（四）药品储存、运输等是否符合药品经营质量管理规范；

（五）药品使用是否符合药品临床应用指导原则、临床诊疗指南和药品说明书、标签规定等；

（六）药品主要使用人群的构成及比例；

（七）可能存在质量问题或者其他安全隐患的药品批次、数量及流通区域和范围；

（八）其他可能影响药品质量和安全的因素。

第十二条 对存在质量问题或者其他安全隐患药品评估的主要内容包括：

（一）该药品引发危害的可能性，以及是否已经对人体健康造成了危害；

（二）对主要使用人群的危害影响；

（三）对特殊人群，尤其是高危人群的危害影响，如老年人、儿童、孕妇、肝肾功能不全者、外科手术病人等；

（四）危害的严重与紧急程度；

（五）危害导致的后果。

第十三条 根据药品质量问题或者其他安全隐患的严重程度，药品召回分为：

（一）一级召回：使用该药品可能或者已经引起严重健康危害的；

（二）二级召回：使用该药品可能或者已经引起暂时或者可逆的健康危害的；

（三）三级召回：使用该药品一般不会引起健康危害，但由于其他原因需要收回的。

第十四条 持有人应当根据调查和评估结果和药品召回等级，形成调查评估报告，科学制定召回计划。

调查评估报告应当包括以下内容：

（一）召回药品的具体情况，包括名称、规格、批次等基本信息；

（二）实施召回的原因；

（三）调查评估结果；

（四）召回等级。

召回计划应当包括以下内容：

（一）药品生产销售情况及拟召回的数量；

（二）召回措施具体内容，包括实施的组织、范围和时限等；

（三）召回信息的公布途径和范围；

（四）召回的预期效果；

（五）药品召回后的处理措施；

（六）联系人的姓名及联系方式。

第三章 主 动 召 回

第十五条 持有人经调查评估后，确定药品存在质量问题或者其他安全隐患的，应当立即决定并实施召回，同时通过企业官方网站或者药品相关行业媒体向社会发布召回信息。召回信息应当包括以下内容：药品名称、规格、批次、持有人、药品生产企业、召回原因、召回等级等。

实施一级、二级召回的，持有人还应当申请在所在地省、自治区、直辖市人民政府药品监督管理部门网站依法发布召回信息。省、自治区、直辖市人民政府药品监督管理部门网站发布的药品召回信息应当与国家药品监督管理局网站链接。

第十六条 持有人作出药品召回决定的，一级召回在1日内，二级召回在3日内，三级召回在7日内，应当发出召回通知，通知到药品生产企业、药品经营企业、药品使用单位等，同时向所在地省、自治区、直辖市人民政府药品监督管理部门备案调查评估报告、召回计划和召回通知。召回通知应当包括以下内容：

（一）召回药品的具体情况，包括名称、规格、批次等基本信息；

（二）召回的原因；

（三）召回等级：

（四）召回要求，如立即暂停生产、放行、销售、使用；转发召回通知等。

（五）召回处理措施，如召回药品外包装标识、隔离存放措施、储运条件、监督销毁等。

第十七条 持有人在实施召回过程中，一级召回每日，二级召回每3日，三级召回每7日，向所在地省、自治区、直辖市人民政府药品监督管理部门报告药品召回进展情况。

召回过程中，持有人应当及时评估召回效果，发现召回不彻底的，应当变更召回计划，扩大召回范围或者重新召回。变更召回计划的，应当及时向所在地省、自治区、直辖市人民政府药品监督管理部门备案。

第十八条 持有人应当明确召回药品的标识及存放要求，召回药品的外包装标识、隔离存放措施等，应当与正常药品明显区别，防止差错、混淆。对需要特殊储存条件的，在其储存和转运过程中，应当保证储存条件符合规定。

第十九条 召回药品需要销毁的，应当在持有人、药品生产企业或者储存召回药品所在地县级以上人民政府药品监督管理部门或者公证机构监督下销毁。

对通过更换标签、修改并完善说明书、重新外包装等方式能够消除隐患的，或者对不符合药品标准但尚不影响安全性、有效性的中药饮片，且能够通过返工等方式解决该问题的，可以适当处理后再上市。相关处理操作应当符合相应药品质量管理规范等要求，不得延长药品有效期或者保质期。

持有人对召回药品的处理应当有详细的记录，记录应当保存5年且不得少于药品有效期后1年。

第二十条 持有人应当按照《药品管理法》第八十二条规定，在召回完成后10个工作日内，将药品召回和处理情况向所在地省、自治区、直辖市人民政府药品监督管理部门和卫生健康主管部门报告。

持有人应当在药品年度报告中说明报告期内药品召回情况。

第二十一条 境外生产药品涉及在境内实施召回的，境外持有人指定的在中国境内履行持有人义务的企业法人（以下称境内代理人）应当按照本办法组织实施召回，并向其所在地省、自治区、直辖市人民政府药品监督管理部门和卫生健康主管部门报告药品召回和处理情况。

境外持有人在境外实施药品召回，经综合评估认为属于下列情形的，其境内代理人应当于境外召回启动后10个工作日内，向所在地省、自治区、直辖市人民政府药品监督管理部门报告召回药品的名称、规格、批次、召回原因等信息：

（一）与境内上市药品为同一品种，但不涉及境内药品规格、批次或者剂型的；

（二）与境内上市药品共用生产线的；

（三）其他需要向药品监督管理部门报告的。

境外持有人应当综合研判境外实施召回情况，如需要在中国境内召回的，应当按照本条第一款规定组织实施召回。

第四章　责令召回

第二十二条　有以下情形之一的，省、自治区、直辖市人民政府药品监督管理部门应当责令持有人召回药品：

（一）药品监督管理部门经过调查评估，认为持有人应当召回药品而未召回的；

（二）药品监督管理部门经对持有人主动召回结果审查，认为持有人召回药品不彻底的。

第二十三条　省、自治区、直辖市人民政府药品监督管理部门责令召回药品的，应当按本办法第九条、第十五条相关规定向社会公布责令召回药品信息，要求持有人、药品生产企业、药品经营企业和药品使用单位停止生产、放行、销售、使用。

持有人应当按照责令召回要求实施召回，并按照本办法第十五条相关规定向社会发布药品召回信息。

第二十四条　省、自治区、直辖市人民政府药品监督管理部门作出责令召回决定，应当将责令召回通知书送达持有人。责令召回通知书应当包括以下内容：

（一）召回药品的具体情况，包括名称、规格、批次等基本信息；

（二）实施召回的原因；

（三）审查评价和/或调查评估结果；

（四）召回等级；

（五）召回要求，包括范围和时限等。

第二十五条　持有人在收到责令召回通知书后，应当按照本办法第十四条、第十六条的规定，通知药品生产企业、药品经营企业和药品使用单位，制定、备案召回计划，并组织实施。

第二十六条　持有人在实施召回过程中，应当按照本办法第十七条相关要求向所在地省、自治区、直辖市人民政府药品监督管理部门报告药品召回进展情况。

第二十七条　持有人应当按照本办法第十八条、第十九条规定做好后续处理和记录，并在完成召回和处理后 10 个工作日内向所在地省、自治区、直辖市人民政府药品监督管理部门和卫生健康主管部门提交药品召回的总结报告。

第二十八条　省、自治区、直辖市人民政府药品监督管理部门应当自收到总结报告之日起 10 个工作日内进行审查，并对召回效果进行评价，必要时组织专家进行审查和评价。认为召回尚未有效控制风险或者消除隐患的，应当书面要求持有人重新召回。

第二十九条　对持有人违反本办法规定，在其所在地省、自治区、直辖市人民政府药品监督管理部门责令其召回后而拒不召回的，药品生产企业、药品经营企业、药品使用单位不配合召回的，相应省、自治区、直辖市人民政府药品监督管理部门应当按照《药品管理法》第一百三十五条的规定进行查处。

第五章　附　　则

第三十条　在中国境内上市疫苗的召回程序适用本办法。疫苗存在或者疑似存在质量问题的处置要求应当按照《疫苗管理法》的规定执行。

第三十一条　境内持有人发现出口药品存在质量问题或者其他安全隐患的，应当及时通报进口国（地区）药品监管机构和采购方，需要在境外实施召回的，应当按照进口国（地区）有关法律法规及采购合同的规定组织实施召回。

第三十二条　中药饮片、中药配方颗粒的召回，其生产企业按照本办法实施。

第三十三条　本办法自 2022 年 11 月 1 日施行。

食品生产许可审查通则

（2022 年 10 月 8 日国家市场监督管理总局公告 2022 年第 33 号发布　自 2022 年 11 月 1 日起施行）

第一章　总　　则

第一条　为了加强食品、食品添加剂（以下统称食品）生产许可管理，规范食品生产许可审查工作，依据《中华人民共和国食品安全法》《中华人民共和国食品安全法实施条例》《食品生产许可管理办法》（以下简称《办法》）等法律法规、规章和食品安全国家标准，制定本通则。

第二条　本通则适用于市场监督管理部门组织对食品生产许可和变更许可、延续许可等审查工作。

第三条　食品生产许可审查包括申请材料审查和现场核查。

申请材料审查应当审查申请材料的完整性、规范性、符合性；现场核查应当审查申请材料与实际状况的一致性、生产条件的符合性。

第四条　本通则应当与相应的食品生产许可审查细则（以下简称审查细则）结合使用。使用地方特色食品生产许可审查细则开展食品生产许可审查的，应当符合《办法》第八条的规定。

对未列入《食品生产许可分类目录》和无审查细则的食品品种，县级以上地方市场监督管理部门应当依据《办法》和本通则的相关要求，结合类似食品的审查细则和产品执行标准制定审查方案（婴幼儿配方食品、特殊医学用途配方食品除外），实施食品生产许可审查。

第五条　法律、法规、规章和标准对食品生产许可审查有特别规定的，还应当遵守其规定。

第二章　申请材料审查

第六条　申请人应当具有申请食品生产许可的主体资格。申请材料应当符合《办法》规定，以电子或纸质方式提交。申请人应当对申请材料的真实性负责。

符合法定要求的电子申请材料、电子证照、电子印章、电子签名、电子档案与纸质申请材料、纸质证照、实物印章、手写签名或者盖章、纸质档案具有同等法律效力。

第七条　负责许可审批的市场监督管理部门（以下称审批部门）要求申请人提交纸质申请材料的，应当根据食品生产许可审查、日常监管和存档需要确定纸质申请材料的份数。

申请材料应当种类齐全、内容完整，符合法定形式和填写要求。

第八条　申请人有下列情形之一的，审批部门应当按照申请食品生产许可的要求审查：

（一）非因不可抗力原因，食品生产许可证有效期届满后提出食品生产许可申请的；

（二）生产场所迁址，重新申请食品生产许可的；

（三）生产条件发生重大变化，需要重新申请食品生产许可的。

第九条　申请食品生产许可的申请材料应当按照以下要求进行审查：

（一）完整性

1. 食品生产许可的申请材料符合《办法》第十三条和第十四条的要求；

2. 食品添加剂生产许可的申请材料符合《办法》第十六条的要求。

（二）规范性

1. 申请材料符合法定形式和填写要求，纸质申请材料应当使用钢笔、签字笔填写或者打印，字迹应当清晰、工整，修改处应当加盖申请人公章或者由申请人的法定代表人（负责人）签名；

2. 申请人名称、法定代表人（负责人）、统一社会信用代码、住所等填写内容与营业执照一致；

3. 生产地址为申请人从事食品生产活动的详细地址；

4. 申请材料应当由申请人的法定代表人（负责人）签名或者加盖申请人公章，复印件还应由申请人注明"与原件一致"；

5. 产品信息表中食品、食品添加剂类别，类别编号，类别名称，品种明细及备注的填写符合《食品生产许可分类目录》的有关要求。分装生产的，应在相应品种明细后注明。

（三）符合性

1. 申请人具有申请食品生产许可的主体资格；

2. 食品生产主要设备、设施清单符合《办法》第十二条第（二）项和相应审查细则要求；

3. 食品生产设备布局图和食品生产工艺流程图完整、准确，布局图按比例标注，设备布局、工艺流程合理，符合《办法》第十二条第（一）项和第（四）项要求，符合相应审查细则和所执行标准要求；

4. 申请人配备专职或者兼职的食品安全专业技术人员和食品安全管理人员，符合相应审查细则要求，符合《中华人民共和国食品安全法》第一百三十五条的要求；

5. 食品安全管理制度清单内容符合《办法》第十二条第（三）项和相应审查细则要求。

第十条 申请人有下列情形之一，依法申请变更食品生产许可的，审批部门应当按照变更食品生产许可的要求审查：

（一）现有设备布局和工艺流程发生变化的；

（二）主要生产设备设施发生变化的；

（三）生产的食品类别发生变化的；

（四）生产场所改建、扩建的；

（五）其他生产条件或生产场所周边环境发生变化，可能影响食品安全的；

（六）食品生产许可证载明的其他事项发生变化，需要变更的。

第十一条 变更食品生产许可的申请材料应当按照以下要求审查：

（一）申请材料符合《办法》第三十三条要求；

（二）申请变更的事项属于本通则第十条规定的变更范畴；

（三）涉及变更事项的申请材料符合本通则第九条中关于规范性及符合性的要求。

第十二条 申请人依法申请延续食品生产许可的，审批部门应当按照延续食品生产许可的要求审查。

第十三条 延续食品生产许可的申请材料应当按照以下要求审查：

（一）申请材料符合《办法》第三十五条要求；

（二）涉及延续事项的申请材料符合本通则第九条中关于规范性及符合性的要求。

第十四条 审批部门对申请人提交的食品生产申请材料审查，符合有关要求不需要现场核查的，应当按规定程序作出行政许可决定。对需要现场核查的，应当及时作出现场核查的决定，并组织现场核查。

第三章　现场核查

第十五条 有下列情形之一的，应当组织现场核查：

（一）属于本通则第八条申请食品生产许可情形的；

（二）属于本通则第十条变更食品生产许可情形第一至五项，可能影响食品安全的；

（三）属于本通则第十二条延续食品生产许可情形的，申请人声明生产条件或周边环境发生变化，可能影响食品安全的；

（四）需要对申请材料内容、食品类别、与相关审查细则及执行标准要求相符情况进行核实的；

（五）因食品安全国家标准发生重大变化，国家和省级市场监督管理部门决定组织重新核查的；

（六）法律、法规和规章规定需要实施现场核查的其他情形。

第十六条 对下列情形可以不再进行现场核查：

（一）特殊食品注册时已完成现场核查的（注册现场核查后生产条件发生变化的除外）；

（二）申请延续换证，申请人声明生产条件未发生变化的。

第十七条 审批部门或其委托的下级市场监督管理部门实施现场核查前，应当组建核查组，制作并及时向申请人、实施食品安全日常监督管理的市场监督管理部门（以下称日常监管部门）送达《食品生产许可现场核查通知书》，告知现场核查有关事项。

第十八条 核查组由食品安全监管人员组成，根据需要可以聘请专业技术人员作为核查人员参加现场核查。核查人员应当具备满足现场核查工作要求的素质和能力，与申请人存在直接利害关系或者其他可能影响现场核查公正情形的，应当回避。

核查组中食品安全监管人员不得少于 2 人，实行组长负责制。实施现场核查的市场监督管理部门应当指定核查组长。

第十九条 核查组应当确保核查客观、公正、真实，确保核查报告等文书和记录完整、准确、规范。

核查组组长负责组织现场核查、协调核查进度、汇总核查结论、上报核查材料等工作，对核查结论负责。

核查组成员对现场核查分工范围内的核查项目评分负责，对现场核查结论有不同意见时，及时与核查组组长研究解决，仍有不同意见时，可以在现场核查结束后 1 个工作日内书面向审批部门报告。

第二十条 日常监管部门应当派食品安全监管人员作为观察员，配合并协助现场核查工作。核查组成员中有日常监管部门的食品安全监管人员时，不再指派观察员。

观察员对现场核查程序、过程、结果有异议的，可在现场核查结束后 1 个工作日内书面向审批部门报告。

第二十一条 核查组进入申请人生产场所实施现场核查前，应当召开首次会议。核查组长向申请人介绍核查组成员及核查目的、依据、内容、程序、安排和要求等，并代表核查组作出保密承诺和廉洁自律声明。

参加首次会议人员包括核查组成员和观察员，以及申请人的法定代表人（负责人）或者其代理人、相关食品安全管理人员和专业技术人员，并在《食品、食品添加剂生产许可现场核查首次会议签到表》（附件 1）上签名。

第二十二条 核查组应当依据《食品、食品添加剂生产许可现场核查评分记录表》（附件 2）所列核查项目，采取核查场所及设备、查阅文件、核实材料及询问相关人员等方法实施现场核查。

必要时，核查组可以对申请人的食品安全管理人员、专业技术人员进行抽查考核。

第二十三条 现场核查范围主要包括生产场所、设备设施、设备布局和工艺流程、人员管理、管理制度及其执行情况，以及试制食品检验合格报告。

现场核查应当按照食品的类别分别核查、评分。审查细则对现场核查相关内容进行细化或者有特殊要求的，应当一并核查并在《食品、食品添加剂生产许可现场核查评分记录表》中记录。

对首次申请许可或者增加食品类别变更食品生产许可的，应当按照相应审查细则和执行标准的要求，核查试制食品的检验报告。申请变更许可及延续许可的，申请人声明其生产条件及周边环境发生变化的，应当就变化情况实施现场核查，不涉及变更的核查项目应当作为合理缺项，不作为评分项目。

现场核查对每个项目按照符合要求、基本符合要求、不符合要求 3 个等级判定得分，全部核查项目的总分为 100 分。某个核查项目不适用时，不参与评分，在"核查记录"栏目中说明不适用的原因。

现场核查结果以得分率进行判定。参与评分项目的实际得分占参与评分项目应得总分的百分比作为得分率。核查项目单项得分无 0 分项且总得分率≥85%的，该类别名称及品种明细判定为通过现场核查；核查项目单项得分有 0 分项或者总得分率<85%的，该类别名称及品种明细判定为未通过现场核查。

第二十四条 根据现场核查情况，核查组长应当召集核查人员共同研究各自负责核查项目的得分，汇总核查情况，形成初步核查意见。

核查组应当就初步核查意见向申请人的法定代表人（负责人）通报，并听取其意见。

第二十五条 核查组对初步核查意见和申请人的反馈意见会商后，应当根据不同类别名称的食品现场核查情况分别评分判定，形成核查结论，并汇总填写《食品、食品添加剂生产许可现场核查报告》（附件 3）。

第二十六条 核查组应当召开末次会议，由核查组长宣布核查结论。核查人员及申请人的法定代表人（负责人）应当在《食品、食品添加剂生产许可现场核查评分记录表》《食品、食品添加剂生产许可现场核查报告》上签署意见并签名、盖章。观察员应当在《食品、食品添加剂生产许可现场核查报告》上签字确认。

《食品、食品添加剂生产许可现场核查报告》一式两份，现场交申请人留存一份，核查组留存一份。

申请人拒绝签名、盖章的，核查组长应当在《食品、食品添加剂生产许可现场核查报告》上注明情况。

参加末次会议人员范围与参加首次会议人员相同，参会人员应当在《食品、食品添加剂生产许可现场核查末次会议签到表》（附件 4）上签名。

第二十七条 因申请人的下列原因导致现场核查无法开展的，核查组应当向委派其实施现场核查的市场监督管理部门报告，本次现场核查的结论判定为未通过现场核查：

（一）不配合实施现场核查的；

（二）现场核查时生产设备设施不能正常运行的；

（三）存在隐瞒有关情况或者提供虚假材料的；

（四）其他因申请人主观原因导致现场核查无法正常开展的。

第二十八条 核查组应当自接受现场核查任务之日起 5 个工作日内完成现场核查，并将《食品、食品添加剂生产许可核查材料清单》（附件 5）所列的相关材料上报委派其实施现场核查的市场监督管理部门。

第二十九条 因不可抗力原因，或者供电、供水等客观原因导致现场核查无法开展的，申请人应当向审批部门书面提出许可中止申请。中止时间原则上不超过 10 个工作日，中止时间不计入食品生产许可审批时限。

因自然灾害等原因造成申请人生产条件不符合规定条件的，申请人应当申请终止许可。

申请人申请的中止时间到期仍不能开展现场核查的，或者申请人申请终止许可的，审批部门应当终止许可。

第三十条 因申请人涉嫌食品安全违法被立案调查或者涉嫌食品安全犯罪被立案侦查的,审批部门应当中止食品生产许可程序。中止时间不计入食品生产许可审批时限。

立案调查作出行政处罚决定为限制开展生产经营活动、责令停产停业、责令关闭、限制从业、暂扣许可证件、吊销许可证件的,或者立案侦查后移送检察院起诉的,应当终止食品生产许可程序。立案调查作出行政处罚决定为警告、通报批评、罚款、没收违法所得、没收非法财物且申请人履行行政处罚的,或者立案调查、立案侦查作出撤案决定的,申请人申请恢复食品生产许可后,审批部门应当恢复食品生产许可程序。

第四章 审查结果与整改

第三十一条 审批部门应当根据申请材料审查和现场核查等情况,对符合条件的,作出准予食品生产许可的决定,颁发食品生产许可证;对不符合条件的,应当及时作出不予许可的书面决定并说明理由,同时告知申请人依法享有申请行政复议或者提起行政诉讼的权利。

现场核查结论判定为通过的婴幼儿配方食品、特殊医学用途配方食品申请人应当立即对现场核查中发现的问题进行整改,整改结果通过验收后,审批部门颁发食品生产许可证;申请人整改直至通过验收所需时间不计入许可时限。

第三十二条 作出准予食品生产许可决定的,审批部门应当及时将申请人的申请材料及相关许可材料送达申请人的日常监管部门。

第三十三条 现场核查结论判定为通过的,申请人应当自作出现场核查结论之日起1个月内完成对现场核查中发现问题的整改,并将整改结果向其日常监管部门书面报告。

因不可抗力原因,申请人无法在规定时限内完成整改的,应当及时向其日常监管部门提出延期申请。

第三十四条 申请人的日常监管部门应当在申请人取得食品生产许可后3个月内对获证企业开展一次监督检查。对已实施现场核查的企业,重点检查现场核查中发现问题的整改情况;对申请人声明生产条件未发生变化的延续换证企业,重点检查生产条件保持情况。

第五章 附 则

第三十五条 申请人的试制食品不得作为食品销售。

第三十六条 特殊食品生产许可审查细则另有规定的,从其规定。

第三十七条 省级市场监督管理部门可以根据本通则,结合本区域实际情况制定有关食品生产许可管理文件,补充、细化《食品、食品添加剂生产许可现场核查评分记录表》《食品、食品添加剂生产许可现场核查报告》。

第三十八条 本通则由国家市场监督管理总局负责解释。

第三十九条 本通则自2022年11月1日起施行。原国家食品药品监督管理总局2016年8月9日发布的《食品生产许可审查通则》同时废止。

附件:1. 食品、食品添加剂生产许可现场核查首次会议签到表(略)

2. 食品、食品添加剂生产许可现场核查评分记录表(略)

3. 食品、食品添加剂生产许可现场核查报告(略)

4. 食品、食品添加剂生产许可现场核查末次会议签到表(略)

5. 食品、食品添加剂生产许可核查材料清单(略)

药品网络销售监督管理办法

（2022 年 8 月 3 日国家市场监督管理总局令第 58 号公布　自 2022 年 12 月 1 日起施行）

第一章　总　则

第一条　为了规范药品网络销售和药品网络交易平台服务活动，保障公众用药安全，根据《中华人民共和国药品管理法》（以下简称药品管理法）等法律、行政法规，制定本办法。

第二条　在中华人民共和国境内从事药品网络销售、提供药品网络交易平台服务及其监督管理，应当遵守本办法。

第三条　国家药品监督管理局主管全国药品网络销售的监督管理工作。

省级药品监督管理部门负责本行政区域内药品网络销售的监督管理工作，负责监督管理药品网络交易第三方平台以及药品上市许可持有人、药品批发企业通过网络销售药品的活动。

设区的市级、县级承担药品监督管理职责的部门（以下称药品监督管理部门）负责本行政区域内药品网络销售的监督管理工作，负责监督管理药品零售企业通过网络销售药品的活动。

第四条　从事药品网络销售、提供药品网络交易平台服务，应当遵守药品法律、法规、规章、标准和规范，依法诚信经营，保障药品质量安全。

第五条　从事药品网络销售、提供药品网络交易平台服务，应当采取有效措施保证交易全过程信息真实、准确、完整和可追溯，并遵守国家个人信息保护的有关规定。

第六条　药品监督管理部门应当与相关部门加强协作，允分发挥行业组织等机构的作用，推进信用体系建设，促进社会共治。

第二章　药品网络销售管理

第七条　从事药品网络销售的，应当是具备保证网络销售药品安全能力的药品上市许可持有人或者药品经营企业。

中药饮片生产企业销售其生产的中药饮片，应当履行药品上市许可持有人相关义务。

第八条　药品网络销售企业应当按照经过批准的经营方式和经营范围经营。药品网络销售企业为药品上市许可持有人的，仅能销售其取得药品注册证书的药品。未取得药品零售资质的，不得向个人销售药品。

疫苗、血液制品、麻醉药品、精神药品、医疗用毒性药品、放射性药品、药品类易制毒化学品等国家实行特殊管理的药品不得在网络上销售，具体目录由国家药品监督管理局组织制定。

药品网络零售企业不得违反规定以买药品赠药品、买商品赠药品等方式向个人赠送处方药、甲类非处方药。

第九条　通过网络向个人销售处方药的，应当确保处方来源真实、可靠，并实行实名制。

药品网络零售企业应当与电子处方提供单位签订协议，并严格按照有关规定进行处方审核调配，对已经使用的电子处方进行标记，避免处方重复使用。

第三方平台承接电子处方的，应当对电子处方提供单位的情况进行核实，并签订协议。

药品网络零售企业接收的处方为纸质处方影印版本的，应当采取有效措施避免处方重复使用。

第十条　药品网络销售企业应当建立并实施药品质量安全管理、风险控制、药品追溯、储存配送管理、不良反应报告、投诉举报处理等制度。

药品网络零售企业还应当建立在线药学服务制度，由依法经过资格认定的药师或者其他药学技术人员开展处方审核调配、指导合理用药等工作。依法经过资格认定的药师或者其他药学技术人员数量应当与经营规模相适应。

第十一条 药品网络销售企业应当向药品监督管理部门报告企业名称、网站名称、应用程序名称、IP地址、域名、药品生产许可证或者药品经营许可证等信息。信息发生变化的，应当在10个工作日内报告。

药品网络销售企业为药品上市许可持有人或者药品批发企业的，应当向所在地省级药品监督管理部门报告。药品网络销售企业为药品零售企业的，应当向所在地市县级药品监督管理部门报告。

第十二条 药品网络销售企业应当在网站首页或者经营活动的主页面显著位置，持续公示其药品生产或者经营许可证信息。药品网络零售企业还应当展示依法配备的药师或者其他药学技术人员的资格认定等信息。上述信息发生变化的，应当在10个工作日内予以更新。

第十三条 药品网络销售企业展示的药品相关信息应当真实、准确、合法。

从事处方药销售的药品网络零售企业，应当在每个药品展示页面下突出显示"处方药须凭处方在药师指导下购买和使用"等风险警示信息。处方药销售前，应当向消费者充分告知相关风险警示信息，并经消费者确认知情。

药品网络零售企业应当将处方药与非处方药区分展示，并在相关网页上显著标示处方药、非处方药。

药品网络零售企业在处方药销售主页面、首页面不得直接公开展示处方药包装、标签等信息。通过处方审核前，不得展示说明书等信息，不得提供处方药购买的相关服务。

第十四条 药品网络零售企业应当对药品配送的质量与安全负责。配送药品，应当根据药品数量、运输距离、运输时间、温湿度要求等情况，选择适宜的运输工具和设施设备，配送的药品应当放置在独立空间并明显标识，确保符合要求、全程可追溯。

药品网络零售企业委托配送的，应当对受托企业的质量管理体系进行审核，与受托企业签订质量协议，约定药品质量责任、操作规程等内容，并对受托方进行监督。

药品网络零售的具体配送要求由国家药品监督管理局另行制定。

第十五条 向个人销售药品的，应当按照规定出具销售凭证。销售凭证可以以电子形式出具，药品最小销售单元的销售记录应当清晰留存，确保可追溯。

药品网络销售企业应当完整保存供货企业资质文件、电子交易等记录。销售处方药的药品网络零售企业还应当保存处方、在线药学服务等记录。相关记录保存期限不少于5年，且不少于药品有效期满后1年。

第十六条 药品网络销售企业对存在质量问题或者安全隐患的药品，应当依法采取相应的风险控制措施，并及时在网站首页或者经营活动主页面公开相应信息。

第三章　平台管理

第十七条 第三方平台应当建立药品质量安全管理机构，配备药学技术人员承担药品质量安全管理工作，建立并实施药品质量安全、药品信息展示、处方审核、处方药实名购买、药品配送、交易记录保存、不良反应报告、投诉举报处理等管理制度。

第三方平台应当加强检查，对入驻平台的药品网络销售企业的药品信息展示、处方审核、药品销售和配送等行为进行管理，督促其严格履行法定义务。

第十八条 第三方平台应当将企业名称、法定代表人、统一社会信用代码、网站名称以及域名等信息向平台所在地省级药品监督管理部门备案。省级药品监督管理部门应当将平台备案信息公示。

第十九条 第三方平台应当在其网站首页或者从事药品经营活动的主页面显著位置，持续公示营业执照、相关行政许可和备案、联系方式、投诉举报方式等信息或者上述信息的链接标识。

第三方平台展示药品信息应当遵守本办法第十三条的规定。

第二十条 第三方平台应当对申请入驻的药品网络销售企业资质、质量安全保证能力等进行审核，对药品网络销售企业建立登记档案，至少每六个月核验更新一次，确保入驻的药品网络销售企业符合法定要求。

第三方平台应当与药品网络销售企业签订协议，明确双方药品质量安全责任。

第二十一条 第三方平台应当保存药品展示、交易记录与投诉举报等信息。保存期限不少于5年，且不少于药品有效期满后1年。第三方平台应当确保有关资料、信息和数据的真实、完整，并为入驻的药品网络销售企业自行保存数据提供便利。

第二十二条 第三方平台应当对药品网络销售活动建立检查监控制度。发现入驻的药品网络销售企业有违法行为的，应当及时制止并立即向所在地县级药品监督管理部门报告。

第二十三条 第三方平台发现下列严重违法行为的，应当立即停止提供网络交易平台服务，停止展示药品相关信息：

（一）不具备资质销售药品的；

（二）违反本办法第八条规定销售国家实行特殊管理的药品的；

（三）超过药品经营许可范围销售药品的；

（四）因违法行为被药品监督管理部门责令停止销售、吊销药品批准证明文件或者吊销药品经营许可证的；

（五）其他严重违法行为的。

药品注册证书被依法撤销、注销的，不得展示相关药品的信息。

第二十四条 出现突发公共卫生事件或者其他严重威胁公众健康的紧急事件时，第三方平台、药品网络销售企业应当遵守国家有关应急处置规定，依法采取相应的控制和处置措施。

药品上市许可持有人依法召回药品的，第三方平台、药品网络销售企业应当积极予以配合。

第二十五条 药品监督管理部门开展监督检查、案件查办、事件处置等工作时，第三方平台应当予以配合。药品监督管理部门发现药品网络销售企业存在违法行为，依法要求第三方平台采取措施制止的，第三方平台应当及时履行相关义务。

药品监督管理部门依照法律、行政法规要求提供有关平台内销售者、销售记录、药学服务以及追溯等信息的，第三方平台应当及时予以提供。

鼓励第三方平台与药品监督管理部门建立开放数据接口等形式的自动化信息报送机制。

第四章 监督检查

第二十六条 药品监督管理部门应当依照法律、法规、规章等规定，按照职责分工对第三方平台和药品网络销售企业实施监督检查。

第二十七条 药品监督管理部门对第三方平台和药品网络销售企业进行检查时，可以依法采取下列措施：

（一）进入药品网络销售和网络平台服务有关场所实施现场检查；

（二）对网络销售的药品进行抽样检验；

（三）询问有关人员，了解药品网络销售活动相关情况；

（四）依法查阅、复制交易数据、合同、票据、账簿以及其他相关资料；

（五）对有证据证明可能危害人体健康的药品及其有关材料，依法采取查封、扣押措施；

（六）法律、法规规定可以采取的其他措施。

必要时，药品监督管理部门可以对为药品研制、生产、经营、使用提供产品或者服务的单位和个人进行延伸检查。

第二十八条 对第三方平台、药品上市许可持有人、药品批发企业通过网络销售药品违法行为的查处，由省级药品监督管理部门负责。对药品网络零售企业违法行为的查处，由市县级药品监督管理部门负责。

药品网络销售违法行为由违法行为发生地的药品监督管理部门负责查处。因药品网络销售活动引发药品安全事件或者有证据证明可能危害人体健康的，也可以由违法行为结果地的药品监督管理部门负责。

第二十九条 药品监督管理部门应当加强药品网络销售监测工作。省级药品监督管理部门建立的药品网络销售监测平台，应当与国家药品网络销售监测平台实现数据对接。

药品监督管理部门对监测发现的违法行为，应当依法按照职责进行调查处置。

药品监督管理部门对网络销售违法行为的技术监测记录资料，可以依法作为实施行政处罚或者采取行政措施的电子数据证据。

第三十条 对有证据证明可能存在安全隐患的，药品监督管理部门应当根据监督检查情况，对药品网络销售企业或者第三方平台等采取告诫、约谈、限期整改以及暂停生产、销售、使用、进口等措施，并及时公布检查处理结果。

第三十一条 药品监督管理部门应当对药品网络销售企业或者第三方平台提供的个人信息和商业秘密严格保密，不得泄露、出售或者非法向他人提供。

第五章 法律责任

第三十二条 法律、行政法规对药品网络销售违法行为的处罚有规定的，依照其规定。药品监督管理部门发现药品网络销售违法行为涉嫌犯罪的，应当及时将案件移送公安机关。

第三十三条 违反本办法第八条第二款的规定，通过网络销售国家实行特殊管理的药品，法律、行政法规已有规定的，依照法律、行政法规的规定处罚。法律、行政法规未作规定的，责令限期改正，处 5 万元以上 10 万元以下罚款；造成危害后果的，处 10 万元以上 20 万元以下罚款。

第三十四条 违反本办法第九条第一款、第二款的规定，责令限期改正，处 3 万元以上 5 万元以下罚款；情节严重的，处 5 万元以上 10 万元以下罚款。

违反本办法第九条第三款的规定，责令限期改正，处 5 万元以上 10 万元以下罚款；造成危害后果的，处 10 万元以上 20 万元以下罚款。

违反本办法第九条第四款的规定，责令限期改正，处 1 万元以上 3 万元以下罚款；情节严重的，处 3 万元以上 5 万元以下罚款。

第三十五条 违反本办法第十一条的规定，责令限期改正，逾期不改正的，处 1 万元以上 3 万元以下罚款；情节严重的，处 3 万元以上 5 万元以下罚款。

第三十六条 违反本办法第十三条、第十九条第二款的规定，责令限期改正；逾期不改正的，处 5 万元以上 10 万元以下罚款。

第三十七条 违反本办法第十四条、第十五条的规定，药品网络销售企业未遵守药品经营质量管理规范的，依照药品管理法第一百二十六条的规定进行处罚。

第三十八条 违反本办法第十七条第一款的规定，责令限期改正，处 3 万元以上 10 万元以下罚款；造成危害后果的，处 10 万元以上 20 万元以下罚款。

第三十九条 违反本办法第十八条的规定，责令限期改正；逾期不改正的，处 5 万元以上

10 万元以下罚款；造成危害后果的，处 10 万元以上 20 万元以下罚款。

第四十条 违反本办法第二十条、第二十二条、第二十三条的规定，第三方平台未履行资质审核、报告、停止提供网络交易平台服务等义务的，依照药品管理法第一百三十一条的规定处罚。

第四十一条 药品监督管理部门及其工作人员不履行职责或者滥用职权、玩忽职守、徇私舞弊，依法追究法律责任；构成犯罪的，依法追究刑事责任。

第六章 附 则

第四十二条 本办法自 2022 年 12 月 1 日起施行。

体外诊断试剂注册与备案管理办法

（2021 年 8 月 26 日国家市场监督管理总局令第 48 号公布 自 2021 年 10 月 1 日起施行）

第一章 总 则

第一条 为了规范体外诊断试剂注册与备案行为，保证体外诊断试剂的安全、有效和质量可控，根据《医疗器械监督管理条例》，制定本办法。

第二条 在中华人民共和国境内开展体外诊断试剂注册、备案及其监督管理活动，适用本办法。

第三条 本办法所称体外诊断试剂，是指按医疗器械管理的体外诊断试剂，包括在疾病的预测、预防、诊断、治疗监测、预后观察和健康状态评价的过程中，用于人体样本体外检测的试剂、试剂盒、校准品、质控品等产品，可以单独使用，也可以与仪器、器具、设备或者系统组合使用。

按照药品管理的用于血源筛查的体外诊断试剂、采用放射性核素标记的体外诊断试剂不属于本办法管理范围。

第四条 体外诊断试剂注册是指体外诊断试剂注册申请人（以下简称申请人）依照法定程序和要求提出体外诊断试剂注册申请，药品监督管理部门依据法律法规，基于科学认知，进行安全性、有效性和质量可控性等审查，决定是否同意其申请的活动。

体外诊断试剂备案是指体外诊断试剂备案人（以下简称备案人）依照法定程序和要求向药品监督管理部门提交备案资料，药品监督管理部门对提交的备案资料存档备查的活动。

第五条 国家药品监督管理局主管全国体外诊断试剂注册与备案管理工作，负责建立体外诊断试剂注册与备案管理工作体系，依法组织境内第三类和进口第二类、第三类体外诊断试剂审评审批，进口第一类体外诊断试剂备案以及相关监督管理工作，对地方体外诊断试剂注册与备案工作进行监督指导。

第六条 国家药品监督管理局医疗器械技术审评中心（以下简称国家局器械审评中心）负责境内第三类和进口第二类、三类体外诊断试剂产品注册申请、变更注册申请、延续注册申请等的技术审评工作。

国家药品监督管理局医疗器械标准管理中心、中国食品药品检定研究院、国家药品监督管理局食品药品审核查验中心（以下简称国家局审核查验中心）、国家药品监督管理局药品评价中心、国家药品监督管理局行政事项受理服务和投诉举报中心、国家药品监督管理局信息中心等其他专业技术机构，依职责承担实施体外诊断试剂监督管理所需的体外诊断试剂标准管理、分类界定、检验、核查、监测与评价、制证送达以及相应的信息化建设与管理等相关工作。

第七条 省、自治区、直辖市药品监督管理部门负责本行政区域内以下体外诊断试剂注册相关管理工作：

（一）境内第二类体外诊断试剂注册审评审批；

（二）境内第二类、第三类体外诊断试剂质量管理体系核查；

（三）依法组织医疗器械临床试验机构以及临床试验的监督管理；

（四）对设区的市级负责药品监督管理的部门境内第一类体外诊断试剂备案的监督指导。

省、自治区、直辖市药品监督管理部门设置或者指定的医疗器械专业技术机构，承担实施体外诊断试剂监督管理所需的技术审评、检验、核查、监测与评价等工作。

设区的市级负责药品监督管理的部门负责境内第一类体外诊断试剂产品备案管理工作。

第八条 体外诊断试剂注册与备案遵循依法、科学、公开、公平、公正的原则。

第九条 第一类体外诊断试剂实行产品备案管理。第二类、第三类体外诊断试剂实行产品注册管理。

境内第一类体外诊断试剂备案，备案人向设区的市级负责药品监督管理的部门提交备案资料。

境内第二类体外诊断试剂由省、自治区、直辖市药品监督管理部门审查，批准后发给医疗器械注册证。

境内第三类体外诊断试剂由国家药品监督管理局审查，批准后发给医疗器械注册证。

进口第一类体外诊断试剂备案，备案人向国家药品监督管理局提交备案资料。

进口第二类、第三类体外诊断试剂由国家药品监督管理局审查，批准后发给医疗器械注册证。

第十条 体外诊断试剂注册人、备案人应当加强体外诊断试剂全生命周期质量管理，对研制、生产、经营、使用全过程中的体外诊断试剂的安全性、有效性和质量可控性依法承担责任。

第十一条 国家药品监督管理局对临床急需体外诊断试剂实行优先审批，对创新体外诊断试剂实行特别审批。鼓励体外诊断试剂的研究与创新，推动医疗器械产业高质量发展。

第十二条 国家药品监督管理局依法建立健全体外诊断试剂标准、技术指导原则等体系，规范体外诊断试剂技术审评和质量管理体系核查，指导和服务体外诊断试剂研发和注册申请。

第十三条 药品监督管理部门依法及时公开体外诊断试剂注册、备案相关信息，申请人可以查询审批进度和结果，公众可以查阅审批结果。

未经申请人同意，药品监督管理部门、专业技术机构及其工作人员、参与评审的专家等人员不得披露申请人或者备案人提交的商业秘密、未披露信息或者保密商务信息，法律另有规定或者涉及国家安全、重大社会公共利益的除外。

第二章 基本要求

第十四条 体外诊断试剂注册、备案，应当遵守相关法律、法规、规章、强制性标准，遵循体外诊断试剂安全和性能基本原则，参照相关技术指导原则，证明注册、备案的体外诊断试剂安全、有效、质量可控，保证信息真实、准确、完整和可追溯。

第十五条 申请人、备案人应当为能够承担相应法律责任的企业或者研制机构。

境外申请人、备案人应当指定中国境内的企业法人作为代理人，办理相关体外诊断试剂注册、备案事项。代理人应当依法协助注册、备案人履行《医疗器械监督管理条例》第二十条第一款规定的义务，并协助境外注册人、备案人落实相应法律责任。

第十六条 申请人、备案人应当建立与产品研制、生产有关的质量管理体系，并保持有效运行。

第十七条 办理体外诊断试剂注册、备案事项的人员应当具有相关专业知识，熟悉体外诊断试剂注册、备案管理的法律、法规、规章和注册管理相关规定。

第十八条 申请注册或者进行备案，应当按照国家药品监督管理局有关注册、备案的要求提交相关资料，申请人、备案人对资料的真实性负责。

注册、备案资料应当使用中文。根据外文资料翻译的，应当同时提供原文。引用未公开发表的文献资料时，应当提供资料权利人许可使用的文件。

第十九条 申请进口体外诊断试剂注册、办理进口体外诊断试剂备案，应当提交申请人、备案人注册地或者生产地所在国家（地区）主管部门准许上市销售的证明文件。

申请人、备案人注册地或者生产地所在国家（地区）未将该产品作为医疗器械管理的，申请人、备案人需提供相关文件，包括注册地或者生产地所在国家（地区）准许该产品上市销售的证明文件。

未在申请人、备案人注册地或者生产地所在国家（地区）上市的按照创新产品注册程序审批的体外诊断试剂，不需提交相关文件。

第二十条 体外诊断试剂应当符合适用的强制性标准。产品结构特征、技术原理、预期用途、使用方式等与强制性标准的适用范围不一致的，申请人、备案人应当提出不适用强制性标准的说明，并提供相关资料。

没有强制性标准的，鼓励申请人、备案人采用推荐性标准。

第二十一条 体外诊断试剂注册、备案工作应当遵循体外诊断试剂分类规则和分类目录的有关要求。

第二十二条 药品监督管理部门持续推进审评审批制度改革，加强监管科学研究，建立以技术审评为主导，核查、检验、监测与评价等为支撑的体外诊断试剂注册管理技术体系，优化审评审批流程，提高审评审批能力，提升审评审批质量和效率。

第二十三条 医疗器械专业技术机构建立健全沟通交流制度，明确沟通交流的形式和内容，根据工作需要组织与申请人进行沟通交流。

第二十四条 医疗器械专业技术机构根据工作需要建立专家咨询制度，在审评、核查、检验等过程中就重大问题听取专家意见，充分发挥专家的技术支撑作用。

第三章 体外诊断试剂注

第一节 产品研制

第二十五条 体外诊断试剂研制应当遵循风险管理原则，考虑现有公认技术水平，确保产品所有已知和可预见的风险以及非预期影响最小化并可接受，保证产品在正常使用中受益大于风险。

第二十六条 从事体外诊断试剂产品研制实验活动，应当符合我国相关法律、法规和强制性标准等的要求。

第二十七条 申请人、备案人应当编制申请注册或者进行备案体外诊断试剂的产品技术要求。

产品技术要求主要包括体外诊断试剂成品的可进行客观判定的功能性、安全性指标和检测方法。

第三类体外诊断试剂的产品技术要求中应当以附录形式明确主要原材料以及生产工艺要求。

体外诊断试剂应当符合经注册或者备案的产品技术要求。

第二十八条 申请人、备案人应当编制申请注册或者进行备案体外诊断试剂的产品说明书和标签。

产品说明书和标签应当符合《医疗器械监督管理条例》第三十九条要求以及相关规定。

第二十九条 体外诊断试剂研制，应当根据产品预期用途和技术特征开展体外诊断试剂非临床研究。

非临床研究指在实验室条件下对体外诊断试剂进行的试验或者评价，包括主要原材料的选择及制备、产品生产工艺、产品分析性能、阳性判断值或者参考区间、产品稳定性等的研究。

申请注册或者进行备案，应当提交研制活动中产生的非临床证据。

第三十条 体外诊断试剂非临床研究过程中确定的功能性、安全性指标及方法应当与产品预期使用条件、目的相适应，研究样品应当具有代表性和典型性。必要时，应当进行方法学验证、统计学分析。

第三十一条 申请注册或者进行备案，应当按照产品技术要求进行检验，并提交检验报告。检验合格的，方可开展临床试验或者申请注册、进行备案。

第三十二条 同一注册申请包括不同包装规格时，可以只进行一种包装规格产品的检验，检验用产品应当能够代表申请注册或者进行备案产品的安全性和有效性，其生产应当符合医疗器械生产质量管理规范的相关要求。

第三十三条 申请注册或者进行备案提交的检验报告可以是申请人、备案人的自检报告，也可以是委托有资质的医疗器械检验机构出具的检验报告。

第三类体外诊断试剂应当提供 3 个不同生产批次产品的检验报告。

第三十四条 对于有适用的国家标准品的，应当使用国家标准品对试剂进行检验。中国食品药品检定研究院负责组织国家标准品的制备和标定工作。

第二节 临床评价

第三十五条 体外诊断试剂临床评价是指采用科学合理的方法对临床数据进行分析、评价，对产品是否满足使用要求或者预期用途进行确认，以证明体外诊断试剂的安全性、有效性的过程。

第三十六条 体外诊断试剂临床试验是指在相应的临床环境中，对体外诊断试剂的临床性能进行的系统性研究。

国家药品监督管理局制定体外诊断试剂临床试验指南，明确开展临床试验的要求、临床试验报告的撰写要求等。

第三十七条 开展体外诊断试剂临床评价，应当进行临床试验证明体外诊断试剂的安全性、有效性。

符合如下情形的，可以免于进行临床试验：

（一）反应原理明确、设计定型、生产工艺成熟，已上市的同品种体外诊断试剂临床应用多年且无严重不良事件记录，不改变常规用途的；

（二）通过进行同品种方法学比对的方式能够证明该体外诊断试剂安全、有效的。

免于进行临床试验的第二类、第三类体外诊断试剂目录由国家药品监督管理局制定、调整并公布。

第三十八条 免于进行临床试验的体外诊断试剂，申请人应当通过对符合预期用途的临床样本进行同品种方法学比对的方式证明产品的安全性、有效性。

国家药品监督管理局制定免于进行临床试验的体外诊断试剂临床评价相关指南。

第三十九条　体外诊断试剂临床评价资料是指申请人进行临床评价所形成的文件。

开展临床试验的，临床试验资料包括临床试验方案、伦理委员会意见、知情同意书、临床试验报告以及相关数据等。

列入免于进行临床试验目录的体外诊断试剂，临床评价资料包括与同类已上市产品的对比分析、方法学比对数据、相关文献数据分析和经验数据分析等。

第四十条　同一注册申请包括不同包装规格时，可以只采用一种包装规格的产品进行临床评价，临床评价用产品应当代表申请注册或者进行备案产品的安全性和有效性。

校准品、质控品单独申请注册不需要提交临床评价资料。

第四十一条　开展体外诊断试剂临床试验，应当按照医疗器械临床试验质量管理规范的要求，在具备相应条件并按照规定备案的医疗器械临床试验机构内进行。临床试验开始前，临床试验申办者应当向所在地省、自治区、直辖市药品监督管理部门进行临床试验备案。临床试验体外诊断试剂的生产应当符合医疗器械生产质量管理规范的相关要求。

第四十二条　对于体外诊断试剂临床试验期间出现的临床试验体外诊断试剂相关严重不良事件，或者其他严重安全性风险信息，临床试验申办者应当按照相关要求，分别向所在地和临床试验机构所在地省、自治区、直辖市药品监督管理部门报告，并采取风险控制措施。未采取风险控制措施的，省、自治区、直辖市药品监督管理部门依法责令申办者采取相应的风险控制措施。

第四十三条　体外诊断试剂临床试验中出现大范围临床试验体外诊断试剂相关严重不良事件，或者其他重大安全性问题时，申办者应当暂停或者终止体外诊断试剂临床试验，分别向所在地和临床试验机构所在地省、自治区、直辖市药品监督管理部门报告。未暂停或者终止的，省、自治区、直辖市药品监督管理部门依法责令申办者采取相应的风险控制措施。

第四十四条　对预期供消费者个人自行使用的体外诊断试剂开展临床评价时，申请人还应当进行无医学背景的消费者对产品说明书认知能力的评价。

第四十五条　对正在开展临床试验的用于诊断严重危及生命且尚无有效诊断手段的疾病的体外诊断试剂，经医学观察可能使患者获益，经伦理审查、知情同意后，可以在开展体外诊断试剂的临床试验的机构内免费用于其他病情相同的患者，其安全性数据可以用于体外诊断试剂注册申请。

第三节　注册体系核查

第四十六条　申请人应当在申请注册时提交与产品研制、生产有关的质量管理体系相关资料，受理注册申请的药品监督管理部门在产品技术审评时认为有必要对质量管理体系进行核查的，应当组织开展质量管理体系核查，并可以根据需要调阅原始资料。

第四十七条　境内第三类体外诊断试剂质量管理体系核查，由国家局器械审评中心通知申请人所在地的省、自治区、直辖市药品监督管理部门开展。

境内第二类体外诊断试剂质量管理体系核查，由申请人所在地省、自治区、直辖市药品监督管理部门组织开展。

第四十八条　省、自治区、直辖市药品监督管理部门按照医疗器械生产质量管理规范的要求开展质量管理体系核查，重点对申请人是否按照医疗器械生产质量管理规范的要求建立与产品相适应的质量管理体系，以及与产品研制、生产有关的设计开发、生产管理、质量控制等内容进行核查。

在核查过程中，应当同时对检验用产品和临床试验产品的真实性进行核查，重点查阅设计开发过程相关记录，以及检验用产品和临床试验产品生产过程的相关记录。

提交自检报告的，应当对申请人、备案人或者受托机构研制过程中的检验能力、检验结果等进行重点核查。

第四十九条 省、自治区、直辖市药品监督管理部门可以通过资料审查或者现场检查的方式开展质量管理体系核查。根据申请人的具体情况、监督检查情况、本次申请注册产品与既往已通过核查产品生产条件及工艺对比情况等，确定是否现场检查以及检查内容，避免重复检查。

第五十条 国家局器械审评中心对进口第二类、第三类体外诊断试剂开展技术审评时，认为有必要进行质量管理体系核查的，通知国家局审核查验中心根据相关要求开展核查。

第四节 产品注册

第五十一条 申请人应当在完成支持体外诊断试剂注册的安全性、有效性研究，做好接受质量管理体系核查的准备后，提出体外诊断试剂注册申请，并按照相关要求，通过在线注册申请等途径向药品监督管理部门提交下列注册申请资料：

（一）产品风险分析资料；

（二）产品技术要求；

（三）产品检验报告；

（四）临床评价资料；

（五）产品说明书以及标签样稿；

（六）与产品研制、生产有关的质量管理体系文件；

（七）证明产品安全、有效所需的其他资料。

第五十二条 药品监督管理部门收到申请后对申请资料进行审核，并根据下列情况分别作出处理：

（一）申请事项属于本行政机关职权范围，申请资料齐全、符合形式审核要求的，予以受理；

（二）申请资料存在可以当场更正的错误的，应当允许申请人当场更正；

（三）申请资料不齐全或者不符合法定形式的，应当当场或者在5日内一次告知申请人需要补正的全部内容，逾期不告知的，自收到申请资料之日起即为受理；

（四）申请事项依法不属于本行政机关职权范围的，应当即时作出不予受理的决定，并告知申请人向有关行政机关申请。

药品监督管理部门受理或者不予受理体外诊断试剂注册申请，应当出具加盖本行政机关专用印章和注明日期的受理或者不予受理的通知书。

体外诊断试剂注册申请受理后，需要申请人缴纳费用的，申请人应当按规定缴纳费用。申请人未在规定期限内缴纳费用的，视为申请人主动撤回申请，药品监督管理部门终止其注册程序。

第五十三条 技术审评过程中需要申请人补正资料的，技术审评机构应当一次告知需要补正的全部内容。申请人应当在收到补正通知1年内，按照补正通知要求一次提供补充资料；技术审评机构收到补充资料后，在规定的时限内完成技术审评。

申请人对补正通知内容有异议的，可以向相应的技术审评机构提出书面意见，说明理由并提供相应的技术支持资料。

申请人逾期未提交补充资料的，终止技术审评，药品监督管理部门作出不予注册的决定。

第五十四条 对于已受理的注册申请，申请人可以在行政许可决定作出前，向受理该申请的药品监督管理部门申请撤回注册申请及相关资料，并说明理由。同意撤回申请的，药品监督管理部门终止其注册程序。

审评、核查、审批过程中发现涉嫌存在隐瞒真实情况或者提供虚假信息等违法行为的，依法处理，申请人不得撤回注册申请。

第五十五条 对于已受理的注册申请，有证据表明注册申请资料可能虚假的，药品监督管理部门可以中止审评审批。经核实后，根据核实结论继续审查或者作出不予注册的决定。

第五十六条 体外诊断试剂注册申请审评期间，对于拟作出不通过的审评结论的，技术审评机构应当告知申请人不通过的理由，申请人可以在 15 日内向技术审评机构提出异议，异议内容仅限于原申请事项和原申请资料。技术审评机构结合申请人的异议意见进行综合评估并反馈申请人。异议处理时间不计入审评时限。

第五十七条 受理注册申请的药品监督管理部门应当在技术审评结束后，作出是否批准的决定。对符合安全、有效、质量可控要求的，准予注册，发给医疗器械注册证，经过核准的产品技术要求和产品说明书以附件形式发给申请人。对不予注册的，应当书面说明理由，并同时告知申请人享有依法申请行政复议或者提起行政诉讼的权利。

医疗器械注册证有效期为 5 年。

第五十八条 对于已受理的注册申请，有下列情形之一的，药品监督管理部门作出不予注册的决定，并告知申请人：

（一）申请人对拟上市销售体外诊断试剂的安全性、有效性、质量可控性进行的研究及其结果无法证明产品安全、有效、质量可控的；

（二）质量管理体系核查不通过，以及申请人拒绝接受质量管理体系现场检查的；

（三）注册申请资料虚假的；

（四）注册申请资料内容混乱、矛盾，注册申请资料内容与申请项目明显不符，不能证明产品安全、有效、质量可控的；

（五）不予注册的其他情形。

第五十九条 法律、法规、规章规定实施行政许可应当听证的事项，或者药品监督管理部门认为需要听证的其他涉及公共利益的重大行政许可事项，药品监督管理部门应当向社会公告，并举行听证。医疗器械注册申请直接涉及申请人与他人之间重大利益关系的，药品监督管理部门在作出行政许可决定前，应当告知申请人、利害关系人享有要求听证的权利。

第六十条 对用于罕见疾病、严重危及生命且尚无有效诊断手段的疾病和应对公共卫生事件等急需的体外诊断试剂，药品监督管理部门可以作出附条件批准决定，并在医疗器械注册证中载明有效期、上市后需要继续完成的研究工作及完成时限等相关事项。

第六十一条 对附条件批准的体外诊断试剂，注册人应当在体外诊断试剂上市后收集受益和风险相关数据，持续对产品的受益和风险开展监测与评估，采取有效措施主动管控风险，并在规定期限内按照要求完成研究并提交相关资料。

第六十二条 对附条件批准的体外诊断试剂，注册人逾期未按照要求完成研究或者不能证明其受益大于风险的，注册人应当及时申请办理医疗器械注册证注销手续，药品监督管理部门可以依法注销医疗器械注册证。

第六十三条 对新研制的尚未列入体外诊断试剂分类目录的体外诊断试剂，申请人可以直接申请第三类体外诊断试剂产品注册，也可以依据分类规则判断产品类别并向国家药品监督管理局申请类别确认后，申请产品注册或者进行产品备案。

直接申请第三类体外诊断试剂注册的，国家药品监督管理局按照风险程度确定类别。境内体外诊断试剂确定为第二类或者第一类的，应当告知申请人向相应的药品监督管理部门申请注册或者进行备案。

第六十四条 已注册的体外诊断试剂，其管理类别由高类别调整为低类别的，医疗器械注册证在有效期内继续有效。有效期届满需要延续的，注册人应当在医疗器械注册证有效期届满 6 个月前，按照调整后的类别向相应的药品监督管理部门申请延续注册或者进行备案。

体外诊断试剂管理类别由低类别调整为高类别的，注册人应当按照改变后的类别向相应的药品监督管理部门申请注册。国家药品监督管理局在管理类别调整通知中应当对完成调整的时限作出规定。

第六十五条 医疗器械注册证及其附件遗失、损毁的，注册人应当向原发证机关申请补发，原发证机关核实后予以补发。

第六十六条 注册申请审查过程中及批准后发生专利权纠纷的，应当按照有关法律、法规的规定处理。

第四章 特殊注册程序

第一节 创新产品注册程序

第六十七条 符合下列要求的体外诊断试剂，申请人可以申请适用创新产品注册程序：

（一）申请人通过其主导的技术创新活动，在中国依法拥有产品核心技术发明专利权，或者依法通过受让取得在中国发明专利权或其使用权，且申请适用创新产品注册程序的时间在专利授权公告日起5年内；或者核心技术发明专利的申请已由国务院专利行政部门公开，并由国家知识产权局专利检索咨询中心出具检索报告，载明产品核心技术方案具备新颖性和创造性；

（二）申请人已完成产品的前期研究并具有基本定型产品，研究过程真实和受控，研究数据完整和可溯源；

（三）产品主要工作原理或者作用机理为国内首创，产品性能或者安全性与同类产品比较有根本性改进，技术上处于国际领先水平，且具有显著的临床应用价值。

第六十八条 申请适用创新产品注册程序的，申请人应当在产品基本定型后，向国家药品监督管理局提出创新医疗器械审查申请。国家药品监督管理局组织专家进行审查，符合要求的，纳入创新产品注册程序。

第六十九条 对于适用创新产品注册程序的体外诊断试剂注册申请，国家药品监督管理局以及承担相关技术工作的机构，根据各自职责指定专人负责，及时沟通，提供指导。

纳入创新产品注册程序的体外诊断试剂，国家局器械审评中心可与申请人在注册申请受理前以及技术审评过程中就产品研制中的重大技术问题、重大安全性问题、临床试验方案、阶段性临床试验结果的总结与评价等问题沟通交流。

第七十条 纳入创新产品注册程序的体外诊断试剂，申请人主动要求终止或者国家药品监督管理局发现不再符合创新产品注册程序要求的，国家药品监督管理局可终止相关产品的创新产品注册程序并告知申请人。

第七十一条 纳入创新产品注册程序的体外诊断试剂，申请人在规定期限内未提出注册申请的，不再适用创新产品注册程序。

第二节 优先注册程序

第七十二条 满足下列情形之一的体外诊断试剂，可以申请适用优先注册程序：

（一）诊断罕见病、恶性肿瘤，且具有明显临床优势，诊断老年人特有和多发疾病且目前尚无有效诊断手段，专用于儿童且具有明显临床优势，或者临床急需且在我国尚无同品种产品获准注册的医疗器械；

（二）列入国家科技重大专项或者国家重点研发计划的医疗器械；

（三）国家药品监督管理局规定的其他可以适用优先注册程序的医疗器械。

第七十三条 申请适用优先注册程序的，申请人应当在提出体外诊断试剂注册申请时，向国家药品监督管理局提出适用优先注册程序的申请。属于第七十二条第一项情形的，由国家药品监督管理局组织专家进行审核，符合的，纳入优先注册程序；属于第七十二条第二项情形的，由国家局器械审评中心进行审核，符合的，纳入优先注册程序；属于第七十二条第三项情形的，由国家药品监督管理局广泛听取意见，并组织专家论证后确定是否纳入优先注册程序。

第七十四条 对纳入优先注册程序的体外诊断试剂注册申请，国家药品监督管理局优先进行审评审批，省、自治区、直辖市药品监督管理部门优先安排注册质量管理体系核查。

国家局器械审评中心在对纳入优先注册程序的医疗器械产品开展技术审评过程中，应当按照相关规定积极与申请人进行沟通交流，必要时，可以安排专项交流。

第三节 应急注册程序

第七十五条 国家药品监督管理局可以依法对突发公共卫生事件应急所需且在我国境内尚无同类产品上市，或者虽在我国境内已有同类产品上市但产品供应不能满足突发公共卫生事件应急处理需要的体外诊断试剂实施应急注册。

第七十六条 申请适用应急注册程序的，申请人应当向国家药品监督管理局提出应急注册申请。符合条件的，纳入应急注册程序。

第七十七条 对实施应急注册的体外诊断试剂注册申请，国家药品监督管理局按照统一指挥、早期介入、随到随审、科学审批的要求办理，并行开展体外诊断试剂产品检验、体系核查、技术审评等工作。

第五章 变更注册与延续注册

第一节 变 更 注 册

第七十八条 注册人应当主动开展体外诊断试剂上市后研究，对体外诊断试剂的安全性、有效性和质量可控性进行进一步确认，加强对已上市体外诊断试剂的持续管理。

已注册的第二类、第三类体外诊断试剂产品，其设计、原材料、生产工艺、适用范围、使用方法等发生实质性变化，有可能影响该体外诊断试剂安全、有效的，注册人应当向原注册部门申请办理变更注册手续；发生其他变化的，应当在变化之日起 30 日内向原注册部门备案。

注册证载明的产品名称、包装规格、主要组成成分、预期用途、产品技术要求、产品说明书、进口体外诊断试剂的生产地址等，属于前款规定的需要办理变更注册的事项。注册人名称和住所、代理人名称和住所等，属于前款规定的需要备案的事项。境内体外诊断试剂生产地址变更的，注册人应当在办理相应的生产许可变更后办理备案。

发生其他变化的，注册人应当按照质量管理体系要求做好相关工作，并按规定向药品监督管理部门报告。

第七十九条 已注册的第二类、第三类体外诊断试剂，产品的核心技术原理等发生实质性改变，或者发生其他重大改变、对产品安全有效性产生重大影响，实质上构成新的产品的，不属于本章规定的变更申请事项，应当按照注册申请的规定办理。

第八十条 对于变更注册申请，技术审评机构应当重点针对变化部分进行审评，对变化后产品是否安全、有效、质量可控形成审评意见。

在对变更注册申请进行技术审评时，认为有必要对质量管理体系进行核查的，药品监督管理部门应当组织开展质量管理体系核查。

第八十一条 医疗器械变更注册文件与原医疗器械注册证合并使用，有效期截止日期与原医疗器械注册证相同。

第二节 延续注册

第八十二条 医疗器械注册证有效期届满需要延续注册的，注册人应当在医疗器械注册证有效期届满 6 个月前，向原注册部门申请延续注册，并按照相关要求提交申请资料。

除有本办法第八十三条规定情形外，接到延续注册申请的药品监督管理部门应当在医疗器械注册证有效期届满前作出准予延续的决定。逾期未作决定的，视为准予延续。

第八十三条 有下列情形之一的，不予延续注册：

（一）未在规定期限内提出延续注册申请；

（二）新的体外诊断试剂强制性标准或者国家标准品发布实施，申请延续注册的体外诊断试剂不能达到新要求；

（三）附条件批准的体外诊断试剂，未在规定期限内完成医疗器械注册证载明事项。

第八十四条 延续注册的批准时间在原注册证有效期内的，延续注册的注册证有效期起始日为原注册证到期日次日；批准时间不在原注册证有效期内的，延续注册的注册证有效期起始日为批准延续注册的日期。

第八十五条 体外诊断试剂变更注册申请、延续注册申请的受理与审批程序，本章未作规定的，适用本办法第三章的相关规定。

第六章 体外诊断试剂备案

第八十六条 第一类体外诊断试剂生产前，应当进行产品备案。

第八十七条 进行体外诊断试剂备案，备案人应当按照《医疗器械监督管理条例》的规定向药品监督管理部门提交备案资料，获取备案编号。

第八十八条 已备案的体外诊断试剂，备案信息表中登载内容及备案的产品技术要求发生变化的，备案人应当向原备案部门变更备案，并提交变化情况的说明以及相关文件。药品监督管理部门应当将变更情况登载于备案信息中。

第八十九条 已备案的体外诊断试剂管理类别调整为第二类或者第三类体外诊断试剂的，应当按照本办法规定申请注册。

第七章 工 作 时 限

第九十条 本办法所规定的时限是体外诊断试剂注册的受理、技术审评、核查、审批等工作的最长时间。特殊注册程序相关工作时限，按特殊注册程序相关规定执行。

国家局器械审评中心等专业技术机构应当明确本单位工作程序和时限，并向社会公布。

第九十一条 药品监督管理部门收到体外诊断试剂注册申请后，应当自受理之日起 3 日内将申请资料转交技术审评机构。

第九十二条 体外诊断试剂注册技术审评时限，按照以下规定执行：

（一）第二类体外诊断试剂注册申请、变更注册申请、延续注册申请的技术审评时限为 60 日，申请资料补正后的技术审评时限为 60 日；

（二）第三类体外诊断试剂注册申请、变更注册申请、延续注册申请的技术审评时限为 90 日，申请资料补正后的技术审评时限为 60 日。

第九十三条 境内第三类体外诊断试剂质量管理体系核查时限，按照以下规定执行：

（一）国家局器械审评中心应当在体外诊断试剂注册申请受理后 10 日内通知相关省、自治区、直辖市药品监督管理部门启动核查；

（二）省、自治区、直辖市药品监督管理部门原则上在接到核查通知后 30 日内完成核查，并将核查情况、核查结果等相关材料反馈至国家局器械审评中心。

第九十四条 受理注册申请的药品监督管理部门应当自收到审评意见之日起 20 日内作出决定。

第九十五条 药品监督管理部门应当自作出体外诊断试剂注册审批决定之日起 10 日内颁发、送达有关行政许可证件。

第九十六条 因产品特性以及技术审评、核查等工作遇到特殊情况确需延长时限的，延长时限不得超过原时限的二分之一，经医疗器械技术审评、核查等相关技术机构负责人批准后，由延长时限的技术机构书面告知申请人，并通知其他相关技术机构。

第九十七条 原发证机关应当自收到医疗器械注册证补办申请之日起 20 日内予以补发。

第九十八条 以下时间不计入相关工作时限：

（一）申请人补充资料、核查后整改等所占用的时间；

（二）因申请人原因延迟核查的时间；

（三）外聘专家咨询、召开专家咨询会、需要与药品审评机构联合审评的时间；

（四）根据规定中止审评审批程序的，中止审评审批程序期间所占用的时间；

（五）质量管理体系核查所占用的时间。

第九十九条 本办法规定的时限以工作日计算。

第八章 监 督 管 理

第一百条 药品监督管理部门应当加强体外诊断试剂研制活动的监督检查，必要时可以对为体外诊断试剂研制提供产品或者服务的单位和个人进行延伸检查，有关单位和个人应当予以配合，提供相关文件和资料，不得拒绝、隐瞒、阻挠。

第一百零一条 国家药品监督管理局建立并分步实施医疗器械唯一标识制度，申请人、备案人应当按照相关规定提交唯一标识相关信息，保证数据真实、准确、可溯源。

第一百零二条 国家药品监督管理局应当及时将代理人信息通报代理人所在地省、自治区、直辖市药品监督管理部门。省、自治区、直辖市药品监督管理部门对本行政区域内的代理人组织开展日常监督管理。

第一百零三条 省、自治区、直辖市药品监督管理部门根据医疗器械临床试验机构备案情况，组织对本行政区域内已经备案的临床试验机构开展备案后监督检查。对于新备案的医疗器械临床试验机构，应当在备案后 60 日内开展监督检查。

省、自治区、直辖市药品监督管理部门应当组织对本行政区域内医疗器械临床试验机构遵守医疗器械临床试验质量管理规范的情况进行日常监督检查，监督其持续符合规定要求。国家药品监督管理局根据需要对医疗器械临床试验机构进行监督检查。

第一百零四条 药品监督管理部门认为有必要的，可以对临床试验的真实性、准确性、完整性、规范性和可追溯性进行现场检查。

第一百零五条 承担第一类体外诊断试剂产品备案工作的药品监督管理部门在备案后监督中，发现备案资料不规范的，应当责令备案人限期改正。

第一百零六条 药品监督管理部门未及时发现本行政区域内体外诊断试剂注册管理系统性、区域性风险，或者未及时消除本行政区域内体外诊断试剂注册管理系统性、区域性隐患的，上级药品监督管理部门可以对下级药品监督管理部门主要负责人进行约谈。

第九章 法 律 责 任

第一百零七条 违反本办法第七十八条的规定，未按照要求对发生变化进行备案的，责令限期改正；逾期不改正的，处1万元以上3万元以下罚款。

第一百零八条 开展体外诊断试剂临床试验未遵守临床试验质量管理规范的，依照《医疗器械监督管理条例》第九十四条予以处罚。

第一百零九条 医疗器械技术审评机构未依照本办法规定履行职责，致使审评工作出现重大失误的，由负责药品监督管理的部门责令改正，通报批评，给予警告；造成严重后果的，对违法单位的法定代表人、主要负责人、直接负责的主管人员和其他责任人员，依法给予处分。

第一百一十条 负责药品监督管理的部门工作人员违反规定，滥用职权、玩忽职守、徇私舞弊的，依法给予处分。

第十章 附　则

第一百一十一条 体外诊断试剂的命名应当遵循以下原则：

体外诊断试剂的产品名称一般由三部分组成。第一部分：被测物质的名称；第二部分：用途，如测定试剂盒、质控品等；第三部分：方法或者原理，如磁微粒化学发光免疫分析法、荧光PCR法、荧光原位杂交法等，本部分应当在括号中列出。

如果被测物组分较多或者有其他特殊情况，可以采用与产品相关的适应症名称或者其他替代名称。

第一类产品和校准品、质控品，依据其预期用途进行命名。

第一百一十二条 体外诊断试剂的注册或者备案单元应为单一试剂或者单一试剂盒，一个注册或者备案单元可以包括不同的包装规格。

校准品、质控品可以与配合使用的体外诊断试剂合并申请注册，也可以单独申请注册。

第一百一十三条 获准注册的体外诊断试剂，是指与该医疗器械注册证及附件限定内容一致且在医疗器械注册证有效期内生产的体外诊断试剂。

第一百一十四条 医疗器械注册证中"主要组成成分"栏内所载明的独立试剂组分，用于原注册产品的，可以单独销售。

第一百一十五条 申请人在申请体外诊断试剂产品注册、变更注册中可以经医疗器械主文档所有者授权，引用经登记的医疗器械主文档。医疗器械主文档由其所有者或代理机构办理登记，相关工作程序另行规定。

第一百一十六条 医疗器械注册证格式由国家药品监督管理局统一制定。

注册证编号的编排方式为：

×1 械注×2××××3×4××5××××6。其中：

×1 为注册审批部门所在地的简称：

境内第三类体外诊断试剂、进口第二类、第三类体外诊断试剂为"国"字；

境内第二类体外诊断试剂为注册审批部门所在地省、自治区、直辖市简称；

×2 为注册形式：

"准"字适用于境内体外诊断试剂；

"进"字适用于进口体外诊断试剂；

"许"字适用于香港、澳门、台湾地区的体外诊断试剂；

××××3 为首次注册年份；

×4 为产品管理类别；

××5 为产品分类编码；

××××6 为首次注册流水号。

延续注册的，××××3 和××××6 数字不变。产品管理类别调整的，应当重新编号。

第一百一十七条 第一类医疗器械备案编号的编排方式为：

×1 械备××××2××××3。

其中：

×1 为备案部门所在地的简称；

进口第一类体外诊断试剂为"国"字；

境内第一类体外诊断试剂为备案部门所在地省、自治区、直辖市简称加所在地设区的市级行政区域的简称（无相应设区的市级行政区域时，仅为省、自治区、直辖市的简称）；

××××2 为备案年份；

××××3 为备案流水号。

第一百一十八条 药品监督管理部门制作的医疗器械注册证、变更注册文件电子文件与纸质文件具有同等法律效力。

第一百一十九条 根据工作需要，国家药品监督管理局可以依法委托省、自治区、直辖市药品监督管理部门或者技术机构、社会组织承担有关的具体工作。

第一百二十条 省、自治区、直辖市药品监督管理部门可以参照本办法第四章规定制定本行政区域内第二类体外诊断试剂特殊注册程序，并报国家药品监督管理局备案。

第一百二十一条 体外诊断试剂产品注册收费项目、收费标准按照国务院财政、价格主管部门的有关规定执行。

第一百二十二条 体外诊断试剂紧急使用的有关规定，由国家药品监督管理局会同有关部门另行制定。

第一百二十三条 国内尚无同品种产品上市，医疗机构根据本单位的临床需要自行研制，在执业医师指导下在本单位内使用的体外诊断试剂，相关管理规定由国家药品监督管理局会同有关部门另行制定。

第一百二十四条 香港、澳门、台湾地区体外诊断试剂的注册、备案，参照进口体外诊断试剂办理。

第一百二十五条 本办法自 2021 年 10 月 1 日起施行。2014 年 7 月 30 日原国家食品药品监督管理总局令第 5 号公布的《体外诊断试剂注册管理办法》同时废止。

生物制品批签发管理办法

（2020 年 12 月 11 日国家市场监督管理总局令第 33 号公布　自 2021 年 3 月 1 日起施行）

第一章 总　　则

第一条 为了加强生物制品监督管理，规范生物制品批签发行为，保证生物制品安全、有效，根据《中华人民共和国药品管理法》（以下简称《药品管理法》）、《中华人民共和国疫苗管理法》（以下简称《疫苗管理法》）有关规定，制定本办法。

第二条 本办法所称生物制品批签发，是指国家药品监督管理局对获得上市许可的疫苗类制品、血液制品、用于血源筛查的体外诊断试剂以及国家药品监督管理局规定的其他生物制品，在每批产品上市销售前或者进口时，经指定的批签发机构进行审核、检验，对符合要求的发给批签发证明的活动。

未通过批签发的产品，不得上市销售或者进口。依法经国家药品监督管理局批准免予批签发的产品除外。

第三条　批签发申请人应当是持有药品批准证明文件的境内外药品上市许可持有人。境外药品上市许可持有人应当指定我国境内企业法人办理批签发。

批签发产品应当按照经核准的工艺生产，并应当符合国家药品标准和药品注册标准。生产全过程应当符合药品生产质量管理规范的要求。药品上市许可持有人应当建立完整的生产质量管理体系，持续加强偏差管理。药品上市许可持有人对批签发产品生产、检验等过程中形成的资料、记录和数据的真实性负责。批签发资料应当经药品上市许可持有人的质量受权人审核并签发。

每批产品上市销售前或者进口时，批签发申请人应当主动提出批签发申请，依法履行批签发活动中的法定义务，保证申请批签发的产品质量可靠以及批签发申请资料和样品的真实性。

第四条　国家药品监督管理局主管全国生物制品批签发工作，负责规定批签发品种范围，指定批签发机构，明确批签发工作要求，指导批签发工作的实施。

省、自治区、直辖市药品监督管理部门负责本行政区域批签发申请人的监督管理，负责组织对本行政区域内批签发产品的现场检查；协助批签发机构开展现场核实，组织批签发产品的现场抽样及批签发不合格产品的处置，对批签发过程中发现的重大质量风险及违法违规行为进行调查处理，并将调查处理结果及时通知批签发机构；对企业生产过程中出现的可能影响产品质量的重大偏差进行调查，并出具审核评估报告；负责本行政区域内批签发机构的日常管理。

国家药品监督管理局指定的批签发机构负责批签发的受理、资料审核、样品检验等工作，并依法作出批签发决定。

中国食品药品检定研究院（以下简称中检院）组织制定批签发技术要求和技术考核细则，对拟承担批签发工作或者扩大批签发品种范围的药品检验机构进行能力评价和考核，对其他批签发机构进行业务指导、技术培训和考核评估；组织协调批签发机构批签发工作的实施。

国家药品监督管理局食品药品审核查验中心（以下简称核查中心）承担批签发过程中的境外现场检查等工作。

第五条　国家药品监督管理局对批签发产品建立基于风险的监督管理体系。必要时，可以通过现场核实验证批签发申请资料的真实性、可靠性。

第六条　生物制品批签发审核、检验应当依据国家药品标准和药品注册标准。

第二章　批签发机构确定

第七条　批签发机构及其所负责的批签发品种由国家药品监督管理局确定。

国家药品监督管理局根据批签发工作需要，适时公布新增批签发机构及批签发机构扩增批签发品种的评定标准、程序和条件。

第八条　药品检验机构可以按照评定标准和条件要求向省、自治区、直辖市药品监督管理部门提交承担批签发工作或者扩增批签发品种的相关工作材料。省、自治区、直辖市药品监督管理部门审查认为符合批签发机构评定标准的，向国家药品监督管理局提出批签发机构评估申请。中检院对提出申请的药品检验机构进行能力评估和考核。国家药品监督管理局根据考核结果确定由该药品检验机构承担相应品种的批签发工作，或者同意该批签发机构扩大批签发品种范围。

第九条　中检院应当根据批签发工作需要，对批签发机构进行评估，评估情况及时报告国家药品监督管理局。

第十条　批签发机构有下列情形之一的，国家药品监督管理局可以要求该机构停止批签发工作：

（一）发生重大差错、造成严重后果的；

（二）出具虚假检验报告的；

（三）经评估不再具备批签发机构评定标准和条件要求的。

第三章　批签发申请

第十一条　新批准上市的生物制品首次申请批签发前，批签发申请人应当在生物制品批签发管理系统内登记建档。登记时应当提交以下资料：

（一）生物制品批签发品种登记表；

（二）药品批准证明文件；

（三）合法生产的相关文件。

相关资料符合要求的，中检院应当在 10 日内完成所申请品种在生物制品批签发管理系统内的登记确认。

登记信息发生变化时，批签发申请人应当及时在生物制品批签发管理系统内变更。

第十二条　对拟申请批签发的每个品种，批签发申请人应当建立独立的批签发生产及检验记录摘要模板，报中检院核定后，由中检院分发给批签发机构和申请人。批签发申请人需要修订已核定的批签发生产及检验记录摘要模板的，应当向中检院提出申请，经中检院核定后方可变更。

第十三条　按照批签发管理的生物制品，批签发申请人在生产、检验完成后，应当在生物制品批签发管理系统内填写生物制品批签发申请表，并根据申请批签发产品的药品上市许可持有人所在地或者拟进口口岸所在地批签发机构设置情况，向相应属地的批签发机构申请批签发。

第十四条　批签发申请人凭生物制品批签发申请表向省、自治区、直辖市药品监督管理部门或者其指定的抽样机构提出抽样申请，抽样人员在 5 日内组织现场抽样，并将所抽样品封存。批签发申请人将封存样品在规定条件下送至批签发机构办理批签发登记，同时提交批签发申请资料。

省、自治区、直辖市药品监督管理部门负责组织本行政区域生产或者进口的批签发产品的抽样工作，按照国家药品监督管理局药品抽样规定制定抽样管理程序，确定相对固定的抽样机构和人员并在批签发机构备案，定期对抽样机构和人员进行培训，对抽样工作进行督查指导。

第十五条　批签发申请人申请批签发时，应当提供以下证明性文件、资料及样品：

（一）生物制品批签发申请表；

（二）药品批准证明文件；

（三）合法生产的相关文件；

（四）上市后变更的批准或者备案文件；

（五）质量受权人签字并加盖企业公章的批生产及检验记录摘要；

（六）数量满足相应品种批签发检验要求的同批号产品，必要时提供与检验相关的中间产品、标准物质、试剂等材料；

（七）生产管理负责人、质量管理负责人、质量受权人等关键人员变动情况的说明；

（八）与产品质量相关的其他资料。

申请疫苗批签发的，还应当提交疫苗的生产工艺偏差、质量差异、生产过程中的故障和事故以及采取措施的记录清单和对疫苗质量影响的评估结论；可能影响疫苗质量的，还应当提交偏差报告，包括偏差描述、处理措施、风险评估结论、已采取或者计划采取的纠正和预防措施等。对可能影响质量的重大偏差，应当提供所在地省、自治区、直辖市药品监督管理部门的审核评估报告。

进口疫苗类制品和血液制品应当同时提交生产企业所在国家或者地区的原产地证明以及药品管理当局出具的批签发证明文件。进口产品在本国免于批签发的，应当提供免于批签发的证明性文件。相关证明性文件应当同时提供经公证的中文译本。相关证明性文件为复印件的，应当加盖企业公章。

生物制品批生产及检验记录摘要，是指概述某一批生物制品全部生产工艺流程和质量控制关键环节检验结果的文件。该文件应当由企业质量管理部门和质量受权人审核确定。

第十六条 批签发机构收到申请资料及样品后，应当立即核对，交接双方登记签字确认后，妥善保存。批签发申请人无法现场签字确认的，应当提前递交书面承诺。

批签发机构应当在5日内决定是否受理。同意受理的，出具批签发受理通知书；不予受理的，予以退回，发给不予受理通知书并说明理由。

申请资料不齐全或者不符合规定形式的，批签发机构应当在5日内一次性书面告知批签发申请人需要补正的全部内容及资料补正时限。逾期不告知的，自收到申请资料和样品之日起即为受理。

批签发申请人收到补正资料通知后，应当在10日内补正资料，逾期未补正且无正当理由的，视为放弃申请，无需作出不予受理的决定。

申请资料存在可以当场更正的错误的，应当允许批签发申请人当场更正。

未获批签发机构受理的，不得更换其他批签发机构再次申请。

第十七条 对于国家疾病防控应急需要的生物制品，经国家药品监督管理局批准，企业在完成生产后即可向批签发机构申请同步批签发。

在批签发机构作出批签发合格结论前，批签发申请人应当将批签发申请资料补充完整并提交批签发机构。

第十八条 预防、控制传染病疫情或者应对突发事件急需的疫苗，经国家药品监督管理局批准，免予批签发。

第四章 审核、检验、检查与签发

第十九条 疫苗批签发应当逐批进行资料审核和抽样检验，其他生物制品批签发可以采取资料审核的方式，也可以采取资料审核和样品检验相结合的方式进行，并可根据需要进行现场核实。对不同品种检验项目和检验比例，由中检院负责组织论证，并抄报国家药品监督管理局。批签发机构按照确定的检验要求进行检验。

批签发机构在对具体品种的批签发过程中，可以根据该品种的工艺及质量控制成熟度和既往批签发等情况进行综合评估，动态调整该品种的检验项目和检验频次。批签发产品出现不合格项目的，批签发机构应当对后续批次产品的相应项目增加检验频次。

第二十条 资料审核的内容包括：

（一）申请资料内容是否符合要求；

（二）生产用原辅材料、菌种、毒种、细胞等是否与国家药品监督管理局批准的一致；

（三）生产工艺和过程控制是否与国家药品监督管理局批准的一致并符合国家药品标准要求；

（四）产品原液、半成品和成品的检验项目、检验方法和结果是否符合国家药品标准和药品注册标准的要求；

（五）产品关键质量指标趋势分析是否存在异常；

（六）产品包装、标签及说明书是否与国家药品监督管理局核准的内容一致；

（七）生产工艺偏差等对产品质量影响的风险评估报告；

（八）其他需要审核的项目。

第二十一条 有下列情形之一的，产品应当按照注册标准进行全部项目检验，至少连续生产的三批产品批签发合格后，方可进行部分项目检验：

（一）批签发申请人新获国家药品监督管理局批准上市的产品；

（二）生产场地发生变更并经批准的；

（三）生产工艺发生重大变更并经批准的；

（四）产品连续两年未申请批签发的；

（五）因违反相关法律法规被责令停产后经批准恢复生产的；

（六）有信息提示相应产品的质量或者质量控制可能存在潜在风险的。

第二十二条 批签发机构应当在本办法规定的工作时限内完成批签发工作。批签发申请人补正资料的时间、现场核实、现场检查和技术评估时间不计入批签发工作时限。

疫苗类产品应当在 60 日内完成批签发，血液制品和用于血源筛查的体外诊断试剂应当在 35 日内完成批签发。需要复试的，批签发工作时限可延长该检验项目的两个检验周期，并告知批签发申请人。

因品种特性及检验项目原因确需延长批签发时限的，经中检院审核确定后予以公开。

第二十三条 批签发机构因不可抗力或者突发公共卫生事件应急处置等原因，在规定的时限内不能完成批签发工作的，应当将批签发延期的时限、理由及预期恢复的时间书面通知批签发申请人。确实难以完成的，由中检院协调其他批签发机构承担。

第二十四条 批签发机构在保证资料审核和样品检验等技术审查工作独立性的前提下，可就批签发过程中需要解释的具体问题与批签发申请人进行沟通核实。核实工作可通过电话沟通、书面通知等形式进行，必要时可开展现场核实。需要批签发申请人提供说明或者补充资料的，应当书面通知，并明确回复时限。

批签发机构对批签发申请资料及样品真实性需要进一步核对的，应当及时派员到生产企业进行现场核实，可采取现场调阅原始记录、现场查看设备及日志等措施，并可视情况进行现场抽样检验。开展现场核实工作应当按照生物制品批签发现场核实相关要求进行，并通知省、自治区、直辖市药品监督管理部门派监管执法人员予以协助。

第二十五条 有下列情形之一的，批签发机构应当通报批签发申请人所在地和生产场地所在地省、自治区、直辖市药品监督管理部门，提出现场检查建议，并抄报国家药品监督管理局：

（一）无菌检验不合格的；

（二）效力等有效性指标连续两批检验不合格的；

（三）资料审核提示产品生产质量控制可能存在严重问题的，或者生产工艺偏差、质量差异、生产过程中的故障和事故需进一步核查的；

（四）批签发申请资料或者样品可能存在真实性问题的；

（五）其他提示产品存在重大质量风险的情形。

在上述问题调查处理期间，对批签发申请人相应品种可以暂停受理或者签发。

进口生物制品批签发中发现上述情形的，批签发机构应当报告国家药品监督管理局，并提出现场检查等相关建议。

第二十六条 省、自治区、直辖市药品监督管理部门接到批签发机构通报和现场检查建议后，应当在 10 日内进行现场检查。

检查结束后 10 日内，省、自治区、直辖市药品监督管理部门应当组织对批签发机构提出的相关批次产品的质量风险进行技术评估，作出明确结论；特殊情况下可适当延长期限并说明理由。国家药品监督管理局接到批签发机构关于进口产品通报和现场检查建议后，根据风险评估情况，及时组织核查中心进行境外现场检查。境外现场检查时限根据具体情况确定。

检查机构应当根据检查发现的风险程度和涉及范围，对可能需要采取紧急措施的，提出风险控制建议。接到通报的药品监督管理部门应当通知批签发机构对批签发申请人的相关产品或者所有产品不予批签发或者暂停批签发，并责令批签发申请人整改。

批签发申请人在查清问题原因并整改完成后，向药品监督管理部门和批签发机构报告。药品监督管理部门经确认符合要求后通知批签发机构，方可恢复批签发。

第二十七条 药品监督管理部门在监督检查中发现生物制品存在重大质量风险的，应当根据检查结果及时通知批签发机构对药品上市许可持有人的相关产品不予批签发或者暂停批签发。

第二十八条 批签发申请人申请撤回批签发的，应当说明理由，经批签发机构同意后方可撤回；批签发申请人应当向所在地省、自治区、直辖市药品监督管理部门报告批签发申请撤回情况。批签发机构已经确认资料审核提示缺陷、检验结果不符合规定的，批签发申请人不得撤回。

同步批签发过程中出现检验结果不符合规定情况等需要申请撤回批签发的，应当说明理由，经批签发机构同意后方可撤回。

第二十九条 批签发机构根据资料审核、样品检验或者现场检查等结果作出批签发结论。符合要求的，签发生物制品批签发证明，加盖批签发专用章，发给批签发申请人。

批签发机构签发的批签发电子证明与印制的批签发证明具有同等法律效力。

按照批签发管理的生物制品在销售时，应当出具加盖企业印章的该批产品的生物制品批签发证明复印件或者电子文件。

第三十条 有下列情形之一的，不予批签发，向批签发申请人出具生物制品不予批签发通知书，并抄送批签发申请人所在地省或者进口口岸所在省、自治区、直辖市药品监督管理部门：

（一）资料审核不符合要求的；

（二）样品检验不合格的；

（三）现场核实发现存在真实性问题的；

（四）现场检查发现违反药品生产质量管理规范且存在严重缺陷的；

（五）现场检查发现产品存在系统性、重大质量风险的；

（六）批签发申请人无正当理由，未在规定时限内补正资料的；

（七）经综合评估存在重大质量风险的；

（八）其他不符合法律法规要求的。

第三十一条 不予批签发或者撤回批签发的生物制品，由所在地省、自治区、直辖市药品监督管理部门按照有关规定监督批签发申请人销毁。不予批签发或者撤回批签发的进口生物制品由口岸所在地药品监督管理部门监督销毁，或者依法进行其他处理。

第三十二条 在批签发工作中发现企业产品存在质量问题或者其他安全隐患，涉及已上市流通批次的，批签发机构应当立即通报批签发申请人所在地和生产场地所在地省、自治区、直辖市药品监督管理部门；涉及进口生物制品的应当通报进口口岸所在地省、自治区、直辖市药品监督管理部门。接到通报的药品监督管理部门立即通知批签发申请人。

批签发申请人应当立即采取停止销售、使用，召回缺陷产品等措施，并按照有关规定在药品监督管理部门的监督下予以销毁。批签发申请人将销毁记录同时报药品监督管理部门和相应的批签发机构。

药品监督管理部门可以根据风险评估情况，采取责任约谈、限期整改等措施。

批签发申请人召回产品的，不免除其依法应当承担的其他法律责任。

第三十三条 批签发机构应当对批签发工作情况进行年度总结，由中检院汇总分析后，于每年3月底前向国家药品监督管理局报告。

第五章 复 审

第三十四条 批签发申请人对生物制品不予批签发通知书有异议的，可以自收到生物制品不予批签发通知书之日起7日内，向原批签发机构或者直接向中检院提出复审申请。

第三十五条 原批签发机构或者中检院应当在收到批签发申请人的复审申请之日起20日内作出是否复审的决定，复审内容仅限于原申请事项及原报送资料。需要复验的，其样品为原批签发机构保留的样品，其时限按照本办法第二十二条规定执行。

有下列情形之一的，不予复审：

（一）不合格项目为无菌、热原（细菌内毒素）等药品监督管理部门规定不得复验的项目；

（二）样品明显不均匀的；

（三）样品有效期不能满足检验需求的；

（四）批签发申请人书面承诺放弃复验的；

（五）未在规定时限内提出复审申请的；

（六）其他不宜进行复审的。

第三十六条 复审维持原决定的，发给生物制品批签发复审结果通知书，不再受理批签发申请人再次提出的复审申请；复审改变原结论的，收回原生物制品不予批签发通知书，发给生物制品批签发证明。

第六章 信息公开

第三十七条 国家药品监督管理局建立统一的生物制品批签发信息平台，公布批签发机构及调整情况、重大问题处理决定等信息，向批签发申请人提供可查询的批签发进度、批签发结论，及时公布已通过批签发的产品信息，供公众查询。

中检院负责生物制品批签发信息平台的日常运行和维护。

第三十八条 批签发机构应当在本机构网站或者申请受理场所公开批签发申请程序、需要提交的批签发材料目录和申请书示范文本、时限要求等信息。

第三十九条 已通过批签发的，批签发机构应当在7日内公开产品名称、批号、企业、效期、批签发证明编号等信息。

第七章 法律责任

第四十条 药品监督管理部门、批签发机构、核查中心及其工作人员在批签发工作中有下列情形之一的，依法对直接负责的主管人员和其他直接责任人员给予处分；构成犯罪的，依法追究刑事责任：

（一）对不符合法定条件的申请作出准予批签发结论或者超越法定职权作出批签发结论的；

（二）对符合法定条件的申请作出不予批签发结论的；

（三）批签发过程中违反程序要求，私自向批签发申请人或者第三方透露相关工作信息，造成严重后果的；

（四）批签发过程中收受、索取批签发申请人财物或者谋取其他利益的；

（五）未按规定进行现场检查的。

第四十一条 批签发机构在承担批签发相关工作时，出具虚假检验报告的，依照《药品管理法》第一百三十八条的规定予以处罚。

第四十二条 批签发申请人提供虚假资料或者样品，或者故意瞒报影响产品质量的重大变更情况，骗取生物制品批签发证明的，依照《药品管理法》第一百二十三条的规定予以处罚。

申请疫苗批签发提供虚假数据、资料、样品或者有其他欺骗行为的，依照《疫苗管理法》第八十一条的规定予以处罚。

伪造生物制品批签发证明的，依照《药品管理法》第一百二十二条的规定予以处罚。

第四十三条 销售、使用未获得生物制品批签发证明的生物制品的,依照《药品管理法》第一百二十四条的规定予以处罚。

第八章 附 则

第四十四条 本办法规定的期限以工作日计算,不含法定节假日。

第四十五条 按照批签发管理的生物制品进口时,还应当符合药品进口相关法律法规的规定。国家药品监督管理局规定批签发的生物制品,生物制品批签发证明可作为产品合格的通关证明。

出口疫苗应当符合进口国(地区)的标准或者合同要求,可按照进口国(地区)的标准或者合同要求申请批签发。

第四十六条 国家药品监督管理局负责颁布和更新批签发机构专用章,生物制品批签发专用章命名为"国家批签发机构专用章(X)"。其中,X代表批签发机构简称。

生物制品批签发申请表、生物制品批签发登记表、生物制品批签发证明、生物制品不予批签发通知书、生物制品批签发复审申请表、生物制品批签发复审结果通知书的格式由中检院统一制定并公布。

生物制品批签发证明、生物制品不予批签发通知书、生物制品批签发复审结果通知书,统一加盖生物制品批签发专用章。

第四十七条 生物制品批签发证明、生物制品不予批签发通知书、生物制品批签发复审结果通知书由批签发机构按照国家药品监督管理局规定的顺序编号,其格式为"批签X(进)检XXXXXXXX",其中,前X符号代表批签发机构所在地省、自治区、直辖市行政区域或者机构的简称,进口生物制品使用"进"字;后8个X符号的前4位为公元年号,后4位为年内顺序号。

第四十八条 本办法自2021年3月1日起施行。2017年12月29日原国家食品药品监督管理总局令第39号公布的《生物制品批签发管理办法》同时废止。

药品注册管理办法

(2020年1月22日国家市场监督管理总局令第27号公布 自2020年7月1日起施行)

第一章 总 则

第一条 为规范药品注册行为,保证药品的安全、有效和质量可控,根据《中华人民共和国药品管理法》(以下简称《药品管理法》)、《中华人民共和国中医药法》、《中华人民共和国疫苗管理法》(以下简称《疫苗管理法》)、《中华人民共和国行政许可法》、《中华人民共和国药品管理法实施条例》等法律、行政法规,制定本办法。

第二条 在中华人民共和国境内以药品上市为目的,从事药品研制、注册及监督管理活动,适用本办法。

第三条 药品注册是指药品注册申请人(以下简称申请人)依照法定程序和相关要求提出药物临床试验、药品上市许可、再注册等申请以及补充申请,药品监督管理部门基于法律法规和现有科学认知进行安全性、有效性和质量可控性等审查,决定是否同意其申请的活动。

申请人取得药品注册证书后,为药品上市许可持有人(以下简称持有人)。

第四条 药品注册按照中药、化学药和生物制品等进行分类注册管理。

中药注册按照中药创新药、中药改良型新药、古代经典名方中药复方制剂、同名同方药等进行分类。

化学药注册按照化学药创新药、化学药改良型新药、仿制药等进行分类。

生物制品注册按照生物制品创新药、生物制品改良型新药、已上市生物制品（含生物类似药）等进行分类。

中药、化学药和生物制品等药品的细化分类和相应的申报资料要求，由国家药品监督管理局根据注册药品的产品特性、创新程度和审评管理需要组织制定，并向社会公布。

境外生产药品的注册申请，按照药品的细化分类和相应的申报资料要求执行。

第五条 国家药品监督管理局主管全国药品注册管理工作，负责建立药品注册管理工作体系和制度，制定药品注册管理规范，依法组织药品注册审评审批以及相关的监督管理工作。国家药品监督管理局药品审评中心（以下简称药品审评中心）负责药物临床试验申请、药品上市许可申请、补充申请和境外生产药品再注册申请等的审评。中国食品药品检定研究院（以下简称中检院）、国家药典委员会（以下简称药典委）、国家药品监督管理局食品药品审核查验中心（以下简称药品核查中心）、国家药品监督管理局药品评价中心（以下简称药品评价中心）、国家药品监督管理局行政事项受理服务和投诉举报中心、国家药品监督管理局信息中心（以下简称信息中心）等药品专业技术机构，承担依法实施药品注册管理所需的药品注册检验、通用名称核准、核查、监测与评价、制证送达以及相应的信息化建设与管理等相关工作。

第六条 省、自治区、直辖市药品监督管理部门负责本行政区域内以下药品注册相关管理工作：

（一）境内生产药品再注册申请的受理、审查和审批；

（二）药品上市后变更的备案、报告事项管理；

（三）组织对药物非临床安全性评价研究机构、药物临床试验机构的日常监管及违法行为的查处；

（四）参与国家药品监督管理局组织的药品注册核查、检验等工作；

（五）国家药品监督管理局委托实施的药品注册相关事项。

省、自治区、直辖市药品监督管理部门设置或者指定的药品专业技术机构，承担依法实施药品监督管理所需的审评、检验、核查、监测与评价等工作。

第七条 药品注册管理遵循公开、公平、公正原则，以临床价值为导向，鼓励研究和创制新药，积极推动仿制药发展。

国家药品监督管理局持续推进审评审批制度改革，优化审评审批程序，提高审评审批效率，建立以审评为主导，检验、核查、监测与评价等为支撑的药品注册管理体系。

第二章 基本制度和要求

第八条 从事药物研制和药品注册活动，应当遵守有关法律、法规、规章、标准和规范；参照相关技术指导原则，采用其他评价方法和技术的，应当证明其科学性、适用性；应当保证全过程信息真实、准确、完整和可追溯。

药品应当符合国家药品标准和经国家药品监督管理局核准的药品质量标准。经国家药品监督管理局核准的药品质量标准，为药品注册标准。药品注册标准应当符合《中华人民共和国药典》通用技术要求，不得低于《中华人民共和国药典》的规定。申报注册品种的检测项目或者指标不适用《中华人民共和国药典》的，申请人应当提供充分的支持性数据。

药品审评中心等专业技术机构，应当根据科学进展、行业发展实际和药品监督管理工作需要制定技术指导原则和程序，并向社会公布。

第九条 申请人应当为能够承担相应法律责任的企业或者药品研制机构等。境外申请人应当指定中国境内的企业法人办理相关药品注册事项。

第十条 申请人在申请药品上市注册前，应当完成药学、药理毒理学和药物临床试验等相关研究工作。药物非临床安全性评价研究应当在经过药物非临床研究质量管理规范认证的机构开展，并遵守药物非临床研究质量管理规范。药物临床试验应当经批准，其中生物等效性试验应当备案；药物临床试验应当在符合相关规定的药物临床试验机构开展，并遵守药物临床试验质量管理规范。

申请药品注册，应当提供真实、充分、可靠的数据、资料和样品，证明药品的安全性、有效性和质量可控性。

使用境外研究资料和数据支持药品注册的，其来源、研究机构或者实验室条件、质量体系要求及其他管理条件等应当符合国际人用药品注册技术要求协调会通行原则，并符合我国药品注册管理的相关要求。

第十一条 变更原药品注册批准证明文件及其附件所载明的事项或者内容的，申请人应当按照规定，参照相关技术指导原则，对药品变更进行充分研究和验证，充分评估变更可能对药品安全性、有效性和质量可控性的影响，按照变更程序提出补充申请、备案或者报告。

第十二条 药品注册证书有效期为五年，药品注册证书有效期内持有人应当持续保证上市药品的安全性、有效性和质量可控性，并在有效期届满前六个月申请药品再注册。

第十三条 国家药品监督管理局建立药品加快上市注册制度，支持以临床价值为导向的药物创新。对符合条件的药品注册申请，申请人可以申请适用突破性治疗药物、附条件批准、优先审评审批及特别审批程序。在药品研制和注册过程中，药品监督管理部门及其专业技术机构给予必要的技术指导、沟通交流、优先配置资源、缩短审评时限等政策和技术支持。

第十四条 国家药品监督管理局建立化学原料药、辅料及直接接触药品的包装材料和容器关联审评审批制度。在审批药品制剂时，对化学原料药一并审评审批，对相关辅料、直接接触药品的包装材料和容器一并审评。药品审评中心建立化学原料药、辅料及直接接触药品的包装材料和容器信息登记平台，对相关登记信息进行公示，供相关申请人或者持有人选择，并在相关药品制剂注册申请审评时关联审评。

第十五条 处方药和非处方药实行分类注册和转换管理。药品审评中心根据非处方药的特点，制定非处方药上市注册相关技术指导原则和程序，并向社会公布。药品评价中心制定处方药和非处方药上市后转换相关技术要求和程序，并向社会公布。

第十六条 申请人在药物临床试验申请前、药物临床试验过程中以及药品上市许可申请前等关键阶段，可以就重大问题与药品审评中心等专业技术机构进行沟通交流。药品注册过程中，药品审评中心等专业技术机构可以根据工作需要组织与申请人进行沟通交流。

沟通交流的程序、要求和时限，由药品审评中心等专业技术机构依照职能分别制定，并向社会公布。

第十七条 药品审评中心等专业技术机构根据工作需要建立专家咨询制度，成立专家咨询委员会，在审评、核查、检验、通用名称核准等过程中就重大问题听取专家意见，充分发挥专家的技术支撑作用。

第十八条 国家药品监督管理局建立收载新批准上市以及通过仿制药质量和疗效一致性评价的化学药品目录集，载明药品名称、活性成分、剂型、规格、是否为参比制剂、持有人等相关信息，及时更新并向社会公开。化学药品目录集收载程序和要求，由药品审评中心制定，并向社会公布。

第十九条 国家药品监督管理局支持中药传承和创新，建立和完善符合中药特点的注册管理制度和技术评价体系，鼓励运用现代科学技术和传统研究方法研制中药，加强中药质量控制，提高中药临床试验水平。

中药注册申请，申请人应当进行临床价值和资源评估，突出以临床价值为导向，促进资源可持续利用。

第三章　药品上市注册

第一节　药物临床试验

第二十条　本办法所称药物临床试验是指以药品上市注册为目的，为确定药物安全性与有效性在人体开展的药物研究。

第二十一条　药物临床试验分为Ⅰ期临床试验、Ⅱ期临床试验、Ⅲ期临床试验、Ⅳ期临床试验以及生物等效性试验。根据药物特点和研究目的，研究内容包括临床药理学研究、探索性临床试验、确证性临床试验和上市后研究。

第二十二条　药物临床试验应当在具备相应条件并按规定备案的药物临床试验机构开展。其中，疫苗临床试验应当由符合国家药品监督管理局和国家卫生健康委员会规定条件的三级医疗机构或者省级以上疾病预防控制机构实施或者组织实施。

第二十三条　申请人完成支持药物临床试验的药学、药理毒理学等研究后，提出药物临床试验申请的，应当按照申报资料要求提交相关研究资料。经形式审查，申报资料符合要求的，予以受理。药品审评中心应当组织药学、医学和其他技术人员对已受理的药物临床试验申请进行审评。对药物临床试验申请应当自受理之日起六十日内决定是否同意开展，并通过药品审评中心网站通知申请人审批结果；逾期未通知的，视为同意，申请人可以按照提交的方案开展药物临床试验。

申请人获准开展药物临床试验的为药物临床试验申办者（以下简称申办者）。

第二十四条　申请人拟开展生物等效性试验的，应当按照要求在药品审评中心网站完成生物等效性试验备案后，按照备案的方案开展相关研究工作。

第二十五条　开展药物临床试验，应当经伦理委员会审查同意。

药物临床试验用药品的管理应当符合药物临床试验质量管理规范的有关要求。

第二十六条　获准开展药物临床试验的，申办者在开展后续分期药物临床试验前，应当制定相应的药物临床试验方案，经伦理委员会审查同意后开展，并在药品审评中心网站提交相应的药物临床试验方案和支持性资料。

第二十七条　获准开展药物临床试验的药物拟增加适应症（或者功能主治）以及增加与其他药物联合用药的，申请人应当提出新的药物临床试验申请，经批准后方可开展新的药物临床试验。

获准上市的药品增加适应症（或者功能主治）需要开展药物临床试验的，应当提出新的药物临床试验申请。

第二十八条　申办者应当定期在药品审评中心网站提交研发期间安全性更新报告。研发期间安全性更新报告应当每年提交一次，于药物临床试验获准后每满一年后的两个月内提交。药品审评中心可以根据审查情况，要求申办者调整报告周期。

对于药物临床试验期间出现的可疑且非预期严重不良反应和其他潜在的严重安全性风险信息，申办者应当按照相关要求及时向药品审评中心报告。根据安全性风险严重程度，可以要求申办者采取调整药物临床试验方案、知情同意书、研究者手册等加强风险控制的措施，必要时可以要求申办者暂停或者终止药物临床试验。

研发期间安全性更新报告的具体要求由药品审评中心制定公布。

第二十九条 药物临床试验期间，发生药物临床试验方案变更、非临床或者药学的变化或者有新发现的，申办者应当按照规定，参照相关技术指导原则，充分评估对受试者安全的影响。

申办者评估认为不影响受试者安全的，可以直接实施并在研发期间安全性更新报告中报告。可能增加受试者安全性风险的，应当提出补充申请。对补充申请应当自受理之日起六十日内决定是否同意，并通过药品审评中心网站通知申请人审批结果；逾期未通知的，视为同意。

申办者发生变更的，由变更后的申办者承担药物临床试验的相关责任和义务。

第三十条 药物临床试验期间，发现存在安全性问题或者其他风险的，申办者应当及时调整临床试验方案、暂停或者终止临床试验，并向药品审评中心报告。

有下列情形之一的，可以要求申办者调整药物临床试验方案、暂停或者终止药物临床试验：

（一）伦理委员会未履行职责的；

（二）不能有效保证受试者安全的；

（三）申办者未按照要求提交研发期间安全性更新报告的；

（四）申办者未及时处置并报告可疑且非预期严重不良反应的；

（五）有证据证明研究药物无效的；

（六）临床试验用药品出现质量问题的；

（七）药物临床试验过程中弄虚作假的；

（八）其他违反药物临床试验质量管理规范的情形。

药物临床试验中出现大范围、非预期的严重不良反应，或者有证据证明临床试验用药品存在严重质量问题时，申办者和药物临床试验机构应当立即停止药物临床试验。药品监督管理部门依职责可以责令调整临床试验方案、暂停或者终止药物临床试验。

第三十一条 药物临床试验被责令暂停后，申办者拟继续开展药物临床试验的，应当在完成整改后提出恢复药物临床试验的补充申请，经审查同意后方可继续开展药物临床试验。药物临床试验暂停时间满三年且未申请并获准恢复药物临床试验的，该药物临床试验许可自行失效。

药物临床试验终止后，拟继续开展药物临床试验的，应当重新提出药物临床试验申请。

第三十二条 药物临床试验应当在批准后三年内实施。药物临床试验申请自获准之日起，三年内未有受试者签署知情同意书的，该药物临床试验许可自行失效。仍需实施药物临床试验的，应当重新申请。

第三十三条 申办者应当在开展药物临床试验前在药物临床试验登记与信息公示平台登记药物临床试验方案等信息。药物临床试验期间，申办者应当持续更新登记信息，并在药物临床试验结束后登记药物临床试验结果等信息。登记信息在平台进行公示，申办者对药物临床试验登记信息的真实性负责。

药物临床试验登记和信息公示的具体要求，由药品审评中心制定公布。

第二节　药品上市许可

第三十四条 申请人在完成支持药品上市注册的药学、药理毒理学和药物临床试验等研究，确定质量标准，完成商业规模生产工艺验证，并做好接受药品注册核查检验的准备后，提出药品上市许可申请，按照申报资料要求提交相关研究资料。经对申报资料进行形式审查，符合要求的，予以受理。

第三十五条 仿制药、按照药品管理的体外诊断试剂以及其他符合条件的情形，经申请人评估，认为无需或者不能开展药物临床试验，符合豁免药物临床试验条件的，申请人可以直接提出药品上市许可申请。豁免药物临床试验的技术指导原则和有关具体要求，由药品审评中心制定公布。

仿制药应当与参比制剂质量和疗效一致。申请人应当参照相关技术指导原则选择合理的参比制剂。

第三十六条 符合以下情形之一的，可以直接提出非处方药上市许可申请：

（一）境内已有相同活性成分、适应症（或者功能主治）、剂型、规格的非处方药上市的药品；

（二）经国家药品监督管理局确定的非处方药改变剂型或者规格，但不改变适应症（或者功能主治）、给药剂量以及给药途径的药品；

（三）使用国家药品监督管理局确定的非处方药的活性成份组成的新的复方制剂；

（四）其他直接申报非处方药上市许可的情形。

第三十七条 申报药品拟使用的药品通用名称，未列入国家药品标准或者药品注册标准的，申请人应当在提出药品上市许可申请时同时提出通用名称核准申请。药品上市许可申请受理后，通用名称核准相关资料转药典委，药典委核准后反馈药品审评中心。

申报药品拟使用的药品通用名称，已列入国家药品标准或者药品注册标准，药品审评中心在审评过程中认为需要核准药品通用名称的，应当通知药典委核准通用名称并提供相关资料，药典委核准后反馈药品审评中心。

药典委在核准药品通用名称时，应当与申请人做好沟通交流，并将核准结果告知申请人。

第三十八条 药品审评中心应当组织药学、医学和其他技术人员，按要求对已受理的药品上市许可申请进行审评。

审评过程中基于风险启动药品注册核查、检验，相关技术机构应当在规定时限内完成核查、检验工作。

药品审评中心根据药品注册申报资料、核查结果、检验结果等，对药品的安全性、有效性和质量可控性等进行综合审评，非处方药还应当转药品评价中心进行非处方药适宜性审查。

第三十九条 综合审评结论通过的，批准药品上市，发给药品注册证书。综合审评结论不通过的，作出不予批准决定。药品注册证书载明药品批准文号、持有人、生产企业等信息。非处方药的药品注册证书还应当注明非处方药类别。

经核准的药品生产工艺、质量标准、说明书和标签作为药品注册证书的附件一并发给申请人，必要时还应当附药品上市后研究要求。上述信息纳入药品品种档案，并根据上市后变更情况及时更新。

药品批准上市后，持有人应当按照国家药品监督管理局核准的生产工艺和质量标准生产药品，并按照药品生产质量管理规范要求进行细化和实施。

第四十条 药品上市许可申请审评期间，发生可能影响药品安全性、有效性和质量可控性的重大变更的，申请人应当撤回原注册申请，补充研究后重新申报。

申请人名称变更、注册地址名称变更等不涉及技术审评内容的，应当及时书面告知药品审评中心并提交相关证明性资料。

第三节 关联审评审批

第四十一条 药品审评中心在审评药品制剂注册申请时，对药品制剂选用的化学原料药、辅料及直接接触药品的包装材料和容器进行关联审评。

化学原料药、辅料及直接接触药品的包装材料和容器生产企业应当按照关联审评审批制度要求，在化学原料药、辅料及直接接触药品的包装材料和容器登记平台登记产品信息和研究资料。药品审评中心向社会公示登记号、产品名称、企业名称、生产地址等基本信息，供药品制剂注册申请人选择。

第四十二条 药品制剂申请人提出药品注册申请，可以直接选用已登记的化学原料药、辅料及直接接触药品的包装材料和容器；选用未登记的化学原料药、辅料及直接接触药品的包装材料和容器的，相关研究资料应当随药品制剂注册申请一并申报。

第四十三条 药品审评中心在审评药品制剂注册申请时，对药品制剂选用的化学原料药、辅料及直接接触药品的包装材料和容器进行关联审评，需补充资料的，按照补充资料程序要求药品制剂申请人或者化学原料药、辅料及直接接触药品的包装材料和容器登记企业补充资料，可以基于风险提出对化学原料药、辅料及直接接触药品的包装材料和容器企业进行延伸检查。

仿制境内已上市药品所用的化学原料药的，可以申请单独审评审批。

第四十四条 化学原料药、辅料及直接接触药品的包装材料和容器关联审评通过的或者单独审评审批通过的，药品审评中心在化学原料药、辅料及直接接触药品的包装材料和容器登记平台更新登记状态标识，向社会公示相关信息。其中，化学原料药同时发给化学原料药批准通知书及核准后的生产工艺、质量标准和标签，化学原料药批准通知书中载明登记号；不予批准的，发给化学原料药不予批准通知书。

未通过关联审评审批的，化学原料药、辅料及直接接触药品的包装材料和容器产品的登记状态维持不变，相关药品制剂申请不予批准。

第四节 药品注册核查

第四十五条 药品注册核查，是指为核实申报资料的真实性、一致性以及药品上市商业化生产条件，检查药品研制的合规性、数据可靠性等，对研制现场和生产现场开展的核查活动，以及必要时对药品注册申请所涉及的化学原料药、辅料及直接接触药品的包装材料和容器生产企业、供应商或其他受托机构开展的延伸检查活动。

药品注册核查启动的原则、程序、时限和要求，由药品审评中心制定公布；药品注册核查实施的原则、程序、时限和要求，由药品核查中心制定公布。

第四十六条 药品审评中心根据药物创新程度、药物研究机构既往接受核查情况等，基于风险决定是否开展药品注册研制现场核查。

药品审评中心决定启动药品注册研制现场核查的，通知药品核查中心在审评期间组织实施核查，同时告知申请人。药品核查中心应当在规定时限内完成现场核查，并将核查情况、核查结论等相关材料反馈药品审评中心进行综合审评。

第四十七条 药品审评中心根据申报注册的品种、工艺、设施、既往接受核查情况等因素，基于风险决定是否启动药品注册生产现场核查。

对于创新药、改良型新药以及生物制品等，应当进行药品注册生产现场核查和上市前药品生产质量管理规范检查。

对于仿制药等，根据是否已获得相应生产范围药品生产许可证且已有同剂型品种上市等情况，基于风险进行药品注册生产现场核查、上市前药品生产质量管理规范检查。

第四十八条 药品注册申请受理后，药品审评中心应当在受理后四十日内进行初步审查，需要药品注册生产现场核查的，通知药品核查中心组织核查，提供核查所需的相关材料，同时告知申请人以及申请人或者生产企业所在地省、自治区、直辖市药品监督管理部门。药品核查中心原则上应当在审评时限届满四十日前完成核查工作，并将核查情况、核查结果等相关材料反馈至药品审评中心。

需要上市前药品生产质量管理规范检查的，由药品核查中心协调相关省、自治区、直辖市药品监督管理部门与药品注册生产现场核查同步实施。上市前药品生产质量管理规范检查的管理要求，按照药品生产监督管理办法的有关规定执行。

申请人应当在规定时限内接受核查。

第四十九条 药品审评中心在审评过程中，发现申报资料真实性存疑或者有明确线索举报等，需要现场检查核实的，应当启动有因检查，必要时进行抽样检验。

第五十条 申请药品上市许可时，申请人和生产企业应当已取得相应的药品生产许可证。

第五节 药品注册检验

第五十一条 药品注册检验，包括标准复核和样品检验。标准复核，是指对申请人申报药品标准中设定项目的科学性、检验方法的可行性、质控指标的合理性等进行的实验室评估。样品检验，是指按照申请人申报或者药品审评中心核定的药品质量标准对样品进行的实验室检验。

药品注册检验启动的原则、程序、时限等要求，由药品审评中心组织制定公布。药品注册申请受理前提出药品注册检验的具体工作程序和要求以及药品注册检验技术要求和规范，由中检院制定公布。

第五十二条 与国家药品标准收载的同品种药品使用的检验项目和检验方法一致的，可以不进行标准复核，只进行样品检验。其他情形应当进行标准复核和样品检验。

第五十三条 中检院或者经国家药品监督管理局指定的药品检验机构承担以下药品注册检验：

（一）创新药；

（二）改良型新药（中药除外）；

（三）生物制品、放射性药品和按照药品管理的体外诊断试剂；

（四）国家药品监督管理局规定的其他药品。

境外生产药品的药品注册检验由中检院组织口岸药品检验机构实施。

其他药品的注册检验，由申请人或者生产企业所在地省级药品检验机构承担。

第五十四条 申请人完成支持药品上市的药学相关研究，确定质量标准，并完成商业规模生产工艺验证后，可以在药品注册申请受理前向中检院或者省、自治区、直辖市药品监督管理部门提出药品注册检验；申请人未在药品注册申请受理前提出药品注册检验的，在药品注册申请受理后四十日内由药品审评中心启动药品注册检验。原则上申请人在药品注册申请受理前只能提出一次药品注册检验，不得同时向多个药品检验机构提出药品注册检验。

申请人提交的药品注册检验资料应当与药品注册申报资料的相应内容一致，不得在药品注册检验过程中变更药品检验机构、样品和资料等。

第五十五条 境内生产药品的注册申请，申请人在药品注册申请受理前提出药品注册检验的，向相关省、自治区、直辖市药品监督管理部门申请抽样，省、自治区、直辖市药品监督管理部门组织进行抽样并封签，由申请人将抽样单、样品、检验所需资料及标准物质等送至相应药品检验机构。

境外生产药品的注册申请，申请人在药品注册申请受理前提出药品注册检验的，申请人应当按规定要求抽取样品，并将样品、检验所需资料及标准物质等送至中检院。

第五十六条 境内生产药品的注册申请，药品注册申请受理后需要药品注册检验的，药品审评中心应当在受理后四十日内向药品检验机构和申请人发出药品注册检验通知。申请人向相关省、自治区、直辖市药品监督管理部门申请抽样，省、自治区、直辖市药品监督管理部门组织进行抽样并封签，申请人应当在规定时限内将抽样单、样品、检验所需资料及标准物质等送至相应药品检验机构。

境外生产药品的注册申请，药品注册申请受理后需要药品注册检验的，申请人应当按规定要求抽取样品，并将样品、检验所需资料及标准物质等送至中检院。

第五十七条 药品检验机构应当在五日内对申请人提交的检验用样品及资料等进行审核，作出是否接收的决定，同时告知药品审评中心。需要补正的，应当一次性告知申请人。

药品检验机构原则上应当在审评时限届满四十日前，将标准复核意见和检验报告反馈至药品审评中心。

第五十八条 在药品审评、核查过程中，发现申报资料真实性存疑或者有明确线索举报，或者认为有必要进行样品检验的，可抽取样品进行样品检验。

审评过程中，药品审评中心可以基于风险提出质量标准单项复核。

第四章 药品加快上市注册程序

第一节 突破性治疗药物程序

第五十九条 药物临床试验期间，用于防治严重危及生命或者严重影响生存质量的疾病，且尚无有效防治手段或者与现有治疗手段相比有足够证据表明具有明显临床优势的创新药或者改良型新药等，申请人可以申请适用突破性治疗药物程序。

第六十条 申请适用突破性治疗药物程序的，申请人应当向药品审评中心提出申请。符合条件的，药品审评中心按照程序公示后纳入突破性治疗药物程序。

第六十一条 对纳入突破性治疗药物程序的药物临床试验，给予以下政策支持：

（一）申请人可以在药物临床试验的关键阶段向药品审评中心提出沟通交流申请，药品审评中心安排审评人员进行沟通交流；

（二）申请人可以将阶段性研究资料提交药品审评中心，药品审评中心基于已有研究资料，对下一步研究方案提出意见或者建议，并反馈给申请人。

第六十二条 对纳入突破性治疗药物程序的药物临床试验，申请人发现不再符合纳入条件时，应当及时向药品审评中心提出终止突破性治疗药物程序。药品审评中心发现不再符合纳入条件的，应当及时终止该品种的突破性治疗药物程序，并告知申请人。

第二节 附条件批准程序

第六十三条 药物临床试验期间，符合以下情形的药品，可以申请附条件批准：

（一）治疗严重危及生命且尚无有效治疗手段的疾病的药品，药物临床试验已有数据证实疗效并能预测其临床价值的；

（二）公共卫生方面急需的药品，药物临床试验已有数据显示疗效并能预测其临床价值的；

（三）应对重大突发公共卫生事件急需的疫苗或者国家卫生健康委员会认定急需的其他疫苗，经评估获益大于风险的。

第六十四条 申请附条件批准的，申请人应当就附条件批准上市的条件和上市后继续完成的研究工作等与药品审评中心沟通交流，经沟通交流确认后提出药品上市许可申请。

经审评，符合附条件批准要求的，在药品注册证书中载明附条件批准药品注册证书的有效期、上市后需要继续完成的研究工作及完成时限等相关事项。

第六十五条 审评过程中，发现纳入附条件批准程序的药品注册申请不能满足附条件批准条件的，药品审评中心应当终止该品种附条件批准程序，并告知申请人按照正常程序研究申报。

第六十六条 对附条件批准的药品，持有人应当在药品上市后采取相应的风险管理措施，并在规定期限内按照要求完成药物临床试验等相关研究，以补充申请方式申报。

对批准疫苗注册申请时提出进一步研究要求的，疫苗持有人应当在规定期限内完成研究。

第六十七条 对附条件批准的药品，持有人逾期未按照要求完成研究或者不能证明其获益大于风险的，国家药品监督管理局应当依法处理，直至注销药品注册证书。

第三节 优先审评审批程序

第六十八条 药品上市许可申请时，以下具有明显临床价值的药品，可以申请适用优先审评审批程序：

（一）临床急需的短缺药品、防治重大传染病和罕见病等疾病的创新药和改良型新药；

（二）符合儿童生理特征的儿童用药品新品种、剂型和规格；

（三）疾病预防、控制急需的疫苗和创新疫苗；

（四）纳入突破性治疗药物程序的药品；

（五）符合附条件批准的药品；

（六）国家药品监督管理局规定其他优先审评审批的情形。

第六十九条 申请人在提出药品上市许可申请前，应当与药品审评中心沟通交流，经沟通交流确认后，在提出药品上市许可申请的同时，向药品审评中心提出优先审评审批申请。符合条件的，药品审评中心按照程序公示后纳入优先审评审批程序。

第七十条 对纳入优先审评审批程序的药品上市许可申请，给予以下政策支持：

（一）药品上市许可申请的审评时限为一百三十日；

（二）临床急需的境外已上市境内未上市的罕见病药品，审评时限为七十日；

（三）需要核查、检验和核准药品通用名称的，予以优先安排；

（四）经沟通交流确认后，可以补充提交技术资料。

第七十一条 审评过程中，发现纳入优先审评审批程序的药品注册申请不能满足优先审评审批条件的，药品审评中心应当终止该品种优先审评审批程序，按照正常审评程序审评，并告知申请人。

第四节 特别审批程序

第七十二条 在发生突发公共卫生事件的威胁时以及突发公共卫生事件发生后，国家药品监督管理局可以依法决定对突发公共卫生事件应急所需防治药品实行特别审批。

第七十三条 对实施特别审批的药品注册申请，国家药品监督管理局按照统一指挥、早期介入、快速高效、科学审批的原则，组织加快并同步开展药品注册受理、审评、核查、检验工作。特别审批的情形、程序、时限、要求等按照药品特别审批程序规定执行。

第七十四条 对纳入特别审批程序的药品，可以根据疾病防控的特定需要，限定其在一定期限和范围内使用。

第七十五条 对纳入特别审批程序的药品，发现其不再符合纳入条件的，应当终止该药品的特别审批程序，并告知申请人。

第五章 药品上市后变更和再注册

第一节 药品上市后研究和变更

第七十六条 持有人应当主动开展药品上市后研究，对药品的安全性、有效性和质量可控性进行进一步确证，加强对已上市药品的持续管理。

药品注册证书及附件要求持有人在药品上市后开展相关研究工作的，持有人应当在规定时限内完成并按照要求提出补充申请、备案或者报告。

药品批准上市后，持有人应当持续开展药品安全性和有效性研究，根据有关数据及时备案或者提出修订说明书的补充申请，不断更新完善说明书和标签。药品监督管理部门依职责可以根据药品不良反应监测和药品上市后评价结果等，要求持有人对说明书和标签进行修订。

第七十七条 药品上市后的变更，按照其对药品安全性、有效性和质量可控性的风险和产生影响的程度，实行分类管理，分为审批类变更、备案类变更和报告类变更。

持有人应当按照相关规定，参照相关技术指导原则，全面评估、验证变更事项对药品安全性、有效性和质量可控性的影响，进行相应的研究工作。

药品上市后变更研究的技术指导原则，由药品审评中心制定，并向社会公布。

第七十八条 以下变更，持有人应当以补充申请方式申报，经批准后实施：

（一）药品生产过程中的重大变更；

（二）药品说明书中涉及有效性内容以及增加安全性风险的其他内容的变更；

（三）持有人转让药品上市许可；

（四）国家药品监督管理局规定需要审批的其他变更。

第七十九条 以下变更，持有人应当在变更实施前，报所在地省、自治区、直辖市药品监督管理部门备案：

（一）药品生产过程中的中等变更；

（二）药品包装标签内容的变更；

（三）药品分包装；

（四）国家药品监督管理局规定需要备案的其他变更。

境外生产药品发生上述变更的，应当在变更实施前报药品审评中心备案。

药品分包装备案的程序和要求，由药品审评中心制定发布。

第八十条 以下变更，持有人应当在年度报告中报告：

（一）药品生产过程中的微小变更；

（二）国家药品监督管理局规定需要报告的其他变更。

第八十一条 药品上市后提出的补充申请，需要核查、检验的，参照本办法有关药品注册核查、检验程序进行。

第二节　药品再注册

第八十二条 持有人应当在药品注册证书有效期届满前六个月申请再注册。境内生产药品再注册申请由持有人向其所在地省、自治区、直辖市药品监督管理部门提出，境外生产药品再注册申请由持有人向药品审评中心提出。

第八十三条 药品再注册申请受理后，省、自治区、直辖市药品监督管理部门或者药品审评中心对持有人开展药品上市后评价和不良反应监测情况，按照药品批准证明文件和药品监督管理部门要求开展相关工作情况，以及药品批准证明文件载明信息变化情况等进行审查，符合规定的，予以再注册，发给药品再注册批准通知书。不符合规定的，不予再注册，并报请国家药品监督管理局注销药品注册证书。

第八十四条 有下列情形之一的，不予再注册：

（一）有效期届满未提出再注册申请的；

（二）药品注册证书有效期内持有人不能履行持续考察药品质量、疗效和不良反应责任的；

（三）未在规定时限内完成药品批准证明文件和药品监督管理部门要求的研究工作且无合理理由的；

（四）经上市后评价，属于疗效不确切、不良反应大或者因其他原因危害人体健康的；

（五）法律、行政法规规定的其他不予再注册情形。

对不予再注册的药品，药品注册证书有效期届满时予以注销。

第六章 受理、撤回申请、审批决定和争议解决

第八十五条 药品监督管理部门收到药品注册申请后进行形式审查，并根据下列情况分别作出是否受理的决定：

（一）申请事项依法不需要取得行政许可的，应当即时作出不予受理的决定，并说明理由。

（二）申请事项依法不属于本部门职权范围的，应当即时作出不予受理的决定，并告知申请人向有关行政机关申请。

（三）申报资料存在可以当场更正的错误的，应当允许申请人当场更正；更正后申请材料齐全、符合法定形式的，应当予以受理。

（四）申报资料不齐全或者不符合法定形式的，应当当场或者在五日内一次告知申请人需要补正的全部内容。按照规定需要在告知时一并退回申请材料的，应当予以退回。申请人应当在三十日内完成补正资料。申请人无正当理由逾期不予补正的，视为放弃申请，无需作出不予受理的决定。逾期未告知申请人补正的，自收到申请材料之日起即为受理。

（五）申请事项属于本部门职权范围，申报资料齐全、符合法定形式，或者申请人按照要求提交全部补正资料的，应当受理药品注册申请。

药品注册申请受理后，需要申请人缴纳费用的，申请人应当按规定缴纳费用。申请人未在规定期限内缴纳费用的，终止药品注册审评审批。

第八十六条 药品注册申请受理后，有药品安全性新发现的，申请人应当及时报告并补充相关资料。

第八十七条 药品注册申请受理后，需要申请人在原申报资料基础上补充新的技术资料的，药品审评中心原则上提出一次补充资料要求，列明全部问题后，以书面方式通知申请人在八十日内补充提交资料。申请人应当一次性按要求提交全部补充资料，补充资料时间不计入药品审评时限。药品审评中心收到申请人全部补充资料后启动审评，审评时限延长三分之一；适用优先审评审批程序的，审评时限延长四分之一。

不需要申请人补充新的技术资料，仅需要申请人对原申报资料进行解释说明的，药品审评中心通知申请人在五日内按照要求提交相关解释说明。

药品审评中心认为存在实质性缺陷无法补正的，不再要求申请人补充资料。基于已有申报资料做出不予批准的决定。

第八十八条 药物临床试验申请、药物临床试验期间的补充申请，在审评期间，不得补充新的技术资料；如需要开展新的研究，申请人可以在撤回后重新提出申请。

第八十九条 药品注册申请受理后，申请人可以提出撤回申请。同意撤回申请的，药品审评中心或者省、自治区、直辖市药品监督管理部门终止其注册程序，并告知药品注册核查、检验等技术机构。审评、核查和检验过程中发现涉嫌存在隐瞒真实情况或者提供虚假信息等违法行为的，依法处理，申请人不得撤回药品注册申请。

第九十条 药品注册期间，对于审评结论为不通过的，药品审评中心应当告知申请人不通过的理由，申请人可以在十五日内向药品审评中心提出异议。药品审评中心结合申请人的异议意见进行综合评估并反馈申请人。

申请人对综合评估结果仍有异议的，药品审评中心应当按照规定，在五十日内组织专家咨询委员会论证，并综合专家论证结果形成最终的审评结论。

申请人异议和专家论证时间不计入审评时限。

第九十一条 药品注册期间，申请人认为工作人员在药品注册受理、审评、核查、检验、审批等工作中违反规定或者有不规范行为的，可以向其所在单位或者上级机关投诉举报。

第九十二条 药品注册申请符合法定要求的，予以批准。

药品注册申请有下列情形之一的，不予批准：

（一）药物临床试验申请的研究资料不足以支持开展药物临床试验或者不能保障受试者安全的；

（二）申报资料显示其申请药品安全性、有效性、质量可控性等存在较大缺陷的；

（三）申报资料不能证明药品安全性、有效性、质量可控性，或者经评估认为药品风险大于获益的；

（四）申请人未能在规定时限内补充资料的；

（五）申请人拒绝接受或者无正当理由未在规定时限内接受药品注册核查、检验的；

（六）药品注册过程中认为申报资料不真实，申请人不能证明其真实性的；

（七）药品注册现场核查或者样品检验结果不符合规定的；

（八）法律法规规定的不应当批准的其他情形。

第九十三条 药品注册申请审批结束后，申请人对行政许可决定有异议的，可以依法提起行政复议或者行政诉讼。

第七章 工 作 时 限

第九十四条 本办法所规定的时限是药品注册的受理、审评、核查、检验、审批等工作的最长时间。优先审评审批程序相关工作时限，按优先审评审批相关规定执行。

药品审评中心等专业技术机构应当明确本单位工作程序和时限，并向社会公布。

第九十五条 药品监督管理部门收到药品注册申请后进行形式审查，应当在五日内作出受理、补正或者不予受理决定。

第九十六条 药品注册审评时限，按照以下规定执行：

（一）药物临床试验申请、药物临床试验期间补充申请的审评审批时限为六十日；

（二）药品上市许可申请审评时限为二百日，其中优先审评审批程序的审评时限为一百三十日，临床急需境外已上市罕见病用药优先审评审批程序的审评时限为七十日；

（三）单独申报仿制境内已上市化学原料药的审评时限为二百日；

（四）审批类变更的补充申请审评时限为六十日，补充申请合并申报事项的，审评时限为八十日，其中涉及临床试验研究数据审查、药品注册核查检验的审评时限为二百日；

（五）药品通用名称核准时限为三十日；

（六）非处方药适宜性审核时限为三十日。

关联审评时限与其关联药品制剂的审评时限一致。

第九十七条 药品注册核查时限，按照以下规定执行：

（一）药品审评中心应当在药品注册申请受理后四十日内通知药品核查中心启动核查，并同时通知申请人；

（二）药品核查中心原则上在审评时限届满四十日前完成药品注册生产现场核查，并将核查情况、核查结果等相关材料反馈至药品审评中心。

第九十八条 药品注册检验时限，按照以下规定执行：

（一）样品检验时限为六十日，样品检验和标准复核同时进行的时限为九十日；

（二）药品注册检验过程中补充资料时限为三十日；

（三）药品检验机构原则上在审评时限届满四十日前完成药品注册检验相关工作，并将药品标准复核意见和检验报告反馈至药品审评中心。

第九十九条 药品再注册审查审批时限为一百二十日。

第一百条 行政审批决定应当在二十日内作出。

第一百零一条 药品监督管理部门应当自作出药品注册审批决定之日起十日内颁发、送达有关行政许可证件。

第一百零二条 因品种特性及审评、核查、检验等工作遇到特殊情况确需延长时限的，延长的时限不得超过原时限的二分之一，经药品审评、核查、检验等相关技术机构负责人批准后，由延长时限的技术机构书面告知申请人，并通知其他相关技术机构。

第一百零三条 以下时间不计入相关工作时限：

（一）申请人补充资料、核查后整改以及按要求核对生产工艺、质量标准和说明书等所占用的时间；

（二）因申请人原因延迟核查、检验、召开专家咨询会等的时间；

（三）根据法律法规的规定中止审评审批程序的，中止审评审批程序期间所占用的时间；

（四）启动境外核查的，境外核查所占用的时间。

第八章　监　督　管　理

第一百零四条 国家药品监督管理局负责对药品审评中心等相关专业技术机构及省、自治区、直辖市药品监督管理部门承担药品注册管理相关工作的监督管理、考核评价与指导。

第一百零五条 药品监督管理部门应当依照法律、法规的规定对药品研制活动进行监督检查，必要时可以对为药品研制提供产品或者服务的单位和个人进行延伸检查，有关单位和个人应当予以配合，不得拒绝和隐瞒。

第一百零六条 信息中心负责建立药品品种档案，对药品实行编码管理，汇集药品注册申报、临床试验期间安全性相关报告、审评、核查、检验、审批以及药品上市后变更的审批、备案、报告等信息，并持续更新。药品品种档案和编码管理的相关制度，由信息中心制定公布。

第一百零七条 省、自治区、直辖市药品监督管理部门应当组织对辖区内药物非临床安全性评价研究机构、药物临床试验机构等遵守药物非临床研究质量管理规范、药物临床试验质量管理规范等情况进行日常监督检查，监督其持续符合法定要求。国家药品监督管理局根据需要进行药物非临床安全性评价研究机构、药物临床试验机构等研究机构的监督检查。

第一百零八条 国家药品监督管理局建立药品安全信用管理制度，药品核查中心负责建立药物非临床安全性评价研究机构、药物临床试验机构药品安全信用档案，记录许可颁发、日常监督检查结果、违法行为查处等情况，依法向社会公布并及时更新。药品监督管理部门对有不良信用记录的，增加监督检查频次，并可以按照国家规定实施联合惩戒。药物非临床安全性评价研究机构、药物临床试验机构药品安全信用档案的相关制度，由药品核查中心制定公布。

第一百零九条 国家药品监督管理局依法向社会公布药品注册审批事项清单及法律依据、审批要求和办理时限，向申请人公开药品注册进度，向社会公开批准上市药品的审评结论和依据以及监督检查发现的违法违规行为，接受社会监督。

批准上市药品的说明书应当向社会公开并及时更新。其中，疫苗还应当公开标签内容并及时更新。

未经申请人同意，药品监督管理部门、专业技术机构及其工作人员、参与专家评审等的人员不得披露申请人提交的商业秘密、未披露信息或者保密商务信息，法律另有规定或者涉及国家安全、重大社会公共利益的除外。

第一百一十条 具有下列情形之一的，由国家药品监督管理局注销药品注册证书，并予以

公布:

(一) 持有人自行提出注销药品注册证书的;

(二) 按照本办法规定不予再注册的;

(三) 持有人药品注册证书、药品生产许可证等行政许可被依法吊销或者撤销的;

(四) 按照《药品管理法》第八十三条的规定,疗效不确切、不良反应大或者因其他原因危害人体健康的;

(五) 按照《疫苗管理法》第六十一条的规定,经上市后评价,预防接种异常反应严重或者其他原因危害人体健康的;

(六) 按照《疫苗管理法》第六十二条的规定,经上市后评价发现该疫苗品种的产品设计、生产工艺、安全性、有效性或者质量可控性明显劣于预防、控制同种疾病的其他疫苗品种的;

(七) 违反法律、行政法规规定,未按照药品批准证明文件要求或者药品监督管理部门要求在规定时限内完成相应研究工作且无合理理由的;

(八) 其他依法应当注销药品注册证书的情形。

第九章 法 律 责 任

第一百一十一条 在药品注册过程中,提供虚假的证明、数据、资料、样品或者采取其他手段骗取临床试验许可或者药品注册等许可的,按照《药品管理法》第一百二十三条处理。

第一百一十二条 申请疫苗临床试验、注册提供虚假数据、资料、样品或者有其他欺骗行为的,按照《疫苗管理法》第八十一条进行处理。

第一百一十三条 在药品注册过程中,药物非临床安全性评价研究机构、药物临床试验机构等,未按照规定遵守药物非临床研究质量管理规范、药物临床试验质量管理规范等的,按照《药品管理法》第一百二十六条处理。

第一百一十四条 未经批准开展药物临床试验的,按照《药品管理法》第一百二十五条处理;开展生物等效性试验未备案的,按照《药品管理法》第一百二十七条处理。

第一百一十五条 药物临床试验期间,发现存在安全性问题或者其他风险,临床试验申办者未及时调整临床试验方案、暂停或者终止临床试验,或者未向国家药品监督管理局报告的,按照《药品管理法》第一百二十七条处理。

第一百一十六条 违反本办法第二十八条、第三十三条规定,申办者有下列情形之一的,责令限期改正;逾期不改正的,处一万元以上三万元以下罚款:

(一) 开展药物临床试验前未按规定在药物临床试验登记与信息公示平台进行登记;

(二) 未按规定提交研发期间安全性更新报告;

(三) 药物临床试验结束后未登记临床试验结果等信息。

第一百一十七条 药品检验机构在承担药品注册所需要的检验工作时,出具虚假检验报告的,按照《药品管理法》第一百三十八条处理。

第一百一十八条 对不符合条件而批准进行药物临床试验、不符合条件的药品颁发药品注册证书的,按照《药品管理法》第一百四十七条处理。

第一百一十九条 药品监督管理部门及其工作人员在药品注册管理过程中有违法违规行为的,按照相关法律法规处理。

第十章 附 则

第一百二十条 麻醉药品、精神药品、医疗用毒性药品、放射性药品、药品类易制毒化学品等有其他特殊管理规定药品的注册申请,除按照本办法的规定办理外,还应当符合国家的其他有关规定。

第一百二十一条 出口疫苗的标准应当符合进口国（地区）的标准或者合同要求。

第一百二十二条 拟申报注册的药械组合产品，已有同类产品经属性界定为药品的，按照药品进行申报；尚未经属性界定的，申请人应当在申报注册前向国家药品监督管理局申请产品属性界定。属性界定为药品为主的，按照本办法规定的程序进行注册，其中属于医疗器械部分的研究资料由国家药品监督管理局医疗器械技术审评中心作出审评结论后，转交药品审评中心进行综合审评。

第一百二十三条 境内生产药品批准文号格式为：国药准字 H（Z、S）+四位年号+四位顺序号。中国香港、澳门和台湾地区生产药品批准文号格式为：国药准字 H（Z、S）C+四位年号+四位顺序号。

境外生产药品批准文号格式为：国药准字 H（Z、S）J+四位年号+四位顺序号。

其中，H 代表化学药，Z 代表中药，S 代表生物制品。

药品批准文号，不因上市后的注册事项的变更而改变。

中药另有规定的从其规定。

第一百二十四条 药品监督管理部门制作的药品注册批准证明电子文件及原料药批准文件电子文件与纸质文件具有同等法律效力。

第一百二十五条 本办法规定的期限以工作日计算。

第一百二十六条 本办法自 2020 年 7 月 1 日起施行。2007 年 7 月 10 日原国家食品药品监督管理局令第 28 号公布的《药品注册管理办法》同时废止。

药品生产监督管理办法

（2020 年 1 月 22 日国家市场监督管理总局令第 28 号公布 自 2020 年 7 月 1 日起施行）

第一章 总 则

第一条 为加强药品生产监督管理，规范药品生产活动，根据《中华人民共和国药品管理法》（以下简称《药品管理法》）、《中华人民共和国中医药法》、《中华人民共和国疫苗管理法》（以下简称《疫苗管理法》）、《中华人民共和国行政许可法》、《中华人民共和国药品管理法实施条例》等法律、行政法规，制定本办法。

第二条 在中华人民共和国境内上市药品的生产及监督管理活动，应当遵守本办法。

第三条 从事药品生产活动，应当遵守法律、法规、规章、标准和规范，保证全过程信息真实、准确、完整和可追溯。

从事药品生产活动，应当经所在地省、自治区、直辖市药品监督管理部门批准，依法取得药品生产许可证，严格遵守药品生产质量管理规范，确保生产过程持续符合法定要求。

药品上市许可持有人应当建立药品质量保证体系，履行药品上市放行责任，对其取得药品注册证书的药品质量负责。

中药饮片生产企业应当履行药品上市许可持有人的相关义务，确保中药饮片生产过程持续符合法定要求。

原料药生产企业应当按照核准的生产工艺组织生产，严格遵守药品生产质量管理规范，确保生产过程持续符合法定要求。

经关联审评的辅料、直接接触药品的包装材料和容器的生产企业以及其他从事与药品相关生产活动的单位和个人依法承担相应责任。

第四条 药品上市许可持有人、药品生产企业应当建立并实施药品追溯制度，按照规定赋予药品各级销售包装单元追溯标识，通过信息化手段实施药品追溯，及时准确记录、保存药品追溯数据，并向药品追溯协同服务平台提供追溯信息。

第五条 国家药品监督管理局主管全国药品生产监督管理工作，对省、自治区、直辖市药品监督管理部门的药品生产监督管理工作进行监督和指导。

省、自治区、直辖市药品监督管理部门负责本行政区域内的药品生产监督管理，承担药品生产环节的许可、检查和处罚等工作。

国家药品监督管理局食品药品审核查验中心（以下简称核查中心）组织制定药品检查技术规范和文件，承担境外检查以及组织疫苗巡查等，分析评估检查发现风险、作出检查结论并提出处置建议，负责各省、自治区、直辖市药品检查机构质量管理体系的指导和评估。

国家药品监督管理局信息中心负责药品追溯协同服务平台、药品安全信用档案建设和管理，对药品生产场地进行统一编码。

药品监督管理部门依法设置或者指定的药品审评、检验、核查、监测与评价等专业技术机构，依职责承担相关技术工作并出具技术结论，为药品生产监督管理提供技术支撑。

第二章 生产许可

第六条 从事药品生产，应当符合以下条件：

（一）有依法经过资格认定的药学技术人员、工程技术人员及相应的技术工人，法定代表人、企业负责人、生产管理负责人（以下称生产负责人）、质量管理负责人（以下称质量负责人）、质量受权人及其他相关人员符合《药品管理法》《疫苗管理法》规定的条件；

（二）有与药品生产相适应的厂房、设施、设备和卫生环境；

（三）有能对所生产药品进行质量管理和质量检验的机构、人员；

（四）有能对所生产药品进行质量管理和质量检验的必要的仪器设备；

（五）有保证药品质量的规章制度，并符合药品生产质量管理规范要求。

从事疫苗生产活动的，还应当具备下列条件：

（一）具备适度规模和足够的产能储备；

（二）具有保证生物安全的制度和设施、设备；

（三）符合疾病预防、控制需要。

第七条 从事制剂、原料药、中药饮片生产活动，申请人应当按照本办法和国家药品监督管理局规定的申报资料要求，向所在地省、自治区、直辖市药品监督管理部门提出申请。

委托他人生产制剂的药品上市许可持有人，应当具备本办法第六条第一款第一项、第三项、第五项规定的条件，并与符合条件的药品生产企业签订委托协议和质量协议，将相关协议和实际生产场地申请资料合并提交至药品上市许可持有人所在地省、自治区、直辖市药品监督管理部门，按照本办法规定申请办理药品生产许可证。

申请人应当对其申请材料全部内容的真实性负责。

第八条 省、自治区、直辖市药品监督管理部门收到申请后，应当根据下列情况分别作出处理：

（一）申请事项依法不属于本部门职权范围的，应当即时作出不予受理的决定，并告知申请人向有关行政机关申请；

（二）申请事项依法不需要取得行政许可的，应当即时告知申请人不受理；

（三）申请材料存在可以当场更正的错误的，应当允许申请人当场更正；

（四）申请材料不齐全或者不符合形式审查要求的，应当当场或者在五日内发给申请人补正材料通知书，一次性告知申请人需要补正的全部内容，逾期不告知的，自收到申请材料之日起即为受理；

（五）申请材料齐全、符合形式审查要求，或者申请人按照要求提交全部补正材料的，予以受理。

省、自治区、直辖市药品监督管理部门受理或者不予受理药品生产许可证申请的，应当出具加盖本部门专用印章和注明日期的受理通知书或者不予受理通知书。

第九条　省、自治区、直辖市药品监督管理部门应当自受理之日起三十日内，作出决定。

经审查符合规定的，予以批准，并自书面批准决定作出之日起十日内颁发药品生产许可证；不符合规定的，作出不予批准的书面决定，并说明理由。

省、自治区、直辖市药品监督管理部门按照药品生产质量管理规范等有关规定组织开展申报资料技术审查和评定、现场检查。

第十条　省、自治区、直辖市药品监督管理部门应当在行政机关的网站和办公场所公示申请药品生产许可证所需要的条件、程序、期限、需要提交的全部材料的目录和申请书示范文本等。

省、自治区、直辖市药品监督管理部门颁发药品生产许可证的有关信息，应当予以公开，公众有权查阅。

第十一条　省、自治区、直辖市药品监督管理部门对申请办理药品生产许可证进行审查时，应当公开审批结果，并提供条件便利申请人查询审批进程。

未经申请人同意，药品监督管理部门、专业技术机构及其工作人员不得披露申请人提交的商业秘密、未披露信息或者保密商务信息，法律另有规定或者涉及国家安全、重大社会公共利益的除外。

第十二条　申请办理药品生产许可证直接涉及申请人与他人之间重大利益关系的，申请人、利害关系人依照法律、法规规定享有申请听证的权利。

在对药品生产企业的申请进行审查时，省、自治区、直辖市药品监督管理部门认为涉及公共利益的，应当向社会公告，并举行听证。

第十三条　药品生产许可证有效期为五年，分为正本和副本。药品生产许可证样式由国家药品监督管理局统一制定。药品生产许可证电子证书与纸质证书具有同等法律效力。

第十四条　药品生产许可证应当载明许可证编号、分类码、企业名称、统一社会信用代码、住所（经营场所）、法定代表人、企业负责人、生产负责人、质量负责人、质量受权人、生产地址和生产范围、发证机关、发证日期、有效期限等项目。

企业名称、统一社会信用代码、住所（经营场所）、法定代表人等项目应当与市场监督管理部门核发的营业执照中载明的相关内容一致。

第十五条　药品生产许可证载明事项分为许可事项和登记事项。

许可事项是指生产地址和生产范围等。

登记事项是指企业名称、住所（经营场所）、法定代表人、企业负责人、生产负责人、质量负责人、质量受权人等。

第十六条　变更药品生产许可证许可事项的，向原发证机关提出药品生产许可证变更申请。未经批准，不得擅自变更许可事项。

原发证机关应当自收到企业变更申请之日起十五日内作出是否准予变更的决定。不予变更的，应当书面说明理由，并告知申请人享有依法申请行政复议或者提起行政诉讼的权利。

变更生产地址或者生产范围，药品生产企业应当按照本办法第六条的规定及相关变更技术要求，提交涉及变更内容的有关材料，并报经所在地省、自治区、直辖市药品监督管理部门审查决定。

原址或者异地新建、改建、扩建车间或者生产线的，应当符合相关规定和技术要求，提交涉及变更内容的有关材料，并报经所在地省、自治区、直辖市药品监督管理部门进行药品生产质量管理规范符合性检查，检查结果应当通知企业。检查结果符合规定，产品符合放行要求的可以上市销售。有关变更情况，应当在药品生产许可证副本中载明。

上述变更事项涉及药品注册证书及其附件载明内容的，由省、自治区、直辖市药品监督管理部门批准后，报国家药品监督管理局药品审评中心更新药品注册证书及其附件相关内容。

第十七条　变更药品生产许可证登记事项的，应当在市场监督管理部门核准变更或者企业完成变更后三十日内，向原发证机关申请药品生产许可证变更登记。原发证机关应当自收到企业变更申请之日起十日内办理变更手续。

第十八条　药品生产许可证变更后，原发证机关应当在药品生产许可证副本上记录变更的内容和时间，并按照变更后的内容重新核发药品生产许可证正本，收回原药品生产许可证正本，变更后的药品生产许可证终止期限不变。

第十九条　药品生产许可证有效期届满，需要继续生产药品的，应当在有效期届满前六个月，向原发证机关申请重新发放药品生产许可证。

原发证机关结合企业遵守药品管理法律法规、药品生产质量管理规范和质量体系运行情况，根据风险管理原则进行审查，在药品生产许可证有效期届满前作出是否准予其重新发证的决定。符合规定准予重新发证的，收回原证，重新发证；不符合规定的，作出不予重新发证的书面决定，并说明理由，同时告知申请人享有依法申请行政复议或者提起行政诉讼的权利；逾期未作出决定的，视为同意重新发证，并予补办相应手续。

第二十条　有下列情形之一的，药品生产许可证由原发证机关注销，并予以公告：

（一）主动申请注销药品生产许可证的；

（二）药品生产许可证有效期届满未重新发证的；

（三）营业执照依法被吊销或者注销的；

（四）药品生产许可证依法被吊销或者撤销的；

（五）法律、法规规定应当注销行政许可的其他情形。

第二十一条　药品生产许可证遗失的，药品上市许可持有人、药品生产企业应当向原发证机关申请补发，原发证机关按照原核准事项在十日内补发药品生产许可证。许可证编号、有效期等与原许可证一致。

第二十二条　任何单位或者个人不得伪造、变造、出租、出借、买卖药品生产许可证。

第二十三条　省、自治区、直辖市药品监督管理部门应当将药品生产许可证核发、重新发证、变更、补发、吊销、撤销、注销等办理情况，在办理工作完成后十日内在药品安全信用档案中更新。

第三章　生产管理

第二十四条　从事药品生产活动，应当遵守药品生产质量管理规范，按照国家药品标准、经药品监督管理部门核准的药品注册标准和生产工艺进行生产，按照规定提交并持续更新场地管理文件，对质量体系运行过程进行风险评估和持续改进，保证药品生产全过程持续符合法定要求。生产、检验等记录应当完整准确，不得编造和篡改。

第二十五条　疫苗上市许可持有人应当具备疫苗生产、检验必需的厂房设施设备，配备具有资质的管理人员，建立完善质量管理体系，具备生产出符合注册要求疫苗的能力，超出疫苗生产能力确需委托生产的，应当经国家药品监督管理局批准。

第二十六条　从事药品生产活动，应当遵守药品生产质量管理规范，建立健全药品生产质量管理体系，涵盖影响药品质量的所有因素，保证药品生产全过程持续符合法定要求。

第二十七条　药品上市许可持有人应当建立药品质量保证体系，配备专门人员独立负责药品质量管理，对受托药品生产企业、药品经营企业的质量管理体系进行定期审核，监督其持续具备质量保证和控制能力。

第二十八条　药品上市许可持有人的法定代表人、主要负责人应当对药品质量全面负责，履行以下职责：

（一）配备专门质量负责人独立负责药品质量管理；

（二）配备专门质量受权人独立履行药品上市放行责任；

（三）监督质量管理体系正常运行；

（四）对药品生产企业、供应商等相关方与药品生产相关的活动定期开展质量体系审核，保证持续合规；

（五）按照变更技术要求，履行变更管理责任；

（六）对委托经营企业进行质量评估，与使用单位等进行信息沟通；

（七）配合药品监督管理部门对药品上市许可持有人及相关方的延伸检查；

（八）发生与药品质量有关的重大安全事件，应当及时报告并按持有人制定的风险管理计划开展风险处置，确保风险得到及时控制；

（九）其他法律法规规定的责任。

第二十九条　药品生产企业的法定代表人、主要负责人应当对本企业的药品生产活动全面负责，履行以下职责：

（一）配备专门质量负责人独立负责药品质量管理，监督质量管理规范执行，确保适当的生产过程控制和质量控制，保证药品符合国家药品标准和药品注册标准；

（二）配备专门质量受权人履行药品出厂放行责任；

（三）监督质量管理体系正常运行，保证药品生产过程控制、质量控制以及记录和数据真实性；

（四）发生与药品质量有关的重大安全事件，应当及时报告并按企业制定的风险管理计划开展风险处置，确保风险得到及时控制；

（五）其他法律法规规定的责任。

第三十条　药品上市许可持有人、药品生产企业应当每年对直接接触药品的工作人员进行健康检查并建立健康档案，避免患有传染病或者其他可能污染药品疾病的人员从事直接接触药品的生产活动。

第三十一条　药品上市许可持有人、药品生产企业在药品生产中，应当开展风险评估、控制、验证、沟通、审核等质量管理活动，对已识别的风险及时采取有效的风险控制措施，以保证产品质量。

第三十二条　从事药品生产活动，应当对使用的原料药、辅料、直接接触药品的包装材料和容器等相关物料供应商或者生产企业进行审核，保证购进、使用符合法规要求。

生产药品所需的原料、辅料，应当符合药用要求以及相应的生产质量管理规范的有关要求。直接接触药品的包装材料和容器，应当符合药用要求，符合保障人体健康、安全的标准。

第三十三条　经批准或者通过关联审评审批的原料药、辅料、直接接触药品的包装材料和容器的生产企业，应当遵守国家药品监督管理局制定的质量管理规范以及关联审评审批有关要求，确保质量保证体系持续合规，接受药品上市许可持有人的质量审核，接受药品监督管理部门的监督检查或者延伸检查。

第三十四条 药品生产企业应当确定需进行的确认与验证，按照确认与验证计划实施。定期对设施、设备、生产工艺及清洁方法进行评估，确认其持续保持验证状态。

第三十五条 药品生产企业应当采取防止污染、交叉污染、混淆和差错的控制措施，定期检查评估控制措施的适用性和有效性，以确保药品达到规定的国家药品标准和药品注册标准，并符合药品生产质量管理规范要求。

药品上市许可持有人和药品生产企业不得在药品生产厂房生产对药品质量有不利影响的其他产品。

第三十六条 药品包装操作应当采取降低混淆和差错风险的措施，药品包装应当确保有效期内的药品储存运输过程中不受污染。

药品说明书和标签中的表述应当科学、规范、准确，文字应当清晰易辨，不得以粘贴、剪切、涂改等方式进行修改或者补充。

第三十七条 药品生产企业应当建立药品出厂放行规程，明确出厂放行的标准、条件，并对药品质量检验结果、关键生产记录和偏差控制情况进行审核，对药品进行质量检验。符合标准、条件的，经质量受权人签字后方可出厂放行。

药品上市许可持有人应当建立药品上市放行规程，对药品生产企业出厂放行的药品检验结果和放行文件进行审核，经质量受权人签字后方可上市放行。

中药饮片符合国家药品标准或者省、自治区、直辖市药品监督管理部门制定的炮制规范的，方可出厂、销售。

第三十八条 药品上市许可持有人、药品生产企业应当每年进行自检，监控药品生产质量管理规范的实施情况，评估企业是否符合相关法规要求，并提出必要的纠正和预防措施。

第三十九条 药品上市许可持有人应当建立年度报告制度，按照国家药品监督管理局规定每年向省、自治区、直辖市药品监督管理部门报告药品生产销售、上市后研究、风险管理等情况。

疫苗上市许可持有人应当按照规定向国家药品监督管理局进行年度报告。

第四十条 药品上市许可持有人应当持续开展药品风险获益评估和控制，制定上市后药品风险管理计划，主动开展上市后研究，对药品的安全性、有效性和质量可控性进行进一步确证，加强对已上市药品的持续管理。

第四十一条 药品上市许可持有人应当建立药物警戒体系，按照国家药品监督管理局制定的药物警戒质量管理规范开展药物警戒工作。

药品上市许可持有人、药品生产企业应当经常考察本单位的药品质量、疗效和不良反应。发现疑似不良反应的，应当及时按照要求报告。

第四十二条 药品上市许可持有人委托生产药品的，应当符合药品管理的有关规定。

药品上市许可持有人委托符合条件的药品生产企业生产药品的，应当对受托方的质量保证能力和风险管理能力进行评估，根据国家药品监督管理局制定的药品委托生产质量协议指南要求，与其签订质量协议以及委托协议，监督受托方履行有关协议约定的义务。

受托方不得将接受委托生产的药品再次委托第三方生产。

经批准或者通过关联审评审批的原料药应当自行生产，不得再行委托他人生产。

第四十三条 药品上市许可持有人应当按照药品生产质量管理规范的要求对生产工艺变更进行管理和控制，并根据核准的生产工艺制定工艺规程。生产工艺变更应当开展研究，并依法取得批准、备案或者进行报告，接受药品监督管理部门的监督检查。

第四十四条 药品上市许可持有人、药品生产企业应当每年对所生产的药品按照品种进行产品质量回顾分析、记录，以确认工艺稳定可靠，以及原料、辅料、成品现行质量标准的适用性。

第四十五条 药品上市许可持有人、药品生产企业的质量管理体系相关的组织机构、企业负责人、生产负责人、质量负责人、质量受权人发生变更的，应当自发生变更之日起三十日内，完成登记手续。

疫苗上市许可持有人应当自发生变更之日起十五日内，向所在地省、自治区、直辖市药品监督管理部门报告生产负责人、质量负责人、质量受权人等关键岗位人员的变更情况。

第四十六条 列入国家实施停产报告的短缺药品清单的药品，药品上市许可持有人停止生产的，应当在计划停产实施六个月前向所在地省、自治区、直辖市药品监督管理部门报告；发生非预期停产的，在三日内报告所在地省、自治区、直辖市药品监督管理部门。必要时，向国家药品监督管理局报告。

药品监督管理部门接到报告后，应当及时通报同级短缺药品供应保障工作会商联动机制牵头单位。

第四十七条 药品上市许可持有人为境外企业的，应当指定一家在中国境内的企业法人，履行《药品管理法》与本办法规定的药品上市许可持有人的义务，并负责协调配合境外检查工作。

第四十八条 药品上市许可持有人的生产场地在境外的，应当按照《药品管理法》与本办法规定组织生产，配合境外检查工作。

第四章　监　督　检　查

第四十九条 省、自治区、直辖市药品监督管理部门负责对本行政区域内药品上市许可持有人、制剂、化学原料药、中药饮片生产企业的监督管理。

省、自治区、直辖市药品监督管理部门应当对原料、辅料、直接接触药品的包装材料和容器等供应商、生产企业开展日常监督检查，必要时开展延伸检查。

第五十条 药品上市许可持有人和受托生产企业不在同一省、自治区、直辖市的，由药品上市许可持有人所在地省、自治区、直辖市药品监督管理部门负责对药品上市许可持有人的监督管理，受托生产企业所在地省、自治区、直辖市药品监督管理部门负责对受托生产企业的监督管理。省、自治区、直辖市药品监督管理部门应当加强监督检查信息互相通报，及时将监督检查信息更新到药品安全信用档案中，可以根据通报情况和药品安全信用档案中监管信息更新情况开展调查，对药品上市许可持有人或者受托生产企业依法作出行政处理，必要时可以开展联合检查。

第五十一条 药品监督管理部门应当建立健全职业化、专业化检查员制度，明确检查员的资格标准、检查职责、分级管理、能力培训、行为规范、绩效评价和退出程序等规定，提升检查员的专业素质和工作水平。检查员应当熟悉药品法律法规，具备药品专业知识。

药品监督管理部门应当根据监管事权、药品产业规模及检查任务等，配备充足的检查员队伍，保障检查工作需要。有疫苗等高风险药品生产企业的地区，还应当配备相应数量的具有疫苗等高风险药品检查技能和经验的药品检查员。

第五十二条 省、自治区、直辖市药品监督管理部门根据监管需要，对持有药品生产许可证的药品上市许可申请人及其受托生产企业，按以下要求进行上市前的药品生产质量管理规范符合性检查：

（一）未通过与生产该药品的生产条件相适应的药品生产质量管理规范符合性检查的品种，应当进行上市前的药品生产质量管理规范符合性检查。其中，拟生产药品需要进行药品注册现场核查的，国家药品监督管理局药品审评中心通知核查中心，告知相关省、自治区、直辖市药品监督管理部门和申请人。核查中心协调相关省、自治区、直辖市药品监督管理部门，同步开展药品注册现场核查和上市前的药品生产质量管理规范符合性检查；

（二）拟生产药品不需要进行药品注册现场核查的，国家药品监督管理局药品审评中心告知生产场地所在地省、自治区、直辖市药品监督管理部门和申请人，相关省、自治区、直辖市药品监督管理部门自行开展上市前的药品生产质量管理规范符合性检查；

（三）已通过与生产该药品的生产条件相适应的药品生产质量管理规范符合性检查的品种，相关省、自治区、直辖市药品监督管理部门根据风险管理原则决定是否开展上市前的药品生产质量管理规范符合性检查。

开展上市前的药品生产质量管理规范符合性检查的，在检查结束后，应当将检查情况、检查结果等形成书面报告，作为对药品上市监管的重要依据。上市前的药品生产质量管理规范符合性检查涉及药品生产许可证事项变更的，由原发证的省、自治区、直辖市药品监督管理部门依变更程序作出决定。

通过相应上市前的药品生产质量管理规范符合性检查的商业规模批次，在取得药品注册证书后，符合产品放行要求的可以上市销售。药品上市许可持有人应当重点加强上述批次药品的生产销售、风险管理等措施。

第五十三条 药品生产监督检查的主要内容包括：

（一）药品上市许可持有人、药品生产企业执行有关法律、法规及实施药品生产质量管理规范、药物警戒质量管理规范以及有关技术规范等情况；

（二）药品生产活动是否与药品品种档案载明的相关内容一致；

（三）疫苗储存、运输管理规范执行情况；

（四）药品委托生产质量协议及委托协议；

（五）风险管理计划实施情况；

（六）变更管理情况。

监督检查包括许可检查、常规检查、有因检查和其他检查。

第五十四条 省、自治区、直辖市药品监督管理部门应当坚持风险管理、全程管控原则，根据风险研判情况，制定年度检查计划并开展监督检查。年度检查计划至少包括检查范围、内容、方式、重点、要求、时限、承担检查的机构等。

第五十五条 省、自治区、直辖市药品监督管理部门应当根据药品品种、剂型、管制类别等特点，结合国家药品安全总体情况、药品安全风险预警信息、重大药品安全事件及其调查处理信息等，以及既往检查、检验、不良反应监测、投诉举报等情况确定检查频次：

（一）对麻醉药品、第一类精神药品、药品类易制毒化学品生产企业每季度检查不少于一次；

（二）对疫苗、血液制品、放射性药品、医疗用毒性药品、无菌药品等高风险药品生产企业，每年不少于一次药品生产质量管理规范符合性检查；

（三）对上述产品之外的药品生产企业，每年抽取一定比例开展监督检查，但应当在三年内对本行政区域内企业全部进行检查；

（四）对原料、辅料、直接接触药品的包装材料和容器等供应商、生产企业每年抽取一定比例开展监督检查，五年内对本行政区域内企业全部进行检查。

省、自治区、直辖市药品监督管理部门可以结合本行政区域内药品生产监管工作实际情况，调整检查频次。

第五十六条 国家药品监督管理局和省、自治区、直辖市药品监督管理部门组织监督检查时，应当制定检查方案，明确检查标准，如实记录现场检查情况，需要抽样检验或者研究的，按照有关规定执行。检查结论应当清晰明确，检查发现的问题应当以书面形式告知被检查单位。需要整改的，应当提出整改内容及整改期限，必要时对整改后情况实施检查。

在进行监督检查时，药品监督管理部门应当指派两名以上检查人员实施监督检查，检查人员应当向被检查单位出示执法证件。药品监督管理部门工作人员对知悉的商业秘密应当保密。

第五十七条 监督检查时，药品上市许可持有人和药品生产企业应当根据检查需要说明情况、提供有关材料：

（一）药品生产场地管理文件以及变更材料；

（二）药品生产企业接受监督检查及整改落实情况；

（三）药品质量不合格的处理情况；

（四）药物警戒机构、人员、制度制定情况以及疑似药品不良反应监测、识别、评估、控制情况；

（五）实施附条件批准的品种，开展上市后研究的材料；

（六）需要审查的其他必要材料。

第五十八条 现场检查结束后，应当对现场检查情况进行分析汇总，并客观、公平、公正地对检查中发现的缺陷进行风险评定并作出现场检查结论。

派出单位负责对现场检查结论进行综合研判。

第五十九条 国家药品监督管理局和省、自治区、直辖市药品监督管理部门通过监督检查发现药品生产管理或者疫苗储存、运输管理存在缺陷，有证据证明可能存在安全隐患的，应当依法采取相应措施：

（一）基本符合药品生产质量管理规范要求，需要整改的，应当发出告诫信并依据风险相应采取告诫、约谈、限期整改等措施；

（二）药品存在质量问题或者其他安全隐患的，药品监督管理部门根据监督检查情况，应当发出告诫信，并依据风险相应采取暂停生产、销售、使用、进口等控制措施。

药品存在质量问题或者其他安全隐患的，药品上市许可持有人应当依法召回药品而未召回的，省、自治区、直辖市药品监督管理部门应当责令其召回。

风险消除后，采取控制措施的药品监督管理部门应当解除控制措施。

第六十条 开展药品生产监督检查过程中，发现存在药品质量安全风险的，应当及时向派出单位报告。药品监督管理部门经研判属于重大药品质量安全风险的，应当及时向上一级药品监督管理部门和同级地方人民政府报告。

第六十一条 开展药品生产监督检查过程中，发现存在涉嫌违反药品法律、法规、规章的行为，应当及时采取现场控制措施，按照规定做好证据收集工作。药品监督管理部门应当按照职责和权限依法查处，涉嫌犯罪的移送公安机关处理。

第六十二条 省、自治区、直辖市药品监督管理部门应当依法将本行政区域内药品上市许可持有人和药品生产企业的监管信息归入到药品安全信用档案管理，并保持相关数据的动态更新。监管信息包括药品生产许可、日常监督检查结果、违法行为查处、药品质量抽查检验、不良行为记录和投诉举报等内容。

第六十三条 国家药品监督管理局和省、自治区、直辖市药品监督管理部门在生产监督管理工作中，不得妨碍药品上市许可持有人、药品生产企业的正常生产活动，不得索取或者收受财物，不得谋取其他利益。

第六十四条 个人和组织发现药品上市许可持有人或者药品生产企业进行违法生产活动的，有权向药品监督管理部门举报，药品监督管理部门应当按照有关规定及时核实、处理。

第六十五条 发生与药品质量有关的重大安全事件，药品上市许可持有人应当立即对有关药品及其原料、辅料以及直接接触药品的包装材料和容器、相关生产线等采取封存等控制措施，并立即报告所在地省、自治区、直辖市药品监督管理部门和有关部门，省、自治区、直辖市药品监督管理部门应当在二十四小时内报告省级人民政府，同时报告国家药品监督管理局。

第六十六条 省、自治区、直辖市药品监督管理部门对有不良信用记录的药品上市许可持有人、药品生产企业，应当增加监督检查频次，并可以按照国家规定实施联合惩戒。

第六十七条 省、自治区、直辖市药品监督管理部门未及时发现生产环节药品安全系统性风险，未及时消除监督管理区域内药品安全隐患的，或者省级人民政府未履行药品安全职责，未及时消除区域性重大药品安全隐患的，国家药品监督管理局应当对其主要负责人进行约谈。

被约谈的省、自治区、直辖市药品监督管理部门和地方人民政府应当立即采取措施，对药品监督管理工作进行整改。

约谈情况和整改情况应当纳入省、自治区、直辖市药品监督管理部门和地方人民政府药品监督管理工作评议、考核记录。

第五章 法律责任

第六十八条 有下列情形之一的，按照《药品管理法》第一百一十五条给予处罚：

（一）药品上市许可持有人和药品生产企业变更生产地址、生产范围应当经批准而未经批准的；

（二）药品生产许可证超过有效期限仍进行生产的。

第六十九条 药品上市许可持有人和药品生产企业未按照药品生产质量管理规范的要求生产，有下列情形之一，属于《药品管理法》第一百二十六条规定的情节严重情形的，依法予以处罚：

（一）未配备专门质量负责人独立负责药品质量管理、监督质量管理规范执行；

（二）药品上市许可持有人未配备专门质量受权人履行药品上市放行责任；

（三）药品生产企业未配备专门质量受权人履行药品出厂放行责任；

（四）质量管理体系不能正常运行，药品生产过程控制、质量控制的记录和数据不真实；

（五）对已识别的风险未及时采取有效的风险控制措施，无法保证产品质量；

（六）其他严重违反药品生产质量管理规范的情形。

第七十条 辅料、直接接触药品的包装材料和容器的生产企业及供应商未遵守国家药品监督管理局制定的质量管理规范等相关要求，不能确保质量保证体系持续合规的，由所在地省、自治区、直辖市药品监督管理部门按照《药品管理法》第一百二十六条的规定给予处罚。

第七十一条 药品上市许可持有人和药品生产企业有下列情形之一的，由所在地省、自治区、直辖市药品监督管理部门处一万元以上三万元以下的罚款：

（一）企业名称、住所（经营场所）、法定代表人未按规定办理登记事项变更；

（二）未按照规定每年对直接接触药品的工作人员进行健康检查并建立健康档案；

（三）未按照规定对列入国家实施停产报告的短缺药品清单的药品进行停产报告。

第七十二条 药品监督管理部门有下列行为之一的，对直接负责的主管人员和其他直接责任人员按照《药品管理法》第一百四十九条的规定给予处罚：

（一）瞒报、谎报、缓报、漏报药品安全事件；

（二）对发现的药品安全违法行为未及时查处；

（三）未及时发现药品安全系统性风险，或者未及时消除监督管理区域内药品安全隐患，造成严重影响；

（四）其他不履行药品监督管理职责，造成严重不良影响或者重大损失。

第六章 附 则

第七十三条 本办法规定的期限以工作日计算。药品生产许可中技术审查和评定、现场检查、企业整改等所需时间不计入期限。

第七十四条 场地管理文件，是指由药品生产企业编写的药品生产活动概述性文件，是药品生产企业质量管理文件体系的一部分。场地管理文件有关要求另行制定。

经批准或者关联审评审批的原料药、辅料和直接接触药品的包装材料和容器生产场地、境外生产场地一并赋予统一编码。

第七十五条 告诫信，是指药品监督管理部门在药品监督管理活动中，对有证据证明可能存在安全隐患的，依法发出的信函。告诫信应当载明存在缺陷、问题和整改要求。

第七十六条 药品生产许可证编号格式为"省份简称+四位年号+四位顺序号"。企业变更名称等许可证项目以及重新发证，原药品生产许可证编号不变。

企业分立，在保留原药品生产许可证编号的同时，增加新的编号。企业合并，原药品生产许可证编号保留一个。

第七十七条 分类码是对许可证内生产范围进行统计归类的英文字母串。大写字母用于归类药品上市许可持有人和产品类型，包括：A 代表自行生产的药品上市许可持有人、B 代表委托生产的药品上市许可持有人、C 代表接受委托的药品生产企业、D 代表原料药生产企业；小写字母用于区分制剂属性，h 代表化学药、z 代表中成药、s 代表生物制品、d 代表按药品管理的体外诊断试剂、y 代表中药饮片、q 代表医用气体、t 代表特殊药品、x 代表其他。

第七十八条 药品生产许可证的生产范围应当按照《中华人民共和国药典》制剂通则及其他的国家药品标准等要求填写。

第七十九条 国家有关法律、法规对生产疫苗、血液制品、麻醉药品、精神药品、医疗用毒性药品、放射性药品、药品类易制毒化学品等另有规定的，依照其规定。

第八十条 出口的疫苗应当符合进口国（地区）的标准或者合同要求。

第八十一条 本办法自 2020 年 7 月 1 日起施行。2004 年 8 月 5 日原国家食品药品监督管理局令第 14 号公布的《药品生产监督管理办法》同时废止。

进口药材管理办法

（2019 年 5 月 16 日国家市场监督管理总局令第 9 号公布　自 2020 年 1 月 1 日起施行）

第一章　总　则

第一条 为加强进口药材监督管理，保证进口药材质量，根据《中华人民共和国药品管理法》《中华人民共和国药品管理法实施条例》等法律、行政法规，制定本办法。

第二条 进口药材申请、审批、备案、口岸检验以及监督管理，适用本办法。

第三条 药材应当从国务院批准的允许药品进口的口岸或者允许药材进口的边境口岸进口。

第四条 国家药品监督管理局主管全国进口药材监督管理工作。国家药品监督管理局委托省、自治区、直辖市药品监督管理部门（以下简称省级药品监督管理部门）实施首次进口药材审批，并对委托实施首次进口药材审批的行为进行监督指导。

省级药品监督管理部门依法对进口药材进行监督管理，并在委托范围内以国家药品监督管理局的名义实施首次进口药材审批。

允许药品进口的口岸或者允许药材进口的边境口岸所在地负责药品监督管理的部门（以下简称口岸药品监督管理部门）负责进口药材的备案，组织口岸检验并进行监督管理。

第五条 本办法所称药材进口单位是指办理首次进口药材审批的申请人或者办理进口药材备案的单位。

药材进口单位，应当是中国境内的中成药上市许可持有人、中药生产企业，以及具有中药材或者中药饮片经营范围的药品经营企业。

第六条 首次进口药材，应当按照本办法规定取得进口药材批件后，向口岸药品监督管理部门办理备案。首次进口药材，是指非同一国家（地区）、非同一申请人、非同一药材基原的进口药材。

非首次进口药材，应当按照本办法规定直接向口岸药品监督管理部门办理备案。非首次进口药材实行目录管理，具体目录由国家药品监督管理局制定并调整。尚未列入目录，但申请人、药材基原以及国家（地区）均未发生变更的，按照非首次进口药材管理。

第七条 进口的药材应当符合国家药品标准。中国药典现行版未收载的品种，应当执行进口药材标准；中国药典现行版、进口药材标准均未收载的品种，应当执行其他的国家药品标准。少数民族地区进口当地习用的少数民族药药材，尚无国家药品标准的，应当符合相应的省、自治区药材标准。

第二章 首次进口药材申请与审批

第八条 首次进口药材，申请人应当通过国家药品监督管理局的信息系统（以下简称信息系统）填写进口药材申请表，并向所在地省级药品监督管理部门报送以下资料：

（一）进口药材申请表；

（二）申请人药品生产许可证或者药品经营许可证复印件，申请人为中成药上市许可持有人的，应当提供相关药品批准证明文件复印件；

（三）出口商主体登记证明文件复印件；

（四）购货合同及其公证文书复印件；

（五）药材产地生态环境、资源储量、野生或者种植养殖情况、采收及产地初加工等信息；

（六）药材标准及标准来源；

（七）由中国境内具有动、植物基原鉴定资质的机构出具的载有鉴定依据、鉴定结论、样品图片、鉴定人、鉴定机构及其公章等信息的药材基原鉴定证明原件。

申请人应当对申报资料的真实性负责。

第九条 省级药品监督管理部门收到首次进口药材申报资料后，应当对申报资料的规范性、完整性进行形式审查。申报资料存在可以当场更正的错误的，应当允许申请人当场更正；申报资料不齐全或者不符合法定形式的，应当当场或者5日内一次告知申请人需要补正的全部内容，逾期不告知的，自收到申报资料之日起即为受理。

省级药品监督管理部门受理或者不予受理首次进口药材申请，应当出具受理或者不予受理通知书；不予受理的，应当书面说明理由。

第十条 申请人收到首次进口药材受理通知书后，应当及时将检验样品报送所在地省级药品检验机构，同时提交本办法第八条规定的资料。

第十一条 省级药品检验机构收到检验样品和相关资料后，应当在30日内完成样品检验，向申请人出具进口药材检验报告书，并报送省级药品监督管理部门。因品种特性或者检验项目等原因需延长检验时间的，应当将延期的时限、理由书面报告省级药品监督管理部门并告知申请人。

第十二条 申请人对检验结果有异议的，可以依照药品管理法的规定申请复验。药品检验机构应当在复验申请受理后20日内作出复验结论，并报告省级药品监督管理部门，通知申请人。

第十三条 在审批过程中，省级药品监督管理部门认为需要申请人补充资料的，应当一次告知需要补充的全部内容。

申请人应当在收到补充资料通知书后 4 个月内，按照要求一次提供补充资料。逾期未提交补充资料的，作出不予批准的决定。因不可抗力等原因无法在规定时限内提交补充资料的，申请人应当向所在地省级药品监督管理部门提出延期申请，并说明理由。

第十四条 省级药品监督管理部门应当自受理申请之日起 20 日内作出准予或者不予批准的决定。对符合要求的，发给一次性进口药材批件。检验、补充资料期限不计入审批时限。

第十五条 变更进口药材批件批准事项的，申请人应当通过信息系统填写进口药材补充申请表，向原发出批件的省级药品监督管理部门提出补充申请。补充申请的申请人应当是原进口药材批件的持有者，并报送以下资料：

（一）进口药材补充申请表；

（二）进口药材批件原件；

（三）与变更事项有关的材料。

申请人变更名称的，除第一款规定资料外，还应当报送申请人药品生产许可证或者药品经营许可证以及变更记录页复印件，或者药品批准证明文件以及持有人名称变更补充申请批件复印件。

申请人变更到货口岸的，除第一款规定资料外，还应当报送购货合同及其公证文书复印件。

第十六条 省级药品监督管理部门应当在补充申请受理后 20 日内完成审批。对符合要求的，发给进口药材补充申请批件。

第十七条 省级药品监督管理部门决定予以批准的，应当在作出批准决定后 10 日内，向申请人送达进口药材批件或者进口药材补充申请批件；决定不予批准的，应当在作出不予批准决定后 10 日内，向申请人送达审查意见通知书，并说明理由，告知申请人享有依法申请行政复议或者提起行政诉讼的权利。

第三章 备 案

第十八条 首次进口药材申请人应当在取得进口药材批件后 1 年内，从进口药材批件注明的到货口岸组织药材进口。

第十九条 进口单位应当向口岸药品监督管理部门备案，通过信息系统填报进口药材报验单，并报送以下资料：

（一）进口药材报验单原件；

（二）产地证明复印件；

（三）药材标准及标准来源；

（四）装箱单、提运单和货运发票复印件；

（五）经其他国家（地区）转口的进口药材，应当同时提交产地到各转口地的全部购货合同、装箱单、提运单和货运发票复印件；

（六）进口药材涉及《濒危野生动植物种国际贸易公约》限制进出口的濒危野生动植物的，还应当提供国家濒危物种进出口管理机构核发的允许进出口证明书复印件。

办理首次进口药材备案的，除第一款规定资料外，还应当报送进口药材批件和进口药材补充申请批件（如有）复印件。

办理非首次进口药材备案的，除第一款规定资料外，还应当报送进口单位的药品生产许可证或者药品经营许可证复印件、出口商主体登记证明文件复印件、购货合同及其公证文书复印件。进口单位为中成药上市许可持有人的，应当提供相关药品批准证明文件复印件。

第二十条 口岸药品监督管理部门应当对备案资料的完整性、规范性进行形式审查，符合要求的，发给进口药品通关单，收回首次进口药材批件，同时向口岸药品检验机构发出进口药材口岸检验通知书，并附备案资料一份。

第二十一条 进口单位持进口药品通关单向海关办理报关验放手续。

第四章 口岸检验

第二十二条 口岸药品检验机构收到进口药材口岸检验通知书后，应当在2日内与进口单位商定现场抽样时间，按时到规定的存货地点进行现场抽样。现场抽样时，进口单位应当出示产地证明原件。

第二十三条 口岸药品检验机构应当对产地证明原件和药材实际到货情况与口岸药品监督管理部门提供的备案资料的一致性进行核查。符合要求的，予以抽样，填写进口药材抽样记录单，在进口单位持有的进口药品通关单原件上注明"已抽样"字样，并加盖抽样单位公章；不符合要求的，不予抽样，并在2日内报告所在地口岸药品监督管理部门。

第二十四条 口岸药品检验机构一般应当在抽样后20日内完成检验工作，出具进口药材检验报告书。因客观原因无法按时完成检验的，应当将延期的时限、理由书面通知进口单位并报告口岸药品监督管理部门。

口岸药品检验机构应当将进口药材检验报告书报送口岸药品监督管理部门，并告知进口单位。

经口岸检验合格的进口药材方可销售使用。

第二十五条 进口单位对检验结果有异议的，可以依照药品管理法的规定申请复验。药品检验机构应当在复验申请受理后20日内作出复验结论，并报告口岸药品监督管理部门，通知进口单位。

第五章 监督管理

第二十六条 口岸药品监督管理部门收到进口药材不予抽样通知书后，对有证据证明可能危害人体健康且已办结海关验放手续的全部药材采取查封、扣押的行政强制措施，并在7日内作出处理决定。

第二十七条 对检验不符合标准规定且已办结海关验放手续的进口药材，口岸药品监督管理部门应当在收到检验报告书后及时采取查封、扣押的行政强制措施，并依法作出处理决定，同时将有关处理情况报告所在地省级药品监督管理部门。

第二十八条 国家药品监督管理局根据需要，可以对进口药材的产地、初加工等生产现场组织实施境外检查。药材进口单位应当协调出口商配合检查。

第二十九条 中成药上市许可持有人、中药生产企业和药品经营企业采购进口药材时，应当查验口岸药品检验机构出具的进口药材检验报告书复印件和注明"已抽样"并加盖公章的进口药品通关单复印件，严格执行药品追溯管理的有关规定。

第三十条 进口药材的包装必须适合进口药材的质量要求，方便储存、运输以及进口检验。在每件包装上，必须注明药材中文名称、批件编号（非首次进口药材除外）、产地、唛头号、进口单位名称、出口商名称、到货口岸、重量以及加工包装日期等。

第三十一条 药材进口申请受理、审批结果、有关违法违规的情形及其处罚结果应当在国家药品监督管理部门网站公开。

第六章 法律责任

第三十二条 进口单位提供虚假的证明、文件资料样品或者采取其他欺骗手段取得首次进口药材批件的，依照药品管理法等法律法规的规定处理。

第三十三条 进口单位提供虚假证明、文件资料或者采取其他欺骗手段办理备案的，给予警告，并处 1 万元以上 3 万元以下罚款。

第七章 附 则

第三十四条 进口药材批件编号格式为：（省、自治区、直辖市简称）药材进字+4 位年号+4 位顺序号。

第三十五条 本办法自 2020 年 1 月 1 日起施行。原国家食品药品监督管理局 2005 年 11 月 24 日公布的《进口药材管理办法（试行）》同时废止。

互联网药品信息服务管理办法

（2004 年 7 月 8 日国家食品药品监督管理局令第 9 号公布　根据 2017 年 11 月 7 日
国家食品药品监督管理总局局务会议《关于修改部分规章的决定》修正）

第一条 为加强药品监督管理，规范互联网药品信息服务活动，保证互联网药品信息的真实、准确，根据《中华人民共和国药品管理法》《互联网信息服务管理办法》，制定本办法。

第二条 在中华人民共和国境内提供互联网药品信息服务活动，适用本办法。

本办法所称互联网药品信息服务，是指通过互联网向上网用户提供药品（含医疗器械）信息的服务活动。

第三条 互联网药品信息服务分为经营性和非经营性两类。

经营性互联网药品信息服务是指通过互联网向上网用户有偿提供药品信息等服务的活动。

非经营性互联网药品信息服务是指通过互联网向上网用户无偿提供公开的、共享性药品信息等服务的活动。

第四条 国家食品药品监督管理总局对全国提供互联网药品信息服务活动的网站实施监督管理。

省、自治区、直辖市食品药品监督管理部门对本行政区域内提供互联网药品信息服务活动的网站实施监督管理。

第五条 拟提供互联网药品信息服务的网站，应当在向国务院信息产业主管部门或者省级电信管理机构申请办理经营许可证或者办理备案手续之前，按照属地监督管理的原则，向该网站主办单位所在地省、自治区、直辖市食品药品监督管理部门提出申请，经审核同意后取得提供互联网药品信息服务的资格。

第六条 各省、自治区、直辖市食品药品监督管理部门对本辖区内申请提供互联网药品信息服务的互联网站进行审核，符合条件的核发《互联网药品信息服务资格证书》。

第七条 《互联网药品信息服务资格证书》的格式由国家食品药品监督管理总局统一制定。

第八条 提供互联网药品信息服务的网站，应当在其网站主页显著位置标注《互联网药品信息服务资格证书》的证书编号。

第九条 提供互联网药品信息服务网站所登载的药品信息必须科学、准确，必须符合国家的法律、法规和国家有关药品、医疗器械管理的相关规定。

提供互联网药品信息服务的网站不得发布麻醉药品、精神药品、医疗用毒性药品、放射性药品、戒毒药品和医疗机构制剂的产品信息。

第十条 提供互联网药品信息服务的网站发布的药品（含医疗器械）广告，必须经过食品药品监督管理部门审查批准。

提供互联网药品信息服务的网站发布的药品（含医疗器械）广告要注明广告审查批准文号。

第十一条 申请提供互联网药品信息服务，除应当符合《互联网信息服务管理办法》规定的要求外，还应当具备下列条件：

（一）互联网药品信息服务的提供者应当为依法设立的企事业单位或者其他组织；

（二）具有与开展互联网药品信息服务活动相适应的专业人员、设施及相关制度；

（三）有两名以上熟悉药品、医疗器械管理法律、法规和药品、医疗器械专业知识，或者依法经资格认定的药学、医疗器械技术人员。

第十二条 提供互联网药品信息服务的申请应当以一个网站为基本单元。

第十三条 申请提供互联网药品信息服务，应当填写国家食品药品监督管理总局统一制发的《互联网药品信息服务申请表》，向网站主办单位所在地省、自治区、直辖市食品药品监督管理部门提出申请，同时提交以下材料：

（一）企业营业执照复印件。

（二）网站域名注册的相关证书或者证明文件。从事互联网药品信息服务网站的中文名称，除与主办单位名称相同的以外，不得以"中国""中华""全国"等冠名；除取得药品招标代理机构资格证书的单位开办的互联网网站外，其他提供互联网药品信息服务的网站名称中不得出现"电子商务""药品招商""药品招标"等内容。

（三）网站栏目设置说明（申请经营性互联网药品信息服务的网站需提供收费栏目及收费方式的说明）。

（四）网站对历史发布信息进行备份和查阅的相关管理制度及执行情况说明。

（五）食品药品监督管理部门在线浏览网站上所有栏目、内容的方法及操作说明。

（六）药品及医疗器械相关专业技术人员学历证明或者其专业技术资格证书复印件、网站负责人身份证复印件及简历。

（七）健全的网络与信息安全保障措施，包括网站安全保障措施、信息安全保密管理制度、用户信息安全管理制度。

（八）保证药品信息来源合法、真实、安全的管理措施、情况说明及相关证明。

第十四条 省、自治区、直辖市食品药品监督管理部门在收到申请材料之日起 5 日内做出受理与否的决定，受理的，发给受理通知书；不受理的，书面通知申请人并说明理由，同时告知申请人享有依法申请行政复议或者提起行政诉讼的权利。

第十五条 对于申请材料不规范、不完整的，省、自治区、直辖市食品药品监督管理部门自申请之日起 5 日内一次告知申请人需要补正的全部内容；逾期不告知的，自收到材料之日起即为受理。

第十六条 省、自治区、直辖市食品药品监督管理部门自受理之日起 20 日内对申请提供互联网药品信息服务的材料进行审核，并作出同意或者不同意的决定。同意的，由省、自治区、直辖市食品药品监督管理部门核发《互联网药品信息服务资格证书》，同时报国家食品药品监督管理总局备案并发布公告；不同意的，应当书面通知申请人并说明理由，同时告知申请人享有依法申请行政复议或者提起行政诉讼的权利。

国家食品药品监督管理总局对各省、自治区、直辖市食品药品监督管理部门的审核工作进行监督。

第十七条 《互联网药品信息服务资格证书》有效期为 5 年。有效期届满，需要继续提供互联网药品信息服务的，持证单位应当在有效期届满前 6 个月内，向原发证机关申请换发《互联网药品信息服务资格证书》。原发证机关进行审核后，认为符合条件的，予以换发新证；认为不符合条件的，发给不予换发新证的通知并说明理由，原《互联网药品信息服务资格证书》由原发证机关收回并公告注销。

省、自治区、直辖市食品药品监督管理部门根据申请人的申请，应当在《互联网药品信息服务资格证书》有效期届满前作出是否准予其换证的决定。逾期未作出决定的，视为准予换证。

第十八条 《互联网药品信息服务资格证书》可以根据互联网药品信息服务提供者的书面申请，由原发证机关收回，原发证机关应当报国家食品药品监督管理总局备案并发布公告。被收回《互联网药品信息服务资格证书》的网站不得继续从事互联网药品信息服务。

第十九条 互联网药品信息服务提供者变更下列事项之一的，应当向原发证机关申请办理变更手续，填写《互联网药品信息服务项目变更申请表》，同时提供下列相关证明文件：

（一）《互联网药品信息服务资格证书》中审核批准的项目（互联网药品信息服务提供者单位名称、网站名称、IP 地址等）；

（二）互联网药品信息服务提供者的基本项目（地址、法定代表人、企业负责人等）；

（三）网站提供互联网药品信息服务的基本情况（服务方式、服务项目等）。

第二十条 省、自治区、直辖市食品药品监督管理部门自受理变更申请之日起 20 个工作日内作出是否同意变更的审核决定。同意变更的，将变更结果予以公告并报国家食品药品监督管理总局备案；不同意变更的，以书面形式通知申请人并说明理由。

第二十一条 省、自治区、直辖市食品药品监督管理部门对申请人的申请进行审查时，应当公示审批过程和审批结果。申请人和利害关系人可以对直接关系其重大利益的事项提交书面意见进行陈述和申辩。依法应当听证的，按照法定程序举行听证。

第二十二条 未取得或者超出有效期使用《互联网药品信息服务资格证书》从事互联网药品信息服务的，由国家食品药品监督管理总局或者省、自治区、直辖市食品药品监督管理部门给予警告，并责令其停止从事互联网药品信息服务；情节严重的，移送相关部门，依照有关法律、法规给予处罚。

第二十三条 提供互联网药品信息服务的网站不在其网站主页的显著位置标注《互联网药品信息服务资格证书》的证书编号的，国家食品药品监督管理总局或者省、自治区、直辖市食品药品监督管理部门给予警告，责令期限改正；在限定期限内拒不改正的，对提供非经营性互联网药品信息服务的网站处以 500 元以下罚款，对提供经营性互联网药品信息服务的网站处以 5000 元以上 1 万元以下罚款。

第二十四条 互联网药品信息服务提供者违反本办法，有下列情形之一的，由国家食品药品监督管理总局或者省、自治区、直辖市食品药品监督管理部门给予警告，责令期限改正；情节严重的，对提供非经营性互联网药品信息服务的网站处以 1000 元以下罚款，对提供经营性互联网药品信息服务的网站处以 1 万元以上 3 万元以下罚款；构成犯罪的，移送司法部门追究刑事责任：

（一）已经获得《互联网药品信息服务资格证书》，但提供的药品信息直接撮合药品网上交易的；

（二）已经获得《互联网药品信息服务资格证书》，但超出审核同意的范围提供互联网药品信息服务的；

（三）提供不真实互联网药品信息服务并造成不良社会影响的；

（四）擅自变更互联网药品信息服务项目的。

第二十五条 互联网药品信息服务提供者在其业务活动中，违法使用《互联网药品信息服务资格证书》的，由国家食品药品监督管理总局或者省、自治区、直辖市食品药品监督管理部门依照有关法律、法规的规定处罚。

第二十六条 省、自治区、直辖市食品药品监督管理部门违法对互联网药品信息服务申请作出审核批准的，原发证机关应当撤销原批准的《互联网药品信息服务资格证书》，由此给申请人的合法权益造成损害的，由原发证机关依照国家赔偿法的规定给予赔偿；对直接负责的主管人员和其他直接责任人员，由其所在单位或者上级机关依法给予行政处分。

第二十七条 省、自治区、直辖市食品药品监督管理部门应当对提供互联网药品信息服务的网站进行监督检查，并将检查情况向社会公告。

第二十八条 本办法由国家食品药品监督管理总局负责解释。

第二十九条 本办法自公布之日起施行。《互联网药品信息服务管理暂行规定》（国家药品监督管理局令第 26 号）同时废止。

药物非临床研究质量管理规范

（2017 年 7 月 27 日国家食品药品监督管理总局令第 34 号公布 自 2017 年 9 月 1 日起施行）

第一章 总 则

第一条 为保证药物非临床安全性评价研究的质量，保障公众用药安全，根据《中华人民共和国药品管理法》《中华人民共和国药品管理法实施条例》，制定本规范。

第二条 本规范适用于为申请药品注册而进行的药物非临床安全性评价研究。药物非临床安全性评价研究的相关活动应当遵守本规范。以注册为目的的其他药物临床前相关研究活动参照本规范执行。

第三条 药物非临床安全性评价研究是药物研发的基础性工作，应当确保行为规范，数据真实、准确、完整。

第二章 术语及其定义

第四条 本规范下列术语的含义是：

（一）非临床研究质量管理规范，指有关非临床安全性评价研究机构运行管理和非临床安全性评价研究项目试验方案设计、组织实施、执行、检查、记录、存档和报告等全过程的质量管理要求。

（二）非临床安全性评价研究，指为评价药物安全性，在实验室条件下用实验系统进行的试验，包括安全药理学试验、单次给药毒性试验、重复给药毒性试验、生殖毒性试验、遗传毒性试验、致癌性试验、局部毒性试验、免疫原性试验、依赖性试验、毒代动力学试验以及与评价药物安全性有关的其他试验。

（三）非临床安全性评价研究机构（以下简称研究机构），指具备开展非临床安全性评价研究的人员、设施设备及质量管理体系等条件，从事药物非临床安全性评价研究的单位。

（四）多场所研究，指在不同研究机构或者同一研究机构中不同场所内共同实施完成的研究项目。该类研究项目只有一个试验方案、专题负责人，形成一个总结报告，专题负责人和实验系统所处的研究机构或者场所为"主研究场所"，其他负责实施研究工作的研究机构或者场所为"分研究场所"。

（五）机构负责人，指按照本规范的要求全面负责某一研究机构的组织和运行管理的人员。

（六）专题负责人，指全面负责组织实施非临床安全性评价研究中某项试验的人员。

（七）主要研究者，指在多场所研究中，代表专题负责人在分研究场所实施试验的人员。

（八）委托方，指委托研究机构进行非临床安全性评价研究的单位或者个人。

（九）质量保证部门，指研究机构内履行有关非临床安全性评价研究工作质量保证职能的部门，负责对每项研究及相关的设施、设备、人员、方法、操作和记录等进行检查，以保证研究工作符合本规范的要求。

（十）标准操作规程，指描述研究机构运行管理以及试验操作的程序性文件。

（十一）主计划表，指在研究机构内帮助掌握工作量和跟踪研究进程的信息汇总。

（十二）试验方案，指详细描述研究目的及试验设计的文件，包括其变更文件。

（十三）试验方案变更，指在试验方案批准之后，针对试验方案的内容所做的修改。

（十四）偏离，指非故意的或者由不可预见的因素导致的不符合试验方案或者标准操作规程要求的情况。

（十五）实验系统，指用于非临床安全性评价研究的动物、植物、微生物以及器官、组织、细胞、基因等。

（十六）受试物/供试品，指通过非临床研究进行安全性评价的物质。

（十七）对照品，指与受试物进行比较的物质。

（十八）溶媒，指用以混合、分散或者溶解受试物、对照品，以便将其给予实验系统的媒介物质。

（十九）批号，指用于识别"批"的一组数字或者字母加数字，以保证受试物或者对照品的可追溯性。

（二十）原始数据，指在第一时间获得的，记载研究工作的原始记录和有关文书或者材料，或者经核实的副本，包括工作记录、各种照片、缩微胶片、计算机打印资料、磁性载体、仪器设备记录的数据等。

（二十一）标本，指来源于实验系统，用于分析、测定或者保存的材料。

（二十二）研究开始日期，指专题负责人签字批准试验方案的日期。

（二十三）研究完成日期，指专题负责人签字批准总结报告的日期。

（二十四）计算机化系统，指由计算机控制的一组硬件与软件，共同执行一个或者一组特定的功能。

（二十五）验证，指证明某流程能够持续满足预期目的和质量属性的活动。

（二十六）电子数据，指任何以电子形式表现的文本、图表、数据、声音、图像等信息，由计算机化系统来完成其建立、修改、备份、维护、归档、检索或者分发。

（二十七）电子签名，指用于代替手写签名的一组计算机代码，与手写签名具有相同的法律效力。

（二十八）稽查轨迹，指按照时间顺序对系统活动进行连续记录，该记录足以重建、回顾、检查系统活动的过程，以便于掌握可能影响最终结果的活动及操作环境的改变。

（二十九）同行评议，指为保证数据质量而采用的一种复核程序，由同一领域的其他专家学者对研究者的研究计划或者结果进行评审。

第三章　组织机构和人员

第五条　研究机构应当建立完善的组织管理体系，配备机构负责人、质量保证部门和相应的工作人员。

第六条　研究机构的工作人员至少应当符合下列要求：

（一）接受过与其工作相关的教育或者专业培训，具备所承担工作需要的知识、工作经验和业务能力；

（二）掌握本规范中与其工作相关的要求，并严格执行；

（三）严格执行与所承担工作有关的标准操作规程，对研究中发生的偏离标准操作规程的情况应当及时记录并向专题负责人或者主要研究者书面报告；

（四）严格执行试验方案的要求，及时、准确、清楚地记录原始数据，并对原始数据的质量负责，对研究中发生的偏离试验方案的情况应当及时记录并向专题负责人或者主要研究者书面报告；

（五）根据工作岗位的需要采取必要的防护措施，最大限度地降低工作人员的安全风险，同时确保受试物、对照品和实验系统不受化学性、生物性或者放射性污染；

（六）定期进行体检，出现健康问题时，为确保研究的质量，应当避免参与可能影响研究的工作。

第七条 机构负责人全面负责本研究机构的运行管理，至少应当履行以下职责：

（一）确保研究机构的运行管理符合本规范的要求；

（二）确保研究机构具有足够数量、具备资质的人员，以及符合本规范要求的设施、仪器设备及材料，以保证研究项目及时、正常地运行；

（三）确保建立工作人员的教育背景、工作经历、培训情况、岗位描述等资料，并归档保存、及时更新；

（四）确保工作人员清楚地理解自己的职责及所承担的工作内容，如有必要应当提供与这些工作相关的培训；

（五）确保建立适当的、符合技术要求的标准操作规程，并确保工作人员严格遵守标准操作规程，所有新建和修改后的标准操作规程需经机构负责人签字批准方可生效，其原始文件作为档案进行保存；

（六）确保在研究机构内制定质量保证计划，由独立的质量保证人员执行，并确保其按照本规范的要求履行质量保证职责；

（七）确保制定主计划表并及时进行更新，确保定期对主计划表归档保存，主计划表应当至少包括研究名称或者代号、受试物名称或者代号、实验系统、研究类型、研究开始时间、研究状态、专题负责人姓名、委托方，涉及多场所研究时，还应当包括分研究场所及主要研究者的信息，以便掌握研究机构内所有非临床安全性评价研究工作的进展及资源分配情况；

（八）确保在研究开始前为每个试验指定一名具有适当资质、经验和培训经历的专题负责人，专题负责人的更换应当按照规定的程序进行并予以记录；

（九）作为分研究场所的机构负责人，在多场所研究的情况下，应当指定一名具有适当资质、经验和培训经历的主要研究者负责相应的试验工作，主要研究者的更换应当按照规定的程序进行并予以记录；

（十）确保质量保证部门的报告被及时处理，并采取必要的纠正、预防措施；

（十一）确保受试物、对照品具备必要的质量特性信息，并指定专人负责受试物、对照品的管理；

（十二）指定专人负责档案的管理；

（十三）确保计算机化系统适用于其使用目的，并且按照本规范的要求进行验证、使用和维护；

（十四）确保研究机构根据研究需要参加必要的检测实验室能力验证和比对活动；

（十五）与委托方签订书面合同，明确各方职责；

（十六）在多场所研究中，分研究场所的机构负责人，应履行以上所述除第（八）项要求之外的所有责任。

第八条 研究机构应当设立独立的质量保证部门负责检查本规范的执行情况，以保证研究的运行管理符合本规范要求。

质量保证人员的职责至少应当包括以下几个方面：

（一）保存正在实施中的研究的试验方案及试验方案修改的副本、现行标准操作规程的副本，并及时获得主计划表的副本；

（二）审查试验方案是否符合本规范的要求，审查工作应当记录归档；

（三）根据研究的内容和持续时间制定检查计划，对每项研究实施检查，以确认所有研究均按照本规范的要求进行，并记录检查的内容、发现的问题、提出的建议等；

（四）定期检查研究机构的运行管理状况，以确认研究机构的工作按照本规范的要求进行；

（五）对检查中发现的任何问题、提出的建议应当跟踪检查并核实整改结果；

（六）以书面形式及时向机构负责人或者专题负责人报告检查结果，对于多场所研究，分研究场所的质量保证人员需将检查结果报告给其研究机构内的主要研究者和机构负责人，以及主研究场所的机构负责人、专题负责人和质量保证人员；

（七）审查总结报告，签署质量保证声明，明确陈述检查的内容和检查时间，以及检查结果报告给机构负责人、专题负责人、主要研究者（多场所研究情况下）的日期，以确认其准确完整地描述了研究的方法、程序、结果，真实全面地反映研究的原始数据；

（八）审核研究机构内所有现行标准操作规程，参与标准操作规程的制定和修改。

第九条 专题负责人对研究的执行和总结报告负责，其职责至少应当包括以下方面：

（一）以签署姓名和日期的方式批准试验方案和试验方案变更，并确保质量保证人员、试验人员及时获得试验方案和试验方案变更的副本；

（二）及时提出修订、补充标准操作规程相关的建议；

（三）确保试验人员了解试验方案和试验方案变更、掌握相应标准操作规程的内容，并遵守其要求，确保及时记录研究中发生的任何偏离试验方案或者标准操作规程的情况，并评估这些情况对研究数据的质量和完整性造成的影响，必要时应当采取纠正措施；

（四）掌握研究工作的进展，确保及时、准确、完整地记录原始数据；

（五）及时处理质量保证部门提出的问题，确保研究工作符合本规范的要求；

（六）确保研究中所使用的仪器设备、计算机化系统得到确认或者验证，且处于适用状态；

（七）确保研究中给予实验系统的受试物、对照品制剂得到充分的检测，以保证其稳定性、浓度或者均一性符合研究要求；

（八）确保总结报告真实、完整地反映了原始数据，并在总结报告中签署姓名和日期予以批准；

（九）确保试验方案、总结报告、原始数据、标本、受试物或者对照品的留样样品等所有与研究相关的材料完整地归档保存；

（十）在多场所研究中，确保试验方案和总结报告中明确说明研究所涉及的主要研究者、主研究场所、分研究场所分别承担的任务；

（十一）多场所研究中，确保主要研究者所承担部分的试验工作符合本规范的要求。

第四章 设 施

第十条 研究机构应当根据所从事的非临床安全性评价研究的需要建立相应的设施，并确保设施的环境条件满足工作的需要。各种设施应当布局合理、运转正常，并具有必要的功能划分和区隔，有效地避免可能对研究造成的干扰。

第十一条 具备能够满足研究需要的动物设施，并能根据需要调控温度、湿度、空气洁净度、通风和照明等环境条件。动物设施的条件应当与所使用的实验动物级别相符，其布局应当合理，避免实验系统、受试物、废弃物等之间发生相互污染。

动物设施应当符合以下要求：

（一）不同种属实验动物能够得到有效的隔离；

（二）同一种属不同研究的实验动物应能够得到有效的隔离，防止不同的受试物、对照品之间可能产生的交叉干扰；

（三）具备实验动物的检疫和患病实验动物的隔离、治疗设施；

（四）当受试物或者对照品含有挥发性、放射性或者生物危害性等物质时，研究机构应当为此研究提供单独的、有效隔离的动物设施，以避免对其他研究造成不利的影响；

（五）具备清洗消毒设施；

（六）具备饲料、垫料、笼具及其他实验用品的存放设施，易腐败变质的用品应当有适当的保管措施。

第十二条 与受试物和对照品相关的设施应当符合以下要求：

（一）具备受试物和对照品的接收、保管、配制及配制后制剂保管的独立房间或者区域，并采取必要的隔离措施，以避免受试物和对照品发生交叉污染或者相互混淆，相关的设施应当满足不同受试物、对照品对于贮藏温度、湿度、光照等环境条件的要求，以确保受试物和对照品在有效期内保持稳定；

（二）受试物和对照品及其制剂的保管区域与实验系统所在的区域应当有效地隔离，以防止其对研究产生不利的影响；

（三）受试物和对照品及其制剂的保管区域应当有必要的安全措施，以确保受试物和对照品及其制剂在贮藏保管期间的安全。

第十三条 档案保管的设施应当符合以下要求：

（一）防止未经授权批准的人员接触档案；

（二）计算机化的档案设施具备阻止未经授权访问和病毒防护等安全措施；

（三）根据档案贮藏条件的需要配备必要的设备，有效地控制火、水、虫、鼠、电力中断等危害因素；

（四）对于有特定环境条件调控要求的档案保管设施，进行充分的监测。

第十四条 研究机构应当具备收集和处置实验废弃物的设施；对不在研究机构内处置的废弃物，应当具备暂存或者转运的条件。

第五章 仪器设备和实验材料

第十五条 研究机构应当根据研究工作的需要配备相应的仪器设备，其性能应当满足使用目的，放置地点合理，并定期进行清洁、保养、测试、校准、确认或者验证等，以确保其性能符合要求。

第十六条 用于数据采集、传输、储存、处理、归档等的计算机化系统（或者包含有计算机系统的设备）应当进行验证。计算机化系统所产生的电子数据应当有保存完整的稽查轨迹和电子签名，以确保数据的完整性和有效性。

第十七条 对于仪器设备，应当有标准操作规程详细说明各仪器设备的使用与管理要求，对仪器设备的使用、清洁、保养、测试、校准、确认或者验证以及维修等应当予以详细记录并归档保存。

第十八条 受试物和对照品的使用和管理应当符合下列要求：

（一）受试物和对照品应当有专人保管，有完善的接收、登记和分发的手续，每一批的受试物和对照品的批号、稳定性、含量或者浓度、纯度及其他理化性质应当有记录，对照品为市售商品时，可使用其标签或者说明书内容；

（二）受试物和对照品的贮存保管条件应当符合其特定的要求，贮存的容器在保管、分发、使用时应当有标签，标明品名、缩写名、代号或者化学文摘登记号（CAS）、批号、浓度或者含量、有效期和贮存条件等信息；

（三）受试物和对照品在分发过程中应当避免污染或者变质，并记录分发、归还的日期和数量；

（四）当受试物和对照品需要与溶媒混合时，应当进行稳定性分析，确保受试物和对照品制剂处于稳定状态，并定期测定混合物制剂中受试物和对照品的浓度、均一性；

（五）试验持续时间超过四周的研究，所使用的每一个批号的受试物和对照品均应当留取足够的样本，以备重新分析的需要，并在研究完成后作为档案予以归档保存。

第十九条 实验室的试剂和溶液等均应当贴有标签，标明品名、浓度、贮存条件、配制日期及有效期等。研究中不得使用变质或者过期的试剂和溶液。

第六章　实　验　系　统

第二十条 实验动物的管理应当符合下列要求：

（一）实验动物的使用应当关注动物福利，遵循"减少、替代和优化"的原则，试验方案实施前应当获得动物伦理委员会批准。

（二）详细记录实验动物的来源、到达日期、数量、健康情况等信息；新进入设施的实验动物应当进行隔离和检疫，以确认其健康状况满足研究的要求；研究过程中实验动物如出现患病等情况，应当及时给予隔离、治疗等处理，诊断、治疗等相应的措施应当予以记录。

（三）实验动物在首次给予受试物、对照品前，应当有足够的时间适应试验环境。

（四）实验动物应当有合适的个体识别标识，以避免实验动物的不同个体在移出或者移入时发生混淆。

（五）实验动物所处的环境及相关用具应当定期清洁、消毒以保持卫生。动物饲养室内使用的清洁剂、消毒剂及杀虫剂等，不得影响试验结果，并应当详细记录其名称、浓度、使用方法及使用的时间等。

（六）实验动物的饲料、垫料和饮水应当定期检验，确保其符合营养或者污染控制标准，其检验结果应当作为原始数据归档保存。

第二十一条 实验动物以外的其他实验系统的来源、数量（体积）、质量属性、接收日期等应当予以详细记录，并在合适的环境条件下保存和操作使用；使用前应当开展适用性评估，如出现质量问题应当给予适当的处理并重新评估其适用性。

第七章　标准操作规程

第二十二条 研究机构应当制定与其业务相适应的标准操作规程，以确保数据的可靠性。公开出版的教科书、文献、生产商制定的用户手册等技术资料可以作为标准操作规程的补充说明加以使用。需要制定的标准操作规程通常包括但不限于以下方面：

（一）标准操作规程的制定、修订和管理；

（二）质量保证程序；

（三）受试物和对照品的接收、标识、保存、处理、配制、领用及取样分析；

（四）动物房和实验室的准备及环境因素的调控；

（五）实验设施和仪器设备的维护、保养、校正、使用和管理等；

（六）计算机化系统的安全、验证、使用、管理、变更控制和备份；

（七）实验动物的接收、检疫、编号及饲养管理；

（八）实验动物的观察记录及试验操作；

（九）各种试验样品的采集、各种指标的检查和测定等操作技术；

（十）濒死或者死亡实验动物的检查、处理；

（十一）实验动物的解剖、组织病理学检查；

（十二）标本的采集、编号和检验；

（十三）各种试验数据的管理和处理；

（十四）工作人员的健康管理制度；

（十五）实验动物尸体及其他废弃物的处理。

第二十三条 标准操作规程及其修订版应当经过质量保证人员审查、机构负责人批准后方可生效。失效的标准操作规程除其原始文件归档保存之外，其余副本均应当及时销毁。

第二十四条 标准操作规程的制定、修订、批准、生效的日期及分发、销毁的情况均应当予以记录并归档保存。

第二十五条 标准操作规程的分发和存放应当确保工作人员使用方便。

第八章　研究工作的实施

第二十六条 每个试验均应当有名称或者代号，并在研究相关的文件资料及试验记录中统一使用该名称或者代号。试验中所采集的各种样本均应当标明该名称或者代号、样本编号和采集日期。

第二十七条 每项研究开始前，均应当起草一份试验方案，由质量保证部门对其符合本规范要求的情况进行审查并经专题负责人批准之后方可生效，专题负责人批准的日期作为研究的开始日期。接受委托的研究，试验方案应当经委托方认可。

第二十八条 需要修改试验方案时应当进行试验方案变更，并经质量保证部门审查，专题负责人批准。试验方案变更应当包含变更的内容、理由及日期，并与原试验方案一起保存。研究被取消或者终止时，试验方案变更应当说明取消或者终止的原因和终止的方法。

第二十九条 试验方案的主要内容应当包括：

（一）研究的名称或者代号，研究目的；

（二）所有参与研究的研究机构和委托方的名称、地址和联系方式；

（三）专题负责人和参加试验的主要工作人员姓名，多场所研究的情况下应当明确负责各部分试验工作的研究场所、主要研究者姓名及其所承担的工作内容；

（四）研究所依据的试验标准、技术指南或者文献以及研究遵守的非临床研究质量管理规范；

（五）受试物和对照品的名称、缩写名、代号、批号、稳定性、浓度或者含量、纯度、组分等有关理化性质及生物特性；

（六）研究用的溶媒、乳化剂及其他介质的名称、批号、有关的理化性质或者生物特性；

（七）实验系统及选择理由；

（八）实验系统的种、系、数量、年龄、性别、体重范围、来源、等级以及其他相关信息；

（九）实验系统的识别方法；

（十）试验的环境条件；

（十一）饲料、垫料、饮用水等的名称或者代号、来源、批号以及主要控制指标；

（十二）受试物和对照品的给药途径、方法、剂量、频率和用药期限及选择的理由；

（十三）各种指标的检测方法和频率；

（十四）数据统计处理方法；

（十五）档案的保存地点。

第三十条 参加研究的工作人员应当严格执行试验方案和相应的标准操作规程，记录试验产生的所有数据，并做到及时、直接、准确、清楚和不易消除，同时需注明记录日期、记录者签名。记录的数据需要修改时，应当保持原记录清楚可辨，并注明修改的理由及修改日期、修改者签名。电子数据的生成、修改应当符合以上要求。

研究过程中发生的任何偏离试验方案和标准操作规程的情况，都应当及时记录并报告给专题负责人，在多场所研究的情况下还应当报告给负责相关试验的主要研究者。专题负责人或者主要研究者应当评估对研究数据的可靠性造成的影响，必要时采取纠正措施。

第三十一条 进行病理学同行评议工作时，同行评议的计划、管理、记录和报告应当符合以下要求：

（一）病理学同行评议工作应当在试验方案或者试验方案变更中详细描述；

（二）病理学同行评议的过程，以及复查的标本和文件应当详细记录并可追溯；

（三）制定同行评议病理学家和专题病理学家意见分歧时的处理程序；

（四）同行评议后的结果与专题病理学家的诊断结果有重要变化时，应当在总结报告中论述说明；

（五）同行评议完成后由同行评议病理学家出具同行评议声明并签字注明日期；

（六）总结报告中应当注明同行评议病理学家的姓名、资质和单位。

第三十二条 所有研究均应当有总结报告。总结报告应当经质量保证部门审查，最终由专题负责人签字批准，批准日期作为研究完成的日期。研究被取消或者终止时，专题负责人应当撰写简要试验报告。

第三十三条 总结报告主要内容应当包括：

（一）研究的名称、代号及研究目的；

（二）所有参与研究的研究机构和委托方的名称、地址和联系方式；

（三）研究所依据的试验标准、技术指南或者文献以及研究遵守的非临床研究质量管理规范；

（四）研究起止日期；

（五）专题负责人、主要研究者以及参加工作的主要人员姓名和承担的工作内容；

（六）受试物和对照品的名称、缩写名、代号、批号、稳定性、含量、浓度、纯度、组分及其他质量特性、受试物和对照品制剂的分析结果，研究用的溶媒、乳化剂及其他介质的名称、批号、有关的理化性质或者生物特性；

（七）实验系统的种、系、数量、年龄、性别、体重范围、来源、实验动物合格证号、接收日期和饲养条件；

（八）受试物和对照品的给药途径、剂量、方法、频率和给药期限；

（九）受试物和对照品的剂量设计依据；

（十）各种指标的检测方法和频率；

（十一）分析数据所采用的统计方法；

（十二）结果和结论；

（十三）档案的保存地点；

（十四）所有影响本规范符合性、研究数据的可靠性的情况；

（十五）质量保证部门签署的质量保证声明；

（十六）专题负责人签署的、陈述研究符合本规范的声明；

（十七）多场所研究的情况下，还应当包括主要研究者签署姓名、日期的相关试验部分的报告。

第三十四条 总结报告被批准后，需要修改或者补充时，应当以修订文件的形式予以修改或者补充，详细说明修改或者补充的内容、理由，并经质量保证部门审查，由专题负责人签署姓名和日期予以批准。为了满足注册申报要求修改总结报告格式的情况不属于总结报告的修订。

第九章 质 量 保 证

第三十五条 研究机构应当确保质量保证工作的独立性。质量保证人员不能参与具体研究的实施，或者承担可能影响其质量保证工作独立性的其他工作。

第三十六条 质量保证部门应当制定书面的质量保证计划，并指定执行人员，以确保研究机构的研究工作符合本规范的要求。

第三十七条 质量保证部门应当对质量保证活动制定相应的标准操作规程，包括质量保证部门的运行、质量保证计划及检查计划的制定、实施、记录和报告，以及相关资料的归档保存等。

第三十八条 质量保证检查可分为三种检查类型：

（一）基于研究的检查，该类检查一般基于特定研究项目的进度和关键阶段进行；

（二）基于设施的检查，该类检查一般基于研究机构内某个通用设施和活动（安装、支持服务、计算机系统、培训、环境监测、维护和校准等）进行；

（三）基于过程的检查，该类检查一般不基于特定研究项目，而是基于某个具有重复性质的程序或者过程来进行。质量保证检查应当有过程记录和报告，必要时应当提供给监管部门检查。

第三十九条 质量保证部门应当对所有遵循本规范实施的研究项目进行审核并出具质量保证声明。质量保证声明应当包含完整的研究识别信息、相关质量保证检查活动以及报告的日期和阶段。任何对已完成总结报告的修改或者补充应当重新进行审核并签署质量保证声明。

第四十条 质量保证人员在签署质量保证声明前，应当确认试验符合本规范的要求，遵照试验方案和标准操作规程执行，确认总结报告准确、可靠地反映原始数据。

第十章 资 料 档 案

第四十一条 专题负责人应当确保研究所有的资料，包括试验方案的原件、原始数据、标本、相关检测报告、留样受试物和对照品、总结报告的原件以及研究有关的各种文件，在研究实施过程中或者研究完成后及时归档，最长不超过两周，按标准操作规程的要求整理后，作为研究档案予以保存。

第四十二条 研究被取消或者终止时，专题负责人应当将已经生成的上述研究资料作为研究档案予以保存归档。

第四十三条 其他不属于研究档案范畴的资料，包括质量保证部门所有的检查记录及报告、主计划表、工作人员的教育背景、工作经历、培训情况、获准资质、岗位描述的资料、仪器设备及计算机化系统的相关资料、研究机构的人员组织结构文件、所有标准操作规程的历史版本文件、环境条件监测数据等，均应当定期归档保存。应当在标准操作规程中对具体的归档时限、负责人员提出明确要求。

第四十四条 档案应当由机构负责人指定的专人按标准操作规程的要求进行管理，并对其完整性负责，同时应当建立档案索引以便于检索。进入档案设施的人员需获得授权。档案设施中放入或者取出材料应当准确记录。

第四十五条 档案的保存期限应当满足以下要求：

（一）用于注册申报材料的研究，其档案保存期应当在药物上市后至少五年；

（二）未用于注册申报材料的研究（如终止的研究），其档案保存期为总结报告批准日后至少五年；

（三）其他不属于研究档案范畴的资料应当在其生成后保存至少十年。

第四十六条 档案保管期满时，可对档案采取包括销毁在内的必要处理，所采取的处理措施和过程应当按照标准操作规程进行，并有准确的记录。在可能的情况下，研究档案的处理应当得到委托方的同意。

第四十七条 对于质量容易变化的档案，如组织器官、电镜标本、血液涂片、受试物和对照品留样样品等，应当以能够进行有效评价为保存期限。对于电子数据，应当建立数据备份与恢复的标准操作规程，以确保其安全性、完整性和可读性，其保存期限应当符合本规范第四十五条的要求。

第四十八条 研究机构出于停业等原因不再执行本规范的要求、且没有合法的继承者时，其保管的档案应当转移到委托方的档案设施或者委托方指定的档案设施中进行保管，直至档案最终的保管期限。接收转移档案的档案设施应当严格执行本规范的要求，对其接收的档案进行有效的管理并接受监管部门的监督。

第十一章　委　托　方

第四十九条 委托方作为研究工作的发起者和研究结果的申报者，对用于申报注册的研究资料负责，并承担以下责任：

（一）理解本规范的要求，尤其是机构负责人、专题负责人、主要研究者的职责要求；

（二）委托非临床安全性评价研究前，通过考察等方式对研究机构进行评估，以确认其能够遵守本规范的要求进行研究；

（三）在研究开始之前，试验方案应当得到委托方的认可；

（四）告知研究机构受试物和对照品的相关安全信息，以确保研究机构采取必要的防护措施，避免人身健康和环境安全的潜在风险；

（五）对受试物和对照品的特性进行检测的工作可由委托方、其委托的研究机构或者实验室完成，委托方应当确保其提供的受试物、对照品的特性信息真实、准确；

（六）确保研究按照本规范的要求实施。

第十二章　附　　则

第五十条 本规范自 2017 年 9 月 1 日起施行，2003 年 8 月 6 日发布的《药物非临床研究质量管理规范》（原国家食品药品监督管理局令第 2 号）同时废止。

药品经营质量管理规范

（2015 年 6 月 25 日国家食品药品监督管理总局令第 13 号公布　根据 2016 年 7 月 13 日国家食品药品监督管理总局令第 28 号修正）

第一章　总　　则

第一条 为加强药品经营质量管理，规范药品经营行为，保障人体用药安全、有效，根据

《中华人民共和国药品管理法》、《中华人民共和国药品管理法实施条例》，制定本规范。

第二条 本规范是药品经营管理和质量控制的基本准则。

企业应当在药品采购、储存、销售、运输等环节采取有效的质量控制措施，确保药品质量，并按照国家有关要求建立药品追溯系统，实现药品可追溯。

第三条 药品经营企业应当严格执行本规范。

药品生产企业销售药品、药品流通过程中其他涉及储存与运输药品的，也应当符合本规范相关要求。

第四条 药品经营企业应当坚持诚实守信，依法经营。禁止任何虚假、欺骗行为。

第二章 药品批发的质量管理

第一节 质量管理体系

第五条 企业应当依据有关法律法规及本规范的要求建立质量管理体系，确定质量方针，制定质量管理体系文件，开展质量策划、质量控制、质量保证、质量改进和质量风险管理等活动。

第六条 企业制定的质量方针文件应当明确企业总的质量目标和要求，并贯彻到药品经营活动的全过程。

第七条 企业质量管理体系应当与其经营范围和规模相适应，包括组织机构、人员、设施设备、质量管理体系文件及相应的计算机系统等。

第八条 企业应当定期以及在质量管理体系关键要素发生重大变化时，组织开展内审。

第九条 企业应当对内审的情况进行分析，依据分析结论制定相应的质量管理体系改进措施，不断提高质量控制水平，保证质量管理体系持续有效运行。

第十条 企业应当采用前瞻或者回顾的方式，对药品流通过程中的质量风险进行评估、控制、沟通和审核。

第十一条 企业应当对药品供货单位、购货单位的质量管理体系进行评价，确认其质量保证能力和质量信誉，必要时进行实地考察。

第十二条 企业应当全员参与质量管理。各部门、岗位人员应当正确理解并履行职责，承担相应质量责任。

第二节 组织机构与质量管理职责

第十三条 企业应当设立与其经营活动和质量管理相适应的组织机构或者岗位，明确规定其职责、权限及相互关系。

第十四条 企业负责人是药品质量的主要责任人，全面负责企业日常管理，负责提供必要的条件，保证质量管理部门和质量管理人员有效履行职责，确保企业实现质量目标并按照本规范要求经营药品。

第十五条 企业质量负责人应当由高层管理人员担任，全面负责药品质量管理工作，独立履行职责，在企业内部对药品质量管理具有裁决权。

第十六条 企业应当设立质量管理部门，有效开展质量管理工作。质量管理部门的职责不得由其他部门及人员履行。

第十七条 质量管理部门应当履行以下职责：

（一）督促相关部门和岗位人员执行药品管理的法律法规及本规范；

（二）组织制订质量管理体系文件，并指导、监督文件的执行；

（三）负责对供货单位和购货单位的合法性、购进药品的合法性以及供货单位销售人员、购货单位采购人员的合法资格进行审核，并根据审核内容的变化进行动态管理；

（四）负责质量信息的收集和管理，并建立药品质量档案；

（五）负责药品的验收，指导并监督药品采购、储存、养护、销售、退货、运输等环节的质量管理工作；

（六）负责不合格药品的确认，对不合格药品的处理过程实施监督；

（七）负责药品质量投诉和质量事故的调查、处理及报告；

（八）负责假劣药品的报告；

（九）负责药品质量查询；

（十）负责指导设定计算机系统质量控制功能；

（十一）负责计算机系统操作权限的审核和质量管理基础数据的建立及更新；

（十二）组织验证、校准相关设施设备；

（十三）负责药品召回的管理；

（十四）负责药品不良反应的报告；

（十五）组织质量管理体系的内审和风险评估；

（十六）组织对药品供货单位及购货单位质量管理体系和服务质量的考察和评价；

（十七）组织对被委托运输的承运方运输条件和质量保障能力的审查；

（十八）协助开展质量管理教育和培训；

（十九）其他应当由质量管理部门履行的职责。

第三节　人员与培训

第十八条　企业从事药品经营和质量管理工作的人员，应当符合有关法律法规及本规范规定的资格要求，不得有相关法律法规禁止从业的情形。

第十九条　企业负责人应当具有大学专科以上学历或者中级以上专业技术职称，经过基本的药学专业知识培训，熟悉有关药品管理的法律法规及本规范。

第二十条　企业质量负责人应当具有大学本科以上学历、执业药师资格和3年以上药品经营质量管理工作经历，在质量管理工作中具备正确判断和保障实施的能力。

第二十一条　企业质量管理部门负责人应当具有执业药师资格和3年以上药品经营质量管理工作经历，能独立解决经营过程中的质量问题。

第二十二条　企业应当配备符合以下资格要求的质量管理、验收及养护等岗位人员：

（一）从事质量管理工作的，应当具有药学中专或者医学、生物、化学等相关专业大学专科以上学历或者具有药学初级以上专业技术职称；

（二）从事验收、养护工作的，应当具有药学或者医学、生物、化学等相关专业中专以上学历或者具有药学初级以上专业技术职称；

（三）从事中药材、中药饮片验收工作的，应当具有中药学专业中专以上学历或者具有中药学中级以上专业技术职称；从事中药材、中药饮片养护工作的，应当具有中药学专业中专以上学历或者具有中药学初级以上专业技术职称；直接收购地产中药材的，验收人员应当具有中药学中级以上专业技术职称。

从事疫苗配送的，还应当配备2名以上专业技术人员专门负责疫苗质量管理和验收工作。专业技术人员应当具有预防医学、药学、微生物学或者医学等专业本科以上学历及中级以上专业技术职称，并有3年以上从事疫苗管理或者技术工作经历。

第二十三条　从事质量管理、验收工作的人员应当在职在岗，不得兼职其他业务工作。

第二十四条　从事采购工作的人员应当具有药学或者医学、生物、化学等相关专业中专以上学历，从事销售、储存等工作的人员应当具有高中以上文化程度。

第二十五条 企业应当对各岗位人员进行与其职责和工作内容相关的岗前培训和继续培训，以符合本规范要求。

第二十六条 培训内容应当包括相关法律法规、药品专业知识及技能、质量管理制度、职责及岗位操作规程等。

第二十七条 企业应当按照培训管理制度制定年度培训计划并开展培训，使相关人员能正确理解并履行职责。培训工作应当做好记录并建立档案。

第二十八条 从事特殊管理的药品和冷藏冷冻药品的储存、运输等工作的人员，应当接受相关法律法规和专业知识培训并经考核合格后方可上岗。

第二十九条 企业应当制定员工个人卫生管理制度，储存、运输等岗位人员的着装应当符合劳动保护和产品防护的要求。

第三十条 质量管理、验收、养护、储存等直接接触药品岗位的人员应当进行岗前及年度健康检查，并建立健康档案。患有传染病或者其他可能污染药品的疾病的，不得从事直接接触药品的工作。身体条件不符合相应岗位特定要求的，不得从事相关工作。

第四节 质量管理体系文件

第三十一条 企业制定质量管理体系文件应当符合企业实际。文件包括质量管理制度、部门及岗位职责、操作规程、档案、报告、记录和凭证等。

第三十二条 文件的起草、修订、审核、批准、分发、保管，以及修改、撤销、替换、销毁等应当按照文件管理操作规程进行，并保存相关记录。

第三十三条 文件应当标明题目、种类、目的以及文件编号和版本号。文字应当准确、清晰、易懂。

文件应当分类存放，便于查阅。

第三十四条 企业应当定期审核、修订文件，使用的文件应当为现行有效的文本，已废止或者失效的文件除留档备查外，不得在工作现场出现。

第三十五条 企业应当保证各岗位获得与其工作内容相对应的必要文件，并严格按照规定开展工作。

第三十六条 质量管理制度应当包括以下内容：

（一）质量管理体系内审的规定；

（二）质量否决权的规定；

（三）质量管理文件的管理；

（四）质量信息的管理；

（五）供货单位、购货单位、供货单位销售人员及购货单位采购人员等资格审核的规定；

（六）药品采购、收货、验收、储存、养护、销售、出库、运输的管理；

（七）特殊管理的药品的规定；

（八）药品有效期的管理；

（九）不合格药品、药品销毁的管理；

（十）药品退货的管理；

（十一）药品召回的管理；

（十二）质量查询的管理；

（十三）质量事故、质量投诉的管理；

（十四）药品不良反应报告的规定；

（十五）环境卫生、人员健康的规定；

（十六）质量方面的教育、培训及考核的规定；

（十七）设施设备保管和维护的管理；

（十八）设施设备验证和校准的管理；

（十九）记录和凭证的管理；

（二十）计算机系统的管理；

（二十一）药品追溯的规定；

（二十二）其他应当规定的内容。

第三十七条 部门及岗位职责应当包括：

（一）质量管理、采购、储存、销售、运输、财务和信息管理等部门职责；

（二）企业负责人、质量负责人及质量管理、采购、储存、销售、运输、财务和信息管理等部门负责人的岗位职责；

（三）质量管理、采购、收货、验收、储存、养护、销售、出库复核、运输、财务、信息管理等岗位职责；

（四）与药品经营相关的其他岗位职责。

第三十八条 企业应当制定药品采购、收货、验收、储存、养护、销售、出库复核、运输等环节及计算机系统的操作规程。

第三十九条 企业应当建立药品采购、验收、养护、销售、出库复核、销后退回和购进退出、运输、储运温湿度监测、不合格药品处理等相关记录，做到真实、完整、准确、有效和可追溯。

第四十条 通过计算机系统记录数据时，有关人员应当按照操作规程，通过授权及密码登录后方可进行数据的录入或者复核；数据的更改应当经质量管理部门审核并在其监督下进行，更改过程应当留有记录。

第四十一条 书面记录及凭证应当及时填写，并做到字迹清晰，不得随意涂改，不得撕毁。更改记录的，应当注明理由、日期并签名，保持原有信息清晰可辨。

第四十二条 记录及凭证应当至少保存 5 年。疫苗、特殊管理的药品的记录及凭证按相关规定保存。

第五节　设施与设备

第四十三条 企业应当具有与其药品经营范围、经营规模相适应的经营场所和库房。

第四十四条 库房的选址、设计、布局、建造、改造和维护应当符合药品储存的要求，防止药品的污染、交叉污染、混淆和差错。

第四十五条 药品储存作业区、辅助作业区应当与办公区和生活区分开一定距离或者有隔离措施。

第四十六条 库房的规模及条件应当满足药品的合理、安全储存，并达到以下要求，便于开展储存作业：

（一）库房内外环境整洁，无污染源，库区地面硬化或者绿化；

（二）库房内墙、顶光洁，地面平整，门窗结构严密；

（三）库房有可靠的安全防护措施，能够对无关人员进入实行可控管理，防止药品被盗、替换或者混入假药；

（四）有防止室外装卸、搬运、接收、发运等作业受异常天气影响的措施。

第四十七条 库房应当配备以下设施设备：

（一）药品与地面之间有效隔离的设备；

（二）避光、通风、防潮、防虫、防鼠等设备；

（三）有效调控温湿度及室内外空气交换的设备；

（四）自动监测、记录库房温湿度的设备；

（五）符合储存作业要求的照明设备；

（六）用于零货拣选、拼箱发货操作及复核的作业区域和设备；

（七）包装物料的存放场所；

（八）验收、发货、退货的专用场所；

（九）不合格药品专用存放场所；

（十）经营特殊管理的药品有符合国家规定的储存设施。

第四十八条 经营中药材、中药饮片的，应当有专用的库房和养护工作场所，直接收购地产中药材的应当设置中药样品室（柜）。

第四十九条 储存、运输冷藏、冷冻药品的，应当配备以下设施设备：

（一）与其经营规模和品种相适应的冷库，储存疫苗的应当配备两个以上独立冷库；

（二）用于冷库温度自动监测、显示、记录、调控、报警的设备；

（三）冷库制冷设备的备用发电机组或者双回路供电系统；

（四）对有特殊低温要求的药品，应当配备符合其储存要求的设施设备；

（五）冷藏车及车载冷藏箱或者保温箱等设备。

第五十条 运输药品应当使用封闭式货物运输工具。

第五十一条 运输冷藏、冷冻药品的冷藏车及车载冷藏箱、保温箱应当符合药品运输过程中对温度控制的要求。冷藏车具有自动调控温度、显示温度、存储和读取温度监测数据的功能；冷藏箱及保温箱具有外部显示和采集箱体内温度数据的功能。

第五十二条 储存、运输设施设备的定期检查、清洁和维护应当由专人负责，并建立记录和档案。

第六节　校准与验证

第五十三条 企业应当按照国家有关规定，对计量器具、温湿度监测设备等定期进行校准或者检定。

企业应当对冷库、储运温湿度监测系统以及冷藏运输等设施设备进行使用前验证、定期验证及停用时间超过规定时限的验证。

第五十四条 企业应当根据相关验证管理制度，形成验证控制文件，包括验证方案、报告、评价、偏差处理和预防措施等。

第五十五条 验证应当按照预先确定和批准的方案实施，验证报告应当经过审核和批准，验证文件应当存档。

第五十六条 企业应当根据验证确定的参数及条件，正确、合理使用相关设施设备。

第七节　计算机系统

第五十七条 企业应当建立能够符合经营全过程管理及质量控制要求的计算机系统，实现药品可追溯。

第五十八条 企业计算机系统应当符合以下要求：

（一）有支持系统正常运行的服务器和终端机；

（二）有安全、稳定的网络环境，有固定接入互联网的方式和安全可靠的信息平台；

（三）有实现部门之间、岗位之间信息传输和数据共享的局域网；

（四）有药品经营业务票据生成、打印和管理功能；

（五）有符合本规范要求及企业管理实际需要的应用软件和相关数据库。

第五十九条　各类数据的录入、修改、保存等操作应当符合授权范围、操作规程和管理制度的要求，保证数据原始、真实、准确、安全和可追溯。

第六十条　计算机系统运行中涉及企业经营和管理的数据应当采用安全、可靠的方式储存并按日备份，备份数据应当存放在安全场所，记录类数据的保存时限应当符合本规范第四十二条的要求。

第八节　采　　购

第六十一条　企业的采购活动应当符合以下要求：

（一）确定供货单位的合法资格；

（二）确定所购入药品的合法性；

（三）核实供货单位销售人员的合法资格；

（四）与供货单位签订质量保证协议。

采购中涉及的首营企业、首营品种，采购部门应当填写相关申请表格，经过质量管理部门和企业质量负责人的审核批准。必要时应当组织实地考察，对供货单位质量管理体系进行评价。

第六十二条　对首营企业的审核，应当查验加盖其公章原印章的以下资料，确认真实、有效：

（一）《药品生产许可证》或者《药品经营许可证》复印件；

（二）营业执照、税务登记、组织机构代码的证件复印件，及上一年度企业年度报告公示情况；

（三）《药品生产质量管理规范》认证证书或者《药品经营质量管理规范》认证证书复印件；

（四）相关印章、随货同行单（票）样式；

（五）开户户名、开户银行及账号。

第六十三条　采购首营品种应当审核药品的合法性，索取加盖供货单位公章原印章的药品生产或者进口批准证明文件复印件并予以审核，审核无误的方可采购。

以上资料应当归入药品质量档案。

第六十四条　企业应当核实、留存供货单位销售人员以下资料：

（一）加盖供货单位公章原印章的销售人员身份证复印件；

（二）加盖供货单位公章原印章和法定代表人印章或者签名的授权书，授权书应当载明被授权人姓名、身份证号码，以及授权销售的品种、地域、期限；

（三）供货单位及供货品种相关资料。

第六十五条　企业与供货单位签订的质量保证协议至少包括以下内容：

（一）明确双方质量责任；

（二）供货单位应当提供符合规定的资料且对其真实性、有效性负责；

（三）供货单位应当按照国家规定开具发票；

（四）药品质量符合药品标准等有关要求；

（五）药品包装、标签、说明书符合有关规定；

（六）药品运输的质量保证及责任；

（七）质量保证协议的有效期限。

第六十六条 采购药品时，企业应当向供货单位索取发票。发票应当列明药品的通用名称、规格、单位、数量、单价、金额等；不能全部列明的，应当附《销售货物或者提供应税劳务清单》，并加盖供货单位发票专用章原印章、注明税票号码。

第六十七条 发票上的购、销单位名称及金额、品名应当与付款流向及金额、品名一致，并与财务账目内容相对应。发票按有关规定保存。

第六十八条 采购药品应当建立采购记录。采购记录应当有药品的通用名称、剂型、规格、生产厂商、供货单位、数量、价格、购货日期等内容，采购中药材、中药饮片的还应当标明产地。

第六十九条 发生灾情、疫情、突发事件或者临床紧急救治等特殊情况，以及其他符合国家有关规定的情形，企业可采用直调方式购销药品，将已采购的药品不入本企业仓库，直接从供货单位发送到购货单位，并建立专门的采购记录，保证有效的质量跟踪和追溯。

第七十条 采购特殊管理的药品，应当严格按照国家有关规定进行。

第七十一条 企业应当定期对药品采购的整体情况进行综合质量评审，建立药品质量评审和供货单位质量档案，并进行动态跟踪管理。

第九节 收货与验收

第七十二条 企业应当按照规定的程序和要求对到货药品逐批进行收货、验收，防止不合格药品入库。

第七十三条 药品到货时，收货人员应当核实运输方式是否符合要求，并对照随货同行单（票）和采购记录核对药品，做到票、账、货相符。

随货同行单（票）应当包括供货单位、生产厂商、药品的通用名称、剂型、规格、批号、数量、收货单位、收货地址、发货日期等内容，并加盖供货单位药品出库专用章原印章。

第七十四条 冷藏、冷冻药品到货时，应当对其运输方式及运输过程的温度记录、运输时间等质量控制状况进行重点检查并记录。不符合温度要求的应当拒收。

第七十五条 收货人员对符合收货要求的药品，应当按品种特性要求放于相应待验区域，或者设置状态标志，通知验收。冷藏、冷冻药品应当在冷库内待验。

第七十六条 验收药品应当按照药品批号查验同批号的检验报告书。供货单位为批发企业的，检验报告书应当加盖其质量管理专用章原印章。检验报告书的传递和保存可以采用电子数据形式，但应当保证其合法性和有效性。

第七十七条 企业应当按照验收规定，对每次到货药品进行逐批抽样验收，抽取的样品应当具有代表性：

（一）同一批号的药品应当至少检查一个最小包装，但生产企业有特殊质量控制要求或者打开最小包装可能影响药品质量的，可不打开最小包装；

（二）破损、污染、渗液、封条损坏等包装异常以及零货、拼箱的，应当开箱检查至最小包装；

（三）外包装及封签完整的原料药、实施批签发管理的生物制品，可不开箱检查。

第七十八条 验收人员应当对抽样药品的外观、包装、标签、说明书以及相关的证明文件等逐一进行检查、核对；验收结束后，应当将抽取的完好样品放回原包装箱，加封并标示。

第七十九条 特殊管理的药品应当按照相关规定在专库或者专区内验收。

第八十条 验收药品应当做好验收记录，包括药品的通用名称、剂型、规格、批准文号、批号、生产日期、有效期、生产厂商、供货单位、到货数量、到货日期、验收合格数量、验收结果等内容。验收人员应当在验收记录上签署姓名和验收日期。

中药材验收记录应当包括品名、产地、供货单位、到货数量、验收合格数量等内容。中药饮片验收记录应当包括品名、规格、批号、产地、生产日期、生产厂商、供货单位、到货数量、验收合格数量等内容，实施批准文号管理的中药饮片还应当记录批准文号。

验收不合格的还应当注明不合格事项及处置措施。

第八十一条 企业应当建立库存记录，验收合格的药品应当及时入库登记；验收不合格的，不得入库，并由质量管理部门处理。

第八十二条 企业按本规范第六十九条规定进行药品直调的，可委托购货单位进行药品验收。购货单位应当严格按照本规范的要求验收药品，并建立专门的直调药品验收记录。验收当日应当将验收记录相关信息传递给直调企业。

第十节 储存与养护

第八十三条 企业应当根据药品的质量特性对药品进行合理储存，并符合以下要求：

（一）按包装标示的温度要求储存药品，包装上没有标示具体温度的，按照《中华人民共和国药典》规定的贮藏要求进行储存；

（二）储存药品相对湿度为35%—75%；

（三）在人工作业的库房储存药品，按质量状态实行色标管理，合格药品为绿色，不合格药品为红色，待确定药品为黄色；

（四）储存药品应当按照要求采取避光、遮光、通风、防潮、防虫、防鼠等措施；

（五）搬运和堆码药品应当严格按照外包装标示要求规范操作，堆码高度符合包装图示要求，避免损坏药品包装；

（六）药品按批号堆码，不同批号的药品不得混垛，垛间距不小于5厘米，与库房内墙、顶、温度调控设备及管道等设施间距不小于30厘米，与地面间距不小于10厘米；

（七）药品与非药品、外用药与其他药品分开存放，中药材和中药饮片分库存放；

（八）特殊管理的药品应当按照国家有关规定储存；

（九）拆除外包装的零货药品应当集中存放；

（十）储存药品的货架、托盘等设施设备应当保持清洁，无破损和杂物堆放；

（十一）未经批准的人员不得进入储存作业区，储存作业区内的人员不得有影响药品质量和安全的行为；

（十二）药品储存作业区内不得存放与储存管理无关的物品。

第八十四条 养护人员应当根据库房条件、外部环境、药品质量特性等对药品进行养护，主要内容是：

（一）指导和督促储存人员对药品进行合理储存与作业。

（二）检查并改善储存条件、防护措施、卫生环境。

（三）对库房温湿度进行有效监测、调控。

（四）按照养护计划对库存药品的外观、包装等质量状况进行检查，并建立养护记录；对储存条件有特殊要求的或者有效期较短的品种应当进行重点养护。

（五）发现有问题的药品应当及时在计算机系统中锁定和记录，并通知质量管理部门处理。

（六）对中药材和中药饮片应当按其特性采用有效方法进行养护并记录，所采取的养护方法不得对药品造成污染。

（七）定期汇总、分析养护信息。

第八十五条 企业应当采用计算机系统对库存药品的有效期进行自动跟踪和控制，采取近效期预警及超过有效期自动锁定等措施，防止过期药品销售。

第八十六条 药品因破损而导致液体、气体、粉末泄漏时，应当迅速采取安全处理措施，防止对储存环境和其他药品造成污染。

第八十七条 对质量可疑的药品应当立即采取停售措施，并在计算机系统中锁定，同时报告质量管理部门确认。对存在质量问题的药品应当采取以下措施：

（一）存放于标志明显的专用场所，并有效隔离，不得销售；

（二）怀疑为假药的，及时报告食品药品监督管理部门；

（三）属于特殊管理的药品，按照国家有关规定处理；

（四）不合格药品的处理过程应当有完整的手续和记录；

（五）对不合格药品应当查明并分析原因，及时采取预防措施。

第八十八条 企业应当对库存药品定期盘点，做到账、货相符。

第十一节 销 售

第八十九条 企业应当将药品销售给合法的购货单位，并对购货单位的证明文件、采购人员及提货人员的身份证明进行核实，保证药品销售流向真实、合法。

第九十条 企业应当严格审核购货单位的生产范围、经营范围或者诊疗范围，并按照相应的范围销售药品。

第九十一条 企业销售药品，应当如实开具发票，做到票、账、货、款一致。

第九十二条 企业应当做好药品销售记录。销售记录应当包括药品的通用名称、规格、剂型、批号、有效期、生产厂商、购货单位、销售数量、单价、金额、销售日期等内容。按照本规范第六十九条规定进行药品直调的，应当建立专门的销售记录。

中药材销售记录应当包括品名、规格、产地、购货单位、销售数量、单价、金额、销售日期等内容；中药饮片销售记录应当包括品名、规格、批号、产地、生产厂商、购货单位、销售数量、单价、金额、销售日期等内容。

第九十三条 销售特殊管理的药品以及国家有专门管理要求的药品，应当严格按照国家有关规定执行。

第十二节 出 库

第九十四条 出库时应当对照销售记录进行复核。发现以下情况不得出库，并报告质量管理部门处理：

（一）药品包装出现破损、污染、封口不牢、衬垫不实、封条损坏等问题；

（二）包装内有异常响动或者液体渗漏；

（三）标签脱落、字迹模糊不清或者标识内容与实物不符；

（四）药品已超过有效期；

（五）其他异常情况的药品。

第九十五条 药品出库复核应当建立记录，包括购货单位、药品的通用名称、剂型、规格、数量、批号、有效期、生产厂商、出库日期、质量状况和复核人员等内容。

第九十六条 特殊管理的药品出库应当按照有关规定进行复核。

第九十七条 药品拼箱发货的代用包装箱应当有醒目的拼箱标志。

第九十八条 药品出库时，应当附加盖企业药品出库专用章原印章的随货同行单（票）。

企业按照本规范第六十九条规定直调药品的，直调药品出库时，由供货单位开具两份随货同行单（票），分别发往直调企业和购货单位。随货同行单（票）的内容应当符合本规范第七十三条第二款的要求，还应当标明直调企业名称。

第九十九条 冷藏、冷冻药品的装箱、装车等项作业，应当由专人负责并符合以下要求：

（一）车载冷藏箱或者保温箱在使用前应当达到相应的温度要求；

（二）应当在冷藏环境下完成冷藏、冷冻药品的装箱、封箱工作；

（三）装车前应当检查冷藏车辆的启动、运行状态，达到规定温度后方可装车；

（四）启运时应当做好运输记录，内容包括运输工具和启运时间等。

第十三节　运输与配送

第一百条 企业应当按照质量管理制度的要求，严格执行运输操作规程，并采取有效措施保证运输过程中的药品质量与安全。

第一百零一条 运输药品，应当根据药品的包装、质量特性并针对车况、道路、天气等因素，选用适宜的运输工具，采取相应措施防止出现破损、污染等问题。

第一百零二条 发运药品时，应当检查运输工具，发现运输条件不符合规定的，不得发运。运输药品过程中，运载工具应当保持密闭。

第一百零三条 企业应当严格按照外包装标示的要求搬运、装卸药品。

第一百零四条 企业应当根据药品的温度控制要求，在运输过程中采取必要的保温或者冷藏、冷冻措施。

运输过程中，药品不得直接接触冰袋、冰排等蓄冷剂，防止对药品质量造成影响。

第一百零五条 在冷藏、冷冻药品运输途中，应当实时监测并记录冷藏车、冷藏箱或者保温箱内的温度数据。

第一百零六条 企业应当制定冷藏、冷冻药品运输应急预案，对运输途中可能发生的设备故障、异常天气影响、交通拥堵或者突发事件，能够采取相应的应对措施。

第一百零七条 企业委托其他单位运输药品的，应当对承运方运输药品的质量保障能力进行审计，索取运输车辆的相关资料，符合本规范运输设施设备条件和要求的方可委托。

第一百零八条 企业委托运输药品应当与承运方签订运输协议，明确药品质量责任、遵守运输操作规程和在途时限等内容。

第一百零九条 企业委托运输药品应当有记录，实现运输过程的质量追溯。记录至少包括发货时间、发货地址、收货单位、收货地址、货单号、药品件数、运输方式、委托经办人、承运单位，采用车辆运输的还应当载明车牌号，并留存驾驶人员的驾驶证复印件。记录应当至少保存 5 年。

第一百一十条 已装车的药品应当及时发运并尽快送达。委托运输的，企业应当要求并监督承运方严格履行委托运输协议，防止因在途时间过长影响药品质量。

第一百一十一条 企业应当采取运输安全管理措施，防止在运输过程中发生药品盗抢、遗失、调换等事故。

第一百一十二条 特殊管理的药品的运输应当符合国家有关规定。

第十四节　售后管理

第一百一十三条 企业应当加强对退货的管理，保证退货环节药品的质量和安全，防止混入假冒药品。

第一百一十四条 企业应当按照质量管理制度的要求，制定投诉管理操作规程，内容包括投诉渠道及方式、档案记录、调查与评估、处理措施、反馈和事后跟踪等。

第一百一十五条 企业应当配备专职或者兼职人员负责售后投诉管理，对投诉的质量问题查明原因，采取有效措施及时处理和反馈，并做好记录，必要时应当通知供货单位及药品生产企业。

第一百一十六条 企业应当及时将投诉及处理结果等信息记入档案，以便查询和跟踪。

第一百一十七条 企业发现已售出药品有严重质量问题，应当立即通知购货单位停售、追回并做好记录，同时向食品药品监督管理部门报告。

第一百一十八条 企业应当协助药品生产企业履行召回义务，按照召回计划的要求及时传达、反馈药品召回信息，控制和收回存在安全隐患的药品，并建立药品召回记录。

第一百一十九条 企业质量管理部门应当配备专职或者兼职人员，按照国家有关规定承担药品不良反应监测和报告工作。

第三章 药品零售的质量管理

第一节 质量管理与职责

第一百二十条 企业应当按照有关法律法规及本规范的要求制定质量管理文件，开展质量管理活动，确保药品质量。

第一百二十一条 企业应当具有与其经营范围和规模相适应的经营条件，包括组织机构、人员、设施设备、质量管理文件，并按照规定设置计算机系统。

第一百二十二条 企业负责人是药品质量的主要责任人，负责企业日常管理，负责提供必要的条件，保证质量管理部门和质量管理人员有效履行职责，确保企业按照本规范要求经营药品。

第一百二十三条 企业应当设置质量管理部门或者配备质量管理人员，履行以下职责：

（一）督促相关部门和岗位人员执行药品管理的法律法规及本规范；

（二）组织制订质量管理文件，并指导、监督文件的执行；

（三）负责对供货单位及其销售人员资格证明的审核；

（四）负责对所采购药品合法性的审核；

（五）负责药品的验收，指导并监督药品采购、储存、陈列、销售等环节的质量管理工作；

（六）负责药品质量查询及质量信息管理；

（七）负责药品质量投诉和质量事故的调查、处理及报告；

（八）负责对不合格药品的确认及处理；

（九）负责假劣药品的报告；

（十）负责药品不良反应的报告；

（十一）开展药品质量管理教育和培训；

（十二）负责计算机系统操作权限的审核、控制及质量管理基础数据的维护；

（十三）负责组织计量器具的校准及检定工作；

（十四）指导并监督药学服务工作；

（十五）其他应当由质量管理部门或者质量管理人员履行的职责。

第二节 人员管理

第一百二十四条 企业从事药品经营和质量管理工作的人员，应当符合有关法律法规及本规范规定的资格要求，不得有相关法律法规禁止从业的情形。

第一百二十五条 企业法定代表人或者企业负责人应当具备执业药师资格。

企业应当按照国家有关规定配备执业药师，负责处方审核，指导合理用药。

第一百二十六条 质量管理、验收、采购人员应当具有药学或者医学、生物、化学等相关专业学历或者具有药学专业技术职称。从事中药饮片质量管理、验收、采购人员应当具有中药学中专以上学历或者具有中药学专业初级以上专业技术职称。

营业员应当具有高中以上文化程度或者符合省级食品药品监督管理部门规定的条件。中药饮片调剂人员应当具有中药学中专以上学历或者具备中药调剂员资格。

第一百二十七条 企业各岗位人员应当接受相关法律法规及药品专业知识与技能的岗前培训和继续培训，以符合本规范要求。

第一百二十八条 企业应当按照培训管理制度制定年度培训计划并开展培训，使相关人员能正确理解并履行职责。培训工作应当做好记录并建立档案。

第一百二十九条 企业应当为销售特殊管理的药品、国家有专门管理要求的药品、冷藏药品的人员接受相应培训提供条件，使其掌握相关法律法规和专业知识。

第一百三十条 在营业场所内，企业工作人员应当穿着整洁、卫生的工作服。

第一百三十一条 企业应当对直接接触药品岗位的人员进行岗前及年度健康检查，并建立健康档案。患有传染病或者其他可能污染药品的疾病的，不得从事直接接触药品的工作。

第一百三十二条 在药品储存、陈列等区域不得存放与经营活动无关的物品及私人用品，在工作区域内不得有影响药品质量和安全的行为。

第三节 文 件

第一百三十三条 企业应当按照有关法律法规及本规范规定，制定符合企业实际的质量管理文件。文件包括质量管理制度、岗位职责、操作规程、档案、记录和凭证等，并对质量管理文件定期审核、及时修订。

第一百三十四条 企业应当采取措施确保各岗位人员正确理解质量管理文件的内容，保证质量管理文件有效执行。

第一百三十五条 药品零售质量管理制度应当包括以下内容：

（一）药品采购、验收、陈列、销售等环节的管理，设置库房的还应当包括储存、养护的管理；

（二）供货单位和采购品种的审核；

（三）处方药销售的管理；

（四）药品拆零的管理；

（五）特殊管理的药品和国家有专门管理要求的药品的管理；

（六）记录和凭证的管理；

（七）收集和查询质量信息的管理；

（八）质量事故、质量投诉的管理；

（九）中药饮片处方审核、调配、核对的管理；

（十）药品有效期的管理；

（十一）不合格药品、药品销毁的管理；

（十二）环境卫生、人员健康的规定；

（十三）提供用药咨询、指导合理用药等药学服务的管理；

（十四）人员培训及考核的规定；

（十五）药品不良反应报告的规定；

（十六）计算机系统的管理；

（十七）药品追溯的规定；

（十八）其他应当规定的内容。

第一百三十六条 企业应当明确企业负责人、质量管理、采购、验收、营业员以及处方审核、调配等岗位的职责，设置库房的还应当包括储存、养护等岗位职责。

第一百三十七条 质量管理岗位、处方审核岗位的职责不得由其他岗位人员代为履行。

第一百三十八条 药品零售操作规程应当包括：

（一）药品采购、验收、销售；

（二）处方审核、调配、核对；

（三）中药饮片处方审核、调配、核对；

（四）药品拆零销售；

（五）特殊管理的药品和国家有专门管理要求的药品的销售；

（六）营业场所药品陈列及检查；

（七）营业场所冷藏药品的存放；

（八）计算机系统的操作和管理；

（九）设置库房的还应当包括储存和养护的操作规程。

第一百三十九条 企业应当建立药品采购、验收、销售、陈列检查、温湿度监测、不合格药品处理等相关记录，做到真实、完整、准确、有效和可追溯。

第一百四十条 记录及相关凭证应当至少保存 5 年。特殊管理的药品的记录及凭证按相关规定保存。

第一百四十一条 通过计算机系统记录数据时，相关岗位人员应当按照操作规程，通过授权及密码登录计算机系统，进行数据的录入，保证数据原始、真实、准确、安全和可追溯。

第一百四十二条 电子记录数据应当以安全、可靠方式定期备份。

第四节 设施与设备

第一百四十三条 企业的营业场所应当与其药品经营范围、经营规模相适应，并与药品储存、办公、生活辅助及其他区域分开。

第一百四十四条 营业场所应当具有相应设施或者采取其他有效措施，避免药品受室外环境的影响，并做到宽敞、明亮、整洁、卫生。

第一百四十五条 营业场所应当有以下营业设备：

（一）货架和柜台；

（二）监测、调控温度的设备；

（三）经营中药饮片的，有存放饮片和处方调配的设备；

（四）经营冷藏药品的，有专用冷藏设备；

（五）经营第二类精神药品、毒性中药品种和罂粟壳的，有符合安全规定的专用存放设备；

（六）药品拆零销售所需的调配工具、包装用品。

第一百四十六条 企业应当建立能够符合经营和质量管理要求的计算机系统，并满足药品追溯的要求。

第一百四十七条 企业设置库房的，应当做到库房内墙、顶光洁，地面平整，门窗结构严密；有可靠的安全防护、防盗等措施。

第一百四十八条 仓库应当有以下设施设备：

（一）药品与地面之间有效隔离的设备；

（二）避光、通风、防潮、防虫、防鼠等设备；

（三）有效监测和调控温湿度的设备；

（四）符合储存作业要求的照明设备；

（五）验收专用场所；

（六）不合格药品专用存放场所；

（七）经营冷藏药品的，有与其经营品种及经营规模相适应的专用设备。

第一百四十九条 经营特殊管理的药品应当有符合国家规定的储存设施。

第一百五十条 储存中药饮片应当设立专用库房。

第一百五十一条 企业应当按照国家有关规定，对计量器具、温湿度监测设备等定期进行校准或者检定。

第五节 采购与验收

第一百五十二条 企业采购药品，应当符合本规范第二章第八节的相关规定。

第一百五十三条 药品到货时，收货人员应当按采购记录，对照供货单位的随货同行单（票）核实药品实物，做到票、账、货相符。

第一百五十四条 企业应当按规定的程序和要求对到货药品逐批进行验收，并按照本规范第八十条规定做好验收记录。

验收抽取的样品应当具有代表性。

第一百五十五条 冷藏药品到货时，应当按照本规范第七十四条规定进行检查。

第一百五十六条 验收药品应当按照本规范第七十六条规定查验药品检验报告书。

第一百五十七条 特殊管理的药品应当按照相关规定进行验收。

第一百五十八条 验收合格的药品应当及时入库或者上架，验收不合格的，不得入库或者上架，并报告质量管理人员处理。

第六节 陈列与储存

第一百五十九条 企业应当对营业场所温度进行监测和调控，以使营业场所的温度符合常温要求。

第一百六十条 企业应当定期进行卫生检查，保持环境整洁。存放、陈列药品的设备应当保持清洁卫生，不得放置与销售活动无关的物品，并采取防虫、防鼠等措施，防止污染药品。

第一百六十一条 药品的陈列应当符合以下要求：

（一）按剂型、用途以及储存要求分类陈列，并设置醒目标志，类别标签字迹清晰、放置准确。

（二）药品放置于货架（柜），摆放整齐有序，避免阳光直射。

（三）处方药、非处方药分区陈列，并有处方药、非处方药专用标识。

（四）处方药不得采用开架自选的方式陈列和销售。

（五）外用药与其他药品分开摆放。

（六）拆零销售的药品集中存放于拆零专柜或者专区。

（七）第二类精神药品、毒性中药品种和罂粟壳不得陈列。

（八）冷藏药品放置在冷藏设备中，按规定对温度进行监测和记录，并保证存放温度符合要求。

（九）中药饮片柜斗谱的书写应当正名正字；装斗前应当复核，防止错斗、串斗；应当定期清斗，防止饮片生虫、发霉、变质；不同批号的饮片装斗前应当清斗并记录。

（十）经营非药品应当设置专区，与药品区域明显隔离，并有醒目标志。

第一百六十二条 企业应当定期对陈列、存放的药品进行检查，重点检查拆零药品和易变质、近效期、摆放时间较长的药品以及中药饮片。发现有质量疑问的药品应当及时撤柜，停止销售，由质量管理人员确认和处理，并保留相关记录。

第一百六十三条 企业应当对药品的有效期进行跟踪管理，防止近效期药品售出后可能发生的过期使用。

第一百六十四条 企业设置库房的，库房的药品储存与养护管理应当符合本规范第二章第十节的相关规定。

第七节 销售管理

第一百六十五条 企业应当在营业场所的显著位置悬挂《药品经营许可证》、营业执照、执业药师注册证等。

第一百六十六条 营业人员应当佩戴有照片、姓名、岗位等内容的工作牌，是执业药师和药学技术人员的，工作牌还应当标明执业资格或者药学专业技术职称。在岗执业的执业药师应当挂牌明示。

第一百六十七条 销售药品应当符合以下要求：

（一）处方经执业药师审核后方可调配；对处方所列药品不得擅自更改或者代用，对有配伍禁忌或者超剂量的处方，应当拒绝调配，但经处方医师更正或者重新签字确认的，可以调配；调配处方后经过核对方可销售。

（二）处方审核、调配、核对人员应当在处方上签字或者盖章，并按照有关规定保存处方或者其复印件。

（三）销售近效期药品应当向顾客告知有效期。

（四）销售中药饮片做到计量准确，并告知煎服方法及注意事项；提供中药饮片代煎服务，应当符合国家有关规定。

第一百六十八条 企业销售药品应当开具销售凭证，内容包括药品名称、生产厂商、数量、价格、批号、规格等，并做好销售记录。

第一百六十九条 药品拆零销售应当符合以下要求：

（一）负责拆零销售的人员经过专门培训；

（二）拆零的工作台及工具保持清洁、卫生，防止交叉污染；

（三）做好拆零销售记录，内容包括拆零起始日期、药品的通用名称、规格、批号、生产厂商、有效期、销售数量、销售日期、分拆及复核人员等；

（四）拆零销售应当使用洁净、卫生的包装，包装上注明药品名称、规格、数量、用法、用量、批号、有效期以及药店名称等内容；

（五）提供药品说明书原件或者复印件；

（六）拆零销售期间，保留原包装和说明书。

第一百七十条 销售特殊管理的药品和国家有专门管理要求的药品，应当严格执行国家有关规定。

第一百七十一条 药品广告宣传应当严格执行国家有关广告管理的规定。

第一百七十二条 非本企业在职人员不得在营业场所内从事药品销售相关活动。

第八节 售后管理

第一百七十三条 除药品质量原因外，药品一经售出，不得退换。

第一百七十四条 企业应当在营业场所公布食品药品监督管理部门的监督电话，设置顾客意见簿，及时处理顾客对药品质量的投诉。

第一百七十五条 企业应当按照国家有关药品不良反应报告制度的规定，收集、报告药品不良反应信息。

第一百七十六条 企业发现已售出药品有严重质量问题，应当及时采取措施追回药品并做好记录，同时向食品药品监督管理部门报告。

第一百七十七条 企业应当协助药品生产企业履行召回义务，控制和收回存在安全隐患的药品，并建立药品召回记录。

第四章 附 则

第一百七十八条 本规范下列术语的含义是：

（一）在职：与企业确定劳动关系的在册人员。

（二）在岗：相关岗位人员在工作时间内在规定的岗位履行职责。

（三）首营企业：采购药品时，与本企业首次发生供需关系的药品生产或者经营企业。

（四）首营品种：本企业首次采购的药品。

（五）原印章：企业在购销活动中，为证明企业身份在相关文件或者凭证上加盖的企业公章、发票专用章、质量管理专用章、药品出库专用章的原始印记，不能是印刷、影印、复印等复制后的印记。

（六）待验：对到货、销后退回的药品采用有效的方式进行隔离或者区分，在入库前等待质量验收的状态。

（七）零货：拆除了用于运输、储藏包装的药品。

（八）拼箱发货：将零货药品集中拼装至同一包装箱内发货的方式。

（九）拆零销售：将最小包装拆分销售的方式。

（十）国家有专门管理要求的药品：国家对蛋白同化制剂、肽类激素、含特殊药品复方制剂等品种实施特殊监管措施的药品。

第一百七十九条 药品零售连锁企业总部的管理应当符合本规范药品批发企业相关规定，门店的管理应当符合本规范药品零售企业相关规定。

第一百八十条 本规范为药品经营质量管理的基本要求。对企业信息化管理、药品储运温湿度自动监测、药品验收管理、药品冷链物流管理、零售连锁管理等具体要求，由国家食品药品监督管理总局以附录方式另行制定。

第一百八十一条 麻醉药品、精神药品、药品类易制毒化学品的追溯应当符合国家有关规定。

第一百八十二条 医疗机构药房和计划生育技术服务机构的药品采购、储存、养护等质量管理规范由国家食品药品监督管理总局商相关主管部门另行制定。

互联网销售药品的质量管理规定由国家食品药品监督管理总局另行制定。

第一百八十三条 药品经营企业违反本规范的，由食品药品监督管理部门按照《中华人民共和国药品管理法》第七十八条的规定给予处罚。

第一百八十四条 本规范自发布之日起施行，卫生部 2013 年 6 月 1 日施行的《药品经营质量管理规范》（中华人民共和国卫生部令第 90 号）同时废止。

药品进口管理办法

（2003 年 8 月 18 日国家食品药品监督管理局、海关总署令第 4 号公布　根据 2012 年 8 月 24 日卫生部、海关总署《关于修改〈药品进口管理办法〉的决定》修订）

第一章 总 则

第一条 为规范药品进口备案、报关和口岸检验工作，保证进口药品的质量，根据《中华人民共和国药品管理法》、《中华人民共和国海关法》、《中华人民共和国药品管理法实施条例》（以下简称《药品管理法》、《海关法》、《药品管理法实施条例》）及相关法律法规的规定，制定本办法。

第二条 药品的进口备案、报关、口岸检验以及进口，适用本办法。

第三条 药品必须经由国务院批准的允许药品进口的口岸进口。

第四条 本办法所称进口备案，是指进口单位向允许药品进口的口岸所在地药品监督管理部门（以下称口岸药品监督管理局）申请办理《进口药品通关单》的过程。麻醉药品、精神药品进口备案，是指进口单位向口岸药品监督管理局申请办理《进口药品口岸检验通知书》的过程。

本办法所称口岸检验，是指国家食品药品监督管理局确定的药品检验机构（以下称口岸药品检验所）对抵达口岸的进口药品依法实施的检验工作。

第五条 进口药品必须取得国家食品药品监督管理局核发的《进口药品注册证》（或者《医药产品注册证》），或者《进口药品批件》后，方可办理进口备案和口岸检验手续。

进口麻醉药品、精神药品，还必须取得国家食品药品监督管理局核发的麻醉药品、精神药品《进口准许证》。

第六条 进口单位持《进口药品通关单》向海关申报，海关凭口岸药品监督管理局出具的《进口药品通关单》，办理进口药品的报关验放手续。

进口麻醉药品、精神药品，海关凭国家食品药品监督管理局核发的麻醉药品、精神药品《进口准许证》办理报关验放手续。

第七条 国家食品药品监督管理局会同海关总署制定、修订、公布进口药品目录。

第二章 进 口 备 案

第八条 口岸药品监督管理局负责药品的进口备案工作。口岸药品监督管理局承担的进口备案工作受国家食品药品监督管理局的领导，其具体职责包括：

（一）受理进口备案申请，审查进口备案资料；

（二）办理进口备案或者不予进口备案的有关事项；

（三）联系海关办理与进口备案有关的事项；

（四）通知口岸药品检验所对进口药品实施口岸检验；

（五）对进口备案和口岸检验中发现的问题进行监督处理；

（六）国家食品药品监督管理局规定的其他事项。

第九条 报验单位应当是持有《药品经营许可证》的独立法人。药品生产企业进口本企业所需原料药和制剂中间体（包括境内分包装用制剂），应当持有《药品生产许可证》。

第十条 下列情形的进口药品，必须经口岸药品检验所检验符合标准规定后，方可办理进口备案手续。检验不符合标准规定的，口岸药品监督管理局不予进口备案：

（一）国家食品药品监督管理局规定的生物制品；

（二）首次在中国境内销售的药品；

（三）国务院规定的其他药品。

第十一条 进口单位签订购货合同时，货物到岸地应当从允许药品进口的口岸选择。其中本办法第十条规定情形的药品，必须经由国家特别批准的允许药品进口的口岸进口。

第十二条 进口备案，应当向货物到岸地口岸药品监督管理局提出申请，并由负责本口岸药品检验的口岸药品检验所进行检验。

第十三条 办理进口备案，报验单位应当填写《进口药品报验单》，持《进口药品注册证》（或者《医药产品注册证》）（正本或者副本）原件，进口麻醉药品、精神药品还应当持麻醉药品、精神药品《进口准许证》原件，向所在地口岸药品监督管理局报送所进口品种的有关资料一式两份：

（一）《进口药品注册证》（或者《医药产品注册证》）（正本或者副本）复印件；麻醉药品、精神药品的《进口准许证》复印件；

（二）报验单位的《药品经营许可证》和《企业法人营业执照》复印件；

（三）原产地证明复印件；

（四）购货合同复印件；

（五）装箱单、提运单和货运发票复印件；

（六）出厂检验报告书复印件；

（七）药品说明书及包装、标签的式样（原料药和制剂中间体除外）；

（八）国家食品药品监督管理局规定批签发的生物制品，需要提供生产检定记录摘要及生产国或者地区药品管理机构出具的批签发证明原件；

（九）本办法第十条规定情形以外的药品，应当提交最近一次《进口药品检验报告书》和《进口药品通关单》复印件。

药品生产企业自行进口本企业生产所需原料药和制剂中间体的进口备案，第（二）项资料应当提交其《药品生产许可证》和《企业法人营业执照》复印件。

经其他国家或者地区转口的进口药品，需要同时提交从原产地到各转口地的全部购货合同、装箱单、提运单和货运发票等。

上述各类复印件应当加盖进口单位公章。

第十四条 口岸药品监督管理局接到《进口药品报验单》及相关资料后，按照下列程序的要求予以审查：

（一）逐项核查所报资料是否完整、真实；

（二）查验《进口药品注册证》（或者《医药产品注册证》）（正本或者副本）原件，或者麻醉药品、精神药品的《进口准许证》原件真实性；

（三）审查无误后，将《进口药品注册证》（或者《医药产品注册证》）（正本或者副本）原件，或者麻醉药品、精神药品的《进口准许证》原件，交还报验单位，并于当日办结进口备案的相关手续。

第十五条 本办法第十条规定情形的药品，口岸药品监督管理局审查全部资料无误后，应当向负责检验的口岸药品检验所发出《进口药品口岸检验通知书》，附本办法第十三条规定的资料一份，同时向海关发出《进口药品抽样通知书》。有关口岸药品检验进入海关监管场所抽样的管理规定，由国家食品药品监督管理局与海关总署另行制定。

口岸药品检验所按《进口药品口岸检验通知书》规定的抽样地点，抽取检验样品，进行质量检验，并将检验结果送交所在地口岸药品监督管理局。检验符合标准规定的，准予进口备案，由口岸药品监督管理局发出《进口药品通关单》；不符合标准规定的，不予进口备案，由口岸药品监督管理局发出《药品不予进口备案通知书》。

第十六条 本办法第十条规定情形以外的药品，口岸药品监督管理局审查全部资料无误后，准予进口备案，发出《进口药品通关单》。同时向负责检验的口岸药品检验所发出《进口药品口岸检验通知书》，附本办法第十三条规定的资料一份。

对麻醉药品、精神药品，口岸药品监督管理局审查全部资料无误后，应当只向负责检验的口岸药品检验所发出《进口药品口岸检验通知书》，附本办法第十三条规定的资料一份，无需办理《进口药品通关单》。

口岸药品检验所应当到《进口药品口岸检验通知书》规定的抽样地点抽取样品，进行质量检验，并将检验结果送交所在地口岸药品监督管理局。对检验不符合标准规定的药品，由口岸药品监督管理局依照《药品管理法》及有关规定处理。

第十七条 下列情形之一的进口药品，不予进口备案，由口岸药品监督管理局发出《药品不予进口备案通知书》；对麻醉药品、精神药品，口岸药品监督管理局不予发放《进口药品口岸检验通知书》：

（一）不能提供《进口药品注册证》（或者《医药产品注册证》）（正本或者副本）、《进口药品批件》或者麻醉药品、精神药品的《进口准许证》原件的；

（二）办理进口备案时，《进口药品注册证》（或者《医药产品注册证》），或者麻醉药品、精神药品的《进口准许证》已超过有效期的；

（三）办理进口备案时，药品的有效期限已不满12个月的（对于药品本身有效期不足12个月的，进口备案时，其有效期限应当不低于6个月）；

（四）原产地证明所标示的实际生产地与《进口药品注册证》（或者《医药产品注册证》）规定的产地不符的，或者区域性国际组织出具的原产地证明未标明《进口药品注册证》（或者《医药产品注册证》）规定产地的；

（五）进口单位未取得《药品经营许可证》（生产企业应当取得《药品生产许可证》）和《企业法人营业执照》的；

（六）到岸品种的包装、标签与国家食品药品监督管理局的规定不符的；

（七）药品制剂无中文说明书或者中文说明书与批准的说明书不一致的；

（八）未在国务院批准的允许药品进口的口岸组织进口的，或者货物到岸地不属于所在地口岸药品监督管理局管辖范围的；

（九）国家食品药品监督管理局规定批签发的生物制品未提供有效的生产国或者地区药品管理机构出具的生物制品批签发证明文件的；

（十）伪造、变造有关文件和票据的；

（十一）《进口药品注册证》（或者《医药产品注册证》）已被撤销的；

（十二）本办法第十条规定情形的药品，口岸药品检验所根据本办法第二十五条的规定不予抽样的；

（十三）本办法第十条规定情形的药品，口岸检验不符合标准规定的；

（十四）药品监督管理部门有其他证据证明进口药品可能危害人体健康的。

第十八条 对不予进口备案的进口药品，进口单位应当予以退运。无法退运的，由海关移交口岸药品监督管理局监督处理。

第十九条 进口临床急需药品、捐赠药品、新药研究和药品注册所需样品或者对照药品等，必须经国家食品药品监督管理局批准，并凭国家食品药品监督管理局核发的《进口药品批件》，按照本办法第十六条的规定，办理进口备案手续。

第三章 口岸检验

第二十条 口岸药品检验所由国家食品药品监督管理局根据进口药品口岸检验工作的需要确定。口岸药品检验所的职责包括：

（一）对到岸货物实施现场核验；

（二）核查出厂检验报告书和原产地证明原件；

（三）按照规定进行抽样；

（四）对进口药品实施口岸检验；

（五）对有异议的检验结果进行复验；

（六）国家食品药品监督管理局规定的其他事项。

第二十一条 中国药品生物制品检定所负责进口药品口岸检验工作的指导和协调。口岸检验所需标准品、对照品由中国药品生物制品检定所负责审核、标定。

第二十二条 口岸药品检验所应当按照《进口药品注册证》（或者《医药产品注册证》）载明的注册标准对进口药品进行检验。

第二十三条 口岸药品检验所接到《进口药品口岸检验通知书》后，应当在2日内与进口单位联系，到规定的存货地点按照《进口药品抽样规定》进行现场抽样。

进口单位应当在抽样前，提供出厂检验报告书和原产地证明原件。

对需进入海关监管区抽样的，口岸药品检验所应当同时与海关联系抽样事宜，并征得海关同意。抽样时，进口单位和海关的人员应当同时在场。

第二十四条 口岸药品检验所现场抽样时，应当注意核查进口品种的实际到货情况，做好抽样记录并填写《进口药品抽样记录单》。

本办法第十条规定情形以外的药品，抽样完成后，口岸药品检验所应当在进口单位持有的《进口药品通关单》原件上注明"已抽样"的字样，并加盖抽样单位的公章。

对麻醉药品、精神药品，抽样完成后，应当在《进口准许证》原件上注明"已抽样"的字样，并加盖抽样单位的公章。

第二十五条 对有下列情形之一的进口药品，口岸药品检验所不予抽样：

（一）未提供出厂检验报告书和原产地证明原件，或者所提供的原件与申报进口备案时的复印件不符的；

（二）装运唛头与单证不符的；

（三）进口药品批号或者数量与单证不符的；

（四）进口药品包装及标签与单证不符的；

（五）药品监督管理部门有其他证据证明进口药品可能危害人体健康的。

对不予抽样的药品，口岸药品检验所应当在2日内，将《进口药品抽样记录单》送交所在地口岸药品监督管理局。

第二十六条 口岸药品检验所应当及时对所抽取的样品进行检验，并在抽样后20日内，完成检验工作，出具《进口药品检验报告书》。特殊品种或者特殊情况不能按时完成检验时，可以适当延长检验期限，并通知进口单位和口岸药品监督管理局。

《进口药品检验报告书》应当明确标有"符合标准规定"或者"不符合标准规定"的检验结论。

国家食品药品监督管理局规定批签发的生物制品，口岸检验符合标准规定，审核符合要求的，应当同时发放生物制品批签发证明。

第二十七条 对检验符合标准规定的进口药品，口岸药品检验所应当将《进口药品检验报告书》送交所在地口岸药品监督管理局和进口单位。

对检验不符合标准规定的进口药品，口岸药品检验所应当将《进口药品检验报告书》及时发送口岸药品监督管理局和其他口岸药品检验所，同时报送国家食品药品监督管理局和中国药品生物制品检定所。

第二十八条 进口药品的检验样品应当保存至有效期满。不易贮存的留样，可根据实际情况掌握保存时间。索赔或者退货检品的留样应当保存至该案完结时。超过保存期的留样，由口岸药品检验所予以处理并记录备案。

第二十九条 进口单位对检验结果有异议的，可以自收到检验结果之日起7日内向原口岸药品检验所申请复验，也可以直接向中国药品生物制品检定所申请复验。生物制品的复验直接向中国药品生物制品检定所申请。

口岸药品检验所在受理复验申请后，应当及时通知口岸药品监督管理局，并自受理复验之日起 10 日内，作出复验结论，通知口岸药品监督管理局、其他口岸药品检验所，报国家食品药品监督管理局和中国药品生物制品检定所。

第四章　监督管理

第三十条　口岸药品检验所根据本办法第二十五条的规定不予抽样但已办结海关验放手续的药品，口岸药品监督管理局应当对已进口的全部药品采取查封、扣押的行政强制措施。

第三十一条　本办法第十条规定情形以外的药品，经口岸药品检验所检验不符合标准规定的，进口单位应当在收到《进口药品检验报告书》后 2 日内，将全部进口药品流通、使用的详细情况，报告所在地口岸药品监督管理局。

所在地口岸药品监督管理局收到《进口药品检验报告书》后，应当及时采取对全部药品予以查封、扣押的行政强制措施，并在 7 日内作出行政处理决定。对申请复验的，必须自检验报告书发出之日起 15 日内作出行政处理决定。有关情况应当及时报告国家食品药品监督管理局，同时通告各省、自治区、直辖市药品监督管理局和其他口岸药品监督管理局。

第三十二条　未在规定时间内提出复验或者经复验仍不符合标准规定的，口岸药品监督管理局应当按照《药品管理法》以及有关规定作出行政处理决定。有关情况应当及时报告国家食品药品监督管理局，同时通告各省、自治区、直辖市药品监督管理局和其他口岸药品监督管理局。

经复验符合标准规定的，口岸药品监督管理局应当解除查封、扣押的行政强制措施，并将处理情况报告国家食品药品监督管理局，同时通告各省、自治区、直辖市药品监督管理局和其他口岸药品监督管理局。

第三十三条　药品进口备案中发现的其他问题，由口岸药品监督管理局按照《药品管理法》以及有关规定予以处理。

第三十四条　国内药品生产企业、经营企业以及医疗机构采购进口药品时，供货单位应当同时提供以下资料：

（一）《进口药品注册证》（或者《医药产品注册证》）复印件、《进口药品批件》复印件；

（二）《进口药品检验报告书》复印件或者注明"已抽样"并加盖公章的《进口药品通关单》复印件；

国家食品药品监督管理局规定批签发的生物制品，需要同时提供口岸药品检验所核发的批签发证明复印件。

进口麻醉药品、精神药品，应当同时提供其《进口药品注册证》（或者《医药产品注册证》）复印件、《进口准许证》复印件和《进口药品检验报告书》复印件。

上述各类复印件均需加盖供货单位公章。

第三十五条　口岸药品监督管理局和口岸药品检验所应当建立严格的进口备案资料和口岸检验资料的管理制度，并对进口单位的呈报资料承担保密责任。

第三十六条　对于违反本办法进口备案和口岸检验有关规定的口岸药品监督管理局和口岸药品检验所，国家食品药品监督管理局将根据情节给予批评、通报批评，情节严重的停止其进口备案和口岸检验资格。

第三十七条　违反本办法涉及海关有关规定的，海关按照《海关法》、《中华人民共和国海关法行政处罚实施细则》的规定处理。

第五章　附　　则

第三十八条　本办法所称进口单位，包括经营单位、收货单位和报验单位。

经营单位，是指对外签订并执行进出口贸易合同的中国境内企业或单位。

收货单位，是指购货合同和货运发票中载明的收货人或者货主。

报验单位，是指该批进口药品的实际货主或者境内经销商，并具体负责办理进口备案和口岸检验手续。

收货单位和报验单位可以为同一单位。

第三十九条 从境外进入保税仓库、保税区、出口加工区的药品，免予办理进口备案和口岸检验等进口手续，海关按有关规定实施监管；从保税仓库、出口监管仓库、保税区、出口加工区出库或出区进入国内的药品，按本办法有关规定办理进口备案和口岸检验等手续。

经批准以加工贸易方式进口的原料药、药材，免予办理进口备案和口岸检验等进口手续，其原料药及制成品禁止转为内销。确因特殊情况无法出口的，移交地方药品监督管理部门按规定处理，海关予以核销。

进出境人员随身携带的个人自用的少量药品，应当以自用、合理数量为限，并接受海关监管。

第四十条 进口暂未列入进口药品目录的原料药，应当遵照本办法的规定，到口岸药品监督管理局办理进口备案手续。

第四十一条 药材进口备案和口岸检验的规定，由国家食品药品监督管理局另行制定。

第四十二条 进口麻醉药品、精神药品凭《进口药品注册证》（或者《医药产品注册证》），按照国务院麻醉药品、精神药品管理的有关法规办理《进口准许证》。

第四十三条 本办法规定的麻醉药品、精神药品是供临床使用的品种，科研、教学、兽用等麻醉药品、精神药品的进口，按照国务院麻醉药品、精神药品管理的有关法规执行。

第四十四条 本办法由国家食品药品监督管理局和海关总署负责解释。

第四十五条 本办法自 2004 年 1 月 1 日起实施。1999 年 5 月 1 日实施的《进口药品管理办法》同时废止。

附件：进口药品报验单（略）

进口药品通关单（略）

进口药品口岸检验通知书（略）

进口药品抽样通知书（略）

药品不予进口备案通知书（略）

进口药品抽样记录单（略）

国家食品药品监督管理局进口药品批件（略）

×××药品检验所进口药品检验报告书（略）

进口药品抽样规定（略）

药品不良反应报告和监测管理办法

（2011 年 5 月 4 日卫生部令第 81 号公布 自 2011 年 7 月 1 日起施行）

第一章 总 则

第一条 为加强药品的上市后监管，规范药品不良反应报告和监测，及时、有效控制药品风险，保障公众用药安全，依据《中华人民共和国药品管理法》等有关法律法规，制定本办法。

第二条 在中华人民共和国境内开展药品不良反应报告、监测以及监督管理，适用本办法。

第三条 国家实行药品不良反应报告制度。药品生产企业（包括进口药品的境外制药厂商）、药品经营企业、医疗机构应当按照规定报告所发现的药品不良反应。

第四条 国家食品药品监督管理局主管全国药品不良反应报告和监测工作，地方各级药品监督管理部门主管本行政区域内的药品不良反应报告和监测工作。各级卫生行政部门负责本行政区域内医疗机构与实施药品不良反应报告制度有关的管理工作。

地方各级药品监督管理部门应当建立健全药品不良反应监测机构，负责本行政区域内药品不良反应报告和监测的技术工作。

第五条 国家鼓励公民、法人和其他组织报告药品不良反应。

第二章 职 责

第六条 国家食品药品监督管理局负责全国药品不良反应报告和监测的管理工作，并履行以下主要职责：

（一）与卫生部共同制定药品不良反应报告和监测的管理规定和政策，并监督实施；

（二）与卫生部联合组织开展全国范围内影响较大并造成严重后果的药品群体不良事件的调查和处理，并发布相关信息；

（三）对已确认发生严重药品不良反应或者药品群体不良事件的药品依法采取紧急控制措施，作出行政处理决定，并向社会公布；

（四）通报全国药品不良反应报告和监测情况；

（五）组织检查药品生产、经营企业的药品不良反应报告和监测工作的开展情况，并与卫生部联合组织检查医疗机构的药品不良反应报告和监测工作的开展情况。

第七条 省、自治区、直辖市药品监督管理部门负责本行政区域内药品不良反应报告和监测的管理工作，并履行以下主要职责：

（一）根据本办法与同级卫生行政部门共同制定本行政区域内药品不良反应报告和监测的管理规定，并监督实施；

（二）与同级卫生行政部门联合组织开展本行政区域内发生的影响较大的药品群体不良事件的调查和处理，并发布相关信息；

（三）对已确认发生严重药品不良反应或者药品群体不良事件的药品依法采取紧急控制措施，作出行政处理决定，并向社会公布；

（四）通报本行政区域内药品不良反应报告和监测情况；

（五）组织检查本行政区域内药品生产、经营企业的药品不良反应报告和监测工作的开展情况，并与同级卫生行政部门联合组织检查本行政区域内医疗机构的药品不良反应报告和监测工作的开展情况；

（六）组织开展本行政区域内药品不良反应报告和监测的宣传、培训工作。

第八条 设区的市级、县级药品监督管理部门负责本行政区域内药品不良反应报告和监测的管理工作；与同级卫生行政部门联合组织开展本行政区域内发生的药品群体不良事件的调查，并采取必要控制措施；组织开展本行政区域内药品不良反应报告和监测的宣传、培训工作。

第九条 县级以上卫生行政部门应当加强对医疗机构临床用药的监督管理，在职责范围内依法对已确认的严重药品不良反应或者药品群体不良事件采取相关的紧急控制措施。

第十条 国家药品不良反应监测中心负责全国药品不良反应报告和监测的技术工作，并履行以下主要职责：

（一）承担国家药品不良反应报告和监测资料的收集、评价、反馈和上报，以及全国药品不良反应监测信息网络的建设和维护；

（二）制定药品不良反应报告和监测的技术标准和规范，对地方各级药品不良反应监测机构进行技术指导；

（三）组织开展严重药品不良反应的调查和评价，协助有关部门开展药品群体不良事件的调查；

（四）发布药品不良反应警示信息；

（五）承担药品不良反应报告和监测的宣传、培训、研究和国际交流工作。

第十一条　省级药品不良反应监测机构负责本行政区域内的药品不良反应报告和监测的技术工作，并履行以下主要职责：

（一）承担本行政区域内药品不良反应报告和监测资料的收集、评价、反馈和上报，以及药品不良反应监测信息网络的维护和管理；

（二）对设区的市级、县级药品不良反应监测机构进行技术指导；

（三）组织开展本行政区域内严重药品不良反应的调查和评价，协助有关部门开展药品群体不良事件的调查；

（四）组织开展本行政区域内药品不良反应报告和监测的宣传、培训工作。

第十二条　设区的市级、县级药品不良反应监测机构负责本行政区域内药品不良反应报告和监测资料的收集、核实、评价、反馈和上报；开展本行政区域内严重药品不良反应的调查和评价；协助有关部门开展药品群体不良事件的调查；承担药品不良反应报告和监测的宣传、培训等工作。

第十三条　药品生产、经营企业和医疗机构应当建立药品不良反应报告和监测管理制度。药品生产企业应当设立专门机构并配备专职人员，药品经营企业和医疗机构应当设立或者指定机构并配备专（兼）职人员，承担本单位的药品不良反应报告和监测工作。

第十四条　从事药品不良反应报告和监测的工作人员应当具有医学、药学、流行病学或者统计学等相关专业知识，具备科学分析评价药品不良反应的能力。

第三章　报告与处置

第一节　基本要求

第十五条　药品生产、经营企业和医疗机构获知或者发现可能与用药有关的不良反应，应当通过国家药品不良反应监测信息网络报告；不具备在线报告条件的，应当通过纸质报表报所在地药品不良反应监测机构，由所在地药品不良反应监测机构代为在线报告。

报告内容应当真实、完整、准确。

第十六条　各级药品不良反应监测机构应当对本行政区域内的药品不良反应报告和监测资料进行评价和管理。

第十七条　药品生产、经营企业和医疗机构应当配合药品监督管理部门、卫生行政部门和药品不良反应监测机构对药品不良反应或者群体不良事件的调查，并提供调查所需的资料。

第十八条　药品生产、经营企业和医疗机构应当建立并保存药品不良反应报告和监测档案。

第二节　个例药品不良反应

第十九条　药品生产、经营企业和医疗机构应当主动收集药品不良反应，获知或者发现药品不良反应后应当详细记录、分析和处理，填写《药品不良反应/事件报告表》（见附表1）并报告。

第二十条　新药监测期内的国产药品应当报告该药品的所有不良反应；其他国产药品，报告新的和严重的不良反应。

进口药品自首次获准进口之日起 5 年内，报告该进口药品的所有不良反应；满 5 年的，报告新的和严重的不良反应。

第二十一条 药品生产、经营企业和医疗机构发现或者获知新的、严重的药品不良反应应当在 15 日内报告，其中死亡病例须立即报告；其他药品不良反应应当在 30 日内报告。有随访信息的，应当及时报告。

第二十二条 药品生产企业应当对获知的死亡病例进行调查，详细了解死亡病例的基本信息、药品使用情况、不良反应发生及诊治情况等，并在 15 日内完成调查报告，报药品生产企业所在地的省级药品不良反应监测机构。

第二十三条 个人发现新的或者严重的药品不良反应，可以向经治医师报告，也可以向药品生产、经营企业或者当地的药品不良反应监测机构报告，必要时提供相关的病历资料。

第二十四条 设区的市级、县级药品不良反应监测机构应当对收到的药品不良反应报告的真实性、完整性和准确性进行审核。严重药品不良反应报告的审核和评价应当自收到报告之日起 3 个工作日完成，其他报告的审核和评价应当在 15 个工作日内完成。

设区的市级、县级药品不良反应监测机构应当对死亡病例进行调查，详细了解死亡病例的基本信息、药品使用情况、不良反应发生及诊治情况等，自收到报告之日起 15 个工作日内完成调查报告，报同级药品监督管理部门和卫生行政部门，以及上一级药品不良反应监测机构。

第二十五条 省级药品不良反应监测机构应当在收到下一级药品不良反应监测机构提交的严重药品不良反应评价意见之日起 7 个工作日内完成评价工作。

对死亡病例，事件发生地和药品生产企业所在地的省级药品不良反应监测机构均应当及时根据调查报告进行分析、评价，必要时进行现场调查，并将评价结果报省级药品监督管理部门和卫生行政部门，以及国家药品不良反应监测中心。

第二十六条 国家药品不良反应监测中心应当及时对死亡病例进行分析、评价，并将评价结果报国家食品药品监督管理局和卫生部。

第三节 药品群体不良事件

第二十七条 药品生产、经营企业和医疗机构获知或者发现药品群体不良事件后，应当立即通过电话或者传真等方式报所在地的县级药品监督管理部门、卫生行政部门和药品不良反应监测机构，必要时可以越级报告；同时填写《药品群体不良事件基本信息表》（见附表 2），对每一病例还应当及时填写《药品不良反应/事件报告表》，通过国家药品不良反应监测信息网络报告。

第二十八条 设区的市级、县级药品监督管理部门获知药品群体不良事件后，应当立即与同级卫生行政部门联合组织开展现场调查，并及时将调查结果逐级报至省级药品监督管理部门和卫生行政部门。

省级药品监督管理部门与同级卫生行政部门联合对设区的市级、县级的调查进行督促、指导，对药品群体不良事件进行分析、评价，对本行政区域内发生的影响较大的药品群体不良事件，还应当组织现场调查，评价和调查结果应当及时报国家食品药品监督管理局和卫生部。

对全国范围内影响较大并造成严重后果的药品群体不良事件，国家食品药品监督管理局应当与卫生部联合开展相关调查工作。

第二十九条 药品生产企业获知药品群体不良事件后应当立即开展调查，详细了解药品群体不良事件的发生、药品使用、患者诊治以及药品生产、储存、流通、既往类似不良事件等情况，在 7 日内完成调查报告，报所在地省级药品监督管理部门和药品不良反应监测机构；同时迅速开展自查，分析事件发生的原因，必要时应当暂停生产、销售、使用和召回相关药品，并报所在地省级药品监督管理部门。

第三十条 药品经营企业发现药品群体不良事件应当立即告知药品生产企业，同时迅速开展自查，必要时应当暂停药品的销售，并协助药品生产企业采取相关控制措施。

第三十一条 医疗机构发现药品群体不良事件后应当积极救治患者，迅速开展临床调查，分析事件发生的原因，必要时可采取暂停药品的使用等紧急措施。

第三十二条 药品监督管理部门可以采取暂停生产、销售、使用或者召回药品等控制措施。卫生行政部门应当采取措施积极组织救治患者。

第四节 境外发生的严重药品不良反应

第三十三条 进口药品和国产药品在境外发生的严重药品不良反应（包括自发报告系统收集的、上市后临床研究发现的、文献报道的），药品生产企业应当填写《境外发生的药品不良反应/事件报告表》（见附表3），自获知之日起30日内报送国家药品不良反应监测中心。国家药品不良反应监测中心要求提供原始报表及相关信息的，药品生产企业应当在5日内提交。

第三十四条 国家药品不良反应监测中心应当对收到的药品不良反应报告进行分析、评价，每半年向国家食品药品监督管理局和卫生部报告，发现提示药品可能存在安全隐患的信息应当及时报告。

第三十五条 进口药品和国产药品在境外因药品不良反应被暂停销售、使用或者撤市的，药品生产企业应当在获知后24小时内书面报国家食品药品监督管理局和国家药品不良反应监测中心。

第五节 定期安全性更新报告

第三十六条 药品生产企业应当对本企业生产药品的不良反应报告和监测资料进行定期汇总分析，汇总国内外安全性信息，进行风险和效益评估，撰写定期安全性更新报告。定期安全性更新报告的撰写规范由国家药品不良反应监测中心负责制定。

第三十七条 设立新药监测期的国产药品，应当自取得批准证明文件之日起每满1年提交一次定期安全性更新报告，直至首次再注册，之后每5年报告一次；其他国产药品，每5年报告一次。

首次进口的药品，自取得进口药品批准证明文件之日起每满一年提交一次定期安全性更新报告，直至首次再注册，之后每5年报告一次。

定期安全性更新报告的汇总时间以取得药品批准证明文件的日期为起点计，上报日期应当在汇总数据截止日期后60日内。

第三十八条 国产药品的定期安全性更新报告向药品生产企业所在地省级药品不良反应监测机构提交。进口药品（包括进口分包装药品）的定期安全性更新报告向国家药品不良反应监测中心提交。

第三十九条 省级药品不良反应监测机构应当对收到的定期安全性更新报告进行汇总、分析和评价，于每年4月1日前将上一年度定期安全性更新报告统计情况和分析评价结果报省级药品监督管理部门和国家药品不良反应监测中心。

第四十条 国家药品不良反应监测中心应当对收到的定期安全性更新报告进行汇总、分析和评价，于每年7月1日前将上一年度国产药品和进口药品的定期安全性更新报告统计情况和分析评价结果报国家食品药品监督管理局和卫生部。

第四章 药品重点监测

第四十一条 药品生产企业应当经常考察本企业生产药品的安全性，对新药监测期内的药品和首次进口 5 年内的药品，应当开展重点监测，并按要求对监测数据进行汇总、分析、评价和报告；对本企业生产的其他药品，应当根据安全性情况主动开展重点监测。

第四十二条 省级以上药品监督管理部门根据药品临床使用和不良反应监测情况，可以要求药品生产企业对特定药品进行重点监测；必要时，也可以直接组织药品不良反应监测机构、医疗机构和科研单位开展药品重点监测。

第四十三条 省级以上药品不良反应监测机构负责对药品生产企业开展的重点监测进行监督、检查，并对监测报告进行技术评价。

第四十四条 省级以上药品监督管理部门可以联合同级卫生行政部门指定医疗机构作为监测点，承担药品重点监测工作。

第五章 评价与控制

第四十五条 药品生产企业应当对收集到的药品不良反应报告和监测资料进行分析、评价，并主动开展药品安全性研究。

药品生产企业对已确认发生严重不良反应的药品，应当通过各种有效途径将药品不良反应、合理用药信息及时告知医务人员、患者和公众；采取修改标签和说明书，暂停生产、销售、使用和召回等措施，减少和防止药品不良反应的重复发生。对不良反应大的药品，应当主动申请注销其批准证明文件。

药品生产企业应当将药品安全性信息及采取的措施报所在地省级药品监督管理部门和国家食品药品监督管理局。

第四十六条 药品经营企业和医疗机构应当对收集到的药品不良反应报告和监测资料进行分析和评价，并采取有效措施减少和防止药品不良反应的重复发生。

第四十七条 省级药品不良反应监测机构应当每季度对收到的药品不良反应报告进行综合分析，提取需要关注的安全性信息，并进行评价，提出风险管理建议，及时报省级药品监督管理部门、卫生行政部门和国家药品不良反应监测中心。

省级药品监督管理部门根据分析评价结果，可以采取暂停生产、销售、使用和召回药品等措施，并监督检查，同时将采取的措施通报同级卫生行政部门。

第四十八条 国家药品不良反应监测中心应当每季度对收到的严重药品不良反应报告进行综合分析，提取需要关注的安全性信息，并进行评价，提出风险管理建议，及时报国家食品药品监督管理局和卫生部。

第四十九条 国家食品药品监督管理局根据药品分析评价结果，可以要求企业开展药品安全性、有效性相关研究。必要时，应当采取责令修改药品说明书，暂停生产、销售、使用和召回药品等措施，对不良反应大的药品，应当撤销药品批准证明文件，并将有关措施及时通报卫生部。

第五十条 省级以上药品不良反应监测机构根据分析评价工作需要，可以要求药品生产、经营企业和医疗机构提供相关资料，相关单位应当积极配合。

第六章 信息管理

第五十一条 各级药品不良反应监测机构应当对收到的药品不良反应报告和监测资料进行统计和分析，并以适当形式反馈。

第五十二条 国家药品不良反应监测中心应当根据对药品不良反应报告和监测资料的综合分析和评价结果，及时发布药品不良反应警示信息。

第五十三条 省级以上药品监督管理部门应当定期发布药品不良反应报告和监测情况。

第五十四条 下列信息由国家食品药品监督管理局和卫生部统一发布：

（一）影响较大并造成严重后果的药品群体不良事件；

（二）其他重要的药品不良反应信息和认为需要统一发布的信息。

前款规定统一发布的信息，国家食品药品监督管理局和卫生部也可以授权省级药品监督管理部门和卫生行政部门发布。

第五十五条 在药品不良反应报告和监测过程中获取的商业秘密、个人隐私、患者和报告者信息应当予以保密。

第五十六条 鼓励医疗机构、药品生产企业、药品经营企业之间共享药品不良反应信息。

第五十七条 药品不良反应报告的内容和统计资料是加强药品监督管理、指导合理用药的依据。

第七章 法律责任

第五十八条 药品生产企业有下列情形之一的，由所在地药品监督管理部门给予警告，责令限期改正，可以并处五千元以上三万元以下的罚款：

（一）未按照规定建立药品不良反应报告和监测管理制度，或者无专门机构、专职人员负责本单位药品不良反应报告和监测工作的；

（二）未建立和保存药品不良反应监测档案的；

（三）未按照要求开展药品不良反应或者群体不良事件报告、调查、评价和处理的；

（四）未按照要求提交定期安全性更新报告的；

（五）未按照要求开展重点监测的；

（六）不配合严重药品不良反应或者群体不良事件相关调查工作的；

（七）其他违反本办法规定的。

药品生产企业有前款规定第（四）项、第（五）项情形之一的，按照《药品注册管理办法》的规定对相应药品不予再注册。

第五十九条 药品经营企业有下列情形之一的，由所在地药品监督管理部门给予警告，责令限期改正；逾期不改的，处三万元以下的罚款：

（一）无专职或者兼职人员负责本单位药品不良反应监测工作的；

（二）未按照要求开展药品不良反应或者群体不良事件报告、调查、评价和处理的；

（三）不配合严重药品不良反应或者群体不良事件相关调查工作的。

第六十条 医疗机构有下列情形之一的，由所在地卫生行政部门给予警告，责令限期改正；逾期不改的，处三万元以下的罚款。情节严重并造成严重后果的，由所在地卫生行政部门对相关责任人给予行政处分：

（一）无专职或者兼职人员负责本单位药品不良反应监测工作的；

（二）未按照要求开展药品不良反应或者群体不良事件报告、调查、评价和处理的；

（三）不配合严重药品不良反应和群体不良事件相关调查工作的。

药品监督管理部门发现医疗机构有前款规定行为之一的，应当移交同级卫生行政部门处理。卫生行政部门对医疗机构作出行政处罚决定的，应当及时通报同级药品监督管理部门。

第六十一条 各级药品监督管理部门、卫生行政部门和药品不良反应监测机构及其有关工作人员在药品不良反应报告和监测管理工作中违反本办法，造成严重后果的，依照有关规定给予行政处分。

第六十二条 药品生产、经营企业和医疗机构违反相关规定，给药品使用者造成损害的，依法承担赔偿责任。

第八章　附　　则

第六十三条　本办法下列用语的含义：

（一）药品不良反应，是指合格药品在正常用法用量下出现的与用药目的无关的有害反应。

（二）药品不良反应报告和监测，是指药品不良反应的发现、报告、评价和控制的过程。

（三）严重药品不良反应，是指因使用药品引起以下损害情形之一的反应：

1. 导致死亡；

2. 危及生命；

3. 致癌、致畸、致出生缺陷；

4. 导致显著的或者永久的人体伤残或者器官功能的损伤；

5. 导致住院或者住院时间延长；

6. 导致其他重要医学事件，如不进行治疗可能出现上述所列情况的。

（四）新的药品不良反应，是指药品说明书中未载明的不良反应。说明书中已有描述，但不良反应发生的性质、程度、后果或者频率与说明书描述不一致或者更严重的，按照新的药品不良反应处理。

（五）药品群体不良事件，是指同一药品在使用过程中，在相对集中的时间、区域内，对一定数量人群的身体健康或者生命安全造成损害或者威胁，需要予以紧急处置的事件。

同一药品：指同一生产企业生产的同一药品名称、同一剂型、同一规格的药品。

（六）药品重点监测，是指为进一步了解药品的临床使用和不良反应发生情况，研究不良反应的发生特征、严重程度、发生率等，开展的药品安全性监测活动。

第六十四条　进口药品的境外制药厂商可以委托其驻中国境内的办事机构或者中国境内代理机构，按照本办法对药品生产企业的规定，履行药品不良反应报告和监测义务。

第六十五条　卫生部和国家食品药品监督管理局对疫苗不良反应报告和监测另有规定的，从其规定。

第六十六条　医疗机构制剂的不良反应报告和监测管理办法由各省、自治区、直辖市药品监督管理部门会同同级卫生行政部门制定。

第六十七条　本办法自2011年7月1日起施行。国家食品药品监督管理局和卫生部于2004年3月4日公布的《药品不良反应报告和监测管理办法》（国家食品药品监督管理局令第7号）同时废止。

附表（略）

药品生产质量管理规范

（2011年1月17日卫生部令第79号公布　自2011年3月1日起施行）

第一章　总　　则

第一条　为规范药品生产质量管理，根据《中华人民共和国药品管理法》、《中华人民共和国药品管理法实施条例》，制定本规范。

第二条　企业应当建立药品质量管理体系。该体系应当涵盖影响药品质量的所有因素，包括确保药品质量符合预定用途的有组织、有计划的全部活动。

第三条　本规范作为质量管理体系的一部分，是药品生产管理和质量控制的基本要求，旨在最大限度地降低药品生产过程中污染、交叉污染以及混淆、差错等风险，确保持续稳定地生产出符合预定用途和注册要求的药品。

第四条 企业应当严格执行本规范，坚持诚实守信，禁止任何虚假、欺骗行为。

第二章 质量管理

第一节 原 则

第五条 企业应当建立符合药品质量管理要求的质量目标，将药品注册的有关安全、有效和质量可控的所有要求，系统地贯彻到药品生产、控制及产品放行、贮存、发运的全过程中，确保所生产的药品符合预定用途和注册要求。

第六条 企业高层管理人员应当确保实现既定的质量目标，不同层次的人员以及供应商、经销商应当共同参与并承担各自的责任。

第七条 企业应当配备足够的、符合要求的人员、厂房、设施和设备，为实现质量目标提供必要的条件。

第二节 质量保证

第八条 质量保证是质量管理体系的一部分。企业必须建立质量保证系统，同时建立完整的文件体系，以保证系统有效运行。

第九条 质量保证系统应当确保：

（一）药品的设计与研发体现本规范的要求；

（二）生产管理和质量控制活动符合本规范的要求；

（三）管理职责明确；

（四）采购和使用的原辅料和包装材料正确无误；

（五）中间产品得到有效控制；

（六）确认、验证的实施；

（七）严格按照规程进行生产、检查、检验和复核；

（八）每批产品经质量受权人批准后方可放行；

（九）在贮存、发运和随后的各种操作过程中有保证药品质量的适当措施；

（十）按照自检操作规程，定期检查评估质量保证系统的有效性和适用性。

第十条 药品生产质量管理的基本要求：

（一）制定生产工艺，系统地回顾并证明其可持续稳定地生产出符合要求的产品；

（二）生产工艺及其重大变更均经过验证；

（三）配备所需的资源，至少包括：

1. 具有适当的资质并经培训合格的人员；

2. 足够的厂房和空间；

3. 适用的设备和维修保障；

4. 正确的原辅料、包装材料和标签；

5. 经批准的工艺规程和操作规程；

6. 适当的贮运条件。

（四）应当使用准确、易懂的语言制定操作规程；

（五）操作人员经过培训，能够按照操作规程正确操作；

（六）生产全过程应当有记录，偏差均经过调查并记录；

（七）批记录和发运记录应当能够追溯批产品的完整历史，并妥善保存、便于查阅；

（八）降低药品发运过程中的质量风险；

（九）建立药品召回系统，确保能够召回任何一批已发运销售的产品；

（十）调查导致药品投诉和质量缺陷的原因，并采取措施，防止类似质量缺陷再次发生。

第三节　质量控制

第十一条　质量控制包括相应的组织机构、文件系统以及取样、检验等，确保物料或产品在放行前完成必要的检验，确认其质量符合要求。

第十二条　质量控制的基本要求：

（一）应当配备适当的设施、设备、仪器和经过培训的人员，有效、可靠地完成所有质量控制的相关活动；

（二）应当有批准的操作规程，用于原辅料、包装材料、中间产品、待包装产品和成品的取样、检查、检验以及产品的稳定性考察，必要时进行环境监测，以确保符合本规范的要求；

（三）由经授权的人员按照规定的方法对原辅料、包装材料、中间产品、待包装产品和成品取样；

（四）检验方法应当经过验证或确认；

（五）取样、检查、检验应当有记录，偏差应当经过调查并记录；

（六）物料、中间产品、待包装产品和成品必须按照质量标准进行检查和检验，并有记录；

（七）物料和最终包装的成品应当有足够的留样，以备必要的检查或检验；除最终包装容器过大的成品外，成品的留样包装应当与最终包装相同。

第四节　质量风险管理

第十三条　质量风险管理是在整个产品生命周期中采用前瞻或回顾的方式，对质量风险进行评估、控制、沟通、审核的系统过程。

第十四条　应当根据科学知识及经验对质量风险进行评估，以保证产品质量。

第十五条　质量风险管理过程所采用的方法、措施、形式及形成的文件应当与存在风险的级别相适应。

第三章　机构与人员

第一节　原　　则

第十六条　企业应当建立与药品生产相适应的管理机构，并有组织机构图。

企业应当设立独立的质量管理部门，履行质量保证和质量控制的职责。质量管理部门可以分别设立质量保证部门和质量控制部门。

第十七条　质量管理部门应当参与所有与质量有关的活动，负责审核所有与本规范有关的文件。质量管理部门人员不得将职责委托给其他部门的人员。

第十八条　企业应当配备足够数量并具有适当资质（含学历、培训和实践经验）的管理和操作人员，应当明确规定每个部门和每个岗位的职责。岗位职责不得遗漏，交叉的职责应当有明确规定。每个人所承担的职责不应当过多。

所有人员应当明确并理解自己的职责，熟悉与其职责相关的要求，并接受必要的培训，包括上岗前培训和继续培训。

第十九条　职责通常不得委托给他人。确需委托的，其职责可委托给具有相当资质的指定人员。

第二节 关 键 人 员

第二十条 关键人员应当为企业的全职人员,至少应当包括企业负责人、生产管理负责人、质量管理负责人和质量受权人。

质量管理负责人和生产管理负责人不得相互兼任。质量管理负责人和质量受权人可以兼任。应当制定操作规程确保质量受权人独立履行职责,不受企业负责人和其他人员的干扰。

第二十一条 企业负责人

企业负责人是药品质量的主要责任人,全面负责企业日常管理。为确保企业实现质量目标并按照本规范要求生产药品,企业负责人应当负责提供必要的资源,合理计划、组织和协调,保证质量管理部门独立履行其职责。

第二十二条 生产管理负责人

(一)资质:

生产管理负责人应当至少具有药学或相关专业本科学历(或中级专业技术职称或执业药师资格),具有至少三年从事药品生产和质量管理的实践经验,其中至少有一年的药品生产管理经验,接受过与所生产产品相关的专业知识培训。

(二)主要职责:

1. 确保药品按照批准的工艺规程生产、贮存,以保证药品质量;

2. 确保严格执行与生产操作相关的各种操作规程;

3. 确保批生产记录和批包装记录经过指定人员审核并送交质量管理部门;

4. 确保厂房和设备的维护保养,以保持其良好的运行状态;

5. 确保完成各种必要的验证工作;

6. 确保生产相关人员经过必要的上岗前培训和继续培训,并根据实际需要调整培训内容。

第二十三条 质量管理负责人

(一)资质:

质量管理负责人应当至少具有药学或相关专业本科学历(或中级专业技术职称或执业药师资格),具有至少五年从事药品生产和质量管理的实践经验,其中至少一年的药品质量管理经验,接受过与所生产产品相关的专业知识培训。

(二)主要职责:

1. 确保原辅料、包装材料、中间产品、待包装产品和成品符合经注册批准的要求和质量标准;

2. 确保在产品放行前完成对批记录的审核;

3. 确保完成所有必要的检验;

4. 批准质量标准、取样方法、检验方法和其他质量管理的操作规程;

5. 审核和批准所有与质量有关的变更;

6. 确保所有重大偏差和检验结果超标已经过调查并得到及时处理;

7. 批准并监督委托检验;

8. 监督厂房和设备的维护,以保持其良好的运行状态;

9. 确保完成各种必要的确认或验证工作,审核和批准确认或验证方案和报告;

10. 确保完成自检;

11. 评估和批准物料供应商;

12. 确保所有与产品质量有关的投诉已经过调查,并得到及时、正确的处理;

13. 确保完成产品的持续稳定性考察计划,提供稳定性考察的数据;

14. 确保完成产品质量回顾分析；

15. 确保质量控制和质量保证人员都已经过必要的上岗前培训和继续培训，并根据实际需要调整培训内容。

第二十四条 生产管理负责人和质量管理负责人通常有下列共同的职责：

（一）审核和批准产品的工艺规程、操作规程等文件；

（二）监督厂区卫生状况；

（三）确保关键设备经过确认；

（四）确保完成生产工艺验证；

（五）确保企业所有相关人员都已经过必要的上岗前培训和继续培训，并根据实际需要调整培训内容；

（六）批准并监督委托生产；

（七）确定和监控物料和产品的贮存条件；

（八）保存记录；

（九）监督本规范执行状况；

（十）监控影响产品质量的因素。

第二十五条 质量受权人

（一）资质：

质量受权人应当至少具有药学或相关专业本科学历（或中级专业技术职称或执业药师资格），具有至少五年从事药品生产和质量管理的实践经验，从事过药品生产过程控制和质量检验工作。

质量受权人应当具有必要的专业理论知识，并经过与产品放行有关的培训，方能独立履行其职责。

（二）主要职责：

1. 参与企业质量体系建立、内部自检、外部质量审计、验证以及药品不良反应报告、产品召回等质量管理活动；

2. 承担产品放行的职责，确保每批已放行产品的生产、检验均符合相关法规、药品注册要求和质量标准；

3. 在产品放行前，质量受权人必须按照上述第 2 项的要求出具产品放行审核记录，并纳入批记录。

第三节 培 训

第二十六条 企业应当指定部门或专人负责培训管理工作，应当有经生产管理负责人或质量管理负责人审核或批准的培训方案或计划，培训记录应当予以保存。

第二十七条 与药品生产、质量有关的所有人员都应当经过培训，培训的内容应当与岗位的要求相适应。除进行本规范理论和实践的培训外，还应当有相关法规、相应岗位的职责、技能的培训，并定期评估培训的实际效果。

第二十八条 高风险操作区（如：高活性、高毒性、传染性、高致敏性物料的生产区）的工作人员应当接受专门的培训。

第四节 人 员 卫 生

第二十九条 所有人员都应当接受卫生要求的培训，企业应当建立人员卫生操作规程，最大限度地降低人员对药品生产造成污染的风险。

第三十条 人员卫生操作规程应当包括与健康、卫生习惯及人员着装相关的内容。生产区和质量控制区的人员应当正确理解相关的人员卫生操作规程。企业应当采取措施确保人员卫生操作规程的执行。

第三十一条 企业应当对人员健康进行管理，并建立健康档案。直接接触药品的生产人员上岗前应当接受健康检查，以后每年至少进行一次健康检查。

第三十二条 企业应当采取适当措施，避免体表有伤口、患有传染病或其他可能污染药品疾病的人员从事直接接触药品的生产。

第三十三条 参观人员和未经培训的人员不得进入生产区和质量控制区，特殊情况确需进入的，应当事先对个人卫生、更衣等事项进行指导。

第三十四条 任何进入生产区的人员均应当按照规定更衣。工作服的选材、式样及穿戴方式应当与所从事的工作和空气洁净级别要求相适应。

第三十五条 进入洁净生产区的人员不得化妆和佩带饰物。

第三十六条 生产区、仓储区应当禁止吸烟和饮食，禁止存放食品、饮料、香烟和个人用药品等非生产用物品。

第三十七条 操作人员应当避免裸手直接接触药品、与药品直接接触的包装材料和设备表面。

第四章 厂房与设施

第一节 原　　则

第三十八条 厂房的选址、设计、布局、建造、改造和维护必须符合药品生产要求，应当能够最大限度地避免污染、交叉污染、混淆和差错，便于清洁、操作和维护。

第三十九条 应当根据厂房及生产防护措施综合考虑选址，厂房所处的环境应当能够最大限度地降低物料或产品遭受污染的风险。

第四十条 企业应当有整洁的生产环境；厂区的地面、路面及运输等不应当对药品的生产造成污染；生产、行政、生活和辅助区的总体布局应当合理，不得互相妨碍；厂区和厂房内的人、物流走向应当合理。

第四十一条 应当对厂房进行适当维护，并确保维修活动不影响药品的质量。应当按照详细的书面操作规程对厂房进行清洁或必要的消毒。

第四十二条 厂房应当有适当的照明、温度、湿度和通风，确保生产和贮存的产品质量以及相关设备性能不会直接或间接地受到影响。

第四十三条 厂房、设施的设计和安装应当能够有效防止昆虫或其他动物进入。应当采取必要的措施，避免所使用的灭鼠药、杀虫剂、烟熏剂等对设备、物料、产品造成污染。

第四十四条 应当采取适当措施，防止未经批准人员的进入。生产、贮存和质量控制区不应当作为非本区工作人员的直接通道。

第四十五条 应当保存厂房、公用设施、固定管道建造或改造后的竣工图纸。

第二节 生　产　区

第四十六条 为降低污染和交叉污染的风险，厂房、生产设施和设备应当根据所生产药品的特性、工艺流程及相应洁净度级别要求合理设计、布局和使用，并符合下列要求：

（一）应当综合考虑药品的特性、工艺和预定用途等因素，确定厂房、生产设施和设备多产品共用的可行性，并有相应评估报告；

（二）生产特殊性质的药品，如高致敏性药品（如青霉素类）或生物制品（如卡介苗或其他用活性微生物制备而成的药品），必须采用专用和独立的厂房、生产设施和设备。青霉素类药品产尘量大的操作区域应当保持相对负压，排至室外的废气应当经过净化处理并符合要求，排风口应当远离其他空气净化系统的进风口；

（三）生产β-内酰胺结构类药品、性激素类避孕药品必须使用专用设施（如独立的空气净化系统）和设备，并与其他药品生产区严格分开；

（四）生产某些激素类、细胞毒性类、高活性化学药品应当使用专用设施（如独立的空气净化系统）和设备；特殊情况下，如采取特别防护措施并经过必要的验证，上述药品制剂可通过阶段性生产方式共用同一生产设施和设备；

（五）用于上述第（二）、（三）、（四）项的空气净化系统，其排风应当经过净化处理；

（六）药品生产厂房不得用于生产对药品质量有不利影响的非药用产品。

第四十七条　生产区和贮存区应当有足够的空间，确保有序地存放设备、物料、中间产品、待包装产品和成品，避免不同产品或物料的混淆、交叉污染，避免生产或质量控制操作发生遗漏或差错。

第四十八条　应当根据药品品种、生产操作要求及外部环境状况等配置空调净化系统，使生产区有效通风，并有温度、湿度控制和空气净化过滤，保证药品的生产环境符合要求。

洁净区与非洁净区之间、不同级别洁净区之间的压差应当不低于10帕斯卡。必要时，相同洁净度级别的不同功能区域（操作间）之间也应当保持适当的压差梯度。

口服液体和固体制剂、腔道用药（含直肠用药）、表皮外用药品等非无菌制剂生产的暴露工序区域及其直接接触药品的包装材料最终处理的暴露工序区域，应当参照"无菌药品"附录中D级洁净区的要求设置，企业可根据产品的标准和特性对该区域采取适当的微生物监控措施。

第四十九条　洁净区的内表面（墙壁、地面、天棚）应当平整光滑、无裂缝、接口严密、无颗粒物脱落，避免积尘，便于有效清洁，必要时应当进行消毒。

第五十条　各种管道、照明设施、风口和其他公用设施的设计和安装应当避免出现不易清洁的部位，应当尽可能在生产区外部对其进行维护。

第五十一条　排水设施应当大小适宜，并安装防止倒灌的装置。应当尽可能避免明沟排水；不可避免时，明沟宜浅，以方便清洁和消毒。

第五十二条　制剂的原辅料称量通常应当在专门设计的称量室内进行。

第五十三条　产尘操作间（如干燥物料或产品的取样、称量、混合、包装等操作间）应当保持相对负压或采取专门的措施，防止粉尘扩散、避免交叉污染并便于清洁。

第五十四条　用于药品包装的厂房或区域应当合理设计和布局，以避免混淆或交叉污染。如同一区域内有数条包装线，应当有隔离措施。

第五十五条　生产区应当有适度的照明，目视操作区域的照明应当满足操作要求。

第五十六条　生产区内可设中间控制区域，但中间控制操作不得给药品带来质量风险。

第三节　仓　储　区

第五十七条　仓储区应当有足够的空间，确保有序存放待验、合格、不合格、退货或召回的原辅料、包装材料、中间产品、待包装产品和成品等各类物料和产品。

第五十八条　仓储区的设计和建造应当确保良好的仓储条件，并有通风和照明设施。仓储区应当能够满足物料或产品的贮存条件（如温湿度、避光）和安全贮存的要求，并进行检查和监控。

第五十九条　高活性的物料或产品以及印刷包装材料应当贮存于安全的区域。

第六十条 接收、发放和发运区域应当能够保护物料、产品免受外界天气（如雨、雪）的影响。接收区的布局和设施应当能够确保到货物料在进入仓储区前可对外包装进行必要的清洁。

第六十一条 如采用单独的隔离区域贮存待验物料，待验区应当有醒目的标识，且只限于经批准的人员出入。

不合格、退货或召回的物料或产品应当隔离存放。

如果采用其他方法替代物理隔离，则该方法应当具有同等的安全性。

第六十二条 通常应当有单独的物料取样区。取样区的空气洁净度级别应当与生产要求一致。如在其他区域或采用其他方式取样，应当能够防止污染或交叉污染。

第四节 质量控制区

第六十三条 质量控制实验室通常应当与生产区分开。生物检定、微生物和放射性同位素的实验室还应当彼此分开。

第六十四条 实验室的设计应当确保其适用于预定的用途，并能够避免混淆和交叉污染，应当有足够的区域用于样品处置、留样和稳定性考察样品的存放以及记录的保存。

第六十五条 必要时，应当设置专门的仪器室，使灵敏度高的仪器免受静电、震动、潮湿或其他外界因素的干扰。

第六十六条 处理生物样品或放射性样品等特殊物品的实验室应当符合国家的有关要求。

第六十七条 实验动物房应当与其他区域严格分开，其设计、建造应当符合国家有关规定，并设有独立的空气处理设施以及动物的专用通道。

第五节 辅助区

第六十八条 休息室的设置不应当对生产区、仓储区和质量控制区造成不良影响。

第六十九条 更衣室和盥洗室应当方便人员进出，并与使用人数相适应。盥洗室不得与生产区和仓储区直接相通。

第七十条 维修间应当尽可能远离生产区。存放在洁净区内的维修用备件和工具，应当放置在专门的房间或工具柜中。

第五章 设 备

第一节 原 则

第七十一条 设备的设计、选型、安装、改造和维护必须符合预定用途，应当尽可能降低产生污染、交叉污染、混淆和差错的风险，便于操作、清洁、维护，以及必要时进行的消毒或灭菌。

第七十二条 应当建立设备使用、清洁、维护和维修的操作规程，并保存相应的操作记录。

第七十三条 应当建立并保存设备采购、安装、确认的文件和记录。

第二节 设计和安装

第七十四条 生产设备不得对药品质量产生任何不利影响。与药品直接接触的生产设备表面应当平整、光洁、易清洗或消毒、耐腐蚀，不得与药品发生化学反应、吸附药品或向药品中释放物质。

第七十五条 应当配备有适当量程和精度的衡器、量具、仪器和仪表。

第七十六条 应当选择适当的清洗、清洁设备，并防止这类设备成为污染源。

第七十七条 设备所用的润滑剂、冷却剂等不得对药品或容器造成污染，应当尽可能使用食用级或级别相当的润滑剂。

第七十八条 生产用模具的采购、验收、保管、维护、发放及报废应当制定相应操作规程，设专人专柜保管，并有相应记录。

第三节 维护和维修

第七十九条 设备的维护和维修不得影响产品质量。

第八十条 应当制定设备的预防性维护计划和操作规程，设备的维护和维修应当有相应的记录。

第八十一条 经改造或重大维修的设备应当进行再确认，符合要求后方可用于生产。

第四节 使用和清洁

第八十二条 主要生产和检验设备都应当有明确的操作规程。

第八十三条 生产设备应当在确认的参数范围内使用。

第八十四条 应当按照详细规定的操作规程清洁生产设备。

生产设备清洁的操作规程应当规定具体而完整的清洁方法、清洁用设备或工具、清洁剂的名称和配制方法、去除前一批次标识的方法、保护已清洁设备在使用前免受污染的方法、已清洁设备最长的保存时限、使用前检查设备清洁状况的方法，使操作者能以可重现的、有效的方式对各类设备进行清洁。

如需拆装设备，还应当规定设备拆装的顺序和方法；如需对设备消毒或灭菌，还应当规定消毒或灭菌的具体方法、消毒剂的名称和配制方法。必要时，还应当规定设备生产结束至清洁前所允许的最长间隔时限。

第八十五条 已清洁的生产设备应当在清洁、干燥的条件下存放。

第八十六条 用于药品生产或检验的设备和仪器，应当有使用日志，记录内容包括使用、清洁、维护和维修情况以及日期、时间、所生产及检验的药品名称、规格和批号等。

第八十七条 生产设备应当有明显的状态标识，标明设备编号和内容物（如名称、规格、批号）；没有内容物的应当标明清洁状态。

第八十八条 不合格的设备如有可能应当搬出生产和质量控制区，未搬出前，应当有醒目的状态标识。

第八十九条 主要固定管道应当标明内容物名称和流向。

第五节 校 准

第九十条 应当按照操作规程和校准计划定期对生产和检验用衡器、量具、仪表、记录和控制设备以及仪器进行校准和检查，并保存相关记录。校准的量程范围应当涵盖实际生产和检验的使用范围。

第九十一条 应当确保生产和检验使用的关键衡器、量具、仪表、记录和控制设备以及仪器经过校准，所得出的数据准确、可靠。

第九十二条 应当使用计量标准器具进行校准，且所用计量标准器具应当符合国家有关规定。校准记录应当标明所用计量标准器具的名称、编号、校准有效期和计量合格证明编号，确保记录的可追溯性。

第九十三条 衡器、量具、仪表、用于记录和控制的设备以及仪器应当有明显的标识，标明其校准有效期。

第九十四条 不得使用未经校准、超过校准有效期、失准的衡器、量具、仪表以及用于记录和控制的设备、仪器。

第九十五条 在生产、包装、仓储过程中使用自动或电子设备的，应当按照操作规程定期进行校准和检查，确保其操作功能正常。校准和检查应当有相应的记录。

第六节 制药用水

第九十六条 制药用水应当适合其用途，并符合《中华人民共和国药典》的质量标准及相关要求。制药用水至少应当采用饮用水。

第九十七条 水处理设备及其输送系统的设计、安装、运行和维护应当确保制药用水达到设定的质量标准。水处理设备的运行不得超出其设计能力。

第九十八条 纯化水、注射用水储罐和输送管道所用材料应当无毒、耐腐蚀；储罐的通气口应当安装不脱落纤维的疏水性除菌滤器；管道的设计和安装应当避免死角、盲管。

第九十九条 纯化水、注射用水的制备、贮存和分配应当能够防止微生物的滋生。纯化水可采用循环，注射用水可采用70℃以上保温循环。

第一百条 应当对制药用水及原水的水质进行定期监测，并有相应的记录。

第一百零一条 应当按照操作规程对纯化水、注射用水管道进行清洗消毒，并有相关记录。发现制药用水微生物污染达到警戒限度、纠偏限度时应当按照操作规程处理。

第六章 物料与产品

第一节 原 则

第一百零二条 药品生产所用的原辅料、与药品直接接触的包装材料应当符合相应的质量标准。药品上直接印字所用油墨应当符合食用标准要求。

进口原辅料应当符合国家相关的进口管理规定。

第一百零三条 应当建立物料和产品的操作规程，确保物料和产品的正确接收、贮存、发放、使用和发运，防止污染、交叉污染、混淆和差错。

物料和产品的处理应当按照操作规程或工艺规程执行，并有记录。

第一百零四条 物料供应商的确定及变更应当进行质量评估，并经质量管理部门批准后方可采购。

第一百零五条 物料和产品的运输应当能够满足其保证质量的要求，对运输有特殊要求的，其运输条件应当予以确认。

第一百零六条 原辅料、与药品直接接触的包装材料和印刷包装材料的接收应当有操作规程，所有到货物料均应当检查，以确保与订单一致，并确认供应商已经质量管理部门批准。

物料的外包装应当有标签，并注明规定的信息。必要时，还应当进行清洁，发现外包装损坏或其他可能影响物料质量的问题，应当向质量管理部门报告并进行调查和记录。

每次接收均应当有记录，内容包括：

（一）交货单和包装容器上所注物料的名称；

（二）企业内部所用物料名称和（或）代码；

（三）接收日期；

（四）供应商和生产商（如不同）的名称；

（五）供应商和生产商（如不同）标识的批号；

（六）接收总量和包装容器数量；

（七）接收后企业指定的批号或流水号；

（八）有关说明（如包装状况）。

第一百零七条 物料接收和成品生产后应当及时按照待验管理，直至放行。

第一百零八条 物料和产品应当根据其性质有序分批贮存和周转，发放及发运应当符合先进先出和近效期先出的原则。

第一百零九条 使用计算机化仓储管理的，应当有相应的操作规程，防止因系统故障、停机等特殊情况而造成物料和产品的混淆和差错。

使用完全计算机化仓储管理系统进行识别的，物料、产品等相关信息可不必以书面可读的方式标出。

第二节 原 辅 料

第一百一十条 应当制定相应的操作规程，采取核对或检验等适当措施，确认每一包装内的原辅料正确无误。

第一百一十一条 一次接收数个批次的物料，应当按批取样、检验、放行。

第一百一十二条 仓储区内的原辅料应当有适当的标识，并至少标明下述内容：

（一）指定的物料名称和企业内部的物料代码；

（二）企业接收时设定的批号；

（三）物料质量状态（如待验、合格、不合格、已取样）；

（四）有效期或复验期。

第一百一十三条 只有经质量管理部门批准放行并在有效期或复验期内的原辅料方可使用。

第一百一十四条 原辅料应当按照有效期或复验期贮存。贮存期内，如发现对质量有不良影响的特殊情况，应当进行复验。

第一百一十五条 应当由指定人员按照操作规程进行配料，核对物料后，精确称量或计量，并作好标识。

第一百一十六条 配制的每一物料及其重量或体积应当由他人独立进行复核，并有复核记录。

第一百一十七条 用于同一批药品生产的所有配料应当集中存放，并作好标识。

第三节 中间产品和待包装产品

第一百一十八条 中间产品和待包装产品应当在适当的条件下贮存。

第一百一十九条 中间产品和待包装产品应当有明确的标识，并至少标明下述内容：

（一）产品名称和企业内部的产品代码；

（二）产品批号；

（三）数量或重量（如毛重、净重等）；

（四）生产工序（必要时）；

（五）产品质量状态（必要时，如待验、合格、不合格、已取样）。

第四节 包 装 材 料

第一百二十条 与药品直接接触的包装材料和印刷包装材料的管理和控制要求与原辅料相同。

第一百二十一条 包装材料应当由专人按照操作规程发放，并采取措施避免混淆和差错，确保用于药品生产的包装材料正确无误。

第一百二十二条 应当建立印刷包装材料设计、审核、批准的操作规程，确保印刷包装材料印制的内容与药品监督管理部门核准的一致，并建立专门的文档，保存经签名批准的印刷包装材料原版实样。

第一百二十三条 印刷包装材料的版本变更时，应当采取措施，确保产品所用印刷包装材料的版本正确无误。宜收回作废的旧版印刷模版并予以销毁。

第一百二十四条 印刷包装材料应当设置专门区域妥善存放，未经批准人员不得进入。切割式标签或其他散装印刷包装材料应当分别置于密闭容器内储运，以防混淆。

第一百二十五条 印刷包装材料应当由专人保管，并按照操作规程和需求量发放。

第一百二十六条 每批或每次发放的与药品直接接触的包装材料或印刷包装材料，均应当有识别标志，标明所用产品的名称和批号。

第一百二十七条 过期或废弃的印刷包装材料应当予以销毁并记录。

第五节 成 品

第一百二十八条 成品放行前应当待验贮存。

第一百二十九条 成品的贮存条件应当符合药品注册批准的要求。

第六节 特殊管理的物料和产品

第一百三十条 麻醉药品、精神药品、医疗用毒性药品（包括药材）、放射性药品、药品类易制毒化学品及易燃、易爆和其他危险品的验收、贮存、管理应当执行国家有关的规定。

第七节 其 他

第一百三十一条 不合格的物料、中间产品、待包装产品和成品的每个包装容器上均应当有清晰醒目的标志，并在隔离区内妥善保存。

第一百三十二条 不合格的物料、中间产品、待包装产品和成品的处理应当经质量管理负责人批准，并有记录。

第一百三十三条 产品回收需经预先批准，并对相关的质量风险进行充分评估，根据评估结论决定是否回收。回收应当按照预定的操作规程进行，并有相应记录。回收处理后的产品应当按照回收处理中最早批次产品的生产日期确定有效期。

第一百三十四条 制剂产品不得进行重新加工。不合格的制剂中间产品、待包装产品和成品一般不得进行返工。只有不影响产品质量、符合相应质量标准，且根据预定、经批准的操作规程以及对相关风险充分评估后，才允许返工处理。返工应当有相应记录。

第一百三十五条 对返工或重新加工或回收合并后生产的成品，质量管理部门应当考虑需要进行额外相关项目的检验和稳定性考察。

第一百三十六条 企业应当建立药品退货的操作规程，并有相应的记录，内容至少应当包括：产品名称、批号、规格、数量、退货单位及地址、退货原因及日期、最终处理意见。

同一产品同一批号不同渠道的退货应当分别记录、存放和处理。

第一百三十七条 只有经检查、检验和调查，有证据证明退货质量未受影响，且经质量管理部门根据操作规程评价后，方可考虑将退货重新包装、重新发运销售。评价考虑的因素至少应当包括药品的性质、所需的贮存条件、药品的现状、历史，以及发运与退货之间的间隔时间等因素。不符合贮存和运输要求的退货，应当在质量管理部门监督下予以销毁。对退货质量存有怀疑时，不得重新发运。

对退货进行回收处理的，回收后的产品应当符合预定的质量标准和第一百三十三条的要求。

退货处理的过程和结果应当有相应记录。

第七章　确认与验证

第一百三十八条　企业应当确定需要进行的确认或验证工作，以证明有关操作的关键要素能够得到有效控制。确认或验证的范围和程度应当经过风险评估来确定。

第一百三十九条　企业的厂房、设施、设备和检验仪器应当经过确认，应当采用经过验证的生产工艺、操作规程和检验方法进行生产、操作和检验，并保持持续的验证状态。

第一百四十条　应当建立确认与验证的文件和记录，并能以文件和记录证明达到以下预定的目标：

（一）设计确认应当证明厂房、设施、设备的设计符合预定用途和本规范要求；

（二）安装确认应当证明厂房、设施、设备的建造和安装符合设计标准；

（三）运行确认应当证明厂房、设施、设备的运行符合设计标准；

（四）性能确认应当证明厂房、设施、设备在正常操作方法和工艺条件下能够持续符合标准；

（五）工艺验证应当证明一个生产工艺按照规定的工艺参数能够持续生产出符合预定用途和注册要求的产品。

第一百四十一条　采用新的生产处方或生产工艺前，应当验证其常规生产的适用性。生产工艺在使用规定的原辅料和设备条件下，应当能够始终生产出符合预定用途和注册要求的产品。

第一百四十二条　当影响产品质量的主要因素，如原辅料、与药品直接接触的包装材料、生产设备、生产环境（或厂房）、生产工艺、检验方法等发生变更时，应当进行确认或验证。必要时，还应当经药品监督管理部门批准。

第一百四十三条　清洁方法应当经过验证，证实其清洁的效果，以有效防止污染和交叉污染。清洁验证应当综合考虑设备使用情况、所使用的清洁剂和消毒剂、取样方法和位置以及相应的取样回收率、残留物的性质和限度、残留物检验方法的灵敏度等因素。

第一百四十四条　确认和验证不是一次性的行为。首次确认或验证后，应当根据产品质量回顾分析情况进行再确认或再验证。关键的生产工艺和操作规程应当定期进行再验证，确保其能够达到预期结果。

第一百四十五条　企业应当制定验证总计划，以文件形式说明确认与验证工作的关键信息。

第一百四十六条　验证总计划或其他相关文件中应当作出规定，确保厂房、设施、设备、检验仪器、生产工艺、操作规程和检验方法等能够保持持续稳定。

第一百四十七条　应当根据确认或验证的对象制定确认或验证方案，并经审核、批准。确认或验证方案应当明确职责。

第一百四十八条　确认或验证应当按照预先确定和批准的方案实施，并有记录。确认或验证工作完成后，应当写出报告，并经审核、批准。确认或验证的结果和结论（包括评价和建议）应当有记录并存档。

第一百四十九条　应当根据验证的结果确认工艺规程和操作规程。

第八章　文 件 管 理

第一节　原　　则

第一百五十条　文件是质量保证系统的基本要素。企业必须有内容正确的书面质量标准、生产处方和工艺规程、操作规程以及记录等文件。

第一百五十一条 企业应当建立文件管理的操作规程，系统地设计、制定、审核、批准和发放文件。与本规范有关的文件应当经质量管理部门的审核。

第一百五十二条 文件的内容应当与药品生产许可、药品注册等相关要求一致，并有助于追溯每批产品的历史情况。

第一百五十三条 文件的起草、修订、审核、批准、替换或撤销、复制、保管和销毁等应当按照操作规程管理，并有相应的文件分发、撤销、复制、销毁记录。

第一百五十四条 文件的起草、修订、审核、批准均应当由适当的人员签名并注明日期。

第一百五十五条 文件应当标明题目、种类、目的以及文件编号和版本号。文字应当确切、清晰、易懂，不能模棱两可。

第一百五十六条 文件应当分类存放、条理分明，便于查阅。

第一百五十七条 原版文件复制时，不得产生任何差错；复制的文件应当清晰可辨。

第一百五十八条 文件应当定期审核、修订；文件修订后，应当按照规定管理，防止旧版文件的误用。分发、使用的文件应当为批准的现行文本，已撤销的或旧版文件除留档备查外，不得在工作现场出现。

第一百五十九条 与本规范有关的每项活动均应当有记录，以保证产品生产、质量控制和质量保证等活动可以追溯。记录应当留有填写数据的足够空格。记录应当及时填写，内容真实，字迹清晰、易读，不易擦除。

第一百六十条 应当尽可能采用生产和检验设备自动打印的记录、图谱和曲线图等，并标明产品或样品的名称、批号和记录设备的信息，操作人应当签注姓名和日期。

第一百六十一条 记录应当保持清洁，不得撕毁和任意涂改。记录填写的任何更改都应当签注姓名和日期，并使原有信息仍清晰可辨，必要时，应当说明更改的理由。记录如需重新誊写，则原有记录不得销毁，应当作为重新誊写记录的附件保存。

第一百六十二条 每批药品应当有批记录，包括批生产记录、批包装记录、批检验记录和药品放行审核记录等与本批产品有关的记录。批记录应当由质量管理部门负责管理，至少保存至药品有效期后一年。

质量标准、工艺规程、操作规程、稳定性考察、确认、验证、变更等其他重要文件应当长期保存。

第一百六十三条 如使用电子数据处理系统、照相技术或其他可靠方式记录数据资料，应当有所用系统的操作规程；记录的准确性应当经过核对。

使用电子数据处理系统的，只有经授权的人员方可输入或更改数据，更改和删除情况应当有记录；应当使用密码或其他方式来控制系统的登录；关键数据输入后，应当由他人独立进行复核。

用电子方法保存的批记录，应当采用磁带、缩微胶卷、纸质副本或其他方法进行备份，以确保记录的安全，且数据资料在保存期内便于查阅。

第二节 质量标准

第一百六十四条 物料和成品应当有经批准的现行质量标准；必要时，中间产品或待包装产品也应当有质量标准。

第一百六十五条 物料的质量标准一般应当包括：

（一）物料的基本信息：

1. 企业统一指定的物料名称和内部使用的物料代码；

2. 质量标准的依据；

3. 经批准的供应商；

4. 印刷包装材料的实样或样稿。

（二）取样、检验方法或相关操作规程编号；

（三）定性和定量的限度要求；

（四）贮存条件和注意事项；

（五）有效期或复验期。

第一百六十六条　外购或外销的中间产品和待包装产品应当有质量标准；如果中间产品的检验结果用于成品的质量评价，则应当制定与成品质量标准相对应的中间产品质量标准。

第一百六十七条　成品的质量标准应当包括：

（一）产品名称以及产品代码；

（二）对应的产品处方编号（如有）；

（三）产品规格和包装形式；

（四）取样、检验方法或相关操作规程编号；

（五）定性和定量的限度要求；

（六）贮存条件和注意事项；

（七）有效期。

第三节　工艺规程

第一百六十八条　每种药品的每个生产批量均应当有经企业批准的工艺规程，不同药品规格的每种包装形式均应当有各自的包装操作要求。工艺规程的制定应当以注册批准的工艺为依据。

第一百六十九条　工艺规程不得任意更改。如需更改，应当按照相关的操作规程修订、审核、批准。

第一百七十条　制剂的工艺规程的内容至少应当包括：

（一）生产处方：

1. 产品名称和产品代码；

2. 产品剂型、规格和批量；

3. 所用原辅料清单（包括生产过程中使用，但不在成品中出现的物料），阐明每一物料的指定名称、代码和用量；如原辅料的用量需要折算时，还应当说明计算方法。

（二）生产操作要求：

1. 对生产场所和所用设备的说明（如操作间的位置和编号、洁净度级别、必要的温湿度要求、设备型号和编号等）；

2. 关键设备的准备（如清洗、组装、校准、灭菌等）所采用的方法或相应操作规程编号；

3. 详细的生产步骤和工艺参数说明（如物料的核对、预处理、加入物料的顺序、混合时间、温度等）；

4. 所有中间控制方法及标准；

5. 预期的最终产量限度，必要时，还应当说明中间产品的产量限度，以及物料平衡的计算方法和限度；

6. 待包装产品的贮存要求，包括容器、标签及特殊贮存条件；

7. 需要说明的注意事项。

（三）包装操作要求：

1. 以最终包装容器中产品的数量、重量或体积表示的包装形式；

2. 所需全部包装材料的完整清单，包括包装材料的名称、数量、规格、类型以及与质量标准有关的每一包装材料的代码；

3. 印刷包装材料的实样或复制品，并标明产品批号、有效期打印位置；

4. 需要说明的注意事项，包括对生产区和设备进行的检查，在包装操作开始前，确认包装生产线的清场已经完成等；

5. 包装操作步骤的说明，包括重要的辅助性操作和所用设备的注意事项、包装材料使用前的核对；

6. 中间控制的详细操作，包括取样方法及标准；

7. 待包装产品、印刷包装材料的物料平衡计算方法和限度。

第四节　批生产记录

第一百七十一条　每批产品均应当有相应的批生产记录，可追溯该批产品的生产历史以及与质量有关的情况。

第一百七十二条　批生产记录应当依据现行批准的工艺规程的相关内容制定。记录的设计应当避免填写差错。批生产记录的每一页应当标注产品的名称、规格和批号。

第一百七十三条　原版空白的批生产记录应当经生产管理负责人和质量管理负责人审核和批准。批生产记录的复制和发放均应当按照操作规程进行控制并有记录，每批产品的生产只能发放一份原版空白批生产记录的复制件。

第一百七十四条　在生产过程中，进行每项操作时应当及时记录，操作结束后，应当由生产操作人员确认并签注姓名和日期。

第一百七十五条　批生产记录的内容应当包括：

（一）产品名称、规格、批号；

（二）生产以及中间工序开始、结束的日期和时间；

（三）每一生产工序的负责人签名；

（四）生产步骤操作人员的签名；必要时，还应当有操作（如称量）复核人员的签名；

（五）每一原辅料的批号以及实际称量的数量（包括投入的回收或返工处理产品的批号及数量）；

（六）相关生产操作或活动、工艺参数及控制范围，以及所用主要生产设备的编号；

（七）中间控制结果的记录以及操作人员的签名；

（八）不同生产工序所得产量及必要时的物料平衡计算；

（九）对特殊问题或异常事件的记录，包括对偏离工艺规程的偏差情况的详细说明或调查报告，并经签字批准。

第五节　批包装记录

第一百七十六条　每批产品或每批中部分产品的包装，都应当有批包装记录，以便追溯该批产品包装操作以及与质量有关的情况。

第一百七十七条　批包装记录应当依据工艺规程中与包装相关的内容制定。记录的设计应当注意避免填写差错。批包装记录的每一页均应当标注所包装产品的名称、规格、包装形式和批号。

第一百七十八条　批包装记录应当有待包装产品的批号、数量以及成品的批号和计划数量。原版空白的批包装记录的审核、批准、复制和发放的要求与原版空白的批生产记录相同。

第一百七十九条　在包装过程中，进行每项操作时应当及时记录，操作结束后，应当由包装操作人员确认并签注姓名和日期。

第一百八十条 批包装记录的内容包括：

（一）产品名称、规格、包装形式、批号、生产日期和有效期；

（二）包装操作日期和时间；

（三）包装操作负责人签名；

（四）包装工序的操作人员签名；

（五）每一包装材料的名称、批号和实际使用的数量；

（六）根据工艺规程所进行的检查记录，包括中间控制结果；

（七）包装操作的详细情况，包括所用设备及包装生产线的编号；

（八）所用印刷包装材料的实样，并印有批号、有效期及其他打印内容；不易随批包装记录归档的印刷包装材料可采用印有上述内容的复制品；

（九）对特殊问题或异常事件的记录，包括对偏离工艺规程的偏差情况的详细说明或调查报告，并经签字批准；

（十）所有印刷包装材料和待包装产品的名称、代码，以及发放、使用、销毁或退库的数量、实际产量以及物料平衡检查。

第六节　操作规程和记录

第一百八十一条 操作规程的内容应当包括：题目、编号、版本号、颁发部门、生效日期、分发部门以及制定人、审核人、批准人的签名并注明日期，标题、正文及变更历史。

第一百八十二条 厂房、设备、物料、文件和记录应当有编号（或代码），并制定编制编号（或代码）的操作规程，确保编号（或代码）的唯一性。

第一百八十三条 下述活动也应当有相应的操作规程，其过程和结果应当有记录：

（一）确认和验证；

（二）设备的装配和校准；

（三）厂房和设备的维护、清洁和消毒；

（四）培训、更衣及卫生等与人员相关的事宜；

（五）环境监测；

（六）虫害控制；

（七）变更控制；

（八）偏差处理；

（九）投诉；

（十）药品召回；

（十一）退货。

第九章　生产管理

第一节　原　　则

第一百八十四条 所有药品的生产和包装均应当按照批准的工艺规程和操作规程进行操作并有相关记录，以确保药品达到规定的质量标准，并符合药品生产许可和注册批准的要求。

第一百八十五条 应当建立划分产品生产批次的操作规程，生产批次的划分应当能够确保同一批次产品质量和特性的均一性。

第一百八十六条 应当建立编制药品批号和确定生产日期的操作规程。每批药品均应当编制唯一的批号。除另有法定要求外，生产日期不得迟于产品成型或灌装（封）前经最后混合的操作开始日期，不得以产品包装日期作为生产日期。

第一百八十七条 每批产品应当检查产量和物料平衡，确保物料平衡符合设定的限度。如有差异，必须查明原因，确认无潜在质量风险后，方可按照正常产品处理。

第一百八十八条 不得在同一生产操作间同时进行不同品种和规格药品的生产操作，除非没有发生混淆或交叉污染的可能。

第一百八十九条 在生产的每一阶段，应当保护产品和物料免受微生物和其他污染。

第一百九十条 在干燥物料或产品，尤其是高活性、高毒性或高致敏性物料或产品的生产过程中，应当采取特殊措施，防止粉尘的产生和扩散。

第一百九十一条 生产期间使用的所有物料、中间产品或待包装产品的容器及主要设备、必要的操作室应当贴签标识或以其他方式标明生产中的产品或物料名称、规格和批号，如有必要，还应当标明生产工序。

第一百九十二条 容器、设备或设施所用标识应当清晰明了，标识的格式应当经企业相关部门批准。除在标识上使用文字说明外，还可采用不同的颜色区分被标识物的状态（如待验、合格、不合格或已清洁等）。

第一百九十三条 应当检查产品从一个区域输送至另一个区域的管道和其他设备连接，确保连接正确无误。

第一百九十四条 每次生产结束后应当进行清场，确保设备和工作场所没有遗留与本次生产有关的物料、产品和文件。下次生产开始前，应当对前次清场情况进行确认。

第一百九十五条 应当尽可能避免出现任何偏离工艺规程或操作规程的偏差。一旦出现偏差，应当按照偏差处理操作规程执行。

第一百九十六条 生产厂房应当仅限于经批准的人员出入。

第二节 防止生产过程中的污染和交叉污染

第一百九十七条 生产过程中应当尽可能采取措施，防止污染和交叉污染，如：

（一）在分隔的区域内生产不同品种的药品；

（二）采用阶段性生产方式；

（三）设置必要的气锁间和排风；空气洁净度级别不同的区域应当有压差控制；

（四）应当降低未经处理或未经充分处理的空气再次进入生产区导致污染的风险；

（五）在易产生交叉污染的生产区内，操作人员应当穿戴该区域专用的防护服；

（六）采用经过验证或已知有效的清洁和去污染操作规程进行设备清洁；必要时，应当对与物料直接接触的设备表面的残留物进行检测；

（七）采用密闭系统生产；

（八）干燥设备的进风应当有空气过滤器，排风应当有防止空气倒流装置；

（九）生产和清洁过程中应当避免使用易碎、易脱屑、易发霉器具；使用筛网时，应当有防止因筛网断裂而造成污染的措施；

（十）液体制剂的配制、过滤、灌封、灭菌等工序应当在规定时间内完成；

（十一）软膏剂、乳膏剂、凝胶剂等半固体制剂以及栓剂的中间产品应当规定贮存期和贮存条件。

第一百九十八条 应当定期检查防止污染和交叉污染的措施并评估其适用性和有效性。

第三节 生产操作

第一百九十九条 生产开始前应当进行检查，确保设备和工作场所没有上批遗留的产品、文件或与本批产品生产无关的物料，设备处于已清洁及待用状态。检查结果应当有记录。

生产操作前，还应当核对物料或中间产品的名称、代码、批号和标识，确保生产所用物料或中间产品正确且符合要求。

第二百条 应当进行中间控制和必要的环境监测，并予以记录。

第二百零一条 每批药品的每一生产阶段完成后必须由生产操作人员清场，并填写清场记录。清场记录内容包括：操作间编号、产品名称、批号、生产工序、清场日期、检查项目及结果、清场负责人及复核人签名。清场记录应当纳入批生产记录。

第四节 包 装 操 作

第二百零二条 包装操作规程应当规定降低污染和交叉污染、混淆或差错风险的措施。

第二百零三条 包装开始前应当进行检查，确保工作场所、包装生产线、印刷机及其他设备已处于清洁或待用状态，无上批遗留的产品、文件或与本批产品包装无关的物料。检查结果应当有记录。

第二百零四条 包装操作前，还应当检查所领用的包装材料正确无误，核对待包装产品和所用包装材料的名称、规格、数量、质量状态，且与工艺规程相符。

第二百零五条 每一包装操作场所或包装生产线，应当有标识标明包装中的产品名称、规格、批号和批量的生产状态。

第二百零六条 有数条包装线同时进行包装时，应当采取隔离或其他有效防止污染、交叉污染或混淆的措施。

第二百零七条 待用分装容器在分装前应当保持清洁，避免容器中有玻璃碎屑、金属颗粒等污染物。

第二百零八条 产品分装、封口后应当及时贴签。未能及时贴签时，应当按照相关的操作规程操作，避免发生混淆或贴错标签等差错。

第二百零九条 单独打印或包装过程中在线打印的信息（如产品批号或有效期）均应当进行检查，确保其正确无误，并予以记录。如手工打印，应当增加检查频次。

第二百一十条 使用切割式标签或在包装线以外单独打印标签，应当采取专门措施，防止混淆。

第二百一十一条 应当对电子读码机、标签计数器或其他类似装置的功能进行检查，确保其准确运行。检查应当有记录。

第二百一十二条 包装材料上印刷或模压的内容应当清晰，不易褪色和擦除。

第二百一十三条 包装期间，产品的中间控制检查应当至少包括下述内容：

（一）包装外观；

（二）包装是否完整；

（三）产品和包装材料是否正确；

（四）打印信息是否正确；

（五）在线监控装置的功能是否正常。

样品从包装生产线取走后不应当再返还，以防止产品混淆或污染。

第二百一十四条 因包装过程产生异常情况而需要重新包装产品的，必须经专门检查、调查并由指定人员批准。重新包装应当有详细记录。

第二百一十五条 在物料平衡检查中，发现待包装产品、印刷包装材料以及成品数量有显著差异时，应当进行调查，未得出结论前，成品不得放行。

第二百一十六条 包装结束时，已打印批号的剩余包装材料应当由专人负责全部计数销毁，并有记录。如将未打印批号的印刷包装材料退库，应当按照操作规程执行。

第十章 质量控制与质量保证

第一节 质量控制实验室管理

第二百一十七条 质量控制实验室的人员、设施、设备应当与产品性质和生产规模相适应。

企业通常不得进行委托检验，确需委托检验的，应当按照第十一章中委托检验部分的规定，委托外部实验室进行检验，但应当在检验报告中予以说明。

第二百一十八条 质量控制负责人应当具有足够的管理实验室的资质和经验，可以管理同一企业的一个或多个实验室。

第二百一十九条 质量控制实验室的检验人员至少应当具有相关专业中专或高中以上学历，并经过与所从事的检验操作相关的实践培训且通过考核。

第二百二十条 质量控制实验室应当配备药典、标准图谱等必要的工具书，以及标准品或对照品等相关的标准物质。

第二百二十一条 质量控制实验室的文件应当符合第八章的原则，并符合下列要求：

（一）质量控制实验室应当至少有下列详细文件：

1. 质量标准；

2. 取样操作规程和记录；

3. 检验操作规程和记录（包括检验记录或实验室工作记事簿）；

4. 检验报告或证书；

5. 必要的环境监测操作规程、记录和报告；

6. 必要的检验方法验证报告和记录；

7. 仪器校准和设备使用、清洁、维护的操作规程及记录。

（二）每批药品的检验记录应当包括中间产品、待包装产品和成品的质量检验记录，可追溯该批药品所有相关的质量检验情况；

（三）宜采用便于趋势分析的方法保存某些数据（如检验数据、环境监测数据、制药用水的微生物监测数据）；

（四）除与批记录相关的资料信息外，还应当保存其他原始资料或记录，以方便查阅。

第二百二十二条 取样应当至少符合以下要求：

（一）质量管理部门的人员有权进入生产区和仓储区进行取样及调查；

（二）应当按照经批准的操作规程取样，操作规程应当详细规定：

1. 经授权的取样人；

2. 取样方法；

3. 所用器具；

4. 样品量；

5. 分样的方法；

6. 存放样品容器的类型和状态；

7. 取样后剩余部分及样品的处置和标识；

8. 取样注意事项，包括为降低取样过程产生的各种风险所采取的预防措施，尤其是无菌或有害物料的取样以及防止取样过程中污染和交叉污染的注意事项；

9. 贮存条件；

10. 取样器具的清洁方法和贮存要求。

（三）取样方法应当科学、合理，以保证样品的代表性；

（四）留样应当能够代表被取样批次的产品或物料，也可抽取其他样品来监控生产过程中最重要的环节（如生产的开始或结束）；

（五）样品的容器应当贴有标签，注明样品名称、批号、取样日期、取自哪一包装容器、取样人等信息；

（六）样品应当按照规定的贮存要求保存。

第二百二十三条 物料和不同生产阶段产品的检验应当至少符合以下要求：

（一）企业应当确保药品按照注册批准的方法进行全项检验；

（二）符合下列情形之一的，应当对检验方法进行验证：

1. 采用新的检验方法；

2. 检验方法需变更的；

3. 采用《中华人民共和国药典》及其他法定标准未收载的检验方法；

4. 法规规定的其他需要验证的检验方法。

（三）对不需要进行验证的检验方法，企业应当对检验方法进行确认，以确保检验数据准确、可靠；

（四）检验应当有书面操作规程，规定所用方法、仪器和设备，检验操作规程的内容应当与经确认或验证的检验方法一致；

（五）检验应当有可追溯的记录并应当复核，确保结果与记录一致。所有计算均应当严格核对；

（六）检验记录应当至少包括以下内容：

1. 产品或物料的名称、剂型、规格、批号或供货批号，必要时注明供应商和生产商（如不同）的名称或来源；

2. 依据的质量标准和检验操作规程；

3. 检验所用的仪器或设备的型号和编号；

4. 检验所用的试液和培养基的配制批号、对照品或标准品的来源和批号；

5. 检验所用动物的相关信息；

6. 检验过程，包括对照品溶液的配制、各项具体的检验操作、必要的环境温湿度；

7. 检验结果，包括观察情况、计算和图谱或曲线图，以及依据的检验报告编号；

8. 检验日期；

9. 检验人员的签名和日期；

10. 检验、计算复核人员的签名和日期。

（七）所有中间控制（包括生产人员所进行的中间控制），均应当按照经质量管理部门批准的方法进行，检验应当有记录；

（八）应当对实验室容量分析用玻璃仪器、试剂、试液、对照品以及培养基进行质量检查；

（九）必要时应当将检验用实验动物在使用前进行检验或隔离检疫。饲养和管理应当符合相关的实验动物管理规定。动物应当有标识，并应当保存使用的历史记录。

第二百二十四条 质量控制实验室应当建立检验结果超标调查的操作规程。任何检验结果超标都必须按照操作规程进行完整的调查，并有相应的记录。

第二百二十五条 企业按规定保存的、用于药品质量追溯或调查的物料、产品样品为留样。用于产品稳定性考察的样品不属于留样。

留样应当至少符合以下要求：

（一）应当按照操作规程对留样进行管理；

（二）留样应当能够代表被取样批次的物料或产品；

（三）成品的留样：

1. 每批药品均应当有留样；如果一批药品分成数次进行包装，则每次包装至少应当保留一件最小市售包装的成品；

2. 留样的包装形式应当与药品市售包装形式相同，原料药的留样如无法采用市售包装形式的，可采用模拟包装；

3. 每批药品的留样数量一般至少应当能够确保按照注册批准的质量标准完成两次全检（无菌检查和热原检查等除外）；

4. 如果不影响留样的包装完整性，保存期间内至少应当每年对留样进行一次目检观察，如有异常，应当进行彻底调查并采取相应的处理措施；

5. 留样观察应当有记录；

6. 留样应当按照注册批准的贮存条件至少保存至药品有效期后一年；

7. 如企业终止药品生产或关闭的，应当将留样转交受权单位保存，并告知当地药品监督管理部门，以便在必要时可随时取得留样。

（四）物料的留样：

1. 制剂生产用每批原辅料和与药品直接接触的包装材料均应当有留样。与药品直接接触的包装材料（如输液瓶），如成品已有留样，可不必单独留样；

2. 物料的留样量应当至少满足鉴别的需要；

3. 除稳定性较差的原辅料外，用于制剂生产的原辅料（不包括生产过程中使用的溶剂、气体或制药用水）和与药品直接接触的包装材料的留样应当至少保存至产品放行后二年。如果物料的有效期较短，则留样时间可相应缩短；

4. 物料的留样应当按照规定的条件贮存，必要时还应当适当包装密封。

第二百二十六条　试剂、试液、培养基和检定菌的管理应当至少符合以下要求：

（一）试剂和培养基应当从可靠的供应商处采购，必要时应当对供应商进行评估；

（二）应当有接收试剂、试液、培养基的记录，必要时，应当在试剂、试液、培养基的容器上标注接收日期；

（三）应当按照相关规定或使用说明配制、贮存和使用试剂、试液和培养基。特殊情况下，在接收或使用前，还应当对试剂进行鉴别或其他检验；

（四）试液和已配制的培养基应当标注配制批号、配制日期和配制人员姓名，并有配制（包括灭菌）记录。不稳定的试剂、试液和培养基应当标注有效期及特殊贮存条件。标准液、滴定液还应当标注最后一次标化的日期和校正因子，并有标化记录；

（五）配制的培养基应当进行适用性检查，并有相关记录。应当有培养基使用记录；

（六）应当有检验所需的各种检定菌，并建立检定菌保存、传代、使用、销毁的操作规程和相应记录；

（七）检定菌应当有适当的标识，内容至少包括菌种名称、编号、代次、传代日期、传代操作人；

（八）检定菌应当按照规定的条件贮存，贮存的方式和时间不应当对检定菌的生长特性有不利影响。

第二百二十七条　标准品或对照品的管理应当至少符合以下要求：

（一）标准品或对照品应当按照规定贮存和使用；

（二）标准品或对照品应当有适当的标识，内容至少包括名称、批号、制备日期（如有）、有效期（如有）、首次开启日期、含量或效价、贮存条件；

（三）企业如需自制工作标准品或对照品，应当建立工作标准品或对照品的质量标准以及制备、鉴别、检验、批准和贮存的操作规程，每批工作标准品或对照品应当用法定标准品或对照品进行标化，并确定有效期，还应当通过定期标化证明工作标准品或对照品的效价或含量在有效期内保持稳定。标化的过程和结果应当有相应的记录。

第二节 物料和产品放行

第二百二十八条 应当分别建立物料和产品批准放行的操作规程，明确批准放行的标准、职责，并有相应的记录。

第二百二十九条 物料的放行应当至少符合以下要求：

（一）物料的质量评价内容应当至少包括生产商的检验报告、物料包装完整性和密封性的检查情况和检验结果；

（二）物料的质量评价应当有明确的结论，如批准放行、不合格或其他决定；

（三）物料应当由指定人员签名批准放行。

第二百三十条 产品的放行应当至少符合以下要求：

（一）在批准放行前，应当对每批药品进行质量评价，保证药品及其生产应当符合注册和本规范要求，并确认以下各项内容：

1. 主要生产工艺和检验方法经过验证；

2. 已完成所有必需的检查、检验，并综合考虑实际生产条件和生产记录；

3. 所有必需的生产和质量控制均已完成并经相关主管人员签名；

4. 变更已按照相关规程处理完毕，需要经药品监督管理部门批准的变更已得到批准；

5. 对变更或偏差已完成所有必要的取样、检查、检验和审核；

6. 所有与该批产品有关的偏差均已有明确的解释或说明，或者已经过彻底调查和适当处理；如偏差还涉及其他批次产品，应当一并处理。

（二）药品的质量评价应当有明确的结论，如批准放行、不合格或其他决定；

（三）每批药品均应当由质量受权人签名批准放行；

（四）疫苗类制品、血液制品、用于血源筛查的体外诊断试剂以及国家食品药品监督管理局规定的其他生物制品放行前还应当取得批签发合格证明。

第三节 持续稳定性考察

第二百三十一条 持续稳定性考察的目的是在有效期内监控已上市药品的质量，以发现药品与生产相关的稳定性问题（如杂质含量或溶出度特性的变化），并确定药品能够在标示的贮存条件下，符合质量标准的各项要求。

第二百三十二条 持续稳定性考察主要针对市售包装药品，但也需兼顾待包装产品。例如，当待包装产品在完成包装前，或从生产厂运输到包装厂，还需要长期贮存时，应当在相应的环境条件下，评估其对包装后产品稳定性的影响。此外，还应当考虑对贮存时间较长的中间产品进行考察。

第二百三十三条 持续稳定性考察应当有考察方案，结果应当有报告。用于持续稳定性考察的设备（尤其是稳定性试验设备或设施）应当按照第七章和第五章的要求进行确认和维护。

第二百三十四条 持续稳定性考察的时间应当涵盖药品有效期，考察方案应当至少包括以下内容：

（一）每种规格、每个生产批量药品的考察批次数；

（二）相关的物理、化学、微生物和生物学检验方法，可考虑采用稳定性考察专属的检验方法；

（三）检验方法依据；

（四）合格标准；

（五）容器密封系统的描述；

（六）试验间隔时间（测试时间点）；

（七）贮存条件（应当采用与药品标示贮存条件相对应的《中华人民共和国药典》规定的长期稳定性试验标准条件）；

（八）检验项目，如检验项目少于成品质量标准所包含的项目，应当说明理由。

第二百三十五条 考察批次数和检验频次应当能够获得足够的数据，以供趋势分析。通常情况下，每种规格、每种内包装形式的药品，至少每年应当考察一个批次，除非当年没有生产。

第二百三十六条 某些情况下，持续稳定性考察中应当额外增加批次数，如重大变更或生产和包装有重大偏差的药品应当列入稳定性考察。此外，重新加工、返工或回收的批次，也应当考虑列入考察，除非已经过验证和稳定性考察。

第二百三十七条 关键人员，尤其是质量受权人，应当了解持续稳定性考察的结果。当持续稳定性考察不在待包装产品和成品的生产企业进行时，则相关各方之间应当有书面协议，且均应当保存持续稳定性考察的结果以供药品监督管理部门审查。

第二百三十八条 应当对不符合质量标准的结果或重要的异常趋势进行调查。对任何已确认的不符合质量标准的结果或重大不良趋势，企业都应当考虑是否可能对已上市药品造成影响，必要时应当实施召回，调查结果以及采取的措施应当报告当地药品监督管理部门。

第二百三十九条 应当根据所获得的全部数据资料，包括考察的阶段性结论，撰写总结报告并保存。应当定期审核总结报告。

第四节 变 更 控 制

第二百四十条 企业应当建立变更控制系统，对所有影响产品质量的变更进行评估和管理。需要经药品监督管理部门批准的变更应当在得到批准后方可实施。

第二百四十一条 应当建立操作规程，规定原辅料、包装材料、质量标准、检验方法、操作规程、厂房、设施、设备、仪器、生产工艺和计算机软件变更的申请、评估、审核、批准和实施。质量管理部门应当指定专人负责变更控制。

第二百四十二条 变更都应当评估其对产品质量的潜在影响。企业可以根据变更的性质、范围、对产品质量潜在影响的程度将变更分类（如主要、次要变更）。判断变更所需的验证、额外的检验以及稳定性考察应当有科学依据。

第二百四十三条 与产品质量有关的变更由申请部门提出后，应当经评估、制定实施计划并明确实施职责，最终由质量管理部门审核批准。变更实施应当有相应的完整记录。

第二百四十四条 改变原辅料、与药品直接接触的包装材料、生产工艺、主要生产设备以及其他影响药品质量的主要因素时，还应当对变更实施后最初至少三个批次的药品质量进行评估。如果变更可能影响药品的有效期，则质量评估还应当包括对变更实施后生产的药品进行稳定性考察。

第二百四十五条 变更实施时，应当确保与变更相关的文件均已修订。

第二百四十六条 质量管理部门应当保存所有变更的文件和记录。

第五节 偏 差 处 理

第二百四十七条 各部门负责人应当确保所有人员正确执行生产工艺、质量标准、检验方法和操作规程，防止偏差的产生。

第二百四十八条 企业应当建立偏差处理的操作规程，规定偏差的报告、记录、调查、处理以及所采取的纠正措施，并有相应的记录。

第二百四十九条 任何偏差都应当评估其对产品质量的潜在影响。企业可以根据偏差的性质、范围、对产品质量潜在影响的程度将偏差分类（如重大、次要偏差），对重大偏差的评估还应当考虑是否需要对产品进行额外的检验以及对产品有效期的影响，必要时，应当对涉及重大偏差的产品进行稳定性考察。

第二百五十条 任何偏离生产工艺、物料平衡限度、质量标准、检验方法、操作规程等的情况均应当有记录，并立即报告主管人员及质量管理部门，应当有清楚的说明，重大偏差应当由质量管理部门会同其他部门进行彻底调查，并有调查报告。偏差调查报告应当由质量管理部门的指定人员审核并签字。

企业还应当采取预防措施有效防止类似偏差的再次发生。

第二百五十一条 质量管理部门应当负责偏差的分类，保存偏差调查、处理的文件和记录。

第六节 纠正措施和预防措施

第二百五十二条 企业应当建立纠正措施和预防措施系统，对投诉、召回、偏差、自检或外部检查结果、工艺性能和质量监测趋势等进行调查并采取纠正和预防措施。调查的深度和形式应当与风险的级别相适应。纠正措施和预防措施系统应当能够增进对产品和工艺的理解，改进产品和工艺。

第二百五十三条 企业应当建立实施纠正和预防措施的操作规程，内容至少包括：

（一）对投诉、召回、偏差、自检或外部检查结果、工艺性能和质量监测趋势以及其他来源的质量数据进行分析，确定已有和潜在的质量问题。必要时，应当采用适当的统计学方法；

（二）调查与产品、工艺和质量保证系统有关的原因；

（三）确定所需采取的纠正和预防措施，防止问题的再次发生；

（四）评估纠正和预防措施的合理性、有效性和充分性；

（五）对实施纠正和预防措施过程中所发生的变更应当予以记录；

（六）确保相关信息已传递到质量受权人和预防问题再次发生的直接负责人；

（七）确保相关信息及其纠正和预防措施已通过高层管理人员的评审。

第二百五十四条 实施纠正和预防措施应当有文件记录，并由质量管理部门保存。

第七节 供应商的评估和批准

第二百五十五条 质量管理部门应当对所有生产用物料的供应商进行质量评估，会同有关部门对主要物料供应商（尤其是生产商）的质量体系进行现场质量审计，并对质量评估不符合要求的供应商行使否决权。

主要物料的确定应当综合考虑企业所生产的药品质量风险、物料用量以及物料对药品质量的影响程度等因素。

企业法定代表人、企业负责人及其他部门的人员不得干扰或妨碍质量管理部门对物料供应商独立作出质量评估。

第二百五十六条 应当建立物料供应商评估和批准的操作规程，明确供应商的资质、选择的原则、质量评估方式、评估标准、物料供应商批准的程序。

如质量评估需采用现场质量审计方式的，还应当明确审计内容、周期、审计人员的组成及资质。需采用样品小批量试生产的，还应当明确生产批量、生产工艺、产品质量标准、稳定性考察方案。

第二百五十七条　质量管理部门应当指定专人负责物料供应商质量评估和现场质量审计，分发经批准的合格供应商名单。被指定的人员应当具有相关的法规和专业知识，具有足够的质量评估和现场质量审计的实践经验。

第二百五十八条　现场质量审计应当核实供应商资质证明文件和检验报告的真实性，核实是否具备检验条件。应当对其人员机构、厂房设施和设备、物料管理、生产工艺流程和生产管理、质量控制实验室的设备、仪器、文件管理等进行检查，以全面评估其质量保证系统。现场质量审计应当有报告。

第二百五十九条　必要时，应当对主要物料供应商提供的样品进行小批量试生产，并对试生产的药品进行稳定性考察。

第二百六十条　质量管理部门对物料供应商的评估至少应当包括：供应商的资质证明文件、质量标准、检验报告、企业对物料样品的检验数据和报告。如进行现场质量审计和样品小批量试生产的，还应当包括现场质量审计报告，以及小试产品的质量检验报告和稳定性考察报告。

第二百六十一条　改变物料供应商，应当对新的供应商进行质量评估；改变主要物料供应商的，还需要对产品进行相关的验证及稳定性考察。

第二百六十二条　质量管理部门应当向物料管理部门分发经批准的合格供应商名单，该名单内容至少包括物料名称、规格、质量标准、生产商名称和地址、经销商（如有）名称等，并及时更新。

第二百六十三条　质量管理部门应当与主要物料供应商签订质量协议，在协议中应当明确双方所承担的质量责任。

第二百六十四条　质量管理部门应当定期对物料供应商进行评估或现场质量审计，回顾分析物料质量检验结果、质量投诉和不合格处理记录。如物料出现质量问题或生产条件、工艺、质量标准和检验方法等可能影响质量的关键因素发生重大改变时，还应当尽快进行相关的现场质量审计。

第二百六十五条　企业应当对每家物料供应商建立质量档案，档案内容应当包括供应商的资质证明文件、质量协议、质量标准、样品检验数据和报告、供应商的检验报告、现场质量审计报告、产品稳定性考察报告、定期的质量回顾分析报告等。

第八节　产品质量回顾分析

第二百六十六条　应当按照操作规程，每年对所有生产的药品按品种进行产品质量回顾分析，以确认工艺稳定可靠，以及原辅料、成品现行质量标准的适用性，及时发现不良趋势，确定产品及工艺改进的方向。应当考虑以往回顾分析的历史数据，还应当对产品质量回顾分析的有效性进行自检。

当有合理的科学依据时，可按照产品的剂型分类进行质量回顾，如固体制剂、液体制剂和无菌制剂等。

回顾分析应当有报告。

企业至少应当对下列情形进行回顾分析：

（一）产品所用原辅料的所有变更，尤其是来自新供应商的原辅料；

（二）关键中间控制点及成品的检验结果；

（三）所有不符合质量标准的批次及其调查；

（四）所有重大偏差及相关的调查、所采取的整改措施和预防措施的有效性；

（五）生产工艺或检验方法等的所有变更；

（六）已批准或备案的药品注册所有变更；

（七）稳定性考察的结果及任何不良趋势；

（八）所有因质量原因造成的退货、投诉、召回及调查；

（九）与产品工艺或设备相关的纠正措施的执行情况和效果；

（十）新获批准和有变更的药品，按照注册要求上市后应当完成的工作情况；

（十一）相关设备和设施，如空调净化系统、水系统、压缩空气等的确认状态；

（十二）委托生产或检验的技术合同履行情况。

第二百六十七条 应当对回顾分析的结果进行评估，提出是否需要采取纠正和预防措施或进行再确认或再验证的评估意见及理由，并及时、有效地完成整改。

第二百六十八条 药品委托生产时，委托方和受托方之间应当有书面的技术协议，规定产品质量回顾分析中各方的责任，确保产品质量回顾分析按时进行并符合要求。

第九节 投诉与不良反应报告

第二百六十九条 应当建立药品不良反应报告和监测管理制度，设立专门机构并配备专职人员负责管理。

第二百七十条 应当主动收集药品不良反应，对不良反应应当详细记录、评价、调查和处理，及时采取措施控制可能存在的风险，并按照要求向药品监督管理部门报告。

第二百七十一条 应当建立操作规程，规定投诉登记、评价、调查和处理的程序，并规定因可能的产品缺陷发生投诉时所采取的措施，包括考虑是否有必要从市场召回药品。

第二百七十二条 应当有专人及足够的辅助人员负责进行质量投诉的调查和处理，所有投诉、调查的信息应当向质量受权人通报。

第二百七十三条 所有投诉都应当登记与审核，与产品质量缺陷有关的投诉，应当详细记录投诉的各个细节，并进行调查。

第二百七十四条 发现或怀疑某批药品存在缺陷，应当考虑检查其他批次的药品，查明其是否受到影响。

第二百七十五条 投诉调查和处理应当有记录，并注明所查相关批次产品的信息。

第二百七十六条 应当定期回顾分析投诉记录，以便发现需要警觉、重复出现以及可能需要从市场召回药品的问题，并采取相应措施。

第二百七十七条 企业出现生产失误、药品变质或其他重大质量问题，应当及时采取相应措施，必要时还应当向当地药品监督管理部门报告。

第十一章 委托生产与委托检验

第一节 原 则

第二百七十八条 为确保委托生产产品的质量和委托检验的准确性和可靠性，委托方和受托方必须签订书面合同，明确规定各方责任、委托生产或委托检验的内容及相关的技术事项。

第二百七十九条 委托生产或委托检验的所有活动，包括在技术或其他方面拟采取的任何变更，均应当符合药品生产许可和注册的有关要求。

第二节 委 托 方

第二百八十条 委托方应当对受托方进行评估，对受托方的条件、技术水平、质量管理情况进行现场考核，确认其具有完成受托工作的能力，并能保证符合本规范的要求。

第二百八十一条　委托方应当向受托方提供所有必要的资料，以使受托方能够按照药品注册和其他法定要求正确实施所委托的操作。

委托方应当使受托方充分了解与产品或操作相关的各种问题，包括产品或操作对受托方的环境、厂房、设备、人员及其他物料或产品可能造成的危害。

第二百八十二条　委托方应当对受托生产或检验的全过程进行监督。

第二百八十三条　委托方应当确保物料和产品符合相应的质量标准。

第三节　受　托　方

第二百八十四条　受托方必须具备足够的厂房、设备、知识和经验以及人员，满足委托方所委托的生产或检验工作的要求。

第二百八十五条　受托方应当确保所收到委托方提供的物料、中间产品和待包装产品适用于预定用途。

第二百八十六条　受托方不得从事对委托生产或检验的产品质量有不利影响的活动。

第四节　合　同

第二百八十七条　委托方与受托方之间签订的合同应当详细规定各自的产品生产和控制职责，其中的技术性条款应当由具有制药技术、检验专业知识和熟悉本规范的主管人员拟订。委托生产及检验的各项工作必须符合药品生产许可和药品注册的有关要求并经双方同意。

第二百八十八条　合同应当详细规定质量受权人批准放行每批药品的程序，确保每批产品都已按照药品注册的要求完成生产和检验。

第二百八十九条　合同应当规定何方负责物料的采购、检验、放行、生产和质量控制（包括中间控制），还应当规定何方负责取样和检验。

在委托检验的情况下，合同应当规定受托方是否在委托方的厂房内取样。

第二百九十条　合同应当规定由受托方保存的生产、检验和发运记录及样品，委托方应当能够随时调阅或检查；出现投诉、怀疑产品有质量缺陷或召回时，委托方应当能够方便地查阅所有与评价产品质量相关的记录。

第二百九十一条　合同应当明确规定委托方可以对受托方进行检查或现场质量审计。

第二百九十二条　委托检验合同应当明确受托方有义务接受药品监督管理部门检查。

第十二章　产品发运与召回

第一节　原　则

第二百九十三条　企业应当建立产品召回系统，必要时可迅速、有效地从市场召回任何一批存在安全隐患的产品。

第二百九十四条　因质量原因退货和召回的产品，均应当按照规定监督销毁，有证据证明退货产品质量未受影响的除外。

第二节　发　运

第二百九十五条　每批产品均应当有发运记录。根据发运记录，应当能够追查每批产品的销售情况，必要时应当能够及时全部追回，发运记录内容应当包括：产品名称、规格、批号、数量、收货单位和地址、联系方式、发货日期、运输方式等。

第二百九十六条　药品发运的零头包装只限两个批号为一个合箱，合箱外应当标明全部批号，并建立合箱记录。

第二百九十七条 发运记录应当至少保存至药品有效期后一年。

第三节 召 回

第二百九十八条 应当制定召回操作规程，确保召回工作的有效性。

第二百九十九条 应当指定专人负责组织协调召回工作，并配备足够数量的人员。产品召回负责人应当独立于销售和市场部门；如产品召回负责人不是质量受权人，则应当向质量受权人通报召回处理情况。

第三百零条 召回应当能够随时启动，并迅速实施。

第三百零一条 因产品存在安全隐患决定从市场召回的，应当立即向当地药品监督管理部门报告。

第三百零二条 产品召回负责人应当能够迅速查阅到药品发运记录。

第三百零三条 已召回的产品应当有标识，并单独、妥善贮存，等待最终处理决定。

第三百零四条 召回的进展过程应当有记录，并有最终报告。产品发运数量、已召回数量以及数量平衡情况应当在报告中予以说明。

第三百零五条 应当定期对产品召回系统的有效性进行评估。

第十三章 自 检

第一节 原 则

第三百零六条 质量管理部门应当定期组织对企业进行自检，监控本规范的实施情况，评估企业是否符合本规范要求，并提出必要的纠正和预防措施。

第二节 自 检

第三百零七条 自检应当有计划，对机构与人员、厂房与设施、设备、物料与产品、确认与验证、文件管理、生产管理、质量控制与质量保证、委托生产与委托检验、产品发运与召回等项目定期进行检查。

第三百零八条 应当由企业指定人员进行独立、系统、全面的自检，也可由外部人员或专家进行独立的质量审计。

第三百零九条 自检应当有记录。自检完成后应当有自检报告，内容至少包括自检过程中观察到的所有情况、评价的结论以及提出纠正和预防措施的建议。自检情况应当报告企业高层管理人员。

第十四章 附 则

第三百一十条 本规范为药品生产质量管理的基本要求。对无菌药品、生物制品、血液制品等药品或生产质量管理活动的特殊要求，由国家食品药品监督管理局以附录方式另行制定。

第三百一十一条 企业可以采用经过验证的替代方法，达到本规范的要求。

第三百一十二条 本规范下列术语（按汉语拼音排序）的含义是：

（一）包装

待包装产品变成成品所需的所有操作步骤，包括分装、贴签等。但无菌生产工艺中产品的无菌灌装，以及最终灭菌产品的灌装等不视为包装。

（二）包装材料

药品包装所用的材料，包括与药品直接接触的包装材料和容器、印刷包装材料，但不包括发运用的外包装材料。

（三）操作规程

经批准用来指导设备操作、维护与清洁、验证、环境控制、取样和检验等药品生产活动的通用性文件，也称标准操作规程。

（四）产品

包括药品的中间产品、待包装产品和成品。

（五）产品生命周期

产品从最初的研发、上市直至退市的所有阶段。

（六）成品

已完成所有生产操作步骤和最终包装的产品。

（七）重新加工

将某一生产工序生产的不符合质量标准的一批中间产品或待包装产品的一部分或全部，采用不同的生产工艺进行再加工，以符合预定的质量标准。

（八）待包装产品

尚未进行包装但已完成所有其他加工工序的产品。

（九）待验

指原辅料、包装材料、中间产品、待包装产品或成品，采用物理手段或其他有效方式将其隔离或区分，在允许用于投料生产或上市销售之前贮存、等待作出放行决定的状态。

（十）发放

指生产过程中物料、中间产品、待包装产品、文件、生产用模具等在企业内部流转的一系列操作。

（十一）复验期

原辅料、包装材料贮存一定时间后，为确保其仍适用于预定用途，由企业确定的需重新检验的日期。

（十二）发运

指企业将产品发送到经销商或用户的一系列操作，包括配货、运输等。

（十三）返工

将某一生产工序生产的不符合质量标准的一批中间产品或待包装产品、成品的一部分或全部返回到之前的工序，采用相同的生产工艺进行再加工，以符合预定的质量标准。

（十四）放行

对一批物料或产品进行质量评价，作出批准使用或投放市场或其他决定的操作。

（十五）高层管理人员

在企业内部最高层指挥和控制企业、具有调动资源的权力和职责的人员。

（十六）工艺规程

为生产特定数量的成品而制定的一个或一套文件，包括生产处方、生产操作要求和包装操作要求，规定原辅料和包装材料的数量、工艺参数和条件、加工说明（包括中间控制）、注意事项等内容。

（十七）供应商

指物料、设备、仪器、试剂、服务等的提供方，如生产商、经销商等。

（十八）回收

在某一特定的生产阶段，将以前生产的一批或数批符合相应质量要求的产品的一部分或全部，加入到另一批次中的操作。

（十九）计算机化系统

用于报告或自动控制的集成系统，包括数据输入、电子处理和信息输出。

（二十）交叉污染

不同原料、辅料及产品之间发生的相互污染。

（二十一）校准

在规定条件下，确定测量、记录、控制仪器或系统的示值（尤指称量）或实物量具所代表的量值，与对应的参照标准量值之间关系的一系列活动。

（二十二）阶段性生产方式

指在共用生产区内，在一段时间内集中生产某一产品，再对相应的共用生产区、设施、设备、工器具等进行彻底清洁，更换生产另一种产品的方式。

（二十三）洁净区

需要对环境中尘粒及微生物数量进行控制的房间（区域），其建筑结构、装备及其使用应当能够减少该区域内污染物的引入、产生和滞留。

（二十四）警戒限度

系统的关键参数超出正常范围，但未达到纠偏限度，需要引起警觉，可能需要采取纠正措施的限度标准。

（二十五）纠偏限度

系统的关键参数超出可接受标准，需要进行调查并采取纠正措施的限度标准。

（二十六）检验结果超标

检验结果超出法定标准及企业制定标准的所有情形。

（二十七）批

经一个或若干加工过程生产的、具有预期均一质量和特性的一定数量的原辅料、包装材料或成品。为完成某些生产操作步骤，可能有必要将一批产品分成若干亚批，最终合并成为一个均一的批。在连续生产情况下，批必须与生产中具有预期均一特性的确定数量的产品相对应，批量可以是固定数量或固定时间段内生产的产品量。

例如：口服或外用的固体、半固体制剂在成型或分装前使用同一台混合设备一次混合所生产的均质产品为一批；口服或外用的液体制剂以灌装（封）前经最后混合的药液所生产的均质产品为一批。

（二十八）批号

用于识别一个特定批的具有唯一性的数字和（或）字母的组合。

（二十九）批记录

用于记述每批药品生产、质量检验和放行审核的所有文件和记录，可追溯所有与成品质量有关的历史信息。

（三十）气锁间

设置于两个或数个房间之间（如不同洁净度级别的房间之间）的具有两扇或多扇门的隔离空间。设置气锁间的目的是在人员或物料出入时，对气流进行控制。气锁间有人员气锁间和物料气锁间。

（三十一）企业

在本规范中如无特别说明，企业特指药品生产企业。

（三十二）确认

证明厂房、设施、设备能正确运行并可达到预期结果的一系列活动。

（三十三）退货

将药品退还给企业的活动。

（三十四）文件

本规范所指的文件包括质量标准、工艺规程、操作规程、记录、报告等。

（三十五）物料

指原料、辅料和包装材料等。

例如：化学药品制剂的原料是指原料药；生物制品的原料是指原材料；中药制剂的原料是指中药材、中药饮片和外购中药提取物；原料药的原料是指用于原料药生产的除包装材料以外的其他物料。

（三十六）物料平衡

产品或物料实际产量或实际用量及收集到的损耗之和与理论产量或理论用量之间的比较，并考虑可允许的偏差范围。

（三十七）污染

在生产、取样、包装或重新包装、贮存或运输等操作过程中，原辅料、中间产品、待包装产品、成品受到具有化学或微生物特性的杂质或异物的不利影响。

（三十八）验证

证明任何操作规程（或方法）、生产工艺或系统能够达到预期结果的一系列活动。

（三十九）印刷包装材料

指具有特定式样和印刷内容的包装材料，如印字铝箔、标签、说明书、纸盒等。

（四十）原辅料

除包装材料之外，药品生产中使用的任何物料。

（四十一）中间产品

指完成部分加工步骤的产品，尚需进一步加工方可成为待包装产品。

（四十二）中间控制

也称过程控制，指为确保产品符合有关标准，生产中对工艺过程加以监控，以便在必要时进行调节而做的各项检查。可将对环境或设备控制视作中间控制的一部分。

第三百一十三条 本规范自 2011 年 3 月 1 日起施行。按照《中华人民共和国药品管理法》第九条规定，具体实施办法和实施步骤由国家食品药品监督管理局规定。

药品类易制毒化学品管理办法

（2010 年 3 月 18 日卫生部令第 72 号公布　自 2010 年 5 月 1 日起施行）

第一章　总　　则

第一条 为加强药品类易制毒化学品管理，防止流入非法渠道，根据《易制毒化学品管理条例》（以下简称《条例》），制定本办法。

第二条 药品类易制毒化学品是指《条例》中所确定的麦角酸、麻黄素等物质，品种目录见本办法附件 1。

国务院批准调整易制毒化学品分类和品种，涉及药品类易制毒化学品的，国家食品药品监督管理局应当及时调整并予公布。

第三条 药品类易制毒化学品的生产、经营、购买以及监督管理，适用本办法。

第四条 国家食品药品监督管理局主管全国药品类易制毒化学品生产、经营、购买等方面的监督管理工作。

县级以上地方食品药品监督管理部门负责本行政区域内的药品类易制毒化学品生产、经营、购买等方面的监督管理工作。

第二章 生产、经营许可

第五条 生产、经营药品类易制毒化学品，应当依照《条例》和本办法的规定取得药品类易制毒化学品生产、经营许可。

生产药品类易制毒化学品中属于药品的品种，还应当依照《药品管理法》和相关规定取得药品批准文号。

第六条 药品生产企业申请生产药品类易制毒化学品，应当符合《条例》第七条规定的条件，向所在地省、自治区、直辖市食品药品监督管理部门提出申请，报送以下资料：

（一）药品类易制毒化学品生产申请表（见附件2）；

（二）《药品生产许可证》、《药品生产质量管理规范》认证证书和企业营业执照复印件；

（三）企业药品类易制毒化学品管理的组织机构图（注明各部门职责及相互关系、部门负责人）；

（四）反映企业现有状况的周边环境图、总平面布置图、仓储平面布置图、质量检验场所平面布置图、药品类易制毒化学品生产场所平面布置图（注明药品类易制毒化学品相应安全管理设施）；

（五）药品类易制毒化学品安全管理制度文件目录；

（六）重点区域设置电视监控设施的说明以及与公安机关联网报警的证明；

（七）企业法定代表人、企业负责人和技术、管理人员具有药品类易制毒化学品有关知识的说明材料；

（八）企业法定代表人及相关工作人员无毒品犯罪记录的证明；

（九）申请生产仅能作为药品中间体使用的药品类易制毒化学品的，还应当提供合法用途说明等其他相应资料。

第七条 省、自治区、直辖市食品药品监督管理部门应当在收到申请之日起5日内，对申报资料进行形式审查，决定是否受理。受理的，在30日内完成现场检查，将检查结果连同企业申报资料报送国家食品药品监督管理局。国家食品药品监督管理局应当在30日内完成实质性审查，对符合规定的，发给《药品类易制毒化学品生产许可批件》（以下简称《生产许可批件》，见附件3），注明许可生产的药品类易制毒化学品名称；不予许可的，应当书面说明理由。

第八条 药品生产企业收到《生产许可批件》后，应当向所在地省、自治区、直辖市食品药品监督管理部门提出变更《药品生产许可证》生产范围的申请。省、自治区、直辖市食品药品监督管理部门应当根据《生产许可批件》，在《药品生产许可证》正本的生产范围中标注"药品类易制毒化学品"；在副本的生产范围中标注"药品类易制毒化学品"后，括弧内标注药品类易制毒化学品名称。

第九条 药品类易制毒化学品生产企业申请换发《药品生产许可证》的，省、自治区、直辖市食品药品监督管理部门除按照《药品生产监督管理办法》审查外，还应当对企业的药品类易制毒化学品生产条件和安全管理情况进行审查。对符合规定的，在换发的《药品生产许可证》中继续标注药品类易制毒化学品生产范围和品种名称；对不符合规定的，报国家食品药品监督管理局。

国家食品药品监督管理局收到省、自治区、直辖市食品药品监督管理部门报告后，对不符合规定的企业注销其《生产许可批件》，并通知企业所在地省、自治区、直辖市食品药品监督管理部门注销该企业《药品生产许可证》中的药品类易制毒化学品生产范围。

第十条 药品类易制毒化学品生产企业不再生产药品类易制毒化学品的，应当在停止生产经营后3个月内办理注销相关许可手续。

药品类易制毒化学品生产企业连续1年未生产的，应当书面报告所在地省、自治区、直辖市食品药品监督管理部门；需要恢复生产的，应当经所在地省、自治区、直辖市食品药品监督管理部门对企业的生产条件和安全管理情况进行现场检查。

第十一条 药品类易制毒化学品生产企业变更生产地址、品种范围的，应当重新申办《生产许可批件》。

药品类易制毒化学品生产企业变更企业名称、法定代表人的，由所在地省、自治区、直辖市食品药品监督管理部门办理《药品生产许可证》变更手续，报国家食品药品监督管理局备案。

第十二条 药品类易制毒化学品以及含有药品类易制毒化学品的制剂不得委托生产。

药品生产企业不得接受境外厂商委托加工药品类易制毒化学品以及含有药品类易制毒化学品的产品；特殊情况需要委托加工的，须经国家食品药品监督管理局批准。

第十三条 药品类易制毒化学品的经营许可，国家食品药品监督管理局委托省、自治区、直辖市食品药品监督管理部门办理。

药品类易制毒化学品单方制剂和小包装麻黄素，纳入麻醉药品销售渠道经营，仅能由麻醉药品全国性批发企业和区域性批发企业经销，不得零售。

未实行药品批准文号管理的品种，纳入药品类易制毒化学品原料药渠道经营。

第十四条 药品经营企业申请经营药品类易制毒化学品原料药，应当符合《条例》第九条规定的条件，向所在地省、自治区、直辖市食品药品监督管理部门提出申请，报送以下资料：

（一）药品类易制毒化学品原料药经营申请表（见附件4）；

（二）具有麻醉药品和第一类精神药品定点经营资格或者第二类精神药品定点经营资格的《药品经营许可证》、《药品经营质量管理规范》认证证书和企业营业执照复印件；

（三）企业药品类易制毒化学品管理的组织机构图（注明各部门职责及相互关系、部门负责人）；

（四）反映企业现有状况的周边环境图、总平面布置图、仓储平面布置图（注明药品类易制毒化学品相应安全管理设施）；

（五）药品类易制毒化学品安全管理制度文件目录；

（六）重点区域设置电视监控设施的说明以及与公安机关联网报警的证明；

（七）企业法定代表人、企业负责人和销售、管理人员具有药品类易制毒化学品有关知识的说明材料；

（八）企业法定代表人及相关工作人员无毒品犯罪记录的证明。

第十五条 省、自治区、直辖市食品药品监督管理部门应当在收到申请之日起5日内，对申报资料进行形式审查，决定是否受理。受理的，在30日内完成现场检查和实质性审查，对符合规定的，在《药品经营许可证》经营范围中标注"药品类易制毒化学品"，并报国家食品药品监督管理局备案；不予许可的，应当书面说明理由。

第三章 购买许可

第十六条 国家对药品类易制毒化学品实行购买许可制度。购买药品类易制毒化学品的，应当办理《药品类易制毒化学品购用证明》（以下简称《购用证明》），但本办法第二十一条规定的情形除外。

《购用证明》由国家食品药品监督管理局统一印制（样式见附件5），有效期为3个月。

第十七条 《购用证明》申请范围：

（一）经批准使用药品类易制毒化学品用于药品生产的药品生产企业；

（二）使用药品类易制毒化学品的教学、科研单位；

（三）具有药品类易制毒化学品经营资格的药品经营企业；

（四）取得药品类易制毒化学品出口许可的外贸出口企业；

（五）经农业部会同国家食品药品监督管理局下达兽用盐酸麻黄素注射液生产计划的兽药生产企业。

药品类易制毒化学品生产企业自用药品类易制毒化学品原料药用于药品生产的，也应当按照本办法规定办理《购用证明》。

第十八条 购买药品类易制毒化学品应当符合《条例》第十四条规定，向所在地省、自治区、直辖市食品药品监督管理部门或者省、自治区食品药品监督管理部门确定并公布的设区的市级食品药品监督管理部门提出申请，填报购买药品类易制毒化学品申请表（见附件6），提交相应资料（见附件7）。

第十九条 设区的市级食品药品监督管理部门应当在收到申请之日起5日内，对申报资料进行形式审查，决定是否受理。受理的，必要时组织现场检查，5日内将检查结果连同企业申报资料报送省、自治区食品药品监督管理部门。省、自治区食品药品监督管理部门应当在5日内完成审查，对符合规定的，发给《购用证明》；不予许可的，应当书面说明理由。

省、自治区、直辖市食品药品监督管理部门直接受理的，应当在收到申请之日起10日内完成审查和必要的现场检查，对符合规定的，发给《购用证明》；不予许可的，应当书面说明理由。

省、自治区、直辖市食品药品监督管理部门在批准发给《购用证明》之前，应当请公安机关协助核查相关内容；公安机关核查所用的时间不计算在上述期限之内。

第二十条 《购用证明》只能在有效期内一次使用。《购用证明》不得转借、转让。购买药品类易制毒化学品时必须使用《购用证明》原件，不得使用复印件、传真件。

第二十一条 符合以下情形之一的，豁免办理《购用证明》：

（一）医疗机构凭麻醉药品、第一类精神药品购用印鉴卡购买药品类易制毒化学品单方制剂和小包装麻黄素的；

（二）麻醉药品全国性批发企业、区域性批发企业持麻醉药品调拨单购买小包装麻黄素以及单次购买麻黄素片剂6万片以下、注射剂1.5万支以下的；

（三）按规定购买药品类易制毒化学品标准品、对照品的；

（四）药品类易制毒化学品生产企业凭药品类易制毒化学品出口许可自营出口药品类易制毒化学品的。

第四章 购销管理

第二十二条 药品类易制毒化学品生产企业应当将药品类易制毒化学品原料药销售给取得《购用证明》的药品生产企业、药品经营企业和外贸出口企业。

第二十三条 药品类易制毒化学品经营企业应当将药品类易制毒化学品原料药销售给本省、自治区、直辖市行政区域内取得《购用证明》的单位。药品类易制毒化学品经营企业之间不得购销药品类易制毒化学品原料药。

第二十四条 教学科研单位只能凭《购用证明》从麻醉药品全国性批发企业、区域性批发企业和药品类易制毒化学品经营企业购买药品类易制毒化学品。

第二十五条 药品类易制毒化学品生产企业应当将药品类易制毒化学品单方制剂和小包装麻黄素销售给麻醉药品全国性批发企业。麻醉药品全国性批发企业、区域性批发企业应当按照《麻醉药品和精神药品管理条例》第三章规定的渠道销售药品类易制毒化学品单方制剂和小包装麻黄素。麻醉药品区域性批发企业之间不得购销药品类易制毒化学品单方制剂和小包装麻黄素。

麻醉药品区域性批发企业之间因医疗急需等特殊情况需要调剂药品类易制毒化学品单方制剂的，应当在调剂后 2 日内将调剂情况分别报所在地省、自治区、直辖市食品药品监督管理部门备案。

第二十六条 药品类易制毒化学品禁止使用现金或者实物进行交易。

第二十七条 药品类易制毒化学品生产企业、经营企业销售药品类易制毒化学品，应当逐一建立购买方档案。

购买方为非医疗机构的，档案内容至少包括：

（一）购买方《药品生产许可证》、《药品经营许可证》、企业营业执照等资质证明文件复印件；

（二）购买方企业法定代表人、主管药品类易制毒化学品负责人、采购人员姓名及其联系方式；

（三）法定代表人授权委托书原件及采购人员身份证明文件复印件；

（四）《购用证明》或者麻醉药品调拨单原件；

（五）销售记录及核查情况记录。

购买方为医疗机构的，档案应当包括医疗机构麻醉药品、第一类精神药品购用印鉴卡复印件和销售记录。

第二十八条 药品类易制毒化学品生产企业、经营企业销售药品类易制毒化学品时，应当核查采购人员身份证明和相关购买许可证明，无误后方可销售，并保存核查记录。

发货应当严格执行出库复核制度，认真核对实物与药品销售出库单是否相符，并确保将药品类易制毒化学品送达购买方《药品生产许可证》或者《药品经营许可证》所载明的地址，或者医疗机构的药库。

在核查、发货、送货过程中发现可疑情况的，应当立即停止销售，并向所在地食品药品监督管理部门和公安机关报告。

第二十九条 除药品类易制毒化学品经营企业外，购用单位应当按照《购用证明》载明的用途使用使用药品类易制毒化学品，不得转售；外贸出口企业购买的药品类易制毒化学品不得内销。

购用单位需要将药品类易制毒化学品退回原供货单位的，应当分别报其所在地和原供货单位所在地省、自治区、直辖市食品药品监督管理部门备案。原供货单位收到退货后，应当分别向其所在地和原购用单位所在地省、自治区、直辖市食品药品监督管理部门报告。

第五章 安 全 管 理

第三十条 药品类易制毒化学品生产企业、经营企业、使用药品类易制毒化学品的药品生产企业和教学科研单位，应当配备保障药品类易制毒化学品安全管理的设施，建立层层落实责任制的药品类易制毒化学品管理制度。

第三十一条 药品类易制毒化学品生产企业、经营企业和使用药品类易制毒化学品的药品生产企业，应当设置专库或者在药品仓库中设立独立的专库（柜）储存药品类易制毒化学品。

麻醉药品全国性批发企业、区域性批发企业可在其麻醉药品和第一类精神药品专库中设专区存放药品类易制毒化学品。

教学科研单位应当设立专柜储存药品类易制毒化学品。

专库应当设有防盗设施，专柜应当使用保险柜；专库和专柜应当实行双人双锁管理。

药品类易制毒化学品生产企业、经营企业和使用药品类易制毒化学品的药品生产企业，其关键生产岗位、储存场所应当设置电视监控设施，安装报警装置并与公安机关联网。

第三十二条 药品类易制毒化学品生产企业、经营企业和使用药品类易制毒化学品的药品生产企业，应当建立药品类易制毒化学品专用账册。专用账册保存期限应当自药品类易制毒化学品有效期期满之日起不少于 2 年。

药品类易制毒化学品生产企业自营出口药品类易制毒化学品的，必须在专用账册中载明，并留存出口许可及相应证明材料备查。

药品类易制毒化学品入库应当双人验收，出库应当双人复核，做到账物相符。

第三十三条 发生药品类易制毒化学品被盗、被抢、丢失或者其他流入非法渠道情形的，案发单位应当立即报告当地公安机关和县级以上地方食品药品监督管理部门。接到报案的食品药品监督管理部门应当逐级上报，并配合公安机关查处。

第六章 监 督 管 理

第三十四条 县级以上地方食品药品监督管理部门负责本行政区域内药品类易制毒化学品生产企业、经营企业、使用药品类易制毒化学品的药品生产企业和教学科研单位的监督检查。

第三十五条 食品药品监督管理部门应当建立对本行政区域内相关企业的监督检查制度和监督检查档案。监督检查至少应当包括药品类易制毒化学品的安全管理状况、销售流向、使用情况等内容；对企业的监督检查档案应当全面详实，应当有现场检查等情况的记录。每次检查后应当将检查结果以书面形式告知被检查单位；需要整改的应当提出整改内容及整改期限，并实施跟踪检查。

第三十六条 食品药品监督管理部门对药品类易制毒化学品的生产、经营、购买活动进行监督检查时，可以依法查看现场、查阅和复制有关资料、记录有关情况、扣押相关的证据材料和违法物品；必要时，可以临时查封有关场所。

被检查单位及其工作人员应当配合食品药品监督管理部门的监督检查，如实提供有关情况和材料、物品，不得拒绝或者隐匿。

第三十七条 食品药品监督管理部门应当将药品类易制毒化学品许可、依法吊销或者注销许可的情况及时通报有关公安机关和工商行政管理部门。

食品药品监督管理部门收到工商行政管理部门关于药品类易制毒化学品生产企业、经营企业吊销营业执照或者注销登记的情况通报后，应当及时注销相应的药品类易制毒化学品许可。

第三十八条 药品类易制毒化学品生产企业、经营企业应当于每月 10 日前，向所在地县级食品药品监督管理部门、公安机关及中国麻醉药品协会报送上月药品类易制毒化学品生产、经营和库存情况；每年 3 月 31 日前向所在地县级食品药品监督管理部门、公安机关及中国麻醉药品协会报送上年度药品类易制毒化学品生产、经营和库存情况。食品药品监督管理部门应当将汇总情况及时报告上一级食品药品监督管理部门。

药品类易制毒化学品生产企业、经营企业应当按照食品药品监督管理部门制定的药品电子监管实施要求，及时联入药品电子监管网，并通过网络报送药品类易制毒化学品生产、经营和库存情况。

第三十九条 药品类易制毒化学品生产企业、经营企业、使用药品类易制毒化学品的药品生产企业和教学科研单位，对过期、损坏的药品类易制毒化学品应当登记造册，并向所在地县级以上地方食品药品监督管理部门申请销毁。食品药品监督管理部门应当自接到申请之日起 5 日内到现场监督销毁。

第四十条 有《行政许可法》第六十九条第一款、第二款所列情形的，省、自治区、直辖市食品药品监督管理部门或者国家食品药品监督管理局应当撤销根据本办法作出的有关许可。

第七章 法律责任

第四十一条 药品类易制毒化学品生产企业、经营企业、使用药品类易制毒化学品的药品生产企业、教学科研单位,未按规定执行安全管理制度的,由县级以上食品药品监督管理部门按照《条例》第四十条第一款第一项的规定给予处罚。

第四十二条 药品类易制毒化学品生产企业自营出口药品类易制毒化学品,未按规定在专用账册中载明或者未按规定留存出口许可、相应证明材料备查的,由县级以上食品药品监督管理部门按照《条例》第四十条第一款第四项的规定给予处罚。

第四十三条 有下列情形之一的,由县级以上食品药品监督管理部门给予警告,责令限期改正,可以并处 1 万元以上 3 万元以下的罚款:

(一) 药品类易制毒化学品生产企业连续停产 1 年以上未按规定报告的,或者未经所在地省、自治区、直辖市食品药品监督管理部门现场检查即恢复生产的;

(二) 药品类易制毒化学品生产企业、经营企业未按规定渠道购销药品类易制毒化学品的;

(三) 麻醉药品区域性批发企业因特殊情况调剂药品类易制毒化学品后未按规定备案的;

(四) 药品类易制毒化学品发生退货,购用单位、供货单位未按规定备案、报告的。

第四十四条 药品类易制毒化学品生产企业、经营企业、使用药品类易制毒化学品的药品生产企业和教学科研单位,拒不接受食品药品监督管理部门监督检查的,由县级以上食品药品监督管理部门按照《条例》第四十二条规定给予处罚。

第四十五条 对于由公安机关、工商行政管理部门按照《条例》第三十八条作出行政处罚决定的单位,食品药品监督管理部门自该行政处罚决定作出之日起 3 年内不予受理其药品类易制毒化学品生产、经营、购买许可的申请。

第四十六条 食品药品监督管理部门工作人员在药品类易制毒化学品管理工作中有应当许可而不许可、不应当许可而滥许可,以及其他滥用职权、玩忽职守、徇私舞弊行为的,依法给予行政处分;构成犯罪的,依法追究刑事责任。

第八章 附 则

第四十七条 申请单位按照本办法的规定申请行政许可事项的,应当对提交资料的真实性负责,提供资料为复印件的,应当加盖申请单位的公章。

第四十八条 本办法所称小包装麻黄素是指国家食品药品监督管理局指定生产的供教学、科研和医疗机构配制制剂使用的特定包装的麻黄素原料药。

第四十九条 对兽药生产企业购用盐酸麻黄素原料药以及兽用盐酸麻黄素注射液生产、经营等监督管理,按照农业部和国家食品药品监督管理局的规定执行。

第五十条 本办法自 2010 年 5 月 1 日起施行。原国家药品监督管理局 1999 年 6 月 26 日发布的《麻黄素管理办法》(试行)同时废止。

附件 1

药品类易制毒化学品品种目录

1. 麦角酸
2. 麦角胺

3. 麦角新碱

4. 麻黄素、伪麻黄素、消旋麻黄素、去甲麻黄素、甲基麻黄素、麻黄浸膏、麻黄浸膏粉等麻黄素类物质

说明：

一、所列物质包括可能存在的盐类。

二、药品类易制毒化学品包括原料药及其单方制剂。

附件2：药品类易制毒化学品生产申请表（略）

附件3：药品类易制毒化学品生产许可批件（略）

附件4：药品类易制毒化学品原料药经营申请表（略）

附件5：药品类易制毒化学品购用证明（略）

附件6：购买药品类易制毒化学品申请表（略）

附件7：购买药品类易制毒化学品申报资料要求（略）

药品说明书和标签管理规定

（2006年3月15日国家食品药品监督管理局令第24号公布 自2006年6月1日起施行）

第一章 总 则

第一条 为规范药品说明书和标签的管理，根据《中华人民共和国药品管理法》和《中华人民共和国药品管理法实施条例》制定本规定。

第二条 在中华人民共和国境内上市销售的药品，其说明书和标签应当符合本规定的要求。

第三条 药品说明书和标签由国家食品药品监督管理局予以核准。

药品的标签应当以说明书为依据，其内容不得超出说明书的范围，不得印有暗示疗效、误导使用和不适当宣传产品的文字和标识。

第四条 药品包装必须按照规定印有或者贴有标签，不得夹带其他任何介绍或者宣传产品、企业的文字、音像及其他资料。

药品生产企业生产供上市销售的最小包装必须附有说明书。

第五条 药品说明书和标签的文字表述应当科学、规范、准确。非处方药说明书还应当使用容易理解的文字表述，以便患者自行判断、选择和使用。

第六条 药品说明书和标签中的文字应当清晰易辨，标识应当清楚醒目，不得有印字脱落或者粘贴不牢现象，不得以粘贴、剪切、涂改等方式进行修改或者补充。

第七条 药品说明书和标签应当使用国家语言文字工作委员会公布的规范化汉字，增加其他文字对照的，应当以汉字表述为准。

第八条 出于保护公众健康和指导正确合理用药的目的，药品生产企业可以主动提出在药品说明书或者标签上加注警示语，国家食品药品监督管理局也可以要求药品生产企业在说明书或者标签上加注警示语。

第二章 药品说明书

第九条 药品说明书应当包含药品安全性、有效性的重要科学数据、结论和信息，用以指导

安全、合理使用药品。药品说明书的具体格式、内容和书写要求由国家食品药品监督管理局制定并发布。

第十条 药品说明书对疾病名称、药学专业名词、药品名称、临床检验名称和结果的表述，应当采用国家统一颁布或规范的专用词汇，度量衡单位应当符合国家标准的规定。

第十一条 药品说明书应当列出全部活性成分或者组方中的全部中药药味。注射剂和非处方药还应当列出所用的全部辅料名称。

药品处方中含有可能引起严重不良反应的成分或者辅料的，应当予以说明。

第十二条 药品生产企业应当主动跟踪药品上市后的安全性、有效性情况，需要对药品说明书进行修改的，应当及时提出申请。

根据药品不良反应监测、药品再评价结果等信息，国家食品药品监督管理局也可以要求药品生产企业修改药品说明书。

第十三条 药品说明书获准修改后，药品生产企业应当将修改的内容立即通知相关药品经营企业、使用单位及其他部门，并按要求及时使用修改后的说明书和标签。

第十四条 药品说明书应当充分包含药品不良反应信息，详细注明药品不良反应。药品生产企业未根据药品上市后的安全性、有效性情况及时修改说明书或者未将药品不良反应在说明书中充分说明的，由此引起的不良后果由该生产企业承担。

第十五条 药品说明书核准日期和修改日期应当在说明书中醒目标示。

第三章 药品的标签

第十六条 药品的标签是指药品包装上印有或者贴有的内容，分为内标签和外标签。药品内标签指直接接触药品的包装的标签，外标签指内标签以外的其他包装的标签。

第十七条 药品的内标签应当包含药品通用名称、适应症或者功能主治、规格、用法用量、生产日期、产品批号、有效期、生产企业等内容。

包装尺寸过小无法全部标明上述内容的，至少应当标注药品通用名称、规格、产品批号、有效期等内容。

第十八条 药品外标签应当注明药品通用名称、成分、性状、适应症或者功能主治、规格、用法用量、不良反应、禁忌、注意事项、贮藏、生产日期、产品批号、有效期、批准文号、生产企业等内容。适应症或者功能主治、用法用量、不良反应、禁忌、注意事项不能全部注明的，应当标出主要内容并注明"详见说明书"字样。

第十九条 用于运输、储藏的包装的标签，至少应当注明药品通用名称、规格、贮藏、生产日期、产品批号、有效期、批准文号、生产企业，也可以根据需要注明包装数量、运输注意事项或者其他标记等必要内容。

第二十条 原料药的标签应当注明药品名称、贮藏、生产日期、产品批号、有效期、执行标准、批准文号、生产企业，同时还需注明包装数量以及运输注意事项等必要内容。

第二十一条 同一药品生产企业生产的同一药品，药品规格和包装规格均相同的，其标签的内容、格式及颜色必须一致；药品规格或者包装规格不同的，其标签应当明显区别或者规格项明显标注。

同一药品生产企业生产的同一药品，分别按处方药与非处方药管理的，两者的包装颜色应当明显区别。

第二十二条 对贮藏有特殊要求的药品，应当在标签的醒目位置注明。

第二十三条 药品标签中的有效期应当按照年、月、日的顺序标注，年份用四位数字表示，月、日用两位数表示。其具体标注格式为"有效期至××××年××月"或者"有效期至××××年××

月××日";也可以用数字和其他符号表示为"有效期至××××.××."或者"有效期至××××/××/××"等。

预防用生物制品有效期的标注按照国家食品药品监督管理局批准的注册标准执行,治疗用生物制品有效期的标注自分装日期计算,其他药品有效期的标注自生产日期计算。

有效期若标注到日,应当为起算日期对应年月日的前一天,若标注到月,应当为起算月份对应年月的前一月。

第四章 药品名称和注册商标的使用

第二十四条 药品说明书和标签中标注的药品名称必须符合国家食品药品监督管理局公布的药品通用名称和商品名称的命名原则,并与药品批准证明文件的相应内容一致。

第二十五条 药品通用名称应当显著、突出,其字体、字号和颜色必须一致,并符合以下要求:

(一)对于横版标签,必须在上三分之一范围内显著位置标出;对于竖版标签,必须在右三分之一范围内显著位置标出;

(二)不得选用草书、篆书等不易识别的字体,不得使用斜体、中空、阴影等形式对字体进行修饰;

(三)字体颜色应当使用黑色或者白色,与相应的浅色或者深色背景形成强烈反差;

(四)除因包装尺寸的限制而无法同行书写的,不得分行书写。

第二十六条 药品商品名称不得与通用名称同行书写,其字体和颜色不得比通用名称更突出和显著,其字体以单字面积计不得大于通用名称所用字体的二分之一。

第二十七条 药品说明书和标签中禁止使用未经注册的商标以及其他未经国家食品药品监督管理局批准的药品名称。

药品标签使用注册商标的,应当印刷在药品标签的边角,含文字的,其字体以单字面积计不得大于通用名称所用字体的四分之一。

第五章 其 他 规 定

第二十八条 麻醉药品、精神药品、医疗用毒性药品、放射性药品、外用药品和非处方药品等国家规定有专用标识的,其说明书和标签必须印有规定的标识。

国家对药品说明书和标签有特殊规定的,从其规定。

第二十九条 中药材、中药饮片的标签管理规定由国家食品药品监督管理局另行制定。

第三十条 药品说明书和标签不符合本规定的,按照《中华人民共和国药品管理法》的相关规定进行处罚。

第六章 附 则

第三十一条 本规定自 2006 年 6 月 1 日起施行。国家药品监督管理局于 2000 年 10 月 15 日发布的《药品包装、标签和说明书管理规定(暂行)》同时废止。

国家食品药品监督管理局
药品特别审批程序

(2005 年 11 月 18 日国家食品药品监督管理局令第 21 号公布　自公布之日起施行)

第一章　总　　则

第一条　为有效预防、及时控制和消除突发公共卫生事件的危害，保障公众身体健康与生命安全，根据《中华人民共和国药品管理法》、《中华人民共和国传染病防治法》、《中华人民共和国药品管理法实施条例》和《突发公共卫生事件应急条例》等法律、法规规定，制定本程序。

第二条　药品特别审批程序是指，存在发生突发公共卫生事件的威胁时以及突发公共卫生事件发生后，为使突发公共卫生事件应急所需防治药品尽快获得批准，国家食品药品监督管理局按照统一指挥、早期介入、快速高效、科学审批的原则，对突发公共卫生事件应急处理所需药品进行特别审批的程序和要求。

第三条　存在以下情形时，国家食品药品监督管理局可以依法决定按照本程序对突发公共卫生事件应急所需防治药品实行特别审批：

（一）中华人民共和国主席宣布进入紧急状态或者国务院决定省、自治区、直辖市的范围内部分地区进入紧急状态时；

（二）突发公共卫生事件应急处理程序依法启动时；

（三）国务院药品储备部门和卫生行政主管部门提出对已有国家标准药品实行特别审批的建议时；

（四）其他需要实行特别审批的情形。

第四条　国家食品药品监督管理局负责对突发公共卫生事件应急所需防治药品的药物临床试验、生产和进口等事项进行审批。

省、自治区、直辖市（食品）药品监督管理部门受国家食品药品监督管理局委托，负责突发公共卫生事件应急所需防治药品的现场核查及试制样品的抽样工作。

第二章　申请受理及现场核查

第五条　药品特别审批程序启动后，突发公共卫生事件应急所需防治药品的注册申请统一由国家食品药品监督管理局负责受理。

突发公共卫生事件应急所需药品及预防用生物制品未在国内上市销售的，申请人应当在提出注册申请前，将有关研发情况事先告知国家食品药品监督管理局。

第六条　申请人应当按照药品注册管理的有关规定和要求，向国家食品药品监督管理局提出注册申请，并提交相关技术资料。

突发公共卫生事件应急所需防治药品的注册申请可以电子申报方式提出。

第七条　申请人在提交注册申请前，可以先行提出药物可行性评价申请，并提交综述资料及相关说明。国家食品药品监督管理局仅对申报药物立项的科学性和可行性进行评议，并在 24 小时内予以答复。

对药物可行性评价申请的答复不作为审批意见，对注册申请审批结果不具有法律约束力。

第八条　国家食品药品监督管理局设立特别专家组，对突发公共卫生事件应急所需防治药品注册申请进行评估和审核，并在 24 小时内做出是否受理的决定，同时通知申请人。

第九条 注册申请受理后，国家食品药品监督管理局应当在 24 小时内组织对注册申报资料进行技术审评，同时通知申请人所在地省、自治区、直辖市（食品）药品监督管理部门对药物研制情况及条件进行现场核查，并组织对试制样品进行抽样、检验。

省、自治区、直辖市（食品）药品监督管理部门应当在 5 日内将现场核查情况及相关意见上报国家食品药品监督管理局。

第十条 省、自治区、直辖市（食品）药品监督管理部门应当组织药品注册、药品安全监管等部门人员参加现场核查。

预防用生物制品的现场核查及抽样工作应通知中国药品生物制品检定所派员参加。

第十一条 突发公共卫生事件应急所需防治药品已有国家标准，国家食品药品监督管理局依法认为不需要进行药物临床试验的，可以直接按照本程序第六章的有关规定进行审批。

第十二条 对申请人提交的只变更原生产用病毒株但不改变生产工艺及质量指标的特殊疫苗注册申请，国家食品药品监督管理局应当在确认变更的生产用病毒株后 3 日内作出审批决定。

第三章 注 册 检 验

第十三条 药品检验机构收到省、自治区、直辖市（食品）药品监督管理部门抽取的样品后，应当立即组织对样品进行质量标准复核及实验室检验。

药品检验机构应当按照申报药品的检验周期完成检验工作。

第十四条 对首次申请上市的药品，国家食品药品监督管理局认为必要时，可以采取早期介入方式，指派中国药品生物制品检定所在注册检验之前与申请人沟通，及时解决质量标准复核及实验室检验过程中可能出现的技术问题。

对用于预防、控制重大传染病疫情的预防用生物制品，国家食品药品监督管理局根据需要，可以决定注册检验与企业自检同步进行。

第十五条 药物质量标准复核及实验室检验完成后，药品检验机构应当在 2 日内出具复核意见，连同药品检验报告一并报送国家食品药品监督管理局。

第四章 技 术 审 评

第十六条 国家食品药品监督管理局受理突发公共卫生事件应急所需防治药品的注册申请后，应当在 15 日内完成首轮技术审评工作。

第十七条 国家食品药品监督管理局认为需要补充资料的，应当将补充资料内容和时限要求立即告知申请人。

申请人在规定时限内提交补充资料后，国家食品药品监督管理局应当在 3 日内完成技术审评，或者根据需要在 5 日内再次组织召开审评会议，并在 2 日内完成审评报告。

第五章 临 床 试 验

第十八条 技术审评工作完成后，国家食品药品监督管理局应当在 3 日内完成行政审查，作出审批决定，并告知申请人。

国家食品药品监督管理局决定发给临床试验批准证明文件的，应当出具《药物临床试验批件》；决定不予批准临床试验的，应当发给《审批意见通知件》，并说明理由。

第十九条 申请人获准进行药物临床试验的，应当严格按照临床试验批准证明文件的相关要求开展临床试验，并严格执行《药物临床试验质量管理规范》的有关规定。

第二十条 药物临床试验应当在经依法认定的具有药物临床试验资格的机构进行。临床试验确需由未经药物临床试验资格认定的机构承担的，应当得到国家食品药品监督管理局的特殊批准。

未经药物临床试验资格认定的机构承担临床试验的申请可与药品注册申请一并提出。

第二十一条 负责药物临床试验的研究者应当按有关规定及时将临床试验过程中发生的不良事件上报国家食品药品监督管理局；未发生不良事件的，应将有关情况按月汇总上报。

第二十二条 国家食品药品监督管理局依法对突发公共卫生事件应急所需防治药品的药物临床试验开展监督检查。

第六章 药品生产的审批与监测

第二十三条 申请人完成药物临床试验后，应当按照《药品注册管理办法》的有关规定，将相关资料报送国家食品药品监督管理局。

第二十四条 国家食品药品监督管理局收到申请人提交的资料后，应当在 24 小时内组织技术审评，同时通知申请人所在地省、自治区、直辖市（食品）药品监督管理部门对药品生产情况及条件进行现场核查，并组织对试制样品进行抽样、检验。

省、自治区、直辖市（食品）药品监督管理部门应当在 5 日内将现场核查情况及相关意见上报国家食品药品监督管理局。

第二十五条 新开办药品生产企业、药品生产企业新建药品生产车间或者新增生产剂型的，可以一并向国家食品药品监督管理局申请《药品生产质量管理规范》认证。国家食品药品监督管理局应当在进行药品注册审评的同时，立即开展《药品生产质量管理规范》认证检查。

第二十六条 药品检验机构收到省、自治区、直辖市（食品）药品监督管理部门抽取的 3 个生产批号的样品后，应当立即组织安排检验。

检验工作结束后，药品检验机构应当在 2 日内完成检验报告，并报送国家食品药品监督管理局。

第二十七条 国家食品药品监督管理局应当按照本程序第四章的规定开展技术审评，并于技术审评工作完成后 3 日内完成行政审查，作出审批决定，并告知申请人。

国家食品药品监督管理局决定发给药品批准证明文件的，应当出具《药品注册批件》，申请人具备药品相应生产条件的，可以同时发给药品批准文号；决定不予批准生产的，应当发给《审批意见通知件》，并说明理由。

第二十八条 药品生产、经营企业和医疗卫生机构发现与特别批准的突发公共卫生事件应急所需防治药品有关的新的或者严重的药品不良反应、群体不良反应，应当立即向所在地省、自治区、直辖市（食品）药品监督管理部门、省级卫生行政主管部门以及药品不良反应监测专业机构报告。

药品不良反应监测专业机构应将特别批准的突发公共卫生事件应急所需防治药品作为重点监测品种，按有关规定对所收集的病例报告进行汇总分析，并及时上报省、自治区、直辖市（食品）药品监督管理部门及国家食品药品监督管理局。

国家食品药品监督管理局应当加强已批准生产的突发公共卫生事件应急所需药品的上市后再评价工作。

第七章 附 则

第二十九条 突发公共卫生事件应急处理所需医疗器械的特别审批办法，由国家食品药品监督管理局参照本程序有关规定另行制定。

第三十条 本程序自公布之日起实施。

医疗机构制剂注册管理办法（试行）

（2005 年 6 月 22 日国家食品药品监督管理局令第 20 号公布　自 2005 年 8 月 1 日起施行）

第一章　总　　则

第一条　为加强医疗机构制剂的管理，规范医疗机构制剂的申报与审批，根据《中华人民共和国药品管理法》（以下简称《药品管理法》）及《中华人民共和国药品管理法实施条例》（以下简称《药品管理法实施条例》），制定本办法。

第二条　在中华人民共和国境内申请医疗机构制剂的配制、调剂使用，以及进行相关的审批、检验和监督管理，适用本办法。

第三条　医疗机构制剂，是指医疗机构根据本单位临床需要经批准而配制、自用的固定处方制剂。

医疗机构配制的制剂，应当是市场上没有供应的品种。

第四条　国家食品药品监督管理局负责全国医疗机构制剂的监督管理工作。

省、自治区、直辖市（食品）药品监督管理部门负责本辖区医疗机构制剂的审批和监督管理工作。

第五条　医疗机构制剂的申请人，应当是持有《医疗机构执业许可证》并取得《医疗机构制剂许可证》的医疗机构。

未取得《医疗机构制剂许可证》或者《医疗机构制剂许可证》无相应制剂剂型的"医院"类别的医疗机构可以申请医疗机构中药制剂，但是必须同时提出委托配制制剂的申请。接受委托配制的单位应当是取得《医疗机构制剂许可证》的医疗机构或者取得《药品生产质量管理规范》认证证书的药品生产企业。委托配制的制剂剂型应当与受托方持有的《医疗机构制剂许可证》或者《药品生产质量管理规范》认证证书所载明的范围一致。

第六条　医疗机构制剂只能在本医疗机构内凭执业医师或者执业助理医师的处方使用，并与《医疗机构执业许可证》所载明的诊疗范围一致。

第二章　申报与审批

第七条　申请医疗机构制剂，应当进行相应的临床前研究，包括处方筛选、配制工艺、质量指标、药理、毒理学研究等。

第八条　申请医疗机构制剂注册所报送的资料应当真实、完整、规范。

第九条　申请制剂所用的化学原料药及实施批准文号管理的中药材、中药饮片必须具有药品批准文号，并符合法定的药品标准。

第十条　申请人应当对其申请注册的制剂或者使用的处方、工艺、用途等，提供申请人或者他人在中国的专利及其权属状态说明；他人在中国存在专利的，申请人应当提交对他人的专利不构成侵权的声明。

第十一条　医疗机构制剂的名称，应当按照国家食品药品监督管理局颁布的药品命名原则命名，不得使用商品名称。

第十二条　医疗机构配制制剂使用的辅料和直接接触制剂的包装材料、容器等，应当符合国家食品药品监督管理局有关辅料、直接接触药品的包装材料和容器的管理规定。

第十三条 医疗机构制剂的说明书和包装标签由省、自治区、直辖市（食品）药品监督管理部门根据申请人申报的资料，在批准制剂申请时一并予以核准。

医疗机构制剂的说明书和包装标签应当按照国家食品药品监督管理局有关药品说明书和包装标签的管理规定印制，其文字、图案不得超出核准的内容，并需标注"本制剂仅限本医疗机构使用"字样。

第十四条 有下列情形之一的，不得作为医疗机构制剂申报：

（一）市场上已有供应的品种；

（二）含有未经国家食品药品监督管理局批准的活性成分的品种；

（三）除变态反应原外的生物制品；

（四）中药注射剂；

（五）中药、化学药组成的复方制剂；

（六）麻醉药品、精神药品、医疗用毒性药品、放射性药品；

（七）其他不符合国家有关规定的制剂。

第十五条 申请配制医疗机构制剂，申请人应当填写《医疗机构制剂注册申请表》，向所在地省、自治区、直辖市（食品）药品监督管理部门或者其委托的设区的市级（食品）药品监督管理机构提出申请，报送有关资料和制剂实样。

第十六条 收到申请的省、自治区、直辖市（食品）药品监督管理部门或者其委托的设区的市级（食品）药品监督管理机构对申报资料进行形式审查，符合要求的予以受理；不符合要求的，应当自收到申请材料之日起5日内书面通知申请人并说明理由，逾期未通知的自收到材料之日起即为受理。

第十七条 省、自治区、直辖市（食品）药品监督管理部门或者其委托的设区的市级（食品）药品监督管理机构应当在申请受理后10日内组织现场考察，抽取连续3批检验用样品，通知指定的药品检验所进行样品检验和质量标准技术复核。受委托的设区的市级（食品）药品监督管理机构应当在完成上述工作后将审查意见、考察报告及申报资料报送省、自治区、直辖市（食品）药品监督管理部门，并通知申请人。

第十八条 接到检验通知的药品检验所应当在40日内完成样品检验和质量标准技术复核，出具检验报告书及标准复核意见，报送省、自治区、直辖市（食品）药品监督管理部门并抄送通知其检验的（食品）药品监督管理机构和申请人。

第十九条 省、自治区、直辖市（食品）药品监督管理部门应当在收到全部资料后40日内组织完成技术审评，符合规定的，发给《医疗机构制剂临床研究批件》。

申请配制的化学制剂已有同品种获得制剂批准文号的，可以免于进行临床研究。

第二十条 临床研究用的制剂，应当按照《医疗机构制剂配制质量管理规范》或者《药品生产质量管理规范》的要求配制，配制的制剂应当符合经省、自治区、直辖市（食品）药品监督管理部门审定的质量标准。

第二十一条 医疗机构制剂的临床研究，应当在获得《医疗机构制剂临床研究批件》后，取得受试者知情同意书以及伦理委员会的同意，按照《药物临床试验质量管理规范》的要求实施。

第二十二条 医疗机构制剂的临床研究，应当在本医疗机构按照临床研究方案进行，受试例数不得少于60例。

第二十三条 完成临床研究后，申请人向所在地省、自治区、直辖市（食品）药品监督管理部门或者其委托的设区的市级（食品）药品监督管理机构报送临床研究总结资料。

第二十四条 省、自治区、直辖市（食品）药品监督管理部门收到全部申报资料后40日内组织完成技术审评，做出是否准予许可的决定。符合规定的，应当自做出准予许可决定之日起10日内向申请人核发《医疗机构制剂注册批件》及制剂批准文号，同时报国家食品药品监督管理局备案；不符合规定的，应当书面通知申请人并说明理由，同时告知申请人享有依法申请行政复议或者提起行政诉讼的权利。

第二十五条 医疗机构制剂批准文号的格式为：

X 药制字 H（Z）+4 位年号+4 位流水号。

X-省、自治区、直辖市简称，H-化学制剂，Z-中药制剂。

第三章 调 剂 使 用

第二十六条 医疗机构制剂一般不得调剂使用。发生灾情、疫情、突发事件或者临床急需而市场没有供应时，需要调剂使用的，属省级辖区内医疗机构制剂调剂的，必须经所在地省、自治区、直辖市（食品）药品监督管理部门批准；属国家食品药品监督管理局规定的特殊制剂以及省、自治区、直辖市之间医疗机构制剂调剂的，必须经国家食品药品监督管理局批准。

第二十七条 省级辖区内申请医疗机构制剂调剂使用的，应当由使用单位向所在地省、自治区、直辖市（食品）药品监督管理部门提出申请，说明使用理由、期限、数量和范围，并报送有关资料。

省、自治区、直辖市之间医疗机构制剂的调剂使用以及国家食品药品监督管理局规定的特殊制剂的调剂使用，应当由取得制剂批准文号的医疗机构向所在地省、自治区、直辖市（食品）药品监督管理部门提出申请，说明使用理由、期限、数量和范围，经所在地省、自治区、直辖市（食品）药品监督管理部门审查同意后，由使用单位将审查意见和相关资料一并报送使用单位所在地省、自治区、直辖市（食品）药品监督管理部门审核同意后，报国家食品药品监督管理局审批。

第二十八条 取得制剂批准文号的医疗机构应当对调剂使用的医疗机构制剂的质量负责。接受调剂的医疗机构应当严格按照制剂的说明书使用制剂，并对超范围使用或者使用不当造成的不良后果承担责任。

第二十九条 医疗机构制剂的调剂使用，不得超出规定的期限、数量和范围。

第四章 补充申请与再注册

第三十条 医疗机构配制制剂，应当严格执行经批准的质量标准，并不得擅自变更工艺、处方、配制地点和委托配制单位。需要变更的，申请人应当提出补充申请，报送相关资料，经批准后方可执行。

第三十一条 医疗机构制剂批准文号的有效期为 3 年。有效期届满需要继续配制的，申请人应当在有效期届满前 3 个月按照原申请配制程序提出再注册申请，报送有关资料。

第三十二条 省、自治区、直辖市（食品）药品监督管理部门应当在受理再注册申请后 30日内，作出是否批准再注册的决定。准予再注册的，应当自决定做出之日起 10 日内通知申请人，予以换发《医疗机构制剂注册批件》，并报国家食品药品监督管理局备案。

决定不予再注册的，应当书面通知申请人并说明理由，同时告知申请人享有依法申请行政复议或者提起行政诉讼的权利。

第三十三条 有下列情形之一的，省、自治区、直辖市（食品）药品监督管理部门不予批准再注册，并注销制剂批准文号：

（一）市场上已有供应的品种；

（二）按照本办法应予撤销批准文号的；

（三）未在规定时间内提出再注册申请的；

（四）其他不符合规定的。

第三十四条 已被注销批准文号的医疗机构制剂，不得配制和使用；已经配制的，由当地（食品）药品监督管理部门监督销毁或者处理。

第五章 监督管理

第三十五条 配制和使用制剂的医疗机构应当注意观察制剂不良反应，并按照国家食品药品监督管理局的有关规定报告和处理。

第三十六条 省、自治区、直辖市（食品）药品监督管理部门对质量不稳定、疗效不确切、不良反应大或者其他原因危害人体健康的医疗机构制剂，应当责令医疗机构停止配制，并撤销其批准文号。

已被撤销批准文号的医疗机构制剂，不得配制和使用；已经配制的，由当地（食品）药品监督管理部门监督销毁或者处理。

第三十七条 医疗机构制剂的抽查检验，按照国家食品药品监督管理局药品抽查检验的有关规定执行。

第三十八条 医疗机构不再具有配制制剂的资格或者条件时，其取得的相应制剂批准文号自行废止，并由省、自治区、直辖市（食品）药品监督管理部门予以注销，但允许委托配制的中药制剂批准文号除外。允许委托配制的中药制剂如需继续配制，可参照本办法第三十条变更委托配制单位的规定提出委托配制的补充申请。

第三十九条 未经批准，医疗机构擅自使用其他医疗机构配制的制剂的，依照《药品管理法》第八十条的规定给予处罚。

第四十条 医疗机构配制制剂，违反《药品管理法》第四十八条、第四十九条规定的，分别依照《药品管理法》第七十四条、第七十五条的规定给予处罚。

未按省、自治区、直辖市（食品）药品监督管理部门批准的标准配制制剂的，属于《药品管理法》第四十九条第三款第六项其他不符合药品标准规定的情形，依照《药品管理法》第七十五条的规定给予处罚。

第四十一条 提供虚假的证明文件、申报资料、样品或者采取其他欺骗手段申请批准证明文件的，省、自治区、直辖市（食品）药品监督管理部门对该申请不予受理，对申请人给予警告，一年内不受理其申请；已取得批准证明文件的，撤销其批准证明文件，五年内不受理其申请，并处一万元以上三万元以下罚款。

第四十二条 医疗机构配制的制剂不得在市场上销售或者变相销售，不得发布医疗机构制剂广告。

医疗机构将其配制的制剂在市场上销售或者变相销售的，依照《药品管理法》第八十四条的规定给予处罚。

第四十三条 省、自治区、直辖市（食品）药品监督管理部门违反本办法的行政行为，国家食品药品监督管理局应当责令其限期改正；逾期不改正的，由国家食品药品监督管理局予以改变或者撤销。

第六章 附 则

第四十四条 本办法规定的行政机关实施行政许可的期限以工作日计算，不含法定节假日。

第四十五条 本办法中"固定处方制剂"，是指制剂处方固定不变，配制工艺成熟，并且可在临床上长期使用于某一病症的制剂。

第四十六条 省、自治区、直辖市（食品）药品监督管理部门可以根据本办法，结合本地实际制定实施细则。

第四十七条 本办法自 2005 年 8 月 1 日起施行。

附件一：

医疗机构制剂注册申报资料要求

一、申报资料项目

1. 制剂名称及命名依据。

2. 立题目的以及该品种的市场供应情况。

3. 证明性文件。

4. 标签及说明书设计样稿。

5. 处方组成、来源、理论依据以及使用背景情况。

6. 配制工艺的研究资料及文献资料。

7. 质量研究的试验资料及文献资料。

8. 制剂的质量标准草案及起草说明。

9. 制剂的稳定性试验资料。

10. 样品的自检报告书。

11. 辅料的来源及质量标准。

12. 直接接触制剂的包装材料和容器的选择依据及质量标准。

13. 主要药效学试验资料及文献资料。

14. 急性毒性试验资料及文献资料。

15. 长期毒性试验资料及文献资料。

16. 临床研究方案。

17. 临床研究总结。

二、说明

1. 资料项目 3 证明性文件包括：

（1）《医疗机构执业许可证》复印件、《医疗机构制剂许可证》复印件；

（2）医疗机构制剂或者使用的处方、工艺等的专利情况及其权属状态说明，以及对他人的专利不构成侵权的保证书；

（3）提供化学原料药的合法来源证明文件，包括：原料药的批准证明性文件、销售发票、检验报告书、药品标准等资料复印件；

（4）直接接触制剂的包装材料和容器的注册证书复印件；

（5）《医疗机构制剂临床研究批件》复印件；

（6）未取得《医疗机构制剂许可证》或《医疗机构制剂许可证》无相应制剂剂型的"医院"类别的医疗机构申请医疗机构中药制剂，还应当提供以下资料：委托配制中药制剂双方签订的委托配制合同、制剂配制单位《医疗机构制剂许可证》或《药品生产质量管理规范》认证证书复印件。

2. 中药制剂的功能主治的表述必须使用中医术语、中医病名。

3. 中药制剂应当与国家药品标准收载的品种进行比较，内容包括：

（1）处方组成；

（2）理法特色；

（3）功能主治。

4. 资料项目10样品的自检报告书，是指由医疗机构对制剂进行检验并出具的检验报告书。报送临床研究前资料时应提供连续3批样品的自检报告。未取得《医疗机构制剂许可证》或《医疗机构制剂许可证》无相应制剂剂型的"医院"类别的医疗机构申请医疗机构中药制剂者，应当提供受委托配制单位出具的连续3批制剂样品的自检报告。

5. 根据中医药理论组方，利用传统工艺配制（即制剂配制过程没有使原组方中治疗疾病的物质基础发生变化的），且该处方在本医疗机构具有5年以上（含5年）使用历史的中药制剂，可免报资料项13-17。但是，如果有下列情况之一者需报送资料项目14、15：

（1）处方组成含有法定标准中标识有毒性及现代毒理学证明有毒性的药材；

（2）处方组成含有十八反、十九畏配伍禁忌；

（3）处方中的药味用量超过药品标准规定的。

6. 申请配制的化学制剂属已有同品种获得制剂批准文号的，可以免报资料项目13-17。

7. 临床前申报资料项目为1-16项。

8. 报送临床研究总结资料，应同时报送按复核后的质量标准所作的连续3批自检报告书。

9. 申报资料须打印，A4纸张，一式三份。

附件二：

医疗机构制剂调剂使用申报资料项目

1. 制剂调出和调入双方的《医疗机构执业许可证》复印件、调出方《医疗机构制剂许可证》复印件。经批准委托配制的医疗机构中药制剂应当提供制剂配制单位的《医疗机构制剂许可证》或《药品生产质量管理规范》认证证书复印件。

2. 拟调出制剂的《医疗机构制剂注册批件》复印件。

3. 调剂双方签署的合同。

4. 拟调出制剂的理由、期限、数量和范围。

5. 拟调出制剂的质量标准、说明书和标签。

6. 调出方出具的拟调出制剂样品的自检报告。

7. 调剂双方分属不同省份的，由调入方省级药品监督管理部门负责审核上报，同时须附调出方省级药品监督管理部门意见。

附件三：

医疗机构制剂再注册申报资料项目

1. 证明性文件。

（1）制剂批准证明文件及（食品）药品监督管理部门批准变更的文件。

（2）《医疗机构制剂许可证》复印件。经批准委托配制的医疗机构中药制剂应当提供制剂配制单位的《医疗机构制剂许可证》或《药品生产质量管理规范》认证证书复印件。

2. 3年内制剂临床使用情况及不良反应情况总结。

3. 提供制剂处方、工艺、标准。

4. 制剂所用原料药的来源。

附件四：

医疗机构制剂有关的
申请表格及批件格式

1. 医疗机构制剂注册申请表（略）

2. 医疗机构制剂临床研究批件（略）

3. 医疗机构制剂注册批件（略）

4. 医疗机构制剂调剂使用申请表（略）

5. 医疗机构制剂调剂使用批件（略）

医疗机构制剂配制监督
管理办法（试行）

（2005 年 4 月 14 日国家食品药品监督管理局令第 18 号公布　自 2005 年 6 月 1 日起施行）

第一章　总　　则

第一条　为加强医疗机构制剂配制的监督管理，根据《中华人民共和国药品管理法》（以下简称《药品管理法》）、《中华人民共和国药品管理法实施条例》（以下简称《药品管理法实施条例》）的规定，制定本办法。

第二条　医疗机构制剂的配制及其监督管理适用本办法。

第三条　医疗机构制剂配制监督管理是指（食品）药品监督管理部门依法对医疗机构制剂配制条件和配制过程等进行审查、许可、检查的监督管理活动。

第四条　国家食品药品监督管理局负责全国医疗机构制剂配制的监督管理工作。

省、自治区、直辖市（食品）药品监督管理部门负责本辖区医疗机构制剂配制的监督管理工作。

第五条　医疗机构配制制剂应当遵守《医疗机构制剂配制质量管理规范》。

第二章　医疗机构设立制剂室的许可

第六条　医疗机构配制制剂，必须具有能够保证制剂质量的人员、设施、检验仪器、卫生条件和管理制度。

第七条　医疗机构设立制剂室，应当向所在地省、自治区、直辖市（食品）药品监督管理部门提交以下材料：

（一）《医疗机构制剂许可证申请表》（见附件 1）；

（二）实施《医疗机构制剂配制质量管理规范》自查报告；

（三）医疗机构的基本情况及《医疗机构执业许可证》副本复印件；

（四）所在地省、自治区、直辖市卫生行政部门的审核同意意见；

（五）拟办制剂室的基本情况，包括制剂室的投资规模、占地面积、周围环境、基础设施等条件说明，并提供医疗机构总平面布局图、制剂室总平面布局图（标明空气洁净度等级）；

制剂室负责人、药检室负责人、制剂质量管理组织负责人简历（包括姓名、年龄、性别、学历、所学专业、职务、职称、原从事药学工作年限等）及专业技术人员占制剂室工作人员的比例；

制剂室负责人、药检室负责人、制剂质量管理组织负责人应当为本单位在职专业人员，且制剂室负责人和药检室负责人不得互相兼任；

（六）拟配制剂型、配制能力、品种、规格；

（七）配制剂型的工艺流程图、质量标准（或草案）；

（八）主要配制设备、检测仪器目录；

（九）制剂配制管理、质量管理文件目录。

第八条 申请人应当对其申请材料的真实性负责。

第九条 省、自治区、直辖市（食品）药品监督管理部门收到申请后，应当根据下列情况分别作出处理：

（一）申请事项依法不属于本部门职权范围的，应当即时作出不予受理的决定，并告知申请人向有关行政机关申请；

（二）申请材料存在可以当场更正的错误的，应当允许申请人当场更正；

（三）申请材料不齐全或者不符合形式审查要求的，应当当场或者在 5 个工作日内发给申请人《补正材料通知书》，一次性告知申请人需要补正的全部内容，逾期不告知的，自收到申请材料之日起即为受理；

（四）申请材料齐全、符合形式审查要求，或者申请人按照要求提交全部补正材料的，予以受理。

省、自治区、直辖市（食品）药品监督管理部门受理或者不受理《医疗机构制剂许可证》申请的，应当出具加盖本部门受理专用印章并注明日期的《受理通知书》或者《不予受理通知书》。

第十条 省、自治区、直辖市（食品）药品监督管理部门应当自收到申请之日起 30 个工作日内，按照国家食品药品监督管理局制定的《医疗机构制剂许可证验收标准》组织验收。验收合格的，予以批准，并自批准决定作出之日起 10 个工作日内向申请人核发《医疗机构制剂许可证》；验收不合格的，作出不予批准的决定，书面通知申请人并说明理由，同时告知申请人享有依法申请行政复议或者提起行政诉讼的权利。

省、自治区、直辖市（食品）药品监督管理部门验收合格后，应当自颁发《医疗机构制剂许可证》之日起 20 个工作日内，将有关情况报国家食品药品监督管理局备案。

第十一条 省、自治区、直辖市（食品）药品监督管理部门应当在办公场所公示申请《医疗机构制剂许可证》所需的事项、依据、条件、期限、需要提交的全部材料的目录和申请书示范文本等。

省、自治区、直辖市（食品）药品监督管理部门颁发《医疗机构制剂许可证》的有关决定，应当予以公开，公众有权查阅。

第十二条 省、自治区、直辖市（食品）药品监督管理部门在对医疗机构制剂室开办申请进行审查时，应当公示审批过程和审批结果。申请人和利害关系人可以对直接关系其重大利益的事项提交书面意见进行陈述和申辩。

第十三条 医疗机构设立制剂室的申请，直接涉及申请人与他人之间重大利益关系的，省、自治区、直辖市（食品）药品监督管理部门应当告知申请人、利害关系人享有申请听证的权利。

在核发《医疗机构制剂许可证》的过程中，省、自治区、直辖市（食品）药品监督管理部门认为涉及公共利益的重大许可事项，应当向社会公告，并举行听证。

第十四条 医疗机构不得与其他单位共用配制场所、配制设备及检验设施等。

第三章 《医疗机构制剂许可证》的管理

第十五条 《医疗机构制剂许可证》分正本和副本。正、副本具有同等法律效力，有效期为 5 年。

《医疗机构制剂许可证》格式由国家食品药品监督管理局统一规定。

第十六条 《医疗机构制剂许可证》是医疗机构配制制剂的法定凭证，应当载明证号、医疗机构名称、医疗机构类别、法定代表人、制剂室负责人、配制范围、注册地址、配制地址、发证机关、发证日期、有效期限等项目。其中由（食品）药品监督管理部门核准的许可事项为：制剂室负责人、配制地址、配制范围、有效期限。证号和配制范围按国家食品药品监督管理局规定的编号方法和制剂类别填写（见附件 2、3）。

第十七条 《医疗机构制剂许可证》变更分为许可事项变更和登记事项变更。

许可事项变更是指制剂室负责人、配制地址、配制范围的变更。

登记事项变更是指医疗机构名称、医疗机构类别、法定代表人、注册地址等事项的变更。

第十八条 医疗机构变更《医疗机构制剂许可证》许可事项的，在许可事项发生变更前 30 日，向原审核、批准机关申请变更登记。原发证机关应当自收到变更申请之日起 15 个工作日内作出准予变更或者不予变更的决定。

医疗机构增加配制范围或者改变配制地址的，应当按本办法第七条的规定提交材料，经省、自治区、直辖市（食品）药品监督管理部门验收合格后，依照前款办理《医疗机构制剂许可证》变更登记。

第十九条 医疗机构变更登记事项的，应当在有关部门核准变更后 30 日内，向原发证机关申请《医疗机构制剂许可证》变更登记，原发证机关应当在收到变更申请之日起 15 个工作日内办理变更手续。

第二十条 《医疗机构制剂许可证》变更后，原发证机关应当在《医疗机构制剂许可证》副本上记录变更的内容和时间，并按变更后的内容重新核发《医疗机构制剂许可证》正本，收回原《医疗机构制剂许可证》正本。

第二十一条 《医疗机构制剂许可证》有效期届满需要继续配制制剂的，医疗机构应当在有效期届满前 6 个月，向原发证机关申请换发《医疗机构制剂许可证》。

原发证机关结合医疗机构遵守法律法规、《医疗机构制剂配制质量管理规范》和质量体系运行情况，按照本办法关于设立医疗机构制剂室的条件和程序进行审查，在《医疗机构制剂许可证》有效期届满前作出是否准予换证的决定。符合规定准予换证的，收回原证，换发新证；不符合规定的，作出不予换证的书面决定，并说明理由，同时告知申请人享有依法申请行政复议或者提起行政诉讼的权利；逾期未作出决定的，视为同意换证，并办理相应手续。

第二十二条 医疗机构终止配制制剂或者关闭的，由原发证机关缴销《医疗机构制剂许可证》，同时报国家食品药品监督管理局备案。

第二十三条 遗失《医疗机构制剂许可证》的，持证单位应当在原发证机关指定的媒体上登载遗失声明并同时向原发证机关申请补发。遗失声明登载满 1 个月后原发证机关在 10 个工作日内补发《医疗机构制剂许可证》。

第二十四条 医疗机构制剂室的药检室负责人及质量管理组织负责人发生变更的，应当在变更之日起 30 日内将变更人员简历及学历证明等有关情况报所在地省、自治区、直辖市（食品）

药品监督管理部门备案。

第二十五条 医疗机构制剂室的关键配制设施等条件发生变化的，应当自发生变化之日起30日内报所在地省、自治区、直辖市（食品）药品监督管理部门备案，省、自治区、直辖市（食品）药品监督管理部门根据需要进行检查。

第二十六条 省、自治区、直辖市（食品）药品监督管理部门应当将上年度《医疗机构制剂许可证》核发、变更、换发、缴销、补办等办理情况，在每年3月底前汇总报国家食品药品监督管理局。

第二十七条 任何单位和个人不得伪造、变造、买卖、出租、出借《医疗机构制剂许可证》。

第四章 "医院"类别医疗机构中药
制剂委托配制的管理

第二十八条 经省、自治区、直辖市（食品）药品监督管理部门批准，具有《医疗机构制剂许可证》且取得制剂批准文号，并属于"医院"类别的医疗机构的中药制剂，可以委托本省、自治区、直辖市内取得《医疗机构制剂许可证》的医疗机构或者取得《药品生产质量管理规范》认证证书的药品生产企业配制制剂。委托配制的制剂剂型应当与受托方持有的《医疗机构制剂许可证》或者《药品生产质量管理规范》认证证书所载明的范围一致。

未取得《医疗机构制剂许可证》的"医院"类别的医疗机构，在申请中药制剂批准文号时申请委托配制的，应当按照《医疗机构制剂注册管理办法》的相关规定办理。

第二十九条 委托方按照本办法第三十三条的规定向所在地省、自治区、直辖市（食品）药品监督管理部门提交中药制剂委托配制的申请材料；省、自治区、直辖市（食品）药品监督管理部门参照本办法第九条的规定进行受理。

第三十条 省、自治区、直辖市（食品）药品监督管理部门应当自申请受理之日起20个工作日内，按照本章规定的条件对申请进行审查，并作出决定。

经审查符合规定的，予以批准，并自书面批准决定作出之日起10个工作日内向委托方发放《医疗机构中药制剂委托配制批件》；不符合规定的，书面通知委托方并说明理由，同时告知其享有依法申请行政复议或者提起行政诉讼的权利。

第三十一条 《医疗机构中药制剂委托配制批件》有效期不得超过该制剂批准证明文件载明的有效期限。在《医疗机构中药制剂委托配制批件》有效期内，委托方不得再行委托其他单位配制该制剂。

第三十二条 《医疗机构中药制剂委托配制批件》有效期届满，需要继续委托配制的，委托方应当在有效期届满30日前办理委托配制的续展手续。

委托配制合同终止的，《医疗机构中药制剂委托配制批件》自动废止。

第三十三条 申请制剂委托配制应当提供以下资料：

（一）《医疗机构中药制剂委托配制申请表》（见附件4）；

（二）委托方的《医疗机构制剂许可证》、制剂批准证明文件复印件；

（三）受托方的《药品生产许可证》、《药品生产质量管理规范》认证证书或者《医疗机构制剂许可证》复印件；

（四）委托配制的制剂质量标准、配制工艺；

（五）委托配制的制剂原最小包装、标签和使用说明书实样；

（六）委托配制的制剂拟采用的包装、标签和说明书式样及色标；

（七）委托配制合同；

（八）受托方所在地设区的市级（食品）药品监督管理机构组织对受托方技术人员，厂房（制剂室）、设施、设备等生产条件和能力，以及质检机构、检测设备等质量保证体系考核的意见。

委托配制申请续展应当提供以下资料：

（一）委托方的《医疗机构制剂许可证》、制剂批准证明文件复印件；

（二）受托方的《药品生产许可证》、《药品生产质量管理规范》认证证书或者《医疗机构制剂许可证》复印件；

（三）前次批准的《医疗机构中药制剂委托配制批件》；

（四）前次委托配制期间，配制及制剂质量情况的总结；

（五）与前次《医疗机构中药制剂委托配制批件》发生变化的证明文件。

第三十四条　委托配制制剂的质量标准应当执行原批准的质量标准，其处方、工艺、包装规格、标签及使用说明书等应当与原批准的内容相同。在委托配制的制剂包装、标签和说明书上，应当标明委托单位和受托单位名称、受托单位生产地址。

委托单位取得《医疗机构中药制剂委托配制批件》后，应当向所在地的设区的市级以上药品检验所报送委托配制的前三批制剂，经检验合格后方可投入使用。

第三十五条　委托方对委托配制制剂的质量负责；受托方应当具备与配制该制剂相适应的配制与质量保证条件，按《药品生产质量管理规范》或者《医疗机构制剂配制质量管理规范》进行配制，向委托方出具批检验报告书，并按规定保存所有受托配制的文件和记录。

第三十六条　省、自治区、直辖市（食品）药品监督管理部门对制剂委托配制申请进行审查时，应当参照执行本办法第十一条至第十三条的有关规定。

第三十七条　省、自治区、直辖市（食品）药品监督管理部门应当将制剂委托配制的批准情况报国家食品药品监督管理局。

第五章　监　督　检　查

第三十八条　本办法规定的监督检查的主要内容是医疗机构执行《医疗机构制剂配制质量管理规范》的情况、《医疗机构制剂许可证》换发的现场检查以及日常的监督检查。

第三十九条　省、自治区、直辖市（食品）药品监督管理部门负责本辖区内医疗机构制剂配制的监督检查工作，应当建立实施监督检查的运行机制和管理制度，确定设区的市级（食品）药品监督管理机构和县级（食品）药品监督管理机构的监督检查职责。

国家食品药品监督管理局可以根据需要组织对医疗机构制剂配制进行监督检查，同时对省、自治区、直辖市（食品）药品监督管理部门的监督检查工作情况进行监督和抽查。

第四十条　各级（食品）药品监督管理部门组织监督检查时，应当制订检查方案，明确检查标准，如实记录现场检查情况，提出整改内容及整改期限，检查结果以书面形式告知被检查单位，并实施追踪检查。

第四十一条　监督检查时，医疗机构应当提供有关情况和材料：

（一）实施《医疗机构制剂配制质量管理规范》自查情况；

（二）《医疗机构执业许可证》、《医疗机构制剂许可证》；

（三）药检室和制剂质量管理组织负责人以及主要配制条件、配制设备的变更情况；

（四）制剂室接受监督检查及整改落实情况；

（五）不合格制剂被质量公报通告后的整改情况；

（六）需要审查的其他材料。

第四十二条　监督检查完成后，（食品）药品监督管理部门在《医疗机构制剂许可证》副本上载明检查情况，并记载以下内容：

（一）检查结论；

（二）配制的制剂是否发生重大质量事故，是否有不合格制剂受到药品质量公报通告；

（三）制剂室是否有违法配制行为及查处情况；

（四）制剂室当年是否无配制制剂行为。

第四十三条 医疗机构制剂配制发生重大质量事故，必须立即报所在地省、自治区、直辖市（食品）药品监督管理部门和有关部门，省、自治区、直辖市（食品）药品监督管理局部门应当在 24 小时内报国家食品药品监督管理局。

第四十四条 （食品）药品监督管理部门实施监督检查，不得妨碍医疗机构的正常配制活动，不得索取或者收受医疗机构的财物，不得谋取其他利益。

第四十五条 任何单位和个人发现医疗机构进行违法配制的活动，有权向（食品）药品监督管理部门举报，接受举报的（食品）药品监督管理部门应当及时核实、处理。

第四十六条 有《中华人民共和国行政许可法》（以下简称《行政许可法》）第七十条情形之一的，原发证机关应当依法注销《医疗机构制剂许可证》。

省、自治区、直辖市（食品）药品监督管理部门注销《医疗机构制剂许可证》的，应当自注销之日起 5 个工作日内通知有关部门，并报国家食品药品监督管理局备案。

第六章 法 律 责 任

第四十七条 有《行政许可法》第六十九条规定情形的，国家食品药品监督管理局或者省、自治区、直辖市（食品）药品监督管理部门根据利害关系人的请求或者依据职权，可以撤销《医疗机构制剂许可证》。

第四十八条 申请人隐瞒有关情况或者提供虚假材料申请《医疗机构制剂许可证》的，省、自治区、直辖市（食品）药品监督管理部门不予受理或者不予批准，并给予警告，申请人在 1 年内不得再申请。

申请人提供虚假材料取得《医疗机构制剂许可证》的，省、自治区、直辖市（食品）药品监督管理部门应当吊销其《医疗机构制剂许可证》，并处 1 万元以上 3 万元以下的罚款，申请人在 5 年内不得再申请。

第四十九条 未取得《医疗机构制剂许可证》配制制剂的，按《药品管理法》第七十三条的规定给予处罚。

第五十条 （食品）药品监督管理部门对不符合法定条件的单位发给《医疗机构制剂许可证》的，按《药品管理法》第九十四条规定给予处罚。

第五十一条 未经批准擅自委托或者接受委托配制制剂的，对委托方和受托方均依照《药品管理法》第七十四条的规定给予处罚。

第五十二条 医疗机构违反本办法第十九条、第二十四条规定的，由所在地省、自治区、直辖市（食品）药品监督管理部门责令改正。

医疗机构违反本办法第二十五条规定的，由所在地省、自治区、直辖市（食品）药品监督管理部门给予警告，责令限期改正；逾期不改正的，可以处 5000 元以上 1 万元以下的罚款。

第五十三条 在实施本办法规定的行政许可中违反相关法律、法规的，按有关法律、法规处理。

第七章 附 则

第五十四条 本办法由国家食品药品监督管理局负责解释。

第五十五条 本办法自 2005 年 6 月 1 日起施行。

附件: 1. 医疗机构制剂许可证申请表（略）

2. 《医疗机构制剂许可证》编号方法及代码（略）

3. 《医疗机构制剂许可证》中配制范围分类及填写规则（略）

4. 医疗机构中药制剂委托配制申请表（略）

处方药与非处方药分类管理办法（试行）

(1999 年 6 月 18 日国家药品监督管理局令第 10 号公布　自 2000 年 1 月 1 日起施行)

第一条　为保障人民用药安全有效、使用方便，根据《中共中央、国务院关于卫生改革与发展的决定》，制定处方药与非处方药分类管理办法。

第二条　根据药品品种、规格、适应症、剂量及给药途径不同，对药品分别按处方药与非处方药进行管理。

处方药必须凭执业医师或执业助理医师处方才可调配、购买和使用；非处方药不需要凭执业医师或执业助理医师处方即可自行判断、购买和使用。

第三条　国家药品监督管理局负责处方药与非处方药分类管理办法的制定。各级药品监督管理部门负责辖区内处方药与非处方药分类管理的组织实施和监督管理。

第四条　国家药品监督管理局负责非处方药目录的遴选、审批、发布和调整工作。

第五条　处方药、非处方药生产企业必须具有《药品生产企业许可证》，其生产品种必须取得药品批准文号。

第六条　非处方药标签和说明书除符合规定外，用语应当科学、易懂，便于消费者自行判断、选择和使用。非处方药的标签和说明书必须经国家药品监督管理局批准。

第七条　非处方药的包装必须印有国家指定的非处方药专有标识，必须符合质量要求，方便储存、运输和使用。每个销售基本单元包装必须附有标签和说明书。

第八条　根据药品的安全性，非处方药分为甲、乙两类。

经营处方药、非处方药的批发企业和经营处方药、甲类非处方药的零售企业必须具有《药品经营企业许可证》。

经省级药品监督管理部门或其授权的药品监督管理部门批准的其他商业企业可以零售乙类非处方药。

第九条　零售乙类非处方药的商业企业必须配备专职的具有高中以上文化程度，经专业培训后，由省级药品监督管理部门或其授权的药品监督管理部门考核合格并取得上岗证的人员。

第十条　医疗机构根据医疗需要可以决定或推荐使用非处方药。

第十一条　消费者有权自主选购非处方药，并须按非处方药标签和说明书所示内容使用。

第十二条　处方药只准在专业性医药报刊进行广告宣传，非处方药经审批可以在大众传播媒介进行广告宣传。

第十三条　处方药与非处方药分类管理有关审批、流通、广告等具体办法另行制定。

第十四条　本办法由国家药品监督管理局负责解释。

第十五条　本办法自 2000 年 1 月 1 日起施行。

八、医疗器械安全监管

医疗器械监督管理条例

（2000 年 1 月 4 日中华人民共和国国务院令第 276 号公布　2014 年 2 月 12 日国务院第 39 次常务会议修订通过　根据 2017 年 5 月 4 日《国务院关于修改〈医疗器械监督管理条例〉的决定》修订　2020 年 12 月 21 日国务院第 119 次常务会议修订通过　2021 年 2 月 9 日中华人民共和国国务院令第 739 号公布　自 2021 年 6 月 1 日起施行）

第一章　总　　则

第一条　为了保证医疗器械的安全、有效，保障人体健康和生命安全，促进医疗器械产业发展，制定本条例。

第二条　在中华人民共和国境内从事医疗器械的研制、生产、经营、使用活动及其监督管理，适用本条例。

第三条　国务院药品监督管理部门负责全国医疗器械监督管理工作。

国务院有关部门在各自的职责范围内负责与医疗器械有关的监督管理工作。

第四条　县级以上地方人民政府应当加强对本行政区域的医疗器械监督管理工作的领导，组织协调本行政区域内的医疗器械监督管理工作以及突发事件应对工作，加强医疗器械监督管理能力建设，为医疗器械安全工作提供保障。

县级以上地方人民政府负责药品监督管理的部门负责本行政区域的医疗器械监督管理工作。县级以上地方人民政府有关部门在各自的职责范围内负责与医疗器械有关的监督管理工作。

第五条　医疗器械监督管理遵循风险管理、全程管控、科学监管、社会共治的原则。

第六条　国家对医疗器械按照风险程度实行分类管理。

第一类是风险程度低，实行常规管理可以保证其安全、有效的医疗器械。

第二类是具有中度风险，需要严格控制管理以保证其安全、有效的医疗器械。

第三类是具有较高风险，需要采取特别措施严格控制管理以保证其安全、有效的医疗器械。

评价医疗器械风险程度，应当考虑医疗器械的预期目的、结构特征、使用方法等因素。

国务院药品监督管理部门负责制定医疗器械的分类规则和分类目录，并根据医疗器械生产、经营、使用情况，及时对医疗器械的风险变化进行分析、评价，对分类规则和分类目录进行调整。制定、调整分类规则和分类目录，应当充分听取医疗器械注册人、备案人、生产经营企业以及使用单位、行业组织的意见，并参考国际医疗器械分类实践。医疗器械分类规则和分类目录应当向社会公布。

第七条　医疗器械产品应当符合医疗器械强制性国家标准；尚无强制性国家标准的，应当符合医疗器械强制性行业标准。

第八条　国家制定医疗器械产业规划和政策，将医疗器械创新纳入发展重点，对创新医疗器械予以优先审评审批，支持创新医疗器械临床推广和使用，推动医疗器械产业高质量发展。国务院药品监督管理部门应当配合国务院有关部门，贯彻实施国家医疗器械产业规划和引导政策。

第九条　国家完善医疗器械创新体系，支持医疗器械的基础研究和应用研究，促进医疗器械新技术的推广和应用，在科技立项、融资、信贷、招标采购、医疗保险等方面予以支持。支持企业设立或者联合组建研制机构，鼓励企业与高等学校、科研院所、医疗机构等合作开展医疗器械的研究与创新，加强医疗器械知识产权保护，提高医疗器械自主创新能力。

第十条 国家加强医疗器械监督管理信息化建设，提高在线政务服务水平，为医疗器械行政许可、备案等提供便利。

第十一条 医疗器械行业组织应当加强行业自律，推进诚信体系建设，督促企业依法开展生产经营活动，引导企业诚实守信。

第十二条 对在医疗器械的研究与创新方面做出突出贡献的单位和个人，按照国家有关规定给予表彰奖励。

第二章 医疗器械产品注册与备案

第十三条 第一类医疗器械实行产品备案管理，第二类、第三类医疗器械实行产品注册管理。

医疗器械注册人、备案人应当加强医疗器械全生命周期质量管理，对研制、生产、经营、使用全过程中医疗器械的安全性、有效性依法承担责任。

第十四条 第一类医疗器械产品备案和申请第二类、第三类医疗器械产品注册，应当提交下列资料：

（一）产品风险分析资料；

（二）产品技术要求；

（三）产品检验报告；

（四）临床评价资料；

（五）产品说明书以及标签样稿；

（六）与产品研制、生产有关的质量管理体系文件；

（七）证明产品安全、有效所需的其他资料。

产品检验报告应当符合国务院药品监督管理部门的要求，可以是医疗器械注册申请人、备案人的自检报告，也可以是委托有资质的医疗器械检验机构出具的检验报告。

符合本条例第二十四条规定的免于进行临床评价情形的，可以免于提交临床评价资料。

医疗器械注册申请人、备案人应当确保提交的资料合法、真实、准确、完整和可追溯。

第十五条 第一类医疗器械产品备案，由备案人向所在地设区的市级人民政府负责药品监督管理的部门提交备案资料。

向我国境内出口第一类医疗器械的境外备案人，由其指定的我国境内企业法人向国务院药品监督管理部门提交备案资料和备案人所在国（地区）主管部门准许该医疗器械上市销售的证明文件。未在境外上市的创新医疗器械，可以不提交备案人所在国（地区）主管部门准许该医疗器械上市销售的证明文件。

备案人向负责药品监督管理的部门提交符合本条例规定的备案资料后即完成备案。负责药品监督管理的部门应当自收到备案资料之日起5个工作日内，通过国务院药品监督管理部门在线政务服务平台向社会公布备案有关信息。

备案资料载明的事项发生变化的，应当向原备案部门变更备案。

第十六条 申请第二类医疗器械产品注册，注册申请人应当向所在地省、自治区、直辖市人民政府药品监督管理部门提交注册申请资料。申请第三类医疗器械产品注册，注册申请人应当向国务院药品监督管理部门提交注册申请资料。

向我国境内出口第二类、第三类医疗器械的境外注册申请人，由其指定的我国境内企业法人向国务院药品监督管理部门提交注册申请资料和注册申请人所在国（地区）主管部门准许该医疗器械上市销售的证明文件。未在境外上市的创新医疗器械，可以不提交注册申请人所在国（地区）主管部门准许该医疗器械上市销售的证明文件。

国务院药品监督管理部门应当对医疗器械注册审查程序和要求作出规定，并加强对省、自治区、直辖市人民政府药品监督管理部门注册审查工作的监督指导。

第十七条　受理注册申请的药品监督管理部门应当对医疗器械的安全性、有效性以及注册申请人保证医疗器械安全、有效的质量管理能力等进行审查。

受理注册申请的药品监督管理部门应当自受理注册申请之日起3个工作日内将注册申请资料转交技术审评机构。技术审评机构应当在完成技术审评后，将审评意见提交受理注册申请的药品监督管理部门作为审批的依据。

受理注册申请的药品监督管理部门在组织对医疗器械的技术审评时认为有必要对质量管理体系进行核查的，应当组织开展质量管理体系核查。

第十八条　受理注册申请的药品监督管理部门应当自收到审评意见之日起20个工作日内作出决定。对符合条件的，准予注册并发给医疗器械注册证；对不符合条件的，不予注册并书面说明理由。

受理注册申请的药品监督管理部门应当自医疗器械准予注册之日起5个工作日内，通过国务院药品监督管理部门在线政务服务平台向社会公布注册有关信息。

第十九条　对用于治疗罕见疾病、严重危及生命且尚无有效治疗手段的疾病和应对公共卫生事件等急需的医疗器械，受理注册申请的药品监督管理部门可以作出附条件批准决定，并在医疗器械注册证中载明相关事项。

出现特别重大突发公共卫生事件或者其他严重威胁公众健康的紧急事件，国务院卫生主管部门根据预防、控制事件的需要提出紧急使用医疗器械的建议，经国务院药品监督管理部门组织论证同意后可以在一定范围和期限内紧急使用。

第二十条　医疗器械注册人、备案人应当履行下列义务：

（一）建立与产品相适应的质量管理体系并保持有效运行；

（二）制定上市后研究和风险管控计划并保证有效实施；

（三）依法开展不良事件监测和再评价；

（四）建立并执行产品追溯和召回制度；

（五）国务院药品监督管理部门规定的其他义务。

境外医疗器械注册人、备案人指定的我国境内企业法人应当协助注册人、备案人履行前款规定的义务。

第二十一条　已注册的第二类、第三类医疗器械产品，其设计、原材料、生产工艺、适用范围、使用方法等发生实质性变化，有可能影响该医疗器械安全、有效的，注册人应当向原注册部门申请办理变更注册手续；发生其他变化的，应当按照国务院药品监督管理部门的规定备案或者报告。

第二十二条　医疗器械注册证有效期为5年。有效期届满需要延续注册的，应当在有效期届满6个月前向原注册部门提出延续注册的申请。

除有本条第三款规定情形外，接到延续注册申请的药品监督管理部门应当在医疗器械注册证有效期届满前作出准予延续的决定。逾期未作决定的，视为准予延续。

有下列情形之一的，不予延续注册：

（一）未在规定期限内提出延续注册申请；

（二）医疗器械强制性标准已经修订，申请延续注册的医疗器械不能达到新要求；

（三）附条件批准的医疗器械，未在规定期限内完成医疗器械注册证载明事项。

第二十三条 对新研制的尚未列入分类目录的医疗器械，申请人可以依照本条例有关第三类医疗器械产品注册的规定直接申请产品注册，也可以依据分类规则判断产品类别并向国务院药品监督管理部门申请类别确认后依照本条例的规定申请产品注册或者进行产品备案。

直接申请第三类医疗器械产品注册的，国务院药品监督管理部门应当按照风险程度确定类别，对准予注册的医疗器械及时纳入分类目录。申请类别确认的，国务院药品监督管理部门应当自受理申请之日起 20 个工作日内对该医疗器械的类别进行判定并告知申请人。

第二十四条 医疗器械产品注册、备案，应当进行临床评价；但是符合下列情形之一，可以免于进行临床评价：

（一）工作机理明确、设计定型，生产工艺成熟，已上市的同品种医疗器械临床应用多年且无严重不良事件记录，不改变常规用途的；

（二）其他通过非临床评价能够证明该医疗器械安全、有效的。

国务院药品监督管理部门应当制定医疗器械临床评价指南。

第二十五条 进行医疗器械临床评价，可以根据产品特征、临床风险、已有临床数据等情形，通过开展临床试验，或者通过对同品种医疗器械临床文献资料、临床数据进行分析评价，证明医疗器械安全、有效。

按照国务院药品监督管理部门的规定，进行医疗器械临床评价时，已有临床文献资料、临床数据不足以确认产品安全、有效的医疗器械，应当开展临床试验。

第二十六条 开展医疗器械临床试验，应当按照医疗器械临床试验质量管理规范的要求，在具备相应条件的临床试验机构进行，并向临床试验申办者所在地省、自治区、直辖市人民政府药品监督管理部门备案。接受临床试验备案的药品监督管理部门应当将备案情况通报临床试验机构所在地同级药品监督管理部门和卫生主管部门。

医疗器械临床试验机构实行备案管理。医疗器械临床试验机构应当具备的条件以及备案管理办法和临床试验质量管理规范，由国务院药品监督管理部门会同国务院卫生主管部门制定并公布。

国家支持医疗机构开展临床试验，将临床试验条件和能力评价纳入医疗机构等级评审，鼓励医疗机构开展创新医疗器械临床试验。

第二十七条 第三类医疗器械临床试验对人体具有较高风险的，应当经国务院药品监督管理部门批准。国务院药品监督管理部门审批临床试验，应当对拟承担医疗器械临床试验的机构的设备、专业人员等条件，该医疗器械的风险程度，临床试验实施方案，临床受益与风险对比分析报告等进行综合分析，并自受理申请之日起 60 个工作日内作出决定并通知临床试验申办者。逾期未通知的，视为同意。准予开展临床试验的，应当通报临床试验机构所在地省、自治区、直辖市人民政府药品监督管理部门和卫生主管部门。

临床试验对人体具有较高风险的第三类医疗器械目录由国务院药品监督管理部门制定、调整并公布。

第二十八条 开展医疗器械临床试验，应当按照规定进行伦理审查，向受试者告知试验目的、用途和可能产生的风险等详细情况，获得受试者的书面知情同意；受试者为无民事行为能力人或者限制民事行为能力人的，应当依法获得其监护人的书面知情同意。

开展临床试验，不得以任何形式向受试者收取与临床试验有关的费用。

第二十九条 对正在开展临床试验的用于治疗严重危及生命且尚无有效治疗手段的疾病的医疗器械，经医学观察可能使患者获益，经伦理审查、知情同意后，可以在开展医疗器械临床试验的机构内免费用于其他病情相同的患者，其安全性数据可以用于医疗器械注册申请。

第三章 医疗器械生产

第三十条 从事医疗器械生产活动，应当具备下列条件：

（一）有与生产的医疗器械相适应的生产场地、环境条件、生产设备以及专业技术人员；

（二）有能对生产的医疗器械进行质量检验的机构或者专职检验人员以及检验设备；

（三）有保证医疗器械质量的管理制度；

（四）有与生产的医疗器械相适应的售后服务能力；

（五）符合产品研制、生产工艺文件规定的要求。

第三十一条 从事第一类医疗器械生产的，应当向所在地设区的市级人民政府负责药品监督管理的部门备案，在提交符合本条例第三十条规定条件的有关资料后即完成备案。

医疗器械备案人自行生产第一类医疗器械的，可以在依照本条例第十五条规定进行产品备案时一并提交符合本条例第三十条规定条件的有关资料，即完成生产备案。

第三十二条 从事第二类、第三类医疗器械生产的，应当向所在地省、自治区、直辖市人民政府药品监督管理部门申请生产许可并提交其符合本条例第三十条规定条件的有关资料以及所生产医疗器械的注册证。

受理生产许可申请的药品监督管理部门应当对申请资料进行审核，按照国务院药品监督管理部门制定的医疗器械生产质量管理规范的要求进行核查，并自受理申请之日起20个工作日内作出决定。对符合规定条件的，准予许可并发给医疗器械生产许可证；对不符合规定条件的，不予许可并书面说明理由。

医疗器械生产许可证有效期为5年。有效期届满需要延续的，依照有关行政许可的法律规定办理延续手续。

第三十三条 医疗器械生产质量管理规范应当对医疗器械的设计开发、生产设备条件、原材料采购、生产过程控制、产品放行、企业的机构设置和人员配备等影响医疗器械安全、有效的事项作出明确规定。

第三十四条 医疗器械注册人、备案人可以自行生产医疗器械，也可以委托符合本条例规定、具备相应条件的企业生产医疗器械。

委托生产医疗器械的，医疗器械注册人、备案人应当对所委托生产的医疗器械质量负责，并加强对受托生产企业生产行为的管理，保证其按照法定要求进行生产。医疗器械注册人、备案人应当与受托生产企业签订委托协议，明确双方权利、义务和责任。受托生产企业应当依照法律法规、医疗器械生产质量管理规范、强制性标准、产品技术要求和委托协议组织生产，对生产行为负责，并接受委托方的监督。

具有高风险的植入性医疗器械不得委托生产，具体目录由国务院药品监督管理部门制定、调整并公布。

第三十五条 医疗器械注册人、备案人、受托生产企业应当按照医疗器械生产质量管理规范，建立健全与所生产医疗器械相适应的质量管理体系并保证其有效运行；严格按照经注册或者备案的产品技术要求组织生产，保证出厂的医疗器械符合强制性标准以及经注册或者备案的产品技术要求。

医疗器械注册人、备案人、受托生产企业应当定期对质量管理体系的运行情况进行自查，并按照国务院药品监督管理部门的规定提交自查报告。

第三十六条 医疗器械的生产条件发生变化，不再符合医疗器械质量管理体系要求的，医疗器械注册人、备案人、受托生产企业应当立即采取整改措施；可能影响医疗器械安全、有效的，应当立即停止生产活动，并向原生产许可或者生产备案部门报告。

第三十七条 医疗器械应当使用通用名称。通用名称应当符合国务院药品监督管理部门制定的医疗器械命名规则。

第三十八条 国家根据医疗器械产品类别,分步实施医疗器械唯一标识制度,实现医疗器械可追溯,具体办法由国务院药品监督管理部门会同国务院有关部门制定。

第三十九条 医疗器械应当有说明书、标签。说明书、标签的内容应当与经注册或者备案的相关内容一致,确保真实、准确。

医疗器械的说明书、标签应当标明下列事项:

(一) 通用名称、型号、规格;

(二) 医疗器械注册人、备案人、受托生产企业的名称、地址以及联系方式;

(三) 生产日期,使用期限或者失效日期;

(四) 产品性能、主要结构、适用范围;

(五) 禁忌、注意事项以及其他需要警示或者提示的内容;

(六) 安装和使用说明或者图示;

(七) 维护和保养方法,特殊运输、贮存的条件、方法;

(八) 产品技术要求规定应当标明的其他内容。

第二类、第三类医疗器械还应当标明医疗器械注册证编号。

由消费者个人自行使用的医疗器械还应当具有安全使用的特别说明。

第四章 医疗器械经营与使用

第四十条 从事医疗器械经营活动,应当有与经营规模和经营范围相适应的经营场所和贮存条件,以及与经营的医疗器械相适应的质量管理制度和质量管理机构或者人员。

第四十一条 从事第二类医疗器械经营的,由经营企业向所在地设区的市级人民政府负责药品监督管理的部门备案并提交符合本条例第四十条规定条件的有关资料。

按照国务院药品监督管理部门的规定,对产品安全性、有效性不受流通过程影响的第二类医疗器械,可以免于经营备案。

第四十二条 从事第三类医疗器械经营的,经营企业应当向所在地设区的市级人民政府负责药品监督管理的部门申请经营许可并提交符合本条例第四十条规定条件的有关资料。

受理经营许可申请的负责药品监督管理的部门应当对申请资料进行审查,必要时组织核查,并自受理申请之日起20个工作日内作出决定。对符合规定条件的,准予许可并发给医疗器械经营许可证;对不符合规定条件的,不予许可并书面说明理由。

医疗器械经营许可证有效期为5年。有效期届满需要延续的,依照有关行政许可的法律规定办理延续手续。

第四十三条 医疗器械注册人、备案人经营其注册、备案的医疗器械,无需办理医疗器械经营许可或者备案,但应当符合本条例规定的经营条件。

第四十四条 从事医疗器械经营,应当依照法律法规和国务院药品监督管理部门制定的医疗器械经营质量管理规范的要求,建立健全与所经营医疗器械相适应的质量管理体系并保证其有效运行。

第四十五条 医疗器械经营企业、使用单位应当从具备合法资质的医疗器械注册人、备案人、生产经营企业购进医疗器械。购进医疗器械时,应当查验供货者的资质和医疗器械的合格证明文件,建立进货查验记录制度。从事第二类、第三类医疗器械批发业务以及第三类医疗器械零售业务的经营企业,还应当建立销售记录制度。

记录事项包括:

（一）医疗器械的名称、型号、规格、数量；

（二）医疗器械的生产批号、使用期限或者失效日期、销售日期；

（三）医疗器械注册人、备案人和受托生产企业的名称；

（四）供货者或者购货者的名称、地址以及联系方式；

（五）相关许可证明文件编号等。

进货查验记录和销售记录应当真实、准确、完整和可追溯，并按照国务院药品监督管理部门规定的期限予以保存。国家鼓励采用先进技术手段进行记录。

第四十六条　从事医疗器械网络销售的，应当是医疗器械注册人、备案人或者医疗器械经营企业。从事医疗器械网络销售的经营者，应当将从事医疗器械网络销售的相关信息告知所在地设区的市级人民政府负责药品监督管理的部门，经营第一类医疗器械和本条例第四十一条第二款规定的第二类医疗器械的除外。

为医疗器械网络交易提供服务的电子商务平台经营者应当对入网医疗器械经营者进行实名登记，审查其经营许可、备案情况和所经营医疗器械产品注册、备案情况，并对其经营行为进行管理。电子商务平台经营者发现入网医疗器械经营者有违反本条例规定行为的，应当及时制止并立即报告医疗器械经营者所在地设区的市级人民政府负责药品监督管理的部门；发现严重违法行为的，应当立即停止提供网络交易平台服务。

第四十七条　运输、贮存医疗器械，应当符合医疗器械说明书和标签标示的要求；对温度、湿度等环境条件有特殊要求的，应当采取相应措施，保证医疗器械的安全、有效。

第四十八条　医疗器械使用单位应当有与在用医疗器械品种、数量相适应的贮存场所和条件。医疗器械使用单位应当加强对工作人员的技术培训，按照产品说明书、技术操作规范等要求使用医疗器械。

医疗器械使用单位配置大型医用设备，应当符合国务院卫生主管部门制定的大型医用设备配置规划，与其功能定位、临床服务需求相适应，具有相应的技术条件、配套设施和具备相应资质、能力的专业技术人员，并经省级以上人民政府卫生主管部门批准，取得大型医用设备配置许可证。

大型医用设备配置管理办法由国务院卫生主管部门会同国务院有关部门制定。大型医用设备目录由国务院卫生主管部门商国务院有关部门提出，报国务院批准后执行。

第四十九条　医疗器械使用单位对重复使用的医疗器械，应当按照国务院卫生主管部门制定的消毒和管理的规定进行处理。

一次性使用的医疗器械不得重复使用，对使用过的应当按照国家有关规定销毁并记录。一次性使用的医疗器械目录由国务院药品监督管理部门会同国务院卫生主管部门制定、调整并公布。列入一次性使用的医疗器械目录，应当具有充足的无法重复使用的证据理由。重复使用可以保证安全、有效的医疗器械，不列入一次性使用的医疗器械目录。对因设计、生产工艺、消毒灭菌技术等改进后重复使用可以保证安全、有效的医疗器械，应当调整出一次性使用的医疗器械目录，允许重复使用。

第五十条　医疗器械使用单位对需要定期检查、检验、校准、保养、维护的医疗器械，应当按照产品说明书的要求进行检查、检验、校准、保养、维护并予以记录，及时进行分析、评估，确保医疗器械处于良好状态，保障使用质量；对使用期限长的大型医疗器械，应当逐台建立使用档案，记录其使用、维护、转让、实际使用时间等事项。记录保存期限不得少于医疗器械规定使用期限终止后 5 年。

第五十一条　医疗器械使用单位应当妥善保存购入第三类医疗器械的原始资料，并确保信息具有可追溯性。

使用大型医疗器械以及植入和介入类医疗器械的，应当将医疗器械的名称、关键性技术参数等信息以及与使用质量安全密切相关的必要信息记载到病历等相关记录中。

第五十二条 发现使用的医疗器械存在安全隐患的，医疗器械使用单位应当立即停止使用，并通知医疗器械注册人、备案人或者其他负责产品质量的机构进行检修；经检修仍不能达到使用安全标准的医疗器械，不得继续使用。

第五十三条 对国内尚无同品种产品上市的体外诊断试剂，符合条件的医疗机构根据本单位的临床需要，可以自行研制，在执业医师指导下在本单位内使用。具体管理办法由国务院药品监督管理部门会同国务院卫生主管部门制定。

第五十四条 负责药品监督管理的部门和卫生主管部门依据各自职责，分别对使用环节的医疗器械质量和医疗器械使用行为进行监督管理。

第五十五条 医疗器械经营企业、使用单位不得经营、使用未依法注册或者备案、无合格证明文件以及过期、失效、淘汰的医疗器械。

第五十六条 医疗器械使用单位之间转让在用医疗器械，转让方应当确保所转让的医疗器械安全、有效，不得转让过期、失效、淘汰以及检验不合格的医疗器械。

第五十七条 进口的医疗器械应当是依照本条例第二章的规定已注册或者已备案的医疗器械。

进口的医疗器械应当有中文说明书、中文标签。说明书、标签应当符合本条例规定以及相关强制性标准的要求，并在说明书中载明医疗器械的原产地以及境外医疗器械注册人、备案人指定的我国境内企业法人的名称、地址、联系方式。没有中文说明书、中文标签或者说明书、标签不符合本条规定的，不得进口。

医疗机构因临床急需进口少量第二类、第三类医疗器械的，经国务院药品监督管理部门或者国务院授权的省、自治区、直辖市人民政府批准，可以进口。进口的医疗器械应当在指定医疗机构内用于特定医疗目的。

禁止进口过期、失效、淘汰等已使用过的医疗器械。

第五十八条 出入境检验检疫机构依法对进口的医疗器械实施检验；检验不合格的，不得进口。

国务院药品监督管理部门应当及时向国家出入境检验检疫部门通报进口医疗器械的注册和备案情况。进口口岸所在地出入境检验检疫机构应当及时向所在地设区的市级人民政府负责药品监督管理的部门通报进口医疗器械的通关情况。

第五十九条 出口医疗器械的企业应当保证其出口的医疗器械符合进口国（地区）的要求。

第六十条 医疗器械广告的内容应当真实合法，以经负责药品监督管理的部门注册或者备案的医疗器械说明书为准，不得含有虚假、夸大、误导性的内容。

发布医疗器械广告，应当在发布前由省、自治区、直辖市人民政府确定的广告审查机关对广告内容进行审查，并取得医疗器械广告批准文号；未经审查，不得发布。

省级以上人民政府药品监督管理部门责令暂停生产、进口、经营和使用的医疗器械，在暂停期间不得发布涉及该医疗器械的广告。

医疗器械广告的审查办法由国务院市场监督管理部门制定。

第五章　不良事件的处理与医疗器械的召回

第六十一条 国家建立医疗器械不良事件监测制度，对医疗器械不良事件及时进行收集、分析、评价、控制。

第六十二条 医疗器械注册人、备案人应当建立医疗器械不良事件监测体系，配备与其产品相适应的不良事件监测机构和人员，对其产品主动开展不良事件监测，并按照国务院药品监督管理部门的规定，向医疗器械不良事件监测技术机构报告调查、分析、评价、产品风险控制等情况。

医疗器械生产经营企业、使用单位应当协助医疗器械注册人、备案人对所生产经营或者使用的医疗器械开展不良事件监测；发现医疗器械不良事件或者可疑不良事件，应当按照国务院药品监督管理部门的规定，向医疗器械不良事件监测技术机构报告。

其他单位和个人发现医疗器械不良事件或者可疑不良事件，有权向负责药品监督管理的部门或者医疗器械不良事件监测技术机构报告。

第六十三条 国务院药品监督管理部门应当加强医疗器械不良事件监测信息网络建设。

医疗器械不良事件监测技术机构应当加强医疗器械不良事件信息监测，主动收集不良事件信息；发现不良事件或者接到不良事件报告的，应当及时进行核实，必要时进行调查、分析、评估，向负责药品监督管理的部门和卫生主管部门报告并提出处理建议。

医疗器械不良事件监测技术机构应当公布联系方式，方便医疗器械注册人、备案人、生产经营企业、使用单位等报告医疗器械不良事件。

第六十四条 负责药品监督管理的部门应当根据医疗器械不良事件评估结果及时采取发布警示信息以及责令暂停生产、进口、经营和使用等控制措施。

省级以上人民政府药品监督管理部门应当会同同级卫生主管部门和相关部门组织对引起突发、群发的严重伤害或者死亡的医疗器械不良事件及时进行调查和处理，并组织对同类医疗器械加强监测。

负责药品监督管理的部门应当及时向同级卫生主管部门通报医疗器械使用单位的不良事件监测有关情况。

第六十五条 医疗器械注册人、备案人、生产经营企业、使用单位应当对医疗器械不良事件监测技术机构、负责药品监督管理的部门、卫生主管部门开展的医疗器械不良事件调查予以配合。

第六十六条 有下列情形之一的，医疗器械注册人、备案人应当主动开展已上市医疗器械再评价：

（一）根据科学研究的发展，对医疗器械的安全、有效有认识上的改变；

（二）医疗器械不良事件监测、评估结果表明医疗器械可能存在缺陷；

（三）国务院药品监督管理部门规定的其他情形。

医疗器械注册人、备案人应当根据再评价结果，采取相应控制措施，对已上市医疗器械进行改进，并按照规定进行注册变更或者备案变更。再评价结果表明已上市医疗器械不能保证安全、有效的，医疗器械注册人、备案人应当主动申请注销医疗器械注册证或者取消备案；医疗器械注册人、备案人未申请注销医疗器械注册证或者取消备案的，由负责药品监督管理的部门注销医疗器械注册证或者取消备案。

省级以上人民政府药品监督管理部门根据医疗器械不良事件监测、评估等情况，对已上市医疗器械开展再评价。再评价结果表明已上市医疗器械不能保证安全、有效的，应当注销医疗器械注册证或者取消备案。

负责药品监督管理的部门应当向社会及时公布注销医疗器械注册证和取消备案情况。被注销医疗器械注册证或者取消备案的医疗器械不得继续生产、进口、经营、使用。

第六十七条 医疗器械注册人、备案人发现生产的医疗器械不符合强制性标准、经注册或者备案的产品技术要求，或者存在其他缺陷的，应当立即停止生产，通知相关经营企业、使用单位和消费者停止经营和使用，召回已经上市销售的医疗器械，采取补救、销毁等措施，记录相关情况，发布相关信息，并将医疗器械召回和处理情况向负责药品监督管理的部门和卫生主管部门报告。

医疗器械受托生产企业、经营企业发现生产、经营的医疗器械存在前款规定情形的，应当立即停止生产、经营，通知医疗器械注册人、备案人，并记录停止生产、经营和通知情况。医疗器械注册人、备案人认为属于依照前款规定需要召回的医疗器械，应当立即召回。

医疗器械注册人、备案人、受托生产企业、经营企业未依照本条规定实施召回或者停止生产、经营的，负责药品监督管理的部门可以责令其召回或者停止生产、经营。

第六章　监督检查

第六十八条　国家建立职业化专业化检查员制度，加强对医疗器械的监督检查。

第六十九条　负责药品监督管理的部门应当对医疗器械的研制、生产、经营活动以及使用环节的医疗器械质量加强监督检查，并对下列事项进行重点监督检查：

（一）是否按照经注册或者备案的产品技术要求组织生产；

（二）质量管理体系是否保持有效运行；

（三）生产经营条件是否持续符合法定要求。

必要时，负责药品监督管理的部门可以对为医疗器械研制、生产、经营、使用等活动提供产品或者服务的其他相关单位和个人进行延伸检查。

第七十条　负责药品监督管理的部门在监督检查中有下列职权：

（一）进入现场实施检查、抽取样品；

（二）查阅、复制、查封、扣押有关合同、票据、账簿以及其他有关资料；

（三）查封、扣押不符合法定要求的医疗器械，违法使用的零配件、原材料以及用于违法生产经营医疗器械的工具、设备；

（四）查封违反本条例规定从事医疗器械生产经营活动的场所。

进行监督检查，应当出示执法证件，保守被检查单位的商业秘密。

有关单位和个人应当对监督检查予以配合，提供相关文件和资料，不得隐瞒、拒绝、阻挠。

第七十一条　卫生主管部门应当对医疗机构的医疗器械使用行为加强监督检查。实施监督检查时，可以进入医疗机构，查阅、复制有关档案、记录以及其他有关资料。

第七十二条　医疗器械生产经营过程中存在产品质量安全隐患，未及时采取措施消除的，负责药品监督管理的部门可以采取告诫、责任约谈、责令限期整改等措施。

对人体造成伤害或者有证据证明可能危害人体健康的医疗器械，负责药品监督管理的部门可以采取责令暂停生产、进口、经营、使用的紧急控制措施，并发布安全警示信息。

第七十三条　负责药品监督管理的部门应当加强对医疗器械注册人、备案人、生产经营企业和使用单位生产、经营、使用的医疗器械的抽查检验。抽查检验不得收取检验费和其他任何费用，所需费用纳入本级政府预算。省级以上人民政府药品监督管理部门应当根据抽查检验结论及时发布医疗器械质量公告。

卫生主管部门应当对大型医用设备的使用状况进行监督和评估；发现违规使用以及与大型医用设备相关的过度检查、过度治疗等情形的，应当立即纠正，依法予以处理。

第七十四条　负责药品监督管理的部门未及时发现医疗器械安全系统性风险，未及时消除监督管理区域内医疗器械安全隐患的，本级人民政府或者上级人民政府负责药品监督管理的部门应当对其主要负责人进行约谈。

地方人民政府未履行医疗器械安全职责，未及时消除区域性重大医疗器械安全隐患的，上级人民政府或者上级人民政府负责药品监督管理的部门应当对其主要负责人进行约谈。

被约谈的部门和地方人民政府应当立即采取措施,对医疗器械监督管理工作进行整改。

第七十五条 医疗器械检验机构资质认定工作按照国家有关规定实行统一管理。经国务院认证认可监督管理部门会同国务院药品监督管理部门认定的检验机构,方可对医疗器械实施检验。

负责药品监督管理的部门在执法工作中需要对医疗器械进行检验的,应当委托有资质的医疗器械检验机构进行,并支付相关费用。

当事人对检验结论有异议的,可以自收到检验结论之日起7个工作日内向实施抽样检验的部门或者其上一级负责药品监督管理的部门提出复检申请,由受理复检申请的部门在复检机构名录中随机确定复检机构进行复检。承担复检工作的医疗器械检验机构应当在国务院药品监督管理部门规定的时间内作出复检结论。复检结论为最终检验结论。复检机构与初检机构不得为同一机构;相关检验项目只有一家有资质的检验机构的,复检时应当变更承办部门或者人员。复检机构名录由国务院药品监督管理部门公布。

第七十六条 对可能存在有害物质或者擅自改变医疗器械设计、原材料和生产工艺并存在安全隐患的医疗器械,按照医疗器械国家标准、行业标准规定的检验项目和检验方法无法检验的,医疗器械检验机构可以使用国务院药品监督管理部门批准的补充检验项目和检验方法进行检验;使用补充检验项目、检验方法得出的检验结论,可以作为负责药品监督管理的部门认定医疗器械质量的依据。

第七十七条 市场监督管理部门应当依照有关广告管理的法律、行政法规的规定,对医疗器械广告进行监督检查,查处违法行为。

第七十八条 负责药品监督管理的部门应当通过国务院药品监督管理部门在线政务服务平台依法及时公布医疗器械许可、备案、抽查检验、违法行为查处等日常监督管理信息。但是,不得泄露当事人的商业秘密。

负责药品监督管理的部门建立医疗器械注册人、备案人、生产经营企业、使用单位信用档案,对有不良信用记录的增加监督检查频次,依法加强失信惩戒。

第七十九条 负责药品监督管理的部门等部门应当公布本单位的联系方式,接受咨询、投诉、举报。负责药品监督管理的部门等部门接到与医疗器械监督管理有关的咨询,应当及时答复;接到投诉、举报,应当及时核实、处理、答复。对咨询、投诉、举报情况及其答复、核实、处理情况,应当予以记录、保存。

有关医疗器械研制、生产、经营、使用行为的举报经调查属实的,负责药品监督管理的部门等部门对举报人应当给予奖励。有关部门应当为举报人保密。

第八十条 国务院药品监督管理部门制定、调整、修改本条例规定的目录以及与医疗器械监督管理有关的规范,应当公开征求意见;采取听证会、论证会等形式,听取专家、医疗器械注册人、备案人、生产经营企业、使用单位、消费者、行业协会以及相关组织等方面的意见。

第七章　法律责任

第八十一条 有下列情形之一的,由负责药品监督管理的部门没收违法所得、违法生产经营的医疗器械和用于违法生产经营的工具、设备、原材料等物品;违法生产经营的医疗器械货值金额不足1万元的,并处5万元以上15万元以下罚款;货值金额1万元以上的,并处货值金额15倍以上30倍以下罚款;情节严重的,责令停产停业,10年内不受理相关责任人以及单位提出的医疗器械许可申请,对违法单位的法定代表人、主要负责人、直接负责的主管人员和其他责任人员,没收违法行为发生期间自本单位所获收入,并处所获收入30%以上3倍以下罚款,终身禁止其从事医疗器械生产经营活动:

(一)生产、经营未取得医疗器械注册证的第二类、第三类医疗器械;

（二）未经许可从事第二类、第三类医疗器械生产活动；

（三）未经许可从事第三类医疗器械经营活动。

有前款第一项情形、情节严重的，由原发证部门吊销医疗器械生产许可证或者医疗器械经营许可证。

第八十二条 未经许可擅自配置使用大型医用设备的，由县级以上人民政府卫生主管部门责令停止使用，给予警告，没收违法所得；违法所得不足 1 万元的，并处 5 万元以上 10 万元以下罚款；违法所得 1 万元以上的，并处违法所得 10 倍以上 30 倍以下罚款；情节严重的，5 年内不受理相关责任人以及单位提出的大型医用设备配置许可申请，对违法单位的法定代表人、主要负责人、直接负责的主管人员和其他责任人员，没收违法行为发生期间自本单位所获收入，并处所获收入 30% 以上 3 倍以下罚款，依法给予处分。

第八十三条 在申请医疗器械行政许可时提供虚假资料或者采取其他欺骗手段的，不予行政许可，已经取得行政许可的，由作出行政许可决定的部门撤销行政许可，没收违法所得、违法生产经营使用的医疗器械，10 年内不受理相关责任人以及单位提出的医疗器械许可申请；违法生产经营使用的医疗器械货值金额不足 1 万元的，并处 5 万元以上 15 万元以下罚款；货值金额 1 万元以上的，并处货值金额 15 倍以上 30 倍以下罚款；情节严重的，责令停产停业，对违法单位的法定代表人、主要负责人、直接负责的主管人员和其他责任人员，没收违法行为发生期间自本单位所获收入，并处所获收入 30% 以上 3 倍以下罚款，终身禁止其从事医疗器械生产经营活动。

伪造、变造、买卖、出租、出借相关医疗器械许可证件的，由原发证部门予以收缴或者吊销，没收违法所得；违法所得不足 1 万元的，并处 5 万元以上 10 万元以下罚款；违法所得 1 万元以上的，并处违法所得 10 倍以上 20 倍以下罚款；构成违反治安管理行为的，由公安机关依法予以治安管理处罚。

第八十四条 有下列情形之一的，由负责药品监督管理的部门向社会公告单位和产品名称，责令限期改正；逾期不改正的，没收违法所得、违法生产经营的医疗器械；违法生产经营的医疗器械货值金额不足 1 万元的，并处 1 万元以上 5 万元以下罚款；货值金额 1 万元以上的，并处货值金额 5 倍以上 20 倍以下罚款；情节严重的，对违法单位的法定代表人、主要负责人、直接负责的主管人员和其他责任人员，没收违法行为发生期间自本单位所获收入，并处所获收入 30% 以上 2 倍以下罚款，5 年内禁止其从事医疗器械生产经营活动：

（一）生产、经营未经备案的第一类医疗器械；

（二）未经备案从事第一类医疗器械生产；

（三）经营第二类医疗器械，应当备案但未备案；

（四）已经备案的资料不符合要求。

第八十五条 备案时提供虚假资料的，由负责药品监督管理的部门向社会公告备案单位和产品名称，没收违法所得、违法生产经营的医疗器械；违法生产经营的医疗器械货值金额不足 1 万元的，并处 2 万元以上 5 万元以下罚款；货值金额 1 万元以上的，并处货值金额 5 倍以上 20 倍以下罚款；情节严重的，责令停产停业，对违法单位的法定代表人、主要负责人、直接负责的主管人员和其他责任人员，没收违法行为发生期间自本单位所获收入，并处所获收入 30% 以上 3 倍以下罚款，10 年内禁止其从事医疗器械生产经营活动。

第八十六条 有下列情形之一的，由负责药品监督管理的部门责令改正，没收违法生产经营使用的医疗器械；违法生产经营使用的医疗器械货值金额不足 1 万元的，并处 2 万元以上 5 万元以下罚款；货值金额 1 万元以上的，并处货值金额 5 倍以上 20 倍以下罚款；情节严重的，责令停产停业，直至由原发证部门吊销医疗器械注册证、医疗器械生产许可证、医疗器械经营许可证，对违法单位的法定代表人、主要负责人、直接负责的主管人员和其他责任人员，没收违法行为发生期间自本单位所获收入，并处所获收入30%以上3倍以下罚款，10年内禁止其从事医疗器械生产经营活动：

（一）生产、经营、使用不符合强制性标准或者不符合经注册或者备案的产品技术要求的医疗器械；

（二）未按照经注册或者备案的产品技术要求组织生产，或者未依照本条例规定建立质量管理体系并保持有效运行，影响产品安全、有效；

（三）经营、使用无合格证明文件、过期、失效、淘汰的医疗器械，或者使用未依法注册的医疗器械；

（四）在负责药品监督管理的部门责令召回后仍拒不召回，或者在负责药品监督管理的部门责令停止或者暂停生产、进口、经营后，仍拒不停止生产、进口、经营医疗器械；

（五）委托不具备本条例规定条件的企业生产医疗器械，或者未对受托生产企业的生产行为进行管理；

（六）进口过期、失效、淘汰等已使用过的医疗器械。

第八十七条 医疗器械经营企业、使用单位履行了本条例规定的进货查验等义务，有充分证据证明其不知道所经营、使用的医疗器械为本条例第八十一条第一款第一项、第八十四条第一项、第八十六条第一项和第三项规定情形的医疗器械，并能如实说明其进货来源的，收缴其经营、使用的不符合法定要求的医疗器械，可以免除行政处罚。

第八十八条 有下列情形之一的，由负责药品监督管理的部门责令改正，处1万元以上5万元以下罚款；拒不改正的，处5万元以上10万元以下罚款；情节严重的，责令停产停业，直至由原发证部门吊销医疗器械生产许可证、医疗器械经营许可证，对违法单位的法定代表人、主要负责人、直接负责的主管人员和其他责任人员，没收违法行为发生期间自本单位所获收入，并处所获收入30%以上2倍以下罚款，5年内禁止其从事医疗器械生产经营活动：

（一）生产条件发生变化、不再符合医疗器械质量管理体系要求，未依照本条例规定整改、停止生产、报告；

（二）生产、经营说明书、标签不符合本条例规定的医疗器械；

（三）未按照医疗器械说明书和标签标示要求运输、贮存医疗器械；

（四）转让过期、失效、淘汰或者检验不合格的在用医疗器械。

第八十九条 有下列情形之一的，由负责药品监督管理的部门和卫生主管部门依据各自职责责令改正，给予警告；拒不改正的，处1万元以上10万元以下罚款；情节严重的，责令停产停业，直至由原发证部门吊销医疗器械注册证、医疗器械生产许可证、医疗器械经营许可证，对违法单位的法定代表人、主要负责人、直接负责的主管人员和其他责任人员处1万元以上3万元以下罚款：

（一）未按照要求提交质量管理体系自查报告；

（二）从不具备合法资质的供货者购进医疗器械；

（三）医疗器械经营企业、使用单位未依照本条例规定建立并执行医疗器械进货查验记录制度；

（四）从事第二类、第三类医疗器械批发业务以及第三类医疗器械零售业务的经营企业未依照本条例规定建立并执行销售记录制度；

（五）医疗器械注册人、备案人、生产经营企业、使用单位未依照本条例规定开展医疗器械不良事件监测，未按照要求报告不良事件，或者对医疗器械不良事件监测技术机构、负责药品监督管理的部门、卫生主管部门开展的不良事件调查不予配合；

（六）医疗器械注册人、备案人未按照规定制定上市后研究和风险管控计划并保证有效实施；

（七）医疗器械注册人、备案人未按照规定建立并执行产品追溯制度；

（八）医疗器械注册人、备案人、经营企业从事医疗器械网络销售未按照规定告知负责药品监督管理的部门；

（九）对需要定期检查、检验、校准、保养、维护的医疗器械，医疗器械使用单位未按照产品说明书要求进行检查、检验、校准、保养、维护并予以记录，及时进行分析、评估，确保医疗器械处于良好状态；

（十）医疗器械使用单位未妥善保存购入第三类医疗器械的原始资料。

第九十条 有下列情形之一的，由县级以上人民政府卫生主管部门责令改正，给予警告；拒不改正的，处 5 万元以上 10 万元以下罚款；情节严重的，处 10 万元以上 30 万元以下罚款，责令暂停相关医疗器械使用活动，直至由原发证部门吊销执业许可证，依法责令相关责任人员暂停 6 个月以上 1 年以下执业活动，直至由原发证部门吊销相关人员执业证书，对违法单位的法定代表人、主要负责人、直接负责的主管人员和其他责任人员，没收违法行为发生期间自本单位所获收入，并处所获收入 30% 以上 3 倍以下罚款，依法给予处分：

（一）对重复使用的医疗器械，医疗器械使用单位未按照消毒和管理的规定进行处理；

（二）医疗器械使用单位重复使用一次性使用的医疗器械，或者未按照规定销毁使用过的一次性使用的医疗器械；

（三）医疗器械使用单位未按照规定将大型医疗器械以及植入和介入类医疗器械的信息记载到病历等相关记录中；

（四）医疗器械使用单位发现使用的医疗器械存在安全隐患未立即停止使用、通知检修，或者继续使用经检修仍不能达到使用安全标准的医疗器械；

（五）医疗器械使用单位违规使用大型医用设备，不能保障医疗质量安全。

第九十一条 违反进出口商品检验相关法律、行政法规进口医疗器械的，由出入境检验检疫机构依法处理。

第九十二条 为医疗器械网络交易提供服务的电子商务平台经营者违反本条例规定，未履行对入网医疗器械经营者进行实名登记，审查许可、注册、备案情况，制止并报告违法行为，停止提供网络交易平台服务等管理义务的，由负责药品监督管理的部门依照《中华人民共和国电子商务法》的规定给予处罚。

第九十三条 未进行医疗器械临床试验机构备案开展临床试验的，由负责药品监督管理的部门责令停止临床试验并改正；拒不改正的，该临床试验数据不得用于产品注册、备案，处 5 万元以上 10 万元以下罚款，并向社会公告；造成严重后果的，5 年内禁止其开展相关专业医疗器械临床试验，并处 10 万元以上 30 万元以下罚款，由卫生主管部门对违法单位的法定代表人、主要负责人、直接负责的主管人员和其他责任人员，没收违法行为发生期间自本单位所获收入，并处所获收入 30% 以上 3 倍以下罚款，依法给予处分。

临床试验申办者开展临床试验未经备案的，由负责药品监督管理的部门责令停止临床试验，对临床试验申办者处 5 万元以上 10 万元以下罚款，并向社会公告；造成严重后果的，处 10 万元以上 30 万元以下罚款。该临床试验数据不得用于产品注册、备案，5 年内不受理相关责任人以及单位提出的医疗器械注册申请。

临床试验申办者未经批准开展对人体具有较高风险的第三类医疗器械临床试验的，由负责药品监督管理的部门责令立即停止临床试验，对临床试验申办者处 10 万元以上 30 万元以下罚款，并向社会公告；造成严重后果的，处 30 万元以上 100 万元以下罚款。该临床试验数据不得用于产品注册，10 年内不受理相关责任人以及单位提出的医疗器械临床试验和注册申请，对违法单位的法定代表人、主要负责人、直接负责的主管人员和其他责任人员，没收违法行为发生期间自本单位所获收入，并处所获收入30%以上3倍以下罚款。

第九十四条 医疗器械临床试验机构开展医疗器械临床试验未遵守临床试验质量管理规范的，由负责药品监督管理的部门责令改正或者立即停止临床试验，处5万元以上10万元以下罚款；造成严重后果的，5年内禁止其开展相关专业医疗器械临床试验，由卫生主管部门对违法单位的法定代表人、主要负责人、直接负责的主管人员和其他责任人员，没收违法行为发生期间自本单位所获收入，并处所获收入30%以上3倍以下罚款，依法给予处分。

第九十五条 医疗器械临床试验机构出具虚假报告的，由负责药品监督管理的部门处10万元以上30万元以下罚款；有违法所得的，没收违法所得；10年内禁止其开展相关专业医疗器械临床试验；由卫生主管部门对违法单位的法定代表人、主要负责人、直接负责的主管人员和其他责任人员，没收违法行为发生期间自本单位所获收入，并处所获收入30%以上3倍以下罚款，依法给予处分。

第九十六条 医疗器械检验机构出具虚假检验报告的，由授予其资质的主管部门撤销检验资质，10年内不受理相关责任人以及单位提出的资质认定申请，并处10万元以上30万元以下罚款；有违法所得的，没收违法所得；对违法单位的法定代表人、主要负责人、直接负责的主管人员和其他责任人员，没收违法行为发生期间自本单位所获收入，并处所获收入30%以上3倍以下罚款，依法给予处分；受到开除处分的，10年内禁止其从事医疗器械检验工作。

第九十七条 违反本条例有关医疗器械广告管理规定的，依照《中华人民共和国广告法》的规定给予处罚。

第九十八条 境外医疗器械注册人、备案人指定的我国境内企业法人未依照本条例规定履行相关义务的，由省、自治区、直辖市人民政府药品监督管理部门责令改正，给予警告，并处5万元以上10万元以下罚款；情节严重的，处10万元以上50万元以下罚款，5年内禁止其法定代表人、主要负责人、直接负责的主管人员和其他责任人员从事医疗器械生产经营活动。

境外医疗器械注册人、备案人拒不履行依据本条例作出的行政处罚决定的，10年内禁止其医疗器械进口。

第九十九条 医疗器械研制、生产、经营单位和检验机构违反本条例规定使用禁止从事医疗器械生产经营活动、检验工作的人员的，由负责药品监督管理的部门责令改正，给予警告；拒不改正，责令停产停业直至吊销许可证件。

第一百条 医疗器械技术审评机构、医疗器械不良事件监测技术机构未依照本条例规定履行职责，致使审评、监测工作出现重大失误的，由负责药品监督管理的部门责令改正，通报批评，给予警告；造成严重后果的，对违法单位的法定代表人、主要负责人、直接负责的主管人员和其他责任人员，依法给予处分。

第一百零一条 负责药品监督管理的部门或者其他有关部门工作人员违反本条例规定，滥用职权、玩忽职守、徇私舞弊的，依法给予处分。

第一百零二条 违反本条例规定，构成犯罪的，依法追究刑事责任；造成人身、财产或者其他损害的，依法承担赔偿责任。

第八章 附　　则

第一百零三条 本条例下列用语的含义：

医疗器械，是指直接或者间接用于人体的仪器、设备、器具、体外诊断试剂及校准物、材料以及其他类似或者相关的物品，包括所需要的计算机软件；其效用主要通过物理等方式获得，不是通过药理学、免疫学或者代谢的方式获得，或者虽然有这些方式参与但是只起辅助作用；其目的是：

（一）疾病的诊断、预防、监护、治疗或者缓解；

（二）损伤的诊断、监护、治疗、缓解或者功能补偿；

（三）生理结构或者生理过程的检验、替代、调节或者支持；

（四）生命的支持或者维持；

（五）妊娠控制；

（六）通过对来自人体的样本进行检查，为医疗或者诊断目的提供信息。

医疗器械注册人、备案人，是指取得医疗器械注册证或者办理医疗器械备案的企业或者研制机构。

医疗器械使用单位，是指使用医疗器械为他人提供医疗等技术服务的机构，包括医疗机构、计划生育技术服务机构、血站、单采血浆站、康复辅助器具适配机构等。

大型医用设备，是指使用技术复杂、资金投入量大、运行成本高、对医疗费用影响大且纳入目录管理的大型医疗器械。

第一百零四条 医疗器械产品注册可以收取费用。具体收费项目、标准分别由国务院财政、价格主管部门按照国家有关规定制定。

第一百零五条 医疗卫生机构为应对突发公共卫生事件而研制的医疗器械的管理办法，由国务院药品监督管理部门会同国务院卫生主管部门制定。

从事非营利的避孕医疗器械的存储、调拨和供应，应当遵守国务院卫生主管部门会同国务院药品监督管理部门制定的管理办法。

中医医疗器械的技术指导原则，由国务院药品监督管理部门会同国务院中医药管理部门制定。

第一百零六条 军队医疗器械使用的监督管理，依照本条例和军队有关规定执行。

第一百零七条 本条例自 2021 年 6 月 1 日起施行。

医疗器械生产监督管理办法

（2022 年 3 月 10 日国家市场监督管理总局令第 53 号公布 自 2022 年 5 月 1 日起施行）

第一章 总 则

第一条 为了加强医疗器械生产监督管理，规范医疗器械生产活动，保证医疗器械安全、有效，根据《医疗器械监督管理条例》，制定本办法。

第二条 在中华人民共和国境内从事医疗器械生产活动及其监督管理，应当遵守本办法。

第三条 从事医疗器械生产活动，应当遵守法律、法规、规章、强制性标准和医疗器械生产质量管理规范，保证医疗器械生产全过程信息真实、准确、完整和可追溯。

医疗器械注册人、备案人对上市医疗器械的安全、有效负责。

第四条 根据医疗器械风险程度，医疗器械生产实施分类管理。

从事第二类、第三类医疗器械生产活动，应当经所在地省、自治区、直辖市药品监督管理部门批准，依法取得医疗器械生产许可证；从事第一类医疗器械生产活动，应当向所在地设区的市级负责药品监督管理的部门办理医疗器械生产备案。

第五条 国家药品监督管理局负责全国医疗器械生产监督管理工作。

省、自治区、直辖市药品监督管理部门负责本行政区域第二类、第三类医疗器械生产监督管理，依法按照职责负责本行政区域第一类医疗器械生产监督管理，并加强对本行政区域第一类医疗器械生产监督管理工作的指导。

设区的市级负责药品监督管理的部门依法按照职责监督管理本行政区域第一类医疗器械生产活动。

第六条 药品监督管理部门依法设置或者指定的医疗器械审评、检查、检验、监测与评价等专业技术机构，按照职责分工承担相关技术工作，为医疗器械生产监督管理提供技术支撑。

国家药品监督管理局食品药品审核查验中心组织拟订医疗器械检查制度规范和技术文件，承担重大有因检查和境外检查等工作，并对省、自治区、直辖市医疗器械检查机构质量管理体系进行指导和评估。

第七条 国家药品监督管理局加强医疗器械生产监督管理信息化建设，提高在线政务服务水平。

省、自治区、直辖市药品监督管理部门负责本行政区域医疗器械生产监督管理信息化建设和管理工作，按照国家药品监督管理局的要求统筹推进医疗器械生产监督管理信息共享。

第八条 药品监督管理部门依法及时公开医疗器械生产许可、备案、监督检查、行政处罚等信息，方便公众查询，接受社会监督。

第二章　生产许可与备案管理

第九条 从事医疗器械生产活动，应当具备下列条件：

（一）有与生产的医疗器械相适应的生产场地、环境条件、生产设备以及专业技术人员；

（二）有能对生产的医疗器械进行质量检验的机构或者专职检验人员以及检验设备；

（三）有保证医疗器械质量的管理制度；

（四）有与生产的医疗器械相适应的售后服务能力；

（五）符合产品研制、生产工艺文件规定的要求。

第十条 在境内从事第二类、第三类医疗器械生产的，应当向所在地省、自治区、直辖市药品监督管理部门申请生产许可，并提交下列材料：

（一）所生产的医疗器械注册证以及产品技术要求复印件；

（二）法定代表人（企业负责人）身份证明复印件；

（三）生产、质量和技术负责人的身份、学历、职称相关材料复印件；

（四）生产管理、质量检验岗位从业人员学历、职称一览表；

（五）生产场地的相关文件复印件，有特殊生产环境要求的，还应当提交设施、环境的相关文件复印件；

（六）主要生产设备和检验设备目录；

（七）质量手册和程序文件目录；

（八）生产工艺流程图；

（九）证明售后服务能力的相关材料；

（十）经办人的授权文件。

申请人应当确保所提交的材料合法、真实、准确、完整和可追溯。

相关材料可以通过联网核查的，无需申请人提供。

第十一条 省、自治区、直辖市药品监督管理部门收到申请后，应当根据下列情况分别作出处理：

（一）申请事项属于本行政机关职权范围、申请资料齐全、符合法定形式的，应当受理申请；

（二）申请资料存在可以当场更正的错误的，应当允许申请人当场更正；

（三）申请资料不齐全或者不符合法定形式的，应当当场或者在 5 个工作日内一次告知申请人需要补正的全部内容，逾期不告知的，自收到申请资料之日起即为受理；

（四）申请事项依法不属于本行政机关职权范围的，应当即时作出不予受理的决定，并告知申请人向有关行政机关申请。

省、自治区、直辖市药品监督管理部门受理或者不予受理医疗器械生产许可申请的，应当出具加盖本行政机关专用印章和注明日期的受理或者不予受理通知书。

第十二条 法律、法规、规章规定实施行政许可应当听证的事项，或者药品监督管理部门认为需要听证的其他涉及公共利益的重大行政许可事项，药品监督管理部门应当向社会公告，并举行听证。医疗器械生产许可申请直接涉及申请人与他人之间重大利益关系的，药品监督管理部门在作出行政许可决定前，应当告知申请人、利害关系人享有要求听证的权利。

第十三条 省、自治区、直辖市药品监督管理部门应当对申请资料进行审核，按照国家药品监督管理局制定的医疗器械生产质量管理规范的要求进行核查，并自受理申请之日起 20 个工作日内作出决定。现场核查可以与产品注册体系核查相结合，避免重复核查。需要整改的，整改时间不计入审核时限。

符合规定条件的，依法作出准予许可的书面决定，并于 10 个工作日内发给《医疗器械生产许可证》；不符合规定条件的，作出不予许可的书面决定，并说明理由，同时告知申请人享有依法申请行政复议或者提起行政诉讼的权利。

第十四条 医疗器械生产许可证分为正本和副本，有效期为 5 年。正本和副本载明许可证编号、企业名称、统一社会信用代码、法定代表人（企业负责人）、住所、生产地址、生产范围、发证部门、发证日期和有效期限。副本记载许可证正本载明事项变更以及车间或者生产线重大改造等情况。企业名称、统一社会信用代码、法定代表人（企业负责人）、住所等项目应当与营业执照中载明的相关内容一致。

医疗器械生产许可证由国家药品监督管理局统一样式，由省、自治区、直辖市药品监督管理部门印制。

医疗器械生产许可证电子证书与纸质证书具有同等法律效力。

第十五条 生产地址变更或者生产范围增加的，应当向原发证部门申请医疗器械生产许可变更，并提交本办法第十条规定中涉及变更内容的有关材料，原发证部门应当依照本办法第十三条的规定进行审核并开展现场核查。

车间或者生产线进行改造，导致生产条件发生变化，可能影响医疗器械安全、有效的，应当向原发证部门报告。属于许可事项变化的，应当按照规定办理相关许可变更手续。

第十六条 企业名称、法定代表人（企业负责人）、住所变更或者生产地址文字性变更，以及生产范围核减的，应当在变更后 30 个工作日内，向原发证部门申请登记事项变更，并提交相关材料。原发证部门应当在 5 个工作日内完成登记事项变更。

第十七条 医疗器械生产许可证有效期届满延续的，应当在有效期届满前 90 个工作日至 30 个工作日期间提出延续申请。逾期未提出延续申请的，不再受理其延续申请。

原发证部门应当结合企业遵守医疗器械管理法律法规、医疗器械生产质量管理规范情况和企业质量管理体系运行情况进行审查，必要时开展现场核查，在医疗器械生产许可证有效期届满前作出是否准予延续的决定。

经审查符合规定条件的，准予延续，延续的医疗器械生产许可证编号不变。不符合规定条件的，责令限期改正；整改后仍不符合规定条件的，不予延续，并书面说明理由。

延续许可的批准时间在原许可证有效期内的，延续起始日为原许可证到期日的次日；批准时间不在原许可证有效期内的，延续起始日为批准延续许可的日期。

第十八条 医疗器械生产企业跨省、自治区、直辖市设立生产场地的，应当向新设生产场地所在地省、自治区、直辖市药品监督管理部门申请医疗器械生产许可。

第十九条 医疗器械生产许可证遗失的，应当向原发证部门申请补发。原发证部门应当及时补发医疗器械生产许可证，补发的医疗器械生产许可证编号和有效期限与原许可证一致。

第二十条 医疗器械生产许可证正本、副本变更的，发证部门应当重新核发变更后的医疗器械生产许可证正本、副本，收回原许可证正本、副本；仅副本变更的，发证部门应当重新核发变更后的医疗器械生产许可证副本，收回原许可证副本。变更后的医疗器械生产许可证编号和有效期限不变。

第二十一条 有下列情形之一的，由原发证部门依法注销医疗器械生产许可证，并予以公告：

（一）主动申请注销的；

（二）有效期届满未延续的；

（三）市场主体资格依法终止的；

（四）医疗器械生产许可证依法被吊销或者撤销的；

（五）法律、法规规定应当注销行政许可的其他情形。

第二十二条 从事第一类医疗器械生产的，应当向所在地设区的市级负责药品监督管理的部门备案，在提交本办法第十条规定的相关材料后，即完成生产备案，获取备案编号。医疗器械备案人自行生产第一类医疗器械的，可以在办理产品备案时一并办理生产备案。

药品监督管理部门应当在生产备案之日起3个月内，对提交的资料以及执行医疗器械生产质量管理规范情况开展现场检查。对不符合医疗器械生产质量管理规范要求的，依法处理并责令限期改正；不能保证产品安全、有效的，取消备案并向社会公告。

第二十三条 第一类医疗器械生产备案内容发生变化的，应当在10个工作日内向原备案部门提交本办法第十条规定的与变化有关的材料，药品监督管理部门必要时可以依照本办法第二十二条的规定开展现场核查。

第二十四条 任何单位或者个人不得伪造、变造、买卖、出租、出借医疗器械生产许可证。

第三章　生产质量管理

第二十五条 医疗器械注册人、备案人、受托生产企业应当按照医疗器械生产质量管理规范的要求，建立健全与所生产医疗器械相适应的质量管理体系并保持其有效运行，并严格按照经注册或者备案的产品技术要求组织生产，保证出厂的医疗器械符合强制性标准以及经注册或者备案的产品技术要求。

第二十六条 医疗器械注册人、备案人的法定代表人、主要负责人对其生产的医疗器械质量安全全面负责。

第二十七条 医疗器械注册人、备案人、受托生产企业应当配备管理者代表。管理者代表受法定代表人或者主要负责人委派，履行建立、实施并保持质量管理体系有效运行等责任。

第二十八条 医疗器械注册人、备案人、受托生产企业应当开展医疗器械法律、法规、规章、标准以及质量管理等方面的培训，建立培训制度，制定培训计划，加强考核并做好培训记录。

第二十九条 医疗器械注册人、备案人、受托生产企业应当按照所生产产品的特性、工艺流程以及生产环境要求合理配备、使用设施设备，加强对设施设备的管理，并保持其有效运行。

第三十条 医疗器械注册人、备案人应当开展设计开发到生产的转换活动，并进行充分验证和确认，确保设计开发输出适用于生产。

第三十一条 医疗器械注册人、备案人、受托生产企业应当加强采购管理，建立供应商审核制度，对供应商进行评价，确保采购产品和服务符合相关规定要求。

医疗器械注册人、备案人、受托生产企业应当建立原材料采购验收记录制度，确保相关记录真实、准确、完整和可追溯。

第三十二条 医疗器械注册人、备案人委托生产的，应当对受托方的质量保证能力和风险管理能力进行评估，按照国家药品监督管理局制定的委托生产质量协议指南要求，与其签订质量协议以及委托协议，监督受托方履行有关协议约定的义务。

受托生产企业应当按照法律、法规、规章、医疗器械生产质量管理规范、强制性标准、产品技术要求、委托生产质量协议等要求组织生产，对生产行为负责，并接受医疗器械注册人、备案人的监督。

第三十三条 医疗器械注册人、备案人、受托生产企业应当建立记录管理制度，确保记录真实、准确、完整和可追溯。

鼓励医疗器械注册人、备案人、受托生产企业采用先进技术手段，建立信息化管理系统，加强对生产过程的管理。

第三十四条 医疗器械注册人、备案人应当负责产品上市放行，建立产品上市放行规程，明确放行标准、条件，并对医疗器械生产过程记录和质量检验结果进行审核，符合标准和条件的，经授权的放行人员签字后方可上市。委托生产的，医疗器械注册人、备案人还应当对受托生产企业的生产放行文件进行审核。

受托生产企业应当建立生产放行规程，明确生产放行的标准、条件，确认符合标准、条件的，方可出厂。

不符合法律、法规、规章、强制性标准以及经注册或者备案的产品技术要求的，不得放行出厂和上市。

第三十五条 医疗器械注册人、备案人应当建立并实施产品追溯制度，保证产品可追溯。受托生产企业应当协助注册人、备案人实施产品追溯。

第三十六条 医疗器械注册人、备案人、受托生产企业应当按照国家实施医疗器械唯一标识的有关要求，开展赋码、数据上传和维护更新，保证信息真实、准确、完整和可追溯。

第三十七条 医疗器械注册人、备案人、受托生产企业应当建立纠正措施程序，确定产生问题的原因，采取有效措施，防止相关问题再次发生。

医疗器械注册人、备案人、受托生产企业应当建立预防措施程序，查清潜在问题的原因，采取有效措施，防止问题发生。

第三十八条 医疗器械注册人、备案人应当按照医疗器械生产质量管理规范的要求，对可能影响产品安全性和有效性的原材料、生产工艺等变化进行识别和控制。需要进行注册变更或者备案变更的，应当按照注册备案管理的规定办理相关手续。

第三十九条 新的强制性标准实施后，医疗器械注册人、备案人应当及时识别产品技术要求和强制性标准的差异，需要进行注册变更或者备案变更的，应当按照注册备案管理的规定办理相关手续。

第四十条 医疗器械注册人、备案人、受托生产企业应当按照医疗器械不良事件监测相关规定落实不良事件监测责任，开展不良事件监测，向医疗器械不良事件监测技术机构报告调查、分析、评价、产品风险控制等情况。

第四十一条 医疗器械注册人、备案人发现生产的医疗器械不符合强制性标准、经注册或者备案的产品技术要求，或者存在其他缺陷的，应当立即停止生产，通知相关经营企业、使用单位和消费者停止经营和使用，召回已经上市销售的医疗器械，采取补救、销毁等措施，记录相关情况，发布相关信息，并将医疗器械召回和处理情况向药品监督管理部门和卫生主管部门报告。

受托生产企业应当按照医疗器械召回的相关规定履行责任，并协助医疗器械注册人、备案人对所生产的医疗器械实施召回。

第四十二条 医疗器械生产企业应当向药品监督管理部门报告所生产的产品品种情况。

增加生产产品品种的，应当向原生产许可或者生产备案部门报告，涉及委托生产的，还应当提供委托方、受托生产产品、受托期限等信息。

医疗器械生产企业增加生产产品涉及生产条件变化，可能影响产品安全、有效的，应当在增加生产产品 30 个工作日前向原生产许可部门报告，原生产许可部门应当及时开展现场核查。属于许可事项变化的，应当按照规定办理相关许可变更。

第四十三条 医疗器械生产企业连续停产一年以上且无同类产品在产的，重新生产时，应当进行必要的验证和确认，并书面报告药品监督管理部门。可能影响质量安全的，药品监督管理部门可以根据需要组织核查。

第四十四条 医疗器械注册人、备案人、受托生产企业的生产条件发生变化，不再符合医疗器械质量管理体系要求的，应当立即采取整改措施；可能影响医疗器械安全、有效的，应当立即停止生产活动，并向原生产许可或者生产备案部门报告。

受托生产企业应当及时将变化情况告知医疗器械注册人、备案人。

第四十五条 医疗器械注册人、备案人、受托生产企业应当每年对质量管理体系的运行情况进行自查，并于次年 3 月 31 日前向所在地药品监督管理部门提交自查报告。进口医疗器械注册人、备案人由其代理人向代理人所在地省、自治区、直辖市药品监督管理部门提交自查报告。

第四章 监 督 检 查

第四十六条 药品监督管理部门依法按照职责开展对医疗器械注册人、备案人和受托生产企业生产活动的监督检查。

必要时，药品监督管理部门可以对为医疗器械生产活动提供产品或者服务的其他单位和个人开展延伸检查。

第四十七条 药品监督管理部门应当建立健全职业化、专业化医疗器械检查员制度，根据监管事权、产业规模以及检查任务等，配备充足的检查员，有效保障检查工作需要。

检查员应当熟悉医疗器械法律法规，具备医疗器械专业知识和检查技能。

第四十八条 药品监督管理部门依据产品和企业的风险程度，对医疗器械注册人、备案人、受托生产企业实行分级管理并动态调整。

国家药品监督管理局组织制定重点监管产品目录。省、自治区、直辖市药品监督管理部门结合实际确定本行政区域重点监管产品目录。

省、自治区、直辖市药品监督管理部门依据重点监管产品目录以及医疗器械生产质量管理状况，结合医疗器械不良事件、产品投诉举报以及企业信用状况等因素，组织实施分级监督管理工作。

第四十九条 省、自治区、直辖市药品监督管理部门应当制定年度医疗器械生产监督检查计划，确定医疗器械监督管理的重点，明确检查频次和覆盖范围，综合运用监督检查、重点检查、跟踪检查、有因检查和专项检查等多种形式强化监督管理。

对生产重点监管产品目录品种的企业每年至少检查一次。

第五十条 药品监督管理部门组织监督检查时，应当制定检查方案，明确检查事项和依据，如实记录现场检查情况，并将检查结果书面告知被检查企业。需要整改的，应当明确整改内容和整改期限。

药品监督管理部门进行监督检查时，应当指派两名以上检查人员实施监督检查。执法人员应当向被检查单位出示执法证件，其他检查人员应当出示检查员证或者表明其身份的文书、证件。

第五十一条 药品监督管理部门对医疗器械注册人、备案人自行生产的，开展监督检查时重点检查：

（一）医疗器械注册人、备案人执行法律法规、医疗器械生产质量管理规范情况；

（二）按照强制性标准以及经注册、备案的产品技术要求组织生产，实际生产与医疗器械注册备案、医疗器械生产许可备案等内容的一致情况；

（三）质量管理体系运行持续合规、有效情况；

（四）法定代表人、企业负责人、管理者代表等人员了解熟悉医疗器械相关法律法规情况；

（五）管理者代表履职情况；

（六）法定代表人、企业负责人、管理者代表、质量检验机构或者专职人员、生产场地、环境条件、关键生产检验设备等变化情况；

（七）用户反馈、企业内部审核等所发现问题的纠正预防措施；

（八）企业产品抽检、监督检查、投诉举报等发现问题的整改落实情况；

（九）内部审核、管理评审、变更控制、年度自查报告等情况；

（十）其他应当重点检查的内容。

第五十二条 药品监督管理部门对医疗器械注册人、备案人采取委托生产方式的，开展监督检查时重点检查：

（一）医疗器械注册人、备案人执行法律法规、医疗器械生产质量管理规范情况；

（二）质量管理体系运行是否持续合规、有效；

（三）管理者代表履职情况；

（四）按照强制性标准以及经注册或者备案的产品技术要求组织生产情况；

（五）用户反馈、企业内部审核等所发现问题的纠正预防措施；

（六）内部审核、管理评审、变更控制、年度自查报告等情况；

（七）开展不良事件监测、再评价以及产品安全风险信息收集与评估等情况；

（八）产品的上市放行情况；

（九）对受托生产企业的监督情况，委托生产质量协议的履行、委托生产产品的设计转换和变更控制、委托生产产品的生产放行等情况；

（十）其他应当重点检查的内容。

必要时，可以对受托生产企业开展检查。

第五十三条 药品监督管理部门对受托生产企业开展监督检查时重点检查：

（一）实际生产与医疗器械注册备案、医疗器械生产许可备案等内容的一致情况；

（二）受托生产企业执行法律法规、医疗器械生产质量管理规范情况；

（三）法定代表人、企业负责人、管理者代表等人员了解熟悉医疗器械相关法律法规情况；

（四）法定代表人、企业负责人、管理者代表、质量检验机构或者专职人员、生产场地、环境条件、关键生产检验设备等变化情况；

（五）产品的生产放行情况；

（六）企业产品抽检、监督检查、投诉举报等发现问题的整改落实情况；

（七）内部审核、管理评审、年度自查报告等情况；

（八）其他应当重点检查的内容。

必要时，可以对医疗器械注册人、备案人开展检查。

第五十四条 药品监督管理部门对不良事件监测、抽查检验、投诉举报等发现可能存在严重质量安全风险的，应当开展有因检查。有因检查原则上采取非预先告知的方式进行。

第五十五条 药品监督管理部门对企业的整改情况应当开展跟踪检查。

跟踪检查可以对企业提交的整改报告进行书面审查，也可以对企业的问题整改、责任落实、纠正预防措施等进行现场复查。

第五十六条 医疗器械注册人和受托生产企业不在同一省、自治区、直辖市的，医疗器械注册人所在地省、自治区、直辖市药品监督管理部门负责对注册人质量管理体系运行、不良事件监测以及产品召回等法定义务履行情况开展监督检查，涉及受托生产企业相关情况的，受托生产企业所在地药品监督管理部门应当配合。

受托生产企业所在地省、自治区、直辖市药品监督管理部门负责对受托生产企业生产活动开展监督检查，涉及注册人相关情况的，应当由注册人所在地药品监督管理部门对注册人开展监督检查。

医疗器械注册人、受托生产企业所在地省、自治区、直辖市药品监督管理部门应当分别落实属地监管责任，建立协同监管机制，加强监管信息沟通，实现监管有效衔接。

第五十七条 医疗器械注册人和受托生产企业不在同一省、自治区、直辖市，医疗器械注册人、受托生产企业所在地省、自治区、直辖市药品监督管理部门需要跨区域开展检查的，可以采取联合检查、委托检查等方式进行。

第五十八条 跨区域检查中发现企业质量管理体系存在缺陷的，医疗器械注册人、受托生产企业所在地省、自治区、直辖市药品监督管理部门应当依据各自职责，督促相关企业严格按照要求及时整改到位，并将检查以及整改情况及时通报相关药品监督管理部门。

对受托生产企业监督检查中发现相关问题涉及注册人的，应当通报注册人所在地药品监督管理部门；发现可能存在医疗器械质量安全风险的，应当立即采取风险控制措施，并将相关情况通报注册人所在地药品监督管理部门。注册人所在地药品监督管理部门接到通报后，应当立即进行分析研判并采取相应的风险控制措施。

对注册人监督检查中发现相关问题涉及受托生产企业的，应当通报受托生产企业所在地药品监督管理部门，联合或者委托受托生产企业所在地药品监督管理部门进行检查。

第五十九条 在跨区域检查中发现可能存在违法行为的，医疗器械注册人、受托生产企业所在地省、自治区、直辖市药品监督管理部门应当依据各自职责进行调查处理。违法行为处理情况应当及时通报相关药品监督管理部门。

需要跨区域进行调查、取证的，可以会同相关同级药品监督管理部门开展联合调查，也可以出具协助调查函商请相关同级药品监督管理部门协助调查、取证。

第六十条 第一类医疗器械备案人和受托生产企业不在同一设区的市，需要依法按照职责开展跨区域监督检查和调查取证的，参照本办法第五十六条至第五十九条的规定执行。

第六十一条 进口医疗器械注册人、备案人应当指定我国境内企业法人作为代理人，代理人应当协助注册人、备案人履行医疗器械监督管理条例和本办法规定的义务。

第六十二条 进口医疗器械的生产应当符合我国医疗器械生产相关要求，并接受国家药品监督管理局组织的境外检查。代理人负责协调、配合境外检查相关工作。

进口医疗器械注册人、备案人、代理人拒绝、阻碍、拖延、逃避国家药品监督管理局组织的境外检查，导致检查工作无法开展，不能确认质量管理体系有效运行，属于有证据证明可能危害人体健康的情形，国家药品监督管理局可以依照医疗器械监督管理条例第七十二条第二款的规定进行处理。

第六十三条 药品监督管理部门开展现场检查时，可以根据需要进行抽查检验。

第六十四条 生产的医疗器械对人体造成伤害或者有证据证明可能危害人体健康的，药品监督管理部门可以采取暂停生产、进口、经营、使用的紧急控制措施，并发布安全警示信息。

监督检查中发现生产活动严重违反医疗器械生产质量管理规范，不能保证产品安全、有效，可能危害人体健康的，依照前款规定处理。

第六十五条 药品监督管理部门应当定期组织开展风险会商，对辖区内医疗器械质量安全风险进行分析和评价，及时采取相应的风险控制措施。

第六十六条 医疗器械注册人、备案人、受托生产企业对存在的医疗器械质量安全风险，未采取有效措施消除的，药品监督管理部门可以对医疗器械注册人、备案人、受托生产企业的法定代表人或者企业负责人进行责任约谈。涉及跨区域委托生产的，约谈情况应当通报相关药品监督管理部门。

第六十七条 省、自治区、直辖市药品监督管理部门应当建立并及时更新辖区内第二类、第三类医疗器械注册人、受托生产企业信用档案，设区的市级负责药品监督管理的部门应当依法按照职责建立并及时更新辖区内第一类医疗器械备案人、受托生产企业信用档案。

信用档案中应当包括生产许可备案和生产产品品种、委托生产、监督检查结果、违法行为查处、质量抽查检验、不良行为记录和投诉举报等信息。

对有不良信用记录的医疗器械注册人、备案人和受托生产企业，药品监督管理部门应当增加监督检查频次，依法加强失信惩戒。

第六十八条 药品监督管理部门应当在信用档案中记录企业生产产品品种情况。

受托生产企业增加生产第二类、第三类医疗器械，且与该产品注册人不在同一省、自治区、直辖市，或者增加生产第一类医疗器械，且与该产品备案人不在同一设区的市的，受托生产企业所在地药品监督管理部门还应当将相关情况通报注册人、备案人所在地药品监督管理部门。

第六十九条 药品监督管理部门应当公布接受投诉、举报的联系方式。接到举报的药品监督管理部门应当及时核实、处理、答复。经查证属实的，应当按照有关规定对举报人给予奖励。

第七十条 药品监督管理部门在监督检查中，发现涉嫌违法行为的，应当及时收集和固定证据，依法立案查处；涉嫌犯罪的，及时移交公安机关处理。

第七十一条 药品监督管理部门及其工作人员对调查、检查中知悉的商业秘密应当保密。

第七十二条 药品监督管理部门及其工作人员在监督检查中，应当严格规范公正文明执法，严格执行廉政纪律，不得索取或者收受财物，不得谋取其他利益，不得妨碍企业的正常生产活动。

第五章 法律责任

第七十三条 医疗器械生产的违法行为，医疗器械监督管理条例等法律法规已有规定的，依照其规定。

第七十四条 有下列情形之一的，依照医疗器械监督管理条例第八十一条的规定处罚：

（一）超出医疗器械生产许可证载明的生产范围生产第二类、第三类医疗器械；

（二）在未经许可的生产场地生产第二类、第三类医疗器械；

（三）医疗器械生产许可证有效期届满后，未依法办理延续手续，仍继续从事第二类、第三类医疗器械生产；

（四）医疗器械生产企业增加生产产品品种，应当依法办理许可变更而未办理的。

第七十五条 未按照本办法规定办理第一类医疗器械生产备案变更的，依照医疗器械监督管理条例第八十四条的规定处理。

第七十六条 违反医疗器械生产质量管理规范，未建立质量管理体系并保持有效运行的，由药品监督管理部门依职责令限期改正；影响医疗器械产品安全、有效的，依照医疗器械监督管理条例第八十六条的规定处罚。

第七十七条 违反本办法第十五条第二款、第四十二条第三款的规定，生产条件变化，可能影响产品安全、有效，未按照规定报告即生产的，依照医疗器械监督管理条例第八十八条的规定处罚。

第七十八条 有下列情形之一的，由药品监督管理部门依职责给予警告，并处 1 万元以上 5 万元以下罚款：

（一）医疗器械生产企业未依照本办法第四十二条第二款的规定向药品监督管理部门报告所生产的产品品种情况及相关信息的；

（二）连续停产一年以上且无同类产品在产，重新生产时未进行必要的验证和确认并向所在地药品监督管理部门报告的。

第七十九条 有下列情形之一的，由药品监督管理部门依职责令限期改正；拒不改正的，处 1 万元以上 5 万元以下罚款；情节严重的，处 5 万元以上 10 万元以下罚款：

（一）未按照本办法第十六条的规定办理医疗器械生产许可证登记事项变更的；

（二）未按照国家实施医疗器械唯一标识的有关要求，组织开展赋码、数据上传和维护更新等工作的。

第八十条 药品监督管理部门工作人员违反本办法规定，滥用职权、玩忽职守、徇私舞弊的，依法给予处分。

第六章 附 则

第八十一条 本办法自 2022 年 5 月 1 日起施行。2014 年 7 月 30 日原国家食品药品监督管理总局令第 7 号公布的《医疗器械生产监督管理办法》同时废止。

医疗器械经营监督管理办法

（2022 年 3 月 10 日国家市场监督管理总局令第 54 号公布 自 2022 年 5 月 1 日起施行）

第一章 总 则

第一条 为了加强医疗器械经营监督管理，规范医疗器械经营活动，保证医疗器械安全、有效，根据《医疗器械监督管理条例》，制定本办法。

第二条 在中华人民共和国境内从事医疗器械经营活动及其监督管理，应当遵守本办法。

第三条 从事医疗器械经营活动，应当遵守法律、法规、规章、强制性标准和医疗器械经营质量管理规范等要求，保证医疗器械经营过程信息真实、准确、完整和可追溯。

医疗器械注册人、备案人可以自行销售，也可以委托医疗器械经营企业销售其注册、备案的医疗器械。

第四条 按照医疗器械风险程度，医疗器械经营实施分类管理。

经营第三类医疗器械实行许可管理，经营第二类医疗器械实行备案管理，经营第一类医疗器械不需要许可和备案。

第五条 国家药品监督管理局主管全国医疗器械经营监督管理工作。

省、自治区、直辖市药品监督管理部门负责本行政区域的医疗器械经营监督管理工作。

设区的市级、县级负责药品监督管理的部门负责本行政区域的医疗器械经营监督管理工作。

第六条 药品监督管理部门依法设置或者指定的医疗器械检查、检验、监测与评价等专业技术机构，按照职责分工承担相关技术工作并出具技术意见，为医疗器械经营监督管理提供技术支持。

第七条 国家药品监督管理局加强医疗器械经营监督管理信息化建设，提高在线政务服务水平。

省、自治区、直辖市药品监督管理部门负责本行政区域医疗器械经营监督管理信息化建设和管理工作，按照国家药品监督管理局要求统筹推进医疗器械经营监督管理信息共享。

第八条 药品监督管理部门依法及时公开医疗器械经营许可、备案等信息以及监督检查、行政处罚的结果，方便公众查询，接受社会监督。

第二章 经营许可与备案管理

第九条 从事医疗器械经营活动，应当具备下列条件：

（一）与经营范围和经营规模相适应的质量管理机构或者质量管理人员，质量管理人员应当具有相关专业学历或者职称；

（二）与经营范围和经营规模相适应的经营场所；

（三）与经营范围和经营规模相适应的贮存条件；

（四）与经营的医疗器械相适应的质量管理制度；

（五）与经营的医疗器械相适应的专业指导、技术培训和售后服务的质量管理机构或者人员。

从事第三类医疗器械经营的企业还应当具有符合医疗器械经营质量管理制度要求的计算机信息管理系统，保证经营的产品可追溯。鼓励从事第一类、第二类医疗器械经营的企业建立符合医疗器械经营质量管理制度要求的计算机信息管理系统。

第十条 从事第三类医疗器械经营的，经营企业应当向所在地设区的市级负责药品监督管理的部门提出申请，并提交下列资料：

（一）法定代表人（企业负责人）、质量负责人身份证明、学历或者职称相关材料复印件；

（二）企业组织机构与部门设置；

（三）医疗器械经营范围、经营方式；

（四）经营场所和库房的地理位置图、平面图、房屋产权文件或者租赁协议复印件；

（五）主要经营设施、设备目录；

（六）经营质量管理制度、工作程序等文件目录；

（七）信息管理系统基本情况；

（八）经办人授权文件。

医疗器械经营许可申请人应当确保提交的资料合法、真实、准确、完整和可追溯。

第十一条 设区的市级负责药品监督管理的部门收到申请后，应当根据下列情况分别作出处理：

（一）申请事项属于本行政机关职权范围，申请资料齐全、符合法定形式的，应当受理申请；

（二）申请资料存在可以当场更正的错误的，应当允许申请人当场更正；

（三）申请资料不齐全或者不符合法定形式的，应当当场或者在 5 个工作日内一次告知申请人需要补正的全部内容。逾期不告知的，自收到申请资料之日起即为受理；

（四）申请事项不属于本行政机关职权范围的，应当即时作出不予受理的决定，并告知申请人向有关行政部门申请。

设区的市级负责药品监督管理的部门受理或者不予受理医疗器械经营许可申请的，应当出具加盖本行政机关专用印章和注明日期的受理或者不予受理通知书。

第十二条 法律、法规、规章规定实施行政许可应当听证的事项，或者药品监督管理部门认为需要听证的其他涉及公共利益的重大行政许可事项，药品监督管理部门应当向社会公告，并举行听证。医疗器械经营许可申请直接涉及申请人与他人之间重大利益关系的，药品监督管理部门在作出行政许可决定前，应当告知申请人、利害关系人享有要求听证的权利。

第十三条 设区的市级负责药品监督管理的部门自受理经营许可申请后，应当对申请资料进行审查，必要时按照医疗器械经营质量管理规范的要求开展现场核查，并自受理之日起 20 个工作日内作出决定。需要整改的，整改时间不计入审核时限。

符合规定条件的，作出准予许可的书面决定，并于 10 个工作日内发给医疗器械经营许可证；不符合规定条件的，作出不予许可的书面决定，并说明理由。

第十四条 医疗器械经营许可证有效期为 5 年，载明许可证编号、企业名称、统一社会信用代码、法定代表人、企业负责人、住所、经营场所、经营方式、经营范围、库房地址、发证部门、发证日期和有效期限等事项。

医疗器械经营许可证由国家药品监督管理局统一样式，由设区的市级负责药品监督管理的部门印制。

药品监督管理部门制作的医疗器械经营许可证的电子证书与纸质证书具有同等法律效力。

第十五条 医疗器械经营许可证变更的，应当向原发证部门提出医疗器械经营许可证变更申请，并提交本办法第十条规定中涉及变更内容的有关材料。经营场所、经营方式、经营范围、库房地址变更的，药品监督管理部门自受理之日起 20 个工作日内作出准予变更或者不予变更的决定。必要时按照医疗器械经营质量管理规范的要求开展现场核查。

需要整改的，整改时间不计入审核时限。不予变更的，应当书面说明理由并告知申请人。其他事项变更的，药品监督管理部门应当当场予以变更。

变更后的医疗器械经营许可证编号和有效期限不变。

第十六条 医疗器械经营许可证有效期届满需要延续的，医疗器械经营企业应当在有效期届满前 90 个工作日至 30 个工作日期间提出延续申请。逾期未提出延续申请的，不再受理其延续申请。

原发证部门应当按照本办法第十三条的规定对延续申请进行审查，必要时开展现场核查，在医疗器械经营许可证有效期届满前作出是否准予延续的决定。

经审查符合规定条件的，准予延续，延续后的医疗器械经营许可证编号不变。不符合规定条件的，责令限期整改；整改后仍不符合规定条件的，不予延续，并书面说明理由。逾期未作出决定的，视为准予延续。

延续许可的批准时间在原许可证有效期内的，延续起始日为原许可证到期日的次日；批准时间不在原许可证有效期内的，延续起始日为批准延续许可的日期。

第十七条 经营企业跨设区的市设置库房的，由医疗器械经营许可发证部门或者备案部门通报库房所在地设区的市级负责药品监督管理的部门。

第十八条 经营企业新设立独立经营场所的，应当依法单独申请医疗器械经营许可或者进行备案。

第十九条 医疗器械经营许可证遗失的，应当向原发证部门申请补发。原发证部门应当及时补发医疗器械经营许可证，补发的医疗器械经营许可证编号和有效期限与原许可证一致。

第二十条 有下列情形之一的，由原发证部门依法注销医疗器械经营许可证，并予以公告：

（一）主动申请注销的；

（二）有效期届满未延续的；

（三）市场主体资格依法终止的；

（四）医疗器械经营许可证依法被吊销或者撤销的；

（五）法律、法规规定应当注销行政许可的其他情形。

第二十一条 从事第二类医疗器械经营的，经营企业应当向所在地设区的市级负责药品监督管理的部门备案，并提交符合本办法第十条规定的资料（第七项除外），即完成经营备案，获取经营备案编号。

医疗器械经营备案人应当确保提交的资料合法、真实、准确、完整和可追溯。

第二十二条 必要时，设区的市级负责药品监督管理的部门在完成备案之日起 3 个月内，对提交的资料以及执行医疗器械经营质量管理规范情况开展现场检查。

现场检查发现与提交的资料不一致或者不符合医疗器械经营质量管理规范要求的，责令限期改正；不能保证产品安全、有效的，取消备案并向社会公告。

第二十三条 同时申请第三类医疗器械经营许可和进行第二类医疗器械经营备案的，或者已经取得第三类医疗器械经营许可进行第二类医疗器械备案的，可以免予提交相应资料。

第二十四条 第二类医疗器械经营企业的经营场所、经营方式、经营范围、库房地址等发生变化的，应当及时进行备案变更。必要时设区的市级负责药品监督管理的部门开展现场检查。现场检查不符合医疗器械经营质量管理规范要求的，责令限期改正；不能保证产品安全、有效的，取消备案并向社会公告。

第二十五条 对产品安全性、有效性不受流通过程影响的第二类医疗器械，可以免予经营备案。具体产品名录由国家药品监督管理局制定、调整并公布。

第二十六条 从事非营利的避孕医疗器械贮存、调拨和供应的机构，应当符合有关规定，无需办理医疗器械经营许可或者备案。

第二十七条 医疗器械注册人、备案人在其住所或者生产地址销售其注册、备案的医疗器械，无需办理医疗器械经营许可或者备案，但应当符合规定的经营条件；在其他场所贮存并销售医疗器械的，应当按照规定办理医疗器械经营许可或者备案。

第二十八条 任何单位和个人不得伪造、变造、买卖、出租、出借医疗器械经营许可证。

第三章 经营质量管理

第二十九条 从事医疗器械经营，应当按照法律法规和医疗器械经营质量管理规范的要求，建立覆盖采购、验收、贮存、销售、运输、售后服务等全过程的质量管理制度和质量控制措施，并做好相关记录，保证经营条件和经营活动持续符合要求。

第三十条 医疗器械经营企业应当建立并实施产品追溯制度，保证产品可追溯。

医疗器械经营企业应当按照国家有关规定执行医疗器械唯一标识制度。

第三十一条 医疗器械经营企业应当从具有合法资质的医疗器械注册人、备案人、经营企业购进医疗器械。

第三十二条 医疗器械经营企业应当建立进货查验记录制度，购进医疗器械时应当查验供货企业的资质，以及医疗器械注册证和备案信息、合格证明文件。进货查验记录应当真实、准确、完整和可追溯。进货查验记录包括：

（一）医疗器械的名称、型号、规格、数量；

（二）医疗器械注册证编号或者备案编号；

（三）医疗器械注册人、备案人和受托生产企业名称、生产许可证号或者备案编号；

（四）医疗器械的生产批号或者序列号、使用期限或者失效日期、购货日期等；

（五）供货者的名称、地址以及联系方式。

进货查验记录应当保存至医疗器械有效期满后 2 年；没有有效期的，不得少于 5 年。植入类医疗器械进货查验记录应当永久保存。

第三十三条 医疗器械经营企业应当采取有效措施，确保医疗器械运输、贮存符合医疗器械说明书或者标签标示要求，并做好相应记录。

对温度、湿度等环境条件有特殊要求的，应当采取相应措施，保证医疗器械的安全、有效。

第三十四条 医疗器械注册人、备案人和经营企业委托其他单位运输、贮存医疗器械的，应当对受托方运输、贮存医疗器械的质量保障能力进行评估，并与其签订委托协议，明确运输、贮存过程中的质量责任，确保运输、贮存过程中的质量安全。

第三十五条 为医疗器械注册人、备案人和经营企业专门提供运输、贮存服务的，应当与委托方签订书面协议，明确双方权利义务和质量责任，并具有与产品运输、贮存条件和规模相适应的设备设施，具备与委托方开展实时电子数据交换和实现产品经营质量管理全过程可追溯的信息管理平台和技术手段。

第三十六条 医疗器械注册人、备案人委托销售的，应当委托符合条件的医疗器械经营企业，并签订委托协议，明确双方的权利和义务。

第三十七条 医疗器械注册人、备案人和经营企业应当加强对销售人员的培训和管理，对销售人员以本企业名义从事的医疗器械购销行为承担法律责任。

第三十八条 从事第二类、第三类医疗器械批发业务以及第三类医疗器械零售业务的经营企业应当建立销售记录制度。销售记录信息应当真实、准确、完整和可追溯。销售记录包括：

（一）医疗器械的名称、型号、规格、注册证编号或者备案编号、数量、单价、金额；

（二）医疗器械的生产批号或者序列号、使用期限或者失效日期、销售日期；

（三）医疗器械注册人、备案人和受托生产企业名称、生产许可证编号或者备案编号。

从事第二类、第三类医疗器械批发业务的企业，销售记录还应当包括购货者的名称、地址、联系方式、相关许可证明文件编号或者备案编号等。

销售记录应当保存至医疗器械有效期满后 2 年；没有有效期的，不得少于 5 年。植入类医疗器械销售记录应当永久保存。

第三十九条 医疗器械经营企业应当提供售后服务。约定由供货者或者其他机构提供售后服务的，经营企业应当加强管理，保证医疗器械售后的安全使用。

第四十条 医疗器械经营企业应当配备专职或者兼职人员负责售后管理，对客户投诉的质量问题应当查明原因，采取有效措施及时处理和反馈，并做好记录，必要时及时通知医疗器械注册人、备案人、生产经营企业。

第四十一条 医疗器械经营企业应当协助医疗器械注册人、备案人，对所经营的医疗器械开展不良事件监测，按照国家药品监督管理局的规定，向医疗器械不良事件监测技术机构报告。

第四十二条 医疗器械经营企业发现其经营的医疗器械不符合强制性标准、经注册或者备案的产品技术要求，或者存在其他缺陷的，应当立即停止经营，通知医疗器械注册人、备案人等有关单位，并记录停止经营和通知情况。医疗器械注册人、备案人认为需要召回的，应当立即召回。

第四十三条 第三类医疗器械经营企业停业一年以上，恢复经营前，应当进行必要的验证和确认，并书面报告所在地设区的市级负责药品监督管理的部门。可能影响质量安全的，药品监督管理部门可以根据需要组织核查。

医疗器械注册人、备案人、经营企业经营条件发生重大变化，不再符合医疗器械经营质量管理体系要求的，应当立即采取整改措施；可能影响医疗器械安全、有效的，应当立即停止经营活动，并向原经营许可或者备案部门报告。

第四十四条 医疗器械经营企业应当建立质量管理自查制度，按照医疗器械经营质量管理规范要求进行自查，每年 3 月 31 日前向所在地市县级负责药品监督管理的部门提交上一年度的自查报告。

第四十五条 从事医疗器械经营活动的，不得经营未依法注册或者备案，无合格证明文件以及过期、失效、淘汰的医疗器械。

禁止进口、销售过期、失效、淘汰等已使用过的医疗器械。

第四章 监 督 检 查

第四十六条 省、自治区、直辖市药品监督管理部门组织对本行政区域的医疗器械经营监督管理工作进行监督检查。

设区的市级、县级负责药品监督管理的部门负责本行政区域医疗器械经营活动的监督检查。

第四十七条 药品监督管理部门根据医疗器械经营企业质量管理和所经营医疗器械产品的风险程度，实施分类分级管理并动态调整。

第四十八条 设区的市级、县级负责药品监督管理的部门应当制定年度检查计划，明确监管重点、检查频次和覆盖范围并组织实施。

第四十九条 药品监督管理部门组织监督检查，检查方式原则上应当采取突击性监督检查，现场检查时不得少于两人，并出示执法证件，如实记录现场检查情况。检查发现存在质量安全风险或者不符合规范要求的，将检查结果书面告知被检查企业。需要整改的，应当明确整改内容以及整改期限，并进行跟踪检查。

第五十条 设区的市级、县级负责药品监督管理的部门应当对医疗器械经营企业符合医疗器械经营质量管理规范要求的情况进行监督检查，督促其规范经营活动。

第五十一条 设区的市级、县级负责药品监督管理的部门应当结合医疗器械经营企业提交的年度自查报告反映的情况加强监督检查。

第五十二条 药品监督管理部门应当对有下列情形的进行重点监督检查：

（一）上一年度监督检查中发现存在严重问题的；

（二）因违反有关法律、法规受到行政处罚的；

（三）风险会商确定的重点检查企业；

（四）有不良信用记录的；

（五）新开办或者经营条件发生重大变化的医疗器械批发企业和第三类医疗器械零售企业；

（六）为其他医疗器械注册人、备案人和生产经营企业专门提供贮存、运输服务的；

（七）其他需要重点监督检查的情形。

第五十三条 药品监督管理部门对不良事件监测、抽查检验、投诉举报等发现可能存在严重质量安全风险的，原则上应当开展有因检查。有因检查原则上采取非预先告知的方式进行。

第五十四条 药品监督管理部门根据医疗器械质量安全风险防控需要，可以对为医疗器械经营活动提供产品或者服务的其他相关单位和个人进行延伸检查。

第五十五条 医疗器械经营企业跨设区的市设置的库房，由库房所在地药品监督管理部门负责监督检查。

医疗器械经营企业所在地药品监督管理部门和库房所在地药品监督管理部门应当加强监管信息共享，必要时可以开展联合检查。

第五十六条 药品监督管理部门应当加强医疗器械经营环节的抽查检验，对抽查检验不合格的，应当及时处置。

省级以上药品监督管理部门应当根据抽查检验结论及时发布医疗器械质量公告。

第五十七条 经营的医疗器械对人体造成伤害或者有证据证明可能危害人体健康的，药品监督管理部门可以采取暂停进口、经营、使用的紧急控制措施，并发布安全警示信息。

监督检查中发现经营活动严重违反医疗器械经营质量管理规范，不能保证产品安全有效，可能危害人体健康的，依照前款规定处理。

第五十八条 药品监督管理部门应当根据监督检查、产品抽检、不良事件监测、投诉举报、行政处罚等情况，定期开展风险会商研判，做好医疗器械质量安全隐患排查和防控处置工作。

第五十九条 医疗器械注册人、备案人、经营企业对存在的医疗器械质量安全风险，未采取有效措施消除的，药品监督管理部门可以对医疗器械注册人、备案人、经营企业的法定代表人或者企业负责人进行责任约谈。

第六十条 设区的市级负责药品监督管理的部门应当建立并及时更新辖区内医疗器械经营企业信用档案。信用档案中应当包括医疗器械经营企业许可备案、监督检查结果、违法行为查处、质量抽查检验、自查报告、不良行为记录和投诉举报等信息。

对有不良信用记录的医疗器械注册人、备案人和经营企业，药品监督管理部门应当增加监督检查频次，依法加强失信惩戒。

第六十一条 药品监督管理部门应当公布接受投诉、举报的联系方式。接到举报的药品监督管理部门应当及时核实、处理、答复。经查证属实，应当按照有关规定对举报人给予奖励。

第六十二条 药品监督管理部门在监督检查中，发现涉嫌违法行为的，应当及时收集和固定证据，依法立案查处，涉嫌犯罪的，及时移交公安机关处理。

第六十三条 药品监督管理部门及其工作人员对调查、检查中知悉的商业秘密应当保密。

第六十四条 药品监督管理部门及其工作人员在监督检查中，应当严格规范公正文明执法，严格执行廉政纪律，不得索取或者收受财物，不得谋取其他利益，不得妨碍企业的正常经营活动。

第五章 法 律 责 任

第六十五条 医疗器械经营的违法行为，医疗器械监督管理条例等法律法规已有规定的，依照其规定。

第六十六条 有下列情形之一的，责令限期改正，并处 1 万元以上 5 万元以下罚款；情节严重的，处 5 万元以上 10 万元以下罚款；造成危害后果的，处 10 万元以上 20 万元以下罚款：

（一）第三类医疗器械经营企业擅自变更经营场所、经营范围、经营方式、库房地址；

（二）医疗器械经营许可证有效期届满后，未依法办理延续手续仍继续从事医疗器械经营活动。

未经许可从事第三类医疗器械经营活动的，依照医疗器械监督管理条例第八十一条的规定处罚。

第六十七条 违反医疗器械经营质量管理规范有关要求的，由药品监督管理部门责令限期改正；影响医疗器械产品安全、有效的，依照医疗器械监督管理条例第八十六条的规定处罚。

第六十八条 医疗器械经营企业未按照要求提交质量管理体系年度自查报告，或者违反本办法规定为其他医疗器械生产经营企业专门提供贮存、运输服务的，由药品监督管理部门责令限期改正；拒不改正的，处 1 万元以上 5 万元以下罚款；情节严重的，处 5 万元以上 10 万元以下罚款。

第六十九条 第三类医疗器械经营企业未按照本办法规定办理企业名称、法定代表人、企业负责人变更的，由药品监督管理部门责令限期改正；拒不改正的，处5000元以上3万元以下罚款。

第七十条 药品监督管理部门工作人员违反本办法规定，滥用职权、玩忽职守、徇私舞弊的，依法给予处分。

第六章 附 则

第七十一条 本办法下列用语的含义是：

医疗器械批发，是指将医疗器械销售给医疗器械生产企业、医疗器械经营企业、医疗器械使用单位或者其他有合理使用需求的单位的医疗器械经营行为。

医疗器械零售，是指将医疗器械直接销售给消费者个人使用的医疗器械经营行为。

第七十二条 从事医疗器械网络销售的，应当遵守法律、法规和规章有关规定。

第七十三条 本办法自2022年5月1日起施行。2014年7月30日原国家食品药品监督管理总局令第8号公布的《医疗器械经营监督管理办法》同时废止。

医疗器械注册与备案管理办法

（2021年8月26日国家市场监督管理总局令第47号 自2021年10月1日起施行）

第一章 总 则

第一条 为了规范医疗器械注册与备案行为，保证医疗器械的安全、有效和质量可控，根据《医疗器械监督管理条例》，制定本办法。

第二条 在中华人民共和国境内从事医疗器械注册、备案及其监督管理活动，适用本办法。

第三条 医疗器械注册是指医疗器械注册申请人（以下简称申请人）依照法定程序和要求提出医疗器械注册申请，药品监督管理部门依据法律法规，基于科学认知，进行安全性、有效性和质量可控性等审查，决定是否同意其申请的活动。

医疗器械备案是指医疗器械备案人（以下简称备案人）依照法定程序和要求向药品监督管理部门提交备案资料，药品监督管理部门对提交的备案资料存档备查的活动。

第四条 国家药品监督管理局主管全国医疗器械注册与备案管理工作，负责建立医疗器械注册与备案管理工作体系和制度，依法组织境内第三类和进口第二类、第三类医疗器械审评审批，进口第一类医疗器械备案以及相关监督管理工作，对地方医疗器械注册与备案工作进行监督指导。

第五条 国家药品监督管理局医疗器械技术审评中心（以下简称国家局器械审评中心）负责需进行临床试验审批的医疗器械临床试验申请以及境内第三类和进口第二类、第三类医疗器械产品注册申请、变更注册申请、延续注册申请等的技术审评工作。

国家药品监督管理局医疗器械标准管理中心、中国食品药品检定研究院、国家药品监督管理局食品药品审核查验中心（以下简称国家局审核查验中心）、国家药品监督管理局药品评价中心、国家药品监督管理局行政事项受理服务和投诉举报中心、国家药品监督管理局信息中心等其他专业技术机构，依职责承担实施医疗器械监督管理所需的医疗器械标准管理、分类界定、检验、核查、监测与评价、制证送达以及相应的信息化建设与管理等相关工作。

第六条 省、自治区、直辖市药品监督管理部门负责本行政区域内以下医疗器械注册相关管理工作：

（一）境内第二类医疗器械注册审评审批；

（二）境内第二类、第三类医疗器械质量管理体系核查；

（三）依法组织医疗器械临床试验机构以及临床试验的监督管理；

（四）对设区的市级负责药品监督管理的部门境内第一类医疗器械备案的监督指导。

省、自治区、直辖市药品监督管理部门设置或者指定的医疗器械专业技术机构，承担实施医疗器械监督管理所需的技术审评、检验、核查、监测与评价等工作。

设区的市级负责药品监督管理的部门负责境内第一类医疗器械产品备案管理工作。

第七条 医疗器械注册与备案管理遵循依法、科学、公开、公平、公正的原则。

第八条 第一类医疗器械实行产品备案管理。第二类、第三类医疗器械实行产品注册管理。

境内第一类医疗器械备案，备案人向设区的市级负责药品监督管理的部门提交备案资料。

境内第二类医疗器械由省、自治区、直辖市药品监督管理部门审查，批准后发给医疗器械注册证。

境内第三类医疗器械由国家药品监督管理局审查，批准后发给医疗器械注册证。

进口第一类医疗器械备案，备案人向国家药品监督管理局提交备案资料。

进口第二类、第三类医疗器械由国家药品监督管理局审查，批准后发给医疗器械注册证。

第九条 医疗器械注册人、备案人应当加强医疗器械全生命周期质量管理，对研制、生产、经营、使用全过程中的医疗器械的安全性、有效性和质量可控性依法承担责任。

第十条 国家药品监督管理局对临床急需医疗器械实行优先审批，对创新医疗器械实行特别审批，鼓励医疗器械的研究与创新，推动医疗器械产业高质量发展。

第十一条 国家药品监督管理局依法建立健全医疗器械标准、技术指导原则等体系，规范医疗器械技术审评和质量管理体系核查，指导和服务医疗器械研发和注册申请。

第十二条 药品监督管理部门依法及时公开医疗器械注册、备案相关信息，申请人可以查询审批进度和结果，公众可以查阅审批结果。

未经申请人同意，药品监督管理部门、专业技术机构及其工作人员、参与评审的专家等人员不得披露申请人或者备案人提交的商业秘密、未披露信息或者保密商务信息，法律另有规定或者涉及国家安全、重大社会公共利益的除外。

第二章 基 本 要 求

第十三条 医疗器械注册、备案应当遵守相关法律、法规、规章、强制性标准，遵循医疗器械安全和性能基本原则，参照相关技术指导原则，证明注册、备案的医疗器械安全、有效、质量可控，保证全过程信息真实、准确、完整和可追溯。

第十四条 申请人、备案人应当为能够承担相应法律责任的企业或者研制机构。

境外申请人、备案人应当指定中国境内的企业法人作为代理人，办理相关医疗器械注册、备案事项。代理人应当依法协助注册人、备案人履行《医疗器械监督管理条例》第二十条第一款规定的义务，并协助境外注册人、备案人落实相应法律责任。

第十五条 申请人、备案人应当建立与产品相适应的质量管理体系，并保持有效运行。

第十六条 办理医疗器械注册、备案事项的人员应当具有相应的专业知识，熟悉医疗器械注册、备案管理的法律、法规、规章和注册管理相关规定。

第十七条 申请注册或者进行备案，应当按照国家药品监督管理局有关注册、备案的要求提交相关资料，申请人、备案人对资料的真实性负责。

注册、备案资料应当使用中文。根据外文资料翻译的，应当同时提供原文。引用未公开发表的文献资料时，应当提供资料权利人许可使用的文件。

第十八条 申请进口医疗器械注册、办理进口医疗器械备案，应当提交申请人、备案人注册地或者生产地所在国家（地区）主管部门准许该医疗器械上市销售的证明文件。

申请人、备案人注册地或者生产地所在国家（地区）未将该产品作为医疗器械管理的，申请人、备案人需提供相关文件，包括注册地或者生产地所在国家（地区）准许该产品上市销售的证明文件。

未在申请人、备案人注册地或者生产地所在国家（地区）上市的创新医疗器械，不需提交相关文件。

第十九条 医疗器械应当符合适用的强制性标准。产品结构特征、预期用途、使用方式等与强制性标准的适用范围不一致的，申请人、备案人应当提出不适用强制性标准的说明，并提供相关资料。

没有强制性标准的，鼓励申请人、备案人采用推荐性标准。

第二十条 医疗器械注册、备案工作应当遵循医疗器械分类规则和分类目录的有关要求。

第二十一条 药品监督管理部门持续推进审评审批制度改革，加强医疗器械监管科学研究，建立以技术审评为主导，核查、检验、监测与评价等为支撑的医疗器械注册管理技术体系，优化审评审批流程，提高审评审批能力，提升审评审批质量和效率。

第二十二条 医疗器械专业技术机构建立健全沟通交流制度，明确沟通交流的形式和内容，根据工作需要组织与申请人进行沟通交流。

第二十三条 医疗器械专业技术机构根据工作需要建立专家咨询制度，在审评、核查、检验等过程中就重大问题听取专家意见，充分发挥专家的技术支撑作用。

第三章 医疗器械注册

第一节 产品研制

第二十四条 医疗器械研制应当遵循风险管理原则，考虑现有公认技术水平，确保产品所有已知和可预见的风险以及非预期影响最小化并可接受，保证产品在正常使用中受益大于风险。

第二十五条 从事医疗器械产品研制实验活动，应当符合我国相关法律、法规和强制性标准等的要求。

第二十六条 申请人、备案人应当编制申请注册或者进行备案医疗器械的产品技术要求。

产品技术要求主要包括医疗器械成品的可进行客观判定的功能性、安全性指标和检测方法。

医疗器械应当符合经注册或者备案的产品技术要求。

第二十七条 申请人、备案人应当编制申请注册或者进行备案医疗器械的产品说明书和标签。

产品说明书和标签应当符合《医疗器械监督管理条例》第三十九条要求以及相关规定。

第二十八条 医疗器械研制，应当根据产品适用范围和技术特征开展医疗器械非临床研究。

非临床研究包括产品化学和物理性能研究，电气安全研究，辐射安全研究，软件研究，生物学特性研究，生物源材料安全性研究，消毒、灭菌工艺研究，动物试验研究，稳定性研究等。

申请注册或者进行备案，应当提交研制活动中产生的非临床证据，包括非临床研究报告综述、研究方案和研究报告。

第二十九条 医疗器械非临床研究过程中确定的功能性、安全性指标及方法应当与产品预期使用条件、目的相适应，研究样品应当具有代表性和典型性。必要时，应当进行方法学验证、统计学分析。

第三十条 申请注册或者进行备案，应当按照产品技术要求进行检验，并提交检验报告。检验合格的，方可开展临床试验或者申请注册、进行备案。

第三十一条 检验用产品应当能够代表申请注册或者进行备案产品的安全性和有效性，其生产应当符合医疗器械生产质量管理规范的相关要求。

第三十二条 申请注册或者进行备案提交的医疗器械产品检验报告可以是申请人、备案人的自检报告，也可以是委托有资质的医疗器械检验机构出具的检验报告。

第二节 临床评价

第三十三条 除本办法第三十四条规定情形外，医疗器械产品注册、备案，应当进行临床评价。

医疗器械临床评价是指采用科学合理的方法对临床数据进行分析、评价，以确认医疗器械在其适用范围内的安全性、有效性的活动。

申请医疗器械注册，应当提交临床评价资料。

第三十四条 有下列情形之一的，可以免于进行临床评价：

（一）工作机理明确、设计定型，生产工艺成熟，已上市的同品种医疗器械临床应用多年且无严重不良事件记录，不改变常规用途的；

（二）其他通过非临床评价能够证明该医疗器械安全、有效的。

免于进行临床评价的，可以免于提交临床评价资料。

免于进行临床评价的医疗器械目录由国家药品监督管理局制定、调整并公布。

第三十五条 开展医疗器械临床评价，可以根据产品特征、临床风险、已有临床数据等情形，通过开展临床试验，或者通过对同品种医疗器械临床文献资料、临床数据进行分析评价，证明医疗器械的安全性、有效性。

按照国家药品监督管理局的规定，进行医疗器械临床评价时，已有临床文献资料、临床数据不足以确认产品安全、有效的医疗器械，应当开展临床试验。

国家药品监督管理局制定医疗器械临床评价指南，明确通过同品种医疗器械临床文献资料、临床数据进行临床评价的要求，需要开展临床试验的情形，临床评价报告的撰写要求等。

第三十六条 通过同品种医疗器械临床文献资料、临床数据进行临床评价的，临床评价资料包括申请注册产品与同品种医疗器械的对比，同品种医疗器械临床数据的分析评价，申请注册产品与同品种产品存在差异时的科学证据以及评价结论等内容。

通过临床试验开展临床评价的，临床评价资料包括临床试验方案、伦理委员会意见、知情同意书、临床试验报告等。

第三十七条 开展医疗器械临床试验，应当按照医疗器械临床试验质量管理规范的要求，在具备相应条件并按照规定备案的医疗器械临床试验机构内进行。临床试验开始前，临床试验申办者应当向所在地省、自治区、直辖市药品监督管理部门进行临床试验备案。临床试验医疗器械的生产应当符合医疗器械生产质量管理规范的相关要求。

第三十八条 第三类医疗器械进行临床试验对人体具有较高风险的，应当经国家药品监督管理局批准。

临床试验审批是指国家药品监督管理局根据申请人的申请，对拟开展临床试验的医疗器械的风险程度、临床试验方案、临床受益与风险对比分析报告等进行综合分析，以决定是否同意开展临床试验的过程。

需进行临床试验审批的第三类医疗器械目录由国家药品监督管理局制定、调整并公布。需进行临床试验审批的第三类医疗器械临床试验应在符合要求的三级甲等医疗机构开展。

第三十九条 需进行医疗器械临床试验审批的，申请人应当按照相关要求提交综述资料、研究资料、临床资料、产品说明书和标签样稿等申请资料。

第四十条 国家局器械审评中心对受理的临床试验申请进行审评。对临床试验申请应当自受理申请之日 60 日内作出是否同意的决定，并通过国家局器械审评中心网站通知申请人。逾期未通知的，视为同意。

第四十一条 审评过程中需要申请人补正资料的，国家局器械审评中心应当一次告知需要补正的全部内容。申请人应当在收到补正通知 1 年内，按照补正通知的要求一次提供补充资料。国家局器械审评中心收到补充资料后，按照规定的时限完成技术审评。

申请人对补正通知内容有异议的，可以向国家局器械审评中心提出书面意见，说明理由并提供相应的技术支持资料。

申请人逾期未提交补充资料的，终止技术审评，作出不予批准的决定。

第四十二条 对于医疗器械临床试验期间出现的临床试验医疗器械相关严重不良事件，或者其他严重安全性风险信息，临床试验申办者应当按照相关要求，分别向所在地和临床试验机构所在地省、自治区、直辖市药品监督管理部门报告，并采取风险控制措施。未采取风险控制措施的，省、自治区、直辖市药品监督管理部门依法责令申办者采取相应的风险控制措施。

第四十三条 医疗器械临床试验中出现大范围临床试验医疗器械相关严重不良事件，或者其他重大安全性问题时，申办者应当暂停或者终止医疗器械临床试验，分别向所在地和临床试验机构所在地省、自治区、直辖市药品监督管理部门报告。未暂停或者终止的，省、自治区、直辖市药品监督管理部门依法责令申办者采取相应的风险控制措施。

第四十四条 已批准开展的临床试验，有下列情形之一的，国家药品监督管理局可以责令申请人终止已开展的医疗器械临床试验：

（一）临床试验申请资料虚假的；

（二）已有最新研究证实原批准的临床试验伦理性和科学性存在问题的；

（三）其他应当终止的情形。

第四十五条 医疗器械临床试验应当在批准后 3 年内实施；医疗器械临床试验申请自批准之日起，3 年内未有受试者签署知情同意书的，该医疗器械临床试验许可自行失效。仍需进行临床试验的，应当重新申请。

第四十六条 对正在开展临床试验的用于治疗严重危及生命且尚无有效治疗手段的疾病的医疗器械，经医学观察可能使患者获益，经伦理审查、知情同意后，可以在开展医疗器械临床试验的机构内免费用于其他病情相同的患者，其安全性数据可以用于医疗器械注册申请。

第三节 注册体系核查

第四十七条 申请人应当在申请注册时提交与产品研制、生产有关的质量管理体系相关资料，受理注册申请的药品监督管理部门在产品技术审评时认为有必要对质量管理体系进行核查的，应当组织开展质量管理体系核查，并可以根据需要调阅原始资料。

第四十八条 境内第三类医疗器械质量管理体系核查，由国家局器械审评中心通知申请人所在地的省、自治区、直辖市药品监督管理部门开展。

境内第二类医疗器械质量管理体系核查，由申请人所在地的省、自治区、直辖市药品监督管理部门组织开展。

第四十九条 省、自治区、直辖市药品监督管理部门按照医疗器械生产质量管理规范的要求开展质量管理体系核查，重点对申请人是否按照医疗器械生产质量管理规范的要求建立与产品相适应的质量管理体系，以及与产品研制、生产有关的设计开发、生产管理、质量控制等内容进行核查。

在核查过程中,应当同时对检验用产品和临床试验产品的真实性进行核查,重点查阅设计开发过程相关记录,以及检验用产品和临床试验产品生产过程的相关记录。

提交自检报告的,应当对申请人、备案人或者受托机构研制过程中的检验能力、检验结果等进行重点核查。

第五十条 省、自治区、直辖市药品监督管理部门可以通过资料审查或者现场检查的方式开展质量管理体系核查。根据申请人的具体情况、监督检查情况、本次申请注册产品与既往已通过核查产品生产条件及工艺对比情况等,确定是否现场检查以及检查内容,避免重复检查。

第五十一条 国家局器械审评中心对进口第二类、第三类医疗器械开展技术审评时,认为有必要进行质量管理体系核查的,通知国家局审核查验中心根据相关要求开展核查。

第四节 产品注册

第五十二条 申请人应当在完成支持医疗器械注册的安全性、有效性研究,做好接受质量管理体系核查的准备后,提出医疗器械注册申请,并按照相关要求,通过在线注册申请等途径向药品监督管理部门提交下列注册申请资料:

(一)产品风险分析资料;

(二)产品技术要求;

(三)产品检验报告;

(四)临床评价资料;

(五)产品说明书以及标签样稿;

(六)与产品研制、生产有关的质量管理体系文件;

(七)证明产品安全、有效所需的其他资料。

第五十三条 药品监督管理部门收到申请后对申请资料进行审核,并根据下列情况分别作出处理:

(一)申请事项属于本行政机关职权范围,申请资料齐全、符合形式审核要求的,予以受理;

(二)申请资料存在可以当场更正的错误的,应当允许申请人当场更正;

(三)申请资料不齐全或者不符合法定形式的,应当当场或者在 5 日内一次告知申请人需要补正的全部内容,逾期不告知的,自收到申请资料之日起即为受理;

(四)申请事项依法不属于本行政机关职权范围的,应当即时作出不予受理的决定,并告知申请人向有关行政机关申请。

药品监督管理部门受理或者不予受理医疗器械注册申请,应当出具加盖本行政机关专用印章和注明日期的受理或者不予受理的通知书。

医疗器械注册申请受理后,需要申请人缴纳费用的,申请人应当按规定缴纳费用。申请人未在规定期限内缴纳费用的,视为申请人主动撤回申请,药品监督管理部门终止其注册程序。

第五十四条 技术审评过程中需要申请人补正资料的,技术审评机构应当一次告知需要补正的全部内容。申请人应当在收到补正通知 1 年内,按照补正通知要求一次提供补充资料;技术审评机构收到补充资料后,在规定的时限内完成技术审评。

申请人对补正通知内容有异议的,可以向相应的技术审评机构提出书面意见,说明理由并提供相应的技术支持资料。

申请人逾期未提交补充资料的,终止技术审评,药品监督管理部门作出不予注册的决定。

第五十五条 对于已受理的注册申请,申请人可以在行政许可决定作出前,向受理该申请的药品监督管理部门申请撤回注册申请及相关资料，并说明理由。同意撤回申请的，药品监督管理部门终止其注册程序。

审评、核查、审批过程中发现涉嫌存在隐瞒真实情况或者提供虚假信息等违法行为的，依法处理，申请人不得撤回医疗器械注册申请。

第五十六条 对于已受理的注册申请，有证据表明注册申请资料可能虚假的，药品监督管理部门可以中止审评审批。经核实后，根据核实结论继续审查或者作出不予注册的决定。

第五十七条 医疗器械注册申请审评期间，对于拟作出不通过的审评结论的，技术审评机构应当告知申请人不通过的理由，申请人可以在 15 日内向技术审评机构提出异议，异议内容仅限于原申请事项和原申请资料。技术审评机构结合申请人的异议意见进行综合评估并反馈申请人。异议处理时间不计入审评时限。

第五十八条 受理注册申请的药品监督管理部门应当在技术审评结束后，作出是否批准的决定。对符合安全、有效、质量可控要求的，准予注册，发给医疗器械注册证，经过核准的产品技术要求以附件形式发给申请人。对不予注册的，应当书面说明理由，并同时告知申请人享有依法申请行政复议或者提起行政诉讼的权利。

医疗器械注册证有效期为 5 年。

第五十九条 对于已受理的注册申请，有下列情形之一的，药品监督管理部门作出不予注册的决定，并告知申请人：

（一）申请人对拟上市销售医疗器械的安全性、有效性、质量可控性进行的研究及其结果无法证明产品安全、有效、质量可控的；

（二）质量管理体系核查不通过，以及申请人拒绝接受质量管理体系现场检查的；

（三）注册申请资料虚假的；

（四）注册申请资料内容混乱、矛盾，注册申请资料内容与申请项目明显不符，不能证明产品安全、有效、质量可控的；

（五）不予注册的其他情形。

第六十条 法律、法规、规章规定实施行政许可应当听证的事项，或者药品监督管理部门认为需要听证的其他涉及公共利益的重大行政许可事项，药品监督管理部门应当向社会公告，并举行听证。医疗器械注册申请直接涉及申请人与他人之间重大利益关系的，药品监督管理部门在作出行政许可决定前，应当告知申请人、利害关系人享有要求听证的权利。

第六十一条 对用于治疗罕见疾病、严重危及生命且尚无有效治疗手段的疾病和应对公共卫生事件等急需的医疗器械，药品监督管理部门可以作出附条件批准决定，并在医疗器械注册证中载明有效期、上市后需要继续完成的研究工作及完成时限等相关事项。

第六十二条 对附条件批准的医疗器械，注册人应当在医疗器械上市后收集受益和风险相关数据，持续对产品的受益和风险开展监测与评估，采取有效措施主动管控风险，并在规定期限内按照要求完成研究并提交相关资料。

第六十三条 对附条件批准的医疗器械，注册人逾期未按照要求完成研究或者不能证明其受益大于风险的，注册人应当及时申请办理医疗器械注册证注销手续，药品监督管理部门可以依法注销医疗器械注册证。

第六十四条 对新研制的尚未列入分类目录的医疗器械，申请人可以直接申请第三类医疗器械产品注册，也可以依据分类规则判断产品类别并向国家药品监督管理局申请类别确认后，申请产品注册或者进行产品备案。

直接申请第三类医疗器械注册的，国家药品监督管理局按照风险程度确定类别。境内医疗器械确定为第二类或者第一类的，应当告知申请人向相应的药品监督管理部门申请注册或者进行备案。

第六十五条 已注册的医疗器械，其管理类别由高类别调整为低类别的，医疗器械注册证在有效期内继续有效。有效期届满需要延续的，应当在医疗器械注册证有效期届满6个月前，按照调整后的类别向相应的药品监督管理部门申请延续注册或者进行备案。

医疗器械管理类别由低类别调整为高类别的，注册人应当按照改变后的类别向相应的药品监督管理部门申请注册。国家药品监督管理局在管理类别调整通知中应当对完成调整的时限作出规定。

第六十六条 医疗器械注册证及其附件遗失、损毁的，注册人应当向原发证机关申请补发，原发证机关核实后予以补发。

第六十七条 注册申请审查过程中及批准后发生专利权纠纷的，应当按照有关法律、法规的规定处理。

第四章 特殊注册程序

第一节 创新产品注册程序

第六十八条 符合下列要求的医疗器械，申请人可以申请适用创新产品注册程序：

（一）申请人通过其主导的技术创新活动，在中国依法拥有产品核心技术发明专利权，或者依法通过受让取得在中国发明专利权或其使用权，且申请适用创新产品注册程序的时间在专利授权公告日起5年内；或者核心技术发明专利的申请已由国务院专利行政部门公开，并由国家知识产权局专利检索咨询中心出具检索报告，载明产品核心技术方案具备新颖性和创造性；

（二）申请人已完成产品的前期研究并具有基本定型产品，研究过程真实和受控，研究数据完整和可溯源；

（三）产品主要工作原理或者作用机理为国内首创，产品性能或者安全性与同类产品比较有根本性改进，技术上处于国际领先水平，且具有显著的临床应用价值。

第六十九条 申请适用创新产品注册程序的，申请人应当在产品基本定型后，向国家药品监督管理局提出创新医疗器械审查申请。国家药品监督管理局组织专家进行审查，符合要求的，纳入创新产品注册程序。

第七十条 对于适用创新产品注册程序的医疗器械注册申请，国家药品监督管理局以及承担相关技术工作的机构，根据各自职责指定专人负责，及时沟通，提供指导。

纳入创新产品注册程序的医疗器械，国家局器械审评中心可以与申请人在注册申请受理前以及技术审评过程中就产品研制中的重大技术问题、重大安全性问题、临床试验方案、阶段性临床试验结果的总结与评价等问题沟通交流。

第七十一条 纳入创新产品注册程序的医疗器械，申请人主动要求终止或者国家药品监督管理局发现不再符合创新产品注册程序要求的，国家药品监督管理局终止相关产品的创新产品注册程序并告知申请人。

第七十二条 纳入创新产品注册程序的医疗器械，申请人在规定期限内未提出注册申请的，不再适用创新产品注册程序。

第二节 优先注册程序

第七十三条 满足下列情形之一的医疗器械，可以申请适用优先注册程序：

（一）诊断或者治疗罕见病、恶性肿瘤且具有明显临床优势，诊断或者治疗老年人特有和多发疾病且目前尚无有效诊断或者治疗手段，专用于儿童且具有明显临床优势，或者临床急需且在我国尚无同品种产品获准注册的医疗器械；

（二）列入国家科技重大专项或者国家重点研发计划的医疗器械；

（三）国家药品监督管理局规定的其他可以适用优先注册程序的医疗器械。

第七十四条 申请适用优先注册程序的，申请人应当在提出医疗器械注册申请时，向国家药品监督管理局提出适用优先注册程序的申请。属于第七十三条第一项情形的，由国家药品监督管理局组织专家进行审核，符合的，纳入优先注册程序；属于第七十三条第二项情形的，由国家局器械审评中心进行审核，符合的，纳入优先注册程序；属于第七十三条第三项情形的，由国家药品监督管理局广泛听取意见，并组织专家论证后确定是否纳入优先注册程序。

第七十五条 对纳入优先注册程序的医疗器械注册申请，国家药品监督管理局优先进行审评审批，省、自治区、直辖市药品监督管理部门优先安排医疗器械注册质量管理体系核查。

国家局器械审评中心在对纳入优先注册程序的医疗器械产品开展技术审评过程中，应当按照相关规定积极与申请人进行沟通交流，必要时，可以安排专项交流。

第三节　应急注册程序

第七十六条 国家药品监督管理局可以依法对突发公共卫生事件应急所需且在我国境内尚无同类产品上市，或者虽在我国境内已有同类产品上市但产品供应不能满足突发公共卫生事件应急处理需要的医疗器械实施应急注册。

第七十七条 申请适用应急注册程序的，申请人应当向国家药品监督管理局提出应急注册申请。符合条件的，纳入应急注册程序。

第七十八条 对实施应急注册的医疗器械注册申请，国家药品监督管理局按照统一指挥、早期介入、随到随审、科学审批的要求办理，并行开展医疗器械产品检验、体系核查、技术审评等工作。

第五章　变更注册与延续注册

第一节　变　更　注　册

第七十九条 注册人应当主动开展医疗器械上市后研究，对医疗器械的安全性、有效性和质量可控性进行进一步确认，加强对已上市医疗器械的持续管理。

已注册的第二类、第三类医疗器械产品，其设计、原材料、生产工艺、适用范围、使用方法等发生实质性变化，有可能影响该医疗器械安全、有效的，注册人应当向原注册部门申请办理变更注册手续；发生其他变化的，应当在变化之日起 30 日内向原注册部门备案。

注册证载明的产品名称、型号、规格、结构及组成、适用范围、产品技术要求、进口医疗器械的生产地址等，属于前款规定的需要办理变更注册的事项。注册人名称和住所、代理人名称和住所等，属于前款规定的需要备案的事项。境内医疗器械生产地址变更的，注册人应当在办理相应的生产许可变更后办理备案。

发生其他变化的，注册人应当按照质量管理体系要求做好相关工作，并按照规定向药品监督管理部门报告。

第八十条 对于变更注册申请，技术审评机构应当重点针对变化部分进行审评，对变化后产品是否安全、有效、质量可控形成审评意见。

在对变更注册申请进行技术审评时，认为有必要对质量管理体系进行核查的，药品监督管理部门应当组织开展质量管理体系核查。

第八十一条 医疗器械变更注册文件与原医疗器械注册证合并使用，有效期截止日期与原医疗器械注册证相同。

第二节 延续注册

第八十二条 医疗器械注册证有效期届满需要延续注册的，注册人应当在医疗器械注册证有效期届满6个月前，向原注册部门申请延续注册，并按照相关要求提交申请资料。

除有本办法第八十三条规定情形外，接到延续注册申请的药品监督管理部门应当在医疗器械注册证有效期届满前作出准予延续的决定。逾期未作决定的，视为准予延续。

第八十三条 有下列情形之一的，不予延续注册：

（一）未在规定期限内提出延续注册申请；

（二）新的医疗器械强制性标准发布实施，申请延续注册的医疗器械不能达到新要求；

（三）附条件批准的医疗器械，未在规定期限内完成医疗器械注册证载明事项。

第八十四条 延续注册的批准时间在原注册证有效期内的，延续注册的注册证有效期起始日为原注册证到期日次日；批准时间不在原注册证有效期内的，延续注册的注册证有效期起始日为批准延续注册的日期。

第八十五条 医疗器械变更注册申请、延续注册申请的受理与审批程序，本章未作规定的，适用本办法第三章的相关规定。

第六章 医疗器械备案

第八十六条 第一类医疗器械生产前，应当进行产品备案。

第八十七条 进行医疗器械备案，备案人应当按照《医疗器械监督管理条例》的规定向药品监督管理部门提交备案资料，获取备案编号。

第八十八条 已备案的医疗器械，备案信息表中登载内容及备案的产品技术要求发生变化的，备案人应当向原备案部门变更备案，并提交变化情况的说明以及相关文件。药品监督管理部门应当将变更情况登载于备案信息中。

第八十九条 已备案的医疗器械管理类别调整为第二类或者第三类医疗器械的，应当按照本办法规定申请注册。

第七章 工作时限

第九十条 本办法所规定的时限是医疗器械注册的受理、技术审评、核查、审批等工作的最长时间。特殊注册程序相关工作时限，按特殊注册程序相关规定执行。

国家局器械审评中心等专业技术机构应当明确本单位工作程序和时限，并向社会公布。

第九十一条 药品监督管理部门收到医疗器械注册申请及临床试验申请后，应当自受理之日起3日内将申请资料转交技术审评机构。临床试验申请的受理要求适用于本办法第五十三条规定。

第九十二条 医疗器械注册技术审评时限，按照以下规定执行：

（一）医疗器械临床试验申请的技术审评时限为60日，申请资料补正后的技术审评时限为40日；

（二）第二类医疗器械注册申请、变更注册申请、延续注册申请的技术审评时限为60日，申请资料补正后的技术审评时限为60日；

（三）第三类医疗器械注册申请、变更注册申请、延续注册申请的技术审评时限为90日，申请资料补正后的技术审评时限为60日。

第九十三条 境内第三类医疗器械质量管理体系核查时限，按照以下规定执行：

（一）国家局器械审评中心应当在医疗器械注册申请受理后 10 日内通知相关省、自治区、直辖市药品监督管理部门启动核查；

（二）省、自治区、直辖市药品监督管理部门原则上在接到核查通知后 30 日内完成核查，并将核查情况、核查结果等相关材料反馈至国家局器械审评中心。

第九十四条 受理注册申请的药品监督管理部门应当自收到审评意见之日起 20 日内作出决定。

第九十五条 药品监督管理部门应当自作出医疗器械注册审批决定之日起 10 日内颁发、送达有关行政许可证件。

第九十六条 因产品特性以及技术审评、核查等工作遇到特殊情况确需延长时限的，延长时限不得超过原时限的二分之一，经医疗器械技术审评、核查等相关技术机构负责人批准后，由延长时限的技术机构书面告知申请人，并通知其他相关技术机构。

第九十七条 原发证机关应当自收到医疗器械注册证补办申请之日起 20 日内予以补发。

第九十八条 以下时间不计入相关工作时限：

（一）申请人补充资料、核查后整改等所占用的时间；

（二）因申请人原因延迟核查的时间；

（三）外聘专家咨询、召开专家咨询会、药械组合产品需要与药品审评机构联合审评的时间；

（四）根据规定中止审评审批程序的，中止审评审批程序期间所占用的时间；

（五）质量管理体系核查所占用的时间。

第九十九条 本办法规定的时限以工作日计算。

第八章 监 督 管 理

第一百条 药品监督管理部门应当加强对医疗器械研制活动的监督检查，必要时可以对为医疗器械研制提供产品或者服务的单位和个人进行延伸检查，有关单位和个人应当予以配合，提供相关文件和资料，不得拒绝、隐瞒、阻挠。

第一百零一条 国家药品监督管理局建立并分步实施医疗器械唯一标识制度，申请人、备案人应当按照相关规定提交唯一标识相关信息，保证数据真实、准确、可溯源。

第一百零二条 国家药品监督管理局应当及时将代理人信息通报代理人所在地省、自治区、直辖市药品监督管理部门。省、自治区、直辖市药品监督管理部门对本行政区域内的代理人组织开展日常监督管理。

第一百零三条 省、自治区、直辖市药品监督管理部门根据医疗器械临床试验机构备案情况，组织对本行政区域内已经备案的临床试验机构开展备案后监督检查。对于新备案的医疗器械临床试验机构，应当在备案后 60 日内开展监督检查。

省、自治区、直辖市药品监督管理部门应当组织对本行政区域内医疗器械临床试验机构遵守医疗器械临床试验质量管理规范的情况进行日常监督检查，监督其持续符合规定要求。国家药品监督管理局根据需要对医疗器械临床试验机构进行监督检查。

第一百零四条 药品监督管理部门认为有必要的，可以对临床试验的真实性、准确性、完整性、规范性和可追溯性进行现场检查。

第一百零五条 承担第一类医疗器械产品备案工作的药品监督管理部门在备案后监督中，发现备案资料不规范的，应当责令备案人限期改正。

第一百零六条 药品监督管理部门未及时发现本行政区域内医疗器械注册管理系统性、区域性风险，或者未及时消除本行政区域内医疗器械注册管理系统性、区域性隐患的，上级药品监督管理部门可以对下级药品监督管理部门主要负责人进行约谈。

第九章 法 律 责 任

第一百零七条 违反本办法第七十九条的规定，未按照要求对发生变化进行备案的，责令限期改正；逾期不改正的，处 1 万元以上 3 万元以下罚款。

第一百零八条 开展医疗器械临床试验未遵守临床试验质量管理规范的，依照《医疗器械监督管理条例》第九十四条予以处罚。

第一百零九条 医疗器械技术审评机构未依照本办法规定履行职责，致使审评工作出现重大失误的，由负责药品监督管理的部门责令改正，通报批评，给予警告；造成严重后果的，对违法单位的法定代表人、主要负责人、直接负责的主管人员和其他责任人员，依法给予处分。

第一百一十条 负责药品监督管理的部门工作人员违反规定，滥用职权、玩忽职守、徇私舞弊的，依法给予处分。

第十章 附 则

第一百一十一条 医疗器械注册或者备案单元原则上以产品的技术原理、结构组成、性能指标和适用范围为划分依据。

第一百一十二条 获准注册的医疗器械，是指与该医疗器械注册证及附件限定内容一致且在医疗器械注册证有效期内生产的医疗器械。

第一百一十三条 医疗器械注册证中"结构及组成"栏内所载明的组合部件，以更换耗材、售后服务、维修等为目的，用于原注册产品的，可以单独销售。

第一百一十四条 申请人在申请医疗器械产品注册、变更注册、临床试验审批中可以经医疗器械主文档所有者授权，引用经登记的医疗器械主文档。医疗器械主文档登记相关工作程序另行规定。

第一百一十五条 医疗器械注册证格式由国家药品监督管理局统一制定。

注册证编号的编排方式为：

×1 械注×2××××3×4××5××××6。其中：

×1 为注册审批部门所在地的简称：

境内第三类医疗器械、进口第二类、第三类医疗器械为"国"字；

境内第二类医疗器械为注册审批部门所在地省、自治区、直辖市简称；

×2 为注册形式：

"准"字适用于境内医疗器械；

"进"字适用于进口医疗器械；

"许"字适用于香港、澳门、台湾地区的医疗器械；

××××3 为首次注册年份；

×4 为产品管理类别；

××5 为产品分类编码；

××××6 为首次注册流水号。

延续注册的，××××3 和××××6 数字不变。产品管理类别调整的，应当重新编号。

第一百一十六条 第一类医疗器械备案编号的编排方式为：

×1 械备××××2××××3。其中：

×1 为备案部门所在地的简称；

进口第一类医疗器械为"国"字；

境内第一类医疗器械为备案部门所在地省、自治区、直辖市简称加所在地设区的市级行政区域的简称（无相应设区的市级行政区域时，仅为省、自治区、直辖市的简称）；

××××2 为备案年份；

××××3 为备案流水号。

第一百一十七条 药品监督管理部门制作的医疗器械注册证、变更注册文件电子文件与纸质文件具有同等法律效力。

第一百一十八条 根据工作需要，国家药品监督管理局可以依法委托省、自治区、直辖市药品监督管理部门或者技术机构、社会组织承担有关的具体工作。

第一百一十九条 省、自治区、直辖市药品监督管理部门可以参照本办法第四章规定制定本行政区域内第二类医疗器械特殊注册程序，并报国家药品监督管理局备案。

第一百二十条 医疗器械产品注册收费项目、收费标准按照国务院财政、价格主管部门的有关规定执行。

第一百二十一条 按照医疗器械管理的体外诊断试剂的注册与备案，适用《体外诊断试剂注册与备案管理办法》。

第一百二十二条 定制式医疗器械监督管理的有关规定，由国家药品监督管理局另行制定。

药械组合产品注册管理的有关规定，由国家药品监督管理局另行制定。

医疗器械紧急使用的有关规定，由国家药品监督管理局会同有关部门另行制定。

第一百二十三条 香港、澳门、台湾地区医疗器械的注册、备案，参照进口医疗器械办理。

第一百二十四条 本办法自 2021 年 10 月 1 日起施行。2014 年 7 月 30 日原国家食品药品监督管理总局令第 4 号公布的《医疗器械注册管理办法》同时废止。

医疗器械不良事件监测和再评价管理办法

（2018 年 8 月 13 日国家市场监督管理总局、国家卫生健康委员会令第 1 号公布　自 2019 年 1 月 1 日起施行）

第一章 总 则

第一条 为加强医疗器械不良事件监测和再评价，及时、有效控制医疗器械上市后风险，保障人体健康和生命安全，根据《医疗器械监督管理条例》，制定本办法。

第二条 在中华人民共和国境内开展医疗器械不良事件监测、再评价及其监督管理，适用本办法。

第三条 医疗器械上市许可持有人（以下简称持有人），应当具有保证医疗器械安全有效的质量管理能力和相应责任能力，建立医疗器械不良事件监测体系，向医疗器械不良事件监测技术机构（以下简称监测机构）直接报告医疗器械不良事件。由持有人授权销售的经营企业、医疗器械使用单位应当向持有人和监测机构报告医疗器械不良事件。

持有人应当对发现的不良事件进行评价，根据评价结果完善产品质量，并向监测机构报告评价结果和完善质量的措施；需要原注册机关审批的，应当按规定提交申请。

境外持有人指定的代理人应当承担境内销售的进口医疗器械的不良事件监测工作，配合境外持有人履行再评价义务。

第四条 本办法下列用语的含义：

（一）医疗器械上市许可持有人，是指医疗器械注册证书和医疗器械备案凭证的持有人，即医疗器械注册人和备案人。

（二）医疗器械不良事件，是指已上市的医疗器械，在正常使用情况下发生的，导致或者可能导致人体伤害的各种有害事件。

（三）严重伤害，是指有下列情况之一者：

1. 危及生命；

2. 导致机体功能的永久性伤害或者机体结构的永久性损伤；

3. 必须采取医疗措施才能避免上述永久性伤害或者损伤。

（四）群体医疗器械不良事件，是指同一医疗器械在使用过程中，在相对集中的时间、区域内发生，对一定数量人群的身体健康或者生命安全造成损害或者威胁的事件。

（五）医疗器械不良事件监测，是指对医疗器械不良事件的收集、报告、调查、分析、评价和控制的过程。

（六）医疗器械重点监测，是指为研究某一品种或者产品上市后风险情况、特征、严重程度、发生率等，主动开展的阶段性监测活动。

（七）医疗器械再评价，是指对已注册或者备案、上市销售的医疗器械的安全性、有效性进行重新评价，并采取相应措施的过程。

第五条 国家药品监督管理局建立国家医疗器械不良事件监测信息系统，加强医疗器械不良事件监测信息网络和数据库建设。

国家药品监督管理局指定的监测机构（以下简称国家监测机构）负责对收集到的医疗器械不良事件信息进行统一管理，并向相关监测机构、持有人、经营企业或者使用单位反馈医疗器械不良事件监测相关信息。

与产品使用风险相关的监测信息应当向卫生行政部门通报。

第六条 省、自治区、直辖市药品监督管理部门应当建立医疗器械不良事件监测体系，完善相关制度，配备相应监测机构和人员，开展医疗器械不良事件监测工作。

第七条 任何单位和个人发现医疗器械不良事件，有权向负责药品监督管理的部门（以下简称药品监督管理部门）或者监测机构报告。

第二章 职责与义务

第八条 国家药品监督管理局负责全国医疗器械不良事件监测和再评价的监督管理工作，会同国务院卫生行政部门组织开展全国范围内影响较大并造成严重伤害或者死亡以及其他严重后果的群体医疗器械不良事件的调查和处理，依法采取紧急控制措施。

第九条 省、自治区、直辖市药品监督管理部门负责本行政区域内医疗器械不良事件监测和再评价的监督管理工作，会同同级卫生行政部门和相关部门组织开展本行政区域内发生的群体医疗器械不良事件的调查和处理，依法采取紧急控制措施。

设区的市级和县级药品监督管理部门负责本行政区域内医疗器械不良事件监测相关工作。

第十条 上级药品监督管理部门指导和监督下级药品监督管理部门开展医疗器械不良事件监测和再评价的监督管理工作。

第十一条 国务院卫生行政部门和地方各级卫生行政部门负责医疗器械使用单位中与医疗器械不良事件监测相关的监督管理工作，督促医疗器械使用单位开展医疗器械不良事件监测相关工作并组织检查，加强医疗器械不良事件监测工作的考核，在职责范围内依法对医疗器械不良事件采取相关控制措施。

上级卫生行政部门指导和监督下级卫生行政部门开展医疗器械不良事件监测相关的监督管理工作。

第十二条 国家监测机构负责接收持有人、经营企业及使用单位等报告的医疗器械不良事件信息,承担全国医疗器械不良事件监测和再评价的相关技术工作;负责全国医疗器械监测信息网络及数据库的建设、维护和信息管理,组织制定技术规范和指导原则,组织开展国家药品监督管理局批准注册的医疗器械不良事件相关信息的调查、评价和反馈,对市级以上地方药品监督管理部门批准注册或者备案的医疗器械不良事件信息进行汇总、分析和指导,开展全国范围内影响较大并造成严重伤害或者死亡以及其他严重后果的群体医疗器械不良事件的调查和评价。

第十三条 省、自治区、直辖市药品监督管理部门指定的监测机构(以下简称省级监测机构)组织开展本行政区域内医疗器械不良事件监测和再评价相关技术工作;承担本行政区域内注册或者备案的医疗器械不良事件的调查、评价和反馈,对本行政区域内发生的群体医疗器械不良事件进行调查和评价。

设区的市级和县级监测机构协助开展本行政区域内医疗器械不良事件监测相关技术工作。

第十四条 持有人应当对其上市的医疗器械进行持续研究,评估风险情况,承担医疗器械不良事件监测的责任,根据分析评价结果采取有效控制措施,并履行下列主要义务:

(一)建立包括医疗器械不良事件监测和再评价工作制度的医疗器械质量管理体系;

(二)配备与其产品相适应的机构和人员从事医疗器械不良事件监测相关工作;

(三)主动收集并按照本办法规定的时限要求及时向监测机构如实报告医疗器械不良事件;

(四)对发生的医疗器械不良事件及时开展调查、分析、评价,采取措施控制风险,及时发布风险信息;

(五)对上市医疗器械安全性进行持续研究,按要求撰写定期风险评价报告;

(六)主动开展医疗器械再评价;

(七)配合药品监督管理部门和监测机构组织开展的不良事件调查。

第十五条 境外持有人除应当履行本办法第十四条规定的义务外,还应当与其指定的代理人之间建立信息传递机制,及时互通医疗器械不良事件监测和再评价相关信息。

第十六条 医疗器械经营企业、使用单位应当履行下列主要义务:

(一)建立本单位医疗器械不良事件监测工作制度,医疗机构还应当将医疗器械不良事件监测纳入医疗机构质量安全管理重点工作;

(二)配备与其经营或者使用规模相适应的机构或者人员从事医疗器械不良事件监测相关工作;

(三)收集医疗器械不良事件,及时向持有人报告,并按照要求向监测机构报告;

(四)配合持有人对医疗器械不良事件的调查、评价和医疗器械再评价工作;

(五)配合药品监督管理部门和监测机构组织开展的不良事件调查。

第三章 报告与评价

第一节 基本要求

第十七条 报告医疗器械不良事件应当遵循可疑即报的原则,即怀疑某事件为医疗器械不良事件时,均可以作为医疗器械不良事件进行报告。

报告内容应当真实、完整、准确。

第十八条 导致或者可能导致严重伤害或者死亡的可疑医疗器械不良事件应当报告;创新医疗器械在首个注册周期内,应当报告该产品的所有医疗器械不良事件。

第十九条 持有人、经营企业和二级以上医疗机构应当注册为国家医疗器械不良事件监测信息系统用户,主动维护其用户信息,报告医疗器械不良事件。持有人应当持续跟踪和处理监测信息;产品注册信息发生变化的,应当在系统中立即更新。

鼓励其他使用单位注册为国家医疗器械不良事件监测信息系统用户,报告不良事件相关信息。

第二十条 持有人应当公布电话、通讯地址、邮箱、传真等联系方式,指定联系人,主动收集来自医疗器械经营企业、使用单位、使用者等的不良事件信息;对发现或者获知的可疑医疗器械不良事件,持有人应当直接通过国家医疗器械不良事件监测信息系统进行医疗器械不良事件报告与评价,并上报群体医疗器械不良事件调查报告以及定期风险评价报告等。

医疗器械经营企业、使用单位发现或者获知可疑医疗器械不良事件的,应当及时告知持有人,并通过国家医疗器械不良事件监测信息系统报告。暂不具备在线报告条件的,应当通过纸质报表向所在地县级以上监测机构报告,由监测机构代为在线报告。

各级监测机构应当公布电话、通讯地址等联系方式。

第二十一条 持有人应当对收集和获知的医疗器械不良事件监测信息进行分析、评价,主动开展医疗器械安全性研究。对附条件批准的医疗器械,持有人还应当按照风险管控计划开展相关工作。

第二十二条 持有人、经营企业、使用单位应当建立并保存医疗器械不良事件监测记录。记录应当保存至医疗器械有效期后 2 年;无有效期的,保存期限不得少于 5 年。植入性医疗器械的监测记录应当永久保存,医疗机构应当按照病例相关规定保存。

第二十三条 省级监测机构应当对本行政区域内注册或者备案的医疗器械的不良事件报告进行综合分析,对发现的风险提出监管措施建议,于每季度结束后 30 日内报所在地省、自治区、直辖市药品监督管理部门和国家监测机构。

国家监测机构应当对国家药品监督管理局批准注册或者备案的医疗器械的不良事件报告和各省、自治区、直辖市药品监督管理部门的季度报告进行综合分析,必要时向国家药品监督管理局提出监管措施建议。

第二十四条 省级监测机构应当按年度对本行政区域内注册或者备案的医疗器械的不良事件监测情况进行汇总分析,形成年度汇总报告,于每年 3 月 15 日前报所在地省、自治区、直辖市药品监督管理部门和国家监测机构。

国家监测机构应当对全国医疗器械不良事件年度监测情况进行汇总分析,形成年度报告,于每年 3 月底前报国家药品监督管理局。

省级以上药品监督管理部门应当将年度报告情况通报同级卫生行政部门。

第二节 个例医疗器械不良事件

第二十五条 持有人发现或者获知可疑医疗器械不良事件的,应当立即调查原因,导致死亡的应当在 7 日内报告;导致严重伤害、可能导致严重伤害或者死亡的应当在 20 日内报告。

医疗器械经营企业、使用单位发现或者获知可疑医疗器械不良事件的,应当及时告知持有人。其中,导致死亡的还应当在 7 日内,导致严重伤害、可能导致严重伤害或者死亡的在 20 日内,通过国家医疗器械不良事件监测信息系统报告。

第二十六条 除持有人、经营企业、使用单位以外的其他单位和个人发现导致或者可能导致严重伤害或者死亡的医疗器械不良事件的,可以向监测机构报告,也可以向持有人、经营企业或者经治的医疗机构报告,必要时提供相关的病历资料。

第二十七条 进口医疗器械的境外持有人和在境外销售国产医疗器械的持有人,应当主动收集其产品在境外发生的医疗器械不良事件。其中,导致或者可能导致严重伤害或者死亡的,境外持有人指定的代理人和国产医疗器械持有人应当自发现或者获知之日起 30 日内报告。

第二十八条　设区的市级监测机构应当自收到医疗器械不良事件报告之日起 10 日内，对报告的真实性、完整性和准确性进行审核，并实时反馈相关持有人。

第二十九条　持有人在报告医疗器械不良事件后或者通过国家医疗器械不良事件监测信息系统获知相关医疗器械不良事件后，应当按要求开展后续调查、分析和评价，导致死亡的事件应当在 30 日内，导致严重伤害、可能导致严重伤害或者死亡的事件应当在 45 日内向持有人所在地省级监测机构报告评价结果。对于事件情况和评价结果有新的发现或者认知的，应当补充报告。

第三十条　持有人所在地省级监测机构应当在收到持有人评价结果 10 日内完成对评价结果的审核，必要时可以委托或者会同不良事件发生地省级监测机构对导致或者可能导致严重伤害或者死亡的不良事件开展现场调查。其中，对于国家药品监督管理局批准注册的医疗器械，国家监测机构还应当对省级监测机构作出的评价审核结果进行复核，必要时可以组织对导致死亡的不良事件开展调查。

审核和复核结果应当反馈持有人。对持有人的评价结果存在异议的，可以要求持有人重新开展评价。

第三节　群体医疗器械不良事件

第三十一条　持有人、经营企业、使用单位发现或者获知群体医疗器械不良事件后，应当在 12 小时内通过电话或者传真等方式报告不良事件发生地省、自治区、直辖市药品监督管理部门和卫生行政部门，必要时可以越级报告，同时通过国家医疗器械不良事件监测信息系统报告群体医疗器械不良事件基本信息，对每一事件还应当在 24 小时内按个例事件报告。

不良事件发生地省、自治区、直辖市药品监督管理部门应当及时向持有人所在地省、自治区、直辖市药品监督管理部门通报相关信息。

第三十二条　持有人发现或者获知其产品的群体医疗器械不良事件后，应当立即暂停生产、销售，通知使用单位停止使用相关医疗器械，同时开展调查及生产质量管理体系自查，并于 7 日内向所在地及不良事件发生地省、自治区、直辖市药品监督管理部门和监测机构报告。

调查应当包括产品质量状况、伤害与产品的关联性、使用环节操作和流通过程的合规性等。自查应当包括采购、生产管理、质量控制、同型号同批次产品追踪等。

持有人应当分析事件发生的原因，及时发布风险信息，将自查情况和所采取的控制措施报所在地及不良事件发生地省、自治区、直辖市药品监督管理部门，必要时应当召回相关医疗器械。

第三十三条　医疗器械经营企业、使用单位发现或者获知群体医疗器械不良事件的，应当在 12 小时内告知持有人，同时迅速开展自查，并配合持有人开展调查。自查应当包括产品贮存、流通过程追溯，同型号同批次产品追踪等；使用单位自查还应当包括使用过程是否符合操作规范和产品说明书要求等。必要时，医疗器械经营企业、使用单位应当暂停医疗器械的销售、使用，并协助相关单位采取相关控制措施。

第三十四条　省、自治区、直辖市药品监督管理部门在获知本行政区域内发生的群体医疗器械不良事件后，应当会同同级卫生行政部门及时开展现场调查，相关省、自治区、直辖市药品监督管理部门应当配合。调查、评价和处理结果应当及时报国家药品监督管理局和国务院卫生行政部门，抄送持有人所在地省、自治区、直辖市药品监督管理部门。

第三十五条　对全国范围内影响较大并造成严重伤害或者死亡以及其他严重后果的群体医疗器械不良事件，国家药品监督管理局应当会同国务院卫生行政部门组织调查和处理。国家监测机构负责现场调查，相关省、自治区、直辖市药品监督管理部门、卫生行政部门应当配合。

调查内容应当包括医疗器械不良事件发生情况、医疗器械使用情况、患者诊治情况、既往类似不良事件、产品生产过程、产品贮存流通情况以及同型号同批次产品追踪等。

第三十六条 国家监测机构和相关省、自治区、直辖市药品监督管理部门、卫生行政部门应当在调查结束后5日内，根据调查情况对产品风险进行技术评价并提出控制措施建议，形成调查报告报国家药品监督管理局和国务院卫生行政部门。

第三十七条 持有人所在地省、自治区、直辖市药品监督管理部门可以对群体不良事件涉及的持有人开展现场检查。必要时，国家药品监督管理局可以对群体不良事件涉及的境外持有人开展现场检查。

现场检查应当包括生产质量管理体系运行情况、产品质量状况、生产过程、同型号同批次产品追踪等。

第四节　定期风险评价报告

第三十八条 持有人应当对上市医疗器械安全性进行持续研究，对产品的不良事件报告、监测资料和国内外风险信息进行汇总、分析，评价该产品的风险与受益，记录采取的风险控制措施，撰写上市后定期风险评价报告。

第三十九条 持有人应当自产品首次批准注册或者备案之日起，每满一年后的60日内完成上年度产品上市后定期风险评价报告。其中，经国家药品监督管理局注册的，应当提交至国家监测机构；经省、自治区、直辖市药品监督管理部门注册的，应当提交至所在地省级监测机构。第一类医疗器械的定期风险评价报告由持有人留存备查。

获得延续注册的医疗器械，应当在下一次延续注册申请时完成本注册周期的定期风险评价报告，并由持有人留存备查。

第四十条 省级以上监测机构应当组织对收到的医疗器械产品上市后定期风险评价报告进行审核。必要时，应当将审核意见反馈持有人。

第四十一条 省级监测机构应当对收到的上市后定期风险评价报告进行综合分析，于每年5月1日前将上一年度上市后定期风险评价报告统计情况和分析评价结果报国家监测机构和所在地省、自治区、直辖市药品监督管理部门。

国家监测机构应当对收到的上市后定期风险评价报告和省级监测机构提交的报告统计情况及分析评价结果进行综合分析，于每年7月1日前将上一年度上市后定期风险评价报告统计情况和分析评价结果报国家药品监督管理局。

第四章　重点监测

第四十二条 省级以上药品监督管理部门可以组织开展医疗器械重点监测，强化医疗器械产品上市后风险研究。

第四十三条 国家药品监督管理局会同国务院卫生行政部门确定医疗器械重点监测品种，组织制定重点监测工作方案，并监督实施。

国家医疗器械重点监测品种应当根据医疗器械注册、不良事件监测、监督检查、检验等情况，结合产品风险程度和使用情况确定。

国家监测机构组织实施医疗器械重点监测工作，并完成相关技术报告。药品监督管理部门可根据监测中发现的风险采取必要的管理措施。

第四十四条 省、自治区、直辖市药品监督管理部门可以根据本行政区域内医疗器械监管工作需要，参照本办法第四十三条规定，对本行政区内注册的第二类和备案的第一类医疗器械开展省级医疗器械重点监测工作。

第四十五条 医疗器械重点监测品种涉及的持有人应当按照医疗器械重点监测工作方案的要求开展工作，主动收集其产品的不良事件报告等相关风险信息，撰写风险评价报告，并按要求报送至重点监测工作组织部门。

第四十六条 省级以上药品监督管理部门可以指定具备一定条件的单位作为监测哨点，主动收集重点监测数据。监测哨点应当提供医疗器械重点监测品种的使用情况，主动收集、报告不良事件监测信息，组织或者推荐相关专家开展或者配合监测机构开展与风险评价相关的科学研究工作。

第四十七条 创新医疗器械持有人应当加强对创新医疗器械的主动监测，制定产品监测计划，主动收集相关不良事件报告和产品投诉信息，并开展调查、分析、评价。

创新医疗器械持有人应当在首个注册周期内，每半年向国家监测机构提交产品不良事件监测分析评价汇总报告。国家监测机构发现医疗器械可能存在严重缺陷的信息，应当及时报国家药品监督管理局。

第五章 风险控制

第四十八条 持有人通过医疗器械不良事件监测，发现存在可能危及人体健康和生命安全的不合理风险的医疗器械，应当根据情况采取以下风险控制措施，并报告所在地省、自治区、直辖市药品监督管理部门：

（一）停止生产、销售相关产品；

（二）通知医疗器械经营企业、使用单位暂停销售和使用；

（三）实施产品召回；

（四）发布风险信息；

（五）对生产质量管理体系进行自查，并对相关问题进行整改；

（六）修改说明书、标签、操作手册等；

（七）改进生产工艺、设计、产品技术要求等；

（八）开展医疗器械再评价；

（九）按规定进行变更注册或者备案；

（十）其他需要采取的风险控制措施。

与用械安全相关的风险及处置情况，持有人应当及时向社会公布。

第四十九条 药品监督管理部门认为持有人采取的控制措施不足以有效防范风险的，可以采取发布警示信息、暂停生产销售和使用、责令召回、要求其修改说明书和标签、组织开展再评价等措施，并组织对持有人开展监督检查。

第五十条 对发生群体医疗器械不良事件的医疗器械，省级以上药品监督管理部门可以根据风险情况，采取暂停生产、销售、使用等控制措施，组织对持有人开展监督检查，并及时向社会发布警示和处置信息。在技术评价结论得出后，省级以上药品监督管理部门应当根据相关法规要求，采取进一步监管措施，并加强对同类医疗器械的不良事件监测。

同级卫生行政部门应当在本行政区域内暂停医疗机构使用相关医疗器械，采取措施积极组织救治患者。相关持有人应当予以配合。

第五十一条 省级以上监测机构在医疗器械不良事件报告评价和审核、不良事件报告季度和年度汇总分析、群体不良事件评价、重点监测、定期风险评价报告等过程中，发现医疗器械存在不合理风险的，应当提出风险管理意见，及时反馈持有人并报告相应的药品监督管理部门。省级监测机构还应当向国家监测机构报告。

持有人应当根据收到的风险管理意见制定并实施相应的风险控制措施。

第五十二条 各级药品监督管理部门和卫生行政部门必要时可以将医疗器械不良事件所涉及的产品委托具有相应资质的医疗器械检验机构进行检验。医疗器械检验机构应当及时开展相关检验，并出具检验报告。

第五十三条　进口医疗器械在境外发生医疗器械不良事件，或者国产医疗器械在境外发生医疗器械不良事件，被采取控制措施的，境外持有人指定的代理人或者国产医疗器械持有人应当在获知后 24 小时内，将境外医疗器械不良事件情况、控制措施情况和在境内拟采取的控制措施报国家药品监督管理局和国家监测机构，抄送所在地省、自治区、直辖市药品监督管理部门，及时报告后续处置情况。

第五十四条　可疑医疗器械不良事件由医疗器械产品质量原因造成的，由药品监督管理部门按照医疗器械相关法规予以处置；由医疗器械使用行为造成的，由卫生行政部门予以处置。

第六章　再　评　价

第五十五条　有下列情形之一的，持有人应当主动开展再评价，并依据再评价结论，采取相应措施：

（一）根据科学研究的发展，对医疗器械的安全、有效有认识上改变的；

（二）医疗器械不良事件监测、评估结果表明医疗器械可能存在缺陷的；

（三）国家药品监督管理局规定应当开展再评价的其他情形。

第五十六条　持有人开展医疗器械再评价，应当根据产品上市后获知和掌握的产品安全有效信息、临床数据和使用经验等，对原医疗器械注册资料中的综述资料、研究资料、临床评价资料、产品风险分析资料、产品技术要求、说明书、标签等技术数据和内容进行重新评价。

第五十七条　再评价报告应当包括产品风险受益评估、社会经济效益评估、技术进展评估、拟采取的措施建议等。

第五十八条　持有人主动开展医疗器械再评价的，应当制定再评价工作方案。通过再评价确定需要采取控制措施的，应当在再评价结论形成后 15 日内，提交再评价报告。其中，国家药品监督管理局批准注册或者备案的医疗器械，持有人应当向国家监测机构提交；其他医疗器械的持有人应当向所在地省级监测机构提交。

持有人未按规定履行医疗器械再评价义务的，省级以上药品监督管理部门应当责令持有人开展再评价。必要时，省级以上药品监督管理部门可以直接组织开展再评价。

第五十九条　省级以上药品监督管理部门责令开展再评价的，持有人应当在再评价实施前和再评价结束后 30 日内向相应药品监督管理部门及监测机构提交再评价方案和再评价报告。

再评价实施期限超过 1 年的，持有人应当每年报告年度进展情况。

第六十条　监测机构对收到的持有人再评价报告进行审核，并将审核意见报相应的药品监督管理部门。

药品监督管理部门对持有人开展的再评价结论有异议的，持有人应当按照药品监督管理部门的要求重新确认再评价结果或者重新开展再评价。

第六十一条　药品监督管理部门组织开展医疗器械再评价的，由指定的监测机构制定再评价方案，经组织开展再评价的药品监督管理部门批准后组织实施，形成再评价报告后向相应药品监督管理部门报告。

第六十二条　再评价结果表明已注册或者备案的医疗器械存在危及人身安全的缺陷，且无法通过技术改进、修改说明书和标签等措施消除或者控制风险，或者风险获益比不可接受的，持有人应当主动申请注销医疗器械注册证或者取消产品备案；持有人未申请注销医疗器械注册证或者取消备案的，由原发证部门注销医疗器械注册证或者取消备案。药品监督管理部门应当将注销医疗器械注册证或者取消备案的相关信息及时向社会公布。

国家药品监督管理局根据再评价结论，可以对医疗器械品种作出淘汰的决定。被淘汰的产品，其医疗器械注册证或者产品备案由原发证部门予以注销或者取消。

被注销医疗器械注册证或者被取消备案的医疗器械不得生产、进口、经营和使用。

第七章 监督管理

第六十三条 药品监督管理部门应当依据职责对持有人和经营企业开展医疗器械不良事件监测和再评价工作情况进行监督检查，会同同级卫生行政部门对医疗器械使用单位开展医疗器械不良事件监测情况进行监督检查。

第六十四条 省、自治区、直辖市药品监督管理部门应当制定本行政区域的医疗器械不良事件监测监督检查计划，确定检查重点，并监督实施。

第六十五条 省、自治区、直辖市药品监督管理部门应当加强对本行政区域内从事医疗器械不良事件监测和再评价工作人员的培训和考核。

第六十六条 药品监督管理部门应当按照法规、规章、规范的要求，对持有人不良事件监测制度建设和工作开展情况实施监督检查。必要时，可以对受持有人委托开展相关工作的企业开展延伸检查。

第六十七条 有下列情形之一的，药品监督管理部门应当对持有人开展重点检查：

（一）未主动收集并按照时限要求报告医疗器械不良事件的；

（二）持有人上报导致或可能导致严重伤害或者死亡不良事件的报告数量与医疗机构的报告数量差距较大，提示其主体责任未落实到位的；

（三）瞒报、漏报、虚假报告的；

（四）不配合药品监督管理部门开展的医疗器械不良事件相关调查和采取的控制措施的；

（五）未按照要求通过不良事件监测收集产品安全性信息，或者未按照要求开展上市后研究、再评价，无法保证产品安全有效的。

第六十八条 持有人未按照要求建立不良事件监测制度、开展不良事件监测和再评价相关工作、未按照本办法第四十八条规定及时采取有效风险控制措施、不配合药品监督管理部门开展的医疗器械不良事件相关调查和采取的控制措施的，药品监督管理部门可以要求其停产整改，必要时采取停止产品销售的控制措施。

需要恢复生产、销售的，持有人应当向作出处理决定的药品监督管理部门提出申请，药品监督管理部门现场检查通过后，作出恢复生产、销售的决定。

持有人提出恢复生产、销售申请前，可以聘请具备相应资质的独立第三方专业机构进行检查确认。

第六十九条 省级以上药品监督管理部门统一发布下列医疗器械不良事件监测信息：

（一）群体医疗器械不良事件相关信息；

（二）医疗器械不良事件监测警示信息；

（三）需要定期发布的医疗器械不良事件监测信息；

（四）认为需要统一发布的其他医疗器械不良事件监测信息。

第八章 法律责任

第七十条 持有人有下列情形之一的，依照《医疗器械监督管理条例》第六十八条的规定，由县级以上药品监督管理部门责令改正，给予警告；拒不改正的，处 5000 元以上 2 万元以下罚款；情节严重的，责令停产停业，直至由发证部门吊销相关证明文件：

（一）未主动收集并按照时限要求报告医疗器械不良事件的；

（二）瞒报、漏报、虚假报告的；

（三）未按照时限要求报告评价结果或者提交群体医疗器械不良事件调查报告的；

（四）不配合药品监督管理部门和监测机构开展的医疗器械不良事件相关调查和采取的控制措施的。

第七十一条 医疗器械经营企业、使用单位有下列情形之一的，依照《医疗器械监督管理条例》第六十八条的规定，由县级以上药品监督管理部门和卫生行政部门依据各自职责责令改正，给予警告；拒不改正的，处 5000 元以上 2 万元以下罚款；情节严重的，责令停产停业，直至由发证部门吊销相关证明文件：

（一）未主动收集并按照时限要求报告医疗器械不良事件的；

（二）瞒报、漏报、虚假报告的；

（三）不配合药品监督管理部门和监测机构开展的医疗器械不良事件相关调查和采取的控制措施的。

第七十二条 持有人未按照要求开展再评价、隐匿再评价结果、应当提出注销申请而未提出的，由省级以上药品监督管理部门责令改正，给予警告，可以处 1 万元以上 3 万元以下罚款。

第七十三条 持有人有下列情形之一的，由县级以上药品监督管理部门责令改正，给予警告；拒不改正的，处 5000 元以上 2 万元以下罚款：

（一）未按照规定建立医疗器械不良事件监测和再评价工作制度的；

（二）未按照要求配备与其产品相适应的机构和人员从事医疗器械不良事件监测相关工作的；

（三）未保存不良事件监测记录或者保存年限不足的；

（四）应当注册而未注册为医疗器械不良事件监测信息系统用户的；

（五）未主动维护用户信息，或者未持续跟踪和处理监测信息的；

（六）未根据不良事件情况采取相应控制措施并向社会公布的；

（七）未按照要求撰写、提交或者留存上市后定期风险评价报告的；

（八）未按照要求报告境外医疗器械不良事件和境外控制措施的；

（九）未按照要求提交创新医疗器械产品分析评价汇总报告的；

（十）未公布联系方式、主动收集不良事件信息的；

（十一）未按照要求开展医疗器械重点监测的；

（十二）其他违反本办法规定的。

第七十四条 医疗器械经营企业、使用单位有下列情形之一的，由县级以上药品监督管理部门和卫生行政部门依据各自职责责令改正，给予警告；拒不改正的，处 5000 元以上 2 万元以下罚款：

（一）未按照要求建立医疗器械不良事件监测工作制度的；

（二）未按照要求配备与其经营或者使用规模相适应的机构或者人员从事医疗器械不良事件监测相关工作的；

（三）未保存不良事件监测记录或者保存年限不足的；

（四）应当注册而未注册为国家医疗器械不良事件监测信息系统用户的；

（五）未及时向持有人报告所收集或者获知的医疗器械不良事件的；

（六）未配合持有人对医疗器械不良事件调查和评价的；

（七）其他违反本办法规定的。

药品监督管理部门发现使用单位有前款规定行为的，应当移交同级卫生行政部门处理。

卫生行政部门对使用单位作出行政处罚决定的，应当及时通报同级药品监督管理部门。

第七十五条 持有人、经营企业、使用单位按照本办法要求报告、调查、评价、处置医疗器械不良事件，主动消除或者减轻危害后果的，对其相关违法行为，依照《中华人民共和国行政处罚法》的规定从轻或者减轻处罚。违法行为轻微并及时纠正，没有造成危害后果的，不予处罚，但不免除其依法应当承担的其他法律责任。

第七十六条 各级药品监督管理部门、卫生行政部门、监测机构及其工作人员，不按规定履行职责的，依照《医疗器械监督管理条例》第七十二条和第七十四条的规定予以处理。

第七十七条 持有人、经营企业、使用单位违反相关规定，给医疗器械使用者造成损害的，依法承担赔偿责任。

第九章 附 则

第七十八条 医疗器械不良事件报告的内容、风险分析评价报告和统计资料等是加强医疗器械监督管理、指导合理用械的依据，不作为医疗纠纷、医疗诉讼和处理医疗器械质量事故的依据。

对于属于医疗事故或者医疗器械质量问题的，应当按照相关法规的要求另行处理。

第七十九条 本办法由国家药品监督管理局会同国务院卫生行政部门负责解释。

第八十条 本办法自 2019 年 1 月 1 日起施行。

医疗器械标准管理办法

（2017 年 4 月 17 日国家食品药品监督管理总局令第 33 号公布 自 2017 年 7 月 1 日起施行）

第一章 总 则

第一条 为促进科学技术进步，保障医疗器械安全有效，提高健康保障水平，加强医疗器械标准管理，根据《中华人民共和国标准化法》《中华人民共和国标准化法实施条例》和《医疗器械监督管理条例》等法律法规，制定本办法。

第二条 本办法所称医疗器械标准，是指由国家食品药品监督管理总局依据职责组织制修订，依法定程序发布，在医疗器械研制、生产、经营、使用、监督管理等活动中遵循的统一的技术要求。

第三条 在中华人民共和国境内从事医疗器械标准的制修订、实施及监督管理，应当遵守法律、行政法规及本办法的规定。

第四条 医疗器械标准按照其效力分为强制性标准和推荐性标准。

对保障人体健康和生命安全的技术要求，应当制定为医疗器械强制性国家标准和强制性行业标准。

对满足基础通用、与强制性标准配套、对医疗器械产业起引领作用等需要的技术要求，可以制定为医疗器械推荐性国家标准和推荐性行业标准。

第五条 医疗器械标准按照其规范对象分为基础标准、方法标准、管理标准和产品标准。

第六条 国家食品药品监督管理总局依法编制医疗器械标准规划，建立医疗器械标准管理工作制度，健全医疗器械标准管理体系。

第七条 鼓励企业、社会团体、教育科研机构及个人广泛参与医疗器械标准制修订工作，并对医疗器械标准执行情况进行监督。

第八条 鼓励参与国际标准化活动，参与制定和采用国际医疗器械标准。

第九条 国家食品药品监督管理总局对在医疗器械标准工作中做出显著成绩的组织和个人，按照国家有关规定给予表扬和奖励。

第二章 标准管理职责

第十条 国家食品药品监督管理总局履行下列职责：

（一）组织贯彻医疗器械标准管理相关法律、法规，制定医疗器械标准管理工作制度；

（二）组织拟定医疗器械标准规划，编制标准制修订年度工作计划；

（三）依法组织医疗器械标准制修订，发布医疗器械行业标准；

（四）依法指导、监督医疗器械标准管理工作。

第十一条 国家食品药品监督管理总局医疗器械标准管理中心（以下简称"医疗器械标准管理中心"）履行下列职责：

（一）组织开展医疗器械标准体系的研究，拟定医疗器械标准规划草案和标准制修订年度工作计划建议；

（二）依法承担医疗器械标准制修订的管理工作；

（三）依法承担医疗器械标准化技术委员会的管理工作；

（四）承担医疗器械标准宣传、培训的组织工作；

（五）组织对标准实施情况进行调研，协调解决标准实施中的重大技术问题；

（六）承担医疗器械国际标准化活动和对外合作交流的相关工作；

（七）承担医疗器械标准信息化工作，组织医疗器械行业标准出版；

（八）承担国家食品药品监督管理总局交办的其他标准管理工作。

第十二条 国家食品药品监督管理总局根据医疗器械标准化工作的需要，经批准依法组建医疗器械标准化技术委员会。

医疗器械标准化技术委员会履行下列职责：

（一）开展医疗器械标准研究工作，提出本专业领域标准发展规划、标准体系意见；

（二）承担本专业领域医疗器械标准起草、征求意见、技术审查等组织工作，并对标准的技术内容和质量负责；

（三）承担本专业领域医疗器械标准的技术指导工作，协助解决标准实施中的技术问题；

（四）负责收集、整理本专业领域的医疗器械标准资料，并建立技术档案；

（五）负责本专业领域医疗器械标准实施情况的跟踪评价；

（六）负责本专业领域医疗器械标准技术内容的咨询和解释；

（七）承担本专业领域医疗器械标准的宣传、培训、学术交流和相关国际标准化活动。

第十三条 在现有医疗器械标准化技术委员会不能覆盖的专业技术领域，国家食品药品监督管理总局可以根据监管需要，按程序确定医疗器械标准化技术归口单位。标准化技术归口单位参照医疗器械标准化技术委员会的职责和有关规定开展相应领域医疗器械标准工作。

第十四条 地方食品药品监督管理部门在本行政区域依法履行下列职责：

（一）组织贯彻医疗器械标准管理的法律法规；

（二）组织、参与医疗器械标准的制修订相关工作；

（三）监督医疗器械标准的实施；

（四）收集并向上一级食品药品监督管理部门报告标准实施过程中的问题。

第十五条 医疗器械研制机构、生产经营企业和使用单位应当严格执行医疗器械强制性标准。

鼓励医疗器械研制机构、生产经营企业和使用单位积极研制和采用医疗器械推荐性标准，积极参与医疗器械标准制修订工作，及时向有关部门反馈医疗器械标准实施问题和提出改进建议。

第三章　标准制定与修订

第十六条　医疗器械标准制修订程序包括标准立项、起草、征求意见、技术审查、批准发布、复审和废止等。具体规定由国家食品药品监督管理总局制定。

对医疗器械监管急需制修订的标准，可以按照国家食品药品监督管理总局规定的快速程序开展。

第十七条　医疗器械标准管理中心应当根据医疗器械标准规划，向社会公开征集医疗器械标准制定、修订立项提案。

对征集到的立项提案，由相应的医疗器械标准化技术委员会（包括标准化技术归口单位，下同）进行研究后，提出本专业领域标准计划项目立项申请。

涉及两个或者两个以上医疗器械标准化技术委员会的标准计划项目立项提案，应当由医疗器械标准管理中心负责协调，确定牵头医疗器械标准化技术委员会，并由其提出标准计划项目立项申请。

第十八条　医疗器械标准管理中心对医疗器械标准计划项目立项申请，经公开征求意见并组织专家论证后，提出医疗器械标准计划项目，编制标准制修订年度工作计划建议，报国家食品药品监督管理总局审核。

国家食品药品监督管理总局审核通过的医疗器械标准计划项目，应当向社会公示。国家标准计划项目送国务院标准化行政主管部门批准下达；行业标准计划项目由国家食品药品监督管理总局批准下达。

第十九条　医疗器械生产经营企业、使用单位、监管部门、检测机构以及有关教育科研机构、社会团体等，可以向承担医疗器械标准计划项目的医疗器械标准化技术委员会提出起草相关医疗器械标准的申请。医疗器械标准化技术委员会结合标准的技术内容，按照公开、公正、择优的原则，选定起草单位。

起草单位应当广泛调研、深入分析研究，积极借鉴相关国际标准，在对技术内容进行充分验证的基础上起草医疗器械标准，形成医疗器械标准征求意见稿，经医疗器械标准化技术委员会初步审查后，报送医疗器械标准管理中心。

第二十条　医疗器械标准征求意见稿在医疗器械标准管理中心网站向社会公开征求意见，征求意见的期限一般为两个月。承担医疗器械标准计划项目的医疗器械标准化技术委员会对征集到的意见进行汇总后，反馈给标准起草单位，起草单位应当对汇总意见进行认真研究，对征求意见稿进行修改完善，形成医疗器械标准送审稿。

第二十一条　承担医疗器械标准计划项目的医疗器械标准化技术委员会负责组织对医疗器械标准送审稿进行技术审查。审查通过后，将医疗器械标准报批稿、实施建议及相关资料报送医疗器械标准管理中心进行审核。

第二十二条　医疗器械标准管理中心将审核通过后的医疗器械标准报批稿及审核结论等报送国家食品药品监督管理总局审查。审查通过的医疗器械国家标准送国务院标准化行政主管部门批准、发布；审查通过的医疗器械行业标准由国家食品药品监督管理总局确定实施日期和实施要求，以公告形式发布。

医疗器械国家标准、行业标准按照国务院标准化行政主管部门的相关规定进行公开，供公众查阅。

第二十三条　医疗器械标准批准发布后，因个别技术内容影响标准使用、需要进行修改，或者对原标准内容进行少量增减时，应当采用标准修改单方式修改。标准修改单应当按照标准制修订程序制定，由医疗器械标准的原批准部门审查发布。

第二十四条 医疗器械标准化技术委员会应当对已发布实施的医疗器械标准开展复审工作，根据科学技术进步、产业发展以及监管需要对其有效性、适用性和先进性及时组织复审，提出复审结论。复审结论分为继续有效、修订或者废止。复审周期原则上不超过 5 年。

医疗器械标准复审结论由医疗器械标准管理中心审核通过后，报送国家食品药品监督管理总局审查。医疗器械国家标准复审结论，送国务院标准化行政主管部门批准；医疗器械行业标准复审结论由国家食品药品监督管理总局审查批准，并对复审结论为废止的标准以公告形式发布。

第四章　标准实施与监督

第二十五条 医疗器械企业应当严格按照经注册或者备案的产品技术要求组织生产，保证出厂的医疗器械符合强制性标准以及经注册或者备案的产品技术要求。

第二十六条 医疗器械推荐性标准被法律法规、规范性文件及经注册或者备案的产品技术要求引用的内容应当强制执行。

第二十七条 医疗器械产品技术要求，应当与产品设计特性、预期用途和质量控制水平相适应，并不得低于产品适用的强制性国家标准和强制性行业标准。

第二十八条 食品药品监督管理部门对医疗器械企业实施医疗器械强制性标准以及经注册或者备案的产品技术要求的情况进行监督检查。

第二十九条 任何单位和个人有权向食品药品监督管理部门举报或者反映违反医疗器械强制性以及经注册或者备案的产品技术要求的行为。收到举报或者反映的部门，应当及时按规定作出处理。

第三十条 医疗器械标准实行信息化管理，标准立项、发布、实施等信息应当及时向公众公开。

第三十一条 食品药品监督管理部门应当在医疗器械标准发布后，及时组织、指导标准的宣传、培训。

第三十二条 医疗器械标准化技术委员会对标准的实施情况进行跟踪评价。医疗器械标准管理中心根据跟踪评价情况对强制性标准实施情况进行统计分析。

第五章　附　　则

第三十三条 医疗器械国家标准的编号按照国务院标准化行政主管部门的规定编制。医疗器械行业标准的代号由大写汉语拼音字母等构成。强制性行业标准的代号为"YY"，推荐性行业标准的代号为"YY/T"。

行业标准的编号由行业标准的代号、标准号和标准发布的年号构成。其形式为：YY ××××1-××××2 和 YY/T ××××1-××××2。

××××1 为标准号，××××2 为标准发布年号。

第三十四条 依法成立的社会团体可以制定发布团体标准。团体标准的管理应当符合国家相关规定。

第三十五条 医疗器械标准样品是医疗器械检验检测中的实物标准，其管理应当符合国家有关规定。

第三十六条 本办法自 2017 年 7 月 1 日起施行。2002 年 1 月 4 日发布的《医疗器械标准管理办法（试行）》（原国家药品监督管理局令第 31 号）同时废止。

医疗器械召回管理办法

（2017 年 1 月 25 日国家食品药品监督管理总局令第 29 号公布　自 2017 年 5 月 1 日起施行）

第一章　总　则

第一条　为加强医疗器械监督管理，控制存在缺陷的医疗器械产品，消除医疗器械安全隐患，保证医疗器械的安全、有效，保障人体健康和生命安全，根据《医疗器械监督管理条例》，制定本办法。

第二条　中华人民共和国境内已上市医疗器械的召回及其监督管理，适用本办法。

第三条　本办法所称医疗器械召回，是指医疗器械生产企业按照规定的程序对其已上市销售的某一类别、型号或者批次的存在缺陷的医疗器械产品，采取警示、检查、修理、重新标签、修改并完善说明书、软件更新、替换、收回、销毁等方式进行处理的行为。

前款所述医疗器械生产企业，是指境内医疗器械产品注册人或者备案人、进口医疗器械的境外制造厂商在中国境内指定的代理人。

第四条　本办法所称存在缺陷的医疗器械产品包括：

（一）正常使用情况下存在可能危及人体健康和生命安全的不合理风险的产品；

（二）不符合强制性标准、经注册或者备案的产品技术要求的产品；

（三）不符合医疗器械生产、经营质量管理有关规定导致可能存在不合理风险的产品；

（四）其他需要召回的产品。

第五条　医疗器械生产企业是控制与消除产品缺陷的责任主体，应当主动对缺陷产品实施召回。

第六条　医疗器械生产企业应当按照本办法的规定建立健全医疗器械召回管理制度，收集医疗器械安全相关信息，对可能的缺陷产品进行调查、评估，及时召回缺陷产品。

进口医疗器械的境外制造厂商在中国境内指定的代理人应当将仅在境外实施医疗器械召回的有关信息及时报告国家食品药品监督管理总局；凡涉及在境内实施召回的，中国境内指定的代理人应当按照本办法的规定组织实施。

医疗器械经营企业、使用单位应当积极协助医疗器械生产企业对缺陷产品进行调查、评估，主动配合生产企业履行召回义务，按照召回计划及时传达、反馈医疗器械召回信息，控制和收回缺陷产品。

第七条　医疗器械经营企业、使用单位发现其经营、使用的医疗器械可能为缺陷产品的，应当立即暂停销售或者使用该医疗器械，及时通知医疗器械生产企业或者供货商，并向所在地省、自治区、直辖市食品药品监督管理部门报告；使用单位为医疗机构的，还应当同时向所在地省、自治区、直辖市卫生行政部门报告。

医疗器械经营企业、使用单位所在地省、自治区、直辖市食品药品监督管理部门收到报告后，应当及时通报医疗器械生产企业所在地省、自治区、直辖市食品药品监督管理部门。

第八条　召回医疗器械的生产企业所在地省、自治区、直辖市食品药品监督管理部门负责医疗器械召回的监督管理，其他省、自治区、直辖市食品药品监督管理部门应当配合做好本行政区域内医疗器械召回的有关工作。

国家食品药品监督管理总局监督全国医疗器械召回的管理工作。

第九条 国家食品药品监督管理总局和省、自治区、直辖市食品药品监督管理部门应当按照医疗器械召回信息通报和信息公开有关制度，采取有效途径向社会公布缺陷产品信息和召回信息，必要时向同级卫生行政部门通报相关信息。

第二章 医疗器械缺陷的调查与评估

第十条 医疗器械生产企业应当按照规定建立健全医疗器械质量管理体系和医疗器械不良事件监测系统，收集、记录医疗器械的质量投诉信息和医疗器械不良事件信息，对收集的信息进行分析，对可能存在的缺陷进行调查和评估。

医疗器械经营企业、使用单位应当配合医疗器械生产企业对有关医疗器械缺陷进行调查，并提供有关资料。

第十一条 医疗器械生产企业应当按照规定及时将收集的医疗器械不良事件信息向食品药品监督管理部门报告，食品药品监督管理部门可以对医疗器械不良事件或者可能存在的缺陷进行分析和调查，医疗器械生产企业、经营企业、使用单位应当予以配合。

第十二条 对存在缺陷的医疗器械产品进行评估的主要内容包括：

（一）产品是否符合强制性标准、经注册或者备案的产品技术要求；

（二）在使用医疗器械过程中是否发生过故障或者伤害；

（三）在现有使用环境下是否会造成伤害，是否有科学文献、研究、相关试验或者验证能够解释伤害发生的原因；

（四）伤害所涉及的地区范围和人群特点；

（五）对人体健康造成的伤害程度；

（六）伤害发生的概率；

（七）发生伤害的短期和长期后果；

（八）其他可能对人体造成伤害的因素。

第十三条 根据医疗器械缺陷的严重程度，医疗器械召回分为：

（一）一级召回：使用该医疗器械可能或者已经引起严重健康危害的；

（二）二级召回：使用该医疗器械可能或者已经引起暂时的或者可逆的健康危害的；

（三）三级召回：使用该医疗器械引起危害的可能性较小但仍需要召回的。

医疗器械生产企业应当根据具体情况确定召回级别并根据召回级别与医疗器械的销售和使用情况，科学设计召回计划并组织实施。

第三章 主 动 召 回

第十四条 医疗器械生产企业按照本办法第十条、第十二条的要求进行调查评估后，确定医疗器械产品存在缺陷的，应当立即决定并实施召回，同时向社会发布产品召回信息。

实施一级召回的，医疗器械召回公告应当在国家食品药品监督管理总局网站和中央主要媒体上发布；实施二级、三级召回的，医疗器械召回公告应当在省、自治区、直辖市食品药品监督管理部门网站发布，省、自治区、直辖市食品药品监督管理部门网站发布的召回公告应当与国家食品药品监督管理总局网站链接。

第十五条 医疗器械生产企业作出医疗器械召回决定的，一级召回应当在1日内，二级召回应当在3日内，三级召回应当在7日内，通知到有关医疗器械经营企业、使用单位或者告知使用者。

召回通知应当包括以下内容：

（一）召回医疗器械名称、型号规格、批次等基本信息；

（二）召回的原因；

（三）召回的要求，如立即暂停销售和使用该产品、将召回通知转发到相关经营企业或者使用单位等；

（四）召回医疗器械的处理方式。

第十六条 医疗器械生产企业作出医疗器械召回决定的，应当立即向所在地省、自治区、直辖市食品药品监督管理部门和批准该产品注册或者办理备案的食品药品监督管理部门提交医疗器械召回事件报告表，并在 5 个工作日内将调查评估报告和召回计划提交至所在地省、自治区、直辖市食品药品监督管理部门和批准注册或者办理备案的食品药品监督管理部门备案。

医疗器械生产企业所在地省、自治区、直辖市食品药品监督管理部门应当在收到召回事件报告表 1 个工作日内将召回的有关情况报告国家食品药品监督管理总局。

第十七条 调查评估报告应当包括以下内容：

（一）召回医疗器械的具体情况，包括名称、型号规格、批次等基本信息；

（二）实施召回的原因；

（三）调查评估结果；

（四）召回分级。

召回计划应当包括以下内容：

（一）医疗器械生产销售情况及拟召回的数量；

（二）召回措施的具体内容，包括实施的组织、范围和时限等；

（三）召回信息的公布途径与范围；

（四）召回的预期效果；

（五）医疗器械召回后的处理措施。

第十八条 医疗器械生产企业所在地省、自治区、直辖市食品药品监督管理部门可以对生产企业提交的召回计划进行评估，认为生产企业所采取的措施不能有效消除产品缺陷或者控制产品风险的，应当书面要求其采取提高召回等级、扩大召回范围、缩短召回时间或者改变召回产品的处理方式等更为有效的措施进行处理。医疗器械生产企业应当按照食品药品监督管理部门的要求修改召回计划并组织实施。

第十九条 医疗器械生产企业对上报的召回计划进行变更的，应当及时报所在地省、自治区、直辖市食品药品监督管理部门备案。

第二十条 医疗器械生产企业在实施召回的过程中，应当根据召回计划定期向所在地省、自治区、直辖市食品药品监督管理部门提交召回计划实施情况报告。

第二十一条 医疗器械生产企业对召回医疗器械的处理应当有详细的记录，并向医疗器械生产企业所在地省、自治区、直辖市食品药品监督管理部门报告，记录应当保存至医疗器械注册证失效后 5 年，第一类医疗器械召回的处理记录应当保存 5 年。对通过警示、检查、修理、重新标签、修改并完善说明书、软件更新、替换、销毁等方式能够消除产品缺陷的，可以在产品所在地完成上述行为。需要销毁的，应当在食品药品监督管理部门监督下销毁。

第二十二条 医疗器械生产企业应当在召回完成后 10 个工作日内对召回效果进行评估，并向所在地省、自治区、直辖市食品药品监督管理部门提交医疗器械召回总结评估报告。

第二十三条 医疗器械生产企业所在地省、自治区、直辖市食品药品监督管理部门应当自收到总结评估报告之日起 10 个工作日内对报告进行审查，并对召回效果进行评估；认为召回尚未有效消除产品缺陷或者控制产品风险的，应当书面要求生产企业重新召回。医疗器械生产企业应当按照食品药品监督管理部门的要求进行重新召回。

第四章 责令召回

第二十四条 食品药品监督管理部门经过调查评估，认为医疗器械生产企业应当召回存在缺陷的医疗器械产品而未主动召回的，应当责令医疗器械生产企业召回医疗器械。

责令召回的决定可以由医疗器械生产企业所在地省、自治区、直辖市食品药品监督管理部门作出，也可以由批准该医疗器械注册或者办理备案的食品药品监督管理部门作出。作出该决定的食品药品监督管理部门，应当在其网站向社会公布责令召回信息。

医疗器械生产企业应当按照食品药品监督管理部门的要求进行召回，并按本办法第十四条第二款的规定向社会公布产品召回信息。

必要时，食品药品监督管理部门可以要求医疗器械生产企业、经营企业和使用单位立即暂停生产、销售和使用，并告知使用者立即暂停使用该缺陷产品。

第二十五条 食品药品监督管理部门作出责令召回决定，应当将责令召回通知书送达医疗器械生产企业，通知书包括以下内容：

（一）召回医疗器械的具体情况，包括名称、型号规格、批次等基本信息；

（二）实施召回的原因；

（三）调查评估结果；

（四）召回要求，包括范围和时限等。

第二十六条 医疗器械生产企业收到责令召回通知书后，应当按本办法第十五条、第十六条的规定通知医疗器械经营企业和使用单位或者告知使用者，制定、提交召回计划，并组织实施。

第二十七条 医疗器械生产企业应当按照本办法第十九条、第二十条、第二十一条、第二十二条的规定向食品药品监督管理部门报告医疗器械召回的相关情况，进行召回医疗器械的后续处理。

食品药品监督管理部门应当按照本办法第二十三条的规定对医疗器械生产企业提交的医疗器械召回总结评估报告进行审查，并对召回效果进行评价，必要时通报同级卫生行政部门。经过审查和评价，认为召回不彻底、尚未有效消除产品缺陷或者控制产品风险的，食品药品监督管理部门应当书面要求医疗器械生产企业重新召回。医疗器械生产企业应当按照食品药品监督管理部门的要求进行重新召回。

第五章 法律责任

第二十八条 医疗器械生产企业因违反法律、法规、规章规定造成上市医疗器械存在缺陷，依法应当给予行政处罚，但该企业已经采取召回措施主动消除或者减轻危害后果的，食品药品监督管理部门依照《中华人民共和国行政处罚法》的规定给予从轻或者减轻处罚；违法行为轻微并及时纠正，没有造成危害后果的，不予处罚。

医疗器械生产企业召回医疗器械的，不免除其依法应当承担的其他法律责任。

第二十九条 医疗器械生产企业违反本办法第二十四条规定，拒绝召回医疗器械的，依据《医疗器械监督管理条例》第六十六条的规定进行处理。

第三十条 医疗器械生产企业有下列情形之一的，予以警告，责令限期改正，并处3万元以下罚款：

（一）违反本办法第十四条规定，未按照要求及时向社会发布产品召回信息的；

（二）违反本办法第十五条规定，未在规定时间内将召回医疗器械的决定通知到医疗器械经营企业、使用单位或者告知使用者的；

（三）违反本办法第十八条、第二十三条、第二十七条第二款规定，未按照食品药品监督管理部门要求采取改正措施或者重新召回医疗器械的；

（四）违反本办法第二十一条规定，未对召回医疗器械的处理作详细记录或者未向食品药品监督管理部门报告的。

第三十一条 医疗器械生产企业有下列情形之一的，予以警告，责令限期改正；逾期未改正的，处3万元以下罚款：

（一）未按照本办法规定建立医疗器械召回管理制度的；

（二）拒绝配合食品药品监督管理部门开展调查的；

（三）未按照本办法规定提交医疗器械召回事件报告表、调查评估报告和召回计划、医疗器械召回计划实施情况和总结评估报告的；

（四）变更召回计划，未报食品药品监督管理部门备案的。

第三十二条 医疗器械经营企业、使用单位违反本办法第七条第一款规定的，责令停止销售、使用存在缺陷的医疗器械，并处5000元以上3万元以下罚款；造成严重后果的，由原发证部门吊销《医疗器械经营许可证》。

第三十三条 医疗器械经营企业、使用单位拒绝配合有关医疗器械缺陷调查、拒绝协助医疗器械生产企业召回医疗器械的，予以警告，责令限期改正；逾期拒不改正的，处3万元以下罚款。

第三十四条 食品药品监督管理部门及其工作人员不履行医疗器械监督管理职责或者滥用职权、玩忽职守，有下列情形之一的，由监察机关或者任免机关根据情节轻重，对直接负责的主管人员和其他直接责任人员给予批评教育，或者依法给予警告、记过或者记大过的处分；造成严重后果的，给予降级、撤职或者开除的处分：

（一）未按规定向社会发布召回信息的；

（二）未按规定向相关部门报告或者通报有关召回信息的；

（三）应当责令召回而未采取责令召回措施的；

（四）违反本办法第二十三条和第二十七条第二款规定，未能督促医疗器械生产企业有效实施召回的。

第六章 附　　则

第三十五条 召回的医疗器械已经植入人体的，医疗器械生产企业应当与医疗机构和患者共同协商，根据召回的不同原因，提出对患者的处理意见和应当采取的预案措施。

第三十六条 召回的医疗器械给患者造成损害的，患者可以向医疗器械生产企业要求赔偿，也可以向医疗器械经营企业、使用单位要求赔偿。患者向医疗器械经营企业、使用单位要求赔偿的，医疗器械经营企业、使用单位赔偿后，有权向负有责任的医疗器械生产企业追偿。

第三十七条 本办法自2017年5月1日起施行。2011年7月1日起施行的《医疗器械召回管理办法（试行）》（中华人民共和国卫生部令第82号）同时废止。

医疗器械通用名称命名规则

（2015 年 12 月 21 日国家食品药品监督管理总局令第 19 号公布　自 2016 年 4 月 1 日起施行）

第一条　为加强医疗器械监督管理，保证医疗器械通用名称命名科学、规范，根据《医疗器械监督管理条例》，制定本规则。

第二条　凡在中华人民共和国境内销售、使用的医疗器械应当使用通用名称，通用名称的命名应当符合本规则。

第三条　医疗器械通用名称应当符合国家有关法律、法规的规定，科学、明确，与产品的真实属性相一致。

第四条　医疗器械通用名称应当使用中文，符合国家语言文字规范。

第五条　具有相同或者相似的预期目的、共同技术的同品种医疗器械应当使用相同的通用名称。

第六条　医疗器械通用名称由一个核心词和一般不超过三个特征词组成。

核心词是对具有相同或者相似的技术原理、结构组成或者预期目的的医疗器械的概括表述。

特征词是对医疗器械使用部位、结构特点、技术特点或者材料组成等特定属性的描述。使用部位是指产品在人体的作用部位，可以是人体的系统、器官、组织、细胞等。结构特点是对产品特定结构、外观形态的描述。技术特点是对产品特殊作用原理、机理或者特殊性能的说明或者限定。材料组成是对产品的主要材料或者主要成分的描述。

第七条　医疗器械通用名称除应当符合本规则第六条的规定外，不得含有下列内容：

（一）型号、规格；

（二）图形、符号等标志；

（三）人名、企业名称、注册商标或者其他类似名称；

（四）"最佳"、"唯一"、"精确"、"速效"等绝对化、排他性的词语，或者表示产品功效的断言或者保证；

（五）说明有效率、治愈率的用语；

（六）未经科学证明或者临床评价证明，或者虚无、假设的概念性名称；

（七）明示或者暗示包治百病，夸大适用范围，或者其他具有误导性、欺骗性的内容；

（八）"美容"、"保健"等宣传性词语；

（九）有关法律、法规禁止的其他内容。

第八条　根据《中华人民共和国商标法》第十一条第一款的规定，医疗器械通用名称不得作为商标注册。

第九条　按照医疗器械管理的体外诊断试剂的命名依照《体外诊断试剂注册管理办法》（国家食品药品监督管理总局令第 5 号）的有关规定执行。

第十条　本规则自 2016 年 4 月 1 日起施行。

医疗器械使用质量监督管理办法

（2015 年 10 月 21 日国家食品药品监督管理总局令第 18 号公布　自 2016 年 2 月 1 日起施行）

第一章　总　则

第一条　为加强医疗器械使用质量监督管理，保证医疗器械使用安全、有效，根据《医疗器械监督管理条例》，制定本办法。

第二条　使用环节的医疗器械质量管理及其监督管理，应当遵守本办法。

第三条　国家食品药品监督管理总局负责全国医疗器械使用质量监督管理工作。县级以上地方食品药品监督管理部门负责本行政区域的医疗器械使用质量监督管理工作。

上级食品药品监督管理部门负责指导和监督下级食品药品监督管理部门开展医疗器械使用质量监督管理工作。

第四条　医疗器械使用单位应当按照本办法，配备与其规模相适应的医疗器械质量管理机构或者质量管理人员，建立覆盖质量管理全过程的使用质量管理制度，承担本单位使用医疗器械的质量管理责任。

鼓励医疗器械使用单位采用信息化技术手段进行医疗器械质量管理。

第五条　医疗器械生产经营企业销售的医疗器械应当符合强制性标准以及经注册或者备案的产品技术要求。医疗器械生产经营企业应当按照与医疗器械使用单位的合同约定，提供医疗器械售后服务，指导和配合医疗器械使用单位开展质量管理工作。

第六条　医疗器械使用单位发现所使用的医疗器械发生不良事件或者可疑不良事件的，应当按照医疗器械不良事件监测的有关规定报告并处理。

第二章　采购、验收与贮存

第七条　医疗器械使用单位应当对医疗器械采购实行统一管理，由其指定的部门或者人员统一采购医疗器械，其他部门或者人员不得自行采购。

第八条　医疗器械使用单位应当从具有资质的医疗器械生产经营企业购进医疗器械，索取、查验供货者资质、医疗器械注册证或者备案凭证等证明文件。对购进的医疗器械应当验明产品合格证明文件，并按规定进行验收。对有特殊储运要求的医疗器械还应当核实储运条件是否符合产品说明书和标签标示的要求。

第九条　医疗器械使用单位应当真实、完整、准确地记录进货查验情况。进货查验记录应当保存至医疗器械规定使用期限届满后 2 年或者使用终止后 2 年。大型医疗器械进货查验记录应当保存至医疗器械规定使用期限届满后 5 年或者使用终止后 5 年；植入性医疗器械进货查验记录应当永久保存。

医疗器械使用单位应当妥善保存购入第三类医疗器械的原始资料，确保信息具有可追溯性。

第十条　医疗器械使用单位贮存医疗器械的场所、设施及条件应当与医疗器械品种、数量相适应，符合产品说明书、标签标示的要求及使用安全、有效的需要；对温度、湿度等环境条件有特殊要求的，还应当监测和记录贮存区域的温度、湿度等数据。

第十一条　医疗器械使用单位应当按照贮存条件、医疗器械有效期限等要求对贮存的医疗器械进行定期检查并记录。

第十二条　医疗器械使用单位不得购进和使用未依法注册或者备案、无合格证明文件以及过期、失效、淘汰的医疗器械。

第三章　使用、维护与转让

第十三条　医疗器械使用单位应当建立医疗器械使用前质量检查制度。在使用医疗器械前，应当按照产品说明书的有关要求进行检查。

使用无菌医疗器械前，应当检查直接接触医疗器械的包装及其有效期限。包装破损、标示不清、超过有效期限或者可能影响使用安全、有效的，不得使用。

第十四条　医疗器械使用单位对植入和介入类医疗器械应当建立使用记录，植入性医疗器械使用记录永久保存，相关资料应当纳入信息化管理系统，确保信息可追溯。

第十五条　医疗器械使用单位应当建立医疗器械维护维修管理制度。对需要定期检查、检验、校准、保养、维护的医疗器械，应当按照产品说明书的要求进行检查、检验、校准、保养、维护并记录，及时进行分析、评估，确保医疗器械处于良好状态。

对使用期限长的大型医疗器械，应当逐台建立使用档案，记录其使用、维护等情况。记录保存期限不得少于医疗器械规定使用期限届满后 5 年或者使用终止后 5 年。

第十六条　医疗器械使用单位应当按照产品说明书等要求使用医疗器械。一次性使用的医疗器械不得重复使用，对使用过的应当按照国家有关规定销毁并记录。

第十七条　医疗器械使用单位可以按照合同的约定要求医疗器械生产经营企业提供医疗器械维护维修服务，也可以委托有条件和能力的维修服务机构进行医疗器械维护维修，或者自行对在用医疗器械进行维护维修。

医疗器械使用单位委托维修服务机构或者自行对在用医疗器械进行维护维修的，医疗器械生产经营企业应当按照合同的约定提供维修手册、维修手册、软件备份、故障代码表、备件清单、零部件、维修密码等维护维修必需的材料和信息。

第十八条　由医疗器械生产经营企业或者维修服务机构对医疗器械进行维护维修的，应当在合同中约定明确的质量要求、维修要求等相关事项，医疗器械使用单位应当在每次维护维修后索取并保存相关记录；医疗器械使用单位自行对医疗器械进行维护维修的，应当加强对从事医疗器械维护维修的技术人员的培训考核，并建立培训档案。

第十九条　医疗器械使用单位发现使用的医疗器械存在安全隐患的，应当立即停止使用，通知检修；经检修仍不能达到使用安全标准的，不得继续使用，并按照有关规定处置。

第二十条　医疗器械使用单位之间转让在用医疗器械，转让方应当确保所转让的医疗器械安全、有效，并提供产品合法证明文件。

转让双方应当签订协议，移交产品说明书、使用和维修记录档案复印件等资料，并经有资质的检验机构检验合格后方可转让。受让方应当参照本办法第八条关于进货查验的规定进行查验，符合要求后方可使用。

不得转让未依法注册或者备案、无合格证明文件或者检验不合格，以及过期、失效、淘汰的医疗器械。

第二十一条　医疗器械使用单位接受医疗器械生产经营企业或者其他机构、个人捐赠医疗器械的，捐赠方应当提供医疗器械的相关合法证明文件，受赠方应当参照本办法第八条关于进货查验的规定进行查验，符合要求后方可使用。

不得捐赠未依法注册或者备案、无合格证明文件或者检验不合格，以及过期、失效、淘汰的医疗器械。

医疗器械使用单位之间捐赠在用医疗器械的，参照本办法第二十条关于转让在用医疗器械的规定办理。

第四章 监督管理

第二十二条 食品药品监督管理部门按照风险管理原则，对使用环节的医疗器械质量实施监督管理。

设区的市级食品药品监督管理部门应当编制并实施本行政区域的医疗器械使用单位年度监督检查计划，确定监督检查的重点、频次和覆盖率。对存在较高风险的医疗器械、有特殊储运要求的医疗器械以及有不良信用记录的医疗器械使用单位等，应当实施重点监管。

年度监督检查计划及其执行情况应当报告省、自治区、直辖市食品药品监督管理部门。

第二十三条 食品药品监督管理部门对医疗器械使用单位建立、执行医疗器械使用质量管理制度的情况进行监督检查，应当记录监督检查结果，并纳入监督管理档案。

食品药品监督管理部门对医疗器械使用单位进行监督检查时，可以对相关的医疗器械生产经营企业、维修服务机构等进行延伸检查。

医疗器械使用单位、生产经营企业和维修服务机构等应当配合食品药品监督管理部门的监督检查，如实提供有关情况和资料，不得拒绝和隐瞒。

第二十四条 医疗器械使用单位应当按照本办法和本单位建立的医疗器械使用质量管理制度，每年对医疗器械质量管理工作进行全面自查，并形成自查报告。食品药品监督管理部门在监督检查中对医疗器械使用单位的自查报告进行抽查。

第二十五条 食品药品监督管理部门应当加强对使用环节医疗器械的抽查检验。省级以上食品药品监督管理部门应当根据抽查检验结论，及时发布医疗器械质量公告。

第二十六条 个人和组织发现医疗器械使用单位有违反本办法的行为，有权向医疗器械使用单位所在地食品药品监督管理部门举报。接到举报的食品药品监督管理部门应当及时核实、处理。经查证属实的，应当按照有关规定对举报人给予奖励。

第五章 法律责任

第二十七条 医疗器械使用单位有下列情形之一的，由县级以上食品药品监督管理部门按照《医疗器械监督管理条例》第六十六条的规定予以处罚：

（一）使用不符合强制性标准或者不符合经注册或者备案的产品技术要求的医疗器械的；

（二）使用无合格证明文件、过期、失效、淘汰的医疗器械，或者使用未依法注册的医疗器械的。

第二十八条 医疗器械使用单位有下列情形之一的，由县级以上食品药品监督管理部门按照《医疗器械监督管理条例》第六十七条的规定予以处罚：

（一）未按照医疗器械产品说明书和标签标示要求贮存医疗器械的；

（二）转让或者捐赠过期、失效、淘汰、检验不合格的在用医疗器械的。

第二十九条 医疗器械使用单位有下列情形之一的，由县级以上食品药品监督管理部门按照《医疗器械监督管理条例》第六十八条的规定予以处罚：

（一）未建立并执行医疗器械进货查验制度，未查验供货者的资质，或者未真实、完整、准确地记录进货查验情况的；

（二）未按照产品说明书的要求进行定期检查、检验、校准、保养、维护并记录的；

（三）发现使用的医疗器械存在安全隐患未立即停止使用、通知检修，或者继续使用经检修仍不能达到使用安全标准的医疗器械的；

（四）未妥善保存购入第三类医疗器械的原始资料的；

（五）未按规定建立和保存植入和介入类医疗器械使用记录的。

第三十条 医疗器械使用单位有下列情形之一的，由县级以上食品药品监督管理部门责令限期改正，给予警告；拒不改正的，处 1 万元以下罚款：

（一）未按规定配备与其规模相适应的医疗器械质量管理机构或者质量管理人员，或者未按规定建立覆盖质量管理全过程的使用质量管理制度的；

（二）未按规定由指定的部门或者人员统一采购医疗器械的；

（三）购进、使用未备案的第一类医疗器械，或者从未备案的经营企业购进第二类医疗器械的；

（四）贮存医疗器械的场所、设施及条件与医疗器械品种、数量不相适应的，或者未按照贮存条件、医疗器械有效期限等要求对贮存的医疗器械进行定期检查并记录的；

（五）未按规定建立、执行医疗器械使用前质量检查制度的；

（六）未按规定索取、保存医疗器械维护维修相关记录的；

（七）未按规定对本单位从事医疗器械维护维修的相关技术人员进行培训考核、建立培训档案的；

（八）未按规定对其医疗器械质量管理工作进行自查、形成自查报告的。

第三十一条 医疗器械生产经营企业违反本办法第十七条规定，未按要求提供维护维修服务，或者未按要求提供维护维修所必需的材料和信息的，由县级以上食品药品监督管理部门给予警告，责令限期改正；情节严重或者拒不改正的，处 5000 元以上 2 万元以下罚款。

第三十二条 医疗器械使用单位、生产经营企业和维修服务机构等不配合食品药品监督管理部门的监督检查，或者拒绝、隐瞒、不如实提供有关情况和资料的，由县级以上食品药品监督管理部门责令改正，给予警告，可以并处 2 万元以下罚款。

第六章　附　　则

第三十三条 用于临床试验的试验用医疗器械的质量管理，按照医疗器械临床试验等有关规定执行。

第三十四条 对使用环节的医疗器械使用行为的监督管理，按照国家卫生和计划生育委员会的有关规定执行。

第三十五条 本办法自 2016 年 2 月 1 日起施行。

医疗器械分类规则

（2015 年 7 月 14 日国家食品药品监督管理总局令第 15 号公布　自 2016 年 1 月 1 日起施行）

第一条 为规范医疗器械分类，根据《医疗器械监督管理条例》，制定本规则。

第二条 本规则用于指导制定医疗器械分类目录和确定新的医疗器械的管理类别。

第三条 本规则有关用语的含义是：

（一）预期目的

指产品说明书、标签或者宣传资料载明的，使用医疗器械应当取得的作用。

（二）无源医疗器械

不依靠电能或者其他能量，但是可以通过由人体或者重力产生的能量，发挥其功能的医疗器械。

（三）有源医疗器械

任何依靠电能或者其他能源，而不是直接由人体或者重力产生的能量，发挥其功能的医疗器械。

（四）侵入器械

借助手术全部或者部分通过体表侵入人体，接触体内组织、血液循环系统、中枢神经系统等部位的医疗器械，包括介入手术中使用的器材、一次性使用无菌手术器械和暂时或短期留在人体内的器械等。本规则中的侵入器械不包括重复使用手术器械。

（五）重复使用手术器械

用于手术中进行切、割、钻、锯、抓、刮、钳、抽、夹等过程，不连接任何有源医疗器械，通过一定的处理可以重新使用的无源医疗器械。

（六）植入器械

借助手术全部或者部分进入人体内或腔道（口）中，或者用于替代人体上皮表面或眼表面，并且在手术过程结束后留在人体内 30 日（含）以上或者被人体吸收的医疗器械。

（七）接触人体器械

直接或间接接触患者或者能够进入患者体内的医疗器械。

（八）使用时限

1. 连续使用时间：医疗器械按预期目的、不间断的实际作用时间；

2. 暂时：医疗器械预期的连续使用时间在 24 小时以内；

3. 短期：医疗器械预期的连续使用时间在 24 小时（含）以上、30 日以内；

4. 长期：医疗器械预期的连续使用时间在 30 日（含）以上。

（九）皮肤

未受损皮肤表面。

（十）腔道（口）

口腔、鼻腔、食道、外耳道、直肠、阴道、尿道等人体自然腔道和永久性人造开口。

（十一）创伤

各种致伤因素作用于人体所造成的组织结构完整性破坏或者功能障碍。

（十二）组织

人体体内组织，包括骨、牙髓或者牙本质，不包括血液循环系统和中枢神经系统。

（十三）血液循环系统

血管（毛细血管除外）和心脏。

（十四）中枢神经系统

脑和脊髓。

（十五）独立软件

具有一个或者多个医疗目的，无需医疗器械硬件即可完成自身预期目的，运行于通用计算平台的软件。

（十六）具有计量测试功能的医疗器械

用于测定生理、病理、解剖参数，或者定量测定进出人体的能量或物质的医疗器械，其测量结果需要精确定量，并且该结果的准确性会对患者的健康和安全产生明显影响。

（十七）慢性创面

各种原因形成的长期不愈合创面，如静脉性溃疡、动脉性溃疡、糖尿病性溃疡、创伤性溃疡、压力性溃疡等。

第四条　医疗器械按照风险程度由低到高，管理类别依次分为第一类、第二类和第三类。

医疗器械风险程度，应当根据医疗器械的预期目的，通过结构特征、使用形式、使用状态、是否接触人体等因素综合判定。

第五条　依据影响医疗器械风险程度的因素，医疗器械可以分为以下几种情形：

（一）根据结构特征的不同，分为无源医疗器械和有源医疗器械。

（二）根据是否接触人体，分为接触人体器械和非接触人体器械。

（三）根据不同的结构特征和是否接触人体，医疗器械的使用形式包括：

无源接触人体器械：液体输送器械、改变血液体液器械、医用敷料、侵入器械、重复使用手术器械、植入器械、避孕和计划生育器械、其他无源接触人体器械。

无源非接触人体器械：护理器械、医疗器械清洗消毒器械、其他无源非接触人体器械。

有源接触人体器械：能量治疗器械、诊断监护器械、液体输送器械、电离辐射器械、植入器械、其他有源接触人体器械。

有源非接触人体器械：临床检验仪器设备、独立软件、医疗器械消毒灭菌设备、其他有源非接触人体器械。

（四）根据不同的结构特征、是否接触人体以及使用形式，医疗器械的使用状态或者其产生的影响包括以下情形：

无源接触人体器械：根据使用时限分为暂时使用、短期使用、长期使用；接触人体的部位分为皮肤或腔道（口）、创伤或组织、血液循环系统或中枢神经系统。

无源非接触人体器械：根据对医疗效果的影响程度分为基本不影响、轻微影响、重要影响。

有源接触人体器械：根据失控后可能造成的损伤程度分为轻微损伤、中度损伤、严重损伤。

有源非接触人体器械：根据对医疗效果的影响程度分为基本不影响、轻微影响、重要影响。

第六条　医疗器械的分类应当根据医疗器械分类判定表（见附件）进行分类判定。有以下情形的，还应当结合下述原则进行分类：

（一）如果同一医疗器械适用两个或者两个以上的分类，应当采取其中风险程度最高的分类；由多个医疗器械组成的医疗器械包，其分类应当与包内风险程度最高的医疗器械一致。

（二）可作为附件的医疗器械，其分类应当综合考虑该附件对配套主体医疗器械安全性、有效性的影响；如果附件对配套主体医疗器械有重要影响，附件的分类应不低于配套主体医疗器械的分类。

（三）监控或者影响医疗器械主要功能的医疗器械，其分类应当与被监控、影响的医疗器械的分类一致。

（四）以医疗器械作用为主的药品组合产品，按照第三类医疗器械管理。

（五）可被人体吸收的医疗器械，按照第三类医疗器械管理。

（六）对医疗效果有重要影响的有源接触人体器械，按照第三类医疗器械管理。

（七）医用敷料如果有以下情形，按照第三类医疗器械管理，包括：预期具有防组织或器官粘连功能，作为人工皮肤，接触真皮深层或其以下组织受损的创面，用于慢性创面，或者可被人体全部或部分吸收的。

（八）以无菌形式提供的医疗器械，其分类应不低于第二类。

（九）通过牵拉、撑开、扭转、压握、弯曲等作用方式，主动施加持续作用力于人体、可动态调整肢体固定位置的矫形器械（不包括仅具有固定、支撑作用的医疗器械，也不包括配合外科手术中进行临时矫形的医疗器械或者外科手术后或其他治疗中进行四肢矫形的医疗器械），其分类应不低于第二类。

（十）具有计量测试功能的医疗器械，其分类应不低于第二类。

（十一）如果医疗器械的预期目的是明确用于某种疾病的治疗，其分类应不低于第二类。

（十二）用于在内窥镜下完成夹取、切割组织或者取石等手术操作的无源重复使用手术器械，按照第二类医疗器械管理。

第七条 体外诊断试剂按照有关规定进行分类。

第八条 国家食品药品监督管理总局根据医疗器械生产、经营、使用情况，及时对医疗器械的风险变化进行分析、评价，对医疗器械分类目录进行调整。

第九条 国家食品药品监督管理总局可以组织医疗器械分类专家委员会制定、调整医疗器械分类目录。

第十条 本规则自 2016 年 1 月 1 日起施行。2000 年 4 月 5 日公布的《医疗器械分类规则》（原国家药品监督管理局令第 15 号）同时废止。

附件

医疗器械分类判定表

		接触人体器械								
无源医疗器械	使用状态　　使用形式	暂时使用			短期使用			长期使用		
		皮肤/腔道（口）	创伤组织	血液环/中枢	皮肤/腔道（口）	创伤组织	血液环/中枢	皮肤/腔道（口）	创伤组织	血液环/中枢
	1 液体输送器械	Ⅱ	Ⅱ	Ⅲ	Ⅱ	Ⅱ	Ⅲ	Ⅱ	Ⅲ	Ⅲ
	2 改变血液体液器械	—	—	Ⅲ	—	—	Ⅲ	—	—	Ⅲ
	3 医用敷料	Ⅰ	Ⅱ	Ⅱ	Ⅰ	Ⅱ	Ⅱ	—	Ⅲ	Ⅲ
	4 侵入器械	Ⅰ	Ⅱ	Ⅲ	Ⅱ	Ⅱ	Ⅲ	—	—	—
无源医疗器械	5 重复使用手术器械	Ⅰ	Ⅰ	Ⅱ	—	—	—	—	—	—
	6 植入器械	—	—	—	—	—	—	Ⅲ	Ⅲ	Ⅲ
	7 避孕和计划生育器械（不包括重复使用手术器械）	Ⅱ	Ⅱ	Ⅲ	Ⅱ	Ⅱ	Ⅲ	Ⅲ	Ⅲ	Ⅲ
	8 其他无源器械	Ⅰ	Ⅱ	Ⅲ	Ⅱ	Ⅱ	Ⅲ	Ⅱ	Ⅲ	Ⅲ

	使用状态　　使用形式	轻微损伤	中度损伤	严重损伤
有源医疗器械	1 能量治疗器械	Ⅱ	Ⅱ	Ⅲ
	2 诊断监护器械	Ⅱ	Ⅱ	Ⅲ
	3 液体输送器械	Ⅱ	Ⅱ	Ⅲ
	4 电离辐射器械	Ⅱ	Ⅱ	Ⅲ
	5 植入器械	Ⅲ	Ⅲ	Ⅲ
	6 其他有源器械	Ⅱ	Ⅱ	Ⅲ

续表

非接触人体器械				
无源医疗器械	使用状态 使用形式	基本不影响	轻微影响	重要影响
	1 护理器械	I	II	—
	2 医疗器械清洗消毒器械	—	II	III
	3 其他无源器械	I	II	III
有源医疗器械	使用状态 使用形式	基本不影响	轻微影响	重要影响
	1 临床检验仪器设备	I	II	III
	2 独立软件	—	II	III
	3 医疗器械消毒灭菌设备	—	II	III
	4 其他有源器械	I	II	III

注：1. 本表中"Ⅰ"、"Ⅱ"、"Ⅲ"分别代表第一类、第二类、第三类医疗器械；
   2. 本表中"—"代表不存在这种情形。

药品医疗器械飞行检查办法

（2015 年 6 月 29 日国家食品药品监督管理总局令第 14 号公布 自 2015 年 9 月 1 日起施行）

第一章 总 则

第一条 为加强药品和医疗器械监督检查，强化安全风险防控，根据《中华人民共和国药品管理法》《中华人民共和国药品管理法实施条例》《医疗器械监督管理条例》等有关法律法规，制定本办法。

第二条 本办法所称药品医疗器械飞行检查，是指食品药品监督管理部门针对药品和医疗器械研制、生产、经营、使用等环节开展的不预先告知的监督检查。

第三条 国家食品药品监督管理总局负责组织实施全国范围内的药品医疗器械飞行检查。地方各级食品药品监督管理部门负责组织实施本行政区域的药品医疗器械飞行检查。

第四条 药品医疗器械飞行检查应当遵循依法独立、客观公正、科学处置的原则，围绕安全风险防控开展。

第五条 被检查单位对食品药品监督管理部门组织实施的药品医疗器械飞行检查应当予以配合，不得拒绝、逃避或者阻碍。

第六条 食品药品监督管理部门应当按照政府信息公开的要求公开检查结果，对重大或者典型案件，可以采取新闻发布等方式向社会公开。

第七条 食品药品监督管理部门及有关工作人员应当严格遵守有关法律法规、廉政纪律和工作要求，不得向被检查单位提出与检查无关的要求，不得泄露飞行检查相关情况、举报人信息及被检查单位的商业秘密。

第二章 启 动

第八条 有下列情形之一的,食品药品监督管理部门可以开展药品医疗器械飞行检查:

(一) 投诉举报或者其他来源的线索表明可能存在质量安全风险的;

(二) 检验发现存在质量安全风险的;

(三) 药品不良反应或者医疗器械不良事件监测提示可能存在质量安全风险的;

(四) 对申报资料真实性有疑问的;

(五) 涉嫌严重违反质量管理规范要求的;

(六) 企业有严重不守信记录的;

(七) 其他需要开展飞行检查的情形。

第九条 开展飞行检查应当制定检查方案,明确检查事项、时间、人员构成和方式等。需要采用不公开身份的方式进行调查的,检查方案中应当予以明确。

必要时,食品药品监督管理部门可以联合公安机关等有关部门共同开展飞行检查。

第十条 食品药品监督管理部门派出的检查组应当由2名以上检查人员组成,检查组实行组长负责制。检查人员应当是食品药品行政执法人员、依法取得检查员资格的人员或者取得本次检查授权的其他人员;根据检查工作需要,食品药品监督管理部门可以请相关领域专家参加检查工作。

参加检查的人员应当签署无利益冲突声明和廉政承诺书;所从事的检查活动与其个人利益之间可能发生矛盾或者冲突的,应当主动提出回避。

第十一条 检查组应当调查核实被检查单位执行药品和医疗器械监管法律法规的实际情况,按照检查方案明确现场检查重点,并可以根据风险研判提出风险管控预案。

第十二条 检查组成员不得事先告知被检查单位检查行程和检查内容,指定地点集中后,第一时间直接进入检查现场;直接针对可能存在的问题开展检查;不得透露检查过程中的进展情况、发现的违法线索等相关信息。

第十三条 上级食品药品监督管理部门组织实施飞行检查的,可以适时通知被检查单位所在地食品药品监督管理部门。被检查单位所在地食品药品监督管理部门应当派员协助检查,协助检查的人员应当服从检查组的安排。

第十四条 组织实施飞行检查的食品药品监督管理部门应当加强对检查组的指挥,根据现场检查反馈的情况及时调整应对策略,必要时启动协调机制,并可以派相关人员赴现场协调和指挥。

第三章 检 查

第十五条 检查组到达检查现场后,检查人员应当出示相关证件和受食品药品监督管理部门委派开展监督检查的执法证明文件,通报检查要求及被检查单位的权利和义务。

第十六条 被检查单位及有关人员应当及时按照检查组要求,明确检查现场负责人,开放相关场所或者区域,配合对相关设施设备的检查,保持正常生产经营状态,提供真实、有效、完整的文件、记录、票据、凭证、电子数据等相关材料,如实回答检查组的询问。

第十七条 检查组应当详细记录检查时间、地点、现场状况等;对发现的问题应当进行书面记录,并根据实际情况收集或者复印相关文件资料、拍摄相关设施设备及物料等实物和现场情况、采集实物以及询问有关人员等。询问记录应当包括询问对象姓名、工作岗位和谈话内容等,并经询问对象逐页签字或者按指纹。

记录应当及时、准确、完整,客观真实反映现场检查情况。

飞行检查过程中形成的记录及依法收集的相关资料、实物等，可以作为行政处罚中认定事实的依据。

第十八条 需要抽取成品及其他物料进行检验的，检查组可以按照抽样检验相关规定抽样或者通知被检查单位所在地食品药品监督管理部门按规定抽样。抽取的样品应当由具备资质的技术机构进行检验或者鉴定，所抽取样品的检验费、鉴定费由组织实施飞行检查的食品药品监督管理部门承担。

第十九条 检查组认为证据可能灭失或者以后难以取得的，以及需要采取行政强制措施的，可以通知被检查单位所在地食品药品监督管理部门。被检查单位所在地食品药品监督管理部门应当依法采取证据保全或者行政强制措施。

第二十条 有下列情形之一的，检查组应当立即报组织实施飞行检查的食品药品监督管理部门及时作出决定：

（一）需要增加检查力量或者延伸检查范围的；

（二）需要采取产品召回或者暂停研制、生产、销售、使用等风险控制措施的；

（三）需要立案查处的；

（四）涉嫌犯罪需要移送公安机关的；

（五）其他需要报告的事项。

需要采取风险控制措施的，被检查单位应当按照食品药品监督管理部门的要求采取相应措施。

第二十一条 现场检查时间由检查组根据检查需要确定，以能够查清查实问题为原则。

经组织实施飞行检查的食品药品监督管理部门同意后，检查组方可结束检查。

第二十二条 检查结束时，检查组应当向被检查单位通报检查相关情况。被检查单位有异议的，可以陈述和申辩，检查组应当如实记录。

第二十三条 检查结束后，检查组应当撰写检查报告。检查报告的内容包括：检查过程、发现问题、相关证据、检查结论和处理建议等。

第二十四条 检查组一般应当在检查结束后 5 个工作日内，将检查报告、检查记录、相关证据材料等报组织实施飞行检查的食品药品监督管理部门。必要时，可以抄送被检查单位所在地食品药品监督管理部门。

第四章 处 理

第二十五条 根据飞行检查结果，食品药品监督管理部门可以依法采取限期整改、发告诫信、约谈被检查单位、监督召回产品、收回或者撤销相关资格认证认定证书，以及暂停研制、生产、销售、使用等风险控制措施。风险因素消除后，应当及时解除相关风险控制措施。

第二十六条 国家食品药品监督管理总局组织实施的飞行检查发现违法行为需要立案查处的，国家食品药品监督管理总局可以直接组织查处，也可以指定被检查单位所在地食品药品监督管理部门查处。

地方各级食品药品监督管理部门组织实施的飞行检查发现违法行为需要立案查处的，原则上应当直接查处。

由下级食品药品监督管理部门查处的，组织实施飞行检查的食品药品监督管理部门应当跟踪督导查处情况。

第二十七条 飞行检查发现的违法行为涉嫌犯罪的，由负责立案查处的食品药品监督管理部门移送公安机关，并抄送同级检察机关。

第二十八条 食品药品监督管理部门有权在任何时间进入被检查单位研制、生产、经营、使用等场所进行检查，被检查单位不得拒绝、逃避。

被检查单位有下列情形之一的，视为拒绝、逃避检查：

（一）拖延、限制、拒绝检查人员进入被检查场所或者区域的，或者限制检查时间的；

（二）无正当理由不提供或者延迟提供与检查相关的文件、记录、票据、凭证、电子数据等材料的；

（三）以声称工作人员不在、故意停止生产经营等方式欺骗、误导、逃避检查的；

（四）拒绝或者限制拍摄、复印、抽样等取证工作的；

（五）其他不配合检查的情形。

检查组对被检查单位拒绝、逃避检查的行为应当进行书面记录，责令改正并及时报告组织实施飞行检查的食品药品监督管理部门；经责令改正后仍不改正、造成无法完成检查工作的，检查结论判定为不符合相关质量管理规范或者其他相关要求。

第二十九条 被检查单位因违法行为应当受到行政处罚，且具有拒绝、逃避监督检查或者伪造、销毁、隐匿有关证据材料等情形的，由食品药品监督管理部门按照《中华人民共和国药品管理法》《中华人民共和国药品管理法实施条例》《医疗器械监督管理条例》等有关规定从重处罚。

第三十条 被检查单位有下列情形之一，构成违反治安管理行为的，由食品药品监督管理部门商请公安机关依照《中华人民共和国治安管理处罚法》的规定进行处罚：

（一）阻碍检查人员依法执行职务，或者威胁检查人员人身安全的；

（二）伪造、变造、买卖或者使用伪造、变造的审批文件、认证认定证书等的；

（三）隐藏、转移、变卖、损毁食品药品监督管理部门依法查封、扣押的财物的；

（四）伪造、隐匿、毁灭证据或者提供虚假证言，影响依法开展检查的。

第三十一条 上级食品药品监督管理部门应当及时将其组织实施的飞行检查结果通报被检查单位所在地食品药品监督管理部门。

下级食品药品监督管理部门应当及时将其组织实施的飞行检查中发现的重大问题书面报告上一级食品药品监督管理部门，并于每年年底前将该年度飞行检查的总结报告报上一级食品药品监督管理部门。

第三十二条 针对飞行检查中发现的区域性、普遍性或者长期存在、比较突出的问题，上级食品药品监督管理部门可以约谈被检查单位所在地食品药品监督管理部门主要负责人或者当地人民政府负责人。

被约谈的食品药品监督管理部门应当及时提出整改措施，并将整改情况上报。

第三十三条 食品药品监督管理部门及有关工作人员有下列情形之一的，应当公开通报；对有关工作人员按照干部管理权限给予行政处分和纪律处分，或者提出处理建议；涉嫌犯罪的，依法移交司法机关处理：

（一）泄露飞行检查信息的；

（二）泄露举报人信息或者被检查单位商业秘密的；

（三）出具虚假检查报告或者检验报告的；

（四）干扰、拖延检查或者拒绝立案查处的；

（五）违反廉政纪律的；

（六）有其他滥用职权或者失职渎职行为的。

第五章 附　则

第三十四条 各级食品药品监督管理部门应当将药品医疗器械飞行检查所需费用及相关抽检

费用纳入年度经费预算，并根据工作需要予以足额保障。

第三十五条　本办法自 2015 年 9 月 1 日起施行。

医疗器械说明书和标签管理规定

（2014 年 7 月 30 日国家食品药品监督管理总局令第 6 号公布　自 2014 年 10 月 1 日起施行）

第一条　为规范医疗器械说明书和标签，保证医疗器械使用的安全，根据《医疗器械监督管理条例》，制定本规定。

第二条　凡在中华人民共和国境内销售、使用的医疗器械，应当按照本规定要求附有说明书和标签。

第三条　医疗器械说明书是指由医疗器械注册人或者备案人制作，随产品提供给用户，涵盖该产品安全有效的基本信息，用以指导正确安装、调试、操作、使用、维护、保养的技术文件。

医疗器械标签是指在医疗器械或者其包装上附有的用于识别产品特征和标明安全警示等信息的文字说明及图形、符号。

第四条　医疗器械说明书和标签的内容应当科学、真实、完整、准确，并与产品特性相一致。

医疗器械说明书和标签的内容应当与经注册或者备案的相关内容一致。

医疗器械标签的内容应当与说明书有关内容相符合。

第五条　医疗器械说明书和标签对疾病名称、专业名词、诊断治疗过程和结果的表述，应当采用国家统一发布或者规范的专用词汇，度量衡单位应当符合国家相关标准的规定。

第六条　医疗器械说明书和标签中使用的符号或者识别颜色应当符合国家相关标准的规定；无相关标准规定的，该符号及识别颜色应当在说明书中描述。

第七条　医疗器械最小销售单元应当附有说明书。

医疗器械的使用者应当按照说明书使用医疗器械。

第八条　医疗器械的产品名称应当使用通用名称，通用名称应当符合国家食品药品监督管理总局制定的医疗器械命名规则。第二类、第三类医疗器械的产品名称应当与医疗器械注册证中的产品名称一致。

产品名称应当清晰地标明在说明书和标签的显著位置。

第九条　医疗器械说明书和标签文字内容应当使用中文，中文的使用应当符合国家通用的语言文字规范。医疗器械说明书和标签可以附加其他文种，但应当以中文表述为准。

医疗器械说明书和标签中的文字、符号、表格、数字、图形等应当准确、清晰、规范。

第十条　医疗器械说明书一般应当包括以下内容：

（一）产品名称、型号、规格；

（二）注册人或者备案人的名称、住所、联系方式及售后服务单位，进口医疗器械还应当载明代理人的名称、住所及联系方式；

（三）生产企业的名称、住所、生产地址、联系方式及生产许可证编号或者生产备案凭证编号，委托生产的还应当标注受托企业的名称、住所、生产地址、生产许可证编号或者生产备案凭证编号；

（四）医疗器械注册证编号或者备案凭证编号；

（五）产品技术要求的编号；

（六）产品性能、主要结构组成或者成分、适用范围；

（七）禁忌症、注意事项、警示以及提示的内容；

（八）安装和使用说明或者图示，由消费者个人自行使用的医疗器械还应当具有安全使用的特别说明；

（九）产品维护和保养方法，特殊储存、运输条件、方法；

（十）生产日期，使用期限或者失效日期；

（十一）配件清单，包括配件、附属品、损耗品更换周期以及更换方法的说明等；

（十二）医疗器械标签所用的图形、符号、缩写等内容的解释；

（十三）说明书的编制或者修订日期；

（十四）其他应当标注的内容。

第十一条 医疗器械说明书中有关注意事项、警示以及提示性内容主要包括：

（一）产品使用的对象；

（二）潜在的安全危害及使用限制；

（三）产品在正确使用过程中出现意外时，对操作者、使用者的保护措施以及应当采取的应急和纠正措施；

（四）必要的监测、评估、控制手段；

（五）一次性使用产品应当注明"一次性使用"字样或者符号，已灭菌产品应当注明灭菌方式以及灭菌包装损坏后的处理方法，使用前需要消毒或者灭菌的应当说明消毒或者灭菌的方法；

（六）产品需要同其他医疗器械一起安装或者联合使用时，应当注明联合使用器械的要求、使用方法、注意事项；

（七）在使用过程中，与其他产品可能产生的相互干扰及其可能出现的危害；

（八）产品使用中可能带来的不良事件或者产品成分中含有的可能引起副作用的成分或者辅料；

（九）医疗器械废弃处理时应当注意的事项，产品使用后需要处理的，应当注明相应的处理方法；

（十）根据产品特性，应当提示操作者、使用者注意的其他事项。

第十二条 重复使用的医疗器械应当在说明书中明确重复使用的处理过程，包括清洁、消毒、包装及灭菌的方法和重复使用的次数或者其他限制。

第十三条 医疗器械标签一般应当包括以下内容：

（一）产品名称、型号、规格；

（二）注册人或者备案人的名称、住所、联系方式，进口医疗器械还应当载明代理人的名称、住所及联系方式；

（三）医疗器械注册证编号或者备案凭证编号；

（四）生产企业的名称、住所、生产地址、联系方式及生产许可证编号或者生产备案凭证编号，委托生产的还应当标注受托企业的名称、住所、生产地址、生产许可证编号或者生产备案凭证编号；

（五）生产日期，使用期限或者失效日期；

（六）电源连接条件、输入功率；

（七）根据产品特性应当标注的图形、符号以及其他相关内容；

（八）必要的警示、注意事项；

（九）特殊储存、操作条件或者说明；

（十）使用中对环境有破坏或者负面影响的医疗器械，其标签应当包含警示标志或者中文警示说明；

（十一）带放射或者辐射的医疗器械，其标签应当包含警示标志或者中文警示说明。

医疗器械标签因位置或者大小受限而无法全部标明上述内容的，至少应当标注产品名称、型号、规格、生产日期和使用期限或者失效日期，并在标签中明确"其他内容详见说明书"。

第十四条 医疗器械说明书和标签不得有下列内容：

（一）含有"疗效最佳"、"保证治愈"、"包治"、"根治"、"即刻见效"、"完全无毒副作用"等表示功效的断言或者保证的；

（二）含有"最高技术"、"最科学"、"最先进"、"最佳"等绝对化语言和表示的；

（三）说明治愈率或者有效率的；

（四）与其他企业产品的功效和安全性相比较的；

（五）含有"保险公司保险"、"无效退款"等承诺性语言的；

（六）利用任何单位或者个人的名义、形象作证明或者推荐的；

（七）含有误导性说明，使人感到已经患某种疾病，或者使人误解不使用该医疗器械会患某种疾病或者加重病情的表述，以及其他虚假、夸大、误导性的内容；

（八）法律、法规规定禁止的其他内容。

第十五条 医疗器械说明书应当由注册申请人或者备案人在医疗器械注册或者备案时，提交食品药品监督管理部门审查或者备案，提交的说明书内容应当与其他注册或者备案资料相符合。

第十六条 经食品药品监督管理部门注册审查的医疗器械说明书的内容不得擅自更改。

已注册的医疗器械发生注册变更的，申请人应当在取得变更文件后，依据变更文件自行修改说明书和标签。

说明书的其他内容发生变化的，应当向医疗器械注册的审批部门书面告知，并提交说明书更改情况对比说明等相关文件。审批部门自收到书面告知之日起20个工作日内未发出不予同意通知件的，说明书更改生效。

第十七条 已备案的医疗器械，备案信息表中登载内容、备案产品技术要求以及说明书其他内容发生变化的，备案人自行修改说明书和标签的相关内容。

第十八条 说明书和标签不符合本规定要求的，由县级以上食品药品监督管理部门按照《医疗器械监督管理条例》第六十七条的规定予以处罚。

第十九条 本规定自2014年10月1日起施行。2004年7月8日公布的《医疗器械说明书、标签和包装标识管理规定》（原国家食品药品监督管理局令第10号）同时废止。

九、特种设备安全监管

中华人民共和国安全生产法

(2002 年 6 月 29 日第九届全国人民代表大会常务委员会第二十八次会议通过　根据 2009 年 8 月 27 日第十一届全国人民代表大会常务委员会第十次会议《关于修改部分法律的决定》第一次修正　根据 2014 年 8 月 31 日第十二届全国人民代表大会常务委员会第十次会议《关于修改〈中华人民共和国安全生产法〉的决定》第二次修正　根据 2021 年 6 月 10 日第十三届全国人民代表大会常务委员会第二十九次会议《关于修改〈中华人民共和国安全生产法〉的决定》第三次修正)

目　录

第一章　总　　则

第一条　为了加强安全生产工作，防止和减少生产安全事故，保障人民群众生命和财产安全，促进经济社会持续健康发展，制定本法。

第二条　在中华人民共和国领域内从事生产经营活动的单位（以下统称生产经营单位）的安全生产，适用本法；有关法律、行政法规对消防安全和道路交通安全、铁路交通安全、水上交通安全、民用航空安全以及核与辐射安全、特种设备安全另有规定的，适用其规定。

第三条　安全生产工作坚持中国共产党的领导。

安全生产工作应当以人为本，坚持人民至上、生命至上，把保护人民生命安全摆在首位，树牢安全发展理念，坚持安全第一、预防为主、综合治理的方针，从源头上防范化解重大安全风险。

安全生产工作实行管行业必须管安全、管业务必须管安全、管生产经营必须管安全，强化和落实生产经营单位主体责任与政府监管责任，建立生产经营单位负责、职工参与、政府监管、行业自律和社会监督的机制。

第四条　生产经营单位必须遵守本法和其他有关安全生产的法律、法规，加强安全生产管理，建立健全全员安全生产责任制和安全生产规章制度，加大对安全生产资金、物资、技术、人员的投入保障力度，改善安全生产条件，加强安全生产标准化、信息化建设，构建安全风险分级管控和隐患排查治理双重预防机制，健全风险防范化解机制，提高安全生产水平，确保安全生产。

平台经济等新兴行业、领域的生产经营单位应当根据本行业、领域的特点，建立健全并落实全员安全生产责任制，加强从业人员安全生产教育和培训，履行本法和其他法律、法规规定的有关安全生产义务。

第五条　生产经营单位的主要负责人是本单位安全生产第一责任人，对本单位的安全生产工作全面负责。其他负责人对职责范围内的安全生产工作负责。

第六条　生产经营单位的从业人员有依法获得安全生产保障的权利，并应当依法履行安全生产方面的义务。

第七条　工会依法对安全生产工作进行监督。

生产经营单位的工会依法组织职工参加本单位安全生产工作的民主管理和民主监督，维护职工在安全生产方面的合法权益。生产经营单位制定或者修改有关安全生产的规章制度，应当听取工会的意见。

第八条　国务院和县级以上地方各级人民政府应当根据国民经济和社会发展规划制定安全生产规划，并组织实施。安全生产规划应当与国土空间规划等相关规划相衔接。

各级人民政府应当加强安全生产基础设施建设和安全生产监管能力建设，所需经费列入本级预算。

县级以上地方各级人民政府应当组织有关部门建立完善安全风险评估与论证机制，按照安全风险管控要求，进行产业规划和空间布局，并对位置相邻、行业相近、业态相似的生产经营单位实施重大安全风险联防联控。

第九条　国务院和县级以上地方各级人民政府应当加强对安全生产工作的领导，建立健全安全生产工作协调机制，支持、督促各有关部门依法履行安全生产监督管理职责，及时协调、解决安全生产监督管理中存在的重大问题。

乡镇人民政府和街道办事处，以及开发区、工业园区、港区、风景区等应当明确负责安全生产监督管理的有关工作机构及其职责，加强安全生产监管力量建设，按照职责对本行政区域或者管理区域内生产经营单位安全生产状况进行监督检查，协助人民政府有关部门或者按照授权依法履行安全生产监督管理职责。

第十条　国务院应急管理部门依照本法，对全国安全生产工作实施综合监督管理；县级以上地方各级人民政府应急管理部门依照本法，对本行政区域内安全生产工作实施综合监督管理。

国务院交通运输、住房和城乡建设、水利、民航等有关部门依照本法和其他有关法律、行政法规的规定，在各自的职责范围内对有关行业、领域的安全生产工作实施监督管理；县级以上地方各级人民政府有关部门依照本法和其他有关法律、法规的规定，在各自的职责范围内对有关行业、领域的安全生产工作实施监督管理。对新兴行业、领域的安全生产监督管理职责不明确的，由县级以上地方各级人民政府按照业务相近的原则确定监督管理部门。

应急管理部门和对有关行业、领域的安全生产工作实施监督管理的部门，统称负有安全生产监督管理职责的部门。负有安全生产监督管理职责的部门应当相互配合、齐抓共管、信息共享、资源共用，依法加强安全生产监督管理工作。

第十一条　国务院有关部门应当按照保障安全生产的要求，依法及时制定有关的国家标准或者行业标准，并根据科技进步和经济发展适时修订。

生产经营单位必须执行依法制定的保障安全生产的国家标准或者行业标准。

第十二条　国务院有关部门按照职责分工负责安全生产强制性国家标准的项目提出、组织起草、征求意见、技术审查。国务院应急管理部门统筹提出安全生产强制性国家标准的立项计划。国务院标准化行政主管部门负责安全生产强制性国家标准的立项、编号、对外通报和授权批准发布工作。国务院标准化行政主管部门、有关部门依据法定职责对安全生产强制性国家标准的实施进行监督检查。

第十三条 各级人民政府及其有关部门应当采取多种形式，加强对有关安全生产的法律、法规和安全生产知识的宣传，增强全社会的安全生产意识。

第十四条 有关协会组织依照法律、行政法规和章程，为生产经营单位提供安全生产方面的信息、培训等服务，发挥自律作用，促进生产经营单位加强安全生产管理。

第十五条 依法设立的为安全生产提供技术、管理服务的机构，依照法律、行政法规和执业准则，接受生产经营单位的委托为其安全生产工作提供技术、管理服务。

生产经营单位委托前款规定的机构提供安全生产技术、管理服务的，保证安全生产的责任仍由本单位负责。

第十六条 国家实行生产安全事故责任追究制度，依照本法和有关法律、法规的规定，追究生产安全事故责任单位和责任人员的法律责任。

第十七条 县级以上各级人民政府应当组织负有安全生产监督管理职责的部门依法编制安全生产权力和责任清单，公开并接受社会监督。

第十八条 国家鼓励和支持安全生产科学技术研究和安全生产先进技术的推广应用，提高安全生产水平。

第十九条 国家对在改善安全生产条件、防止生产安全事故、参加抢险救护等方面取得显著成绩的单位和个人，给予奖励。

第二章 生产经营单位的安全生产保障

第二十条 生产经营单位应当具备本法和有关法律、行政法规和国家标准或者行业标准规定的安全生产条件；不具备安全生产条件的，不得从事生产经营活动。

第二十一条 生产经营单位的主要负责人对本单位安全生产工作负有下列职责：

（一）建立健全并落实本单位全员安全生产责任制，加强安全生产标准化建设；

（二）组织制定并实施本单位安全生产规章制度和操作规程；

（三）组织制定并实施本单位安全生产教育和培训计划；

（四）保证本单位安全生产投入的有效实施；

（五）组织建立并落实安全风险分级管控和隐患排查治理双重预防工作机制，督促、检查本单位的安全生产工作，及时消除生产安全事故隐患；

（六）组织制定并实施本单位的生产安全事故应急救援预案；

（七）及时、如实报告生产安全事故。

第二十二条 生产经营单位的全员安全生产责任制应当明确各岗位的责任人员、责任范围和考核标准等内容。

生产经营单位应当建立相应的机制，加强对全员安全生产责任制落实情况的监督考核，保证全员安全生产责任制的落实。

第二十三条 生产经营单位应当具备的安全生产条件所必需的资金投入，由生产经营单位的决策机构、主要负责人或者个人经营的投资人予以保证，并对由于安全生产所必需的资金投入不足导致的后果承担责任。

有关生产经营单位应当按照规定提取和使用安全生产费用，专门用于改善安全生产条件。安全生产费用在成本中据实列支。安全生产费用提取、使用和监督管理的具体办法由国务院财政部门会同国务院应急管理部门征求国务院有关部门意见后制定。

第二十四条 矿山、金属冶炼、建筑施工、运输单位和危险物品的生产、经营、储存、装卸单位，应当设置安全生产管理机构或者配备专职安全生产管理人员。

前款规定以外的其他生产经营单位，从业人员超过一百人的，应当设置安全生产管理机构或者配备专职安全生产管理人员；从业人员在一百人以下的，应当配备专职或者兼职的安全生产管理人员。

第二十五条 生产经营单位的安全生产管理机构以及安全生产管理人员履行下列职责：

（一）组织或者参与拟订本单位安全生产规章制度、操作规程和生产安全事故应急救援预案；

（二）组织或者参与本单位安全生产教育和培训，如实记录安全生产教育和培训情况；

（三）组织开展危险源辨识和评估，督促落实本单位重大危险源的安全管理措施；

（四）组织或者参与本单位应急救援演练；

（五）检查本单位的安全生产状况，及时排查生产安全事故隐患，提出改进安全生产管理的建议；

（六）制止和纠正违章指挥、强令冒险作业、违反操作规程的行为；

（七）督促落实本单位安全生产整改措施。

生产经营单位可以设置专职安全生产分管负责人，协助本单位主要负责人履行安全生产管理职责。

第二十六条 生产经营单位的安全生产管理机构以及安全生产管理人员应当恪尽职守，依法履行职责。

生产经营单位作出涉及安全生产的经营决策，应当听取安全生产管理机构以及安全生产管理人员的意见。

生产经营单位不得因安全生产管理人员依法履行职责而降低其工资、福利等待遇或者解除与其订立的劳动合同。

危险物品的生产、储存单位以及矿山、金属冶炼单位的安全生产管理人员的任免，应当告知主管的负有安全生产监督管理职责的部门。

第二十七条 生产经营单位的主要负责人和安全生产管理人员必须具备与本单位所从事的生产经营活动相应的安全生产知识和管理能力。

危险物品的生产、经营、储存、装卸单位以及矿山、金属冶炼、建筑施工、运输单位的主要负责人和安全生产管理人员，应当由主管的负有安全生产监督管理职责的部门对其安全生产知识和管理能力考核合格。考核不得收费。

危险物品的生产、储存、装卸单位以及矿山、金属冶炼单位应当有注册安全工程师从事安全生产管理工作。鼓励其他生产经营单位聘用注册安全工程师从事安全生产管理工作。注册安全工程师按专业分类管理，具体办法由国务院人力资源和社会保障部门、国务院应急管理部门会同国务院有关部门制定。

第二十八条 生产经营单位应当对从业人员进行安全生产教育和培训，保证从业人员具备必要的安全生产知识，熟悉有关的安全生产规章制度和安全操作规程，掌握本岗位的安全操作技能，了解事故应急处理措施，知悉自身在安全生产方面的权利和义务。未经安全生产教育和培训合格的从业人员，不得上岗作业。

生产经营单位使用被派遣劳动者的，应当将被派遣劳动者纳入本单位从业人员统一管理，对被派遣劳动者进行岗位安全操作规程和安全操作技能的教育和培训。劳务派遣单位应当对被派遣劳动者进行必要的安全生产教育和培训。

生产经营单位接收中等职业学校、高等学校学生实习的，应当对实习学生进行相应的安全生产教育和培训，提供必要的劳动防护用品。学校应当协助生产经营单位对实习学生进行安全生产教育和培训。

生产经营单位应当建立安全生产教育和培训档案，如实记录安全生产教育和培训的时间、内容、参加人员以及考核结果等情况。

第二十九条 生产经营单位采用新工艺、新技术、新材料或者使用新设备，必须了解、掌握其安全技术特性，采取有效的安全防护措施，并对从业人员进行专门的安全生产教育和培训。

第三十条 生产经营单位的特种作业人员必须按照国家有关规定经专门的安全作业培训，取得相应资格，方可上岗作业。

特种作业人员的范围由国务院应急管理部门会同国务院有关部门确定。

第三十一条 生产经营单位新建、改建、扩建工程项目（以下统称建设项目）的安全设施，必须与主体工程同时设计、同时施工、同时投入生产和使用。安全设施投资应当纳入建设项目概算。

第三十二条 矿山、金属冶炼建设项目和用于生产、储存、装卸危险物品的建设项目，应当按照国家有关规定进行安全评价。

第三十三条 建设项目安全设施的设计人、设计单位应当对安全设施设计负责。

矿山、金属冶炼建设项目和用于生产、储存、装卸危险物品的建设项目的安全设施设计应当按照国家有关规定报经有关部门审查，审查部门及其负责审查的人员对审查结果负责。

第三十四条 矿山、金属冶炼建设项目和用于生产、储存、装卸危险物品的建设项目的施工单位必须按照批准的安全设施设计施工，并对安全设施的工程质量负责。

矿山、金属冶炼建设项目和用于生产、储存、装卸危险物品的建设项目竣工投入生产或者使用前，应当由建设单位负责组织对安全设施进行验收；验收合格后，方可投入生产和使用。负有安全生产监督管理职责的部门应当加强对建设单位验收活动和验收结果的监督核查。

第三十五条 生产经营单位应当在有较大危险因素的生产经营场所和有关设施、设备上，设置明显的安全警示标志。

第三十六条 安全设备的设计、制造、安装、使用、检测、维修、改造和报废，应当符合国家标准或者行业标准。

生产经营单位必须对安全设备进行经常性维护、保养，并定期检测，保证正常运转。维护、保养、检测应当作好记录，并由有关人员签字。

生产经营单位不得关闭、破坏直接关系生产安全的监控、报警、防护、救生设备、设施，或者篡改、隐瞒、销毁其相关数据、信息。

餐饮等行业的生产经营单位使用燃气的，应当安装可燃气体报警装置，并保障其正常使用。

第三十七条 生产经营单位使用的危险物品的容器、运输工具，以及涉及人身安全、危险性较大的海洋石油开采特种设备和矿山井下特种设备，必须按照国家有关规定，由专业生产单位生产，并经具有专业资质的检测、检验机构检测、检验合格，取得安全使用证或者安全标志，方可投入使用。检测、检验机构对检测、检验结果负责。

第三十八条 国家对严重危及生产安全的工艺、设备实行淘汰制度，具体目录由国务院应急管理部门会同国务院有关部门制定并公布。法律、行政法规对目录的制定另有规定的，适用其规定。

省、自治区、直辖市人民政府可以根据本地区实际情况制定并公布具体目录，对前款规定以外的危及生产安全的工艺、设备予以淘汰。

生产经营单位不得使用应当淘汰的危及生产安全的工艺、设备。

第三十九条 生产、经营、运输、储存、使用危险物品或者处置废弃危险物品的，由有关主管部门依照有关法律、法规的规定和国家标准或者行业标准审批并实施监督管理。

生产经营单位生产、经营、运输、储存、使用危险物品或者处置废弃危险物品，必须执行有关法律、法规和国家标准或者行业标准，建立专门的安全管理制度，采取可靠的安全措施，接受有关主管部门依法实施的监督管理。

第四十条 生产经营单位对重大危险源应当登记建档，进行定期检测、评估、监控，并制定应急预案，告知从业人员和相关人员在紧急情况下应当采取的应急措施。

生产经营单位应当按照国家有关规定将本单位重大危险源及有关安全措施、应急措施报有关地方人民政府应急管理部门和有关部门备案。有关地方人民政府应急管理部门和有关部门应当通过相关信息系统实现信息共享。

第四十一条 生产经营单位应当建立安全风险分级管控制度，按照安全风险分级采取相应的管控措施。

生产经营单位应当建立健全并落实生产安全事故隐患排查治理制度，采取技术、管理措施，及时发现并消除事故隐患。事故隐患排查治理情况应当如实记录，并通过职工大会或者职工代表大会、信息公示栏等方式向从业人员通报。其中，重大事故隐患排查治理情况应当及时向负有安全生产监督管理职责的部门和职工大会或者职工代表大会报告。

县级以上地方各级人民政府负有安全生产监督管理职责的部门应当将重大事故隐患纳入相关信息系统，建立健全重大事故隐患治理督办制度，督促生产经营单位消除重大事故隐患。

第四十二条 生产、经营、储存、使用危险物品的车间、商店、仓库不得与员工宿舍在同一座建筑物内，并应当与员工宿舍保持安全距离。

生产经营场所和员工宿舍应当设有符合紧急疏散要求、标志明显、保持畅通的出口、疏散通道。禁止占用、锁闭、封堵生产经营场所或者员工宿舍的出口、疏散通道。

第四十三条 生产经营单位进行爆破、吊装、动火、临时用电以及国务院应急管理部门会同国务院有关部门规定的其他危险作业，应当安排专门人员进行现场安全管理，确保操作规程的遵守和安全措施的落实。

第四十四条 生产经营单位应当教育和督促从业人员严格执行本单位的安全生产规章制度和安全操作规程；并向从业人员如实告知作业场所和工作岗位存在的危险因素、防范措施以及事故应急措施。

生产经营单位应当关注从业人员的身体、心理状况和行为习惯，加强对从业人员的心理疏导、精神慰藉，严格落实岗位安全生产责任，防范从业人员行为异常导致事故发生。

第四十五条 生产经营单位必须为从业人员提供符合国家标准或者行业标准的劳动防护用品，并监督、教育从业人员按照使用规则佩戴、使用。

第四十六条 生产经营单位的安全生产管理人员应当根据本单位的生产经营特点，对安全生产状况进行经常性检查；对检查中发现的安全问题，应当立即处理；不能处理的，应当及时报告本单位有关负责人，有关负责人应当及时处理。检查及处理情况应当如实记录在案。

生产经营单位的安全生产管理人员在检查中发现重大事故隐患，依照前款规定向本单位有关负责人报告，有关负责人不及时处理的，安全生产管理人员可以向主管的负有安全生产监督管理职责的部门报告，接到报告的部门应当依法及时处理。

第四十七条 生产经营单位应当安排用于配备劳动防护用品、进行安全生产培训的经费。

第四十八条 两个以上生产经营单位在同一作业区域内进行生产经营活动，可能危及对方生产安全的，应当签订安全生产管理协议，明确各自的安全生产管理职责和应当采取的安全措施，并指定专职安全生产管理人员进行安全检查与协调。

第四十九条 生产经营单位不得将生产经营项目、场所、设备发包或者出租给不具备安全生产条件或者相应资质的单位或者个人。

生产经营项目、场所发包或者出租给其他单位的，生产经营单位应当与承包单位、承租单位签订专门的安全生产管理协议，或者在承包合同、租赁合同中约定各自的安全生产管理职责；生产经营单位对承包单位、承租单位的安全生产工作统一协调、管理，定期进行安全检查，发现安全问题的，应当及时督促整改。

矿山、金属冶炼建设项目和用于生产、储存、装卸危险物品的建设项目的施工单位应当加强对施工项目的安全管理，不得倒卖、出租、出借、挂靠或者以其他形式非法转让施工资质，不得将其承包的全部建设工程转包给第三人或者将其承包的全部建设工程支解以后以分包的名义分别转包给第三人，不得将工程分包给不具备相应资质条件的单位。

第五十条 生产经营单位发生生产安全事故时，单位的主要负责人应当立即组织抢救，并不得在事故调查处理期间擅离职守。

第五十一条 生产经营单位必须依法参加工伤保险，为从业人员缴纳保险费。

国家鼓励生产经营单位投保安全生产责任保险；属于国家规定的高危行业、领域的生产经营单位，应当投保安全生产责任保险。具体范围和实施办法由国务院应急管理部门会同国务院财政部门、国务院保险监督管理机构和相关行业主管部门制定。

第三章 从业人员的安全生产权利义务

第五十二条 生产经营单位与从业人员订立的劳动合同，应当载明有关保障从业人员劳动安全、防止职业危害的事项，以及依法为从业人员办理工伤保险的事项。

生产经营单位不得以任何形式与从业人员订立协议，免除或者减轻其对从业人员因生产安全事故伤亡依法应承担的责任。

第五十三条 生产经营单位的从业人员有权了解其作业场所和工作岗位存在的危险因素、防范措施及事故应急措施，有权对本单位的安全生产工作提出建议。

第五十四条 从业人员有权对本单位安全生产工作中存在的问题提出批评、检举、控告；有权拒绝违章指挥和强令冒险作业。

生产经营单位不得因从业人员对本单位安全生产工作提出批评、检举、控告或者拒绝违章指挥、强令冒险作业而降低其工资、福利等待遇或者解除与其订立的劳动合同。

第五十五条 从业人员发现直接危及人身安全的紧急情况时，有权停止作业或者在采取可能的应急措施后撤离作业场所。

生产经营单位不得因从业人员在前款紧急情况下停止作业或者采取紧急撤离措施而降低其工资、福利等待遇或者解除与其订立的劳动合同。

第五十六条 生产经营单位发生生产安全事故后，应当及时采取措施救治有关人员。

因生产安全事故受到损害的从业人员，除依法享有工伤保险外，依照有关民事法律尚有获得赔偿的权利的，有权提出赔偿要求。

第五十七条 从业人员在作业过程中，应当严格落实岗位安全责任，遵守本单位的安全生产规章制度和操作规程，服从管理，正确佩戴和使用劳动防护用品。

第五十八条 从业人员应当接受安全生产教育和培训，掌握本职工作所需的安全生产知识，提高安全生产技能，增强事故预防和应急处理能力。

第五十九条 从业人员发现事故隐患或者其他不安全因素，应当立即向现场安全生产管理人员或者本单位负责人报告；接到报告的人员应当及时予以处理。

第六十条 工会有权对建设项目的安全设施与主体工程同时设计、同时施工、同时投入生产和使用进行监督，提出意见。

工会对生产经营单位违反安全生产法律、法规，侵犯从业人员合法权益的行为，有权要求纠正；发现生产经营单位违章指挥、强令冒险作业或者发现事故隐患时，有权提出解决的建议，生产经营单位应当及时研究答复；发现危及从业人员生命安全的情况时，有权向生产经营单位建议组织从业人员撤离危险场所，生产经营单位必须立即作出处理。

工会有权依法参加事故调查，向有关部门提出处理意见，并要求追究有关人员的责任。

第六十一条 生产经营单位使用被派遣劳动者的，被派遣劳动者享有本法规定的从业人员的权利，并应当履行本法规定的从业人员的义务。

第四章 安全生产的监督管理

第六十二条 县级以上地方各级人民政府应当根据本行政区域内的安全生产状况，组织有关部门按照职责分工，对本行政区域内容易发生重大生产安全事故的生产经营单位进行严格检查。

应急管理部门应当按照分类分级监督管理的要求，制定安全生产年度监督检查计划，并按照年度监督检查计划进行监督检查，发现事故隐患，应当及时处理。

第六十三条 负有安全生产监督管理职责的部门依照有关法律、法规的规定，对涉及安全生产的事项需要审查批准（包括批准、核准、许可、注册、认证、颁发证照等，下同）或者验收的，必须严格依照有关法律、法规和国家标准或者行业标准规定的安全生产条件和程序进行审查；不符合有关法律、法规和国家标准或者行业标准规定的安全生产条件的，不得批准或者验收通过。对未依法取得批准或者验收合格的单位擅自从事有关活动的，负责行政审批的部门发现或者接到举报后应当立即予以取缔，并依法予以处理。对已经依法取得批准的单位，负责行政审批的部门发现其不再具备安全生产条件的，应当撤销原批准。

第六十四条 负有安全生产监督管理职责的部门对涉及安全生产的事项进行审查、验收，不得收取费用；不得要求接受审查、验收的单位购买其指定品牌或者指定生产、销售单位的安全设备、器材或者其他产品。

第六十五条 应急管理部门和其他负有安全生产监督管理职责的部门依法开展安全生产行政执法工作，对生产经营单位执行有关安全生产的法律、法规和国家标准或者行业标准的情况进行监督检查，行使以下职权：

（一）进入生产经营单位进行检查，调阅有关资料，向有关单位和人员了解情况；

（二）对检查中发现的安全生产违法行为，当场予以纠正或者要求限期改正；对依法应当给予行政处罚的行为，依照本法和其他有关法律、行政法规的规定作出行政处罚决定；

（三）对检查中发现的事故隐患，应当责令立即排除；重大事故隐患排除前或者排除过程中无法保证安全的，应当责令从危险区域内撤出作业人员，责令暂时停产停业或者停止使用相关设施、设备；重大事故隐患排除后，经审查同意，方可恢复生产经营和使用；

（四）对有根据认为不符合保障安全生产的国家标准或者行业标准的设施、设备、器材以及违法生产、储存、使用、经营、运输的危险物品予以查封或者扣押，对违法生产、储存、使用、经营危险物品的作业场所予以查封，并依法作出处理决定。

监督检查不得影响被检查单位的正常生产经营活动。

第六十六条 生产经营单位对负有安全生产监督管理职责的部门的监督检查人员（以下统称安全生产监督检查人员）依法履行监督检查职责，应当予以配合，不得拒绝、阻挠。

第六十七条 安全生产监督检查人员应当忠于职守，坚持原则，秉公执法。

安全生产监督检查人员执行监督检查任务时，必须出示有效的行政执法证件；对涉及被检查单位的技术秘密和业务秘密，应当为其保密。

第六十八条 安全生产监督检查人员应当将检查的时间、地点、内容、发现的问题及其处理情况，作出书面记录，并由检查人员和被检查单位的负责人签字；被检查单位的负责人拒绝签字的，检查人员应当将情况记录在案，并向负有安全生产监督管理职责的部门报告。

第六十九条 负有安全生产监督管理职责的部门在监督检查中，应当互相配合，实行联合检查；确需分别进行检查的，应当互通情况，发现存在的安全问题应当由其他有关部门进行处理的，应当及时移送其他有关部门并形成记录备查，接受移送的部门应当及时进行处理。

第七十条 负有安全生产监督管理职责的部门依法对存在重大事故隐患的生产经营单位作出停产停业、停止施工、停止使用相关设施或者设备的决定，生产经营单位应当依法执行，及时消除事故隐患。生产经营单位拒不执行，有发生生产安全事故的现实危险的，在保证安全的前提下，经本部门主要负责人批准，负有安全生产监督管理职责的部门可以采取通知有关单位停止供电、停止供应民用爆炸物品等措施，强制生产经营单位履行决定。通知应当采用书面形式，有关单位应当予以配合。

负有安全生产监督管理职责的部门依照前款规定采取停止供电措施，除危及生产安全的紧急情形外，应当提前二十四小时通知生产经营单位。生产经营单位依法履行行政决定、采取相应措施消除事故隐患的，负有安全生产监督管理职责的部门应当及时解除前款规定的措施。

第七十一条 监察机关依照监察法的规定，对负有安全生产监督管理职责的部门及其工作人员履行安全生产监督管理职责实施监察。

第七十二条 承担安全评价、认证、检测、检验职责的机构应当具备国家规定的资质条件，并对其作出的安全评价、认证、检测、检验结果的合法性、真实性负责。资质条件由国务院应急管理部门会同国务院有关部门制定。

承担安全评价、认证、检测、检验职责的机构应当建立并实施服务公开和报告公开制度，不得租借资质、挂靠、出具虚假报告。

第七十三条 负有安全生产监督管理职责的部门应当建立举报制度，公开举报电话、信箱或者电子邮件地址等网络举报平台，受理有关安全生产的举报；受理的举报事项经调查核实后，应当形成书面材料；需要落实整改措施的，报经有关负责人签字并督促落实。对不属于本部门职责，需要由其他有关部门进行调查处理的，转交其他有关部门处理。

涉及人员死亡的举报事项，应当由县级以上人民政府组织核查处理。

第七十四条 任何单位或者个人对事故隐患或者安全生产违法行为，均有权向负有安全生产监督管理职责的部门报告或者举报。

因安全生产违法行为造成重大事故隐患或者导致重大事故，致使国家利益或者社会公共利益受到侵害的，人民检察院可以根据民事诉讼法、行政诉讼法的相关规定提起公益诉讼。

第七十五条 居民委员会、村民委员会发现其所在区域内的生产经营单位存在事故隐患或者安全生产违法行为时，应当向当地人民政府或者有关部门报告。

第七十六条 县级以上各级人民政府及其有关部门对报告重大事故隐患或者举报安全生产违法行为的有功人员，给予奖励。具体奖励办法由国务院应急管理部门会同国务院财政部门制定。

第七十七条 新闻、出版、广播、电影、电视等单位有进行安全生产公益宣传教育的义务，有对违反安全生产法律、法规的行为进行舆论监督的权利。

第七十八条 负有安全生产监督管理职责的部门应当建立安全生产违法行为信息库，如实记录生产经营单位及其有关从业人员的安全生产违法行为信息；对违法行为情节严重的生产经营单位及其有关从业人员，应当及时向社会公告，并通报行业主管部门、投资主管部门、自然资源主管部门、生态环境主管部门、证券监督管理机构以及有关金融机构。有关部门和机构应当对存在失信行为的生产经营单位及其有关从业人员采取加大执法检查频次、暂停项目审批、上调有关保险费率、行业或者职业禁入等联合惩戒措施，并向社会公示。

负有安全生产监督管理职责的部门应当加强对生产经营单位行政处罚信息的及时归集、共享、应用和公开，对生产经营单位作出处罚决定后七个工作日内在监督管理部门公示系统予以公开曝光，强化对违法失信生产经营单位及其有关从业人员的社会监督，提高全社会安全生产诚信水平。

第五章　生产安全事故的应急救援与调查处理

第七十九条　国家加强生产安全事故应急能力建设，在重点行业、领域建立应急救援基地和应急救援队伍，并由国家安全生产应急救援机构统一协调指挥；鼓励生产经营单位和其他社会力量建立应急救援队伍，配备相应的应急救援装备和物资，提高应急救援的专业化水平。

国务院应急管理部门牵头建立全国统一的生产安全事故应急救援信息系统，国务院交通运输、住房和城乡建设、水利、民航等有关部门和县级以上地方人民政府建立健全相关行业、领域、地区的生产安全事故应急救援信息系统，实现互联互通、信息共享，通过推行网上安全信息采集、安全监管和监测预警，提升监管的精准化、智能化水平。

第八十条　县级以上地方各级人民政府应当组织有关部门制定本行政区域内生产安全事故应急救援预案，建立应急救援体系。

乡镇人民政府和街道办事处，以及开发区、工业园区、港区、风景区等应当制定相应的生产安全事故应急救援预案，协助人民政府有关部门或者按照授权依法履行生产安全事故应急救援工作职责。

第八十一条　生产经营单位应当制定本单位生产安全事故应急救援预案，与所在地县级以上地方人民政府组织制定的生产安全事故应急救援预案相衔接，并定期组织演练。

第八十二条　危险物品的生产、经营、储存单位以及矿山、金属冶炼、城市轨道交通运营、建筑施工单位应当建立应急救援组织；生产经营规模较小的，可以不建立应急救援组织，但应当指定兼职的应急救援人员。

危险物品的生产、经营、储存、运输单位以及矿山、金属冶炼、城市轨道交通运营、建筑施工单位应当配备必要的应急救援器材、设备和物资，并进行经常性维护、保养，保证正常运转。

第八十三条　生产经营单位发生生产安全事故后，事故现场有关人员应当立即报告本单位负责人。

单位负责人接到事故报告后，应当迅速采取有效措施，组织抢救，防止事故扩大，减少人员伤亡和财产损失，并按照国家有关规定立即如实报告当地负有安全生产监督管理职责的部门，不得隐瞒不报、谎报或者迟报，不得故意破坏事故现场、毁灭有关证据。

第八十四条　负有安全生产监督管理职责的部门接到事故报告后，应当立即按照国家有关规定上报事故情况。负有安全生产监督管理职责的部门和有关地方人民政府对事故情况不得隐瞒不报、谎报或者迟报。

第八十五条　有关地方人民政府和负有安全生产监督管理职责的部门的负责人接到生产安全事故报告后，应当按照生产安全事故应急救援预案的要求立即赶到事故现场，组织事故抢救。

参与事故抢救的部门和单位应当服从统一指挥，加强协同联动，采取有效的应急救援措施，并根据事故救援的需要采取警戒、疏散等措施，防止事故扩大和次生灾害的发生，减少人员伤亡和财产损失。

事故抢救过程中应当采取必要措施，避免或者减少对环境造成的危害。

任何单位和个人都应当支持、配合事故抢救，并提供一切便利条件。

第八十六条　事故调查处理应当按照科学严谨、依法依规、实事求是、注重实效的原则，及时、准确地查清事故原因，查明事故性质和责任，评估应急处置工作，总结事故教训，提出整改措施，并对事故责任单位和人员提出处理建议。事故调查报告应当依法及时向社会公布。事故调查和处理的具体办法由国务院制定。

事故发生单位应当及时全面落实整改措施，负有安全生产监督管理职责的部门应当加强监督检查。

负责事故调查处理的国务院有关部门和地方人民政府应当在批复事故调查报告后一年内，组织有关部门对事故整改和防范措施落实情况进行评估，并及时向社会公开评估结果；对不履行职责导致事故整改和防范措施没有落实的有关单位和人员，应当按照有关规定追究责任。

第八十七条 生产经营单位发生生产安全事故，经调查确定为责任事故的，除了应当查明事故单位的责任并依法予以追究外，还应当查明对安全生产的有关事项负有审查批准和监督职责的行政部门的责任，对有失职、渎职行为的，依照本法第九十条的规定追究法律责任。

第八十八条 任何单位和个人不得阻挠和干涉对事故的依法调查处理。

第八十九条 县级以上地方各级人民政府应急管理部门应当定期统计分析本行政区域内发生生产安全事故的情况，并定期向社会公布。

第六章 法律责任

第九十条 负有安全生产监督管理职责的部门的工作人员，有下列行为之一的，给予降级或者撤职的处分；构成犯罪的，依照刑法有关规定追究刑事责任：

（一）对不符合法定安全生产条件的涉及安全生产的事项予以批准或者验收通过的；

（二）发现未依法取得批准、验收的单位擅自从事有关活动或者接到举报后不予取缔或者不依法予以处理的；

（三）对已经依法取得批准的单位不履行监督管理职责，发现其不再具备安全生产条件而不撤销原批准或者发现安全生产违法行为不予查处的；

（四）在监督检查中发现重大事故隐患，不依法及时处理的。

负有安全生产监督管理职责的部门的工作人员有前款规定以外的滥用职权、玩忽职守、徇私舞弊行为的，依法给予处分；构成犯罪的，依照刑法有关规定追究刑事责任。

第九十一条 负有安全生产监督管理职责的部门，要求被审查、验收的单位购买其指定的安全设备、器材或者其他产品的，在对安全生产事项的审查、验收中收取费用的，由其上级机关或者监察机关责令改正，责令退还收取的费用；情节严重的，对直接负责的主管人员和其他直接责任人员依法给予处分。

第九十二条 承担安全评价、认证、检测、检验职责的机构出具失实报告的，责令停业整顿，并处三万元以上十万元以下的罚款；给他人造成损害的，依法承担赔偿责任。

承担安全评价、认证、检测、检验职责的机构租借资质、挂靠、出具虚假报告的，没收违法所得；违法所得在十万元以上的，并处违法所得二倍以上五倍以下的罚款，没有违法所得或者违法所得不足十万元的，单处或者并处十万元以上二十万元以下的罚款；对其直接负责的主管人员和其他直接责任人员处五万元以上十万元以下的罚款；给他人造成损害的，与生产经营单位承担连带赔偿责任；构成犯罪的，依照刑法有关规定追究刑事责任。

对有前款违法行为的机构及其直接责任人员，吊销其相应资质和资格，五年内不得从事安全评价、认证、检测、检验等工作；情节严重的，实行终身行业和职业禁入。

第九十三条 生产经营单位的决策机构、主要负责人或者个人经营的投资人不依照本法规定保证安全生产所必需的资金投入，致使生产经营单位不具备安全生产条件的，责令限期改正，提供必需的资金；逾期未改正的，责令生产经营单位停产停业整顿。

有前款违法行为，导致发生生产安全事故的，对生产经营单位的主要负责人给予撤职处分，对个人经营的投资人处二万元以上二十万元以下的罚款；构成犯罪的，依照刑法有关规定追究刑事责任。

第九十四条　生产经营单位的主要负责人未履行本法规定的安全生产管理职责的，责令限期改正，处二万元以上五万元以下的罚款；逾期未改正的，处五万元以上十万元以下的罚款，责令生产经营单位停产停业整顿。

生产经营单位的主要负责人有前款违法行为，导致发生生产安全事故的，给予撤职处分；构成犯罪的，依照刑法有关规定追究刑事责任。

生产经营单位的主要负责人依照前款规定受刑事处罚或者撤职处分的，自刑罚执行完毕或者受处分之日起，五年内不得担任任何生产经营单位的主要负责人；对重大、特别重大生产安全事故负有责任的，终身不得担任本行业生产经营单位的主要负责人。

第九十五条　生产经营单位的主要负责人未履行本法规定的安全生产管理职责，导致发生生产安全事故的，由应急管理部门依照下列规定处以罚款：

（一）发生一般事故的，处上一年年收入百分之四十的罚款；

（二）发生较大事故的，处上一年年收入百分之六十的罚款；

（三）发生重大事故的，处上一年年收入百分之八十的罚款；

（四）发生特别重大事故的，处上一年年收入百分之一百的罚款。

第九十六条　生产经营单位的其他负责人和安全生产管理人员未履行本法规定的安全生产管理职责的，责令限期改正，处一万元以上三万元以下的罚款；导致发生生产安全事故的，暂停或者吊销其与安全生产有关的资格，并处上一年年收入百分之二十以上百分之五十以下的罚款；构成犯罪的，依照刑法有关规定追究刑事责任。

第九十七条　生产经营单位有下列行为之一的，责令限期改正，处十万元以下的罚款；逾期未改正的，责令停产停业整顿，并处十万元以上二十万元以下的罚款，对其直接负责的主管人员和其他直接责任人员处二万元以上五万元以下的罚款：

（一）未按照规定设置安全生产管理机构或者配备安全生产管理人员、注册安全工程师的；

（二）危险物品的生产、经营、储存、装卸单位以及矿山、金属冶炼、建筑施工、运输单位的主要负责人和安全生产管理人员未按照规定经考核合格的；

（三）未按照规定对从业人员、被派遣劳动者、实习学生进行安全生产教育和培训，或者未按照规定如实告知有关的安全生产事项的；

（四）未如实记录安全生产教育和培训情况的；

（五）未将事故隐患排查治理情况如实记录或者未向从业人员通报的；

（六）未按照规定制定生产安全事故应急救援预案或者未定期组织演练的；

（七）特种作业人员未按照规定经专门的安全作业培训并取得相应资格，上岗作业的。

第九十八条　生产经营单位有下列行为之一的，责令停止建设或者停产停业整顿，限期改正，并处十万元以上五十万元以下的罚款，对其直接负责的主管人员和其他直接责任人员处二万元以上五万元以下的罚款；逾期未改正的，处五十万元以上一百万元以下的罚款，对其直接负责的主管人员和其他直接责任人员处五万元以上十万元以下的罚款；构成犯罪的，依照刑法有关规定追究刑事责任：

（一）未按照规定对矿山、金属冶炼建设项目或者用于生产、储存、装卸危险物品的建设项目进行安全评价的；

（二）矿山、金属冶炼建设项目或者用于生产、储存、装卸危险物品的建设项目没有安全设施设计或者安全设施设计未按照规定报经有关部门审查同意的；

（三）矿山、金属冶炼建设项目或者用于生产、储存、装卸危险物品的建设项目的施工单位未按照批准的安全设施设计施工的；

（四）矿山、金属冶炼建设项目或者用于生产、储存、装卸危险物品的建设项目竣工投入生产或者使用前，安全设施未经验收合格的。

第九十九条 生产经营单位有下列行为之一的，责令限期改正，处五万元以下的罚款；逾期未改正的，处五万元以上二十万元以下的罚款，对其直接负责的主管人员和其他直接责任人员处一万元以上二万元以下的罚款；情节严重的，责令停产停业整顿；构成犯罪的，依照刑法有关规定追究刑事责任：

（一）未在有较大危险因素的生产经营场所和有关设施、设备上设置明显的安全警示标志的；

（二）安全设备的安装、使用、检测、改造和报废不符合国家标准或者行业标准的；

（三）未对安全设备进行经常性维护、保养和定期检测的；

（四）关闭、破坏直接关系生产安全的监控、报警、防护、救生设备、设施，或者篡改、隐瞒、销毁其相关数据、信息的；

（五）未为从业人员提供符合国家标准或者行业标准的劳动防护用品的；

（六）危险物品的容器、运输工具，以及涉及人身安全、危险性较大的海洋石油开采特种设备和矿山井下特种设备未经具有专业资质的机构检测、检验合格，取得安全使用证或者安全标志，投入使用的；

（七）使用应当淘汰的危及生产安全的工艺、设备的；

（八）餐饮等行业的生产经营单位使用燃气未安装可燃气体报警装置的。

第一百条 未经依法批准，擅自生产、经营、运输、储存、使用危险物品或者处置废弃危险物品的，依照有关危险物品安全管理的法律、行政法规的规定予以处罚；构成犯罪的，依照刑法有关规定追究刑事责任。

第一百零一条 生产经营单位有下列行为之一的，责令限期改正，处十万元以下的罚款；逾期未改正的，责令停产停业整顿，并处十万元以上二十万元以下的罚款，对其直接负责的主管人员和其他直接责任人员处二万元以上五万元以下的罚款；构成犯罪的，依照刑法有关规定追究刑事责任：

（一）生产、经营、运输、储存、使用危险物品或者处置废弃危险物品，未建立专门安全管理制度、未采取可靠的安全措施的；

（二）对重大危险源未登记建档，未进行定期检测、评估、监控，未制定应急预案，或者未告知应急措施的；

（三）进行爆破、吊装、动火、临时用电以及国务院应急管理部门会同国务院有关部门规定的其他危险作业，未安排专门人员进行现场安全管理的；

（四）未建立安全风险分级管控制度或者未按照安全风险分级采取相应管控措施的；

（五）未建立事故隐患排查治理制度，或者重大事故隐患排查治理情况未按照规定报告的。

第一百零二条 生产经营单位未采取措施消除事故隐患的，责令立即消除或者限期消除，处五万元以下的罚款；生产经营单位拒不执行的，责令停产停业整顿，对其直接负责的主管人员和其他直接责任人员处五万元以上十万元以下的罚款；构成犯罪的，依照刑法有关规定追究刑事责任。

第一百零三条 生产经营单位将生产经营项目、场所、设备发包或者出租给不具备安全生产条件或者相应资质的单位或者个人的，责令限期改正，没收违法所得；违法所得十万元以上的，并处违法所得二倍以上五倍以下的罚款；没有违法所得或者违法所得不足十万元的，单处或者处十万元以上二十万元以下的罚款；对其直接负责的主管人员和其他直接责任人员处一万元以上二万元以下的罚款；导致发生生产安全事故给他人造成损害的，与承包方、承租方承担连带赔偿责任。

生产经营单位未与承包单位、承租单位签订专门的安全生产管理协议或者未在承包合同、租赁合同中明确各自的安全生产管理职责，或者未对承包单位、承租单位的安全生产统一协调、管理的，责令限期改正，处五万元以下的罚款，对其直接负责的主管人员和其他直接责任人员处一万元以下的罚款；逾期未改正的，责令停产停业整顿。

矿山、金属冶炼建设项目和用于生产、储存、装卸危险物品的建设项目的施工单位未按照规定对施工项目进行安全管理的，责令限期改正，处十万元以下的罚款，对其直接负责的主管人员和其他直接责任人员处二万元以下的罚款；逾期未改正的，责令停产停业整顿。以上施工单位倒卖、出租、出借、挂靠或者以其他形式非法转让施工资质的，责令停产停业整顿，吊销资质证书，没收违法所得；违法所得十万元以上的，并处违法所得二倍以上五倍以下的罚款，没有违法所得或者违法所得不足十万元的，单处或者并处十万元以上二十万元以下的罚款；对其直接负责的主管人员和其他直接责任人员处五万元以上十万元以下的罚款；构成犯罪的，依照刑法有关规定追究刑事责任。

第一百零四条 两个以上生产经营单位在同一作业区域内进行可能危及对方安全生产的生产经营活动，未签订安全生产管理协议或者未指定专职安全生产管理人员进行安全检查与协调的，责令限期改正，处五万元以下的罚款，对其直接负责的主管人员和其他直接责任人员处一万元以下的罚款；逾期未改正的，责令停产停业。

第一百零五条 生产经营单位有下列行为之一的，责令限期改正，处五万元以下的罚款，对其直接负责的主管人员和其他直接责任人员处一万元以下的罚款；逾期未改正的，责令停产停业整顿；构成犯罪的，依照刑法有关规定追究刑事责任：

（一）生产、经营、储存、使用危险物品的车间、商店、仓库与员工宿舍在同一座建筑内，或者与员工宿舍的距离不符合安全要求的；

（二）生产经营场所和员工宿舍未设有符合紧急疏散需要、标志明显、保持畅通的出口、疏散通道，或者占用、锁闭、封堵生产经营场所或者员工宿舍出口、疏散通道的。

第一百零六条 生产经营单位与从业人员订立协议，免除或者减轻其对从业人员因生产安全事故伤亡依法应承担的责任的，该协议无效；对生产经营单位的主要负责人、个人经营的投资人处二万元以上十万元以下的罚款。

第一百零七条 生产经营单位的从业人员不落实岗位安全责任，不服从管理，违反安全生产规章制度或者操作规程的，由生产经营单位给予批评教育，依照有关规章制度给予处分；构成犯罪的，依照刑法有关规定追究刑事责任。

第一百零八条 违反本法规定，生产经营单位拒绝、阻碍负有安全生产监督管理职责的部门依法实施监督检查的，责令改正；拒不改正的，处二万元以上二十万元以下的罚款；对其直接负责的主管人员和其他直接责任人员处一万元以上二万元以下的罚款；构成犯罪的，依照刑法有关规定追究刑事责任。

第一百零九条 高危行业、领域的生产经营单位未按照国家规定投保安全生产责任保险的，责令限期改正，处五万元以上十万元以下的罚款；逾期未改正的，处十万元以上二十万元以下的罚款。

第一百一十条 生产经营单位的主要负责人在本单位发生生产安全事故时，不立即组织抢救或者在事故调查处理期间擅离职守或者逃匿的，给予降级、撤职的处分，并由应急管理部门处上一年年收入百分之六十至百分之一百的罚款；对逃匿的处十五日以下拘留；构成犯罪的，依照刑法有关规定追究刑事责任。

生产经营单位的主要负责人对生产安全事故隐瞒不报、谎报或者迟报的，依照前款规定处罚。

第一百一十一条　有关地方人民政府、负有安全生产监督管理职责的部门，对生产安全事故隐瞒不报、谎报或者迟报的，对直接负责的主管人员和其他直接责任人员依法给予处分；构成犯罪的，依照刑法有关规定追究刑事责任。

第一百一十二条　生产经营单位违反本法规定，被责令改正且受到罚款处罚，拒不改正的，负有安全生产监督管理职责的部门可以自作出责令改正之日的次日起，按照原处罚数额按日连续处罚。

第一百一十三条　生产经营单位存在下列情形之一的，负有安全生产监督管理职责的部门应当提请地方人民政府予以关闭，有关部门应当依法吊销其有关证照。生产经营单位主要负责人五年内不得担任任何生产经营单位的主要负责人；情节严重的，终身不得担任本行业生产经营单位的主要负责人：

（一）存在重大事故隐患，一百八十日内三次或者一年内四次受到本法规定的行政处罚的；

（二）经停产停业整顿，仍不具备法律、行政法规和国家标准或者行业标准规定的安全生产条件的；

（三）不具备法律、行政法规和国家标准或者行业标准规定的安全生产条件，导致发生重大、特别重大生产安全事故的；

（四）拒不执行负有安全生产监督管理职责的部门作出的停产停业整顿决定的。

第一百一十四条　发生生产安全事故，对负有责任的生产经营单位除要求其依法承担相应的赔偿等责任外，由应急管理部门依照下列规定处以罚款：

（一）发生一般事故的，处三十万元以上一百万元以下的罚款；

（二）发生较大事故的，处一百万元以上二百万元以下的罚款；

（三）发生重大事故的，处二百万元以上一千万元以下的罚款；

（四）发生特别重大事故的，处一千万元以上二千万元以下的罚款。

发生生产安全事故，情节特别严重、影响特别恶劣的，应急管理部门可以按照前款罚款数额的二倍以上五倍以下对负有责任的生产经营单位处以罚款。

第一百一十五条　本法规定的行政处罚，由应急管理部门和其他负有安全生产监督管理职责的部门按照职责分工决定；其中，根据本法第九十五条、第一百一十条、第一百一十四条的规定应当给予民航、铁路、电力行业的生产经营单位及其主要负责人行政处罚的，也可以由主管的负有安全生产监督管理职责的部门进行处罚。予以关闭的行政处罚，由负有安全生产监督管理职责的部门报请县级以上人民政府按照国务院规定的权限决定；给予拘留的行政处罚，由公安机关依照治安管理处罚的规定决定。

第一百一十六条　生产经营单位发生生产安全事故造成人员伤亡、他人财产损失的，应当依法承担赔偿责任；拒不承担或者其负责人逃匿的，由人民法院依法强制执行。

生产安全事故的责任人未依法承担赔偿责任，经人民法院依法采取执行措施后，仍不能对受害人给予足额赔偿的，应当继续履行赔偿义务；受害人发现责任人有其他财产的，可以随时请求人民法院执行。

第七章　附　　则

第一百一十七条　本法下列用语的含义：

危险物品，是指易燃易爆物品、危险化学品、放射性物品等能够危及人身安全和财产安全的物品。

重大危险源，是指长期地或者临时地生产、搬运、使用或者储存危险物品，且危险物品的数量等于或者超过临界量的单元（包括场所和设施）。

第一百一十八条 本法规定的生产安全一般事故、较大事故、重大事故、特别重大事故的划分标准由国务院规定。

国务院应急管理部门和其他负有安全生产监督管理职责的部门应当根据各自的职责分工，制定相关行业、领域重大危险源的辨识标准和重大事故隐患的判定标准。

第一百一十九条 本法自 2002 年 11 月 1 日起施行。

中华人民共和国特种设备安全法

（2013 年 6 月 29 日第十二届全国人民代表大会常务委员会第三次会议通过　2013 年 6 月 29 日中华人民共和国主席令第 4 号公布　自 2014 年 1 月 1 日起施行）

目　录

第一章　总　　则

第一条 为了加强特种设备安全工作，预防特种设备事故，保障人身和财产安全，促进经济社会发展，制定本法。

第二条 特种设备的生产（包括设计、制造、安装、改造、修理）、经营、使用、检验、检测和特种设备安全的监督管理，适用本法。

本法所称特种设备，是指对人身和财产安全有较大危险性的锅炉、压力容器（含气瓶）、压力管道、电梯、起重机械、客运索道、大型游乐设施、场（厂）内专用机动车辆，以及法律、行政法规规定适用本法的其他特种设备。

国家对特种设备实行目录管理。特种设备目录由国务院负责特种设备安全监督管理的部门制定，报国务院批准后执行。

第三条 特种设备安全工作应当坚持安全第一、预防为主、节能环保、综合治理的原则。

第四条 国家对特种设备的生产、经营、使用，实施分类的、全过程的安全监督管理。

第五条 国务院负责特种设备安全监督管理的部门对全国特种设备安全实施监督管理。县级以上地方各级人民政府负责特种设备安全监督管理的部门对本行政区域内特种设备安全实施监督管理。

第六条 国务院和地方各级人民政府应当加强对特种设备安全工作的领导，督促各有关部门依法履行监督管理职责。

县级以上地方各级人民政府应当建立协调机制,及时协调、解决特种设备安全监督管理中存在的问题。

第七条 特种设备生产、经营、使用单位应当遵守本法和其他有关法律、法规,建立、健全特种设备安全和节能责任制度,加强特种设备安全和节能管理,确保特种设备生产、经营、使用安全,符合节能要求。

第八条 特种设备生产、经营、使用、检验、检测应当遵守有关特种设备安全技术规范及相关标准。

特种设备安全技术规范由国务院负责特种设备安全监督管理的部门制定。

第九条 特种设备行业协会应当加强行业自律,推进行业诚信体系建设,提高特种设备安全管理水平。

第十条 国家支持有关特种设备安全的科学技术研究,鼓励先进技术和先进管理方法的推广应用,对做出突出贡献的单位和个人给予奖励。

第十一条 负责特种设备安全监督管理的部门应当加强特种设备安全宣传教育,普及特种设备安全知识,增强社会公众的特种设备安全意识。

第十二条 任何单位和个人有权向负责特种设备安全监督管理的部门和有关部门举报涉及特种设备安全的违法行为,接到举报的部门应当及时处理。

第二章 生产、经营、使用

第一节 一 般 规 定

第十三条 特种设备生产、经营、使用单位及其主要负责人对其生产、经营、使用的特种设备安全负责。

特种设备生产、经营、使用单位应当按照国家有关规定配备特种设备安全管理人员、检测人员和作业人员,并对其进行必要的安全教育和技能培训。

第十四条 特种设备安全管理人员、检测人员和作业人员应当按照国家有关规定取得相应资格,方可从事相关工作。特种设备安全管理人员、检测人员和作业人员应当严格执行安全技术规范和管理制度,保证特种设备安全。

第十五条 特种设备生产、经营、使用单位对其生产、经营、使用的特种设备应当进行自行检测和维护保养,对国家规定实行检验的特种设备应当及时申报并接受检验。

第十六条 特种设备采用新材料、新技术、新工艺,与安全技术规范的要求不一致,或者安全技术规范未作要求、可能对安全性能有重大影响的,应当向国务院负责特种设备安全监督管理的部门申报,由国务院负责特种设备安全监督管理的部门及时委托安全技术咨询机构或者相关专业机构进行技术评审,评审结果经国务院负责特种设备安全监督管理的部门批准,方可投入生产、使用。

国务院负责特种设备安全监督管理的部门应当将允许使用的新材料、新技术、新工艺的有关技术要求,及时纳入安全技术规范。

第十七条 国家鼓励投保特种设备安全责任保险。

第二节 生 产

第十八条 国家按照分类监督管理的原则对特种设备生产实行许可制度。特种设备生产单位应当具备下列条件,并经负责特种设备安全监督管理的部门许可,方可从事生产活动:

（一）有与生产相适应的专业技术人员；

（二）有与生产相适应的设备、设施和工作场所；

（三）有健全的质量保证、安全管理和岗位责任等制度。

第十九条 特种设备生产单位应当保证特种设备生产符合安全技术规范及相关标准的要求，对其生产的特种设备的安全性能负责。不得生产不符合安全性能要求和能效指标以及国家明令淘汰的特种设备。

第二十条 锅炉、气瓶、氧舱、客运索道、大型游乐设施的设计文件，应当经负责特种设备安全监督管理的部门核准的检验机构鉴定，方可用于制造。

特种设备产品、部件或者试制的特种设备新产品、新部件以及特种设备采用的新材料，按照安全技术规范的要求需要通过型式试验进行安全性验证的，应当经负责特种设备安全监督管理的部门核准的检验机构进行型式试验。

第二十一条 特种设备出厂时，应当随附安全技术规范要求的设计文件、产品质量合格证明、安装及使用维护保养说明、监督检验证明等相关技术资料和文件，并在特种设备显著位置设置产品铭牌、安全警示标志及其说明。

第二十二条 电梯的安装、改造、修理，必须由电梯制造单位或者其委托的依照本法取得相应许可的单位进行。电梯制造单位委托其他单位进行电梯安装、改造、修理的，应当对其安装、改造、修理进行安全指导和监控，并按照安全技术规范的要求进行校验和调试。电梯制造单位对电梯安全性能负责。

第二十三条 特种设备安装、改造、修理的施工单位应当在施工前将拟进行的特种设备安装、改造、修理情况书面告知直辖市或者设区的市级人民政府负责特种设备安全监督管理的部门。

第二十四条 特种设备安装、改造、修理竣工后，安装、改造、修理的施工单位应当在验收后三十日内将相关技术资料和文件移交特种设备使用单位。特种设备使用单位应当将其存入该特种设备的安全技术档案。

第二十五条 锅炉、压力容器、压力管道元件等特种设备的制造过程和锅炉、压力容器、压力管道、电梯、起重机械、客运索道、大型游乐设施的安装、改造、重大修理过程，应当经特种设备检验机构按照安全技术规范的要求进行监督检验；未经监督检验或者监督检验不合格的，不得出厂或者交付使用。

第二十六条 国家建立缺陷特种设备召回制度。因生产原因造成特种设备存在危及安全的同一性缺陷的，特种设备生产单位应当立即停止生产，主动召回。

国务院负责特种设备安全监督管理的部门发现特种设备存在应当召回而未召回的情形时，应当责令特种设备生产单位召回。

第三节 经 营

第二十七条 特种设备销售单位销售的特种设备，应当符合安全技术规范及相关标准的要求，其设计文件、产品质量合格证明、安装及使用维护保养说明、监督检验证明等相关技术资料和文件应当齐全。

特种设备销售单位应当建立特种设备检查验收和销售记录制度。

禁止销售未取得许可生产的特种设备，未经检验和检验不合格的特种设备，或者国家明令淘汰和已经报废的特种设备。

第二十八条 特种设备出租单位不得出租未取得许可生产的特种设备或者国家明令淘汰和已经报废的特种设备，以及未按照安全技术规范的要求进行维护保养和未经检验或者检验不合格的特种设备。

第二十九条 特种设备在出租期间的使用管理和维护保养义务由特种设备出租单位承担，法律另有规定或者当事人另有约定的除外。

第三十条 进口的特种设备应当符合我国安全技术规范的要求，并经检验合格；需要取得我国特种设备生产许可的，应当取得许可。

进口特种设备随附的技术资料和文件应当符合本法第二十一条的规定，其安装及使用维护保养说明、产品铭牌、安全警示标志及其说明应当采用中文。

特种设备的进出口检验，应当遵守有关进出口商品检验的法律、行政法规。

第三十一条 进口特种设备，应当向进口地负责特种设备安全监督管理的部门履行提前告知义务。

第四节 使 用

第三十二条 特种设备使用单位应当使用取得许可生产并经检验合格的特种设备。

禁止使用国家明令淘汰和已经报废的特种设备。

第三十三条 特种设备使用单位应当在特种设备投入使用前或者投入使用后三十日内，向负责特种设备安全监督管理的部门办理使用登记，取得使用登记证书。登记标志应当置于该特种设备的显著位置。

第三十四条 特种设备使用单位应当建立岗位责任、隐患治理、应急救援等安全管理制度，制定操作规程，保证特种设备安全运行。

第三十五条 特种设备使用单位应当建立特种设备安全技术档案。安全技术档案应当包括以下内容：

（一）特种设备的设计文件、产品质量合格证明、安装及使用维护保养说明、监督检验证明等相关技术资料和文件；

（二）特种设备的定期检验和定期自行检查记录；

（三）特种设备的日常使用状况记录；

（四）特种设备及其附属仪器仪表的维护保养记录；

（五）特种设备的运行故障和事故记录。

第三十六条 电梯、客运索道、大型游乐设施等为公众提供服务的特种设备的运营使用单位，应当对特种设备的使用安全负责，设置特种设备安全管理机构或者配备专职的特种设备安全管理人员；其他特种设备使用单位，应当根据情况设置特种设备安全管理机构或者配备专职、兼职的特种设备安全管理人员。

第三十七条 特种设备的使用应当具有规定的安全距离、安全防护措施。

与特种设备安全相关的建筑物、附属设施，应当符合有关法律、行政法规的规定。

第三十八条 特种设备属于共有的，共有人可以委托物业服务单位或者其他管理人管理特种设备，受托人履行本法规定的特种设备使用单位的义务，承担相应责任。共有人未委托的，由共有人或者实际管理人履行管理义务，承担相应责任。

第三十九条 特种设备使用单位应当对其使用的特种设备进行经常性维护保养和定期自行检查，并作出记录。

特种设备使用单位应当对其使用的特种设备的安全附件、安全保护装置进行定期校验、检修，并作出记录。

第四十条 特种设备使用单位应当按照安全技术规范的要求，在检验合格有效期届满前一个月向特种设备检验机构提出定期检验要求。

特种设备检验机构接到定期检验要求后，应当按照安全技术规范的要求及时进行安全性能检验。特种设备使用单位应当将定期检验标志置于该特种设备的显著位置。

未经定期检验或者检验不合格的特种设备，不得继续使用。

第四十一条　特种设备安全管理人员应当对特种设备使用状况进行经常性检查，发现问题应当立即处理；情况紧急时，可以决定停止使用特种设备并及时报告本单位有关负责人。

特种设备作业人员在作业过程中发现事故隐患或者其他不安全因素，应当立即向特种设备安全管理人员和单位有关负责人报告；特种设备运行不正常时，特种设备作业人员应当按照操作规程采取有效措施保证安全。

第四十二条　特种设备出现故障或者发生异常情况，特种设备使用单位应当对其进行全面检查，消除事故隐患，方可继续使用。

第四十三条　客运索道、大型游乐设施在每日投入使用前，其运营使用单位应当进行试运行和例行安全检查，并对安全附件和安全保护装置进行检查确认。

电梯、客运索道、大型游乐设施的运营使用单位应当将电梯、客运索道、大型游乐设施的安全使用说明、安全注意事项和警示标志置于易于为乘客注意的显著位置。

公众乘坐或者操作电梯、客运索道、大型游乐设施，应当遵守安全使用说明和安全注意事项的要求，服从有关工作人员的管理和指挥；遇有运行不正常时，应当按照安全指引，有序撤离。

第四十四条　锅炉使用单位应当按照安全技术规范的要求进行锅炉水（介）质处理，并接受特种设备检验机构的定期检验。

从事锅炉清洗，应当按照安全技术规范的要求进行，并接受特种设备检验机构的监督检验。

第四十五条　电梯的维护保养应当由电梯制造单位或者依照本法取得许可的安装、改造、修理单位进行。

电梯的维护保养单位应当在维护保养中严格执行安全技术规范的要求，保证其维护保养的电梯的安全性能，并负责落实现场安全防护措施，保证施工安全。

电梯的维护保养单位应当对其维护保养的电梯的安全性能负责；接到故障通知后，应当立即赶赴现场，并采取必要的应急救援措施。

第四十六条　电梯投入使用后，电梯制造单位应当对其制造的电梯的安全运行情况进行跟踪调查和了解，对电梯的维护保养单位或者使用单位在维护保养和安全运行方面存在的问题，提出改进建议，并提供必要的技术帮助；发现电梯存在严重事故隐患时，应当及时告知电梯使用单位，并向负责特种设备安全监督管理的部门报告。电梯制造单位对调查和了解的情况，应当作出记录。

第四十七条　特种设备进行改造、修理，按照规定需要变更使用登记的，应当办理变更登记，方可继续使用。

第四十八条　特种设备存在严重事故隐患，无改造、修理价值，或者达到安全技术规范规定的其他报废条件的，特种设备使用单位应当依法履行报废义务，采取必要措施消除该特种设备的使用功能，并向原登记的负责特种设备安全监督管理的部门办理使用登记证书注销手续。

前款规定报废条件以外的特种设备，达到设计使用年限可以继续使用的，应当按照安全技术规范的要求通过检验或者安全评估，并办理使用登记证书变更，方可继续使用。允许继续使用的，应当采取加强检验、检测和维护保养等措施，确保使用安全。

第四十九条　移动式压力容器、气瓶充装单位，应当具备下列条件，并经负责特种设备安全监督管理的部门许可，方可从事充装活动：

（一）有与充装和管理相适应的管理人员和技术人员；

（二）有与充装和管理相适应的充装设备、检测手段、场地厂房、器具、安全设施；

（三）有健全的充装管理制度、责任制度、处理措施。

充装单位应当建立充装前后的检查、记录制度，禁止对不符合安全技术规范要求的移动式压力容器和气瓶进行充装。

气瓶充装单位应当向气体使用者提供符合安全技术规范要求的气瓶，对气体使用者进行气瓶安全使用指导，并按照安全技术规范的要求办理气瓶使用登记，及时申报定期检验。

第三章　检验、检测

第五十条　从事本法规定的监督检验、定期检验的特种设备检验机构，以及为特种设备生产、经营、使用提供检测服务的特种设备检测机构，应当具备下列条件，并经负责特种设备安全监督管理的部门核准，方可从事检验、检测工作：

（一）有与检验、检测工作相适应的检验、检测人员；

（二）有与检验、检测工作相适应的检验、检测仪器和设备；

（三）有健全的检验、检测管理制度和责任制度。

第五十一条　特种设备检验、检测机构的检验、检测人员应当经考核，取得检验、检测人员资格，方可从事检验、检测工作。

特种设备检验、检测机构的检验、检测人员不得同时在两个以上检验、检测机构中执业；变更执业机构的，应当依法办理变更手续。

第五十二条　特种设备检验、检测工作应当遵守法律、行政法规的规定，并按照安全技术规范的要求进行。

特种设备检验、检测机构及其检验、检测人员应当依法为特种设备生产、经营、使用单位提供安全、可靠、便捷、诚信的检验、检测服务。

第五十三条　特种设备检验、检测机构及其检验、检测人员应当客观、公正、及时地出具检验、检测报告，并对检验、检测结果和鉴定结论负责。

特种设备检验、检测机构及其检验、检测人员在检验、检测中发现特种设备存在严重事故隐患时，应当及时告知相关单位，并立即向负责特种设备安全监督管理的部门报告。

负责特种设备安全监督管理的部门应当组织对特种设备检验、检测机构的检验、检测结果和鉴定结论进行监督抽查，但应当防止重复抽查。监督抽查结果应当向社会公布。

第五十四条　特种设备生产、经营、使用单位应当按照安全技术规范的要求向特种设备检验、检测机构及其检验、检测人员提供特种设备相关资料和必要的检验、检测条件，并对资料的真实性负责。

第五十五条　特种设备检验、检测机构及其检验、检测人员对检验、检测过程中知悉的商业秘密，负有保密义务。

特种设备检验、检测机构及其检验、检测人员不得从事有关特种设备的生产、经营活动，不得推荐或者监制、监销特种设备。

第五十六条　特种设备检验机构及其检验人员利用检验工作故意刁难特种设备生产、经营、使用单位的，特种设备生产、经营、使用单位有权向负责特种设备安全监督管理的部门投诉，接到投诉的部门应当及时进行调查处理。

第四章　监督管理

第五十七条　负责特种设备安全监督管理的部门依照本法规定，对特种设备生产、经营、使用单位和检验、检测机构实施监督检查。

负责特种设备安全监督管理的部门应当对学校、幼儿园以及医院、车站、客运码头、商场、体育场馆、展览馆、公园等公众聚集场所的特种设备，实施重点安全监督检查。

　　第五十八条　负责特种设备安全监督管理的部门实施本法规定的许可工作，应当依照本法和其他有关法律、行政法规规定的条件和程序以及安全技术规范的要求进行审查；不符合规定的，不得许可。

　　第五十九条　负责特种设备安全监督管理的部门在办理本法规定的许可时，其受理、审查、许可的程序必须公开，并应当自受理申请之日起三十日内，作出许可或者不予许可的决定；不予许可的，应当书面向申请人说明理由。

　　第六十条　负责特种设备安全监督管理的部门对依法办理使用登记的特种设备应当建立完整的监督管理档案和信息查询系统；对达到报废条件的特种设备，应当及时督促特种设备使用单位依法履行报废义务。

　　第六十一条　负责特种设备安全监督管理的部门在依法履行监督检查职责时，可以行使下列职权：

　　（一）进入现场进行检查，向特种设备生产、经营、使用单位和检验、检测机构的主要负责人和其他有关人员调查、了解有关情况；

　　（二）根据举报或者取得的涉嫌违法证据，查阅、复制特种设备生产、经营、使用单位和检验、检测机构的有关合同、发票、账簿以及其他有关资料；

　　（三）对有证据表明不符合安全技术规范要求或者存在严重事故隐患的特种设备实施查封、扣押；

　　（四）对流入市场的达到报废条件或者已经报废的特种设备实施查封、扣押；

　　（五）对违反本法规定的行为作出行政处罚决定。

　　第六十二条　负责特种设备安全监督管理的部门在依法履行职责过程中，发现违反本法规定和安全技术规范要求的行为或者特种设备存在事故隐患时，应当以书面形式发出特种设备安全监察指令，责令有关单位及时采取措施予以改正或者消除事故隐患。紧急情况下要求有关单位采取紧急处置措施的，应当随后补发特种设备安全监察指令。

　　第六十三条　负责特种设备安全监督管理的部门在依法履行职责过程中，发现重大违法行为或者特种设备存在严重事故隐患时，应当责令有关单位立即停止违法行为、采取措施消除事故隐患，并及时向上级负责特种设备安全监督管理的部门报告。接到报告的负责特种设备安全监督管理的部门应当采取必要措施，及时予以处理。

　　对违法行为、严重事故隐患的处理需要当地人民政府和有关部门的支持、配合时，负责特种设备安全监督管理的部门应当报告当地人民政府，并通知其他有关部门。当地人民政府和其他有关部门应当采取必要措施，及时予以处理。

　　第六十四条　地方各级人民政府负责特种设备安全监督管理的部门不得要求已经依照本法规定在其他地方取得许可的特种设备生产单位重复取得许可，不得要求对已经依照本法规定在其他地方检验合格的特种设备重复进行检验。

　　第六十五条　负责特种设备安全监督管理的部门的安全监察人员应当熟悉相关法律、法规，具有相应的专业知识和工作经验，取得特种设备安全行政执法证件。

　　特种设备安全监察人员应当忠于职守、坚持原则、秉公执法。

　　负责特种设备安全监督管理的部门实施安全监督检查时，应当有二名以上特种设备安全监察人员参加，并出示有效的特种设备安全行政执法证件。

　　第六十六条　负责特种设备安全监督管理的部门对特种设备生产、经营、使用单位和检验、检测机构实施监督检查，应当对每次监督检查的内容、发现的问题及处理情况作出记录，并由参加监督检查的特种设备安全监察人员和被检查单位的有关负责人签字后归档。被检查单位的有关负责人拒绝签字的，特种设备安全监察人员应当将情况记录在案。

第六十七条 负责特种设备安全监督管理的部门及其工作人员不得推荐或者监制、监销特种设备；对履行职责过程中知悉的商业秘密负有保密义务。

第六十八条 国务院负责特种设备安全监督管理的部门和省、自治区、直辖市人民政府负责特种设备安全监督管理的部门应当定期向社会公布特种设备安全总体状况。

第五章 事故应急救援与调查处理

第六十九条 国务院负责特种设备安全监督管理的部门应当依法组织制定特种设备重特大事故应急预案，报国务院批准后纳入国家突发事件应急预案体系。

县级以上地方各级人民政府及其负责特种设备安全监督管理的部门应当依法组织制定本行政区域内特种设备事故应急预案，建立或者纳入相应的应急处置与救援体系。

特种设备使用单位应当制定特种设备事故应急专项预案，并定期进行应急演练。

第七十条 特种设备发生事故后，事故发生单位应当按照应急预案采取措施，组织抢救，防止事故扩大，减少人员伤亡和财产损失，保护事故现场和有关证据，并及时向事故发生地县级以上人民政府负责特种设备安全监督管理的部门和有关部门报告。

县级以上人民政府负责特种设备安全监督管理的部门接到事故报告，应当尽快核实情况，立即向本级人民政府报告，并按照规定逐级上报。必要时，负责特种设备安全监督管理的部门可以越级上报事故情况。对特别重大事故、重大事故，国务院负责特种设备安全监督管理的部门应当立即报告国务院并通报国务院安全生产监督管理部门等有关部门。

与事故相关的单位和人员不得迟报、谎报或者瞒报事故情况，不得隐匿、毁灭有关证据或者故意破坏事故现场。

第七十一条 事故发生地人民政府接到事故报告，应当依法启动应急预案，采取应急处置措施，组织应急救援。

第七十二条 特种设备发生特别重大事故，由国务院或者国务院授权有关部门组织事故调查组进行调查。

发生重大事故，由国务院负责特种设备安全监督管理的部门会同有关部门组织事故调查组进行调查。

发生较大事故，由省、自治区、直辖市人民政府负责特种设备安全监督管理的部门会同有关部门组织事故调查组进行调查。

发生一般事故，由设区的市级人民政府负责特种设备安全监督管理的部门会同有关部门组织事故调查组进行调查。

事故调查组应当依法、独立、公正开展调查，提出事故调查报告。

第七十三条 组织事故调查的部门应当将事故调查报告报本级人民政府，并报上一级人民政府负责特种设备安全监督管理的部门备案。有关部门和单位应当依照法律、行政法规的规定，追究事故责任单位和人员的责任。

事故责任单位应当依法落实整改措施，预防同类事故发生。事故造成损害的，事故责任单位应当依法承担赔偿责任。

第六章 法 律 责 任

第七十四条 违反本法规定，未经许可从事特种设备生产活动的，责令停止生产，没收违法制造的特种设备，处十万元以上五十万元以下罚款；有违法所得的，没收违法所得；已经实施安装、改造、修理的，责令恢复原状或者责令限期由取得许可的单位重新安装、改造、修理。

第七十五条 违反本法规定，特种设备的设计文件未经鉴定，擅自用于制造的，责令改正，没收违法制造的特种设备，处五万元以上五十万元以下罚款。

第七十六条 违反本法规定，未进行型式试验的，责令限期改正；逾期未改正的，处三万元以上三十万元以下罚款。

第七十七条 违反本法规定，特种设备出厂时，未按照安全技术规范的要求随附相关技术资料和文件的，责令限期改正；逾期未改正的，责令停止制造、销售，处二万元以上二十万元以下罚款；有违法所得的，没收违法所得。

第七十八条 违反本法规定，特种设备安装、改造、修理的施工单位在施工前未书面告知负责特种设备安全监督管理的部门即行施工的，或者在验收后三十日内未将相关技术资料和文件移交特种设备使用单位的，责令限期改正；逾期未改正的，处一万元以上十万元以下罚款。

第七十九条 违反本法规定，特种设备的制造、安装、改造、重大修理以及锅炉清洗过程，未经监督检验的，责令限期改正；逾期未改正的，处五万元以上二十万元以下罚款；有违法所得的，没收违法所得；情节严重的，吊销生产许可证。

第八十条 违反本法规定，电梯制造单位有下列情形之一的，责令限期改正；逾期未改正的，处一万元以上十万元以下罚款：

（一）未按照安全技术规范的要求对电梯进行校验、调试的；

（二）对电梯的安全运行情况进行跟踪调查和了解时，发现存在严重事故隐患，未及时告知电梯使用单位并向负责特种设备安全监督管理的部门报告的。

第八十一条 违反本法规定，特种设备生产单位有下列行为之一的，责令限期改正；逾期未改正的，责令停止生产，处五万元以上五十万元以下罚款；情节严重的，吊销生产许可证：

（一）不再具备生产条件、生产许可证已经过期或者超出许可范围生产的；

（二）明知特种设备存在同一性缺陷，未立即停止生产并召回的。

违反本法规定，特种设备生产单位生产、销售、交付国家明令淘汰的特种设备的，责令停止生产、销售，没收违法生产、销售、交付的特种设备，处三万元以上三十万元以下罚款；有违法所得的，没收违法所得。

特种设备生产单位涂改、倒卖、出租、出借生产许可证的，责令停止生产，处五万元以上五十万元以下罚款；情节严重的，吊销生产许可证。

第八十二条 违反本法规定，特种设备经营单位有下列行为之一的，责令停止经营，没收违法经营的特种设备，处三万元以上三十万元以下罚款；有违法所得的，没收违法所得：

（一）销售、出租未取得许可生产，未经检验或者检验不合格的特种设备的；

（二）销售、出租国家明令淘汰、已经报废的特种设备，或者未按照安全技术规范的要求进行维护保养的特种设备的。

违反本法规定，特种设备销售单位未建立检查验收和销售记录制度，或者进口特种设备未履行提前告知义务的，责令改正，处一万元以上十万元以下罚款。

特种设备生产单位销售、交付未经检验或者检验不合格的特种设备的，依照本条第一款规定处罚；情节严重的，吊销生产许可证。

第八十三条 违反本法规定，特种设备使用单位有下列行为之一的，责令限期改正；逾期未改正的，责令停止使用有关特种设备，处一万元以上十万元以下罚款：

（一）使用特种设备未按照规定办理使用登记的；

（二）未建立特种设备安全技术档案或者安全技术档案不符合规定要求，或者未依法设置使用登记标志、定期检验标志的；

（三）未对其使用的特种设备进行经常性维护保养和定期自行检查，或者未对其使用的特种设备的安全附件、安全保护装置进行定期校验、检修，并作出记录的；

（四）未按照安全技术规范的要求及时申报并接受检验的；

（五）未按照安全技术规范的要求进行锅炉水（介）质处理的；

（六）未制定特种设备事故应急专项预案的。

第八十四条 违反本法规定，特种设备使用单位有下列行为之一的，责令停止使用有关特种设备，处三万元以上三十万元以下罚款：

（一）使用未取得许可生产，未经检验或者检验不合格的特种设备，或者国家明令淘汰、已经报废的特种设备的；

（二）特种设备出现故障或者发生异常情况，未对其进行全面检查、消除事故隐患，继续使用的；

（三）特种设备存在严重事故隐患，无改造、修理价值，或者达到安全技术规范规定的其他报废条件，未依法履行报废义务，并办理使用登记证书注销手续的。

第八十五条 违反本法规定，移动式压力容器、气瓶充装单位有下列行为之一的，责令改正，处二万元以上二十万元以下罚款；情节严重的，吊销充装许可证：

（一）未按照规定实施充装前后的检查、记录制度的；

（二）对不符合安全技术规范要求的移动式压力容器和气瓶进行充装的。

违反本法规定，未经许可，擅自从事移动式压力容器或者气瓶充装活动的，予以取缔，没收违法充装的气瓶，处十万元以上五十万元以下罚款；有违法所得的，没收违法所得。

第八十六条 违反本法规定，特种设备生产、经营、使用单位有下列情形之一的，责令限期改正；逾期未改正的，责令停止使用有关特种设备或者停产停业整顿，处一万元以上五万元以下罚款：

（一）未配备具有相应资格的特种设备安全管理人员、检测人员和作业人员的；

（二）使用未取得相应资格的人员从事特种设备安全管理、检测和作业的；

（三）未对特种设备安全管理人员、检测人员和作业人员进行安全教育和技能培训的。

第八十七条 违反本法规定，电梯、客运索道、大型游乐设施的运营使用单位有下列情形之一的，责令限期改正；逾期未改正的，责令停止使用有关特种设备或者停产停业整顿，处二万元以上十万元以下罚款：

（一）未设置特种设备安全管理机构或者配备专职的特种设备安全管理人员的；

（二）客运索道、大型游乐设施每日投入使用前，未进行试运行和例行安全检查，未对安全附件和安全保护装置进行检查确认的；

（三）未将电梯、客运索道、大型游乐设施的安全使用说明、安全注意事项和警示标志置于易于为乘客注意的显著位置的。

第八十八条 违反本法规定，未经许可，擅自从事电梯维护保养的，责令停止违法行为，处一万元以上十万元以下罚款；有违法所得的，没收违法所得。

电梯的维护保养单位未按照本法规定以及安全技术规范的要求，进行电梯维护保养的，依照前款规定处罚。

第八十九条 发生特种设备事故，有下列情形之一的，对单位处五万元以上二十万元以下罚款；对主要负责人处一万元以上五万元以下罚款；主要负责人属于国家工作人员的，并依法给予处分：

（一）发生特种设备事故时，不立即组织抢救或者在事故调查处理期间擅离职守或者逃匿的；

（二）对特种设备事故迟报、谎报或者瞒报的。

第九十条 发生事故，对负有责任的单位除要求其依法承担相应的赔偿等责任外，依照下列规定处以罚款：

（一）发生一般事故，处十万元以上二十万元以下罚款；

（二）发生较大事故，处二十万元以上五十万元以下罚款；

（三）发生重大事故，处五十万元以上二百万元以下罚款。

第九十一条 对事故发生负有责任的单位的主要负责人未依法履行职责或者负有领导责任的，依照下列规定处以罚款；属于国家工作人员的，并依法给予处分：

（一）发生一般事故，处上一年年收入百分之三十的罚款；

（二）发生较大事故，处上一年年收入百分之四十的罚款；

（三）发生重大事故，处上一年年收入百分之六十的罚款。

第九十二条 违反本法规定，特种设备安全管理人员、检测人员和作业人员不履行岗位职责，违反操作规程和有关安全规章制度，造成事故的，吊销相关人员的资格。

第九十三条 违反本法规定，特种设备检验、检测机构及其检验、检测人员有下列行为之一的，责令改正，对机构处五万元以上二十万元以下罚款，对直接负责的主管人员和其他直接责任人员处五千元以上五万元以下罚款；情节严重的，吊销机构资质和有关人员的资格：

（一）未经核准或者超出核准范围、使用未取得相应资格的人员从事检验、检测的；

（二）未按照安全技术规范的要求进行检验、检测的；

（三）出具虚假的检验、检测结果和鉴定结论或者检验、检测结果和鉴定结论严重失实的；

（四）发现特种设备存在严重事故隐患，未及时告知相关单位，并立即向负责特种设备安全监督管理的部门报告的；

（五）泄露检验、检测过程中知悉的商业秘密的；

（六）从事有关特种设备的生产、经营活动的；

（七）推荐或者监制、监销特种设备的；

（八）利用检验工作故意刁难相关单位的。

违反本法规定，特种设备检验、检测机构的检验、检测人员同时在两个以上检验、检测机构中执业的，处五千元以上五万元以下罚款；情节严重的，吊销其资格。

第九十四条 违反本法规定，负责特种设备安全监督管理的部门及其工作人员有下列行为之一的，由上级机关责令改正；对直接负责的主管人员和其他直接责任人员，依法给予处分：

（一）未依照法律、行政法规规定的条件、程序实施许可的；

（二）发现未经许可擅自从事特种设备的生产、使用或者检验、检测活动不予取缔或者不依法予以处理的；

（三）发现特种设备生产单位不再具备本法规定的条件而不吊销其许可证，或者发现特种设备生产、经营、使用违法行为不予查处的；

（四）发现特种设备检验、检测机构不再具备本法规定的条件而不撤销其核准，或者对其出具虚假的检验、检测结果和鉴定结论或者检验、检测结果和鉴定结论严重失实的行为不予查处的；

（五）发现违反本法规定和安全技术规范要求的行为或者特种设备存在事故隐患，不立即处理的；

（六）发现重大违法行为或者特种设备存在严重事故隐患，未及时向上级负责特种设备安全监督管理的部门报告，或者接到报告的负责特种设备安全监督管理的部门不立即处理的；

（七）要求已经依照本法规定在其他地方取得许可的特种设备生产单位重新取得许可，或者要求对已经依照本法规定在其他地方检验合格的特种设备重复进行检验的；

（八）推荐或者监制、监销特种设备的；

（九）泄露履行职责过程中知悉的商业秘密的；

（十）接到特种设备事故报告未立即向本级人民政府报告，并按照规定上报的；

（十一）迟报、漏报、谎报或者瞒报事故的；

（十二）妨碍事故救援或者事故调查处理的；

（十三）其他滥用职权、玩忽职守、徇私舞弊的行为。

第九十五条 违反本法规定，特种设备生产、经营、使用单位或者检验、检测机构拒不接受负责特种设备安全监督管理的部门依法实施的监督检查的，责令限期改正；逾期未改正的，责令停产停业整顿，处二万元以上二十万元以下罚款。

特种设备生产、经营、使用单位擅自动用、调换、转移、损毁被查封、扣押的特种设备或者其主要部件的，责令改正，处五万元以上二十万元以下罚款；情节严重的，吊销生产许可证，注销特种设备使用登记证书。

第九十六条 违反本法规定，被依法吊销许可证的，自吊销许可证之日起三年内，负责特种设备安全监督管理的部门不予受理其新的许可申请。

第九十七条 违反本法规定，造成人身、财产损害的，依法承担民事责任。

违反本法规定，应当承担民事赔偿责任和缴纳罚款、罚金，其财产不足以同时支付时，先承担民事赔偿责任。

第九十八条 违反本法规定，构成违反治安管理行为的，依法给予治安管理处罚；构成犯罪的，依法追究刑事责任。

第七章 附 则

第九十九条 特种设备行政许可、检验的收费，依照法律、行政法规的规定执行。

第一百条 军事装备、核设施、航空航天器使用的特种设备安全的监督管理不适用本法。

铁路机车、海上设施和船舶、矿山井下使用的特种设备以及民用机场专用设备安全的监督管理，房屋建筑工地、市政工程工地用起重机械和场（厂）内专用机动车辆的安装、使用的监督管理，由有关部门依照本法和其他有关法律的规定实施。

第一百零一条 本法自 2014 年 1 月 1 日起施行。

特种设备安全监察条例

（2003 年 3 月 11 日中华人民共和国国务院令第 373 号公布 根据 2009 年 1 月 24 日《国务院关于修改〈特种设备安全监察条例〉的决定》修订）

第一章 总 则

第一条 为了加强特种设备的安全监察，防止和减少事故，保障人民群众生命和财产安全，促进经济发展，制定本条例。

第二条 本条例所称特种设备是指涉及生命安全、危险性较大的锅炉、压力容器（含气瓶，下同）、压力管道、电梯、起重机械、客运索道、大型游乐设施和场（厂）内专用机动车辆。

前款特种设备的目录由国务院负责特种设备安全监督管理的部门（以下简称国务院特种设备安全监督管理部门）制订，报国务院批准后执行。

第三条 特种设备的生产（含设计、制造、安装、改造、维修，下同）、使用、检验检测及其监督检查,应当遵守本条例,但本条例另有规定的除外。

军事装备、核设施、航空航天器、铁路机车、海上设施和船舶以及矿山井下使用的特种设备、民用机场专用设备的安全监察不适用本条例。

房屋建筑工地和市政工程工地用起重机械、场(厂)内专用机动车辆的安装、使用的监督管理,由建设行政主管部门依照有关法律、法规的规定执行。

第四条 国务院特种设备安全监督管理部门负责全国特种设备的安全监察工作,县以上地方负责特种设备安全监督管理的部门对本行政区域内特种设备实施安全监察(以下统称特种设备安全监督管理部门)。

第五条 特种设备生产、使用单位应当建立健全特种设备安全、节能管理制度和岗位安全、节能责任制度。

特种设备生产、使用单位的主要负责人应当对本单位特种设备的安全和节能全面负责。

特种设备生产、使用单位和特种设备检验检测机构,应当接受特种设备安全监督管理部门依法进行的特种设备安全监察。

第六条 特种设备检验检测机构,应当依照本条例规定,进行检验检测工作,对其检验检测结果、鉴定结论承担法律责任。

第七条 县级以上地方人民政府应当督促、支持特种设备安全监督管理部门依法履行安全监察职责,对特种设备安全监察中存在的重大问题及时予以协调、解决。

第八条 国家鼓励推行科学的管理方法,采用先进技术,提高特种设备安全性能和管理水平,增强特种设备生产、使用单位防范事故的能力,对取得显著成绩的单位和个人,给予奖励。

国家鼓励特种设备节能技术的研究、开发、示范和推广,促进特种设备节能技术创新和应用。

特种设备生产、使用单位和特种设备检验检测机构,应当保证必要的安全和节能投入。

国家鼓励实行特种设备责任保险制度,提高事故赔付能力。

第九条 任何单位和个人对违反本条例规定的行为,有权向特种设备安全监督管理部门和行政监察等有关部门举报。

特种设备安全监督管理部门应当建立特种设备安全监察举报制度,公布举报电话、信箱或者电子邮件地址,受理对特种设备生产、使用和检验检测违法行为的举报,并及时予以处理。

特种设备安全监督管理部门和行政监察等有关部门应当为举报人保密,并按照国家有关规定给予奖励。

第二章 特种设备的生产

第十条 特种设备生产单位,应当依照本条例规定以及国务院特种设备安全监督管理部门制订并公布的安全技术规范(以下简称安全技术规范)的要求,进行生产活动。

特种设备生产单位对其生产的特种设备的安全性能和能效指标负责,不得生产不符合安全性能要求和能效指标的特种设备,不得生产国家产业政策明令淘汰的特种设备。

第十一条 压力容器的设计单位应当经国务院特种设备安全监督管理部门许可,方可从事压力容器的设计活动。

压力容器的设计单位应当具备下列条件:

(一)有与压力容器设计相适应的设计人员、设计审核人员;

(二)有与压力容器设计相适应的场所和设备;

(三)有与压力容器设计相适应的健全的管理制度和责任制度。

第十二条 锅炉、压力容器中的气瓶(以下简称气瓶)、氧舱和客运索道、大型游乐设施以及高耗能特种设备的设计文件，应当经国务院特种设备安全监督管理部门核准的检验检测机构鉴定，方可用于制造。

第十三条 按照安全技术规范的要求，应当进行型式试验的特种设备产品、部件或者试制特种设备新产品、新部件、新材料，必须进行型式试验和能效测试。

第十四条 锅炉、压力容器、电梯、起重机械、客运索道、大型游乐设施及其安全附件、安全保护装置的制造、安装、改造单位，以及压力管道用管子、管件、阀门、法兰、补偿器、安全保护装置等（以下简称压力管道元件）的制造单位和场（厂）内专用机动车辆的制造、改造单位，应当经国务院特种设备安全监督管理部门许可，方可从事相应的活动。

前款特种设备的制造、安装、改造单位应当具备下列条件：

（一）有与特种设备制造、安装、改造相适应的专业技术人员和技术工人；

（二）有与特种设备制造、安装、改造相适应的生产条件和检测手段；

（三）有健全的质量管理制度和责任制度。

第十五条 特种设备出厂时，应当附有安全技术规范要求的设计文件、产品质量合格证明、安装及使用维修说明、监督检验证明等文件。

第十六条 锅炉、压力容器、电梯、起重机械、客运索道、大型游乐设施、场（厂）内专用机动车辆的维修单位，应当有与特种设备维修相适应的专业技术人员和技术工人以及必要的检测手段，并经省、自治区、直辖市特种设备安全监督管理部门许可，方可从事相应的维修活动。

第十七条 锅炉、压力容器、起重机械、客运索道、大型游乐设施的安装、改造、维修以及场（厂）内专用机动车辆的改造、维修，必须由依照本条例取得许可的单位进行。

电梯的安装、改造、维修，必须由电梯制造单位或者其通过合同委托、同意的依照本条例取得许可的单位进行。电梯制造单位对电梯质量以及安全运行涉及的质量问题负责。

特种设备安装、改造、维修的施工单位应当在施工前将拟进行的特种设备安装、改造、维修情况书面告知直辖市或者设区的市的特种设备安全监督管理部门，告知后即可施工。

第十八条 电梯井道的土建工程必须符合建筑工程质量要求。电梯安装施工过程中，电梯安装单位应当遵守施工现场的安全生产要求，落实现场安全防护措施。电梯安装施工过程中，施工现场的安全生产监督，由有关部门依照有关法律、行政法规的规定执行。

电梯安装施工过程中，电梯安装单位应当服从建筑施工总承包单位对施工现场的安全生产管理，并订立合同，明确各自的安全责任。

第十九条 电梯的制造、安装、改造和维修活动，必须严格遵守安全技术规范的要求。电梯制造单位委托或者同意其他单位进行电梯安装、改造、维修活动的，应当对其安装、改造、维修活动进行安全指导和监控。电梯的安装、改造、维修活动结束后，电梯制造单位应当按照安全技术规范的要求对电梯进行校验和调试，并对校验和调试的结果负责。

第二十条 锅炉、压力容器、电梯、起重机械、客运索道、大型游乐设施的安装、改造、维修以及场（厂）内专用机动车辆的改造、维修竣工后，安装、改造、维修的施工单位应当在验收后30日内将有关技术资料移交使用单位，高耗能特种设备还应当按照安全技术规范的要求提交能效测试报告。使用单位应当将其存入该特种设备的安全技术档案。

第二十一条 锅炉、压力容器、压力管道元件、起重机械、大型游乐设施的制造过程和锅炉、压力容器、电梯、起重机械、客运索道、大型游乐设施的安装、改造、重大维修过程，必须经国务院特种设备安全监督管理部门核准的检验检测机构按照安全技术规范的要求进行监督检验；未经监督检验合格的不得出厂或者交付使用。

第二十二条 移动式压力容器、气瓶充装单位应当经省、自治区、直辖市的特种设备安全监督管理部门许可，方可从事充装活动。

充装单位应当具备下列条件：

（一）有与充装和管理相适应的管理人员和技术人员；

（二）有与充装和管理相适应的充装设备、检测手段、场地厂房、器具、安全设施；

（三）有健全的充装管理制度、责任制度、紧急处理措施。

气瓶充装单位应当向气体使用者提供符合安全技术规范要求的气瓶，对使用者进行气瓶安全使用指导，并按照安全技术规范的要求办理气瓶使用登记，提出气瓶的定期检验要求。

第三章 特种设备的使用

第二十三条 特种设备使用单位，应当严格执行本条例和有关安全生产的法律、行政法规的规定，保证特种设备的安全使用。

第二十四条 特种设备使用单位应当使用符合安全技术规范要求的特种设备。特种设备投入使用前，使用单位应当核对其是否附有本条例第十五条规定的相关文件。

第二十五条 特种设备在投入使用前或者投入使用后 30 日内，特种设备使用单位应当向直辖市或者设区的市的特种设备安全监督管理部门登记。登记标志应当置于或者附着于该特种设备的显著位置。

第二十六条 特种设备使用单位应当建立特种设备安全技术档案。安全技术档案应当包括以下内容：

（一）特种设备的设计文件、制造单位、产品质量合格证明、使用维护说明等文件以及安装技术文件和资料；

（二）特种设备的定期检验和定期自行检查的记录；

（三）特种设备的日常使用状况记录；

（四）特种设备及其安全附件、安全保护装置、测量调控装置及有关附属仪器仪表的日常维护保养记录；

（五）特种设备运行故障和事故记录；

（六）高耗能特种设备的能效测试报告、能耗状况记录以及节能改造技术资料。

第二十七条 特种设备使用单位应当对在用特种设备进行经常性日常维护保养，并定期自行检查。

特种设备使用单位对在用特种设备应当至少每月进行一次自行检查，并作出记录。特种设备使用单位在对在用特种设备进行自行检查和日常维护保养时发现异常情况的，应当及时处理。

特种设备使用单位应当对在用特种设备的安全附件、安全保护装置、测量调控装置及有关附属仪器仪表进行定期校验、检修，并作出记录。

锅炉使用单位应当按照安全技术规范的要求进行锅炉水（介）质处理，并接受特种设备检验检测机构实施的水（介）质处理定期检验。

从事锅炉清洗的单位，应当按照安全技术规范的要求进行锅炉清洗，并接受特种设备检验检测机构实施的锅炉清洗过程监督检验。

第二十八条 特种设备使用单位应当按照安全技术规范的定期检验要求，在安全检验合格有效期届满前 1 个月向特种设备检验检测机构提出定期检验要求。

检验检测机构接到定期检验要求后，应当按照安全技术规范的要求及时进行安全性能检验和能效测试。

未经定期检验或者检验不合格的特种设备，不得继续使用。

第二十九条 特种设备出现故障或者发生异常情况，使用单位应当对其进行全面检查，消除事故隐患后，方可重新投入使用。

特种设备不符合能效指标的，特种设备使用单位应当采取相应措施进行整改。

第三十条 特种设备存在严重事故隐患，无改造、维修价值，或者超过安全技术规范规定使用年限，特种设备使用单位应当及时予以报废，并应当向原登记的特种设备安全监督管理部门办理注销。

第三十一条 电梯的日常维护保养必须由依照本条例取得许可的安装、改造、维修单位或者电梯制造单位进行。

电梯应当至少每15日进行一次清洁、润滑、调整和检查。

第三十二条 电梯的日常维护保养单位应当在维护保养中严格执行国家安全技术规范的要求，保证其维护保养的电梯的安全技术性能，并负责落实现场安全防护措施，保证施工安全。

电梯的日常维护保养单位，应当对其维护保养的电梯的安全性能负责。接到故障通知后，应当立即赶赴现场，并采取必要的应急救援措施。

第三十三条 电梯、客运索道、大型游乐设施等为公众提供服务的特种设备运营使用单位，应当设置特种设备安全管理机构或者配备专职的安全管理人员；其他特种设备使用单位，应当根据情况设置特种设备安全管理机构或者配备专职、兼职的安全管理人员。

特种设备的安全管理人员应当对特种设备使用状况进行经常性检查，发现问题的应当立即处理；情况紧急时，可以决定停止使用特种设备并及时报告本单位有关负责人。

第三十四条 客运索道、大型游乐设施的运营使用单位在客运索道、大型游乐设施每日投入使用前，应当进行试运行和例行安全检查，并对安全装置进行检查确认。

电梯、客运索道、大型游乐设施的运营使用单位应当将电梯、客运索道、大型游乐设施的安全注意事项和警示标志置于易于为乘客注意的显著位置。

第三十五条 客运索道、大型游乐设施的运营使用单位的主要负责人应当熟悉客运索道、大型游乐设施的相关安全知识，并全面负责客运索道、大型游乐设施的安全使用。

客运索道、大型游乐设施的运营使用单位的主要负责人至少应当每月召开一次会议，督促、检查客运索道、大型游乐设施的安全使用工作。

客运索道、大型游乐设施的运营使用单位，应当结合本单位的实际情况，配备相应数量的营救装备和急救物品。

第三十六条 电梯、客运索道、大型游乐设施的乘客应当遵守使用安全注意事项的要求，服从有关工作人员的指挥。

第三十七条 电梯投入使用后，电梯制造单位应当对其制造的电梯的安全运行情况进行跟踪调查和了解，对电梯的日常维护保养单位或者电梯的使用单位在安全运行方面存在的问题，提出改进建议，并提供必要的技术帮助。发现电梯存在严重事故隐患的，应当及时向特种设备安全监督管理部门报告。电梯制造单位对调查和了解的情况，应当作出记录。

第三十八条 锅炉、压力容器、电梯、起重机械、客运索道、大型游乐设施、场（厂）内专用机动车辆的作业人员及其相关管理人员（以下统称特种设备作业人员），应当按照国家有关规定经特种设备安全监督管理部门考核合格，取得国家统一格式的特种作业人员证书，方可从事相应的作业或者管理工作。

第三十九条 特种设备使用单位应当对特种设备作业人员进行特种设备安全、节能教育和培训，保证特种设备作业人员具备必要的特种设备安全、节能知识。

特种设备作业人员在作业中应当严格执行特种设备的操作规程和有关的安全规章制度。

第四十条 特种设备作业人员在作业过程中发现事故隐患或者其他不安全因素，应当立即向现场安全管理人员和单位有关负责人报告。

第四章 检 验 检 测

第四十一条 从事本条例规定的监督检验、定期检验、型式试验以及专门为特种设备生产、使用、检验检测提供无损检测服务的特种设备检验检测机构，应当经国务院特种设备安全监督管理部门核准。

特种设备使用单位设立的特种设备检验检测机构，经国务院特种设备安全监督管理部门核准，负责本单位核准范围内的特种设备定期检验工作。

第四十二条 特种设备检验检测机构，应当具备下列条件：

（一）有与所从事的检验检测工作相适应的检验检测人员；

（二）有与所从事的检验检测工作相适应的检验检测仪器和设备；

（三）有健全的检验检测管理制度、检验检测责任制度。

第四十三条 特种设备的监督检验、定期检验、型式试验和无损检测应当由依照本条例经核准的特种设备检验检测机构进行。

特种设备检验检测工作应当符合安全技术规范的要求。

第四十四条 从事本条例规定的监督检验、定期检验、型式试验和无损检测的特种设备检验检测人员应当经国务院特种设备安全监督管理部门组织考核合格，取得检验检测人员证书，方可从事检验检测工作。

检验检测人员从事检验检测工作，必须在特种设备检验检测机构执业，但不得同时在两个以上检验检测机构中执业。

第四十五条 特种设备检验检测机构和检验检测人员进行特种设备检验检测，应当遵循诚信原则和方便企业的原则，为特种设备生产、使用单位提供可靠、便捷的检验检测服务。

特种设备检验检测机构和检验检测人员对涉及的被检验检测单位的商业秘密，负有保密义务。

第四十六条 特种设备检验检测机构和检验检测人员应当客观、公正、及时地出具检验检测结果、鉴定结论。检验检测结果、鉴定结论经检验检测人员签字后，由检验检测机构负责人签署。

特种设备检验检测机构和检验检测人员对检验检测结果、鉴定结论负责。

国务院特种设备安全监督管理部门应当组织对特种设备检验检测机构的检验检测结果、鉴定结论进行监督抽查。县以上地方负责特种设备安全监督管理的部门在本行政区域内也可以组织监督抽查，但是要防止重复抽查。监督抽查结果应当向社会公布。

第四十七条 特种设备检验检测机构和检验检测人员不得从事特种设备的生产、销售，不得以其名义推荐或者监制、监销特种设备。

第四十八条 特种设备检验检测机构进行特种设备检验检测，发现严重事故隐患或者能耗严重超标的，应当及时告知特种设备使用单位，并立即向特种设备安全监督管理部门报告。

第四十九条 特种设备检验检测机构和检验检测人员利用检验检测工作故意刁难特种设备生产、使用单位，特种设备生产、使用单位有权向特种设备安全监督管理部门投诉，接到投诉的特种设备安全监督管理部门应当及时进行调查处理。

第五章 监 督 检 查

第五十条 特种设备安全监督管理部门依照本条例规定，对特种设备生产、使用单位和检验检测机构实施安全监察。

对学校、幼儿园以及车站、客运码头、商场、体育场馆、展览馆、公园等公众聚集场所的特种设备，特种设备安全监督管理部门应当实施重点安全监察。

第五十一条 特种设备安全监督管理部门根据举报或者取得的涉嫌违法证据，对涉嫌违反本条例规定的行为进行查处时，可以行使下列职权：

（一）向特种设备生产、使用单位和检验检测机构的法定代表人、主要负责人和其他有关人员调查、了解与涉嫌从事违反本条例的生产、使用、检验检测有关的情况；

（二）查阅、复制特种设备生产、使用单位和检验检测机构的有关合同、发票、账簿以及其他有关资料；

（三）对有证据表明不符合安全技术规范要求的或者有其他严重事故隐患、能耗严重超标的特种设备，予以查封或者扣押。

第五十二条 依照本条例规定实施许可、核准、登记的特种设备安全监督管理部门，应当严格依照本条例规定条件和安全技术规范要求对有关事项进行审查；不符合本条例规定条件和安全技术规范要求的，不得许可、核准、登记；在申请办理许可、核准期间，特种设备安全监督管理部门发现申请人未经许可从事特种设备相应活动或者伪造许可、核准证书的，不予受理或者不予许可、核准，并在1年内不再受理其新的许可、核准申请。

未依法取得许可、核准、登记的单位擅自从事特种设备的生产、使用或者检验检测活动的，特种设备安全监督管理部门应当依法予以处理。

违反本条例规定，被依法撤销许可的，自撤销许可之日起3年内，特种设备安全监督管理部门不予受理其新的许可申请。

第五十三条 特种设备安全监督管理部门在办理本条例规定的有关行政审批事项时，其受理、审查、许可、核准的程序必须公开，并应当自受理申请之日起30日内，作出许可、核准或者不予许可、核准的决定；不予许可、核准的，应当书面向申请人说明理由。

第五十四条 地方各级特种设备安全监督管理部门不得以任何形式进行地方保护和地区封锁，不得对已经依照本条例规定在其他地方取得许可的特种设备生产单位重复进行许可，也不得要求对依照本条例规定在其他地方检验检测合格的特种设备，重复进行检验检测。

第五十五条 特种设备安全监督管理部门的安全监察人员（以下简称特种设备安全监察人员）应当熟悉相关法律、法规、规章和安全技术规范，具有相应的专业知识和工作经验，并经国务院特种设备安全监督管理部门考核，取得特种设备安全监察人员证书。

特种设备安全监察人员应当忠于职守、坚持原则、秉公执法。

第五十六条 特种设备安全监督管理部门对特种设备生产、使用单位和检验检测机构实施安全监察时，应当有两名以上特种设备安全监察人员参加，并出示有效的特种设备安全监察人员证件。

第五十七条 特种设备安全监督管理部门对特种设备生产、使用单位和检验检测机构实施安全监察，应当对每次安全监察的内容、发现的问题及处理情况，作出记录，并由参加安全监察的特种设备安全监察人员和被检查单位的有关负责人签字后归档。被检查单位的有关负责人拒绝签字的，特种设备安全监察人员应当将情况记录在案。

第五十八条 特种设备安全监督管理部门对特种设备生产、使用单位和检验检测机构进行安全监察时，发现有违反本条例规定和安全技术规范要求的行为或者在用的特种设备存在事故隐患、不符合能效指标的，应当以书面形式发出特种设备安全监察指令，责令有关单位及时采取措施，予以改正或者消除事故隐患。紧急情况下需要采取紧急处置措施的，应当随后补发书面通知。

第五十九条 特种设备安全监督管理部门对特种设备生产、使用单位和检验检测机构进行安全监察，发现重大违法行为或者严重事故隐患时，应当在采取必要措施的同时，及时向上级特种设备安全监督管理部门报告。接到报告的特种设备安全监督管理部门应当采取必要措施，及时予以处理。

对违法行为、严重事故隐患或者不符合能效指标的处理需要当地人民政府和有关部门的支持、配合时，特种设备安全监督管理部门应当报告当地人民政府，并通知其他有关部门。当地人民政府和其他有关部门应当采取必要措施，及时予以处理。

第六十条 国务院特种设备安全监督管理部门和省、自治区、直辖市特种设备安全监督管理部门应当定期向社会公布特种设备安全以及能效状况。

公布特种设备安全以及能效状况，应当包括下列内容：

（一）特种设备质量安全状况；

（二）特种设备事故的情况、特点、原因分析、防范对策；

（三）特种设备能效状况；

（四）其他需要公布的情况。

第六章 事故预防和调查处理

第六十一条 有下列情形之一的，为特别重大事故：

（一）特种设备事故造成 30 人以上死亡，或者 100 人以上重伤（包括急性工业中毒，下同），或者 1 亿元以上直接经济损失的；

（二）600 兆瓦以上锅炉爆炸的；

（三）压力容器、压力管道有毒介质泄漏，造成 15 万人以上转移的；

（四）客运索道、大型游乐设施高空滞留 100 人以上并且时间在 48 小时以上的。

第六十二条 有下列情形之一的，为重大事故：

（一）特种设备事故造成 10 人以上 30 人以下死亡，或者 50 人以上 100 人以下重伤，或者 5000 万元以上 1 亿元以下直接经济损失的；

（二）600 兆瓦以上锅炉因安全故障中断运行 240 小时以上的；

（三）压力容器、压力管道有毒介质泄漏，造成 5 万人以上 15 万人以下转移的；

（四）客运索道、大型游乐设施高空滞留 100 人以上并且时间在 24 小时以上 48 小时以下的。

第六十三条 有下列情形之一的，为较大事故：

（一）特种设备事故造成 3 人以上 10 人以下死亡，或者 10 人以上 50 人以下重伤，或者 1000 万元以上 5000 万元以下直接经济损失的；

（二）锅炉、压力容器、压力管道爆炸的；

（三）压力容器、压力管道有毒介质泄漏，造成 1 万人以上 5 万人以下转移的；

（四）起重机械整体倾覆的；

（五）客运索道、大型游乐设施高空滞留人员 12 小时以上的。

第六十四条 有下列情形之一的，为一般事故：

（一）特种设备事故造成 3 人以下死亡，或者 10 人以下重伤，或者 1 万元以上 1000 万元以下直接经济损失的；

（二）压力容器、压力管道有毒介质泄漏，造成 500 人以上 1 万人以下转移的；

（三）电梯轿厢滞留人员 2 小时以上的；

（四）起重机械主要受力结构件折断或者起升机构坠落的；

（五）客运索道高空滞留人员 3.5 小时以上 12 小时以下的；

（六）大型游乐设施高空滞留人员 1 小时以上 12 小时以下的。

除前款规定外，国务院特种设备安全监督管理部门可以对一般事故的其他情形做出补充规定。

第六十五条　特种设备安全监督管理部门应当制定特种设备应急预案。特种设备使用单位应当制定事故应急专项预案,并定期进行事故应急演练。

压力容器、压力管道发生爆炸或者泄漏,在抢险救援时应当区分介质特性,严格按照相关预案规定程序处理,防止二次爆炸。

第六十六条　特种设备事故发生后,事故发生单位应当立即启动事故应急预案,组织抢救,防止事故扩大,减少人员伤亡和财产损失,并及时向事故发生地县以上特种设备安全监督管理部门和有关部门报告。

县以上特种设备安全监督管理部门接到事故报告,应当尽快核实有关情况,立即向所在地人民政府报告,并逐级上报事故情况。必要时,特种设备安全监督管理部门可以越级上报事故情况。对特别重大事故、重大事故,国务院特种设备安全监督管理部门应当立即报告国务院并通报国务院安全生产监督管理部门等有关部门。

第六十七条　特别重大事故由国务院或者国务院授权有关部门组织事故调查组进行调查。

重大事故由国务院特种设备安全监督管理部门会同有关部门组织事故调查组进行调查。

较大事故由省、自治区、直辖市特种设备安全监督管理部门会同有关部门组织事故调查组进行调查。

一般事故由设区的市的特种设备安全监督管理部门会同有关部门组织事故调查组进行调查。

第六十八条　事故调查报告应当由负责组织事故调查的特种设备安全监督管理部门的所在地人民政府批复,并报上一级特种设备安全监督管理部门备案。

有关机关应当按照批复,依照法律、行政法规规定的权限和程序,对事故责任单位和有关人员进行行政处罚,对负有事故责任的国家工作人员进行处分。

第六十九条　特种设备安全监督管理部门应当在有关地方人民政府的领导下,组织开展特种设备事故调查处理工作。

有关地方人民政府应当支持、配合上级人民政府或者特种设备安全监督管理部门的事故调查处理工作,并提供必要的便利条件。

第七十条　特种设备安全监督管理部门应当对发生事故的原因进行分析,并根据特种设备的管理和技术特点、事故情况对相关安全技术规范进行评估;需要制定或者修订相关安全技术规范的,应当及时制定或者修订。

第七十一条　本章所称的"以上"包括本数,所称的"以下"不包括本数。

第七章　法　律　责　任

第七十二条　未经许可,擅自从事压力容器设计活动的,由特种设备安全监督管理部门予以取缔,处5万元以上20万元以下罚款;有违法所得,没收违法所得;触犯刑律的,对负有责任的主管人员和其他直接责任人员依照刑法关于非法经营罪或者其他罪的规定,依法追究刑事责任。

第七十三条　锅炉、气瓶、氧舱和客运索道、大型游乐设施以及高耗能特种设备的设计文件,未经国务院特种设备安全监督管理部门核准的检验检测机构鉴定,擅自用于制造的,由特种设备安全监督管理部门责令改正,没收非法制造的产品,处5万元以上20万元以下罚款;触犯刑律的,对负有责任的主管人员和其他直接责任人员依照刑法关于生产、销售伪劣产品罪、非法经营罪或者其他罪的规定,依法追究刑事责任。

第七十四条　按照安全技术规范的要求应当进行型式试验的特种设备产品、部件或者试制特种设备新产品、新部件,未进行整机或者部件型式试验的,由特种设备安全监督管理部门责令限期改正；逾期未改正的，处 2 万元以上 10 万元以下罚款。

第七十五条 未经许可，擅自从事锅炉、压力容器、电梯、起重机械、客运索道、大型游乐设施、场（厂）内专用机动车辆及其安全附件、安全保护装置的制造、安装、改造以及压力管道元件的制造活动的，由特种设备安全监督管理部门予以取缔，没收非法制造的产品，已经实施安装、改造的，责令恢复原状或者责令限期由取得许可的单位重新安装、改造，处 10 万元以上 50 万元以下罚款；触犯刑律的，对负有责任的主管人员和其他直接责任人员依照刑法关于生产、销售伪劣产品罪、非法经营罪、重大责任事故罪或者其他罪的规定，依法追究刑事责任。

第七十六条 特种设备出厂时，未按照安全技术规范的要求附有设计文件、产品质量合格证明、安装及使用维修说明、监督检验证明等文件的，由特种设备安全监督管理部门责令改正；情节严重的，责令停止生产、销售，处违法生产、销售货值金额 30% 以下罚款；有违法所得的，没收违法所得。

第七十七条 未经许可，擅自从事锅炉、压力容器、电梯、起重机械、客运索道、大型游乐设施、场（厂）内专用机动车辆的维修或者日常维护保养的，由特种设备安全监督管理部门予以取缔，处 1 万元以上 5 万元以下罚款；有违法所得的，没收违法所得；触犯刑律的，对负有责任的主管人员和其他直接责任人员依照刑法关于非法经营罪、重大责任事故罪或者其他罪的规定，依法追究刑事责任。

第七十八条 锅炉、压力容器、电梯、起重机械、客运索道、大型游乐设施的安装、改造、维修的施工单位以及场（厂）内专用机动车辆的改造、维修单位，在施工前未将拟进行的特种设备安装、改造、维修情况书面告知直辖市或者设区的市的特种设备安全监督管理部门即行施工的，或者在验收后 30 日内未将有关技术资料移交锅炉、压力容器、电梯、起重机械、客运索道、大型游乐设施的使用单位的，由特种设备安全监督管理部门责令限期改正；逾期未改正的，处 2000 元以上 1 万元以下罚款。

第七十九条 锅炉、压力容器、压力管道元件、起重机械、大型游乐设施的制造过程和锅炉、压力容器、电梯、起重机械、客运索道、大型游乐设施的安装、改造、重大维修过程，以及锅炉清洗过程，未经国务院特种设备安全监督管理部门核准的检验检测机构按照安全技术规范的要求进行监督检验的，由特种设备安全监督管理部门责令改正，已经出厂的，没收违法生产、销售的产品，已经实施安装、改造、重大维修或者清洗的，责令限期进行监督检验，处 5 万元以上 20 万元以下罚款；有违法所得的，没收违法所得；情节严重的，撤销制造、安装、改造或者维修单位已经取得的许可，并由工商行政管理部门吊销其营业执照；触犯刑律的，对负有责任的主管人员和其他直接责任人员依照刑法关于生产、销售伪劣产品罪或者其他罪的规定，依法追究刑事责任。

第八十条 未经许可，擅自从事移动式压力容器或者气瓶充装活动的，由特种设备安全监督管理部门予以取缔，没收违法充装的气瓶，处 10 万元以上 50 万元以下罚款；有违法所得的，没收违法所得；触犯刑律的，对负有责任的主管人员和其他直接责任人员依照刑法关于非法经营罪或者其他罪的规定，依法追究刑事责任。

移动式压力容器、气瓶充装单位未按照安全技术规范的要求进行充装活动的，由特种设备安全监督管理部门责令改正，处 2 万元以上 10 万元以下罚款；情节严重的，撤销其充装资格。

第八十一条 电梯制造单位有下列情形之一的，由特种设备安全监督管理部门责令限期改正；逾期未改正的，予以通报批评：

（一）未依照本条例第十九条的规定对电梯进行校验、调试的；

（二）对电梯的安全运行情况进行跟踪调查和了解时，发现存在严重事故隐患，未及时向特种设备安全监督管理部门报告的。

第八十二条　已经取得许可、核准的特种设备生产单位、检验检测机构有下列行为之一的，由特种设备安全监督管理部门责令改正，处 2 万元以上 10 万元以下罚款；情节严重的，撤销其相应资格：

（一）未按照安全技术规范的要求办理许可证变更手续的；

（二）不再符合本条例规定或者安全技术规范要求的条件，继续从事特种设备生产、检验检测的；

（三）未依照本条例规定或者安全技术规范要求进行特种设备生产、检验检测的；

（四）伪造、变造、出租、出借、转让许可证书或者监督检验报告的。

第八十三条　特种设备使用单位有下列情形之一的，由特种设备安全监督管理部门责令限期改正；逾期未改正的，处 2000 元以上 2 万元以下罚款；情节严重的，责令停止使用或者停产停业整顿：

（一）特种设备投入使用前或者投入使用后 30 日内，未向特种设备安全监督管理部门登记，擅自将其投入使用的；

（二）未依照本条例第二十六条的规定，建立特种设备安全技术档案的；

（三）未依照本条例第二十七条的规定，对在用特种设备进行经常性日常维护保养和定期自行检查的，或者对在用特种设备的安全附件、安全保护装置、测量调控装置及有关附属仪器仪表进行定期校验、检修，并作出记录的；

（四）未按照安全技术规范的定期检验要求，在安全检验合格有效期届满前 1 个月向特种设备检验检测机构提出定期检验要求的；

（五）使用未经定期检验或者检验不合格的特种设备的；

（六）特种设备出现故障或者发生异常情况，未对其进行全面检查、消除事故隐患，继续投入使用的；

（七）未制定特种设备事故应急专项预案的；

（八）未依照本条例第三十一条第二款的规定，对电梯进行清洁、润滑、调整和检查的；

（九）未按照安全技术规范要求进行锅炉水（介）质处理的；

（十）特种设备不符合能效指标，未及时采取相应措施进行整改的。

特种设备使用单位使用未取得生产许可的单位生产的特种设备或者将非承压锅炉、非压力容器作为承压锅炉、压力容器使用的，由特种设备安全监督管理部门责令停止使用，予以没收，处 2 万元以上 10 万元以下罚款。

第八十四条　特种设备存在严重事故隐患，无改造、维修价值，或者超过安全技术规范规定的使用年限，特种设备使用单位未予以报废，并向原登记的特种设备安全监督管理部门办理注销的，由特种设备安全监督管理部门责令限期改正；逾期未改正的，处 5 万元以上 20 万元以下罚款。

第八十五条　电梯、客运索道、大型游乐设施的运营使用单位有下列情形之一的，由特种设备安全监督管理部门责令限期改正；逾期未改正的，责令停止使用或者停产停业整顿，处 1 万元以上 5 万元以下罚款：

（一）客运索道、大型游乐设施每日投入使用前，未进行试运行和例行安全检查，并对安全装置进行检查确认的；

（二）未将电梯、客运索道、大型游乐设施的安全注意事项和警示标志置于易于为乘客注意的显著位置的。

第八十六条　特种设备使用单位有下列情形之一的，由特种设备安全监督管理部门责令限期改正；逾期未改正的，责令停止使用或者停产停业整顿，处 2000 元以上 2 万元以下罚款：

（一）未依照本条例规定设置特种设备安全管理机构或者配备专职、兼职的安全管理人员的；

（二）从事特种设备作业的人员，未取得相应特种作业人员证书，上岗作业的；

（三）未对特种设备作业人员进行特种设备安全教育和培训的。

第八十七条　发生特种设备事故，有下列情形之一的，对单位，由特种设备安全监督管理部门处 5 万元以上 20 万元以下罚款；对主要负责人，由特种设备安全监督管理部门处 4000 元以上 2 万元以下罚款；属于国家工作人员的，依法给予处分；触犯刑律的，依照刑法关于重大责任事故罪或者其他罪的规定，依法追究刑事责任：

（一）特种设备使用单位的主要负责人在本单位发生特种设备事故时，不立即组织抢救或者在事故调查处理期间擅离职守或者逃匿的；

（二）特种设备使用单位的主要负责人对特种设备事故隐瞒不报、谎报或者拖延不报的。

第八十八条　对事故发生负有责任的单位，由特种设备安全监督管理部门依照下列规定处以罚款：

（一）发生一般事故的，处 10 万元以上 20 万元以下罚款；

（二）发生较大事故的，处 20 万元以上 50 万元以下罚款；

（三）发生重大事故的，处 50 万元以上 200 万元以下罚款。

第八十九条　对事故发生负有责任的单位的主要负责人未依法履行职责，导致事故发生的，由特种设备安全监督管理部门依照下列规定处以罚款；属于国家工作人员的，并依法给予处分；触犯刑律的，依照刑法关于重大责任事故罪或者其他罪的规定，依法追究刑事责任：

（一）发生一般事故的，处上一年年收入 30% 的罚款；

（二）发生较大事故的，处上一年年收入 40% 的罚款；

（三）发生重大事故的，处上一年年收入 60% 的罚款。

第九十条　特种设备作业人员违反特种设备的操作规程和有关的安全规章制度操作，或者在作业过程中发现事故隐患或者其他不安全因素，未立即向现场安全管理人员和单位有关负责人报告的，由特种设备使用单位给予批评教育、处分；情节严重的，撤销特种设备作业人员资格；触犯刑律的，依照刑法关于重大责任事故罪或者其他罪的规定，依法追究刑事责任。

第九十一条　未经核准，擅自从事本条例所规定的监督检验、定期检验、型式试验以及无损检测等检验检测活动的，由特种设备安全监督管理部门予以取缔，处 5 万元以上 20 万元以下罚款；有违法所得的，没收违法所得；触犯刑律的，对负有责任的主管人员和其他直接责任人员依照刑法关于非法经营罪或者其他罪的规定，依法追究刑事责任。

第九十二条　特种设备检验检测机构，有下列情形之一的，由特种设备安全监督管理部门处 2 万元以上 10 万元以下罚款；情节严重的，撤销其检验检测资格：

（一）聘用未经特种设备安全监督管理部门组织考核合格并取得检验检测人员证书的人员，从事相关检验检测工作的；

（二）在进行特种设备检验检测中，发现严重事故隐患或者能耗严重超标，未及时告知特种设备使用单位，并立即向特种设备安全监督管理部门报告的。

第九十三条　特种设备检验检测机构和检验检测人员，出具虚假的检验检测结果、鉴定结论或者检验检测结果、鉴定结论严重失实的，由特种设备安全监督管理部门对检验检测机构没收违法所得，处 5 万元以上 20 万元以下罚款，情节严重的，撤销其检验检测资格；对检验检测人员处 5000 元以上 5 万元以下罚款，情节严重的，撤销其检验检测资格，触犯刑律的，依照刑法关于中介组织人员提供虚假证明文件罪、中介组织人员出具证明文件重大失实罪或者其他罪的规定，依法追究刑事责任。

特种设备检验检测机构和检验检测人员，出具虚假的检验检测结果、鉴定结论或者检验检测结果、鉴定结论严重失实，造成损害的，应当承担赔偿责任。

第九十四条 特种设备检验检测机构或者检验检测人员从事特种设备的生产、销售，或者以其名义推荐或者监制、监销特种设备的，由特种设备安全监督管理部门撤销特种设备检验检测机构和检验检测人员的资格，处 5 万元以上 20 万元以下罚款；有违法所得的，没收违法所得。

第九十五条 特种设备检验检测机构和检验检测人员利用检验检测工作故意刁难特种设备生产、使用单位，由特种设备安全监督管理部门责令改正；拒不改正的，撤销其检验检测资格。

第九十六条 检验检测人员，从事检验检测工作，不在特种设备检验检测机构执业或者同时在两个以上检验检测机构中执业的，由特种设备安全监督管理部门责令改正，情节严重的，给予停止执业 6 个月以上 2 年以下的处罚；有违法所得的，没收违法所得。

第九十七条 特种设备安全监督管理部门及其特种设备安全监察人员，有下列违法行为之一的，对直接负责的主管人员和其他直接责任人员，依法给予降级或者撤职的处分；触犯刑律的，依照刑法关于受贿罪、滥用职权罪、玩忽职守罪或者其他罪的规定，依法追究刑事责任：

（一）不按本条例规定的条件和安全技术规范要求，实施许可、核准、登记的；

（二）发现未经许可、核准、登记擅自从事特种设备的生产、使用或者检验检测活动不予取缔或者不依法予以处理的；

（三）发现特种设备生产、使用单位不再具备本条例规定的条件而不撤销其原许可，或者发现特种设备生产、使用违法行为不予查处的；

（四）发现特种设备检验检测机构不再具备本条例规定的条件而不撤销其原核准，或者对其出具虚假的检验检测结果、鉴定结论或者检验检测结果、鉴定结论严重失实的行为不予查处的；

（五）对依照本条例规定在其他地方取得许可的特种设备生产单位重复进行许可，或者对依照本条例规定在其他地方检验检测合格的特种设备，重复进行检验检测的；

（六）发现有违反本条例和安全技术规范的行为或者在用的特种设备存在严重事故隐患，不立即处理的；

（七）发现重大的违法行为或者严重事故隐患，未及时向上级特种设备安全监督管理部门报告，或者接到报告的特种设备安全监督管理部门不立即处理的；

（八）迟报、漏报、瞒报或者谎报事故的；

（九）妨碍事故救援或者事故调查处理的。

第九十八条 特种设备的生产、使用单位或者检验检测机构，拒不接受特种设备安全监督管理部门依法实施的安全监察的，由特种设备安全监督管理部门责令限期改正；逾期未改正的，责令停产停业整顿，处 2 万元以上 10 万元以下罚款；触犯刑律的，依照刑法关于妨害公务罪或者其他罪的规定，依法追究刑事责任。

特种设备生产、使用单位擅自动用、调换、转移、损毁被查封、扣押的特种设备或者其主要部件的，由特种设备安全监督管理部门责令改正，处 5 万元以上 20 万元以下罚款；情节严重的，撤销其相应资格。

第八章 附　　则

第九十九条 本条例下列用语的含义是：

（一）锅炉，是指利用各种燃料、电或者其他能源，将所盛装的液体加热到一定的参数，并对外输出热能的设备，其范围规定为容积大于或者等于 30L 的承压蒸汽锅炉；出口水压大于或者等于 0.1MPa（表压），且额定功率大于或者等于 0.1MW 的承压热水锅炉；有机热载体锅炉。

（二）压力容器，是指盛装气体或者液体，承载一定压力的密闭设备，其范围规定为最高工作压力大于或者等于0.1MPa（表压），且压力与容积的乘积大于或者等于2.5MPa·L的气体、液化气体和最高工作温度高于或者等于标准沸点的液体的固定式容器和移动式容器；盛装公称工作压力大于或者等于0.2MPa（表压），且压力与容积的乘积大于或者等于1.0MPa·L的气体、液化气体和标准沸点等于或者低于60℃液体的气瓶；氧舱等。

（三）压力管道，是指利用一定的压力，用于输送气体或者液体的管状设备，其范围规定为最高工作压力大于或者等于0.1MPa（表压）的气体、液化气体、蒸汽介质或者可燃、易爆、有毒、有腐蚀性、最高工作温度高于或者等于标准沸点的液体介质，且公称直径大于25mm的管道。

（四）电梯，是指动力驱动，利用沿刚性导轨运行的箱体或者沿固定线路运行的梯级（踏步），进行升降或者平行运送人、货物的机电设备，包括载人（货）电梯、自动扶梯、自动人行道等。

（五）起重机械，是指用于垂直升降或者垂直升降并水平移动重物的机电设备，其范围规定为额定起重量大于或者等于0.5t的升降机；额定起重量大于或者等于1t，且提升高度大于或者等于2m的起重机和承重形式固定的电动葫芦等。

（六）客运索道，是指动力驱动，利用柔性绳索牵引箱体等运载工具运送人员的机电设备，包括客运架空索道、客运缆车、客运拖牵索道等。

（七）大型游乐设施，是指用于经营目的，承载乘客游乐的设施，其范围规定为设计最大运行线速度大于或者等于2m/s，或者运行高度距离地面高于或者等于2m的载人大型游乐设施。

（八）场（厂）内专用机动车辆，是指除道路交通、农用车辆以外仅在工厂厂区、旅游景区、游乐场所等特定区域使用的专用机动车辆。

特种设备包括其所用的材料、附属的安全附件、安全保护装置和与安全保护装置相关的设施。

第一百条　压力管道设计、安装、使用的安全监督管理办法由国务院另行制定。

第一百零一条　国务院特种设备安全监督管理部门可以授权省、自治区、直辖市特种设备安全监督管理部门负责本条例规定的特种设备行政许可工作，具体办法由国务院特种设备安全监督管理部门制定。

第一百零二条　特种设备行政许可、检验检测，应当按照国家有关规定收取费用。

第一百零三条　本条例自2003年6月1日起施行。1982年2月6日国务院发布的《锅炉压力容器安全监察暂行条例》同时废止。

特种设备使用单位落实使用安全主体责任监督管理规定

（2023年4月4日国家市场监督管理总局令第74号公布　自2023年5月5日起施行）

第一章　总　　则

第一条　为了督促特种设备使用单位，包括锅炉、压力容器、气瓶、压力管道、电梯、起重机械、客运索道、大型游乐设施、场（厂）内专用机动车辆的使用单位（以下简称使用单位），落实安全主体责任，强化使用单位主要负责人特种设备使用安全责任，规范安全管理人员行为，根据《中华人民共和国特种设备安全法》《特种设备安全监察条例》等法律法规，制定本规定。

第二条　特种设备使用单位主要负责人、安全总监、安全员，依法落实特种设备使用安全责任的行为及其监督管理，适用本规定。

房屋建筑工地、市政工程工地用起重机械和场（厂）内专用机动车辆使用安全责任的落实及其监督管理，不适用本规定。

第三条 特种设备使用单位应当建立健全使用安全管理制度，落实使用安全责任制，保证特种设备安全运行。

第二章 锅 炉

第四条 锅炉使用单位应当依法配备锅炉安全总监和锅炉安全员，明确锅炉安全总监和锅炉安全员的岗位职责。

锅炉使用单位主要负责人对本单位锅炉使用安全全面负责，建立并落实锅炉使用安全主体责任的长效机制。锅炉安全总监和锅炉安全员应当按照岗位职责，协助单位主要负责人做好锅炉使用安全管理工作。

第五条 锅炉使用单位主要负责人应当支持和保障锅炉安全总监和锅炉安全员依法开展锅炉使用安全管理工作，在作出涉及锅炉安全的重大决策前，应当充分听取锅炉安全总监和锅炉安全员的意见和建议。

锅炉安全员发现锅炉存在一般事故隐患时，应当立即进行处理；发现存在严重事故隐患时，应当立即责令停止使用并向锅炉安全总监报告，锅炉安全总监应当立即组织分析研判，采取处置措施，消除严重事故隐患。

第六条 锅炉使用单位应当根据本单位锅炉的数量、用途、使用环境等情况，配备锅炉安全总监和足够数量的锅炉安全员，并逐台明确负责的锅炉安全员。

第七条 锅炉安全总监和锅炉安全员应当具备下列锅炉使用安全管理能力：

（一）熟悉锅炉使用相关法律法规、安全技术规范、标准和本单位锅炉安全使用要求；

（二）具备识别和防控锅炉使用安全风险的专业知识；

（三）具备按照相关要求履行岗位职责的能力；

（四）符合特种设备法律法规和安全技术规范的其他要求。

第八条 锅炉安全总监按照职责要求，直接对本单位主要负责人负责，承担下列职责：

（一）组织宣传、贯彻锅炉有关的法律法规、安全技术规范及相关标准；

（二）组织制定本单位锅炉使用安全管理制度，督促落实锅炉使用安全责任制，组织开展锅炉安全合规管理；

（三）组织制定锅炉事故应急专项预案并开展应急演练；

（四）落实锅炉安全事故报告义务，采取措施防止事故扩大；

（五）对锅炉安全员进行安全教育和技术培训，监督、指导锅炉安全员做好相关工作；

（六）按照规定组织开展锅炉使用安全风险评价工作，拟定并督促落实锅炉使用安全风险防控措施；

（七）对本单位锅炉使用安全管理工作进行检查，及时向主要负责人报告有关情况，提出改进措施；

（八）接受和配合有关部门开展锅炉安全监督检查、监督检验、定期检验和事故调查等工作，如实提供有关材料；

（九）履行市场监督管理部门规定和本单位要求的其他锅炉使用安全管理职责。

锅炉使用单位应当按照前款规定，结合本单位实际，细化制定《锅炉安全总监职责》。

第九条 锅炉安全员按照职责要求，对锅炉安全总监或者单位主要负责人负责，承担下列职责：

（一）建立健全锅炉安全技术档案并办理本单位锅炉使用登记；

（二）组织制定锅炉安全操作规程；

（三）组织对锅炉作业人员和技术人员进行教育和培训；

（四）组织对锅炉进行日常巡检，监督检查锅炉作业人员到岗值守、巡回检查等工作情况，纠正和制止违章作业行为；

（五）编制锅炉定期检验计划，组织实施锅炉燃烧器年度检查，督促落实锅炉定期检验和后续整改等工作；

（六）按照规定报告锅炉事故，参加锅炉事故救援，协助进行事故调查和善后处理；

（七）履行市场监督管理部门规定和本单位要求的其他锅炉使用安全管理职责。

锅炉使用单位应当按照前款规定，结合本单位实际，细化制定《锅炉安全员守则》。

第十条 锅炉使用单位应当建立基于锅炉安全风险防控的动态管理机制，结合本单位实际，落实自查要求，制定《锅炉安全风险管控清单》，建立健全日管控、周排查、月调度工作制度和机制。锅炉停（备）用期间，使用单位应当做好锅炉及水处理设备的防腐蚀等停炉保养工作。

第十一条 锅炉使用单位应当建立锅炉安全日管控制度。锅炉安全员要每日根据《锅炉安全风险管控清单》，按照相关安全技术规范和本单位安全管理制度的要求，对投入使用的锅炉进行巡检，形成《每日锅炉安全检查记录》，对发现的安全风险隐患，应当立即采取防范措施，及时上报锅炉安全总监或者单位主要负责人。未发现问题的，也应当予以记录，实行零风险报告。

第十二条 锅炉使用单位应当建立锅炉安全周排查制度。锅炉安全总监要每周至少组织一次风险隐患排查，分析研判锅炉使用安全管理情况，研究解决日管控中发现的问题，形成《每周锅炉安全排查治理报告》。

第十三条 锅炉使用单位应当建立锅炉安全月调度制度。锅炉使用单位主要负责人要每月至少听取一次锅炉安全总监管理工作情况汇报，对当月锅炉安全日常管理、风险隐患排查治理等情况进行总结，对下个月重点工作作出调度安排，形成《每月锅炉安全调度会议纪要》。

第十四条 锅炉使用单位应当将主要负责人、锅炉安全总监和锅炉安全员的设立、调整情况，《锅炉安全风险管控清单》《锅炉安全总监职责》《锅炉安全员守则》以及锅炉安全总监、锅炉安全员提出的意见建议、报告和问题整改落实等履职情况予以记录并存档备查。

第十五条 市场监督管理部门应当将锅炉使用单位建立并落实锅炉使用安全责任制等管理制度，在日管控、周排查、月调度中发现的锅炉使用安全风险隐患以及整改情况作为监督检查的重要内容。

第十六条 锅炉使用单位应当对锅炉安全总监和锅炉安全员进行法律法规、标准和专业知识培训、考核，同时对培训、考核情况予以记录并存档备查。

县级以上地方市场监督管理部门按照国家市场监督管理总局制定的《锅炉使用安全管理人员考核指南》，组织对本辖区内锅炉使用单位的锅炉安全总监和锅炉安全员随机进行监督抽查考核并公布考核结果。监督抽查考核不得收取费用。

监督抽查考核不合格，不再符合锅炉使用要求的，使用单位应当立即采取整改措施。

第十七条 锅炉使用单位应当为锅炉安全总监和锅炉安全员提供必要的工作条件、教育培训和岗位待遇，充分保障其依法履行职责。

鼓励锅炉使用单位建立对锅炉安全总监和锅炉安全员的激励约束机制，对工作成效显著的给予表彰和奖励，对履职不到位的予以惩戒。

市场监督管理部门在查处锅炉使用单位违法行为时，应当将锅炉使用单位落实安全主体责任情况作为判断其主观过错、违法情节、处罚幅度等考量的重要因素。

锅炉使用单位及其主要负责人无正当理由未采纳锅炉安全总监和锅炉安全员依照本规定第五

条提出的意见或者建议的，应当认为锅炉安全总监和锅炉安全员已经依法履职尽责，不予处罚。

第十八条 锅炉使用单位未按规定建立安全管理制度，或者未按规定配备、培训、考核锅炉安全总监和锅炉安全员的，由县级以上地方市场监督管理部门责令改正并给予通报批评；拒不改正的，处五千元以上五万元以下罚款，并将处罚情况纳入国家企业信用信息公示系统。法律、行政法规另有规定的，依照其规定执行。

锅炉使用单位主要负责人、锅炉安全总监、锅炉安全员未按规定要求落实使用安全责任的，由县级以上地方市场监督管理部门责令改正并给予通报批评；拒不改正的，对责任人处二千元以上一万元以下罚款。法律、行政法规另有规定的，依照其规定执行。

第十九条 本规定下列用语的含义是：

（一）锅炉使用单位主要负责人是指本单位的法定代表人、法定代表委托人或者实际控制人；

（二）锅炉安全总监是指本单位管理层中负责锅炉使用安全的管理人员；

（三）锅炉安全员是指本单位具体负责锅炉使用安全的检查人员。

第三章 压力容器

第二十条 压力容器使用单位应当依法配备压力容器安全总监和压力容器安全员，明确压力容器安全总监和压力容器安全员的岗位职责。

压力容器使用单位主要负责人对本单位压力容器使用安全全面负责，建立并落实压力容器使用安全主体责任的长效机制。压力容器安全总监和压力容器安全员应当按照岗位职责，协助单位主要负责人做好压力容器使用安全管理工作。

第二十一条 压力容器使用单位主要负责人应当支持和保障压力容器安全总监和压力容器安全员依法开展压力容器使用安全管理工作，在作出涉及压力容器安全的重大决策前，应当充分听取压力容器安全总监和压力容器安全员的意见和建议。

压力容器安全员发现压力容器存在一般事故隐患时，应当立即进行处理；发现存在严重事故隐患时，应当立即责令停止使用并向压力容器安全总监报告，压力容器安全总监应当立即组织分析研判，采取处置措施，消除严重事故隐患。

第二十二条 压力容器使用单位应当根据本单位压力容器的数量、用途、使用环境等情况，配备压力容器安全总监和足够数量的压力容器安全员，并逐台明确负责的压力容器安全员。

第二十三条 压力容器安全总监和压力容器安全员应当具备下列压力容器使用安全管理能力：

（一）熟悉压力容器使用相关法律法规、安全技术规范、标准和本单位压力容器安全使用要求；

（二）具备识别和防控压力容器使用安全风险的专业知识；

（三）具备按照相关要求履行岗位职责的能力；

（四）符合特种设备法律法规和安全技术规范的其他要求。

第二十四条 压力容器安全总监按照职责要求，直接对本单位主要负责人负责，承担下列职责：

（一）组织宣传、贯彻压力容器有关的法律法规、安全技术规范及相关标准；

（二）组织制定本单位压力容器使用安全管理制度，督促落实压力容器使用安全责任制，组织开展压力容器安全合规管理；

（三）组织制定压力容器事故应急专项预案并开展应急演练；

（四）落实压力容器安全事故报告义务，采取措施防止事故扩大；

（五）对压力容器安全员进行安全教育和技术培训，监督、指导压力容器安全员做好相关工作；

（六）按照规定组织开展压力容器使用安全风险评价工作，拟定并督促落实压力容器使用安全风险防控措施；

（七）对本单位压力容器使用安全管理工作进行检查，及时向主要负责人报告有关情况，提出改进措施；

（八）接受和配合有关部门开展压力容器安全监督检查、监督检验、定期检验和事故调查等工作，如实提供有关材料；

（九）履行市场监督管理部门规定和本单位要求的其他压力容器使用安全管理职责。

压力容器使用单位应当按照前款规定，结合本单位实际，细化制定《压力容器安全总监职责》。

第二十五条 压力容器安全员按照职责要求，对压力容器安全总监或者单位主要负责人负责，承担下列职责：

（一）建立健全压力容器安全技术档案并办理本单位压力容器使用登记；

（二）组织制定压力容器安全操作规程；

（三）组织对压力容器作业人员和技术人员进行教育和培训；

（四）组织对压力容器进行日常巡检，纠正和制止违章作业行为；

（五）编制压力容器定期检验计划，督促落实压力容器定期检验和后续整改等工作；

（六）按照规定报告压力容器事故，参加压力容器事故救援，协助进行事故调查和善后处理；

（七）履行市场监督管理部门规定和本单位要求的其他压力容器使用安全管理职责。

压力容器使用单位应当按照前款规定，结合本单位实际，细化制定《压力容器安全员守则》。

第二十六条 压力容器使用单位应当建立基于压力容器安全风险防控的动态管理机制，结合本单位实际，落实自查要求，制定《压力容器安全风险管控清单》，建立健全日管控、周排查、月调度工作制度和机制。

第二十七条 压力容器使用单位应当建立压力容器安全日管控制度。压力容器安全员要每日根据《压力容器安全风险管控清单》，按照相关安全技术规范和本单位安全管理制度的要求，对投入使用的压力容器进行巡检，形成《每日压力容器安全检查记录》，对发现的安全风险隐患，应当立即采取防范措施，及时上报压力容器安全总监或者单位主要负责人。未发现问题的，也应当予以记录，实行零风险报告。

第二十八条 压力容器使用单位应当建立压力容器安全周排查制度。压力容器安全总监要每周至少组织一次风险隐患排查，分析研判压力容器使用安全管理情况，研究解决日管控中发现的问题，形成《每周压力容器安全排查治理报告》。

第二十九条 压力容器使用单位应当建立压力容器安全月调度制度。压力容器使用单位主要负责人要每月至少听取一次压力容器安全总监管理工作情况汇报，对当月压力容器安全日常管理、风险隐患排查治理等情况进行总结，对下个月重点工作作出调度安排，形成《每月压力容器安全调度会议纪要》。

第三十条 压力容器使用单位应当将主要负责人、压力容器安全总监和压力容器安全员的设立、调整情况，《压力容器安全风险管控清单》《压力容器安全总监职责》《压力容器安全员守则》以及压力容器安全总监、压力容器安全员提出的意见建议、报告和问题整改落实等履职情况予以记录并存档备查。

第三十一条 市场监督管理部门应当将压力容器使用单位建立并落实压力容器使用安全责任制等管理制度，在日管控、周排查、月调度中发现的压力容器使用安全风险隐患以及整改情况作为监督检查的重要内容。

第三十二条 压力容器使用单位应当对压力容器安全总监和压力容器安全员进行法律法规、标准和专业知识培训、考核，同时对培训、考核情况予以记录并存档备查。

县级以上地方市场监督管理部门按照国家市场监督管理总局制定的《压力容器使用安全管理人员考核指南》，组织对本辖区内压力容器使用单位的压力容器安全总监和压力容器安全员随机进行监督抽查考核并公布考核结果。监督抽查考核不得收取费用。

监督抽查考核不合格，不再符合压力容器使用要求的，使用单位应当立即采取整改措施。

第三十三条 压力容器使用单位应当为压力容器安全总监和压力容器安全员提供必要的工作条件、教育培训和岗位待遇，充分保障其依法履行职责。

鼓励压力容器使用单位建立对压力容器安全总监和压力容器安全员的激励约束机制，对工作成效显著的给予表彰和奖励，对履职不到位的予以惩戒。

市场监督管理部门在查处压力容器使用单位违法行为时，应当将压力容器使用单位落实安全主体责任情况作为判断其主观过错、违法情节、处罚幅度等考量的重要因素。

压力容器使用单位及其主要负责人无正当理由未采纳压力容器安全总监和压力容器安全员依照本规定第二十一条提出的意见或者建议的，应当认为压力容器安全总监和压力容器安全员已经依法履职尽责，不予处罚。

第三十四条 压力容器使用单位未按规定建立安全管理制度，或者未按规定配备、培训、考核压力容器安全总监和压力容器安全员的，由县级以上地方市场监督管理部门责令改正并给予通报批评；拒不改正的，处五千元以上五万元以下罚款，并将处罚情况纳入国家企业信用信息公示系统。法律、行政法规另有规定的，依照其规定执行。

压力容器使用单位主要负责人、压力容器安全总监、压力容器安全员未按规定要求落实使用安全责任的，由县级以上地方市场监督管理部门责令改正并给予通报批评；拒不改正的，对责任人处二千元以上一万元以下罚款。法律、行政法规另有规定的，依照其规定执行。

第三十五条 本规定下列用语的含义是：

（一）压力容器使用单位主要负责人是指本单位的法定代表人、法定代表委托人或者实际控制人；

（二）压力容器安全总监是指本单位管理层中负责压力容器使用安全的管理人员；

（三）压力容器安全员是指本单位具体负责压力容器使用安全的检查人员；

（四）压力容器使用单位包括使用压力容器的单位和移动式压力容器充装单位。

第四章 气 瓶

第三十六条 气瓶充装单位应当依法配备气瓶安全总监和气瓶安全员，明确气瓶安全总监和气瓶安全员的岗位职责。

气瓶充装单位主要负责人对本单位气瓶充装安全全面负责，建立并落实气瓶充装安全主体责任的长效机制。气瓶安全总监和气瓶安全员应当按照岗位职责，协助单位主要负责人做好气瓶充装安全管理工作。

第三十七条 气瓶充装单位主要负责人应当支持和保障气瓶安全总监和气瓶安全员依法开展气瓶充装安全管理工作，在作出涉及气瓶充装安全的重大决策前，应当充分听取气瓶安全总监和气瓶安全员的意见和建议。

气瓶安全员发现气瓶充装存在一般事故隐患时，应当立即进行处理；发现存在严重事故隐患时，应当立即责令停止气瓶充装活动并向气瓶安全总监报告，气瓶安全总监应当立即组织分析研判，采取处置措施，消除严重事故隐患。

第三十八条 气瓶充装单位应当根据本单位气瓶的数量、充装介质等情况，配备气瓶安全总监和足够数量的气瓶安全员，并逐个充装工位明确负责的气瓶安全员。

第三十九条 气瓶安全总监和气瓶安全员应当具备下列气瓶充装安全管理能力：

（一）熟悉气瓶充装相关法律法规、安全技术规范、标准和本单位气瓶充装过程控制等安全要求；

（二）具备识别和防控气瓶安全风险的专业知识；

（三）具备按照相关要求履行岗位职责的能力；

（四）符合特种设备法律法规和安全技术规范的其他要求。

第四十条 气瓶安全总监按照职责要求，直接对本单位主要负责人负责，承担下列职责：

（一）组织宣传、贯彻气瓶有关的法律法规、安全技术规范及相关标准；

（二）组织制定本单位气瓶充装安全管理制度，督促落实气瓶充装安全责任制，组织开展气瓶安全合规管理；

（三）组织制定气瓶事故应急专项预案并开展应急演练；

（四）落实气瓶安全事故报告义务，采取措施防止事故扩大；

（五）对气瓶安全员进行安全教育和技术培训，监督、指导气瓶安全员做好相关工作；

（六）按照规定组织开展气瓶充装安全风险评价工作，拟定并督促落实气瓶充装安全风险防控措施；

（七）对本单位气瓶充装安全管理工作进行检查，及时向主要负责人报告有关情况，提出改进措施；

（八）接受和配合有关部门开展气瓶安全监督检查、定期检验和事故调查等工作，如实提供有关材料；

（九）组织建立并持续维护气瓶充装质量安全追溯体系；

（十）组织编制安全用气须知或者用气说明书；

（十一）组织实施报废气瓶的去功能化和办理注销使用登记；

（十二）本单位投保气瓶充装安全责任保险的，落实相应的保险管理职责；

（十三）履行市场监督管理部门规定和本单位要求的其他气瓶安全管理职责。

气瓶充装单位应当按照前款规定，结合本单位实际，细化制定《气瓶安全总监职责》。

第四十一条 气瓶安全员按照职责要求，对气瓶安全总监或者单位主要负责人负责，承担下列职责：

（一）建立健全气瓶安全技术档案并办理本单位气瓶使用登记；

（二）组织制定气瓶充装安全操作规程；

（三）组织对气瓶作业人员和技术人员进行教育和培训；

（四）对气瓶进行日常巡检，组织实施气瓶充装前、后检查，纠正和制止违章作业行为；

（五）编制气瓶定期检验计划，督促落实气瓶定期检验和后续整改等工作；

（六）按照规定报告气瓶事故，参加气瓶事故救援，协助进行事故调查和善后处理；

（七）落实本单位气瓶充装质量安全追溯体系的各项功能，逐只扫描出厂气瓶追溯标签确保气瓶满足可追溯要求；

（八）负责向用气方宣传用气安全须知或者提供用气说明书；

（九）履行市场监督管理部门规定和本单位要求的其他气瓶安全管理职责。

气瓶充装单位应当按照前款规定，结合本单位实际，细化制定《气瓶安全员守则》。

第四十二条 气瓶充装单位应当建立基于气瓶充装安全风险防控的动态管理机制。结合本单位实际，落实自查要求，制定《气瓶充装安全风险管控清单》，建立健全日管控、周排查、月调度工作制度和机制。

第四十三条 气瓶充装单位应当建立气瓶充装安全日管控制度。气瓶安全员要每日根据《气瓶充装安全风险管控清单》，按照相关安全技术规范和本单位安全管理制度的要求，对气瓶进行巡检，形成《每日气瓶充装安全检查记录》，对发现的安全风险隐患，应当立即采取防范措施，及时上报气瓶安全总监或者单位主要负责人。未发现问题的，也应当予以记录，实行零风险报告。

第四十四条 气瓶充装单位应当建立气瓶充装安全周排查制度。气瓶安全总监要每周至少组织一次风险隐患排查，分析研判气瓶充装安全管理情况，研究解决日管控中发现的问题，形成《每周气瓶充装安全排查治理报告》。

第四十五条 气瓶充装单位应当建立气瓶充装安全月调度制度。气瓶充装单位主要负责人要每月至少听取一次气瓶安全总监管理工作情况汇报，对当月气瓶充装安全日常管理、风险隐患排查治理等情况进行总结，对下个月重点工作作出调度安排，形成《每月气瓶充装安全调度会议纪要》。

第四十六条 气瓶充装单位应当将主要负责人、气瓶安全总监和气瓶安全员的设立、调整情况，《气瓶充装安全风险管控清单》《气瓶安全总监职责》《气瓶安全员守则》以及气瓶安全总监、气瓶安全员提出的意见建议、报告和问题整改落实等履职情况予以记录并存档备查。

第四十七条 市场监督管理部门应当将气瓶充装单位建立并落实气瓶充装安全责任制等管理制度，在日管控、周排查、月调度中发现的气瓶充装安全风险隐患以及整改情况作为监督检查的重要内容。

第四十八条 气瓶充装单位应当对气瓶安全总监和气瓶安全员进行法律法规、标准和专业知识培训、考核，同时对培训、考核情况予以记录并存档备查。

县级以上地方市场监督管理部门按照国家市场监督管理总局制定的《气瓶充装安全管理人员考核指南》，组织对本辖区内气瓶充装单位的气瓶安全总监和气瓶安全员随机进行监督抽查考核并公布考核结果。监督抽查考核不得收取费用。

监督抽查考核不合格，不再符合气瓶充装要求的，充装单位应当立即采取整改措施。

第四十九条 气瓶充装单位应当为气瓶安全总监和气瓶安全员提供必要的工作条件、教育培训和岗位待遇，充分保障其依法履行职责。

鼓励气瓶充装单位建立对气瓶安全总监和气瓶安全员的激励约束机制，对工作成效显著的给予表彰和奖励，对履职不到位的予以惩戒。

市场监督管理部门在查处气瓶充装单位违法行为时，应当将气瓶充装单位落实安全主体责任情况作为判断其主观过错、违法情节、处罚幅度等考量的重要因素。

气瓶充装单位及其主要负责人无正当理由未采纳气瓶安全总监和气瓶安全员依照本规定第三十七条提出的意见或者建议的，应当认为气瓶安全总监和气瓶安全员已经依法履职尽责，不予处罚。

第五十条 气瓶充装单位未按规定建立安全管理制度，或者未按规定配备、培训、考核气瓶安全总监和气瓶安全员的，由县级以上地方市场监督管理部门责令改正并给予通报批评；拒不改正的，处五千元以上五万元以下罚款，并将处罚情况纳入国家企业信用信息公示系统。法律、行政法规另有规定的，依照其规定执行。

气瓶充装单位主要负责人、气瓶安全总监、气瓶安全员未按规定要求落实充装安全责任的，由县级以上地方市场监督管理部门责令改正并给予通报批评；拒不改正的，对责任人处二千元以上一万元以下罚款。法律、行政法规另有规定的，依照其规定执行。

第五十一条 本规定下列用语的含义是：

（一）气瓶充装单位主要负责人是指本单位的法定代表人、法定代表委托人或者实际控制人；

（二）气瓶安全总监是指本单位管理层中负责气瓶充装安全的管理人员；

（三）气瓶安全员是指本单位具体负责气瓶充装安全的检查人员；

（四）气瓶使用单位一般是指气瓶充装单位。

第五章　压力管道

第五十二条 压力管道使用单位应当依法配备压力管道安全总监和压力管道安全员，明确压力管道安全总监和压力管道安全员的岗位职责。

压力管道使用单位主要负责人对本单位压力管道使用安全全面负责，建立并落实压力管道使用安全主体责任的长效机制。压力管道安全总监和压力管道安全员应当按照岗位职责，协助单位主要负责人做好压力管道使用安全管理工作。

第五十三条 压力管道使用单位主要负责人应当支持和保障压力管道安全总监和压力管道安全员依法开展压力管道使用安全管理工作，在作出涉及压力管道安全的重大决策前，应当充分听取压力管道安全总监和压力管道安全员的意见和建议。

压力管道安全员发现压力管道存在一般事故隐患时，应当立即进行处理；发现存在严重事故隐患时，应当立即责令停止使用并向压力管道安全总监报告，压力管道安全总监应当立即组织分析研判，采取处置措施，消除严重事故隐患。

第五十四条 压力管道使用单位应当根据本单位压力管道的数量、用途、使用环境等情况，配备压力管道安全总监和足够数量的压力管道安全员，并逐条明确负责的压力管道安全员。

第五十五条 压力管道安全总监和压力管道安全员应当具备下列压力管道使用安全管理能力：

（一）熟悉压力管道使用相关法律法规、安全技术规范、标准和本单位压力管道安全使用要求；

（二）具备识别和防控压力管道使用安全风险的专业知识；

（三）具备按照相关要求履行岗位职责的能力；

（四）符合特种设备法律法规和安全技术规范的其他要求。

第五十六条 压力管道安全总监按照职责要求，直接对本单位主要负责人负责，承担下列职责：

（一）组织宣传、贯彻压力管道有关的法律法规、安全技术规范及相关标准；

（二）组织制定本单位压力管道使用安全管理制度，督促落实压力管道使用安全责任制，组织开展压力管道安全合规管理；

（三）组织制定压力管道事故应急专项预案并开展应急演练；

（四）落实压力管道安全事故报告义务，采取措施防止事故扩大；

（五）对压力管道安全员进行安全教育和技术培训，监督、指导压力管道安全员做好相关工作；

（六）按照规定组织开展压力管道使用安全风险评价工作，拟定并督促落实压力管道使用安全风险防控措施；

（七）对本单位压力管道使用安全管理工作进行检查，及时向主要负责人报告有关情况，提出改进措施；

（八）接受和配合有关部门开展压力管道安全监督检查、监督检验、定期检验和事故调查等工作，如实提供有关材料；

（九）履行市场监督管理部门规定和本单位要求的其他压力管道使用安全管理职责。

压力管道使用单位应当按照前款规定，结合本单位实际，细化制定《压力管道安全总监职责》。

第五十七条　压力管道安全员按照职责要求，对压力管道安全总监或者单位主要负责人负责，承担下列职责：

（一）建立健全压力管道安全技术档案并办理本单位压力管道使用登记；

（二）组织制定压力管道安全操作规程；

（三）组织对压力管道技术人员进行教育和培训；

（四）组织对压力管道进行日常巡检，纠正和制止违章作业行为；

（五）编制压力管道定期检验计划，督促落实压力管道定期检验和后续整改等工作；

（六）按照规定报告压力管道事故，参加压力管道事故救援，协助进行事故调查和善后处理；

（七）履行市场监督管理部门规定和本单位要求的其他压力管道使用安全管理职责。

压力管道使用单位应当按照前款规定，结合本单位实际，细化制定《压力管道安全员守则》。

第五十八条　压力管道使用单位应当建立基于压力管道安全风险防控的动态管理机制，结合本单位实际，落实自查要求，制定《压力管道安全风险管控清单》，建立健全日管控、周排查、月调度工作制度和机制。

第五十九条　压力管道使用单位应当建立压力管道安全日管控制度。压力管道安全员要每日根据《压力管道安全风险管控清单》，按照相关安全技术规范和本单位安全管理制度的要求，对投入使用的压力管道进行巡检，形成《每日压力管道安全检查记录》，对发现的安全风险隐患，应当立即采取防范措施，及时上报压力管道安全总监或者单位主要负责人。未发现问题的，也应当予以记录，实行零风险报告。

第六十条　压力管道使用单位应当建立压力管道安全周排查制度。压力管道安全总监要每周至少组织一次风险隐患排查，分析研判压力管道使用安全管理情况，研究解决日管控中发现的问题，形成《每周压力管道安全排查治理报告》。

第六十一条　压力管道使用单位应当建立压力管道安全月调度制度。压力管道使用单位主要负责人要每月至少听取一次压力管道安全总监管理工作情况汇报，对当月压力管道安全日常管理、风险隐患排查治理等情况进行总结，对下个月重点工作作出调度安排，形成《每月压力管道安全调度会议纪要》。

第六十二条　压力管道使用单位应当将主要负责人、压力管道安全总监和压力管道安全员的设立、调整情况，《压力管道安全风险管控清单》《压力管道安全总监职责》《压力管道安全员守则》以及压力管道安全总监、压力管道安全员提出的意见建议、报告和问题整改落实等履职情况予以记录并存档备查。

第六十三条　市场监督管理部门应当将压力管道使用单位建立并落实压力管道使用安全责任制等管理制度，在日管控、周排查、月调度中发现的压力管道使用安全风险隐患以及整改情况作为监督检查的重要内容。

第六十四条　压力管道使用单位应当对压力管道安全总监和压力管道安全员进行法律法规、标准和专业知识培训、考核，并同时对培训、考核情况予以记录并存档备查。

县级以上地方市场监督管理部门按照国家市场监督管理总局制定的《压力管道使用安全管

理人员考核指南》，组织对本辖区内压力管道使用单位的压力管道安全总监和压力管道安全员随机进行监督抽查考核并公布考核结果。监督抽查考核不得收取费用。

监督抽查考核不合格，不再符合压力管道使用要求的，使用单位应当立即采取整改措施。

第六十五条 压力管道使用单位应当为压力管道安全总监和压力管道安全员提供必要的工作条件、教育培训和岗位待遇，充分保障其依法履行职责。

鼓励压力管道使用单位建立对压力管道安全总监和压力管道安全员的激励约束机制，对工作成效显著的给予表彰和奖励，对履职不到位的予以惩戒。

市场监督管理部门在查处压力管道使用单位违法行为时，应当将压力管道使用单位落实安全主体责任情况作为判断其主观过错、违法情节、处罚幅度等考量的重要因素。

压力管道使用单位及其主要负责人无正当理由未采纳压力管道安全总监和压力管道安全员依照本规定第五十三条提出的意见或者建议的，应当认为压力管道安全总监和压力管道安全员已经依法履职尽责，不予处罚。

第六十六条 压力管道使用单位未按规定建立安全管理制度，或者未按规定配备、培训、考核压力管道安全总监和压力管道安全员的，由县级以上地方市场监督管理部门责令改正并给予通报批评；拒不改正的，处五千元以上五万元以下罚款，并将处罚情况纳入国家企业信用信息公示系统。法律、行政法规另有规定的，依照其规定执行。

压力管道使用单位主要负责人、压力管道安全总监、压力管道安全员未按规定要求落实使用安全责任的，由县级以上地方市场监督管理部门责令改正并给予通报批评；拒不改正的，对责任人处二千元以上一万元以下罚款。法律、行政法规另有规定的，依照其规定执行。

第六十七条 本规定下列用语的含义是：

（一）压力管道使用单位主要负责人是指本单位的法定代表人、法定代表委托人或者实际控制人；

（二）压力管道安全总监是指本单位管理层中负责压力管道使用安全的管理人员；

（三）压力管道安全员是指本单位具体负责压力管道使用安全的检查人员；

（四）压力管道使用单位是指工业管道使用单位。

第六章 电 梯

第六十八条 电梯使用单位对于安装于民用建筑的井道中，利用沿刚性导轨运行的运载装置，进行运送人、货物的机电设备，应当采购和使用符合电梯相关安全技术规范和标准的电梯。

第六十九条 电梯使用单位应当依法配备电梯安全总监和电梯安全员，明确电梯安全总监和电梯安全员的岗位职责。

电梯使用单位主要负责人对本单位电梯使用安全全面负责，建立并落实电梯使用安全主体责任的长效机制。电梯安全总监和电梯安全员应当按照岗位职责，协助单位主要负责人做好电梯使用安全管理工作。

第七十条 电梯使用单位主要负责人应当支持和保障电梯安全总监和电梯安全员依法开展电梯使用安全管理工作，在作出涉及电梯安全的重大决策前，应当充分听取电梯安全总监和电梯安全员的意见和建议。

电梯安全员发现电梯存在一般事故隐患时，应当立即采取相应措施或者通知电梯维护保养单位予以消除；发现存在严重事故隐患时，应当立即责令停止使用并向电梯安全总监报告，电梯安全总监应当立即组织分析研判，采取处置措施，消除严重事故隐患。

第七十一条 电梯使用单位应当根据本单位电梯的数量、用途、使用环境等情况，配备电梯安全总监和足够数量的电梯安全员，并逐台明确负责的电梯安全员。

第七十二条 电梯安全总监和电梯安全员应当具备下列电梯使用安全管理能力：

（一）熟悉电梯使用相关法律法规、安全技术规范、标准和本单位电梯安全使用要求；

（二）具备识别和防控电梯使用安全风险的专业知识；

（三）具备按照相关要求履行岗位职责的能力；

（四）符合特种设备法律法规和安全技术规范的其他要求。

第七十三条 电梯安全总监按照职责要求，直接对本单位主要负责人负责，承担下列职责：

（一）组织宣传、贯彻电梯有关的法律法规、安全技术规范及相关标准；

（二）组织制定本单位电梯使用安全管理制度，督促落实电梯使用安全责任制，组织开展电梯安全合规管理；

（三）组织制定电梯事故应急专项预案并开展应急演练；

（四）落实电梯安全事故报告义务，采取措施防止事故扩大；

（五）对电梯安全员进行安全教育和技术培训，监督、指导电梯安全员做好相关工作；

（六）按照规定组织开展电梯使用安全风险评价工作，拟定并督促落实电梯使用安全风险防控措施；

（七）对本单位电梯使用安全管理工作进行检查，及时向主要负责人报告有关情况，提出改进措施；

（八）接受和配合有关部门开展电梯安全监督检查、监督检验、定期检验和事故调查等工作，如实提供有关材料；

（九）本单位投保电梯保险的，落实相应的保险管理职责；

（十）履行市场监督管理部门规定和本单位要求的其他电梯使用安全管理职责。

电梯使用单位应当按照前款规定，结合本单位实际，细化制定《电梯安全总监职责》。

第七十四条 电梯安全员按照职责要求，对电梯安全总监或者单位主要负责人负责，承担下列职责：

（一）建立健全电梯安全技术档案并办理本单位电梯使用登记；

（二）组织制定电梯安全操作规程；

（三）妥善保管电梯专用钥匙和工具；

（四）组织对电梯作业人员和技术人员进行教育和培训；

（五）对电梯进行日常巡检，引导和监督正确使用电梯；

（六）对电梯维护保养过程和结果进行监督确认，配合做好现场安全工作；

（七）确保电梯紧急报警装置正常使用，保持电梯应急救援通道畅通，在发生故障和困人等突发情况时，立即安抚相关人员，并组织救援；

（八）编制电梯自行检测和定期检验计划，督促落实电梯自行检测、定期检验和后续整改等工作；

（九）按照规定报告电梯事故，参加电梯事故救援，协助进行事故调查和善后处理；

（十）履行市场监督管理部门规定和本单位要求的其他电梯使用安全管理职责。

电梯使用单位应当按照前款规定，结合本单位实际，细化制定《电梯安全员守则》。

第七十五条 电梯使用单位应当建立基于电梯安全风险防控的动态管理机制，结合本单位实际，落实自查要求，制定《电梯安全风险管控清单》，建立健全日管控、周排查、月调度工作制度和机制。

第七十六条 电梯使用单位应当建立电梯安全日管控制度。电梯安全员要每日根据《电梯安全风险管控清单》，按照相关安全技术规范和本单位安全管理制度的要求，对投入使用的电梯进行巡检，形成《每日电梯安全检查记录》，对发现的安全风险隐患，应当立即通知电梯维护保养单位予以整改，及时上报电梯安全总监或者单位主要负责人。未发现问题的，也应当予以记录，实行零风险报告。

第七十七条　电梯使用单位应当建立电梯安全周排查制度。电梯安全总监要每周至少组织一次风险隐患排查，分析研判电梯使用安全管理情况，研究解决日管控中发现的问题，形成《每周电梯安全排查治理报告》。

电梯安全总监应当对维护保养过程进行全过程或者抽样监督，并作出记录，发现问题的应当及时处理。

第七十八条　电梯使用单位应当建立电梯安全月调度制度。电梯使用单位主要负责人要每月至少听取一次电梯安全总监管理工作情况汇报，对当月电梯安全日常管理、风险隐患排查治理等情况进行总结，对下个月重点工作作出调度安排，形成《每月电梯安全调度会议纪要》。

第七十九条　电梯使用单位应当将主要负责人、电梯安全总监和电梯安全员的设立、调整情况，《电梯安全风险管控清单》《电梯安全总监职责》《电梯安全员守则》以及电梯安全总监、电梯安全员提出的意见建议、报告和问题整改落实等履职情况予以记录并存档备查。

第八十条　市场监督管理部门应当将电梯使用单位建立并落实电梯使用安全责任制等管理制度，在日管控、周排查、月调度中发现的电梯使用安全风险隐患以及整改情况作为监督检查的重要内容。

第八十一条　电梯使用单位应当对电梯安全总监和电梯安全员进行法律法规、标准和专业知识培训、考核，同时对培训、考核情况予以记录并存档备查。

县级以上地方市场监督管理部门按照国家市场监督管理总局制定的《电梯使用安全管理人员考核指南》，组织对本辖区内电梯使用单位的电梯安全总监和电梯安全员随机进行监督抽查考核并公布考核结果。监督抽查考核不得收取费用。

监督抽查考核不合格，不再符合电梯使用要求的，使用单位应当立即采取整改措施。

第八十二条　电梯使用单位应当为电梯安全总监和电梯安全员提供必要的工作条件、教育培训和岗位待遇，充分保障其依法履行职责。

鼓励电梯使用单位建立对电梯安全总监和电梯安全员的激励约束机制，对工作成效显著的给予表彰和奖励，对履职不到位的予以惩戒。

市场监督管理部门在查处电梯使用单位违法行为时，应当将电梯使用单位落实安全主体责任情况作为判断其主观过错、违法情节、处罚幅度等考量的重要因素。

电梯使用单位及其主要负责人无正当理由未采纳电梯安全总监和电梯安全员依照本规定第七十条提出的意见或者建议的，应当认为电梯安全总监和电梯安全员已经依法履职尽责，不予处罚。

第八十三条　违反本规定，在民用建筑的井道中安装不属于第六十八条所述电梯的机电设备，进行运送人、货物的，责令停止使用，限期予以拆除或者重新安装符合要求的电梯。逾期未改正的，由县级以上地方市场监督管理部门依据《中华人民共和国特种设备安全法》第八十四条予以处罚。

第八十四条　电梯使用单位未按规定建立安全管理制度，或者未按规定配备、培训、考核电梯安全总监和电梯安全员的，由县级以上地方市场监督管理部门责令改正并给予通报批评；拒不改正的，处五千元以上五万元以下罚款，并将处罚情况纳入国家企业信用信息公示系统。法律、行政法规另有规定的，依照其规定执行。

电梯使用单位主要负责人、电梯安全总监、电梯安全员未按规定要求落实使用安全责任的，由县级以上地方市场监督管理部门责令改正并给予通报批评；拒不改正的，对责任人处二千元以上一万元以下罚款。法律、行政法规另有规定的，依照其规定执行。

第八十五条 电梯使用单位是指实际行使电梯使用管理权的单位。符合下列情形之一的为电梯使用单位：

（一）新安装未移交所有权人的，项目建设单位是使用单位；

（二）单一产权且自行管理的，电梯所有权人是使用单位；

（三）委托物业服务企业等市场主体管理的，受委托方是使用单位；

（四）出租房屋内安装的电梯或者出租电梯的，出租单位是使用单位，法律另有规定或者当事人另有约定的，从其规定或者约定；

（五）属于共有产权的，共有人须委托物业服务企业、维护保养单位或者专业公司等市场主体管理电梯，受委托方是使用单位。

除上述情形之外无法确定使用单位的，由电梯所在地乡镇人民政府、街道办事处协调确定使用单位，或者由电梯所在地乡镇人民政府、街道办事处承担使用单位责任。

第八十六条 本规定下列用语的含义是：

（一）电梯使用单位主要负责人是指本单位的法定代表人、法定代表委托人或者实际控制人；

（二）电梯安全总监是指本单位管理层中负责电梯使用安全的管理人员；

（三）电梯安全员是指本单位具体负责电梯使用安全的检查人员。

第七章 起 重 机 械

第八十七条 起重机械使用单位应当依法配备起重机械安全总监和起重机械安全员，明确起重机械安全总监和起重机械安全员的岗位职责。

起重机械使用单位主要负责人对本单位起重机械使用安全全面负责，建立并落实起重机械使用安全主体责任的长效机制。起重机械安全总监和起重机械安全员应当按照岗位职责，协助单位主要负责人做好起重机械使用安全管理工作。

第八十八条 起重机械使用单位主要负责人应当支持和保障起重机械安全总监和起重机械安全员依法开展起重机械使用安全管理工作，在作出涉及起重机械安全的重大决策前，应当充分听取起重机械安全总监和起重机械安全员的意见和建议。

起重机械安全员发现起重机械存在一般事故隐患时，应当立即进行处理；发现存在严重事故隐患时，应当立即责令停止使用并向起重机械安全总监报告，起重机械安全总监应当立即组织分析研判，采取处置措施，消除严重事故隐患。

第八十九条 起重机械使用单位应当根据本单位起重机械的数量、用途、使用环境等情况，配备起重机械安全总监和足够数量的起重机械安全员，并逐台明确负责的起重机械安全员。

第九十条 起重机械安全总监和起重机械安全员应当具备下列起重机械使用安全管理能力：

（一）熟悉起重机械使用相关法律法规、安全技术规范、标准和本单位起重机械安全使用要求；

（二）具备识别和防控起重机械使用安全风险的专业知识；

（三）具备按照相关要求履行岗位职责的能力；

（四）符合特种设备法律法规和安全技术规范的其他要求。

第九十一条 起重机械安全总监按照职责要求，直接对本单位主要负责人负责，承担下列职责：

（一）组织宣传、贯彻起重机械有关的法律法规、安全技术规范及相关标准；

（二）组织制定本单位起重机械使用安全管理制度，督促落实起重机械使用安全责任制，组织开展起重机械安全合规管理；

（三）组织制定起重机械事故应急专项预案并开展应急演练；

（四）落实起重机械安全事故报告义务，采取措施防止事故扩大；

（五）对起重机械安全员进行安全教育和技术培训，监督、指导起重机械安全员做好相关工作；

（六）按照规定组织开展起重机械使用安全风险评价工作，拟定并督促落实起重机械使用安全风险防控措施；

（七）对本单位起重机械使用安全管理工作进行检查，及时向主要负责人报告有关情况，提出改进措施；

（八）接受和配合有关部门开展起重机械安全监督检查、监督检验、定期检验和事故调查等工作，如实提供有关材料；

（九）履行市场监督管理部门规定和本单位要求的其他起重机械使用安全管理职责。

起重机械使用单位应当按照前款规定，结合本单位实际，细化制定《起重机械安全总监职责》。

第九十二条 起重机械安全员按照职责要求，对起重机械安全总监或者单位主要负责人负责，承担下列职责：

（一）建立健全起重机械安全技术档案并办理本单位起重机械使用登记；

（二）组织制定起重机械安全操作规程；

（三）组织对起重机械作业人员进行教育和培训，指导和监督作业人员正确使用起重机械；

（四）对起重机械进行日常巡检，纠正和制止违章作业行为；

（五）编制起重机械定期检验计划，督促落实起重机械定期检验和后续整改等工作；

（六）按照规定报告起重机械事故，参加起重机械事故救援，协助进行事故调查和善后处理；

（七）履行市场监督管理部门规定和本单位要求的其他起重机械使用安全管理职责。

起重机械使用单位应当按照前款规定，结合本单位实际，细化制定《起重机械安全员守则》。

第九十三条 起重机械使用单位应当建立基于起重机械安全风险防控的动态管理机制，结合本单位实际，落实自查要求，制定《起重机械安全风险管控清单》，建立健全日管控、周排查、月调度工作制度和机制。

第九十四条 起重机械使用单位应当建立起重机械安全日管控制度。起重机械安全员每日根据《起重机械安全风险管控清单》，按照相关安全技术规范和本单位安全管理制度的要求，对投入使用的起重机械进行巡检，形成《每日起重机械安全检查记录》，对发现的安全风险隐患，应当立即采取防范措施，及时上报起重机械安全总监或者单位主要负责人。未发现问题的，也应当予以记录，实行零风险报告。

第九十五条 起重机械使用单位应当建立起重机械安全周排查制度。起重机械安全总监要每周至少组织一次风险隐患排查，分析研判起重机械使用安全管理情况，研究解决日管控中发现的问题，形成《每周起重机械安全排查治理报告》。

第九十六条 起重机械使用单位应当建立起重机械安全月调度制度。起重机械使用单位主要负责人要每月至少听取一次起重机械安全总监管理工作情况汇报，对当月起重机械安全日常管理、风险隐患排查治理等情况进行总结，对下个月重点工作作出调度安排，形成《每月起重机械安全调度会议纪要》。

第九十七条 起重机械使用单位应当将主要负责人、起重机械安全总监和起重机械安全员的设立、调整情况，《起重机械安全风险管控清单》《起重机械安全总监职责》《起重机械安全员守则》以及起重机械安全总监、起重机械安全员提出的意见建议、报告和问题整改落实等履职情况予以记录并存档备查。

第九十八条 市场监督管理部门应当将起重机械使用单位建立并落实起重机械使用安全责任制等管理制度，在日管控、周排查、月调度中发现的起重机械使用安全风险隐患以及整改情况作为监督检查的重要内容。

第九十九条 起重机械使用单位应当对起重机械安全总监和起重机械安全员进行法律法规、标准和专业知识培训、考核，同时对培训、考核情况予以记录并存档备查。

县级以上地方市场监督管理部门按照国家市场监督管理总局制定的《起重机械使用安全管理人员考核指南》，组织对本辖区内起重机械使用单位的起重机械安全总监和起重机械安全员随机进行监督抽查考核并公布考核结果。监督抽查考核不得收取费用。

监督抽查考核不合格，不再符合起重机械使用要求的，使用单位应当立即采取整改措施。

第一百条 起重机械使用单位应当为起重机械安全总监和起重机械安全员提供必要的工作条件、教育培训和岗位待遇，充分保障其依法履行职责。

鼓励起重机械使用单位建立对起重机械安全总监和起重机械安全员的激励约束机制，对工作成效显著的给予表彰和奖励，对履职不到位的予以惩戒。

市场监督管理部门在查处起重机械使用单位违法行为时，应当将起重机械使用单位落实安全主体责任情况作为判断其主观过错、违法情节、处罚幅度等考量的重要因素。

起重机械使用单位及其主要负责人无正当理由未采纳起重机械安全总监和起重机械安全员依照本规定第八十八条提出的意见或者建议的，应当认为起重机械安全总监和起重机械安全员已经依法履职尽责，不予处罚。

第一百零一条 起重机械使用单位未按规定建立安全管理制度，或者未按规定配备、培训、考核起重机械安全总监和起重机械安全员的，由县级以上地方市场监督管理部门责令改正并给予通报批评；拒不改正的，处五千元以上五万元以下罚款，并将处罚情况纳入国家企业信用信息公示系统。法律、行政法规另有规定的，依照其规定执行。

起重机械使用单位主要负责人、起重机械安全总监、起重机械安全员未按规定要求落实使用安全责任的，由县级以上地方市场监督管理部门责令改正并给予通报批评；拒不改正的，对责任人处二千元以上一万元以下罚款。法律、行政法规另有规定的，依照其规定执行。

第一百零二条 本规定下列用语的含义是：

（一）起重机械使用单位主要负责人是指本单位的法定代表人、法定代表委托人或者实际控制人；

（二）起重机械安全总监是指本单位管理层中负责起重机械使用安全的管理人员；

（三）起重机械安全员是指本单位具体负责起重机械使用安全的检查人员。

第八章　客 运 索 道

第一百零三条 客运索道使用单位应当依法配备客运索道安全总监和客运索道安全员，明确客运索道安全总监和客运索道安全员的岗位职责。

客运索道使用单位主要负责人对本单位客运索道使用安全全面负责，建立并落实客运索道使用安全主体责任的长效机制。客运索道安全总监和客运索道安全员应当按照岗位职责，协助单位主要负责人做好客运索道使用安全管理工作。

第一百零四条 客运索道使用单位主要负责人应当支持和保障客运索道安全总监和客运索道安全员依法开展客运索道使用安全管理工作，在作出涉及客运索道安全的重大决策前，应当充分听取客运索道安全总监和客运索道安全员的意见和建议。

客运索道安全员发现客运索道存在一般事故隐患时，应当立即进行处理；发现存在严重事故隐患时，应当立即责令停止使用并向客运索道安全总监报告，客运索道安全总监应当立即组织分析研判，采取处置措施，消除严重事故隐患。

第一百零五条 客运索道使用单位应当根据本单位客运索道的数量、用途、使用环境等情况，配备客运索道安全总监和足够数量的客运索道安全员，并逐条明确负责的客运索道安全员。

第一百零六条 客运索道安全总监和客运索道安全员应当具备下列客运索道使用安全管理能力：

（一）熟悉客运索道使用相关法律法规、安全技术规范、标准和本单位客运索道安全使用要求；

（二）具备识别和防控客运索道使用安全风险的专业知识；

（三）具备按照相关要求履行岗位职责的能力；

（四）符合特种设备法律法规和安全技术规范的其他要求。

第一百零七条 客运索道安全总监按照职责要求，直接对本单位主要负责人负责，承担下列职责：

（一）组织宣传、贯彻客运索道有关的法律法规、安全技术规范及相关标准；

（二）组织制定本单位客运索道使用安全管理制度，督促落实客运索道使用安全责任制，组织开展索道安全合规管理；

（三）组织制定客运索道事故应急专项预案并开展应急演练；

（四）落实客运索道安全事故报告义务，采取措施防止事故扩大；

（五）对客运索道安全员进行安全教育和技术培训，监督、指导客运索道安全员做好相关工作；

（六）按照规定组织开展客运索道使用安全风险评价工作，拟定并督促落实客运索道使用安全风险防控措施；

（七）对本单位客运索道使用安全管理工作进行检查，及时向主要负责人报告有关情况，提出改进措施；

（八）接受和配合有关部门开展客运索道安全监督检查、监督检验、定期检验和事故调查等工作，如实提供有关材料；

（九）本单位投保客运索道保险的，落实相应的保险管理职责；

（十）履行市场监督管理部门规定和本单位要求的其他客运索道使用安全管理职责。

客运索道使用单位应当按照前款规定，结合本单位实际，细化制定《客运索道安全总监职责》。

第一百零八条 客运索道安全员按照职责要求，对客运索道安全总监或者单位主要负责人负责，承担下列职责：

（一）建立健全客运索道安全技术档案并办理本单位客运索道使用登记；

（二）组织制定客运索道安全操作规程；

（三）组织对客运索道作业人员和技术人员进行教育和培训；

（四）组织对客运索道进行日常巡检，纠正和制止违章作业行为；

（五）编制客运索道定期检验计划，督促落实客运索道定期检验和后续整改等工作；

（六）按照规定报告客运索道事故，参加客运索道事故救援，协助进行事故调查和善后处理；

（七）履行市场监督管理部门规定和本单位要求的其他客运索道使用安全管理职责。

客运索道使用单位应当按照前款规定，结合本单位实际，细化制定《客运索道安全员守则》。

第一百零九条 客运索道使用单位应当建立基于客运索道安全风险防控的动态管理机制，结合本单位实际，落实自查要求，制定《客运索道安全风险管控清单》，建立健全日管控、周排查、月调度工作制度和机制。

第一百一十条 客运索道使用单位应当建立客运索道安全日管控制度。客运索道安全员要组织在客运索道每日投入使用前，根据《客运索道安全风险管控清单》，按照相关安全技术规范和本单位安全管理制度的要求，进行试运行和例行安全检查，形成《每日客运索道安全检查记录》。对发现的安全风险隐患，应当立即采取防范措施，及时上报客运索道安全总监或者单位主要负责人。未发现问题的，也应当予以记录，实行零风险报告。

第一百一十一条 客运索道使用单位应当建立客运索道安全周排查制度。客运索道安全总监要每周至少组织一次风险隐患排查，分析研判客运索道使用安全管理情况，研究解决日管控中发现的问题，形成《每周客运索道安全排查治理报告》。

第一百一十二条 客运索道使用单位应当建立客运索道安全月调度制度。客运索道使用单位主要负责人要每月至少听取一次客运索道安全总监管理工作情况汇报，对当月客运索道安全日常管理、风险隐患排查治理等情况进行总结，对下个月重点工作作出调度安排，形成《每月客运索道安全调度会议纪要》。

第一百一十三条 客运索道使用单位应当将主要负责人、客运索道安全总监和客运索道安全员的设立、调整情况，《客运索道安全风险管控清单》《客运索道安全总监职责》《客运索道安全员守则》以及客运索道安全总监、客运索道安全员提出的意见建议、报告和问题整改落实等履职情况予以记录并存档备查。

第一百一十四条 市场监督管理部门应当将客运索道使用单位建立并落实客运索道使用安全责任制等管理制度，在日管控、周排查、月调度中发现的客运索道使用安全风险隐患以及整改情况作为监督检查的重要内容。

第一百一十五条 客运索道使用单位应当对客运索道安全总监和客运索道安全员进行法律法规、标准和专业知识培训、考核，同时对培训、考核情况予以记录并存档备查。

县级以上地方市场监督管理部门按照国家市场监督管理总局制定的《客运索道使用安全管理人员考核指南》，组织对本辖区内客运索道使用单位的客运索道安全总监和客运索道安全员随机进行监督抽查考核并公布考核结果。监督抽查考核不得收取费用。

监督抽查考核不合格，不再符合客运索道使用要求的，使用单位应当立即采取整改措施。

第一百一十六条 客运索道使用单位应当为客运索道安全总监和客运索道安全员提供必要的工作条件、教育培训和岗位待遇，充分保障其依法履行职责。

鼓励客运索道使用单位建立对客运索道安全总监和客运索道安全员的激励约束机制，对工作成效显著的给予表彰和奖励，对履职不到位的予以惩戒。

市场监督管理部门在查处客运索道使用单位违法行为时，应当将客运索道使用单位落实安全主体责任情况作为判断其主观过错、违法情节、处罚幅度等考量的重要因素。

客运索道使用单位及其主要负责人无正当理由未采纳客运索道安全总监和客运索道安全员依照本规定第一百零四条提出的意见或者建议的，应当认为客运索道安全总监和客运索道安全员已经依法履职尽责，不予处罚。

第一百一十七条 客运索道使用单位未按规定建立安全管理制度，或者未按规定配备、培训、考核客运索道安全总监和客运索道安全员的，由县级以上地方市场监督管理部门责令改正并给予通报批评；拒不改正的，处五千元以上五万元以下罚款，并将处罚情况纳入国家企业信用信息公示系统。法律、行政法规另有规定的，依照其规定执行。

客运索道使用单位主要负责人、客运索道安全总监、客运索道安全员未按规定要求落实使用安全责任的，由县级以上地方市场监督管理部门责令改正并给予通报批评；拒不改正的，对责任人处二千元以上一万元以下罚款。法律、行政法规另有规定的，依照其规定执行。

第一百一十八条　本规定下列用语的含义是：

（一）客运索道使用单位主要负责人是指本单位的法定代表人、法定代表委托人或者实际控制人；

（二）客运索道安全总监是指本单位管理层中负责客运索道使用安全的管理人员；

（三）客运索道安全员是指本单位具体负责客运索道使用安全的检查人员。

第九章　大型游乐设施

第一百一十九条　大型游乐设施使用单位应当依法配备大型游乐设施安全总监和大型游乐设施安全员，明确大型游乐设施安全总监和大型游乐设施安全员的岗位职责。

大型游乐设施使用单位主要负责人对本单位大型游乐设施使用安全全面负责，建立并落实大型游乐设施使用安全主体责任的长效机制。大型游乐设施安全总监和大型游乐设施安全员应当按照岗位职责，协助单位主要负责人做好大型游乐设施使用安全管理工作。

第一百二十条　大型游乐设施使用单位主要负责人应当支持和保障大型游乐设施安全总监和大型游乐设施安全员依法开展大型游乐设施使用安全管理工作，在作出涉及大型游乐设施安全的重大决策前，应当充分听取大型游乐设施安全总监和大型游乐设施安全员的意见和建议。

大型游乐设施安全员发现大型游乐设施存在一般事故隐患时，应当立即进行处理；发现存在严重事故隐患时，应当立即责令停止使用并向大型游乐设施安全总监报告，大型游乐设施安全总监应当立即组织分析研判，采取处置措施，消除严重事故隐患。

第一百二十一条　大型游乐设施使用单位应当根据本单位大型游乐设施的数量、用途、使用环境等情况，配备大型游乐设施安全总监和足够数量的大型游乐设施安全员，并逐台明确负责的大型游乐设施安全员。

第一百二十二条　大型游乐设施安全总监和大型游乐设施安全员应当具备下列大型游乐设施使用安全管理能力：

（一）熟悉大型游乐设施使用相关法律法规、安全技术规范、标准和本单位大型游乐设施安全使用要求；

（二）具备识别和防控大型游乐设施使用安全风险的专业知识；

（三）具备按照相关要求履行岗位职责的能力；

（四）符合特种设备法律法规和安全技术规范的其他要求。

第一百二十三条　大型游乐设施安全总监按照职责要求，直接对本单位主要负责人负责，承担下列职责：

（一）组织宣传、贯彻大型游乐设施有关的法律法规、安全技术规范及相关标准；

（二）组织制定本单位大型游乐设施使用安全管理制度，督促落实大型游乐设施使用安全责任制，组织开展大型游乐设施安全合规管理；

（三）组织制定大型游乐设施事故应急专项预案并开展应急演练；

（四）落实大型游乐设施安全事故报告义务，采取措施防止事故扩大；

（五）对大型游乐设施安全员进行安全教育和技术培训，监督、指导大型游乐设施安全员做好相关工作；

（六）按照规定组织开展大型游乐设施使用安全风险评价工作，拟定并督促落实大型游乐设施使用安全风险防控措施；

（七）对本单位大型游乐设施使用安全管理工作进行检查，及时向主要负责人报告有关情况，提出改进措施；

（八）接受和配合有关部门开展大型游乐设施安全监督检查、监督检验、定期检验和事故调查等工作，如实提供有关材料；

（九）履行市场监督管理部门规定和本单位要求的其他大型游乐设施使用安全管理职责。

大型游乐设施使用单位应当按照前款规定，结合本单位实际，细化制定《大型游乐设施安全总监职责》。

第一百二十四条 大型游乐设施安全员按照职责要求，对大型游乐设施安全总监或者单位主要负责人负责，承担下列职责：

（一）建立健全大型游乐设施安全技术档案并办理本单位大型游乐设施使用登记；

（二）组织制定各类大型游乐设施安全操作规程；

（三）组织对大型游乐设施作业人员和技术人员进行教育和培训；

（四）组织对大型游乐设施进行日常检查，纠正和制止违章作业行为；

（五）编制大型游乐设施定期检验计划，督促落实大型游乐设施定期检验和后续整改等工作；

（六）按照规定报告大型游乐设施事故，参加大型游乐设施事故救援，协助进行事故调查和善后处理；

（七）履行市场监督管理部门规定和本单位要求的其他大型游乐设施使用安全管理责任。

大型游乐设施使用单位应当按照前款规定，结合本单位实际，细化制定《大型游乐设施安全员守则》。

第一百二十五条 大型游乐设施使用单位应当建立基于大型游乐设施安全风险防控的动态管理机制，结合本单位实际，落实自查要求，制定《大型游乐设施安全风险管控清单》，建立健全日管控、周排查、月调度工作制度和机制。

第一百二十六条 大型游乐设施使用单位应当建立安全日管控制度。大型游乐设施安全员应组织在大型游乐设施每日投入使用前，根据《大型游乐设施安全风险管控清单》，按照相关安全技术规范和本单位安全管理制度的要求，进行试运行和例行安全检查，形成《每日大型游乐设施安全检查记录》。对发现的安全风险隐患，应当立即采取防范措施，及时上报大型游乐设施安全总监或者单位主要负责人。未发现问题的，也应当予以记录，实行零风险报告。

第一百二十七条 大型游乐设施使用单位应当建立大型游乐设施安全周排查制度。大型游乐设施安全总监每周至少组织一次风险隐患排查，分析研判大型游乐设施使用安全管理情况，研究解决日管控中发现的问题，形成《每周大型游乐设施安全排查治理报告》。

第一百二十八条 大型游乐设施使用单位应当建立大型游乐设施使用安全管理月调度制度。大型游乐设施使用单位主要负责人要每月至少听取一次大型游乐设施安全总监管理工作情况汇报，对当月大型游乐设施安全日常管理、风险隐患排查治理等情况进行总结，对下个月重点工作作出调度安排，形成《每月大型游乐设施安全调度会议纪要》。

第一百二十九条 大型游乐设施使用单位应当将主要负责人、大型游乐设施安全总监和大型游乐设施安全员的设立、调整情况，《大型游乐设施安全风险管控清单》《大型游乐设施安全总监职责》《大型游乐设施安全员守则》以及大型游乐设施安全总监、大型游乐设施安全员提出的意见建议、报告和问题整改落实等履职情况予以记录并存档备查。

第一百三十条 市场监督管理部门应当将大型游乐设施使用单位建立并落实大型游乐设施使用安全责任制等管理制度，在日管控、周排查、月调度中发现的大型游乐设施使用安全风险隐患以及整改情况作为监督检查的重要内容。

第一百三十一条 大型游乐设施使用单位应当对大型游乐设施安全总监和大型游乐设施安全员进行法律法规、标准和专业知识培训、考核，同时对培训、考核情况予以记录并存档备查。

县级以上地方市场监督管理部门按照国家市场监督管理总局制定的《大型游乐设施使用安全管理人员考核指南》，组织对本辖区内大型游乐设施使用单位的大型游乐设施安全总监和大型游乐设施安全员随机进行监督抽查考核并公布考核结果。监督抽查考核不得收取费用。

监督抽查考核不合格，不再符合大型游乐设施使用要求的，使用单位应当立即采取整改措施。

第一百三十二条 大型游乐设施使用单位应当为大型游乐设施安全总监和大型游乐设施安全员提供必要的工作条件、教育培训和岗位待遇，充分保障其依法履行职责。

鼓励大型游乐设施使用单位建立对大型游乐设施安全总监和大型游乐设施安全员的激励约束机制，对工作成效显著的给予表彰和奖励，对履职不到位的予以惩戒。

市场监督管理部门在查处大型游乐设施使用单位违法行为时，应当将大型游乐设施使用单位落实安全主体责任情况作为判断其主观过错、违法情节、处罚幅度等考量的重要因素。

大型游乐设施使用单位及其主要负责人无正当理由未采纳大型游乐设施安全总监和大型游乐设施安全员依照本规定第一百二十条提出的意见或者建议，应当认为大型游乐设施安全总监和大型游乐设施安全员已经依法履职尽责，不予处罚。

第一百三十三条 大型游乐设施使用单位未按规定建立安全管理制度，或者未按规定配备、培训、考核大型游乐设施安全总监和大型游乐设施安全员的，由县级以上地方市场监督管理部门责令改正并给予通报批评；拒不改正的，处五千元以上五万元以下罚款，并将处罚情况纳入国家企业信用信息公示系统。法律、行政法规另有规定的，依照其规定执行。

大型游乐设施使用单位主要负责人、大型游乐设施安全总监、大型游乐设施安全员未按规定要求落实使用安全责任的，由县级以上地方市场监督管理部门责令改正并给予通报批评；拒不改正，对责任人处二千元以上一万元以下罚款。法律、行政法规另有规定的，依照其规定执行。

第一百三十四条 本规定下列用语的含义是：

（一）大型游乐设施使用单位主要负责人是指本单位的法定代表人、法定代表委托人或者实际控制人；

（二）大型游乐设施安全总监是指本单位管理层中负责大型游乐设施使用安全的管理人员；

（三）大型游乐设施安全员是指本单位具体负责大型游乐设施使用安全的检查人员。

第十章 场（厂）内专用机动车辆

第一百三十五条 场（厂）内专用机动车辆（以下简称场车）使用单位应当依法配备场车安全总监和场车安全员，明确场车安全总监和场车安全员的岗位职责。

场车使用单位主要负责人对本单位场车使用安全全面负责，建立并落实场车使用安全主体责任的长效机制。场车安全总监和场车安全员应当按照岗位职责，协助单位主要负责人做好场车使用安全管理工作。

第一百三十六条 场车使用单位主要负责人应当支持和保障场车安全总监和场车安全员依法开展场车使用安全管理工作，在作出涉及场车安全的重大决策前，应当充分听取场车安全总监和场车安全员的意见和建议。

场车安全员发现场车存在一般事故隐患时，应当立即进行处理；发现存在严重事故隐患时，应当立即责令停止使用并向场车安全总监报告，场车安全总监应当立即组织分析研判，采取处置措施，消除严重事故隐患。

第一百三十七条 场车使用单位应当根据本单位场车的数量、用途、使用环境等情况，配备场车安全总监和足够数量的场车安全员，并逐台明确负责的场车安全员。

第一百三十八条 场车安全总监和场车安全员应当具备下列场车使用安全管理能力：

（一）熟悉场车使用相关法律法规、安全技术规范、标准和本单位场车安全使用要求；

（二）具备识别和防控场车使用安全风险的专业知识；

（三）具备按照相关要求履行岗位职责的能力；

（四）符合特种设备法律法规和安全技术规范的其他要求。

第一百三十九条 场车安全总监按照职责要求，直接对本单位主要负责人负责，承担下列职责：

（一）组织宣传、贯彻场车有关的法律法规、安全技术规范及相关标准；

（二）组织制定本单位场车使用安全管理制度，督促落实场车使用安全责任制，组织开展场车安全合规管理；

（三）组织制定场车事故应急专项预案并开展应急演练；

（四）落实场车安全事故报告义务，采取措施防止事故扩大；

（五）对场车安全员进行安全教育和技术培训，监督、指导场车安全员做好相关工作；

（六）按照规定组织开展场车使用安全风险评价工作，拟定并督促落实场车使用安全风险防控措施；

（七）对本单位场车使用安全管理工作进行检查，及时向主要负责人报告有关情况，提出改进措施；

（八）接受和配合有关部门开展场车安全监督检查、定期检验和事故调查等工作，如实提供有关材料；

（九）履行市场监督管理部门规定和本单位要求的其他场车使用安全管理职责。

场车使用单位应当按照前款规定，结合本单位实际，细化制定《场车安全总监职责》。

第一百四十条 场车安全员按照职责要求，对场车安全总监或者单位主要负责人负责，承担下列职责：

（一）建立健全场车安全技术档案，并办理本单位场车使用登记；

（二）组织制定场车安全操作规程；

（三）组织对场车作业人员进行教育和培训，指导和监督作业人员正确使用场车；

（四）对场车和作业区域进行日常巡检，纠正和制止违章作业行为；

（五）编制场车定期检验计划，督促落实场车定期检验和后续整改等工作；

（六）按照规定报告场车事故，参加场车事故救援，协助进行事故调查和善后处理；

（七）履行市场监督管理部门规定和本单位要求的其他场车使用安全管理职责。

场车使用单位应当按照前款规定，结合本单位实际，细化制定《场车安全员守则》。

第一百四十一条 场车使用单位应当建立基于场车安全风险防控的动态管理机制，结合本单位实际，落实自查要求，制定《场车安全风险管控清单》，建立健全日管控、周排查、月调度工作制度和机制。

第一百四十二条 场车使用单位应当建立场车安全日管控制度。

场车安全员要每日根据《场车安全风险管控清单》，按照相关安全技术规范和本单位安全管理制度的要求，对投入使用的场车和作业区域进行巡检，形成《每日场车安全检查记录》，对发现的安全风险隐患，应当立即采取防范措施，及时上报场车安全总监或者单位主要负责人。未发现问题的，也应当予以记录，实行零风险报告。

第一百四十三条 场车使用单位应当建立场车安全周排查制度。场车安全总监要每周至少组织一次风险隐患排查，分析研判场车使用安全管理情况，研究解决日管控中发现的问题，形成

《每周场车安全排查治理报告》。

第一百四十四条 场车使用单位应当建立场车安全月调度制度。场车使用单位主要负责人要每月至少听取一次场车安全总监管理工作情况汇报，对当月场车安全日常管理、风险隐患排查治理等情况进行总结，对下个月重点工作作出调度安排，形成《每月场车安全调度会议纪要》。

第一百四十五条 场车使用单位应当将主要负责人、场车安全总监和场车安全员的设立、调整情况，《场车安全风险管控清单》《场车安全总监职责》《场车安全员守则》以及场车安全总监、场车安全员提出的意见建议、报告和问题整改落实等履职情况予以记录并存档备查。

第一百四十六条 市场监督管理部门应当将场车使用单位建立并落实场车使用安全责任制等管理制度，在日管控、周排查、月调度中发现的场车使用安全风险隐患以及整改情况作为监督检查的重要内容。

第一百四十七条 场车使用单位应当对场车安全总监和场车安全员进行法律法规、标准和专业知识培训、考核，同时对培训、考核情况予以记录并存档备查。

县级以上地方市场监督管理部门按照国家市场监督管理总局制定的《场车使用安全管理人员考核指南》，组织对本辖区内场车使用单位的场车安全总监和场车安全员随机进行监督抽查考核并公布考核结果。监督抽查考核不得收取费用。

监督抽查考核不合格，不再符合场车使用要求的，使用单位应当立即采取整改措施。

第一百四十八条 场车使用单位应当为场车安全总监和场车安全员提供必要的工作条件、教育培训和岗位待遇，充分保障其依法履行职责。

鼓励场车使用单位建立对场车安全总监和场车安全员的激励约束机制，对工作成效显著的给予表彰和奖励，对履职不到位的予以惩戒。

市场监督管理部门在查处场车使用单位违法行为时，应当将场车使用单位落实安全主体责任情况作为判断其主观过错、违法情节、处罚幅度等考量的重要因素。

场车使用单位及其主要负责人无正当理由未采纳场车安全总监和场车安全员依照本规定第一百三十六条提出的意见或者建议的，应当认为场车安全总监和场车安全员已经依法履职尽责，不予处罚。

第一百四十九条 场车使用单位未按规定建立安全管理制度，或者未按规定配备、培训、考核场车安全总监和场车安全员的，由县级以上地方市场监督管理部门责令改正并给予通报批评；拒不改正的，处五千元以上五万元以下罚款，并将处罚情况纳入国家企业信用信息公示系统。法律、行政法规另有规定的，依照其规定执行。

场车使用单位主要负责人、场车安全总监、场车安全员未按规定要求落实使用安全责任的，由县级以上地方市场监督管理部门责令改正并给予通报批评；拒不改正，对责任人处二千元以上一万元以下罚款。法律、行政法规另有规定的，依照其规定执行。

第一百五十条 本规定下列用语的含义是：

（一）场车使用单位主要负责人是指本单位的法定代表人、法定代表委托人或者实际控制人；

（二）场车安全总监是指本单位管理层中负责场车使用安全的管理人员；

（三）场车安全员是指本单位具体负责场车使用安全的检查人员。

第十一章 附　　则

第一百五十一条 本规定自 2023 年 5 月 5 日起施行。

特种设备生产单位落实质量安全主体责任监督管理规定

（2023年4月4日国家市场监督管理总局令第73号公布　自2023年5月5日起施行）

第一章　总　　则

第一条　为了督促特种设备生产单位，包括锅炉、压力容器、气瓶、压力管道、电梯、起重机械、客运索道、大型游乐设施、场（厂）内专用机动车辆的设计、制造、安装、改造、修理单位（以下简称生产单位），落实质量安全主体责任，强化生产单位主要负责人特种设备质量安全责任，规范质量安全管理人员行为，根据《中华人民共和国特种设备安全法》《特种设备安全监察条例》等法律法规，制定本规定。

第二条　特种设备生产单位主要负责人、质量安全总监、质量安全员，依法落实特种设备质量安全责任的行为及其监督管理，适用本规定。

第三条　特种设备生产单位应当建立健全质量保证、安全管理和岗位责任等制度，落实质量安全责任制，依法配备与生产相适应的专业技术人员、设备、设施和工作场所。特种设备生产单位应当保证特种设备生产符合安全技术规范及相关标准的要求，对其生产的特种设备的安全性能负责。

第二章　锅　　炉

第四条　锅炉生产单位应当依法配备质量安全总监和质量安全员，明确质量安全总监和质量安全员的岗位职责。

锅炉生产单位主要负责人对本单位锅炉质量安全全面负责，建立并落实锅炉质量安全主体责任的长效机制。质量安全总监和质量安全员应当按照岗位职责，协助单位主要负责人做好锅炉质量安全管理工作。

第五条　锅炉生产单位主要负责人应当支持和保障质量安全总监和质量安全员依法开展锅炉质量安全管理工作，在作出涉及锅炉质量安全的重大决策前，应当充分听取质量安全总监和质量安全员的意见和建议。

质量安全总监、质量安全员发现锅炉产品存在危及安全的缺陷时，应当提出停止相关锅炉生产等否决建议，锅炉生产单位应当立即分析研判，采取处置措施，消除风险隐患。对已经出厂的产品发现存在同一性缺陷的，应当依法及时召回，并报当地省级市场监督管理部门。

第六条　质量安全总监和质量安全员应当具备下列锅炉质量安全管理能力：

（一）熟悉锅炉生产相关法律法规、安全技术规范、标准和本单位质量保证体系；

（二）质量安全总监不得兼任质量安全员，质量安全员最多只能担任两个不相关的质量控制岗位；

（三）具备识别和防控锅炉质量安全风险的专业知识；

（四）熟悉本单位锅炉质量安全相关的设施设备、工艺流程、操作规程等生产过程控制要求；

（五）具有与所负责工作相关的专业教育背景和工作经验，熟悉任职岗位的工作任务和要求；

（六）符合特种设备法律法规和安全技术规范的其他要求。

第七条 质量安全总监按照职责要求，直接对本单位主要负责人负责，承担下列职责：

（一）组织贯彻、实施锅炉有关的法律法规、安全技术规范及相关标准，对质量保证系统的实施负责；

（二）组织制定质量保证手册、程序文件、作业指导书等质量保证体系文件，批准程序文件；

（三）指导和协调、监督检查质量保证体系各质量控制系统的工作；

（四）组织建立并持续维护锅炉质量安全追溯体系；

（五）组织质量分析、质量审核并协助进行管理评审工作；

（六）实施对不合格品（项）的控制，行使质量安全一票否决权；

（七）建立企业公告板制度，对所生产的锅炉安全事故事件、质量缺陷和事故隐患等情况，及时予以公示；

（八）组织建立和健全内外部质量信息反馈和处理的信息系统；

（九）向市场监督管理部门如实反映质量安全问题；

（十）组织对质量安全员定期进行教育和培训；

（十一）接受和配合市场监督管理部门开展的监督检查和事故调查，并如实提供有关材料；

（十二）履行市场监督管理部门规定和本单位要求的其他锅炉质量安全管理职责。

锅炉生产单位应当按照前款规定，结合本单位实际，细化制定《锅炉质量安全总监职责》。

第八条 质量安全员按照职责要求，对质量安全总监或者单位主要负责人负责，承担下列职责：

（一）负责审核质量控制程序文件和作业指导书；

（二）按照安全技术规范和质量保证手册要求，审查确认相关工作见证，检查生产过程的质量控制程序和要求实施情况；

（三）发现问题应当与当事人及时联系、解决，必要时责令停止当事人的工作，将情况向质量安全总监报告；

（四）组织对相关技术人员定期进行教育和培训；

（五）配合检验机构做好锅炉设计文件鉴定、型式试验、监督检验等工作；

（六）接受和配合市场监督管理部门开展的监督检查和事故调查，并如实提供有关材料；

（七）履行市场监督管理部门规定和本单位要求的其他锅炉质量安全管理职责。

锅炉生产单位应当按照前款规定，结合本单位实际，细化制定《锅炉质量安全员守则》。

第九条 锅炉生产单位应当建立基于锅炉质量安全风险防控的动态管理机制，结合本单位实际，落实自查要求，制定《锅炉质量安全风险管控清单》，建立健全日管控、周排查、月调度工作制度和机制。

第十条 锅炉生产单位应当建立锅炉质量安全日管控制度。质量安全员要每日根据《锅炉质量安全风险管控清单》进行检查，形成《每日锅炉质量安全检查记录》，对发现的质量安全风险隐患，应当立即采取防范措施，及时上报质量安全总监或者单位主要负责人。未发现问题的，也应当予以记录，实行零风险报告。

第十一条 锅炉生产单位应当建立锅炉质量安全周排查制度。质量安全总监要每周至少组织一次风险隐患排查，分析研判锅炉质量安全管理情况，研究解决日管控中发现的问题，形成《每周锅炉质量安全排查治理报告》。

第十二条 锅炉生产单位应当建立锅炉质量安全月调度制度。单位主要负责人要每月至少听取一次质量安全总监管理工作情况汇报，对当月锅炉质量安全日常管理、风险隐患排查治理等情况进行总结，对下个月重点工作作出调度安排，形成《每月锅炉质量安全调度会议纪要》。

第十三条 锅炉生产单位应当将主要负责人、质量安全总监和质量安全员的设立、调整情况,《锅炉质量安全风险管控清单》《锅炉质量安全总监职责》《锅炉质量安全员守则》以及质量安全总监、质量安全员提出的意见建议、报告和问题整改落实等履职情况予以记录并存档备查。

第十四条 市场监督管理部门应当将锅炉生产单位建立并落实锅炉质量安全责任制等管理制度,在日管控、周排查、月调度中发现的锅炉质量安全风险隐患以及整改情况作为监督检查的重要内容。

第十五条 锅炉生产单位应当对质量安全总监和质量安全员进行法律法规、标准和专业知识培训、考核,同时对培训、考核情况予以记录并存档备查。

县级以上地方市场监督管理部门按照国家市场监督管理总局制定的《锅炉质量安全管理人员考核指南》,组织对本辖区内锅炉生产单位的质量安全总监和质量安全员随机进行监督抽查考核并公布考核结果。监督抽查考核不得收取费用。

监督抽查考核不合格,不再符合锅炉生产要求的,生产单位应当立即采取整改措施。

第十六条 锅炉生产单位应当为质量安全总监和质量安全员提供必要的工作条件、教育培训和岗位待遇,充分保障其依法履行职责。

鼓励锅炉生产单位建立对质量安全总监和质量安全员的激励约束机制,对工作成效显著的给予表彰和奖励,对履职不到位的予以惩戒。

市场监督管理部门在查处锅炉生产单位违法行为时,应当将锅炉生产单位落实质量安全主体责任情况作为判断其主观过错、违法情节、处罚幅度等考量的重要因素。

锅炉生产单位及其主要负责人无正当理由未采纳质量安全总监和质量安全员依照本规定第五条提出的意见或者建议的,应当认为质量安全总监和质量安全员已经依法履职尽责,不予处罚。

第十七条 锅炉生产单位未按规定建立锅炉质量安全管理制度,或者未按规定配备、培训、考核质量安全总监和质量安全员的,由县级以上地方市场监督管理部门责令改正并给予通报批评;拒不改正的,处五千元以上五万元以下罚款,并将处罚情况纳入国家企业信用信息公示系统。法律、行政法规另有规定的,依照其规定执行。

锅炉生产单位主要负责人、质量安全总监、质量安全员未按规定要求落实质量安全责任的,由县级以上地方市场监督管理部门责令改正并给予通报批评;拒不改正的,对责任人处二千元以上一万元以下罚款。法律、行政法规另有规定的,依照其规定执行。

第十八条 本规定下列用语的含义是:

(一)锅炉生产单位主要负责人是指本单位的法定代表人、法定代表委托人或者实际控制人;

(二)质量安全总监是指本单位管理层中负责质量保证系统安全运转的管理人员;

(三)质量安全员是指本单位具体负责质量过程控制的检查人员。

第三章 压力容器

第十九条 压力容器生产单位应当依法配备质量安全总监和质量安全员,明确质量安全总监和质量安全员的岗位职责。

压力容器生产单位主要负责人对本单位压力容器质量安全全面负责,建立并落实压力容器质量安全主体责任的长效机制。质量安全总监和质量安全员应当按照岗位职责,协助单位主要负责人做好压力容器质量安全管理工作。

第二十条 压力容器生产单位主要负责人应当支持和保障质量安全总监和质量安全员依法开展压力容器质量安全管理工作,在作出涉及压力容器质量安全的重大决策前,应当充分听取质量安全总监和质量安全员的意见和建议。

质量安全总监、质量安全员发现压力容器产品存在危及安全的缺陷时，应当提出停止相关压力容器生产等否决建议，压力容器生产单位应当立即分析研判，采取处置措施，消除风险隐患。对已经出厂的产品发现存在同一性缺陷的，应当依法及时召回，并报当地省级市场监督管理部门。

第二十一条 质量安全总监和质量安全员应当具备下列压力容器质量安全管理能力：

（一）熟悉压力容器生产相关法律法规、安全技术规范、标准和本单位质量保证体系；

（二）质量安全总监不得兼任质量安全员，质量安全员最多只能担任两个不相关的质量控制岗位；

（三）具备识别和防控压力容器质量安全风险的专业知识；

（四）熟悉本单位压力容器质量安全相关的设施设备、工艺流程、操作规程等生产过程控制要求；

（五）具有与所负责工作相关的专业教育背景和工作经验，熟悉任职岗位的工作任务和要求；

（六）符合特种设备法律法规和安全技术规范的其他要求。

第二十二条 质量安全总监按照职责要求，直接对本单位主要负责人负责，承担下列职责：

（一）组织贯彻、实施压力容器有关的法律法规、安全技术规范及相关标准，对质量保证系统的实施负责；

（二）组织制定质量保证手册、程序文件、作业指导书等质量保证体系文件，批准程序文件；

（三）指导和协调、监督检查质量保证体系各质量控制系统的工作；

（四）组织建立并持续维护压力容器质量安全追溯体系；

（五）组织质量分析、质量审核和协助进行管理评审工作；

（六）实施对不合格品（项）的控制，行使质量安全一票否决权；

（七）建立企业公告板制度，对所生产的压力容器安全事故事件、质量缺陷和事故隐患等情况，及时予以公示；

（八）组织建立和健全内外部质量信息反馈和处理的信息系统；

（九）向市场监督管理部门如实反映质量安全问题；

（十）组织对质量安全员定期进行教育和培训；

（十一）接受和配合市场监督管理部门开展的监督检查和事故调查，并如实提供有关材料；

（十二）履行市场监督管理部门规定和本单位要求的其他压力容器质量安全管理职责。

压力容器生产单位应当按照前款规定，结合本单位实际，细化制定《压力容器质量安全总监职责》。

第二十三条 质量安全员按照职责要求，对质量安全总监或者单位主要负责人负责，承担下列职责：

（一）负责审核质量控制程序文件和作业指导书；

（二）按照安全技术规范和质量保证手册要求，审查确认相关工作见证，检查生产过程的质量控制程序和要求实施情况；

（三）发现问题应当与当事人及时联系、解决，必要时责令停止当事人的工作，将情况向质量安全总监报告；

（四）组织对相关技术人员定期进行教育和培训；

（五）配合检验机构做好压力容器型式试验、监督检验等工作；

（六）接受和配合市场监督管理部门开展的监督检查和事故调查，并如实提供有关材料；

（七）履行市场监督管理部门规定和本单位要求的其他压力容器质量安全管理职责。

压力容器生产单位应当按照前款规定，结合本单位实际，细化制定《压力容器质量安全员守则》。

第二十四条 压力容器生产单位应当建立基于压力容器质量安全风险防控的动态管理机制，结合本单位实际，落实自查要求，制定《压力容器质量安全风险管控清单》，建立健全日管控、周排查、月调度工作制度和机制。

第二十五条 压力容器生产单位应当建立压力容器质量安全日管控制度。质量安全员要每日根据《压力容器质量安全风险管控清单》进行检查，形成《每日压力容器质量安全检查记录》，对发现的质量安全风险隐患，应当立即采取防范措施，及时上报质量安全总监或者单位主要负责人。未发现问题的，也应当予以记录，实行零风险报告。

第二十六条 压力容器生产单位应当建立压力容器质量安全周排查制度。质量安全总监要每周至少组织一次风险隐患排查，分析研判压力容器质量安全管理情况，研究解决日管控中发现的问题，形成《每周压力容器质量安全排查治理报告》。

第二十七条 压力容器生产单位应当建立压力容器质量安全月调度制度。单位主要负责人要每月至少听取一次质量安全总监管理工作情况汇报，对当月压力容器质量安全日常管理、风险隐患排查治理等情况进行总结，对下个月重点工作作出调度安排，形成《每月压力容器质量安全调度会议纪要》。

第二十八条 压力容器生产单位应当将主要负责人、质量安全总监和质量安全员的设立、调整情况，《压力容器质量安全风险管控清单》《压力容器质量安全总监职责》《压力容器质量安全员守则》以及质量安全总监、质量安全员提出的意见建议、报告和问题整改落实等履职情况予以记录并存档备查。

第二十九条 市场监督管理部门应当将压力容器生产单位建立并落实压力容器质量安全责任制等管理制度，在日管控、周排查、月调度中发现的压力容器质量安全风险隐患以及整改情况作为监督检查的重要内容。

第三十条 压力容器生产单位应当对质量安全总监和质量安全员进行法律法规、标准和专业知识培训、考核，同时对培训、考核情况予以记录并存档备查。

县级以上地方市场监督管理部门按照国家市场监督管理总局制定的《压力容器质量安全管理人员考核指南》，组织对本辖区内压力容器生产单位的质量安全总监和质量安全员随机进行监督抽查考核并公布考核结果。监督抽查考核不得收取费用。

监督抽查考核不合格，不再符合压力容器生产要求的，生产单位应当立即采取整改措施。

第三十一条 压力容器生产单位应当为质量安全总监和质量安全员提供必要的工作条件、教育培训和岗位待遇，充分保障其依法履行职责。

鼓励压力容器生产单位建立对质量安全总监和质量安全员的激励约束机制，对工作成效显著的给予表彰和奖励，对履职不到位的予以惩戒。

市场监督管理部门在查处压力容器生产单位违法行为时，应当将压力容器生产单位落实质量安全主体责任情况作为判断其主观过错、违法情节、处罚幅度等考量的重要因素。

压力容器生产单位及其主要负责人无正当理由未采纳质量安全总监和质量安全员依照本规定第二十条提出的意见或者建议的，应当认为质量安全总监和质量安全员已经依法履职尽责，不予处罚。

第三十二条 压力容器生产单位未按规定建立压力容器质量安全管理制度，或者未按规定配备、培训、考核质量安全总监和质量安全员的，由县级以上地方市场监督管理部门责令改正并给予通报批评；拒不改正的，处五千元以上五万元以下罚款，并将处罚情况纳入国家企业信用信息公示系统。法律、行政法规另有规定的，依照其规定执行。

压力容器生产单位主要负责人、质量安全总监、质量安全员未按规定要求落实质量安全责任的，由县级以上地方市场监督管理部门责令改正并给予通报批评；拒不改正的，对责任人处二千元以上一万元以下罚款。法律、行政法规另有规定的，依照其规定执行。

第三十三条 本规定下列用语的含义是：

（一）压力容器生产单位主要负责人是指本单位的法定代表人、法定代表人委托人或者实际控制人；

（二）质量安全总监是指本单位管理层中负责质量保证系统安全运转的管理人员；

（三）质量安全员是指本单位具体负责质量过程控制的检查人员。

第四章 气 瓶

第三十四条 气瓶生产单位应当依法配备质量安全总监和质量安全员，明确质量安全总监和质量安全员的岗位职责。

气瓶生产单位主要负责人对本单位气瓶质量安全全面负责，建立并落实气瓶质量安全主体责任的长效机制。质量安全总监和质量安全员应当按照岗位职责，协助单位主要负责人做好气瓶质量安全管理工作。

第三十五条 气瓶生产单位主要负责人应当支持和保障质量安全总监和质量安全员依法开展气瓶质量安全管理工作，在作出涉及气瓶质量安全的重大决策前，应当充分听取质量安全总监和质量安全员的意见和建议。

质量安全总监、质量安全员发现气瓶产品存在危及安全的缺陷时，应当提出停止相关气瓶生产等否决建议，气瓶生产单位应当立即分析研判，采取处置措施，消除风险隐患。对已经出厂的产品发现存在同一性缺陷的，应当依法及时召回，并报当地省级市场监督管理部门。

第三十六条 质量安全总监和质量安全员应当具备下列气瓶质量安全管理能力：

（一）熟悉气瓶生产相关法律法规、安全技术规范、标准和本单位质量保证体系；

（二）质量安全总监不得兼任质量安全员，质量安全员最多只能担任两个不相关的质量控制岗位；

（三）具备识别和防控气瓶质量安全风险的专业知识；

（四）熟悉本单位气瓶质量安全相关的设施设备、工艺流程、操作规程等生产过程控制要求；

（五）具有与所负责工作相关的专业教育背景和工作经验，熟悉任职岗位的工作任务和要求；

（六）符合特种设备法律法规和安全技术规范的其他要求。

第三十七条 质量安全总监按照职责要求，直接对本单位主要负责人负责，承担下列职责：

（一）组织贯彻、实施气瓶有关的法律法规、安全技术规范及相关标准，对质量保证系统的实施负责；

（二）组织制定质量保证手册、程序文件、作业指导书等质量保证体系文件，批准程序文件；

（三）指导和协调、监督检查质量保证体系各质量控制系统的工作；

（四）组织建立并持续维护气瓶质量安全追溯体系；

（五）组织质量分析、质量审核并协助进行管理评审工作；

（六）实施对不合格品（项）的控制，行使质量安全一票否决权；

（七）建立企业公告板制度，对所生产的气瓶安全事故事件、质量缺陷和事故隐患等情况，及时予以公示；

（八）组织建立和健全内外部质量信息反馈和处理的信息系统；

（九）向市场监督管理部门如实反映质量安全问题；

（十）组织对质量安全员定期进行教育和培训；

（十一）接受和配合市场监督管理部门开展的监督检查和事故调查，并如实提供有关材料；

（十二）履行市场监督管理部门规定和本单位要求的其他气瓶质量安全管理职责。

气瓶生产单位应当按照前款规定，结合本单位实际，细化制定《气瓶质量安全总监职责》。

第三十八条 质量安全员按照职责要求，对质量安全总监或者单位主要负责人负责，承担下列职责：

（一）负责审核质量控制程序文件和作业指导书；

（二）按照安全技术规范和质量保证手册要求，审查确认相关工作见证，检查生产过程的质量控制程序和要求实施情况；

（三）落实本单位气瓶制造质量安全追溯信息平台各项功能，并实施每日检查；

（四）发现问题应当与当事人及时联系、解决，必要时责令停止当事人的工作，将情况向质量安全总监报告；

（五）组织对相关技术人员定期进行教育和培训；

（六）配合检验机构做好气瓶设计文件鉴定、型式试验、监督检验等工作；

（七）接受和配合市场监督管理部门开展的监督检查和事故调查，并如实提供有关材料；

（八）履行市场监督管理部门规定和本单位要求的其他气瓶质量安全管理职责。

气瓶生产单位应当按照前款规定，结合本单位实际，细化制定《气瓶质量安全员守则》。

第三十九条 气瓶生产单位应当建立基于气瓶质量安全风险防控的动态管理机制，结合本单位实际，落实自查要求，制定《气瓶质量安全风险管控清单》，建立健全日管控、周排查、月调度工作制度和机制。

第四十条 气瓶生产单位应当建立气瓶质量安全日管控制度。质量安全员要每日根据《气瓶质量安全风险管控清单》进行检查，形成《每日气瓶质量安全检查记录》，对发现的质量安全风险隐患，应当立即采取防范措施，及时上报质量安全总监或者单位主要负责人。未发现问题的，也应当予以记录，实行零风险报告。

第四十一条 气瓶生产单位应当建立气瓶质量安全周排查制度。质量安全总监要每周至少组织一次风险隐患排查，分析研判气瓶质量安全管理情况，研究解决日管控中发现的问题，形成《每周气瓶质量安全排查治理报告》。

第四十二条 气瓶生产单位应当建立气瓶质量安全月调度制度。单位主要负责人要每月至少听取一次质量安全总监管理工作情况汇报，对当月气瓶质量安全日常管理、风险隐患排查治理等情况进行总结，对下个月重点工作作出调度安排，形成《每月气瓶质量安全调度会议纪要》。

第四十三条 气瓶生产单位应当将主要负责人、质量安全总监和质量安全员的设立、调整情况，《气瓶质量安全风险管控清单》《气瓶质量安全总监职责》《气瓶质量安全员守则》以及质量安全总监、质量安全员提出的意见建议、报告和问题整改落实等履职情况予以记录并存档备查。

第四十四条 市场监督管理部门应当将气瓶生产单位建立并落实气瓶质量安全责任制等管理制度，在日管控、周排查、月调度中发现的气瓶质量安全风险隐患以及整改情况作为监督检查的重要内容。

第四十五条 气瓶生产单位应当对质量安全总监和质量安全员进行法律法规、标准和专业知识培训、考核，同时对培训、考核情况予以记录并存档备查。

县级以上地方市场监督管理部门按照国家市场监督管理总局制定的《气瓶质量安全管理人员考核指南》，组织对本辖区内气瓶生产单位的质量安全总监和质量安全员随机进行监督抽查考核并公布考核结果。监督抽查考核不得收取费用。

监督抽查考核不合格，不再符合气瓶生产要求的，生产单位应当立即采取整改措施。

第四十六条 气瓶生产单位应当为质量安全总监和质量安全员提供必要的工作条件、教育培训和岗位待遇，充分保障其依法履行职责。

鼓励气瓶生产单位建立对质量安全总监和质量安全员的激励约束机制，对工作成效显著的给予表彰和奖励，对履职不到位的予以惩戒。

市场监督管理部门在查处气瓶生产单位违法行为时，应当将气瓶生产单位落实质量安全主体责任情况作为判断其主观过错、违法情节、处罚幅度等考量的重要因素。

气瓶生产单位及其主要负责人无正当理由未采纳质量安全总监和质量安全员依照本规定第三十五条提出的意见或者建议的，应当认为质量安全总监和质量安全员已经依法履职尽责，不予处罚。

第四十七条 气瓶生产单位未按规定建立气瓶质量安全管理制度，或者未按规定配备、培训、考核质量安全总监和质量安全员的，由县级以上地方市场监督管理部门责令改正并给予通报批评；拒不改正的，处五千元以上五万元以下罚款，并将处罚情况纳入国家企业信用信息公示系统。法律、行政法规另有规定的，依照其规定执行。

气瓶生产单位主要负责人、质量安全总监、质量安全员未按规定要求落实质量安全责任的，由县级以上地方市场监督管理部门责令改正并给予通报批评；拒不改正的，对责任人处二千元以上一万元以下罚款。法律、行政法规另有规定的，依照其规定执行。

第四十八条 本规定下列用语的含义是：

（一）气瓶生产单位主要负责人是指本单位的法定代表人、法定代表委托人或者实际控制人；

（二）质量安全总监是指本单位管理层中负责质量保证系统安全运转的管理人员；

（三）质量安全员是指本单位具体负责质量过程控制的检查人员。

第五章　压　力　管　道

第四十九条 压力管道生产单位应当依法配备质量安全总监和质量安全员，明确质量安全总监和质量安全员的岗位职责。

压力管道生产单位主要负责人对本单位压力管道质量安全全面负责，建立并落实压力管道质量安全主体责任的长效机制。质量安全总监和质量安全员应当按照岗位职责，协助单位主要负责人做好压力管道质量安全管理工作。

第五十条 压力管道生产单位主要负责人应当支持和保障质量安全总监和质量安全员依法开展压力管道质量安全管理工作，在作出涉及压力管道质量安全的重大决策前，应当充分听取质量安全总监和质量安全员的意见和建议。

质量安全总监、质量安全员发现压力管道产品存在危及安全的缺陷时，应当提出停止相关压力管道生产等否决建议，压力管道生产单位应当立即分析研判，采取处置措施，消除风险隐患。对已经出厂的产品发现存在同一性缺陷的，应当依法及时召回，并报当地省级市场监督管理部门。

第五十一条 质量安全总监和质量安全员应当具备下列压力管道质量安全管理能力：

（一）熟悉压力管道生产相关法律法规、安全技术规范、标准和本单位质量保证体系；

（二）质量安全总监不得兼任质量安全员，质量安全员最多只能担任两个不相关的质量控制岗位；

（三）具备识别和防控压力管道质量安全风险的专业知识；

（四）熟悉本单位压力管道质量安全相关的设施设备、工艺流程、操作规程等生产过程控制要求；

（五）具有与所负责工作相关的专业教育背景和工作经验，熟悉任职岗位的工作任务和要求；

（六）符合特种设备法律法规和安全技术规范的其他要求。

第五十二条 质量安全总监按照职责要求，直接对本单位主要负责人负责，承担下列职责：

（一）组织贯彻、实施压力管道有关的法律法规、安全技术规范及相关标准，对质量保证系统的实施负责；

（二）组织制定质量保证手册、程序文件、作业指导书等质量保证体系文件，批准程序文件；

（三）指导和协调、监督检查质量保证体系各质量控制系统的工作；

（四）组织建立并持续维护压力管道质量安全追溯体系；

（五）组织质量分析、质量审核并协助进行管理评审工作；

（六）实施对不合格品（项）的控制，行使质量安全一票否决权；

（七）建立企业公告板制度，对所生产的压力管道安全事故事件、质量缺陷和事故隐患等情况，及时予以公示；

（八）组织建立和健全内外部质量信息反馈和处理的信息系统；

（九）向市场监督管理部门如实反映质量安全问题；

（十）组织对质量安全员定期进行教育和培训；

（十一）接受和配合市场监督管理部门开展的监督检查和事故调查，并如实提供有关材料；

（十二）履行市场监督管理部门规定和本单位要求的其他压力管道质量安全管理职责。

压力管道生产单位应当按照前款规定，结合本单位实际，细化制定《压力管道质量安全总监职责》。

第五十三条 质量安全员按照职责要求，对质量安全总监或者单位主要负责人负责，承担下列职责：

（一）负责审核质量控制程序文件和作业指导书；

（二）按照安全技术规范和质量保证手册要求，审查确认相关工作见证，检查生产过程的质量控制程序和要求实施情况；

（三）发现问题应当与当事人及时联系、解决，必要时责令停止当事人的工作，将情况向质量安全总监报告；

（四）组织对相关技术人员定期进行教育和培训；

（五）配合检验机构做好压力管道元件型式试验、压力管道监督检验等工作；

（六）接受和配合市场监督管理部门开展的监督检查和事故调查，并如实提供有关材料；

（七）履行市场监督管理部门规定和本单位要求的其他压力管道质量安全管理职责。

压力管道生产单位应当按照前款规定，结合本单位实际，细化制定《压力管道质量安全员守则》。

第五十四条 压力管道生产单位应当建立基于压力管道质量安全风险防控的动态管理机制，结合本单位实际，落实自查要求，制定《压力管道质量安全风险管控清单》，建立健全日管控、周排查、月调度工作制度和机制。

第五十五条 压力管道生产单位应当建立压力管道质量安全日管控制度。质量安全员要每日根据《压力管道质量安全风险管控清单》进行检查，形成《每日压力管道质量安全检查记录》，对发现的质量安全风险隐患，应当立即采取防范措施，及时上报质量安全总监或者单位主要负责人。未发现问题的，也应当予以记录，实行零风险报告。

第五十六条 压力管道生产单位应当建立压力管道质量安全周排查制度。质量安全总监要每周至少组织一次风险隐患排查，分析研判压力管道质量安全管理情况，研究解决日管控中发现的问题，形成《每周压力管道质量安全排查治理报告》。

第五十七条 压力管道生产单位应当建立压力管道质量安全月调度制度。单位主要负责人要每月至少听取一次质量安全总监管理工作情况汇报，对当月压力管道质量安全日常管理、风险隐患排查治理等情况进行总结，对下个月重点工作作出调度安排，形成《每月压力管道质量安全调度会议纪要》。

第五十八条 压力管道生产单位应当将主要负责人、质量安全总监和质量安全员的设立、调整情况，《压力管道质量安全风险管控清单》《压力管道质量安全总监职责》《压力管道质量安全员守则》以及质量安全总监、质量安全员提出的意见建议、报告和问题整改落实等履职情况予以记录并存档备查。

第五十九条 市场监督管理部门应当将压力管道生产单位建立并落实压力管道质量安全责任制等管理制度，在日管控、周排查、月调度中发现的压力管道质量安全风险隐患以及整改情况作为监督检查的重要内容。

第六十条 压力管道生产单位应当对质量安全总监和质量安全员进行法律法规、标准和专业知识培训、考核，同时对培训、考核情况予以记录并存档备查。

县级以上地方市场监督管理部门按照国家市场监督管理总局制定的《压力管道质量安全管理人员考核指南》，组织对本辖区内压力管道生产单位的质量安全总监和质量安全员随机进行监督抽查考核并公布考核结果。监督抽查考核不得收取费用。

监督抽查考核不合格，不再符合压力管道生产要求的，生产单位应当立即采取整改措施。

第六十一条 压力管道生产单位应当为质量安全总监和质量安全员提供必要的工作条件、教育培训和岗位待遇，充分保障其依法履行职责。

鼓励压力管道生产单位建立对质量安全总监和质量安全员的激励约束机制，对工作成效显著的给予表彰和奖励，对履职不到位的予以惩戒。

市场监督管理部门在查处压力管道生产单位违法行为时，应当将压力管道生产单位落实质量安全主体责任情况作为判断其主观过错、违法情节、处罚幅度等考量的重要因素。

压力管道生产单位及其主要负责人无正当理由未采纳质量安全总监和质量安全员依照本规定第五十条提出的意见或者建议，应当认为质量安全总监和质量安全员已经依法履职尽责，不予处罚。

第六十二条 压力管道生产单位未按规定建立压力管道质量安全管理制度，或者未按规定配备、培训、考核质量安全总监和质量安全员的，由县级以上地方市场监督管理部门责令改正并给予通报批评；拒不改正的，处五千元以上五万元以下罚款，并将处罚情况纳入国家企业信用信息公示系统。法律、行政法规另有规定的，依照其规定执行。

压力管道生产单位主要负责人、质量安全总监、质量安全员未按规定要求落实质量安全责任的，由县级以上地方市场监督管理部门责令改正并给予通报批评；拒不改正的，对责任人处二千元以上一万元以下罚款。法律、行政法规另有规定的，依照其规定执行。

第六十三条 本规定下列用语的含义是：

（一）压力管道生产单位主要负责人是指本单位的法定代表人、法定代表委托人或者实际控制人；

（二）质量安全总监是指本单位管理层中负责质量保证系统安全运转的管理人员；

（三）质量安全员是指本单位具体负责质量过程控制的检查人员；

（四）压力管道生产单位是指压力管道设计、安装、改造、修理单位或者压力管道元件制造单位。

第六章 电 梯

第六十四条 电梯制造单位进行电梯及其安全保护装置和主要部件的设计时，应当开展有关电梯安全性能的风险评价，采取适当措施消除风险隐患，保证其所设计的电梯及其安全保护装置和主要部件不存在危及人身、财产安全等危险。

电梯制造单位应当明确电梯的主要部件和安全保护装置质量保证期限自监督检验合格起不得低于五年。在质量保证期限内，存在质量问题的，电梯的制造单位应当负责免费修理或者更换。对本单位制造并已经投入使用的电梯，电梯制造单位应提供必要的技术服务和必需的备品配件，指导并协助解决电梯使用过程中涉及的质量安全问题。

第六十五条 电梯生产单位应当依法配备质量安全总监和质量安全员，明确质量安全总监和质量安全员的岗位职责。

电梯生产单位主要负责人对本单位电梯质量安全全面负责，建立并落实电梯质量安全主体责任的长效机制。质量安全总监和质量安全员应当按照岗位职责，协助单位主要负责人做好电梯质量安全管理工作。

第六十六条 电梯生产单位主要负责人应当支持和保障质量安全总监和质量安全员依法开展电梯质量安全管理工作，在作出涉及电梯质量安全的重大决策前，应当充分听取质量安全总监和质量安全员的意见和建议。

质量安全总监、质量安全员发现电梯产品存在危及安全的缺陷时，应当提出停止相关电梯生产等否决建议，电梯生产单位应当立即分析研判，采取处置措施，消除风险隐患。对已经出厂的产品发现存在同一性缺陷的，应当依法及时召回，并报当地省级市场监督管理部门。

第六十七条 质量安全总监和质量安全员应当具备下列电梯质量安全管理能力：

（一）熟悉电梯生产相关法律法规、安全技术规范、标准和本单位质量保证体系；

（二）质量安全总监不得兼任质量安全员，质量安全员最多只能担任两个不相关的质量控制岗位；

（三）具备识别和防控电梯质量安全风险的专业知识；

（四）熟悉本单位电梯质量安全相关的设施设备、工艺流程、操作规程等生产过程控制要求；

（五）具有与所负责工作相关的专业教育背景和工作经验，熟悉任职岗位的工作任务和要求；

（六）符合特种设备法律法规和安全技术规范的其他要求。

第六十八条 质量安全总监按照职责要求，直接对本单位主要负责人负责，承担下列职责：

（一）组织贯彻、实施电梯有关的法律法规、安全技术规范及相关标准，对质量保证系统的实施负责；

（二）组织制定质量保证手册、程序文件、作业指导书等质量保证体系文件，批准程序文件；

（三）指导和协调、监督检查质量保证体系各质量控制系统的工作；

（四）组织建立并持续维护电梯质量安全追溯体系、关键部件寿命公示和产品质量保证期限工作；

（五）组织质量分析、质量审核并协助进行管理评审工作；

（六）实施对不合格品（项）的控制，行使质量安全一票否决权；

（七）建立企业公告板制度，对所生产的电梯安全事故事件、质量缺陷和事故隐患等情况，及时予以公示；

（八）组织建立和健全内外部质量信息反馈和处理的信息系统；

（九）向市场监督管理部门如实反映质量安全问题；

（十）组织对质量安全员定期进行教育和培训；

（十一）接受和配合市场监督管理部门开展的监督检查和事故调查，并如实提供有关材料；

（十二）履行市场监督管理部门规定和本单位要求的其他电梯质量安全管理职责。

电梯生产单位应当按照前款规定，结合本单位实际，细化制定《电梯质量安全总监职责》。

第六十九条 质量安全员按照职责要求，对质量安全总监或者单位主要负责人负责，承担下列职责：

（一）负责审核质量控制程序文件和作业指导书；

（二）按照安全技术规范和质量保证手册要求，审查确认相关工作见证，检查生产过程的质量控制程序和要求实施情况；

（三）发现问题应当与当事人及时联系、解决，必要时责令停止当事人的工作，将情况向质量安全总监报告；

（四）组织对相关技术人员定期进行教育和培训；

（五）配合检验机构做好电梯型式试验、监督检验等工作；

（六）接受和配合市场监督管理部门开展的监督检查和事故调查，并如实提供有关材料；

（七）履行市场监督管理部门规定和本单位要求的其他电梯质量安全管理职责。

电梯生产单位应当按照前款规定，结合本单位实际，细化制定《电梯质量安全员守则》。

第七十条 电梯生产单位应当建立基于电梯质量安全风险防控的动态管理机制，结合本单位实际，落实自查要求，制定《电梯质量安全风险管控清单》，建立健全日管控、周排查、月调度工作制度和机制。

第七十一条 电梯生产单位应当建立电梯质量安全日管控制度。质量安全员要每日根据《电梯质量安全风险管控清单》进行检查，形成《每日电梯质量安全检查记录》，对发现的质量安全风险隐患，应当立即采取防范措施，及时上报质量安全总监或者单位主要负责人。未发现问题，也应当予以记录，实行零风险报告。

第七十二条 电梯生产单位应当建立电梯质量安全周排查制度。质量安全总监要每周至少组织一次风险隐患排查，分析研判电梯质量安全管理情况，研究解决日管控中发现的问题，形成《每周电梯质量安全排查治理报告》。

第七十三条 电梯生产单位应当建立电梯质量安全月调度制度。单位主要负责人要每月至少听取一次质量安全总监管理工作情况汇报，对当月电梯质量安全日常管理、风险隐患排查治理等情况进行总结，对下个月重点工作作出调度安排，形成《每月电梯质量安全调度会议纪要》。

第七十四条 电梯生产单位应当将主要负责人、质量安全总监和质量安全员的设立、调整情况，《电梯质量安全风险管控清单》《电梯质量安全总监职责》《电梯质量安全员守则》以及质量安全总监、质量安全员提出的意见建议、报告和问题整改落实等履职情况予以记录并存档备查。

第七十五条 市场监督管理部门应当将电梯生产单位建立并落实电梯质量安全责任制等管理制度，在日管控、周排查、月调度中发现的电梯质量安全风险隐患以及整改情况作为监督检查的重要内容。

第七十六条　电梯生产单位应当对质量安全总监和质量安全员进行法律法规、标准和专业知识培训、考核，同时对培训、考核情况予以记录并存档备查。

县级以上地方市场监督管理部门按照国家市场监督管理总局制定的《电梯质量安全管理人员考核指南》，组织对本辖区内电梯生产单位的质量安全总监和质量安全员随机进行监督抽查考核并公布考核结果。监督抽查考核不得收取费用。

监督抽查考核不合格，不再符合电梯生产要求的，生产单位应当立即采取整改措施。

第七十七条　电梯生产单位应当为质量安全总监和质量安全员提供必要的工作条件、教育培训和岗位待遇，充分保障其依法履行职责。

鼓励电梯生产单位建立对质量安全总监和质量安全员的激励约束机制，对工作成效显著的给予表彰和奖励，对履职不到位的予以惩戒。

市场监督管理部门在查处电梯生产单位违法行为时，应当将电梯生产单位落实质量安全主体责任情况作为判断其主观过错、违法情节、处罚幅度等考量的重要因素。

电梯生产单位及其主要负责人无正当理由未采纳质量安全总监和质量安全员依照本规定第六十六条提出的意见或者建议的，应当认为质量安全总监和质量安全员已经依法履职尽责，不予处罚。

第七十八条　电梯生产单位未按规定建立电梯质量安全管理制度，或者未按规定配备、培训、考核质量安全总监和质量安全员的，由县级以上地方市场监督管理部门责令改正并给予通报批评；拒不改正的，处五千元以上五万元以下罚款，并将处罚情况纳入国家企业信用信息公示系统。法律、行政法规另有规定的，依照其规定执行。

电梯生产单位主要负责人、质量安全总监、质量安全员未按规定要求落实质量安全责任的，由县级以上地方市场监督管理部门责令改正并给予通报批评；拒不改正的，对责任人处二千元以上一万元以下罚款。法律、行政法规另有规定的，依照其规定执行。

第七十九条　本规定下列用语的含义是：

（一）电梯生产单位主要负责人是指本单位的法定代表人、法定代表委托人或者实际控制人；

（二）质量安全总监是指本单位管理层中负责质量保证系统安全运转的管理人员；

（三）质量安全员是指本单位具体负责质量过程控制的检查人员。

第七章　起重机械

第八十条　起重机械生产单位应当依法配备质量安全总监和质量安全员，明确质量安全总监和质量安全员的岗位职责。

起重机械生产单位主要负责人对本单位起重机械质量安全全面负责，建立并落实起重机械质量安全主体责任的长效机制。质量安全总监和质量安全员应当按照岗位职责，协助单位主要负责人做好起重机械质量安全管理工作。

第八十一条　起重机械生产单位主要负责人应当支持和保障质量安全总监和质量安全员依法开展起重机械质量安全管理工作，在作出涉及起重机械质量安全的重大决策前，应当充分听取质量安全总监和质量安全员的意见和建议。

质量安全总监、质量安全员发现起重机械产品存在危及安全的缺陷时，应当提出停止相关起重机械生产等否决建议，起重机械生产单位应当立即分析研判，采取处置措施，消除风险隐患。对已经出厂的产品发现存在同一性缺陷的，应当依法及时召回，并报当地省级市场监督管理部门。

第八十二条 质量安全总监和质量安全员应当具备下列起重机械质量安全管理能力：

（一）熟悉起重机械生产相关法律法规、安全技术规范、标准和本单位质量保证体系；

（二）质量安全总监不得兼任质量安全员，质量安全员最多只能担任两个不相关的质量控制岗位；

（三）具备识别和防控起重机械质量安全风险的专业知识；

（四）熟悉本单位起重机械质量安全相关的设施设备、工艺流程、操作规程等生产过程控制要求；

（五）具有与所负责工作相关的专业教育背景和工作经验，熟悉任职岗位的工作任务和要求；

（六）符合特种设备法律法规和安全技术规范的其他要求。

第八十三条 质量安全总监按照职责要求，直接对本单位主要负责人负责，承担下列职责：

（一）组织贯彻、实施起重机械有关的法律法规、安全技术规范及相关标准，对质量保证系统的实施负责；

（二）组织制定质量保证手册、程序文件、作业指导书等质量保证体系文件，批准程序文件；

（三）指导和协调、监督检查质量保证体系各质量控制系统的工作；

（四）组织建立并持续维护起重机械质量安全追溯体系；

（五）组织质量分析、质量审核并协助进行管理评审工作；

（六）实施对不合格品（项）的控制，行使质量安全一票否决权；

（七）建立企业公告板制度，对所生产的起重机械安全事故事件、质量缺陷和事故隐患等情况，及时予以公示；

（八）组织建立和健全内外部质量信息反馈和处理的信息系统；

（九）向市场监督管理部门如实反映质量安全问题；

（十）组织对质量安全员定期进行教育和培训；

（十一）接受和配合市场监督管理部门开展的监督检查和事故调查，并如实提供有关材料；

（十二）履行市场监督管理部门规定和本单位要求的其他起重机械质量安全管理职责。

起重机械生产单位应当按照前款规定，结合本单位实际，细化制定《起重机械质量安全总监职责》。

第八十四条 质量安全员按照职责要求，对质量安全总监或者单位主要负责人负责，承担下列职责：

（一）负责审核质量控制程序文件和作业指导书；

（二）按照安全技术规范和质量保证手册要求，审查确认相关工作见证，检查生产过程的质量控制程序和要求实施情况；

（三）发现问题应当与当事人及时联系、解决，必要时责令停止当事人的工作，将情况向质量安全总监报告；

（四）组织对相关技术人员定期进行教育和培训；

（五）配合检验机构做好起重机械型式试验、监督检验等工作；

（六）接受和配合市场监督管理部门开展的监督检查和事故调查，并如实提供有关材料；

（七）履行市场监督管理部门规定和本单位要求的其他起重机械质量安全管理职责。

起重机械生产单位应当按照前款规定，结合本单位实际，细化制定《起重机械质量安全员守则》。

第八十五条 起重机械生产单位应当建立基于起重机械质量安全风险防控的动态管理机制，

结合本单位实际，落实自查要求，制定《起重机械质量安全风险管控清单》，建立健全日管控、周排查、月调度工作制度和机制。

第八十六条 起重机械生产单位应当建立起重机械质量安全日管控制度。质量安全员要每日根据《起重机械质量安全风险管控清单》进行检查，形成《每日起重机械质量安全检查记录》，对发现的质量安全风险隐患，应当立即采取防范措施，及时上报质量安全总监或者单位主要负责人。未发现问题的，也应当予以记录，实行零风险报告。

第八十七条 起重机械生产单位应当建立起重机械质量安全周排查制度。质量安全总监要每周至少组织一次风险隐患排查，分析研判起重机械质量安全管理情况，研究解决日管控中发现的问题，形成《每周起重机械质量安全排查治理报告》。

第八十八条 起重机械生产单位应当建立起重机械质量安全月调度制度。单位主要负责人要每月至少听取一次质量安全总监管理工作情况汇报，对当月起重机械质量安全日常管理、风险隐患排查治理等情况进行总结，对下个月重点工作作出调度安排，形成《每月起重机械质量安全调度会议纪要》。

第八十九条 起重机械生产单位应当将主要负责人、质量安全总监和质量安全员的设立、调整情况，《起重机械质量安全风险管控清单》《起重机械质量安全总监职责》《起重机械质量安全员守则》以及质量安全总监、质量安全员提出的意见建议、报告和问题整改落实等履职情况予以记录并存档备查。

第九十条 市场监督管理部门应当将起重机械生产单位建立并落实起重机械质量安全责任制等管理制度，在日管控、周排查、月调度中发现的起重机械质量安全风险隐患以及整改情况作为监督检查的重要内容。

第九十一条 起重机械生产单位应当对质量安全总监和质量安全员进行法律法规、标准和专业知识培训、考核，同时对培训、考核情况予以记录并存档备查。

县级以上地方市场监督管理部门按照国家市场监督管理总局制定的《起重机械质量安全管理人员考核指南》，组织对本辖区内起重机械生产单位的质量安全总监和质量安全员随机进行监督抽查考核并公布考核结果。监督抽查考核不得收取费用。

监督抽查考核不合格，不再符合起重机械生产要求的，生产单位应当立即采取整改措施。

第九十二条 起重机械生产单位应当为质量安全总监和质量安全员提供必要的工作条件、教育培训和岗位待遇，充分保障其依法履行职责。

鼓励起重机械生产单位建立对质量安全总监和质量安全员的激励约束机制，对工作成效显著的给予表彰和奖励，对履职不到位的予以惩戒。

市场监督管理部门在查处起重机械生产单位违法行为时，应当将起重机械生产单位落实质量安全主体责任情况作为判断其主观过错、违法情节、处罚幅度等考量的重要因素。

起重机械生产单位及其主要负责人无正当理由未采纳质量安全总监和质量安全员依照本规定第八十一条提出的意见或者建议的，应当认为质量安全总监和质量安全员已经依法履职尽责，不予处罚。

第九十三条 起重机械生产单位未按规定建立起重机械质量安全管理制度，或者未按规定配备、培训、考核质量安全总监和质量安全员的，由县级以上地方市场监督管理部门责令改正并给予通报批评；拒不改正的，处五千元以上五万元以下罚款，并将处罚情况纳入国家企业信用信息公示系统。法律、行政法规另有规定的，依照其规定执行。

起重机械生产单位主要负责人、质量安全总监、质量安全员未按规定要求落实质量安全责任的，由县级以上地方市场监督管理部门责令改正并给予通报批评；拒不改正的，对责任人处二千元以上一万元以下罚款。法律、行政法规另有规定的，依照其规定执行。

第九十四条 本规定下列用语的含义是:

(一)起重机械生产单位主要负责人是指本单位的法定代表人、法定代表委托人或者实际控制人;

(二)质量安全总监是指本单位管理层中负责质量保证系统安全运转的管理人员;

(三)质量安全员是指本单位具体负责质量过程控制的检查人员。

第八章 客 运 索 道

第九十五条 客运索道制造单位进行客运索道及其安全保护装置和主要部件的设计时,应当开展有关客运索道安全性能的风险评价,采取适当措施消除风险隐患,保证其所设计的客运索道及其安全保护装置和主要部件不存在危及人身、财产安全等危险。

对本单位制造并已经投入使用的客运索道,客运索道制造单位应提供必要的技术服务和必需的备品配件,指导并协助解决客运索道使用过程中涉及的质量安全问题。

第九十六条 客运索道生产单位应当依法配备质量安全总监和质量安全员,明确质量安全总监和质量安全员的岗位职责。

客运索道生产单位主要负责人对本单位客运索道质量安全全面负责,建立并落实客运索道质量安全主体责任的长效机制。质量安全总监和质量安全员应当按照岗位职责,协助单位主要负责人做好客运索道质量安全管理工作。

第九十七条 客运索道生产单位主要责任人应当支持和保障质量安全总监和质量安全员依法开展客运索道质量安全管理工作,在作出涉及客运索道质量安全的重大决策前,应当充分听取质量安全总监和质量安全员的意见和建议。

质量安全总监、质量安全员发现客运索道产品存在危及安全的缺陷时,应当提出停止相关客运索道生产等否决建议,客运索道生产单位应立即分析研判,采取处置措施,消除风险隐患。对已经出厂的产品发现存在同一性缺陷的,应当依法及时召回,并报当地省级市场监督管理部门。

第九十八条 质量安全总监和质量安全员应当具备下列客运索道质量安全管理能力:

(一)熟悉客运索道生产相关法律法规、安全技术规范、标准和本单位质量保证体系;

(二)质量安全总监不得兼任质量安全员,质量安全员最多只能担任两个不相关的质量控制岗位;

(三)具备识别和防控客运索道质量安全风险的专业知识;

(四)熟悉本单位客运索道质量安全相关的设施设备、工艺流程、操作规程等生产过程控制要求;

(五)具有与所负责工作相关的专业教育背景和工作经验,熟悉任职岗位的工作任务和要求;

(六)符合特种设备法律法规和安全技术规范的其他要求。

第九十九条 质量安全总监按照职责要求,直接对本单位主要负责人负责,承担下列职责:

(一)组织贯彻、实施客运索道有关的法律法规、安全技术规范及相关标准,对质量保证系统的实施负责;

(二)组织制定质量保证手册、程序文件、作业指导书等质量保证体系文件,批准程序文件;

(三)指导和协调、监督检查质量保证体系各质量控制系统的工作;

(四)组织建立并持续维护客运索道质量安全追溯体系;

(五)组织质量分析、质量审核并协助进行管理评审工作;

（六）实施对不合格品（项）的控制，行使质量安全一票否决权；

（七）建立企业公告板制度，对所生产的客运索道安全事故事件、质量缺陷和事故隐患等情况，及时予以公示；

（八）组织建立和健全内外部质量信息反馈和处理的信息系统；

（九）向市场监督管理部门如实反映质量安全问题；

（十）组织对质量安全员定期进行教育和培训；

（十一）接受和配合市场监督管理部门开展的监督检查和事故调查，并如实提供有关材料；

（十二）履行市场监督管理部门规定和本单位要求的其他客运索道质量安全管理职责。

客运索道生产单位应当按照前款规定，结合本单位实际，细化制定《客运索道质量安全总监职责》。

第一百条 质量安全员按照职责要求，对质量安全总监或者单位主要负责人负责，承担下列职责：

（一）负责审核质量控制程序文件和作业指导书；

（二）按照安全技术规范和质量保证手册要求，审查确认相关工作见证，检查生产过程的质量控制程序和要求实施情况；

（三）发现问题应当与当事人及时联系、解决，必要时责令停止当事人的工作，将情况向质量安全总监报告；

（四）组织对相关技术人员定期进行教育和培训；

（五）配合检验机构做好客运索道设计文件鉴定、型式试验、监督检验等工作；

（六）接受和配合市场监督管理部门开展的监督检查和事故调查，并如实提供有关材料；

（七）履行市场监督管理部门规定和本单位要求的其他客运索道质量安全管理职责。

客运索道生产单位应当按照前款规定，结合本单位实际，细化制定《客运索道质量安全员守则》。

第一百零一条 客运索道生产单位应当建立基于客运索道质量安全风险防控的动态管理机制，结合本单位实际，落实自查要求，制定《客运索道质量安全风险管控清单》，建立健全日管控、周排查、月调度工作制度和机制。

第一百零二条 客运索道生产单位应当建立客运索道质量安全日管控制度。质量安全员要每日根据《客运索道质量安全风险管控清单》进行检查，形成《每日客运索道质量安全检查记录》，对发现的质量安全风险隐患，应当立即采取防范措施，及时上报质量安全总监或者单位主要负责人。未发现问题的，也应当予以记录，实行零风险报告。

第一百零三条 客运索道生产单位应当建立客运索道质量安全周排查制度。质量安全总监要每周至少组织一次风险隐患排查，分析研判客运索道质量安全管理情况，研究解决日管控中发现的问题，形成《每周客运索道质量安全排查治理报告》。

第一百零四条 客运索道生产单位应当建立客运索道质量安全月调度制度。单位主要负责人要每月至少听取一次质量安全总监管理工作情况汇报，对当月客运索道质量安全日常管理、风险隐患排查治理等情况进行总结，对下个月重点工作作出调度安排，形成《每月客运索道质量安全调度会议纪要》。

第一百零五条 客运索道生产单位应当将主要负责人、质量安全总监和质量安全员的设立、调整情况，《客运索道质量安全风险管控清单》《客运索道质量安全总监职责》《客运索道质量安全员守则》以及质量安全总监、质量安全员提出的意见建议、报告和问题整改落实等履职情况予以记录并存档备查。

第一百零六条 市场监督管理部门应当将客运索道生产单位建立并落实客运索道质量安全责

任制等管理制度，在日管控、周排查、月调度中发现的客运索道质量安全风险隐患以及整改情况作为监督检查的重要内容。

第一百零七条 客运索道生产单位应当对质量安全总监和质量安全员进行法律法规、标准和专业知识培训、考核，同时对培训、考核情况予以记录并存档备查。

县级以上地方市场监督管理部门按照国家市场监督管理总局制定的《客运索道质量安全管理人员考核指南》，组织对本辖区内客运索道生产单位的质量安全总监和质量安全员随机进行监督抽查考核并公布考核结果。监督抽查考核不得收取费用。

监督抽查考核不合格，不再符合客运索道生产要求的，生产单位应当立即采取整改措施。

第一百零八条 客运索道生产单位应当为质量安全总监和质量安全员提供必要的工作条件、教育培训和岗位待遇，充分保障其依法履行职责。

鼓励客运索道生产单位建立对质量安全总监和质量安全员的激励约束机制，对工作成效显著的给予表彰和奖励，对履职不到位的予以惩戒。

市场监督管理部门在查处客运索道生产单位违法行为时，应当将客运索道生产单位落实质量安全主体责任情况作为判断其主观过错、违法情节、处罚幅度等考量的重要因素。

客运索道生产单位及其主要负责人无正当理由未采纳质量安全总监和质量安全员依照本规定第九十七条提出的意见或者建议的，应当认为质量安全总监和质量安全员已经依法履职尽责，不予处罚。

第一百零九条 客运索道生产单位未按规定建立客运索道质量安全管理制度，或者未按规定配备、培训、考核质量安全总监和质量安全员的，由县级以上地方市场监督管理部门责令改正并给予通报批评；拒不改正的，处五千元以上五万元以下罚款，并将处罚情况纳入国家企业信用信息公示系统。法律、行政法规另有规定的，依照其规定执行。

客运索道生产单位主要负责人、质量安全总监、质量安全员未按规定要求落实质量安全责任的，由县级以上地方市场监督管理部门责令改正并给予通报批评；拒不改正的，对责任人处二千元以上一万元以下罚款。法律、行政法规另有规定的，依照其规定执行。

第一百一十条 本规定下列用语的含义是：

（一）客运索道生产单位主要负责人是指本单位的法定代表人、法定代表委托人或者实际控制人；

（二）质量安全总监是指本单位管理层中负责质量保证系统安全运转的管理人员；

（三）质量安全员是指本单位具体负责质量过程控制的检查人员。

第九章 大型游乐设施

第一百一十一条 大型游乐设施制造单位进行大型游乐设施及其安全保护装置和主要部件的设计时，应当开展有关大型游乐设施安全性能的风险评价，采取适当措施消除风险隐患，保证其所设计的大型游乐设施及其安全保护装置和主要部件不存在危及人身、财产安全等危险。

对本单位制造并已经投入使用的大型游乐设施，大型游乐设施制造单位应提供必要的技术服务和必需的备品配件，指导并协助解决大型游乐设施使用过程中涉及的质量安全问题。

第一百一十二条 大型游乐设施生产单位应当依法配备质量安全总监和质量安全员，明确质量安全总监和质量安全员的岗位职责。

大型游乐设施生产单位主要负责人对本单位大型游乐设施质量安全全面负责，建立并落实大型游乐设施质量安全主体责任的长效机制。质量安全总监和质量安全员应当按照岗位职责，协助单位主要负责人做好大型游乐设施质量安全管理工作。

第一百一十三条 大型游乐设施生产单位主要负责人应当支持和保障质量安全总监和质量安

全员依法开展大型游乐设施质量安全管理工作，在作出涉及大型游乐设施质量安全的重大决策前，应当充分听取质量安全总监和质量安全员的意见和建议。

质量安全总监、质量安全员发现大型游乐设施产品存在危及安全的缺陷时，应当提出停止相关大型游乐设施生产等否决建议，大型游乐设施生产单位应当立即分析研判，采取处置措施，消除风险隐患。对已经出厂的产品发现存在同一性缺陷的，应当依法及时召回，并报当地省级市场监督管理部门。

第一百一十四条 质量安全总监和质量安全员应当具备下列大型游乐设施质量安全管理能力：

（一）熟悉大型游乐设施生产相关法律法规、安全技术规范、标准和本单位质量保证体系；

（二）质量安全总监不得兼任质量安全员，质量安全员最多只能担任两个不相关的质量控制岗位；

（三）具备识别和防控大型游乐设施质量安全风险的专业知识；

（四）熟悉本单位大型游乐设施质量安全相关的设施设备、工艺流程、操作规程等生产过程控制要求；

（五）具有与所负责工作相关的专业教育背景和工作经验，熟悉任职岗位的工作任务和要求；

（六）符合特种设备法律法规和安全技术规范的其他要求。

第一百一十五条 质量安全总监按照职责要求，直接对本单位主要负责人负责，承担下列职责：

（一）组织贯彻、实施大型游乐设施有关的法律法规、安全技术规范及相关标准，对质量保证系统的实施负责；

（二）组织制定质量保证手册、程序文件、作业指导书等质量保证体系文件，批准程序文件；

（三）指导和协调、监督检查质量保证体系各质量控制系统的工作；

（四）组织建立并持续维护大型游乐设施质量安全追溯体系；

（五）组织质量分析、质量审核并协助进行管理评审工作；

（六）实施对不合格品（项）的控制，行使质量安全一票否决权；

（七）建立企业公告板制度，对所生产的大型游乐设施安全事故事件、质量缺陷和事故隐患等情况，及时予以公示；

（八）组织建立和健全内外部质量信息反馈和处理的信息系统；

（九）向市场监督管理部门如实反映质量安全问题；

（十）组织对质量安全员定期进行教育和培训；

（十一）接受和配合市场监督管理部门开展的监督检查和事故调查，并如实提供有关材料；

（十二）履行市场监督管理部门规定和本单位要求的其他大型游乐设施质量安全管理职责。

大型游乐设施生产单位应当按照前款规定，结合本单位实际，细化制定《大型游乐设施质量安全总监职责》。

第一百一十六条 质量安全员按照职责要求，对质量安全总监或者单位主要负责人负责，承担下列职责：

（一）负责审核质量控制程序文件和作业指导书；

（二）按照安全技术规范和质量保证手册要求，审查确认相关工作见证，检查生产过程的质量控制程序和要求实施情况；

（三）发现问题应当与当事人及时联系、解决，必要时责令停止当事人的工作，将情况向质

量安全总监报告;

（四）组织对相关技术人员定期进行教育和培训;

（五）配合检验机构做好大型游乐设施设计文件鉴定、型式试验、监督检验等工作;

（六）接受和配合市场监督管理部门开展的监督检查和事故调查，并如实提供有关材料;

（七）履行市场监督管理部门规定和本单位要求的其他大型游乐设施质量安全管理职责。

大型游乐设施生产单位应当按照前款规定，结合本单位实际，细化制定《大型游乐设施质量安全员守则》。

第一百一十七条 大型游乐设施生产单位应当建立基于大型游乐设施质量安全风险防控的动态管理机制，结合本单位实际，落实自查要求，制定《大型游乐设施质量安全风险管控清单》，建立健全日管控、周排查、月调度工作制度和机制。

第一百一十八条 大型游乐设施生产单位应当建立大型游乐设施质量安全日管控制度。质量安全员要每日根据《大型游乐设施质量安全风险管控清单》进行检查，形成《每日大型游乐设施质量安全检查记录》，对发现的质量安全风险隐患，应当立即采取防范措施，及时上报质量安全总监或者单位主要负责人。未发现问题的，也应当予以记录，实行零风险报告。

第一百一十九条 大型游乐设施生产单位应当建立大型游乐设施质量安全周排查制度。质量安全总监要每周至少组织一次风险隐患排查，分析研判大型游乐设施质量安全管理情况，研究解决日管控中发现的问题，形成《每周大型游乐设施质量安全排查治理报告》。

第一百二十条 大型游乐设施生产单位应当建立大型游乐设施质量安全月调度制度。单位主要负责人要每月至少听取一次质量安全总监管理工作情况汇报，对当月大型游乐设施质量安全日常管理、风险隐患排查治理等情况进行总结，对下个月重点工作作出调度安排，形成《每月大型游乐设施质量安全调度会议纪要》。

第一百二十一条 大型游乐设施生产单位应当将主要负责人、质量安全总监和质量安全员的设立、调整情况，《大型游乐设施质量安全风险管控清单》《大型游乐设施质量安全总监职责》《大型游乐设施质量安全员守则》以及质量安全总监、质量安全员提出的意见建议、报告和问题整改落实等履职情况予以记录并存档备查。

第一百二十二条 市场监督管理部门应当将大型游乐设施生产单位建立并落实大型游乐设施质量安全责任制等管理制度，在日管控、周排查、月调度中发现的大型游乐设施质量安全风险隐患以及整改情况作为监督检查的重要内容。

第一百二十三条 大型游乐设施生产单位应当对质量安全总监和质量安全员进行法律法规、标准和专业知识培训、考核，同时对培训、考核情况予以记录并存档备查。

县级以上地方市场监督管理部门按照国家市场监督管理总局制定的《大型游乐设施质量安全管理人员考核指南》，组织对本辖区内大型游乐设施生产单位的质量安全总监和质量安全员随机进行监督抽查考核并公布考核结果。监督抽查考核不得收取费用。

监督抽查考核不合格，不再符合大型游乐设施生产要求的，生产单位应当立即采取整改措施。

第一百二十四条 大型游乐设施生产单位应当为质量安全总监和质量安全员提供必要的工作条件、教育培训和岗位待遇，充分保障其依法履行职责。

鼓励大型游乐设施生产单位建立对质量安全总监和质量安全员的激励约束机制，对工作成效显著的给予表彰和奖励，对履职不到位的予以惩戒。

市场监督管理部门在查处大型游乐设施生产单位违法行为时，应当将大型游乐设施生产单位落实质量安全主体责任情况作为判断其主观过错、违法情节、处罚幅度等考量的重要因素。

大型游乐设施生产单位及其主要负责人无正当理由未采纳质量安全总监和质量安全员依照本

规定第一百一十三条提出的意见或者建议的，应当认为质量安全总监和质量安全员已经依法履职尽责，不予处罚。

第一百二十五条　大型游乐设施生产单位未按规定建立大型游乐设施质量安全管理制度，或者未按规定配备、培训、考核质量安全总监和质量安全员的，由县级以上地方市场监督管理部门责令改正并给予通报批评；拒不改正的，处五千元以上五万元以下罚款，并将处罚情况纳入国家企业信用信息公示系统。法律、行政法规另有规定的，依照其规定执行。

大型游乐设施生产单位主要负责人、质量安全总监、质量安全员未按规定要求落实质量安全责任的，由县级以上地方市场监督管理部门责令改正并给予通报批评；拒不改正的，对责任人处二千元以上一万元以下罚款。法律、行政法规另有规定的，依照其规定执行。

第一百二十六条　本规定下列用语的含义是：

（一）大型游乐设施生产单位主要负责人是指本单位的法定代表人、法定代表委托人或者实际控制人；

（二）质量安全总监是指本单位管理层中负责质量保证系统安全运转的管理人员；

（三）质量安全员是指本单位具体负责质量过程控制的检查人员。

第十章　场（厂）内专用机动车辆

第一百二十七条　场（厂）内专用机动车辆（以下简称场车）生产单位应当依法配备质量安全总监和质量安全员，明确质量安全总监和质量安全员的岗位职责。

场车生产单位主要负责人对本单位场车质量安全全面负责，建立并落实场车质量安全主体责任的长效机制。质量安全总监和质量安全员应当按照岗位职责，协助单位主要负责人做好场车质量安全管理工作。

第一百二十八条　场车生产单位主要负责人应当支持和保障质量安全总监和质量安全员依法开展场车质量安全管理工作，在作出涉及场车质量安全的重大决策前，应当充分听取质量安全总监和质量安全员的意见和建议。

质量安全总监、质量安全员发现场车产品存在危及安全的缺陷时，应当提出停止相关场车生产等否决建议，场车生产单位应当立即分析研判，采取处置措施，消除风险隐患。对已经出厂的产品发现存在同一性缺陷的，应当依法及时召回，并报当地省级市场监督管理部门。

第一百二十九条　质量安全总监和质量安全员应当具备下列场车质量安全管理能力：

（一）熟悉场车生产相关法律法规、安全技术规范、标准和本单位质量保证体系；

（二）质量安全总监不得兼任质量安全员，质量安全员最多只能担任两个不相关的质量控制岗位；

（三）具备识别和防控场车质量安全风险的专业知识；

（四）熟悉本单位场车质量安全相关的设施设备、工艺流程、操作规程等生产过程控制要求；

（五）具有与所负责工作相关的专业教育背景和工作经验，熟悉任职岗位的工作任务和要求；

（六）符合特种设备法律法规和安全技术规范的其他要求。

第一百三十条　质量安全总监按照职责要求，直接对本单位主要负责人负责，承担下列职责：

（一）组织贯彻、实施场车有关的法律法规、安全技术规范及相关标准，对质量保证系统的实施负责；

（二）组织制定质量保证手册、程序文件、作业指导书等质量保证体系文件，批准程序文件；

（三）指导和协调、监督检查质量保证体系各质量控制系统的工作；

（四）组织建立并持续维护场车质量安全追溯体系；

（五）组织质量分析、质量审核并协助进行管理评审工作；

（六）实施对不合格品（项）的控制，行使质量安全一票否决权；

（七）建立企业公告板制度，对所生产的场车安全事故事件、质量缺陷和事故隐患等情况，及时予以公示；

（八）组织建立和健全内外部质量信息反馈和处理的信息系统；

（九）向市场监督管理部门如实反映质量安全问题；

（十）组织对质量安全员定期进行教育和培训；

（十一）接受和配合市场监督管理部门开展的监督检查和事故调查，并如实提供有关材料；

（十二）履行市场监督管理部门规定和本单位要求的其他场车质量安全管理职责。

场车生产单位应当按照前款规定，结合本单位实际，细化制定《场车质量安全总监职责》。

第一百三十一条　质量安全员按照职责要求，对质量安全总监或者单位主要负责人负责，承担下列职责：

（一）负责审核质量控制程序文件和作业指导书；

（二）按照安全技术规范和质量保证手册要求，审查确认相关工作见证，检查生产过程的质量控制程序和要求实施情况；

（三）发现问题应当与当事人及时联系、解决，必要时责令停止当事人的工作，将情况向质量安全总监报告；

（四）组织对相关技术人员定期进行教育和培训；

（五）配合检验机构做好场车型式试验等工作；

（六）接受和配合市场监督管理部门开展的监督检查和事故调查，并如实提供有关材料；

（七）履行市场监督管理部门规定和本单位要求的其他场车质量安全管理职责。

场车生产单位应当按照前款规定，结合本单位实际，细化制定《场车质量安全员守则》。

第一百三十二条　场车生产单位应当建立基于场车质量安全风险防控的动态管理机制，结合本单位实际，落实自查要求，制定《场车质量安全风险管控清单》，建立健全日管控、周排查、月调度工作制度和机制。

第一百三十三条　场车生产单位应当建立场车质量安全日管控制度。质量安全员要每日根据《场车质量安全风险管控清单》进行检查，形成《每日场车质量安全检查记录》，对发现的质量安全风险隐患，应当立即采取防范措施，及时上报质量安全总监或者单位主要负责人。未发现问题的，也应当予以记录，实行零风险报告。

第一百三十四条　场车生产单位应当建立场车质量安全周排查制度。质量安全总监要每周至少组织一次风险隐患排查，分析研判场车质量安全管理情况，研究解决日管控中发现的问题，形成《每周场车质量安全排查治理报告》。

第一百三十五条　场车生产单位应当建立场车质量安全月调度制度。单位主要负责人要每月至少听取一次质量安全总监管理工作情况汇报，对当月场车质量安全日常管理、风险隐患排查治理等情况进行总结，对下个月重点工作作出调度安排，形成《每月场车质量安全调度会议纪要》。

第一百三十六条　场车生产单位应当将主要负责人、质量安全总监和质量安全员的设立、调整情况，《场车质量安全风险管控清单》《场车质量安全总监职责》《场车质量安全员守则》以及质量安全总监、质量安全员提出的意见建议、报告和问题整改落实等履职情况予以记录并存档备查。

第一百三十七条 市场监督管理部门应当将场车生产单位建立并落实场车质量安全责任制等管理制度，在日管控、周排查、月调度中发现的场车质量安全风险隐患以及整改情况作为监督检查的重要内容。

第一百三十八条 场车生产单位应当对质量安全总监和质量安全员进行法律法规、标准和专业知识培训、考核，同时对培训、考核情况予以记录并存档备查。

县级以上地方市场监督管理部门按照国家市场监督管理总局制定的《场车质量安全管理人员考核指南》，组织对本辖区内场车生产单位的质量安全总监和质量安全员随机进行监督抽查考核并公布考核结果。监督抽查考核不得收取费用。

监督抽查考核不合格，不再符合场车生产要求的，生产单位应当立即采取整改措施。

第一百三十九条 场车生产单位应当为质量安全总监和质量安全员提供必要的工作条件、教育培训和岗位待遇，充分保障其依法履行职责。

鼓励场车生产单位建立对质量安全总监和质量安全员的激励约束机制，对工作成效显著的给予表彰和奖励，对履职不到位的予以惩戒。

市场监督管理部门在查处场车生产单位违法行为时，应当将场车生产单位落实质量安全主体责任情况作为判断其主观过错、违法情节、处罚幅度等考量的重要因素。

场车生产单位及其主要负责人无正当理由未采纳质量安全总监和质量安全员依照本规定第一百二十八条提出的意见或者建议的，应当认为质量安全总监和质量安全员已经依法履职尽责，不予处罚。

第一百四十条 场车生产单位未按规定建立场车质量安全管理制度，或者未按规定配备、培训、考核质量安全总监和质量安全员的，由县级以上地方市场监督管理部门责令改正并给予通报批评；拒不改正的，处五千元以上五万元以下罚款，并将处罚情况纳入国家企业信用信息公示系统。法律、行政法规另有规定的，依照其规定执行。

场车生产单位主要负责人、质量安全总监、质量安全员未按规定要求落实质量安全责任的，由县级以上地方市场监督管理部门责令改正并给予通报批评；拒不改正的，对责任人处二千元以上一万元以下罚款。法律、行政法规另有规定的，依照其规定执行。

第一百四十一条 本规定下列用语的含义是：

（一）场车生产单位主要负责人是指本单位的法定代表人、法定代表委托人或者实际控制人；

（二）质量安全总监是指本单位管理层中负责质量保证系统安全运转的管理人员；

（三）质量安全员是指本单位具体负责质量过程控制的检查人员。

第十一章 附 则

第一百四十二条 本规定自 2023 年 5 月 5 日起施行。

特种设备安全监督检查办法

（2022 年 5 月 26 日国家市场监督管理总局令第 57 号公布　自 2022 年 7 月 1 日起施行）

第一章　总　　则

第一条　为了规范特种设备安全监督检查工作，落实特种设备生产、经营、使用单位和检验、检测机构安全责任，根据《中华人民共和国特种设备安全法》《特种设备安全监察条例》等法律、行政法规，制定本办法。

第二条　市场监督管理部门对特种设备生产（包括设计、制造、安装、改造、修理）、经营、使用（含充装，下同）单位和检验、检测机构实施监督检查，适用本办法。

第三条　国家市场监督管理总局负责监督指导全国特种设备安全监督检查工作，可以根据需要组织开展监督检查。

县级以上地方市场监督管理部门负责本行政区域内的特种设备安全监督检查工作，根据上级市场监督管理部门部署或者实际工作需要，组织开展监督检查。

市场监督管理所依照市场监管法律、法规、规章有关规定以及上级市场监督管理部门确定的权限，承担相关特种设备安全监督检查工作。

第四条　特种设备安全监督检查工作应当遵循风险防控、分级负责、分类实施、照单履职的原则。

第二章　监督检查分类

第五条　特种设备安全监督检查分为常规监督检查、专项监督检查、证后监督检查和其他监督检查。

第六条　市场监督管理部门依照年度常规监督检查计划，对特种设备生产、使用单位实施常规监督检查。

常规监督检查的项目和内容按照国家市场监督管理总局的有关规定执行。

第七条　市级市场监督管理部门负责制定年度常规监督检查计划，确定辖区内市场监督管理部门任务分工，并分级负责实施。

年度常规监督检查计划应当报告同级人民政府。对特种设备生产单位开展的年度常规监督检查计划还应当同时报告省级市场监督管理部门。

第八条　常规监督检查应当采用"双随机、一公开"方式，随机抽取被检查单位和特种设备安全监督检查人员（以下简称检查人员），并定期公布监督检查结果。

常规监督检查对象库应当将取得许可资格且住所地在本辖区的特种设备生产单位和本辖区办理特种设备使用登记的使用单位全部纳入。

特种设备生产单位制造地与住所地不在同一辖区的，由制造地的市级市场监督管理部门纳入常规监督检查对象库。

第九条　市级市场监督管理部门应当根据特种设备安全状况，确定常规监督检查重点单位名录，并对重点单位加大抽取比例。

符合以下情形之一的，应当列入重点单位名录：

（一）学校、幼儿园以及医院、车站、客运码头、机场、商场、体育场馆、展览馆、公园、旅游景区等公众聚集场所的特种设备使用单位；

（二）近二年使用的特种设备发生过事故并对事故负有责任的；

（三）涉及特种设备安全的投诉举报较多，且经调查属实的；

（四）市场监督管理部门认为应当列入的其他情形。

第十条 市场监督管理部门为防范区域性、系统性风险，做好重大活动、重点工程以及节假日等重点时段安全保障，或者根据各级人民政府和上级市场监督管理部门的统一部署，在特定时间内对特定区域、领域的特种设备生产、经营、使用单位和检验、检测机构实施专项监督检查。

第十一条 组织专项监督检查的市场监督管理部门应当制定专项监督检查工作方案，明确监督检查的范围、任务分工、进度安排等要求。

专项监督检查工作方案应当要求特种设备生产、经营、使用单位和检验、检测机构开展自查自纠，并规定专门的监督检查项目和内容，或者参照常规监督检查的项目和内容执行。

第十二条 市场监督管理部门对其许可的特种设备生产、充装单位和检验、检测机构是否持续保持许可条件、依法从事许可活动实施证后监督检查。

第十三条 证后监督检查由实施行政许可的市场监督管理部门负责组织实施，或者委托下级市场监督管理部门组织实施。

第十四条 组织实施证后监督检查的市场监督管理部门应当制定证后监督检查年度计划和工作方案。

证后监督检查年度计划应当明确检查对象、进度安排等要求，工作方案应当明确检查方式、检查内容等要求。

第十五条 市场监督管理部门开展证后监督检查应当采用"双随机、一公开"方式，随机抽取被检查单位和检查人员，并及时公布监督检查结果。

证后监督检查对象库应当将本机关许可的特种设备生产、充装单位和检验、检测机构全部列入。

第十六条 市场监督管理部门应当根据特种设备生产、充装质量安全状况或者特种设备检验、检测质量状况，确定证后监督检查重点单位名录，并对重点单位加大抽取比例。

符合以下情形之一的，应当列入重点单位名录：

（一）上一年度自我声明承诺换证的；

（二）上一年度生产、充装、检验、检测的特种设备发生过事故并对事故负有责任，或者因特种设备生产、充装、检验、检测问题被行政处罚的；

（三）上一年度因产品缺陷未履行主动召回义务被责令召回的；

（四）涉及特种设备安全的投诉举报较多，且经调查属实的；

（五）市场监督管理部门认为应当列入的其他情形。

第十七条 同一年度，对同一单位已经进行证后监督检查的不再进行常规监督检查。

第十八条 市场监督管理部门对其他部门移送、上级交办、投诉、举报等途径和检验、检测、监测等方式发现的特种设备安全违法行为或者事故隐患线索，根据需要可以对特种设备生产、经营、使用单位和检验、检测机构实施监督检查。开展监督检查前，应当确定针对性的监督检查项目和内容。

第三章 监督检查程序

第十九条 市场监督管理部门实施监督检查时，应当有二名以上检查人员参加，出示有效的特种设备安全行政执法证件，并说明检查的任务来源、依据、内容、要求等。

市场监督管理部门根据需要可以委托相关具有公益类事业单位法人资格的特种设备检验机构

提供监督检查的技术支持和服务，或者邀请相关专业技术人员参加监督检查。

第二十条 特种设备生产、经营、使用单位和检验、检测机构及其人员应当积极配合市场监督管理部门依法实施的特种设备安全监督检查。

特种设备生产、经营、使用单位和检验、检测机构应当按照专项监督检查工作方案的要求开展自查自纠。

第二十一条 检查人员应当对监督检查的基本情况、发现的问题及处理措施等作出记录，并由检查人员和被检查单位的有关负责人在监督检查记录上签字确认。

第二十二条 检查人员可以根据监督检查情况，要求被检查单位提供相关材料。被检查单位应当如实提供，并在提供的材料上签名或者盖章。当场无法提供材料的，应当在检查人员通知的期限内提供。

第二十三条 市场监督管理部门在监督检查中，发现违反特种设备安全法律法规和安全技术规范的行为或者特种设备存在事故隐患的，应当依法发出特种设备安全监察指令，或者交由属地市场监督管理部门依法发出特种设备安全监察指令，责令被检查单位限期采取措施予以改正或者消除事故隐患。

市场监督管理部门发现重大违法行为或者特种设备存在严重事故隐患的，应当责令被检查单位立即停止违法行为、采取措施消除事故隐患。

第二十四条 本办法所称重大违法行为包括以下情形：

（一）未经许可，擅自从事特种设备生产、电梯维护保养、移动式压力容器充装或者气瓶充装活动的；

（二）未经核准，擅自从事特种设备检验、检测的；

（三）特种设备生产单位生产、销售、交付国家明令淘汰的特种设备，或者涂改、倒卖、出租、出借生产许可证的；

（四）特种设备经营单位销售、出租未取得许可生产、未经检验或者检验不合格、国家明令淘汰、已经报废的特种设备的；

（五）谎报或者瞒报特种设备事故的；

（六）检验、检测机构和人员出具虚假或者严重失实的检验、检测结果和鉴定结论的；

（七）被检查单位对严重事故隐患不予整改或者消除的；

（八）法律、行政法规和部门规章规定的其他重大违法行为。

第二十五条 特种设备存在严重事故隐患包括以下情形：

（一）特种设备未取得许可生产、国家明令淘汰、已经报废或者达到报废条件，继续使用的；

（二）特种设备未经监督检验或者经检验、检测不合格，继续使用的；

（三）特种设备安全附件、安全保护装置缺失或者失灵，继续使用的；

（四）特种设备发生过事故或者有明显故障，未对其进行全面检查、消除事故隐患，继续使用的；

（五）特种设备超过规定参数、使用范围使用的；

（六）市场监督管理部门认为属于严重事故隐患的其他情形。

第二十六条 市场监督管理部门在监督检查中，对有证据表明不符合安全技术规范要求、存在严重事故隐患、流入市场的达到报废条件或者已经报废的特种设备，应当依法实施查封、扣押。

当场能够整改的，可以不予查封、扣押。

第二十七条 监督检查中，被检查单位的有关负责人拒绝在特种设备安全监督检查记录或者相关文书上签字或者以其他方式确认的，检查人员应当在记录或者文书上注明情况，并采取拍照、录音、录像等方式记录，必要时可以邀请有关人员作为见证人。

被检查单位拒绝签收特种设备安全监察指令的，按照市场监督管理送达行政执法文书的有关规定执行，情节严重的，按照拒不执行特种设备安全监察指令予以处理。

第二十八条 被检查单位停产、停业或者确有其他无法实施监督检查情形的，检查人员可以终止监督检查，并记录相关情况。

第二十九条 被检查单位应当根据特种设备安全监察指令，在规定时间内予以改正，消除事故隐患，并提交整改报告。

市场监督管理部门应当在被检查单位提交整改报告后十个工作日内，对整改情况进行复查。复查可以通过现场检查、材料核查等方式实施。

采用现场检查进行复查的，复查程序适用本办法。

第三十条 发现重大违法行为或者严重事故隐患的，实施检查的市场监督管理部门应当及时报告上一级市场监督管理部门。

市场监督管理部门接到报告后，应当采取必要措施，及时予以处理。

第三十一条 监督检查中对拒绝接受检查、重大违法行为和严重事故隐患的处理，需要属地人民政府和有关部门支持、配合的，市场监督管理部门应当及时以书面形式报告属地人民政府或者通报有关部门，并提出相关安全监管建议。

接到报告或者通报的人民政府和其他有关部门依法采取必要措施及时处理时，市场监督管理部门应当积极予以配合。

第三十二条 特种设备安全行政处罚由违法行为发生地的县级以上市场监督管理部门实施。

违法行为发生地的县级以上市场监督管理部门依法吊销特种设备检验、检测人员及安全管理和作业人员行政许可的，应当将行政处罚决定抄送发证机关，由发证机关办理注销手续。

违法行为发生地的县级以上市场监督管理部门案件办理过程中，发现依法应当吊销特种设备生产、充装单位和特种设备检验、检测机构行政许可的，应当在作出相关行政处罚决定后，将涉及吊销许可证的违法行为证据材料移送发证机关，由发证机关依法予以吊销。

发现依法应当撤销许可的违法行为的，实施监督检查的市场监督管理部门应当及时向发证机关通报，并随附相关证据材料，由发证机关依法予以撤销。

第四章 法 律 责 任

第三十三条 违反本办法的规定，特种设备有关法律法规已有法律责任规定的，依照相关规定处理；有关法律法规以及本办法其他条款没有规定法律责任的，责令限期改正；涉嫌构成犯罪，依法需要追究刑事责任的，按照有关规定移送公安机关、监察机关。

第三十四条 被检查单位无正当理由拒绝检查人员进入特种设备生产、经营、使用、检验、检测场所检查，不予配合或者拖延、阻碍监督检查正常开展的，按照《中华人民共和国特种设备安全法》第九十五条规定予以处理。构成违反治安管理行为的，移送公安机关，由公安机关依法给予治安管理处罚。

第三十五条 被检查单位未按要求进行自查自纠的，责令限期改正；逾期未改正的，处五千元以上三万元以下罚款。

被检查单位在检查中隐匿证据、提供虚假材料或者未在通知的期限内提供有关材料的，责令限期改正；逾期未改正的，处一万元以上十万元以下罚款。

第三十六条 特种设备生产、经营、使用单位和检验、检测机构违反本办法第二十九条第一款，拒不执行特种设备安全监察指令的，处五千元以上十万元以下罚款；情节严重的，处十万元以上二十万元以下罚款。

第三十七条 特种设备安全监督检查人员在监督检查中未依法履行职责，需要承担行政执法过错责任的，按照有关法律法规及《市场监督管理行政执法责任制规定》的有关规定执行。

市场监督管理部门及其工作人员在特种设备安全监督检查中涉嫌违纪违法的，移送纪检监察机关依法给予党纪政务处分；涉嫌犯罪的，移送监察机关、司法机关依法处理。

第五章 附 则

第三十八条 特种设备安全监督检查人员履职所需装备按照市场监督管理基层执法装备配备的有关要求执行。

第三十九条 特种设备安全监督检查文书格式由国家市场监督管理总局制定。

第四十条 本办法自 2022 年 7 月 1 日起施行。

特种设备事故报告和调查处理规定

（2022 年 1 月 20 日国家市场监督管理总局令第 50 号公布 自 2022 年 3 月 1 日起施行）

第一章 总 则

第一条 为了规范特种设备事故报告和调查处理工作，及时准确查清事故原因，明确事故责任，预防和减少事故发生，根据《中华人民共和国特种设备安全法》《特种设备安全监察条例》等有关法律、行政法规的规定，制定本规定。

第二条 本规定所称特种设备事故，是指列入特种设备目录的特种设备因其本体原因及其安全装置或者附件损坏、失效，或者特种设备相关人员违反特种设备法律法规规章、安全技术规范造成的事故。

第三条 以下情形不属于本规定所称特种设备事故：

（一）《中华人民共和国特种设备安全法》第一百条规定的特种设备造成的事故；

（二）自然灾害等不可抗力或者交通事故、火灾事故等外部因素引发的事故；

（三）人为破坏或者利用特种设备实施违法犯罪导致的事故；

（四）特种设备具备使用功能前或者在拆卸、报废、转移等非作业状态下发生的事故；

（五）特种设备作业、检验、检测人员因劳动保护措施不当或者缺失而发生的事故；

（六）场（厂）内专用机动车辆驶出规定的工厂厂区、旅游景区、游乐场所等特定区域发生的事故。

第四条 国家市场监督管理总局负责监督指导全国特种设备事故报告、调查和处理工作。

各级市场监督管理部门在本级人民政府的领导和上级市场监督管理部门指导下，依法开展特种设备事故报告、调查和处理工作。

第五条 特种设备事故报告应当及时、准确、完整，任何单位和个人不得迟报、漏报、谎报或者瞒报。

特种设备事故调查处理应当实事求是、客观公正、尊重科学，及时、准确地查清事故经过、事故原因和事故损失，查明事故性质，认定事故责任，提出处理建议和整改措施。

第六条 任何单位和个人不得阻挠和干涉特种设备事故报告、调查和处理工作。

对特种设备事故报告、调查和处理中的违法行为，任何单位和个人有权向市场监督管理部门和其他有关部门举报，接到举报的部门应当依法及时处理。

第二章 事故报告

第七条 特种设备发生事故后，事故现场有关人员应当立即向事故发生单位负责人报告；事故发生单位的负责人接到报告后，应当于1小时内向事故发生地的县级以上市场监督管理部门和有关部门报告。

情况紧急时，事故现场有关人员可以直接向事故发生地的县级以上市场监督管理部门报告。

第八条 市场监督管理部门接到有关特种设备事故报告后，应当立即组织查证核实。属于特种设备事故的，应当向本级人民政府报告，并逐级报告上级市场监督管理部门直至国家市场监督管理总局。每级上报的时间不得超过2小时。必要时，可以越级上报事故情况。

对于一般事故、较大事故，接到事故报告的市场监督管理部门应当及时通报同级有关部门。对于重大事故、特别重大事故，国家市场监督管理总局应当立即报告国务院并及时通报国务院有关部门。

事故发生地与事故发生单位所在地不在同一行政区域的，事故发生地市场监督管理部门应当及时通知事故发生单位所在地市场监督管理部门。事故发生单位所在地市场监督管理部门应当配合做好事故调查处理相关工作。

第九条 市场监督管理部门逐级上报事故信息，应当采用快捷便利的通讯方式进行上报，同时通过特种设备事故管理系统进行上报。现场无法通过特种设备事故管理系统上报的，应当在接到事故报告后24小时内通过系统进行补报。

第十条 事故报告应当包括以下内容：

（一）事故发生的时间、地点、单位概况以及特种设备种类；

（二）事故发生简要经过、现场破坏情况、已经造成或者可能造成的伤亡和涉险人数、初步估计的直接经济损失；

（三）已经采取的措施；

（四）报告人姓名、联系电话；

（五）其他有必要报告的情况。

第十一条 事故报告后出现新情况的，以及对情况尚未报告清楚的，应当及时逐级续报。

自事故发生之日起30日内，事故伤亡人数发生变化的，应当在发生变化的24小时内及时续报。

第十二条 事故发生地县级市场监督管理部门接到事故报告后，应当及时派员赶赴事故现场，并按照特种设备应急预案的分工，在当地人民政府的领导下积极组织开展事故应急救援工作。

上级市场监督管理部门认为有必要时，可以派员赶赴事故现场进行指导，事故发生地县级以上市场监督管理部门应当积极配合。

第十三条 各级市场监督管理部门应当依法组织制定特种设备事故应急预案，建立应急值班制度，并向社会公布值班电话，接收特种设备事故报告信息。

第三章 事故调查

第十四条 发生特种设备事故后，事故发生单位及其人员应当妥善保护事故现场以及相关证据，及时收集、整理有关资料，为事故调查做好准备；必要时，应当对设备、场地、资料进行封存，由专人看管。

第十五条 特种设备事故调查依据特种设备安全法律、行政法规的相关规定，实行分级负责。

市场监督管理部门接到事故报告后，经过现场初步判断，因客观原因暂时无法确定是否为特种设备事故的，应当及时报告本级人民政府，并按照本级人民政府的意见开展相关工作。

第十六条 对于跨区域发生、事故调查处理情形复杂、舆论关注和群众反响强烈的特种设备事故等情况，上级市场监督管理部门可以对事故调查进行督办，必要时可以直接进行调查。

自事故发生之日起 30 日内事故等级发生变化，依法应当由上级市场监督管理部门组织事故调查，上级市场监督管理部门可以会同本级有关部门进行事故调查，也可以经本级人民政府批准，委托下级市场监督管理部门继续组织进行事故调查。

自事故发生之日起超过 30 日，事故造成的伤亡人数或者直接经济损失发生变化的，按照原事故等级组织事故调查。

第十七条 对无重大社会影响、无人员死亡且事故原因明晰的特种设备一般事故和较大事故，负责组织事故调查的市场监督管理部门，报本级人民政府批准后，可以由市场监督管理部门独立开展事故调查工作。必要时，经本级人民政府批准，可以委托下级市场监督管理部门组织事故调查。

第十八条 负责组织事故调查的市场监督管理部门应当报请本级人民政府批准成立事故调查组。

根据事故的具体情况，事故调查组一般应当由市场监督管理部门会同有关部门组成。

事故调查组组长由负责事故调查的市场监督管理部门负责人或者指定的人员担任。

第十九条 事故调查组应当履行下列职责：

（一）查清事故发生前的特种设备状况；

（二）查明事故经过、人员伤亡、特种设备损坏、直接经济损失情况及其它后果；

（三）分析事故原因；

（四）认定事故性质和事故责任；

（五）提出对事故责任单位和责任人员的处理建议；

（六）总结事故教训，提出防范类似事故发生和整改措施的建议；

（七）提交事故调查报告；

（八）整理并移交有关事故调查资料。

第二十条 事故调查组成员应当具有特种设备事故调查工作所需要的知识和专长，与事故发生单位及相关人员不存在直接利害关系。

事故调查组成员应当服从调查组组长领导，在事故调查工作中正确履行职责，诚信公正，遵守事故调查组的纪律，不得泄露有关事故调查信息。

第二十一条 根据事故调查工作需要，事故调查组可以聘请有关专家参与事故调查；所聘请的专家应当具备特种设备安全监督管理、生产、检验检测或者科研教学等相关工作经验。设区的市级以上市场监督管理部门可以根据事故调查工作需要，组建特种设备事故调查专家库。

第二十二条 事故调查组有权向有关单位和个人了解与事故有关的情况，并要求其提供相关文件、资料。有关单位和个人不得拒绝，并对所提供情况和文件、资料的真实性负责。

事故发生单位的负责人和有关人员在事故调查期间不得擅离职守，并应当随时接受事故调查组的询问。

第二十三条 事故调查组应当依法严格开展事故现场保护、勘察、询问及调查取证等相关工作。

事故调查期间未经事故调查组同意，任何单位和个人不得擅自移动事故相关设备，不得隐匿、毁灭有关资料、物品，不得伪造或者故意破坏事故现场。

第二十四条 事故调查中需要进行技术鉴定的,事故调查组应当委托相关单位进行技术鉴定,接受委托的单位应当出具技术鉴定报告,并对其结论负责。

第二十五条 事故调查组认为需要对特种设备事故进行直接经济损失评估的,可以委托依法成立的评估机构进行。接受委托的评估机构应当出具评估报告,并对其结论负责。

第二十六条 事故调查组应当在全面审查证据的基础上查明引发事故的原因,认定事故性质。

第二十七条 事故调查组应当根据事故的主要原因和次要原因,认定事故责任。

事故调查组应当根据责任单位和责任人员行为与特种设备事故发生及其后果之间的因果关系,以及在特种设备事故中的影响程度,认定责任单位和责任人员所负的责任。责任单位和责任人员所负的责任分为全部责任、主要责任和次要责任。

责任单位或者责任人员伪造或者故意破坏事故现场,毁灭、伪造或者隐匿证据,瞒报或者谎报事故等,致使事故责任无法认定的,应当承担全部责任。

第二十八条 事故调查组应当向组织事故调查的市场监督管理部门提交事故调查报告。事故调查报告应当包括下列内容:

(一)事故发生单位情况和发生事故设备情况;

(二)事故发生经过和事故救援情况;

(三)事故造成的人员伤亡、设备损坏程度和直接经济损失;

(四)事故发生的原因和事故性质;

(五)事故责任的认定以及对事故责任单位和责任人员的处理建议;

(六)事故防范和整改措施;

(七)技术鉴定报告等有关证据材料。

事故调查报告应当由事故调查组集体会审,并经事故调查组全体成员签名。事故调查组成员有不同意见的,可以提交个人签名的书面材料,附在事故调查报告内。

第二十九条 组织事故调查的市场监督管理部门应当按照规定程序对事故调查报告以及资料进行完整性审核。必要时,可以向事故调查组提出追加调查的要求。

第三十条 特种设备事故调查应当自事故调查组成立之日起60日内结束。特殊情况下,经组织调查的市场监督管理部门批准,事故调查期限可以适当延长,但延长的期限最长不超过60日。

经济损失评估时间与技术鉴定时间不计入事故调查期限。

因无法进行事故现场勘察的,事故调查期限从具备现场勘察条件之日起计算。

第四章 事 故 处 理

第三十一条 事故调查结束后,组织事故调查的市场监督管理部门应当将事故调查报告报本级人民政府批复,并报上一级市场监督管理部门备案。

第三十二条 组织事故调查的市场监督管理部门应当在接到批复之日起15日内,将事故调查报告及批复意见送达有关地方人民政府及有关部门,并抄送事故发生单位、责任单位和责任人员。

第三十三条 市场监督管理部门及有关部门应当根据批复后的事故调查报告,依照法定权限和程序,对负有事故责任的相关单位和人员实施行政处罚,对负有事故责任的公职人员进行处分。

市场监督管理部门及其工作人员在特种设备事故调查和处理中存在违纪违法行为的,由纪检监察机关依法给予党纪政务处分。

涉嫌犯罪的，依法移送监察机关、司法机关处理。

第三十四条 事故发生单位及事故责任相关单位应当落实事故防范和整改措施。防范和整改措施的落实情况应当接受工会和职工的监督。

事故责任单位应当及时将防范和整改措施的落实情况报事故发生地的市级市场监督管理部门。

第三十五条 事故调查处理情况由组织调查的市场监督管理部门按照《中华人民共和国政府信息公开条例》的有关规定，依法向社会公开。

第三十六条 事故调查的有关资料应当由组织事故调查的市场监督管理部门归档保存。

归档保存的材料包括现场勘察笔录、技术鉴定报告、事故调查报告、事故批复文件等。

第三十七条 组织事故调查的市场监督管理部门应当在接到事故调查报告批复之日起30日内将事故调查报告和批复意见逐级上报至国家市场监督管理总局。

第三十八条 组织事故调查的市场监督管理部门对事故调查中发现的需要制定或者修订的有关法律法规、安全技术规范和标准，应当及时报告上级市场监督管理部门，提出制定或者修订建议。

第三十九条 各级市场监督管理部门应当定期对本行政区域特种设备事故的情况、特点、原因进行统计分析，根据特种设备的管理和技术特点、事故情况，研究制定有针对性的工作措施，防止和减少类似事故的发生。

第五章　附　　则

第四十条 本规定所涉及的事故报告、调查协调、统计分析、报送等具体工作，由负责组织事故调查的市场监督管理部门负责，也可以委托相关特种设备事故调查处理机构承担。

第四十一条 与特种设备相关的其他安全事故，相关人民政府指定由市场监督管理部门组织事故调查的，可以参照本规定进行。

第四十二条 本规定自2022年3月1日起施行。2009年7月3日原国家质量监督检验检疫总局令第115号公布的《特种设备事故报告和调查处理规定》同时废止。

高耗能特种设备节能监督管理办法

（2009年7月3日国家质量监督检验检疫总局令第116号公布　根据2020年10月23日《国家市场监督管理总局关于修改部分规章的决定》修订）

第一章　总　　则

第一条 为加强高耗能特种设备节能审查和监管，提高能源利用效率，促进节能降耗，根据《中华人民共和国特种设备安全法》、《中华人民共和国节约能源法》、《特种设备安全监察条例》等法律、行政法规的规定，制定本办法。

第二条 本办法所称高耗能特种设备，是指在使用过程中能源消耗量或者转换量大，并具有较大节能空间的锅炉、换热压力容器等特种设备。

第三条 高耗能特种设备生产（含设计、制造、安装、改造、修理，下同）、使用、检验检测的节能监督管理，适用本办法。

第四条 国家市场监督管理总局（以下简称市场监管总局）负责综合管理全国高耗能特种设备的节能监督工作。

地方各级市场监督管理部门负责本行政区域内高耗能特种设备的节能监督管理工作。

第五条 高耗能特种设备节能监督管理实行安全监察与节能监管相结合的工作机制。

第六条 高耗能特种设备的生产单位、使用单位、检验检测机构应当按照国家有关法律、法规、特种设备安全技术规范等有关规范和标准的要求，履行节能义务，做好高耗能特种设备节能工作，并接受市场监管总局和地方各级市场监督管理部门的监督检查。

第七条 国家鼓励高耗能特种设备的生产单位、使用单位应用新技术、新工艺、新产品，提高特种设备能效水平。对取得显著成绩的单位和个人，按照有关规定予以奖励。

第二章　高耗能特种设备的生产

第八条 高耗能特种设备生产单位应当按照国家有关法律、法规、特种设备安全技术规范等有关规范和标准的要求进行生产，确保生产的高耗能特种设备符合能效指标要求。

特种设备生产单位不得生产不符合能效指标要求或者国家产业政策明令淘汰的高耗能特种设备。

第九条 高耗能特种设备的设计，应当在设备结构、系统设计、材料选用、工艺制定、计量与监控装置配备等方面符合有关技术规范和标准的节能要求。

第十条 高耗能特种设备的设计文件，应当经特种设备检验检测机构，按照有关特种设备安全技术规范和标准的规定进行鉴定，方可用于制造。未经鉴定或者鉴定不合格的，制造单位不得进行产品制造。

第十一条 高耗能特种设备制造企业的新产品应当进行能效测试。未经能效测试或者测试结果未达到能效指标要求的，不得进行批量制造。

锅炉、换热压力容器产品在试制时进行能效测试。

第十二条 特种设备检验检测机构接到高耗能特种设备制造单位的产品能效测试申请，应当按照有关特种设备安全技术规范和标准的要求进行测试，并出具能效测试报告。

第十三条 特种设备检验检测机构对高耗能特种设备制造、安装、改造、修理过程进行安全性能监督检验时，应当同时按照有关特种设备安全技术规范的规定，对能效测试报告等进行节能监督检查。

未经节能监督检查或者监督检查结果不符合要求的，不得出厂或者交付使用。

第十四条 高耗能特种设备出厂文件应当附有特种设备安全技术规范要求的产品能效测试报告和操作说明等文件。

第十五条 高耗能特种设备的安装、改造、修理，不得降低产品及其系统的原有能效指标。

特种设备检验检测机构发现设备和系统能效项目不符合相关特种设备安全技术规范要求时，应当及时告知高耗能特种设备安装、改造、修理单位。被告知单位应当依照特种设备安全技术规范要求进行评估或者能效测试，符合要求后方可交付使用。

第十六条 高耗能特种设备安装、改造、修理单位应当向使用单位移交有关节能技术资料。

第三章　高耗能特种设备的使用

第十七条 高耗能特种设备使用单位应当严格执行有关法律、法规、特种设备安全技术规范和标准的要求，确保设备及其相关系统安全、经济运行。

高耗能特种设备使用单位应当建立健全经济运行、能效计量监控与统计、能效考核等节能管理制度和岗位责任制度。

第十八条 高耗能特种设备使用单位应当使用符合能效指标要求的特种设备，按照有关特种设备安全技术规范、标准或者出厂文件的要求配备、安装辅机设备和能效监控装置、能源计量器具，并记录相关数据。

第十九条 高耗能特种设备使用单位办理特种设备使用登记时，应当按照有关特种设备安全技术规范的要求，提供有关能效证明文件。对国家明令淘汰或者不符合能效指标要求的高耗能特种设备，不予办理使用登记。

第二十条 高耗能特种设备安全技术档案至少应当包括以下内容：

（一）含有设计能效指标的设计文件；

（二）能效测试报告；

（三）设备经济运行文件和操作说明书；

（四）日常运行能效监控记录、能耗状况记录；

（五）节能改造技术资料；

（六）能效定期检查记录。

第二十一条 对特种设备作业人员进行考核时，应当按照有关特种设备安全技术规范的规定，将节能管理知识和节能操作技能纳入高耗能特种设备的作业人员考核内容。

高耗能特种设备使用单位应当开展节能教育和培训，提高作业人员的节能意识和操作水平，确保特种设备安全、经济运行。高耗能特种设备的作业人员应当严格执行操作规程和节能管理制度。

第二十二条 锅炉使用单位应当按照特种设备安全技术规范的要求进行锅炉水（介）质处理，接受特种设备检验检测机构实施的水（介）质处理定期检验，保障锅炉安全运行、提高能源利用效率。

第二十三条 锅炉清洗单位应当按照有关特种设备安全技术规范的要求对锅炉进行清洗，接受特种设备检验检测机构实施的锅炉清洗过程监督检验，保证锅炉清洗工作安全有效进行。

第二十四条 特种设备检验检测机构在特种设备定期检验时，应当按照特种设备安全技术规范和标准的要求对高耗能特种设备使用单位的节能管理和设备的能效状况进行检查。发现不符合特种设备安全技术规范和标准要求的，应当要求使用单位进行整改。当检查结果异常或者偏离设计参数难以判断设备运行效率时，应当由从事高耗能特种设备能效测试的检验检测机构进行能效测试，以准确评价其能效状况。

第二十五条 高耗能特种设备及其系统的运行能效不符合特种设备安全技术规范等有关规范和标准要求的，使用单位应当分析原因，采取有效措施，实施整改或者节能改造。整改或者改造后仍不符合能效指标要求的，不得继续使用。

第二十六条 对在用国家明令淘汰的高耗能特种设备，使用单位应当在规定的期限内予以改造或者更换。到期未改造或者更换的，不得继续使用。

第四章 监督管理

第二十七条 高耗能特种设备节能产品推广目录、淘汰产品目录，依照《中华人民共和国节约能源法》制定并公布。

第二十八条 各级市场监督管理部门发现高耗能特种设备生产单位、使用单位和检验检测机构违反有关法律、法规、特种设备安全技术规范和标准的行为，应当依法予以处理。

第二十九条 地方各级市场监督管理部门应当加强对高耗能特种设备节能工作效果的信息收集，定期统计分析，及时向上一级质量技术监督部门报送，并将相关工作信息纳入特种设备动态监管体系。

第三十条 市场监管总局和省、自治区、直辖市市场监督管理部门应当定期向社会公布高耗能特种设备能效状况。

第三十一条 从事高耗能特种设备能效测试的检验检测机构，应当按照《特种设备安全监察条例》以及特种设备安全技术规范等有关规范和标准的要求，依法进行高耗能特种设备能效测试工作。

第三十二条 从事高耗能特种设备能效测试的检验检测机构，应当保证能效测试结果的准确性、公正性和可溯源性，对测试结果负责。

第三十三条 从事高耗能特种设备能效测试的检验检测机构，发现在用高耗能特种设备能耗严重超标的，应当及时告知使用单位，并报告所在地的特种设备安全监督管理部门。

第五章 附 则

第三十四条 高耗能特种设备的生产、使用、检验检测活动违反本办法规定的，依照《中华人民共和国节约能源法》、《特种设备安全监察条例》等相关法律法规的规定进行处罚和处分。

第三十五条 本办法由市场监管总局负责解释。

第三十六条 本办法自 2009 年 9 月 1 日起施行。

消防产品监督管理规定

(2012 年 8 月 13 日公安部、国家工商行政管理总局、国家质量监督检验检疫总局令第 122 号公布 自 2013 年 1 月 1 日起施行)

第一章 总 则

第一条 为了加强消防产品监督管理，提高消防产品质量，依据《中华人民共和国消防法》、《中华人民共和国产品质量法》、《中华人民共和国认证认可条例》等有关法律、行政法规，制定本规定。

第二条 在中华人民共和国境内生产、销售、使用消防产品，以及对消防产品质量实施监督管理，适用本规定。

本规定所称消防产品是指专门用于火灾预防、灭火救援和火灾防护、避难、逃生的产品。

第三条 消防产品必须符合国家标准；没有国家标准的，必须符合行业标准。未制定国家标准、行业标准的，应当符合消防安全要求，并符合保障人体健康、人身财产安全的要求和企业标准。

第四条 国家质量监督检验检疫总局、国家工商行政管理总局和公安部按照各自职责对生产、流通和使用领域的消防产品质量实施监督管理。

县级以上地方质量监督部门、工商行政管理部门和公安机关消防机构按照各自职责对本行政区域内生产、流通和使用领域的消防产品质量实施监督管理。

第二章 市场准入

第五条 依法实行强制性产品认证的消防产品，由具有法定资质的认证机构按照国家标准、行业标准的强制性要求认证合格后，方可生产、销售、使用。

消防产品认证机构应当将消防产品强制性认证有关信息报国家认证认可监督管理委员会和公安部消防局。

实行强制性产品认证的消防产品目录由国家质量监督检验检疫总局、国家认证认可监督管理委员会会同公安部制定并公布，消防产品认证基本规范、认证规则由国家认证认可监督管理委员会制定并公布。

第六条 国家认证认可监督管理委员会应当按照《中华人民共和国认证认可条例》的有关规定，经评审并征求公安部消防局意见后，指定从事消防产品强制性产品认证活动的机构以及与认证有关的检查机构、实验室，并向社会公布。

第七条 消防产品认证机构及其工作人员应当按照有关规定从事认证活动，客观公正地出具认证结论，对认证结果负责。不得增加、减少、遗漏或者变更认证基本规范、认证规则规定的程序。

第八条 从事消防产品强制性产品认证活动的检查机构、实验室及其工作人员，应当确保检查、检测结果真实、准确，并对检查、检测结论负责。

第九条 新研制的尚未制定国家标准、行业标准的消防产品，经消防产品技术鉴定机构技术鉴定符合消防安全要求的，方可生产、销售、使用。消防安全要求由公安部制定。

消防产品技术鉴定机构应当具备国家认证认可监督管理委员会依法认定的向社会出具具有证明作用的数据和结果的消防产品实验室资格或者从事消防产品合格评定活动的认证机构资格。消防产品技术鉴定机构名录由公安部公布。

公安机关消防机构和认证认可监督管理部门按照各自职责对消防产品技术鉴定机构进行监督。

公安部会同国家认证认可监督管理委员会参照消防产品认证机构和实验室管理工作规则，制定消防产品技术鉴定工作程序和规范。

第十条 消防产品技术鉴定应当遵守以下程序：

（一）委托人向消防产品技术鉴定机构提出书面委托，并提供有关文件资料；

（二）消防产品技术鉴定机构依照有关规定对文件资料进行审核；

（三）文件资料经审核符合要求的，消防产品技术鉴定机构按消防安全要求和有关规定，组织实施消防产品型式检验和工厂检查；

（四）经鉴定认为消防产品符合消防安全要求的，技术鉴定机构应当在接受委托之日起九十日内颁发消防产品技术鉴定证书，并将消防产品有关信息报公安部消防局；认为不符合消防安全要求的，应当书面通知委托人，并说明理由。

消防产品检验时间不计入技术鉴定时限。

第十一条 消防产品技术鉴定机构及其工作人员应当按照有关规定开展技术鉴定工作，对技术鉴定结果负责。

第十二条 消防产品技术鉴定证书有效期为三年。

有效期届满，生产者需要继续生产消防产品的，应当在有效期届满前的六个月内，依照本规定第十条的规定，重新申请消防产品技术鉴定证书。

第十三条 在消防产品技术鉴定证书有效期内，消防产品的生产条件、检验手段、生产技术或者工艺发生变化，对性能产生重大影响的，生产者应当重新委托消防产品技术鉴定。

第十四条 在消防产品技术鉴定证书有效期内，相关消防产品的国家标准、行业标准颁布施行的，生产者应当保证生产的消防产品符合国家标准、行业标准。

前款规定的消防产品被列入强制性产品认证目录的，应当按照本规定实施强制性产品认证。未列入强制性产品认证目录的，在技术鉴定证书有效期届满后，不再实行技术鉴定。

第十五条 消防产品技术鉴定机构应当对其鉴定合格的产品实施有效的跟踪调查，鉴定合格的产品不能持续符合技术鉴定要求的，技术鉴定机构应当暂停其使用直至撤销鉴定证书，并予公布。

第十六条 经强制性产品认证合格或者技术鉴定合格的消防产品，公安部消防局应当予以公布。

第三章　产品质量责任和义务

第十七条　消防产品生产者应当对其生产的消防产品质量负责，建立有效的质量管理体系，保持消防产品的生产条件，保证产品质量、标志、标识符合相关法律法规和标准要求。不得生产应当获得市场准入资格而未获得市场准入资格的消防产品、不合格的消防产品或者国家明令淘汰的消防产品。

消防产品生产者应当建立消防产品销售流向登记制度，如实记录产品名称、批次、规格、数量、销售去向等内容。

第十八条　消防产品销售者应当建立并执行进货检查验收制度，验明产品合格证明和其他标识，不得销售应当获得而未获得市场准入资格的消防产品、不合格的消防产品或者国家明令淘汰的消防产品。

销售者应当采取措施，保持销售产品的质量。

第十九条　消防产品使用者应当查验产品合格证明、产品标识和有关证书，选用符合市场准入的、合格的消防产品。

建设工程设计单位在设计中选用的消防产品，应当注明产品规格、性能等技术指标，其质量要求应当符合国家标准、行业标准。当需要选用尚未制定国家标准、行业标准的消防产品时，应当选用经技术鉴定合格的消防产品。

建设工程施工企业应当按照工程设计要求、施工技术标准、合同的约定和消防产品有关技术标准，对进场的消防产品进行现场检查或者检验，如实记录进货来源、名称、批次、规格、数量等内容；现场检查或者检验不合格的，不得安装。现场检查记录或者检验报告应当存档备查。建设工程施工企业应当建立安装质量管理制度，严格执行有关标准、施工规范和相关要求，保证消防产品的安装质量。

工程监理单位应当依照法律、行政法规及有关技术标准、设计文件和建设工程承包合同对建设工程使用的消防产品的质量及其安装质量实施监督。

机关、团体、企业、事业等单位应当按照国家标准、行业标准定期组织对消防设施、器材进行维修保养，确保完好有效。

第四章　监 督 检 查

第二十条　质量监督部门、工商行政管理部门依据《中华人民共和国产品质量法》以及相关规定对生产领域、流通领域的消防产品质量进行监督检查。

第二十一条　公安机关消防机构对使用领域的消防产品质量进行监督检查，实行日常监督检查和监督抽查相结合的方式。

第二十二条　公安机关消防机构在消防监督检查和建设工程消防监督管理工作中，对使用领域的消防产品质量进行日常监督检查，按照公安部《消防监督检查规定》、《建设工程消防监督管理规定》执行。

第二十三条　公安机关消防机构对使用领域的消防产品质量进行专项监督抽查，由省级以上公安机关消防机构制定监督抽查计划，由县级以上地方公安机关消防机构具体实施。

第二十四条　公安机关消防机构对使用领域的消防产品质量进行监督抽查，应当检查下列内容：

（一）列入强制性产品认证目录的消防产品是否具备强制性产品认证证书，新研制的尚未制定国家标准、行业标准的消防产品是否具备技术鉴定证书；

（二）按照强制性国家标准或者行业标准的规定，应当进行型式检验和出厂检验的消防产品，是否具备型式检验合格和出厂检验合格的证明文件；

（三）消防产品的外观标志、规格型号、结构部件、材料、性能参数、生产厂名、厂址与产地等是否符合有关规定；

（四）消防产品的关键性能是否符合消防产品现场检查判定规则的要求；

（五）法律、行政法规规定的其他内容。

第二十五条 公安机关消防机构实施消防产品质量监督抽查时，检查人员不得少于两人，并应当出示执法身份证件。

实施消防产品质量监督抽查应当填写检查记录，由检查人员、被检查单位管理人员签名；被检查单位管理人员对检查记录有异议或者拒绝签名的，检查人员应当在检查记录中注明。

第二十六条 公安机关消防机构应当根据本规定和消防产品现场检查判定规则，实施现场检查判定。对现场检查判定为不合格的，应当在三日内将判定结论送达被检查人。被检查人对消防产品现场检查判定结论有异议的，公安机关消防机构应当在五日内依照有关规定将样品送符合法定条件的产品质量检验机构进行监督检验，并自收到检验结果之日起三日内，将检验结果告知被检查人。

检验抽取的样品由被检查人无偿供给，其数量不得超过检验的合理需要。检验费用在规定经费中列支，不得向被检查人收取。

第二十七条 被检查人对公安机关消防机构抽样送检的产品检验结果有异议的，可以自收到检验结果之日起五日内向实施监督检查的公安机关消防机构提出书面复检申请。

公安机关消防机构受理复检申请，应当当场出具受理凭证。

公安机关消防机构受理复检申请后，应当在五日内将备用样品送检，自收到复检结果之日起三日内，将复检结果告知申请人。

复检申请以一次为限。复检合格的，费用列入监督抽查经费；不合格的，费用由申请人承担。

第二十八条 质量监督部门、工商行政管理部门接到对消防产品质量问题的举报投诉，应当按职责及时依法处理。对不属于本部门职责范围的，应当及时移交或者书面通报有关部门。

公安机关消防机构接到对消防产品质量问题的举报投诉，应当及时受理、登记，并按照公安部《公安机关办理行政案件程序规定》的相关规定和本规定中消防产品质量监督检查程序处理。

公安机关消防机构对举报投诉的消防产品质量问题进行核查后，对消防安全违法行为应当依法处理。核查、处理情况应当在三日内告知举报投诉人；无法告知的，应当在受理登记中注明。

第二十九条 公安机关消防机构发现使用依法应当获得市场准入资格而未获得准入资格的消防产品或者不合格的消防产品、国家明令淘汰的消防产品等使用领域消防产品质量违法行为，应当依法责令限期改正。

公安机关消防机构应当在收到当事人复查申请或者责令限期改正期限届满之日起三日内进行复查。复查应当填写记录。

第三十条 公安机关消防机构对发现的使用领域消防产品质量违法行为，应当依法查处，并及时将有关情况书面通报同级质量监督部门、工商行政管理部门；质量监督部门、工商行政管理部门应当对生产者、销售者依法及时查处。

第三十一条 质量监督部门、工商行政管理部门和公安机关消防机构应当按照有关规定，向社会公布消防产品质量监督检查情况、重大消防产品质量违法行为的行政处罚情况等信息。

第三十二条 任何单位和个人在接受质量监督部门、工商行政管理部门和公安机关消防机构依法开展的消防产品质量监督检查时，应当如实提供有关情况和资料。

任何单位和个人不得擅自转移、变卖、隐匿或者损毁被采取强制措施的物品，不得拒绝依法进行的监督检查。

第五章　法　律　责　任

第三十三条　生产、销售不合格的消防产品或者国家明令淘汰的消防产品的，由质量监督部门或者工商行政管理部门依照《中华人民共和国产品质量法》的规定从重处罚。

第三十四条　有下列情形之一的，由公安机关消防机构责令改正，依照《中华人民共和国消防法》第五十九条处罚：

（一）建设单位要求建设工程施工企业使用不符合市场准入的消防产品、不合格的消防产品或者国家明令淘汰的消防产品的；

（二）建设工程设计单位选用不符合市场准入的消防产品，或者国家明令淘汰的消防产品进行消防设计的；

（三）建设工程施工企业安装不符合市场准入的消防产品、不合格的消防产品或者国家明令淘汰的消防产品的；

（四）工程监理单位与建设单位或者建设工程施工企业串通，弄虚作假，安装、使用不符合市场准入的消防产品、不合格的消防产品或者国家明令淘汰的消防产品的。

第三十五条　消防产品技术鉴定机构出具虚假文件的，由公安机关消防机构责令改正，依照《中华人民共和国消防法》第六十九条处罚。

第三十六条　人员密集场所使用不符合市场准入的消防产品的，由公安机关消防机构责令限期改正；逾期不改正的，依照《中华人民共和国消防法》第六十五条第二款处罚。

非人员密集场所使用不符合市场准入的消防产品、不合格的消防产品或者国家明令淘汰的消防产品的，由公安机关消防机构责令限期改正；逾期不改正的，对非经营性场所处五百元以上一千元以下罚款，对经营性场所处五千元以上一万元以下罚款，并对直接负责的主管人员和其他直接责任人员处五百元以下罚款。

第三十七条　公安机关消防机构及其工作人员进行消防产品监督执法，应当严格遵守廉政规定，坚持公正、文明执法，自觉接受单位和公民的监督。

公安机关及其工作人员不得指定消防产品的品牌、销售单位，不得参与或者干预建设工程消防产品的招投标活动，不得接受被检查单位、个人的财物或者其他不正当利益。

第三十八条　质量监督部门、工商行政管理部门、公安机关消防机构工作人员在消防产品监督管理中滥用职权、玩忽职守、徇私舞弊的，依法给予处分。

第三十九条　违反本规定，构成犯罪的，依法追究刑事责任。

第六章　附　　则

第四十条　消防产品目录由公安部消防局制定并公布。

第四十一条　消防产品进出口检验监管，由出入境检验检疫部门按照有关规定执行。

消防产品属于《中华人民共和国特种设备安全监察条例》规定的特种设备的，还应当遵守特种设备安全监察有关规定。

第四十二条　本规定中的"三日"、"五日"是指工作日，不含法定节假日。

第四十三条　公安机关消防机构执行本规定所需要的法律文书式样，由公安部制定。

第四十四条　本规定自 2013 年 1 月 1 日起施行。

特种设备作业人员监督管理办法

(2005年1月10日国家质量监督检验检疫总局令第70号公布 根据2011年5月3日《国家质量监督检验检疫总局关于修改〈特种设备作业人员监督管理办法〉的决定》修订)

第一章 总 则

第一条 为了加强特种设备作业人员监督管理工作,规范作业人员考核发证程序,保障特种设备安全运行,根据《中华人民共和国行政许可法》、《特种设备安全监察条例》和《国务院对确需保留的行政审批项目设定行政许可的决定》,制定本办法。

第二条 锅炉、压力容器(含气瓶)、压力管道、电梯、起重机械、客运索道、大型游乐设施、场(厂)内专用机动车辆等特种设备的作业人员及其相关管理人员统称特种设备作业人员。特种设备作业人员作业种类与项目目录由国家质量监督检验检疫总局统一发布。

从事特种设备作业的人员应当按照本办法的规定,经考核合格取得《特种设备作业人员证》,方可从事相应的作业或者管理工作。

第三条 国家质量监督检验检疫总局(以下简称国家质检总局)负责全国特种设备作业人员的监督管理,县以上质量技术监督部门负责本辖区内的特种设备作业人员的监督管理。

第四条 申请《特种设备作业人员证》的人员,应当首先向省级质量技术监督部门指定的特种设备作业人员考试机构(以下简称考试机构)报名参加考试。

对特种设备作业人员数量较少不需要在各省、自治区、直辖市设立考试机构的,由国家质检总局指定考试机构。

第五条 特种设备生产、使用单位(以下统称用人单位)应当聘(雇)用取得《特种设备作业人员证》的人员从事相关管理和作业工作,并对作业人员进行严格管理。

特种设备作业人员应当持证上岗,按章操作,发现隐患及时处置或者报告。

第二章 考试和审核发证程序

第六条 特种设备作业人员考核发证工作由县以上质量技术监督部门分级负责。省级质量技术监督部门决定具体的发证分级范围,负责对考核发证工作的日常监督管理。

申请人经指定的考试机构考试合格的,持考试合格凭证向考试场所所在地的发证部门申请办理《特种设备作业人员证》。

第七条 特种设备作业人员考试机构应当具备相应的场所、设备、师资、监考人员以及健全的考试管理制度等必备条件和能力,经发证部门批准,方可承担考试工作。

发证部门应当对考试机构进行监督,发现问题及时处理。

第八条 特种设备作业人员考试和审核发证程序包括:考试报名、考试、领证申请、受理、审核、发证。

第九条 发证部门和考试机构应当在办公处所公布本办法、考试和审核发证程序、考试作业人员种类、报考具体条件、收费依据和标准、考试机构名称及地点、考试计划等事项。其中,考试报名时间、考试科目、考试地点、考试时间等具体考试计划事项,应当在举行考试之日2个月前公布。

有条件的应当在有关网站、新闻媒体上公布。

第十条 申请《特种设备作业人员证》的人员应当符合下列条件：

（一）年龄在 18 周岁以上；

（二）身体健康并满足申请从事的作业种类对身体的特殊要求；

（三）有与申请作业种类相适应的文化程度；

（四）具有相应的安全技术知识与技能；

（五）符合安全技术规范规定的其他要求。

作业人员的具体条件应当按照相关安全技术规范的规定执行。

第十一条 用人单位应当对作业人员进行安全教育和培训，保证特种设备作业人员具备必要的特种设备安全作业知识、作业技能和及时进行知识更新。作业人员未能参加用人单位培训的，可以选择专业培训机构进行培训。

作业人员培训的内容按照国家质检总局制定的相关作业人员培训考核大纲等安全技术规范执行。

第十二条 符合条件的申请人员应当向考试机构提交有关证明材料，报名参加考试。

第十三条 考试机构应当制订和认真落实特种设备作业人员的考试组织工作的各项规章制度，严格按照公开、公正、公平的原则，组织实施特种设备作业人员的考试，确保考试工作质量。

第十四条 考试结束后，考试机构应当在 20 个工作日内将考试结果告知申请人，并公布考试成绩。

第十五条 考试合格的人员，凭考试结果通知单和其他相关证明材料，向发证部门申请办理《特种设备作业人员证》。

第十六条 发证部门应当在 5 个工作日内对报送材料进行审查，或者告知申请人补正申请材料，并作出是否受理的决定。能够当场审查的，应当当场办理。

第十七条 对同意受理的申请，发证部门应当在 20 个工作日内完成审核批准手续。准予发证的，在 10 个工作日内向申请人颁发《特种设备作业人员证》；不予发证的，应当书面说明理由。

第十八条 特种设备作业人员考核发证工作遵循便民、公开、高效的原则。为方便申请人办理考核发证事项，发证部门可以将受理和发放证书的地点设在考试报名地点，并在报名考试时委托考试机构对申请人是否符合报考条件进行审查，考试合格后发证部门可以直接办理受理手续和审核、发证事项。

第三章　证书使用及监督管理

第十九条 持有《特种设备作业人员证》的人员，必须经用人单位的法定代表人（负责人）或者其授权人雇（聘）用后，方可在许可的项目范围内作业。

第二十条 用人单位应当加强对特种设备作业现场和作业人员的管理，履行下列义务：

（一）制订特种设备操作规程和有关安全管理制度；

（二）聘用持证作业人员，并建立特种设备作业人员管理档案；

（三）对作业人员进行安全教育和培训；

（四）确保持证上岗和按章操作；

（五）提供必要的安全作业条件；

（六）其他规定的义务。

用人单位可以指定一名本单位管理人员作为特种设备安全管理负责人，具体负责前款规定的相关工作。

第二十一条 特种设备作业人员应当遵守以下规定：

（一）作业时随身携带证件，并自觉接受用人单位的安全管理和质量技术监督部门的监督检查；

（二）积极参加特种设备安全教育和安全技术培训；

（三）严格执行特种设备操作规程和有关安全规章制度；

（四）拒绝违章指挥；

（五）发现事故隐患或者不安全因素应当立即向现场管理人员和单位有关负责人报告；

（六）其他有关规定。

第二十二条 《特种设备作业人员证》每4年复审一次。持证人员应当在复审期届满3个月前，向发证部门提出复审申请。对持证人员在4年内符合有关安全技术规范规定的不间断作业要求和安全、节能教育培训要求，且无违章操作或者管理等不良记录、未造成事故的，发证部门应当按照有关安全技术规范的规定准予复审合格，并在证书正本上加盖发证部门复审合格章。

复审不合格、逾期未复审的，其《特种设备作业人员证》予以注销。

第二十三条 有下列情形之一的，应当撤销《特种设备作业人员证》：

（一）持证作业人员以考试作弊或者以其他欺骗方式取得《特种设备作业人员证》的；

（二）持证作业人员违反特种设备的操作规程和有关的安全规章制度操作，情节严重的；

（三）持证作业人员在作业过程中发现事故隐患或者其他不安全因素未立即报告，情节严重的；

（四）考试机构或者发证部门工作人员滥用职权、玩忽职守、违反法定程序或者超越发证范围考核发证的；

（五）依法可以撤销的其他情形。

违反前款第（一）项规定的，持证人3年内不得再次申请《特种设备作业人员证》。

第二十四条 《特种设备作业人员证》遗失或者损毁的，持证人应当及时报告发证部门，并在当地媒体予以公告。查证属实的，由发证部门补办证书。

第二十五条 任何单位和个人不得非法印制、伪造、涂改、倒卖、出租或者出借《特种设备作业人员证》。

第二十六条 各级质量技术监督部门应当对特种设备作业活动进行监督检查，查处违法作业行为。

第二十七条 发证部门应当加强对考试机构的监督管理，及时纠正违规行为，必要时应当派人现场监督考试的有关活动。

第二十八条 发证部门要建立特种设备作业人员监督管理档案，记录考核发证、复审和监督检查的情况。发证、复审及监督检查情况要定期向社会公布。

发证部门应当在发证或者复审合格后20个工作日内，将特种设备作业人员相关信息录入国家质检总局特种设备作业人员公示查询系统。

第二十九条 特种设备作业人员考试报名、考试、领证申请、受理、审核、发证等环节的具体规定，以及考试机构的设立、《特种设备作业人员证》的注销和复审等事项，按照国家质检总局制定的特种设备作业人员考核规则等安全技术规范执行。

第四章 罚 则

第三十条 申请人隐瞒有关情况或者提供虚假材料申请《特种设备作业人员证》的，不予受理或者不予批准发证，并在1年内不得再次申请《特种设备作业人员证》。

第三十一条 有下列情形之一的，责令用人单位改正，并处1000元以上3万元以下罚款：

（一）违章指挥特种设备作业的；

（二）作业人员违反特种设备的操作规程和有关的安全规章制度操作，或者在作业过程中发现事故隐患或者其他不安全因素未立即向现场管理人员和单位有关负责人报告，用人单位未给予批评教育或者处分的。

第三十二条 非法印制、伪造、涂改、倒卖、出租、出借《特种设备作业人员证》，或者使用非法印制、伪造、涂改、倒卖、出租、出借《特种设备作业人员证》的，处1000元以下罚款；构成犯罪的，依法追究刑事责任。

第三十三条 发证部门未按规定程序组织考试和审核发证，或者发证部门未对考试机构严格监督管理影响特种设备作业人员考试质量的，由上一级发证部门责令整改；情节严重的，其负责的特种设备作业人员的考核工作由上一级发证部门组织实施。

第三十四条 考试机构未按规定程序组织考试工作，责令整改；情节严重的，暂停或者撤销其批准。

第三十五条 发证部门或者考试机构工作人员滥用职权、玩忽职守、以权谋私的，应当依法给予行政处分；构成犯罪的，依法追究刑事责任。

第三十六条 特种设备作业人员未取得《特种设备作业人员证》上岗作业，或者用人单位未对特种设备作业人员进行安全教育和培训的，按照《特种设备安全监察条例》第八十六条的规定对用人单位予以处罚。

第五章 附 则

第三十七条 《特种设备作业人员证》的格式、印制等事项由国家质检总局统一规定。

第三十八条 考试收费按照财政和价格主管部门的规定执行。省级质量技术监督部门负责对本辖区内《特种设备作业人员证》考试收费工作进行监督检查，并按有关规定通报相关部门。

第三十九条 本办法不适用于从事房屋建筑工地和市政工程工地起重机械、场（厂）内专用机动车辆作业及其相关管理的人员。

第四十条 本办法由国家质检总局负责解释。

第四十一条 本办法自2005年7月1日起施行。原有规定与本办法要求不一致的，以本办法为准。

十、计量管理与标准管理

（一）计量管理

中华人民共和国计量法

（1985 年 9 月 6 日第六届全国人民代表大会常务委员会第十二次会议通过　根据 2009 年 8 月 27 日第十一届全国人民代表大会常务委员会第十次会议《关于修改部分法律的决定》第一次修正　根据 2013 年 12 月 28 日第十二届全国人民代表大会常务委员会第六次会议《关于修改〈中华人民共和国海洋环境保护法〉等七部法律的决定》第二次修正　根据 2015 年 4 月 24 日第十二届全国人民代表大会常务委员会第十四次会议《关于修改〈中华人民共和国计量法〉等五部法律的决定》第三次修正　根据 2017 年 12 月 27 日第十二届全国人民代表大会常务委员会第三十一次会议《关于修改〈中华人民共和国招标投标法〉、〈中华人民共和国计量法〉的决定》第四次修正　根据 2018 年 10 月 26 日第十三届全国人民代表大会常务委员会第六次会议《关于修改〈中华人民共和国野生动物保护法〉等十五部法律的决定》第五次修正）

目　录

第一章　总　　则

第一条　为了加强计量监督管理，保障国家计量单位制的统一和量值的准确可靠，有利于生产、贸易和科学技术的发展，适应社会主义现代化建设的需要，维护国家、人民的利益，制定本法。

第二条　在中华人民共和国境内，建立计量基准器具、计量标准器具，进行计量检定，制造、修理、销售、使用计量器具，必须遵守本法。

第三条　国家实行法定计量单位制度。

国际单位制计量单位和国家选定的其他计量单位，为国家法定计量单位。国家法定计量单位的名称、符号由国务院公布。

因特殊需要采用非法定计量单位的管理办法，由国务院计量行政部门另行制定。

第四条　国务院计量行政部门对全国计量工作实施统一监督管理。

县级以上地方人民政府计量行政部门对本行政区域内的计量工作实施监督管理。

第二章 计量基准器具、计量
标准器具和计量检定

第五条 国务院计量行政部门负责建立各种计量基准器具，作为统一全国量值的最高依据。

第六条 县级以上地方人民政府计量行政部门根据本地区的需要，建立社会公用计量标准器具，经上级人民政府计量行政部门主持考核合格后使用。

第七条 国务院有关主管部门和省、自治区、直辖市人民政府有关主管部门，根据本部门的特殊需要，可以建立本部门使用的计量标准器具，其各项最高计量标准器具经同级人民政府计量行政部门主持考核合格后使用。

第八条 企业、事业单位根据需要，可以建立本单位使用的计量标准器具，其各项最高计量标准器具经有关人民政府计量行政部门主持考核合格后使用。

第九条 县级以上人民政府计量行政部门对社会公用计量标准器具，部门和企业、事业单位使用的最高计量标准器具，以及用于贸易结算、安全防护、医疗卫生、环境监测方面的列入强制检定目录的工作计量器具，实行强制检定。未按照规定申请检定或者检定不合格的，不得使用。实行强制检定的工作计量器具的目录和管理办法，由国务院制定。

对前款规定以外的其他计量标准器具和工作计量器具，使用单位应当自行定期检定或者送其他计量检定机构检定。

第十条 计量检定必须按照国家计量检定系统表进行。国家计量检定系统表由国务院计量行政部门制定。

计量检定必须执行计量检定规程。国家计量检定规程由国务院计量行政部门制定。没有国家计量检定规程的，由国务院有关主管部门和省、自治区、直辖市人民政府计量行政部门分别制定部门计量检定规程和地方计量检定规程。

第十一条 计量检定工作应当按照经济合理的原则，就地就近进行。

第三章 计量器具管理

第十二条 制造、修理计量器具的企业、事业单位，必须具有与所制造、修理的计量器具相适应的设施、人员和检定仪器设备。

第十三条 制造计量器具的企业、事业单位生产本单位未生产过的计量器具新产品，必须经省级以上人民政府计量行政部门对其样品的计量性能考核合格，方可投入生产。

第十四条 任何单位和个人不得违反规定制造、销售和进口非法定计量单位的计量器具。

第十五条 制造、修理计量器具的企业、事业单位必须对制造、修理的计量器具进行检定，保证产品计量性能合格，并对合格产品出具产品合格证。

第十六条 使用计量器具不得破坏其准确度，损害国家和消费者的利益。

第十七条 个体工商户可以制造、修理简易的计量器具。

个体工商户制造、修理计量器具的范围和管理办法，由国务院计量行政部门制定。

第四章 计量监督

第十八条 县级以上人民政府计量行政部门应当依法对制造、修理、销售、进口和使用计量器具，以及计量检定等相关计量活动进行监督检查。有关单位和个人不得拒绝、阻挠。

第十九条 县级以上人民政府计量行政部门，根据需要设置计量监督员。计量监督员管理办法，由国务院计量行政部门制定。

第二十条　县级以上人民政府计量行政部门可以根据需要设置计量检定机构，或者授权其他单位的计量检定机构，执行强制检定和其他检定、测试任务。

执行前款规定的检定、测试任务的人员，必须经考核合格。

第二十一条　处理因计量器具准确度所引起的纠纷，以国家计量基准器具或者社会公用计量标准器具检定的数据为准。

第二十二条　为社会提供公证数据的产品质量检验机构，必须经省级以上人民政府计量行政部门对其计量检定、测试的能力和可靠性考核合格。

第五章　法　律　责　任

第二十三条　制造、销售未经考核合格的计量器具新产品的，责令停止制造、销售该种新产品，没收违法所得，可以并处罚款。

第二十四条　制造、修理、销售的计量器具不合格的，没收违法所得，可以并处罚款。

第二十五条　属于强制检定范围的计量器具，未按照规定申请检定或者检定不合格继续使用的，责令停止使用，可以并处罚款。

第二十六条　使用不合格的计量器具或者破坏计量器具准确度，给国家和消费者造成损失的，责令赔偿损失，没收计量器具和违法所得，可以并处罚款。

第二十七条　制造、销售、使用以欺骗消费者为目的的计量器具的，没收计量器具和违法所得，处以罚款；情节严重的，并对个人或者单位直接责任人员依照刑法有关规定追究刑事责任。

第二十八条　违反本法规定，制造、修理、销售的计量器具不合格，造成人身伤亡或者重大财产损失的，依照刑法有关规定，对个人或者单位直接责任人员追究刑事责任。

第二十九条　计量监督人员违法失职，情节严重的，依照刑法有关规定追究刑事责任；情节轻微的，给予行政处分。

第三十条　本法规定的行政处罚，由县级以上地方人民政府计量行政部门决定。

第三十一条　当事人对行政处罚决定不服的，可以在接到处罚通知之日起十五日内向人民法院起诉；对罚款、没收违法所得的行政处罚决定期满不起诉又不履行的，由作出行政处罚决定的机关申请人民法院强制执行。

第六章　附　　则

第三十二条　中国人民解放军和国防科技工业系统计量工作的监督管理办法，由国务院、中央军事委员会依据本法另行制定。

第三十三条　国务院计量行政部门根据本法制定实施细则，报国务院批准施行。

第三十四条　本法自 1986 年 7 月 1 日起施行。

全国人民代表大会常务委员会关于授权
国务院在营商环境创新试点城市暂时调整适用
《中华人民共和国计量法》有关规定的决定

(2021 年 10 月 23 日第十三届全国人民代表大会常务委员会第三十一次会议通过)

为进一步转变政府职能，优化营商环境，激发市场活力，第十三届全国人民代表大会常务委员会第三十一次会议决定：授权国务院暂时调整适用《中华人民共和国计量法》的有关规定（目录附后），在北京、上海、重庆、杭州、广州、深圳等6个营商环境创新试点城市试行。暂时调整适用的期限为三年，自本决定施行之日起算。国务院应当加强对试点工作的指导、协调和监督，及时总结试点工作经验，并就暂时调整适用有关法律规定的情况向全国人民代表大会常务委员会作出报告。对实践证明可行的，修改完善有关法律；对实践证明不宜调整的，恢复施行有关法律规定。

本决定自公布之日起施行。

授权国务院在营商环境创新试点城市暂时调整适用《中华人民共和国计量法》有关规定目录

序号	法律规定	调整适用内容
1	《中华人民共和国计量法》 **第八条** 企业、事业单位根据需要，可以建立本单位使用的计量标准器具，其各项最高计量标准器具经有关人民政府计量行政部门主持考核合格后使用。	暂时调整适用《中华人民共和国计量法》第八条、第九条第一款的有关规定，对在北京、上海、重庆、杭州、广州、深圳等6个营商环境创新试点城市内的企业内部使用的最高计量标准器具，由企业自主管理，不需计量行政部门考核发证，不再实行强制检定。
2	**第九条第一款** 县级以上人民政府计量行政部门对社会公用计量标准器具，部门和企业、事业单位使用的最高计量标准器具，以及用于贸易结算、安全防护、医疗卫生、环境监测方面的列入强制检定目录的工作计量器具，实行强制检定。未按照规定申请检定或者检定不合格的，不得使用。实行强制检定的工作计量器具的目录和管理办法，由国务院制定。	调整后，营商环境创新试点城市加强对企业自主管理最高计量标准器具的指导和事中事后监管，确保满足计量溯源性要求和计量标准准确。

中华人民共和国计量法实施细则

（1987年1月19日国务院批准 1987年2月1日国家计量局发布 根据2016年2月6日《国务院关于修改部分行政法规的决定》第一次修订 根据2017年3月1日《国务院关于修改和废止部分行政法规的决定》第二次修订 根据2018年3月19日《国务院关于修改和废止部分行政法规的决定》第三次修订 根据2022年3月29日《国务院关于修改和废止部分行政法规的决定》第四次修订）

第一章 总 则

第一条 根据《中华人民共和国计量法》的规定，制定本细则。

第二条 国家实行法定计量单位制度。法定计量单位的名称、符号按照国务院关于在我国统一实行法定计量单位的有关规定执行。

第三条 国家有计划地发展计量事业，用现代计量技术装备各级计量检定机构，为社会主义现代化建设服务，为工农业生产、国防建设、科学实验、国内外贸易以及人民的健康、安全提供计量保证，维护国家和人民的利益。

第二章　计量基准器具和计量标准器具

第四条　计量基准器具（简称计量基准，下同）的使用必须具备下列条件：

（一）经国家鉴定合格；

（二）具有正常工作所需要的环境条件；

（三）具有称职的保存、维护、使用人员；

（四）具有完善的管理制度。

符合上述条件的，经国务院计量行政部门审批并颁发计量基准证书后，方可使用。

第五条　非经国务院计量行政部门批准，任何单位和个人不得拆卸、改装计量基准，或者自行中断其计量检定工作。

第六条　计量基准的量值应当与国际上的量值保持一致。国务院计量行政部门有权废除技术水平落后或者工作状况不适应需要的计量基准。

第七条　计量标准器具（简称计量标准，下同）的使用，必须具备下列条件：

（一）经计量检定合格；

（二）具有正常工作所需要的环境条件；

（三）具有称职的保存、维护、使用人员；

（四）具有完善的管理制度。

第八条　社会公用计量标准对社会上实施计量监督具有公证作用。县级以上地方人民政府计量行政部门建立的本行政区域内最高等级的社会公用计量标准，须向上一级人民政府计量行政部门申请考核；其他等级的，由当地人民政府计量行政部门主持考核。

经考核符合本细则第七条规定条件并取得考核合格证的，由当地县级以上人民政府计量行政部门审批颁发社会公用计量标准证书后，方可使用。

第九条　国务院有关主管部门和省、自治区、直辖市人民政府有关主管部门建立的本部门各项最高计量标准，经同级人民政府计量行政部门考核，符合本细则第七条规定条件并取得考核合格证的，由有关主管部门批准使用。

第十条　企业、事业单位建立本单位各项最高计量标准，须向与其主管部门同级的人民政府计量行政部门申请考核。乡镇企业向当地县级人民政府计量行政部门申请考核。经考核符合本细则第七条规定条件并取得考核合格证的，企业、事业单位方可使用，并向其主管部门备案。

第三章　计量检定

第十一条　使用实行强制检定的计量标准的单位和个人，应当向主持考核该项计量标准的有关人民政府计量行政部门申请周期检定。

使用实行强制检定的工作计量器具的单位和个人，应当向当地县（市）级人民政府计量行政部门指定的计量检定机构申请周期检定。当地不能检定的，向上一级人民政府计量行政部门指定的计量检定机构申请周期检定。

第十二条　企业、事业单位应当配备与生产、科研、经营管理相适应的计量检测设施，制定具体的检定管理办法和规章制度，规定本单位管理的计量器具明细目录及相应的检定周期，保证使用的非强制检定的计量器具定期检定。

第十三条　计量检定工作应当符合经济合理、就地就近的原则，不受行政区划和部门管辖的限制。

第四章 计量器具的制造和修理

第十四条 制造、修理计量器具的企业、事业单位和个体工商户须在固定的场所从事经营，具有符合国家规定的生产设施、检验条件、技术人员等，并满足安全要求。

第十五条 凡制造在全国范围内从未生产过的计量器具新产品，必须经过定型鉴定。定型鉴定合格后，应当履行型式批准手续，颁发证书。在全国范围内已经定型，而本单位未生产过的计量器具新产品，应当进行样机试验。样机试验合格后，发给合格证书。凡未经型式批准或者未取得样机试验合格证书的计量器具，不准生产。

第十六条 计量器具新产品定型鉴定，由国务院计量行政部门授权的技术机构进行；样机试验由所在地方的省级人民政府计量行政部门授权的技术机构进行。

计量器具新产品的型式，由当地省级人民政府计量行政部门批准。省级人民政府计量行政部门批准的型式，经国务院计量行政部门审核同意后，作为全国通用型式。

第十七条 申请计量器具新产品定型鉴定和样机试验的单位，应当提供新产品样机及有关技术文件、资料。

负责计量器具新产品定型鉴定和样机试验的单位，对申请单位提供的样机和技术文件、资料必须保密。

第十八条 对企业、事业单位制造、修理计量器具的质量，各有关主管部门应当加强管理，县级以上人民政府计量行政部门有权进行监督检查，包括抽检和监督试验。凡无产品合格印、证，或者经检定不合格的计量器具，不准出厂。

第五章 计量器具的销售和使用

第十九条 外商在中国销售计量器具，须比照本细则第十五条的规定向国务院计量行政部门申请型式批准。

第二十条 县级以上地方人民政府计量行政部门对当地销售的计量器具实施监督检查。凡没有产品合格印、证标志的计量器具不得销售。

第二十一条 任何单位和个人不得经营销售残次计量器具零配件，不得使用残次零配件组装和修理计量器具。

第二十二条 任何单位和个人不准在工作岗位上使用无检定合格印、证或者超过检定周期以及经检定不合格的计量器具。在教学示范中使用计量器具不受此限。

第六章 计量监督

第二十三条 国务院计量行政部门和县级以上地方人民政府计量行政部门监督和贯彻实施计量法律、法规的职责是：

（一）贯彻执行国家计量工作的方针、政策和规章制度，推行国家法定计量单位；

（二）制定和协调计量事业的发展规划，建立计量基准和社会公用计量标准，组织量值传递；

（三）对制造、修理、销售、使用计量器具实施监督；

（四）进行计量认证，组织仲裁检定，调解计量纠纷；

（五）监督检查计量法律、法规的实施情况，对违反计量法律、法规的行为，按照本细则的有关规定进行处理。

第二十四条 县级以上人民政府计量行政部门的计量管理人员，负责执行计量监督、管理任务；计量监督员负责在规定的区域、场所巡回检查，并可根据不同情况在规定的权限内对违反计量法律、法规的行为，进行现场处理，执行行政处罚。

计量监督员必须经考核合格后，由县级以上人民政府计量行政部门任命并颁发监督员证件。

第二十五条 县级以上人民政府计量行政部门依法设置的计量检定机构，为国家法定计量检定机构。其职责是：负责研究建立计量基准、社会公用计量标准，进行量值传递，执行强制检定和法律规定的其他检定、测试任务，起草技术规范，为实施计量监督提供技术保证，并承办有关计量监督工作。

第二十六条 国家法定计量检定机构的计量检定人员，必须经考核合格。

计量检定人员的技术职务系列，由国务院计量行政部门会同有关主管部门制定。

第二十七条 县级以上人民政府计量行政部门可以根据需要，采取以下形式授权其他单位的计量检定机构和技术机构，在规定的范围内执行强制检定和其他检定、测试任务：

（一）授权专业性或区域性计量检定机构，作为法定计量检定机构；

（二）授权建立社会公用计量标准；

（三）授权某一部门或某一单位的计量检定机构，对其内部使用的强制检定计量器具执行强制检定；

（四）授权有关技术机构，承担法律规定的其他检定、测试任务。

第二十八条 根据本细则第二十七条规定被授权的单位，应当遵守下列规定：

（一）被授权单位执行检定、测试任务的人员，必须经考核合格；

（二）被授权单位的相应计量标准，必须接受计量基准或者社会公用计量标准的检定；

（三）被授权单位承担授权的检定、测试工作，须接受授权单位的监督；

（四）被授权单位成为计量纠纷中当事人一方时，在双方协商不能自行解决的情况下，由县级以上有关人民政府计量行政部门进行调解和仲裁检定。

第七章　产品质量检验机构的计量认证

第二十九条 为社会提供公证数据的产品质量检验机构，必须经省级以上人民政府计量行政部门计量认证。

第三十条 产品质量检验机构计量认证的内容：

（一）计量检定、测试设备的性能；

（二）计量检定、测试设备的工作环境和人员的操作技能；

（三）保证量值统一、准确的措施及检测数据公正可靠的管理制度。

第三十一条 产品质量检验机构提出计量认证申请后，省级以上人民政府计量行政部门应指定所属的计量检定机构或者被授权的技术机构按本细则第三十条规定的内容进行考核。考核合格后，由接受申请的省级以上人民政府计量行政部门发给计量认证合格证书。产品质量检验机构自愿签署告知承诺书并按要求提交材料的，按照告知承诺相关程序办理。未取得计量认证合格证书的，不得开展产品质量检验工作。

第三十二条 省级以上人民政府计量行政部门有权对计量认证合格的产品质量检验机构，按照本细则第三十条规定的内容进行监督检查。

第三十三条 已经取得计量认证合格证书的产品质量检验机构，需新增检验项目时，应按照本细则有关规定，申请单项计量认证。

第八章　计量调解和仲裁检定

第三十四条 县级以上人民政府计量行政部门负责计量纠纷的调解和仲裁检定，并可根据司法机关、合同管理机关、涉外仲裁机关或者其他单位的委托，指定有关计量检定机构进行仲裁检定。

第三十五条 在调解、仲裁及案件审理过程中，任何一方当事人均不得改变与计量纠纷有关的计量器具的技术状态。

第三十六条 计量纠纷当事人对仲裁检定不服的，可以在接到仲裁检定通知书之日起15日内向上一级人民政府计量行政部门申诉。上一级人民政府计量行政部门进行的仲裁检定为终局仲裁检定。

第九章 费　用

第三十七条 建立计量标准申请考核，使用计量器具申请检定，制造计量器具新产品申请定型和样机试验，以及申请计量认证和仲裁检定，应当缴纳费用，具体收费办法或收费标准，由国务院计量行政部门会同国家财政、物价部门统一制定。

第三十八条 县级以上人民政府计量行政部门实施监督检查所进行的检定和试验不收费。被检查的单位有提供样机和检定试验条件的义务。

第三十九条 县级以上人民政府计量行政部门所属的计量检定机构，为贯彻计量法律、法规，实施计量监督提供技术保证所需要的经费，按照国家财政管理体制的规定，分别列入各级财政预算。

第十章 法律责任

第四十条 违反本细则第二条规定，使用非法定计量单位的，责令其改正；属出版物的，责令其停止销售，可并处1000元以下的罚款。

第四十一条 违反《中华人民共和国计量法》第十四条规定，制造、销售和进口非法定计量单位的计量器具的，责令其停止制造、销售和进口，没收计量器具和全部违法所得，可并处相当其违法所得10%至50%的罚款。

第四十二条 部门和企业、事业单位的各项最高计量标准，未经有关人民政府计量行政部门考核合格而开展计量检定的，责令其停止使用，可并处1000元以下的罚款。

第四十三条 属于强制检定范围的计量器具，未按照规定申请检定和属于非强制检定范围的计量器具未自行定期检定或者送其他计量检定机构定期检定的，以及经检定不合格继续使用的，责令其停止使用，可并处1000元以下的罚款。

第四十四条 制造、销售未经型式批准或样机试验合格的计量器具新产品的，责令其停止制造、销售，封存该种新产品，没收全部违法所得，可并处3000元以下的罚款。

第四十五条 制造、修理的计量器具未经出厂检定或者经检定不合格而出厂的，责令其停止出厂，没收全部违法所得；情节严重的，可并处3000元以下的罚款。

第四十六条 使用不合格计量器具或者破坏计量器具准确度和伪造数据，给国家和消费者造成损失的，责令其赔偿损失，没收计量器具和全部违法所得，可并处2000元以下的罚款。

第四十七条 经营销售残次计量器具零配件的，责令其停止经营销售，没收残次计量器具零配件和全部违法所得，可并处2000元以下的罚款；情节严重的，由工商行政管理部门吊销其营业执照。

第四十八条 制造、销售、使用以欺骗消费者为目的的计量器具的单位和个人，没收其计量器具和全部违法所得，可并处2000元以下的罚款；构成犯罪的，对个人或者单位直接责任人员，依法追究刑事责任。

第四十九条 个体工商户制造、修理国家规定范围以外的计量器具或者不按照规定场所从事经营活动的，责令其停止制造、修理，没收全部违法所得，可并处500元以下的罚款。

第五十条 未取得计量认证合格证书的产品质量检验机构，为社会提供公证数据的，责令其停止检验，可并处 1000 元以下的罚款。

第五十一条 伪造、盗用、倒卖强制检定印、证的，没收其非法检定印、证和全部违法所得，可并处 2000 元以下的罚款；构成犯罪的，依法追究刑事责任。

第五十二条 计量监督管理人员违法失职，徇私舞弊，情节轻微的，给予行政处分；构成犯罪的，依法追究刑事责任。

第五十三条 负责计量器具新产品定型鉴定、样机试验的单位，违反本细则第十七条第二款规定的，应当按照国家有关规定，赔偿申请单位的损失，并给予直接责任人员行政处分；构成犯罪的，依法追究刑事责任。

第五十四条 计量检定人员有下列行为之一的，给予行政处分；构成犯罪的，依法追究刑事责任：

（一）伪造检定数据的；

（二）出具错误数据，给送检一方造成损失的；

（三）违反计量检定规程进行计量检定的；

（四）使用未经考核合格的计量标准开展检定的；

（五）未经考核合格执行计量检定的。

第五十五条 本细则规定的行政处罚，由县级以上地方人民政府计量行政部门决定。罚款 1 万元以上的，应当报省级人民政府计量行政部门决定。没收违法所得及罚款一律上缴国库。

本细则第四十六条规定的行政处罚，也可以由工商行政管理部门决定。

第十一章 附 则

第五十六条 本细则下列用语的含义是：

（一）计量器具是指能用以直接或间接测出被测对象量值的装置、仪器仪表、量具和用于统一量值的标准物质，包括计量基准、计量标准、工作计量器具。

（二）计量检定是指为评定计量器具的计量性能，确定其是否合格所进行的全部工作。

（三）定型鉴定是指对计量器具新产品样机的计量性能进行全面审查、考核。

（四）计量认证是指政府计量行政部门对有关技术机构计量检定、测试的能力和可靠性进行的考核和证明。

（五）计量检定机构是指承担计量检定工作的有关技术机构。

（六）仲裁检定是指用计量基准或者社会公用计量标准所进行的以裁决为目的的计量检定、测试活动。

第五十七条 中国人民解放军和国防科技工业系统涉及本系统以外的计量工作的监督管理，亦适用本细则。

第五十八条 本细则有关的管理办法、管理范围和各种印、证标志，由国务院计量行政部门制定。

第五十九条 本细则由国务院计量行政部门负责解释。

第六十条 本细则自发布之日起施行。

中华人民共和国进口计量器具监督管理办法

(1989 年 10 月 11 日国务院批准　1989 年 11 月 4 日国家技术监督局发布　根据 2016 年 2 月 6 日《国务院关于修改部分行政法规的决定》修订)

第一章　总　　则

第一条　为加强进口计量器具的监督管理，根据《中华人民共和国计量法》和《中华人民共和国计量法实施细则》的有关规定，制定本办法。

第二条　任何单位和个人进口计量器具，以及外商（含外国制造商、经销商，下同）或其代理人在中国销售计量器具，都必须遵守本办法。

第三条　进口计量器具的监督管理，由国务院计量行政部门主管，具体实施由国务院和地方有关部门分工负责。

第二章　进口计量器具的型式批准

第四条　凡进口或外商在中国境内销售列入本办法所附《中华人民共和国进口计量器具型式审查目录》内的计量器具的，应向国务院计量行政部门申请办理型式批准。

属进口的，由外商申请型式批准。

属外商在中国境内销售的，由外商或其代理人申请型式批准。

国务院计量行政部门可根据情况变化对《中华人民共和国进口计量器具型式审查目录》作个别调整。

第五条　外商或其代理人申请型式批准，须向国务院计量行政部门递交型式批准申请书、计量器具样机照片和必要的技术资料。

国务院计量行政部门应根据外商或其代理人递交的资料进行计量法制审查。

第六条　国务院计量行政部门接受申请后，负责安排授权的技术机构进行定型鉴定，并通知外商或其代理人向承担定型鉴定的技术机构提供样机和以下技术资料：

（一）计量器具的技术说明书；

（二）计量器具的总装图、结构图和电路图；

（三）技术标准文件和检验方法；

（四）样机测试报告；

（五）使用说明书。

定型鉴定所需的样机由外商或其代理人无偿提供。海关凭国务院计量行政部门的保函验放并免收关税。样机经鉴定后退还申请人。

第七条　定型鉴定按鉴定大纲进行。鉴定大纲由承担鉴定的技术机构，根据国务院计量行政部门发布的《计量器具定型鉴定技术规范》的要求制定。主要内容包括：外观检查、计量性能考核以及安全性、环境适应性、可靠性和寿命试验等。

第八条　定型鉴定的结果由承担鉴定的技术机构报国务院计量行政部门审核。经审核合格的，由国务院计量行政部门向申请人颁发《中华人民共和国进口计量器具型式批准证书》，并准予在相应的计量器具和包装上使用中华人民共和国进口计量器具型式批准的标志和编号。

第九条　承担定型鉴定的技术机构及其工作人员，对申请人提供的技术资料必须保密。

第十条　有下列情况之一的，经国务院计量行政部门同意，可申请办理临时式批准，具体

办法由国务院计量行政部门规定:

(一)展览会留购的;

(二)确属急需的;

(三)销售量极少的;

(四)国内暂无定型鉴定能力的。

第十一条 外国制造的计量器具经我国型式批准后,由国务院计量行政部门予以公布。

第三章 进口计量器具的审批

第十二条 申请进口计量器具,按国家关于进口商品的规定程序进行审批。

负责审批的有关主管部门和归口审查部门,应对申请进口《中华人民共和国依法管理的计量器具目录》内的计量器具进行法定计量单位的审查,对申请进口本办法第四条规定的计量器具审查是否经过型式批准。经审查不合规定的,审批部门不得批准进口,外贸经营单位不得办理订货手续。

海关对进口计量器具凭审批部门的批件验放。

第十三条 因特殊需要,申请进口非法定计量单位的计量器具和国务院禁止使用的其他计量器具,须经省、自治区、直辖市人民政府计量行政部门批准。

第十四条 申请进口非法定计量单位的计量器具和国务院禁止使用的其他计量器具的单位,应向省、自治区、直辖市人民政府计量行政部门提供以下材料和文件:

(一)申请报告;

(二)计量器具的性能及技术指标;

(三)计量器具的照片和使用说明;

(四)本单位上级主管部门的批件。

第四章 法 律 责 任

第十五条 违反本办法规定,进口非法定计量单位的计量器具或国务院禁止使用的其他计量器具的,按照《中华人民共和国计量法实施细则》第四十四条规定追究法律责任。

第十六条 违反本办法第四条规定,进口或销售未经国务院计量行政部门型式批准的计量器具的,计量行政部门有权封存其计量器具,责令其补办型式批准手续,并可处以相当于进口或销售额百分之三十以下的罚款。

第十七条 承担进口计量器具定型鉴定的技术机构违反本办法第九条规定的,按照《中华人民共和国计量法实施细则》第五十八条规定追究法律责任。

第五章 附 则

第十八条 引进成套设备中配套的计量器具以及不以销售为目的的计量器具的监督管理,按国家有关规定办理。

第十九条 与本办法有关的申请书、证书和标志式样,由国务院计量行政部门统一制定。

第二十条 申请进口计量器具的型式批准和定型鉴定,应按国家有关规定缴纳费用。

第二十一条 进口用于统一量值的标准物质的监督管理,可参照本办法执行。

第二十二条 本办法由国务院计量行政部门负责解释。

第二十三条 本办法自发布之日起施行。

附：

中华人民共和国进口计量
器具型式审查目录

1. 衡器（含天平）
2. 传感器
3. 声级计
4. 三坐标测量机
5. 表面粗糙度测量仪
6. 大地测量仪器
7. 热量计
8. 流量计（含水表、煤气表）
9. 压力计（含血压计）
10. 温度计
11. 数字电压表
12. 场强计
13. 心、脑电图仪（机）
14. 有害气体、粉尘、水质污染监测仪
15. 电离辐射防护仪
16. 分光光度计（含紫外、红外、可见光光度计）
17. 气相、液相色谱仪
18. 温度、水分测量仪

国务院关于在我国统一实行
法定计量单位的命令

（1984 年 2 月 27 日　国发〔1984〕28 号）

一九五九年国务院发布《关于统一计量制度的命令》，确定米制为我国的基本计量制度以来，全国推广米制、改革市制、限制英制和废除旧杂制的工作，取得了显著成绩。为贯彻对外实行开放政策、对内搞活经济的方针，适应我国国民经济、文化教育事业的发展，以及推进科学技术进步和扩大国际经济、文化交流的需要，国务院决定在采用先进的国际单位制的基础上，进一步统一我国的计量单位。经一九八四年一月二十日国务院第二十一次常务会议讨论，通过了国家计量局《关于在我国统一实行法定计量单位的请示报告》、《全面推行我国法定计量单位的意见》和《中华人民共和国法定计量单位》。现发布命令如下：

一、我国的计量单位一律采用《中华人民共和国法定计量单位》（附后）。

二、我国目前在人民生活中采用的市制计量单位，可以延续使用到一九九〇年，一九九〇年底以前要完成向国家法定计量单位的过渡。农田土地面积计量单位的改革，要在调查研究的基础上制订改革方案，另行公布。

三、计量单位的改革是一项涉及到各行各业和广大人民群众的事，各地区、各部门务必充分重视，制定积极稳妥的实施计划，保证顺利完成。

四、本命令责成国家计量局负责贯彻执行。

本命令自公布之日起生效。过去颁布的有关规定，与本命令有抵触的，以本命令为准。

中华人民共和国法定计量单位

我国的法定计量单位（以下简称法定单位）包括：

（1）国际单位制的基本单位（见表1）；

（2）国际单位制的辅助单位（见表2）；

（3）国际单位制中具有专门名称的导出单位（见表3）；

（4）国家选定的非国际单位制单位（见表4）；

（5）由以上单位构成的组合形式的单位；

（6）由词头和以上单位所构成的十进倍数和分数单位（词头见表5）。

法定单位的定义、使用方法等，由国家计量局另行规定。

表1　　　　　　　　　　　　　　国际单位制的基本单位

量 的 名 称	单 位 名 称	单 位 符 号
长　　度	米	m
质　　量	千克（公斤）	kg
时　　间	秒	s
电　　流	安〔培〕	A
热力学温度	开〔尔文〕	K
物质的量	摩〔尔〕	Mol
发光强度	坎〔德拉〕	cd

表2　　　　　　　　　　　　　　国际单位制的辅助单位

量的名称	单位名称	单位符号
平面角	弧　度	rad
立体角	球面度	sr

表3　　　　　　　　　**国际单位制中具有专门名称的导出单位**

量的名称	单位名称	单位符号	其它表示式例
频率	赫〔兹〕	Hz	s^{-1}
力；重力	牛〔顿〕	N	$kg \cdot m/s^2$
压力，压强；应力	帕〔斯卡〕	Pa	N/m^2
能量；功；热	焦〔耳〕	J	$N \cdot m$
功率；辐射通量	瓦〔特〕	W	J/s
电荷量	库〔仑〕	C	$A \cdot s$
电位；电压；电动势	伏〔特〕	V	W/A
电容	法〔拉〕	F	C/V
电阻	欧〔姆〕	Ω	V/A
电导	西〔门子〕	S	A/V
磁通量	韦〔伯〕	Wb	$V \cdot s$
磁通量密度，磁感应强度	特〔斯拉〕	T	Wb/m^2
电感	亨〔利〕	H	Wb/A
摄氏温度	摄氏度	°C	
光通量	流〔明〕	lm	$cd \cdot sr$
光照度	勒〔克斯〕	lx	lm/m^2
放射性活度	贝可〔勒尔〕	Bq	s^{-1}
吸收剂量	戈〔瑞〕	Gy	J/kg
剂量当量	希〔沃特〕	Sv	J/kg

表4　　　　　　　　　**国家选定的非国际单位制单位**

量的名称	单位名称	单位符号	换算关系和说明
时间	分	min	1min = 60s
	〔小〕时	h	1h = 60min = 3600s
	天（日）	d	1d = 24h = 86400s
平面角	〔角〕秒	(″)	$1'' = (\pi/648000)$ rad （π 为圆周率）
	〔角〕分	(′)	$1' = 60'' = (\pi/10800)$ rad
	度	(°)	$1° = 60' = (\pi/180)$ rad
旋转速度	转每分	r/min	1r/min = $(1/60)$ s^{-1}

量的名称	单位名称	单位符号	换算关系和说明
长度	海里	n mile	$1n\ mile = 1852m$ （只用于航程）
速度	节	kn	$1kn = 1n\ mile/h$ $= （1852/3600）\ m/s$ （只用于航行）
质量	吨 原子质量单位	t u	$1t = 10^3\ kg$ $1u \approx 1.6605655 \times 10^{-27}\ kg$
体积	升	L，（l）	$1L = 1dm^3 = 10^{-3}\ m^3$
能	电子伏	eV	$1eV \approx 1.6021892 \times 10^{-19}\ J$
级差	分贝	dB	
线密度	特〔克斯〕	tex	$1tex = 1g/km$

表 5　　　　　　　　　　用于构成十进倍数和分数单位的词头

所表示的因数	词头名称	词头符号
10^{18}	艾〔可萨〕	E
10^{15}	拍〔它〕	P
10^{12}	太〔拉〕	T
10^{9}	吉〔咖〕	G
10^{6}	兆	M
10^{3}	千	k
10^{2}	百	h
10^{1}	十	da
10^{-1}	分	d
10^{-2}	厘	c
10^{-3}	毫	m
10^{-6}	微	μ
10^{-9}	纳〔诺〕	n
10^{-12}	皮〔可〕	p
10^{-15}	飞〔母托〕	f
10^{-18}	阿〔托〕	a

注：1、周、月、年（年的符号为 a），为一般常用时间单位。

2、〔　〕内的字，是在不致混淆的情况下，可以省略的字。

3、（　）内的字为前者的同义语。

4、角度单位度分秒的符号不处于数值后时，用括弧。

5、升的符号中，小写字母 l 为备用符号。

6、r 为"转"的符号。

7、人民生活和贸易中，质量习惯称为重量。

8、公里为千米的俗称，符号为 km。

9、10^4 称为万，10^8 称为亿，10^{12} 称为万亿，这类数词的使用不受词头名称的影响，但不应与词头混淆。

定量包装商品计量监督管理办法

（2023 年 3 月 16 日国家市场监督管理总局令第 70 号公布　自 2023 年 6 月 1 日起施行）

第一条　为了保护消费者和生产者、销售者的合法权益，规范定量包装商品的计量监督管理，根据《中华人民共和国计量法》并参照国际通行规则，制定本办法。

第二条　在中华人民共和国境内，生产、销售定量包装商品，以及对定量包装商品实施计量监督管理，应当遵守本办法。

本办法所称定量包装商品是指以销售为目的，在一定量限范围内具有统一的质量、体积、长度、面积、计数标注等标识内容的预包装商品。药品、危险化学品除外。

第三条　国家市场监督管理总局对全国定量包装商品的计量工作实施统一监督管理。

县级以上地方市场监督管理部门对本行政区域内定量包装商品的计量工作实施监督管理。

第四条　定量包装商品的生产者、销售者应当加强计量管理，配备与其生产定量包装商品相适应的计量检测设备，保证生产、销售的定量包装商品符合本办法的规定。

第五条　定量包装商品的生产者、销售者应当在其商品包装的显著位置正确、清晰地标注定量包装商品的净含量。

净含量的标注由"净含量"（中文）、数字和法定计量单位（或者用中文表示的计数单位）三个部分组成。法定计量单位的选择应当符合本办法附件 1 的规定。

以长度、面积、计数单位标注净含量的定量包装商品，可以免于标注"净含量"三个中文字，只标注数字和法定计量单位（或者用中文表示的计数单位）。

第六条　定量包装商品净含量标注字符的最小高度应当符合本办法附件 2 的规定。

第七条　同一包装内含有多件同种定量包装商品的，应当标注单件定量包装商品的净含量和总件数，或者标注总净含量。

同一包装内含有多件不同种定量包装商品的，应当标注各种不同种定量包装商品的单件净含量和各种不同种定量包装商品的件数，或者分别标注各种不同种定量包装商品的总净含量。

第八条　单件定量包装商品的实际含量应当准确反映其标注净含量，标注净含量与实际含量之差不得大于本办法附件 3 规定的允许短缺量。

第九条　批量定量包装商品的平均实际含量应当大于或者等于其标注净含量。

用抽样的方法评定一个检验批的定量包装商品，应当符合定量包装商品净含量计量检验规则等系列计量技术规范。

第十条　强制性国家标准中对定量包装商品的净含量标注、允许短缺量以及法定计量单位的选择已有规定的，从其规定；没有规定的按照本办法执行。

第十一条　对因水分变化等因素引起净含量变化较大的定量包装商品，生产者应当采取措施保证在规定条件下商品净含量的准确。

第十二条　县级以上市场监督管理部门应当对生产、销售的定量包装商品进行计量监督检查。

市场监督管理部门进行计量监督检查时，应当充分考虑环境及水分变化等因素对定量包装商品净含量产生的影响。

第十三条　对定量包装商品实施计量监督检查进行的检验，应当由被授权的计量检定机构按照定量包装商品净含量计量检验规则等系列计量技术规范进行。

检验定量包装商品，应当考虑储存和运输等环境条件可能引起的商品净含量的合理变化。

第十四条　国家鼓励定量包装商品生产者自愿开展计量保证能力评价工作，保证计量诚信。鼓励社会团体、行业组织建立行业规范、加强行业自律，促进计量诚信。

自愿开展计量保证能力评价的定量包装商品生产者，应当按照定量包装商品生产企业计量保证能力要求，进行自我评价。自我评价符合要求的，通过省级市场监督管理部门指定的网站进行声明后，可以在定量包装商品上使用全国统一的计量保证能力合格标志。

定量包装商品生产者自我声明后，企业主体资格、生产的定量包装商品品种或者规格等信息发生重大变化的，应当自发生变化一个月内再次进行声明。

第十五条　违反本办法规定，《中华人民共和国消费者权益保护法》《中华人民共和国产品质量法》等法律法规对法律责任已有规定的，从其规定。

第十六条　定量包装商品生产者按要求进行自我声明，使用计量保证能力合格标志，达不到定量包装商品生产企业计量保证能力要求的，由县级以上地方市场监督管理部门责令改正，处三万元以下罚款。

定量包装商品生产者未按要求进行自我声明，使用计量保证能力合格标志的，由县级以上地方市场监督管理部门责令改正，处五万元以下罚款。

第十七条　生产、销售定量包装商品违反本办法第五条、第六条、第七条规定，未正确、清晰地标注净含量的，由县级以上地方市场监督管埋部门责令改正；未标注净含量的，限期改正，处三万元以下罚款。

第十八条　生产、销售的定量包装商品，经检验违反本办法第八条、第九条规定的，由县级以上地方市场监督管理部门责令改正，处三万元以下罚款。

第十九条　从事定量包装商品计量监督检验的机构伪造检验数据的，由县级以上地方市场监督管理部门处十万元以下罚款；有下列行为之一的，由县级以上市场监督管理部门责令改正，予以警告、通报批评：

（一）违反定量包装商品净含量计量检验规则等系列计量技术规范进行计量检验的；

（二）使用未经检定、检定不合格或者超过检定周期的计量器具开展计量检验的；

（三）擅自将检验结果及有关材料对外泄露的；

（四）利用检验结果参与有偿活动的。

第二十条　本办法下列用语的含义是：

（一）预包装商品是指销售前预先用包装材料或者包装容器将商品包装好，并有预先确定的量值（或者数量）的商品。

（二）净含量是指除去包装容器和其他包装材料后内装商品的量。

（三）实际含量是指市场监督管理部门授权的计量检定机构按照定量包装商品净含量计量检验规则等系列计量技术规范，通过计量检验确定的商品实际所包含的商品内容物的量。

（四）标注净含量是指由生产者或者销售者在定量包装商品的包装上明示的商品的净含量。

（五）允许短缺量是指单件定量包装商品的标注净含量与其实际含量之差的最大允许量值（或者数量）。

（六）检验批是指接受计量检验的，由同一生产者在相同生产条件下生产的一定数量的同种定量包装商品或者在销售者抽样地点现场存在的同种定量包装商品。

（七）同种定量包装商品是指由同一生产者生产，品种、标注净含量、包装规格及包装材料均相同的定量包装商品。

（八）计量保证能力合格标志（也称 C 标志）是指由国家市场监督管理总局统一规定式样，定量包装商品生产者明示其计量保证能力达到规定要求的标志。

第二十一条　本办法自 2023 年 6 月 1 日起施行。2005 年 5 月 30 日原国家质量监督检验检疫总局令第 75 号公布的《定量包装商品计量监督管理办法》同时废止。

附件：1. 法定计量单位的选择
　　　 2. 标注字符高度
　　　 3. 允许短缺量

附件 1

法定计量单位的选择

商品的标注类别		检查要求	
		标注净含量的量限	计量单位
质量		$Q_n < 1$ 克	mg（毫克）
		1 克 $\leqslant Q_n < 1000$ 克	g（克）
		$Q_n \geqslant 1000$ 克	kg（千克）
体积（容积）	容积（液体）	$Q_n < 1000$ 毫升	mL（ml）（毫升）或 cL（cl）（厘升）
		$Q_n \geqslant 1000$ 毫升	L（l）（升）
	体积（固体）	$Q_n \leqslant 1000$ 立方厘米（1 立方分米）	cm^3（立方厘米）或 mL（ml）（毫升）
		1 立方分米 $< Q_n < 1000$ 立方分米	dm^3（立方分米）或 L（l）（升）
		$Q_n \geqslant 1000$ 立方分米	m^3（立方米）
长度		$Q_n < 1$ 毫米	μm（微米）或 mm（毫米）
		1 毫米 $\leqslant Q_n < 100$ 厘米	mm（毫米）或 cm（厘米）
		$Q_n \geqslant 100$ 厘米	m（米）
		注：长度标注包括所有的线性测量，如宽度、高度、厚度和直径	
面积		$Q_n < 100$ 平方厘米（1 平方分米）	mm^2（平方毫米）或 cm^2（平方厘米）
		1 平方分米 $\leqslant Q_n < 100$ 平方分米	dm^2（平方分米）
		$Q_n \geqslant 1$ 平方米	m^2（平方米）

附件 2

标注字符高度

标注净含量（Qn）	字符的最小高度（mm）
$Q_n \leqslant 50g$ $Q_n \leqslant 50mL$	2
$50g < Q_n \leqslant 200g$ $50mL < Q_n \leqslant 200mL$	3
$200g < Q_n \leqslant 1000g$ $200mL < Q_n \leqslant 1000mL$	4
$Q_n > 1kg$ $Q_n > 1L$	6
以长度、面积、计数单位标注	2

附件 3

允许短缺量

质量或体积定量包装商品标注 净含量 Q_n g 或 ml	允许短缺量 T*	
	Q_n 的百分比	g 或 ml
0~50	9	——
50~100		4.5
100~200	4.5	——
200~300		9
300~500	3	——
500~1000		15
1000~10 000	1.5	——
10 000~15 000		150
15 000~50 000	1	——

注*：对于允许短缺量 T，当 $Q_n \leqslant 1kg$（L）时，T 值的 0.01g（ml）位上的数字修约至 0.1g（ml）位；当 $Q_n > 1kg$（L）时，T 值的 0.1g（ml）位上的数字修约至 g（ml）位。

长度定量包装商品标注净含量 Q_n	允许短缺量 T m
$Q_n \leqslant 5m$	不允许出现短缺量

续表

质量或体积定量包装商品标注 净含量 Q_n g 或 ml	允许短缺量 T*	
	Q_n 的百分比	g 或 ml
$Q_n > 5m$	$Q_n \times 2\%$	
面积定量包装商品标注净含量 Q_n	允许短缺量 T	
全部 Q_n	$Q_n \times 3\%$	
计数定量包装商品标注净含量 Q_n	允许短缺量 T	
$Q_n \leq 50$	不允许出现短缺量	
$Q_n > 50$	$Q_n \times 1\%$ **	

注**：以计数方式标注的商品，其净含量乘以 1%，如果允许短缺量出现小数，就把该小数进位到下一个紧邻的整数。这个数值可能大于 1%，这是可以允许的，因为商品的个数只能为整数，不能为小数。

计量器具新产品管理办法

（2023 年 3 月 16 日国家市场监督管理总局令第 68 号公布　自 2023 年 6 月 1 日起施行）

第一章　总　则

第一条　为了规范计量器具新产品的型式批准管理，根据《中华人民共和国计量法》和《中华人民共和国计量法实施细则》的有关规定，制定本办法。

第二条　在中华人民共和国境内，制造以销售为目的的计量器具新产品，应当遵守本办法。

计量器具新产品是指生产者从未生产过的计量器具，包括对原有产品在结构、材质等方面做了重大改进导致性能、技术特征发生变更的计量器具。

第三条　生产者以销售为目的制造列入《实施强制管理的计量器具目录》，且监管方式为型式批准的计量器具新产品的，应当经省级市场监督管理部门型式批准后，方可投入生产。

制造除前款以外其他计量器具的，生产者可以根据需要自愿委托有能力的技术机构进行型式试验。

标准物质新产品按照标准物质管理相关规定执行。

第四条　本办法所称型式批准是指市场监督管理部门对计量器具的型式是否符合法定要求而进行的行政许可活动。

型式评价是指为确定计量器具型式是否符合计量要求、技术要求和法制管理要求对样机所进行的技术评价。

型式试验是指根据相关计量技术规范，对计量器具的样机进行的试验和检查。

第五条　国家市场监督管理总局统一负责全国计量器具新产品的监督管理工作。省级市场监督管理部门负责本地区计量器具新产品的监督管理工作。

第二章　型式批准的申请

第六条　生产者制造本办法第三条第一款规定的计量器具的，应当向生产所在地省级市场监督管理部门申请型式批准。

申请型式批准应当按照市场监督管理部门相关要求递交申请资料。

第七条　收到申请的省级市场监督管理部门，对申请资料进行审查，需要补充资料或者不符合法定形式的，应当自收到申请资料之日起五个工作日内一次告知申请人需要补正的全部内容和补正期限。

审查通过的，应当在五个工作日内委托技术机构进行型式评价，并通知申请人。

第八条　承担型式评价的技术机构应当自收到省级市场监督管理部门委托之日起五个工作日内通知申请人。

申请人应当自收到承担型式评价机构通知后五个工作日内向该机构递交以下技术资料，并对所提供的技术资料真实有效性负责：

（一）样机照片；

（二）产品标准（含检验方法）；

（三）总装图、电路图和关键零部件图（含关键零部件清单）；

（四）使用说明书；

（五）制造单位或者技术机构所做的试验报告。

逾期没有递交的，由承担型式评价的技术机构向省级市场监督管理部门退回本次委托，受理申请的省级市场监督管理部门终止实施行政许可。

第九条　承担型式评价的技术机构，应当自收到技术资料之日起十个工作日内对技术资料进行审查。审查未通过的，要求申请人限期补正；审查通过的，通知申请人提供试验样机。

申请人应当自收到通知之日起十个工作日内，向该机构提供试验样机。逾期没有提供的，由承担型式评价的技术机构向省级市场监督管理部门退回本次委托，受理申请的省级市场监督管理部门终止实施行政许可。

第三章　型式评价

第十条　承担型式评价的技术机构应当能够独立承担法律责任，具备计量标准、检测装置、检测人员以及场地、工作环境等相关条件，取得省级以上市场监督管理部门的授权，方可开展相应的型式评价工作。

第十一条　承担型式评价的技术机构应当按照国家市场监督管理总局制定的国家型式评价技术规范进行型式评价。国家计量检定规程中已经规定了型式评价要求的，按照国家计量检定规程执行。

没有国家型式评价技术规范的，由承担型式评价的技术机构依据相关标准、规范或者国际建议拟定型式评价技术规范，经相关全国专业计量技术委员会审查通过后执行。

第十二条　型式评价应当自承担型式评价的技术机构收到试验样机之日起三个月内完成，经省级市场监督管理部门同意延期的除外。

型式评价结束后，承担型式评价的技术机构应当将型式评价报告报送省级市场监督管理部门，并通知申请人。

第十三条　承担型式评价的技术机构在型式评价后，应当保留有关资料和原始记录，保存期不少于五年。经封印和标记的全部样机、需要保密的技术资料应当退还申请人。

申请人应当对经封印和标记的样机、需要保密的技术资料进行保存。对于系列产品，应当至少保存一台代表性产品样机；对于单个规格产品，应当至少保存一台样机。保存期限应当自停止生产该型式计量器具之日起不少于五年。

第四章 型式批准

第十四条 省级市场监督管理部门应当自收到型式评价报告之日起十个工作日内，根据型式评价报告和计量法制管理的要求，对计量器具新产品的型式进行审查。审查合格的，向申请人颁发型式批准证书；审查不合格的，作出不予行政许可决定。

第十五条 制造已取得型式批准的计量器具的，应当在其使用说明书中标注国家统一规定的型式批准标志和编号。

第十六条 采用委托加工方式制造计量器具的，被委托方应当取得与委托加工计量器具相适应的型式批准，并与委托方签订书面委托合同。委托加工的计量器具，应当标注委托方、被委托方的单位名称、地址、被委托方的型式批准标志和编号。

第十七条 制造已取得型式批准的计量器具，不得擅自改变原批准的型式。对原有产品在结构、材质、关键零部件等方面做了重大改进导致性能、技术特征发生变更的，应当重新申请型式批准。

第十八条 生产者制造计量器具应当具有与所制造的计量器具相适应的设施、人员和检定仪器设备等，并对其制造的计量器具负责，保证其计量性能符合相关要求。鼓励生产者建立完善的测量管理体系，自愿申请测量管理体系认证。

第十九条 县级以上地方市场监督管理部门应当按照国家有关规定，对制造计量器具的质量、实际制造产品与批准型式的一致性等进行监督检查。

第五章 法律责任

第二十条 制造、销售未经型式批准的计量器具的，由县级以上地方市场监督管理部门按照《中华人民共和国计量法》《中华人民共和国计量法实施细则》的有关规定予以处罚。

第二十一条 未按规定标注型式批准标志和编号的，由县级以上市场监督管理部门责令改正，处三万元以下罚款。

第二十二条 制造、销售的计量器具与批准的型式不一致的，由县级以上市场监督管理部门责令改正，处五万元以下罚款。

第二十三条 未持续符合型式批准条件，不再具有与所制造的计量器具相适应的设施、人员和检定仪器设备的，由县级以上市场监督管理部门责令改正；逾期未改正的，处三万元以下罚款。

第二十四条 计量器具产品质量监督抽查不合格的，按照产品质量监督抽查的有关规定处理。

第二十五条 承担型式评价的技术机构及工作人员，应当对申请人提供的样机和技术文件、资料予以保密。违反保密规定的，应当按照国家有关规定，赔偿申请人的损失。需要给予违法公职人员政务处分的，应当依照有关规定将相关案件线索移送监察机关处理；构成犯罪的，移送监察机关或者司法机关处理。

第六章 附 则

第二十六条 进口计量器具型式批准，按照《中华人民共和国进口计量器具监督管理办法》执行。

第二十七条 与本办法有关的申请书、型式批准证书、型式批准标志和编号的式样等，由国家市场监督管理总局统一规定。

第二十八条 按照本办法实施型式批准，应当遵守国家法律、法规和国家市场监督管理总局关于行政许可办理程序的有关规定。

第二十九条 本办法自 2023 年 6 月 1 日起施行。2005 年 5 月 20 日原国家质量监督检验检疫总局令第 74 号公布的《计量器具新产品管理办法》同时废止。

计量比对管理办法

（2023 年 3 月 16 日国家市场监督管理总局令第 69 号公布 自 2023 年 6 月 1 日起施行）

第一条 为了确保量值统一、准确可靠，加强计量比对监督管理，根据计量相关法律、行政法规等有关规定，制定本办法。

第二条 在中华人民共和国境内，开展计量比对及其监督管理，适用本办法。

第三条 本办法所称计量比对，是指在规定条件下，对相同准确度等级或者指定测量不确定度范围内的同种计量基准、计量标准以及标准物质所复现的量值之间进行比较的过程。

前款规定的计量比对包括：

（一）国家市场监督管理总局考核合格，并取得计量基准证书或者计量标准考核证书或者标准物质定级证书的计量基准或者计量标准或者标准物质量值的比对（以下简称国家计量比对）；

（二）经县级以上地方市场监督管理部门考核合格，并取得计量标准考核证书的计量标准量值的比对（以下简称地方计量比对）。

第四条 国家市场监督管理总局负责全国计量比对的监督管理工作，组织实施国家计量比对。

县级以上地方市场监督管理部门在各自职责范围内负责本行政区域内的地方计量比对的监督管理工作。

第五条 市场监督管理部门根据保证量值传递溯源体系有效性的需要，按照统筹规划、经济、合理的原则，实施计量比对。

第六条 国家市场监督管理总局面向社会公开征集国家计量比对项目及主导实验室，经专家研究论证后，确定国家计量比对及主导实验室。

国家市场监督管理总局根据需要可直接确定国家计量比对项目并指定主导实验室。

第七条 已取得国家计量比对所涉及的计量基准证书、计量标准考核证书或者标准物质定级证书的单位，应当按照有关规定参加国家市场监督管理总局组织的国家计量比对。能够提供正当理由且经国家市场监督管理总局书面同意的除外。

第八条 国家计量比对主导实验室应当具备以下条件：

（一）具有独立法人资格；

（二）具有的计量基准、计量标准或者标准物质等符合计量比对要求，并能够在国家计量比对期间保证量值准确；

（三）能够提供满足计量溯源性要求的准确、稳定和可靠的传递标准或者样品；

（四）具有与实施国家计量比对工作相适应的技术人员。

第九条 主导实验室可以根据需要成立技术专家组。技术专家组参与审查国家计量比对资料，对有争议的技术问题提出咨询意见。

第十条 主导实验室应当在国家计量比对开始前进行前期实验，包括测定传递标准或者样品的稳定性、均匀性、重复性、运输特性和参考值等。

第十一条 主导实验室应当根据前期实验情况起草国家计量比对实施方案，征求各参比实验室的意见后确定，并报送国家市场监督管理总局。

国家计量比对实施方案应当包括计量比对针对的量、目的、方法、传递标准或者样品、路线及时间安排、技术要求等。必要时，也可以规定比对实验的具体方法和不确定度评定方法或者限定比对结果的不确定度范围。

第十二条 主导实验室和参比实验室应当按照有关国家计量技术规范，根据国家计量比对实施方案开展国家计量比对。

第十三条 国家计量比对完成后，各参比实验室应当在国家计量比对实施方案规定的时间内，将国家计量比对结果提交主导实验室，并对所报送材料的真实性负责。

国家计量比对结果材料应当包括：

（一）国家计量比对数据复印件，数据有删改的，应当保留删改痕迹；

（二）国家计量比对实验结果不确定度分析报告；

（三）计量基准证书复印件、计量标准考核证书复印件、标准物质定级证书复印件以及计量授权证书复印件或者其他相关技术文件；

（四）需要提交的其他材料。

第十四条 对于具备条件的国家计量比对，主导实验室和参比实验室应当对相关实验过程、数据结果等建立并实施追溯备查制度。

第十五条 主导实验室应当根据参比实验室国家计量比对结果进行统计、分析和评价，起草国家计量比对总结报告，并征求各参比实验室意见。

主导实验室应当在规定时间内将修改完成的国家计量比对总结报告、国家计量比对结果以及国家计量比对的其他资料报送国家市场监督管理总局。

第十六条 国家计量比对总结报告应当包括：

（一）国家计量比对概况及相关说明；

（二）传递标准或者样品的技术状况，包括稳定性、均匀性、重复性和运输特性等相关要求；

（三）国家计量比对数据记录及必要的图表；

（四）国家计量比对结果分析，至少包括参比实验室的测量结果及其测量不确定度、国家计量比对参考值及其测量不确定度、参比实验室的测量结果与参考值之差及测量不确定度；

（五）参比实验室存在的问题及整改建议；

（六）国家计量比对分析及结论。

第十七条 国家市场监督管理总局定期向社会公布国家计量比对结果。

第十八条 国家计量比对结果符合规定要求的，可以作为计量基准和计量标准复查考核、标准物质定级、计量授权以及实验室认可的参考依据。

国家计量比对结果偏离正常范围的，应当限期改正，暂停国家计量比对所涉及的计量基准、计量标准的量值传递工作和标准物质生产销售。

第十九条 主导实验室、参比实验室和技术专家组应当遵守保密规定，在国家计量比对结果公布前不得泄露国家计量比对数据。

未经国家市场监督管理总局同意，主导实验室和参比实验室不得发布国家计量比对数据及结果。

对擅自泄露或者发布国家计量比对数据及结果的，由国家市场监督管理总局将有关情况通报主导实验室、参比实验室所在单位，取消申报国家计量比对资格，予以公示；情节严重的，予以通报批评。

第二十条 主导实验室不得有下列行为：

（一）抄袭参比实验室国家计量比对数据，弄虚作假；

（二）与参比实验室串通，篡改国家计量比对数据；

（三）违反诚实信用原则的其他行为。

参比实验室不得弄虚作假，相互抄袭国家计量比对数据。

主导实验室和参比实验室存在以上行为的，国家计量比对结果无效，取消申报国家计量比对资格，予以公开；情节严重的，处三万元以下罚款。

第二十一条 违反本办法第七条规定的，无正当理由拒不参加国家计量比对的，限期改正；逾期不改正的，予以通报批评。

第二十二条 违反本办法第十三条第一款，在规定时间内未报送相关材料的，限期改正；逾期未改正的，给予通报批评。

第二十三条 县级以上地方市场监督管理部门根据本地区经济社会发展和计量监督管理需要，组织实施本地区计量比对，参照本办法执行。

第二十四条 参加国际计量比对，按照国家市场监督管理总局有关规定执行。

第二十五条 本办法自 2023 年 6 月 1 日起施行。2008 年 6 月 11 日原国家质量监督检验检疫总局令第 107 号公布的《计量比对管理办法》同时废止。

计量违法行为处罚细则

（1990 年 8 月 25 日国家技术监督局令第 14 号公布　根据 2015 年 8 月 25 日国家质量技术监督检验检疫总局令第 166 号第一次修订　根据 2022 年 9 月 29 日国家市场监督管理总局令第 61 号第二次修订）

第一章　总　　则

第一条 根据《中华人民共和国计量法》《中华人民共和国计量法实施细则》及有关法律、法规的规定，制定本细则。

第二条 在中华人民共和国境内，对违反计量法律、法规行为的处罚，适用本细则。

第三条 县级以上地方人民政府计量行政部门负责对违反计量法律、法规的行为执行行政处罚。

法律、法规另有规定的，按法律、法规规定的执行。

第四条 处理违反计量法律、法规的行为，必须坚持以事实为依据，以法律为准绳，做到事实清楚，证据确凿，适用法律、法规正确，符合规定程序。

第二章　违反计量法律、法规的行为及处理

第五条 违反计量法律、法规使用非法定计量单位的，按以下规定处罚：

（一）非出版物使用非法定计量单位的，责令其改正。

（二）出版物使用非法定计量单位的，责令其停止销售，可并处一千元以下罚款。

第六条 损坏计量基准，或未经国务院计量行政部门批准，随意拆卸、改装计量基准，或自行中断、擅自终止检定工作的，对直接责任人员进行批评教育，给予行政处分；构成犯罪的，依

法追究刑事责任。

第七条 社会公用计量标准，经检查达不到原考核条件的，责令其停止使用，限期整改。

第八条 部门和企业、事业单位使用的各项最高计量标准，违反计量法律、法规的，按以下规定处罚：

（一）未取得有关人民政府计量行政部门颁发的计量标准考核证书而开展检定的，责令其停止使用，可并处一千元以下罚款。

（二）计量标准考核证书有效期满，未经原发证机关复查合格而继续开展检定的，责令其停止使用，限期申请复查。

（三）考核合格投入使用的计量标准，经检查达不到原考核条件的，责令其停止使用，限期整改。

第九条 被授权单位违反计量法律、法规的，按以下规定处罚：

（一）被授权项目经检查达不到原考核条件的，责令其停止检定、测试，限期整改。

（二）超过授权项目擅自对外进行检定、测试的，责令其改正，停止开展超出授权范围的相关检定、测试活动。

（三）未经授权机关批准，擅自终止所承担的授权工作，给有关单位造成损失的，责令其赔偿损失。

第十条 未经有关人民政府计量行政部门授权，擅自对外进行检定、测试的，没收全部违法所得。给有关单位造成损失的，责令其赔偿损失。

第十一条 使用计量器具违反计量法律、法规的，按以下规定处罚：

（一）社会公用计量标准和部门、企业、事业单位各项最高计量标准，未按照规定申请检定的或超过检定周期而继续使用的，责令其停止使用，可并处五百元以下罚款；经检定不合格而继续使用的，责令其停止使用，可并处一千元以下罚款。

（二）属于强制检定的工作计量器具，未按照规定申请检定或超过检定周期而继续使用的，责令其停止使用，可并处五百元以下罚款；经检定不合格而继续使用的，责令其停止使用，可并处一千元以下罚款。

（三）属于非强制检定的计量器具，未按照规定自行定期检定或者送其他有权对社会开展检定工作的计量检定机构定期检定的，责令其停止使用，可并处二百元以下罚款；经检定不合格而继续使用的，责令其停止使用，可并处五百元以下罚款。

（四）在经销活动中，使用非法定计量单位计量器具的，没收该计量器具。

（五）使用不合格的计量器具给国家或消费者造成损失的，责令赔偿损失，没收计量器具和全部违法所得，可并处二千元以下罚款。

（六）使用以欺骗消费者为目的的计量器具或者破坏计量器具准确度、伪造数据，给国家或消费者造成损失的，责令赔偿损失，没收计量器具和全部违法所得，可并处二千元以下罚款；构成犯罪的，依法追究刑事责任。

第十二条 进口计量器具，以及外商（含外国制造商、经销商）或其代理人在中国销售计量器具，违反计量法律、法规的，按以下规定处罚：

（一）未经省、自治区、直辖市人民政府计量行政部门批准，进口、销售国务院规定废除的非法定计量单位的计量器具或国务院禁止使用的其他计量器具的，责令其停止进口、销售，没收计量器具和全部违法所得，可并处相当其违法所得百分之十至百分之五十的罚款。

（二）进口、销售列入《中华人民共和国进口计量器具型式审查目录》内的计量器具，未经国务院计量行政部门型式批准的，封存计量器具，责令其补办型式批准手续，没收全部违法所得，可并处相当其进口额或销售额百分之三十以下的罚款。

第十三条 制造、修理计量器具，违反计量法律、法规的，按以下规定处罚：

（一）未经批准制造国务院规定废除的非法定计量单位的计量器具和国务院禁止使用的其他计量器具的，责令其停止制造、销售，没收计量器具和全部违法所得，可并处相当其违法所得百分之十到百分之五十的罚款。

（二）制造、销售未经型式批准或样机试验合格的计量器具新产品的，责令其停止制造、销售，封存该种新产品，没收全部违法所得，可并处三千元以下罚款。

（三）企业、事业单位制造、修理的计量器具未经出厂检定或经检定不合格而出厂的，责令其停止出厂，没收全部违法所得；情节严重的，可并处三千元以下罚款。个体工商户制造、修理计量器具未经检定或经检定不合格而销售或交付用户使用的，责令其停止制造、修理或者重修、重检，没收全部违法所得；情节严重的，并处五百元以下的罚款。

第十四条 制造、修理、销售以欺骗消费者为目的的计量器具的，没收计量器具和全部违法所得，可并处二千元以下罚款；构成犯罪的，对个人或单位直接责任人员，依法追究刑事责任。

第十五条 销售超过有效期的标准物质的，责令改正，逾期不改正的，处三万元以下罚款。

第十六条 经营销售残次计量器具零配件的，使用残次计量器具零配件组装、修理计量器具的，责令其停止经营销售，没收残次计量器具零配件及组装的计量器具和全部违法所得，可并处二千元以下的罚款；情节严重的，吊销其营业执照。

第十七条 伪造、盗用、倒卖检定印、证的，没收其非法检定印、证和全部违法所得，可并处二千元以下罚款；构成犯罪的，依法追究刑事责任。

第十八条 计量监督管理人员违法失职，情节轻微的，给予行政处分，或者由有关人民政府计量行政部门撤销其计量监督员职务；利用职权收受贿赂、徇私舞弊，构成犯罪的，依法追究刑事责任。

第十九条 负责计量器具新产品定型鉴定、样机试验的单位，泄漏申请单位提供的样机和技术文件、资料秘密的，按国家有关规定，赔偿申请单位的损失，并给予直接责任人员行政处分；构成犯罪的，依法追究刑事责任。

第二十条 计量检定人员有下列行为之一的，给予行政处分；构成犯罪的，依法追究刑事责任：

（一）违反检定规程进行计量检定的；

（二）使用未经考核合格的计量标准开展检定的；

（三）未取得计量检定证件进行计量检定的；

（四）伪造检定数据的。

第二十一条 计量检定人员出具错误数据，给送检一方造成损失的，由其所在的技术机构赔偿损失；情节轻微的，给予计量检定人员行政处分；构成犯罪的，依法追究其刑事责任。

第二十二条 执行强制检定的工作计量器具任务的机构无故拖延检定期限的，送检单位可免交检定费；给送检单位造成损失的，应赔偿损失；情节严重的，给予直接责任人员行政处分。

第二十三条 围攻、报复计量执法人员、检定人员，或以暴力威胁手段阻碍计量执法人员、检定人员执行公务的，提请公安机关或司法部门追究法律责任。

第三章 附 则

第二十四条 本细则下列用语的含义是：

（一）伪造数据是指单位或个人使用合格的计量器具，进行不诚实的测量，出具虚假数据或者定量包装商品实际量与标注量不符的违法行为。

（二）出版物是指公开或内部发行的，除古籍和文学书籍以外的图书、报纸、期刊，以及除文艺作品外的音像制品。

（三）非出版物是指公文、统计报表、商品包装物、产品铭牌、说明书、标签标价、票据收据等。

第二十五条 本细则由国家市场监督管理总局负责解释。

第二十六条 本细则自发布之日起施行。

眼镜制配计量监督管理办法

（2003 年 10 月 15 日国家质量监督检验检疫总局令第 54 号公布 根据 2018 年 3 月 6 日国家质量监督检验检疫总局令第 196 号第一次修订 根据 2020 年 10 月 23 日国家市场监督管理总局令第 31 号第二次修订 根据 2022 年 9 月 29 日国家市场监督管理总局令第 61 号第三次修订）

第一条 为加强对眼镜制配的计量监督管理，规范眼镜制配的计量行为，保护消费者的身体健康和人身安全，根据《中华人民共和国计量法》和国务院赋予国家市场监督管理总局的职责，制定本办法。

第二条 在中华人民共和国境内从事眼镜制配计量活动和相关的计量监督管理，必须遵守本办法。

本办法所称眼镜制配是指单位或者个人从事眼镜镜片、角膜接触镜、成品眼镜的生产、销售以及配镜验光、定配眼镜、角膜接触镜配戴等经营活动。

本办法所称成品眼镜包括装成眼镜、太阳镜等。

本办法所称配镜验光是指使用验光设备等计量检测仪器对消费者眼睛的屈光状态进行测量、分析并出具相关数据的活动。

第三条 国家市场监督管理总局对全国眼镜制配计量工作实施统一监督管理。

县级以上地方市场监督管理部门对本行政区域内的眼镜制配计量工作实施监督管理。

第四条 眼镜制配者应当遵守以下规定：

（一）遵守计量法律、法规和规章，制定眼镜制配的计量管理及保护消费者权益的制度，完善计量保证体系，依法接受市场监督管理部门的计量监督。

（二）配备经计量业务知识培训合格的专（兼）职计量管理和专业技术人员，负责眼镜制配的计量工作。

（三）使用属于强制检定的计量器具必须按照规定登记造册，报当地县级市场监督管理部门备案，并向其指定的计量检定机构申请周期检定。当地不能检定的，向上一级市场监督管理部门指定的计量检定机构申请周期检定。

（四）不得使用未经检定、超过检定周期或者经检定不合格的计量器具。

（五）不得违反规定使用非法定计量单位。

（六）申请计量器具检定，应当按照价格主管部门核准的项目和收费标准交纳费用。

第五条 眼镜镜片、角膜接触镜和成品眼镜生产者除遵守本办法第四条规定外，还应当遵守以下规定：

（一）配备与生产相适应的顶焦度、透过率和厚度等计量检测设备。

（二）保证出具的眼镜产品计量数据准确可靠。

第六条 眼镜镜片、角膜接触镜、成品眼镜销售者以及从事配镜验光、定配眼镜、角膜接触镜配戴的经营者除遵守本办法第四条规定外，还应当遵守以下规定：

（一）建立完善的进出货物计量检测验收制度。

（二）配备与销售、经营业务相应的验光、瞳距、顶焦度、透过率、厚度等计量检测设备。

（三）从事角膜接触镜配戴的经营者还应当配备与经营业务相应的眼科计量检测设备。

（四）保证出具的眼镜产品计量数据准确可靠。

第七条 各级市场监督管理部门在进行计量监督管理时应当遵守以下规定：

（一）宣传计量法律、法规和规章，督促眼镜制配者遵守计量法律、法规和有关规定，做好眼镜制配的计量监督管理工作。

（二）对眼镜制配中使用的计量器具和相关计量活动进行计量监督管理，查处计量违法行为。

（三）引导眼镜制配者完善计量保证体系。

（四）受理计量投诉，调解计量纠纷，组织仲裁检定。

第八条 计量检定机构和计量检定人员进行计量检定时，应当遵守以下规定：

（一）按照计量检定规程完成检定，出具检定证书。

（二）不得使用未经考核合格或者超过有效期的计量标准开展计量检定工作。

（三）不得指派不具备计量检定能力的人员从事计量检定工作。

（四）不得擅自调整检定周期。

（五）不得伪造数据。

（六）不得超过标准收费。

第九条 眼镜制配者违反本办法第四条有关规定，应当按照下列规定进行处罚：

（一）属于强制检定范围的计量器具，未按照规定申请检定和属于非强制检定范围的计量器具未自行定期检定或者送其他计量检定机构定期检定的，以及经检定不合格继续使用的，责令其停止使用，可并处 1000 元以下的罚款。

（二）使用非法定计量单位的，责令改正。

第十条 眼镜镜片、角膜接触镜、成品眼镜生产者违反本办法第五条有关规定，应当按照以下规定进行处罚：

（一）违反本办法第五条第一项规定的，责令改正，可以并处 1000 元以上 10000 元以下罚款。

（二）违反本办法第五条第二项规定，责令改正，给消费者造成损失的，责令赔偿损失，可以并处 2000 元以下罚款。

第十一条 从事眼镜镜片、角膜接触镜、成品眼镜销售以及从事配镜验光、定配眼镜、角膜接触镜配戴经营者违反本办法第六条有关规定，应当按照以下规定进行处罚：

（一）违反本办法第六条第一项规定的，责令改正。

（二）违反本办法第六条第二项规定的，责令改正，可以并处 1000 元以上 10000 元以下罚款。

（三）违反本办法第六条第三项规定的，责令改正，可以并处 2000 元以下罚款。

（四）违反本办法第六条第四项规定的，责令改正，给消费者造成损失的，责令赔偿损失，没收全部违法所得，可以并处 2000 元以下罚款。

第十二条 眼镜制配者违反本办法规定，拒不提供眼镜制配账目，使违法所得难以计算的，可根据违法行为的情节轻重以最高不超过 30000 元的罚款。

第十三条 从事眼镜制配计量监督管理的国家工作人员滥用职权、玩忽职守、徇私舞弊的，给予行政处分；构成犯罪的，依法追究刑事责任。

第十四条 从事眼镜制配计量器具检定的计量检定机构和计量检定人员有违反计量法律、法规和本办法规定的，按照计量法律法规的有关规定进行处罚。

第十五条 本办法规定的行政处罚，由县级以上地方市场监督管理部门决定。

县级以上地方市场监督管理部门按照本办法实施行政处罚，必须遵守国家市场监督管理总局关于行政案件办理程序的有关规定。

第十六条 行政相对人对行政处罚不服的，可以依法申请行政复议或者提起行政诉讼。

第十七条 本办法下列用语的含义是指：

（一）眼镜制配者是指从事眼镜镜片、角膜接触镜、成品眼镜的生产、销售以及配镜验光、定配眼镜、角膜接触镜配戴等经营活动的单位或者个人。是本办法所称生产者、销售者以及经营者的统称。

（二）生产者是指从事眼镜镜片、角膜接触镜和成品眼镜生产活动的单位或者个人。

（三）销售者是指从事眼镜镜片、角膜接触镜、成品眼镜销售活动的单位或者个人。

（四）经营者是指从事配镜验光、定配眼镜、角膜接触镜配戴经营活动的单位或者个人。

第十八条 本办法由国家市场监督管理总局负责解释。

第十九条 本办法自 2003 年 12 月 1 日起施行。

计量授权管理办法

（1989 年 11 月 6 日国家技术监督局令第 4 号公布 根据 2021 年 4 月 2 日《国家市场监督管理总局关于废止和修改部分规章的决定》修正）

第一条 根据《中华人民共和国计量法》和《中华人民共和国计量法实施细则》的规定，制定本办法。

第二条 计量授权是指县级以上人民政府计量行政部门，依法授权予其他部门或单位的计量检定机构或技术机构，执行计量法规定的强制检定和其他检定、测试任务。

凡申请计量授权，承担计量授权任务及办理、管理计量授权，均须遵守本办法。

第三条 县级以上人民政府计量行政部门，应根据本行政区实施计量法的需要，充分发挥社会技术力量的作用，按照统筹规划、经济合理、就地就近、方便生产、利于管理的原则，实行计量授权。

第四条 计量授权包括以下形式：

（一）授权有关部门或单位的专业性或区域性计量检定机构，作为法定计量检定机构；

（二）授权有关部门或单位建立计量基准、社会公用计量标准；

（三）授权有关部门或单位的计量检定机构，对其内部使用的强制检定计量器具执行强制检定；

（四）授权有关部门或单位的计量检定机构或技术机构，承担计量标准的技术考核，仲裁检定，计量器具新产品型式评价，标准物质定级鉴定，计量器具产品质量监督试验和对社会开展强制检定、非强制检定。

第五条 申请授权必须具备的条件：

（一）计量标准、检测装置和配套设施必须与申请授权项目相适应，满足授权任务的要求；

（二）工作环境能适应授权任务的需要，保证有关计量检定、测试工作的正常进行；

（三）检定、测试人员必须适应授权任务的需要，掌握有关专业知识和计量检定、测试技术，并经考核合格；

（四）具有保证计量检定、测试结果公正、准确的有关工作制度和管理制度。

第六条 申请授权应按以下规定向有关人民政府计量行政部门提出申请。

（一）申请建立计量基准，向国务院计量行政部门提出申请；

（二）申请承担计量器具新产品型式评价的授权，向省级以上人民政府计量行政部门提出申请；

（三）申请对本部门内部使用的强制检定计量器具执行强制检定的授权，向同级人民政府计量行政部门提出申请；

（四）申请对本单位内部使用的强制检定的工作计量器具执行强制检定的授权，向当地县（市）级人民政府计量行政部门提出申请；

（五）申请作为法定计量检定机构、建立社会公用计量标准、承担计量器具产品质量监督试验和对社会开展强制检定、非强制检定的授权，应根据申请承担授权任务的区域，向相应的人民政府计量行政部门提出申请。

第七条 申请授权应递交计量授权申请书，并同时报送有关技术文件和资料。

第八条 计量授权申请被接受后，有关人民政府计量行政部门应按照以下规定和本办法第五条规定的条件进行考核。

（一）申请作为法定计量检定机构、建立本地区最高社会公用计量标准的，由受理申请的人民政府计量行政部门报请上一级人民政府计量行政部门主持考核；

（二）申请建立计量基准、非本地区最高社会公用计量标准，对内部使用的强制检定计量器具执行强制检定，承担计量器具产品质量监督试验，新产品型式评价和对社会开展强制检定，非强制检定的，由受理申请的人民政府计量行政部门主持考核。

第九条 申请授权的单位，其有关计量检定、测试人员，应当具有相应职业资格。

第十条 对考核合格的单位，由受理申请的人民政府计量行政部门批准，颁发相应的计量授权证书，并公布被授权单位的机构名称和所承担授权的业务范围。

第十一条 被授权单位必须按照授权范围开展工作，需新增计量授权项目，应按照本办法的有关规定，申请新增项目的授权。

违反上款规定的，责令其改正，停止开展超出授权范围的相关检定、测试活动。

第十二条 计量标准技术考核，标准物质定级鉴定和仲裁检定的授权，由有关人民政府计量行政部门根据相应管理办法的规定，采取指定的形式办理。

第十三条 被授权单位必须认真贯彻执行计量法律、法规。

第十四条 被授权单位的相应计量标准，必须接受计量基准或者社会公用计量标准的检定；开展授权的计量检定、测试工作，必须接受授权单位的监督。

第十五条 当被授权单位成为计量纠纷中当事人一方时，在双方协商不能自行解决的情况下，由县级以上有关人民政府计量行政部门进行调解或仲裁检定。

第十六条 计量授权证书应由授权单位规定有效期，最长不得超过 5 年。被授权单位可在有效期满前 6 个月提出继续承担授权任务的申请；授权单位根据需要和被授权单位的申请在有效期满前进行复查，经复查合格的，延长有效期。

第十七条 被授权单位要终止所承担的授权工作，应提前 6 个月向授权单位提出书面报告，未经批准不得擅自终止工作。

违反上款规定，给有关单位造成损失的，责令其赔偿损失。

第十八条 凡政府计量行政部门所属的法定计量检定机构，在本行政区内不能开展的计量检定项目，需要办理授权的，应报请上一级人民政府计量行政部门统筹安排。

第十九条 上级人民政府计量行政部门对下级人民政府计量行政部门的计量授权应进行监督，对违反本办法规定的授权，应予以纠正。

第二十条 与本办法有关的计量授权申请书、证书的式样，由国务院计量行政部门统一规定。

第二十一条 本办法由国务院计量行政部门负责解释。

第二十二条 本办法自发布之日起施行。

计量标准考评员管理规定

（2021 年 3 月 26 日　市监计量发〔2021〕22 号）

第一条 为保障计量标准考核工作质量，加强计量标准考评员管理，规范计量标准考评员行为，根据《计量标准考核办法》有关要求，制定本规定。

第二条 本规定所称计量标准考评员，是指经所在单位推荐，由省级以上人民政府市场监督管理部门考核合格，受市场监督管理部门委派承担计量标准考评任务的技术专家。

计量标准考评员分为两级，即计量标准一级考评员和计量标准二级考评员。

第三条 计量标准考评员的申请、考核和管理适用本规定。

第四条 国家市场监督管理总局负责全国计量标准考评员的监督管理，并具体负责计量标准一级考评员的考核工作。省级人民政府市场监督管理部门负责所辖区域内计量标准考评员监督管理，并具体负责所辖区域内计量标准二级考评员的考核工作。

第五条 申请计量标准一级考评员人员应当具备以下条件：

（一）遵纪守法，恪守职业道德；

（二）具有副高级以上专业技术职称；

（三）具有较高的计量技术水平和丰富的实践经验，从事专业计量技术工作 8 年以上，其中具有 3 年以上本项目检定或校准工作经历；

（四）熟悉计量法律、法规、规章以及计量标准考核工作要求、相关计量技术规范等；

（五）具有较强的组织管理能力和交流沟通能力；

（六）具有与计量标准考评工作要求相适应的观察、分析、判断能力，能够独立执行考评任务；

（七）国家市场监督管理总局规定的其他条件。

第六条 申请计量标准二级考评员应当具备以下条件：

（一）遵纪守法，恪守职业道德；

（二）具有中级以上专业技术职称或一级注册计量师资格；

（三）具有一定的计量技术水平和实践经验，从事有关专业计量技术工作 5 年以上，其中具有 3 年以上本项目检定或校准工作经历；

（四）熟悉计量法律、法规、规章以及计量标准考核工作要求、相关计量技术规范等；

（五）具有一定的组织管理能力和交流沟通能力；

（六）具有与计量标准考评工作要求相适应的观察、分析、判断能力，能够独立执行考评任务；

（七）省级以上人民政府市场监督管理部门规定的其他条件。

第七条　申请计量标准一级考评员，经所在单位同意后，向国家市场监督管理总局申请，经国家市场监督管理总局组织考核合格，由其颁发计量标准一级考评员证。

申请计量标准二级考评员，经所在单位同意后，向当地省级人民政府市场监督管理部门申请，经当地省级人民政府市场监督管理部门组织考核合格，由其颁发计量标准二级考评员证。

第八条　计量标准考评员考核具体内容包括计量法律法规和基础理论知识、测量不确定度的评定、计量管理和计量标准考核要求、计量标准考评技能以及考核中的技术问题等。参加考核的计量标准考评员提供所申请专业项目的计量标准的测量不确定度评定报告一篇。

第九条　各省级人民政府市场监督管理部门在发放和注销计量标准考评员证的同时，将相关信息报送国家市场监督管理总局。

第十条　计量标准考评员应当恪守职业道德，客观公正、科学严谨、实事求是，严格依照计量法律、法规和相关计量技术规范，在确认的技术能力范围内实施计量标准考评，按时完成考评任务，对考评结论负责。

第十一条　计量标准考评员应当按照市场监督管理部门要求，主动参加相关法律法规、计量技术规范等方面的继续教育和业务培训，提高考评能力和专业水平。

第十二条　计量标准考评员可以根据当前工作岗位和自身技术能力情况，提出增加专业项目的变更申请。申请增加的项目应当具有 3 年以上本项目检定或校准经历。计量标准考评员发证单位（以下简称发证单位）根据计量标准考评工作需要，对符合规定的增加项目申请予以批准。

第十三条　计量标准考评员调离原工作单位的，在工作调离后的六个月内向发证单位及时报送工作单位变动情况和岗位变动情况。因工作岗位和自身技术能力不能满足计量标准考评工作需要时，由计量标准考评员提出删除专业项目申请，报发证单位审核批准。发证单位应当及时维护更新计量标准考评员相关信息。

第十四条　计量标准考评员退休后，原则上不再承担计量标准考评任务，计量标准考评员证自动作废。

第十五条　计量标准考评员因工作或身体健康状况连续五次不能尽职的，发证单位可注销计量标准考评员证。

第十六条　计量标准考评员每五年向发证单位提交工作单位变动情况、工作岗位变动情况和继续教育情况等信息。

未能在规定的期限内提交相关信息或未按要求参加继续教育，责令限期整改。情节严重的，发证单位可注销计量标准考评员证。

第十七条　计量标准考评员发证单位可根据实际工作情况，细化计量标准考评员管理要求，加强对计量标准考评员监督管理。

委派计量标准考评员的单位组织对其委派的计量标准考评员的考评工作实施监督。发现计量标准考评员违反本办法有关规定的，通报计量标准考评员发证单位。

监督可以采取查阅档案记录、回访被考评的建标单位、观察考评活动、开展问卷调查等方式进行。

第十八条　计量标准考评员不得有下列行为：

（一）违反计量标准考核有关规定和相应计量技术规范要求以及未在工作时限内完成考评工作；

（二）受委派承担超出被确认技术能力范围的考评工作，未如实告知委派单位的；

（三）承担本人参与开发或经销计量设备项目的考评；

（四）向被考评的建标单位推销与自身利益相关的计量标准器及配套设备；

（五）与被考评的建标单位存在利害关系或其他可能影响公正考评的因素时，未进行回避；

（六）透露工作中所知悉的国家秘密、商业秘密和技术秘密；

（七）出具虚假或者不实考评结论；

（八）违反中央八项规定精神以及廉政纪律要求。

第十九条 计量标准考评员违反本办法第十八条（一）（二）（三）（四）（五）规定的，发证单位暂停计量标准考评员资格。视问题整改情况，恢复或停止计量标准考评员资格。停止资格的，应当注销计量标准考评员证。

第二十条 计量标准考评员违反本办法第十八条（六）（七）（八）规定的，发证单位停止计量标准考评员资格，注销计量标准考评员证，通报计量标准考评员所在单位，依法依规严肃处理。

第二十一条 国家市场监督管理总局建立全国计量标准考评员数据库，鼓励计量标准考评员资源共享和互认共用。

第二十二条 各级地方市场监督管理部门按照经济合理、就地就近原则，优先委派所辖区域内计量标准一级或二级考评员执行计量标准考评任务。

各级地方市场监督管理部门可根据计量标准考核工作需要，经所在地省级人民政府市场监督管理部门与计量标准考评员所在地省级人民政府市场监督管理部门协商一致后，跨区域委派计量标准考评员执行计量标准考评任务。

第二十三条 计量标准考评员证样式由国家市场监督管理总局统一制定。计量标准考评员考核命题由国家市场监督管理总局统一组织实施。

第二十四条 计量标准考评员专业类别、专业项目按照国家市场监督管理总局统一规定执行。

第二十五条 本规定由国家市场监督管理总局负责解释。

第二十六条 本规定自 2021 年 7 月 1 日起实施，原国家质量技术监督局《计量标准考评员管理规定》（质技监局量函〔1999〕300 号）同时废止。本规定颁布之前发布的有关计量标准考评员管理要求与本规定不一致的，以本规定为准。

中华人民共和国进口计量
器具监督管理办法实施细则

（1996 年 6 月 24 日国家技术监督局令第 44 号公布 根据 2015 年 8 月 25 日《国家质量监督检验检疫总局关于修改部分规章的决定》第一次修订 根据 2018 年 3 月 6 日《国家质量监督检验检疫总局关于废止和修改部分规章的决定》第二次修订 根据 2020 年 10 月 23 日《国家市场监督管理总局关于修改部分规章的决定》第三次修订）

第一章 总 则

第一条 为了贯彻实施《中华人民共和国进口计量器具监督管理办法》，加强对进口计量器具的监督管理，根据国家计量法律、法规的有关规定，制定本实施细则。

第二条 任何单位和个人进口计量器具，以及外商或者其代理人在中国销售计量器具，必须遵守本实施细则的规定。

《中华人民共和国进口计量器具监督管理办法》（以下简称《办法》）和本实施细则中所称的外商含外国制造商、经销商，以及港、澳、台地区的制造商、经销商。

《办法》和本实施细则中所称的外商代理人含国内经销者。

第三条　对进口计量器具的监督管理范围是《中华人民共和国依法管理的计量器具》目录内的计量器具，其中必须办理型式批准的进口计量器具的范围是《实施强制管理的计量器具目录》内监管方式为型式批准的计量器具。

第四条　国务院计量行政部门对全国的进口计量器具实施统一监督管理。

县级以上政府计量行政部门对本行政区域内的进口计量器具依法实施监督管理。

第五条　各地区、各部门的机电产品进口管理机构和海关等部门在各自的职责范围内对进口计量器具实施管理。

第二章　型式批准

第六条　凡进口或者在中国境内销售列入《实施强制管理的计量器具目录》内监管方式为型式批准的计量器具的，应当向国务院计量行政部门申请办理型式批准。未经型式批准的，不得进口或者销售。

型式批准包括计量法制审查和定型鉴定。

第七条　进口计量器具的型式批准，由外商申请办理。

外商或者其代理人在中国境内销售进口的计量器具的型式批准，由外商或者其代理人申请办理。

第八条　外商或者其代理人向国务院计量行政部门申请型式批准，必须递交以下申请资料：

（一）型式批准申请书；

（二）计量器具样机照片；

（三）计量器具技术说明书（含中文说明）。

第九条　国务院计量行政部门对型式批准的申请资料在十五日内完成计量法制审查，审查的主要内容为：

（一）是否采用我国法定计量单位；

（二）是否属于国务院明令禁止使用的计量器具；

（三）是否符合我国计量法律法规的其他要求。

第十条　国务院计量行政部门在计量法制审查合格后，确定鉴定样机的规格和数量，委托技术机构进行定型鉴定，并通知外商或者其代理人在商定的时间内向该技术机构提供试验样机和下列技术资料：

（一）技术说明；

（二）总装图、主要结构图和电路图；

（三）技术标准文件和检验方法；

（四）样机试验报告；

（五）安全保证说明；

（六）使用说明书；

（七）提供检定和铅封的标志位置说明。

第十一条　外商或者其代理人提供的定型鉴定所需要的样机，由海关在收取相当于税款的保证金后验放或者凭国务院计量行政部门的保函验放并免收关税。

第十二条　承担定型鉴定的技术机构应当在海关限定的保证期限内将样机退还外商或者其代理人并监督办理退关手续。

第十三条　定型鉴定应当按照鉴定大纲进行。鉴定大纲由承担定型鉴定的技术机构根据国家有关计量检定规程、计量技术规范或者参照国际法制计量组织的国际建议（以下简称国际建议）制定。

没有国家有关计量检定规程、计量技术规范或者国际建议的，可以按照合同的有关要求或者明示技术指标制定。

第十四条 定型鉴定的主要内容包括：外观检查，计量性能考核以及安全性、环境适应性、可靠性或者寿命试验等项目。

第十五条 定型鉴定应当在收到样机后三个月内完成，因特殊情况需要延长时间的，应当报国务院计量行政部门批准。

第十六条 承担定型鉴定的技术机构应当在试验结束后将《定型鉴定结果通知书》、《鉴定大纲》和《计量器具定型注册表》，一式两份报国务院计量行政部门审核。

承担定型鉴定的技术机构应当保留完整的定型鉴定原始资料，保存期为五年。

第十七条 定型鉴定审核合格的，由国务院计量行政部门向申请办理型式批准的外商或者其代理人颁发《中华人民共和国进口计量器具型式批准证书》，并准予其在相应的计量器具产品上和包装上使用进口计量器具型式批准的标志和编号。

定型鉴定审核不合格的，由国务院计量行政部门提出书面意见并通知申请人。

第十八条 有下列情况之一的，可以申请办理临时型式批准：

（一）确属急需的；

（二）销售量极少的；

（三）国内暂无定型鉴定能力的；

（四）展览会留购的；

（五）其它特殊需要的。

第十九条 申请办理第十八条第（一）、（二）、（三）、（五）项所列的临时型式批准的外商或者其代理人，应当向国务院计量行政部门或者其委托的地方政府计量行政部门递交进口计量器具临时型式批准申请表和第八条所列申请资料。

申请办理第十八条第（四）项所列的临时型式批准的外商或者其代理人，应当向当地省级政府计量行政部门或者其委托的地方政府计量行政部门递交进口计量器具临时型式批准申请表和第八条所列申请资料。

第二十条 有权办理临时型式批准证书的政府计量行政部门对递交的临时型式批准申请资料进行计量法制审查，可以安排技术机构进行检定。

第二十一条 临时型式批准审查合格的，由国务院计量行政部门颁发《中华人民共和国进口计量器具临时型式批准证书》；属展览会留购的，由省级政府计量行政部门颁发《中华人民共和国进口计量器具临时型式批准证书》。

临时型式批准证书应当注明批准的数量和有效期限。

第二十二条 承担进口计量器具定型鉴定的技术机构必须经计量考核合格并经国务院计量行政部门授权后方可开展工作。

第二十三条 承担进口计量器具定型鉴定的技术机构及其工作人员，应当对申请人提供的技术资料、样机保密。

参加定型鉴定的人员不得直接从事与其承担项目相同产品的技术咨询和技术开发。

第二十四条 进口计量器具经型式批准后，由国务院计量行政部门予以公布。

第三章 法律责任

第二十五条 违反规定进口或者销售非法定计量单位的计量器具的，由县级以上政府计量行政部门依照《中华人民共和国计量法实施细则》的规定处罚。

第二十六条 进口或者销售未经国务院计量行政部门型式批准的计量器具的，由县级以上政府计量行政部门依照《中华人民共和国进口计量器具监督管理办法》的规定处罚。

第二十七条 承担进口计量器具定型鉴定的技术机构及其工作人员，违反本实施细则的规定，给申请单位造成损失的，应当按照国家有关规定，赔偿申请单位的损失，并给予直接责任人员行政处分；构成犯罪的，依法追究其刑事责任。

第四章 附 则

第二十八条 省级以上政府计量行政部门对承担进口计量器具定型鉴定的技术机构实施监督管理。

第二十九条 申请进口计量器具的型式批准、定型鉴定，应当按照国家有关规定缴纳费用。

第三十条 进口用于统一量值的标准物质的管理，参照本实施细则执行。

第三十一条 本实施细则由国家市场监督管理总局负责解释。

第三十二条 本实施细则自发布之日起施行。

零售商品称重计量监督管理办法

（2004 年 8 月 10 日国家质量监督检验检疫总局、国家工商行政管理总局令第 66 号发布 根据 2020 年 10 月 23 日《国家市场监督管理总局关于修改部分规章的决定》修订）

第一条 为维护社会主义市场经济秩序，制止利用计量手段欺骗消费者的不法行为，保护消费者的合法权益，根据《中华人民共和国计量法》、《中华人民共和国消费者权益保护法》等有关法律法规，制定本办法。

第二条 在中华人民共和国境内，从事零售商品的销售以及对其进行计量监督，必须遵守本办法。

本办法所称零售商品，是指以重量结算的食品、金银饰品。

其他以重量结算的商品和以容量、长度、面积等结算的商品，另行规定。

定量包装商品的生产、经销以及对其的计量监督应当遵守《定量包装商品计量监督管理办法》。

第三条 零售商品经销者销售商品时，必须使用合格的计量器具，其最大允许误差应当优于或等于所销售商品的负偏差。

第四条 零售商品经销者使用称重计量器具当场称重商品，必须按照称重计量器具的实际示值结算，保证商品量计量合格。

第五条 零售商品经销者使用称重计量器具每次当场称重商品，在本办法附表 1、附表 2 称重范围内，经核称商品的实际重量值与结算重量值之差不得超过该表规定的负偏差。

第六条 零售商品经销者和计量监督人员可以按照如下方法核称商品；

（一）原计量器具核称法：直接核称商品，商品的核称重量值与结算（标称）重量值之差不应超过商品的负偏差，并且称重与核称重量值等量的最大允许误差优于或等于所经销商品的负偏差三分之一的砝码，砝码示值与商品核称重量值之差不应超过商品的负偏差；

（二）高准确度称重计量器具核称法：用最大允许误差优于或等于所经销商品的负偏差三分之一的计量器具直接核称商品，商品的实际重量值与结算（标称）重量值之差不应超过商品的负偏差；

（三）等准确度称重计量器具核称法：用另一台最大允许误差优于或等于所经销商品的负偏差的计量器具直接核称商品，商品的核称重量值与结算（标称）重量值之差不应超过商品的负偏差的 2 倍。

第七条 本办法附表 1 中食品类尚未列出品种名称的，按照食品类相应价格档次的规定执行。

第八条 被核称商品的含水量及含水量计算应当符合国家标准、行业标准的有关规定。

第九条 零售商品经销者不得拒绝市场监督管理部门依法对销售商品的计量监督检查。

第十条 凡有下列情况之一的，县级以上地方市场监督管理部门可以依照计量法、消费者权益保护法等有关法律、法规或者规章给予行政处罚：

（一）零售商品经销者违反本办法第三条规定的；

（二）零售商品经销者销售的商品，经核称超出本办法附表 1、附表 2 规定的负偏差，给消费者造成损失的。

第十一条 本办法规定的行政处罚，由县级以上地方市场监督管理部门决定。

县级以上地方市场监督管理部门按照本办法实行行政处罚，必须遵守国家市场监督管理总局关于行政案件办理程序的有关规定。

第十二条 行政相对人对行政处罚决定不服的，可以依法申请行政复议或者提起行政诉讼。

第十三条 本办法由国家市场监督管理总局负责解释。

第十四条 本办法自 2004 年 12 月 1 日起施行。原国家技术监督局、国内贸易部、国家工商行政管理局联合发布的《零售商品称重计量监督规定》（技监局发〔1993〕26 号）同时废止。

附表 1：

食品品种、价格档次	称重范围（m）	负偏差
粮食、蔬菜、水果或不高于 6 元/kg 的食品	m≤1kg	20g
	1kg<m≤2kg	40g
	2kg<m≤4kg	80g
	4kg<m≤25kg	100g
肉、蛋、禽＊、海（水）产品＊、糕点、糖果、调味品或高于 6 元/kg，但不高于 30 元/kg 的食品	m≤2.5kg	5g
	2.5kg<m≤10kg	10g
	10kg<m≤15kg	15g
干菜、山（海）珍品或高于 30 元/kg，但不高于 100 元/kg 的食品	m≤1kg	2g
	1kg<m≤4kg	4g
	4kg<m≤6kg	6g
高于 100 元/kg 的食品	m≤500g	1g
	500g<m≤2kg	2g
	2kg<m≤5kg	3g

＊注：活禽、活鱼、水发物除外。

附表 2：

名　称	称重范围（m）	负偏差
金饰品	m（每件）≤100g	0.01g
银饰品	m（每件）≤100g	0.1g

集贸市场计量监督管理办法

（2002 年 4 月 19 日国家质量监督检验检疫总局令第 17 号发布　根据 2020 年 10 月 23 日《国家市场监督管理总局关于修改部分规章的决定》修订）

第一条　为了加强城乡集贸市场计量监督管理，维护集贸市场经营秩序，保护消费者的合法权益，根据《中华人民共和国计量法》、《中华人民共和国消费者权益保护法》的有关规定，制定本办法。

第二条　本办法适用于全国城乡集贸市场经营活动中的计量器具管理、商品量计量管理、计量行为及其监督管理活动。

本办法所称城乡集贸市场（以下简称集市）是指由法人单位或者自然人（以下简称集市主办者）主办的，由入场经营者（以下简称经营者）向集市主办者承租场地、进行商品交易的固定场所。

第三条　国家市场监督管理总局对全国集市计量工作实施统一监督管理。

县级以上地方市场监督管理部门对本行政区域内的集市计量工作实施监督管理。

第四条　集市的计量活动应当遵循公正、公开、公平的原则，保证计量器具和商品量的准确，正确使用国家法定计量单位。

第五条　集市主办者应当做到：

（一）积极宣传计量法律、法规和规章，制定集市计量管理及保护消费者权益的制度，并组织实施。

（二）在与经营者签订的入场经营协议中，明确有关计量活动的权利义务和相应的法律责任。

（三）根据集市经营情况配备专（兼）职计量管理人员，负责集市内的计量管理工作，集市的计量管理人员应当接受计量业务知识的培训。

（四）对集市使用的属于强制检定的计量器具登记造册，向当地市场监督管理部门备案，并配合市场监督管理部门及其指定的法定计量检定机构做好强制检定工作。

（五）国家明令淘汰的计量器具禁止使用；国家限制使用的计量器具，应当遵守有关规定；未申请检定、超过检定周期或者经检定不合格的计量器具不得使用。

（六）集市应当设置符合要求的公平秤，并负责保管、维护和监督检查，定期送当地市场监督管理部门所属的法定计量检定机构进行检定。

公平秤是指对经营者和消费者之间因商品量称量结果发生的纠纷具有裁决作用的衡器。

（七）配合市场监督管理部门，做好集市定量包装商品、零售商品等商品量的计量监督管理工作。

（八）集市主办者可以统一配置经强制检定合格的计量器具，提供给经营者使用；也可以要求经营者配备和使用符合国家规定，与其经营项目相适应的计量器具，并督促检查。

第六条 经营者应当做到：

（一）遵守计量法律、法规及集市主办者关于计量活动的有关规定。

（二）对配置和使用的计量器具进行维护和管理，定期接受市场监督管理部门指定的法定计量检定机构对计量器具的强制检定。

（三）不得使用不合格的计量器具，不得破坏计量器具准确度或者伪造数据，不得破坏铅签封。

（四）凡以商品量的量值作为结算依据的，应当使用计量器具测量量值；计量偏差在国家规定的范围内，结算值与实际值相符。不得估量计费。不具备计量条件并经交易当事人同意的除外。

（五）现场交易时，应当明示计量单位、计量过程和计量器具显示的量值。如有异议的，经营者应当重新操作计量过程和显示量值。

（六）销售定量包装商品应当符合《定量包装商品计量监督管理办法》的规定。

第七条 计量检定机构进行强制检定时，应当执行国家计量检定规程，并在规定期限内完成检定，确保量值传递准确。

第八条 各级市场监督管理部门应当做到：

（一）宣传计量法律、法规，对集市主办者、计量管理人员进行计量方面的培训。

（二）督促集市主办者按照计量法律、法规和有关规定的要求，做好集市的计量管理工作。

（三）对集市的计量器具管理、商品量计量管理和计量行为，进行计量监督和执法检查。

（四）积极受理计量纠纷，负责计量调解和仲裁检定。

第九条 集市主办者或经营者申请计量器具检定，应当按物价部门核准的项目和收费标准缴纳费用。

第十条 消费者所购商品，在保持原状的情况下，经复核，短秤缺量的，可以向经营者要求赔偿，也可以向集市主办者要求赔偿。集市主办者赔偿后有权向经营者追偿。

第十一条 集市主办者违反本办法第五条第（四）项规定的，责令改正，逾期不改的，处以 1000 元以下的罚款。

集市主办者违反本办法第五条第（五）项规定的，责令停止使用，限期改正，没收淘汰的计量器具，并处以 1000 元以下的罚款。

集市主办者违反本办法第五条第（六）项规定的，限期改正，并处以 1000 元以下的罚款。

第十二条 经营者违反本办法第六条第（二）项规定的，责令其停止使用，可并处以 1000 元以下的罚款。

经营者违反本办法第六条第（三）项规定，给国家和消费者造成损失的，责令其赔偿损失，没收计量器具和全部违法所得，可并处以 2000 元以下的罚款；构成犯罪的，移送司法机关追究其刑事责任。

经营者违反本办法第六条第（四）项规定，应当使用计量器具测量量值而未使用计量器具的，限期改正；逾期不改的，处以 1000 元以下罚款。经营者销售商品的结算值与实际值不相符的，按照《商品量计量违法行为处罚规定》第五条、第六条的规定处罚。

经营者违反本办法第六条第（六）项规定的，按照《定量包装商品计量监督管理办法》有关规定处罚。

第十三条 从事集市计量监督管理的国家工作人员违法失职、徇私舞弊，情节轻微的，给予行政处分；构成犯罪的，依法追究刑事责任。

第十四条 本办法规定的行政处罚，由县级以上地方市场监督管理部门决定。

县级以上地方市场监督管理部门按照本办法实施行政处罚，必须遵守国家市场监督管理总局关于行政案件办理程序的有关规定。

第十五条 本办法由国家市场监督管理总局负责解释。

第十六条 本办法自 2002 年 5 月 25 日起施行。

商品量计量违法行为处罚规定

(1999 年 3 月 12 日国家质量技术监督局令第 3 号公布 根据 2020 年 10 月 23 日
《国家市场监督管理总局关于修改部分规章的决定》修订)

第一条 为了加强商品量的计量监督，惩治商品量计量违法行为，保护用户和消费者的合法权益，维护社会经济秩序，根据《中华人民共和国计量法》和国务院赋予市场监督管理部门的职责，制定本规定。

第二条 本规定所称商品量，是指使用计量器具，对商品进行计量所得出的商品的量值。

第三条 任何单位和个人在生产、销售、收购等经营活动中，必须保证商品量的量值准确，不得损害用户、消费者的合法权益。

各级市场监督管理部门对商品量计量违法行为的处罚，适用本规定。

第四条 生产者生产定量包装商品，其实际量与标注量不相符，计量偏差超过《定量包装商品计量监督管理办法》或者国家其它有关规定的，市场监督管理部门责令改正，并处 30000 元以下罚款。

第五条 销售者销售的定量包装商品或者零售商品，其实际量与标注量或者实际量与贸易结算量不相符，计量偏差超过《定量包装商品计量监督管理办法》、《零售商品称重计量监督管理办法》或者国家其它有关规定的，市场监督管理部门责令改正，并处 30000 元以下罚款。

第六条 销售者销售国家对计量偏差没有规定的商品，其实际量与贸易结算量之差，超过国家规定使用的计量器具极限误差的，市场监督管理部门责令改正，并处 20000 元以下罚款。

第七条 收购者收购商品，其实际量与贸易结算量之差，超过国家规定使用的计量器具极限误差的，市场监督管理部门责令改正，并处 20000 元以下罚款。

第八条 各级市场监督管理部门按本规定实施行政处罚，必须遵守国家市场监督管理总局关于行政案件办理程序的有关规定。

第九条 本规定由国家市场监督管理总局负责解释。

第十条 本规定自发布之日起施行。

加油站计量监督管理办法

(2002 年 12 月 31 日国家质量监督检验检疫总局令第 35 号公布 根据 2018 年 3 月 6
日《国家质量监督检验检疫总局关于废止和修改部分规章的决定》第一次修订 根据
2020 年 10 月 23 日《国家市场监督管理总局关于修改部分规章的决定》第二次修订)

第一条 为了加强加油站计量监督管理，规范加油站计量行为，维护国家成品油零售税收征管秩序，保护消费者的合法权益，根据《中华人民共和国计量法》和国务院赋予国家市场监督管理总局的职责，制定本办法。

第二条 本办法适用于中华人民共和国境内加油站经营中的计量器具、成品油销售计量及相关计量活动的监督管理。

本办法所称加油站是指使用燃油加油机等计量器具进行成品油零售的固定场所。

第三条 国家市场监督管理总局对全国加油站计量工作实施统一监督管理。

县级以上地方市场监督管理部门对本行政区域内的加油站计量工作实施监督管理。

第四条 加油站成品油零售经营中应当保证计量器具和成品油零售量的准确，守法经营，诚信服务。

国家鼓励成品油经营者完善计量检测体系，保证成品油销售计量准确。

第五条 加油站经营者应当遵守以下规定：

（一）遵守计量法律、法规和规章，制订加油站计量管理及保护消费者权益的制度，对使用的计量器具进行维护和管理，接受市场监督管理部门的计量监督。

（二）配备专（兼）职计量人员，负责加油站的计量管理工作。加油站的计量人员应当接受相应的计量业务知识培训。

（三）使用属于强制检定的计量器具应当登记造册，向当地市场监督管理部门备案，并配合市场监督管理部门及其指定的法定计量检定机构做好强制检定工作。

（四）使用的燃油加油机等计量器具应当具有出厂产品合格证书；燃油加油机安装后报经当地市场监督管理部门授权的法定计量检定机构检定合格，方可投入使用。

（五）需要维修燃油加油机，应当向具有合法维修资格的单位报修，维修后的燃油加油机应当报经执行强制检定的法定计量检定机构检定合格后，方可重新投入使用。

（六）不得使用非法定计量单位，不得违反规定使用非法定计量单位的计量器具以及国家明令淘汰或者禁止使用的计量器具用于成品油贸易交接。

（七）不得使用未经检定、超过检定周期或者经检定不合格的计量器具；不得破坏计量器具及其铅（签）封，不得擅自改动、拆装燃油加油机，不得使用未经批准而改动的燃油加油机，不得弄虚作假。

（八）进行成品油零售时，应当使用燃油加油机等计量器具，并明示计量单位、计量过程和计量器具显示的量值，不得估量计费。成品油零售量的结算值应当与实际值相符，其偏差不得超过国家规定的允许误差；国家对计量偏差没有规定的，其偏差不得超过所使用计量器具的允许误差。

（九）申请计量器具检定，应当按物价部门核准的项目和收费标准缴纳费用。

第六条 各级市场监督管理部门在进行计量监督管理时应当遵守以下规定：

（一）宣传计量法律、法规、规章，帮助和督促加油站经营者按照计量法律、法规和有关规定的要求，做好加油站的计量管理工作。

（二）对加油站的计量器具、成品油销售计量和相关计量活动进行计量监督管理，组织计量执法检查，打击计量违法行为。

（三）引导加油站加强计量保证能力，完善计量检测体系。

（四）受理计量纠纷投诉，负责计量纠纷的调解和仲裁检定。

第七条 计量检定机构和计量检定人员在开展计量检定、测试工作时，应当遵守以下规定：

（一）按照国家计量检定规程进行检定，在规定期限内完成检定，出具检定证书，并在燃油加油机上加贴检定合格标志。在实施检定时发现铅封破损应当立即报告当地有关市场监督管理部门。

（二）不得使用未经考核合格或者超过有效期的计量标准开展检定工作。

（三）不得指派不具备计量检定能力的人员从事计量检定工作。

（四）不得随意调整检定周期，不得无故拖延检定时间，不得超标准收费。

第八条　消费者对加油站的燃油加油机等计量器具准确度和成品油零售量产生异议，可在保持现场原状的情况下，向市场监督管理部门提出仲裁检定的申请，并可依据市场监督管理部门的仲裁检定结果，向加油站经营者要求赔偿。

第九条　加油站经营者违反本办法有关规定，应当按以下规定进行处罚：

（一）违反本办法第五条第（四）项规定，使用出厂产品合格证不齐全计量器具的，责令其停止使用，没收计量器具和全部违法所得，可并处 2000 元以下罚款。燃油加油机安装后未报经市场监督管理部门授权的法定计量检定机构强制检定合格即投入使用的，责令其停止使用，可并处 5000 元以下罚款；给国家和消费者造成损失的，责令其赔偿损失，可并处 5000 元以上 30000 元以下罚款。

（二）违反本办法第五条第（五）项规定的，责令改正和停止使用，可并处 5000 元以下罚款；给消费者造成损失的，责令其赔偿损失，可并处 5000 元以上 30000 元以下罚款。

（三）违反本办法第五条第（七）项规定，使用未经检定、超过检定周期或者经检定不合格的计量器具的，责令其停止使用，可并处 1000 元以下罚款。破坏计量器具及其铅（签）封，擅自改动、拆装燃油加油机，使用未经批准而改动的燃油加油机，以及弄虚作假、给消费者造成损失的，责令其赔偿损失，并按照《中华人民共和国计量法实施细则》有关规定予以处罚；构成犯罪的，依法追究刑事责任。

（四）违反本办法第五条第（八）项规定，未使用计量器具的，限期改正，逾期不改的，处 1000 元以上 10000 元以下罚款；成品油零售量的结算值与实际值之差超过国家规定允许误差的，责令改正，给消费者造成损失的，责令其赔偿损失，并处以违法所得 3 倍以下、最高不超过 30000 元的罚款。

第十条　加油站经营者违反本办法规定，拒不提供成品油零售账目或者提供不真实账目，使违法所得难以计算的，可根据违法行为的情节轻重处以最高不超过 30000 元的罚款。

第十一条　从事加油站计量监督管理的国家工作人员滥用职权、玩忽职守、徇私舞弊，情节轻微的，给予行政处分；构成犯罪的，依法追究刑事责任。

第十二条　从事加油站计量器具检定的计量检定机构和计量检定人员有违反计量法律、法规和本办法规定的，按照《计量违法行为处罚细则》有关规定予以处罚。

第十三条　本办法规定的行政处罚，由县级以上地方市场监督管理部门决定。

县级以上地方市场监督管理部门按照本办法实施行政处罚，必须遵守国家市场监督管理总局关于行政案件办理程序的有关规定。

第十四条　行政相对人对行政处罚规定不服的，可依法申请行政复议或者提起行政诉讼。

第十五条　本办法第二条规定的加油站以外的油库、加油船、流动加油车、加油点等成品油经营中的计量器具、成品油销售计量及相关计量活动的监督管理参照本办法执行。

第十六条　本办法规定的加油机检定合格标志式样由国家市场监督管理总局统一规定。

第十七条　本办法由国家市场监督管理总局负责解释。

第十八条　本办法自 2003 年 2 月 1 日起施行。

能源计量监督管理办法

（2010 年 9 月 17 日国家质量监督检验检疫总局令第 132 号公布　根据 2020 年 10 月 23 日《国家市场监督管理总局关于修改部分规章的决定》修订）

第一条　为加强能源计量监督管理，促进节能减排和可持续发展，根据《中华人民共和国节约能源法》、《中华人民共和国计量法》等法律法规，制定本办法。

第二条　在中华人民共和国境内用能单位从事能源计量活动以及实施能源计量监督管理适用本办法。

第三条　国家市场监督管理总局对全国能源计量工作实施统一监督管理。

县级以上地方市场监督管理部门对本行政区域内的能源计量工作实施监督管理。

第四条　各级市场监督管理部门应当鼓励和支持能源计量新技术的开发、研究和应用，推广经济、适用、可靠性高、带有自动数据采集和传输功能、具有智能和物联网功能的能源计量器具，促进用能单位完善能源计量管理和检测体系，引导用能单位提高能源计量管理水平。

第五条　用能单位应当建立健全能源计量管理制度，明确计量管理职责，加强能源计量管理，确保能源计量数据真实准确。

第六条　用能单位应当配备符合规定要求的能源计量器具。

用能单位配备的能源计量器具应当满足能源分类、分级、分项计量要求。

第七条　用能单位应当建立能源计量器具台账，加强能源计量器具管理。

第八条　用能单位应当按照规定使用符合要求的能源计量器具，确保在用能源计量器具的量值准确可靠。

第九条　用能单位应当加强能源计量数据管理，建立完善的能源计量数据管理制度。

用能单位应当保证能源计量数据与能源计量器具实际测量结果相符，不得伪造或者篡改能源计量数据。

第十条　用能单位应当将能源计量数据作为统计调查、统计分析的基础，对各类能源消耗实行分类计量、统计。

第十一条　重点用能单位制定年度节能目标和实施方案，应当以能源计量数据为基础，有针对性地采取计量管理或者计量改造措施。

第十二条　重点用能单位应当配备专业人员从事能源计量工作。

重点用能单位的能源计量工作人员应当具有能源计量专业知识，定期接受能源计量专业知识培训。

第十三条　用能单位可以委托有关计量技术机构对大宗能源的贸易交接、能源消耗状况实行第三方公正计量。

第十四条　计量技术机构可以开展以下能源计量服务活动，为能源计量监督管理提供技术支持：

（一）开展能源计量数据采集、监测；

（二）开展能源计量器具计量检定/校准技术研究，确保能源计量器具准确；

（三）能源计量技术研究、能源效率测试、用能产品能源效率计量检测等工作；

（四）接受委托开展能源审计、能源平衡测试、能源效率限额对标；

（五）开展其他能源计量服务活动。

第十五条 用能单位应当每年对其能源计量工作开展情况进行自查；发现问题的，应当及时整改。

第十六条 市场监督管理部门应当对用能单位能源计量工作情况、列入国家能源效率标识管理产品目录的用能产品能源效率实施监督检查。

任何单位和个人不得拒绝、阻碍依法开展的能源计量监督检查。

第十七条 市场监督管理部门应当对重点用能单位的能源计量器具配备和使用，计量数据管理以及能源计量工作人员配备和培训等能源计量工作情况开展定期审查。

第十八条 违反本办法规定，用能单位未按照规定配备、使用能源计量器具的，由县级以上地方市场监督管理部门按照《中华人民共和国节约能源法》第七十四条等规定予以处罚。

第十九条 违反本办法规定，重点用能单位未按照规定配备能源计量工作人员或者能源计量工作人员未接受能源计量专业知识培训的，由县级以上地方市场监督管理部门责令限期改正；逾期不改正的，处1万元以上3万元以下罚款。

第二十条 违反本办法规定，拒绝、阻碍能源计量监督检查的，由县级以上地方市场监督管理部门予以警告，可并处1万元以上3万元以下罚款；构成犯罪的，依法追究刑事责任。

第二十一条 从事能源计量监督管理的国家工作人员滥用职权，玩忽职守，徇私舞弊，情节轻微的，给予行政处分；构成犯罪的，依法追究刑事责任。

第二十二条 本办法由国家市场监督管理总局负责解释。

第二十三条 本办法自2010年11月1日起施行。

计量标准考核办法

（2005年1月14日国家质量监督检验检疫总局令第72号公布 根据2018年3月6日《国家质量监督检验检疫总局关于废止和修改部分规章的决定》第一次修订 根据2018年12月21日《市场监管总局关于修改〈药品广告审查办法〉等三部规章的决定》第二次修订 根据2020年10月23日《国家市场监督管理总局关于修改部分规章的决定》第三次修订）

第一条 为实施计量标准考核工作，根据《中华人民共和国计量法》，《中华人民共和国计量法实施细则》的有关规定，制定本办法。

第二条 社会公用计量标准，部门和企业、事业单位的各项最高等级的计量标准，应当按照本办法进行考核。

第三条 本办法所称计量标准考核，是指市场监督管理部门对计量标准测量能力的评定和开展量值传递资格的确认。计量标准考核包括对新建计量标准的考核和对计量标准的复查考核。

第四条 国家市场监督管理总局统一监督管理全国计量标准考核工作。省级市场监督管理部门负责监督管理本行政区域内计量标准考核工作。

第五条 国家市场监督管理总局组织建立的社会公用计量标准及各省级市场监督管理部门组织建立的各项最高等级的社会公用计量标准，由国家市场监督管理总局主持考核；地（市）、县级市场监督管理部门组织建立的各项最高等级的社会公用计量标准，由上一级市场监督管理部门主持考核；各级地方市场监督管理部门组织建立其他等级的社会公用计量标准，由组织建立计量标准的市场监督管理部门主持考核。

国务院有关部门和省、自治区、直辖市有关部门建立的各项最高等级的计量标准，由同级的市场监督管理部门主持考核。

国务院有关部门所属的企业、事业单位建立的各项最高等级的计量标准，由国家市场监督管理总局主持考核；省、自治区、直辖市有关部门所属的企业、事业单位建立的各项最高等级的计量标准，由当地省级市场监督管理部门主持考核；无主管部门的企业单位建立的各项最高等级的计量标准，由该企业登记注册地的市场监督管理部门主持考核。

第六条 进行计量标准考核，应当考核以下内容：

（一）计量标准器及配套设备齐全，计量标准器必须经法定或者计量授权的计量技术机构检定合格（没有计量检定规程的，应当通过校准、比对等方式，将量值溯源至国家计量基准或者社会公用计量标准），配套的计量设备经检定合格或者校准；

（二）具备开展量值传递的计量检定规程或者技术规范和完整的技术资料；

（三）具备符合计量检定规程或者技术规范并确保计量标准正常工作所需要的温度、湿度、防尘、防震、防腐蚀、抗干扰等环境条件和工作场地；

（四）配备至少两名具有相应能力，并满足有关计量法律法规要求的计量检定或校准人员；

（五）具有完善的运行、维护制度，包括实验室岗位责任制度、计量标准的保存、使用、维护制度，量值溯源制度，原始记录及证书核验制度，事故报告制度，计量标准技术档案管理制度等；

（六）计量标准的稳定性和检定或者校准结果的重复性符合技术要求。

第七条 计量标准考核坚持逐项考评的原则。新建计量标准的考核采取现场考评的方式，并通过现场实验对测量能力进行验证；计量标准的复查考核可以采取现场考评、函审或者现场抽查的方式进行。

第八条 申请新建计量标准考核，申请计量标准考核的单位（以下简称申请考核单位）应当向主持考核的市场监督管理部门递交以下申请资料：

（一）计量标准考核（复查）申请书和计量标准技术报告；

（二）计量标准器及配套的主要计量设备有效检定或者校准证书，以及可以证明计量标准具有相应测量能力的其他技术资料复印件各1份。

第九条 申请计量标准复查考核，申请考核单位应当向主持考核的市场监督管理部门递交以下申请资料：

（一）计量标准考核（复查）申请书和计量标准技术报告；

（二）计量标准考核证书有效期内计量标准器及配套的主要计量设备的有效检定或者校准证书，以及可以证明计量标准具有相应测量能力的其他技术资料复印件各1份；

（三）计量标准封存、注销、更换等相关申请材料（如果适用）复印件1份。

第十条 申请考核单位，应当向主持考核的市场监督管理部门递交计量标准考核申请书和有关技术资料。主持考核的市场监督管理部门应当对申请资料的完整性进行审查，符合规定要求的，予以受理；不符合规定要求的，在5个工作日内通知申请考核单位需要补充的全部内容；经补充符合要求的，予以受理。主持考核的市场监督管理部门逾期未告知申请考核单位是否受理申请的，视为受理。

第十一条 主持考核的市场监督管理部门所辖区域内的计量技术机构具有与被考核计量标准相同或者更高等级的计量标准，并有该项目备案计量标准考评员的，应当自行组织考核；不具备上述条件的，应当呈报上一级市场监督管理部门组织考核。

主持考核的市场监督管理部门应当将考核所需时间和组织考核的市场监督管理部门通知申请考核单位。申请考核单位应当做好考核前的准备工作。

第十二条 组织考核的市场监督管理部门应当委托具有相应能力的单位（以下简称考评单

位）或者考评组承担计量标准考核的考评任务。

计量标准的考评工作由计量标准考评员执行。特殊项目，组织考核的市场监督管理部门可聘请技术专家和计量标准考评员组成考评组执行考评工作。

计量标准考评员分为两级，计量标准一级考评员由国家市场监督管理总局组织考核，计量标准二级考评员由省级市场监督管理部门组织考核，经考核合格的考评员，分别由国家市场监督管理总局和省级市场监督管理部门进行管理。

第十三条 考评单位和考评组应当按照计量标准考核规范的规定进行计量标准考评工作，并在规定时间内按时完成考评任务。

第十四条 考评单位及考评组完成考评任务后，应当将考评材料报送组织考核的市场监督管理部门。组织考核的市场监督管理部门审核后递交主持考核的市场监督管理部门审批。

第十五条 主持考核的市场监督管理部门应当在接到考评材料的 20 个工作日内完成审批工作，确认考核合格的，主持考核的市场监督管理部门做出考核合格的行政许可决定，并在 10 个工作日内向申请考核单位颁发计量标准考核证书；不合格的，主持考核的市场监督管理部门应当向申请考核单位发送不予行政许可决定。

第十六条 计量标准考核证书的有效期为 5 年。在证书有效期内，如需要更换、封存和注销计量标准，应当向主持考核的市场监督管理部门申报、履行有关手续。注销计量标准的，由主持考核的市场监督管理部门收回计量标准考核证书。

第十七条 计量标准考核证书有效期届满前 6 个月，持证单位应当向主持考核的市场监督管理部门申请复查考核。经复查考核合格，准予延长有效期；不合格的，主持考核的市场监督管理部门应当向申请复查考核单位发送不予行政许可决定。超过计量标准考核证书有效期的，申请考核单位应当按照新建计量标准重新申请考核。

第十八条 主持考核的市场监督管理部门应当加强对计量标准考核工作的管理，可以采用计量比对、盲样检测和现场试验等方式，对计量标准考核证书有效期内的计量标准进行监督管理。

第十九条 上级市场监督管理部门应当对下级市场监督管理部门实施的计量标准考核工作进行监督检查，组织考核的市场监督管理部门应当对承担考评单位、考评组及计量标准考评员的考评工作实施监督，及时纠正和处理计量标准考核工作中违反规定的行为。

第二十条 申请考核单位对计量标准考核结果有异议的，应当在接到计量标准考核证书或者不予行政许可决定书后，依法向本级人民政府或者上一级市场监督管理部门申请行政复议。

第二十一条 申请计量标准考核应当提供的技术资料、申请书及有关文件格式，计量标准考核证书和不予行政许可决定书式样，以及计量标准考核规范，由国家市场监督管理总局统一制定。

第二十二条 本办法由国家市场监督管理总局负责解释。

第二十三条 本办法自 2005 年 7 月 1 日起施行。1987 年 7 月 10 日原国家计量局颁布的《计量标准考核办法》（〔87〕量局法字第 231 号）同时废止。

计量基准管理办法

（2007 年 6 月 6 日国家质量监督检验检疫总局令第 94 号公布 根据 2020 年 10 月 23 日《国家市场监督管理总局关于修改部分规章的决定》修订）

第一条 为了加强计量基准管理，根据《中华人民共和国计量法》、《中华人民共和国计量法实施细则》有关规定，制定本办法。

第二条 本办法所称计量基准是指经国家市场监督管理总局（以下简称市场监管总局）批准，在中华人民共和国境内为了定义、实现、保存、复现量的单位或者一个或多个量值，用作有关量的测量标准定值依据的实物量具、测量仪器、标准物质或者测量系统。

第三条 在中华人民共和国境内，建立、保存、维护、改造、使用以及废除计量基准，应当遵守本办法。

第四条 计量基准由市场监管总局根据社会、经济发展和科学技术进步的需要，统一规划、组织建立。

基础性、通用性的计量基准，建立在市场监管总局设置或授权的计量技术机构；专业性强、仅为个别行业所需要，或工作条件要求特殊的计量基准，可以建立在有关部门或者单位所属的计量技术机构。

建立计量基准，可以由相应的计量技术机构向市场监管总局申报。

第五条 计量技术机构申报计量基准，必须按照规定的条件和程序报市场监管总局批准。

第六条 申报计量基准的计量技术机构应当具备以下条件：

（一）能够独立承担法律责任；

（二）具有从事计量基准研究、保存、维护、使用、改造等项工作的专职技术人员和管理人员；

（三）具有保存、维护和改造计量基准装置及正常工作所需实验室环境（包括工作场所、温度、湿度、防尘、防震、防腐蚀、抗干扰等）的条件；

（四）具有保证计量基准量值定期复现和保持计量基准长期可靠稳定运行所需的经费和技术保障能力；

（五）具有相应的质量管理体系；

（六）具备参与国际比对、承担国内比对的主导实验室和进行量值传递工作的技术水平。

第七条 计量技术机构申报计量基准，应当向市场监管总局提供以下文件：

（一）申请报告；

（二）研究报告；

（三）省部级以上有关主管部门主持或认可的科学技术鉴定报告和相应证明文件；

（四）试运行期间的考核报告、复现性和年稳定性运行记录；

（五）检定系统表方案；

（六）计量基准操作手册；

（七）主体设备、附属设备一览表及影像资料。

第八条 市场监管总局可以委托专家组对计量技术机构申报的计量基准进行文件资料审查和现场评审，并由专家组出具评审报告。

文件资料审查和现场评审的内容应当符合本办法第六条和第七条规定要求。

第九条 市场监管总局对专家评审报告进行审核；对审核合格的，批准该项计量基准的建立申报，颁发计量基准证书，并向社会公告。

经批准的计量基准，由提出申报的计量技术机构保存和维护，其负责保存和维护计量基准的实验室为国家计量基准实验室。

第十条 保存、维护计量基准的计量技术机构，应当保证持续满足第六条规定的条件。

第十一条 保存、维护计量基准的计量技术机构，应当定期或不定期进行以下活动：

（一）排除各种事故隐患，以免计量基准失准；

（二）参加国际比对，确保计量基准量值的稳定并与国际上量值的等效一致；

（三）定期进行计量基准单位量值的复现。

对于开展前款规定活动的有关情况，计量技术机构应当及时报告市场监管总局。

第十二条 计量技术机构不得擅自改造、拆迁计量基准；需要改造、拆迁的，应当报市场监管总局批准。

第十三条 计量基准改造、拆迁完成，并通过稳定性运行实验后，需要恢复该计量基准的，计量技术机构应当报市场监管总局批准。

前款规定事项的申请、批准，按本办法第七、八、九条规定执行。

第十四条 对计量基准改值或因相应计量单位改制而改变计量基准的，计量技术机构应当报市场监管总局批准。

第十五条 计量技术机构应当定期检查计量基准的技术状况，保证计量基准正常运行，按规范要求使用计量基准进行量值传递。

对因有关原因造成计量基准用于量值传递中断的，计量技术机构应当向市场监管总局报告。

第十六条 市场监管总局以及保存、维护计量基准的计量技术机构的有关主管部门应当加强对计量基准保存、维护、改造的投入。

第十七条 市场监管总局应当及时废除不适应计量工作需要或者技术水平落后的计量基准，撤销原计量基准证书，并向社会公告。

第十八条 市场监管总局可以对计量基准进行定期复核和不定期监督检查，复核周期一般为5年。

复核和监督检查的内容包括：计量基准的技术状态、运行状况、量值传递情况、人员状况、环境条件、质量体系、经费保障和技术保障状况等。

市场监管总局可以根据复核和监督检查结果，组织或责令有关计量技术机构对有关计量基准进行整改。

第十九条 从事计量基准保存、维护或使用的计量技术机构及其工作人员，不得有下列行为：

（一）利用计量基准进行不正当活动；

（二）未履行计量基准有关报告、批准制度；

（三）故意损坏计量基准设备，致使计量基准量值失准、停用或报废；

（四）不当操作，未履行或未正确履行相关职责，致使计量基准失准、停用或报废；

（五）故意篡改、伪造数据、报告、证书或技术档案等资料；

（六）不当处理、计算、记录数据，造成报告和证书错误。

违反前款规定的，由市场监管总局责令计量技术机构限期整改；情节严重的，撤销计量基准证书和国家计量基准实验室称号，并对有关责任人予以行政处分；构成犯罪的，依法追究刑事责任。

第二十条 从事计量基准管理的国家工作人员滥用职权、玩忽职守、徇私舞弊，情节轻微的，依法予以行政处分；构成犯罪的，依法追究刑事责任。

第二十一条 本办法由市场监管总局负责解释。

第二十二条 本办法自 2007 年 7 月 10 日起施行。1987 年 7 月 10 日原国家计量局发布的《计量基准管理办法》同时废止。

国家计量检定规程管理办法[①]

(2002 年 12 月 31 日国家质量监督检验检疫总局令第 36 号公布 自 2003 年 2 月 1 日起施行)

第一章 总 则

第一条 为了加强对国家计量检定规程的管理，保证计量单位的统一和计量器具量值的准确，根据《中华人民共和国计量法》和《中华人民共和国计量法实施细则》的有关规定，制定本办法。

第二条 国家计量检定规程是指由国家质量监督检验检疫总局（以下简称国家质检总局）组织制定并批准发布，在全国范围内施行，作为计量器具特性评定和法制管理的计量技术法规。

第三条 凡制定、修订、审批和发布、复审国家计量检定规程，必须遵守本办法。

第四条 制定国家计量检定规程应当符合国家有关法律和法规的规定；适用范围必须明确，在其界定的范围内力求完整；各项要求科学合理，并考虑操作的可行性及实施的经济性。

第五条 积极采用国际法制计量组织发布的国际建议、国际文件及有关国际组织发布的国际标准；在采用中应当符合国家有关法规和政策，坚持积极采用、注重实效的方针。

第六条 国家计量检定规程由国家质检总局编制计划、协调分工、组织制定（含修订，下同）、审批、编号、发布。

第二章 国家计量检定规程的计划

第七条 编制国家计量检定规程的项目应当以国民经济和科学技术发展及计量法制监督管理的需要作为依据。

第八条 国家质检总局在每年 4 月份提出编制下一年度国家计量检定规程计划项目的原则要求，下达给全国各专业计量技术委员会（以下简称"技术委员会"）。

第九条 各技术委员会根据编制国家计量检定规程的原则要求，于当年 8 月底将计划项目草案和计划任务书（格式见附件 1）报国家质检总局。

第十条 国家质检总局对上报的国家计量检定规程计划项目草案统一汇总、审查、协调，于当年 12 月前将批准后的下一年度国家计量检定规程计划项目下达。

第十一条 各技术委员会在执行国家计量检定规程计划过程中，有下列情况时可以对计划项目进行调整：

（一）确属急需制定国家计量检定规程的项目，可以增补；

（二）确属不宜制定国家计量检定规程的项目，应予撤销；

（三）确属特殊情况，可以对计划项目内容进行调整。

第十二条 调整国家计量检定规程计划项目应当由负责起草单位填写"国家计量检定规程计划项目调整项目申请表"（见附件 2），经归口技术委员会审查同意后，报国家质检总局审批。国家质检总局批准调整的，应当通知有关技术委员会实施调整。调整国家计量检定规程计划项目的申请未获批准，有关技术委员会必须按照原计划进行工作。

[①] 根据《质检总局关于报送规章清理工作情况的函》（2017 年 11 月 21 日，国质检法函〔2017〕603 号），拟对该规章进行全面修订。

第三章　国家计量检定规程的制定

第十三条　各技术委员会根据国家质检总局批准下达的国家计量检定规程计划项目组织和指导起草工作，督促工作进展，检查完成任务的情况。

第十四条　起草单位应当按照《国家计量检定规程编写导则》有效版本的要求，在调查研究、试验验证的基础上，提出国家计量检定规程征求意见稿，以及"编写说明"等有关附件，分送本技术委员会各委员、通讯单位成员、有关制造企业、省级计量行政管理部门、计量检定机构、使用单位、相关标准的起草单位或个人广泛征求意见。

第十五条　附件应当包括以下材料：

（一）编写说明。阐明任务来源、编制依据、与"国际建议"、"国际文件"、"国际标准"、国内标准等技术文件的兼容情况，对所规定的某些技术条款、检定条件、检定方法的有关说明，对重大分歧意见的处理结果和依据等；在修订时，应当对新、旧国家计量检定规程的修改内容予以说明等；

（二）试验报告。对国家计量检定规程中所规定的计量性能、技术条件，应当用规定的检定条件、检定方法对其适用范围的对象进行检测，用试验数据证明其是否可行；

（三）误差分析。应用误差理论和不确定度评估方法分析所规定的计量性能要求、技术条件、检定条件（所使用的标准器及有关设备仪器，环境条件等）、检定方法是否科学合理。同时应当列出误差源、误差的类别、合成的方法及置信概率等；

（四）采用国际建议、国际文件或国际标准的原文及中文译本。

第十六条　国家计量检定规程征求意见稿的期限为2个月。

被征求意见的单位或个人应当在规定期限内回复意见；如没有意见也应当复函说明；逾期不复函者，按无异议处理。若有比较重大的意见，应当说明理由并提出试验数据。

第十七条　起草人或者起草单位收到意见后进行综合分析，列出意见内容和处置结果，形成"征求意见汇总表"（格式见附件3）。

第十八条　起草单位根据征求意见汇总表，对征求意见稿进行修改后，提出国家计量检定规程报审稿及编写说明、试验报告、误差分析、征求意见汇总表、国际建议、国际文件或国际标准的原文和中文译本等有关附件，送技术委员会秘书处审阅。

第十九条　技术委员会秘书处按照《全国专业计量技术委员会章程》规定的工作程序，组织报审稿的审查工作。

对于技术含量高、涉及面广、分歧意见较多的国家计量检定规程，为保证其编写质量，以会议审定为主；内容较单一、分歧较少的可进行函审。具体审定形式由技术委员会决定。

技术委员会秘书处应在会审或函审前1个月，将国家计量检定规程报审稿及有关附件提交审定者。

第二十条　会议审查原则上应取得一致同意。如需投票（赞成、反对、弃权）表决，至少应获得到会委员人数四分之三以上赞成方为通过，并以书面材料记录在案；起草人不能参加表决。

若有通讯单位成员、特邀代表参加会议，应将其意见记录在案。

函审时必须有四分之三回函赞成方为通过。

会议审查必须有"审定意见书"（格式见附件4），审定意见需经与会代表通过；函审必须附每位函审人员的函审意见（格式见附件5）及主审人汇总的审定意见，其内容包括对规程的评价及主要修改意见（格式见附件6）。

第二十一条　审定通过的国家计量检定规程，由起草单位根据审定意见整理后，形成报批稿。报批稿和规定的有关上报材料报技术委员会秘书处审核。国家计量检定规程报批稿的内容应与审查时审定的内容相一致。如对技术内容有改动，应当在"编写说明"中说明。报送文件包括：

（一）报批国家计量检定规程的公文1份（格式见附件7）；

（二）国家计量检定规程报批稿2份，软盘1份；

（三）国家计量检定规程报批表（格式见附件8）、编写说明、试验报告、误差分析、征求意见汇总表、审定意见书、国际建议、国际文件或国际标准的原文和中文译本及其他有关材料各1份。

技术委员会秘书处对上报材料进行审核并在"报批表"中签署意见后，将全部材料报国家计量检定规程审查部进行审核。

第四章　国家计量检定规程的审批、发布

第二十二条　国家计量检定规程由国家质检总局统一审批（审批格式见附件8）、编号、以公告形式发布。

第二十三条　国家计量检定规程的编号由其代号、顺序号和发布年号组成。

国家计量检定规程的代号为"JJG"。

第二十四条　制定国家计量检定规程过程中形成的有关资料应当进行归档。

第二十五条　国家计量检定规程发布后，由国家质检总局送出版社出版。在出版过程中，发现有疑点和错误时，出版单位应当及时与有关技术委员会联系；如技术内容需要更改时，应当经国家质检总局批准；起草人不得自行更改国家计量检定规程的内容。

需要翻译成外文的国家计量检定规程，其译文由负责制定的技术委员会组织翻译和审定，并由国家计量检定规程的出版单位出版。

第二十六条　国家计量检定规程出版后，发现个别技术内容有问题，必须做少量修改或补充时，由起草人填写"修改国家计量检定规程申报表"（格式见附件9），经相关的技术委员会审核同意，以文件形式（格式见附件10）并附"修改国家计量检定规程申报表"2份，报规程审批单位批准，并以公告形式发布。

第五章　国家计量检定规程的复审

第二十七条　国家计量检定规程发布实施后，应当根据科学技术的发展和经济建设及法制计量监督管理的需要，由相关的技术委员会适时提出复审计划，复审周期一般不超过5年。

国家计量检定规程的复审可采用会议审查或函审，一般应有原起草人参加。

第二十八条　国家计量检定规程经复审按下列情况分别处理：

（一）对不需要修改的国家计量检定规程，确认继续有效。确认继续有效的国家计量检定规程不改顺序号和年号。当重版时，在其封面上，国家计量检定规程编号下写"××××年确认有效"字样；

（二）对需修改的国家计量检定规程，作为修订项目列入计划。修订的国家计量检定规程顺序号不变，将年号改为修订的年号；

（三）对已不须进行检定的计量器具的国家计量检定规程，予以废止。

第二十九条　负责国家计量检定规程复审的技术委员会在复审结束后应当写出复审报告，内容包括：复审简况、处理意见、复审结论，报国家质检总局批准，并以公告形式发布。

第三十条　国家计量检定规程属于科技成果，应当纳入国家或部门科技进步奖范围，予以奖励。

第六章　附　　则

第三十一条　任何单位和个人，未经国家质检总局批准，不得随意改动国家计量检定规程。违反本办法规定的，应当对直接责任人进行批评、教育，给予行政处分，直至依法追究刑事责任。

第三十二条　本办法由国家质检总局负责解释。

第三十三条　本办法自 2003 年 2 月 1 日起实施。原国家技术监督局 1991 年 8 月 5 日发布的《关于〈修改国家计量检定规程〉的暂行规定》即行作废。

附件 1：国家计量技术法规项目计划任务书（略）

附件 2：国家计量检定规程计划项目调整申请表（略）

附件 3：征求意见汇总表（略）

附件 4：国家计量技术法规审定意见书（略）

附件 5：国家计量检定规程报审稿函审单（略）

附件 6：国家计量检定规程报审稿函审结论表（略）

附件 7：报批国家计量检定规程的公文格式（略）

附件 8：国家计量技术法规报批表（略）

附件 9：修改国家计量技术法规申报表（略）

附件 10：报送国家计量检定规程修改单的公文格式（略）

仲裁检定和计量调解办法

（1987 年 10 月 12 日国家计量局发布）

第一章　总　　则

第一条　根据《中华人民共和国计量法》第二十一条和《中华人民共和国计量法实施细则》第八章的规定，制定本办法。

第二条　对计量纠纷进行仲裁检定和计量调解，必须遵守本办法。

第三条　计量纠纷是指因计量器具准确度所引起的纠纷。处理计量纠纷，以国家计量基准或社会公用计量标准检定、测试的数据为准。

第四条　仲裁检定是指用计量基准或社会公用计量标准所进行的以裁决为目的的计量检定、测试活动。

计量调解是指在县级以上人民政府计量行政部门主持下，就当事人双方对计量纠纷询问进行的调解。

第五条　县级以上人民政府计量行政部门负责仲裁检定和计量调解，并由相应的工作机构受理和承办具体事项。

第二章　仲　裁　检　定

第六条　申请仲裁检定应向所在地的县（市）级人民政府计量行政部门递交仲裁检定申请书，并根据仲裁检定的需要提交申请书副本。

司法机关、合同管理机关、涉外仲裁机关或者其他单位委托有关人民政府计量行政部门进行仲裁检定的，应出具仲裁检定委托书。

第七条 仲裁检定申请书应写明以下事项：

（一）计量纠纷双方的单位名称、地址及其法定代表人的姓名、职务；

（二）申请仲裁检定的理由与要求；

（三）有关证明材料或实物。

仲裁检定委托书应写明委托单位的名称、地址，委托仲裁检定的内容和要求。

第八条 接受仲裁检定申请或委托的人民政府计量行政部门，应在接受申请后七日内向被诉一方发出仲裁检定申请书副本或进行仲裁检定的通知，并确定仲裁检定的时间、地点。纠纷双方在接到通知后，应对与计量纠纷有关的计量器具实行保全措施。

第九条 仲裁检定由县级以上人民政府计量行政部门指定有关计量检定机构进行。

第十条 进行仲裁检定应有当事人双方在场。无正当理由拒不到场的，可进行缺席仲裁检定。

第十一条 承担仲裁检定的有关计量检定机构应在规定的期限内完成检定、测试任务，并对仲裁检定的结果出具仲裁检定证书，经仲裁检定人员签字并加盖仲裁检定机构的印章后，报有关人民政府计量行政部门。

第十二条 仲裁检定结果应经受理仲裁检定的政府计量行政部门审核后，通知当事人或委托单位。

第十三条 当事人一方或双方对一次仲裁检定不服的，在收到仲裁检定结果通知书之日起十五日内可向上一级人民政府计量行政部门申请二次仲裁检定。上一级人民政府计量行政部门进行的仲裁检定为终局仲裁检定。

第十四条 承办仲裁检定的工作人员，有可能影响检定数据公正的，必须自行回避。当事人也有权以口头或书面方式申请其回避。

政府计量行政部门对申请回避的，应及时作出决定，并通知有关工作人员或当事人。

第三章 计量调解

第十五条 受理仲裁检定的政府计量行政部门，可根据纠纷双方或一方的口头或书面申请，对计量纠纷进行调解。

进行调解应根据仲裁检定结果，在分清责任的基础上，促使当事人互相谅解，自愿达成协议，对任何一方不得强迫。

第十六条 调解达成协议后，应制作调解书。调解书应包括以下内容：

（一）当事人双方的单位名称、地址及其法定代表人的姓名、职务；

（二）纠纷的主要事实、责任；

（三）协议内容和调解费用的承担。

调解书由当事人双方法定代表人和调解人员共同签字，并加盖调解机关的印章后成立。

第十七条 调解成立后，当事人双方应自动履行调解达成的协议内容。

第十八条 调解未达成协议或调解成立后一方或双方翻悔的，可向人民法院起诉或向有关仲裁机关申请处理。

第四章 仲裁检定和计量调解的管理

第十九条 县（市）级人民政府计量行政部门认为需要上级办理的计量纠纷案件，可报请上一级人民政府计量行政部门处理。

第二十条 在全国范围内有重大影响或争议金额在一百万元以上的，当事人可直接向省级以上人民政府计量行政部门申请仲裁检定和计量调解。

上级人民政府计量行政部门认为需要下级办理的计量纠纷案件，可交下级人民政府计量行政部门办理。

第二十一条 当事人一方已向人民法院起诉的计量纠纷案件，政府计量行政部门不再受理另一方的仲裁检定和计量调解的申请。

第五章 附 则

第二十二条 本办法规定的有关申请书、通知书、调解书的格式，由国务院计量行政部门统一规定。

第二十三条 申请仲裁检定和计量调解应按规定缴纳费用。

第二十四条 本办法由国务院计量行政部门负责解释。

第二十五条 本办法自发布之日起施行。

（二）标准管理

中华人民共和国标准化法

（1988 年 12 月 29 日第七届全国人民代表大会常务委员会第五次会议通过　2017 年 11 月 4 日第十二届全国人民代表大会常务委员会第三十次会议修订　2017 年 11 月 4 日中华人民共和国主席令第 78 号公布　自 2018 年 1 月 1 日起施行）

目 录

第一章 总 则

第一条 为了加强标准化工作，提升产品和服务质量，促进科学技术进步，保障人身健康和生命财产安全，维护国家安全、生态环境安全，提高经济社会发展水平，制定本法。

第二条 本法所称标准（含标准样品），是指农业、工业、服务业以及社会事业等领域需要统一的技术要求。

标准包括国家标准、行业标准、地方标准和团体标准、企业标准。国家标准分为强制性标准、推荐性标准，行业标准、地方标准是推荐性标准。

强制性标准必须执行。国家鼓励采用推荐性标准。

第三条 标准化工作的任务是制定标准、组织实施标准以及对标准的制定、实施进行监督。

县级以上人民政府应当将标准化工作纳入本级国民经济和社会发展规划，将标准化工作经费纳入本级预算。

第四条 制定标准应当在科学技术研究成果和社会实践经验的基础上，深入调查论证，广泛征求意见，保证标准的科学性、规范性、时效性，提高标准质量。

第五条 国务院标准化行政主管部门统一管理全国标准化工作。国务院有关行政主管部门分工管理本部门、本行业的标准化工作。

县级以上地方人民政府标准化行政主管部门统一管理本行政区域内的标准化工作。县级以上地方人民政府有关行政主管部门分工管理本行政区域内本部门、本行业的标准化工作。

第六条 国务院建立标准化协调机制，统筹推进标准化重大改革，研究标准化重大政策，对跨部门跨领域、存在重大争议标准的制定和实施进行协调。

设区的市级以上地方人民政府可以根据工作需要建立标准化协调机制，统筹协调本行政区域内标准化工作重大事项。

第七条 国家鼓励企业、社会团体和教育、科研机构等开展或者参与标准化工作。

第八条 国家积极推动参与国际标准化活动，开展标准化对外合作与交流，参与制定国际标准，结合国情采用国际标准，推进中国标准与国外标准之间的转化运用。

国家鼓励企业、社会团体和教育、科研机构等参与国际标准化活动。

第九条 对在标准化工作中做出显著成绩的单位和个人，按照国家有关规定给予表彰和奖励。

第二章 标准的制定

第十条 对保障人身健康和生命财产安全、国家安全、生态环境安全以及满足经济社会管理基本需要的技术要求，应当制定强制性国家标准。

国务院有关行政主管部门依据职责负责强制性国家标准的项目提出、组织起草、征求意见和技术审查。国务院标准化行政主管部门负责强制性国家标准的立项、编号和对外通报。国务院标准化行政主管部门应当对拟制定的强制性国家标准是否符合前款规定进行立项审查，对符合前款规定的予以立项。

省、自治区、直辖市人民政府标准化行政主管部门可以向国务院标准化行政主管部门提出强制性国家标准的立项建议，由国务院标准化行政主管部门会同国务院有关行政主管部门决定。社会团体、企业事业组织以及公民可以向国务院标准化行政主管部门提出强制性国家标准的立项建议，国务院标准化行政主管部门认为需要立项的，会同国务院有关行政主管部门决定。

强制性国家标准由国务院批准发布或者授权批准发布。

法律、行政法规和国务院决定对强制性标准的制定另有规定的，从其规定。

第十一条 对满足基础通用、与强制性国家标准配套、对各有关行业起引领作用等需要的技术要求，可以制定推荐性国家标准。

推荐性国家标准由国务院标准化行政主管部门制定。

第十二条 对没有推荐性国家标准、需要在全国某个行业范围内统一的技术要求，可以制定行业标准。

行业标准由国务院有关行政主管部门制定，报国务院标准化行政主管部门备案。

第十三条 为满足地方自然条件、风俗习惯等特殊技术要求，可以制定地方标准。

地方标准由省、自治区、直辖市人民政府标准化行政主管部门制定；设区的市级人民政府标准化行政主管部门根据本行政区域的特殊需要，经所在地省、自治区、直辖市人民政府标准化行政主管部门批准，可以制定本行政区域的地方标准。地方标准由省、自治区、直辖市人民政府标准化行政主管部门报国务院标准化行政主管部门备案，由国务院标准化行政主管部门通报国务院有关行政主管部门。

第十四条 对保障人身健康和生命财产安全、国家安全、生态环境安全以及经济社会发展所急需的标准项目，制定标准的行政主管部门应当优先立项并及时完成。

第十五条 制定强制性标准、推荐性标准，应当在立项时对有关行政主管部门、企业、社会团体、消费者和教育、科研机构等方面的实际需求进行调查，对制定标准的必要性、可行性进行论证评估；在制定过程中，应当按照便捷有效的原则采取多种方式征求意见，组织对标准相关事项进行调查分析、实验、论证，并做到有关标准之间的协调配套。

第十六条 制定推荐性标准，应当组织由相关方组成的标准化技术委员会，承担标准的起草、技术审查工作。制定强制性标准，可以委托相关标准化技术委员会承担标准的起草、技术审查工作。未组成标准化技术委员会的，应当成立专家组承担相关标准的起草、技术审查工作。标准化技术委员会和专家组的组成应当具有广泛代表性。

第十七条 强制性标准文本应当免费向社会公开。国家推动免费向社会公开推荐性标准文本。

第十八条 国家鼓励学会、协会、商会、联合会、产业技术联盟等社会团体协调相关市场主体共同制定满足市场和创新需要的团体标准，由本团体成员约定采用或者按照本团体的规定供社会自愿采用。

制定团体标准，应当遵循开放、透明、公平的原则，保证各参与主体获取相关信息，反映各参与主体的共同需求，并应当组织对标准相关事项进行调查分析、实验、论证。

国务院标准化行政主管部门会同国务院有关行政主管部门对团体标准的制定进行规范、引导和监督。

第十九条 企业可以根据需要自行制定企业标准，或者与其他企业联合制定企业标准。

第二十条 国家支持在重要行业、战略性新兴产业、关键共性技术等领域利用自主创新技术制定团体标准、企业标准。

第二十一条 推荐性国家标准、行业标准、地方标准、团体标准、企业标准的技术要求不得低于强制性国家标准的相关技术要求。

国家鼓励社会团体、企业制定高于推荐性标准相关技术要求的团体标准、企业标准。

第二十二条 制定标准应当有利于科学合理利用资源，推广科学技术成果，增强产品的安全性、通用性、可替换性，提高经济效益、社会效益、生态效益，做到技术上先进、经济上合理。

禁止利用标准实施妨碍商品、服务自由流通等排除、限制市场竞争的行为。

第二十三条 国家推进标准化军民融合和资源共享，提升军民标准通用化水平，积极推动在国防和军队建设中采用先进适用的民用标准，并将先进适用的军用标准转化为民用标准。

第二十四条 标准应当按照编号规则进行编号。标准的编号规则由国务院标准化行政主管部门制定并公布。

第三章　标准的实施

第二十五条 不符合强制性标准的产品、服务，不得生产、销售、进口或者提供。

第二十六条 出口产品、服务的技术要求，按照合同的约定执行。

第二十七条 国家实行团体标准、企业标准自我声明公开和监督制度。企业应当公开其执行的强制性标准、推荐性标准、团体标准或者企业标准的编号和名称；企业执行自行制定的企业标准的，还应当公开产品、服务的功能指标和产品的性能指标。国家鼓励团体标准、企业标准通过标准信息公共服务平台向社会公开。

企业应当按照标准组织生产经营活动，其生产的产品、提供的服务应当符合企业公开标准的技术要求。

第二十八条 企业研制新产品、改进产品，进行技术改造，应当符合本法规定的标准化要求。

第二十九条 国家建立强制性标准实施情况统计分析报告制度。

国务院标准化行政主管部门和国务院有关行政主管部门、设区的市级以上地方人民政府标准化行政主管部门应当建立标准实施信息反馈和评估机制，根据反馈和评估情况对其制定的标准进行复审。标准的复审周期一般不超过五年。经过复审，对不适应经济社会发展需要和技术进步的应当及时修订或者废止。

第三十条 国务院标准化行政主管部门根据标准实施信息反馈、评估、复审情况，对有关标准之间重复交叉或者不衔接配套的，应当会同国务院有关行政主管部门作出处理或者通过国务院标准化协调机制处理。

第三十一条 县级以上人民政府应当支持开展标准化试点示范和宣传工作，传播标准化理念，推广标准化经验，推动全社会运用标准化方式组织生产、经营、管理和服务，发挥标准对促进转型升级、引领创新驱动的支撑作用。

第四章 监督管理

第三十二条 县级以上人民政府标准化行政主管部门、有关行政主管部门依据法定职责，对标准的制定进行指导和监督，对标准的实施进行监督检查。

第三十三条 国务院有关行政主管部门在标准制定、实施过程中出现争议的，由国务院标准化行政主管部门组织协商；协商不成的，由国务院标准化协调机制解决。

第三十四条 国务院有关行政主管部门、设区的市级以上地方人民政府标准化行政主管部门未依照本法规定对标准进行编号、复审或者备案的，国务院标准化行政主管部门应当要求其说明情况，并限期改正。

第三十五条 任何单位或个人有权向标准化行政主管部门、有关行政主管部门举报、投诉违反本法规定的行为。

标准化行政主管部门、有关行政主管部门应当向社会公开受理举报、投诉的电话、信箱或者电子邮件地址，并安排人员受理举报、投诉。对实名举报人或者投诉人，受理举报、投诉的行政主管部门应当告知处理结果，为举报人保密，并按照国家有关规定对举报人给予奖励。

第五章 法律责任

第三十六条 生产、销售、进口产品或者提供服务不符合强制性标准，或者企业生产的产品、提供的服务不符合其公开标准的技术要求的，依法承担民事责任。

第三十七条 生产、销售、进口产品或者提供服务不符合强制性标准的，依照《中华人民共和国产品质量法》、《中华人民共和国进出口商品检验法》、《中华人民共和国消费者权益保护法》等法律、行政法规的规定查处，记入信用记录，并依照有关法律、行政法规的规定予以公示；构成犯罪的，依法追究刑事责任。

第三十八条 企业未依照本法规定公开其执行的标准的，由标准化行政主管部门责令限期改正；逾期不改正的，在标准信息公共服务平台上公示。

第三十九条 国务院有关行政主管部门、设区的市级以上地方人民政府标准化行政主管部门制定的标准不符合本法第二十一条第一款、第二十二条第一款规定的，应当及时改正；拒不改正的，由国务院标准化行政主管部门公告废止相关标准；对负有责任的领导人员和直接责任人员依法给予处分。

社会团体、企业制定的标准不符合本法第二十一条第一款、第二十二条第一款规定的，由标准化行政主管部门责令限期改正；逾期不改正的，由省级以上人民政府标准化行政主管部门废止相关标准，并在标准信息公共服务平台上公示。

违反本法第二十二条第二款规定，利用标准实施排除、限制市场竞争行为的，依照《中华人民共和国反垄断法》等法律、行政法规的规定处理。

第四十条　国务院有关行政主管部门、设区的市级以上地方人民政府标准化行政主管部门未依照本法规定对标准进行编号或者备案，又未依照本法第三十四条的规定改正的，由国务院标准化行政主管部门撤销相关标准编号或者公告废止未备案标准；对负有责任的领导人员和直接责任人员依法给予处分。

国务院有关行政主管部门、设区的市级以上地方人民政府标准化行政主管部门未依照本法规定对其制定的标准进行复审，又未依照本法第三十四条的规定改正的，对负有责任的领导人员和直接责任人员依法给予处分。

第四十一条　国务院标准化行政主管部门未依照本法第十条第二款规定对制定强制性国家标准的项目予以立项，制定的标准不符合本法第二十一条第一款、第二十二条第一款规定，或者未依照本法规定对标准进行编号、复审或者予以备案的，应当及时改正；对负有责任的领导人员和直接责任人员可以依法给予处分。

第四十二条　社会团体、企业未依照本法规定对团体标准或者企业标准进行编号的，由标准化行政主管部门责令限期改正；逾期不改正的，由省级以上人民政府标准化行政主管部门撤销相关标准编号，并在标准信息公共服务平台上公示。

第四十三条　标准化工作的监督、管理人员滥用职权、玩忽职守、徇私舞弊的，依法给予处分；构成犯罪的，依法追究刑事责任。

第六章　附　　则

第四十四条　军用标准的制定、实施和监督办法，由国务院、中央军事委员会另行制定。

第四十五条　本法自 2018 年 1 月 1 日起施行。

中华人民共和国标准化法实施条例

(1990 年 4 月 6 日中华人民共和国国务院令第 53 号发布　自发布之日起施行)

第一章　总　　则

第一条　根据《中华人民共和国标准化法》（以下简称《标准化法》）的规定，制定本条例。

第二条　对下列需要统一的技术要求，应当制定标准：

（一）工业产品的品种、规格、质量、等级或者安全、卫生要求；

（二）工业产品的设计、生产、试验、检验、包装、储存、运输、使用的方法或者生产、储存、运输过程中的安全、卫生要求；

（三）有关环境保护的各项技术要求和检验方法；

（四）建设工程的勘察、设计、施工、验收的技术要求和方法；

（五）有关工业生产、工程建设和环境保护的技术术语、符号、代号、制图方法、互换配合要求；

（六）农业（含林业、牧业、渔业，下同）产品（含种子、种苗、种畜、种禽，下同）的品种、规格、质量、等级、检验、包装、储存、运输以及生产技术、管理技术的要求；

（七）信息、能源、资源、交通运输的技术要求。

第三条 国家有计划地发展标准化事业。标准化工作应当纳入各级国民经济和社会发展计划。

第四条 国家鼓励采用国际标准和国外先进标准，积极参与制定国际标准。

第二章 标准化工作的管理

第五条 标准化工作的任务是制定标准、组织实施标准和对标准的实施进行监督。

第六条 国务院标准化行政主管部门统一管理全国标准化工作，履行下列职责：

（一）组织贯彻国家有关标准化工作的法律、法规、方针、政策；

（二）组织制定全国标准化工作规划、计划；

（三）组织制定国家标准；

（四）指导国务院有关行政主管部门和省、自治区、直辖市人民政府标准化行政主管部门的标准化工作，协调和处理有关标准化工作问题；

（五）组织实施标准；

（六）对标准的实施情况进行监督检查；

（七）统一管理全国的产品质量认证工作；

（八）统一负责对有关国际标准化组织的业务联系。

第七条 国务院有关行政主管部门分工管理本部门、本行业的标准化工作，履行下列职责：

（一）贯彻国家标准化工作的法律、法规、方针、政策，并制定在本部门、本行业实施的具体办法；

（二）制定本部门、本行业的标准化工作规划、计划；

（三）承担国家下达的草拟国家标准的任务，组织制定行业标准；

（四）指导省、自治区、直辖市有关行政主管部门的标准化工作；

（五）组织本部门、本行业实施标准；

（六）对标准实施情况进行监督检查；

（七）经国务院标准化行政主管部门授权，分工管理本行业的产品质量认证工作。

第八条 省、自治区、直辖市人民政府标准化行政主管部门统一管理本行政区域的标准化工作，履行下列职责：

（一）贯彻国家标准化工作的法律、法规、方针、政策，并制定在本行政区域实施的具体办法；

（二）制定地方标准化工作规划、计划；

（三）组织制定地方标准；

（四）指导本行政区域有关行政主管部门的标准化工作，协调和处理有关标准化工作问题；

（五）在本行政区域组织实施标准；

（六）对标准实施情况进行监督检查。

第九条 省、自治区、直辖市有关行政主管部门分工管理本行政区域内本部门、本行业的标准化工作，履行下列职责：

（一）贯彻国家和本部门、本行业、本行政区域标准化工作的法律、法规、方针、政策，并制定实施的具体办法；

（二）制定本行政区域内本部门、本行业的标准化工作规划、计划；

（三）承担省、自治区、直辖市人民政府下达的草拟地方标准的任务；

（四）在本行政区域内组织本部门、本行业实施标准；

（五）对标准实施情况进行监督检查。

第十条 市、县标准化行政主管部门和有关行政主管部门的职责分工，由省、自治区、直辖市人民政府规定。

第三章　标准的制定

第十一条 对需要在全国范围内统一的下列技术要求，应当制定国家标准（含标准样品的制作）：

（一）互换配合、通用技术语言要求；

（二）保障人体健康和人身、财产安全的技术要求；

（三）基本原料、燃料、材料的技术要求；

（四）通用基础件的技术要求；

（五）通用的试验、检验方法；

（六）通用的管理技术要求；

（七）工程建设的重要技术要求；

（八）国家需要控制的其他重要产品的技术要求。

第十二条 国家标准由国务院标准化行政主管部门编制计划，组织草拟，统一审批、编号、发布。

工程建设、药品、食品卫生、兽药、环境保护的国家标准，分别由国务院工程建设主管部门、卫生主管部门、农业主管部门、环境保护主管部门组织草拟、审批；其编号、发布办法由国务院标准化行政主管部门会同国务院有关行政主管部门制定。

法律对国家标准的制定另有规定的，依照法律的规定执行。

第十三条 对没有国家标准而又需要在全国某个行业范围内统一的技术要求，可以制定行业标准（含标准样品的制作）。制定行业标准的项目由国务院有关行政主管部门确定。

第十四条 行业标准由国务院有关行政主管部门编制计划，组织草拟，统一审批、编号、发布，并报国务院标准化行政主管部门备案。

行业标准在相应的国家标准实施后，自行废止。

第十五条 对没有国家标准和行业标准而又需要在省、自治区、直辖市范围内统一的工业产品的安全、卫生要求，可以制定地方标准。制定地方标准的项目，由省、自治区、直辖市人民政府标准化行政主管部门确定。

第十六条 地方标准由省、自治区、直辖市人民政府标准化行政主管部门编制计划，组织草拟，统一审批、编号、发布，并报国务院标准化行政主管部门和国务院有关行政主管部门备案。

法律对地方标准的制定另有规定的，依照法律的规定执行。

地方标准在相应的国家标准或行业标准实施后，自行废止。

第十七条 企业生产的产品没有国家标准、行业标准和地方标准的，应当制定相应的企业标准，作为组织生产的依据。企业标准由企业组织制定（农业企业标准制定办法另定），并按省、自治区、直辖市人民政府的规定备案。

对已有国家标准、行业标准或者地方标准的，鼓励企业制定严于国家标准、行业标准或者地方标准要求的企业标准，在企业内部适用。

第十八条 国家标准、行业标准分为强制性标准和推荐性标准。

下列标准属于强制性标准：

（一）药品标准，食品卫生标准，兽药标准；

（二）产品及产品生产、储运和使用中的安全、卫生标准，劳动安全、卫生标准，运输安全标准；

（三）工程建设的质量、安全、卫生标准及国家需要控制的其他工程建设标准；

（四）环境保护的污染物排放标准和环境质量标准；

（五）重要的通用技术术语、符号、代号和制图方法；

（六）通用的试验、检验方法标准；

（七）互换配合标准；

（八）国家需要控制的重要产品质量标准。

国家需要控制的重要产品目录由国务院标准化行政主管部门会同国务院有关行政主管部门确定。

强制性标准以外的标准是推荐性标准。

省、自治区、直辖市人民政府标准化行政主管部门制定的工业产品的安全、卫生要求的地方标准，在本行政区域内是强制性标准。

第十九条 制定标准应当发挥行业协会、科学技术研究机构和学术团体的作用。

制定国家标准、行业标准和地方标准的部门应当组织由用户、生产单位、行业协会、科学技术研究机构、学术团体及有关部门的专家组成标准化技术委员会，负责标准草拟和参加标准草案的技术审查工作。未组成标准化技术委员会的，可以由标准化技术归口单位负责标准草拟和参加标准草案的技术审查工作。

制定企业标准应当充分听取使用单位、科学技术研究机构的意见。

第二十条 标准实施后，制定标准的部门应当根据科学技术的发展和经济建设的需要适时进行复审。标准复审周期一般不超过 5 年。

第二十一条 国家标准、行业标准和地方标准的代号、编号办法，由国务院标准化行政主管部门统一规定。

企业标准的代号、编号办法，由国务院标准化行政主管部门会同国务院有关行政主管部门规定。

第二十二条 标准的出版、发行办法，由制定标准的部门规定。

第四章 标准的实施与监督

第二十三条 从事科研、生产、经营的单位和个人，必须严格执行强制性标准。不符合强制性标准的产品，禁止生产、销售和进口。

第二十四条 企业生产执行国家标准、行业标准、地方标准或企业标准，应当在产品或其说明书、包装物上标注所执行标准的代号、编号、名称。

第二十五条 出口产品的技术要求由合同双方约定。

出口产品在国内销售时，属于我国强制性标准管理范围的，必须符合强制性标准的要求。

第二十六条 企业研制新产品、改进产品、进行技术改造，应当符合标准化要求。

第二十七条 国务院标准化行政主管部门组织或授权国务院有关行政主管部门建立行业认证机构，进行产品质量认证工作。

第二十八条 国务院标准化行政主管部门统一负责全国标准实施的监督。国务院有关行政主管部门分工负责本部门、本行业的标准实施的监督。

省、自治区、直辖市标准化行政主管部门统一负责本行政区域内的标准实施的监督。省、自治区、直辖市人民政府有关行政主管部门分工负责本行政区域内本部门、本行业的标准实施的监督。

市、县标准化行政主管部门和有关行政主管部门，按照省、自治区、直辖市人民政府规定的各自的职责，负责本行政区域内的标准实施的监督。

第二十九条 县级以上人民政府标准化行政主管部门，可以根据需要设置检验机构，或者授权其他单位的检验机构，对产品是否符合标准进行检验和承担其他标准实施的监督检验任务。检验机构的设置应当合理布局，充分利用现有力量。

国家检验机构由国务院标准化行政主管部门会同国务院有关行政主管部门规划、审查。地方检验机构由省、自治区、直辖市人民政府标准化行政主管部门会同省级有关行政主管部门规划、审查。

处理有关产品是否符合标准的争议，以本条规定的检验机构的检验数据为准。

第三十条 国务院有关行政主管部门可以根据需要和国家有关规定设立检验机构，负责本行业、本部门的检验工作。

第三十一条 国家机关、社会团体、企业事业单位及全体公民均有权检举、揭发违反强制性标准的行为。

第五章 法 律 责 任

第三十二条 违反《标准化法》和本条例有关规定，有下列情形之一的，由标准化行政主管部门或有关行政主管部门在各自的职权范围内责令限期改进，并可通报批评或给予责任者行政处分：

（一）企业未按规定制定标准作为组织生产依据的；

（二）企业未按规定要求将产品标准上报备案的；

（三）企业的产品未按规定附有标识或与其标识不符的；

（四）企业研制新产品、改进产品、进行技术改造，不符合标准化要求的；

（五）科研、设计、生产中违反有关强制性标准规定的。

第三十三条 生产不符合强制性标准的产品的，应当责令其停止生产，并没收产品，监督销毁或作必要技术处理；处以该批产品货值金额20%至50%的罚款；对有关责任者处以5000元以下罚款。

销售不符合强制性标准的商品的，应当责令其停止销售，并限期追回已售出的商品，监督销毁或作必要技术处理；没收违法所得；处以该批商品货值金额10%至20%的罚款；对有关责任者处以5000元以下罚款。

进口不符合强制性标准的产品的，应当封存并没收该产品，监督销毁或作必要技术处理；处以进口产品货值金额20%至50%的罚款；对有关责任者给予行政处分，并可处以5000元以下罚款。

本条规定的责令停止生产、行政处分，由有关行政主管部门决定；其他行政处罚由标准化行政主管部门和工商行政管理部门依据职权决定。

第三十四条 生产、销售、进口不符合强制性标准的产品，造成严重后果，构成犯罪的，由司法机关依法追究直接责任人员的刑事责任。

第三十五条 获得认证证书的产品不符合认证标准而使用认证标志出厂销售的，由标准化行政主管部门责令其停止销售，并处以违法所得二倍以下的罚款；情节严重的，由认证部门撤销其认证证书。

第三十六条 产品未经认证或者认证不合格而擅自使用认证标志出厂销售的，由标准化行政主管部门责令其停止销售，处以违法所得三倍以下的罚款，并对单位负责人处以5000元以下罚款。

第三十七条 当事人对没收产品、没收违法所得和罚款的处罚不服的，可以在接到处罚通知之日起 15 日内，向作出处罚决定的机关的上一级机关申请复议；对复议决定不服的，可以在接到复议决定之日起 15 日内，向人民法院起诉。当事人也可以在接到处罚通知之日起 15 日内，直接向人民法院起诉。当事人逾期不申请复议或者不向人民法院起诉又不履行处罚决定的，由作出处罚决定的机关申请人民法院强制执行。

第三十八条 本条例第三十二条至第三十六条规定的处罚不免除由此产生的对他人的损害赔偿责任。受到损害的有权要求责任人赔偿损失。赔偿责任和赔偿金额纠纷可以由有关行政主管部门处理，当事人也可以直接向人民法院起诉。

第三十九条 标准化工作的监督、检验、管理人员有下列行为之一的，由有关主管部门给予行政处分，构成犯罪的，由司法机关依法追究刑事责任：

（一）违反本条例规定，工作失误，造成损失的；

（二）伪造、篡改检验数据的；

（三）徇私舞弊、滥用职权、索贿受贿的。

第四十条 罚没收入全部上缴财政。对单位的罚款，一律从其自有资金中支付，不得列入成本。对责任人的罚款，不得从公款中核销。

第六章 附　则

第四十一条 军用标准化管理条例，由国务院、中央军委另行制定。

第四十二条 工程建设标准化管理规定，由国务院工程建设主管部门依据《标准化法》和本条例的有关规定另行制定，报国务院批准后实施。

第四十三条 本条例由国家技术监督局负责解释。

第四十四条 本条例自发布之日起施行。

企业标准化促进办法

（2023 年 8 月 31 日国家市场监督管理总局令第 83 号公布　自 2024 年 1 月 1 日起施行）

第一条 为了引导企业加强标准化工作，提升企业标准化水平，提高产品和服务质量，推动高质量发展，根据《中华人民共和国标准化法》，制定本办法。

第二条 企业标准的制定、公开以及企业标准化的促进、服务及其监督管理等工作，适用本办法。

第三条 企业标准是企业对企业范围内需要协调、统一的技术要求、管理要求和工作要求所制定的标准。

第四条 企业标准化工作应当坚持政府引导、企业主体、创新驱动、质量提升的原则。

第五条 企业标准化工作的基本任务是执行标准化法律、法规和标准化纲要、规划、政策；实施和参与制定国家标准、行业标准、地方标准和团体标准，反馈标准实施信息；制定和实施企业标准；完善企业标准体系，引导员工自觉参与执行标准，对标准执行情况进行内部监督，持续改进标准的实施及相关标准化技术活动等。

鼓励企业建立健全标准化工作制度，配备专兼职标准化人员，在生产、经营和管理中推广应用标准化方法，开展标准化宣传培训，提升标准化能力，参与国际标准制定。

第六条 县级以上人民政府标准化行政主管部门、有关行政主管部门应当按照职责分工，加强对企业标准化工作的指导和监督，完善政策措施，形成合力推进的工作机制。

第七条 企业应当依据标准生产产品和提供服务。

强制性标准必须执行，企业不得生产、销售、进口或者提供不符合强制性标准的产品、服务。鼓励企业执行推荐性标准。

企业生产产品和提供服务没有相关标准的，应当制定企业标准。

第八条 制定企业标准应当符合法律法规和强制性标准要求。

制定企业标准应当有利于提高经济效益、社会效益、质量效益和生态效益，做到技术上先进、经济上合理。

鼓励企业对标国际标准和国内外先进标准，基于创新技术成果和良好实践经验，制定高于推荐性标准相关技术要求的企业标准，支撑产品质量和服务水平提升。

第九条 企业标准制定程序一般包括立项、起草、征求意见、审查、批准发布、复审、废止。

第十条 企业在制定标准时，需要参考或者引用材料的，应当符合国家关于知识产权的有关规定。

参考或者引用国际标准和国内外标准的，应当符合版权的有关规定。

第十一条 鼓励企业整合产业链、供应链、创新链资源，联合制定企业标准。

第十二条 企业制定的产品或者服务标准应当明确试验方法、检验方法或者评价方法。

试验方法、检验方法或者评价方法应当引用相应国家标准、行业标准或者国际标准。没有相应标准的，企业可以自行制定试验方法、检验方法或者评价方法。企业自行制定的试验方法、检验方法或者评价方法，应当科学合理、准确可靠。

第十三条 企业提供产品或者服务所执行的企业标准应当按照统一的规则进行编号。企业标准的编号依次由企业标准代号、企业代号、顺序号、年份号组成。

企业标准代号为"Q"，企业代号可以用汉语拼音字母或者阿拉伯数字或者两者兼用组成。

与其他企业联合制定的企业标准，以企业标准形式各自编号、发布。

第十四条 国家实行企业标准自我声明公开和监督制度。企业应当公开其提供产品或者服务所执行的强制性标准、推荐性标准、团体标准或者企业标准的编号和名称。

企业执行自行制定或者联合制定企业标准的，应当公开产品、服务的功能指标和产品的性能指标及对应的试验方法、检验方法或者评价方法。法律、法规、强制性国家标准对限制商品过度包装另有规定的，企业应当按照有关规定公开其采用的包装标准。

企业公开的功能指标和性能指标项目少于或者低于推荐性标准的，应当在自我声明公开时进行明示。

企业生产的产品、提供的服务，应当符合企业公开标准的技术要求。

第十五条 企业应当在提供产品或者服务前，完成执行标准信息的自我声明公开。委托加工生产产品或者提供服务的，由委托方完成执行标准信息的自我声明公开。

企业执行标准发生变化时，应当及时对自我声明公开的内容进行更新。企业办理注销登记后，应当对有关企业标准予以废止。

第十六条 鼓励企业通过国家统一的企业标准信息公共服务平台进行自我声明公开。

通过其他渠道进行自我声明公开的，应当在国家统一的企业标准信息公共服务平台明示公开渠道，并确保自我声明公开的信息可获取、可追溯和防篡改。

第十七条 国家建立标准创新型企业制度。鼓励企业构建技术、专利、标准联动创新体系。

第十八条 县级以上人民政府标准化行政主管部门、有关行政主管部门应当支持企业参加专业标准化技术组织，鼓励企业参与制定国家标准、行业标准、地方标准或者团体标准。

第十九条　国家鼓励企业开展标准实施效果评价，向国家标准、行业标准、地方标准、团体标准的制定机构反馈标准实施信息。

企业研制新产品、改进产品，进行技术改造的，应当对其制定的相关企业标准进行评估和更新。

第二十条　县级以上人民政府标准化行政主管部门、有关行政主管部门应当支持企业开展标准化试点示范项目建设，鼓励企业标准化良好行为创建，树立行业发展标杆。

第二十一条　国家实施企业标准"领跑者"制度，推动拥有自主创新技术、先进技术、取得良好实施效益的企业标准成为行业的"领跑者"。

第二十二条　国家实施标准融资增信制度。鼓励社会资本以市场化方式建立支持企业标准创新的专项基金，鼓励和支持金融机构给予标准化水平高的企业信贷支持，支持符合条件的企业开展标准交易、标准质押等活动。

第二十三条　国家鼓励企业对照国际标准和国外先进标准，持续开展对标达标活动，提高企业质量竞争水平。

第二十四条　县级以上人民政府标准化行政主管部门、有关行政主管部门应当支持企业参与国际标准化交流与合作，鼓励企业参加国际标准组织技术机构工作、参与国际标准制定。

第二十五条　国家鼓励企业、高等学校、科研机构和社会团体等开展标准化专业技术服务工作，提升标准化服务的社会化、市场化水平，服务企业标准化工作。

第二十六条　国家鼓励高等学校、科研机构等单位开设标准化课程或者专业，加强企业标准化人才教育。

县级以上人民政府标准化行政主管部门、有关行政主管部门应当引导企业完善标准化人才培养机制。

第二十七条　县级以上人民政府标准化行政主管部门、有关行政主管部门按照有关规定加大对具有自主创新技术、起到引领示范作用、产生明显经济社会效益的企业标准奖励力度。支持将先进企业标准纳入科学技术奖励范围。

对在标准化工作中做出显著成绩的企业和个人，按照有关规定给予表彰和奖励。

第二十八条　县级以上人民政府标准化行政主管部门、有关行政主管部门以"双随机、一公开"监管方式，依法对企业提供产品或者服务所执行的标准进行监督检查。对于特殊重点领域可以开展专项监督检查。

第二十九条　企业在监督检查中拒绝提供信息或者提供不实信息的，责令改正；拒不改正的，由县级以上人民政府标准化行政主管部门进行通报或者公告。

第三十条　企业未公开其提供产品和服务执行标准的，由县级以上人民政府标准化行政主管部门责令限期改正；逾期不改正的，在企业标准信息公共服务平台上公示。

第三十一条　企业制定的企业标准不符合本办法第八条第一款、第八条第二款、第十二条规定的，由县级以上人民政府标准化行政主管部门责令限期改正；逾期不改正的，由省级以上人民政府标准化行政主管部门废止该企业标准，在企业标准信息公共服务平台上公示。

第三十二条　企业制定的企业标准不符合本办法第十三条规定的，由县级以上人民政府标准化行政主管部门责令限期改正；逾期不改正的，由省级以上人民政府标准化行政主管部门撤销相关标准编号，并在企业标准信息公共服务平台上公示。

第三十三条　企业自我声明公开不符合本办法第十四条、第十五条、第十六条规定的，由县级以上人民政府标准化行政主管部门责令限期改正；逾期不改正的，在企业标准信息公共服务平台上公示。

第三十四条 企业在开展标准制定、自我声明公开等工作中存在本办法规定的其他违法行为的，依据法律、行政法规的有关规定处理。法律、行政法规没有规定的，县级以上人民政府标准化行政主管部门可以通过发送警示函、约谈等方式，督促其改正；逾期不改正的，在企业标准信息公共服务平台上公示。

第三十五条 法律、行政法规对企业标准化工作另有规定的，从其规定。

第三十六条 本办法自 2024 年 1 月 1 日起施行。1990 年 8 月 24 日原国家技术监督局令第 13 号公布的《企业标准化管理办法》同时废止。

国家标准管理办法

（2022 年 9 月 9 日国家市场监督管理总局令第 59 号公布　自 2023 年 3 月 1 日起施行）

第一章　总　　则

第一条 为了加强国家标准管理，规范国家标准制定、实施和监督，根据《中华人民共和国标准化法》，制定本办法。

第二条 国家标准的制定（包括项目提出、立项、组织起草、征求意见、技术审查、对外通报、编号、批准发布）、组织实施以及监督工作，适用本办法。

第三条 对农业、工业、服务业以及社会事业等领域需要在全国范围内统一的技术要求，可以制定国家标准（含国家标准样品），包括下列内容：

（一）通用的技术术语、符号、分类、代号（含代码）、文件格式、制图方法等通用技术语言要求和互换配合要求；

（二）资源、能源、环境的通用技术要求；

（三）通用基础件，基础原材料、重要产品和系统的技术要求；

（四）通用的试验、检验方法；

（五）社会管理、服务，以及生产和流通的管理等通用技术要求；

（六）工程建设的勘察、规划、设计、施工及验收的通用技术要求；

（七）对各有关行业起引领作用的技术要求；

（八）国家需要规范的其他技术要求。

对保障人身健康和生命财产安全、国家安全、生态环境安全以及满足经济社会管理基本需要的技术要求，应当制定强制性国家标准。

第四条 国家标准规定的技术指标以及有关分析试验方法，需要配套标准样品保证其有效实施的，应当制定相应的国家标准样品。标准样品管理按照国务院标准化行政主管部门的有关规定执行。

第五条 制定国家标准应当有利于便利经贸往来，支撑产业发展，促进科技进步，规范社会治理，实施国家战略。

第六条 积极推动结合国情采用国际标准。以国际标准为基础起草国家标准的，应当符合有关国际组织的版权政策。

鼓励国家标准与相应国际标准的制修订同步，加快适用国际标准的转化运用。

第七条 鼓励国际贸易、产能和装备合作领域，以及全球经济治理和可持续发展相关新兴领域的国家标准同步制定外文版。

鼓励同步开展国家标准中外文版制定。

第八条 国务院标准化行政主管部门统一管理国家标准制定工作，负责强制性国家标准的立项、编号、对外通报和依据授权批准发布；负责推荐性国家标准的立项、组织起草、征求意见、技术审查、编号和批准发布。

国务院有关行政主管部门依据职责负责强制性国家标准的项目提出、组织起草、征求意见、技术审查和组织实施。

由国务院标准化行政主管部门组建、相关方组成的全国专业标准化技术委员会（以下简称技术委员会），受国务院标准化行政主管部门委托，负责开展推荐性国家标准的起草、征求意见、技术审查、复审工作，承担归口推荐性国家标准的解释工作；受国务院有关行政主管部门委托，承担强制性国家标准的起草、技术审查工作；负责国家标准外文版的组织翻译和审查、实施情况评估和研究分析工作。

国务院标准化行政主管部门根据需要，可以委托国务院有关行政主管部门、有关行业协会，对技术委员会开展推荐性国家标准申请立项、国家标准报批等工作进行指导。

县级以上人民政府标准化行政主管部门和有关行政主管部门依据法定职责，对国家标准的实施进行监督检查。

第九条 对于跨部门跨领域、存在重大争议的国家标准的制定和实施，由国务院标准化行政主管部门组织协商，协商不成的报请国务院标准化协调机制解决。

第十条 国家标准及外文版依法受到版权保护，标准的批准发布主体享有标准的版权。

第十一条 国家标准一般不涉及专利。国家标准中涉及的专利应当是实施该标准必不可少的专利，其管理按照国家标准涉及专利的有关管理规定执行。

第十二条 制定国家标准应当在科学技术研究和社会实践经验的基础上，通过调查、论证、验证等方式，保证国家标准的科学性、规范性、适用性、时效性，提高国家标准质量。

制定国家标准应当公开、透明，广泛征求各方意见。

第十三条 国务院标准化行政主管部门建立国家标准验证工作制度。根据需要对国家标准的技术要求、试验检验方法等开展验证。

第十四条 制定国家标准应当做到有关标准之间的协调配套。

第十五条 鼓励科技成果转化为国家标准，围绕国家科研项目和市场创新活跃领域，同步推进科技研发和标准研制，提高科技成果向国家标准转化的时效性。

第十六条 对具有先进性、引领性，实施效果良好，需要在全国范围推广实施的团体标准，可以按程序制定为国家标准。

第十七条 对技术尚在发展中，需要引导其发展或者具有标准化价值的项目，可以制定为国家标准化指导性技术文件。

第二章　国家标准的制定

第十八条 政府部门、社会团体、企业事业组织以及公民可以根据国家有关发展规划和经济社会发展需要，向国务院有关行政主管部门提出国家标准的立项建议，也可以直接向国务院标准化行政主管部门提出国家标准的立项建议。

推荐性国家标准立项建议可以向技术委员会提出。

鼓励提出国家标准立项建议时同步提出国际标准立项申请。

第十九条 国务院标准化行政主管部门、国务院有关行政主管部门收到国家标准的立项建议后，应当对立项建议的必要性、可行性进行评估论证。国家标准的立项建议，可以委托技术委员会进行评估。

第二十条　强制性国家标准立项建议经评估后决定立项的，由国务院有关行政主管部门依据职责提出立项申请。

推荐性国家标准立项建议经评估后决定立项的，由技术委员会报国务院有关行政主管部门或者行业协会审核后，向国务院标准化行政主管部门提出立项申请。未成立技术委员会的，国务院有关行政主管部门可以依据职责直接提出推荐性国家标准项目立项申请。

立项申请材料应当包括项目申报书和标准草案。项目申报书应当说明制定国家标准的必要性、可行性，国内外标准情况、与国际标准一致性程度情况，主要技术要求，进度安排等。

第二十一条　国务院标准化行政主管部门组织国家标准专业审评机构对申请立项的国家标准项目进行评估，提出评估建议。

评估一般包括下列内容：

（一）本领域标准体系情况；

（二）标准技术水平、产业发展情况以及预期作用和效益；

（三）是否符合法律、行政法规的规定，是否与有关标准的技术要求协调衔接；

（四）与相关国际、国外标准的比对分析情况；

（五）是否符合本办法第三条、第四条、第五条规定。

第二十二条　对拟立项的国家标准项目，国务院标准化行政主管部门应当通过全国标准信息公共服务平台向社会公开征求意见，征求意见期限一般不少于三十日。必要时，可以书面征求国务院有关行政主管部门意见。

第二十三条　对立项存在重大分歧的，国务院标准化行政主管部门可以会同国务院有关行政主管部门、有关行业协会，组织技术委员会对争议内容进行协调，形成处理意见。

第二十四条　国务院标准化行政主管部门决定予以立项的，应当下达项目计划。

国务院标准化行政主管部门决定不予立项的，应当及时反馈并说明不予立项的理由。

第二十五条　强制性国家标准从计划下达到报送报批材料的期限一般不得超过二十四个月。推荐性国家标准从计划下达到报送报批材料的期限一般不得超过十八个月。

国家标准不能按照项目计划规定期限内报送的，应当提前三十日申请延期。强制性国家标准的延长时限不得超过十二个月，推荐性国家标准的延长时限不得超过六个月。

无法继续执行的，国务院标准化行政主管部门应当终止国家标准计划。

执行国家标准计划过程中，国务院标准化行政主管部门可以对国家标准计划的内容进行调整。

第二十六条　国务院有关行政主管部门或者技术委员会应当按照项目计划组织实施，及时开展国家标准起草工作。

国家标准起草，应当组建具有专业性和广泛代表性的起草工作组，开展国家标准起草的调研、论证（验证）、编制和征求意见处理等具体工作。

第二十七条　起草工作组应当按照标准编写的相关要求起草国家标准征求意见稿、编制说明以及有关材料。编制说明一般包括下列内容：

（一）工作简况，包括任务来源、制定背景、起草过程等；

（二）国家标准编制原则、主要内容及其确定依据，修订国家标准时，还包括修订前后技术内容的对比；

（三）试验验证的分析、综述报告，技术经济论证，预期的经济效益、社会效益和生态效益；

（四）与国际、国外同类标准技术内容的对比情况，或者与测试的国外样品、样机的有关数据对比情况；

（五）以国际标准为基础的起草情况，以及是否合规引用或者采用国际国外标准，并说明未采用国际标准的原因；

（六）与有关法律、行政法规及相关标准的关系；

（七）重大分歧意见的处理经过和依据；

（八）涉及专利的有关说明；

（九）实施国家标准的要求，以及组织措施、技术措施、过渡期和实施日期的建议等措施建议；

（十）其他应当说明的事项。

第二十八条 国家标准征求意见稿和编制说明应当通过有关门户网站、全国标准信息公共服务平台等渠道向社会公开征求意见，同时向涉及的其他国务院有关行政主管部门、企业事业单位、社会组织、消费者组织和科研机构等相关方征求意见。

国家标准公开征求意见期限一般不少于六十日。强制性国家标准在征求意见时应当按照世界贸易组织的要求对外通报。

国务院有关行政主管部门或者技术委员会应当对征集的意见进行处理，形成国家标准送审稿。

第二十九条 技术委员会应当采用会议形式对国家标准送审稿开展技术审查，重点审查技术要求的科学性、合理性、适用性、规范性。审查会议的组织和表决按照《全国专业标准化技术委员会管理办法》有关规定执行。

未成立技术委员会的，应当成立审查专家组采用会议形式开展技术审查。审查专家组成员应当具有代表性，由生产者、经营者、使用者、消费者、公共利益方等相关方组成，人数不得少于十五人。审查专家应当熟悉本领域技术和标准情况。技术审查应当协商一致，如需表决，四分之三以上同意为通过。起草人员不得承担技术审查工作。

审查会议应当形成会议纪要，并经与会全体专家签字。会议纪要应当真实反映审查情况，包括会议时间地点、会议议程、专家名单、具体的审查意见、审查结论等。

技术审查不通过的，应当根据审查意见修改后再次提交技术审查。无法协调一致的，可以提出计划项目终止申请。

第三十条 技术委员会应当根据审查意见形成国家标准报批稿、编制说明和意见处理表，经国务院有关行政主管部门或者行业协会审核后，报国务院标准化行政主管部门批准发布或者依据国务院授权批准发布。

未成立技术委员会的，国务院有关行政主管部门应当根据审查意见形成国家标准报批稿、编制说明和意见处理表，报国务院标准化行政主管部门批准发布或者依据国务院授权批准发布。

报批材料包括：

（一）报送公文；

（二）国家标准报批稿；

（三）编制说明；

（四）征求意见汇总处理表；

（五）审查会议纪要；

（六）需要报送的其他材料。

第三十一条 国务院标准化行政主管部门委托国家标准专业审评机构对国家标准的报批材料进行审核。国家标准专业审评机构应当审核下列内容：

（一）标准制定程序、报批材料、标准编写质量是否符合相关要求；

（二）标准技术内容的科学性、合理性，标准之间的协调性，重大分歧意见处理情况；

（三）是否符合有关法律、行政法规、产业政策、公平竞争的规定。

第三十二条 强制性国家标准由国务院批准发布或者授权批准发布。推荐性国家标准由国务院标准化行政主管部门统一批准、编号，以公告形式发布。

国家标准的代号由大写汉语拼音字母构成。强制性国家标准的代号为"GB"，推荐性国家标准的代号为"GB/T"，国家标准样品的代号为"GSB"。指导性技术文件的代号为"GB/Z"。

国家标准的编号由国家标准的代号、国家标准发布的顺序号和国家标准发布的年份号构成。国家标准样品的编号由国家标准样品的代号、分类目录号、发布顺序号、复制批次号和发布年份号构成。

第三十三条 应对突发紧急事件急需的国家标准，制定过程中可以缩短时限要求。

第三十四条 国家标准由国务院标准化行政主管部门委托出版机构出版。

国务院标准化行政主管部门按照有关规定在全国标准信息公共服务平台公开国家标准文本，供公众查阅。

第三章　国家标准的实施与监督

第三十五条 国家标准的发布与实施之间应当留出合理的过渡期。

国家标准发布后实施前，企业可以选择执行原国家标准或者新国家标准。

新国家标准实施后，原国家标准同时废止。

第三十六条 强制性国家标准必须执行。不符合强制性国家标准的产品、服务，不得生产、销售、进口或者提供。

推荐性国家标准鼓励采用。在基础设施建设、基本公共服务、社会治理、政府采购等活动中，鼓励实施推荐性国家标准。

第三十七条 国家标准发布后，各级标准化行政主管部门、有关行政主管部门、行业协会和技术委员会应当组织国家标准的宣贯和推广工作。

第三十八条 国家标准由国务院标准化行政主管部门解释，国家标准的解释与标准文本具有同等效力。解释发布后，国务院标准化行政主管部门应当自发布之日起二十日内在全国标准信息公共服务平台上公开解释文本。

对国家标准实施过程中有关具体技术问题的咨询，国务院标准化行政主管部门可以委托国务院有关行政主管部门、行业协会或者技术委员会答复。相关答复应当按照国家信息公开的有关规定进行公开。

第三十九条 企业和相关社会组织研制新产品、改进产品和服务、进行技术改造等，应当符合本办法规定的标准化要求。

第四十条 国务院标准化行政主管部门建立国家标准实施信息反馈机制，畅通信息反馈渠道。

鼓励个人和单位通过全国标准信息公共服务平台反馈国家标准在实施中产生的问题和修改建议。

各级标准化行政主管部门、有关行政主管部门、行业协会和技术委员会应当在日常工作中收集相关国家标准实施信息。

第四十一条 国务院标准化行政主管部门、国务院有关行政主管部门、行业协会、技术委员会应当及时对反馈的国家标准实施信息进行分析处理。

第四十二条 国务院标准化行政主管部门建立国家标准实施效果评估机制。国务院标准化行政主管部门根据国家标准实施情况，定期组织开展重点领域国家标准实施效果评估。国家标准实施效果评估应当包含下列内容：

（一）标准的实施范围；

（二）标准实施产生的经济效益、社会效益和生态效益；

（三）标准实施过程中发现的问题和修改建议。

第四十三条 国务院有关行政主管部门、有关行业协会或者技术委员会应当根据实施信息反馈、实施效果评估情况，以及经济社会和科学技术发展的需要，开展国家标准复审，提出继续有效、修订或者废止的复审结论，报国务院标准化行政主管部门。复审周期一般不超过五年。

复审结论为修订的，国务院有关行政主管部门、有关行业协会或者技术委员会应当在报送复审结论时提出修订项目。

复审结论为废止的，由国务院标准化行政主管部门通过全国标准信息公共服务平台向社会公开征求意见，征求意见一般不少于六十日。无重大分歧意见或者经协调一致的，由国务院标准化行政主管部门以公告形式废止。

第四十四条 国家标准发布后，个别技术要求需要调整、补充或者删减，可以通过修改单进行修改。修改单由国务院有关行政主管部门、有关行业协会或者技术委员会提出，国务院标准化行政主管部门按程序批准后以公告形式发布。国家标准的修改单与标准文本具有同等效力。

第四章 附 则

第四十五条 《强制性国家标准管理办法》对强制性国家标准的制定、组织实施和监督另有规定的，从其规定。

第四十六条 本办法自 2023 年 3 月 1 日起实施。1990 年 8 月 24 日原国家技术监督局第 10 号令公布的《国家标准管理办法》同时废止。

中国标准创新贡献奖管理办法

（2009 年 8 月 1 日发布 2016 年 8 月 29 日第一次修订 2020 年 4 月 14 日第二次修订 2022 年 4 月 1 日第三次修订）

第一章 总 则

第一条 为了深入贯彻习近平新时代中国特色社会主义思想，推进实施标准化战略，表彰在标准化活动中作出突出贡献的组织和个人，调动标准化工作者的积极性和创造性，促进标准化事业健康发展，根据《中华人民共和国标准化法》、《评比达标表彰活动管理办法》（中办发〔2018〕69 号）、《国家市场监督管理总局表彰奖励管理暂行办法》（市监人函〔2019〕1683 号）等有关规定，制定本办法。

第二条 中国标准创新贡献奖是由国家市场监督管理总局（国家标准化管理委员会）〔以下简称市场监管总局（标准委）〕设立，并经中央批准的奖项。

第三条 中国标准创新贡献奖分为标准项目奖、组织奖和个人奖，每 2 年评选 1 次。

第四条 中国标准创新贡献奖评表彰面向基层和工作一线，一般不评选副司局级或相当于副司局级以上的个人和集体，不评选县级以上党委、政府，评选处级或相当于处级干部比例原则上不超过表彰总数的 20%。

第五条 中国标准创新贡献奖的提名、评审和授奖，遵循公开、公平、公正的原则，坚持突出先进性、代表性、时代性，坚持以德为先、依法守规、注重实绩、群众公认，不收取任何费用。

第二章 组织机构

第六条 市场监管总局（标准委）负责中国标准创新贡献奖评选表彰的组织工作，并设立中国标准创新贡献奖领导小组、评审委员会及监督委员会。

第七条 中国标准创新贡献奖领导小组由市场监管总局（标准委）领导及有关司局等方面代表组成，主要职责是：

（一）审议评选表彰工作方案；

（二）审议评审结果；

（三）研究解决评选表彰工作中出现的重大问题。

领导小组办公室设在市场监管总局标准创新司，主要负责评选活动的具体组织协调，研究提出评选表彰工作方案、规则等相关政策制度建议，承办领导小组交办的工作。

第八条 中国标准创新贡献奖评审委员会由中国标准化专家委员会专家等组成，主要职责是：

（一）负责中国标准创新贡献奖评审工作；

（二）向领导小组报告评审情况；

（三）提出完善评审工作的意见建议。

第九条 中国标准创新贡献奖监督委员会由市场监管总局（标准委）及有关单位工作人员组成，主要职责是：

（一）监督中国标准创新贡献奖提名、评审和异议处理等工作；

（二）向领导小组报告监督工作；

（三）提出完善评选表彰工作的意见建议。

第三章 表彰范围和评审标准

第十条 中国标准创新贡献奖标准项目奖的表彰范围是现行有效且实施 2 年以上（含 2 年）的下列标准：国家标准、国家军用标准，在标准委备案的行业标准、地方标准，在全国团体标准信息平台或企业标准信息公共服务平台进行自我声明公开的团体标准或企业标准，由我国专家牵头起草并由国际标准化组织（ISO）、国际电工委员会（IEC）、国际电信联盟（ITU）等发布的国际标准。

第十一条 组织奖的表彰对象是：在中华人民共和国境内依法设立的企业、科研机构、社会团体、高等院校等组织，全国专业标准化技术委员会（TC）、标准化分技术委员会（SC）、标准化工作组（SWG）和产业技术联盟，全国军用专业标准化技术委员会，以及 ISO、IEC、ITU 技术机构的秘书处承担单位或国内技术对口单位。

第十二条 个人奖的表彰对象是从事或参与标准化工作，为我国标准化事业作出突出贡献的中华人民共和国公民。

第十三条 标准项目奖设一等奖、二等奖、三等奖 3 个等级，各等级奖项评审标准如下：

（一）一等奖：标准所包含主要内容的技术水平达到国际领先水平，聚焦原始创新技术、集成创新技术或重大瓶颈问题，创新性突出，标准实施后取得重大的经济效益、社会效益或生态效益，对促进我国国民经济和社会发展、保障健康安全、保护生态环境、维护国家利益有重大作用；

（二）二等奖：标准所包含主要内容的技术水平达到国际先进水平，聚焦关键共性技术，创新性明显，标准实施后取得显著的经济效益、社会效益或生态效益，对促进我国国民经济和社会发展、保障健康安全、保护生态环境、维护国家利益有很大作用；

（三）三等奖：标准所包含主要内容的技术水平达到国内领先水平，聚焦具体产品、服务、过程和管理创新，创新性比较明显，标准实施后取得较大的经济效益、社会效益或生态效益，对促进我国国民经济和社会发展、保障健康安全、保护生态环境、维护国家利益有较大作用。

第十四条 组织奖不分等级。组织奖候选组织需满足以下要求：

（一）认真贯彻党中央、国务院关于标准化工作的决策部署，遵守标准化法律法规和规章制度，将标准化工作纳入本组织机构的工作规划、计划，在国际国内标准化工作中贡献突出，有效促进相关行业、领域的发展；

（二）科学运用标准化方法，创造性地开展工作，取得创新性成果；

（三）注重标准化人才培养，具有一支结构合理、稳步发展的标准化人才队伍；

（四）在标准化科研、标准化教育、标准制修订、标准推广实施和国际标准化等某一方面或多方面取得重要创新性成果，贡献突出。

第十五条 个人奖设终身成就奖、突出贡献奖和优秀青年奖。个人奖候选人需满足以下要求：

（一）政治坚定。坚决执行党的路线、方针、政策，遵守国家法律法规和标准化规章制度；

（二）作风过硬。坚持全心全意为人民服务宗旨，恪守职业道德规范，作风正派，品行端正，清正廉洁；

（三）业绩显著。热爱标准化事业，有较强的专业素养，求实奉献，勇于创新，具有较高威信或影响力，取得公认的业绩。

第十六条 终身成就奖候选人应当在标准化理论研究、标准研制、标准推广实施、国际标准化或标准化综合管理、国际标准组织治理方面取得重大创新成就，并符合以下条件之一：

（一）获得3次以上中国标准创新贡献奖标准项目奖一等奖；

（二）担任ISO、IEC、ITU等国际标准组织高级管理职务，在推动中国专家参与国际标准化工作或推广应用国际标准方面作出巨大贡献；

（三）担任TC主任委员或秘书长满10年，任期内所在TC考核结果均达到二级以上，且为本领域标准化工作作出巨大贡献；

（四）在标准化战略、法规、政策方面作出巨大贡献。

第十七条 突出贡献奖候选人应当在标准化理论研究、标准研制、标准推广实施、国际标准化等某一方面或多方面作出突出贡献，具有较高的影响力和知名度。

第十八条 优秀青年奖候选人应当在标准化研究与应用方面作出创新性工作，取得显著成效，并具有突出的发展潜力，年龄不超过40周岁。

第十九条 参评组织奖的单位，近5年应当未发生重大违法违纪行为，未发生重大质量安全、环境污染、安全生产、公共卫生等事故，未引起重大群体性事件，未被市场监督管理部门列入严重违法失信企业名单；参评个人奖的个人，近5年应当无违法违纪行为，未担任被列入严重违法失信企业名单企业的法定代表人或负责人。

有关集体和个人因涉嫌违法违纪等问题正在接受调查、审查的，应当暂停实施表彰。

第四章　提名和受理

第二十条 领导小组办公室制定中国标准创新贡献奖评选表彰工作方案，按程序报市场监管总局党组审议通过后，报全国评比达标表彰工作协调小组办公室审核后实施。

第二十一条 市场监管总局（标准委）制定发布中国标准创新贡献奖提名工作通知。提名单位、提名专家根据提名工作通知的要求开展提名工作。

第二十二条 提名单位为：国务院有关行政主管部门，具有标准化管理职能的行业协会，各省级人民政府标准化行政主管部门。

第二十三条 提名专家应当符合以下条件之一：

（一）中国标准创新贡献奖终身成就奖获得者；

（二）担任 TC 委员的中国科学院院士、中国工程院院士（以下简称院士）；

（三）最新一轮考核结果为二级及以上的 TC 的主任委员；

（四）在 ISO、IEC、ITU 技术机构担任或曾经担任主席的中国专家。

提名专家年龄不超过 70 岁，院士年龄不超过 75 岁，中国标准创新贡献奖终身成就奖获得者不受年龄限制。

第二十四条 提名单位可提名标准项目奖、组织奖、终身成就奖、突出贡献奖、优秀青年奖，提名专家可提名标准项目奖、终身成就奖。

第二十五条 中国标准创新贡献奖终身成就奖获得者每届可以独立提名 1 项标准项目奖或终身成就奖。

其他提名专家每届需 3 人以上联合提名 1 项标准项目奖或终身成就奖，联合提名时列第一位的为联系专家，联系专家牵头负责相关事项。

第二十六条 标准项目奖的提名专家应当在本人所从事的专业领域（二级学科）范围内进行提名。提名专家不能作为当届提名项目完成人，并应回避相关评审活动。提名专家不能与被提名项目完成人来自同一单位。

第二十七条 提名单位应当建立规范的提名遴选机制。提名专家在提名前，应当征得被提名个人或被提名标准项目主要完成人和完成单位的同意，确保提名项目相关材料真实可靠。

第二十八条 提名单位、提名专家应当督促被提名组织、个人或被提名标准项目的主要完成人和完成单位在本单位进行公示。公示时间不少于 5 个工作日。

被提名标准项目的主要完成人和完成单位应当与标准文本或相关证明材料所列主要起草人和起草单位一致。

第二十九条 已获得中国标准创新贡献奖的标准项目，不得再次参评。提交当届评审但未获奖的标准项目，再次参评须隔 1 届以上且有新的证明材料。

已获得组织奖的组织机构，再次参评同一奖项须隔 1 届以上。

已获得终身成就奖的人员，不得再次参评；已获得突出贡献奖和优秀青年奖的人员，再次参评同一奖项须隔 1 届以上。

第三十条 提名单位、提名专家应当填写统一格式的提名书，并根据中国标准创新贡献奖的标准和条件，对提名严格把关。

提名单位还应当在本单位对符合条件的标准项目、组织和个人进行公示，公示时间不少于 5 个工作日。

公示无异议后，提名单位按要求向领导小组办公室提交各奖项提名材料，并提供必要的证明或者评价材料。提名材料应当完整、真实、可靠。

第三十一条 领导小组办公室组织对提名材料进行形式审查。经审查不符合规定的提名材料不予受理。

第三十二条 市场监管总局（标准委）在其官方网站上公示通过形式审查的标准项目奖、组织奖及个人奖受理名单及相关信息，公示时间不少于 5 个工作日。

公示后要求退出评审的，提名单位、提名专家应当以书面方式提出申请并说明理由。经批准退出评审的，再次参评中国标准创新贡献奖须隔 1 届以上。

第三十三条 军队标准化主管部门负责候选国家军用标准项目奖、候选军队组织奖和个人奖的提名工作。军用涉密标准项目的提名及受理，应当符合有关保密规定。

第五章 评 审

第三十四条 各奖项细化评分标准和评审工作规则，经评审委员会审定后执行。

第三十五条 根据提名和受理情况，领导小组办公室确定标准项目奖专业评审组及组织奖和个人奖评审组成员名单。

第三十六条 公示后无异议或异议处理完毕符合要求的提名材料，提交相应评审组进行初评，提出各等级标准项目奖和组织奖、个人奖候选名单。

候选国家军用标准项目奖、候选军队组织奖和个人奖的初评由军队标准化主管部门组织，评审结果报领导小组办公室。

第三十七条 必要时，领导小组办公室组织专家对通过初评的组织奖和个人奖候选者进行现场评审，深入考察候选组织和个人的业绩、影响力等，并对提名材料中有疑义的重要信息进行复核。

第三十八条 领导小组办公室将通过初评的标准项目奖、组织奖、个人奖候选者提交评审委员会评审，以投票方式进行表决，形成标准项目奖、组织奖和个人奖评审委员会建议名单。

第三十九条 有下列情形的评审专家应当在相应奖项评审中回避：

（一）与纳入评选的标准项目的起草人或起草单位属于同一法人单位；

（二）与组织奖和个人奖被提名单位、个人属于同一法人单位；

（三）与标准项目奖、组织奖和个人奖提名单位属于同一法人单位；

（四）存在其他可能影响评审工作公正性的情况。

第四十条 提名单位组织对进入组织奖和个人奖建议名单的组织和个人征求公安部门意见，对机关事业单位及其工作人员按照管理权限征求组织人事、纪检监察等部门意见；对进入组织奖和个人奖建议名单的企业和企业负责人，应当征求生态环境、人力资源社会保障、税务、市场监管、应急管理等有关主管部门意见。提名单位负责在一定范围内公示，公示时间不少于 5 个工作日。对进入建议名单的由提名专家提名的终身成就奖候选人，由领导小组办公室按程序征求相关部门意见。

第四十一条 市场监管总局（标准委）在其官方网站上公示标准项目奖、组织奖和个人奖评审委员会建议名单及评审委员会专家名单，公示时间不少于 5 个工作日。涉密国家军用标准项目，由军队标准化主管部门在适当范围内公示。

第六章 异 议 处 理

第四十二条 任何单位或个人对本办法第三十二条和四十一条规定的公示内容有异议的，应当在公示期内向领导小组办公室提出。

提出异议的单位或个人应当提供书面异议材料及必要的证明材料。以单位名义提出异议的，应当加盖本单位公章；个人提出异议的，应当签署真实姓名并留下联系方式。以匿名方式提出的异议不予受理。

领导小组办公室对符合规定的异议，应当予以受理。

第四十三条 涉及提名材料真实性及参评标准项目创新性、贡献大小等的异议，提名单位、提名专家应当协助领导小组办公室调查核实，并在规定的时间内将调查核实情况报送领导小组办公室审核。必要时，领导小组办公室可组织专家进行调查并提出处理意见。

涉及参评标准项目起草单位和起草人排序的异议，由提名单位、提名专家提出初步处理建议，报领导小组办公室审核。

第四十四条 涉及参评国家军用标准项目、军队组织和个人的异议，由军队标准化主管部门处理，并将处理结果报领导小组办公室。

第四十五条 参与异议调查、处理的人员应当对异议者的身份予以保密。

第四十六条 异议处理过程中，涉及异议的任何一方应当积极配合，不得推诿和延误。参评单位、个人在规定时间内未按要求提供相关证明材料的，视为承认异议内容；提出异议的单位、个人在规定时间内未按要求提供相关证明材料的，视为放弃异议。

异议核实情况及处理意见，在报请监督委员会后，提请领导小组决定，并将决定意见通知异议方和提名单位、提名专家。

第四十七条 异议自受理之日起20个工作日内处理完毕且公示结果维持不变的，相关候选奖项可以进入当届评选下一环节；自异议受理之日起一年内处理完毕且公示结果维持不变的，相关候选奖项可以参加下一届评选；自异议受理之日起一年后处理完毕且公示结果维持不变的，相关候选奖项需重新提名。

第七章 批准和授奖

第四十八条 标准项目奖、组织奖和个人奖评审委员会建议名单经领导小组审议通过后，按程序报市场监管总局党组审定。市场监管总局（标准委）发布表彰决定，并颁发获奖证书。

第四十九条 中国标准创新贡献奖授奖数量、授奖人数和授奖单位限定数额。

每届标准项目奖授奖限额为一等奖10个、二等奖20个、三等奖30个。一等奖单项授奖人数不超过15人，授奖单位不超过10个；二等奖单项授奖人数不超过10人，授奖单位不超过7个；三等奖单项授奖人数不超过8人，授奖单位不超过5个。组织奖授奖限额为5个。终身成就奖、突出贡献奖和优秀青年奖限额分别为1个、4个和3个。

第八章 监督及处罚

第五十条 中国标准创新贡献奖评选表彰接受社会各界的监督。监督委员会应当对有关提名、评审和异议处理的工作情况进行监督。必要时，可以听取专题汇报。

第五十一条 任何单位或个人发现中国标准创新贡献奖的提名、评审和异议处理工作中存在问题的，可以向监督委员会进行举报和投诉。有关方面收到举报或者投诉材料的，应当及时转交监督委员会。监督委员会应当及时受理对表彰工作的举报。对在表彰工作中有徇私舞弊、弄虚作假等违纪违法行为需要追究责任的，移送有管辖权的部门处理；构成犯罪的，移送监察、司法机关依法追究刑事责任。

第五十二条 对参加评审活动的专家建立信誉档案，并作为确定评审委员会委员和评审组成员的重要依据。

参加评审的专家须签订中国标准创新贡献奖评审专家承诺书，独立、客观、公平、公正开展评审工作。评审专家在评审活动中不履行承诺的，由市场监管总局（标准委）视情况给予责令改正、记录不良信誉或者取消资格等处理，必要时，将查实的不当行为通报其所在单位。

第五十三条 参加评审的工作人员应当严格遵守中国标准创新贡献奖工作人员纪律守则。对违反纪律守则的，由市场监管总局（标准委）将查实的不当行为通报其所在单位。

第五十四条 参评单位和个人提供虚假数据、材料，或以不正当手段影响评审的，取消其当届和下一届参评资格。同时，将其行为通报所属主管部门或单位。

表彰获得者有严重违法违纪行为、影响恶劣的，应当撤销表彰。存在隐瞒情况、弄虚作假骗取表彰，严重违反表彰程序，或者法律法规规定应当撤销表彰等情形的，应当撤销表彰，取消其当届往后连续3届的参评资格。同时，将其行为通报所属主管部门或单位。

表彰获得者应当珍视并保持荣誉，模范遵守法律法规，积极发挥模范带头作用，自觉维护声誉。

任何人不得出售、出租奖牌、奖章及证书或者将其用于从事其他营利性活动。

第五十五条　提名单位、提名专家提供虚假数据、材料的，视其严重程度，暂停或取消其提名资格。对负有直接责任的主管人员和其他直接责任人员，由市场监管总局（标准委）将查实的不当行为通报其所在单位。

第五十六条　撤销表彰，一般由原被提名单位按程序报市场监管总局（标准委）批准，并予以公布。如涉及国家秘密不宜公布的，经市场监管总局（标准委）同意可不予公布。对造成恶劣影响的，必要时可由市场监管总局（标准委）直接作出撤销表彰的决定。

对被撤销表彰的个人和集体，应当注销和收回其奖牌、奖章及证书，撤销其因获得表彰而享有的相应待遇，对个人表彰的撤销决定抄送相关人事部门，并存入本人人事档案。

第五十七条　监督委员会对评审活动进行经常性监督检查，对在评审活动中违反本办法有关规定的单位和个人，可以视情况建议有关方面予以纠正或给予相应的处理。

第九章　附　　则

第五十八条　本办法由市场监管总局（标准委）负责解释。

第五十九条　国家军用标准项目奖、军队组织奖和个人奖的提名和评审由军队标准化主管部门根据军队有关规定执行。

第六十条　本办法自发布之日起施行。2020 年 4 月 14 日市场监管总局发布的《中国标准创新贡献奖管理办法》同时废止。

国家标准样品管理办法

（2021 年 5 月 31 日　国市监标技规〔2021〕1 号）

第一章　总　　则

第一条　为了加强国家标准样品管理，规范国家标准样品的制作、应用和监督，根据《中华人民共和国标准化法》，制定本办法。

第二条　本办法所称标准样品是指以实物形态存在的标准，其规定的特性可以是定量的或定性的，应当具有均匀性、稳定性、准确性和溯源性。

第三条　需要在全国范围内统一的标准样品，应当制作国家标准样品。

第四条　国家标准样品的制作（包括项目提出、立项、研制、技术评审、编号、批准发布）、应用及监督工作，适用本办法。

第五条　国家标准样品的制作应当以国家经济社会发展、科技创新和标准化发展相关战略、规划和政策为依据，以科学技术研究成果和实践经验为基础。

第六条　国家标准样品的制作应当坚持通用性原则，鼓励自主技术创新，重点研制战略性新兴产业、重要支柱产业和民生产业等密切关系国计民生的国家标准样品并开展试点示范，促进国家标准样品应用。对技术先进并取得显著效益的国家标准样品以及在标准样品工作中做出显著成绩的单位和个人，按照国家有关规定给予表彰和奖励。

第七条　国家标准样品的制作应当积极开展对外交流与合作，广泛推动参与标准样品国际活动和相关国际标准制定，推进国家标准样品国际化。

第二章 组织管理

第八条 国务院标准化行政主管部门统一管理国家标准样品工作，包括国家标准样品工作的规划、协调、组织管理和对外交流与合作等。

国务院标准化行政主管部门委托专业审评机构评估国家标准样品的立项申请、审核国家标准样品报批材料。

第九条 全国标准样品技术委员会依据《全国专业标准化技术委员会管理办法》的规定，负责国家标准样品的项目提出、组织研制、技术评审和跟踪评估，以及其他技术性工作。

第十条 研制单位负责国家标准样品的研制工作，保证国家标准样品的持续有效供应。

第三章 立   项

第十一条 国务院标准化行政主管部门组织研究国家标准样品立项指南，统一纳入当年国家标准立项指南中公开发布。

第十二条 任何社会团体、企业事业组织以及公民均可以向国务院标准化行政主管部门申请开展或者参与国内外标准样品工作，提出国家标准样品项目建议。

第十三条 项目建议由全国标准样品技术委员会论证其科学性、必要性和可行性；经全体委员表决通过的，报国务院标准化行政主管部门申请立项。

申请立项应当报送国家标准样品项目建议书、可行性研究报告等有关材料，重点说明下列内容：

（一）项目基本信息；

（二）国际标准化组织、其他国家或者地区相关标准样品研制情况以及国内相关领域标准样品研制情况；

（三）相关技术标准的制定和实施情况；

（四）项目的必要性和可行性；

（五）项目应用范围；

（六）项目主要技术内容和技术路线；

（七）项目进度安排；

（八）项目研制单位相关工作基础和资质条件情况；

（九）需要说明的其他情况。

第十四条 研制单位应当具备《标准样品工作导则 第7部分：标准样品生产者能力的通用要求》国家标准规定的技术能力和工作条件。

第十五条 专业审评机构组织专家定期对立项申请进行评估。

评估工作原则上每个季度开展一次。评估内容主要包括：

（一）是否符合本办法第二条、第三条、第五条、第六条规定的原则；

（二）是否与相关技术标准制定或实施协调衔接；

（三）是否符合本办法第十三条的要求；

（四）需要评估的其他内容。

第十六条 国务院标准化行政主管部门应当将符合本办法第十五条规定的国家标准样品项目向社会公开征求意见，并根据需要征求有关行政主管部门意见。征求意见期限一般不少于10个工作日。紧急情况下可以缩短征求意见期限，但一般不少于5个工作日。

第十七条 国务院标准化行政主管部门应当根据征求意见及处理情况，决定是否立项。

决定予以立项的，国务院标准化行政主管部门应当下达国家标准样品项目计划。

决定不予立项的，应当向全国标准样品技术委员会反馈不予立项的理由。

第十八条 国家标准样品项目计划原则上不得变更。确需变更的，全国标准样品技术委员会应当向国务院标准化行政主管部门提出申请，经同意后再行变更。

需变更完成时间的项目，应当于项目原完成日期前3个月提出申请，原则上延长时间不得超过一年。

第十九条 需复制的国家标准样品，原研制单位应当在国家标准样品到期前3个月通过国家标准样品信息管理系统提出复制申请。超过复制申请提出期限的国家标准样品项目如需再次开展工作，应当按照研制项目的要求重新提出立项申请。

第四章 研　制

第二十条 研制国家标准样品应当按照《标准样品工作导则》系列国家标准及相关标准的要求进行。

具有量值的国家标准样品，应溯源至国际基本单位（SI）、国家计量基准标准或其他公认的参考标准。

第二十一条 研制国家标准样品应当同时编写国家标准样品研制报告。研制报告内容应当包括：研制项目策划、原料来源和选取、研制技术路线、样品制备、均匀性和稳定性的研究方法及结果、定值程序的描述、定值方法及检测数据、特性值的赋予、特性值的计量溯源性或特性值的可追溯性（适用时）的描述、不确定度评定、包装贮存条件、有效期以及原始数据和检测报告等。

第二十二条 研制国家标准样品应当同时编写国家标准样品证书。证书内容应当符合《标准样品工作导则 第4部分：标准样品证书、标签和附带文件的内容》国家标准的要求。

第五章 技术评审

第二十三条 全国标准样品技术委员会应当成立评审专家组承担国家标准样品送审材料的技术评审。评审专家组应当具有专业性和代表性。研制单位人员不得承担技术评审工作。

在技术评审中对技术指标有异议时，可安排第三方机构进行符合性测试。第三方机构应当具有相关领域较高的技术水平和良好信誉。

评审专家和承担符合性测试工作的第三方机构应当对所接触的技术资料保密。

第二十四条 技术评审主要采取会议形式，必要时增加现场评审。

会议评审内容主要包括：

（一）国家标准样品的研制技术；

（二）均匀性和稳定性的研究方法及结果；

（三）定值方法及数据；

（四）特性值的计量溯源性或特性值的可追溯性（适用时）的描述；

（五）不确定度的评定；

（六）包装储存条件；

（七）需要评审的其他技术内容。

现场评审应当重点审查研制工艺和过程数据的真实性。

评审专家组对上述技术内容进行评审，采取表决方式形成评审结论。评审专家组3/4成员表决同意，方为通过。表决结果应当记入评审结论。

第二十五条 通过技术评审的项目，研制单位形成报批材料，报送全国标准样品技术委员会。报批材料包括：报批公文、研制报告、证书内容、评审会登记表、标准样品实物（照片）、需要报送的其他材料。

研制单位应当对国家标准样品质量及报送材料的真实性、完整性负责。

第二十六条 项目报批材料应当由全国标准样品技术委员会提交全体委员表决；经全体委员表决通过的，报国务院标准化行政主管部门。

全国标准样品技术委员会对国家标准样品的技术科学性、程序规范性负责。

第二十七条 未通过技术评审的项目，研制单位应当按专家意见整改，由全国标准样品技术委员会适时组织二次技术评审。

二次技术评审仍不能通过的项目，由全国标准样品技术委员会提出项目终止建议，报国务院标准化行政主管部门。

国务院标准化行政主管部门研究确认后，予以终止。

第六章 批 准 发 布

第二十八条 专业审评机构对报批材料完整性、程序规范性和技术评审情况等审核。

第二十九条 国家标准样品由国务院标准化行政主管部门统一批准、编号，以公告形式发布。

国家标准样品的编号由国家标准样品代号（GSB）、分类目录号、顺序号和年代号构成。

复制的国家标准样品编号保留原国家标准样品代号、分类目录号和顺序号，只变更复制批次号和年代号。

```
GSB   XX — XXXX — FXX — XXXX
                           └── 年代号
                      └────── 复制批次号
                └──────────── 顺序号
           └───────────────── 分类目录号
       └───────────────────── 国家标准样品代号
```

第三十条 国家标准样品证书应当加盖国务院标准化行政主管部门印章，由全国标准样品技术委员会统一印制。

第三十一条 批准发布的国家标准样品基本信息在全国标准信息公共服务平台上公开。

第三十二条 国家标准样品的有效期由稳定性研究结果确定，并在国家标准样品证书中明确标注。

批准发布后的国家标准样品，如确需延长有效期，研制单位应当在国家标准样品到期前 3 个月向全国标准样品技术委员会提出申请。经专家审议后报送国务院标准化行政主管部门审批，并在全国标准信息公共服务平台公布。

延期申请内容应当包括申请延长有效期限内稳定性监测的数据、结果分析及专家意见。

第三十三条 国家标准样品研制过程中形成的相关技术资料，研制单位和全国标准样品技术委员会应当及时归档、妥善保管。

研制单位、应用单位应当按照标准样品工作导则及行业相关规定等对国家标准样品进行储存管理。

第七章 应用与监督

第三十四条 标准样品应用于测量系统的校准、测量程序的评估、给其他材料赋值和质量控制。

技术标准规定的技术指标及试验方法需要标准样品相配合才能确保其应用效果在不同时间、空间的一致性时，应当使用国家标准样品。

第三十五条 国务院标准化行政主管部门应当通过全国标准信息公共服务平台接受社会各方对国家标准样品应用情况的意见反馈，并及时反馈全国标准样品技术委员会。

全国标准样品技术委员会应当收集国家标准样品应用情况和存在问题，及时研究处理，并对应用情况进行跟踪评估。

研制单位应当对国家标准样品的质量进行持续监控，做到可追溯，定期向全国标准样品技术委员会报告应用情况。

第三十六条 全国标准样品技术委员会应当根据国家标准样品的应用情况适时组织复验工作，提出继续有效、复制或者废止的结论，并报送国务院标准化行政主管部门。

第三十七条 对于不适应社会发展需要和技术进步需求、不能保证持续供应和有效应用的国家标准样品，国务院标准化行政主管部门应当公开征集，重新组织开展研制工作。

第三十八条 任何单位和个人对国家标准样品的研制和应用有异议的，可以通过全国标准信息公共服务平台向国务院标准化行政主管部门反馈，国务院标准化行政主管部门按职责予以处理。

第八章 附 则

第三十九条 本办法由国务院标准化行政主管部门负责解释。

第四十条 本办法自印发之日起施行。行政规范性文件《国家实物标准暂行管理办法》（国标发〔1986〕4号）同时废止。

市场监管信息化标准化管理办法

（2021年1月4日 国市监办发〔2021〕1号）

第一章 总 则

第一条 为加强市场监管信息化标准化管理工作，规范和保障市场监管信息化建设工作，特制定本办法。

第二条 本办法规定的市场监管信息化标准，指在各级市场监管部门信息化建设中需要统一的各类标准和规范。

第三条 本办法规定的市场监管信息化标准化工作，包括标准的提出、立项、制定、实施、宣贯、复审及动态维护等活动。

第四条 本办法适用范围为全国各级市场监管部门。

第二章 职 责

第五条 国家市场监督管理总局信息中心（以下简称总局信息中心），在总局网络安全和信息化工作领导小组（以下简称总局网信领导小组）领导下，负责市场监管信息化标准化管理工作，履行以下职责：

（一）研究拟定市场监管信息化标准化工作的总体规划及相关管理制度、年度工作计划等；

（二）负责市场监管信息化标准体系建设；

（三）负责市场监管信息化标准项目的立项工作；

（四）负责组织市场监管信息化标准的制定、宣贯、实施、复审以及动态维护等工作；

（五）组织开展市场监管信息化标准执行情况的检查工作。

第六条 市场监管总局各业务部门负责本部门业务信息化建设相关标准化工作，履行以下职责：

（一）根据实际业务发展的需要，提出本部门业务范围的市场监管信息化标准制定需求建议；

（二）协助总局信息中心组织开展本部门业务相关信息化标准的起草、宣贯、实施工作；

（三）组织开展或协助总局信息中心开展本部门业务相关信息化标准执行情况的检查工作。

第七条 各省级市场监管部门负责本地区的信息化标准化工作，履行以下职责：

（一）根据本地区实际业务发展和信息化建设需要，提出市场监管信息化标准的立项建议或标准制定需求；

（二）协助总局信息中心开展市场监管信息化标准制定工作；

（三）经总局信息中心授权，承担相关信息化标准的起草工作；

（四）负责市场监管信息化标准在本地区的实施、宣贯工作。

第三章 标准的提出、立项

第八条 市场监管信息化标准的提出，主要有以下三种途径：

（一）总局信息中心根据市场监管信息化总体发展和标准体系建设的需要，提出标准制定的需求；

（二）总局各业务部门根据实际业务发展的需要，提出标准制定的需求；

（三）各省级市场监管部门根据本地区信息化建设和业务发展的需要，提出标准制定的需求建议。

第九条 市场监管信息化标准的立项，应当：

（一）符合市场监管改革发展的要求，满足市场监管业务的实际需要；

（二）符合国家网络安全和信息化战略部署和相关要求，满足市场监管信息化发展的需要；

（三）在市场监管信息化标准体系框架下，综合考虑相关标准之间的构成以及与现行信息化领域国家标准的衔接配套。

第十条 市场监管信息化标准的提出，需填写信息化标准立项建议书（附表1），应充分阐述拟立项标准目的和意义、范围和主要技术内容、制定周期，以及与相关标准间的关系等内容。

第十一条 总局信息中心组织对标准立项建议进行审核，审核通过后予以立项。必要时，组织有关专家进行评审。

第十二条 根据市场监管业务改革发展的实际，标准在制定过程中，确需进行调整的，须填写《市场监管信息化标准项目调整申请表》（附表2），经审核通过后予以调整。

第四章 标准的制定

第十三条 标准的制定应遵循"有标贯标，无标制定"的原则，即在现有的国家标准不能完全满足市场监管信息化建设实际需要的情况下，制定相应的市场监管信息化标准。

标准的制定包括起草、征求意见、审查和批准发布等环节。

第十四条 通过立项的标准，总局信息中心组织起草或委托有关单位作为标准起草单位牵头组织起草。

第十五条 标准起草应参照 GB/T 1.1《标准化工作导则 第1部分：标准化文件的结构和起草规则》、GB/T 20000《标准化工作指南》和 GB/T 20001《标准编写规则》等相关要求。标准起草单位对其起草的标准的质量和技术内容负责。

第十六条 标准起草单位要将形成的标准征求意见稿和标准编制说明，向相关各方征求意见。对于涉密标准，应在一定范围内征求意见。征求意见的期限根据标准的内容、紧急程度等确定，一般为 7 至 30 日。

第十七条 标准起草单位对反馈的意见进行处理时，应统筹兼顾多方的意见；对存在较大分歧的意见，应进行广泛协调。标准征求意见稿修改后，技术内容有较大调整的，应当再次征求意见。

第十八条 标准起草单位根据反馈的意见，对标准文本进行修改完善，形成标准送审稿、编制说明、征求意见汇总处理表（附表 3）及其他相关材料等标准送审文件。

第十九条 总局信息中心负责组织对标准送审文件进行审查。主要包括：

（一）标准的适用范围是否与技术内容协调一致；

（二）技术内容是否体现信息化建设的实际需求；

（三）标准的技术数据和参数是否有可靠的依据，并与相关标准相协调；

（四）对有分歧和争论的问题，是否取得一致意见；

（五）标准的编写是否符合信息化标准编写的统一规定。

第二十条 标准审查由市场监管领域业务专家、信息化专家和标准化专家等相关方人员组成标准审查委员会，并设主任委员一名，主持审查。

第二十一条 标准审查，一般采用会议审查形式，特殊情况不能采用会议审查的，可采取函审形式。

采取会议审查的，要以会议纪要形式出具审查意见。审查意见需由主任委员签字，并附参加标准审查会议的专家名单。

采取函审的，每位函审专家要出具审查意见。

第二十二条 标准审查通过后，标准起草单位依据标准审查专家意见修改完善标准，形成标准报批稿，连同编制说明、会议纪要或函审结论表、专家名单（附表 4）、征求意见汇总处理表及其他必要的说明材料等，一并报总局信息中心。

标准审查结论为不通过的，标准起草单位应继续修改或根据审查结论执行。

第二十三条 总局信息中心对标准报批稿进行审定，必要时报总局网信领导小组审定。

第二十四条 标准审定通过后，以总局名义在市场监管系统内发布实施。审定未通过的，由标准起草单位根据要求修改完善。

第二十五条 市场监管信息化标准的编号由标准代号、顺序号及年号组成，标准代号使用"SG"标识。

第二十六条 标准发布后，如发现个别技术内容存在问题，须作少量修改或补充的，以标准修改单（附表 5）形式修改并发布。

第二十七条 标准制定过程中形成的有关文档，按市场监管信息化档案管理有关规定进行归档。

第五章　标准的实施、宣贯

第二十八条 标准发布后，总局信息中心应组织开展标准的实施、宣贯、培训工作。

第二十九条 总局信息中心应调研、收集、总结标准执行过程中的问题和意见建议，并适时修改完善。

第六章　标准的复审

第三十条　标准实施后，总局信息中心根据市场监管业务改革发展的实际需要，适时组织对标准进行复审。

第三十一条　标准复审后，分三种情况分别处理：

（一）无需修订的，保持标准原状；

（二）需要修订的，开展修订工作；

（三）已无实际需求的，予以废止。

对于继续有效的标准，在标准封面上、标准编号下方注明"××××年确认有效"字样。

第三十二条　标准在发布后，出现下列情况的，应当废止：

（一）有相应的国家标准发布并可以直接采用；

（二）标准的适用环境或条件已不复存在；

（三）其他应当废止的情况。

对于废止的标准，由总局信息中心向各级市场监管部门发布通告。

第七章　标准的动态维护

第三十三条　动态维护型标准，是指需要进行动态维护的数据元、代码类标准以及其他必须进行动态维护方可有效实施的标准。

第三十四条　标准的动态维护，是指根据需求对动态维护型标准的内容进行动态维护更新并及时公布。

第三十五条　总局信息中心负责动态维护型标准的动态维护管理。

第八章　附　　则

第三十六条　本办法由总局信息中心负责解释。

第三十七条　本办法自发布之日起施行。

附件：附表1-5（略）

附表目录

1. 市场监管信息化标准立项建议书

2. 市场监管信息化标准项目调整申请表

3. 市场监管信息化标准征求意见汇总处理表

4. 市场监管信息化标准审查会专家名单

5. 市场监管信息化标准修改单

全国专业标准化技术委员会管理办法

(2017 年 10 月 30 日国家质量监督检验检疫总局令第 191 号公布 根据 2020 年 10 月 23 日《国家市场监督管理总局关于修改部分规章的决定》修订)

第一章 总 则

第一条 为加强全国专业标准化技术委员会（以下简称技术委员会）管理，科学公正开展各专业技术领域标准化工作，提高标准制定质量，根据《中华人民共和国标准化法》《中华人民共和国标准化法实施条例》，制定本办法。

第二条 技术委员会是在一定专业领域内，从事国家标准起草和技术审查等标准化工作的非法人技术组织。

本办法适用于技术委员会的构成、组建、换届、调整和监督管理。

第三条 国务院标准化行政主管部门统一管理技术委员会工作，负责技术委员会的规划、协调、组建和管理，并履行以下职责：

（一）组织实施技术委员会管理相关的政策和制度；

（二）规划技术委员会整体建设和布局；

（三）协调和决定技术委员会的组建、换届、调整、撤销、注销等事项；

（四）组织技术委员会相关人员的培训；

（五）监督检查技术委员会的工作，组织对技术委员会的考核评估；

（六）直接管理综合性、基础性和跨部门跨领域的技术委员会；

（七）其他与技术委员会管理有关的职责。

第四条 国务院有关行政主管部门、有关行业协会受国务院标准化行政主管部门委托，管理本部门、本行业的技术委员会，对技术委员会开展国家标准制修订以及国际标准化等工作进行业务指导。

第五条 省、自治区、直辖市人民政府标准化行政主管部门受国务院标准化行政主管部门委托，协助国务院标准化行政主管部门管理本行政区域内的技术委员会，为技术委员会开展工作创造条件。

第六条 技术委员会应当科学合理、公开公正、规范透明地开展工作，在本专业领域内承担以下工作职责：

（一）提出本专业领域标准化工作的政策和措施建议；

（二）编制本专业领域国家标准体系，根据社会各方的需求，提出本专业领域制修订国家标准项目建议；

（三）开展国家标准的起草、征求意见、技术审查、复审及国家标准外文版的组织翻译和审查工作；

（四）开展本专业领域国家标准的宣贯和国家标准起草人员的培训工作；

（五）受国务院标准化行政主管部门委托，承担归口国家标准的解释工作；

（六）开展标准实施情况的评估、研究分析；

（七）组织开展本领域国内外标准一致性比对分析，跟踪、研究相关领域国际标准化的发展趋势和工作动态；

（八）管理下设分技术委员会；

（九）承担国务院标准化行政主管部门交办的其他工作。

技术委员会可以接受政府部门、社会团体、企事业单位委托，开展与本专业领域有关的标准化工作。

分技术委员会的工作职责参照技术委员会的工作职责执行。

第二章 组织机构

第七条 技术委员会由委员组成，委员应当具有广泛性和代表性，可以来自生产者、经营者、使用者、消费者、公共利益方等相关方。来自任意一方的委员人数不得超过委员总数的1/2。教育科研机构、有关行政主管部门、检测及认证机构、社会团体等可以作为公共利益方代表。

第八条 技术委员会委员不少于25人，其中主任委员1名，副主任委员不超过5名。

同一单位在同一技术委员会任职的委员不得超过3名。主任委员和副主任委员不得来自同一单位。同一人不得同时在3个以上技术委员会担任委员。

第九条 技术委员会委员应当具备以下条件：

（一）具有中级以上专业技术职称，或者具有与中级以上专业技术职称相对应的职务；

（二）熟悉本专业领域业务工作，具有较高理论水平、扎实的专业知识和丰富的实践经验；

（三）掌握标准化基础知识，热心标准化事业，能积极参加标准化活动，认真履行委员的各项职责和义务；

（四）在我国境内依法设立的法人组织任职的人员，并经其任职单位同意推荐；

（五）技术委员会章程规定的其他条件。

第十条 技术委员会主任委员和副主任委员应当具备以下条件：

（一）本专业领域的技术专家；

（二）在本专业领域内享有较高声誉，具有影响力；

（三）具有高级以上专业技术职称，或者具有与高级以上专业技术职称相对应的职务；

（四）熟悉技术委员会管理程序和工作流程；

（五）能够高效、公正履行职责，并能兼顾各方利益。

第十一条 主任委员负责技术委员会全面工作，应当保持公平公正立场。主任委员负责签发会议决议、标准报批文件等技术委员会重要文件。主任委员可以委托副主任委员签发标准报批文件等重要文件。

第十二条 技术委员会设秘书处，负责技术委员会的日常工作。秘书处承担单位应当符合以下条件：

（一）在我国境内依法设立、具有独立法人资格的企事业单位或者社会团体；

（二）有较强的技术实力和行业影响力；

（三）有连续3年以上开展标准化工作的经验，牵头起草过3项以上国际标准、国家标准或者行业标准；

（四）将秘书处工作纳入本单位工作计划和日常工作，并为秘书处开展工作提供必要的经费和办公条件；

（五）有专职工作人员，能够督促秘书处专职工作人员认真履行职责，确保秘书处各项工作公正、公平地开展；

（六）国务院标准化行政主管部门规定的其他条件。

秘书处具体职责和工作制度，由技术委员会章程和秘书处工作细则规定。

两个单位联合承担秘书处，应当在秘书处工作细则中明确牵头承担单位及各自职责。

第十三条 技术委员会秘书处设秘书长1名，副秘书长不超过5名。秘书长和副秘书长应当由委员兼任，不得来自同一单位。

秘书长应当由秘书处承担单位技术专家担任，具有较强的组织协调能力，熟悉本领域技术发展情况以及国内外标准化工作情况，具有连续 3 年以上标准化工作经历。

第十四条 秘书长负责技术委员会秘书处日常工作，副秘书长协助秘书长开展工作。秘书长和副秘书长具体职责由技术委员会章程规定。

第十五条 技术委员会委员应当积极参加技术委员会的活动，履行以下职责：

（一）提出标准制修订等方面的工作建议；

（二）按时参加标准技术审查和标准复审，按时参加技术委员会年会等工作会议；

（三）履行委员投票表决义务；

（四）监督主任委员、副主任委员、秘书长、副秘书长及秘书处的工作；

（五）监督技术委员会经费的使用；

（六）及时反馈技术委员会归口标准实施情况；

（七）参与本专业领域国际标准化工作；

（八）参加国务院标准化行政主管部门及技术委员会组织的培训；

（九）承担技术委员会职责范围内的相关工作；

（十）技术委员会章程规定的其他职责。

委员享有表决权，有权获取技术委员会的资料和文件。

第十六条 根据工作需要，技术委员会可以设顾问，顾问不超过 5 人。顾问应当为本专业领域的专家或者学者，由技术委员会聘任，无表决权。

第十七条 根据工作需要，技术委员会可以设观察员。观察员可以获得技术委员会的资料和文件，列席技术委员会会议、发表意见、提出建议，无表决权。观察员条件由技术委员会章程规定。

第十八条 专业领域相关联的技术委员会之间应当建立联络关系，互派联络员，协调相关技术问题。联络员可以获得其负责联络的技术委员会的资料和文件，列席相关工作会议，发表意见、提出建议，无表决权。联络员应当及时向所属技术委员会报告联络工作情况。

第十九条 技术委员会应当每年至少召开一次年会，总结上年度工作，安排下年度计划，通报经费使用情况等。全体委员应当参加年会。技术委员会可以根据需要不定期召开会议，研究处理相关工作。技术委员会召开会议时，应当提前通知全体委员。

第二十条 以下事项应当由秘书处形成提案，提交全体委员审议，并形成会议纪要：

（一）技术委员会章程和秘书处工作细则；

（二）工作计划；

（三）本专业领域标准体系表；

（四）国家标准制修订立项建议；

（五）国家标准送审稿；

（六）技术委员会委员调整建议；

（七）工作经费的预决算及执行情况；

（八）分技术委员会的组建、调整、撤销、注销等事项；

（九）分技术委员会的决议；

（十）技术委员会章程规定应当审议的其他事项。

（一）、（四）、（五）、（六）、（七）、（八）事项审议时，应当提交全体委员表决，参加投票的委员不得少于 3/4。参加投票委员 2/3 以上赞成，且反对意见不超过参加投票委员的 1/4，方为通过。表决结果应当形成决议，由秘书处存档。

第二十一条 技术委员会开展国家标准制修订和国际标准化工作的程序按照有关规定执行。

第二十二条 专业领域较宽的技术委员会可以组建分技术委员会。分技术委员会委员不少于15人，其中主任委员和秘书长各1名，副主任委员和副秘书长各不超过3名。

分技术委员会的其他要求参照本章规定执行。

第三章 组建、换届、调整

第二十三条 技术委员会组建应当遵循发展需要、科学合理、公开公正、国际接轨的原则。

第二十四条 技术委员会的组建应当符合以下条件：

（一）涉及的专业领域为国民经济和社会发展的重要领域，符合国家标准化发展战略、规划要求；

（二）专业领域一般应当与国际标准化组织（ISO）、国际电工委员会（IEC）等国际组织已设立技术委员会的专业领域相对应；

（三）业务范围明晰，与其他技术委员会无业务交叉；

（四）标准体系框架明确，有较多的国家标准制修订工作需求；

（五）秘书处承担单位具备开展工作的能力和条件。

业务范围能纳入现有技术委员会的，不得组建新的技术委员会。

第二十五条 技术委员会的组建程序包括提出申请、公示、筹建、成立。

第二十六条 国务院有关行政主管部门、有关行业协会以及省、自治区、直辖市人民政府标准化行政主管部门（以下简称筹建单位）可以向国务院标准化行政主管部门提出技术委员会筹建申请。筹建申请应当说明技术委员会筹建的必要性、可行性、工作范围、标准体系、国内外相关技术组织情况、秘书处承担单位有关情况等。

综合性、基础性和跨部门跨领域的技术委员会由国务院标准化行政主管部门研究决定筹建单位。

第二十七条 国务院标准化行政主管部门组织专家对筹建申请材料进行评审。经评审符合组建条件的，由国务院标准化行政主管部门对外公示技术委员会的名称、专业领域、对口国际组织、筹建单位、业务指导单位、秘书处承担单位等，并征集意向委员。公示期为30日。

公示期届满，符合要求的，予以筹建。

第二十八条 筹建单位应当在同意筹建后6个月内，向国务院标准化行政主管部门报送组建方案。组建方案应当包括：

（一）技术委员会基本信息表；

（二）技术委员会委员名单及登记表；

（三）技术委员会章程草案，包括工作原则、范围、任务、程序，秘书处职责，委员、顾问、观察员的条件和职责，经费管理制度等；

（四）秘书处工作细则草案，包括工作原则、秘书处工作人员条件和职责、会议制度、文件制度、档案制度、财务制度等；

（五）标准体系框架及标准体系表草案；

（六）秘书处承担单位支持措施；

（七）未来3年工作规划以及下一年度工作计划草案；

（八）国务院标准化行政主管部门规定的其他内容。

第二十九条 国务院标准化行政主管部门应当将技术委员会委员名单向社会公示，公示期为30日。

公示期届满，符合要求的，由国务院标准化行政主管部门公告成立。

第三十条 组建分技术委员会，应当符合以下条件：

（一）业务范围明晰，并在所属技术委员会的业务范围内；

（二）标准体系框架明确，且可以归口的国家标准或者国家标准计划项目不得少于5项；

（三）有国际对口技术委员会的，原则上应当与国际对口保持一致。

第三十一条 技术委员会组建分技术委员会的建议，应当经全体委员表决通过。同意组建的，由技术委员会公开征集委员，制定组建方案。组建方案经技术委员会业务指导单位同意后，报送国务院标准化行政主管部门。

国务院有关行政主管部门、有关行业协会以及省、自治区、直辖市人民政府标准化行政主管部门组建分技术委员会的建议，应当经分技术委员会所属技术委员会全体委员表决通过。同意组建的，由提出分技术委员会组建建议的单位公开征集委员，制定组建方案，报送国务院标准化行政主管部门。

分技术委员会组建方案的内容应当符合本办法第二十八条有关规定。

国务院标准化行政主管部门按照本办法第二十九条有关规定公告成立分技术委员会。

第三十二条 对新技术新产业新业态有标准化需求但暂不具备组建技术委员会或者分技术委员会条件的，国务院标准化行政主管部门可以成立标准化工作组，承担国家标准制修订相关工作。标准化工作组不设分工作组，由国务院标准化行政主管部门直接管理，组建程序和管理要求参照技术委员会执行。

标准化工作组成立3年后，国务院标准化行政主管部门应当组织专家进行评估。具备组建技术委员会或者分技术委员会条件的，按本办法有关规定组建；仍不具备组建条件的，予以撤销。

第三十三条 技术委员会、分技术委员会、标准化工作组由国务院标准化行政主管部门统一顺序编号，分别为SAC/TC×××、SAC/TC×××/SC××、SAC/SWG×××。

第三十四条 技术委员会每届任期5年，任期届满应当换届。换届前应当公开征集委员，技术委员会秘书处提出换届方案报送筹建单位。

筹建单位应当对换届方案进行审核，并于技术委员会任期届满前3个月将换届方案报送国务院标准化行政主管部门。

国务院标准化行政主管部门按照本办法第二十九条有关规定进行公示，公示期满，符合要求的，予以换届。

分技术委员会换届程序和要求参照技术委员会执行。

第三十五条 根据工作需要，经技术委员会全体委员表决，技术委员会可以提出委员调整的建议，并报送国务院标准化行政主管部门予以调整。委员调整原则上每年不得超过一次，每次调整不得超过委员总数的1/5。

分技术委员会的委员调整参照技术委员会执行。

第三十六条 筹建单位可以提出调整相关技术委员会工作范围或者名称、秘书处承担单位以及注销技术委员会等建议，并报送国务院标准化行政主管部门予以调整、注销。

分技术委员会筹建单位、技术委员会可以提出调整分技术委员会工作范围或者名称、秘书处承担单位以及注销分技术委员会等建议。相关建议应当经技术委员会全体委员表决通过，并由分技术委员会筹建单位报送国务院标准化行政主管部门调整、注销。

第三十七条 根据技术委员会整体规划和国际对口变化需要，国务院标准化行政主管部门可以直接调整技术委员会、分技术委员会工作范围、名称、秘书处承担单位等。对标准化工作需求很少或者相关工作可以并入其他技术委员会的，国务院标准化行政主管部门对技术委员会或者分技术委员会予以注销。

第四章 监督管理

第三十八条 国务院标准化行政主管部门、国务院有关行政主管部门、有关行业协会以及省、自治区、直辖市人民政府标准化行政主管部门应当对技术委员会进行监督检查。国务院有关行政主管部门、有关行业协会以及省、自治区、直辖市人民政府标准化行政主管部门应当将技术委员会的监督检查情况报送国务院标准化行政主管部门。

第三十九条 国务院标准化行政主管部门建立考核评估制度，定期对技术委员会的工作等进行考核评估，并将考核评估结果向社会公开。

第四十条 技术委员会应当建立内部监督检查制度，加强自律管理，并接受社会监督。

第四十一条 技术委员会秘书处承担单位应当严格按照国家有关财务制度的规定，将技术委员会的工作经费纳入单位财务统一管理，单独核算，专款专用。秘书处应当向全体委员报告年度经费收支情况。

禁止技术委员会以营利为目的收取费用。严禁采取摊派、有偿署名等方式收取不合理费用。

第四十二条 国家标准制修订补助经费按照财政部有关规定进行列支。任何单位和个人不得截留或者挪用国家标准制修订补助经费。技术委员会秘书处承担单位应当接受国务院标准化行政主管部门对国家标准制修订补助经费使用情况的监督检查，应当接受审计机关的审计。

第四十三条 技术委员会印章由国务院标准化行政主管部门统一制发，秘书处负责管理。技术委员会撤销、注销、变更名称时，应当将原印章交还国务院标准化行政主管部门。

技术委员会印章属于业务专用章，在开展本专业领域标准化工作时使用，主要用于上报材料、请示工作、征求意见、召开会议、对外联络以及国务院标准化行政主管部门规定的其他事项，不得超出范围使用。印章使用需经技术委员会主任委员或者其授权的副主任委员签字批准。

第四十四条 技术委员会应当每年向国务院标准化行政主管部门报送年度工作报告，并抄送业务指导单位、筹建单位和秘书处承担单位。分技术委员会应当定期向技术委员会报告工作。

第四十五条 技术委员会应当按照国家档案管理的相关要求管理标准档案。技术委员会日常工作的文件材料应当及时归档，妥善保管，保管期限不得少于5年。

第四十六条 任何单位和个人可以向国务院标准化行政主管部门、国务院有关行政主管部门、有关行业协会以及省、自治区、直辖市人民政府标准化行政主管部门举报、投诉技术委员会、委员和秘书处违反本办法的行为。举报、投诉的受理单位应当及时调查。对查证属实的，由国务院标准化行政主管部门作出处理决定。

第四十七条 技术委员会有下列情形之一的，国务院标准化行政主管部门责令其限期整改：

（一）未按计划完成国家标准制修订和复审任务，且无正当理由的；

（二）标准存在质量问题的；

（三）连续两年没有国家标准制修订、国家标准复审或者国际标准化工作任务的；

（四）未按本办法有关规定履行表决程序的；

（五）未按规定使用和管理工作经费的；

（六）违规使用技术委员会印章的；

（七）对分技术委员会管理不力的；

（八）考核评估不合格的；

（九）存在其他违规行为的。

限期整改期间，国务院标准化行政主管部门不再向其下达新的工作任务。整改期满后仍不符合要求的，国务院标准化行政主管部门可以视情况调整秘书处承担单位或者重新组建、撤销技术委员会。

被撤销的技术委员会的工作并入国务院标准化行政主管部门指定的技术委员会。

第四十八条 技术委员会有下列情形之一的，由国务院标准化行政主管部门重新组建：

（一）排斥相关方参与国家标准制修订活动、为少数相关方谋取不正当利益，严重影响国家标准制修订工作的公正、公平的；

（二）在工作中有弄虚作假行为的；

（三）长期不开展工作的；

（四）存在其他重大违法违规行为的。

重新组建期间，技术委员会停止一切活动。

第四十九条 技术委员会秘书处承担单位有下列情形之一的，国务院标准化行政主管部门对秘书处承担单位进行调整：

（一）秘书处工作不力，致使技术委员会无法正常开展工作的；

（二）利用技术委员会工作为本单位或者相关方谋取不正当利益的；

（三）违规使用技术委员会经费，情节严重的；

（四）存在其他重大违规行为的。

第五十条 委员有下列情形之一的，由技术委员会报国务院标准化行政主管部门撤销委员资格：

（一）未履行本办法和技术委员会章程规定的职责的；

（二）连续两次无故不参加投票表决的；

（三）利用委员身份为本人或者他人谋取不正当利益的；

（四）存在违法违纪行为的。

第五十一条 对违反本办法有关规定的技术委员会直接责任人由国务院标准化行政主管部门通报其所在单位，由所在单位视情节依规给予处分。

第五十二条 分技术委员会的监督管理参照技术委员会的监督管理执行。

第五章 附 则

第五十三条 技术委员会在工作中涉及国家安全、国家秘密的，应当遵守国家相关法律法规要求。

第五十四条 军民共建的技术委员会管理参照本办法执行。

其他制定标准的机构组建技术委员会可以参照本办法。

第五十五条 本办法由国务院标准化行政主管部门负责解释。

第五十六条 本办法自2018年1月1日起施行。国务院标准化行政主管部门以前发布的部门规章与本办法规定不一致的，适用本办法。

强制性国家标准管理办法

（2020年1月6日国家市场监督管理总局令第25号公布 自2020年6月1日起施行）

第一条 为了加强强制性国家标准管理，规范强制性国家标准的制定、实施和监督，根据《中华人民共和国标准化法》，制定本办法。

第二条 强制性国家标准的制定（包括项目提出、立项、组织起草、征求意见、技术审查、对外通报、编号、批准发布）、组织实施以及监督工作，适用本办法。

第三条 对保障人身健康和生命财产安全、国家安全、生态环境安全以及满足经济社会管理基本需要的技术要求，应当制定强制性国家标准。

第四条 制定强制性国家标准应当坚持通用性原则，优先制定适用于跨领域跨专业的产品、过程或者服务的标准。

第五条 制定强制性国家标准应当在科学技术研究成果和社会实践经验的基础上，深入调查论证，保证标准的科学性、规范性、时效性。

第六条 制定强制性国家标准应当结合国情采用国际标准。

第七条 制定强制性国家标准应当公开、透明，按照便捷有效的原则采取多种方式，广泛听取各方意见。

第八条 强制性国家标准应当有明确的标准实施监督管理部门，并能够依据法律、行政法规、部门规章的规定对违反强制性国家标准的行为予以处理。

第九条 国务院标准化行政主管部门统一管理全国标准化工作，负责强制性国家标准的立项、编号和对外通报。国务院有关行政主管部门依据职责负责强制性国家标准的项目提出、组织起草、征求意见和技术审查。强制性国家标准由国务院批准发布或者授权批准发布。

县级以上人民政府标准化行政主管部门和有关行政主管部门依据法定职责，对强制性国家标准的实施进行监督检查。

第十条 省、自治区、直辖市人民政府标准化行政主管部门可以向国务院标准化行政主管部门提出强制性国家标准的立项建议，由国务院标准化行政主管部门会同国务院有关行政主管部门研究决定。确有必要制定强制性国家标准的，国务院标准化行政主管部门应当明确项目提出部门，无需立项的应当说明理由。

社会团体、企业事业组织以及公民可以向国务院标准化行政主管部门提出强制性国家标准的立项建议，国务院标准化行政主管部门认为需要立项的，会同国务院有关行政主管部门研究决定。确有必要制定强制性国家标准的，国务院标准化行政主管部门应当明确项目提出部门，无需立项的应当说明理由。

第十一条 国务院有关行政主管部门依据职责向国务院标准化行政主管部门提出强制性国家标准项目。

涉及两个以上国务院有关行政主管部门的强制性国家标准项目，可以由牵头部门会同有关部门联合提出。

第十二条 国务院有关行政主管部门提出强制性国家标准项目前，应当充分征求国务院其他有关行政主管部门的意见，调查企业事业组织、社会团体、消费者和教育、科研机构等方面的实际需求，对项目的必要性和可行性进行论证评估。

第十三条 国务院有关行政主管部门提出强制性国家标准项目时，应当报送项目申报书和标准立项草案。项目申报书应当包括下列内容：

（一）制定强制性国家标准的必要性、可行性；

（二）主要技术要求；

（三）国内相关强制性标准和配套推荐性标准制定情况；

（四）国际标准化组织、其他国家或者地区相关法律法规和标准制定情况；

（五）强制性国家标准的实施监督管理部门以及对违反强制性国家标准行为进行处理的有关法律、行政法规、部门规章依据；

（六）强制性国家标准所涉及的产品、过程或者服务目录；

（七）征求国务院有关部门意见的情况；

（八）经费预算以及进度安排；

（九）需要申报的其他事项。

第十四条 国务院标准化行政主管部门应当按照下列要求对强制性国家标准项目进行审查：

（一）是否符合本办法第三条和第四条规定的原则；

（二）是否符合有关法律、行政法规的规定，是否与有关强制性标准的技术要求协调衔接；

（三）是否符合本办法第十二条和第十三条的要求；

（四）需要审查的其他内容。

第十五条 国务院标准化行政主管部门应当将符合本办法第十四条规定的强制性国家标准项目在全国标准信息公共服务平台向社会公开征求意见。

征求意见期限不得少于三十日。紧急情况下可以缩短征求意见期限，但一般不得少于七日。

第十六条 对于公众提出的意见，国务院标准化行政主管部门根据需要可以组织专家论证、召开会议进行协调或者反馈项目提出部门予以研究处理。

第十七条 国务院标准化行政主管部门应当根据审查意见以及协调情况，决定是否立项。

决定予以立项的，国务院标准化行政主管部门应当下达项目计划，明确组织起草部门和报送批准发布时限。涉及两个以上国务院有关行政主管部门的，还应当明确牵头组织起草部门。

决定不予立项的，国务院标准化行政主管部门应当以书面形式告知项目提出部门不予立项的理由。

第十八条 组织起草部门可以委托相关标准化技术委员会承担起草工作。

未组成标准化技术委员会的，组织起草部门应当成立起草专家组承担强制性国家标准起草工作。涉及两个以上国务院有关行政主管部门的强制性国家标准项目，牵头组织起草部门应当会同其他组织起草部门成立起草专家组。起草专家组应当具有权威性和代表性。

第十九条 强制性国家标准的技术要求应当全部强制，并且可验证、可操作。

强制性国家标准编写应当遵守国家有关规定，并在前言中载明组织起草部门信息，但不得涉及具体的起草单位和起草人信息。

第二十条 强制性国家标准应当对相关事项进行调查分析、实验、论证。

有关技术要求需要进行试验验证的，应当委托具有相应能力的技术单位开展。

第二十一条 起草强制性国家标准应当同时编写编制说明。编制说明应当包括下列内容：

（一）工作简况，包括任务来源、起草人员及其所在单位、起草过程等；

（二）编制原则、强制性国家标准主要技术要求的依据（包括验证报告、统计数据等）及理由；

（三）与有关法律、行政法规和其他强制性标准的关系，配套推荐性标准的制定情况；

（四）与国际标准化组织、其他国家或者地区有关法律法规和标准的比对分析；

（五）重大分歧意见的处理过程、处理意见及其依据；

（六）对强制性国家标准自发布日期至实施日期之间的过渡期（以下简称过渡期）的建议及理由，包括实施强制性国家标准所需要的技术改造、成本投入、老旧产品退出市场时间等；

（七）与实施强制性国家标准有关的政策措施，包括实施监督管理部门以及对违反强制性国家标准的行为进行处理的有关法律、行政法规、部门规章依据等；

（八）是否需要对外通报的建议及理由；

（九）废止现行有关标准的建议；

（十）涉及专利的有关说明；

（十一）强制性国家标准所涉及的产品、过程或者服务目录；

（十二）其他应当予以说明的事项。

  第二十二条 组织起草部门应当以书面形式向涉及的有关行政主管部门以及企业事业组织、社会团体、消费者组织和教育、科研机构等方面征求意见。

  书面征求意见的有关行政主管部门应当包括强制性国家标准的实施监督管理部门。

  第二十三条 组织起草部门应当将强制性国家标准征求意见稿、编制说明以及拟订的过渡期，通过本部门门户网站和全国标准信息公共服务平台向社会公开征求意见。

  公开征求意见期限不少于六十日。紧急情况下可以缩短公开征求意见期限，但一般不得少于三十日。

  第二十四条 对于涉及面广、关注度高的强制性国家标准，组织起草部门可以采取座谈会、论证会、听证会等多种形式听取意见。

  第二十五条 对于不采用国际标准或者与有关国际标准技术要求不一致，并且对世界贸易组织（WTO）其他成员的贸易有重大影响的强制性国家标准，组织起草部门应当按照要求将强制性国家标准征求意见稿和中英文通报表送国务院标准化行政主管部门。

  国务院标准化行政主管部门应当按照世界贸易组织（WTO）的要求对外通报，并将收到的意见反馈组织起草部门。

  第二十六条 制定中的强制性国家标准有关技术要求发生重大变化的，应当再次向社会公开征求意见。需要对外通报的，还应当再次对外通报。

  第二十七条 组织起草部门应当根据各方意见修改形成强制性国家标准送审稿。

  第二十八条 组织起草部门可以委托相关标准化技术委员会承担对强制性国家标准送审稿的技术审查工作。

  未组成标准化技术委员会的，组织起草部门应当成立审查专家组承担强制性国家标准送审稿的技术审查。涉及两个以上国务院有关行政主管部门的强制性国家标准项目，牵头组织起草部门应当会同其他组织起草部门成立审查专家组。审查专家组应当具有权威性和代表性，人数不得少于十五人。

  起草人员不得承担技术审查工作。

  第二十九条 技术审查应当采取会议形式，重点审查技术要求的科学性、合理性、适用性、规范性，与相关政策要求的符合性，以及与其他强制性标准的协调性。

  审查会议应当形成会议纪要，并经与会全体专家签字。会议纪要应当真实反映审查情况，包括会议时间地点、会议议程、专家名单、具体的审查意见、审查结论等。

  第三十条 组织起草部门根据技术审查意见决定报送批准发布的，应当形成报批稿，送国务院标准化行政主管部门统一编号。

  两个以上国务院有关行政主管部门联合起草的，牵头组织起草部门应当经其他组织起草部门同意后，送国务院标准化行政主管部门统一编号。

  第三十一条 组织起草部门应当提供下列材料，并对强制性国家标准报批稿的内容负责：

  （一）报送公文；

  （二）强制性国家标准报批稿；

  （三）编制说明；

  （四）征求意见汇总处理表；

  （五）审查会议纪要；

  （六）需要报送的其他材料。

  报送公文应当包括过渡期的建议。

  第三十二条 强制性国家标准不能按照项目计划规定时限报送的，组织起草部门应当提前三十日向国务院标准化行政主管部门说明情况，并申请延长期限。

延长的期限不得超过一年。

第三十三条 强制性国家标准报送编号前，组织起草部门认为相关技术要求存在重大问题或者出现政策性变化的，可以重新组织起草或者向国务院标准化行政主管部门提出项目终止建议。

第三十四条 国务院标准化行政主管部门应当对符合下列要求的强制性国家标准予以编号：

（一）制定程序规范、报送材料齐全；

（二）符合本办法第三条和第四条规定的原则；

（三）符合有关法律、行政法规的规定，并与有关强制性标准的技术要求协调衔接；

（四）妥善处理重大分歧意见。

第三十五条 强制性国家标准的编号由强制性国家标准代号（GB）、顺序号和年代号构成。

第三十六条 国务院标准化行政主管部门依据国务院授权批准发布强制性国家标准。强制性国家标准应当以国务院标准化行政主管部门公告的形式发布。

第三十七条 国务院标准化行政主管部门应当自发布之日起二十日内在全国标准信息公共服务平台上免费公开强制性国家标准文本。

第三十八条 强制性国家标准从项目计划下达到报送强制性国家标准报批稿的期限一般不得超过两年，国务院标准化行政主管部门从收到强制性国家标准报批稿到授权批准发布的期限一般不得超过两个月。

第三十九条 强制性国家标准发布后实施前，企业可以选择执行原强制性国家标准或者新强制性国家标准。

新强制性国家标准实施后，原强制性国家标准同时废止。

第四十条 强制性国家标准发布后，起草单位和起草人信息可以通过全国标准信息公共服务平台予以查询。

第四十一条 强制性国家标准发布后，有下列情形之一的，由国务院标准化行政主管部门依据国务院授权解释：

（一）强制性国家标准的规定需要进一步明确具体含义的；

（二）出现新的情况，需要明确适用强制性国家标准依据的；

（三）需要解释的其他事项。

强制性国家标准解释草案由组织起草部门研究提出并报国务院标准化行政主管部门。

强制性国家标准的解释与标准具有同等效力。解释发布后，国务院标准化行政主管部门应当自发布之日起二十日内在全国标准信息公共服务平台上免费公开解释文本。

属于强制性国家标准实施过程中有关具体问题的咨询，由组织起草部门研究答复。

第四十二条 国务院标准化行政主管部门应当通过全国标准信息公共服务平台接收社会各方对强制性国家标准实施情况的意见建议，并及时反馈组织起草部门。

第四十三条 组织起草部门应当收集强制性国家标准实施效果和存在问题，及时研究处理，并对实施情况进行跟踪评估。

强制性国家标准的实施监督管理部门与组织起草部门为不同部门的，监督管理部门应当将行政检查、行政处罚以及其他有关信息及时反馈组织起草部门。

第四十四条 强制性国家标准实施后，组织起草部门应当定期组织对强制性国家标准实施情况进行统计分析，形成实施情况统计分析报告并送国务院标准化行政主管部门。

强制性国家标准实施情况统计分析报告应当包括强制性国家标准实施情况总体评估以及具体实施效果、存在的问题、改进建议等。

第四十五条 组织起草部门应当根据反馈和评估情况，对强制性国家标准进行复审，提出继续有效、修订或者废止的结论，并送国务院标准化行政主管部门。

复审周期一般不得超过五年。

第四十六条 复审结论为修订强制性国家标准的，组织起草部门应当在报送复审结论时提出修订项目。

强制性国家标准的修订，按照本办法规定的强制性国家标准制定程序执行；个别技术要求需要调整、补充或者删减，采用修改单方式予以修订的，无需经国务院标准化行政主管部门立项。

第四十七条 复审结论为废止强制性国家标准的，由国务院标准化行政主管部门通过全国标准信息公共服务平台向社会公开征求意见，并以书面形式征求强制性国家标准的实施监督管理部门意见。公开征求意见一般不得少于三十日。

无重大分歧意见或者经协调一致的，由国务院标准化行政主管部门依据国务院授权以公告形式废止强制性国家标准。

第四十八条 强制性国家标准制定实施中出现争议的，由国务院标准化行政主管部门组织协商；经协商未形成一致意见的，提交国务院标准化协调推进部际联席会议研究解决。

第四十九条 任何单位或者个人有权向标准化行政主管部门、有关行政主管部门举报、投诉违反本办法规定的行为。

标准化行政主管部门、有关行政主管部门依据职责予以处理，对于实名举报人或者投诉人，应当告知处理结果，为举报人保密，并按照国家有关规定对举报人给予奖励。

第五十条 强制性国家标准制定过程中涉及国家秘密的，应当遵守有关保密规定。

第五十一条 强制性国家标准涉及专利的，应当按照国家标准涉及专利的有关管理规定执行。

制定强制性国家标准参考相关国际标准的，应当遵守相关国际标准化组织的版权政策。

第五十二条 本办法所称企业包括内资企业和外商投资企业。强制性国家标准对内资企业和外商投资企业平等适用。外商投资企业依法和内资企业平等参与强制性国家标准的制定、修订工作。

第五十三条 本办法所称日为公历日。

第五十四条 法律、行政法规和国务院决定对强制性标准的制定另有规定的，从其规定。

第五十五条 本办法自 2020 年 6 月 1 日起施行。有关部门规章中涉及强制性国家标准管理的内容与本办法规定不一致的，以本办法规定为准。

地方标准管理办法

（2020 年 1 月 16 日国家市场监督管理总局令第 26 号公布　自 2020 年 3 月 1 日起施行）

第一条 为了加强地方标准管理，根据《中华人民共和国标准化法》，制定本办法。

第二条 地方标准的制定、组织实施及其监督管理，适用本办法。

法律、行政法规和国务院决定另有规定的，依照其规定。

第三条 为满足地方自然条件、风俗习惯等特殊技术要求，省级标准化行政主管部门和经其批准的设区的市级标准化行政主管部门可以在农业、工业、服务业以及社会事业等领域制定地方标准。

地方标准为推荐性标准。

第四条 制定地方标准应当遵循开放、透明、公平的原则，有利于科学合理利用资源，推广科学技术成果，做到技术上先进、经济上合理。

第五条 地方标准的技术要求不得低于强制性国家标准的相关技术要求，并做到与有关标准之间的协调配套。

禁止通过制定产品质量及其检验方法地方标准等方式，利用地方标准实施妨碍商品、服务自由流通等排除、限制市场竞争的行为。

第六条 国务院标准化行政主管部门统一指导、协调、监督全国地方标准的制定及相关管理工作。

县级以上地方标准化行政主管部门依据法定职责承担地方标准管理工作。

第七条 省级标准化行政主管部门应当组织标准化技术委员会，承担地方标准的起草、技术审查工作。设区的市级标准化行政主管部门应当发挥标准化技术委员会作用，承担地方标准的起草、技术审查工作。

未组织标准化技术委员会的，应当成立专家组，承担地方标准的起草、技术审查工作。

标准化技术委员会和专家组应当具有专业性、独立性和广泛代表性。承担起草工作的人员不得承担技术审查工作。

第八条 社会团体、企业事业组织以及公民可以向设区的市级以上地方标准化行政主管部门或者有关行政主管部门提出地方标准立项建议。

设区的市级以上地方标准化行政主管部门应当将收到的立项建议通报同级有关行政主管部门。

第九条 设区的市级以上地方有关行政主管部门可以根据收到的立项建议和本行政区域的特殊需要，向同级标准化行政主管部门提出地方标准立项申请。

第十条 设区的市级以上地方标准化行政主管部门应当对有关行政主管部门、企业事业组织、社会团体、消费者和教育、科研机构等方面的实际需求进行调查，对制定地方标准的必要性、可行性进行论证评估，并对立项申请是否符合地方标准的制定事项范围进行审查。

第十一条 设区的市级以上地方标准化行政主管部门应当根据论证评估、调查结果以及审查意见，制定地方标准立项计划。

地方标准立项计划应当明确项目名称、提出立项申请的行政主管部门、起草单位、完成时限等。

第十二条 起草单位应当对地方标准相关事项进行调查分析、实验、论证。有关技术要求需要进行试验验证的，应当委托具有相应能力的技术单位开展。

第十三条 起草单位应当征求有关行政主管部门以及企业事业组织、社会团体、消费者组织和教育、科研机构等方面意见，并在设区的市级以上地方标准化行政主管部门门户网站向社会公开征求意见。公开征求意见的期限不少于三十日。

第十四条 起草单位应当根据各方意见对地方标准进行修改完善后，与编制说明、有关行政主管部门意见、征求意见采纳情况等材料一并报送标准化行政主管部门技术审查。

第十五条 设区的市级以上地方标准化行政主管部门应当组织对地方标准的下列事项进行技术审查：

（一）是否符合地方标准的制定事项范围；

（二）技术要求是否不低于强制性国家标准的相关技术要求，并与有关标准协调配套；

（三）是否妥善处理分歧意见；

（四）需要技术审查的其他事项。

第十六条 起草单位应当将根据技术审查意见修改完善的地方标准，与技术审查意见处理情况及本办法第十四条规定的需要报送的其他材料一并报送立项的标准化行政主管部门审核。

  第十七条 设区的市级以上地方标准化行政主管部门应当组织对地方标准报批稿及相关材料进行审核，对报送材料齐全、制定程序规范的地方标准予以批准、编号。

  第十八条 地方标准的编号，由地方标准代号、顺序号和年代号三部分组成。

  省级地方标准代号，由汉语拼音字母"DB"加上其行政区划代码前两位数字组成。市级地方标准代号，由汉语拼音字母"DB"加上其行政区划代码前四位数字组成。

  第十九条 地方标准发布前，提出立项申请的行政主管部门认为相关技术要求存在重大问题或者出现重大政策性变化的，可以向标准化行政主管部门提出项目变更或者终止建议。

  标准化行政主管部门可以根据有关行政主管部门的建议等，作出项目变更或者终止决定。

  第二十条 地方标准由设区的市级以上地方标准化行政主管部门发布。

  第二十一条 设区的市级以上地方标准化行政主管部门应当自地方标准发布之日起二十日内在其门户网站和标准信息公共服务平台上公布其制定的地方标准的目录及文本。

  第二十二条 地方标准应当自发布之日起六十日内由省级标准化行政主管部门向国务院标准化行政主管部门备案。备案材料应当包括发布公告及地方标准文本。

  国务院标准化行政主管部门应当将其备案的地方标准通报国务院有关行政主管部门。

  第二十三条 县级以上地方标准化行政主管部门和有关行政主管部门应当依据法定职责，对地方标准的实施进行监督检查。

  第二十四条 设区的市级以上地方标准化行政主管部门应当建立地方标准实施信息反馈和评估机制，并根据反馈和评估情况，对其制定的地方标准进行复审。

  地方标准复审周期一般不超过五年，但有下列情形之一的，应当及时复审：

  （一）法律、法规、规章或者国家有关规定发生重大变化的；

  （二）涉及的国家标准、行业标准、地方标准发生重大变化的；

  （三）关键技术、适用条件发生重大变化的；

  （四）应当及时复审的其他情形。

  第二十五条 复审地方标准的，设区的市级以上地方标准化行政主管部门应当征求同级有关行政主管部门以及企业事业组织、社会团体、消费者组织和教育、科研机构等方面意见，并根据有关意见作出地方标准继续有效、修订或者废止的复审结论。

  复审结论为修订地方标准的，应当按照本办法规定的地方标准制定程序执行。复审结论为废止地方标准的，应当公告废止。

  第二十六条 地方标准的技术要求低于强制性国家标准的相关技术要求的，应当及时改正；拒不改正的，由国务院标准化行政主管部门公告废止相关标准；由有权机关对负有责任的领导人员和直接责任人员依法给予处分。

  地方标准未依照本办法规定进行编号或者备案的，由国务院标准化行政主管部门要求其说明情况，并限期改正；拒不改正的，由国务院标准化行政主管部门撤销相关标准编号或者公告废止未备案标准；由有权机关对负有责任的领导人员和直接责任人员依法给予处分。

  地方标准未依照本办法规定进行复审的，由国务院标准化行政主管部门要求其说明情况，并限期改正；拒不改正的，由有权机关对负有责任的领导人员和直接责任人员依法给予处分。

  利用地方标准实施排除、限制市场竞争行为的，按照《中华人民共和国反垄断法》等法律、行政法规的规定处理。

  地方标准的制定事项范围或者制定主体不符合本办法规定的，由上一级标准化行政主管部门责令限期改正；拒不改正的，公告废止相关标准。

  第二十七条 对经济和社会发展具有重大推动作用的地方标准，可以按照地方有关规定申报科学技术奖励。

第二十八条 本办法所称日为公历日。

第二十九条 本办法自 2020 年 3 月 1 日起施行。1990 年 9 月 6 日原国家技术监督局令第 15 号公布的《地方标准管理办法》同时废止。

团体标准管理规定

(2019 年 1 月 9 日 国标委联〔2019〕1 号)

第一章 总 则

第一条 为规范、引导和监督团体标准化工作，根据《中华人民共和国标准化法》，制定本规定。

第二条 团体标准的制定、实施和监督适用本规定。

第三条 团体标准是依法成立的社会团体为满足市场和创新需要，协调相关市场主体共同制定的标准。

第四条 社会团体开展团体标准化工作应当遵守标准化工作的基本原理、方法和程序。

第五条 国务院标准化行政主管部门统一管理团体标准化工作。国务院有关行政主管部门分工管理本部门、本行业的团体标准化工作。

县级以上地方人民政府标准化行政主管部门统一管理本行政区域内的团体标准化工作。县级以上地方人民政府有关行政主管部门分工管理本行政区域内本部门、本行业的团体标准化工作。

第六条 国家实行团体标准自我声明公开和监督制度。

第七条 鼓励社会团体参与国际标准化活动，推进团体标准国际化。

第二章 团体标准的制定

第八条 社会团体应当依据其章程规定的业务范围进行活动，规范开展团体标准化工作，应当配备熟悉标准化相关法律法规、政策和专业知识的工作人员，建立具有标准化管理协调和标准研制等功能的内部工作部门，制定相关的管理办法和标准知识产权管理制度，明确团体标准制定、实施的程序和要求。

第九条 制定团体标准应当遵循开放、透明、公平的原则，吸纳生产者、经营者、使用者、消费者、教育科研机构、检测及认证机构、政府部门等相关方代表参与，充分反映各方的共同需求。支持消费者和中小企业代表参与团体标准制定。

第十条 制定团体标准应当有利于科学合理利用资源，推广科学技术成果，增强产品的安全性、通用性、可替换性，提高经济效益、社会效益、生态效益，做到技术上先进、经济上合理。

制定团体标准应当在科学技术研究成果和社会实践经验总结的基础上，深入调查分析，进行实验、论证，切实做到科学有效、技术指标先进。

禁止利用团体标准实施妨碍商品、服务自由流通等排除、限制市场竞争的行为。

第十一条 团体标准应当符合相关法律法规的要求，不得与国家有关产业政策相抵触。

对于术语、分类、量值、符号等基础通用方面的内容应当遵守国家标准、行业标准、地方标准，团体标准一般不予另行规定。

第十二条 团体标准的技术要求不得低于强制性标准的相关技术要求。

第十三条 制定团体标准应当以满足市场和创新需要为目标，聚焦新技术、新产业、新业态和新模式，填补标准空白。

国家鼓励社会团体制定高于推荐性标准相关技术要求的团体标准；鼓励制定具有国际领先水平的团体标准。

第十四条 制定团体标准的一般程序包括：提案、立项、起草、征求意见、技术审查、批准、编号、发布、复审。

征求意见应当明确期限，一般不少于 30 日。涉及消费者权益的，应当向社会公开征求意见，并对反馈意见进行处理协调。

技术审查原则上应当协商一致。如需表决，不少于出席会议代表人数的 3/4 同意方为通过。起草人及其所在单位的专家不能参加表决。

团体标准应当按照社会团体规定的程序批准，以社会团体文件形式予以发布。

第十五条 团体标准的编写参照 GB/T 1.1《标准化工作导则 第 1 部分：标准的结构和编写》的规定执行。

团体标准的封面格式应当符合要求，具体格式见附件。

第十六条 社会团体应当合理处置团体标准中涉及的必要专利问题，应当及时披露相关专利信息，获得专利权人的许可声明。

第十七条 团体标准编号依次由团体标准代号、社会团体代号、团体标准顺序号和年代号组成。团体标准编号方法如下：

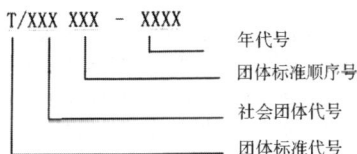

T/XXX XXX - XXXX
年代号
团体标准顺序号
社会团体代号
团体标准代号

社会团体代号由社会团体自主拟定，可使用大写拉丁字母或大写拉丁字母与阿拉伯数字的组合。社会团体代号应当合法，不得与现有标准代号重复。

第十八条 社会团体应当公开其团体标准的名称、编号、发布文件等基本信息。团体标准涉及专利的，还应当公开标准涉及专利的信息。鼓励社会团体公开其团体标准的全文或主要技术内容。

第十九条 社会团体应当自我声明其公开的团体标准符合法律法规和强制性标准的要求，符合国家有关产业政策，并对公开信息的合法性、真实性负责。

第二十条 国家鼓励社会团体通过标准信息公共服务平台自我声明公开其团体标准信息。

社会团体到标准信息公共服务平台上自我声明公开信息的，需提供社会团体法人登记证书、开展团体标准化工作的内部工作部门及工作人员信息、团体标准制修订程序等相关文件，并自我承诺对以上材料的合法性、真实性负责。

第二十一条 标准信息公共服务平台应当提供便捷有效的服务，方便用户和消费者查询团体标准信息，为政府部门监督管理提供支撑。

第二十二条 社会团体应当合理处置团体标准涉及的著作权问题，及时处理团体标准的著作权归属，明确相关著作权的处置规则、程序和要求。

第二十三条 鼓励社会团体之间开展团体标准化合作，共同研制或发布标准。

第二十四条 鼓励标准化研究机构充分发挥技术优势，面向社会团体开展标准研制、标准化人员培训、标准化技术咨询等服务。

第三章 团体标准的实施

第二十五条 团体标准由本团体成员约定采用或者按照本团体的规定供社会自愿采用。

第二十六条 社会团体自行负责其团体标准的推广与应用。社会团体可以通过自律公约的方式推动团体标准的实施。

第二十七条 社会团体自愿向第三方机构申请开展团体标准化良好行为评价。

团体标准化良好行为评价应当按照团体标准化系列国家标准（GB/T 20004）开展，并向社会公开评价结果。

第二十八条 团体标准实施效果良好，且符合国家标准、行业标准或地方标准制定要求的，团体标准发布机构可以申请转化为国家标准、行业标准或地方标准。

第二十九条 鼓励各部门、各地方在产业政策制定、行政管理、政府采购、社会管理、检验检测、认证认可、招投标等工作中应用团体标准。

第三十条 鼓励各部门、各地方将团体标准纳入各级奖项评选范围。

第四章 团体标准的监督

第三十一条 社会团体登记管理机关责令限期停止活动的社会团体，在停止活动期间不得开展团体标准化活动。

第三十二条 县级以上人民政府标准化行政主管部门、有关行政主管部门依据法定职责，对团体标准的制定进行指导和监督，对团体标准的实施进行监督检查。

第三十三条 对于已有相关社会团体制定了团体标准的行业，国务院有关行政主管部门结合本行业特点，制定相关管理措施，明确本行业团体标准发展方向、制定主体能力、推广应用、实施监督等要求，加强对团体标准制定和实施的指导和监督。

第三十四条 任何单位或者个人有权对不符合法律法规、强制性标准、国家有关产业政策要求的团体标准进行投诉和举报。

第三十五条 社会团体应主动回应影响较大的团体标准相关社会质疑，对于发现确实存在问题的，要及时进行改正。

第三十六条 标准化行政主管部门、有关行政主管部门应当向社会公开受理举报、投诉的电话、信箱或者电子邮件地址，并安排人员受理举报、投诉。

对举报、投诉，标准化行政主管部门和有关行政主管部门可采取约谈、调阅材料、实地调查、专家论证、听证等方式进行调查处理。相关社会团体应当配合有关部门的调查处理。

对于全国性社会团体，由国务院有关行政主管部门依据职责和相关政策要求进行调查处理，督促相关社会团体妥善解决有关问题；如需社会团体限期改正的，移交国务院标准化行政主管部门。对于地方性社会团体，由县级以上人民政府有关行政主管部门对本行政区域内的社会团体依据职责和相关政策开展调查处理，督促相关社会团体妥善解决有关问题；如需限期改正的，移交同级人民政府标准化行政主管部门。

第三十七条 社会团体制定的团体标准不符合强制性标准规定的，由标准化行政主管部门责令限期改正；逾期不改正的，由省级以上人民政府标准化行政主管部门废止相关团体标准，并在标准信息公共服务平台上公示，同时向社会团体登记管理机关通报，由社会团体登记管理机关将其违规行为纳入社会团体信用体系。

第三十八条 社会团体制定的团体标准不符合"有利于科学合理利用资源，推广科学技术成果，增强产品的安全性、通用性、可替换性，提高经济效益、社会效益、生态效益，做到技术上先进、经济上合理"的，由标准化行政主管部门责令限期改正；逾期不改正的，由省级以上人民政府标准化行政主管部门废止相关团体标准，并在标准信息公共服务平台上公示。

第三十九条 社会团体未依照本规定对团体标准进行编号的，由标准化行政主管部门责令限期改正；逾期不改正的，由省级以上人民政府标准化行政主管部门撤销相关标准编号，并在标准信息公共服务平台上公示。

第四十条 利用团体标准实施排除、限制市场竞争行为的，依照《中华人民共和国反垄断法》等法律、行政法规的规定处理。

第五章 附 则

第四十一条 本规定由国务院标准化行政主管部门负责解释。

第四十二条 本规定自发布之日起实施。

第四十三条 《团体标准管理规定（试行）》自本规定发布之日起废止。

附件： 团体标准的封面格式（略）

工程建设国家标准管理办法

(1992年12月30日建设部令第24号发布　自发布之日起施行)

第一章 总 则

第一条 为了加强工程建设国家标准的管理，促进技术进步，保证工程质量，保障人体健康和人身、财产安全，根据《中华人民共和国标准化法》、《中华人民共和国标准化法实施条例》和国家有关工程建设的法律、行政法规，制定本办法。

第二条 对需要在全国范围内统一的下列技术要求，应当制定国家标准：

（一）工程建设勘察、规划、设计、施工（包括安装）及验收等通用的质量要求；

（二）工程建设通用的有关安全、卫生和环境保护的技术要求；

（三）工程建设通用的术语、符号、代号、量与单位、建筑模数和制图方法；

（四）工程建设通用的试验、检验和评定等方法；

（五）工程建设通用的信息技术要求；

（六）国家需要控制的其他工程建设通用的技术要求。

法律另有规定的，依照法律的规定执行。

第三条 国家标准分为强制性标准和推荐性标准。

下列标准属于强制性标准：

（一）工程建设勘察、规划、设计、施工（包括安装）及验收等通用的综合标准和重要的通用的质量标准；

（二）工程建设通用的有关安全、卫生和环境保护的标准；

（三）工程建设重要的通用的术语、符号、代号、量与单位、建筑模数和制图方法标准；

（四）工程建设重要的通用的试验、检验和评定方法等标准；

（五）工程建设重要的通用的信息技术标准；

（六）国家需要控制的其他工程建设通用的标准。

强制性标准以外的标准是推荐性标准。

第二章 国家标准的计划

第四条 国家标准的计划分为五年计划和年度计划。

五年计划是编制年度计划的依据；年度计划是确定工作任务和组织编制标准的依据。

第五条 编制国家标准的计划，应当遵循下列原则：

（一）在国民经济发展的总目标和总方针的指导下进行，体现国家的技术、经济政策；

（二）适应工程建设和科学技术发展的需要；

（三）在充分做好调查研究和认真总结经验的基础上，根据工程建设标准体系表的要求，综合考虑相关标准之间的构成和协调配套；

（四）从实际出发，保证重点，统筹兼顾，根据需要和可能，分别轻重缓急，做好计划的综合平衡。

第六条 五年计划由计划编制纲要和计划项目两部分组成。其内容应当符合下列要求：

（一）计划编制纲要包括计划编制的依据、指导思想、预期目标、工作重点和实施计划的主要措施等；

（二）计划项目的内容包括标准名称、制订或修订、适用范围及其主要技术内容、主编部门、主编单位和起始年限等。

第七条 列入五年计划的国家标准制订项目应当落实主编单位、主编单位应当具备下列条件：

（一）承担过与该国家标准项目相应的工程建设勘察、规划、设计、施工或科研任务的企业、事业单位；

（二）具有较丰富的工程建设经验、较高的技术水平和组织管理水平，能组织解决国家标准编制中的重大技术问题。

第八条 列入五年计划的国家标准修订项目，其主编单位一般由原国家标准的管理单位承担。

第九条 五年计划的编制工作应当按下列程序进行：

（一）国务院工程建设行政主管部门根据国家编制国民经济和社会发展五年计划的原则和要求，统一部署编制国家标准五年计划的任务；

（二）国务院有关行政主管部门和省、自治区、直辖市工程建设行政主管部门，根据国务院工程建设行政主管部门统一部署的要求，提出五年计划建议草案，报国务院工程建设行政主管部门；

（三）国务院工程建设行政主管部门对五年计划建议草案进行汇总，在与各有关方面充分协商的基础上进行综合平衡，并提出五年计划草案，报国务院计划行政主管部门批准下达。

第十条 年度计划由计划编制的简要说明和计划项目两部分组成。计划项目的内容包括标准名称、制订或修订、适用范围及其主要技术内容、主编部门和主编单位、参加单位、起止年限、进度要求等。

第十一条 年度计划应当在五年计划的基础上进行编制。国家标准项目在列入年度计划之前由主编单位做好年度计划的前期工作，并提出前期工作报告。前期工作报告应当包括：国家标准项目名称、目的和作用、技术条件和成熟程度、与各类现行标准的关系、预期的经济效益和社会效益、建议参编单位和起止年限。

第十二条 列入年度计划的国家标准项目，应当具备下列条件：

（一）有年度计划的前期工作报告；

（二）有生产和建设的实践经验；

（三）相应的科研成果经过鉴定和验证，具备推广应用的条件；

（四）不与相关的国家标准重复或矛盾；

（五）参编单位已落实。

第十三条 年度计划的编制工作应当按下列程序进行：

（一）国务院有关行政主管部门和省、自治区、直辖市工程建设行政主管部门，应当根据五年计划的要求，分期分批地安排各国家标准项目的主编单位进行年度计划的前期工作。由主编单位提出的前期工作报告和年度计划项目表，报主管部门审查；

（二）国务院有关行政主管部门和省、自治区、直辖市工程建设行政主管部门，根据国务院工程建设行政主管部门当年的统一部署，做好所承担年度计划项目的落实工作并在规定期限前报国务院工程建设行政主管部门；

（三）国务院工程建设行政主管部门根据各主管部门提出的计划项目，经综合平衡后，编制工程建设国家标准的年度计划草案，在规定期限前报国务院计划行政主管部门批准下达。

第十四条 列入年度计划国家标准项目的主编单位应当按计划要求组织实施。在计划执行中遇有特殊情况，不能按原计划实施时，应当向主管部门提交申请变更计划的报告。各主管部门可根据实际情况提出调整计划的建议，经国务院工程建设行政主管部门批准后，按调整的计划组织实施。

第十五条 国务院各有关行政主管部门和省、自治区、直辖市工程建设行政主管部门对主管的国家标准项目计划执行情况负有监督和检查的责任，并负责协调解决计划执行中的重大问题。各主编单位在每年年底前将本年度计划执行情况和下年度的工作安排报行政主管部门，并报国务院工程建设行政主管部门备案。

第三章　国家标准的制订

第十六条 制订国家标准必须贯彻执行国家的有关法律、法规和方针、政策，密切结合自然条件，合理利用资源，充分考虑使用和维修的要求，做到安全适用、技术先进、经济合理。

第十七条 制订国家标准，对需要进行科学试验或测试验证的项目，应当纳入各级主管部门的科研计划，认真组织实施，写出成果报告。凡经过行政主管部门或受委托单位鉴定，技术上成熟，经济上合理的项目应当纳入标准。

第十八条 制订国家标准应当积极采用新技术、新工艺、新设备、新材料。纳入标准的新技术、新工艺、新设备、新材料，应当经有关主管部门或受委托单位鉴定，有完整的技术文件，且经实践检验行之有效。

第十九条 制订国家标准要积极采用国际标准和国外先进标准，凡经过认真分析论证或测试验证，并且符合我国国情的，应当纳入国家标准。

第二十条 制订国家标准，其条文规定应当严谨明确，文句简练，不得模棱两可；其内容深度、术语、符号、计量单位等应当前后一致，不得矛盾。

第二十一条 制订国家标准必须做好与现行相关标准之间的协调工作。对需要与现行工程建设国家标准协调的，应当遵守现行工程建设国家标准的规定；确有充分依据对其内容进行更改的，必须经过国务院工程建设行政主管部门审批，方可另行规定。凡属于产品标准方面的内容，不得在工程建设国家标准中加以规定。

第二十二条 制订国家标准必须充分发扬民主。对国家标准中有关政策性问题，应当认真研究、充分讨论、统一认识；对有争论的技术性问题，应当在调查研究、试验验证或专题讨论的基础上，经过充分协商，恰如其分地做出结论。

第二十三条 制订国家标准的工作程序按准备、征求意见、送审和报批四个阶段进行。

第二十四条 准备阶段的工作应当符合下列要求：

（一）主编单位根据年度计划的要求，进行编制国家标准的筹备工作。落实国家标准编制组成员，草拟制订国家标准的工作大纲。工作大纲包括国家标准的主要章节内容、需要调查研究的

主要问题、必要的测试验证项目、工作进度计划及编制组成员分工等内容;

（二）主编单位筹备工作完成后，由主编部门或由主编部门委托主编单位主持召开编制组第一次工作会议。其内容包括：宣布编制组成员、学习工程建设标准化工作的有关文件、讨论通过工作大纲和会议纪要。会议纪要印发国家标准的参编部门和单位，并报国务院工程建设行政主管部门备案。

第二十五条 征求意见阶段的工作应当符合下列要求：

（一）编制组根据制订国家标准的工作大纲开展调查研究工作。调查对象应当具有代表性和典型性。调查研究工作结束后，应当及时提出调查研究报告，并将整理好的原始调查记录和收集到的国内外有关资料由编制组统一归档;

（二）测试验证工作在编制组统一计划下进行，落实负责单位、制订测试验证工作大纲、确定统一的测试验证方法等。测试验证结果，应当由项目的负责单位组织有关专家进行鉴定。鉴定成果及有关的原始资料由编制组统一归档;

（三）编制组对国家标准中的重大问题或有分歧的问题，应当根据需要召开专题会议。专题会议邀请有代表性和有经验的专家参加，并应当形成会议纪要。会议纪要及会议记录等由编制组统一归档;

（四）编制组在做好上述各项工作的基础上，编写标准征求意见稿及其条文说明。主编单位对标准征求意见稿及其条文说明的内容全面负责;

（五）主编部门对主编单位提出的征求意见稿及其条文说明根据本办法制订标准的原则进行审核。审核的主要内容：国家标准的适用范围与技术内容协调一致；技术内容体现国家的技术经济政策；准确反映生产、建设的实践经验；标准的技术数据和参数有可靠的依据，并与相关标准相协调；对有分歧和争论的问题，编制组内取得一致意见；国家标准的编写符合工程建设国家标准编写的统一规定;

（六）征求意见稿及其条文说明应由主编单位印发国务院有关行政主管部门、各有关省、自治区、直辖市工程建设行政主管部门和各单位征求意见。征求意见的期限一般为两个月。必要时，对其中的重要问题，可以采取走访或召开专题会议的形式征求意见。

第二十六条 送审阶段的工作应当符合下列要求：

（一）编制组将征求意见阶段收集到的意见，逐条归纳整理，在分析研究的基础上提出处理意见，形成国家标准送审稿及其条文说明。对其中有争议的重大问题可以视具体情况进行补充的调查研究、测试验证或召开专题会议，提出处理意见;

（二）当国家标准需要进行全面的综合技术经济比较时，编制组要按国家标准送审稿组织试设计或施工试用。试设计或施工试用应当选择有代表性的工程进行。试设计或施工试用结束后应当提出报告;

（三）国家标准送审的文件一般应当包括：国家标准送审稿及其条文说明、送审报告、主要问题的专题报告、试设计或施工试用报告等。送审报告的内容主要包括：制订标准任务的来源、制订标准过程中所作的主要工作、标准中重点内容确定的依据及其成熟程度、与国外相关标准水平的对比、标准实施后的经济效益和社会效益以及对标准的初步总评价、标准中尚存在的主要问题和今后需要进行的主要工作等;

（四）国家标准送审文件应当在开会之前一个半月发至各主管部门和关单位;

（五）国家标准送审稿的审查，一般采取召开审查会议的形式。经国务院工程建设行政主管部门同意后，也可以采取函审和小型审定会议的形式;

（六）审查会议应由主编部门主持召开。参加会议的代表应包括国务院有关行政主管部门的代表、有经验的专家代表、相关的国家标准编制组或管理组的代表。

审查会议可以成立会议领导小组，负责研究解决会议中提出的重大问题。会议由代表和编制组成员共同对标准送审稿进行审查，对其中重要的或有争议的问题应当进行充分讨论和协商，集中代表的正确意见；对有争议并不能取得一致意见的问题，应当提出倾向性审查意见。

审查会议应当形成会议纪要。其内容一般包括：审查会议概况、标准送审稿中的重点内容及分歧较大问题的审查意见、对标准送审稿的评价、会议代表和领导小组成员名单等。

（七）采取函审和小型审定会议对标准送审稿进行审查时，由主编部门印发通知。参加函审的单位和专家，应经国务院工程建设行政主管部门审查同意、主编部门在函审的基础上主持召开小型审定会议，对标准中的重大问题和有分歧的问题提出审查意见，形成会议纪要，印发各有关部门和单位并报国务院工程建设行政主管部门。

第二十七条 报批阶段的工作应当符合下列要求：

（一）编制组根据审查会议或函审和小型审定会议的审查意见，修改标准送审稿及其条文说明，形成标准报批稿及其条文说明。标准的报批文件经主编单位审查后报主编部门。报批文件一般包括标准报批稿及其条文说明、报批报告、审查或审定会议纪要、主要问题的专题报告、试设计或施工试用报告等。

（二）主编部门应当对标准报批文件进行全面审查，并会同国务院工程建设行政主管部门共同对标准报批稿进行审核。主编部门将共同确认的标准报批文件一式三份报国务院工程建设行政主管部门审批。

第四章 国家标准的审批、发布

第二十八条 国家标准由国务院工程建设行政主管部门审查批准，由国务院标准化行政主管部门统一编号，由国务院标准化行政主管部门和国务院工程建设行政主管部门联合发布。

第二十九条 国家标准的编号由国家标准代号、发布标准的顺序号和发布标准的年号组成，并应当符合下列统一格式：

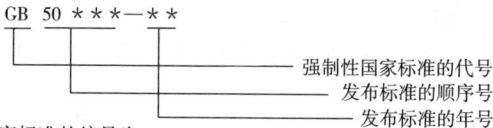

GB　50＊＊＊—＊＊

　　　　　　强制性国家标准的代号
　　　　　　发布标准的顺序号
　　　　　　发布标准的年号

（一）强制性国家标准的编号为：

（二）推荐性国家编号为：

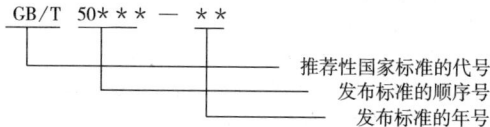

GB/T 50＊＊＊ — ＊＊

　　　　　　推荐性国家标准的代号
　　　　　　发布标准的顺序号
　　　　　　发布标准的年号

第三十条 国家标准的出版由国务院工程建设行政主管部门负责组织。国家标准的出版印刷应当符合工程建设标准出版印刷的统一要求。

第三十一条 国家标准属于科技成果。对技术水平高、取得显著经济效益或社会效益的国家标准，应当纳入各级科学技术进步奖励范围，予以奖励。

第五章 国家标准的复审与修订

第三十二条 国家标准实施后，应当根据科学技术的发展和工程建设的需要，由该国家标准的管理部门适时组织有关单位进行复审。复审一般在国家标准实施后五年进行一次。

第三十三条　国家标准复审的具体工作由国家标准管理单位负责。复审可以采取函审或会议审查，一般由参加过该标准编制或审查的单位或个人参加。

第三十四条　国家标准复审后，标准管理单位应当提出其继续有效或者予以修订、废止的意见，经该国家标准的主管部门确认后报国务院工程建设行政主管部门批准。

第三十五条　对确认继续有效的国家标准，当再版或汇编时，应在其封面或扉页上的标准编号下方增加"＊＊＊＊年＊月确认继续有效"。对确认继续有效或予以废止的国家标准，由国务院工程建设行政主管部门在指定的报刊上公布。

第三十六条　对需要全面修订的国家标准，由其管理单位做好前期工作。国家标准修订的准备阶段工作应在管理阶段进行，其他有关的要求应当符合制订国家标准的有关规定。

第三十七条　凡属下列情况之一的国家标准应当进行局部修订：

（一）国家标准的部分规定已制约了科学技术新成果的推广应用；

（二）国家标准的部分规定经修订后可取得明显的经济效益，社会效益，环境效益；

（三）国家标准的部分规定有明显缺陷或与相关的国家标准相抵触；

（四）需要对现行的国家标准做局部补充规定。

第三十八条　国家标准局部修订的计划和编制程序，应当符合工程建设技术标准局部修订的统一规定。

第六章　国家标准的日常管理

第三十九条　国家标准发布后，由其管理单位组建国家标准管理组，负责国家标准的日常管理工作。

第四十条　国家标准管理组设专职或兼职若干人。其人员组成，经国家标准管理单位报该国家标准管理部门审定后报国务院工程建设行政主管部门备案。

第四十一条　国家标准日常管理的主要任务是：

（一）根据主管部门的授权负责国家标准的解释；

（二）对国家标准中遗留的问题，负责组织调查研究、必要的测试验证和重点科研工作；

（三）负责国家标准的宣传贯彻工作；

（四）调查了解国家标准的实施情况，收集和研究国内外有关标准、技术信息资料和实践经验，参加相应的国际标准化活动；

（五）参与有关工程建设质量事故的调查和咨询；

（六）负责开展标准的研究和学术交流活动；

（七）负责国家标准的复审、局部修订和技术档案工作。

第四十二条　国家标准管理人员在该国家标准管理部门和管理单位的领导下工作。管理单位应当加强对其的领导，进行经常性的督促检查，定期研究和解决国家标准日常管理工作中的问题。

第七章　附　　则

第四十三条　推荐性国家标准可由国务院工程建设行政主管部门委托中国工程建设标准化协会等单位编制计划、组织制订。

第四十四条　本办法由国务院工程建设行政主管部门负责解释。

第四十五条　本办法自发布之日起施行。

标准物质管理办法

(1987 年 7 月 10 日　〔1987〕量局法第 231 号)

第一条　根据《中华人民共和国计量法实施细则》第六十一条、第六十三条的规定，制定本办法。

第二条　本办法适用的标准物质是指用于统一量值的标准物质。用于统一量值的标准物质，包括化学成分分析标准物质、物理特性与物理化学特性测量标准物质和工程技术特性测量标准物质。

第三条　凡向外单位供应的标准物质的制造以及标准物质的销售和发放，必须遵守本办法。

第四条　企业、事业单位制造标准物质，必须具备与所制造的标准物质相适应的设施、人员和分析测量仪器设备，并向国务院计量行政部门申请办理《制造计量器具许可证》。

第五条　企业、事业单位制造标准物质新产品，应进行定级鉴定，并经评审取得标准物质定级证书。

第六条　标准物质的定级条件：

（一）一级标准物质

1. 用绝对测量法或两种以上不同原理的准确可靠的方法定值。在只有一种定值方法的情况下，用多个实验室以同种准确可靠的方法定值；

2. 准确度具有国内量高水平，均匀性在准确度范围之内；

3. 稳定性在一年以上或达到国际上同类标准物质的先进水平；

4. 包装形式符合标准物质技术规范的要求。

（二）二级标准物质

1. 用与一级标准物质进行比较测量的方法或一级标准物质的定值方法定值；

2. 准确度和均匀性未达到一级标准物质的水平，但能满足一般测量的需要；

3. 稳定性在半年以上，或能满足实际测量的需要；

4. 包装形式符合标准物质技术规范的要求。

第七条　申请《制造计量器具许可证》和定级证书的单位，需向国务院计量行政部门填报申请书并提交标准物质样品三份和以下材料：

（一）生产设施、技术人员状况和分析测量仪器设备及实验室条件的情况；

（二）研制计划任务书；

（三）研制报告，包括制备方法、制备工艺、稳定性考察、均匀性检验，定值的测量方法、测量结果及数据处理等；

（四）国内外同种标准物质主要特性的对照比较情况；

（五）试用情况报告；

（六）标准物质产品检验证书的式样；

（七）保障统一量值需要的供应能力和措施。

第八条　国务院计量行政部门聘请有关主管部门和有关单位的专家组成标准物质技术评审组织，负责对申请《制造计量器具许可证》的考核以及标准物质定级鉴定的评审。定级鉴定由国务院计量行政部门按标准物质的专业分类，授权有关主管部门的技术机构或法定计量检定机构负责。

标准物质技术评审组织的章程和工作程序，由国务院计量行政部门组织制定。

第九条 经标准物质技术评审组织的评审，对符合本办法第四条、第六条规定的，由国务院计量行政部门审批后颁发《制造计量器具许可证》和标准物质定级证书，统一规定编号，列入标准物质目录，并向全国公布。

企业、事业单位未取得《制造计量器具许可证》和标准物质定级证书，有关主管部门不得批准其投入生产。

第十条 申请标准物质定级鉴定经评审未通过的，可准许申请单位改进后再进行一次鉴定、评审，经二次鉴定、评审仍未通过的，申请单位改进后，需重新办理申请手续。

第十一条 制造标准物质的企业、事业单位，必须对重复制造的每批标准物质，进行定值检验和均匀性检验，出具标准物质产品检验证书，保证其技术指标不低于原定级的要求。

第十二条 取得《制造计量器具许可证》制造标准物质的企业、事业单位，拟停止供应的，应在六个月以前向国务院计量行政部门报告。未经批准，不得擅自停止供应。

第十三条 经标准物质技术评审组织评定，对技术指标落后，不适应国家需要的标准物质，国务院计量行政部门可以决定将其降级或废除，并相应地更换或撤销《制造计量器具许可证》、标准物质定级证书和编号。

第十四条 企业、事业单位未取得《制造计量器具许可证》和标准物质定级证书的，不得制造用以销售和向外单位发放的标准物质。

第十五条 没有标准物质产品检验证书和编号的，或超过有效期的标准物质，一律不得销售和向外单位发放。

第十六条 负责标准物质定级鉴定的单位以及考核、鉴定、评审人员，必须对申请单位提供的样品和技术资料保密。

第十七条 国务院计量行政部门负责全国标准物质工作的管理，其工作机构负责受理《制造计量器具许可证》考核、定级鉴定的申请，办理发证手续，并进行其他有关组织工作。

第十八条 县级以上地方人民政府计量行政部门负责本行政区域内制造、销售标准物质的监督检查，对违反本办法规定的，有权依照《中华人民共和国计量法实施细则》的有关规定决定行政处罚。

第十九条 对外商在中国销售标准物质的监督管理，按照国务院计量行政部门制定的有关进口计量器具的规定执行。

第二十条 与本办法有关的申请书、定级证书的式样以及标准物质编号方法、技术规范，由国务院计量行政部门统一制定。

第二十一条 申请《制造计量器具许可证》和定级鉴定，应按规定缴纳费用。

第二十二条 本办法由国务院计量行政部门负责解释。

第二十三条 本办法自发布之日起施行。以前发布的有关标准物质的管理办法，凡与本办法有抵触的，以本办法为准。

十一、认证认可监管与检验检测监管

（一）认证认可监管

中华人民共和国认证认可条例

（2003 年 9 月 3 日中华人民共和国国务院令第 390 号公布 根据 2016 年 2 月 6 日《国务院关于修改部分行政法规的决定》第一次修订 根据 2020 年 11 月 29 日《国务院关于修改和废止部分行政法规的决定》第二次修订 根据 2023 年 7 月 20 日《国务院关于修改和废止部分行政法规的决定》第三次修订）

第一章 总 则

第一条 为了规范认证认可活动，提高产品、服务的质量和管理水平，促进经济和社会的发展，制定本条例。

第二条 本条例所称认证，是指由认证机构证明产品、服务、管理体系符合相关技术规范、相关技术规范的强制性要求或者标准的合格评定活动。

本条例所称认可，是指由认可机构对认证机构、检查机构、实验室以及从事评审、审核等认证活动人员的能力和执业资格，予以承认的合格评定活动。

第三条 在中华人民共和国境内从事认证认可活动，应当遵守本条例。

第四条 国家实行统一的认证认可监督管理制度。

国家对认证认可工作实行在国务院认证认可监督管理部门统一管理、监督和综合协调下，各有关方面共同实施的工作机制。

第五条 国务院认证认可监督管理部门应当依法对认证培训机构、认证咨询机构的活动加强监督管理。

第六条 认证认可活动应当遵循客观独立、公开公正、诚实信用的原则。

第七条 国家鼓励平等互利地开展认证认可国际互认活动。认证认可国际互认活动不得损害国家安全和社会公共利益。

第八条 从事认证认可活动的机构及其人员，对其所知悉的国家秘密和商业秘密负有保密义务。

第二章 认 证 机 构

第九条 取得认证机构资质，应当经国务院认证认可监督管理部门批准，并在批准范围内从事认证活动。

未经批准，任何单位和个人不得从事认证活动。

第十条 取得认证机构资质，应当符合下列条件：

（一）取得法人资格；

（二）有固定的场所和必要的设施；

（三）有符合认证认可要求的管理制度；

（四）注册资本不得少于人民币 300 万元；

（五）有 10 名以上相应领域的专职认证人员。

从事产品认证活动的认证机构，还应当具备与从事相关产品认证活动相适应的检测、检查等技术能力。

第十一条 认证机构资质的申请和批准程序：

（一）认证机构资质的申请人，应当向国务院认证认可监督管理部门提出书面申请，并提交符合本条例第十条规定条件的证明文件。

（二）国务院认证认可监督管理部门自受理认证机构资质申请之日起 45 日内，应当作出是否批准的决定。涉及国务院有关部门职责的，应当征求国务院有关部门的意见。决定批准的，向申请人出具批准文件，决定不予批准的，应当书面通知申请人，并说明理由。

国务院认证认可监督管理部门应当公布依法取得认证机构资质的企业名录。

第十二条 境外认证机构在中华人民共和国境内设立代表机构，须向市场监督管理部门依法办理登记手续后，方可从事与所从属机构的业务范围相关的推广活动，但不得从事认证活动。

境外认证机构在中华人民共和国境内设立代表机构的登记，按照有关外商投资法律、行政法规和国家有关规定办理。

第十三条 认证机构不得与行政机关存在利益关系。

认证机构不得接受任何可能对认证活动的客观公正产生影响的资助；不得从事任何可能对认证活动的客观公正产生影响的产品开发、营销等活动。

认证机构不得与认证委托人存在资产、管理方面的利益关系。

第十四条 认证人员从事认证活动，应当在一个认证机构执业，不得同时在两个以上认证机构执业。

第十五条 向社会出具具有证明作用的数据和结果的检查机构、实验室，应当具备有关法律、行政法规规定的基本条件和能力，并依法经认定后，方可从事相应活动，认定结果由国务院认证认可监督管理部门公布。

第三章 认 证

第十六条 国家根据经济和社会发展的需要，推行产品、服务、管理体系认证。

第十七条 认证机构应当按照认证基本规范、认证规则从事认证活动。认证基本规范、认证规则由国务院认证认可监督管理部门制定；涉及国务院有关部门职责的，国务院认证认可监督管理部门应当会同国务院有关部门制定。

属于认证新领域，前款规定的部门尚未制定认证规则的，认证机构可以自行制定认证规则，并报国务院认证认可监督管理部门备案。

第十八条 任何法人、组织和个人可以自愿委托依法设立的认证机构进行产品、服务、管理体系认证。

第十九条 认证机构不得以委托人未参加认证咨询或者认证培训等为理由，拒绝提供本认证机构业务范围内的认证服务，也不得向委托人提出与认证活动无关的要求或者限制条件。

第二十条 认证机构应当公开认证基本规范、认证规则、收费标准等信息。

第二十一条 认证机构以及与认证有关的检查机构、实验室从事认证以及与认证有关的检查、检测活动，应当完成认证基本规范、认证规则规定的程序，确保认证、检查、检测的完整、客观、真实，不得增加、减少、遗漏程序。

认证机构以及与认证有关的检查机构、实验室应当对认证、检查、检测过程作出完整记录，归档留存。

第二十二条 认证机构及其认证人员应当及时作出认证结论，并保证认证结论的客观、真实。认证结论经认证人员签字后，由认证机构负责人签署。

认证机构及其认证人员对认证结果负责。

第二十三条 认证结论为产品、服务、管理体系符合认证要求的，认证机构应当及时向委托人出具认证证书。

第二十四条 获得认证证书的，应当在认证范围内使用认证证书和认证标志，不得利用产品、服务认证证书、认证标志和相关文字、符号，误导公众认为其管理体系已通过认证，也不得利用管理体系认证证书、认证标志和相关文字、符号，误导公众认为其产品、服务已通过认证。

第二十五条 认证机构可以自行制定认证标志。认证机构自行制定的认证标志的式样、文字和名称，不得违反法律、行政法规的规定，不得与国家推行的认证标志相同或者近似，不得妨碍社会管理，不得有损社会道德风尚。

第二十六条 认证机构应当对其认证的产品、服务、管理体系实施有效的跟踪调查，认证的产品、服务、管理体系不能持续符合认证要求的，认证机构应当暂停其使用直至撤销认证证书，并予公布。

第二十七条 为了保护国家安全、防止欺诈行为、保护人体健康或者安全、保护动植物生命或者健康、保护环境，国家规定相关产品必须经过认证的，应当经过认证并标注认证标志后，方可出厂、销售、进口或者在其他经营活动中使用。

第二十八条 国家对必须经过认证的产品，统一产品目录，统一技术规范的强制性要求、标准和合格评定程序，统一标志、统一收费标准。

统一的产品目录（以下简称目录）由国务院认证认可监督管理部门会同国务院有关部门制定、调整，由国务院认证认可监督管理部门发布，并会同有关方面共同实施。

第二十九条 列入目录的产品，必须经国务院认证认可监督管理部门指定的认证机构进行认证。

列入目录产品的认证标志，由国务院认证认可监督管理部门统一规定。

第三十条 列入目录的产品，涉及进出口商品检验目录的，应当在进出口商品检验时简化检验手续。

第三十一条 国务院认证认可监督管理部门指定的从事列入目录产品认证活动的认证机构以及与认证有关的实验室（以下简称指定的认证机构、实验室），应当是长期从事相关业务、无不良记录，且已经依照本条例的规定取得认可、具备从事相关认证活动能力的机构。国务院认证认可监督管理部门指定从事列入目录产品认证活动的认证机构，应当确保在每一列入目录产品领域至少指定两家符合本条例规定条件的机构。

国务院认证认可监督管理部门指定前款规定的认证机构、实验室，应当事先公布有关信息，并组织在相关领域公认的专家组成专家评审委员会，对符合前款规定要求的认证机构、实验室进行评审；经评审并征求国务院有关部门意见后，按照资源合理利用、公平竞争和便利、有效的原则，在公布的时间内作出决定。

第三十二条 国务院认证认可监督管理部门应当公布指定的认证机构、实验室名录及指定的业务范围。

未经指定的认证机构、实验室不得从事列入目录产品的认证以及与认证有关的检查、检测活动。

第三十三条 列入目录产品的生产者或者销售者、进口商，均可自行委托指定的认证机构进行认证。

第三十四条 指定的认证机构、实验室应当在指定业务范围内，为委托人提供方便、及时的认证、检查、检测服务，不得拖延，不得歧视、刁难委托人，不得牟取不当利益。

指定的认证机构不得向其他机构转让指定的认证业务。

第三十五条 指定的认证机构、实验室开展国际互认活动，应当在国务院认证认可监督管理部门或者经授权的国务院有关部门对外签署的国际互认协议框架内进行。

第四章 认 可

第三十六条 国务院认证认可监督管理部门确定的认可机构（以下简称认可机构），独立开展认可活动。

除国务院认证认可监督管理部门确定的认可机构外，其他任何单位不得直接或者变相从事认可活动。其他单位直接或者变相从事认可活动的，其认可结果无效。

第三十七条 认证机构、检查机构、实验室可以通过认可机构的认可，以保证其认证、检查、检测能力持续、稳定地符合认可条件。

第三十八条 从事评审、审核等认证活动的人员，应当经认可机构注册后，方可从事相应的认证活动。

第三十九条 认可机构应当具有与其认可范围相适应的质量体系，并建立内部审核制度，保证质量体系的有效实施。

第四十条 认可机构根据认可的需要，可以选聘从事认可评审活动的人员。从事认可评审活动的人员应当是相关领域公认的专家，熟悉有关法律、行政法规以及认可规则和程序，具有评审所需要的良好品德、专业知识和业务能力。

第四十一条 认可机构委托他人完成与认可有关的具体评审业务的，由认可机构对评审结论负责。

第四十二条 认可机构应当公开认可条件、认可程序、收费标准等信息。

认可机构受理认可申请，不得向申请人提出与认可活动无关的要求或者限制条件。

第四十三条 认可机构应当在公布的时间内，按照国家标准和国务院认证认可监督管理部门的规定，完成对认证机构、检查机构、实验室的评审，作出是否给予认可的决定，并对认可过程作出完整记录，归档留存。认可机构应当确保认可的客观公正和完整有效，并对认可结论负责。

认可机构应当向取得认可的认证机构、检查机构、实验室颁发认可证书，并公布取得认可的认证机构、检查机构、实验室名录。

第四十四条 认可机构应当按照国家标准和国务院认证认可监督管理部门的规定，对从事评审、审核等认证活动的人员进行考核，考核合格的，予以注册。

第四十五条 认可证书应当包括认可范围、认可标准、认可领域和有效期限。

第四十六条 取得认可的机构应当在取得认可的范围内使用认可证书和认可标志。取得认可的机构不当使用认可证书和认可标志的，认可机构应当暂停其使用直至撤销认可证书，并予公布。

第四十七条 认可机构应当对取得认可的机构和人员实施有效的跟踪监督，定期对取得认可的机构进行复评审，以验证其是否持续符合认可条件。取得认可的机构和人员不再符合认可条件的，认可机构应当撤销认可证书，并予公布。

取得认可的机构的从业人员和主要负责人、设施、自行制定的认证规则等与认可条件相关的情况发生变化的，应当及时告知认可机构。

第四十八条 认可机构不得接受任何可能对认可活动的客观公正产生影响的资助。

第四十九条 境内的认证机构、检查机构、实验室取得境外认可机构认可的，应当向国务院认证认可监督管理部门备案。

第五章 监督管理

第五十条 国务院认证认可监督管理部门可以采取组织同行评议，向被认证企业征求意见，对认证活动和认证结果进行抽查，要求认证机构以及与认证有关的检查机构、实验室报告业务活动情况的方式，对其遵守本条例的情况进行监督。发现有违反本条例行为的，应当及时查处，涉及国务院有关部门职责的，应当及时通报有关部门。

第五十一条 国务院认证认可监督管理部门应当重点对指定的认证机构、实验室进行监督，对其认证、检查、检测活动进行定期或者不定期的检查。指定的认证机构、实验室，应当定期向国务院认证认可监督管理部门提交报告，并对报告的真实性负责；报告应当对从事列入目录产品认证、检查、检测活动的情况作出说明。

第五十二条 认可机构应当定期向国务院认证认可监督管理部门提交报告，并对报告的真实性负责；报告应当对认可机构执行认可制度的情况、从事认可活动的情况、从业人员的工作情况作出说明。

国务院认证认可监督管理部门应当对认可机构的报告作出评价，并采取查阅认可活动档案资料、向有关人员了解情况等方式，对认可机构实施监督。

第五十三条 国务院认证认可监督管理部门可以根据认证认可监督管理的需要，就有关事项询问认可机构、认证机构、检查机构、实验室的主要负责人，调查了解情况，给予告诫，有关人员应当积极配合。

第五十四条 县级以上地方人民政府市场监督管理部门在国务院认证认可监督管理部门的授权范围内，依照本条例的规定对认证活动实施监督管理。

国务院认证认可监督管理部门授权的县级以上地方人民政府市场监督管理部门，以下称地方认证监督管理部门。

第五十五条 任何单位和个人对认证认可违法行为，有权向国务院认证认可监督管理部门和地方认证监督管理部门举报。国务院认证认可监督管理部门和地方认证监督管理部门应当及时调查处理，并为举报人保密。

第六章 法律责任

第五十六条 未经批准擅自从事认证活动的，予以取缔，处 10 万元以上 50 万元以下的罚款，有违法所得的，没收违法所得。

第五十七条 境外认证机构未经登记在中华人民共和国境内设立代表机构的，予以取缔，处 5 万元以上 20 万元以下的罚款。

经登记设立的境外认证机构代表机构在中华人民共和国境内从事认证活动的，责令改正，处 10 万元以上 50 万元以下的罚款，有违法所得的，没收违法所得；情节严重的，撤销批准文件，并予公布。

第五十八条 认证机构接受可能对认证活动的客观公正产生影响的资助，或者从事可能对认证活动的客观公正产生影响的产品开发、营销等活动，或者与认证委托人存在资产、管理方面的利益关系的，责令停业整顿；情节严重的，撤销批准文件，并予公布；有违法所得的，没收违法所得；构成犯罪的，依法追究刑事责任。

第五十九条 认证机构有下列情形之一的，责令改正，处 5 万元以上 20 万元以下的罚款，有违法所得的，没收违法所得；情节严重的，责令停业整顿，直至撤销批准文件，并予公布：

（一）超出批准范围从事认证活动的；

（二）增加、减少、遗漏认证基本规范、认证规则规定的程序的；

（三）未对其认证的产品、服务、管理体系实施有效的跟踪调查，或者发现其认证的产品、服务、管理体系不能持续符合认证要求，不及时暂停其使用或者撤销认证证书并予公布的；

（四）聘用未经认可机构注册的人员从事认证活动的。

与认证有关的检查机构、实验室增加、减少、遗漏认证基本规范、认证规则规定的程序的，依照前款规定处罚。

第六十条 认证机构有下列情形之一的，责令限期改正；逾期未改正的，处 2 万元以上 10 万元以下的罚款：

（一）以委托人未参加认证咨询或者认证培训等为理由，拒绝提供本认证机构业务范围内的认证服务，或者向委托人提出与认证活动无关的要求或者限制条件的；

（二）自行制定的认证标志的式样、文字和名称，与国家推行的认证标志相同或者近似，或者妨碍社会管理，或者有损社会道德风尚的；

（三）未公开认证基本规范、认证规则、收费标准等信息的；

（四）未对认证过程作出完整记录，归档留存的；

（五）未及时向其认证的委托人出具认证证书的。

与认证有关的检查机构、实验室未对与认证有关的检查、检测过程作出完整记录，归档留存的，依照前款规定处罚。

第六十一条 认证机构出具虚假的认证结论，或者出具的认证结论严重失实的，撤销批准文件，并予公布；对直接负责的主管人员和负有直接责任的认证人员，撤销其执业资格；构成犯罪的，依法追究刑事责任；造成损害的，认证机构应当承担相应的赔偿责任。

指定的认证机构有前款规定的违法行为的，同时撤销指定。

第六十二条 认证人员从事认证活动，不在认证机构执业或者同时在两个以上认证机构执业的，责令改正，给予停止执业 6 个月以上 2 年以下的处罚，仍不改正的，撤销其执业资格。

第六十三条 认证机构以及与认证有关的实验室未经指定擅自从事列入目录产品的认证以及与认证有关的检查、检测活动的，责令改正，处 10 万元以上 50 万元以下的罚款，有违法所得的，没收违法所得。

认证机构未经指定擅自从事列入目录产品的认证活动的，撤销批准文件，并予公布。

第六十四条 指定的认证机构、实验室超出指定的业务范围从事列入目录产品的认证以及与认证有关的检查、检测活动的，责令改正，处 10 万元以上 50 万元以下的罚款，有违法所得的，没收违法所得；情节严重的，撤销指定直至撤销批准文件，并予公布。

指定的认证机构转让指定的认证业务的，依照前款规定处罚。

第六十五条 认证机构、检查机构、实验室取得境外认可机构认可，未向国务院认证认可监督管理部门备案的，给予警告，并予公布。

第六十六条 列入目录的产品未经认证，擅自出厂、销售、进口或者在其他经营活动中使用的，责令限期改正，处 5 万元以上 20 万元以下的罚款；未经认证的违法产品货值金额不足 1 万元的，处货值金额 2 倍以下的罚款；有违法所得的，没收违法所得。

第六十七条 认可机构有下列情形之一的，责令改正；情节严重的，对主要负责人和负有责任的人员撤职或者解聘：

（一）对不符合认可条件的机构和人员予以认可的；

（二）发现取得认可的机构和人员不符合认可条件，不及时撤销认可证书，并予公布的；

（三）接受可能对认可活动的客观公正产生影响的资助的。

被撤职或者解聘的认可机构主要负责人和负有责任的人员，自被撤职或者解聘之日起 5 年内不得从事认可活动。

第六十八条 认可机构有下列情形之一的，责令改正；对主要负责人和负有责任的人员给予警告：

（一）受理认可申请，向申请人提出与认可活动无关的要求或者限制条件的；

（二）未在公布的时间内完成认可活动，或者未公开认可条件、认可程序、收费标准等信息的；

（三）发现取得认可的机构不当使用认可证书和认可标志，不及时暂停其使用或者撤销认可证书并予公布的；

（四）未对认可过程作出完整记录，归档留存的。

第六十九条 国务院认证认可监督管理部门和地方认证监督管理部门及其工作人员，滥用职权、徇私舞弊、玩忽职守，有下列行为之一的，对直接负责的主管人员和其他直接责任人员，依法给予降级或者撤职的行政处分；构成犯罪的，依法追究刑事责任：

（一）不按照本条例规定的条件和程序，实施批准和指定的；

（二）发现认证机构不再符合本条例规定的批准或者指定条件，不撤销批准文件或者指定的；

（三）发现指定的实验室不再符合本条例规定的指定条件，不撤销指定的；

（四）发现认证机构以及与认证有关的检查机构、实验室出具虚假的认证以及与认证有关的检查、检测结论或者出具的认证以及与认证有关的检查、检测结论严重失实，不予查处的；

（五）发现本条例规定的其他认证认可违法行为，不予查处的。

第七十条 伪造、冒用、买卖认证标志或者认证证书的，依照《中华人民共和国产品质量法》等法律的规定查处。

第七十一条 本条例规定的行政处罚，由国务院认证认可监督管理部门或者其授权的地方认证监督管理部门按照各自职责实施。法律、其他行政法规另有规定的，依照法律、其他行政法规的规定执行。

第七十二条 认证人员自被撤销执业资格之日起 5 年内，认可机构不再受理其注册申请。

第七十三条 认证机构未对其认证的产品实施有效的跟踪调查，或者发现其认证的产品不能持续符合认证要求，不及时暂停或者撤销认证证书和要求其停止使用认证标志给消费者造成损失的，与生产者、销售者承担连带责任。

第七章 附　　则

第七十四条 药品生产、经营企业质量管理规范认证，实验动物质量合格认证，军工产品的认证，以及从事军工产品校准、检测的实验室及其人员的认可，不适用本条例。

依照本条例经批准的认证机构从事矿山、危险化学品、烟花爆竹生产经营单位管理体系认证，由国务院安全生产监督管理部门结合安全生产的特殊要求组织；从事矿山、危险化学品、烟花爆竹生产经营单位安全生产综合评价的认证机构，经国务院安全生产监督管理部门推荐，方可取得认可机构的认可。

第七十五条 认证认可收费，应当符合国家有关价格法律、行政法规的规定。

第七十六条 认证培训机构、认证咨询机构的管理办法由国务院认证认可监督管理部门制定。

第七十七条 本条例自 2003 年 11 月 1 日起施行。1991 年 5 月 7 日国务院发布的《中华人民共和国产品质量认证管理条例》同时废止。

国务院关于加强质量认证体系建设
促进全面质量管理的意见

（2018 年 1 月 17 日　国发〔2018〕3 号）

质量认证是市场经济条件下加强质量管理、提高市场效率的基础性制度。近年来，我国质量认证制度不断完善，行业机构蓬勃发展，国际交流合作不断深化。同时，还存在认证服务供给不足、认证评价活动亟需规范、社会认知与应用程度不高等问题。为深入推进供给侧结构性改革和"放管服"改革，全面实施质量强国战略，贯彻落实《中共中央 国务院关于开展质量提升行动的指导意见》，现就加强质量认证体系建设、促进全面质量管理提出以下意见。

一、总体要求

（一）指导思想。

全面贯彻党的十九大精神，以习近平新时代中国特色社会主义思想为指导，按照高质量发展的要求，认真落实党中央、国务院决策部署，统筹推进"五位一体"总体布局和协调推进"四个全面"战略布局，坚持以人民为中心的发展思想，牢固树立和贯彻落实新发展理念，坚持质量第一、效益优先，以推进供给侧结构性改革为主线，按照实施质量强国战略和质量提升行动的总体部署，运用国际先进质量管理标准和方法，构建统一管理、共同实施、权威公信、通用互认的质量认证体系，促进行业发展和改革创新，强化全面质量管理，全面提高产品、工程和服务质量，显著增强我国经济质量优势，推动经济发展进入质量时代。

（二）基本原则。

——统一管理，顶层设计。按照"统一管理，共同实施"的要求，强化对质量认证体系建设的统筹规划和顶层设计，打破行业垄断和市场壁垒，避免多头管理和重复评价，维护质量认证工作的统一性和权威性。

——市场主导，政府引导。发挥市场在资源配置中的决定性作用，以市场需求为导向，突出市场主体地位，完善质量信号传导反馈机制，促进供需对接和结构优化。强化政府规划引导、政策扶持、监管服务等作用，完善公共服务体系，加强全面质量监管，营造良好发展环境。

——深化改革，创新发展。充分发挥认证认可制度的市场化、国际化特性，把质量认证作为推进供给侧结构性改革和"放管服"改革的重要抓手，促进政府职能转变，创新质量发展机制，激发质量提升动能。以改革创新为动力，完善质量认证体系，破解体制机制障碍，提升质量认证供给水平和创新能力。

——激励约束，多元共治。坚持引导和强制相结合，以自愿开展为主、强制实施为辅，对涉及安全、健康、环保等方面的产品依法实施强制性认证，鼓励企业参与自愿性认证，完善激励约束机制，引导社会各方开展质量共治，加强全面质量管理，共享质量发展成果。

（三）主要目标。

通过 3-5 年努力，我国质量认证制度趋于完备，法律法规体系、标准体系、组织体系、监管体系、公共服务体系和国际合作互认体系基本完善，各类企业组织尤其是中小微企业的质量管理能力明显增强，主要产品、工程、服务尤其是消费品、食品农产品的质量水平明显提升，形成一批具有国际竞争力的质量品牌。

二、大力推广质量管理先进标准和方法

（四）创新质量管理工具。积极采用国际先进质量管理标准，将全面质量管理、六西格玛、精益管理等国际先进质量管理方法结合中国实际加以改造提升，积极开发追溯管理、供应链管理、业务连续性管理等适应新业态需求的质量管理工具，打造中国质量管理"工具箱"。充分发挥行业主管部门作用，鼓励各行业结合行业特点，推动质量管理通用要求与行业特殊要求相结合，积极开发新型质量管理工具，推广质量管理先进行业及企业的成果经验。

（五）推广应用质量管理先进标准和方法。开展百万家企业学习应用新版质量管理体系标准活动，鼓励企业运用质量认证方式加强质量管理，推动质量管理先进标准、方法向一二三产业和社会治理等领域全面延伸。发挥国有企业特别是中央企业的"主力军"作用，开展中央企业质量管理"领跑者"行动，带动各行业质量管理水平整体跃升。针对大中型企业、小微企业以及消费者的不同特点，培训普及质量管理知识。发挥行业协会、专业机构等社会组织的服务职能，开展社会化、群众性质量服务行动。

（六）转变政府质量治理方式。增强各级政府的质量意识，加强质量基础建设，推广质量管理标准和质量认证手段，提升质量治理能力。鼓励各级政府部门特别是行业主管部门建立推行质量管理体系，运用卓越绩效等先进质量管理方法，引入第三方质量治理机制，转变政府职能和管理方式，提高行政效能和政府公信力，推动一个一个行业抓质量提升，直到抓出成效。

三、广泛开展质量管理体系升级行动

（七）打造质量管理体系认证"升级版"。运用新版 ISO9001 质量管理体系等国际先进标准、方法提升认证要求，以互联网、大数据等新技术改造传统认证模式，通过质量管理体系认证的系统性升级，带动企业质量管理的全面升级。针对不同行业和企业，开展行业特色认证、分级认证、管理体系整合、质量诊断增值服务，推进创新管理、资产管理、业务连续性管理等新型管理体系认证，重点在航空、铁路、汽车、建筑、信息等战略性支柱产业完善适合行业特点的质量管理体系，推动质量管理向全供应链、全产业链、产品全生命周期延伸。支持认证认可检验检测关键技术研究，加强对获证企业的培训服务，全面完成质量管理体系认证升级，为广大企业树立质量提升的示范标杆。

（八）拓展质量认证覆盖面。开展万家企业质量认证现状抽样调查，摸清质量管理状况和认证需求。健全质量认证激励引导机制，鼓励企业参与自愿性认证，推行企业承诺制，接受社会监督，通过认证提升产品质量和品牌信誉，推动在市场采购、行业管理、行政监管、社会治理等领域广泛采信认证结果。支持各部门、各地区建设质量认证示范区（点）。引导各类企业尤其是中西部地区企业、服务型企业、中小微企业获得认证，帮助更多企业提升质量管理水平。

四、深化质量认证制度改革创新

（九）完善强制性认证制度。着力发挥强制性认证"保底线"作用，遵循世界贸易组织规则，按照必要性和最小化原则，对涉及安全、健康、环保等方面的产品依法实施强制性认证。根据产品风险等级和产业成熟度，建立认证目录动态调整机制，将低风险产品逐步调出认证目录，引导产业结构调整。根据企业管理水平和诚信状况，实施分类管理，优化认证程序，引入"自我声明"方式，鼓励企业加快提质升级。

（十）创新自愿性认证制度。发挥自愿性认证"拉高线"作用，创新质量标准管理方式，优化标准体系，对新技术、新产品、新业态实施包容审慎监管，建立新领域研发认证"绿色通道"，促进产业转型升级。大力推行高端品质认证，开展绿色有机、机器人、物联网、城市轨道交通装备等高端产品和健康、教育、体育、金融、电商等领域服务认证，推进内外销产品"同线同标同质"工程，增加优质产品及服务供给，打造质量标杆。支持运用认证手段推进区域品牌建设，培育优势产业和拳头产品，提升区域经济竞争力。

（十一）清理涉及认证、检验检测的行政许可和行业评价制度。清理、整合、规范现有认证事项，取消不合理收费，坚决治理认证乱象。凡已建立国家统一认证制度的，不再设立类似的合格评定项目。面向社会的第三方技术评价活动应遵循通用准则和标准，逐步向国家统一的认证制度转变。全面清理工业产品生产许可证，加快向国际通行的产品认证制度转变。加快建设统一的绿色产品标准、认证、标识体系。清理涉及检验检测能力的行政许可事项，避免重复评价，实施统一的资质认定管理。鼓励认证机构为企业提供检验检测认证"一体化"解决方案和"一站式"服务，降低企业制度性交易成本。

（十二）简化规范认证机构审批、检验检测机构资质认定程序。完善认证机构审批程序，整合检验检测机构资质许可项目，精简整合技术评审事项，积极推动"五减"（减程序、减环节、减时间、减收费、减申请材料），实行申请、审批、发证全流程网上办理，提高便利度和满意度。严格从业机构资质认定标准，建立行政许可和技术评价相结合的资质管理制度，确保从业主体具备相应资质能力。

五、加强认证活动事中事后监管

（十三）完善认证监管体系。完善"法律规范、行政监管、认可约束、行业自律、社会监督"五位一体监管体系。加强认证监管能力建设，充实基层认证监管力量，推进部门联动监管。健全认可约束机制，强化行业自律和社会监督作用，形成多元共治格局。

（十四）创新认证监管和激励约束机制。充分运用大数据技术和信息共享平台，推行"互联网+认证监管"方式，向社会公开产品质量认证信息，建立健全质量认证全过程追溯机制，完善风险预警、快速处置、信息通报、倒查追溯等措施。健全政府、行业、社会等多层面的认证采信机制，完善鼓励企业参与自愿性认证活动的激励措施，出台质量认证责任保险、获证企业授信等政策。

（十五）加大认证监管工作力度。全面推行"双随机、一公开"监管，加强对检验检测认证机构和获证企业、产品的联动监管，严厉打击非法从事检验检测认证活动和伪造、冒用、买卖认证证书或者认证标志等行为，严禁未获强制性认证的产品进入市场，确保认证有效性和公信力。

（十六）严格落实从业机构及人员责任。严格落实从业机构对检验检测认证结果的主体责任、对产品质量的连带责任，健全对参与检验检测认证活动从业人员的全过程责任追究机制，建立出证人对检验检测认证结果负总责制度，落实"谁出证，谁负责；谁签字，谁担责"。推行从业机构公开承诺和信息公示制度，建立从业机构及从业人员的诚信档案，完善永久退出和终身禁入等失信惩戒机制，提高违法失信成本。

六、培育发展检验检测认证服务业

（十七）营造行业发展良好环境。打破部门垄断和行业壁垒，鼓励和支持社会力量开展检验检测认证业务，加大政府购买服务力度，营造各类主体公平竞争的市场环境。制定促进检验检测认证服务业发展的产业政策，对符合条件的检验检测认证机构给予高新技术企业认定。鼓励组建产学研用一体化的检验检测认证联盟，推动检验检测认证与产业经济深度融合。

（十八）促进行业机构改革发展。加快推进检验检测认证机构整合，推动检验检测认证机构转企改制，与政府部门彻底脱钩。强化认证活动的第三方属性，健全市场化运行机制，完善政策保障，打破部门垄断和行业壁垒，尽快实现认证结果的互认通用。加快整合检验检测认证机构，培育一批操作规范、技术能力强、服务水平高、规模效益好、具有一定国际影响力的检验检测认证集团，推动检验检测认证服务业做强做优做大。

（十九）提升行业综合服务能力。充分依托区域型综合检验检测认证公共服务平台和专业型产业检验检测认证公共服务平台，重点提升对食品、农林产品、生物医药、信息安全、智能制造、新能源、碳交易等领域的支撑服务能力，形成以检验检测认证为"连接器"的产业聚合新模式。构建服务军民融合产业发展的通用检验检测认证体系，打造军转民、民参军的能力验证"直通车"。

七、深化质量认证国际合作互认

（二十）构建认证认可国际合作机制。加强政府间、从业机构间多层次合作，拓展合作领域、合作对象和合作渠道，推动合格评定政策沟通、标准协调、制度对接、技术合作和人才交流，制定合作共赢的互认安排，加快可再生资源、绿色低碳、跨境电商等新领域互认进程，推动多双边互信互认协议数量持续增长，促进对外贸易稳定发展。

（二十一）提高国内检验检测认证市场开放度。有序开放检验检测认证市场，鼓励外资机构进入国内检验检测认证市场，积极引入国外先进认证标准、技术和服务，扩大国内短缺急需的检验检测认证服务进口，鼓励引进消化吸收再创新，提高引资引智引技的质量效益。

（二十二）加快我国检验检测认证"走出去"步伐。鼓励支持国内检验检测认证机构拓展国际业务，推动检验检测认证与对外投融资、建设项目配套服务，针对高铁、民用飞机等战略产业面临的国际市场准入壁垒，加快推动国际互认，服务中国企业"走出去"和国际产能合作。

（二十三）提升我国认证认可国际影响力。积极参与和主动引领认证认可国际标准、规则制定，向国际社会提供质量认证"中国方案"，培育具有国际影响力的中国认证品牌。加强国际化人才培养和输出，扩大在相关国际组织中的影响力，提升参与全球经济治理的能力。

八、加强组织领导和政策保障

（二十四）加强组织领导。地方各级人民政府要将质量认证体系建设摆到重要议事日程，纳入经济社会发展规划，制定工作方案，完善配套政策，建立健全相应议事协调机构和工作机制，全面加强统筹协调和综合管理。各部门要高度重视，完善全国认证认可工作部际联席会议工作机制，提升协作层次，加强政策衔接、规划引导和工作协调，健全信息互换、监管互认、执法互助机制，提高协作效率。

（二十五）加强综合保障。清理涉及认证认可、检验检测的法律法规和规章，加快制定检验检测管理条例、修订认证认可条例，推动合格评定立法进程。加强质量认证学科教育和专业人才队伍建设，加快培养重点产业、高新领域质量认证紧缺人才，健全认证人员职业资格制度。完善质量认证统计分析机制，加大对质量认证信息共享等公共服务平台建设的财政支持。

（二十六）加强宣传引导。大力弘扬质量文化，传播先进质量管理方法，普及质量认证知识，推广获得质量认证的产品，合理引导生产消费，增强市场信心，激发质量提升动能，提高全社会质量意识和诚信意识，弘扬工匠精神和企业家精神，让追求卓越、崇尚质量成为全社会、全民族的价值导向和时代精神。

（二十七）加强督促落实。推动各级政府将质量认证工作纳入政府绩效考核和质量工作考核，确保加强质量认证体系建设、促进全面质量管理的各项政策部署落地。各地区、各部门要将质量认证工作作为实施质量强国战略、开展质量提升行动的重要举措，加大推进力度，强化督促检查，抓好试点示范，以点带面，全面提升质量管理水平，努力建设质量强国。

国务院办公厅关于建立统一的绿色产品标准、认证、标识体系的意见

（2016 年 11 月 22 日 国办发〔2016〕86 号）

各省、自治区、直辖市人民政府，国务院各部委、各直属机构：

健全绿色市场体系，增加绿色产品供给，是生态文明体制改革的重要组成部分。建立统一的绿色产品标准、认证、标识体系，是推动绿色低碳循环发展、培育绿色市场的必然要求，是加强

供给侧结构性改革、提升绿色产品供给质量和效率的重要举措，是引导产业转型升级、提升中国制造竞争力的紧迫任务，是引领绿色消费、保障和改善民生的有效途径，是履行国际减排承诺、提升我国参与全球治理制度性话语权的现实需要。为贯彻落实《生态文明体制改革总体方案》，建立统一的绿色产品标准、认证、标识体系，经国务院同意，现提出以下意见。

一、总体要求

（一）指导思想。以党的十八大和十八届三中、四中、五中、六中全会精神为指导，按照"五位一体"总体布局、"四个全面"战略布局和党中央、国务院决策部署，牢固树立创新、协调、绿色、开放、共享的发展理念，以供给侧结构性改革为战略基点，充分发挥标准与认证的战略性、基础性、引领性作用，创新生态文明体制机制，增加绿色产品有效供给，引导绿色生产和绿色消费，全面提升绿色发展质量和效益，增强社会公众的获得感。

（二）基本原则。

坚持统筹兼顾，完善顶层设计。着眼生态文明建设总体目标，统筹考虑资源环境、产业基础、消费需求、国际贸易等因素，兼顾资源节约、环境友好、消费好等特性，制定基于产品全生命周期的绿色产品标准、认证、标识体系建设一揽子解决方案。

坚持市场导向，激发内生动力。坚持市场化的改革方向，处理好政府与市场的关系，充分发挥标准化和认证认可对于规范市场秩序、提高市场效率的有效作用，通过统一和完善绿色产品标准、认证、标识体系，建立并传递信任，激发市场活力，促进供需有效对接和结构升级。

坚持继承创新，实现平稳过渡。立足现有基础，分步实施，有序推进，合理确定市场过渡期，通过政府引导和市场选择，逐步淘汰不适宜的制度，实现绿色产品标准、认证、标识整合目标。

坚持共建共享，推动社会共治。发挥各行业主管部门的职能作用，推动政、产、学、研、用各相关方广泛参与，分工协作，多元共治，建立健全行业采信、信息公开、社会监督等机制，完善相关法律法规和配套政策，推动绿色产品标准、认证、标识在全社会使用和采信，共享绿色发展成果。

坚持开放合作，加强国际接轨。立足国情实际，遵循国际规则，充分借鉴国外先进经验，深化国际合作交流，维护我国在绿色产品领域的发展权和话语权，促进我国绿色产品标准、认证、标识的国际接轨、互认，便利国际贸易和合作交往。

（三）主要目标。按照统一目录、统一标准、统一评价、统一标识的方针，将现有环保、节能、节水、循环、低碳、再生、有机等产品整合为绿色产品，到2020年，初步建立系统科学、开放融合、指标先进、权威统一的绿色产品标准、认证、标识体系，健全法律法规和配套政策，实现一类产品、一个标准、一个清单、一次认证、一个标识的体系整合目标。绿色产品评价范围逐步覆盖生态环境影响大、消费需求旺、产业关联性强、社会关注度高、国际贸易量大的产品领域及类别，绿色产品市场认可度和国际影响力不断扩大，绿色产品市场份额和质量效益大幅提升，绿色产品供给与需求失衡现状有效扭转，消费者的获得感显著增强。

二、重点任务

（四）统一绿色产品内涵和评价方法。基于全生命周期理念，在资源获取、生产、销售、使用、处置等产品生命周期各阶段中，绿色产品内涵应兼顾资源能源消耗少、污染物排放低、低毒少害、易回收处理和再利用、健康安全和质量品质高等特征。采用定量与定性评价相结合、产品与组织评价相结合的方法，统筹考虑资源、能源、环境、品质等属性，科学确定绿色产品评价的关键阶段和关键指标，建立评价方法与指标体系。

（五）构建统一的绿色产品标准、认证、标识体系。开展绿色产品标准体系顶层设计和系统规划，充分发挥各行业主管部门的职能作用，共同编制绿色产品标准体系框架和标准明细表，统一构建以绿色产品评价标准子体系为牵引、以绿色产品的产业支撑标准子体系为辅助的绿色产品标准体系。参考国际实践，建立符合中国国情的绿色产品认证与标识体系，统一制定认证实施规则和认证标识，并发布认证标识使用管理办法。

（六）实施统一的绿色产品评价标准清单和认证目录。质检总局会同有关部门统一发布绿色产品标识、标准清单和认证目录，依据标准清单中的标准组织开展绿色产品认证。组织相关方对有关国家标准、行业标准、团体标准等进行评估，适时纳入绿色产品评价标准清单。会同有关部门建立绿色产品认证目录的定期评估和动态调整机制，避免重复评价。

（七）创新绿色产品评价标准供给机制。优先选取与消费者吃、穿、住、用、行密切相关的生活资料、终端消费品、食品等产品，研究制定绿色产品评价标准。充分利用市场资源，鼓励学会、协会、商会等社会团体制定技术领先、市场成熟度高的绿色产品评价团体标准，增加绿色产品评价标准的市场供给。

（八）健全绿色产品认证有效性评估与监督机制。推进绿色产品信用体系建设，严格落实生产者对产品质量的主体责任、认证实施机构对检测认证结果的连带责任，对严重失信者建立联合惩戒机制，对违法违规行为的责任主体建立黑名单制度。运用大数据技术完善绿色产品监管方式，建立绿色产品评价标准和认证实施效果的指标量化评估机制，加强认证全过程信息采集和信息公开，使认证评价结果及产品公开接受市场检验和社会监督。

（九）加强技术机构能力和信息平台建设。建立健全绿色产品技术支撑体系，加强标准和合格评定能力建设，开展绿色产品认证检测机构能力评估和资质管理，培育一批绿色产品标准、认证、检测专业服务机构，提升技术能力、工作质量和服务水平。建立统一的绿色产品信息平台，公开发布绿色产品相关政策法规、标准清单、规则程序、产品目录、实施机构、认证结果及采信状况等信息。

（十）推动国际合作和互认。围绕服务对外开放和"一带一路"建设战略，推进绿色产品标准、认证认可、检验检测的国际交流与合作，开展国内外绿色产品标准比对分析，积极参与制定国际标准和合格评定规则，提高标准一致性，推动绿色产品认证与标识的国际互认。合理运用绿色产品技术贸易措施，积极应对国外绿色壁垒，推动我国绿色产品标准、认证、标识制度走出去，提升我国参与相关国际事务的制度性话语权。

三、保障措施

（十一）加强部门联动配合。建立绿色产品标准、认证与标识部际协调机制，成员单位包括质检、发展改革、工业和信息化、财政、环境保护、住房城乡建设、交通运输、水利、农业、商务等有关部门，统筹协调绿色产品标准、认证、标识相关政策措施，形成工作合力。

（十二）健全配套政策。落实对绿色产品研发生产、运输配送、消费采购等环节的财税金融支持政策，加强绿色产品重要标准研制，建立绿色产品标准推广和认证采信机制，支持绿色金融、绿色制造、绿色消费、绿色采购等政策实施。实行绿色产品领跑者计划。研究推行政府绿色采购制度，扩大政府采购规模。鼓励商品交易市场扩大绿色产品交易、集团采购商扩大绿色产品采购，推动绿色市场建设。推行生产者责任延伸制度，促进产品回收和循环利用。

（十三）营造绿色产品发展环境。加强市场诚信和行业自律机制建设，各职能部门协同加强事中事后监管，营造公平竞争的市场环境，进一步降低制度性交易成本，切实减轻绿色产品生产企业负担。各有关部门、地方各级政府应结合实际，加快转变职能和管理方式，改进服务和工作作风，优化市场环境，引导加强行业自律，扩大社会参与，促进绿色产品标准实施、认证结果使用与效果评价，推动绿色产品发展。

（十四）加强绿色产品宣传推广。通过新闻媒体和互联网等渠道，大力开展绿色产品公益宣传，加强绿色产品标准、认证、标识相关政策解读和宣传推广，推广绿色产品优秀案例，传播绿色发展理念，引导绿色生活方式，维护公众的绿色消费知情权、参与权、选择权和监督权。

无障碍环境认证实施方案

（2022 年 11 月 1 日　国市监认证发〔2022〕94 号）

为推进实施无障碍环境认证，提升无障碍环境服务水平，健全残疾人、老年人等社会成员关爱服务体系和设施，根据《市场监管总局 中国残联关于推进无障碍环境认证工作的指导意见》（国市监认证发〔2021〕79 号），制定本方案。

一、组织保障

市场监管总局、中国残联牵头组建由政府部门、科研机构、认证机构、检测机构、标准化机构、专业社会组织及体验用户等相关方参与的无障碍环境认证技术委员会，协调解决认证制度建设和实施过程中的技术问题，为无障碍环境认证工作提供决策咨询和技术支持。

二、制度建设

（一）无障碍环境认证目录由市场监管总局、中国残联根据社会发展需要，共同确定并发布。认证规则由市场监管总局商中国残联后发布。

（二）从事无障碍环境认证的认证机构应当依法设立，符合《中华人民共和国认证认可条例》《认证机构管理办法》规定的基本条件，具备从事无障碍环境认证相应的技术能力。经市场监管总局征求中国残联意见后批准，方可从事无障碍环境认证。

（三）无障碍环境实施分级认证，使用以下图案作为认证标志。

三、认证实施

（一）认证委托人可自愿向认证机构提出无障碍环境认证委托，对认证机构的认证工作和认证决定有异议的，可以向作出决定的认证机构提出申诉

（二）认证机构依据无障碍环境认证规则开展认证工作，并采取适当方式和频次，对获得认证的无障碍环境实施有效跟踪检查，以验证其持续符合认证要求。

（三）认证机构应当公开认证收费标准和认证证书有效、暂停、注销或者撤销的状态等信息，接受社会的查询和监督，并按照有关规定报送无障碍环境认证实施情况及认证信息。

四、推广应用

（一）中国残联、市场监管总局积极推动社会治理、行业管理、市场采购等领域广泛采信无障碍环境认证结果，及时总结经验、培训典型、抓好示范，推动无障碍环境认证普及覆盖。

（二）各级残联、市场监管部门协调推动本地无障碍环境认证及推广应用工作，推动将无障碍环境认证结果纳入各类公共建筑质量评奖、评价或考核。

五、监督管理

（一）各级市场监管部门、残联发挥各自职能作用，对无障碍环境认证及采信应用等活动与结果进行监督管理。

（二）对认证活动中出现的违法违规行为依法进行处罚，符合条件的列入严重违法失信名单，并将行政处罚、严重违法失信名单等涉企信息通过国家企业信用信息公示系统及国家平台依法公示。

认证及认证培训、咨询人员管理办法

（2004 年 5 月 24 日国家质量监督检验检疫总局令第 61 号公布　根据 2022 年 9 月 29 日国家市场监督管理总局令第 61 号修订）

第一条　为规范认证及认证培训、咨询人员的执业行为，加强对认证市场的管理，根据《中华人民共和国认证认可条例》，制定本办法。

第二条　本办法所称的认证及认证培训、咨询人员，是指管理体系认证审核员、产品认证检查员、认证培训教员和认证咨询师等从事认证及认证培训、咨询活动的人员，以及认证及认证培训、咨询机构的业务管理人员。

本办法所称认证及认证培训、咨询人员执业，是指受聘于认证及认证培训、咨询机构的人员从事认证及认证培训、咨询和业务管理的活动。

第三条　在中华人民共和国境内从事认证、认证培训、认证咨询活动的人员应当遵守本办法。

第四条　国家对管理体系认证审核员、产品认证检查员、认证培训教员和认证咨询师等从事认证及认证培训、咨询活动的人员实施统一的执业资格注册制度；对认证及认证培训、咨询人员的执业行为实行统一的监督管理。

第五条　国家市场监督管理总局负责对从事认证及认证培训、咨询活动人员执业资格注册制度的批准工作；对认证及认证培训、咨询人员执业行为实施监督管理。

县级以上地方市场监督管理部门对所辖区域内的认证及认证培训、咨询人员的执业行为实施监督检查。

中国认证人员与培训机构国家认可委员会承担对从事认证及认证培训、咨询活动人员的执业资格注册工作。

中国认证机构国家认可委员会依照认可准则对认证机构的认证人员的能力评定及使用管理活动实施认可监督。

认证及认证培训、咨询机构依照本办法的规定，对所聘认证及认证培训、咨询人员执业行为实施管理。

第六条　从事认证及认证培训、咨询活动的人员应当向中国认证人员与培训机构国家认可委员会申请执业资格注册，未经注册的，不得从事相关活动。

属于认证及认证培训、咨询新领域、国家尚未建立执业资格注册制度的，由相应认证及认证培训、咨询机构建立执业人员评价制度，并统一向中国认证人员与培训机构国家认可委员会申请办理相关人员执业资格的确认，未经确认的，不得从事相关活动。

第七条　认证及认证培训、咨询人员执业分为专职和兼职。

专职认证及认证培训、咨询人员是指将认证及认证培训、咨询和有关业务管理活动作为本职工作，与 1 个认证、认证培训或者认证咨询机构签订劳务合同，并固定在该机构工作的人员；兼职认证及认证培训、咨询人员是指在不脱离本职工作的情况下与 1 个认证、认证培训或者认证咨询机构签订劳务合同，从事认证、认证培训或者认证咨询活动的人员。

国家公务员不得从事认证、认证咨询和认证培训活动。

第八条 认证人员从事认证活动应当在1个认证机构执业，不得同时在2个或者2个以上认证机构执业。在认证机构执业的专职或者兼职认证人员，具备相关认证培训教员资格的，经所在认证机构与认证培训机构签订合同后，可以在1个认证培训机构从事认证培训活动。

认证人员不得受聘于认证咨询机构或者以任何方式，从事认证咨询活动。

第九条 认证培训人员从事认证培训活动应当在1个认证培训机构执业，不得同时在2个或者2个以上的认证培训机构执业。在1个认证培训机构执业的专职或者兼职认证培训人员，具备相关认证或认证咨询人员资格的，经所在认证培训机构与认证机构或者认证咨询机构签订合同后，可以在1个认证机构或者1个认证咨询机构从事认证或者认证咨询活动。

第十条 认证咨询人员应当在1个认证咨询机构从事认证咨询活动，不得同时在2个或者2个以上的认证咨询机构执业。在认证咨询机构执业的专职或者兼职认证咨询人员，具备相关认证培训教员资格的，经所在认证咨询机构与认证培训机构签订合同后，可以在1个认证培训机构从事认证培训活动。

认证咨询人员不得受聘于认证机构或者以任何方式从事认证活动。

第十一条 特殊领域的认证及认证培训、咨询人员的执业，应当经国家市场监督管理总局批准。

第十二条 认证及认证培训、认证咨询人员受聘于认证及认证培训、咨询机构时，应当出具有关证明文件以及其他申明材料，并保证上述材料的真实、有效。

认证及认证培训、咨询机构在决定聘用执业人员时，应当查验所聘用的执业人员提供的证明文件以及其他申明材料是否真实、有效，并归档留存。

认证及认证培训、咨询人员与认证及认证培训、咨询机构之间建立聘用关系的，应当依法签订劳务合同，明确规定双方的权利、义务；聘用关系解除的，应当依法终止劳务合同。

第十三条 认证及认证培训、认证咨询人员从事认证及认证培训、咨询活动，应当遵循客观公正、诚实信用的原则，确保所从事认证及认证培训、咨询活动具有完整性、客观性、真实性和有效性。

第十四条 认证及认证培训、咨询人员从事认证及认证培训、咨询活动，禁止有下列行为：

（一）在不符合国家有关法律法规规定的机构或者单位，从事认证及认证培训、咨询活动；

（二）不具备注册资格或者未经确认、批准，从事认证及认证培训、咨询活动；

（三）出具虚假或者失实的结论，编造或者唆使编造虚假、失实的文件、记录；

（四）增加、减少、遗漏有关法律法规、标准或者相关规则规定的认证及认证培训、咨询程序；

（五）作出误导性、欺诈性宣传或者虚假承诺谋取利益；

（六）接受认证及认证培训、咨询客户及其相关利益方的礼金或者其他形式的利益；

（七）在认证机构执业的认证人员与认证咨询机构、认证咨询活动存在或者发生经济利益关系；在认证咨询机构执业的人员与认证机构、认证活动存在或者发生经济利益关系；

（八）认证机构的工作人员在认证活动中与认证咨询机构的工作人员存在利害关系或者可能对认证公正性产生影响，未进行回避；

（九）对所在执业的认证及认证培训、咨询机构隐瞒本人执业真实情况；

（十）恶意诽谤或者诋毁其他认证及认证培训、咨询机构及其人员；

（十一）其他违反认证及认证培训、咨询有关规定的行为。

第十五条 市场监督管理部门可以根据投诉及其在监督管理工作中发现的问题，就有关事项询问认证及认证培训、咨询人员及其执业的机构，有关人员和机构应当积极配合。

第十六条　认证及认证培训、咨询人员违反本办法第八条、第九条和第十条规定的，责令限期改正，给予停止执业资格 1 年的处罚；情节严重的，给予停止执业资格 2 年的处罚；逾期未改正的，给予撤销执业资格的处罚。

第十七条　认证及认证培训、咨询人员违反本办法第十四条第（三）项规定的，给予撤销执业资格的处罚。

第十八条　认证及认证培训、咨询人员，违反本办法第十四条其他规定的，责令限期改正；逾期未改正的，给予停止执业 6 个月以上 1 年以下的处罚；情节严重的，给予停止执业资格 2 年直至撤销执业资格的处罚。

第十九条　认证及认证培训、咨询人员被撤销执业资格之日起 5 年内，中国认证人员与培训机构国家认可委员会不再受理其注册申请。

第二十条　国家市场监督管理总局对被停止执业、撤销执业资格的认证及认证培训、咨询人员予以公布。

第二十一条　本办法由国家市场监督管理总局负责解释。

第二十二条　本办法自 2004 年 8 月 1 日起施行。

认证证书和认证标志管理办法

（2004 年 6 月 23 日国家质量监督检验检疫总局令第 63 号公布　根据 2015 年 3 月 31 日国家质量监督检验检疫总局令第 162 号第一次修订　根据 2022 年 9 月 29 日国家市场监督管理总局令第 61 号第二次修订）

第一章　总　　则

第一条　为加强对产品、服务、管理体系认证的认证证书和认证标志（以下简称认证证书和认证标志）的管理、监督，规范认证证书和认证标志的使用，维护获证组织和公众的合法权益，促进认证活动健康有序的发展，根据《中华人民共和国认证认可条例》（以下简称条例）等有关法律、行政法规的规定，制定本办法。

第二条　本办法所称的认证证书是指产品、服务、管理体系通过认证所获得的证明性文件。认证证书包括产品认证证书、服务认证证书和管理体系认证证书。

本办法所称的认证标志是指证明产品、服务、管理体系通过认证的专有符号、图案或者符号、图案以及文字的组合。认证标志包括产品认证标志、服务认证标志和管理体系认证标志。

第三条　本办法适用于认证证书和认证标志的制定、发布、使用和监督检查。

第四条　国家市场监督管理总局依法负责认证证书和认证标志的管理、监督和综合协调工作。

县级以上地方市场监督管理部门依法负责所辖区域内的认证证书和认证标志的监督检查工作。

第五条　禁止伪造、冒用、转让和非法买卖认证证书和认证标志。

第二章　认证证书

第六条　认证机构应当按照认证基本规范、认证规则从事认证活动，对认证合格的，应当在规定的时限内向认证委托人出具认证证书。

第七条　产品认证证书包括以下基本内容：

（一）委托人名称、地址；

（二）产品名称、型号、规格，需要时对产品功能、特征的描述；

（三）产品商标、制造商名称、地址；

（四）产品生产厂名称、地址；

（五）认证依据的标准、技术要求；

（六）认证模式；

（七）证书编号；

（八）发证机构、发证日期和有效期；

（九）其他需要说明的内容。

第八条 服务认证证书包括以下基本内容：

（一）获得认证的组织名称、地址；

（二）获得认证的服务所覆盖的业务范围；

（三）认证依据的标准、技术要求；

（四）认证证书编号；

（五）发证机构、发证日期和有效期；

（六）其他需要说明的内容。

第九条 管理体系认证证书包括以下基本内容：

（一）获得认证的组织名称、地址；

（二）获得认证的组织的管理体系所覆盖的业务范围；

（三）认证依据的标准、技术要求；

（四）证书编号；

（五）发证机构、发证日期和有效期；

（六）其他需要说明的内容。

第十条 获得认证的组织应当在广告、宣传等活动中正确使用认证证书和有关信息。获得认证的产品、服务、管理体系发生重大变化时，获得认证的组织和个人应当向认证机构申请变更，未变更或者经认证机构调查发现不符合认证要求的，不得继续使用该认证证书。

第十一条 认证机构应当建立认证证书管理制度，对获得认证的组织和个人使用认证证书的情况实施有效跟踪调查，对不能符合认证要求的，应当暂停其使用直至撤销认证证书，并予以公布；对撤销或者注销的认证证书予以收回；无法收回的，予以公布。

第十二条 不得利用产品认证证书和相关文字、符号误导公众认为其服务、管理体系通过认证；不得利用服务认证证书和相关文字、符号误导公众认为其产品、管理体系通过认证；不得利用管理体系认证证书和相关文字、符号，误导公众认为其产品、服务通过认证。

第三章 认 证 标 志

第十三条 认证标志分为强制性认证标志和自愿性认证标志。

自愿性认证标志包括国家统一的自愿性认证标志和认证机构自行制定的认证标志。

强制性认证标志和国家统一的自愿性认证标志属于国家专有认证标志。

认证机构自行制定的认证标志是指认证机构专有的认证标志。

第十四条 强制性认证标志和国家统一的自愿性认证标志的制定和使用，由国家市场监督管理总局依法规定，并予以公布。

第十五条 认证机构自行制定的认证标志的式样（包括使用的符号）、文字和名称，应当遵守以下规定：

（一）不得与强制性认证标志、国家统一的自愿性认证标志或者其他认证机构自行制定并公布的认证标志相同或者近似；

（二）不得妨碍社会管理秩序；

（三）不得将公众熟知的社会公共资源或者具有特定含义的认证名称的文字、符号、图案作为认证标志的组成部分；

（四）不得将容易误导公众或者造成社会歧视、有损社会道德风尚以及其他不良影响的文字、符号、图案作为认证标志的组成部分；

（五）其他法律、行政法规，或者国家制定的相关技术规范、标准的规定。

第十六条 认证机构应当向社会公布认证标志的式样（包括使用的符号）、文字、名称、应用范围、识别方法、使用方法等信息。

第十七条 认证机构应当建立认证标志管理制度，明确认证标志使用者的权利和义务，对获得认证的组织使用认证标志的情况实施有效跟踪调查，发现其认证的产品、服务、管理体系不能符合认证要求的，应当及时作出暂停或者停止其使用认证标志的决定，并予以公布。

第十八条 获得产品认证的组织应当在广告、产品介绍等宣传材料中正确使用产品认证标志，可以在通过认证的产品及其包装上标注产品认证标志，但不得利用产品认证标志误导公众认为其服务、管理体系通过认证。

第十九条 获得服务认证的组织应当在广告等有关宣传中正确使用服务认证标志，可以将服务认证标志悬挂在获得服务认证的区域内，但不得利用服务认证标志误导公众认为其产品、管理体系通过认证。

第二十条 获得管理体系认证的组织应当在广告等有关宣传中正确使用管理体系认证标志，不得在产品上标注管理体系认证标志，只有在注明获证组织通过相关管理体系认证的情况下方可在产品的包装上标注管理体系认证标志。

第四章 监督检查

第二十一条 国家市场监督管理总局组织县级以上地方市场监督管理部门对认证证书和认证标志的使用情况实施监督检查，对伪造、冒用、转让和非法买卖认证证书和认证标志的违法行为依法予以查处。

第二十二条 国家市场监督管理总局对认证机构的认证证书和认证标志管理情况实施监督检查。

认证机构应当对其认证证书和认证标志的管理情况向国家市场监督管理总局提供年度报告。年度报告中应当包括其对获证组织使用认证证书和认证标志的跟踪调查情况。

第二十三条 认证机构应当公布本机构认证证书和认证标志使用等相关信息，以便于公众进行查询和社会监督。

第二十四条 任何单位和个人对伪造、冒用、转让和非法买卖认证证书和认证标志等违法、违规行为可以向市场监督管理部门举报。

第五章 罚 则

第二十五条 违反本办法第十二条规定，对混淆使用认证证书和认证标志的，县级以上地方市场监督管理部门应当责令其限期改正，逾期不改的处以2万元以下罚款。

未通过认证，但在其产品或者产品包装上、广告等其他宣传中，使用虚假文字表明其通过认证的，县级以上地方市场监督管理部门应当按伪造、冒用认证标志的违法行为进行处罚。

第二十六条 违反本办法规定，伪造、冒用认证证书的，县级以上地方市场监督管理部门应当责令其改正，处以 3 万元罚款。

第二十七条　违反本办法规定，非法买卖或者转让认证证书的，县级以上地方市场监督管理部门责令其改正，处以 3 万元罚款；认证机构向未通过认证的认证委托人出卖或转让认证证书的，依照条例第六十一条规定处罚。

第二十八条　认证机构自行制定的认证标志违反本办法第十五条规定的，依照条例第六十条规定处罚；违反其他法律、行政法规规定的，依照其他法律、行政法规处罚。

第二十九条　认证机构发现其认证的产品、服务、管理体系不能持续符合认证要求，不及时暂停其使用认证证书和认证标志，或者不及时撤销认证证书或者停止其使用认证标志的，依照条例第五十九条规定处罚。

第三十条　认证机构违反本办法第十六条、第二十三条规定，未向社会公布相关信息的，责令限期改正；逾期不改的，予以警告。

第三十一条　伪造、冒用、非法买卖认证标志的，依照《中华人民共和国产品质量法》和《中华人民共和国进出口商品检验法》等有关法律、行政法规的规定处罚。

第六章　附　　则

第三十二条　认证证书和认证标志的收费按照国家有关价格法律、行政法规的规定执行。

第三十三条　本办法由国家市场监督管理总局负责解释。

第三十四条　本办法自 2004 年 8 月 1 日起施行。1992 年 2 月 10 日原国家技术监督局发布的《产品质量认证证书和认证标志管理办法》和 1995 年 9 月 21 日原国家商检局发布的《进出口商品标志管理办法》中有关认证标志的部分规定同时废止。

强制性产品认证机构和实验室管理办法

（2004 年 6 月 23 日国家质量监督检验检疫总局令第 65 号公布　根据 2022 年 9 月 29 日国家市场监督管理总局令第 61 号修订）

第一章　总　　则

第一条　为规范强制性产品认证机构、实验室的管理，合理利用社会资源，保证强制性产品认证制度的有效实施，根据《中华人民共和国认证认可条例》（以下简称条例）的规定，制定本办法。

第二条　本办法所称的强制性产品认证机构、实验室是指从事强制性产品认证以及相关活动的认证机构、实验室。

第三条　本办法适用于中华人民共和国境内的强制性产品认证机构、实验室的指定和监督管理。

第四条　国家对强制性产品认证机构、实验室实行指定制度。

第五条　国家市场监督管理总局负责强制性产品认证机构、实验室指定制度的建立、实施及其监督管理工作。

第六条　强制性产品认证机构、实验室应当符合条例及其他法律、行政法规规定的条件和能力，经国家市场监督管理总局指定后，方可从事强制性产品认证活动和从事与强制性产品认证有关的检测活动。

第七条　强制性产品认证机构、实验室的指定工作遵循资源合理利用和实际需要、公平竞争、公开公正和便利、有效的原则。

第八条 认证机构、实验室为同一法人时，其从事强制性产品认证以及与认证有关的检测活动的资格应当分别指定。

第二章 指 定 条 件

第九条 申请从事强制性产品认证活动的认证机构应当具备下列条件：

（一）依照条例规定设立，具有相应领域 2 年以上认证经历或者颁发相关产品认证证书 20 份以上；

（二）符合国家标准中对认证机构技术能力的通用要求；

（三）在申请前 6 个月内无不良记录；

（四）本机构的法人性质、产权构成和组织结构等能够保证其强制性认证活动的客观公正；

（五）具备能够公正、独立和有效地从事强制性产品认证活动的技术与管理能力；

（六）具备从事强制性产品认证活动所需要并且可以独立调配使用的检测、检查资源，拥有与强制性产品认证工作任务相适应的符合条例规定的认证人员和稳定的财力资源。

第十条 申请从事强制性产品认证检测活动的实验室（以下简称实验室），应当具备下列条件：

（一）具有法律、行政法规规定的基本条件和能力，并经依法认定；

（二）具有相关领域检测经验，从事检测工作 2 年以上或者对外出具相关领域检测报告 20 份以上；

（三）符合国家标准中对实验室技术能力的通用要求；

（四）在申请前 6 个月内无不良记录；

（五）本单位的法人性质、产权构成以及组织结构能够保证其公正、独立地实施检测活动；

（六）具备承担相应产品认证检测活动所需的全部设备、设施，或者经相关设备、设施所有权单位的授权，可以独立使用设备、设施；

（七）检测人员接受过与其承担的相应产品认证检测所必需的教育和培训，并掌握相关的标准、技术规范和强制性产品认证实施规则的要求，具备必要的产品检测能力。

第三章 指 定 程 序

第十一条 国家市场监督管理总局根据强制性产品认证制度的具体要求和实施需要，提出指定计划。指定计划包括拟指定机构的业务领域与数量、产品范围、对申请指定的机构的要求、指定程序和相关时限规定、专家评审委员会（以下简称专家委员会）组成等。

指定业务领域涉及国务院有关部门的，国家市场监督管理总局向国务院有关部门就相关指定方案征求意见。

第十二条 国家市场监督管理总局通过书面公告和其网站对外发布指定计划等相关信息。

第十三条 申请从事强制性产品认证活动的认证机构、实验室（以下简称申请机构），应当按照指定计划等相关信息的要求，向国家市场监督管理总局提出书面申请，并提交相关证明文件。

第十四条 国家市场监督管理总局自受理申请机构申请之日起 10 个工作日内，按照本办法第九条、第十条的规定对申请机构提交的书面材料进行审查，提出初审意见，并将初审意见反馈给申请机构。对符合初审要求的，提交专家委员会评审。

第十五条 国务院有关部门、行业组织、企业、认可机构、认证机构以及其他技术机构可以向国家市场监督管理总局推荐专家委员会候选成员。国家市场监督管理总局根据评审对象和评审领域的不同，确定专家委员会成员，分别组成相应的专家委员会。

第十六条 专家委员会一般由 7 至 13 人组成，为非常设的临时性组织，负责申请机构的评审工作。

评审工作结束后，专家委员会即行解散。

第十七条 专家委员会成员应当符合以下条件：

（一）具有良好的专业知识和职业道德修养；

（二）具备高级专业技术职称或者同等技术资格；

（三）熟悉有关行业现状、相关产品的监管制度、技术机构资源配置与分布等情况。

第十八条 专家委员会成员对申请机构的评审采用会议讨论、听证、文件调阅等方式。根据需要，专家委员会可以建议国家市场监督管理总局组织对申请机构进行现场调查。

专家委员会成员与申请机构有利害关系的（包括所在单位为申请机构等），相关专家委员会成员应当回避。

第十九条 专家委员会对申请机构进行评审，评审应当充分考虑相关领域行业发展特点、生产企业分布、认证制度与其他监管方式有效衔接等因素，保证认证制度有效实施、资源合理利用、便利认证委托人。

评审应当结合申请机构的技术能力和相关声誉、信誉等情况，在成本效率分析的基础上作出科学、合理、准确的评审结论。

专家委员会应当采用不计名投票以三分之二通过的方式作出评审结论。

专家委员会评审工作时间不得超过 30 个工作日。

第二十条 国家市场监督管理总局应当根据专家委员会作出的评审结论，按照本办法第七条规定的原则在 10 个工作日内作出指定决定。特殊情况需要延长的，可以延长至 15 个工作日。

指定业务领域涉及国务院有关部门的，国家市场监督管理总局在征求国务院有关部门意见后，作出指定决定。

第二十一条 国家市场监督管理总局自指定决定之日起 10 个工作日内，在其网站上公布指定的强制性产品认证机构、实验室的名录以及具体的指定业务范围。

第二十二条 申请机构对指定决定有异议的，应当自指定名录公布之日起 15 个工作日内向国家市场监督管理总局提出申诉或者投诉。

国家市场监督管理总局负责处理申诉和投诉事宜。

第四章 行 为 规 范

第二十三条 经国家市场监督管理总局指定的强制性产品认证机构、实验室（以下简称指定的认证机构、实验室）应当在指定范围内按照认证基本规范和认证规则的要求为认证委托人提供服务，不得转让或者变相转让指定的认证、检测业务。

第二十四条 指定的认证机构、实验室应当制订管理制度和程序，对强制性产品认证、检测活动和自愿性产品认证、委托检测活动明确区分，不得利用其指定的资格，开发或者从事自愿性产品认证以及检测业务。

第二十五条 指定的认证机构在对外宣传中应当严格区分强制性产品认证业务与自愿性产品认证业务。

第二十六条 指定的认证机构应当与指定的实验室签署书面协议，明确各自的权利义务和法律责任，并保证其使用的实验室的检测活动符合国家强制性产品认证规范和认证规则的要求，保证其使用的实验室（包括同一法人内的）享有平等权利和履行同等义务。

第二十七条 指定的认证机构、实验室为同一个法人时，指定的机构应当制订相关管理制度并保证其持续有效运行，保证认证、检测活动独立实施，保证认证人员、检测人员独立开展活动。

第二十八条 指定的认证机构、实验室应当在指定的业务范围内从事强制性产品认证活动，保证为认证委托人提供及时、有效的认证、检测服务，不得歧视、刁难认证委托人，不得牟取不当利益。

第二十九条 指定的认证机构、实验室开展国际互认活动，应当依法在国家市场监督管理总局或者经授权的国务院有关部门对外签署的国际互认协议框架内进行。

第三十条 指定的机构应当按照国家市场监督管理总局的规定和要求，及时提供强制性产品认证、检测的信息，配合市场监督管理部门开展的强制性产品认证监督检查工作。

第五章 监督检查

第三十一条 国家市场监督管理总局对指定的认证机构、实验室每年进行一次定期监督检查。

第三十二条 指定的认证机构、实验室应当于每年2月15日前向国家市场监督管理总局上报其上一年度从事强制性产品认证活动的工作报告，年度工作报告包括内部审核和管理评审等，接受国家市场监督管理总局就有关事项的询问。

第三十三条 国家市场监督管理总局对指定的认证机构、实验室的认证、检测工作的质量进行不定期调查，并征求有关认证委托人和认证证书持有人的意见和建议。

第三十四条 国家市场监督管理总局对指定的认证机构、实验室的技术能力、服务质量、工作效率、工作人员职业道德以及认证基本规范和认证规则的执行等情况组织进行同行评议，并公布评议结果。

第三十五条 国家市场监督管理总局应当对指定的认证机构、实验室的认证、检测活动以及认证结果进行专项抽查，并公布抽查结果。

第三十六条 任何单位和个人对指定的认证机构、实验室以及指定工作中的违法、违规行为可以向市场监督管理部门举报。

第六章 罚 则

第三十七条 指定的认证机构、实验室有下列情形之一的，责令改正，并处以2万元以上3万元以下罚款：

（一）缺乏必要的管理制度和程序区分强制性产品认证、检测活动与自愿性产品认证、委托检测活动的；

（二）利用强制性产品认证业务宣传、推广自愿性产品认证业务的；

（三）未向认证委托人提供及时、有效的认证、检测服务，故意拖延的或者歧视、刁难认证委托人，并牟取不当利益的；

（四）对执法监督检查活动不予配合，拒不提供相关信息的；

（五）未按照要求提交年度工作报告或者提供强制性产品认证、检测信息的。

第三十八条 指定的认证机构、实验室不再具备指定条件情况的，国家市场监督管理总局撤销对其的指定。

第三十九条 指定的认证机构、实验室因出具虚假证明等违法行为被撤销指定的，其自被撤销指定之日起3年内不得申请指定。

第四十条 对于其他违反条例规定的违法行为，依照条例的有关规定予以处罚。

第七章 附 则

第四十一条 本办法由国家市场监督管理总局负责解释。

第四十二条 本办法自 2004 年 8 月 1 日起施行。

强制性产品认证管理规定

（2009 年 7 月 3 日国家质量监督检验检疫总局令第 117 号公布 根据 2022 年 9 月 29 日国家市场监督管理总局令第 61 号修订）

第一章 总 则

第一条 为规范强制性产品认证工作，提高认证有效性，维护国家、社会和公共利益，根据《中华人民共和国认证认可条例》（以下简称认证认可条例）等法律、行政法规以及国家有关规定，制定本规定。

第二条 为保护国家安全、防止欺诈行为、保护人体健康或者安全、保护动植物生命或者健康、保护环境，国家规定的相关产品必须经过认证（以下简称强制性产品认证），并标注认证标志后，方可出厂、销售、进口或者在其他经营活动中使用。

第三条 国家市场监督管理总局（以下简称市场监管总局）主管全国强制性产品认证工作，负责全国强制性产品认证工作的组织实施、监督管理和综合协调。

县级以上地方市场监督管理部门负责所辖区域内强制性产品认证活动的监督管理工作。

第四条 国家对实施强制性产品认证的产品，统一产品目录（以下简称目录），统一技术规范的强制性要求、标准和合格评定程序，统一认证标志，统一收费标准。

市场监管总局会同国务院有关部门制定和调整目录，目录由市场监管总局发布，并会同有关方面共同实施。

第五条 国家鼓励开展平等互利的强制性产品认证国际互认活动，互认活动应当在市场监管总局或者其授权的有关部门对外签署的国际互认协议框架内进行。

第六条 从事强制性产品认证活动的机构及其人员，对其从业活动中所知悉的商业秘密及生产技术、工艺等技术秘密和信息负有保密义务。

第二章 认证实施

第七条 强制性产品认证基本规范、认证规则由市场监管总局制定、发布。

第八条 强制性产品认证应当适用以下单一认证模式或者多项认证模式的组合，具体模式包括：

（一）设计鉴定；

（二）型式试验；

（三）生产现场抽取样品检测或者检查；

（四）市场抽样检测或者检查；

（五）企业质量保证能力和产品一致性检查；

（六）获证后的跟踪检查。

产品认证模式应当依据产品的性能，对涉及公共安全、人体健康和环境等方面可能产生的危害程度、产品的生命周期、生产、进口产品的风险状况等综合因素，按照科学、便利等原则予以确定。

第九条 认证规则应当包括以下内容：

（一）适用的产品范围；

（二）适用的产品所对应的国家标准、行业标准和国家技术规范的强制性要求；

（三）认证模式；

（四）申请单元划分原则或者规定；

（五）抽样和送样要求；

（六）关键元器件或者原材料的确认要求（需要时）；

（七）检测标准的要求（需要时）；

（八）工厂检查的要求；

（九）获证后跟踪检查的要求；

（十）认证证书有效期的要求；

（十一）获证产品标注认证标志的要求；

（十二）其他规定。

第十条 列入目录产品的生产者或者销售者、进口商（以下统称认证委托人）应当委托经市场监管总局指定的认证机构（以下简称认证机构）对其生产、销售或者进口的产品进行认证。

委托其他企业生产列入目录产品的，委托企业或者被委托企业均可以向认证机构进行认证委托。

第十一条 认证委托人应当按照具体产品认证规则的规定，向认证机构提供相关技术材料。

销售者、进口商作为认证委托人时，还应当向认证机构提供销售者与生产者或者进口商与生产者订立的相关合同副本。

委托其他企业生产列入目录产品的，认证委托人还应当向认证机构提供委托企业与被委托企业订立的相关合同副本。

第十二条 认证机构受理认证委托后，应当按照具体产品认证规则的规定，安排产品型式试验和工厂检查。

第十三条 认证委托人应当保证其提供的样品与实际生产的产品一致，认证机构应当对认证委托人提供样品的真实性进行审查。

认证机构应当按照认证规则的要求，根据产品特点和实际情况，采取认证委托人送样、现场抽样或者现场封样后由认证委托人送样等抽样方式，委托经市场监管总局指定的实验室（以下简称实验室）对样品进行产品型式试验。

第十四条 实验室对样品进行产品型式试验，应当确保检测结论的真实、准确，并对检测全过程作出完整记录，归档留存，保证检测过程和结果的记录具有可追溯性，配合认证机构对获证产品进行有效的跟踪检查。

实验室及其有关人员应当对其作出的检测报告内容以及检测结论负责，对样品真实性有疑义的，应当向认证机构说明情况，并作出相应处理。

第十五条 需要进行工厂检查的，认证机构应当委派具有国家注册资格的强制性产品认证检查员，对产品生产企业的质量保证能力、生产产品与型式试验样品的一致性等情况，依照具体产品认证规则进行检查。

认证机构及其强制性产品认证检查员应当对检查结论负责。

第十六条 认证机构完成产品型式试验和工厂检查后，对符合认证要求的，一般情况下自受理认证委托起 90 天内向认证委托人出具认证证书。

对不符合认证要求的，应当书面通知认证委托人，并说明理由。

认证机构及其有关人员应当对其作出的认证结论负责。

第十七条 认证机构应当通过现场产品检测或者检查、市场产品抽样检测或者检查、质量保证能力检查等方式，对获证产品及其生产企业实施分类管理和有效的跟踪检查，控制并验证获证产品与型式试验样品的一致性、生产企业的质量保证能力持续符合认证要求。

第十八条 认证机构应当对跟踪检查全过程作出完整记录，归档留存，保证认证过程和结果具有可追溯性。

对于不能持续符合认证要求的，认证机构应当根据相应情形作出予以暂停或者撤销认证证书的处理，并予公布。

第十九条 认证机构应当按照认证规则的规定，根据获证产品的安全等级、产品质量稳定性以及产品生产企业的良好记录和不良记录情况等因素，对获证产品及其生产企业进行跟踪检查的分类管理，确定合理的跟踪检查频次。

第三章 认证证书和认证标志

第二十条 市场监管总局统一规定强制性产品认证证书（以下简称认证证书）的格式、内容和强制性产品认证标志（以下简称认证标志）的式样、种类。

第二十一条 认证证书应当包括以下基本内容：

（一）认证委托人名称、地址；

（二）产品生产者（制造商）名称、地址；

（三）被委托生产企业名称、地址（需要时）；

（四）产品名称和产品系列、规格、型号；

（五）认证依据；

（六）认证模式（需要时）；

（七）发证日期和有效期限；

（八）发证机构；

（九）证书编号；

（十）其他需要标注的内容。

第二十二条 认证证书有效期为5年。

认证机构应当根据其对获证产品及其生产企业的跟踪检查的情况，在认证证书上注明年度检查有效状态的查询网址和电话。

认证证书有效期届满，需要延续使用的，认证委托人应当在认证证书有效期届满前90天内申请办理。

第二十三条 获证产品及其销售包装上标注认证证书所含内容的，应当与认证证书的内容相一致，并符合国家有关产品标识标注管理规定。

第二十四条 有下列情形之一的，认证委托人应当向认证机构申请认证证书的变更，由认证机构根据不同情况作出相应处理：

（一）获证产品命名方式改变导致产品名称、型号变化或者获证产品的生产者、生产企业名称、地址名称发生变更的，经认证机构核实后，变更认证证书；

（二）获证产品型号变更，但不涉及安全性能和电磁兼容内部结构变化；或者获证产品减少同种产品型号的，经认证机构确认后，变更认证证书；

（三）获证产品的关键元器件、规格和型号，以及涉及整机安全或者电磁兼容的设计、结构、工艺和材料或者原材料生产企业等发生变更的，经认证机构重新检测合格后，变更认证证书；

（四）获证产品生产企业地点或者其质量保证体系、生产条件等发生变更的，经认证机构重新工厂检查合格后，变更认证证书；

（五）其他应当变更的情形。

第二十五条 认证委托人需要扩展其获证产品覆盖范围的，应当向认证机构申请认证证书的扩展，认证机构应当核查扩展产品与原获证产品的一致性，确认原认证结果对扩展产品的有效性。经确认合格后，可以根据认证委托人的要求单独出具认证证书或者重新出具认证证书。

认证机构可以按照认证规则的要求，针对差异性补充进行产品型式试验或者工厂检查。

第二十六条 有下列情形之一的，认证机构应当注销认证证书，并对外公布：

（一）认证证书有效期届满，认证委托人未申请延续使用的；

（二）获证产品不再生产的；

（三）获证产品型号已列入国家明令淘汰或者禁止生产的产品目录的；

（四）认证委托人申请注销的；

（五）其他依法应当注销的情形。

第二十七条 有下列情形之一的，认证机构应当按照认证规则规定的期限暂停认证证书，并对外公布：

（一）产品适用的认证依据或者认证规则发生变更，规定期限内产品未符合变更要求的；

（二）跟踪检查中发现认证委托人违反认证规则等规定的；

（三）无正当理由拒绝接受跟踪检查或者跟踪检查发现产品不能持续符合认证要求的；

（四）认证委托人申请暂停的；

（五）其他依法应当暂停的情形。

第二十八条 有下列情形之一的，认证机构应当撤销认证证书，并对外公布：

（一）获证产品存在缺陷，导致质量安全事故的；

（二）跟踪检查中发现获证产品与认证委托人提供的样品不一致的；

（三）认证证书暂停期间，认证委托人未采取整改措施或者整改后仍不合格的；

（四）认证委托人以欺骗、贿赂等不正当手段获得认证证书的；

（五）其他依法应当撤销的情形。

第二十九条 获证产品被注销、暂停或者撤销认证证书的，认证机构应当确定不符合认证要求的产品类别和范围。

自认证证书注销、撤销之日起或者认证证书暂停期间，不符合认证要求的产品，不得继续出厂、销售、进口或者在其他经营活动中使用。

第三十条 认证标志的式样由基本图案、认证种类标注组成，基本图案如下图：

基本图案中"CCC"为"中国强制性认证"的英文名称"China Compulsory Certification"的英文缩写。

第三十一条 在认证标志基本图案的右侧标注认证种类，由代表该产品认证种类的英文单词的缩写字母组成。

市场监管总局根据强制性产品认证工作的需要，制定有关认证种类标注的具体要求。

第三十二条 认证委托人应当建立认证标志使用管理制度，对认证标志的使用情况如实记录和存档，按照认证规则规定在产品及其包装、广告、产品介绍等宣传材料中正确使用和标注认证标志。

第三十三条 任何单位和个人不得伪造、变造、冒用、买卖和转让认证证书和认证标志。

第四章 监 督 管 理

第三十四条 市场监管总局对认证机构、实验室的认证、检测活动实施年度监督检查和不定期的专项监督检查。

第三十五条 认证机构应当将获证产品的认证委托人、获证产品及其生产企业，以及认证证书被注销、暂停或者撤销的信息向市场监管总局和省级市场监督管理部门进行通报。

第三十六条 市场监管总局统一计划，采取定期或者不定期的方式对获证产品进行监督检查。

获证产品生产者、销售者、进口商和经营活动使用者不得拒绝监督检查。

市场监管总局建立获证产品及其生产者公布制度，向社会公布监督检查结果。

第三十七条 县级以上地方市场监督管理部门负责对所辖区域内强制性产品认证活动实施监督检查，对违法行为进行查处。

列入目录内的产品未经认证，但尚未出厂、销售的，县级以上地方市场监督管理部门应当告诫其产品生产企业及时进行强制性产品认证。

第三十八条 县级以上地方市场监督管理部门进行强制性产品认证监督检查时，可以依法进入生产经营场所实施现场检查，查阅、复制有关合同、票据、帐簿以及其他资料，查封、扣押未经认证的产品或者不符合认证要求的产品。

第三十九条 列入目录产品的生产者、销售商发现其生产、销售的产品存在安全隐患，可能对人体健康和生命安全造成损害的，应当向社会公布有关信息，主动采取召回产品等救济措施，并依照有关规定向相关监督管理部门报告。

列入目录产品的生产者、销售商未履行前款规定义务的，市场监管总局应当启动产品召回程序，责令生产者召回产品，销售者停止销售产品。

第四十条 出入境检验检疫机构应当对列入目录的进口产品实施入境验证管理，查验认证证书、认证标志等证明文件，核对货证是否相符。验证不合格的，依照相关法律法规予以处理，对列入目录的进口产品实施后续监管。

第四十一条 列入目录的进境物品符合下列情形之一的，入境时无需办理强制性产品认证：

（一）外国驻华使馆、领事馆或者国际组织驻华机构及其外交人员的自用物品；

（二）香港、澳门特别行政区政府驻大陆官方机构及其工作人员的自用物品；

（三）入境人员随身从境外带入境内的自用物品；

（四）外国政府援助、赠送的物品；

（五）其他依法无需办理强制性产品认证的情形。

第四十二条 有下列情形之一的，列入目录产品的生产者、进口商、销售商或者其代理人可以向所在地市场监督管理部门提出免予办理强制性产品认证申请，提交相关证明材料、责任担保书、产品符合性声明（包括型式试验报告）等资料，并根据需要进行产品检测，经批准取得《免予办理强制性产品认证证明》后，方可进口，并按照申报用途使用：

（一）为科研、测试所需的产品；

（二）为考核技术引进生产线所需的零部件；

（三）直接为最终用户维修目的所需的产品；

（四）工厂生产线/成套生产线配套所需的设备/部件（不包含办公用品）；

（五）仅用于商业展示，但不销售的产品；

（六）暂时进口后需退运出关的产品（含展览品）；

（七）以整机全数出口为目的而用一般贸易方式进口的零部件；

（八）以整机全数出口为目的而用进料或者来料加工方式进口的零部件；

（九）其他因特殊用途免予办理强制性产品认证的情形。

第四十三条　认证机构、实验室有下列情形之一的，市场监管总局应当责令其停业整顿，停业整顿期间不得从事指定范围内的强制性产品认证、检测活动：

（一）增加、减少、遗漏或者变更认证基本规范、认证规则规定的程序的；

（二）未对其认证的产品实施有效的跟踪调查，或者发现其认证的产品不能持续符合认证要求，不及时暂停或者撤销认证证书并予以公布的；

（三）未对认证、检测过程作出完整记录，归档留存，情节严重的；

（四）使用未取得相应资质的人员从事认证、检测活动的，情节严重的；

（五）未对认证委托人提供样品的真实性进行有效审查的；

（六）阻挠、干扰监管部门认证执法检查的；

（七）对不属于目录内产品进行强制性产品认证的；

（八）其他违反法律法规规定的。

第四十四条　有下列情形之一的，市场监管总局根据利害关系人的请求或者依据职权，可以撤销对认证机构、实验室的指定：

（一）工作人员滥用职权、玩忽职守作出指定决定的；

（二）超越法定职权作出指定决定的；

（三）违反法定程序作出指定决定的；

（四）对不具备指定资格的认证机构、实验室准予指定的；

（五）依法可以撤销指定决定的其他情形。

第四十五条　认证机构或者实验室以欺骗、贿赂等不正当手段获得指定的，由市场监管总局撤销指定，并予以公布。

认证机构或者实验室自被撤销指定之日起3年内不得再次申请指定。

第四十六条　从事强制性产品认证活动的人员出具虚假或者不实结论，编造虚假或者不实文件、记录的，予以撤销执业资格；自撤销之日起5年内，中国认证认可协会认证人员注册机构不再受理其注册申请。

第四十七条　认证委托人对认证机构的认证决定有异议的，可以向认证机构提出申诉。

第四十八条　任何单位和个人对强制性产品认证活动中的违法违规行为，有权向市场监督管理部门举报，市场监督管理部门应当及时调查处理，并为举报人保密。

第五章　罚　　则

第四十九条　列入目录的产品未经认证，擅自出厂、销售、进口或者在其他经营活动中使用的，由县级以上地方市场监督管理部门依照认证认可条例第六十六条规定予以处罚。

第五十条　列入目录的产品经过认证后，不按照法定条件、要求从事生产经营活动或者生产、销售不符合法定要求的产品的，由县级以上地方市场监督管理部门依照《国务院关于加强食品等产品安全监督管理的特别规定》第二条、第三条第二款规定予以处理。

第五十一条　违反本规定第二十九条第二款规定，认证证书注销、撤销或者暂停期间，不符合认证要求的产品，继续出厂、销售、进口或者在其他经营活动中使用的，由县级以上地方市场监督管理部门依照认证认可条例第六十六条规定予以处罚。

第五十二条 违反本规定第四十二条规定，编造虚假材料骗取《免予办理强制性产品认证证明》或者获得《免予办理强制性产品认证证明》后产品未按照原申报用途使用的，由市场监督管理部门责令其改正，撤销《免予办理强制性产品认证证明》，并依照认证认可条例第六十六条规定予以处罚。

第五十三条 伪造、变造、出租、出借、冒用、买卖或者转让认证证书的，由县级以上地方市场监督管理部门责令其改正，处3万元罚款。

转让或者倒卖认证标志的，由县级以上地方市场监督管理部门责令其改正，处3万元以下罚款。

第五十四条 有下列情形之一的，由县级以上地方市场监督管理部门责令其改正，处3万元以下的罚款：

（一）违反本规定第十三条第一款规定，认证委托人提供的样品与实际生产的产品不一致的；

（二）违反本规定第二十四条规定，未按照规定向认证机构申请认证证书变更，擅自出厂、销售、进口或者在其他经营活动中使用列入目录产品的；

（三）违反本规定第二十五条规定，未按照规定向认证机构申请认证证书扩展，擅自出厂、销售、进口或者在其他经营活动中使用列入目录产品的。

第五十五条 有下列情形之一的，由县级以上地方市场监督管理部门责令其限期改正，逾期未改正的，处2万元以下罚款。

（一）违反本规定第二十三条规定，获证产品及其销售包装上标注的认证证书所含内容与认证证书内容不一致的；

（二）违反本规定第三十二条规定，未按照规定使用认证标志的。

第五十六条 认证机构、实验室出具虚假结论或者出具的结论严重失实的，市场监管总局应当撤销对其指定；对直接负责的主管人员和负有直接责任的人员，撤销相应从业资格；构成犯罪的，依法追究刑事责任；造成损失的，承担相应的赔偿责任。

第五十七条 认证机构、实验室有下列情形之一的，市场监管总局应当责令其改正，情节严重的，撤销对其指定直至撤销认证机构批准文件。

（一）超出指定的业务范围从事列入目录产品的认证以及与认证有关的检测活动的；

（二）转让指定认证业务的；

（三）停业整顿期间继续从事指定范围内的强制性产品认证、检测活动的；

（四）停业整顿期满后，经检查仍不符合整改要求的。

第五十八条 市场监管总局和县级以上地方市场监督管理部门及其工作人员，滥用职权、徇私舞弊、玩忽职守的，依法给予行政处分；构成犯罪的，依法追究刑事责任。

第五十九条 对于强制性产品认证活动中的其他违法行为，依照有关法律、行政法规的规定予以处罚。

第六章 附 则

第六十条 强制性产品认证应当依照国家有关规定收取费用。

第六十一条 本规定由市场监管总局负责解释。

第六十二条 本规定自2009年9月1日起施行。国家质检总局2001年12月3日公布的《强制性产品认证管理规定》同时废止。

有机产品认证管理办法

(2013 年 11 月 15 日国家质量监督检验检疫总局令第 155 号公布 根据 2015 年 8 月 25 日国家质量监督检验检疫总局令第 166 号第一次修订 根据 2022 年 9 月 29 日国家市场监督管理总局令第 61 号第二次修订)

第一章 总 则

第一条 为了维护消费者、生产者和销售者合法权益,进一步提高有机产品质量,加强有机产品认证管理,促进生态环境保护和可持续发展,根据《中华人民共和国产品质量法》、《中华人民共和国进出口商品检验法》、《中华人民共和国认证认可条例》等法律、行政法规的规定,制定本办法。

第二条 在中华人民共和国境内从事有机产品认证以及获证有机产品生产、加工、进口和销售活动,应当遵守本办法。

第三条 本办法所称有机产品,是指生产、加工和销售符合中国有机产品国家标准的供人类消费、动物食用的产品。

本办法所称有机产品认证,是指认证机构依照本办法的规定,按照有机产品认证规则,对相关产品的生产、加工和销售活动符合中国有机产品国家标准进行的合格评定活动。

第四条 国家市场监督管理总局负责全国有机产品认证的统一管理、监督和综合协调工作。地方市场监督管理部门负责所辖区域内有机产品认证活动的监督管理工作。

第五条 国家推行统一的有机产品认证制度,实行统一的认证目录、统一的标准和认证实施规则、统一的认证标志。

国家市场监督管理总局负责制定和调整有机产品认证目录、认证实施规则,并对外公布。

第六条 国家市场监督管理总局按照平等互利的原则组织开展有机产品认证国际合作。

开展有机产品认证国际互认活动,应当在国家对外签署的国际合作协议内进行。

第二章 认 证 实 施

第七条 有机产品认证机构(以下简称认证机构)应当依法取得法人资格,并经国家市场监督管理总局批准后,方可从事批准范围内的有机产品认证活动。

认证机构实施认证活动的能力应当符合有关产品认证机构国家标准的要求。

从事有机产品认证检查活动的检查员,应当经国家认证人员注册机构注册后,方可从事有机产品认证检查活动。

第八条 有机产品生产者、加工者(以下统称认证委托人),可以自愿委托认证机构进行有机产品认证,并提交有机产品认证实施规则中规定的申请材料。

认证机构不得受理不符合国家规定的有机产品生产产地环境要求,以及有机产品认证目录外产品的认证委托人的认证委托。

第九条 认证机构应当自收到认证委托人申请材料之日起 10 日内,完成材料审核,并作出是否受理的决定。对于不予受理的,应当书面通知认证委托人,并说明理由。

认证机构应当在对认证委托人实施现场检查前 5 日内,将认证委托人、认证检查方案等基本信息报送至国家市场监督管理总局确定的信息系统。

第十条 认证机构受理认证委托后,认证机构应当按照有机产品认证实施规则的规定,由认证检查员对有机产品生产、加工场所进行现场检查，并应当委托具有法定资质的检验检测机构对申请认证的产品进行检验检测。

按照有机产品认证实施规则的规定，需要进行产地（基地）环境监（检）测的，由具有法定资质的监（检）测机构出具监（检）测报告，或者采信认证委托人提供的其他合法有效的环境监（检）测结论。

第十一条 符合有机产品认证要求的，认证机构应当及时向认证委托人出具有机产品认证证书，允许其使用中国有机产品认证标志；对不符合认证要求的，应当书面通知认证委托人，并说明理由。

认证机构及认证人员应当对其作出的认证结论负责。

第十二条 认证机构应当保证认证过程的完整、客观、真实，并对认证过程作出完整记录，归档留存，保证认证过程和结果具有可追溯性。

产品检验检测和环境监（检）测机构应当确保检验检测、监测结论的真实、准确，并对检验检测、监测过程作出完整记录，归档留存。产品检验检测、环境监测机构及其相关人员应当对其作出的检验检测、监测报告的内容和结论负责。

本条规定的记录保存期为5年。

第十三条 认证机构应当按照认证实施规则的规定，对获证产品及其生产、加工过程实施有效跟踪检查，以保证认证结论能够持续符合认证要求。

第十四条 认证机构应当及时向认证委托人出具有机产品销售证，以保证获证产品的认证委托人所销售的有机产品类别、范围和数量与认证证书中的记载一致。

第十五条 有机配料含量（指重量或者液体体积，不包括水和盐，下同）等于或者高于95%的加工产品，应当在获得有机产品认证后，方可在产品或者产品包装及标签上标注"有机"字样，加施有机产品认证标志。

第十六条 认证机构不得对有机配料含量低于95%的加工产品进行有机认证。

第三章 有机产品进口

第十七条 向中国出口有机产品的国家或者地区的有机产品主管机构，可以向国家市场监督管理总局提出有机产品认证体系等效性评估申请，国家市场监督管理总局受理其申请，并组织有关专家对提交的申请进行评估。

评估可以采取文件审查、现场检查等方式进行。

第十八条 向中国出口有机产品的国家或者地区的有机产品认证体系与中国有机产品认证体系等效的，国家市场监督管理总局可以与其主管部门签署相关备忘录。

该国家或者地区出口至中国的有机产品，依照相关备忘录的规定实施管理。

第十九条 未与国家市场监督管理总局就有机产品认证体系等效性方面签署相关备忘录的国家或者地区的进口产品，拟作为有机产品向中国出口时，应当符合中国有机产品相关法律法规和中国有机产品国家标准的要求。

第二十条 需要获得中国有机产品认证的进口产品生产商、销售商、进口商或者代理商（以下统称进口有机产品认证委托人），应当向经国家市场监督管理总局批准的认证机构提出认证委托。

第二十一条 进口有机产品认证委托人应当按照有机产品认证实施规则的规定，向认证机构提交相关申请资料和文件，其中申请书、调查表、加工工艺流程、产品配方和生产、加工过程中使用的投入品等认证申请材料、文件，应当同时提交中文版本。申请材料不符合要求的，认证机构应当不予受理其认证委托。

认证机构从事进口有机产品认证活动应当符合本办法和有机产品认证实施规则的规定，认证检查记录和检查报告等应当有中文版本。

第二十二条 进口有机产品申报入境检验检疫时，应当提交其所获中国有机产品认证证书复印件、有机产品销售证复印件、认证标志和产品标识等文件。

第二十三条 自对进口有机产品认证委托人出具有机产品认证证书起 30 日内，认证机构应当向国家市场监督管理总局提交以下书面材料：

（一）获证产品类别、范围和数量；

（二）进口有机产品认证委托人的名称、地址和联系方式；

（三）获证产品生产商、进口商的名称、地址和联系方式；

（四）认证证书和检查报告复印件（中外文版本）；

（五）国家市场监督管理总局规定的其他材料。

第四章　认证证书和认证标志

第二十四条 国家市场监督管理总局负责制定有机产品认证证书的基本格式、编号规则和认证标志的式样、编号规则。

第二十五条 认证证书有效期为 1 年。

第二十六条 认证证书应当包括以下内容：

（一）认证委托人的名称、地址；

（二）获证产品的生产者、加工者以及产地（基地）的名称、地址；

（三）获证产品的数量、产地（基地）面积和产品种类；

（四）认证类别；

（五）依据的国家标准或者技术规范；

（六）认证机构名称及其负责人签字、发证日期、有效期。

第二十七条 获证产品在认证证书有效期内，有下列情形之一的，认证委托人应当在 15 日内向认证机构申请变更。认证机构应当自收到认证证书变更申请之日起 30 日内，对认证证书进行变更：

（一）认证委托人或者有机产品生产、加工单位名称或者法人性质发生变更的；

（二）产品种类和数量减少的；

（三）其他需要变更认证证书的情形。

第二十八条 有下列情形之一的，认证机构应当在 30 日内注销认证证书，并对外公布：

（一）认证证书有效期届满，未申请延续使用的；

（二）获证产品不再生产的；

（三）获证产品的认证委托人申请注销的；

（四）其他需要注销认证证书的情形。

第二十九条 有下列情形之一的，认证机构应当在 15 日内暂停认证证书，认证证书暂停期为 1 至 3 个月，并对外公布：

（一）未按照规定使用认证证书或者认证标志的；

（二）获证产品的生产、加工、销售等活动或者管理体系不符合认证要求，且经认证机构评估在暂停期限内能够采取有效纠正或者纠正措施的；

（三）其他需要暂停认证证书的情形。

第三十条 有下列情形之一的，认证机构应当在 7 日内撤销认证证书，并对外公布：

（一）获证产品质量不符合国家相关法规、标准强制要求或者被检出有机产品国家标准禁用物质的；

（二）获证产品生产、加工活动中使用了有机产品国家标准禁用物质或者受到禁用物质污染的；

（三）获证产品的认证委托人虚报、瞒报获证所需信息的；

（四）获证产品的认证委托人超范围使用认证标志的；

（五）获证产品的产地（基地）环境质量不符合认证要求的；

（六）获证产品的生产、加工、销售等活动或者管理体系不符合认证要求，且在认证证书暂停期间，未采取有效纠正或者纠正措施的；

（七）获证产品在认证证书标明的生产、加工场所外进行了再次加工、分装、分割的；

（八）获证产品的认证委托人对相关方重大投诉且确有问题未能采取有效处理措施的；

（九）获证产品的认证委托人从事有机产品认证活动因违反国家农产品、食品安全管理相关法律法规，受到相关行政处罚的；

（十）获证产品的认证委托人拒不接受市场监督管理部门或者认证机构对其实施监督的；

（十一）其他需要撤销认证证书的情形。

第三十一条 有机产品认证标志为中国有机产品认证标志。

中国有机产品认证标志标有中文"中国有机产品"字样和英文"ORGANIC"字样。图案如下：

| C:100 M:0 Y:100 K:0 |
| C:0 M:60 Y:100 K:0 |

第三十二条 中国有机产品认证标志应当在认证证书限定的产品类别、范围和数量内使用。

认证机构应当按照国家市场监督管理总局统一的编号规则，对每枚认证标志进行唯一编号（以下简称有机码），并采取有效防伪、追溯技术，确保发放的每枚认证标志能够溯源到其对应的认证证书和获证产品及其生产、加工单位。

第三十三条 获证产品的认证委托人应当在获证产品或者产品的最小销售包装上，加施中国有机产品认证标志、有机码和认证机构名称。

获证产品标签、说明书及广告宣传等材料上可以印制中国有机产品认证标志，并可以按照比例放大或者缩小，但不得变形、变色。

第三十四条 有下列情形之一的，任何单位和个人不得在产品、产品最小销售包装及其标签上标注含有"有机"、"ORGANIC"等字样且可能误导公众认为该产品为有机产品的文字表述和图案：

（一）未获得有机产品认证的；

（二）获证产品在认证证书标明的生产、加工场所外进行了再次加工、分装、分割的。

第三十五条 认证证书暂停期间，获证产品的认证委托人应当暂停使用认证证书和认证标志；认证证书注销、撤销后，认证委托人应当向认证机构交回认证证书和未使用的认证标志。

第五章　监　督　管　理

第三十六条　国家市场监督管理总局对有机产品认证活动组织实施监督检查和不定期的专项监督检查。

第三十七条　县级以上地方市场监督管理部门应当依法对所辖区域的有机产品认证活动进行监督检查，查处获证有机产品生产、加工、销售活动中的违法行为。

第三十八条　县级以上地方市场监督管理部门的监督检查的方式包括：

（一）对有机产品认证活动是否符合本办法和有机产品认证实施规则规定的监督检查；

（二）对获证产品的监督抽查；

（三）对获证产品认证、生产、加工、进口、销售单位的监督检查；

（四）对有机产品认证证书、认证标志的监督检查；

（五）对有机产品认证咨询活动是否符合相关规定的监督检查；

（六）对有机产品认证和认证咨询活动举报的调查处理；

（七）对违法行为的依法查处。

第三十九条　国家市场监督管理总局通过信息系统，定期公布有机产品认证动态信息。

认证机构在出具认证证书之前，应当按要求及时向信息系统报送有机产品认证相关信息，并获取认证证书编号。

认证机构在发放认证标志之前，应当将认证标志、有机码的相关信息上传到信息系统。

县级以上地方市场监督管理部门通过信息系统，根据认证机构报送和上传的认证相关信息，对所辖区域内开展的有机产品认证活动进行监督检查。

第四十条　获证产品的认证委托人以及有机产品销售单位和个人，在产品生产、加工、包装、贮藏、运输和销售等过程中，应当建立完善的产品质量安全追溯体系和生产、加工、销售记录档案制度。

第四十一条　有机产品销售单位和个人在采购、贮藏、运输、销售有机产品的活动中，应当符合有机产品国家标准的规定，保证销售的有机产品类别、范围和数量与销售证中的产品类别、范围和数量一致，并能够提供与正本内容一致的认证证书和有机产品销售证的复印件，以备相关行政监管部门或者消费者查询。

第四十二条　市场监督管理部门可以根据国家有关部门发布的动植物疫情、环境污染风险预警等信息，以及监督检查、消费者投诉举报、媒体反映等情况，及时发布关于有机产品认证区域、获证产品及其认证委托人、认证机构的认证风险预警信息，并采取相应应对措施。

第四十三条　获证产品的认证委托人提供虚假信息、违规使用禁用物质、超范围使用有机认证标志，或者出现产品质量安全重大事故的，认证机构5年内不得受理该企业及其生产基地、加工场所的有机产品认证委托。

第四十四条　认证委托人对认证机构的认证结论或者处理决定有异议的，可以向认证机构提出申诉。

第四十五条　任何单位和个人对有机产品认证活动中的违法行为，可以向市场监督管理部门举报。市场监督管理部门应当及时调查处理，并为举报人保密。

第六章　罚　　　则

第四十六条　伪造、冒用、非法买卖认证标志的，县级以上地方市场监督管理部门依照《中华人民共和国产品质量法》、《中华人民共和国进出口商品检验法》及其实施条例等法律、行政法规的规定处罚。

第四十七条 伪造、变造、冒用、非法买卖、转让、涂改认证证书的，县级以上地方市场监督管理部门责令改正，处3万元罚款。

违反本办法第三十九条第二款的规定，认证机构在其出具的认证证书上自行编制认证证书编号的，视为伪造认证证书。

第四十八条 违反本办法第三十四条的规定，在产品或者产品包装及标签上标注含有"有机"、"ORGANIC"等字样且可能误导公众认为该产品为有机产品的文字表述和图案的，县级以上地方市场监督管理部门责令改正，处3万元以下罚款。

第四十九条 认证机构有下列情形之一的，国家市场监督管理总局应当责令改正，予以警告，并对外公布：

（一）未依照本办法第三十九条第三款的规定，将有机产品认证标志、有机码上传到国家市场监督管理总局确定的信息系统的；

（二）未依照本办法第九条第二款的规定，向国家市场监督管理总局确定的信息系统报送相关认证信息或者其所报送信息失实的；

（三）未依照本办法第二十三条的规定，向国家市场监督管理总局提交相关材料备案的。

第五十条 违反本办法第十六条的规定，认证机构对有机配料含量低于95%的加工产品进行有机认证的，县级以上地方市场监督管理部门责令改正，处3万元以下罚款。

第五十一条 认证机构违反本办法第二十九条、第三十条的规定，未及时暂停或者撤销认证证书并对外公布的，依照《中华人民共和国认证认可条例》第五十九条的规定处罚。

第五十二条 认证机构、获证产品的认证委托人拒绝接受国家市场监督管理总局或者县级以上地方市场监督管理部门监督检查的，责令限期改正；逾期未改正的，处3万元以下罚款。

第五十三条 有机产品认证活动中的其他违法行为，依照有关法律、行政法规、部门规章的规定处罚。

第七章 附 则

第五十四条 有机产品认证收费应当依照国家有关价格法律、行政法规的规定执行。

第五十五条 出口的有机产品，应当符合进口国家或者地区的要求。

第五十六条 本办法所称有机配料，是指在制造或者加工有机产品时使用并存在（包括改性的形式存在）于产品中的任何物质，包括添加剂。

第五十七条 本办法由国家市场监督管理总局负责解释。

第五十八条 本办法自2014年4月1日起施行。国家质检总局2004年11月5日公布的《有机产品认证管理办法》（国家质检总局第67号令）同时废止。

认可机构监督管理办法

（2021年5月25日国家市场监督管理总局公告2021年第17号发布 自发布之日起施行）

第一条 为了加强对认可机构的监督管理，保证认可工作质量，根据《中华人民共和国认证认可条例》相关规定，制定本办法。

第二条 本办法所称的认可机构，是指依法经市场监管总局确定，从事认证机构、实验室、检验机构、审定核查机构等合格评定机构评价活动的权威机构。

第三条 在中华人民共和国境内，对认可机构及认可活动的监督管理适用本办法。

第四条 对认可机构和认可活动的监督管理由市场监管总局负责。

第五条 市场监管总局对认可机构及其认可活动、认可结果实施监督管理，坚持监管与促进发展相结合的原则，确保认可制度统一、有效实施。

第六条 鼓励相关部门、行业参与认可制度的建立，并采信认可结果。

第七条 认可机构应当符合相关法律、法规和相关国家标准要求，包括：

（一）具有法人资格，能够独立承担法律责任；

（二）组织结构和运作应保证客观性和公正性；

（三）具有与认可工作相适应并符合相关法律、法规和技术要求的专业人员；

（四）确保管理者和全体人员不受任何可能影响其认可结果的商业、财务和其他方面的干扰；

（五）确保其他相关机构的活动不影响认可活动的保密性、客观性和公正性。

第八条 市场监管总局确定的认可机构，独立开展认可活动。其他任何单位不得直接或者变相从事认可活动。其他单位直接或者变相从事认可活动的，其认可结果无效。

第九条 认可机构应当建立并实施与其认可范围相适应的质量管理体系，以保证认可活动的公正性、保密性，并承担因认可活动、认可结果引发的相关法律责任。

第十条 认可机构应当及时对外公开认可要求、认可程序、收费标准及其变更情况，公布取得认可的获证机构名录。

第十一条 认可机构受理认可申请，不得向申请人提出与认可活动无关的要求或限制条件，不得接受任何可能对认可活动的客观公正产生影响的资助。

第十二条 认可机构应当建立与其业务发展相适应的人力资源保障体系，满足开展认可活动的需要。

第十三条 市场监管总局应当定期对认可机构开展的认可活动以及认可结果进行监督检查。

第十四条 市场监管总局可以通过以下方式对认可机构实施监督检查：

（一）对认可机构实施现场监督评审；

（二）对认可评审活动实施监督；

（三）对认可制度实施情况进行评估；

（四）建立认可机构信息报送制度；

（五）调查和处理对认可机构、认可活动的申诉和投诉；

（六）对认可机构工作质量开展第三方评估；

（七）组织地方市场监管部门实施认可监督管理。

第十五条 认可机构以下活动应及时向市场监管总局书面报告，并对报告真实性负责：

（一）认可规范的制、修订及研发的认可制度和工作规则；

（二）重要会议；

（三）主要管理人员的变化；

（四）认可批准、暂停和撤销；

（五）重要申诉、投诉及督查处理结果；

（六）拟参加国际组织和有关国际方面的重大活动，向国际组织投票表决的重要事项；

（七）拟签订的国际双边或者多边协议；

（八）获认可机构年度统计信息和认可工作年度报告；

（九）获认可机构违法违规或重大事故处理情况；

（十）其他重要事项。

第十六条 市场监管总局组织地方市场监管部门对认可机构、认可活动和认可结果实施的监督，地方市场监管部门应当将监督活动有关情况、发现的主要问题等报告市场监管总局，由市场监管总局做出处理决定。

第十七条 任何单位和个人对认可机构的违法违规行为，有权向市场监管总局举报。市场监管总局应及时调查处理，并为举报人保密。

第十八条 认可机构有下列情形之一的，由市场监管总局责令改正；情节严重的，对主要负责人和负有责任的人员移送有关机关处理：

（一）对不符合认可条件的机构予以认可的；

（二）发现取得认可的机构不符合认可条件，不及时撤销认可证书，并予公布的；

（三）接受可能对认可活动的客观公正产生影响的资助的。

第十九条 认可机构有下列情形之一的，由市场监管总局责令改正；对主要负责人和负有责任的人员给予警告：

（一）受理认可申请，向申请人提出与认可活动无关的要求或者限制条件的；

（二）未在公布的时间内完成认可活动，或者未公开认可条件、认可程序、收费标准等信息的；

（三）发现取得认可的机构不当使用认可证书和认可标志，不及时暂停其使用或者撤销认可证书并予公布的；

（四）未对认可过程作出完整记录，归档留存的。

第二十条 认证机构、实验室、检验机构、审定核查机构等取得境外认可机构认可的，应当将获认可的相关信息报送市场监管总局备案。备案内容包括：

（一）实施认可的认可机构名称和国别（地区）；

（二）获认可范围和认可时间、有效期；

（三）认可评审人日数；

（四）其他相关的获认可信息。

前款规定的机构未向市场监管总局备案的，给予警告，并予公布。

第二十一条 本办法由市场监管总局负责解释。

第二十二条 本办法自2021年5月25日起施行。国家认证认可监督管理委员会2002年4月4日发布的《国家认可机构监督管理办法》（国认可〔2002〕20号）同时废止。

认证机构管理办法

（2017 年 11 月 14 日国家质量监督检验检疫总局令第 193 号公布　根据 2020 年 10 月 23 日《国家市场监督管理总局关于修改部分规章的决定》修订）

第一章　总　　则

第一条　为了加强对认证机构的监督管理，规范认证活动，提高认证有效性，根据《中华人民共和国认证认可条例》（以下简称《认证认可条例》）等有关法律、行政法规的规定，制定本办法。

第二条　本办法所称认证机构，是指依法取得资质，对产品、服务和管理体系是否符合标准、相关技术规范要求，独立进行合格评定的具有法人资格的证明机构。

第三条　在中华人民共和国境内从事认证活动的认证机构及其监督管理，适用本办法。

第四条　国务院认证认可监督管理部门主管认证机构的资质审批及监督管理工作。

县级以上地方认证监督管理部门依照本办法的规定，负责所辖区域内认证机构从事认证活动的监督管理。

第五条　认证机构从事认证活动应当遵循公正公开、客观独立、诚实信用的原则，维护社会信用体系。

第六条　认证机构及其人员对其认证活动中所知悉的国家秘密、商业秘密负有保密义务。

第二章　资质审批

第七条　取得认证机构资质，应当经国务院认证认可监督管理部门批准。未经批准，任何单位和个人不得从事认证活动。

第八条　取得认证机构资质，应当符合下列条件：

（一）取得法人资格；

（二）有固定的办公场所和必要的设施；

（三）有符合认证认可要求的管理制度；

（四）注册资本不得少于人民币 300 万元；

（五）有 10 名以上相应领域的专职认证人员。

从事产品认证活动的认证机构，还应当具备与从事相关产品认证活动相适应的检测、检查等技术能力。

第九条　认证机构资质审批程序：

（一）认证机构资质的申请人（以下简称申请人）应当向国务院认证认可监督管理部门提出申请，提交符合本办法第八条规定条件的相关证明文件，并对其真实性、有效性、合法性负责。

（二）国务院认证认可监督管理部门应当对申请人提交的证明文件进行初审，并自收到之日起 5 日内作出受理或者不予受理的书面决定。对申请材料不齐全或者不符合法定形式的，应当一次性告知申请人需要补正的全部内容。

（三）国务院认证认可监督管理部门应当自受理认证机构资质申请之日起 45 日内，作出是否批准的决定。决定批准的，向申请人出具《认证机构批准书》。决定不予批准的，应当书面通知申请人，并说明理由。

需要对申请人的认证、检测、检查等技术能力进行专家评审的，专家评审时间不得超过 30

日。评审时间不计算在审批期限内。

第十条 国务院认证认可监督管理部门制定、调整和公布认证领域目录,认证机构应当在批准的认证领域内,按照认证基本规范、认证规则从事认证活动。

属于认证新领域,国务院认证认可监督管理部门尚未制定认证规则的,认证机构可以自行制定认证规则,并在认证规则发布后 30 日内,将认证规则相关信息报国务院认证认可监督管理部门备案。

第十一条 认证机构有下列情形之一的,应当自变更之日起 30 日内,向国务院认证认可监督管理部门申请办理《认证机构批准书》变更手续:

(一) 缩小批准认证领域的;

(二) 变更法人性质、股东、注册资本的;

(三) 合并或者分立的;

(四) 变更名称、住所、法定代表人的。

扩大认证领域的,由国务院认证认可监督管理部门按照本办法第九条的规定予以办理。

第十二条 《认证机构批准书》有效期为 6 年。

认证机构需要延续《认证机构批准书》有效期的,应当在《认证机构批准书》有效期届满30 日前向国务院认证认可监督管理部门提出申请。

国务院认证认可监督管理部门应当对提出延续申请的认证机构依照本办法规定的资质条件和审批程序进行书面复查,并在《认证机构批准书》有效期届满前作出是否准予延续的决定。

第三章 行 为 规 范

第十三条 认证机构应当建立风险防范机制,对其从事认证活动可能引发的风险和责任,采取合理、有效措施,并承担相应的社会责任。

认证机构不得超出批准范围从事认证活动。

第十四条 认证机构应当建立健全认证人员管理制度,定期对认证人员进行培训,保证其能力持续符合国家关于认证人员职业资格的相关要求。

认证机构不得聘用国家法律法规和国家政策禁止或者限制从事认证活动的人员。

第十五条 认证机构应当通过其网站或者其他形式公布以下信息并保证其真实、有效:

(一) 依法从事认证活动的自我声明;

(二) 认证领域、认证规则、认证证书样式、认证标志样式;

(三) 设立的承担其认证活动的分支机构名称、地址和认证活动内容;

(四) 认证收费标准;

(五) 认证证书有效、暂停、注销或者撤销的状态。

强制性产品认证机构还应当按照国务院认证认可监督管理部门的相关规定,公布其强制性产品认证相关信息。

第十六条 认证机构从事认证活动,应当符合认证基本规范、认证规则规定的程序要求,确保认证过程完整、客观、真实,不得增加、减少或者遗漏程序要求。

第十七条 认证机构在从事认证活动时,应当对认证对象的下列情况进行核实:

(一) 具备相关法定资质、资格;

(二) 委托认证的产品、服务、管理体系等符合相关法律法规的要求;

(三) 未列入严重违法失信名单。

认证对象不符合上述要求的,认证机构不得向其出具认证证书。

第十八条 认证机构及其认证人员应当及时作出认证结论,保证其客观、真实并承担相应法律责任。

认证机构及其认证人员不得出具虚假或者严重失实的认证结论。有下列情形之一的，属于出具虚假或者严重失实的认证结论：

（一）认证人员未按照认证规则要求，应当进入现场而未进入现场进行审核、检查或者审查的；

（二）冒名顶替其他认证人员实施审核、检查或者审查的；

（三）伪造认证档案、记录和资料的；

（四）认证证书载明的事项内容严重失实的；

（五）向未通过认证的认证对象出卖或者转让认证证书的。

第十九条 认证结论符合认证要求的，认证机构应当及时向认证对象出具认证证书。

认证机构应当通过其网站或者其他形式，向公众提供查询认证证书有效性的方式。

第二十条 认证机构应当要求认证对象正确使用认证证书和认证标志，对未按照规定使用的，认证机构应当采取有效的纠正措施。

第二十一条 认证机构应当对其认证的产品、服务、管理体系实施有效的跟踪监督。

不能持续符合认证要求的，认证机构应当在确认相关情况后 5 日内，暂停认证对象相应的认证证书。暂停期限届满仍不符合要求的，应当撤销其相应认证证书。

暂停期限按照认证规则的相关规定执行。

第二十二条 认证机构应当对认证过程做出完整记录，保留相应认证资料。

认证记录和认证资料应当真实、准确，归档留存时间为认证证书有效期届满或者被注销、撤销之日起 2 年以上，认证记录应当使用中文。

在认证证书有效期内，认证活动参与各方盖章或者签字的认证记录、认证资料等，应当保存具有法律效力的原件。

第二十三条 认证机构应当及时向国务院认证认可监督管理部门报送以下信息，并保证其真实、有效：

（一）认证计划信息；

（二）与认证结果相关的认证活动、认证人员、认证对象信息；

（三）认证证书的有效、暂停、注销或者撤销状态信息；

（四）设立承担其认证活动的分支机构信息。

认证机构在获得批准的认证领域内，与境外认证机构签订认证结果仅在境外使用的分包合约，应当自签订分包合约之日起 10 日内向国务院认证认可监督管理部门报送信息。

第二十四条 认证机构应当在每年 3 月底之前向国务院认证认可监督管理部门提交以下报告，并保证其真实、有效：

（一）上一年度工作报告：主要包括从业基本情况、人员、业务状况以及符合国家资质要求的会计师事务所出具的财务会计审计报告等内容；

（二）社会责任报告：主要包括机构概况、机构核心价值观与发展理念、机构最高管理者的社会责任承诺、机构社会责任战略、机构社会责任绩效等内容。

第二十五条 认证机构和认证对象应当对国务院认证认可监督管理部门、地方认证监督管理部门实施的监督检查工作予以配合，对有关事项的询问和调查如实提供相关材料和信息。

第四章 监 督 管 理

第二十六条 国务院认证认可监督管理部门对认证机构遵守《认证认可条例》、本办法以及相关部门规章的情况进行监督检查。

地方认证监督管理部门根据法定职责分工，对所辖区域内的认证活动、认证结果实施日常监督检查，查处违法行为，并建立相应的协调工作机制。

地方认证监督管理部门应当将违法行为查处的相关信息及时报送国务院认证认可监督管理部门。

第二十七条 国务院认证认可监督管理部门、地方认证监督管理部门对认证机构的认证活动、认证结果实行随机抽查，抽查结果应当及时向社会公开。

国务院认证认可监督管理部门、地方认证监督管理部门结合随机抽查、行政处罚、投诉举报、严重违法失信名单以及大数据分析等信息，对认证机构实行分类监管。

第二十八条 国务院认证认可监督管理部门在其网站公布以下信息：

（一）依法取得资质的认证机构名录；

（二）认证机构依据本办法第二十四条规定报送的报告；

（三）随机抽查结果；

（四）对认证机构及其认证人员的行政处罚信息；

（五）认证机构及其法定代表人、主要负责人、认证人员严重违法失信名单。

第二十九条 认证机构资质的申请人及其法定代表人、主要负责人、认证人员等列入严重违法失信名单的，对其认证机构资质申请不予批准。

认证机构及其法定代表人、主要负责人、认证人员列入严重违法失信名单的，对其认证机构资质延续、认证领域扩大申请不予批准。

第三十条 国务院认证认可监督管理部门、地方认证监督管理部门在监督检查中发现认证机构有下列情形之一的，应当给予告诫，并责令其改正：

（一）未依照本办法第十五条规定，公布信息的；

（二）未依照本办法第十九条第二款规定，向公众提供认证证书有效性查询方式的。

第三十一条 有下列情形之一的，国务院认证认可监督管理部门根据利害关系人的请求或者依据职权，可以撤销《认证机构批准书》：

（一）国务院认证认可监督管理部门工作人员滥用职权、玩忽职守出具的；

（二）超越法定职权出具的；

（三）违反法定程序出具的；

（四）对不具备申请资格或者不符合法定条件的申请人出具的；

（五）认证机构已不具备或者不能持续符合法定条件和能力的；

（六）依法可以撤销的其他情形。

以欺骗、贿赂等不正当手段取得认证机构资质的，国务院认证认可监督管理部门应当撤销《认证机构批准书》；申请人在 3 年内不得再次申请认证机构资质。

第三十二条 认证机构有下列情形之一的，国务院认证认可监督管理部门应当办理《认证机构批准书》注销手续：

（一）《认证机构批准书》有效期届满，未申请延续或者复查不予延续的；

（二）《认证机构批准书》依法被撤销的；

（三）认证机构申请注销的；

（四）认证机构依法终止的；

（五）法律法规规定应当注销的其他情形。

第三十三条 认证机构可以通过认可机构的认可，证明其认证能力能够持续符合相关要求。

认可机构应当对取得认可的认证机构进行有效跟踪监督，对认可监督中发现的违法行为，及时报告国务院认证认可监督管理部门。

第三十四条 认证认可协会应当加强对认证机构和认证人员的行业自律管理，发现认证机构或者认证人员的违法行为，及时报告国务院认证认可监督管理部门。

第三十五条 任何单位和个人对认证活动中的违法行为，有权向国务院认证认可监督管理部门和地方认证监督管理部门举报。国务院认证认可监督管理部门和地方认证监督管理部门应当及时调查处理，并为举报人保密。

第五章 法 律 责 任

第三十六条 隐瞒有关情况或者提供虚假材料申请认证机构资质的，国务院认证认可监督管理部门不予受理或者不予批准，并给予警告；申请人在1年内不得再次申请认证机构资质。

第三十七条 认证机构有下列情形之一的，国务院认证认可监督管理部门应当责令其限期改正，给予警告并予公布：

（一）未依照本办法第十条第二款规定，将认证规则相关信息报国务院认证认可监督管理部门备案的；

（二）未依照本办法第十一条规定，办理变更手续的；

（三）未依照本办法第十四条规定，认证人员能力不能持续符合国家职业资格的相关要求，或者聘用国家法律法规和国家政策禁止或者限制从事认证活动的人员的；

（四）未依照本办法第二十三条、第二十四条规定，向国务院认证认可监督管理部门报送信息和报告的。

第三十八条 认证机构有下列情形之一的，地方认证监督管理部门应当责令其改正，并处3万元罚款：

（一）受到告诫或者警告后仍未改正的；

（二）违反本办法第十七条规定，向认证对象出具认证证书的；

（三）违反本办法第二十条规定，发现认证对象未正确使用认证证书和认证标志，未采取有效措施纠正的；

（四）违反本办法第二十五条规定，在监督检查工作中不予配合和协助，拒绝、隐瞒或者不如实提供相关材料和信息的。

第三十九条 认证机构违反本办法第十六条规定，增加、减少、遗漏程序要求的，依照《认证认可条例》第六十条的规定进行处罚。认证机构被责令停业整顿的，停业整顿期限为6个月，期间不得从事认证活动。

认证机构增加、减少、遗漏程序要求，情节轻微且不影响认证结论的客观、真实或者认证有效性的，应当责令其限期改正。逾期未改正或者经改正仍不符合要求的，依照前款规定进行处罚。

第四十条 认证机构违反本办法第十八条规定，出具虚假或者严重失实认证结论的，依照《认证认可条例》第六十二条的规定进行处罚。

第四十一条 认证机构违反《认证认可条例》等有关法律、行政法规规定的，依照相关规定追究其法律责任。

第四十二条 国务院认证认可监督管理部门和地方认证监督管理部门及其工作人员应当依法对认证活动实施监督，有滥用职权、徇私舞弊、玩忽职守等违法行为的，依法给予行政处分；构成犯罪的，依法追究刑事责任。

第六章 附   则

第四十三条 本办法中国务院认证认可监督管理部门实施行政许可的期限以工作日计算，不含法定节假日。

第四十四条　香港、澳门和台湾地区在大陆的投资企业取得认证机构资质，依照本办法第八条的规定办理，并遵守本办法规定。

第四十五条　本办法由国务院认证认可监督管理部门负责解释。

第四十六条　本办法自 2018 年 1 月 1 日起施行。国家质检总局 2011 年 7 月 20 日公布的《认证机构管理办法》、2015 年 5 月 11 日公布的《国家质量监督检验检疫总局关于修改〈认证机构管理办法〉的决定》同时废止。

认证机构及认证人员失信管理暂行规定

（2018 年 7 月 6 日中国国家认证认可监督管理委员会公告第 30 号发布　自发布之日起施行）

第一条　为加强认证行业信用体系建设，倡导诚实守信，惩戒失信行为，根据《中华人民共和国认证认可条例》、《认证机构管理办法》以及国家有关信用管理要求，制定本规定。

第二条　本规定所称认证机构及认证人员失信，是指认证机构、认证人员违背诚实信用原则，发生严重违反法律、行政法规、部门规章的行为。

第三条　本规定所称认证机构及认证人员失信管理，是指国家认证认可监督管理委员会（以下简称认监委）对认证机构及认证人员失信信息进行汇集、发布、更新，并对失信认证机构和认证人员采取惩戒措施。

第四条　地方认证监督管理部门、认可机构、认证认可行业协会等相关各方发现认证机构及认证人员存在虚假认证等失信行为的，应及时将相关证据线索报送认监委。

任何单位和个人均可向认监委提供认证机构及认证人员的失信行为信息。

第五条　认监委对有关方面提供的认证机构及认证人员失信行为证据线索依法进行调查处理。

第六条　有下列情形之一的，认证机构及认证人员将被认监委列入失信名录：

（一）认证机构出具虚假或者严重失实的认证结论，被撤销批准文件；

（二）认证机构超出批准范围从事认证活动，被撤销批准文件；

（三）认证机构以欺骗、贿赂等不正当手段取得认证机构资质，被撤销批准文件；

（四）申请人在申请认证机构资质过程中，隐瞒有关情况或者提供虚假材料，被给予行政处罚；

（五）认证人员对出具虚假认证结论负有直接责任或者存在其他严重违法违规行为，被撤销执业资格；

（六）认证机构及认证人员被列入其他部委发布的国家信用信息失信主体名录。

第七条　认监委在其官方网站上统一公布认证机构及认证人员失信名录。

认证机构失信名录信息包括：机构名称、统一社会信用代码、法定代表人、主要负责人姓名及其身份证件类型和号码、失信行为事实。

认证人员失信名录信息包括：认证人员姓名、身份证件类型和号码、所在认证机构名称、失信行为事实。

第八条　认证机构及认证人员对公布的失信名录有异议的，可以向认监委提出书面申请并提交相关证明材料。认监委应当在收到申请后 20 个工作日内进行核实，并将核实结果告知申请人。

认监委通过核实发现失信名录信息存在错误的，应当自查实之日起 5 个工作日内予以更正。

第九条 认监委对列入失信名录的认证机构及认证人员采取以下惩戒措施：

（一）认证机构资质的申请人及其法定代表人、主要负责人、认证人员列入失信名录的，对其认证机构资质申请不予批准；

（二）认证机构及其法定代表人、主要负责人、认证人员列入失信名录的，对其认证机构资质延续、认证领域扩大申请不予批准；

（三）认证机构法定代表人、主要负责人、认证人员列入失信名录的，其所在认证机构列入重点行政监管对象。

第十条 认监委参与国家相关部门对失信主体的联合惩戒；认证机构及认证人员失信信息将按照规定与国家相关信用信息查询平台共享。

认监委推动国家相关部门对失信认证机构及认证人员实施联合惩戒。

第十一条 满足下列条件的，失信名录所列认证机构及认证人员可以向认监委提出书面信用修复申请：

（一）本规定第六条第（一）、（二）项所涉及的失信信息，相关处理已满 6 年；

（二）本规定第六条第（三）项所涉及的失信信息，相关处理已满 3 年；

（三）本规定第六条第（四）项所涉及的失信信息，相关处理已满 1 年；

（四）本规定第六条第（五）项所涉及的失信信息，相关处理已满 5 年；

（五）本规定第六条第（六）项所涉及的失信信息，相关认证机构及认证人员已从国家信用信息失信主体名录中移出。

第十二条 认监委在其官方网站上对信用修复申请进行公示。自公示之日起 5 个工作日内无异议的，将相关认证机构及认证人员从公布的失信名录中移出。

列入失信管理所依据的行政处罚决定被撤销的，认监委应当自决定被撤销之日起 5 个工作日内将涉及的认证机构及认证人员从公布的失信名录中移出。

第十三条 认可机构、认证认可行业协会应建立各自的认证机构及认证人员失信管理制度。

第十四条 本规定由认监委负责解释。

第十五条 本规定自发布之日起施行。

知识产权认证管理办法

（2018 年 2 月 11 日中国国家认证认可监督管理委员会公告第 5 号发布 自 2018 年 4 月 1 日起施行）

第一章 总 则

第一条 为了规范知识产权认证活动，提高其有效性，加强监督管理，根据《中华人民共和国专利法》《中华人民共和国商标法》《中华人民共和国著作权法》《中华人民共和国认证认可条例》《认证机构管理办法》等法律、行政法规以及部门规章的规定，制定本办法。

第二条 本办法所称知识产权认证，是指由认证机构证明法人或者其他组织的知识产权管理体系、知识产权服务符合相关国家标准或者技术规范的合格评定活动。

第三条 知识产权认证包括知识产权管理体系认证和知识产权服务认证。

知识产权管理体系认证是指由认证机构证明法人或者其他组织的内部知识产权管理体系符合相关国家标准或者技术规范要求的合格评定活动。

知识产权服务认证是指由认证机构证明法人或者其他组织提供的知识产权服务符合相关国家标准或者技术规范要求的合格评定活动。

第四条 国家认证认可监督管理委员会（以下简称国家认监委）、国家知识产权局按照统一管理、分工协作、共同实施的原则，制定、调整和发布认证目录、认证规则，并组织开展认证监督管理工作。

第五条 知识产权认证坚持政府引导、市场驱动，实行目录式管理。

第六条 国家鼓励法人或者其他组织通过开展知识产权认证提高其知识产权管理水平或者知识产权服务能力。

第七条 知识产权认证采用统一的认证标准、技术规范和认证规则，使用统一的认证标志。

第八条 在中华人民共和国境内从事知识产权认证及其监督管理适用本办法。

第二章 认证机构和认证人员

第九条 从事知识产权认证的机构（以下简称认证机构）应当依法设立，符合《中华人民共和国认证认可条例》、《认证机构管理办法》规定的条件，具备从事知识产权认证活动的相关专业能力要求，并经国家认监委批准后，方可从事批准范围内的认证活动。

国家认监委在批准认证机构资质时，涉及知识产权专业领域问题的，可以征求国家知识产权局意见。

第十条 认证机构可以设立分支机构、办事机构，并自设立之日起 30 日之内向国家认监委和国家知识产权局报送相关信息。

第十一条 认证机构从事认证审核（审查）的人员应当为专职认证人员，满足从事知识产权认证活动所需的相关知识与技能要求，并符合国家认证人员职业资格的相关要求。

第三章 行 为 规 范

第十二条 认证机构应当建立风险防范机制，对其从事认证活动可能引发的风险和责任，采取合理、有效的防范措施。

第十三条 认证机构不得从事与其认证工作相关的咨询、代理、培训、信息分析等服务以及产品开发和营销等活动，不得与认证咨询机构和认证委托人在资产、管理或者人员上存在利益关系。

第十四条 认证机构及其认证人员对其从业活动中所知悉的国家秘密、商业秘密和技术秘密负有保密义务。

第十五条 认证机构应当履行以下职责：

（一）在批准范围内开展认证工作；

（二）对获得认证的委托人出具认证证书，允许其使用认证标志；

（三）对认证证书、认证标志的使用情况进行跟踪检查；

（四）对认证的持续符合性进行监督审核；

（五）受理有关的认证申诉和投诉。

第十六条 认证机构应当建立保证认证活动规范有效的内部管理、制约、监督和责任机制，并保证其持续有效。

第十七条 认证机构应当对分支机构实施有效管理，规范其认证活动，并对其认证活动承担相应责任。

分支机构应当建立与认证机构相同的管理、制约、监督和责任机制。

第十八条 认证机构应当依照《认证机构管理办法》的规定，公布并向国家认监委报送相关信息。

前款规定的信息同时报送国家知识产权局。

第十九条 认证机构应当建立健全人员管理制度以及人员能力准则,对所有实施审核(审查)和认证决定等认证活动的人员进行能力评价,保证其能力持续符合准则要求。

认证人员应当诚实守信,恪尽职守,规范运作。

第二十条 认证机构及其认证人员应当对认证结果负责并承担相应法律责任。

第四章 认证实施

第二十一条 认证机构从事认证活动,应当按照知识产权认证基本规范、认证规则的规定从事认证活动,作出认证结论,确保认证过程完整、客观、真实,不得增加、减少或者遗漏认证基本规范、认证规则规定的程序要求。

第二十二条 知识产权管理体系认证程序主要包括对法人或者其他组织经营过程中涉及知识产权创造、运用、保护和管理等文件和活动的审核,获证后的监督审核,以及再认证审核。

知识产权服务认证程序主要包括对提供知识产权服务的法人或者其他组织的服务质量特性、服务过程和管理实施评审,获证后监督审查,以及再认证评审。

第二十三条 被知识产权行政管理部门或者其他部门责令停业整顿,或者纳入国家信用信息失信主体名录的认证委托人,认证机构不得向其出具认证书。

第二十四条 认证机构应当对认证全过程做出完整记录,保留相应认证记录、认证资料,并归档留存。认证记录应当真实、准确,以证实认证活动得到有效实施。

第二十五条 认证机构应当在认证证书有效期内,对认证证书持有人是否持续满足认证要求进行监督审核。初次认证后的第一次监督审核应当在认证决定日期起 12 个月内进行,且两次监督审核间隔不超过 12 个月。每次监督审核内容无须与初次认证相同,但应当在认证证书有效期内覆盖整个体系的审核内容。

认证机构根据监督审核情况做出认证证书保持、暂停或者撤销的决定。

第二十六条 认证委托人对认证机构的认证决定或者处理有异议的,可以向认证机构提出申诉或者投诉。对认证机构处理结果仍有异议的,可以向国家认监委或者国家知识产权局申诉或者投诉。

第五章 认证证书和认证标志

第二十七条 知识产权认证证书(以下简称认证证书)应当包括以下基本内容:

(一)认证委托人的名称和地址;

(二)认证范围;

(三)认证依据的标准或者技术规范;

(四)认证证书编号;

(五)认证类别;

(六)认证证书出具日期和有效期;

(七)认证机构的名称、地址和机构标志;

(八)认证标志;

(九)其他内容。

第二十八条 认证证书有效期为 3 年。

有效期届满需再次认证的,认证证书持有人应当在有效期届满 3 个月前向认证机构申请再认证,再认证的认证程序与初次认证相同。

第二十九条 知识产权认证采用国家推行的统一的知识产权认证标志（以下简称认证标志）。认证标志的样式由基本图案、认证机构识别信息组成。知识产权管理体系认证基本图案见图 1 所示，知识产权服务认证体系的基本图案见图 2 所示，其中 ABCDE 代表机构中文或者英文简称：

ABCDEF

图 1 知识产权管理体系认证基本图案

ABCDEF

图 2 知识产权服务认证基本图案

第三十条 认证证书持有人应当正确使用认证标志。

认证机构应当按照认证规则的规定，针对不同情形，及时作出认证证书的变更、暂停或者撤销处理决定，且应当采取有效措施，监督认证证书持有人正确使用认证证书和认证标志。

第三十一条 认证机构应当向公众提供查询认证证书有效性的方式。

第三十二条 任何组织和个人不得伪造、变造、冒用、非法买卖和转让认证证书和认证标志。

第六章 监督管理

第三十三条 国家认监委和国家知识产权局建立知识产权认证监管协同机制，对知识产权认证机构实施监督检查，发现违法违规行为的，依照《认证认可条例》、《认证机构管理办法》等法律法规的规定进行查处。

第三十四条 地方各级质量技术监督部门和各地出入境检验检疫机构（以下统称地方认证监管部门）、地方知识产权行政管理部门依照各自法定职责，建立相应的监管协同机制，对所辖区域内的知识产权认证活动实施监督检查，查处违法违规行为，并及时上报国家认监委和国家知识产权局。

第三十五条 认证机构在资质审批过程中存在弄虚作假、隐瞒真实情况或者不再符合认证机构资质条件的，由国家认监委依法撤销其资质。

第三十六条 认证人员在认证过程中出具虚假认证结论或者认证结果严重失实的，依照国家关于认证人员的相关规定处罚。

第三十七条 认证机构、认证委托人和认证证书持有人应当对认证监管部门实施的监督检查工作予以配合,对有关事项的询问和调查如实提供相关材料和信息。

第三十八条 违反有关认证认可法律法规的违法行为,从其规定予以处罚。

第三十九条 任何组织和个人对知识产权认证违法违规行为,有权向各级认证监管部门、各级知识产权行政管理部门举报。各级认证监管部门、各级知识产权行政管理部门应当及时调查处理,并为举报人保密。

第七章 附 则

第四十条 本办法由国家认监委、国家知识产权局负责解释。

第四十一条 本办法自 2018 年 4 月 1 日起施行。国家认监委和国家知识产权局于 2013 年 11 月 6 日印发的《知识产权管理体系认证实施意见》(国认可联〔2013〕56 号)同时废止。

附件: 知识产权认证目录(略)

质量管理体系认证规则

(2016 年 8 月 5 日国家认监委公告 2016 年第 20 号公布 自 2016 年 10 月 1 日起施行)

目 录

1 适用范围

1.1 本规则用于规范依据 GB/T 19001/ISO 9001《质量管理体系要求》标准在中国境内开展的质量管理体系认证活动。

1.2 本规则依据认证认可相关法律法规,结合相关技术标准,对质量管理体系认证实施过程作出具体规定,明确认证机构对认证过程的管理责任,保证质量管理体系认证活动的规范有效。

1.3 本规则是认证机构在质量管理体系认证活动中的基本要求,相关机构在该项认证活动中应当遵守本规则。

2 对认证机构的基本要求

2.1 获得国家认监委批准、取得从事质量管理体系认证的资质。

2.2 认证能力、内部管理和工作体系符合 GB/T 27021/ISO/IEC 17021-1《合格评定 管理体系审核认证机构要求》。

2.3 建立内部制约、监督和责任机制，实现培训（包括相关增值服务）、审核和作出认证决定等工作环节相互分开，符合认证公正性要求。

2.4 鼓励认证机构通过国家认监委确定的认可机构的认可，证明其认证能力、内部管理和工作体系符合 GB/T 27021/ISO/IEC 17021-1《合格评定 管理体系审核认证机构要求》。

2.5 不得将申请认证的组织（以下简称申请组织）是否获得认证与参与认证审核的审核员及其他人员的薪酬挂钩。

3 对认证审核人员的基本要求

3.1 认证审核员应当取得国家认监委确定的认证人员注册机构颁发的质量管理体系审核员注册资格。

3.2 认证人员应当遵守与从业相关的法律法规，对认证审核活动及相关认证审核记录和认证审核报告的真实性承担相应的法律责任。

4 初次认证程序

4.1 受理认证申请

4.1.1 认证机构应向申请组织至少公开以下信息：

（1）可开展认证业务的范围，以及获得认可的情况。

（2）本规则的完整内容。

（3）认证证书样式。

（4）对认证过程的申投诉规定。

4.1.2 认证机构应当要求申请组织至少提交以下资料：

（1）认证申请书，申请书应包括申请认证的生产、经营或服务活动范围及活动情况的说明。

（2）法律地位的证明文件的复印件。若质量管理体系覆盖多场所活动，应附每个场所的法律地位证明文件的复印件（适用时）。

（3）质量管理体系覆盖的活动所涉及法律法规要求的行政许可证明、资质证书、强制性认证证书等的复印件。

（4）质量管理体系成文信息（适用时）。

4.1.3 认证机构应对申请组织提交的申请资料进行评审，根据申请认证的活动范围及场所、员工人数、完成审核所需时间和其他影响认证活动的因素，综合确定是否有能力受理认证申请。

对被执法监管部门责令停业整顿或在全国企业信用信息公示系统中被列入"严重违法企业名单"的申请组织，认证机构不应受理其认证申请。

4.1.4 对符合 4.1.2、4.1.3 要求的，认证机构可决定受理认证申请；对不符合上述要求的，认证机构应通知申请组织补充和完善，或者不受理认证申请。

4.1.5 签订认证合同

在实施认证审核前，认证机构应与申请组织订立具有法律效力的书面认证合同，合同应至少包含以下内容：

（1）申请组织获得认证后持续有效运行质量管理体系的承诺。

（2）申请组织对遵守认证认可相关法律法规，协助认证监管部门的监督检查，对有关事项的询问和调查如实提供相关材料和信息的承诺。

（3）申请组织承诺获得认证后发生以下情况时，应及时向认证机构通报：

①客户及相关方有重大投诉。

②生产、销售的产品或提供的服务被质量或市场监管部门认定不合格。

③发生产品和服务的质量安全事故。

④相关情况发生变更，包括：法律地位、生产经营状况、组织状态或所有权变更；取得的行政许可资格、强制性认证或其他资质证书变更；法定代表人、最高管理者变更；生产经营或服务的工作场所变更；质量管理体系覆盖的活动范围变更；质量管理体系和重要过程的重大变更等。

⑤出现影响质量管理体系运行的其他重要情况。

（4）申请组织承诺获得认证后正确使用认证证书、认证标志和有关信息，不利用质量管理体系认证证书和相关文字、符号误导公众认为其产品或服务通过认证。

（5）拟认证的质量管理体系覆盖的生产或服务的活动范围。

（6）在认证审核实施过程及认证证书有效期内，认证机构和申请组织各自应当承担的责任、权利和义务。

（7）认证服务的费用、付费方式及违约条款。

4.2 审核策划

4.2.1 审核时间

4.2.1.1 为确保认证审核的完整有效，认证机构应以附录A所规定的审核时间为基础，根据申请组织质量管理体系覆盖的活动范围、特性、技术复杂程度、质量安全风险程度、认证要求和体系覆盖范围内的有效人数等情况，核算并拟定完成审核工作需要的时间。在特殊情况下，可以减少审核时间，但减少的时间不得超过附录A所规定的审核时间的30%。

4.2.1.2 整个审核时间中，现场审核时间不应少于总审核时间的80%。

4.2.2 审核组

4.2.2.1 认证机构应当根据质量管理体系覆盖的活动的专业技术领域选择具备相关能力的审核员组成审核组，必要时可以选择技术专家参加审核组。审核组中的审核员承担审核任务和责任。

4.2.2.2 技术专家主要负责提供认证审核的技术支持，不作为审核员实施审核，不计入审核时间，其在审核过程中的活动由审核组中的审核员承担责任。

4.2.2.3 审核组可以有实习审核员，其要在审核员的指导下参与审核，不计入审核时间，不单独出具记录等审核文件，其在审核过程中的活动由审核组中的审核员承担责任。

4.2.3 审核计划

4.2.3.1 认证机构应为每次审核制定书面的审核计划（第一阶段审核不要求正式的审核计划）。审核计划至少包括以下内容：审核目的，审核准则，审核范围，现场审核的日期和场所，现场审核持续时间，审核组成员（其中：审核员应标明认证人员注册号；技术专家应标明专业代码、工作单位及专业技术职称）。

4.2.3.2 如果质量管理体系覆盖范围包括在多个场所进行相同或相近的活动，且这些场所都处于申请组织授权和控制下，认证机构可以在审核中对这些场所进行抽样，但应根据相关要求实施抽样以确保对所抽样本进行的审核对质量管理体系包含的所有场所具有代表性。如果不同场所的活动存在明显差异，或不同场所间存在可能对质量管理有显著影响的区域性因素，则不能采用抽样审核的方法，应当逐一到各现场进行审核。

4.2.3.3 为使现场审核活动能够观察到产品生产或服务活动情况，现场审核应安排在认证范围覆盖的产品生产或服务活动正常运行时进行。

4.2.3.4 在审核活动开始前，审核组应将审核计划交申请组织确认，遇特殊情况临时变更计划时，应及时将变更情况通知申请组织，并协商一致。

4.3 实施审核

4.3.1 审核组应当按照审核计划的安排完成审核工作。除不可预见的特殊情况外，审核过程中不得更换审核计划确定的审核员。

4.3.2 审核组应当会同申请组织按照程序顺序召开首、末次会议，申请组织的最高管理者及与质量管理体系相关的职能部门负责人员应该参加会议。参会人员应签到，审核组应当保留首、末次会议签到表。申请组织要求时，审核组成员应向申请组织出示身份证明文件。

4.3.3 审核过程及环节

4.3.3.1 初次认证审核，分为第一、二阶段实施审核。

4.3.3.2 第一阶段审核应至少覆盖以下内容：

（1）结合现场情况，确认申请组织实际情况与质量管理体系成文信息描述的一致性，特别是体系成文信息中描述的产品和服务、部门设置和职责与权限、生产或服务过程等是否与申请组织的实际情况相一致。

（2）结合现场情况，审核申请组织理解和实施 GB/T 19001/ISO 9001 标准要求的情况，评价质量管理体系运行过程中是否实施了内部审核与管理评审，确认质量管理体系是否已运行并且超过 3 个月。

（3）确认申请组织建立的质量管理体系覆盖的活动内容和范围、体系覆盖范围内有效人数、过程和场所，遵守适用的法律法规及强制性标准的情况。

（4）结合质量管理体系覆盖产品和服务的特点识别对质量目标的实现具有重要影响的关键点，并结合其他因素，科学确定重要审核点。

（5）与申请组织讨论确定第二阶段审核安排。对质量管理体系成文信息不符合现场实际、相关体系运行尚未超过 3 个月或者无法证明超过 3 个月的，以及其他不具备二阶段审核条件的，不应实施二阶段审核。

4.3.3.3 在下列情况，第一阶段审核可以不在申请组织现场进行，但应记录未在现场进行的原因：

（1）申请组织已获本认证机构颁发的其他有效认证证书，认证机构已对申请组织质量管理体系有充分了解。

（2）认证机构有充足的理由证明申请组织的生产经营或服务的技术特征明显、过程简单，通过对其提交文件和资料的审查可以达到第一阶段审核的目的和要求。

（3）申请组织获得了其他经认可机构认可的认证机构颁发的有效的质量管理体系认证证书，通过对其文件和资料的审查可以达到第一阶段审核的目的和要求。

除以上情况之外，第一阶段审核应在受审核方的生产经营或服务现场进行。

4.3.3.4 审核组应将第一阶段审核情况形成书面文件告知申请组织。对在第二阶段审核中可能被判定为不符合项的重要关键点，要及时提醒申请组织特别关注。

4.3.3.5 第二阶段审核应当在申请组织现场进行。重点是审核质量管理体系符合 GB/T 19001/ISO 9001 标准要求和有效运行情况，应至少覆盖以下内容：

（1）在第一阶段审核中识别的重要审核点的过程控制的有效性。

（2）为实现质量方针而在相关职能、层次和过程上建立质量目标是否具体适用、可测量并得到沟通、监视。

（3）对质量管理体系覆盖的过程和活动的管理及控制情况。

（4）申请组织实际工作记录是否真实。对于审核发现的真实性存疑的证据应予以记录并在做出审核结论及认证决定时予以考虑。

（5）申请组织的内部审核和管理评审是否有效。

4.3.4 发生以下情况时，审核组应向认证机构报告，经认证机构同意后终止审核。

（1）受审核方对审核活动不予配合，审核活动无法进行。

（2）受审核方实际情况与申请材料有重大不一致。

（3）其他导致审核程序无法完成的情况。

4.4 审核报告

4.4.1 审核组应对审核活动形成书面审核报告，由审核组组长签字。审核报告应准确、简明和清晰地描述审核活动的主要内容，至少包括以下内容：

（1）申请组织的名称和地址。

（2）申请组织活动范围和场所。

（3）审核的类型、准则和目的。

（4）审核组组长、审核组成员及其个人注册信息。

（5）审核活动的实施日期和地点，包括固定现场和临时现场；对偏离审核计划情况的说明，包括对审核风险及影响审核结论的不确定性的客观陈述。

（6）叙述从 4.3 条列明的程序及各项要求的审核工作情况，其中：对 4.3.3.5 条的各项审核要求应逐项描述或引用审核证据、审核发现和审核结论；对质量目标和过程及质量绩效实现情况进行评价。

（7）识别出的不符合项。

（8）审核组对是否通过认证的意见建议。

4.4.2 认证机构应保留用于证实审核报告中相关信息的证据。

4.4.3 认证机构应在作出认证决定后 30 个工作日内将审核报告提交申请组织，并保留签收或提交的证据。

4.4.4 对终止审核的项目，审核组应将已开展的工作情况形成报告，认证机构应将此报告及终止审核的原因提交给申请组织，并保留签收或提交的证据。

4.5 不符合项的纠正和纠正措施及其结果的验证

4.5.1 对审核中发现的不符合项，认证机构应要求申请组织分析原因，并提出纠正和纠正措施。对于严重不符合，应要求申请组织在最多不超过 6 个月期限内采取纠正和纠正措施。认证机构应对申请组织所采取的纠正和纠正措施及其结果的有效性进行验证。如果未能在第二阶段结束后 6 个月内验证对严重不符合实施的纠正和纠正措施，则应按 4.6.5 条处理，或者按照 4.3.3.5 条重新实施第二阶段审核。

4.6 认证决定

4.6.1 认证机构应该在对审核报告、不符合项的纠正和纠正措施及其结果进行综合评价基础上，作出认证决定。

4.6.2 认证决定人员应为认证机构管理控制下的人员，审核组成员不得参与对审核项目的认证决定。

4.6.3 认证机构在作出认证决定前应确认如下情形：

（1）审核报告符合本规则第 4.4 条要求，审核组提供的审核报告及其他信息能够满足作出认证决定所需要的信息。

（2）反映以下问题的不符合项，认证机构已评审、接受并验证了纠正和纠正措施的有效性。

①在持续改进质量管理体系的有效性方面存在缺陷，实现质量目标有重大疑问。

②制定的质量目标不可测量、或测量方法不明确。

③对实现质量目标具有重要影响的关键点的监视和测量未有效运行，或者对这些关键点的报告或评审记录不完整或无效。

④其他严重不符合项。

（3）认证机构对其他一般不符合项已评审，并接受了申请组织计划采取的纠正和纠正措施。

4.6.4 在满足 4.6.3 条要求的基础上，认证机构有充分的客观证据证明申请组织满足下列要求的，评定该申请组织符合认证要求，向其颁发认证证书。

（1）申请组织的质量管理体系符合标准要求且运行有效。

（2）认证范围覆盖的产品和服务符合相关法律法规要求。

（3）申请组织按照认证合同规定履行了相关义务。

4.6.5 申请组织不能满足上述要求或者存在以下情况的，评定该申请组织不符合认证要求，以书面形式告知申请组织并说明其未通过认证的原因。

（1）受审核方的质量管理体系有重大缺陷，不符合 GB/T 19001/ISO 9001 标准的要求。

（2）发现受审核方存在重大质量安全问题或有其他与产品和服务质量相关严重违法违规行为。

4.6.6 认证机构在颁发认证证书后，应当在 30 个工作日内按照规定的要求将认证结果相关信息报送国家认监委。

5 监督审核程序

5.1 认证机构应对持有其颁发的质量管理体系认证证书的组织（以下称获证组织）进行有效跟踪，监督获证组织持续运行质量管理体系并符合认证要求。

5.2 为确保达到 5.1 条要求，认证机构应根据获证组织的产品和服务的质量风险程度或其他特性，确定对获证组织的监督审核的频次。

5.2.1 作为最低要求，初次认证后的第一次监督审核应在认证证书签发日起 12 个月内进行。此后，监督审核应至少每个日历年（应进行再认证的年份除外）进行一次，且两次监督审核的时间间隔不得超过 15 个月。

5.2.2 超过期限而未能实施监督审核的，应按 7.2 或 7.3 条处理。

5.2.3 获证企业的产品在产品质量国家监督抽查中被查出不合格时，自国家质检总局发出通报起 30 日内，认证机构应对该企业实施监督审核。

5.3 监督审核的时间，应不少于按 4.2.1 条计算审核时间人日数的 1/3。

5.4 监督审核的审核组，应符合 4.2.2 条和 4.3.1 条的要求。

5.5 监督审核应在获证组织现场进行，且应满足第 4.2.3.3 条确定的条件。由于市场、季节性等原因，在每次监督审核时难以覆盖所有产品和服务的，在认证证书有效期内的监督审核需覆盖认证范围内的所有产品和服务。

5.6 监督审核时至少应审核以下内容：

（1）上次审核以来质量管理体系覆盖的活动及影响体系的重要变更及运行体系的资源是否有变更。

（2）按 4.3.3.2（4）条要求已识别的重要关键点是否按质量管理体系的要求在正常和有效运行。

（3）对上次审核中确定的不符合项采取的纠正和纠正措施是否继续有效。

（4）质量管理体系覆盖的活动涉及法律法规规定的，是否持续符合相关规定。

（5）质量目标及质量绩效是否达到质量管理体系确定值。如果没有达到，获证组织是否运行内审机制识别了原因、是否运行管理评审机制确定并实施了改进措施。

（6）获证组织对认证标志的使用或对认证资格的引用是否符合《认证认可条例》及其他相关规定。

（7）内部审核和管理评审是否规范和有效。

（8）是否及时接受和处理投诉。

（9）针对体系运行中发现的问题或投诉，及时制定并实施了有效的改进措施。

5.7 在监督审核中发现的不符合项，认证机构应要求获证组织分析原因，规定时限要求获证组织完成纠正和纠正措施并提供纠正和纠正措施有效性的证据。

认证机构应采用适宜的方式及时验证获证组织对不符合项进行处置的效果。

5.8 监督审核的审核报告，应按5.6条列明的审核要求逐项描述或引用审核证据、审核发现和审核结论。

5.9 认证机构根据监督审核报告及其他相关信息，作出继续保持或暂停、撤销认证证书的决定。

6 再认证程序

6.1 认证证书期满前，若获证组织申请继续持有认证证书，认证机构应当实施再认证审核，并决定是否延续认证证书。

6.2 认证机构应按4.2.2条和4.3.1条要求组成审核组。按照4.2.3条要求并结合历次监督审核情况，制定再认证审核计划交审核组实施。

在质量管理体系及获证组织的内部和外部环境无重大变更时，再认证审核可省略第一阶段审核，但审核时间应不少于按4.2.1条计算人日数的2/3。

6.3 对再认证审核中发现的严重不符合项，认证机构应规定时限要求获证组织实施纠正与纠正措施，并在原认证证书到期前完成对纠正与纠正措施的验证。

6.4 认证机构按照4.6条要求作出再认证决定。获证组织继续满足认证要求并履行认证合同义务的，向其换发认证证书。

6.5 如果在当前认证证书的终止日期前完成了再认证活动并决定换发证书，新认证证书的终止日期可以基于当前认证证书的终止日期。新认证证书上的颁证日期应不早于再认证决定日期。

如果在当前认证证书终止日期前，认证机构未能完成再认证审核或对严重不符合项实施的纠正和纠正措施未能进行验证，则不应予以再认证，也不应延长原认证证书的有效期。

在当前认证证书到期后，如果认证机构能够在6个月内完成未尽的再认证活动，则可以恢复认证，否则应至少进行一次第二阶段审核才能恢复认证。认证证书的生效日期应不早于再认证决定日期，终止日期应基于上一个认证周期。

7 暂停或撤销认证证书

7.1 认证机构应制定暂停、撤销认证证书或缩小认证范围的规定和文件化的管理制度，规定和管理制度应满足本规则相关要求。认证机构对认证证书的暂停和撤销处理应符合其管理制度，不得随意暂停或撤销认证证书。

7.2 暂停证书

7.2.1 获证组织有以下情形之一的，认证机构应在调查核实后的5个工作日内暂停其认证证书。

（1）质量管理体系持续或严重不满足认证要求，包括对质量管理体系运行有效性要求的。

（2）不承担、履行认证合同约定的责任和义务的。

（3）被有关执法监管部门责令停业整顿的。

（4）持有的与质量管理体系范围有关的行政许可证明、资质证书、强制性认证证书等过期失效，重新提交的申请已被受理但尚未换证的。

（5）主动请求暂停的。

（6）其他应当暂停认证证书的。

7.2.2 认证证书暂停期不得超过 6 个月。但属于 7.2.1 第（4）项情形的暂停期可至相关单位作出许可决定之日。

7.2.3 认证机构应以适当方式公开暂停认证证书的信息，明确暂停的起始日期和暂停期限，并声明在暂停期间获证组织不得以任何方式使用认证证书、认证标识或引用认证信息。

7.3 撤销证书

7.3.1 获证组织有以下情形之一的，认证机构应在获得相关信息并调查核实后 5 个工作日内撤销其认证证书。

（1）被注销或撤销法律地位证明文件的。

（2）被国家质量监督检验检疫总局列入质量信用严重失信企业名单

（3）拒绝配合认证监管部门实施的监督检查，或者对有关事项的询问和调查提供了虚假材料或信息的。

（4）拒绝接受国家产品质量监督抽查的。

（5）出现重大的产品和服务等质量安全事故，经执法监管部门确认是获证组织违规造成的。

（6）有其他严重违反法律法规行为的。

（7）暂停认证证书的期限已满但导致暂停的问题未得到解决或纠正的（包括持有的与质量管理体系范围有关的行政许可证明、资质证书、强制性认证证书等已经过期失效但申请未获批准）。

（8）没有运行质量管理体系或者已不具备运行条件的。

（9）不按相关规定正确引用和宣传获得的认证信息，造成严重影响或后果，或者认证机构已要求其纠正但超过 2 个月仍未纠正的。

（10）其他应当撤销认证证书的。

7.3.2 撤销认证证书后，认证机构应及时收回撤销的认证证书。若无法收回，认证机构应及时在相关媒体和网站上公布或声明撤销决定。

7.4 认证机构暂停或撤销认证证书应当在其网站上公布相关信息，同时按规定程序和要求报国家认监委。

7.5 认证机构应采取有效措施避免各类无效的认证证书和认证标志被继续使用。

8 认证证书要求

8.1 认证证书应至少包含以下信息：

（1）获证组织名称、地址和统一社会信用代码（或组织机构代码）。该信息应与其法律地位证明文件的信息一致。

（2）质量管理体系覆盖的生产经营或服务的地址和业务范围。若认证的质量管理体系覆盖多场所，表述覆盖的相关场所的名称和地址信息。

（3）质量管理体系符合 GB/T 19001/ISO 9001 标准的表述。

（4）证书编号。

（5）认证机构名称。

（6）有效期的起止年月日。

证书应注明：获证组织必须定期接受监督审核并经审核合格此证书方继续有效的提示信息。

（7）相关的认可标识及认可注册号（适用时）。

（8）证书查询方式。认证机构除公布认证证书在本机构网站上的查询方式外，还应当在证书上注明："本证书信息可在国家认证认可监督管理委员会官方网站（www. cnca. gov. cn）上查询"，以便于社会监督。

8.2 初次认证认证证书有效期最长为 3 年。再认证的认证证书有效期不超过最近一次有效认证证书截止期再加 3 年。

8.3 认证机构应当建立证书信息披露制度。除向申请组织、认证监管部门等执法监管部门提供认证证书信息外，还应当根据社会相关方的请求向其提供证书信息，接受社会监督。

9　与其他管理体系的结合审核

9.1 对质量管理体系和其他管理体系实施结合审核时，通用或共性要求应满足本规则要求，审核报告中应清晰地体现 4.4 条要求，并易于识别。

9.2 结合审核的审核时间人日数，不得少于多个单独体系所需审核时间之和的 80%。

10　受理转换认证证书

10.1 认证机构应当履行社会责任，严禁以牟利为目的受理不符合 GB/T 19001/ISO 9001 标准、不能有效执行质量管理体系的组织申请认证证书的转换。

10.2 认证机构受理组织申请转换为本机构的认证证书，应该详细了解申请转换的原因，必要时进行现场审核。

10.3 转换仅限于现行有效认证证书。被暂停或正在接受暂停、撤销处理的认证证书以及已失效的认证证书，不得接受转换申请。

10.4 被发证的认证机构撤销证书的，除非该组织进行彻底整改，导致暂停或撤销认证证书的情形已消除，否则不应受理其认证申请。

11　受理组织的申诉

申请组织或获证组织对认证决定有异议时，认证机构应接受申诉并且及时进行处理，在 60 日内将处理结果形成书面通知送交申诉人。

书面通知应当告知申诉人，若认为认证机构未遵守认证相关法律法规或本规则并导致自身合法权益受到严重侵害的，可以直接向所在地认证监管部门或国家认监委投诉，也可以向相关认可机构投诉。

12　认证记录的管理

12.1 认证机构应当建立认证记录保持制度，记录认证活动全过程并妥善保存。

12.2 记录应当真实准确以证实认证活动得到有效实施。记录资料应当使用中文，保存时间至少应当与认证证书有效期一致。

12.3 以电子文档方式保存记录的，应采用不可编辑的电子文档格式。

12.4 所有具有相关人员签字的书面记录，可以制作成电子文档保存使用，但是原件必须妥善保存，保存时间至少应当与认证证书有效期一致。

13 其他

13.1 本规则内容提及 GB/T 19001/ISO 9001 标准时均指认证活动发生时该标准的有效版本。认证活动及认证证书中描述该标准号时，应采用当时有效版本的完整标准号。

13.2 本规则所提及的各类证明文件的复印件应是在原件上复印的，并经审核员签字确认与原件一致。

13.3 认证机构可开展质量管理体系及相关技术标准的宣贯培训，促使组织的全体员工正确理解和执行质量管理体系标准。

附录 A

质量管理体系认证审核时间要求

有效人数	审核时间第 1 阶段+第 2 阶段（人天）	有效人数	审核时间第 1 阶段+第 2 阶段（人天）
1~5	1.5	626~875	12
6~10	2	876~1175	13
11~15	2.5	1176~1550	14
16~25	3	1551~2025	15
26~45	4	2026~2675	16
46~65	5	2676~3450	17
66~85	6	3451~4350	18
86~125	7	4351~5450	19
126~175	8	5451~6800	20
176~275	9	6801~8500	21
276~425	10	8501~10700	22
426~625	11	>10700	遵循上述递进规律

注：1. 有效人数包括认证范围内涉及的所有人员（含每个班次的人员）。覆盖于认证范围内的非固定人员（如：承包商人员）和兼职人员也应包括在有效人数内。

2. 对非固定人员（包括季节性人员、临时人员和分包商人员）和兼职人员的有效人数核定，可根据其实际工作小时数予以适当减少或换算成等效的全职人员数。

3. 组织正常工作期间（如轮班制组织）安排的审核时间可以计入有效的管理体系认证审核时间，但往返多审核场所之间所花费的时间不计入有效的管理体系认证审核时间。

节能低碳产品认证管理办法

（2015 年 9 月 17 日国家质量监督检验检疫总局、国家发展和改革委员会令第 168 号公布　自 2015 年 11 月 1 日起施行）

第一章　总　　则

第一条　为了提高用能产品以及其他产品的能源利用效率，改进材料利用，控制温室气体排放，应对气候变化，规范和管理节能低碳产品认证活动，根据《中华人民共和国节约能源法》《中华人民共和国认证认可条例》等法律、行政法规的规定，制定本办法。

第二条　本办法所称节能低碳产品认证，包括节能产品认证和低碳产品认证。节能产品认证是指由认证机构证明用能产品在能源利用效率方面符合相应国家标准、行业标准或者认证技术规范要求的合格评定活动；低碳产品认证是指由认证机构证明产品温室气体排放量符合相应低碳产品评价标准或者技术规范要求的合格评定活动。

第三条　在中华人民共和国境内从事节能低碳产品认证活动，应当遵守本办法。

第四条　国家质量监督检验检疫总局（以下简称国家质检总局）主管全国节能低碳产品认证工作；国家发展和改革委员会（以下简称国家发展改革委）负责指导开展节能低碳产品认证工作。

国家认证认可监督管理委员会（以下简称国家认监委）负责节能低碳产品认证的组织实施、监督管理和综合协调工作。

地方各级质量技术监督部门和各地出入境检验检疫机构（以下统称地方质检两局）按照各自职责，负责所辖区域内节能低碳产品认证活动的监督管理工作。

第五条　国家发展改革委、国家质检总局和国家认监委会同国务院有关部门建立节能低碳产品认证部际协调工作机制，共同确定产品认证目录、认证依据、认证结果采信等有关事项。

节能、低碳产品认证目录由国家发展改革委、国家质检总局和国家认监委联合发布。

第六条　国家发展改革委、国家质检总局、国家认监委以及国务院有关部门，依据《中华人民共和国节约能源法》以及国家相关产业政策规定，在工业、建筑、交通运输、公共机构等领域，推动相关机构开展节能低碳产品认证等服务活动，并采信认证结果。

国家发展改革委、国务院其他有关部门以及地方政府主管部门依据相关产业政策，推动节能低碳产品认证活动，鼓励使用获得节能低碳认证的产品。

第七条　从事节能低碳产品认证活动的机构及其人员，对其从业活动中所知悉的商业秘密和技术秘密负有保密义务。

第二章　认证实施

第八条　节能、低碳产品认证规则由国家认监委会同国家发展改革委制定。涉及国务院有关部门职责的，应当征求国务院有关部门意见。

节能、低碳产品认证规则由国家认监委发布。

第九条　从事节能低碳产品认证的认证机构应当依法设立，符合《中华人民共和国认证认可条例》《认证机构管理办法》规定的基本条件和产品认证机构通用要求，并具备从事节能低碳产品认证活动相关技术能力。

第十条　从事节能低碳产品认证相关检验检测活动的机构应当依法经过资质认定，符合检验检测机构能力的通用要求，并具备从事节能低碳产品认证检验检测工作相关技术能力。

第十一条 国家认监委对从事节能低碳产品认证活动的认证机构，依法予以批准。

节能低碳产品认证机构名录及相关信息经节能低碳产品认证部际协调工作机制研究后，由国家认监委公布。

第十二条 从事节能低碳产品认证检查或者核查的人员，应当具备检查或者核查的技术能力，并经国家认证人员注册机构注册。

第十三条 产品的生产者或者销售者（以下简称认证委托人）可以委托认证机构进行节能、低碳产品认证，并按照认证规则的规定提交相关资料。

认证机构经审查符合认证条件的，应当予以受理。

第十四条 认证机构受理认证委托后，应当按照节能、低碳产品认证规则的规定，安排产品检验检测、工厂检查或者现场核查。

第十五条 认证机构应当对认证委托人提供样品的真实性进行审查，并根据产品特点和实际情况，采取认证委托人送样、现场抽样或者现场封样后由委托人送样等方式，委托符合本办法规定的检验检测机构对样品进行产品型式试验。

第十六条 检验检测机构对样品进行检验检测，应当确保检验检测结果的真实、准确，并对检验检测全过程做出完整记录，归档留存，保证检验检测过程和结果具有可追溯性，配合认证机构对获证产品进行有效的跟踪检查。

检验检测机构及其有关人员应当对其作出的检验检测报告内容以及检验检测结论负责，对样品真实性有疑义的，应当向认证机构说明情况，并作出相应处理。

第十七条 根据认证规则需要进行工厂检查或者核查的，认证机构应当委派经国家认证人员注册机构注册的认证检查员或者认证核查员，进行检查或者核查。

节能产品认证的检查，需要对产品生产企业的质量保证能力、生产产品与型式试验样品的一致性等情况进行检查。

低碳产品认证的核查，需要对产品生产工艺流程与相关提交文件的一致性、生产相关过程的能量和物料平衡、证据的可靠性、生产产品与检测样品的一致性、生产相关能耗监测设备的状态、碳排放计算的完整性以及产品生产企业的质量保证水平和能力等情况进行核查。

第十八条 认证机构完成产品检验检测和工厂检查或者核查后，对符合认证要求的，向认证委托人出具认证证书；对不符合认证要求的，应当书面通知认证委托人，并说明理由。

认证机构及其有关人员应当对其作出的认证结论负责。

第十九条 认证机构应当按照认证规则的规定，采取适当合理的方式和频次，对取得认证的产品及其生产企业实施有效的跟踪检查，控制并验证取得认证的产品持续符合认证要求。

对于不能持续符合认证要求的，认证机构应当根据相应情形作出暂停或者撤销认证证书的处理，并予公布。

第二十条 认证机构应当依法公开节能低碳产品认证收费标准、产品获证情况等相关信息，并定期将节能低碳产品认证结果采信等有关数据和工作情况，报告国家认监委。

第二十一条 国家认监委和国家发展改革委组建节能低碳认证技术委员会，对涉及认证技术的重大问题进行研究和审议。

认证技术委员会为非常设机构，由国务院相关部门、行业协会、认证机构、企业代表以及相关专家担任委员。

第二十二条 认证机构应当建立风险防范机制，采取设立风险基金或者投保等合理、有效的防范措施，防范节能低碳产品认证活动可能引发的风险和责任。

第三章 认证证书和认证标志

第二十三条 节能、低碳产品认证证书的格式、内容由国家认监委统一制定发布。

第二十四条 认证证书应当包括以下基本内容：

（一）认证委托人名称、地址；

（二）产品生产者（制造商）名称、地址；

（三）被委托生产企业名称、地址（需要时）；

（四）产品名称和产品系列、规格/型号；

（五）认证依据；

（六）认证模式；

（七）发证日期和有效期限；

（八）发证机构；

（九）证书编号；

（十）产品碳排放清单及其附件；

（十一）其他需要标注的内容。

第二十五条 认证证书有效期为 3 年。

认证机构应当根据其对取得认证的产品及其生产企业的跟踪检查情况，在认证证书上注明年度检查有效状态的查询网址和电话。

第二十六条 认证机构应当按照认证规则的规定，针对不同情形，及时作出认证证书的变更、扩展、注销、暂停或者撤销的处理决定。

第二十七条 节能产品认证标志的式样由基本图案、认证机构识别信息组成，基本图案如下图所示，其中 ABCDE 代表认证机构简称：

ABCDE

低碳产品认证标志的式样由基本图案、认证机构识别信息组成，基本图案如下图所示，其中 ABCDE 代表认证机构简称：

ABCDE

第二十八条 取得节能低碳产品认证的认证委托人，应当建立认证证书和认证标志使用管理制度，对认证标志的使用情况如实记录和存档，并在产品或者其包装物、广告、产品介绍等宣传材料中正确标注和使用认证标志。

认证机构应当采取有效措施，监督获证产品的认证委托人正确使用认证证书和认证标志。

第二十九条 任何组织和个人不得伪造、变造、冒用、非法买卖和转让节能、低碳产品认证证书和认证标志。

第四章 监督管理

第三十条 国家质检总局、国家认监委对节能低碳产品认证机构和检验检测机构开展定期或者不定期的专项监督检查，发现违法违规行为的，依法进行查处。

第三十一条 地方质检两局按照各自职责，依法对所辖区域内的节能低碳产品认证活动实施监督检查，对违法行为进行查处。

第三十二条 认证委托人对认证机构的认证活动以及认证结论有异议的，可以向认证机构提出申诉，对认证机构处理结果仍有异议的，可以向国家认监委申诉。

第三十三条 任何组织和个人对节能低碳产品认证活动中的违法违规行为，有权向国家认监委或者地方质检两局举报，国家认监委或者地方质检两局应当及时调查处理，并为举报人保密。

第三十四条 伪造、变造、冒用、非法买卖或者转让节能、低碳产品认证证书的，由地方质检两局责令改正，并处 3 万元罚款。

第三十五条 伪造、变造、冒用、非法买卖节能、低碳产品认证标志的，依照《中华人民共和国进出口商品检验法》、《中华人民共和国产品质量法》的规定处罚。

转让节能、低碳产品认证标志的，由地方质检两局责令改正，并处 3 万元以下的罚款。

第三十六条 对于节能低碳产品认证活动中的其他违法行为，依照相关法律、行政法规和部门规章的规定予以处罚。

第三十七条 国家发展改革委、国家质检总局、国家认监委对节能低碳产品认证相关主体的违法违规行为建立信用记录，并纳入全国统一的信用信息共享交换平台。

第五章 附 则

第三十八条 认证机构可以根据市场需求，在国家尚未制定认证规则的节能低碳产品认证新领域，自行开展相关产品认证业务，自行制定的认证规则应当向国家认监委备案。

第三十九条 节能低碳产品认证应当依照国家有关规定收取费用。

第四十条 本办法由国家质检总局、国家发展改革委在各自职权范围内负责解释。

第四十一条 本办法自 2015 年 11 月 1 日起施行。国家发展改革委、国家认监委于 2013 年 2 月 18 日制定发布的《低碳产品认证管理暂行办法》同时废止。

电子认证服务管理办法

(2009 年 2 月 18 日工业和信息化部令第 1 号公布 根据 2015 年 4 月 29 日《工业和信息化部关于修改部分规章的决定》修订)

第一章 总 则

第一条 为了规范电子认证服务行为，对电子认证服务提供者实施监督管理，根据《中华人民共和国电子签名法》和其他法律、行政法规的规定，制定本办法。

第二条 本办法所称电子认证服务，是指为电子签名相关各方提供真实性、可靠性验证的活动。

本办法所称电子认证服务提供者，是指为需要第三方认证的电子签名提供认证服务的机构

（以下称为"电子认证服务机构"）。

向社会公众提供服务的电子认证服务机构应当依法设立。

第三条　在中华人民共和国境内设立电子认证服务机构和为电子签名提供电子认证服务，适用本办法。

第四条　中华人民共和国工业和信息化部（以下简称"工业和信息化部"）依法对电子认证服务机构和电子认证服务实施监督管理。

第二章　电子认证服务机构

第五条　电子认证服务机构应当具备下列条件：

（一）具有独立的企业法人资格。

（二）具有与提供电子认证服务相适应的人员。从事电子认证服务的专业技术人员、运营管理人员、安全管理人员和客户服务人员不少于三十名，并且应当符合相应岗位技能要求。

（三）注册资本不低于人民币三千万元。

（四）具有固定的经营场所和满足电子认证服务要求的物理环境。

（五）具有符合国家有关安全标准的技术和设备。

（六）具有国家密码管理机构同意使用密码的证明文件。

（七）法律、行政法规规定的其他条件。

第六条　申请电子认证服务许可的，应当向工业和信息化部提交下列材料：

（一）书面申请。

（二）人员证明。

（三）企业法人营业执照副本及复印件。

（四）经营场所证明。

（五）国家有关认证检测机构出具的技术、设备、物理环境符合国家有关安全标准的凭证。

（六）国家密码管理机构同意使用密码的证明文件。

第七条　工业和信息化部对提交的申请材料进行形式审查。申请材料齐全、符合法定形式的，应当向申请人出具受理通知书。申请材料不齐全或者不符合法定形式的，应当当场或者在五日内一次告知申请人需要补正的全部内容。

第八条　工业和信息化部对决定受理的申请材料进行实质审查。需要对有关内容进行核实的，指派两名以上工作人员实地进行核查。

第九条　工业和信息化部对与申请人有关事项书面征求中华人民共和国商务部等有关部门的意见。

第十条　工业和信息化部应当自接到申请之日起四十五日内作出准予许可或者不予许可的书面决定。不予许可的，应当书面通知申请人并说明理由；准予许可的，颁发《电子认证服务许可证》，并公布下列信息：

（一）《电子认证服务许可证》编号。

（二）电子认证服务机构名称。

（三）发证机关和发证日期。

电子认证服务许可相关信息发生变更的，工业和信息化部应当及时公布。

《电子认证服务许可证》的有效期为五年。

第十一条　电子认证服务机构不得倒卖、出租、出借或者以其他形式非法转让《电子认证服务许可证》。

第十二条　取得认证资格的电子认证服务机构，在提供电子认证服务之前，应当通过互联网公布下列信息：

（一）机构名称和法定代表人。

（二）机构住所和联系办法。

（三）《电子认证服务许可证》编号。

（四）发证机关和发证日期。

（五）《电子认证服务许可证》有效期的起止时间。

第十三条　电子认证服务机构在《电子认证服务许可证》的有效期内变更公司名称、住所、法定代表人、注册资本的，应当在完成工商变更登记之日起 15 日内办理《电子认证服务许可证》变更手续。

第十四条　《电子认证服务许可证》的有效期届满需要延续的，电子认证服务机构应当在许可证有效期届满三十日前向工业和信息化部申请办理延续手续，并自办结之日起五日内按照本办法第十二条的规定公布相关信息。

第三章　电子认证服务

第十五条　电子认证服务机构应当按照工业和信息化部公布的《电子认证业务规则规范》等要求，制定本机构的电子认证业务规则和相应的证书策略，在提供电子认证服务前予以公布，并向工业和信息化部备案。

电子认证业务规则和证书策略发生变更的，电子认证服务机构应当予以公布，并自公布之日起三十日内向工业和信息化部备案。

第十六条　电子认证服务机构应当按照公布的电子认证业务规则提供电子认证服务。

第十七条　电子认证服务机构应当保证提供下列服务：

（一）制作、签发、管理电子签名认证证书。

（二）确认签发的电子签名认证证书的真实性。

（三）提供电子签名认证证书目录信息查询服务。

（四）提供电子签名认证证书状态信息查询服务。

第十八条　电子认证服务机构应当履行下列义务：

（一）保证电子签名认证证书内容在有效期内完整、准确。

（二）保证电子签名依赖方能够证实或者了解电子签名认证证书所载内容及其他有关事项。

（三）妥善保存与电子认证服务相关的信息。

第十九条　电子认证服务机构应当建立完善的安全管理和内部审计制度。

第二十条　电子认证服务机构应当遵守国家的保密规定，建立完善的保密制度。

电子认证服务机构对电子签名人和电子签名依赖方的资料，负有保密的义务。

第二十一条　电子认证服务机构在受理电子签名认证证书申请前，应当向申请人告知下列事项：

（一）电子签名认证证书和电子签名的使用条件。

（二）服务收费的项目和标准。

（三）保存和使用证书持有人信息的权限和责任。

（四）电子认证服务机构的责任范围。

（五）证书持有人的责任范围。

（六）其他需要事先告知的事项。

第二十二条　电子认证服务机构受理电子签名认证申请后，应当与证书申请人签订合同，明确双方的权利义务。

第四章　电子认证服务的暂停、终止

第二十三条　电子认证服务机构在《电子认证服务许可证》的有效期内拟终止电子认证服务的，应当在终止服务六十日前向工业和信息化部报告，并办理《电子认证服务许可证》注销手续。

第二十四条　电子认证服务机构拟暂停或者终止电子认证服务的，应当在暂停或者终止电子认证服务九十日前，就业务承接及其他有关事项通知有关各方。

电子认证服务机构拟暂停或者终止电子认证服务的，应当在暂停或者终止电子认证服务六十日前向工业和信息化部报告，并与其他电子认证服务机构就业务承接进行协商，作出妥善安排。

第二十五条　电子认证服务机构拟暂停或者终止电子认证服务，未能就业务承接事项与其他电子认证服务机构达成协议的，应当申请工业和信息化部安排其他电子认证服务机构承接其业务。

第二十六条　电子认证服务机构被依法吊销电子认证服务许可的，其业务承接事项按照工业和信息化部的规定处理。

第二十七条　电子认证服务机构有根据工业和信息化部的安排承接其他机构开展的电子认证服务业务的义务。

第五章　电子签名认证证书

第二十八条　电子签名认证证书应当准确载明下列内容：

（一）签发电子签名认证证书的电子认证服务机构名称。

（二）证书持有人名称。

（三）证书序列号。

（四）证书有效期。

（五）证书持有人的电子签名验证数据。

（六）电子认证服务机构的电子签名。

（七）工业和信息化部规定的其他内容。

第二十九条　有下列情况之一的，电子认证服务机构可以撤销其签发的电子签名认证证书：

（一）证书持有人申请撤销证书。

（二）证书持有人提供的信息不真实。

（三）证书持有人没有履行双方合同规定的义务。

（四）证书的安全性不能得到保证。

（五）法律、行政法规规定的其他情况。

第三十条　有下列情况之一的，电子认证服务机构应当对申请人提供的证明身份的有关材料进行查验，并对有关材料进行审查：

（一）申请人申请电子签名认证证书。

（二）证书持有人申请更新证书。

（三）证书持有人申请撤销证书。

第三十一条　电子认证服务机构更新或者撤销电子签名认证证书时，应当予以公告。

第六章　监　督　管　理

第三十二条　工业和信息化部对电子认证服务机构进行定期、不定期的监督检查，监督检查的内容主要包括法律法规符合性、安全运营管理、风险管理等。

工业和信息化部对电子认证服务机构实行监督检查时，应当记录监督检查的情况和处理结果，由监督检查人员签字后归档。公众有权查阅监督检查记录。

工业和信息化部对电子认证服务机构实行监督检查，不得妨碍电子认证服务机构正常的生产经营活动，不得收取任何费用。

第三十三条 取得电子认证服务许可的电子认证服务机构，在电子认证服务许可的有效期内不得降低其设立时所应具备的条件。

第三十四条 电子认证服务机构应当如实向工业和信息化部报送认证业务开展情况报告、财务会计报告等有关资料。

第三十五条 电子认证服务机构有下列情况之一的，应当及时向工业和信息化部报告：

（一）重大系统、关键设备事故。

（二）重大财产损失。

（三）重大法律诉讼。

（四）关键岗位人员变动。

第三十六条 电子认证服务机构应当对其从业人员进行岗位培训。

第三十七条 工业和信息化部根据监督管理工作的需要，可以委托有关省、自治区和直辖市信息产业主管部门承担具体的监督管理事项。

第七章 罚 则

第三十八条 电子认证服务机构向工业和信息化部隐瞒有关情况、提供虚假材料或者拒绝提供反映其活动的真实材料的，由工业和信息化部责令改正，给予警告或者处以 5,000 元以上 1 万元以下的罚款。

第三十九条 工业和信息化部与省、自治区、直辖市信息产业主管部门的工作人员，不依法履行监督管理职责的，由工业和信息化部或者省、自治区、直辖市信息产业主管部门依据职权视情节轻重，分别给予警告、记过、记大过、降级、撤职、开除的行政处分；构成犯罪的，依法追究刑事责任。

第四十条 电子认证服务机构违反本办法第十三条、第十五条、第二十七条的规定的，由工业和信息化部依据职权责令限期改正，处以警告，可以并处 1 万元以下的罚款。

第四十一条 电子认证服务机构违反本办法第三十三条的规定的，由工业和信息化部依据职权责令限期改正，处以 3 万元以下的罚款，并将上述情况向社会公告。

第八章 附 则

第四十二条 经工业和信息化部根据有关协议或者对等原则核准后，中华人民共和国境外的电子认证服务机构在境外签发的电子签名认证证书与依照本办法设立的电子认证服务机构签发的电子签名认证证书具有同等的法律效力。

第四十三条 本办法自 2009 年 3 月 31 日起施行。2005 年 2 月 8 日发布的《电子认证服务管理办法》（中华人民共和国信息产业部令第 35 号）同时废止。

（二）检验检测监管

检验检测机构资质认定评审准则

（2023 年 5 月 30 日　国家市场监督管理总局公告 2023 年第 21 号）

第一章　总　　则

第一条　依照《中华人民共和国计量法》及其实施细则、《中华人民共和国认证认可条例》等法律、行政法规的规定，为依法实施《检验检测机构资质认定管理办法》相关资质认定技术评审要求，制定本准则。

第二条　在中华人民共和国境内开展检验检测机构资质认定技术评审（含告知承诺核查，下同）工作，应当遵守本准则。

第三条　本准则所称检验检测机构，是指依照《检验检测机构资质认定管理办法》的相关规定，依法成立，依据相关标准或者技术规范，利用仪器设备、环境设施等技术条件和专业技能，对产品或者法律法规规定的特定对象进行检验检测的专业技术组织。

本准则所称资质认定，是指依照《检验检测机构资质认定管理办法》的相关规定，由市场监督管理部门依照法律、行政法规规定，对向社会出具具有证明作用的数据、结果的检验检测机构的基本条件和技术能力是否符合法定要求实施的评价许可。

本准则所称资质认定技术评审，是指依照《检验检测机构资质认定管理办法》的相关规定，由市场监管总局或者省级市场监督管理部门（以下统称资质认定部门）自行或者委托专业技术评价机构组织相关专业评审人员，对检验检测机构申请的资质认定事项是否符合资质认定条件以及相关要求所进行的技术性审查。

第四条　针对不同行业或者领域的特殊性，市场监管总局、国务院有关主管部门，依照有关法律法规的规定，制定和发布相关技术评审补充要求，评审补充要求与本准则一并作为技术评审依据。

第五条　依照《检验检测机构资质认定管理办法》《检验检测机构资质认定告知承诺实施办法（试行）》等的相关规定，对于采用告知承诺程序实施资质认定的，对检验检测机构承诺内容是否属实进行现场核查的内容与程序，应当符合本准则的相关规定。

第六条　资质认定技术评审工作应当坚持统一规范、客观公正、科学准确、公平公开、便利高效的原则。

第二章　评审内容与要求

第七条　资质认定技术评审内容包括：对检验检测机构主体、人员、场所环境、设备设施和管理体系等方面是否符合资质认定要求的审查。

第八条　检验检测机构应当是依法成立并能够承担相应法律责任的法人或者其他组织。

（一）检验检测机构或者其所在的组织应当有明确的法律地位，对其出具的检验检测数据、结果负责，并承担法律责任。不具备独立法人资格的检验检测机构应当经所在法人单位授权。

（二）检验检测机构应当以公开方式对其遵守法定要求、独立公正从业、履行社会责任、严守诚实信用等情况进行自我承诺。

（三）检验检测机构应当独立于其出具的检验检测数据、结果所涉及的利益相关方，不受任何可能干扰其技术判断的因素影响，保证检验检测数据、结果公正准确、可追溯。

（四）检验检测机构及其人员应当对其在检验检测活动中所知悉的国家秘密、商业秘密负有保密义务，并制定实施相应的保密措施。

第九条 检验检测机构应当具有与其从事检验检测活动相适应的检验检测技术人员和管理人员。

（一）检验检测机构与其人员建立劳动关系应当符合《中华人民共和国劳动法》《中华人民共和国劳动合同法》的有关规定，法律、行政法规对检验检测人员执业资格或者禁止从业另有规定的，依照其规定。

（二）检验检测机构人员的受教育程度、专业技术背景和工作经历、资质资格、技术能力应当符合工作需要。

（三）检验检测报告授权签字人应具有中级及以上相关专业技术职称或者同等能力，并符合相关技术能力要求。

第十条 检验检测机构应当具有固定的工作场所，工作环境符合检验检测要求。

（一）检验检测机构具有符合标准或者技术规范要求的检验检测场所，包括固定的、临时的、可移动的或者多个地点的场所。

（二）检验检测工作环境及安全条件符合检验检测活动要求。

第十一条 检验检测机构应当具备从事检验检测活动所必需的检验检测设备设施。

（一）检验检测机构应当配备具有独立支配使用权、性能符合工作要求的设备和设施。

（二）检验检测机构应当对检验检测数据、结果的准确性或者有效性有影响的设备（包括用于测量环境条件等辅助测量设备）实施检定、校准或核查，保证数据、结果满足计量溯源性要求。

（三）检验检测机构如使用标准物质，应当满足计量溯源性要求。

第十二条 检验检测机构应当建立保证其检验检测活动独立、公正、科学、诚信的管理体系，并确保该管理体系能够得到有效、可控、稳定实施，持续符合检验检测机构资质认定条件以及相关要求。

（一）检验检测机构应当依据法律法规、标准（包括但不限于国家标准、行业标准、国际标准）的规定制定完善的管理体系文件，包括政策、制度、计划、程序和作业指导书等。检验检测机构建立的管理体系应当符合自身实际情况并有效运行。

（二）检验检测机构应当依法开展有效的合同审查。对相关要求、标书、合同的偏离、变更应当征得客户同意并通知相关人员。

（三）检验检测机构选择和购买的服务、供应品应当符合检验检测工作需求。

（四）检验检测机构能正确使用有效的方法开展检验检测活动。检验检测方法包括标准方法和非标准方法，应当优先使用标准方法。使用标准方法前应当进行验证；使用非标准方法前，应当先对方法进行确认，再验证。

（五）当检验检测标准、技术规范或者声明与规定要求的符合性有测量不确定度要求时，检验检测机构应当报告测量不确定度。

（六）检验检测机构出具的检验检测报告，应当客观真实、方法有效、数据完整、信息齐全、结论明确、表述清晰并使用法定计量单位。

（七）检验检测机构应当对质量记录和技术记录的管理作出规定，包括记录的标识、贮存、保护、归档留存和处置等内容。记录信息应当充分、清晰、完整。检验检测原始记录和报告保存期限不少于 6 年。

（八）检验检测机构在运用计算机信息系统实施检验检测、数据传输或者对检验检测数据和相关信息进行管理时，应当具有保障安全性、完整性、正确性措施。

（九）检验检测机构应当实施有效的数据、结果质量控制活动，质量控制活动与检验检测工作相适应。数据、结果质量控制活动包括内部质量控制活动和外部质量控制活动。内部质量控制活动包括但不限于人员比对、设备比对、留样再测、盲样考核等。外部质量控制活动包括但不限于能力验证、实验室间比对等。

第十三条 有关法律法规及标准、技术规范对检验检测机构的主体、人员、场所环境、设备设施和管理体系等条件有特殊规定的，检验检测机构还应当符合相关特殊要求。

第三章　评审方式与程序

第十四条 检验检测机构资质认定一般程序的技术评审方式包括：现场评审（现场评审工作程序见附件 1）、书面审查（书面审查工作程序见附件 2）和远程评审（远程评审工作程序见附件 3）。根据机构申请的具体情况，采取不同技术评审方式对机构申请的资质认定事项进行审查。（一般程序审查〔告知承诺核查〕表见附件 4）。

第十五条 现场评审适用于首次评审、扩项评审、复查换证（有实际能力变化时）评审、发生变更事项影响其符合资质认定条件和要求的变更评审。现场评审应当对检验检测机构申请相关资质认定事项的技术能力进行逐项确认，根据申请范围安排现场试验。安排现场试验时应当覆盖所有申请类别的主要或关键项目/参数、仪器设备、检测方法、试验人员、试验材料等，并覆盖所有检验检测场所。现场评审结论分为"符合""基本符合""不符合"三种情形。

第十六条 书面审查方式适用于已获资质认定技术能力内的少量参数扩项或变更（不影响其符合资质认定条件和要求）和上一许可周期内无违法违规行为、未列入失信名单且申请事项无实质性变化的检验检测机构的复查换证评审。书面审查结论分为"符合""不符合"两种情形。

第十七条 远程评审是指使用信息和通信技术对检验检测机构实施的技术评审。采用方式可以为（但不限于）：利用远程电信会议设施等对远程场所（包括潜在危险场所）实施评审，包括音频、视频和数据共享以及其他技术手段；通过远程接入方式对文件和记录审核，同步的（即实时的）或者是异步的（在适用时）通过静止影像、视频或者音频录制的手段记录信息和证据。下列情形可选择远程评审：

（一）由于不可抗力（疫情、安全、旅途限制等）无法前往现场评审；

（二）检验检测机构从事完全相同的检测活动有多个地点，各地点均运行相同的管理体系，且可以在任何一个地点查阅所有其他地点的电子记录及数据的；

（三）已获资质认定技术能力内的少量参数变更及扩项；

（四）现场评审后仍需要进行复核，但复核无法在规定时间内完成。

远程评审结论分为"符合""基本符合""不符合"三种情形。

第十八条 检验检测机构资质认定告知承诺依据《检验检测机构资质认定告知承诺实施办法（试行）》和有关规定实施。应当对检验检测机构承诺的真实性进行现场核查（告知承诺程序核查表见附件 4）。告知承诺的现场核查程序参照一般程序的现场评审方式进行。

第十九条 告知承诺现场核查应当由资质认定部门组织实施，现场核查人员应当在规定的时限内进行核查并出具现场核查结论。核查结论分为："承诺属实""承诺基本属实""承诺严重不实/虚假承诺"三种情形。并根据相应结论，由核查组通知申请人整改，或者向资质认定部门作出撤销相应许可事项的建议。

第四章 附 则

第二十条 专业技术评价机构以及相关评审人员在技术评审活动中的违法违规行为，依照《检验检测机构资质认定管理办法》及《检验检测机构资质认定评审员管理办法（试行）》的相关规定予以处理。

第二十一条 本准则自 2023 年 12 月 1 日起施行。《检验检测机构资质认定评审准则》（国认实〔2016〕33 号）同时废止。

附件：1. 检验检测机构资质认定现场评审工作程序（略）

2. 检验检测机构资质认定书面审查工作程序（略）

3. 检验检测机构资质认定远程评审工作程序（略）

4.《检验检测机构资质认定评审准则》一般程序审查（告知承诺核查）表（略）

检验检测机构能力验证管理办法

（2023 年 3 月 27 日 国家市场监督管理总局公告 2023 年第 13 号）

第一章 总 则

第一条 为规范市场监督管理部门（以下简称市场监管部门）组织开展的检验检测机构能力验证工作，加强检验检测机构事中事后监督管理，督促检验检测机构落实主体责任，保证其技术能力持续符合资质认定条件和要求，依照《检验检测机构资质认定管理办法》《检验检测机构监督管理办法》等有关规定，制定本办法。

第二条 本办法所称能力验证，是指市场监管部门采取实验室间比对等方式，按照相关标准或者技术规范预先制定的考核规则，对检验检测机构技术能力是否持续符合资质认定条件和要求实施的技术管理手段。

第三条 由市场监管部门组织实施及监督管理的能力验证工作，适用本办法。

第四条 国家市场监督管理总局（以下简称市场监管总局）负责统一协调、组织实施、监督管理检验检测机构能力验证工作。

省级市场监管部门负责所辖行政区域内检验检测机构能力验证的实施和管理工作。

第五条 检验检测机构能力验证工作，应当遵循客观公正、科学合理、统一规范的原则。

第二章 能力验证组织与实施

第六条 市场监管部门根据检验检测机构管理工作需要提出能力验证需求，征集能力验证项目，制定年度能力验证工作计划。制定计划时，应当优先考虑涉及国家安全、公共安全、生态安全、公众健康等检验检测领域的能力验证项目。

市场监管总局负责国家级检验检测机构能力验证计划的制定和发布，并通报省级市场监管部门。

省级市场监管部门负责统筹所辖行政区域内检验检测机构能力验证计划的制定和发布，并将相关材料上报市场监管总局。

第七条 组织实施能力验证计划的市场监管部门应当确认能力验证承担机构的技术能力，明确承担机构的责任和义务，并对承担机构及其承担的能力验证活动进行监督，发现承担机构在能力验证工作中存在重大问题或者能力验证结果评价不合理等情形的，应当及时督促其改正。

第八条 能力验证承担机构应当符合以下要求:

(一)依法成立并能够承担相应法律责任的法人或者其他组织;

(二)具有与承担能力验证活动相适应的人员、设备、设施和环境;

(三)具有并有效运行保证其能力验证活动规范、独立、公正、科学、诚信的管理体系;

(四)能够制备或者取得能力验证物品(样品),保证能力验证物品(样品)均匀性和稳定性,并对能力验证物品(样品)进行有效管理,包括物品(样品)存储、包装、标识、分发和处置等;

(五)熟悉相关检验检测标准,能够合理、有效地统计和评价能力验证数据和结果;

(六)未被列入经营异常名录或者严重违法失信名单。

第九条 能力验证承担机构应当按照相关标准或者技术规范的规定实施能力验证活动;策划、制定能力验证方案;制备或者取得能力验证物品(样品),并对其进行验证、定值和分发;对参加能力验证的检验检测机构提交的数据进行统计分析和结果评价,编制能力验证结果报告;按照市场监管部门的要求向参加能力验证的检验检测机构发放能力验证结果报告。

第十条 检验检测机构应当积极实施人员比对、设备比对、留样再测等内部质量控制措施,并按照市场监管部门的要求参加相应能力验证活动,以保证技术能力能够持续符合资质认定条件和要求。

检验检测机构应当依据相关标准或者技术规范的要求独立完成能力验证物品(样品)检测,并在规定时间内真实、客观地报送检验检测数据、结果及相关原始记录,不得私下比对串通能力验证数据、结果或者出具虚假能力验证数据、结果。

第十一条 能力验证结果分为合格和不合格。

结果合格是指按照相关标准或者技术规范规定的统计和评价技术手段确定的能力验证数据和结果满意。

结果不合格是指按照相关标准或者技术规范规定的统计和评价技术手段确定的能力验证数据和结果不满意或者有问题。

第十二条 能力验证承担机构在能力验证工作完成后,应当及时向市场监管部门报送能力验证结果报告,内容包括:能力验证项目名称、项目实施起止时间、验证的检验检测参数、依据的检验检测标准、能力验证物品(样品)的均匀性和稳定性检验结果、参加机构名单和评价结果、统计数据、技术分析和建议等信息。

第十三条 市场监管部门应当对组织实施的能力验证结果报告进行验收和评估,及时纠正存在的问题,并监督承担机构对能力验证结果报告作进一步修改和完善。

第十四条 对能力验证结果存在异议的,检验检测机构可以在收到能力验证结果之日起15个工作日内向组织实施能力验证的市场监管部门提出申诉。市场监管部门应当组织专家和承担机构对申诉内容进行研究,并及时给出答复。

第十五条 市场监管部门应当及时向社会公布其组织实施的能力验证结果信息,并通报相关行业主管部门。

第十六条 能力验证承担机构应当准确、客观、公正地实施能力验证活动,并对所出具的统计结果、评价结论、能力验证结果和报告负责。

第十七条 能力验证承担机构和能力验证参加机构应当保存能力验证活动的原始记录、数据信息和结果报告,保存期限不少于六年。

第三章 能力验证结果处理与使用

第十八条 对于无故不参加能力验证的检验检测机构,市场监管部门应当予以纠正并公布机构名单，并在"双随机、一公开"监督抽查中加大对其抽查概率。

第十九条　检验检测机构私下比对串通能力验证数据、结果，或者提供虚假能力验证数据、结果的，市场监管部门应当判定其能力验证结果不合格，并予以公布；属于《市场监督管理严重违法失信名单管理办法》规定情形的，依照其规定予以处理。

第二十条　能力验证相关检验检测项目结果不合格的检验检测机构，应当在规定期限内完成整改，向市场监管部门提交整改和验证材料，并经市场监管部门确认通过。整改期间或者整改后技术能力仍不能符合资质认定条件和要求，并擅自向社会出具有证明作用的检验检测数据、结果的，将按照《检验检测机构资质认定管理办法》《检验检测机构监督管理办法》相关规定进行处理。

第二十一条　能力验证承担机构违反公正性要求，能力验证活动弄虚作假，泄露有关能力验证数据、结果或者参加机构商业秘密等有关信息的，市场监管部门应当予以公布且三年内不再委托该机构承担相关能力验证活动。

第二十二条　市场监管部门可以通过组织论证、专家评议、监督检查、抽查档案、征求意见等方式，对检验检测机构能力验证活动进行监督检查。

第二十三条　市场监管部门可以将能力验证结果作为对检验检测机构分类监督管理的依据。

对于能力验证结果合格的检验检测机构，市场监管部门可以视情况简化其相关项目的资质认定技术评审内容。

第二十四条　相关行业主管部门依照本办法组织开展能力验证活动，将能力验证结果报送市场监管部门，促进能力验证资源和数据信息共享。市场监管部门应当积极采信依照本办法组织实施的能力验证结果。

鼓励检验检测机构积极参加国内外有关行业主管部门以及其他能力验证提供机构组织开展的能力验证活动，持续提升技术能力水平。

第四章　附　　则

第二十五条　本办法由市场监管总局负责解释。

第二十六条　本办法自发布之日起施行。《实验室能力验证实施办法》（国家认证认可监督管理委员会 2006 年第 9 号公告）同时废止。

检验检测机构监督管理办法

（2021 年 4 月 8 日国家市场监督管理总局令第 39 号公布　自 2021 年 6 月 1 日起施行）

第一条　为了加强检验检测机构监督管理工作，规范检验检测机构从业行为，营造公平有序的检验检测市场环境，依照《中华人民共和国计量法》及其实施细则、《中华人民共和国认证认可条例》等法律、行政法规，制定本办法。

第二条　在中华人民共和国境内检验检测机构从事向社会出具有证明作用的检验检测数据、结果、报告（以下统称检验检测报告）的活动及其监督管理，适用本办法。

法律、行政法规对检验检测机构的监督管理另有规定的，依照其规定。

第三条　本办法所称检验检测机构，是指依法成立，依据相关标准等规定利用仪器设备、环境设施等技术条件和专业技能，对产品或者其他特定对象进行检验检测的专业技术组织。

第四条　国家市场监督管理总局统一负责、综合协调检验检测机构监督管理工作。

省级市场监督管理部门负责本行政区域内检验检测机构监督管理工作。

地（市）、县级市场监督管理部门负责本行政区域内检验检测机构监督检查工作。

第五条　检验检测机构及其人员应当对其出具的检验检测报告负责，依法承担民事、行政和刑事法律责任。

第六条　检验检测机构及其人员从事检验检测活动应当遵守法律、行政法规、部门规章的规定，遵循客观独立、公平公正、诚实信用原则，恪守职业道德，承担社会责任。

检验检测机构及其人员应当独立于其出具的检验检测报告所涉及的利益相关方，不受任何可能干扰其技术判断的因素影响，保证其出具的检验检测报告真实、客观、准确、完整。

第七条　从事检验检测活动的人员，不得同时在两个以上检验检测机构从业。检验检测授权签字人应当符合相关技术能力要求。

法律、行政法规对检验检测人员或者授权签字人的执业资格或者禁止从业另有规定的，依照其规定。

第八条　检验检测机构应当按照国家有关强制性规定的样品管理、仪器设备管理与使用、检验检测规程或者方法、数据传输与保存等要求进行检验检测。

检验检测机构与委托人可以对不涉及国家有关强制性规定的检验检测规程或者方法等作出约定。

第九条　检验检测机构对委托人送检的样品进行检验的，检验检测报告对样品所检项目的符合性情况负责，送检样品的代表性和真实性由委托人负责。

第十条　需要分包检验检测项目的，检验检测机构应当分包给具备相应条件和能力的检验检测机构，并事先取得委托人对分包的检验检测项目以及拟承担分包项目的检验检测机构的同意。

检验检测机构应当在检验检测报告中注明分包的检验检测项目以及承担分包项目的检验检测机构。

第十一条　检验检测机构应当在其检验检测报告上加盖检验检测机构公章或者检验检测专用章，由授权签字人在其技术能力范围内签发。

检验检测报告用语应当符合相关要求，列明标准等技术依据。检验检测报告存在文字错误，确需更正的，检验检测机构应当按照标准等规定进行更正，并予以标注或者说明。

第十二条　检验检测机构应当对检验检测原始记录和报告进行归档留存。保存期限不少于6年。

第十三条　检验检测机构不得出具不实检验检测报告。

检验检测机构出具的检验检测报告存在下列情形之一，并且数据、结果存在错误或者无法复核的，属于不实检验检测报告：

（一）样品的采集、标识、分发、流转、制备、保存、处置不符合标准等规定，存在样品污染、混淆、损毁、性状异常改变等情形的；

（二）使用未经检定或者校准的仪器、设备、设施的；

（三）违反国家有关强制性规定的检验检测规程或者方法的；

（四）未按照标准等规定传输、保存原始数据和报告的。

第十四条　检验检测机构不得出具虚假检验检测报告。

检验检测机构出具的检验检测报告存在下列情形之一的，属于虚假检验检测报告：

（一）未经检验检测的；

（二）伪造、变造原始数据、记录，或者未按照标准等规定采用原始数据、记录的；

（三）减少、遗漏或者变更标准等规定的应当检验检测的项目，或者改变关键检验检测条

件的;

（四）调换检验检测样品或者改变其原有状态进行检验检测的;

（五）伪造检验检测机构公章或者检验检测专用章,或者伪造授权签字人签名或者签发时间的。

第十五条 检验检测机构及其人员应当对其在检验检测工作中所知悉的国家秘密、商业秘密予以保密。

第十六条 检验检测机构应当在其官方网站或者以其他公开方式对其遵守法定要求、独立公正从业、履行社会责任、严守诚实信用等情况进行自我声明,并对声明内容的真实性、全面性、准确性负责。

检验检测机构应当向所在地省级市场监督管理部门报告持续符合相应条件和要求、遵守从业规范、开展检验检测活动以及统计数据等信息。

检验检测机构在检验检测活动中发现普遍存在的产品质量问题的,应当及时向市场监督管理部门报告。

第十七条 县级以上市场监督管理部门应当依据检验检测机构年度监督检查计划,随机抽取检查对象、随机选派执法检查人员开展监督检查工作。

因应对突发事件等需要,县级以上市场监督管理部门可以应急开展相关监督检查工作。

国家市场监督管理总局可以根据工作需要,委托省级市场监督管理部门开展监督检查。

第十八条 省级以上市场监督管理部门可以根据工作需要,定期组织检验检测机构能力验证工作,并公布能力验证结果。

检验检测机构应当按照要求参加前款规定的能力验证工作。

第十九条 省级市场监督管理部门可以结合风险程度、能力验证及监督检查结果、投诉举报情况等,对本行政区域内检验检测机构进行分类监管。

第二十条 市场监督管理部门可以依法行使下列职权:

（一）进入检验检测机构进行现场检查;

（二）向检验检测机构、委托人等有关单位及人员询问、调查有关情况或者验证相关检验检测活动;

（三）查阅、复制有关检验检测原始记录、报告、发票、账簿及其他相关资料;

（四）法律、行政法规规定的其他职权。

检验检测机构应当采取自查自改措施,依法从事检验检测活动,并积极配合市场监督管理部门开展的监督检查工作。

第二十一条 县级以上地方市场监督管理部门应当定期逐级上报年度检验检测机构监督检查结果等信息,并将检验检测机构违法行为查处情况通报实施资质认定的市场监督管理部门和同级有关行业主管部门。

第二十二条 县级以上市场监督管理部门应当依法公开监督检查结果,并将检验检测机构受到的行政处罚等信息纳入国家企业信用信息公示系统等平台。

第二十三条 任何单位和个人有权向县级以上市场监督管理部门举报检验检测机构违反本办法规定的行为。

第二十四条 县级以上市场监督管理部门发现检验检测机构存在不符合本办法规定,但无需追究行政和刑事法律责任的情形的,可以采用说服教育、提醒纠正等非强制性手段予以处理。

第二十五条 检验检测机构有下列情形之一的,由县级以上市场监督管理部门责令限期改正;逾期未改正或者改正后仍不符合要求的,处 3 万元以下罚款:

（一）违反本办法第八条第一款规定,进行检验检测的;

（二）违反本办法第十条规定分包检验检测项目，或者应当注明而未注明的；

（三）违反本办法第十一条第一款规定，未在检验检测报告上加盖检验检测机构公章或者检验检测专用章，或者未经授权签字人签发或者授权签字人超出其技术能力范围签发的。

第二十六条　检验检测机构有下列情形之一的，法律、法规对撤销、吊销、取消检验检测资质或者证书等有行政处罚规定的，依照法律、法规的规定执行；法律、法规未作规定的，由县级以上市场监督管理部门责令限期改正，处 3 万元罚款：

（一）违反本办法第十三条规定，出具不实检验检测报告的；

（二）违反本办法第十四条规定，出具虚假检验检测报告的。

第二十七条　市场监督管理部门工作人员玩忽职守、滥用职权、徇私舞弊的，依法予以处理；涉嫌构成犯罪，依法需要追究刑事责任的，按照有关规定移送公安机关。

第二十八条　本办法自 2021 年 6 月 1 日起施行。

检验检测机构资质认定管理办法

（2015 年 4 月 9 日国家质量监督检验检疫总局令第 163 号公布　根据 2021 年 4 月 2 日《国家市场监督管理总局关于废止和修改部分规章的决定》修正）

第一章　总　　则

第一条　为了规范检验检测机构资质认定工作，优化准入程序，根据《中华人民共和国计量法》及其实施细则、《中华人民共和国认证认可条例》等法律、行政法规的规定，制定本办法。

第二条　本办法所称检验检测机构，是指依法成立，依据相关标准或者技术规范，利用仪器设备、环境设施等技术条件和专业技能，对产品或者法律法规规定的特定对象进行检验检测的专业技术组织。

本办法所称资质认定，是指市场监督管理部门依照法律、行政法规规定，对向社会出具具有证明作用的数据、结果的检验检测机构的基本条件和技术能力是否符合法定要求实施的评价许可。

第三条　在中华人民共和国境内对检验检测机构实施资质认定，应当遵守本办法。

法律、行政法规对检验检测机构资质认定另有规定的，依照其规定。

第四条　国家市场监督管理总局（以下简称市场监管总局）主管全国检验检测机构资质认定工作，并负责检验检测机构资质认定的统一管理、组织实施、综合协调工作。

省级市场监督管理部门负责本行政区域内检验检测机构的资质认定工作。

第五条　法律、行政法规规定应当取得资质认定的事项清单，由市场监管总局制定并公布，并根据法律、行政法规的调整实行动态管理。

第六条　市场监管总局依据国家有关法律法规和标准、技术规范的规定，制定检验检测机构资质认定基本规范、评审准则以及资质认定证书和标志的式样，并予以公布。

第七条　检验检测机构资质认定工作应当遵循统一规范、客观公正、科学准确、公平公开、便利高效的原则。

第二章　资质认定条件和程序

第八条　国务院有关部门以及相关行业主管部门依法成立的检验检测机构，其资质认定由市场监管总局负责组织实施；其他检验检测机构的资质认定，由其所在行政区域的省级市场监督管理部门负责组织实施。

第九条 申请资质认定的检验检测机构应当符合以下条件：

（一）依法成立并能够承担相应法律责任的法人或者其他组织；

（二）具有与其从事检验检测活动相适应的检验检测技术人员和管理人员；

（三）具有固定的工作场所，工作环境满足检验检测要求；

（四）具备从事检验检测活动所必需的检验检测设备设施；

（五）具有并有效运行保证其检验检测活动独立、公正、科学、诚信的管理体系；

（六）符合有关法律法规或者标准、技术规范规定的特殊要求。

第十条 检验检测机构资质认定程序分为一般程序和告知承诺程序。除法律、行政法规或者国务院规定必须采用一般程序或者告知承诺程序的外，检验检测机构可以自主选择资质认定程序。

检验检测机构资质认定推行网上审批，有条件的市场监督管理部门可以颁发资质认定电子证书。

第十一条 检验检测机构资质认定一般程序：

（一）申请资质认定的检验检测机构（以下简称申请人），应当向市场监管总局或者省级市场监督管理部门（以下统称资质认定部门）提交书面申请和相关材料，并对其真实性负责；

（二）资质认定部门应当对申请人提交的申请和相关材料进行初审，自收到之日起5个工作日内作出受理或者不予受理的决定，并书面告知申请人；

（三）资质认定部门自受理申请之日起，应当在30个工作日内，依据检验检测机构资质认定基本规范、评审准则的要求，完成对申请人的技术评审。技术评审包括书面审查和现场评审（或者远程评审）。技术评审时间不计算在资质认定期限内，资质认定部门应当将技术评审时间告知申请人。由于申请人整改或者其它自身原因导致无法在规定时间内完成的情况除外；

（四）资质认定部门自收到技术评审结论之日起，应当在10个工作日内，作出是否准予许可的决定。准予许可的，自作出决定之日起7个工作日内，向申请人颁发资质认定证书。不予许可的，应当书面通知申请人，并说明理由。

第十二条 采用告知承诺程序实施资质认定的，按照市场监管总局有关规定执行。

资质认定部门作出许可决定前，申请人有合理理由的，可以撤回告知承诺申请。告知承诺申请撤回后，申请人再次提出申请的，应当按照一般程序办理。

第十三条 资质认定证书有效期为6年。

需要延续资质认定证书有效期的，应当在其有效期届满3个月前提出申请。

资质认定部门根据检验检测机构的申请事项、信用信息、分类监管等情况，采取书面审查、现场评审（或者远程评审）的方式进行技术评审，并作出是否准予延续的决定。

对上一许可周期内无违反市场监管法律、法规、规章行为的检验检测机构，资质认定部门可以采取书面审查方式，对于符合要求的，予以延续资质认定证书有效期。

第十四条 有下列情形之一的，检验检测机构应当向资质认定部门申请办理变更手续：

（一）机构名称、地址、法人性质发生变更的；

（二）法定代表人、最高管理者、技术负责人、检验检测报告授权签字人发生变更的；

（三）资质认定检验检测项目取消的；

（四）检验检测标准或者检验检测方法发生变更的；

（五）依法需要办理变更的其他事项。

检验检测机构申请增加资质认定检验检测项目或者发生变更的事项影响其符合资质认定条件

和要求的，依照本办法第十条规定的程序实施。

第十五条 资质认定证书内容包括：发证机关、获证机构名称和地址、检验检测能力范围、有效期限、证书编号、资质认定标志。

检验检测机构资质认定标志，由 China Inspection Body and Laboratory Mandatory Approval 的英文缩写 CMA 形成的图案和资质认定证书编号组成。式样如下：

第十六条 外方投资者在中国境内依法成立的检验检测机构，申请资质认定时，除应当符合本办法第九条规定的资质认定条件外，还应当符合我国外商投资法律法规的有关规定。

第十七条 检验检测机构依法设立的从事检验检测活动的分支机构，应当依法取得资质认定后，方可从事相关检验检测活动。

资质认定部门可以根据具体情况简化技术评审程序、缩短技术评审时间。

第十八条 检验检测机构应当定期审查和完善管理体系，保证其基本条件和技术能力能够持续符合资质认定条件和要求，并确保质量管理措施有效实施。

检验检测机构不再符合资质认定条件和要求的，不得向社会出具具有证明作用的检验检测数据和结果。

第十九条 检验检测机构应当在资质认定证书规定的检验检测能力范围内，依据相关标准或者技术规范规定的程序和要求，出具检验检测数据、结果。

第二十条 检验检测机构不得转让、出租、出借资质认定证书或者标志；不得伪造、变造、冒用资质认定证书或者标志；不得使用已经过期或者被撤销、注销的资质认定证书或者标志。

第二十一条 检验检测机构向社会出具具有证明作用的检验检测数据、结果的，应当在其检验检测报告上标注资质认定标志。

第二十二条 资质认定部门应当在其官方网站上公布取得资质认定的检验检测机构信息，并注明资质认定证书状态。

第二十三条 因应对突发事件等需要，资质认定部门可以公布符合应急工作要求的检验检测机构名录及相关信息，允许相关检验检测机构临时承担应急工作。

第三章　技术评审管理

第二十四条 资质认定部门根据技术评审需要和专业要求，可以自行或者委托专业技术评价机构组织实施技术评审。

资质认定部门或者其委托的专业技术评价机构组织现场评审（或者远程评审）时，应当指派两名以上与技术评审内容相适应的评审人员组成评审组，并确定评审组长。必要时，可以聘请相关技术专家参加技术评审。

第二十五条 评审组应当严格按照资质认定基本规范、评审准则开展技术评审活动，在规定时间内出具技术评审结论。

专业技术评价机构、评审组应当对其承担的技术评审活动和技术评审结论的真实性、符合性负责，并承担相应法律责任。

第二十六条 评审组在技术评审中发现有不符合要求的，应当书面通知申请人限期整改，整改期限不得超过 30 个工作日。逾期未完成整改或者整改后仍不符合要求的，相应评审项目应当判定为不合格。

评审组在技术评审中发现申请人存在违法行为的，应当及时向资质认定部门报告。

第二十七条 资质认定部门应当建立并完善评审人员专业技能培训、考核、使用和监督制度。

第二十八条 资质认定部门应当对技术评审活动进行监督，建立责任追究机制。

资质认定部门委托专业技术评价机构组织技术评审的，应当对专业技术评价机构及其组织的技术评审活动进行监督。

第二十九条 专业技术评价机构、评审人员在评审活动中有下列情形之一的，资质认定部门可以根据情节轻重，对其进行约谈、暂停直至取消委托其从事技术评审活动：

（一）未按照资质认定基本规范、评审准则规定的要求和时间实施技术评审的；

（二）对同一检验检测机构既从事咨询又从事技术评审的；

（三）与所评审的检验检测机构有利害关系或者其评审可能对公正性产生影响，未进行回避的；

（四）透露工作中所知悉的国家秘密、商业秘密或者技术秘密的；

（五）向所评审的检验检测机构谋取不正当利益的；

（六）出具虚假或者不实的技术评审结论的。

第四章 监 督 检 查

第三十条 市场监管总局对省级市场监督管理部门实施的检验检测机构资质认定工作进行监督和指导。

第三十一条 检验检测机构有下列情形之一的，资质认定部门应当依法办理注销手续：

（一）资质认定证书有效期届满，未申请延续或者依法不予延续批准的；

（二）检验检测机构依法终止的；

（三）检验检测机构申请注销资质认定证书的；

（四）法律、法规规定应当注销的其他情形。

第三十二条 以欺骗、贿赂等不正当手段取得资质认定的，资质认定部门应当依法撤销资质认定。

被撤销资质认定的检验检测机构，三年内不得再次申请资质认定。

第三十三条 检验检测机构申请资质认定时提供虚假材料或者隐瞒有关情况的，资质认定部门应当不予受理或者不予许可。检验检测机构在一年内不得再次申请资质认定。

第三十四条 检验检测机构未依法取得资质认定，擅自向社会出具具有证明作用的数据、结果的，依照法律、法规的规定执行；法律、法规未作规定的，由县级以上市场监督管理部门责令限期改正，处 3 万元罚款。

第三十五条 检验检测机构有下列情形之一的，由县级以上市场监督管理部门责令限期改正；逾期未改正或者改正后仍不符合要求的，处 1 万元以下罚款。

（一）未按照本办法第十四条规定办理变更手续的；

（二）未按照本办法第二十一条规定标注资质认定标志的。

第三十六条 检验检测机构有下列情形之一的，法律、法规对撤销、吊销、取消检验检测资质或者证书等有行政处罚规定的，依照法律、法规的规定执行；法律、法规未作规定的，由县级以上市场监督管理部门责令限期改正，处 3 万元罚款：

（一）基本条件和技术能力不能持续符合资质认定条件和要求，擅自向社会出具具有证明作用的检验检测数据、结果的；

（二）超出资质认定证书规定的检验检测能力范围，擅自向社会出具有证明作用的数据、结果的。

第三十七条 检验检测机构违反本办法规定，转让、出租、出借资质认定证书或者标志，伪造、变造、冒用资质认定证书或者标志，使用已经过期或者被撤销、注销的资质认定证书或者标志的，由县级以上市场监督管理部门责令改正，处 3 万元以下罚款。

第三十八条 对资质认定部门、专业技术评价机构以及相关评审人员的违法违规行为，任何单位和个人有权举报。相关部门应当依据各自职责及时处理，并为举报人保密。

第三十九条 从事资质认定的工作人员，在工作中滥用职权、玩忽职守、徇私舞弊的，依法予以处理；构成犯罪的，依法追究刑事责任。

第五章 附 则

第四十条 本办法自 2015 年 8 月 1 日起施行。国家质量监督检验检疫总局于 2006 年 2 月 21 日发布的《实验室和检查机构资质认定管理办法》同时废止。

十二、消费者维权

中华人民共和国消费者权益保护法

(1993 年 10 月 31 日第八届全国人民代表大会常务委员会第四次会议通过 根据 2009 年 8 月 27 日第十一届全国人民代表大会常务委员会第十次会议《关于修改部分法律的决定》第一次修正 根据 2013 年 10 月 25 日第十二届全国人民代表大会常务委员会第五次会议《关于修改〈中华人民共和国消费者权益保护法〉的决定》第二次修正)

目 录

第一章 总 则

第一条 为保护消费者的合法权益,维护社会经济秩序,促进社会主义市场经济健康发展,制定本法。

第二条 消费者为生活消费需要购买、使用商品或者接受服务,其权益受本法保护;本法未作规定的,受其他有关法律、法规保护。

第三条 经营者为消费者提供其生产、销售的商品或者提供服务,应当遵守本法;本法未作规定的,应当遵守其他有关法律、法规。

第四条 经营者与消费者进行交易,应当遵循自愿、平等、公平、诚实信用的原则。

第五条 国家保护消费者的合法权益不受侵害。

国家采取措施,保障消费者依法行使权利,维护消费者的合法权益。

国家倡导文明、健康、节约资源和保护环境的消费方式,反对浪费。

第六条 保护消费者的合法权益是全社会的共同责任。

国家鼓励、支持一切组织和个人对损害消费者合法权益的行为进行社会监督。

大众传播媒介应当做好维护消费者合法权益的宣传,对损害消费者合法权益的行为进行舆论监督。

第二章 消费者的权利

第七条 消费者在购买、使用商品和接受服务时享有人身、财产安全不受损害的权利。

消费者有权要求经营者提供的商品和服务,符合保障人身、财产安全的要求。

第八条 消费者享有知悉其购买、使用的商品或者接受的服务的真实情况的权利。

消费者有权根据商品或者服务的不同情况，要求经营者提供商品的价格、产地、生产者、用途、性能、规格、等级、主要成份、生产日期、有效期限、检验合格证明、使用方法说明书、售后服务，或者服务的内容、规格、费用等有关情况。

第九条 消费者享有自主选择商品或者服务的权利。

消费者有权自主选择提供商品或者服务的经营者，自主选择商品品种或者服务方式，自主决定购买或者不购买任何一种商品、接受或者不接受任何一项服务。

消费者在自主选择商品或者服务时，有权进行比较、鉴别和挑选。

第十条 消费者享有公平交易的权利。

消费者在购买商品或者接受服务时，有权获得质量保障、价格合理、计量正确等公平交易条件，有权拒绝经营者的强制交易行为。

第十一条 消费者因购买、使用商品或者接受服务受到人身、财产损害的，享有依法获得赔偿的权利。

第十二条 消费者享有依法成立维护自身合法权益的社会组织的权利。

第十三条 消费者享有获得有关消费和消费者权益保护方面的知识的权利。

消费者应当努力掌握所需商品或者服务的知识和使用技能，正确使用商品，提高自我保护意识。

第十四条 消费者在购买、使用商品和接受服务时，享有人格尊严、民族风俗习惯得到尊重的权利，享有个人信息依法得到保护的权利。

第十五条 消费者享有对商品和服务以及保护消费者权益工作进行监督的权利。

消费者有权检举、控告侵害消费者权益的行为和国家机关及其工作人员在保护消费者权益工作中的违法失职行为，有权对保护消费者权益工作提出批评、建议。

第三章 经营者的义务

第十六条 经营者向消费者提供商品或者服务，应当依照本法和其他有关法律、法规的规定履行义务。

经营者和消费者有约定的，应当按照约定履行义务，但双方的约定不得违背法律、法规的规定。

经营者向消费者提供商品或者服务，应当恪守社会公德，诚信经营，保障消费者的合法权益；不得设定不公平、不合理的交易条件，不得强制交易。

第十七条 经营者应当听取消费者对其提供的商品或者服务的意见，接受消费者的监督。

第十八条 经营者应当保证其提供的商品或者服务符合保障人身、财产安全的要求。对可能危及人身、财产安全的商品和服务，应当向消费者作出真实的说明和明确的警示，并说明和标明正确使用商品或者接受服务的方法以及防止危害发生的方法。

宾馆、商场、餐馆、银行、机场、车站、港口、影剧院等经营场所的经营者，应当对消费者尽到安全保障义务。

第十九条 经营者发现其提供的商品或者服务存在缺陷，有危及人身、财产安全危险的，应当立即向有关行政部门报告和告知消费者，并采取停止销售、警示、召回、无害化处理、销毁、停止生产或者服务等措施。采取召回措施的，经营者应当承担消费者因商品被召回支出的必要费用。

第二十条 经营者向消费者提供有关商品或者服务的质量、性能、用途、有效期限等信息，应当真实、全面，不得作虚假或者引人误解的宣传。

经营者对消费者就其提供的商品或者服务的质量和使用方法等问题提出的询问，应当作出真实、明确的答复。

经营者提供商品或者服务应当明码标价。

第二十一条　经营者应当标明其真实名称和标记。

租赁他人柜台或者场地的经营者，应当标明其真实名称和标记。

第二十二条　经营者提供商品或者服务，应当按照国家有关规定或者商业惯例向消费者出具发票等购货凭证或者服务单据；消费者索要发票等购货凭证或者服务单据的，经营者必须出具。

第二十三条　经营者应当保证在正常使用商品或者接受服务的情况下其提供的商品或者服务应当具有的质量、性能、用途和有效期限；但消费者在购买该商品或者接受该服务前已经知道其存在瑕疵，且存在该瑕疵不违反法律强制性规定的除外。

经营者以广告、产品说明、实物样品或者其他方式表明商品或者服务的质量状况的，应当保证其提供的商品或者服务的实际质量与表明的质量状况相符。

经营者提供的机动车、计算机、电视机、电冰箱、空调器、洗衣机等耐用商品或者装饰装修等服务，消费者自接受商品或者服务之日起六个月内发现瑕疵，发生争议的，由经营者承担有关瑕疵的举证责任。

第二十四条　经营者提供的商品或者服务不符合质量要求的，消费者可以依照国家规定、当事人约定退货，或者要求经营者履行更换、修理等义务。没有国家规定和当事人约定的，消费者可以自收到商品之日起七日内退货；七日后符合法定解除合同条件的，消费者可以及时退货，不符合法定解除合同条件的，可以要求经营者履行更换、修理等义务。

依照前款规定进行退货、更换、修理的，经营者应当承担运输等必要费用。

第二十五条　经营者采用网络、电视、电话、邮购等方式销售商品，消费者有权自收到商品之日起七日内退货，且无需说明理由，但下列商品除外：

（一）消费者定作的；

（二）鲜活易腐的；

（三）在线下载或者消费者拆封的音像制品、计算机软件等数字化商品；

（四）交付的报纸、期刊。

除前款所列商品外，其他根据商品性质并经消费者在购买时确认不宜退货的商品，不适用无理由退货。

消费者退货的商品应当完好。经营者应当自收到退回商品之日起七日内返还消费者支付的商品价款。退回商品的运费由消费者承担；经营者和消费者另有约定的，按照约定。

第二十六条　经营者在经营活动中使用格式条款的，应当以显著方式提请消费者注意商品或者服务的数量和质量、价款或者费用、履行期限和方式、安全注意事项和风险警示、售后服务、民事责任等与消费者有重大利害关系的内容，并按照消费者的要求予以说明。

经营者不得以格式条款、通知、声明、店堂告示等方式，作出排除或者限制消费者权利、减轻或者免除经营者责任、加重消费者责任等对消费者不公平、不合理的规定，不得利用格式条款并借助技术手段强制交易。

格式条款、通知、声明、店堂告示等含有前款所列内容的，其内容无效。

第二十七条　经营者不得对消费者进行侮辱、诽谤，不得搜查消费者的身体及其携带的物品，不得侵犯消费者的人身自由。

第二十八条　采用网络、电视、电话、邮购等方式提供商品或者服务的经营者，以及提供证券、保险、银行等金融服务的经营者，应当向消费者提供经营地址、联系方式、商品或者服务的数量和质量、价款或者费用、履行期限和方式、安全注意事项和风险警示、售后服务、民事责任等信息。

第二十九条　经营者收集、使用消费者个人信息，应当遵循合法、正当、必要的原则，明示收集、使用信息的目的、方式和范围，并经消费者同意。经营者收集、使用消费者个人信息，应当公开其收集、使用规则，不得违反法律、法规的规定和双方的约定收集、使用信息。

经营者及其工作人员对收集的消费者个人信息必须严格保密，不得泄露、出售或者非法向他人提供。经营者应当采取技术措施和其他必要措施，确保信息安全，防止消费者个人信息泄露、丢失。在发生或者可能发生信息泄露、丢失的情况时，应当立即采取补救措施。

经营者未经消费者同意或者请求，或者消费者明确表示拒绝的，不得向其发送商业性信息。

第四章　国家对消费者合法
权益的保护

第三十条　国家制定有关消费者权益的法律、法规、规章和强制性标准，应当听取消费者和消费者协会等组织的意见。

第三十一条　各级人民政府应当加强领导，组织、协调、督促有关行政部门做好保护消费者合法权益的工作，落实保护消费者合法权益的职责。

各级人民政府应当加强监督，预防危害消费者人身、财产安全行为的发生，及时制止危害消费者人身、财产安全的行为。

第三十二条　各级人民政府工商行政管理部门和其他有关行政部门应当依照法律、法规的规定，在各自的职责范围内，采取措施，保护消费者的合法权益。

有关行政部门应当听取消费者和消费者协会等组织对经营者交易行为、商品和服务质量问题的意见，及时调查处理。

第三十三条　有关行政部门在各自的职责范围内，应当定期或者不定期对经营者提供的商品和服务进行抽查检验，并及时向社会公布抽查检验结果。

有关行政部门发现并认定经营者提供的商品或者服务存在缺陷，有危及人身、财产安全危险的，应当立即责令经营者采取停止销售、警示、召回、无害化处理、销毁、停止生产或者服务等措施。

第三十四条　有关国家机关应当依照法律、法规的规定，惩处经营者在提供商品和服务中侵害消费者合法权益的违法犯罪行为。

第三十五条　人民法院应当采取措施，方便消费者提起诉讼。对符合《中华人民共和国民事诉讼法》起诉条件的消费者权益争议，必须受理，及时审理。

第五章　消费者组织

第三十六条　消费者协会和其他消费者组织是依法成立的对商品和服务进行社会监督的保护消费者合法权益的社会组织。

第三十七条　消费者协会履行下列公益性职责：

（一）向消费者提供消费信息和咨询服务，提高消费者维护自身合法权益的能力，引导文明、健康、节约资源和保护环境的消费方式；

（二）参与制定有关消费者权益的法律、法规、规章和强制性标准；

（三）参与有关行政部门对商品和服务的监督、检查；

（四）就有关消费者合法权益的问题，向有关部门反映、查询，提出建议；

（五）受理消费者的投诉，并对投诉事项进行调查、调解；

（六）投诉事项涉及商品和服务质量问题的，可以委托具备资格的鉴定人鉴定，鉴定人应当告知鉴定意见；

（七）就损害消费者合法权益的行为，支持受损害的消费者提起诉讼或者依照本法提起诉讼；

（八）对损害消费者合法权益的行为，通过大众传播媒介予以揭露、批评。

各级人民政府对消费者协会履行职责应当予以必要的经费等支持。

消费者协会应当认真履行保护消费者合法权益的职责，听取消费者的意见和建议，接受社会监督。

依法成立的其他消费者组织依照法律、法规及其章程的规定，开展保护消费者合法权益的活动。

第三十八条 消费者组织不得从事商品经营和营利性服务，不得以收取费用或者其他牟取利益的方式向消费者推荐商品和服务。

第六章 争议的解决

第三十九条 消费者和经营者发生消费者权益争议的，可以通过下列途径解决：

（一）与经营者协商和解；

（二）请求消费者协会或者依法成立的其他调解组织调解；

（三）向有关行政部门投诉；

（四）根据与经营者达成的仲裁协议提请仲裁机构仲裁；

（五）向人民法院提起诉讼。

第四十条 消费者在购买、使用商品时，其合法权益受到损害的，可以向销售者要求赔偿。销售者赔偿后，属于生产者的责任或者属于向销售者提供商品的其他销售者的责任的，销售者有权向生产者或者其他销售者追偿。

消费者或者其他受害人因商品缺陷造成人身、财产损害的，可以向销售者要求赔偿，也可以向生产者要求赔偿。属于生产者责任的，销售者赔偿后，有权向生产者追偿。属于销售者责任的，生产者赔偿后，有权向销售者追偿。

消费者在接受服务时，其合法权益受到损害的，可以向服务者要求赔偿。

第四十一条 消费者在购买、使用商品或者接受服务时，其合法权益受到损害，因原企业分立、合并的，可以向变更后承受其权利义务的企业要求赔偿。

第四十二条 使用他人营业执照的违法经营者提供商品或者服务，损害消费者合法权益的，消费者可以向其要求赔偿，也可以向营业执照的持有人要求赔偿。

第四十三条 消费者在展销会、租赁柜台购买商品或者接受服务，其合法权益受到损害的，可以向销售者或者服务者要求赔偿。展销会结束或者柜台租赁期满后，也可以向展销会的举办者、柜台的出租者要求赔偿。展销会的举办者、柜台的出租者赔偿后，有权向销售者或者服务者追偿。

第四十四条 消费者通过网络交易平台购买商品或者接受服务，其合法权益受到损害的，可以向销售者或者服务者要求赔偿。网络交易平台提供者不能提供销售者或者服务者的真实名称、地址和有效联系方式的，消费者也可以向网络交易平台提供者要求赔偿；网络交易平台提供者作出更有利于消费者的承诺的，应当履行承诺。网络交易平台提供者赔偿后，有权向销售者或者服务者追偿。

网络交易平台提供者明知或者应知销售者或者服务者利用其平台侵害消费者合法权益，未采取必要措施的，依法与该销售者或者服务者承担连带责任。

第四十五条 消费者因经营者利用虚假广告或者其他虚假宣传方式提供商品或者服务，其合法权益受到损害的,可以向经营者要求赔偿。广告经营者、发布者发布虚假广告的,消费者可以请求行政主管部门予以惩处。广告经营者、发布者不能提供经营者的真实名称、地址和有效联系方式的,应当承担赔偿责任。

广告经营者、发布者设计、制作、发布关系消费者生命健康商品或者服务的虚假广告,造成消费者损害的,应当与提供该商品或者服务的经营者承担连带责任。

社会团体或者其他组织、个人在关系消费者生命健康商品或者服务的虚假广告或者其他虚假宣传中向消费者推荐商品或者服务,造成消费者损害的,应当与提供该商品或者服务的经营者承担连带责任。

第四十六条 消费者向有关行政部门投诉的,该部门应当自收到投诉之日起七个工作日内,予以处理并告知消费者。

第四十七条 对侵害众多消费者合法权益的行为,中国消费者协会以及在省、自治区、直辖市设立的消费者协会,可以向人民法院提起诉讼。

第七章 法 律 责 任

第四十八条 经营者提供商品或者服务有下列情形之一的,除本法另有规定外,应当依照其他有关法律、法规的规定,承担民事责任:

(一)商品或者服务存在缺陷的;

(二)不具备商品应当具备的使用性能而出售时未作说明的;

(三)不符合在商品或者其包装上注明采用的商品标准的;

(四)不符合商品说明、实物样品等方式表明的质量状况的;

(五)生产国家明令淘汰的商品或者销售失效、变质的商品的;

(六)销售的商品数量不足的;

(七)服务的内容和费用违反约定的;

(八)对消费者提出的修理、重作、更换、退货、补足商品数量、退还货款和服务费用或者赔偿损失的要求,故意拖延或者无理拒绝的;

(九)法律、法规规定的其他损害消费者权益的情形。

经营者对消费者未尽到安全保障义务,造成消费者损害的,应当承担侵权责任。

第四十九条 经营者提供商品或者服务,造成消费者或者其他受害人人身伤害的,应当赔偿医疗费、护理费、交通费等为治疗和康复支出的合理费用,以及因误工减少的收入。造成残疾的,还应当赔偿残疾生活辅助具费和残疾赔偿金。造成死亡的,还应当赔偿丧葬费和死亡赔偿金。

第五十条 经营者侵害消费者的人格尊严、侵犯消费者人身自由或者侵害消费者个人信息依法得到保护的权利的,应当停止侵害、恢复名誉、消除影响、赔礼道歉,并赔偿损失。

第五十一条 经营者有侮辱诽谤、搜查身体、侵犯人身自由等侵害消费者或者其他受害人人身权益的行为,造成严重精神损害的,受害人可以要求精神损害赔偿。

第五十二条 经营者提供商品或者服务,造成消费者财产损害的,应当依照法律规定或者当事人约定承担修理、重作、更换、退货、补足商品数量、退还货款和服务费用或者赔偿损失等民事责任。

第五十三条 经营者以预收款方式提供商品或者服务的,应当按照约定提供。未按照约定提供的,应当按照消费者的要求履行约定或者退回预付款;并应当承担预付款的利息、消费者必须支付的合理费用。

第五十四条 依法经有关行政部门认定为不合格的商品,消费者要求退货的,经营者应当负责退货。

第五十五条 经营者提供商品或者服务有欺诈行为的，应当按照消费者的要求增加赔偿其受到的损失，增加赔偿的金额为消费者购买商品的价款或者接受服务的费用的三倍；增加赔偿的金额不足五百元的，为五百元。法律另有规定的，依照其规定。

经营者明知商品或者服务存在缺陷，仍然向消费者提供，造成消费者或者其他受害人死亡或者健康严重损害的，受害人有权要求经营者依照本法第四十九条、第五十一条等法律规定赔偿损失，并有权要求所受损失二倍以下的惩罚性赔偿。

第五十六条 经营者有下列情形之一，除承担相应的民事责任外，其他有关法律、法规对处罚机关和处罚方式有规定的，依照法律、法规的规定执行；法律、法规未作规定的，由工商行政管理部门或者其他有关行政部门责令改正，可以根据情节单处或者并处警告、没收违法所得、处以违法所得一倍以上十倍以下的罚款，没有违法所得的，处以五十万元以下的罚款；情节严重的，责令停业整顿、吊销营业执照：

（一）提供的商品或者服务不符合保障人身、财产安全要求的；

（二）在商品中掺杂、掺假，以假充真，以次充好，或者以不合格商品冒充合格商品的；

（三）生产国家明令淘汰的商品或者销售失效、变质的商品的；

（四）伪造商品的产地，伪造或者冒用他人的厂名、厂址，篡改生产日期，伪造或者冒用认证标志等质量标志的；

（五）销售的商品应当检验、检疫而未检验、检疫或者伪造检验、检疫结果的；

（六）对商品或者服务作虚假或者引人误解的宣传的；

（七）拒绝或者拖延有关行政部门责令对缺陷商品或者服务采取停止销售、警示、召回、无害化处理、销毁、停止生产或者服务等措施的；

（八）对消费者提出的修理、重作、更换、退货、补足商品数量、退还货款和服务费用或者赔偿损失的要求，故意拖延或者无理拒绝的；

（九）侵害消费者人格尊严、侵犯消费者人身自由或者侵害消费者个人信息依法得到保护的权利的；

（十）法律、法规规定的对损害消费者权益应当予以处罚的其他情形。

经营者有前款规定情形的，除依照法律、法规规定予以处罚外，处罚机关应当记入信用档案，向社会公布。

第五十七条 经营者违反本法规定提供商品或者服务，侵害消费者合法权益，构成犯罪的，依法追究刑事责任。

第五十八条 经营者违反本法规定，应当承担民事赔偿责任和缴纳罚款、罚金，其财产不足以同时支付的，先承担民事赔偿责任。

第五十九条 经营者对行政处罚决定不服的，可以依法申请行政复议或者提起行政诉讼。

第六十条 以暴力、威胁等方法阻碍有关行政部门工作人员依法执行职务的，依法追究刑事责任；拒绝、阻碍有关行政部门工作人员依法执行职务，未使用暴力、威胁方法的，由公安机关依照《中华人民共和国治安管理处罚法》的规定处罚。

第六十一条 国家机关工作人员玩忽职守或者包庇经营者侵害消费者合法权益的行为的，由其所在单位或者上级机关给予行政处分；情节严重，构成犯罪的，依法追究刑事责任。

第八章 附 则

第六十二条 农民购买、使用直接用于农业生产的生产资料，参照本法执行。

第六十三条 本法自 1994 年 1 月 1 日起施行。

合同行政监督管理办法

（2023 年 5 月 18 日国家市场监督管理总局令第 77 号公布　自 2023 年 7 月 1 日起施行）

第一条　为了维护市场经济秩序，保护国家利益、社会公共利益和消费者合法权益，根据《中华人民共和国民法典》《中华人民共和国消费者权益保护法》等法律法规，制定本办法。

第二条　市场监督管理部门根据法律、行政法规和本办法的规定，在职责范围内开展合同行政监督管理工作。

第三条　市场监督管理部门开展合同行政监督管理工作，应当坚持监管与指导相结合、处罚与教育相结合的原则。

第四条　经营者订立合同应当遵循平等、自愿、公平、诚信的原则，不得违反法律、行政法规的规定，违背公序良俗，不得利用合同实施危害国家利益、社会公共利益和消费者合法权益的行为。

第五条　经营者不得利用合同从事下列违法行为，扰乱市场经济秩序，危害国家利益、社会公共利益：

（一）虚构合同主体资格或者盗用、冒用他人名义订立合同；

（二）没有实际履行能力，诱骗对方订立合同；

（三）故意隐瞒与实现合同目的有重大影响的信息，与对方订立合同；

（四）以恶意串通、贿赂、胁迫等手段订立合同；

（五）其他利用合同扰乱市场经济秩序的行为。

第六条　经营者采用格式条款与消费者订立合同，应当以单独告知、字体加粗、弹窗等显著方式提请消费者注意商品或者服务的数量和质量、价款或者费用、履行期限和方式、安全注意事项和风险警示、售后服务、民事责任等与消费者有重大利害关系的内容，并按照消费者的要求予以说明。

经营者预先拟定的，对合同双方权利义务作出规定的通知、声明、店堂告示等，视同格式条款。

第七条　经营者与消费者订立合同，不得利用格式条款等方式作出减轻或者免除自身责任的规定。格式条款中不得含有以下内容：

（一）免除或者减轻经营者造成消费者人身伤害依法应当承担的责任；

（二）免除或者减轻经营者因故意或者重大过失造成消费者财产损失依法应当承担的责任；

（三）免除或者减轻经营者对其所提供的商品或者服务依法应当承担的修理、重作、更换、退货、补足商品数量、退还货款和服务费用等责任；

（四）免除或者减轻经营者依法应当承担的违约责任；

（五）免除或者减轻经营者根据合同的性质和目的应当履行的协助、通知、保密等义务；

（六）其他免除或者减轻经营者自身责任的内容。

第八条　经营者与消费者订立合同，不得利用格式条款等方式作出加重消费者责任、排除或者限制消费者权利的规定。格式条款中不得含有以下内容：

（一）要求消费者承担的违约金或者损害赔偿金超过法定数额或者合理数额；

（二）要求消费者承担依法应当由经营者承担的经营风险；

（三）排除或者限制消费者依法自主选择商品或者服务的权利；

（四）排除或者限制消费者依法变更或者解除合同的权利；

（五）排除或者限制消费者依法请求支付违约金或者损害赔偿金的权利；

（六）排除或者限制消费者依法投诉、举报、请求调解、申请仲裁、提起诉讼的权利；

（七）经营者单方享有解释权或者最终解释权；

（八）其他加重消费者责任、排除或者限制消费者权利的内容。

第九条　经营者采用格式条款与消费者订立合同的，不得利用格式条款并借助技术手段强制交易。

第十条　市场监督管理部门引导重点行业经营者建立健全格式条款公示等制度，引导规范经营者合同行为，提升消费者合同法律意识。

第十一条　经营者与消费者订立合同时，一般应当包括《中华人民共和国民法典》第四百七十条第一款规定的主要内容，并明确双方的主要权利和义务。

经营者采用书面形式与消费者订立合同的，应当将双方签订的书面合同交付消费者留存，并不少于一份。

经营者以电子形式订立合同的，应当清晰、全面、明确地告知消费者订立合同的步骤、注意事项、下载方法等事项，并保证消费者能够便利、完整地阅览和下载。

第十二条　任何单位和个人不得在明知或者应知的情况下，为本办法禁止的违法行为提供证明、印章、账户等便利条件。

第十三条　省级以上市场监督管理部门可以根据有关法律法规规定，针对特定行业或者领域，联合有关部门制定合同示范文本。

根据前款规定制定的合同示范文本，应当主动公开，供社会公众免费阅览、下载、使用。

第十四条　合同示范文本供当事人参照使用。合同各方具体权利义务由当事人自行约定。当事人可以对合同示范文本中的有关条款进行修改、补充和完善。

第十五条　参照合同示范文本订立合同的，当事人应当充分理解合同条款，自行承担合同订立和履行所发生的法律后果。

第十六条　省级以上市场监督管理部门可以设立合同行政监督管理专家评审委员会，邀请相关领域专家参与格式条款评审、合同示范文本制定等工作。

第十七条　县级以上市场监督管理部门对涉嫌违反本办法的合同行为进行查处时，可以依法采取下列措施：

（一）对与涉嫌合同违法行为有关的经营场所进行现场检查；

（二）询问涉嫌违法的当事人；

（三）向与涉嫌合同违法行为有关的自然人、法人和非法人组织调查了解有关情况；

（四）查阅、调取、复制与涉嫌违法行为有关的合同、票据、账簿等资料；

（五）法律、法规规定可以采取的其他措施。

采取前款规定的措施，依法需要报经批准的，应当办理批准手续。

市场监督管理部门及其工作人员对履行相关工作职责过程中知悉的国家秘密、商业秘密或者个人隐私，应当依法予以保密。

第十八条　经营者违反本办法第五条、第六条第一款、第七条、第八条、第九条、第十二条规定，法律、行政法规有规定的，依照其规定；没有规定的，由县级以上市场监督管理部门责令限期改正，给予警告，并可以处十万元以下罚款。

第十九条　合同违法行为轻微并及时改正，没有造成危害后果的，不予行政处罚；主动消除或者减轻危害后果的，从轻或者减轻行政处罚。

第二十条 市场监督管理部门作出行政处罚决定后，应当依法通过国家企业信用信息公示系统向社会公示。

第二十一条 违反本办法规定，构成犯罪的，依法追究刑事责任。

第二十二条 市场监督管理部门依照本办法开展合同行政监督管理，不对合同的民事法律效力作出认定，不影响合同当事人民事责任的承担。法律、行政法规另有规定的，依照其规定。

第二十三条 本办法自 2023 年 7 月 1 日起施行。2010 年 10 月 13 日原国家工商行政管理总局令第 51 号公布的《合同违法行为监督处理办法》同时废止。

银行保险机构消费者权益保护管理办法

（2022 年 12 月 12 日中国银行保险监督管理委员会令 2022 年第 9 号公布　自 2023 年 3 月 1 日起施行）

第一章　总　　则

第一条 为维护公平公正的金融市场环境，切实保护银行业保险业消费者合法权益，促进行业高质量健康发展，根据《中华人民共和国银行业监督管理法》《中华人民共和国商业银行法》《中华人民共和国保险法》《中华人民共和国消费者权益保护法》等法律法规，制定本办法。

第二条 本办法所称银行保险机构，是指在中华人民共和国境内依法设立的向消费者提供金融产品或服务的银行业金融机构和保险机构。

第三条 银行保险机构承担保护消费者合法权益的主体责任。银行保险机构应当通过适当程序和措施，在业务经营全过程公平、公正和诚信对待消费者。

第四条 消费者应当诚实守信，理性消费，审慎投资，依法维护自身合法权益。

第五条 中国银行保险监督管理委员会（以下简称银保监会）及其派出机构依法对银行保险机构消费者权益保护行为实施监督管理。

第六条 银行保险机构消费者权益保护应当遵循依法合规、平等自愿、诚实守信的原则。

第二章　工作机制与管理要求

第七条 银行保险机构应当将消费者权益保护纳入公司治理、企业文化建设和经营发展战略，建立健全消费者权益保护体制机制，将消费者权益保护要求贯穿业务流程各环节。

第八条 银行保险机构董事会承担消费者权益保护工作的最终责任，对消费者权益保护工作进行总体规划和指导，董事会应当设立消费者权益保护委员会。高级管理层应当建立健全消费者权益保护管理体系，确保消费者权益保护目标和政策得到有效执行。监事会应当对董事会、高级管理层消费者权益保护工作履职情况进行监督。

银行保险机构应当明确履行消费者权益保护职责的部门，由其牵头组织并督促指导各部门开展消费者权益保护工作。

第九条 银行保险机构应当建立消费者权益保护审查机制，健全审查工作制度，对面向消费者提供的产品和服务在设计开发、定价管理、协议制定、营销宣传等环节进行消费者权益保护审查，从源头上防范侵害消费者合法权益行为发生。推出新产品和服务或者现有产品和服务涉及消费者利益的条款发生重大变化时，应当开展审查。

第十条 银行保险机构应当建立完善消费者权益保护信息披露机制，遵循真实性、准确性、完整性和及时性原则，在售前、售中、售后全流程披露产品和服务关键信息。

银行保险机构应当通过年报等适当方式，将消费者权益保护工作开展情况定期向公众披露。

第十一条 银行保险机构应当建立消费者适当性管理机制，对产品的风险进行评估并实施分级、动态管理，开展消费者风险认知、风险偏好和风险承受能力测评，将合适的产品提供给合适的消费者。

第十二条 银行保险机构应当按照相关规定建立销售行为可回溯管理机制，对产品和服务销售过程进行记录和保存，利用现代信息技术，提升可回溯管理便捷性，实现关键环节可回溯、重要信息可查询、问题责任可确认。

第十三条 银行保险机构应当建立消费者个人信息保护机制，完善内部管理制度、分级授权审批和内部控制措施，对消费者个人信息实施全流程分级分类管控，有效保障消费者个人信息安全。

第十四条 银行保险机构应当建立合作机构名单管理机制，对涉及消费者权益的合作事项，设定合作机构准入和退出标准，并加强对合作机构的持续管理。在合作协议中应当明确双方关于消费者权益保护的责任和义务，包括但不限于信息安全管控、服务价格管理、服务连续性、信息披露、纠纷解决机制、违约责任承担和应急处置等内容。

第十五条 银行保险机构应当建立健全投诉处理工作机制，畅通投诉渠道，规范投诉处理流程，加强投诉统计分析，不断溯源整改，切实履行投诉处理主体责任。

第十六条 银行保险机构应当健全矛盾纠纷多元化解配套机制，积极主动与消费者协商解决矛盾纠纷，在协商不成的情况下，通过调解、仲裁、诉讼等方式促进矛盾纠纷化解。

消费者向银行业保险业纠纷调解组织请求调解的，银行保险机构无正当理由不得拒绝参加调解。

第十七条 银行保险机构应当建立消费者权益保护内部培训机制，对从业人员开展消费者权益保护培训，提升培训效能，强化员工消费者权益保护意识。

第十八条 银行保险机构应当完善消费者权益保护内部考核机制，建立消费者权益保护内部考核制度，对相关部门和分支机构的工作进行评估和考核。

银行保险机构应当将消费者权益保护内部考核纳入综合绩效考核体系，合理分配权重，并纳入人力资源管理体系和问责体系，充分发挥激励约束作用。

第十九条 银行保险机构应当建立常态化、规范化的消费者权益保护内部审计机制，制定消费者权益保护审计方案，将消费者权益保护工作纳入年度审计范围，以5年为一个周期全面覆盖本机构相关部门和一级分支机构。

第三章 保护消费者知情权、自主选择权和公平交易权

第二十条 银行保险机构应当优化产品设计，对新产品履行风险评估和审批程序，充分评估客户可能承担的风险，准确评定产品风险等级。

第二十一条 银行保险机构应当保障消费者的知情权，使用通俗易懂的语言和有利于消费者接收、理解的方式进行产品和服务信息披露。对产品和服务信息的专业术语进行解释说明，及时、真实、准确揭示风险。

第二十二条 银行保险机构应当以显著方式向消费者披露产品和服务的性质、利息、收益、费用、费率、主要风险、违约责任、免责条款等可能影响消费者重大决策的关键信息。贷款类产品应当明示年化利率。

第二十三条 银行保险机构不得进行欺诈、隐瞒或者误导性的宣传，不得作夸大产品收益或者服务权益、掩饰产品风险等虚假或者引人误解的宣传。

第二十四条 银行业金融机构应当根据业务性质，完善服务价格管理体系，按照服务价格管理相关规定，在营业场所、网站主页等醒目位置公示服务项目、服务内容和服务价格等信息。新

设收费服务项目或者提高服务价格的，应当提前公示。

第二十五条 银行保险机构不得允许第三方合作机构在营业网点或者自营网络平台以银行保险机构的名义向消费者推介或者销售产品和服务。

第二十六条 银行保险机构销售产品或者提供服务的过程中，应当保障消费者自主选择权，不得存在下列情形：

（一）强制捆绑、强制搭售产品或者服务；

（二）未经消费者同意，单方为消费者开通收费服务；

（三）利用业务便利，强制指定第三方合作机构为消费者提供收费服务；

（四）采用不正当手段诱使消费者购买其他产品；

（五）其他侵害消费者自主选择权的情形。

第二十七条 银行保险机构向消费者提供产品和服务时，应当确保风险收益匹配、定价合理、计量正确。

在提供相同产品和服务时，不得对具有同等交易条件或者风险状况的消费者实行不公平定价。

第二十八条 银行保险机构应当保障消费者公平交易权，不得存在下列情形：

（一）在格式合同中不合理地加重消费者责任、限制或者排除消费者合法权利；

（二）在格式合同中不合理地减轻或者免除本机构义务或者损害消费者合法权益应当承担的责任；

（三）从贷款本金中预先扣除利息；

（四）在协议约定的产品和服务收费外，以向第三方支付咨询费、佣金等名义变相向消费者额外收费；

（五）限制消费者寻求法律救济；

（六）其他侵害消费者公平交易权的情形。

第四章 保护消费者财产安全权和依法求偿权

第二十九条 银行保险机构应当审慎经营，保障消费者财产安全权，采取有效的内控措施和监控手段，严格区分自身资产与消费者资产，不得挪用、占用消费者资金。

第三十条 银行保险机构应当合理设计业务流程和操作规范，在办理业务过程中落实消费者身份识别和验证，不得为伪造、冒用他人身份的客户开立账户。

第三十一条 银行保险机构应当严格区分公募和私募资产管理产品，严格审核投资者资质，不得组织、诱导多个消费者采取归集资金的方式满足购买私募资产管理产品的条件。

资产管理产品管理人应当强化受托管理责任，诚信、谨慎履行管理义务。

第三十二条 保险公司应当勤勉尽责，收到投保人的保险要求后，及时审慎审核投保人提供的保险标的或者被保险人的有关情况。

保险公司应当对核保、理赔的规则和标准实行版本管理，不得在保险事故发生后以不同于核保时的标准重新对保险标的或者被保险人的有关情况进行审核。

第三十三条 保险公司收到被保险人或者受益人的赔偿或者给付保险金的请求后，应当依照法律法规和合同约定及时作出处理，不得拖延理赔、无理拒赔。

第五章 保护消费者受教育权和受尊重权

第三十四条 银行保险机构应当开展金融知识教育宣传，加强教育宣传的针对性，通过消费者日常教育与集中教育活动，帮助消费者了解金融常识和金融风险，提升消费者金融素养。

第三十五条 金融知识教育宣传应当坚持公益性，不得以营销、推介行为替代金融知识普及与消费者教育。银行保险机构应当建立多元化金融知识教育宣传渠道，在官方网站、移动互联网应用程序、营业场所设立公益性金融知识普及和教育专区。

第三十六条 银行保险机构应当加强诚信教育与诚信文化建设，构建诚信建设长效机制，培育行业的信用意识，营造诚实、公平、守信的信用环境。

第三十七条 银行保险机构应当不断提升服务质量，融合线上线下，积极提供高品质、便民化金融服务。提供服务过程中，应当尊重消费者的人格尊严和民族风俗习惯，不得进行歧视性差别对待。

第三十八条 银行保险机构应当积极融入老年友好型社会建设，优化网点布局，尊重老年人使用习惯，保留和改进人工服务，不断丰富适老化产品和服务。

第三十九条 银行保险机构应当充分保障残障人士公平获得金融服务的权利，加快线上渠道无障碍建设，提供更加细致和人性化的服务。有条件的营业网点应当提供无障碍设施和服务，更好满足残障人士日常金融服务需求。

第四十条 银行保险机构应当规范营销行为，通过电话呼叫、信息群发、网络推送等方式向消费者发送营销信息的，应当向消费者提供拒收或者退订选择。消费者拒收或者退订的，不得以同样方式再次发送营销信息。

第四十一条 银行保险机构应当规范催收行为，依法依规督促债务人清偿债务。加强催收外包业务管理，委托外部机构实施催收前，应当采取适当方式告知债务人。

银行保险机构自行或者委托外部机构催收过程中不得存在下列情形：

（一）冒用行政机关、司法机关等名义实施催收；

（二）采取暴力、恐吓、欺诈等不正当手段实施催收；

（三）采用其他违法违规和违背公序良俗的手段实施催收。

第六章　保护消费者信息安全权

第四十二条 银行保险机构处理消费者个人信息，应当坚持合法、正当、必要、诚信原则，切实保护消费者信息安全权。

第四十三条 银行保险机构收集消费者个人信息应当向消费者告知收集使用的目的、方式和范围等规则，并经消费者同意，法律法规另有规定的除外。消费者不同意的，银行保险机构不得因此拒绝提供不依赖于其所拒绝授权信息的金融产品或服务。

银行保险机构不得采取变相强制、违规购买等不正当方式收集使用消费者个人信息。

第四十四条 对于使用书面形式征求个人信息处理同意的，银行保险机构应当以醒目的方式、清晰易懂的语言明示与消费者存在重大利害关系的内容。

银行保险机构通过线上渠道使用格式条款获取个人信息授权的，不得设置默认同意的选项。

第四十五条 银行保险机构应当在消费者授权同意等基础上与合作方处理消费者个人信息，在合作协议中应当约定数据保护责任、保密义务、违约责任、合同终止和突发情况下的处置条款。

合作过程中，银行保险机构应当严格控制合作方行为与权限，通过加密传输、安全隔离、权限管控、监测报警、去标识化等方式，防范数据滥用或者泄露风险。

第四十六条 银行保险机构应当督促和规范与其合作的互联网平台企业有效保护消费者个人信息，未经消费者同意，不得在不同平台间传递消费者个人信息，法律法规另有规定的除外。

第四十七条 银行保险机构处理和使用个人信息的业务和信息系统，遵循权责对应、最小必要原则设置访问、操作权限，落实授权审批流程，实现异常操作行为的有效监控和干预。

第四十八条 银行保险机构应当加强从业人员行为管理，禁止违规查询、下载、复制、存储、篡改消费者个人信息。从业人员不得超出自身职责和权限非法处理和使用消费者个人信息。

第七章 监督管理

第四十九条 银保监会及其派出机构依法履行消费者权益保护监管职责，通过采取监管措施和手段，督促银行保险机构切实保护消费者合法权益。严格行为监管要求，对经营活动中的同类业务、同类主体统一标准、统一裁量，依法打击侵害消费者权益乱象和行为，营造公平有序的市场环境。

第五十条 银行保险机构发生涉及消费者权益问题的重大事件，应当根据属地监管原则，及时向银保监会或其派出机构消费者权益保护部门报告。

重大事件是指银行保险机构因消费者权益保护工作不到位或者发生侵害消费者权益行为导致大量集中投诉、引发群体性事件或者造成重大负面舆情等。

第五十一条 各类银行业保险业行业协会以及各地方行业社团组织应当通过行业自律、维权、协调及宣传等方式，指导会员单位提高消费者权益保护水平，妥善化解矛盾纠纷，维护行业良好形象。

第五十二条 银保监会及其派出机构指导设立银行业保险业纠纷调解组织，监督银行业保险业消费纠纷调解机制的有效运行。

银行业保险业纠纷调解组织应当优化治理结构，建章立制，提升调解效能，通过线上、现场、电话等途径，及时高效化解纠纷。

第五十三条 银保监会及其派出机构对银行保险机构消费者权益保护工作中存在的问题，视情节轻重依法采取相应监管措施，包括但不限于：

（一）监管谈话；

（二）责令限期整改；

（三）下发风险提示函、监管意见书等；

（四）责令对直接负责的董事、高级管理人员和其他直接责任人员进行内部问责；

（五）责令暂停部分业务，停止批准开办新业务；

（六）将相关问题在行业内通报或者向社会公布；

（七）职责范围内依法可以采取的其他措施。

第五十四条 银行保险机构以及从业人员违反本办法规定的，由银保监会及其派出机构依据《中华人民共和国银行业监督管理法》《中华人民共和国商业银行法》《中华人民共和国保险法》《中华人民共和国消费者权益保护法》等法律法规实施行政处罚。法律、行政法规没有规定，但违反本办法的，由银保监会及其派出机构责令改正；情节严重或者逾期不改正的，区分不同情形，给予以下行政处罚：

（一）通报批评；

（二）警告；

（三）处以 10 万元以下罚款。

银行保险机构存在严重侵害消费者合法权益行为，且涉及人数多、涉案金额大、持续时间长、社会影响恶劣的，银保监会及其派出机构除按前款规定处理外，可对相关董事会成员及高级管理人员给予警告，并处以 10 万元以下罚款。

银行保险机构以及从业人员涉嫌犯罪的，依法移交司法机关追究其刑事责任。

第八章 附 则

第五十五条 本办法所称银行业金融机构是指商业银行、农村信用合作社等吸收公众存款的金融机构以及信托公司、消费金融公司、汽车金融公司、理财公司等非银行金融机构。保险机构是指保险集团（控股）公司、保险公司（不含再保险公司）和保险专业中介机构。

银保监会负责监管的其他金融机构参照适用本办法。邮政企业代理邮政储蓄银行办理商业银行有关业务的，适用本办法有关规定。

第五十六条 本办法由银保监会负责解释。

第五十七条 本办法自 2023 年 3 月 1 日起施行。

侵害消费者权益行为处罚办法

（2015 年 1 月 5 日国家工商行政管理总局令第 73 号公布　根据 2020 年 10 月 23 日《国家市场监督管理总局关于修改部分规章的决定》修订）

第一条 为依法制止侵害消费者权益行为，保护消费者的合法权益，维护社会经济秩序，根据《消费者权益保护法》等法律法规，制定本办法。

第二条 市场监督管理部门依照《消费者权益保护法》等法律法规和本办法的规定，保护消费者为生活消费需要购买、使用商品或者接受服务的权益，对经营者侵害消费者权益的行为实施行政处罚。

第三条 市场监督管理部门依法对侵害消费者权益行为实施行政处罚，应当依照公正、公开、及时的原则，坚持处罚与教育相结合，综合运用建议、约谈、示范等方式实施行政指导，督促和指导经营者履行法定义务。

第四条 经营者为消费者提供商品或者服务，应当遵循自愿、平等、公平、诚实信用的原则，依照《消费者权益保护法》等法律法规的规定和与消费者的约定履行义务，不得侵害消费者合法权益。

第五条 经营者提供商品或者服务不得有下列行为：

（一）销售的商品或者提供的服务不符合保障人身、财产安全要求；

（二）销售失效、变质的商品；

（三）销售伪造产地、伪造或者冒用他人的厂名、厂址、篡改生产日期的商品；

（四）销售伪造或者冒用认证标志等质量标志的商品；

（五）销售的商品或者提供的服务侵犯他人注册商标专用权；

（六）销售伪造或者冒用知名商品特有的名称、包装、装潢的商品；

（七）在销售的商品中掺杂、掺假，以假充真，以次充好，以不合格商品冒充合格商品；

（八）销售国家明令淘汰并停止销售的商品；

（九）提供商品或者服务中故意使用不合格的计量器具或者破坏计量器具准确度；

（十）骗取消费者价款或者费用而不提供或者不按照约定提供商品或者服务。

第六条 经营者向消费者提供有关商品或者服务的信息应当真实、全面、准确，不得有下列虚假或者引人误解的宣传行为：

（一）不以真实名称和标记提供商品或者服务；

（二）以虚假或者引人误解的商品说明、商品标准、实物样品等方式销售商品或者服务；

（三）作虚假或者引人误解的现场说明和演示；

（四）采用虚构交易、虚标成交量、虚假评论或者雇佣他人等方式进行欺骗性销售诱导；

（五）以虚假的"清仓价"、"甩卖价"、"最低价"、"优惠价"或者其他欺骗性价格表示销售商品或者服务；

（六）以虚假的"有奖销售"、"还本销售"、"体验销售"等方式销售商品或者服务；

（七）谎称正品销售"处理品"、"残次品"、"等外品"等商品；

（八）夸大或隐瞒所提供的商品或者服务的数量、质量、性能等与消费者有重大利害关系的信息误导消费者；

（九）以其他虚假或者引人误解的宣传方式误导消费者。

第七条　经营者对市场监督管理部门责令其对提供的缺陷商品或者服务采取停止销售或者服务等措施，不得拒绝或者拖延。经营者未按照责令停止销售或者服务通知、公告要求采取措施的，视为拒绝或者拖延。

第八条　经营者提供商品或者服务，应当依照法律规定或者当事人约定承担修理、重作、更换、退货、补足商品数量、退还货款和服务费用或者赔偿损失等民事责任，不得故意拖延或者无理拒绝消费者的合法要求。经营者有下列情形之一并超过十五日的，视为故意拖延或者无理拒绝：

（一）经有关行政部门依法认定为不合格商品，自消费者提出退货要求之日起未退货的；

（二）自国家规定、当事人约定期满之日起或者不符合质量要求的自消费者提出要求之日起，无正当理由拒不履行修理、重作、更换、退货、补足商品数量、退还货款和服务费用或者赔偿损失等义务的。

第九条　经营者采用网络、电视、电话、邮购等方式销售商品，应当依照法律规定承担无理由退货义务，不得故意拖延或者无理拒绝。经营者有下列情形之一的，视为故意拖延或者无理拒绝：

（一）对于适用无理由退货的商品，自收到消费者退货要求之日起超过十五日未办理退货手续，或者未向消费者提供真实、准确的退货地址、退货联系人等有效联系信息，致使消费者无法办理退货手续；

（二）未经消费者确认，以自行规定该商品不适用无理由退货为由拒绝退货；

（三）以消费者已拆封、查验影响商品完好为由拒绝退货；

（四）自收到退回商品之日起无正当理由超过十五日未向消费者返还已支付的商品价款。

第十条　经营者以预收款方式提供商品或者服务，应当与消费者明确约定商品或者服务的数量和质量、价款或者费用、履行期限和方式、安全注意事项和风险警示、售后服务、民事责任等内容。未按约定提供商品或者服务的，应当按照消费者的要求履行约定或者退回预付款，并应当承担预付款的利息、消费者必须支付的合理费用。对退款无约定的，按照有利于消费者的计算方式折算退款金额。

经营者对消费者提出的合理退款要求，明确表示不予退款，或者自约定期满之日起、无约定期限的自消费者提出退款要求之日起超过十五日未退款的，视为故意拖延或者无理拒绝。

第十一条　经营者收集、使用消费者个人信息，应当遵循合法、正当、必要的原则，明示收集、使用信息的目的、方式和范围，并经消费者同意。经营者不得有下列行为：

（一）未经消费者同意，收集、使用消费者个人信息；

（二）泄露、出售或者非法向他人提供所收集的消费者个人信息；

（三）未经消费者同意或者请求，或者消费者明确表示拒绝，向其发送商业性信息。

前款中的消费者个人信息是指经营者在提供商品或者服务活动中收集的消费者姓名、性别、职业、出生日期、身份证件号码、住址、联系方式、收入和财产状况、健康状况、消费情况等能够单独或者与其他信息结合识别消费者的信息。

第十二条 经营者向消费者提供商品或者服务使用格式条款、通知、声明、店堂告示等的，应当以显著方式提请消费者注意与消费者有重大利害关系的内容，并按照消费者的要求予以说明，不得作出含有下列内容的规定：

（一）免除或者部分免除经营者对其所提供的商品或者服务应当承担的修理、重作、更换、退货、补足商品数量、退还货款和服务费用、赔偿损失等责任；

（二）排除或者限制消费者提出修理、更换、退货、赔偿损失以及获得违约金和其他合理赔偿的权利；

（三）排除或者限制消费者依法投诉、举报、提起诉讼的权利；

（四）强制或者变相强制消费者购买和使用其提供的或者其指定的经营者提供的商品或者服务，对不接受其不合理条件的消费者拒绝提供相应商品或者服务，或者提高收费标准；

（五）规定经营者有权任意变更或者解除合同，限制消费者依法变更或者解除合同权利；

（六）规定经营者单方享有解释权或者最终解释权；

（七）其他对消费者不公平、不合理的规定。

第十三条 从事服务业的经营者不得有下列行为：

（一）从事为消费者提供修理、加工、安装、装饰装修等服务的经营者谎报用工用料、故意损坏、偷换零部件或材料，使用不符合国家质量标准或者与约定不相符的零部件或材料，更换不需要更换的零部件，或者偷工减料、加收费用，损害消费者权益的；

（二）从事房屋租赁、家政服务等中介服务的经营者提供虚假信息或者采取欺骗、恶意串通等手段损害消费者权益的。

第十四条 经营者有本办法第五条至第十一条规定的情形之一，其他法律、法规有规定的，依照法律、法规的规定执行；法律、法规未作规定的，由市场监督管理部门依照《消费者权益保护法》第五十六条予以处罚。

第十五条 经营者违反本办法第十二条、第十三条规定，其他法律、法规有规定的，依照法律、法规的规定执行；法律、法规未作规定的，由市场监督管理部门责令改正，可以单处或者并处警告，违法所得三倍以下、但最高不超过三万元的罚款，没有违法所得的，处以一万元以下的罚款。

第十六条 经营者有本办法第五条第（一）项至第（六）项规定行为之一且不能证明自己并非欺诈、误导消费者而实施此种行为的，属于欺诈行为。

经营者有本办法第五条第（七）项至第（十）项、第六条和第十三条规定行为之一的，属于欺诈行为。

第十七条 经营者对市场监督管理部门作出的行政处罚决定不服的，可以依法申请行政复议或者提起行政诉讼。

第十八条 侵害消费者权益违法行为涉嫌犯罪的，市场监督管理部门应当按照有关规定，移送司法机关追究其刑事责任。

第十九条 市场监督管理部门依据法律法规及本办法规定对经营者予以行政处罚的，应当记入经营者的信用档案，并通过企业信用信息公示系统等及时向社会公布。

企业应当依据《企业信息公示暂行条例》的规定，通过企业信用信息公示系统及时向社会公布相关行政处罚信息。

第二十条 市场监督管理执法人员玩忽职守或者包庇经营者侵害消费者合法权益的行为的，应当依法给予行政处分；涉嫌犯罪的，依法移送司法机关。

第二十一条 本办法由国家市场监督管理总局负责解释。

第二十二条 本办法自 2015 年 3 月 15 日起施行。1996 年 3 月 15 日国家工商行政管理局发布的《欺诈消费者行为处罚办法》（国家工商行政管理局令第 50 号）同时废止。

网络购买商品七日无理由退货暂行办法

（2017 年 1 月 6 日国家工商行政管理总局令第 90 号公布　根据 2020 年 10 月 23 日《国家市场监督管理总局关于修改部分规章的决定》修订）

第一章　总　　则

第一条 为保障《消费者权益保护法》七日无理由退货规定的实施，保护消费者合法权益，促进电子商务健康发展，根据《消费者权益保护法》等相关法律、行政法规，制定本办法。

第二条 消费者为生活消费需要通过网络购买商品，自收到商品之日起七日内依照《消费者权益保护法》第二十五条规定退货的，适用本办法。

第三条 网络商品销售者应当依法履行七日无理由退货义务。

网络交易平台提供者应当引导和督促平台上的网络商品销售者履行七日无理由退货义务，进行监督检查，并提供技术保障。

第四条 消费者行使七日无理由退货权利和网络商品销售者履行七日无理由退货义务都应当遵循公平、诚实信用的原则，遵守商业道德。

第五条 鼓励网络商品销售者作出比本办法更有利于消费者的无理由退货承诺。

第二章　不适用退货的商品范围和商品完好标准

第六条 下列商品不适用七日无理由退货规定：

（一）消费者定作的商品；

（二）鲜活易腐的商品；

（三）在线下载或者消费者拆封的音像制品、计算机软件等数字化商品；

（四）交付的报纸、期刊。

第七条 下列性质的商品经消费者在购买时确认，可以不适用七日无理由退货规定：

（一）拆封后易影响人身安全或者生命健康的商品，或者拆封后易导致商品品质发生改变的商品；

（二）一经激活或者试用后价值贬损较大的商品；

（三）销售时已明示的临近保质期的商品、有瑕疵的商品。

第八条 消费者退回的商品应当完好。

商品能够保持原有品质、功能，商品本身、配件、商标标识齐全的，视为商品完好。

消费者基于查验需要而打开商品包装，或者为确认商品的品质、功能而进行合理的调试不影响商品的完好。

第九条 对超出查验和确认商品品质、功能需要而使用商品，导致商品价值贬损较大的，视为商品不完好。具体判定标准如下：

（一）食品（含保健食品）、化妆品、医疗器械、计生用品：必要的一次性密封包装被损坏；

（二）电子电器类：进行未经授权的维修、改动、破坏、涂改强制性产品认证标志、指示标贴、机器序列号等，有难以恢复原状的外观类使用痕迹，或者产生激活、授权信息、不合理的个

人使用数据留存等数据类使用痕迹;

（三）服装、鞋帽、箱包、玩具、家纺、家居类：商标标识被摘、标识被剪，商品受污、受损。

第三章 退货程序

第十条 选择无理由退货的消费者应当自收到商品之日起七日内向网络商品销售者发出退货通知。

七日期间自消费者签收商品的次日开始起算。

第十一条 网络商品销售者收到退货通知后应当及时向消费者提供真实、准确的退货地址、退货联系人、退货联系电话等有效联系信息。

消费者获得上述信息后应当及时退回商品，并保留退货凭证。

第十二条 消费者退货时应当将商品本身、配件及赠品一并退回。

赠品包括赠送的实物、积分、代金券、优惠券等形式。如果赠品不能一并退回，经营者可以要求消费者按照事先标明的赠品价格支付赠品价款。

第十三条 消费者退回的商品完好的，网络商品销售者应当在收到退回商品之日起七日内向消费者返还已支付的商品价款。

第十四条 退款方式比照购买商品的支付方式。经营者与消费者另有约定的，从其约定。

购买商品时采用多种方式支付价款的，一般应当按照各种支付方式的实际支付价款以相应方式退款。

除征得消费者明确表示同意的以外，网络商品销售者不应当自行指定其他退款方式。

第十五条 消费者采用积分、代金券、优惠券等形式支付价款的，网络商品销售者在消费者退还商品后应当以相应形式返还消费者。对积分、代金券、优惠券的使用和返还有约定的，可以从其约定。

第十六条 消费者购买商品时采用信用卡支付方式并支付手续费的，网络商品销售者退款时可以不退回手续费。

消费者购买商品时采用信用卡支付方式并被网络商品销售者免除手续费的，网络商品销售者可以在退款时扣除手续费。

第十七条 退货价款以消费者实际支出的价款为准。

套装或者满减优惠活动中的部分商品退货，导致不能再享受优惠的，根据购买时各商品价格进行结算，多退少补。

第十八条 商品退回所产生的运费依法由消费者承担。经营者与消费者另有约定的，按照约定。

消费者参加满足一定条件免运费活动，但退货后已不能达到免运费活动要求的，网络商品销售者在退款时可以扣除运费。

第十九条 网络商品销售者可以与消费者约定退货方式，但不应当限制消费者的退货方式。

网络商品销售者可以免费上门取货，也可以征得消费者同意后有偿上门取货。

第四章 特别规定

第二十条 网络商品销售者应当采取技术手段或者其他措施，对于本办法第六条规定的不适用七日无理由退货的商品进行明确标注。

符合本办法第七条规定的商品，网络商品销售者应当在商品销售必经流程中设置显著的确认程序，供消费者对单次购买行为进行确认。如无确认，网络商品销售者不得拒绝七日无理由退货。

第二十一条 网络交易平台提供者应当与其平台上的网络商品销售者订立协议，明确双方七日无理由退货各自的权利、义务和责任。

第二十二条 网络交易平台提供者应当依法建立、完善其平台七日无理由退货规则以及配套的消费者权益保护有关制度，在其首页显著位置持续公示，并保证消费者能够便利、完整地阅览和下载。

第二十三条 网络交易平台提供者应当对其平台上的网络商品销售者履行七日无理由退货义务建立检查监控制度，发现有违反相关法律、法规、规章的，应当及时采取制止措施，并向网络交易平台提供者或者网络商品销售者所在地市场监督管理部门报告，必要时可以停止对其提供平台服务。

第二十四条 网络交易平台提供者应当建立消费纠纷和解和消费维权自律制度。消费者在网络交易平台上购买商品，因退货而发生消费纠纷或其合法权益受到损害时，要求网络交易平台提供者调解的，网络交易平台提供者应当调解；消费者通过其他渠道维权的，网络交易平台提供者应当向消费者提供其平台上的网络商品销售者的真实名称、地址和有效联系方式，积极协助消费者维护自身合法权益。

第二十五条 网络商品销售者应当建立完善的七日无理由退货商品检验和处理程序。

对能够完全恢复到初始销售状态的七日无理由退货商品，可以作为全新商品再次销售；对不能够完全恢复到初始销售状态的七日无理由退货商品而再次销售的，应当通过显著的方式将商品的实际情况明确标注。

第五章 监督检查

第二十六条 市场监督管理部门应当加强对网络商品销售者和网络交易平台提供者经营行为的监督检查，督促和引导其建立健全经营者首问和赔偿先付制度，依法履行网络购买商品七日无理由退货义务。

第二十七条 市场监督管理部门应当及时受理和依法处理消费者有关七日无理由退货的投诉、举报。

第二十八条 市场监督管理部门应当依照公正、公开、及时的原则，综合运用建议、约谈、示范等方式，加强对网络商品销售者和网络交易平台提供者履行七日无理由退货法定义务的行政指导。

第二十九条 市场监督管理部门在对网络商品交易的监督检查中，发现经营者存在拒不履行七日无理由退货义务，侵害消费者合法权益行为的，应当依法进行查处，同时将相关处罚信息计入信用档案，向社会公布。

第六章 法律责任

第三十条 网络商品销售者违反本办法第六条、第七条规定，擅自扩大不适用七日无理由退货的商品范围的，按照《消费者权益保护法》第五十六条第一款第（八）项规定予以处罚。

第三十一条 网络商品销售者违反本办法规定，有下列情形之一的，依照《消费者权益保护法》第五十六条第一款第（八）项规定予以处罚：

（一）未经消费者在购买时确认，擅自以商品不适用七日无理由退货为由拒绝退货，或者以消费者已拆封、查验影响商品完好为由拒绝退货的；

（二）自收到消费者退货要求之日起超过十五日未办理退货手续，或者未向消费者提供真实、准确的退货地址、退货联系人等有效联系信息，致使消费者无法办理退货手续的；

（三）在收到退回商品之日起超过十五日未向消费者返还已支付的商品价款的。

第三十二条 网络交易平台提供者违反本办法第二十二条规定的，依照《电子商务法》第八十一条第一款第（一）项规定予以处罚。

第三十三条 网络商品销售者违反本办法第二十五条规定，销售不能够完全恢复到初始状态的无理由退货商品，且未通过显著的方式明确标注商品实际情况的，违反其他法律、行政法规的，依照有关法律、行政法规的规定处罚；法律、行政法规未作规定的，予以警告，责令改正，并处一万元以上三万元以下的罚款。

第三十四条 网络交易平台提供者拒绝协助市场监督管理部门对涉嫌违法行为采取措施、开展调查的，予以警告，责令改正；拒不改正的，处三万元以下的罚款。

第七章 附 则

第三十五条 网络商品销售者提供的商品不符合质量要求，消费者要求退货的，适用《消费者权益保护法》第二十四条以及其他相关规定。

第三十六条 经营者采用电视、电话、邮购等方式销售商品，依照本办法执行。

第三十七条 本办法由国家市场监督管理总局负责解释。

第三十八条 本办法自 2017 年 3 月 15 日起施行。

十三、文书范本

（一）市场监管行政处罚、行政强制流程图①

一、市场监管行政处罚流程图

法定期限（一般程序）：立案之日起 90 日内作出处理决定，因案情复杂或者其他原因，不能在规定期限内作出处理决定的，经市场监督管理部门负责人批准，可以延长 30 日。案情特别复杂或者有其他特殊情况，经延期仍不能作出处理决定的，应当由市场监督管理部门负责人集体讨论决定是否继续延期，决定继续延期的，应当同时确定延长的合理期限。

案件处理过程中，中止、听证、公告或检测、检验、检疫、鉴定等时间不计入案件办理期限。

（一）简易程序

注：（适用情形）违法事实证据确凿并且执法有法定依据，对自然人处以五十元以下、对法人或者其他组织处以一千元以下罚款或者警告的行政处罚的，可以当场作出行政处罚决定。

---

① 本图来源于《市场监管总局办公厅关于印发〈市场监管行政处罚、行政强制流程图〉和〈市场监管执法行为用语规范〉的通知》（2020 年 11 月 3 日 市监稽〔2020〕113 号），载国家市场监督管理总局网站，https：//www.samr.gov.cn/zw/zfxxgk/fdzdgknr/zfjcs/art/2023/art_bfda9ae36e444cabba59bfd40825907e.html，最后访问时间：2023 年 11 月 30 日。

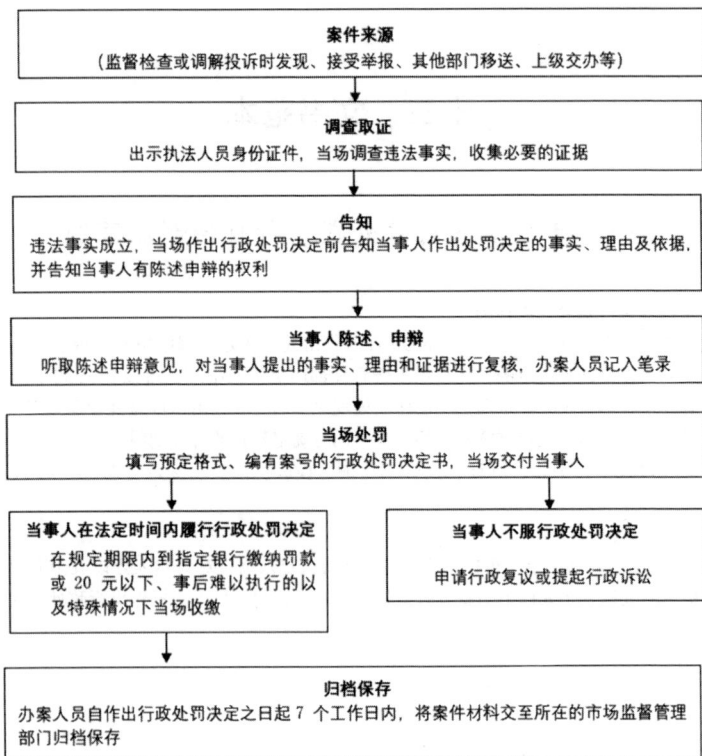

案件来源
（监督检查或调解投诉时发现、接受举报、其他部门移送、上级交办等）

调查取证
出示执法人员身份证件，当场调查违法事实，收集必要的证据

告知
违法事实成立，当场作出行政处罚决定前告知当事人作出处罚决定的事实、理由及依据，并告知当事人有陈述申辩的权利

当事人陈述、申辩
听取陈述申辩意见，对当事人提出的事实、理由和证据进行复核，办案人员记入笔录

当场处罚
填写预定格式、编有案号的行政处罚决定书，当场交付当事人

当事人在法定时间内履行行政处罚决定
在规定期限内到指定银行缴纳罚款或 20 元以下、事后难以执行的以及特殊情况下当场收缴

当事人不服行政处罚决定
申请行政复议或提起行政诉讼

归档保存
办案人员自作出行政处罚决定之日起 7 个工作日内，将案件材料交至所在的市场监督管理部门归档保存

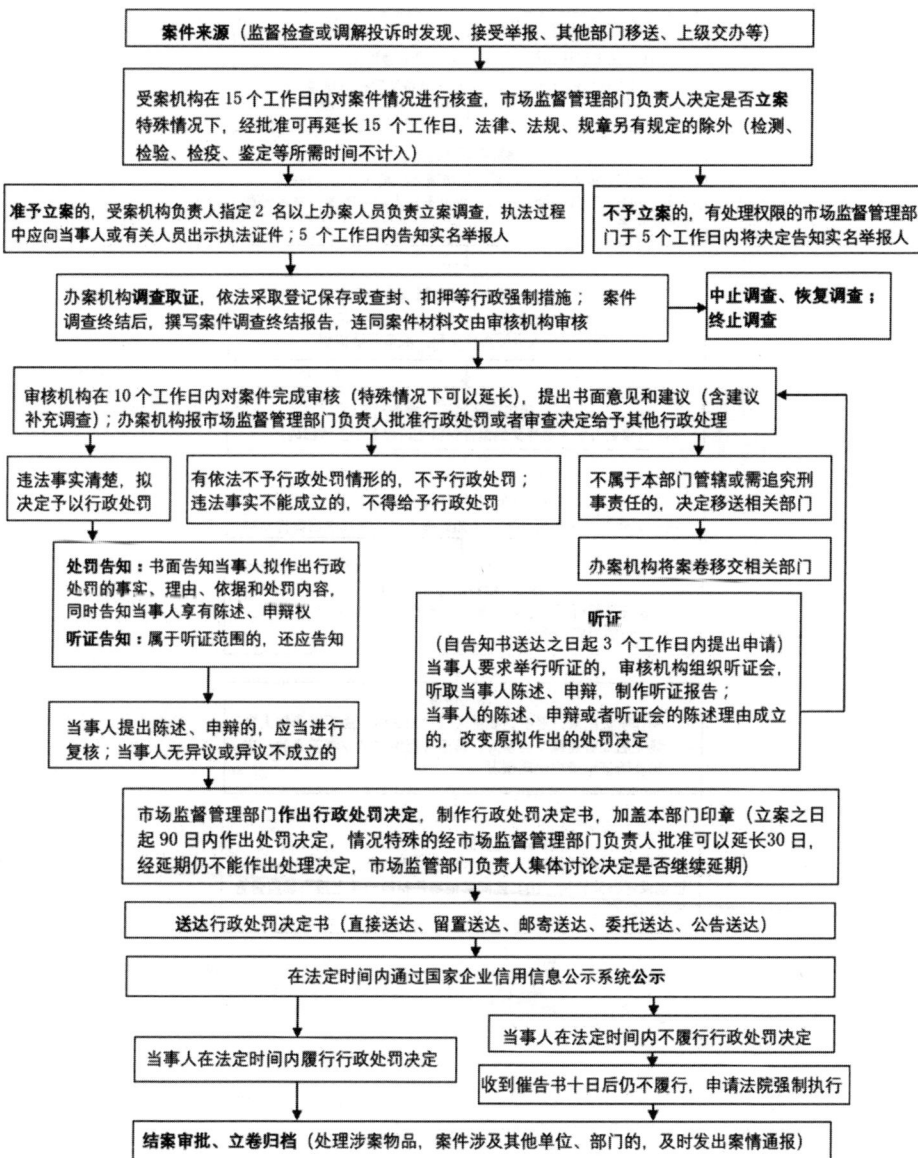

（二）一般程序

案件来源（监督检查或调解投诉时发现、接受举报、其他部门移送、上级交办等）

受案机构在 15 个工作日内对案件情况进行核查，市场监督管理部门负责人决定是否**立案**特殊情况下，经批准可再延长 15 个工作日，法律、法规、规章另有规定的除外（检测、检验、检疫、鉴定等所需时间不计入）

准予立案的，受案机构负责人指定 2 名以上办案人员负责立案调查，执法过程中应向当事人或有关人员出示执法证件；5 个工作日内告知实名举报人

不予立案的，有处理权限的市场监督管理部门于 5 个工作日内将决定告知实名举报人

办案机构**调查取证**，依法采取登记保存或查封、扣押等行政强制措施；案件调查终结后，撰写案件调查终结报告，连同案件材料交由审核机构审核

中止调查、恢复调查；终止调查

审核机构在 10 个工作日内对案件完成审核（特殊情况下可以延长），提出书面意见和建议（含建议补充调查）；办案机构报市场监督管理部门负责人批准行政处罚或者审查决定给予其他行政处理

违法事实清楚，拟决定予以行政处罚

有依法不予行政处罚情形的，不予行政处罚；违法事实不能成立的，不得给予行政处罚

不属于本部门管辖或需追究刑事责任的，决定移送相关部门

办案机构将案卷移交相关部门

处罚告知：书面告知当事人拟作出行政处罚的事实、理由、依据和处罚内容，同时告知当事人享有陈述、申辩权
听证告知：属于听证范围的，还应告知

听证
（自告知书送达之日起 3 个工作日内提出申请）
当事人要求举行听证的，审核机构组织听证会，听取当事人陈述、申辩，制作听证报告；
当事人的陈述、申辩或者听证会的陈述理由成立的，改变原拟作出的处罚决定

当事人提出陈述、申辩的，应当进行复核；当事人无异议或异议不成立的

市场监督管理部门**作出行政处罚决定**，制作行政处罚决定书，加盖本部门印章（立案之日起 90 日内作出处罚决定，情况特殊的经市场监督管理部门负责人批准可以延长30日，经延期仍不能作出处理决定，市场监管部门负责人集体讨论决定是否继续延期）

送达行政处罚决定书（直接送达、留置送达、邮寄送达、委托送达、公告送达）

在法定时间内通过国家企业信用信息公示系统公示

当事人在法定时间内履行行政处罚决定

当事人在法定时间内不履行行政处罚决定

收到催告书十日后仍不履行，申请法院强制执行

结案审批、立卷归档（处理涉案物品，案件涉及其他单位、部门的，及时发出案情通报）

(三) 听证程序

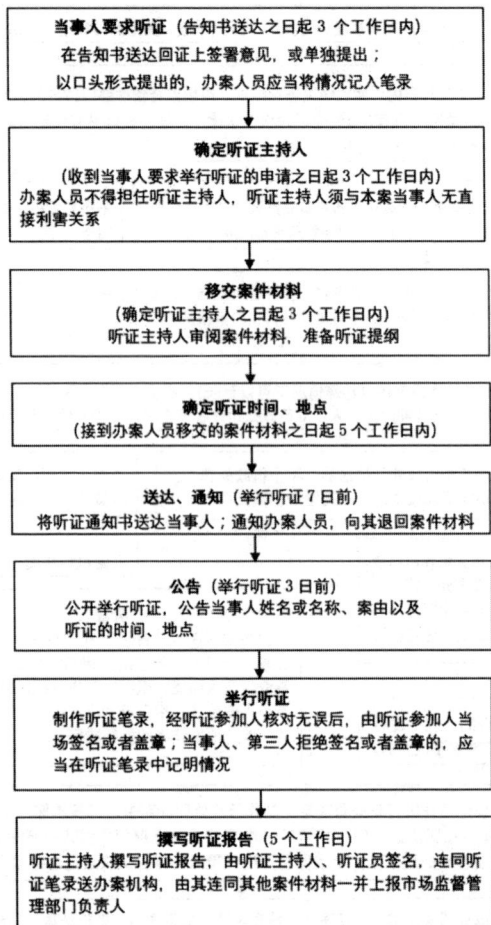

（四）专项程序：反垄断调查、处罚程序

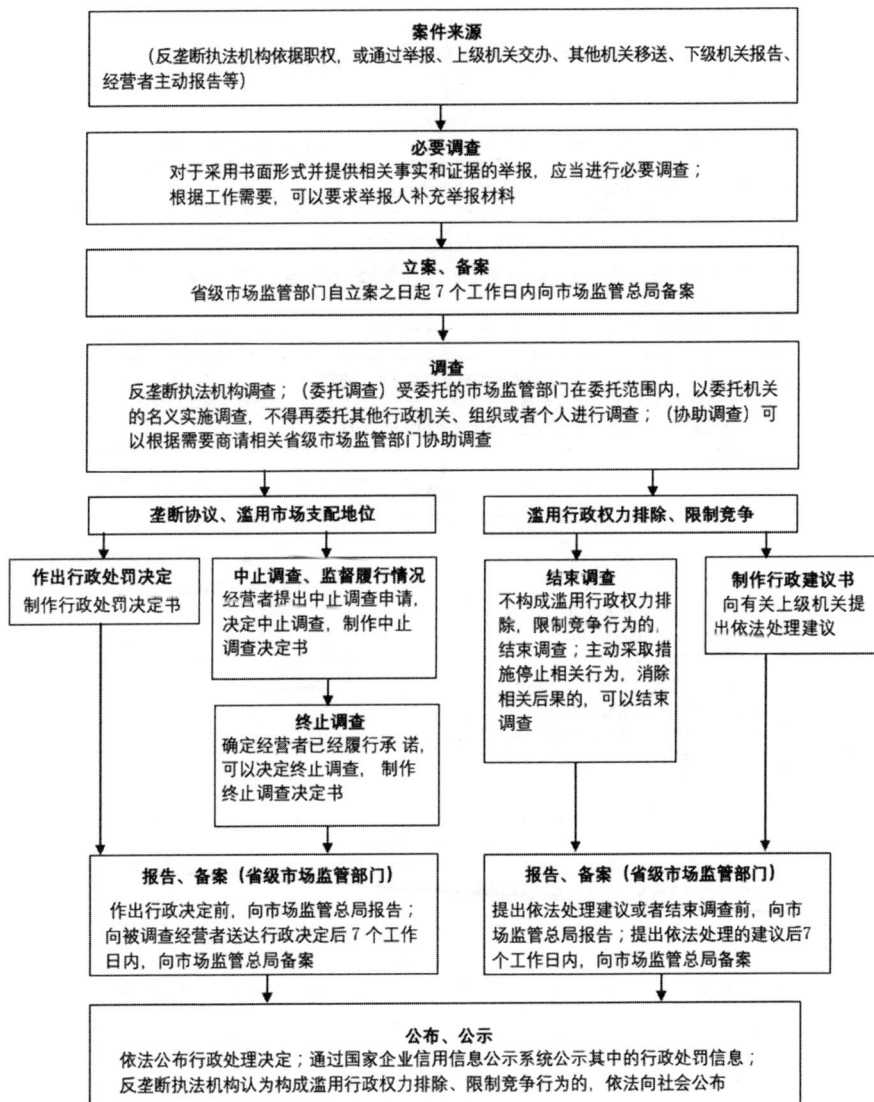

案件来源
（反垄断执法机构依据职权，或通过举报、上级机关交办、其他机关移送、下级机关报告、经营者主动报告等）

必要调查
对于采用书面形式并提供相关事实和证据的举报，应当进行必要调查；
根据工作需要，可以要求举报人补充举报材料

立案、备案
省级市场监管部门自立案之日起7个工作日内向市场监管总局备案

调查
反垄断执法机构调查；（委托调查）受委托的市场监管部门在委托范围内，以委托机关的名义实施调查，不得再委托其他行政机关、组织或者个人进行调查；（协助调查）可以根据需要商请相关省级市场监管部门协助调查

垄断协议、滥用市场支配地位

作出行政处罚决定
制作行政处罚决定书

中止调查、监督履行情况
经营者提出中止调查申请，决定中止调查，制作中止调查决定书

终止调查
确定经营者已经履行承诺，可以决定终止调查，制作终止调查决定书

报告、备案（省级市场监管部门）
作出行政决定前，向市场监管总局报告；
向被调查经营者送达行政决定后7个工作日内，向市场监管总局备案

滥用行政权力排除、限制竞争

结束调查
不构成滥用行政权力排除、限制竞争行为的，结束调查；主动采取措施停止相关行为，消除相关后果的，可以结束调查

制作行政建议书
向有关上级机关提出依法处理建议

报告、备案（省级市场监管部门）
提出依法处理建议或者结束调查前，向市场监管总局报告；提出依法处理的建议后7个工作日内，向市场监管总局备案

公布、公示
依法公布行政处理决定；通过国家企业信用信息公示系统公示其中的行政处罚信息；
反垄断执法机构认为构成滥用行政权力排除、限制竞争行为的，依法向社会公布

（五）专项程序：违法实施经营者集中调查、处罚程序

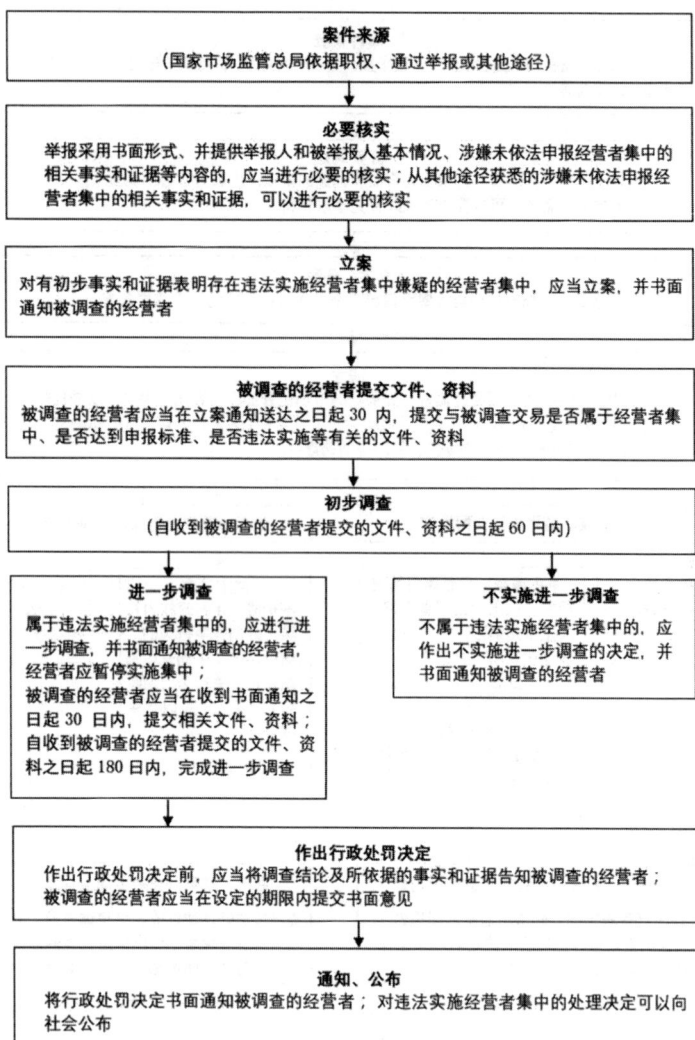

案件来源
（国家市场监管总局依据职权、通过举报或其他途径）

必要核实
举报采用书面形式、并提供举报人和被举报人基本情况、涉嫌未依法申报经营者集中的相关事实和证据等内容的，应当进行必要的核实；从其他途径获悉的涉嫌未依法申报经营者集中的相关事实和证据，可以进行必要的核实

立案
对有初步事实和证据表明存在违法实施经营者集中嫌疑的经营者集中，应当立案，并书面通知被调查的经营者

被调查的经营者提交文件、资料
被调查的经营者应当在立案通知送达之日起 30 内，提交与被调查交易是否属于经营者集中、是否达到申报标准、是否违法实施等有关的文件、资料

初步调查
（自收到被调查的经营者提交的文件、资料之日起 60 日内）

进一步调查
属于违法实施经营者集中的，应行进一步调查，并书面通知被调查的经营者，经营者应暂停实施集中；
被调查的经营者应当在收到书面通知之日起 30 日内，提交相关文件、资料；
自收到被调查的经营者提交的文件、资料之日起 180 日内，完成进一步调查

不实施进一步调查
不属于违法实施经营者集中的，应作出不实施进一步调查的决定，并书面通知被调查的经营者

作出行政处罚决定
作出行政处罚决定前，应当将调查结论及所依据的事实和证据告知被调查的经营者；被调查的经营者应当在设定的期限内提交书面意见

通知、公布
将行政处罚决定书面通知被调查的经营者；对违法实施经营者集中的处理决定可以向社会公布

二、市场监管行政强制流程图

（一）行政强制措施

法定期限：30 日，特殊情况可延长，延长期限不得超过 30 日，法律、行政法规另有规定的除外。

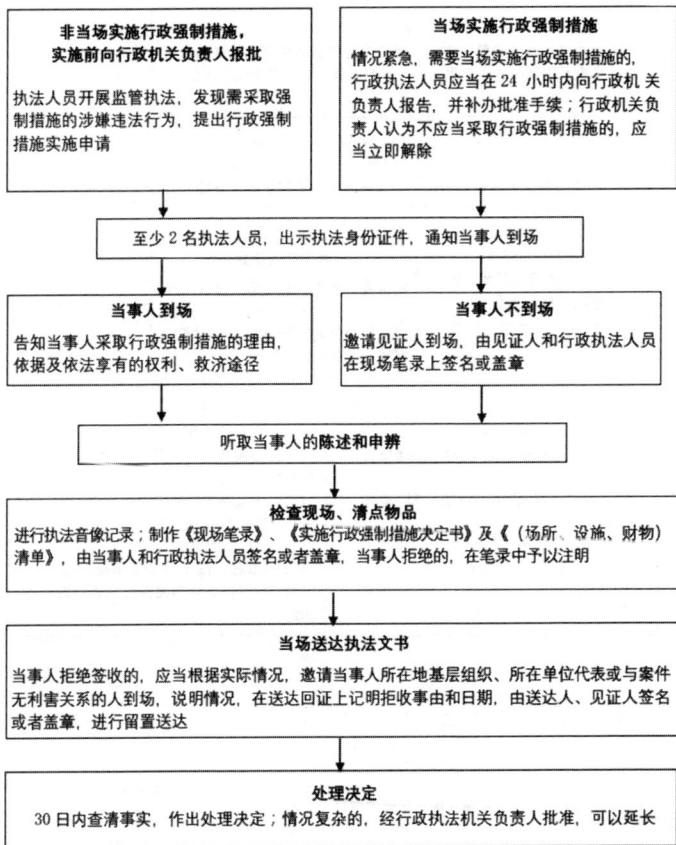

```
┌─────────────────────────────┐    ┌─────────────────────────────────┐
│  非当场实施行政强制措施，       │    │    当场实施行政强制措施            │
│  实施前向行政机关负责人报批      │    │  情况紧急，需要当场实施行政强制措施的，│
│  执法人员开展监管执法，发现需采取 │    │  行政执法人员应当在 24 小时内向行政机 关│
│  制措施的涉嫌违法行为，提出行政强制│    │  负责人报告，并补办批准手续；行政机关  │
│  措施实施申请                 │    │  负责人认为不应当采取行政强制措施的，应 │
│                             │    │  当立即解除                      │
└─────────────────────────────┘    └─────────────────────────────────┘
```

```
┌───────────────────────────────────────────────────────┐
│      至少 2 名执法人员，出示执法身份证件，通知当事人到场      │
└───────────────────────────────────────────────────────┘
```

```
┌───────────────────────────┐    ┌───────────────────────────┐
│  当事人到场                 │    │  当事人不到场               │
│  告知当事人采取行政强制措施的理由，│    │  邀请见证人到场，由见证人和行政执法人员│
│  依据及依法享有的权利、救济途径   │    │  在现场笔录上签名或盖章       │
└───────────────────────────┘    └───────────────────────────┘
```

```
┌───────────────────────────────────────┐
│        听取当事人的陈述和申辩             │
└───────────────────────────────────────┘
```

```
┌───────────────────────────────────────────────────────────────┐
│  检查现场、清点物品                                               │
│  进行执法音像记录；制作《现场笔录》、《实施行政强制措施决定书》及《（场所、设施、财物）│
│  清单》，由当事人和行政执法人员签名或者盖章，当事人拒绝的，在笔录中予以注明│
└───────────────────────────────────────────────────────────────┘
```

```
┌───────────────────────────────────────────────────────────────┐
│  当场送达执法文书                                                │
│  当事人拒绝签收的，应当根据实际情况，邀请当事人所在地基层组织、所在单位代表或与案件│
│  无利害关系的人到场，说明情况，在送达回证上记明拒收事由和日期，由送达人、见证人签名│
│  或者盖章，进行留置送达                                          │
└───────────────────────────────────────────────────────────────┘
```

```
┌───────────────────────────────────────────────────────────────┐
│  处理决定                                                       │
│  30 日内查清事实，作出处理决定；情况复杂的，经行政执法机关负责人批准，可以延长│
└───────────────────────────────────────────────────────────────┘
```

（二）行政强制执行

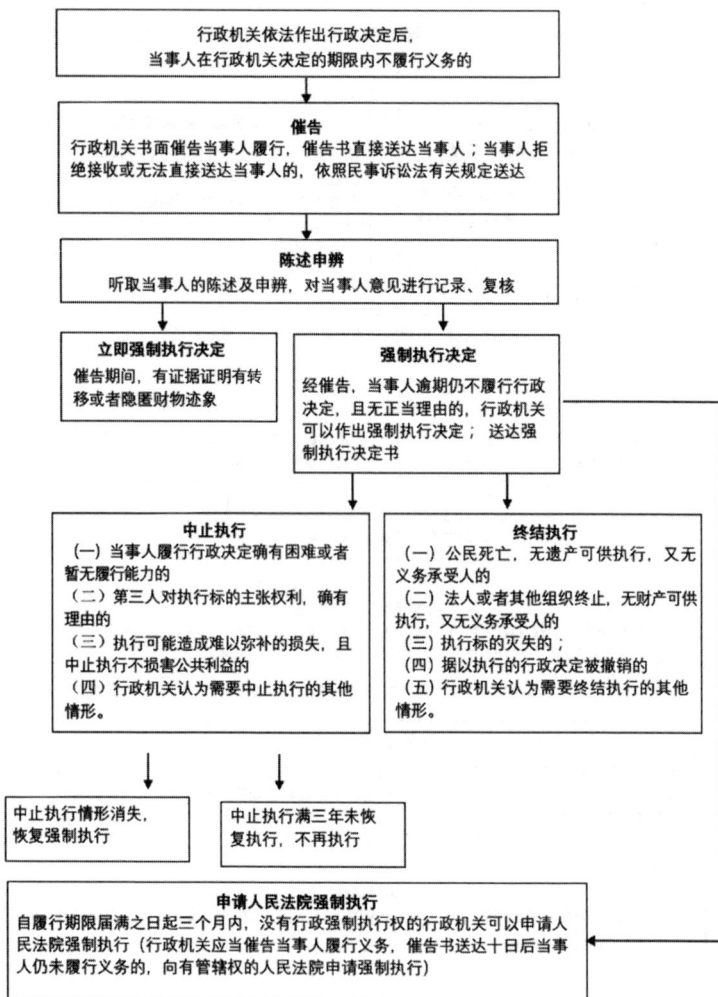

行政机关依法作出行政决定后，
当事人在行政机关决定的期限内不履行义务的

催告

行政机关书面催告当事人履行，催告书直接送达当事人；当事人拒绝接收或无法直接送达当事人的，依照民事诉讼法有关规定送达

陈述申辩

听取当事人的陈述及申辩，对当事人意见进行记录、复核

立即强制执行决定

催告期间，有证据证明有转移或者隐匿财物迹象

强制执行决定

经催告，当事人逾期仍不履行行政决定，且无正当理由的，行政机关可以作出强制执行决定；送达强制执行决定书

中止执行

（一）当事人履行行政决定确有困难或者暂无履行能力的
（二）第三人对执行标的主张权利，确有理由的
（三）执行可能造成难以弥补的损失，且中止执行不损害公共利益的
（四）行政机关认为需要中止执行的其他情形。

终结执行

（一）公民死亡，无遗产可供执行，又无义务承受人的
（二）法人或者其他组织终止，无财产可供执行，又无义务承受人的
（三）执行标的灭失的；
（四）据以执行的行政决定被撤销的
（五）行政机关认为需要终结执行的其他情形。

中止执行情形消失，恢复强制执行

中止执行满三年未恢复执行，不再执行

申请人民法院强制执行

自履行期限届满之日起三个月内，没有行政强制执行权的行政机关可以申请人民法院强制执行（行政机关应当催告当事人履行义务，催告书送达十日后当事人仍未履行义务的，向有管辖权的人民法院申请强制执行）

（二）市场监督管理行政处罚文书格式范本
（2021年修订版）①

市场监督管理行政处罚文书格式范本及使用指南

总体说明

　　本行政处罚文书格式范本，由国家市场监督管理总局制定，在保留原有44种文书的基础上，新增加了12种文书。各省级市场监督管理部门可以参照本文书格式范本，结合执法实际，完善有关文书格式并自行印制。

　　国家药品监督管理局、省级药品监督管理部门实施行政处罚，可以参照本文书格式范本制定行政处罚文书格式。

　　对违反《中华人民共和国反垄断法》的行为实施行政处罚适用的文书，按照国家市场监督管理总局专项规定执行；专项规定未作规定，可以参照适用本文书格式范本。

　　在实施行政处罚过程中，对本文书格式范本未制定的文书，可以参照适用国家市场监督管理总局已印发的其他文书。

　　文书格式范本中"□"表示其内容可以进行勾选，选择"其他"的，应当在随后的横线处填写具体情形；"＿＿＿"表示应当填写相应内容，填写后可以视情况删除下划线；"／"表示应当在相关选项中进行选择，选择后删去其他选项；"〔　〕"表示里面的内容可以根据法律规定，结合执法情况，选择使用。

　　制作、打印文书时，参照《党政机关公文格式》。

---

　　① 该部分内容来源于《市场监管总局关于印发〈市场监督管理行政处罚文书格式范本（2021年修订版）〉的通知》（2021年7月21日　国市监法发〔2021〕42号），载国家市场监督管理总局网站，https://www.samr.gov.cn/zw/zfxxgk/fdzdgknr/fgs/art/2023/art_aeb76479350349cdace7ebab6645c73b.html，最后访问时间：2023年11月30日。

1. 案件来源登记表

_____市场监督管理局
案件来源登记表

登记号：

来源分类	□监督检查　　□投诉、举报 □其他部门移送　　□上级交办　　□其他_____				
发现线索/收到材料时间	年　　月　　日				
案源提供人	监督检查人	姓名		所属单位	
		姓名		所属单位	
	投诉人、举报人	单位	名称		
			法定代表人（负责人）		
		个人	姓名	身份证件号码	
		联系电话		其他联系方式	
		联系地址			
	移送、交办部门	名称			
		联系人		联系电话	
		联系地址			
当事人	名称（姓名）				
	住所（住址）				
	联系电话				
案源内容	登记人： 　　　　　年　　月　　日				
案源处理意见	办案机构负责人： 　　　　　年　　月　　日				
备注					

使用指南

《案件来源登记表》是市场监督管理部门对行政处罚案件来源及有关基本情况进行登记时所使用的文书。

一、文书适用范围

市场监督管理部门办案机构依据《市场监督管理行政处罚程序规定》第十八条第一款，对依据监督检查职权或者通过投诉、举报、其他部门移送、上级交办等途径发现的违法行为线索进行登记的，使用本文书。

二、文书制作提示

1. 登记号可以是按年度划分的流水号。

2. 发现线索/收到材料的时间是市场监督管理部门依据监督检查职权或者通过投诉、举报、其他部门移送、上级交办等途径发现违法行为线索或者收到材料的时间。该时间是核查期限的起算时间。

3. 来源分类根据实际情况填写。办案机构所在单位依据监督检查职权（包括随机抽查、抽检监测等）发现违法行为线索的，选择"监督检查"；办案机构所在单位在处理投诉中发现违法行为线索的，或者收到违法行为线索举报的（包括12315等系统分送的情形），选择"投诉、举报"；由其他部门移送违法行为线索的，选择"其他部门移送"；上级指定管辖或者交办违法行为线索的，选择"上级交办"。

4. 对于"监督检查人""投诉人、举报人""移送、交办部门"三栏内容，登记人根据实际情况选择填写。如有投诉人、举报人不愿留下姓名或者要求保密以及声明其提交材料的可靠程度等内容，应当在"备注"栏注明。

5. "当事人"的"名称（姓名）"栏，根据实际情况填写单位名称、个体工商户字号名称、经营者姓名及个人姓名。

6. "案源内容"中应当简明记载案源基本情况，包括案源所反映的涉嫌违法主体、行为发生时间、地点等基本情况。登记人一般为办案机构的工作人员。

7. 办案机构负责人可以根据不同情况在案源处理意见栏签署意见，意见应当具体明确。若需要核查，应当指定至少两名核查人员。

2. 指定管辖通知书

_____市场监督管理局
指定管辖通知书

____市监指定〔____〕__号

_____、_____市场监督管理局：

关于 _____
_____
一案管辖权问题，经本局研究决定，指定该案由 _____
市场监督管理局管辖。请你们接到此通知后及时办理相关材料的移交手续。

联系人：_____联系电话：_____

_____市场监督管理局
（印　章）
年　　月　　日

本文书一式____份，____份送达，一份归档，_____。

使用指南

《指定管辖通知书》是上级市场监督管理部门指定下级市场监督管理部门对具体案件行使管辖权时所使用的文书。

一、文书适用范围

上级市场监督管理部门依据《市场监督管理行政处罚程序规定》第十三条、第十四条、第十五条第二款和第三款、第十六条作出指定管辖决定的，使用本文书。

二、文书制作提示

1. 下级市场监督管理部门可以依据《市场监督管理行政处罚程序规定》第十三条、第十四条、第十五条第三款的规定报请管辖或者指定管辖。

上级市场监督管理部门认为必要时，可以依据《市场监督管理行政处罚程序规定》第十五条第二款的规定直接查处下级管辖的案件或者指定管辖。

当下级市场监督管理部门依据《市场监督管理行政处罚程序规定》第十五条第三款的规定报请管辖或者指定管辖时，上级市场监督管理部门仍决定由报请的市场监督管理部门管辖的，不适用本文书。

2. 使用本文书需填报《行政处罚案件有关事项审批表》，经市场监督管理部门负责人批准。

3. 本文书需分别送达有关下级市场监督管理部门，并归档。

3. 案件交办通知书

_____市场监督管理局
案件交办通知书

____市监交办〔____〕____号

_____市场监督管理局：

依据《市场监督管理行政处罚程序规定》第十五条第一款的规定，现将_____

_____

一案交由你局管辖。请依法处理，并将处理结果及时报送本局。

联系人：_____ 联系电话：_____

附件：（相关材料）

_____市场监督管理局
（印　章）
年　　月　　日

_____

本文书一式____份，____份送达，一份归档，_____。

使用指南

《案件交办通知书》是上级市场监督管理部门将本部门管辖的案件交由下级市场监督管理部门管辖时所使用的文书。

一、文书适用范围

上级市场监督管理部门依据《市场监督管理行政处罚程序规定》第十五条第一款的规定，将本部门管辖的案件交由下级市场监督管理部门管辖的，使用本文书。

二、文书制作提示

1. 本文书应当附上违法案件线索的相关材料。所附材料可以作为附件逐一列明，也可以另附清单。

2. 使用本文书需填报《行政处罚案件有关事项审批表》，经市场监督管理部门负责人批准。

3. 本文书需送达承办的下级市场监督管理部门，并归档。

4. 案件移送函

_____市场监督管理局

案件移送函

____市监案移〔____〕____号

_____:

_____一案/违法线索, 因_____

_____,

不属于本局管辖/本局管辖困难。依据《市场监督管理行政处罚程序规定》第____条〔第____款〕的规定, 现将该案/违法线索移送你单位处理。

联系人: _____联系电话: _____

联系地址: _____

附件: (相关材料)

_____市场监督管理局

(印 章)

年   月   日

本文书一式____份, ____份送达, 一份归档, _____。

使用指南

《案件移送函》是市场监督管理部门将案件或者违法线索移送有管辖权的行政机关时所使用的文书。

一、文书适用范围

市场监督管理部门依据《市场监督管理行政处罚程序规定》第十一条第一款、第十四条、第十七条第一款的规定，需要进行案件或者违法线索移送的，使用本文书。

二、文书制作提示

1. 市场监督管理部门发现已立案的案件不属于自己管辖的，应当依法移送案件。市场监督管理部门发现正在核查的违法线索不属于自己管辖，或者发现当事人存在不属于自己管辖的其他违法线索的，应当移送违法线索。

2. 受移送的部门，既可能是其他市场监督管理部门，也可能是其他行政机关。

3. 移送的原因，需填写法律、法规、规章及相关文件中关于监管职责、地域管辖、级别管辖、特殊管辖等具体规定。

4. 管辖困难是指《市场监督管理行政处罚程序规定》第十一条第一款所规定的情形。

5. 所附材料可以作为附件逐一列明，也可以另附清单。

6. 使用本文书需填报《行政处罚案件有关事项审批表》，经市场监督管理部门负责人批准。

7. 本文书需送达受移送部门，并归档。

5. 涉嫌犯罪案件移送书

_____市场监督管理局
涉嫌犯罪案件移送书
____市监涉罪移〔____〕__号

_____：

_____一案／
案件线索，经调查，当事人的行为涉嫌犯罪。依据《中华人民共和国行政处罚法》第二十七条、《行政执法机关移送涉嫌犯罪案件的规定》第三条的规定，现将该案移送你单位。

联系人：_____联系电话：_____
联系地址：_____

附件：（相关材料）

_____市场监督管理局
（印 章）
年 月 日

抄送：_____人民检察院

_____

本文书一式____份，____份送达，一份归档，_____。

使用指南

《涉嫌犯罪案件移送书》是市场监督管理部门在查处违法行为过程中发现违法行为涉嫌犯罪，依照有关规定将案件移送司法机关时所使用的文书。

一、文书适用范围

市场监督管理部门依据《市场监督管理行政处罚程序规定》第十七条第二款的规定，将涉嫌犯罪的违法行为移送司法机关的，使用本文书。

二、文书制作提示

1. 本文书附件应当附下列相关材料：涉嫌犯罪案件情况调查报告、涉案物品清单、有关检验报告或者鉴定结论及其他有关涉嫌犯罪的证据材料。

2. 市场监督管理部门移送涉嫌犯罪案件应当遵守《行政执法机关移送涉嫌犯罪案件的规定》等有关规定。

3. 使用本文书需填报《行政处罚案件有关事项审批表》或者《行政处理决定审批表》，经市场监督管理部门正职负责人或者主持工作的负责人批准。

4. 本文书需送达受移送的公安机关，抄送同级检察机关，并归档。

6. 查封/扣押物品移送告知书

_____市场监督管理局
查封/扣押物品移送告知书

____市监物移〔____〕__号

_____：

____年___月___日，本局根据《实施行政强制措施决定书》（____市监强制〔____〕____号）对你（单位）场所/设施/财物实施了查封/扣押行政强制措施。

因违法行为涉嫌犯罪，依据《市场监督管理行政处罚程序规定》第十七条第二款的规定，本局依法已将案件移送_____，〔因_____，依据《市场监督管理行政处罚程序规定》_____的规定，本局已将案件/违法线索移送_____，〕相关场所/设施/财物（详见《场所/设施/财物清单》文书编号：_____）已于_____年___月___日一并移送。

联系人：_____联系电话：_____

联系地址：_____

_____市场监督管理局

（印　章）

年　　　月　　　日

_____

本文书一式____份，____份送达，一份归档，_____。

使用指南

《查封/扣押物品移送告知书》是市场监督管理部门向司法机关、其他市场监督管理部门或者其他有关部门移送查封、扣押的财物告知当事人时所使用的文书。

一、文书适用范围

市场监督管理部门在一并移送采取强制措施的场所/设施/财物时，告知当事人场所/设施/财物移送情况的，使用本文书。

二、文书制作提示

1. 市场监督管理部门在具体使用的过程中，应当在标题及正文中对查封或者扣押的情形进行选择。

2. 本文书列明了移送司法机关和移送有管辖权的市场监督管理部门或者其他有关部门两种情形，文书制作时应当选择适用。

3.《中华人民共和国行政强制法》第二十一条对违法行为涉嫌犯罪移送司法机关时，相关财物一并移送并书面告知当事人作了明确规定。但现有法律、法规、规章未明确规定相关财物移送其他市场监督管理部门或者其他有关部门时的告知要求，实践中可以比照移送司法机关的相关要求办理。

4. 本文书应当送达当事人，并归档。

7. 立案/不予立案审批表

_____市场监督管理局
立案/不予立案审批表

<table>
<tr><td rowspan="5">当事人</td><td rowspan="3">单位</td><td>名称</td><td colspan="3"></td></tr>
<tr><td>统一社会信用代码</td><td colspan="3"></td></tr>
<tr><td>法定代表人（负责人）</td><td colspan="3"></td></tr>
<tr><td rowspan="2">个体工商户/个人</td><td>字号名称</td><td></td><td>统一社会信用代码</td><td></td></tr>
<tr><td>姓名</td><td></td><td>身份证件号码</td><td></td></tr>
<tr><td colspan="2">住所（住址）</td><td colspan="3"></td></tr>
<tr><td colspan="2">案由</td><td colspan="3"></td></tr>
<tr><td colspan="2">发现线索/收到材料时间</td><td colspan="3"></td></tr>
<tr><td colspan="2">核查情况及立案/不予立案理由</td><td colspan="3">核查人员：

年　月　日</td></tr>
<tr><td colspan="2">办案机构负责人意见</td><td colspan="3">办案机构负责人：

年　月　日</td></tr>
<tr><td colspan="2">部门负责人意见</td><td colspan="3">部门负责人：

年　月　日</td></tr>
<tr><td colspan="2">备　注</td><td colspan="3"></td></tr>
</table>

使用指南

《立案/不予立案审批表》是市场监督管理部门对案件作出立案或者不予立案决定，由办案机构提请市场监督管理部门负责人审批时所使用的文书。

一、文书适用范围

依据《市场监督管理行政处罚程序规定》第十八条第一款、第十九条、第二十条的规定，市场监督管理部门根据对违法行为线索的核查情况决定立案或者不予立案的，使用本文书。

二、文书制作提示

1. 市场监督管理部门在具体使用的过程中，应当在标题及正文中对立案或者不予立案的情形进行选择。

2. 当事人有主体资格证照的，按照当事人主体资格证照记载事项填写统一社会信用代码、法定代表人（负责人）、住所（住址）等信息。当事人是个体工商户且有字号的，以字号名称为当事人名称，同时填写经营者姓名、身份证件号码。当事人主体资格证照未加载统一社会信用代码的，填写当事人主体资格证照名称及号码。

当事人是个人的，按照居民身份证记载事项填写姓名、住址及公民身份号码等信息。如无居民身份证的，填写其他有效身份证件名称及号码。

3. "案由"按照"涉嫌+违法行为性质+案"的方式表述。不予立案的，不填写案由。

4. 提交审批时，应当附案件来源登记表和核查取得的材料。受移送的案件，还应当附移送机关移送的材料；上级交办的案件，还应当附上级交办的文书；投诉举报案件，还应当附投诉举报记录等相关材料。

5. "核查情况及立案/不予立案理由"要写明涉嫌违法行为、涉嫌违反的法律规定，以及立案或者不予立案的建议并说明理由。

6. 办案机构负责人建议立案的，应当指定两名以上具有行政执法资格的办案人员负责调查处理。

7. 备注中可以填写经市场监督管理部门负责人审批后发放的立案或者不予立案编号。

8. 行政处罚案件有关事项审批表

＿＿＿＿＿市场监督管理局
行政处罚案件有关事项审批表

案件名称	
审批事项	
提请审批的理由、依据及处理意见	经办人： 年　　月　　日
经办机构负责人意见	经办机构负责人： 年　　月　　日
部门负责人意见	部门负责人： 年　　月　　日
备注	

使用指南

《行政处罚案件有关事项审批表》是市场监督管理部门在查办案件过程中，对需要经过部门负责人审批的事项，提请部门负责人审批时所使用的文书。

一、文书适用范围

除立案或者不予立案审批、行政处理决定审批、结案审批以外，在案件办理过程中其他需要提请部门负责人审批的，如作出回避决定、采取先行登记保存措施、采取行政强制措施、中止案件调查、恢复案件调查、延长案件办理期限、指定听证主持人等，使用本文书。

二、文书制作提示

1. 案件名称按照"当事人姓名（名称）+涉嫌+违法行为性质+案"的方式表述。

2. 对《市场监督管理行政处罚程序规定》第三十六条规定的情形，需要在二十四小时内补办行政强制措施批准手续的，审批表中的时间应当精确到时、分。

9. 现场笔录

_____市场监督管理局
现场笔录

时间：_____年___月___日___时___分至_____年___月___日___时___分

地点：_____

检查人员：_____ 执法证号：_____

检查人员：_____ 执法证号：_____

当事人：_____

主体资格证照名称：_____

统一社会信用代码：_____

住所（住址）：_____

法定代表人（负责人、经营者）：_____

身份证件号码：_____ 联系电话：_____

通知当事人到场情况：_____

_____

检查人员：我们是_____的

执法人员，依法就_____进行

现场检查，请予配合。现向你出示我们的执法证件，你是否看清楚？

当事人：_____

检查人员：你有权进行陈述和申辩。你应当如实回答询问，并协助调查或者检查，不得拒绝或者阻挠。你认为检查人员与你（单位）有直接利害关系或者有其他关系可能影响公正执法的，依法有申请回避的权利。你是否申请检查人员回避？

当事人：_____

现场情况：_____

_____

[如实施行政强制措施，当场告知当事人采取行政强制措施的理由、依据以及依法享有的权利、救济途径情况：_____

_____

当事人的陈述和申辩：_____

_____]

检查人员：以上是本次现场检查的情况记录，请**核对/已向你宣读。**如果属实请签名。

当事人：

当事人：_____ 年___月___日

见证人：_____ 年___月___日

检查人员：_____、_____ 年___月___日

使用指南

《现场笔录》是市场监督管理部门执法人员对有违法嫌疑的物品或者场所进行检查，记录现场检查过程、收集现场证据时所使用的文书。

一、文书适用范围

市场监督管理部门执法人员依据《市场监督管理行政处罚程序规定》第二十八条的规定对有违法嫌疑的物品或者场所进行检查，对检查过程以及其他现场情况进行记录的，使用本文书。

二、文书制作提示

1. 当事人有主体资格证照的，按照当事人主体资格证照记载事项填写主体资格证照名称、统一社会信用代码、住所（住址）、法定代表人（负责人）等信息。当事人是个体工商户且有字号的，以字号名称为当事人名称，同时填写经营者姓名、身份证件号码。当事人主体资格证照未加载统一社会信用代码的，填写当事人主体资格证照名称及号码。

当事人是个人的，按照居民身份证记载事项填写姓名、住址及公民身份号码等信息。如无居民身份证的，填写其他有效身份证件名称及号码。

2. 当事人本人、授权委托人、法定代表人、负责人、检查现场的员工或者现场负责人员，在当事人栏签名。如果无法通知当事人，当事人不到场或者拒绝接受调查，当事人拒绝签名、盖章或者以其他方式确认的，办案人员应当在笔录上注明情况，并采取录音、录像等方式记录，必要时可以邀请有关人员作为见证人。邀请见证人到场的，在"通知当事人到场情况"栏同时填写见证人身份信息，并由见证人逐页签名。

3. 如在"现场情况"最后一行文字后有空白，应当在最后一行文字后加上"以下空白"字样。

4. 当事人对笔录进行核对的，检查人员选择"请核对"，由当事人在笔录最后处写上"已核对，属实、无误"，并应当签名、盖章或者以其他方式确认。当事人阅读有困难的，应当向其宣读笔录，检查人员选择"已向你宣读"，由当事人签名、盖章或者以其他方式确认宣读情况。

5. 笔录应当由当事人逐页签名、盖章或者以其他方式确认。检查人员也应当在笔录上逐页签名。笔录有涂改的，涂改部分要由当事人签名、盖章或者以其他方式确认。

6. 如实施行政强制措施，当场送达的《实施行政强制措施决定书》已告知采取行政强制措施的理由、依据以及当事人依法享有的权利、救济途径等情况的，在笔录中可以对上述情况作简单指引性说明。当事人当场进行陈述、申辩的，要如实记载当事人陈述、申辩的情况；如当事人在现场检查时不提出陈述、申辩的，应当记载当事人未提出陈述、申辩的情况。

10. 送达地址确认书

_____市场监督管理局
送达地址确认书

受送达人		
告知事项	依据《市场监督管理行政处罚程序规定》第八十二条第三项、第八十三条的规定，告知如下： 一、为便于及时收到市场监督管理部门的相关文书，保证案件调查的顺利进行，市场监督管理部门可以要求受送达人签署送达地址确认书，送达至受送达人确认的地址，即视为送达。 二、受送达人送达地址发生变更的，应当及时书面告知市场监督管理部门；未及时告知的，市场监督管理部门按原地址送达，视为依法送达。 三、因受送达人提供的送达地址不准确、送达地址变更未书面告知市场监督管理部门，导致执法文书未能被受送达人实际接收的，直接送达的，执法文书留在该地址之日为送达之日；邮寄送达的，执法文书被退回之日为送达之日。 四、经受送达人同意，可以采用手机短信、传真、电子邮件、即时通讯账号等能够确认其收悉的电子方式送达执法文书，手机短信、传真、电子邮件、即时通讯信息等到达受送达人特定系统的日期为送达日期。	
送达地址及送达方式	是否接受电子送达 □是□否	□手机号码：_____ □传真号码：_____ □电子邮件地址：_____ □即时通讯账号：_____ 以传真、电子邮件等到达本人特定系统的日期为送达日期。
	送达地址	
	收件人	
	收件人联系电话	
	邮政编码	
受送达人确认	本人已经阅读（已向本人宣读）上述告知事项，保证以上送达地址及送达方式准确、有效，清楚了解并同意本确认书内容及法律意义。 受送达人（委托代理人）： 年　月　日	
备注		

使用指南

《送达地址确认书》是市场监督管理部门要求受送达人确认送达地址和选择送达方式时所使用的文书。

一、文书适用范围

市场监督管理部门在查办案件的过程中，依据《市场监督管理行政处罚程序规定》第八十二条第三项、第八十三条的规定，请受送达人同意市场监督管理部门以电子方式送达执法文书、确认送达地址的，使用本文书。

二、文书制作提示

1. 送达地址及送达方式应当由受送达人本人或者委托代理人填写；受送达人不能书写又没有代理人的，可以口述后由执法人员代为填写，并经执法人员向其宣读后，由受送达人签名、盖章或者以其他方式确认。

2. 受送达人委托代理人签署本文书的，应当提供有相应权限的授权委托书及委托代理人的身份证明文件。

3. 如受送达人对本文书的适用范围和期限有明确要求的，应当在备注栏中注明。

11. 证据提取单

_____市场监督管理局
证据提取单

证据名称	
取证时间	
取证地点	

证据内容：

(证据粘贴处。如证据较多，可在此处说明数量、证明对象等信息，证据附后并加盖骑缝章)

执法人员：_____执法证号：_____ ____年___月___日

_____执法证号：_____ ____年___月___日

见 证 人：_____ ____年___月___日

证据核对意见：

证据提供人：_____ ____年___月___日

使用指南

《证据提取单》是在调查取证过程中收集、调取书证、物证、视听资料、电子数据等证据时所使用的文书。

一、文书适用范围

依据《市场监督管理行政处罚程序规定》第二十四条、第二十五条、第二十六条的规定，市场监督管理部门在调查取证过程中收集、调取书证、物证、视听资料、电子数据等证据的，使用本文书。

二、文书制作提示

1. 收集、调取的书证、物证应当是原件、原物。调取原件、原物有困难的，可以提取复制件、影印件或者抄录件，也可以拍摄或者制作足以反映原件、原物外形或者内容的照片、录像。复制件、影印件、抄录件和照片、录像由证据提供人核对无误后注明与原件、原物一致，并注明证据出处、出证日期，同时签名或者盖章。

2. 收集、调取的视听资料应当是有关资料的原始载体。调取视听资料原始载体有困难的，可以提取复制件，并注明制作方法、制作时间、制作人、证明对象等。复制件由证据提供人核对无误后注明与原始内容一致，同时签名或者盖章。声音资料应当附有该声音内容的文字记录。

3. 收集、调取电子数据证据的，可以根据调查取证的需要使用本文书。

4. 证据内容中括号内的楷体文字为内容提示，不休现在文书内容中。

12. 电子数据证据提取笔录

_____市场监督管理局
电子数据证据提取笔录

时间：_____年___月___日___时___分至_____年___月___日___时___分
地点：_____
被检查人：_____
提 取 人：_____
执法人员：_____ 执法证号：_____
_____ 执法证号：_____

提取的电子数据原始存储介质名称及状态：_____
_____
_____
_____

提取方法和过程：_____
_____
_____
_____

提取的电子数据内容：_____
_____
_____

电子数据的完整性校验值：_____
_____
_____
_____

执法人员：以上是本次电子数据提取情况的记录，请核对/已向你宣读。如果属实请签名。
被检查人：

被检查人：_____ 年___月___日
提 取 人：_____ 年___月___日
执法人员：_____、_____ 年___月___日

使用指南

《电子数据证据提取笔录》是采用拷贝复制、委托分析、书式固定、拍照录像等方式对电子数据进行取证所使用的文书。

一、文书适用范围

依据《市场监督管理行政处罚程序规定》第二十六条的规定，市场监督管理部门采用拷贝复制、委托分析、书式固定、拍照录像等方式提取电子数据的，使用本文书。

二、文书制作提示

1. 电子数据原始存储介质名称及状态应当列明相关存储介质的名称、存放地点、信号开闭状况及是否采取强制措施等情况。

2. 提取方法和过程应当列明提取的方法、过程、提取后电子数据的存储介质名称等内容。

3. 提取的电子数据内容应当列明提取电子数据的名称、类别、文件格式等内容。

4. 电子数据的完整性校验值应当根据技术要求，结合案件情况填写。

5. 被检查人对笔录进行核对的，执法人员选择"请核对"，由被检查人在笔录最后处写上"已核对，属实、无误"，并应当签名、盖章或者以其他方式确认。被检查人阅读有困难的，应当向其宣读笔录，执法人员选择"已向你宣读"，由被检查人签名、盖章或者以其他方式确认宣读情况。

6. 提取人应当是执法人员或者市场监督管理部门根据《市场监督管理行政处罚程序规定》第二十六条第三款的规定指派或者聘请的具有专门知识的人员。

13. 询问通知书

_____市场监督管理局
询问通知书

____市监询通〔____〕__号

_____:

　　为调查了解_____

_____，请于 ___ 年 ___ 月 ___ 日 ___ 时 ___ 分到

_____接受询问调查。依据《中华人民共和国行政处罚法》第五十五条第

二款的规定，你（单位）有如实回答询问、协助调查的义务。

　　请携带以下材料：

　　1. _____

　　2. _____

　　3. _____

　　如你（单位）委托其他人员接受询问调查的，委托代理人应当同时提供授权委托书及委托

代理人身份证明。

　　联系人：_____、_____

　　联系电话：_____

_____市场监督管理局

（印　章）

年　　月　　日

使用指南

《询问通知书》是市场监督管理部门在依法行使职权、查办涉嫌违法案件过程中为查明案件事实，要求当事人或者相关人员接受询问、提供材料时所使用的文书。

一、文书适用范围

市场监督管理部门依据《市场监督管理行政处罚程序规定》第二十九条、第三十条第一款的规定，要求当事人或者相关人员接受询问、提供材料的，可以使用本文书。

二、文书制作提示

1. 需询问当事人或者相关人员并要求其同时提供有关材料的，可直接使用本文书，一般不需同时制发《限期提供材料通知书》。

2. 首次询问当事人或者相关人员的，需由被询问人提供居民身份证或者其他有效身份证件；当事人属于单位或者个体工商户的，还应当由当事人提供营业执照或者其他主体资格证照。

3. 办案人员要求当事人及其他有关单位、个人提供证明材料或者与违法行为有关的其他材料的，应当由材料提供人在有关材料上签名或者盖章。

4. 本文书需送达当事人或者相关人员，并归档。

14. 询问笔录

_____市场监督管理局
询问笔录

时间：____年__月__日__时__分至____年__月__日__时__分第__次
地点：_____
询问人：_____执法证号：_____
　　　　_____执法证号：_____
被询问人：_____性别：_____
身份证件号码：_____
工作单位：_____职务：_____
联系电话：_____其他联系方式：_____
联系地址：_____

询问人：你好，我们是_____市场监督管理局的执法人员，已向你出示了我们
的执法证件。你是否看清楚？
被询问人：_____
问：我们依法就_____有关问题进行调查，请予配合。依照法律规定，你有
权进行陈述和申辩。如果你认为调查人员与本案有直接利害关系或者有其他关系可能影响公正执
法的，依法有申请回避的权利，你是否申请调查人员回避？
答：_____
_____
_____

问：你应当如实回答询问，并协助调查，不得拒绝或者阻挠。你是否明白？
答：_____
_____
_____

询问人：以上是本次询问情况的记录，请<u>核对/已向你宣读</u>。与你所述一致请签名，如果有遗漏
你可以补正。
被询问人：

被询问人：_____　　年　　月　　日
询问人：_____、_____　　年　　月　　日

使用指南

《询问笔录》是为查清案情，对当事人和其他人员进行询问、调查并记录有关内容时所使用的文书。

一、文书适用范围

市场监督管理部门依据《市场监督管理行政处罚程序规定》第二十九条的规定，询问当事人和其他人员的，使用本文书。

二、文书制作提示

1. 被询问人不是当事人或者当事人的委托代理人的，不需告知其享有陈述权、申辩权以及申请回避的权利。

2. 每份询问笔录对应一个被询问人。

3. 如果笔录最后一行文字后有空白，应当在最后一行文字后加上"以下空白"字样。

4. 当事人对笔录进行核对的，询问人员选择"请核对"，由被询问人在笔录最后处写上"已核对，以上内容与我所述一致"，并应当签名、盖章或者以其他方式确认。被询问人阅读有困难的，应当向其宣读笔录，询问人员选择"已向你宣读"，由被询问人签名、盖章或者以其他方式确认宣读情况。

5. 笔录需更正的，涂改部分要由被询问人签名、盖章或以其他方式确认。

15. 限期提供材料通知书

_____市场监督管理局
限期提供材料通知书

____市监限提〔____〕__号

_____：

为调查了解_____，依据《市场监督管理行政处罚程序规定》第三十条第一款的规定，请你（单位）在收到本通知书后____日内向本局提供以下材料，并在材料上签名或者盖章。逾期不提供或者拒绝提供相关材料的，将依法承担法律责任。

1. _____

2. _____

3. _____

联系人：_____联系电话：_____

联系地址：_____

_____市场监督管理局
（印　章）
年　　月　　日

本文书一式____份，____份送达，一份归档，_____。

使用指南

《限期提供材料通知书》是市场监督管理部门为查明案情，要求当事人及其他有关单位和个人在一定期限内提供证明材料或者与涉嫌违法行为有关的其他材料时所使用的文书。

一、文书适用范围

市场监督管理部门依据《市场监督管理行政处罚程序规定》第三十条第一款的规定，要求当事人及其他有关单位和个人在一定期限内提供证明材料或者与涉嫌违法行为有关的其他材料的，使用本文书。

二、文书制作提示

1. 需询问当事人并要求其同时提供有关材料的，可直接使用《询问通知书》，一般不需同时制发本文书。

2. 参照《最高人民法院关于适用〈中华人民共和国行政诉讼法〉的解释》第四十五条"被告有证据证明其在行政程序中依照法定程序要求原告或者第三人提供证据，原告或者第三人依法应当提供而没有提供，在诉讼程序中提供的证据，人民法院一般不予采纳"的规定，对认定案件事实的有关证据，市场监督管理部门要求当事人限期提供，有利于及时固定案件事实，防范因证据收集不全面、不及时而导致的执法风险。

3. 本文书需送达当事人或者其他有关单位和个人，并归档。

16. 协助辨认/鉴别通知书

_____市场监督管理局

协助辨认/鉴别通知书

____市监辨鉴通〔____〕__号

_____:

依据《市场监督管理行政处罚程序规定》第三十条第二款的规定，本局现请你（单位）协助对以下事项进行辨认/鉴别：

□辨认以下物品是否为_____生产或者许可生产；

序号	名称	品牌	规格/型号	生产日期/批号	数量	备注

□（需要鉴别的事项）_____

请你（单位）于_____年____月____日前提交由辨认/鉴别人（单位）签名或者盖章的辨认/鉴别文书，载明以下内容：辨认/鉴别的结论和具体的辨认/鉴别依据和理由。并请你（单位）随文书出具以下材料：

□权利人的身份证件/主体资格证照复印件和有关权利证明文件；受权利人委托进行辨认/鉴别以自己名义出具文书的，须同时提供辨认/鉴别人（单位）的身份证件/主体资格证照复印件和相应授权委托书。

□_____

联系人：_____联系电话：_____

联系地址：_____

_____市场监督管理局

（印　章）

年　　月　　日

本文书一式____份，____份送达，一份归档，_____。

使用指南

《协助辨认/鉴别通知书》是市场监督管理部门要求相关权利人对案件中专门事项进行辨认、鉴别时所使用的文书。

一、文书适用范围

依据《市场监督管理行政处罚程序规定》第三十条第二款的规定，市场监督管理部门在查处侵权假冒等案件过程中，要求权利人对涉案产品等进行辨认，或者对有关事项进行鉴别的，使用本文书。

二、文书制作提示

1. 市场监督管理部门在具体使用的过程中，应当在标题及正文中对辨认、鉴别进行选择。辨认是指权利人对涉案产品是否为权利人生产或者其许可生产进行辨认，鉴别是指权利人对有关事项进行鉴别。

2. 权利人有明确授权的委托代理人亦可在授权的期限和范围内进行辨认、鉴别。

3. 涉案物品较多的，应当要求相关权利人逐项进行辨认或者鉴别。

4. 使用本文书需填报《行政处罚案件有关事项审批表》，经市场监督管理部门负责人批准。

5. 本文书需送达权利人等有关人员，并归档。

17. 协助调查函

_____市场监督管理局

协助调查函

____市监协查〔____〕__号

_____：

　　本局在办理_____
一案中，因_____，
依据《中华人民共和国行政处罚法》第二十六条、《市场监督管理行政处罚程序规定》第四十五
条的规定/依据_____
_____的规定，请你单位协助调查以下事项：_____
_____

　　请你单位在收到本函后予以协助，并于_____日内将调查结果加盖公章，连同相关证据材
料送本局。需要延期完成的，请在期限届满前告知本局。

　　联系人：_____联系电话：_____
　　联系地址：_____

_____市场监督管理局

（印　章）

年　　月　　日

本文书一式____份，____份送达，一份归档，_____。

使用指南

　　《协助调查函》是市场监督管理部门在查处违法行为过程中，需要有关机关、其他市场监督管理部门等协助调查与案件有关的特定事项时所使用的文书。

　　一、文书适用范围

　　市场监督管理部门依据《市场监督管理行政处罚程序规定》第四十五条的规定，在办理行政处罚案件时，确需有关机关或者其他市场监督管理部门协助调查取证的，或者依据《中华人民共和国反不正当竞争法》等法律规定，需要银行等单位协助调查经营者银行账户等信息的，使用本文书。

　　二、文书制作提示

　　1. 需写明案件名称、请求协助调查的原因，有法律依据的应当写明相关法律规定。需要有关机关、其他市场监督管理部门协助调查取证的，法律依据是《中华人民共和国行政处罚法》第二十六条、《市场监督管理行政处罚程序规定》第四十五条，需要银行等单位协助调查经营者银行账户等信息的，应当写明《中华人民共和国反不正当竞争法》等法律依据具体条款。

　　2. 根据《市场监督管理行政处罚程序规定》第四十五条规定，收到协助调查函的市场监督管理部门对属于本部门职权范围的协助事项应当予以协助，在接到协助调查函之日起十五个工作日内完成相关工作。需要有关机关或者单位协助调查的，出具本文书时应当根据实际情况确定合理的协助调查期限。

　　3. 使用本文书需填报《行政处罚案件有关事项审批表》，经市场监督管理部门负责人批准。

　　4. 本文书需送达协助单位，并归档。

18. 协助扣押通知书

_____市场监督管理局

协助扣押通知书

___市监协扣〔____〕__号

_____：

　　本局在办理_____

_____一案

中，作出《实施行政强制措施决定书》（___市监强制〔_____〕_____号），决定对_____

（详见《场所/设施/财物清单》文书编号：_____）进行扣押。依据《市场监督管理行政处

罚程序规定》第三十九条的规定，请你单位予以协助。

　　联系人：_____联系电话：_____

　　联系地址：_____

　　附件：1.《实施行政强制措施决定书》（___市监强制〔_____〕_____号）

　　　　　2.《场所/设施/财物清单》（文书编号：_____ ）

_____市场监督管理局

（印　章）

年　　月　　日

本文书一式___份，___份送达，一份归档，_____。

使用指南

《协助扣押通知书》是市场监督管理部门在查处违法行为过程中，需要有关单位协助扣押当事人托运的物品时所使用的文书。

一、文书适用范围

市场监督管理部门依据《市场监督管理行政处罚程序规定》第三十九条的规定，通知有关单位协助扣押当事人托运的物品的，使用本文书。

二、文书制作提示

1. 本文书应当附《实施行政强制措施决定书》及《场所/设施/财物清单》。

2. 使用本文书需填报《行政处罚案件有关事项审批表》，经市场监督管理部门负责人批准。

3. 本文书需送达协助扣押单位及当事人，并归档。

19. 先行登记保存证据通知书

_____市场监督管理局

先行登记保存证据通知书

____市监先登〔____〕__号

当事人：_____

主体资格证照名称：_____

统一社会信用代码：_____

住所（住址）：_____

法定代表人（负责人、经营者）：_____

身份证件号码：_____

联系电话：_____其他联系方式：_____

　　为调查你（单位）涉嫌_____

_____，依据《中华人民共和国行政处罚法》第五十六条的规定，本局决定对你（单位）有关证据（详见《场所/设施/财物清单》文书编号：_____）采取先行登记保存措施。先行登记保存的证据，存放在_____。在此期间，你（单位）或者有关人员不得损毁、销毁或者转移证据。

　　本局将在七个工作日内对先行登记保存的证据依法作出处理决定。逾期未作出处理决定的，先行登记保存措施自动解除。

　　联系人：_____联系电话：_____

　　联系地址：_____

　　附件：《场所/设施/财物清单》（文书编号：_____）

_____市场监督管理局

（印　章）

年　　月　　日

_____

本文书一式____份，____份送达，一份归档，_____。

使用指南

《先行登记保存证据通知书》是查办案件过程中采取先行登记保存证据措施时所使用的文书。

一、文书适用范围

市场监督管理部门依据《中华人民共和国行政处罚法》第五十六条、《市场监督管理行政处罚程序规定》第三十三条的规定，在证据可能灭失或者以后难以取得的情况下，对与涉嫌违法行为有关的证据采取先行登记保存措施的，使用本文书。

二、文书制作提示

1. 当事人有主体资格证照的，按照当事人主体资格证照记载事项填写主体资格证照名称、统一社会信用代码、住所（住址）、法定代表人（负责人）等信息。当事人是个体工商户且有字号的，以字号名称为当事人名称，同时填写经营者姓名、身份证件号码。当事人主体资格证照未加载统一社会信用代码的，填写当事人主体资格证照名称及号码。

当事人是个人的，按照居民身份证记载事项填写姓名、住址及公民身份号码等信息。如无居民身份证的，填写其他有效身份证件名称及号码。

2. 先行登记保存的证据一般应当就地保存，由当事人妥为保管。对被登记保存物品状况应当在所附的《场所/设施/财物清单》中详细记录，登记保存地点要明确、清楚。

3. 使用本文书需填报《行政处罚案件有关事项审批表》，经市场监督管理部门负责人批准。

4. 本文书需送达当事人，并归档。

20. 解除先行登记保存证据通知书

_____市场监督管理局
解除先行登记保存证据通知书

___市监解登〔___〕__号

_____:

    本局于___年__月__日作出《先行登记保存证据通知书》（___市监先登〔___〕___号），对你（单位）有关证据采取先行登记保存措施，现决定自___年__月__日起对<u>全部/部分证据</u>（详见《场所/设施/财物清单》文书编号：_____）予以解除先行登记保存措施。

    联系人：_____联系电话：_____

    联系地址：_____

    附件：《场所/设施/财物清单》（文书编号：_____）

_____市场监督管理局
（印　章）
年　　月　　日

_____

使用指南

《解除先行登记保存证据通知书》是在查办案件过程中，对先行登记保存的证据，决定解除先行登记保存措施时所使用的文书。

一、文书适用范围

市场监督管理部门依据《市场监督管理行政处罚程序规定》第三十三条第二款、第三十五条第一款第五项的规定，对先行登记保存的证据，决定解除先行登记保存措施的，使用本文书。

二、文书制作提示

1. 当事人是个体工商户且有字号的，以字号名称为当事人名称；没有字号的，填写经营者的姓名。

2. 部分解除先行登记保存措施的，应当另行制作《场所/设施/财物清单》，写明解除财物的名称、规格、型号及数量等，并由办案人员和当事人在《场所/设施/财物清单》上签名或者盖章。

3. 使用本文书需填报《行政处罚案件有关事项审批表》，经市场监督管理部门负责人批准。

4. 本文书需送达当事人，并归档。

21. 实施行政强制措施决定书

_____市场监督管理局
实施行政强制措施决定书

____市监强制〔____〕__号

当事人：_____

主体资格证照名称：_____

统一社会信用代码：_____

住所（住址）：_____

法定代表人（负责人、经营者）：_____

身份证件号码：_____

联系电话：_____其他联系方式：_____

　　经查，你（单位）涉嫌_____，

本局依据_____

_____

的规定，决定对有关场所/设施/财物（详见《场所/设施/财物清单》文书编号：_____）

实施_____行政强制措施。

　　实施行政强制措施的期限为____日。情况复杂，需要延长强制措施期限的，本局将书面告知。对物品需要进行检测、检验、检疫或者技术鉴定的，查封、扣押的期间不包括检测、检验、检疫或者技术鉴定的期间，检测、检验、检疫或者技术鉴定的期间本局将书面告知。

　　查封/扣押的场所/设施/财物应当妥善保管，任何人不得随意动用或者损毁。

　　你（单位）可以对本行政强制措施决定进行陈述和申辩。如对本决定不服，可以在收到本决定之日起_____内向_____申请行政复议；也可以在_____内依法向_____

_____人民法院提起行政诉讼。

　　联系人：_____联系电话：_____

　　联系地址：_____

　　附件：《场所/设施/财物清单》（文书编号：_____）

_____市场监督管理局

（印　章）

年　　月　　日

本文书一式____份，____份送达，一份归档，_____。

使用指南

《实施行政强制措施决定书》是查办案件过程中，对当事人实施行政强制措施时所使用的文书。

一、文书适用范围

市场监督管理部门依据《中华人民共和国行政强制法》第二十二条、第二十三条、第二十四条、第二十五条和其他相关法律、法规规定，对涉案场所、设施、财物实施行政强制措施的，使用本文书。

二、文书制作提示

1. 当事人有主体资格证照的，按照当事人主体资格证照记载事项填写主体资格证照名称、统一社会信用代码、住所（住址）、法定代表人（负责人）等信息。当事人是个体工商户且有字号的，以字号名称为当事人名称，同时填写经营者姓名、身份证件号码。当事人主体资格证照未加载统一社会信用代码的，填写当事人主体资格证照名称及号码。

当事人是个人的，按照居民身份证记载事项填写姓名、住址及公民身份号码等信息。如无居民身份证的，填写其他有效身份证件名称及号码。

2. 实施行政强制措施应当有法律、法规依据，填写本文书时应当写明所依据的具体条款。

3. 市场监督管理部门实施行政强制措施时，应当依据《中华人民共和国行政强制法》第十八条的规定制作现场笔录。

4. 强制措施期限应当明确具体。查封、扣押的期限不得超过三十日；情况复杂的，经行政机关负责人批准，可以延长，但是延长期限不得超过三十日。法律、行政法规另有规定的除外。

5. 对行政强制措施决定不服的，依法申请行政复议的期限为六十日，法律规定的申请期限超过六十日的从其规定；依法提起行政诉讼的期限为六个月，法律另有规定的从其规定。

6. 使用本文书需填报《行政处罚案件有关事项审批表》，经市场监督管理部门负责人批准。依据《中华人民共和国反不正当竞争法》第十三条第二款、《禁止传销条例》第十四条第二款等规定，对批准程序有特别规定的从其规定。

7. 本文书需送达当事人，并归档。

22. 延长行政强制措施期限决定书

_____市场监督管理局
延长行政强制措施期限决定书

____市监延强〔____〕__号

_____：

　　本局于__年_月__日作出《实施行政强制措施决定书》（____市监强制〔____〕____号），对你（单位）有关场所/设施/财物（详见《场所/设施/财物清单》文书编号：_____）采取_____行政强制措施。因情况复杂，依据《中华人民共和国行政强制法》第二十五条第一款、第二款/_____的规定，经本局负责人批准，决定将该行政强制措施的期限延长___日。

　　你（单位）可以对本延长行政强制措施期限决定进行陈述和申辩。如对本延长行政强制措施期限决定不服，可以在收到本决定之日起_____内向_____申请行政复议；也可以在_____内依法向_____人民法院提起行政诉讼。

　　联系人：_____联系电话：_____

　　联系地址：_____

_____市场监督管理局

（印　章）

年　　月　　日

本文书一式____份，____份送达，一份归档，_____。

使用指南

《延长行政强制措施期限决定书》是在查办案件过程中，因情况复杂需要延长实施行政强制措施期限时所使用的文书。

一、文书适用范围

市场监督管理部门依据《中华人民共和国行政强制法》第二十五条第一款、第二款和《市场监督管理行政处罚程序规定》第三十八条第一款、第二款等规定，对已实施行政强制措施的场所、设施、财物，依法延长实施行政强制措施期限的，使用本文书。

二、文书制作提示

1. 当事人是个体工商户且有字号的，以字号名称为当事人名称；没有字号的，填写经营者的姓名。

2. 依据《中华人民共和国行政强制法》第二十五条第一款的规定，延长行政强制措施期限的期限不得超过三十日。《禁止传销条例》《中华人民共和国食品安全法实施条例》等法律、行政法规对延长期限另有规定的，从其规定。

3. 对延长行政强制措施决定不服的，依法申请行政复议的期限为六十日，法律规定的申请期限超过六十日的从其规定；依法提起行政诉讼的期限为六个月，法律另有规定的从其规定。

4. 使用本文书需填报《行政处罚案件有关事项审批表》，经市场监督管理部门负责人批准。依据《中华人民共和国反不正当竞争法》第十三条第二款、《禁止传销条例》第十八条第一款等规定，对批准程序有特别规定的从其规定。

5. 本文书需送达当事人，并归档。

23. 解除行政强制措施决定书

_____市场监督管理局
解除行政强制措施决定书

____市监解强〔____〕__号

_____：

　　本局于___年__月__日作出《实施行政强制措施决定书》（____市监强制〔____〕____号），对你（单位）有关场所/设施/财物采取_____行政强制措施〔并于___年__月__日作出《延长行政强制措施期限决定书》（____市监延强〔____〕____号），将行政强制措施期限延长至____年__月__日〕。依据_____的规定，本局决定自____年__月__日起对全部/部分物品（详见《场所/设施/财物清单》文书编号：_____）予以解除行政强制措施。

　　联系人：_____联系电话：_____

　　联系地址：_____

　　附件：《场所/设施/财物清单》（文书编号：_____）

_____市场监督管理局
（印　章）
年　　月　　日

本文书一式____份，____份送达，一份归档，_____。

使用指南

《解除行政强制措施决定书》是市场监督管理部门决定解除行政强制措施时所使用的文书。

一、文书适用范围

市场监督管理部门依据《中华人民共和国行政强制法》第二十八条和《市场监督管理行政处罚程序规定》第四十二条等规定，对已实施行政强制措施的场所、设施、财物，依法解除行政强制措施的，使用本文书。

二、文书制作提示

1. 当事人是个体工商户且有字号的，以字号名称为当事人名称；没有字号的，填写经营者的姓名。

2. 行政强制措施期限经延长的，应当载明延长行政强制措施决定的相应内容。

3. 部分解除行政强制措施的，应当另行制作《场所/设施/财物清单》，写明解除财物的名称、规格、型号及数量等，并由办案人员和当事人在《场所/设施/财物清单》上签名或者盖章。

4. 使用本文书需填报《行政处罚案件有关事项审批表》，经市场监督管理部门负责人批准。

5. 本文书需送达当事人，并归档。

24. 场所/设施/财物清单

_____市场监督管理局
场所/设施/财物清单

文书编号：_____

序号	标称名称/ 场所	规格（型号）/ 场所地址	单位	数量	备注

当事人：_____ 年 月 日

执法人员：_____ 年 月 日

_____ 年 月 日

见证人：_____ 年 月 日

本文书一式____份，____份送达，一份归档，_____。

使用指南

《场所/设施/财物清单》是市场监督管理部门在办案过程中，对涉案场所、设施、财物进行详细登记造册的书面凭证。

一、文书适用范围

市场监督管理部门依法采取或者解除先行登记保存措施，实施或者解除行政强制措施，委托检测、检验、检疫、鉴定，进行抽样取证等需要记载场所、设施、财物情况的，使用本文书。

二、文书制作提示

1. 本文书使用时，由办案人员按照登记造册的场所、设施、财物在标题上选择相应类别。

2. 本文书应当有文书编号。文书编号由各单位根据实际情况，自行编排。

3. 设施、财物的生产厂家、生产日期、单价、批号、包装情况、物品状态等事项，以及场所的相关事项，需要详细记载的可以在备注栏予以注明。

4. 表格内容有空白的，需在最后一行物品内容下方加注"以下空白"字样。

5. 当事人核对无误后，可由其在清单末尾写明："上述内容经核对无误"。清单应当由当事人逐页签名、盖章或者以其他方式确认。执法人员也应当在清单上逐页签名。

6. 向司法机关移送涉案物品的，可参考此清单制作移送物品清单，由移送单位和接收单位签章确认。

7. 本文书需送达当事人，并归档。

25. 封 条

封　　　条

×
×
×
市
场
监
督
管
理
局　封

年
月（印章）
日

大封条：长 75 厘米，宽 11 厘米。**小封条**：长 30 厘米，宽 7 厘米。

使用指南

《封条》是市场监督管理部门在抽样取证或者查封时，加贴在样品或者查封的场所、设施或者财物上的文书。

一、文书适用范围

依据《市场监督管理行政处罚程序规定》第三十一条、第四十一条的规定，市场监督管理部门对抽样取证的样品或者查封的场所、设施、财物加贴封条的，使用本文书。

二、文书制作提示

1. 依据《市场监督管理行政处罚程序规定》第三十一条的规定，抽样取证时，办案人员应当同时制作抽样记录，开具清单，对样品加贴封条，由办案人员、当事人在封条和相关记录上签名或者盖章。

2. 依据《市场监督管理行政处罚程序规定》第四十一条规定，在查封场所、设施或者财物时，由相关人员在封条上签名或者盖章。

26. 实施行政强制措施场所/设施/财物委托保管书

_____市场监督管理局
实施行政强制措施场所/设施/财物
委托保管书

____市监托管〔____〕__号

_____：

现委托你（单位）代为保管本局依法实施行政强制措施的有关场所/设施/财物（详见《场所/设施/财物清单》文书编号：_____号）。

保管条件：_____。

保管地点：_____。

保管期间为____年___月___日至____年___月___日〔或至本局通知时止〕。在保管期间，你（单位）不得损毁或者擅自转移、处置。

联系人：_____联系电话：_____

联系地址：_____

附件：《场所/设施/财物清单》（文书编号：_____号）

_____市场监督管理局
（印　章）
年　　月　　日

_____

本文书一式____份，____份送达，一份归档，_____。

使用指南

《实施行政强制措施场所/设施/财物委托保管书》是市场监督管理部门委托第三人保管查封、扣押的场所、设施或者财物时所使用的文书。

一、文书适用范围

依据《市场监督管理行政处罚程序规定》第四十一条第一款的规定，市场监督管理部门委托第三人保管查封、扣押的场所、设施或者财物的，使用本文书。

二、文书制作提示

1. 本文书使用时，应当根据实际情况在标题及正文中对场所、设施或者财物进行选择。

2. 委托保管的截止日期可以视情况明确为固定日期或者至通知时止。

3. 市场监督管理部门委托第三人代为保管没收财物的，可以参考使用本文书。

4. 使用本文书需填报《行政处罚案件有关事项审批表》，经市场监督管理部门负责人批准。

5. 本文书需送达受委托保管的第三人，并归档。

27. 先行处置物品确认书

_____市场监督管理局
先行处置物品确认书

权利人	
告知事项	依据《市场监督管理行政处罚程序规定》第四十一条第三款的规定，告知如下： 　　对于查封、扣押的场所、设施或者财物，除法律、法规另有规定外，容易损毁、灭失、变质、保管困难或者保管费用过高、季节性商品等不宜长期保存的物品，在确定为罚没财物前，经权利人同意或者申请，并经市场监督管理部门负责人批准，在采取相关措施留存证据后，可以依法先行处置。
先行处置物品范围	□依据《实施行政强制措施决定书》（_____市监强制〔_____〕_____号），<u>查封/扣</u>押的全部物品（详见《场所/设施/财物清单》文书编号：_____）； □依据《实施行政强制措施决定书》（_____市监强制〔_____〕_____号），<u>查封</u>/扣押物品中的下列物品：_____ _____
先行处置方式	□委托_____依法进行拍卖； □通过_____方式进行变卖； □_____；
执法人员联系方式	联系人：_____联系电话：_____ 联系地址：_____
权利人确认	上述物品属于《市场监督管理行政处罚程序规定》第四十一条第三款规定的不宜长期保存的物品，本人（单位）清楚了解先行处置的内容及后果，为防止造成不必要的损失，本人（单位）同意按照上述处置方式先行处置。 　　　　　　　　　　　　　　　　权利人：_____ 　　　　　　　　　　　　　　　　　　年　　月　　日
备注	

使用指南

《先行处置物品确认书》是市场监督管理部门对不宜长期保存的物品，请权利人确认先行处置有关事项时所使用的文书。

一、文书适用范围

依据《市场监督管理行政处罚程序规定》第四十一条第三款的规定，市场监督管理部门对不易长期保存的物品依法先行处置，请权利人确认先行处置有关事项的，使用本文书。

二、文书制作提示

1. 先行处置物品的，应当填写《行政处罚案件有关事项审批表》，经市场监督管理部门负责人批准。

2. 先行处置物品前，应当采取相关措施留存证据。

3. 先行处置物品，不得违反相关法律、法规规定，且应当经权利人同意或者申请。权利人不明确，需要依法公告的，不使用本文书。

4. 先行处置所得款项按照涉案现金管理。

28. 先行处置物品公告

_____市场监督管理局
先行处置物品公告

____市监先处告〔____〕__号

本局于____年__月__日作出《实施行政强制措施决定书》（____市监强制〔____〕__号），查封/扣押了存放于_____的涉案物品。为防止造成不必要的损失，依据《市场监督管理行政处罚程序规定》第四十一条第三款的规定，本局拟对_____先行处置，处置方式为：_____

_____。

因上述物品权利人不明确，依据《市场监督管理行政处罚程序规定》第四十一条第三款的规定，本局予以公告，公告期间为自本公告发布之日起至____年__月__日。请物品权利人在公告期间内向本局提出意见或者申请。公告期满后仍没有权利人同意或者申请的，本局将依照上述处置方式予以处置。

联系人：_____联系电话：_____
联系地址：_____

_____市场监督管理局
（印　章）
年　　月　　日

本文书一式____份，____份送达，一份归档，_____。

使用指南

《先行处置物品公告》是市场监督管理部门对依法先行处置的物品因权利人不明确予以公告时所使用的文书。

一、文书适用范围

依据《市场监督管理行政处罚程序规定》第四十一条第三款的规定，依法先行处置的物品因权利人不明确，需依法公告的，使用本文书。

二、文书制作提示

1. 公告的方式，可以在市场监督管理部门公告栏和物品所在地张贴公告，也可以在报纸或者市场监督管理部门门户网站等刊登公告。在市场监督管理部门公告栏和物品所在地张贴公告的，应当采取拍照、录像等方式记录张贴过程。

2. 文书第一段中"存放于_____"横线处应当填写物品被采取行政强制措施时的所在地；"本局拟对_____先行处置"横线处应当填写物品的基本信息，如名称、规格、数量等。

3. 公告期间的设置，既要不影响不宜长期保存物品的处置，又要留给权利人表达意见的合理期间。一般情况下，建议为七个工作日。实际办案过程中也可以根据物品情况、案件情况等客观因素设置合理的公告期间。

4. 采取公告方式告知的，应当在案件材料中载明原因和经过，并将本文书归档。

29. 抽样记录

_____市场监督管理局

抽样记录

当事人					
主体资格证照名称			统一社会信用代码		
住所（住址）					
法定代表人 （负责人、经营者）			身份证件号码		
联系电话			其他联系方式		

被抽样产品及抽样情况	产品名称		型号规格	
	标称商标		保质期	
	标称生产者		标称价格	
	生产日期 或出厂批号		产品执行标准	
	标称存储条件		生产许可证编号	
	标称产品等级		包装方式	
	抽样方式	□按规定方式抽样（抽样依据的标准编号）：_____ □以其他方式抽样（可使用附页）：_____		
	抽取样品数量		抽样基数	
	抽样地点			
	抽取样品过程：_____ _____			
	样品封样情况：_____ _____			
	样品储存条件：_____			

办案人员：_____ 执法证号：_____ 办案人员：_____ 执法证号：_____ 年 月 日		当事人：_____ 年 月 日
受委托抽样人员：_____ 年 月 日		见证人：_____ 年 月 日
备注		

使用指南

《抽样记录》是在查办案件过程中采取抽样取证措施收集证据，对抽样取证过程、样品、封样等情况进行记录时所使用的文书。

一、文书适用范围

依据《市场监督管理行政处罚程序规定》第三十一条的规定，市场监督管理部门在查办案件过程中，对有关证据采取抽样取证措施的，使用本文书。

二、文书制作提示

1. 当事人有主体资格证照的，按照当事人主体资格证照记载事项填写主体资格证照名称、统一社会信用代码、住所（住址）、法定代表人（负责人）等信息。当事人是个体工商户且有字号的，以字号名称为当事人名称，同时填写经营者姓名、身份证件号码。当事人主体资格证照未加载统一社会信用代码的，填写当事人主体资格证照名称及号码。

当事人是个人的，按照居民身份证记载事项填写姓名、住址及公民身份号码等信息。如无居民身份证的，填写其他有效身份证件名称及号码。

2. 被抽样产品及抽样情况填写应当完整、准确。被抽样品的规格、生产日期、批号、执行标准、保质期等应当按照抽样物品或者其外包装、说明书上记载的内容填写，如果没有或者无法确定其中某项内容的，应当注明。抽取样品数量包括检验样品数量以及备用样品数量；抽样基数是被抽样产品的总量。

3. 对抽样取证的方式、标准等有特别规定的，应当按照特别规定执行。

4. 样品封样情况写明被抽样品加封情况、备用样品封存地点。

5. 当事人本人、授权委托人、法定代表人、主要负责人、检查现场的员工或者现场负责人员，在当事人栏签名。如果无法通知当事人，当事人不到场或者拒绝接受调查，当事人拒绝签名、盖章或者以其他方式确认的，应当采取录音、录像等方式记录，必要时可邀请有关人员作为见证人。邀请见证人到场的，由见证人签名、盖章或者以其他方式确认。办案人员应当在备注栏注明情况。

6. 如抽样人为办案人员，则由办案人员填写本文书；如市场监督管理部门委托相关机构进行抽样，由该机构指派进行抽样的人员填写本文书。也可以使用该机构的抽样记录文书，办案人员应当在其抽样记录文书上签名或者盖章，并注明日期。

30. 检测/检验/检疫/鉴定委托书

_____市场监督管理局
检测/检验/检疫/鉴定委托书

____市监检鉴委〔____〕__号

_____：

本局现委托你单位对下列物品进行检测/检验/检疫/鉴定：

样品名称	规格/型号	等级	生产日期/批号	适用标准或者规则	样品数量	检验项目	备注

委托检测/检验/检疫/鉴定事项：_____

请你单位于____年__月__日前提交由检测/检验/检疫/鉴定人员及你单位签名盖章的报告一式____份，并在出具的报告中载明以下内容：本局向你单位提供的相关材料，检测/检验/检疫/鉴定的内容、依据、使用的科学技术手段、过程及明确结论，以及你单位和检测/检验/检疫/鉴定人员的资质证明文件。

联系人：_____联系电话：_____

联系地址：_____

_____市场监督管理局
（印　章）
年　　月　　日

_____

本文书一式____份，____份送达，一份归档，_____。

使用指南

《检测/检验/检疫/鉴定委托书》是市场监督管理部门委托具有法定资质或者其他具备条件的机构对案件中专门事项进行检测、检验、检疫、鉴定时所使用的文书。

一、文书适用范围

依据《市场监督管理行政处罚程序规定》第三十二条的规定，市场监督管理部门在查办案件的过程中，委托有关机构对专门事项进行检测、检验、检疫、鉴定的，使用本文书。

二、文书制作提示

1. 市场监督管理部门在具体使用的过程中，应当在标题及正文中对检测、检验、检疫、鉴定进行选择。

2. 正文物品清单中写不下的，可另附页。

3. 本文书可以直接附《抽样记录》及《场所/设施/财物清单》清单。必要时，可以制作一份物品状况文字笔录，对物品的外观状态、包装情况、材料情况及解封过程等，进行详细记录，由委托方和受委托方双方签字。

4. 本文书样品信息中适用标准或者规则、检验项目等无法确定的可不填写。

5. 本文书需送达检测、检验、检疫、鉴定机构，并归档。

31. 检测/检验/检疫/鉴定期间告知书

_____市场监督管理局
检测/检验/检疫/鉴定期间告知书
____市监检鉴期〔____〕__号

_____:

　　本局于___年___月___日作出《实施行政强制措施决定书》（____市监强制〔____〕____号），查封/扣押你（单位）的有关场所/设施/财物。本局现决定依法委托相关机构对有关物品进行检测/检验/检疫/鉴定。检测/检验 /检疫/鉴定期间自____年___月___日至____年___月___日。

　　依据《中华人民共和国行政强制法》第二十五条第三款的规定，查封、扣押的期间不包括检测、检验、检疫、鉴定的期间。

联系人：_____联系电话：_____
联系地址：_____

　　　　　　　　　　　　　_____市场监督管理局
　　　　　　　　　　　　　　　　（印　章）
　　　　　　　　　　　　　　　年　　月　　日

本文书一式___份，___份送达，一份归档，_____。

使用指南

《检测/检验/检疫/鉴定期间告知书》是实施查封、扣押的行政强制措施时，对有关物品需要进行检测、检验、检疫、鉴定的，由办案人员将检测、检验、检疫、鉴定期间告知当事人时所使用的文书。

一、文书适用范围

市场监督管理部门依据《中华人民共和国行政强制法》第二十五条第三款对实施行政强制措施的物品委托有关机构进行检测、检验、检疫、鉴定，需将检测、检验、检疫、鉴定期间告知当事人的，使用本文书。

二、文书制作提示

1. 市场监督管理部门在具体使用的过程中，应当在标题及正文中对检测、检验、检疫、鉴定进行选择。

2. 检测、检验、检疫、鉴定期间的起算时间一般为委托书的送达时间。

3. 检测、检验、检疫、鉴定实际所用时间超出告知期间的，由市场监督管理部门在期间届满前再次向当事人告知。

4. 本文书需送达当事人，并归档。

32. 检测/检验/检疫/鉴定结果告知书

_____市场监督管理局

检测/检验/检疫/鉴定结果告知书

____市监检鉴结〔____〕__号

_____:

　　本局依法委托_____对你（单位）的下列物品进行检测/检验/检疫/鉴定。

　　1._____

　　2._____

　　3._____

检测/检验/检疫/鉴定结果为_____

_____。

　　〔你（单位）如对该检测/检验/检疫/鉴定结果有异议，可以自接到本告知书之日起____日内，向_____提出。〕

　　联系人：_____联系电话：_____

　　联系地址：_____

　　附件：检测/检验/检疫/鉴定报告书_____份

　　　　　报告书编号：_____

_____市场监督管理局

（印　章）

年　　月　　日

使用指南

《检测/检验/检疫/鉴定结果告知书》是市场监督管理部门将检测、检验、检疫、鉴定结果告知当事人时所使用的文书。

一、文书适用范围

依据《市场监督管理行政处罚程序规定》第三十二条的规定,市场监督管理部门对案件中专门事项委托有关机构进行检测、检验、检疫、鉴定,需将检测、检验、检疫、鉴定结果告知当事人的,使用本文书。

二、文书制作提示

1. 市场监督管理部门在具体使用的过程中,应当在标题及正文中对检测、检验、检疫、鉴定进行选择。

2. 依据相关法律、法规、规章的规定,当事人享有复检、复验权利,且客观上具备复检、复验条件的,市场监督管理部门应当依法告知当事人复检、复验权利。如告知复检、复验权利,则需同时告知复检、复验的期限和受理单位。

3. 本文书需送达当事人,并归档。

33. 责令改正通知书

_____市场监督管理局

责令改正通知书

____市监责改〔____〕__号

_____：

　　经查，你（单位）_____

_____的行为，违反了_____

_____的规定。

　　依据_____

的规定，现责令你（单位）立即予以改正/在　　　年　　月　　　日前改正。

（改正内容及要求：_____

_____）

（逾期不改的，本局将依据_____

的规定，_____。）

　　如对本责令改正决定不服，可以自收到本通知书之日起六十日内向_____

_____申请行政复议；也可以在六个月内依法向_____人民

法院提起行政诉讼。

　　联系人：_____联系电话：_____

　　联系地址：_____

_____市场监督管理局

（印　章）

年　　月　　日

本文书一式____份，____份送达，一份归档，_____。

使用指南

《责令改正通知书》是市场监督管理部门依法责令当事人改正违法行为时所使用的文书。

一、文书适用范围

市场监督管理部门依据有关法律、法规、规章的规定，责令当事人改正违法行为的，使用本文书。

二、文书制作提示

1. 决定责令改正应当有法律、法规、规章的规定，填写本文书时应当写明所依据的具体条款。

2. 法律、法规、规章对逾期不改、拒不改正的后果有规定的，应当填写相应规定。

3. 按照《中华人民共和国行政处罚法》第二十八条的规定，行政机关实施行政处罚时，应当责令当事人改正或者限期改正违法行为。此种情形的责令改正决定在《行政处罚决定书》或者《不予行政处罚决定书》中一并表述，不必单独制作本文书。

4. 对责令改正决定不服的，依法申请行政复议的期限为六十日，但法律规定的申请期限超过六十日的从其规定；依法提起行政诉讼的期限为六个月，但法律另有规定的从其规定。

5. 除情节轻微、当场作出责令改正决定的情形外，使用本文书应当填写《行政处罚案件有关事项审批表》，经市场监督管理部门负责人批准。

6. 本文书需送达当事人，并归档。

34. 责令退款通知书

_____市场监督管理局

责令退款通知书

____市监责退〔____〕__号

_____:

经查，你（单位）_____，
违反了_____的
规定，存在致使消费者或者其他经营者多付价款的情形。依据《中华人民共和国价格法》第四
十一条、《价格违法行为行政处罚规定》_____、《市场监督管理行政处罚程序规定》第
五十九条的规定，现责令你（单位）自收到本通知书之日起_____日内，将消费者或者其他
经营者多付的价款_____元退还给消费者或者其他经营者。消费者或者其他经营者难
以查找的，应当公告查找。拒不退还或者逾期未退还的部分，本局将依法予以没收。消费者或者
其他经营者要求退还时，由你（单位）依法承担民事责任。

[依据《价格违法行为行政处罚规定》_____的规定，拒不退还多收价款的，本局将依法
从重处罚。]

联系人：_____联系电话：_____

联系地址：_____

_____市场监督管理局

（印　章）

年　　月　　日

本文书一式____份，____份送达，一份归档，_____。

使用指南

《责令退款通知书》是市场监督管理部门依法责令当事人退还多收价款时所使用的文书。

一、文书适用范围

市场监督管理部门依据《价格违法行为行政处罚规定》第十六条、《市场监督管理行政处罚程序规定》第五十九条的规定，对当事人违法所得属于《中华人民共和国价格法》第四十一条规定的消费者或者其他经营者多付价款，责令当事人限期退还的，使用本文书。

二、文书制作提示

1. 应当写明当事人的具体违法行为、违反的法律法规、多收的价款金额。

2. 使用本文书需填报《行政处罚案件有关事项审批表》，经市场监督管理部门负责人批准。

3. 本文书需送达当事人，并归档。

35. 案件调查终结报告

_____市场监督管理局
案件调查终结报告

因当事人涉嫌_____

_____，本局于___年___月___日

予以立案调查，指定_____、_____为办案人员。现已调查终结，报

告如下。

当事人基本情况：_____

_____

_____

案件来源、调查经过及采取行政强制措施的情况：_____

_____

_____

调查认定的事实：_____

_____

_____

上述事实，主要有以下证据证明：

1._____，证明_____

2._____，证明_____

3._____，证明_____

案件性质：_____

_____

_____

自由裁量理由等其他需要说明的事项：_____

_____

_____

_____

处理意见及依据：_____

_____

_____

_____

_____

办案人员：_____   年   月   日

_____   年   月   日

办案机构负责人：_____   年   月   日

使用指南

《案件调查终结报告》是对已经立案的案件，办案机构认为调查终结，将案件全部情况进行总结、提出处理意见时所使用的文书。

一、文书适用范围

市场监督管理部门的办案机构在案件调查终结后，依据《市场监督管理行政处罚程序规定》第四十八条的规定撰写调查终结报告的，使用本文书。

二、文书制作提示

1. 当事人基本情况，包括姓名或者名称、地址等。当事人有主体资格证照的，按照当事人主体资格证照记载事项填写主体资格证照名称、统一社会信用代码、住所（住址）、法定代表人（负责人）等信息。当事人是个体工商户且有字号的，以字号名称为当事人名称，同时填写经营者姓名、身份证件号码。当事人主体资格证照未加载统一社会信用代码的，填写当事人主体资格证照名称及号码。

当事人是个人的，按照居民身份证记载事项填写姓名、住址及公民身份号码等信息。如无居民身份证的，填写其他有效身份证件名称及号码。

2. 案件来源、调查经过及采取行政强制措施的情况，可以写明案件线索来源、核查及立案的时间，以及采取的先行登记保存、行政强制措施、现场检查、抽样取证等案件调查情况。

3. 调查认定的事实是指当事人实施违法行为的具体事实，包括从事违法行为的时间、地点、目的、手段、情节、违法所得、危害结果、主观过错等因素。要客观真实，所述的事实必须得到相关证据的支持，内容全面、重点突出。

4. 相关证据及证明事项，要将认定案件事实所依据的证据列举清楚，所列举的证据要符合证据的基本要素，根据证据规则应当能够认定案件事实。必要时可以将证据与所证明的事实对应列明。

排列证据时，应当结合证据的证明力大小、关联程度、获得证据的时间顺序、案卷的归档顺序等因素，合理排序。

5. 案件性质，应当写明对当事人的违法行为定性及相关法律、法规、规章依据的具体条款和内容。

6. 自由裁量理由等其他需要说明的事项，可以写明调查过程中的当事人陈述、申辩，对当事人陈述申辩的采纳情况。还应当说明影响行政处罚裁量的事实和理由，从违法案件的具体事实、性质、情节、社会危害程度、主观过错以及公平公正要求等方面，结合自由裁量规则进行表述。

7. 处理意见，包括建议给予行政处罚、依法不予行政处罚、违法事实不能成立不予行政处罚、移送其他行政管理部门处理、移送司法机关等。

给予行政处罚的，写明拟给予行政处罚的种类、数额、期限等具体内容及相关法律、法规、规章依据的具体条款和内容。

36. 案件审核/法制审核表

_____市场监督管理局
案件审核/法制审核表

案件名称	
办案机构	
送审时间	年　月　日　退卷时间　　　　　　　　年　月　日
审核意见和建议	审核人： 年　月　日
审核机构负责人意见	审核机构负责人： 年　月　日
备　注	

使用指南

《案件审核/法制审核表》是市场监督管理部门审核机构对办案机构的调查终结报告及案件材料进行审核时所使用的文书。

一、文书适用范围

市场监督管理部门审核机构依据《市场监督管理行政处罚程序规定》第四十九条至第五十五条的规定，对办案机构送审的案件进行案件审核或者法制审核的，使用本文书。

二、文书制作提示

1. 本文书使用时，应当根据实际情况在标题中对案件审核或者法制审核进行选择。

2. 案件名称按照"当事人姓名（名称）+涉嫌+违法行为性质+案"的方式表述。

3. 审核机构对办案机构送审的材料进行审核后，依据《市场监督管理行政处罚程序规定》第五十四条的规定，在"审核意见和建议"一栏中提出审核意见和建议。

4. 案件有立案号的，在案件名称栏中一并填写。

37. 行政处罚告知书

_____市场监督管理局
行政处罚告知书

____市监罚告〔____〕__号

_____：

　　由本局立案调查的你（单位）涉嫌_____
_____一案，已调查终结。依据《中华人民共和国行政处罚法》第四十四条的规定，现将本局拟作出行政处罚的内容及事实、理由、依据告知如下：_____
_____

　　□依据《中华人民共和国行政处罚法》第四十四条、第四十五条，以及《市场监督管理行政处罚程序规定》第五十七条的规定，你（单位）有权进行陈述、申辩。自收到本告知书之日起五个工作日内未行使陈述、申辩权的，视为放弃此权利。

　　□依据《中华人民共和国行政处罚法》第四十四条、第四十五条、第六十三条、第六十四条第一项，以及《市场监督管理行政处罚听证办法》第五条/_____的规定，你（单位）有权进行陈述、申辩，并可以要求听证。自收到本告知书之日起五个工作日内未行使陈述、申辩权，未要求听证的，视为放弃此权利。

　　联系人：_____联系电话：_____
　　联系地址：_____

_____市场监督管理局
（印　章）
年　　月　　日

_____

本文书一式____份，____份送达，一份归档，_____。

使用指南

《行政处罚告知书》是市场监督管理部门在作出行政处罚决定之前，依法告知当事人拟作出行政处罚决定的内容及事实、理由、依据和当事人所享有的陈述权、申辩权、听证权时所使用的文书。

一、文书适用范围

市场监督管理部门在对当事人作出行政处罚决定之前，依法将拟作出行政处罚决定的内容及事实、理由、依据，以及当事人依法享有的陈述、申辩权或者听证权告知当事人的，使用本文书。

二、文书制作提示

1. 当事人对拟作出的行政处罚决定享有听证权的，应当告知当事人享有陈述权、申辩权及要求听证的权利。其他情形，应当告知当事人享有陈述权、申辩权。本文书使用时，应当根据实际情况在正文中对适用情形进行选择。

2. 对当事人所涉嫌构成的违法行为，要说明拟处罚的内容及事实、理由、依据，引用法律依据时应当写明法律、法规、规章的具体条款。

3. 如适用地方性法规、规章有关行政处罚案件听证范围规定的，应当选择引用地方性法规、规章的相关条款。

4. 使用本文书需填报《行政处罚案件有关事项审批表》，经市场监督管理部门负责人批准。

5. 本文书需送达当事人，并归档。

38. 陈述申辩笔录

_____市场监督管理局
陈述申辩笔录

案件名称：_____

陈述申辩人：_____

时间：_____年_____月_____日_____时_____分至_____时_____分

地点：_____

执法人员：_____ 记录人：_____

陈述申辩请求：_____

_____

_____

陈述申辩内容：_____

_____

_____

_____

_____

陈述申辩人：_____ 年　月　日

执法人员：_____ 年　月　日

记 录 人：_____ 年　月　日

使用指南

《陈述申辩笔录》是记录当事人陈述申辩意见时所使用的文书。

一、文书适用范围

市场监督管理部门在案件办理过程中，对当事人口头陈述申辩进行记录的，使用本文书。

二、文书制作提示

1. 当事人书面提交陈述申辩意见的，可以不使用本文书。

2. 陈述申辩内容应当写明当事人陈述申辩的具体请求和所依据的事实、理由。

39. 行政处罚听证通知书

_____市场监督管理局

行政处罚听证通知书

____市监听通〔____〕__号

_____:

　　根据你（单位）的要求，本局决定于_____年___月___日___时___分在_____对你（单位）涉嫌_____一案公开/不公开举行听证，请准时出席。如无正当理由不到场听证的，本局将依法终止听证。

　　本次听证会由_____担任听证主持人，〔_____担任听证员〕，_____担任记录员，〔_____担任翻译人员〕。依据《中华人民共和国行政处罚法》第六十四条第四项、《市场监督管理行政处罚听证办法》第四条的规定，如认为上述人员与案件有直接利害关系或者有其他关系可能影响公正执法的，你（单位）有申请回避的权利。

　　如果委托代理人（一至二人）代为参加听证，请提交由委托人签名或者盖章的授权委托书，委托书应当载明委托事项及权限。委托代理人代为放弃行使陈述权、申辩权和质证权的，必须有委托人的明确授权。

　　请参加人员携带身份证件原件，委托代理人员还应当携带授权委托书。

联系人：_____　　联系电话：_____

联系地址：_____

_____市场监督管理局

（印　章）

年　　月　　日

本文书一式____份，____份送达，一份归档，_____。

使用指南

《行政处罚听证通知书》是市场监督管理部门听证组织机构依法通知当事人举行听证的时间、地点、相关人员姓名以及其他相关事项时所使用的文书。

一、文书适用范围

市场监督管理部门依据《市场监督管理行政处罚听证办法》第二十条的规定，决定举行行政处罚案件听证会，告知听证时间、听证地点及听证主持人、听证员、记录员、翻译人员的姓名，以及当事人申请回避的权利的，使用本文书。

二、文书制作提示

1. 确定听证时间应当符合《中华人民共和国行政处罚法》和《市场监督管理行政处罚听证办法》关于听证通知时限的规定，即应当在举行听证七个工作日前送达当事人，并将听证时间、地点通知办案人员，退回案件材料。

2. 第三人参加听证的，应当在举行听证七个工作日前将听证时间、地点通知第三人。

3. 本文书需送达当事人，并归档。

40. 听证笔录

_____市场监督管理局
听证笔录

案件名称：_____

时间：_____年____月____日____时____分 至____时____分

地点：_____

听证主持人：_____ ［听证员：_____］

记录员：_____ ［翻译人员：_____］

办案人员：_____、_____

当事人：_____

［法定代表人（负责人）：_____委托代理人：_____］

［第三人：_____

法定代表人（负责人）：_____委托代理人：_____

其他参加人：_____］

听证过程：

记录员：经查，听证参加人_____已到场，现在宣布听证纪律：

（一）服从听证主持人的指挥，未经听证主持人允许不得发言、提问；

（二）未经听证主持人允许不得录音、录像和摄影；

（三）听证参加人未经听证主持人允许不得退场；

（四）不得大声喧哗，不得鼓掌、哄闹或者进行其他妨碍听证秩序的活动。

报告听证主持人，听证准备就绪。

听证主持人：现在核对听证参加人。

当事人及委托代理人：_____

办案人员：_____

［第三人及委托代理人：_____

其他参加人：_____］

听证主持人：已核对当事人（委托代理人）［第三人、委托代理人、其他参加人］和办案人员的身份。现在宣布听证会开始进行。

本局于__年__月__日依法向当事人送达了____市监听通〔____〕____号《行政处罚听证通知书》。经_____申请举行

_____

一案听证会。本次听证主持人是_____，［听证员是_____］，记录员是_____，［翻译人员是_____］。

现告知听证参加人在听证中的权利义务。

当事人享有以下权利：1. 有权放弃听证；2. 有权申请听证主持人、听证员、记录员、翻译人员回避；3. 有权当场提出证明自己主张的证据；4. 有权进行陈述和申辩；5. 经听证主持人允许，可以对相关证据进行质证；6. 经听证主持人允许，可以向到场的证人、鉴定人、勘验人发问；7. 有权对听证笔录进行审核，认为无误后签名或者盖章。

［第三人享有以下权利：1. 有权当场提出证明自己主张的证据；2. 有权进行陈述；3. 经听证主持人允许，可以对相关证据进行质证；4. 经听证主持人允许，可以向到场的证人、鉴定人、勘验人发问；5. 有权对听证笔录进行审核，认为无误后签名或者盖章。］

听证参加人承担以下义务：1. 遵守听证纪律；2. 在审核无误的听证笔录上签名或者盖章。

当事人（委托代理人）是否申请听证主持人、记录员［听证员、翻译人员］回避？

当事人（委托代理人）：＿＿＿＿＿＿＿＿＿＿＿＿＿＿＿＿＿＿＿＿＿＿＿＿＿

＿＿＿＿＿＿＿＿＿＿＿＿＿＿＿＿＿＿＿＿＿＿＿＿＿＿＿＿＿＿＿＿＿＿＿＿＿＿

听证主持人：现在请办案人员提出当事人违法的事实、证据、行政处罚建议及依据。

＿＿＿＿＿＿＿＿＿＿＿＿＿＿＿＿＿＿＿＿＿＿＿＿＿＿＿＿＿＿＿＿＿＿＿＿＿＿

＿＿＿＿＿＿＿＿＿＿＿＿＿＿＿＿＿＿＿＿＿＿＿＿＿＿＿＿＿＿＿＿＿＿＿＿＿＿

听证主持人：现在请当事人（委托代理人）进行陈述和申辩。

＿＿＿＿＿＿＿＿＿＿＿＿＿＿＿＿＿＿＿＿＿＿＿＿＿＿＿＿＿＿＿＿＿＿＿＿＿＿

＿＿＿＿＿＿＿＿＿＿＿＿＿＿＿＿＿＿＿＿＿＿＿＿＿＿＿＿＿＿＿＿＿＿＿＿＿＿

［**听证主持人**：现在请第三人（委托代理人）进行陈述。］

＿＿＿＿＿＿＿＿＿＿＿＿＿＿＿＿＿＿＿＿＿＿＿＿＿＿＿＿＿＿＿＿＿＿＿＿＿＿

＿＿＿＿＿＿＿＿＿＿＿＿＿＿＿＿＿＿＿＿＿＿＿＿＿＿＿＿＿＿＿＿＿＿＿＿＿＿

听证主持人：现在开始质证。请办案人员出示相关证据，并说明证明目的。

＿＿＿＿＿＿＿＿＿＿＿＿＿＿＿＿＿＿＿＿＿＿＿＿＿＿＿＿＿＿＿＿＿＿＿＿＿＿

＿＿＿＿＿＿＿＿＿＿＿＿＿＿＿＿＿＿＿＿＿＿＿＿＿＿＿＿＿＿＿＿＿＿＿＿＿＿

听证主持人：现在请当事人（委托代理人）发表质证意见。

＿＿＿＿＿＿＿＿＿＿＿＿＿＿＿＿＿＿＿＿＿＿＿＿＿＿＿＿＿＿＿＿＿＿＿＿＿＿

＿＿＿＿＿＿＿＿＿＿＿＿＿＿＿＿＿＿＿＿＿＿＿＿＿＿＿＿＿＿＿＿＿＿＿＿＿＿

［**听证主持人**：请第三人（委托代理人）发表质证意见。］

＿＿＿＿＿＿＿＿＿＿＿＿＿＿＿＿＿＿＿＿＿＿＿＿＿＿＿＿＿＿＿＿＿＿＿＿＿＿

＿＿＿＿＿＿＿＿＿＿＿＿＿＿＿＿＿＿＿＿＿＿＿＿＿＿＿＿＿＿＿＿＿＿＿＿＿＿

听证主持人：现在开始辩论。请办案人员发表辩论意见。

＿＿＿＿＿＿＿＿＿＿＿＿＿＿＿＿＿＿＿＿＿＿＿＿＿＿＿＿＿＿＿＿＿＿＿＿＿＿

＿＿＿＿＿＿＿＿＿＿＿＿＿＿＿＿＿＿＿＿＿＿＿＿＿＿＿＿＿＿＿＿＿＿＿＿＿＿

＿＿＿＿＿＿＿＿＿＿＿＿＿＿＿＿＿＿＿＿＿＿＿＿＿＿＿＿＿＿＿＿＿＿＿＿＿＿

听证主持人：现在请当事人（委托代理人）发表辩论意见。

_____

_____

[**听证主持人**：请第三人（委托代理人）发表辩论意见。]

_____

_____

[**听证主持人**：请第三人（委托代理人）陈述你的最后意见。]

_____

_____

听证主持人：请办案人员陈述最后意见。

_____

_____

听证主持人：请当事人（委托代理人）陈述你的最后意见。

_____

_____

_____

听证主持人：现在宣布听证结束。请听证参加人核对听证笔录，无误后请签名或者盖章。

听证主持人：_____   年   月   日

[听证员] [**翻译人员**]：_____   年   月   日

记录员：_____   年   月   日

办案人员：_____   年   月   日

当事人、委托代理人：_____   年   月   日

第三人、其他听证参加人：_____   年   月   日

使用指南

《听证笔录》是对听证会全过程进行记录时所使用的文书。

一、文书适用范围

市场监督管理部门就行政处罚案件举行听证会，由听证记录员依据《市场监督管理行政处罚听证办法》第二十八条的规定，记载听证时间、地点、案由、听证人员、听证参加人员姓名、各方意见以及其他事项的，使用本文书。

二、文书制作提示

1. 根据听证参加人员情况，选择记载相应听证员、翻译人员、委托代理人、第三人、其他参加人等内容。

2. 听证会应当依据《市场监督管理行政处罚听证办法》第二十五条规定的程序进行。

3. 听证笔录应当经听证参加人核对无误后，由其当场签名或者盖章。当事人、第三人拒绝签名或者盖章的，由听证主持人在听证笔录中注明。笔录需要更正的，涂改部分由要求更正的人员签名、盖章或者以其他方式确认。

41. 听证报告

_____市场监督管理局
听证报告

案件名称：_____

听证时间：_____年____月____日____时____分至____时____分

听证地点：_____

听证方式：公开/不公开

听证主持人：_____　　[听证员：_____]

记录员：_____　　[翻译人员：_____]

办案人员：_____、

当事人：_____

[法定代表人（负责人）：_____委托代理人：_____]

[第三人：_____

法定代表人（负责人）：_____委托代理人：_____

其他参加人：_____]

听证的基本情况：_____

_____

_____

_____

_____

_____

_____

_____

_____

_____

_____

_____

_____

_____

处理意见及建议：_____

_____

_____

_____

［需要报告的其他事项］ _____

_____

_____

_____

_____

_____

_____

_____

听证主持人： _____ 年 月 日

［听证员］： _____ 年 月 日

　　　 _____ 年 月 日

使用指南

《听证报告》是听证主持人在听证结束后向市场监督管理部门负责人报告听证情况和处理意见建议时所使用的文书。

一、文书适用范围

市场监督管理部门在行政处罚案件听证结束后，听证主持人依据《市场监督管理行政处罚听证办法》第二十九条的规定，撰写听证报告、提出听证意见的，使用本文书。

二、文书制作提示

1. 根据听证参加人员情况，选择记载相应听证员、翻译人员、委托代理人、第三人、其他参加人等内容。

2. 文书制作要求内容完整，重点突出，应当包括以下内容：（1）听证案由；（2）听证人员、听证参加人；（3）听证的时间、地点；（4）听证的基本情况；（5）处理意见及建议；（6）需要报告的其他事项。

3. 处理意见及建议，按照事先告知当事人的拟作出的行政处罚决定，根据实际情况，可以提出同意、改变、撤销拟作出的行政处罚决定的建议，也可以提出重新进行研究、提交部门负责人集体讨论决定等建议。

4. 当事人提出的事实、理由或者证据成立的，听证主持人应当予以采纳，不得因当事人要求听证而提出更重的行政处罚建议。

42. 行政处罚案件集体讨论记录

市场监督管理局
行政处罚案件集体讨论记录

案件名称：＿＿＿＿＿＿＿＿＿＿＿＿＿＿＿＿＿＿＿＿＿＿＿＿＿＿＿＿＿
讨论时间：＿＿＿＿年＿＿＿＿月＿＿＿＿日
讨论地点：＿＿＿＿＿＿＿＿＿＿＿＿＿＿＿＿＿＿＿＿＿＿＿＿＿＿＿＿＿
主 持 人：＿＿＿＿＿＿＿＿＿＿＿＿＿＿＿＿＿＿＿＿＿＿＿＿＿＿＿＿＿
出席人员：＿＿＿＿＿＿＿＿＿＿＿＿＿＿＿＿＿＿＿＿＿＿＿＿＿＿＿＿＿

列席人员：＿＿＿＿＿＿＿＿＿＿＿＿＿＿＿＿＿＿＿＿＿＿＿＿＿＿＿＿＿

记 录 人：＿＿＿＿＿＿＿＿＿＿＿＿＿＿＿＿＿＿＿＿＿＿＿＿＿＿＿＿＿
讨论记录：
　　（讨论一般按下列顺序进行：1. 办案机构（人员）汇报案件调查情况，包括违法事实、证据、处罚依据、裁量理由、处罚建议、存在问题或分歧意见等；2. 审核机构（人员）汇报案件审核意见；3. 出席人员询问案件有关问题并进行集体讨论；4. 出席人员发表意见；5. 主持人提出处理意见。）

处理意见：

出席人员签名：

使用指南

《行政处罚案件集体讨论记录》是记录市场监督管理部门负责人集体讨论情节复杂或者重大违法行为给予行政处罚的案件时所使用的文书。

一、文书适用范围

依据《市场监督管理行政处罚程序规定》第六十条第二款的规定，对《市场监督管理行政处罚程序规定》第五十条第一款规定的情节复杂或者重大违法行为给予行政处罚的案件，应当由市场监督管理部门负责人集体讨论决定。记录集体讨论过程和意见的，使用本文书。

二、文书制作提示

1. 出席人员是指参与案件集体讨论的市场监督管理部门负责人；列席人员是指列席会议的有关机构负责人、案件承办人、案件审核人员等有关人员。各单位可以根据案件具体情况确定出席人员。

2. 讨论记录应当真实、准确、完整，如实、简明地列明会议参加人员的意见。处理意见应当简明地表述案件处理意见，包括定性、处罚等方面内容。

3. 出席人员应当在讨论记录上签名。

43. 行政处理决定审批表

_____市场监督管理局
行政处理决定审批表

案件名称	
立案时间	年　　月　　日
行政处理决定建议 类别	□给予行政处罚　　　□有违法行为，依法不予行政处罚 □违法事实不能成立，不予行政处罚　　　□移送其他行政管理部门 □移送司法机关　　　□其他_____
是否经过复核 （听证）程序	□当事人未提出陈述、申辩意见或者未申请听证 □案件经复核或者听证
建议作出行政处理 决定的内容、主要 事实、理由、依据	办案人员： 　　　　　　年　　月　　日
当事人陈述、申辩 或者听证中提出的 主要意见	
复核意见或者 听证意见	
办案机构 负责人意见	办案机构负责人： 　　　　　　年　　月　　日
部门负责人 意见	部门负责人： 　　　　　　年　　月　　日
备注	

使用指南

《行政处理决定审批表》是办案机构在案件调查终结之后，将最终处理建议提请市场监督管理部门负责人审批决定时所使用的文书。

一、文书适用范围

市场监督管理部门办案机构依据《市场监督管理行政处罚程序规定》第六十条第一款的规定，将最终处理建议提请市场监督管理部门负责人审批决定的，使用本文书。

二、文书制作提示

1. 案件名称按照"当事人姓名（名称）+涉嫌+违法行为性质+案"的方式表述。

2. 本文书各栏内容由办案机构填写，报市场监督管理部门负责人审批。

3. 经市场监督管理部门负责人集体讨论的，讨论决定在本文书中应当予以记载。可由部门负责人填写集体讨论决定，表述为"经＿＿＿年＿＿月＿＿日集体讨论决定，同意"；也可由办案人员在备注栏中予以注明。

4. 经审核机构审核的，由办案机构在备注栏注明"本案已由审核机构于＿＿＿＿年＿＿月＿＿日出具审核意见，审核意见为＿＿＿＿＿＿＿＿。"

44. 当场行政处罚决定书

_____市场监督管理局
当场行政处罚决定书

____市监当罚〔____〕__号

当事人：_____

主体资格证照名称：_____

统一社会信用代码：_____

住所（住址）：_____

法定代表人（负责人、经营者）：_____

身份证件号码：_____

联系电话：_____其他联系方式：_____

执法人员：_____，执法证号：_____

执法人员：_____，执法证号：_____

　　你（单位）_____

的行为，违反了_____ _____

的规定。依据《中华人民共和国行政处罚法》第二十八条第一款、第五十一条、_____的规定，现责令你（单位）改正上述违法行为，并作出如下行政处罚.

　　□警告；

　　□罚款_____元。

　　罚款按下列方式缴纳：

　　□当场缴纳；

　　□即日起15日内通过_____缴纳罚款。

　　逾期不缴纳罚款的，依据《中华人民共和国行政处罚法》第七十二条的规定，本局将每日按罚款数额的百分之三加处罚款，并依法申请人民法院强制执行。

　　你（单位）如不服本行政处罚决定，可以在收到本当场行政处罚决定书之日起_____内向_____申请行政复议；也可以在_____内依法向_____人民法院提起行政诉讼。

_____市场监督管理局

（印　章）

年　　月　　日

本行政处罚决定作出前执法人员已向你（单位）出示执法证件，告知你（单位）拟作出的行政处罚内容及事实、理由、依据，并告知你（单位）有权进行陈述和申辩。

处罚地点： _____

当事人确认及签收： _____ 年　　月　　日

执法人员： _____ 年　　月　　日

年　　月　　日

本文书一式＿＿份，＿＿份送达，一份归档，_____。

使用指南

《当场行政处罚决定书》是市场监督管理部门或者其派出机构依照行政处罚简易程序的相关规定对违法行为人当场作出行政处罚时所使用的文书。

一、文书适用范围

市场监督管理部门执法人员依据《中华人民共和国行政处罚法》第五十一条的规定，违法事实确凿并有法定依据，对公民处以二百元以下、对法人或者其他组织处以三千元以下罚款或者警告的行政处罚，当场作出行政处罚决定的，使用本文书。

二、文书制作提示

1. 本文书由市场监督管理部门预先印制并编制文书编号，应当确保每一个文书分别标有不同编号，加以区分。

2. 执法人员当场作出行政处罚决定的，应当主动向当事人出示执法身份证件，填写本文书当场交付当事人。

3. 当事人有主体资格证照的，按照当事人主体资格证照记载事项填写主体资格证照名称、统一社会信用代码、住所（住址）、法定代表人（负责人）等信息。当事人是个体工商户且有字号的，以字号名称为当事人名称，同时填写经营者姓名、身份证件号码。当事人主体资格证照未加载统一社会信用代码的，填写当事人主体资格证照名称及号码。

当事人是个人的，按照居民身份证记载事项填写姓名、住址及公民身份号码等信息。如无居民身份证的，填写其他有效身份证件名称及号码。

4. 本文书中应当填写对当事人违法行为的概述，对当事人违法行为定性与处罚所依据的法律、法规、规章的具体条款，以及处罚的具体内容、时间、地点。

5. 书写罚没款金额一般应当使用汉字数字，要填写正确，避免涂改。罚款缴纳方式为交至代收机构的，一般需填写代收机构名称、地址等。

6. 依据《中华人民共和国行政处罚法》第六十八条、第六十九条和《市场监督管理行政处罚程序规定》第七十二条的规定，符合相应条件的，执法人员可以当场收缴罚款。

7. 本文书应当写明当事人不服行政处罚决定申请行政复议或者提起行政诉讼的途径和期限。对行政处罚决定不服的，依法申请行政复议的期限为六十日，法律规定的申请期限超过六十日的从其规定；依法提起行政诉讼的期限为六个月，法律另有规定的从其规定。

8. 执法人员当场作出行政处罚决定的，有关材料需在作出行政处罚决定之日起七个工作日内交至市场监督管理部门归档保存。

45. 行政处罚决定书

_____市场监督管理局
行政处罚决定书

____市监处罚〔____〕__号

当事人：_____

主体资格证照名称：_____

统一社会信用代码：_____

住所（住址）：_____

法定代表人（负责人、经营者）：_____

身份证件号码：_____

　　（案件来源及调查经过）_____

　　经查，（案件事实）_____
_____

　　上述事实，主要有以下证据证明：_____
_____

　　（行政处罚告知情况，当事人陈述、申辩、听证意见，复核以及采纳情况和理由）
_____

　　本局认为，（违法行为性质及定性、处罚依据）_____
_____

　　（自由裁量的事实和理由）_____
_____

　　综上，当事人上述行为违反了_____，
依据_____，〔现责令当事人
改正上述违法行为，并〕决定处罚如下：

　　1._____

　　2._____

　　3._____

　　（行政处罚的履行方式和期限）_____

　　（救济途径和期限）_____
_____

_____市场监督管理局
（印　章）
年　　月　　日

（市场监督管理部门将依法向社会公开行政处罚决定信息）

本文书一式____份，____份送达，一份归档，_____。

使用指南

《行政处罚决定书》是市场监督管理部门对当事人作出行政处罚决定时所使用的文书。

一、文书适用范围

市场监督管理部门依据《中华人民共和国行政处罚法》第五十九条、《市场监督管理行政处罚程序规定》第六十二条的规定,对当事人作出行政处罚决定,载明对当事人作出行政处罚决定的事实、理由、依据及处罚内容等事项的,使用本文书。

二、文书制作提示

1. 适用普通程序办理的行政处罚案件使用本文书,适用简易程序办理的行政处罚案件不使用本文书。

2. 行政处罚决定书的主要内容包括:

(1) 当事人的姓名或者名称、地址等基本情况。当事人有主体资格证照的,按照当事人主体资格证照记载事项填写主体资格证照名称、统一社会信用代码、住所(住址)、法定代表人(负责人)等信息。当事人是个体工商户且有字号的,以字号名称为当事人名称,同时填写经营者姓名、身份证件号码。当事人主体资格证照未加载统一社会信用代码的,填写当事人主体资格证照名称及号码。

当事人是个人的,按照居民身份证记载事项填写姓名、住址及公民身份号码等信息。如无居民身份证的,填写其他有效身份证件名称及号码。

(2) 案件来源及调查经过。可以写明案件线索来源、核查及立案的时间,以及采取的先行登记保存、行政强制措施、现场检查、抽样取证等案件调查情况。

(3) 案件事实。案件事实需表述清楚,包括违法行为的时间、地点、目的、手段、情节、违法所得、危害结果、主观过错等。要客观真实,所描述的事实必须得到相关证据的支持,内容全面、重点突出。

(4) 相关证据及证明事项。要将认定案件事实所依据的证据列举清楚,所列举的证据要符合证据的基本要素,根据证据规则应当能够认定案件事实。必要时可以将证据与所证明的事实对应列明。

(5) 行政处罚告知情况,当事人陈述、申辩、听证意见,复核以及采纳情况和理由。叙述行政处罚告知的送达情况;当事人陈述、申辩的内容,经过听证的案件,还需写明听证意见;对当事人陈述、申辩、听证意见的复核情况以及采纳或者不予采纳的理由。

(6) 违法行为性质及定性、处罚依据。认定违法行为的性质。定性依据即违法行为所直接违反的法律、法规和规章规定,它既是判定行为是否违法的依据,也是判定构成何种违法行为的依据。处罚依据即决定处罚内容所依据的法律、法规、规章规定。在表述定性依据和处罚依据时,应当写明所依据的具体条款和内容。

(7) 自由裁量的事实和理由。从违法行为的具体事实、性质、情节、社会危害程度、主观过错以及公平公正要求等方面,对行政处罚自由裁量的依据和理由加以表述,阐明对当事人从重、从轻、减轻处罚的情形。

行政处罚的内容包括对当事人给予处罚的种类和数额,有多项的应当分项写明。责令改正不属于行政处罚,不列入行政处罚内容中,可以在行政处罚内容前表述。

(9) 行政处罚的履行方式和期限。行政处罚规定有罚没款处罚的,应当写明收缴罚没款的银行或者代收机构的名称、地址以及对当事人逾期缴纳罚款可以加处罚款的表述。一般表述为"当事人应当自收到本行政处罚决定书之日起十五日内,将罚没款缴至_____银行(代收机构名称:_____地址:_____),或者通过_____电子支付系统缴纳(缴纳方式为:_____)。

到期不缴纳罚款的，依据《中华人民共和国行政处罚法》第七十二条的规定，本局将每日按罚款数额的百分之三加处罚款，并依法申请人民法院强制执行。"

（10）救济途径和期限。写明当事人不服行政处罚决定申请行政复议或者提起行政诉讼的途径和期限。对此，一般表述为"如你（单位）不服本行政处罚决定，可以在收到本行政处罚决定书之日起六十日内向_____申请行政复议；也可以在六个月内依法向_____人民法院提起行政诉讼。申请行政复议或者提起行政诉讼期间，行政处罚不停止执行。"对行政处罚决定不服的，依法申请行政复议的期限为六十日，法律规定的申请期限超过六十日的从其规定；依法提起行政诉讼的期限为六个月，法律另有规定的从其规定。

3. 正文中括号内的楷体文字为内容提示，不体现在文书内容中。

4. 根据《市场监督管理行政处罚程序规定》第六十三条第一款，对具有一定社会影响的行政处罚决定应当在本文书末尾载明"（市场监督管理部门将依法向社会公开行政处罚决定信息）"。

5. 市场监督管理部门送达本文书，应当在宣告后当场交付当事人。当事人不在场的，应当在七个工作日内按照《市场监督管理行政处罚程序规定》第八十二条、第八十三条的规定送达当事人。

6. 本文书需填报《行政处理决定审批表》，经市场监督管理部门负责人批准后制发。

46. 不予行政处罚决定书

_____市场监督管理局
不予行政处罚决定书

____市监不罚〔____〕__号

当事人：_____
主体资格证照名称：_____
统一社会信用代码：_____
住所（住址）：_____
法定代表人（负责人、经营者）：_____
身份证件号码：_____

（案件来源及调查经过）_____
_____
_____

经查，（案件事实）_____
_____

上述事实，主要有以下证据证明：_____

（行政处罚告知情况，当事人陈述、申辩、听证意见，复核以及采纳情况和理由）
_____

（违法行为性质、不予行政处罚的决定和理由）
_____
_____

（救济途径和期限）
_____
_____

　　依据《中华人民共和国行政处罚法》第三十三条第三款的规定，对你（单位）进行教育，**具体内容如下：**

1._____
2._____
3._____

_____市场监督管理局
（印　章）
年　　月　　日

本文书一式____份，____份送达，一份归档，_____。

使用指南

《不予行政处罚决定书》是市场监督管理部门对当事人确有违法行为但依法不予行政处罚时所使用的文书。

一、文书适用范围

市场监督管理部门适用普通程序办理行政处罚案件，依据《中华人民共和国行政处罚法》的规定，对符合《市场监督管理行政处罚程序规定》第六十条第一款第二项情形，或者依据其他法律、法规规定作出不予行政处罚决定的，使用本文书。

二、文书制作提示

1. 本文书不适用于"违法事实不成立，不予行政处罚"情形。

2. 不予行政处罚决定书的主要内容包括：

（1）当事人的姓名或者名称、地址等基本情况。当事人有主体资格证照的，按照当事人主体资格证照记载事项填写主体资格证照名称、统一社会信用代码、住所（住址）、法定代表人（负责人）等信息。当事人是个体工商户且有字号的，以字号名称为当事人名称，同时填写经营者姓名、身份证件号码。当事人主体资格证照未加载统一社会信用代码的，填写当事人主体资格证照名称及号码。

当事人是个人的，按照居民身份证记载事项填写姓名、住址及公民身份号码等信息。如无居民身份证的，填写其他有效身份证件名称及号码。

（2）案件来源及调查经过。可以写明案件线索来源、核查及立案的时间，以及采取的先行登记保存、行政强制措施、现场检查、抽样取证等案件调查情况。

（3）案件事实。案件事实需表述清楚，包括违法行为的时间、地点、目的、手段、情节、违法所得、危害结果、主观过错等。要客观真实，所描述的事实必须得到相关证据的支持，内容全面、重点突出。

（4）相关证据及证明事项。要将认定案件事实所依据的证据列举清楚，所列举的证据要符合证据的基本要素，根据证据规则应当能够认定案件事实。必要时可以将证据与所证明的事实分类列明。

（5）行政处罚告知情况，当事人陈述、申辩、听证意见，复核以及采纳情况和理由。如已进行行政处罚告知，听取当事人陈述、申辩，或者举行听证的，应当记载相关情况。

（6）违法行为性质、不予行政处罚的决定和理由。写明对当事人违法行为的定性及依据，以及不予行政处罚的理由及依据。决定责令当事人改正或者限期改正违法行为的，可以在本文书中一并表述。

（7）救济途径和期限。写明当事人不服不予行政处罚决定申请行政复议或者提起行政诉讼的途径和期限。对此，一般表述为"如你（单位）不服本行政处罚决定，可以在收到本行政处罚决定书之日起六十日内向＿＿＿＿申请行政复议；也可以在六个月内依法向＿＿＿＿人民法院提起行政诉讼。"对行政处罚决定不服的，依法申请行政复议的期限为六十日，法律规定的申请期限超过六十日的从其规定；依法提起行政诉讼的期限为六个月，法律另有规定的从其规定。

（8）根据《中华人民共和国行政处罚法》第三十三条第三款、《市场监督管理行政处罚程序规定》第六十一条规定，对当事人的违法行为依法不予行政处罚的，市场监督管理部门应当对当事人进行教育，如：要求当事人加强法律法规学习，可列明与违法行为相关的具体法律法规目录或条文；要求当事人规范经营行为，遵守行政管理秩序；要求当事人增强安全主体责任意识，加强安全规范管理等。具体可以根据实际情况填写。

  3. 正文中括号内的楷体文字为内容提示，不体现在文书内容中。

  4. 本文书需填报《行政处理决定审批表》，经市场监督管理部门负责人批准后制发。

  5. 市场监督管理部门送达本文书，应当在宣告后当场交付当事人。当事人不在场的，应当在七个工作日内按照《市场监督管理行政处罚程序规定》第八十二条、第八十三条的规定送达当事人。

47. 延期/分期缴纳罚款通知书

_____市场监督管理局
延期/分期缴纳罚款通知书

____市监延分通〔____〕__号

_____：

本局于___年__月__日对你（单位）作出行政处罚决定（《行政处罚决定书》___市监处罚〔____〕___号），处罚款_____元。你（单位）于___年__月__日向本局提出延期/分期缴纳罚款的申请。

依据《中华人民共和国行政处罚法》第六十六条、《市场监督管理行政处罚程序规定》第七十四条的规定，本局同意你（单位）暂缓缴纳，_____
_____
_____。

到期不缴纳罚款的，依据《中华人民共和国行政处罚法》第七十二条的规定，本局将____。

[依据《中华人民共和国行政处罚法》第六十六条、《市场监督管理行政处罚程序规定》第七十四条的规定，本局同意你（单位）分期缴纳，时限及数额具体如下：

序号	缴　款　时　间	缴款数额（元）	备　　注
	年　　月　　日前		
	年　　月　　日前		
	年　　月　　日前		
合　　　　　计			

你（单位）应当在每次缴款时间届满前缴清当期缴款数额，到期不缴纳的，依据《中华人民共和国行政处罚法》第七十二条的规定，本局将_____
_____。]

_____市场监督管理局
（印　章）
年　　月　　日

_____

本文书一式____份，____份送达，一份归档，_____。

使用指南

《延期/分期缴纳罚款通知书》是当事人确有经济困难，需要延期或者分期缴纳罚款，向市场监督管理部门提出书面申请后，经市场监督管理部门负责人批准同意，书面告知当事人时所使用的文书。

一、文书适用范围

市场监督管理部门依据《市场监督管理行政处罚程序规定》第七十四条的规定，对当事人书面提出的延期或者分期缴纳罚款申请，经市场监督管理部门负责人批准同意后，告知当事人的，使用本文书。

二、文书制作提示

1. 本文书使用时，应当根据实际情况在标题中对延期或者分期进行选择，同时选择相应的正文内容。

2. 同意暂缓缴纳的，应当明确缴纳的最后期限；同意分期缴纳的，应当明确每期缴纳的数额和期限。

3. 如当事人到期不缴纳罚款，市场监督管理部门依据《中华人民共和国行政处罚法》第七十二条的规定，可以每日按罚款数额的百分之三加处罚款，并依法申请人民法院强制执行。加处罚款的数额不得超出罚款的数额。

4. 使用本文书需填报《行政处罚案件有关事项审批表》，经市场监督管理部门负责人批准。

5. 本文书需送达当事人，并归档。

48. 行政处罚决定履行催告书

_____市场监督管理局
行政处罚决定履行催告书

____市监罚催〔____〕__号

_____:

本局于___年___月___日对你（单位）作出行政处罚决定（《行政处罚决定书》____市监处罚〔____〕____号）。你（单位）在法定期限内对该《行政处罚决定书》确定的下列义务没有履行：_____

_____

_____。

依据《中华人民共和国行政强制法》第五十四条的规定，本局现催告你（单位）自收到本催告书之日起十个工作日内按照该《行政处罚决定书》确定的方式依法履行上述义务。

收到本催告书后，你（单位）有权进行陈述、申辩。无正当理由逾期仍不履行上述义务的，本局将依法申请人民法院强制执行。

联系人：_____联系电话：_____

联系地址：_____

_____市场监督管理局
（印　章）
年　　月　　日

本文书一式____份，____份送达，一份归档，_____。

使用指南

《行政处罚决定履行催告书》是市场监督管理部门因当事人未在规定期限内履行行政处罚决定，在申请人民法院强制执行前，催告当事人履行义务时所使用的文书。

一、文书适用范围

市场监督管理部门依据《中华人民共和国行政强制法》第五十三条、第五十四条的规定，因当事人在法定期限内不申请行政复议或者提起行政诉讼又不履行行政处罚决定，在申请人民法院强制执行前催告当事人履行相关义务的，使用本文书。

二、文书制作提示

1. 本文书应当载明市场监督管理部门作出行政处罚决定的文书名称、文号，行政处罚决定书确定的义务，以及没有履行义务的情况。没有履行义务的情况，可以填写尚未缴纳罚款的数额以及加处罚款的数额，如："1. 罚款五万元；2. 因逾期未缴纳上述罚款，依法加处的罚款____万元"。

2. 使用本文书需填报《行政处罚案件有关事项审批表》，经市场监督管理部门负责人批准。

3. 本文书需送达当事人，并归档。

49. 强制执行申请书

_____市场监督管理局
强制执行申请书

___市监执申〔___〕__号

申请人：_____

法定代表人：_____ 职务：_____

地址：_____

被申请人：_____

（个人）身份证件号码：_____

（单位）法定代表人（负责人）：_____

住所（住址）：_____

统一社会信用代码：_____

联系电话：_____

请求事项：

  申请_____人民法院强制执行：

  1. 被申请人未依法履行的《行政处罚决定书》（___市监处罚〔_____〕___号）中_____的处罚内容；

  2. 加处罚款_____元，计算方式为_____。

申请强制执行的事实和理由：

  本局于___年__月__日对被申请人作出《行政处罚决定书》（___市监处罚〔___〕___号），（此处填写当事人履行情况、复议或者诉讼情况）_____

_____

_____

  本局于___年__月__日向被申请人送达了《行政处罚决定履行催告书》（___市监罚催〔___〕___号），但被申请人在规定期限内仍未履行行政处罚决定。依据《中华人民共和国行政强制法》第五十三条、五十四条的规定，特依法申请强制执行。

  联系人：_____ 联系电话：_____

附件：1.《行政处罚决定书》（____市监处罚〔____〕____号）

      2.《行政处罚决定履行催告书》（____市监罚催〔____〕____号）

      3. 法定代表人身份证明，授权委托书

      4. 当事人意见及其他材料

行政机关负责人： _____

_____市场监督管理局

（印　章）

年　　月　　日

本文书一式____份，____份送达，一份归档，_____。

使用指南

《强制执行申请书》是市场监督管理部门申请人民法院强制执行行政处罚决定时所使用的文书。

一、文书适用范围

依据《市场监督管理行政处罚程序规定》第七十六条第一款的规定，当事人在法定期限内不申请行政复议或者提起行政诉讼，又不履行行政处罚决定，且在收到催告书十个工作日后仍未履行行政处罚决定的，市场监督管理部门可以在期限届满之日起三个月内依法申请人民法院强制执行。向人民法院申请强制执行的，使用本文书。

二、文书制作提示

1. 应当准确填写申请人、被申请人信息，写明具体的请求事项和事实理由。

2. 请求事项应当就行政处罚决定中当事人未履行的部分申请强制执行。对到期不缴纳罚款的当事人加处罚款的，申请强制执行时应当一并申请。

3. 要准确把握申请强制执行的期限，避免超期申请。

4. 根据《中华人民共和国行政强制法》第五十五条第二款规定，强制执行申请书应当由行政机关负责人签名，加盖行政机关的印章，并注明日期。

5. 使用本文书需填报《行政处罚案件有关事项审批表》，经市场监督管理部门负责人批准。

6. 当地人民法院对本文书内容和格式另有要求的，按其要求制作。

50. 送达回证

_____市场监督管理局
送达回证

送达文书 名称及文号	
受送达人	
送达时间	
送达地点	
送达方式	
收件人	（签名或者盖章） 年　　月　　日
送达人	（签名或者盖章） 年　　月　　日
见证人	（签名或者盖章） 年　　月　　日
备注	

使用指南

《送达回证》是市场监督管理部门送达执法文书，记载相关文书送达情况时所使用的文书。

一、文书适用范围

依据《市场监督管理行政处罚程序规定》第八十一条、第八十二条、第八十三条的规定，市场监督管理部门办理行政处罚案件，需要送达法律文书的，使用本文书。

二、文书制作提示

1. 《送达回证》一般适用于直接送达、留置送达和委托送达。

2. 送达时间，应当精确到日。根据实际情况，也可精确到"××时××分"。

3. 送达地点，应当填写街道、楼栋、单元、门牌号等完整信息。

4. 收件人签名或盖章，并填写收件时间。收件人与受送达人不一致时，应当在备注中注明收件人的身份。

51. 行政处罚文书送达公告

_____市场监督管理局
行政处罚文书送达公告

____市监罚送告〔____〕__号

_____：

　　本局于____年__月__日依法对你（单位）作出_____，因你下落不明/采取其他送达方式无法送达，依据《市场监督管理行政处罚程序规定》第八十二条第五项的规定，本局决定依法向你（单位）公告送达_____，内容是：_____。

　　请你（单位）自本公告发布之日起六十日内到本局领取_____，逾期不领取即视为送达。

（告知当事人陈述、申辩、复议、诉讼等权利）

联系人：_____联系电话：_____
联系地址：_____

_____市场监督管理局
（印　章）
年　　月　　日

_____

本文书一式____份，____份送达，一份归档，_____。

使用指南

《行政处罚文书送达公告》是市场监督管理部门公告送达行政处罚有关文书时所使用的文书。

一、文书适用范围

依据《市场监督管理行政处罚程序规定》第八十二条第五项，受送达人下落不明或者采取其他送达方式无法送达，市场监督管理部门公告送达行政处罚告知书、行政处罚决定书、行政处罚决定履行催告书等行政处罚文书时，使用本文书。

二、文书制作提示

1. 公告中填写的内容应当说明送达的行政处罚文书的名称、文号和主要内容，当事人依法享有陈述、申辩、复议、诉讼等权利的，应当一并公告。

2. 公告送达前，应当先采取直接送达、留置送达、邮寄送达、委托送达及其他合理的送达方式。

3. 公告送达的，可以在市场监督管理部门公告栏和受送达人住所地张贴公告，也可以在报纸或者市场监督管理部门门户网站等刊登公告。自公告发布之日起经过六十日，即视为送达。在市场监督管理部门公告栏和受送达人住所地张贴公告的，应当采取拍照、录像等方式记录张贴过程。

4. 公告送达的，应当在案件材料中载明原因和经过，并将本文书归档。

5. 正文中括号内的楷体文字为内容提示，不体现在文书内容中。

52. 涉案物品处理记录

_____市场监督管理局
涉案物品处理记录

处理物品：见《场所/设施/财物清单》（文书编号：_____）

物品来源：_____

处理依据：_____

处理时间：_____

处理地点：_____

执行人：_____、_____

监督人：_____

处理情况：_____

_____

_____

_____

_____

_____

_____

执行人：_____　　　　　年　　月　　日

_____　　　　　年　　月　　日

监督人：_____　　　　　年　　月　　日

使用指南

《涉案物品处理记录》是市场监督管理部门对采取行政强制措施或者没收的物品依法进行处理时所使用的文书。

一、文书适用范围

依据《中华人民共和国行政处罚法》第七十四条第一款、《市场监督管理行政处罚程序规定》第四十一条第三款等规定，市场监督管理部门对查封、扣押或者依法没收的物品进行处理并记载相关情况的，使用本文书。

二、文书制作提示

1. 《场所/设施/财物清单》是指处理物品时制作的清单，备注栏可以填写物品的处理方式。

2. 物品来源可以填写行政处罚决定书、实施行政强制措施决定书等文书及文号。

3. 处理依据是指市场监督管理部门依据罚没物资处理制度、物品先行处理制度等对物品进行处理的审批决定。

4. 监督人一般是指市场监督管理部门纪检、法制、财务等机构的工作人员，也可以是第三方见证物品处理过程的人员。

5. 处理情况中应当详细记录物品的自然状况和质量状况以及参与处理的部门、人员、处理过程、处理结果等。

6. 根据实际情况，可附物品处理过程的照片、录像等资料。

53. 结案审批表

_____市场监督管理局
结案审批表

案件名称				
立案日期			办案人员	
处理决定文书			处理决定日期	
结案情形	□行政处罚决定执行完毕　□人民法院裁定终结执行 □案件终止调查　　　　　□依法不予行政处罚 □违法事实不能成立　　　□移送其他行政管理部门 □移送司法机关　　　　　□其他：_____			
行政处罚内容				
行政处罚决定的执行方式	□主动履行 □强制执行 □其他：_____		罚没财物处置情况	
办案人员意见	办案人员： 　　　　　　　　　年　　月　　日			
办案机构负责人意见	办案机构负责人： 　　　　　　　　　年　　月　　日			
部门负责人意见	部门负责人： 　　　　　　　　　年　　月　　日			
备　注				

使用指南

《结案审批表》是市场监督管理部门结案时所使用的文书。

一、文书适用范围

市场监督管理部门适用普通程序办理行政处罚案件，依据《市场监督管理行政处罚程序规定》第七十七条规定予以结案的，使用本文书。

二、文书制作提示

1. 案件名称按照"当事人姓名（名称）+违法行为性质+案"的方式表述。对于案件终止调查、违法事实不能成立、立案调查后移送其他行政管理部门和司法机关等处理决定，按照"当事人姓名（名称）+涉嫌+违法行为性质+案"的方式表述。

2. 案件终止调查或者违法事实不能成立的，不需填写"处理决定文书"栏。处理决定日期填写相应《行政处罚案件有关事项审批表》日期。

3. 罚没财物处置情况应当写明罚没财物的处置时间、方式及结果。

54. 行政处罚案件卷宗封面

全宗名称	_____市场监督管理局		
档案类别	**行政处罚案件卷宗**		
案件名称			
行政处罚（不予行政处罚）决定书文号		办案机构	
办案日期	立案日期　　年　　月　　日 结案日期　　年　　月　　日	保管期限	
本卷共_____件_____页		归档号	

全宗号	目录号	案卷号

使用指南

《行政处罚案件卷宗封面》是市场监督管理部门在行政处罚案件结案后将案件材料立卷归档时所作的案卷封面。

一、文书适用范围

市场监督管理部门依据《市场监督管理行政处罚程序规定》第七十八条的规定，将案件材料立卷归档，制作、填写卷宗封面的，使用本文书。

二、文书制作提示

1. 结案后，负责整理装订案卷的工作人员应当将案件材料按照档案管理的有关规定立卷归档。案卷归档应当一案一卷、材料齐全、规范有序。案卷可以分正卷、副卷，并按照要求归档。

2. 制作《行政处罚案件卷宗封面》需符合《文书档案案卷格式》（GB/T 9705-2008）基本要求，保持封面尺寸、填写方法等规范统一。

3. 案件名称按照"当事人姓名（名称）+违法行为+案"的方式表述。对于案件终止调查、违法事实不能成立、立案调查后移送司法机关等处理决定，按照"当事人姓名（名称）+涉嫌+违法行为+案"的方式表述。

4. 行政处罚（不予行政处罚）决定书文号，按照《行政处罚决定书》或者《不予行政处罚决定书》发文字号填写。对于案件终止调查、违法事实不能成立、立案调查后移送司法机关等处理决定，不填写此项内容。

5. 办案机构是指市场监督管理部门负责承办案件的机构。

6. 保管期限，需根据行政处罚案件档案保管期限有关规定写明具体年限，保管期限自立卷之日起计算。

7. 卷内文件情况，需写明卷内文书、文件的件数及总页数。

8. 归档号由立卷人填写。由8位阿拉伯数字表示，前4位为案件办理当年的年份号，后4位为结案案件的流水号，自0001号开始，一案一号，依次编号。案件跨年度办结的，前4位使用案件办理当年年份号，后4位按当年结案案件流水号排序。

9. 全宗号、目录号、案卷号由本部门档案管理部门填写。全宗号是档案主管部门指定给立档单位的编号；目录号是全宗内案卷所属目录的编号，在同一个全宗内不允许出现重复的案卷目录号；案卷号是目录内案卷的顺序编号，在同一个案卷目录内不允许出现重复的案卷号，案卷号可依行政处罚决定书文号确定。

55. 卷内文件目录

卷内文件目录

序号	文号	文件名称	日期	页号	备注

使用指南

《卷内文件目录》是市场监督管理部门在行政处罚案件结案后，将案件材料装订成卷时记述有关案卷内材料的文书。

一、文书适用范围

市场监督管理部门在案件结案后，将案件材料按照档案管理的有关规定立卷归档时，依据《市场监督管理行政处罚程序规定》第七十八条第二款、第三款的规定，标示案卷内材料及顺序的，使用本文书。

二、文书制作提示

1. 制作《卷内文件目录》需符合《文书档案案卷格式》（GB/T 9705-2008）基本要求，保持幅面尺寸、填写方法等规范统一。

2. 序号使用阿拉伯数字填写。卷内文件应当按照《市场监督管理行政处罚程序规定》第七十八条第二款、第三款的顺序依次排列。发生行政复议或者行政诉讼的，行政复议答复书、行政诉讼答辩状以及行政复议决定书、行政判决书等文书材料应予归档。

3. 卷内文件有文号的，应当填入文号。

4. 写明该文件的制作、收集日期。填写时可省略"年""月""日"字。时间以8位数字表示，期中前4位表示年，中间2位表示月，后2位表示日，月日不足两位的，前面补"0"。

5. 每份文件应写明在整个案卷中的起止页号。以阿拉伯数字编写页号，空白页不编写页号。页号应当逐页编制，宜分别标注在文件正面右上角或背面左上角的空白位置。

6. 备注项目，说明卷内文件变化以及需要注释说明的其他情况。

56. 卷内备考表

卷内备考表

本卷情况说明：
缺损、修改、补充、部分灭失等情况。

立卷人：
检查人：
立卷时间：

使用指南

《卷内备考表》是根据档案管理有关规定，市场监督管理部门在案件办结归档时，记录、说明案卷内材料状况所使用的文书。

一、文书适用范围

市场监督管理部门在案件办结归档时，记录、说明案卷内材料状况的，使用本文书。

二、文书制作提示

1. 制作《卷内备考表》需符合《文书档案案卷格式》（GB/T 9705-2008）基本要求，保持幅面尺寸、填写方法等规范统一。

2. 本卷情况说明，写明有无缺损、修改、补充、部分灭失等情况。立卷后发生的或者发现的问题由有关的档案管理人员填写并签名、标注时间。

3. 立卷人，由整理装订案卷的工作人员签名，一般是指市场监督管理部门执法办案人员，也可以是负责档案工作的人员。

4. 检查人，由负责检查案卷质量的审核人员签名。

5. 立卷时间，填写案卷整理完毕经审核合格予以归档的日期。

（三）市场监督管理部门处理投诉举报文书式样①

文书式样一

1. 投诉登记表

登记单位：   编号：

投诉人	姓名		联系电话	
	住址			
被投诉人	名称（姓名）		联系人	
	地址		联系电话	
消费者权益争议事实				
投诉请求				
投诉人（签字）：　　　　　　　年　月　日		经办人（签字）：　　　　　　　年　月　日		

注：1. 本表格适用于市场监督管理部门或者其派出机构对消费者通过电话、传真、信函、上门等方式提起投诉的登记。

2. 消费者通过非现场方式提起投诉的，无须在投诉人一栏签字。

3. 消费者权益争议事实应当包括：消费者购买、使用商品或者接受服务的内容、时间、地点、涉及金额、争议情况等具体事实。

4. 投诉请求应当包括：消费者主张修理、重作、更换、退货、补足商品数量、退还货款和服务费用、赔偿损失等具体请求。

---

① 该部分文书式样来源于《市场监管总局关于印发〈市场监督管理部门处理投诉举报文书式样〉的通知》（2019 年 12 月 20 日　国市监网监〔2019〕242 号），载国家市场监督管理总局网站，https：//www. samr. gov. cn/zw/zfxxgk/fdzdgknr/wjs/art/2023/art_f6e2901fb9744e2a855565829b032d80. html，最后访问时间：2023 年 11 月 30 日。

文书式样二

2. 举报登记表

登记单位：　　　　　　　　　　　　　　　　　　　　　　编号：

举报人	姓名		联系电话	
	住址			
被举报人	名称（姓名）			
	地址			
涉嫌违反市场监督管理法律、法规、规章的线索				
举报人（签字）： 　　　　　年　　月　　日			经办人（签字）： 　　　　　年　　月　　日	

注：1. 本表格适用于市场监督管理部门或者其派出机构对公众通过电话、传真、信函、上门等方式提起举报的登记。

　　2. 举报人可以匿名举报，应当提供具体涉嫌违法线索，并对举报内容的真实性负责。

　　3. 通过非现场方式提出举报的，无须在举报人一栏签字。

文书式样三

3. 投诉/举报转办通知书

市场监管〔　　〕第　　号

　　　　　　　市场监督管理局（所）：

　　现转去＿＿＿＿＿于＿＿年＿＿月＿＿日关于＿＿＿＿＿＿＿＿＿＿＿的投诉/举报。请你局（所）按照《市场监督管理投诉举报处理暂行办法》的规定依法予以处理，并将处理结果于＿＿年＿＿月＿＿日前及时报告我局。

　　附：相关材料　　份，共　　页。

　　　　　　　　　　　　　　　　　　　　　年　　　月　　　日（印章）

注：本通知书适用于省级或者地市级市场监督管理部门或者其设立的12315投诉举报中心将收到的投诉/举报分送有处理权限/管辖权的市场监督管理部门或者其派出机构处理。

4. 投诉/举报分送情况告知书

市场监管〔   〕第   号

_____：

　　我局于_____年___月___日收到你关于_____的投诉/举报。根据《市场监督管理投诉举报处理暂行办法》的规定，我局已将你的投诉/举报分送至有处理权限的_____市场监督管理局（所）处理。

　　（联系人：_____，联系电话：_____）

　　特此告知。

年　　月　　日（印章）

注：1. 本告知书适用于省级或者地市级市场监督管理部门或者其设立的 12315 投诉举报中心将收到的投诉/举报依法分送后，根据实际工作需要，告知投诉人分送情况。

　　2. 本告知书中"联系人"、"联系电话"指有处理权限/管辖权的市场监督管理部门或者其派出机构负责处理投诉/举报的工作人员及其联系电话。

　　3. 本告知书可以通过互联网、电话、短信、电子邮件、传真、信函等方式告知。

5. 投诉受理决定书

市场监管〔   〕第   号

_____：

　　我局（所）于_____年___月___日收到你关于_____的投诉，经审查，符合《市场监督管理投诉举报处理暂行办法》规定的受理条件，我局（所）决定受理。

　　（联系人：_____，联系电话：_____）

　　特此告知。

年　　月　　日（印章）

注：1. 本决定书适用于有处理权限的市场监督管理部门或者其派出机构对投诉作出受理决定，并告知投诉人受理情况。

　　2. 市场监督管理部门派出机构以自己名义作出受理决定的，使用派出机构印章。

　　3. 本决定书中"联系人"、"联系电话"指有处理权限的市场监督管理部门或者其派出机构负责处理投诉的工作人员及其联系电话。

　　4. 本决定书可以通过互联网、电话、短信、电子邮件、传真、信函等方式告知。

6. 投诉不予受理决定书

市场监管〔　　　〕第　　　号

_____:

我局（所）于_____年___月___日收到你关于_____的投诉。经审查，属以下第〔　　〕项情形，依据《市场监督管理投诉举报处理暂行办法》的规定，我局（所）决定不予受理。

（一）投诉事项不属于市场监督管理部门职责，或者本行政机关不具有处理权限的；

（二）法院、仲裁机构、市场监督管理部门或者其他行政机关、消费者协会或者依法成立的其他调解组织已经受理或者处理过同一消费者权益争议的；

（三）不是为生活消费需要购买、使用商品或者接受服务，或者不能证明与被投诉人之间存在消费者权益争议的；

（四）除法律另有规定外，投诉人知道或者应当知道自己的权益受到被投诉人侵害之日起超过三年的；

（五）未提供《市场监督管理投诉举报处理暂行办法》第九条第一款和第十条规定的材料的；

（六）法律、法规、规章规定不予受理投诉的其他情形。

特此告知。

年　　月　　日（印章）

注：1. 本决定书适用于有处理权限的市场监督管理部门或者其派出机构对投诉作出不予受理决定，并告知投诉人不予受理情况。

2. 市场监督管理部门派出机构以自己名义作出不予受理决定的，使用派出机构印章。

3. 本决定书可以通过互联网、电话、短信、电子邮件、传真、信函等方式告知。

7. 投诉调解通知书

市场监管〔   〕第   号

——————：

关于_____的投诉，我局（所）已经受理，根据《市场监督管理投诉举报处理暂行办法》的规定，现组织双方当事人进行现场调解。请于_____年___月___日___时到_____参加调解。无正当理由不参加调解的，我局（所）将依法终止调解。

（调解人员：_____；联系电话：_____）

特此通知。

年   月   日（印章）

注：1. 本通知书适用于有处理权限的市场监督管理部门或者其派出机构通知投诉人和被投诉人参加现场调解。

2. 本通知书中"调解人员"、"联系电话"指有处理权限的市场监督管理部门或者其派出机构主持调解的工作人员及其联系电话。

3. 市场监督管理部门派出机构以自己名义组织调解的，使用派出机构印章。

4. 本通知书可以通过互联网、电话、短信、电子邮件、传真、信函等方式告知。

8. 投诉终止调解决定书

市场监管〔 〕第 号

_____：

经审查，关于_____投诉的调解过程中出现以下第〔 〕项情形，依据《市场监督管理投诉举报处理暂行办法》的规定，我局（所）决定终止调解。

（一）投诉人撤回投诉或者双方自行和解的；

（二）投诉人与被投诉人对委托承担检定、检验、检测、鉴定工作的技术机构或者费用承担无法协商一致的；

（三）投诉人或者被投诉人无正当理由不参加调解，或者被投诉人明确拒绝调解的；

（四）经组织调解，投诉人或者被投诉人明确表示无法达成调解协议的；

（五）自投诉受理之日起四十五个工作日内投诉人和被投诉人未能达成调解协议的；

（六）市场监督管理部门受理投诉后，发现存在《市场监督管理投诉举报处理暂行办法》第十五条规定情形的；

（七）法律、法规、规章规定应当终止调解的其他情形。

特此告知。

年 月 日（印章）

注：1. 本决定书适用于有处理权限的市场监督管理部门或者其派出机构对投诉作出终止调解决定，并告知投诉人和被投诉人。

2. 市场监督管理部门派出机构以自己名义作出终止调解决定的，使用派出机构印章。

3. 本决定书可以通过互联网、电话、短信、电子邮件、传真、信函等方式告知。

9. 投诉调解书

市场监管〔   〕第   号

投诉人：＿＿＿＿＿＿＿＿＿＿＿ 电话：＿＿＿＿＿＿＿＿＿＿＿＿＿

住　址：＿＿＿＿＿＿＿＿＿＿＿ 单位：＿＿＿＿＿＿＿＿＿＿＿＿＿

委托代理人：＿＿＿＿＿＿＿＿＿ 电话：＿＿＿＿＿＿＿＿＿＿＿＿＿

被投诉人：＿＿＿＿＿＿＿＿＿＿＿＿＿＿＿＿＿＿＿＿＿＿＿＿＿

法定代表人（负责人）：＿＿＿＿＿ 电话：＿＿＿＿＿＿＿＿＿＿＿

地址（经营场所）：＿＿＿＿＿＿＿＿＿＿＿＿＿＿＿＿＿＿＿＿＿

委托代理人：＿＿＿＿＿＿＿＿＿ 电话：＿＿＿＿＿＿＿＿＿＿＿＿＿

投诉内容及投诉请求：＿＿＿＿＿＿＿＿＿＿＿＿＿＿＿＿＿＿＿＿＿

＿＿＿＿＿＿＿＿＿＿＿＿＿＿＿＿＿＿＿＿＿＿＿＿＿＿＿＿＿＿＿

　　根据《市场监督管理投诉举报处理暂行办法》有关规定，本局（所）组织双方当事人进行调解，双方自愿达成如下协议：＿＿＿＿＿＿＿＿＿＿＿＿＿＿＿＿＿

＿＿＿＿＿＿＿＿＿＿＿＿＿＿＿＿＿＿＿＿＿＿＿＿＿＿＿＿＿＿＿

　　本调解书经双方当事人签字后生效。调解书生效后无法执行的，投诉人可以按照法律、法规的有关规定向有关部门申请仲裁或者向人民法院提起诉讼。

投　诉　人（签名）：＿＿＿＿＿＿＿＿

被投诉人（签名）：＿＿＿＿＿＿＿＿

调解人员（签名）：＿＿＿＿＿＿＿＿

年　　月　　日（印章）

注：1. 本调解书适用于有处理权限的市场监督管理部门或者其派出机构组织投诉人和被投诉人现场调解并达成调解协议。调解协议已经即时履行或者双方同意不制作调解书的，可以不制作调解书，市场监督管理部门应当做好调解记录备查。

2. 本调解书由投诉人和被投诉人双方签字或者盖章，并加盖市场监督管理部门印章，交投诉人和被投诉人各执一份，市场监督管理部门留存一份归档。

3. 市场监督管理部门派出机构以自己名义组织调解的，使用派出机构印章。

4. 投诉人和被投诉人委托他人参加调解的，被委托人应当出具授权委托书和身份证明。授权委托书应当载明委托事项、权限和期限，并应当由委托人本人签名。

10. 举报立案告知书

市场监管〔　　〕第　　号

_____:

　　我局于_____年___月___日收到你关于_____的举报，经核查，我局决定予以立案。

　　特此告知。

年　　月　　日（印章）

注：1. 本告知书适用于有管辖权的市场监督管理部门告知实名举报人立案情况。

　　2. 本告知书可以通过互联网、电话、短信、电子邮件、传真、信函等方式告知。

11. 举报不予立案告知书

市场监管〔　　〕第　　号

_____:

　　我局于_____年___月___日收到你关于_____的举报，经核查，我局决定不予立案。

　　特此告知。

年　　月　　日（印章）

注：1. 本告知书适用于有管辖权的市场监督管理部门告知实名举报人不予立案情况。

　　2. 本告知书可以通过互联网、电话、短信、电子邮件、传真、信函等方式告知。

12. 投诉/举报处理结果报告书

市 场 监 管 〔   〕 第   号

_____市场监督管理局：

    我局（所）于_____年___月___日收到你局分送的关于_____的
投诉/举报，现将处理结果报告如下：

_____

_____

_____

_____

_____

_____

    （经办人：_____；联系电话：_____）

    附：相关材料　　份，共　　页。

年　　月　　日（印章）

注：1. 本报告书适用于有处理权限/管辖权的市场监督管理部门或者其派出机构向上级市场监督
      管理部门及其设立的 12315 投诉举报中心报告投诉/举报处理结果。

    2. 市场监督管理部门派出机构以自己名义处理投诉/举报的，使用派出机构印章。

    3. 本报告书应当按照时限要求，通过电子文书或者纸质文书形式及时反馈。

（四）反垄断案件专用文书格式范本①

1. 约谈通知书

_____市场监督管理局
约谈通知书

____市监____〔____〕____号

_____：

为了解_____，请你（单位）于

_____年____月____日____时____分到_____说明有关情况。

联系人：_____联系电话：_____

_____市场监督管理局

（印章）

年　　月　　日

本文书一式____份，____份送达，一份归档，_____。

---

① 该部分文书式样来源于《市场监管总局关于印发〈反垄断案件专用文书格式范本〉的通知》（2019年4月3日 国市监反垄断〔2019〕72号），载国家市场监督管理总局网站，https://www.samr.gov.cn/zw/zfxxgk/fdzdgknr/fldj/art/2023/art_0091a3cb83a446cb987a41d3ce03b783.html，最后访问时间：2023年11月30日。

2. 约谈记录

_____市场监督管理局
约谈记录

时　间：_____年___月___日___时___分至_____年___月___日___时___分 第
___次

地　点：_____

约谈人：_____、_____

被约谈人：_____

联系电话：_____ 邮政编码：_____

住　　址：_____

工作单位：_____ 职务：_____

_____

_____

_____

_____

被约谈人（签名或者盖章）：_____ 年　　月　　日

约谈人（签名或者盖章）：_____ 年　　月　　日

　　　　　　　　　　　　　　　　　　　　　　　年　　月　　日

（续页）

被约谈人（签名或者盖章）：_____ 年　　月　　日

约谈人（签名或者盖章）：_____ 年　　月　　日

　　　　　　　　　　　　　　　　　　　　　　　　　　　　年　　月　　日

（尾页）

_____

_____

_____

_____

_____

_____

_____

_____

_____

_____

被约谈人（签名或者盖章）：_____ 年　　月　　日

约谈人（签名或者盖章）：_____ 年　　月　　日

_____ 年　　月　　日

3. 垄断案件询问通知书

_____市场监督管理局
垄断案件询问通知书

____市监____〔____〕____号

_____:

　　为调查了解_____

_____请你（单位）于____年___月___日___时___分

到_____接受询问。根据

《中华人民共和国行政处罚法》第三十七条①、《中华人民共和国反垄断法》第四十二条②的规

定，你（单位）有如实回答询问，配合调查的义务。请携带以下材料：

　　1. _____

　　2. _____

　　3. _____

　　联系人：_____联系电话：_____

_____市场监督管理局

（印章）

年　　月　　日

本文书一式____份，____份送达，一份归档，_____。

---

① 该条现对应 2021 年《中华人民共和国行政处罚法》第五十五条。

② 该条现对应 2022 年《中华人民共和国反垄断法》第五十条。

4. 垄断案件调查通知书

_____市场监督管理局
垄断案件调查通知书

____市监____〔____〕____号

_____:

　　本机关于_____年____月____日开始对你（单位）进行反垄断调查。由执法人员_____组成调查组，_____任组长。请你（单位）按照《中华人民共和国反垄断法》等有关法律规定配合调查并如实提供本机关所需资料。如你（单位）拒绝提供、不完全提供有关材料、信息，或者提供虚假材料、信息，或者隐匿、销毁、转移证据，或者有其他拒绝、阻碍调查行为的，将依法承担法律责任。

　　如果你（单位）认为执法人员与你（单位）有直接利害关系，可以向本机关申请其回避。

　　联系人：_____联系电话：_____

_____市场监督管理局
（印章）
年　　月　　日

本文书一式____份，____份送达，一份归档，_____。

5. 垄断案件限期提供材料、信息通知书

_____市场监督管理局
垄断案件限期提供材料、信息通知书

_____市监____〔____〕____号

_____：

为调查_____

_____，根据《中华人民共和国反垄断法》第三十九条①的规定，现要求你（单位）在_____年____月____日前，向我局提交以下书面材料、信息：

1. _____

2. _____

3. _____

依据《中华人民共和国反垄断法》第五十二条②规定，如你（单位）拒绝提供、不完全提供有关材料、信息，或者提供虚假材料、信息，或者隐匿、销毁、转移证据，或者有其他拒绝、阻碍调查行为的，将依法承担法律责任。

联系人：_____联系电话：_____

_____市场监督管理局

（印章）

年　　月　　日

本文书一式____份，____份送达，一份归档，_____。

---

① 该条现对应 2022 年《中华人民共和国反垄断法》第四十七条。
② 该条现对应 2022 年《中华人民共和国反垄断法》第六十二条。

6. 垄断案件协助调查函

_____市场监督管理局
垄断案件协助调查函

____市监____〔____〕____号

_____:

根据工作需要，请你单位按照《中华人民共和国反垄断法》等法律法规的有关规定，配合本机关开展调查，提供相关情况和材料。

依据《中华人民共和国反垄断法》第五十二条①规定：如你（单位）拒绝提供、不完全提供有关材料、信息，或者提供虚假材料、信息，或者隐匿、销毁、转移证据，或者有其他拒绝、阻碍调查行为的，将依法承担法律责任。

联系人：_____联系电话：_____

_____市场监督管理局
（印章）
年　　月　　日

本文书一式____份，____份送达，一份归档，_____。

---

① 该条现对应 2022 年《中华人民共和国反垄断法》第六十二条。

7. 垄断案件计算机数据证据提存笔录

_____市场监督管理局
垄断案件计算机数据证据提存笔录

时　间：____年__月__日__时__分至____年__月__日__时__分

地　点：_____

被检查人：_____

提存人：_____执法证号：_____

记录人：_____执法证号：_____

证明对象：_____

提存方法：_____

_____

提存步骤：_____

_____

_____

_____

_____

_____

_____

被检查人（签名或者盖章）：_____　年　　月　　日

见证人（签名或者盖章）：_____　年　　月　　日

提存人（签名或者盖章）：_____　年　　月　　日

执法人员（签名或者盖章）：_____　年　　月　　日

（续页）

_____

_____

_____

_____

_____

_____

_____

_____

_____

_____

_____

_____

_____

_____

_____

_____

_____

_____

被检查人（签名或者盖章）：_____ 年　　月　　日

见证人（签名或者盖章）：_____ 年　　月　　日

提存人（签名或者盖章）：_____ 年　　月　　日

执法人员（签名或者盖章）：_____ 年　　月　　日

(尾页)

_____

_____

_____

_____

_____

_____

_____

_____

_____

_____

_____

_____

_____

_____

被检查人（签名或者盖章）：_____　　年　　月　　日

见证人（签名或者盖章）：_____　　年　　月　　日

提存人（签名或者盖章）：_____　　年　　月　　日

执法人员（签名或者盖章）：_____　　年　　月　　日

8. 垄断案件委托调查函

_____市场监督管理局
垄断案件委托调查函

____市监____〔____〕____号

_____:

本机关在处理_____中，委托你单位调查以下问题：

_____
_____
_____
_____
_____
_____
_____

请你单位于_____年____月____日前将调查结果加盖公章后及时函告本机关。

联系人：_____   联系电话：_____

_____市场监督管理局
（印章）
年   月   日

本文书一式____份，____份送达，一份归档，_____。

9. 垄断案件查询银行账户函

_____市场监督管理局
垄断案件查询银行账户函

____市监____〔____〕____号

_____:

根据《中华人民共和国反垄断法》第三十九条①第一款第（五）项、第四十二条②的规定，需要对_____的_____年____月至_____年____月银行账户情况进行查询，请你单位依法予以配合，并提供有关材料、信息。

联系人：_____联系电话：_____

_____市场监督管理局

（印章）

年　　月　　日

本文书一式____份，____份送达，一份归档，_____。

---

① 该条现对应 2022 年《中华人民共和国反垄断法》第四十七条。
② 该条现对应 2022 年《中华人民共和国反垄断法》第五十条。

10. 垄断案件中止调查决定书

_____市场监督管理局

垄断案件中止调查决定书

____市监____〔____〕____号

一、当事人情况（一级标题黑体三号，缩进两字符）

（一）二级标题楷体三号加黑，缩进两字符

（正文仿宋三号，首行缩进两字符）写明当事人基本情况：当事人为个人的，应当写明姓名、性别及住址等；当事人为单位的，应当写明单位的名称、统一社会信用代码、经营范围、法定代表人或者负责人姓名、职务、地址、电话等。

二、案件来源及调查经过

说明案件来源、调查起始时间、调查方式等内容。

三、违法事实及相关证据

说明当事人进行违法行为的时间、地点、经过、手段及对竞争产生或者可能产生的影响。以上事实，应有相关证据证明。

四、当事人的承诺措施及履行期限

载明当事人承诺的消除行为后果的措施、履行承诺的期限和方式、在规定的时限内向市场监督管理部门报告承诺履行情况的义务等。

五、中止调查决定

作出中止调查决定的法律依据及决定。载明对当事人在规定期限履行承诺的情况进行监督，不履行或者不完全履行承诺的法律后果等。若当事人在规定的期限内履行承诺，将依法对本案终止调查。

_____市场监督管理局

（印章）

年　　月　　日

本文书一式____份，____份送达，一份归档，_____。

11. 垄断案件恢复调查决定书

_____市场监督管理局
垄断案件恢复调查决定书

____市监____〔____〕____号

一、当事人情况（一级标题黑体三号，缩进两字符）

（一）二级标题楷体三号加黑，缩进两字符

（正文仿宋三号，首行缩进两字符）写明当事人的基本情况：当事人为个人的，应当写明姓名、性别及住址等；当事人为单位的，应当写明单位的名称、统一社会信用代码、经营范围、法定代表人或者负责人姓名、职务、地址、电话等。

二、作出中止调查的情况

说明作出中止调查的时间，当事人涉嫌违法的事实及后果、当事人承诺的消除行为后果的措施、当事人履行承诺的期限和方式、当事人在规定时限内的报告义务及不履行或者不完全履行承诺的法律后果等。

三、监督承诺履行的情况

说明监督的措施、监督执行的具体情况，导致恢复调查的事实和相关证据。

四、恢复调查决定

恢复调查的法律依据及决定。

_____市场监督管理局

（印章）

年   月   日

本文书一式____份，____份送达，一份归档，_____。

12. 垄断案件终止调查决定书

_____市场监督管理局
垄断案件终止调查决定书

____市监____〔____〕____号

一、当事人情况（一级标题黑体三号，缩进两字符）

（一）二级标题楷体三号加黑，缩进两字符

（正文仿宋三号，首行缩进两字符）写明当事人的基本情况：当事人为个人的，应当写明姓名、性别及住址等；当事人为单位的，应当写明单位的名称、统一社会信用代码、经营范围、法定代表人或者负责人姓名、职务、地址、电话等。

二、作出中止调查的情况

说明作出中止调查的时间、当事人涉嫌违法的事实及后果、当事人承诺的消除行为后果的措施、当事人履行承诺的期限和方式、当事人在规定时限内的报告义务及不履行或者不完全履行承诺的法律后果等。

三、监督承诺履行的情况

说明监督的措施、监督执行的具体情况。当事人履行承诺的事实和相关证据。

四、终止调查决定

作出终止调查决定的法律依据及决定。

_____市场监督管理局

（印章）

年　　月　　日

本文书一式____份，____份送达，一份归档，_____。

13. 行政处罚决定书

_____市场监督管理局
行政处罚决定书

____市监____〔____〕____号

一、当事人情况（一级标题黑体三号，缩进两字符）

（一）二级标题楷体三号加黑，缩进两字符

（正文仿宋三号，首行缩进两字符）写明当事人的基本情况：当事人为个人的，应当写明姓名、性别及住址等；当事人为单位的，应当写明单位的名称、统一社会信用代码、经营范围、法定代表人或者负责人姓名、职务、地址、电话等。

二、案件来源及调查经过

说明案件来源、调查起始时间、调查方式等内容。

三、违法事实及相关证据

说明当事人进行违法行为的时间、地点、经过、手段、后果等内容。以上事实，应有相关证据证明。

四、行政处罚依据和决定

根据相关法律、法规规定，对当事人的违法行为作出定性；说明作出行政处罚的相关法律依据及自由裁量的理由；行政处罚的内容；行政处罚的履行方式和期限；权利救济途径告知。

_____市场监督管理局

（印章）

年　　月　　日

本文书一式____份，____份送达，一份归档，_____。

14. 行政建议书

_____市场监督管理局
行政建议书

____市监____〔____〕____号

_____:

一、案件来源及调查情况（一级标题黑体三号，缩进两字符）

（一）二级标题楷体三号加黑，缩进两字符

（正文仿宋三号，首行缩进两字符）说明案件来源、调查情况等内容。

二、相关事实及证据

说明当事人滥用行政权力排除限制竞争行为的相关事实，应有证据证明。

三、定性分析

对当事人滥用行政权力排除限制竞争行为作出定性。

四、行政建议

作出行政建议的内容。

_____市场监督管理局
（印章）
年　　月　　日

说明：文书可包含上述内容，但实际行文中可采用叙述式，不设大标题。

本文书一式____份，____份送达，一份归档，_____。

（五）药品、医疗器械、保健食品、特殊医学用途配方食品广告审查文书格式范本①

1. 广告审查表

一、申请人信息

名称		统一社会信用代码/身份证明号码	
住所地址		邮政编码	
法定代表人		联系人	
联系人电子邮箱地址		联系人手机号码	

申请人签章：＿＿＿＿＿＿＿＿＿＿＿

申请日期：＿＿＿年＿＿月＿＿日

二、产品及生产许可信息

产品分类	药品	□处方药
		□非处方药
	□医疗器械	是否推荐给个人自用：□是□否
	□保健食品	
	特殊医学用途配方食品	□特定全营养配方食品
		□其他类别特殊医学用途配方食品

---

① 该部分文书式样来源于《市场监管总局办公厅关于印发〈药品、医疗器械、保健食品、特殊医学用途配方食品广告审查文书格式范本〉的通知》（2020 年 2 月 27 日 市监广〔2020〕19 号），载国家市场监督管理总局网站，https：//www.samr.gov.cn/zw/zfxxgk/fdzdgknr/ggjgs/art/2023/art_95e09008106543deaf7f81499388a1e0.html，最后访问时间：2023 年 11 月 30 日。

产品注册或者备案文件及生产许可证信息

产品名称	产品名称	
	通用名称	
	商品名称	
	外文名称	
产品注册证（备案凭证）编号		
持有人信息	产品注册证（备案凭证）持有人名称	
	持有人统一社会信用代码等证照编号	
	持有人住所地址	
进口产品	进口代理人名称	
	进口代理人统一社会信用代码	
	进口代理人住所地址	
	生产地	××国家（地区）
国产产品	生产许可证主体名称	
	生产许可证主体统一社会信用代码	
	生产许可证主体住所地址	

注：广告中出现多个产品，可参照样式另行加页填报。

三、广告信息

广告类别	□视频	时长	秒
	□音频	时长	秒
	□图文		
计划发布媒介（场所）	□国务院卫生行政部门和国务院药品监督管理部门共同指定的医学、药学专业刊物		
	□电视	□广播	□电影
	□报纸	□期刊	□非报刊类印刷品
	□互联网	□户外	□其他

四、委托代理人信息

（一）委托代理人为自然人情形

姓名		手机号码	
身份证明证件类型		身份证明证件号码	
电子邮箱地址			

注：身份证明证件类型包括居民身份证、军官证、警官证、外国（地区）护照、其他有效证件。

（二）委托代理人为法人或其他组织情形

名称		统一社会信用代码	
住所地址		邮政编码	
法定代表人		联系人	
联系人电子邮箱地址		联系人手机号码	

五、申请材料清单（材料附后）

序号	申请材料名称	有效期限截止日期
1	□广告样件	——
2	申请人主体资格相关材料	
2-（1）	□申请人的主体资格相关材料，或者合法有效的登记文件	至 年 月 日
2-（2）	□授权文件——产品注册证明文件或者备案凭证持有人同意生产、经营企业作为申请人	至 年 月 日
2-（3）	□申请人委托代理人的委托书	至 年 月 日
2-（4）	□申请人委托代理人的主体资格相关材料	至 年 月 日
3	产品注册备案相关材料	
3-（1）	□产品注册证书或者备案凭证	至 年 月 日
3-（2）	□注册或者备案的产品标签	同上
3-（3）	□注册或者备案的产品说明书	同上
3-（4）	□申请人的生产许可证	至 年 月 日
4	广告中涉及的知识产权相关有效证明材料	
4-（1）	□商标注册证明	至 年 月 日
4-（2）	□专利证明	至 年 月 日
4-（3）	□著作权证明	至 年 月 日
4-（4）	□其他知识产权相关证明	至 年 月 日
5	□其他材料	至 年 月 日

说明：仅勾选提交的申请材料，各项材料只需提供一份。

2. 授权书

（参考样本）

致广告审查机关：

我（单位），_____（注册登记名称/姓名）_____，住所地（住址）为_____，统一社会信用代码（身份证明号码等）为_____，现同意授权_____（被授权企业名称）_____，住所地为_____，统一社会信用代码为_____，作为我（单位）产品的生产企业（或者经营企业），同时授权其作为我（单位）注册（备案）产品的广告审查申请人，授权日期截至20____年__月__日。产品名单如下：

产品名称1，产品注册批准证号1。

产品名称2，产品注册批准证号2。

_____（授权人名称/姓名）_____

签章_____

签字人职务_____

20____年__月__日

3. 委托代理书

（参考样本）

致广告审查机关：

为申请药品/医疗器械/保健食品/特殊医学用途配方食品广告审查批准文号，现委托下列人员作为我（单位）的代理人，代为办理___（产品名称）___的广告审查（注销）申请。

委托代理人姓名：_____ 联系电话：_____

工作单位：_____ 职务：_____

身份证（其他有效证件）号码：_____

委托权限：☑ 代为提出、变更、放弃行政许可申请；

☑ 接收询问，行使陈述申辩权利；

☑ 要求和参加听证；

☑ 提交和接收法律文书；

☑ 其他：_____

委托期限：☐ 自提出许可申请日起至_____年___月___日；

☑ 自提出许可申请日起至此次许可决定送达之日止；

☐ 其他：_____

附件：委托代理人身份证明文件

委托人名称：_____

签章：_____

20____年__月__日

4. 广告批准文号注销申请表

申请人名称：_____

申请人统一社会信用代码：_____

联系人姓名：_____

联系人手机号码：_____

申请注销的广告批准文号：_____药/械/食健/食特广审（视/声/文）第 000000-00000 号

申请注销原因：

☐ 主体资格证照被吊销、撤销、注销

☐ 产品注册证明文件、备案凭证被撤销、注销

☐ 生产许可文件被撤销、注销

☐ 其他情形_____。

申请人签章：_____

申请日期：20____年__月__日

5. 广告审查受理通知书

_____广审受字〔20__〕第 000000 号

_____（申请人名称）____：

经审查，你（单位）提交的申请编号为 0000000 的药品/医疗器械/保健食品/特殊医学用途配方食品广告审查（注销）申请，申请材料齐全，符合法定形式。依据《药品、医疗器械、保健食品、特殊医学用途配方食品广告审查管理暂行办法》第十五条规定，我局决定予以受理，并将在十个工作日内作出是否准予批准的决定。

_____广告审查机关（行政许可专用章）

20_____年__月____日

6. 不予受理通知书

_____广审不予受理字〔20__〕第 000000 号

_____（申请人名称）____：

经审查，你（单位）提交的申请编号为 0000000 的广告审查（注销）申请，依法不需要取得行政许可/依法不属于本行政机关职权范围，依据《中华人民共和国行政许可法》第三十二条规定，我局决定不予受理。

如对本不予受理决定持有异议的，可以自收到本通知书之日起六十日内依据《中华人民共和国行政复议法》的规定，向_____人民政府或者_____（上一级行政机关）申请行政复议，也可以自收到本通知书之日起六个月内依据《中华人民共和国行政诉讼法》的规定，直接向人民法院提起行政诉讼。

_____广告审查机关（行政许可专用章）

20_____年__月____日

7. 申请材料接收凭证

_____广审收字〔20__〕第 000000 号

_____（申请人名称）____：

你（单位）于 20_____年__月__日提交的药品/医疗器械/保健食品/特殊医学用途配方食品广告审查申请材料收到，我局将于五个工作日内决定是否受理或者告知需要补正的材料。

_____广告审查机关（行政许可专用章）

20_____年__月____日

收到材料目录

序号	材料名称	份数
1	《广告审查表》	1
2	与发布内容一致的广告样件	1
3	申请人的主体资格相关材料	
4	授权文件	
5	委托书	
6	申请人委托代理人的主体资格相关材料	
7	产品注册证明文件或者备案凭证	
8	注册或者备案的产品标签	
9	注册或者备案的产品说明书	
10	生产许可文件	
11	广告中涉及的知识产权相关有效证明材料	
12	其他材料	

8. 广告审查申请材料补正告知书

____广审补正字〔20 __〕第 000000 号

____（申请人名称）____：

我局于 20 ____年__月__日收到你（单位）提交的药品/医疗器械/保健食品/特殊医学用途配方食品广告审查申请（申请编号：000000）。依据《中华人民共和国行政许可法》第三十二条规定，经审查，你单位的申请材料不齐全/不符合法定形式，需要补正材料。现一次告知如下：

请你（单位）补正：

1. 广告样件。

2. _____。

3. _____。

补正日期截至 20 ____年__月__日，逾期未补正的，视为放弃申请。

____广告审查机关（行政许可专用章）

20 ____年__月____日

9. 广告审查准予许可决定书

___广审准许字［20 __］第 000000 号

___（申请人名称）___：

我局于 20 ___年__月__日受理你（单位）提交的药品/医疗器械/保健食品/特殊医学用途配方食品广告审查申请。产品名称（商品名称）为_____，产品注册证明文件或者备案凭证编号为_____，持有人为 __（名称）_____。

经审查，根据《中华人民共和国行政许可法》、《中华人民共和国广告法》、市场监管总局《药品、医疗器械、保健食品、特殊医学用途配方食品广告审查管理暂行办法》等法律和规章规定，我局决定批准你（单位）的申请，编发广告批准文号：___药/械/食健/食特广审（视/声/文）第 000000-00000 号，有效期限至 20 _____年____月____日。

如对本决定书持有异议的，可以自收到本决定书之日起六十日内依据《中华人民共和国行政复议法》的规定，向_____人民政府或者_____（上一级行政机关）申请行政复议，也可以自收到本决定书之日起六个月内依据《中华人民共和国行政诉讼法》的规定，直接向人民法院提起行政诉讼。

附：广告样件

___ 广告审查机关（印章）

20 ___年__月___日

10. 广告审查不予许可决定书

___广审不许字［20 __］第 000000 号

___（申请人名称）___：

我局于 20 ___年__月__日受理你（单位）提交的产品名称（商品名称）药品/医疗器械/保健食品/特殊医学用途配方食品广告审查申请（申请编号：000000）。经审查，_____广告内容违反___（法律依据）_____规定，我局决定依法不予批准你（单位）的申请。

如对本决定书持有异议的，可以自收到本决定书之日起六十日内依据《中华人民共和国行政复议法》的规定，向_____人民政府或者_____（上一级行政机关）申请行政复议，也可以自收到本决定书之日起六个月内依据《中华人民共和国行政诉讼法》的规定，直接向人民法院提起行政诉讼。

_____广告审查机关（印章）

20 ___年__月___日

11. 准予注销广告批准文号决定书

____广审注销字〔20 __〕第 000000 号

____（申请人名称）____ ：

经审查，你（单位）提交的申请编号为 0000000 的药品/医疗器械/保健食品/特殊医学用途配方食品广告批准文号注销申请，申请材料齐全，符合法定形式。依据《药品、医疗器械、保健食品、特殊医学用途配方食品广告审查管理暂行办法》第十九条规定，我局决定准予注销该广告批准文号。

_____广告审查机关（印章）

20 ____年__月____日

12. 注销广告批准文号决定书

____广审注销字〔20 __〕第 000000 号

____（申请人名称）____ ：

经审查，你（单位）广告批准文号为×药/械/食健/食特广审（视/声/文）第 000000-00000 号的广告，因主体资格证照被吊销、撤销、注销/产品注册证明文件、备案凭证或者生产许可文件被撤销、注销/存在法律、行政法规规定应当注销的其他情形，依据《药品、医疗器械、保健食品、特殊医学用途配方食品广告审查管理暂行办法》第十九条第一款第×项规定，我局决定注销该广告批准文号。

如对本注销决定持有异议的，可以自收到本决定书之日起六十日内依据《中华人民共和国行政复议法》的规定，向人民政府或者（上一级行政机关）申请行政复议，也可以自收到本决定之日起六个月内依据《中华人民共和国行政诉讼法》的规定，直接向人民法院提起行政诉讼。

_____广告审查机关（印章）

20 ____年__月____日

13. 撤销广告批准文号决定书

____广审撤销字〔20__〕第000000号

____（申请人名称）：

经审查，你（单位）广告批准文号为×药/械/食健/食特广审（视/声/文）第000000-00000号的广告，因违反____（法律依据）____规定，依据《中华人民共和国广告法》第五十五条/第五十七条/第五十八条/第六十五条和《市场监督管理行政许可程序暂行规定》的规定，我局决定撤销该广告批准文号。

如对本撤销决定持有异议的，可以自收到本决定书之日起六十日内依据《中华人民共和国行政复议法》的规定，向____人民政府或者____（上一级行政机关）申请行政复议，也可以自收到本决定书之日起六个月内依据《中华人民共和国行政诉讼法》的规定，直接向人民法院提起行政诉讼。

____广告审查机关（印章）
20____年__月___日

14. 广告审查机关送达回证

送达文书名称及文号	
受送达人	
送达时间	
送达地点	
送达方式	
收件人	（签名或者盖章） 年　　月　　日
送达人	（签名或者盖章） 年　　月　　日
见证人	（签名或者盖章） 年　　月　　日
备注	

图书在版编目（CIP）数据

市场监管常用法律政策全典／中国法制出版社编
. —北京：中国法制出版社，2024.2
ISBN 978-7-5216-4179-0

Ⅰ．①市… Ⅱ．①中… Ⅲ．①市场监管-法规-汇编
-中国 Ⅳ．①D922.294.9

中国国家版本馆 CIP 数据核字（2024）第 032703 号

策划编辑：陈 兴　　　　　责任编辑：陈 兴　　　　　封面设计：杨泽江

市场监管常用法律政策全典
SHICHANG JIANGUAN CHANGYONG FALÜ ZHENGCE QUANDIAN

经销/新华书店
印刷/三河市紫恒印装有限公司
开本/880 毫米×1230 毫米　32 开　　　　　印张/ 47.5　字数/ 1801 千
版次/2024 年 2 月第 1 版　　　　　　　　　2024 年 2 月第 1 次印刷

中国法制出版社出版
书号 ISBN 978-7-5216-4179-0　　　　　　　　　定价：168.00 元

北京市西城区西便门西里甲 16 号西便门办公区
邮政编码：100053　　　　　　　　　　　传真：010-63141600
网址：**http://www.zgfzs.com**　　　　编辑部电话：**010-63141784**
市场营销部电话：010-63141612　　　　印务部电话：**010-63141606**

（如有印装质量问题，请与本社印务部联系。）

操作步骤

1.扫描"卡密"二维码,复制卡密;

2.扫描"【法融】数据库"二维码,注册并登录后,到"用户中心"中的"卡券兑换"输入(粘贴)卡密,确认兑换;

3.返回"首页",在导航条点击"国家法律法规"栏目查看法律、法规、部门规章、法规性文件、司法解释、司法性文件全文。还可以在导航条点击"案例解析",导航第二条点击"最高法指导案例"和"最高检指导案例",查看最高人民法院和最高人民检察院指导性案例全文。

卡密 　　　　　【法融】数据库

(2024年—2025年免费使用)

数字出版部技术支持电话:010-63141642